Ines Katenhusen
Kunst und Politik

Hannoversche Studien

Schriftenreihe des Stadtarchivs Hannover

Band 5

Im Auftrag der Landeshauptstadt Hannover

herausgegeben von
Klaus Mlynek und Karljosef Kreter

Hergestellt mit freundlicher Unterstützung
der Stadtsparkasse Hannover

Ines Katenhusen

Kunst und Politik

Hannovers Auseinandersetzungen
mit der Moderne
in der Weimarer Republik

1998

VERLAG HAHNSCHE BUCHHANDLUNG HANNOVER

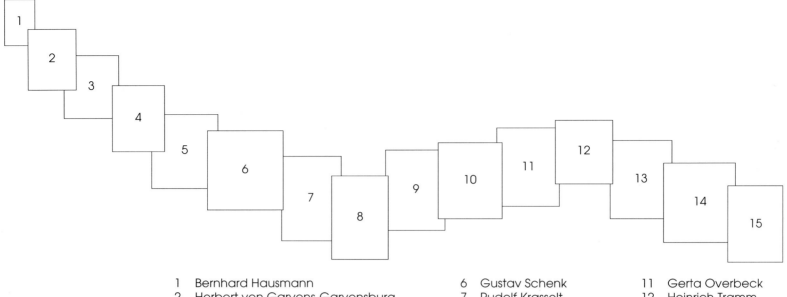

1 Bernhard Hausmann
2 Herbert von Garvens-Garvensburg
3 Alexander Dorner
4 Robert Leinert
5 Albert Brinckmann
6 Gustav Schenk
7 Rudolf Krasselt
8 Kurt Schwitters
9 Arthur Menge
10 Ernst Thoms
11 Gerta Overbeck
12 Heinrich Tramm
13 Georg Altmann
14 Käte Steinitz
15 Wilhelm Kricheldorff

Die Deutsche Bibliothek - CIP-Einheitsaufnahme

Katenhusen, Ines:
Kunst und Politik : Hannovers Auseinandersetzungen mit der Moderne in der Weimarer Republik / Ines Katenhusen. - Hannover : Hahn, 1998
 (Hannoversche Studien ; Bd. 5)
 ISBN 3-7752-4955-9

ISBN 3-7752-4955-9
© 1998 Verlag Hahnsche Buchhandlung Hannover
Umschlagentwurf: Dieter Backes
Herstellung: poppdruck, Langenhagen

Vorwort

Die vorliegende Arbeit basiert zu großen Teilen auf bislang unveröffentlichten Archivmaterialien. Sie hätte daher nicht entstehen können ohne die Leiterinnen und Leiter, die Mitarbeiterinnen und Mitarbeiter des Bundesarchivs, Außenstelle Zehlendorf (vormals United States Embassy Berlin, Berlin Document Center), des Deutschen Literaturarchivs, Marbach, des Niedersächsischen Hauptstaatsarchivs Hannover, des Niedersächsischen Handschriftenarchivs, Hannover, sowie des hiesigen Gedok-Archivs. Mein Dank für ihre Hilfsbereitschaft schließt die Verantwortlichen im hannoverschen Landesmuseum und im Historischen Museum am Hohen Ufer, Hannover, ein.

Ich danke Maria Haldenwanger vom Schwitters Archiv Hannover sowie Dr. Karljosef Kreter, Werner Heine und Dr. Peter Schulze vom Stadtarchiv Hannover für die Unterstützung und für viele wertvolle Hinweise. Dr. Klaus Mlynek, dem ehemaligen Leiter des hannoverschen Stadtarchivs und Herausgeber der HANNOVERSCHEN STUDIEN, gilt mein besonderer Dank für seinen Einsatz, der diese Veröffentlichung erst ermöglicht hat.

Zahlreiche Personen haben den Arbeitsprozeß durch Anregungen, Kritik und Ermutigungen unterstützt. Zu ihnen gehören die Zeitgenossinnen und Zeitgenossen der zwanziger Jahre sowie ihre Angehörigen, die ich im Anhang der Arbeit in kurzen Biographien vorstelle. Für die Auskunft zu einzelnen Fragestellungen danke ich Dr. Ingeborg Bloth, Uwe Brümmerstädt, Dieter Brusberg/Berlin, Dr. Carl Haenlein, Dr. Anke Dietzler, Prof. Dr. Dietrich Helms/Hamburg, Dr. Rudolf Lange, Stephan Lohr, Prof. Dr. Gerhard Schneider/Freiburg, Dr. Georg Schodder/Aachen, Ernst Schwitters/Lysaker (†) und Inge-Marie Tramm/Amsterdam. Sie haben die Entstehung dieses Buches in unterschiedlichen Phasen begleitet und mich durch ihre Hinweise und Kommentare immer wieder zu Korrekturen und Präzisierungen angeregt.

Meiner ‚Doktormutter', Professorin Dr. Adelheid von Saldern, die diese Arbeit angeregt, in jedem Stadium mit Rat begleitet und auch während schwierigerer Phasen in großartiger wissenschaftlicher und menschlicher Unterstützung gefördert hat, gilt mein ganz besonderer Dank.

Zu jeder Zeit hatte ich in den vergangenen Jahren des Studiums und der Berufstätigkeit die Unterstützung meiner beiden Familien – meiner Eltern und meiner Schwiegermutter. Ich danke ihnen dafür.

Meinem Mann danke ich für seinen Rat und seine Kommentare, für die stete Geduld und seinen uneingeschränkten Rückhalt. Sie haben mir die Arbeit erleichtert und über die Distanz erst möglich gemacht.

Daß aus der überarbeiteten Doktorarbeit das vorliegende Buch werden konnte, verdanke ich auch der Hilfe Herrn Helmut Fittings vom Verlag Hahnsche Buchhandlung Hannover.

Das Buch wurde mit großzügiger finanzieller Unterstützung der Stadtsparkasse Hannover gedruckt.

„Das im Kunstwerk Entscheidende ist nicht die Wahl der Form
– über Formen würde sich der Bürger ganz bestimmt nicht aufregen –,
sondern die Ordnung seiner Elemente. Hier ist die Sphäre,
wo sich Bildwerk und Gesellschaft, also Politik, berühren.
Jedes Kunstwerk spiegelt in der Ordnung seiner Elemente
die allgemeinen Ordnungsprinzipien seiner Zeit …
Kunst ist im tiefsten Politik und kollektiv."

(Adolf Behne, 1925)

Inhaltsverzeichnis

Einleitung

„Zweierlei Kunst" in Deutschland 13
Die Träger der offiziellen Kunstszene und die Träger der Avantgarde. Zur Rolle des Bürgertums
und zum Zerfall von Bürgerlichkeit 19
Krisenjahre der klassischen Moderne 25
Hannover zu Beginn der zwanziger Jahre. Politische Konstellationen und Kräftefelder 29
Aufbau der Arbeit und methodische Zielsetzungen 34

Städtische Kunst- und Kulturpolitik

„... Hoffentlich hat auch diesmal der Sturm und Drang der Klassik den Weg geebnet ..."
Städtische Theaterpolitik in den zwanziger Jahren 53
Die Übernahme des Hoftheaters durch die Stadt (1919–1921) 53
Der städtische Theater-Ausschuß und die Schauspielleiter
Willy Grunwald und Rolf Roenneke (1921–1926) 70
Theaterbesucher-Organisationen I   Die Freie Volksbühne.. 89
Theaterbesucher-Organisationen II   Die Deutsche Bühne... 103
Theaterbesucher-Organisationen III Der Bühnenvolksbund... 105
Städtische Theaterpolitik und der Schauspielleiter Georg Altmann (1926–1933) 118

*„... daß durch die Art des Ankaufs durch die Stadt solchen Künstlern geholfen wird,
die netten Wandschmuck bringen ..."*
Der Ankauf bildender Kunst durch die Stadt
und die Förderung hannoverscher Künstler 179
Städtische Kunstpolitik und Kunstverein. Die Anfänge (1832–1918/19) 179
Städtische Kunstankaufspolitik und privates Mäzenatentum in der ‚Ära Tramm' 189
Städtische Kunstpolitik, der Verein für die öffentliche Kunstsammlung und der Kunstgewerbeverein. 214
Städtische Kunstpolitik und Künstlerverein... 217
Künstlerinnen und Künstler des offiziellen Kunstbetriebs und Kunstankaufspolitik
der Stadt in den zwanziger Jahren... 221
Städtische Kunstpolitik und die Gründung der Kestner-Gesellschaft 1916 242
Die Mäzene der Kestner-Gesellschaft... 264
Städtische Kunstpolitik und die Entwicklung der Kestner-Gesellschaft
in der Weimarer Republik und im Nationalsozialismus 271
Die Hannoversche Sezession und ihre Haltung zur städtischen Kunstpolitik (1916–1933) 275
Die abstrakten hannover und ihre Haltung zur städtischen Kunstpolitik 298
Städtische Kunstpolitik und Kunstverein am Ende der Weimarer Republik 305

Kunst- und Kulturpublizistik in der Stadt

Das Beispiel der Feuilleton- und Literatenszene

„… Mit bürgerlichen Maßstäben ist seine unruhige und sprunghafte Entwicklung nicht zu messen …"
Der Schriftsteller Gustav Schenk und die Zeitschrift DER WACHSBOGEN 373

„… Seid doch nicht Bürger, wenn Ihr die Kunst wollt! …"
Der Werbegraphiker, Kunstkritiker und Schriftsteller Christof Spengemann 395

„… Immer aber wisse der Kritiker, daß Erkenntnis allein unfruchtbar bleiben muß,
wenn das tätige Leben nicht an sie anknüpfen und Gewinn aus ihr ziehen kann …"
Der Kritiker und Dramaturg Johann Frerking 441

„… eine skeptische, allerdings letztlich nicht radikale Distanz …"
Der Feuilletonleiter, Maler und Literat Paul Madsack 461

„… Das Maß der seelischen Erschütterung, das ein Mensch ertragen kann,
ohne zu zerbrechen, war an uns erschöpft …"
Der Kultur-Referent und Schriftsteller Georg Grabenhorst 473

„… unklare wissenschaftliche Gesinnung erzeugt unklare wissenschaftliche Ergebnisse …"
Der Kunsthistoriker, Kritiker und Schriftsteller Victor Curt Habicht 493

„… Wenn uns – das große Unglück unserer Zeit – eine einheitliche Weltschau versagt ist,
wie können wir sie von der Kunst verlangen?"
Der Feuilletonschriftleiter und Kulturpolitiker Kurt Voß 511

„… Heute geht es um Sein oder Nichtsein der nordisch-germanischen Gesinnungskultur,
um Überwindung teuflischer Finsternis durch das Licht nordischen Ariertums …"
Der Journalist und Schriftsteller Theodor Abbetmeyer 527

Das Beispiel expressionistischer Avantgarde-Zeitschriften und -Reihen

„… Wir pfeifen auf diese gute alte Zeit, wir Modernen, und uns gehört die Zukunft
wie euch, ihr Alten, die Vergangenheit gehört hat! …"
Eine Zeitschrift mit Aplomb. DIE PILLE 557

„… Kunst aber kann nur überleben in der Gemeinschaft der Überzeugten …"
Eine verhaltene Vertreterin der literarischen Avantgarde. Die Zeitschrift DAS HOHE UFER 569

„… Wir müssen uns von der wandelbaren Form einer Gegenwart lösen:
ob sie Monarchie oder Volksherrschaft ist …"
DER ZWEEMANN und DIE SILBERGÄULE.
Symbole literarischer Betriebsamkeit in der Gegenüberstellung 589

„… Dem Deutschen fehlen die Nerven für einen nuancierten Individualismus …"
Der Verlag des Freibeuters. Paul Steegemann und die Literaturszene der zwanziger Jahre 627

Schlußbetrachtung ... 691
Städtische Kunstpolitik zwischen Gegnerschaft zur Moderne und moderater Annäherung ... 691
Erfahrungshorizonte und Formen von Zeitverständnis ... 698

Anhang

Aktenverzeichnis ... 719
Literaturverzeichnis ... 731
Verzeichnis der Gespräche mit Zeitgenossinnen und Zeitgenossen ... 757
Abkürzungsverzeichnis ... 763
Verzeichnis der Abbildungen ... 765
Personenregister ... 767
Sachregister ... 777

Einleitung

„Zweierlei Kunst in Deutschland"[1]

Im Winter 1931/32 faßte die Malerin Grethe Jürgens einen wesentlichen Anspruch ihres künstlerischen Schaffens in der Zeitschrift DER WACHSBOGEN in die Worte: „Das Verständnis für eine Zeit gewinnt man vielleicht am besten aus ihrer Kunst, und ein solches Verständnis halte ich für notwendig."[2] Grethe Jürgens ging es – typisch für die Malerinnen und Maler der Neuen Sachlichkeit Hannovers in dieser Zeit – vorwiegend um die künstlerische Darstellung der kleinen Leute in ihren halb proletarischen, halb anrüchigen Lebensverhältnissen zwischen Wohnküche und Kaschemme. Sie wollte die Einzelschicksale aus dem Heer der Arbeitslosen zeigen, das zu diesem Zeitpunkt bei einer hannoverschen Gesamtbevölkerung von 443.000 Personen über 30.000 Männer und Frauen zählte und zu dem auch die einunddreißigjährige Malerin schon seit mehr als zwei Jahren gehörte. Grethe Jürgens hatte die Arbeitslosigkeit und die damit verbundenen unsicheren Lebensumstände freiwillig in Kauf genommen,[3] sie hatte eine feste Stelle aufgegeben, um als Mitarbeiterin des kunst- und gesellschaftspolitisch engagierten WACHSBOGENS und als Malerin um Verständnis für ihre Kunst und für ihre Zeit zu werben. Wenngleich sie sich ausdrücklich gegen eine parteipolitische Interpretation ihrer Arbeiten aussprach, richtete sich ihre kunstpolitische Überzeugung gegen jedes künstlerische Schaffen, das – überdies in dieser Zeit der Weltwirtschaftskrise – dem Schönen, Zeitlosen und Gefällig-Glatten huldigte und damit seine Gebundenheit an die Umstände seiner Entstehung ungeschehen zu machen versuchte. Es schien ihr geradezu eine „barbarische Auffassung"[4] von Kunst zu sein, in dieser „keine Verpflichtung, sondern nur ein Mittel zu größerem Genuß zu sehen. Als geistige Schlagsahne wird sie auf den Kunstpudding getan." Kunst sei nach ihrem Verständnis keinesfalls ein „Mantel, mit dem man sich schmückt oder wärmt"[5] und auch weit mehr als ein für viele Zeitgenossen obligatorischer „dekorativer Fleck an der Wand".[6]

Seit 1929 bewohnte Grethe Jürgens eine jener kleinen Wohnungen, die die Stadt Hannover auf die Bitte verschiedener Künstlerorganisationen hin einigen notleidenden Künstlerinnen und Künstlern der hannoverschen Neuen Sachlichkeit zur Verfügung gestellt hatte.[7] Arbeiten von ihr wurden sowohl von Privatpersonen als auch von öffentlichen Einrichtungen und auch von der Stadtverwaltung in den zwanziger Jahren nur selten angekauft, wenngleich Grethe Jürgens sich sehr energisch um Ausstellungsmöglichkeiten in den etablierten Einrichtungen der Stadt bemühte.

Auch der konstruktivistische Maler Friedrich Vordemberge-Gildewart hatte nach einer handwerklichen Ausbildung die Möglichkeit einer dauerhaften Anstellung verworfen, um künstlerisch tätig sein zu können.[8] Seine Kunstanschauung wie die seiner Mitstreiter von der Künstlergruppe DIE ABSTRAKTEN HANNOVER unterschied sich grundsätzlich von dem Kreis der Neuen Sachlichkeit, dem Grethe Jürgens angehörte. Und doch teilte Vordemberge-Gildewart die Überzeugung, daß die herkömmliche „sogenannte Ölmalerei ... feierlichst ... zu Grabe getragen worden"[9] sei. 1925 formulierte der Sechsundzwanzigjährige selbstbewußt vor dem Hintergrund der Veränderungen, die sich auch in Hannover nach dem Ende des Ersten Weltkrieges in der Kunst ergeben hatten: „Wir stehen bekanntlich an dem Punkt, wo Kunst endgültig aufgehört hat, irgendeine feudale, unterhaltende, schmuckhafte Aufgabe erfüllen zu müssen."[10] Es sei „Unsinn und ganz ohne Reiz, etwas formen zu wollen, was irgendwie schon in der Natur vorhanden ist oder irgendwelche Funktionen zur Natur hat, wie es ebenso unsinnig ist, sich Bewegungen von der Natur vordösen zu lassen."[11] Als heutiger Mensch gelte es sich seiner Zeit zu stellen und zu schaffen, „(o)hne Rücksicht auf Großväter und Zukunft";[12] wie man sich „dabei später in der Kunstgeschichte benehmen (werde), ist völlig gleichgültig".

Friedrich Vordemberge-Gildewart stand zu diesem Zeitpunkt als Mitglied der ABSTRAKTEN HANNOVER in Kontakt mit vielen Bauhaus-Lehrern, er war Mitglied in Herwarth Waldens STURM-Gruppe und hatte in London und Paris mit einigem Erfolg ausgestellt. Seine Existenz war dennoch alles andere als gesichert.

Anfang der dreißiger Jahre bat er die hannoversche Stadtverwaltung mehrfach um den Ankauf seiner Werke. Die Stadt kam seinem Ansinnen nicht nach, sie nahm ihn aber in ihr Förderprogramm für notleidende Künstler auf.

Neben Grethe Jürgens und Friedrich Vordemberge-Gildewart gab es im Hannover der zwanziger Jahre eine große Zahl weiterer Künstlerinnen und Künstler, die unterschiedliche künstlerische Positionen bezogen und sehr differenzierte Stellung zu kunstpolitischen Gegenwartsfragen nahmen. Einer von ihnen war der Maler Rudolf Hermanns, der seine künstlerische Arbeit in der Revolutionszeit 1918/19 – achtundfünfzigjährig – folgendermaßen beschrieb: „Zwanzig Jahre habe ich hier still dahingelebt, ohne mich je um Kunstrichtungen, Tagesströmungen und Kunstsnobismus viel zu kümmern. Nie habe ich auch nur das geringste Interesse für Sezessionismus, Impressionismus, Expressionismus sowie alle anderen ‚Ismen' gehabt. Alle jene augenblicklich geltenden Kunstrezepte und Schlagwörter waren und sind mir leerer Schall: allen hochtrabenden Programmworten bin ich stets aus dem Wege gegangen, schienen sie mir doch nur Eselsbrücken zur Bequemlichkeit und zum Faulenzen."[13] Hermanns war seit seiner akademischen Ausbildung im Kaiserreich Zeichner und Genremaler. Er galt als Spezialist für stimmungsvolle Heidelandschaften und Darstellungen romantischer Altstadtwinkel. Zu diesem Zeitpunkt und auch späterhin saß er fest im Sattel verschiedener künstlerischer Vereinigungen in Hannover, wo er seit Jahren arbeitete und seine Werke – regelmäßig und in großer Zahl ausgestellt – guten Absatz fanden. Auch die hannoversche Stadtverwaltung kaufte Hermanns' Werke großzügig an und unterstützte den Maler zusätzlich durch regelmäßige Geldzahlungen in seiner Arbeit, der sich wohl nicht zu Unrecht bestätigt und ermuntert fühlte in seinem Versuch, „mir selber treu zu bleiben und kein ‚Zeitzögling' zu sein".[14]

Zählte Rudolf Hermanns in der breiten Kunstöffentlichkeit der zwanziger Jahre und auch bei den zuständigen Gremien innerhalb der städtischen Verwaltung zu den anerkannten Künstlern, so waren die künstlerischen Arbeiten Friedrich Vordemberge-Gildewarts und Grethe Jürgens' nur einer Minderheit bekannt. Das gilt auch für ihre kunsttheoretischen und kunstpolitischen Überlegungen, die in Kunstblättern mit geringer Auflage veröffentlicht und gelesen wurden von einem Zirkel ohnehin ähnlich Denkender und Wertender. Die Differenz in der Bewertung ihrer Arbeiten durch Zeitgenossen und durch heutige Kunsthistorikerinnen und Kunsthistoriker ist frappierend. Während der Beitrag zum Durchbruch der Moderne, den Grethe Jürgens und Friedrich Vordemberge-Gildewart in Hannover leisteten, heute nach wie vor in Ausstellungen und Publikationen gewürdigt und ihr Bemühen, zu neuen zeitgenössischen Ausdrucksformen zu gelangen, zumeist nicht bestritten wird, findet der Name Rudolf Hermanns' in rückblickenden Darstellungen der städtischen Kunst- und Kulturszene der zwanziger Jahre im allgemeinen keine Erwähnung. Da der Rückschluß von dieser Kunst- und Kulturszene auf ihre Einbindung in die städtische Kunst- und Kulturpolitik bislang nicht unternommen wurde und es offenbar auch von geringem Interesse war, aus welchen Gründen etwa die kommunalen Ankaufsgremien die Vertreter einer bestimmten künstlerischen Richtung förderten und andere nicht beachteten, fiel der Name Rudolf Hermanns' dem Vergessen anheim, während die Arbeiten Grethe Jürgens' und Friedrich Vordemberge-Gildewarts bei den Verantwortlichen in Museen und Galerien nach wie vor auf großes Interesse stoßen.

Die stillschweigende Ausklammerung Rudolf Hermanns' aus der hannoverschen Kunst- und Kulturgeschichte der zwanziger Jahre überrascht wenig in Anbetracht lange Zeit vorherrschender Vorgehensweisen von kunsthistorischer wie auch von historischer Seite, die – zumindest bezüglich des 19. Jahrhunderts – erst in letzter Zeit eine Revision erfahren haben.[15] Hermanns arbeitete ohne erkennbare Wandlungen zeitlebens so, wie er es von seinen Vorbildern, den Akademie- und Genremalern des 19. Jahrhunderts gelernt hatte, über die Wolf Jobst Siedler urteilte, sie hätten von dem, was um sie herum vorging, „keine Notiz"[16] genommen. Siedler weiter: „Die Requisiten ihrer Bildwelt sind gestriger noch als die ihrer Ahnen – Brunnen und Geigen, Postillone und Hirschfänger, Kutschen und Degen".[17] Weite Teile der Kunstgeschichte des 19. Jahrhunderts, zu der Arbeiten wie jene Rudolf Hermanns' trotz seines fortwährenden Wirkens im ersten Drittel des 20. Jahrhunderts gattungsgeschichtlich zählen, sind nach wie vor überschattet von dem offenbar abschreckenden Gedanken an den ‚typischen' Wilhelminischen Kunstgeschmack, der sich vor allem am „persönlichen Regiment"[18] Kaiser Wilhelms II. und Anton von Werners, der Maler, kaiserlicher Kunstberater und Kunstpolitiker in einer Person war,[19] zu spiegeln scheint. Dieser Kunstgeschmack hatte etwa die aufkommende Kunst eines Max Liebermann oder einer Käthe Kollwitz kategorisch mit dem Verdikt der „Rinnsteinkunst" und „Elendskunst"[20] abgelehnt und, wie der Kaiser anläßlich der Einweihung der Berliner Siegesallee 1901 bekanntgegeben hatte, die „Pflege der Ideale" als „größte Kulturarbeit"[21] angesichts der Versündigung am deutschen Volk durch moderne Strömungen in der Kunst postuliert. Weite Teile der Wilhelminischen Öffentlichkeit gefielen sich bezüglich ihres Kunstgeschmacks offenbar in einer eklektizistischen Häufung historisierender Stilelemente, die in der bildenden Kunst eben jene Bevorzugung der ästhetisierenden Genremalerei sowie der Salonkunst mit sich brachte, welcher auch Rudolf Hermanns anhing. Thomas Nipperdey urteilte über diese Art Kunst, die „konventionelle Durchschnittlichkeit"[22] habe in ihr dominiert, und er fügte mit Blick auf das Historien- und Genrebild in seiner „prätentiöse(n) Banalität"[23] hinzu, hier seien die bildende Kunst wie die Literatur in ihrer letztlich vergeblichen Orientierung an der klassizistischen ästhetischen Schönheit auf dem Sockel oder in der Vitrine geendet, eingehüllt in den „zähen Schleim alexandrinischer Bildungsbarbarei".[24]

Nicht erst die letzte Historiker- und Kunsthistorikergeneration hat jene Kunst, die von Malern wie Rudolf Hermanns geschaffen wurde, in jenen kritischen Augenschein genommen, der bis heute in der Auseinandersetzung mit weiten Teilen der Kunst des 19. Jahrhunderts vorherrscht. Schon 1926 urteilte der Kunsthistoriker Karl Scheffler: „Heute können wir die große Masse der einst populären Kunst ignorieren; wir halten uns allein noch an das, was fast gegen den Willen der Zeitgenossen entstanden ist, was aber allein lebendig geblieben ist und die geschichtsbildende Kraft der Kunst enthält."[25] Deutlich steht hier der Gedanke von der steten Entwicklung der Kunst im Vordergrund; wer sich ihr widersetze, sich also im fortschreitenden Prozeß zum Aktuellen hin verweigere, riskiere, künstlerisch in Stagnation zu versinken, der Kunst nichts Neues zu bieten und mithin der Bedeutungslosigkeit anheimzufallen. Schefflers Überzeugung von der Dialektik, der sich zwischen jeder Moderne und der ihr vorhergehenden Kunst im Spannungsfeld zwischen Modernität und Archaismus abspiele, wurde auch zu seiner Zeit viel diskutiert. Wilhem Pinder etwa entwickelte seine Theorie der „Gleichzeitigkeit des Ungleichzeitigen",[26] und mit Alexander Dorner arbeitete einer der entschiedensten und energischsten Verfechter dieser Entwicklungstheorie der Kunst in Hannover. Allen dreien aber mißlang es letztlich, den ‚Faktor Publikum' in ihr Gedankengebäude einzubeziehen. Mochte die zu ihrer Zeit, in den zwanziger Jahren, noch vorhandene Akademie- und Genrekunst ihnen selbst auch als halb bemitleidenswerter, halb zu negierender Anachronismus erscheinen, so konnten sie doch letztlich nicht die Frage klären, warum sich diese Art Kunst ganz offensichtlich in Hannover wie überall in Deutschland immer noch großer Beliebtheit erfreute. Hermanns war schließlich keinesfalls der einzige Maler, der beharrlich an seiner einmal erlernten Schaffensweise festhielt. Wie er stellten in den zwanziger Jahren unzählige Künstler überall in Deutschland – vornehmlich in Kunstvereinen, aber auch in anderen Einrichtungen – ihre Arbeiten aus, man schenkte ihnen reiche Beachtung und kaufte ihre Werke in großer Zahl an.[27] Brigitte Lohkamp bezeichnet diese „traditionelle Kunst gewissermaßen (als) die offizielle"[28] und schreibt, sie sei schließlich „auf allen großen und publikumswirksamen Ausstellungen massiert vertreten" gewesen und habe den Publikumsgeschmack „nachhaltig"[29] geprägt. Berthold Hinz ging noch weiter und formulierte, obwohl die traditionelle Kunst „nicht auf der künstlerischen Tagesordnung des Dezenniums"[30] gestanden habe, habe sie doch „in vielerlei Hinsicht die Kunst seines Alltags" gebildet und sei „weiteren Teilen der Bevölkerung vertraut"[31] gewesen als die Kunst der Moderne.

Neben der Pauschalverurteilung einer als überwiegend qualitätsarm interpretierten offiziellen Kunst des ausgehenden 19. Jahrhunderts und, mehr noch, einer mithin müde nur noch das ohnehin Minderwertige kopierenden Kunst des beginnenden 20. Jahrhunderts spielte in der Bewertung der traditionellen Akademie- oder Genrekunst noch ein zweites Moment eine große Rolle. Nicht zuletzt galt diese Kunst in ihrer Orientierung an der neoklassizistisch geprägten Norm des ästhetisch Schönen, Ausgewogenen und Erhabenen als Ahnherrin der nationalsozialistischen Kunst und hatte sich damit in den Augen vieler Kunsthistorikerinnen und Kunsthistoriker vor allem der unmittelbaren Nachkriegszeit und bis weit in die siebziger

Jahre hinein als den Faschismus begünstigend diskreditiert.[32] Nationalsozialistische Kunst unterlag lange Zeit dem Verdikt der pauschalen Qualitätsverneinung.[33] Was sich dem Nationalsozialismus untergeordnet und ihm willfährig zum Zwecke der Stabilisierung bestehender Verhältnisse gedient zu haben schien, hatte sich in jedem Fall der Kollaboration schuldig gemacht. Damit blieb jede Auseinandersetzung mit dieser Kunst auf der moralisierenden Ebene; eine systematisch-analytische Aufarbeitung kam lange Zeit nicht in Frage.[34] Walter Grasskamp spricht von der Kulturpolitik nach 1945 als der „Kulturpolitik des schlechten Gewissens"[35] und führt aus, die Duldung und Förderung der einst durch den Nationalsozialismus verfemten Kunst habe sich für die junge Bundesrepublik geradezu zum „Lackmustest für Toleranz und Pluralismus"[36] entwickelt. Um den Nachweis des Bruchs mit den Traditionen des nationalsozialistischen Gewaltregimes zu führen, seien dessen künstlerische Produkte wie jene des vorangegangenen 19. Jahrhunderts geradezu ostentativ zugunsten der Moderne der zwanziger Jahre abgelehnt worden. Wegen ihrer Positionierung zwischen der nachhallenden Akademiekunst des 19. und frühen 20. Jahrhunderts einerseits, die sich unbeeindruckt von den Einflüssen der Moderne gab, und der nationalsozialistischen Kulturpolitik andererseits, welche diese Moderne als ‚entartet' verfemt hatte, erfuhr die Kunst der zwanziger Jahre nach Grasskamps Überzeugung ungebrochen bis in die Gegenwart hinein eine außerordentliche Bedeutungsaufwertung, der er mit dem Schlagwort der „Inthronisation der Moderne"[37] Ausdruck verlieh. Grasskamp bezeichnete es als „Nachkriegsmißverständnis",[38] der Moderne im Zuge einer auf Wiedergutmachung bedachten „Kulturpolitik des schlechten Gewissens"[39] eine Bedeutung zuerkannt zu haben, die sie in allzu gefährliche Nähe zu ausschließlich euphemisierenden Legenden gebracht habe.

Diese „Inthronisation der Moderne" habe zum einen dazu geführt, daß das kunsthistorische wie auch das historische Augenmerk lange Zeit überwiegend den Avantgardeleistungen der zwanziger Jahre gegolten habe, die in immer neuen Schilderungen gleichsam posthum allmählich zu jenem Ruhm gelangten, der so eilfertig von den ‚Goldenen Zwanzigern' zu künden schien. Noch dazu reduziert auf den einen Ort Berlin mit den schillernden Facetten seiner Modernität und ohne Rücksichtnahme auf den zeitlichen Kontext ihrer Entstehung,[40] habe sich das Blickfeld auf jene kulturellen Höchstleistungen dieser Epoche verengt, auf die viele später Geborene mit einer Mischung aus Erstaunen und Wehmut zurückblicken. Sucht man auch noch in der letzten Zeit überhaupt zu erklären, wie diese Moderne sich entwickelte und wie sie sich in dieser bewegten Zeit zurechtgefunden hatte, wird allzu gern auf das Bild vom „Tanz am Rande des Vulkans"[41] verwiesen oder vom „vulkanische(n) Boden"[42] geschrieben, auf dem das Neue so gut gedieh, weil eine ständige Gefahr der Eruption die wagemutigen, risikobereiten Kräfte in Bewegung hielt. Proben dieses „vulkanischen Bodens", die Rückschlüsse auf das Gestein der Weimarer Republik zugelassen hätten, wurden lange Zeit nur selten genommen[43]. Zwischen der Schilderung der ökonomischen, sozialen und politischen Entwicklung der Weimarer Republik und der Darstellung ihrer kulturell-künstlerischen Leistungen klafft im allgemeinen eine Lücke. Damit blieb lange Zeit auch der Komplex der Rezeption der Moderne durch das breite zeitgenössische Publikum ausgeklammert. Allenfalls wurde dem Engagement ihrer vergleichsweise wenigen Anhänger Anerkennung gezollt, und die Kritik ihrer Gegner – noch dazu immer mit dem Unterton der ironischen Distanzierung konnotiert – fand Erwähnung, wenn es darum ging, das Unverständnis einer nie näher quantifizierten Personengruppe augenfällig zu machen. Ansonsten blieb der Blick vornehmlich auf das „Leuchtende, Positive, künstlerisch Wertvolle"[44] gerichtet, und das Etikett der goldenen zwanziger Jahre wurde unverdrossen weiterverwendet.[45]

Diese Sichtweise erwies sich jedoch in dem Moment als verkürzt, als das kunsthistorische und historische Interesse sich stärker dem Nationalsozialismus und seiner Kunstpolitik widmete und nun Ergebnisse zutage förderte, die dieser Kulturpolitik nicht wie bisher die Kontrolle und Instrumentalisierung der Kunst im Herrschaftssystem zusprachen,[46] sondern welche stärker von einem vielschichtigen Wechselverhältnis zwischen Kunst und Kultur, ihren Produzenten und ihren Rezipienten ausgehen. Statt weiter von einer strikt dirigistischen Durchsetzung der nationalsozialistischen Ideologie auf dem Kultursektor zu sprechen, wurde nun im Zuge der Suche nach Kontinuitäten zwischen Weimarer Republik und Drittem Reich ein sozialfunktionelles Erklärungsmodell rekonstruiert, das „sichtbar werden läßt, daß die Kulturpolitik des Dritten

Reiches nicht allein das Produkt von (teilweise durchaus widersprüchlichen und konkurrierenden) Aktivitäten des institutionalisierten nationalsozialistischen Machtapparats darstellt, sondern zugleich aus der ideologischen Situation der breiten klein- und bildungsbürgerlichen Massen entspringt".[47] Schließlich haben neuere Untersuchungen, insbesondere von Grasskamp,[48] Ketelsen[49] und von Saldern,[50] auch von Herf,[51] Schuster[52] und Reichel[53] erwiesen, daß der gesellschaftliche Rückhalt der nationalsozialistischen Kulturpolitik in der deutschen Bevölkerung weitaus größer war, als es die simplifizierende Annahme von den kontrollierten Beherrschten im totalitären System glauben machen konnte.[54] Trotz aller dirigistischen Momente und trotz des abrupten Übergangs von der Weimarer Kulturpolitik mit wenigen interventionalistischen Momenten zur eindeutigen Kulturdiktatur des Nationalsozialismus[55] wurde unverkennbar, daß die nationalsozialistische Kulturpolitik – in der bildenden Kunst etwa mit ihrer Reprise der Klassik des 19. Jahrhunderts, in der Literatur gleichermaßen durch die Pflege der Klassiker und jene einer nationalsozialistisch besetzten Volkskultur – mit einem durchaus „wohlwollenden Echo in größeren Teilen der Bevölkerung rechnen"[56] konnte.

Im Zuge der Untersuchung jenes vielfältigen Beziehungsgeflechts zwischen dem nationalsozialistischen Regime und weiten Teilen der deutschen Bevölkerung fiel der Blick zwangsläufig zurück auf die Weimarer Republik und deren kulturelles Angebot. Schließlich muß sich die nationalsozialistische Kulturpolitik ihres Rückhalts in der kunstinteressierten Öffentlichkeit so sicher gewesen sein, daß sie die Ausstellung ENTARTETE KUNST 1937 als ein gigantisches Spektakel der ‚Un-Kunst' inszenierte, dessen Exponate aus den zwanziger Jahren bei der Mehrzahl der zwei Millionen Besucherinnen und Besucher tatsächlich sehr viel stärker Abscheu und Widerwillen hervorriefen als daß sich Anhänger der dort zur Schau gestellten Moderne finden ließen.[57] Angesichts dieser Reaktionen muß die Frage lauten, wie das gleiche Publikum nur wenige Jahre zuvor, in der Weimarer Republik, auf eine Moderne reagiert hatte, die nun als ‚entartet' verunglimpft wurde. Die Begründung, im Nationalsozialismus gleichsam unter Zwang zu einer – vorgegebenen – ablehnenden Haltung der Moderne der zwanziger Jahre gekommen zu sein, hat sicher in vielen Einzelfällen, etwa bei exponierten Personen in der Kunstpolitik, eine Rolle gespielt. Sie erklärt jedoch keineswegs die massiv vorgetragene Abwehrhaltung des Publikums gegen die ‚entartete Kunst'.

Die Unterstützung einerseits, die die traditionelle Akademiekunst bei den Zeitgenossen der zwanziger Jahre fand, das wohlwollende Echo, mit dem andererseits auf die nationalsozialistische Abkehr von der Moderne reagiert wurde, führte dazu, daß Kunsthistoriker und Historiker in der jüngeren Vergangenheit von „zwei Kulturen",[58] von „zweierlei Kunst in Deutschland" sprechen: einer oft nach wie vor gefeierten modernen und avantgardistischen einerseits, einer ungeliebten und wenig auf die Ursachen ihrer Aversion gegen die Moderne hin untersuchten traditionellen Kunst andererseits. Eberhard Kolb konstatiert: „Der Kultursektor der Weimarer Zeit darf nicht reduziert werden auf die künstlerische Avantgarde und das Auftreten einer Massenkultur. Jene Namen, Titel, Hervorbringungen, die den Begriffen ‚Weimarer Kultur und goldene zwanziger Jahre' assoziiert werden, sind nicht uneingeschränkt repräsentativ für das damalige kulturelle und geistige Leben in seiner Gesamtheit. Die Moderne beherrschte nicht unangefochten die Kulturszene, die neue Kunst war keineswegs populär und allgemein akzeptiert; traditionelle Kunstrichtungen und die hergebrachte Formensprache blieben weiterhin einflußreich, und eine mächtige kulturpessimistische und zivilisationsfeindliche Strömung setzte dem Vordringen der Moderne entschiedenen Widerstand entgegen. Die deutsche Kultur der Weimarer Republik war daher eine tief gespaltene Kultur, zugespitzt gesagt: es gab in Weimar-Deutschland zwei Kulturen, die sich gegenseitig kaum etwas zu sagen hatten und sich mit tiefer Fremdheit und Feindseligkeit gegenüberstanden."[59]

Wenn in dieser Beurteilung von einer zahlenmäßig kleinen Gruppe der künstlerischen Avantgarde und ihrer Befürworter und einer einflußreichen und mächtigen Gruppe ihrer entschiedenen Gegner gesprochen wird, dann ist es nicht länger ausreichend, ablehnende Äußerungen dieser Gegner der Moderne als Ausdruck von Intoleranz oder Dummheit und ihr Beharren auf der „kleinmeisterliche(n) Genre- und üppige(n) Salonmalerei"[60] als sinnlose Zeitverschwendung und zugleich unangebrachte Fluchtbewegung vor unbequemen Realitäten zu interpretieren. Vielmehr ist die Vehemenz zu hinterfragen, mit der hier in dem nur auf den ersten Blick unpolitisch scheinenden Raum der Kunst zwischen Anhängern und Gegnern der Moderne gefochten wurde. Nahm hier die Kunst eine Position ein, die sie in das Zentrum der politischen Diskussion rückte, hatte sie vielleicht gar eine Stellvertreterposition inne in einer Zeit des steten, mit „tiefer Fremdheit und Feindseligkeit" geführten Diskurses zwischen Anhängern und Gegnern der Weimarer Republik? Berthold Hinz formuliert mit Blick auf die verfälschende und verkürzende Tendenz, jene vielen im Publikum, die die moderne Kunst nicht verstanden, dem Vorwurf der geistigen Beschränktheit auszusetzen: „Wir können nicht, selbst nach den Erfahrungen mit dem Faschismus, die verfolgte Moderne als restlos positiv und die von ihm adaptierte Genremalerei als gänzlich verwerflich darstellen."[61] Schließlich sei „(d)er Umstand, daß die Rechte in Deutschland und dann der Faschismus bei gleichzeitiger Eliminierung der Moderne mit der Präferenz der Genrekunst ... Erfolg hatte und offenen Beifall erhielt, ... Indiz für die tiefe Entfremdung zwischen der modernen Kunst und der Mehrheit des Volkes."[62]

Den Ursachen für diese Entfremdung zwischen der Moderne und der Mehrheit des Volkes gilt es nachzugehen. Dieses ist nicht länger durch etwas zu bewerkstelligen, das Grasskamp die „Innenansicht"[63] der Moderne nennt, die sich darauf beschränke, „Rang und Wirkung konkurrierender Künstler zu bestimmen und der Fülle der Werke, Richtungen und Formen mit Stilisierungen ... zu trotzen".[64] Vielmehr muß nach einer Außenansicht der Moderne gefragt werden. Ohne sich in Gegnerschaft zu ihr zu setzen, muß es möglich sein, jenseits von Ikonographie und Stilgeschichte stärker nach den allgemeinen wirtschaftlichen, sozialen und politischen Bedingungen zu fragen, unter denen die Moderne wie die Bewegung gegen sie entstanden sind. Zwischen beiden muß ein engeres Beziehungsgeflecht geknüpft werden.[65] Es sollte nicht mehr ausreichend sein, den Kunstgeschmack des breiten Publikums aus der Betrachtung künstlerischer Produktion der zwanziger Jahre auszuklammern, indem allein dem Neuen, Vorwärtspreschenden und in seiner betonten Abwendung von diesem Publikum so Ungestümen Augenmerk geschenkt wird. Die moderne, avantgardistische Kunst – auch wenn sie per definitionem als neues Terrain erschließende, vorwärtsstrebende, nicht auf Bestehendes achtgebende Kunstrichtung der Unterstützung durch die breite Öffentlichkeit nicht bedurfte, ja diese verwarf und sich mit wenigen Förderern zufriedenzugeben schien –, entstand gleichwohl nicht im ‚luftleeren Raum'. Auch sie war auf das Urteil zumindest eines Teilpublikums angewiesen und von Anteilnahme und Förderung abhängig. Obwohl die Moderne der zwanziger Jahre und hier besonders die Kunst des Expressionismus und des Dadaismus sich betont raumungebunden und gar nationenübergreifend gab, war ihr Entstehungsprozeß fest eingebunden in einen sozialen, ökonomischen und politischen Komplex. Sie war immer auch Antwort auf die jeweils bestehenden Verhältnisse und sensibel gegenüber Veränderungen in ihrer unmittelbaren Umgebung.

Diese Einbettung der Moderne in das konkrete zeitliche und räumliche gesellschaftlich-ökonomisch-politische Umfeld ihrer Entstehung soll im folgenden am Beispiel Hannovers herausgestellt werden. Wenn der Moderne in ihren unterschiedlichen Ausprägungen die Reaktion ihrer Gegner entgegengesetzt wird, so nicht zum Zwecke des qualitativen Vergleichs. Die vorliegende Arbeit beabsichtigt keine kunst- oder literaturhistorisch begründete, qualitativ wertende Gegenüberstellung der qualitativen ästhetischen Leistungen der Moderne zu jenen ihrer Gegner. Es geht ihr um eine von der konkreten Werkbetrachtung abgesetzte entwicklungsgeschichtliche Betrachtung, die zu einer stärkeren Differenzierung des Feldes der Gegner führen soll, so daß „erkennbar wird, welche Künstler und Kunstformen die nationalsozialistische Tyrannei repräsentieren und welche Spielarten der Anti-Moderne ... als Kritik der Moderne ernst genommen werden müssen".[66] Schließlich wäre es nach Walter Grasskamp, der von der Grundthese einer nach wie vor „unbewältigten Moderne" ausgeht, „unhistorisch" anzunehmen, „daß eine Moderne, die sich so kritisch in Szene setzte, ihrerseits von jeder Kritik ausgenommen werden könnte. Daß sich ein besonders wirkungsvoller Teil der Kritik im Zentrum und im Umfeld des Nationalsozialismus artikulierte, hat es den Verfechtern der Moderne bisher leicht gemacht, anti-moderne Kritik pauschal abzuwehren. Mit den Mythen und Legenden der Moderne hat ihre Geschichtsschreibung aber auch eine Reihe tradierter Vorstellungen über die Anti-Moderne zu verabschieden."[67]

Die Gegner der Moderne in diesem Zusammenhang als Angehörige einer monolithischen Anti-Moderne zu bezeichnen, hieße dabei die Mannigfaltigkeit ihrer gegnerischen Deutungsansätze und Positionsbestimmungen zu einer Einheit zusammenzupressen, die es auch in Hannover nicht gegeben hat. Die Verwendung des Begriffs der Anti-Moderne verwischt die Existenz von Zwischenhaltungen. So mochten manche Zeitgenossinnen und Zeitgenossen bereit sein, einzelne Momente der Moderne anzunehmen, andere hingegen verwarfen sie.[68] Die Palette der Gegnerschaft der Moderne – von ihrem erbittertesten Kontrahenten hin zum Kulturliberalen, der sich nur mit einigen wenigen ihrer Erscheinungsformen nicht anzufreunden wußte – hielt viele Schattierungen und Abtönungen bereit. So verstanden, rücken Freunde und Gegner der Moderne näher zusammen, als dies auf den flüchtigen Blick der Fall zu sein scheint, und es bleibt dem konkreten Beispiel vorbehalten, die Grenzen zwischen beiden zu stecken.

Die Träger der offiziellen Kunstszene und die Träger der Avantgarde. Zur Rolle des Bürgertums und zum Zerfall von Bürgerlichkeit

Wer sich mit dem Gesamtkomplex von Bürgertum und Bürgerlichkeit beschäftigt, gerät unweigerlich in eine Begriffsverwirrung. „(Ä)ltere Bedeutungssedimente"[69] überlagern sich mit neueren Definitionsansätzen, weshalb Hans-Ulrich Wehler von den Begriffen ‚Bürger' und ‚Bürgerlichkeit' als „amorphe(n) Begriffsschwämmen" urteilte.[70] Wehler beschrieb eine deutsche Gesellschaft mit „tief zerklüfteten bürgerlichen Formationen, Klassen und Schichten", die „mehrere bürgerliche Gesellschaften mit spezifischer sozialer Zusammensetzung, eigenen Leitbildern und Lebensführung, unterschiedlichen Lebensstilen"[71] hervorgebracht habe. Auch Jürgen Kocka konstatierte Schwierigkeiten, Mißverständlichkeiten und Überlagerungen in der Sprach- und Begriffsgeschichte, die insgesamt zu einer „verwirrende(n) Bedeutungsvielfalt"[72] geführt hätten. Kocka warnte auch davor, den Begriff des Bildungsbürgertums zur „tragende(n) Säule der Analyse"[73] zu machen, und riet dazu, ihn möglichst „mit spitzen Fingern"[74] zu gebrauchen. Die Tatsache, daß bereits die Verwendung des Begriffs des Bildungsbürgertums nach Einschätzung einiger Historikerinnen und Historiker – entwicklungsgeschichtlich bedingt[75] – eine unzulässige pejorative Wertung beinhaltet,[76] weist im übrigen darauf hin, daß die Debatte in hohem Maß politisch-ideologisch besetzt ist.

Zu der immer wieder festgestellten Gefahr der Verwendung der Begriffe von Bürgerlichkeit und Bürgertum als Leerformeln mit fast modischer Bedeutung[77] gesellt sich die Erkenntnis, daß die zwanziger Jahre für die entsprechende Forschung allgemein von geringem Interesse sind: Das bürgerliche Jahrhundert in Europa, beginnend mit den Revolutionen des späten 18. Jahrhunderts und schließend mit dem Ersten Weltkrieg,[78] war beendet. Wenn indes von der These eines seit dem Ende des vorigen Jahrhunderts durch die Veränderungen der Moderne herausgeforderten Bürgertums ausgegangen wird, dann müssen diese Herausforderungen auch ihre Auswirkungen auf jene bürgerlichen Kräfte gehabt haben, die sich in dann den zwanziger Jahren über moderne Ausprägungen im Bereich von Kunst und Kultur äußerten.

Nach dem Bedeutungsverlust des älteren Stadtbürgertums, jener Formation von Inhabern des Bürger- und des Wahlrechts, die vor dem Beginn von Spezialisierung und Professionalisierung in der Kommunalpolitik den Kern der Honoratiorenschaft in den Städten ausgemacht hatte,[79] ist in der Folge der Veränderungen anfangs des 19. Jahrhunderts von zwei neuen Ausprägungen von Bürgertum auszugehen:[80] einerseits dem Wirtschaftsbürgertum, der Bourgeoisie in Gestalt der Besitzer und Direktoren von Wirtschaftsunternehmen, andererseits dem gebildeten oder Bildungs-Bürgertum. Letzteres unterschied sich nach Klaus Engelhardt durch den „*Besitz von Bildungspatenten* als ‚Determinante' seiner individuellen Entfaltungsaussicht wie sozialen Lebenslage, als Vehikel seiner – internen Klassenlagen überbrückenden – ständischen Sozialisation und Basis seiner Einflußmöglichkeiten ... in Gesellschaft und Staat"[81] ebenso von ersterem wie durch „Unabhängigkeit vom Zwang zu marktbezogener Eigenerwirtschaftung seiner Subsistenzmittel, in diesem Sinne also durch direkte oder indirekte *Fremdalimentierung*".[82] Das Bildungsbürgertum machte einen großen Teil der neuen, gebildeten Kommunalbürokratie aus,[83] es stellte die Intelligenz – die Funktionseliten – an die Spitze der entstehenden staatlichen Professionen[84] und wurde angeführt und ausgebildet durch die „Mandarine",[85] die Professoren als universitäre Ausbilder dieser Intelligenz. Beiden Teilformationen, dem Wirtschafts- wie dem Bildungsbürgertum, ist gemein, daß sie sich als soziale Kategorien weniger durch eine im Inneren angelegte Differenzierung als durch die Abgrenzung zu anderen, zum Adel und mehr noch zum Volk – also nach oben und nach unten – beschreiben lassen.[86] Die Kontakte zwischen den

Exponenten der beiden Teilformationen und dem Adel führten dabei nach David Blackbourn und Geoff Eley langfristig nicht etwa zur „Refeudalisierung des Bürgertums",[87] sondern vielmehr zu einer „Verbürgerlichung der Gesellschaft". Die Distanz zur breiten Masse der Bevölkerung blieb demgegenüber lange Zeit erfolgreich aufrechterhalten.

Diese Vorgänge prägten sowohl das Wirtschaftsbürgertums als auch das Bildungsbürgertum, doch soll im folgenden letzterem als „Bewußtsein"[88] des Bürgertums, als der Formation, die den Prozeß jener Verbürgerlichung im Hinblick auf die Kultur und die Künste deutlich aktiver beeinflußte, mehr Augenmerk geschenkt werden. Während die Rolle des Wirtschaftsbürgertums vornehmlich in der ökonomischen Alimentierung der sich nun entwickelnden und bestimmend werdenden bürgerlichen Lebensformen bestand, schuf das Bildungsbürgertum die inhaltliche Ausgestaltung jenes differenzierten Kulturmodells der Bürgerlichkeit, das als Klammer zwischen den beiden Hauptteilformationen existierte, ja, einen wesentlichen Faktor des Zusammenhalts des Konstrukts einer bürgerlichen Gesellschaft ausmachte. ‚Bürgerlichkeit' meint also die Gesamtheit der Äußerungen eines weitgefaßten Kulturbegriffs,[89] sowohl das Ensemble von Werten und Verhaltensnormen, von Geboten und Verboten als auch die Formen der Kommunikation und des Verhaltensstils. Auch die Prägung des Umgangs miteinander schließt der Begriff ein und damit ein „bis in die Alltäglichkeit hineinreichendes Zusammenspiel von Normen und Formen".[90] Kultur und Bürgerlichkeit sind keinesfalls systematische Kategorien, sie sprechen mit der Sozialisation verinnerlichte mentale Einstellungen und ein bis in die „feinen Unterschiede" (Pierre Bourdieu) differenziertes Verhaltensgerüst an und drücken bürgerliches Selbstverständnis und Selbstbewußtsein aus. Wolfgang Kaschuba spricht von bürgerlicher Kultur als einer überall konvertierbaren Münze; wer ihre Gesetzmäßigkeiten verinnerlicht, wer also die Münze einmal in seinen Besitz gebracht hatte, fand in jeder bürgerlichen Gesellschaft in Deutschland Aufnahme und Anerkennung, wer die kulturellen Regeln nicht beherrschte, wurde durch sie ausgeschlossen.[91]

Diese Kultur war – nach Max Weber – geprägt durch das am Protestantismus orientierte Arbeitsethos und die Arbeitsdisziplin,[92] durch rationale Lebensführung und moralische Dignität,[93] das Streben nach Selbstverwaltung, aber auch durch die Betonung symbolischer Formen, die sich in Sitten, Gebräuchen und Lebensweisen niederschlugen und ebenso der Identitätsfindung innerhalb der Gruppe der Zugehörigen dienten wie der Distinktion gegenüber jenen, die nicht dazugehörten. Das Besondere an diesem Kulturverständnis bestand dabei, wiederum nach Kaschuba, in dem „vielseitigen, alle Lebensbereiche berührenden Gebrauchswert bürgerlicher Kulturmuster".[94] Kaschuba weiter: „Das sind keine mechanistischen Verhaltensweisen mehr, abgeleitet aus ständischen Lebenswelten und festgeschrieben in statischen Gesellschaftshorizonten. Vielmehr wirkt die neue Bürgertumskultur nun wie eine Querspange zwischen vorher getrennten Gruppen, Teilkulturen, Berufen und Konfessionen."[95] Wesentlich an der sich im Verlauf des 19. Jahrhunderts herausbildenden Bürgerlichkeit als spezifischer Kultur des Bürgertums war ihr selbstbewußter Anspruch auf Verbreitung der eigenen kulturellen Verhaltensweisen und Werte, eine Übertragung von Lebenswelten und Problemlösungen in gesellschaftliche Allgemeingültigkeit. Was die solchermaßen gekennzeichnete Bürgerlichkeit ausmachte, sollte auch seine Gültigkeit für die anderen gesellschaftlichen Gruppierungen haben. Die eigenen Kulturnormen und -formen, Tugenden, Verhaltensweisen und Wertorientierungen wurden durch den Prozeß der Verbürgerlichung vermittelt und sollten als Resonanzleistung dieser anderen Sozialgruppierungen als einzig gültige akzeptiert werden. Das bedeutet freilich nicht, daß die Durchsetzung dieses Anspruchs die Aufhebung der Grenzen nach oben und – wichtiger noch – nach unten aufheben sollte. Zeichneten sich die Schöpfer dieses differenzierten Kulturbegriffs hinsichtlich des Adels durch ein gewisses „Nobilitierungsstreben"[96] aus, ohne dabei jedoch das Selbstbewußtsein aufgrund des Eigenerworbenen und Selbstgeschaffenen aufzugeben,[97] so spielte die Abgrenzung gegenüber dem sozial niedriger positionierten ‚Volk' mit der Hilfe dieser spezifisch bürgerlichen Kultur als „Statussymbol"[98] eine große Rolle.[99] Thomas Nipperdey faßte die außerordentliche Funktion der Kultur innerhalb des Prozesses der Verbürgerlichung mit den Worten zusammen, sie sei „an die Stelle von Kirche und Tradition, Nachbarschaft und Zunft und Autorität"[100] getreten und habe „eine ganz neue Wichtigkeit und damit einen neuen dynamischen Charakter"[101] gewonnen.

Zentrale Bedeutung innerhalb des Kulturbegriffs nahm der Komplex der Bildung ein. Sie war die „kollektive Stilbildnerin"[102] bürgerlicher Kultur, das „zentrale Scharnier, ... um welches sich Bürgerleben und Bürgerwelten drehen".[103] Der Glaube an die Wissenschaft und an den ausschließlich positiv besetzten technisch-industriellen Fortschritt zählte ebenso zum bürgerlichen Normenkatalog wie die Überzeugung von der Notwendigkeit einer im Sinne der Veredelung wirkenden Erziehung des Menschen, welche die Kunst zu leisten imstande sei. Der Beschäftigung vor allem mit den bildenden Künsten und hier mit jenen Bewegungen, die das nationale Erbe zu beschwören vermochten, maß das Bildungsbürgertum große Bedeutung zu. Die Künste befreiten sich mit bürgerlicher Unterstützung zur gleichen Zeit von den Fesseln einer feudal oder geistlich bestimmten Auftragskunst.[104] Gleichzeitig hatten sie eine wichtige Funktion bei der Etablierung und Aufrechterhaltung von Bürgerlichkeit inne.[105] Dieser Prozeß ist, zumindest in seinen Anfängen in der ersten Hälfte des 19. Jahrhunderts, nach heutigem Begriffsverständnis insofern nur bedingt mit dem Vokabular von Demokratisierung und ‚Ver-Öffentlichung' zu kennzeichnen, als es sich schließlich um Entwicklungen handelte, die von einem überwiegenden Teil der städtischen Einwohnerschaft getrennt und – mehr noch – gerade zum Zwecke der Abgrenzung von ihr vonstatten gingen.[106] Schließlich wurden die Künste bürgerlich, und zwar „nicht primär wegen ihrer Inhalte und Formen, sondern wegen ihrer Funktion im Lebenshaushalt".[107]

Als Teil des bürgerlichen Normenkatalogs gewannen sie ein hohes Maß an politischer Bedeutung, denn sie dienten der Aufrechterhaltung jenes Alleinvertretungsanspruchs, der als Herrschaftsinstrument der neuen städtischen bürgerlichen Eliten gleichsam das Material und die Grundlage zum einen für den Zusammenhalt der Teilformationen des Bürgertums, zum anderen für die Differenzierung gegenüber anderen gesellschaftlichen Gruppierungen schuf.[108] Die bildende Kunst wurde damit von jenem Luxusinstrument, das sie noch in feudaler Zeit dargestellt hatte, nicht nur zum elementaren Bestandteil humanistischer Bildung, sondern zum essentiellen Baustein von Bürgerlichkeit als solcher. Dem Besuch der Kunstausstellung wie der Mitgliedschaft im Kunstverein – als zwei Beispielen typischer Ausprägung bürgerlicher Öffentlichkeit – kam jenseits der sicher vorhandenen Freude am Kunstgenuß eine zweite, wichtigere und deutlich politische Funktion zu: die der Schaffung kultureller wie politischer bürgerlicher „Generalkompetenz"[109] in allen Bereichen des öffentlichen Lebens. Das ermöglichte dem bürgerlichen Kunstfreund eine positive Identifikation mit den bürgerlichen Kulturwerten und bot gleichzeitig Kompensationschancen für alltägliche, gesellschaftliche Konflikte.[110] Die bildenden Künste wurden zu einem Raum der Selbsterfahrung und der Realitätsbewältigung. Damit nahmen Kunst und Kultur eine zentrale Position in der Ausbildung eines Bürgertums ein, das auf die Schaffung und Aufrechterhaltung von Klammerfunktionen zwischen seinen heterogenen Komponenten angewiesen war und der Legitimation seiner politisch wie kulturell führenden Position in der Gesellschaft bedurfte.[111]

Nun enthält der bürgerliche Kunst- und Kulturbegriff zunächst einmal kein Moment grundsätzlicher Neigung zur Stagnation, und so führte die Verbürgerlichung der Kunst denn auch zu einem bemerkenswerten Pluralismus in den Künsten. Thomas Nipperdey etwa sprach im Zusammenhang mit der „Verbürgerlichung der Künste"[112] von dem Vorgang des „Aufstieg(s) der Kunst als Lebensmacht"[113] und begründete dies mit dem Hinweis, daß seit der Revolution von 1848 „die Vielheit der Kunst sehr viel stärker in den Vordergrund"[114] getreten sei. Weiter heißt es: „Unterschiedliche Stile und Richtungen bestehen gleichzeitig nebeneinander, unvergleichlich mit älteren Konflikten oder Überlegungen. Stile konkurrieren plötzlich Miteinander. Dem entspricht der Pluralismus des Geschmacks in einem sich verbreiternden ... Publikum, ohne eindeutig etablierte Hierarchien, begünstigt durch den föderalistischen Polyzentrismus in Deutschland."[115] In, vor allem aber auch außerhalb Berlins,[116] später besonders in den süddeutschen Städten[117] entfaltete sich, gefördert von Magistraten und Stadtverordnetenversammlungen, im Bereich der bildenden Künste, aber auch im Theater- und Musikwesen bis in die siebziger Jahre des vorigen Jahrhunderts ein ausgesprochen differenziertes Kulturleben. Einen Gutteil seiner großen Energien schöpfte dieses Kulturleben dabei aus dem politisch motivierten Gedanken der Schaffung des Nationalstaats.[118]

Die Einlösung dieser Hoffnungen mit der Reichsgründung 1871 erwies sich nach Wolfgang J. Mommsen jedoch als „Danaergeschenk".[119] Eine Zeit der allzu selbstgefälligen Wahrung der Traditionen, der Stagnation, setzte ein. Bildung entwickelte sich immer deutlicher zum „Ritterschlag der Neuzeit",[120] sie routinisierte zum Besitz von Bildungspatenten[121] und verlor den Anspruch der freiwilligen, ganzheitlichen und zweckungebundenen Ausprägung der Persönlichkeit. Die idealistischen und neuhumanistischen Elemente des Begriffs von Bürgerlichkeit verbanden sich mit einer Wertschätzung für Realistisches und Pragmatisches, das dem nun nicht mehr so freien, sondern von dem zunehmend eklektizistischen Geschmack des bürgerlichen Publikums abhängigen Künstler etwa die Einhaltung des Maßstabs von Naturtreue und Abbildgenauigkeit und die Einhaltung bestimmter Vorgaben von Sujet und Ausdruck abverlangte. Das bewahrende, Traditionen verteidigende Moment des Bürgertums trat gegenüber dem freien, Autonomie und Wandlungsfähigkeit gewährenden und fördernden in der Folge der Reichsgründung in den Vordergrund.[122]

Diese Entwicklung wiederum löste eine Reihe von Folgeerscheinungen aus. Eine sei kurz mit dem Schlagwort der „antibürgerlichen Bürgerlichkeit" angesprochen. Gemeint ist eine Reihe von „Reform- und Aufbruchs-, Rettungs- und Neuerungs-, Flucht- und Schutzbewegungen",[123] zu denen als die wohl bekanntesten die Heimatbewegung, die Jugendbewegung und die Lebensreformbewegung zählten.[124] Ihr Protest gegen die bürgerliche Sicherheit und gegen den ihnen übersteigert scheinenden Materialismus der späten Gründerzeit läßt auf das Vorhandensein eines tiefsitzenden Vorbehalts gegen bürgerliche Selbstgefälligkeit schließen. Es ist dabei bezeichnend, daß es Angehörige des Bildungsbürgertums, das die Gesamtformation des Bürgertums doch maßgeblich erst zu seiner hegemonialen Stellung geführt hatte, waren, die nun nach neuen Denk- und Deutungsmustern und Wegen aus dieser krisenhaft empfundenden Gegenwart suchten. Bei aller vehement an den Tag gelegten Antibürgerlichkeit verließ diese Protestbewegung doch nie den Boden des Bürgertums. Ebensowenig suchte sie sich neues Terrain in Kooperation mit anderen gesellschaftlichen oder politischen Gruppierungen.

Dieser Gedanke ist übertragbar auf die rasante Entwicklung in den Künsten, die in den achtziger Jahren des vorigen Jahrhunderts begann und sich über die Jahrhundertwende bis zum Ausbruch des Ersten Weltkrieges fortsetzte. Es entstand eine Vielzahl von neuen, konkurrierenden, sich ergänzenden, teilweise aber auch nach kurzem bereits wieder gegenseitig aufhebenden Ästhetikkonzepten. Ihren Vertretern war gemein, daß sie gegen die behäbig und traditionalistisch gewordene offizielle bürgerliche Kunst opponierten. Besonders die Kunstpolitik Wilhelms II. und seines Kunstberaters Anton von Werner geriet zunehmend in die Kritik.[125] Eine neue Gruppe von Künstlern, vielfach junge, noch in keine Abhängigkeiten zu bestehenden bürgerlich geprägten Kunstöffentlichkeiten geratene Kräfte, machte sich – oft in Abspaltungen, Sezessionen, zusammengeschlossen – an die Verwirklichung eines Zieles, das die Kunst weder als Gestalterin ästhetisch idealisierter Welten noch als strenge Sachwalterin der Gesetze von Proportion und Abbildgenauigkeit sah. Diese Künstler setzten auf die Schaffung eigener künstlerischer Wirklichkeiten, auf die Wiedergabe von individuellem Eindruck und auf das Experiment des eigenständigen künstlerischen Ausdrucks. Nicht mehr einem Kunststil nachzueifern, sondern selbst zu Eigenem, Persönlichem, Individuellem zu gelangen, war die Devise. Für jeden Betrachter verständlich zu schaffen und damit allgemeinverbindliche Kulturwerte zu reproduzieren, wurde abgelehnt.[126] Die Wahrung des Hegemoniegedankens bürgerlicher Kultur lag außerhalb ihrer Interessen, und die Verknüpfung mit politischen, herrschaftsstabilisierenden Aufgaben kündigten diese jungen Künstler, die Avantgardisten ihrer Zeit, auf.[127] Mit diesen energisch vorgetragenen Zielsetzungen war eine Haltung verbunden, die nicht im Strom der offiziellen Kunstszene mitschwamm und auch nicht unbedingt gegen diesen ankämpfte, sondern sich gleichsam an ihren Ufern wiederfand. Ein gewisser Fluchtcharakter, die Neigung zum Rückzug in den Individualismus statt zur Konfrontation mit der Wirklichkeit und dem Alltag des Wilhelminischen Kaiserreiches war diesen jungen künstlerischen Strömungen ebenso eigen wie zu gleicher Zeit der Lebensreform- oder der Heimatbewegung.[128] Wie diese auch prägte die seit den achtziger Jahren entstehende deutsche künstlerische Avantgarde jene antibürgerlich-bürgerliche Haltung, die gegen das Bestehende revoltierte, Mißstände erkannte und nach Auswegen suchte, die aber auf dieser Suche die Normen und Werte der bürgerlichen Welt als Verursacherin der Fehlentwicklung doch nie in Frage stellte.[129]

Aus dieser bei allem Protest unangetasteten Systemverbundenheit entwickelte sich ein wesentliches Dilemma der Avantgarde. Zusammengesetzt aus Angehörigen des bürgerlichen liberalen Staats, legte diese Avantgarde in den Augen ihrer Kritiker halbherzig allenfalls den Finger in seine Wunden, statt auf die Überwindung politisch-gesellschaftlicher Strukturen zu drängen. Sie übte sich allenfalls in elitärer Abwendung und machte sich so in gewisser Hinsicht einerseits zum Feind der Systemgegner. Dadurch, daß sie bestehende Situationen angriff und somit die Aufrechterhaltung traditioneller und als wertvoll erkannter kultureller Werte zu gefährden schien, zog sie sich andererseits die Kritik der Anhänger dieses Systems zu.[130] Frank Trommler schrieb vom Expressionismus der zwanziger Jahre als „vorletzte(m) Schrei einer überlebten Bürgerkultur",[131] und Jost Hermand bezeichnete bereits den etwa ab 1910 aufbrechenden Expressionismus – und auch noch den Expressionismus in seiner politisch prononcierten Phase nach dem Ende des Ersten Weltkrieges – als „,Ismus' im Gefolge der bürgerlich-antibürgerlichen Stilformen, die sich seit dem Naturalismus und Impressionismus im Rahmen des allgemeinen Ismenkarussells als sezessionistische Bewegungen innerhalb des herrschenden Kunstbetriebs eingenistet haben".[132] Der Hauptimpuls dieser Bewegung habe in einer „Absonderungstendenz ... gegen den prunkvoll-offiziellen Stil des Wilhelminismus"[133] bestanden. Weiter heißt es: „Alle diese Ismen und Stile ... waren letztlich Geschmacksrevolten einer ästhetisch verfeinerten Intelligenz gegen das *juste milieu* des Wilhelminismus, obzwar einige dieser Ismen (vor allem der Naturalismus und der Expressionismus) ihrer Tendenz ins ‚Andersartige' zum Teil auch inhaltlich abweichende, ja sogar politische Zielsetzungen untergelegt hatten ... Doch blieben alle diese Bewegungen (einschließlich des Naturalismus und des Expressionismus) letztlich ‚Ismen', das heißt bürgerlich-antibürgerliche Kunstrebellionen oder Sezessionen, die nur der durch Besitz und Bildung ausgezeichneten Bourgeoisie, den ‚Oberen Zehntausend', belangreich erschienen."[134]. Berthold Hinz meinte Ähnliches, als er formulierte, beide dominierenden Kunstströmungen der Zeit – also sowohl die avantgardistische Moderne als auch das „Feld-, Wald- und Wiesengenre"[135] – seien „künstlerische Realisationen ein und derselben, der bürgerlichen Gesellschaft" gewesen. Letzere habe „als frühbürgerliches Produkt die egalitären Tendenzen", erstere „als spätbürgerliches Phänomen die elitären Konstituenten der bürgerlichen Gesellschaftsordnung"[136] enthalten.

Für den Komplex Bürgertum, Bildungsbürgertum und Bürgerlichkeit ist die Tatsache von Bedeutung, daß bürgerliche Künstler für ein kleines, elitäres bürgerliches Publikum[137] eine Form künstlerischer Produktion betrieben haben, die für wiederum viele andere bürgerliche Rezipienten zum Anlaß scharfen Protestes wurde. Mit diesem Prozeß, der Geburt der antibürgerlich-bürgerlichen Avantgarde aus einer als Stagnation empfundenen Situation der traditionellen bürgerlichen Kunst, war die bürgerliche hegemoniale Stellung in den Künsten und darüberhinaus in Kultur und Gesellschaft gefährdet. Dies war kein abrupter Vorgang, der sich anläßlich des Auftretens der ersten avantgardistischen Künstler vollzogen hätte. Es begann vielmehr der Prozeß einer „fortschreitenden Aushöhlung der bürgerlichen Lebensformen"[138] und der „Auflösung des bildungsbürgerlichen Selbstverständnisses".[139] Weil dieses Feld als fester Bestandteil des bürgerlichen Bildungsbegriffs elementar zur Bürgerlichkeit gehörte, ja, es eigentlich erst ausmachte, führten die Veränderungen Ende des 19. Jahrhunderts in großen Teilen des Bürgertums zu jenen in ihrer Vehemenz heute nur schwer nachvollziehbaren Unmutsbekundungen gegen die Avantgarde. Dies war eine Tendenz, die sich ungebrochen bis in das neue Jahrhundert und über den Ersten Weltkrieg hinweg in die zwanziger Jahre fortsetzte: Der Angriff auf bürgerliche Hegemonien im künstlerisch-kulturellen Bereich wurde auf die höhere Ebene des Generalangriffs auf bürgerliche Lebensnormen und -formen übertragen und erhielt dadurch seinen ausgesprochen aggressiv-kämpferischen Charakter.[140] Peter-Klaus Schuster schrieb mit Blick auf die von ihm festgestellte Unfähigkeit des kultivierten Streitgesprächs zu Fragen der Kunst in Deutschland: „Kunst als höchste bürgerliche Lebensnorm, dieses Vermächtnis der Weimarer Klassik an den deutschen Bildungsbürger zur Kompensation seiner gesellschaftlichen Unzulänglichkeiten, war ein entscheidendes Handikap in Deutschland für den Umgang mit der proteischen Moderne und ihrer herausfordernden Experimentierlust. Kunstfragen sind in Deutschland vielmehr Lebensfragen, und mit entsprechender Radikalität, mit geradezu lebensbedrohender Ernsthaftigkeit, werden sie behandelt."[141]

Mit den tiefgreifenden Veränderungen im Gesamtgefüge des Bürgertums gingen Entwicklungen einher, die Pierre Bourdieu mit dem Begriff des „Trägheitsmoments"[142] beschrieb. Dieses wohne dem Verständnis von Kunst grundsätzlich inne, und es bewirke, „daß in Perioden des ‚Bruches' die mit Hilfe neuer künstlerischer Produktionsinstrumente hervorgebrachten Werke dazu verurteilt sind, über einen gewissen Zeitraum hinweg durch herkömmliche Rezeptionsinstrumente, nämlich eben diejenigen, gegen die sie doch geschaffen wurden, wahrgenommen zu werden. Die Gebildeten, die der Bildung ... mindestens in dem Maße gehören, wie diese ihnen, neigen stets dazu, die ererbten Kategorien auf Werke ihrer Epoche zu applizieren."[143] Vor allem das gebildete Bürgertum gründete – wie erwähnt – seine gesellschaftlichen Ansprüche auf tradiertes, homogen ausgerichtetes Bildungswissen und verbindliche Kulturwerte.[144] Beides wurde im ausgehenden Kaiserreich, als Kunst immer stärker hieß, „was Künstler Kunst nannten, nicht mehr, was Bildungsbürger kollektiv als Kunst anerkannten",[145] durch einen pluralistischen, stark differenzierten und in sich ambivalenten Begriff von Kultur ersetzt. Das Bürgertum verlor in der Folge die Wurzeln seiner Homogenität, die „kulturelle Generalkompetenz",[146] und damit die „Legitimationsquelle seines gesellschaftlichen Geltungsanspruchs".[147] Weite Teile des bürgerlichen Kunstpublikums verweigerten die Annahme der „Decodierungsschlüssel"[148] zu dieser neuen Kunst, die den subjektiven Gestaltungsprinzipien weniger Künstler und ihrer Unterstützer folgte. Jede Anerkennung hätte ihren eigenen Bildungsbestand und damit die Basis ihres Selbstverständnisses in Frage gestellt. Mit diesem Differenzierungsprozeß war nach Jürgen Habermas „der Resonanzboden einer zum öffentlichen Gebrauch des Verstandes erzogenen Bildungsschicht ... zersprungen; das Publikum in Minderheiten von nicht öffentlich räsonnierenden Spezialisten und in die große Menge von öffentlich rezipierenden Konsumenten gespalten. Damit hat es überhaupt die spezifische Kommunikationsform eines Publikums eingebüßt".[149] Auf die selbstbewußte Präsentation eines scheinbar abgesicherten Kanons von Kulturwerten des trotz seiner inneren Fragmentierungen durch das Moment der kulturell gesicherten Bürgerlichkeit vereinheitlichten Bürgertums folgte um die Jahrhundertwende die Aushöhlung bürgerlicher kultureller Werte und Normen, der Zerfall bürgerlicher Öffentlichkeit.[150]

Diese sich in wenig mehr als zwei Jahrzehnten vollziehenden Prozesse im künstlerisch-kulturellen Bereich wurden von einer Reihe weiterer gravierender gesellschaftlicher Veränderungen begleitet. Das Eindringen neuer, in der sozialen Hierarchie tiefer stehender Gruppierungen in Ausbildungswege, die bisher vom Bildungsbürgertum und zunehmend auch von der Bourgeoisie dominiert worden waren, gefährdete auf seine Weise den Universalitätsanspruch der bürgerlichen Kultur weiter.[151] Auch innerhalb des Bürgertums führte der erhöhte Bedarf an Bereichsspezialisten und Fachkräften in den sich immer stärker differenzierenden Professionen zu stärkeren Fragmentierungen, die als Zerfall von Überschaubarkeit, Allgemeinverständlichkeit und als Verlust von Gemeinschaftsgefühl wahrgenommen wurden.[152] Der Durchbruch zur industriell-urbanen Massengesellschaft mit ihren Charakteristika der Verstädterung, der Binnenwanderung, der Entstehung neuer sozialer Gruppen, einer aufsteigenden Arbeiterschaft, einer damit verbundenen Fragmentierung der politischen Kultur und einer Auflösung der – nach Rainer M. Lepsius – sozialmoralischen Milieus führte mittelfristig zu einer von einem Großteil des Bürgertums mißtrauisch zur Kenntnis genommenen Demokratisierung.[153]

Auf weite Teile dieses Bürgertum, das sich durch das Umfeld seit den neunziger Jahren des vorigen Jahrhunderts zunehmend verunsichert fühlte, wirkte der Weltkrieg als reinigende Kraft und Befreiung aus der Sinnkrise.[154] Nicht zufällig formulierte das protestantische Bildungsbürgertum die Ideen von 1914 mit dem größten Enthusiasmus, stellte das Gros der Kriegsfreiwilligen[155] und zeigte größte Bereitschaft, diesen Krieg seiner eigentlichen, politisch-militärischen Bedeutung zu entkleiden und als Herausforderung zum Kampf gegen die Moderne und deren vermeintliche Tendenz zu einer materialistischen Verflachung im kulturellen Bereich zu verstehen.[156] Auch weil diese Moderne sich grenzübergreifend gab, weil sie sich inspirieren ließ von künstlerisch-kulturellen Entwicklungen in anderen Ländern, ja, weil sie in diesem Zusammenhang den belebenden Austausch mit gleichgesinnten Kräften im Ausland der spröden Diskussion mit den traditionalistischen Kräften im eigenen Land vielfach vorzog, wurde der Krieg nun als Auseinandersetzung zwischen den materialistischen Werten des Auslands und den idealistischen Werten einer in sich – vermeintlich – homogenen deutschen Kultur, als „Kampf der Kulturen"[157] gewertet. Der Verlauf des Krieges jedoch verunsicherte seine einstigen Befürworter und stärkte sie in ihrem Krisenbewußtsein. Statt des idealistischen Freiwilligen von 1914 brachte er den illusionslosen „Krieger im technischen Zeitalter"[158] hervor. Er ließ von den Gesetzen bürgerlicher Normalität wenig übrig; seine Auswirkungen, die Not und das Elend, wirkten auf beide, die Kämpfer wie die Zivilisten, ausgesprochen nivellierend, statt daß sie dem Bürgertum verlorene Kompetenz und Homogenität zurückzugeben vermochten. Das Kriegsende schließlich, die Niederlage, die dann besonders von den Vertretern des Bürgertums auch oft nur gezwungenermaßen als solche eingestanden wurde, war erst recht der Verstärker einer Überzeugung, die die Entwicklung seit der Reichsgründung als permanenten Niedergang begriff. Nur war in der ersten Phase der Weimarer Republik vielen Bürgerlichen noch nicht klar, ob dieser Abstieg nun, mit dem Ende der Monarchie, einen absoluten Tiefpunkt erreicht hatte oder ob sich eine Wende hin zum Besseren, zur Verwirklichung der Hoffnung auf eine abermalige Garantie gesellschaftlicher, politischer und kultureller Hegemonie eines gestärkten Bürgertums anbahnte.

Als sich jedoch abzeichnete, daß, wie Thomas Mann es 1919 bezeichnete, die „im Laufe von Jahrhunderten erworbene Kultur der Lebensführung im Absterben begriffen"[159] war, daß die sozialen und materiellen Privilegierungen ein Ende gefunden hatten und daß das ohnehin seit Jahrzehnten in Fragmente zerspaltene Bürgertum nunmehr „ebenso ausschließlich auf seine eigene Kraft und Leistung gestellt (wurde), wie die Arbeiterschaft es längst war"[160] – so Max Weber 1918 –, mußten die Veränderungen zwangsläufig ihre Auswirkungen auf das Verhältnis des Bürgertums zur Weimarer Republik haben. Dies gilt umsomehr, als diese Republik in dem Bereich der Kunst und Kultur nun nach dem Zusammenbruch des alten Staatsgefüges erstmals eine außerordentliche Vielzahl von künstlerischen Strömungen und Richtungen duldete, ja sie förderte und gedeihen ließ. Gemeinsam mit der Massenkultur und mit einer gewachsenen Arbeiterkulturbewegung, die das demokratische System zu neuen Möglichkeiten führte, prägte die Avantgarde die Fülle der Kultur von Weimar, über die Detlev J. K. Peukert schrieb: „Die großen Stile, die unser Bild der klassischen Moderne prägen, folgten also in atemberaubender Hektik aufeinander. Keine Manier besaß die Kraft und die Dauerhaftigkeit, der Epoche als ganzer ein geschlossenes kulturelles Antlitz zu verleihen."[161]

Krisenjahre der klassischen Moderne

Den Zeitrahmen der vorliegenden Arbeit bildet die Weimarer Republik, jene Zeitspanne zwischen dem Zusammenbruch der Monarchie und dem Beginn des Nationalsozialismus, die Detlev J. K. Peukert als „Krisenjahre der klassischen Moderne"[162] bezeichnete. Die Formulierung deutet an, daß das Vorherliegende, die eigentliche klassische Moderne,[163] während dieser Zeit eine Krise durchlebte, eine Phase des Infragestellens, der Unsicherheit, auch des Legitimationszwangs der Moderne innerhalb dieses ersten demokratischen Experiments und zugleich „ersten wahrhaft modernen Kulturabschnitt(s)"[164] in Deutschland. Als die Weimarer Republik entstand, war die seit 1880 in Deutschland zu beobachtende Modernisierung nicht mehr umkehrbar, und nur die wenigsten Kritiker sehnten sich tatsächlich nach den vormodernen Zeiten zurück und waren dafür bereit, den Verzicht auf die Annehmlichkeiten der Moderne in Kauf zu nehmen. Doch erst diesem demokratischen Experiment auf politischer Ebene wurde die Krisenhaftigkeit angelastet, die bereits seit Jahrzehnten das ökonomische, wirtschaftliche und kulturelle System befallen hatte. Erst jetzt erreichte der seit den achtziger Jahren des vorigen Jahrhunderts begonnene, über die Jahrhundertwende beschleunigte und mit dem Weltkrieg in einen neuen Kontext gestellte Konflikt um die Moderne einen Höhepunkt, der dem politischen System der Demokratie Schaden zufügte, ja dessen nun erstmals offen und nachhaltig zutage tretenden aggressiven Divergenzen das ‚Experiment Weimar' letztlich scheitern ließen.[165]

In Wilhelminischer Zeit hatten die Folgen der Industrialisierung in sozialer wie in ökonomischer Hinsicht Unsicherheit hervorgerufen; neue gesellschaftliche Formationen waren entstanden, alte hatten sich verändern und Flexibilität entwickeln müssen. Ein neues Menschenbild war entstanden, neue Lebenswelten hatten sich aufgetan, die Wissenschaften hatten die Ausbildung neuer Professionen mit sich gebracht, um die notwendigen raschen Veränderungen in der Wirtschaft zu ermöglichen und dem Zug der Modernisierung auf diesem Sektor nachzukommen.[166] Bereits hier waren der „Wille zur Modernität" und die „Angst vor der Modernität"[167] ein erstes Mal nachhaltig aufeinandergeprallt. Doch war der gesellschaftspolitische Rahmen über die Jahrhundertwende hinaus stabil genug geblieben, und die Krisenhaftigkeit der Modernität hatte die geltenden Verhältnisse nicht in Frage gestellt und die Monarchie nicht gefährdet.

Auch im Bereich der Künste war das Jahr 1918 „keine Wasserscheide".[168] Die Kultur von Weimar nahm auf, was seit mittlerweile rund drei Jahrzehnten, begleitet von stärksten Anfeindungen und nicht minder energischen Beifallsbekundungen, entstanden war. Hier waren etwa seit den neunziger Jahren mit dem Naturalismus und dem Expressionismus Kunstströmungen entstanden, die auf den Ausdruck eigener, subtilerer und weniger vom reinen Abbildungscharakter gesteuerter Empfindungswelten setzten. Von der staatlichen Kunstpolitik ausgenommen, vom Kaiser verhöhnt, in unzähligen Kunstkontroversen vielerorts eher in den Geruch von Sensation und Provokation gerückt als mit den Maßstäben der Kunstkritik betrachtet, hatte sich diese Moderne in der Kunst doch eine kleine, zugleich aber tatkräftige Schicht von zumeist bürgerlichen Anhängern sichern können, die sie am Leben hielt, auf der anderen Seite aber auch bewirkte, daß sie in den Augen ihrer Gegner zwar eine mißliebige, aber in ihren Auswirkungen wenigstens begrenzte Moderne blieb.[169] Vieles von dem, was rückblickend gemeinhin unter dem Sammelbegriff der Weimarer Kultur gefaßt wird, war bereits vorhanden, kontrovers diskutiert und teilweise auch schon wieder verändert, abgeschwächt oder verstärkt worden, lange bevor die Weimarer Republik geboren wurde. Zu den sich bereits in den letzten Jahrzehnten des Kaiserreichs entwickelnden avantgardistischen Richtungen und Strömungen, deren bedeutendste für die junge Weimarer Republik der Expressionismus war, kamen nun vollkommen neue wie etwa die Kunst aus der jungen Sowjetunion, die an vielen Orten des Reiches ausgestellt und diskutiert wurde. Wichtiger noch war die Auseinandersetzung mit der Massenfreizeitkultur, deren Anfänge ebenfalls bereits in den Jahren vor dem Ausbruch des Ersten Weltkrieges zu datieren sind, die aber erst jetzt, als moderne Massenkultur, zu großer Breitenwirkung gelangte und in hohem Maße in das Bewußtsein von Lebenswirklichkeit und damit in die Alltagskultur eindrang.[170] Erst jetzt, in einer Gesellschaft, in der grundsätzlich alle Bürger mit gleichen Rechten am öffentlichen Leben und an der Kommunikation teilzunehmen in der Lage waren,[171] konnte die Massenkultur zu einer bestimmenden künstlerisch-kulturellen Ausdrucksform gerade für jene vielen werden, die zu den älteren avantgardistischen Richtungen und Strömungen besonders in der bildenden Kunst wenig Zugang gefunden hatten. Die Auseinandersetzung mit der Massenkultur der zwanziger Jahre ist einerseits im Hinblick auf die Diskussion über Masse und Demokratie von Interesse.[172] Andererseits lassen die vielfältigen und von verschiedenster Seite initiierten Einwirkungsversuche[173] – von jenem der ‚Veredelung' über den der selektiven Nutzung bestimmter ihrer Elemente bis hin zum rigiden Interventionalismus – die Massenkultur als „neue Herausforderung"[174] und die Diskussionen über sie als Hinweis auf einen „Diskurs ohne festen Boden"[175] verstehen, der mit Werturteilen und Deutungen angesichts des Fehlens historischer Erfahrungen in diesem Bereich erst noch experimentierte.[176]

Der Erste Weltkrieg wirkte für die Entwicklung dieses Ideengutes als Katalysator.[177] Die Unsicherheit, in die die Veränderungen in Wirtschaft, Sozialgefüge und auf dem kulturellen Sektor seit der Geburt der Moderne in den achtziger Jahren weite Teile der Bevölkerung gestürzt hatten, schien nun den Gewißheiten nationaler Einigkeit zu weichen. Für ihre Gegner mochte sich gar ein Ende der vermeintlich ‚ungesunden' Modernisierungsbestrebungen abzeichnen. Gleichzeitig ließ der Krieg die Anhänger der Moderne auf den lange erwarteten Durchbruch hoffen. Die Begeisterung, mit der sich auf der einen Seite linksbürgerliche und linksliberale Schriftsteller wie Kasimir Edschmid, Richard Dehmel, Hermann Hesse und Alfred Henschke (Klabund) – um nur einige zu nennen – als Kriegsfreiwillige meldeten, um einen neuen geistgeborenen Staat mit aufzubauen zu helfen,[178] und die Emphase, mit der von anderer Seite für die Wiederherstellung alter, womöglich vorindustrieller, zumindest aber vormoderner Lebenswelten in den Krieg gezogen wurde, verweisen auf den Kriegsausbruch als Auslöser gänzlich unterschiedlicher und entgegengesetzter Identifikationsangebote.[179]

Je länger der Krieg jedoch andauerte und je unerbittlicher die Hoffnungen auf eine gesellschaftliche Transformation zerstört wurden, desto deutlicher entwickelte sich der Krieg für viele Zeitgenossen zum weiteren Markstein auf einem bereits seit langem wahrgenommenen Weg in die Krise. An die Verwirklichung der hochgespannten Visionen dachte bald niemand mehr, statt der Begeisterung über einen übereilt vorweggenommenen deutschen Sieg drangen untrügliche Vorboten einer drohenden Niederlage nach Deutschland. Immer häufiger wurde diese ohnehin schon schwer zu verkraftende Entwicklung mit jener anscheinend grundsätzlichen Krisenhaftigkeit der Moderne verknüpft. Neben den Historikern und den Philosophen waren es vor allem die Künstler und hier die Schriftsteller, die sich noch bei Kriegsausbruch erstmals seit Jahrzehnten wieder in die Lage der „geistigen Führer der Nation"[180] versetzt sehen sahen und die nun angesichts der harten Realitäten des Krieges resignierten und am Ende in einer abwartenden Position verharrten. Hatten viele von ihnen ihrer Begeisterung über den Kriegsausbruch in einer Flut von bekenntnishaften, kriegsverherrlichenden Schriften Ausdruck gegeben, so herrschten bald Resignation und die Erkenntnis vor, daß diese Wirklichkeit mit ihrem Anspruch auf Vertretung der geistigen Positionen in einem künftigen Staat nicht mehr vereinbar war.[181]

Das Kriegsende begrüßten viele Intellektuelle, Schriftsteller und bildende Künstler mit ebenso viel Unruhe wie Emphase. Sie hofften auf baldige Veränderungen zu ihren Gunsten, auf eine „Revolution des Geistes",[182] die die sich tatsächlich vollziehende Revolution begleiten und den Anpruch auf Führerschaft des Geistes verwirklichen sollte. Die junge Weimarer Republik schien zu Beginn, an einem „bedeutsamen politisch-kulturellen und ideengeschichtlichen Knoten- und Kreuzungspunkt in der Geschichte des frühen 20. Jahrhunderts"[183] und in einer Phase der Instabilität, in der Raum für viele unterschiedliche Entwicklungen bestand, diese Erwartungen zu erfüllen. Der lange Zeit aufgrund restriktiver Maßnahmen von Staat und Gesellschaft zurückgehaltene Modernisierungsschub setzte nun endlich ein; die Weimarer Gesellschaft erlebte in kurzer Zeit eine Fülle von Veränderungen, Einbrüchen in die bisherigen Lebenswelten, Ergänzungen und Kontrastierungen, die erst jetzt unter den veränderten politischen Verhältnissen auch in ganzer Konsequenz als solche wahrgenommen wurden.

Die Stadt als Experimentierfeld für die Künste

Im Verlauf des 19. Jahrhunderts vollzogen sich im Bereich der Kunstförderung und des Kunstankaufs Entwicklungen, die sich bis in dieses Jahrhundert hinein prägend auswirkten.[184] Nach den Napoleonischen Kriegen – später als in den anderen großen westeuropäischen Staaten – begannen zunächst einzelne Vertreter des aufstrebenden gebildeten Bürgertums, wenn auch mit weitaus geringeren Mitteln, so aber doch mit nicht weniger Engagement und Selbstbewußtsein, es den Fürsten gleichzutun und Werke bildender Kunst anzukaufen, Musikdarbietungen zu präsentieren und die Literatur ihrer Zeit zu fördern.[185] Zunächst wurden im privaten Kreis Sammlungen angelegt und wenigen Eingeweihten präsentiert, bis es angeraten schien, ein breiteres Publikum – das jedoch nach wie vor auf Angehörige des gebildeten Bürgertums beschränkt blieb – einzubeziehen und das im engen Kreis Betrachtete und Diskutierte mehreren dauerhaft präsent und öffentlich zu machen.[186] Immer häufiger kam es im folgenden neben der Gründung von Museen vielerorts zur Entstehung von Kunstvereinen,[187] die sich als für das 19. Jahrhundert typische Organisationsformen bürgerlicher Öffentlichkeit entwickelten und an denen sich am deutlichsten – nach Jürgen Habermas – der „Übergang vom kulturräsonnierenden zum kulturkonsumierenden Publikum" ablesen läßt. Häufig nahmen sich die Städte in der Nachfolge wohlhabender Privatleute dieser Kunstsammlungen an und stellten sie in Museen zusammen.[188] Kommunalverwaltungen schufen den Rahmen, Theaterstücke und Opern auf neu entstehenden städtischen Bühnen und in Opernhäusern zur Aufführung zu bringen. Man pflegte in Vereinen die Geselligkeit in ihrer für die Zeit typischen Mischung aus Unterhaltung und der neuhumanistisch geprägten Heranbildung zum Edlen und Schönen[189] und verstand sich als Mäzen und Förderer der bürgerlich geprägten deutschen Kunst. In diesem Prozeß der „Verbürgerlichung der Künste" in der Nachfolge feudaler und geistlicher Kulturpflege und Kulturförderung kam der Stadt der Charakter eines „vom Staat wenig gegängelte(n) Experimentierfeld(es)"[190] zugute. Die Struktur einer „zentriphobe(n)

Landschaft"[191] begünstigte in Deutschland die Herausbildung vieler verschiedener Zentren, in denen die kommunale Honoratiorenschaft die Förderung der Künste vorantreiben konnte, ohne sich von der Berliner „Kunstdiktatur" Wilhelms II. diktieren zu lassen. Gleichsam „am Hof vorbei"[192] und teilweise von dessen rigorosen Verdikten in den eigenen Absichten sogar noch begünstigt,[193] konnte sich in diesem föderalistischen System in vielen der deutschen Großstädte als urbane bürgerliche Angelegenheit eine Kultur nationalen und liberalen Zuschnitts entfalten. Die Vielfalt und Blüte dieser Kultur verwies zurück auf die Bedeutung der Stadt als – so Wolfgang J. Mommsen – „Selbstverwaltungskörper mit einem vergleichsweise hohen Maß an Autonomie" und „Ort bürgerlich-liberaler Hegemonie inmitten einer Gesellschaft, in der ansonsten obrigkeitliche Traditionen vorherrschten".[194] Hier konzentrierten sich die bürgerlichen Kräfte, die über die geistigen und materiellen Grundlagen verfügten, eine neue, von den Höfen unabhängige und durch eine zunehmende Autonomie der Künstler und der Kunst geprägte Kultur zu stützen und zu fördern. Hier, in den „Enklaven im feudalen Umfeld",[195] schuf die bereits bestehende private und öffentliche kulturelle Infrastruktur, verbunden mit den jetzt entstehenden Einrichtungen, den erforderlichen Nährboden für die bemerkenswerte und auf vergleichsweise breiter Ebene angesiedelte Blüte der Künste in der zweiten Hälfte des 19. Jahrhunderts.

In den Städten als Zentren bürgerlicher Macht, die eine reichhaltige und durchsetzungsfähige bürgerliche Kultur förderten, zählte die stolze Präsentation des Geschaffenen zu den ganz offensichtlich mit Engagement und Freude wahrgenommenen Aufgaben im Wilhelminischen Reich. Die Enthüllungen von Plastiken im städtischen Raum,[196] die Einweihungen von Kunst- und Gewerbemuseen, die nahezu immer im Dienste nationaler Einigung standen,[197] die Pflege des Besuchs von Opernhäusern und Theatern als „Bildungstempel(n), Kultstätte(n), Diskussionsfor(en) und Unterhaltungsstätte(n)"[198] sowie die Anlage von repräsentativen Rathäusern hohen Symbolgehalts[199] sind eindrucksvolle Beweise bürgerlichen Selbstbewußtseins und bürgerlicher Hegemonie im kulturellen Bereich. Immer nahm die vom Bürgertum bestimmte städtische Kunst und Kultur auch die Funktion der Absicherung politischer Hegemonien wahr, die aufgrund des restriktiven Wahlrechts im 19. Jahrhundert das liberale Honoratiorenbürgertum als Träger der Kommunalpolitik begünstigt hatten.[200] Das Augenmerk, das gerade dem Bau von Rathäusern seitens der Oberbürgermeister und Stadtdirektoren gewidmet wurde, verweist auf das wichtige Moment der Ideologiebildung, das die Kommunalverwaltung stets mit der Pflege von Kunst und Kultur zu verbinden wußte.[201]

Doch die kulturelle und mit ihr die politische bürgerliche Hegemonie im städtischen Raum war nicht von Dauer. Die Kommunen, zumal nach der Reichsgründung weder in politischer noch in wirtschaftlicher oder gar kulturell-künstlerischer Hinsicht Orte der Innovation, sondern solche der Verteidigung herkömmlicher Lebensformen,[202] gerieten neuen, ebenfalls aus dem Bürgertum stammenden Kräften gegenüber in Legitimationszwang. Im Bereich von Kunst und Kultur begannen Maler, Schriftsteller und Komponisten auf ihrer Suche nach neuartigen Ausdrucksformen, Kritik am offiziellen Kunstgeschmack zu üben, der seit der Reichsgründung in den Städten vielfach zu einer Kombination von „historischer Gesinnung und kurzatmigem Realismus"[203] geworden war. Jetzt zeigte sich, daß die inhaltliche und stilistische Ermüdung der offiziellen Kunstszene den Aufbruch einer neuen Künstlergeneration ermöglicht hatte, die für sich größere Autonomie im künstlerischen Schaffen einforderte und zugleich jene Verbindung von Kunst und Politik ablehnte, die doch erst das Wesen der kulturellen urbanen Hegemonie ausgemacht hatte. Die Stadt als Freiraum dieses hegemonialen Strebens veränderte ihren Charakter. Als aktives Moment der Förderung einstmals klar bestimmter bürgerlicher Kultur trat sie zurück, als Pflegestätte neuer Strömungen in den bildenden Künsten und der Literatur, die zu ihrer Entfaltung der Aufmerksamkeit interessierter Teilöffentlichkeiten bedurften, die, abgesehen von gewissen ländlichen Refugien und Künstlerkolonien, nur in der Stadt zu finden war, erhielt sie neue Bedeutung.

Bedingt durch das enorme Städtewachstum wurden im Bereich der Kommunalpolitik die Honoratioren, die zumeist dem Bildungsbürgertum entstammten und bislang überwiegend ehrenamtlich tätig gewesen waren, langfristig durch eine hochspezialisierte professionelle Kommunalbeamtenschaft ersetzt.[204] Zusätzlich war die Kommunalverwaltung wegen der Verfestigung des Parteiensystems schon seit längerem gezwungen, parteipolitische Überlegungen, Zielsetzungen und Taktiken in die rein städtischen Interessen einfließen zu lassen.[205] Als schließlich im Januar 1919 durch die Demokratisierung des Wahlrechts die Politisierung des Kommunalgeschehens unaufhaltsam geworden war, erschien dies vielen konservativen Kritikern als das Ende der in Jahrzehnten erstrittenen kommunalen Selbstverwaltung und damit vielfach auch als das Ende der bürgerlichen politischen Hegemonie im städtischen Raum.[206] Besonders seitens der Sozialdemokratie wurden weitere Angriffe auf bürgerliche Privilegien erwartet, weshalb der Versuch der Ausgrenzung sozialdemokratischer Kommunalpolitiker – und hier naturgemäß mehr noch jener der USPD als solcher der MSPD – ebenso bestimmend für das Verhalten weiter Teile der Kommunalverwaltung in der jungen Weimarer Republik war wie das Bestreben, durch möglichst „unpolitische" Praxisformen, also beispielsweise durch den Ausschluß parteipolitischer Diskussionen, möglichst zum status quo ante zurückzukehren.[207]

Hannover zu Beginn der zwanziger Jahre. Politische Konstellationen und Kräftefelder

Diese Bestrebungen, die Politik aus der Kommunalpolitik herauszuhalten, waren in der Revolutionszeit des Herbstes 1918 auch in Hannover zu spüren. Dies hatte damit zu tun, daß hier mit der nach wie vor gültigen Revidierten Städteordnung aus dem Jahr 1858 beharrlich an vorkonstitutionellen Prinzipien der Ortsobrigkeit festgehalten wurde, so daß die zu dieser Zeit seit sechs Jahrzehnten unverändert bestehenden Strukturen in der städtischen Kommunalverwaltung bislang den Einfluß von Arbeiterbewegung und Sozialdemokratie überaus erfolgreich hatten abwehren können.[208] Die Revision einer von dem Gedankengut der Revolutionszeit um 1848 moderat beeinflußten Städteordnung von 1851, die sieben Jahre später mit der an sich schon bezeichnenden Begründung durchgesetzt wurde, es sei an der Zeit, das „verderbliche Übergewicht",[209] das bisher dem „demokratischen Element" eingeräumt worden sei, „in die gebührenden Schranken zurückzuweisen",[210] führte zu einer außerordentlich starken Position des hannoverschen Magistrats gegenüber dem Bürgervorsteherkollegium.

Markierten die Veränderungen der Revidierten Städteordnung 1858 auch einen – so Dieter Brosius – „Rückschritt auf dem Weg zur vollen kommunalen Selbstverwaltung",[211] so dürften sie doch bei der breiten hannoverschen Stadtöffentlichkeit auf ein gewisses Desinteresse gestoßen sein. Schließlich hatte diese doch weder zuvor noch jetzt eine Möglichkeit, nennenswerten Einfluß auf die Geschicke der hannoverschen Stadtverwaltung zu nehmen. Während der Magistrat sich gleichsam aus sich selbst und durch Zuwahl seitens des Bürgervorsteherkollegiums konstituierte, wurde letzteres als jenes Gremium, das die städtische Bürgerschaft vertrat, von einer Personengruppe gewählt, die alles andere als repräsentativ für die Gesamteinwohnerschaft war. Noch 1912 gehörten bei einer Gesamtbevölkerung von knapp 320.000 Personen wenig mehr als 11.000 wahlberechtigte Bürger dieser Gruppe an.[212] Allein sie waren entweder Hausbesitzer, Beamte oder ansonsten finanziell in der Lage, das sogenannte „Bürgergewinngeld" von 180 Mark zu zahlen, jener Summe, die den Lohn eines Arbeiters für knapp zwei Monate ausmachte.[213] Die Arbeiterschaft der Stadt Hannover, die immerhin knapp die Hälfte aller Erwerbstätigen ausmachte, war im Bürgervorsteherkollegium der Stadt Hannover kaum vertreten und ihre politische Interessenvertretung mithin in der Kommunalpolitik bis zum November 1918 faktisch nicht existent.[214] Erst die Demokratisierung des Wahlrechts im Gefolge des Zusammenbruchs der Monarchie markierte das Ende eines Wahlmodus, der den Einfluß von Sozialdemokratie und Arbeiterbewegung auf ein Minimum eingeschränkt hatte.[215] Insofern verwundert nicht, daß die bisherigen Entscheidungsträger, Vertreter des Wirtschafts- wie des gebildeten Bürgertums, jene wenigen also, die sich der Mehrzahl der Hannoveranerinnen und Hannoveraner ungeachtet grundlegender politischer Umwälzungen weiterhin überlegen wähnten, gegen das Aufkommen jeglicher neuen politischen Strömungen, die in die hergebrachten Strukturen hätten einbrechen können, und für die Beibehaltung ihrer traditionellen Privilegien stritten. Den Charakter der Stadt bis zu dieser Zeit des Umbruchs beschrieb Karl Jakob Hirsch in seinem Roman KAISERWETTER so: „Die Rangfolge war wie in den Kinderspielen: König, Edelmann, Bürger und Bettelmann ... Das Beamtentum war tonangebend und mehr noch der Offizier ... Der vierte Stand murrte und war stark vorhanden, aber machtlos. Die gottgewollte Ordnung hatte gewiß in Hannover ihren sichersten Platz."[216]

Hannover war um 1910 die elftgrößte Stadt im Reich.[217] Eine Mitte des 19. Jahrhunderts begonnene und dann besonders um die Wende zum 20. Jahrhundert energisch vorangetriebene Eingemeindungspolitik hatte die Fläche der Stadt von 2 auf 100 Quadratkilometer, die Bevölkerungszahl von 33.000 auf 277.000 (1907)[218] wachsen lassen und im Gefolge für die Anlage vieler neuer infrastruktureller Einrichtungen in den eingegliederten Stadtteilen gesorgt.[219] Selbst die Annexion des Königreichs Hannover durch Preußen im Jahr 1866 hatte dem optimistischen Bestreben, eine größere, reichere und schönere Stadt zu schaffen, keinen Abbruch getan,[220] auch wenn das Unbehagen tief saß, die bisherige Autonomie eingebüßt zu haben, und anti-preußische Ressentiments weder jetzt noch im 20. Jahrhundert gänzlich abgebaut werden konnten.[221] Die befürchtete Stagnation in der wirtschaftlichen Entwicklung der Stadt jedenfalls war ausgeblieben, im Gegenteil, Hannover hatte seine seit jeher bestehende günstige verkehrsgeographische Lage im Schnittpunkt nationaler und internationaler Städteverbindungen genutzt und sich mit einer beachtlichen Palette hochwertiger industriell gefertigter Güter als aufstrebende Wirtschaftsmetropole in Norddeutschland erwiesen. Die Firmennamen der Continental-Caoutchouc- und Gutta-Percha-Compagnie, der Pelikan Werke Günther Wagner A. G., die Lebensmittelfabriken der Unternehmer Appel, Sprengel und Bahlsen, die Deutsche Grammophon-Gesellschaft der Brüder Berliner und eine Reihe weiterer Unternehmen[222] stehen für tiefgreifende Veränderungen im Wirtschaftssektor, die sich in kurzer Zeit vollzogen und die nach dem Willen der maßgebenden Kommunalpolitiker doch nicht dazu führen sollten, daß Hannover eine Industriestadt etwa nach dem Muster der Ruhrgebietsmetropolen wurde. Stolz verwies der Magistrat 1913 darauf, daß Hannover, nach eigener Einschätzung eine Stadt mit „verfeinerte(m) Kulturleben",[223] trotz seiner wirtschaftlichen Entwicklung in den letzten Jahrzehnten nicht zu einer Arbeiterstadt geworden sei. In der Tat lag die Quote der Arbeiterschaft mit knapp 50% im unteren Drittel der preußischen Städte, während jene der im öffentlichen Dienst Beschäftigten, der Angehörigen des Militärs, der Freiberufler und Pensionäre, mit etwa 30% überdurchschnittlich hoch ausfiel.[224] Was die Aussage des Magistrats hingegen verschwieg, war die Tatsache, daß die Stadt Hannover ihre im Zusammenhang mit der Industrialisierung auftretenden Probleme gleichsam exportierte,[225] und zwar in die benachbarte Stadt Linden. Hier, wo die Bevölkerungszahl infolge einer rapide verlaufenen industriellen Entwicklung seit Mitte des 19. Jahrhunderts bis zur Jahrhundertwende von weniger als 5.000 auf das Zehnfache angestiegen war,[226] wohnte schließlich ein nicht geringer Teil der Arbeiter aus den hannoverschen Betrieben gemeinsam mit jenen aus den Lindener Unternehmen, wohingegen die dortigen Fabrikbesitzer häufig die weitaus weniger proletarische Umgebung der Stadt Hannover bevorzugten und sich also hier niederließen, mithin hier auch ihre Steuern zahlten.[227] Um die Jahrhundertwende waren knapp 80% der Erwerbstätigen Lindens in der gewerblichen Wirtschaft tätig, was den höchsten Anteil in Preußens Städten ausmachte.[228] In Linden, mittlerweile in knapp einem Jahrhundert vom Bauerndorf zur zweitgrößten Stadt der Provinz Hannover angewachsen,[229] lebte man enger zusammen, hier lag der kommunale Gesamtaufwand pro Kopf um die Wende zum 20. Jahrhundert nur halb so hoch wie in Hannover,[230] in Linden war auch die Sterblichkeit erheblich größer als dort.[231]

Die Lindener Kommunalverwaltung hatte aus den vielfältigen Problemen, die sich aus dieser Gesamtsituation ergaben, erstmals in den sechziger Jahren des 19. Jahrhunderts erfolglos auf einen Zusammenschluß mit Hannover gedrängt.[232] Besonders prekär wurde die Situation, als der Wirtschaftsaufschwung sich im Gefolge der allgemeinen Entwicklung im Reich abschwächte und Stillstand, ja gar Rückschritt drohte. Doch alle Verhandlungen endeten für die Lindener erfolglos. Die hannoversche Stadtverwaltung hatte längst erkannt, daß sie mit der Eingemeindung nicht nur die gewaltigen sozialen und wirtschaftlichen Probleme der proletarischen Viertel Lindens übernommen hätte, sondern daß damit auch der so sorgsam gewahrte Charakter der Königlichen Haupt- und Residenzstadt gefährdet worden wäre.[233]

Besonders vehement stellte sich mit Heinrich Tramm die für die Zeit des Wilhelminischen Kaiserreiches in Hannover mit Abstand wichtigste Persönlichkeit gegen den Zusammenschluß der beiden Städte und damit gegen die Aufhebung der sozialräumlichen Unterschiede. Immer wieder redete er, der 1891 zum Stadtdirektor gewählt worden war, der Beibehaltung der Segregation der Bürgerstadt Hannover von der Arbeiterstadt Linden das Wort. Tramm, dem die Revidierte Städteordnung nahezu unbeschränkte Machtmittel in die Hand gab, was ihn mit seinen Kollegen in den anderen Großstädten des Reiches verband,[234] unterschied sich von diesen insofern, als er nicht jenem von Wolfgang Hofmann beschriebenen Oberbürgermeister-Typus des „juristisch geschulten, häufig promovierten, auswärtigen Beamten von gehobener Herkunft mit dem Charakter des Reserveoffiziers"[235] entsprach. Sohn eines hannoverschen Honoratiorenbürgers, des Hofbaumeisters Heinrich Christian Tramm, verband ihn mit seiner Heimatstadt weit mehr als das durch sein Amt verbundene, gleichsam dienstlich vorgeschriebene Verantwortungsgefühl. In der Überzeugung, zum Besten seiner Stadt auf allen Gebieten, auch auf jenen, die ihm, dem studierten Juristen, eigentlich fremd hätten sein und bleiben müssen, präsent zu sein, verkörperte Tramm in seiner ganzen Machtfülle geradezu den Idealtyp des Oberbürgermeisters im Kaiserreich.[236] Als höchster städtischer Repräsentant, kommunaler Verwaltungschef und lokaler Vertreter der staatlichen Autorität füllte er eine dreifache Machtposition mit Energie, Selbstbewußtsein und einem gewissen Anspruch auf Unfehlbarkeit aus. Sein Ziel war wie das vieler Amtskollegen im Reich die „unparteiische Verwaltung", die durchzusetzen er sich schon allein deshalb nicht scheute, weil die Zustimmung weiter Teile der hannoverschen Bürgerschaft und besonders jener Honoratioren, mit denen er gesellschaftlich verkehrte, seinem Tun recht zu geben schien und die Proteste der Gegenseite ihn, der von dem „kommunalen ‚brain trust'"[237] ähnlich denkender Mitarbeiter umgeben war, entweder gar nicht erst erreichten oder schlicht nicht weiter interessierten.[238] Eine Leitlinie seiner Arbeit, die er als Nationalliberaler begann und im Verlauf seiner langen Amtszeit als Stadtdirektor von 1891 bis 1918 mit einer immer stärker werdenden Annäherung an weitaus konservativere Haltungen fortsetzte,[239] war in diesem Zusammenhang der beständige und im ganzen sehr erfolgreiche Versuch des Ausschaltens sozialdemokratischen Einflusses aus der städtischen Kommunalpolitik. Die restriktive Städteordnung brachte dabei mit sich, daß trotz des großen Gewichts, das die hannoversche Sozialdemokratie nach der Aufhebung der Sozialistengesetze 1890 in der Stadt hatte und das sich etwa ab der Jahrhundertwende an Ergebnissen um 50 % aller in Reichtagswahlen abgegebenen Stimmen ablesen läßt,[240] auf kommunaler Ebene ein Eindringen der politischen Linken in das Bürgervorsteherkollegium, anders als in Linden, nicht möglich war.

Allerdings läßt sich sowohl an der Geschichte der hannoverschen Sozialdemokratie als auch an der Entwicklung der Gewerkschaften eine generell eher gemäßigte Grundtendenz ablesen, die weniger auf Konfrontation als auf Verhandlungen setzte. Diese Linie verfolgte auch Robert Leinert, der als ehemaliger Arbeitersekretär und Redakteur des sozialdemokratischen VOLKSWILLEN 1908 trotz des Dreiklassenwahlrechts, das die Durchsetzungsfähigkeit seiner Anhänger schwächte, in den preußischen Landtag gewählt wurde.[241] Zehn Jahre darauf nahm Leinert in der Revolutionszeit in den hannoverschen Arbeiter- und Soldatenräten eine exponierte Position ein. Heinrich Tramm hatte am 7. November 1918 die Stadt verlassen und von Berlin aus seinen Rücktritt erklärt.[242] In den sich anschließenden Beratungen zwischen dem Rat und den städtischen Gremien wurde Robert Leinert eine knappe Woche darauf einstimmig zu seinem Nachfolger gewählt – der einzige Sozialdemokrat, der unmittelbar in der Folge der Novemberrevolution in Preußen Oberbürgermeister einer Großstadt wurde.[243] Leinert besetzte zwei vakante ehrenamtliche Senatorenstellen im Magistrat mit Parteifreunden. Ansonsten wurden weder hier noch im Bürgervorsteherkollegium personelle Änderungen vorgenommen.[244] Damit zeigte sich zu diesem entscheidenden Zeitpunkt in der hannoverschen Stadtgeschichte, daß selbst die gravierenden politischen Veränderungen nach dem Zusammenbruch der Monarchie nicht die Gesetzmäßigkeiten der Kommunalbürokratie außer Kraft zu setzen vermochten, die nach wie vor an der Gültigkeit von Wahlperioden festhielt und dabei die Frage nach der politischen Gesinnung der Berufskommunalpolitiker in den Hintergrund stellte.[245] Der mangelnde Weitblick, der sich in dem Vorgehen manifestiert, einem sozialdemokratischen Oberbürgermeister kommunale Gremien zur Seite zu stellen, die trotz ihrer Zustimmung zu seiner Wahl keinen Hehl aus ihren unverändert vorhandenen Bedenken der sozialdemokratischen Partei gegenüber machten, ja, die erkennen ließen, daß sie mit der Unterstützung Leinerts allenfalls kurzfristig die Politik des kleineren Übels gegenüber wahrhaftig revolutionären Veränderungen betrieben, war symptomatisch. Der hannoversche Philosoph Theodor Lessing urteilte über Politiker wie Leinert, sie seien „in Wahrheit ehrliche Bürger und Kleinbürger"[246] und hängten sich an die „große Idee" des Sozialismus, „wie ein Knabe Papierschnitzel befestigt an einem Drachen, damit er sie in die Lüfte trage".[247] Die Verwirklichung revolutionärer Ideen sei von ihnen nicht zu erwarten. In der Tat wurde in Hannover seitens des neuen Oberbürgermeisters alles getan, um möglichst schnell die revolutionären Wirren zu überwinden und seine Partei, den gemäßigten Flügel der SPD, in die anstehenden Wahlen zum Bürgervorsteherkollegium, zur Preußischen Landesversammlung und zur Nationalversammlung zu führen.[248] In Anbetracht des Ausbleibens ernsthafter Sozialisierungsdiskussionen und einer von Leinert allenfalls halbherzig geförderten Rätebewegung,[249] ist – alles in allem – von einer steckengebliebenen Revolution zu sprechen.

Bereits als sich Ende November 1918 der Bürgermeister der Stadt Linden ein weiteres Mal und diesmal begünstigt durch das offizielle Ende der ‚Ära Tramm' an seinen Kollegen und Parteifreund in Hannover mit dem Vorschlag des Zusammenschlusses der zwei Städte wandte, zeigte sich der mangelnde Rückhalt, über den Leinert in den Städtischen Kollegien verfügte.[250] In die Zeit der Verhandlungen fiel die Rückkehr Heinrich Tramms nach Hannover. Sofort fand er außerordentlich problemlos den Weg zurück in die Kommunalpolitik. Seine ungebrochen starke Position verhalf der Bürgerlichen Mitte als Sammlungsbewegung verschiedener bürgerlicher Parteien zu Wahlergebnissen, die die vermeintliche Gefahr einer absoluten Mehrheit der Linken im Bürgervorsteherkollegium bannten.[251] Tramm nutzte die Diskussionen um eine Eingemeindung Lindens zu einer – so Klaus Mlynek – „politische(n) Generalabrechnung"[252] mit Leinert, dessen Partei er immerhin ungestraft vorwerfen konnte, daß sie schuldig an der Niederlage Deutschlands im Weltkrieg sei. Obwohl in den Verhandlungen unverhohlen die Befürchtung ausgesprochen wurde, daß die Kommunalpolitik Hannovers durch den Zusammenschluß mit dem ‚roten' Linden einen Linksruck erleiden und „die Bürgerlichkeit vollkommen an die Wand gedrückt werde",[253] ergab die Abstimmung im Oktober 1919 eine Mehrheit, die für die Eingemeindung votierte. Ein Jahr später, 1920, war Hannover mit 422.435 Einwohnern zur neuntgrößten deutschen Stadt geworden, an Fläche so groß wie Hamburg und größer als Köln.[254]

Doch hatten sich zu diesem Anlaß mit Heinrich Tramm und Arthur Menge erstmals die zwei Hauptgegner der Sozialdemokratie in Hannover in den zwanziger Jahren herausgestellt, die ihrerseits auf breite Unterstützung jener Bürgerlichen Mitte vertrauen konnten, die sich alsbald mit den Interessenvertretungen mittelständischer Berufe zum rechten Ordnungsblock zusammenschloß.[255] Hatte die gezielte Polemik gegen Leinert und seine Partei schon ganz zu Beginn der Weimarer Republik die ohnehin latente Unruhe- und Krisensituation in der Kommunalpolitik verschärft, so gaben die ungeheuren ökonomischen und sozialen Belastungen, in welche die Inflation die hannoversche Einwohnerschaft stürzte,[256] für die zahlreicher werdende Gegnerschaft der Demokratie vielfach die Kulisse ab für ein Kesseltreiben gegen die hannoversche Sozialdemokratie. Spätestens jetzt, angesichts des rapiden Geldwertverfalls, der Engpässe in der Lebensmittelversorgung und der Unruhen in der Bevölkerung, zeigte sich, auf wie wenig Loyalität Robert Leinert in den Städtischen Kollegien hoffen konnte. Es wurde nun auch deutlich, wie stark die bürgerlichen Kräfte bei aller bisher an den Tag gelegten Kooperationsbereitschaft ihrerseits nun danach strebten, sich aus der durch die Revolutionsereignisse einst angeraten erschienenen Warteposition zu lösen und massiv gegen den sozialdemokratischen Oberbürgermeister vorzugehen.[257] Diesem wurde schließlich nicht einmal mehr das Recht zugestanden, sein Amt in Würde zu verlassen: Als die Kommunalwahlen im Mai 1924 für die Sozialdemokraten einen Verlust um fast 20% gegenüber den Wahlen vom Februar 1919 brachten und ihnen nunmehr nur noch einen knappen Vorsprung gegenüber den im Ordnungsblock zusammengeschlossenen bürgerlichen Vertretungen jenseits der Weimarer Koalition ließen,[258] zeigte sich der ganze Hochmut Leinert gegenüber in der Vereidigungsprozedur der neuen Bürgervorsteher, als ein Teil der Delegierten sich demonstrativ vor dem Handschlag mit dem Oberbürgermeister weiße Glacéhandschuhe überstreifte.[259] Fast gleichzeitig legte die preußische Personalabbauverordnung die Frage des weiteren Verbleibs Robert Leinerts an der Spitze der Stadtverwaltung in die Hände des Bürgervorsteherkollegiums, das sich schließlich im September 1924 für seine Entlassung aussprach. In Kommentaren der gesamten bürgerlichen, aber auch der kommunistischen Presse verhöhnt und vom sozialdemokratischen VOLKSWILLEN bemerkenswert halbherzig unterstützt, wurde Robert Leinert zum 1. Januar 1925 pensioniert.[260]

Sein Nachfolger wurde mit Arthur Menge, der zunächst der welfenfreundlichen Deutsch-Hannoverschen Partei angehört und sich dann dem Ordnungsblock zugewandt hatte, jener Mann, der bei allen erfolgreichen Bestrebungen, seiner bis zur Mitte der dreißiger Jahre dauernden Dienstzeit einen eigenen Stempel aufzudrücken, doch immer dem Wort seines „Ziehvaters" Heinrich Tramm vertraute. Dieser wiederum, in den zwanziger Jahren lediglich Bürgervorsteher, tatsächlich jedoch Inhaber zahlreicher machtvoller Positionen in Politik und Wirtschaft der Stadt und in den Augen vieler Bürgerinnen und Bürger nach wie vor gleichsam heimlicher Stadtdirektor, hatte sich damit bis zu seinem Tod 1932 eine taktisch überaus kluge Position geschaffen.

Mit dem Beginn der Amtszeit Arthur Menges war in den Augen vieler bürgerlicher Beobachter der politischen Szenerie das glücklose Experiment einer sozialdemokratisch geführten Kommunalverwaltung beendet. Von Beginn an hatten die meisten von ihnen wenig Vertrauen in diese Sozialdemokratie gesetzt, und die gegen jeden Schritt Leinerts polemisch angehenden Äußerungen aus der breiten bürgerlichen Öffentlichkeit hatten kaum Zweifel daran gelassen, daß man hier nicht bereit war, in der Handlungsweise des neuen Oberbürgermeisters etwas anderes zu sehen als das hilflos dilettantische Experimentieren eines naiven Politikanfängers. Mit dem unbarmherzigen Vorgehen anläßlich seiner Entlassung hatte man sich selbst wie dem Gegner, der Linken, sinnfällig bewiesen, was jene zu gewärtigen hatten, die es wagten, in die Phalanx bürgerlicher Selbstverwaltung in der Stadt Hannover einzudringen. Als Arthur Menge, begünstigt durch die Fürsprache Heinrich Tramms, von Magistrat und Bürgervorsteherkollegium zum Oberbürgermeister gewählt wurde, schien ein Teil der vorrepublikanischen Verhältnisse wiederhergestellt.

Indes sollte das allzu einhellige Vorgehen gegen Robert Leinert und die Zustimmung für Arthur Menge nicht den Eindruck entstehen lassen, alle Teilgruppen der bürgerlichen Öffentlichkeit seien hier oder gar generell in Fragen der hannoverschen Stadtpolitik mit gleicher Intention vorgegangen. Bürgerliche Mitte und Ordnungsblock waren Zusammenschlüsse von bürgerlichen Teilöffentlichkeiten mit voneinander in Zielsetzung und Stoßrichtung abweichenden politischen und im übrigen auch sozial- und kulturpolitisch unterschiedlichen Überzeugungen. Das Vorgehen gegen die Sozialdemokratie – gemäß dem grundsätzlichen Bedürfnis, sich gegenüber in der sozialen Hierarchie tieferstehenden Bevölkerungsgruppen und ihren Vertretern durchzusetzen – einte die hannoversche Bürgerschaft. Ansonsten aber blieben in Fragen der Gestaltung von Politik, Wirtschaft und Kultur Unterschiedlichkeiten und Differenzen, die auch durch die Zusammenarbeit in den Bündnissen gegen den politischen Gegner nicht aufzulösen waren.

Dies wird besonders anläßlich der kunst- und kulturpolitischen Entscheidungen deutlich, die in der ‚Ära Leinert' gefällt wurden und deren wichtigste den Ankauf des ehemaligen Hoftheaters betraf. Hier ist exemplarisch nach unterschiedlichen Interessenlagen innerhalb des hannoverschen Bürgertums zu fragen. Die Vertreter dieser Teilgruppen reagierten auf Entwicklungen auf unterschiedliche Weise. Ein Blick auf die Zeitungslandschaft der Stadt, die neben dem sozialdemokratischen VOLKSWILLEN und der kommunistischen NIEDERSÄCHSISCHEN, später NEUEN ARBEITERZEITUNG aus sechs bürgerlichen Blättern von dem sich betont unparteiisch gebenden HANNOVERSCHEN ANZEIGER über die deutsch-hannoversche HANNOVERSCHE LANDESZEITUNG zur deutsch-nationalen NIEDERDEUTSCHEN ZEITUNG bestand, macht deutlich, wie differenziert jede Beurteilung der Haltung der bürgerlichen Gesamtöffentlichkeit Hannovers auch bezüglich der Entwicklungen im Bereich von Kunst und Kultur auszufallen hat. Nuancierungen und Abtönungen dort aufzuzeigen, wo verallgemeinernde Betrachtungen über die offizielle hannoversche Kunst- und Kulturszene bislang vorherrschten, ist eine Aufgabe der nachfolgenden Untersuchungen.

Es ist im Zusammenhang einer Darstellung der städtischen Kunst- und Kulturszene zu fragen, wie Hannover sich als „Experimentierfeld für die Künste" entwickelte, welche gesellschaftlichen Kräfte sich in welcher Form für welche Gestaltungsformen in diesem Bereich einsetzten, welche bürgerlichen Teilöffentlichkeiten bestehende Tendenzen verstärkten und unterstützten, welche wiederum sich ihnen entgegenstellten.

Aufbau der Arbeit und methodische Zielsetzungen

Die vorliegende Arbeit gliedert sich in zwei Hauptteile. Zum einen wird an der kommunalen Theater- sowie der Ankaufspolitik bezüglich bildender Kunst, also an zwei Beispielen der klassisch bürgerlich besetzten Hochkultur,[261] ein Einblick in Leitlinien städtischer Kunst- und Kulturpolitik gegeben, und es werden jene städtischen Gremien in Augenschein genommen, die in den beiden Teilbereichen Entscheidungsträger waren. Zum anderen wird der Versuch unternommen, einmal am Beispiel von acht in Hannover bei verschiedenen Tageszeitungen tätigen Publizisten und Journalisten, die jeweils immer auch essayistisch-schriftstellerisch tätig waren, und dann am Beispiel jener drei expressionistischen Avantgardezeitschriften, die in der unmittelbaren Nachkriegszeit in der Stadt Hannover erschienen, einen Einblick gleichermaßen in die hiesige literarische wie in die kunstkritische Szene zu ermöglichen. Für die Darstellung der literarischen Zeitschriftenszene Hannovers zu Beginn der zwanziger Jahre ist schließlich ein Blick auf die Arbeit des Paul Steegemann Verlages unerläßlich.

Notwendigerweise können andere Bereiche, die im Zusammenhang mit der eigentlichen Thematik stehen, nur am Rande erwähnt oder müssen, wenn sie außerhalb der gesetzten Schwerpunkte stehen, unberücksichtigt bleiben. Das städtische Museumswesen etwa wird nur insofern beleuchtet, als es Aufschluß über das Verhältnis zwischen den entsprechenden Museumsleitern, hier am Kestner-Museum, und der Stadtverwaltung in ihrem Bestreben gibt, Werke bildender Kunst anzukaufen. Mithin bleiben die Diskurse zwischen Stadtverwaltung und den anderen städtischen Museen, also in erster Linie dem Vaterländischen Museum, unbeleuchtet. Obwohl der Vergleich zwischen den Einwirkungsversuchen der städtischen Gremien auf den Ankauf bildender Kunst mit jenen der Provinzialverwaltung interessant gewesen wäre, wurde aus Gründen der Übersichtlichkeit darauf verzichtet. Damit bleibt vor allem die Person des Leiters der Gemäldegalerie des Provinzial-Museums Alexander Dorner weniger beleuchtet als dies anfänglich geplant war. Der Blick auf diesen Museumsmann und dessen geschickt taktierende, elastisch am Gegenüber orientierte und bisweilen, vor allem in den ersten Jahren nach der nationalsozialistischen Machtergreifung, subtil opportunistische Verhaltensweisen gäbe umsomehr Anlaß zu einer eigenständigen Untersuchung, als Dorner – u.a. als Abteilungsleiter des Museums, Vorstands- und gleichzeitig Jurymitglied des Kunstvereins, Erster Vorsitzender der Kestner-Gesellschaft – auf sehr vielfältige Weise mit der Kunstpolitik in Stadt und Provinz Hannover verbunden war.[262]

Auch das hannoversche Musikwesen findet nur insofern Erwähnung, als es – am Beispiel des Opernbetriebs unter Rudolf Krasselt – Anlaß zu knappen grundsätzlichen Betrachtungen über die unterschiedliche kommunalpolitische Gewichtung von Oper und Theater gibt. Auf weitere Ausführungen, insbesondere auf Ansätze einer Spielplananalyse, mußte trotz der Tatsache verzichtet werden, daß auch aus dieser wertvolle Hinweise auf die Strukturen städtischer Kulturpolitik zu gewinnen wären.[263] Schließlich wird von einer stärkeren Berücksichtigung der in Hannover außerordentlich engagierten Gruppe der Mäzene Abstand genommen. Sowohl die Darstellung der Sammel- und Ankaufsinteressen der Industriellen und Kunstfreunde Fritz Beindorff, Hermann Bahlsen und – vor allem – Heinz Appel als auch die der Rolle der hannoverschen Gedok (Gemeinschaft Deutscher und Österreichischer Künstlerinnenvereine aller Kunstgattungen), deren Analyse eine interessante Ergänzung zur ansonsten überwiegend männlich besetzten Kunst- und Kulturszene ermöglicht hätte, wird im folgenden weitgehend unterbleiben.[264]

Überlegungen etwa zur kommunalen Förderung von Vorhaben im Bereich der Architektur – obgleich auch hier, etwa durch die Arbeit bildender Künstler wie Ludwig Vierthaler oder Friedrich Vordemberge-Gildewart, die städtische Kunstpflege angesprochen wird[265] – finden schließlich im folgenden ebensowenig Berücksichtigung wie Ausführungen, die die Geschichte und Entwicklung des hannoverschen Bildungswesens, und zwar sowohl des Universitäts- wie des Volksbildungswesens,[266] nachzeichnen.

Dem städtischen Theaterwesen widme ich mich aus mehreren Gründen. Das Theater hatte sich seit der zweiten Hälfte des 19. Jahrhunderts als konstitutiv für die Herausbildung bürgerlicher Kultur in den Städten und damit von Bürgerlichkeit generell erwiesen. Der Theaterbesuch war zum „Normaltatbestand des bürgerlichen Lebens"[267] geworden, der, gemäß dem neoklassizistischen und -humanistischen Denken der

Zeit, längst nicht allein der Unterhaltung, sondern in viel stärkerem Maße noch der moralischen Heranbildung zum Höheren, Edleren und Schöneren, zu einem besseren Menschentum, führen sollte. Einhundert städtische Bühnen – teilweise erst wenige Jahre alt – gab es in der zweiten Hälfte des 19. Jahrhunderts im Deutschen Reich.[268] Hannover hatte keine. Stattdessen wurde 1852 ein vom welfischen Herrscherhaus in Auftrag gegebenes repräsentatives Theater- und Opernhaus eingeweiht, das offenbar besonders in den Anfangsjahren sowohl überwiegend vom gebildeten Bürgertum als auch von den Wirtschaftsbürgern der Stadt rege besucht wurden und auch den Vergleich mit Einrichtungen in anderen deutschen Staaten nicht zu scheuen brauchte. Mit der preußischen Besetzung Hannovers im Jahr 1866 wurde das Hoftheater der Berliner Generalintendanz unterstellt, die ihrerseits großes Interesse daran hatte, die größten Talente aus der Provinz in die Hauptstadt zu holen. Ganz sicher haben die Schauspiel- und Opernveranstaltungen durch diesen Umstand nicht in dem Maße an Qualität verloren, wie es in den Berichten manches – zumal welfenfreundlichen – zeitgenössischen Beobachters den Anschein haben mag. Doch hat das immer wieder genährte Gerücht, die Preußen vernachlässigten das hannoversche Kulturleben, ein halbes Jahrhundert später eine große Rolle gespielt, als der Stadtverwaltung – als einer von nur drei im Reich – vom preußischen Staat der Ankauf des Hauses angeboten wurde. Eine der ersten Amtshandlungen des sozialdemokratischen Oberbürgermeisters Robert Leinert bestand darin, die heiklen Ankaufsverhandlungen zu führen. Weil Leinert bereits jetzt nur auf immer schwächer werdenden Rückhalt in den städtischen Gremien zurückgreifen konnte und weil ihm wie der sozialdemokratischen Fraktion überhaupt von der gesamten bürgerlichen Gegenseite jede konstruktive Arbeit erschwert wurde, wird der Übernahme des ehemaligen Hoftheaters in der vorliegenden Untersuchung breiter Raum gewährt. Weiter gilt der Darstellung der Arbeitsbedingungen der drei aufeinanderfolgenden Schauspielleiter Willy Grunwald, Rolf Roenneke und Georg Altmann Augenmerk, und zwar insbesondere in der Wechselwirkung ihres Schaffens mit dem städtischen Theater-Ausschuß und dessen vielfältigen Mechanismen der Einflußnahme. Schließlich stehen die drei in ihren Zielsetzungen wie in der Mitgliederstruktur höchst unterschiedlichen Theaterbesucher-Organisationen Freie Volksbühne, Deutsche Bühne und Bühnenvolksbund im Mittelpunkt des Interesses.

Wie der Theaterbesuch waren die Pflege und Förderung bildender Kunst bereits in der ersten Hälfte des 19. Jahrhunderts auch in Hannover wesentlicher Bestandteil von „Bürgerlichkeit als Kultur".[269] Sie setzte neben ausreichenden materiellen Ressourcen die grundsätzliche Überzeugung von der Notwendigkeit der Kunst und eine verhältnismäßig freie Zeitdisposition, die Bereitschaft und die Möglichkeit zur Muße, voraus.[270] Mithin beschäftigte sich das gebildete Bürgertum mit Kunst auch, um sich ganzheitlich auszubilden und das simple Nutzenprinzip zugunsten einer weitergefaßten Überzeugung aufzugeben, die dem Edlen, Schönen und Höheren Rechnung trug. Im Zusammenhang einer entstehenden bürgerlichen Öffentlichkeit als „Gesinnungs- und Meinungsgemeinschaft"[271] nahm die Fähigkeit eine wichtige Rolle ein, Werke bildender Kunst nicht nur zu erwerben, sondern sich über sie auszutauschen, ja sie zum Mittelpunkt allgemeiner Betrachtung zu machen. Die Pflege und Förderung bildender Kunst hatte sich in der ersten Hälfte des 19. Jahrhunderts von der Ebene des Gesprächs unter kunstsammelnden Privatleuten in die alsbald entstehenden Kunstvereine verlagert. Mit der Privatsammlung des Kaufmanns und Politikers Bernhard Hausmann, die alsbald einem größeren Publikum zugänglich gemacht wurde, und dem 1832 von Hausmann initiierten Kunstverein nimmt Hannover hier keine Ausnahmeposition ein. Anders als in verschiedenen anderen Städten[272] wurden die Sammlungsbestände des Kunstvereins jedoch nie von der Stadt übernommen. Er blieb ein privat organisierter Verein, grundsätzlich zugänglich für jeden Interessierten. Und doch ging diese private Institution spätestens mit dem Eintritt des späteren hannoverschen Stadtdirektors Heinrich Tramm in ihren Vorstand eine informelle, dabei jedoch feste Verbindung mit den städtischen Ankaufsgremien ein. Aus diesem Grund, der sich als eine Art Personalunion zwischen den wichtigsten Positionen in der Stadtverwaltung und derjenigen im Kunstverein beschreiben läßt, wird in der vorliegenden Untersuchung dem Kunstverein – und zwar seit seinen Anfängen – besondere Aufmerksamkeit geschenkt. Das gilt umso mehr, als dem Kunstverein Hannover mit vielen anderen im Reich in den letzten Jahrzehnten des 19. Jahrhunderts die Neigung eigen war, die aufkommenden neuen künstlerischen Strömungen zugunsten einer Kunst zu vernachlässigen, die bereits viele kritische Zeitgenossen als minder qualitative Reprise von

Genrekunst, Historienmalerei²⁷³ oder schlicht als beliebige „Fabrik- und Messenwaren"²⁷⁴ ablehnten. Ganz abgesehen davon, daß die jungen, von der traditionellen künstlerischen Linie abweichenden Kräfte hier zumeist keine Aufnahme fanden, zog es auch in Hannover die Vertreter der künstlerischen Moderne nicht in die Ankaufs- und Ausstellungsjurys des Kunstvereins. Diese setzten sich personell vielmehr oft aus Vertretern der traditionellen Kunstrichtung zusammen. Einige dieser Vertreter, deren Namen heute weithin in Vergessenheit geraten sind, werden in knappen biographischen Skizzen vorgestellt. Ihnen werden sodann im zweiten Abschnitt des Kapitels jene Künstler – und nun auch zunehmend Künstlerinnen – gegenübergestellt, die der modernen, zeitgenössischen Kunst zuzuordnen sind. Unterstützt und gefördert von der 1916 gegründeten Kestner-Gesellschaft, bildeten sie ein Gegengewicht zum ‚offiziellen Hannover'. Dieses Gegengewicht war in den zwanziger Jahren immerhin so stark geworden, daß seine Existenz sich auch vom ‚offiziellen Hannover' nicht länger negieren ließ. In der vorliegenden Arbeit wird gezeigt, auf welche Weise der Kunstverein auf diese veränderte Situation reagierte, ob er die neuen Kräfte in die eigene Arbeit einzubinden suchte, um so als veraltet erkannte Strukturen zu reformieren, oder ob er sich dem Neuen verweigerte. Gleichermaßen spielt die kommunale Ankaufspolitik hinsichtlich der neuen künstlerischen Richtungen und Strömungen eine Rolle. Auch hier gilt die Frage, in welcher Weise mit der Herausforderung in Gestalt der im folgenden ebenfalls vorgestellten Künstlergruppen der Hannoverschen Sezession, der abstrakten hannover und der Neuen Sachlichen umgegangen wurde. Aufschlußreich ist zudem, wie die Museums-Kommission als wichtigstes offizielles städtisches Ankaufsgremium zwischen dem Ankauf bildender Kunst und der Unterstützung notleidender Künstler unterschied.

Die Darstellung der Geschichte der Kestner-Gesellschaft von ihrer Gründung bis zu ihrer Schließung im Nationalsozialismus ist darüber hinaus ein weiterer Schwerpunkt der vorliegenden Arbeit. Sie nimmt auch deshalb breiten Raum ein, weil sich hier zum einen gleich zu Beginn mit Albert Brinckmann und Wilhelm von Debschitz Persönlichkeiten engagierten, die zu gleicher Zeit als Leiter des Kestner-Museums bzw. Direktor der Kunstgewerbeschule in städtischen Diensten standen, was die Stadtverwaltung eher zur Auseinandersetzung mit der Moderne zwang, als wenn sich Externe dieser Moderne abseits städtischer Kunstpolitik und ausschließlich privat gewidmet hätten.

Mit der „Verbürgerlichung der Kunst"²⁷⁵ und der Etablierung der bürgerlichen Öffentlichkeit verlor der Künstler ab der ersten Hälfte des 19. Jahrhunderts zunehmend die Bindung an seinen individuellen, zumeist feudalen Auftraggeber, der bis dahin das Maß seiner schöpferischen Freiheit bestimmt hatte. Er bezahlte den Gewinn an künstlerischer Autonomie mit dem Preis des Verlusts an materieller Sicherheit. Mehr als jemals zuvor war er nunmehr sein „eigener Auftraggeber und Gesetzgeber"²⁷⁶ und somit darauf angewiesen, daß sein Werk in Kontakt mit einer zunächst einmal anonymen Käuferschaft geriet. Mit dieser Trennung von Kunst und ihrem Publikum einerseits, andererseits aber auch angesichts des geweckten Kunstinteresses und Bildungshungers des aufstrebenden Bürgertums sowie angesichts eines an Stilrichtungen und Zahl der Künstler unüberschaubarer werdenden Kunstmarktes²⁷⁷ wurden Instanzen erforderlich, die die Rolle des Vermittlers zwischen Produzent und Rezipient übernahmen. Neben der Entsstehung von öffentlichen Kunstausstellungen bildete sich als neuer Typus der Kunstschriftsteller heraus,²⁷⁸ der, zunächst meistens in sogenannten Rundschauzeitschriften wie in erster Linie der DEUTSCHEN RUNDSCHAU,²⁷⁹ aber auch als Kritiker in Tageszeitungen dem wachsenden Bedürfnis nach kritischer Vermittlung der Kunst nachkam. Während im Fall der Rundschauzeitschriften, die Themen des „geistigen Lebens aus allen Gebieten in qualitativer Auswahl umfassen"²⁸⁰ sollten, eher davon ausgegangen werden kann, daß ihr Publikum, das gebildete Bürgertum, das Kunstgeschehen zumindest mit einigem Interesse verfolgte, gilt bezüglich der auflagestärkeren und vornehmlich auch anderen Zwecken dienenden Tageszeitungen, daß hier die Rezension des Kritikers zuweilen den einzigen Kontakt seines Lesers mit künstlerischen Fragestellungen herstellte. Hier war der Rezensent zugleich Vermittler, Multiplikator und – nicht zuletzt – Produzent öffentlicher Meinung.²⁸¹ Michael Bringmann betont, daß die heutige Kunstgeschichte nicht länger von einer autonomen Kunstentwicklung auszugehen hat. Vielmehr sieht er Kunstgeschichte auch als „Antwort auf die vielfältigen Reize, die das kulturelle Nervensystem übermittelt".²⁸² Demfolgend kommt im folgenden den

Kritikern von Tageszeitungen, die in der Regel nicht nur mit einem größeren, sondern auch mit einem sehr heterogenen Publikum zu tun haben,[283] die Rolle der „wortgewandten Übersetzer dieser Reize"[284] zu.

Aus diesen Gründen sollen im ersten Abschnitt des zweiten Hauptteils die Biographien von acht Kunstkritikern vorgestellt werden, die für verschiedene hannoversche Tageszeitungen arbeiteten.[285] Dieser Abschnitt kann kein sozialstatistisch repräsentatives Bild von Lebensläufen nach Art von Kollektivbiographien zeichnen, die doch vor allem die „quantitativ gestützte Erforschung eines historischen Personenkollektivs in seinem jeweiligen gesellschaftlichen Kontext anhand einer vergleichenden Analyse der individuellen Lebensläufe der Kollektivmitglieder"[286] erfordern. In diesem Abschnitt, der als Sammlung biographischer Essays konzipiert ist, wird versucht, die Bandbreite möglicher Reaktionen auf die Moderne von der kulturpolitisch bürgerlichen Linken zur extremen Rechten zu erhellen.[287] Die acht Kritiker – angesichts des Fehlens namhafter Kunstjournalistinnen im Hannover der zwanziger Jahre alles Männer[288] – repräsentieren dabei nicht etwa die Weite der hiesigen Tageszeitungslandschaft. Es wäre zudem verkürzt, am Namen der Tageszeitung ablesen zu wollen, welcher kunstpolitische Kurs hier verfolgt wurde. Wie zu zeigen ist, kann der Titel der Zeitung allenfalls ersten, vagen Aufschluß auf die in ihrem Feuilleton vertretene Richtung geben; die Analyse hält manche Überraschungen bezüglich der vorschnellen Wertung in ‚konservative' und ‚fortschrittliche' Richtungen bereit, Brüche und Widersprüche in der Argumentation waren sowohl beim sozialdemokratischen VOLKSWILLEN als auch bei den meisten bürgerlichen Blättern an der Tagesordnung. Schließlich handelt es sich bei den acht Persönlichkeiten um die bedeutendsten Vertreter ihrer Zunft im Hannover jener Jahre. Sie nicht nur durch ihre Kritiken in den jeweiligen Blättern sprechen zu lassen, sondern die verschiedenen künstlerischen und kunstpolitischen Positionen in eine knappe Biographie einzufassen, ist umso erforderlicher, als sie alle auf anderem Gebiet, auf dem essayistisch-schriftstellerischen, tätig waren. Ohne eine Problematik außer acht zu lassen, die Jürgen Freiherr von Kruedener mit dem Hinweis auf die „naive Laienpsychologie"[289] des Historikers bezeichnete, ist doch versucht worden, die acht Lebensläufe in einer Art nachzuzeichnen, welche einerseits die Bandbreite unterschiedlicher Deutungsansätze von moderner Kunst und andererseits acht unterschiedliche Formen von Zeitgenossenschaft in der Weimarer Republik verdeutlicht. Jeder von ihnen ist in seiner Arbeit von einer Entwicklung beeinflußt worden, die Russel A. Berman als Folge der Demokratisierung des literarischen Lebens nach dem Ende des Ersten Weltkrieges, die sich in einer Flut von Schriften aller Art, Broschüren, Flugblättern, Plakaten, Traktaten und gedruckten Reden bemerkbar machte,[290] mit dem Begriff der „Politisierung der literarischen Öffentlichkeit"[291] benannte. Wie schon durch den Ausbruch des Ersten Weltkrieges fühlten sich nun auch diese acht als Journalisten wie als Schriftsteller vor allem unmittelbar nach dem Zusammenbruch der Monarchie aufgefordert, sich entweder selbst aktiv an der politischen Gestaltung der Weimarer Republik zu beteiligen oder zumindest in ihren Arbeiten dezidiert Stellung zu dem zu beziehen, was andere geschaffen hatten.

Der Abschnitt über die drei spätexpressionistischen Avantgardeblätter Hannovers geht von dem Grundgedanken aus, daß Zeitschriften „in noch stärkerer Weise als Zeitungen das echte Spiegelbild des Geistes der jeweiligen Epoche (sind), aus der sie hervorgegangen sind".[292] Wilmont Haacke urteilt weiter: „Zeitschriften bieten dem nachträglichen Leser stets eine unmittelbare Rückführung in die Geistes-, Kultur-, Geschmacks- und Sittengeschichte ... des menschlichen Daseins".[293] Zu fragen ist, inwieweit diese Aussage für DIE PILLE, DAS HOHE UFER und DER ZWEEMANN sowie für die Produktionen des Paul Steegemann Verlages zutrifft, die teilweise zeitgleich um die Gunst eines ohnehin zahlenmäßig kleinen Publikums kämpfen mußten. Ist hier der vielbeschworene und so schwer mit Leben zu füllende ‚Zeitgeist' gleichsam in toto abzulesen oder kann es vielmehr nicht immer nur um Fragmente eines differenzierten und in sich widersprüchlichen ‚Zeitgeistes' der frühen zwanziger Jahre gehen?

Alle drei Blätter gehörten zur zweiten Generation expressionistischer Zeitschriften, die nach dem Ersten Weltkrieg in ungeheurer Zahl in allen deutschen Großstädten erschienen.[294] Die erste Generation, jene, die durch die Blätter DER STURM, DIE AKTION oder DIE WEISSEN BLÄTTER vertreten wurde, hatte um 1910 damit begonnen, ein überwiegend junges, aufnahmebereites und an allem Neuen interessiertes Publikum zu erreichen. Überzeugt davon, daß die Romanform viel zu unflexibel und behäbig sei, der Fülle an Eindrücken Herr zu werden, die jeden Tag auf jene einströmten, die bereit waren, das Neue ganz in sich aufzunehmen, entstand ein Zeitschriftentypus, der nach Paul Raabe Ausdruck der Großstadtjugend war und in dieser Zeit vor allem in Berlin, aber auch in der alten Kunststadt München eine Blüte erlebte.[295] Erhob DIE AKTION auch weitaus nachdrücklicher politisch radikale Forderungen gegenüber der Gesellschaft als etwa DER STURM, so war beiden doch das Moment gemein, nicht das Endgültige, sondern das Keimende zu fördern. Bereits jetzt entstanden zeitgleich eine Reihe von Blättern, die wohl die Emphase und grundsätzliche Bereitschaft zu Kritik und Polemik der drei großen Blätter teilten, jedoch nicht in gleichem Maße deren Durchsetzungsfähigkeit besaßen und nach kurzer, aber heftiger und zumindest in der Neuem aufgeschlossenen Literaturszene des Reiches aufsehenerregender Blüte wieder verschwanden.[296] Auf die verbleibenden Blätter, wenig mehr als zehn, wirkte der Erste Weltkrieg als gewaltiger Verstärker ohnehin vorhandener und sich nach erster Indifferenz oder gar Begeisterung nach dem Kriegsausbruch mit Macht entwickelnder gesellschaftskritischer und pazifistischer Positionen. Unmittelbar nach dem Ende des Krieges machte sich eine großer Zahl neuer Blättern daran, diese Positionen zu verstärken. Teils bedingt durch die Aufhebung der während des Krieges geltenden Zensur im Deutschen Reich, mehr aber noch aufgrund der greifbaren Aufbruchstimmung, die sich vieler Intellektuellen im Reich zu dieser Zeit bemächtigte, wurde der Zeitschriftenmarkt von neuen Blättern überschwemmt. Im Laufe eines einzigen Jahres, vom Herbst 1918 bis zum Winter 1919, stieg die Zahl dieser Blätter im Reich auf fast das Doppelte, von 23 auf 44.[297] Fast alle standen im Zeichen des ekstatischen Glaubens an einen unbestimmten Sozialismus, der nach den Jahren des Völkermordens Menschlichkeit, Versöhnung und Frieden bringen werde. In den meisten Fällen unbeeindruckt von den Möglichkeiten konkreter parteipolitischer Mitarbeit in der jungen Weimarer Republik, entwickelten die Schriftsteller und Journalisten die Vision eines neuen Menschen in einer neuen Gesellschaft, der, angeführt durch sie selbst als „Bannerträger"[298] einer vom Geist statt von schnöder Politik bestimmten Ordnung, friedfertig und wahr, rein und menschlich, mit seinesgleichen umgehe. Doch die „kurzfristige Gleichsetzung von literarischer und politischer Öffentlichkeit"[299] erwies sich angesichts des tatsächlichen Entwicklungsverlaufs, den die Weimarer Republik nahm, als Irrtum. Dieser Irrtum wirkte sich auf das Selbstverständnis der Schriftsteller in den zwanziger Jahren umso folgenschwerer aus, als sich die Vertreter des Geistes als politische Anführer des Volkes in einem künftigen Deutschland wahrgenommen hatten. Zu utopischen Hoffnungen gab es immer weniger Veranlassung, das Ende des Expressionismus bahnte sich an. Seine literarischen Nachfolger, die – im Zeichen der Neuen Sachlichkeit – statt auf Emotion auf Vernunft setzten und auf Utopien nüchternen Realitätssinn folgen ließen, konnten mit den in den expressionistischen Blättern verfolgten Absichten wenig anfangen. Ihre Autoren, Verleger und Herausgeber, die immer Schöpfer „ausgesprochene(r) Minderheitenpublizistik" geblieben waren[300], erkannten ernüchtert, daß sie sich Illusionen hingegeben und die wirtschaftlichen Konditionen ihres Geschäfts in halsbrecherischer Weise vernachlässigt hatten,[301] und verschwanden in den meisten Städten so schnell, wie sie nur kurz zuvor in Erscheinung getreten waren.

Die drei hannoverschen Blätter folgen dieser allgemeinen Entwicklung, und es gilt für ihren raschen Untergang teilweise nach nur einem knappen Jahr, was Paul Raabe als allgemeine Begründung für das Ende des Expressionismus nannte, nämlich „das Sicherschöpfen in Phrasen, Formeln, Worten, die ständige Wiederkehr gleicher Ideen und Vorstellungen, die enttäuschten politischen Hoffnungen (sowie) die sich auf die Kultur auswirkende inflationistische Bewegung".[302] Jenseits dieser Gemeinsamkeiten soll der Blick genauer auf die jeweilige Zeitschrift gerichtet werden. Zusammen mit der Untersuchung der Produktionen des Paul Steegemann Verlages, darunter die Zeitschrift DER MARSTALL und die Heftreihe DIE SILBERGÄULE, sollen die drei hannoverschen expressionistischen Avantgardezeitschriften DIE PILLE, DAS HOHE UFER und DER ZWEEMANN vorgestellt werden. Der Grad der Einbindung der Blätter in die hannoversche Kunstöffentlichkeit, ihre jeweiligen kunstpolitischen und gegebenenfalls auch konkret politischen Ausrichtungen und damit auch ihre Positionierung im Gefüge der städtischen Kunstpolitik sollen erkennbar werden: Was etwa war der Anlaß ihrer Entstehung? Waren es gebürtige oder längere Zeit hier ansässige Hannoveraner oder Persönlichkeiten, die erst in der Entstehungsphase von außerhalb in die Stadt gekommen waren, und wie beeinflußte dies die Zusammensetzung und den Inhalt der in der jeweiligen Zeitschrift erschienenen Beiträge? In welcher Weise fand ein Austausch unter den Mitarbeiten der unterschiedlichen Blätter statt, der angesichts der Kleinräumigkeit der avantgardistischen Literaturszene Hannovers doch bestanden haben muß? In welcher Weise erfuhr diese Literaturszene Erweiterung und Befruchtung durch die im Reich bereits bekannten Vertreter des Expressionismus, über die Raabe schreibt, sie seien in den Jahren um 1920 wie „Wanderprediger"[303] von Stadt zu Stadt gereist, um den jungen avantgardistischen Zeitschriften in der Provinz unter die Arme zu greifen? Auf welche Reaktion schließlich stießen die Herausgeber und Mitarbeiter der drei Blätter mit ihrer Arbeit in Hannover selbst, wer zählte zu ihrem Publikum, umfaßte auch ihr Geltungsbereich nur jene „ein, zwei Häuserblocks",[304] von denen Alfred Döblin ironisch sprach? Gab es schließlich Berührungspunkte zwischen den Zeitschriften und ihrem literarischen Umfeld einerseits und der offiziellen hannoverschen Kunstszene andererseits? Wie schließlich reagierten die Vertreter der städtischen Einrichtungen, etwa der Museen, der Städtischen Bühnen oder jene Gremien der hannoverschen Stadtverwaltung, die sich mit Fragen von Kunst und Kultur beschäftigten?

Die einzelnen Abschnitte der vorliegenden Arbeit befinden sich im Bereich unterschiedlicher Wissenschaftsdisziplinen. Wo die städtische Kunstpolitik am Beispiel des Theaterwesens sowie des Ankaufs und der Förderung bildender Kunst im Zentrum der Betrachtung steht, sind sozial-, kunst- und theaterhistorische Fragestellungen von Bedeutung. Hinzu kommt die Bürgertums- und Bürgerlichkeitsforschung, der eine sozialwissenschaftliche, aber auch eine kunst- und kunstwissenschaftliche Herangehensweise zugrundeliegt.[305] Auch die Auseinandersetzung mit der Kunstkritik, ihrer Natur nach ein „Wildling"[306] im „Grenzgebiet zwischen Wissenschaft und Künsten, zwischen Kunst und Literatur, zwischen Kunstgeschichte und Kunsttheorie, ihnen allen zugleich und doch keinem ganz und ausschließlich angehörend",[307] erfordert den fächerübergreifenden Ansatz. Wer sich zudem mit dem Bereich der kollektiven Biographie beschäftigt, befindet sich, so Heinz Wilhelm Schroeder, im Kräftefeld von Geschichtswissenschaften, Politikwissenschaften, Ethnologie und Psychologie.[308] Zeitschriftenforschung ist ebenfalls interdisziplinär angelegt,[309] und die Beschäftigung mit der New Cultural History schließlich erfordert gar in besonderem Maße die Zusammenführung verschiedener Fachdisziplinen.[310] Insofern hält das Untersuchungsfeld eine nicht geringe Anzahl von Fußangeln bereit, in die unweigerlich vor allem jener gerät, der den Fehler begeht, qualitative Aussagen in fachfremden Disziplinen zu treffen.

In der vorliegenden Arbeit geht es schon aus diesem Grund nicht um ästhetische Qualitätsurteile, weder im Bereich der bildenden Kunst noch in dem des Theaterwesens oder in jenem der Literatur. Vielmehr wird versucht, den Ursachen der Entstehung von Urteilen über die Moderne auf den Grund zu gehen, die so unterschiedlich, ja polar vertreten und mit derartigem Engagement sowohl von der einen wie der anderen Seite zu keiner Zeit vor der Weimarer Republik vorgetragen wurden. Die „klassische Moderne" erlebte ihren Durchbruch und gleichzeitig ihre Krise. Das Nebeneinander von künstlerischen und literarischen Dokumenten der Zeit von unterschiedlicher Qualität mag zuweilen befremdlich erscheinen. Der vergleichsweise große Raum, der den Äußerungen der Gegner der Moderne geschenkt wird, könnte jedoch auch deshalb so ungewohnt erscheinen, weil bisherige Rezeptionsgewohnheiten den Leistungen der Moderne eine – gemessen an den objektiven Verhältnissen des Vorkommens in der gesamten Kunst- und Kulturszene der zwanziger Jahre – unverhältnismäßig große Bedeutung zugemessen haben. Dieses ist aus qualitativen Gesichtspunkten auch durchaus berechtigt. Wenn – wie ausgeführt – diese Moderne der zwanziger Jahre überwiegend positiv und die Haltung ihrer Widersacher, gleichsam holzschnittartig, überwiegend negativ besetzt wird, dann könnte sich daraus auch die Neigung erklären lassen, letztere eher zu verschweigen als nach den Motiven für ihre Anti-Haltung zu fragen.

Es geht im folgenden keineswegs darum, die Leistungen der künstlerischen Moderne in Frage zu stellen. Sie bleiben ebenso unbestritten wie die Tatsache, daß die Moderne als solche einer Lebenswelt zum Durchbruch verhalf, die „bis heute das Bild unserer Gesellschaft und die Subjektivität ihrer Menschen prägt".[311] Gleichwohl schließt diese Überzeugung keinesfalls aus, auch der Janusköpfigkeit dieser Moderne Überlegungen zu widmen und in diesem Zusammenhang jene zu Wort zu kommen lassen, die ihre Schwierigkeiten mit einer noch dazu in sich widersprüchlichen und ambivalenten Moderne hatten.[312] In einer Zeit der Wandlungen und Brüche waren Spannungsmomente vorprogrammiert. Diesen Bedeutungszusammenhang stärker herauszuarbeiten als dieses bisher vielfach der Fall war, die Reaktionen von unterschiedlichen Teilöffentlichkeiten auf die in kurzer Zeit entstehenden Herausforderungen zu beleuchten, sind Ziele der vorliegenden Untersuchung.

Die Übereinstimmung hannoverscher kunstlerischer, politischer und kunstpolitischer Entwicklungen mit solchen in anderen Städten vergleichbarer Größe sollen wo immer möglich aufgezeigt werden. Schließlich ist etwa mit Herzogenrath,[313] Heusinger,[314] Laqueur,[315] Lohkamp,[316] Willet[317] und Zukowsky[318] von einer „vielzentrische(n) intellektuelle(n) Karte Deutschlands in den zwanziger Jahren"[319] auszugehen, und eine Reihe von Einzeldarstellungen hat interessante Einblicke in die Kunst- und Kulturszenen in der ‚Provinz' – also abseits Berlins – ermöglicht.[320] Doch verfolgen Arbeiten etwa über Darmstadt,[321] Düsseldorf,[322] Hamburg,[323] Jena,[324] Köln,[325] Mannheim[326], München[327] und über Sachsen[328] in den zwanziger Jahren in aller Regel andere Ziele als die vorliegende Untersuchung. Vielfach sind sie stärker von traditionell kunst- oder literaturhistorischen Fragestellungen geprägt, so daß es im allgemeinen allenfalls bei der Feststellung einer – verglichen mit jener der Hauptstadt – gemäßigteren und stärker von kulturkonservativen Vorbehalten geprägten Annäherung an die Moderne bleibt.[329]

Das Bestreben nach größtmöglicher inhaltlicher Differenzierung mag auf den ersten Blick irritieren. Wenn Historikerinnen und Historiker, gemessen an ihrer Arbeitsweise, in zwei Gruppen geschieden werden können – die der Fallschirmspringer und die der Pilzesucher[330] –, dann liegt hiermit die Arbeit einer überzeugten Pilzesammlerin vor, die doch überzeugt ist, sich nicht im Dickicht der Details verloren zu haben. Es war nicht – frei nach Adorno – die „mangelnde Zeit, sich kurz zu fassen", was den Umfang der Arbeit bedingt hat. Nach wie vor scheint mir vielmehr die Berücksichtigung unterschiedlicher Blickwinkel und Bewertungsraster unerläßlich, um jene Feinheiten und Verästelungen innerhalb der ‚offiziellen' wie der ‚inoffiziellen' hannoverschen Kunst- und Kulturszene aufzuspüren, die in ihrer Gesamtheit erst die Vielfalt der Wechselbeziehungen zwischen Anhängern der Moderne und ihren Gegnern schufen. Nur so ist das Maß der Einflußnahme städtischer Kunstpolitik erkennbar, nur so kann ich die Reaktionen der Vertreter der Kunstpublizistik auf die Fülle der auf sie einwirkenden Entwicklungen in Kunst und Kultur verdeutlichen.

Die Berücksichtigung unterschiedlicher Blickwinkel bringt es mit sich, daß ähnliche Sachverhalte in unterschiedlichen Kapiteln erwähnt werden. Die inhaltlichen Überschneidungen würden die Geduld jener Leserin und jenes Lesers strapazieren, die oder der das Buch ‚in einem Stück' lesen möchte. Eine solche Vorgehensweise halte ich in Anbetracht der Textmenge und Materialfülle für eher unwahrscheinlich. Ich gehe vielmehr davon aus, daß mithilfe des umfangreichen Registers einzelne Informationen nachgeschlagen oder auch einzelne Kapitel gelesen werden. Wegen der besseren Lesbarkeit ist jedes Kapitel deshalb weitgehend in sich abgeschlossen. Die Lektüre erfordert somit kein umständliches und zeitaufwendiges Nachschlagen in anderen Kapiteln.

1 Dies ist der Titel der aus nationalsozialistischer Sicht verfaßten Schrift H. Guthmanns (Berlin 1935), in der behauptet wird, daß die ‚entartete' Moderne noch immer die Einheit der Kunst in Deutschland gefährde. Berthold Hinz übernimmt die Programmatik, die von diesem Titel ausging, in seinem Aufsatz (Hinz, Berthold; ‚Zweierlei Kunst in Deutschland', 1977) und übertrug sie auf die Kritik der konservativ-traditionalistischen Kräfte an der avantgardistischen Kunstszene der Weimarer Republik.

2 Jürgens, Grethe; Rezepte zum ersprießlichen Besuch einer Kunstausstellung, in: Der Wachsbogen, H. 5/6, 31. Januar 1932, S. 8.

3 Zur Biographie Grethe Jürgens' vgl. vor allem: Müller-Piper, Renate; Grethe Jürgens. Mylord, Anita; Grethe Jürgens. Bonner Kunstverein; Grethe Jürgens und Gerta Overbeck. Seiler, Harald; Grethe Jürgens.

4 Jürgens, Grethe; Rezepte zum ersprießlichen Besuch einer Kunstausstellung, in: Der Wachsbogen, H. 5/6, 31. Januar 1932, S. 9.

5 Ebda.

6 Ebda.

7 Es handelte sich um eine Dachgeschoßwohnung in der von Adolf Falke erbauten Liststadt an der Podbielskistraße (Reinhardt, Hildegard; Grethe Jürgens, S. 8). Vgl. zur Vorgeschichte des Bauvorhabens: Buchheister, Carl/Radler, Karl-Heinz; Die Atelierfrage in Hannover, Niederdeutsche Zeitung, 20. Dezember 1927. Vgl. allg. StAH HR 19, Nr. 291, 292, 294. Nach den Adreßbüchern und Hausstandsbüchern der Stadt Hannover lebten in den Dachgeschoßwohnungen dieser Häuser überwiegend Künstlerinnen und Künstler, darunter auch einige bekannte Graphiker und Maler.

8 Zur Biographie vgl. vor allem: Helms, Dietrich; Vordemberge-Gildewart. Ders.; Friedrich Vordemberge-Gildewart. Schriften und Vorträge. Ders.; Vordemberge-Gildewart. The Complete Works. Rattemeyer, Volker/Helms, Dietrich/Matschke, Konrad; Typographie kann unter Umständen Kunst sein. Rotzler, Willy; Vordemberge-Gildewart. Westfälisches Landesmuseum für Kunst und Kulturgeschichte Münster des Landschaftsverbandes Westfalen-Lippe; Friedrich Vordemberge-Gildewart.

9 Vordemberge-Gildewart, Friedrich; Der absolute Film (1925), in: Helms, Dietrich; Vordemberge-Gildewart. Schriften und Vorträge, S. 13.

10 Ebda., S. 12.

11 Ebda.

12 Vordemberge-Gildewart, Friedrich; Gruppe K (1924), in: Helms, Dietrich; Vordemberge-Gildewart. Schriften und Vorträge, S. 11. Vgl. auch Rotzler, Willy; Vordemberge-Gildewart, S. 8.

13 Hermanns, Rudolf; Lebensskizze, in: Goebel, Fritz; Rudolf Hermanns, in: Westermanns Monatshefte, Bd. 124, II, H. 743, 1918, S. 425.

14 Schreiben Rudolf Hermanns an Oberbürgermeister Arthur Menge, 1. April 1932 (StAH HR 19, Nr. 325).

15 Gedacht ist hier vor allem an die von dem Projektkreis der Fritz-Thyssen-Stiftung unter der Leitung von Ekkehard Mai herausgegebenen Trilogie von Aufsatzsammlungen zur Kunst, Kunstpolitik und Kulturgeschichte des Kaiserreichs. Vgl. vor allem Mai, Ekkehard/Waetzold, Stephan/Wolandt, Gerd; Ideengeschichte und Kunstwissenschaft. Mai, Ekkehard/Pohl, Hans/Waetzoldt, Stephan; Kunstpolitik und Kunstförderung im Kaiserreich. Vgl. auch die anderen – im Literaturverzeichnis angegebenen – von Ekkehard Mai verfaßten oder herausgegebenen Arbeiten.

16 Siedler, Wolf Jobst; Kommentar: Fürstenmaler und Malerfürst, S. 242.

17 Ebda.

18 Vgl. dazu etwa Düwell, Kurt; Geistesleben und Kulturpolitik, bes. 25 ff. Vgl. Lenman, Robin; Painters, Patronage, and the Art Market in Germany, S. 111, 122. Hier heißt es etwa: „The post-Unification art market was dominated by what Werner described as ‚well-finished, real pictures', whose intricate detail, glossy surface and physical uniqueness – no matter how stereotyped the subject-matter – proclaimed their credentials as Art." Vgl. Mommsen, Wolfgang J.; Bürgerliche Kultur und künstlerische Avantgarde, S. 28 ff., 49 ff., 103 ff. Hepp, Corona; Avantgarde, S. 47. Bartmann, Dominik; Anton von Werner, S. 176 f.

19 Werner war Direktor der Akademie der Künste, Mitglied der Preußischen Landeskunstkommission, Vorsitzender des Vereins Berliner Künstler, Vorsitzender der Mitgliedsgenossenschaft der Akademie, Vorsitzender der Landesgenossenschaft und Hauptvorsitzender der Allgemeinen Deutschen Kunstgenossenschaft (Bartmann, Dominik; Anton von Werner, S. 219). Zur politischen Einstellung des Malers: Bartmann, Dominik; Anton von Werner, S. 172 f. Zur Haltung zur Moderne: Ebda., S. 175. Bartmann kommt zu der Einschätzung: „Werners Leistung besteht in einer konsequent perfektionierten Anwendung einer äußerlich naturalistischen Malweise in Verbindung mit einer propagandistischen Intention, die ihr Ziel durch das Einstreuen pathetischer Elemente erreicht … Seine Malweise, die dem neuen Kaiserreich bedingungslos huldigte, entsprach dem Geist der Gründerzeit und des beginnenden Imperialismus." (Ebda., S. 164) Vgl. bes. Paret, Peter; Berliner Secession, S. 33.

20 Düwell, Kurt; Geistesleben und Kulturpolitik, S. 26.

21 Johann, Ernst (Hg.); Reden des Kaisers. Ansprachen, Predigten und Trinksprüche Wilhelms II., München 1966, S. 102, zitiert nach: Hepp, Corona; Avantgarde, S. 47. Vgl. auch Mommsen, Wolfgang J.; Herausforderung der bürgerlichen Kultur, S. 433 f. Vgl. Lenman, Robin; Die Kunst, die Macht und das Geld, S. 17 f. Paret, Peter; Berliner Secession, S. 17–46, bes. 36 ff. Paret, Peter; Tschudi-Affäre, bes. S. 396 f. Schuster, Peter-Klaus; Tschudi, bes. S. 29 ff. Stather, Martin; Kunstpolitik Wilhelms II., bes. S. 62–77 u. 97–105. Johann Georg Prinz von Hohenzollern schildert, daß Wilhelm II. darauf bestanden habe, daß der Leiter der Nationalgalerie Hugo von Tschudi unter solchen Gemälden, die die kaiserliche Zustimmung nicht fanden, Tafeln mit der Aufschrift anbringen ließ: „Gegen den Willen Seiner Majestät erkauft." (Hohenzollern, Johann Georg von; Hugo von Tschudi, S. 11).

22 Nipperdey, Thomas; Wie das Bürgertum die Moderne fand, S. 51.

23 Ebda., S. 52.

24 Ebda. Mommsen, Wolfgang J.; Bürgerliche Kultur und künstlerische Avangarde, S. 34 f.

25 Scheffler, Karl; Die Geschichte der europäischen Malerei, Bd. 1, Berlin 1926, S. 19, zitiert nach: Edler, Doris; Vergessene Bilder, S. 3; hier auch Angaben von weiterführender Literatur zur rückblickenden Bewertung der Kunst des 19. Jahrhunderts.

26 Halbertsma, Marlite; Wilhelm Pinder und die deutsche Kunstgeschichte, Worms 1992, bes. 71–82. Vgl. Lohkamp, Brigitte; Malerei, S. 115 f.

27 Edler, Doris; Vergessene Bilder, bes. S. 41–50.

28 Lohkamp, Brigitte; Malerei, S. 115. Vgl. dazu exemplarisch Doris Edlers unterschiedliche Interpretation dessen, was offizielle und was inoffizielle Kunst sei, rückblickend auf das ausgehende 19. Jahrhundert:

„Im offiziellen Kunstbetrieb erfolgte somit eine Wende von der alten Kunst für alle zu einer modernen Kunst für wenige. Es kam zu einer Spaltung der Kunst, infolge derer innerhalb des offiziellen Kunstbetriebs nur noch die an das neue Kennerpublikum gerichtete moderne Kunst ihren Rang fand." Die ehemals offizielle Akademiekunst wurde nun als „‚Publikumskunst' in den Bereich des Kitsches gerückt und damit samt ihrem Publikum aus dem offiziellen Kunstbetrieb weitgehend ausgeschlossen." (Edler, Doris; Vergessene Bilder, S. 226).

29 Lohkamp, Brigitte; Malerei, S. 115.
30 Hinz, Berthold; ‚Zweierlei Kunst in Deutschland', S. 264. Vgl. auch Barron, Stephanie; 1937, S. 10f.
31 Hinz, Berthold; ‚Zweierlei Kunst in Deutschland', S. 264.
32 Grasskamp, Walter; Unbewältigte Moderne, S. 149f. Vgl. dazu auch Lohkamp, Brigitte; Malerei, S. 232.
33 Hinz, Berthold; 1933/45. Ein Kapitel kunstgeschichtlicher Forschung seit 1945, in: kritische berichte 1986, H. 4, S. 20. Vgl. auch Dussel, Konrad; NS-Staat und die ‚deutsche Kunst', bes. S. 262. Reichel, Peter; Schöner Schein, S. 15 f.
34 Herding, Klaus; Rezension zu Peter Reichel DER SCHÖNE SCHEIN DES DRITTEN REICHES, in: kritische berichte 1991, H. 3, S. 80–86. Reichel, Peter; Schöner Schein, Vorwort.
35 Grasskamp, Walter; Unbewältigte Moderne, S. 122. Vgl. Reichel, Peter; Schöner Schein, S. 11 f.
36 Grasskamp, Walter; Unbewältigte Moderne, S. 137.
37 Ebda., S. 149, vgl. auch S. 135.
38 Ebda., S. 135.
39 Ebda., S. 122.
40 Vgl. zum ambivalenten Charakter Berlins exemplarisch: Alter, Peter; Metropolen. Von besonderem Interesse sind in diesem Zusammenhang die Beiträge James Jolls und Jeffrey Herfs in diesem Buch. Vgl. auch Eksteins, Modris, Tanz über Gräben, S. 119ff. Meyer, Jochen (Hg.); Berlin-Provinz. Vgl. auch Brunn, Gerhard/Reulecke, Jürgen; Metropole Berlin, hier besonders die beiden Beiträge von Detlef Briesen: BERLIN. DIE ÜBERSCHÄTZTE MODERNE. ÜBER DAS SYSTEM DEUTSCHER HAUPTSTÄDTE ZWISCHEN 1850–1940 (S. 39–78) und *Weltmetropole Berlin? Versuch, sich einem deutschen Mythos über die Zeit zwischen den Weltkriegen empirisch zu nähern* (S. 151–186).
41 Gay, Peter; Republik der Außenseiter, S. 14. Diwald, Hellmut; Literatur und Zeitgeist, S. 203.
42 Kuhn, Helmut; Geistiges Gesicht, S. 214.
43 Detlev J. K. Peukert schrieb zusammenfassend: „Das historische Bild Weimars leidet unter einem nur selten erklärten Widerspruch zwischen der optimistischen Zeichnung kultureller Avantgardeleistungen und der pessimistischen Vision politischer und sozialer Misere." (Peukert, Detlev J. K.; Weimarer Republik, S. 11). Vgl. auch Kolb, Eberhard; Weimarer Republik, S. 106.
44 Hermand, Jost/Trommler, Frank; Kultur der Weimarer Republik, S. 9.
45 Alter, Peter; Einleitung, in: Ders.; Metropolen, S. 8 f.
46 Vgl. in diesem Zusammenhang vor allem die beiden ‚Pionierwerke': Brenner, Hildegard; Kunstpolitik des Nationalsozialismus. Wulf, Joseph; Bildende Künste im Dritten Reich.
47 Ketelsen, Uwe-K.; Kulturpolitik im 3. Reich, S. 239. Vgl. auch Ketelsen, Uwe-K.; Literatur und Drittes Reich, sowie die Rezension von Harro Zimmermann zu diesem Buch in: Die Zeit, Nr. 17, 23. April 1993. Hier hieß es: „Das Faszinosum jener zwischen 1933 und 1945 prosperierenden Literatur erklärt sich … zu guten Teilen aus den Bedürfnissen der ‚Volksgenossen' selber, die nicht erst zur Lektüre erwünschter Texte überredet werden mußten. Sie kamen der ‚Bewegung' des Nazismus willig entgegen."
48 Grasskamp, Walter; Unbewältigte Moderne, bes. S. 147–158.
49 Ketelsen, Uwe-K.; Literatur und Drittes Reich.
50 Vgl. vor allem: Saldern, Adelheid von; Kulturelle Praxisformen. Saldern, Adelheid von; ‚Kunst für's Volk'.
51 Herf, Jeffrey; Reactionary Modernism.
52 Schuster, Peter-Klaus; München. Vgl. in diesem Zusammenhang auch den Beitrag von Mario-Andreas von Lüttichau in diesem Aufsatzband: Lüttichau, Mario-Andreas; ‚Deutsche Kunst' und ‚Entartete Kunst', bes. S. 92ff. u. 97ff.
53 Reichel, Peter; Schöner Schein.
54 Saldern, Adelheid von; ‚Kunst für's Volk', bes. 61 ff. Reichel, Peter; Schöner Schein, S. 15.
55 Ebda., S. 61 f. u. 80.
56 Saldern, Adelheid von; Kulturelle Praxisformen, S. 14.
57 Lüttichau, Mario-Andreas von; ‚Deutsche Kunst' und ‚Entartete Kunst', bes. S. 98. Rave, Paul Ortwin; Kunstdiktatur. Vgl. Burns, Rob; Prefigurations of Nazi Culture. Hier heißt es auf S. 300: „In fact the lines of continuity between the Weimar Republic and the Third Reich are apparent in virtually all sectors of artistic activity."
58 Anton Kaes urteilt in Anlehnung an den Blochschen Begriff der „Ungleichzeitigkeit": „Diesem Modell nach bestand die Weimarer Kultur aus zwei Kulturen: einer programmatisch modernen, avantgardistisch-intellektuellen Großstadtkultur und einer bewußt anti-modernen, thematisch wie stilistisch rückwärtsgewandten, volkstümlichen Blut- und Bodenkultur." (Kaes, Anton; Einleitung, S. XXXIX). Vgl. auch Kaes, Anton; Ökonomische Dimension, S. 328.
59 Kolb, Eberhard; Weimarer Republik, S. 92 f. Ob mit Kolbs These von den zwei Kulturen eine „annähernde Gleichgewichtigkeit impliziert" wird, ist fraglich (vgl. dazu Ditt, Karl; Konservative Kulturvorstellungen, S. 249). Vgl. Hinz, Berthold; ‚Zweierlei Kunst in Deutschland', S. 264 f. Vgl. Laqueur, Walter; Weimar, S. 8. Brigitte; Malerei, S. 115. John Willet schließlich schreibt, die Leistungen der Avantgarde allerdings aussschließlich positiv bewertend: „Die kulturellen Leistungen der Weimarer Jahre enthielten noch andere Elemente, die ihre eigene Zerstörung begünstigten, denn trotz aller Bemühungen um Verbreitung und leichte Zugänglichkeit erhielten sie bemerkenswert wenig Unterstützung, nachdem die Nazis mit ihrer Arbeit begonnen hatten. Noch nie waren die Gedanken einer künstlerischen Avantgarde so weit gedrungen, noch nie hatten diese Künstler ihr eigenes Ich so weit zurückgestellt oder so viel getan, um die traditionellen Werte der großen bürgerlichen kulturellen Leistungen in Frage zu stellen, und doch gab es noch, nicht weit unter der Oberfläche, den alten Groll und Widerwillen gegen die Moderne." (Willet, John; Weimarer Jahre, S. 17). Und Peter Gay spricht von der Weimarer Kultur als „Schöpfung von Außenseitern, die von der Geschichte für einen kurzen, schwindelerregenden, zerbrechlichen Augenblick in den Mittelpunkt gerückt worden war". Weiter heißt es: „Die für die Weimarer Kultur so typische erregende Spannung entsprang teilweise einem Überschwang an Schöpferkraft und Experimentierfreude; zum großen Teil aber nährte sie sich aus Sorge, Angst und einer wachsenden Ahnung des Untergangs."

(Gay, Peter; Republik der Außenseiter, S. 14f). Vgl. Mommsen, Wolfgang J.; Bürgerliche Kultur und künstlerische Avantgarde, S. 174 f.
60 Hinz, Berthold; ‚Zweierlei Kunst in Deutschland', S. 264.
61 Ebda., S. 266.
62 Ebda. Reichel, Peter; Schöner Schein; bes. S. 66 f.
63 Grasskamp, Walter; Unbewältigte Moderne, S. 133.
64 Ebda.
65 Karl Ditt schrieb dazu mit Blick auf eine anzustrebende neue Richtung in der Sozialgeschichte: „Angesichts der ergebnisreichen sozialgeschichtlichen Arbeiten sowie der hohen Bedeutung und Strukturierungskraft des Gesellschaftsbegriffes für die Beschreibung und Erklärung der Wirklichkeit liegt ... kein Grund vor, aus dem Tempoverlust der Sozialgeschichte z. B. den Schluß zu ziehen, zu einer geistesgeschichtlich verstandenen Kulturgeschichte zurückzukehren. Der sozialgeschichtliche Ansatz bedarf vielmehr einer zweiten Phase der Erweiterung und die traditionelle Kulturgeschichte der sozialen und politischen Fundierung." (Ditt, Karl; Konservative Kulturvorstellungen, S. 230).
66 Grasskamp, Walter; Unbewältigte Moderne, S. 156.
67 Ebda., S. 156 f.
68 Einen Einblick in die Bandbreite der Interpretations- und Einwirkungsversuche am Beispiel der Massenfreizeitkultur der zwanziger Jahre bietet: Saldern, Adelheid von; Massenfreizeitkultur.
69 Bausinger, Hermann, Bürgerlichkeit und Kultur, S. 121.
70 Wehler, Hans-Ulrich; Wie bürgerlich war das deutsche Kaiserreich?, S. 244.
71 Ebda., S. 252.
72 Kocka, Jürgen; Bürgertum im 19. Jahrhundert, S. 22.
73 Kocka, Jürgen; Bildungsbürgertum. Gesellschaftliche Formation oder Historikerkonstrukt?, S. 17.
74 Ebda. Bezeichnenderweise trägt die Einleitung Kockas, die die Ergebnisse von zwölf Tagungen zur Geschichte des Bildungsbürgertums zusammenfaßt, den Untertitel BILDUNGSBÜRGERTUM. GESELLSCHAFTLICHE FORMATION ODER HISTORIKERKONSTRUKT?
75 Wie Jürgen Engelhardt herausarbeitet, bildete sich der Begriff des Bildungsbürgertums als „Negativchiffre" erst um 1920 heraus: „Auf jeden Fall kam allem Anschein nach erst jetzt ... das neue Kompositum ‚Bildungsbürger(tum)' auf. Es entstand offensichtlich also erst in einem Stadium, in dem die revolutionären Verschiebungen im Ordnungsgefüge der Gesellschaft ... die normative Präpotenz des Bürgertums grundsätzlich infragestellten." (Engelhardt, Ulrich; ‚Bildungsbürgertum', S. 188f). Vgl. Kocka, Jürgen; Bildungsbürgertum. Gesellschaftliche Formation oder Historikerkonstrukt?, S. 12.
76 Birgit Kulhoff etwa spricht in ihrer Arbeit mit Hinweis auf die von Engelhardt (Engelhardt, Ulrich; ‚Bildungsbürgertum') herausgearbeitete Problematik der Begriffsverwendung vom „gebildeten Bürgertums" statt vom „Bildungsbürgertum" (Kulhoff, Birgit; Bürgerliche Selbstbehauptung im Spiegel der Kunst, S. 8).
77 Engelhardt, Ulrich; ‚Bildungsbürgertum', S. 11–13
78 Vgl. etwa Kocka, Jürgen; Bürgertum im 19. Jahrhundert, S. 11 f.
79 Vgl. allgemein Gall, Lothar; Vom alten zum neuen Bürgertum. Gall, Lothar; Stadt und Bürgertum. Gall, Lothar; Bürgertum in Deutschland. Hier heißt es (S. 387), der „fortschreitende Differenzierungsprozeß in allen Lebensbereichen, der Wandel der Aufgaben, der Chancen, der Zukunftsperspektiven in den verschiedenen, sich gleichfalls ständig vermehrenden Berufsfeldern, kurz, der immer mehr vorankommende Prozeß der Arbeitsteilung in der modernen Gesellschaft (löste) die innere, lebensweltlich fundierte, von der Ähnlichkeit der Lebensaufgaben sich herleitende Einheit der bürgerlichen Familie und mit ihr zugleich der bürgerlichen Gesellschaft mehr und mehr auf". Vgl. auch Kocka, Jürgen; Bürgertum und Bürgerlichkeit, S. 23 ff. Wehler, Hans-Ulrich; Wie bürgerlich war das deutsche Kaiserreich?, S. 246 f.
80 „Das moderne Bürgertum hatte von Anfang an eine zweifache soziale Wurzel: es bildete sich einerseits aus den Trägern des Kapitals und andererseits aus Individuen, deren einziges Kapital ihre Bildung war. Man sprach daher von der Klasse des Besitzes und der Bildung, wobei sich die Bildungsschicht nicht ohne weiteres mit dem Besitz ideologisch in Deckung befand." (Karl Mannheim, Ideologie und Utopie, zitiert nach: Ringer, Fritz K.; Gelehrte, S. 12f).
81 Engelhardt, Ulrich; ‚Bildungsbürgertum', S. 27. Vgl. zur Definition auch: Kocka, Jürgen; Bildungsbürgertum. Gesellschaftliche Formation oder Historikerkonstrukt?, S. 9 f. Kocka, Jürgen; Bürgertum und Bürgerlichkeit, S. 33 f. Wehler, Hans-Ulrich; Wie bürgerlich war das deutsche Kaiserreich?, S. 246 f. Lepsius, M. Rainer; Soziologie des Bürgertums, S. 86 ff.
82 Engelhardt, Ulrich; ‚Bildungsbürgertum', S. 27.
83 Reulecke, Jürgen; Bildungsbürgertum und Kommunalpolitik.
84 Vgl. dazu etwa Jarausch, Konrad H.; Unfreie Professionen.
85 Ringer, Fritz K.; Gelehrte, bes. S. 15 f., 78 ff. Mommsen, Wolfgang J.; Bürgerliche Kultur und künstlerische Avantgarde, S. 16.
86 „‚Bürgerliche Gesellschaft' meinte ein Modell wirtschaftlicher, sozialer und politischer Ordnung, die in Überwindung von Absolutismus, geburtsständischen Privilegien und klerikaler Gängelung das Prinzip rechtlich geregelter individueller Freiheit für alle realisiert, das Zusammenleben der Menschen nach Maßgabe der Vernunft gewährleistet, die Ökonomie auf der Grundlage rechtlich geregelter Konkurrenz marktförmig organisiert, die Lebenschancen im weitesten Sinn nach Maßgabe von Leistung und Verdienst verteilt, die staatliche Macht im Sinne des liberalen Rechts- und Verfassungsstaates einerseits begrenzt und andererseits über Öffentlichkeit, Wahlen und Repräsentativorgane an den Willen mündiger Bürger zurückbindet und den Bereich von Kunst, Wissenschaft und Religion nicht nur im Sinne der ... bürgerlichen Kultur strukturiert, sondern diesem Bereich zugleich ein hohes Maß von Selbstbestimmung (Autonomie) gewährt." (Kocka, Jürgen; Bürgertum und bürgerliche Gesellschaft, S. 34, vgl. zum Moment der Abgrenzung auch S. 20). Vgl. Lepsius, M. Rainer; Soziologie des Bürgertums, S. 79 f.
87 Blackbourn, David; Refeudalisierung, S. 85 ff. Vgl. auch S. 125 ff.
88 Rüschemeyer, Dietrich; Bourgeoisie, Staat und Bildungsbürgertum, S. 115.
89 Vgl. zu diesem bürgerlichen Kulturbegriff etwa: Bausinger, Hermann; Bürgerlichkeit und Kultur, S. 121 ff. Vgl. auch den Abschnitt KEIN STAND, KEINE KLASSE – EINE KULTUR? in: Kocka, Jürgen; Bürgertum und Bürgerlichkeit, S. 42 ff.
90 Bausinger, Hermann; Bürgerlichkeit und Kultur, S. 122.
91 Kaschuba, Wolfgang; Deutsche Bürgerlichkeit, S. 23. Vgl. Kocka, Jürgen; Bürgertum im 19. Jahrhundert, S. 27 f.
92 „Das bürgerliche Ethos wurde ursprünglich maßgeblich bestimmt durch die Forderung nach einer rationalen Lebensführung, die vornehmlich auf Lebenserfüllung durch berufliche Leistung und berufli-

chen Erfolg abzielte und auch die intimsten Lebensäußerungen der Person diesem Ziel unterordnete. Diese Form einer praktisch-rationalen Lebensführung, die, wie Max Weber gezeigt hat, ... ihre wesentliche Wurzel in der protestantischen Askese hat, setzte die großen gesellschaftlichen Energien frei, ohne die die Entstehung und jedenfalls das rasche Wachstum des modernen, marktorientierten industriellen Kapitalismus nicht möglich gewesen wären. Das Ideal einer berufsorientierten bürgerlichen Lebensführung war zwar in erster Linie auf die Mehrung von Gewinn und Wohlstand ausgerichtet, besaß aber zugleich eine ethische Komponente von starker Bindungskraft. Rechtschaffenheit, Pflichterfüllung, Sparsamkeit und ein maßvoller Lebensstil, der allen übermäßigen Genuß und Luxus perhorreszierte, galten als verpflichtende Tugenden." (Mommsen, Wolfgang J.; Stadt und Kultur, S. 87f.) Vgl. Kocka, Jürgen; Bürgertum im 19. Jahrhundert, S. 28 ff.

93 Lepsius, M. Rainer; Zur Soziologie des Bürgertums, S. 96 f. Vierhaus, Rudolf; Aufstieg des Bürgertums, S. 66 f. Mommsen, Wolfgang J.; Bürgerliche Kultur und Avantgarde, S. 9 f.
94 Kaschuba, Wolfgang; Deutsche Bürgerlichkeit, S. 19.
95 Ebda.
96 Bausinger, Hermann; Bürgerlichkeit und Kultur, S. 131. Umgekehrt übernahm der Adel Formen der bürgerlichen Kultur. Insofern kam es in bezug auf die Herausbildung eines neuen Kulturbegriffs auf beiden Seiten zu Annäherungen (Mommsen, Wolfgang J.; Bürgerliche Kultur und künstlerische Avantgarde, S. 7 ff. Blackbourn, David; Refeudalisierung, S. 85 ff).
97 Vgl. etwa Lepsius, M. Rainer; Soziologie des Bürgertums, S. 96. Vierhaus, Rudolf; Aufstieg des Bürgertums, S. 65.
98 Nipperdey, Thomas; Kommentar. ‚Bürgerlich' als Kultur, S. 147.
99 Ebda., S. 145 f.
100 Ebda., S. 147.
101 Ebda. Vgl. auch Feist, Peter H.; Publikum und Ausstellung, S. 80.
102 Kaschuba, Wolfgang; Deutsche Bürgerlichkeit, S. 30.
103 Ebda., S. 29.
104 Vgl. Scheuner, Ulrich; Kunst als Staatsaufgabe, bes. S. 18 ff. Lenman, Robin; Die Kunst, die Macht und das Geld, bes. S. 83 ff. Feist, Peter H.; Publikum und Ausstellung, S. 79 f. Lenman; Die Kunst, die Macht und das Geld, S. 83 ff. Mommsen, Wolfgang J.; Bürgerliche Kultur und künstlerische Avantgarde, S. 103.
105 Vgl. zusammenfassend zu diesem Prozeß: Nipperdey, Thomas; Wie das Bürgertum die Moderne fand, S. 10–48. Nipperdey, Thomas; Kommentar: ‚Bürgerlich' als Kultur, bes. S. 145 ff. Mommsen, Wolfgang J.; Herausforderung der bürgerlichen Kultur, S. 426 f.
106 „,Bourgeoisie' und ‚Bildungsbürgertum' sind die beiden Kerne des Bürgertums; in der zweiten Hälfte des 19. Jahrhunderts dürften sie etwa 3 bis 4 Prozent der Erwerbstätigen ausgemacht haben, zusammen mit ihren Familien etwa 5 Prozent (mit leicht ansteigender Tendenz). Um diese kleine Minderheit geht es vor allem, wenn ... vom Bürgertum gesprochen wird." (Kocka, Jürgen; Bürgertum im 19. Jahrhundert, S. 12).
107 Nipperdey, Thomas; Kommentar: ‚Bürgerlich' als Kultur, S. 147.
108 Vgl. etwa Mommsen, Wolfgang J.; Herausforderung der bürgerlichen Kultur, S. 426 f.
109 Langewiesche, Dieter; Bildungsbürgertum und Liberalismus, S. 109, vgl. auch S. 113. Mommsen, Wolfgang J.; Herausforderung der bürgerlichen Kultur, bes. S. 427.
110 Vgl. Engelhardt, Ulrich; ‚Bildungsbürgertum', bes. 147 f.
111 Kaschuba, Wolfgang; Deutsche Bürgerlichkeit, bes. S. 19. Mommsen, Wolfgang J.; Bürgerliche Kultur und künstlerische Avantgarde, S. 10. Feist, Peter H.; Publikum und Ausstellungen, S. 80 f.
112 Nipperdey, Thomas; Wie das Bürgertum die Moderne fand, S. 10 f.
113 Ebda., S. 32.
114 „Seit je gab es ein Ineinander von Vielheit und Einheit, jetzt, seit der Revolution, tritt die Vielheit der Kunst sehr viel stärker in den Vordergrund. Historisierung und Originalitätspostulat führen zu dieser doppelten Pluralisierung der Kunst ... Der historische Pluralismus und der der Kunstautonomie wie der gesellschaftliche Pluralismus potenzieren sich gegenseitig." (Nipperdey, Thomas; Wie das Bürgertum die Moderne fand, S. 41f.)
115 Ebda. Vgl. Lenman, Robin; Painters, Patronage, and the Art Market in Germany, S. 115 f. Lenman, Robin; Die Kunst, die Macht und das Geld, S. 20 u. S. 61 f. Grasskamp, Walter; Unbewältigte Moderne, bes. S. 31 f. Mommsen, Wolfgang J.; Bürgerliche Kultur und künstlerische Avantgarde, S. 45, 48 ff., 53.
116 Vgl. Düwell, Kurt; Geistesleben und Kulturpolitik, S. 26 f. Vgl. auch Feldenkirchen, Wilfried; Staatliche Kunstfinanzierung, S. 37 f.
117 Mommsen, Wolfgang J.; Stadt und Kultur, S. 75, 94, 96. Ders.; Bürgerliche Kultur und kulturelle Avantgarde, S. 29 ff. Lenman, Robin; Die Kunst, die Macht und das Geld, S. 84.
118 Vgl. Mommsen, Wolfgang J.; Bürgerliche Avantgarde und künstlerische Avantgarde, S. 18–25. Feist, Peter H.; Publikum und Ausstellungen, S. 83. Hardtwig, Wolfgang; Geschichtsinteresse, Geschichtsbilder und politische Symbole. Lenman, Robin; Die Kunst, die Macht und das Geld, S. 11 f.
119 Mommsen, Wolfgang J.; Herausforderung der bürgerlichen Kultur, S. 429.
120 A. Schäffler; Der moderne Adelsbegriff (1885), zitiert nach: Wehler, Hans-Ulrich; Deutsches Bildungsbürgertum, S. 218.
121 Vgl. etwa Nipperdey, Thomas; Wie das Bürgertum die Moderne fand, S. 32. Wehler, Hans-Ulrich; Deutsches Bildungsbürgertum, S. 234.
122 Wolfgang J. Mommsen urteilt: „Die hegemonialen Strömungen der bürgerlich-liberalen Kultur tendierten bis zur Jahrhundertwende durchweg dazu, an den hergebrachten literarischen und künstlerischen Ausdrucksformen festzuhalten, statt sich modernen Strömungen zu öffnen." (Mommsen, Wolfgang J.; Stadt und Kultur, S. 90). Mommsen, Wolfgang J.; Bürgerliche Kultur und künstlerische Avantgarde, S. 17 u. 34 ff. Vgl. Langewiesche, Dieter; Bildungsbürgertum und Liberalismus, bes. S. 110 ff. Petersen, Jürgen H.; ‚Das Moderne' und ‚die Moderne', S. 137 f.
123 Reulecke, Jürgen; Falado, S. 1.
124 Vgl. dazu etwa Mommsen, Hans; Auflösung des Bürgertums, S. 290 ff. Mommsen schreibt hier (S. 291) mit Blick auf die neokonservativen Kräfte in der Weimarer Republik: „Anti-bürgerlich zu sein, wurde in Weimar zur Modeerscheinung unter den Angehörigen der jungen Generation ... Hinter dem Generationenkonflikt verbarg sich jedoch ein neues Lebensgefühl, das sich als antibürgerlich verstand, obwohl es nur auf dem Boden spezifisch bürgerlicher Lebensformen Entwicklungsmöglichkeiten fand." Klueting, Edeltraud, Vorwort, in: Dies.; Antimodernismus. Hartung, Wolfgang; ‚Vaterland als Hort von Heimat'. Mayer, Dieter; Linksbürgerliches Denken, bes. S. 48 ff. Mommsen, Wolfgang J.; Bürgerliche Kultur und künstlerische Avantgarde,

S. 103 ff. Berking, Helmuth; Masse und Geist, S. 15 ff. Reichel, Peter; Schöner Schein, S. 49 f.

125 Vgl. exemplarisch Edler, Doris; Vergessene Bilder, S. 209–232. Mommsen, Wolfgang J.; Herausforderung der bürgerlichen Kultur, S. 434 f. Mommsen, Wolfgang J.; Stadt und Kultur, S. 90 f. Nipperdey, Thomas; Wie das Bürgertum die Moderne fand, S. 49 ff. Paret, Peter; Berliner Secession, bes. S. 119 f. Bartmann, Dominik; Anton von Werner, S. 101 ff. Stather, Martin; Kunstpolitik Wilhelms II., bes. S. 146–159. Mommsen, Wolfgang J.; Bürgerliche Avantgarde und künstlerische Avantgarde, S. 41 ff., 53 ff. Wolfgang J. Mommsen verweist allerdings auch darauf, daß die Kritik an der Kunstpolitik Wilhelms II. keinesfalls so zu interpretieren sei, daß ihre Vertreter Anhänger der modernen, zeitgenössischen Kunst des Kaiserreiches gewesen wäre. Wilhelm II. habe stellvertretend für eine „nicht unerhebliche schweigende Mehrheit in den breiten Schichten der Bevölkerung" gesprochen (Ebda., S. 56).

126 „Die autonome Kunst und die auf sich selbst gestellten Künstler sind unsicher und unruhig, experimentierend und entdeckerisch. Die Gesellschaft hat die Tendenz, sich zu stabilisieren, die Kunst dagegen ist aus eigener Notwendigkeit instabil, ja destabilisierend." (Nipperdey, Thomas; Wie das Bürgertum die Moderne fand, S. 56 f). Vgl. Mommsen, Wolfgang J.; Bürgerliche Kultur und künstlerische Avantgarde, S. 41 ff. u. 98 ff. Vgl. auch Petersen, Jürgen H.; ,Das Moderne' und ,die Moderne', S. 138. Hier heißt es (S. 141): „‚Die Moderne' bezeichnet nicht wie ,das Moderne' das jeweils Neue und dessen Widerspiegelung in der Kunst. Es handelt sich vielmehr um einen Begriff, der jenen fundamentalen Wandel in der Menschheitsgeschichte benennt, welcher den Menschen zum weltbewegenden, ja zum weltherstellenden Wesen gemacht und ihm damit die Verfügungsgewalt über das Seiende im Ganzen übertragen hat. Er entwirft Welt, setzt Werte und Maßstäbe, verfügt über die Existenz, über Beibehaltung oder Veränderung oder Abschaffung des Ganzen. Daß diese Entwicklung noch nicht vollendet ist, ändert nichts an dem radikal neuartigen Verhältnis zwischen Mensch und Welt."

127 Mommsen, Wolfgang J.; Bürgerliche Kultur und künstlerische Avantgarde, S. 106 ff. Mommsen, Wolfgang J.; Herausforderung der bürgerlichen Kultur. S. 442 f.

128 Mommsen, Wolfgang J.; Herausforderung der bürgerlichen Kultur, S. 439 f.

129 „Jedoch bewegten sich diese, vielleicht mit Ausnahme des Jugendstils, der sich als Herausforderer des bisherigen künstlerischen Betriebs durch eine junge Generation betrachtete, aber deshalb eigentlich nur ephemeren Charakter erlangte, durchaus noch innerhalb der Normen des bürgerlichen Kunstbegriffs, insofern als sie mit ästhetischen Mitteln Wirklichkeit zu gestalten bestrebt waren, wenn sie auch, wie die Impressionisten, nicht mehr länger empirische Objekte, sondern die unterschiedlichen Weisen ihrer visuellen Wahrnehmung darzustellen versprachen." (Mommsen, Wolfgang J.; Herausforderung der bürgerlichen Kultur, S. 436).

130 Vgl. dazu exemplarisch Hinz, Berthold; ,Zweierlei Kunst in Deutschland', S. 265.

131 Trommler, Frank; Inflation, Expressionismus und die Krise der literarischen Intelligenz, S. 300.

132 Hermand, Jost; Revolution und Restauration, S. 332.

133 Ebda.

134 Ebda. Hermand bezeichnet den Expressionismus als „januskopfig(en) … spätwilhelminischen Kunst-Ismus *und* zugleich durch ein(en) Kriegs- und Nachkriegsereignisse bedingten Taktaktivismus, der über das allgemeine Ismenkarussell in den Bereich der allgemeinen ‚Lebenspraxis' vorzustoßen versuchte" (Ebda., S. 333). Über den Dadaismus heißt es, auch er sei „weitgehend im Bereich jener bürgerlich-antibürgerlichen Avantgardekonzepte befangen" gewesen, „die fast allen bisherigen ,Ismen' zugrunde gelegen hatten. Auch der Dadaismus, der das Ende aller Ismen sein sollte, verwandelte sich relativ schnell in einen ,Ismus', das heißt ein neumodisches Nouveauté-Produkt, das von eilfertigen Epigonen höchst genüßlich vermarktet und somit als weiterer Ismus in das bereits bestehende Ismenkarussell eingereiht wurde. Selbst die dadaistische ,Verhohnepiepelung' der Kunst wurde so auf dem liberalen Flügel der immer noch auf Kunst eingestellten und nach Kunst verlangenden Bildungsbourgeoisie als Kunstströmung aufgefaßt – und ist als solche in die Kunstgeschichte eingegangen." (Ebda., S. 335). In seinem Buch THEORIE DER AVANTGARDE stellt Peter Bürger dagegen folgende These auf: „Mit den historischen Avantgardebewegungen tritt das gesellschaftliche Teilsystem Kunst in das Stadium der Selbstkritik ein. Der Dadaismus, die radikalste Bewegung innerhalb der europäischen Avantgarde, übt nicht mehr Kritik an den ihm vorausgegangenen Kunstrichtungen, sondern an der *Institution Kunst*, wie sie sich in der bürgerlichen Gesellschaft herausgebildet hat … Erst nachdem im Ästhetizismus die Kunst sich gänzlich aus allen lebenspraktischen Bezügen gelöst hat, kann einerseits das Ästhetische sich ,rein' entfalten, wird aber andererseits die Kehrseite der Autonomie, die gesellschaftliche Folgenlosigkeit, erkennbar. Der avantgardistische Protest, dessen Ziel es ist, Kunst in Lebenspraxis zurückzuführen, enthüllt den Zusammenhang von Autonomie und Folgenlosigkeit." (Bürger, Peter; Theorie der Avantgarde, S. 28 f.) Ohne hier weiter auf die Fragestellung einzugehen, sei auf einen Beitrag Hans Burkhard Schlichtings verwiesen (Pioniere des Medialen, S. 37). Hier heißt es: „Als emphatisches Medium von Zeitgenossenschaft begründet Dada einen *neuen Typ der Avantgarde* und unterliegt anderen Bedingungen der Historisierung als die Kunst-Ismen älteren Typs. Während diese den Bruch mit der Tradition nicht selten mit säkularen heilsgeschichtlichen Zukunfts-Verheißungen verbanden, ihn jedenfalls als Stiftung einer neuen Kontinuität begriffen, wird der Traditionsbruch für Dada dermaßen habituell, daß an Kontinuitäten nicht mehr zu denken ist."

135 Hinz, Berthold; ,Zweierlei Kunst in Deutschland', S. 266.

136 Ebda.

137 Thomas Nipperdey kennzeichnet dieses Phänomen mit den – zumindest für das Beispiel Hannover – zu emphatischen und auch vereinfachenden Worten: „Aber das eigentlich Auffallende ist doch die relativ breite Zustimmung von Bürgern zur – moderaten – Modernität auch und gerade in deren Unbürgerlichkeit … Die Kunst, die aus der Bürgerwelt auswandert, lebt vom bürgerlichen Publikum. Bürger nehmen sie auf, ohne daß sie sich dabei abschwächt. Bürger, die in Deutschland doch politisch und auch sozial eher konservativ waren, treten in Kunstdingen aus dem Gehäuse der Tradition und der Traditionshüter heraus, sie wollen modern sein, sie werden modern." (Nipperdey, Thomas; Wie das Bürgertum die Moderne fand, S. 72). Mommsen, Wolfgang J.; Bürgerliche Kultur und künstlerische Avantgarde, S. 108 f.

138 Mommsen, Hans; Auflösung des Bürgertums, S. 283. Vgl. Engelhardt, Ulrich; ,Bildungsbürgertum', S. 180 ff.

139 Mommsen, Hans; Auflösung des Bürgertums, S. 283.
140 Vgl. etwa Kulhoff, Birgit; Bürgerliche Selbstbehauptung im Spiegel der Kunst, S. 253. Edler, Doris; Vergessene Bilder, S. 223. Theodor Fontane ließ in seinem STECHLIN der Malerprofessor Cujacius, einen Anhänger der Staatskunst, bedauernd ausrufen, „mit den richtigen Linien in der Kunst (seien) auch die richtigen Formen in der Gesellschaft verloren gegangen."
141 Schuster, Peter-Klaus; München, S. 26.
142 Bourdieu, Pierre; Soziologie der symbolischen Formen, S. 179.
143 Ebda.
144 Langewiesche, Dieter; Bildungsbürgertum und Liberalismus, S. 108.
145 Ebda., S. 109.
146 Ebda.
147 Ebda.
148 Edler, Doris; Vergessene Bilder, S. 223, 225.
149 Habermas, Jürgen; Strukturwandel der Öffentlichkeit (1976), S. 210.
150 Vgl. dazu Mommsen, Wolfgang J.; Stadt und Kultur, S. 109 f.
151 Vgl. etwa Jarausch, Konrad H.; Unfreie Professionen. Vgl. auch Jarausch, Konrad H.; Krise des deutschen Bildungsbürgertums. Hier heißt es (S. 197): „Im Gegensatz zum Ersten Weltkrieg, der als Ausnahmesituation definiert wurde, und dem Anfangschaos der Weimarer Republik, auf dessen baldige Überwindung man hoffen konnte, hinterließen die Enttäuschungen der Normalisierung tiefere Spuren, und die wirtschaftlich-politische Doppelkrise ab 1929 verunsicherte das Bildungsbürgertum vollends ... Die Krise stellte die Gebildeten vor die Wahl, entweder durch sozialistische und liberale Problemlösungen sich weiter zu modernisieren oder durch Rückgriff auf eine mythologische Vergangenheit sich in der Reaktion zu bestärken." Vgl. in diesem Beitrag auch bes. das Resümee (S. 204).
152 Max Weber erneuerte 1920 seine bereits zuvor formulierte Kritik an dieser Entwicklung folgendermaßen: „Dann allerdings könnte für die ‚letzten Menschen' dieser Kulturentwicklung das Wort zur Wahrheit werden: ‚Fachmenschen ohne Geist, Genußmenschen ohne Herz': dieses Nichts bildet sich ein, eine nie vorher erreichte Stufe des Menschentums erstiegen zu haben." (Zitiert nach: Peukert, Detlev J. K.; Weimarer Republik, S. 186). Fritz Stern schrieb „Der gebildete Deutsche ... hatte Generationen lang einen Ehrenplatz unmittelbar unter dem Adel inne gehabt, und nun verwirrte und beunruhigte ihn der Aufstieg einer Gesellschaft, von der Menschen, die einem krassen Materialismus huldigten, ebenso hoch und noch höher eingeschätzt wurden." (Stern, Fritz; Kulturpessimismus, S. 18).
153 Dieter Langewiesche faßt diesen Prozeß folgendermaßen zusammen: „Die Demokratisierung von Kultur, verstanden als Erweiterung kultureller Teilhabechancen, beschleunigte sich, und zur gleichen Zeit entstand eine kulturelle Vielfalt, deren rasche Folge von avantgardistischen Kunststilen den Bildungsbürger überforderte, sein kulturelles Kapital, in langer Sozialisation erworben, entwertete. Der kollektiven materiellen Enteignung großer Teile des Bildungsbürgertums durch die Inflation nach dem Ersten Weltkrieg ging im bildungsbürgerlichen Selbstverständnis in der Wilhelminischen Ära eine Art kultureller Enteignung voraus, bewirkt durch die Demokratisierung von Kultur und durch die kulturelle Avantgarde. Letztere wog wohl am schwersten. Denn die Erweiterung des Konsumentenkreises mochte den Marktwert des bildungsbürgerlichen Kulturbesitzes senken, stellte ihn aber nicht in Frage. Die avantgardistischen Kulturproduzenten schienen ihn hingegen zu zerstören." (Langewiesche, Dieter; Bildungsbürgertum und Liberalismus, S. 112). Vgl. dazu auch Mai, Gunther; ‚Verteidigungskrieg' und ‚Volksgemeinschaft', S. 584.
154 Gunther Mai spricht von der Suche nach „ubiquitärer ‚Sicherheit'", die weite Teile der Gesellschaft an eine klassenübergreifende nationale Solidarität und ‚Volksgemeinschaft' glauben ließ, und erklärte dieses Sicherheitsstreben folgendermaßen: „retrospektiv als Suche nach Geborgenheit und statischer Ordnung aller Lebensverhältnisse (System-Sicherheit); prospektiv als berechenbare Verfügbarkeit von materieller Absicherung und privatem Lebenssinn (Selbst-Sicherheit); werthaft als Sorge-Losigkeit gegenüber den alltäglichen Lebensrisiken der postagrarischen Gesellschaft (Vertrauens-Sicherheit). Dieser Primat der ‚Sicherheit' sollte sich als eine folgenreiche Konstante der politischen Kultur vom ausgehenden Kaiserreich über das Ende der Weimarer Republik bis in die fünfziger Jahre erweisen." (Mai, Gunther; ‚Verteidigungskrieg' und ‚Volksgemeinschaft', S. 583). Mommsen, Wolfgang J.; Bürgerliche Kultur und künstlerische Avantgarde, S. 114 ff u. 126 f. Rürup, Reinhard; Der ‚Geist von 1914' in Deutschland. Kriegsbegeisterung und Idealisierung des Krieges im Ersten Weltkrieg, in: Hüppauf, Bernd (Hg.); Ansichten vom Krieg. Vergleichende Studien zum 1. Weltkrieg in Literatur und Gesellschaft, Königstein/Ts. 1984, S. 1 ff. Zur Bandbreite an Reaktionen auf den Ausbruch des Krieges seitens bürgerlicher Intellektueller: Paret, Peter; Betrachtungen über deutsche Kunst und Künstler, in: Mommsen, Wolfgang J. (H.); Kultur und Krieg, S. 155–164.
155 Martin Vogt urteilt, die Vertreter des Bildungsbürgertums hätten, „um ihre illusionären Erwartungen zu begründen und politisch zu propagieren sowie ihre Feindschaft gegen äußere und innere Gegner auszudrücken, während des Kriegsalltags eine verbalradikale Militanz (entwickelt), die von den Normen zwischenmenschlichen nationalen und internationalen Umgangs entschieden abwich." (Vogt, Martin; ‚Illusion als Tugend', S. 622). Vgl. auch Mai, Gunther; ‚Verteidigungskrieg' und ‚Volksgemeinschaft', S. 584. Rohkrämer, Thomas; August 1914, S. 767. Mommsen, Wolfgang J.; Bürgerliche Kultur und künstlerische Avantgarde, S. 114, 117 ff. u. bes. 128 ff. Trommler, Frank; Verfall Weimars, S. 46 ff.
156 Vgl. etwa Rohkrämer, Thomas; August 1914, S. 768. Fries, Helmut; Deutsche Schriftsteller im Ersten Weltkrieg, S. 834–838.
157 Vgl. dazu den von Wolfgang J. Mommsen herausgegebenen Band *Kultur und Krieg. Die Rolle der Intellektuelle, Künstler und Schriftsteller im Ersten Weltkrieg* (1996). Vgl. auch Mommsen, Wolfgang J.; Der Geist von 1914, in: Ders. (Hg.); Der autoritative Nationalstaat. Verfassung, Gesellschaft und Kultur im deutschen Kaiserreich, Frankfurt/M. 1990, bes. S. 328 ff.
158 Ullrich, Volker; Kriegsalltag, S. 611.
159 Hansen, H./Heine, G. (Hg.); Frage und Antwort. Interviews mit Thomas Mann 1909–1955, Hamburg 1983, S. 51, zitiert nach: Mommsen, Wolfgang J.; Herausforderung der bürgerlichen Kultur, S. 443. Bieber, Hans-Joachim; Bürgertum und Revolution, S. 115 f. u. 119.
160 Max Weber; Deutschlands künftige Staatsform, zitiert nach: Kaes, Anton; Ökonomische Dimension der Literatur, S. 323. Vgl. auch Mayer, Dieter; Linksbürgerliches Denken, S. 12 ff.
161 Peukert, Detlev J. K.; Weimarer Republik, S. 168. Jost Hermand und Frank Trommler bedauern, daß in jüngster Vergangenheit, ausgehend vom Vorbild „der älteren Ismen", zu häufig versucht worden sei, eine

Abfolge „klar umgrenzter Kunstperioden" zu konstruieren. Nach den „Neben-Ismen wie Dadaismus, Verismus und Konstruktivismus" sei es „mit den beliebten Ismen plötzlich zu Ende" gewesen: „Nach 1923 gibt es auch keine stiltypologischen Einheitswerte mehr, die sich im Sinne strukturalistischer Homologieverfahren in allen Künsten gleichzeitig nachweisen ließen. Ja, seit 1923 entwickeln sich in Deutschland überhaupt keine künstlerischen Bewegungen mehr, die man als vollentwickelte Stile charakterisieren kann." (Hermand, Jost/Trommler, Frank; Kultur der Weimarer Republik, S. 108).

162 Peukert, Detlev J. K.; Weimarer Republik. Hier heißt es (S. 90f): „So mochte es historisch korrekt sein, die Wurzeln eines bestimmten Phänomens von Modernität, das den deutschen Bürger in den zwanziger Jahren irritierte, in der Zeit um die Jahrhundertwende zu orten, wo es die Zeitgenossen auch schon bewegt hatte. Das ändert aber nichts daran, daß es für die Gegenwartserfahrung in den zwanziger Jahren konstitutiv war ... Die Gesellschaft und Kultur der Weimarer Republik stand in bestürzender Gleichzeitigkeit vor der Aufgabe der massenhaften Durchsetzung und der krisenbedingten Infragestellung des sozialen Wandels. Die klassische Moderne erlebte ihre Krisenjahre."

163 Japp, Uwe; Kontroverse Daten der Modernität; zum ‚Datierungsproblem' der Moderne bes. S. 130 f.

164 Laqueur, Walter; Laqueur, S. 7. Peter Sloterdijk urteilt: „In ihren artikulierten Spitzenleistungen steht die Weimarer Kultur, trotz vieler Gegenbeispiele, als die wachste Epoche der Geschichte vor uns, als ein hochreflexives, nachdenkliches, phantasievolles und ausdrucksstarkes Zeitalter, das durchpflügt ist von den vielfältigsten Selbstbetrachtungen und Selbstanalysen." (Sloterdijk, Peter; Kritik der zynischen Vernunft, S. 708).

165 Anton Kaes schreibt: „Die Weimarer Republik kann als eine Übergangsepoche interpretiert werden, in der traditionelle Denkweisen aus dem ständischen Obrigkeitsstaat des 19. Jahrhunderts mit Erfahrungen des modernen Massenzeitalters zusammenprallten. Für die politische wie für die kulturelle Sphäre bedeutete dies ein Konfliktpotential, an dem die Weimarer Republik letztlich zerbrach. Die Gleichzeitigkeit weit divergierender Werthaltungen und Einstellungen war zweifellos auch ein Hauptfaktor für das epochentypische Gefühl der Unsicherheit und permanenten Krisenstimmung." (Kaes, Anton; Einleitung, S. V).

166 Vgl. dazu zusammenfassend die Dokumentation des Funkkollegs JAHRHUNDERTWENDE. DER AUFBRUCH IN DIE MODERNE 1889–1930 (Nitschke, August/Ritter, Gerhard A./Peukert, Detlev J. K./Bruch, Rüdiger vom; Jahrhundertwende).

167 Kolb, Eberhard; Weimarer Republik, S. 106. Vgl. das Vorwort von Marie Luise von Plessen, in: Lenman, Robin; Die Kunst, die Macht und das Geld, S. 7 f.

168 Ebda., S. 93. Vgl. Gay, Peter; Republik der Außenseiter, S. 18 ff. Kuhn, Helmut; Geistiges Gesicht, S. 215 f. Laqueur, Walter; Weimar, S. 7 ff. u. 140 ff.

169 Vgl. dazu Nipperdey, Thomas; Wie das Bürgertum die Moderne fand, S. 72.

170 Vgl. exemplarisch: Schütz, Erhard; Medien. Hier heißt es (S. 372) über die neuen Medien wie – vor allem – Kino und Rundfunk: „Sie boten andere soziale Räume an, andere Gesellschaftsformen, Zeitplanungen und Freizeitpräferenzen und erzeugten, so darf man vermuten, andere Leitbilder der Persönlichkeit, auch die Imitation von filmischen Verhaltensmustern, Training neuer, schnellerer, sprung- und reflexhafter Sehgewohnheiten." Vgl. zu den Veränderungen auch Kolb, Eberhard; Weimarer Republik, S. 105 f.

171 Vgl. etwa: Alter, Peter; Metropolen, S. 12. Eco, Umberto; Apokalyptiker, S. 44 f.

172 Vgl. zusammenfassend zu diesen Diskussionen: Mayer, Dieter; Linksbürgerliches Denken, S. 218 ff. Vgl. auch Trommler, Frank; Verfall Weimars, S. 46 ff. Bruch, Rüdiger vom; ‚Zug der Millionen'. Berking, Helmuth; Masse und Geist, S. 15 f.

173 Vgl. zu den verschiedenen Ausprägungen dieser Einwirkungen: Saldern, Adelheid von; ‚Kunst für's Volk'. Vgl. vor allem: Saldern, Adelheid von; Massenfreizeitkultur.

174 Saldern, Adelheid von; Massenfreizeitkultur, S. 23.

175 Ebda.

176 Bezüglich der Begriffsdefinition und weiterführender Literatur sei vor allem auf den Beitrag Adelheid von Salderns (Massenfreizeitkultur) verwiesen.

177 Vgl. dazu Mai, Gunther; ‚Verteidigungskrieg' und ‚Volksgemeinschaft', S. 595: „Der Weltkrieg hat all diese Entwicklungen gebündelt, verstärkt und beschleunigt. Er hat sie nicht verursacht, ihnen keine prinzipiell neue Richtung, wohl aber eine neue Qualität verliehen. Dem abrupten System- und Wertewandel in Krieg, Revolution und Republik entsprach kein Lernprozeß im Umgang mit der anonymen Massenkultur, den urbanen Lebensformen, der pluralistischen Meinungskonkurrenz und den wohlfahrtsstaatlichen Versorgungssystemen einer post-agrarischen Gesellschaft." Vgl. auch Segal, Joes; Krieg als erlösende Perspektive für die Kunst, in: Mommsen, Wolfgang J.; Kultur und Krieg, S. 165–170.

178 Vgl. dazu Fries, Helmut; Deutsche Schriftsteller im Ersten Weltkrieg. Mommsen, Wolfgang J.; Bürgerliche Kultur und künstlerische Avantgarde, S. 128 ff.

179 Gunther Mai schreibt dazu: „Der Widerspruch von Endzeitstimmung und Aufbruchshoffnung, der im August 1914 in die Kriegsbereitschaft mündete, spiegelte ... die innere Krise der alteuropäischen Gesellschaft wider. Den einen erschien der Krieg als ‚Befreiung' aus der Sinnkrise, den anderen als Chance zur Rückkehr zum Status quo ante, den Dritten als Durchbruch zur Moderne, den Vierten, vor allem den Pariagruppen des Kaiserreichs, also Sozialdemokraten und Juden, als Verheißung, durch ‚Pflichterfüllung' den Anspruch auf Teilhabe am ‚neuen Deutschland' zu erwerben und sich aus diskriminierender Duldung befreien zu können." (Mai, Gunther; ‚Verteidigungskrieg' und ‚Volksgemeinschaft', S. 586).

180 Kaes, Anton; Einleitung, S. XIXff. Trommler, Frank; Verfall Weimars, S. 46. Fries, Helmut; Deutsche Schriftsteller im Ersten Weltkrieg, S. 827 ff. Mayer, Dieter; Linksbürgerliches Denken, S. 48 ff.

181 Vgl. Koebner, Thomas; Einleitung, in: Ders.; Weimars Ende, S. 9. Löhneysen, Wolfgang Freiherr von; Deutsche Kunst um 1920, S. 64 f. Vgl. auch Kaes, Anton; Einleitung, S. XIXff. Mayer, Dieter; Linksbürgerliches Denken. Bieber, Hans-Joachim; Bürgertum und Revolution, S. 117 ff.

182 Vgl. dazu Saldern, Adelheid von; ‚Nur ein Wetterleuchten'. Kaes, Anton; Einleitung, S. XIXff.

183 Saldern, Adelheid von; ‚Nur ein Wetterleuchten', S. 108.

184 Lenman, Robin; Die Kunst, die Macht und das Geld, S. 10 ff., 59 ff., 99.

185 Zusammenfassend dazu: Lenman, Robin; Painters, Patronage, and the Art Market in Germany. Lenman, Robin; Deutscher Kunstmarkt 1840–1923. Grasskamp, Walter; Unbewältigte Moderne, bes. S. 14–27. Grasskamp, Walter; Einbürgerung der Kunst, bes. S. 107 ff. Edler, Doris; Vergessene Kunst, S. 17–63.
186 Vgl. allg. den von Günter und Waldtraud Braun herausgegebenen Band MÄZENATENTUM IN BERLIN u. hier bes.: Knopp, Werner; Kulturpolitik, Kunstförderung und Mäzenatentum, bes. S. 31 ff. Gaethgens, Thomas W.; Die großen Anreger und Vermittler. Dube, Wolf-Dieter; Kunstpolitik, Sammler und Mäzene. Mommsen, Wolfgang J.; Bürgerliche Kultur und künstlerische Avantgarde, S. 58, 103 f. Lenman, Robin; Die Kunst, die Macht und das Geld, S. 9 f.
187 Zur Bedeutung des Vereinswesens allgemein: Tenfelde, Klaus; Entfaltung des Vereinswesens. Die Unterschiedlichkeit der entstehenden Vereine verdeutlicht die Übersicht in: Blackbourn, David/Eley, Geoff; Mythen deutscher Geschichtsschreibung, S. 95. Zur Geschichte der deutschen Kunstvereine vgl. etwa: Großmann, Joachim; Verlorste Kunst. Zur Geschichte einzelner Kunstvereine vgl. die Literaturzusammenstellung in: Grasskamp, Walter; Unbewältigte Moderne, S. 166, Anm. 1. Grasskamp, Walter; Einbürgerung der Kunst, Lenman, Robin; Deutscher Kunstmarkt 1840–1923, bes. S. 136 ff. Feist, Peter H.; Publikum und Ausstellungen. S. 79 f. Lenman, Robin; Die Kunst, die Macht und das Geld, S. 63 f, 78, 81 ff.
188 Vgl. allg.: Hochreiter, Walter; Vom Musentempel zum Lernort. Mai, Ekkehard, Mai; Expositionen. Mai, Ekkehard (Hg.); Sammler, Stifter und Museen, hier bes. die Beiträge v. Mai und Peter Paret (Mäzene, Sammler und Museen) sowie von Wolfgang Hardtwig (Privatvergnügen oder Staatsaufgabe?). Lenman, Robin; Die Kunst, die Macht und das Geld, S. 80 f. Scheuner, Ulrich; Kunst als Staatsaufgabe, S. 28 ff. Knopp, Werner; Kulturpolitik, Kunstförderung und Mäzenatentum.
189 Thomas Nipperdey spricht in diesem Zusammenhang von einer „Sakralisierung der Kunst": „Kunst erlöst, versöhnt und tröstet. Im Umgang mit der Kunst hat der Mensch es mit der Ewigkeit zu tun, die er zu großen Teilen vor dem Altar nicht mehr findet ... Kunst ist Ausdruck des Unbedingten, des Universalen, des Weltgeheimnisses, der Tiefe des Ich, des Unendlichen, des Vollkommenen, Ewigen, Überirdischen." (Nipperdey, Thomas; Wie das Bürgertum die Moderne fand, S. 25).
190 Reulecke, Jürgen; Geschichte der Urbanisierung, S. 17.
191 Grasskamp, Walter; Unbewältigte Moderne, S. 32. Vgl. auch S. 34. Vgl. Mommsen, Wolfgang J.; Bürgerliche Kultur und künstlerische Avantgarde, S. 29: „Überhaupt ist die Vielgestaltigkeit der Staatenwelt des 18. und frühen 19. Jahrhunderts, die dann in der föderalistischen Struktur des Reiches in freilich abgeschwächter Form weiterlebte, für die Entwicklung von Kunst, Literatur und Wissenschaft in Deutschland von großem Vorteil gewesen. Sie hatte eine Vielzahl von kulturellen Zentren hervorgebracht, die im Regelfall auf fürstliche Residenzen zurückgingen, aber sich durchaus unabhängig davon zu Mittelpunkten von Kunst und Kultur zu machen verstanden." Vgl. Mommsen, Wolfgang J.; Stadt und Kultur, S. 75, 96.
192 Düwell, Kurt; Geistesleben und Kulturpolitik, S. 27.
193 Vgl. beispielsweise Lenman, Robin; Painters, Patronage, and the Art Market in Germany, S. 119.
194 Mommsen, Wolfgang J.; Stadt und Kultur, S. 76. M. Rainer Lepsius urteilt in diesem Zusammenhang: „Bürgertum als spezifische Vergesellschaftung von Mittelschichten bedeutet also die Ausdifferenzierung von Selbstgestaltungsräumen für die Durchsetzung und Verwaltung der eigenen Interessen sowie die Monopolisierung von Leistungen für die Gesellschaft im ganzen ... Max Weber betont immer wieder die Bedeutung der Selbstverwaltung der Städte für die Durchbrechung der universalen patrimonialen und feudalen Herrschaftstypen sowie zugleich für die Ausformung eines ökonomisch und politisch selbständigen Bürgertums." (Lepsius, M. Rainer; Soziologie des Bürgertums, S. 83).
195 Kocka, Jürgen; Bürgertum und Bürgerlichkeit, S. 22.
196 Vgl. etwa Thomas Nipperdey (Wie das Bürgertum die Moderne fand, S. 17), der von einer „Denkmalswut" dieser Zeit spricht.
197 Vgl. etwa Mommsen, Wolfgang J.; Herausforderung der bürgerlichen Kultur, S. 428.
198 Nipperdey, Thomas; Wie das Bürgertum die Moderne fand, S. 12.
199 Vgl. dazu: Mai, Ekkehard/Paul, Jürgen/Waetzoldt, Stephan; Rathaus im Kaiserreich. In diesem Zusammenhang sind allgemein besonders die Aufsätze von Georg Christoph von Unruh und Jürgen Paul von Bedeutung. Jürgen Paul berichtet in seinem Beitrag (‚Neues Rathaus', S. 30), seit der Mitte des 19. Jahrhunderts und dem Ersten Weltkrieg seien in den Städten der deutschen Staaten und dann des Deutschen Reiches etwa 200 neue Rathäuser gebaut worden. Vgl. allg. Kranz-Michaelis, Charlotte; Rathäuser im deutschen Kaiserreich. Mommsen, Wolfgang J.; Bürgerliche Kultur und künstlerische Avantgarde, S. 32 f.
200 Vgl. Reulecke, Jürgen; Bildungsbürgertum und Kommunalpolitik, bes. S. 129 f. Saldern, Adelheid von; Kommunale Selbstverwaltung, S. 5 f.
201 Der von Ekkehard Mai, Jürgen Paul und Stephan Waetzoldt herausgegebene Sammelband Rathaus im Kaiserreich enthält Aufsätze über die Rathäuser u.a. in Berlin, Hamburg, München, Köln, Frankfurt, Bremen und Hannover. Vgl. bezüglich der ‚sprechenden Architektur' besonders Paul, Jürgen; ‚Neues Rathaus', S. 41–56.
202 Kocka, Jürgen; Bürgertum und Bürgerlichkeit, S. 22. Nipperdey, Thomas; Wie das Bürgertum die Moderne fand, bes. S. 55 f. Langewiesche, Dieter; Bildungsbürgertum und Liberalismus, bes. S. 98 f. Mommsen, Wolfgang J.; Stadt und Moderne, S. 88 ff.
203 Mommsen, Wolfgang J.; Herausforderung der bürgerlichen Kultur, S. 431.
204 Reulecke, Jürgen; Bildungsbürgertum und Kommunalpolitik, S. 139 f. Saldern, Adelheid von; Kommunale Selbstverwaltung, S. 5 f. Wehler, Hans-Ulrich; Wie bürgerlich war das deutsche Kaiserreich?, S. 245 f. Unruh, Georg Christian von; Städte im Kaiserreich, S. 20 ff.
205 Saldern, Adelheid von; Kommunale Selbstverwaltung, S. 5.
206 Klaus Tenfelde geht von drei politischen Hauptkrisen der deutschen Gesellschaft im 20. Jahrhundert aus, von denen er die erste folgendermaßen beschrieb: „Der Erste Weltkrieg, die Revolution und die Inflationskrise entfremdeten weite Teile des national-monarchisch gesinnten Bürgertums vom Staat und schliffen seine politische Führungsrolle trotz wichtiger Kontinuitäten in den Führungsschichten ab. Viele Bürger und eine Reihe von bürgerlichen Statusgruppen lehnten den demokratischen Weimarer Verfassungsstaat von Anfang an oder im Verlauf der Inflation oder Weltwirtschaftskrise zunehmend ab und bekämpften ihn. In ihren Augen gab es dafür ‚gute Gründe', denn die Demokratisierung der Kommunalverfassungen beraubten das Stadtbürgertum seiner überlebten politischen Privilegierung, zu schweigen von anderer Gleichmacherei wie der Abschaffung der archaischen Gesin-

deordnungen, die doch ein wesentliches Hilfsmittel bürgerlicher Statuswahrung selbst bei nachlassender ökonomischer Kraft gewesen waren." (Tenfelde, Klaus; Stadt und Bürgertum im 20. Jahrhundert, S. 320). Mommsen, Wolfgang J.; Bürgerliche Kultur und künstlerische Avantgarde, S. 11.
207 Saldern, Adelheid von; Kommunale Selbstverwaltung, S. 5. Vgl. auch Saldern, Adelheid von; Sport und Öffentlichkeitskultur, bes. S. 195.
208 Vgl. dazu Brosius, Dieter; Industriestadt, S. 313 f. Vgl. auch Röhrbein, Waldemar R.; Verwaltung und politische Willensbildung, S. 61 ff.
209 So Innenminister von Börries, zitiert nach: Brosius, Dieter; Industriestadt, S. 314.
210 Ebda.
211 Brosius, Dieter; Industriestadt, S. 314.
212 Müller, Andreas; Groß-hannoversche Sozialdemokratie, S. 160. Feldmann, Friedrich; Ortsverein Hannover der SPD, S. 116.
213 Rischbieter, Henning; Hannoversches Lesebuch, Bd. 2, S. 133. Brosius, Dieter; Industriestadt, S. 350. Vgl. auch Röhrbein, Waldemar R./Zankl, Rudolf; Ära Tramm, S. 28.
214 Weniger als 100 Arbeiter hatten 1912 das Wahlrecht. Vor dem Ersten Weltkrieg gab es im Bürgervorsteherkollegium keine SPD-Vertretung. Müller, Andreas; Groß-hannoversche Sozialdemokratie, S. 160. Brosius, Dieter; Industriestadt, S. S. 347. Feldmann, Friedrich; Ortsverein Hannover der SPD, S. 116.
215 Auf höherer Ebene, im Bereich der Wahlen zum preußischen Abgeordnetenhaus nach dem Dreiklassenwahlrecht und jenen zum Reichstag, wurde dieses Wahlrecht in seiner restriktiven Tendenz im großen und ganzen bestätigt.
216 Zitiert nach: Rischbieter, Henning; Hannoversches Lesebuch, Bd. 2, S. 216.
217 Silbergleit, Heinrich; Preußens Städte.
218 Vgl. etwa Knibbe, Heinrich; Großsiedlung Hannover, S. 26 f.
219 Vgl. Brosius, Dieter; Industriestadt, S. 334 ff. u. 357 ff.
220 Ebda., S. 340 ff.
221 Ebda., S. 345.
222 Vgl. dazu Brix, Erwin; Vom Markt zur Metropole, S. 187 ff. Vgl. auch die Tabelle 10 (Gründungsjahre bedeutender hannoverscher Gewerbe- und Industriebetriebe) in: Brosius, Dieter; Industriestadt, S. 379. Döpper, Franz; Hannover und seine alten Firmen. Röhrbein, Waldemar R./Zankl, Franz Rudolf; Ära Tramm, S. 61 ff.
223 Seutemann, (Karl); Wirtschaftliches Leben, S. 105.
224 Urban, Andreas; Alltag einer Industriestadt, S. 79, Anm. 3.
225 Vgl. dazu etwa: Saldern, Adelheid von; Stadt und Moderne, S. 25. Rohr, Alheidis von; Hannover als Residenz- und Hauptstadt in Preußen, S. 21 ff.
226 Buschmann, Walter; Linden, S. 523 (Tabelle 1: Die Einwohnerzahl Lindens nach Erhebungen seit 1689).
227 Vgl. etwa: Saldern, Adelheid von; Stadt und Moderne, S. 25.
228 Röhrbein, Waldemar R./Zankl, Franz Rudolf; Ära Tramm, S. 65. Brosius, Dieter; Industriestadt, S. 357.
229 Buschmann, Walter; Linden, S. 416–421. Rischbieter, Henning; Hannoversches Lesebuch, Bd. 2, S. 133.
230 Rischbieter, Henning; Hannoversches Lesebuch, Bd. 2, S. 133.
231 Buschmann, Walter; Linden, S. 523 (Tabelle 5: Sterblichkeitsziffern Hannover und Linden 1861–1910). Die unterschiedlichen Lebensbedingungen in Hannover und Linden machen auch die in dem von Sid Auffarth und Adelheid von Saldern herausgegebenen Sammelband ALTES UND NEUES WOHNEN. LINDEN UND HANNOVER IM FRÜHEN 20. JAHRHUNDERT aufgenommenen Beiträge deutlich.
232 Brosius, Dieter; Industriestadt, S. 354. Mlynek, Klaus; Hannover in der Weimarer Republik und unter dem Nationalsozialismus, S. 483.
233 Vgl. dazu: Lodemann, Hermann; Stadt Linden.
234 Vgl. dazu etwa Reulecke, Jürgen; Bildungsbürgertum und Kommunalpolitik, bes. die auf S. 141 aufgeführten Literaturhinweise. Vgl. Saldern, Adelheid von; Kommunale Selbstverwaltung, bes. S. 6.
235 Hofmann, Wolfgang; Oberbürgermeister, S. 22.
236 Eine Biographie Heinrich Tramms steht aus.
237 Hofmann, Wolfgang; Oberbürgermeister, S. 22.
238 Vgl. dazu bes. Croon, Helmut; Vordringen der politischen Parteien, S. 16 f. Hofmann, Wolfgang; Oberbürgermeister, S. 28 f. u. 35 f.
239 Brosius, Dieter; Industriestadt, S. 352. Rischbieter, Henning; Hannoversches Lesebuch, Bd. 2, S. 128.
240 Vgl. dazu die Tabelle 5 in: Brosius, Dieter; Industriestadt, S. 347.
241 Grebing, Helga; Arbeiterbewegung, S. 99. Röhrbein, Waldemar R./Auffarth, Sid/Masuch, Anna/Zankl, Franz Rudolf; Hannover zwischen den Kriegen, S. 75. Rischbieter, Henning; Hannoversches Lesebuch, Bd. 2, S. 225, 231 ff. Mlynek, Klaus; Hannover in der Weimarer Republik und unter dem Nationalsozialismus, S. 416 ff.
242 Heine, Werner; Novemberrevolution 1918 in Hannover, S. 77 f.
243 Mlynek, Klaus; Hannover in der Weimarer Republik und unter dem Nationalsozialismus, S. 419. Miller, Susanne, Sozialdemokratische Oberbürgermeister, S. 114.
244 Ebda. Susanne Miller urteilte, bei den zur Regierung gelangten Sozialdemokraten habe die Tendenz vorgeherrscht, „in der Verwaltung möglichst wenig Änderungen vorzunehmen, um die administrative Effizienz nicht zu gefährden." (Miller, Susanne; Sozialdemokratische Oberbürgermeister, S. 111).
245 Vgl. etwa Saldern, Adelheid von; Kommunale Selbstverwaltung, S. 5.
246 Lessing, Theodor; Erfassung der Sachwerte, in: Prager Tagblatt, 29. Juni 1923, zitiert nach: Marwedel, Rainer; Theodor Lessing. Biographie, S. 188.
247 Ebda.
248 Vgl. dazu vor allem: Mlynek, Klaus; Hannover in der Weimarer Republik und unter dem Nationalsozialismus, S. 421 ff.
249 Ebda. Heine, Werner; Novemberrevolution 1918 in Hannover, S. 85 f.
250 Mlynek, Klaus; Hannover in der Weimarer Republik und unter dem Nationalsozialismus, S. 483 f.
251 Ebda., S. 422 f.
252 Ebda., S. 425.
253 So Bürgermeister Ludwig Weber (DDP) in der Magistratssitzung am 23. Mai 1919, zitiert nach: Mlynek, Klaus; Hannover in der Weimarer Republik und unter dem Nationalsozialismus, S. 483.
254 Vgl. die Tabelle in: Röhrbein, Waldemar R.; Hannover. Eine Großstadt im Kaiserreich, S. 35. Knibbe, Heinrich; Großsiedlung Hannover, S. 21. Nach dem Statistischen Jahrbuch deutscher Städte, B. XXII, Leipzig 1927, S. 34 f, stand Hannover, gemessen an der Zahl der Bevölkerung, auf Rang 11.
255 Mlynek, Klaus; Hannover in der Weimarer Republik und unter dem Nationalsozialismus, S. 430 ff.
256 Ebda., S. 428 ff. Vgl. allg. Dempwolff, Uwe; Wirtschaft der Stadt Hannover, bes. S. 16 ff.

257 Susanne Miller verneint die Frage, ob sozialdemokratische Oberbürgermeister in der Weimarer Republik eine Aufwertung ihrer gesellschaftlichen Position erfuhren: „Die Machteliten in der Bürokratie, im Militär, in der Wirtschaft, in der Justiz, im Zeitungswesen, im Hochschulbereich usw. haben den Sturz der Monarchie ohne einschneidende Beeinträchtigungen und ohne wesentliche Einbrüche in die eigenen Reihen überstanden. Auf der anderen Seite hat die Sozialdemokratie ihre gesellschaftliche Isolierung der Vorkriegszeit in der Weimarer Republik nicht zu überwinden vermocht. Zwar lassen sich Beispiele für gewisse Verschiebungen und Lockerungen anführen, sie sind jedoch zu vereinzelt, um den allgemeinen Befund entkräften zu können, daß die Kluft zwischen den alten Machteliten und den politischen Vertretern der Arbeiterschaft nicht überbrückt wurde." (Miller, Susanne; Sozialdemokratische Oberbürgermeister, S. 122).

258 Mlynek, Klaus; Hannover in der Weimarer Republik und unter dem Nationalsozialismus, S. 430 f.

259 Demmig, E(mil); System Leinert, S. 23.

260 Mlynek, Klaus; Hannover in der Weimarer Republik und unter dem Nationalsozialismus, S. 432. Vgl. allg. Demmig, E(mil); System Leinert.

261 Vgl. dazu etwa: Ditt, Karl; Konservative Kulturvorstellungen, S. 231.

262 Vgl. hierzu als ersten neueren Einblick: Alexander Dorner Kreis e.V./ Sprengel Museum Hannover; überwindung der ‚kunst‘, und hier besonders den Ausstellungstext (S. 9–33) und die Beiträge von Monika Flacke, Ines Katenhusen, Beatrix Nobis sowie Albert Petermann.

263 Vgl. als neueste Arbeit zu diesem Thema: Schmidt, Dörte/Weber, Brigitta; Keine Experimentierkunst, bes. 10–37, 128–149, 267–88 u. 288–327.

264 Auch diese Bereiche sind trotz einiger neuerer Ansätze im ganzen noch weitgehend unerschlossen. Zur Geschichte der Gedok existiert einmal eine unveröffentliche Arbeit von Anne-Kathrin Weber (im Gedok-Archiv, Hannover). Zum anderen ist ein Aufsatz der Autorin zu diesem Thema in Vorbereitung.

265 Vgl. dazu etwa den 1921 ausgeschriebenen Wettbewerb der Stadt Hannover über ein Kriegerdenkmal, an dem sich beide Künstler beteiligten (Helms, Dietrich; Vordemberge-Gildewart. The Complete Works, S. 61 ff.).

266 Vgl. etwa Brügge, Otfried/Vallon, Joachim; Studenten und Politik. Vgl. etwa Ziegler, Charlotte; Volkshochschule Hannover.

267 Nipperdey, Thomas; Wie das Bürgertum die Moderne fand, S. 20.

268 Ebda., S. 13.

269 Nipperdey, Thomas; Kommentar: ‚Bürgerlich‘ als Kultur.

270 „Die bürgerliche Kultur war nicht bloße Ideologie. Weil das Räsonnement der Privatleute in den Salons, Klubs und Lesegesellschaften dem Kreislauf von Produktion und Konsum, dem Diktat der Lebensnotdurft nicht unmittelbar unterworfen war; weil es vielmehr in diesem griechischen Sinne einer Emanzipation von dem lebensnotwendigen ‚politischen‘ Charakter auch in seiner bloßen literarischen Form (der Selbstverständigung über die neuen Erfahrungen der Subjektivität) besaß, konnte sich hier die Idee, die dann zur Ideologie herabgesetzt wurde, überhaupt herausbilden – nämlich Humanität. Die Identifikation des Eigentümers mit der natürlichen Person, des Menschen schlechthin, setzt nämlich innerhalb des privaten Bereichs eine Trennung voraus zwischen Geschäften einerseits, die die Privatleute je für sich im Interesse der individuellen Reproduktion des Lebens verfolgen, und jenem Umgang andererseits, der die Privatleute als Publikum verbindet." (Habermas, Jürgen; Strukturwandel der Öffentlichkeit (1976), S. 193f.)

271 Hardtwig, Wolfgang; Vormärz, S. 26.

272 Vgl. etwa Mommsen, Wolfgang J.; Stadt und Kultur, S. 72.

273 Vgl. dazu zusammenfassend: Edler, Doris; Vergessene Kunst, S. 41–50. Feist, Peter H.; Publikum und Ausstellungen, S. 84 f.

274 Feist, Peter H.; Publikum und Ausstellungen, S. 85.

275 Nipperdey, Thomas; Wie das Bürgertum die Moderne fand, S. 48, 60. Vgl. auch Bausinger, Hermann; Bürgerlichkeit und Kultur, S. 135.

276 Bringmann, Michael; Kunstkritik, S. 260.

277 Lenman, Robin; Painters, Patronage, and the Art Market in Germany, S. 129 ff.

278 Vgl. dazu Bringmann, Michael; Kunstkritik. Edler, Doris; Vergessene Kunst, S. 59–62. Bruch, Rüdiger vom; Kunst- und Kulturkritik. Albert Dresdner betonte in seiner Studie über die Entwicklung der Kunstkritik schon 1915, das Kunstwerk werde um seiner Wirkung willen geschaffen, und er fuhr fort: „Die Kunstkritik aber in jederlei Form ist, soweit das Publikum, soweit die Empfänger der künstlerischen Produktionen in Betracht kommen, das vornehmste und unmittelbarste Organ dieser Wirkung; künstlerisches Schaffen und Kunstkritik gehören zusammen wie Schlag und Rückstoß; und wer Kunstgeschichte schreibt, ohne neben dem Bild des Kunstschaffens das Spiegelbild der Kunstkritik zu zeigen, der löst die Kunst aus dem regen Blutumlaufe des Lebens und prägt ihr den Charakter eines Artefakts auf." (Dresdner, Albert; Entstehung der Kunstkritik, S. 4 f. (Erstauflage München 1915)).

279 Vgl. dazu vor allem: Syndram, Karl Ulrich; Kulturpolitik und nationales Selbstverständnis, bes. S. 35–43.

280 Syndram, Karl Ulrich; Rundschau-Zeitschriften, S. 356. „Die DEUTSCHE RUNDSCHAU wurde in äußerer Weise wie in inhaltlicher Gestaltung für das Kaiserreich zum maßgeblichen Typus einer periodischen Druckschrift mit der publizistischen Absicht einer umfassend-allgemeinen Kulturvermittlung für ein gebildetes und bürgerliches Zielpublikum." (Syndram, Karl Ulrich; Kulturpolitik und nationales Selbstverständnis, S. 42f.) Vgl. auch Diwald, Hellmut; Literatur und Zeitgeist, S. 210 ff. Schlawe, Fritz; Literarische Zeitschriften.

281 Vgl. dazu Bringmann, Michael; Kunstkritik, S. 262.

282 Ebda., S. 260. Feist, Peter H.; Publikum und Ausstellungen, S. 79

283 Eine zeitgenössische Stimme bekräftigte dies: „Die Tagespresse ist das wichtigste, für breite Schichten fast das einzige Verbindungsmittel zwischen Kunst und Volk. Kunst und Volk sind nicht mehr im Mittelalter, wo ein gut Teil der Kunst aus dem Volke selbst herauswuchs, eng verbunden; die künstlerische Einzelpersönlichkeit hat sich aus der Masse herausgelöst, es liegt zwischen dem Künstler und der Masse eine Kluft, über die eine Brücke zu schlagen ist, auf der das Publikum zum Künstler gelangen kann." (Groth, Otto; Die Zeitung. Ein System der Zeitungskunde (1928), S. 879, zitiert nach: Bringmann, Michael; Kunstkritik, S. 262). Vgl. auch Sösemann, Bernd; Periode des Übergangs, S. 148: „Historisch-politisch bedeutsamer wird Zeitkritik, wenn sie eine breite Öffentlichkeit erreicht. Damit hat Kritik zumindest die Chance, fördernd oder hemmend, korrigierend oder ergänzend auf die politischen Geschäfte direkt einzuwirken oder doch wenigstens ein ‚Meinungsklima‘ mitzugestalten."

284 Bringmann, Michael; Kunstkritik, S. 260. Aus der Verantwortung, die dem Kritiker aus dieser Rolle erwuchs, erklärt sich die Bedeutung, die seiner Arbeit seitens des Künstlers zugemessen wurde. Vgl. allg. Fassmann, Kurt; Kunstkritik der Presse.

285 Mit Ausnahme Gustav Schenks und Victor Curt Habichts sind die im folgenden vorgestellten Feuilletonisten und Schriftsteller heute außerhalb der Stadt Hannover weitgehend unbekannt. Auch haben Christof Spengemann, Johann Frerking, Paul Madsack, Georg Grabenhorst, Kurt Voß und Theodor Abbetmeyer ihre journalistischen Aktivitäten überwiegend auf die städtische Berichterstattung ausgerichtet.

286 Schroeder, Wilhelm Heinz; Kollektive Biographien in der historischen Sozialforschung. Eine Einführung, in: Ders. (Hg.); Lebenslauf und Gesellschaft, S. 8. Vgl. zum Thema der kollektiven Biographien ansonsten: Gestrich, Andras; Sozialhistorische Biographieforschung, in: Ders. (Hg.); Biographie, S. 2–28. Voges, Wolfgang; Methoden der Biographie- und Lebenslaufforschung. Ansonsten: Kohli, Martin; Erwartungen an eine Soziologie des Lebenslaufs, in: Ders. (Hg.); Soziologie des Lebenslaufs, S. 9–33. Bude, Heinz; Rekonstruktion von Lebenskonstruktionen. Eine Antwort auf die Frage, was die Biographieforschung bringt, in: Kohli, Martin/Robert, Gunther; Biographie und soziale Wirklichkeit, S. 1–29. Vgl. Fischer-Rosenthal; Wolfram; Von der ‚biographischen Methode' zur Biographieforschung. Versuch einer Standortbestimmung, in: Alheit, Peter/Fischer-Rosenthal, Wolfram/Hoerning, Erika; Biographieforschung, S. 11–32, hier auch ausführlicher Literaturanhang. Vgl. außer diesem knappen Überblick über Geschichte und gegenwärtigen Stand in der Forschung, über Forschungsansätze und -tendenzen: Alheit, Peter; Biographische Konstruktionen.

287 In den Kreis der acht wurde kein Feuilletonist aufgenommen, der der USPD oder der KPD angehörte. Dies erklärt sich zum einen aus der Tatsache, daß die Berichterstattung über das Kunst- und Kulturleben Hannovers in der NIEDERSÄCHSISCHEN, später der NEUEN ARBEITERZEITUNG, nur sehr wenig Stellenwert einnahm. Zum anderen blieben die meisten Berichterstatter dieses Blattes anonym.

288 Daß die biographischen Skizzen sich ausschließlich Männern widmen, soll keinesfalls die Tatsache verdecken, daß vor allem nach dem Ende des Ersten Weltkrieges auch in Hannover eine Reihe von Frauen als Journalistinnen und Schriftstellerinnen arbeitete. Es waren dies zumeist jene Frauen, die dann ab 1927 der hannoverschen Gedok angehörten. Hier sind besonders Maximiliane Ackers und Käte Steinitz zu nennen. Während die erste neben ihren vielseitigen künstlerischen Aktivitäten auch als Schriftstellerin tätig war und Ende der zwanziger Jahre ihr Buch FREUNDINNEN veröffentlichte, war Käte Steinitz für den HANNOVERSCHEN KURIER als Berichterstatterin über allerlei Themen im feuilletonistischen Bereich tätig; als Kunstkritikerin aber arbeitete sie nicht. In ihren Artikeln nahm sie auch wenig Bezug auf die Kunst- und Kulturszene, in der sie sich doch so selbstverständlich bewegte. Gleiches gilt für Rita Sophie Eilers, die als Journalistin zunächst der Schriftleitung des HANNOVERSCHEN KURIERS angehörte und nach dessen Konkurs 1933 als Leiterin des Ressorts FRAUEN zur nationalsozialistischen NIEDERSÄCHSISCHEN TAGESZEITUNG wechselte (vgl. Dietzler, Anke; Hannoversche Tageszeitungen, S. 309, Anm. 55, S. 325, Anm. 50. Grabenhorst, Georg; Hall und Widerhall, S. 156).

289 Kruedener, Jürgen Freiherr von; Inflationstrauma, S. 219. Hier auch Hinweise zur weiterführenden Literatur bezüglich der Psychohistorie. Instruktiv zur Thematik des autobiographischen Textes und der Trennung zwischen existenter Person und fiktiver Person im Roman: Fischer, Gero; Autobiographische Texte.

290 Vgl. etwa Kaes, Anton; Einleitung, S. XX.

291 Berman, Russell A.; Literarische Öffentlichkeit, S. 51.

292 Haacke, Wilmont; Zeitschrift, S. 244 f. Vgl. dazu Paschek, Carl; Zeitschriften und Verlage, S. 61.

293 Haacke, Wilmont; Zeitschrift, S. 244 f.

294 Einführend vgl. Schlawe, Fritz; Literarische Zeitschriften, S. 1 ff. u. 4 f.

295 Raabe, Paul; Das literarische Leben im Expressionismus. Eine historische Skizze, in: Ders.; Zeitschriften und Sammlungen, S. 5 ff.

296 Paul Raabe schreibt, den fünfzehn Blättern, die bei Kriegsausbruch 1914 erschienen, „war bei aller Variation der Anlage, Form und Tendenz eines gemeinsam: Sie waren alle die Übungsplätze der jungen Autoren. In den Gedichten und Aufrufen wurde eine Zeitdichtung lebendig, die von vielen Geistern getragen wurde. Ehe die Bücher erschienen, gab es diese Zeitschriften für die neue Literatur. Die meisten kamen über einen Jahrgang nicht hinaus, auch das gehörte zu ihrem Wesen. Der erste Impuls war der stärkste, und meist reichte auch das Geld nicht, die Arbeit durchzuhalten." (Raabe, Paul; Zeitschriften und Sammlungen, S. 8). Vgl. Schlawe, Fritz; Literarische Zeitschriften, S. 2.

297 Raabe, Paul; Zeitschriften und Sammlungen, S. 16.

298 Ebda., S. 17.

299 Kaes, Anton; Einleitung, S. XX.

300 Koszyk, Kurt; Deutsche Presse 1914–1945, S. 285.

301 Schlawe, Fritz; Literarische Zeitschriften, S. 2.

302 Raabe, Paul; Zeitschriften und Sammlungen, S. 21.

303 Ebda., S. 4.

304 Döblin, Alfred; Neue Zeitschriften, in: Die Neue Rundschau, Bd. 30, 1919, S. 623.

305 Vgl. Kocka, Jürgen; Bürgertum und bürgerliche Gesellschaft, S. 39. Kocka, Jürgen; Einleitung, in: Ders.; Bürger und Bürgerlichkeit, S. 10 f.

306 Dresdner, Albert; Entstehung der Kunstkritik, S. 4.

307 Ebda.

308 Schroeder, Heinrich Wilhelm; Lebenslauf und Gesellschaft, S. 8 u. 15.

309 Vgl. etwa Bohrmann, Hans/Schneider, Peter; Zeitschriftenforschung, S. 7. Vgl. dazu Koszyk, Kurt; Probleme einer Sozialgeschichte, S. 27 f. u. 33.

310 Auf die in den Vereinigten Staaten weitaus ausgeprägtere Hinwendung zu einem neuen Begriff des ‚Kulturellen' in der Nachfolge Michel Foucaults, die „Culture" versteht als „multiple discourses, occasionally coming together in large systemic configurations, but more often coexisting within dynamic fields of interaction and conflict", kann hier nur am Rande verwiesen werden (Dirks, Nicholas B./Eley, Geoff/Ortner, Sherry, Introduction, in: Dies.; Culture. Power. History, S. 4). In dem von Richard Wightman Fox und T. J. Jackson Lears herausgegebenen Buch heißt es, eine um die Erkenntnisse von Sozial- und Geistesgeschichte erweiterte kulturgeschichtliche Arbeitsweise befinde sich „in the midst of a dramatic shift in sensibility, and ‚cultural' history is the rubric under which a massive doubting and refiguring of our most cherished historical assumptions is being conducted" (Wightman Fox, Richard/Jackson Lears, T. J.; Power of Culture, S. 1). Weiter heißt es: „If historians continue these trends-transpushing pluralism to the extreme of treating each individual experience as seperate from every

other experience, insisting upon the power of culture to impose its ‚own' agenda while neglecting the power of culture to spark individuals and communities to deliberation and action – the historical profession will be transformed beyond recognition ... (W)e all agree that historians must become more ‚cultural' in attending to private as well as public life, and in playing close attention to ways in which meaning is layered into the documents (of all kinds) that we use and that we write. We also share the conviction that becoming ‚cultural' must not lead to the neglect of power. Cultural meanings have social and political origins and consequences, in private and public realms alike." (Ebda., S. 3f). Vgl. in diesem Zusammenhang: Daniel, Ute; ‚Kultur' und ‚Gesellschaft', bes. S. 71 f.

[311] Nitschke, August/Ritter, Gerhard A./Peukert, Detlev J. K./Bruch, Rüdiger vom; Klappentext, in: Dies.; Jahrhundertwende.
[312] Vgl. Bauman, Zygmunt; Moderne und Ambivalenz, bes. S. 19 f.
[313] Herzogenrath, Wulf; Fakten zur Kunstszene, S. 306–310.
[314] Heusinger von Waldegg, Joachim; Plastik, S. 251 ff.
[315] Laqueur, Walter; Weimar, S. 47–51.
[316] Lohkamp, Brigitte; Malerei, S. 130 ff.
[317] Willet, John; Weimarer Jahre, S. 110–127. Vgl. auch die Übersichtskarte Mitteleuropas in den zwanziger Jahren in: Willet, John; Explosion der Mitte. Kunst und Politik. 1917–1933, München 1981, S. 9
[318] Zukowsky, John; Architektur in Deutschland.
[319] Laqueur, Walter, Weimar; S. 48.
[320] Vgl. dazu den von Henrike Junge herausgegebenen Sammelband mit Beispielen etwa aus Braunschweig, Erfurt, Düsseldorf, Hamburg, Jena, Lübeck, Frankfurt/M. und München.
[321] Knies, Friedrich W.; Kommunale Kunstpolitk in Deutschland.
[322] Krempel, Ulrich; Junges Rheinland.
[323] Oppens, Edith; Mandrill. Jaeger, Roland/Steckner, Cornelius; Kunststadt Hamburg. Pirsich, Volker; Verlage, Pressen und Zeitschriften des Hamburger Expressionismus. Zentrum für Theaterforschung der Universität Hamburg, Theaterstadt Hamburg, S. 98–137.
[324] Wahl, Volker, Jena als Kunststadt.
[325] Kölnischer Kunstverein; Vom Dadamax zum Grüngürtel.
[326] Meyer, Herbert; Nationaltheater Mannheim.
[327] Stölzl, Christoph; Zwanziger Jahre in München. Vgl. auch Schuster, Peter-Klaus; München. Leypoldt, Winfried; ‚Münchens Niedergang als Kunststadt'.
[328] Heidenreich, Frank; Arbeiterkulturbewegung und Sozialdemokratie in Sachsen, bes. S. 26–137.
[329] Interessant ist in diesem Zusammenhang die Aussage Christof Stölzls, des Herausgebers des umfangreichen Ausstellungskataloges zur Münchner Kunstszene in den zwanziger Jahren. Hier heißt es: „Die Beharrungskraft der Tradition in sämtlichen künstlerischen Bereichen ist zwar in München besonders augenfällig. München ist darüber hinaus aber sicherlich auch ein gutes Anschauungsmodell für jene unbekannte konservative Seite der Kunst der Weimarer Republik, die sich gegen den stürmischen Siegeszug der Moderne in Westeuropa stemmte." Nach einem Blick auf die „Münchner Moderne" folgt die Feststellung: „Das eigentlich Beeindruckende am München der zwanziger Jahre ist, daß zwischen diesen beiden Polen von breitem Traditionalismus und schmaler Avantgarde ... ganz deutlich das Phänomen eines Münchner Mittelweges sichtbar wird; das Resultat eines Kompromisses zwischen dem gestalterischen Zeitgeist, dem auch die Politik nicht von München fernzuhalten vermochte, und dem Beharrungsbestreben der süddeutschen ‚Kunststadt'." (Stölzl, Christoph; Unordnung und gedämpftes Leuchten, in: Ders.; Zwanziger Jahre in München, S. 15f).
[330] Vgl. Ulbricht, Otto; Mikrogeschichte. Versuch einer Vorstellung, in: Geschichte in Wissenschaft und Unterricht, Bd. 45, 1994, S. 364–153, bes. S. 353.

*„... Hoffentlich hat auch diesmal
der Sturm und Drang der Klassik den Weg geebnet ..."*

Städtische Theaterpolitik in den zwanziger Jahren

Die Übernahme des Hoftheaters durch die Stadt (1919–1921)

Königliches Hoftheater/Opernhaus an der Georgstraße, Foto. Um 1896

Für den Schriftsteller und Feuilletonisten Frank Thieß war 1922 die Arbeit als Theaterkritiker bei HANNOVERSCHEN ANZEIGER nach nur drei Jahren beendet. Thieß zog einen Schlußstrich unter die Beeinflussungsversuche der Herausgeber der Zeitung, der Brüder Erich und Paul Madsack, und kündigte. Rückblickend erinnerte er sich an seine hannoversche Zeit, das hiesige Theaterwesen habe noch zu Beginn der Weimarer Republik in Traditionen gelebt, „die zu respektieren ich mich außerstande fühlte. Ich konnte nicht eine schlechte Iphigenie loben, weil ihr Mann ein Industrieller war, auf dessen Inserate das Blatt meinetwegen nicht verzichten wollte."[1]

Die Atmosphäre des ehemaligen Hoftheaters an der Georgstraße, der bedeutendsten Bühne der Stadt, sei, so Thieß weiter, entstanden, weil „ein fester Stamm von Künstlern mit der Unveränderlichkeit von Fixsternen nicht weichen und wanken wollte", was „jeden Wellenschlag" verhindert habe. Ohne diesen jedoch

Zwei Vertreter der Moderne: Frank Thieß und Johann Frerking

stagniere jedes Theater auf die Dauer und ‚setze Moder an'.[2] Hinzu komme, daß das hannoversche Theaterpublikum bei aller kunstbeflissenen landeshauptstädtischen Würde, Verläßlichkeit und Besonnenheit den Mut zum Experiment und den „urbanen Charme"[3] völlig vermissen lasse.[4]

Frank Thieß resignierte in Anbetracht des in seinen Augen allenfalls lauen hannoverschen Theaterlebens, das sich „den Wünschen alteingesessener Abonnenten" widmete, „die durch keine Experimente beunruhigt werden wollten".[5]

Johann Frerking, selbst Journalist und wie Thieß mit der Theaterarbeit vertraut, reagierte angriffsfreudiger und engagierte sich in diesen ersten Jahren der Weimarer Republik für eine Reform der hannoverschen Theaterlandschaft. Wie Thieß beklagte Frerking dabei das Klüngelwesen im ehemaligen Königlichen Schauspielhaus am Beispiel des „namenlose(n) Schwank(es) des Hausregisseurs mit Musik von einem Mitgliede der Hauskapelle".[6] Dieses Haus zeichne sich, so merkte er bereits 1919 ironisch an, durch einen allzu sicheren „Sinn und Griff für das Falsche"[7] aus. Nach wie vor bestritten „blöde Surrogate und abgestandene Sentimentalitäten" von „Ersatztalenten", „Kitschkrämern" und „gehätschelten Auchdichtern" einen nicht unbeträchtlichen Teil des Spielplans.[8] Zu diesem „platte(n) Amüsier- und Sensationstheater" hätten sich – nebst der gedankenlos vor sich hin rotierenden Präsentation der gängigsten Klassiker – Stücke gesellt, deren mit einem „Höchstmaß an Geistlosigkeit" betriebene Auswahl Frerkings Empörung hervorrief.[9]

Das ironisch eingestandene Gefühl der „himmelanschreienden Verzweiflung"[10] äußerte Frerking jedoch nicht allein angesichts der künstlerischen Leistungen. Ebenso störte ihn, daß der „jahrzehntelang konsequent durchgehaltene Stumpfsinn des Schauspielbetriebes" das hannoversche Theaterpublikum in einer „behagliche(n) Bildungsspießerei"[11] bestärkt habe. Der Theaterbesuch werde ausschließlich als gesellschaftliche Pflichtübung angesehen. Frerking wartete mit Lösungsvorschlägen auf. Im Zuge eines hochwertigen und vor allen Dingen zeitgemäßen Theaterlebens müßten unter den neuen republikanischen Vorzeichen jene „stets Geduldigen und Unparteiischen, denen alles gleich lieblich einging und die immer nur die eine Frage bewegte, ob sie sich am Ende kriegten oder gemeinsam in den Teich gingen",[12] allmählich daran gewöhnt werden, „die Schaubühne für eine etwas ernstere und schwierigere Angelegenheit anzusehen".[13] Diejenigen jedoch, so warf Frerkings den Verantwortlichen im Theaterbereich im Januar 1919 vor, die aus Ablehnung des „Ragout(s) von gestern und vorgestern, das ihr einen Spielplan nanntet", „zum Tore hinausgespielt"[14] worden seien, hätten längst wieder zurückgeholt werden müssen. Nichts sei jedoch bislang geschehen.

Im Grunde trafen jedoch Johann Frerkings Vorwürfe ebenso wenig zu wie Frank Thieß' Kritik am hannoverschen Theaterwesen. Im Spielplan hatte sich nämlich schon 1919 einiges getan, als Frerking seine Kritik am hannoverschen Theaterwesen zur Diskussion stellte, und erst recht 1922, als Thieß sich zu Wort meldete. Ein von beiden beklagtes Entwicklungsdefizit lag dabei offenbar im ganzen weniger im Bereich der Produktion als in jenem der Rezeption des Neuen durch das breite hannoversche Theaterpublikum. Immer stärker nämlich machte sich schon zu Beginn der zwanziger Jahre dessen mangelnde Bereitschaft bemerkbar, einen vorrepublikanischen Spielplan zugunsten der Berücksichtigung neuer dramatischer Strömungen aufzugeben.[15] Die Wochenschrift PILLE, immer eine freudige Wegbereiterin zeitgenössischer Kunst, zeichnete 1921 ein wenig schmeichelhaftes Bild von dem Hoftheater, dem einzigen nicht-privaten Theater der Stadt: „Dieser Bau, in dem gelegentlich auch gutes Theater gespielt wird, ist trotzdem immer ausverkauft. Und zwar weil
a.) die Hannoveraner fürnehme Leute sind
b.) fürnehme Leute hierzulande ein Abonnement haben,
c.) wer im Hoftheater ein Abonnement hat, zu den fürnehmen Leuten gehört."[16]

Das Hoftheater in der Georgstraße. Glanz und Krise (1852–1919)

Das seit 1845 unter König Ernst August begonnene und nach dessen Tod unter seinem Sohn Georg V. vollendete Hoftheater in der Georgstraße – 1852 feierlich eröffnet[17] – genoß zu seiner Zeit den Ruf, „schönstes Opernhaus Deutschlands"[18] zu sein. Nicht nur die imposante klassizistische Architektur des Baumeisters

Georg Ludwig Friedrich Laves, sondern auch das Motto auf dem Theatervorhang Johann Heinrich Rambergs verwiesen auf den hohen Anspruch des hannoverschen Hoftheaters. Es lautete: Die Künste treu gelernt zu haben, mildert die Sitten und läßt sie nicht verwildern

In den ersten Jahrzehnten der Existenz des Hoftheaters entstammte das Publikum, das sich den Besuch im neuen Haus leistete, überwiegend dem Adel, dem wohlhabenden städtischen Bürgertum und hier vor allem der Beamtenschaft und dem Offizierskorps der Garnisonsstadt.[19] Die Aufführungen im Hoftheater blieben somit lange Zeit einem kleinen Teil der hannoverschen Einwohnerschaft vorbehalten: jenen Männern und ihren Familien, die aufgrund ihrer finanziellen Verhältnisse als Steuerzahler im Besitz des Bürgerrechtes und damit der Wahlberechtigung waren. Bei einer Bevölkerung von insgesamt wenig mehr als 30.000 Personen um die Jahrhundertmitte – zum Zeitpunkt der Einweihung – fand eine Theatergemeinde von Adels- und Patrizierfamilien zusammen, klein an Zahl, umso größer an wirtschaftlichem und politischem Einfluß.[20]

Vornehmlich Mitglieder aus diesem Zirkel Privilegierter wurden in dem Bau an der Georgstraße Zeugen einer Theaterkultur, die weit über Hannover hinaus Bedeutung und Respekt erlangte.[21] Prunkvoller Aufwand, prachtvoll ausgestattete Szenerie und darstellerisches Pathos appellierten ebenso an das vorherrschende Gefühl für Ästhetik wie an das sittliche Empfinden eines Publikums, das sich in erhabener Umgebung der Präsentation dessen widmete, was nach weithin akzeptierter Norm dem Hehren, Schönen, Guten und Wahren diente.[22]

Der Aufstieg erfuhr mit der preußischen Besetzung des Königreichs Hannover im Jahr 1866 einen Dämpfer. Mit der Hofhaltung schwand der Glanz,[23] und trotz der hohen Verwaltungsbeamten und Militärs, die nun in großer Zahl in die Stadt kamen, gelang es der Intendanz nicht, die besseren künstlerischen Kräfte an das Haus zu binden. Immer öfter wurde mit großangelegten und hochdramatischen Inszenierungen versucht, die durch den Weggang bedeutender Schauspieler und Schauspielerinnen entstandenen qualitativen Defizite zu verdecken.[24] Auch die reine Unterhaltung, solange sie nur nicht die Grenzen der Schicklichkeit und der hier an den Tag gelegten Mäßigung überschritt und nicht der dem ‚Höheren' dienenden generellen Zielsetzung widersprach, fand ihre Anhänger. Bereits jetzt reagierte die Intendanz der Königlichen Bühnen, deren leitende Positionen bisher häufig durch Angehörige der einflußreichen hannoverschen Patrizierfamilien[25] und nun zunehmend durch Fachleute, die aus Berlin entsandt waren, besetzt wurden,[26] auf die sich verändernde gesellschaftliche Struktur des Publikums mit einer Bevorzugung der zugkräftigeren Oper zuungunsten des Schauspiels.[27]

So überstand das Königliche Hoftheater die nächsten Jahre äußerlich unbehelligt, freilich unter Preisgabe eines Teils der einst gepflegten Qualität. Die mittelfristige Folge war jedoch, daß sein Angebot immer weniger die Bedürfnisse jener gesellschaftlichen Schicht befriedigte, die nach der Reichsgründung 1871 einen außerordentlichen Zuwachs an Macht und Prestige genoß. „Das erstarkte und seiner Kräfte bewußt gewordene Bürgertum verlangte sein eigenes, nicht von oben bevormundetes Theater, und die Leute, die in jener Zeit sich aufs ‚Gründen' legten, gründeten mit besonderer Vorliebe Theater", [28] so beschrieb Johann Frerking die Folgen dieser Entwicklung. Den Anfang machte 1879 das Thaliatheater (später Residenztheater) in der Marktstraße, das sich von Beginn an als Konkurrenz zum etablierten Hoftheater verstand und spielte, „was die Berliner Generalintendanz für abwegig oder unpassend hielt".[29] Nachdem zuvor schon das Mellini-Theater gegründet worden war,[30] setzte sich die Theaterkonjunktur zur Jahrhundertwende mit der Eröffnung des Deutschen Theaters in der Reuterstraße fort.[31] Ein Jahrzehnt darauf, im Frühjahr 1911, eröffnete Franz Rolan die Schauburg in der Hildesheimer Straße, das zu seiner Zeit schönste und modernste Theater Hannovers.[32] Die Schauburg, das Deutsche Theater und das Residenztheater verfügten als die drei bedeutendsten Privatbühnen der Zeit am Vorabend des Ersten Weltkriegs zusammen über gut 3.500 Zuschauerplätze. Das Hoftheater hatte nicht einmal die Hälfte.[33]

Beide, die Oper wie das Schauspiel, mußten in dem Gebäude in der Georgstraße ihre Aufführungen gemeinsam planen. Das brachte große Schwierigkeiten mit sich, vor allem Magazinierungsprobleme und

-wichtiger noch – eine generelle Unrentabilität, die sich daraus ergab, daß die Angehörigen des Schauspiels und der Oper jeweils nur zur Hälfte beschäftigt werden konnten, weil das jeweils andere Ensemble gerade die einzige Bühne des Hauses bespielte.[34] Hinzu kam eine außerordentlich störungsanfällige technische Ausstattung.[35] Lange notwendig gewordene Sanierungsarbeiten hatten sich verzögert, was viele Kritiker zu Beginn des neuen Jahrhunderts zu der Spekulation veranlaßte, die Berliner Regierung habe kein rechtes Interesse mehr am hannoverschen Theater. Das Haus in der Georgstraße, so wurde argumentiert, sei ein „aus der Ferne künstlich erhaltenes Hoftheater", eine „Mumie"[36]. Andere Kritiker bemängelten, die in Hannover verantwortlichen Kräfte beriefen sich in ihrer Arbeit auf die Vergangenheit und entwickelten so eine „Hoftheater-Tradition", die das Haus „in den Rang einer soliden, aber auch farblosen Bühne"[37] herabdrücke. „Steril und rückwärtsgewandt"[38] habe man in penibler Ausgrenzung all dessen, was sich nach den ‚großen Zeiten' des vorigen Jahrhunderts an neuen dramatischen Strömungen entwickelt habe, allmählich den Anschluß an lebendiges Theater verloren.

Tatsächlich dürfte eher die Orientierung an der Vergangenheit und weniger ein mangelndes Interesse der Berliner Zentrale an ihren Hofbühnen in der Provinz dazu beigetragen haben, daß das Königliche Theater zunehmend an Konkurrenzfähigkeit gegenüber den privaten Bühnen der Stadt einbüßte. Hatten diese sich zunächst noch in den Nischen behaupten müssen, die der Spielplan des Hoftheaters ihnen ließ,[39] so erwies sich ihr Rezept auf die Dauer als erfolgreich, mit moderneren Stücken auf die Abfolge der erhebenden, belehrenden und veredelnden, dabei aber in pathetischer Theatralik gefangenen Dramen und „in Ausstattungswut ertrinkende(n) Opern"[40] zu reagieren, die im Hoftheater inszeniert wurden. In den Privattheatern wurden immer erfolgreicher die Arbeiten zeitgenössischer Dramatiker wie Frank Wedekind oder Gerhart Hauptmann berücksichtigt, die zu präsentieren die Leiter des Königlichen Theaters entweder für eine Zumutung hielten oder schlicht nicht wagten.[41]

So hatte das Hoftheater es sich im Grunde selbst zuzuschreiben, wenn ein Teil seines Publikums lieber die unprätentiöseren Privattheater besuchte.[42] Freilich verstanden die Verantwortlichen diese Entwicklung lange Zeit nicht als Verlust und ihr Beharren auf den Traditionen keinesfalls als Fehler oder Versäumnis. Daß diese Bühne sich dem Zeitgenössischen verschloß, resultierte aus Unsicherheit und aus der Furcht vor einer Entwicklung, die seine Funktionäre nicht verstanden, ja die sie für gefährlich hielten, weil sie kulturell-künstlerischen Wandel bedeutete. Mindestens ebenso stark trug ein Gefühl der Genugtuung und des Stolzes, das sich auf das einst genossene Ansehen berief, zur Ablehnung des Neuen bei. Der Niedergang seit den späten sechziger Jahren des vorigen Jahrhunderts wurde vielfach als Ergebnis der mit dem Aufkommen einer vermeintlichen modernen ‚Theater-Unkultur' verbundenen Fehlentwicklung verstanden. Frank Thieß erinnerte sich, in den Privattheatern seien Stücke gespielt worden, „gegen die sich aufzulehnen die alte ‚gute' Gesellschaft für ihre Pflicht hielt, während wir jungen Leute ihnen zujubelten".[43]

Die Anhänger des Bisherigen und die Freunde des Neuen im Theaterbereich standen sich schon längere Zeit vor dem Zusammenbruch der Monarchie gegenüber. Diese Vertreter der beiden Positionen unterschieden sich im Alter voneinander, mehr aber noch, weil sie nicht den gleichen sozialen Schichten entstammten, häufig konträre parteipolitische oder kulturpolitische Ziele verfolgten und aus weltanschaulich verschiedenen Lagern kamen. Ihre Gegnerschaft mußte so lange starr bleiben, wie der alte Hoftheaterstil, durch das politische System in Berlin gestützt, den oft nur unzureichend vor geschäftlichen Mißerfolgen gesicherten Privatbühnen gegenüber zumindest den Vorteil der materiellen Überlegenheit bewahrte.[44]

Die Übernahme des Hoftheaters durch die Stadt. Die Wirren der Revolutionszeit und das Wirken des Revolutionären Kunstkommittees (1919–1921)

Diese Konstellation jedoch änderte sich, als nach dem Zusammenbruch der Monarchie die preußischen Krondotationen wegfielen, aus denen bislang auch die Betriebskosten der Königlichen Bühnen zu einem erheblichen Teil bestritten worden waren. Das Hoftheater ging in den Besitz des preußischen Finanzministeriums über. Doch schon bald zeigte sich, daß der Staat nicht mehr in der Lage sein werde, „Mittel für den Betrieb der Theater, insbesondere der außerhalb Berlins gelegenen, in dem früheren Umfange zur Verfügung zu stellen",[45] wie es in einem Brief des preußischen Finanzministers an alle Oberbürgermeister der ehemals preußischen Gebiete hieß. Der Minister verknüpfte mit dieser Mitteilung die Hoffnung, daß die Städte die ehemaligen Hoftheater in ihren Besitz übernähmen.[46]

Der Gedanke, das Theater aus der staatlichen in die städtische Verantwortung zu entlassen, war nicht neu. Schon um die Jahrhundertwende waren von hannoverscher Seite – wohl vornehmlich aus lokalpatriotischen Gründen – Überlegungen zu einer Übernahme des Hoftheaters angestellt worden. Damals jedoch hatte Stadtdirektor Heinrich Tramm ein solches Ansinnen energisch und erfolgreich als unrealisierbare Hirngespinste abgetan.[47] Die Erwägungen, die die Stadtverwaltung dabei nun anstellte, waren nicht weniger offensichtlich parteipolitisch motiviert als damals. Nun war der Wunsch der sozialdemokratischen Kommunalpolitiker dominant, das ehemalige Hoftheater von der Kontrolle durch die monarchistische Obrigkeit in die republikanische Freiheit der Gemeinnützigkeit zu führen.[48] Die Partizipation möglichst vieler neuer Besuchergruppen sollte die bisherige Exklusivität im Theaterbereich aufbrechen.[49]

Die Abdankung des Kaisers brachte in vielen deutschen Städten[50] und auch in Hannover zunächst einmal die Gefahr der Zerstörung des Hoftheaters mit sich. Revolutionäre Truppen umstellten das Haus, in dem sie Waffen und Munition der Gegner vermuteten, Schüsse fielen. Das Theater wurde jedoch nicht – wie angedroht – in die Luft gesprengt, und die Zuschauer konnten unversehrt nach Haus gehen.[51] Eine spontane Hausdurchsuchung brachte kein Ergebnis; die Spartakisten zerstreuten sich wieder. Die Schriftstellerin Vicki Baum, Ehefrau des Hofkapellmeisters Richard Lert, erlebte die ersten Tage der Demokratie in Hannover. Sie schilderte in dem Kapitel ihrer Lebenserinnerungen, das den bezeichnenden Titel DIE KLEINE REVOLUTION trägt, die halbherzige Erstürmung des Theaters, dieses Symbols obrigkeitlich-traditioneller Strukturen, als typisches Beispiel für die ‚steckengebliebene' deutsche Revolution. Diese sei – im Unterschied zur russischen – „wohlorganisiert, geordnet, sauber, nüchtern"[52] und gerade deshalb letztlich ineffektiv verlaufen. Frank Thieß griff diesen Gedanken später wieder auf, als er mit einem Blick auf das Publikum des ehemaligen Königlichen Theaters in neuer, demokratischer Zeit urteilte: „Die Macht des Provinzialen ... erwies sich hier mit althannoverschem Geiste vorrepublikanischer Denkart fest verwachsen. Allmählich begann ich zu verstehen, daß für die sogenannte gute Gesellschaft der Landeshauptstadt die Begriffe ‚Republik' und ‚Demokratie' nur eine *façon de parler* waren und sie anscheinend darauf warteten, daß eines Tages alles vorüber sein und die Wilhelminische Herrlichkeit wieder in alter Glorie erstrahlen werde ... Die Weimarer Republik hatte man in jenen Kreisen, die den Lebensstil der Stadt bestimmten, nur zur Kenntnis genommen."[53]

Zwei Wochen nach dem Zusammenbruch der Monarchie und elf Tage nach seiner Wahl zum Oberbürgermeister nahm Robert Leinert am 22. November 1918 die Sitzung der neuen Städtischen Kollegien zum Anlaß, den Beschluß seiner Fraktion zur Übernahme des Hoftheaters in städtische Regie mitzuteilen.[54] Diese Entscheidung war anläßlich von Beratungen des erst am Tag der Ernennung Leinerts zusammengetretenen neuen Arbeiter- und Soldatenrates und damit also in großer Eile gefällt worden.[55] Diese Eile war geboten, weil die „Künstler und das gesamte Personal des Theaters"[56] Leinert aufgefordert hatten, das staatliche Theater zu kommunalisieren. Noch war jedoch seitens des Staates nicht in Aussicht gestellt worden, die Bühne an die Stadt abzutreten. Dies und sicher auch die allgemeinen Verwirrungen im Gefolge des Zusammenbruchs der Monarchie ließen den Entschluß des neuen Oberbürgermeisters und des hannoverschen Arbeiter- und Soldatenrates offenbar zunächst in Vergessenheit geraten. Die Flut der politischen Veränderungen, die sich nun für jeden Hannoveraner und erstmals auch jede Hannoveranerin in drei wichtigen Wahlen in den ersten zwei Monaten des Jahres 1919 manifestierten,[57] verdrängte zunächst weitere Ankaufsüberlegungen.

Doch ließen erste Veränderungen im Theaterbetrieb erkennen, daß die neuen politischen Machthaber der Stadt, selbst wenn sie die Kontrolle über die ehemaligen Königlichen Bühnen noch nicht hatten, doch über großen Einfluß verfügten und den normalen Fortgang durchaus ins Stocken bringen konnten. Der hannoversche Arbeiter- und Soldatenrat[58] forderte die Entlassung der alten Theaterleitung und erstritt das Mitspracherecht eines Revolutionären Kunstkommittees. Dieses setzte sich u.a. aus dem Leiter der Kunstgewerbeschule, Wilhelm von Debschitz, einem „Dr. Trumpff"[59] und eben jenem Feuilletonisten Johann Frerking zusammen,[60] der zur gleichen Zeit begann, die neuen expressionistischen Kunstzeitschriften der Stadt als Sprachrohr seiner Kritik am veralteten Hoftheaterbetrieb zu nutzen. Das Revolutionäre Kunstkommittee verfolgte die Absicht, „die Kunst und den Theaterbetrieb zu modernisieren".[61] Das gesamte Volk müsse mit der Kunst vertraut gemacht werden. Besonders Inszenierungen zeitgenössischer Dramatik hielt man für geeignet, dieses Ziel zu erreichen.

Diese Überzeugung teilte auch Oberbürgermeister Leinert, der am 28. Februar 1919 in einer Sitzung der Städtischen Kollegien noch einmal die Übernahme des ehemaligen Hoftheaters befürwortete und dies damit begründete, daß er nur für den Fall sozialdemokratischer Kontrolle über das Theater dafür garantieren könne, daß dieses auch wirklich „dem Geist der Zeit Rechnung"[62] tragen werde. Über jene Kunst zu bestimmen, „die in dem Theater geboten werden kann", sei ihm, so betonte er anläßlich der entscheidenden Sitzung der Städtischen Kollegien im November 1920, „schon eine große Summe Geldes wert".[63]

Am Ort des Geschehens selbst verliefen erste Versuche des Revolutionären Kunstkommittees, zeitgenössische expressionistische Stücke in den Spielplan aufzunehmen, sehr schwierig. Die Spannungen zwischen dem Kommittee und dem Ensemble, das ohne jede personelle Änderung geschlossen den Schritt in die Weimarer Republik gegangen war, eskalierten im März 1919, als die Künstler sich nach Kontroversen anläßlich der Proben zu Georg Kaisers DIE BÜRGER VON CALAIS weigerten, ein Drama zu spielen, das sich mit der Französischen Revolution beschäftigte.[64] Bereits jetzt mehrten sich die Stimmen von Kritikern der neuen Tendenzen. Für Karl Anlauf etwa war die Weigerung der Schauspieler Ausdruck der „nationale(n)

Der hannoversche Arbeiter- und Soldatenrat im Hotel VIER JAHRESZEITEN, Foto. 1918 (4. v. r. sitzend: Robert Leinert)

Empfindungen, die es nicht zuließen, daß die Attribute der französischen Revolution auf der Bühne zur Schau getragen werden",[65] ja sie war gar die „gerechtfertigste Anstandsbewegung ..., welche Hannover je erlebt hat".[66]

Die Kontroverse zwischen Anhängern und Gegnern des Schauspielerstreiks zog sich weit in das Jahr 1920 hinein, und sie erhielt neue Nahrung durch die Bankrotterklärung des preußischen Staates. Dies zog in den Augen vieler unweigerlich eine Verwahrlosung des hannoverschen Opern- und Schauspielhauses nach sich. Größte Eile war auch deshalb geboten, weil angesichts der Abtretungsangebote aus Berlin bereits öffentlich vorgeschlagen wurde, das Theater „an einen tüchtigen, geschäftserfahrenen und dabei künstlerisch Vertrauen erweckenden Fachmann"[67] zu verpachten.

Die Rolle Heinrich Tramms bei den Übernahmeverhandlungen

In dem Bewußtsein, daß die Erwerbung des Opern- und Schauspielhauses an der Georgstraße aus Staatsbesitz kein Gewinngeschäft sein, sondern der Stadt vielmehr große Opfer abverlangen werde,[68] trat Robert Leinert nun in Verhandlungen mit dem preußischen Staat. Diese verliefen zunächst zäh, denn erst jetzt zeichnete sich das ganze finanzielle Dilemma der Berliner Regierung ab. Ein erster Versuch des Staates, die Stadt durch die Zahlung einer einmaligen Abfindung von 1,5 Mio M zur Übernahme des Theaters zu bewegen, scheiterte. Leinert und andere sozialdemokratische hannoversche Unterhändler hatten bereits zugestimmt, doch verweigerte der rechte Flügels des Bürgervorsteherkollegiums,[69] der aus den Wahlen vom Februar 1919 als einflußreicher Gegner der Mehrheits- und Unabhängigen Sozialdemokraten hervorgegangen war,[70] seine Einwilligung. Heinrich Tramm, dessen ‚Liste Tramm' mit ihm als einzigem Kandidaten bei der gleichen Wahl immerhin fast 8.000 Stimmen auf sich vereinigt hatte, forderte eine Summe von 15 Mio M vom Staat, was aber selbst seine politischen Gesinnungsgenossen als unrealistisch bezeichneten.[71] Die nächste Verhandlungsrunde im Frühjahr 1920 erbrachte den Vorschlag, die Abfindungssumme auf 4 Mio M festzusetzen, von denen 1,5 Mio in Geld und der Rest in Form von Sachwerten zu zahlen seien. Auf der Suche nach geeigneten Objekten in bisher staatlicher Hand fiel der Blick der Sachverständigen auf das Leineschloß. Unterredungen ergaben seine pachtfreie Übergabe an die Stadt zur freien Nutzung für die nächsten fünfzig Jahre. Hinzu kamen das Palais an der Leinstraße, der Welfen- und der Berggarten, Baugrundstücke am Großen Garten und schließlich die ehemalige Ulanenkaserne am Königsworther Platz.[72]

Vor allem die politisch rechtsstehenden bürgerlichen Kräfte stimmten jedoch auch diesem Lösungsvorschlag immer noch nicht zu.[73] Heinrich Tramm, der in der Gruppe opponierender Kräfte schnell und reibungslos zum einflußreichsten Sprecher geworden war, fürchtete, wie er in der Theaterkommission im Mai 1920 äußerte, das Theater werde „in künstlerischer Hinsicht einer Katastrophe entgegengehen". Er führte aus: „Träfe dies ein, dann sei es nicht Schuld der Stadt, sondern dann müsse der Staat dafür die Verantwortung tragen. Wenn ... der Staat nicht ein politischer Narr sei, müsse er mit Rücksicht auf die ganze historische Tradition alles anwenden, um sich im Hannoverlande nicht noch eine größere Opposition zu verschaffen."[74]

Tramm sprach mit diesen Worten die in der bürgerlichen Presse des Jahres 1920 spürbare Neigung an, für die andauernde Diskussion um die Zukunft des ehemaligen Hoftheaters und damit auch für die Gefahr seiner Schließung das Verhalten der preußischen Regierung verantwortlich zu machen. Hatten die Preußen 1866 mit der „unglückseligen" Besetzung Hannovers – so das HANNOVERSCHE TAGEBLATT – ein erstes Mal eine großartige Blüte hannoverschen Theaterlebens zerstört,[75] so schickten sie sich nun nach der Meinung vieler Kritiker angesichts finanzieller Schwierigkeiten an, das Berliner Theater weiter mit Millionenbeträgen zu subventionieren, die Provinz hingegen zu vernachlässigen.[76] Selbst der ansonsten durchaus preußenfreundliche HANNOVERSCHE KURIER warnte im September 1920 – ein halbes Jahr nach dem Aufflackern der welfischen Bewegung im Zusammenhang mit dem sogenannten ‚Welfenputsch'[77] –, mit ihrem Verhalten gieße die preußische Regierung „Wasser auf die Mühlen der welfischen Loslösungsbestrebungen".[78] Tatsächlich schlugen vor allem bei der Deutsch-Hannoverschen Partei die Wogen der Empörung hoch. Einer ihrer Abgeordneten betonte im November 1920, das „alte, schöne Kulturinstitut" in der Georgstraße liege ihm „so sehr am Herzen, daß ich mir sage, ich will es nicht verkommen lassen und es nicht in schlechte, falsche Hände geraten lassen. Ich will es den Preußenhänden abringen, damit das Theater nicht in abwegige Verhältnisse gerät."[79] Ohne auf diese Bedenken einzugehen, beharrte Robert Leinert darauf, das bisher staatliche Theater in den Besitz der Stadt zu übernehmen.

Endlich, im November 1920, nach einem halben Jahr intensiv geführter Diskussion, kristallisierte sich eine für alle Seiten akzeptable Lösung heraus. Berlin bot die Überlassung der Domäne Coldingen an. Der damit in Aussicht stehende Gebietszuwachs von 666 ha Nutzfläche war für Heinrich Tramm der einzige Lichtblick in dem gesamten Verhandlungsverlauf. Nunmehr sprach sich der ehemalige Stadtdirektor für den Ankauf des Theaters durch die Stadt aus.[80] Mit seiner Rede vor den Mitgliedern der Städtischen Kollegien am 23. November 1920 war der Widerstand der Übernahmegegner gebrochen. Tramm gab hier zu bedenken, daß die Stadt im Falle eines Nichtankaufs „in ihrem ganzen Prestige eine Einbuße erleiden werde, die auch ich ihr ersparen möchte, die wir alle ihr ersparen müssen, denn wir sind dazu da, der Stadt die Kulturgüter aus der Vergangenheit zu erhalten. Aus diesem Grunde werden wir uns bereit finden müssen, in dieser Sache Opfer zu bringen."[81]

Die Argumentation Tramms, mit der Erwerbung würden „Kulturgüter aus der Vergangenheit" bewahrt, bestimmte den Verlauf dieser Sitzung, auf der die Übernahme des Opern- und Schauspielhauses durch die Stadt zum 1. Januar 1921 beschlossen wurde.[82] Heinrich Tramm und der ihn unterstützende Kreis konservativer bürgerlicher Politiker stimmten dem Theatervertrag[83] dabei nur scheinbar vorbehaltlos zu. Ihre Zustimmung ist keinesfalls als Billigung der sozialdemokratischen Theaterpolitik zu verstehen. Vielmehr willigte man nur ein, weil man sich darauf verabredet hatte, die eigene Beteiligung am Vertragsabschluß später ungeschehen zu machen. Versäumnisse und Fehler im Zusammenhang mit der Übernahme des ehemaligen Hoftheaters wurden so ausschließlich der hannoverschen Sozialdemokratie angelastet.[84]

Während der Diskussion um die Zukunft dieser Bühne kommentierte Tramm die Theaterpolitik Leinerts in Sitzungen der Städtischen Kommissionen wiederholt derart ironisch, daß dieser protestierte, so „könne man nicht weiter debattieren. Bürgervorsteher Tramm stelle es so dar, als ob die jetzigen Magistratsmitglieder Kinder seien, die nicht wüßten, was sie zu tun hätten."[85] Tramms Überzeugung, Leinerts „Naivität" sei „haarsträubend" und das „Danaergeschenk", das der unerfahrene Oberbürgermeister der Stadt mit seinem „Kuhhandel" zu überreichen gedenke, sei das „schlechteste Geschäft, das die Stadt machen könne",[86] blieb von den entrüsteten Rechtfertigungsversuchen Leinerts unbeeindruckt.[87] Den Einwand der Sozialdemokraten, wenn er selbst in den Wirren des November 1918 nicht „ausgerückt" wäre und „die Sache selbst gemacht" hätte, dann wären auch deshalb keine Fehler aufgetreten, weil er alles beim alten belassen hätte, wischte Tramm ärgerlich als „dumme(.) Phrase" beiseite, deren „Impertinenz ... man gar nicht genug rügen kann".[88] Er ließ keinen Zweifel daran, daß er weder geneigt war, Leinerts politisches Handeln noch das der sozialdemokratischen Fraktion generell ernst zu nehmen.

Robert Leinert, Foto. Um 1924

Daß der ehemalige Stadtdirektor Hannovers, der davon überzeugt war, ‚seinen' Bürgern im Kaiserreich ein materiell abgesichertes Leben in Ansehen ermöglicht zu haben, in der Sozialdemokratie einen Emporkömmling sah, überrascht nicht. Doch die Tatsache, daß weite Teile der bürgerlichen hannoverschen Presse seine Argumente ohne Zitatangabe als Ausdruck ihrer eigenen Meinung darstellten, läßt darauf schließen, daß Tramms Haltung in der Theaterfrage in den Redaktionen dieser Blätter auf grundlegend ähnliche Dispositionen traf und bereitwillig aufgenommen wurde.[89] Der sozialdemokratische VOLKSWILLE schloß sich dieser Art der Berichterstattung zwar nicht an. Während der gesamten Übernahmeverhandlungen beschränkte das Blatt sich jedoch auf die reine Wiedergabe des Diskussionsstandes und versäumte es so, durch deutlich parteinehmende Beiträge der öffentlichen Hetze gegen Robert Leinert zu begegnen.

Auffällig ist in vielen Stellungnahmen der bürgerlichen Presse zur Theaterübernahme der zwischen Aggressivität und Ironie pendelnde Ton einer Informationspolitik der neuen Stadtverwaltung gegenüber, die angesichts des diffizilen Einigungsprozesses zwischen staatlichen und städtischen Gremien Einzelheiten solange zurückhielt, bis Entscheidungen gefallen waren. Der Vorwurf der Journalisten, nicht ausreichend über den Stand der Dinge informiert worden zu sein, erging dabei nicht an alle Angehörigen der Stadtverwaltung zu gleichen Teilen, sondern beschränkte sich auf Mitglieder der linken Parteien. In einem Artikel vom 5. Mai 1920 beschwerte sich die Redaktion des HANNOVERSCHEN TAGEBLATTS über die „große Heimlichkeit" in der ganzen Angelegenheit. Der Beitrag schloß mit den Worten: „Hoffen wir also das Beste und hören wir zuvor die Gründe für das Verhalten, das mit dem demokratischen Grundsatz, nach dem die Bürgerschaft ... zur Mitarbeit berufen ist, nicht in Einklang zu bringen ist."[90] Noch deutlicher wurde die Redaktion des TAGEBLATTS gemeinsam mit jener des HANNOVERSCHEN KURIERS, des HANNOVERSCHEN ANZEIGERS und der DEUTSCHEN VOLKSZEITUNG ein gutes halbes Jahr später, nachdem der Theatervertrag bereits in Kraft getreten war. In einer Beschwerde wandten sich die Vertreter der einflußreichsten bürgerlichen Tageszeitungen der Stadt an den Magistrat und führten aus: „Eine Zurücksetzung der Presse, gegen die wir im Interesse der Öffentlichkeit schärfsten Protest einlegen müssen, ist durch den Magistrat bzw. Herrn Oberbürgermeister Leinert erfolgt. In der Übergabe des Opern- und Schauspielhauses an die Stadt, also zu einem Akte, der in der Geschichte unserer Stadt die höchste Beachtung beanspruchen darf, hat man die Presse nicht geladen, sondern man hat es ihr überlassen, ob sie durch Zufall Kenntnis und Berichterstattung von diesem Ereignis erhielt."[91]

Allen Mitgliedern des Theater-Ausschusses war Stillschweigen auferlegt. Heinrich Tramm jedoch durchbrach die verordnete Politik der Geheimhaltung immer wieder. Dieses trug dazu bei, daß neben den Informationen, die er weitergab, auch seine Wertungen – aufgrund des Fehlens anderer Stimmen – in der bürgerlichen Presse letztlich als zutreffend wiedergegeben wurden.[92] Tramm setzte sich im übrigen nicht nur anläßlich der Übernahmeverhandlungen über die Auflage der Geheimhaltung hinweg. 1925 beispielsweise zitierte der SPD-Abgeordnete Friedrich Feldmann im Theater-Ausschuß Tramms Feststellung, er werde „nur das für vertraulich halten, was ihm gefiele".[93] Drei Jahre später stellte Bürgervorsteher Wilhelm Weber, ebenfalls SPD, fest, „daß das, was Bürgervorsteher Dr. Tramm sage, im Protokoll des Theater-Ausschusses grundsätzlich ausführlich aufgenommen werde, anderes jedoch vielfach nicht"[94].

Besonders deutlich war die starke Orientierung an der Meinung des ehemaligen Stadtdirektors immer dann, wenn in der bürgerlichen Presse Tramms Überzeugung von Leinerts vermeintlicher politischer Unerfahrenheit kolportiert wurde.[95] Weniger aufgrund persönlicher Fähigkeiten und Leistungen zum Oberbürgermeister geworden als „vom Glück der Revolution auf seinen Posten getragen",[96] so urteilte der HANNOVERSCHE KURIER im September 1920, habe Leinert die Nachfolge Heinrich Tramms angetreten, ohne an dessen politisches Geschick jedoch im entferntesten anknüpfen zu können. Leinert sei es von Beginn an eher um die „Befriedigung des eigenen Ehrgeizes" als um das Wohl der Stadt gegangen, und er habe sich auch von den besonnenen und erfahrenen Angehörigen der „rechten Seite" nicht beraten lassen[97]. Die DEUTSCHE VOLKSZEITUNG urteilte in deutlicher Anlehnung an die Wortwahl Tramms: „Herr Leinert mag wohl ein sehr enttäuschtes Gesicht gemacht haben, als ihm das zuerst klargemacht wurde. Aber er hatte es sich nun einmal in den Kopf gesetzt, sich populär und seinen Namen unsterblich zu machen dadurch, daß er der Stadt das Theater zubrachte. So begab er sich denn auf den Weg der Verhandlungen ... Aber mit diesem Danaergeschenk getraute er sich denn doch nicht vor das hannoversche Stadtparlament zu treten, und so begann denn jenes Feilschen, jener schmachvolle Kuhhandel um das Hoftheater, welches für immer ein trauriges Kapitel des ruhmvollen Kunstinstituts bilden wird."[98]

Zwei Jahre nach den revolutionären Umwälzungen, die seine bisherige politische Karriere beendet zu haben schienen, war Heinrich Tramm wieder zu einem Gewinner geworden. Angesichts seiner strategisch geschickten Politik und seines unveränderten Einflusses hatte sein Nachfolger Robert Leinert von Beginn an einen schweren Stand. Als einziger Sozialdemokrat Deutschlands, der in der unmittelbaren Folge der Novemberrevolution Oberbürgermeister einer preußischen Großstadt werden konnte,[99] stand Leinert an der Spitze eines Magistratskollegiums, das sich nach dem Zusammenbruch der Monarchie nur unwesentlichen Änderungen unterzogen hatte.[100] Leinert hatte in der Novemberrevolution seine Bereitschaft, so schnell wie möglich zu Ruhe und Ordnung zurückzukehren und radikalen Veränderungen vorzubeugen, mehrfach unter Beweis gestellt. Dennoch unterstützten ihn der Magistrat und auch das Bürgervorsteherkollegium nur so lange, wie ihr Zweckbündnis das angeraten erscheinen ließ.[101] Als sich in der Phase beginnender politischer Konsolidierung die Kräfte gestärkt hatten, die eine sozialdemokratische Stadtverwaltung aus grundsätzlichen Überzeugungen ablehnten, begann das Kesseltreiben gegen Leinert. Bereits am 7. April 1921 folgten 15.000 Einwohner einem Aufruf der bürgerlichen Rechtsparteien und demonstrierten für den Rücktritt Leinerts.[102] Die Angriffe gegen den sozialdemokratischen Oberbürgermeister verschärften sich nun zusehends. Auch die häufige Abwesenheit von Hannover, dadurch bedingt, daß Leinert verschiedene politische Ämter in der Reichshauptstadt wahrzunehmen hatte, trug viel zu seiner Demontage bei.

Krank und müde von den heftigen Angriffen auf seine Amtsführung und auf seine Person stimmte Leinert schließlich seiner Pensionierung zum 1. Januar 1925 zu.[103] Er zog den Schlußstrich unter eine gut sechsjährige Amtszeit, die mit dem Zusammenschluß von Hannover und Linden und mit eben jenem Theatervertrag so hoffnungsvoll begonnen hatte.[104] Andererseits jedoch trugen einige taktisch ungeschickte Entscheidungen Robert Leinerts dazu bei, seine Gegner weiter zu stärken. Noch ganz am Ende seiner Dienstzeit verschaffte er seinen Kontrahenten auf der Rechten wie der Linken unbeabsichtigt Auftrieb, als er für sich zwei Logenplätze in den Städtischen Bühnen auf Lebenszeit forderte.[105] Zu Beginn bereits hatte er mit der fristlosen Kündigung des bisherigen Leiters des Hoftheaters, des Freiherrn Paul Gerhard von Puttkamer, die Weichen dafür gestellt, daß seine Theaterpolitik von weiten Kreisen in Hannover abgelehnt wurde.

Gegner der Übernahme des Hoftheaters, Gegner der Weimarer Republik. Erich Rosendahl

Freiherr Paul Gerhard von Puttkamer war ein typischer Vertreter des bis zum Jahr 1918 am hannoverschen Hoftheater herrschenden traditionsbewußten Geistes. Aus gesundheitlichen Gründen war der ehemalige Kommandeur eines Infanterieregiments im chinesischen Hafen Tsingtau, der unter deutscher Pacht stand, 1911 in den Ruhestand versetzt[106] und von Kaiser Wilhelm II. an das hannoversche Hoftheater beordert worden. Puttkamer war ein Freund der Künste – besonders der ostasiatischen Plastik[107] –, aber alles andere als ein Theaterfachmann. Dies hatte im Kaiserreich jedoch offenbar wenig Anlaß zur Klage gegeben[108] und ihm im Gegenteil sogar einige Anerkennung eingebracht.[109] Zum Intendanten wurde Puttkamer dennoch nicht befördert.[110] Erst nach dem Zusammenbruch der Monarchie und im Zusammenhang mit der Arbeit des Revolutionären Kunstkomittees wurde Kritik an seiner Befähigung laut.[111] Franz Rolan, ehemaliger Leiter der Schauburg, bezeichnete Puttkamer rückblickend gar als „ewig halbe Eins und immer ganze Null".[112]

Vielleicht ließ sich Robert Leinert auch von der Stimmung gegen den Theaterleiter beeinflussen. Jedenfalls sprach er Puttkamer zum 31. Dezember 1920 in aller Eile und in einem nichtssagenden Schreiben die Kündigung aus. Damit zog er scharfe Kritik auf sich. Seine Gegner fragten sich wie Erich Rosendahl „mit Staunen", „warum die Verhältnisse dazu zwangen, einen Mann, dessen lange Tätigkeit selbst der sozialdemokratische Oberbürgermeister eine verdienstvolle nennen und dessen unter schwierigen Verhältnissen geleistete Arbeit er anerkennen müßte, fristlos zu entlassen. Man findet nur die Antwort, daß der Intendant[113] den Novembermännern allein deshalb unannehmbar schien, weil er das Unglück hatte, einer hochangesehenen, alten, adligen Familie zu entstammen und dazu noch Freiherr zu sein. Wäre er Holzarbeiter oder Malergehilfe gewesen, so hätte sich wohl mit ihm verhandeln lassen."[114]

Sowohl die Häme über die „Novembermänner" und deren vermeintlich unterentwickeltes Taktgefühl als auch die Würdigung des „hochangesehenen" Puttkamer, der aus „alter, adliger Familie" stammte, sind typisch für Erich Rosendahl. Er entwickelte sich zu Beginn der zwanziger Jahre zu einem der erbittertsten Gegner der Übernahme des ehemaligen Hoftheaters und darüber hinaus zum ständigen Kritiker der hannoverschen Sozialdemokratie.[115] Am 20. März 1866 wurde er als Sohn des Wolfenbütteler Stadtrichters, eines überzeugten Katholiken,[116] als Erich Rosenthal geboren.[117] 1927 erklärte er in der Einleitung seines umfangreichen Buches GESCHICHTE NIEDERSACHSENS, Ahnenforschungen hätten ergeben, daß seine Vorfahren nicht Rosenthal, sondern Rosendahl geheißen hätten und er deshalb fortan diesen Namen führen werde.[118] Nach dem Jurastudium in Heidelberg kam er 1893 nach Hannover, wo er bald als Mitarbeiter des neuen HANNOVERSCHEN ANZEIGERS seine journalistische Ausbildung begann. In den neunziger Jahren des vorigen Jahrhunderts arbeitete er als Hauptschriftleiter der „deutsch-sozialen"[119] HANNOVERSCHEN POST.[120] Als solcher verschrieb er sich, wie er in den dreißiger Jahren berichtete, einem „sehr heftigen Kampf gegen Judentum und Freimaurertum".[121] Im Nationalsozialismus behauptete Rosendahl rückblickend: „Ich war jahrelang der Gegenstand wütender Angriffe seitens der liberalen und sozialdemokratischen Presse."[122]

Erich Rosendahl hat die Verhältnisse im hannoverschen Theaterwesen in den zwanziger Jahren als Rezensent von drei verschiedenen Tageszeitungen verfolgt. Er verknüpfte seine Rezensionen häufig mit einer Würdigung Heinrich Tramms, der nach seiner Überzeugung dafür Sorge trug, daß trotz der Wirren der Weimarer Republik im Bühnenbereich überhaupt noch konstruktive Arbeit geleistet wurde. Rosendahl war ein persönlicher Vertrauter des Ehepaars Heinrich und Olga Tramm.[123] Sein Buch GESCHICHTE DER HOFTHEATER IN HANNOVER UND BRAUNSCHWEIG widmete er 1927 „Frau Olga Tramm in alter Freundschaft und herzlicher Verehrung",[124] und auch in dem 1932, nach Heinrich Tramms Tod, veröffentlichten Gedächtnisbuch fand er in seinem Beitrag über das Verhältnis des ehemaligen Stadtdirektors zum hannoverschen Theater überaus warme Worte zu Kunstbegeisterung und Kunstverstand des Ehepaars Tramm.[125]

Freiherr
Paul Gerhard von Puttkamer,
Foto. Um 1920

Über das Interesse am hannoverschen Theater hinaus verband Rosendahl mit Heinrich Tramm die politische Gesinnung. Als sich der ehemalige Stadtdirektor wegen seiner überstürzten Abreise nach Berlin am 10. November 1918 kritischen Nachfragen zu stellen hatte, bot sich Rosendahl an, die Beweggründe Tramms zu verdeutlichen. In seinem Beitrag für den HANNOVERSCHEN KURIER argumentierte er im Februar 1919, Tramm habe sich während der Revolutionswirren, als der hannoversche Pöbel die bestehende Ordnung zerstören wollte, lediglich klug zurückgehalten, um Schlimmeres zu vermeiden. Er sei der Inbegriff eines Ehrenmannes, der sich anbiete, sein großes Wissen und seine Erfahrung auch an die neuen politischen Kräfte weiterzugeben, selbst wenn diese damit aufgrund ihrer eigenen Beschränktheit und Unfähigkeit gar nichts anfangen könnten.[126]

Häufiger als für den HANNOVERSCHEN KURIER war Rosendahl für die DEUTSCHE VOLKSZEITUNG (ab 1921 umbenannt in HANNOVERSCHE LANDESZEITUNG), vor allem aber für die HANNOVERSCHE VOLKSZEITUNG tätig. Die Arbeit für die HANNOVERSCHE VOLKSZEITUNG, die sich als DAS ORGAN DER KATHOLIKEN VON GROSS-HANNOVER UND UMGEBUNG und als „Parteipresse" der Zentrumspartei bezeichnete,[127] überrascht insofern, als Rosendahl sich selbst als überzeugten Deutsch-Hannoveraner bezeichnete und somit eigentlich eher als Mitarbeiter der welfenfreundlichen HANNOVERSCHEN LANDESZEITUNG zu vermuten gewesen wäre.[128] Die Zeitschrift DIE PILLE beschrieb ihn im Dezember 1920 als jemanden, „der jedesmal einen Pauken- und Trompeten-Artikel ... losläßt und auf die angebliche Freude des ganzen Hannoverlandes hinweist, wenn ein Säkulum vergangen ist, daß diese oder jene Prinzessin des angestammten Königshauses ein lebendiges oder totes Kind höchstselbst geboren hat".[129]

Erich Rosendahl, Foto. Um 1920

Erich Rosendahl hat mehrere Werke verfaßt, die dazu beitragen sollten, das ehemalige hannoversche Königshaus, so seine Argumentation, gegen die ‚Auswüchse der preußischen Geschichtsschreibung' zu verteidigen und ein Bewußtsein für die niedersächsische Geschichte zu entwickeln.[130] Die GESCHICHTE DER HOFTHEATER IN HANNOVER UND BRAUNSCHWEIG schrieb er 1927 in der Absicht, „Interesse und Verständnis für niedersächsisches Volkstum und für alle Gebiete des niedersächsischen Volkslebens in weiteste Kreise des niedersächsischen Volkes (zu) tragen".[131] NIEDERSÄCHSISCHE LITERATURGESCHICHTE verfolgte fünf Jahre später die Absicht, „die niedersächsischen Stammesgenossen ... über den Anteil Niedersachsens an der geistigen Entwicklung der Deutschen (zu) unterrichten".[132] Seien, so Rosendahl 1932 im Vorwort zu diesem Buch, „die jetzigen Zeiten" auch nicht angetan, „daß man viel Freude am großen deutschen Gesamtvaterlande haben könnte, so erscheint es umso mehr als die Pflicht jedes einzelnen deutschen Stammes, sich auf das zu besinnen, was er auf geistigem Gebiete geleistet und zur Entwicklung des Gesamtvaterlandes beigetragen hat. Je höher er diesen Anteil einschätzen darf, umso mehr wird die Liebe zum Stamme und dadurch auch zum Gesamtvaterlande erstarken."[133]

Prüfe der niedersächsische „Stamm" seinen Beitrag zur „Entwicklung des Gesamtvaterlandes", so dürfe er – so Rosendahl – in Anbetracht der vielen niedersächsischen Männer in preußischen Diensten durchaus behaupten, Hannover habe 1866 Preußen annektiert und nicht etwa Preußen Hannover.[134] Ferner sei in Niedersachsen besonders gut nachzuvollziehen, wie das „Verlangen der Stämme, als selbständige Glieder des deutschen Volkstums anerkannt zu werden", einen „kosmopolitischen Bildungsdünkel … hinweggefegt"[135] habe. „Es muß genügen, hier der Genugtuung Ausdruck zu geben, daß an den Auswüchsen des modernen naturalistischen Ex- und Impressionismus (sic!, I.K.) Niedersachsen verhältnismäßig wenig Anteil hat. Das gereicht ihm zum Ruhme, der kaum dadurch geschmälert wird, daß auf seiner Erde ein so kümmerliches Erzeugnis wie Kurt Schwitters' ANNA BLUHME (sic!, I.K.) erwuchs, über die man schon heute lachend zur Tagesordnung übergegangen ist … Die beste Abwehrwaffe gegen die nur allzuoft internationale und gar volksfeindliche Tendenzen zeigende Moderne ist eine kräftige Heimatkunst."[136]

Der Stolz auf die regionale Eigenart Niedersachsens verband sich in Erich Rosendahls Schriften besonders in der zweiten Hälfte der zwanziger Jahre mit einer massiv vorgetragenen Ablehnung von kulturellen und künstlerischen Ausdrucksformen, die er als modern geißelte. Rosendahl argumentierte, daß das ‚typisch niedersächsische Wesen', dem er Eigenschaften wie Heimatliebe, Verläßlichkeit und Bodenständigkeit zuordnete, Bollwerk gegen eine in seinen Augen falsche kulturelle Entwicklung des deutschen Volkes sei. Die Imitation „welscher" Kultur, die das besiegte Frankreich Deutschland aus Rache an seiner Niederlage nach 1871 aufgedrängt habe, habe zu einer „geistigen Entartung"[137] geführt.

Aus der Verherrlichung des „literarischen Frankreich" und einer für Rosendahl gänzlich unverständlichen Wertschätzung der Russen Tolstoi und Dostojewski habe sich die deutsche Moderne entwickelt, deren naturalistische Milieuschilderungen „der Wahrheit am nächsten zu kommen glaubten, wenn sie das ganze Volk als bis in die innerste Wurzel verderbt darstellten und die Nerven aufpeitschten. Dadurch erhielt die deutsche Moderne einen gänzlich unnationalen, das heißt in diesem Falle antinationalen Zug, den sie leider in diesen Tagen nicht verloren hat".[138] Nach dem Naturalismus seien weitere „Ismen" entstanden. Rosendahl verzichtete in seiner NIEDERSÄCHSISCHEN LITERATURGESCHICHTE auf ihre Charakterisierung mit den Worten, daß „sich mit diesen ‚Literaturrichtungen', falls sie überhaupt ernst genommen werden sollten, besser als der Literarhistoriker der Irrenarzt beschäftigt".[139] Wichtiger als die inhaltliche Beschäftigung mit der modernen Literatur des bisherigen 20. Jahrhunderts[140] schien ihm die Mitteilung, daß sich gegen jene „ewigen sozialen Milieuschilderungen der Modernen"[141] in Niedersachsen eine alle Schichten der Gesellschaft durchlaufende Gegenbewegung formiert habe. Die besten Kräfte dieser Bewegung hatten sich nach Rosendahls Überzeugung vor allem im Heimatbund Niedersachsen, aber auch in dem Dachverband der hannoverschen Bürgervereine und dessen Zeitschrift BÜRGERWACHT, für die er selbst auch arbeitete, zusammengefunden.

Erich Rosendahl verfolgte sowohl in seinen Büchern, die überwiegend in der zweiten Hälfte der zwanziger Jahre erschienen, als auch mit seiner journalistischen Arbeit zu Beginn des Jahrzehnts das politische Ziel der Diskreditierung der demokratischen Verhältnisse. Diese Überzeugung wurde besonders deutlich in einem Artikel, der am 4. Juli 1920, also auf dem Höhepunkt der Diskussion um den Ankauf des Opern- und Schauspielhauses, in der DEUTSCHEN VOLKSZEITUNG erschien. Rosendahls Ausführungen gerieten zu einer Generalabrechnung mit der Revolution der Jahre 1918/19.[142] „Interesselosigkeit und Unfähigkeit der durch den Umsturz an das Ruder gekommenen revolutionären Regierung" zeigten sich deutlich am Beispiel des ehemaligen Hoftheaters, das für die neuen Herren in Berlin wohl nicht mehr von Bedeutung sei, denn es „handelte sich hier doch nur um Hannover und um geistige und künstlerische Arbeit, für das ein echter Genosse nun einmal kein Verständnis hat". Dabei hätten es doch gerade die Partei der Mehrheitssozialisten und „ihr sauberer linker Bruder", die USPD, so eilig gehabt „wie sonst nirgendwo, sich die ‚Errungenschaften' der Revolution anzueignen" und im Theaterbereich „das Schreckensregiment einer Rätediktatur" zu errichten, „der wir auf politischem Gebiete doch glücklich entgangen sind".[143] Da diese Experimente mittlerweile jedoch ihre Sinnlosigkeit bewiesen hätten, bleibe – so Rosendahl abschließend – nur zu hoffen, daß das „Kunstschiff" Theater, das durch die „linke Strömung" aus „ruhiger Sicherheit" gerissen worden sei, allmählich wieder in ruhigeres Fahrwasser einlaufe und auch diesmal wieder „der Sturm und Drang der Klassik den Weg"[144] ebnen werde.

Erich Rosendahls halb ironischer, halb entrüsteter Ton war in weiten Teilen der bürgerlichen hannoverschen Tagespresse keine Ausnahme. Vielen Kritikern ging es wie ihm nicht nur um die Kennzeichnung der vermeintlichen Regierungsfehler Robert Leinerts, sondern auch um die grundsätzliche Verunglimpfung der sozialdemokratischen Kunst- und Kulturpolitik. Unter konservativen Journalisten scheint es in den ersten Jahren der Republik in Hannover geradezu eine Selbstverständlichkeit gewesen zu sein, Leinert als notorischen Lügner und naiven Politik-Anfänger zu diffamieren. Der neue Oberbürgermeister stand dabei nach ihrer Überzeugung außerhalb jener Sphäre aus Ernsthaftigkeit, Ehrenhaftigkeit und Unanfechtbarkeit, die die hannoversche Kommunalpolitik ansonsten umgab. Mit Geringschätzung, Spott und besserwissender Belustigung sprach der HANNOVERSCHE KURIER im September 1920 der Sozialdemokratie sogar die Berechtigung ab, eine ernst zu nehmende politische Bewegung zu sein. Der Berichterstatter blickte zurück auf die letzten Monate der Wirren um das Fortbestehen des ehemaligen Hoftheaters. Die Aussicht, das Theater, das herrenlos geworden sei, nachdem „die Krone in den Staub gerollt" sei, durch die Stadt übernommen zu sehen, stimmte ihn „traurig". Der Plan entstamme „der gleichen Zeit, in der die Änderung des Namens zur bitteren Notwendigkeit wurde".[145] Trauer über die zusammengebrochene Monarchie, die die einzige geeignete Staatsform zu sein schien, um das Hoftheater als „Stätte erstklassigen Kunstgenusses von deutschem, wenn nicht von europäischem Wert" zu bewahren, verband sich in diesem Beitrag mit Unverständnis gegenüber den neuen politischen Kräften. Angesichts deren „Blauäugigkeit" meinte sich der Kritiker des HANNOVERSCHEN KURIERS „an den Kopf fassen" zu müssen. Er rief aus: „Muß denn die Stadt wirklich um jeden Preis das Theater haben? Wir kommen zu einer völligen Verneinung dieser Frage. Es ist mit Sicherheit vorauszusehen, daß die hochfliegenden Pläne einiger Phantasten, die bestimmte Kreise für das Theater interessieren und heranziehen zu können glauben, in kürzester Zeit Schiffbruch erleiden werden."[146]

Hinter dem Spott über die von Leinert und seinen Parteifreunden geäußerte Absicht, mit der Übernahme des Theaters allen Schichten der Bevölkerung den Besuch zu ermöglichen, zeigt sich in diesem Beitrag im HANNOVERSCHEN KURIER die Furcht vor Veränderungen. Die Tradition des ehemaligen Hoftheaters verbiete jähe Änderungen und dürfe weder durch politisch noch durch künstlerisch motivierte Brüche gefährdet werden, so wurde argumentiert. Doch diejenigen politischen Kräfte, denen der Zusammenbruch der Monarchie zur Macht verholfen habe, beabsichtigten eben diesen gewaltsamen Eingriff in die bisherige organische Entwicklung des Theaters. Wann immer sich der bürgerlichen Presse eine Möglichkeit bot, diesen Eingriff in die Traditionen des ehemaligen Hoftheaters öffentlich zu kritisieren, nutzte sie sie, wobei die spöttische Gelassenheit, mit der man ansonsten die Leistungen der Sozialdemokratie kommentierte, nun oft unverhohlener Aggressivität wich.

1919 erschien im Verlag des HANNOVERSCHEN KURIERS die Schrift DIE REVOLUTION IN NIEDERSACHSEN. GESCHICHTLICHE DARSTELLUNGEN UND ERLEBNISSE. Ihr Autor Karl Anlauf war zu dieser Zeit noch Mitarbeiter des Feuilletons des nationalliberalen HANNOVERSCHEN KURIERS. Schon kurze Zeit darauf, 1922, wechselte der fünfundvierzigjährige Anlauf zu der neu entstandenen NIEDERDEUTSCHEN ZEITUNG, die sich als „nationales Kampfblatt" bezeichnete und der DNVP nahestand.[147] Bald schon war er Leiter des Feuilletons dieser Zeitung.[148] Hier – aber auch in zahlreichen Veröffentlichungen – fand der Journalist Gelegenheit, seine konservativen, nationalistischen und teilweise auch antisemitischen Überzeugungen zu veröffentlichen.[149] Auch auf anderen Gebieten war Anlauf tätig. 1924 von der DNVP als unbesoldeter Senator in den Magistrat gewählt,[150] wurde er Ende der zwanziger Jahre zu einem der mächtigsten Männer im Dachverband der hannoverschen Bürgervereine.[151] Zu Beginn der dreißiger Jahre saß er im Theater-Ausschuß, dem Verwaltungsgremium der Städtischen Bühnen.[152] Hier warb er vor allem für die Theatergemeinde Hannover, die „christlich-nationale" bürgerliche Theaterbesucher-Organisation des Bühnenvolksbundes.[153]

Gegner der Übernahme des Hoftheaters, Gegner der Weimarer Republik. Karl Anlauf

Die Schrift DIE REVOLUTION IN NIEDERSACHSEN verstand sich nicht als reine Wiedergabe der erst kurz zuvor beobachteten politischen Ereignisse. Sie war noch ganz unter dem Eindruck des Geschehen verfaßt; ihr Autor bemühte sich gar nicht erst um einen ausgewogenen Kommentar. Deshalb verdeutlicht die Schrift auch das tiefe Unbehagen eines konservativen, bürgerlichen Journalisten an den Umwälzungen, die die Weimarer Republik mit sich brachte. Bereits im ersten Abschnitt hieß es in einem Rückblick auf den Weltkrieg: „Wir standen vier Jahre hindurch unter dem Eindrucke, daß es nichts Größeres, nichts Gewaltigeres und die Tiefe der Volksseele Bewegenderes geben könnte als einen Krieg von solchen Dimensionen und Entscheidungen. Und doch erfuhren wir, wie ein Krieg so gut wie ganz zurücktritt gegenüber den Eindrücken, denen wir beim Ausgang des Krieges hilflos gegenüberstanden."[154] Das Kapitel schloß mit den Worten: „Die Novembertage des Jahres 1918 werden in der Geschichte des deutschen Volkes mehr Bedeutung haben als die ganzen vier Jahre Krieg und Kriegselend, Hunger und Tränen. Ein Volk, das Krieg führt, besteht wenigstens, aber ein Volk, das revolutioniert, läuft Gefahr, nicht mehr ein Volk zu sein."[155]

Das Auseinanderbrechen des Volkes zeigte sich für Anlauf deutlich auch am Beispiel von Kunst und Kultur. Hier hätten, so behauptete er, die politischen und gesellschaftlichen Umstände nur eines hervorgebracht: bedingungslose Vergnügungssucht. „In der Revolution war Kunst und Kultur gleich *Vergnügen*. Mehr noch als im Kriege ging die Sehnsucht nach Zerstreuung, oder nach Vergessen, oder nach wildem Freiheitstaumel, falschem Genuß ... es gab gar keine Maßstäbe für solche Dinge ... Das war die *Kultur: es wurde getanzt!* Ob Revolution oder Gegenrevolution, ob Streik oder Sabotage, es wurde getanzt. Keine politische Erniedrigung, kein wirtschaftlicher Ruin, keinerlei Spartakusgespenster konnten die Menschen hindern zu tanzen. Nur eine Sorge hatten sie, den Augenblick festzuhalten, den gierigen, lüsternen Augenblick mit seinem packenden Reiz, mit seinem sittenlosen Trieb. Sie lachten, die Tänzer, wenn andere von Zukunft redeten ... Die Tanzwut schlich dahin wie eine Seuche durch alle Gassen, in die besten Familien; sie verwirrte die Gedanken, verblaßte die Sitten und verelendete den Geist."[156] Auch „die große Kunst der Bühne, wie sie das Hoftheater bisher vertrat", habe eine „starke Krise durch(gemacht)".[157] Auch hier habe man schließlich „unter der herausgeputzten Menge nicht erkennen (können), wer zu den Staatsbummelanten zählte, zu den Tagedieben, Betrügern und Schiebern, deren Helfern und Helferinnen und sonstigem Gesindel, das so den ganzen Tag das dem Volk gestohlene Geld verbrachte und wieder denjenigen an den Hals warf, die die Kriegsgewinnler abgelöst hatten, den Revolutionsgewinnlern."[158]

Titelblatt der Schrift DIE REVOLUTION IN NIEDERSACHSEN von Karl Anlauf. 1919

Anlauf unterschied hier sehr deutlich zwischen einem als homogene Kraft gesehenen ‚Volk' und – seiner Überzeugung nach – sozial minderwertigen Kräften, den „Kriegsgewinnlern", die erst durch die Aufhebung der Klassengegensätze in der Revolution an Einfluß gewonnen hätten. Die Überzeugung, daß Schieber und Spekulanten – angelockt durch das Chaos der Zeit – auf Kosten der Ehrlichen und Redlichen lebten und sich in bisher traditionelle bürgerliche Lebenswelten hineinschoben, wurde in Hannover nicht nur von konservativen Zeitgenossen wie Karl Anlauf vertreten. Auch die Avantgardezeitschrift DIE PILLE registrierte das Entstehen einer neuen gesellschaftlichen Gruppe. Im September 1920 skizzierte ihr Theaterkritiker diese Gruppe in der Gestalt des Theaterpublikums: „Es heißt *Piefke*, hat einen gestärkten Kragen, eine saubere Weste, den festen Glauben an eine sittliche Weltordnung und eine in bar bezahlte Weltordnung. Piefke ist Herr im Hause. Er zeigt seine Weltgewandtheit durch vornehm markiertes Zuspätkommen. Er versteht es, durch das ‚geräuschlose' Verzehren mitgebrachter Speisevorräte davon zu überzeugen, daß er trotz Berufsarbeit und verlorener Abendmahlzeit am geistigen Leben teilnimmt ... Im Ernst: Piefke beherrscht die Bühne. Er hat die Zahl. Er hat das Geld. Er ist Diktator! Tyrann! Er droht zu verderben, was ihm nicht zu Willen ist."[159] Piefke bevorzuge im Theater die ausgelassene Unterhaltung, die ruhig auch etwas frivol sein dürfe, jedoch nicht so sehr, daß sich sein – freilich aufgesetztes – Gefühl für Anstand und Moral entrüsten müsse.[160]

Im ganzen unterschied sich die Schilderung des neuen Typus der Nachkriegszeit durch die PILLE gar nicht so sehr von jener Karl Anlaufs. Doch die Avantgardezeitschrift und der konservative Kritiker hatten eine ganz unterschiedliche Begründung für die Entstehung dieses Zwitterwesens aus Schieber, Schlemmer und

Neureichem. Anlauf war überzeugt davon, daß die jetzigen unglücklichen politisch-gesellschaftlichen Verhältnisse nach der Revolution nur die erste Station auf dem Weg zur vollständigen Verflachung im Theaterbereich darstellten. Der Kritiker der PILLE jedoch argumentierte im Februar 1921, verantwortlich dafür, daß ‚Piefke' sich nun breit machen könne, seien allein der Krieg und die, „die ihn anzettelten",[161] nicht aber die Revolution und damit auch nicht die neuen politischen Kräfte.[162] Vielmehr seien es die bürgerlichen Eliten, „die teils mit niedersächsischer Dickköpfigkeit belasteten, teils ohne diese in beschaulicher Ruhe vegetierenden Anwohner des sogenannten Hindenburgviertels", die sowohl den Krieg ermöglicht hätten als auch für die Fehlentwicklungen seit dem Kriegsende Verantwortung trügen. Statt ihre Schuld einzusehen, klagten sie, wenn im Bereich von Kunst und Kultur nun jene Kräfte zu Wort kämen, „‚die ihnen die Ideale ihrer Jugend geraubt haben'."[163]

Der Vorwurf bürgerlicher Theaterbesucher, moderne Theaterströmungen raubten ihnen ‚die Ideale ihrer Jugend', ist ebenso typisch wie die Kritik an den ‚Ewiggestrigen', die die PILLE übte. Ähnlich wie die Avantgardezeitschrift forderten auch Johann Frerking und Frank Thieß nicht den rigorosen Bruch mit den Traditionen, wohl aber die Abkehr von Klüngelwesen, Muff, geistiger Trägheit und von der Stagnation im Theaterbereich. Ihr Ziel war es, „in die Phalanx Bresche (zu legen), die das ehrbare Bürgertum von anno dazumal gegen alles, was jung und frisch in unserer Kunst ist, aufgerichtet hat".[164] Dazu bedurfte es nach ihrer Überzeugung der Unterstützung solcher Bevölkerungsgruppen, die bisher nicht im Theater zu finden waren. Ihnen sollte der Besuch des Theaters sowohl materiell als auch ideell zur Selbstverständlichkeit werden. Vor allem die modernen Stücke wurden in diesem Zusammenhang vielfach für geeignet gehalten, das Interesse bisher theaterfremder Kreise zu gewinnen. Das Theater dürfe sich aktuellen Fragestellungen nicht verschließen, so wurde vielfach gefordert. Es müsse statt der hehren dramatischen Historienstücke, die oft in höheren gesellschaftlichen Schichten spielten, die Identifikation mit der eigenen alltäglichen Lebenswelt ermöglichen.[165]

Unterschiedliche Konzepte für die Zukunft der Städtischen Bühnen

Keineswegs könne es, so Johann Frerking stellvertretend für viele andere Theaterreformer der zwanziger Jahre, darum gehen, „einer bestimmten Kunst-‚Richtung' einseitig zum Siege (zu) verhelfen".[166] 1924 formulierte Frerking, einst führendes Mitglied des Revolutionären Kunstkommittees der Novembertage und nun Dramaturg des Städtischen Theaters Hannover: „Das Erbe der Alten zu hüten, das Recht der Jungen zu achten, die einen zu bilden, die anderen zu unterhalten..., dem Ganzen möglichst weithin Ansehen zu geben und zu erhalten... – das sind nur einige der wichtigsten Forderungen. Ein Spielplan, der diesem allen Rechnung trägt, hat sein gegebenes festes Gerüst an den Klassikern im weitesten Sinne, von den Griechen bis zu Hebbel und Ibsen; er ergänzt sie durch einen wechselnden Reigen der besten Werke des letzten Menschenalters, er zeigt auch entschlossen das Gesicht des Tages, wie es sich in den Werken der begabten und berufenen Vertreter der jüngsten Generation darstellt, und füllt etwa entstehende Lücken mit sehr sorgsam ausgewähltem Unterhaltungsgut."[167]

Wie Frerking verfolgte auch die Zeitschrift DIE PILLE das Ziel, einen ihr veraltet erscheinenden hannoverschen Theaterbetrieb im Hinblick auf sein Programm zu reformieren, nicht aber zu revolutionieren. Wiederholt forderte sie ihre Leser zum Besuch der Städtischen Bühnen auf; sie sollten lernen, „das Gute ... beim Alten wie beim Neuen zu finden und als solches zu werten".[168] Deutlicher als Frerking hielt die PILLE die klassischen Dramen für besonders geeignet, dem Ziel wahrer „weltumspannender Kunst" für alle näherzukommen. In einem für diese Zeitschrift ungewöhnlich emphatischen Artikel antwortete ihr Hauptrezensent im Dezember 1920 auf die Frage, ob nationalbetontes Theater in dieser Zeit nötig sei: „Nein, nimmermehr brauchen wir Altersheime für vaterländischen Kitsch! Die Kunst kann kein bestimmtes, politisches Gepräge haben, sie ist nicht international im Sinne irgendeines Parteiprogrammes und ist nicht national im Sinne unserer im Bardenstil machenden Gymnasialoberlehrer. Endlich muß mit der Unsitte gebrochen werden, ein Theaterstück danach zu beurteilen, ob es links- oder rechtspolitische, ob es konfessionelle oder akonfessionelle Tendenz aufweist ... Theater um der Kunst willen haben wir nötig. Bühnenhäuser, auf deren Szene aufs neue die Ideale der Humanität, der Gerechtigkeit, der allgemeinen Menschlichkeit geweckt werden. Nicht mehr werden die kommenden Zeiten auf Bevölkerungsziffern und Heeresmacht schauen und danach die Stärke eines Volksstammes einschätzen, sondern sie werden das nur nach dem Grad seiner Geistigkeit tun ... Wohin einseitigster Vaterlandskult und der mit ihm eng verbündete Materialismus führen, hat das kaum verrauchte Blutopfer gelehrt. Ihnen dürfen keine Altäre mehr errichtet werden. Heilige Stätten aber für die Erneuerung und die innere Festigung der Deutschen sollen leuchtend erstehen. Bühnen zunächst! Und auf ihnen soll der ebenso große wie erhabene Versuch gemacht werden, die Unvollendeten zu Vollendeten, die Vollendeten zu Führern zu erziehen."[169]

Dieser Beitrag war verfaßt unter dem immer noch tief nachwirkenden Eindruck des Ersten Weltkrieges, der Pazifismus und Völkerfreundschaft in den Augen vieler Intellektueller zum Gebot der Stunde gemacht hatte. Das ersehnte Ziel lautete, die „Erneuerung und die innere Festigung der Deutschen" angesichts zerrissener Zeiten durch die Rückbesinnung auf die Postulate idealen Menschentums herbeizuführen. Das Theater zu einer Stätte der Erziehung zu „Humanität, ... Gerechtigkeit, (zur) allgemeinen Menschlichkeit"[170] zu gestalten, schloß für viele Freunde der Moderne nicht aus, den klassischen bürgerlichen Dramenkanon vergangener Jahrhunderte zu berücksichtigen. Manchmal – etwa bei den PILLE-Autoren – kollidierte die Forderung, jüngster zeitgenössischer Dramatik endlich zu ihrem Recht zu verhelfen, dabei mit dem Wunsch, die Klassiker heranzuziehen, um die neuen Besucher zu ‚bilden' und zu ‚erziehen'.

Weder DIE PILLE noch die anderen expressionistischen Avantgardezeitschriften dieser Jahre machten in ihren Rezensionen einen grundsätzlichen Unterschied zwischen den Aufgaben, die das ehemalige hannoversche Hoftheater hatte, und jenen, die die Privattheater nach ihrer Meinung hatten. Die sozialdemokratische Spitze der Stadtverwaltung differenzierte dagegen sehr deutlich zwischen beiden Theatertypen. Wilhelm Weber, vormals Stadtsyndikus, Leiter der Verhandlungen zur Berufung des neuen Oberbürgermeisters Robert Leinert, dann Stellvertretender Bürgermeister Hannovers und ein einflußreiches sozialdemokratisches Mitglied des Bürgervorsteherkollegiums,[171] hatte sich schon 1918 für die Übernahme des ehemaligen Hoftheaters eingesetzt.[172] Anläßlich der Sitzung fast zwei Jahre später, am 23. November 1920, deren Ergebnis tatsächlich zum Abschluß des Theatervertrages führte, ergriff Weber die Gelegenheit, in einer ohnehin stark durch parteipolitische Gebundenheit bestimmten Debatte die Gründe seiner Fraktion für die Übernahme des Theaters darzulegen. Er betonte, diese Bühne sei in ihrer bisherigen Form „eine Pflegestätte in erster Linie der klassischen Kunst gewesen, und ich möchte wünschen, daß es auch unter städtischer Verwaltung so bleiben wird. Mit Stolz blicken wir zurück auf unsere deutsche Geisteskultur, auf die Werke, die seit Walther von der Vogelweide und dem Nibelungenliede bis zur Zeit Lessings, Schillers und Goethes geschaffen sind ... Wer sich diese Werke deutschen Geistes nicht zu eigen macht, wer sie nicht in sich aufnimmt, der kann nicht teilnehmen an der Geisteskultur unseres Volkes, dem fehlt die Kultur, die wir jedem Deutschen wünschen möchten." Weber machte deutlich, er sei beileibe kein Gegner der Moderne, er wünsche sich aber, „daß das Theater sich auch in Zukunft in erster Linie der Pflege klassischer Stücke widmen möchte ... Wir müssen auch für die Zukunft besorgt sein und Mittel und Wege finden, durch die es den weitesten Kreisen unserer Bevölkerung möglich gemacht wird, sich im Theater gute Stücke anzusehen ... Darüber hinaus möchte ich wünschen, daß denen, die wirklich Interesse an der Kultur unseres Volkes haben, auch schwerer verständliche Stücke wie die IPHIGENIE gezeigt werden, um an der Hand des Dichters und im Sinne des Dichters ‚das Land der Griechen mit der Seele zu suchen'."[173]

Mit diesem deutlichen Bekenntnis zur Tradition bürgerlicher kultureller Werte in der Theaterkonzeption der Weimarer Republik entkräftete der Sozialdemokrat Wilhelm Weber die vielen Vorurteile, nach denen seine Partei kulturell-künstlerische Brücken hinter sich abbrechen und nur die Moderne berücksichtigen wolle. Es bestand ein tiefer Widerspruch zwischen dem Vorurteil einerseits, nach dem die neuen politischen Mächte die modernen künstlerischen Strömungen ihrer Zeit förderten, und der tatsächlich betonten Bereitschaft der Sozialdemokraten, an den Traditionen anzuknüpfen. Doch dieser Widerspruch wurde in den Städtischen Kollegien bezeichnenderweise nie thematisiert. Das Schreckgespenst der ‚ungebändigten Moderne', die – gefördert durch die Revolution – auf den deutschen Bühnen die Klassiker verstieß und Stücke förderte, die alle bisherigen moralischen, nationalen und kulturellen Normen über den Haufen warfen, war bei vielen bürgerlichen Kritikern zu groß, als daß sie die kulturpolitischen Ziele des Gegners vorbehaltlos zur Kenntnis nehmen konnte.

Der Ekel vor dem Gemeinen, Billigen, Anzüglichen und Triebhaften, der so deutlich aus der Revolutionsschilderung des Journalisten und Kommunalpolitikers Karl Anlauf sprach, erhielt dabei seine ganz besondere Intensität aus der Tatsache, daß es nicht um die Berichterstattung über künstlerische und kulturelle Wandlungsprozesse ging, sondern daß durch diese Veränderungen eigene Interessen und Belange gefährdet schienen. Immer schwang in diesen Diskussionen auch das Unbehagen davor mit, selbst ‚gemein' in der Bedeutung von ‚gleich' zu werden. Die Furcht war offenbar groß, die bisherigen Privilegien in einer gleichmacherischen Gesellschaft zu verlieren und im Theaterbereich nun mit den Interessen von Bevölkerungsschichten konfrontiert zu werden, denen man allenfalls niedere moralische Gründe für den Theaterbesuch zubilligen mochte.

Feuilletonisten und Schriftsteller wie Erich Rosendahl und Karl Anlauf, aber auch viele andere Mitarbeiter bürgerlich-konservativer Tageszeitungen erklärten in dieser Situation das ehemalige Hoftheater gleichsam zur Traditionsinsel, zum Garanten für Ruhe und Stetigkeit inmitten allgemeiner Unsicherheit und zunehmenden Werteverlustes. Für sie war das Theater, das mit dem Inkrafttreten des Theatervertrages zum 1. Januar 1921 offiziell Städtische Bühnen Hannover hieß, weiterhin das Königliche Hoftheater Hannover oder auch nur das Hoftheater. Die meisten von ihnen ließen keine Möglichkeit aus, mit großer Beharrlichkeit auf den vermeintlichen historischen Fehler hinzuweisen, der diese Umbenennung erforderlich gemacht hatte.

Doch nicht nur sie, sondern auch weite Teile der Stadtverwaltung reagierten mit Reserviertheit und Ablehnung auf jede Tendenz, die eine Änderung des Charakters dieser Traditionsinsel mit sich zu bringen schien. Als nach der Entlassung des Freiherrn von Puttkamer die Besetzung der Intendantenstelle der neuen Städtischen Bühnen anstand,[174] ging auch die Bewerbung eines Theaterfachmanns ein, der zu einem der bekanntesten, aber auch umstrittensten deutschen Regisseure der Zwischenkriegszeit wurde: Am 20. Juni 1924, noch während der Amtszeit Robert Leinerts, zu einem Zeitpunkt, als die Stelle des Intendanten gar nicht vakant war, ging bei der Stadtverwaltung eine Anfrage des Leiters der Berliner Volksbühne, Erwin Piscator, ein, ob eine Bewerbung als Intendant des hannoverschen Stadttheaters möglich sei.[175] Nachdem die Stadtverwaltung nicht geantwortet hatte, hakte Piscator nach,[176] um am 9. Juli 1924 die vage Auskunft zu erhalten, einer Bewerbung seinerseits stehe „nichts im Wege".[177] Damit hatte sich der Kontakt zwischen dem Vorreiter des deutschen Proletarischen Theaters und der Stadt Hannover erschöpft. Piscator fragte nicht noch einmal an.

Es ist denkbar, daß der Verantwortliche in der städtischen Theaterpolitik, Oberbürgermeister Robert Leinert, der zu diesem Zeitpunkt schon eher in der Defensive als freier, eigener Entscheidung mächtig war, die Folgen gescheut hat, einen in seinen kunstpolitischen wie parteipolitischen Zielsetzungen gefestigten Intendanten wie Piscator zu engagieren.

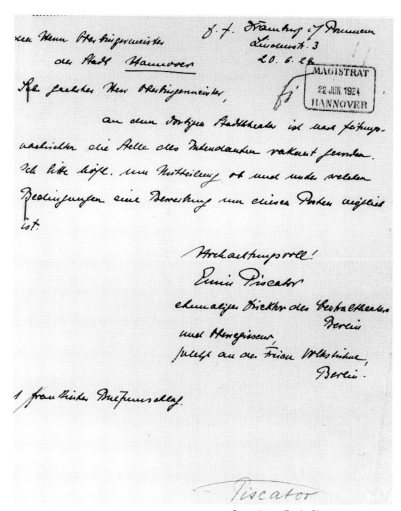

Bewerbung Erwin Piscators als Intendant der Städtischen Bühnen Hannover. 20. Juni 1924

Der städtische Theater-Ausschuß und die Schauspielleiter Willy Grunwald und Rolf Roenneke (1921–1926)

Die ‚Ära Willy Grunwald'
(1921–1924)

In Hannover – dem einzigen Ort, in dem ein ehemaliges Hoftheater nach der Revolution in städtisches Eigentum übergegangen war[178] – hatte man sich in der Intendantenfrage im Sommer 1921 „in letzter Stunde"[179] für einen Mann mit ganz anderen Qualitäten entschieden, als sie Erwin Piscator hatte. Den Verlauf der Diskussionen um die Nachfolge Puttkamers faßte dabei der Ausspruch des sozialdemokratischen Senators Georg Lindemann zusammen, der im Theater-Ausschuß anregte, einen Verantwortlichen zu finden, der „zwar keinen so großen Namen habe, aber doch sachkundig sei und nicht eine allzu moderne Richtung verfolge".[180] Hannover brauche einen Intendanten, der „zwar viel Verständnis für die moderne Richtung mitbringe, jedoch trotzdem den Geschmack des Publikums nicht außer acht lasse".[181] Experimente wolle man nicht machen, „eine gediegene Mittellinie werde vielmehr das Richtige sein".[182] Nach halbjähriger Vakanz, in der der alte Freiherr von Puttkamer das Städtische Schauspiel- und Opernhaus kommissarisch weiter geleitet hatte,[183] begann daraufhin Willy Grunwald zum 19. August 1921 seine Tätigkeit als Intendant.[184]

Grunwald, am 14. Februar 1870 in Lingen geboren, in Hannover zur Schule gegangen und hier auch Volontär und Schauspieler gewesen, kam vom Berliner Lessingtheater.[185] Vornehmlich als Akteur, u. a. in Zusammenarbeit mit Gerhart Hauptmann, war Grunwald allmählich mit der Bühnenarbeit vertraut geworden.[186] Die Tätigkeit als Regisseur lag ihm jedoch recht fern. Im Ersten Weltkrieg hatte er eines der vielen Fronttheater geleitet, die mit dem vorrangigen Ziel der Ablenkung und des Amusements eher propagandistisch als künstlerisch wertvolle Arbeit verrichtet hatten.[187]

Diesen in Fragen der Dramaturgie und der Leitung von Schauspielern relativ unerfahrenen Mann an die künstlerische Spitze eines Theaters zu stellen, das sich ohnehin schon in einer Phase des Umbruchs befand, sorgte schon kurz nach dem Bekanntwerden der Berufung Willy Grunwalds für Überraschung und Befremden. Vicki Baum beschrieb den fünfzigjährigen Intendanten herablassend als „ehemalige(n) Schauspieler, schon etwas passé, gejagt von den Dämonen der Bühnenluft – Eifersucht, Eitelkeit, Neid und Größenwahn".[188] Die schärfste Kritik ging von Franz Rolan aus, dem Begründer und wenig erfolgreichen ersten Leiter der Schauburg. Nach Rolans Überzeugung war Grunwald nicht etwa ein Vertreter der „gediegenen Mittellinie", sondern der Freund einer ‚übertriebenen Moderne'. Allerdings muß berücksichtigt werden, daß es diesem Kritiker darum ging, „einen Schädling zu beseitigen, der für das Kunstleben verhängnisvoll geworden ist",[189] weil er sich selbst von einer Entlassung Grunwalds Vorteile erhoffte: Rolan war Mitbewerber um den Posten als Schauspielleiter gewesen und nicht berücksichtigt worden. Die daraufhin verfaßte Schmähschrift INTENDANT WILLY GRUNWALD. CHARAKTERSTUDIE verweist deutlich auf das gedemütigte Selbstbewußtsein ihres Autors.

Willy Grunwald, Foto. Um 1920

Auf gut vierzig Seiten war Rolan keine Wendung zu massiv und kein Argument zu durchsichtig, um Grunwald als opportunistischen *„Charlatan ..., den von wahrer Kunst Welten trennen,"*[190] und als Mann ohne „Mut, Ehrlichkeit und Klugheit", dafür aber mit der „spekulativen Schlauheit des Marktschreiers"[191] darzustellen. Jenseits dieser böswilligen Mischung von Klatsch und eitler Selbstgefälligkeit des Autors[192] stand die Unterstellung, der „Nichtskönner" Grunwald wolle sich hinter den Schlagworten Expressionismus, Kubismus, Futurismus, Dadaismus verstecken[193] und das Städtische Schauspiel- und Opernhaus unsicheren modernen Zeiten zuführen. Ermöglicht hatten diese unglückselige Entwicklung nach Rolans Überzeugung neben dem Versailler Frieden, mit dem das deutsche Volk „beglückt"[194] worden sei, die neuen politischen Verhältnisse: „Die ‚glorreiche' Revolution, die trotz allem ... dennoch wie jede Revolution nicht nur böse, sondern auch *gute* Seiten hat (man muß sie leider mehr und mehr mit der Lupe suchen)",[195] habe der Stadt Hannover die Möglichkeit gegeben, einen Fachmann an die Spitze jener im Kaiserreich noch „leuchtende(n) Kulturstätte" und „geistige(n) Erziehungsanstalt"[196] zu stellen. Doch das revolutionäre Experiment sei gründlich gescheitert. Grunwald mißbrauche die ihm anvertraute Bühne als „Versuchskarnickel" und gefalle sich in „neumodischen Spielereien",[197] die er, Rolan, ablehne: „Gewiß, es wandeln sich die Zeiten und wir mit ihnen, gerade darum soll man kein *Modeaffe* sein ..., sondern ehe man Erprobtes aufgibt, soll man ernst erwägen, ob es auch zum *Heil* ist, und statt der ‚Versuche' soll man dem Publikum eher mit ‚Resultaten' aufwarten! Das Theater und ganz besonders das hannoversche Opern- und Schauspielhaus ist kein Krawattengeschäft, in dem man die Leute mit dem ‚dernier cri de la mode' anlockt. In unserem hannoverschen Theater brauchen wir einen *festfundierten Grundstamm* soundsovieler klassischer Dramen, der *dauernd* zur Verfügung stehen und ruhig vermehrt werden muß."[198]

Grunwald stand zu diesem Zeitpunkt im Zentrum des Interesses sowohl der städtischen Theaterpolitik als auch einer theaterinteressierten hannoverschen Öffentlichkeit. Auf seinen Schultern lastete die enorme Aufgabe, in einem technisch unzulänglichen Haus nach wie vor beides, Oper und Schauspiel, nicht nur gemeinsam stattfinden zu lassen, sondern, da er neben dem Verwaltungsleiter[199] der einzige künstlerische Direktor war, eine bestimmte Anzahl von Stücken auch selbst zu inszenieren. Allerdings standen ihm in beiden Bereichen ebenso engagierte wie begabte Kräfte zur Seite.

Freiherr von Puttkamer hatte im Herbst 1919 Rolf Roenneke als Regisseur nach Hannover geholt.[200] Roenneke, der gut fünf Jahre darauf, nach dem Ende der ‚Ära Grunwald', dessen Nachfolge antreten sollte, war sofort mit einem überaus großen Maß an Verantwortung betraut worden. Im Januar 1921 mutmaßte Verwaltungsdirektor Arthur Pfahl sogar, es sei derzeit schwer, einen neuen Intendanten einzustellen, schließlich dürfe man Roenneke „nicht vergrätzen".[201] 1922, ein Jahr nach Grunwalds Amtsbeginn und auf dessen Vorschlag hin,[202] kam Hanns Niedecken-Gebhardt, der zuvor Dramaturg in Frankfurt gewesen war, als Oberspielleiter der Oper[203] nach Hannover.[204] Niedecken-Gebhardt, der schon als Leiter der Göttinger Händel-Festspiele auf sich aufmerksam gemacht hatte, sorgte auch hier für Aufsehen. In seiner Zeit als Oberspielleiter schuf er Neuinterpretationen der Händelschen Opern und Oratorien, die Hannover unter deutschen Opernfreunden zum Begriff werden ließen.[205] Eine zweite Neuerung unter der Leitung Niedecken-Gebhardts bestand darin, daß er seinen persönlichen Kontakt zu Tänzern wie der in Hannover geborenen Mary Wigman, zu Max Terpis[206] und Harald Kreutzberg[207] zur Grundlage intensiver Zusammenarbeit machte und damit dem modernen Ausdruckstanz der zwanziger Jahre, dem ‚German Dance', auf der Bühne des Opernhauses zum Durchbruch verhalf.[208] Über Terpis, der im Januar 1923 von Niedecken-Gebhardt zum Ballettmeister und Solotänzer berufen und bereits ein Jahr später wieder von der Berliner Staatsoper abgeworben wurde,[209] stellte sich die Verbindung zu Yvonne Georgi, einer Meisterschülerin Mary Wigmans, her, die dann nach vielen Gastinszenierungen und Soloauftritten 1926 für fünf Jahre den Titel des Ballettmeisters des Städtischen Opernhauses führte.[210] Zu diesem Zeitpunkt hatte Niedecken-Gebhardt Hannover bereits wieder verlassen.[211]

Yvonne Georgi und Harald Kreutzberg, Foto. Um 1923

Der Intendant der „gediegene(n) Mittellinie" und sein Umgang mit der Moderne. Die Auseinandersetzung zwischen Willy Grunwald und Richard Lert

Eine Zwischenstation in seiner Karriere war Hannover auch für Richard Lert. Paul Gerhard von Puttkamer hatte ihn bereits vor dem Zusammenbruch der Monarchie, zur Spielzeit 1917/1918, als Hofkapellmeister an die hiesige Oper verpflichtet.[212] Lert entwickelte schon bald eine eigene musikalische Linie, die von weiten Teilen des Opernpublikums offenbar durchweg positiv aufgenommen wurde. Selbst Franz Rolan bescheinigte ihm im Bereich des Musiktheaters „sehr beachtenswerte Ansätze zu einer glücklichen Neugestaltung".[213] An seinem Urteil zeigt sich deutlich eine grundsätzliche Tendenz, der Oper Freiheiten in der programmatischen wie in der personellen Entwicklung zuzugestehen, welche für das Drama undenkbar gewesen wären.[214] Da die hannoversche Theatergemeinde grundsätzlich nicht anders als das Opernpublikum zusammengesetzt gewesen sein dürfte, ist offenbar von unterschiedlichen Dispositionen für einen Theater- bzw. einen Opernbesuch auszugehen. Es entsteht der Eindruck einer generell höheren Toleranzgrenze für das Neue in der Musik als für die Moderne im Sprechtheater.[215]

Richard Lert schuf sich von Anbeginn seiner Arbeit in Hannover konsequent den Ruf, ein dem zeitgenössischen Schaffen aufgeschlossener Musiker zu sein.[216] Nicht erst im Rückblick beweist allein die eindrucksvolle Zahl an Neueinstudierungen und Erst- und Uraufführungen sein großes Verdienst an jener „notwendige(n) Auffrischung des seit langer Zeit sterilen Opernspielplans",[217] wie sie etwa der Zeitgenosse Heinz Rahlfs beschrieb. Der Musikwissenschaftler Heinrich Sievers bewertete Lerts Beitrag zur hannoverschen Opernkultur folgendermaßen: „Lert erkannte aus Können und Wissen die politischen Veränderungen und damit die Forderungen, die dem Musiktheater zeitentsprechend gestellt wurden. Er setzte sich für musikalisch höchstmögliche Qualität ein, gab Sängern und Musikern präzise Anweisungen und führte sie ... zu beachtlichen Leistungen, sowohl im herkömmlichen Repertoire als auch nachdrücklich in der Auseinandersetzung mit den unbestrittenen Schwierigkeiten der neuen, zeitgenössischen Musik."[218]

Lerts Schaffen blieb jedoch nicht immer unwidersprochen. Stärkster Protest wurde vor allem in der zweiten Hälfte seiner knapp sechsjährigen Zeit an der hannoverschen Oper, im Frühjahr 1921, geäußert, und zwar, als er das Stück DIE PRINZESSIN GIRNARA uraufführte. Komponist war der Österreicher Egon Wellesz, das Libretto stammte von Jakob Wassermann. Die Uraufführung der Oper rief in Hannover sehr unterschiedliche Reaktionen hervor. Es überwogen die Stimmen, die PRINZESSIN GIRNARA als „Monstrum von Scheußlichkeit und Langeweile"[219] ablehnten. Eine Besucherin des Opernhauses rief gar während einer Aufführung „Raus mit Lert!"[220] Nach nur vier Aufführungen wurde das Stück vom Spielplan abgesetzt. Kurz zuvor hatte ein anonymes antisemitisches Blatt mit der Schlagzeile „Juda im Oberhaus" Lert und Wassermann, die beide Juden waren, infam beleidigt.[221] Heinz Rahlfs berichtete, die Hetze habe aus „den intellektuellen Kreisen, denen man eine solche Rolle zugetraut hätte",[222] und auch seitens des städtischen Theater-Ausschusses zunächst keine Zurechtweisung erfahren. Er wertete dies als Hinweis auf einen schleichenden Antisemitismus, der, weil mit dem Alltäglichen verknüpft, überaus gefährlich gewesen sei.

Richard Lert, Foto. Um 1920

Die Diffamierung Lerts wegen seiner Religionszugehörigkeit war allerdings keineswegs mit einer grundsätzlichen Ablehnung seiner Arbeit an der hannoverschen Oper verbunden. Das beweist die Tatsache, daß dem Kapellmeister anläßlich eines spektakulären Zwischenfalls die grundsätzliche Fürsprache einflußreicher hannoverscher Bürgerlicher sicher war. Zwischen Lert und seinem Vorgesetzten Willy Grunwald war es wiederholt zum Streit gekommen. Schließlich waren dem impulsiven Opernexperten offenbar die Argumente ausgegangen, und er hatte Grunwald geohrfeigt.[223] Dieser Affront stürzte ihn und seine Familie in der ‚guten Gesellschaft' zunächst „in Acht und Bann".[224] Es waren jedoch Freunde aus eben diesen Kreisen, die schließlich eine gütliche Lösung der „Kapellmeisterkrisis" fanden.[225] Die Tatsache, daß Lert Jude war, spielte in diesem Skandal eher eine untergeordnete Rolle. Allerdings unterstützte Robert Leinert Lert mit der Begründung, daß sich der Theater-Ausschuß im Fall der Entlassung des Verdachts des Antisemitismus aussetzen würde.[226]

Fast scheint es sogar, als hätten in der ganzen Angelegenheit ein großer Teil der hannoverschen Öffentlichkeit und übrigens auch der Theater-Ausschuß eher hinter Richard Lert als hinter Willy Grunwald gestanden. Justizrat Georg Lenzberg,[227] der dem Theater-Ausschuß angehörte, unterstellte Grunwald in einem Schreiben an Oberbürgermeister und Theaterdezernent Robert Leinert „antisemitische Einflüsse" und vermutete, „daß die ganze Sache nicht gegen die Persönlichkeit Lerts geht, sondern meines Erachtens gegen die republikanische Stadtverwaltung". Lenzberg fuhr fort, es seien „immer dieselben Nummern, die, wenn sie dieser Republik etwas am Zeuge flicken wollen, ihr irgendwo eine antisemitische Laus in den Pelz setzen."[228]

Grunwald und Roenneke reagierten auf die Übernahme des ehemaligen Hoftheaters in städtischen Besitz auf eine Weise, die pragmatische mit inhaltlichen Zielsetzungen verband. Bis zum Frühjahr 1923 standen dem Schauspiel im Haus an der Georgstraße wöchentlich nur drei Abende für Aufführungen zur Verfügung, an vier Abenden fanden Operninszenierungen statt. In Anbetracht dieser schon allein vom wirtschaftlichen Standpunkt untragbaren Umstände verfolgte Grunwald schon früh den von Johann Frerking,[229] aber auch von bürgerlichen Journalisten[230] entwickelten Plan der Anschaffung eines Hauses, das allein vom Schauspiel genutzt werden sollte. Ein neues Haus schien zu diesem Zeitpunkt zusätzliche Einkünfte zu garantieren. Weil sich nach der Übernahme schnell große Verluste für die Stadtkasse abzeichneten, war dieses Argument besonders schlagkräftig.[231] Zum dritten schien eine zweite Bühne der Stadt zu ermöglichen, im Schauspielbereich ihre Absicht unter Beweis zu stellen, neue Bevölkerungskreise an das Theater heranzuführen.[232]

Dazu kam, daß die Privattheater, die lange Zeit in der Konkurrenz um die Zuschauergunst erfolgreicher gewesen waren, nun keinen rechten Risikofaktor mehr darstellten. Das Residenztheater war 1921 nach dem handfesten Skandal um die Aufführung von Arthur Schnitzlers REIGEN längere Zeit dahingesiecht und wurde dann sogar als Autogarage genutzt.[233] Das Deutsche Theater, einst beachtete Aufführungsstätte expressionistischer Dramatik, hatte sich zunehmend auf Reißer, Schwänke und die „Gebrauchsstücke der Zeit"[234] verlegt. In der Spekulation mit dem Spektakulären geriet es in gefährliche Nähe zum Programm solcher Unterhaltungsstätten wie der Roten Mühle und verlor wohl auch deswegen einen Teil seines Publikums. Attraktiver in der Ausstattung als diese beiden kleineren privaten Bühnen war die Schauburg. Ihre

Eine neue Bühne für das Schauspiel. Der Ankauf der Schauburg (1923)

> Ich glaube nicht fehlzugehen, wenn ich hier antisemitische Einflüsse vermute. Die Künstler sind ein eigenes Volk und lassen sich oft von ersten Wallungen lenken, kippen dann aber auch ebenso schnell wieder um. Dafür, dass solche Strömungen in unserem Orchester existieren, kann ich darauf verweisen, dass, als vor Jahr und Tag sich der Sohn meines alten Freundes, des Geh. Justizrats Dr. Berend, der Kapellmeister F. Berend, als Korrepetitor hier melden wollt und ich deswegen zarte Fühler ausstreckte, ich schliesslich der Frau Geheimrat Berend erklären musste, ihr Sohn möge sich nicht melden; sein Tüchtigkeit sei ja ausser Zweifel, aber sein Judentum stehe ihm im Wege.
> Ich glaube daher, dass die ganze Sache nicht gegen die Persönlichkeit Lerts geht, sondern meines Erachtens gegen die republikanische Stadtverwaltung. Es sind immer dieselben Nummern, die, wenn sie dieser Republik etwas am Zeuge flicken wollen, ihr irgendwo eine antisemitische Laus in den Pelz setzen.

Auszug aus einem Schreiben des Justizrats Georg Lenzberg zur ‚Kapellmeisterkrisis'. 19. November 1921

künstlerischen Leistungen jedoch unterschieden sich qualitativ von jenen der anderen Privattheater nicht wesentlich. Im Frühjahr 1923 entschloß sich der Besitzer der Schauburg deshalb zur Aufgabe seines Theaterbetriebs, und die Stadt nutzte die Chance.

Ein erster Schritt hin zu einer eigenen Schauspielbühne der Stadt Hannover war, daß am 18. März 1923 ein Pachtvertrag über fünf Jahre abgeschlossen wurde.[235] Bereits am 7. März 1925 kaufte die Stadt die Schauburg, die alsbald in Städtisches Schauspielhaus umbenannt wurde.[236] Fortan stand das Haus in der Hildesheimer Straße ausschließlich dem Schauspiel zur Verfügung. Zusätzlich wurde wöchentlich einmal für ‚großes Theater', also vornehmlich für aufwendig gestaltete Klassikerinszenierungen, auf die größere Bühne des Städtischen Opernhauses zurückgegriffen.[237] Mit dieser Neuerung hatte sich das Schauspielhaus dank des energischen Einsatzes Willy Grunwalds große Entwicklungsmöglichkeiten geschaffen. Konnten in der letzten Spielzeit vor der entscheidenden Änderung 1922/23 im gemeinsamen Haus in der Georgstraße nur 181 Schauspielaufführungen stattfinden, so waren es nur ein Jahr später in der Schauburg 363.[238] Wichtiger als das rein quantitative Moment waren die inhaltlichen, programmatischen Auswirkungen der Verlagerung des Schauspiels in ein neues Haus mit ausgereifter Technik, einer für das Schauspiel geeigneteren Bühne und einem weithin als modern angesehenen Zuschauerraum.[239]. Die Räumlichkeiten der Schauburg boten sich einem an der Inszenierung zeitgenössischer Dramatik interessierten Intendanten oder Regisseur geradezu an, und sie sperrten sich umgekehrt gegen den ausladenden, aufwendig ausgestatteten Hoftheaterstil vergangener Zeiten. Technisch-organisatorische verbanden sich mit programmatischen Gesichtspunkten in einem Spielplan, der – weitab von einseitiger Bevorzugung zeitgenössischer Dramatik – doch erstmals zu einer quantitativ ausgewogenen Mischung aus Neuem und Altem führte.[240]

Städtische Bühnen. Schauburg an der Hildesheimer Straße, Foto. Um 1925

Aufführungen des Schauspiels 1921 bis 1936 nach Spielzeiten[241]

Spielzeit	Zahl der aufgeführten Werke			Zahl der Aufführungen		
	insgesamt*	davon Werke, die bis zum Ersten Weltkrieg entstanden		insgesamt*	davon Werke, die bis zum Ersten Weltkrieg entstanden	
		Zahl	v. H.		Zahl	v. H.
1. Periode						
1920/21 (ab 1.1.1921)	27	12	44,4	93	47	50,5
1921/22	25	12	48,0	156	79	50,6
1922/23	35	18	51,4	181	91	50,3
2. Periode						
1923/24	45	21	46,7	363	147	40,5
1924/25	43	21	48,8	439	200	45,6
1925/26	50	17	34,0	416	136	32,7
1926/27	59	26	44,1	344	95	27,6
1927/28	37	11	29,7	340	93	27,4
1928/29	57	23	40,4	395	134	33,9
1929/30	61	21	34,4	396	109	27,5
1930/31	42	18	42,9	402	98	24,4
1931/32	54	18	33,3	353	96	27,2
3. Periode						
1932/33	41	15	36,6	321	73	22,7
1933/34	37	7	18,9	314	52	16,6
1934/35	33	7	21,2	323	66	20,4
1935/36	31	6	19,4	323	59	18,3

* Ohne Gastspiele und ohne sonstige Veranstaltungen wie etwa ‚Bunte Abende' u. dgl.

Die Tatsache, daß sich mit der Erwerbung der Schauburg das Repertoire im Schauspielbereich allmählich veränderte, reduzierte sich in der Betrachtung vieler Kritiker auf den polemischen und formelhaften Vorwurf, zugunsten des modernen „Brüllaffentums auf der Bühne"[242] die Pflege traditionellen Kulturguts zu vernachlässigen. Angesichts der abnehmenden Zahl von Klassikeraufführungen sinke auch das „Kulturbarometer" des deutschen Volkes,[243] so wurde häufig argumentiert. Vertreter einer solchen Auffassung machten nicht nur den größeren Teil des Theaterpublikums aus, sondern Gegner der Theaterkonzeption Willy Grunwalds waren auch unter seinen Kollegen in Hannover und im Theater-Ausschuß zu finden. Für das Klima der städtischen Theaterpolitik wirkte sich neben dem Vorwurf, Grunwald inszeniere zu viele moderne Stücke,[244] die Tatsache ungünstig aus, daß der Theaterleiter ungemein provokant und selbstbewußt auftrat und damit seinen Gegnern noch zusätzliche Angriffsfläche bot[245].

Die erste Spielzeit im neuen Städtischen Theater in der Hildesheimer Straße war noch nicht beendet, als Willy Grunwald sein Entlassungsgesuch an die Stadt richtete. In einer Auflistung vom Juni 1924, die unter anderem mehrere Uraufführungen nannte, die unter seiner Leitung stattgefunden hatten, wies er auf seine Verdienste hin, dem hannoverschen Theater zu neuer Offenheit und Lebendigkeit verholfen zu haben. Bitter fügte er hinzu: „In der Theaterkommission hat man nicht nur das teils laienhaft und banausisch, teils wohl auch absichtlich verkannt, sondern auch mich gegen ... meiner sonstigen Kunstfreunde Willen in einer Weise behandelt, die ich nicht als anständig bezeichnen kann. Sie werden also meinen Entschluß begreifen, meinen noch bis zum Herbst 1925 laufenden Vertrag zu lösen."[246] Grunwalds Entlassungsbitte wurde sofort entsprochen,[247] sie war offenbar nie Gegenstand einer längerfristigen Diskussion innerhalb der Städtischen Kollegien,[248] und auch an die Öffentlichkeit drang keine Information über den möglichen

Grund der Vertragsauflösung, die immerhin doch so schnell gekommen war, daß der Posten zunächst einmal vakant blieb.

Kurz darauf fiel die Entscheidung, künftig ganz auf die Position des Intendanten zu verzichten und stattdessen die künsterische Leitung zwischen dem Operndirektor und dem Schauspieldirektor aufzuteilen.[249] Damit war der Stadtverwaltung ein wichtiger Schritt hin zu einer Beschränkung der Einflußmöglichkeiten des leitenden künstlerischen Personals gelungen. Die Kontrolle über alle theaterpolitischen Fragen lag nunmehr in ihrer Hand.

Der Theater-Ausschuß als Kontrollinstanz der städtischen Theaterpolitik

Lange vor Abschluß des Theatervertrages im Winter 1920/21 war die Frage, welche Kompetenzen der künftige Intendant haben solle, bereits Gegenstand der Diskussion theaterinteressierter Kreise gewesen. Nachdem die Stadtverwaltung auch nach der Ratifizierung des Vertrages noch keine Antwort gefunden hatte, gab das HANNOVERSCHE TAGEBLATT die Frage, wie das Theater in Zukunft geleitet werden solle, an die Hannoveranerinnen und Hannoveraner weiter.[250]

Wenn man bedenkt, wie differenziert ansonsten die Haltungen in der kommunalen Theaterpolitik waren, so erbrachte diese Umfrage ein überraschend eindeutiges Ergebnis. In den publizierten Antworten „angesehener Persönlichkeiten der Stadt" war man sich in der Forderung einig, dem neuen Fachmann an der Spitze „weitgehend freie Hand"[251] über alle künstlerischen Belange zu lassen – so der sozialdemokratische' Senator August Lohrberg. Auch Heinrich Tramm beeilte sich zu betonen, die Stadt müsse sich bemühen, „daß sie einen tüchtigen Theaterfachmann mit der Aufgabe betraut unter tunlichster Selbständigkeit seiner Amtsführung. Denn nichts würde üblere Wirkungen zeitigen, als wenn eine Kommission, die nun zweifellos eingesetzt werden dürfte, sich zu tief in den Betrieb einmischen würde, welcher keinen blutigen Dilettantismus, sondern nur klare künstlerische und verwaltungstechnische Leitung verträgt."[252]

Die Geschäftsanweisung der städtischen Bühnen las sich für den neuen Intendanten Willy Grunwald wenige Monate später zunächst wie ein unverfänglicher Kompromiß. Sie sprach dem künstlerischen Leiter die Aufsicht über das gesamte technische und künstlerische Personal zu, das immerhin schon bald die Zahl von 500 überschritt.[253] Ihm oblag jede „Entscheidung in allen künstlerischen und geschäftlichen Angelegenheiten" (§1).[254] Gleichzeitig war er verpflichtet, „das Theater so zu führen, wie es seiner Überlieferung und seinem Range unter den deutschen Bühnen entspricht" (§2). Dieser Passus, der sich in nahezu wortgleicher Form auch im Theatervertrag wiederfand, machte die Geschäftsanweisung zur Farce. Wie ein Theater zu führen sei, so daß es „seiner Überlieferung und seinem Range unter den deutschen Bühnen" gerecht werde, lag nämlich nicht im Entscheidungsbereich des Intendanten, sondern in dem jener Kommission, welcher Heinrich Tramm zumindest verbal Zurückhaltung auferlegen wollte: dem Theater-Ausschuß. Wörtlich hieß es: „Der Intendant untersteht dem Theater-Dezernenten und dem Theater-Ausschuß, an dessen Sitzungen er ohne Stimmrecht teilnimmt." (§3)[255]

Befugnisse und Arbeitsbereiche des Theater-Ausschusses wurden mit dem zum 1. Januar 1921 in Kraft getretenen Theatervertrag festgelegt. Dieser Vertrag schuf die Grundlage für viele Diskussionen über die Effektivität eines machtvollen Verwaltungsausschusses, der sich aus städtischen Beamten zusammensetzte, die in der Theaterarbeit allenfalls ambitionierte Laien waren. Vier Magistratsmitglieder und sechs Bürgervorsteher bildeten den Theater-Ausschuß, der durch den Oberbürgermeister als gleichzeitigen Theaterdezernenten geleitet wurde.[256] Der Ausschuß legitimierte sich aus einer Regelung der für Hannover immer noch gültigen Revidierten Städteordnung aus dem Jahr 1858, nach der Magistrat und Bürgervorsteherkollegium befugt waren, „für einzelne Geschäftszweige … besondere (ihnen) untergeordnete Ausschüsse zu bilden und denselben durch Statuten eine Verfassung zu erteilen".[257] Die Entscheidung, formale wie inhaltliche Aspekte der Theaterarbeit in der Weimarer Republik von einem Kollegium bestimmen zu lassen, das zwar in den verwaltungstechnischen Abläufen versiert sein mochte, seine Arbeit gleichwohl grundsätzlich unvertraut mit künstlerischen Fragen begann, sorgte von Beginn an in den theaterkundigen Kreisen Hannovers – aber auch über Hannover hinaus – für Befremden.[258] Die LEIPZIGER NEUESTEN NACHRICHTEN bezweifelten beispielsweise noch im Oktober 1926, ob ein „zum größten Teil aus Laien zusammengesetztes Fraktionen-Konglomerat" [259] überhaupt in der Lage sei, sich über künstlerische Angelegenheiten einen Eindruck zu verschaffen.

Noch kritischer – wohl auch, weil er besser mit den besonderen hannoverschen Verhältnissen vertraut war – schätzte Franz Rolan die Qualitäten des Theater-Ausschusses ein: „Leider aber pflegen die Intendantenposten nicht von *Künstlern* vergeben zu werden, ... sondern von – Stadtverwaltungen, deren Mitglieder künstlerische Bestrebungen kaum beurteilen können. Die seltenen Ausnahmefälle, daß Stadtverordnete nebenamtlich sich mit etwas Kunst befassen, sind der Sache eher schädlich als förderlich, da solche Leute meist päpstlicher als der Papst sind und auf Grund ihrer künstlerischen Halbbildung, die ja auch halb Unbildung ist, von richterlichem Stuhle über Künstler urteilen wie über arme Sünder ... Unter solchen Auspizien ... vollzieht sich eine Intendantenwahl, und die Wahrscheinlichkeit, so gewissermaßen zwangsläufig den fähigsten Mann zu finden, ist sehr gering. Im Gegenteil scheint mir der schmiegsame Schleicher, der weder rechts noch links anstößt, die besten Chancen zu haben."[260]

Der Aspekt, der die Allgewalt des Theater-Ausschusses und damit die Gefahr ansprach, daß es – wie Heinz Rahlfs formulierte – „unter diesen Umständen außerordentlich schwer sein dürfte, als künstlerischen Leiter eine wirklich hervorragende Kraft zu gewinnen, deren Drang nach Selbständigkeit und Autokratie sich um so mehr äußern wird, je größer ihre künstlerischen Qualitäten sind",[261] tauchte in den Diskussionen um die Zukunft des Städtischen Opern- und Schauspielhauses immer wieder auf. Obwohl sich besonders im Zusammenhang mit einigen Publikumsskandalen in der Folge von Aufführungen moderner Stücke regelmäßig jene Kritiker lautstark zu Wort meldeten, denen der Theater-Ausschuß als „reinigender Besen" nicht machtvoll genug sein konnte, überwogen doch die besonneneren Stimmen jener Kritiker, die eine Knebe-

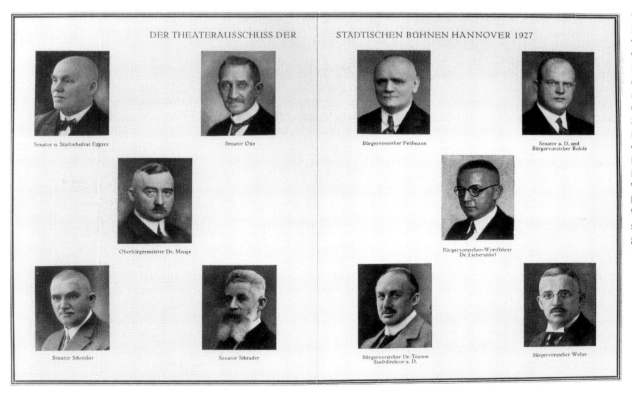

Theater-Ausschuß der Städtischen Bühnen Hannover, 1927.
V. r. n. l.: Senator Stadtschulrat Wilhelm Eggers (DHP), Senator Ernst Schnitker (Bürgerliche Mitte), Oberbürgermeister Arthur Menge (Ordnungsblock), Senator Ludwig Otte (DHP), Senator Christian Schrader (SPD), Bürgermeister Friedrich Feldmann (SPD), Bürgervorsteher Stadtdirektor a. D. Heinrich Tramm (Ordnungsblock), Bürgervorsteher-Wortführer Woldemar Liebernickel (Ordnungsblock, DNVP, Kampffront Schwarz-Weiß-Rot), Senator a. D. Bürgervorsteher Johannes Rohde (DDP), Bürgervorsteher Wilhelm Weber (SPD)

lung der künstlerischen Belange durch die Entscheidungen von – zudem – parteipolitisch gebundenen Laien befürchteten.[262]

Wenn Diskussionen aus dem Theater-Ausschuß an die Öffentlichkeit drangen, so widersprachen sie nicht unbedingt dieser Einschätzung. So kritisierte Heinrich Tramm im Oktober 1924 die Verwendung der Farben Schwarz, Rot und Gold auf dem Umschlag des derzeitigen Theaterprogramms und ließ sich auch von dem Einwand Arthur Pfahls, diese seien „reiner Zufall", nicht davon abhalten, kundzutun, nach seiner Ansicht „seien für einen derartigen Zweck nicht gerade die Farben der deutschen Republik zu verwenden, für die nicht gerade sämtliche Mitglieder des Theater-Ausschusses einträten".[263] Die Diskussion blieb nicht ohne Folgen: Knapp zwei Jahre später, im September 1926, wies der sozialdemokratische Bürgervorsteher Feldmann darauf hin, daß der Umschlag des Programmheftes nunmehr in den Farben Schwarz-Weiß-Rot gehalten sei. Feldmann fügte hinzu, „früher sei die schwarz-rot-goldene Farbenzusammenstellung schon mal von anderer Seite bemängelt worden",[264] was wohl auch zu der Änderung geführt habe.

Das Auftreten des hannoverschen Theater-Ausschusses läßt auf ein beträchtliches Selbstbewußtsein und auf die Überzeugung aller Ausschußmitglieder schließen, sämtliche theaterpolitischen Fragen generell durchaus mit Unterstützung der Fachleute, im Grunde jedoch ebensogut auch ohne diese lösen zu können. Der Theater-Ausschuß war zwar in erster Linie dafür zuständig, den ordnungsgemäßen Verwaltungsablauf in den Städtischen Bühnen zu gewährleisten. Schienen ihm jedoch die Entscheidungen der künstlerischen Leiter – aus welchen Gründen auch immer – anzweifelnswert, griff er ein. 1926 urteilte die NIEDERDEUTSCHE ZEITUNG, daß „unser hannoverscher Theater-Ausschuß im Gegensatz zu in vielen anderen Großstädten beobachteten Maßnahmen dortiger Ausschüsse grundsätzlich niemals den künstlerischen Leitern der Oper und des Schauspiels *im voraus* in den Betrieb geredet hat. Man hat sich planmäßig ... jeder die Bühnenleitung bindenden Beschlußfassung hinsichtlich der Spielplangestaltung, der Rollenbesetzung, der Inszenierung usw ... enthalten und lediglich nachträglich dann eine Kritik an der Bühnenleitung geübt, wenn eine solche mit Rücksicht auf die dem Theater-Ausschuß anvertraute Sorge um den finanziellen Ertrag der Bühne und um die Erfüllung der der Stadt mit Übernahme erwachsenden ideellen Pflichten geboten erschien."[265]

Auf den ersten Blick war diese Aussage zutreffend. Doch gab sie letztlich nur die halbe Wahrheit wieder. In der Tat hat der Theater-Ausschuß unter der Leitung des Theaterdezernenten – zunächst Robert Leinerts, dann ab Mitte 1925 Arthur Menges – nie direkt, das heißt durch Verbote und Entlassungen, in den künstlerischen Ablauf des Theaterplans eingegriffen. Seine Politik war viel subtiler.[266] Durch geschickt gestreute Gerüchte etwa, durch die ständige Maßregelung und eine im ganzen sehr geringschätzige und spöttische Grundhaltung Willy Grunwald und seinen Mitarbeitern gegenüber machte der Ausschuß sehr schnell deutlich, daß seine Entscheidungen und nicht etwa die der Künstler Gewicht hatten. Diese Aussage gilt generell für die städtische Theaterpolitik während des gesamten Jahrzehnts, vor allem aber trifft sie für die zweite Hälfte der zwanziger Jahre zu, als Arthur Menge – unterstützt von Heinrich Tramm – von seinen umfangreichen Rechten als Theaterdezernent Gebrauch machte. Sicher auch wegen ihres persönlichen Interesses am Theater machten Menge und Tramm den Theater-Ausschuß gemeinsam zur höchsten Kontrollinstanz in allen Angelegenheiten der städtischen Theaterpolitik, den verwaltungstechnischen wie den künstlerischen.

Der Theater-Ausschuß und die Zensur

Für wie weitgefaßt Menge seine Kompetenzen erachtete, geht aus dem ständig schwelenden Konflikt des Oberbürgermeisters mit der hannoverschen Presse hervor. Er war der Meinung, daß „die Kritiker nicht zu ernst genommen" werden dürften, und begann bereits kurz nach seinem Amtsantritt damit, „unmittelbar auf die Zeitungsverleger einzuwirken".[267] Der Versuch, in die Pressefreiheit einzugreifen, rechtfertigte sich für ihn angesichts der zunehmenden Zahl von negativen Rezensionen vor allem im HANNOVERSCHEN ANZEIGER, in der NIEDERDEUTSCHEN ZEITUNG und im HANNOVERSCHEN KURIER. Diese Kritiken seien „nicht dazu angetan ..., den Fremdenverkehr zu heben",[268] ja, sie schädigten das Theater geradezu.[269] Hinzu kam, daß Menge Briefe von Schauspielern und Sängern erhielt, die ihrer Entrüstung über ungerechte Kritik Luft machten.[270] Der Oberbürgermeister urteilte daraufhin, daß „die Kritiken nicht immer berechtigt gewesen seien",²⁷¹ und wies die jeweiligen Zeitungsverleger darauf hin, daß sie in Zukunft bei zu negativen Rezensionen mit Bestrafung zu rechnen hätten.

Offenbar wurde er in seinem Vorgehen von weiten Teilen des Theater-Ausschusses unterstützt. Der Sozialdemokrat Wilhelm Weber etwa schlug vor, rechtzeitig vor Spielzeitbeginn die Vertreter der Presse zu sich zu laden, um möglichen Mißverständnissen durch eine konsequente Darstellung der eigenen Positionen vorzubeugen und um die Zeitungen somit „festzunageln".²⁷² Verwaltungsdirektor Arthur Pfahl, nichtstimmberechtigtes Mitglied des Theater-Ausschusses, aber befugt, Vorschläge einzubringen, forderte sogar, dem HANNOVERSCHEN KURIER wegen seiner ungünstigen Berichterstattung in Zukunft sowohl die Inserate als auch die Freikarten zu entziehen. Die Zeitung werde „dann schon zu Kreuze kriechen".²⁷³ Arthur Menge selbst ging noch ein Stück weiter, als er im September 1926 vorschlug, Protestbriefe der Künstler „in Abschrift an die Handelskammer, die ein Interesse an der städtischen Wirtschaft habe, mit der Bitte zu senden, auf den Verleger des HANNOVERSCHEN KURIERS, Dr. Jänecke, dahingehend einzuwirken, daß Kritiken, die geradezu finanziellen Schaden für das Theater bedeuteten, unterblieben".²⁷⁴

Arthur Pfahl, Foto. Um 1927

Doch es ist letztlich kein Versuch bekannt geworden, den HANNOVERSCHEN KURIER gleichsam journalistisch handzahm zu machen. Sicher spielte auch eine Rolle, daß die Ortsgruppe Hannover des Vereins Niedersächsische Presse, informiert durch eine undichte Stelle im ansonsten zum Schweigen verpflichteten Theater-Ausschuß, scharfe Kritik an dem „ungeheuerlichen" Versuch äußerte, „die Freiheit der Kritik durch wirtschaftliche Machtmittel zu fesseln". Sie forderte eine „baldige Bereinigung dieser Angelegenheit …, um nicht in die Notwendigkeit versetzt zu werden, ihre Zuflucht in die Öffentlichkeit nehmen zu müssen".²⁷⁵ Trotz des Scheiterns dieser Zensurpläne bewiesen einerseits das hohe Maß an Geringschätzung, das Arthur Menge und mit ihm weite Teile des Theater-Ausschusses der Presse entgegenbrachten, und andererseits die Betonung des geschäftlichen Schadens, den schlechte Kritiken dem Theater angeblich zufügten, daß das Denken dieser Städtischen Kommission grundsätzlich stärker vom Materiellen, vom greifbaren Erfolgsstreben, als vom Künstlerischen bestimmt war.²⁷⁶

„Im Theater herrscht keine Korruption". Der Skandal um Kostümdirektor Hermann Ebert

Nicht nur nach außen hin war der Theater-Ausschuß bestrebt, die ihm anvertraute Entwicklung in den hannoverschen Städtischen Bühnen zu überschauen und vor allen Dingen zu kontrollieren. Er konnte seine Machtposition nur halten, wenn gewährleistet blieb, daß alle Mitglieder seinen Kurs für richtig hielten und unterstützten. Wie labil die nach außen präsentierte Einigkeit jedoch letztlich war, machte ein Vorfall am Ende der zwanziger Jahre deutlich. Gut fünf Jahre zuvor, im Winter 1924, war der neue Inspizient Hermann Ebert für das Kostümwesen eingestellt worden.²⁷⁷ Bereits kurz nachdem Ebert sein Amt angetreten hatte, hatte er ein erstes Mal auf sich aufmerksam gemacht, als er für sich die Führung des Titels ‚Künstlerischer Beirat' oder ‚Chef des Kostümwesens' beanspruchte. Dieses war ihm vorerst mit dem Hinweis verwehrt worden, er sei und bleibe Garderobe-Inspektor.²⁷⁸ Bald jedoch gingen die Protokolle der Theater-Ausschußsitzungen stillschweigend dazu über, Ebert als „Kostümdirektor" zu titulieren.²⁷⁹ Im Juni 1926 kam es zu einer weiteren Aufwertung seiner Position, als auf seine Veranlassung hin auf städtische Kosten ein Fernsprecher in seiner Privatwohnung installiert wurde, was selbst dem wesentlich einflußreicheren künstlerischen Personal im Haus bisher vorenthalten war.²⁸⁰ Wieder zwei Jahre darauf war Eberts Verhalten Gegenstand der Diskussion im Theater-Ausschuß. Ein Großteil der Sitzung am 3. Mai 1928 beschäftigte sich mit seinen Dienstverstößen. Heinrich Tramm schlug hier selbst für ihn ungewohnt scharfe Töne an, allerdings nicht etwa gegen Ebert. Vielmehr warf er den Kritikern aus den Reihen der SPD²⁸¹ vor, sie verbreiteten „töricht(en) und elende(n) Klatsch". Doch obwohl sie weit mehr als nur vage Gerüchte über Eberts Machenschaften mitgeteilt hatten (allerdings ohne aus Rücksicht auf ihre Informanten Namen zu nennen), schnitt Tramm, welcher als einfaches Ausschußmitglied eigentlich gar nicht zu einem solchen Vorgehen berechtigt war, jede weitere Diskussion mit der brüsken Bemerkung ab: „Was die Frage der Verfolgung der Angelegenheit durch die Verwaltung anlange, so vertrete er die Ansicht, daß, wo niemand für die Ausführungen einstehen wolle, hier genauso zu verfahren sei wie mit anonymen Schreiben verfahren werde: man werfe sie nämlich in den Papierkorb."²⁸²

Hermann Ebert, Foto. Um 1925

Was Tramm mit dieser Zurechtweisung sich selbst und einigen Kollegen des Theater-Ausschusses ersparte, war die unangenehme Untersuchung einer Reihe von Vorfällen um Kostümdirektor Ebert, in die sie alle verwickelt waren. Ein undatiertes Blatt, das den Protokollen des Theater-Ausschusses – und zwar in der Sammlung, die die hannoversche SPD anlegte, nicht in jener der Städtischen Kollegien – beiliegt und das keinen Autor nennt, lenkt den Blick auf ein besonders spektakuläres Beispiel städtischen Klüngelwesens in den zwanziger Jahren. Unter dem Titel MASKERADEN-KOSTÜM berichtete der Anonymus – unter Angabe konkreter Hinweise wie Datum, Ort und Namen – darüber, wie angesehene bürgerliche Mitglieder des Ausschusses, darunter Arthur Menge, Woldemar Liebernickel, Heinrich Tramm nebst Familie und Karl Elkart, sich von Ebert aus dem Materialvorrat der Städtischen Bühnen und durch deren Bedienstete Faschingskostüme und andere Bekleidungsgegenstände schneidern ließen. Andere Mitarbeiter des Schauspielhauses hatten nach diesem Papier während ihrer Arbeitszeit auf Anweisung Eberts Wäschestücke von Magistratsmitgliedern ausgebessert, Gardinen für diese genäht, Kohlen getragen, Schuhe repariert, Möbelstücke gefertigt, Gartenarbeiten erledigt sowie bei gesellschaftlichen Anlässen als Bedienung fungiert.[283] Einen ähnlichen Sachverhalt schilderte eine zweite anonyme Auflistung, die allerdings keine Namen nannte, dafür aber umso stärker Eberts Eigenmächtigkeiten betonte, indem sie etwa von Handgreiflichkeiten gegenüber Schauspielern berichtete, die sich geweigert hätten, diese Tätigkeiten zu verrichten. Dieses Papier berichtete auch von Verstößen anderer Art: „Arbeiter, die sich ertappen ließen, während ihrer Ruhepause den VOLKSWILLEN zu lesen, werden erst wegen politischer Betätigung strafversetzt und später bei Durchführung der Sparmaßnahmen mit entlassen. Betriebsratsmitglieder, deren Zusammenarbeit nicht ... erwünscht ist, werden auf dem Wege der Umorganisation versetzt, so daß (die) Zusammenarbeit erschwert wird."[284]

Beide Aspekte, die unentgeltliche Indienstnahme von Leistungen der Mitarbeiter der Städtischen Bühnen einerseits und die – ebenfalls ungesetzliche – Maßregelung von politisch organisierten Mitarbeitern des Theaters andererseits, bestimmten den Verlauf der Sitzung des Theater-Ausschusses am 3. Mai 1928. Hier waren die SPD-Abgeordneten, die antraten, das bürgerliche Klüngelwesen aufzudecken, ohne jedoch jene Arbeiter zu gefährden, die unter Eberts Dienstverstößen zu leiden hatten. Dort war die Phalanx der Bürgerlichen, bemüht, die Oberhand zu behalten und die Vorwürfe der Sozialdemokraten zu entkräften. Symptomatisch war in diesem Zusammenhang Tramms hastige Abkürzung des peinlichen Verfahrens durch den Hinweis, wenn die Kollegen von der Linken keine Namen nennen wollten, betrachte er dies eben als „Rückzug mit Geräusch".[285]

Daß die Vorwürfe gegen Kostümdirektor Ebert nicht aus der Luft gegriffen und alles andere als „törichter und elender Klatsch" waren, hat Tramm offenbar sehr wohl gewußt.[286] Wenn auch wegen der gezielten Verdunkelungspolitik nie aufgeklärt werden konnte, welche Ausschußmitglieder in welcher Form tatsächlich in die Machenschaften verwickelt waren, so wurde doch zumindest der politische Aspekt des Skandals im Frühjahr 1931 Gegenstand einer Einspruchsklage vor dem Amtsgericht Hannover. Im Jahr zuvor hatten einige Schneider öffentlich ihren Protest gegen das Vorgehen in den Werkstätten der Städtischen Bühnen formuliert. Vor allem zwei Mitarbeiter hatten konkrete Angaben über Eberts unentgeltliche Auftragsarbeiten für Bekannte gemacht, was den Kostümdirektor mit ihrer Entlassung drohen ließ. Die Arbeiter hatten sogleich sowohl den Betriebsrat als auch den Gesamtverband der Arbeitnehmer der öffentlichen Betriebe und des Personen- und Warenverkehrs, Ortsverwaltung Hannover, eingeschaltet. Dennoch folgte die Entlassung der beiden, und zwar mit einer fadenscheinigen Begründung. Die daraufhin angestrengte Einspruchsklage vor dem Amtsgericht brachte ans Licht, daß die Entlassung erfolgt war, weil Ebert sich rächen wollte. Wichtiger war, daß die Nachforschungen ergaben, daß die Untersuchung der Vorwürfe gegen den Kostümdirektor durch den Theater-Ausschuß zu keinem Zeitpunkt so geführt worden war, „wie sie im Interesse des Magistrats, als Arbeitgeber, notwendig gewesen wäre".[287] Allerdings blieb der ganze Vorfall folgenlos. Als der Gesamtverband der Arbeitnehmer im April 1931 um eine abschließende Stellungnahme bat, wies Oberbürgermeister Menge den Adressaten schroff zurück, es gebe in dieser Angelegenheit nichts mitzuteilen. Man selbst habe sich bereits ausführlich mit der Thematik befaßt, und was im übrigen die Entlassung der beiden Arbeiter betreffe, so möge sich der Gesamtverband doch jeglicher Mutmaßung enthalten, er könne schließlich „nicht über die Wirtschaftlichkeit solcher Maßnahmen befinden".[288] Auch sozialdemokratischen Ausschußmitgliedern, die ankündigten, sich mit der oberflächlichen Prüfung nicht zufrieden zu geben, erklärte Menge, er verstehe sie nicht, schließlich sei erwiesen, „daß dem Theater kein Schaden erwachsen sei".[289]

Die Affäre um den Kostümdirektor Hermann Ebert zeigte deutlich den Anspruch weiter Teile des Theater-Ausschusses, alleinverantwortlich und nicht rechenschaftspflichtig die städtische Theaterpolitik zu bestimmen. Auf jede Gefährdung dieser Machtposition, vor allem wenn sie nicht von außen, sondern gleichsam von innen, aufgrund von Differenzen unter den Ausschußmitgliedern, entstand, folgten energische Versuche, die Störungen auszuschalten. Dies geschah etwa dadurch, daß man versuchte, oppositionelle Meinungen im Theater-Ausschuß zu unterdrücken. Heinrich Tramm reagierte auf die Nachfragen eines SPD-Mitgliedes mit der abfälligen Bemerkung, der Mann „passe im übrigen ... gar nicht in den Ausschuß".[290] Diese Bemerkung verweist auf den vor allem von Tramm und Arthur Menge praktizierten Versuch, den Theater-Ausschuß zum Austragungsort parteipolitischer Auseinandersetzungen zu machen.[291]

In diesem Zusammenhang stellt sich die Frage, inwieweit parteipolitisches Kalkül und die Berücksichtigung bestehender politischer Machtverhältnisse eine konstruktive Arbeit im Theater-Ausschuß überhaupt jemals möglich machten. Mehr noch: In Anbetracht jener vielen Sitzungen, in denen die Vertreter der verschiedenen Fraktionen in einer Weise über Spielplan- und Besetzungsfragen diskutierten, die ihre parteipolitische Bindung zum eigentlichen Maßstab ihrer Aussagen werden ließ, läßt sich nicht übersehen, daß die eigentlichen künstlerischen Fragen oft ins Hintertreffen gerieten. Besonders kontrovers, höhnisch und angriffslustig wurde der Ton in den Sitzungen des Theater-Ausschusses vor allem dann, wenn die Vertreter der bürgerlichen Parteien argwöhnten, daß der Einfluß der linken Fraktion zu stark werde. Mit einer Mischung aus massiver Bevormundung, bewußter Zurückhaltung von Informationen und gönnerhafter Herablassung wurde – wo immer möglich – eine Ausgrenzung des linken Flügels angestrebt. Mochten die SPD-Vertreter auch wiederholt betonen, sie hätten seinerzeit den Ankauf nur vorangetrieben, um „den vornehmen Charakter des Theaters""[292] zu erhalten, so blieb ihnen doch seitens Heinrich Tramms – des eigentlichen Hauptverantwortlichen für die Übernahme – der Vorwurf nicht erspart, damit das wirtschaftliche wie das künstlerische Wohlergehen Hannovers aufs Spiel gesetzt zu haben. Tramm war im Verlauf dieser Ankaufsverhandlungen selbst keineswegs bereit gewesen, sich dem Geheimhaltungsgebot der sozialdemokratischen Verhandlungsführer zu unterwerfen, und scheute sich doch keineswegs, SPD-Mitglieder, welche im Zusammenhang mit dem Ebert-Skandal Informationen an die Öffentlichkeit weitergegeben hatten, zu warnen: „Er gebe anheim, der sozialdemokratischen Fraktion nahe zu legen, Herren, die kein Gefühl dafür hätten, welche Sachen unter allen Umständen vertraulich zu behandeln seien, in Zukunft nicht mehr in solche vertraulichen Beratungen hineinzuschicken."[293]

Unter dem nie explizit begründeten Vorwurf der bürgerlichen Fraktion des Theater-Ausschusses, die ‚linke Richtung' in Hannovers Kunst- und Kulturszene stärken zu wollen, hatte auch der Nachfolger Willy Grunwalds, Rolf Roenneke, zu leiden. Roenneke wurde am 31. Juli 1887 als Sohn eines Kaiserlichen Botschaftspredigers in Gmunden geboren. Er studierte Literatur- und Kunstgeschichte sowie Archäologie.[294] Während des Studiums und auch danach war er schriftstellerisch tätig.[295] Erst nach der Promotion, mit 25 Jahren, hatte er sich, zunächst als Rezitator und Schauspieler, später als Hilfsdramaturg und Regieassistent, der aktiven Theaterarbeit zugewandt. Im Februar 1917 war er einem Ruf an das Hoftheater Kassel gefolgt, wo er als Dramaturg und Schauspielleiter arbeitete.[296]

Gut zweieinhalb Jahre später wechselte er, von Freiherr Paul Gerhard von Puttkamer dazu aufgefordert, als Oberspielleiter des Schauspiels nach Hannover.[297] Mehr noch als sein späterer Vorgesetzter, Intendant Grunwald, der erst gut zwei Jahre darauf sein Amt antrat, wurde Roenneke in Hannover von der erwartungsfreudigen Aufbruchsstimmung jener Theaterenthusiasten empfangen, die sich durch ihn eine Abkehr vom starren Hoftheaterstil erhofften. Auf der anderen Seite erwarteten jedoch auch die Gegner moderner

*Die ‚Ära Rolf Roenneke'
(1919–1926).
Schauspiel in den
Städtischen Bühnen*

Tendenzen im Theaterbereich von Roenneke eine Änderung des durch die Arbeit des Revolutionären Kunstkommittees begonnenen Kurses. Die Hoffnungen waren also auf allen Seiten hochgesteckt, und Roennekes Dienstantritt traf anfangs auch bei Beobachtern, die ansonsten alle Veränderung im Theaterbereich so strikt ablehnten wie Ernst Rosendahl, auf durchaus wohlwollende Neugier.[298] Diese Neugier machte bei denen, die sich von dem gerade dreißigjährigen Regisseur eine Korrektur der in der Vergangenheit gemachten Fehler erhofften, bald einer vorbehaltlosen Zustimmung Platz. Johann Frerking, der bald der engste Mitarbeiter des neuen Spielleiters wurde, sah in Roenneke geradezu den Retter des Hoftheaters, und er wurde nicht müde, seine Begeisterung über den Mut, die Energie und die Tatkraft des Theaterexperten in enthusiastischen Rezensionen zum Ausdruck zu bringen.[299] Schon im Februar 1920 lobte er im HOHEN UFER, „ohne ein einziges Stück vom Erbe seines Vorgängers zu übernehmen", habe Roenneke „auf neuem Grundriß aufgebaut".[300] Vom „überalterten, arg verschlissenen Spielplan"[301] sei nichts übrig geblieben, stattdessen sei überall ein tätiger Wille zum Besseren, zum Lebendigeren zu spüren. Weil „das Geschick des neuen Mannes ... außer Frage (stehe)", sei „der Aufstand der Abonnenten"[302] bisher auch ausgeblieben.

Der indes sollte bald folgen. Drei Monate darauf, am 7. Mai 1920, brachte Rolf Roenneke die NACHTWANDLER in der Uraufführung und in Anwesenheit des Autors Klabund.[303] Die wenigen Aufführungen, die das Stück über die Phase zwischen Kindheit und Erwachsenendasein in Hannover überhaupt erlebte, waren begleitet von lautstarken Protesten und Störaktionen, die nicht recht zu dem passen wollten, was Frank Thieß fast zur gleichen Zeit über die Gesetztheit und Würde des hannoverschen Theaterpublikums berichtete. Die Inszenierung der NACHTWANDLER entwickelte sich zum ersten handfesten Skandal in der ‚Ära Roenneke'.[304] Ihm folgte sogleich ein zweiter. Dieser entstand in erster Linie aus Ärger über eine politische Eulenspiegelei Rolf Roennekes. Die Entrüstung über das Stück Klabunds war noch nicht ganz abgeklungen, da inszenierte er am 28. Mai 1920 Carl Sternheims DER KANDIDAT.[305] Zu diesem Zeitpunkt, in der Endphase des durch den Kapp-Putsch zusätzlich verschärften ersten Reichstags-Wahlkampfes der Weimarer Republik, noch dazu umgeben von zwei auch auf politischem Hintergrund geführten Großstreiks in Hannover, mußte die bittere Satire um menschliche Eitelkeiten und Bestechlichkeiten ungemein provokant wirken.[306]

Rolf Roenneke, Foto. Um 1925

Die Reaktion Martin Frehsees, des Redakteurs beim HANNOVERSCHEN KURIERS, der sich zum Anführer der immer mächtiger werdenden Kritiker Rolf Roennekes entwickelte, zeigte deutlich, daß es diesem gelungen war, die Atmosphäre von Sternheims Stück auf die reale politische Situation des Jahres 1920 zu übertragen. Frehsee war es offensichtlich ein Ärgernis, die politische Wahlkampfarbeit im Theater ironisch überspitzt präsentiert zu sehen, und er schimpfte maßlos sowohl über den Stoff als auch über den Stil, um am Ende den eigentlichen Auslöser seines feuilletonistischen Wortschwalls mit der Bemerkung preiszugeben, das Stück sei „gemein und schamlos".[307] Tatsächlich war nicht das Stück, sondern das in ihm Dargestellte „gemein und schamlos", und das stachelte Frehsees Kritikerwut offenbar vor allem deshalb an, weil es letztlich ein ganz und gar nicht aus dichterischer Phantasie entstandenes Menschenbild zeigte.

Die Rezensionen der NACHTWANDLERN und des KANDIDATEN waren nur der Auftakt einer von Frehsee und vielen seiner Kollegen zunehmend aggressiver geführten Kampagne gegen den jungen Regisseur. Roenneke wiederum behielt seinen einmal gefaßten Mut zur „großen Wende"[308] bei und begann – hierin offenbar weitgehend unterstützt vom Ensemble –, das „alte, abgelebte und herrenlos gewordene Hoftheater auf den rechten Weg zur modernen Schaubühne"[309] zu bringen. Gefördert durch den Intendanten Willy Grunwald, vollzog der Schauspielleiter in kurzer Zeit die Abkehr von einem Spielplan, der sich bislang in erster Linie darauf beschränkt hatte, einen Grundstamm von Bühnenstücken aus unterschiedlichen Bereichen in wechselnder Reihenfolge zu wiederholen.[310] Die Stagnation des Hoftheaterstils versuchte Roenneke nun durch die Dynamik zeitgenössischer Dramatik zu beenden.[311] Nie zuvor und nur selten danach erlebte das Theater in der Georgstraße, so Claus Harms, eine solche Fülle an „künstlerischen Überraschungen und nachhaltigen Inszenierungen".[312] Noch in den fünfziger Jahren, als mit Kurt Ehrhardt der Initiator einer neuen, anderen Theaterblüte in Hannover arbeitete, würdigte dieser die ‚Ära Roenneke' als „Atemholen" und „Öffnen zur literarischen Gegenwart hin".[313] In einer großen Zahl von Uraufführungen und Neueinstudierungen – darunter Tollers MASSE MENSCH, Brechts TROMMELN IN DER NACHT, Shaws HEILIGER JOHANNA und Werfels JUAREZ UND MAXIMILIAN - orientierte er sich an der Regiearbeit Max Reinhardts[314] und erkannte, so Claus Harms, die Chance des Theaters als „Spiegel seiner Zeit und Forum einer geistigen und weltanschaulichen Auseinandersetzung".[315]

Die Zeit war vorbei, als es noch den Privatbühnen vorbehalten war, die neuen, modernen Stücke zu inszenieren. Ihr Niedergang begann – auf einen einfachen Nenner gebracht – mit dem Aufstieg Rolf Roennekes. Nicht nur in der Stadt selbst wurde sein energischer Versuch gewürdigt, Hannovers Anschluß an moderne Theaterentwicklungen im Reich zu vollziehen. Herbert Ihering urteilte im Januar 1925 im BERLINER BÖRSENKURIER: „Man soll die Arbeit der Provinzbühnen nicht verachten ... Man soll die Theater im Reich stützen und fördern. Auch Dr. Roenneke in Hannover."[316] Iherings hannoverscher Kollege Johann Frerking hatte sich fünf Jahre zuvor bereits deutlicher geäußert. Jede Inszenierung, so lobte er, beweise „aufs neue den kräftigen Aufschwung der Bühne, die seit einem Jahre ehrlich und erfolgreich bestrebt ist, sich zu den wichtigen deutschen Schauspielhäusern zu gesellen".[317]

Seit Willy Grunwalds Weggang lag die Verantwortung für das nunmehr durch die Pacht der Schauburg entscheidend erweiterte Städtische Theater in den kommenden drei Spielzeiten 1924/25, 1925/26 und 1926/27 in den Händen Rolf Roennekes. Hatte sich bereits Grunwald gegen den Vorwurf zu behaupten, die Moderne zu stark zu berücksichtigen, so verschärfte sich diese Diskussion während Roennekes Dienstzeit noch. Die Zahl der inszenierten Werke, die vor 1914 entstanden waren, sank nämlich von teilweise über 50% (während der Amtszeit Willy Grunwalds) auf unter 35% (in Roennekes letzter Spielzeit). Noch deutlicher läßt sich die Tendenz anhand der Aufführungszahlen nachzeichnen. 1923/24 waren 147 von 363

Regie-Team der Städtischen Bühnen, Foto. Um 1927. V. l. n. r.: Rolf Roenneke (Schauspielleiter), Carl Bauer (Dramaturg), Johannes Schüler (Kapellmeister), Arthur Pfahl (Verwaltungsdirektor), Bruno v. Niessen (Regisseur), Rudolf Krasselt (Operndirektor u. Generalmusikdirektor), Arno Grau (Kapellmeister), Hans Winckelmann (Oberregisseur), Hermann Ebert (Leiter des Kostümwesens), Friedrich Kranich (Technischer Direktor)

Aufführungen noch Werke gewesen, die vor dem Ersten Weltkrieg entstanden waren. Drei Jahre später waren es noch 95 von 344. Doch nicht nur diese Ziffern geben Aufschluß über Rolf Roennekes Haltung zur Moderne.

Im Frühjahr 1920 inszenierte er den FAUST. Ernst Wendt sah in der Tatsache, daß eine der ersten Arbeiten des jungen Regisseurs gleich diesem Werk galt, den Beweis, „daß nicht nur literarische Neigung an junger Dichtung ihn auszeichnete, sondern auch der entschiedene Wille, aufzuräumen mit der überlieferten Art, Klassiker zu ‚inszenieren‘, die bis dahin in nicht viel mehr bestanden hatte als darin, die prunkvollsten Stücke aus dem Fundus zu suchen, den äußeren Rahmen zu arrangieren und dann die Schauspieler deklamieren zu lassen"[318]. Johann Frerking berichtete spöttisch, während der Aufführungen habe regelmäßig vor allem die Entdeckung im Mittelpunkt gestanden, daß Faust keinen Bart trage und jugendlich wirke, was für viele Zuschauer mit dem wohlvertrauten Bild vom würdigen Gelehrten schwer zu vereinbaren gewesen sei.[319]

Roenneke lehnte die Inszenierung von Klassikern also keinesfalls generell ab, aber er wollte sie in sein Gesamtkonzept einfügen[320] und ihnen so zu neuer Lebendigkeit verhelfen. Das spiegelte sich auch in der Aufführung von Schillers WILHELM TELL im November 1920. Johann Frerking urteilte im HOHEN UFER: „Dr. Roenneke hat diesen, unseren TELL, das Drama des Volkes, mit großer Entschlossenheit aus dem Arien- und Sentenzen-Überschwang herausgeschält und ins Licht gestellt, – ohne der TELL-Handlung etwas von dem abzudringen, das ihr einmal im Gefüge des Ganzen zugeteilt ist."[321]

Roennekes neuer Umgang mit traditionellen, klassischen Werken wurde von vielen mißverstanden. Franz Rolan etwa warf dem Kollegen vor, durch seine geradezu blindwütige Modernisierung von Klassikern „*jegliches Gefühl* und *jede Achtung* vor einem Kunstwerk"[322] vermissen zu lassen. Ähnlich urteilte auch Erich Rosendahl, der noch wenige Monate zuvor, als Roenneke gerade erst nach Hannover gekommen war, so freundliche Worte für den neuen Oberspielleiter gefunden hatte. Im Juni 1920 schrieb Rosendahl in der DEUTSCHEN VOLKSZEITUNG über die Aufführung der NACHTWANDLER, es sei grundsätzlich durchaus zu begrüßen, daß der „tatkräftige neue junge Steuermann"[323] sich dem Theater seiner Generation zuwende. Weiter hieß es jedoch: „Aber so jäh, wie er in der letzten Spielzeit war, hätte denn doch der Ruck nach links nicht sein dürfen." [324]

Einmal mehr unterstellte hier also ein Gegner des zeitgenössischen Theaters der künstlerischen Moderne eine politische Zielsetzung. Das mag wie bei so vielen anderen bürgerlichen Republikgegnern aus der Neigung heraus geschehen sein, die Werke Klabunds, Sternheims oder Kaisers als Ergebnis der durch das Weimarer System legitimierten künstlerischen Vielfalt und Freiheit, also gleichsam als als ‚linke Kunst‘, und jene, die diese Stücke aufführten, als ‚linke Regisseure‘ abzulehnen. Es wäre jedoch auch denkbar, daß Rosendahl mit seiner Kritik auf eine tatsächliche politische Betätigung Rolf Roennekes anspielte.

Der hannoversche Theater-Ausschuß teilte mit Erich Rosendahl und Franz Rolan offenbar das Unbehagen an der Experimentierfreude und dem Durchsetzungsvermögen des Regisseurs. Besonders nachdem Roenneke nach dem Weggang Grunwalds der alleinige Ansprechpartner im Schauspielbereich geworden war, häuften sich die Versuche, ihn in seiner Spielplangestaltung zu beeinflussen. Die NIEDERDEUTSCHE ZEITUNG etwa berichtete im Oktober 1926 davon, daß der Theater-Ausschuß Roennekes Klassiker-Inszenierungen der letzten Zeit abgelehnt habe. In diesem Artikel wurde auch darauf hingewiesen, daß der neue Zweite Regisseur Adolf Rampelmann auf Wunsch des Ausschusses eingestellt worden sei, „da Dr. Roennekes Neigung nicht bei den Klassikern zu liegen schien".[325] Wenngleich Rampelmann sich nicht nur der Einstudierung von Klassikern widmete, sondern beispielsweise 1925 Pirandellos SECHS PERSONEN SUCHEN EINEN AUTOR inszenierte,[326] scheinen häufige Konflikte zwischen ihm und Roenneke darauf hinzudeuten, daß er gewissermaßen als ‚Aufpasser‘ Roennekes eingestellt worden war.[327]

Der Theater-Ausschuß nahm auch insofern wenig Rücksicht auf Roennekes vertraglich gesicherte Freiheit, als er im Sommer 1925 den Vertrag seines Freundes und Vertrauten Johann Frerking, der seit dem Frühjahr

1923 als Dramaturg drei Stücke pro Spielzeit inszeniert hatte, nicht mehr verlängerte.[328] Frerkings Arbeit war bei einigen Theater-Ausschußmitgliedern „nicht gern gesehen",[329] allerdings wurde seinem Vorgesetzten nicht mitgeteilt, was dem Dramaturgen konkret zur Last gelegt wurde. Roenneke trug seine Verärgerung darüber daraufhin an die Öffentlichkeit, was ihm wiederum die Aufforderung des Theater-Ausschusses einbrachte, „in seinen Äußerungen vorsichtiger zu sein".[330] Doch der Schauspielleiter war nicht der Mann, der sich davon einschüchtern ließ. Vielmehr reagierte er umso energischer, je massiver die Vorwürfe gegen ihn wurden.[331] Schon 1922, als ihm übertriebene Gagenforderungen zur Last gelegt wurden, erhöhte er diese schnell noch einmal von 60.000 M auf 70.000 M pro Jahr.[332] Er legte größten Wert auf die Abgrenzung seiner Kompetenzen gegenüber denen der Opernkollegen und auf die Führung des Titels eines Schauspieldirektors.[333] Wann immer Roenneke das Schauspiel zugunsten der Oper stiefmütterlich behandelt sah, bemühte er sich um die Beseitigung dieses Umstandes. Im Januar 1927 schrieb er an Oberbürgermeister Menge, seine Durchsicht der jüngst erschienenen Ausgabe der HANNOVERSCHEN WOCHE, des vom städtischen Verkehrsverein herausgegebenen Blattes, habe ergeben, daß dieses dem Deutschen Theater 51, dem Mellini-Theater 25, seinem eigenen Haus jedoch nur 24 Zeilen widme, was ihm unverhältnismäßig erscheine. Gemäß seiner Bitte um Stellungnahme reichte Menge das Schreiben an den Leiter des Verkehrsvereins weiter, der insofern unmißverständlich Stellung nahm, als er schrieb, er halte die Kritik Roennekes für aus der Luft gegriffen und „völlig überflüssig".[334]

Die ‚Ära Rudolf Krasselt' (1924–1943). Oper in den Städtischen Bühnen

Diese Bemerkung weist einmal mehr darauf hin, daß zwischen dem Schaupiel und der Oper in Hannover hinsichtlich der Kompetenzen ein großer Unterschied gemacht wurde. Was Roenneke als Maßlosigkeit, Egoismus und Eitelkeit ausgelegt wurde, wurde bei seinem Kollegen, dem Operndirektor Rudolf Krasselt, als Eigenheit einer ausgeprägten Persönlichkeit akzeptiert.[335] Rudolf Krasselt, am 1. Januar 1879 in Baden-Baden geboren, hatte nach dem Musikstudium zunächst sehr erfolgreich die Laufbahn eines Cellisten eingeschlagen. Als solcher hatte er u.a. den Wiener Philharmonikern unter Gustav Mahler angehört und Gastkonzerte in Boston, Berlin und auch anläßlich der Bayreuther Festspiele gegeben. Kurz nach der Jahrhundertwende war er in das Dirigentenfach gewechselt, zunächst als Kapellmeister und Musikhochschuldozent in Danzig.[336] Dann trat Krasselt nach einer kurzen Zwischenstation in Kiel eine mehr als zehnjährige Kapellmeisterposition in Berlin-Charlottenburg an.[337] Dort erreichte ihn im Herbst 1923, nach dem Weggang Richard Lerts, der Ruf an die hannoversche Oper.[338]

Krasselt befand sich gerade zu diesem Zeitpunkt in einer glänzenden taktischen Position. Sein bisheriger Arbeitgeber hätte seinen Vertrag bereitwillig verlängert, und es lag darüber hinaus ein Angebot vor, die Berliner Staatsoper als Erster Dirigent und Künstlerischer Direktor zu leiten.[339] Insofern verwundert es nicht, daß er anläßlich seiner Verhandlungsgespräche mit dem hannoverschen Theater-Ausschuß eine große Gelassenheit an den Tag legte. Am 23. Oktober 1923 erschien er zum ersten Mal vor dem Gremium und machte umgehend deutlich, daß er nicht beabsichtige, sich als „Fachmann ... von den Mitgliedern des Theater-Ausschusses beeinflussen (zu) lassen".[340] Bereits jetzt erhob er den Anspruch auf die Befugnisse eines Intendanten und den Titel des Generalmusikdirektors, den vor ihm nur ein einziger in Hannovers Musikgeschichte, der Komponist und Hofkapellmeister Heinrich Marschner, innegehabt hatte.[341] Obwohl Krasselt mit der Leitung eines Probekonzerts und einer hochgelobten Gastaufführung der MEISTERSINGER VON NÜRNBERG Anfang Oktober 1925 sein Interesse an der vakanten Stelle unterstrichen hatte,[342] hielt er sich in den Verhandlungen weiter alle Optionen offen.

Rudolf Krasselt, Foto. Vor 1924

Den Eindruck, es mit einem Bewerber zu tun zu haben, „der wußte, was er wollte, nicht ‚schwamm', sondern zielbewußt ... die Herrschaft führte"[343] wie hannoversche Kritiker in Anbetracht seiner musikalischen Fähigkeiten anerkannten, gewannen auch die Mitglieder des Theater-Ausschusses, umso mehr, als Krasselt sofort weitere Forderungen erhob. Da er in Berlin zuvor auch als Professor der Hochschule für Musik beschäftigt gewesen war, bat er, „ihn als Beamten mit Pensionsberechtigung unter Anrechnung von zehn Dienstjahren unkündbar anzustellen". Was die künstlerische Frage anbetreffe, so müsse er als „selbständiger Operndirektor die Entscheidung in allen Fragen des künstlerischen Personals der Oper, besonders in der Frage der Anstellung und Entlassung, aber auch hinsichtlich des Spielplanes, der Erstaufführungen usw. haben. Als sogenannten Winterurlaub bitte er, ihm drei Monate zu bewilligen ... Der Antritt der Stellung könne frühestens am 1. Januar 1924 erfolgen, und auch nur dann, wenn ihm hier eine Wohnung zur Verfügung stehe."[344]

Mit der Forderung nach uneingeschränkter Freiheit in allen Fragen künstlerischer Gestaltung ging Rudolf Krasselt im Herbst 1923 erheblich weiter, als Intendant Willy Grunwald es je versucht hatte. Anders als dieser war er erfolgreich. Wer wie der hannoversche Theater-Ausschuß damit aber ein solches Gewicht auf die Arbeit des Opernleiters legte, dem mußte bewußt sein, daß er damit zugleich die Möglichkeiten der anderen künstlerischen Verantwortlichen der Städtischen Bühnen beschnitt. Insofern könnte die Behauptung Willy Grunwalds, der Theater-Ausschuß habe seine Leistungen grundsätzlich abgewertet und seine Kompetenz wo immer möglich beschränkt, auch als Versuch des Ausschusses verstanden werden, sich dieses vertraglich gebundenen Leiters beider Bereiche, der Oper wie des Schauspiels, vor Ablauf aller Fristen zu entledigen, um dem ehrgeizigen Rudolf Krasselt freie Hand zu lassen. In jedem Fall wird verständlich, warum Rolf Roenneke nach Grunwalds Weggang nicht als Intendant nachrückte, sondern die Position nach offizieller Lesart vakant blieb. Inoffiziell war sie bereits vergeben, und zwar zuungunsten des Schauspiels an den neuen Leiter der Oper.[345] Zwar erhob Krasselt keinerlei Anspruch auf eine Mitbestimmung im Schauspielbereich, doch ließ er von Beginn seiner Tätigkeit als hannoverscher Generalmusikdirektor am 1. April 1924 keinen Zweifel daran, daß er nicht gewillt war, die Bevormundung einer ihm in künstlerischer, aber auch in verwaltungstechnischer Hinsicht übergeordneten Institution hinzunehmen.[346]

Krasselt fühlte sich in ‚seinem' Opernhaus „in jedem Sinne als Herr des Hauses",[347] wie Kurt Ehrhardt rückblickend urteilte. Der Bühnenbildner Kurt Söhnlein,[348] der im September 1925 nach Hannover kam, erinnerte sich folgendermaßen an Krasselts Art, die Oper zu leiten: „Es war fast Diktatur. Er war nicht verletzend, aber er war eine starke Persönlichkeit, so daß sich das von selbst ergab ... Er verstand eigentlich von allen Abteilungen des Theaters etwas ... Ich mußte ihm jedes Bühnenbild zeigen. Er wollte alles sehen."[349] Jeder Bereich des Operntheaters unterlag Krasselts Kontrolle, und in jedem gelang es ihm, seine Ideen zu verwirklichen.[350] Umgekehrt duldete er nicht, daß ihn sein engster Vertrauter Hans Winckelmann, den er selbst nach Hannover geholt hatte, in der Spielplangestaltung unterstützte: „Er hat den Spielplan ausgearbeitet, in der Regiesitzung hat er ihn einfach diktiert, und wir haben ihn alle aufgeschrieben. So war aus dem Durcheinander hier eine klare Ebene geworden."[351]

Und genau dies war wohl der eigentliche Grund für den Theater-Ausschuß gewesen, Rudolf Krasselt ein hohes Maß an Eigensinn und Eigenart zuzugestehen. Ganz unbestreitbar hat der Wunsch eine große Rolle gespielt, mit ihm als anerkannt „gute(m) Dirigent(en) und gute(m) Organisator"[352] Stabilität und Ruhe in das hannoversche Opernhaus zu bringen. Kurt Söhnlein erinnerte sich, Krasselts Vorgänger Richard Lerts sei ein „entsetzlich empfindlicher und reizbarer"[353] Künstler gewesen, der stets Verrat und Verleumdung geargwöhnt und damit eine Atmosphäre von großer Unruhe an der hannoverschen Oper verbreitet habe. In dieser Situation habe, so Söhnlein weiter, ein Kenner der Opernszene dem Theater-Ausschuß Rudolf Krasselt mit den Worten empfohlen: „Wenn Sie den Mann kriegen können, haben Sie Ruhe."[354]

Zeitgenossen erinnerten sich an Krasselts „Geradlinigkeit", an seine „große Selbstdisziplin und klare Sicherheit",[355] an „Ordnungssinn", „Bedächtigkeit" und „Gewissenhaftigkeit".[356] Der Musikkritiker des HANNOVERSCHEN KURIERS widmete dem Generalmusikdirektor, der bis zum Juni 1943 trotz mittlerweile massiver Kritik nationalsozialistischer Kunstpolitiker die allein bestimmende Persönlichkeit der hannoverschen Oper blieb,[357] anläßlich dessen Zwangspensionierung ein Dankeswort. Hier hieß es: „Sein aus Überlegung und Erfahrung kommender Begriff war der des ‚praktischen' Theaters; die Lust am gewagten Versuch verbot er sich. Die neuen von ihm gewählten Stücke mußten sich entweder an anderen Orten bewährt haben oder ... aus bewährter Hand kommen. Erreicht wurde dadurch der sichere Kurs, in dem wir unser Institut durch bewegte Zeiten gesteuert sahen."[358]

In dieser Beurteilung steckt der Schlüssel für die Auflösung eines scheinbaren Widerspruchs, der sich für alle ergibt, die sich mit der ‚Ära Krasselt' beschäftigen.[359] Während die einen dem Opernleiter ein „intensives Bemühen um zeitgenössische Kunst" ³⁶⁰ bescheinigen und sein Wirken rückblickend sogar als direkt auf die hannoverschen TAGE DER NEUEN MUSIK Musik hinführend würdigen,³⁶¹ beschränken sich die anderen darauf, Krasselt zuzugestehen, er habe seinen Spielplan „auf musikalisch achtbarem Niveau" gehalten. Dieser Spielplan habe sich jedoch „in nichts vom gängigen Repertoire der Provinzopernhäuser"³⁶² unterschieden. Dieses Urteil erstaunt zunächst einmal in Anbetracht eines außerordentlich großen Opernrepertoires von sechzig Werken³⁶³ und dann auch deshalb, weil während der ‚Ära Krasselt' in Hannover zehn Uraufführungen und über zwanzig Erstaufführungen präsentiert wurden.³⁶⁴ Unter ihnen waren ganz unterschiedliche zeitgenössische Werke wie Paul Hindemiths CARDILLAC, Franz Schrekers DIE GEZEICHNETEN oder Kurt Weills Erstlingswerke DER PROTAGONIST und DER ZAR LÄSST SICH PHOTOGRAPHIEREN.³⁶⁵

Auch im Bereich des Tanzes, der während der Zeiten von Yvonne Georgi und Harald Kreutzberg als Teil der Städtischen Oper gleichfalls Krasselts Aufgabengebiet zugeordnet war, gab es viele Neuinszenierungen. Die Erstaufführung von Igor Strawinskys PETROUCHKA in der Choreographie der neuen Ballettmeisterin Georgi veranlaßte Siegfried Wagner im Winter 1926/27 dazu, seinen ehemaligen Mitarbeiter Kurt Söhnlein ironisch zu befragen, ob das „Bolschewisten-Ballett sehr schön"³⁶⁶ gewesen sei. Krasselts grundsätzliche Bereitschaft, den Ausbau des Opernrepertoires auch – so Erich Rosendahl – „in modernster Richtung: Schreker, Mraczek, Hindemith"³⁶⁷ voranzutreiben, war also über Hannover hinaus bekannt. Bemerkenswerterweise erkannten selbst konservative Musik- und Theaterkritiker wie Rosendahl, Theodor Walter Werner oder der hannoversche Pädagoge Rudolf Graefenhain dieses Verdienst an und würdigten Krasselts Arbeit als richtigen Schritt, um der Oper „frisches Leben, neuen Glanz und damit eine angesehene Stellung in der deutschen Theaterwelt"³⁶⁸ zu verschaffen. Mehr noch: Auch nachdem mit Theodor Abbetmeyers ÜBER MODERNE THEATER-UNKULTUR. ZUR ENTEIGNUNG DES DEUTSCHEN THEATERS DURCH MARXISMUS UND BOLSCHEWISMUS eine der infamsten und aggressivsten Schriften der ersten Hälfte der dreißiger Jahre gegen

Szenenfoto des Ballets PETROUCHKA von Igor Strawinsky. Erstaufführung an der hannoverschen Oper am 8. Dezember 1926

zeitgenössisches Schauspiel und die Musik eines Kurt Weill, Ernst Krenek, Igor Strawinsky oder Eugen Wellesz erschienen war, wurden Rudolf Krasselts Inszenierungen der Werke dieser Komponisten in offiziellen Veröffentlichungen der Stadt als „erfreuliche Erweiterung des Opernspielplanes"[369] bezeichnet.

Offenbar spielte in dieser Beurteilung die Überzeugung von Krasselts Bedächtigkeit und seinem Willen zu ruhiger Ausgewogenheit eine große Rolle. Was seinem Vorgänger Richard Lert und seinen Kollegen vom Schauspiel als zu starke Berücksichtigung der Moderne vorgeworfen wurde, das werteten Kritiker und der hannoversche Theater-Ausschuß in der Arbeit Rudolf Krasselts als Zeichen nüchterner Kalkulation und geradezu bürokratischer Bemühung um ein möglichst umfassendes Repertoire. Tatsächlich war Krasselt kein genereller Gegner zeitgenössischer Musik.[370] Was er in diesem Bereich für wertvoll hielt, realisierte er mit der gleichen Beharrlichkeit für „die Gesetzmäßigkeit des Kunstwerks"[371] als einzigem Maßstab seiner Arbeit, mit der er sich für die Inszenierung bestimmter klassischer Werke einsetzte. Wo er jedoch aus qualitativen Gründen Bedenken hatte, da urteilte er unmißverständlich: „Dieser Dreck kommt mir nicht auf meine Bühne."[372]

Einen Beweis dafür, daß er die vom Theater-Ausschuß propagierte „Mitte zwischen Tradition und Fortschritt"[373] in den Städtischen Bühnen nicht gefährdete, lieferte Rudolf Krasselt in der Sitzung des Theater-Ausschusses am 11. Februar 1929 selbst. Auf dem Höhepunkt der von ungewöhnlicher Heftigkeit geprägten Kampagne gegen die Aufführung der Oper DER PROTAGONIST von Kurt Weill richteten sich die schärfsten Angriffe bezeichnenderweise nicht gegen den hannoverschen Opernleiter, der das Stück in seinen Opernspielplan aufgenommen hatte, sondern gegen den Komponisten. Dennoch wurde Krasselt in den Theater-Ausschuß gebeten, wo er hinsichtlich seines bisherigen Spielplans folgendes äußerte: „Experimente seien nur wenige gemacht worden, da er ... in diesem Punkte sehr vorsichtig zu Werke ginge ... Auch mit der Aufführung radikaler Werke sei vorsichtig verfahren (worden)."[374] Krasselt stellte im folgenden diese wenigen Werke kurz vor und fuhr fort: „Mit dieser Aufstellung werde doch wohl bewiesen, daß Hannover nicht zuviele Novitäten gebe. Vom Standpunkt der Kasse betrachtet sei es auch richtig, aufs alte Repertoire zurückzugreifen. Andererseits könne sich aber das Theater der Verpflichtung nicht entziehen, auch Novitäten zu bringen. In dieser Beziehung könne Hannover nicht gegenüber anderen Bühnen ... zurückstehen." Im übrigen, so Krasselt weiter, habe die Aufführung solcher „Novitäten" einen ganz praktischen Hintergrund. Schließlich seien neue Inszenierungen „notwendig für das gesamte Künstlerpersonal, Solisten, Chor und Orchester. Sie müßten vor neue Aufgaben gestellt werden, sonst verkalkten sie und blieben in der Entwicklung stecken."[375]

Krasselts Gelassenheit inmitten der allgemeinen Hektik um die Oper DER PROTAGONIST und seine gewissenhafte, sachliche Analyse der Notwendigkeit von „Novitäten" verfehlten auch in der Ausschußsitzung nicht ihre Wirkung. Das Gremium, das ihn zu sich zitiert haben mochte, um ihn wegen des Skandalstückes in seinem Spielplan zur Rede zu stellen, stimmte am Ende seinem Argument zu, „das ganze Geschrei" sei „überhaupt nur auf die Presse zurückzuführen".[376] Eine solche Bereitschaft des Theater-Ausschusses, dem künstlerischen Leiter in Fällen massiver Publikumsreaktionen den Rücken zu stärken, galt also für Rudolf Krasselt und die Oper. Für das hannoversche Schauspiel galt sie zu keiner Zeit. Vielmehr hatte der Schauspielleiter bereits zum Anfang der zwanziger Jahre mit der Rolle des zweiten Mannes hinter dem Kollegen von der Oper vorlieb zu nehmen.

Das Ende der ‚Ära Rolf Roenneke' und die Reaktion der hannoverschen Sozialdemokratie

Das Gehalt des Schauspielleiters Rolf Roenneke lag zeitweise ein gutes Drittel bis knapp die Hälfte unter den Einkünften des Opernleiters Rudolf Krasselt.[377] Auch die Tatsache, daß Roenneke, anders als der Kollege, den ständigen Maßregelungen des Theater-Ausschusses ausgesetzt war, trug nicht dazu bei, daß die Arbeit an den Städtischen Bühnen für ihn eine langfristige Perspektive bot. Anders als sein Vorgänger Willy Grunwald beendete jedoch nicht er das Arbeitsverhältnis. Vielmehr beschloß der Theater-Ausschuß, sich seiner zu entledigen, indem er im Spätsommer 1926 Roennekes Vertrag nicht verlängerte.[378] Besonders dem Theaterdezernenten Arthur Menge gelang es in diesem Zusammenhang, alle Mitglieder des Ausschusses von der Notwendigkeit zu überzeugen, Roenneke gehen zu lassen. Schon im Juli 1925 hatte er argumentiert, daß „das Ziel, die Städtischen Bühnen noch weiter zu heben, nur durch Annahme eines erstklassigen Intendanten erreicht" werden könne. Halte er deshalb weiter an der ‚Zwischenlösung Roenneke' fest, so „nehme sich der Theater-Ausschuß ohne Zweifel seine Bewegungsfreiheit".³⁷⁹

Ob seitens des Theater-Ausschusses die Einstellung eines neuen Intendanten tatsächlich in Erwägung gezogen wurde, bleibt unklar, ist jedoch angesichts der beschriebenen Position Rudolf Krasselts unwahrscheinlich. Dazu kommt, daß nach Roennekes Ausschluß keine Anstalten gemacht wurden, einen solchen überhaupt erst einmal zu suchen. Die SPD-Mitglieder des Theater-Ausschusses gewannen deshalb bald den Eindruck, daß der Plan, einen neuen Mann an die Spitze der Städtischen Bühnen zu setzen und deshalb Roennekes Vertrag nicht verlängern zu können, seitens der bürgerlichen Fraktionen taktisch motiviert war und nie tatsächlich verwirklicht werden sollte. In der Sitzung am 18. Oktober 1926 äußerten sich die Sozialdemokraten empört, da Roennekes Nachfolger Georg Altmann genau die gleiche Position einnehme, wie jener sie gehabt habe, müsse man sich fragen, weshalb ein Wechsel überhaupt notwendig geworden sei.³⁸⁰

Der Vorwurf der sozialdemokratischen Fraktion des Theater-Ausschusses, von den Kollegen der bürgerlichen Parteien absichtlich im unklaren über die Besetzungsfrage in der Nachfolge Rolf Roennekes gelassen worden zu sein, änderte nichts an den einmal gefällten Entscheidungen. Doch stellt sich die Frage, warum die SPD-Delegation für den ehemaligen Oberspielleiter der Städtischen Bühnen eintrat.³⁸¹ Immerhin war der Weggang Willy Grunwalds gut vier Jahre zuvor von der linken Fraktion ohne jeden Einwand mitverantwortet worden. Ein Grund für die nun im Fall Roenneke geäußerte Empörung könnte darin liegen, daß dieser sich – anders als sein Vorgänger – politisch geäußert hat.

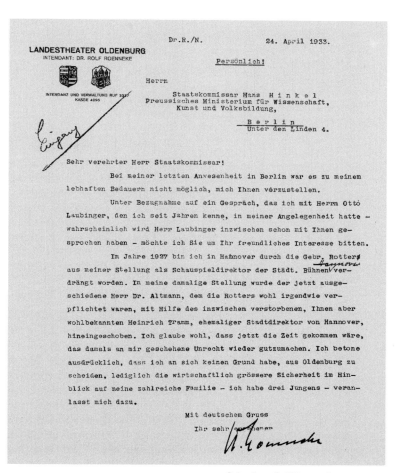

Schreiben Rolf Roennekes an Staatskommissar Hans Hinkel. 24. April 1933.

Theater-Besucherorganisationen I – Die Freie Volksbühne

Im April 1920, knapp anderthalb Jahre, nachdem er nach Hannover gekommen war, streifte Roenneke „in einem Literaturvortrag die Politik",³⁸² wie die Zeitschrift DER ZWEEMANN berichtete. Der Wortlaut seiner Ausführungen ist nicht überliefert. Doch gibt die umgehende brüske Zurechtweisung durch den konservativen bürgerlichen Kritiker Martin Frehsee Anlaß zu der Vermutung, daß Roenneke sich hier jedenfalls nicht als Republikgegner und Feind gegenwärtiger politischer Strömungen dargestellt hatte.³⁸³ Auch in den folgenden Monaten griff Frehsees Roenneke wiederholt an. Im September 1920 stellte sich die PILLE hinter den „revolutionären", „moderne(n) Oberspielleiter", der „dem nationalen Herrn Frehsee" fortwährend „auf die Nerven"³⁸⁴ falle. Hintergrund der Anfeindung scheint Roennekes Bereitschaft gewesen zu sein, sich auch solchen Gruppierungen als Redner zur Verfügung zu stellen, die in der Folge der politischen Veränderung der Jahre 1918/19 entstanden waren. Die Vorlesungsverzeichnisse der Leibniz-Akademie aus dem Jahr 1921 etwa nannten ihn als Redner bei verschiedenen literarhistorischen Diskussionsabenden und anderen Veranstaltungen.³⁸⁵ Die HANNOVERSCHE WOCHE sah sich deshalb im März 1926 veranlaßt, Roenneke mit dem Satz „Bilde Künstler, rede nicht"³⁸⁶ davor zu warnen, sich zu sehr für die Interessen theaterfremder Institutionen einzusetzen.

Die Anfänge der Freien Volksbühne (1894–1920)

Signet der Zeitschrift der Freien Volksbühne Hannover e.V. 1922/23

Rolf Roenneke gehörte nicht zu den Gründern der Volksbildungsbewegung in Hannover.[387] Doch er war als Angehöriger des Lehrkörpers der Leibniz-Akademie aktiv daran beteiligt, weitere Personenkreise als bisher an den künstlerischen und kulturellen Entwicklungen teilhaben zu lassen. Ob dies mit dazu beigetragen hat, daß der hannoversche Theater-Ausschuß seine Arbeit mit grundsätzlichem Argwohn beobachtete, ist unklar. Es läßt sich aus den Protokollen des Theater-Ausschusses jedenfalls nicht ableiten, daß Roenneke mit seiner Arbeit als Schauspielleiter den Versuch einer wie auch immer gearteten konkreten politischen Beeinflussung betrieben hätte. Deutlich wird jedoch, daß hinter Roennekes Absicht, neue gesellschaftliche Kräfte an das Theater zu ziehen[388] und für seine Kurse an der Leibniz-Akademie zu gewinnen, mehr stand als die obligatorische Anteilnahme eines in der Öffentlichkeit Stehenden.

Knapp zwei Jahre, nachdem er seine Stelle als Regisseur in Hannover angetreten hatte, im September 1920, forderte er als einer der Redner auf einem „Propaganda-Abend" des Ortsvereins Hannover-Linden zur Förderung deutscher Theaterkultur die Gründung einer Sektion der Freien Volksbühne.[389] Vierzehn Tage darauf, am 13. Oktober 1920, berichtete die Zeitschrift DIE PILLE in gewohnt ironischer Art über die Gründungsveranstaltung: „Vom Storche überrascht wurde am Montag abend in der Stadthalle Hannovers Theatermuse. Die seit langem erwartete Volksbühne kam als Frühgeburt zur Welt. Mutter und Kind befinden sich den Umständen entsprechend, d. h. letzteres wurde dem Brutofen ‚Zeit' zur weiteren Veranlassung überwiesen. Die Zahl der vorgetragenen Ansichten übertraf die der Redner. Einig war man sich nur darin, daß das Neugeborene nur mit dem Allerbesten vom Besten ... gefüttert werden dürfe und daß zur Patenschaft nur Bildung, Freude, Begeisterung, Moral und ähnliche Damen zulässig seien."[390]

Die Gründung der hannoverschen Volksbühne setzte den erfolgreichen Schlußstrich unter den bereits im vorigen Jahrhundert begonnenen Versuch, „der modernen Arbeiterbewegung, auch den Proletariern, einen Anteil am Kulturleben zu sichern".[391] 1894, vier Jahre nach der Aufhebung der Sozialistengesetze und nachdem sich die erste Volksbühnengruppe in Berlin konstituiert hatte,[392] versuchten hiesige Theaterfreunde die Gründung einer hannoverschen Ortsgruppe. Das Experiment scheiterte seinerzeit vor allem an dem Widerstand der Betreiber der bürgerlichen Privattheater Hannovers, die die Konkurrenz einer weiteren Bühne fürchteten.[393] Doch auch das politische Moment hatte einen Anteil an dem Mißerfolg nach nur zwei Jahren. Auch die hannoversche Ortsgruppe war eine Gründung von Sozialdemokraten.[394] Ihre Bühne befand sich im Konzertgarten Odeon neben dem späteren Partei- und Gewerkschaftshaus der SPD in der Nicolaistraße.[395] Bereits mit der ersten Vorstellung war der Konfrontationskurs der Volksbühne zum herkömmlichen Bühnenbetrieb vorgegeben. Aufgeführt wurde Schillers KABALE UND LIEBE, ein Stück, das wegen seiner vermeintlich revolutionären Tendenz in bürgerlichen Theatern nicht inszeniert wurde.[396]

Auch zu Beginn des neuen Jahrhunderts scheiterten weitere Ansätze, „das Wissens- und Kunstbedürfnis der Arbeiter ... durch geeignete Maßnahmen zu befriedigen".[397] Doch erwies es sich im Verlauf der verschiedenen Versuche, eine Volksbühne in Hannover zu etablieren, als vielversprechend, die Theaterarbeit mit den Interessen der Erwachsenenbildung zu koppeln, etwa mit Kursangeboten für Arbeiter zu gesellschaftspolitischen Grundfragen. Auch nach der Gründung der Freien Volksbühne bestand in Hannover eine enge Verbindung zwischen den Verantwortlichen der Volksbühne und den Vertretern der Freien Volkshochschule.[398] Das zeigte sich beispielsweise darin, daß Theodor Lessing, der Mitbegründer der am 1. September 1919 entstandenen Freien Volkshochschule, lange Jahre im Kunstbeirat der Volksbühne vertreten war.[399] Auch in anderer Hinsicht unterstützten beide Organisationen sich gegenseitig, indem sie etwa in ihren jeweiligen Vereinspublikationen füreinander Werbung machten oder, wie 1930 mit dem Zusammenschluß des Volksbühnenchors mit dem Sprechchor der Volkshochschule, auch andere direkte Formen der Zusammenarbeit fanden.[400]

Das enge Verhältnis zwischen den beiden Institutionen verwundert insofern nicht, als sich beide der Erwachsenenbildung widmeten und ihrer beider Augenmerk in diesem Zusammenhang vor allem den weiten Teilen der bislang unterprivilegierten Arbeiterschaft Hannovers galt, deren Zahl nach dem Zusammenschluß der Stadt mit Linden zum 1. Januar 1920 noch erheblich angestiegen war.[401] Zwei etwa zum gleichen Zeitpunkt Mitte der zwanziger Jahre erhobene interne Statistiken weisen eine fast identische Nutzerstruktur von Freier Volkshochschule und Freier Volksbühne auf. Arbeiterschaft und die Gruppe der unselbständigen Handwerker waren in beiden Fällen mit rund 55% vertreten. Es folgten Angestellte und Beamte der unteren und mittleren Tarifgruppen mit 35% und höhere Beamte sowie selbständige Kaufleute und Akademiker mit knapp 10%.[402]

Ein wichtiger Unterschied zwischen Freier Volkshochschule und Freier Volksbühne bestand darin, daß die Arbeit der letzteren von Beginn an auf einen sehr viel größeren Personenkreis ausgerichtet war. Mitte der zwanziger Jahre, nach der Phase der Konsolidierung in beiden Institutionen, besuchten rund 15.000 Personen jährlich die Vorträge, Seminare und Arbeitsgruppen der Volkshochschule.[403] Zur gleichen Zeit hatte die Freie Volksbühne allein in der Stadt Hannover 42.000 Mitglieder,[404] was mehr als einem Zehntel der Gesamteinwohnerschaft entsprach. Sie war Teil eines einflußreichen weitverzweigten Theaternetzes im Reich von mehr als 300 Volksbühnenvereinen mit mehr als einer halben Million Mitgliedern.[405] Vor dem Hintergrund dieser Verankerung in einem derartig großen Verbund entwickelte die Ortsgruppe Hannover der Freien Volksbühne von Beginn an ein ausgeprägtes Selbstbewußtsein. Zudem unterstanden die Städtischen Bühnen Hannover, nachdem sie Anfang der zwanziger Jahre in den Besitz der Stadt übergegangen waren, nun den Gesetzen der Gemeinnützigkeit und hatten somit auf die Publikumsinteressen weiterer Bevölkerungskreise als bisher Rücksicht zu nehmen.[406]

Die Freie Volksbühne Hannover. Repräsentantin sozialdemokratischer Interessen auf dem Weg zur „Kulturgemeinschaft"

Die Freie Volksbühne reagierte auf die veränderten gesellschaftlichen, politischen und künstlerischen Bedingungen der Weimarer Republik, indem sie von Beginn an forderte, statt der „Privilegien der Klassenkultur" eine „Gemeinschaftskultur" oder, wie es auch hieß, eine „neue geläuterte Volkskultur"[407] aller Bevölkerungsschichten zu verwirklichen.[408] Mit der Entstehung des neuen demokratischen Staates schien erstmals in der Geschichte der Volksbühnenbewegung auch die Möglichkeit gegeben, prinzipiell alle Bevölkerungsschichten an einer neuen Theaterkultur teilhaben zu lassen. Wie die Freie Volkshochschule, so richtete auch die Freie Volksbühne ihr Augenmerk auf die Gleichbehandlung aller Mitglieder. Sowohl die Auslosung der ihr von den Theatern zugeteilten Plätze nach einem System, das keine Besserbehandlung – etwa durch Manipulation – zuließ,[409] als auch die Einsetzung von Vertrauensleuten, die vor Ort bei den Mitgliedern Anregungen und Kritik sammelten, verweisen auf den Anspruch genereller Gleichheit.[410] 1925 faßte die Freie Volksbühne in einer Werbeschrift ihre Zielsetzung in den Worten zusammen, sie wolle „*allen Volksgenossen unter Ablehnung aller politischen und konfessionellen Gesichtspunkte* das Erlebnis der Bühne ... erschließen, in der Überzeugung, daß gerade das Drama, volkstümlicher und deutlicher als die übrigen Künste, das Menschlich-Große uns zur Kräftigung und Läuterung des Lebensgefühls im Sinne eines freiheitlichen und großen Menschentums darstellt."[411] Nicht das Theater als „sittliche Besserungs- und Erziehungsanstalt", wohl aber eine Bühne, die gleichsam nach des Tages Mühe Glanzlichter setzte, „festlich gesteigerter Ausdruck für das gemeinsame Erleben einer Gemeinde, eines Volkes"[412] war und Heiterkeit, Vergessen der Sorgen und Zufriedenheit ermöglichte, war das Ziel der Freien Volksbühne. Neben dem Anspruch, durch das Theater „die großen Probleme der Zeit in neuem Lichte, in neuer Tiefe (zu) sehen" und „neues Verstehen für das Leiden der Menschheit (zu) gewinnen", war ihr auch „das Leichte und Heitere" auf der Bühne durchaus recht: „Mag ein Spiel sich überschlagen in grotesken Kapriolen, mag es verzichten auf tieferen Sinn und höhere Bedeutung, – es soll willkommen sein, weil es uns froh und freudig macht."[413]

Im Mittelpunkt der Volksbühnenarbeit stand jedoch die Orientierung an einem Kanon von erhebenden Schauspielen und Opern. Die Überzeugung, durch ein entsprechendes Theaterangebot einem möglichst großen Personenkreis Möglichkeiten zur charakterlichen ‚Veredelung' und zur Heranbildung eines ‚höheren Menschentums' zu bieten, ist bezeichnend für die Ideologie der Freien Volksbühne. Es war dabei nicht etwa so, daß sie sich nun, fünf Jahre nach ihrer Begründung, allmählich von ihren ursprünglichen Zielen fortentwickelt hätte.[414] Anders etwa als in der Berliner Volksbühnengruppenbewegung, die sich weitaus stärker zu ihrer Verwurzelung in der politischen Arbeitervertretung bekannte und in der es, so Uta Ziegan, immer wieder in den zwanziger Jahren „zu heftigen Flügelkämpfen innerhalb der Vereinsspitze kam",[415]

Signet des Zeitschrift der Freien Volksbühne Hannover e.V. 1932

verfolgte die hannoversche Ortsgruppe von Beginn an eine gemäßigte Linie.[416] Trotz manch verbaler Offensive suchte sie letztlich immer die Diskussion mit den bürgerlichen Kulturpolitikern. Sicher hat auch der – verglichen mit der Berliner Gruppe – große Anteil an Mitgliedern aus dem „freiheitlich denkende(n) Bürgertum"[417] dazu beigetragen, daß hier grundsätzlich moderater und kompromißbereiter verfahren wurde.

Ohnehin ging es der Freien Volksbühne Hannover nur in sehr untergeordnetem Maße darum, die in ihren Reihen vertretene Arbeiterschaft darin zu unterstützen, ein eigenes, von der Tradition abweichendes Verständnis von Kunst und Kultur zu entwickeln, das beispielsweise das soziale Umfeld der Arbeiter und ihr kulturelles Erbe stärker berücksichtigt hätte. Stattdessen neigten die Initiatoren der hannoverschen Volksbühnenbewegung dazu, ‚dem Arbeiter' ein eher geringes Maß an Mündigkeit zuzugestehen. Sie stammten selbst – darin ganz ähnlich der Führungsriege der hannoverschen Volkshochschule – in der Mehrzahl nicht aus jener gesellschaftlichen Schicht, der sie sich hier widmeten.[418] Sie waren durch ihre Erwerbstätigkeit als Lehrer, Museumsfachleute, Schauspieler, Musiker und Universitätsdozenten vertraut mit der bürgerlich dominierten Kunst und Kultur und überzeugt davon, daß nicht etwa eine rigorose Umstrukturierung bisheriger gesellschaftlicher Verhältnisse, sondern nur eine gleichsam ‚mit Vernunft und Herz' betriebene Sozialreform die Verbesserung der Lebensumstände auch des Arbeiters mit sich bringen werde. Deshalb fühlten sie sich berufen und aufgefordert, alle bisher Vernachlässigten durch die Teilhabe an den traditionellen bürgerlichen kulturellen und künstlerischen Normen und Werten zu sich ‚emporzuziehen'. Kritikern, die diesem sozialreformerischen Ansatz Verrat an den eigentlichen Interessen der Arbeiterschaft vorwarfen, hielt die Volksbühne entgegen: „Diesem hoffnungslosen Eingesperrtsein der Massen in ein menschenunwürdiges Proletentum des geistigen Haushalts gegenüber ist die vom historischen Kulturtheater her befürchtete ‚Verbürgerlichung' denn wohl das kleinere Übel. ‚Bedroht' sie doch unser Volk schließlich mit nichts Schlimmerem als mit etlicher Erweiterung des Horizonts, mit einer zunächst zwar nur bescheiden konventionellen, aber wenigstens sauberen und geordneten Geisteshaltung."[419]

Die hier zum Ausdruck gebrachte Überzeugung, bürgerliche Kultur erzeuge eine „saubere und geordnete Geisteshaltung", gibt im Umkehrschluß einen aufschlußreichen Blick auf das Bild der Volksbühnenreformer von den Eigenschaften proletarischer Kultur preis. Viele Beiträge im vereinseigenen Mitteilungsblatt illustrieren wie eine Reihe von Artikeln im VOLKSWILLEN die Absicht der zumeist sozialdemokratischen Initiatoren, herrschende bürgerliche kulturelle Normen, die man für sich selbst als gültig anerkannte, auch für den Arbeiter zum Maß der Dinge zu machen. In diesem Zusammenhang ist auch die Neigung der Freien Volksbühne zu verstehen, durch Befragung ausgewählter Mitglieder aus der Arbeiterschaft unter Beweis zu stellen, wie sehr jene, die in den Genuß erhöhender und veredelnder Theater- und Opernaufführungen gelangt seien, „schon aus der Tiefe dumpfer Empfindungen und mangelnden Verständnisses aufgestiegen" seien.[420]

Die Fürsorgepflicht, die viele Volksbühnen-Initiatoren sich selbst zusprachen, ging so weit, daß man meinte, die beobachteten „Zeichen der Unbildung" bei den neuen Theaterbesuchern beseitigen zu müssen[421]. Diese scheinen zumindest zu Beginn darin bestanden zu haben, sich während der Aufführungen zu unterhalten, zu essen, sich ‚unzeitgemäß' zu räuspern oder an unangebrachten Stellen zu lachen. Die regelmäßigen Ermahnungen im Mitteilungsblatt der Freien Volksbühne lassen vermuten, daß dieser bisher weitgehend theaterfremde Anteil am Publikum als ‚formbare Masse' verstanden wurde. Ihre ersten Fehltritte auf dem neuen gesellschaftlichen Parkett waren in der Phase des Übergangs zwar verzeihlich, sie sollten aber durch entsprechende Erziehung künftig unbedingt vermieden werden.[422]

Freilich bestärkten die tatsächlichen Rezeptionsgewohnheiten ihrer Klientel die Freie Volksbühne durchaus in ihrem Kurs der Anpassung an bürgerliche Kulturnormen.[423] Wann immer die Volksbühne Veranstaltungen anbot, die sich etwa dem gesellschaftspolitischen Umfeld eines zeitkritischen Stückes widmeten[424] oder die das Bewußtsein für die politische Notwendigkeit von Volksbühnenarbeit in der Weimarer Republik schärfen sollten, zeigte sich an der „mäßigen Resonanz",[425] daß ihre Mitglieder an solchen Themen im allgemeinen nicht interessiert waren. Insofern war nur das kostenlose Mitteilungsblatt[426] der geeignete Ort, über Themen wie DIE FREIE VOLKSBÜHNE HANNOVER UND DIE STÄDTISCHEN BÜHNEN, STAAT UND KUNST oder GEGEN DIE ZENSUR, FÜR DIE FREIHEIT DER KUNST zu informieren.

Ansonsten bevorzugten die Mitglieder der Freien Volksbühne wie ihre Initiatoren die deutschen bürgerlichen Klassiker[427] sowie solche Stücke, die halfen, wenigstens für die Dauer des Theaterbesuchs die drückenden Realitäten der zwanziger Jahre zu verdrängen. In der im Frühjahr 1925 veröffentlichten Auswertung einer Umfrage unter 1.400 Mitgliedern hieß es, Dramen, die eine „Verbindung mit dem Leben der Gegenwart" schüfen, fänden bei der Zuschauerschaft ebensowenig Anklang wie die „modernen und die ganz modernen Dichter".[428] Stattdessen gehörten neben den Klassikern jene Werke zu den Favoriten, welche halfen, einen „weniger glanzvollen Alltag" für kurze Zeit zu vergessen.[429] Die Freie Volksbühne griff diese Wünsche ihrer Klientel auf und entwickelte sich, wie Uta Ziegan formulierte, immer stärker zu einer „integrative(n) gesellschaftliche(n) Bewegung, die alle politischen und sozialen Gegensätze überwinden und ihnen die neue Form einer Kulturgemeinschaft entgegensetzen wollte".[430]

Die für den Kurs der Freien Volksbühne Verantwortlichen reagierten vor allem zu Beginn der dreißiger Jahre sehr heftig auf jenen vermeintlichen oder tatsächlichen Versuch, die Entstehung dieser „Kulturgemeinschaft" zu behindern. Bereits im Oktober 1925 schlossen sie sich einem reichsweit initiierten AUFRUF GEGEN DROHENDE GEFÄHRDUNG DER FREIHEIT DER KUNST an. Es gelte, so teilten sie ihren Mitgliedern mit, *„das künstlerische Schaffen als solches von der Gefahr weiterer Beeinträchtigungen zu befreien".*[431] Mit Blick auf das Vorgehen einiger Gerichte gegen kommunistische Kunst forderten sie eine breite Front der Ablehnung jeglicher Form der Einflußnahme auf die „Freiheit alle(n) künstlerische(n) Schaffens".[432] Gegen Ende der zwanziger Jahre verstärkte sich das Engagement vor allem der Autoren der Zeitschrift DIE FREIE VOLKSBÜHNE „gegen die Zensur, für die Freiheit der Kunst". Im Mai 1929 veröffentlichten sie, nachdem der VOLKSWILLE „maßgebende Persönlichkeiten der Stadt" um ihren Kommentar zu staatlichen und städtischen Zensurbestrebungen der Zeit gebeten hatte, u. a. Zuschriften der Schriftstellerin Käte Steinitz[433] und des Stadtbaurates Karl Elkart.[434] In allen Beiträgen wurde jede Form der Zensur strikt abgelehnt.

Anderthalb Jahre später, im Januar 1931, unterstützte der Kreis der Verantwortlichen in der Freien Volksbühne die Arbeit der hannoverschen KAMPFSTELLE GEGEN ZENSUR UND KULTURREAKTION, die sich wie ihr Vorbild, der Berliner KAMPFAUSSCHUSS GEGEN ZENSUR, aus Protest gegen das Verbot des Filmes IM WESTEN NICHTS NEUES gebildet hatte. Der hannoversche Ausschuß, dem neben der Freien Volksbühne weitere vorwiegend der Sozialdemokratie sowie der Freidenkerbewegung nahestehende Organisationen angehörten, wurde geleitet von dem Journalisten und Schriftsteller Christof Spengemann.[435] Neben dieser Mitarbeit an Anti-Zensur-Bestrebungen betonte die Freie Volksbühne auch anläßlich ihrer Tagungen die Bereitschaft, „das heutige Kulturtheater in seinem Kampf um Freiheit und Sicherung mit äußerster Kraft zu verteidigen".[436]

Bei aller verbalen Entschlossenheit mußte für klarsichtige Zeitgenossen unverkennbar sein, daß das Fernziel der „Weiterentwicklung der menschlichen Gesellschaft im Sinne einer neuen, freiheitlichen Gemeinschaftskultur"[437] den Blick leicht auf das Näherliegende versperrte.[438] Die Reichstagswahlen vom September 1930, die auch in Hannover für die SPD beträchtliche Verluste, für die beiden politischen Extreme auf der Linken und der Rechten, die KPD und die NSDAP, jedoch gewaltige Stimmengewinne ergaben, kommentierte die Freie Volksbühne als lästiges Spektakel, das sie von ihrer eigentlichen Arbeit abhalte.[439] So engagiert sie im Kampf um das „Menschenrecht der freien geistigen Entfaltung"[440] auftrat und so sehr sie das Streitgespräch mit kunstpolitischen Gegnern suchte, so schnell zog sie sich auf der anderen Seite zurück, wenn sie sich dazu aufgefordert sah, in parteipolitischer Hinsicht Stellung zu beziehen.

Diese Grundhaltung scheint den Bedürfnissen ihrer Mitglieder lange Zeit nicht widersprochen zu haben. Mit ihren mehr als 40.000 Mitgliedern blieb die Freie Volksbühne Hannover in den zwanziger Jahren für einige Jahre hinter Berlin die zweitgrößte Ortsgruppe des Reiches.[441] Erst in der zweiten Hälfte der zwanziger Jahre nahm die Mitgliederzahl rapide ab, was mit der starken Konkurrenz von Kino- und Sportveranstaltungen, vor allem aber mit den sich verschlechternden Wirtschaftsverhältnissen zusammenhing.[442] Besonders letzteres führte zu einer Verlagerung innerhalb der Vereinsstruktur zuungunsten des Arbeiteranteils und zugunsten des bürgerlichen Mittelstands.[443] Doch blieb die Freie Volksbühne, was ihre Mitgliederzahl anbetrifft, eine zumindest zahlenmäßig mächtige Institution, gegen deren Präsenz in den hannoverschen Theatern die Anhängerschaft anderer Bühnenorganisationen vernachlässigenswert erscheinen mußte.

Reaktionen auf die Arbeit der Freien Volksbühne in Hannover

Verschiedene Faktoren führten jedoch dazu, daß die Freie Volksbühne einen eigenen Kurs in den hannoverschen Bühnen nicht durchsetzen konnte, sondern daß sie hinter den sehr viel kleineren Besucherorganisationen immer dann zurückstand, wenn der städtische Theater-Ausschuß involviert war. Anders als etwa in Berlin war es der Freien Volksbühne Hannover nicht gelungen, eine eigene Bühne zu etablieren. Damit machte sie sich insofern von den örtlichen Theatern abhängig, als sie deren Bühnen mieten mußte.[444] So war die Freie Volksbühne vor allem zu Beginn der zwanziger Jahre zumindest in den Privatbühnen ein gern gesehener Gast, denn ihre große Mitgliederschaft garantierte einen sicheren Verdienst. Das Mellini-Theater, dessen überwiegend leichtes Unterhaltungsprogramm ohnehin dem Geschmack vieler Volksbühnen-Mitglieder entsprach, hatte sich ebenso wie das Deutsche Theater auf diese Klientel eingestellt und bot – wie zeitweilig auch das Städtische Theater – geschlossene Vorstellungen nur für die Angehörigen der Freien Volksbühne an.[445] Während sich hier der Spielplan also offenbar umgehend an den Interessen der Besucherorganisationen orientierte, gestaltete sich die Zusammenarbeit zwischen den Städtischen Bühnen und der Freien Volksbühne Hannover sehr viel schwieriger.

Die Initiatoren der Volksbühne bekundeten dabei von Beginn an ihr Interesse an einer guten Kooperation mit dem Theater-Ausschuß. Sie forderten wiederholt dazu auf, die in der zweiten Hälfte der zwanziger Jahre mit jährlich mehr als zwei Millionen RM subventionierten Städtischen Bühnen[446] durch regen Besuch zu unterstützen. Tatsächlich belegte die Freie Volksbühne Mitte der zwanziger Jahre knapp 50% der Plätze.[447] Gleichzeitig machte der Anteil aus den verkauften Eintrittskarten pro Spielzeit mit etwa 420.000 RM ein gutes Viertel der Gesamteinkünfte der Städtischen Bühnen aus.[448]

In knapp fünf Jahren hatte sich die Freie Volksbühne von einem aus sozialdemokratischem Reformerwillen entstandenen und vielerorts in bürgerlichen Kreisen auch belächelten Theater-Experiment zu einem wichtigen Wirtschaftsfaktor für die Städtischen Bühnen entwickelt. Dabei überrascht aus heutiger Sicht, daß der Reiz der Mitgliedschaft für Zehntausende von Hannoveranerinnen und Hannoveranern lange Zeit unverändert vorhanden war. Schließlich war es nicht etwa so, daß jedem Interessierten wie beim Abonnentensystem ein fester Sitzplatz zu ermäßigtem Preis zur Verfügung stand. Vor Veranstaltungsbeginn war erst eine längere Wartezeit in der Schlange in Kauf zu nehmen, bevor das sich anschließende Ritual der Verlosung der Plätze zur Zuteilung eines Sitzplatzes führen konnte, den zu besetzen ein regulärer Besucher dieses Hauses sich möglicherweise geweigert hätte.[449] Sichtbehindernde Plätze wurden vorzugsweise an Besucherorganisationen generell und hier besonders häufig an die Freie Volksbühne abgegeben.[450]

Städtisches Opern- und Schauspielhaus. Zuschauerraum, Foto. 1921

Diese Vorgehensweise ist bezeichnend für die Haltung des Theater-Ausschusses gegenüber der größten hannoverschen Theaterbesucher-Organisation.[451] Daß man dort um die Bedeutung der Freien Volksbühne für das Überleben der Städtischen Bühnen durchaus wußte, geht etwa aus der Bemerkung Arthur Pfahls in der Sitzung vom Dezember 1924 hervor, der urteilte, „die Mitglieder der Freien Volksbühne würden sozusagen zur Füllung des Theaters verwandt".[452] Pfahl führte aus, die Freie Volksbühne sei mittlerweile „ein Faktor, der für die Theaterkasse in schlechten Zeiten wie den gegenwärtigen sehr von Nutzen sei. Wenn wieder einmal bessere Geldverhältnisse einträten, so sei es vielleicht möglich, ein für die Theaterfinanzen noch günstigeres Abkommen mit der Freien Volksbühne zu treffen."[453]

Was Pfahl, der Verantwortliche für die wirtschaftlichen Belange der Städtischen Bühnen, hiermit ansprach, waren die von der Freien Volksbühne und dem Theater-Ausschuß über Jahre hinweg kontrovers geführten

Verhandlungen über die Preise der Eintrittskarten. Wollte die Freie Volksbühne gemäß ihrer Satzung jedem ihrer Mitglieder einen Schauspiel- oder Opernbesuch ermöglichen, dann mußte sie sich um dauerhaft verbilligte Billets bemühen.[454] Immer wieder vertrat sie in ihren Diskussionen mit der städtischen Behörde den Standpunkt, daß sich der durch die mühsame Prozedur der Platzvergabe und durch die schlechte Qualität vieler Plätze verminderte Genuß eines Theater- oder Opernbesuches auch in einem reduzierten Eintrittspreis niederschlagen müsse. Als Richtwert für die Preisfestlegung der Opernkarten wurde nach der Inflation der Stundenlohn eines qualifizierten Metallarbeiters zugrunde gelegt, Schauspielkarten sollten drei Viertel davon kosten.[455] Dieser lag am Ende der zwanziger Jahre mit knapp fünfzig Pfennigen nur wenig höher als die Hälfte des billigsten regulären Billets,[456] und er betrug gerade ein Sechzehntel des teuersten Platzes im Opern- wie im Schauspielhaus. Insofern scheint zunächst einmal nachvollziehbar, daß der Theater-Ausschuß angesichts ohnehin schon ständig wachsender Subventionen für die Städtischen Bühnen dem ständigen Versuch der Freien Volksbühne, den Preis zu drücken, mit einiger Besorgnis gegenüberstand. Im Februar 1925 schloß Theaterdezernent Arthur Menge deshalb den Vertrag mit der Besucherorganisation über die Sitzplatzpreise auf Widerruf ab, um sich im Falle einer wirtschaftlichen Verschlechterung jederzeit die Option der Preiserhöhung zu erhalten.[457]

Allerdings deutet der Einwand der sozialdemokratischen Fraktion des Theater-Ausschusses gegen diese Vertragsklausel darauf hin, daß es nicht die Finanzfrage allein war, die die Haltung der bürgerlichen kommunalen Theaterpolitiker zur hannoverschen Freien Volksbühne bestimmte. Die Sozialdemokraten argumentierten, der Theater-Ausschuß wolle mit seiner Preispolitik ja nur erreichen, daß die Freie Volksbühne ihr Angebot, „jedem Theater zu ermöglichen", nicht mehr aufrechterhalten könne und somit den Status einer Massenorganisation verliere.[458] Tatsächlich scheint in den Verhandlungen mit der Freien Volksbühne die Befürchtung des Theater-Ausschusses eine große Rolle gespielt zu haben, daß die Freie Volksbühne ihm das bisher so erfolgreich verteidigte Recht nehmen werde, die allein bestimmende Institution in allen Fragen städtischer Theaterpolitik zu sein. In diesem Zusammenhang ist es nicht überraschend, daß der Ausschuß nur wenige Monate später, im August 1925, das Wagnis einging, zwei Wochen lang die Aufführungen im Opernhaus vor einem halbleeren Zuschauerraum stattfinden zu lassen, weil die Freie Volksbühne den Besuch boykottierte und stattdessen demonstrativ einen Vertrag mit dem Deutschen Theater abschloß.[459] Diesmal unterlag der Theater-Ausschuß noch im Kräftemessen mit einer selbstbewußten Besucherorganisation. Doch die Politik des Theater-Ausschusses war in den folgenden Verhandlungen nicht etwa darauf angelegt, der Freien Volksbühne nun mehr entgegenzukommen.

Vielmehr verlegte sich der Ausschuß nunmehr auf eine Politik des Übergangs, die in erster Linie darin bestand, „bei aller Würdigung der Bestrebungen der Freien Volksbühne",[460] die nach außen präsentiert wurde, deren Einfluß wo immer möglich zu beschränken. Deutlich wurde dies vor allem in der Spielplangestaltung. Die Verhandlungen mit der Stadt hatten für die Freie Volksbühne nicht etwa zur Folge, ein Mitspracherecht auf die Struktur des Opern- bzw. Schauspielplanes eingeräumt zu bekommen. Eine aktive Mithilfe bei der Gestaltung jenes Angebots, dessen Rezipienten sich immerhin zur Hälfte aus ihren Mitgliedern zusammensetzte, wurde ihr nicht gestattet, sie hatte sich darauf zu beschränken, auf das zu reagieren, was zuvor bereits beschlossen worden war. 1932 zog man im Vorstand resigniert die Bilanz zehnjähriger Volksbühnenarbeit: „(W)ir hatten keinen eigenen (Spielplan, I.K.) …, sondern fügten uns in den allgemeinen ein. Von dem Recht, einzelne Stücke für uns ganz abzulehnen, machten wir immer nur bescheiden und selten Gebrauch, vielleicht gar zu bescheiden."[461]

Daß die Freie Volksbühne auf die Gestaltung des Spielplans der Städtischen Bühnen kaum Einfluß nehmen konnte, ist weniger auf ihre Bescheidenheit und vielmehr auf die Praxis des Theater-Ausschusses zurückzuführen, jeden Wunsch auf Mitbestimmung scharf abzulehnen. In der Sitzung des Theater-Ausschusses am 18. Oktober 1926 entrüstete sich Verwaltungsdirektor Arthur Pfahl unter dem Beifall der bürgerlichen Vertreter darüber, daß die Freie Volksbühne „kürzlich zwei Stücke hintereinander abgelehnt" habe, „obwohl ihr nur das Recht eingeräumt worden war, Tendenzstücke zu boykottieren".[462] In Anbetracht der Tatsache, daß der Freien Volksbühne durch einen repressiven Theater-Ausschuß nahezu jede Möglichkeit einer selbstbestimmten Theaterarbeit genommen wurde, ist es nur schwer nachvollziehbar, daß sie sich nicht von den Städtischen Bühnen ab- und stattdessen stärker den privaten Theatern zugewandt hat. Es hätte auch der Ruf nach einer eigenen Spielstätte der Freien Volksbühne laut werden können. Doch selbst wenn die Einrichtung einer Bühne nach dem Vorbild Berlins und anderer Städte des Reiches jemals erwogen wurde,[463] so ist die Diskussion darüber doch offenbar niemals und von keinem Verantwortlichen der Volksbühne mit großem Engagement geführt worden.

Stattdessen fand sich die Freie Volksbühne bei aller Kritik immer wieder in ihre Rolle als Gegenpart eines Theater-Ausschusses, welcher sich nach der einmal erlittenen Niederlage im direkten Machtvergleich so gestärkt hatte, daß er fortan jedem bedeutsamen Vorstoß der Volksbühne Paroli bieten konnte. Seit Mitte der zwanziger Jahre etwa machte sich die Gewißheit des Theater-Ausschusses bemerkbar, in der Freien Volksbühne nicht länger einen ebenbürtigen oder gar überlegenen Gegner vor sich zu haben, sondern eine Institution, die zwar immer noch nicht zu unterschätzen, aber doch in ihren Ansprüchen berechenbarer geworden war. Der Ton, der jetzt immer häufiger in den Ausschußsitzungen herrschte, war von der gleichen gelassenen Überheblichkeit geprägt, die so viele Auseinandersetzungen bürgerlicher Kulturpolitiker mit sozialdemokratischer Kunst- und Kulturarbeit charakterisierte.

So schlug Heinrich Tramm der Freien Volksbühne vor, statt sich weiter über zu hohe Eintrittspreise zu beklagen, doch endlich ihr eigenes „Arbeiter-Theater" zu bauen, in dem sie dann auch das präsentieren könne, was sie jetzt noch beim „reaktionären" Theater-Ausschuß ständig einklage.[464] Im übrigen tue es ihm „furchtbar leid", wenn manche Volksbühnen-Mitglieder es infolge ihrer begrenzten Mittel nicht schafften, „ins Theater zu kommen".[465] Helfen könne er ihnen allerdings nicht. Hinter Tramms Häme verbarg sich das Hauptargument bürgerlicher Kritik an der Arbeit der Freien Volksbühne. Der ehemalige Stadtdirektor behauptete, durch die niedrigen Eintrittspreise für Volksbühnen-Mitglieder werde das Finanzproblem der Städtischen Bühnen insofern noch verschärft, als durch die städtischen Subventionen ständig die Defizite ausgeglichen werden müßten, die diese Bühnenorganisation erst geschaffen habe.[466] Andere, auch auswärtige Kritiker, bestärkten Tramm in seiner Kritik an der Volksbühne, die Finanzmisere der Stadt „ins Phantastische" steigere und dazu beitrage, daß das Theater „zugrundezugehen"[467] drohe.

Daß die Argumente der Gegner der Freien Volksbühne letztlich falsch waren, weil sie von dem Fehlschluß ausgingen, Volksbühnenmitglieder nähmen anderen Theaterbesuchern den Platz weg, machte der hannoversche Theaterwissenschaftler Heinz Rahlfs in seiner Abhandlung über DIE STÄDTISCHEN BÜHNEN ZU HANNOVER UND IHRE VORLÄUFER IN WIRTSCHAFTLICHER UND SOZIALER HINSICHT (1928) deutlich. Rahlfs kam nach einer eingehenden statistischen Auswertung zu dem Ergebnis, „daß die Besucherverbände einen wirtschaftlichen Faktor von größter Bedeutung für die Städtischen Bühnen darstellen und daß man niemals von zu niedrigen Eintrittspreisen reden kann, wenn die Plätze sonst überhaupt unbesetzt bleiben würden."[468] Er führte aus: „Selbst für den Fall, daß bei Nichtbestehen der Organisationen eine ganze Reihe der bisherigen Mitglieder den Abonnements- oder Kassenpreis bezahlen würden, ist nicht zu verkennen, daß dieses nachteilige Moment für das Theater durch die Gewißheit einer festen Besucherzahl mehr als aufgewogen wird. Auch ist daran zu denken, daß ... das System der Platzverlosung, wie es z. B. in der Freien Volksbühne herrscht..., nicht jedermanns Sache ist. Wer Wert darauf legt, stets im ersten Range gesehen zu werden, wird sich niemals dem aus der Mitgliedschaft zu der Organisation folgenden Risiko aussetzen, das ihn auch einmal in ‚höhere Regionen' verweisen könnte."[469]

Sicher entsprach Rahlfs Behauptung, das traditionelle, gutbürgerliche Publikum sei nicht bereit, auf seinen festen, guten Platz zugunsten einer Verlosung zu verzichten, im großen und ganzen den gesellschaftlichen Realitäten der Zeit. Andererseits hatte die Freie Volksbühne zu diesem Zeitpunkt bereits damit begonnen, sich von der überwiegend durch die Arbeiter- und unselbständige Handwerkerschaft geprägten Massenorganisation zur Interessenvertretung des bürgerlichen Mittelstands zu wandeln. Im Mai 1927 ergab eine Umfrage unter den etwa 20.000 verbliebenen Mitgliedern, daß etwa 35% zur Gruppe der Kaufleute, Angestellten und Techniker und knapp 15% zu jener der Beamten und Lehrer zählten.[470]

Weniger die Tatsache, daß ein großer Teil der Interessenten nicht länger aus Gründen der materiellen Bedürftigkeit, sondern vornehmlich, um an ein verbilligtenTheaterbillets zu kommen, der Freien Volksbühne beitraten,[471] stand im Kreuzfeuer bürgerlicher Kritik. Vielmehr betonten bürgerliche Kulturpolitiker den vermeintlich verderblichen sozialdemokratischen oder sozialistischen Charakter einer Vereinigung, die ihrerseits jedoch bereits seit längerem die grundsätzliche Bereitschaft zum Konsens mit der traditionell bürgerlichen Theaterpolitik signalisiert hatte. Besonders Arthur Menge und Heinrich Tramm beklagten, daß die Freie Volksbühne bereits durch die reine Anwesenheit ihrer Mitglieder „Tausende von Besuchern ... aus dem Theater getrieben"[472] habe. Im Juni 1928 behauptete Tramm, viele Vollzahler störten sich daran, „mit den Mitgliedern der Freien Volksbühne, die einen viel geringeren Preis zahlen, zusammenzusitzen".[473] Dieses Argument einer gleichsam abschreckenden Wirkung der Volksbühnenangehörigen[474] auf das traditionelle Publikum der Städtischen Bühnen stand im Zusammenhang mit einer Reihe von Äußerungen, die die Mitglieder dieser Besucherorganisation als ungehobelte Banausen darstellten.[475] Im Januar 1925 war eine Aufführung der IPHIGENIE im Städtischen Schauspielhaus Auslöser einer längeren Diskussion über das Volksbühnenpublikum. Offenbar hatte sich ein Teil des regulären Publikums durch diese Besucher derart empfindlich gestört gefühlt, daß man sich an den Theater-Ausschuß mit der Bitte um Behebung des Mißstandes wandte.[476] Es wird aus den Ausführungen des Ausschußmitgliedes der Deutsch-Hannoverschen Partei Ludwig Otte, der den Vorfall daraufhin vortrug, nicht recht klar, welcher Art diese „Störungen" waren. Doch ist zu vermuten, daß es sich um ein ähnliches ‚Fehlverhalten' handelte, wie es die Freie Volksbühne bereits selbst durch eine entsprechende Schulung aus der Welt zu schaffen bemüht war.[477] Otte forderte – freilich erfolglos –, den ersten Rang und das Parkett für das Losverfahren der Freien Volksbühne ganz zu sperren, „um zu verhüten, daß das Bürgertum immer mehr dem Theater fern bleibe".[478]

Erziehung zum angemessenen Theaterbesuch. Die Freie Volksbühne und die Mündigkeit ihrer Mitglieder

Zunächst einmal ist die Annahme unwahrscheinlich, daß Angehörige der Volksbühne ständige Störenfriede waren, unfähig, sich den Regeln eines Theaterbesuchs zu unterwerfen. Ferner ist nicht davon auszugehen, daß das übrige Publikum sich durch schlechtes Benehmen aus dem Theater vertreiben ließ. Im Gegenteil waren alle Skandale der zwanziger Jahre, die mit der Aufführung zeitgenössischer, moderner Werke in den hannoverschen Theatern in Zusamenhang standen, begleitet von Reaktionen eines Teils des bürgerlichen Publikums, die vom lauten Dazwischenreden über das Brüllen, Husten und Pfeifen reichten. Es ist nicht bekannt, daß diese Reaktionen auf Stücke wie die PFARRHAUSKOMÖDIE oder die NACHTWANDLER durch den Theater-Ausschuß verurteilt wurden. Sehr deutlich wurde hier also unterschieden zwischen dem traditionellen Repertoire und modernen, zeitgenössischen Stücken. Während man im ersten Fall ein nach bürgerlichen Konventionen ‚anständiges' Verhalten zu zeigen hatte, waren im zweiten keine derartigen Grenzen gesetzt; diese Aufführungen waren gleichsam vogelfrei.

Doch nicht genug damit, daß die Volksbühnenangehörigen „Störungen" im herkömmlichen Theaterbetrieb verursachten, sondern die Freie Volksbühne selbst, so wurde weiter argumentiert, habe darüber hinaus auch eine Modernisierung des Programmes erzwungen, die die Städtischen Bühnen weiter schwäche.[479] Die Kritik an der Freien Volksbühne ging so weit, daß Karl Anlauf im Juli 1926 gar öffentlich forderte, da die meisten hannoverschen Bürger „keine Förderer der Bühneninteressen der Freien Volksbühne" seien, dürfe man sich in den Sitzungen des Theater-Ausschusses eben einfach nicht mehr „für die Einwände der Linken interessieren". Nur so könne man allmählich zu einem Spielplan zurückkehren, der nicht länger durch „politische und kunstpolitische Propaganda", deren Kern „sich mit unserer politischen und ideologischen Anschauung nicht deckt", sondern durch „anständige, gute Kunst" bestimmt sei.[480]

Jedem Eingeweihten mußte klar sein, daß die Behauptung, die Freie Volksbühne habe die Qualität der Aufführungen an den Städtischen Bühnen verschlechtert, schon allein deshalb völlig aus der Luft gegriffen war, weil jene kaum eine Möglichkeit zur Einflußnahme auf den Spielplan hatte. Dennoch wurde die Behauptung, die Sozialdemokratie trage die Schuld an jedem Mißstand in den Städtischen Bühnen, von vielen Kritikern auch außerhalb des Theater-Ausschusses vertreten. Franz Rolan beispielsweise klagte, die Aufführungen im städtischen Schauspielhaus hätten seit den Revolutionstagen einen steten Niedergang erlitten, und er begründete den Publikumsrückgang folgendermaßen: „Man hat überhaupt nicht mehr das Vertrauen, daß ein Haus auf *der reellen Kassenbasis* zu füllen sei! Gewiß hat das Theater die Pflicht, auch dem Minderbemittelten die Möglichkeit des Besuches zu gewähren, wenn aber die Mitglieder der Freien Volksbühne, die viele Tausende betragen, den Hauptstamm des Publikums bilden, dann sind entweder die Preise im allgemeinen zu hoch oder die gebotenen Leistungen zu *minderwertig*. Das Letztere ist das Ausschlaggebende, denn für wirklich Sehenswertes ist im Publikum immer noch Geld vorhanden."[481]

Die Bürgervereine und die Städtischen Bühnen. Kampf gegen eine „Verjudung" und „Bolschewisierung" des Theaters

Die von weiten Teilen einer theaterinteressierten bürgerlichen hannoverschen Öffentlichkeit geäußerte Kritik an der Freien Volksbühne verschärfte sich gegen Ende der zwanziger Jahre noch. Als der Theater-Ausschuß am 11. Juni 1928 über den Protest der Freien Volksbühne gegen eine Erhöhung der Eintrittspreise beriet, berichtete Verwaltungsdirektor Arthur Pfahl von dem Zusammenschluß einer Vereinigung, der sich „die Bürgervereine angeschlossen hätten und (die) es sich vor allem zur Aufgabe gemacht hätte, gegen die Unkultur der Bühnen anzukämpfen".[482] Ein Gremium war entstanden, das sich – nicht gegen die bisherige Praxis des städtischen Theater-Ausschusses, wohl aber rigoroser noch als dieser – die Bekämpfung einer als zu modern empfundenen Tendenz im Theaterbereich zum Ziel gesetzt hatte.

Es ist bezeichnend, daß die Gründung dieser Gruppierung aus dem überwiegend wohlhabenden bürgerlichen Mittelstand heraus erfolgt war, aus dem sich die Bürgervereine fast ausschließlich konstituierten. Die Bürgervereine, entstanden im letzten Viertel des 19. Jahrhunderts, betonten in den zwanziger Jahren nach außen ihren von keiner politischen Partei bestimmten Charakter[483] und beschränkten[484] sich scheinbar auf ihre ursprünglichen Aufgaben als Interessenvertretung der einzelnen Stadtteile und des Mittelstandes.[485] Dies hinderte ihre knapp 6.500 Mitglieder in 23 Vereinen (Stand: 1931),[486] unter ihnen viele einflußreiche Kommunalpolitiker,[487] nicht daran, ihren wirklichen politischen Einfluß immer dann geltend zu machen, wenn sie befürchteten, daß die hannoversche Sozialdemokratie an Bedeutung zunahm. Ihr Dachverband setzte sich für alle Bestrebungen ein, die der „Abschüttelung der marxistischen Fesseln"[488] dienten; in der ersten Hälfte der zwanziger Jahre stand die Bekämpfung des ‚Systems Leinert' im Zentrum ihres Interesses. Klaus Mlynek beurteilt den Beitrag der Bürgervereine in dem Kesseltreiben gegen den sozialdemokratischen Oberbürgermeister folgendermaßen: „Bei der Ablösung Leinerts durch Menge 1924/25 hatten sie ... eine so aktive Rolle gespielt, daß sie fortan zur Hausmacht Menges gerechnet wurden."[489]

In der Theaterpolitik indes war der Dezernent Arthur Menge den hannoverschen Bürgervereinen offenbar nicht energisch genug. Gewiß, so argumentierte Woldemar Liebernickel, einer ihrer wichtigsten Funktionäre, im Mai 1931, sei der Oberbürgermeister „dank der fragwürdigen Erwerbung des ehemaligen Hoftheaters" durch die „Leinertsche Linksmehrheit"[490] bei seinem Amtsantritt in die nicht selbst verschuldete Situation geraten, ein desolates Kunstinstitut übernehmen zu müssen. Hätte Menge und die anderen Hannoveraner „ein gütiges Geschick damals vor den Genossen allgemein und Herrn Oberbürgermeister Leinert im besonderen bewahrt, säßen wir heute still und friedlich immer noch im Staatstheater, und die preußische Staatskasse hätte die Kosten zu tragen".[491] Doch Menge habe, wie die Bürgervereine kritisierten, keinerlei Anstrengungen unternommen, die hohe Subventionierung der Städtischen Bühnen zu stoppen. Für die BÜRGERWACHT als Organ der Bürgervereine waren die Mängel in der städtischen Theaterpolitik Menges offensichtlich. Der Oberbürgermeister habe aufwendige und überflüssige Sachausgaben zu verantworten, und er unternehme nichts gegen ein ausgeprägtes „Starwesen" an den Städtischen Bühnen. Im März 1930 hieß es in der BÜRGERWACHT: „Warum greift nicht der Deutsche Städtetag energisch in den Wettbewerb ein, den sich die Großstädte in der gegenseitigen Abjagung der Stars leisten? Früher kannten das die Königlichen Bühnen nicht. Welch ein Unfug sind die 30.000 und 40.000 RM-Gagen? Diese Herrschaften sollen doch nach Amerika auswandern oder sonstwo hin, wenn sie in Deutschland nicht wie Millionen andere Menschen bescheiden leben können."⁴⁹² Schließlich, so fügte die Zeitschrift im Mai 1931 hinzu, solle man es sich „nicht so einfach machen und nur nach Berlin sehen, sondern selbst Entdeckungen unter unseren jungen und nationalen Kräften machen ..., so aber ist es ein Abklatsch von Berlin ohne jedes eigene künstlerische Wollen".⁴⁹³

Arthur Menge müsse endlich verhindern, daß sich derzeit „fast nur die Mitglieder der Freien Volksbühne – der „rote(n) Erbin" des „roten Regimes" Leinerts, wie es hieß – an den Aufführungen in den Städtischen Bühnen erfreuten und ihnen die besten Plätze „für ein Butterbrot hingeworfen" ⁴⁹⁴ würden.⁴⁹⁵ Weil der Oberbürgermeister lange Zeit auf die Forderungen der Bürgervereine nicht einging, zog er zunehmend ihre Kritik auf sich.⁴⁹⁶ Als Menge dann im Herbst 1931 nicht etwa die Volksbühnenmitglieder, sondern die wohlhabenden Bürger für die wirtschaftlichen Defizite des Theaters mitverantwortlich machte, weil sie ihm fern blieben, obwohl „sie es sich noch leisten können", reagierten die Bürgervereine, an die sich die Kritik des Oberbürgermeisters vornehmlich gewandt hatte, scharf. Nicht ihre Mitglieder, so erklärten sie, seien schuld an den Zuständen in den Städtischen Bühnen. Vielmehr seien „(d)ie Hauptgründe hierfür ... im *Repertoir* zu suchen, das, besonders im Schauspielhaus, ... *jedes* Niveau verloren hat. Oder wollen Sie behaupten, Herr Oberbürgermeister: SERGEANT GRISCHA ..., MENSCHEN IM HOTEL, HAUPTMANN VON KÖPENICK und andere ‚dramatisierte' Hintertreppenromane seien Literatur und zeugten von Niveau? – Glauben Sie, *deutschgesinnte* Menschen bekommen es satt, sich jüdisches Theater vorsetzen zu lassen. *Diese* Theaterbesucher hat man mit solchem Schmutz und Kitsch aus dem Theater vertrieben ... Daher die großen Lücken im Zuschauerraum, die selbst ‚Juda' und die marxistische Volksbühne – die jede Besudelung *deutscher* Werte wiehernd begrüßen – , selbst vor Schändung unserer im Felde gefallenen Brüder nicht zurückschrecken (Propagierung des Sudelfilms IM WESTEN NICHTS NEUES), nicht ausfüllen kann."⁴⁹⁷ Menge solle endlich wieder „aus dem jüdisch-marxistischen Theater eine *deutsche* Kultur- und Bildungsstätte" machen, dann erst würden die Angehörigen der hannoverschen Bürgervereine wieder ins Theater gehen.⁴⁹⁸

Den Ton der Bürgervereine diktierte jetzt, Anfang der dreißiger Jahre, nicht länger jene spöttische Überheblichkeit, mit der man der Freien Volksbühne bisher begegnet war. Die Polemik war offener Feindseligkeit, ja Haß gewichen, der so tief empfunden war, daß die Abrechnung mit der Volksbühne in einer maßlosen Verunglimpfung gipfelte.

Artikel aus der Zeitschrift BÜRGERWACHT. 1. August 1931

Die Große Krise. Diskussionen über die Bedeutung des Theaters in der Weltwirtschaftskrise

Das Verhalten der hannoverschen Bürgervereine gegenüber der städtischen Theaterpolitik macht deutlich, daß gegen Ende der zwanziger Jahre die Diskussionen in diesem Bereich zunehmend polemischer und aggressiver geführt wurden. Auch den Städtischen Bühnen lief das Publikum weg. Nur wenig mehr als die Hälfte der Zuschauerplätze im Schauspielhaus war zu dieser Zeit noch besetzt, und wenn die Entwicklung im Opernhaus erfreulicher war, so änderte auch sie nichts an der Tatsache, daß die Anzeichen einer großen Theaterkrise immer alarmierender wurden: Selbst Abonnement- und Losvergabesysteme, die noch bis Mitte der zwanziger Jahre Anreiz für einen Theaterbesuch geschaffen hatten, büßten an Attraktivität so stark ein, daß sie dem Besucherschwund bei weitem nicht entgegenwirken konnten.[499]

Allgemein blieb die Tendenz nicht beschränkt auf individuelle Fehlentwicklungen einzelner Theater, sondern sie weitete sich rasch zu einer umfangreichen Krise aus.[500] Aus dem Bewußtsein heraus, in dieser Situation handeln zu müssen, konstituierte sich im Februar 1929 der Landesbühnen-Ausschuß der Provinz Hannover, dem neben den Vertretern der hiesigen Bühnenorganisationen und Verwaltungsdirektor Arthur Pfahl auch verschiedene Mitglieder des städtischen Theater-Ausschusses angehörten.[501] Seine kulturpolitische Bedeutung für die Provinz Hannover wurde durch den Vorsitz von Oberpräsident Gustav Noske sinnfällig.[502] In erster Linie war der hiesige Landesbühnen-Ausschuß wie seine sieben Jahre zuvor gegründete preußische Mutterorganisation mit Konzessionsfragen der kleinen Bühnen und mit der Ausschaltung des sogenannten „Schmierenunwesens" befaßt, also den illegalen, zumeist unter primitivsten Bedingungen existierenden „wilden" Wanderbühnen[503] oder „Meerschweinchentheatern",[504] wie sie im Volksmund hießen. Sie brachten den offiziellen Häusern zusätzliche Verluste. Die Zahl der illegalen Bühnen wurde im November 1929 auf „über 30"[505] allein im Regierungsbezirk Hannover geschätzt.

Schon bald jedoch zeigte sich, daß mit diesem rein pragmatischen Vorgehen gegen unkonzessionierte Theaterunternehmungen die eigentliche Ursache der Krise nicht berührt war. Der Landesbühnen-Ausschuß beauftragte daraufhin den Bezirkssekretär des Volksbühnenverbandes Werner Schumann,[506] einen jungen Dramaturgen, Journalisten und Schriftsteller, mit der Erstellung eines Berichts über die Zusammenhänge von politischer und kulturpolitischer Situation einerseits und dem akuten Publikumsschwund andererseits. Schumanns nur wenige Wochen darauf veröffentlichte Studie THEATERNOT, THEATERHILFE ging über den eigentlichen Auftrag hinaus, dem Ausschuß und seiner Klientel eine Handhabe gegen bestehende Mißstände im Theaterwesen der Provinz Hannover zu verschaffen, und griff jene Erklärungsversuche für die Krise des Theaters auf, welche auch in anderen Broschüren, Flugschriften und Zeitschriftenbeiträgen der Zeit häufig genannt wurden.[507] Der Theatermann schloß aus der Tatsache einer überall im Reich geführten Diskussion um die Zukunft des Theaters, „nur einer geliebten Sache" wende sich „so allgemeine Anteilnahme zu. Sie allein beweist, daß das Theater nicht im Zeichen des Untergangs, sondern wie heute alles im Zeichen einer Krise steht; einer Krise allerdings, die ihren Ursprung keineswegs allein im Bühnenbetrieb selbst hat und auch weder allein mit dem Anschwellen der Filmkonsumtion noch mit den Radiomillionen noch mit Stargagen oder Geldmangel hinreichend erklärt zu werden vermag."[508]

Wie Schumann gaben viele Zeitgenossen den neuen Massenmedien wie dem Kino oder dem Radio nur bedingt die Schuld an der gegenwärtigen Lage des Theaters. Viele hannoversche Theaterpolitiker unterschieden sehr deutlich zwischen der Freude und Entspannung, die diese Freizeitaktivitäten bereiteten, und dem in ihren Augen gänzlich anders gearteten Genuß eines Theaterbesuchs. Arthur Pfahl, der die Verhältnisse aus den unterschiedlichen Sichtweisen des Verwaltungsdirektors der Städtischen Bühnen, des Angehörigen des Theater-Ausschusses und gleichzeitigen Mitglieds des Landesbühnenvorstandes beurteilte, gab dieser Überzeugung in seinem Beitrag für das Buch HANNOVER. DIE GROSSSTADT IM GRÜNEN 1927 folgendermaßen Ausdruck: „Für Kunst und für Theater ist die Gegenwart keine günstige Zeit. Der Tag mit seinen tausend Kämpfen und Nöten stellt an den Einzelnen zu starke Anforderungen, als daß der Abend noch ein lebhaftes Bedürfnis nach dem Theater mit seiner überwiegend ernsthaften Kunst aufkommen ließe. Vielleicht ist es wirklich so, wie jeder zu seiner Entschuldigung behauptet: daß die aufs äußerste angespannten und gequälten Nerven in ihren Erholungsstunden mehr die gefälligeren Beruhigungsmittel des Kinos, des Kabaretts, der Tanzdiele … oder die kräftigeren Reize von Box- und Ringkämpfen verlangen. Man mag das beklagen, wird es aber nicht ändern."⁵⁰⁹ Doch Pfahl zog aus dieser Feststellung nicht etwa die Konsequenz, daß das Theater fortan sein Dasein resigniert im Schatten von Sport und Kino fristen müsse, sondern er leitete daraus vielmehr die Aufforderung ab, gerade jetzt dem Theater besondere Aufmerksamkeit zu widmen. Schließlich stehe „in keinem Lande der Welt ... die Theaterkunst auf einer solchen Höhe wie in Deutschland, und nirgends sonst haben die Theater für die Volkserziehung und -bildung eine solche Bedeutung. Und gerade für die Jahre der Krisis sind die Theater ein Gegengewicht von höchster Bedeutung. Sie werden auch diese Zeiten überdauern."⁵¹⁰

Aus Arthur Pfahls Worten sprach die Bereitschaft, der Institution Theater nicht trotz, sondern gerade wegen der allgemeinen Krise höchste Priorität als Volkserziehungsmittel einzuräumen. Auch Arthur Menge hat als Theaterdezernent wie als Oberbürgermeister vor allem Ende der zwanziger Jahre immer wieder engagiert die Bedeutung des Theaters als des „höchsten Gut(es) edler und bester Volksbildung ... in unserer leichtlebigen Zeit"⁵¹¹ betont. Besonders eindringlich wurde sein Plädoyer für das Theater anläßlich der Feierlichkeiten zum 75jährigen Jubiläum des Opernhauses in der Georgstraße im Sommer 1927. Dieser Anlaß in einer Zeit besorgniserregenden Besucherschwundes und einer – in seinen Augen – tiefgreifenden politischen, wirtschaftlichen und kulturellen Krise war Menge willkommen, Einblick in seine theaterpolitischen Überzeugungen zu geben.

In seiner Ansprache führte er aus: „Deutschland war von jeher das an Theatern reichste Land der Welt. Soll und darf das heute, in der Zeit nach dem verlorenen Kriege, anders werden? Ich stehe nicht an zu sagen, daß zu keiner Zeit die Erhaltung der Bühne für unsere deutsche Volkskultur wichtiger und bedeutungsvoller war als heute. Wer mit heißem Herzen die Geschichte seines Vaterlandes verfolgt, wen die bange Frage nicht ruhen läßt, ob es dem deutschen Volk gelingen wird, alsbald, wenn die Zeit der Not und des Tiefstandes vorbei ist, zu seiner ehemals führenden Stelle in der Reihe der Kulturnationen wieder emporzusteigen, den erfüllt es mit banger Sorge, wenn er sieht, wie sich heute verflachende, materialistische Tendenzen in großem Umfang breit machen. Wenn er sieht, wie die Volksgenossen durch Parteigezänk und politischen Haß getrennt sind, wenn er sieht, wie sich weite Teile des Volkes fast ausschließlich dem Sport, dem Tanz und anderen Dingen zuwenden. Gewiß, Sport ist gut und durchaus notwendig für die Volkserziehung und die Volksgesundheit. (Doch) selbst der Rundfunk vermag niemals die erhebenden Eindrücke und die seelische Vertiefung hervorzurufen, wie sie vom Sänger und vom Schauspieler auf der Bühne unmittelbar auf uns ausgehen."⁵¹²

Deutlich entwickelte der Oberbürgermeister die Vision einer freien, starken und stolzen Zukunft Deutschlands, wo der einzelne sich nicht länger durch widrige Kleinigkeiten entfremden lasse, sondern einig mit dem Nächsten und entschlossen den Schritt zur Volksgemeinschaft vollziehe. Dem Theater kam hierbei als identifikationsstiftendem Institut „bester und edelster Volksbildung" größte Bedeutung zu: *„Pflanzen wir die Ideale unserer großen Dichter* in die Herzen unserer Jugend! Zeigen wir dem Volke die glühende Vaterlandsliebe eines Kleists, eines Schillers! ... Bringen wir ihr das hohe Menschentum eines Goethe näher, seine Güte, seine Toleranz, seine innere Freiheit! Geben wir unserem Volke Gelegenheit, sich an den hohen Idealgestalten eines EGMONT, eines GÖTZ VON BERLICHINGEN zu erbauen! ... Worauf es ankommt, ist, daß der göttliche Keim, der in jedem Menschenherzen ruht, geweckt und gepflegt, daß dem Volke der befreiende Gefühlsaufschwung gegeben wird, der aus dem Arbeitsmenschen des Tages in festlicher Abendstimmung den Kulturmenschen schafft, daß die Volksseele vertieft wird, daß die Gemeinschaft aller Volksgenossen als Grundlage unseres Kunst- und Geisteslebens gestärkt wird. Wenn man sich diese hohen Ziele vor Augen hält und bedenkt, daß von keiner anderen Kunststätte so große Breiten- und Tiefenwirkung ausgeht (wie) vom Theater, dann ermißt man erst seine große Bedeutung für das Kultur- und Geistesleben ... und damit für den Wiederaufstieg unserer Nation."⁵¹³

Der eigentliche Kern von Menges Rede bleibt trotz allen Pathos deutlich. Gehalten in einer Zeit des vermeintlichen Niedergangs, baute sie die gedankliche Brücke zwischen einer in jeder Hinsicht besseren Vergangenheit und einer in jeder Hinsicht besseren Zukunft. Das Theater der kommenden Tage, so Menges

Hoffnung, werde sich an dem klassischen Tugendkanon der Väter und Vorväter orientieren, welcher aus Vaterlandsliebe, Freiheitssinn, Stolz und Volksverbundenheit bestanden habe. Dadurch wieder in dem Glauben an die eigene sittliche, religiöse und kulturelle Stärke bestärkt und überzeugt von der Überlegenheit des deutschen Geistes gegenüber dem jeder anderen Nation, werde das deutsche Volk endlich wieder den ihm gebührenden Rang einnehmen.

Die Gegenwart erfüllte Arthur Menge mit Abscheu und Verachtung. Nichtiges „Parteiengezänk" verhindere in der Weimarer Republik jede klare Entscheidung, so rügte er. „(V)erflachende, materielle Tendenzen" vertrieben das deutsche ‚Volk' aus den Theatern, die doch eigentlich Orte der Sammlung und der Besinnung seien. Aus seiner – zugleich zurückschauenden und vorausblickenden – Sichtweise war es geradezu zwangsläufig, daß die Gegenwart für Oberbürgermeister Arthur Menge als ungeliebte, öde Wartestation erschien.

Die Bewertung der Moderne in der Theaterarbeit der Großen Krise

Wie bei vielen anderen bürgerlichen Kritikern war auch Menges genereller Widerwille gegen die Entwicklungen im Theaterbereich nicht erst jetzt, gegen Ende des Jahrzehnts, entstanden. Doch seine Bedenken und Einwände verstärkten sich angesichts eines Theaterbetriebes, der einst als vorbildlich gegolten hatte und jetzt, im fünfundsiebzigsten Jahr seines Bestehens, nur durch hohe Subventionierung am Leben erhalten wurde und zudem in einem zur Hälfte gefüllten Zuschauerraum vor einem Publikum spielte, das nach Menges Überzeugung in der Mehrzahl die Bemühungen der Verantwortlichen anzuerkennen gar nicht in der Lage war.

Dieser Kontrast zwischen blühender Vergangenheit und desolater Gegenwart mag bei Menge wie bei vielen anderen seiner Zeitgenossen die Überzeugung geschaffen haben, in allen düsteren Prognosen seit Beginn der Weimarer Republik jetzt, gegen Ende des Jahrzehnts, recht behalten zu haben. Hatte das seit Jahren schon wachsende Desinteresse des Publikums nicht hinlänglich bewiesen, daß der beschrittene Weg einer Modernisierung der Spielpläne in die falsche Richtung führte? Und entsprach das Experimentieren mit neuen Formen und Inhalten tatsächlich der von den Modernen proklamierten Suche nach neuem Ausdruck? War es nicht vielmehr ein gefährliches Eingeständnis des Unglaubens an eine bewährte, erprobte und erfolgreiche Theaterarbeit, ohne dem konstruktiv Neues entgegensetzen zu können? Hatte man selbst nicht schließlich immer wieder seine Hilfe bei der Definition eines Mittelweges zwischen dem Alten und dem Neuen angeboten?

Der Rezensent der HANNOVERSCHEN LANDESZEITUNG schlug im August 1927 einen besonnenen Ton an: „Nicht tot ist das Theater, nur in eine Krise ist es hineingeraten – mußte es infolge der rapiden Umgestaltung und Umwertung geistiger und sozialer Eigenschaften und sozialer Anschauungen hineingeraten, denn Kunst ist weiter nichts als in künstlerische Mittel gebannter Zeitgeist. Es wäre eine rückständige Beurteilung, wollte man der Jugend jegliche Daseinsberechtigung absprechen. Daß die Grenzen der Kunst vielfach überschritten sind, konnte bei der Schnelle der Umgestaltung nicht ausbleiben, zumal man auf jedem Gebiete infolge Unerfahrenheit und Leidenschaft in Extreme geriet. Als ein solcher Versuch an einem untauglichen Objekt muß z. B. auch die Piscator-Bühne, Berlin, gewertet werden, die sich dem Kommunismus verschreibt. In letzter Zeit sind wiederholt einseitige Regungen in der dramatischen Kunst laut geworden. Deswegen nun gleich das Theater für tot erklären zu wollen, geht nicht an. Stürme brechen an und hören auf. Jugend muß revolutionieren, ansonsten sie keine Jugend wäre. Auch aus dieser Krise wird sich ein Ausweg finden, sobald Autoren, die *starke Persönlichkeiten* sind, sich unserer Kunstrevolution revolutionär (= kritisierend) gegenüberstellen."[514]

Mochte aus dem Artikel der HANNOVERSCHEN LANDESZEITUNG oberflächlich ein gewisses Wohlwollen mit dem Eifer der Neuerer anklingen, so reihte er sich doch in jene Beiträge aus der zweiten Hälfte der zwanziger Jahre ein, die in der Theaterentwicklung der vorangegangenen Zeit eine Übergangszeit, eine Zeit des Suchens und des Experimentierens sahen. Ihr müßten nun endlich wieder klare Ziele und entschlossenes Handeln folgen. Die Darstellung einer Jugend, die gleichsam ohne eigentliche Notwendigkeit, sondern einzig bedingt durch die Zugehörigkeit zur Altersgruppe schon auf Änderungen dränge, zeugt zudem von einem recht geringen Vertrauen in die Qualität dieses ‚Revolutionierens um der Revolution willen'. Selbst der Wunsch der jungen Generation, als falsch erkannte Entwicklungen aufzuhalten und ihnen Alternativen entgegenzusetzen, ließ sich mit einer solchen Einschätzung schnell auf das Urteil verkürzen, nach dem die Jugend gleichsam infolge Unerfahrenheit und Leidenschaft in gefährliche Extreme geraten sei. Eine solche Einschätzung befreite zudem von der Verantwortung, sich mit der Moderne auseinanderzusetzen, was große Anforderungen an das Rezeptionsvermögen ihrer Kritiker gestellt und dazu geführt hätte, gewohnte Interpretations- und Verständnisraster zu überprüfen.

Daß die Neigung weit verbreitet war, die Veränderungen der vorangegangenen Jahre auf ein grundsätzlich vorhandenes und gegenwärtig nur besonders diffuses Aktionsbedürfnis dieser Jugend zurückzuführen, machte auch Werner Schumanns im Auftrag der Landesbühne verfaßte Schrift THEATERNOT, THEATERHILFE deutlich. Schumann, Volksbühnenfreund, gerade dreißigjährig und somit selbst zur jungen Generation gehörig, sprach hier zunächst durchaus zustimmend vom „Orkan des letzten Jahrzehnts", der begonnen habe, Veraltetes aus den Theatern zu fegen. Dann hieß es jedoch: „Geistige reformatorische Ansätze (Piscator, Bauhausbühne in Dessau usw.) schossen im Sturmlauf über das Ziel hinaus oder blieben eine lokale Rarität."[515] Dieses Motiv des ‚zu kurz Gedachten', ‚zu Modernen' wurde also sowohl von der konservativen HANNOVERSCHEN LANDESZEITUNG als auch von Werner Schumann angeführt. Ohne innere Notwendigkeit entstanden, stehe diese moderne Theaterarbeit abseits des eigentlichen Publikumsinteresses. Sie berühre die Lebenswelten der breiten Allgemeinheit nicht und bleibe somit unverständlich. Da aber jede wahre Theaterarbeit auf Nachvollziehbarkeit des Dargestellten abzielen müsse, um ihre eigentliche Aufgabe, die Erziehung und Bildung zum Höheren erfüllen zu können, verfehlten solche Experimente ihren Zweck und blieben ohne „Existenzberechtigung".[516] Auf dem Höhenflug reformerischen Eifers entstandene Luftgebilde, überständen moderne Theaterstücke keine Übertragung in den bewährten herkömmlichen Theaterbetrieb. Allenfalls seien sie geeignet, ihren Schöpfern unter ihresgleichen, nicht aber im ‚Volk' Anerkennung zu verschaffen.

‚Dem Volk' aber galt das Hauptinteresse jener vielen, die einen Weg aus der Krise suchten. „Ein Theater ohne Massen hat seinen Sinn verfehlt ..., die Bühne beginnt beim Publikum"[517] – dieses Motto stellte Werner Schumann seiner Schrift voran. Sein Kollege von der HANNOVERSCHEN LANDESZEITUNG fügte mit Blick auf die Arbeit Erwin Piscators hinzu: „Die l'art pour l'art-Kunst sollte schon vor Jahren endgültig begraben werden. Sie ist aber wieder mit verwandten Bestrebungen auferstanden. Nicht das Theater von und für Vereinigungen und Parteien, aus und für Sensationshunger und Entsittlichung darf das Ziel der Schöpfer von Bühnenwerken sein, sondern das *Theater aus der Volksseele für die Volksseele*, das wahre *Volkstheater*."[518] Es lag nahe, auf einen sich allgemein verschlechternden Besuch der deutschen Theater mit der Ankündigung zu reagieren, wieder zum Volk zurückzukehren. Welcher Art diese Hinwendung sein solle, welcher Spielplan die ‚Volksseele' wieder packen könne, ja was allein unter dem Begriff des ‚Volkes' zu verstehen sei, war schwerer zu beantworten, und so verwundert es nicht, daß Beiträge, die das Theater für das ‚Volk' forderten, meist dunkel und vage blieben.[519]

Theater-Besucherorganisationen II – Die Deutsche Bühne

Die Besucherorganisationen standen etwa ab Mitte der zwanziger Jahre zunehmend im Interesse von staatlichen, städtischen, aber auch privaten Theaterbetreibern. Das lag darin begründet, daß sie durch feste Vertragsabschlüsse für Einkünfte sorgten, die eine frühzeitige Planung für die nächste Spielzeit ermöglichten.[520] Gegenüber dem Abonnentensystem hatte die Zusammenarbeit mit den Besucherorganisationen zudem den Vorteil, daß diese oft das ganze Haus anmieteten, was gerade kleinere Bühnen von der Sorge des Kartenverkaufs enthob. Zunehmend mochte neben dem materiellen Gesichtspunkt auch der Wunsch eine Rolle spielen, sich durch eine Zusammenarbeit mit den Besucherorganisationen an den tatsächlichen Interessen des breiten Publikums zu orientieren und somit der Gefahr zuvorzukommen, Theater abseits des viel zitierten ‚Volkes' anzubieten.

Ankündigung der Deutschen Bühne für den Winter 1922/23

Im Fall des hannoverschen Theater-Ausschusses kann von einer grundsätzlichen Diskussionsbereitschaft der Verantwortlichen im städtischen Theaterbereich jedoch keine Rede sein. Besprechungen zwischen ihm und den Vertretern der drei hiesigen Besucherorganisationen führten in keinem Fall zu Zugeständnissen in der Spielplangestaltung. Stattdessen praktizierte der Theater-Ausschuß andere, subtilere Formen der Kooperation mit den Besucherorganisationen.[521]

Daß für den Theater-Ausschuß in diesem Zusammenhang materielle Aspekte grundsätzlich den ideologischen untergeordnet waren, geht aus der Tatsache hervor, daß der mit Abstand größten und damit vom rein finanziellen Standpunkt wichtigsten Gruppierung, der Freien Volksbühne, die Arbeit wo immer möglich schwer gemacht wurde. Hinter jedem Kooperationsangebot der Freien Volksbühne mutmaßte der Theater-Ausschuß den Versuch einer sozialdemokratischen Unterwanderung seiner Kompetenzen und die Absicht, die Spielpläne zu sehr zu modernisieren.

Mehr Vertrauen hatte der Theater-Ausschuß offenbar zu der Arbeit jener Besucherorganisation, die, gemessen an dem Geld, das sie den Städtischen Bühnen einbrachte, die zweitgrößte Hannovers war, der Deutschen Bühne. Arthur Pfahl gab anläßlich einer Theater-Sitzung im Dezember 1924 ihre Mitgliederzahl mit 4.000 an.[522] Zur gleichen Zeit hatte die Freie Volksbühne knapp 40.000 Angehörige. Die Tatsache, daß die Deutsche Bühne den Städtischen Bühnen knapp 80.000 und die Freie Volksbühne relativ sehr viel weniger, nämlich 425.000 RM einbrachte,[523] weist einmal darauf hin, daß die Freie Volksbühne dem Theater-Ausschuß gegenüber zu diesem Zeitpunkt noch günstige Eintrittskarten aushandeln konnte. Zum anderen macht die von Mitgliedern der Deutschen Bühne entrichtete Summe deutlich, daß sie über eine verhältnismäßig wohlhabende Klientel verfügte, die sich nicht mit sichtbehindernden Plätzen und mit Eintrittskarten begnügte, die im Losverfahren zugeteilt worden waren, und die bereit war, dafür entsprechend zu zahlen.[524]

1921 übernahm Wilhelm Katz den Vorsitz in der 1919 gegründeten Theaterbesuchergemeinschaft des Deutschnationalen Handlungsgehilfenverbandes, der in finanzielle Schwierigkeiten geraten war.[525] Katz war Mitarbeiter der Hanomag, durch ihn könnte also die für die Deutsche Bühne später wichtige Verbindung zwischen Industrie und Theater zustande gekommen sein.[526] 1922 benannte sich die Besuchergruppe des Deutschnationalen Handlungsgehilfenverbandes, der – in Hannover wie auf Reichsebene – ausgesprochen nationalistisch, antidemokratisch und auch antisemitisch eingestellt war,[527] in Deutsche Bühne um.[528] Da sie über keine eigene Spielstätte verfügte, mietete sie das ganze Theater an, um ihren Mitgliedern Aufführungen in geschlossenen Veranstaltungen bieten zu können.[529] Eine große Rolle spielte die „Mitgliedschaft als Familientradition",[530] daneben engagierte sich die Deutsche Bühne in verschiedenen karitativen Projekten. So wurden etwa anläßlich von Basaren und anderen gesellschaftlichen Anlässen Spenden der überwiegend wohlhabenden Mitglieder an verdiente oder in Not geratene Schauspieler überreicht.[531]

Für die Theaterbesucher-Organisation Deutsche Bühne scheinen in erster Linie musikalische Veranstaltungen attraktiv gewesen zu sein.[532] In diesem Zusammenhang entwickelten sich Kontakte mit dem städtischen Theater-Ausschuß, die sich bald so gut gestalteten, daß der Erste und der Zweite Vorsitzende der Besucherorganisation 1924 im Auftrag des Ausschusses nach Berlin reisten, um mit Rudolf Krassell Verhandlungen wegen eines Engagements an den Städtischen Bühnen Hannover zu führen.[533] Die Kooperation zwischen dem Theater-Ausschuß und der Deutschen Bühne, die sich um eine unpolitische, ausschließlich den künstlerisch-kulturellen Zielen gewidmete Arbeit bemühte,[534] wirkte sich also nicht unmittelbar auf die Gestaltung des Spielplans aus. Doch entwickelte das städtische Gremium immerhin so viel Sympathien mit der Arbeit dieser Interessenvertretung eines gutbürgerlichen, überwiegend konservativen Publikums, daß es ihr eine kunstpolitisch wichtige Aufgabe – die Vertragsverhandlungen mit Rudolf Krasselt – anvertraute.

Theater-Besucherorganisationen III – Der Bühnenvolksbund

Die Anfänge des Bühnenvolksbundes (1923)

Von anderer Art war die Beziehung zwischen dem Theater-Ausschuß und der dritten Besucherorganisation Hannovers in den zwanziger Jahren, dem Bühnenvolksbund. Wie die Freie Volksbühne, so war auch der Bühnenvolksbund aus der kulturpolitischen Arbeit einer Partei – dem Zentrum – hervorgegangen.[535] Am 9. April 1919 wurde in Berlin der Bühnenvolksbund gegründet, der sich im Frühjahr 1923 in Hannover unter dem Namen Theatergemeinde Hannover konstituierte.[536] Diese Gruppierung verstand sich, so der Landesgeschäftsführer für die Provinz Hannover, Heinz Ohlendorf, als Ansprechpartner aller „christlich-deutsch gesinnten Kreise".[537] Ohlendorf nannte als Hauptziel des Bühnenvolksbundes „die Förderung der dramatischen und musikalischen Bühnenkunst und der dramatischen Dichtung im Sinne deutschen Volkstums und christlicher Lebensauffassung".[538] Der Bühnenvolksbund müsse als „kulturpolitische(r) Faktor unseres staatlichen Lebens"[539] aktiv in die Theaterpolitik von Staat und Stadt eingreifen: „Unsere Aufgabe ist nicht nur eine volksbildnerische oder kunsterziehende, sie ist in eminenter Weise auch eine kulturpolitische und kann als solche nur erfüllt werden im Zusammenarbeiten mit den Vertretern der Staatsgewalt, der Legislativen und der Exekutiven. Diese Mitarbeit an den großen Fragen der Kulturpolitik berührt weder die persönliche Stellung des einzelnen zum gegenwärtigen Staat, noch identifiziert sie den Bund mit der Stellung einzelner Personen in ihm oder einzelner Personen zum Staat."[540] Der Bühnenvolksbund, so Ohlendorf, solle sich von parteipolitischen Bindungen frei halten, weil er nur so seiner Aufgabe gerecht werden könne, „den Staat ... auf die Erfüllung seiner kulturellen Pflichten hinzuweisen, die Wege aufzuzeigen und dafür einzutreten, daß jede gesunde, dem geistigen Wohl des Volkes dienende Kraft zur Entfaltung komme. Wir glauben an den Primat unserer Weltanschauung und ihre volksformenden, künstlerischen Kräfte, wir wissen um die Benachteiligung und Hemmung, die ihr gerade heute in größerem Maße bereitet werden."[541]

Mit dieser kulturpolitischen Zielsetzung des Bühnenvolksbundes war trotz der postulierten Bereitschaft zur Diskussion der Konflikt mit den Repräsentanten des demokratischen Staates vorprogrammiert. In ihrer niedersachsenweit erscheinenden Monatsschrift VOLKSTUM UND BÜHNE vertrat der Bühnenvolksbund wiederholt die Überzeugung, daß mit der Revolution von 1918/19 eine bis dahin gesunde Entwicklung im deutschen Theaterwesen abrupt beendet worden sei.[542] Seine Klientel, der bürgerliche Mittelstand, sei in der Demokratie in eine kulturelle Orientierungslosigkeit geraten, weil sie aufgrund ihres eigenen religiösen und ethischen Empfindens die „Fäulnis und Zersetzung"[543] der künstlerischen Moderne in den zwanziger Jahre ablehne.[544]

Wie entschieden die Funktionäre des Bühnenvolksbundes die kulturellen und politischen Entwicklungen in der Weimarer Republik bekämpften, machten die NEUJAHRSWÜNSCHE zum Jahreswechsel 1931/32 deutlich, die in VOLKSTUM UND BÜHNE erschienen.[545] Einen Weg aus der „Not", die „das deutsche Volk" seit der Revolution, der ersten Stufe der „Proletarisierung"[546] der ganzen Nation, umklammere, sah der Verfasser der NEUJAHRSWÜNSCHE vor allem in der „Zurückgewinnung kräftigsten Nationalsinnes für alle Volksgenossen".[547] Daß dieser „Nationalsinn" seit der Revolution im Bewußtsein weiter Bevölkerungskreise verkümmert sei, liege daran, daß „internationale Parteien" durch ihre Agenten – „revolutionäre Führer wie Ebert und Noske" – die „nationale Gesinnung" als falsch und gefährlich dargestellt hätten. Weiter heißt es: „In der marxistischen Presse, die ja vielfach nicht von Deutschbürtigen geschrieben wird, kann man tagtäglich Verunglimpfungen der Deutschen Nation und ihrer besten Zeugen lesen".[548] Um zu vermeiden, daß diese Entwicklungen sich fortsetzten, sei „die deutsche Ehre (zu) wahren" und den „gemeinsamen Schmähungen auf die Nation, die zumeist von leidenschaftlichen Nichtdeutschen im Lande und unerzogenen Frechlingen ohne Kenntnis und Verständnis ausgehen, rücksichtslos ein Ende (zu) machen".[549] Der bürgerliche Mittelstand müsse sich in Anbetracht dieses „zersetzerischen Angriff(es)" auf die Normen und Werte deutscher Kultur an seine Wurzeln erinnern und sich den Nationalstolz von Dürer, Luther, Goethe, Klopstock, Richter und Thoma zum Vorbild nehmen. Diese Geistesgrößen, so hoffte der Autor, „werden uns stark machen gegen die Angriffe der Unkunst und Unsittlichkeit, durch die der deutsche Geist verdorben und hinabgezogen werden soll ... Der Bolschewismus ... muß im tiefsten Grunde geistig überwunden werden, durch die Kraft der Religion, der höheren Einsicht in die Notwendigkeiten des Staates und der Wirtschaft, des Rechts und der Menschlichkeit."[550]

Die Haltung des Bühnenvolksbundes zur Theatermoderne. „Christlich-deutsche Gesinnung" gegen den „Internationalismus der Großstadtkunst"

Die Funktionäre des Bühnenvolksbundes lehnten den demokratischen Staat ab, weil er nach ihrer Überzeugung eine Entwicklung eingeleitet habe, die sie als „Bolschewismus" oder „Kulturbolschewismus" bezeichneten. „Jazz und Negermusik",[551] die Musik Paul Hindemiths[552] und Kurt Weills[553] bekämpften sie ebenso wie die Werke des „Mischblutes" Thomas Mann,[554] des „banalen Auchdramatikers" Walter Hasenclever,[555] des Dichters „abstoßender Albernheiten" Bert Brecht,[556] des „Vaterlandsverräters" Ernst Toller,[557] des „Kritikers der bürgerlichen Kultur" Hermann Hesse,[558] des „amoralischen Sexualforschers" und „undeutschen Pornographen" Magnus Hirschfeld [559] oder Erich Maria Remarques, des Autors des „erbärmlichen Buches" IM WESTEN NICHTS NEUES.[560] Werke, die in lateinischer Schrift statt in Fraktur gedruckt worden waren, erregten in ihren Augen – ungeachtet des Inhalts – bereits den Verdacht, „undeutsch" zu sein.[561] Der Bühnenvolksbund hielt sich nach eigener Aussage für berufen, das „deutsche Volk" generell, vor allem aber seine eigentliche Klientel, den bürgerlichen Mittelstand, vor den Gefahren „internationalistischer", „pazifistischer" und „unsittlicher" Kunst zu schützen und Retter der „ewigen Güter der Nation"[562] zu sein. „Dienen wir dem deutschen Theater, so dienen wir dem deutschen Volk",[563] hieß es im September 1928 in VOLKSTUM UND BÜHNE. Im gleichen Heft der Zeitschrift wurde das Gelöbnis des Leiter eines Landesverbandes abgedruckt, die „große Aufgabe" zu bewältigen, in „dieser Zeit der Krise ... an dem religiös-sittlichen Wiederaufbau des deutschen Volkslebens mitzuarbeiten ... Indem der Bühnenvolksbund eine Erneuerung unseres ganzen Theater- und Kunstlebens aus den lebendigen Quellen deutschen Volkstums und christlicher Weltanschauung erstrebt, kann er zur Gesundung Deutschlands viel beitragen."[564]

Diese Einschätzung schloß – charakteristisch für die Haltung vieler Mitglieder des Bühnenvolksbundes – die biologistische Deutung von Gegenwart und Vergangenheit ein. Die „gesunde, dem geistigen Wohl des Volkes dienende Kraft" werde „gerade heute" benachteiligt und gehemmt,[565] so behauptete der Landesgeschäftsführer des Bühnenvolksbundes. Diese Formulierungen weisen auf eine tiefe Unzufriedenheit mit der „kranken" Gegenwart und auf die Bereitschaft hin, sich für die Behebung der Mißstände und damit für eine Abwendung von jenem Staat einzusetzen, der diese „ungesunde" Entwicklung ermöglicht hatte.

Zu Beginn der dreißiger Jahre mehrten sich in der Zeitschrift VOLKSTUM UND BÜHNE Beiträge, in denen gefordert wurde, die „deutsche Rasse" gegen den Einfluß der „jüdischen"[566] zu beschützen. Deutschland müsse sich von dem gegenwärtigen „Internationalismus"[567] lösen und eine starke, selbstbewußte Nation werden, der „deutsche Mensch" müsse wieder „Herr im Hause"[568] sein, und an die Stelle des demokratischen Staates müsse die Führerschaft weniger Persönlichkeiten treten.

Der Bühnenvolksbund bemühte sich seit seinen Anfängen darum, eine „kulturelle Bewegung" zu fördern, die das „Volkstümliche", „aus dem Heimatlichen Gewordene" betonte.[569] Deutlich wird dies etwa in dem Beitrag, der 1928 in der Zeitschrift NIEDERSACHSEN unter dem Titel VOLK UND THEATER. EIN WEG ZUR GESUNDUNG DER DEUTSCHEN BÜHNEN publiziert wurde. Autor war der gebürtige Bremer Wilhelm Scharrelmann,[570] ein Lehrer und Heimatschriftsteller. Zu Scharrelmanns Freundeskreis gehörten die kulturkonservativen Schriftsteller August Hinrichs, Moritz Jahn, Alma Rogge und Georg Grabenhorst. In seinem Artikel für die Zeitschrift NIEDERSACHSEN schilderte Scharrelmann zunächst eine desolate Situation im Bereich von Kunst und Kultur. In diesem Zusammenhang hieß es: „Schuld daran trägt besonders die dramatische Produktion, die heute die Bühne beherrscht, eine Kunst, der die Masse des Volkes völlig gleichgültig gegenübersteht, und es ist nicht zu verwundern, daß sie, die heute ganz andere Lasten, Sorgen und Kümmernisse zu tragen hat, daran wie an etwas Belanglosem vorübergeht."[571] Einen Ausweg aus dieser zerstörten Einheit zwischen ‚Volk' und Theater sah Scharrelmann vor allem in der Pflege des Laien- und Jugendspiels, des Schulspiels, des Heimatspiels und des Puppenspiels,[572] also jener Formen von Theaterarbeit, die der Bühnenvolksbund Niedersachsen mit der Begründung einer Wanderbühne für theaterlose Ortschaften, der Mitteldeutschen Bühne, förderte.[573]

Was das ‚Volk' „in der zusammenhanglosen und intellektuell eingestellten Produktion, in den Dramen der Gehirnakrobaten und Nur-Literaten nicht fand", das habe ihm das „Heimatliche" zurückgegeben: „Probleme und Handlungen aus seiner eigenen Welt, Menschen und Charaktere seines Schlages und eine Sprache, die es bis in seine letzten Winkel verstand und die ihm seit Kindesbeinen vertraut war." In diesen Stücken habe das ‚Volk' „den Spiegel wieder(gefunden), in dem es sein eigenes Angesicht sah, das Spiel seiner Leidenschaften, den Kampf seiner eigenen seelischen Gewalten und Kräfte, seiner Leiden und Freuden". Es habe wieder verstehen gelernt, „ohne fragen und grübeln zu müssen", und es habe „blutvolle Anschauung statt eleganter Dialoge und spitzfindiger Lebensbetrachtungen einer kulturmüden Schicht"[574] erhalten.

Wie Scharrelmann betonten auch viele andere Mitglieder des Landesverbandes Niedersachsen des Bühnenvolksbundes in den Zeitschriften NIEDERSACHSEN und VOLKSTUM UND BÜHNE die Kluft zwischen einer ‚ungesunden' Kunst für wenige und einer ‚gesunden' Volkskunst für alle, die in einem bodenständigen, traditions- und nationalbewußten „Volkskörper" wurzele. Häufig wurde dieser Dualismus an dem Beispiel ‚Stadt und Land' verdeutlicht. Die Stadt, vor allem die Metropole Berlin, war dabei das Symbol für eine kulturell-künstlerische Entwicklung, die in den Augen ihrer Kritiker durch „ausländische", „undeutsche", „unsittliche", „dekadente" und politisch linksstehende Einflüsse gekennzeichnet war. Das Land hingegen schien künstlerisch-kulturelle Kontinuität und Traditionswahrung, die „Würde des einfachen Lebens" und eine „Herzensbildung" zu bieten. „Herzensbildung" als *Formung der Seele durch echte geistige und seelische Werte*"[575] wurde in diesem Zusammenhang der vermeintlichen ‚Intellektualisierung' und ‚Versachlichung' in der Stadt entgegengesetzt. Stadt hieß „Mechanisierung des Geistes", Sensationslust, Hektik, Gefühlsarmut und „Massenverstand"; Land bürgte nach der Aussage vieler Mitglieder des Bühnenvolksbundes für Individualismus und Freiheit und gleichzeitig doch auch für Gemeinschaft und Tradition.[576] Im Mai 1930 hieß es in einem Artikel in VOLKSTUM UND BÜHNE: „Materialismus und Massentum sind Deutschlands Feinde. Seelenloses Massentum – oder beseeltes Menschtum? So steht die Frage. Es ist an Deutschland, sich zu entscheiden."[577]

Diese Frage hatte der Bühnenvolksbund für sich zu diesem Zeitpunkt längst beantwortet. Einer der Autoren von VOLKSTUM UND BÜHNE brachte die Antwort stellvertretend für viele andere auf eine kurze Formel: „Glücklicherweise ist das verrottete Berlin nicht Deutschland!"[578]

Bühnenvolksbund gegen Freie Volksbühne. Freie Volksbühne gegen Bühnenvolksbund

Die Ablehnung der künstlerischen Moderne und – darüber hinaus – die Ablehnung des politischen Systems der Weimarer Republik, die aus vielen Äußerungen des Bühnenvolksbundes deutlich wird, blieb in den zwanziger Jahren nicht unwidersprochen. Einige der stärksten Kritiker kamen aus den Reihen der Freien Volksbühne. In der gleichnamigen Zeitschrift der sozialdemokratischen Theaterbesucher-Organisation behauptete Siegried Nestriepke, einer ihrer wichtigsten Funktionäre, im März 1929, der Bühnenvolksbund habe sich in der letzten Zeit weit von seinen ursprünglichen Zielen entfernt. Er sei gegründet worden „zur Pflege der Kunst im christlich-deutschen Volksgeist'". Nestriepke weiter: „‚Christlich-deutsch' – ein sehr auslegungsfähiger, sehr dehnbarer Begriff: Und der Bühnenvolksbund hat ihn, weiß der Himmel, immer wieder gedehnt, immer wieder neu ausgelegt. Es ist heute außerordentlich schwer, auch nur andeutungsweise zu sagen, was das ‚Christlich-deutsch' bedeuten soll. Zu den Verfechtern klerikaler Tendenzen, die bei der Gründung des Bühnenvolksbundes tonangebend waren, sind durch Aufnahme der Verbindung mit dem Deutschnationalen Handlungsgehilfenverband völkische Kreise herangezogen worden, die oft genug selbst mit einem germanischen Wodanskult liebäugelten."[579] Allen Mitgliedern des Bühnenvolksbundes sei eines gemeinsam, nämlich „die Ablehnung einer freiheitlichen Entwicklung, die Ablehnung von Tendenzen, durch die traditionelle Dogmen und Auffassungen erschüttert werden könnten".[580]

Den Nachweis für seine Behauptung, der Bühnenvolksbund habe sich in Hannover mit dem Deutschnationalen Handlungsgehilfenverband zusammengeschlossen, blieb Nestriepke schuldig. Das wundert nicht. Es gibt keinen weiteren Hinweis auf eine solche Fusion. Dies hängt vielleicht auch damit zusammen, daß die Deutschnationalen hier mit der Deutschen Bühne über eine eigene Theaterorganisation verfügten. Fraglich ist darüber hinaus, ob die hannoversche Ortsgruppe des Bühnenvolksbundes, die Theatergemeinde Hannover, einen Zusammenschluß überhaupt für opportun gehalten hätte. Schließlich hatte sich die Theatergemeinde Hannover in Hannover eine nach vielerlei kulturpolitischen Seiten offene Organisation geschaffen. Nestriepkes abwertende Beurteilung des Bühnenvolksbundes ist damit auch vor dem Hintergrund einer von beiden Organisationen mit Schärfe und Polemik geführten Dauerauseinandersetzung zu sehen.[581] Die Volksbühne verwehrte dem Gegner dabei zwar nie das Recht der Existenz,[582] sie sparte jedoch auf der anderen Seite nicht mit Kritik an der vermeintlichen Rückständigkeit und am – nach ihrer Überzeugung – mangelnden Kunstgeschmack des Bühnenvolksbundes.[583] Allerdings zeigt ihr Vorgehen auch, daß ihre Verantwortlichen letztlich wußten, daß dieser weltanschauliche und politische Gegner nicht zu besiegen war und daß man ihn – wenn auch widerstrebend – zu respektieren hatte. Dies gilt trotz der Tatsache, daß die Mitgliederzahl des Bühnenvolksbundes nur einen Bruchteil von jener der Freien Volksbühne ausmachte. Die Volksbühne sprach diesen Aspekt ihrer zahlenmäßigen Überlegenheit im September 1928 an, als sie mit Blick auf die Politik des Theater-Ausschusses die „ungeheure Ungerechtigkeit" beklagte, nach der „diese wenigen Theaterbesucher die gleichen Preisvorteile genießen wie Zehntausende von Mitgliedern der Freien Volksbühne".[584] Ihre Kritik an der städtischen Theaterpolitik war und blieb folgenlos. Spätestens Ende der zwanziger Jahre imponierte dem machtvollen Gremium die Drohgebärde der schrumpfenden sozialdemokratischen Theaterbesucher-Organisation nicht mehr.[585] Das heißt jedoch nicht, daß der Theater-Ausschuß stattdessen den Bühnenvolksbund stärker in seine Beratungen einbezog. Er entwickelte vielmehr andere Formen der Bevorzugung jener kunstpolitischen Überzeugungen, die seinen eigenen weitgehend entsprachen.

Bühnenvolksbund, Bürgervereine, Stadtverwaltung. Schulterschluß und Rückendeckung

Wie die Reichsorganisation des Bühnenvolksbundes, so verstand sich auch die hannoversche Ortsgruppe, die Theatergemeinde Hannover, seit ihrer Gründung als wichtiger kulturpolitischer Faktor städtischen Theaterwesens. Das geht aus dem als Flugblatt verteilten, nicht datierten Aufruf eines Aktionsausschusses hervor, der die Gründung einer „großen geschlossenen Theatergemeinde" ankündigte und also kurz vor der eigentlichen Entstehung der Theatergemeinde Hannover im Januar 1923 in der Stadt verteilt worden sein dürfte.[586] Mehr als ein Jahr vor der Formierung der hannoverschen Freien Volksbühne wollten die Verfasser des Aufrufes nicht – wie jene – die bisher sozial Benachteiligten, sondern vielmehr die Unzufriedenen in die Theater zurückzuführen: „*Tausende*, die sonst die Theater füllten, die bei mäßigen Preisen im Monat ein- oder zweimal gerne die *Stätten wirklicher Kunst* besuchten, *stehen heute abseits*."[587]

Es ging also um die Berücksichtigung der Interessen jener Besucher, welche – so viele Kritiker – zu Opfern einer negativen Entwicklung in der jüngsten Vergangenheit geworden seien: „Man war gezwungen, die Eintrittspreise enorm in die Höhe zu schrauben, wodurch *weiten Kreisen* unseres Volkes ein Besuch des Theaters *unmöglich* gemacht wurde. Die Theaterleiter kamen den Wünschen derer, die Geld hatten, nur allzusehr entgegen und bauten ihren Spielplan vielfach mit modernen Schund- und Schmutzstücken auf."[588] Durch den Ausschluß jener ‚Volkskreise', die sittliche und ethische Ansprüche an das Theater stellten, sei „der Tempel der Kunst ... entweiht", der „stolze Bau der Kunst ... unterwühlt" und „die geistig(e) Zukunft unseres Volkes" gefährdet. In dieser Situation bauten die Initiatoren des Aufrufs auf den „ideale(n) Geist des alten Hannover",[589] der dem Theater den Weg weisen sollte in jene „geistige Erneuerung", die noch notwendiger als der „materiell(e) und sozial(e) Wiederaufbau" sei. „(I)m Sinne volkstümlich-deutscher Kultur und christlicher Lebensauffassung", jenseits aller „politischen, konfessionellen oder literarischen Sonderbestrebungen", erging der Aufruf „(a)n alle, die in diesem Geiste mitarbeiten wollen an der *Hebung unserer Theater*„: „(F)ern von Muckertum und Prüderie", fest verankert in ein Konzept, das die Förderung des Frohsinns und – ähnlich wie bei der Deutschen Bühne – das karitative Moment der Unterstützung bedürftiger Künstler einschloß, war das Kunstideal, dem zu dienen sich die Gründungsmitglieder der Theatergemeinde Hannover verschrieben hatten. „*Die Kunst ist rein, sie soll erheben, bilden und belehren, sie soll Ehrfurcht einflößen vor dem Schönen, Guten und Großen. Die Meisterwerke unserer Literatur* wollen wir pflegen und auch die *modernen Dichter* zu *uns sprechen lassen*, soweit sie nicht die Kunst zur Dirne erniedrigen, sondern Wertvolles bieten."[590]

Verglichen mit diesen hehren Zielen sah die Realität der Theaterarbeit für die Theatergemeinde Hannover recht ernüchternd aus. Das Ziel, „auf die Spielpläne der hiesigen Theater im Sinne unseres Programms ... unseren ganzen Einfluß geltend"[591] zu machen, blieb in Hannover unerreicht.[592] Auch eine angekündigte eigene Zeitschrift, die, wenn dies auch nicht eingestanden wurde, wohl nach dem Vorbild der Freien Volksbühne die Interessen der Theatergemeinde Hannover hätte vertreten sollen, konnte sich nicht etablieren. Stattdessen hatte sich die hiesige Gruppe der Theatergemeinde Hannover damit zu bescheiden, der Vereinszeitschrift des niedersächsischen Landesverbandes, VOLKSTUM UND BÜHNE, ein doppelseitiges Programm beizufügen, das neben Informationen zum Spielplan und zur Preisgestaltung im wesentlichen ener-

Flugblatt der Theatergemeinde des Bühnenvolksbundes Hannover. Winter 1922/23

Aufruf der Theatergemeinde Hannover in der Zeitschrift VOLKSTUM UND BÜHNE. September 1931

gische Aufrufe an alle Mitglieder enthielt, sich stärker an der Arbeit der Theatergemeinde Hannover zu beteiligen.

Wenn sich der städtische Theater-Ausschuß mit den Zielen der Theatergemeinde Hannover auseinandersetzte, so nicht etwa, um diese zur Mitgestaltung der Spielpläne aufzufordern, sondern einzig, um Eintrittspreise für deren Mitglieder mit ihr auszuhandeln.[593] Zunächst einmal scheinen die Möglichkeiten der Einflußnahme auf die städtische Theaterpolitik für den hannoverschen Bühnenvolksbund also keinesfalls günstiger ausgesehen zu haben als für die Konkurrenz von der Freien Volksbühne. Doch anders als dieser gelang es der Theatergemeinde Hannover rasch, gute Kontakte zu einflußreichen kulturpolitischen Gremien der Stadt zu knüpfen. Deutlichstes Beispiel für diese gleichsam unter der Oberfläche der städtischen Theaterpolitik entstehende Vernetzung der Theatergemeinde Hannover mit konservativen kommunalen Gremien ist der bereits angesprochene Zusammenschluß der hannoverschen Bürgervereine in einem eigenen Theaterausschuß „gegen die Unkultur der Bühnen" im Spätsommer 1928. Wie die Freie Volksbühne in ihrem Mitteilungsblatt umgehend offenlegte, war die Initiative dabei von der Theatergemeinde Hannover ausgegangen. Die Bürgervereine hatten sich in einer Generalversammlung mit folgender Begründung angeschlossen: „Beabsichtigt sei, die Reihen des Bühnenvolksbundes zu stärken, indem man ihm die gleichen Vorteile bietet wie der unter sozialistischer Leitung stehenden Freien Volksbühne.[594]

Doch auch als sich abzeichnete, daß die neue hannoversche Theaterbesucher-Organisation – die vierte neben der Freien Volksbühne, der Deutschen Bühne und der Theatergemeinde Hannover – keinen Zulauf unter der Bevölkerung haben werde, wurde der Kontakt zwischen der Theatergemeinde Hannover und den Bürgervereinen von beiden Seiten aufrechterhalten.[595] Regelmäßig erschienen in der BÜRGERWACHT Aufrufe zum Beitritt zur Theatergemeinde Hannover. Jeder Bürger, so die Argumentation, habe das „Deutsche" in Kunst und Kultur zu fördern. Hervorgegangen aus dem „Volk der Dichter und Denker", müsse der deutsche Bürger dazu beitragen, daß seine Nation „auf der Grundlage der kulturbildenden Kräfte deutschen Volkstums und christlicher Lebensgestaltung"[596] wieder einstige Größe und Bedeutung zurückgewinne. Die Zeitschrift BÜRGERWACHT übernahm jene Verunglimpfungen wortgleich, mit denen der Bühnenvolksbund die Arbeit der Freien Volksbühne zu diskreditieren versuchte. So veröffentlichte das Blatt der Bürgervereine im September 1932 einen Artikel der Theatergemeinde Hannover, der einen „helle(n) Fanfarenstoß auf allen Gebieten namentlich auch des kulturellen Lebens" forderte. Dieser „Fanfarenstoß" solle allen denen „das Gericht verkünde(n), die durch schamloses Gebaren dem Wuchern der moralischen Verderbnis gegen die Fäulnis Vorschub leisten", er solle ein „Weck- und Mahnruf" für alle sein, denen „der Wiederaufstieg unseres Volkes am Herzen liegt".[597]

Wie nicht anders zu erwarten, wurde die Phalanx von Bühnenvolksbund und Bürgervereinen von der Freien Volksbühne mit scharfer Polemik als Verbindung von „schwärzeste(r) Reaktion" und „künstlerische(m) Unverstand"[598] charakterisiert. Sie setzte sich gleich mehrfach mit diesem Zusammenschluß auseinander, was auch darauf hinweist, daß die Freie Volksbühne dem zahlenmäßig sehr viel kleineren Gegner doch eine große Bedeutung zubilligte. Tatsächlich hatten die Bürgervereine auf ihrer Generalversammlung ihren Schriftführer Karl Anlauf an die Spitze der neuen Besucherorganisation der Theatergemeinde Hannover gewählt.[599] Anlauf, der etwa zur gleichen Zeit sein Amt als Senator der DNVP im Magistrat aufgab, hatte als Feuilletonleiter der NIEDERDEUTSCHEN ZEITUNG, als Hauptmitarbeiter der BÜRGERWACHT, als

Vorstandsmitglied der Theatergemeinde Hannover[600] und als Mitglied des Theater-Ausschusses einen außerordentlich großen Einfluß auf die die kulturpolitische Entwicklung der Stadt Hannover. Im Oktober 1929 ging Anlauf so weit, in einer Sitzung der Gesamtvorstände der hannoverschen Bürgervereine zu formulieren, „(w)er die Freie Volksbühne unterstütze, unterstütze die Feinde des Christentums".[601] Die Freie Volksbühne kommentierte daraufhin, mit dieser Bemerkung habe sich Anlauf „ein sehr bezeichnendes Zeugnis seiner eigenartigen Geistesrichtung" ausgestellt. Im übrigen sei „die Gegnerschaft eines Senators Anlauf eine Ehrung für die Freie Volksbühne".[602]

Doch weniger solche Häme als vielmehr die Besorgnis über die Abwanderung der eigenen Mitglieder bestimmte zunehmend den Ton der Freien Volksbühne. Die Theatergemeinde Hannover verfügte über eine große Zahl von Mitgliedern, deren Namen in weiten bürgerlichen, konservativen Kreisen der Stadt einen sehr guten Klang hatten. Neben Studienräten und Pastoren, Universitätsprofessoren und Landtagsmitgliedern, Großindustriellen und hohen Militärs, Vorsitzenden von konfessionell gebundenen Frauenverbänden und Magistratsangehörigen verzeichnete die Ausschußliste der Theatergemeinde Hannover viele Namen der sogenannten ‚hübschen' Familien der Stadt.[603]

Vorsitzender der Besucherorganisation war der Direktor des Ratsgymnasiums Rudolf Graefenhain. Graefenhain, 1867 in Harburg geboren und seit seiner Studienzeit als Pädagoge in Hannover tätig, war ein überaus vielseitiger und, wie seine Mitarbeiter den aufsichtführenden Schulbehörden gegenüber betonten, „künstlerisch feingebildeter Mensch von echt humaner, edler Gesinnung".[604] Sein persönliches Interesse und seine guten Kontakte zur hannoverschen Theaterszene ließen Graefenhain für die Stadtverwaltung zu einem verläßlichen Fachmann für Schauspiel- und vor allem Opernfragen werden. Darüber hinaus war er lange Zeit erster Vorsitzender des Hannoverschen Künstlervereins, des Horts gediegener Geselligkeit für Künstler und Kunstfreunde. Gemeinsam mit dem Pianisten Walter Gieseking, Wilhelm Katz und Heinrich Tramm setzte er sich für die von dem Unternehmer Heinz Appel gegründete Hannoversche Musikgemeinde ein, die gegen die „Verflachung" durch „Rundfunk, Jazzmusik, Grammophon und gegen eine übertriebene Sportbewegung" angehen wollte[605] Außerdem gehörte der Pädagoge dem städtischen Kunstausschuß an, der Mitte der zwanziger Jahre auf Beschluß des zuständigen preußischen Ministeriums eingerichtet wurde, um die Wahrung der „öffentlichen Ruhe, Sicherheit und Ordnung"[606] zu gewährleisten und nötigenfalls über Maßnahmen zur Zensur zu beraten.

Wie sich die Theatergemeinde Hannover unter ihrem Leiter Rudolf Graefenhain zu Fragen der Zensur stellte, machte der Leitartikel über DEUTSCHE KUNST UND DEUTSCHE POLITIK in der Zeitschrift VOLKSTUM UND BÜHNE deutlich. Hier hieß es im Juni 1930: „Deutsche Politik fordert gebieterisch Hochachtung der Sitte und des Anstandes im deutschen Kunstleben. Mögen Spelunken und Schmieren auf tiefste Stufe sinken, das öffentliche Theater hat eine Höhenstufe einzunehmen. Wenn die Revolution die Zensur zur Strecke gebracht und eine Freiheit des Unsittlichen heraufgeführt hat ..., so müssen die amtlichen Organe der Stadt- und Staatsbühnen durch ihre Auswahl eine Zensur üben, die sich durch keinen geschäftstüchtigen Klüngel etwas aufdrängen und durch kein dreistes Gefasel von Rückständigkeit und Prüderie in den Dienst perversen Schrifttums zwingen läßt."[607] Und weiter: „Eine weitere Aufgabe deutscher Politik wäre der Schutz deutscher Belange vor Verunglimpfungen auf dem Theater ... Dieser Politik der Zerreißung Deutschlands (durch die „Klassenkampfdramatik" Piscators, Brechts und Tollers, I.K.) und seiner Auflösung im Völkerbrei hat deutsche Politik die Kunst des deutschen Geistes entgegenzusetzen, sich selbst Zweck, doch aus dem Geiste, der erhebt und veredelt, geboren, realistisch wahr, packend und fortreißend in Trauer und Freude, aber nicht naturalistisch gemein, nicht hetzerisch zu vorbestimmtem Ziel, einigend und das Gemeinsame kündend, nicht spaltend und Haß säend. Auch das deutsche Volk muß deutsche Politik in der Kunst zu treiben wissen. Es kann wählen und richten, es kann mit Beifall auszeichnen, was ihm dient."[608]

Auch Rudolf Graefenhain sah in der künstlerischen Moderne den Ausdruck „moralischer Verderbnis" und „Fäulnis". Die gegenwärtige Kunstproduktion erzwinge das Eingreifen einer Besucherorganisation in „christlich-deutschem Geiste". Diese habe eine „tatkräftige(.) Abwehr zum frischfröhlichen Kampfe gegen alle kulturfeindlichen Mächte"⁶⁰⁹ aufzubauen. Auch an anderer Stelle betonte Graefenhain die Notwendigkeit, eine Front gegen das „allzu Moderne" zu errichten. Der Bühnenvolksbund habe in diesem Zusammenhang eine bedeutendere Rolle als jene einer bloßen „Vermittlungsstelle wohlfeiler Theaterkarten"⁶¹⁰ einzunehmen, so forderte er 1927. Schließlich sei der „heiligste(.) Besitz unseres deutschen Volkes" – Religion einerseits, „echte Kunst" andererseits – von „kulturfeindlichen, zersetzenden Mächten"⁶¹¹ bedroht. Besonderes Augenmerk schenkte der Pädagoge und Erste Vorsitzende deshalb seiner Jugendorganisation, der Deutschen Jugendbühne, für deren „gedeihliche Entwicklung" er sich vor allem unter folgendem Gesichtspunkt einsetzte: „Je eher sie (die deutsche Jugend, I.K.) von dem heiligen Ernst und der Notwendigkeit des Kampfes gegen Schmutz und Schund auf dem Gebiete des Theaterwesens durchdrungen wird, umso mehr wird sie, herangereift zur Mannheit, eine feste Stütze unserer Sache sein."⁶¹² Allerdings ließ die Erfüllung dieser Hoffnung angesichts stagnierender und dann sogar abnehmender Mitgliederzahlen auf sich warten. Rudolf Graefenhain beschränkte sich bald darauf, auf der Doppelseite, die seiner hannoverschen Ortsgruppe in VOLKSTUM UND BÜHNE monatlich zur Verfügung stand, die Arbeit der Theatergemeinde Hannover vorzustellen.

Die Theatergemeinde Hannover blieb in den zwanziger Jahren eine zahlenmäßig überschaubare Vereinigung, die jedoch selbstbewußt Einfluß auf die städtische Theaterpolitik zu nehmen versuchte und in diesem Zusammenhang einen engen Kontakt mit dem Theater-Ausschuß pflegte.⁶¹³ Dabei half ihr auch die Tatsache, daß auffällig viele Feuilletonmitarbeiter bürgerlicher Tageszeitungen zu ihren Angehörigen gehörten. Einer von ihnen, zugleich Mitglied in der Trias an der Spitze des Vereins,⁶¹⁴ war Alois Vogedes, Schriftleiter der katholischen HANNOVERSCHEN VOLKSZEITUNG.⁶¹⁵ Vogedes,⁶¹⁶ Jahrgang 1877, verstand sich als Sprachrohr der katholischen Bevölkerung Hannovers. Über die zwanziger Jahre hinweg meldete er sich immer dann zu Wort, wenn es galt, zeitgenössische bildende Kunst oder auch moderne Theaterstücke heftig und polemisch zu kritisieren. So forderte er im Januar 1921 die „katholischen Kreise der Stadt" dazu auf, die Kunst von Kurt Schwitters als „snobistische Verrücktheiten, Bluff und äußere Geschäftsmache"⁶¹⁷ öffentlich zu bekämpfen. In Vogedes' Augen schadete das „dadaistische Gestammel … der großen Sache ungeheuer". Worin die „große Sache" bestand, erwähnte er nicht, wohl aber gab er seinem Bedauern Ausdruck, daß Schwitters' Tun „für das Irrenhaus nach unseren gesetzlichen Bestimmungen"⁶¹⁸ noch nicht ausreiche. Ein anderes Mal beteiligte sich der Journalist anläßlich der Aufführung eines zeitgenössischen Stückes im Deutschen Theater, das zwei Pfarrer persiflierte, derart lautstark an den Unmutsbekundungen der „beleidigte(n) Katholikenschaft", daß der Verleger Paul Steegemann dem Redakteur kurzerhand zeigte, „wo Maurer und Zimmerleute Türen angebracht haben",⁶¹⁹ wie die Zeitschrift DIE PILLE kommentierte.

Städtische Theaterpolitik und Besucherorganisationen. Mechanismen der Integration und der Ausgrenzung. Das Verhalten gegenüber Erich Rosendahl

Daß dieses Blatt die unsanfte Behandlung des Journalisten Alois Vogedes begrüßte, wundert nicht. Schließlich war der PILLE sehr daran gelegen, jene „zu Fall" zu bringen, die den Vorgang behinderten, „das Theaterpublikum zu einer wahren Kunstgemeinde zu erziehen, die das Gute (aber nur dieses, keinen Kitsch) beim alten wie beim neuen zu finden und als solches zu werten weiß".⁶²⁰ Einer ihrer erklärten Feinde war in diesem Zusammenhang Erich Rosendahl, der sich als Rezensent verschiedener bürgerlicher Tageszeitungen immer wieder öffentlich gegen moderne Stücke wandte, die die Städtischen Bühnen nach seiner Überzeugung in den Untergang trieben.⁶²¹

Die Abneigung der PILLE gegen Rosendahl, der sich neben seinem unerträglichen Beharren auf dem alten Hoftheaterstil der Herzogsfamilie andiene,⁶²² ging so weit, daß sie ihn als „bezahlte(n) Schreiber der Welfenzeitung" bezeichnete: „Man kriegt bei ihm gegen eine Kleinigkeit Sympathie – so sagten vereidigte Künstler als Zeugen aus."⁶²³ Allerdings setzte die PILLE ihren Plan nicht in die Tat um, Rosendahl mit einem „schönen Entlarvungsprozeß"⁶²⁴ ins journalistische Abseits zu befördern. So blieb der Vorwurf der Käuflichkeit des Mitarbeiters des HANNOVERSCHEN KURIERS, der DEUTSCHEN VOLKSZEITUNG (ab 1921: HANNOVERSCHEN LANDESZEITUNG) und der HANNOVERSCHEN VOLKSZEITUNG unbewiesen. Rosendahl trat nicht von seiner Zeitungsarbeit zurück, und er blieb auch im Arbeitsausschuß der Theatergemeinde Hannover ein einflußreiches Mitglied.

Die hannoversche Stadtverwaltung sah offenbar zu keiner Zeit Veranlassung, an Rosendahls Ehrenhaftigkeit zu zweifeln. Zwischen dem Herbst 1928 und dem Sommer 1943 entwickelte sich der Journalist und Schriftsteller zu einem der am großzügigsten aus der städtischen Wohlfahrtskasse unterstützten Künstler der Stadt.[625] In den knapp fünf Jahren bis zum Beginn des Nationalsozialismus erhielt er knapp anderthalbtausend Mark, bis 1943 waren es im ganzen mehr als 4.500 M, die Erich Rosendahl von der Stadt bekam, ohne dafür irgendwelche Leistungen erbringen zu müssen.[626] Es bleibt unklar, warum das Städtische Wohlfahrtsamt fast jedem Unterstützungsgesuch Rosendahls stattgab, wo es doch in vielen vergleichbaren Fällen sehr viel restriktiver zu verfahren pflegte. Umso auskunftsfreudiger begründete der Journalist in einer offenbar erfolgreichen Mischung aus Zurückhaltung und Eitelkeit selbst, warum die Stadt gerade ihm helfen solle. Empfand er seine Bitte selbst als heikel – etwa weil das letzte Gesuch erst wenige Wochen zurücklag –, so wußte Rosendahl ihr besonderen Nachdruck zu verleihen, indem er mehr oder weniger dezent auf seine Freundschaft mit Günther Tramm hinwies, dem Sohn des verstorbenen Stadtoberhaupts.[627] Daß solche Bemerkungen durchaus Wirkung zeigten, ist auch daraus zu ersehen, daß, kurz nachdem Rosendahl seine Beziehung zur Familie Tramm ausdrücklich erwähnt hatte, seine Tochter auf Anordnung Arthur Menges als Magistratsangestellte beschäftigt

Erich Rosendahl und Frau, Foto. Um 1935

wurde.[628] Als einzigem der hannoverschen Theaterkritiker war ihm bereits seit längerem zugestanden worden, wegen eines Beinleidens eine zweite Person umsonst ins Theater mitzunehmen.[629] Selbst als Rosendahl nicht die vorgeschriebene Hilfsperson, seine Frau, sondern andere Personen mitbrachte und für seine Frau noch eine gesonderte Karte verlangte, erhob der Theater-Ausschuß zunächst keinen Einspruch.[630] Ein Gesuch aus dem Jahre 1938, seinen Sohn vom Militärdienst freizustellen, weil Rosendahl ihn zum Diktieren seiner schriftstellerischen Arbeiten benötige, wurde erst nach eingehenden Diskussionen abgelehnt.[631]

Seine Bedürftigkeit begründete Erich Rosendahl damit, daß er auf das „Darniederliegen des deutschen Buchhandels"[632] Ende der zwanziger, Anfang der dreißiger Jahre verwies. Daneben war er überzeugt, in seiner journalistischen wie in der schriftstellerischen Arbeit ständig behindert zu werden. Er habe, so betonte Erich Rosendahl, „gerade in Hannover mit viel Mißgunst zu kämpfen": „Schon in den neunziger Jahren führte ich hier ... einen unerschrockenen Kampf gegen Juden und Freimaurer, was mir viel bittere Feindschaft und Befehdung besonders auch der Presse eintrug."[633] Nicht erst nach der nationalsozialistischen Machtübernahme betonte der knapp Siebzigjährige seinen „Kampf gegen das Judentum" sowie gegen die „liberale und sozialdemokratische Presse", und er verwies auch darauf, „daß ich nicht erst in letzter Zeit eine ‚Umstellung' vollzogen habe"[634]. „Seit frühester Kindheit antisemitisch eingestellt",[635] sei er „stolz darauf, daß ich niemals und nirgends meine aus dem Elternhause mitgebrachte Weltanschauung verleugnet habe. Sie tritt auch in meinen Büchern überall zutage."[636]

Tatsächlich hatte Rosendahl bereits in den zwanziger Jahren keinen Hehl aus seiner tiefen Ablehnung des zeitgenössischen, modernen Kulturangebots gemacht. Daß er über Einfluß verfügte und seine Argumente in der bürgerlichen Öffentlichkeit der Stadt vielfach billigend zur Kenntnis genommen wurden, geht aus Rosendahls zahlreichen Schriften gerade aus der Endphase der Weimarer Republik hervor, welche als Auftragsarbeiten des HANNOVERSCHEN ANZEIGERS erschienen[637] oder durch großzügige Druckkostenzuschüsse von anderer Seite unterstützt wurden. Im Dezember 1928 schrieb Rosendahl, „an ehrenvollen Auf-

Schreiben Erich Rosendahls an Oberbürgermeister Arthur Menge mit der Bitte um Unterstützung. 23. Februar 1938

tragen" fehle es ihm „Gott sei Dank"[638] nicht. Er habe keine Angst davor, im Alter vergessen zu sein. Zu schaffen mache ihm nur sein außerordentlich schlechter gesundheitlicher Zustand. Immer wieder dankte er überschwenglich für die Hilfen, die die „fürchterlichen Alltagssorgen"[639] jedoch nur kurz betäuben könnten.[640] Aus seinem Bekanntenkreis werde ihm immer wieder gesagt, daß sein Kampf mit der Krankheit – offenbar einer schweren Form von Gicht – geradezu „heroisch"[641] sei. Doch ohne die Hilfe der Stadt hätte er „weder die körperliche noch die sittliche Kraft",[642] seine literarischen Pläne zu verwirklichen. Da aber „verschiedene Kreise"[643] der Stadt und „wohlmeinende Freunde"[644] auf ihn einwirkten und betonten, kein anderer als er könne zu diesen wichtigen Themen Stellung nehmen,[645] wünschte sich Rosendahl, die „helfende Hand" der Stadt möge ihn „zum Heile Hannovers" auch weiter „in so hochherziger Weise"[646] beschenken. Es ist auffällig, daß Rosendahl während der mehr als fünfzehn Jahre, in denen er durch das Wohlfahrtsamt der Stadt Hannover unterstützt wurde, kein einziges Mal – wie in solchen Fällen durchaus üblich – dazu aufgefordert wurde, einen Nachweis seiner Gebrechlichkeit in Form eines ärztlichen Attestes oder auch eines Gutachtens durch einen Bekannten zu erbringen.[647]

Die Stadtverwaltung gewährte diesem erklärten Gegner zeitgenössischer Kunst und Kultur, der sich als Schriftsteller wie als Ausschußmitglied der Theatergemeinde Hannover für eine „christlich-deutsche Kunst" und gegen jede Form ‚liberalistischer', ‚sozialistischer' und ‚jüdischer' Kunst einsetzte, also über einen langen Zeitraum hinweg eine nicht unbedeutende Unterstützung. Die Umstände, unter denen die Förderung bewilligt wurde, lassen – wie die Argumentation Rosendahls selbst – vermuten, daß dieser den

Auszug aus dem Unterstützungsbuch der Stadt Hannover. Rechnungsjahr 1932. Aufgeführt sind u.a. Erich Rosendahl, Karl Brandes und Rudolf Hermanns, aber auch Friedrich Vordemberge-Gildewart.

Rückhalt von einflußreichen Persönlichkeiten genoß. Rosendahls Mitgliedschaft bei der Theatergemeinde Hannover mag in diesem Zusammenhang eine ähnlich wichtige Rolle gespielt haben wie die des Schriftstellers Karl Brandes im Vorstand der Ortsgruppe des Bühnenvolksbundes.

Karl Brandes, der sich oft auch den Namenszusatz ‚Hardegg' oder ‚Hardegsen'[648] anhängte, wurde am 26. April 1845 in Hannover geboren.[649] Er erlernte den Beruf des Kaufmanns, widmete sich jedoch bereits in frühen Jahren zunehmend der Dichtung und der bildenden Kunst. Als Gründer eines eigenen Kunstverlages ließ sich Brandes zunächst in München nieder, wo er bald öffentlich den Naturalismus scharf kritisierte und wo erste eigene Dramen in kleineren Theatern aufgeführt wurden. Anfang der achtziger Jahre des vorigen Jahrhunderts kehrte Brandes nach Hannover zurück. Hier war er offenbar ausschließlich als Dramatiker tätig. Seine Werke über stadtgeschichtliche Themen und zur Geschichte des deutschen Kaisertums wurden, will man seinem Bekannten Erich Rosendahl Glauben schenken, mit einigem Erfolg auch am Hoftheater aufgeführt.[650] Kurz nach der Jahrhundertwende trat Brandes zum ersten Mal als Kritiker der Zustände an den Königlichen Bühnen in Erscheinung. Er wandte sich an den damaligen Theaterleiter Bruno von Lepel-Gnitz und forderte diesen auf zu bedenken, „daß im Reich deutsches Gemüt vorhanden"[651] sei. Lepel-Gnitz habe „die Pflicht", dieses „deutsche Gemüt zu erheben". Mit „dem modernen gemütlosen und zweideutigen Plunder" am Hoftheater treibe er das Publikum jedoch ins Kino.[652] Auf dieses Schreiben erhielt Brandes keine Antwort. Als Verfasser von Historienstücken wurde er jedoch weiter im Spielplan des Hoftheaters berücksichtigt. Sein Dreiakter FRIEDENSBOTSCHAFT,[653] ein Stück, das deutlich vom Haß auf die Weltkriegsgegner gekennzeichnet war, wurde – offenbar nicht nur aus programmatischen, sondern vor allem aus qualitativen Gründen – 1918 nicht mehr aufgeführt. Erich Rosendahl freilich teilte

Das Verhalten der Stadt gegenüber Karl Brandes-Hardegsen

mit, es sei nicht verwunderlich, daß in der Revolutionszeit ein Stück verboten werde, in dem ein König positiv dargestellt werde.[654]

Gut drei Jahre später, Ende 1922, knüpfte Brandes dort an, wo er 1905 mit seinem Schreiben an Lepel-Gnitz gescheitert war. Sein Name erschien im Zusammenhang mit dem Aufruf zur Gründung der Theatergemeinde Hannover. Brandes wurde hier als eines von drei Vorstandsmitgliedern des Gründungsausschusses erwähnt.[655] Fast zur gleichen Zeit veröffentlichte er im Feuilleton der DEUTSCHEN VOLKSZEITUNG einen Bericht über HANNOVERS THEATERNOT. Hier beklagte er „Roheit, Unanständigkeit und Ekel",[656] die seit der unglückseligen Revolution in Hannovers Hoftheater gelangt seien. Auch Brandes vermied es grundsätzlich, von den Städtischen Bühnen zu sprechen oder zu schreiben. Das Haus in der Georgstraße war und blieb für ihn das Hoftheater. Außerdem verteilte er im Januar 1921 in Hannover Flugblätter, in denen die „unentwegt an idealer Kunst hängenden Familien" der Stadt „vor dem Treiben und Wirken vieler Moderner gewarnt und ermahnt (wurden), den guten Namen Hannovers aufrechtzuerhalten".[657] Diese Aktion, die bereits im Zusammenhang mit der Gründung der Theatergemeinde Hannover gestanden haben könnte, rief die PILLE auf den Plan. Ihr Rezensent hatte Brandes als „langbärtige(n) Autor eines schnell vergessenen Theaterstückchens" und „Intimus des Dreimännerkollegiums Martin Frehsee, Erich Rosenthal (sic!) und Dreisterneperückenrat"[658] in – eher vager – Erinnerung.[659] Jetzt aber stand der Schriftsteller und Dramatiker im Zentrum einer jener für die PILLE so charakteristischen Polemiken. „Ernst nehmen" könne man diese „Nachtwandler" vom Schlage Brandes' zwar nicht, begann der Kritiker der PILLE, „allein man sollte alles tun, den närrischen Spuk zu verscheuchen". Brandes gehöre zu dem „Kreis der Altmodisch-Verstaubten, deren Zeit vorbei ist, deren irrende Seelen aber immer noch als Gespenster umgehen". Daß er von Kunst keine Ahnung habe, hatte sich für die PILLE dadurch bewiesen, daß er sich fortwährend über die Moderne beklage, ohne zu bedenken, „daß man vor hundert oder mehr Jahren genau so albern gegen Kleist, ja selbst gegen Goethe Stimmung gemacht hat".[660] Statt also weiter als „Pharisäer" über vermeintliche „Dirnenkunst" zu befinden, möge Brandes für die „reinlichen Familien" der Stadt, die sich in den Augen des Kritikers aus dem „Herr(n) Beamtenvater", der „Pastorentochtermutter", den „Hakenkreuzsöhne(n)" und dem „weißgewaschenen Töchtergänschen" zusammensetzten, „Dilettantenaufführungen" anbieten, die „bilden, belehren, begeistern". Er solle sich jedoch hüten, „in unser Gehege zu kommen".[661] Energisch distanzierte sich der Rezensent der PILLE von Männern wie Brandes, die sich erdreisteten, die Kunst „zum Hausdienstmädchen zu degradieren". „Soll ich es nochmals mit aller Schärfe betonen, daß uns Modernen, unserer Kunst und unseren Künstlern das Leben gehört? Ja, wenn ihr es so wollt und wenn ihr uns dazu zwingt, dann errichten wir die ‚Diktatur der Moderne'! Darum verhaltet euch ruhig, ihr Toten!"[662]

Es ist keine Erwiderung von Karl Brandes-Hardegsen auf diesen Artikel der PILLE bekannt. Überhaupt tauchte der Schriftsteller nach der erwähnten Flugblattaktion nur sehr selten in der Öffentlichkeit auf. Sicher hängt dies damit zusammen, daß, wie Erich Rosendahl 1927 feststellte, Brandes wie viele andere heimische Dichter in den zwanziger Jahren weiter Dramen verfaßte, deren Aufführung dann jedoch von den modernen Schauspieldirektoren „vereitelt"[663] werde. Hinzu kam, daß Brandes' Plan scheiterte, die DEUTSCHE VOLKSZEITUNG dafür zu gewinnen, „für den Kampf der Reinlichen und des teuren Vaterlandes ... wider die Unreinlichen in Zwischenräumen ein Beiblatt zu stellen".[664] Doch Karl Brandes war keinesfalls von seiner Überzeugung abgerückt, nach der eine Reihe von Fehlentwicklungen seit der Revolution Unglück in die Städtischen Bühnen gebracht habe. Im Mai 1928 wandte er sich in seiner Eigenschaft als Vorstandsmitglied der Theatergemeinde Hannover an Oberbürgermeister Arthur Menge. Sein Schreiben enthielt einen mehrseitigen Plan zur Sanierung des Städtischen Theaters. Hier hieß es: „(Die Stadt) hat das Theater und kann mit diesem viel erreichen. Es soll lehren und bilden, also heraus mit der Mißkunst! Es ist nicht schwer, diese zu vertreiben. Sie scheint nur zu herrschen, der deutsche Charakter ist wider sie. Ihre Verfechter sind Schreier und Ignoranten, oder von fremder Rasse, denen Mutter Natur kein deutsches, sondern ein der Rasse gemäßes Kunstempfinden gegeben hat. Will die Stadt vorgehen, so hat sie die besten hannoverschen Familien hinter sich."[665]

Zur Sanierung der Städtischen Theaters (Auszug). Anlage eines Schreibens von Karl Brandes an Oberbürgermeister Arthur Menge, 3. Mai 1928

Gut drei Monate vor diesem Aufruf hatte der Oberbürgermeister Post aus Brandes' damaligem Aufenthaltsort erhalten, einem Kurort in Süddeutschland. Der Präsident der dortigen Industrie- und Handelskammer bat im Namen des „greisen Dichters" und „Sohns der Stadt" um eine finanzielle Unterstützung für die Drucklegung von Brandes' dichterischem Gesamtwerk. In der Begründung hieß es: „Seine unbestritten hohes Lob verdienenden, vom edlen poetischen Geist getragenen Werke fehlen der Öffentlichkeit, weil die Verleger sie wegen Geldmangels nicht herausgeben können … Herr Brandes hat durch die Geldentwertung sehr viel verloren … Zum Lebensunterhalt hat er nur den kümmerlichen Rest seines Vermögens und ist fast ohne Einnahmen. Bei dieser Beengung der Existenz ist eine Katastrophe ernstlich zu befürchten."[666]

Karl Brandes selbst erläuterte in einem Schreiben an den Magistrat im März 1928 seine schlechten finanziellen Verhältnisse. Gleichzeitig betonte er hier, er, der „die Glanzzeit Hannovers … gekannt habe, … strebe danach, daß der alte hannoversche Idealismus wieder auflebt".[667] Nur kurze Zeit darauf entschloß sich die Stadtverwaltung, den Schriftsteller und Dramatiker mit einer einmaligen Beihilfe von RM 500.- zu unterstützen.[668] Ohne Zweifel spielte das karitative Moment bei der Entscheidungsfindung eine Rolle. Brandes war zu diesem Zeitpunkt 83 Jahre alt und gesundheitlich angeschlagen.[669] Doch es war nicht wie im Fall Erich Rosendahls das Städtische Wohlfahrtsamt, das Karl Brandes am 23. März 1928 den Scheck ausstellte, sondern die Summe stammte aus dem Fonds der Ehrengabe. Brandes war zu dieser Zeit der einzige hannoversche Künstler, der Gelder aus dem Topf der Ehrengabe erhielt.[670] Mit der finanziellen Unterstützung scheint somit, wenn dies in den entsprechenden Schriftwechseln auch nie explizit erwähnt wurde, eine gewisse Wertschätzung der schriftstellerischen Arbeit von Karl Brandes zum Ausdruck gebracht worden zu sein.[671]

Die Zahlung der Ehrengabe war offensichtlich auch nicht an die Bedingung gekoppelt, sich künftig nicht mehr in die Belange der Städtischen Bühnen einzumischen. Im Gegenteil hat sich Arthur Menge mehrfach für Brandes' Anregungen zur Sanierung des hannoverschen Theaterlebens bedankt.[672] Im Juli 1928 erhielt der Oberbürgermeister dann ein weiteres Schreiben des greisen Theaterautors. In diesem griff Brandes jetzt noch massiver vermeintliche Mißstände an. Er betonte, „gegen Herrn Altmann (herrsche) hohe Mißstimmung", und führte aus: „Wie ich schon bei Gründung der Theatergesellschaft erfuhr, die alten hannoverschen Familien lieben die neuen Theatermätzchen nicht und wollen keinen Betrieb, der für Berlin passend sein mag."[673] Deutlich versuchte Brandes hier also erneut, seinen Absichten mit dem Hinweis auf die „alten hannoverschen Familien", die die Theatergemeinde Hannover unterstützten, Nachdruck zu verleihen. Er beschloß sein Schreiben mit einem dringlichen Aufruf zum Handeln: „Schützen Sie die deutsche Kunst in Hannover. Sperren Sie hier den überflüssigen Zuschuß, der für Mißkunst verwandt wurde, sonst könnte der schwere Tag kommen, an dem das alte Hoftheater verpachtet, wenn nicht gar verkauft würde an eine Aktiengesellschaft ‚Der sprechende Film'. Dieser wird durch das Undeutsche in den Theatern aufgezogen. Und das einst so stolze Hannover leistet ihm Vorspanndienste. Hoffentlich ist es noch nicht zu spät zur Umkehr!"[674]

Es existiert keine Antwort Arthur Menges auf diesen Aufruf. Insofern bleibt unklar, inwieweit Brandes' Forderungen und Anregungen zur Kenntnis genommen wurden oder ob sie gar Einlaß in die Überlegungen des Theaterdezernenten fanden. In jedem Fall ging der städtische Theater-Ausschuß auch im folgenden nicht direkt auf die Interessen der einflußreichen Angehörigen der Theatergemeinde Hannover ein. Es fanden keine Spielplanänderungen statt, und es gibt auch keinen Hinweis darauf, daß die Verhandlungen mit der Theatergemeinde Hannover sich nun intensiviert hätten. Doch es kann kein Zufall sein, daß der Theater-Ausschuß mit Erich Rosendahl und Karl Brandes zwei der wichtigsten und einflußreichsten Mitglieder der Theatergemeinde Hannover über einen längeren Zeitraum hinweg finanziell unterstützte. Statt der direkten Berücksichtigung der Interessen der Theatergemeinde – die unweigerlich den ständigen Protest der Freien Volksbühne herausgefordert hätte – hatten die beiden Verbündeten im Kampf gegen die Moderne subtilere, gleichsam ‚unterirdische' Formen einer intensiven und effektiven Zusammenarbeit gefunden.

Städtische Theaterpolitik und der Schauspielleiter Georg Altmann[675] *(1926–1933)*

Die ‚Ära Georg Altmann' I (1910/11 – 1913/14)

Nachdem der hannoversche Theater-Ausschuß im Spätsommer 1926 der Ära Roenneke ein Ende gesetzt hatte, indem er den Vertrag des Schauspielleiters nicht mehr verlängerte, wurde die Stelle neu ausgeschrieben. Zur Disposition stand nach wie vor die Stelle des Schauspielleiters und nicht des Intendanten. Die in großer Zahl eingehenden Bewerbungsschreiben ermöglichen den Einblick in die bereits erwähnte, weit verbreitete Überzeugung, in eine tiefe Krise geraten zu sein, aus der allein die Rückbesinnung auf das deutsche ‚Volk' und auf dessen vermeintlich ehrliche und unverbildete Kultur einen Weg weise. „Ohne mich auf nichtssagende Experimente einzulassen", versprach etwa der Kandidat vom Stadttheater Münster, sich für die Gesundung der Städtischen Bühnen einzusetzen. Er wolle „im Rahmen gesunder Kunst die Bühne zu dem machen, was sie in ihrer tiefinnersten Bedeutung sein soll, ein Tempel seelischer Erhebung und höchster geistiger und moralischer Bildung in modernster, fortschrittlicher Form".[676] Sein Ziel sei es, „reifste, bildende Kunst in alle Schichten der Bevölkerung zu tragen, in dieser traurigen Periode des Drangsals und Kummers, wo alle bösen, unheilbringenden Instinkte, die durch die demoralisierenden, verheerenden Wirkungen der langen Kriegsjahre und der Revolution geweckt und hervorgerufen sind, an der heiligen Aufgabe mitzuarbeiten, das kranke Seelenleben unseres deutschen Volkes zu heben, zur Gesundung zu führen …, welche die Wiedergeburt der Menschenliebe in ihrer idealsten Bedeutung in sich trägt."[677]

Dieses Bewerbungsschreiben blieb wie viele andere erfolglos. Ein anderes des Breslauer Schauspielers und Regisseurs Julius Arnfeld fand dagegen beim Theater-Ausschuß Berücksichtigung; Arnfeld wurde der neue Zweite Regisseur des Städtischen Schauspiels. In seinem Schreiben gab er der Überzeugung Ausdruck, „daß nach Wirrnissen der letzten Jahre besonders auch auf dem Gebiete der dramatischen Literatur eine große Allgemeinsehnsucht nach erhebenden Werken und einem großzügigen, tief menschlichen Darstellungsstil wieder lebendig geworden ist. Unsere Klassiker, die in Wahrheit nie die Führung in der Weltliteratur verloren haben, müssen in Inszenierung und Darstellung wieder Erhebung, Erschütterung, Befreiung und Lebensfreude auslösen. Unter den zeitgenössischen Dichtern gibt es gewiß manche, die das Ewigsezierende, Negierende, Zerstörende überwunden haben und nun in ihren Werken einen positiven, aufbauenden, lebensbejahenden Ton anschlagen, den Ton unserer Sehnsucht in zerrissenen Zeiten."[678] Arnfeld war zu diesem Zeitpunkt ein enger Mitarbeiter Georg Altmanns und von diesem in seinem eigenen Bewerbungsschreiben dem hannoverschen Theater-Ausschuß bereits als potentieller Zweiter Regisseur vorgestellt worden.[679] Beide Theaterexperten hatten beschlossen, sich gemeinsam um eine Tätigkeit an den Städtischen Bühnen zu bewerben, was damit zusammenhängen könnte, daß ihre theaterkonzeptionellen und theaterpolitischen Überzeugungen weitgehend übereinstimmten.

Georg Altmann, Foto. Um 1920

Georg Altmann wurde am 15. Juni 1884 als Kind eines jüdischen Kaufmannsehepaares in Berlin geboren.[680] Nach dem Abitur begann er ein Studium der Philosophie und der Literatur- und Kunstgeschichte in Heidelberg, das er in seiner Heimatstadt, dann in München und Oxford fortsetzte und in Jena schließlich beendete. Schon in der Berliner Schulzeit begann er sich für das Theater zu interessieren. Während des Studiums schloß er sich dem Berliner Akademisch-Dramatischen Verein als Schauspieler an. Durch seine Kontakte zu professionellen Akteuren lernte er bereits kurz nach der Jahrhundertwende den etwa zehn Jahre älteren Max Reinhardt kennen. Nach dem Wechsel an die Münchener Universität sorgte Altmann in dem dortigen Studententheater für Aufregung, als er 1903 Teile von Schnitzlers REIGEN von Berufsschauspielern uraufführen ließ, was ihm und den Mitverantwortlichen einen scharfen Verweis des Universitätssenats eintrug.[681] Altmann gründete daraufhin mit Otto Falckenberg und dem Journalisten Paul Schlesinger (Sling) von der VOSSISCHEN ZEITUNG den Neuen Verein, eine Vereinigung von Studenten und Berufsschaupielern, der anzugehören in München zur Mode wurde.[682] Dann bot ihm Reinhardt an, sein Regieschüler zu werden. Altmann ging zurück nach Berlin und wurde hier bald mit den Aufgaben des Bühnenleiters und Dramaturgen vertraut. Bei Reinhardt legte er auch seine Schauspieler- und Regieprüfungen ab.[683] Nebenbei gehörte er zu den freien Mitarbeitern von Siegfried Jacobsohns SCHAUBÜHNE und den DRAMATURGISCHEN BLÄTTERN.[684] Bei alledem betrieb er seine Universitätsstudien weiter, so daß er sie 1906, mit zweiundzwanzig Jahren, mit der Promotion abschließen konnte.[685] Unmittelbar nach der Doktorprüfung erhielt Altmann Anfang 1907 sein erstes festes Engagement als Regisseur und Dramaturg am Großherzoglichen Badischen Hof- und Nationaltheater Mannheim.[686] Hier, wo auch die Inszenierung von Opern zu seinen Aufgaben zählte, lernte er seine spätere Frau, eine wohlhabende amerikanische Schauspielerin, kennen.[687] Seit dem Tag der Eheschließung nannte er sich gelegentlich Georg oder auch George Altman. Das Paar blieb bis zum März 1910 in Mannheim.

Für die Spielzeit 1910/11 wurde Georg Altmann die Stelle des Leiters des hannoverschen Deutschen Theaters in der Reuterstraße angeboten.[688] Die Arbeit an dieser Privatbühne war für den jungen Theaterleiter Georg Altmann eine Herausforderung.[689] Er erkannte bald, daß ihm die grundsätzliche Abneigung des Hoftheaters, zeitgenössische Werke zu inszenieren, viele neue Möglichkeiten eröffnete. Rückblickend schrieb er 1915 im HANNOVERSCHEN KURIER, durch diese Konstellation, die die „junge dramatische Kunst in Hannover auf die Privatbühnen geradezu anwies", hätten diese „zum ersten Male neben einer Existenzmöglichkeit auch eine Existenzberechtigung"[690] bekommen. Altmann nahm Werke der bekanntesten europäischen Dramatiker der Zeit in seine Spielpläne auf, er inszenierte Ibsen, Hauptmann, Wedekind, Strindberg, Schnitzler, Wilde und Shaw, und er verschaffte dem Deutschen Theater während seiner Direktorenschaft eine Reihe attraktiver Gastspiele.[691] Freilich rückten ihn sowohl sein, so Claus Harms, „für damalige Verhältnisse erstaunlich mutige(r) und profilierte(r) Spielplan"[692] als auch seine gute Bekanntschaft etwa mit Gerhart Hauptmann und Frank Wedekind[693] in das Blickfeld der hannoverschen Ordnungsbehörden. Altmann erinnerte sich rückblickend an eine Auseinandersetzung mit dem hannoverschen Polizeipräsidenten von Beckerath aus dem Jahre 1912. Dieser blieb auch nach den Ausführungen des Theaterleiters bei seiner Behauptung, ein Stück, das den griechischen Helden Achill in Frauenkleidern zeige, müsse zwangsläufig eine „Schweinerei" sein.[694]

Vielleicht haben auch Behinderungen dieser Art Georg Altmann schon gegen Ende seines zweiten Jahres am Deutschen Theater in Hannover erwägen lassen, wieder nach Berlin zurückzukehren. Als sich ihm zur Spielzeit 1913/14 die Übernahme des Kleinen Theaters Berlin in der Nachfolge Max Reinhardts und Viktor Barnowskys bot, ging er abermals in seine Heimatstadt zurück.[695] Ein grundsätzliches Zerwürfnis mit seinem hannoverschen Publikum scheint dem nicht vorausgegangen zu sein. Vielmehr hieß es in den hannoverschen Tageszeitungen bedauernd, mit Altmann verlasse ein „bedeutender Faktor des kulturellen Lebens"[696] die Stadt. Allerdings blieb er weiterhin mit dem hannoverschen Theaterleben verbunden. Seine Arbeit als Leiter des Kleinen Theaters Unter den Linden führte ihn auf Tourneen etwa mit Emil Jannings, Albert Bassermann, Conrad Veidt und Lucie Höflich immer wieder auch nach Hannover.[697] Die Verpflichtung Jannings', den Altmann in Jena ‚entdeckt' hatte, zeigte zum einen sein Gespür als Theaterleiter und Regisseur, aber auch seinen Sinn für das Geschäftliche.[698] Nachdem Altmann 1921 das Kleine Theater verlassen hatte, um als Gastregisseur an verschiedenen Bühnen Berlins tätig zu sein,[699] festigte sich sein Ruf, Kunst und Geschäft miteinander verbinden zu können. Altmann entwickelte sich zu einer der einflußreichsten Theaterpersönlichkeiten der Stadt neben dem mit ihm befreundeten Brüderpaar Rotter.[700] Er nutzte die materielle Sicherheit, die ihm seine Arbeit als Gastregisseur verschaffte, um sich nun stärker der theaterwissenschaftlichen und literarhistorischen Arbeit zu widmen. Er war der Autor einer Biographie über den Berliner Hofschauspieler Ludwig Devrient, die im Ullstein-Verlag erschien.[701] Der gleiche Verlag veröffentlichte auch seine Übersetzungen von Werken Romain Rollands und Guy de Maupassants.[702] Für den Reclam-Verlag und für S. Fischer verfaßte Altmann DRAMATURGISCHE BÜHNENBEARBEITUNGEN, z. B. von Werken Strindbergs und Schnitzlers.[703] Daneben hielt er an der Berliner Universität und an anderen Hochschulen des Reiches Vorlesungen in Theatergeschichte und bot Hochschulkurse für dramatische Kunst an.[704]

Der Ruf als vielseitiger und wandlungsfähiger Schauspielleiter eilte Altmann offenbar auch voraus, als in Hannover nach dem Übergang des ehemaligen Hoftheaters in städtischen Besitz 1921/22 die Stelle des Intendanten zu besetzen war. Daß sein Name in den Beratungsgesprächen schon damals hoch gehandelt wurde, geht aus der Falschmeldung des HANNOVERSCHEN TAGEBLATTS vom August 1922 hervor, nach der Georg Altmann neuer Leiter des Städtischen Schauspielhauses geworden sei.[705] Auch Franz Rolan, ansonsten gut vertraut mit den hannoverschen Theaterverhältnissen, nannte Georg Altmann unter den Kandidaten für die Nachfolge des Freiherrn Paul Gerhard von Puttkamer. Rolan gab 1924 jedoch einen Grund für die Nichtberücksichtigung an, der ein auch für die spätere Entwicklung interessantes Licht auf das Verhältnis zwischen Georg Altmann und der hannoverschen Öffentlichkeit warf. Altmann sei in Berlin „in die Gefolgschaft der Gebrüder *Rotter* geraten", und da „sehr weite Kreise Hannovers damals nicht gut auf die Rotters zu sprechen waren",[706] habe man von einer Berufung Altmanns als Intendanten Abstand genommen.[707]

Die ‚Ära Georg Altmann' II (1926–1933). Zum Umfeld der Einstellung

Es ist unklar, ob diese Gründe 1921 bei der Besetzung des Intendantenpostens tatsächlich eine Rolle gespielt haben. Fünf Jahre später jedenfalls war davon nichts zu spüren. Vielmehr herrschte offenbar allgemein die Freude vor, einen verdienten Theatermann wieder in Hannover, der Stätte seiner einstigen Erfolge, begrüßen zu können. Vielleicht haben auch die Auseinandersetzungen zwischen dem Vorgänger Roenneke und dem Theater-Ausschuß dazu beigetragen, daß sich weithin die Überzeugung durchsetzte, mit Altmanns Berufung werde, wie der VOLKSWILLE formulierte, versucht, „die Atmosphäre zu reinigen und klare Sicht zu schaffen".[708] Fast alle Rezensenten betonten anläßlich der ersten Inszenierung Altmanns im Sommer 1927 die künstlerischen Qualitäten des neuen Schauspielleiters. Er werde, so der HANNOVERSCHE KURIER, sein Amt gewiß „aufs trefflichste" und „im besten Lichte"[709] ausüben.

Neben dem guten Eindruck, den Altmann bereits in Hannover hinterlassen hatte, trug auch die Fürsprache Arthur Menges dazu bei, daß selbst jene Beobachter, die sich sonst kritisch über die Anstellung von jüdischen Kräften an den Städtischen Bühnen äußerten, zunächst mit Neugier und gewissem Wohlwollen auf den neuen Schauspielleiter reagierten. Menge öffnete für Altmann in Hannover die Türen. Schon einen Monat, nachdem der Weggang Roennekes bekannt geworden war, stellte der Oberbürgermeister und Theaterdezernent den Theater-Ausschuß vor vollendete Tatsachen. In der Sitzung am 22. November 1926 führte er aus: „Weder seien unter den Bewerbungen, die unaufgefordert eingelaufen seien, solche, die er dem Ausschuß empfehlen könne, noch habe man ihm in Berlin an zuständiger Stelle eine geeignete Persönlichkeit nachgewiesen. Für den Posten des Schauspieldirektors komme nach Ansicht maßgebender Kreise in Berlin der frühere Direktor des hiesigen Deutschen Theaters, Dr. Altmann ..., allein in Betracht. Er, Redner, habe Dr. Altmann hierher gebeten, so daß er sich den Herren des Theater-Ausschusses sogleich vorstellen könne."[710] Das sich anschließende Gespräch mit Altmann erwies sich – zumal nach dieser deutlich parteinehmenden Einstimmung Menges – insofern als erfolgreich,[711] als auch Heinrich Tramm sich für den Berliner Theaterleiter aussprach, den er als „hervorragenden Regisseur" und „guten Geschäftsmann"[712] empfahl.

Diese Qualitäten als Geschäftsmann wurden von Arthur Menge wie von Heinrich Tramm nach der Berufung Georg Altmanns zum neuen Schauspieldirektor noch stärker betont als die künstlerischen Impulse, die man sich von ihm erhoffte. Der Theaterdezernent rief am 24. November 1926 die Vertreter der Presse zusammen, um ihnen „persönlich die Mitteilung von der erfolgten Wahl des Herrn Dr. Georg Altmann" zu machen. Menge bezeichnete es in diesem Zusammenhang als „ausschlaggebend", „daß Herr Dr. Altmann als besonders tüchtiger Geschäftsmann gelte, von dessen Tätigkeit man sich auch manche Vorschläge für

Georg Altmann mit Stefan Zweig nach der Uraufführung von Zweigs Schauspiel LAMM DES ARMEN mit den Darstellern, Foto. Um 1929.
V. l.n. r.: Raul Lange, Carola Wagner, Stefan Zweig, Georg Altmann, Theodor Becker, Hugo Rudolph

Ersparnisse in der Oper und vor allem eine sehr tatkräftige Leitung des Schauspiels erhoffe".[713] Auch anläßlich der offiziellen Amtseinführung Altmanns im Städtischen Schauspielhaus knapp vier Monate später betonte Menge die hohen Erwartungen, die der Theater-Ausschuß mit der Person des neuen Bühnenleiters verknüpfe. Anläßlich des Spielzeitbeginns entsandte er nicht etwa einen seiner Referenten, sondern Menge hieß Altmann persönlich im Theater willkommen und bat das versammelte Ensemble um eine freundliche Aufnahme des neuen Leiters. Altmann seinerseits bedankte sich für Menges Begrüßung mit einer Ansprache, die diesen in seiner Wahl vollauf bestätigte. Hannover habe, so Altmann, gegenüber den meisten anderen Städten das Glück, daß das Amt des Oberbürgermeisters und das des Theaterdezernenten in der Person Arthur Menges vereint sei. Menge verfüge über viel Gespür für die Theaterarbeit. Er werde, so sagte er dem Oberbürgermeister zu, alles tun, „damit niemand zwischen Ihnen und den Direktoren der Städtischen Bühnen" stehe. In dieser „festen Überzeugung" versprach Altmann, „fortan mich ganz in den Dienst der Städtischen Bühnen zu stellen und alles zu tun, um Hannovers Ansehen als Theaterstadt zu wahren, zu befestigen und, soweit es in meinen bescheidenen Kräften stehen wird, zu vermehren".[714]

Altmanns Loyalität wurde schon bald unter Beweis gestellt. Zwei Monate nach Beginn seiner ersten Spielzeit, im Oktober 1927, traten drei Mitarbeiter des HANNOVERSCHEN KURIERS an den Theaterleiter heran, um ihm ihre Unzufriedenheit mit der Arbeit des hannoverschen Theater-Ausschusses mitzuteilen und ihn in ihren Plan einzuweihen, unter den Schauspielern „Spione für den HANNOVERSCHEN KURIER,"[715] anzuwerben. Unter der Parole „Das Unglück für die Städtischen Bühnen ist die Theaterkommission" solle Altmann sich auf ihre Seite stellen, man werde ihn dann auch ähnlich wie seinen Vorgänger Roenneke immer dann unterstützen, wenn er dem Theater-Ausschuß „eins auswischen wolle".[716] Altmanns Reaktion bestand darin, den Journalisten „sogleich" zu erwidern, „daß ihm ein Vertrag vorgelegt sei, der ihm in künstlerischer Hinsicht die größte Freiheit gewähre. An eine Knebelung könne dabei nicht gedacht werden".[717] Als der HANNOVERSCHE KURIER Altmanns Arbeit – wohl auch um sich für seinen Starrsinn zu rächen – in zwei Beiträgen angriff, stellte dieser Strafantrag wegen Beleidigung.[718] Vor dem Theater-Ausschuß, dem Altmann den Vorfall umgehend schilderte, sprach er von „schwerwiegenden Beleidigungen und Angriffen auf meine Ehre"[719] und bekräftigte seine Weigerung, sich gegen den Ausschuß zu stellen.

Dieser Vorfall ist charakteristisch für die Haltung Georg Altmanns gegenüber dem hannoverschen Theater-Ausschuß und auch für sein Verständnis von den Kompetenzen eines Schauspielleiters. Anläßlich der 75-Jahr-Feier der Städtischen Bühnen formulierte Altmann in seinem Artikel SCHAUSPIEL-REGIE ALS BERUF, der eigentliche künstlerische Ausdruck einer Inszenierung könne „auf der Bühne unmöglich von den mitwirkenden Schauspielern erzielt werden, da diese ja selbst Teile des Kunstwerkes sind".[720] Es bedürfe vielmehr der Anleitung und Führung eines Schauspieldirektors. Dieser allein könne dem Kunstwerk erst die Einheit, das Gesicht geben. Daß Altmann sich selbst als ein solcher Regisseur verstand, nach dessen alleiniger Maßgabe die Inszenierung eines Stückes zu erfolgen habe, bekam das Ensemble des Städtischen Schauspiels schnell zu spüren. Anders als seine Vorgänger übernahm er nicht die gesamte hiesige Schauspielerschaft, sondern er brachte eine Reihe von Akteuren aus Berlin mit.[721] Dieses Vorgehen sorgte für Kritik – einmal bei der Presse,[722] mehr aber noch innerhalb des bisherigen Ensembles. Bereits anläßlich der Einführungsveranstaltung betonte ein altes Bühnenmitglied, daß, wenn „unser plötzlich bis zum Herzen mittendurch abgesägter Schauspielkörper mit der neuen Oberhälfte verwachsen wird", mit einem „langen, schmerzhaften Heilungsprozeß"[723] zu rechnen sei.

Georg Altmanns Haltung zum politischen Theater

Im ALMANACH DER STÄDTISCHEN BÜHNEN, der wie alle Drucksachen der Stadtverwaltung Hannovers seit Januar 1929 von Kurt Schwitters typographisch gestaltet wurde,[724] veröffentlichte Georg Altmann im gleichen Jahr seine SPIELPLAN-MAXIMEN. Darin vertrat er die Ansicht, daß der Direktor einer Bühne, „die der Unterstützung öffentlicher Gelder ihr Dasein verdankt", sich „in gleicher Weise an alle Schichten der Bevölkerung wenden und sich von parteipolitischen Bestrebungen aller Art gleich fern"[725] halten müsse.

Doch dürfe das keinesfalls heißen, „sein Theater zu einem Warenhaus werden zu lassen",[726] nur um es allen Besuchergruppen recht zu machen.

Es obliege dem Direktor, zwischen dem Anspruch der Gemeinnützigkeit und der Gefahr der Vereinnahmung durch ‚die Masse' den Weg zu einem attraktiven Spielplan zu finden. „(I)n erster Linie seine persönliche Qualität" sei damit letztlich für das Theaterprogramm einer Bühne ausschlaggebend. Er müsse unter Maßgabe der individuellen Möglichkeiten die „Grenzen des Spielplanes" abstecken, der wiederum „ständiger Regulierung" bedürfe. Erst dann sei der Boden bereitet, auf dem die Fundamente eines ständigen Spielplans zu errichten seien. „Diese Fundamente sind die Klassiker. Ihre liebevolle Pflege ist heute, in einer Zeit, in der ‚alles fließt', ganz besonders wesentlich; sie sind die zuverlässigen Grundmauern und unverrückbaren Stützpfeiler unseres Baues."[727] Altmann plädierte im folgenden für eine Erweiterung des Klassikerbegriffes. „Die übliche Reihe von Lessing bis Grillparzer" solle „durch die von Lenz bis Büchner" ergänzt werden. Auf „überflüssigen Ballast" sei zu verzichten.[728] Die Klassiker erreichten nach seiner Überzeugung ihren besten Zweck, wenn sie unter thematischen Gesichtspunkten zu „Zyklen" zusammengefaßt würden, beispielsweise unter dem Motto DEUTSCHE GESCHICHTE IM DEUTSCHEN DRAMA oder HISTORISCHES LUSTSPIEL. Erst wenn dieses Fundament bereitet sei, dürfe auf ihm der „Bau der Bühnenwerke unserer Tage errichtet" werden: „Unsere Tage" waren für Altmann „die Tage der Väter, der Söhne, der Enkel: Werke dreier Generationen". Zu den Vätern zählte er Hauptmann, Wedekind, Schnitzler, Ibsen, Strindberg und Shaw, zu den Söhnen Carl Sternheim und Georg Kaiser. Die Enkel nannte er nicht. Aus den Werken der beiden älteren Generationen sei ein ständiger Spielplan zu schaffen, der gemeinsam mit den Klassikern „eine gewisse Unabhängigkeit von den Zufällen der Tagesproduktion der Jungen und Jüngsten gewährleistet".[729]

Was Altmann mit dem Hinweis auf jene „Zufälle der Tagesproduktion" meinte, machte er an anderer Stelle deutlich. 1931 hielt er auf dem Welttheaterkongreß in Paris einen Vortrag zum Thema DAS DEUTSCHE THEATER IN DER KRISE.[730] Auf deutschen Bühnen, so berichtete er gegenüber den ausländischen Delegierten, seien allein in den letzten zehn Monaten 340 Stücke uraufgeführt worden. Nur wegen des Wunsches des Publikums nach immer Neuem versuchten viele junge Dramatiker ihr Glück. Viele von ihnen würden trotz mittelmäßiger Begabung sogleich von der Presse als neue Sterne am Theaterhimmel gefeiert.[731] Die Zeit der „Genies" jedoch, die einen Schiller, Hebbel oder Grillparzer hervorgebracht habe, sei vorbei. Es müsse nach wirklichen jungen Begabungen gesucht werden. Allerdings dürften die ausgewählten Klassiker und guten Lustspiele dadurch nicht vernachlässigt werden.[732]

Der Wunsch junger Dramatiker, ihre Kunst politischen Zielsetzungen unterzuordnen, war Altmann, wie er 1930 in dem Artikel DIE SCHAUBÜHNE IN UNSERER ZEIT mitteilte, nicht verständlich. Der Versuch der politischen Beeinflussung diene nicht der „Schönheit des Theaters", sondern lediglich den unkünstlerischen und egoistischen Interessen weniger. „Glaubt nicht", so beschwor er „unsere jungen Dichter", „daß Zeitdramen gelingen, wenn man, noch dazu in schlechtem Deutsch, als Ankläger seinen Verstand sprechen läßt … Lernt aus der allerjüngsten Geschichte, daß künstlerische Tendenzstücke schnell wie Seifenblasen zerplatzen. Blickt nach Moskau!"[733] Die dort nach der russischen Revolution zu beobachtende Neigung, das Politische dem Künstlerischen überzuordnen, habe ein Zerrbild des Theaters geschaffen, auf welches das russische Publikum mit der Nachfrage nach oberflächlicher, seichter Massenware reagiere.

Bewertungen der Arbeit Georg Altmanns

Mit der Orientierung am Klassikerbegriff einerseits und am gemäßigten, – scheinbar – entpolitisierten Zeitstück des frühen 20. Jahrhunderts andererseits hat sich der Bühnenleiter Georg Altmann bis in die heutige Zeit nachhaltig den Ruf verschafft, das Städtische Theater aus den Experimenten der ‚Ära Roenneke' hinaus-, damit jedoch in eine Phase der Stagnation, ja des Rückschritts hineingeführt zu haben. Nach dem „Atemholen" unter Roenneke – so eine häufige Kritik – habe unter Altmann „die Provinz" wieder Einzug gehalten. „Solide Arbeit wurde natürlich geleistet, Schauspieler entwickelten und entfalteten sich, aber der Spielplan war zwischen Pflichtklassikern und zeitabhängiger Unterhaltungsware geteilt."[734] Für das „bedeutende, lebendige Zeittheater" sei wenig Raum geblieben, und die selbstauferlegte „Mäßigung" Altmanns habe eine „Rückkehr zum gepflegten, bildungsbeflissenen Stadttheater"[735] mit sich gebracht.[736]

Wenige Kritiker nur haben die ‚Ära Altmann' positiver dargestellt und sich in diesem Zusammenhang auch genauer mit dem Werdegang Altmanns beschäftigt. Der Theaterleiter war zugleich Verfasser zahlreicher literaturhistorischer und theaterwissenschaftlicher Veröffentlichungen und galt schon unter Zeitgenossen als „Prototyp eines literarisch-dramaturgischen Regisseurs".[737] Brigitta Weber gelangt unter Berücksichtigung von Altmanns erweitertem Klassikerbegriff zu dem Urteil eines „exzeptionellen Proportionsverhältnis(ses)":[738] „In seiner vorletzten Spielzeit 1931/32 beinhaltete der Spielplan beispielsweise u.a. neben neun verschiedenen Werken von Goethe und vieren von Schiller je ein Drama von Kleist, Hebbel, Shakespeare und Gogol: insgesamt hatten die ‚Klassiker' in dieser Spielzeit 89 Aufführungen. Die ‚deutschen Dramatiker unserer Zeit', unter denen Curt Goetz und Carl Sternheim mit je einem Werk, Gerhart Hauptmann, Georg Kaiser und Carl Zuckmayer mit je zwei Abenden, Arthur Schnitzler mit zwei Abenden vertreten waren, machten insgesamt 233 Aufführungen aus. Daneben standen noch 27 Aufführungen von ‚Dramatikern des Auslands', 21 Aufführungen von Weihnachtsmärchen und zahlreiche Sonderveranstaltungen an."[739]

Brigitta Webers Spielplananalyse weist nach, daß Altmann keineswegs zu einem vorrepublikanischen, traditionellen Spielplan zurückgekehrt ist. Jedoch unterscheidet ihre Untersuchung nur zwischen den Klassikern und – Altmanns Definition folgend – den Vätern bzw. den Söhnen. Die Werke der Enkel bleiben auch hier unerwähnt. Eine 1933 erschienene Übersicht über DAS SCHAUSPIEL UNTER DER DIREKTION VON DR. GEORGE ALTMAN 1927–1933 macht deutlich, daß eben dies den eigentlichen Unterschied in den Spielplänen Rolf Roennekes und Georg Altmanns ausmachte.[740] Die „Zufälle(.) der Tagesproduktion der Jungen und Jüngsten" haben in diesem Spielplan eine vergleichsweise kleine Rolle gespielt. Gewiß kann allein die Auflistung der Aufführungen etwa von Vicki Baums MENSCHEN IM HOTEL oder Arnold Zweigs DER STREIT UM DEN SERGEANTEN GRISCHA keinen Aufschluß über die Art ihrer Inszenierung vermitteln. Insofern ist schwer zu klären, ob Altmann in dieser Hinsicht tatsächlich gegenüber seinem Vorgänger Rolf Roenneke eine wesentliche Änderung hin zu einer gemäßigten, gewissermaßen zeitloseren Darstellung vollzogen hat. Doch bereits der erste Blick auf die Spielpläne der Ära Altmann spiegelt eine Auswahl, die deutlich macht, daß Altmann sein Repertoire gegenüber jenem während seiner Zeit am Berliner Kleinen Theater fast zehn Jahre zuvor nicht wesentlich veränderte. Es überwogen nach wie vor die Naturalisten des ersten Jahrzehnts dieses Jahrhunderts. Hatte Rolf Roenneke noch kurz zuvor „das gute Zeitstück" von Dramatikern der jungen Generation als „wichtige(n) Bestandteil des Spielplans" gepflegt, gerade weil es „in erster Linie die Verbindung der Gegenwart her(stellte)",[741] so mißtraute Altmann den dramatischen Werken der Jungen und der Jüngsten offenbar und befürchtete, daß sie ihn als Theaterleiter in die Gefahr politischer Propaganda brächten. Sicherlich sei es, so urteilte er 1930, „nur zu natürlich, daß man auch Schauspielhäuser, also mehr oder weniger der Kunst geweihte Stätten, in den Strudel des politischen Lebens mit hineinzuziehen"[742] versuche. Wenn man sich als Theaterleiter jedoch davon mitreißen lasse, werde man zum „armseligen Handlanger der gerade ausschlaggebenden Majorität".[743] Wer aber, wie Altmann es für sich in Ansprach nahm, „weder nach links noch nach rechts" steuere, „weil er weiß, daß auf beiden Seiten Untiefen lauern", der werde „Kompromißler" genannt. Nicht der bewußt Unpolitische jedoch, sondern nur jener sei „Kompromißler", der mit „irgendeiner politischen Partei paktiert". „Wer sich ein Auge zuhalten muß, ganz gleich ob das linke oder rechte, muß mit der Zeit den Überblick verlieren über die Fülle des ihn umbrandenden Lebens. Diesen Überblick sich, ungetrübt von den politischen Leidenschaften, zu erhalten, ist Lebensnotwendigkeit des Theaterdirektors. Denn sein Beruf ist es, um mit Hamlet zu reden, ‚der Natur gleichsam den Spiegel vorzuhalten'. Dieser Spiegel muß aus kristallklarem Glas sein, kein Fleck darf ihn trüben."[744] Altmann wollte, wie er mehrfach betonte, „keine Komplimente, nach keiner Seite hin (machen), nur so kann ich den mir von allen Parteien anvertrauten ‚Spiegel' blank halten und aufnahmefähig sein für ein ungetrübtes Bild ‚einer abgekürzten Chronik des Zeitalters'."[745]

Er sah nicht, daß es weder für ihn noch für jeden anderen, der in der Öffentlichkeit stand, eine solche Distanz von allem Politischen und eine entpolitisierte eigene Arbeit geben konnte (und nie geben kann). Wer wie er hoffte, sich durch persönliche Abstinenz von politischer Stellungnahme dem Hin und Her von Positionen zu entziehen, saß unweigerlich einem gefährlichen Trugschluß auf. Was Georg Altmann mit diesem Plädoyer für ein unparteiisches und unpolitisches Theaters also nicht berücksichtigte, war die Tatsache, daß sich seine Haltung zu diesem Zeitpunkt Ende der zwanziger und Anfang der dreißiger Jahre für ihn geradezu zwangsläufig negativ auswirken mußte. Der deutsche Theaterbetrieb war, wie erwähnt, in der Weimarer Republik dadurch gekennzeichnet, daß viele politische Diskussionen sich gleichsam in den Bereich von Kunst und Kultur auslagerten. In dieser Konstellation eine betont über der Gegenwart stehende Position zu beziehen, führte – noch dazu für einen aus der Berliner Theaterszene stammenden jüdischen Theaterleiter – dazu, daß Altmann sich zum Angriffsobjekt sowohl der Linken als auch der Rechten machte, weil er seine Unbestechlichkeit und – vermeintliche – Unzeitgemäßheit so stark betonte.[746]

Er hatte von Beginn an klargestellt, daß die von Roenneke vertretene Linie des Experiments in seinem Theater keine Fortführung mehr finden werde. Damit zog er den Zorn der Kulturliberalen auf sich. Johann Frerking etwa wurde nicht müde, Altmann dafür zu kritisieren, daß er „nichts aus dem Spielplan der letzten Jahre" unter Roenneke übernommen habe und gewillt sei, „das Vergangene völlig zu ignorieren". Statt Sternheims KANDIDATEN und Klabunds NACHTWANDLERN inszeniere der neue Schauspielleiter langweilige Klassiker. Und anstatt diese nun wenigstens, wie Roenneke das in seiner FAUST-Inszenierung getan habe, in ein zeitgenössisches Gewand zu kleiden, habe Altmann im März 1929 sein Heil in einer auf insgesamt vier Abende zerdehnten, überaus konventionellen FAUST-Aufführung gesucht.[747]

Auch der politischen Linken fehlten, wie Bürgervorsteher Westphal (SPD) es in der Sitzung des Theater-Ausschusses am 5. Dezember 1932 unter dem Beifall seiner Fraktion bezeichnete, „Stücke mit sogenanntem revolutionären Einschlag",[748] und sie kritisierte, „der Spielplan unter seinem Vorgänger Dr. Roenneke (sei) interessanter"[749] gewesen. Die Freie Volksbühne klagte, das Städtische Schauspiel gehe offenbar dazu über, vor sich „hin(zu)mimen", „nicht gerade schlecht, aber auch nicht ganz gut; es ist geboten, was so eine nicht sonderlich selbständige Bühnenleitung zuwege bringt, wenn sie dem Erfolg versprechenden Zeitgeist, wie ihn vor allem Berlin pflegt, Rechnung trägt und dabei nicht anecken will".[750] Schon nach der ersten Spielzeit des neuen Schauspielleiters vermißte die Freie Volksbühne „den festen Willen, unbekümmert um die Meinung und Ansicht widerstrebender Kreise der neueren Dramatik einen breiteren Raum in den Aufführungen des Städtischen Schauspielhauses einzuräumen und, wenn wir von den Klassikern im großen Hause absehen, auch ein einheitliches Programm. Es schien alles mehr von Zufälligkeiten, Erwägungen, plötzlichen Entschlüssen abhängig, als von langer Hand und auf lange Sicht vorbereitet."[751] Im Jahre darauf, 1929, verschärfte sich die Kritik der Freien Volksbühne an dem „Mischmaschspielplan" des Theaterleiters noch, der „alle Stücke ängstlich meidet, die nur irgendwie merklich etwas von neuem und revolutionärem Geist atmen" und stattdessen „viele Sachen wieder aufwärmt", die er „1910 bis 1913 im hiesigen Deutschen Theater gespielt hat".[752]

Wieder gut zwei Jahre später hatte die Freie Volksbühne konkreten Anlaß zum Protest: Altmann hatte, offenbar ohne sich mit der Thematik genauer zu beschäftigen, im Spätsommer 1931 in ihren Vorschlag eingewilligt, das Stück ROTATION zu spielen, das erst

Auszug aus dem Protokoll der Sitzung des Theater-Ausschusses, 6. Juni 1932

> Direktor Dr. Altman erwiderte, dass er mit dem Verfasser des Stückes wegen Änderung verschiedener Stellen, die kommunistisch angemutet hätten, verhandelt hätte. Dieser habe ihm auch entsprechende Änderungen zugesagt. Als er (Dr. Altman) das Stück dann aber in Mannheim gesehen hätte, sei es ihm wie ein kommunistisches Manifest erschienen. Den Herren von der Freien Volksbühne habe er dies gesagt und habe sich auf ihren Wunsch sodann zur Aufführung von „Fuhrmann Hentschel" verpflichtet. Diese Unterhaltung sei durchaus freundschaftlich gewesen. Um so mehr wundere es ihn, dass die Freie Volksbühne diese Schritte gegen ihn tue. Er sei fest davon überzeugt, dass der Ausschuss ihm Vorwürfe gemacht hätte, wenn das Stück in der Mannheimer Fassung aufgeführt wäre. Aus der Lektüre des Stückes ergebe sich diese Fassung nicht. Vor allem müssten bei der Lektüre die Lichtbilder, die besonders aufreizend wirkten, berücksichtigt werden.
>
> Ein Beschluss wurde in dieser Angelegenheit nicht gefasst.

kurz zuvor in Frankfurt uraufgeführt worden war.⁷⁵³ Nachdem er dann jedoch den Text gelesen habe, sei er, wie er dem Theater-Ausschuß im Juni 1932 berichtete, „mit dem Verfasser des Stückes wegen Änderung verschiedener Stellen, die kommunistisch angemutet hatten",⁷⁵⁴ in Verhandlungen getreten. Dieser habe ihm schließlich auch entsprechende Abschwächungen für die Aufführung in Hannover zugesagt. Als Altmann dann jedoch die Aufführung in Mannheim gesehen habe, sei er zu der Überzeugung gelangt, daß er das Stück unmöglich in Hannover inszenieren könne. Es sei ihm „wie ein kommunistisches Manifest" erschienen, berichtete er dem Ausschuß. Er sei „fest davon überzeugt, daß der Theater-Ausschuß ihm Vorwürfe gemacht hätte, wenn das Stück ... aufgeführt wäre".⁷⁵⁵ Er habe die Freie Volksbühne verständigt, und diese habe eingewilligt, statt ROTATION den FUHRMANN HENSCHEL von Gerhart Hauptmann in den Spielplan aufzunehmen.⁷⁵⁶ Die Freie Volksbühne hingegen hatte, wie sie in einem Protestbrief an den Theater-Ausschuß deutlich machte, eine andere Erinnerung an diesen Vorfall. Danach hatte Altmann die Besucherorganisation lange Monate auf die versprochene Inszenierung von ROTATION vertröstet, um dann schließlich kurz vor Ende der Spielzeit mitzuteilen, daß er stattdessen auf das Stück von Hauptmann zurückgreifen werde.⁷⁵⁷

Die Auseinandersetzung um die Aufführung des gesellschaftskritischen Stückes ROTATION in einer Zeit der scharfen politischen Kontroverse erhellt zum einen, wie wenig Anteil die Freie Volksbühne an der Spiellangestaltung der Städtischen Bühnen hatte. Darüber hinaus gibt der Vorfall Aufschluß über die Kritik der kunstpolitisch dem Neuen aufgeschlossenen, parteipolitisch eher links einzuordnenden Kräfte an der Theaterleitung Georg Altmanns. Sie warfen ihm Zögerlichkeit und mangelnden Mut vor. Altmanns Arbeit war ihnen, so ließe sich die Kritik in einem Schlagwort zusammenfassen, ‚zu unmodern'.

Der anderen Seite jedoch, dem Bühnenvolksbund, war der gleiche Spielplan ‚zu modern'. Karl Brandes, einer ihrer Vorsitzenden, hatte – offenbar unterstützt von einflußreichen Kreisen – den Theaterbetrieb unter Altmann mehrfach heftig angegriffen. Er hatte sich gegen die „Theatermätzchen" ausgesprochen und geurteilt, Altmanns Programm möge in Berlin vielleicht Zustimmung finden, dem ‚alten hannoverschen Theatergeist' jedoch widerspreche es zutiefst. Auch der HANNOVERSCHE KURIER urteilte im Januar 1929: „Der neue Schauspieldirektor hat es nicht verstanden, seinem Spielplan eine besonders anziehende Note zu geben, er hat im Gegenteil einen allgemeinen *Tiefstand* erreicht, der jedem Privattheater längst den Todesstoß versetzt hätte. Er hat nicht einmal vermocht, durch einen Geschäftsspielplan seine Kassen zu füllen, geschweige denn durch künstlerische Qualität das Niveau seines Vorgängers zu überbieten."⁷⁵⁸ Kurt Voß, Feuilletonschriftleiter des HANNOVERSCHEN KURIERS, machte kurze Zeit später in der Zeitschrift NIEDERSACHSEN deutlich, wodurch dieser „Tiefstand" erreicht worden sei. Altmann habe, so führte Voß aus, einen „Spielplan nach Berliner Muster" gemacht. Dadurch sei die Verbindung zwischen dem hiesigen Publikum und dem Theater abgebrochen worden.⁷⁵⁹ Rückblickend urteilte Voß 1933, die „Betrauung eines Berliner Privattheaterleiters mit der Führung des Städtischen Schauspiels" habe sich als „nicht sehr glücklich erwiesen". Am Beispiel der Arbeit Georg Altmanns lasse sich leicht beweisen, daß die „Krise des deutschen Theaterwesens" „nicht so sehr eine Krise des Theaters und der Bühnenkunst" sei, sondern „eine Krise seiner Leiter".⁷⁶⁰ „Während die besonderen Ereignisse besondere Maßnahmen erfordert hätten, versuchte Dr. Altmann die Gestaltung des Spielplans im engen Anschluß an die *Berliner* Theatergeschehnisse, ohne daß er die Spuren der Auflösung wahrnam, die das Berliner Theaterwesen immer sichtbarer befiel."⁷⁶¹ Weil er dadurch den Anschluß an das „deutsche(.) Kulturganze(.)" verloren habe, sei von seiner Arbeit nie ein „positiver Aufbauwille" ausgegangen, „ja, es hat ihm erkennbar eine Grundanschauung vom Wesen des Theaters in einer Zeit gefehlt, die das Ungesunde, bloß Artistische und Geschmäcklerische zugunsten der Erweckung des deutschen Kulturgehalts abzustoßen unternommen hat".⁷⁶²

Kurt Voß' Behauptung, nach der der Theaterbetrieb in der Provinz anderen Gesetzmäßigkeiten als jener in der Hauptstadt Berlin unterliege, ist charakteristisch für die Kritik bürgerlicher, kulturpolitisch konservativer und politisch rechtsstehender Kritiker. ‚Berlin' symbolisierte für sie⁷⁶³ eine Entwicklung weg vom ‚Volk' und hin zu den „ungesunden", „artistischen" und „geschmäcklerischen" Interessen weniger. ‚Berlin' war für diese Kritiker einer der Auslöser jener Krise, die im Theaterbereich dazu führte, daß die Besucherzahlen sanken und die Aufführungen von Stücken zweifelhafter künstlerischer Qualität dagegen immer häufiger wurden. Ein Theaterleiter, der in Berlin erfolgreich war, zog das Mißtrauen dieser Kreise geradezu zwangsläufig auf sich. Da er zudem, selbst Jude, guten Kontakt nach Berlin, besonders zum Theater-Großkonzern der Gebrüder Rotter aufrechterhielt und im Sommer 1931 mit den Rotter-Bühnen sogar einen Gastspielvertrag für die Städtischen Bühnen Hannover abschloß,[764] geriet er weiter in die Schußlinie aggressiver Kritik. Die Vorbehalte gegenüber Georg Altmann und seinen Spielplan entwickelten sich immer mehr von den tatsächlichen Gegebenheiten fort; schließlich meinte man, einen Schuldigen für alle Fehlentwicklungen im Theaterbereich der letzten Jahren gefunden zu haben. Georg Altmann wurde zum Zentrum heftiger und maßloser Hetze von der Rechten, und seine unnachgiebige Haltung den theaterpolitischen Absichten der Linken gegenüber ließ ihn hier keine Verbündeten finden.

Antisemitismus in den Städtischen Bühnen. Das Ende der ‚Ära Georg Altmann' (1930–1933)

Anfang September 1927, eine Woche vor Beginn der ersten Spielzeit Altmanns, hatte Senator Karl Anlauf den Magistrat aufgefordert zu bedenken, ob die „Rasse" des neuen Schauspielleiters nicht dem Ruf der Städtischen Bühnen schaden könne.[765] Anlauf hatte argumentiert, daß ein „Teil der neu angenommenen Kräfte", die Altmann aus Berlin mitgebracht habe, wenig Lob für seine schauspielerischen Leistungen verdiene. Zudem seien „die nächsten größeren Stücke, die vom Schauspielhaus aufgeführt würden ..., von zwei Juden verfaßt worden ... Seiner Ansicht nach dürfe Dr. Altmann das Engagementsrecht nicht weiter haben."[766] Von Anlauf aufgefordert, Stellung zu seiner Forderung zu beziehen, Altmann sofort wieder zu entlassen, beeilte sich Theaterdezernent und Oberbürgermeister Arthur Menge zu erklären, „daß selbstverständlich die von Senator Anlauf gerügte jüdische Tendenz auf die Städtischen Bühnen nicht übergreifen dürfe. Er werde sorgfältig darauf achten, daß die Städtischen Bühnen nicht verjuden!"[767] Der deutlich antisemitische Vorstoß Karl Anlaufs gegen den jüdischen Theaterleiter Georg Altmann steht im Zusammenhang mit einer Reihe von Versuchen konservativer Kreise, stärker auf die Entwicklungen im Bereich der Städtischen Bühnen einzuwirken. Diese Versuche erhielten bereits mit dem Amtsantritt Altmanns einen außerordentlich aggressiven und militanten Ton. Im März 1927[768] stellte die hannoversche Ortsgruppe der NSDAP den folgenden zweiteiligen Antrag in den Städtischen Kollegien, der jedoch abgelehnt wurde: „1. Mit den bei den städt. Bühnen angestellten Personen jüdischer Rasse und Abstammung (Halbjuden) sind mit Ablauf ihrer Vertragszeit die bestehenden Verträge nicht wieder zu erneuern. 2. Bei künftigen Neuein- und Anstellungen von Künstlern und Künstlerinnen an den städt. Bühnen dürfen nur *deutsche* Künstler und Künstlerinnen berücksichtigt werden."[769]

Lange Zeit reagierte Theaterdezernent Arthur Menge sowohl auf die Forderung, Altmann zu entlassen, als auch auf die Frage, wie lange er selbst – so der Rezensent der NIEDERSÄCHSISCHEN TAGESZEITUNG im Mai 1931 – die „Auswahl bolschewistischer Stücke in der Übersetzung von Juden"[770] noch dulden werde, hinhaltend. Zu keiner Zeit hat Menge sich – abgesehen von der Zustimmung zu antisemitischen Äußerungen, die er seiner Position entsprechend abzugeben hatte – in irgendeiner Form an der Hetze gegen Altmann beteiligt.[771] Insofern entsprach seine Zusage, die Städtischen Bühnen nicht „verjuden" zu lassen, eher einem taktischen Verhalten, das ihm in Anbetracht von Karl Anlaufs aggressiver Argumentation notwendig zu sein schien; es ist jedoch nicht mit einer grundsätzlichen Bereitschaft zur Beteiligung an der irrationalen antisemitischen Hetze seiner Zeit gleichzusetzen. Die Sicht des auch in Fragen der Theaterpolitik nüchternen Realpolitikers führte dazu, daß Menge an Altmann so lange wie möglich festhielt. Zweifellos hat er dessen Loyalität dem Theater-Ausschuß gegenüber ebenso zu würdigen gewußt wie das Bemühen um einen

Auszug aus dem Protokoll der Sitzung der Städtischen Kollegien, 15. März 1927

> Die städt. Kollegien beschliessen:
> 1. Mit den bei den städt. Bühnen angestellten Personen jüdischer Rasse und Abstammung (Halbjuden) sind mit Ablauf ihrer Vertragszeit die bestehenden Verträge nicht wieder zu erneuern.
> 2. Bei künftigen Neuein- und Anstellungen von Künstlern und Künstlerinnen an die städt. Bühnen dürfen nur <u>deutsche</u> Künstler und Künstlerinnen berücksichtigt werden.
> Gruppe der National-sozialistischen Arbeiter-Partei.
>
> Die Anträge wurden abgelehnt.

gemäßigten Spielplan. In den Sitzungen des Theater-Ausschusses, die sich mit der Verlängerung von Altmanns Vertrag beschäftigten,[772] war es in erster Linie Arthur Menge, der sich für den Theaterleiter aussprach. Als im Dezember 1932 die Abstimmung über Altmanns Verbleib eine Stimmengleichheit ergab, votierte der Theaterdezernent – in solchen Fällen derjenige, die die Entscheidung traf – für ihn und sorgte damit für die Verlängerung.[773]

Mit dieser Rückendeckung für den jüdischen Schauspielleiter brachte Arthur Menge sich zunehmend selbst in die Schußlinie von Altmanns Gegnern auf der politischen Rechten. Bereits 1931 hatte der Dachverband der hannoverschen Bürgervereine ihn aufgefordert, durch die Entlassung des Schauspielleiters, der die Städtischen Bühnen durch „jüdisches Theater" zu einer „Schmiere" habe verkommen lassen, „aus dem jüdisch-marxistischen Theater eine *deutsche* Kultur- und Bildungsstätte" zu machen. Ein gutes Jahr später verschärfte sich die Kritik. Vereinzelt wurde Menges Rücktritt für den Fall gefordert, daß er weiter an Altmann festhalte. Wie sehr der Oberbürgermeister sich mit seiner Haltung in Gefahr brachte, macht ein Schreiben von Harry Moss[774] an den Oberpräsidenten der Provinz Hannover deutlich. Moss, Leiter des Deutschen Theaters und Begründer der im Herbst 1931 entstandenen nationalsozialistischen Besucherorganisation, der NS-Bühne, hatte Georg Altmann schon in persönlicher Hinsicht in unangenehmer Erinnerung. Zum einen hatte er sich im Herbst 1926 Hoffnungen auf jenen Posten gemacht, den nun Altmann innehatte. Zum anderen war Altmann gemeinsam mit dem Schauspieler Max Gaede gut drei Jahre später, im Oktober 1929, Gutachter in einem Verfahren gewesen, in dem der offenbar allenfalls durchschnittliche Akteur Moss beim Landesarbeitsamt Hannover eine Anstellung als Charakterschauspieler einklagen wollte. Beide, Altmann wie Gaede, hatten Moss' Antrag seinerzeit mit dem Hinweis auf dessen mangelhafte Befähigung abgelehnt.[775] Arthur Menge hingegen hatte sich insofern zum Mentor von Moss gemacht, als er im Juli 1933 im Magistrat dafür plädierte, dem Leiter des bei der Stadt hoch verschuldeten Deutschen Theaters so weit wie möglich finanziell entgegenzukommen.[776]

Ungeachtet dessen erhob Moss in seiner Funktion als Gaufachberater der NSDAP in Theaterfragen nur wenig später, im Sommer 1933, dem Oberpräsidenten gegenüber schwerste Anschuldigungen gegen Menge. Er habe sich als „alter Kämpfer" mit der „Bekämpfung der unhaltbaren Wirtschaft"[777] in den Städtischen Bühnen beschäftigt. Über die Tätigkeit des Theaterdezernenten Arthur Menge „und seine Einwirkung und die seiner Freunde" auf die Städtischen Bühnen habe er folgendes festgestellt: „Das Dezernat des Theaters lag nur nominal in den Händen des Herrn Dr. Menge, entscheidend für alle Theaterfragen war ein Kreis von Juden … Dr. Menge, der persönlich keinerlei Beziehungen zu künstlerischen Fragen hat, da ihm bekannterweise jedes Verständnis für Theaterfragen künstlerischer und wirtschaftlicher Art fehlt, war der ergebene Freund dieser jüdischen Clique … Ein krasses Beispiel, wie hier Engagements getätigt werden, ist die Berufung des Juden Dr. Altmann … Die künstlerische Unfähigkeit des Herrn Dr. Altmann machte ihn in Berlin unmöglich, und die geschäftstüchtigen Rotters sahen, daß man den Herrn am leichtesten los würde, wenn man ihn anderswo unterbrächte. In Hannover war der Schauspieldirektor-Posten frei … Die Theater-Kommission wurde nicht befragt oder sagte zu allem Ja und Amen, und Herr Altmann begann seine segensreiche Tätigkeit, die das Theater bald zu einer marxistischen jüdischen Probierstube für Autoren machte, die – natürlich größtenteils Rassegenossen von Herrn Dr. Altmann – ihre dramatisierten Kolportageromane auf das Publikum losließen. Jahrelang hat dieser literarische Schaumschläger in treuer Verbundenheit mit Herrn Dr. Menge Schmutz und Jauche kübelweise über das hannoversche Publikum ausgegossen."[778] Menge, der sich durch die Unterstützung Altmanns die „absolute Unbeliebtheit" der hannoverschen Öffentlichkeit zugezogen habe, sei „eine Gefahr für unsere kulturellen Belange". Moss betonte, er fühle sich als Nationalsozialist verpflichtet, „diesen jüdisch gebundenen Oberbürgermeister ab(zu)lehnen, und werde ihn bekämpfen, bis er einem Mann aus nationalsozialistischem Geist Platz macht".[779]

Es ist keine Antwort des Oberpräsidenten auf die Forderungen von Harry Moss bekannt. Das mag auch daran gelegen haben, daß Moss zu diesem Zeitpunkt bereits als blindwütiger und wenig vertrauenswürdiger Parteifanatiker bekannt war. Ohnehin ermöglichten die Entwicklungen, die im Spätwinter 1932/33 zum Ende der ‚Ära Altmann' führten, den Außenstehenden wenig Einblick und ließen die eigentlichen Entscheidungsträger im Hintergrund bleiben. Erstmals in seiner Dienstzeit hatte Arthur Menge, der Leiter des Theater-Ausschusses und Theaterdezernent, nicht mehr das letzte, entscheidende Wort in der kommunalen Theaterpolitik. Die Angriffe auf Altmann hatten sich zum Jahreswechsel 1932/33 verschärft. Dies hing auch mit der Tatsache zusammen, daß der Theaterleiter sich mit seinem Ensemble bereits seit längerer Zeit auf einer erfolgreichen Tournee durch die Niederlande befand[780] und in Hannover Stimmen laut wurden, die von einer Verschwendung von Steuergeldern für Privatreisen von Mitgliedern der Städtischen Bühnen sprachen. Andere Kritiker wiederum empfahlen Altmann hämisch, doch künftig „ganz in Amsterdam Ihrer modernen undeutschen Muse (zu) fröhnen und dem hannoverschen Publikum nicht länger mehr den Einzug der edlen Thalia ins Schauspielhaus"[781] vorzuenthalten. Die antisemitische Hetze erfuhr ihren Höhepunkt kurz nach der nationalsozialistischen Machtübernahme. Die Tageszeitung der NSDAP, die NIEDERSÄCHSISCHE TAGESZEITUNG, veröffentlichte die Serie ÜBER MODERNE THEATER-UNKULTUR. ZUR ENTEIGNUNG DES DEUTSCHEN THEATERS DURCH MARXISMUS UND BOLSCHEWISMUS. Der Untertitel, der eine „besondere Berücksichtigung der stadthannoverschen Verhältnisse" ankündigte, deutete an, daß Auslöser der Serie und Ziel der „nahezu unglaubliche(n) Hetzpropaganda"[782] die Arbeit des Schauspielleiters Georg Altmann war.

Arthur Menge, Foto. Um 1925

Umso triumphierender klang der Kommentar, den der Autor Theodor Abbetmeyer – ehemaliger Lehrer, Feuilletonredakteur der NIEDERSÄCHSISCHEN TAGESZEITUNG und Gaufachberater für Tonkunst – kurze Zeit darauf, am 25. März 1933, in der NS-Presse veröffentlichte: „Mit lebhafter Genugtuung" gab sich Abbetmeyer tief befriedigt darüber, daß der „Theater-Unkultur, die der judenblütige Dr. Altmann ... betrieb", ein Ende bereitet und „dieser Schädling wahrer deutscher und speziell hannoverscher Theater-Kultur unserem verstärkten Endangriff nunmehr erlegen"[783] sei. Das Verdienst, Altmann „zur Strecke gebracht" zu haben, gebührte nach Abbetmeyers Überzeugung der NIEDERSÄCHSISCHEN TAGESZEITUNG „in Verbindung mit der hiesigen Gauleitung der NSDAP". Abbetmeyer kritisierte in diesem Zusammenhang den Theater-Ausschuß scharf, der „größtenteils in Ignoranz, übrigenteils in Gleichgültigkeit oder vielmehr in Freundwilligkeit und Liebedienerei verharrte, ja völlig stagnierte". Vor allem griff Abbetmeyer Menge an, der als Theaterdezernent und als „Haupt unserer Stadtverwaltung" viel zu lange an Altmann festgehalten habe.[784]

Tatsächlich hatte Menge noch zwei Tage vor Erscheinen von Abbetmeyers erstem Artikel betont, Altmann habe seinen bis zum 30. Juni 1934 gültigen Vertrag und daran werde sich, solange er, Menge, darüber zu entscheiden habe, auch nichts ändern.[785] Doch der Theaterdezernent hatte zu diesem Zeitpunkt über Altmanns Verbleib längst nicht mehr allein zu entscheiden. An diesem Tag, dem 23. März 1933, hatte er eine Abordnung der Gauleitung, die sich erst kurz zuvor formiert hatte, bei sich empfangen. Der Delegation gehörte neben dem Journalisten und Gaupressewart Carl Zuchhold,[786] dem Gewerbeoberlehrer Arthur Wille[787] und dem Vorsitzenden des nationalsozialistischen Künstlerbundes Robert Stratmann auch Theodor Abbetmeyer an [788]. Gemeinsam forderten sie „die sofortige Entlassung des Schauspieldirektors Dr. Altmann ..., weil Dr. Altmann jüdischer Abstammung sei und bei seinem weiteren Verbleiben die Gefahr bestände, daß die Theatervorstellungen durch Unruhen gestört würden".[789] Jetzt erst, knapp acht Wochen nach der nationalsozialistischen Machtübernahme und unter dem Druck der Abordnung einflußreicher nationalsozialistischer Kulturpolitiker, die zwischen den Zeilen die Anwendung von Gewalt gegen Altmann nicht länger ausschlossen, entschied sich Menge offenbar, Altmann „bis auf weiteres" zu beurlauben.[790] Noch am gleichen Tag teilte er dem Regierungspräsidenten seine Entscheidung mit, nicht ohne im Entwurf des Schreibens einen Satz hinzuzufügen, den er später in der Endfassung strich und der deutlich macht, wie unwillig er zum einen letztlich der Aufforderung, Altmann fallen zu lassen, nachkam, wie deutlich er zum anderen aber auch erkannt hatte, daß seine bisherige Entscheidungsgewalt an ihre Grenzen gestoßen war. Hier hieß es: „(Dr. Altmann) hat bis zu seiner Beurlaubung das Schauspiel zu unserer vollen Zufriedenheit und mit Anerkennung des Theater-Ausschusses geführt."[791]

Die Entwicklung der letzten Märztage des Jahres 1933 wurde in keiner Sitzung des Theater-Ausschusses diskutiert. Hier war nach der „zwanghaften In-Ruhestandversetzung Altmanns",[792] wie das Protokoll zusammenfaßte, nicht mehr der Ort, wo über Altmanns Fall beraten und entschieden wurde. Interessant ist in diesem Zusammenhang, daß unmittelbar nach der Beurlaubung eine Anzahl von Bewerbungen einging, ohne daß die Stelle bereits ausgeschrieben gewesen wäre. In ihnen wurde offen über eine „Entlassung" Altmanns gesprochen und auch angedeutet, daß dessen Nachfolge in nationalsozialistischen kunstpolitischen Kreisen bereits seit längerem diskutiert worden war.[793]

Wer von nun an anstelle des Theater-Ausschusses die Theaterpolitik der Stadt Hannover bestimmte, machte Georg Altmann in seinen Lebenserinnerungen folgendermaßen deutlich: „An Goethes Todestag veranstaltete ich meist eine Gedenkfeier, so 1933 eine Aufführung seiner IPHIGENIE. Am nächsten Morgen teilten die Nazis dem Oberbürgermeister von Hannover mit, daß sein Theaterdirektor Altmann des Abends im Gefängnis sein werde. Dr. Menge tat erstaunt. Warum? Was haben Sie gegen ihn? – Nichts! Wir kennen ihn ja gar nicht, wir wollen nur seine Stelle. – Dann genügt es doch, wenn ich ihn beurlaube! Stimmt! Dann existiert er für uns nicht mehr. Am Mittag des Tages wurde diese Beurlaubung ausgesprochen, wobei ich den mir immer wohlwollenden Oberbürgermeister bedauerte, der gegen seinen Willen und besseres Wissen handeln mußte."[794] Die Beurlaubung Altmanns, der nur kurze Zeit später die Kündigung folgte,[795] wurde von einem Großteil der bürgerlichen Presse mit deutlicher Genugtuung kommentiert, der sich die Hoffnung beimischte, daß damit der Weg für eine „bestimmte bodenständige Linie" frei sei, „die bewußt aus den konservativen Kräften der Landschaft schöpft".[796] Erstmals vertrat dieser Teil der Presse in einer wesentlichen theaterpolitischen Entscheidung also nicht die gleiche Position wie der Theaterdezernent.[797]

Ohnehin verliefen die Fronten zwischen den Anhängern Altmanns und seinen Gegnern in diesen Monaten überraschend. Während der sozialdemokratische VOLKSWILLE wie auch der größer werdende chauvinistisch-antisemitische bürgerliche Flügel – freilich aus ganz unterschiedlichen Gründen – die Entlassung forderten, setzte sich Arthur Menge für den Verbleib Altmanns ein. Dem Oberbürgermeister war die kunstpolitisch bedeutsame Funktion des Schauspielleiters als Garant für einen gemäßigten Spielplan offenbar wichtiger als dessen Religionszugehörigkeit. Die Hetze gegen Altmann ließ ihn – auch als sie sich zunehmend gegen ihn selbst richtete – lange Zeit erstaunlich unbeeindruckt. Allerdings dürften Menges Bedenken gegen Altmanns Beurlaubung auch nur einem kleinen Zirkel von Personen bekannt gewesen sein. Es ist also allenfalls zu mutmaßen, ob neben der Empörung über das Vorgehen der nationalsozialistischen Delegation, die ihn, den bisher uneingeschränkt wichtigsten Theaterpolitiker der Stadt, zum Befehlsempfänger machte, grundsätzliche Bedenken gegenüber der Kunstpolitik der neuen Machthaber bei Arthur Menge vorlagen.

Menges – wenn auch nur für wenige Wochen erfolgreiches – Festhalten an einem jüdischen, vielfach als ‚modern' verfemten Theaterleiter war nur möglich, weil das neue Regime sich noch in einer ersten Konsolidierungsphase befand. Mit dem Erscheinen der NSDAP-Delegation indes war jeder Versuch eines individuellen Sonderwegs auch für Arthur Menge zwecklos geworden. Sein Wort als Theaterdezernent hatte in der nationalsozialistischen Kulturpolitik kein Gewicht mehr. Nachdem schon im Juni 1933, also ein knappes Vierteljahr nach Altmanns Entlassung, Hermann Göring im Zuge der ‚Gleichschaltung' des deutschen Theaterwesens vor der Presse das Verbot ausgesprochen hatte, „Ausländer und Nichtarier an staatlichen und städtischen Bühnen"[798] zu beschäftigen, schuf am 15. Mai 1934 ein nationalsozialistisches Theatergesetz neue Grundlagen auch für das hannoversche Theaterwesen. Wie alle anderen Theater im deutschen Reich unterstanden nunmehr auch die Städtischen Bühnen Hannover „hinsichtlich der Erfüllung ihrer Kulturaufgabe der Führung des Reichsministers für Volksaufklärung und Propaganda" (§1). Alle Mitarbeiter der Theater hatten der Reichstheaterkammer beizutreten, womit Juden von der Theaterarbeit grundsätzlich ausgeschlossen waren (§6). Über die Besetzung der leitenden Positionen in Theater und Oper entschieden nicht länger lokale Kommissionen, sondern diese hatten allenfalls Vorschläge an den Reichsminister weiterzugeben, welcher dann „die Anstellung von Bühnenleitern, Intendanten, Theaterdirektoren, ersten Kapellmeistern und Oberspielleitern"[799] (§4) bestätigen oder ablehnen konnte.

Wie schnell und nachhaltig das komplexe Netz der Kontrolle des Theaterprogramms, des Theaterpersonals und des Theaterpublikums, sanktioniert durch eine Flut von Gesetzen und Verordnungen, das Verhalten derer bestimmte, die darin eingebunden waren, machen viele der Bewerbungsschreiben deutlich, die bei der Stadtverwaltung Hannover nach Altmanns Entlassung eingingen. Knapp drei Monate nach Beginn der nationalsozialistischen Herrschaft bemühten sich fast alle Kandidaten, ihre – wie sie herausstrichen – bereits seit langer Zeit vorhandene Ablehnung der Theaterkunst der ‚Systemzeit' zu betonen und sich bedingungslos in den Dienst der neuen, nationalsozialistischen Theaterarbeit zu stellen. Stellvertretend für viele andere sei abschließend aus einem Bewerbungsschreiben zitiert: „Meine kulturell-positive Haltung drückt sich ... stark in dem aus, was ich *nicht* gespielt habe, ich habe *nicht* gespielt: lüsterne Ehebruchskomödien, ungesund-spannende Detektivreißer, gehirnerweichte Schwänke, keine ausländischen oder jüdischen Autoren. Gespielt habe ich auch auf dem Unterhaltungsgebiet anständige und sinnvolle Werke. Die Form meiner Darbietung ist so, daß ich mich bemühe, dem Werk zu dienen, wie es vom Dichter geschrieben ist. Ich habe keine kulturpolitischen Experimente verübt, nicht auf Treppen, Leitern usw. spielen lassen,[800] auch die Klassiker nicht mit sinnlosen Strichen und Verkürzungen. Besonders bemüht bin ich ... um die Pflege des Wortes, um die Schaubühne in den Dienst unserer herrlichen Muttersprache zu stellen."[801]

[1] Thieß, Frank; Freiheit bis Mitternacht, S. 172.
[2] Ebda., S. 174.
[3] Ebda., S. 173.
[4] Frank Thieß war, bevor er nach Hannover kam, in Stuttgart beschäftigt gewesen. Rückblickend verglich er die Atmosphäre in beiden Städten folgendermaßen: Stuttgart war für ihn „beflügelt vom Interesse am Experiment und durchdrungen vom Bewußtsein, daß ein Leben ohne Kunst wertlos sei. Auch Hannover konnte auf museale Schätze und eine hohe Bildungstradition hinweisen, doch die Teilhabe an allem geistig Bedeutenden erinnerte mich stets an die feingebildeten Teestunden im Hirschwaldschen Haus in Berlin; man sprach über alles, doch so, als säße man in einer Loge. Wenn man sie verließ, kehrte jeder wieder in sein Privatleben zurück, das mit dem Beredeten nichts mehr zu tun hatte. Hannover ist nie eine Kunststadt im Sinne hoher Bewertung des Nutzlosen gewesen, das nun einmal den Kern aller Kunst ausmacht. Die allgemeine Stellung zu ihr entsprach den Vorschriften ästhetischer Tradition. Die Verläßlichkeit des Hannoveraners, dessen Humor dürftig, dessen humane Gesinnung mustergültig ist, verhindert jede Leidenschaft, jedes Ausschlagen in Widersetzlichkeit. Zurückhaltung und Besonnenheit, praktische Tüchtigkeit und gute Haltung verdienen alles Lob, nur verbreiten sie keinen urbanen Charme." (Thieß, Frank; Freiheit bis Mitternacht, S. 173).
[5] Thieß, Frank; Freiheit bis Mitternacht, S. 175. Thieß wanderte ins lebendigere Berlin ab.
[6] Frerking, Johann; Von den hannoverschen Theatern und ihrem Publikum, in: Das Hohe Ufer, 1. Jhg., H. 1, Januar 1919, S. 21.
[7] Ebda., S. 23.
[8] Ebda
[9] Ebda. Weiter hieß es hier: „Denn selbst wenn ein guter ... Name auf dem Plane erschien, so handelte es sich mit Sicherheit entweder um ein uraltes Stück, das seine Aktualität längst bis auf den letzten Rest auf anderen Stadtbühnen verströmt hatte ..., oder aber ... man hatte mit geradezu unheimlich scharfem Blick eine Niete entdeckt und freudig sich angeeignet."
[10] Ebda., S. 21.
[11] Ebda., S. 23.
[12] Ebda., S. 22.
[13] Ebda.
[14] Ebda.
[15] Der Musikhistoriker Heinrich Sievers faßte die Änderung in der Spielplangestaltung rückblickend folgendermaßen zusammen: „Neue kulturpolitische Begriffe erweiterten das Repertoire und lenkten den Blick absichtlich mehr als zuvor auf das Gegenwartsschaffen." Sievers fügte aber auch hinzu: „Die Hannoveraner haben die veränderten Verhältnisse nur nach und nach akzeptiert." (Sievers, Heinrich; Von der Hofoper zum Städtischen Opernhaus, S. 59).
[16] Gröttrup, Bernhard; Tagebuch eines Pilliosophen, in: Die Pille, 2. Jhg., 1921, Nr. 32, S. 5.
[17] Vgl. dazu allg.: Hammer, Sabine; Opernhaus. Hammer, Sabine; Oper in Hannover. Rosendahl, Erich; Geschichte der Hoftheater. Kohlrausch, R(obert); Vor und hinter den Kulissen. Pfahl, A(rthur); Städtische Bühnen, S. 162–166. Rahlfs, Heinz; Städtische Bühnen. Frerking, Johann; Theater in Hannover, S. 52 ff.
[18] Hakemeyer, Heinz; Glanzvolle Vergangenheit. Didicisse fideliter artes emollit mores nec sinit esse feros, Hann. Landeszeitung, 31. August 1927. Vgl. auch Röhrbein, Waldemar R.; So wie es war, S. 41. Lange, Rudolf; Kleiner Spaziergang, S. 49. Brosius, Dieter; Industriestadt, S. 387 ff.
[19] Der Theaterwissenschaftler Heinz Rahlfs urteilte rückblickend: „Wohl wurden die oberen Ränge durch die ‚breite Masse' bevölkert, doch im wesentlichen war das Theater der Treffpunkt der oberen Schichten, die durch eine wohlberechnete Rücksichtnahme auf die bestehende Kastenordnung durch die Einteilung des Zuschauerraums in Ränge vom großen Publikum streng geschieden wurden." (Rahlfs, Heinz; Städtische Bühnen, S. 105f).
[20] Vgl. zur Thematik Bürgerrecht, Bürgergeld und Wahlrecht allg.: Rohr, Alheidis von; Hannover als Residenz- und Hauptstadt in Preußen, S. 22 f., 25. Röhrbein, Waldemar R./Zankl, Franz Rudolf; Ära Tramm, S. 25, 28 ff., 32 ff. Brosius, Dieter; Industriestadt, S. 350.
[21] Nicht ohne Wehmut blickte ein Kritiker im Jahr 1927 auf die Zeit um die Mitte des 19. Jahrhunderts mit den Worten zurück: „Eine erlesene Künstlerschar, wie sie sich selten zusammengefunden hat und wieder vereinigen dürfte, baute Komponisten und Dichtern goldene Brücken für ihre Werke, ihren Geist und ihre Seele vom hohen Olymp herab zu den Herzen der Zuschauer ... Namen, die in universellen Theaterliteraturen hervorgehoben werden, in Hannover waren sie in eines jeden Bürgers Munde." (Pfahl, (Arthur); Theater und Musik, S. 201–224, bes. 207 ff). Hakemeyer, Heinz; Glanzvolle Vergangenheit. Didicisse fideliter artes emollit mores nec sinit esse feros, Hann. Landeszeitung, 31. August 1927. Vgl. auch Pfahl, A(rthur); Städtische Bühnen, S. 162. Röhrbein, Waldemar R.; So wie es war, S. 41. Pfahl, A(rthur); Vom Hoftheater zu Städtischen Bühnen: Die Städtischen Bühnen in Hannover, Beilage in: Das Theater. Illustrierte Halbmonatsschrift für Theater und Gesellschaft, 7. Jhg., H. 3, 1926, S. 520. Lange, Rudolf; Kleiner Spaziergang, S. 46–55. Frerking, Johann; 75 Jahre Opernhaus, S. 11.
[22] Vgl. dazu allg. Frerking, Johann; Von den hannoverschen Theatern und ihrem Publikum, in: Das Hohe Ufer, 1. Jhg., H. 1, Januar 1919, S. 21. Brosius, Dieter; Neuer Zeitgeist, S. 47.
[23] Pfahl, A(rthur); Städtische Bühnen, S. 163. Schmidt, Dörte/Weber, Brigitta; Keine Experimentierkunst, S. 10.
[24] Vgl. z. B. Hakemeyer, Heinz; Glanzvolle Vergangenheit. Didicisse fideliter artes emollit mores nec sinit esse feros, Hann. Landeszeitung, 31. August 1927. Anders sah dies der Zeitgenosse Robert Kohlrausch, der sich als Theaterkritiker an die Zeit nach der preußischen Besetzung als eine „von internationalem Ruhme" für das Haus (Vor und hinter den Kulissen, S. 3) folgendermaßen erinnerte: „Es war ein sehr kluger Schritt von Preußen, sich der drei bisherigen Hoftheater so nachdrücklich anzunehmen ... Trotzdem hat es viele, viele Jahre gedauert, bis das Mißtrauen der Hannoveraner gegen Preußen sich auch in diesem Punkte Schritt für Schritt verlor. Mit zäher niedersächsischer Treue hing man hier an der Vergangenheit, verglich bei jeder Neuerung mit ihr und flüsterte sich noch lange Jahre hindurch zu, das Theater solle systematisch ruiniert werden." (S. 13f). Bei den drei bisherigen Hoftheatern handelte es sich um jene in Hannover, Kassel und Wiesbaden. Lange, Rudolf; Kleiner Spaziergang, S. 55 ff.
[25] Heinz Hakemeyer (Glanzvolle Vergangenheit. Didicisse fideliter artes emollit mores nec sinit esse feros, Hann. Landeszeitung, 31. August 1927) nannte unter den mit der Leitung des Theaters Betrauten in der Zeit vor 1866 die Grafen Platen, von Malortie, von dem Bussche und

26 von Alten. Lange, Rudolf; Kleiner Spaziergang, S. 51 f. Frerking, Johann; 75 Jahre Opernhaus, S. 11. Hans Winckelmann berichtete in seinem Beitrag DIE OPER UND IHR ‚REGISSEUR' in der Festschrift 1852–1927. 75 JAHRE OPERNHAUS HANNOVER 1927 davon, daß erst 1907 das Amt des Opernregisseurs als hauptberufliche Tätigkeit vergeben wurde (Winckelmann, Hans; Die Oper und ihr ‚Regisseur', S. 65).

26 Röhrbein, Waldemar R.; So wie es war, S. 41. Frerking, Johann; Theater in Hannover, S. 50 f.

27 Johann Frerking sprach 1919 davon, daß die in den letzten Jahrzehnten zu beobachtende Vorliebe der Oper einer „geistige(n) Bequemlichkeit" des bürgerlichen Publikums sehr entsprochen habe (Frerking, Johann; Von den hannoverschen Theatern und ihrem Publikum, in: Das Hohe Ufer, 1. Jhg., H. 1, Januar 1919, S. 23). Vgl. Rahlfs, Heinz; Städtische Bühnen. S. 51 ff.

28 Frerking, Johann; Theater in Hannover, S. 53 f. Pfahl, (Arthur); Theater und Musik, S. 210. Frerking, Johann; 75 Jahre Opernhaus, S. 21.

29 Frerking, Johann; Theater in Hannover, S. 53 f, hier auch Angaben zum Programm des Theaters. Das Residenztheater erwarb sich schnell einen guten Ruf als Bühne, die viele Schauspielstars der Zeit wie Eleonora Duse, Sarah Bernhardt, Agnes Sorma, Adele Sandrock, Josef Kainz und Albert Bassermann zu Gast hatte. Vgl. Pfahl, (Arthur); Theater und Musik, S. 210 f.

30 Das Mellini, das „Spezialitäten-Theater" des Artisten Hermann Mehl (‚Mellini'), eröffnete 1889 in der Artilleriestraße. Es war das größte hannoversche Theater: In einem Fragebogen des Landesbühnen-Ausschusses der Provinz Hannover, unterschrieben vom Oberpräsidenten der Provinz Hannover, wurde am 13. April 1929 vom hannoverschen Magistrat die Zahl der Sitzplätze mit 1.678 angegeben (Schreiben des Oberpräsidenten Noske als Vorsitzenden des Landesbühnen-Ausschusses der Provinz Hannover, 13. April 1929, an den Magistrat (StAH HR 19, 51)). Da es sich um ein Varieté handelte, wurde es aus offiziellen Auflistungen der Stadtverwaltung zum kulturellen Leben der Stadt oft ausgeschlossen. Vgl. allg. Mlynek, Klaus/Röhrbein, Waldemar R.; Hannover-Chronik, S. 138. Greffrath, Bettina; Kleine und große Aufbrüche, S. 92: „Hier waren die Grenzen zwischen Kunst und Varieté, zwischen ernster Muse und leichter, manchmal gar schlüpfriger Unterhaltung kaum noch zu ziehen." Hier wurden auch Importe aus dem nervös-brodelnden Berlin geboten.

31 Vgl. Pfahl, (Arthur); Theater und Musik, S. 211 f. Das Deutsche Theater wurde 1926 von der Stadt angekauft, blieb aber weiter an den ehemaligen Besitzer verpachtet (o.A.; Die Stadt kauft das Deutsche Theater, Hann. Kurier, 8. Juli 1926. O.A.; Die Stadt kauft das Deutsche Theater, Hann. Anzeiger, 8. Juli 1926. O.A.; Der Ankauf des Deutschen Theaters durch die Stadt Hannover, Landeszeitung, 9. Juli 1926. O.A.; Aus der Stadt Hannover. Das neue Deutsche Theater, Niederdeutsche Zeitung, 21. August 1926).

32 Frerking, Johann; Theater in Hannover, S. 55. Vgl. auch Neu-Hannover. Festschrift des Hannoverschen Couriers zur Rathaus-Weihe, S. 48. Lange, Rudolf; Kleiner Spaziergang, S. 92. Pfahl, (Arthur); Theater und Musik, S. 213.

33 Die Veröffentlichung NEU-HANNOVER (Festschrift des Hannoverschen Couriers zur Rathaus-Weihe, S. 48) gab für das Residenz-Theater im Jahr 1913 1.250 Plätze und für die Schauburg 1.000 an. Eine Umfrage aus Berlin an die Polizeiobrigkeiten des Bezirks der Polizeidirektion Hannover nannte im August 1895, also vor dem Umbau des ehemaligen Stadttheaters zum Deutschen Theater, für dieses 1.300 Plätze (Schreiben an die Polizeiobrigkeiten des Bezirks der Polizeidirektion Hannover, 19. August 1895 (StAH HR 19, 1)). Die gleiche Umfrage ergab für das Königliche Theater eine Zahl von 1.660 Plätzen (vgl. auch o.A.; Führer durch das Städtische Opernhaus Hannover, S. 16). In einer Umfrage des Landesbühnen-Ausschusses der Provinz Hannover erhielt dessen Vorsitzender, Oberpräsident Gustav Noske, vom hannoverschen Magistrat im April 1929 folgende Angaben zur Größe der Theater: Schauburg (Städtisches Schauspielhaus): 1.000 Plätze, Deutsches Theater: 828, Städtisches Opernhaus an der Georgstraße: 1.700. Angaben zum Residenztheater fehlten, da dieses seit 1922 geschlossen war (Umfrage des Landesbühnen-Ausschusses der Provinz Hannover, Oberpräsident Noske, beantwortet vom Magistrat, 13. April 1929 (StAH HR 19, 51)).

34 Vgl. Pfahl, A(rthur); Städtische Bühnen, S. 163. Frerking, Johann; Augenblicke, S. 15. Frerking, Johann; Theater in Hannover, S. 58 u. 62. Zehn Jahre, S. 117 u. 119.

35 Arthur Pfahl schrieb noch 1927: „Das Bühnenhaus ist im Laufe der Jahre mehrfach umgebaut worden. Trotzdem genügt es neuzeitlichen Ansprüchen nicht mehr recht ... Zwar wird Jahr für Jahr weiter daran gearbeitet, wenigstens den fühlbarsten Mängeln abzuhelfen, aber alles Flickwerk kann das Hauptübel nicht beseitigen: den fehlenden Raum und die daraus entstehenden Schwierigkeiten der schnellen szenischen Verwandlung. Helfen kann hier nur eine durchgreifende Erneuerung des Bühnenhauses." (Pfahl, A(rthur); Städtische Bühnen, S. 163). Vgl. o.A.; Führer durch das Städtische Opernhaus Hannover, Hannover o.J., S. 18. Vgl. auch das unveröffentlichte Typoskript DER TECHNISCHE AUFBAU DER STÄDTISCHEN BÜHNEN, Februar 1926, Hannover, von Friedrich Kranich (NStAH Hann 310 II D Nr. 70). Kranich, Obermaschineriedirektor und Technischer Direktor der Städtischen Bühnen in den zwanziger Jahren, kritisierte hier eine Bühnentechnik, die die Städtischen Bühnen „nicht zu den ersten Theatern des Reiches" zählen ließ. Vgl. zur Person Friedrich Kranichs, der auch Technischer Direktor der Wagner-Festspiele in Bayreuth war und in Hannovers Kunstszene der zwanziger Jahre – abgesehen von seiner Arbeit beim Theater – vor allem wegen seiner Rolle als einer der Initiatoren des FESTS DER TECHNIK neben Kurt Schwitters und Käte Steinitz bekannt wurde: Steinitz, Kate T.; Kurt Schwitters. A Portrait from Life, S. 213. Vgl. auch Schmidt, Dörte/Weber, Brigitta; Keine Experimente S. 130. Kranich kam auch im Zusammenhang mit dem Skandal um Kostümdirektor Ebert ins Gerede. Nach dem Zweiten Weltkrieg begründete Kranich, Dozent für Theaterbau und Bühnenbild an der Technischen Hochschule Hannover, das THEATER IM ZIMMER, das jedoch nach nur vier Aufführungen wieder einging (Ernst, Burkhard; Schauspielchronik, S. 317).

36 So im Rückblick etwa: Steglich, Rudolf; Probleme der städtischen Musikpflege in Hannover. Ein Ausblick zum Jahreswechsel, Hann. Anzeiger, 1. Januar 1925.

37 Drolinveaux, Günther; Kurt Ehrhardt, S. 42.

38 Harms, Richard; Georg Altman, S. 12. Rudolf Graefenhain faßte diesen Vorwurf in den Worten zusammen, daß „der Hannoveraner kraft seiner niedersächsischen Eigenart zähen Festhaltens am Hergebrachten" Änderungen in Struktur und Spielplan des Hoftheaters mit großen Bedenken gegenüberstehe. Obwohl es immer noch Leute gebe, „die mit schwärmerischem Augenaufschlag die guten alten Zeiten im Haus

an der Georgstraße rühmen", sei zu bedenken, daß die „zwischen dem ruhmreichen Damals und dem Heute liegenden Zeiten, in denen die Bühne unter königlich preußischer Verwaltung stand", nicht dazu angetan gewesen seien, „das Interesse der hannoverschen Theaterbesucher in hohem Maße zu erhalten und zu wecken, geschweige denn der Königlichen Bühne in der Kunstwelt irgendwelche Bedeutung zu verschaffen." (Graefenhain, Rudolf; Oper in Hannover, in: Die Städtischen Bühnen in Hannover, Beilage in: Das Theater, Illustrierte Halbmonatsschrift für Theater und Gesellschaft, 7. Jhg., H. 3, 1926, S. 513).

39 Vgl. etwa Rahlfs, Heinz; Städtische Bühnen, S. 51.
40 Kunstverein Hannover; Zwanziger Jahre, S. 154 f. Escher, Karl; Hinter dem Hoftheater, S. 14.
41 „Das königliche Theater verließ sich während dieser ganzen Entwicklung auf die Oper, auf seine herkömmliche Vormachtstellung als die Klassikerbühne der Jugend und drittens darauf, daß seine Abonnenten im Grunde der gleichen Meinung waren wie die Berliner Generalintendanz: ‚Die ganze Richtung paßt uns nicht.'" (Frerking, Johann; Theater in Hannover, S. 55). Hier folgte man allenfalls „mit Vorsicht und Bedacht" und „möglichst mit einigem Abstand" der Entwicklung, „vermied es aber peinlich, voranzugehen" (Ebda., S. 58). Vgl. auch Kunstverein Hannover; Zwanziger Jahre, S. 154.
42 Allerdings bedienten sich alle Privatbühnen zuweilen auch gern skandalträchtiger Adaptationen der Moderne, um die Kassen zu füllen. Qualitätsfragen waren auch hier keinesfalls der alleinige Grund für eine Aufführung (Kunstverein Hannover; Zwanziger Jahre, S. 154. Vgl. dazu auch Thieß, Frank; Freiheit bis Mitternacht, S. 212).
43 Thieß, Frank; Freiheit bis Mitternacht, S. 212.
44 Deutlich wurde dies noch einmal gegen Ende der Monarchie, im September 1917, als die Bühne im Hoftheater durch einen Brand zerstört wurde. Umgehend sorgten ausreichende finanzielle Mittel aus einem Sonderfonds der Berliner Regierung für die Behebung der Schäden. (Rosendahl, Erich; Geschichte der Hoftheater, S. 183. Baum, Vicki; Es war alles ganz anders, S. 324).
45 Schreiben des Preußischen Finanzministers an alle Oberbürgermeister, 20. April 1920 (StAH HR X.C.10.1.II).
46 Vgl. dazu auch die Aussage des Berliner Ministerialdirektors Dr. Lewald, „daß es dem Staat sehr schwer werde, sich von dem Theater zu trennen" (zitiert nach: o.A.; Stadt Hannover. Die Übergabe des Opern- und Schauspielhauses, Hann. Kurier, 10. Januar 1921).
47 Vgl. Rosendahl, Erich; Heinrich Tramm und das Theater, S. 92. Vgl. Tramms eigene Darstellung im Rückblick in: Tramm, Heinrich; Über die Übernahme des früheren Königlichen Hoftheaters durch die Stadtverwaltung Hannover, Hann. Kurier, 29. Mai 1920.
48 Vgl. etwa Feldmann, Friedrich; Ortsverein Hannover der SPD, S. 122 f.
49 Vgl. Schmidt, Dörte/Weber, Brigitta; Keine Experimentierkunst, S. 12.
50 Vgl. dazu Bieber, Hans-Joachim; Bürgertum in der Revolution, S. 120 ff.
51 Rosendahl, Erich; Geschichte der Hoftheater, S. 184. Grotjahn, Rebecca; Städtisches Orchester, S. 129.
52 Baum, Vicki; Es war alles ganz anders, S. 334 f. Vgl. zum Revolutionsverlauf: Heine, Werner; Novemberrevolution 1918 in Hannover, S. 59–92, bes. S. 75–80. Vgl. auch Anlauf, Karl; Revolution in Niedersachsen.
53 Thieß, Frank; Freiheit bis Mitternacht, S. 213 f. Schulze, Peter; Lesebuch hannoversche Sozialdemokratie, Abschnitt 4.2.
54 Das Theater hieß seit dem 17. November zunächst schlicht Opern- und Schauspielhaus (Anlauf, Karl; Revolution in Niedersachsen, S. 124).
55 Vgl. Anlauf, Karl; Revolution in Niedersachsen, S. 124, Tramm, Heinrich; Über die Übernahme des früheren Königlichen Hoftheaters durch die Stadtverwaltung, Hann. Kurier, 29. Mai 1920.
56 Protokoll der Gemeinschaftlichen Sitzung der Städtischen Kollegien, 23. Oktober 1920 (StAH HR X.C.10.1.II).
57 19. Januar 1919: Wahlen zur Nationalversammlung. 26. Januar 1919: Wahlen zur Preußischen Landesversammlung. 20. Februar 1919: Wahlen zum Bürgervorsteherkollegium (Röhrbein, Waldemar R./Auffarth, Sid/Masuch, Anna/Zankl, Franz Rudolf; Hannover zwischen den Kriegen, S. 77. Hier (S. 73–82) auch Näheres zum Umfeld der Revolution).
58 Robert Leinert war Mitglied des Vorsitzes der Reichskonferenz der Arbeiter- und Soldatenräte (Mlynek, Klaus; Hannover in der Weimarer Republik und unter dem Nationalsozialismus, S. 420).
59 Obwohl ohne akademischen Titel und zudem auch in der Schreibung nicht korrekt, könnte es sich bei „Dr. Trumpff" um jenen Adolf Trumpf, Jahrgang 1889, handeln, der vom Spätwinter 1918/19 bis zum Frühjahr 1919 die Zeitschrift FREIES DEUTSCHLAND. SOZIALISTISCHE WOCHENSCHRIFT FÜR POLITIK UND KULTUR herausgab, die in Hannover und Berlin erschien. Was neben der Zugehörigkeit zum Revolutionären Kunstkommittee mit seinem sich ungestüm-sozialistisch gebenden Duktus zudem für Adolf Trumpf als jenen „Dr. Trumpff" spricht, ist neben der faktischen Anwesenheit des „Redakteurs", wie Trumpf in der Meldekarte geführt wurde, in der Stadt zu jener Zeit auch die Tatsache, daß fast zeitgleich Wilhelm von Debschitz, ein weiteres Mitglied des Revolutionären Kunstkommittees, in der Zeitschrift FREIES DEUTSCHLAND Beiträge veröffentlichte. FREIES DEUTSCHLAND war eine Wochenschrift, die vom Februar 1919 bis Mai 1919 in zwölf Ausgaben erschien. Trumpf kennzeichete die Aufgaben der neuen Zeitschrift, die während der kurzen Dauer ihrer Existenz u.a. Beiträge von Max Cohen, Kurt Eisner, Gustav Radbruch, Karl Korsch, Rudolf Leonhardt, Berta Lask sowie von Adolf Trumpf selbst brachte und keinerlei inhaltliche Verbindung mit ihrem Entstehungsort in Hannover erkennen ließ, im ersten Heft. Hier stellte er den Ersten Weltkrieg als „Tod unserer Zivilisation" der Entwicklung der Gegenwart entgegen, die endlich wieder den „geistigen Bedürfnissen" der Menschen Rechnung trage. Es müsse nur vermieden werden, daß, wie einst, nur ein kleiner Kreis von Privilegierten seine „geistigen Bedürfnisse" befriedige. Nur die „Weltanschauung des Sozialismus" erlaube allen Beteiligten die Teilnahme an künstlerisch-kulturellen Entwicklungen und leite sie an, an der Errichtung jener Staatsform mitzuarbeiten, die, mit der ersten Stufe der Novemberrevolution, begonnen habe, allen ein „gesundes geistiges und kulturelles Leben" zu ermöglichen. Die Zeitschrift FREIES DEUTSCHLAND sah in diesem Zusammenhang ihre Aufgabe darin, „fern von jedem Dogmatismus und dem Ungeist der Phrase ... unerbittlich um das Wahre (zu) ringen. Sie soll der *Vergeistigung des Sozialismus* dienen und eine Stätte des Kampfes werden, um eine Verflachung des Sozialismus im Gange des Parteigetriebes zu verhindern. *Jugendlich-sozialistischer Geist* soll uns Helfer sein, denn in ihm ist der Dienst im Geist gutes Recht und heilige Pflicht – der *Jugend* und der *Zukunft* willen!" (Tf.; Freies Deutschland!, in: Freies Deutschland. Sozialistische

Wochenschrift für Politik und Kultur, 1. Jhg., H. 1, 6. Februar 1919. Vgl. auch den Aufruf AN DIE SOZIALISTISCHE JUGEND, der im zweiten Heft der Zeitschrift FREIES DEUTSCHLAND, am 20. Februar 1919, erschien und zu einer „Verjüngung des Sozialismus" durch die „ideelle Befruchtung" mit der „Kraft der Jugend" aufrief). 44 Hefte zu je 40 Pfg., im Abonnement monatlich M 1.50, vierteljährlich M 4.50, waren für das erste Jahr des Bestehens der neuen Wochenschrift bereits angekündigt, sie alle sollten, wie es im Impressum hieß, „möglichst weite Kreise unseres deutschen Volkes ... vom hohen Wert und sittlichen Ernst der sozialistischen Forderungen ... überzeugen" (Impressum und Bezugsbedingungen in: Freies Deutschland. Sozialistische Wochenschrift für Politik und Kultur, 1. Jhg., H. 4, 22. März 1919). Doch obwohl eine größere Anzahl unterschiedlicher Persönlichkeiten, Politiker, Künstler, Wissenschaftler und Schriftsteller Beiträge zur Zeitgeschichte, Philosophie, Politik und Kultur der jungen Weimarer Republik veröffentlichte, erwies sich FREIES DEUTSCHLAND offenbar schon bald nicht mehr als lebensfähig. Adolf Trumpf, gebürtiger Frankfurter, dessen Wohnung in der hannoverschen Heinrichstraße 34 zugleich als Verlagsadresse diente, zog bereits im April 1920, ein knappes Jahr nach dem Scheitern der Zeitschrift, nach Berlin. Im Februar 1933 kehrte der 43jährige Redakteur, ledig und kinderlos, nach Hannover zurück. Die dreißiger Jahre verbrachte er überwiegend hier, wo er 1934 aus heute nicht mehr bekannten Gründen auch eine längere Untersuchungshaft verbüßte. Ende der dreißiger Jahre verlor sich Adolf Trumpfs Spur (Meldekarte, Stadt Hannover, StAH).

60 Karl Anlauf (Revolution in Niedersachsen, S. 123) nannte Oberregisseur Gustav Schefranek und Schauspieler Max Gaede als weitere Mitglieder des Revolutionären Kunstkommittees.

61 Rosendahl, Erich; Geschichte der Hoftheater, S. 185.

62 Anlauf, Karl; Revolution in Niedersachsen, S. 124.

63 Protokoll der Sitzung der Städtischen Kollegien, 23. November 1920 (StAH HR X.C.10.1.II). Unterstützt wurde Robert Leinert in dieser Sitzung auch von dem Parteigenossen Georg Lindemann, der die Notwendigkeit des Ankaufs des Theaters damit begründete, daß ansonsten die „ärmere Bevölkerung" weiterhin nicht in den Genuß eines Theaterbesuches komme (Ebda). Heinrich Tramm reagierte auf Lindemanns Argument folgendermaßen: „Ich möchte Herrn Lindemann nur sagen, daß heute den arbeitenden Klassen mindestens die selben Mittel zur Verfügung stehen wie dem Mittelstande. Die Angehörigen des ersten gehen aber nur ins Kino und in andere Theater. Damit will ich nicht sagen, daß das frühere Hoftheater nicht auch von Arbeiterfamilien besucht wird. Selbstverständlich gehen sie nicht auf den 1. Rang. Das haben wir früher auch nicht getan, sondern saßen im Theater auf dem ‚Heuboden' und hatten davon vielleicht mehr gehabt als heute." (Ebda.).

64 Rosendahl, Erich; Geschichte der Hoftheater, S. 188. Anlauf, Karl; Revolution in Niedersachsen, S. 125. Vgl. auch Rosendahl, Erich; Hoftheater. Rückblick und Ausblick, Deutsche Volkszeitung, 4. Juli 1920.

65 Anlauf, Karl; Revolution in Niedersachsen, S. 125.

66 Rosendahl, Erich; Hoftheater. Rückblick und Ausblick, Deutsche Volkszeitung, 4. Juli 1920. Rosendahl, Erich; Geschichte der Hoftheater, S. 185.

67 O.A.; Die Zukunft des Opern- und Schauspielhauses, Hann. Kurier, 23. November 1920. Vgl. dazu Grotjahn, Rebecca; Städtisches Orchester, S. 129. Häufig wurde in dieser Diskussion der Charakter des Theaters als „Kunstinstitution" betont. Es sollte nicht als „Ausnutzungsobjekt" materieller Interessen mißbraucht werden (vgl. etwa Protokoll der Magistratssitzung, 20. Mai 1919 (StAH HR X.C.10.1.II)).

68 Vgl. dazu: Lüddecke, Friedrich; Die goldenen zwanziger Jahre in Hannover (3). Millionen, Milliarden, Billionen. Hannover schließt den Theatervertrag ab. Flucht in die Sachwerte, Hann. Allg. Zeitung, 24. Juli 1962. Schmidt, Dörte/Weber, Brigitta; Keine Experimentierkunst, S. 13.

69 Protokoll der Magistratssitzung, 18. März 1919 (StAH HR X.C.10.1.II). Röhrbein, Waldemar R./Auffarth, Sid/Masuch, Anna/Zankl, Franz Rudolf; Hannover zwischen den Kriegen, S. 77 u. 80, hier auch Tabelle der Stimmen- und Sitzverteilung.

70 Vgl. dazu Mlynek, Klaus; Hannover in der Weimarer Republik und unter der Herrschaft des Nationalsozialismus, S. 424.

71 Tramm, Heinrich; Über die Übernahme des früheren Königlichen Hoftheaters durch die Stadtverwaltung Hannover, Hann. Kurier, 29. Mai 1920.

72 Rosendahl, Erich; Geschichte der Hoftheater, S. 190. Lüddecke, Friedrich; Die goldenen zwanziger Jahre in Hannover (3). Millionen, Milliarden, Billionen. Hannover schließt den Theatervertrag ab. Flucht in die Sachwerte, Hann. Allg. Zeitung, 24. Juli 1962. Frerking, Johann; Erstes Jahrdritt, S. 28. Feldmann, Friedrich; Ortsverein Hannover der SPD, S. 123. Mlynek, Klaus; Hannover in der Weimarer Republik und unter dem Nationalsozialismus, S. 468.

73 Vgl. dazu auch: Schmidt, Dörte/Weber, Brigitta; Keine Experimentierkunst, S. 12.

74 Protokoll der Sitzung des Theater-Ausschusses, 10. Mai 1920 (StAH HR X.C.10.1.II). Vgl. auch Tramm, Heinrich; Über die Übernahme des früheren Königlichen Hoftheaters durch die Stadtverwaltung Hannover, Hann. Kurier, 29. Mai 1920: „Eines aber muß in der Öffentlichkeit unbedingt zum Ausdruck gebracht werden, daß ohne ein weiteres großes Entgegenkommen der Regierung die Übernahme seitens der Stadt niemals erfolgen kann. Pflicht der Staatsregierung aber ist es, bis zu dem Zeitpunkt, wo der Vertrag wirklich zustandegekommen ist, das alte historische Kulturinstitut seiner großen Vergangenheit entsprechend zu würdigen und es nicht in solcher Weise zu vernachlässigen, wie dies zur Zeit leider der Fall ist." Vgl. Feldmann, Friedrich; Ortsverein Hannover der SPD, S. 123.

75 O.A.; Die Theaterfrage, Hann. Tageblatt, 22. Februar 1920.

76 Tramm, Heinrich; Über die Übernahme des früheren Königlichen Hoftheaters durch die Stadtverwaltung Hannover, Hann. Kurier, 29. Mai 1920. Johann Frerking ironisierte die zähen Verhandlungen um das ehemalige Hoftheater schon im Januar 1919, im ersten Heft der Zeitschrift DAS HOHE UFER, als er schrieb: „Die Stadtväter und -großväter spielen mit dem Kultusministerium eine Partie ‚Mein Theater, dein Theater' nach der anderen." (Frerking, Johann; Phantastisches Hannover, in: Das Hohe Ufer, 2. Jhg., H. 8/9, 1920, S. 143 f.) Vgl. Protokoll der Magistratssitzung vom 18. Dezember 1919 (StAH HR X.C.10.1.I).

77 Vgl. Ewert, Hinrich; Putsch, der keiner war, S. 89–91. Vgl. Hartung, Werner; Konservative Zivilisationskritik, S. , S. 181–196. Hartung, Werner; ‚Das Vaterland als Hort von Heimat', bes. S. 124, 128 u. 131. Vgl. zur welfischen Bewegung allgemein: Aschoff, Hans-Günther; Welfische Bewegung.

78 O.A.; Die Zukunft des Opern- und Schauspielhauses, Hann. Kurier, 22. September 1920. Der niedersächsische Menschenschlag sei ein „sehr selbständiger, nicht einfach zu behandelnder", so gab das Blatt weiter zu bedenken. Er werde es sicher nicht verstehen, „wenn jetzt in der Erledigung dieser Frage von Preußen zum Ausdruck gebracht werden würde, daß es keinen Wert auf die Erhaltung eines im Kunstleben der Provinz an erster Stelle stehenden Kunstinstituts weiter legt, und er wird seine Konsequenzen daraus ziehen." Vgl. auch Schmidt, Dörte/Weber, Brigitta; Keine Experimentierkunst, S. 14.

79 Senator Ludwig Otte, Deutsch-Hannoversche Partei, in der Sitzung der Städtischen Kollegien, Auszug aus dem Protokoll der Sitzung der Städtischen Kollegien, 23. November 1920 (StAH HR X C.10.1.II). Zur Person Ludwig Ottes: geb. am 25. Juni 1864 in Uelzen, gestorben am 4. April 1936, am 23. Februar 1919 als Bürgervorsteher der DHP eingeführt, am 5. März 1919 zum Schriftführer des Bürgervorsteher-Kollegiums gewählt. Am 28. März 1919 zum ehrenamtlichen Senator ernannt, am 4. Mai 1924 als Bürgervorsteher und Vertreter der Liste NIEDERSACHSEN neu gewählt, am 10. Januar 1924 als Senator ausgeschieden (Städtische Kollegien. Karteikasten. StAH, Personalakte Ludwig Otte (P 723), StAH)).

80 Protokoll der Sitzung der Finanz-Kommission, 18. November 1920 (StAH HR X C.10.1.II). Rosendahl, Erich; Geschichte der Hoftheater, S. 191. Anders in: Feldmann, Friedrich; Ortsverein Hannover der SPD, S. 123.

81 Protokoll der Sitzung der Städtischen Kollegien, 23. November 1920 (StAH HR X C.10.1.II). Schmidt, Dörte/Weber, Brigitta; Keine Experimentierkunst, S. 15.

82 Am 10. Januar 1921 erfolgte die eigentliche Übergabe, die von Robert Leinert mit bescheidenem Aufwand gestaltet worden war. Vgl. etwa Frerking, Johann; 75 Jahre Opernhaus, S. 27.

83 Der Vertragstext findet sich in StAH HR X.C.10.1.II.

84 Statt also weiter Kritik an dem Verhalten des preußischen Staates zu äußern, wählten diese Männer nun ausschließlich das heimische Feld, den Kampf gegen die mit dem sozialdemokratischen Machtzuwachs entstehenden kulturpolitischen Bestrebungen in Hannover. Vgl. Schmidt, Dörte/Weber, Brigitta; Keine Experimentierkunst, S. 16.

85 Robert Leinert in der Sitzung des Theater-Ausschusses, 10. Mai 1920 (StAH HR X.C.10.1.II).

86 Ebda. Tramms Häme ging weiter. Noch im Juli 1921 urteilte er, das „ganze Unglück" habe erst angefangen, nachdem Puttkamer abgesetzt worden sei (Protokoll der Sitzung des Theater-Ausschusses, 8./9. Juli 1921 (StAH HR X.C.10.32)).

87 Anläßlich der Sitzung vom 23. November 1920 griff der ehemalige Stadtdirektor erneut das nach seiner Meinung taktisch unkluge Verhalten des Arbeiter- und Soldatenrates, an das darin bestanden habe, von sich aus und ohne Fingerzeig der Berliner Behörden das Interesse an einer Übernahme bekundet und sich somit in eine schlechte Verhandlungsposition manövriert zu haben: „Und deshalb meine ich, das ganze Vorgehen des Arbeiter- und Soldatenrates, das nur eine Plattform für den Herrn Vorsitzenden war, ist vollständig fehlsam gewesen" (Sitzung der Städtischen Kollegien, 23. November 1920 (StAH HR X.C.10.1.II)).

88 Sitzung der Städtischen Kollegien, 23. November 1920 (StAH HR X.C.10.1.II). Auf die Kritik, seine Heimatstadt in den Wirren der Revolution aus Angst im Stich gelassen zu haben, erwiderte Tramm, dann mache er eben jenen „Herren Sozialdemokraten" auch „den Vorwurf der Feigheit, die bei dem Kapp-Putsch ebenfalls weggegangen sind."

89 Heinrich Tramm wurde noch weit über das Jahr 1920 hinaus die Rolle des besonnen und umsichtig Handelnden zuerkannt. Ebenso hielt es sich, in Robert Leinert den Eigensinnigen und politisch Unerfahrenen zu sehen (vgl. dazu exemplarisch den Beitrag UNSERE STÄDTISCHEN BÜHNEN, der am 16. Mai 1929 in der BÜRGERWACHT, der Zeitschrift der hannoverschen Bürgervereine, erschien). Freilich gab es auch in der bürgerlichen Presse vereinzelt Stimmen, die die Übernahme des Opern- und Schauspielhauses durch die Stadt begrüßten und sich auch nicht an der Kritik an der Rolle der hannoverschen Sozialdemokratie und der Robert Leinerts beteiligten (vgl. dazu exemplarisch: o.A.; Die Theaterfrage, Hann. Tageblatt, 22. Februar 1920). Auffällig ist jedoch, daß diejenigen Stimmen, die den Wechsel in den Besitzverhältnissen für eher günstig erachteten, sich erst Mitte der zwanziger Jahre mehrten, zu einem Zeitpunkt also, da die mit der Übernahme verbundenen Schwierigkeiten weitgehend gelöst und der Theaterbesuch sich ungeachtet aller Diskussionen um seine künstlerischen Zielsetzungen konsolidiert hatte. Vgl. dazu den Beitrag von Rudolf Steglich (Probleme der städtischen Kunstpflege in Hannover. Ein Ausblick zum Jahreswechsel, Hann. Anzeiger, 1. Januar 1925). Hier hieß es, allerdings mit Blick auf das hannoversche Musikleben, das in mancherlei Hinsicht doch anderen Gesetzmäßigkeiten folgte und unterschiedliche Entwicklungen mitmachte, erst nachdem die Stadt die Initiative übernommen habe, sei „ein wirklich eigenes städtisches Musikleben in Hannover möglich gemacht" worden. Der Stadtverwaltung sei es gelungen, das Theater „auf eine neue geistige Grundlage" zu stellen und „ganz besondere künstlerische, geistig-organisatorische Aufgaben zu erfüllen". Aus der „Mumie eines Hoftheaters" sei ein „lebendiges städtisches Theater" geschaffen worden, das auch höheren Ansprüchen mühelos Genüge tue. Vgl. auch Riemasch, Lothar; Bühne und Film in Hannover, Hann. Anzeiger, 27. Oktober 1926. Auch Arthur Pfahl, Verwaltungsdirektor der Städtischen Bühnen, äußerte sich in seinem Beitrag für das Buch HANNOVER. DIE GROSSTADT IM GRÜNEN (Städtische Bühnen, S. 163 f.) positiv über die Übernahme: „Man mag darüber streiten, ob es richtig war, sich gerade in Zeiten des wirtschaftlichen und kulturellen Niederganges mit solchen Aufgaben zu beschweren, und es hat nicht an gewichtigen Stimmen gefehlt, die einem so gewagten Schritte dringend widerrieten ... Eins nur ist gewiß: das hannoversche Theater unter staatlicher Verwaltung wäre ein Stiefkind der Berliner Pflegeeltern geworden und hätte notwendig auf den Stand eines mittleren Provinztheaters herabsinken müssen. Vor diesem traurigen Schicksal hat es das herzhafte Zugreifen der Stadtväter bewahrt. Die Stadt ist nun Herr im eigenen Hause und kann ihm die Richtung geben, die sie für gut hält und die seiner reichen Vergangenheit entspricht." Daß die Wertschätzung des Übergangs des ehemaligen Hoftheaters in städtische Regie nichts zu tun haben mußte mit einer Anerkennung des Anteils der hannoverschen Sozialdemokratie an diesem Ergebnis, zeigte etwa Pfahls Bemerkung vom „kulturellen Niedergang" zu Beginn der zwanziger Jahre, einem typischen Urteil bürgerlicher Kritik an der Theaterkultur der Weimarer Republik. Anders äußerte sich Pfahl allerdings 1927 in der Festschrift 1852–1927. 75 JAHRE OPERNHAUS HANNOVER. Verglichen mit den Umwälzungen von 1866 und 1918, die den Theaterbetrieb jeweils in neue Bahnen gelenkt hätten, seien die Veränderungen von 1921 noch weitreichender: „Aus der Hof-

bühne und ihrem durch mancherlei Rücksichten gebundenen Spielplan, mit der überkommenen Aufgabe, mehr das Vorhandene zu pflegen als der Neigung zu gewagten Versuchen nachzugeben, wurde ein lebendiges Theater, in dem auch die literarischen und künstlerischen Strömungen der Gegenwart liebevolle Förderung fanden." (Pfahl, Arthur; Hoftheater zu den Städtischen Bühnen, S. 28). Im übrigen erkannte das Buch ZEHN JAHRE AUFBAU. DIE HAUPTSTADT HANNOVER VON 1925–1935, das im August 1935 anläßlich von Arthur Menges zehnjährigem Jubiläum als Oberbürgermeister Hannovers und in Würdigung „des Willens zum nationalen Wiederaufstieg" (Menge, Arthur; Geleitwort, in: Zehn Jahre Aufbau, S. 7) erschien, den Kauf des Theaters als richtigen Schritt an: „Bei der Übernahme des früheren Hoftheaters hatte sich die Stadt verpflichtet, das Theater würdig seiner großen Überlieferung fortzuführen. Die Stadt hat diese Verpflichtung in dem verflossenen Jahrzehnt erfüllt, obwohl sie große geldliche Opfer dafür bringen mußte." (Zehn Jahre Aufbau, S. 117). Auch in der Literatur der letzten Jahre und Jahrzehnte wurde die Übernahme des Opern- und Schauspielhauses trotz der Betonung der „ständigen finanziellen Belastung" überwiegend als richtige Entscheidung der städtischen Behörden gewürdigt (vgl. Dietzler, Anke; Gleichschaltung des kulturellen Lebens, S. 164. Röhrbein, Waldemar R.; So wie es war, S. 95. Mlynek, Klaus; Hannover in der Weimarer Republik und unter dem Nationalsozialismus, S. 470).

90 O.A.; Die Hoftheaterfrage, Hann. Tageblatt, 9. Mai 1920.
91 O.A.; Die Übernahme des Hoftheaters als geheime Angelegenheit, Hann. Kurier, 11. Januar 1921.
92 Obwohl Heinrich Tramm wegen seiner Äußerungen, die die politische Leistungsfähigkeit der hannoverschen Sozialdemokratie diskreditierten, häufig Gegenstand des Widerspruchs und Protestes in den Sitzungen der Städtischen Kollegien bzw. ihrer verschiedenen Ressorts war, findet sich in den Protokollen keine einzige offizielle Rüge dieses eigenmächtigen Durchbrechens der städtischen Informationspolitik.
93 Protokoll der Sitzung des Theater-Ausschusses, 26. Januar 1925 (StAH HR X.C.10.32).
94 Protokoll der Sitzung des Theater-Ausschusses, 26. Juni 1928 (StAH HR X.C.10.32).
95 Vgl. dazu auch: Schmidt, Dörte/Weber, Brigitta; Keine Experimentierkunst, S. 16.
96 O.A.; Die Zukunft des Opern- und Schauspielhauses, Hann. Kurier, 22. September 1920. Vgl. auch Rosendahl, Erich; Geschichte der Hoftheater, S. 10.
97 O.A.; Der Erwerb des Hoftheaters durch die Stadt Hannover, Deutsche Volkszeitung, 25. November 1920.
98 Ebda. Heinrich Tramm hatte sich durch seine offen an den Tag gelegte Illoyalität der neuen Stadtverwaltung gegenüber nicht nur eine Presse gesichert, die seine Ablehnung der hannoverschen Sozialdemokratie nahezu wortgetreu wiedergab. Gleichzeitig war es ihm gelungen, seinen eigenen Beitrag bei den Verhandlungen, der darin bestanden hatte, nach dem Angebot der Domäne Coldingen nun doch für den Ankauf zu optieren, als große Tat darzustellen, als Tat eines Retters, der als einziger im großen Chaos kühlen Kopf bewahrt habe. Vgl. etwa R., E.; Die Erwerbung des ehemaligen hannoverschen Hoftheaters durch die Stadt Hannover, Deutsche Volkszeitung, 28. November 1920. Vgl. auch Rosendahl, Erich; Geschichte der Hoftheater, S. 190. O.A.; Die Zukunft des Opern- und Schauspielhauses, Hann. Kurier, 22. September 1920. Rosendahl, Erich; Heinrich Tramm und das Hoftheater, S. 94 u. 191. Vgl. Schmidt, Dörthe/Weber, Brigitta; Keine Experimentierkunst, S. 16.
99 Mlynek, Klaus; Hannover in der Weimarer Republik und unter dem Nationalsozialismus, S. 419. Schulze, Peter; Lesebuch hannoversche Sozialdemokratie, Abschnitt 4.2. Miller, Susanne; Sozialdemokratische Oberbürgermeister, S. 114.
100 Vgl. Mlynek, Klaus; Hannover in der Weimarer Republik und unter dem Nationalsozialismus, S. 419. Vgl. Heine, Werner; Novemberrevolution, S. 74 ff. u. 77. Miller, Susanne; Sozialdemokratische Oberbürgermeister, S. 111.
101 Mlynek, Klaus; Hannover in der Weimarer Republik und unter dem Nationalsozialismus, S. 417 ff.
102 Ebda., S. 428. Wabner, Rolf; Lernen aus verpaßten Chancen, S. 161. Schulze, Peter; Lesebuch hannoversche Sozialdemokratie, Abschnitt 4.2. Bemerkenswert ist in diesem Zusammenhang auch der Vortrag des Architekten und Bürgervorstehers Emil Demmig am 29. Dezember 1924 DAS SYSTEM LEINERT. SECHS JAHRE SOZIALISTISCHE HERRSCHAFT IM RATHAUSE HANNOVERS. Demmig, am 14. September 1865 in Dresden geboren, wurde am 23. Februar 1919 als Bürgervorsteher der Bürgerlichen Mitte ins Amt eingeführt. Am 4. Mai 1924 wurde er zum Bürgervorsteher wiedergewählt. Zum 17. November 1929 schied er nach Neuwahlen aus diesem Amt aus (Städtische Kollegien. Karteikasten. StAH). Der Vortrag vom Dezember 1924 wurde vom Verband der Bürgervereine der Stadt Hannover herausgegeben.
103 Vgl. zusammenfassend Mlynek, Klaus; Hannover in der Weimarer Republik und unter dem Nationalsozialismus, S. 430–433.
104 Vgl. etwa Lüddecke, Friedrich; Die goldenen zwanziger Jahre in Hannover (3). Millionen, Milliarden, Billionen. Hannover schließt den Theatervertrag ab. Flucht in die Sachwerte, Hann. Allg. Zeitung, 24. Juli 1962.
105 Vgl. exemplarisch: o.A.; Das ist die Sozialdemokratie! Leinert bekommt seine Pension. Gesinnungslumpen. Schieber. Betrüger, Niedersächsische Arbeiterzeitung, 16. November 1924. O.A.; Warum ging Leinert auf den Rücktrittsvertrag ein, Niederdeutsche Zeitung, 11. September 1924. O.A.; Der Abbau Leinerts, Hann. Landeszeitung, 6. Juli 1924. O.A.; Leinerts Abbau beanstandet, Hann. Kurier, 1. August 1924.
106 Vgl. Rosendahl, Erich; Geschichte der Hoftheater, S. 179 f. Frerking, Johann; Theater in Hannover, S. 60. Schmidt, Dörte/Weber, Brigitta; Keine Experimentierkunst, S. 8. Lange, Rudolf; Kleiner Spaziergang, S. 59
107 Vgl. etwa die Rezension zur Ausstellung ostasiatischer Kunst in der Galerie von Garvens im CICERONE aus dem Jahr 1921, die Puttkamer als Leihgeber nannte (o.A.; Hannover, in: Der Cicerone, H. 4, 1921).Vgl. dazu auch den Katalog der Kestner-Gesellschaft zu ihrer Ausstellung ostasiatischer Kunst. Freiherr von Puttkamer, wieder selbst Leihgeber, verfaßte hier die VORBEMERKUNG des Katalogs (Kestner-Gesellschaft (Hg.); 45. Ausstellung. Ostasiatische Kunst, 4. Oktober – 25. November 1921). Vgl. auch die Akte ERWERBUNG DER JAPANSAMMLUNG DES FRÜHEREN INTENDANTEN DES HOFTHEATERS, VON PUTTKAMER, 1939–1945 (StAH HR X.C.2.57).
108 Vgl. Baum, Vicki; Es war alles ganz anders, S. 339.
109 Vgl. dazu Frerking, Johann; Theater in Hannover, S. 60. Vgl. auch Frerking, Johann; 75 Jahre Opernhaus, S. 25 f.

110 Senator Georg Lindemann teilte im Februar 1921 mit, Berlin habe Puttkamer wegen dessen nicht ausreichenden künstlerischen Leistungen nie zum Intendanten befördert (vgl. Protokoll der Sitzung des Magistrats, 1. Februar 1921 (StAH HR X.C.10.32)).

111 Rebecca Grotjahn berichtet, daß die sozialdemokratischen Verhandlungsführer in ihren Gesprächen mit dem preußischen Staat zur Bedingung gemacht hätten, Puttkamer nicht mit übernehmen zu müssen (Grotjahn, Rebecca; Städtisches Orchester, S. 132). Vgl. Schmidt, Dörte/Weber, Brigitta; Keine Experimentierkunst, S. 16 u. 77.

112 Rolan, Franz; Charakterstudie, S. 6. Vgl. auch die Darstellung in der Zeitschrift DIE PILLE, die mit Blick auf die sozialdemokratischen Pläne einer Theaterübernahme schrieb: „Inzwischen wartet der allgemein verehrte Herr Kammerputt im zehnten Jahre auf seine Bestellung als Staatsbeamter, die er aber nach diesen Vorgängen wohl nicht mehr erleben wird, da ‚Iwan der Grausame' die Absicht hat, den ganzen Ramsch zu übernehmen." (Ws.; Kunstschacher!, in: Die Pille, 1. Jhg., H. 3, 15. September 1920, S. 69).

113 Puttkamer war kein Intendant.

114 Rosendahl, Erich; Geschichte der Hoftheater, S. 192.

115 Rosendahls Polemik gegen Oberbürgermeister Leinert hatte offenbar derartiges Gewicht, daß ein Artikel aus seiner Feder (R., E.; Zur Hoftheaterfrage. Eine Berichtigung, Hann. Landesztg. 16. März 1921) zum Gegenstand der – freilich folgenlosen – Diskussion im Theater-Ausschuß wurde (Protokoll der Sitzung des Theater-Ausschusses, 16. März 1921 (StAH HR X.C.10.32)). Anläßlich der Aufführung des Dramas JENSEITS von Walter Hasenclever schrieb Erich Rosendahl kurze Zeit darauf, Stücke dieser Art verursachten ihm „Angstzustände um die Zukunft des deutschen Volkes". Dieses habe „in jetziger Zeit wirklich die Literatur, die es nach seinem völligen Zusammenbruch verdient" (zitiert nach: Manfried, Max-Marten; Walter Hasenclever, Stinnesblätter und Herr Erich Rosenthal, in: Die Pille, 2. Jhg., H. 5, 3. Februar 1921, S. 141). Vgl. auch Rosendahl, Erich; Die Städtischen Bühnen, Bürgerwacht, 31. März 1928. Hier übte er erneut scharfe Kritik am Ankauf der Schauburg durch die Stadt.

116 Schreiben Erich Rosendahls an Oberbürgermeister Henricus Haltenhoff, 9. Juli 1943 (StAH HR 19, Nr. 363). Vgl. den Lebenslauf Erich Rosendahls im Anhang an das Schreiben des Sicherheitsdienstes des Reichsführers SS, Sicherheitsdienst, Abschnitt Braunschweig, an den Präsidenten der Reichsschrifttumskammer, 23. Mai 1940 (Personalakte RKK Erich Rosendahl, BDC).

117 Personalkarte, NSA. Typoskript DIE FAMILIE ROSENDAHL. AUS DEN BLANKENBURGER KIRCHENBÜCHERN ZUSAMMENGESTELLT VON ERICH ROSENDAHL, Typoskript, datiert auf den 1. Mai 1945 (Besitz Frau Rosendahl, Hannover). Beste, Axel; Erich Rosendahl, S. 3 f. Vgl. die Angaben aus dem Lebenslauf Erich Rosendahls vom 14. Juni 1940 (BDC, RKK-Akte Erich Rosendahl). Vgl. den Lebenslauf Erich Rosendahls in der Anlage zum Schreiben des Sicherheitsdiensts des Reichsführers SS, Sicherheitsdienst, Abschnitt Braunschweig, an den Präsidenten der Reichsschrifttumskammer, 23. Mai 1940 (Personalakte RKK Erich Rosendahl, BDC).

118 Rosendahl, Erich; Geschichte Niedersachsens, S. 15. In einem unveröffentlichten Typoskript DIE FAMILIE ROSENDAHL. AUS DEN BLANKENBURGER KIRCHENBÜCHERN ZUSAMMENGESTELLT VON ERICH ROSENDAHL, datiert auf den 1. Mai 1945 (Besitz Frau Rosendahl, Hannover), berichtete Rosendahl 1945, einer seiner Vorfahren habe die Umbenennung 1860 durchgesetzt, weil diesem „die niederdeutsche Namensform nicht mehr vornehm genug war" .Vgl. den Lebenslauf Erich Rosendahls in der Anlage zum Schreiben des Sicherheitsdiensts des Reichsführers SS, Sicherheitsdienst, Abschnitt Braunschweig, an den Präsidenten der Reichsschrifttumskammer, 23. Mai 1940 (Personalakte RKK Erich Rosendahl, BDC).

119 Vgl. den Lebenslauf Erich Rosendahls im Anhang an das Schreiben des Sicherheitsdiensts des Reichsführers SS, Sicherheitsdienst, Abschnitt Braunschweig, an den Präsidenten der Reichsschrifttumskammer, 23. Mai 1940 (Personalakte RKK Erich Rosendahl, BDC). Erich Rosendahl schrieb an Oberbürgermeister Haltenhoff in den dreißiger Jahren rückblickend, er habe in den achtziger Jahren des vergangenen Jahrhunderts bei dem offiziellen Organ der Deutsch-Sozialen Partei mitgearbeitet. Dieses kann insofern nicht zutreffend sein, als sich die Deutsch-Soziale Partei erst 1900, also gut fünfzehn Jahre später formierte. Dennoch trog Rosendahls Erinnerung nicht hinsichtlich seiner antisemitischen und anti-sozialdemokratischen Arbeit für das hannoversche Pressewesen. Wenngleich die Deutsch-Soziale Partei erst 1900 gegründet wurde, war sie aus verschiedenen Gruppierungen und Parteien wie insbesondere der Deutschsozialen Reformpartei hervorgegangen, deren Parteiideologie sich zu gleichen Teilen aus einem aggressiven Antisemitismus und einer ebenso militanten Haltung gegen Sozialismus und Sozialdemokratie zusammensetzte. Die Deutsch-Soziale Partei wie auch schon ihre Vorgänger suchten mit einer „ausgeprägt sozialdemagogischen Linie" auch die Arbeiterklasse auf ihre Seite zu ziehen, was offenbar jedoch insofern nicht den beabsichtigten Effekt hatte, als schon vor dem Ersten Weltkrieg die Deutsch-Soziale Partei, nie mehr als eine Splittergruppierung, gezwungen war, sich mit anderen kleinen Parteien zur Deutschvölkischen Partei zusammenzuschließen, die ebenfalls den Kampf gegen das Judentum wie gegen die Sozialdemokratie zu ihrem Programm machte (Fricke, Dieter; Lexikon zur Parteiengeschichte, Bd. 2, S. 534 ff).

120 Schreiben Erich Rosendahls an Oberbürgermeister Henricus Haltenhoff, 23. Februar 1938 u. 14. November 1938 (StAH HR 19, Nr. 363). Zur Biographie Rosendahls vgl.: o.A.; Krautworsts Wandelgänge. Rosendahl, Neue Hann. Presse, 27./28. August 1977. HAZ; Erich Rosendahl †, Hann. Allg. Zeitung, 7. Januar 1952. O.A.; Erich Rosendahl 65 Jahre alt, Nieders. Tageszeitung, 21. März 1931. Die HANNOVERSCHE POST, seit 1879 und bis 1893 täglich erscheinendes Abendblatt, war ein außerordentlich antisozialdemokratisches, antisemitisches und nationalistisches Blatt. Jede Ausgabe wurde auf der Titelseite von einem Ausspruch aus der Zeitung GERMANIA vom September 1876 begleitet, in dem es hieß: „Der wahre Kulturkampf, der wahre Kampf um die Zivilisation, es ist der Kampf gegen den jüdischen Geist und das jüdische Geld. In allen politischen Bewegungen sind es die Juden, die die radikalste, revolutionärste Rolle spielen, die allem, was im nationalen Leben der Völker noch legitim, historisch, christlich ist, den Kampf bis aufs Messer erklärt haben." Leider läßt sich nichts über die Tätigkeit Erich Rosendahls für diese Zeitung sagen, da ein überwiegender Teil der Artikel nicht namentlich gekennzeichnet ist.

121 Schreiben Erich Rosendahls an Oberbürgermeister Henricus Haltenhoff, 23. Februar 1938 (StAH HR 19, Nr. 363). Von seiner guten Kenntnis der Verhältnisse im Königlichen Theater künden die selbstgefällig wirkenden THEATER-ERINNERUNGEN. HEITERES UND ERNSTES, die in der Festschrift zum 75jährigen Bestehen des Hauses an der Ge-

orgstraße erschienen (Rosendahl, Erich; Theater-Erinnerungen, S. 95ff).

122 Schreiben Erich Rosendahls an Oberbürgermeister Haltenhoff, 23. Februar 1938 u. 14. November 1938 (StAH HR 19, Nr. 363).

123 Nach Auskunft der Schwiegertochter Erich Rosendahls (7. Juli 1997) war Olga Tramm die Patentante seines Sohnes.

124 Rosendahl, Erich; Geschichte der Hoftheater, Widmung.

125 Rosendahl berichtete hier zunächst von Heinrich Tramms Wunsch, Schauspieler zu werden (Rosendahl, Erich; Heinrich Tramm und das Theater, S. 91), um dann fortzufahren (Ebda., S. 92 f.): „Denn seine Liebe gehörte nach wie vor dem Theater, und es dürfte sowohl im Hoftheater als auch in den Privattheatern wenig Vorstellungen von Bedeutung gegeben haben, bei denen Stadtdirektor Tramm gefehlt hätte. Darf man es übrigens als äußeres Symbol dieser Theaterbegeisterung ansehen, daß sich Heinrich Tramm eine Künstlerin zur Lebensgefährtin auserkor, indem er am 4. April 1889 die musikalisch, stimmlich und schauspielerisch hochbegabte Sängerin Olga Polnar heimführte? Ein Ehebund…, von dem für das Kunstleben Hannovers reichste Befruchtung ausgegangen ist. Denn wo es künstlerische Ideale zu pflegen, junge Talente zu fördern galt, da war das Trammsche Ehepaar allemal mit größter Selbstlosigkeit einzugreifen und die Wege zu ebnen bereit." Anläßlich des Todes Heinrich Tramms richtete Rosendahl ein langes, sehr emotionales Beileidsschreiben an die Witwe (Schreiben Erich Rosendahls an Olga Tramm, 15. März 1932 (StAH HR 15, 72)).

126 Vgl. exemplarisch Rosenthal, Erich; Warum Stadtdirektor Tramm aus dem Amte schied, Hann. Kurier, 27. Februar 1919.

127 Vgl. dazu Dietzler, Anke; Hannoversche Tageszeitungen, S. 25.

128 In den zwanziger Jahren setzte sich Erich Rosendahl derart vehement für ein reichsunmittelbares Hannover ein, daß er sich in eine Beleidigungsklage eines Göttinger Patrioten verstrickte (Beste, Axel; Erich Rosendahl, S. 4 f. o.A.; Krautworsts Wandelgänge. Rosendahl, Neue Hann. Presse, 27./28. 1977). Am 23. Mai 1940 meldete der Sicherheitsdienst des Reichsführers SS, Abschnitt Braunschweig, an den Präsidenten der Reichsschrifttumskammer: „Es wird hervorgehoben, daß R. stets eine ausgesprochen antisemitische Gesinnung vertreten hat. Diese hat er in Wort und Schrift bestätigt. Seine politische Tendenz war zwar im wesentlichen welfisch gestimmt, doch eigentlich immer mit der ihr üblichen großdeutschen Note (sic!)." (Schreiben in Personalakte RKK Erich Rosendahl, BDC).

129 Manfried, Max-Marten; Hamburg und Hannover. Ein Theaterbrief, in: Die Pille, 1. Jhg., H. 14, 2. Dezember 1920, S. 322. Im Februar 1921 kommentierte Max-Marten Manfried anläßlich der höhnischen Rosendahlschen Rezension eines Hasenclever-Dramas, obwohl dieser so viel „mit seinen alten Wackelköpfen und Lebeprinzen und dem ganzen +++-Welfenspuk" zu tun habe, sei es nicht etwa so, „daß er doch nicht auch noch Zeit für die Modernen" aufbringt.

130 Vgl. dazu exemplarisch Rosendahl, Erich; König Georg V., erschienen 1928 und gedruckt in der hannoverschen Hofdruckerei Harzig/Möller, Geleitwort.

131 Rosendahl, Erich; Geschichte der Hoftheater, S. VII. Der Verfasser des Beitrages über Erich Rosendahl in der NEUEN HANNOVERSCHEN PRESSE urteilte 1977, GESCHICHTE DER HOFTHEATER IN HANNOVER UND BRAUNSCHWEIG sei „nur für kritische Leser geeignet". Das Buch mißtraue „allem Preußischen", und die Sozialdemokratie generell sei ihm „ein rotes Tuch" (o.A.; Krautworsts Wandelgänge. Rosendahl, Neue Hann. Presse, 27./28. 1977).

132 Rosendahl, Erich; Niedersächsische Literaturgeschichte, Vorwort, S. IV.

133 Ebda.

134 Rosendahl, Erich; Geschichte Niedersachsens, S. 903.

135 Ebda., S. 907.

136 Ebda., S. 913 f. Auch in bezug auf die weibliche Bevölkerung Niedersachsens fiel Erich Rosendahls Bestandsaufnahme der Vorzüge ‚heimischer Stammesart' gegenüber den nivellierenden und verflachenden Tendenzen einer überregionalen Moderne positiv aus. Das „niedersächsische Heldenmädchen" (Rosendahl, Erich; Niedersachsens Frauen, Vorwort), das seine Aufgabe nicht etwa darin sehe, dem Mann gleichberechtigt zu sein, sondern das sich in ein ihm angemessenes Dasein des „würdige(n) weibliche(n) Geschlechts" gefunden habe (S. 274), sei vielen Geschlechtsgenossinnen aus anderen Landstrichen in seinem Heimatbewußtsein und in seiner Volksverbundenheit weit voraus. Zu den „ausgezeichnete(n) Frauen" (Ebda.), die hier häufiger als in anderen „deutschen Stämmen" in Erscheinung träten, zählte Rosendahl neben den Heimatdichterinnen Agnes Miegel und Lulu von Strauß-Torney auch Ricarda Huch, deren „ausgesprochen starke Eigenart und seltene Vielseitigkeit" (S. 271) er mit den Worten pries: „Die Dichterin will bewußt keine ‚Moderne' sein und ist doch weit moderner als jene Männlein und Weiblein, die das Leben zu kennen vorgeben, wenn sie grau in grau malen und das ganze Volk als in der Wurzel verderbt schildern" (Ebda.). Vgl. die Rezension dieses Buches in der Zeitschrift NIEDERSACHSEN (Prüfer, Friedrich; Erich Rosendahl. Niedersachsens Frauen, in: Niedersachsen, 36. Jhg., 1931, S. 335. Vgl. auch L., W.; Buchbesprechungen. Erich Rosendahl, in: Kulturring, Januar 1930, S. 23).

137 Rosendahl, Erich; Niedersächsische Literaturgeschichte, S. 182.

138 Ebda., S. 183.

139 Ebda. Über den Dadaismus schrieb Rosendahl weiter: „Am wichtigsten ist es vielleicht, anzunehmen, daß sich die Vertreter dieser Richtung überhaupt nur einen schlechten Scherz erlauben und ausprobieren wollen, was alles dem Unverstande und der Gutmütigkeit des deutschen Volkes ungestraft geboten werden kann." (Ebda., S. 183).

140 Vgl. in diesem Zusammenhang die Polemik gegen den 1864 in Hannover geborenen Dramatiker Frank Wedekind in Rosendahls NIEDERSÄCHSISCHER LITERATURGESCHICHTE (S. 231). Rosendahl schilderte hier zunächst die in seinen Augen wirren Familienverhältnisse in Wedekinds Elternhaus. Sodann widmete er sich der Lebensgeschichte von Wedekinds Mutter, einer „Zigeunerin", sowie jener des Großvaters, eines politischen Verschwörers und gleichzeitigen Fabrikanten von Mausefallen, der im „Irrenhaus" gestorben sei, was Rosendahl zu der Bemerkung veranlaßte „(W)er an erbliche Belastung glaubt, kann daraus bei dem Dichter schier unbegrenzte Möglichkeiten annehmen" (S. 231). Im folgenden bemühte er sich um den Beweis seiner Annahme, daß weniger Wedekinds dramatische Fähigkeiten, sondern eher dessen Gespür für Skandal und für Provokation ihn bekannt gemacht habe. Sicher sei, „daß die ganze sogenannte Moderne vom Volkstum losgelöst ist, daß sie auf das rein Literarische statt auf das allgemein Menschliche eingestellt ist" (S. 232). Gewißheit herrschte bei Rosendahl auch darüber, daß Wedekinds Kindertragödie FRÜHLINGSERWACHEN, „in der Kinder aber gar nicht wie Kinder, sondern wie

wurmstichige Erwachsene sprechen und die Lehrer lächerliche Karikaturen sind", wohl für Furore gesorgt haben mochte, bald jedoch „schneller Vergessenheit anheimfallen" werde: „Wo spielt man noch ERDGEIST und BÜCHSE DER PANDORA als höchstens da, wo man einer pikanten jungen Schauspielerin im Interesse der Theaterkasse das Zugeständnis machen will, ihre Reize zur Schau zu stellen und zu zeigen, daß sie graziös am Abgrunde der Gemeinheit zu balancieren versteht, wobei es ihr dann allerdings oft genug begegnet, daß sie hineinplumpst." (S. 232) Vgl. in diesem Zusammenhang die das Buch abschließende Behauptung, einen Platz in der niedersächsischen Literaturgeschichte dürfe nur beanspruchen, „wer im Lande der Niedersachsen seine Heimat gefunden und ihm seine Lebensarbeit gewidmet hat." (S. 295).

141 Ebda.
142 R., E.; Hoftheater. Rückblick und Ausblick, Deutsche Volkszeitung, 4. Juli 1920.
143 Ebda.
144 Ebda.
145 O.A.; Die Zukunft des Opern- und Schauspielhauses, Hann. Kurier, 22. September 1920.
146 Ebda.
147 Vgl. Dietzler, Anke; Hannoversche Tageszeitungen, S. 72 ff. Vgl. das Schreiben des Magistrats an Karl Anlauf, 15. März 1928 (StAH Personalakte Karl Anlauf, P 399). Vgl. o.A.; Senator Anlauf 25 Jahre Journalist, Bürgerwacht, 31. März 1928.
148 Dietzler, Anke; Hannoversche Tageszeitungen, S. 285, Anm. 15. Heine, Werner; Novemberrevolution, S. 62. Werner Heine bezeichnet Karl Anlauf hier als „eifrige(n) Vertreter der Dolchstoßlegende".
149 Vgl. zu Anlaufs politischen Schriften neben DIE REVOLUTION IN NIEDERSACHSEN: Anlauf, Karl; Der rote Spuk auf dem Rathaus zu Hannover, Hannover o.J. (1924). Diese Veröffentlichung erschien auf dem Höhepunkt der Häme über Politik und Person Robert Leinerts und ist in einem ähnlichen Stil und mit ähnlicher Zielsetzung verfaßt wie etwa Emil Demmigs DAS SYSTEM LEINERT. SECHS JAHRE SOZIALISTISCHE HERRSCHAFT IM RATHAUSE HANNOVERS. Vgl. zur kunstpolitischen Haltung Anlaufs exemplarisch: A., K.; Kurt Schwitters, Niederdeutsche Zeitung, 23. September 1928. Anlauf widmete sich Schwitters hier in einer gleichermaßen aus Wohlwollen und Ironie geprägten Weise und verfiel nicht wie viele seiner Kollegen bei der NIEDERDEUTSCHEN ZEITUNG, aber auch bei anderen bürgerlichen hannoverschen Zeitungen, in eine undifferenzierte Verunglimpfung von dessen Arbeiten. Als ernst zu nehmenden Künstler wollte er den „sonderbaren Niedersachsen" gleichwohl nicht akzeptieren: „Man nimmt sein Schaffen falsch auf. Ich persönlich weiß, daß er der beste – Reklamefachmann ist, den ich kenne. Schwitters hat eben einen neuen Weg gefunden, nicht in der Kunst, bewahre, sondern im Reklamefach, und seine MERZ-Malerei ist weiter nichts als ein Mittel zum Zweck, bekannt zu werden. Viele von geschickten Reklamebildern auf Plakaten und in Blättern stammen von ihm. Sie sehen weder nach MERZ noch nach ANNA BLUME aus." Am 4. Juli 1924 wurde Karl Anlauf vom hannoverschen Ordnungsblock zum ehrenamtlichen Senator gewählt. Vier Jahre später dankte ihm der Magistrat für seine fünfundzwanzigjährige Tätigkeit als Journalist mit den Worten: „In diesen Jahren sind Sie vielen Tausenden unserer Einwohner ein bewährter Führer und Berater in kommunalwirtschaftlichen und kommunalpolitischen Dingen geworden, der sein verantwortungsvolles und häufig gewiß nicht leichtes Amt mit ‚hohem Ernst und Pflichtbewußtsein' wahrgenommen hat." (Schreiben des Magistrats an Karl Anlauf, 15. März 1928, StAH Personalakte Karl Anlauf, P 399. Vgl. den Zusatz der Schriftleitung der BÜRGERWACHT zu: o.A.; Senator Anlauf 25 Jahre Journalist, Bürgerwacht, 31. März 1928. Anlauf wurde am 20. Dezember 1929 in seinem Amt als Senator bestätigt). In seiner Arbeit als Mitarbeiter und später als Feuilletonleiter der NIEDERDEUTSCHEN ZEITUNG wußte Anlauf das Ansehen, das ihm seine Senatorenschaft verlieh, zu nutzen. Als ‚Senator Anlauf', unterzeichnend, votierte er im Juli 1926 in der NIEDERDEUTSCHEN ZEITUNG für den Ankauf des Deutschen Theaters durch die Stadt, den er als „sittliche Angelegenheit" behandelt sehen wollte: „Mit diesem Ankauf hat die Stadt zur Gesundung unseres Theaterwesens ein bedeutsames Werk getan. Wir stellen den sittlichen Kern dieser Frage in den Vordergrund. Besonders in den letzten Monaten, wenn sich mit anständiger, guter Kunst das Haus nicht füllen ließ, wurde die Kasse durch äußerst bedenkliche Stücke gefüllt, wie DER FRÖHLICHE WEINBERG, DIE HOSE u.a.m. Auch früher hatte eine Zeitlang der Wedekindsche Lulu-Geist dies Haus heimgesucht." (Senator Anlauf; Die Stadt kauft das Deutsche Theater. Eine sittliche Angelegenheit, Niederdeutsche Zeitung, 8. Juli 1926). Die Überzeugung, einem Großteil der modernen Dramatik mangele es an sittlicher Qualifikation, veranlaßte Anlauf in seiner Senatorenschaft auch, in Magistratssitzungen nachhaltig die Theaterproblematik zur Diskussion zu stellen. Da er seine Verbindungen zur hannoverschen Presse für sich nutzbringend einzusetzen wußte, hatten einige Mitglieder der städtischen Kollegien mit Anlaufs harscher Kritik an seiner Ansicht nach zu wenig durchgreifenden Maßnahmen gegen den an den hiesigen Bühnen herrschenden ‚Ungeist' zu rechnen. In der Magistratssitzung vom 2. September 1927 etwa, welche u.a. Fragen des Fremdenverkehrs behandelte, bat Oberbürgermeister Menge Anlauf zu bedenken, daß die Kritiken in der NIEDERDEUTSCHEN ZEITUNG über die Städtischen Bühnen nicht dazu angetan seien, den Fremdenverkehr zu heben (Auszug aus dem Protokoll der Magistratssitzung vom 2. September 1927 (StAH HR 15, 586)). Zum 20. April 1933 schied Anlauf aus seinem Amt als ehrenamtlicher Senator aus. Im Juni 1937, also offenbar gleich bei dessen Einrichtung, wurde er Archivar des Wilhelm-Busch-Museums am ehemaligen Rustplatz, heute Georgsplatz. Karl Anlauf, DNVP-Mitglied, trat am 1. Mai 1937 in die NSDAP ein. In seiner Mitgliedskarte (Bundesarchiv, Außenstelle Zehlendorf (früher: Berlin Document Center)), befindet sich in der Rubrik ‚Leumund-Vorstrafen' der Eintrag „streng katholisch" und in jener nach den Angaben über Familienangehörige: „Die Frau ist streng katholisch." (BDC, Personalakte Karl Anlauf).

150 Vgl. zu Anlaufs Biographie die Personalakten im StAH (Personalakte Karl Anlauf, P 399) und im BDC (Personalakte Karl Anlauf), hier besonders den Lebenslauf in der Anlage zum Antrag auf Mitgliedschaft in der NSDAP vom 3. Mai 1937. O.A.; Senator Anlauf 25 Jahre Journalist, Bürgerwacht, 31. März 1928. Anläßlich der Bürgervorsteherkollegiumswahl im März 1933 kandidierte Anlauf, gemeinsam u.a. mit dem Fabrikanten Hans Bahlsen und Woldemar Liebernickel, für die Kampffront Schwarz-Weiß-Rot, einem Zusammenschluß aus DNVP und Stahlhelm, der als seine vornehmlichsten kommunalpolitischen Ziele „Sicherung und Ausbau einer *nationalen*, von allen staatszerstörerischen marxistischen Einflüssen freien, sozial gerechten, *sparsamen* und *sachlich* arbeitenden Stadtverwaltung" nannte (Wahlkampfblatt

[151] der Kampffront, in: Bürgerwacht, 10. März 1933. Vgl. o.A.; Wahlvorschlag Kampffront Schwarz-Weiß-Rot, Bürgerwacht, 1. März 1933 und 10. März 1933).

[151] Vgl. o.A.; Kommunalpolitische Umschau, Bürgerwacht, 15. Oktober 1929. Dieser Artikel wies Anlauf als stellvertretendes Ausschußmitglied des Stadtverbandes der Bürgervereine und Schriftführer des Bürgervereins Hannover-Waldheim aus. Vgl. o.A.; Verband der Bürgervereine der Haupstadt Hannover, Bürgerwacht, 1. Juli 1931. Anlauf war gleichzeitig einer der wichtigsten Mitarbeiter der Vereinszeitschrift der Bürgervereine, der BÜRGERWACHT. Hier veröffentlichte er eine große Anzahl kulturkritischer, nationalistischer und von Haß auf die „rote Macht" geprägter Artikel. Vgl. z. B. Anlauf, Karl; Rationalisierung in der Kommunalverwaltung, Bürgerwacht, 9. März 1928. Anlauf, Karl; Eine kommunalpolitische Tragödie, Bürgerwacht, 15. Januar 1930. Anlauf, Karl; Die Aufrichtung der roten Macht durch ungesetzliche Beschlüsse, Bürgerwacht, 1. März 1930, Anlauf, Karl; Die Niedersachsenfrage im Rahmen der Reichsreform, Bürgerwacht, 15. Mai 1930, Anlauf, Karl; Kommunale Diktatur, Bürgerwacht, 15. Oktober 1931. Anlauf, Karl; Die Stadt ohne Etat und wie sie dadurch sparen kann, Bürgerwacht, 15. Februar 1932. Anlauf, Karl; Die Kunst als Maßstab städtischen Wohlstandes, Bürgerwacht, 30. Juli 1932. Anlauf, Karl; Macht endlich ganze Arbeit. Ein Stückchen Brot ist das Zeichen unserer Zukunft, Bürgerwacht, 15. August 1932. Für Anlaufs Arbeit als Journalist wie als Kommunalpolitiker besonders aufschlußreich ist die Reihe DAS BÜRGERTUM UND DIE ÖFFENTLICHE MEINUNG, die sich im Spätwinter 1931/32 und Frühjahr 1932 durchaus kritisch mit Führerkult, politischer Massensuggestion und Massenpsychose beschäftigte (Anlauf, Karl; Das Bürgertum und die öffentliche Meinung. Eine Darstellung der Geschichte und der Bedeutung der öffentlichen Meinung, Bürgerwacht, 15. Februar 1932, 1. März 1932 und 15. Mai 1932).

[152] Vgl. z. B. Protokoll der Sitzung des Theater-Ausschusses, 30. Januar 1932 (StAH HR X.C.10.32).

[153] Vgl. etwa Dr. Giesecke/Senator Anlauf; Aufruf!, Bürgerwacht, 1. August 1929.

[154] Anlauf, Karl; Revolution in Niedersachsen, S. 5.

[155] Ebda.

[156] Ebda., S. 123.

[157] Ebda., S. 124.

[158] Ebda., S. 123.

[159] B-r; Und nun das liebe Publikum, in: Die Pille, 1. Jhg., H. 5, 29. September 1920, S. 103 f. Die Beschreibung endet mit der Aufforderung, ‚Piefke', der vermeintliche Unzucht anprangerte und doch in die Theater ging, um anstößige Stücke zu sehen, an seiner eigenen Gegensätzlichkeit und Widersprüchlichkeit irrezumachen: „Piefke trägt seinen stärksten Feind in der eigenen Brust. Verbündet Euch mit ihm! ... Piefke wird an sich selbst zu Grunde gehen, wenn Ihr stark seid und mutig. Die Bühne aber wird *dem Menschen* gehören." Über die Person, welche sich hinter dem Kürzel B-r verbirgt, ist nichts in Erfahrung zu bringen.

[160] 1921 klagte der Kritiker der PILLE über jene Leute, „die nur dann in eine Vorstellung gehen, wenn es da gehörig was zu ‚juchzen' gibt (ein Zustand, der in der Regel eintritt, wenn eine männliche Unterhose sichtbar wird) oder wenn sie mit ihrer Anwesenheit prunken können". (Manfried, Max-Marten; Das p.p. Theaterpublikum, in: Die Pille, 2. Jhg., H. 7, 17. Februar 1921, S. 188).

[161] Ebda.

[162] In der PILLE wurden in dieser Zeit viele Artikel veröffentlicht, in denen dazu aufgefordert wurde, die Bühnen nicht mehr dem Zugriff bürgerlicher Reaktionäre zu überlassen, sondern allen Teilen der Bevölkerung zur Verfügung zu stellen (vgl. z. B. Ws.; Kunstschacher!, in: Die Pille, 1. Jhg., H. 3, 15. September 1920, S. 69). Zwei Wochen nach der Publikation dieses Artikels, am 29. September 1920, erschien ein Aufruf zum neuen Theater, in dem die Abkehr von Obsoletem gefordert wurde: „Die letzte Winterspielzeit brachte die Erlösung. Steine flogen aus nerviger Hand. Krachend sprangen die Scheiben unseres altehrwürdigen Thespistempels in Trümmer. Klare, frische Luft jagte zeitgeheiligten Staub durch die gähnenden Öffnungen. Weinend rannten die erschreckten Spießer um ihr geschändetes Heiligtum. Die Straßen der Stadt hallten wider von den Flüchen auf die verruchten Täter. Dann aber saßen sie und sonderten Schleim ab, die Splitter wieder zu fügen. Jedoch: Scherben blieben Scherben, und unverwandt heulte reinigender Sturm durch die geöffneten Hallen. Aber immer noch hängen finstere Fledermäuse im Gebälk, immer noch ziehen giftige Spinnen ihre Netze, noch eilen Asseln und Schwaben (sic!) über die Wände, und noch huschen feiste Ratten über die Fliesen. Ich rufe Euch auf, das Gewürm zu verderben, zu töten, auszurotten mit Stock und Stiel, mit Feuer und Wasser. Ekle Arbeit müßt Ihr tun – um der Sauberkeit willen. Wer ist bereit?" (Arbiter; Aufruf zum neuen Theater, in: Die Pille, 1. Jhg., H. 5, 29. September 1920, S. 105). Die Wochenschrift machte keinen Hehl daraus, daß ihre Sympathien weit mehr jenen galten, die trotz geringer finanzieller Mittel nicht auf den Theatergenuß verzichten wollten. Den anderen jedoch, die mit dem Theaterbesuch in den Augen ihrer Rezensenten eher gesellschaftlicher Verpflichtung als künstlerischem Bedürfnis nachkamen, begegnete sie mit Spott.

[163] Manfried, Max-Marten; Hamburg und Hannover. Ein Theaterbrief, in: Die Pille, 1. Jhg., H. 14, 2. Dezember 1920, S. 322. Dieser Ausspruch stammte von Erich Rosendahl.

[164] Ebda., S. 323.

[165] Daneben sollten regelmäßige Aufführungen von Komödien und Schwänken das „Theaterpublikum zu einer wahren Kulturgemeinde ... erziehen" (Ebda.).

[166] Frerking, Johann; Von den hannoverschen Theatern und ihrem Publikum, in: Das Hohe Ufer, 1. Jhg., H. 1, Januar 1919, S. 20 f.

[167] Frerking, Johann; Das erste Jahrdritt, S. 28. Lange, Rudolf; Kurzer Spaziergang, S. 90 f.

[168] Manfried, Max-Marten; Hamburg und Hannover. Ein Theaterbrief, in: Die Pille, 1. Jhg., H. 14, 2. Dezember 1920, S. 323. Vgl. auch Manfried, Max-Marten; Das p.p. Theaterpublikum, in: Die Pille, 2. Jhg., H. 17, 17. Februar 1921, S. 187.

[169] Manfried, Max-Marten; Brauchen wir ‚nationale' Theater?, in: Die Pille, 1. Jhg., H. 16, 16. Dezember 1920, S. 372 f.

[170] Ebda.

[171] Vgl. zur Person Wilhelm Webers Röhrbein, Waldemar R./Auffarth, Sid/Masuch, Anna/Zankl, Franz Rudolf; Hannover zwischen den Kriegen, S. 73. Anlauf, Karl; Revolution in Niedersachsen, S. 37. Mlynek, Klaus/Röhrbein, Waldemar R.; Hannover Chronik, S. 168, 210 f, 231, 235, 241, 252. Mlynek, Klaus; Hannover in der Weimarer Republik und unter dem Nationalsozialismus, S. 503, 568, 659, 667, 803. Rohrssen, Theo; Berühmte Köpfe, S. 232 f. Städtische Kollegien. Karteikasten. StAH. Personalakte Wilhelm Weber (P 668), StAH).

172 Anlauf, Karl; Revolution in Niedersachsen, S. 124.
173 Wilhelm Weber in der Sitzung der Städtischen Kollegien am 23. November 1920 (StAH HR X.C.10.1.II).
174 Ein Verbleiben Puttkamers wurde von einigen Mitgliedern des Theater-Ausschusses noch einige Zeit weiter diskutiert (Protokoll der Sitzung des Theater-Ausschusses, 13. Januar 1921, 21. Januar 1921, 1. Februar 1921 (StAH HR X.C.10.32)). Senator Lohrberg, SPD, jedoch wandte am 1. Februar 1921 unwidersprochen ein, in Puttkamer dürfe man nicht „den Mann von fester Hand" sehen.
175 Schreiben Erwin Piscators an die Stadtverwaltung, Robert Leinert, 20. Juni 1924 (StAH HR X.C.10.4.1).
176 Schreiben Erwin Piscators an die Stadtverwaltung, Robert Leinert, 7. Juli 1924 (StAH HR X.C.10.4.1).
177 Schreiben Oberbürgermeister Robert Leinerts an Erwin Piscator, Berlin, 9. Juli 1924 (StAH HR X.C.10.4.1).
178 Rahlfs, Heinz; Städtische Bühne, S. 57. Alle anderen Bühnen im ehemaligen preußischen Gebiet wurden Landestheater bzw. Staatstheater.
179 Protokoll der Sitzung des Theater-Ausschusses, 13. Juni 1921 (StAH HR X.C.10.32).
180 Georg Lindemann, Protokoll der Sitzung des Theater-Ausschusses, 7. Mai 1921 (StAH HR X.C.10.32).
181 Ebda. Bürgermeister Bucerius urteilte am 17. August 1921 im Theater-Ausschuß: „Direktor Grunwald gehöre zu den Guten, die nicht mehr überschäumend und jugendlich seien. Er sei eine durchaus abgeklärte Persönlichkeit, aber immer noch eine Persönlichkeit. Er sei von großer Beweglichkeit und Gewandtheit, der um scharfe grundsätzliche Fragen herumzugehen wisse." (Protokoll der Sitzung des Theater-Ausschusses, 17. August 1921 (StAH HR X.C.10.32)).
182 Protokoll der Sitzung des Theater-Ausschusses, 13. April 1921 (StAH HR X.C.10.32).
183 Rosendahl, Erich; Geschichte der Hoftheater, S. 193. Rahlfs, Heinz; Städtische Bühnen, S. 57. Frerking, Johann; Theater in Hannover, S. 60. Frerking, Johann; Ein Leben für das Theater. Rolf Roenneke zum 70. Geburtstag, Hann. Presse, 31. Juli 1957. Frerking, Johann; Rolf Roenneke, in: Hann. Volksbühne, 15. Jhg., H. 8, 1963/64. Vgl. StAH HR X.C.10.32 (Protokolle 1920–1923) hinsichtlich der häufigen Diskussionen um eine Pension für Puttkamer, der als pensionierter Offizier ein hohes Ruhegeld bezog.
184 Frerking, Johann; Theater in Hannover, S. 60. Lange, Rudolf; Kleiner Spaziergang, S. 60.
185 Rosendahl, Erich; Geschichte der Hoftheater, S. 193. Rolan, Franz; Charakterstudie, S. 12. Mlynek, Klaus; Hannover in der Weimarer Republik und unter dem Nationalsozialismus, S. 468.
186 Vgl. Schmidt, Dörte/Weber, Brigitta; Keine Experimentierkunst, S. 77.
187 Anläßlich seines Vorstellungsgespräches vor dem Theater-Ausschuß hatte Grunwald allerdings betont, er komme von einem „urmodernen Theater" her. Weiter heißt es im Protokoll: „Seine vornehmste Arbeit habe er stets darin erblickt, lebende Werke herbeizuschaffen und sorgfältig zu sichten, so daß das Repertoire immer ein vornehm literarisches gewesen sei". Er halte es „für die erste Aufgabe eines Theaterleiters, daß er mit scharfem Gehör nach den Zeitläuften horche und aufpasse, welche lebenden Dichter Neues und Gutes zu bringen in der Lage wären. Literatur sei der Spiegel der Volksseele, und er wolle von vornherein sagen, daß er in dieser Beziehung niemals von seinen Ideen abgehen werde ... Man dürfe also nicht starr eine Richtung pflegen, sondern müsse zeigen, wie man sich der Gesamtliteratur gegenüber verhalte." (Protokoll der Sitzung des Theater-Ausschusses, 17. August 1921 (StAH HR X.C.10.32)).
188 Baum, Vicki; Es war alles ganz anders, S. 339.
189 Rolan, Franz; Charakterstudie, Vorwort.
190 Ebda., S. 44.
191 Ebda., S. 18.
192 Zu einem ähnlichen Ergebnis kam auch das Mitteilungsblatt der Freien Volksbühne im Februar 1924. Es zitierte einen Beitrag aus dem HILDESHEIMER VOLKSBLATT, in dem auf Rolans wenig erfolgreiche Vergangenheit als Begründer der Schauburg eingegangen worden war, und schloß mit der Bemerkung, man habe „es eben mit einem von krankhaftem Ehrgeiz besessenen Nörgler zu tun, den man beileibe nicht ernst nehmen kann." (o.A.; Ein Pamphlet, in: Freie Volksbühne, 2. Jhg., H. 4, Februar 1924, S. 5f).
193 Rolan, Franz; Charakterstudie, S. 43.
194 Ebda., S. 5.
195 Ebda., S. 7.
196 Ebda.
197 Ebda., S. 38.
198 Ebda., S. 38f. Daß nicht etwa unter Grunwald, sondern noch in der Dienstzeit Freiherr von Puttkamers Georg Kaisers BÜRGER VON CALAIS in einer vieldiskutierten Aufführung inszeniert worden war, ‚vergaß' Rolan in seinem Eifer ebenso wie die Tatsache, daß auch die hannoversche Premiere von Klabunds NACHTWANDLERN zu einer Zeit vorbereitet worden war, als Grunwald noch in Berlin arbeitete (vgl. Rolan, Franz; Charakterstudie, S. 10 u. 21. Vgl. auch Frerking, Johann; Theater in Hannover, S. 60).
199 Vgl. zur administrativen Theaterleitung durch Arthur Pfahl: Rolan, Franz; Charakterstudie, S. 20f. Röhrbein, Waldemar R.; So wie es war, S. 95. Rosendahl, Erich; Geschichte der Hoftheater, S. 193. Rosendahl bezeichnete Pfahl hier als „theaterbegeisterte(n) Büroleiter". Arthur Pfahl wurde 1872 in Hannover geboren und trat nach dem Abitur als Hilfsarbeiter in die Dienste des Magistrats ein. 1908 wurde er zum Personaldirektor im Rathaus ernannt. 1920 wechselte er als Verwaltungsdirektor an die Städtischen Bühnen. Pfahl war auch als Übersetzer und Bearbeiter von Lustspielen tätig (Rosendahl, Erich; Niedersächsische Literaturgeschichte, S. 268f). Geolij.; Frauenlist. Lustspiel von Scribe und Legouvé. Deutsche Bearbeitung von Arthur Pfahl, in: Die Hannoversche Woche, 19. November 1927.
200 Vgl. Frerking, Johann; Ein Leben für das Theater. Rolf Roenneke zum 70. Geburtstag, Hann. Presse, 31. Juli 1957. Frerking, Johann; Rolf Roenneke, in: Hann. Volksbühne, 15. Jhg., H. 8, 1963/64. Frerking, Johann; Theater in Hannover, S. 26. R., E.; Unser Hoftheater in Wort und Bild. Dr. Rolf Roenneke, in: Illustrierte Frauenwelt. Wochenblatt für alle Zweige deutscher Fraueninteressen, Hannoversche Allgemeine Hausfrauenzeitung, Beilage zur Deutschen Volkszeitung, 6. Jhg., Nr. 2, 22. Januar 1920. Selbst in den Protokollen der Theater-Ausschußsitzungen findet sich die Schreibweise ‚Roennecke'. Wenngleich sie sich bis auf den heutigen Tag durchgesetzt hat, wird hier die Schreibung ‚Roenneke' verwendet, also so, wie der Schauspielleiter auch selbst unterzeichnet hat.
201 Protokoll der Sitzung des Theater-Ausschusses, 13. Januar 1921 (StAH HR X.C.10.32).

202 Nach Auskunft der BÜRGERWACHT, der Zeitschrift der hannoverschen Bürgervereine, waren nach der Revolution auf Betreiben Robert Leinerts alle Orchestermitglieder Beamte geworden. Damit waren sie unkündbar (o.A.; Kommunalpolitische Umschau, Bürgerwacht, 15. März 1930. O.A.; Kommunalpolitische Umschau, Bürgerwacht, 15. Dezember 1930. O.A.; Kommunalpolitische Umschau, Bürgerwacht, 1. Februar 1931). Leider findet sich ansonsten kein Hinweis auf diesen Sachverhalt.

203 Willy Grunwald, Protokoll der Sitzung des Theater-Ausschusses, 7. Juni 1922 (StAH HR X.C.10.32).

204 Kunstverein Hannover; Zwanziger Jahre, S. 156. Schmidt, Dörte/Weber, Brigitta; Keine Experimentierkunst, S. 8, 86 f. Lange, Rudolf; Kurzer Spaziergang, S. 64 ff.

205 Vgl. Thieß, Frank; Freiheit bis Mitternacht, S. 214. Mlynek, Klaus; Hannover in der Weimarer Republik und unter dem Nationalsozialismus, S. 468. Sievers, Heinrich; Von der Hofoper zum Städtischen Opernhaus, S. 69. Rosendahl, Erich; Geschichte der Hoftheater, S. 188. Lange, Rudolf; Kleiner Spaziergang,, S. 60 f. Grotjahn, Rebecca; Städtisches Orchester, S. 132. Schmidt, Dörte/Weber, Brigitta; Keine Experimentierkunst, S. 98 ff.

206 Protokoll der Sitzung des Theater-Ausschusses, 12. Februar 1923 (StAH HR X.C.10.32). Vgl. Schmidt, Dörte/Weber, Brigitta; Keine Experimentierkunst, S. 78, 87 ff, 96.

207 Protokoll der Sitzung des Theater-Ausschusses, 11. April 1927 (StAH HR X.C.10.32).

208 Eberhard Sarter vom HANNOVERSCHEN KURIER urteilte 1926, am „wertvollsten" erscheine es ihm, „daß die Theaterleitung nun nach langem Zuwarten, Fehlgreifen und Suchen" die Einstellung eines „neuen wohlgeleiteten Ballettmeisters ermöglicht hatte … Eben bei der Erneuerung, Vertiefung und Erweiterung der alten Opernbühne scheint ja doch dem Bühnentanz eine der wichtigsten Rollen zuzufallen". (SA; Petrouchka, Hann. Kurier, 9. Dezember 1926). Vgl. allg. auch Schmidt, Dagmar Gerda; Ballett in Hannover.

209 Kunstverein Hannover; Zwanziger Jahre, S. 156. Protokoll der Sitzung des Theater-Ausschusses, 10. März 1926 (StAH HR X.C.10.32).

210 Vgl. Kunstverein Hannover; Zwanziger Jahre, S. 156, 165. Lange, Rudolf; Kurzer Spaziergang, S. 64 ff. Schmidt, Dörte/Weber, Brigitta; Keine Experimentierkunst, S. 150 ff.

211 Kunstverein Hannover; Zwanziger Jahre, S. 156. Nach der rückblickenden Wertung des Musikwissenschaftlers Heinrich Sievers, der sich hier auf Theodor W. Werner, einen renommierten Kollegen aus den zwanziger Jahren, bezog, wurde Hanns Niedecken-Gebhardt von den Verantwortlichen der Theaterverwaltung „der Stuhl vor die Tür" gesetzt (Sievers, Heinrich; Von der Hofoper zum Städtischen Opernhaus, S. 69).

212 Baum, Vicki; Es war alles ganz anders, S. 324, 338 f. Grotjahn, Rebecca; Städtisches Orchester, S. 132 f. Sievers, Heinrich; Von der Hofoper zum Städtischen Opernhaus, S. 57 f.

213 Rolan, Franz; Charakterstudie, S. 10. Vgl. dazu auch das Schreiben Eugen d'Alberts an Bürgervorsteher Lenzberg, 9. März 1920 (StAH HR X.C.10.4.4).

214 Frank Thieß erkannte dies deutlich, als er in seinem Rückblick formulierte, „das Opernhaus konnte … sich mehr leisten" (Thieß, Frank; Freiheit bis Mitternacht, S. 214).

215 Die Ehefrau Richard Lerts, Vicki Baum, erinnerte sich des „großartige(n) avantgardistische(n) Gespanns" (Baum, Vicki; Es war alles ganz anders, S. 344), das ihr Mann und Niedecken-Gebhardt in Hannover gewesen sei. Sie verglich Hannover, die Stadt, in der sie „im Expressionismus gelebt und geatmet" habe (Ebda., S. 354), mit Mannheim, der nächsten Station des künstlerischen Schaffens Lerts, und kam zu folgendem Ergebnis: „Nach dem guten frischen Wind, der in Hannover so aufpeitschend durch Kunst- und Theaterleben fuhr, und dem alles durchdringenden Gefühl, dort in einer Zeit zu Haus zu sein, war mir in Mannheim, als würde ich in eine steckengebliebene Vergangenheit zurückversetzt, in die alte Bourgeoiswelt, der ich vor langem entflohen war. Die Theaterabonnenten waren wohlhabende Leute, steif und korrekt und unerträglich gönnerhaft allem gegenüber, was nach Kunst roch." (Ebda., S. 357).

216 Vgl. dazu auch: Sievers, Heinrich; Von der Hofoper zum Städtischen Opernhaus. Die Ära Krasselt, S. 68. Vgl. auch Lange, Rudolf; Kleiner Spaziergang, S. 59. Schmidt, Dörte/Weber, Brigitta; Keine Experimentierkunst, S. 78.

217 Rahlfs, Heinz; Richard Lert, S. 168.

218 Sievers, Heinrich; Von der Hofoper zum Städtischen Opernhaus. Die Ära Krasselt, S. 69. In der von der hannoverschen Tagespresse so bezeichneten „Kapellmeisterkrisis" betonte Lerts Celler Rechtsanwalt Wolfgang Wachsmuth dem Theater-Ausschuß gegenüber: „Daß Sie ernstlich eine Reihe von persönlichen Reibereien und in jedem Theater vorkommenden Mißhelligkeiten zum Anlaß nehmen, einen Künstler, der das Niveau der hannoverschen Oper auf eine seit mehreren Jahrzehnten nicht gekannte Höhe gehoben hat, auf sofort entlassen wollen, beweist, daß Sie weder gesinnt sind, das künstlerische Prestige, das Herr Lert nach mehrjähriger angestrengter Tätigkeit der hannoverschen Oper zurückgegeben hat, aufrecht zu halten und zu mehren, ja daß Sie nicht einmal gewillt sind, objektiv Herrn Lert diejenige Gerechtigkeit zukommen zu lassen, die eine Persönlichkeit auch ohne künstlerische Bedeutung zu beanspruchen berechtigt gewesen wäre." (Schreiben des Rechtsanwalts Wachsmuth an den Theater-Ausschuß, 8. November 1921 (StAH HR X.C.10.4.4)). Lert hatte sich in Hannover von Beginn an wegen seiner konsequenten und selbstbewußten Art vor allem beim Ensemble nicht nur Freunde gemacht (vgl. Protokoll der Sitzungen des Theater-Ausschusses, 14. November 1921, 24. Oktober 1921 (StAH HR X.C.10.32)).

219 Zitiert nach: Sievers, Heinrich; Von der Hofoper zum Städtischen Opernhaus. Die Ära Krasselt, S. 68. Vgl. zur Reaktion auch: Rahlfs, Heinz; Richard Lert, S. 168 f. Hier fand sich auch der Hinweis auf die positive Kritik Theodor W. Werners. Grotjahn, Rebecca; Städtisches Orchester, S. 132 f. Schmidt, Dörte/Weber, Brigitta; Keine Experimentierkunst, S. 84.

220 Protokoll der Sitzung des Theater-Ausschusses, 3. Mai 1922 (StAH HR X.C.10.32).

221 Rahlfs, Heinz; Richard Lert, S. 169.

222 Ebda.

223 Baum, Vicki; Es war alles ganz anders, S. 341. Vgl. Protokoll der Sitzung des Theater-Ausschusses, 1. Dezember 1921 (StAH HR X.C.10.4.4). Schmidt, Dörte/Weber, Brigitta; Keine Experimentierkunst, S. 78.

224 Baum, Vicki; Es war alles ganz anders, S. 340.

225 O.A.; Kapellmeister Lert kehrt zurück, Hann. Kurier, 21. März 1922. O.A.; Die Kapellmeisterfrage im Opern- und Schauspielhaus, Hann. Landeszeitung, 21. März 1922. O.A.; Die Rückkehr Lerts, Hann. Anzeiger, 26. März 1922. O.A.; Kapellmeister Lert wieder engagiert, Volkswille, 22. März 1922. O.A.; Die Kapellmeisterkrisis im Städtischen Opern- und Schauspielhaus, Hann. Tageblatt, 21. März 1922. O.A.; Theater und Musik. Kapellmeister Lert kehrt zurück, Hann. Kurier, 21. März 1922. Vgl. auch das Schreiben E. Opels, Hohenzollernstraße, an den Theater-Ausschuß vom 14. November 1920: „Der Einsender möchte daran erinnern, daß das Theaterpublikum in geschlossener Reihe erwartet und fordert, daß Herr Kapellmeister Lert zurückberufen wird und nicht als Opfer eines neuen Intendanten fällt, der bislang noch nicht bewiesen hat, daß seine Tätigkeit für das Theater wichtiger wäre als die des bewährten Herrn Lert. Jeder Theaterbesucher weiß, daß Herr Lert die einzige künstlerische Persönlichkeit des ehemaligen Hoftheaters ist, welche die Oper, den letzten Rest einstiger Größe, vor dem Versumpfen bewahrt." (Schreiben E. Opels an den Theater-Ausschuß, 14. November 1920 (StAH HR X.C.10.4.4)).

226 Im November 1921 befürchtete Robert Leinert in der Sitzung des Theater-Ausschusses, wenn etwas „über die im Verlaufe der Diskussion lautgewordene antisemitische Note ... bekannt würde", „würde dies nicht zum Nutzen des Theaters geschehen." (Protokoll der Sitzung des Theater-Ausschusses, 14. November 1921 (StAH HR X.C.10.4.4)) Vicki Baum schrieb über die Beweggründe der Vermittler: „Schließlich intervenierten sie, diese lieben grauhaarigen Handelsherren. Aus der Kunst im allgemeinen und der Oper im besonderen machten sie sich gar nichts, sehr viel aber aus Gerechtigkeit, menschlichem Anstand und zunehmend leeren Häusern. So wurde denn ein ehrenwerter Friede ausgehandelt und Lert wieder in Amt und Würden eingesetzt." (Baum, Vicki; Es war alles ganz anders, S. 341). An die erste Reaktion eines Teils des Publikums nach Lerts Wiedereinsetzung erinnerte sich Vicki Baum folgendermaßen: „Bei seiner ersten Vorstellung aber umringten Rowdys das Theater, es kam zu lärmenden, politisch gefärbten Kundgebungen gegen ihn, verleumderische Handzettel wurden verteilt – dieser Ausdruck des Volkszorns war völlig unverständlich, da mein Mann ein gänzlich unpolitischer Mensch ist und diese gröhlenden Halbstarken bestimmt noch nie eine Oper gesehen haben. Ich kann nur annehmen, daß damals schon Nazis zu solchen Demonstrationen aufhetzten, um ihre späteren Anhänger zu schulen." (Ebda.).

227 Georg Lenzberg, Justizrat, Rechtsanwalt und Notar, geb. am 10. Mai 1856 in Barntrup, wurde am 23. Februar 1919 in sein Amt als Bürgervorsteher und Vertreter der Demokratischen Partei eingeführt. Am 5. März 1919 wurde er zum Bürgervorsteher-Wortführer gewählt. Bereits am 9. Dezember 1920 legte Lenzberg sein Amt aufgrund einer Erkrankung nieder, am 2. März 1922 verstarb er. Lenzberg war einer der wichtigsten Förderer Richard Lerts (Städtische Kollegien. Karteikasten. StAH).

228 Schreiben Justizrat Georg Lenzberg an Theaterdezernent Arthur Menge, 19. November 1921 (StAH HR X.C.10.4.4). Franz Rolan, hinter dessen scharfem Spott freilich immer auch das Moment des verletzten Stolzes stand, unterstellte Grunwald rückblickend ein Ziel, dessen Erfüllung ihm selbst vorenthalten geblieben war, nämlich, den Rivalen Lert um sein Amt zu bringen: „Wie die Versöhnung geschoben und geklittert ist – ich weiß es nicht – kann mir auch egal sein, aber die Tatsachen allein sprechen Bände für die hohe Charakterfestigkeit des Herrn Intendanten und seinen Edelmut, daß er ‚natürlich um der Sache willen' dem Gegner verzieh ... Lert geht doch! ... Nun haben wir auch keinen ersten Kapellmeister mehr, macht nichts, wir haben ja *Willy.*" (Rolan, Franz; Charakterstudie, S. 24). Im Verlauf der „Kapellmeisterkrise", die sich über die zweite Hälfte des Jahres 1921 zog und von den Gegnern wie den Anhängern beider opponierender Seiten mit viel Polemik begleitet wurde, hatte Richard Lert dieses Moment selbst immer wieder in die Diskussion gebracht. Er warf dem Intendanten Eigenmächtigkeit, gepaart mit Unvermögen, vor und schrieb schon im Juni 1921 an Senator Fink, es stecke in Grunwalds Spielplangestaltung, die ohne sein, Lerts, Einverständnis erfolge, „soviel Mangel an Verantwortungsgefühl, daß ich meinen guten Namen nicht dazu hergeben möchte, dies zu decken". Er setze ohnedies seine „ganze Kraft" dafür ein, „das Niveau des Theaters vor dem Sinken zu bewahren", aber leider werde ihm das „schwer genug gemacht, indem über meinen Kopf hinweg, ohne mein Wissen oder auch gegen meinen bestimmten Willen Dinge zugelassen werden, die nicht notwendig sind und auch früher nicht durchgegangen wären ... Und wenn ich auch, wie Ihnen bekannt ist, keinerlei Leiterehrgeiz habe, so finde ich es doch sehr ungerecht um des Instituts willen, wenn mein Standpunkt hierbei übergangen wird. Ich bin am längsten hier am Theater, ich war auch vorher an Bühnen von Rang, ich weiß, welche Qualitäten in Gefahr sind, verloren zu gehen, und ich möchte nicht länger zusehen, wie schlechte Provinzgewohnheiten hier Platz greifen. Deshalb muß ich mit allem Nachdruck verlangen, daß bei Beurlaubungen, Besetzungen, Stücken etc. mein Standpunkt respektiert wird, wie es sonst immer der Fall war." (Schreiben Richard Lerts an Senator Fink, 13. Juni 1921 (StAH HR X.C.10.4.4)). Vgl. in dieser Akte auch die weiteren Schreiben Lerts an Fink vom 11. März 1921, an Grunwald vom 22. Oktober 1921 und 8. November 1921. Vgl. ebenfalls das Schreiben Grunwalds an Lert, 23. Oktober 1921. Vgl. das Protokoll der Sitzung des Theater-Ausschusses, 5. Dezember 1921, sowie den Entwurf einer Entschuldigung Lerts bei Grunwald, 25. November 1921. Knapp zwei Jahre später verließ Richard Lert die hannoversche Oper zum 20. September 1923 (Protokoll der Sitzung des Theater-Ausschusses, 18. September 1923 (StAH HR X.C.10.32)).

229 Frerking, Johann; Von den hannoverschen Theatern und ihrem Publikum, in: Das Hohe Ufer, 1. Jhg., H. 1, Januar 1919, S. 24. O.A.; Die Zukunft des Opern- und Schauspielhauses, Hann. Kurier, 22. September 1920. Schon vor dem Inkrafttreten seines Vertrages hatte Willy Grunwald die Erwerbung einer zweiten Bühne angeregt (Protokoll der Sitzung des Theater-Ausschusses, 17. August 1921 (StAH HR X.C.10.32)).

230 Schon im Mai 1919 diskutierten die Städtischen Kollegien die Möglichkeiten des Ankaufes eines zweiten Hauses, einer reinen Schauspielbühne (Schmidt, Dörte/Weber, Brigitta; Keine Experimentierkunst, S. 13f).

231 Vgl. Zehn Jahre Aufbau, S. 117. Frerking, Johann; Das erste Jahrdritt, S. 28.

232 Vgl. z. B. Pfahl, A(rthur); Städtische Bühnen, S. 163. Pfahl, Arthur; Hoftheater zu den Städtischen Bühnen, S. 28.

233 Kunstverein Hannover; Zwanziger Jahre, S. 156. Röhrbein, Waldemar R.; So wie es war, S. 95. Frerking, Johann; Theater in Hannover, S. 63. Mlynek, Klaus; Hannover in der Weimarer Republik und unter dem

Nationalsozialismus, S. 468 ff. Plath, Helmut/Mundhenke, Herbert/Brix, Ewald; Heimatchronik, S. 122.

234 Kunstverein Hannover; Zwanziger Jahre, S. 156. DIE PILLE mokierte sich im September 1920 grimmig über ein Angebot im Deutschen Theater, bei dem das „Lächerliche Trumpf" sei; „mit tanzende(n) Nakkedeis" und einem Publikum, das sich vorher erkundige, ob es Ibsens GESPENSTER mit Musik gebe, um mittendrin dann „seine Wurststullen dabei (zu) verzehren". Weiter hieß es: „Man laviert überhaupt im ‚Deutschen' gern zwischen der Konzession an die Kunst und der an die Masse, und wenn man sich einmal dabei zwischen zwei Stühle setzt – hurra!" (Manfried, Max-Marten; Drei Theaterpillen. Einzeln und mit Vorsicht zu genießen, in: Die Pille, 1. Jhg., H. 5, 29. September 1920). 1926 wurde das Deutsche Theater als zweites ehemaliges Privattheater Hannovers von der Stadt angekauft.

235 Vgl. Protokoll der Sitzungen des Theater-Ausschusses, 16. Oktober 1922 u. 5. Dezember 1922 (StAH HR X.C.10.32). Rosendahl, Erich; Geschichte der Hoftheater, S. 193. Frerking, Johann; Theater in Hannover, S. 62. Plath, Herbert/Mundhenke, Helmut/Brix, Ewald; Heimatchronik, S. 122. Lange, Rudolf; Kleiner Spaziergang, S. 91 f. Vgl. dazu auch die Darstellung des Sozialdemokraten und Mitglieds des Theater-Ausschusses Friedrich Feldmann: „Später setzte sich die sozialdemokratische Rathausfraktion dafür ein, daß die Schauburg an der Hildesheimer Straße von dem Direktor Brümmer unter sehr günstigen Bedingungen für die Stadt angekauft wurde, um dem guten Schauspiel in Hannover die Wege zu ebnen und größere Einnahmen für die städtischen Bühnen zu erzielen." (Feldmann, Friedrich; Ortsverein Hannover der SPD, S. 124). Auch die Freie Volksbühne rechnete es sich als ihr Verdienst an, daß die Schauburg von der Stadt angekauft wurde. Wie ihr Zweiter Vorsitzender A. Lipschitz im Mai 1923 betonte, hätten die sozialdemokratische Fraktion, VOLKSWILLE und Freie Volksbühne schon seit langem für eine zweite städtische Bühne plädiert. Lipschitz erhoffte sich von dieser Bühne vor allem, „daß dort *von uns vorgeschlagene Werke speziell für uns einstudiert* und aufgeführt werden, wofür wir bereits verschiedene Wünsche geäußert haben" (Lipschitz, A.; Eine zweite städtische Bühne in Hannover, in: Freie Volksbühne, 1. Jhg., Nr. 5, Mai 1923, S. 5).

236 Vgl. dazu das Protokoll der Sitzung des Theater-Ausschusses, 9. Februar 1925. Hiernach hatte Adalbert Brümmer, der Eigentümer der Schauburg, das Haus für 1.250.000 M verkauft (NStAH Hann 310 II D.71.I). Vgl. auch StAH HR. 19. A.b. 1.7.3. Die Umbenennung erfolgte am 18. Oktober 1926 (StAH HR X.C.10.32). Auf dieser Theater-Ausschußsitzung wurde auch beschlossen, nun, acht Jahre nach dem Zusammenbruch der Monarchie, die Beschriftung ‚Königliches Theater' von den Stuhlreihen des Hauses zu entfernen. Vgl. auch o.A.; 25 Jahre Schauspielhaus Hannover. Die Bau- und wirtschaftliche Geschichte des Schauspielhauses, Hann. Anzeiger, 9. April 1936. Führer durch das Städtische Opernhaus, S. 47.

237 Pfahl, A(rthur); Städtische Bühnen, S. 164. Frerking, Johann; Erstes Jahrdritt, S. 28. Pfahl, Arthur; Hoftheater zu den Städtischen Bühnen, S. 28 f.

238 O. A.; Theater und Statistik (II). Die ‚Klassiker' im Spielplan des Schauspiels seit 1921, in: Statistischer Vierteljahresbericht der Hauptstadt Hannover, 50. Jhg., H. 1/2, Januar – Juli 1951, S. 64. Vgl. auch: Zehn Jahre Aufbau, S. 118. Für die gemeinsamen Aufführungszahlen von Oper und Theater machte Frerking folgende Angaben: Spielzeit 1921/22: 351 Veranstaltungen (darunter entfallen für Schauspiel: 142, Oper/Operette: 188). 1923/24: 694 Veranstaltungen (Schauspiel: 375, Oper/Operette: 281) (Frerking, Johann; Erstes Jahrdritt, S. 28).

239 Vgl. etwa Pfahl, A(rthur); Städtische Bühnen, S. 164.

240 „Die Zahl der *älteren bedeutenden* Schauspiele ist, wenn auch mit Unterbrechungen, ganz eindeutig stark zurückgegangen. Die Verlegung des Schauspiels in die Schauburg hat zweifelsohne zu einer stärkeren Berücksichtigung der modernen Autoren geführt, aber infolgedessen auch die Pflege der ‚Klassiker' beeinträchtigt ... Man sieht also sehr deutlich, wie eine solche aus organisatorischen und gewissen Zweckmäßigkeitsgründen getroffene Entscheidung eine kulturelle Auswirkung gehabt hat." (O.A.; Theater und Statistik (II). Die ‚Klassiker' im Spielplan des Schauspiels seit 1921; in: Statistischer Vierteljahresbericht der Hauptstadt Hannover, 50. Jhg., H. 1/2, Januar-Juli 1951, S. 66).

241 O.A.; Theater und Statistik (II). Die ‚Klassiker' im Spielplan des Schauspiels seit 1921; in: Statistischer Vierteljahresbericht der Hauptstadt Hannover, 50. Jhg., H. 1/2, Januar-Juli 1951, S. 66. Der Begriff des „Kulturbarometers" wurde hier in den fünfziger Jahren und in einer offiziellen städtischen Veröffentlichung verwandt. Hier wurde ein Anteil der Klassikeraufführungen von 40% der Gesamtaufführungen als „wünschenswert" bezeichnet. Dieser Idealzustand war in der Spielzeit 1923/24, während der Intendanz Willy Grunwalds erreicht.

242 Rolan, Franz; Charakterstudie, S. 14.

243 Auszug aus: o.A.; Theater und Statistik (II). Die ‚Klassiker' im Spielplan des Schauspiels seit 1921; in: Statistischer Vierteljahresbericht der Hauptstadt Hannover, 50. Jhg., H. 1/2, Januar-Juli 1951, S. 64. Vgl. auch Frerking, Johann; Erstes Jahrdritt, S. 28. Zehn Jahre Aufbau, S. 118. Alle Angaben variieren voneinander, jedoch so geringfügig, daß sich an der Tendenz nichts verändert.

244 Frerking, Johann; Theater in Hannover, S. 62. Röhrbein, Waldemar R.; So wie es war, S. 95. O.A.; Krautworsts Wandelgänge. Tramm, Neue Hann. Presse, 15. April 1978. Reimar Hollmann berichtete in einem Beitrag anläßlich des 125jährigen Jubiläums des hannoverschen Opernhauses davon, daß Grunwald als Anhänger des Naturalismus sich mit Wilhelm Rüter, Schauspieler und später Theaterleiter, der sich dem Expressionismus verpflichtet gefühlt habe, überworfen habe (Hollmann, Reimar; Die Goldenen Zwanziger (VI). Zwei Mimen von dazumal, Neue Hann. Presse, 29. August 1977).

245 Vgl. zu den häufigen Zurechtweisungen Grunwalds durch den Theater-Ausschuß exemplarisch die Protokolle der Sitzungen vom 17. August 1921, 6. Juli 1922, 6. Januar 1924, 10. März 1924 (StAH HR X.C.10.32). Dörte Schmidt und Brigitta Weber arbeiteten in ihrer Studie heraus, daß es mit Grunwald wohl es bereits in den ersten Wochen nach dessen Amtsübernahme „ernste Auseinandersetzungen" gegeben habe, allerdings vornehmlich, weil der neue Leiter zu wenig Erfahrungen für dieses Amt mitgebracht habe (Schmidt, Dörte/Weber, Brigitta; Keine Experimentierkunst, S. 77).

246 Entlassungsgesuch des Intendanten Willy Grunwald an Bürgermeister Gustav Fink, 9. Juni 1924 (StAH HR X.C.10.4.2).

247 Am 8. September 1924 berichtete Senator Fink dem Theater-Ausschuß, Grunwald habe ihm drei Monate zuvor von einem Angebot berichtet, Intendant der Theater in Gladbeck, Hamborn und Oberhausen zu werden. Er, Fink, habe Grunwald sofort geraten, um seine Entlassung zu bitten, und zwar auch deshalb, weil im Ausschuß bereits im

März des Jahres eine deutliche „Stimmung" vorgeherrscht habe, „in der Person des Intendanten einen Wechsel eintreten zu lassen" (Protokolle der Sitzung des Theater-Ausschusses, 20. März 1924 u. 8. September 1924 (StAH HR X.C.10.32)). Vgl. Schmidt, Dörte/Weber, Brigitta; Keine Experimentierkunst, S. 96.

248 In der entsprechenden Sitzung des Theater-Ausschusses am 8. September 1924 stimmten alle Mitglieder für ein Ausscheiden Grunwalds. Vorangegangen war ein Schreiben Grunwalds, das die angeblichen Vergehen und Versäumnisse des Ausschusses auflistete. Heinrich Tramm zeigte sich derart empört über das Vorgehen Grunwalds, daß er anregte, dieses Schreiben in den hannoverschen Tageszeitungen kommentarlos zu veröffentlichen, was jedoch nicht geschah. Anläßlich der gleichen Sitzung wurde beschlossen, ein Verfahren gegen Grunwalds Frau, die Schauspielerin Türschmann, anzustrengen, die mitten in der Saison das hannoversche Theater verlassen hatte und vertragsbrüchig geworden war, um ihrem Mann ins Ruhrgebiet zu folgen (Protokoll der Sitzung des Theater-Ausschusses, 8. September 1924 (StAH HR X.C.10.32)).

249 Vgl. dazu die Protokolle der Sitzungen des Theater-Ausschusses, 8. September 1924, 13. Dezember 1924 (NStAH Hann. 310.II.D.71I). Grotjahn, Rebecca; Städtisches Orchester, S. 134. Arthur Pfahl blieb auch in dieser neuen Konstellation Verwaltungschef (Rahlfs, Heinz; Städtische Bühnen, S. 58).

250 O.A.; Die Zukunft unseres Opern- und Schauspielhauses, Hann. Tageblatt, 27. u. 28. November 1920.

251 O.A.; Die Zukunft unseres Opern- und Schauspielhauses, Hann. Tageblatt, 27. November 1920. Ähnlich äußerten sich auch der Geheime Sanitätsrat Dr. Fischer und Bürgervorsteher-Wortführer Justizrat Lenzberg.

252 O.A.; Die Zukunft unseres Opern- und Schauspielhauses, Hann. Tageblatt, 28. November 1920.

253 Rahlfs, Heinz; Städtische Bühnen, S. 72.

254 Die Geschäftsanweisung ist abgedruckt in: Rahlfs, Heinz; Städtische Bühnen, S. 58. Vgl. auch Magistrats-Drucksache, Nr. 52/53, 29. August 1921 (NStAH Hann. 310.III.D.71.I).

255 Ebda. In Anbetracht solcher Festsetzungen mußte allen Beteiligten der geringe Wert einer Formulierung wie §3 einsichtig sein: „Unabhängig von der Zustimmung des Theater-Ausschusses wird ihm (dem Intendanten, I.K.) volle Selbständigkeit in der Erwerbung neuer Werke, in der Gestaltung des Spielplans, in der Rollenbesetzung, in der Regieführung und Inszenierung sowie zum Abschluß von Gastspielverträgen eingeräumt."

256 Rosendahl, Erich; Geschichte der Hoftheater, S. 193. Frerking, Johann; Erstes Jahrdritt, S. 28. Mlynek, Klaus; Hannover in der Weimarer Republik und unter dem Nationalsozialismus, S. 470. Pfahl, A(rthur); Städtische Bühnen, S. 164. Kunstverein Hannover; Zwanziger Jahre, S. 155. Dietzler, Anke; ‚Gleichschaltung', S. 2, Anm. 4. Rahlfs, Heinz; Städtische Bühnen, S. 57 ff. Schmidt, Dörte/Weber, Brigitta; Keine Experimentierkunst, S. 15.

257 §77 der Revidierten Städteordnung von 1858, zitiert nach: Rahlfs, Heinz; Städtische Bühnen, S. 59.

258 Vgl. dazu etwa den Bericht von Rudolf Steglich: Probleme der städtischen Musikpflege in Hannover. Ein Ausblick zum Jahreswechsel, Hann Anzeiger, 1. Januar 1925. Erich Rosendahl übte noch 1928 grundsätzliche Kritik an der Arbeit des Theater-Ausschusses (Rosendahl, Erich; Die Städtischen Bühnen, Bürgerwacht, 31. März 1928).

259 Zitiert nach: o.A.; Zur Krise im Städtischen Schauspiel, Niederdeutsche Zeitung, 5. Oktober 1926. Die NIEDERDEUTSCHE ZEITUNG nahm daraufhin den Theater-Ausschuß mit der Bemerkung in Schutz, dieser habe „unter Hintanstellung der politischen Stimmenverhältnisse" und zusammengesetzt aus einem „parlamentarisch gewählten Kreis von fachlich am besten passenden Herren" bisher durchaus gute Arbeit geleistet. Auch hier schien man sich jedoch letztlich nicht recht klar darüber zu sein, ob die Einrichtung des Theater-Ausschusses wirklich die Lösung der mit der Übernahme des ehemaligen Hoftheaters verbundenen Probleme war: „Solange das Stadtparlament die höchste Instanz über den Städtischen Bühnen ist, wird es einen Theater-Ausschuß von dieser Struktur geben müssen."

260 Rolan, Franz; Charakterstudie, S. 7 f.

261 Rahlfs, Heinz; Städtische Bühnen, S. 60.

262 Franz Rolan berichtete folgendermaßen über die Bedenken eines Kollegen, der zum engeren Kreis der Kandidaten für den Intendantenposten gehört und der sich dem Theater-Ausschuß auch vorgestellt habe: „(S)obald er merkte, was für ein eigener Boden Hannover sei mit seinem Theaterdezernenten, seiner ständigen Theaterkommission und seinem von der Stadt eingesetzten geschäftlichen Leiter für einen Mann, der sich als Theaterleiter als Autokrat fühlt und fühlen muß, wenn er was Rechtes leisten will, gab er den Herren noch allerlei gute Ratschläge ... und ging wieder dahin zurück, wo *er* in *seinem* Reich war" (Rolan, Franz; Charakterstudie, S. 9). Theodor Wilhelm Werner, wohl der einflußreichste hannoversche Theater- und Musikkritiker in den zwanziger Jahren und selbst Komponist und Musikwissenschaftler, urteilte in einem unveröffentlichten Manuskript ähnlich. Mit seinem Lob für Hanns Niedecken-Gebhardt, Richard Lert, Arno Grau und vor allem Rudolf Krassett verband Werner folgende Kritik: „Ein Teil der zuletzt genannten Männer hatte unter der Stellung zu einem nicht gerade wohlwollenden Staate (sic!) zu leiden: Im Jahre 1921 kommt das Theater und mit ihm das Orchester in städtische Versorgung, und der Oberbürgermeister Menge übernimmt das Dezernat persönlich. So ist neben der Ahnenreihe zugleich der Boden abgesteckt, auf dem sich ein neuer Mann mit Zuversicht bewegen konnte und wirklich bewegte." (Werner, Th.W.; Erinnerung an schöne Zeiten im Theater auf den Windmühlenbergen, nicht datiertes Manuskript (NSA)). Vgl. auch den Artikel im Mitteilungsblatt der Freien Volksbühne, der sich im Zusammenhang mit der Kündigung Rolf Roennekes kritisch über die Machtfülle des Theater-Ausschusses äußerte. Man müsse, so der Beitrag, „einmal in aller Öffentlichkeit auf die anscheinend sehr weitgehenden *Befugnisse* dieses Theater-Ausschusses aufmerksam ... machen und seine *baldige Umgestaltung* zu einer *beratenden* und *gutachterlichen* Instanz .... verlangen". Ein künftiger Intendant müsse „frei schalten und walten" können, „ohne daß von außen her störend in seine Arbeit eingegriffen wird". (l., a.; Allerlei von den Städtischen Bühnen, in: Freie Volksbühne, 5. Jhg., Nr. 3, 16. Oktober 1926, S. 1f).

263 Heinrich Tramm, Protokoll der Sitzung des Theater-Ausschusses, 10. Oktober 1924 (StAH HR X.C.10.32).

264 Heinrich Feldmann, Protokoll der Sitzung des Theater-Ausschusses, 13. September 1926 (StAH HR X.C.10.32). Umgehende Überprüfung

wurde Feldmann in dieser Sitzung zugesagt; sie wurde allerdings nicht realisiert.

265 O.A.; Zur Krise im Städtischen Schauspielhaus, Niederdeutsche Zeitung, 5. Oktober 1926.

266 Dies macht auch ein Beitrag in der Zeitschrift der hannoverschen Bürgervereine, der BÜRGERWACHT, vom Mai 1931 deutlich. Hier betonte Woldemar Liebernickel, Bürgervereinsmitglied und zugleich Angehöriger des Theater-Ausschusses, der Ausschuß sei laut Statut „nicht berechtigt", „vorher in Angelegenheiten der künstlerischen Leitung einzugreifen". Die BÜRGERWACHT kommentierte diese Aussage dahingehend, daß bestimmte künstlerisch besonders minderwertige oder politisch zu stark linkslastige Stücke jedoch in der letzten Zeit „nach wenigen Aufführungen wieder vom Spielplan verschwunden (seien); wie uns versichert wird, durch Eingreifen des Theaterdezernenten selbst". (o.A.; Ausschußsitzung des Stadtverbandes. Dr. Liebernickel über Stadtfinanzen und Städtische Bühnen, Bürgerwacht, 15. Mai 1931). Selbst wenn es sich tatsächlich eher um eine auf bereits aufgeführte Stücke reagierende und nicht vorgreifend agierende Politik des Theater-Ausschusses gehandelt haben sollte, ist jedenfalls nicht davon auszugehen, daß der Ausschuß sich auf seinen Laienstatus in Theaterangelegenheiten zurückzog und sich lediglich um die effektive Verwaltung der Städtischen Bühnen bemühte.

267 Arthur Menge, Protokoll der Sitzung des Theater-Ausschusses, 11. Februar 1929 (NStAH Hann. 310.III.D.70). Vgl. dazu auch das Schreiben des „gesamten Solo-Personals der Oper" an Oberbürgermeister Menge vom 24. März 1925: „Sie selbst und andere Herren des Ausschusses haben, soweit uns bekannt ist, durch persönliche Einwirkung auf die Verleger versucht, eine Änderung dieses auf die Dauer unhaltbaren Zustandes herbeizuführen – leider vergebens. Die Kritiken in den beiden Zeitungen (HANNOVERSCHER KURIER und HANNOVERSCHER ANZEIGER, I.K.) ... haben vielmehr in letzter Zeit eine Form angenommen, die eine schwere Schädigung nicht nur der einzelnen durch sie getroffenen Persönlichkeiten, sondern des gesamten Theaterbetriebes in künstlerischer und geschäftlicher Hinsicht bedeutet." (Schreiben des Städtischen Opern- und Schauspielhauses an Oberbürgermeister Arthur Menge, 24. März 1925 (StAH HR X.10.24.I)). Vgl. dazu auch die Besprechung dieser Entschließung in der Theater-Ausschußsitzung am 28. März 1925. Bürgermeister Fink riet bereits hier dazu, mit August Madsack, dem Herausgeber des HANNOVERSCHEN ANZEIGERS, bezüglich besserer Kritiken zu sprechen (StAH HR X.C.10.32).

268 Arthur Menge, Protokoll der Magistratssitzung vom 2. September 1927 (StAH HR 15, 585).

269 Arthur Menge, Protokoll der Sitzung des Theater-Ausschusses, 13. September 1926 (StAH HR X.C.10.22). Vgl. auch das Protokoll der Sitzung des Theater-Ausschusses vom 23. Mai 1927 (StAH HR X.C.10.32).

270 Vgl. Protokoll der Sitzung des Theater-Ausschusses vom 13. September 1926 (StAH HR X.C.10.32).

271 Protokoll der Magistratssitzung, 2. September 1927 (StAH HR 15, 585).

272 Protokoll der Sitzung des Theater-Ausschusses vom 11. Februar 1929 (NStAH Hann.310.III.D.70). Wilhelm Weber führte weiter aus, „daß die unfreundliche Stimmung gegen das Theater auf die abfällige Kritik eines Teiles der hannoverschen Presse zurückzuführen sei".

273 Arthur Pfahl, Protokoll der Sitzung des Theater-Ausschusses vom 26. Oktober 1927 (NStAH Hann.310.III.D.70).

274 Protokoll der Sitzung des Theater-Ausschusses, 13. September 1926 (NStAH Hann.310.III.D.70).

275 Schreiben des Vereins Niedersächsische Presse, Ortsgruppe Hannover, an den Magistrat, 29. November 1926 (StAH HR X.C.10.22). Kritik aus den Reihen des Theater-Ausschusses erhielt Arthur Menge für seinen Vorschlag, die Industrie- und Handelskammer einzuschalten, auch BV-Wortführer Woldemar Liebernickel. Liebernickel, Regierungsrat, Mitglied des Theater-Ausschusses, Angehöriger der einflußreichen Bürgervereine, Syndikus und seit dem Mai 1924 Bürgervorsteher des Ordnungsblocks, mußte wissen, warum er von diesem Plan mit der Begründung abriet: „Zeitungsverleger und Zeitungskritiker bilden im allgemeinen gegen Dritte eine Einheitsfront" (Protokoll der Sitzung des Theater-Ausschusses (NStAH Hann.310.II.D.70)): Von 1922 bis 1945 war er Geschäftsführer der Vereinigung der niedersächsischen Industrie- und Handelskammer (Mlynek, Klaus; Hannover in der Weimarer Republik und unter dem Nationalsozialismus, S. 431). Vgl. zur Person Liebernickels, der nach der nationalsozialistischen Machtübernahme als Bürgervorsteher der Kampffront Schwarz-Weiß-Rot in die Städtischen Kollegien einzog, den Karteikasten zu den Personalien der Mitglieder der Städtischen Kollegien im StAH. Arthur Menge betonte in der Sitzung des Theater-Ausschusses am 13. Dezember 1926, es habe dem Ausschuß fern gelegen, „irgendeinen Druck auf die fachliche Kritik auszuüben" (Protokoll der Sitzung des Theater-Ausschusses, 13. Dezember 1926 (StAH HR X.C.10.32)).

276 Dieses Denken hatte die Zeitschrift DIE PILLE schon zu Beginn des Jahrzehnts mit dem ebenso ironischen wie bitteren Ausruf in Richtung Theater-Ausschuß kritisiert: „Wenn Sie zehnmal ausverkaufte Häuser haben, ist das noch lange kein Grund dafür, daß Sie auf dem rechten Wege sind." (Manfried, Max-Marten; Theater für die Jugend, in: Die Pille, 1. Jhg., H. 11, 11. November 1920, S. 257). Im Frühjahr 1929 skizzierte DIE WELTBÜHNE einen Mechanismus in der Theaterpolitik, für den Hannovers Theaterleben hätte Anschauungsmaterial liefern können. In THEATERKRITIK IN DER PROVINZ hieß es: „Auch in den subventionierten städtischen Theatern geht es nicht in erster Linie um die Kunst. Die Theaterleiter müssen und wollen zunächst auf eine gewisse Wirtschaftlichkeit hinarbeiten. Oberbürgermeister und Kunstdezernenten, die wahrscheinlich tüchtige Verwaltungsbeamte sind, aber ebenso wahrscheinlich nichts von Kunst verstehen, sind vor allen Dingen an der Ausbalancierung des Etats interessiert. Sie gründen und fördern ‚ihr' Theater, weil das Bestehen eines solchen Instituts Ansehen bringt ... Die Stadtverwaltung droht, das Theater zu schließen, wenn es nicht fleißiger besucht wird. Der Kritiker darf nicht ‚schärfer' schreiben, sonst geht kein Mensch mehr ins Theater, befürchtet er, und mit ihm befürchten es die Auguren." (Bobol, C.A.; Theaterkritik in der Provinz, in: Die Weltbühne, 1. Halbjahr 1929, S. 479f). Aus dieser Entwicklung leitete sich für DIE WELTBÜHNE das Ende der Unabhängigkeit der Kritik ab, die nach ihrer Überzeugung nur so lange unangetastet bleibe, „wie der Kritiker sich im Rahmen gewisser Direktiven hält, die zwar nie deutlich ausgesprochen, aber überall angedeutet werden. Überschreitet er diese Grenzen, so fährt schwerstes Geschütz gegen ihn auf, und durch Mittel soll er zu Fall gebracht werden, die man sonst nur aus dem schwersten Konkurrenzkampf kennt." Doch dieses Überschreiten der Grenzen durch beherzte Theaterfachleute kam in

den Augen der WELTBÜHNE viel zu selten vor, und so gelangte die Zeitschrift dann auch abschließend zu dem wenig schmeichelhaften Ergebnis: „Es gibt keine übleren Leisetreter als die mehr oder weniger bürgerlichen Provinzzeitungen." (Ebda.)

277 Vgl. zur Anstellung Hermann Eberts das Protokoll der Sitzung des Theater-Ausschusses, 24. November 1924 (StAH HR X.C.10.32). Vgl. zu dem Arbeitsbereich Eberts: Führer durch das Städtische Opernhaus Hannover, S. 34–40. Vgl. Personalakte Hermann Ebert (StAH P 470). Hermann Ebert ist nicht mit dem Schauspieler und Regisseur Hans Ebert zu verwechseln, der besonders Anfang der zwanziger Jahre durch seine Inszenierungen etwa von Georg Kaisers BÜRGER VON CALAIS oder Franz Werfels TROERINNEN als szenisches Massenspiel in der hannoverschen Stadthalle auf sich aufmerksam machte (Kunstverein Hannover; Zwanziger Jahre, S. 154 f. Rosendahl, Erich; Geschichte der Hoftheater, S. 188).

278 Protokoll der Sitzung des Theater-Ausschusses, 24. November 1924 (NStAH Hann.310.III.D.71I).

279 Der Theater-Ausschuß war seit Januar 1926 dazu übergegangen, Ebert als „Direktor" zu bezeichnen. Ebert hatte zu diesem Zeitpunkt ein Angebot aus Berlin nur unter der Voraussetzung ausgeschlagen, neben einer Gehaltserhöhung in Hannover fortan den Titel „Kostümdirektor" führen zu dürfen (Protokoll der Sitzung des Theater-Ausschusses, 9. Januar 1926 (StAH HR X.C.10.32)).

280 Protokoll der Sitzung des Theater-Ausschusses, 13. September 1926 (NStAH Hann.310.III.D.70). Im November 1927 beispielsweise wurde seitens des Theater-Ausschusses davon Abstand genommen, in der Wohnung des Operndramaturgen v. Niessen ein Telefon zu installieren (Protokoll der Sitzung des Theater-Ausschusses, 21. November 1927 (StAH HR X.C.10.32)).

281 Die Affäre war bereits im März des Jahres durch eine Anfrage der sozialdemokratischen Fraktion in den Theater-Ausschuß gelangt. Diese hatte bemängelt, „daß bei der Vergebung der Lieferungen nicht korrekt verfahren werde, und zwar solle die Vergebung unter Mitwirkung einer Stammtischgesellschaft im Georgspalast geschehen". Die Reaktion mancher Mitglieder des Theater-Ausschusses hierauf mußte die Sozialdemokraten in ihrem Verdacht bestärken, daß hier Unregelmäßigkeiten vorlagen. Bürgervorsteher-Wortführer Liebernickel erklärte es aufgeregt für seine Pflicht, „die Mitglieder des Stammtisches im Georgspalast, die er kenne, gegen die Verdächtigungen … in Schutz zu nehmen" und forderte den Kritiker auf, sich „nicht zum Weiterverbreiter ganz unbestimmter Gerüchte zu machen" (Protokoll der Sitzung des Theater-Ausschusses, 28. März 1928 (StAH HR X.C.10.32)).

282 Protokoll der Sitzung des Theater-Ausschusses, 3. Mai 1928 (NStAH Hann.III.310.D.70).

283 Typoskript MASKERADEN-KOSTÜM, o. Datum (NStAH Hann.310.III.D.70).

284 Typoskript AUFLISTUNG DES UNKORREKTEN VERHALTENS EBERTS IN SEINER STELLUNG ALS DIREKTOR DER STÄDTISCHEN BÜHNEN, o. Datum (NStAH Hann.310.D.70). Auch dieses Typoskript ist in den offiziellen Sammlungen der Ausschußprotokolle nicht zu finden.

285 Protokoll der Sitzung des Theater-Ausschusses, 3. Mai 1928 (NStAH Hann.III.310.D.70).

286 Schon im Januar 1931 hatte sich das Städtische Presseamt mit der Klarstellung an die Öffentlichkeit gewandt, es sei unwahr, daß Ebert auf Kosten der Stadtkasse nach Rom gereist sei, um sich dort von Kardinalsroben für seine künstlerische Arbeit inspirieren zu lassen (o.A.; Haltlose Gerüchte um die Städtischen Bühnen, Bürgerwacht, 15. Januar 1931).

287 Schreiben des Gesamtverbandes der Arbeitnehmer der öffentlichen Betriebe und des Personen- und Warenverkehrs, Ortsverwaltung Hannover, an den Magistrat, 17. April 1931 (StAH HR X.C.10.22).

288 Schreiben Arthur Menges an den Gesamtverband der Arbeitnehmer der öffentlichen Betriebe und des Personen- und Warenverkehrs, Ortsverwaltung Hannover, 21. April 1931 (StAH HR X.C.10.22).

289 Protokoll der Sitzung des Theater-Ausschusses, 20. April 1931 (StAH HR X.C.10.32). Im Februar 1932 wurden, in Gang gesetzt durch einen Artikel im VOLKSWILLEN, erneut Vorwürfe gegen Ebert und auch gegen den technischen Direktor Friedrich Kranich laut. Im Verlauf der Diskussion im Theater-Ausschuß forderte Bürgervorsteher Westphal (SPD) die Verwaltung auf, für „reinen Tisch zu sorgen, und wenn es auch nur M 20.- seien, die ein Direktor sich zu seinem Vorteil verschaffe. Derartiges solle man nicht decken. Der Korpsgeist, der im Theater herrsche, sei allerdings bewundernswert. Rücksicht dürfe es nicht geben, wenn ein Kollege oder Untergebener nicht moralisch einwandfrei sei" (Protokoll der Sitzung des Theater-Ausschusses, 9. Februar 1932 (StAH HR X.C.10.32)). Arthur Menge lehnte es in dieser Sitzung aber ab, „daß ein Beamter, wenn der VOLKSWILLE Angriffe erhebe, gezwungen werden solle, sich zu rechtfertigen. Eine Untersuchung sei … eingehend vorgenommen, und hierbei habe sich die Haltlosigkeit der Behauptung herausgestellt. Im Theater herrsche keine Korruption." (Ebda.) Das Protokoll von der Sitzung des 31. Januar 1932 betonte, „daß Bürgervorsteher Westphal und Bürgervorsteher-Wortführer Weber (beide SPD, I.K.) auf gerichtliche Klarstellung der Unregelmäßigkeiten in der technischen Abteilung drängten, während Oberbürgermeister Dr. Menge seiner Meinung darin Ausdruck gab, daß Angebereien von Personen, die noch nicht einmal ihren Namen genannt wissen wollten, keinen Grund für einen derartigen Schritt bildeten". (Protokoll der Sitzung des Theater-Ausschusses, 30. Januar 1932 (StAH HR X.C.10.32)).

290 Protokoll der Sitzung des Theater-Ausschusses, 3. Mai 1928 (NStAH Hann.310.III.D.70).

291 Eine Auflistung der Zusammensetzung des Theater-Ausschusses während der zwanziger Jahre steht bisher aus. Sie wäre umso lohnender, als sie einen Zusammenhang zwischen der Veränderung der parteipolitischen Zusammensetzung der Stadtverwaltung allgemein und jener des hannoverschen Theater-Ausschusses erkennen ließe. Hier muß es bei wenigen Anhaltspunkten bleiben. Die Festschrift 1852–1927. 75 JAHRE OPERNHAUS HANNOVER (S. 1/2) nannte für 1927 folgende Angehörige des Theater-Ausschusses bzw. deren Stellvertreter: Senator und Stadtschulrat Wilhelm Eggers (Jhg. 1867, DHP), Senator Ludwig Otte (Jhg. 1864, DHP), Bürgervorsteher Friedrich Feldmann (Jhg. 1871, SPD), Senator a.D. und Bürgervorsteher Johannes Rohde (Jhg. 1884, Demokratische Partei), Oberbürgermeister Dr. Arthur Menge (Jhg. 1884, Ordnungsblock), Bürgervorsteher-Wortführer Dr. Woldemar Liebernickel (Jhg. 1887, Ordnungsblock, DNVP, Kampffront Schwarz-Weiß-Rot), Senator Ernst Schnitker (Jhg. 1870, Bürgerliche Mitte), Senator Christian Schrader (Jhg. 1886, SPD), Bürgervorsteher Dr. Heinrich Tramm (Jhg. 1854, Ordnungsblock), Bürgervorsteher Wilhelm Weber (Jhg. 1879, SPD).

292 Protokoll der Sitzung des Theater-Ausschusses, 9. November 1929 (NStAH Hann.310.II.D.70).

293 Heinrich Tramm, Protokoll der Sitzung des Theater-Ausschusses, 12. Oktober 1929 (NStAH Hann.310.II.D.70).

294 Roenneke schloß sein Studium in München, Marburg und Greifswald mit einer Promotion über das Weimarer Hoftheater ab. Vgl. R., E.; Unser Hoftheater in Wort und Bild. Dr. Rolf Roenneke, in: Illustrierte Frauenwelt. Wochenblatt für alle Zweige deutscher Fraueninteressen, Hann. Allg. Hausfrauenzeitung, Beilage zur Deutschen Volkszeitung, 6. Jhg., H. 2, 22. Januar 1922. Lipschitz, A.; Schauspieldirektor Dr. Roenneke, in: Freie Volksbühne, 5. Jhg., Nr. 10, 11. Juni 1927, S. 5 ff.

295 So veröffentlichte er neben kleineren Bühnenstücken und Lyrik eine neue Bühnenbearbeitung der Königsdramen Shakespeares in acht Bänden (R., E.; Unser Hoftheater in Wort und Bild. Dr. Rolf Roenneke, in: Illustrierte Frauenwelt. Wochenblatt für alle Zweige deutscher Fraueninteressen, Hann. Allg. Hausfrauenzeitung, Beilage zur Deutschen Volkszeitung, 6. Jhg., H. 2, 22. Januar 1922).

296 Ebda. Vgl. zur Biographie Rolf Roennekes auch: Frerking, Johann; Ein Leben für das Theater. Rolf Roenneke zum 70. Geburtstag, Hann. Presse, 31. Juli 1957. Frerking, Johann; Rolf Roenneke, in: Deutsche Volksbühne, Jg. 15, H. 8, 1963/64. O.A.; Krautworsts Wandelgänge. Roenneke. Neue Hann. Presse, 30./31. Juli 1977.

297 Frerking, Johann; Ein Leben für das Theater. Rolf Roennecke zum 70. Geburtstag, Hann. Presse, 31. Juli 1957. Frerking, Johann; Ein Leben für das Theater. Rolf Roenneke zum 70. Geburtstag, Hann. Presse, 31. Juli 1957. Frerking, Johann; Rolf Roenneke, in: Hann. Volksbühne, 15. Jhg., H. 8, 1963/64). R., E.; Unser Hoftheater in Wort und Bild. Dr. Rolf Roenneke, in: Illustrierte Frauenwelt. Wochenblatt für alle Zweige deutscher Fraueninteressen, Hann. Allg. Hausfrauenzeitung, Beilage zur Deutschen Volkszeitung, 6. Jhg., H. 2, 22. Januar 1922. Kunstverein Hannover; Zwanziger Jahre, S. 154. Lange, Rudolf; Kleiner Spaziergang, S. 91 ff.

298 „Das ureigne Verdienst unseres Intendanten (sic!, I.K.) Freiherr von Puttkamer ist es, Dr. Roenneke für Hannover gewonnen zu haben ... Schon in den wenigen Monaten, die Dr. Rolf Roenneke hier tätig ist, hat er durch seine künstlerischen Taten bewiesen, daß seine Berufung ein ganz außerordentlicher Griff der Intendanz war." (R., E.; Unser Hoftheater in Wort und Bild. Dr. Rolf Roenneke, in: Illustrierte Frauenwelt. Wochenblatt für alle Zweige deutscher Fraueninteressen, Hann. Allg. Hausfrauenzeitung, Beilage zur Deutschen Volkszeitung, 6. Jhg., H. 2, 22. Januar 1922).

299 Vgl. etwa Frerking, Johann; Was soll aus dem Hoftheater werden?, in: Das Hohe Ufer, 1. Jhg., H. 6, Juni 1919, S. 152 ff. Vgl. auch Manfried, Max-Marten; Der Regisseur. Spielleiter oder Aufseher?, in: Die Pille, 2. Jhg., H. 12, 24. März 1921. Der Haupttheaterkritiker der PILLE unterstützte hier die von Frerking geforderte und von Roenneke auch tatsächlich praktizierte autoritäre Führerschaft des Regisseurs.

300 Frerking, Johann; Theater-Winter. Schauspielhaus, in: Das Hohe Ufer, 2. Jhg., H. 2, 1920, S. 22 f.

301 Frerking, Johann; Ein Leben für das Theater. Rolf Roenneke zum 70. Geburtstag, Hann. Presse, 31. Juli 1957.

302 Frerking, Johann; Theater-Winter. Schauspielhaus, in: Das Hohe Ufer, 2. Jhg., H. 2, 1920, S. 22 f.

303 Klabund stand mit der hannoverschen literarischen Szene in gutem Kontakt, er schrieb zu dieser Zeit für DIE PILLE, den ZWEEMANN, das HOHE UFER, und er veröffentlichte in den SILBERGÄULEN.

304 Vgl. etwa Röhrbein, Waldemar R.; So wie es war, S. 95. Kunstverein Hannover; Zwanziger Jahre, S. 155.

305 Vgl. Kunstverein Hannover; Zwanziger Jahre, S. 155.

306 Zum Umfeld und zum Ergebnis der Reichstagswahlen vom 6. Juni 1920 vgl. Mlynek, Klaus; Hannover in der Weimarer Republik und unter dem Nationalsozialismus, S. 427 f. Zum Zusammenhang dieser Wahlen mit dem Kapp-Putsch und einer von DNVP und DVP intendierten Neubesetzung des Reichspräsidentenamtes durch Paul von Hindenburg vgl. etwa: Erdmann, Karl Dietrich; Weimarer Republik, S. 136, 140 f. Vgl. zu den beiden hannoverschen Streiks, dem der Eisenbahner im Juli 1919 und dem der Straßenbahner im Herbst 1920: Mlynek, Klaus; Hannover in der Weimarer Republik und unter dem Nationalsozialismus, S. 425 f. Ewert, Hinrich; Streik der Straßenbahner. Zur Situation in Hannover im Frühjahr 1920. Vgl. allg.: Ewert, Hinrich/Horstmann, Holger; Unruhige Tage, S. 83–89.

307 Martin Frehsee, zitiert von Johann Frerking, in: Frerking, Johann; Augenblicke, S. 35. Frerking selbst begrüßte Roennekes Entscheidung außerordentlich, das Stück zu diesem Zeitpunkt zu inszenieren: Es sei ein „glänzende(r) Einfall" gewesen, betonte er, „mitten in die Erregung vor der Reichstags-Wahl hinein Sternheims KANDIDATEN zu spielen, aus dem ganz richtigen Gefühl, die Lustigkeit dieser Komödie, in der unterschiedslos und unparteiisch alle Wahlmache und jeder Kandidatenehrgeiz in ihrer Blöße gezeigt werden, könne in keinem Augenblick besser wirken und stärker empfunden werden als in diesem." (S. 34).

308 Frerking, Johann; Ein Leben für das Theater. Rolf Roenneke zum 70. Geburtstag, Hann. Presse, 31. Juli 1957. Frerking, Johann; Rolf Roenneke, in: Hann. Volksbühne, 15. Jhg., H. 8, 1963/64.

309 Ebda.

310 Vgl. dazu Kunstverein Hannover; Zwanziger Jahre, S. 154.

311 Harms, Claus; Er war ein dynamischer Regisseur. Erinnerungen an Dr. Rolf Roenneke, Hann. Allg. Zeitung, 21. Mai 1969. Vgl. auch o.A.; Rolf Roenneke 75jährig †, Hann. Rundschau, 4. Februar 1964.

312 Kurt Ehrhardt, zitiert nach: Drolinveaux, Günther; Kurt Ehrhardt, S. 42.

313 Harms, Claus; Er war ein dynamischer Regisseur. Erinnerungen an Dr. Rolf Roenneke, Hann. Allg. Zeitung, 21. Mai 1969. Frerking, Johann; Ein Leben für das Theater. Rolf Roenneke zum 70. Geburtstag, Hann. Presse, 31. Juli 1957. Frerking, Johann; Rolf Roenneke, in: Hann. Volksbühne, 15. Jhg., H. 8, 1963/64. H., H.; Tatenfreudiger Regisseur. Zum 75. Geburtstag von Rolf Roenneke, Hann. Presse, 31. Juli 1962. O.A.; Krautworsts Wandelgänge. Roenneke, Neue Hann. Presse, 30./31. Juli 1977. Frerking, Johann; Augenblicke, S. 63. Röhrbein, Waldemar R.; So wie es war, S. 95. Kunstverein Hannover; Zwanziger Jahre, S. 155.

314 Vgl. zum Spielplan allg.: Mlynek, Klaus; Hannover in der Weimarer Republik und unter dem Nationalsozialismus, S. 469. Kunstverein Hannover; Zwanziger Jahre, S. 155. H., H.; Tatenfreudiger Regisseur. Zum 75. Geburtstag von Rolf Roenneke, Hann. Presse, 31. Juli 1962. Vgl. auch die Rezensionen der einzelnen Inszenierungen in: Frerking, Johann; Augenblicke.

315 Harms, Claus; Er war ein dynamischer Regisseur. Erinnerungen an Dr. Rolf Roenneke, Hann. Allg. Zeitung, 21. Mai 1969.

316 Ihering, Herbert; Von Reinhardt bis Brecht, Bd. II, S. 80 f. Der Artikel erschien zuerst unter dem Titel KLABUNDS ‚KREIDEKREIS' IN HANNOVER am 5. Januar 1925 im BERLINER BÖRSENKURIER.

317 Frerking, Johann; Theater-Sommer. Klabund, in: Das Hohe Ufer, 2. Jhg., H. 7, 1920, S. 116 f. Vgl. dazu auch das Urteil Heinz Rahlfs', der in seiner ansonsten bewußt sachlichen und wertungsarmen Abhandlung Rolf Roennekes Bedeutung zwei Jahre nach dessen Weggang, 1928, als sehr bedeutend einschätzte. Die Bühne habe durch ihn einen „verheißungsvollen Anlauf zu künstlerischer Entfaltung" genommen (Rahlfs, Heinz; Städtische Bühnen, S. 56).

318 Kunstverein Hannover; Zwanziger Jahre, S. 155. Vgl. dazu auch die Rezension der Aufführung durch die Freie Volksbühne, die den FAUST, zugleich die erste Aufführung, an der die Freie Volksbühne sich beteiligte, als „schönes Gleichnis" deutscher „Volkheit" und „Volksgeschichte" sah (O.A.; FAUST, in: Freie Volksbühne, 1. Jhg., H. 1, 1922/23, S. 3).

319 Frerking, Johann; Theater-Frühling. Faust im Schauspielhaus, in: Das Hohe Ufer, 2. Jhg., H. 5/6, 1920, S. 86. Kunstverein Hannover; Zwanziger Jahre, S. 155 f. Die Bereitschaft, die Gewohnheiten in der Klassikerinterpretation hinter sich zu lassen und stattdessen wieder dem Drama selbst näher zu kommen, zeichnete auch die Neueinstudierungen von Shakespeare-Dramen aus (Kunstverein Hannover; Zwanziger Jahre, S. 154 ff. Rahlfs, Heinz; Städtische Bühnen, S. 56), die offenbar durch eine strenge Konzentration in Regie und Bühnenbild gekennzeichnet waren. Für das Bühnenbild verantwortlich waren Emil Pirchan, ehemaliger Mitarbeiter Leopold Jeßners, sowie der junge Hannoveraner Heinz Porep, ein Maler, dessen Werke nach 1933 als ‚entartet' beschlagnahmt wurden (vgl. Kunstverein Hannover; Zwanziger Jahre, S. 155 u. 205. Rolan, Franz; Charakterstudie, S. 28–35), und auch schon Kurt Söhnlein (Mlynek, Klaus; Hannover in der Weimarer Republik und unter dem Nationalsozialismus, S. 469).

320 Claus Harms etwa berichtete von einem Sonderzyklus von vierundzwanzig Klassiker-Inszenierungen, der während nur einer Spielzeit unter Rolf Roenneke geboten worden sei (Harms, Claus; Er war ein dynamischer Regisseur. Erinnerungen an Dr. Rolf Roenneke, Hann. Allg. Zeitung, 21. Mai 1969). Vgl. auch Frerking, Johann; Ein Leben für das Theater. Rolf Roenneke zum 70. Geburtstag, Hann. Presse, 31. Juli 1957. Frerking, Johann; Rolf Roenneke, in: Hann. Volksbühne, 15. Jhg., H. 8, 1963/64. Röhrbein, Waldemar R.; So wie es war, S. 95. Frerking, Johann; Augenblicke, S. 63.

321 Frerking, Johann; Friedrich von Schiller. WILHELM TELL, in: Frerking, Johann; Augenblicke, S. 106.

322 Rolan, Franz; Charakterstudie, S. 30.

323 R., E.; Hoftheater. Rückblick und Ausblick, Deutsche Volkszeitung, 4. Juli 1920. Rosendahls Kritik an Roenneke, sieben Jahre später in dem Buch über das hannoversche Hoftheater und das Braunschweiger Hoftheater (Geschichte der Hoftheater, S. 181) veröffentlicht, nahm diesen Vorwurf politischer Voreingenommenheit nicht mehr auf und konzentrierte sich stattdessen recht willkürlich darauf, den Regisseur zu bezichtigen, den Werken heimischer Dichter wie seines Bekannten Karl Brandes-Hardegsen nicht mehr zur Aufführung verholfen, die Moderne jedoch ohne Ansehen der Qualität gefördert zu haben.

324 R., E.; Hoftheater. Rückblick und Ausblick, Deutsche Volkszeitung, 4. Juli 1920.

325 O.A; Zur Krise im Städtischen Schauspielhaus, Niederdeutsche Zeitung, 5. Oktober 1926. Im Protokoll der Sitzung des Theater-Ausschusses vom 13. Juni 1921 (StAH HR X.C.10.32) hieß es, „Oberregisseur Dr. Roenneke gab die Erklärung, daß man bestrebt sein werde, noch mehr Klassiker zu Wort kommen zu lassen." Auf der Sitzung des 13. September 1926 war bereits beschlossen worden, Roennekes Vertrag nicht zu verlängern (Protokoll der Sitzung des Theater-Auschusses, 13. September 1926 (StAH HR X.C.10.32). Vgl. aber auch das lobende Resümee der Ära Roenneke in der HANNOVERSCHEN WOCHE (o.A.; Hann. Revue. Städtisches Schauspiel, in: Die Hannoversche Woche, 12. Februar 1927).

326 Kunstverein Hannover; Zwanziger Jahre, S. 155, 170. d.; Bühnenschau, in: Die Hannoversche Woche, 12. September 1925.

327 Vgl. z. B. Protokoll der Sitzung des Theater-Ausschusses vom 13. Juni 1925 (NStAH Hann.310.III.D.70). Allerdings erhielten Roenneke und Rampelmann zum gleichen Termin die Kündigung (Kunstverein Hannover; Zwanziger Jahre, S. 155).

328 Am 7. Mai 1926 wurde dann, gemeinsam mit dem neuen Operndramaturgen v. Niessen, auch der neue Dramaturg für das Schauspiel eingestellt (Protokoll der Sitzung des Theater-Ausschusses, 25. März 1926 und 7. Mai 1926 (StAH HR X.C.X.10.32)).

329 Protokoll der Sitzung des Theater-Ausschusses, 13. Juni 1925 (NStAH Hann.310.III.D.70).

330 Protokoll der Sitzung des Theater-Ausschusses, 16. Februar 1926 (NStAH Hann.310.III.D.70).

331 Die Sitzung des Theater-Ausschusses am 27. Februar 1926 etwa beschäftigte sich überwiegend mit Beschwerden gegen Rolf Roenneke (Protokoll der Sitzung des Theater-Ausschusses, 27. Februar 1926 (StAH HR X.C.10.32)).

332 Protokolle der Sitzungen des Theater-Ausschusses, 6. Februar 1922, 30. März 1922 (StAH HR X.C.10.4). Eine Solotänzerin erhielt zur gleichen Zeit knapp 30.000 M. Sollten seine Forderungen nicht akzeptiert werden, so drohte Roenneke, Hannover zu verlassen. Nicht umsonst reagierte Senator Fink in der Sitzung des Theater-Ausschusses vom 17. Juni 1922 unwillig und betonte, er „halte es für unmöglich, Dr. Roenneke die Stellung einzuräumen, die er zu haben wünscht" (Protokoll der Sitzung des Theater-Ausschusses, 17. Juni 1922 (StAH HR X.C.10.32)). Fink berichtete hier auch von einer Protestschrift Roennekes, die unter den Theater-Ausschußmitgliedern in Umlauf sei.

333 Protokoll der Sitzung des Theater-Ausschusses, 1. Oktober 1921. Zugestanden wurde Roenneke die Führung dieses Titels erst gut zwei Jahre später, in der Sitzung des Theater-Ausschusses am 27. Oktober 1923 (StAH HR X.C.10.32).

334 Schreiben Rolf Roennekes an Oberbürgermeister Menge, 7. Januar 1927. Antwort Friedrich Stadelmanns als Leiter des Verkehrsvereins vom 13. Januar 1927 (StAH HR X.C.10.24.I).

335 Vgl. in diesem Zusammenhang auch: Lange, Rudolf; Kleiner Spaziergang, S. 60 ff.

336 Hier zählte der spätere hannoversche Opernleiter Johannes Schüler zu seinen Studenten.

337 Vgl. zur Biographie Rudolf Krasselts: Grotjahn, Rebecca; Städtisches Orchester, S. 133 f. Sievers, Heinrich; Von der Hofoper zum Städtischen Opernhaus. Die Ära Krasselt, S. 62. Söhnlein, Kurt/Hammer, Sabine; Ära Krasselt, S. 72. Sievers, Heinrich; Von der Hofoper zum Städtischen Opernhaus, S. 72 f. Werner, Th. W.; Von der Hofkapelle zum Opernhausorchester, S. 37 f. O.A.; Krautworsts Wandelgänge. Neue Musik, Neue Hann. Presse, 29./30. Januar 1977. O.A.; Rudolf Krasselt nimmt an. Lerts Nachfolger, Hann. Kurier, 15. Dezember 1923. An der Berliner Musikhochschule zählte der junge Komponist

Kurt Weill zu Krasselts Schülern (King, William C.; Komponist für das Theater. Kurt Weill spricht von ‚praktischer Musik', New York Sun, 3. Februar 1940, zitiert nach: Hinton, Stephen/Schebera, Jürgen; Kurt Weill, S. 334).

338 Protokoll der Sitzungen des Theater-Ausschusses, 18. September 1923, 15. Oktober 1923 (StAH HR X.C.10.32). Vgl. allg. dazu auch StAH HR X.C.10.4.3

339 O.A.; Rudolf Krassel nimmt an. Lerts Nachfolger, Hann. Kurier, 15. Dezember 1923. Sievers, Heinrich; Von der Hofoper zum Städtischen Opernhaus, S. 72. Schmidt, Dörte/Weber, Brigitta; Keine Experimentierkunst, S. 129. Nach einer Auskunft von Senator Fink im Theater-Ausschuß lag Krassel außerdem auch ein Angebot aus Leipzig vor (Protokoll der Sitzung des Theater-Ausschusses, 15. Oktober 1923 (StAH HR X.C.10.32)).

340 Rudolf Krassel, Protokoll der Sitzung des Theater-Ausschusses, 23. Oktober 1923 (NStAH Hann. 310.D.III.71.I.).

341 Grotjahn, Rebecca; Städtisches Orchester, S. 133. Rosendahl, Erich; Geschichte der Hoftheater, S. 197. Werner, Th.W.; Von der Hofkapelle zum Opernhausorchester, S. 37. R., E.; Generalmusikdirektor Krassel, Hann. Landeszeitung, 20. Oktober 1923. O.A.; Krautworsts Wandelgänge. Neue Musik, Neue Hann. Presse, 29./30. Januar 1977. Werner, Th. W.; Abschied von den Städtischen Bühnen, Kurier Tageblatt, 11. Juli 1943. Vgl. Lange, Rudolf; Kleiner Spaziergang, S. 46.

342 O.A.; Prof. Rudolf Krassel. Lerts Nachfolger?, Hann. Landeszeitung, 17. Oktober 1923. „Daß Krassel eine Kraft ist, zu der man Vertrauen haben darf, hat er als Leiter des ersten Abonnementskonzerts und der MEISTERSINGER bewiesen." Ähnlich hatte sich kurz zuvor auch bereits Erich Rosendahl in der HANNOVERSCHEN LANDESZEITUNG geäußert: „So viel darf aber jedenfalls gesagt werden, daß, falls die Wahl auf Krassel fällt, die endgültige Lösung eine jedermann zufriedenstellende sein kann, denn auch als ‚Opernkapellmeister' hat er sich bestens bewährt. Wer ein Werk wie die MEISTERSINGER so zu dirigieren vermag, der hat damit seinen Befähigungsnachweis erbracht." (R. E.; Die Meistersinger von Nürnberg, Hann. Landeszeitung, 13. Oktober 1923). Vgl. Schmidt, Dörte/Weber, Brigitta; Keine Experimentierkunst, S. 128.

343 R., E.; Opern- und Schauspielhaus. Das erste Abonnementskonzert, Hann. Landeszeitung, 3. Oktober 1923. Vgl. auch Protokoll der Sitzung des Theater-Ausschusses, 15. Oktober 1923 (StAH HR X.C.10.32).

344 Protokoll der Sitzung des Theater-Ausschusses, 23. Oktober 1923 (NStAH Hann.310.III.D.71.I).

345 Der Zeitgenosse Erich Rosendahl erkannte diese Weichenstellung sehr deutlich, als er auf die Frage, warum der Theater-Ausschuß sich auf keinen neuen Intendanten verständigte, antwortete: „Was sollte ein solcher ... unter den jetzigen Verhältnissen, in denen die geschäftliche Leitung von der künstlerischen völlig getrennt ist und Generalmusikdirektor Professor Krassel für die Oper mit Vollmachten ausgerüstet ist, die die Stellung des Intendanten von vornherein illusorisch für einen seines Wertes bewußten Mann unerträglich machen mußten?" (Rosendahl, Erich; Geschichte der Hoftheater, S. 194). Vgl. auch die Aussage des Musikwissenschaftlers Theodor W. Werner, ebenfalls eines Zeitgenossen, der sich 1937 an die Einstellung Krasselts folgendermaßen erinnerte: „Ihm wird von der Stadtverwaltung von vornherein auf dem Gebiete der Oper ... größte Selbständigkeit zugesichert, so daß er tatsächlich die Stellung eines Intendanten der Oper ... innehat." (Werner, Th.W.; Von der Hofkapelle zum Opernhausorchester, S. 37). Ähnlich auch Heinz Rahlfs (Städtische Bühnen, S. 60): „Was den Theater-Ausschuß veranlaßt hat, nach Grunwalds Abgang von der Wiederwahl eines Intendanten abzusehen, ist in der Öffentlichkeit nicht bekannt geworden ... Ob die eben erwähnten Gründe (nach denen die Struktur eines Gremiums aus Laien u.U. das Wirken eines selbstbewußten künstlerischen Talents unnötig erschwere oder gar unmöglich mache, I.K.) mitspielen, ob, wie es vielfach heißt, wegen der dem Operndirektor zugestandenen Kompetenzen für einen Intendanten kein Platz mehr ist, mag dahingestellt sein. Tatsache ist jedenfalls, daß nach der durch Übernahme der Schauburg auch äußerlich vollzogenen Trennung von Oper und Schauspiel sich eine getrennte künstlerische Leitung unter gewissen Voraussetzungen wohl rechtfertigen läßt und daß es im allgemeinen sehr schwer sein dürfte, einen Mann zu finden, der in gleicher Weise ein künstlerisches wie kaufmännisches Genie ist."

346 Rudolf Krassel unterzeichnete den Vertrag als Kapellmeister und Generalmusikdirektor der hannoverschen Oper am 18. Dezember 1923 (Protokoll der Sitzung des Theater-Ausschusses, 18. Dezember 1923 (NStAH Hann.310III.D.71.I). O.A.; Rudolf Krassel nimmt an. Lerts Nachfolger, Hann. Kurier, 15. Dezember 1923). Seine neue Stelle trat er mit Beginn der Spielzeit 1924/25, am 2. April 1924, an (Grotjahn, Rebecca; Städtisches Orchester, S. 133. Sievers, Heinrich; Von der Hofoper zum Städtischen Opernhaus, S. 62. Sievers, Heinrich; Von der Hofoper zum Städtischen Opernhaus. Die Ära Krassel, S. 69. Werner, Th.W.; Von der Hofkapelle zum Opernhausorchester, S. 37. Hollmann, Reimar; Der Krassel-Legende können Kratzer auch nach 50 Jahren nichts anhaben. Jubiläum beim Staatsorchester. Senioren erinnern sich, Neue Presse, 15./16. Februar 1986).

347 Ehrhardt, Kurt; Gedenkwort für Rudolf Krassel, Hann. Allg. Zeitung, 21. April 1954. Sievers, Heinrich; Von der Hofoper zum Städtischen Opernhaus. Die Ära Krassel, S. 72. Lange, Rudolf; Kleiner Spaziergang, S. 61.

348 Kurt Söhnlein wurde am 7. März 1894 in Wiesbaden als Kaufmannssohn geboren. Auf den Wunsch des Vaters hin erlernte auch er zunächst diesen Beruf, um dann 1918 seinem eigentlichen Berufswunsch nachzukommen und Bühnenbildner zu werden. Er wandte sich an Siegfried Wagner in Bayreuth und arbeitete zunächst bei ihm als Volontär. Friedrich Kranich, Technischer Direktor in Bayreuth, verschaffte Söhnlein 1924 eine Stelle am Landestheater Schwerin. Kranich war es auch, der ihn nur ein Jahr später, nach dem Weggang des Bühnenbildners Heinz Porep, mit nach Hannover nahm. An den hiesigen Städtischen Bühnen und daneben weiter für Siegfried Wagner in Bayreuth tätig, arbeitete Söhnlein bis zum Ausbruch des Zweiten Weltkrieges als Bühnenbildner. Nach Kranichs Einberufung zum Militär und über 1945 hinaus war er Stellvertretender Direktor. 1959, mit 65 Jahren, beendete er seine aktive Laufbahn als Bühnenbildner. Söhnlein widmete sich dann dem Wiederaufbau des 1943 zerstörten hannoverschen Theatermuseums (Söhnlein, Kurt; Lebensarbeit Kurt Söhnlein, Manuskript, o.O. o.D. (NSA). Vgl. auch Weber, Brigitta/Niemann, Carsten; Kurt Söhnlein. Vgl. auch Schmidt, Dörte/Weber, Brigitta; Keine Experimentierkunst, S. 30. Hier finden sich auch Hinweise auf Söhnleins „konservativ geprägt(e)" Art zu arbeiten (Ebda., S. 130, 139)). Vgl. Söhnlein, Kurt/Hammer, Sabine; Ära Krassel,

S. 63. Kurt Söhnlein starb am 17. September 1985 im Alter von 91 Jahren.

349 Söhnlein, Kurt/Hammer, Sabine; Ära Krasselt, S. 64 u. 72. Vgl. auch Sievers, Heinrich; Von der Hofoper zum Städtischen Opernhaus, S. 73. Werner, Th. W.; Von der Hofkapelle zum Opernhausorchester, S. 38.

350 Generalintendant Kurt Ehrhardt formulierte im April 1954 in seinem Gedenkwort für Rudolf Krasselt: „Das Ungewöhnliche an der Persönlichkeit Krasselts war, daß die Leitung des Interpreten eingefügt war in seine Fähigkeiten als Orchesterchef und Opernintendant. Daß begabte Instrumentalisten mit Erfolg an das Dirigentenpult hinüberwechseln, ist schon oft genug vorgekommen. Daß aber ein so vorgebildeter Dirigent plötzlich mit der übernommenen Aufgabe auch mit dem höheren Sinne des Theaters ... sich innig vertraut fühlt und aus der universellen Beherrschung der gesamten Materie einem derartigen Kunstinstitut bis ins letzte Detail hinein einen besonderen Stempel zu geben vermag, daß in ihm wirklich das Zentrum, das ordnende Gewissen, um nicht zu sagen: das Herz dieses Theaters schlägt, das ereignet sich nicht oft." (Ehrhardt, Kurt; Gedenkwort für Rudolf Krasselt, Hann. Allg. Zeitung, 21. April 1954). Harms, Claus; Maßstäbe für Hannovers Oper. Zum 100. Geburtstag von Rudolf Krasselt, Hann. Allg. Zeitung, 30. Dezember 1978. Kurt Söhnlein erinnerte sich weiter: „Loben fiel ihm stets ganz schwer, – dem Stahlharten, – innerlich so Gütigen (Söhnlein, Kurt; Lebensarbeit Kurt Söhnlein, Manuskript, o.O. o.D. (NSA). Vgl. Schmidt, Dörte/Weber, Brigitta; Keine Experimentierkunst, S. 129.

351 Söhnlein, Kurt/Hammer, Sabine; Ära Krasselt, S. 64 u. 68. Im Januar 1925 bat Krasselt im Theater-Ausschuß im Zusammenhang der Vertragsverlängerung für eine Schauspielerin energisch, „künftig derartige Anträge zu unterlassen, da sie geeignet sind, das Ansehen und die Zucht im Künstlerpersonale zu untergraben" (Protokoll der Sitzung des Theater-Ausschusses, 10. Januar 1925 (StAH HR X.C.10.32)).

352 Protokoll der Sitzung des Theater-Ausschusses, 15. Oktober 1923 (NStAH Hann.310.III.D.71.I). R., E.; Opern- und Schauspielhaus. Das erste Abonnementskonzert, Hann. Landeszeitung, 3. Oktober 1923. O.A.; Rudolf Krasselt nimmt an. Lerts Nachfolger, Hann. Kurier, 15. Dezember 1923. Schmidt, Dörte/Weber, Brigitta; Keine Experimentierkunst, S. 128 f.

353 Söhnlein, Kurt/Hammer, Sabine; Keine Experimentierkunst, S. 63.

354 Ebda.

355 Sievers, Heinrich; Von der Hofoper zum Städtischen Opernhaus, S. 73. Grabenhorst, Georg, Wege und Umwege, S. 232.

356 Werner, Th. W.; Abschied von den Städtischen Bühnen, Kurier Tageblatt, 11. Juli 1943. Lange, Rudolf; Kleiner Spaziergang, S. 60. Harms, Claus; Maßstäbe für Hannovers Oper. Zum 100. Geburtstag von Rudolf Krasselt, Hann. Allg. Zeitung, 30. Dezember 1978. Schmidt, Dörte/Weber, Brigitta; Keine Experimentierkunst, S. 129 ff.

357 Kurt Söhnlein berichtete, Krasselt habe sein Orchester nur unter Widerstand für Parteiveranstaltungen der NSDAP zur Verfügung gestellt und sei deshalb in Konflikt mit dem nationalsozialistischen Regime geraten (Söhnlein, Kurt/Hammer, Sabine; Ära Krasselt, S. 83f). In seinem unveröffentlichten Manuskript (Lebensarbeit Kurt Söhnlein, Manuskript o.O. o.D. (NSA)) erinnerte sich Söhnlein, Krasselt sei „nach übelsten Machenschaften" von der NSDAP entlassen worden. Brigitta Weber arbeitete eine gewisse Kontinuität im Opern-Spielplan zwischen Weimarer Republik und Nationalsozialismus sowie Krasselts Gestaltung eines Spielplans im ‚Dritten Reich' heraus, der jenem anderer Städte ähnelte. Dieses gelte trotz des Verbots der bereits einstudierten Oper AEBELÖ des Tschechen Joseph Gustav Mraczek im April 1935, eines ehemaligen Studienkollegen Krasselts (Weber, Brigitta; ‚Zum Vaterland, zum Vaterland, kehr heim!', S. 158.) Lange, Rudolf; Kleiner Spaziergang, S. 69. Offenbar obwohl Krasselt der Reichsmusikkammer, nicht aber der NSDAP angehörte (BDC, Personalakte Rudolf Krasselt), scheint sein guter Ruf ihn vor weiteren Repressionen und letztendlich vor der Entlassung lange Zeit bewahrt zu haben (Söhnlein, Kurt/Hammer, Sabine; Ära Krasselt, S. 85). Zum 1. Juli 1943 wurde er in den Zwangsruhestand versetzt (Sievers, Heinrich; Von der Hofoper zum Städtischen Opernhaus, S. 73. Harms, Claus; Maßstäbe für Hannovers Oper. Zum 100. Geburtstag von Rudolf Krasselt, Hann. Allg. Zeitung, 30. Dezember 1978), wobei die näheren Umstände unbekannt blieben. Am 11. Juli 1943 bedankte er sich bei seinem Orchester in einem Schreiben für dessen Mitarbeit und Unterstützung (abgedruckt in: Wilhelm, Helmut; Abschied von Rudolf Krasselt. Zum Tode des bedeutenden Dirigenten, Hann. Allg. Zeitung, 13. April 1964). Nach seiner Entlassung war Krasselt bis zum Ende des Krieges „ständig bei verschiedenen Theatern, für Konzertveranstaltungen und im Rundfunk als Gastdirigent tätig." (Dringlichkeitsbescheinigung für Herrn Professor Krasselt, 12. April 1944, BDC Personalakte Rudolf Krasselt, ausgestellt von Rolf Roenneke). Wegen permanenter Überarbeitung infolge dieser Tätigkeit, die als „kriegswichtig" galt, bat Krasselt im April 1944 um die Bewilligung einer Kur. Anläßlich der Formalitäten, die vor Antritt dieser Kur zu erledigen waren, trat er in Kontakt mit einem alten Bekannten aus hannoverschen Tagen; Rolf Roenneke, zur gleichen Zeit Leiter der Fachschaft Bühne der Reichstheaterkammer und Mitglied des Fachgebietes der Theaterleiter und Bühnenleiter, unterstützte sein Gesuch und vermittelte ihm darüber hinaus das Angebot eines festen Engagements an der Wiener Staatsoper. Der Ton im Briefwechsel zwischen Krasselt und Roenneke war überaus herzlich, ja freundschaftlich und läßt keine Trübung durch einen etwa während der zwanziger Jahre in Hannover entstandenen Kompetenzstreit erkennen (vgl. z. B. Schreiben Roennekes, Berlin-Dahlem, an Krasselt, Bad Pyrmont, 14. März 1944. Krasselt an Roenneke, 29. Februar 1944. Roenneke an Krasselt, 22. Februar 1944. Krasselt an Roenneke, 20. Juni 1935 (BDC Personalakte Rudolf Krasselt)). Rudolf Krasselt starb am 12. April 1954 in Andernach bei Koblenz.

358 Werner, Th. W.; Abschied von den städtischen Bühnen, Kurier Tageblatt, 11. Juli 1943.

359 Vgl. dazu allg.: Grabe, Thomas/Hollmann, Reimar/Mlynek, Klaus/Radke, Michael; Unter der Wolke des Todes leben, S. 175 f.

360 Knocke, Helmut/Thielen, Hugo; Kunst- und Kulturlexikon, S. 209.

361 O.A.; Krautworsts Wandelgänge. Neue Musik, Neue Hann. Presse, 29./30. Januar 1977.

362 So etwa Ernst Wendt in: Kunstverein Hannover; Zwanziger Jahre, S. 156. Vgl. dazu auch Grotjahn, Rebecca; Städtisches Orchester, S. 133 ff.

363 Graefenhain, Rudolf; Oper in Hannover, in: Die Städtischen Bühnen in Hannover, Beilage in: Das Theater, Illustrierte Halbmonatsschrift für Theater und Gesellschaft, 7. Jhg., H. 3, 1926, S. 513. Sievers, Heinrich; Von der Hofoper zum Städtischen Opernhaus, S. 72. Schmidt, Dörte/Weber, Brigitta; Keine Experimentierkunst, S. 133.

[364] Sievers, Heinrich; Von der Hofoper zum Städtischen Opernhaus, S. 72.

[365] Insofern bleibt Desiderat, was Rebecca Grotjahn 1986 mit Blick auf die Debatte um Krasselts vermeintliche ‚Progressivität' oder ‚Rückständigkeit' schrieb: „Das Fundament dafür (für die Bereinigung dieser Debatte, I.K.) müßte eine genaue Spielplananalyse sein, die sich nicht allein an Aufführungs- und Jahreszahlen orientierte, sondern die musikalische und gattungsgeschichtliche Bedeutung einbezöge." (Grotjahn, Rebecca; Städtisches Orchester, S. 134). Vgl. auch: Zehn Jahre Aufbau, S. 118.

[366] Bildpostkarte Villa Wahnfried, Siegried Wagner an Kurt Söhnlein, 1927 (ohne konkretes Datum) (NSA). Vgl. allg. Schmidt, Dörte/Weber, Brigitta; Keine Experimentierkunst, S. 150–167, bes. S. 159. 1928 urteilte Yvonne Georgi auch: „Das hannoversche Opernhaus ist eines der wenigen Theater, für die das Ballett nicht nur eine Luxusangelegenheit oder so eine Art Hausstatisterie ist, sondern eine Notwendigkeit des gesamten künstlerischen Betriebes. Das Ballett hat seine eigenen Abende, und auch innerhalb der Oper gelangt es zu besonderer Bedeutung, indem man die Bereicherung des Bühnenbildes durch eine stilvoll angepaßte Tanzeinlage erkannt hat." (Georgi, Yvonne; Tanzregie, in: Blätter der Städtischen Bühnen Hannover (1927/28), Nr. 12, S. 15 f., zitiert nach: Schmidt, Dörte/Weber, Brigitta; Keine Experimentierkunst, S. 150).

[367] Rosendahl, Erich; Geschichte der Hoftheater, S. 195.

[368] Graefenhain, Rudolf; Oper in Hannover, in: Die Städtischen Bühnen in Hannover, Beilage in: Das Theater, Illustrierte Halbmonatsschrift für Theater und Gesellschaft, 7. Jhg., H. 3, 1926, S. 513 f.

[369] Zehn Jahre Aufbau, S. 117. Vgl. auch Theodor W. Werner, der in diesem Zusammenhang von einem „vielgestaltige(n) und anregende(n) Opernspielplan" sprach (Werner, Th. W.; Von der Hofkapelle zum Opernhausorchester, S. 37).

[370] Vgl. dazu etwa Söhnlein, Kurt/Hammer, Sabine; Ära Krasselt, S. 66. „Er war sehr verständnisvoll der Moderne gegenüber."

[371] Sievers, Heinrich; Von der Hofoper zum Städtischen Opernhaus, S. 73.

[372] Söhnlein, Kurt/Hammer, Sabine; Ära Krasselt, S. 65. Harms, Claus; Maßstäbe für Hannovers Oper. Zum 100. Geburtstag von Rudolf Krasselt, Hann. Allg. Zeitung, 30. Dezember 1978: „Obwohl er keinesfalls um jeden Preis auf Uraufführungen aus war, gab es doch eine Reihe wesentlicher Novitäten." Kurt Voß urteilte 1933 im Hinblick auf Krasselts Haltung als Opernchef nach 1933: „Rudolf Krasselt hat sein Wirken nie auf den modischen Erscheinungen, auf den Tageserfolg gestellt und wurde durch die Bestätigung im Amt zugleich in seinem künstlerischen Wollen bestätigt." (V., Dr.; Spielzeitanfang in Hannover, in: Niedersachsen, 38. Jhg., 1933, S. 533). Ganz anders freilich wirkte Krasselts Schaffen auf den Maler Carl Buchheister. In einem Schreiben an seine Frau teilte Buchheister im Januar 1922 mit: „Am Montag war ich im Abonnementskonzert. Es wurde eine Beethoven-Sonate und Bruckner, der 50 Jahre später lebte, vorgetragen. Beethoven war erträglich. Der Bruckner wirkte übertrieben romantisch, bombastisch. Herrn Kapellmstr. K. behagte das sehr, er verbog sich, mit dezent vornehmen Gesten natürlich, auf seinem Podium wie ein zu lang geratenes Heidekraut von Aspelhorn im Sturm, um dann auch wieder honigsüße Pianissimobewegungen auszuströmen. Er wollte so recht beweisen, daß er sein lebenslänglich gesichertes hohes Gehalt auch wirklich verdient, und das vornehme 1. Rang-Publikum Hannovers lauschte andächtig den vorsintflutlichen Tönen oder tat wenigstens so. Und in den Pausen wurde gelächelt, gegrüßt, es war zum Kotzen vornehm, ich gehe da nicht wieder hin, jedenfalls nicht zu dieser Musik. Die Musik erfreut heute den satten Bürger, das ist leider ihre gegenwärtige Haupteinstellung. Jeder wirklich fortschrittliche Impuls ist zur Zeit vollständig untergraben. Die Instrumente der Orchester sind veraltet, alles ist von Traditionen durchseucht und gefesselt anstatt von ihr angeregt zu werden. Die ‚fortschrittliche' Musik ist unklar und kompliziert. Die Musik hat in den letzten hundert Jahren eine große Vormachtstellung eingenommen unter den Künsten, sie wird diese Stellung bald verlieren, sie ist nicht aktiv. Dagegen wird die bildende Kunst in die Vormachtstellung einrücken und in den nächsten 100 Jahren die hauptsächliche Beachtung auf sich ziehen, weil sie alle schwere fortschrittliche Pionierarbeit zu leisten haben wird." (Schreiben Carl Buchheisters an Elisabeth Buchheister, 12. Januar 1933, in: Rump, Gerhard Charles; Carl Buchheister, S. 147f).

[373] Lt., E.; Rudolf Krasselt 75 Jahre, Hann. Presse, 31. Dezember 1953. Vgl. Grotjahn, Rebecca (Städtisches Orchester, S. 135), die urteilt, Krasselt habe in seinem Spielplan „offenkundig Wert auf Ausgewogenheit gelegt".

[374] Rudolf Krasselt, Protokoll der Sitzung des Theater-Ausschusses, 11. Februar 1929 (NStAH Hann.310.III.D.70)

[375] Ebda. Vgl. dazu Rudolf Krasselts Rundfunkvortrag DIE DASEINSBERECHTIGUNG DES THEATERS, ausgestrahlt am 18. Dezember 1931 (zitiert nach, Schmidt, Dörte/Weber, Brigitta; Keine Experimentierkunst, S. 33): „(D)enn die Irrgänge, in welche sich die Bühnenliteratur und mit ihr die Schauspielkunst in den letzten Jahrzehnt so vielfach verlor, hat mit dem eigentlichen Wesen des Theaters nichts mehr zu tun. Sie haben zum ausgesprochenen Tendenzdrama, zum Kampfmittel der Parteien auf der einen Seite, zu Verlogenem und Unsinn auf der anderen Seite geführt und damit große Kreise des Publikums – vielleicht gerade die geistig Wertvollsten – dem Theater entfremdet. Ja – das Schlagwort ‚Politisches Theater' spukt schon an allen Enden und Ecken. Aber jede Kunst, und insbesondere die, welche unmittelbar von Mund zu Ohr, welche zur breitesten Allgemeinheit, zum gesamten Volk zu sprechen hat, die Bühnenkunst, darf nicht den Politiker im Menschen, sie muß den Menschen im Politiker suchen. Sie soll nicht absondern und trennen, sie soll Brücken schlagen, Gegensätze ausgleichen, soll vereinen. Sie kann sich nicht zur Dienerin eng umgrenzter Zwecke herabwürdigen. Sie muß die Herrscherin bleiben aus und durch sich selbst. Nur so kann sie hinuntertauchen in alle Tiefen und Abgründe der menschlichen Seele, darf sie freien Hauptes wandeln auf den Sonnenhöhen der Welt wie in den Niederungen des Lebens. Nur so kann sie erheben und erwärmen und ausgleichen und Menschen einander näherbringen."

[376] Protokoll der Sitzung des Theater-Ausschusses, 11. Februar 1929 (NStAH Hann.310.III.D.70).

[377] Vgl. Protokoll der Sitzung des Theater-Ausschusses, 13. Dezember 1924. Danach erhielt Rudolf Krasselt RM 1.500, Rolf Roenneke hingegen RM 1.000 monatlich (NStAH Hann.310.III.D.71.I). Vgl. auch Protokoll der Sitzung des Theater-Ausschusses vom 13. Juni 1925 (NStAH Hann.310.III.D.70), die die Gagen von Alfons Rampelmann (RM 800/Monat) und die der bekannten Charakterschauspieler Max Gaede (RM 1.000/Monat) und Hubert Endlein (RM 1.000/Monat)

festlegte. Die Gagen stiegen danach bis zur Weltwirtschaftskrise stark an, um dann per Beschluß des Theater-Ausschusses vom 30. Januar 1932 in zwei geplanten Schritten für die Spielzeit 1932/33 drastisch gesenkt zu werden. Zu diesem Zweck wurde allen Angehörigen der Städtischen Bühnen gekündigt, um sodann die Gagenfrage neu regeln zu können (o.A.; Kommunalpolitische Umschau, Bürgerwacht, 1. Februar 1932). Danach sollte folgende Regelung bezüglich des Jahresgehalts gelten (in RM):

	1. Januar 1931	gekürztes Gehalt	Planung für 1933
„leitende Position" (Oper/Schauspiel)	40.000	24.400	16.000,00
Chorsänger	4.080	2.294	2.635,20
Chorsängerin	3.960	3.198	3.558,40
Tänzer/Tänzerinnen	3.300	2.670	2.136,00
1. Salondame Friedel Mumme	18.480	11.272	10.000,00
Charakterschauspieler Max Gaede	13.200	9.372	7.200,00

(Liste zur Sitzung des Theater-Ausschusses, 30. Januar 1932 (NStAH Hann.310.III.D.70)). Die Magistratsdrucksache Nr. 219/32 vom 2. Dezember 1932 zeigte, wie die Gagen und Gehälter der Mitglieder der Städtischen Bühnen nach dem Stande vom 1. Juli 1932 dann tatsächlich geregelt worden waren (Angaben pro Monat): Oper: Rudolf Krasselt: RM 2.012, Willy Wissiak (1. Tenor): RM 1.159, Frau Damhave (Altistin): RM 239, Chorherren ohne Kinder: RM 260.30, Chorherren mit Kindern: RM 267.15, Chordamen ohne Kinder: RM 252.70, Chordamen mit Kindern: RM 259.35. Theater: Georg Altmann: RM 1347, Charakterschauspieler und Erster humoristischer Vater Hans Ebert: RM 843, Erste Salondame Friedel Mumme: RM 892. (NStAH Hann.310.III.D.70). Geblieben waren also die großen Verdienstunterschiede. Während 1927 einem Kammersänger der zweiten Garde RM 4.000 Unterstützung für die Durchführung seines Umzugs zugestanden wurden, mußte ein Logenschließer sich mit der kärglichen Summe aus dem Erlös des Verkaufs von Programmheften bescheiden und erhielt keinen weiteren finanziellen Rückhalt aus einem Gehalt (Protokoll der Sitzung des Theater-Ausschusses, 21. November 1927 (NStAH Hann.310.III.D.70)).

378 In vielen später erschienenen Zeitungsberichten und Publikationen wurde dieser Sachverhalt auf die Aussage verkürzt, Roenneke sei „den Herren des Städtischen Theater-Ausschusses allmählich zu selbständig und einigermaßen unbequem geworden. Es war immer noch eine Gruppe Ultra-Konservativer da." Frerking, Johann; Augenblicke, S. 63. Vgl. o.A.; Krautworsts Wandelgänge. Tramm, Neue Hann. Presse, 15. April 1978. Röhrbein, Waldemar R.; So wie es war, S. 95. Mlynek, Klaus; Hannover in der Weimarer Republik und unter dem Nationalsozialismus, S. 470. Kunstverein Hannover; Zwanziger Jahre, S. 155. Lange, Rudolf; Kleiner Spaziergang, S. 92.

379 Arthur Menge, Protokoll der Sitzung des Theater-Ausschusses, 13. Juni 1925 (NStAH Hann.310.III.D.70). Die Beratung über die Verlängerung des Vertrages mit Roenneke wurde nach Menges Ausführungen ausgesetzt.

380 Protokoll der Sitzung des Theater-Ausschusses, 18. Oktober 1926 (NStAH Hann. 310.III.D.70). Vgl. auch den Artikel im VOLKSWILLEN zur Wahl des neuen Schauspielleiters: „Der Städtische Theater-Ausschuß hat vor einigen Wochen unter Umständen, die wir nicht zu billigen vermochten, dem Schauspieldirektor Dr. Rolf Roenneke mit Ablauf dieser Spielzeit den Vertrag aufgekündigt. Daß die Stadt uns jetzt schon einen Nachfolger präsentiert, spricht wenigstens für den Willen, die Atmosphäre zu reinigen und klare Sicht zu schaffen." (O.A.; Der neue Schauspieldirektor. Dr. Georg Altman Nachfolger Dr. Roennekes, Volkswille, 23. November 1926). Vgl. auch die Aussage der Freien Volksbühne, die sogar von einer „Kündigung Roennekes" sprach: „Es ist nicht unsere Aufgabe, hier zu untersuchen, ob diese Kündigung form- und fristgerecht erfolgt ist, aber wir haben zu fragen, was in Zukunft aus dem Städtischen Schauspiel werden soll, wenn der *Theater-Ausschuß* das *Recht* hat, in so *rigoroser Weise* mit irgendeiner *erzwungenen Begründung* so einschneidend in die Theaterverhältnisse Hannovers einzugreifen. Sind die Mitglieder des Städtischen Theater-Ausschusses wirklich in künstlerischen Dingen so erfahren, um so *weittragende Beschlüsse fassen* und *verantworten* zu können?" (Lipschitz, A.; Schauspieldirektor Dr. Roenneke, in: Freie Volksbühne, 5. Jhg., Nr. 10, S. 6f).

381 Rolf Roenneke ging, nachdem er Hannover verlassen hatte, über die kurzen Zwischenstationen Gotha und Plauen als Intendant an das Landestheater Oldenburg (Frerking, Johann; Ein Leben für das Theater. Rolf Roenneke zum 70. Geburtstag, Hann. Presse, 31. Juli 1957. O.A.; Krautworsts Wandelgänge. Roenneke, Neue Hann. Presse, 30./31. Juli 1977). Als solcher richtete er am 24. April 1933 ein Schreiben an Staatskommissar Hinkel vom Preußischen Ministerium für Wissenschaft, Kunst und Volksbildung, das seinen Weggang aus Hannover in einem anderen Licht zeigt: „Im Jahre 1927 bin ich in Hannover durch die Gebr. Rotter aus meiner Stellung als Schauspieldirektor der Städtischen Bühnen Hannover verdrängt worden. In meine damalige Stellung wurde der jetzt ausgeschiedene Herr Dr. Altmann, dem die Rotters wohl irgendwie verpflichtet waren, mit Hilfe des inzwischen verstorbenen, Ihnen aber wohlbekannten Heinrich Tramm, ehemaliger Stadtdirektor von Hannover, hineingeschoben. Ich glaube wohl, daß jetzt die Zeit gekommen wäre, das damals an mir geschehene Unrecht wieder gutzumachen. Ich betone ausdrücklich, daß ich an sich keinen Grund habe, aus Oldenburg zu scheiden, lediglich die wirtschaftlich größere Sicherheit im Hinblick auf meine zahlreiche Familie – ich habe drei Jungens – veranlaßt mich dazu." (Schreiben Rolf Roennekes als Intendant des Landestheaters Oldenburg an Staatskommissar Hans Hinkel, Preußisches Ministerium für Wissenschaft, Kunst und Volksbildung, 24. April 1933 (BDC, Personalakte Rolf Roenneke)). Die Behauptung Rolf Roennekes, die jüdischen Gebrüder Rotter, Berlin, deren Theaterarbeit für viele konservativen und nationalistischen Kulturideologen als Symbol einer als unmoralisch, bolschewistisch und „verjudet" beklagten Kultur der Weimarer Republik galt, hätten ihn seinerzeit aus dem Amt vertrieben, mag auch aus der Absicht entstanden sein, die verwickelten tatsächlichen Abläufe zugunsten der Angabe eines Faktors zu verschweigen, der auch nationalsozialistische Kulturpolitiker für ihn, Roenneke, gewinnen sollte. Die Gebrüder Rotter standen zwar mit Georg Altmann in geschäftlichem Kontakt, waren aber zumindest bisher nicht nachweislich an Roennekes Entlassung beteiligt. Interessanter als dieser nicht weiter zu untersuchende Vorwurf ist der Hinweis, daß Heinrich Tramm sich gegen Rolf Roenneke ausgesprochen haben soll Roennekes Forderung nach Wiedergutmachung des erlittenen Unrechts, die zehn Tage nach Altmanns Entlassung formuliert wurde, wurde nicht berücksichtigt. Staatskommissar Hinkel sagte lediglich zu, gegebenenfalls auf Roennekes Bewerbung zurückzukommen (Schreiben vom 27. April 1933,

BDC Personalakte Rolf Roenneke). In den Protokollen des hannoverschen Theater-Ausschusses findet sich kein Hinweis auf Roenneke als Kandidaten in der Nachfolge Altmanns. Der Theaterleiter verließ Oldenburg bald darauf umd ging nach Berlin, wo er als Regisseur und Leiter der Schauspielnachwuchsprüfungen, aber auch als Mitarbeiter der Reichskulturkammer, Abteilung Musik, tätig war. Nach dem Ende des Zweiten Weltkrieges kam Roenneke als Gastregisseur mehrfach nach Hannover, er arbeitete jedoch nicht mehr an den hiesigen Städtischen Bühnen. Er starb Anfang Februar 1964 in Berlin (Harms, Claus; Einst ein Avantgardist. Zum Tode Dr. Rolf Roennekes, Hann. Allg. Zeitung, 4. Februar 1964. Frerking, Johann; Ein Leben für das Theater. Rolf Roenneke zum 70. Geburtstag, Hann. Presse, 31. Juli 1957. Frerking, Johann; Rolf Roenneke, in: Hann. Volksbühne, 15. Jhg., H. 8, 1963/64).

382 Spengemann, Christof; Tagesweisheit. Kunst und Politik, in: Der Zweemann, 1. Jhg., H. 6, April 1920, S. 11.

383 Ebda.

384 Ws.; Kunstschacher!, in: Die Pille, 1. Jhg., H. 3, September 1919, S. 69.

385 Leibniz-Akademie Hannover (Hg.);Verzeichnis der Vorlesungen und Arbeitsgemeinschaften von Oktober bis Dezember 1921, S. 2, 13 u.16. Rolf Roenneke bot im Rahmen der Veranstaltungen der Leibniz-Akademie regelmäßig Veranstaltungen zum Thema DAS DRAMA STRINDBERGS an und leitete zudem die Kurse MIMIK UND KÖRPERSPRACHE und PRAKTISCHE DRAMATURGIE. Darüber hinaus war er Obmann einer Schauspielschule der Leibniz-Akademie, die „eine eingehende technische und künstlerische Ausbildung junger Menschen" erreichen wollte.

386 O.A.; Hannoversche Revue, in: Die Hann. Woche, 6. März 1926.

387 Die Leibniz-Akademie, zu gleichen Teilen von der Stadt Hannover und der Industrie- und Handelskammer finanziell getragen, war noch kurze Zeit zuvor reine Fortbildungsanstalt für Beamte und Kaufleute gewesen (vgl. Satzung der Leibniz-Akademie, in: Vorlesungsverzeichnis des Sommertrimesters 1925 (NStAH Hann. 122a.3389)). Vgl. dazu auch den Schriftwechsel zwischen Stadt und Handelskammer, beginnend im Juni 1926, bezüglich der wachsenden wirtschaftlichen Schwierigkeiten der Leibniz-Akademie: IHK an Magistrat 12. Januar 1926, Magistrat an IHK, 31. Juli 1926, Leibniz-Akademie an Magistrat 31. Juli 1926, Oberbürgermeister Menge an Senator Porger 25. Januar 1931, Senator Porger an IHK 30. Juni 1931, IHK an Magistrat 9. Juli 1931 (StAH HR 19, 278). Im April 1921 schloß die Leibniz-Akademie sich mit den Initiatoren der Volkstümlichen Volkshochschulkurse zum Zweck der Schaffung eines einheitlichen „großen Volksbildungsunternehmens" zusammen (Vorlesungsverzeichnis der Leibniz-Akademie Trimester Oktober-Dezember 1921 (NStAH Hann.122a.3389). Die Leibniz-Akademie übernahm auch rasch die programmatische Zielsetzung der Volkstümlichen Hochschule, „Mängel im unvollkommenen Schulsystem zu stopfen" (Ziegler, Charlotte; Volkshochschule Hannover, S. 10), und zwar durch das Angebot von „Kursen in erster Linie für die geistige Hebung der Arbeiterschaft" (Schreiben des Ausschusses für Volkstümliche Volkshochschulkurse an den Magistrat, 31. Dezember 1913 (StAH HR 19, 267)). In den Vorlesungsverzeichnissen der nunmehr reformierten Leibniz-Akademie wurde allen Personen „ohne Rücksicht auf das Geschlecht", wenn sie nur über die „notwendigen Vorkenntnisse und ein gutes sittliches Verhalten" verfügten, ein umfangreiches Angebot an Kursen „allgemeinwissenschaftlichen" Inhalts präsentiert, die „den geistigen und kulturellen Forderungen weitester Volksschichten gerecht werden (sollten), hinwirkend auf die Hebung des unserm Volke so notwendigen Gemeinschaftsempfindens" (Vorlesungsverzeichnis der Leibniz-Akademie, Trimester Oktober-Dezember 1921 (NStAH Hann.122a.3389).

388 Die Freie Volksbühne bedauerte den Weggang Roennekes außerordentlich und schrieb: „Sein tiefes Verständnis und sein großes Interesse für die Volksbühnenbewegung hat Dr. Roenneke nicht nur in zahlreichen Unterredungen und Besprechungen, sondern auch in verschiedenen Vorträgen immer wieder bekundet." (Lipschitz, A.; Schauspieldirektor Dr. Roenneke, in: Freie Volksbühne, 5. Jhg., Nr. 10, S. 6, 11. Juni 1927. Vgl. auch l., a.; Allerlei von den Städtischen Bühnen, in: Freie Volksbühne, 5. Jhg., Nr. 3, 16. Oktober 1926). Vgl. zu diesen Aktivitäten Rolf Roennekes im Dienste der Freien Volksbühne z. B. 1. Jhg., Nr. 5, S. 6, Mai 1923. 3. Jhg., Nr. 3, S. 1 ff, Oktober 1924. 5. Jhg., Nr. 10, S. 1 f, 11. Juni 1927.

389 Die Zeitschrift DIE PILLE kündigte diese Veranstaltung folgendermaßen an: „Alle Persönlichkeiten, die für das kulturelle Leben Hannovers von Bedeutung sind, alle Behörden, Organisationen und Verbände, denen die geistige und künstlerische Hebung des deutschen Volkes am Herzen liegen muß, sind zur Teilnahme aufgefordert." (O.A.; Propaganda-Abend, in: Die Pille, 1. Jhg., H. 5, 13. Oktober 1920, S. 116f).

390 Weiter hieß es: „Die Taufpredigt fußte auf dem Nietzscheschen Bibelwort: ‚Lernt wieder Lachen.'" (Modestus, Sandor; Vom Storche überrascht, in: Die Pille, 1. Jhg., H. 7, 13. Oktober 1920, S. 165f). Neben dem zeitgenössischen Artikel des Anonymus Sandor Modestus nennen auch die HEIMATCHRONIK DER HAUPTSTADT HANNOVER (Plath, Herbert/Mundhenke, Helmut/Brix, Ewald; Heimatchronik, S. 123) und die HANNOVER-CHRONIK (Mlynek, Klaus/Röhrbein, Waldemar R.; Hannover-Chronik, S. 155) den Oktober 1920 als Gründungsdatum der hannoverschen Freien Volksbühne (vgl. auch Rahlfs, Heinz; Städtische Bühnen, S. 109). Uta Ziegan hingegen berief sich auf einen Aufruf des sozialdemokratischen VOLKSWILLENS vom Frühjahr 1921, dem am 12. April 1922 die Gründung der Freien Volksbühne Hannover als selbständiger Verein folgte (Schu.; Die Kunst dem Volke. Freie Volksbühne und Arbeiterschaft, Volkswille, 1. Mai 1920. Ziegan, Uta; ‚Die Kunst dem Volke', S. 71). Auch in dem Mitteilungsblatt der Freien Volksbühne wurde immer der April 1922 als Gründungsdatum genannt (vgl. z. B. Ziegler, A.; Zehn Jahre Freie Volksbühne, in: Freie Volksbühne, 10. Jhg., Nr. 8, 5. März 1932, S. 2f). Im Oktober 1920 sei, so Uta Ziegan weiter, die Freie Volksbühne als nationale Dachorganisation gegründet worden, deren hannoversche Ortsgruppe dann gut anderthalb Jahre später entstanden sei (Ziegan, Uta; ‚Die Kunst dem Volke', S. 87, Anm. 14). Die Angaben der PILLE könnten sich mithin auf dieses Ereignis einer reichsweiten Etablierung der Volksbühne beziehen, die auch in Hannover in einer Feierstunde begrüßt wurde (vgl. Schmidt, Dörte/Weber, Brigitta; Keine Experimentierkunst, S. 21), der jedoch erst knapp zwei Jahre später die Gründung einer regionalen Untergruppe gefolgt sei. Am 2. September 1923 wurde nach Auskunft der Freien Volksbühne die Bezirksgruppe Hannover des Verbandes der Deutschen Volksbühnen-Vereine gegründet (Schu.; Gründung der Bezirksgruppe Hannover des Verbandes der Deutschen Volksbühnen-Vereine, in: Freie Volksbühne, 2. Jhg., H. 2, Oktober 1923, S. 3).

391 Nestriepke, Siegfried; Volksbühnengemeinden. Schriften des Verbandes der Deutschen Volksbühnenvereine, H. 3, Berlin 1924, S. 6. Vgl. auch Nestriepke, Siegfried; Die Theaterorganisation der Zukunft. Volksbühnenbewegung und Sozialisierung des Theaters, Berlin 1921. Siegfried Nestriepke war der Geschäftsführer des Verbands der deutschen Volksbühnenvereine und Generalsekretär der Berliner Volksbühne. Schu.; Die Kunst dem Volke. Freie Volksbühne und Arbeiterschaft, Volkswille, 1. Mai 1920: „Der Hunger nach Teilnahme an den höchsten Gütern der Menschheit war zu lange ungestillt, das Verlangen nach Erhebung und Erbauung nach des Tages Last und Mühen war zu deutlich und fand hier seinen beredten Ausdruck ... Was aber bot die Freie Volksbühne der Arbeiterschaft? Mehr als einmal ist von berufeneren Führern darauf hingewiesen worden, daß Gewerkschaften, SPD und Volksbühne Bundesgenossen sind im Kampfe um die geistige Befreiung der Arbeiterschaft. Loslösen vom Grau des Alltags, Hinaufführen in das lichte Reich aller schönen Künste, das ist die Aufgabe der Freien Volksbühne ... Kunst ist Aufklärung und Waffe zugleich im Kampfe gegen geistige Vorherrschaft und Bevormundung." Vgl. zu den Anfängen der Volksbühnen-Bewegung Nestriepke, S.; Vierzig Jahre Volksbühne, in: Freie Volksbühne, 9. Jhg., Nr. 2, 20. September 1930, S. 1 f.

392 Vgl. vor dem ideologischen Hintergrund der Geschichtsschreibung in der damaligen DDR: Braulich, Heinrich; Volksbühne. Vgl. ansonsten zur Geschichte der Volksbühnen allg.: Handbuch der deutschen Volksbühnenbewegung, bearbeitet von Albert Brodbeck, Berlin 1930. Guttsman, Wilhelm L.; Workers' Culture in West Germany. Between Tradition and Commitment, New York/Oxford/München 1990, S. 213 ff. Lilje, Peter; Der Verband der deutschen Volksbühnen-Vereine, in: Klenke, Dietmar/Lilje, Peter/Walter, Franz (Hg.); Arbeitersänger und Volksbühnen in der Weimarer Republik, Bonn 1992, S. 249–335. Winkler, Heinrich August; Der Schein der Normalität. Arbeiter und Arbeiterbewegung in der Weimarer Republik 1924–1930, Bonn 1985. Schwerd, Almut; Zwischen Sozialdemokratie und Kommunismus. Zur Geschichte der Volksbühne 1918–1933, Wiesbaden 1975. Emig, Brigitte; Veredelung des Arbeiters, S. 218 ff. und 276 ff. Einen interessanten Einblick in die Volksbühnenarbeit in Sachsen bietet: Heidenreich, Frank; Arbeiterkulturbewegung und Sozialdemokratie, S. 290 ff. und bes. S. 318 ff. Rahlfs, Heinz; Städtische Bühnen, S. 109.

393 Ziegan, Uta; ‚Die Kunst dem Volke', S. 72. Schmidt, Dörte/Weber, Brigitta; Keine Experimentierkunst, S. 21.

394 Vgl. allg. Rahlfs, Heinz; Städtische Bühnen, S. 109. Vgl. Feldmann, Friedrich; Ortsverein Hannover der SPD, S. 124: „Daß die sozialdemokratische Rathausfraktion die Bestrebungen der freien Volksbühne in jeder Weise unterstützt hat, ist allgemein bekannt und braucht nicht besonders erwähnt zu werden."

395 Schu.; Ein Vorläufer der Volksbühnen-Bewegung in Hannover, in: Freie Volksbühne, 9. Jhg., Nr. 2, 20. September 1930, S. 7. Vgl. auch: Ziegan, Uta; ‚Die Kunst dem Volke', S. 71. Im März 1933 berichtete die Zeitung DIE FREIE MEINUNG vom Umzug der Geschäftsstelle von der Odeon- in die Georgstraße im Zuge der ‚Gleichschaltung' der Besucherorganisationen. Anders als im „roten Bonzenkloster" brauche der bürgerliche Besucher der Freien Volksbühne „jetzt nicht mehr auf Treppen und Fluren die Aufrufe und Inschriften zu lesen, in denen zu seiner Vernichtung aufgerufen wird." (G., J.; Stimmen aus dem Leserkreis. Die zu hohen Eintrittspreise im Schauspiel, Die Freie Meinung, 18. März 1933).

396 Schu.; Ein Vorläufer der Volksbühnen-Bewegung in Hannover, in: Freie Volksbühne, 9. Jhg., Nr. 2, 20. September 1930, S. 7.

397 O.A.; Zehn Jahre Freie Volksbühne Hannover, Volkswille, 1. Oktober 1930.

398 Ziegan, Uta; ‚Die Kunst dem Volke', S. 76 u. 80. Uta Ziegan berichtete auch von Vorträgen vieler Volkshochschul-Dozenten im Rahmen der Tätigkeiten der Freien Volksbühne. Vgl. zu den Aufgaben des Kunstbeirats: Freie Volksbühne, 1. Jhg., H. 2, 1922/23, S. 7 (Satzung).

399 Vgl. Freie Volksbühne, 1. Jhg., H. 3, 1922/23, S. 7. Vgl. zu Lessings Beiträgen im Dienste der Freien Volksbühne weiter etwa: Freie Volksbühne, 1. Jhg., Nr. 2, Oktober 1923, S. 1 f u. 6. 3. Jhg., Nr. 8, Februar 1925, S. 4 f. 6. Jhg., Nr. 3, 15. Oktober 1927, S. 1.

400 Vgl. dazu Ziegan, Uta; ‚Die Kunst dem Volke', S. 80.

401 Ziegler, August; Die Freie Volksbühne und die Städtischen Bühnen. Ein Wort zur Aufklärung, in: Freie Volksbühne, 4. Jhg., Nr. 1, August 1925, S. 2.

402 Vgl. zur Freien Volkshochschule Schreiben derselben an den Magistrat, 11. Februar 1925 (StAH HR X.C.5.6), vgl. auch Schreiben der Freien Volkshochschule an den Magistrat, 26. Januar 1922 (StAH HR 19, 269). Vgl. Ziegan, Uta; ‚Die Kunst dem Volke', S. 75 f. Adams, Margarete; Ausnutzung der Freizeit des Arbeiters, S. 69. Schu.; Die Kunst dem Volke. Freie Volksbühne und Arbeiterschaft, Volksbühne, 1. Oktober 1930. Vgl. Protokoll der Sitzung des Theater-Ausschusses, 13. Dezember 1924 (StAH HR X.C.10.32).

403 Vgl. Schreiben der Freien Volkshochschule an den Magistrat, 11. Februar 1925 (StAH HR X. C. 5.6.). Vgl. Statistik aus dem Jahr 1924/25, die 7.500 Kursteilnehmerinnen und -teilnehmer nannte (StAH HR X.C.5.6). Ziegler, Charlotte; Volkshochschule Hannover, S. 69. Hier werden für 1926 etwas mehr als 4.000 Hörerinnen und Hörer genannt. Warum alle Angaben erheblich voneinander abweichen, bleibt unklar.

404 Ziegan, Uta; ‚Die Kunst dem Volke', S. 73. Die im Auftrage des Landesbühnen-Ausschusses der Provinz Hannover von Werner Schumann herausgegebene Schrift THEATERNOT, THEATERHILFE gab für 1931 an, die Volksbühne habe in der Provinz bislang „rund 1,5 Mio Besucher dem Theater (zu)geführt" (Landesbühnen-Ausschuß; Theaternot, Theaterhilfe, S. 2). Schmidt, Dörte/Weber, Brigitta; Keine Experimentierkunst, S. 21.

405 Hermand, Jost/Trommler, Frank; Kultur der Weimarer Republik, S. 195. Vgl. auch o.A.; Umschau, in: Freie Volksbühne, 3. Jhg., Nr. 5, Dezember 1924, S. 8 f.

406 Vgl. die Aussage von Heinz Rahlfs: „Der gemeinnützige Charakter des Theaters ist erst vollständig durch die Einschaltung der Besucherverbände erreicht worden, die auch den minderbemittelten Kreisen der Bevölkerung den Theaterbesuch in weitgehendem Umfange ermöglicht haben." (Rahlfs, Heinz; Das Theater in der Krise. Eine kulturstatistische Betrachtung, in: Statistisches Jahrbuch für die Hauptstadt, 1948, S. 25. Vgl. auch Rahlfs, Heinz; Städtische Bühnen, S. 65).

407 O.A.; Zur Aufklärung, in: Freie Volksbühne, 2. Jhg., Nr. 2, Oktober 1923, S. 7.

408 Ziegan, Uta; ‚Die Kunst dem Volke', S. 75.

409 Ebda., S. 71. Vgl. auch Schmidt, Dörte/Weber, Brigitta; Keine Experimentierkunst, S. 21 f. „Der Grundsatz, daß alle Mitglieder einen Einheitspreis zahlen und die Plätze einheitlich verlost werden, – Ordnun-

gen, die in unserer Auffassung vom Wesen einer Kunstgemeinde ihren Grund haben, hält den stärkeren Zustrom besitzender Kreise unserer Organisation fern, soweit nicht einzelne in kräftiger Zustimmung zu den kulturellen und sozialen Aufgaben unserer Gemeinschaft sich ihr verbunden fühlen und sehr willkommene und notwendige Mitglieder sind." (Ziegler, A.; Die Freie Volksbühne und die Städtischen Bühnen. Ein Wort zur Aufklärung, in: Freie Volksbühne, 4. Jhg., Nr. 1, August 1925, S. 2).

410 Ziegan, Uta; ‚Die Kunst dem Volke', S. 73.

411 Ziegler, August; Die Freie Volksbühne und die Städtischen Bühnen. Ein Wort zur Aufklärung, in: Freie Volksbühne, 4. Jhg., Nr. 1, August 1925, S. 2. §2 der Volksbühnen-Satzung besagte: „Zweck des Vereins: Er bezweckt, das Verständnis für Kunst und Kunstwerke im Volke, besonders in minderbemittelten Kreisen, zu wecken und zu fördern, und zwar in erster Linie durch Darbietung künstlerisch wertvoller und preiswerter Theatervorstellungen." (Satzung der Freien Volksbühne Hannover. Verein für volkstümliche Kunstpflege und Volksbildung, in: Freie Volksbühne, 1. Jhg., H. 2, 1922, S. 5 ff).

412 Ziegler, August; Zur Einführung, in: Freie Volksbühne, 1. Jhg., H. 1, 1922/23, S. 2. Vgl. auch Leuteritz, Gustav; Moralische Anstalt oder Volkstheater, in: Freie Volksbühne, 9. Jhg., Nr. 4, 22. November 1930, S. 1 f.

413 Nestriepke, S.; Warum Theater? Warum Volksbühne?, in: Freie Volksbühne, 7. Jhg., Nr. 10, 15. Juni 1929, S. 2.

414 Hufner, A.; Bedeutung des Theaters für den Arbeiter, in: Freie Volksbühne, 6. Jhg., Nr. 10, 9. Juni 1928, S. 3 ff. Carls, Carl Dietrich; Theaterfremdes Publikum. Erweiterung des Publikums. Basis des Theaters, in: Freie Volksbühne, 9. Jhg., Nr. 3, 18. Oktober 1930, S. 9 f. Vgl. o.A.; Zum Beginn der neuen Spielzeit, in: Freie Volksbühne, 2. Jhg., H. 1, August 1923, S. 2: „Die Zeiten sind schwer, die Gegenwart ist unsicher, die Zukunft dunkel – wir wollen ringen, daß es besser werde –, aber retten wir uns auch immer wieder für Stunden in ein lichteres Reich des Geistes, in die Welt der Kunst als einer höheren Wirklichkeit und Schönheit, neue Kraft und Hoffnung zu gewinnen für den Alltag." Vgl. Ziegler, A.; Zum frohen Anfang, in: Freie Volksbühne, 3. Jhg., Nr. 1, August 1924, S. 1. Ziegler bezeichnete hier „die Bildung einer wirklichen Gemeinschaft gleichgerichteter Menschen, die vornehmlich in der Bühnenkunst Geltung, Würde und Freiheit des Menschentums festlich erleben und dann im eigenen Wesen darstellen", als Aufgabe der Freien Volksbühne. Vgl. dazu auch: Emig, Brigitte; Veredelung des Arbeiters, S. 218. Vgl. allg. Reulecke, Jürgen; ‚Veredelung der Volkserholung'.

415 Ziegan, Uta; ‚Die Kunst dem Volke', S. 75. Heinrich Braulich schrieb im Vorwort seines Werkes über die Volksbühne, das 1976 in Ostberlin erschien: „In der Betrachtung des historischen Gesamtprozesses zeigt sich der seit Gründung der Berliner Volksbühne anhebende und stetig fortgeführte Kampf zwischen den proletarischen Kräften als den eigentlichen und klassenbewußten Trägern der Volksbühnen-Bewegung und der zumeist kleinbürgerlichen Führungsintelligenz, die – am Anfang noch von der Sozialdemokratie getrennt, nach der Jahrhundertwende der immer mehr reformistisch gewordenen Partei verbunden – die Volksbühnen-Bewegung ihres Klassencharakters zu entkleiden und sie zu einer Theaterabonnementsgesellschaft zu machen versuchte." (Braulich, Heinrich; Volksbühne, S. 9).

416 „Die Volksbühnen-Bewegung hat seit ihrem Anfang immer und immer wieder ihre neutrale Stellung gegenüber den politischen Parteien und den kirchlichen Richtungen betont und auch in der Praxis behauptet. Ihre Werbeaufrufe richten sich an alle Volksgenossen, ganz gleich, welcher sozialen Schicht sie angehörten oder welche politische Gesinnung sie vertraten. Ihr Ruf aber ergeht zunächst an alle diejenigen, die bisher wegen ihrer wirtschaftlichen Notlage von dem Genuß der Kulturgüter so gut wie ausgeschlossen waren. In dem Ringen, diese Kreise für das Theater zu gewinnen, waren die Gewerkschaften stets willkommene Helfer und Förderer … Freie Gewerkschaften und Freie Volksbühnen sind Weggenossen – Kameraden auf dem Weg zum freien Menschen." (Schu.; Gewerkschaften und Volksbühne, in: Freie Volksbühne, 7. Jhg., Nr. 3, 27. Oktober 1928, S. 9 f). Vgl. L., W.; Das Theater dem Volke! Die Freie Volksbühne ruft!, in: Freie Volksbühne, 8. Jhg., Nr. 10, 31. Mai 1930, S. 1 ff. In der Phase der Massenarbeitslosigkeit, während der Weltwirtschaftskrise Ende der zwanziger, Anfang der dreißiger Jahre, erließ die Freie Volksbühne ihren erwerbslosen Mitgliedern den Jahresbeitrag und ermöglichte ihnen u.a. pro Spielzeit den freien Besuch von drei Vorstellungen (o.A.; Kulturelle Nothilfe, in: Freie Volksbühne, 10. Jhg., Nr. 3, 17. Oktober 1931, S. 7). Vgl. auch Schumann, Werner; Arbeitslose und Volksbühne und Theater, in: Freie Volksbühne, 10. Jhg., Nr. 4, 21. August 1931, S. 1 ff. Lanzke, W.; Arbeiterbewegung und Volksbühne, in: Freie Volksbühne, 10. Jhg., Nr. 8, 5. März 1932, S. 23 f.

417 O.A.; Die erste Tat der Freien Volksbühne, Volkswille, 7. Juli 1921.

418 Vgl. z. B. die Auflistung in: Schu.; Ordentliche Mitgliederversammlung der Freien Volksbühne Hannover e.V., in: Freie Volksbühne, 2. Jhg., H. 3, Dezember 1923, S. 8. Vgl. auch o.A.; Ergebnisse der Mitgliederversammlung, in: Freie Volksbühne, 9. Jhg., Nr. 2, 20. September 1930, S. 11. Hier tauchten Namen wie Johann Frerking, Rudolf Steglich und Karl Wiechert auf. O.A.; Geschäftliche Mitteilungen. Die Ergebnisse der letzten Mitgliederversammlung, in: Freie Volksbühne, 10. Jhg., Nr. 2, 19. September 1931, S. 7 f. Vgl. Schmidt, Dörte/Weber, Brigitta; Keine Experimentierkunst, S. 24.

419 Zitiert aus einer Rede Hermann Eßweins von der Freien Volksbühne München, die von den Herausgebern des Mitteilungsblattes der Freien Volksbühne Hannover mit dem Hinweis gedruckt wurde, man halte dessen Ausführungen für „so beherzigenswert, daß wir sie unseren Lesern nicht vorenthalten wollen". (Eßwein, Hermann; Die Aufgaben der Volksbühnen, in: Freie Volksbühne, 7. Jhg., Nr. 6, 9. Februar 1929, S. 8).

420 So die Aussage Trude Wiecherts, der Ehefrau des sozialdemokratischen Bürgervorstehers und, nach dem Zweiten Weltkrieg, zweiten Oberstadtdirektors nach Gustav Bratke, die im Dezember 1931 im Mitteilungsblatt der Freien Volksbühne das Ergebnis einer Umfrage „unter Frauen der Werktätigen" mit dem Titel WIE STEHT DIE FRAU ZUR VOLKSBÜHNE? veröffentlichte (Wiechert, Trude; Wie steht die Frau zur Volksbühne? Erfreuliche Ergebnisse einer Umfrage, in: Freie Volksbühne, 10. Jhg., Nr. 5, 19. Dezember 1931, S. 3). Karl Wiechert war Mitglied der Geschäftsführung der Freien Volksbühne (o.A.; Ergebnisse der Mitgliederversammlung, in: Freie Volksbühne, 9. Jhg., Nr. 2, 20. September 1930, S. 11. Wiechert, Karl; Vom Hoftheater zum Volkstheater, in: Freie Volksbühne, 10. Jhg., Nr. 8, 5. März 1932, S. 13 f).

421 Ziegan, Uta; ‚Die Kunst dem Volke', S. 78.

⁴²² Da sich früh bereits herausgestellt hatte, „daß vielen Mitgliedern die ihnen gebotenen Vorstellungen nicht immer ganz verständlich waren", beschloß der Verwaltungsausschuß der Freien Volksbühne die Einrichtung von „Besprechungsabenden", die auch helfen sollten, ein bisher theaterfremdes Publikum an den tieferen Sinn und die Schönheit dramatischer Dichtung heranzuführen (o.A.; Besprechungsabende, in: Freie Volksbühne, 1. Jhg., Nr. 5, Mai 1923, S. 7). Vgl. zu den Maßregelungen, ein ‚angemesseneres' Verhalten im Theater betreffend: O.A.; Für Theaterbesuch und Kunstgenuß. Lasse beim Eintritt in das Theater die Sorgen draußen, in: Freie Volksbühne, 2. Jhg., Nr. 4, Februar 1924, S. 8. Schu.; Störenfriede, in: Freie Volksbühne, 3. Jhg., Nr. 5, Dezember 1924, S. 7. N., S.; Vom Lachen und vom Husten, in: Freie Volksbühne, 5. Jhg., Nr. 2, 15. September 1926, S. 6. Lipschitz, A.; Vom Verhalten des Publikums im Theater, in: Freie Volksbühne, 1. Jhg, H. 4, Januar 1923, S. 1 f. Schu.; Der Weg zur Gemeinschaft, in: Freie Volksbühne, 2. Jhg., H. 4, Februar 1924, S. 6 f. Schu.; Nachzüglerschmerzen, in: Freie Volksbühne, 4. Jhg., Nr. 9, 1. Mai 1926, S. 7 f. O.A.; Nehmt teil an den Kursen unserer Volksmusikschule, in: Freie Volksbühne, 6. Jhg., Nr. 9, 12. Mai 1928, S. 9 ff. O.A.; Achtung vor dem Kunstwerk und dem Künstler!, in: Freie Volksbühne, 3. Jhg., August 1924, S. 5. O.A.; Kommt pünktlich zu den Veranstaltungen!, in: Freie Volksbühne, 3. Jhg., Nr. 8, Februar 1925, S. 7. O.A.; Das Essen im Zuschauerraum, in: Freie Volksbühne, 3. Jhg., Nr. 8, Februar 1925, S. 8. Die Freie Volksbühne stand mit ihrem Bemühen, ihre Mitglieder zu einem angemessenen Verhalten anzuleiten, nicht allein. Auch der Bühnenvolksbund, Besucherorganisation der bürgerlichen, „christlich-deutsch" gesinnten Kräfte, widmete sich in seiner Vereinszeitschrift VOLKSTUM UND BÜHNE im Februar 1930 dem Verhalten der Zuschauer im Theater und forderte in diesem Zusammenhang seine Mitglieder auf, „Wohlgesittetheit" walten zu lassen, nicht zu laut zu lachen, nicht erkältet ins Theater zu gehen sowie an den richtigen Stellen zu applaudieren (o.A.; Vom Benehmen der Zuschauer im Theater, in: Volkstum und Bühne, 5. Jhg., H. 6, Februar 1930, S. 7 f).

⁴²³ Wenn auch das vorrangige Ziel der Freien Volksbühne Hannover die „Verbilligung des Theaterbesuches" blieb (Nestriepke, Siegfried; Die Freie Volksbühne und die Städtischen Bühnen. Ein Wort der Aufklärung, in: Freie Volksbühne, 4. Jhg., Nr. 1, August 1925, S. 4. Vgl. auch Rahlfs, Heinz; Städtische Bühnen, S. 111), so bot sie doch Veranstaltungen an, die das Publikum ‚verbessern' sollten. Vgl. Ziegan, Uta; ‚Die Kunst dem Volke', S. 79 ff.

⁴²⁴ Barschdorff, F.; Der soziale Hintergrund in KABALE UND LIEBE, in: Freie Volksbühne, 3. Jhg., Nr. 4, November 1924, S. 3 f.

⁴²⁵ Ziegan, Uta; ‚Die Kunst dem Volke', S. 79. Vgl. auch N., E.; Warum war unser letzter Besprechungsabend so schlecht besucht?, in: Freie Volksbühne, 2. Jhg., Nr. 3, Dezember 1923, S. 4 f.

⁴²⁶ Freie Volksbühne Hannover e.V. Mitteilungsblatt, 1. Jhg., Spielzeit 1922/23; seit der Nr. 2 der Spielzeit 1924/25 trug die Zeitschrift den Titel FREIE VOLKSBÜHNE HANNOVER. VEREIN FÜR VOLKSTÜMLICHE KUNSTPFLEGE UND VOLKSBILDUNG. Ab 1924 erschien sie statt ein- nun zweimal im Monat, und zwar im Umfang von ca. 10–12 Seiten.

⁴²⁷ „Man nehme die besten Werke unserer großen deutschen Dichter von Lessing bis Gerhart Hauptmann, füge in schicklichen Abständen je einen Klassiker der Weltliteratur ein, ... gebe immer auch den Lebenden nach besten Kräften ihr Recht, soweit sie das Gardemaß zukünftiger Klassiker zu haben scheinen, und wenn man dann noch womöglich die Auswahl in diesem Jahr unter diesem, im nächsten Jahr unter jenem Gesichtspunkt trifft ..., so hat man einen Plan, der vor dem literarischen Ideal besteht." (Frerking, Johann; Spielpläne. Idee und Wirklichkeit, in: Freie Volksbühne, 3. Jhg., Nr. 5, Dezember 1924, S. 1). Vgl. auch Mo.; Ein Beitrag zur Frage des Zeittheaters, in: Freie Volksbühne, 8. Jhg., Nr. 6, 18. Januar 1920, S. 5 ff.

⁴²⁸ Schu.; Die Freie Volksbühne im Urteil ihrer Mitglieder. Das Ergebnis unserer Fragebogen, in: Freie Volksbühne, 3. Jhg., Nr. 10, Mai 1925, S. 8. Hier wurde das mangelnde Interesse an den Werken der „modernen und ganz modernen Dichter" ausdrücklich bedauert, denn, wie man begründete, „ganz abgesehen davon, daß in dieser Spielzeit die junge Kunst gar zu wenig zu Wort kam, haben uns doch die Dichter der Gegenwart an Neuem und Eigenartigem so viel zu bieten, daß wir sie nicht recht missen können. Es ist auch eine große Aufgabe der Volksbühnenbewegung, jungen, aufstrebenden Dichtern den Weg zu ebnen. Und unter dem, was da bislang an Neuerem geboten wurde, ist kaum ein Werk, dessen Aufführung als Mißgriff zu bezeichnen wäre." Vgl. o.A.; Das Tendenzstück, in: Freie Volksbühne, 6. Jhg., Nr. 5, 17. Dezember 1927, S. 5 ff. Lipschitz, A.; Wir und die Klassiker, in: Freie Volksbühne, 6. Jhg., Nr. 6, 14. Januar 1928, S. 1 ff.

⁴²⁹ Ziegan, Uta; ‚Die Kunst dem Volke', S. 82.

⁴³⁰ Ebda. Bezeichnend hierfür ist der Beitrag WAS IST EINE GEMEINSCHAFT? des Zweiten Vorsitzenden A. Lipschitz (Freie Volksbühne, 7. Jhg., Nr. 8, 13. April 1929, S. 8f). Lipschitz betonte hier, anders als etwa bei den Christlichen oder Freien Gewerkschaften sei insofern bei der Freien Volksbühne von einer wahren Gemeinschaft zu sprechen, als hier alle Mitglieder „aus dem *gleichen Verstehen* und *Erkennen*, aus *demselben Fühlen* und *Empfinden* heraus mit den *gleichen Mitteln* dem *gleichen Ziele* zustreben" (Ebda., S. 9). Durch das gemeinsame Erleben von Freude und Schmerz im Theater „werden und müssen sich die Menschen ganz von selbst näher kommen ... Da kann es nicht ausbleiben, daß nach und nach im Austausch der Meinungen und der Auffassungen etwa bestehende Gegensätze kleiner werden, sich abschleifen und mildern, und daß hieraus das Streben wie nach dem gleichen künstlerischen und kulturellen Ziele, so auch nach dem gleichen Lebensziele und Menschheitsideal erwächst und die Menschen zu einer wahren Gemeinschaft zusammenführt, wie sie zweifellos auch Christus schon vorgeschwebt hat ... Der Kampf mit geistigen Waffen um geistige und kulturelle Güter und höchste Werte, der Kampf um die wahre Volksgemeinschaft dürfte wirklich des Schweißes des Edelsten wert sein!" (Ebda.).

⁴³¹ O.A.; Für die Freiheit der Kunst, in: Freie Volksbühne, 4. Jhg., Nr. 4, 10. Oktober 1925, S. 7.

⁴³² Ebda.

⁴³³ Käte Steinitz schrieb in diesem Zusammenhang: „Jede Kontrolle von außen her ist eine Beeinträchtigung des künstlerischen Schaffens. Der Gedanke der Zensur beruht auf Mißverstehen des künstlerischen Schaffens überhaupt, denn künstlerische Gestaltung ist an sich schon die Erfüllung einer sittlichen Forderung, mag der Gegenstand des Gestalteten sittlich oder ‚unsittlich' sein. Gestaltung und Formung ist Disziplin und Bewußtwerden im höchsten Sinn, selbst da, wo leichte Kunst als Spiel erscheint." (Steinitz, Käte; Gegen die Zensur, für Freiheit der Kunst, in: Freie Volksbühne, 7. Jhg., Nr. 9, 25. Mai 1929, S. 10).

⁴³⁴ Karl Elkart äußerte sich folgendermaßen: „Jede Zensur stellt eine Begrenzung des künstlerischen Schaffens dar und ist daher nicht mit dem

Begriff der künstlerischen Freiheit vereinbar ... Die Frage der Zensur ist heute so aktuell geworden, weil man glaubt, die Sittlichkeit würde geschädigt. Wenn man aber davon ausgeht, daß gerade die Kunst die geistigen Umwälzungen vorbereitet, und weiter feststellt, daß die Zensur von Vertretern einer ganz bestimmten sittlichen Auffassung gefordert wird, so kommt man zu der Erkenntnis, daß man heute um das Wesen der Sittlichkeit kämpft, denn Sittlichkeit ist absolut kein feststehender Begriff." (Elkart, Karl; Gegen die Zensur, für Freiheit der Kunst, in: Freie Volksbühne, 7. Jhg., Nr. 9, 25. Mai 1929, S. 10).

435 O.A.; Um die Freiheit der Kunst, in: Freie Volksbühne, 9. Jhg., Nr. 6, 17. Januar 1931, S. 2 f.

436 O.A.; Gegen Rückschritt und Kulturmüdigkeit, in: Freie Volksbühne, 9. Jhg., Nr. 9, 2. Mai 1931, S. 1. Vgl. auch den Beitrag Karl Wiecherts für die Freie Volksbühne: W., K.; Kundgebung gegen Kulturreaktion. Für die Erhaltung des Kulturtheaters, in: Freie Volksbühne, 11. Jhg., Nr. 2, 24. September 1932, S. 7 ff.

437 Volksbühnenprogramm 1925, zitiert nach Ziegan, Uta; ‚Die Kunst dem Volke', S. 75. Nestriepke, Siegfried; Vierzig Jahre Volksbühne, in: Freie Volksbühne, 9. Jhg., Nr. 2, 20. September 1930, S. 2.

438 „Mit eisernen Klammern hält uns die rauhe Wirklichkeit gepackt. Und es bedarf schon einer ganz besonderen Aufrüttelung, wenn wir uns von dem politischen Tageskampf, von der Sorge um die Erhaltung des nackten Lebens wieder auf unser Menschsein besinnen wollen." (Geschäftliche Mitteilungen. Auf dich kommt es an, in: Freie Volksbühne, 11. Jhg., Nr. 1, 27. August 1932, S. 10).

439 Geschäftliche Mitteilungen. Die Reichstags-Wahlen, in: Freie Volksbühne, 9. Jhg., Nr. 2, 20. September 1930, S. 12. Ziegan, Uta; ‚Die Kunst dem Volke', S. 84. Vgl. zum politischen Umfeld dieser Reichstagswahlen in Hannover und zurm politischen Machtzuwachs der SPD innerhalb der Städtischen Kollegien, die in dem sogenannten ‚Senatorenstreit' gipfelte: Mlynek, Klaus; Hannover in der Weimarer Republik und unter dem Nationalsozialismus, S. 452. Schmidt, Dörte/Weber, Brigitte; Keine Experimentierkunst, S. 23.

440 Eßwein, Hermann; Die Aufgaben der Volksbühnen, in: Freie Volksbühne, 7. Jhg., Nr. 6, 9. Februar 1929, S. 8.

441 Ziegan, Uta; ‚Die Kunst dem Volke', S. 73. Schmidt, Dörte/Weber, Brigitta; Keine Experimentierkunst, S. 21.

442 Rahlfs, Heinz; Städtische Bühnen, S. 112. Ziegan, Uta; ‚Die Kunst dem Volke', S. 76.

443 Vgl. Schmidt, Dörte/Weber, Brigitta; Keine Experimentierkunst, S. 29. Vgl. zur Mitgliederentwicklung: 10.000 Mitglieder (Freie Volksbühne, 1. Jhg., H. 3, November 1922, S. 7). Fast 20.000 (2. Jhg., Nr. 1, August 1923, S. 1). 25.000 (2. Jhg., H.3, Dezember 1923, S. 6). 37.000 (3. Jhg., Nr. 1, August 1924, S. 1). 40.000 (4. Jhg., Nr. 2, 12. September 1925, S 7). 42.000 (4. Jhg., Nr. 7, 20. Februar 1926, S. 3). 17.000 (7. Jhg., Nr. 8, 13. April 1929, S. 2). 15.000 (8. Jhg., Nr. 2, 14. September 1929, S. 5). 14.500 (10. Jhg., Nr. 1, 19. August 1931). Vgl. auch Ziegler, A.; Zehn Jahre Freie Volksbühne, in: Freie Volksbühne, 10. Jhg., Nr. 8, 5. März 1932, S. 3. Vgl. Protokoll der Sitzung des Theater-Ausschusses v. 18. Oktober 1926 (StAH Hann. 310.III.D.70). Arthur Pfahl teilte hier mit, die Mitgliederzahl der Freien Volksbühne sei von 40.000 auf 20.000 gesunken.

444 Ziegan, Uta; ‚Die Kunst dem Volke', S. 71 f. Rahlfs, Heinz; Städtische Bühnen, S. 111.

445 Ziegan, Uta; ‚Die Kunst dem Volke', S. 75. Dietzler, Anke; ‚Gleichschaltung' des kulturellen Lebens, S. 164. Schmidt, Dörte/Weber, Brigitta; Keine Experimentierkunst, S. 21. Vgl. dazu die Geschäftlichen Mitteilungen in: Freie Volksbühne, 1. Jhg., Nr. 3, November 1922, S. 1, nach denen es sich „infolge der bis ins Unerschwingliche gestiegenen Preise aller Dinge leider nicht ermöglichen" ließ, „die geschlossenen Vorstellungen im Opern- und Schauspielhause beizubehalten. Es ist daher mit der Leitung des Theaters vereinbart worden, unsere Mitglieder an den öffentlichen Abendveranstaltungen teilnehmen zu lassen".

446 Vgl. dazu folgende Angaben: Rahlfs, Heinz; Städtische Bühnen, S. 64 f. Dietzler, Anke; ‚Gleichschaltung' des kulturellen Lebens, S. 2 u. S. 82, Anm. 3. Vgl. auch die gedruckte Liste der Städtischen Bühnen 1929, o. Datum (NStAH Hann. 310.III.D.70, Angaben in RM): 1927: Opernzuschuß 1.973.459, Zuschuß für Schauburg: 389.213. 1928: Opernzuschuß 1.636.550, Zuschuß für Schauburg: 190.900. 1929: Opernzuschuß 1.739.500, Zuschuß für Schauburg: 202.900.

	1927	1928	1929
Einnahmen	Opernhaus: 1.183.430 Schauburg: 429.617	Opernhaus: 1.394.500 Schauburg: 638.100	Opernhaus: 1.400.000 Schauburg: 636.900
Ausgaben	Opernhaus: 3.156.889 Schauburg: 818.830	Opernhaus: 3.031.050 Schauburg: 829.000	Opernhaus: 3.139.500 Schauburg: 839.800

447 Vgl. die Tabelle in: Rahlfs, Heinz; Städtische Bühnen, S. 70, Spalte 13.

448 Vgl. Zehn Jahre, S. 121. Vgl. Ziegler, A.; Die Freie Volksbühne und die Städtischen Bühnen. Ein Wort zur Aufklärung, in: Freie Volksbühne, 4. Jhg., Nr. 1, August 1925, S. 3. Lipschitz, A.; Der Etat der Städtischen Bühnen und die Freie Volksbühne, in: Freie Volksbühne, 6. Jhg., Nr. 7, 25. Februar 1928, S. 1 ff. Zahlungen der Besuchervereinigungen an die Städtischen Bühnen (Angaben in RM):

	Freie Volksbühne	Theatergemeinde Hannover	Deutsche Bühne
1924/25	425.835	60.000	78.800
1925/26	409.063	49.500	78.750
1926/27	246.761	54.500	74.400
1927/28	196.212	nicht festzustellen	74.275
1928/29	209.624	45.100	75.075
1929/30	205.638	30.950	75.075
1930/31	191.677	35.900	65.850
1931/32	187.645	25.720	59.225
1932/33	137.093	14.350	53.075

449 Ziegan, Uta; ‚Die Kunst dem Volke', S. 71. Schmidt, Dörte/Weber, Brigitta; Keine Experimentierkunst, S. 22. In der ersten Spielzeit 1922/23 standen den Mitgliedern der Freien Volksbühne insgesamt 186 Veranstaltungen zur Verfügung, von denen 153 öffentliche und 33 eigens für sie organisierte Vorstellungen waren (Schu.; Ordentliche Mitgliederversammlung der Freien Volksbühne Hannover e.V., in: Freie Volksbühne, 2. Jhg., Nr. 3, Dezember 1923, S. 6 ff).

450 Ziegan, Uta; ‚Die Kunst dem Volke', S. 71.

451 Im Rückblick auf sechs Jahre Volksbühnenarbeit sprach der Zweite Vorsitzende im August 1928 von „Kämpfen, die sich darum drehten, *die Rechte der Mitglieder gegen Mißgunst und Spießergeist im Theater-Ausschuß, gegen Benachteiligung in der Platz- und Preisfrage zu wahren.*" (Lipschitz, A.; Sechs Jahre Freie Volksbühne Hannover, in: Freie Volksbühne, 7. Jhg., Nr. 1, 18. August 1926).

452 Protokoll der Sitzung des Theater-Ausschusses, 24. Dezember 1924 (NStAH Hann. 310.II D. 70). Der Verwaltungsexperte Pfahl war unter den Theater-Ausschußmitgliedern oft derjenige, der sich für die Interessen der Freien Volksbühne einsetzte. Stärker noch als seine Kollegen sah Pfahl offenbar die Volksbühne pragmatisch als „wertvolle Stütze des Theaters" an (vgl. Ziegan, Uta; ‚Die Kunst dem Volke', S. 79). Vgl. auch Ziegler, A.; Zehn Jahre Freie Volksbühne, in: Freie Volksbühne, 10. Jhg., Nr. 8, 5. März 1932, S. 4. Vgl. Pfahl, Arthur; Vom Hoftheater zu den Städtischen Bühnen, S. 29.

453 Protokoll der Sitzung des Theater-Ausschusses, 24. Dezember 1924 (NStAH Hann. 310.II.D.70). Vgl. dazu auch die von der Freien Volksbühne im April 1929 zitierten Aussagen Arthur Menges und Heinrich Tramms zu der Existenzberechtigung ihrer Besucherorganisation. Menge: „Man darf auch nicht vergessen, daß ein großer, wenn nicht der größte Teil der Mitglieder der Freien Volksbühne das Theater überhaupt nicht besuchen würde, wenn die Organisation nicht bestünde. Die Vorteile liegen also auf beiden Seiten." Menge hielt diese Auffassung auch in den Sitzungen des Theater-Ausschusses und selbst Kritikern der Freien Volksbühne gegenüber weitgehend aufrecht. Tramm: „Herr Weber (SPD- Bürgervorsteher-Wortführer, I.K.) *wird mir bestätigen, daß ich im Ausschuß immer den Gedanken vertreten habe, daß ich mich darüber freue, daß die Freie Volksbühne das Theater besucht und daß wir die Verträge mit der Freien Volksbühne abgeschlossen haben.*" (l., a.; Die Freie Volksbühne in den Beratungen des städtischen Haushaltsplanes, in: Freie Volksbühne, 7. Jhg., Nr. 8, 13. April 1929). Vgl. auch o.A.; Es dämmert!, in: Freie Volksbühne, 9. Jhg., Nr. 10, 13. Juni 1931, S. 12 f. Hier ging es um die positive Wertschätzung der Freien Volksbühne seitens des Bürgervorstehers Woldemar Liebernikkel. Vgl. zur Haltung Gustav Noskes, Walter Giesekings, Rudolf Krasselts u.a.: O.A.; Was sagen Sie zur Freien Volksbühne?, in: Freie Volksbühne, 9. Jhg., Nr. 1, 16. August 1930, S. 7.

454 Vgl. dazu exemplarisch das Protokoll der Sitzung des Theater-Ausschusses vom 19. August 1926 (NStAH Hann. 310.III.D. 70).

455 Ziegan, Uta; ‚Die Kunst dem Volke', S. 76. O.A.; Die Beitragsgestaltung, in: Freie Volksbühne, 2. Jhg., Nr. 2, Oktober 1923, S. 4. Zum Vergleich: Im Oktober 1924 lagen die Preise bei Mk 1.70 für die Opernvorstellung und Mk 1.10 für das Schauspiel (o.A.; Eine letzte Beitragserklärung, in: Freie Volksbühne, 3. Jhg., Nr. 3, Oktober 1924, S. 7).

456 Die Kassenpreise waren 1928 wie folgt festgelegt: Opernhaus: von RM 0.80 bis RM 10.00. Schauspielhaus: von RM 1.10 bis RM 6.00 (NStAH Hann. 310.III.D. 70). Vgl. dazu die Tabelle 3: Lohnentwicklung 1925–1929 in der Metallindustrie, Stundenlöhne, in: Mlynek, Klaus; Hannover in der Weimarer Republik und unter dem Nationalsozialismus, S. 436. Schmidt, Dörte/Weber, Brigitta; Keine Experimentierkunst, S. 21 f.

457 Arthur Menge, Protokoll der Sitzung des Theater-Ausschusses vom 9. Februar 1925 (NStAH Hann. 310.III. D. 70). Vgl. Protokoll der Sitzung des Theater-Ausschusses, 7. Mai 1923 (StAH HR X.C.10.32).

458 Protokoll der Sitzung des Theater-Ausschusses v. 9. Februar 1925 (NStAH Hann. 310.III.D.70).

459 Protokoll der Sitzung des Theater-Ausschusses, 13. Dezember 1924 (StAH HR X.C.10.32). Arthur Menge führte hier aus: „Gelinge es nicht, zu einer Einigung mit der Freien Volksbühne zu kommen, so sei die Lage dann außerordentlich schwierig. Auf der einen Seite sei die unangenehme Tatsache für die Städtischen Bühnen zu verzeichnen, daß die Theater bei dem geradezu vom Theaterbesuch entwöhnten Publikum leerblieben. Auf der anderen Seite werde aber auch die Existenz der Theaterorganisationen bedroht und damit das Bildungsbedürfnis weiter Volkskreise bedauerlicherweise gefährdet." Tramm: „Es dürfe keine Schwäche gezeigt werden." Vgl. dazu die Schilderung des Ersten Vorsitzenden der Freien Volksbühne: Ziegler, A.; Zehn Jahre Freie Volksbühne, in: Freie Volksbühne, 10. Jhg., Nr. 8, 5. März 1932, S. 5.Vgl. zu den Verhandlungen über die Preise: Protokoll der Sitzung des Theater-Ausschusses, 19. August 1925 (StAH HR X.C.10.32). Ziegan, Uta; ‚Die Kunst dem Volke', S. 76.

460 Protokoll der Sitzung des Theater-Ausschusses, 9. Februar 1925 (NStAH Hann. 310.III. D. 70).

461 Ziegler, A.; Zehn Jahre Freie Volksbühne, in: Freie Volksbühne, 10. Jhg., Nr. 8, 5. März 1932, S. 4.

462 Arthur Pfahl, Protokoll der Sitzung des Theater-Ausschusses, 18. Oktober 1926 (NStAH Hann. 310.II D.70).

463 Protokoll der Sitzung des Theater-Ausschusses, 13. Dezember 1924 (StAH, Verschiedene Kommissionen, Bd. 28).

464 Heinrich Tramm, Protokoll der Sitzung des Theater-Ausschusses vom 13. Dezember 1924 (NStAH Hann. 310 III, D. 71 I).

465 Heinrich Tramm, Protokoll der Sitzung des Theater-Ausschusses vom 25. März 1930 (StAH HR X.C.10.32).

466 Heinrich Tramm, Protokoll der Sitzung des Theater-Ausschusses, 9. Februar 1925 (NStAH Hann. 310 III, D. 70). Vgl. auch Ziegan, Uta; ‚Die Kunst dem Volke', S. 81. Rahlfs, Heinz; Städtische Bühnen, S. 111. Schmidt, Dörte/Weber, Brigitta; Keine Experimentierkunst, S. 28 f. l., a.; Die Freie Volksbühne in den Beratungen des Städtischen Haushaltsplans, in: Freie Volksbühne, 7. Jhg., Nr. 8, 13. April 1929, S. 2.

467 Otto; Die Publikumsorganisationen, in: Der neue Weg, 55. Jhg., Nr. 5, 1. März 1926, zitiert nach: Rahlfs, Heinz; Städtische Bühnen, S. 111.

468 Rahlfs, Heinz; Städtische Bühnen, S. 112.

469 Ebda., S. 113. Die Freie Volksbühne würdigte Rahlfs' Bemühungen um eine objektive Betrachtungsweise in einer überaus wohlwollenden Rezension (l., a.; Ein neues Buch über ‚Die Städtischen Bühnen in Hannover und ihre Vorgänger in wirtschaftlicher und sozialer Hinsicht', in: Freie Volksbühne, 7. Jhg., Nr. 5, 5. Januar 1929, S. 7). Vgl. auch Brg.; Rezension. Die Städtischen Bühnen in Hannover und ihre Vorgänger in wirtschaftlicher und sozialer Hinsicht, in: Kulturring, August 1928, S. 22 f.

470 Vgl. dazu die Berufsstatistik der Freien Volksbühne Hannover 1927 in: Adams, Margarete; Ausnutzung der Freizeit des Arbeiters, S. 69.

471 Vgl. dazu Rahlfs, Heinz; Städtische Bühnen, S. 111 f.

472 Heinrich Tramm, Protokoll der Sitzung des Theater-Ausschusses, 9. Februar 1925 (NStAH Hann. 310 III. D.70). Schmidt, Dörte/Weber, Brigitta; Keine Experimentierkunst, S. 28.

473 Protokoll der Sitzung der Städtischen Kollegien, 26. Juni 1928 (StAH HR X.C.10.32). In der Sitzung des Theater-Ausschusses vom 26. Januar 1925 (StAH HR X.C.10.32) kritisierte Heinrich Tramm: „Es scheine so, als wenn im Theater-Ausschuß Vertreter der Freien Volksbühne säßen. Tatsache sei es, daß durch die Theatergemeinden Tausende von Besuchern aus dem Theater hinausgetrieben wurden. Schwäche und Nachgiebigkeit dürften den Theatergemeinden nicht gezeigt werden. Das aber wollten einige Mitglieder und die könne er nur als eine Vertretung der Interessen der Freien Volksbühne und

nicht der Stadtverwaltung ansehen." Interessant ist, wie empört einige SPD-Mitglieder des Theater-Ausschusses auf die Behauptung reagierten, sie vertäten die Interessen der Freien Volksbühne.

474 Die Zeitschrift DIE PILLE hatte diese Anschauung schon zu Beginn der zwanziger Jahre in der Figur jener blasierten Dame ironisiert, die näselnd fragte, was man „heutzutage noch im Theater" solle, wo doch „ringsum Leute" säßen, „die keinerlei Zusammenhang mit Stück und Platzart" mehr hätten (Manfried, Max-Marten; Das p.p. Theaterpublikum, in: Die Pille, 2. Jhg., H. 7, 17. Februar 1921, S. 187).

475 Vgl. dazu Ziegan, Uta; ‚Die Kunst dem Volke', S. 79. Die FREIE MEINUNG, „einzig unabhängige Zeitung in Hannover", wie sie sich stolz nannte, konstatierte im März 1933, die Mitglieder der Freien Volksbühne seien „hauptsächlich Marxisten". Ihre Macht sei auch jetzt noch ungebrochen. So habe die Verwaltung des Schauspielhauses gegen die schwarz-weiß-rote Beflaggung protestiert, weil damit die Freie Volksbühne düpiert werde (G., J.; Stimmen aus dem Leserkreis. Die hohen Eintrittspreise im Schauspielhaus, Die Freie Meinung, 18. März 1933).

476 Protokoll der Sitzung des Theater-Ausschusses, 10. Januar 1925 (StAH HR X.C.10.32). Senator Otte führte hier aus: „Um zu verhüten, daß das Bürgertum immer mehr dem Theater fern bleibe, müsse der Theater-Ausschuß Maßnahmen ergreifen". Der Sozialdemokrat Wilhelm Weber wandte sofort ein, Otte übertreibe und sein Vorschlag sei „grundfalsch". Weber weiter: „Ob es sich bei den Störern gerade immer um Mitglieder der Freien Volksbühne handele, sei sehr zweifelhaft. Sehr oft seien es gerade die Neureichen und Protzen". Interessanterweise stimmte Heinrich Tramm dem zu: „Allerdings entfremde die Bürgerschaft dem Theaterbesuch sehr. Das sei s.E. aber nicht auf den Besuch des Theaters durch Mitglieder der Freien Volksbühne zurückzuführen, sondern auf andere Ursachen. U.a. trügen dazu die geschlossenen Vorstellungen bei, die von den beiden anderen Theatergemeinden an sechs Tagen des Monats veranstaltet würden."

477 Insofern sind die Maßregelungen nicht nur als Hinweis auf die Überzeugung der Initiatoren zu werten, eine mit kulturellen Ereignissen unvertraute Besuchergruppe wie unmündige Menschen behandeln zu können, sondern sie entsprangen auch der Notwendigkeit, sich gegenüber dem einflußreichen städtischen Gremium zu behaupten.

478 Protokoll der Sitzung des Theater-Ausschusses, 10. Januar 1925 (StAH HR X.C.10.32). Im Dezember 1924 war man auf Betreiben des Theater-Ausschusses dazu übergegangen, im Theater rote Handzettel mit Maßregeln zum richtigen Verhalten auszugeben. Eine Kritik an diesem Vorgehen durch den VOLKSWILLEN wies der Theater-Ausschuß zurück (Protokoll der Sitzung des Theater-Ausschusses, 13. Dezember 1924 (StAH HR X.C.10.32). Vgl. Schmidt, Dörte/Weber, Brigitta; Keine Experimentierkunst, S. 24.

479 Vgl. dazu etwa Ziegan, Uta; ‚Die Kunst dem Volke', S. 81.

480 Senator Anlauf; Die Stadt kauft das Deutsche Theater. Eine sittliche Angelegenheit, Niederdeutsche Zeitung, 8. Juli 1926. Vgl. Schu.; Zur Abwehr!, in: Freie Volksbühne, 3. Jhg., Nr. 4, November 1924, S. 7. Ziegler, A.; Der Anfang, in: Freie Volksbühne, 4. Jhg., Nr. 2, 12. September 1925, S. 2.

481 Rolan, Franz; Charakterstudie, S. 39. Gleichwohl hatte Rolan anfänglich als Zeichner das Mitteilungsblatt der Freien Volksbühne mit Porträts bereichert. Nach der harschen Kritik der Freien Volksbühne an seiner Broschüre über Willy Grunwald zählte Rolan nur noch selten zu den Mitarbeitern des Blattes.

482 Arthur Pfahl, Protokoll der Sitzung des Theater-Ausschusses, 11. Juni 1928 (NStAH Hann. 310III. D. 70). Schmidt, Dörte/Weber, Brigitta; Keine Experimentierkunst, S. 31. Vgl. o.A.; Kommunalpolitische Umschau, Bürgerwacht, 2. November 1928.

483 Die „Zurückstellung parteipolitischer ... Unterschiede" war Bestandteil der Vereinssatzung der hannoverschen Bürgervereine (Satzung abgedruckt in: Mitteilungen des Verbandsvorstandes, Bürgerwacht, 1. März 1931). Auffällig ist indes die immer wieder auftauchende Kombination aus Wahlaufruf an alle Bürger einerseits und Wahlwerbung für die DHP und DVP, vor allem aber für die DNVP andererseits. Die enge Verbindung mit der DNVP zeigte sich dann letztlich in der Wahl zum Bürgervorsteherkollegium 1933 mit der Gründung der Kampffront Schwarz-Weiß-Rot, einem Zusammenschluß aus DNVP, Bürgervereinen und anderen „vaterländischen Verbänden" sowie „Mittelstandsorganisationen" „gegen die roten Scharen des Marxismus" (vgl. o.A.; Wahlvorschlag Kampffront Schwarz-Weiß-Rot, Bürgerwacht, 1. März 1933. Vgl. auch die Werbung für die Kampffront, Bürgerwacht, 10. März 1933). Die Zusammenarbeit war schon vier Jahre zuvor beschlossene Sache gewesen, wenn die BÜRGERWACHT dies auch dementierte (o.A.; Kommunalpolitische Umschau, Bürgerwacht, 15. Oktober 1929). Der NSDAP standen weite Teile der Mitglieder hannoverscher Bürgervereine lange Zeit abwartend bis ablehnend gegenüber. Die Aussage der DVP, nach der man weder die Hakenkreuz- noch sonst eine Parteifahne, sondern allein die schwarz-weiß-rote Fahne über Deutschland wehen sehen wolle und kein drittes, viertes oder fünftes Reich erhoffe, sondern „ein Reich, in dem Ruhe und Ordnung herrscht und in dem jeder sein Brot und seine Arbeit hat", gilt mithin auch für weite Teile der Bürgervereine (Wahlwerbung DVP, Bürgerwacht, 30. Juli 1932). 1929 noch warnte die BÜRGERWACHT davor, die NSDAP zu wählen. Jede Stimme für sie sei eine Stimme gegen das Bürgertum und damit letztlich für den erbitterten Gegner, die Sozialdemokratie und den Kommunismus, die die BÜRGERWACHT mit dem Begriff des „roten Chaos" zusammenfaßte. Der ideologische Hauptfehler der NSDAP bestehe darin, sich darauf zu beschränken, das System des Parlamentarismus zu verneinen. Die BÜRGERWACHT kommentierte: „Wir sind gewiß keine besonderen Freunde des Systems, aber man muß mit ihm arbeiten, solange es besteht. Mit einer jede praktische Arbeit ausschließenden Opposition ist uns nicht gedient." (o.A.; Unsere Splitterlisten. Bürger, Deine Stimme auf einer Splitterliste ist verloren, Bürgerwacht, 15. November 1929). Die ablehnende Haltung der NSDAP gegenüber wurde jedoch schon geraume Zeit vor der nationalsozialistischen Machtübernahme aufgegeben, und nationale Begeisterung sowie die Hoffnung, in Adolf Hitler die durch die zwanziger Jahre immer wieder geforderte Führerpersönlichkeit gefunden zu haben, überdeckten viele Bedenken.

484 In der Satzung der Bürgervereine wurde die „Unterstützung aller Maßnahmen, die auf Erhaltung eines gesunden Mittelstandes und selbständiger Betriebe in Handel, Gewerbe, Handwerk und Landwirtschaft und in den freien Berufen gerichtet sind" (Satzung, abgedruckt in: Mitteilungen des Verbandsvorstandes, Bürgerwacht, 1. März 1931), gefordert. Dies schloß, etwa im Februar 1929, energische Aufrufe zur Unterstützung der entsprechenden Bevölkerungsgruppen ein (o.A.; Kommunalpolitische Umschau, Bürgerwacht, 16. Februar 1929). „Deutsche Bürger, kauft deutsche Waren!", hieß es im August 1929 (o.A.; Deutsche Bürger, kauft deutsche Waren!, in: Bürgerwacht, 15. August

1929), und im November 1929 „Kauft nicht in Warenhäusern!"(o.A.; Kauft nicht in Warenhäusern!, Bürgerwacht, 2. November 1929). Regelmäßige Polemik vor allem gegen Warenhäuser, die sich in jüdischem Besitz befanden – etwa die Häuser Sältzer und Sternheim & Emmanuel –, war bereits seit Beginn des Erscheinens in der Zeitschrift BÜRGERWACHT 1927 zu finden.

485 In der Satzung des Verbandes hieß es dazu in §2 zu „Zweck und Aufgaben": „Der Verband bezweckt die Zusammenfassung der Bürgervereine der Hauptstadt Hannover zur Wahrnehmung der Belange des Bürgertums, insbesondere die Gewinnung und Sicherung eines seiner Bedeutung entsprechenden Einflusses auf die kommunalpolitischen Angelegenheiten ... Der Verband hat die Aufgabe, ... echten Bürgersinn zu pflegen, heimische Sitten zu wahren und das Gemeinwohl der Stadt zu fördern" (Satzung in: Mitteilungen des Verbandsvorstandes, Bürgerwacht, 1. März 1931). ‚Bürger' galt den Bürgervereinen, im Gegensatz zum ‚bourgeois', als Ehrenbegriff, das Bürgertum war für sie ein „Rückgrat des Staates", des „Vaterlandes Bürg" und fast mystisch begründeter „stolzer Stand der Mitte", der Garant für ein traditionsbewußtes, national ‚gesund empfindendes' und selbstbewußtes Deutschland war (vgl. etwa o.A.; Vor den Wahlen, Bürgerwacht, 3. Mai 1918. O.,A.; Gibt es noch den deutschen Bürger?, Bürgerwacht, 15. Oktober 1929. O.A.; Der deutsche Bürger, Bürgerwacht, 2. November 1929). Die Bürgervereine befanden sich nach eigener Aussage „im Kampfe gegen die Verflachung des öffentlichen Lebens" und setzten sich ein „für die Erhaltung und Vertiefung des Familienlebens" (o.A.; Aufruf zum Eintritt in die Bürgervereine, Bürgerwacht, 1. Februar 1930). In ihrem Streben nach „christliche(r) Weltanschauung" und „Erziehung der Jugend in christlichem und vaterländischem Geiste" formierte die Bürgervereine im November 1929 die Liste Vereinigte Bürgerschaft (Bürgerwacht, 9. November 1929). Sie standen in einem guten Kontakt zu den Kulturvereinen, aber auch zu Vertretern der beiden Konfessionen (o.A.; Abwehrkampf des Bürgertums, Bürgerwacht, 15. April 1931). Der Vortrag des Pastors Grimm in der Ausschußsitzung des Stadtverbandes im Juni 1931, über den die BÜRGERWACHT in ihrer Ausgabe vom 1. Juli 1931 ausführlich berichtete (o.A.; Ausschußsitzung des Stadtverbandes, Bürgerwacht, 1. Juli 1931), machte die Verbindung von Bürgervereinen und Kirchen deutlich. Grimm sprach hier über „Freidenkertum und Gottlosen-Propaganda als Gefahrenquelle für das Bürgertum" und betonte die Gefahr, welche von Marxismus, Bolschewismus und Sozialdemokratie auf Religion und Sittlichkeit des deutschen Volkes ausgehe. Gegen die „materialistische Kultur Moskaus", deren wesentlichen Komponenten die Betonung des Geschlechtstriebes einerseits, Seelenlosigkeit und Parteigehorsam andererseits seien, stehe das starke „nationale Empfinden" des Bürgers, des „Trägers des Christentums".

486 O.A.; Jahreshauptversammlung des Stadtverbandes, Bürgerwacht, 1. Februar 1932.

487 Im Vorstand des 1921 entstandenen Verbandes der hannoverschen Bürgervereine saß mit dem Bürgervorsteher Emil Demmig einer der erbittertsten Gegner des sozialdemokratischen Oberbürgermeisters Robert Leinert. (Mlynek, Klaus; Gleichschaltung der hannoverschen Bürgervereine, S. 189. Mlynek, Klaus; Hannover in der Weimarer Republik und unter dem Nationalsozialismus, S. 507).

488 Da „Sozialisten und Kommunisten" für die Bürgervereine die Repräsentanten jenes politischen Systems waren, das sie ablehnten, galt ihnen jede Unterstützung von KPD und SPD als Verrat an ihrer Sache, ja als „Verrat am Bürgertum" (vgl. z. B. o.A.; Ein Mahnruf in letzter Stunde, Bürgerwacht, 20. April 1028. O.A.; Bürger Hannovers, Bürgerwacht, 16. Mai 1928). Mit scharfer Polemik ging der Dachverband der Bürgervereine gegen alle Äußerungen von linken Politikern vor (vgl. z. B. Anlauf, Karl; Wir werden uns wehren, Bürgerwacht, 1. Januar 1930. O.A.; Kommunalpolitische Umschau, Bürgerwacht, 15. Dezember 1930). Seinen Mitgliedern war die Zugehörigkeit zu SPD und KPD laut Satzung untersagt (o.A.; Kommunalpolitische Umschau, Bürgerwacht, 15. Dezember 1930). Unwahrscheinlich ist ohnedies, daß ein einziger Angehöriger der Bürgervereine tatsächlich Interesse an einer Mitgliedschaft in diesen Parteien gehabt hätte. Vgl. auch Mlynek, Klaus; Gleichschaltung der hannoverschen Bürgervereine, S. 189.

489 Mlynek, Klaus; Hannover in der Weimarer Republik und unter dem Nationalsozialismus, S. 507.

490 So zitiert in: O.A.; Ausschußsitzung des Stadtverbandes. Dr. Liebernickel über Stadtfinanzen und Städtische Bühnen, Bürgerwacht, 15. Mai 1931.

491 Ebda.

492 O.A.; Kommunalpolitische Umschau, Bürgerwacht, 15. März 1930.

493 O.A.; Ausschußsitzung des Stadtverbandes. Dr. Liebernickel über Stadtfinanzen und Städtische Bühnen, Bürgerwacht, 15. Mai 1931. Wenn man auch in Zukunft weder bedeutende künstlerische Fortschritte noch Einsparungen an den Städtischen Bühnen erreichen könne, dann müsse die Stadt eben endlich, wie man andernorts in Europa seit langem verfahre, an Verpachtung oder gar Privatisierung der Städtischen Bühnen denken (O.A.; Kommunalpolitische Umschau, Bürgerwacht, 15. März 1930).

494 O.A.; Kommunalpolitische Umschau, Bürgerwacht, 15. Dezember 1930.

495 O.A.; Kommunalpolitische Umschau, Bürgerwacht, 1. Februar 1931. Vgl. auch die Leserbriefe in: o.A.; Kleine kommunale Mitteilungen. Die verfehlte Preispolitik bei den Städtischen Bühnen, Bürgerwacht, 1. März 1931, und in o.A.; Briefe an die Bürgerwacht, Bürgerwacht, 1. April 1931.

496 Vgl. o.A.; Oberbürgermeister Dr. Menge sprach, Bürgerwacht, 15. Januar 1932. O.A.; Ausschußsitzung des Stadtverbandes. Dr. Liebernikkel über Stadtfinanzen und Städtische Bühnen, Bürgerwacht, 15. Mai 1931. O.A.; Kommunalpolitische Umschau, Bürgerwacht, 1. Februar 1932.

497 qn.; Dr. Menges Kritik an den Bürgervereinen, Bürgerwacht, 1. August 1931.

498 Ebda. Eine Verbindung zwischen der Freien Volksbühne einerseits und zutiefst abgelehntem „jüdischen Geist" andererseits stellte bezeichnenderweise im März, auf dem Höhepunkt der Hetze gegen Regisseur Georg Altmann, auch die NIEDERSÄCHSISCHE TAGESZEITUNG her, die perfide vorschlug, Altmann möge doch mitsamt der „mosaisch empfindende(n), freie(n) Theatergemeinde" „auf die Ghettoreise" gehen (Rhombus, Mons; Die Stimme des Blutes, Niedersächsische Tageszeitung, 7. März 1933).

⁴⁹⁹ Theaterbesuch (Zehn Jahre; S. 120):

	Opernhaus					Schauspielhaus		
	Opernaufführungen			Schauspielaufführungen				
Spielzeit	Zahl der Vorstellungen	Besucher	v.H. d. verfügbaren Plätze	Zahl der Vorstellungen	Besucher	v.H. d. verfügbaren Plätze	Zahl der Vorstellungen	Besucher	v.H. d. verfügbaren Plätze
1924/25	275	397.037	85,2	72	89.006	73,0	360	306.317	85,9
1925/26	278	367.577	78,1	46	60.978	78,3	375	311.531	83,9
1926/27	278	378.032	79,4	36	43.668	71,2	335	228.623	68,9
1927/28	261	367.789	82,3	42	45.275	62,9	339	192.326	57,3
1928/29	277	367.578	77,5	40	41.988	61,3	362	227.654	63,5
1929/30	280	359.735	77,9	38	36.111	55,5	367	225.104	62,0
1930/31	285	331.333	67,9	36	29.200	47,4	368	229.981	63,1
1931/32	290	303.142	61,8	29	24.255	48,9	348	230.834	67,0
1932/33	296	268.844	53,6	-	-	-	329	199.378	61,2
1933/34	302	280.473	54,9	-	-	-	318	205.262	65,2
1934/35	308	309.177	59,3	-	-	-	332	234.453	71,3

⁵⁰⁰ „Die Theaterkrise ist permanent geworden. In Berlin, im ganzen Reich", stellte die Genossenschaft Deutscher Bühnenangehöriger im Februar 1929 in einem Schreiben an Oberbürgermeister Arthur Menge fest: „Eines unserer stärksten Kulturgüter ist ernstlich bedroht... Noch steht die deutsche Theaterkunst auf einer Höhe, die im In- und Ausland anerkannt und bewundert wird. Aber bald..." (Der Neue Weg. Amtliche Zeitschrift der Genossenschaft Deutscher Bühnenangehöriger, an Oberbürgermeister Menge, 21. Februar 1929 (StAH HR 19, 96)). Grotjahn, Rebecca; Städtisches Orchester, S. 136. Söhnlein, Kurt/Hammer, Sabine; Ära Krasselt, S. 86. Vgl. auch den Artikel im Mitteilungsblatt der Freien Volksbühne von L., W.; Wir kämpfen um das Theater (in: Freie Volksbühne, 11. Jhg., Nr. 1, 27. August 1932, S. 1 f.) Vgl. Prehn, Friedrich H.; Aufrüsten – verteidigen! Ein Wort für Kunst und Kultur in dieser Zeit, in: Freie Volksbühne, 11. Jhg., Nr. 2, 24. September 1932, S. 1 f. O.A.; Theaternot und Freie Volksbühne, in: Freie Volksbühne, 5. Jhg., Nr. 2, 15. September 1926, S. 9 f. Brinkmann, Karl; Die Krise in der Kunst. Rettung in der Kunstgemeinde, in: Freie Volksbühne, 5. Jhg., Nr. 5, 18. Dezember 1926, S. 7 ff.

⁵⁰¹ Vgl. nicht datierte Liste der Landesbühnen-Mitglieder (NStAH Hann. 122a. 3394).

⁵⁰² Der Landesbühnen-Ausschuß der Provinz Hannover wurde am 7. Februar 1929 gegründet. Protokoll der Gründung des Landesbühnen-Ausschusses vom 7. Februar 1929 (NStAH Hann. 122a. 3393). Vgl. auch Bode, Günther; Gustav Noske, S. 601 ff. Vgl. zum Landesbühnen-Ausschuß allg. NStAH Hann. 122a.3393 und StAH HR X.C.b.1.9. O.A.; Gründung des Landesbühnen-Ausschusses für die Provinz Hannover, in: Freie Volksbühne, 7. Jhg., Nr. 7, 16. März 1929, S. 4. Ohlendorf, Heinz; Gründung des hannoverschen Landesbühnen-Ausschusses, in: Volkstum und Bühne, 4. Jhg., H. 6, März 1929, S. 9 ff.

⁵⁰³ Wie dürftig und ärmlich die Arbeit dieser Theater oft aussah, zeigt exemplarisch das Schreiben des Theaterleiters Curt Altendorff. Altendorff bat den Regierungspräsidenten im Januar 1932, „mir doch auf Grund des Elends unseres Berufs und der durchdringenden Bedürftigkeit zu spielen" die „kleine Singspielkonzession" zu erteilen. „Ich möchte nochmals betonen, daß es sich um sogenannte ‚Kleinkunstabende' handelt... Diese Kleinkunstakte bestehen aus drei von mir verfaßten musikalischen Einaktern... Meine Stücke sind künstlerisch dezent gehalten.... In erster Linie kommen (als Ensemble, I.K.) meine Frau und ich in Frage und habe ich schon aus dem Grunde meine Stücke so geschrieben, daß ich niemanden mehr brauche ... Aus diesem Grunde möchte ich hiermit nochmals von einer Kaution Abstand zu nehmen allerhöflichst bitten. Die Hauptverdiener bzw. die, die wirklich aufs Spielen angewiesen sind, wären wir." (Schreiben des Theaterunternehmers Curt Altendorff an den Regierungspräsidenten der Provinz Hannover, 11. Januar 1932 (NStAH Hann. 122a. 3415)). Vgl. auch Sch., W.; Über die Verelendung der Schauspieler, in: Freie Volksbühne, 11. Jhg., Nr. 8, Nr. 3, 22. Oktober 1932, S. 9 ff. Vgl. StAH HR 19, 1, und HR 19, 3.

⁵⁰⁴ Ohlendorf, Heinz; Die Wanderbühne. Eine Rundfrage, in: Volkstum und Bühne. Jhg. 2, H. 1, September 1926, S. 2.

⁵⁰⁵ O.A.; Volksbühnentagung, Volkswille, 7. November 1929. Vgl. dazu auch die nicht datierten Richtlinien zur Bekämpfung der Missstände im Theaterwesen des Landesbühnen-Ausschusses der Provinz Hannover (NStAH Hann. 122a. 3394).

⁵⁰⁶ Werner Schumann wurde am 2. Oktober 1898 im ostbrandenburgischen Soldin als Sohn des Besitzers einer Buchdruckerei und eines Zeitungsverlages geboren. Nach einer journalistischen Ausbildung und der Arbeit als Dramaturg in Halle und Mühlhausen gelangte Schumann über Beuthen / Schlesien und Braunschweig 1929/30 nach Hannover. Hier arbeitete er, neben seiner Tätigkeit im Landesbühnen-Ausschuß, im Feuilleton mehrerer Zeitungen. Er gehörte mit Christof Spengemann zu den Begründern des Rings hannoverscher Schriftsteller. Schumann machte in dieser Zeit auch als Schriftsteller auf sich aufmerksam. Nach dem Zweiten Weltkrieg (1958) begründete er den Schutzverband niedersächsischer Schriftsteller und stand ihm bis zum Jahr 1961 vor. Im Jahr 1962 wurde er Mitglied im PEN-Club. Am 13. November 1982 starb Werner Schumann in Hannover. Vgl. Krolow, Karl; Akkurat, mit der nötigen Sicherheit. Werner Schumann wird 75 Jahre, Hann. Allg. Zeitung, 1. Oktober 1973. Harms, Claus; Gruß an Werner Schumann. Zu seinem 60. Geburtstag, Hann. Allg. Zeitung, 2. Oktober 1958. O.A.; Werner Schumanns glückliche Reise. Zum 70. Geburtstag des Schriftstellers, Hann. Presse, 1. Oktober 1968 Vgl. zur Arbeit Schumanns als Bezirkssekretär und später als Geschäftsführer des Bundes der deutschen Volksbühnenvereine, Provinz Hannover, vor allem seinen Brief an Arthur Pfahl als Mitglied des Landesbühnen-Ausschusses vom 18. Juni 1931 (StAH HR X.C.7.5.3). Schumann war Mitarbeiter des Mitteilungsblattes der Freien Volksbühne, hier rezensierte er Theateraufführungen und verfaßte auch Essays über Aufgaben und Probleme der Theaterarbeit. (Vgl. den Bestand Schumann im NSA).

⁵⁰⁷ Landesbühnen-Ausschuß; Theaternot, Theaterhilfe, S. 5.

⁵⁰⁸ Ebda.

⁵⁰⁹ Pfahl, Arthur; Städtische Bühnen, S. 165.

⁵¹⁰ Ebda. Vgl. auch Pfahl, Arthur; Hoftheater zu den Städtischen Bühnen, S. 30. Ähnlich äußerte sich auch der Intendant des Wiesbadener Theaters, Paul Bekker, dessen Rundfunkrede Das Theater und sein Publikum in den von Regisseur Bruno von Niessen herausgegebenen Blättern des Opernhauses. Städtische Bühnen Hannover abgedruckt wurde (nicht datiert, NStAH Hann. 310III. D. 70): „Nun, eine härtere Probe, als die Entwicklung der letzten Jahre und Jahrzehnte brachte, hat das Theater kaum jemals zu bestehen gehabt ... (I)ch denke an die kaum schwer genug einzuschätzende Ablenkung der Massen hier durch Sport, dort durch Politik. Die Anziehungskraft bei-

der Faktoren für unsere Zeit ist dem Theater deshalb so gefährlich, weil beide in ihrer heutigen Form das Interesse der ihnen zugehörigen Menschen völlig aufsaugen … Eine Institution, die sich über die ständig wachsende Ungeistigkeit der letzten Jahrzehnte, über snobistische Anfeindungen und über die furchtbaren Wirtschaftsstürme hinweg behaupten konnte …, wurzelt so tief im geistigen Gemeinschaftsempfinden, daß nur eine wahrhaft tragische Verkennung dieses Willens versuchen kann, dagegen anzugehen."

511 Aus dem Vorwort Arthur Menges zur FESTSCHRIFT ZUM JUBILÄUM DES OPERNHAUSES, zitiert nach: o.A.; Das Jubiläum der Städtischen Bühnen, Hann. Tageblatt, 31. August 1927. Trotz des Krisenbewußtseins der späten zwanziger Jahre für das Theaterwesen sollten also keine Einsparungen an der ‚Kunst als Luxusgut' vorgenommen werden. Vgl. dazu auch Schmidt, Dörte/Weber, Brigitta; Keine Experimentierkunst, S. IX. 1927, anläßlich der 75-Jahr-Feier, sprach sich Arthur Menge in der Festschrift zum Jubiläum für eine Fortsetzung der großzügigen Unterstützung des städtischen Theaterbetriebes aus, und er nahm in Kauf, sich durch diese Politik in das Kreuzfeuer der Kritik zu bringen.

512 Auszug aus der Festrede Arthur Menges anläßlich der 75-Jahr-Feier des hannoverschen Opernhauses, in: o.A.; Die Jubelfeier der Städtischen Bühnen. Vor 75 Jahren, Hann. Anzeiger, 2. September 1927. Ähnlich äußerte sich Arthur Menge auch im Geleitwort der Festschrift 1852–1927. 75 JAHRE HANNOVERSCHES OPERNHAUS : „Viel wird heutzutage die Frage aufgeworfen, ob bei den hohen Steuern und den gewaltigen sozialen Lasten, die die Stadt zu tragen hat, die großen Aufwendungen für die Städtischen Bühnen zu rechtfertigen seien. Die Frage aufwerfen, heißt sie nach meiner Meinung auch schon bejahen. Nachdem die Stadtverwaltung dem Staate die Sorge für das Theater einmal abgenommen hat, muß sie sich bewußt sein, daß sie damit ein hohes Gut edler und bester Volksbildung übernommen hat, das es gerade in unserer schnellebigen und daher auch in mancher Beziehung leicht verflachenden Zeit besonders zu pflegen gilt, solange sie hierzu nur irgend in der Lage ist."

513 Auszug aus der Festrede Arthur Menges anläßlich der 75-Jahr-Feier des hann. Opernhauses, in: O.A.; Die Jubelfeier der Städtischen Bühnen. Vor 75 Jahren, Hann. Anzeiger, 2. September 1927. Vgl. auch: o.A.; 75 Jahre Opernhaus Hannover. Die Gedenkfeier an historischer Stätte, Hann. Landeszeitung, 2. September 1927. O.A.; Die 75-Jahrfeier des Opernhauses. Der Festakt, Hann. Tageblatt, 2. September 1927. W., Th. W.; 75 Jahre hannoversches Theater. Die Jubiläumsfeier der Städtischen Bühnen, Hann. Kurier, 2. September 1927. RU; 75 Jahre hannoversches Theater. Die Jubiläumsfeier der Städtischen Bühnen, Hann. Kurier, 1. September 1927. Y; 75 Jahre hannoversches Opernhaus, Hann. Anzeiger, 3. September 1927.

514 Hakemeyer, Heinz; Das Königlich hannoversche Hoftheater 1852–1927. Vom Theater der Gegenwart, Hann. Landeszeitung, 31. August 1927. Auch hier wurde bezeichnenderweise als Titel nicht etwa die korrekte Bezeichnung des Hauses, sondern jene bis zum Ende der Monarchie geltende gewählt.

515 Landesbühnenausschuß; Theaternot, Theaterhilfe, S. 5. Vgl. auch Arthur Pfahls Aussage aus dem Jahr 1926: „Wie unser gesamtes Kulturleben, so machte damals in jenen schlimmen Tagen nach dem Kriege und der Revolution auch die Theaterkunst eine gefährliche Krisis durch, die auch heute noch nicht ganz überwunden ist, wenn auch manches, was damals verworren und absurd war, sich inzwischen geklärt und manches, was sich als aufregend und wild gebärdete, sich nun beruhigt hat." (Pfahl, A(rthur); Schauspiel in Hannover, in: Die Städtischen Bühnen in Hannover, Beilage DAS THEATER, Illustrierte Halbmonatsschrift für Theater und Gesellschaft, 7. Jhg., H. 3, 1926, S. 519).

516 Landesbühnen-Ausschuß; Theaternot, Theaterhilfe, S. 5.

517 Ebda.

518 Hakemeyer, Heinz; Das Königlich hannoversche Hoftheater 1852–1927. Vom Theater der Gegenwart, Hann. Landeszeitung, 31. August 1927.

519 Es gab jedoch Ansätze, sich dem Komplex ‚Volk' und Theater zu nähern. Schon 1923 forderte die Preußische Landesbühne die „Einstellung des Theaterbetriebs auf die volksbildnerischen Besucherorganisationen" und gleichzeitig eine „Kultivierung des Theaters" durch das „volkstümliche Schauspiel". Die dritte Komponente des Programms lautete: „Sozialisierung des Theaters: nicht durch Verstaatlichung, sondern durch Schaffung gemeinnütziger, gemeinschaftlicher Betriebe im Zusammenwirken von Staat, Städten und privatrechtlichen Körperschaften" (Flugblatt der Preußischen Landesbühne, Mai 1923 (NStAH Hann. 122a. 3393)). Mit den Besucherorganisationen, so Werner Schumann, seien „dem deutschen Theater die aktiven, bildungs- und erlebnishungrigen Besuchermassen zugeführt und auf die Dauer verbunden worden, derer es bedarf, um fortwährend neuen Impuls, beschwingten Antrieb von den ‚Konsumenten' her zu erhalten" (Landesbühnen-Ausschuß; Theaternot, Theaterhilfe, S. 18). Deutlich verfolgte der Landesbühnen-Ausschuß die Absicht, in engem Kontakt mit den Theaterbetreibern, den Besucherorganisationen und den Vertretern von Staat und Stadt den gemeinnützigen Charakter des Theaters zu stärken und statt des „republikanischen Hoftheaters" für wenige das „Gebrauchstheater" für alle vorzubereiten. (Nestriepke, Siegfried; Volksbühne und Bühnenvolksbund. Trennendes und Gemeinsames, in: Freie Volksbühne, 7. Jhg., Nr. 7, 1928/29, S. 4). Vgl. Lange, Hermann; Vom Geschäftstheater zum Volkstheater, in: Freie Volksbühne, 9. Jhg., Nr. 10, 13. Juni 1931, S. 7. Im Mai 1930 wurde in einer Pressenotiz die erste Jahressitzung des Landesbühnen-Ausschusses zusammengefaßt. Es sei erfreulich, „daß in dieser Zeit der Theaterkrisen und der wirtschaftlichen Bedrängnis die große Bewegung der Volksbühne stetig und zukunftsfroh weiter daran arbeitet, das Theater den breiten Schichten der Werktätigen zu erkämpfen. Sie läßt sich nicht beirren durch das allzu laute Geschrei vom Verfall des Theaterwesens, denn die Volksbühne ist ja bestrebt, dem Theater, insbesondere der guten Schaubühne, neue Grundlagen zu verschaffen. Sie hat die neue in sozialer Hinsicht zwingende Aufgabe zu erfüllen, das Leben der kulturell entrechteten Bevölkerungskreise reicher zu gestalten durch die Vermittlung bedeutender künstlerischer Schöpfungen, durch die Freilegung der Wege zu den Erlebnissen der Kunst." (Bericht von der Ersten Jahrestagung des Landesbühnen-Ausschusses, 27. Mai 1930 (Pressenotiz) (NStAH Hann. 122a. 3393)).

520 Vgl. dazu Schmidt, Dörte/Weber, Brigitta; Keine Experimentierkunst, S. 26 f.

521 Auch dies war keine nur in Hannover zu beobachtende Entwicklung, wie folgendes Zitat aus einer 1926 in Leipzig erschienenen Schrift deutlich macht: „Die Volksbühnen sind aus der Sozialdemokratie, die Theatergemeinde des Bühnenvolksbundes aus dem politischen Zentrum hervorgegangen, aber beiden muß nachgerühmt werden, daß sie

sich von parteilicher Enge und Tendenz freihalten. Allerdings müssen sie das wohl schon deswegen, weil sie zuviele Mitglieder haben, die nur am Theater und an keinem konfessionellen Programm interessiert sind. Infolgedessen sind freilich andererseits beide Verbände in der Praxis nur Vereine von Theaterabonnenten, die ihren Mitgliedern zu billigen Preisen Plätze in den üblichen Vorstellungen der üblichen Bühnen verschaffen, aber auf die Spielpläne bisher verzweifelt wenig Einfluß gewinnen." (Brandenburg, H.; Das neue Theater, Leipzig 1926, zitiert nach: Rahlfs, Heinz; Städtische Bühnen, S. 110).

522 Arthur Pfahl, Protokoll der Sitzung des Theater-Ausschusses, 24. November 1924 (NStAH Hann. 310III. D. 71).
523 Zehn Jahre, S. 121.
524 Georg Grabenhorst, der die drei Theaterbesucher-Organisationen in seiner Eigenschaft als Kulturreferent kennengelernt hat, bezeichnete die Deutsche Bühne als Theaterorganisation „für bessere Leute" (Gesprächsprotokoll Georg Grabenhorst, 22. September 1992. Vgl. auch Dietzler, Anke; ‚Gleichschaltung', S. 9).
525 Deutsche Bühne e.V., S. 2. Gesprächsprotokoll Georg Grabenhorst, 22. September 1992.
526 Auch die Continental-Werke förderten die Besucherorganisation (Deutsche Bühne e.V., S. 2. Dietzler, Anke; ‚Gleichschaltung', S. 86, Anm. 4).
527 Vgl. dazu etwa Mlynek, Klaus; Hannover in der Weimarer Republik und unter dem Nationalsozialismus, S. 443, 460. Nach dem Zusammenschluß der vier hannoverschen Besucherorganisationen zum Reichsverband Deutsche Bühne würdigte der Landesleiter Georg Grabenhorst die Vorarbeit der Deutschen Bühne, die „unter dem System der Novemberleute einen entschlossenen Kampf geführt und sich allen Widerständen zum Trotz auch mit ihrem arischen Paragraphen durchgesetzt" habe (Schreiben Georg Grabenhorsts an Staatskommissar Hans Hinkel, Pr. Ministerium für Wissenschaft, Kunst und Volksbildung, 6. Mai 1933 (Personalakte Georg Grabenhorst, BDC)).
528 Deutsche Bühne e.V., S. 2.
529 Ebda.
530 Ebda., S. 2.
531 Ebda., S. 3.
532 Ebda., S. 4.
533 Ebda., S. 3.
534 Es ist bezeichnend, daß – offenbar auf Vermittlung von Kurt Voß und Georg Grabenhorst – mit Wilhelm Katz, dem Leiter der Deutschen Bühne, nach der nationalsozialistischen Machtübernahme schnell ein lokaler Führer für die nach der ‚Gleichschaltung' im Reichsverband Deutsche Bühne zusammengefaßte Bühnenorganisation gefunden wurde (Dietzler, Anke; ‚Gleichschaltung', S. 10. Mlynek, Klaus; Hannover in der Weimarer Republik und unter dem Nationalsozialismus, S. 528. Dietzler, Anke; Gleichschaltung des kulturellen Lebens, S. 165). Ein knappes Jahr darauf, im Juni 1934, wurde Katz, vorher schon Mitglied im Kampfbund für deutsche Kultur, Führer der NS-Kulturgemeinde Hannover (Dietzler, Anke; ‚Gleichschaltung', S. 86, Anm. 4).
535 Vgl. dazu etwa: Brandenburg, Otto; Das neue Theater, Leipzig 1926, in: Rahlfs, Heinz; Städtische Bühnen, S. 110. Schmidt, Dörte/Weber, Brigitta; Keine Experimentierkunst, S. 18.
536 Ohlendorf, Heinz; Die neue Spielzeit, in: Volkstum und Bühne, 4. Jhg., H. 1, September 1928, S. 1. Die Ortsgruppe Braunschweig des Bühnenvolksbundes wurde offenbar zeitgleich mit der Hannovers gegründet.
537 Ohlendorf, Heinz; Der Bühnenvolksbund, in: Niedersachsen, 33. Jhg., 1928, S. 234.
538 Ebda.
539 Ebda., S. 235 f.
540 Ebda.
541 Ebda., S. 235.
542 Rauhart, Gunther; Volkstum und Bühne, in: Volkstum und Bühne, 4. Jhg., H. 2, Oktober 1928, S. 2. O.A.; Deutsche Kunst und deutsche Politik, in: Volkstum und Bühne, 5. Jhg., H. 10, Juni 1930, S. 1 ff.
543 Vgl. etwa Hahne, F.; Vom Kulturbankerott des Bürgertums, in: Volkstum und Bühne, 6. Jhg., H. 7, April 1931, S. 2.
544 Derzeit könne, so behauptete der Bühnenvolksbund im Dezember 1931, keine Theaterbühne den „riesengroßen Hunger auf geistige Kost" der Mitglieder stillen (K., E.; Ein Theater-Abonnement beim Bühnenvolksbund ist der glühende Weihnachtswunsch vieler. Theatergemeinde Hannover, in: Volkstum und Bühne, Jhg. 7, H. 4, Dezember 1931). Vgl. dazu auch den in der Aussage sehr ähnlichen Beitrag BÜHNENKUNST IN LICHT UND SCHATTEN UNSERER ZEIT von Gustav Schütte, der im Juni 1928 im KULTURRING erschien (Schütte, Gustav; Bühnenkunst in Licht und Schatten unserer Zeit, in: Kulturring, Juni 1928, S. 8f). Überhaupt fanden sich die hier zum Ausdruck gebrachten Gedanken häufig in Publikationen für den bürgerlichen Mittelstand der Stadt. Ebenfalls im KULTURRING, dem Mitteilungsblatt der hannoverschen Kulturvereine, erschien im Oktober 1931 ein Beitrag über DIE STÄDTISCHEN BÜHNEN, in dem es hieß: „Das Theater ist einer der wichtigsten Bewahrer und sicher der auffälligste Träger der Kultur eines Gemeinwesens; es will ihr Förderer und Wegweiser sein. Wir brauchen die Kunst; sie ist bitter nötig wie täglich Brot, um den Hunger aller geistigen Menschen zu stillen. Sucher und Kompaß im zermürbenden Kampfe um materielle Dinge, soll die Kunst, darin der Religion vergleichbar, uns zur Selbstbesinnung und zur rettenden Tat führen, mit der wir geistige Gebiete erobern und behaupten." (Kg.; Die Städtischen Bühnen, in: Kulturring, Oktober 1931, S. 226f). Die ideologische Ähnlichkeit überrascht insofern nicht, als einige der Rezensenten des Bühnenvolksbundes zugleich beim KULTURRING oder auch bei der HANNOVERSCHEN WOCHE, aber auch der BÜRGERWACHT mitarbeiteten.
545 Hahne, F.; Neujahrswünsche, in: Volkstum und Bühne, Jhg. 8, H. 5, Januar 1932, S. 44 ff.
546 Ebda., S. 44.
547 Ebda., S. 42.
548 Ebda.
549 Ebda.
550 Ebda.
551 O.A.; Jazz und Negermusik, in: Volkstum und Bühne, Jhg. 5, H. 8, April 1930, S. 10.
552 O.A.; Paul Hindemiths ‚Erfolge' in London, in: Volkstum und Bühne, Jhg. 7, H. 2, Oktober 1931, S. 69.
553 Ohlendorf, Heinz; Um die Freiheit der Kunst, in: Volkstum und Bühne, Jhg. 3, H. 7, März 1929, S. 11 f. O.A.; Und immer wieder der PROTAGONIST, in: Volkstum und Bühne, Jhg. 3, H. 9, Mai 1929, S. 13 f. O.A.; Neues von Kurt Weill, in: Volkstum und Bühne, Jhg. 8, H. 2, Oktober 1932, S. 16.

554 O.A.; Mann gegen Mann, in: Volkstum und Bühne, Jhg. 6, H. 5, Januar 1931, S. 3 f.
555 Rössler, Rudolf; Hasenclever, der Himmel und die Kunst, in: Volkstum und Bühne, Jhg. 4, H. 7, März 1929, S. 6.
556 O.A.; Was dünkt euch um Bert Brecht?, in: Volkstum und Bühne, 5. Jhg., H. 7, März 1930, S. 1 f.
557 Hahne, F.; Was dünket euch um Toller?, in: Volkstum und Bühne, 6. Jhg., Februar 1931, H. 6, S. 1 f.
558 Hahne, F; Vom Kulturbankerott des Bürgertums, in: Volkstum und Bühne, Jhg. 6, H. 7, April 1931, S. 3.
559 O.A.; Dr. Magnus Hirschfeld, in: Volkstum und Bühne, Jhg. 6, H. 6, Februar 1931, S. 3.
560 O.A.; Filmkrieg, in: Volkstum und Bühne, Jhg. 6, H. 6, Februar 1931, S. 6. Vgl. auch o.A.; Remarque in Locarno, in: Volkstum und Bühne, Jhg. 8, H. 10, Juni 1932, S. 91. O.A.; Von Büchern und anderen Dingen, in: Volkstum und Bühne, Jhg. 8, H. 4, Dezember 1932, S. 32.
561 O.A.; Deutsche Schrift! und Das andere Deutschland, in: Volkstum und Bühne, 7. Jhg., H. 2, Oktober 1931, S. 6 f.
562 Rauhart, Gunther; Volkstum und Bühne, in: Volkstum und Bühne, 4. Jhg., H. 2, Oktober 1928, S. 3.
563 Ohlendorf, Heinz; Die neue Spielzeit, in: Volkstum und Bühne, 4. Jhg, H. 1, September 1928, S. 1.
564 Mueller-Otfried, P.; Die Einladung des Bühnenvolksbundes, in: Volkstum und Bühne, 4. Jhg., H. 1, September 1928, S. 6 f. Die Autorin dieses Beitrags, Paula Mueller-Otfried, war Vorsitzende des Deutsch-Evangelischen Frauenbundes und Reichstagsabgeordnete.
565 Ohlendorf, Heinz; Der Bühnenvolksbund, in: Niedersachsen, 33. Jhg., 1928, S. 235.
566 Vgl. dazu exemplarisch etwa: Hahne, F.; Hans Grimm als vaterländischer Schriftsteller, in: Volkstum und Bühne, 8. Jhg., H. 8, April 1932, S. 65 f. Hahne, F.; Deutscher Geist in Gefahr, in: Volkstum und Bühne, 8. Jhg., H. 10, Juni 1932, S. 81 ff. Vgl. etwa Hahne, F.; Die Erwecker des Rassegedankens, in: Volkstum und Bühne, 8. Jhg., H. 2, Oktober 1932, S. 9 ff. Hahne, F.; Was ist uns Richard Wagner?, in: Volkstum und Bühne, 8. Jhg., H. 6, Februar 1933, S. 41.
567 Kahle, A.; Den deutschen Internationalen, in: Volkstum und Bühne, Jhg. 8, H. 6, Februar 1933, S. 105.
568 Hahne, F.; Die Wiederaufrichtung des deutschen Menschen, in: Volkstum und Bühne, Jhg. 8, H. 10, Juni 1933, S. 73 ff.
569 Ohlendorf, Heinz; Der Bühnenvolksbund, in: Niedersachsen, 33. Jhg., 1928, S. 235.
570 Über Wilhelm Scharrelmann vgl. Grabenhorst, Georg; Hall und Widerhall, S. 47 f., 51, 89. Rosendahl, Erich; Niedersächsische Literaturgeschichte, S. 283. Es konnte in diesem Zusammenhang nicht ermittelt werden, ob und in welchem verwandtschaftlichen Verhältnis Wilhelm Scharrelmann mit dem 1871 ebenfalls in Bremen geborenen Lehrer und Reformpädagogen Heinrich Scharrelmann stand.
571 Alle Zitate in: Scharrelmann, Wilhelm; Volk und Theater. Ein Weg zur Gesundung der deutschen Bühnen, in: Niedersachsen, 33. Jhg., 1928, S. 19.
572 Vgl. dazu Sonderheft Mitteldeutsche Bühne (Volkstum und Bühne, 3. Jhg., H. 1, September 1927). Vgl. auch Scharrelmann, Wilhelm; Theater und Laienbühne, in: Volkstum und Bühne, Jhg. 4, H. 1, September 1928, S. 7 ff.
573 Scharrelmann, Wilhelm; Volk und Theater. Ein Weg zur Gesundung der deutschen Bühnen, in: Niedersachsen, 33. Jhg., 1928, S. 19. Ohlendorf, Heinz; Der Bühnenvolksbund, in: Niedersachsen, 33. Jhg., 1928, S. 235. Vgl. auch Ohlendorf, Heinz; Freilichtbühnen in Niedersachsen, in: Niedersachsen, 35. Jhg., 1930, S. 369 f. Auch die Freie Volksbühne beschäftigte sich mit diesem Thema. Ein Kapitel in der vom Landesbühnen-Ausschuß herausgegebenen Schrift THEATERNOT, THEATERHILFE hatte LAIENSPIEL ODER BERUFSTHEATER zum Thema. Es wurde auszugsweise im Mitteilungsblatt der Freien Volksbühne abgedruckt, in: Freie Volksbühne, 8. Jhg., Nr. 10, 31. Mai 1920, S. 7 ff.
574 Scharrelmann, Wilhelm; Volk und Theater. Ein Weg zur Gesundung der deutschen Bühnen, in: Niedersachsen, 33. Jhg., 1928, S. 20.
575 Bauch, Bruno; Was ist Bildung?, in: Volkstum und Bühne, Jhg. 6, H. 7, März 1931, S. 6.
576 Vgl. dazu etwa Hahne, F.; Mechanisierung der Musik?, in: Volkstum und Bühne, Jhg. 6, H. 9, Mai 1931, S. 6 ff.
577 Lienhard, Friedrich; Der Meister der Menschheit, in: Volkstum und Bühne, Jhg. 5, H. 5, Januar 1930, S. 1.
578 O.A.; Schon wieder d-moll!, in: Volkstum und Bühne, Jhg. 6, H. 8, April 1933, S. 8.
579 Nestriepke, Siegfried; Volksbühne und Bühnenvolksbund. Trennendes und Gemeinsames, in: Freie Volkbühne, 7. Jhg., Nr. 7, 16. März 1929, S. 2 f.
580 Ebda., S. 3.
581 Der Bühnenvolksbund bezeichnete es in seiner Vereinszeitschrift VOLKSTUM UND BÜHNE als gern wahrgenommene Aufgabe, „Störenfried" der Interessen der Freien Volksbühne zu sein (o.A.; Aus der Arbeit des Bühnenvolksbundes, in: Volkstum und Bühne, 3. Jhg., H. 1, September 1927, S. 3) und nahm dafür auch in Kauf, von dieser als „rückschrittlich gesinnt" bezeichnet zu werden (o.A.; Um die Freiheit der Kunst!, in: Volkstum und Bühne, Jhg. 6, H. 7, März 1929, S. 11f). Wenn er auch durchaus ähnliche Vorgehensweisen in der Mitgliederwerbung und in der Organisation der Verbände eingestand (o.A.; Warum das?, in: Volkstum und Bühne, Jhg. 4, H. 2, Oktober 1928, S. 12), wandte er sich einerseits scharf gegen alle Theaterbesucher, die in ihrer Unkenntnis beide Besucherorganisationen miteinander verwechselten (K., E.; Ein Theater-Abonnement ist der glühende Weihnachtswunsch vieler, Theatergemeinde Hannover, in: Volkstum und Bühne, Jhg. 7, H. 4, Dezember 1931). Andererseits betonte die Theatergemeinde Hannover auch der Freien Volksbühne gegenüber ihre Überzeugung, trotz weitaus geringerer Mitgliederstärke Anrecht auf die gleiche Behandlung bei der Vergabe von Theaterplätzen etwa bei den Städtischen Bühnen zu haben. Auf die deutlich polemischen Angriffe der Freien Volksbühne gegen den Bühnenvolksbund reagierte dieser mit einer gewissen Gelassenheit.
582 „Aber dieser notwendige Kampf gegen den Bühnenvolksbund kann nicht dazu führen, dem Bühnenvolksbund grundsätzlich jedes Existenzrecht abzusprechen. Wenn es Menschen gibt, die in vollem Bewußtsein der Sachlage nur dann ein Kunstwerk auf sich wirken lassen wollen, wenn dies im Einklang mit ihrer weltanschaulichen Überzeugung steht, so kann ihnen nicht das Recht streitig gemacht werden, sich zur Pflege einer solchen Weltanschauungskunst zusammenzuschließen. Auch kann ihnen schließlich nicht verwehrt werden, neue Anhänger für ihren Begriff des Theaters zu werben." (Nestriepke, Sieg-

fried; Volksbühne und Bühnenvolksbund, in: Freie Volksbühne, 7. Jhg., Nr. 7, 16. März 1929, S. 4).

583 Lipschitz, A.; Bekämpfung der Unkultur an den Städtischen Bühnen, in: Freie Volksbühne, 7. Jhg., Nr. 1, 18. August 1928, S. 6. Vgl. auch Lipschitz, A.; Freie Volksbühne und Bühnenvolksbund in Hannover, in: Freie Volksbühne, 7. Jhg, Nr. 2, 22. September 1928, S. 6f. Vgl. die Reaktion des Bühnenvolksbundes auf diese Polemik in: o.A.; Warum das?, in: Volkstum und Bühne, Jhg. 4, H. 2, Oktober 1928, S. 12.

584 Lipschitz, A.; Freie Volksbühne und Bühnenvolksbund in Hannover, in: Freie Volksbühne, 7. Jhg., Nr. 2, 22. September 1928, S. 7.

585 Das macht auch ein Schreiben der Freien Volksbühne vom 26. April 1928 an Oberbürgermeister Arthur Menge deutlich. Dr. Lipschitz von der Freien Volksbühne war aufgefallen, daß der Bühnenvolksbund mit einem Empfehlungsschreiben der Stadtverwaltung für seine Arbeit warb. Lipschitz forderte nun ein solches Schreiben auch für die Freie Volksbühne, „das wir in ähnlicher Weise zu verwenden gedenken, wie es durch den Bühnenvolksbund geschehen ist" (Schreiben der Freien Volksbühne, Dr. Lipschitz, an Oberbürgermeister Arthur Menge, 26. April 1928 (StAH HR X.C.10.24.I)). Menge antwortete umgehend, es handele sich um ein Mißverständnis, und er sei im übrigen nicht geneigt, nur weil er die Wanderbühne des Bühnenvolksbundes positiv gewürdigt habe, auch gleich ein Empfehlungsschreiben für die Freie Volksbühne auszustellen (Schreiben Arthur Menges an die Freie Volksbühne, 4. Mai 1928 (gleiche Akte)).

586 Flugblatt AUFRUF DER THEATERGEMEINDE DES BÜHNENVOLKSBUNDES HANNOVER, nicht datiert (Nachschlagearchiv des Historischen Museums, Tasche SCHAUSPIEL ALLGEMEINE ARTIKEL 1904–1939).

587 Ebda.
588 Ebda.
589 Ebda.
590 Ebda.
591 Ebda.

592 Uta Ziegan nannte in ihrem Beitrag über die hannoversche Freie Volksbühne (,Die Kunst dem Volke', S. 81) für die Theatergemeinde Hannover die Zahl von 850 Mitgliedern und bezog sich auf einen Artikel des Zweiten Vorsitzenden der Freien Volksbühne, A. Lipschitz, vom 22. September 1928 (Lipschitz, A.; Freie Volksbühne und Bühnenvolksbund in Hannover, in: Freie Volksbühne, 7. Jhg., Nr. 2, 22. September 1928, S. 6f.). Der Blick auf die finanziellen Leistungen der Besucherorganisationen läßt vermuten, daß der Mitgliederrückgang bei der Theatergemeinde Hannover zwar nicht so massiv wie bei der Freien Volksbühne im gleichen Zeitraum 1924/25 und 1932/33 war, aber doch erheblich gewesen sein muß. Ob damit die Differenz zwischen 4.000 Mitgliedern (1924) und 850 Mitgliedern (1928) erklärt ist, bleibt offen. Allerdings weisen auch die Angaben in der Zeitschrift des Landesverbandes des Bühnenvolksbundes auf massive Schwankungen in den Mitgliederzahlen zwischen Anfang und Mitte der zwanziger Jahre hin. Hier wurde 1928 von etwa 250 Bühnenvolksbund-Gründungen im Reich gesprochen (Ohlendorf, Heinz; Die neue Spielzeit, in: Volkstum und Bühne, 4. Jhg., H. 1, September 1928, S. 2). Für die Gruppe in Hannover gab Rudolf Graefenhain im Juni 1931 etwa 700 Mitglieder an (Graefenhain, Rudolf; Rückblick auf die Tätigkeit der Theatergemeinde Hannover in der Spielzeit 1930/31, in: Volkstum und Bühne, Jhg. 6, H. 10, Juni 1931, S. 3). Zusätzlich dazu nannte Graefenhain 520 Mitglieder der gerade erst gegründeten Deutschen Jugendbühne im Bühnenvolksbund Hannover (Ebda.). In der Folgezeit scheint es zu einer massiven Austrittsbewegung aus der Theatergemeinde Hannover gekommen zu sein. Die hannoversche Ortsgruppe jedenfalls intensivierte ihre Bemühungen, neue Mitglieder zu werben (K., E.; Ein Theater-Abonnement beim Bühnenvolksbund ist der glühende Weihnachtswunsch vieler, Theatergemeinde Hannover, in: Volkstum und Bühne, Jhg. 7, H. 4, Dezember 1931. O.A.; An unsere Mitglieder, Theatergemeinde Hannover, in: Volkstum und Bühne, Jhg. 8, H. 10, Juni 1932). Im September 1932 ging man so weit, jedem, der drei neue Mitglieder warb, seinen Jahresbeitrag zu erstatten bzw. jedem, der der Deutschen Jugendbühne fünf neue Angehörige zuführte, eine Extra-Vorstellung bei den Städtischen Bühnen in Aussicht zu stellen (Theatergemeinde Hannover, in: Volkstum und Bühne, Jhg. 9, H. 1, September 1932). Als im Monat darauf, im Oktober 1932, erstmals Veranstaltungen für zwei Mitgliedergruppen der Theatergemeinde seitens der Städtischen Bühnen Hannover zusammengelegt wurden, weil die Anwesenden den angemieteten Saal nicht einmal mehr zur Hälfte gefüllt hätten, rief der Vorstand unter der Leitung Rudolf Graefenhains erneut zum Beitritt weiter Kreise des Bürgertums zur Theatergemeinde Hannover auf (Theatergemeinde Hannover: in: Volkstum und Bühne, Jhg. 9, H. 2, Oktober 1932). Offensichtlich zeitigten weder dieser Aufruf noch die Hilfe der Zeitschrift der Bürgervereine, der BÜRGERWACHT, die ebenfalls für die Theatergemeinde warb, den gewünschten Erfolg.

593 Vgl. dazu exemplarisch das Protokoll der Sitzung des Theater-Ausschusses, 7. Oktober 1929 (NStAH Hann. 310III D.70). Hier ging es um die Einrichtung eines Verlosungssystems des Bühnenvolksbundes, das zunächst auf 900 Karten beschränkt bleiben sollte.

594 Aus der Zeitschrift BÜRGERWACHT vom 9. Juni 1928, zitiert nach: Lipschitz, A.; Bekämpfung der Unkultur an den Städtischen Bühnen, in: Freie Volksbühne, 7. Jhg., Nr. 1, 18. August 1928, S. 7.

595 Die enge personelle Verknüpfung zwischen der Theatergemeinde Hannover und Bürgervereinen manifestierte sich auch darin, daß im April 1934 Senator a.D. Georg Friedrich Konrich, einst einer der Begründer der Theatergemeinde Hannovers, kommissarischer Vorsitzender des Verbands der nunmehr gleichgeschalteten Bürgervereine wurde (o.A.; Die Zukunft der Bürgervereine, Bürgerwacht, 15. April 1934). Konrich, befreundet mit dem Leiter des Vaterländischen Museums Wilhelm Peßler, war im Ersten Weltkrieg Herausgeber der Zeitschrift HANNOVERLANDE, eines Heimatblattes für die Stadt Hannover (Steilen, Dietrich; Niedersächsischer Heimatbund, S. 25).

596 O.A.; Der Bürger und der Bühnenvolksbund e.V., Bürgerwacht, 15. Juli 1930. Vgl. auch o.A.; Tretet der Theatergemeinde des Bühnenvolksbundes bei, Bürgerwacht, 1. Juli 1931. O.A.; Der Bühnenvolksbund, Bürgerwacht, 15. Juli 1932. O.A.; Die Bürger gehören zum Bühnenvolksbund, Bürgerwacht, 30. Juli 1932. O.A.; Sparsames Wirtschaften und Theaterbesuch, Bürgerwacht, 15. Januar 1933.

597 Graefenhain, R.; Ein heller Fanfarenstoß, Theatergemeinde Hannover, in: Volkstum und Bühne, Jhg. 8., H. 1, 1. September 1932. Abgedruckt unter gleichem Titel auch in: Bürgerwacht, 1. September 1932.

598 Lipschitz, A.; Bekämpfung der Unkultur an den Städtischen Bühnen, in: Freie Volksbühne, 7. Jhg., Nr. 1, 18. August 1928, S. 6.

599 Ebda., S. 6f.

600 Im August 1929 veröffentlichte Anlauf in der BÜRGERWACHT einen AUFRUF, der alle Mitglieder der Bürgervereine aufforderte, derTheater-

gemeinde Hannover beizutreten: „Das Theater ist eine kulturelle Notwendigkeit! Das Theater ist eine Quelle der Freude! Helft! Dann haben wir das Theater, das wir wünschen." (Dr. Giesecke/Senator Anlauf; Aufruf, Bürgerwacht, 1. August 1929).

601 Zitiert nach: o.A.; Kleine Feststellung, in: Freie Volksbühne, 8. Jhg., Nr. 3, 19. Oktober 1929, S. 8.

602 Ebda. Lipschitz hatte seinen Artikel – ein Jahr zuvor – mit einer Prognose beschlossen, die zu diesem Zeitpunkt an Wunschdenken grenzte: „Und solange nicht der Bühnenvolksbund auch nur annähernd die gleiche Anzahl von Mitgliedern aufweist wie die Freie Volksbühne in Hannover, solange er also nicht in ähnlichem Maße eine starke Stütze der angeblich ‚Unkultur' verbreitenden Theater in Hannover ist, werden wir alle Hebel in Bewegung setzen, daß er die unseren Mitgliedern eingeräumten Preisvorteile nicht genießt, und wir werden das durchsetzen; dessen kann Herr Anlauf mitsamt dem Bühnenvolksbund in Hannover auch für alle Zukunft sicher sein!" (Lipschitz, A.; Bekämpfung der Unkultur an den Städtischen Bühnen, in: Freie Volksbühne, 7. Jhg., Nr. 1, 18. August 1928, S. 7).

603 Der AUFRUF DER THEATERGEMEINDE DES BÜHNENVOLKSBUNDES HANNOVER (Nachschlagearchiv des Historischen Museums, Tasche SCHAUSPIEL ALLGEMEINE ARTIKEL 1904–1939) nannte, in alphabetischer Reihenfolge, u.a. folgende Namen: K. von Alten, Bürgervorsteher Becker, Beindorff (Kommerzienrat, Senator, Präsident der Industrie- und Handelskammer), C. Blank (Mitglied des Landtages), Frau Justizrat Colshorn, Baron von Dannenberg (Mitglied des Landtages), Otto Edler (Fabrikbesitzer)), Effenberger (Branddirektor), Wilhelmine Gräfin Finkenstein, Prof. Dr. Graefenhain (Gymnasialdirektor). Erna Gräfin von der Groeden, Selma Gräfin von der Groeden, Dr. de Haen (Kommerzienrat), Dr. Haupt (Geheimrat), G.F. Konrich (Senator a.D.), Pauline Küntgen (Vorsitzende des Katholischen Frauenbundes), Lutz Lange (Deutsche Studentenschaft), Meuser (Landgerichtsrat), Paula Mueller-Otfried (Mitglied des Reichstages, Vorsitzende des Deutsch-Evangelischen Frauenbundes), Dr. Roche (Vorsitzender des Akademikerbundes), Karl Sältzer (Großkaufmann), Schütze (Korvettenkapitän a.D.), Dr. Wespy (Stadtschulrat, Senator).

604 Schreiben des Leiters der Städtischen Realschule Hannover an Stadtschulrat Leon Wespy, 2. August 1912 (Personalakte Rudolf Graefenhain, StAH P 89).

605 O.A.; Aufruf zur Gründung einer Hannoverschen Musikgemeinde, in: Die Hannoversche Woche, 15. Juli 1929. Vgl. auch o.A.; Aufruf an alle Musikfreunde in Hannover, in: Kulturring, Juli 1929, S. 186 f.

606 Schreiben des hannoverschen Polizeipräsidenten an das Ministerium für Wissenschaft, Kunst und Volksbildung, 24. Dezember 1924 (NStAH Hann. 173a., Acc. 111/79).

607 O.A.; Deutsche Kunst und deutsche Politik, in: Volkstum und Bühne, Jhg. 5, H. 10, Juni 1930, S. 4.

608 Ebda.

609 Graefenhain, Rudolf; Ein heller Fanfarenstoß, Theatergemeinde Hannover, in: Volkstum und Bühne, Jhg. 8, H. 1, 1. September 1932.

610 Graefenhain, Rudolf; Aus dem Landesverband Hannover. Ein ernstes Wort zur Mahnung, in: Volkstum und Bühne, Jhg. 3, H. 3, November 1927, S. 12.

611 Graefenhain, Rudolf; An unsere Mitglieder, Theatergemeinde Hannover, in: Volkstum und Bühne, Jhg. 7, H. 1, September 1931.

612 Graefenhain, Rudolf; Rückblick auf die Tätigkeit der Theatergemeinde Hannover in der Spielzeit 1930/31, in: Volkstum und Bühne, Jhg. 6, H. 10, Juni 1931, S. 6.

613 Rudolf Graefenhains Engagement für die Angelegenheiten der Städtischen Bühnen dauerte über den 30. Januar 1933 hinaus an. Er war einer der Berater im Spielplan-Ausschuß des Reichsverbands Deutsche Bühne, also der gleichgeschalteten Bühnenorganisationen (o.A.; Theaterbesucher-Organisationen in Hannover zusammengefaßt, Nieders. Tageszeitung, 5. Mai 1933).

614 Alois Vogedes' Wohnung Am Schatzkampe 30 wurde in dem AUFRUF DER THEATERGEMEINDE DES BÜHNENVOLKSBUNDES HANNOVER (Nachschlagearchiv des Historischen Museums, Tasche SCHAUSPIEL ALLGEMEINE ARTIKEL 1904–1939) als Geschäftsstelle der künftigen hannoverschen Ortsgruppe des Bühnenvolksbundes angegeben. Später wechselte die hannoversche Ortsgruppe des Bühnenvolksbundes, die Theatergemeinde Hannover, in die Bahnhofstraße über die Palast-Lichtspiele und dann an den Schiffgraben (vgl. die Beilage Theatergemeinde Hannover, in: Volkstum und Bühne, Jhg. 7, H. 1, September 1931, sowie in: Volkstum und Bühne, Jhg. 7, H. 2, Oktober 1931). Der Landesverband Niedersachsen des Bühnenvolksbundes hatte seinen Geschäftssitz in der Georgstraße (H., O.; Aus der Arbeit des Bühnenvolksbundes, in: Volkstum und Bühne, Jhg. 3, 1. September 1927, S. 10. H., O.; Aus der Arbeit. Hannover, in: Volkstum und Bühne, Jhg. 4, H. 1, September 1928, S. 11).

615 Schreiben des Schriftleiters der Kornackerschen Zeitung, Hildesheim, an die Kestner-Gesellschaft, 22. September 1922 (NStAH Dep. 100 A. 24). Die KORNACKERSCHE ZEITUNG war identisch mit der HANNOVERSCHEN VOLKSZEITUNG (Dietzler, Anke; Hannoversche Tageszeitungen, S. 85).

616 Vogedes, nach 1933 Schriftleiter der westfälischen Zeitschrift DIE GLOCKE, wurde der Beitritt zur NSDAP mehrfach verweigert, weil er nach der nationalsozialistischen Machtübernahme „aktiv in der schwarz-weiß-roten Front gestanden" hatte. 1936, nachdem er unter Angabe falscher Daten doch Mitglied geworden war, wurde er aus der Partei ausgeschlossen (BDC, Personalakte Alois Vogedes. Schreiben der Ortsgruppe der NSDAP Neunkirchen I an die Kreisleitung der NSDAP Neunkirchen-Saar betr. der Anfrage der Ortsgruppe der NSDAP Oelde-Geist vom 21. März 1943 betr. des Aufnahmeantrages von Alois Vogedes). In der Veröffentlichung DIE BISTUMSBLÄTTER IN NIEDERSACHSEN WÄHREND DER NATIONALSOZIALISTISCHEN ZEIT. EIN BEITRAG ZUR GESCHICHTE DER KATHOLISCHEN PUBLIZISTIK IM 3. REICH (Hildesheim 1975) von Manfred Hüsgen wird Alois Vogedes nicht erwähnt.

617 Alois Vogedes, zitiert nach Schwitters, Kurt; Tran Nr. 15. Eine Durchschnittserscheinung mit hellen Augen, in: Die Pille, 2. Jhg., H. 2, 13. Januar 1921, S. 54 f.

618 Ebda. Schwitters antwortete auf Vogedes' Kritik in einer Replik, die den Angreifer am Ende als eifernden Kritikaster bloßstellte, der selbst wohl nicht gewußt habe, wie er seiner Entrüstung Worte verleihen sollte: „Und zum Schluß, lieber Herr Vogedes, reiche ich Ihnen die Hand zur Versöhnung. Schreiben Sie nicht wieder über Kunst, dann brauche ich nicht wieder über Sachen zu schreiben, die die katholische Kirche etwas angehen. Warum sollen wir beide über Dinge schreiben, von denen wir nichts verstehen?" (Ebda., S. 56).

619 Manfried, Max-Marten; Pfarrhauskomödie oder Die Schlacht im Deutschen Theater, in: Die Pille, 1. Jhg., H. 15, 9. Dezember 1920, S. 345. Vogedes war als Vertreter des Verbandes niedersächische Presse gemeinsam mit Rudolf Graefenhain Mitglied des laut Beschluß des preußischen Ministeriums für Wissenschaft, Kunst und Volksbildung sowie des Innenministeriums vom 16. März 1924 seitens des hannoverschen Polizeipräsidiums eingerichteten Kunstausschusses. Damit war er gutachterlich tätig „bei allen das Gebiet der Kunst berührenden Maßnahmen", „bei denen es zweifelhaft erscheint, ob eine Gefährdung der öffentlichen Ruhe, Sicherheit und Ordnung vorliegt". Daß seitens der Kunstausschüsse offenbar wenig und durch die Abteilung Bühne gar nichts bewirkt wurde, wird in Anbetracht der Tatsache deutlich, daß neben Graefenhain und Vogedes auch August Ziegler, der Leiter der Freien Volksbühne, und – bis zu seinem Weggang – auch Rolf Roenneke dem Bühnen-Kunstausschuß angehörten. Die heterogene Zusammensetzung der Kommission dürfte eine konstruktive Zusammenarbeit nur selten ermöglicht haben (Schreiben des hannoverschen Polizeipräsidenten an das Ministerium für Wissenschaft, Kunst und Volksbildung, 24. Dezember 1924 (NStAH Hann. 173a, Acc 111/79, Nr. 349)).

620 Manfried, Max-Marten; Hamburg und Hannover. Ein Theaterbrief, in: Die Pille, 1. Jhg., H. 14, 2. Dezember 1920, S. 323.

621 Vgl. Manfried, Max-Marten, Drei Theaterpillen. Einzeln und mit Vorsicht zu genießen, in: Die Pille, 1. Jhg., H. 5, 29. September 1920, S. 102. Vgl. auch Manfried, Max-Marten; An den Verfasser des HANNOVERSCHEN KÖNIGREICHES, in: Die Pille, 1. Jhg., H. 6, 6. Oktober 1920, S. 137. Daß Rosendahl einer glanzvollen Vergangenheit dieser Bühne nachtrauerte, machte er selbst insofern deutlich, als er das Haus korrekt zu bezeichnen stets zugunsten des Rückfalls in die monarchistische Vergangenheit vermied. Auch 1927, in seinem Beitrag für die von der Stadt herausgegebene Festschrift 1852–1927. 75 JAHRE HANNOVERSCHES OPERNHAUS, schrieb Rosendahl über das „alte hannoversche Hoftheater" und übte, wenn auch verhalten, Kritik an der Übernahme des Theaters durch die Stadt (Rosendahl, Erich; Theater-Erinnerungen, S. 106).

622 G. B.; Das hannoversche Königreich, in: Die Pille, 1. Jhg. H. 5, 29. September 1920, S. 105.

623 Ebda.

624 Ebda.

625 Unterstützung notleidender Künstler, Personalakte Erich Rosendahl (StAH HR 19, Nr. 363). Vgl. auch die entsprechenden Auflistungen in: StAH HR, Nr. 294. StAH HR 19, Nr. 293.

626 Ebda.

627 Schreiben Erich Rosendahls an August Löhdefink, 4. Februar 1929 (StAH HR 19, Nr. 363).

628 Schreiben Erich Rosendahls an Oberbürgermeister Arthur Menge, 4. März 1935 (StAH HR 19, Nr. 363).

629 Protokoll der Sitzung des Theater-Ausschusses, 26. Oktober 1922 (StAH HR X.C.10.32).

630 Protokoll der Sitzung des Theater-Ausschusses, 14. Dezember 1922 (StAH HR X.C.10.32). Rosendahl wurde auf Beschluß des Theater-Ausschusses auch für weite Teile der städtischen Festschrift zum 75jährigen Jubiläum des Opernhauses als Fachberater herangezogen (Protokoll der Sitzung des Theater-Ausschusses, 30. Mai 1927 (StAH HR X.C.10.32)].

631 Schreiben Erich Rosendahls an August Löhdefink, undatiert (1938) (StAH HR 19, Nr. 363).

632 Schreiben Erich Rosendahls an August Löhdefink, 29. September 1928, 21. Dezember 1928 (StAH HR 19, Nr. 363).

633 Schreiben Erich Rosendahls an August Löhdefink, 17. April. 1931, Schreiben Erich Rosendahls an den Magistrat, 17. September 1937, Schreiben Erich Rosendahls an Oberbürgermeister Henricus Haltenhoff, 23. Februar 1938 und 14. November 1938 (StAH HR 19, Nr. 363).

634 Schreiben Arthur Menges an Oberbürgermeister Henricus Haltenhoff, 14. November 1938 (StAH HR 19, Nr. 363). Der Sicherheitsdienst des Reichsführers der SS urteilte, nachdem bereits die lokale NSDAP-Ortsgruppe die „politische Zuverlässigkeit" Rosendahls bestätigt hatte (Schreiben der NSDAP-Gauleitung Südhannover-Braunschweig an den Präsidenten der Reichsschrifttumskammer, 2. April 1940 (RKK-Akte Erich Rosendahl, BDC)): „Es wird hervorgehoben, daß Rosendahl stets eine ausgesprochen antisemitische Gesinnung vertreten hat". (Schreiben des Sicherheitsdienstes des Reichsführers SS, Abschnitt Braunschweig, 23. Mai 1940 (RKK-Akte Erich Rosendahl, BDC)). Auch der Reichsschrifttumskammer gegenüber betonte Rosendahl sowohl seine schlechte gesundheitliche Verfassung (Schreiben vom 23. August 1937) als auch seine „exponierte(.) Stellung eines Hauptschriftleiters eines antisemitischen Kampfblattes", welche „den Kampf gegen die Juden führte" (Schreiben Rosendahls an die Reichsschrifttumskammer, 8. Januar 1939 (Ebda.). In einem Schreiben des Sicherheitsdienstes des Reichsführers SS, Abschnitt Braunschweig, am 23. Mai 1940, hieß es: „Als Kunstkritiker war Rosendahl nach jahrzehntelanger Unterbrechung noch in letzter Zeit für die HANNOVERSCHE LANDESZEITUNG tätig. Er wurde von der Liste gestrichen, weil er sich bei seiner Berichterstattung verschiedene Verstöße gegen die bestehenden Richtlinien hat zuschulden kommen lassen. Diese Verstöße werden nicht auf böse Absicht zurückgeführt. Rosendahl wird heute als ein Mann geschildert, der den Kontakt mit der heutigen Zeit und der erfolgten Wandlung verloren hat. Er wird als typischer Vertreter der alten Schriftleitergeneration bezeichnet ... Er bejaht von sich aus den Nationalsozialismus, doch dürfte er kaum eine innere enge Verbindung dazu gewonnen haben." (Ebda.)).

635 Schreiben Erich Rosendahls an August Löhdefink, 31. März 1932 (StAH HR 19, Nr. 363).

636 Schreiben Erich Rosendahls an Oberbürgermeister Henricus Haltenhoff, 23. Februar 1938 (StAH HR 19, Nr. 363).

637 Schreiben Erich Rosendahls an August Löhdefink, 18. Dezember 1930 (StAH HR 19, Nr. 363).

638 Schreiben Erich Rosendahls an August Löhdefink, 21. Dezember 1928 (StAH HR 19, Nr. 363).

639 Schreiben Erich Rosendahls an August Löhdefink, 23. Dezember 1928 (StAH HR 19, Nr. 363).

640 Schreiben Erich Rosendahls an August Löhdefink, 29. September 1928 (StAH HR 19, Nr. 363).

641 Schreiben Erich Rosendahls an August Löhdefink, 4. Februar 1929, Schreiben Erich Rosendahls an Arthur Menge, 17. September 1936 (StAH HR 19, Nr. 363). Vgl. dazu auch: o.A.; Krautworsts Wandelgänge. Rosendahl, Neue Hann. Presse, 27./28. August 1977.

642 Schreiben Erich Rosendahls an August Löhdefink, 4. Februar 1929 (StAH HR 19, Nr. 363).

⁶⁴³ Schreiben Erich Rosendahls an August Löhdefink, 5. Juni 1934 (StAH HR 19, Nr. 363).

⁶⁴⁴ Schreiben Erich Rosendahls an August Löhdefink, 18. Dezember 1930 (StAH HR 19, Nr. 363).

⁶⁴⁵ Ebda.

⁶⁴⁶ Schreiben Erich Rosendahls an August Löhdefink, 12. Juni 1934 (StAH HR 19, Nr. 363). Im Schreiben vom 5. Juni 1934 nannte er August Löhdefink gegenüber die Namen Georg Schnath, Kurt Voß und Paul Madsack als Förderer seiner Arbeit. Auffällig ist dennoch, daß der sonst so redselige Rosendahl wenig Angaben über jene „verschiedenen Kreise" machte, die seine schriftstellerische und journalistische Arbeit angeblich förderten. Einzig ein Schriftwechsel vom Ende der dreißiger Jahre gibt Aufschluß. Georg Grabenhorst, Landesleiter für Schrifttum und Kulturreferent der Provinz Hannover, forderte hier Oberbürgermeister Henricus Haltenhoff auf, die kurz zuvor eingestellten Unterstützungsleistungen wieder an Rosendahl auszuzahlen. Wenige Tage nach seiner Intervention dankte Grabenhorst Haltenhoff für die umgehende Überweisung von RM 200 an Rosendahl mit den Worten: „Es ist mir eine ganz besondere Genugtuung, daß die Hauptstadt Hannover hier einem Schriftsteller aus der Not geholfen hat, der wirklich in seinen historischen Schriften sich besondere Verdienste um die alte Landeshauptstadt Niedersachsens erworben hat." (Unterstützungsgesuch Georg Grabenhorsts an Oberbürgermeister Henricus Haltenhoff, 3. September 1940, Schreiben Haltenhoffs an Rosendahl, 9. September 1940, Dank Grabenhorsts an Haltenhoff, 10. September 1940 (StAH HR 19, Nr. 363)).

⁶⁴⁷ Erich Rosendahl starb, nachdem er im Zweiten Weltkrieg in Hannover ausgebombt worden und nach Burgdorf gezogen war, am 5. Januar 1952. In Burgdorf hatte der weit über Achtzigjährige noch Griechisch- und Lateinunterricht erteilt (Beste, Axel; Erich Rosendahl (1866–1952), Stolzenau 1974, S. 8. (O.A.; Krautworsts Wandelgänge. Rosendahl, Neue Hann. Presse, 27./28. 1977).

⁶⁴⁸ Ob und, wenn ja, wann Brandes in Hardegsen im Solling gewohnt hat, ließ sich nicht feststellen.

⁶⁴⁹ Zur Biographie von Brandes vgl. Rosendahl, Erich; Niedersächsische Literaturgeschichte, S. 269 f.

⁶⁵⁰ Ebda., S. 270. Vgl. auch Rosendahl, Erich; Geschichte der Hoftheater, S. 181.

⁶⁵¹ Karl Brandes zitierte aus seinem Schreiben aus dem Jahr 1905 in seinem Brief an Oberbürgermeister Arthur Menge vom 3. Mai 1928 (StAH HR X C.10.24.I).

⁶⁵² Ebda.

⁶⁵³ Brandes-Hardegsen, Karl; Friedensbotschaft. Ein Schauspiel in drei Aufzügen, Hannover 1916.

⁶⁵⁴ Rosendahl, Erich; Niedersächsische Literaturgeschichte, S. 270.

⁶⁵⁵ AUFRUF DER THEATERGEMEINDE DES BÜHNENVOLKSBUNDES HANNOVER (Nachschlagearchiv des Historischen Museums, Tasche SCHAUSPIEL ALLGEMEINE ARTIKEL 1904-1939).

⁶⁵⁶ Zitiert nach: Manfried, Max-Marten; Die Reinlichen und die Unreinlichen, in: Die Pille, 2. Jhg., H. 3, 20. November 1921, S. 89.

⁶⁵⁷ Zitiert nach: Ebda.

⁶⁵⁸ Wer sich hinter diesem Namen verbarg, bleibt unklar.

⁶⁵⁹ Manfried, Max-Marten; Die Reinlichen und die Unreinlichen, in: Die Pille, 2. Jhg., H. 3, 20. November 1921, S. 89.

⁶⁶⁰ Ebda.

⁶⁶¹ Ebda.

⁶⁶² Ebda., S. 90.

⁶⁶³ Rosendahl, Erich; Geschichte der Hoftheater, S. 181.

⁶⁶⁴ So Brandes in seinem von Max-Marten Manfried zitierten Flugblatt vom Januar 1921 (Manfried, Max-Marten; Die Reinlichen und die Unreinlichen, in: Die Pille, 2. Jhg., H. 3, 20. November 1921, S. 90).

⁶⁶⁵ Schreiben von Karl Brandes an Oberbürgermeister Arthur Menge, 3. Mai 1928 (StAH HR X C.10.24.I).

⁶⁶⁶ Schreiben des Präsidenten der Industrie- und Handelskammer für den Kreis Offenburg in Lahr an den Magistrat, 27. Januar 1928 (StAH HR XXX Nr. 228).

⁶⁶⁷ Schreiben von Karl Brandes an den Magistrat, 12. März 1928 (StAH HR XXX Nr. 228).

⁶⁶⁸ Schreiben des Magistrats an Karl Brandes, Veilchenstraße 6, Hannover, 23. März 1928 (StAH HR XXX Nr. 228).

⁶⁶⁹ „Leider konnte ich nicht früher schreiben, da es mir wieder recht schlecht ging. Sie sehen, für mich tut Eile not. Bitte, helfen Sie mir!" (Schreiben Karl Brandes' an den Magistrat, 12. März 1928 (StAH HR XXX Nr. 228)). So blieb das Geld auch explizit nicht für einen Druckkostenzuschuß, sondern für eine Kur Brandes' vorbehalten. Am 17. Juli 1929 erhielt Brandes erneut RM 500.- und am 28. Juni 1930 bzw. am 11. Mai 1931 jeweils RM 200.- (StAH HR XXX Nr. 228).

⁶⁷⁰ Rundfrage des Deutschen Städtetages und Beantwortung des hannoverschen Magistrates, 13. Juli 1932 (StAH HR XXX. Nr. 222). Allerdings bleibt der Unterschied zwischen der Ehrengabe, die seit 1908 in Hannover ausgezahlt wurde, und dem Ehrensold unklar. Letzterer wurde ebenfalls als Zeichen der Anerkennung für bestimmte Verdienste zum Wohle der Stadt gewährt. Denkbar wäre, daß es sich beim Ehrensold um eine einmalige, bei der Ehrengabe jedoch um eine über einen längeren Zeitraum regelmäßig wiederkehrende Zahlung handelte, womit auch erklärt werden könnte, daß letztere ausschließlich an Künstlerinnen und Künstler ausgegeben wurde, einen Personenkreis also, der in der Regel, erst recht im Alter, über keine regelmäßig ausgezahlten Rentengelder o.ä. verfügte.

⁶⁷¹ Ab 1932 wurde Karl Brandes nicht mehr aus den Mitteln einer Ehrengabe unterstützt, sondern – wie Erich Rosendahl – vom Städtischen Wohlfahrtsamt (vgl. dazu die Auflistung in: StAH HR 19, Nr. 295). Nach wie vor hat er offenbar Kontakt zu den Städtischen Bühnen gepflegt; am 24. August 1932 schrieb er an August Löhdefink, er hoffe mit der Unterstützung der Stadt seine Kur bald beenden zu können, „um dann in Hannover wieder mit Dr. Kranich arbeiten zu können" (Schreiben von Karl Brandes an August Löhdefink, 24. August 1932 (StAH HR 19, Nr. 304). „Zur Wiederherstellung Ihrer Gesundheit und in Hinblick auf Ihr hohes Alter" erhielt Brandes am 12. September 1932 eine einmalige Kurbeihilfe von RM 100.- (StAH HR 19, Nr. 304). Weitere Zahlungen sind nicht bekannt.

⁶⁷² Exemplarisch das Schreiben Oberbürgermeister Arthur Menges an Karl Brandes, 26. Mai 1928 (StAH HR X.C.10.24.I).

⁶⁷³ Schreiben von Karl Brandes an Oberbürgermeister Arthur Menge, 6. Juli 1928 (StAH HR X C.10.24.I).

⁶⁷⁴ Ebda.

⁶⁷⁵ Im folgenden verwende ich durchgehend die Schreibweise ‚Altmann', auch wenn Georg Altmann nach seiner Eheschließung mit einer Amerikanerin unter dem Namen Georg oder auch George Altman veröffentlichte.

676 Bewerbungsschreiben Otto Ockerts, Direktor des Stadttheaters Münster, 30. Dezember 1926 (StAH HR X C.10.4.1). Auch Harry Moss rechnete sich Chancen auf den Posten aus.

677 Bewerbungsschreiben Otto Ockerts, Direktor des Stadttheaters Münster, 30. Dezember 1926 (StAH HR X C.10.4.1).

678 Bewerbungsschreiben Julius Arnfelds, Breslau, 20. Oktober 1926 (StAH HR C.10.4.I).

679 Vgl. dazu: Harms, Claus; Georg Altman, S. 161. O.A.; (Altman neuer Schauspielleiter), Volkswille, 18. März 1927.

680 Vgl. zur Biographie Altmanns: Altmann, Georg; Meine Anfänge 1902–1910, in: Altmann, Georg; Vor fremden und eigenen Kulissen, S. 157 ff. Harms, Claus; Georg Altman, S. 160 ff. Walk, Joseph; Kurzbiographien, S. 884. Frerking, Johann; Theater in Hannover, S. 63. Mlynek, Klaus; Hannover in der Weimarer Republik und unter dem Nationalsozialismus, S. 470). H., C.; Einst Schauspieler in Hannover. Zum Tode von Georg Altman, Hann. Allg. Zeitung, 19. Juni 1962. Harms, Claus; Hannover-Kapitel kam leider zu kurz. Georg Altmans Rückblick GESCHAUTES UND ERLEBTES, Hann. Allg. Zeitung, 20. März 1965. Niessen, Carl; Statt einer Einführung: In memoriam Prof. Dr. Georg Altmann, in: Altmann, Georg; Vor fremden und eigenen Kulissen, S. I–IX.

681 Altmann, Georg; Vor fremden und eigenen Kulissen, S. 157 ff. NP-Feuilletondienst, 21. Juli 1959.

682 Altmann, Georg; Vor fremden und eigenen Kulissen, S. 158.

683 Ebda., S. 162 f.

684 Harms, Claus; Georg Altman, S. 162. Altmann, Georg; Vor fremden und eigenen Kulissen, S. 161.

685 Allerdings erlebte er zunächst eine unangenehme Überraschung, als sich herausstellte, daß seine Berliner Germanistikprofessoren seiner in ihren Augen fachfremden Arbeit über ein Gebiet aus der Theatergeschichte nicht zustimmen wollten (Niessen, Carl, Statt einer Einführung. In memoriam Prof. Dr. Georg Altmann, in: Altmann, Georg, Vor fremden und eigenen Kulissen, S. II. Altmann, Georg, Vor fremden und eigenen Kulissen, S. 161). Erst der Jenaer Philosoph und Literatur-Nobelpreisträger Rudolf Eucken akzeptierte Altmanns Arbeit.

686 Altmann, Georg; Vor fremden und eigenen Kulissen, S. 163.

687 Georg Grabenhorst erinnerte sich im Gespräch daran, daß Altmann in seiner Zeit als Leiter des Städtischen Schauspiels seiner vierköpfigen Familie von dem Geld seiner Frau eine Villa in Herrenhausen bauen lassen wollte. Das Projekt, für das die hannoverschen Brüder Siebrecht als Architekten bereits gewonnen waren, ist offenbar nicht ausgeführt worden (Gesprächsprotokoll Georg Grabenhorst 22. September 1992). Mit der Eheschließung nahm Georg Altmann die Staatsangehörigkeit seiner Frau an, was ihn nach seiner Beurlaubung 1933 trotz der gefährlichen Lage vor noch Schlimmerem bewahrt haben mag.

688 Altmann, Georg; Vor fremden und eigenen Kulissen, S. 168.

689 Vgl. dazu etwa: Frerking, Johann; Theater in Hannover, S. 138. Röhrbein, Waldemar R.; So wie es war, S. 95. Mlynek, Klaus; Hannover in der Weimarer Republik und unter dem Nationalsozialismus, S. 470.

690 Altman, Georg; Hannovers Privatbühnen, Hann. Kurier, 22. September 1915. Bei diesem Artikel handelt es sich um einen Teil einer insgesamt vierteiligen Fortsetzungsreihe im HANNOVERSCHEN KURIER. Die anderen Teile erschienen am 21., 23. und 24. September 1915. Vgl. Harms, Claus; Georg Altman, S. 164.

691 Vgl. etwa Harms, Claus; Georg Altman, S. 162. Frerking, Johann; Theater in Hannover, S. 54. Röhrbein, Waldemar R.; So wie es war, S. 95. O.A.; Der neue Schauspieldirektor. Dr. Georg Altman Nachfolger Dr. Roennekes, Hann. Tageblatt, 22. November 1926. H., C.; Einst Schauspieler in Hannover. Zum Tode von Georg Altman, Hann. Allg. Zeitung, 19. Juni 1962. Harms, Claus; Hannover-Kapitel kam leider zu kurz. Georg Altmans Rückblick GESCHAUTES UND ERLEBTES, Hann. Allg. Zeitung, 20. März 1965. Harms, Claus; Theatergeschichte(n) aus Hannover. Ein literarischer Theaterleiter. Die Ära Dr. Georg Altman, Hann. Allg. Zeitung, 13. August 1969. In der Einleitung zu Georg Altmanns 1964 erschienenen Lebenserinnerungen machte Carl Niessen über dessen Tätigkeit im Deutschen Theater folgende Angaben: „Was er dort vom 15. September 1910 bis zum 30. April 1913 in 139 Inszenierungen leistete, war bewundernswert, denn neben dem Unterhaltungsspielplan, den man von diesem Theater vor allem erwartete, wagte er 8 Dramen von Ibsen, 9 von Gerhart Hauptmann, 6 von Schnitzler und 2 von Wedekind. Wie er diesen verehrten Dramatikern zeitlebens seine menschliche Treue bewahrte, so stand er auch zu Herbert Eulenberg, mit dessen ANNA WALEWSKA er in dem konservativen Bremen Staub aufwirbelte. Hildesheim machte er mit der BELINDE bekannt."(Niessen, Carl; Statt einer Einführung. In memoriam Prof. Dr. Georg Altmann, in: Altmann, Georg; Vor fremden und eigenen Kulissen, S. II). Vgl. auch die positive Einschätzung Rahlfs' (Städtische Bühnen, S. 51). Georg Altmann war auf eigenen Wunsch zugleich Leiter des Fürstlichen Schauspielhauses in Bad Pyrmont geworden. Zum einen ermöglichte ihm dies, seinen Schauspielern durch längere Spielzeiten zu einem besseren Verdienst zu verhelfen (Altmann, Georg; Vor fremden und eigenen Kulissen, S. 168f), zum anderen ergriff er damit die Gelegenheit, die Möglichkeiten des Freilichttheaters zu erproben (Niessen, Carl; Statt einer Einführung. In memoriam Prof. Dr. Georg Altmann, in: Altmann, Georg, Vor fremden und eigenen Kulissen, S. II). 1913 urteilte Arthur Pfahl über die gerade erst zu Ende gegangene Ära Altmann im Deutschen Theater: „Direktor Altmann verdanken wir die Bekanntschaft mit dem in Hannover bis dahin noch nicht gespielten Brand, mit Werken wie *Landal* und *Ysbrand*, vor allem aber mit Herbert Eulenberg, dessen ANNA WALEWSKA, LEIDENSCHAFT und BELINDE im Deutschen Theater liebevolles Verständnis fanden und hier zum Teil ihre Uraufführung erlebten." (Pfahl, (Arthur); Theater und Musik, S. 213).

692 Harms, Claus; Georg Altman, S. 161. Harms, Claus; Hannover-Kapitel kam leider zu kurz. Georg Altmans Rückblick GESCHAUTES UND ERLEBTES, Hann. Allg. Zeitung, 20. März 1965.

693 Altmann, Georg; Vor fremden und eigenen Kulissen, S. XIV.

694 Ebda., S. 174.

695 Ebda., S. 171. Vgl. auch Niessen, Carl; Statt einer Einleitung. In memoriam Prof. Dr. Georg Altmann, in: Altmann, Georg; Vor fremden und eigenen Kulissen, S. II.

696 So rückblickend in: o.A.; Der neue Schauspieldirektor. Dr. Georg Altman Nachfolger Dr. Roennekes, Hann. Tageblatt, 22. November 1926. Vgl. zur Tätigkeit Altmanns als Leiter des Deutschen Theaters auch StAH HR 19, 14.

697 Niessen, Carl; Statt einer Einleitung. In memoriam Prof. Dr. Georg Altmann, in: Altmann, Georg; Vor fremden und eigenen Kulissen, S. III. Vgl. auch: o.A.; Das Schauspielhaus im Monat Mai, in: Die Hann. Woche, 1. Mai 1930.

698 Vgl. auch Altmann, Georg; Vor fremden und eigenen Kulissen, S. 164. Harms, Claus; Georg Altman, S. 162.

699 Vgl. dazu etwa: Walk, Joseph; Kurzbiographien, S. 884. Harms, Claus; Theatergeschichte(n) aus Hannover. Ein literarischer Theaterleiter. Die Ära Dr. Georg Altmann, Hann. Allg. Zeitung, 13. August 1969.

700 O.A.; Der neue Schauspieldirektor. Dr. Georg Altman Nachfolger Dr. Roennekes, Hann. Tageblatt, 22. November 1926. H., C.; Einst Schauspieler in Hannover. Zum Tode von Georg Altman, Hann. Allg. Zeitung, 19. Juni 1962.

701 Vgl. dazu: Harms, Claus; Georg Altman, S. 162, 165. Walk, Joseph; Kurzbiographien, S. 884.

702 Vgl. Niessen, Carl; Statt einer Einleitung. In memoriam Prof. Dr. Georg Altmann, in: Altmann, Georg; Vor fremden und eigenen Kulissen, S. V.

703 Ebda., S. IV

704 Ebda., S. V.

705 O.A.; George Altmann neuer Schauspielleiter, Hann. Tageblatt, 17. August 1922. Zu diesem Zeitpunkt war Willy Grunwald bereits ein Jahr Inhaber der Stelle, die hier Altmann zugeschrieben wurde.

706 Ebda.

707 Die Protokolle der Sitzungen des Theater-Ausschusses geben keinen Hinweis auf eine ablehnende Haltung gegenüber der Arbeit der Rotter-Brüder. Wohl aber war die Diskussion um die Entwicklung des Theaterwesens im Hannover der zwanziger Jahre von einem zunehmend massiver und militanter auftretenden Antisemitismus geprägt. Peter Schulze urteilte: „Aus dem Randphänomen der wilhelminischen Gesellschaft wurde ein zentraler Faktor für die Schaffung einer einheitlichen Front der Republikgegner in der sozial heterogenen und politisch zersplitterten Rechten." (Schulze, Peter, Juden in Hannover, S. 42). Der NIEDERSÄCHSISCHE BEOBACHTER schrieb in diesem Zusammenhang im Frühjahr 1928: *„Es ist doch lehrreich festzustellen, daß unter dem glorreichen Herrn Kultusminister Becker es nicht einen einzigen Leiter einer staatlichen Bühne mehr gibt, der nicht Jude wäre.* In Hannover haben wir einen Bürgerblock, an dessen Spitze der ehemalige Stadtdirektor Heinrich Tramm steht. Dieser Heinrich Tramm ist ein unentbehrlicher Mann für jeden Bürger ... Daß aber dieser Heinrich Tramm, Gemahl einer Ostjüdin, Freund eines wahren Filzes von Juden ... dann eines Tages einen Juden, den Herrn Altmann als Leiter des städtischen Schauspielhauses hinsetzte, nicht wahr, das war doch wohl die Folge." (Titel u. Autor unbekannt, Niedersächsischer Beobachter, Datum unbekannt, liegt dem Schreiben von Karl Brandes an Arthur Menge v. 3. Mai 1928 bei (StAH HR X.C.10.24.I)). 1928 wurde Heinrich Tramm für die Anstellung Georg Altmanns verantwortlich gemacht und mit antisemitischer Hetze verfolgt. Fünf Jahre später, nach dem Tod des ehemaligen Stadtdirektors, war es Arthur Menge, der – u.a. von Harry Moss – beschuldigt wurde, mit dem Engagement des jüdischen Schauspielleiters zu einer „Verjudung" der Städtischen Bühnen beigetragen zu haben. Tatsächlich hat – vielleicht aufgrund der Konatkte seiner Ehefrau, der ehemaligen Schauspielerin Olga Polnar – eine Beziehung Tramms zur Berliner Theaterszene und hier auch zu den Brüdern Rotter bestanden. Unter den geladenen Gästen anläßlich der Trauerfeier nach Tramms Tod waren auch Alfred und Fritz Rotter (Telegramm der Brüder Rotter, Berlin, 15. März 1932 (StAH HR 15, Nr. 73)).

708 O.A.; Der neue Schauspieldirektor. Dr. Georg Altman Nachfolger Dr. Roennekes, Volkswille, 23. November 1926. Selbst Erich Rosendahl zeigte sich erfreut über die Benennung Altmanns als Roennekes Nachfolger, habe der sich doch „als Direktor des Deutschen Theaters in Hannover manches Verdienst erworben" (Rosendahl, Erich; Geschichte der Hoftheater, S. 188).

709 SA; Spielzeitbeginn im Schauspielhaus. NEIDHART VON GNEISENAU von W. Goetz, Hann. Kurier, 1. September 1927. Vgl. auch die Kritik Ernst Madsacks: Dr. E. M.; Städtische Bühnen. Schauspielhaus. GNEISENAU von Wolfgang Goetz (Erstaufführung), Hann. Anzeiger, 2. September 1927. Vgl. aber auch o.A.; Neuengagiert am hannoverschen Schauspielhaus, Hann. Kurier, 3. Juli 1927. l., a.; Ein neuer Schauspieldirektor, in: Freie Volksbühne, 5. Jhg., Nr. 5, 18. Dezember 1926, S. 2.

710 Arthur Menge, Protokoll der Sitzung des Theater-Ausschusses, 22. November 1926 (NStAH Hann. 310III D. 70).

711 Arthur Menge betonte in der Sitzung des Theater-Ausschusses am 22. November 1926, daß er in Altmann den kommenden Intendanten sehe. Die Frage des Bürgervorstehers Liebernickel, ob Menge denke, mit Altmann einen Schauspieldirektor einzustellen, „der die Qualitäten aufweise, später in die Stellung des Intendanten hineinzuwachsen", bejahte er und argumentierte, er fordere dies derzeit nur deshalb nicht, um Rudolf Krassalt nicht zu verärgern (Protokoll der Sitzung des Theater-Ausschusses, 22. November 1926 (StAH HR X.C.10.32)).

712 Arthur Menge, Protokoll der Sitzung des Theater-Ausschusses, 22. November 1926 (NStAH Hann. 310III D. 70).

713 Zitiert nach: am.; Kleines Feuilleton. Der neue Schauspieldirektor, Volkswille, 24. Januar 1926. Menge erwähnte die Tatsache, daß Altmann auch Jannings ‚entdeckt' hatte, als Beweis für dessen Geschäftstüchtigkeit. Vgl. Dietzler, Anke; ‚Gleichschaltung', S. 2.

714 Zitiert nach: o.A.; o.T. (Einführung des neuen Schauspielleiters), Volkswille, 18. August 1927. Vgl. auch o.A.; Einführung Dr. Altmans als Leiter der Städtischen Bühnen, Hann. Tageblatt, 13. August 1927.

715 So Georg Altmann in der Sitzung des Theater-Ausschusses, 26. Oktober 1927 (NStAH Hann. 310III D. 70). Vgl. dazu das umfangreiche Papier vom 26. Oktober 1927 (StAH HR X.C.10.32).

716 Georg Altmann, Protokoll der Sitzung des Theater-Ausschusses, 26. Oktober 1927 (NStAH Hann. 310III D. 70).

717 Ebda.

718 Ebda. Bei den beiden Artikeln über Altmanns „beabsichtigte Irreführung des Publikums" handelte es sich um: o.A.; Seitensprünge der städtischen Schauspielleitung, Hann. Kurier, 24. Oktober 1927. O.A.; Nochmals die Seitensprünge, Hann. Kurier, 26. Oktober 1927.

719 Georg Altmann, Protokoll der Sitzung des Theater-Ausschusses, 26. Oktober 1927 (NStAH Hann. 310III D. 70). Offenbar schenkte der Theater-Ausschuß den Ausführungen Altmanns Glauben. Er billigte das Vorgehen des Schauspielleiters. Arthur Pfahl schlug in diesem Zusammenhang vor, dem HANNOVERSCHEN KURIER zur Bestrafung seines Verhaltens die Freikarten zu entziehen. (NStAH Hann. 310III D. 70).

720 Altmann, Georg; Schauspiel-Regie als Beruf, S. 68.

721 Vgl. Harms, Claus; Georg Altman, S. 161, hier auch Auflistung der Namen. Vgl. l., a.; Kündigungen und Verpflichtungen an den Städtischen Bühnen in Hannover, in: Freie Volksbühne, 5. Jhg., Nr. 9, 30. April 1927, S. 5 f.

722 Rosendahl, Erich; Die Städtischen Bühnen, Bürgerwacht, 31. März 1928. Die BÜRGERWACHT, Organ der Bürgervereine der Stadt, mutmaßte hinter der Übernahme eines Teils des alten Berliner Schauspielkörpers „jüdische Machenschaften". Bezugnehmend auf Leserbriefe aus Publikumskreisen schrieb die Zeitschrift im November 1928: „Die Personalpolitik, besonders am Schauspiel, ist von Gesichtspunkten aus geleitet worden, die tatsächlich den Antisemiten reichlich Wasser auf ihre Mühlen schütten. Wir bedauern das, besonders aber auch deswegen, weil deshalb viele Theaterbesucher den Städtischen Bühnen fern bleiben." (o.A.; Kommunalpolitische Ansichten, Bürgerwacht, 2. November 1928). Noch gute drei Jahre später, im Dezember 1931, gab die BÜRGERWACHT Gerüchte wieder, denen zufolge Altmann nach und nach verdiente Schauspieler aus dem alten Ensemble entlasse, um die freiwerdenden Posten mit seinen Berliner Freunden zu besetzen (o.A.; Kommunalpolitische Umschau, Bürgerwacht, 1. Dezember 1931. Vgl. auch o.A.; Unsere Städtischen Bühnen, Bürgerwacht, 16. Mai 1929).

723 Zitiert nach: o.A.; o.T. (Einführung des neuen Schauspielleiters), Volkswille, 18. August 1927. Lieselotte Vahlbruch, deren Vater in jenen Jahren Souffleur am Städtischen Theater war, erinnerte sich an dessen Aussage, nach der Altmann, der ohnehin wegen seines autoritären Verhaltens recht unbeliebt gewesen sei, vor allem angefeindet worden sei, weil er sich über die Interessen des alten Ensembles hinweggesetzt und vornehmlich um ‚seine' aus Berlin mitgebrachten Akteure gekümmert habe (Gesprächsprotokoll Heinz und Lieselotte Vahlbruch, 20. August 1992). Für Erich Rosendahl stand 1928 bereits fest, daß das Theater „durch den Zugang des Schauspielkörpers eine nennenswerte künstlerische Bereicherung kaum erfahren hat" (Rosendahl, Erich; Die Städtischen Bühnen, Bürgerwacht, 31. März 1928).

724 Heine, Werner; Kurzer Frühling der Moderne, S. 95 f.

725 Altmann, Georg; Spielplan-Maximen, in: Almanach der Städtischen Bühnen Hannover für das Jahr 1929, zitiert nach Kunstverein Hannover; Zwanziger Jahre, S. 160. Vgl. auch Weber, Brigitta; ‚Theater führt zu wahrer Volksgemeinschaft', S. 160.

726 Altmann, Georg; Spielplan-Maximen, in: Almanach der Städtischen Bühnen Hannover für das Jahr 1929, zitiert nach: Kunstverein Hannover; Zwanziger Jahre, S. 160.

727 Ebda.
728 Ebda.
729 Ebda.
730 Abgedruckt in: Altmann, Georg; Vor fremden und eigenen Kulissen, S. 190 ff. Vgl. auch Altmann, Georg; Das Deutsche Theater in der Krise, in: Freie Volksbühne, 10. Jhg., Nr. 5, 10. Dezember 1931, S. 7 ff.
731 In: Altmann, Georg; Vor fremden und eigenen Kulissen, S. 191.
732 Ebda., S. 192.
733 Abgedruckt in: Ebda., S. 187 f.
734 Drolinveaux, Günther; Kurt Ehrhardt, S. 42.
735 Wendt, Ernst, in: Kunstverein Hannover; Zwanziger Jahre, S. 155. Vgl. auch Röhrbein, Waldemar R.; So wie es war, S. 95. Mlynek, Klaus; Hannover in der Weimarer Republik und unter dem Nationalsozialismus, S. 470. Lange, Rudolf; Kleiner Spaziergang, S. 94.

736 Wohl am schärfsten hat Ernst Wendt im Katalog zur Ausstellung DIE ZWANZIGER JAHRE IN HANNOVER die Arbeit Georg Altmanns kritisiert. Nach Wendts Überzeugung hat Altmann das hannoversche Schauspiel von Beginn an „ohne die prägende Entschiedenheit seines Vorgängers" geleitet. „Er war – mit Herbert Iherings Worten – ‚kein geistiger, sondern ein gebildeter Regisseur', mehr literarisch denn theatralisch orientiert, sorglich auf Interpretation und Auslegung der Stücke bedacht, dabei aber recht eigentlich ohne geistige Konzeption, auch ohne sinnliche Kraft, schon gar ohne das heftige Engagement Roennekes... In Hannover betrieb er ... literarisches Bildungstheater in der reinsten Form. Fundament des Spielplanes war die ‚Pflege der Klassiker'. Die Aufführungen, mit Geschmack und Intelligenz, aber ohne entschlossenen Stilwillen besorgt, mit ausgewogener Deklamation vorgetragene Informationen über ein Stück Dichtung." (Wendt, Ernst, in: Kunstverein Hannover; Zwanziger Jahre, S. 155).

737 Harms, Claus; Georg Altman, S. 161, 164. Harms, Claus; Theatergeschichte(n) aus Hannover. Ein literarischer Theaterleiter. Die Ära Dr. Georg Altman, Hann. Allg. Zeitung, 13. August 1969. „Von jeher galt Altman ja als Prototyp des ‚lateinischen' Doktorregisseurs und literarischen Theaterleiters, dessen Spielplangestaltung mancher Chronist reichlich herablassend als ‚akademisches Bildungstheater' abtun zu können meinte." (Harms, Claus; Hannover-Kapitel kam leider zu kurz. Georg Altmans Rückblick GESCHAUTES UND ERLEBTES, Hann. Allg. Zeitung, 20. März 1965). Altmann sprach von sich selbst als „lateinische(m)" Regisseur (Altmann, Georg; Vor fremden und eigenen Kulissen, S. 167).

738 Weber, Brigitta; ‚Theater des deutschen Volkes', S. 26.
739 Ebda.
740 Hasenclever, Marita; Städtische Bühnen.
741 Krogel, Georg; Die Spielpläne der Volksbühne, in: Freie Volksbühne, 10. Jhg., Nr. 8, 5. März 1932, S. 6 f.
742 Altmann, Georg; Die Schaubühne in unserer Zeit, in: Altmann, Georg; Vor fremden und eigenen Kulissen, S. 185.
743 Ebda.
744 Ebda.
745 Ebda., S. 186.
746 Es war also letztlich nicht so, daß sich um seine „künstlerische(n) Ambitionen ... in der Presse zwischen der Rechten und der Linken große Streitigkeiten" entwickelten, wie der HANNOVERSCHE ANZEIGER nach Altmanns Weggang 1936 resümierte, sondern der neue Theaterleiter sah sich schon kurze Zeit, nachdem er in Hannover begonnen hatte, mit einer beständig wachsenden Front von Gegnern auf der Rechten wie auf der Linken konfrontiert (o.A.; 25 Jahre Schauspielhaus Hannover. Die Bau- und wirtschaftliche Geschichte des Schauspielhauses, Hann. Anzeiger, 9. April 1936).

747 Noch zwanzig Jahre später, 1949, erinnerte sich Frerking in einer Rezension an diese Inszenierung, die „mit müder Hand" und „von des Gedankens Blässe angekränkelt" gewesen sei (Frerking, Johann; Augenblicke, S. 199). Ein negatives Urteil fällten auch Eberhard Sarter und Kurt Voß vom HANNOVERSCHEN KURIER. Während Sarter das „Fehlen der weithin waltenden Kraft einer großen Inszenierpersönlichkeit" beklagte und bedauerte, es sei „nicht daraus (geworden), was man erwartet hatte", wurde Voß noch um einiges kritischer: „Nur ein Regisseur von stilbildender Kraft, zudem ein Mann der großen ethischen Schau, steht im letzten nicht ohnmächtig vor solchem Unterfangen. Der hannoversche Spielleiter Dr. Georg Altmann begnügte sich mit der szenischen Wiedergabe ausgewählter Teile aus FAUST II mit einer gedrängten Zusammenfassung, für die auch ein Aufführungsabend genügt hätte. So entfiel jeder innere Grund für eine Verlegung in vier Abende." (Beide Rezensionen der FAUST-Aufführung sind zitiert in:

173

Harms, Claus; Georg Altman, S. 164). Vgl. auch l., a.; Theaterrundschau. Das Schauspiel, in: Freie Volksbühne, 7. Jhg., Nr. 8, 13. April 1929, S. 7. Zur Kritik der Aufführungen seitens der Theatergemeinde Hannovers vgl.: o.A.; Die Städtischen Bühnen Hannover, in: Volkstum und Bühne, Jhg. 5, H. 9, Mai 1929, S. 14. Vgl. auch o.A.; Vorschau auf die Städtischen Bühnen, in: Kulturring, Juni 1929, S. 160.

[748] Bürgervorsteher Westphal, Protokoll der Sitzung des Theater-Ausschusses, 5. Dezember 1932 (NStAH Hann. 310III D.70).

[749] Ebda. Bürgervorsteher Weber (SPD) hatte schon am 19. Juni 1930 anläßlich der Diskussion um eine Vertragsverlängerung Altmanns betont, „er sei von dem Wirken Dr. Altmanns enttäuscht und habe eigentlich keine Neigung, ihn weiter zu verpflichten". (Protokoll der Sitzung des Theater-Ausschusses, 19. Juni 1930 (StAH HR X.C.10.32)). Auch 1932 sprach sich Weber gegen eine Vertragsverlängerung aus, „weil seine (Altmanns, I.K.) künstlerischen Leistungen nicht befriedigten" (Protokoll der Sitzung des Theater-Ausschusses, 30. Januar 1932 (StAH HR X.C.10.32)). Der VOLKSWILLE veröffentlichte im Juli 1930 eine Glosse, in der es darum ging, daß der Autor Zeuge eines fiktiven Abtransports von großen Mengen Blechs aus dem Städtischen Theater, jenes Instituts „zur Erzeugung edler Bürgertugend, schöner Träume und einwandfreier Moral", wurde. Auf die Frage, was nun mit dem Blech geschehe, wurde ihm erklärt: „Wir haben das vorjährige Repertoire aus dem Keller geholt. Es soll gereinigt und aufgefärbt werden, damit es in der nächsten Spielzeit wie neu aussieht. So machen wir es jedes Jahr, wenn die Ferien angebrochen sind." Der Autor kommentierte: „Es verschlug mir den Atem. So ehrwürdiges, uraltes Kulturgut (und in solcher Menge!) war mir noch nie über den Weg getragen. Schweigend drückte ich den beiden Männern die Hand und entfernte mich, heilige Schauer im Herzen." (O.A.; Pillen und Pulver. Was tut das Schauspielhaus in den Ferien?, Volkswille, 20. Juli 1930).

[750] Kg.; Theaterrundschau. Das Schauspiel, in: Freie Volksbühne, 7. Jhg., Nr. 9, 25. Mai 1929, S. 8 f.

[751] r., h.; Rückblick und Ausblick, in: Freie Volksbühne, 7. Jhg., Nr. 1, 18. August 1928, S. 2 f. Vgl. auch l., a.; Theaterrundschau, in: Freie Volksbühne, 6. Jhg., Nr. 4, 19. November 1927, S. 5 ff. Ähnlich auch in: l., a.; Theaterrundschau. Das Theater, in: Freie Volksbühne, 7. Jhg, Nr. 5, 5. Januar 1929, S. 5 ff.

[752] Lipschitz, A.; Was soll man spielen?, in: Freie Volksbühne, 7. Jhg., Nr. 10, 15. Juni 1929, S. 1.

[753] Geschäftliche Mitteilungen. Die Ergebnisse der letzten Mitgliederversammlung, in: Freie Volksbühne, 10. Jhg., Nr. 2, 19. September 1931, S. 7. Riemann, Gustav; Rotation. Zur geplanten Aufführung im Schauspielhaus, in: Freie Volksbühne, 10. Jhg., N. 4, 21. November 1931, S. 4 f. Das Stück spielt in der Atmosphäre einer Zeitungsredaktion, die als korrupt und skrupellos beschrieben wird. Hauptfigur ist Geheimrat Kellermann, Chefredakteur der IMZ (INTERNATIONALE METROPOL-ZEITUNG). Riemann beschrieb Kellermann als Sozialreformer, „Idealist(en), glänzende(n) Schriftsteller, von den Großkapitalisten gehaltenes Reklameobjekt, unter den Fachleuten des Weltblatts der Fachmann für sozialen Idealismus, für ‚freies Wort' und schmissige humane Kritik" (Ebda., S. 5). Sein Idealismus wird dem Journalisten zum Verhängnis, die IMZ unterschlägt seinen Leitartikel über die Machenschaften eines Kongresses zur Untersuchung der Arbeitslosigkeit. Kellermann, empört über die geistige und moralische Korruption dieser Welt, schlägt sich auf die Seite derer, die für soziale Gerechtigkeit einstehen. Doch diese verstehen sein Streben nach Wahrhaftigkeit nicht und versagen ihm ihre Hilfe. Kellermann zerbricht an der Gewißheit, in dieser Gesellschaft keinen Platz zu haben, und begeht Selbstmord. Erst nach seinem Tod formiert sich die Opposition derer, die seinen Eifer zuvor nicht verstanden haben.

[754] Georg Altmann, Protokoll der Sitzung des Theater-Ausschusses, 6. Juni 1932 (NStAH Hann. 310III D. 71l).

[755] Ebda.

[756] Ebda.

[757] Ebda. Vgl. auch Ziegan, Uta; ‚Die Kunst dem Volke', S. 86. Vgl. o.A.; Zusammenarbeit mit der Leitung der Städtischen Bühnen, in: Freie Volksbühne, 11. Jhg., Nr. 1, 27. August 1932, S. 9. Hier hieß es sogar, die zuvor geplante Aufführung von Hauptmanns DIE WEBER sei zugunsten FUHRMANN HENTSCHELS „den Bedenken der Stadtverwaltung zum Opfer gefallen". Vgl. zu Altmanns Haltung zur Freien Volksbühne dessen würdigende Antwort auf eine Umfrage der Besucherorganisation (o.A.; Was sagen Sie zur Freien Volksbühne?, in: Freie Volksbühne, 9. Jhg., Nr. 1, 16. August 1930, S. 8). Die BÜRGERWACHT als Zeitschrift aller hannoverschen Bürgervereine forderte im Mai 1929: „Man berufe umgehend einen mit *diktatorischen Vollmachten ausgerüsteten Generalintendanten*, dem die Opernleitung so gut wie die Schauspielleitung bedingungslos zu unterstellen wäre. Man wende nicht ein, daß Verträge hindernd entgegenstehen. Außerordentliche Verhältnisse rechtfertigen außerordentliche Maßnahmen." (o.A.; Nochmals unsere Städtischen Bühnen. Eine Ergänzung, Bürgerwacht, 1. Juni 1929). Ein knappes Jahr später kritisierte die BÜRGERWACHT die Arbeit Altmanns. Hätte man damals den rührigen und geschickten Ewald Schindler, den jetzigen Pächter und Leiter des Deutschen Theaters, an seine Stelle gewählt, so hätte man sich viel Ärger erspart (o.A.; Kommunalpolitische Umschau, Bürgerwacht, 15. März 1930). Als Altmanns Stelle im Januar 1933 erneut verlängert wurde, kritisierte die BÜRGERWACHT, sein Dank habe darin bestanden, in der Weihnachtszeit „einen gänzlich unfestlichen Varieté-Sketch" zu spielen, „der unserer Städtischen Bühne unwürdig ist" (o.A.; Niedersächsische Kunst und Literatur. Schauspieldirektor Altmann, Bürgerwacht, 1. Januar 1933). Über die Beurlaubung wie später die Entlassung Altmanns äußerte sich die BÜRGERWACHT in keiner Weise.

[758] O.A.; Beim Schauspielhaus, Hann. Kurier, 20. Januar 1929.

[759] Kurt Voß, zitiert nach: Rischbieter, Henning; Hannoversches Lesebuch, Bd. 2, S. 291.

[760] Ebda. Vgl. dazu auch die VORSCHAU AUF DIE STÄDTISCHEN BÜHNEN im KULTURRING, dem Mitteilungsblatt der Kulturvereine in Hannover (Juni 1932, S. 149 f.): „Die Spielzeit geht zu Ende … Hoffentlich zeigt sich bei der Wiedereröffnung der von jedermann so heiß ersehnte Silberstreif am Horizont, der mit einer allgemeinen Besserung der Lage auch unsere Bühnen aus einer Zeit schlimmster Unsicherheit und Bedrängnis zu neuem, gesichertem und frohem Schaffen leitet."

[761] V., K.; Die hannoversche Theaterfrage, in: Niedersachsen, 38. Jhg., 1933, S. 266. Vgl. auch V., K.; Theater in Hannover, in: Niedersachsen, 38. Jhg., 1933, S. 204. V., K.; Der neue hannoversche Schauspieldirektor, in: Niedersachsen, 38. Jhg., 1933, S. 443. V., K.; Spielzeitanfang in Hannover, in: Niedersachsen, 38. Jhg., 1933, S. 553. Nach der Entlassung Georg Altmanns berichtete die Zeitung DIE FREIE MEINUNG, Voß und Abbetmeyer seien sich über dessen Nachfolge „in die Haare gera-

762 ten" (h.; Steuerzahler und Schauspielhaus, Die Freie Meinung, 31. März/1. April 1933).
762 V., K.; Die hannoversche Theaterfrage, in: Niedersachsen, 38. Jhg., 1933, S. 266.
763 Die Bewertung der Großstadt durch konservative Kreise unterschied sich interessanterweise nicht von der mancher linksstehenden Kritiker der SPD oder der Freien Volksbühne. Vgl. den Artikel von ‚am' im VOLKSWILLEN (Kleines Feuilleton. Der neue Schauspieldirektor, Volkswille, 24. Januar 1926), der sich kritisch zum Berliner Theaterbetrieb der Gebrüder Rotter äußerte. Vgl. o.A.; Berliner Theaterkultur, in: Freie Volksbühne, 3. Jhg., Nr. 4, November 1924, S. 8: „Der Fall Rotter zeigt, in welcher Weise sich tüchtige Geschäftsleute heute den Besitz von Theatern zunutze machen. Die Gebrüder Rotter verstanden es, während der Inflation teils durch Kauf, teils durch Pachtung nicht weniger als sechs Berliner Theater in ihre Hand zu bringen. In der neuen Spielzeit werden sie nun voraussichtlich in dreien dieser Theater selbst Vorstellungen veranstalten; nach dem, was sie in ihren Theatern bis dahin boten, wird für die Kunst wenig dabei abfallen."
764 Vgl. den Gastspielvertrag zwischen dem Magistrat und den Rotter-Bühnen, Berlin, 29. Mai 1931 (NStAH Hann. 310III D. 70).
765 Karl Anlauf, Protokoll der Magistratssitzung, 2. September 1927 (StAH HR 15, 585).
766 Ebda.
767 Ebda.
768 Im gleichen Jahr wurden die Mauern der hannoverschen Synagoge in der Bergstraße mit Hakenkreuzen und der Parole SCHLAGT DIE JUDEN TOT beschmiert (Röhrbein, Waldemar R./Auffarth, Sid/Masuch, Anna/Zankl, Franz Rudolf; Hannover zwischen den Kriegen, S. 135).
769 Antrag der NSDAP Hannover, Protokoll der Sitzung der Städtischen Kollegien, 15. März 1927 (StAH HR X C.10.1.II). Schmidt, Dörte/Weber, Brigitta; Keine Experimentierkunst, S. 31. Im Juni 1932 wurde ein ähnlicher Antrag der nationalsozialistischen Fraktion im preußischen Landtag abgelehnt (L., W.; Wir kämpfen um das Theater, in: Freie Volksbühne, 11. Jhg., Nr. 1, 27. August 1932, S. 2).
770 Hauptmann, Hans; Offener Brief, Niedersächsische Tageszeitung, 31. Mai 1931.
771 Vgl. dazu allg: Röhrbein, Waldemar R.; ‚… damit in der Stadt Hannover endlich klare Verhältnisse geschaffen werden.' Vgl. auch Mlynek, Klaus; Machtübernahme und Kommunalpolitik, S. 122 ff.
772 Am 3. März 1930 wurde der Vorschlag zur Diskussion gestellt, bei Vertragsverlängerung für Altmann eine Kündigungsklausel für den Fall der Stillegung des Theaters vorzusehen (Protokoll der Sitzung des Theater-Ausschusses, 3. März 1930 (StAH HR X.C.10.32)).
773 Protokoll der Sitzung des Theater-Ausschusses, 5. Dezember 1932 (NStAH Hann. 310III D. 70). Altmanns Vertrag vom 24. November 1926 wurde ein Jahr später um weitere drei Jahre verlängert und dann jeweils um ein Jahr (Protokoll der Sitzung des Theater-Ausschusses, 21. November 1927 (StAH HR X.C.10.32)). Schon 1930 entwickelten sich viele Diskussionen über eine Vertragsverlängerung für Altmann, wobei politisch eher rechtsstehende Theater-Ausschußmitglieder sich für, politisch linksstehende Angehörige sich gegen ein Verbleiben Altmanns aussprachen (Protokoll der Sitzung des Theater-Ausschusses, 23. Juni 1930 (StAH HR X.C.10.32)). Auf dieser Sitzung am 5. Dezember wurde die Verlängerung bis zum 30. Juni 1934 beschlossen (Weber, Brigitta; ‚Theater führt zu wahrer Volksgemeinschaft', S. 160).

774 Harry Moss wurde am 3. Juni 1886 in Stade geboren (o.A.; Direktor Harry Moss, Hann. Tageblatt, 28. Juli 1933). Nach dem Abitur schlug er, gleichzeitig zum Studium der Philosophie, Kunst- und Theatergeschichte (Lebenslauf Harry Moss, 4. April 1933 (StAH HR X.C.10.4.6)), die Laufbahn des Schauspielers ein. Aus dem Ersten Weltkrieg kehrte er als Leutnant der Reserve hoch dekoriert und schwer verletzt heim (Schreiben von Harry Moss an Senator Lindemann, 5. Dezember 1929 (StAH HR X.C.4.10)). Wenngleich er weiter als Schauspieler, u.a. im Ensemble Max Reinhardts und während eines Gastspiels in New York auch an den Rotter-Bühnen, beschäftigt war (Aktennotiz, vertraulich, Landesarbeitsamt, Schreiben an den Präsidenten der Reichsanstalt für Arbeitsvermittlung, nicht datiert (StAH HR 19, 26). Vgl. Lebenslauf in Bewerbung, 4. April 1933 (StAH HR X.C.10.4.6)), scheinen sich diese Kriegsverletzungen im folgenden nicht nur auf seine Qualitäten als Akteur, sondern auf seine gesamte Persönlichkeit nachhaltig ausgewirkt zu haben. Die Genossenschaft Deutscher Bühnenangehöriger sprach im November 1932 in Anbetracht der „ständigen Beleidigungsprozesse" und seines „zu völliger Disziplinlosigkeit und starker Exaltiertheit" neigenden Charakters von einer „schwersten Gefahr, auch für eine lediglich vorübergehende Tätigkeit des Moss als Theaterunternehmer" (Schreiben der Genossenschaft Deutscher Bühnenangehöriger an den Magistrat, 12. November 1932 (NStAH Hann. 122a. 3415)). Sämtliche Gutachten, sowohl über seine schauspielerischen Fähigkeiten als auch über seine als Regisseur und Theaterleiter, schlossen sich dem Urteil einer „indiskutablen", „bedenklichen" Persönlichkeit an, deren „Reizbarkeit" und „Krakeelsucht" geradezu gemeingefährlich sei (Genossenschaft Deutscher Bühnenangehöriger an Bezirksausschuß, 2. Dezember 1932, Gutachten des Obmannes der Bühnengenossenschaft, nicht datiert (NStAH Hann. 122a.3415). Vgl. die gesamte Akte StAH HR 19, 26). Mit dem 7. Januar 1932 wurde Harry Moss die Schauspielerlaubnis entzogen (Landesbühnenbezirksausschuß an Oberpräsident, 7. Januar 1932 (NStAH Hann. 122a.3415)). Acht Monate später jedoch wurde er, der 1928 Mitglied der NSDAP geworden war (o.A.; Direktor Harry Moss, Hann. Tageblatt, 28. Juli 1933), auf Wunsch der Propagandaleitung Leiter des Deutschen Theaters, das unter der Leitung Ewald Schindlers in Konkurs geraten war. Obwohl Moss' Vorgehen illegal war, ließ man ihn gewähren, wohl auch deshalb, weil er die Unterstützung der hiesigen NSDAP-Ortsgruppe besaß. Moss begründete im Herbst 1931 die nationalsozialistische Theaterbesucher-Organisation NS-Bühne mit – nach seinen Angaben – etwa 1.200 Mitgliedern (o.A.; Theaterbesucher, aufgepaßt!, in: Freie Volksbühne, 10. Jhg., Nr. 1, 19. August 1931, S. 9) und begann, das Deutsche Theater zur nationalsozialistischen Bühne umzugestalten (Moss an Oberbürgermeister Menge, 9. Dezember 1932. Finanzamt Hannover-Nord an Oberbürgermeister Menge, 15. Mai 1934 (StAH HR 19, 26)). In kurzer Zeit geriet das Theater während seiner Direktion in rote Zahlen. Bitten an die Stadtverwaltung, mit Darlehen auszuhelfen oder Schulden bei der Stadt zu stunden, wurde häufig entsprochen (ges. Akte StAH HR 19, 26), obwohl anonyme Briefe an die Stadt darauf hinwiesen, daß Moss seiner Geliebten enorme Geldbeträge aus der Theaterkasse überweise, und obwohl Beschwerden über seine „Uneigennützigkeit" in Verbindung mit „solch minderwertigen künstlerischen wie menschlichen Qualitäten" eingingen (,Einer im Namen Vieler' an die Stadtverwaltung, 20. April 1933 (StAH HR X.C.10.4.6)). Das Deutsche Theater

mußte am 17. September 1933 seine Pforten schließen (Dietzler, Anke; ‚Gleichschaltung', S. 8 f. O.A.; Letzter Abend im Deutschen Theater, Hann. Anzeiger, 17. September 1933. Plath, Helmut/Mundhenke, Herbert/Brix, Ewald; Heimatchronik, S. 123), was an Moss' Mißwirtschaft, mehr aber wohl noch an geheimen Besprechungen zwischen der NSDAP, Moss und dem hannoverschen Magistrat lag (Protokoll der Sitzung des Theater-Ausschusses, 18. September 1933 (StAH HR X.C.10.32)). Unmittelbar nach der Beurlaubung Georg Altmanns wurde Harry Moss von der NIEDERSÄCHSISCHEN TAGESZEITUNG als neuer Leiter der Städtischen Bühnen gemeldet (Schreiben des Propagandaleiters Huxhagen an den Schriftleiter der NIEDERSÄCHSISCHEN TAGESZEITUNG, 24. März 1933 (NStAH Hann. 310I D.10). O.A.; Der neue Schauspieldirektor, Niederdeutsche Zeitung, 28. März 1933. Bewerbung von Harry Moss, 4. April 1933 (StAH HR X.C.10.4)). Doch scheinen auch innerhalb der Partei mittlerweile Bedenken gegen seine Person entstanden zu sein. Am 1. Juni 1933 entschied der Magistrat in geheimer Sitzung und offenbar nach Absprache mit der NSDAP: „1.) Herr Moss kommt für den Posten des Schauspieldirektors unserer Städtischen Bühnen nicht in Frage. Das haben selbst seine Parteigenossen eingesehen (Dieser Satz ist im Entwurf durchgestrichen, I.K.). Die NSDAP hat deshalb die Absicht, eine Bewerbung des Herrn Moss zu unterstützen, falls sie überhaupt je bestanden haben sollte, neuerdings endgültig fallen zu lassen. 2.) Wie wenig geeignet Moss für diesen Posten ist, beweist er am besten durch seine Vorschläge für den Abbau bei den Städtischen Bühnen. Diese Vorschläge sind geradezu kindlich (gestrichen, I.K.) und beweisen eine völlige Unkenntnis der Verhältnisse. 3.) Ebenso kindlich (gestrichen und ersetzt durch ‚seltsam', I.K.) ist der Vorschlag, aus den ersparten Gagen das Künstlerpersonal des Deutschen Theaters zu unterstützen. Das Deutsche Theater ist Eigentum der Stadt. Es schuldet der Stadtgemeinde aus den Jahren 1931–1933 an Pacht- und Steuer-Rückständen über 40.000 RM und an Vergnügungssteuer rund 4.000 RM (gestrichen, I.K.) … Es ist also eine mehr als naive Zumutung, daß wir dem Unternehmen obendrein auch noch Barzuschüsse leisten sollen. Wenn es um das Deutsche Theater so schlecht steht, wie der Antragsteller angibt, so ist damit bewiesen, daß es keine Daseinsberechtigung hat, und es muß, so bedauerlich das für das dort beschäftigte Personal ist, seine Tätigkeit einstellen." (Notiz des Magistrats, 1. Juni 1933 (StAH HR 19, 26)). Doch in anderer Hinsicht hielt die NSDAP trotz Moss' offenkundiger großer Defizite an ihm fest, der mittlerweile zum Gaufachberater für Schauspiel und Vortrag bei der Gauleitung Südhannover-Braunschweig geworden war. Im Zuge der ‚Gleichschaltung' des Rundfunkwesens wurde er am 28. Juli 1933 mit Wirkung zum 1. Oktober 1933 neuer Sendeleiter des Nebensenders Hannover der NORAG (Hollmann, Reimar; Hannoversche Rundfunkgeschichte, S. 42, 43, 44. Dietzler, Anke; Gleichschaltung des kulturellen Lebens, S. 157. Köhler, Wolfram; Funkhaus Hannover, S. 203). Sein bereits im Monat darauf, im November 1933, im KULTURRING veröffentlichter Aufsatz DER REVOLUTIONÄRE KÜNSTLER UND UNSER AUFBAUWILLE ermöglicht einen Einblick in Moss' bösartige antisemitische Interpretation von künstlerischen Entwicklungen der Weimarer Republik (Moss, Harry; Der revolutionäre Künstler und unser Aufbauwille, in: Kulturring, November 1933, S. 10). In seiner Darstellung eines Judentums, das viele Künstler der Zeit als „der Pest der Zersetzung willige Bazillenträger" in ihre Gewalt zu nehmen trachte, sowie einer Kunstproduktion seit 1918, die „*bewußt* die Gemeinheit, die Dekadenz, die Zote auf den Schild" gehoben habe, um „von ihren asiatischen Auftraggebern reichen, klingenden Lohn zu erhalten", steht der Beitrag in einer Reihe mit dem Pamphlet ÜBER MODERNE THEATER-UNKULTUR Theodor Abbetmeyers. Die ‚Ära Moss' beim hannoverschen Rundfunk hatte ein schnelles Ende. Im Juni 1935 wurde Harrry Moss entlassen. Er ging nach Königsberg und wurde dort Rundfunkleiter (Hollmann, Reimar; Hannoversche Rundfunkgeschichte, S. 46. Gesprächsprotokoll Georg Grabenhorst, 22. September 1992).

[775] Vermerk aus den Akten der Hausgrundstücksverwaltung, das Deutsche Theater betreffend. Aus den Akten des Landesarbeitsamtes, 29. Dezember 1932, betr. Protokoll der gemeinnützigen Schaubühne, 28. Oktober 1929 (StAH HR 19, 26).

[776] Vgl. dazu etwa Protokoll der Magistratssitzung, 21. Juli 1933 (StAH HR 19, 26).

[777] Schreiben des Gaufachberaters Harry Moss an den Oberpräsidenten der Provinz Hannover, 14. Juli 1933 (StAH HR 19, 26).

[778] Ebda.

[779] Ebda.

[780] Weber, Brigitta; ‚Theater führt zu wahrer Volksgemeinschaft', S. 160. Weber, Brigitta; ‚Theater des deutschen Volkes', S. 26.

[781] Rhombus, Mons; Die Stimme des Blutes, Nieders. Tageszeitung, 7. März 1933.

[782] Vgl. dazu auch Weber, Brigitta; ‚Theater des deutschen Volkes', S. 26.

[783] Abbetmeyer, Theodor; Dr. George Altman zu Fall gebracht, Nieders. Tageszeitung, 25. März 1933. Vgl. auch o.A.; Direktor Dr. Altman beurlaubt, Die Freie Meinung, 25. März 1933.

[784] Abbetmeyer, Theodor; Dr. George Altman zu Fall gebracht, Nieders. Tageszeitung, 25. März 1933.

[785] Vgl. dazu Weber, Brigitta; ‚Theater des deutschen Volkes', S. 26.

[786] Vgl. Dietzler, Anke; ‚Gleichschaltung', S. 83, Anm. 10. Über Zuchhold finden sich in Hannover keine weiteren Hinweise, weder in den Adreßbüchern noch in den Meldeakten der Stadt. Denkbar wäre, daß Zuchhold als Journalist einer nationalsozialistischen Zeitung und Angehöriger der Verwaltung des Gaus Südhannover-Braunschweig lediglich zeitweise zu Gast in Hannover war bzw. die kulturpolitische Entwicklung im Pressewesen hier mitgestaltete, ohne seinen Wohnsitz in der Stadt zu nehmen.

[787] Arthur Wille, geb. am 10. September 1888 in Leopoldshall/Anhalt. Wille war in Hannover zunächst Lehrer an der Gewerblichen und Kaufmännischen Berufsschule IV, Fachrichtung Metallgewerbe. 1929 wurde er, dem bisher sehr günstige Urteile über sein fachliches Können und sein persönliches Auftreten ausgestellt worden waren, zum Fachvorsteher der Gewerblichen Berufsschulen in Hannover ernannt. Etwa zu dieser Zeit Ende der zwanziger Jahre mehrten sich seine gesundheitlichen Beschwerden; Wille erlitt Nervenzusammenbrüche, war zeitweise arbeitsunfähig und geriet häufig in Streit mit seinen Vorgesetzten. Nach der nationalsozialistischen Machtübernahme wurde er, der am 1. September 1933 der NSDAP beigetreten war, zunächst unterstützt und gefördert von der Propagandastelle der NSDAP. Zum 1. Mai 1933 rief er in der NIEDERSÄCHSISCHEN TAGESZEITUNG alle Berufsschüler Hannovers zur Teilnahme an den nationalsozialistischen Feierlichkeiten auf, um damit ihre Verbundenheit mit der großen Bewegung des „Volkskanzlers" Adolf Hitler zu bekunden (o.A.; Der Tag der nationalen Arbeit in Hannover, Nieders. Tageszeitung, 29. April

1933). Am 7. März 1934 erteilte ihm Regierungspräsident Stapenhorst einen Verweis und warf ihm Taktlosigkeit, Disziplinschwächen und die Neigung „zu Übertreibungen, die mit der Wahrheit nicht voll im Einklang stehen", vor. Wille blieb auch nach dieser Zurechtweisung ein ständiger Unruhefaktor unter den Berufsschullehrern (Schreiben des Regierungspräsidenten Stapenhorst an Arthur Wille, 7. März 1934, Lehrerpersonalakte Arthur Wille, P285, StAH). Nichtsdestotrotz bezeichnete die Reichskulturkammer ihn noch 1938 als „Direktor und Staatlichen Revisor der Gewerblichen Schulen" (Schreiben der Reichspropagandaleitung, Amtsleitung Aktive Propaganda, Hauptstelle Rednerorganisation und Vermittlung, 1. November 1938 (BDC, Reichskulturkammer-Findbuch)).

788 Vgl. etwa: Weber, Brigitta; ‚Theater des deutschen Volkes, S. 26.

789 Entwurf eines Schreibens des hannoverschen Magistrats an den Regierungspräsidenten der Provinz Hannover, 13. März 1933 (die Datierung kann nicht korrekt sein, da Menge in dem Schreiben von dem Besuch der Delegation am 23. März berichtet), Personalakte Georg Altmann im Archiv des Theatermuseums, zitiert nach: Weber, Brigitta; ‚Theater des deutschen Volkes', S. 26. Vgl. auch Weber, Brigitta; ‚Theater führt zu wahrer Volksgemeinschaft', S. 160.

790 Ebda. Rebecca Grotjahn (Städtisches Orchester, S. 137) spricht in diesem Zusammenhang davon, daß Altmann „entlassen" worden sei.

791 Entwurf eines Schreiben des hannoverschen Magistrats an den Regierungspräsidenten der Provinz Hannover, 13. März 1933 (die Datierung kann nicht korrekt sein, da Menge in dem Schreiben von dem Besuch der Delegation am 23. März berichtet), Personalakte Georg Altmann im Archiv des Theatermuseums, zitiert nach: Weber, Brigitta; ‚Theater des deutschen Volkes', S. 26.

792 Vgl. StAH HR X.10.4.6.

793 Vgl. etwa Schreiben Arthur Pfahls an Robert Birkner, Frankfurt/Oder, 27. März 1933 (StAH HR X.C.10.4.6).

794 Altmann, Georg; Vor fremden und eigenen Kulissen, S. 180.

795 Am 8. August 1933 legte Altmann Beschwerde gegen die Kündigung ein. Er erklärte das Vorgehen gegen ihn im Hinblick auf seine amerikanische Staatsangehörigkeit, die er mit seiner Eheschließung angenommen hatte, für ungültig. Schon eine Woche später, am 14. August 1933, wurde sein Einwand vom Regierungspräsidenten der Provinz Hannover zurückgewiesen: „Es ist uns unerfindlich, wie Herr Altmann in der Kündigung eine Behinderung in der durch den Staatsvertrag (zwischen den USA und Deutschland, I.K.) garantierten Freiheit der Religionsübung finden kann, denn eine solche Behinderung ist selbst für die deutschen Juden nicht eingetreten; Altmann verkennt offenbar vollständig den Unterschied zwischen Religion und Rasse." (Schreiben des Regierungspräsidenten an Oberbürgermeister Menge (?), 14. August 1933 (Personalakte Georg Altmannn, Archiv des Theatermuseums, zitiert nach: Weber, Brigitta; ‚Theater des deutschen Volkes', S. 27. Vgl. dazu Walk, Joseph; Kurzbiographien, S. 884. Harms, Claus; Georg Altman, S. 166). Schon bald nach seiner Entlassung verließ Altmann Hannover und Deutschland. Nach kurzen Aufenthalten in Brüssel, Stratford-on-Avon und St. Gallen übersiedelte er mit seiner Familie zunächst nach Nizza und arbeitete dort als Theaterkritiker. 1938 zog er nach San Francisco, wo 1939 er als erster auf dem amerikanischen Kontinent Bert Brecht inszenierte (Altmann, Georg; Vor fremden und eigenen Kulissen, S. 180 ff). Kurze Zeit später lebte und arbeitete er in Los Angeles als Theaterleiter, Ausstellungsgestalter, Dozent der Theaterwissenschaften und Schriftsteller (Niessen, Carl; Statt einer Einführung. In memoriam Prof. Dr. Georg Altmann, in: Altmann, Georg; Vor fremden und eigenen Kulissen, S. VIf.). In Los Angeles starb Altmann am 19. Juni 1962.

796 O.A; Städtische Bühnen. Beurlaubung Dr. Altmans, Hann. Landeszeitung, 25. März 1933. Vgl. auch o.A.; Dr. Georg Altman beurlaubt, Hann. Kurier, 24. März 1933. Die Zeitung DIE FREIE MEINUNG kritisierte, daß Altmann sein Gehalt vorerst weiter erhielt: „Viele harte Worte sind in der letzten Zeit gefallen über diejenigen, welche ihrer Unzufriedenheit mit diesen oder anderen Zuständen durch den Stimmzettel … Ausdruck gaben. Unter ihnen sind Millionen, welche gar nicht an Umsturz oder Gewalttätigkeit denken, viele, die hoch anständig zur Kirche gehen und ihre Kinder sorgsam erziehen. Aber muß es diese wertvollen Bestandteile unseres Volkes nicht verdrießen, wenn sie sehen, wie andere Leute ihre mühsam erarbeiteten Steuergroschen verzehren und dafür so wenig leisten? Hoffen wir, daß die Hitlermänner im Bürgerparlamente der Mahnungen ihres Führers gedenken: sachlich, sauber, sparsam! Nicht nur bei einer Prüfung der Leistungen des Schauspielhauses!" (h.; Steuerzahler und Schauspielhaus, Die Freie Meinung, 31. März/1. April 1933). Der KULTURRING kommentierte: „Die Beurlaubung des Schauspieldirektors Dr. Altman bedeutet die Abwendung von der bisherigen Richtung. Die neue Zielsetzung aber kann erst mit der Wahl des Mannes deutlich werden, der an seine Stelle tritt." (o.A.; Vorschau auf die Städtischen Bühnen, in: Kulturring, April 1933, S. 89).

797 Ein offizieller Kommentar der ‚Affäre Altmann' ist seitens Arthur Menges nicht bekannt.

798 O.A.; Göring vor der Presse. Die Zukunft des deutschen Theaters. Neuordnung in Preußen, Hann. Kurier, 23. Juni 1933. Aus dem Bericht der Tagung des Landesverbandes Niedersachsen der Deutschen Bühne e.V., 18. Oktober 1933 (NStAH Hann. 122a. 3415): „Man hat in den letzten vierzehn Jahren Sinn und Wesen des Theaters vollkommen zerstört. Das Theater wurde zum Gegenteil dessen, was es sein sollte, um seine Daseinsberechtigung im Leben der Nationen zu erweisen. Ursprünglich war das Theater Ausdruck des Volkstums. Es wuchs heran aus dem Gottesdienst und bekam durch diesen Ursprung seinen Sinn, es war Äußerung des menschlichen Lebens, in der der Mensch zum Höchsten aufblickt, der Religion nahe verwandt und ihr ebenbürtig. Dieser tiefste Sinn des Theaters mußte durch alle Zeiten hindurch der gleiche bleiben, wo immer auch Theater gespielt wird. Heute noch und heute erst recht wieder muß sich der Mensch vor der Bühne verwandeln können, der göttliche Funke, jenes Mysterium der echten Kunst, muß auch auf ihn überspringen und ihn durchglühen, um so das Wesen des Theaters wieder spürbar werden zu lassen." Vgl. o.A.; Die Aufgaben des deutschen Theaters. Wortlaut der Rede des Reichsministers Dr. Goebbels vor den deutschen Theaterleitern, Hann. Kurier, 9. Mai 1933. Am 6. Mai 1933 bereits hatte den hannoverschen Magistrat ein Funkspruch des Innenministeriums erreicht, nach dem „alle Angelegenheiten der gemeindlichen Theater … ab sofort ausschließlich" dessen Leitung unterstanden (Schreiben des Preußischen Städtetages, 6. Mai 1933 (StAH HR X.C.10.4)). Am 5. Januar 1934 teilte der Amtliche Preußische Pressedienst das „Führerprinzip im Theaterwesen" als umgesetzt mit (NStAH Hann. 122a. 3417).

799 Theatergesetz vom 15. Mai 1934, Reichsgesetzblatt, Teil 1, Nr. 56, 1934, 19. Mai 1934 (NStAH Hann. 122a. 3376). Die Kontrolle schloß

das Netz der Besucherorganisationen ein. Freie Volksbühne, Bühnenvolksbund, Deutsche Bühne und NS-Bühne wurden dem Reichsverband Deutsche Bühne unterstellt, einer Einrichtung des Kampfbundes für deutsche Kultur. O.A.; Zusammenschluß der hannoverschen Besucherorganisationen, Hann. Kurier, 4. Mai 1933. O.A.; Theaterbesucher-Organisationen in Hannover zusammengefaßt, Nieders. Tageszeitung, 5. Mai 1933. Vgl. auch zur ‚Gleichschaltung' des Bühnenvolksbundes: o.A.; o.T. (Eingehen des Bühnenvolksbundes in die Deutsche Bühne), in: Volkstum und Bühne, Jhg. 8, H. 9, Mai 1933, S. 1. O.A.; Die Wiederaufrichtung des deutschen Menschen), in: Volkstum und Bühne, Jhg. 8, H. 10, Juni 1933, S. 73 f. o.A.; o.T. (‚Gleichschaltung' der Theatergemeinde Hannover), in: Volkstum und Bühne, Jhg. 8, H. 10, Juni 1933). Im Mai 1933 bereits, zwei Monate nach Altmanns Entlassung, meldete die Deutsche Bühne die ‚Gleichschaltung' als abgeschlossen (Dietzler, Anke; ‚Gleichschaltung', S. 6, 10 u. 13 f. Dietzler, Anke; Gleichschaltung des kulturellen Lebens, S. 166. Zehn Jahre, S. 121. Weber, Brigitta; ‚Theater des deutschen Volkes', S. 24 f. Weber, Brigitta; ‚Theater führt zu wahrer Volksgemeinschaft', S. 160. Ziegan, Uta; ‚Die Kunst dem Volke', S. 86 Mlynek, Klaus; Hannover in der Weimarer Republik und unter dem Nationalsozialismus, S. 528). Die Satzung der neuen Theaterbesucher-Organisation sah vor: „Zweck des Vereins ist die Schaffung einer Volksbewegung zur Erneuerung, Erhaltung und Bereicherung des deutschen Theaters und verwandter künstlerischer Darbietungen aus dem Geiste nationalsozialistischer Weltanschauung (§3)". „Die Aufnahme nichtarischer Mitglieder ist abzulehnen" (§5) (Satzung des Reichsverbandes Deutsche Bühne, Ortsgruppe Hannover, nicht datiert (NStAH Hann. 122a. 3394)). Bereits am 10. April 1933, gut zwei Wochen nach der Beurlaubung Georg Altmanns, zeigte ein Schreiben des Ensembles der Städtischen Bühnen den Prozeß der Gleichschaltung des künstlerischen Personals: „Wir Mitglieder des Städtischen Schauspielhauses stehen auf dem Boden der nationalen Erhebung. Diese Erklärung abzugeben halten wir für notwendig, weil in gewissen Kreisen unkundiger Beurteiler gegenteilige Parolen verbreitet werden. Heute geht über den Rahmen der Parteipolitik hinaus der große Gedanke der nationalen Bewegung Deutschlands, und es gibt für uns nichts Größeres, als uns in den Dienst der nationalen Aufgabe zu stellen. Wir geben diese Erklärung ab, weil wir aus innerster Überzeugung in dieser gewaltigen, vaterländischen Erhebung den Wiederaufstieg Deutschlands und den ihm gebührenden Platz in der Welt erhoffen." (Schreiben des Ensembles des Städtischen Schauspiels an Oberbürgermeister Menge, 10. April 1933 (StAH HR X.C.10.4)).

[800] Diese Bemerkung spielt die Treppensymbolik des Theaterregisseurs Leopold Jessner an.

[801] Bewerbungsschreiben des Intendanten Bruno Schönfeld, Koblenz, 22. Mai 1933 (StAH HR X C.10.4.6). Vgl. dazu auch das Bewerbungsschreiben Dr. Günther Bobriks, Hamburg, 24. März 1933 (StAH HR X.C.10.4.6). „Es ist mein größter Wunsch, gerade jetzt in der so heiß ersehnten Zeit der nationalen Erhebung an einem einflußreichen und kulturell wichtigen Posten zu stehen. Ich würde vor allem meine Aufgabe darin sehen, unsere deutschen Klassiker wieder zu dem zu machen, was sie sind und bleiben müssen, das unantastbare Nationalgut unseres Volkes. Alle Sünden, die in dieser Hinsicht begangen sind, Verstümmelungen und Verdrehungen zugunsten irgend einer Parteipolitik müssen so rasch wie möglich wieder gut gemacht werden, denn sie sind wesentlich mitschuld an der so viel erörterten Krise unseres Theaters. Vor allem aber auch die Schaffung eines Ensembles und die Erstickung aller Star- und Sonderinteressen. Ein Wiederaufstieg des deutschen Theaters ist m.E. überhaupt erst vom Ensemble zu erhoffen. Dazu ein Spielplan, der mit bewußter Betonung des nationalen Charakters auch der guten und gediegen-leichteren Unterhaltungskunst gerecht wird."

"... daß durch die Art des Ankaufs durch die Stadt solchen Künstlern geholfen wird, die netten Wandschmuck bringen ..."

Der Ankauf bildender Kunst durch die Stadt und die Förderung hannoverscher Künstler

Städtische Kunstpolitik und Kunstverein. Die Anfänge (1832–1918/19)

Anfang März 1932, wenige Tage vor seinem Tod,[1] eröffnete Heinrich Tramm im Künstlerhaus in der Sophienstraße die Jubiläumsausstellung zum hundertsten Geburtstag des hannoverschen Kunstvereins.[2] Der fast Achtzigjährige ergriff in seiner letzten großen öffentlichen Rede als Politiker und gleichzeitiger Vorsitzender des Kunstvereins die Gelegenheit, vor den höchsten Würdenträgern aus Stadt und Provinz Hannover die Geschichte des Kunstvereins nachzuzeichnen. In einer „zündenden Rede" hob er die Bedeutung des Vereins für die hannoversche Kunst und darüber hinaus für den „Ruf Hannovers als Kunststadt"[3] hervor. In diesem Jahr sei mit der hundertsten Wiederkehr der großen Frühjahrsausstellung des Kunstvereins ein Anlaß gegeben, den Blick auf die Zeitspanne seit dessen Gründung im Frühjahr 1832 zu richten. Dabei müsse der Kunst des 18. und 19. Jahrhunderts in der Jubiläumsschau besonderes Augenmerk gelten. Was hingegen im 20. Jahrhundert geschaffen worden sei, vor allem wenn es zur avantgardistischen Kunst gehöre, könne in dieser Ausstellung nicht besonders berücksichtigt werden.

Die Jubiläumsausstellung im Kunstverein (1932)

Ein Teil der hannoverschen Tagespresse verstand diese Eingrenzung auf eine Epoche, die nun, 1932, bereits lange abgeschlossen war, nicht als inhaltliche Beschränkung. Der HANNOVERSCHE ANZEIGER etwa rechtfertigte die Auswahl mit der Begründung, „daß die Maler des ausgehenden 18. und des 19. Jahrhunderts ohnehin die Beachtung des Publikums im besonderen Maße finden werden, auch wenn sie in einer Sprache reden, die nicht mehr die unsrige ist".[4] Schließlich wecke „ihre Klarheit im Gegenständlichen, ihr unproblematisches Zutrauen zur Naturform, ihre liebevolle Versenkung in das Sichtbare ... im Betrachter ein ebenso liebevolles Eingehen auf ihre Kunst".[5] Auch der HANNOVERSCHE KURIER würdigte die Ausrichtung der Schau auf die rein gegenständliche Kunst. Hier verband man mit dem Wohlwollen für diese Kunst die Kritik an einem großen Teil des modernen Schaffens. So hieß es, die Ausstellung verdeutliche „den Abstand, der unsere heutige Zeit von den früheren Jahren trennt".[6] Während „Tradition und Kulturgesinnung" der früheren Gesellschaft in Hannover die bildenden Künste zu beachtenswerter Höhe geführt hätten, sei die jetzige Kunst, die „nicht mehr das Künstlerische, sondern zunehmend das Künstliche fördere",[7] ständigem Zerfall ausgesetzt. Bei den „Zeugnissen unserer heutigen Tageskunst" empfand der Rezensent des HANNOVERSCHEN KURIERS – allerdings ohne dies genauer auszuführen –, „daß mit dem Aufkommen des Intellekts der Sinn für wahre Kultur verlorengegangen"[8] sei.

Auch die Monatsschrift BÜRGERWACHT, das Organ der Bürgervereine Hannovers, sah in dem Verzicht der Jubiläumsausstellung des Kunstvereins auf die moderne bildende Kunst ein positives Zeichen dafür, „daß die wahre, die große Kunst noch nicht erloschen"[9] sei. Die Bürger Hannovers hätten sich ohnehin „nie an die ‚Ismen' gewöhnen können und an den Ton, der von einer gewissen fortschrittlich sein wollenden Presse eingehalten wird, die das Neue auch zugleich als das Wahrhafte anpreist".[10] Ihr „gesunder Sinn" für wahre Kunst sei während der letzten Jahre „unversehrt" geblieben: „Man hatte seine idealen Vorbilder, die noch das Leben in sich tragen, wie sie geschaffen worden sind. Und Vorbilder einer reinen, lebensvollen Kunst, einer Kunst der Ideale und der Schönheit, einer Kunst der Lebensfreude und des Genusses und nicht einer Talmikunst der Verzerrung und der Künstelei und der Mache. Hochgelobt diese Kunst vor der der Modernen, die nichts Ewiges mehr hervorzubringen vermögen."[11]

Heinrich Tramm, Foto. 1932. Aufnahme von der letzten öffentlichen Rede Tramms anläßlich der Eröffnung der Jubiläumsausstellung des Kunstvereins

Was Blätter wie der HANNOVERSCHE ANZEIGER, der HANNOVERSCHE KURIER und die BÜRGERWACHT einmütig als entscheidend für die hohe Qualität der Jubiläumsschau hervorhoben, wurde der Ausstellung und ihren Initiatoren von anderer Seite zur Last gelegt. Der sozialdemokratische VOLKSWILLE etwa erklärte die ganze Veranstaltung kurzerhand zur unnötigen Verbeugung vor der Vergangenheit: „Wieviel schöner und stärker wäre es gewesen, eine junge, zukunftsvolle Ausstellung zusammenzubringen! ... Den Jungen von heute das Tor aufzumachen, wäre eine Tat gewesen, eine notwendige Verjüngung des Kunstvereins, wichtiger als wohltuende Reminiszenz, die zwar ihr Recht hat, aber sich mit Stillstand begnügt." [12] Die Kritik des VOLKSWILLENS richtete sich vor allem gegen den Festredner Heinrich Tramm, der – wie es in einer Rezension von 1929 hieß – mit seiner Wertschätzung für die Kunst des 19. Jahrhunderts auch jetzt wieder eine „Philippika gegen die neue Kunst" verbunden habe. Seine Forderung, „das Bizarre" und die „perverse Kunst"[13] aus Ausstellungen zu verbannen, könnten selbst seine Anhänger mittlerweile nicht mehr ernst nehmen. Die NEUE ARBEITERZEITUNG,[14] das Organ der hannoverschen Kommunisten, das sich ansonsten zur offiziellen städtischen Kunstpolitik nur sehr selten äußerte, bekräftigte anläßlich des Jubiläums des Kunstvereins ein simples Urteil: Tramm und den Kunstverein verbinde, daß beide „von Kunst ... wenig Dunst"[15] hätten.

Deutlicher noch und auch fundierter als diese Verbalattacken der politischen Linken gegen Tramm und den Kunstverein benannte Christof Spengemann 1932 eine als negativ empfundene Tendenz in der Entwicklung von Kunst und Kultur. Sein Beitrag WORT UND WIRKLICHKEIT. DIE STADT KAUFT KUNST[16] erschien ebenfalls im sozialdemokratischen VOLKSWILLEN. Spengemann – langjähriger kritischer Beobachter der hannoverschen Kunst- und Kulturszene – faßte nun, zu Beginn der dreißiger Jahre, seine Hauptkritikpunkte an dem hannoverschen Kunstleben in einem für ihn typischen Ton zwischen Ironie, Entrüstung und Bitterkeit zusammen.

Zunächst einmal, so Christof Spengemann, leuchte ihm der Sinn der retrospektiven Jubiläumsschau nicht ein. Sie hätte durchaus „reizvoll"[17] sein können, wenn der Kunstverein eine glorreiche Vergangenheit hätte. Das allerdings sei nicht der Fall. Spengemann fuhr fort: „Es ist, als wolle er mit dieser Entschließung einen Invaliditätsnachweis führen." Doch nicht nur die Konzeption dieser einen Ausstellung mißfiel ihm. Sie war für ihn letztlich das Symptom eines grundlegend falschen Kurses. So nahm er sie zum Anlaß einer generellen Abrechnung mit dem Kunstverein. Dieser sei „beharrlich nachhinkend", setze sich nicht genügend für die Stützung „wirkliche(r) Begabung, Förderung des verheißungsvollen Nachwuchses und Sicherstellung der wesentlichen Arbeiten" ein und betreibe vielmehr „prima Kulturschmus" mit „Auch- und Protektionskünstlern".[18]

Das, so Spengemann, wäre Privatangelegenheit des Kunstvereins, wenn dieser nichts anderes als ein Zusammenschluß von Kunstinteressierten wäre. Doch auch dies sei nicht der Fall. Sei es nicht eine jahrzehntelang fortgesetzte Ungeschicktheit, die Vereinsspitze mit dem gleichen „spiritus rector" zu besetzen wie die hannoversche Stadtverwaltung? Habe man nicht von Beginn an zur Kenntnis genommen, daß dieser Machtmensch, der sich nicht davor scheue, der Kommunalpolitik ausschließlich seinem politischen Kalkül zu unterstellen, auch im Kunstverein die Initiative ergreife und andere Ideen unterdrücke? Spengemann sprach von einer „Personalunion" zwischen Stadt und Kunstverein unter der dominanten Führung von Heinrich Tramm.[19] Der Kunstverein sei „für die Stadtverwaltung eine künstlerische Instanz, die Stadtverwaltung für ihn eine fördernde".[20] Bei soviel Übereinstimmung von Sympathien und Antipathien, wie sie diese Allianz mit sich bringe, blieben jene auf der Strecke, die der Hilfe der Stadt noch mehr als die traditionell-konservativ arbeitenden Künstler bedürften – die jungen, noch unbekannten zeitgenössischen Künstler, die das Experiment und das Wagnis vor die Sicherheit und den Erfolg stellten.

Anscheinend habe die hannoversche Kunstpolitik unter Heinrich Tramm aber gar nicht im Sinn, ein „Bekenntnis zur lebenden Kunst der Gegenwart"[21] abzulegen. Angesichts eines Großteils der Erwerbungen, welche, so Spengemann, „Anhäufungen von Belanglosigkeiten" seien, „die in einer städtischen Sammlung nichts zu suchen haben", rief der Journalist abschließend Oberbürgermeister Arthur Menge, den faktisch ranghöchsten Verantwortlichen der städtischen Kunstpolitik, dazu auf,[22] energisch einzugreifen. Die Stadt müsse endlich beginnen, die „Anschauungen und Handlungen (der) Kultur ihrer eigenen Zeit zu verkörpern".[23]

Ausgehend von dem eigentlichen Anlaß, der Jubiläumsausstellung des Kunstvereins, spannte Christof Spengemann in seinem Beitrag für den VOLKSWILLEN den Bogen von der grundlegenden Kritik am Zustand städtischer Kunstpolitik bis zur Betrachtung über Aufgaben und Zielsetzungen künftiger kommunaler Kunstpflege. Ähnlich war auch der Autor der Zeitschrift BÜRGERWACHT vorgegangen. Beide Positionen, sowohl jene, die die konservativen Tendenzen des Kunstvereins würdigte und der Moderne entgegenstellte, als auch die, welche eben jene konservativen Tendenzen ihrerseits als obsoletes ‚Nachhinken' hinter längst notwendigen Entwicklungen beklagte, sind symptomatisch für die beiden wesentlichen kunstpolitischen Richtungen zu Beginn der dreißiger Jahre.

Immer stand im Mittelpunkt der Diskussion der hannoversche Kunstverein. Die einen lehnten ihn als Symbol der Reaktion ab, die anderen achteten ihn als Hort traditionsbewußter Kunstpflege. Der Kunstverein war auch jetzt, 1932, nach wie vor im juristischen Sinne eine private und nicht etwa eine städtische Institution. Insofern überrascht eigentlich, daß so viel über ihn gesprochen und geschrieben wurde. Doch brachte seine Satzung ihn seit seiner Gründung in engen Kontakt zu Gremien der städtischen und provinziellen Kunstpflege. Durch diesen – wie Christof Spengemann es nannte – Übergriff der „städtischen Kunstpolitik auf einen Komplex des eigentlich privaten Kunstlebens"[24] entstand der Eindruck vom „halboffiziellen"[25] Kunstverein oder vom Kunstverein als „Vorzugsobjekt kommunaler Förderung".[26]

Abriß der Geschichte des Kunstvereins von den Anfängen bis zur Jahrhundertwende

Im November 1819 schrieb der Gesandtschaftssekretär August Kestner aus Rom an seine Schwester nach Hannover, er plane, seine Sammlung bedeutender Werke aus Archäologie und Kunstgeschichte in seiner Geburtsstadt öffentlich zu machen, denn „dadurch würde auf jeden Fall die dortige Barbarei in Beziehung auf die Kunst gemildert werden".[27] Kestner sprach mit dieser Kritik an der Situation der Kunst in Hannover die in der Tat eher trostlose Lage an, in die die Übersiedelung des hannoverschen Hofes in die britische Metropole ein knappes Jahrhundert zuvor die Stadt gestürzt hatte. Mit dem Weggang des Hofes war der Anziehungspunkt für auswärtige Künstler verschwunden,[28] und die ‚hübschen' Familien der Stadt, angesehene wohlhabende Geschlechter, konnten nicht ausreichend Aufträge an die hannoverschen Künstler vergeben, geschweige denn Anreiz für auswärtige schaffen, sich hier niederzulassen.[29] Hannover besaß zudem keine Kunstakademie, die dem hiesigen Nachwuchs eine fundierte Ausbildung hätte bieten können,[30] was dazu führte, daß die wenigen Talente in andere Kunstzentren strömten und die Kunstszene der Stadt selbst weiter verarmte. Und doch war die Situation jetzt, nach den Befreiungskriegen, nicht gänzlich aussichtslos. Ein Jahr bevor Kestner Abhilfe von Hannovers „Kunstbarbarei" schaffen wollte, 1818, hatte Bernhard Hausmann, Bürger der Stadt und Hofkramer des Herzogs von Cambridge und Vizekönigs von Hannover, die umfangreiche Gemäldesammlung des Reichsgrafen Ludwig von Wallmoden-Gimborn angekauft.[31] In dem „sehr richtigen Gefühl", daß dieser Sammlung, die sich – gemeinsam mit der Hausmannschen – aus mehr als 300 Werken zusammensetzte, „eine mehr als private Bedeutung zukam",[32] machte Hausmann die Kollektion in seinen großzügigen privaten Räumlichkeiten am Holzmarkt nur kurz darauf der Öffentlichkeit zugänglich. Jeder Besucher war willkommen, und das Hausmannsche Gästebuch enthielt Namen aus dem Adel, dem Bürgertum und dem einfachen Volk. Letzteres fand jedoch nur selten den Weg in die prachtvolle Kunstausstellung.[33]

Hausmanns Tun hatte Symbolcharakter. Es war Ausdruck eines neuen bürgerlichen Selbstbewußtseins auch auf dem Gebiet der Kunst. Zum Typ des adligen Sammlers des 18. Jahrhunderts gesellte sich allmählich jener des bürgerlichen Kunstfreundes des 19. Jahrhunderts, der seinen Anteil an Kunst und Kultur beanspruchte und sowohl imstande als auch bereit war, für diesen zu zahlen.[34] Daß der Eigentümer der bedeutendsten Kunstsammlung der Stadt zu jener Zeit mit Bernhard Hausmann zwar einer der wohlhabendsten Männer der Stadt, nicht jedoch ein Mitglied der alteingesessenen ‚hübschen' Familien war, ist dabei bezeichnend.[35] Der Großkaufmann, der die einzige größere Fabrik im Hannover jener Jahre mit immerhin

Bernhard Hausmann. Um 1830

etwa sechzig Arbeitern besaß,[36] der eine wichtige Rolle in politischen und wirtschaftlichen Gremien der Stadt spielte und zugleich ein gebildeter und kunstsinniger Mann war,[37] wollte mit den älteren adligen Sammlungen konkurrieren und sich jene gesellschaftliche Reputation verschaffen, die auch in jener Zeit jenseits reiner materieller Potenz lag.[38] Ein Zeitgenosse erinnerte sich an Hausmanns Gebaren als Patron seiner Sammlung mit den Worten, in der Ausstellung habe er „die vornehmen Herrschaften … mit unterwürfiger Süßigkeit (begrüßt), während er den Bürger stolz ignorierte".[39] Wenn die gesellschaftliche Integration seines Standes in die bisher etablierte Ordnung des hannoverschen Kunstwesens primäres Ziel der Bestrebungen Bernhard Hausmanns war, so hat er dieses durch die Öffnung seiner privaten Sammlung sehr wohl erreicht.[40] In den Räumen am Holzmarkt mischten sich Adel und Bürgertum; die strikte Trennung zwischen adliger Hofgesellschaft, staatlicher Beamtenschaft und städtischem Bürgertum wich allmählich einem „neue(n) Gemeinschaftsgefühl".[41]

Die Präsentation der Bilder in seinen Privaträumen erwies sich für Hausmann, den „ersten Bürger der Stadt in der ersten Hälfte des 19. Jahrhunderts",[42] wie Henning Rischbieter ihn kennzeichnete, den „homo novus" und – nach Alexander Dorner – „prachtvolle(n) Vertreter des self made-Bürgertums",[43] indes als zunehmend unbequem. Gemeinsam mit anderen kunstinteressierten Bürgern der Stadt vollzog er deshalb nur wenige Jahre darauf einen Schritt, der zuvor bereits in neun anderen deutschen Städten getan worden war.[44] Um den „sich in unseren Landen erfreulicherweise regenden Sinn für die bildenden Künste zu beleben und zu verbreiten",[45] begründete ein Kreis ambitionierter Hannoveraner – überwiegend Kunstlaien – im Mai 1832 den hannoverschen Kunstverein. Dieser fand, wie Hausmann in seinen Lebenserinnerungen schrieb, „so unerwarteten Anklang", daß schon bald „ein Comité zusammentreten konnte, um die Statuten zu bearbeiten und das Erforderliche für die demnächstigen Ausstellungen vorzubereiten".[46]

Im Rückblick hat der Verein der Schilderung seiner Begründung gern selbst die Aura außerordentlicher Fortschrittlichkeit verliehen. Die Gründung sei ein Schritt „innerhalb einer sich rasant ausbreitenden demokratischen Bewegung"[47] gewesen, ein Fanal in der Phase der bürgerlichen Emanzipation im Vormärz und zugleich „Ausdruck ästhetischer und auch politischer Opposition gegen das Mäzenatentum am Hofe".[48] Doch auch die noch 1982 selbstbewußt vorgetragene Formulierung, eine der „ältesten Bürgerinitiativen"[49] in Deutschland gewesen zu sein, kann nicht darüber hinwegtäuschen, daß Bernhard Hausmann und die ihn umgebende Gruppe bürgerlicher Gründungsmitglieder wohl die Partizipation an einer vordem durch den hannoverschen Adel besetzten Kunstszene, nicht aber eine Umwälzung der kunstpolitischen Verhältnisse und schon gar keine grundlegende gesellschaftliche und politische Veränderung beabsichtigten.[50] Darüber hinaus ist die Gründung eines Vereins, der sich ausschließlich künstlerischen und kulturellen Zielen widmete, sicher auch als Zeichen einer gewissen Resignation zu werten. Wo die politische Partizipation nur in einem sehr eingeschränkten Maße möglich war, wich man in andere Betätigungsfelder aus. Joachim Großmann hat die große Zahl von Vereinsgründungen im 19. Jahrhundert und besonders die Entstehung von Kunstvereinen als Beweis dafür gesehen, daß Vereine vornehmlich die Funktion hatten, „Allheilmittel für jeden gesellschaftlichen Notstand"[51] zu sein. Und Alfred Paffenholz beschrieb diesen Widerspruch zwischen kunstpolitischem Engagement und gesellschaftspolitischer Enthaltsamkeit in dem Satz, die deutschen Kunstvereine seien in einer Zeit zur ersten Blüte gelangt, „in der sich das Bürgertum unter die politischen Bedingungen der heiligen Allianz gefügt, zugleich aber Höfen und dem Adel das Privileg der Kunstförderung genommen hatte".[52]

Sinnfälliger Ausdruck der Bereitschaft des neu gegründeten hannoverschen Kunstvereins, den Kontakt zu bestehenden politischen und gesellschaftlichen Kräften zu suchen, statt gegen sie anzugehen, war die Zusammensetzung jenes „Comitées", das die erste Ausstellung vorbereitete und zugleich den Vorstand bildete. Es bestand aus dem Staats- und Kabinettsminister Schulte als Präsidenten, dem Geheimen Kanzlei-Sekretär Albrecht als Schatzmeister, Hofkunsthändler Schrader als Konservator, Bernhard Hausmann als Sekretär, Johann Hermann Detmold als dessen Vertreter sowie Rittmeister Graf von Castell und Kammerjunker Graf von Kielmannsegge als Beisitzern.[53] Protektor der ersten (1833) wie der folgenden Ausstellungen war bis zu seinem Tod im Juli 1850 Vizekönig Herzog Adolph Friedrich von Cambridge, dessen Geburtstag, der 24. Februar, alljährlich der Eröffnungstag blieb.[54] Im Vorstand des Kunstvereins kamen 1832 damit Mitglieder des alten hannoverschen Adels, Angehörige der ‚hübschen' Familien und Vertreter des wohlhabenden aufstrebenden Stadtbürgertums zusammen.

Die Vereinssatzung bezeichnete die „Beförderung der bildenden Künste durch Verbreiterung der Teilnahme für dieselben und durch Aufmunterung und Unterstützung der Künstler" (§1)[55] als vornehmliches Ziel des neuen Vereins. Zu diesem Zweck werde der Kunstverein „a) in Hannover öffentliche Ausstellungen von Werken der bildenden Kunst veranstalten" und „b) die ausgezeichneteren der ausgestellten Kunstwerke ... ankaufen und nach dem Lose unter seinen Mitgliedern verteilen" (§2).[56] Obwohl es von Beginn an nicht unumstritten war, setzte sich das Lossystem durch, das prinzipiell jedermann ermöglichte, in den Besitz eines ansonsten unter Umständen unerschwinglichen Werkes bildender Kunst zu gelangen.[57] Auch das Aktiensystem der anderen Kunstvereine wurde übernommen. Für jede Aktie gab es eine Jahresgabe, die oft das „Nietenblatt" für jene war, die bei der jährlichen Verlosung von Kunstwerken – einem weiteren Merkmal von Kunstvereinsarbeit – leer ausgegangen waren.[58] Die Aktie bot für den Verein gegenüber dem Jahresbeitrag, der sich erst später durchsetzte, den Vorteil, daß sie von einer einzigen Person in beliebiger Anzahl erworben werden konnte, daß also nach oben hinsichtlich der finanziellen Unterstützung durch Gönner keine Grenzen gesetzt waren. Mit der Aktie kaufte sich das Mitglied in den Verein ein. Das Aktiensystem sollte den Eindruck stärken, daß der, dem ein Teil des Kunstvereins gehörte, zugleich ein Recht auf Partizipation an seinen künstlerischen und kunstpolitischen Entscheidungen hatte. Tatsächlich blieb dieses Recht allerdings aufgrund der starken Stellung des Vorstandes sowie des künstlerischen Schiedsgerichtes bis weit ins 20. Jahrhundert hinein recht eingeschränkt.[59]

Das scheint der Anteilnahme einer breiten Öffentlichkeit an der Entwicklung des neuen Kunstvereins jedoch keinen Abbruch getan zu haben. Bernhard Hausmann erinnerte sich, bereits die Eröffnungsausstellung am 24. Februar 1833 habe „wohl als ein Ereignis angesehen werden (dürfen), da sie nicht nur alle Erwartungen im höchsten Grade übertraf, sondern auch ein lebhaftes Interesse für die Kunst erweckte, welches sich durch die alljährlich nachfolgenden Ausstellungen befestigend und steigend, von bleibender Wichtigkeit und wesentlichem Einflusse für die neuere deutsche Kunst und die Existenz zahlreicher Künstler geworden ist".[60] Obwohl sich der Kunstverein noch fast zwei Jahrzehnte, bis zur Jahrhundertmitte, „eigentlich ununterbrochen auf Wanderschaft"[61] befand und bald in Privathäusern, bald in Sälen des königlichen Schlosses mehr oder weniger geeignete Räume vorfand, stiegen die Mitgliederzahlen schnell. Insgesamt über 400 Werke von 200 verschiedenen Künstlern wurden gleich zu Beginn einem Publikum präsentiert, das an die 2.000 zählen mochte.[62] Über 900 Aktien wurden verkauft, wobei der Herzog von Cambridge mit seiner Familie der größten Einkäufer war, gefolgt vom Präsidenten des Vereins Bernhard Hausmann.[63] Diese Eröffnungsschau, die, wie Hausmann stolz seinen Memoiren anvertraute, „verhältnismäßig alle bisherigen Ausstellungen in Deutschland"[64] übertroffen habe, nahm die weitere erfolgreiche Entwicklung des hannoverschen Kunstvereins bis etwa zur Jahrhundertwende voraus. Im Gründungsjahr waren bereits 1.000 Hannoveraner und auch Auswärtige beigetreten. 1838 hatte der Kunstverein 2.000 Mitglieder, 1858 3.000 und etwa zehn Jahre später sogar über 4.300.[65] Mittlerweile war der Verein endlich seßhaft geworden. Im ersten Stock des neuen Baus Conrad Wilhelm Hases in der Sophienstraße, des Museums für Kunst und Wissenschaft, durfte er seit 1856 in drei Räumen ausstellen.[66] Das Kontingent wurde ein knappes halbes Jahrhundert später, nachdem die Bauarbeiten am Provinzial-Museum im Jahre 1902 abgeschlossen waren, auf siebzehn Räume aufgestockt.[67]

Das rasche Wachstum des Kunstvereins beflügelte das Engagement seiner Initiatoren, die alle anfallenden Arbeiten mit Eifer ehrenamtlich verrichteten.[68] Alexander Dorner, der während seiner Tätigkeit als Leiter der Kunstabteilung des Provinzial-Museums auf vielfältige Art mit dem Kunstverein verbunden war, schrieb 1932 in der Veröffentlichung HUNDERT JAHRE KUNST IN HANNOVER von „liebevolle(r) Teilnahme" und einer „Wärme dieser Atmosphäre".[69] Dorner wertete die weit ins Private reichende Fürsorge des Vorstands als Zeichen einer durchaus positiv zu verstehenden „Kleinbürgerlichkeit",[70] die Verläßlichkeit, Ruhe und Sicherheit zu den Tugenden der Kunstvereinsarbeit gemacht habe.

Einen ersten Rückschlag in der bis dahin erfolgreichen Vereinsgeschichte erlitt der Kunstverein mit dem Tod seines Protektors, des kunstsinnigen Herzogs von Cambridge.[71] Mit seinem Nachfolger König Ernst August stand – wenn auch nur für sechzehn Monate, bis zu seinem Tod im November 1850 – ein Monarch an der Spitze des hannoverschen Staates, der jedoch eher eine „Soldatennatur"[72] und kein Förderer der Künste war. Mit Georg V., dem Sohn Ernst Augusts, folgte dann 1851 ein Mann auf den Thron, dem die Pflege der bildenden Kunst ein Anliegen war. Er ließ die komplette Sammlung Bernhard Hausmanns ankaufen und stellte Überlegungen zur Gründung einer Kunstakademie an.[73] Die Besetzung des Königreichs Hannover durch die Preußen im Jahr 1866[74] und dann der Deutsch-Französische Krieg 1870/71 führten jedoch zu zwei gravierenden Einbrüchen in der Kunstvereinsarbeit. Die Mitgliederzahl sank innerhalb von wenigen Jahren auf weniger als die Hälfte;[75] 1882, anläßlich des fünfzigjährigen Jubiläums, lag sie bei etwa 2.000.

Dieses war der niedrigste Stand.[76] Zwei Jahrzehnte später, Mitte der neunziger Jahre, stand der hannoversche Kunstverein, wie man stolz verkündete, „an der Spitze sämtlicher deutscher, ja höchstwahrscheinlich aller Kunstvereine".[77] Zur Wende ins 20. Jahrhundert zählte man 10.000 Mitglieder.[78] Damit hatte der hannoversche Kunstverein in kürzester Zeit die Konkurrenz in allen anderen Städten überflügelt.

Dieser beeindruckende Wiederaufstieg hatte mehrere Ursachen. Eine von ihnen lag in der sich rapide verbessernden Gesamtlage Deutschlands Mitte der achtziger Jahre, als die Baisse der Nachkriegszeit durch eine außerordentliche Einsatzbereitschaft und Wirtschaftskraft abgelöst wurde. Die zunehmende materielle Sorglosigkeit, die gestützt wurde durch eine relative politische Stabilität, führte zu einem verstärkten Interesse des Bürgertums an Kunst und Kultur. Der englische Historiker Eric J. Hobsbawm urteilte über diese Zeit, sie sei dadurch geprägt gewesen, „daß das Kunstpublikum, begüterter, gebildeter und weniger

Museum für Kunst und Wissenschaft in der Sophienstraße, heutiges Künstlerhaus, Lithographie. Um 1860

elitär als bisher, begeistert und aufnahmebereit war. Es war schließlich eine Periode, in der kulturelle Aktivitäten, lange Zeit ein Statusmerkmal ..., konkrete Symbole fanden, um die Bestrebungen ... weiterer Schichten zum Ausdruck zu bringen."[79] In Hannover zeigte sich die Tendenz einer erweiterten Basis der Kunstrezeption auf besonders eindrucksvolle Weise. Der hiesige Kunstverein etwa hatte nach der Jahrhundertwende beinahe genausoviele Mitglieder wie die Stadt Bürger, also wahlberechtigte Einwohner, hatte.[80]

Der überwiegende Teil seiner Klientel scheint im Kunstverein vornehmlich einen „Ort pflichtmäßiger Repräsentation"[81] gesehen zu haben. Rückblickend urteilte Albert Brinckmann, seit 1912 Leiter des Kestner-Museums, wenn man die Ausstellungen des Kunstvereins als Gradmesser der Kunstleistungen in der Stadt nehme, so werde man „an der Beobachtung nicht stillschweigend vorübergehen können, daß hier ein frisches Leben verhältnismäßig langsam Eingang und Anerkennung gefunden hat. Längst hatten die jüngeren Künstler Deutschlands ... sich ... den neuen künstlerischen Problemen hingegeben. Das hiesige Publikum jedoch verhielt sich ... allzulange ablehnend."[82] Historisierende Bilder, die an den Sinn des Betrachters für Patriotisches appellierten und das Darzustellende „als Kostümstück im Stil des Meininger Theaters mit bedeutungsvoller Gestik"[83] inszenierten, Genrestücke und Naturbilder, Tier- und Marinemotive entsprachen diesem Publikumsgeschmack offenbar eher als die Darstellung „der neuen künstlerischen Probleme", von denen Brinckmann sprach. Der Hang zum Gediegenen, Großformatigen und Gefälligen scheint für die Ausstellungen des Kunstvereins um die Jahrhundertwende bestimmend gewesen zu sein.[84] Jakob Lohr beschrieb die Atmosphäre in diesen Ausstellungen, die an den Wochenenden ausnehmend gut besucht, werktags hingegen vielfach nahezu verwaist waren – was sie im übrigen mit jenen der zwanziger Jahre gemein hatten[85] – folgendermaßen: „Präsentiert wurde eine Kunst, die sich auf das ‚Schöne' konzentrierte, niemanden aufregte und schon gar nicht provozierte. Dorthin konnte man mit der ganzen Familie zur Erbauung und Belehrung hingehen. Man tat etwas für sich und seine Bildung! Man war im Kunstverein!"[86] Lange Zeit fanden sich nur wenige Kritiker dieses künstlerischen und kunstpolitischen Kurses. Der äußere Erfolg und die wachsende gesellschaftliche Verankerung des Kunstvereins schienen die Richtigkeit der Entwicklung immer wieder aufs neue zu bestätigen.

Ausstellungsräume des Kunstvereins, Foto. Um 1900

Um die Jahrhundertwende neigten die Ausstellungsgestalter des Kunstvereins dazu, möglichst viele Werke zu zeigen. Damit standen sie nicht allein: Nahezu alle Kunstmuseen im Reich pflegten ihre Exponate gleich Briefmarken in einem Album zu präsentieren,[87] wie Johann Frerking es rückblickend bezeichnete. Wenn auch die Jury des Kunstvereins regelmäßig betonte, daß sie fast die Hälfte der eingesandten Werke bereits vor der Ausstellung aussortiert habe,[88] so waren 1.400 gezeigte Arbeiten in einer einzigen Schau vor dem Einzug in das Museum für Kunst und Wissenschaft[89] und 500 bis 800 danach, und zwar in siebzehn Räumen, keine Besonderheit. An dieser Ausstellungspraxis änderte sich auch in den folgenden Jahren wenig. Noch Anfang der dreißiger Jahre sprach der HANNOVERSCHE ANZEIGER in der Rezension einer Kunstvereinsausstellung angesichts von mehr als 500 Bildern von der „Überfülle des Guten",[90] die jedes Urteil erschwere. Sein Kollege vom HANNOVERSCHEN KURIER resignierte im November 1926: „Und die meisten Besucher, die nicht Vetter oder Base unter den Ausstellern und somit ein festes Ziel haben, schwimmen uferlos im Strom einer unausschöpflichen Bildermasse."[91] Kurt Voß schließlich, Hauptberichterstatter des HANNOVERSCHEN KURIERS, urteilte 1931 über die unlängst noch praktizierte Hängung: „Man hatte auf die Wände gepackt, was nur darauf gehen wollte, die Bilder hingen nicht nur eng nebeneinander, sondern auch übereinander, eine Art des Aufbaus einer Ausstellung, die zu gefährlichen Zusammenstößen von Bildern verschiedener Herkunft führen mußte."[92]

Eine große Zahl von Werken zu zeigen, entsprach auch dem Wunsch, möglichst vielen Künstlern die Möglichkeit zur Präsentation zu geben. 1895 hieß es im Bericht des Kunstvereins stolz, man wolle „der *ganzen* deutschen Kunst der Gegenwart unsere Dienste widmen; wie in einem Spiegel sollen sich in unseren Jahresausstellungen die Strahlen aller Kunstauffassungen sammeln, sowohl die der älteren wie der modernen Richtung, sofern sie nur den Stempel echter Kunst an sich tragen."[93] Nicht so sehr der Versuch, so viel wie möglich auszustellen, kennzeichnete demnach die Ausstellungspolitik des Kunstvereins,[94] vielmehr war der Wunsch entscheidend, den Besuchern ohne große Beschränkung all das zu zeigen, was man selbst bevorzugte.[95] Die Entscheidung darüber, was gute und was schlechte Kunst war, behielten sich stets die Verantwortlichen im Kunstverein vor, ihr Kunstgeschmack war das alleinige Maß der Dinge. Das Selbstbewußtsein der Vereinsspitze, das daraus spricht, kann auch mit dem Hinweis erklärt werden, daß seit Beginn der neunziger Jahre ein bedeutsamer Führungswechsel eingesetzt hatte. Statt der bisherigen Verantwortlichen, Angehörigen des Hofes und hohen Militärs, gelangte nun ein Personenkreis in den Vorstand, der sich nicht nur aus Verwaltungsbeamten und Kaufleuten, sondern auch aus Bankiers, Professoren der Technischen Hochschule und Kunstgewerbeschule und erstmals auch Künstlern zusammensetzte.[96] Diese Veränderung führte zu einer Verjüngung im Kurs des Kunstvereins, die ihren Ursprung nicht im Lebensalter des Vorstands, sondern in dessen vergleichsweise jüngeren gesellschaftlichen Positionen hatte. Eine Folge dieser Veränderungen war, daß man nun begann, nach – wenn auch nicht den neuesten – so doch neueren künstlerischen Ausdrucksformen zu suchen.

Heinrich Tramm und der Kunstverein

In dieser Führungsgruppe gelang es jenem Mann, der 1884 dem Kunstverein beitrat und dann bis zu seinem Tod 1932 im Vorstand saß,[97] schon sehr bald, eine Position einzunehmen, die ihn weit über die Bedeutung eines einfachen Mitglieds hinaushob.[98] In Heinrich Tramms Person verband sich die Kunstbegeisterung des bürgerlichen Privatmanns und das Machtstreben des Kommunalpolitikers mit einem hohen Maß an Selbstbewußtsein, Rücksichtslosigkeit und patriarchalischer Fürsorge für das kulturelle Leben seiner Stadt. Da die Zeit, in der er in diese Position hineinwuchs, die Verknüpfung von Privatem und Öffentlichem in der Kunstpolitik nicht nur duldete, sondern als Inbegriff wahrer stadtväterlicher Fürsorge geradezu forderte, konnte Tramm früh eine Machtfülle auf sich vereinen, die das künstlerische und kulturelle Leben in den nächsten Jahrzehnten entscheidend formte. Die Tatsache, daß er erst 1917 Erster Vorsitzender des Kunstvereins wurde,[99] bis dahin also wie jedes andere Vorstandsmitglied rechtlich dem Präsidenten unterstanden hatte, ist dabei gleichsam nur als fait accompli zu werten. Anders als dieser – nach 1866 der Oberpräsident der Provinz Hannover –, der den Vorsitz in der Regel mehr als Ehrenamt obligatorischen Charakters verstanden haben mag, führte Heinrich Tramm von Beginn an ein tiefempfundenes Interesse an allen künstlerischen Dingen in den Kunstverein und darüber hinaus in alle Gremien städtischer Kunstpolitik. Da die Vereinsspitze offenbar keine Veranlassung sah, den Stadtdirektor, der ausgesprochen eigenwillig und egoistisch handelte, zu maßregeln, war die tatsächliche Leitung durch ihn bereits kurz nach der Jahrhundertwende ein offenes Geheimnis.

Johann Frerking verglich das grundsätzliche Interesse, das Heinrich Tramm an Kunst und Kultur hatte, mit jenem Bernhard Hausmanns und kam zu dem Ergebnis, daß sich in der Person des Stadtdirektors „zum unschätzbaren Vorteil des Vereins und des hannoverschen Kunstbesitzes noch einmal eine ähnliche Mischung von herrischer Leidenschaft und zäher Willenskraft" gezeigt habe.[100] Tatsächlich haben sich Hausmann und auch Tramm den Aufschwung der Künste in ihrer Heimatstadt zum Ziel gesetzt und dafür ihren Einfluß als Politiker und als Potentaten der hannoverschen Wirtschaft geltend gemacht.[101] Doch während die Aktivitäten des Kunstvereins-Mitbegründers zu einem Zeitpunkt einsetzten, als von einer künstlerisch-kulturellen Infrastruktur nach heutigem Maßstab nur sehr bedingt gesprochen werden konnte, war das Kunstleben Hannovers zum Ende des Jahrhunderts, als Heinrich Tramm begann, Einfluß auf die städtische Kunstpolitik auszuüben, bereits wesentlich ausgeprägter. Neben dem Kunstverein gab es Salons privater Kunstfreunde, eine Reihe privater Theater und städtische Museen. Kunstförderung war in der Zwischenzeit eine wichtige Angelegenheit städtischer Kunstpolitik geworden. Mehr noch: In Zeiten eines politisch einflußreichen kunstinteressierten Bürgertums wurde die Pflege der Künste zu einem Gradmesser erfolgreicher Kommunalpolitik. Interesse und Engagement in diesem Bereich zu zeigen, galt nicht länger als Privatvergnügen von Männern, die im Hauptberuf Politiker waren, sondern als Kriterium umfassender gesellschaftlicher und politischer Fürsorgepflicht. Eben darin lag der entscheidende Unterschied zwischen dem nach dieser Definition überwiegend privaten Mäzenatentum Bernhard Hausmanns und der alle Bereiche städtischen Kunstlebens dominierenden Position Heinrich Tramms.

Rechtliche Grundlage dieser Machtvollkommenheit war die mit der Revidierten Städteverfassung von 1858 geschaffene Magistratsordnung. Sie bestimmte das Handeln des siebenunddreißigjährigen Juristen Heinrich Tramm seit dem Jahr 1891, dem Beginn seiner fast drei Jahrzehnte andauernden Dienstzeit als Stadtdirektor. Die rechtliche Position verband Tramm dabei mit den Stadtdirektoren und Oberbürgermeistern der anderen deutschen Städte. Auch ihnen waren im Wilhelminischen Vertrauen auf die Führerschaft weniger Männer weitgehende Kompetenzen und große Verantwortung übertragen worden.[102] Bei nur wenigen der Stadtoberhäupter jedoch hat sich die mit dem Amt verbundene Weisung, die Kommunalpolitik dominant zu lenken, auf so enge Art mit dem persönlichen Willen und den eigenen Vorstellungen verbunden wie bei Tramm. Der Tatsache, daß seine Amtszeit sich fast mit der Wilhelminischen Epoche deckte, kommt hier symbolische Bedeutung zu. Daß nach dem Ende der ‚Ära Tramm' viele einstige Kritiker, übrigens auch auf der politischen Linken – allerdings mit Ausnahme der Kommunisten[103] –, die großartige Leistung und das Geschick Tramms anerkannten,[104] weist darauf hin, daß den ‚Mythos Tramm' mehr ausmacht als die Summe glänzenden politischen und taktischen Kalküls.[105]

Tramm füllte die mit Ehrgeiz und Selbstbewußtsein erstrebte und gehaltene Position des Stadtdirektors mit einer Präsenz und einer Überzeugung von der Notwendigkeit und Richtigkeit seines Handelns aus, die keinen Zweifel daran ließ, daß ihm sein Amt nicht als Beruf, sondern als Berufung erschien. 1891 versicherte er anläßlich der Amtseinführung, sich „durch Nebenrücksichten ... weder nach rechts noch nach links leiten (zu) lassen".[106] Er sah sich selbst nicht als Politiker im engen Sinne, sondern als Stadtvater, der sich um jeden Bereich des öffentlichen Lebens persönlich zu kümmern hatte. Vielleicht empfanden auch wegen dieses großen persönlichen Engagements weite Teile der Bevölkerung einschließlich der bürgerlichen Tagespresse das politische Ende seiner Stadtdirektorenschaft keinesfalls generell als Ende seiner Tätigkeiten zum Wohle der Stadt. Nach dem November 1918 und damit nach dem offiziellen Rücktritt erhielt er weiterhin unzählige Briefe, die an ‚Stadtdirektor Tramm' adressiert waren. Tramm selbst stellte hinsichtlich seines Dienstendes als Stadtdirektor klar, „daß man mich in die Gewalt bekommen wollte, mindestens zu dem Zwecke, die neue Autorität anzuerkennen und mich unter sie zu stellen".[107] Er machte deutlich, daß dieses ihm „aber nicht gelegen"[108] habe, er im übrigen auch nicht begreife, was man ihm vorwerfe und man versichert sein dürfe, daß, „wenn er zehn bis fünfzehn Jahre jünger gewesen wäre ..., er den Kampf wohl aufgenommen"[109] hätte.

Den Stadtdirektorentitel führte er bis zu seinem Tod ohne den Zusatz ‚i.R.', was mit dazu beitrug, daß sowohl die Mehrzahl der bürgerlichen Tageszeitungen der Stadt als auch viele Sitzungsprotokolle städtischer Gremien ihn weiter als Stadtdirektor titulierten. Tramm machte in diesem Zusammenhang auch keinen Hehl aus seiner Überzeugung von der politischen wie menschlichen Unfähigkeit seines Nachfolgers, des Sozialdemokraten Robert Leinert. Er bringe es, so Tramm im September 1923, „nicht über seine Lippen",[110] Leinert korrekt mit dem Titel des Oberbürgermeisters anzusprechen. Das habe auch damit zu tun, daß Leinert „ja überhaupt immer"[111] lüge, wenn er den Mund aufmache. Die Beleidigungsklage, die Leinert daraufhin gegen Tramm anstrengte und in

Heinrich Tramm an seinem Arbeitsplatz, Foto. Um 1910

Auszug aus dem
HANNOVERSCHEN ANZEIGER.
22. September 1923

> **Beleidigungsklage Leinert—Tramm.**
>
> Vor dem Schöffengericht Hannover hatte sich Stadtdirektor a. D. Tramm wegen einer öffentlichen Beleidigung, die in der gemeinschaftlichen Sitzung der Städtischen Kollegien am 15. Februar 1923 gefallen war, zu verantworten. Laut Zeitungsberichten und den mehr oder weniger abweichenden Aussagen mehrerer Zeugen hatte damals Bürgervorsteher Tramm in einer äußerst erregten Aussprache, die der letzten Abwicklungsphase der bekannten „Hamisch"-Angelegenheit galt, eine Aeußerung gegenüber dem Oberbürgermeister Leinert gebraucht, des Inhalts: „Sie lügen überhaupt immer, wenn Sie reden" oder „Sie lügen ja immer, wenn Sie je etwas sagen". Vorherige Verhandlungen, die Angelegenheit auf gütlichem Wege beizulegen, waren gescheitert. Den Vorsitz bei der Gerichtsverhandlung führte Amtsgerichtsrat Lehmann, als Verteidiger fungierte für den Beklagten Justizrat Stebmann und für den Nebenkläger und Zeugen Leinert Rechtsanwalt Katz.
>
> Bgv. Tramm erklärte zu der Anschuldigung, die Sitzung am 15. Februar sei sehr erregt gewesen. Oberbürgermeister Leinert habe besonders gegen den abwesenden Bürgervorsteher Dr. Menge Angriffe erhoben, zumal in einer Sache (Hamisch-Angelegenheit), in der Oberbürgermeister Leinert an sich eine schlechte Position gehabt habe. Oberbürgermeister Leinert außerdem eine Stelle aus einer Rede, die er (Tramm) seinerzeit vor dem Staatsrat gehalten habe, aus dem Zusammenhang gerissen wiedergegeben. Damals habe er den fraglichen Zwischenruf zwar gemacht, der allerdings nach seiner Meinung anders gelautet habe, als in der obigen beleidigenden Form. Diesen Zwischenruf habe er dahin gedeutet wissen wollen, daß er Leinert keineswegs als Lügner bezeichnete, sondern er habe vielmehr zum Ausdruck bringen wollen, daß der Oberbürgermeister Dinge, die er vortrage, häufig so drehe, daß sie ein ganz anderes Gesicht bekämen, als es in Wirklichkeit der Fall wäre. Den Vorwurf, daß er den Oberbürgermeister der Lüge bezichtigt habe, bestreite er. Er würde auch eine solche Aeußerung, wie sie in den betreffenden Zeitungen wiedergegeben ist, nicht vertreten.
>
> Der Versuch, die Gerichtsverhandlung, die Sache durch einen Vergleich beizulegen, scheiterte. In der Beweisaufnahme erklärte Oberbürgermeister Leinert u. a., die Art und Weise, wie Bürgervorsteher Tramm in den Städtischen Kollegien gegen ihn vorgehe, gebe immer wieder die Ursache zu Zusammenstößen. Wie schon seinerzeit der Bürgervorsteher Hartleib ausgeführt habe, suche ihn Bürgervorsteher Tramm immer herabzusetzen; er brächte z. B. niemals das Wort Oberbürgermeister über seine Lippen, sondern spreche immer nur vom Vorsitzenden des Magistrats.

deren Verlauf eine Befragung sämtlicher Mitglieder der Städtischen Kollegien erfolgte, macht den Rückhalt deutlich, den Tramm nach wie vor hatte: Während der linke Flügel der Städtischen Kollegien mit dem KPD-Mitglied Iwan Katz[112] an der Spitze, dem Rechtsanwalt Leinerts, die höchstmögliche Strafe für Tramm forderte, litten viele der bürgerlichen Abgeordneten an vorübergehendem Gedächtnisschwund oder überboten sich in voneinander differierenden Wiedergaben des von Tramm Gesagten. Dieser selbst wurde in den bürgerlichen Tageszeitungen mit der Bemerkung zitiert, er „habe in seinen 27 Dienstjahren soviel Beleidigungen erfahren, sei aber nie darauf eingegangen".[113] Wenn man aber wie Leinert augenscheinlich „nichts anderes zu tun habe, als andauernd mit Beleidigungsklagen an die Öffentlichkeit zu gehen, dann sehe er eine solche Verwaltung als nicht mehr auf der Höhe stehend an".[114]

Letztendlich war es also der Beleidiger und nicht der Beleidigte, der aus dem Prozeß als Sieger hervorging.[115] Die Fronten waren auch auf der journalistischen Ebene klar: Sechs bürgerliche Tageszeitungen,[116] die in ihrem Lob für „Stadtdirektor Tramm" einig waren, standen gegen den sozialdemokratischen VOLKSWILLEN. Tramm wurde unterstützt von einem einflußreichen Troß von Journalisten wie dem DNVP-Senator und Mitarbeiter der NIEDERDEUTSCHEN ZEITUNG Karl Anlauf, von Erich Rosendahl (HANNOVERSCHE VOLKSZEITUNG und KURIER) und von dem Kommunalpolitiker Emil Demmig,[117] der sich wiederholt öffentlich für ihn einsetzte. Es wäre Aufgabe des VOLKSWILLENS gewesen, der aggressiven Meinungsmache gegen Leinert entsprechend zu begegnen. Stattdessen fand der Oberbürgermeister nur sehr mäßige Unterstützung in der Berichterstattung der sozialdemokratischen Tageszeitung Hannovers. Der VOLKSWILLE trat vielmehr gerade in diesem entscheidenden Stadium der politischen Entwicklung nach der Novemberrevolution gleichsam journalistisch auf der Stelle und vermied es, sich energisch hinter Leinert zu stellen.[118] Die kommunistische NIEDERSÄCHSISCHE ARBEITERZEITUNG schließlich freute sich augenscheinlich über den „abgesägten Leinert"[119] und bekräftigte mit ihrer rundherum ablehnenden Berichterstattung, die auch vor brüsker Diffamierung nicht zurückschreckte, ihre strikte Gegnerschaft zur SPD.[120]

In dem von Unsicherheit und Instabilität geprägten politischen Kräftefeld blieb Heinrich Tramm der Repräsentant einer vergangenen politischen Ordnung, die von weiten Teilen der Bevölkerung weiter akzeptiert wurde. Ihm folgten zwei Oberbürgermeister, von denen der eine, Leinert, ihm in Anbetracht der geringen Unterstützung aus den eigenen Reihen und der scharfen Kritik an seiner Position wenig entgegenzusetzen hatte. Der andere, Arthur Menge, verdankte dem ehemaligen Stadtdirektor sein Amt und hatte außerdem insofern wenig Veranlassung zur Kursänderung, als seine eigene politisch-ideologische Ausrichtung im kommunalpolitischen Bereich mit jener Tramms weitgehend übereinstimmte.[121] Heinrich Tramm selbst hatte sich in einer geschickten Inszenierung des Hinauszögerns 1919 zu neuerlicher politischer Betätigung bitten lassen.[122] In den zwanziger Jahren baute er dann eine taktisch geschickte Position aus. Einerseits hatte sein Urteil in allen Bereichen städtischer Politik weiterhin ein starkes Gewicht, andererseits aber hatte er nicht mehr die Verantwortung als Stadtoberhaupt zu tragen, sondern konnte sich letztlich bei Bedarf immer in die Rolle des ‚einfachen Bürgervorstehers' zurückziehen. Er blieb der „getreue Ekkehart des hannoverschen Bürgertums",[123] der sich, wie es der Verband der hannoverschen Bürgervereine nach seinem Tod im März 1932 formulierte, stets mit „glühender Liebe für seine Vaterstadt Hannover"[124] eingesetzt habe.[125]

Seine jahrzehntelang mit Konsequenz und Erfolg entwickelte Praxis, die Politik aus dem Rathaus zu verbannen, hatte letztlich die Bevormundung anderer parteipolitischer Interessen zum Ziel gehabt. 1929 wurde eine Schrift der hannoverschen Sozialdemokraten nicht etwa als Karikatur der hannoverschen Verhältnisse zur Kenntnis genommen. Viele vermuteten dahinter offenbar eine den Tatsachen entsprechende Zustandsbeschreibung, die für sie keinen Anlaß zu Beanstandungen bot. In der SPD-Schrift hieß es: „Gab es irgendwelche größere(n) kommunalpolitische(n) Fragen zu erledigen, so schaltete man grundsätzlich die Linke von der Mitwirkung aus und hielt in der Weinstube geheime Sitzungen ab, in denen Tramm seine Instruktionen gab. Und sie kamen alle, wenn Tramm rief. Da saßen sie dann friedlich beieinander, die Herren Welfen, Volksparteiler, Deutschnationalen, Zentrumsleute, Demokraten und Völkischen, ehrerbietig den Plänen ihres Gebieters zu lauschen. Von der Weinstubenclique wurde die ganze Bürgerblockpolitik gemacht"[126]

Eine solche Hinterzimmerpolitik, in der die genaue Kenntnis jenes feinverästelten Beziehungsgeflechts innerhalb von Gremien und Parteien und das Einhalten der Gesetzmäßigkeiten jener Hierarchien die Voraussetzung für den persönlichen Aufstieg ausmachten, war bereits im Bereich allgemeiner Parteipolitik zu beobachten. In der ‚Ära Tramm' wurde das nahtlose Miteinander von Privatem und Öffentlichem, von persönlicher Meinung und politischer Handhabe, von individueller Neigung und kommunalpolitischem Gebot im Bereich der städtischen Kunstpolitik bestimmend.

Beides, die Leidenschaft des privaten „Amateurs aus Herzensneigung"[127] und das rationale Kalkül des auf die Außenwirkung seiner Stadt bedachten Politikers, verbanden sich zu einer undurchsichtigen Atmosphäre in der städtischen Kunstpolitik, die durch zahlreiche Kompetenzüberschneidungen in privaten Institutionen und städtischen Gremien gekennzeichnet war. Persönliche Bekanntschaft und ein gutes Verhältnis zu Tramm waren vor und nach 1918/19 nicht das schlechteste Rezept für einen schnellen Aufstieg. Kritik an seiner Person oder künstlerische Leistungen, die dem Stadtoberhaupt mißfielen, konnten umgekehrt zum raschen Sturz führen. Dieses Klima, das Klüngelwesen und künstlerische Mittelmäßigkeit gedeihen ließ, trug dazu bei, daß ein im ganzen über Jahrzehnte hinweg in der Zusammensetzung weitgehend unverändert bleibender Kreis von Künstlern, Kunstsachverständigen und Kunstlaien die offizielle Kunstpolitik der Stadt prägte und beeinflußte. Seine Angehörigen tauchten als Vorstands- und Jurymitglieder in fast allen städtischen und halböffentlichen Vereinen und Gruppierungen auf. Diese Form der Kunstpolitik weichte bestehende Strukturen in bezug auf den rein rechtlichen Charakter dieser Vereine auf. Der Kunstverein mit Heinrich Tramm an der Spitze wurde in diesem Zusammenhang derart geschickt in Praktiken städtischen Kunstankaufs und städtischer Kunstförderung einbezogen, daß er seine Position als eigenständiges und unabhängiges privates Organ einbüßte und zu einem Instrument kommunaler Kunstpolitik wurde.

Städtische Kunstankaufspolitik und privates Mäzenatentum in der ‚Ära Tramm'

Heinrich Tramm war bereits Mitglied der städtischen Kunstkommission, der Museums-Kommission, bevor er Stadtdirektor wurde.[128] Nach Klaus Mlynek hat er in den folgenden Jahren und Jahrzehnten nur selten eine Sitzung dieses Gremiums versäumt.[129] Mit dem Bau des Kestner-Museums, dessen Bestände sich zunächst vornehmlich aus zwei unterschiedlichen, ehedem privaten Sammlungen, der Kestnerschen und der Culemannschen, zusammensetzten, stand die Stadt fast zeitgleich mit Tramms Amtsantritt (1891) vor der Aufgabe, Gelder für die Aufrechterhaltung und Erweiterung dieser Sammlungen zur Verfügung zu stellen

Heinrich Tramm und die Leiter des Kestner-Museums. Diktierte Kunstankaufspolitik

und die Ankaufspolitik des 1889 eröffneten Museums zu koordinieren. Während die Finanzierung der kommunalen Kunstpolitik durch eine großzügige und schnelle Aufstockung der bisherigen Zuschüsse für den Bereich Kunst und Wissenschaft offenbar weitgehend reibungslos geregelt werden konnte – was bereits mit Tramms wachsendem Einfluß in der städtischen Kunstpolitik zusammenhing[130] –, bereitete besonders die Frage der Kompetenzaufteilung zwischen der Spitze des Kestner-Museums und der Spitze der Stadtverwaltung größere Schwierigkeiten. Angesichts des beständigen Hereinredens, der Kritik an seinen Leistungen und der ironischen Besserwisserei verlor der in Hannover geborene Kunsthistoriker und Archäologe Carl Schuchhardt, erster Leiter des Kestner-Museums und zunächst durchaus freundschaftlich mit dem Stadtdirektor verbunden,[131] bald die Freude an seiner Arbeit. Schuchhardt freute sich wohl über die enorme Erhöhung des Anschaffungsfonds von 3.000 auf 30.000 M in nur wenigen Jahren,[132] er übte jedoch Kritik an Tramms eigenmächtigen Entscheidungen. Tramm neigte dazu, auf Urlaubsreisen gekaufte, oft künstlerisch minderwertige Exponate der städtischen Sammlung einzuverleiben[133] und die Ankaufsvorschläge Schuchhardts und seines Nachfolgers kurzerhand abzulehnen. Nachdem er seit Beginn des Jahrhunderts bereits den Weggang geplant hatte, kehrte Schuchhardt nach fast zwanzigjährigem Direktorat 1908 ernüchtert über die hannoverschen Verhältnisse nach Berlin an die dortigen Museen zurück.[134] Rückblickend würdigte er Tramm wohl als „hervorragende(n) Bürgermeister" und „gewaltige(n) Herr(n)", der „die Stadt, die aus der welfischen Zurückhaltung noch nicht herausgefunden hatte, auf eine großzügige Bahn"[135] gebracht habe. Dort jedoch, wo seine eigenen Interessen mit jenen Tramms kollidiert waren, kam der Archäologe und Museumsmann Schuchhardt zu folgendem Urteil: „Er war ein echtes Kind der Wilhelminischen Zeit mit ihrem Hang zum Prunken und Protzen und dem sic volo sic iubeo. Man konnte sagen, daß er zugleich der größte Freund und der größte Feind unserer Kunstangelegenheiten war: der größte Freund, weil er immer wollte, daß etwas geschaffen wurde, und der größte Feind, weil er alles selbst bestimmen wollte."[136]

Den Nachfolgern Carl Schuchhardts erging es nicht anders. Als Leiter des Kestner-Museums und des 1903 gegründeten Vaterländischen Museums[137] unterstand der höchste städtische Museumsfachmann der Kontrolle Tramms, und der scheute sich nicht, die Qualität des Erworbenen durch unangemeldeten Besuch im Haus kritisch in Augenschein zu nehmen. Joviale Kritik, aber auch eine gewisse besserwisserische Süffisanz in der Art des Umgangs hielten das Verhältnis zwischen dem Museumsleiter und dem Stadtdirektor in steter Spannung. In einer geänderten Dienstanweisung für den Direktor des Kestner-Museums wurde beispielsweise im Juni 1916 festgelegt, daß die Genehmigung für größere Ankäufe in eiligen Fällen vom Stadtdirektor allein, ohne vorherige Diskussion in der Museums-Kommission, erteilt werden konnte.[138]

Die Situation eskalierte, als Albert Brinckmann, seit 1912 Leiter des Kestner-Museums, Tramm im Dezember 1917 angriff. Der Stadtdirektor, so beklagte sich Brinckmann, habe ihn im Kunsthandel und unter den Kollegen durch seine ständigen Eingriffe lächerlich gemacht.[139] Tramms Antwort war unmißverständlich. Statt sich mit derart unqualifizierten Behauptungen „in den Vordergrund (zu) stellen", solle Brinckmann lieber „dankbar sein für jedes wertvolle Bild".[140] Tramm fuhr fort: „Außerdem würde ich eine zuvorige Befragung ... auch nicht für erforderlich halten, weil ich mir die Fähigkeit zuspreche, Kunstwerke, welche für unsere Sammlungen passen, ebenso gut zu beurteilen wie Sie."[141] Das schließe, so endete sein Schreiben an Brinckmann gönnerhaft, jedoch nicht aus, „in einzelnen Fällen auch Ihnen Gelegenheit zu bieten ..., vor dem definitiven Erwerb das betreffende Bild in Augenschein zu nehmen."[142]

Heinrich Tramm, der „Amateur aus Herzensneigung"[143]

Die Pflege der Malerei, aber auch der Theaterkunst – was wohl auch mit seiner Frau, der österreichischen Sängerin und Schauspielerin Olga Polnar, zusammenhing –, spielte in Heinrich Tramms öffentlichem und privatem Leben eine große Rolle.[144] Im März 1854 als Sohn des hannoverschen Hofbaumeisters Heinrich Christian Tramm geboren, nach dem frühen Tod der Eltern aufgewachsen im kunstsinnigen Haushalt der Großmutter und im Ratsgymnasium ausgebildet im „klassisch humanistischen Sinne",[145] entwickelte Heinrich Tramm schon als Jugendlicher eine Leidenschaft für Kunst und Kultur, die weder durch sein Studium der Rechts- und Staatswissenschaften noch durch den frühen Eintritt in die Politik 1883 beeinträchtigt wurde.[146]

Früh begann Heinrich Tramm mit dem Aufbau einer eigenen Gemäldegalerie, die einen Einblick in seinen Kunstgeschmack ermöglicht und verdeutlicht, wie wenig Trennung es für den Kunstliebhaber Tramm zwischen Privatem und Öffentlichem gab. 1913 besaß er über 240 Werke, davon über 30 „Gemälde älterer Meister" und etwa 170 „Gemälde neuerer Meister".[147] Als knapp zwanzig Jahre später, nach seinem Tod im Juni 1932, ein Vertrag zwischen seiner Witwe und der Stadt Hannover über die leihweise Überlassung der Galerie Tramm abgeschlossen wurde, stellte sich heraus, daß an den Wänden der siebzehn Räume seiner Dienstvilla in der Hindenburgstraße über 70 Gemälde hingen.[148] Ihr Gesamtwert wurde auf knapp 80.000 RM geschätzt.[149] Einige der Werke waren Auftragsarbeiten, etwa Porträts von Angehörigen der Familie Tramm, die überwiegend von hannoverschen Künstlern ausgeführt worden waren. Der überwiegende Teil indes stammte aus Ankäufen, die Heinrich Tramm in seiner Eigenschaft als Mitglied der städtischen Museums-Kommission oder als Leiter des Kunstvereins getätigt hatte. Tramm entlieh seine Werke gern an hannoversche, aber auch an auswärtige Kunstinstitute. Stolz stellte er Teile seines Besitzes in Sonderschauen im Kestner-Museum aus. Es war in der städtischen Öffentlichkeit bekannt und förderte seinen Ruf als umsichtiger und verantwortungsvoller Stadtdirektor, daß er über eine „sehenswerte Sammlung" von „Gemälde(n) mancherlei Richtungen und Stilformen"[150] verfügte und sie als „Freund der Künste mit Liebe und Verständnis ... um sich geschart hat und an (ihnen) sein Herz hing",[151] wie die BÜRGERWACHT wohlwollend berichtete.

Tramm bemühte sich darum, die Berichterstattung über seine private Sammlung durch die Auswahl ihm geeignet erscheinender Fachleute so zu lenken, daß die hier zum Ausdruck gebrachten Beurteilungen häufig fließend in Elogen auf den „kunstsinnigen Stadtdirektor von Hannover" übergingen, „in dem die Stadt und vor allem die museale Kunstpflege einen ebenso willensstarken wie zielbewußten Förderer besitzt",[152] wie es in einer dieser Schriften hieß. In einem offenbar nie publizierten Typoskript über die GALERIE TRAMM,[153] das zur Veröffentlichung vorgesehen war,[154] hieß es im Dezember 1913: „Es ist die andere Seele des Menschen – vielleicht sogar die bessere – die aus diesen Bildern zu uns spricht, jene Seele, die im Kampfe um das Wohlergehen eines großen Gemeinwesens nur zu selten zu ihrem Rechte kommt ... Es ist der Mensch Heinrich Tramm, von dem die Bilder seiner Galerie künden, ... dem sich alle Härten des in stetem Kampfe gefestigten Charakters zu wundersamen Weichheiten wandeln, sobald der Festtag der Kunst ihn gefangen nimmt und er einmal Zeit hat, sein Lebensdasein mit reichem künstlerischem Gehalt zu füllen. Bekenntnisse des Menschen, den wir lieben in seiner Herbe und Güte, das sind die Bilder, die sich wie große Zufälligkeiten zu ihm fanden."[155]

Daß der „begeisterte Laie"[156] Tramm mit der vorübergehenden oder dauerhaften Ausleihe seiner Bilder und auch mit deren Schenkung nicht nur uneigennützige Absichten verfolgte, machen unzählige Streitigkeiten zwischen ihm und der Museumsleitung deutlich. Entweder empfand Tramm den für seine Bilder gewählten Ort als nicht angemessen, oder er monierte, daß sie – wenn auch nur vorübergehend – im Magazin verschwunden seien. Ein Hindenburg-Porträt forderte er im September 1919 mit der beleidigten Bemerkung zurück, „daß es nicht gehängt sei, sei ... als eine Konzession an die moderne Zeit anzusehen".[157] Auch Künstler aus seinem Be-

Verzeichnis der Galerie Tramm, angefertigt von Georg Biermann (Auszug). 1913

H. v. Habermann	1849	2	Stück
Karl Hagemeister	1848	15	"
Gust. Halmhuber	1862	1	"
Adolf Hengeler	1863	4	"
Julius Hess	1878	1	"
Hub. v. Heyden	1860 – 1911	1	"
R. Hirth du Frênes	1846	1	"
Wilh. Horst	1852	6	"
Angelo Jank	1868	1	"
Richard Kaiser	1818	1	"
Fritz Aug. v. Kaulbach	1850	3	"
Phil. Klein	1871 – 1907	5	"
Aug. v. Kreling	1819 – 1876	3	"
Hugo Kreyssig	1873	4	"
Gotthard Kuehl	1850	1	"
Laprade (Paris)		1	"
Wilh. Leibl	1844 – 1900	2	"
Fr. v. Lenbach	1836 – 1904	4	"
Max Liebermann	1847	1	"
Adolf Lier	1826 – 1882	1	"
Millère (Paris)		7	"
Paula Modersohn – Becker	1876 – 1907	1	"
Monogr. A.F. um 1850		1	"
H.K. Ende 19. Jahrhundert		3	"
H. Müller – Dachau		1	"
Elise Nees v. Esenbeck	1842	1	"
Fritz Neuhaus	1852	1	"
Max Nonnenbruch	1867	1	"
Carl Oesterley jun.	1839	1	"
Fritz Osswald	1878	1	"
Herm. Pampel	1867	1	"
Leo Puts	1869	1	"
Wilh. Räuber	1849	12	"
Otto Rauth	1862	2	"
Otto Reiniger	1863 – 1909	1	"
Carl Reiser	1877	1	"
Joh. Wilh. Schirmer	1807 – 1863	4	"
Eduard Schleich	1812 – 1874	5	"
Karl Schuch	1846 – 1903	3	"
Max Slevogt	1868	1	"
Karl Spitzweg	1808 – 1885	1	"
Jos. Karl Stieler (nach)	1781 – 1858	1	"
Willy Tiedjen	1881	1	"
Charles Tooby	1862	1	"
Georg Tronnier (Oscar Tramm)	1873	1	"
Wilh. Trübner	1851	1	"
Fritz v. Uhde	1848 – 1911	2	"
Unbekannt Mitte 19.Jahrhunderts		1	"
Hugo Ungewitter	1869	1	"
Karl Wagner	1864	1	"
Rudolf Weber	1877	1	"
Alb. Weisgerber	1878	5	"

kanntenkreis reagierten häufig empört, wenn aufgrund der Entscheidung eines Museumsleiters plötzlich aus den Dauerausstellungen ihre Werke verschwanden, die zuvor unter der Protektion des Stadtdirektors dort lange Zeit ihren Platz gehabt hatten. Einer von ihnen, Ernst Oppler, Sohn des Erbauers der hannoverschen Synagoge Edwin Oppler,[158] „Impressionist deutscher Spielart"[159] und während der ‚Ära Tramm' einer der beliebtesten Künstler der offiziellen Kunstszene Hannovers,[160] schrieb im März 1928 an Alexander Dorner, er habe anläßlich seines letzten Besuches in Hannover zwei Bilder, die einst aufgrund Tramms „künstlerische(n) Geschmack(s)" und dessen „Weitsicht"[161] ins Museum gekommen seien, nicht mehr aufgefunden. Oppler fügte hinzu: „Wenn Sie, Herr Direktor, augenscheinlich dem Tagesgeschmack huldigen und für früher entstandene Arbeiten kein großes Interesse haben…, so glaube ich doch nicht, daß Sie so weit gehen dürfen, Arbeiten der Öffentlichkeit zu entziehen, die seinerzeit Aufsehen gemacht haben."[162]

Mäzenatentum in der ‚Ära Tramm'

Der Protest Ernst Opplers[163] macht deutlich, wie ungebrochen und dominant der Einfluß Heinrich Tramms auf das Kunstleben Hannovers auch in den zwanziger und frühen dreißiger Jahren noch war. Der Stadtdirektor hatte – wie Doris Apell-Kölmel urteilte – „einem Fürsten gleich"[164] das Protektorat über das hannoversche Kunstleben zu einem Zeitpunkt übernommen, als dieses – auch bedingt durch die Ereignisse in der Folge der preußischen Besetzung von 1866 und des Deutsch-Französischen Krieges[165] – in einer Krise steckte. Diese Situation erwies sich als günstig für das Auftreten eines aufstrebenden städtischen Bürgertums, das seit etwa einem halben Jahrhundert die wirtschaftlichen und politischen Belange Hannovers mitbestimmte und das nun begann, sich der städtischen Kunst und Kultur mit einem ähnlichen Engagement zu widmen wie zuvor bereits dem Handel und der Industrie.[166]

In diesen Jahrzehnten entstanden die bedeutenden Kunstsammlungen, die auf Reichsebene an die Namen Krupp, Thyssen oder Ballin geknüpft sind. Auch in Hannover entwickelte sich diese Form von neuem Mäzenatentum, das, vor allem durch die Unternehmer Bahlsen und Beindorff, später auch Sprengel, Stichweh, Catzenstein, Oppenheimer und Spiegelberg, Werbemanagement mit der Förderung zeitgenössisch und auch avantgardistisch arbeitender Künstler verband und dem Kunstleben der Stadt eine neue Qualität gab.[167] Robin Lenman schreibt auch am Beispiel Fritz Beindorffs und Hermann Bahlsens über diese neue Gruppe einflußreicher Mäzene:[168] „What these men had in common …, was probably more leisure and a broader horizon than their Gründerzeit fathers; and visual taste sharpened by professional collaboration with advanced designers, architects and graphic artists."[169]

Wenngleich Heinrich Tramm den Aktivitäten dieser privaten Sammler und Kunstförderer durchaus wohlwollend gegenüberstand und sich ihnen – etwa 1911 und 1913 in den beiden Wettbewerben der Firma Pelikan – auch als Kunstsachverständiger zur Verfügung stellte,[170] so galt sein Interesse doch deutlich stärker den anderen wohlhabenden hannoverschen Bürgern, deren Kunstgeschmack weniger ausgeprägt und damit auch formbarer war, jener Gruppe von „Gründerzeit fathers" also, die nach Lenman durchaus grundsätzliches Interesse, nicht aber die Begeisterungsfähigkeit und weder Zeit noch Neigung mitbrachten, sich mit den verschiedenen künstlerischen Strömungen, Schulen und Richtungen zu beschäftigen. Mit seiner eigenen Kunstsammlung wirkte Tramm etwa seit der Jahrhundertwende „geschmacksbegründend"[171] auf die mäzenatische Tätigkeit dieser Gruppe einflußreicher Bürger der Stadt.[172] Dieses gleichsam durch ihn initiierte und koordinierte Mäzenatentum blieb über einen längeren Zeitraum von Tramms künstlerischen und kunstpolitischen Neigungen und Abneigungen dominiert.

Wie selbstbewußt und wenig bittstellerisch der Stadtdirektor mit den Mäzenen umging, macht ein Aufruf aus dem Jahr 1916 deutlich. Im Mai dieses Jahres wandte er sich in einem Rundschreiben an hundert der finanzkräftigsten Bürger der Stadt mit der höflichen Aufforderung, die Stadt, die aufgrund der kriegsbedingten Finanzlage dazu nicht in der Lage sei, durch „hochherzige Stiftungen" in ihrem Bemühen zu unterstützen, „sich eine erstklassige Bildersammlung deutscher Künstler zu schaffen".[173] Nach den ersten Absagen, in denen auf die eigenen finanziellen Schwierigkeiten im dritten Jahr des Krieges verwiesen wurde,[174] ließ Tramm ein zweites Schreiben folgen, das keinerlei Rücksicht auf diese Einwände nahm, stattdessen auflistete, welche Künstler in Hannover derzeit noch unzureichend vertreten seien, und abschließend dazu aufforderte, entweder ein Bild allein oder gemeinsam mit anderen Förderern Geld für ein solches zu stiften. Wieder war die Rückmeldung schwach. Nun folgte Ende Juli 1916 ein dritter Brief, der in deutlichem Ton „diejenigen Herren, die noch nicht geschrieben haben", dazu aufforderte, „dies doch nachzuholen". Tramm fügte hinzu, welche Werke „zur Zeit günstig zu haben" seien. Am Ende gestattete er sich die Bitte, „mir zur Erreichung dieses Zieles die Summe von 1.000 bis 2.000 M freundlichst zur Verfügung zu stellen".[175] Erst diese dritte Aufforderung trug Früchte. Nun wurden Summen zwischen 5.000[176] und 50.000 M[177] überwiesen.

Charakteristisch für die Art der Spende war dabei die Formulierung des Königlich-griechischen Konsuls und Unternehmers Angely Constantin, der Ende Juli 1916 zunächst 30.000 M und kurz darauf weitere 20.000 M stiftete und schrieb, er stelle „diese Summe zur freien Verfügung des Herrn Stadtdirektors zur Verwendung für gemeinnützige Zwecke im Interesse der Stadt Hannover".[178] Wie die überwiegende Zahl der anderen Stifter übertrug auch Constantin die Verantwortung für das, was für diese stattliche Summe angekauft werden sollte, keinem städtischen Gremium, sondern einer einzigen Person: Heinrich Tramm. In einem anderen Fall stellte ein Stifter wenige Monate darauf anläßlich von Tramms fünfundzwanzigjährigem Dienstjubiläum dem Stadtdirektor 2.000 M „zur freien Verfügung".[179] Da es sich in beiden Fällen um eine private Stiftung handelte, wurden in den städtischen Gremien keine Verhandlungen über die Nutzung des Geldes geführt, und Tramm konnte – in Absprache mit dem Mäzen, oft aber auch ganz eigenständig – ein weiteres Werk ankaufen. Gelegentlich forderten die Mäzene kleinere Gegenleistungen in Form von Logenplätzen für die Stadthalle oder ähnliches,[180] und in fast allen Fällen legten sie Wert darauf, daß ihr Name an dem angekauften Werk vermerkt wurde.[181]

Schreiben Heinrich Tramms an hannoversche Stifter. 27. Mai 1916

Im September 1919 ergab eine Aufstellung, daß seit der Jahrhundertwende rund 830.000 M auf diese Weise dem Ankauf von Kunstwerken für die städtischen Sammlungen zugeflossen waren.[182] Diese große Geldsumme, die das Budget der im gleichen Zeitraum durch die Stadt gekauften Werke bildender Kunst weit überstieg (rd. 600.000 M)[183] und ein Vielfaches des für dieses Jahr 1919 vorgesehenen Betrages der Stadt für den gesamten Bereich der Kunstpflege ausmachte (60.000 M),[184] war zweifellos außerordentlich hilfreich für eine städtische Kunstpolitik, deren eigene finanzielle Ressourcen zu dieser Zeit recht eingeschränkt waren. Doch weil diese Kunstankäufe – durch Tramm initiiert und durchgeführt – an seine Person gebunden waren, wurden sie für den Stadtdirektor bald zu einem ausgezeichneten Druckmittel. Als nach dem Zusammenbruch der Monarchie erwogen wurde, wenigstens einen Teil der von Tramm erworbenen Werke zu veräußern, um so Neuankäufe zu ermöglichen, zeigte sich, daß auf diesen Kunstwerken eine ähnliche Bürde lastete wie auf jenen, die der private Eigentümer Tramm selbst dem Museum übergeben hatte: Sie waren Stiftungen und damit keine beliebig verschiebbare Masse. Mehr noch: Tramm zeigte sich bereits anläßlich erster vorsichtiger Bitten um eine Kontaktaufnahme mit den Spendern uneinsichtig. Man könne es, so argumentierte er, „den Schenkgebern nicht übelnehmen", ihren Besitz zurückzufordern, „wenn mit den Schenkungen geschaltet und gewaltet würde, wie es den Schenkgebern nicht genehm sei".[185] Er jedenfalls werde „die sämtlichen Schenkgeber veranlassen, ... um Rückgabe ihrer Stiftungen zu bitten".[186]

Die jahrzehntelang praktizierte Verquickung von öffentlichen und privaten Mitteln und von unterschiedlichen Posten des städtischen Haushalts hatte ein Durcheinander in der Kunstankaufspolitik ergeben, über das nur Tramm den Überblick behielt.[187] Selbstbewußt erläuterte er im September 1919 den städtischen Gremien gegenüber: „Aus öffentlichen Mitteln habe er ... nie persönlich Bilder angekauft, die Ankäufe seien immer von der Museums-Kommission bzw. von der Finanz-Kommission beschlossen worden. Im übrigen habe er ... aus gestifteten Mitteln gekauft".[188] In Anbetracht der Bedeutung und des Werts, den die privaten Stiftungen ausmachten, war Tramms Ankündigung, die Mäzene zur Rücknahme ihrer Leihgaben zu animieren, als deutliche Drohung zu verstehen. Die Reaktionen der städtischen Gremien darauf machten dem ehemaligen Stadtdirektor seine unverändert starke Position deutlich: Er war und blieb der Verbindungsmann zwischen der Stadt und den privaten Förderern.[189] Tatsächlich erklärten viele Stifter, die Tramm um eine Stellungnahme gebeten hatte, wenn ihre Bilder nicht mehr gewünscht seien, würden sie sie eben zurückfordern.[190]

Im ganzen erfreute sich Tramm also nach wie vor des außerordentlich starken Rückhalts vieler Förderer. Einer von ihnen schrieb im November 1918, er habe „mit großem Bedauern" vom Rücktritt des Stadtdirektors gehört, hoffe aber sehr, „daß unsere alten Beziehungen die gleichen bleiben".[191] Der Geschäftsführer der Fa. Edler & Krische betonte dem Magistrat gegenüber, die Rolle Tramms für das Kunstleben würden „die Einwohner unserer Vaterstadt immer mit Dankbarkeit anerkennen müssen".[192] Justizrat Dr. Meyer, der der Kunstankaufspolitik Heinrich Tramms nicht kritiklos gegenüberstand, wandte sich im September 1919 an einen der Hauptkritiker Tramms in jener Zeit, den Leiter des Kestner-Museums Albert Brinckmann, und unterstellte diesem, auf den Zug der Zeit aufgesprungen zu sein. „Ich fürchte, Ihr Bemühen, die mühsam zusammengebrachte Sammlung des Stadtdirektors Tramm mit Hilfe der aufsässigen Sozialdemokraten zu verringern oder zu verkleinern, könnte Erfolg haben. Ich bin aber gewiß, daß Sie von dieser negativen Betätigung auf die Dauer keinen Erfolg haben werden, und besorge, daß die Stadt unter der destruktiven Tätigkeit leiden muß."[193]

Auf dem Weg zur Städtischen Galerie

Es wäre jedoch falsch anzunehmen, daß alle einflußreichen Mäzene der Stadt Heinrich Tramms Kunstgeschmack so sehr vertrauten, daß sie diesem bereitwillig hohe Geldsummen zur freien Verfügung stellten, ohne sich zu erkundigen, wofür diese verwendet werden sollten. Interessanterweise fragte wiederum jener Justizrat Dr. Meyer, der Mäzen und gleichzeitig Mitglied der städtischen Gremien war,[194] im April 1910 in einer Sitzung der Städtischen Kollegien mit Blick auf die Kunstankäufe der Stadt in den vergangenen Jahren ironisch an, „ob auch ein Programm aufgestellt sei, nach welchem die Neuanschaffungen zu erfolgen hätten. Er halte das für dringend nötig, damit man nicht heute ein schönes Bild und morgen einen alten

Pott kaufe. Er würde sich als Laie nicht gestatten, hier eine derartige Ansicht zu äußern, wenn ihm nicht ein Maler von europäischer Berühmtheit und Autoritäten ... gesagt hätten, daß sie neben vielem Schönen in keiner Stadt so vielen Plunder und alten Trödel in den städtischen Museen gesehen hätten."[195]

Die Anfrage war ein Affront gegen Heinrich Tramm. Der reagierte denn auch gereizt. Daß sich gewisse Mängel unter den Ankäufen befänden, wisse er selbst und „brauche deswegen nicht erst auswärtige Gelehrte zu hören".[196] Tramm fuhr fort: „Was die Neuanschaffung anbelange, so sei es nicht möglich, dafür einen bestimmten Plan aufzustellen".[197] Das liege an dem Charakter der zwei großen Sammlungen, der Kestnerschen und der Culemannschen. Ihnen verdanke das hannoversche Museumswesen wohl einen großen Auftrieb, sie setzten sich jedoch beide aus unterschiedlichen Sammlungsgebieten zusammen, weshalb sie die städtische Kunstpolitik vor Schwierigkeiten stellten. Er persönlich denke nicht, so Tramm indigniert weiter, „Trödel" erworben zu haben, müsse sich aber „auf das Sammeln von Kunstwerken großer deutscher Künstler konzentrieren, weil die dem Museum zur Verfügung stehenden Mittel doch nur beschränkte seien, wenn man sie mit den Summen vergleiche, über die andere große Museen verfügten. Aus diesem Grunde denke man auch nicht daran, Werke alter und ausländischer Meister zu erwerben."[198]

Einladungsbillet zur Vorbesichtigung der Ausstellung GEMÄLDE MODERNER MEISTER. 1913

Dreierlei ist an dieser Antwort Tramms ebenso bemerkenswert wie charakteristisch für die hannoversche Kunstpolitik in den ersten drei Jahrzehnten dieses Jahrhunderts. Wann immer der Stadtdirektor auf die Möglichkeiten kommunaler Kunstpolitik angesprochen wurde, betonte er, wie sehr ihm durch die eingeschränkten Finanzen der Stadt die Hände gebunden seien. Die privaten Mittel, die wesentlich zur Durchführung dieser Ankäufe beigetragen hatten und weiter beitrugen, verschwieg er wohlweislich, schließlich hätte sich dann ergeben, daß bis 1919 knapp 1,5 Mio M für Kunstankäufe der Stadt ausgegeben worden waren. Es hat sehr wohl die Möglichkeit bestanden, anderes und wohl auch Besseres anzukaufen. Gustav Pauli, Leiter der Hamburger Kunsthalle, war jemand, der den Stadtdirektor persönlich seit längerem kannte und dem auch die kunstpolitischen Verhältnisse in der Stadt vertraut waren. Im September 1919 urteilte der Kunsthistoriker, der bereits unter Zeitgenossen als einer der modernsten Museumsleiter galt,[199] er müsse durchaus anerkennen, daß Tramm „sich als Stadtoberhaupt so lebhaft für die Kunst interessiert habe", könne aber nicht umhin festzustellen, daß dessen „Betätigung nicht gerade glücklich gewesen sei".[200] Pauli fuhr fort: „Wenn man die Höhe der in den letzten sieben Jahren aufgewendeten Mittel ... in Betracht ziehe, müsse man bezüglich der modernen Gemälde des Kestner-Museums mit Bedauern feststellen, daß die Erwerbungen in keinem Verhältnis zu dieser Summe stehen. In Fachkreisen sei es notorisch, daß die Stadt Hannover große Summen aufgewendet habe. Man hätte eine ... Sammlung von größerer Qualität haben können."[201]

Neues Rathaus, Foto. Um 1913

Weiterhin ist an Tramms Antwort auf Meyers Anfrage symptomatisch, daß der Stadtdirektor zu diesem Zeitpunkt, 1910, als die beiden städtischen Museen – das Kestner- und das Vaterländische Museum – immer noch in ihren Anfängen steckten, ganz selbstverständlich von „anderen großen Museen" im Reich sprach. Die Orientierung an Größerem und Bedeutenderem spielte in der Kunstpolitik Heinrich Tramms eine wichtige Rolle und trug wesentlich zu seiner Sammelleidenschaft bei. In der Festschrift zur Einweihung des Neuen Rathauses hieß es im Juni 1913, vorrangiges Bestreben des Magistrats sei es, Hannover ein „verfeinertes Kulturleben"[202] zu verschaffen. Schließlich galt es immer auch, sich gegenüber der Arbeiterstadt Linden abzugrenzen. In diesem Zusammenhang war das Neue Rathaus deutlichster Spiegel von Tramms Anspruch auf Machtvollkommenheit.[203]

Im März 1895, vier Jahre nach seinem Amtsantritt als Stadtdirektor, war der Bau des Neuen Rathauses von den Städtischen Kollegien beschlossen worden. Zunächst hatte man sich für den Berliner Geheimen Baurat Hermann Eggert als Architekten des geplanten Prachtbaus an der Friedrichstraße entschieden.[204] Im Sommer 1903 begann man nach seinen Plänen mit der Anlage.[205] Einige Jahre später kam es zu Differenzen zwischen Eggert und der Stadtverwaltung und schließlich im August 1909 zum Bruch.[206] Es gab vielfältige Gründe für das Zerwürfnis, vor allem bestanden unterschiedliche Auffassungen hinsichtlich der eigentlichen Bauausführung. Im Verlauf der Auseinandersetzung zwischen der Stadtverwaltung und Eggert spielte Heinrich Tramm, der an Architektur- und Baugeschichte sehr interessiert und „durchaus sachverständig"[207] war, eine zunehmend bedeutsame Rolle.

1906 hatte der Magistrat aus Anlaß seines fünfundzwanzigjährigen Jubiläums beschlossen, den Stadtdirektor porträtieren zu lassen.[208] Die Wahl des Künstlers wurde Tramm freigestellt. Er entschied sich für Max Liebermann.[209] Carl Schuchhardt stellte den Kontakt her. Bereits anläßlich des ersten Treffens entwickelte sich zwischen dem Maler und seinem Modell ein herzliches Verhältnis, aus dem später eine Freundschaft wurde, die bis zu Tramms Tod fünfundzwanzig Jahre später andauerte.[210] Liebermann empfahl Tramm, sich in der Ausgestaltung des Inneren des Neuen Rathauses vom Historismus Eggerts zu lösen und stattdessen die moderneren Jugendstilformen durchzusetzen.[211] Tramm befolgte den Ratschlag und vertrat im August 1909 im Magistrat die Position, Eggert befinde sich „mit seinem Können im Rückstand" und sei „nicht mit der Zeit fortgeschritten".[212] Eggert wurde daraufhin die weitere Bauausführung entzogen. An seine Stelle berief Tramm Gustav Halmhuber, der seit dem Wintersemester 1909 an der Technischen Hochschule als Professor für Ornamentik und Architektur lehrte und als Vertreter des Jugendstils galt.[213] Liebermann beriet den Stadtdirektor auch in der Auswahl eines Künstlers für die Ausgestaltung des gemeinsamen Sitzungssaales von Bürgervorsteherkollegium und Magistrat. Er empfahl Tramm in diesem Zusammenhang den Schweizer Maler Ferdinand Hodler.[214]

Festsaal des Neuen Rathauses, Temperabild von Gustav Halmhuber. Um 1913

Doch Max Liebermann war nicht nur künstlerischer Berater des Stadtdirektors und Porträtist einiger hoher städtischer Beamter. Er war lange Zeit der Gewährsmann des offiziellen Hannover für die Fortschrittlichkeit der kommunalen Ankaufspolitik. Für Heinrich Tramm war und blieb Max Liebermann, der Mitbegründer der Berliner Sezession (1899) und Schöpfer der „Rinnsteinkunst", als den ihn Kaiser Wilhelm II. bezeichnet hatte, ein Neuerer der Kunst. Wann immer es galt, Hannovers Entwicklung zur aufgeschlossenen Stadt der Künste unter Beweis zu stellen,[215] erwähnte der Stadtdirektor den Namen des fast gleichaltrigen Freundes. Daß Liebermann längst ein etablierter Künstler und ein sehr kritischer Beobachter der künstlerischen Arbeiten der Nach-Impressionisten geworden war,[216] hat Tramm sicherlich zur Kenntnis genommen. Öffentlich jedoch bezeichnete er den Maler noch in den zwanziger Jahren als „Kunstrevolutionär". Sein Vertrauen in Liebermanns Kunst war so tief und dauerhaft, daß er im März 1927 – unterstützt von Oberbürgermeister Arthur Menge[217] – durchsetzte, daß der hannoversche Ehrenbürger und Reichspräsident Paul von Hindenburg von Liebermann porträtiert wurde.[218] Liebermann schrieb nach dem Abschluß der Arbeiten an dem Porträt im Oktober 1927 an Menge, er wisse „die besondere Ehre" zu schätzen, „daß die Stadt Hannover so viele meiner Arbeiten besitzt und mir im Wandel der Zeiten und des Kunstbetriebs ... treu geblieben ist".[219]

1910 hatte Heinrich Tramm auf die Anfrage Justizrat Meyers nach seinem kunstpolitischen Programm erwidert, daß die Stadt „nicht daran denke, Werke alter und ausländischer Maler zu erwerben".[220] Diese Antwort erweckt den Eindruck, es handele sich bei Tramm um einen Förderer zeitgenössischer, ja, avantgardistischer Kunst. Tatsächlich hat sich der Stadtdirektor gern als Freund der modernen Malerei dargestellt.[221] Jovial betonte der Kunstfreund beispielsweise um die Jahrhundertwende, „man brauche auch in reiferen Jahren noch nicht alt zu sein, wenn nur Herz und Sinne jung bleiben".[222]

Heinrich Tramm, Ölgemälde von Max Liebermann. 1905

Die Bekanntschaft mit Liebermann und dessen künstlerische Beratung bei der Anlage des Neuen Rathauses hatten in Heinrich Tramm um 1908 den Entschluß reifen lassen, im Kestner-Museum eine Städtische Galerie zu etablieren.[223] Diese Städtische Galerie wurde, wie Klaus Mlynek urteilt, schnell zu seinem „Lieblingskind".[224] Sie war ihm so wichtig, daß er bei der Geldbeschaffung durchaus unkonventionelle Wege beschritt und auch vor der Täuschung der städtischen Gremien gelegentlich nicht zurückschreckte. Über den Charakter der Städtischen Galerie urteilte er anläßlich ihrer ersten öffentlichen Präsentation im Januar 1913:[225] „Wir haben den Plan verfolgt, die Zeit um Leibl energisch aufzunehmen und Werke solcher Künstler, die wir als hervorragend ansehen, für uns zu erwerben"[226]. Es war also die Münchener Malerei des späten 19. und frühen 20. Jahrhunderts, die Maler des ausgehenden Impressionismus, des Symbolismus und Jugendstils, die sein vornehmliches Interesse fanden. Was Künstler wie Wilhelm Leibl, Carl Schuch, Wilhelm Trübner, Karl Hagemeister, Hans Thoma, Franz von Lenbach und Arnold Böcklin geschaffen hatten, war in Tramms Augen grundsätzlich qualitätvoll und ausnahmslos ankaufswürdig. Viele Fachleute indes bescheinigten seiner Kunstpolitik jener Jahre im nachhinein eine ungesunde Übereiltheit. Als Gustav Pauli im September 1919 die in der Städtischen Galerie ausgestellten Werke begutachtete, häuften sich in seinem Protokoll Urteile wie „wertlos", „auszuscheiden", „entbehrlich", „minderwertig", „zu beseitigen", „ganz unbrauchbar", „kommt für eine Galerie nicht in Betracht", „nicht besonders glücklich" sowie „stark überschätzt" und „viel zu reichlich vertreten".[227]

Einen – neben Max Liebermann – weiteren für die Entstehung der Städtischen Galerie bedeutsamen Kontakt, jenen zum Werk Lovis Corinths, stellte der Kunsthistoriker Georg Biermann her. Biermann wurde für die Zeit von 1913 bis zum Tod Heinrich Tramms knapp zwei Jahrzehnte später zum wichtigsten Berater in Kunstangelegenheiten.[228] In Anbetracht der Tatsache, daß auch Alexander Dorner zunächst mit Georg Biermann Kontakt aufnahm, wenn er die städtische Ankaufskommission zum Erwerb eines modernen, avantgardistischen Werkes bewegen wollte,[229] scheint Biermanns Funktion in erster Linie darin bestanden zu haben, gleichsam als ‚Vorposten der Moderne' für die Stadt zu arbeiten und Tramm als Berater für jene Kunst zu dienen, die diesem Probleme bereitete, weil sie außerhalb seines Kunstverständnisses lag.[230]

Ankaufsberater und Alibi für progressiven Kunstankauf. Georg Biermann

1880 in Köln geboren, hatte sich der promovierte Historiker zunächst mit der Kunst der italienischen Renaissance beschäftigt. Von 1901 bis 1903 hatte er – u.a. als Lehrer an der dortigen Kriegsakademie – in Florenz gelebt.[231] Um seinen Militärdienst abzuleisten, kehrte er nach Deutschland zurück. Im November 1908 machte er während der ‚Tschudi-Affäre'[232] auf sich aufmerksam, als er sich öffentlich positiv über den Vertreter der traditionell-konservativen Kunstrichtung Anton von Werner und negativ über den Leiter der National-Galerie, Hugo von Tschudi, einen Freund der Moderne, äußerte.[233] 1912 stellte ihn der Großherzog Ernst Ludwig von Hessen als Kabinettsmitglied und künstlerischen Beirat ein.[234] In dieser Funktion richtete Biermann zwei Jahre später die große Jahrhundertausstellung DEUTSCHE KUNST VON 1650–1800 in Darmstadt aus, bei der er Heinrich Tramm kennenlernte.[235] Vermittler der Begegnung war offenbar Bernhard Hoetger, den Tramm für einen „der genialsten zur Zeit lebenden deutschen Bildhauer"[236] hielt und den er 1913 als Schöpfer eines Denkmals für den Generalfeldmarschall Alfred Graf von Waldersee gewann.[237] Georg Biermann war seit längerem mit Hoetger wie mit anderen Worpsweder Künstlern und auch dem Bremer Unternehmer und Mäzen Ludwig Roselius, einem Förderer Hoetgers, befreundet.[238] Hoetger war es auch, der Biermann 1913 mit dem Werk Paula Modersohn-Beckers bekannt machte.[239]

Porträtbüste (Eisenguß)
Heinrich Tramm
von Bernhard Hoetger. 1916

1914, als Biermann Tramm kennenlernte, gelang es ihm, seine eigene Begeisterung für die Künstlerin auf den Stadtdirektor zu übertragen. Tramm habe, wie Biermann sich erinnerte, „nicht eher (geruht), bis er eines Tages selbst ein Dutzend ihrer Bilder seiner schönen Privatsammlung eingliedern konnte".[240]

Schwieriger war es, den Stadtdirektor mit dem Werk Lovis Corinths vertraut zu machen. Es habe „gewisse Hemmungen"[241] zu überwinden gegeben, aber der alte Kunstfreund habe viel Vertrauen zu ihm, dem jungen Kunsthistoriker, gehabt und seinen Rat geschätzt, ja ihm in mehreren Ankäufen sogar freie Hand gelassen.

Entspricht diese Aussage den Tatsachen, dann zeigt sie eine neue Seite des ehemaligen Stadtdirektors, der doch ansonsten gerade im Umgang mit Kunstsachverständigen vorwiegend brüsk und selbstherrlich aufzutreten pflegte. Toleranz und Einsicht in das Wissen und die Kenntnis eines Fachmanns an den Tag zu legen, fiel Tramm im Fall Biermanns jedoch vielleicht auch deshalb vergleichsweise leicht, weil der Kunsthistoriker seine eigene Meinung diplomatisch an jener seines Gegenübers ausrichtete. Widersprüche zwischen dem, was er sagte, und dem, was er tat, waren charakteristisch für Georg Biermann.

Die von Biermann in den Jahren vor dem Ersten Weltkrieg geknüpften vielfältigen Kontakte halfen ihm, im Hannover der zwanziger Jahre eine ausgesprochen einflußreiche Position einzunehmen. Auffällig ist sein Engagement in sehr unterschiedlichen Bereichen, etwa im Theaterwesen, in der Kunstankaufspolitik oder im Museumswesen. Über seinen Umzug nach Bayern hinaus hielt er die Beziehung zu Hannover aufrecht, und wann immer in der kommunalen Kunstpolitik wichtige Entscheidungen zu fällen waren, konnte davon ausgegangen werden, daß Biermann sich öffentlich – häufiger aber noch durch geschicktes Taktieren und Intrigieren gleichsam unter der Oberfläche – zu Wort meldete.

Biermann unterhielt gute Beziehungen zu vielen der wohlhabenden Kunstsammler und Mäzene der Stadt. Unter seinen Bekannten war auch der Fabrikant Hermann Bahlsen. Er scheint in den Jahren von 1916 bis zum endgültigen Scheitern des Projekts TET-Stadt 1918 eine Art Vermittlerposition zwischen dem Unternehmer und dem Künstler Bernhard Hoetger eingenommen zu haben.[242] Auch die Unternehmer Fritz Beindorff jun., Heinz Appel und Wilhelm Stichweh zählte er zu seinen „verehrten Freunden".[243]

Diese Kontakte waren ihm außerordentlich hilfreich für eine Tätigkeit, die ihn gleich nach dem Ersten Weltkrieg in das Zentrum des Interesses einer kunstinteressierten hannoverschen Kunstöffentlichkeit brachte.[244] 1918 tauchte sein Name zum ersten Mal in den Vorstandsverzeichnissen der Kestner-Gesellschaft auf.[245] Auf andere Weise hatte er die Gesellschaft seit ihrer Entstehung gut fünf Jahre zuvor gefördert. Biermann war Mitbegründer des Leipziger Verlags Klinkhardt & Biermann, der seit 1908 die Illustrierte Halbmonatsschrift für Künstler, Kunstfreunde und Sammler DER CICERONE publizierte.[246] Seit der ersten Ausstellung in der Kestner-Gesellschaft hatte er, häufig auch durch eigene Rezensionen,[247] dafür gesorgt, daß der junge Kunstsalon in diesem Organ positiv gewürdigt wurde.[248] Den Ruf, „zu der kleinen Gruppe der maßgebenden deutschen Kunstrevuen"[249] zu gehören, besaß DER CICERONE in den zwanziger Jahren offenbar auch in Hannover. Umso mehr begrüßte man in der hannoverschen Avantgarde zunächst Biermanns Engagement im Vorstand der Kestner-Gesellschaft.[250] Er eröffnete Ausstellungen,[251] hielt Vorträge,[252] verfaßte Geleitworte[253] und gehörte zu den Stiftern der Kestner-Gesellschaft.[254] Vor allem nach dem Tod des ersten Leiters der Gesellschaft Paul Erich Küppers im Januar 1922[255] setzte Georg Biermann sich außerordentlich engagiert für deren Fortbestehen ein. Er intensivierte seine Mitarbeit bei Ausstellungsvorbereitungen und sorgte für die finanzielle Unterstützung der Witwe von Küppers.[256] Er würdigte den Verstorbenen im CICERONE als „zweifellos eine der stärksten Hoffnungen im jungen Deutschland" und „beste(n) Anwalt" der Kestner-Gesellschaft, der „unbekümmert um Konvention und äußere Rücksichten nur seiner Überzeugung"[257] gefolgt sei.

Als dieser Nachruf erschien, hatte Biermann bereits begonnen, die Kestner-Gesellschaft nach seinen Vorstellungen umzuformen. Bereits zwei Tage nach Küppers' Tod, am 9. Januar 1922, schrieb Kurt Schwitters, der anläßlich des Skandals um ANNA BLUME kurze Zeit zuvor noch in dem Kunsthistoriker einen streitbaren Förderer gesehen hatte,[258] an den Künstler Walter Dexel nach Braunschweig, Biermann habe schon zu Lebzeiten des Verstorbenen versucht, diesen „heraus(zu)ekeln", um den Posten dem Kunsthistoriker und Schriftsteller Victor Curt Habicht zu übertragen, mit dem jener „sehr intim"[259] sei. Dexel möge sich nun so schnell wie möglich um die Nachfolge von Küppers bewerben, um Biermanns Bestrebungen zuvorzukommen.[260] Auch Christof Spengemann setzte sich für den Braunschweiger Künstler als neuen Leiter der Kestner-Gesellschaft ein. Offenbar hat Biermann, der – wie die Korrespondenz der Kestner-Gesellschaft ausweist[261] – tatsächlich versucht hatte, Habicht zum neuen künstlerischen Leiter zu machen, mit dieser Reaktion nicht gerechnet. Als er feststellte, daß es ihm nicht gelingen werde, sich durchzusetzen, legte er seinen Vorstandsposten nieder und verließ Hannover.[262] Im Frühjahr 1922 nach Bayern übersiedelt, dem „einzigen Land, in dem sich der Kulturmensch wohl befinden kann", [263] wie Biermann nun mitteilte, antwortete er mit erheblicher zeitlicher Verzögerung im Mai 1922 auf Spengemanns Anfrage nach der Nachfolge in der Kestner-Gesellschaft, er habe sich mittlerweile für Eckart von Sydow entschieden und diesen gebeten, „seinerseits die Berichterstattung zu übernehmen".[264] Welche Rolle der übrige Vorstand bei dieser Stellenbesetzung gespielt hatte – immerhin war es in dieser Frage zu außerordentlichen Mitgliederversammlungen gekommen –, erwähnte Biermann mit keinem Wort.[265]

Spengemann kannte Georg Biermann lange genug, um dem Kunsthistoriker grundsätzlich reserviert zu begegnen. Sechs Jahr zuvor, 1916, als beide mit dem Unternehmer Hermann Bahlsen in Verbindung standen – der eine als Mitarbeiter im Werbebüro, der andere als künstlerischer Berater –, hatte Spengemann, der streitbare Kämpfer für die künstlerische Moderne, noch darauf gehofft, den wenig jüngeren Biermann dazu bewegen zu können, ihn in seiner Kritik an den bestehenden Verhältnissen in der hannoverschen Kunstszene zu unterstützen.[266] Doch nachdem Biermann versprochene Artikel im CICERONE über Künstler, die Spengemann förderte, wiederholt vergessen hatte oder anderweitig zugesagte Hilfestellung schuldig geblieben war,[267] wurde Spengemann mißtrauisch. Im Dezember 1918, zu einer Zeit, als es in gewisser Hinsicht in der hannoverschen Avantgarde Mode geworden war, die bisherige Kunstpolitik der Stadt allgemein und die Rolle Heinrich Tramms im besonderen ironisch aufs Korn zu nehmen, urteilte Spengemann, es sei bezeichnend, „daß Biermann sich nunmehr mit seiner Ansicht herauswagt".[268] Auslöser der bittern Bemerkung waren Rezensionen Biermanns im HANNOVERSCHEN ANZEIGER, in denen dieser Ausstellungen des hannoverschen Kunstvereins heftig kritisiert hatte. Biermann gehörte zu diesem Zeitpunkt jedoch selbst der Jury des Kunstvereins an und mußte also besser und genauer als die meisten anderen Beobachter wissen, welche Bereiche der Kunstförderung aus welchen Gründen hier im argen lagen. Er hätte sich jetzt am Ort des Geschehens für Änderungen einsetzen können. Nichts davon ist bekannt. Stattdessen bemängelte er öffentlich, die Ausstellungen des Kunstvereins seien „überlebt" und „eine Sünde am sozialen Geist der Zeit".[269]

Biermann scheint Spengemanns Vorbehalte gegen sein opportunistisches und widersprüchliches Verhalten nicht gespürt zu haben. Arglos beglückwünschte er ihn nur wenige Wochen später, im Februar 1919, zu dessen Kritik an Tramms Ankaufspolitik in der Schrift DIE BILDENDE KUNST IM NEUEN HANNOVER. Daß er selbst an den kunstpolitischen Entscheidungen der Jahre zuvor durch seine Beratungsarbeit maßgeblich beteiligt gewesen war, schien ihm nun offenbar bedeutungslos geworden zu sein. Es sei, so schrieb er, wohl „überflüssig zu versichern, daß trotz gewisser Beziehungen persönlicher Art, die mich ... mit dem früheren Oberhaupt dieser Stadt verbinden, ich grundsätzlich Ihren Ausführungen doch beipflichte."[270]

Als er dieses Schreiben im Februar 1919 an Spengemann richtete, war er mit der Abfassung eines Rechenschaftsberichts beschäftigt, der den Abschluß seiner Arbeit in der städtischen Kriegssammlung bildete. Als Leiter dieser Einrichtung war er von seinem Förderer Heinrich Tramm im Juli 1918 unter Bewilligung einer monatlichen Vergütung von 500 M und der Bereitstellung von 10.000 M für Neuerwerbungen angestellt worden.[271] Biermann erarbeitete im Sommer und Herbst 1918 eine DENKSCHRIFT BETR. DIE AUSGESTALTUNG DER WELTKRIEGS-SAMMLUNG DES VATERLÄNDISCHEN MUSEUMS, in der er den Krieg als „Grundlage für eine neue Weltkultur" und „Ausgangspunkt neuer Geschichte"[272] beschrieb und den konsequenten Ausbau der Sammlung empfahl. Er begründete dies mit dem Wunsch, „im Ganzen das anschauliche Bild dieser gewaltigen Zeit, ihrer militärischen Leistungen wie ihrer geistigen Strömungen und nicht zuletzt auch ihrer wirtschaftlichen Kräfte fest(zu)halten"[273] und „die Erinnerung an die Heldentaten einzelner sowie ganzer Verbände dauernd fortleben"[274] zu lassen. Auf einem nicht datierten MERKBLATT BETR. KRIEGSSAMMLUNG DER STADT HANNOVER hieß es weiter über die Aufgabe der geplanten Ausstellung, die sich nach Gerhard Schneider unter Biermann „von einer Stätte der Anschauung zu einem zielgerichteten Instrument der ‚Belehrung und Erziehung'"[275] gewandelt habe: „Diese Abteilung wird nach glücklich erkämpftem Frieden unsere heldenhaften Soldaten am stärksten fesseln, aber auch dereinst den Kindern und Kindeskindern unserer Krieger Zeugnis von den Leistungen der hannoverschen Truppen ablegen"[276].

Biermanns engagierte Sammel- und Dokumentationsarbeit wurde durch das Ende des Ersten Weltkrieges beendet.[277] Ganz offensichtlich wollte Heinrich Tramm seinen künstlerischen Berater weiter in Hannover halten. Im Frühjahr 1921 befürwortete er sogar eine Anstellung Biermanns als Intendant der Städtischen Bühnen.[278] Biermann war von Kasimir Edschmid vor allem mit dem Argument, mit der Wahl dieses „gesund republikanisch(en) und sozial künstlerisch(en)" Mannes werde die „kulturelle republikanische Front der Stadt"[279] gestärkt, für diese vakante Position vorgeschlagen worden. Obwohl nicht anzunehmen ist, daß ausgerechnet dieser Aspekt den konservativen Stadtdirektor für Biermann einnehmen konnte, empfahl Tramm dem Theater-Ausschuß doch, den Bewerber, den er „als Persönlichkeit außerordentlich hoch" schätzte und den er für einen „guten organisatorischen Kopf"[280] hielt, zu einem Gespräch einzuladen. In der Tat wurde Biermann im April 1921 aufgefordert, sein Theaterkonzept für Hannover persönlich vorzustellen. Er leistete dem Folge, indem er vor dem Theater-Ausschuß seine Bereitschaft betonte, endlich wieder „bessere Kunst"[281] in Hannover zu schaffen. Dies bestand für das Vorstandsmitglied der Kestner-Gesellschaft, deren Kestner-Bühne zur gleichen Zeit moderne, expressionistische Stücke aufführte, in folgendem: „Das klassische Schauspiel und wirkliche Volksaufführungen, Werke, die zum ganzen Volke sprechen, verdienten besondere Beachtung. Es fehle Schiller und Goethe in moderner Gewandung."[282]

Nicht diese Position, die den Interessen des Theater-Ausschusses ganz und gar nicht zuwiderlief, sondern etwas anderes war es, was dazu führte, daß Biermanns Bewerbung nicht berücksichtigt wurde. Obermeister Robert Leinert setzte der Diskussion um Biermann insofern ein Ende, als er bemerkte, dieser „sei allerdings Vorsitzender der Kestner-Gesellschaft und wegen der von dieser Gesellschaft gepflegten Kunstrichtung eine umstrittene Persönlichkeit".[283] Diese Bemerkung widerspricht der Annahme, es sei Biermann möglich gewesen, aufgrund seiner guten Beziehung zu Stadtdirektor Tramm die Kunstpolitik der Stadt Hannover aktiv zu beeinflussen. Trotz aller Wertschätzung für seine Person und seine Fähigkeiten als künstlerischer Berater blieben Biermanns Möglichkeiten, konkret etwas zu bewirken, beschränkt. Für Heinrich Tramm war vielmehr von Interesse, daß Biermann der Ruf eines Freundes der künstlerischen Avantgarde vorauseilte. Die geschickte Einbeziehung seiner Anregungen schien für einen durchaus progressiven Kurs in der hannoverschen Kunstpolitik zu bürgen. Mehr wurde von ihm nicht verlangt, und mehr wurde ihm auch nicht zugestanden.

In diesem Zusammenhang war von großer Bedeutung, daß Biermann nicht nur ein Mann des Wortes war, ein gewandter Kunstkritiker und guter Redner, sondern daß ihm mit der Zeitschrift DER CICERONE auch ein einflußreiches überregionales Medium zur Verfügung stand. Eine auffällig große Anzahl von Berichten, überwiegend von Biermann selbst verfaßt, beschäftigte sich mit der Städtischen Galerie und vor allem mit ihrem Schöpfer Heinrich Tramm, dem „kunstsinnigen Stadtdirektor von Hannover, in dem die städtische und vor allem die museale Kunstpflege einen ebenso willensstarken wie zielbewußten Förderer besitzt",[284] wie Biermann formulierte. Nicht nur im CICERONE, sondern auch in verschiedenen hannoverschen Tageszeitungen wurde Biermann seiner Aufgabe gerecht, die Aufgeschlossenheit und Toleranz in der städtischen Kunstpolitik zu betonen. Im HANNOVERSCHEN ANZEIGER lobte er im August 1918, wenige Monate, bevor er Spengemann gegenüber die Verfehlungen Tramms in der städtischen Ankaufspolitik beklagte: „Seit Jahren macht sich in deutschen Kunstkreisen ein besonderes Interesse an der reichen und vielversprechenden Sammeltätigkeit bemerkbar, die in Hannover unter der weitschauenden Initiative seines Stadtoberhauptes … begonnen hat."[285] Biermann versuchte offenbar auch, Kollegen zu beeinflussen, sich ebenfalls positiv über die hannoversche Kunst- und Kulturpolitik zu äußern. Ein halbes Jahr nach Tramms Rücktritt vom Amt des Stadtdirektors, im Mai 1919, erschien in der VOSSISCHEN ZEITUNG der Artikel KUNSTZENTREN IN DEUTSCHLAND. HANNOVER, BRAUNSCHWEIG, MAGDEBURG. Er wies inhaltlich und stilistisch auffällige Ähnlichkeit mit Beiträgen Biermanns aus der gleichen Zeit auf. „Mit Urteil und Kenntnis"[286] sei in Hannover in jüngst vergangener Zeit Kunst angekauft worden; die moderne Kunst finde tatkräftigste Unterstützung durch die Person des „weithin bekannten Stadtdirektors", der den „starke(n) öffentliche(n) Kunstwille(n)"[287] in Hannover repräsentiere. Autor des Artikels war mit Franz Servaes ein Freund und Kollege Biermanns. Aus einem Schreiben an Alexander Dorner vom Februar 1928 wurde deutlich, daß er, Biermann, wenn es um die Berichterstattung über das hannoversche Kunstleben ging, den Inhalt des Beitrags festlegte und besonderen Wert auf eine Berücksichtigung der Leistungen Heinrich Tramms legte. Daß Biermann den Brief mit der Bitte an Dorner beschloß, Servaes „auch tüchtig von der Kästner-Gesellschaft"[288] zu berichten – einer Institution immerhin, für die er sich nur wenige Jahre zuvor stark engagiert hatte und an deren korrekte Schreibung er sich jetzt nicht einmal mehr zu erinnern schien –, ist dabei ebenso symptomatisch für Biermann wie die großsprecherische Offenheit, mit der er mitteilte, daß Servaes grundsätzlich über das berichte, was er ihm auftrage.

Wenige Monate nach Heinrich Tramms Tod erschien Georg Biermanns Beitrag HEINRICH TRAMM ALS SAMMLER UND KUNSTFREUND. Mit dieser Veröffentlichung, die den Verstorbenen als „Schrittmacher für eine Kunst, die aus der Geschichte der Moderne heute nicht mehr wegzudenken ist",[289] beschrieb, als „Schöpfer (der) modernen Galerie"[290] und Förderer jener Werke, „die aus der letzten Vergangenheit heraus die Brücke zur Gegenwart schlagen",[291] trug Georg Biermann weiter zur Entstehung des ‚Mythos Tramm' bei.[292]

Vieles an diesem Mythos war das Ergebnis geschickter Inszenierung und Steuerung durch Vertraute aus Tramms Umfeld.[293] Diese Form gefärbter Berichterstattung[294] trug insofern schnell Früchte, als in vielen auswärtigen Zeitungen das Urteil über das städtische Kunstankaufsprogramm Hannovers ähnlich positiv ausfiel wie das des HAMBURGER TAGEBLATTES. Hier würdigte man im April 1927, nichts demonstriere sinnfälliger „die nun schon ein Vierteljahrhundert lang andauernde Hochspannung im bildkünstlerischen Leben Deutschlands als die Veranstaltung bedeutsamer Unternehmungen selbst an Orten, die ehedem nur ein geringes oder gar kein künstlerisches Eigenleben gezeigt hatten".[295] Von den Städten, „die neben den älteren Kunstzentren Wichtigkeit erlangt haben und wo vor allem auch dem zeitgemäßen Ausdrucksverlangen Rechnung getragen wird",[296] hielt der Verfasser des Berichts Hannover für besonders hervorhebenswert. Er begründete dies vor allem mit dem Hinweis auf die Bedeutung des „Stadtdirektors Heinrich Tramm", der „seit längerem" bereits eine „ernsthafte, zeit- und zielbewußte Kunstpolitik"[297] betreibe und dafür garantiere, daß Hannover weiter im Zentrum des Interesses der deutschen Kunstöffentlichkeit stehen werde.

Städtische Kunstankaufspolitik in der ‚Ära Tramm'. Gelenktes und ungelenktes Urteil

In Hannover selbst war das Urteil über Tramms Verdienste nicht ganz so einhellig. Hier, wo man eher die kunstpolitischen Hintergründe bewerten konnte, entwickelte sich zeitgleich mit den Anfängen der Städtischen Galerie ab 1912 und bis weit in die zwanziger Jahre hinein eine mit unverändertem Eifer geführte Diskussion um den Ertrag der städtischen Kunstpolitik. Sie wurde geprägt durch zwei Positionen, die, mit gleichem Engagement verteidigt, in völligem Widerspruch zueinander standen. Da waren auf der einen Seite jene Stimmen, die Tramms Engagement als Indiz für den Schritt Hannovers hin zur Kunststadt werteten. Bereits im August 1912 urteilte der HANNOVERSCHE KURIER über die „Entwicklung unserer städtischen Sammlungen":[298] „Den Banausen wollen unsere Stadtväter nicht mehr spielen; sie gefallen sich ungleich mehr in der Rolle des Mäzens, und diese Rolle steht ihnen sicher gut ... Eine bemerkenswerte Opferwilligkeit auf dem Rathause sorgt für die Steigerung des Postens ‚für Kunst und Wissenschaft' und damit für eine Mehrung der ideellen Werte".[299] Auch andere bürgerliche Blätter wie beispielsweise der HANNOVERSCHE ANZEIGER würdigten die „größten Verdienste"[300] des Stadtdirektors, Hannover, das „bisher so ziemlich jeder Anziehungskraft für Kunst bar"[301] gewesen sei, nun zu einer Pflegestätte von Kunst und Kultur zu machen. Auch Albert Brinckmann, Leiter des Kestner-Museums und später ein erbitterter Gegner Tramms, fand 1913 in der städtischen Festschrift zur Einweihung des Neuen Rathauses wohlwollende

Worte für die „innerhalb der letzten Generation stattgefundene stetige Aufwärtsentwicklung in künstlerischen Dingen".[302]

Es wäre falsch, davon auszugehen, daß ausschließlich Opportunismus und mangelnder Mut, eine abweichende kunstpolitische Position zu beziehen, zu solchen positiven Urteilen geführt haben. Heinrich Tramms Ankaufspolitik war keineswegs so dilettantisch, als daß positive Urteile über sie rückblickend mit dem Begriff städtischerseits verordneter Schönfärberei abgetan werden könnten. Viele Zeitgenossen haben das erkannt und aus ihrer Anerkennung für das Geleistete keinen Hehl gemacht. Es war Paul Erich Küppers, der erste Leiter der Kestner-Gesellschaft, ein über jeden Zweifel an seinem Engagement für die künstlerische Moderne erhabener Kunstexperte, der 1916 von dem „kunstbegeisterten Herrn Stadtdirektor"[303] und dessen lobenswertem Ansatz schrieb, Hannover aus seiner „Erstarrung" zu lösen und „der Stadt auch als Kunststadt zu einer Bedeutung zu verhelfen, die ihrer überragenden Stellung als Metropole ganz Nordwestdeutschlands entsprach".[304] Noch knapp vier Jahre später, im März 1920, zu einer Zeit, als Tramm von seinem Stadtdirektorenamt zurückgetreten war und im Kreuzfeuer der Kritik an seiner Kunstpolitik stand, erneuerte Küppers sein Urteil und bescheinigte dem „Stadtdirektor Tramm", es sei „ein guter Gedanke" gewesen, das Interesse der Bevölkerung an der hannoverschen Museumslandschaft dadurch zu beleben, daß er eine „Sammlung moderner Gemälde"[305] angelegt habe. Wenn dabei auch einige Fehlgriffe für Mißklang gesorgt hätten, so sei im ganzen doch viel Gutes geleistet worden.

Ähnlich wie Paul Erich Küppers argumentierte auch Alexander Dorner, ein weiterer Anwalt zeitgenössischer Kunst jener Zeit. 1924 sprach er in der Festschrift zur Tagung des Deutschen Städtebundes in Hannover von der Einrichtung der Städtischen Galerie als „erste(r) Tat im hannoverschen Kunstleben"[306] des Jahrhunderts. Dorner fügte hinzu: „Es ist das unstreitige Verdienst des Stadtdirektors Tramm gewesen, daß Hannover im Kreis der kunstpflegenden Städte auftauchte, und zwar durch den großzügigen Bilderkauf, den der Magistrat auf sein Betreiben in den Jahren vor dem Kriege machte. Zum erstenmal sprach man in den kunstinteressierten Kreisen von Hannover."[307] Wenn Alexander Dorner von der „ersten Tat" sprach, so läßt das vermuten, daß seitdem andere gefolgt seien, die dann jenes Bild ergeben hätten, das die Stadt Hannover in den zwanziger Jahren mit Stolz und nicht ohne einige Selbstzufriedenheit von ihrem offiziellen Kunstbetrieb zeichnete. In seinem Beitrag zur Festschrift 1924 entwarf Dorner das Gedankengerüst einer dreistufigen Entwicklung Hannovers zur Kunststadt, die über den ersten Schritt, eben Tramms Bemühungen um die Städtische Galerie vor dem Ersten Weltkrieg, und die Gründung der Kestner-Gesellschaft im Krieg, 1916, dann zur dritten Stufe führte: Dorners eigene Neuordnung der Sammlungsbestände im Provinzial-Museum.[308] Dieses Modell mag auf den ersten Blick simpel erscheinen. Doch entbehrt es nicht einer gewissen Wahrheit: tatsächlich handelte es sich um die drei bedeutsamsten Stationen im hannoverschen Kunstleben des ersten Drittels des 20. Jahrhunderts.

Bezogen auf den Bereich städtischer Kunstpolitik läßt sich sagen, daß hier ausschließlich der erste Schritt mit Nachdruck und Überzeugung unterstützt wurde. Zwischen den kommunalen Vertretern mit Tramm an ihrer Spitze und ihren Gegnern bestanden dabei ganz unterschiedliche Interpretationen dessen, was unter ‚zeitgenössisch' und ‚modern' zu verstehen war. Wenn Heinrich Tramm von sich behauptete, er sei ein Freund moderner Kunst, und wenn er über Georg Biermann verbreiten ließ, er habe „den wesentlichen Kräften der Gegenwart ... (den) Weg für die Zukunft"[309] freigemacht, dann war das erst einmal durchaus zutreffend. Werner Schmalenbach urteilt, es habe für Hannover zu Beginn des Jahrhunderts „schon etwas bedeutet ..., daß die städtischen Behörden bereit waren ..., Werke von Max Liebermann, Lovis Corinth und Max Slevogt anzukaufen".[310] Allerdings machte die Förderung dieser impressionistischen Künstler zeitlich nicht nur den Höhe-, sondern zugleich den Endpunkt der städtischen Kunstpolitik aus. Der Ruf Corinths und Liebermanns als Bilderstürmer und Avantgardisten hallte nach dem Ersten Weltkrieg nach. Die Zeit ihrer Opposition gegen die offizielle Kunstpolitik Wilhelms II. war noch nicht lange genug vorbei, um an diesem Ruf nun Wesentliches zu verändern. Der Eindruck dieser einstigen Fortschrittlichkeit des ersten und auch noch des zweiten Jahrzehnts des 20. Jahrhunderts übertrug sich auch auf Hannovers Kunstpolitik. Heinrich Tramm und mit ihm die Stadtverwaltung hingen jedoch auch noch lange Zeit danach mit ganzer Treue am Impressionismus oder – genauer – an einem eklektizistischen Epigonentum und hielten sich unverändert für modern. Sie zehrten so sehr von der Überzeugung einstigen künstlerischen Vorreitertums der von ihnen bevorzugten Künstler, daß es ihnen selten oder gar nicht in den Sinn kam, die Ursache für ihre Ablehnung jener Kunst, die seitdem geschaffen worden war, im eigenen Unvermögen zu sehen. Käte Steinitz, eine der wichtigsten Promoterinnen eben dieser Kunst im Hannover der zwanziger Jahre, beschrieb die Haltung Heinrich Tramms rückblickend folgendermaßen: „Er selbst glaubte die moderne Kunst zu fördern, denn er kaufte Corinth, Slevogt und Liebermann. Aber mit diesen großen Impressionisten hörte die Kunst für ihn auf … Die ‚Ismen' standen vor den Toren Hannovers, aber Herr Tramm warf die Tür des Kunstbudgets ins Schloß und ließ nach Liebermann und Corinth … keinen mehr ein."[311]

Daß er, der noch kurz zuvor durch seine mutigen Kunstankäufe Zeichen gesetzt hatte und den Weg aus der Stagnation der gefälligen, überwiegend dekorativen Zwecken dienenden Kunst gewiesen hatte, nun selbst für viele Experten in den zwanziger Jahren Symbol künstlerischen Stillstands geworden war, wollte Tramm zu keiner Zeit akzeptieren. Starrsinnig weigerte er sich, von seinem bisherigen Kunstkurs auch nur graduell abzuweichen. Stattdessen drohte er, seine privaten Leihgaben aus dem Museum zurückzuziehen,[312] und äußerte mißtrauisch, „er habe die Befürchtung", daß der Städtischen Galerie „moderne expressionistische Gemälde angehängt werden sollen".[313] In seinem Beharren auf den bisherigen Charakter der Städtischen Galerie, die – wie er im September 1919 formulierte – „zu den Impressionisten" überleitete, „spätere Maler jedoch ausschloß",[314] wurde Tramm von weiten Teilen der städtischen Gremien unterstützt. Arthur Menge beispielsweise befürchtete, „anscheinend bestehe die Absicht, moderne Bilder zu erwerben, womit der frühere Standpunkt der (Museums-)Kommission verlassen werden würde. Seines Erachtens werde es nicht richtig sein, moderne Bilder zu erwerben, da die Künstler, deren Werke er hier im Auge habe, erst nach Vollendung ringen".[315] Welche Künstler Heinrich Tramm und Arthur Menge darunter verstanden, wurde immer wieder deutlich. Im Februar 1929 reagierte Tramm auf die Bestrebungen Alexander Dorners, die heimische Kunst in der Hannoverschen Galerie zu zeigen, mit der Bemerkung, er habe nichts dagegen einzuwenden, sofern nur berücksichtigt werde, daß „unter der Galerie Hannoverscher Künstler nur die toten und vereinzelte lebende Künstler zu verstehen seien".[316]

1932 waren die Reihen der von ihm geschätzten Künstler gelichtet, und Tramms Vorstellung dessen, was ‚modern' und ‚zeitgenössisch' war – einmal orientiert an dieser Epoche und danach nie dem Fluß der Zeit angepaßt –, führte ihn zu dieser Äußerung, die zynisch wirken mochte, aufgrund seines Kunstverständnisses jedoch nur folgerichtig war. Die Meinung, nach der Maler, die experimentierten und nach neuen Ausdrucksformen suchten, die die Spuren des Schaffensprozesses in ihren Arbeiten nicht verleugneten, ja, sie als bewußte Stilmittel einsetzten, keine wahre Kunst schufen und nur das Vollendete und Ausgereifte es wert war, für die Städtische Galerie angekauft zu werden, vertraten im übrigen nicht nur Menge und Tramm, sondern auch ein großer Teil der

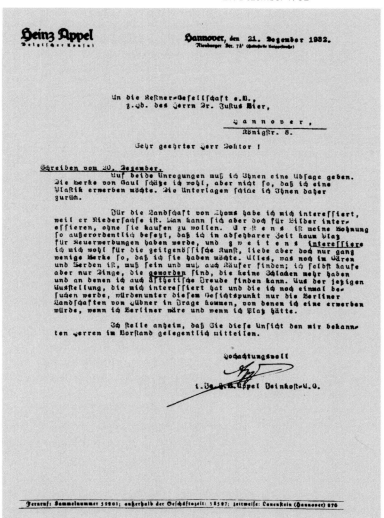

Schreiben Heinz Appels an die Kestner-Gesellschaft. 21. Dezember 1932

wohlhabenden Stifter. Der Unternehmer Heinz Appel, der auf vielfältige Weise mit dem hannoverschen Kunstleben verbunden war,[317] drückte diese reservierte und abwartende Haltung der Moderne gegenüber deutlich aus, als er den Ankauf eines Bildes des neusachlichen Künstlers Ernst Thoms Anfang der dreißiger Jahre dankend ablehnte. Er interessiere sich, so Appels Begründung, „wohl für die zeitgenössische Kunst, liebe aber doch nur ganz wenige Werke so, daß ich sie haben möchte. Alles, was noch im Gären und Werden ist, muß sein und muß auch Käufer finden; ich selbst kaufe aber nur Dinge, die *geworden* sind, die keine Schlacken mehr haben und an denen ich auch ästhetische Freude finde."[318]

Christof Spengemanns Herausforderung. Die Schrift DIE BILDENDE KUNST IM NEUEN HANNOVER *(1919)*

Es gab jedoch schon früh Stimmen, die diese Positionen als Indiz einer drohenden Stagnation im hannoverschen Kunstleben bewerteten und darauf hinwiesen, daß eine von solchen Motiven geleitete städtische Kunstankaufspolitik die Stadt zur „Hochburg philisterhaften Banausentums"[319] werden lasse. Über Tramms Einsatzbereitschaft könne man, so die HANNOVERSCHE ABENDPOST bereits 1913, „zweierlei Ansicht" sein, auch er aber werde sich letztlich umsonst mühen, schließlich sei Hannover „nie ein Athen an der Leine gewesen, eher denn ein Sparta".[320] Im gleichen Jahr bemerkten Kritiker anläßlich der ersten öffentlichen Präsentation der Städtischen Galerie, daß diese „moderne Sammlung" weder die Maler der BRÜCKE, die Fauvisten, die Künstler des BLAUEN REITERS noch die abstrakt arbeitenden Maler berücksichtige, die doch schon seit geraumer Zeit anderswo im Reich für Aufsehen sorgten. Der VOLKSWILLE urteilte: „Im ganzen genommen erscheint die Bezeichnung ‚moderne Meister' in diesem Falle ein wenig gewagt. Die Mehrzahl der Künstler gehört einer verflossenen Periode an ... Mehr erhoffen wir für den nächsten Ankauf."[321]

Autor dieses Artikels war Christof Spengemann, der seit 1908 für den VOLKSWILLEN schrieb und sich, ermuntert durch rasche erste Erfolge, gleich im darauffolgenden Jahr ein erstes Mal öffentlich mit Heinrich Tramm anlegte. Auslöser war die langjährige Protektion des Stadtdirektors für den Maler Otto Rauth, dessen Kunst Spengemann für mittelmäßig hielt, was er seinen Lesern auch mitteilte. Tramm hatte den Kritiker seinerzeit, entgegen seinem Ruf, der ihn als strengen Patron städtischer Kunstpolitik und überdies als „radikalen Sozialistenfresser"[322] auswies, zu sich geladen und ausgesprochen zuvorkommend behandelt. Gefügig gemacht hatte „Präsident Pott",[323] wie Spengemann den mächtigen Stadtdirektor in seinen privaten Aufzeichnungen ironisch nannte, den Journalisten mit dieser gönnerhaften Geste jedoch nicht. Spengemann witzelte und stichelte unbeeindruckt an den städtischen Ankäufen herum und scheute sich nicht, publik zu machen, daß er einige der derzeit beliebtesten Künstler für deutlich überschätzt hielt.

Sein Hauptaugenmerk richtete sich dabei auf den hannoverschen Kunstverein. Der Kunstverein – in einem unveröffentlichten zeitgenössischen Manuskript wenig freundlich als „Fossilien-Klub" oder schlicht als „die Rarität"[324] bezeichnet – hätte, so Spengemann, Heinrich Tramm rechtzeitig Einhalt gebieten müssen.[325] Statt seiner Allmacht jedoch entgegenzutreten, sei jeder Versuch personeller Veränderung im Vorfeld abgewehrt worden. Spengemann selbst war 1909, als sich eine interne „Protestbewegung gegen die kunstwidrigen Praktiken des Kunstvereins"[326] abgezeichnet hatte, dort Mitglied geworden, um nur kurze Zeit später festzustellen, daß sich doch nichts änderte. Der Verein stelle aus, kaufe an und fördere, was er für opportun halte, nur um bei Tramm, der doch auch nur einer von zwölf Juroren war, nicht in Ungnade zu fallen. Lakonisch urteilte Spengemann: „Sein Programm glich dem des Stadtdirektors aufs Haar."[327]

Eine nach seiner Überzeugung typische Sitzung im Kunstverein beschrieb Spengemann folgendermaßen: „Wenn die Jury tagte, deren Vorsitzender stets Heinrich Tramm war, pflegte man eine vorläufige Auswahl an Arbeiten zu treffen, bevor er kam. Und dann wartete man geduldig, bis Heinrich auf der Bildfläche erschien. Es war, als wenn der große Dschinghis-Chan über die Teppiche schritt, bereit, alles niederzutreten, was sich ihm in den Weg stellte. Das von ihm ausgehende Fluidum erfüllte plötzlich alle Räume, drang bis zur Wirkungsstätte der Jury vor und lähmte die braven Juroren bis zum Stadium temporärer Paralysierung ... Danach traf er eine Auswahl, die meistens mit der von den Juroren getroffenen wenig übereinstimmte, ohne besser zu sein. Zwölf aufrechte Männer klappten zusammen wie die Taschenmesser, und der Fall war erledigt."³²⁸ Spengemanns Kritik an einem derart willenlosen Kunstverein war auch deshalb so schonungslos, weil er genauer als manch anderer Beobachter der hannoverschen Kunstszene die Chancen sinken sah, trotz großangelegter Pläne und einer enormen Summe eingesetzten Geldes das Konzept einer Kunstpolitik zu entwickeln, die auch nur annähernd seinen eigenen Vorstellungen entsprach.

Stellvertretend für den Kunstverein, der nach seiner Überzeugung hätte Kritik üben müssen und doch stumm geblieben war, fühlte sich Spengemann berufen, Tramms Kunstankaufspolitik zu kritisieren. Nach dem Rücktritt des Stadtdirektors im November 1918 meldete er sich zu Wort. Spengemann nutzte als Instrument für seine Kritik die Zeitschrift DER ZWEEMANN. Er wußte viele Gleichgesinnte in Hannover und anderen Städten des Reiches hinter sich, und er vertraute auf seine Urteilsfähigkeit. Ende 1918 brachte er das Typoskript VORSCHLÄGE ZUR AUSSCHEIDUNG VON GEMÄLDEN ZWECKS NEUORDNUNG DER ABTEILUNG ‚MODERNER GEMÄLDE' IM KESTNER-MUSEUM in Umlauf.³²⁹ Es erschien fast ein Jahr nach Albert Brinckmanns Kritik an Tramms Ankäufen. Da er – anders als der Leiter des Kestner-Museums – die Ära Tramm zu diesem Zeitpunkt für abgeschlossen hielt, konzentrierte sich Spengemann in dieser Schrift auf die Schilderung der Zukunft. Tramms „schöne(m) Programm", eine „klassische Sammlung moderner Malerei aus der zweiten Hälfte des 19. Jahrhunderts"³³⁰ zu schaffen, sei seinerzeit nichts entgegenzusetzen gewesen, allerdings habe das Stadtoberhaupt „übertriebene Anhäufungen und unsinnige Sonderdinge"³³¹ zu verantworten.

Heinrich Tramm blieb jede Antwort schuldig. Umgehend verfaßte Christof Spengemann eine zweite Schrift. Sie erschien Anfang 1919 und trug den Titel DIE BILDENDE KUNST IM NEUEN HANNOVER. Das neue Hannover war für ihn dabei das Hannover nach dem Zusammenbruch der „Tyrannis des offiziellen Kunstbetriebes".³³² Spengemann unterschied hier zwischen dem Alten und dem Neuen in der Kunst, und er verknüpfte ein leidenschaftliches Bekenntnis zum letzteren mit einer unversöhnlichen Abrechnung mit dem ersteren.³³³ Das Neue Rathaus bezeichnete er als Verkörperung von „Prunksucht", „Scheinenwollen(.)" und „hohle(m) Pathos der Selbstüberhebung",³³⁴ die Städtische Galerie machte nach Spengemanns Meinung zu sehr den „Eindruck des hastigen Zusammenraffens", und im übrigen habe man sich hier nur bis zum Impressionismus gewagt, und selbst das nur „mit säuerlichem Lächeln".³³⁵ Sicherlich sei Tramm, so Christof Spengemann, „ein Mann von universalem Wollen", nur habe sein Können „wie das jedes anderen Menschen seine Grenzen".³³⁶ Das sei in der Vergangenheit auch nicht weiter problematisch gewesen, weil er „als erster Verwaltungsbeamter der Stadt … künstlerisch nicht verpflichtet"³³⁷ gewesen sei. In Spengemanns Augen fehlte es Tramm „aber zugleich an der Fähigkeit, die eigenen Kräfte richtig einzuschätzen, es fehlte an der Erkenntnis der eigenen Schwäche und an der Größe, die eine Selbstkritik zuläßt."³³⁸ Im übrigen war, so Spengemann weiter, „Herr Tramm ein starkes Temperament und eine im gewissen Umkreise an Energie und Gewandtheit überragende, faszinierende Persönlichkeit. Wir hatten das Unglück, daß der größte Teil derjenigen Personen, deren Wort Gewicht hatte, in diesem Umkreis sich bewegte. Der kleine Rest wurde kraft höheren Amtes und auf Grund diktatorischen Willens lahmgelegt."³³⁹ Eine dieser Institutionen, in denen Tramms Selbstherrlichkeit verheerende Folgen gezeitigt hatte, war für Christof Spengemann wiederum der Kunstverein. Seit Jahrzehnten von keinen wesentlichen konzeptionellen Veränderungen berührt, habe sich der hannoversche Kunstverein in „unentwegte Selbstzufriedenheit" manövriert. Lange Zeit nicht gezwungen, sich der Konkurrenz eines anderen privaten Vereins zu stellen,³⁴⁰ habe man alles von sich geschoben, was der Behaglichkeit und Ruhe ein Ende hätte setzen können. Das Ergebnis war in Spengemanns Augen ernüchternd: „Vom heutigen Geiste erzählen diese Austellungen nichts … Den Hauptteil bildete stets die Flut dessen, was außerhalb des Künstlerischen und rein Malerischen Geschichten erzählt, zufällige Situationen und Erscheinungen langweilig schildert und belanglose Studien treibt. Wohl sahen wir immer wieder manches handwerkliche Können. Aber was bedeutet das allein? Die Kunst beginnt erst jenseits des Handwerks."³⁴¹

Erstmals tauchte hier Spengemanns Formulierung auf, der Kunstverein habe sich derart willig „unter die schützende, fördernde, wohlwollende Hand" des Stadtdirektors begeben, daß er „zwar unausgesprochenermaßen, aber dem Wesen nach ein Teil des offiziellen Kunstbetriebes"³⁴² geworden sei. Das Bild vom

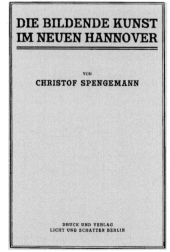

Titelblatt der Schrift DIE BILDENDE KUNST IM NEUEN HANNOVER von Christof Spengemann. 1919

"halboffiziellen Kunstverein"³⁴³ tauchte gut zehn Jahre später in seinem Beitrag WORT UND WIRKLICHKEIT. DIE STADT KAUFT KUNST wieder auf, der große Ähnlichkeit mit der Schrift DIE BILDENDE KUNST IM NEUEN HANNOVER hatte. Neu war in DIE BILDENDE KUNST IM NEUEN HANNOVER die Konsequenz, die sich für Spengemann nun, nach dem Zusammenbruch der Ära Tramm, für den Kunstverein ergab: „Unter die Vergangenheit sei ein Strich gezogen. Frei von dem falschen, irreführenden, ihn selbst schädigenden Nimbus hat er nun die Wahl: Kunsttempel oder Markthalle."³⁴⁴ Entscheide er sich wie bisher für das letztere, so dürfe er mit der städtischen Kunstpflege im neuen demokratischen Staat nichts mehr zu tun haben. Die kommunale Kunstpflege also solle nur dann den Kunstverein fördern, wenn dieser seinen Kurs dauerhaft korrigiere und „ernsthaft der Kunst dient".³⁴⁵ Im besten Falle, von dessen Verwirklichung Spengemann jetzt, 1919, durchaus noch überzeugt schien, sollten beide Repräsentanten des Alten, Stadtverwaltung und Kunstverein, gemeinsam zu Garanten des Neuen werden und das Konzept einer städtischen Kunstpolitik erarbeiten, „durch die uns die Kunst gewährleistet wird" und die bisherige „Scheinkunst aus dem Bereiche der städtischen Kunstpflege"³⁴⁶ verschwinde.

Die Antwort der hannoverschen Kunstgenossenschaft. Die Schrift OFFENHERZIGKEITEN ÜBER KRITIK UND EXPRESSIONISMUS IN HANNOVER. EINE ABWEHR *(1919)*

Christof Spengemann schwebte ein anspruchsvolles Ziel vor, das nur dann zu verwirklichen war, wenn der bisherige Kunstbetrieb völlig umstrukturiert würde und die Stadtverwaltung Einsicht in die Fehlerhaftigkeit des Bisherigen und in die Notwendigkeit von Veränderungen zeigte. Es ist jedoch keine Reaktion jener bekannt, an die seine Schrift sich wandte: Die Stadtverwaltung, Heinrich Tramm und der Vorstand des Kunstvereins blieben stumm.

Dafür erschien nur wenige Wochen später die Schrift OFFENHERZIGKEITEN ÜBER KRITIK UND EXPRESSIONISMUS IN HANNOVER. Der Untertitel der Broschüre ließ bereits erkennen, zu welchem Zweck sie verfaßt worden war: EINE ABWEHR sollte sie sein, und zwar zunächst einmal gegen Spengemann, jenen „nach seinem Gebaren feurige(n) Bahnbrecher für neueste und allerneueste Kunst, für Expressionismus und höchstwahrscheinlich alle übrigen ‚Ismen'",³⁴⁷ wie es höhnisch hieß. Der Expressionismus galt der Schrift dabei als „geistige Epidemie in der modernen Kunst" und „allermodernste(r) Wahnsinn", der „mit Fug und Recht auch der Bolschewismus der Kunst genannt"³⁴⁸ werden könne. Der Expressionismus stelle „die Werke auch jener Maler, welche in ihrem Berufe kaum aus dem Lallen und Stammeln herausgekommen, als Höchstes, Vollkommenstes … (dar) … Je primitiver, je aberwitziger und närrischer die Gestaltung des Werkes, um so besser; je mehr alles vermieden wird, was auch nur entfernt an Glaubwürdigkeit und Schönheit der Form erinnert, wie sie der geistig gesunde Mensch empfindet, um so größer, reiner, erhabener das ‚Kunstwerk' genannte Produkt der Expressionisten." ³⁴⁹ Diese Methode sei somit „die breiteste und bequemste Brücke zum Erfolg, allerdings nur zum Erfolg bei denen, welche von denselben Wahnvorstellungen besessen".³⁵⁰ Da ein fehlgeleitetes Publikum den Expressionismus jedoch begeistert begrüße, begännen nun auch „wirklich Fertige",³⁵¹ expressionistisch zu malen.

Titelblatt der Schrift OFFENHERZIGKEITEN ÜBER KRITIK UND EXPRESSIONISMUS IN HANNOVER. EINE ABWEHR. 1919

Warum „(e)in Grüppchen von Malern, verbohrten Literaten, Ästheten und solchen, die sich einbilden, es zu sein",³⁵² und sogar – was die Schrift für den Gipfel der Unverständlichkeit hielt – „Leiter hiesiger städtischer Kunstinstitute unter Gefolgschaft viel jugendlich unreifer Köpfe"³⁵³ (die eigentlichen Kunstkenner also, zu denen offensichtlich Albert Brinckmann, Leiter des Kestner-Museums, und Wilhelm von Debschitz, Direktor der Kunstgewerbeschule, zählten) sich dieser „Irrenkunst"³⁵⁴ andienten, bleibe unklar. Die Antwort müsse jedoch, so die Vermutung des Autors, mit den politischen Veränderungen der Zeit zu tun haben, welche „revolutionäre(s) Maulheldentum" und „Demoralisation" ³⁵⁵ ermöglicht habe. Schließlich versuche ja auch Spengemann, unterstützt vom „Arbeiter- und Soldatenrat mit einigen Maschinengewehren"³⁵⁶ – wie die Schrift unterstellte –, den Magistrat zu „revolutionären" Taten zu bewegen.

Eigentlicher Auslöser für die Entstehung der OFFENHERZIGKEITEN war Christof Spengemanns Kritik an dem hannoverschen Kunstverein. Aus ihrer eigenen Wertschätzung für den Kurs des Kunstvereins machte die Schrift keinen Hehl. Sie war verfaßt „unter Berufung auf den gesunden Menschenverstand"³⁵⁷ und in der Annahme, die Leser teilten „Interesse und Liebe für das, was unser Leben erhöht, veredelt und, mehr als alles andere, erst des Lebens wert macht, nämlich die Kunst".³⁵⁸ Die OFFENHERZIGKEITEN ließen keinen

Zweifel daran, daß für sie in dieser unsicheren künstlerischen und politischen Zeit nach dem Ende des Ersten Weltkrieges vor allem die Kunstvereine ein Hort waren: „Obwohl ihre Veranstaltungen *ausnahmslos allen Richtungen der Kunst geöffnet*, sucht die konservative Malerei in den Kunstvereinen am liebsten ein Unterkommen, in Hannover umso mehr, als Anhänger älterer Richtungen, welche so starrköpfig sind, andere Schönheitsideale zu pflegen, und expressionistische Hanswurstiaden wie perverse Ausgeburten des Pinsels verachten, gar keine Ausnahme, sondern höchstens eine krasse Ablehnung im Gralstempel der gereinigten Kunst, will sagen Kestner-Gesellschaft, finden würden."[359]

Statt – wie es der Kunstverein praktiziere – Toleranz und Offenheit dem anderen Lager gegenüber walten zu lassen, werde er angegriffen und bezichtigt, sich vor dem Neuen zu verschließen. Das fordere Zurechtweisung. Wo aber eine scharfe Replik die einzige Antwort auf die schnöde Schrift des „Kunstrevolutionärs"[360] Spengemann gewesen wäre, bleibe der Kunstverein bei seiner „ruhig vornehme(n) Reserve".[361] Ihm in dieser Situation Schutzschild und Sprachrohr zugleich zu sein, für ihn „eine Lanze zu brechen",[362] wie man selbst es nannte, war also die Aufgabe der Schrift OFFENHERZIGKEITEN ÜBER KRITIK UND EXPRESSIONISMUS IN HANNOVER.

Sie wurde von einer Institution herausgegeben, die bis zu diesem Zeitpunkt in höchstem Maße in den städtischen Kunstbetrieb eingebunden war und nun spürte, daß Spengemanns Kritik am Kunstverein, erst einmal von maßgebender Stelle wahrgenommen, auch für sie empfindliche Auswirkungen mit sich bringen mußte. Es war die hannoversche Ortsgruppe der Allgemeinen Deutschen Kunstgenossenschaft (ADKG), die sich da so vehement zu Wort meldete. Die ADKG war 1856 in Düsseldorf mit der Absicht gegründet worden, sich gegen die Übermacht der Kunstakademien und auch der deutschen Kunstvereine zur Wehr zu setzen.[363] Mit diesem Ansatz brachte sie in kurzer Zeit Bewegung in die deutsche Kunstszene. In kunstpolitischer Hinsicht entwickelte sich die ADKG dabei bald zu einer Selbstorganisation von Künstlern, die in Zeiten fehlender nationaler Einheit nationale Werte und, besonders in Gestalt der Historienmalerei, nationale Kunst propagierte.[364] Auch als sie in den folgenden Jahrzehnten schnell zu einer der größten Organisationen ihrer Art in Deutschland wurde, war sie „ihr ‚deutsch-nationales' Vorzeichen immer festzuhalten bestrebt", und dies „umso mehr, als es die Macht im Staat sicherte".[365] Hubert Schrade würdigte – bezeichnenderweise im Nationalsozialismus – den Versuch der ADKG, mit der Gründung der Genossenschaft einen „Ersatz der alten Zünfte"[366] der Frühen Neuzeit zu schaffen. Dies weist auf den Anspruch hin, das Handwerkliche in der Kunst systematisch und in einer eigenständigen Ausbildung zu lehren. Vielleicht führte auch dies zu einer Entwicklung, die sich zwischen Kommerzialisierung einerseits und Stagnation in der eigentlichen künstlerischen Produktion andererseits bewegte.[367] In jedem Fall war die Gründung von Sezessionen in den neunziger Jahren des vergangenen Jahrhunderts auch eine Antwort auf Defizite und Fehlentwicklungen in der Arbeit der ADKG.[368]

In Hannover formierte sich eine Ortsgruppe der ADKG ebenfalls 1856,[369] also zeitgleich mit der Düsseldorfer Dachorganisation.[370] Wurden die ‚Kunstgenossen' auch hier gelegentlich ihrem Ruf gerecht, Regulativ des städtischen Kunstbetriebs zu sein,[371] so gerieten sie doch bereits rasch zu stark in das Fahrwasser dieser Politik, als daß sie langfristig konsequent und objektiv die Rolle des außenstehenden Beobachters der kommunalen Kunstpolitik hätten spielen können. Besonders nachdem Heinrich Tramm sein Amt als Stadtdirektor angetreten hatte, erfreute sich die Kunstgenossenschaft großzügiger finanzieller Unterstützung seitens der Stadt[372]. Schriftwechsel aus dieser Zeit lassen den Eindruck entstehen, als habe sie ihre Aufgabe zunehmend darin verstanden, im Verbund mit der Stadt dazu beizutragen, das Ansehen Hannovers „als Kunststadt ... und Bildungsstadt ersten Ranges"[373] zu heben. Im Zuge gegenseitiger Wertschätzung von Stadt und Kunstgenossenschaft geriet letztere, nach wie vor eine der bedeutendsten Künstlerorganisationen der Stadt, in engen Kontakt mit dem Kunstverein als dem wichtigsten Veranstalter von Kunstausstellungen der Zeit. Daß seit 1907 in den Räumlichkeiten des Kunstvereins in der Sophienstraße Herbstausstellungen stattfanden, die sich vornehmlich ortsansässigen Künstlern widmeten, war zunächst ausschließlich Verdienst der hiesigen Ortsgruppe der ADKG.[374] Zwar war dem Kunstverein von Beginn an die Pflege von Werken heimischer Künstler ein besonderes Bedürfnis,[375] aber bis zu diesem Zeitpunkt hatte deren Anteil an den großen Frühjahrsausstellungen selten mehr als ein Drittel aller beteiligten Künstler betragen.[376] Zunächst organisierte die Kunstgenossenschaft die ersten Herbstausstellungen, zu denen alle ansässigen Künstler geladen waren,[377] noch allein, doch bald schon wuchs sie auch durch eine geschickte personelle Besetzung von Positionen eng mit dem Kunstverein zusammen[378]

Kein größerer Mißklang scheint diese organische Verbindung gefährdet zu haben; über die Jahrzehnte hinweg nutzten die ‚Kunstgenossen' die Räume des Kunstvereins, dem sie angehörten. Als 1932 schließlich das Jubiläum des Kunstvereins anstand, entschloß man sich, die Feier zum fünfundsiebzigjährigen Bestehen mit diesem gemeinsam auszurichten.[379] Es war diese im Lauf der Zeit geschmiedete und durch eine weitgehend gemeinsame Kunstauffassung gefestigte Allianz zwischen Kunstverein und Kunstgenossenschaft, welche durch Christof Spengemanns Schrift, in der die ADKG im übrigen nur am Rande und ohne besondere Schärfe erwähnt worden war,[380] gefährdet wurde: In Anbetracht der Tatsache, daß die beiden Jahresausstellungen des Kunstvereins „zu allermeist"[381] von der Kunstgenossenschaft bestritten wurden, kam eine Kritik an jenem immer auch einem Angriff auf ihre Existenzgrundlage gleich.

Das Verhältnis zwischen Kunstverein und Kunstgenossenschaft war wohl auch deshalb keinen grundlegenden Spannungen ausgesetzt, weil in der Kunstgenossenschaft ein ganz ähnlicher Kunstgeschmack gepflegt wurde, wie er auch in den Ausstellungen des Kunstvereins zutage trat. Da der Genossenschaft die meisten bildenden Künstler der Stadt angehörten,[382] sammelten sich unter ihrem Dach von Beginn an auch verschiedene künstlerische Richtungen.[383] Doch die aktive Mitgliederschaft, jene Künstler also, die das Bild der Vereinigung nach außen bestimmten, waren fast ausschließlich Vertreter jener Kunst, die, wie die ADKG in Hannover selbst formulierte, „auf der Tradition der alten Meister fußt".[384] Wenn man anderen Künstlern Einlaß gewährte, so nur deshalb, um – ebenfalls nach eigener Aussage – zu zeigen, „wie man trotz der verschiedenartigsten Kunstauffassungen doch friedlich nebeneinander wirken kann".[385] Im Jahr 1919, nach der Publikation von Spengemanns Schrift, scheint die solchermaßen propagierte Friedfertigkeit zumindest vorübergehend schärferen Tönen Platz gemacht zu haben. Die OFFENHERZIGKEITEN, herausgegeben vom Ortsverband Hannover der ADKG, der größten lokalen Künstlerorganisation der Zeit, also nicht etwa von einer kleinen Teilgruppe bildender Künstler, wandten sich gegen die zu jener Zeit kurz nach dem Ende des Ersten Weltkriegs prägende Kunstrichtung, den Expressionismus, und straften das sonst gern aufrechterhaltene Bild des künstlerischen und kunstpolitischen Pluralismus ihrer Vereinigung in einem kunsthistorisch bedeutsamen Moment Lügen.

Die Veröffentlichung dieser Schrift war dabei nicht nur wegen des drohenden Verlusts jenes „Horts"[386] erfolgt, den der Kunstverein bisher geboten hatte, sondern weil der restriktiv auf Tradition bedachte Kurs der Kunstgenossenschaft zu massivem Mitgliederverlust geführt hatte. Sie schwimme „ganz im Fahrwasser ähnlicher Veranstaltungen aus der Vorkriegszeit",[387] wurde ihr nun zunehmend vorgeworfen, man spüre in den Werken ihrer Angehörigen „zu wenig ... von den Seelenstürmen unserer Zeit", als „seien wir geblieben, was wir 1914 waren".[388] Die hannoverschen ‚Kunstgenossen' stritten das keinesfalls ab, aber es war auch nicht so, daß sie sich nun beeilten, sich dem Ausdruck ihrer Zeit thematisch oder stilistisch anzunähern. Stattdessen gingen sie in die Offensive. Wie dächten sich ihre Kritiker denn wohl den angemessenen künstlerischen Niederschlag dieser Jahre, so fragten sie herausfordernd, um durch die eigenen Antworten sogleich deutlich zu machen, für wie müßig sie selbst jede auch nur graduelle Korrektur hielten: „Soll der Porträtist *nach* dem Kriege und während der Revolution seinen harmlosen Modellen etwas Kriegerisch-Revolutionäres mitgeben? Ist er genötigt, den Herren Müller oder Lehmann oder dem reichgewordenen Schieber ... vielleicht einen heroischen Zug in die Visage zu bringen?"[389] Oder dürfe jener „unglückliche Maler", der es verschmähe, „sich zum Sklaven einer von einem gewissen Presseklüngel protegierten Modenarrheit zu machen",[390] nun gar keine „friedfertige(n) Bürger in Öl"[391] mehr malen? Wie sollten der Landschaftsmaler, der Blumen-, Genre- und Stillebenmaler reagieren? „Der stille Zauber verschwiegener Waldgründe, der blaue Himmel über wogenden Kornfeldern, die schimmernde See, die verschwenderische

Fülle von Schönheit, welche uns auf Schritt und Tritt in der Natur empfängt ..., das alles, wie wir es sehen, wie es sich in unserem *Auge* spiegelt, wie wir es empfinden, ist unzeitgemäß zur künstlerischen Darstellung, soll nicht mehr, oder wenn schon, anders gemalt werden?"[392] Solle man, nur um dem Zug der Zeit willfährig zu folgen, als Tiermaler „Ochsen und Kühe heldenhafter gestalten, ihre Schafe weniger schafsdämlicher, dafür aber in großer, zeitgemäßer Geste auf ein Postament stellen?"[393]

Ganz abgesehen davon, daß gerade jene letzte Wendung in der Schrift der hannoverschen ‚Kunstgenossen' eine politische Einstellung anklingen läßt, die sie nicht gerade als Freunde der gerade erst entstandenen Weimarer Republik darstellte – was sich im übrigen auch an anderen Textstellen wiederholt –, zeigt sich, daß man hier das Mittel der Verunglimpfung des Gegners unbedenklich verwandte, um darzustellen, daß sich den wahren Künstlern die Welt nach dem Krieg mitnichten anders präsentiere als zuvor. Was wollten diese grotesken „Herren Kunstrevolutionäre" denn eigentlich, so sprach die Schrift ihre Gegner direkt an, etwas stimme „doch nicht in Ihrer Rechnung".[394] Scheinbar einlenkend hieß es, es möge ja sein, daß man selbst, „unfähig, die Tiefe unserer Gedankenwelt zu erfassen, zu sehr an der Oberfläche klebe",[395] immerhin aber fühle man „klar und gesund", lasse sich nicht von „dilettantisch literarischem Geschwätz benebeln" und werde es auch niemals dulden, „durch ein Trommelfeuer von Phrasen ein ahnungsloses Publikum von Ihnen in die Enge treiben ... zu lassen".[396] Schließlich wisse man besser, was dieses Publikum sich von der wahren Kunst erhoffe: „Inmitten all des Schmutzes und uns umgebenden Unglücks, unter dem Druck der Hoffnungslosigkeit, suchen der Kunstfreund, der Denker und die große Masse Erhebung, Freude, Erhellung in der Kunst."[397] Gerade weil man gegenüber diesen in der Pflicht stehe, werde man als Schöpfer dieser wahren Kunst selbst keinesfalls „auch nur um Haaresbreite von ... bisherigen Gepflogenheiten abweichen".[398] Weiter hieß es: „Wir haben ... nicht die geringste Veranlassung, unsere Sinnesweise und Kunstweise zu ändern ...,[399] wir nichtexpressionistischen und somit von allen guten Christen verlassenen Maler ... werden erst recht unseren eigenen Weg verfolgen[400] ... (M)an wird ... in unseren Ausstellungen auch fürderhin nur in Ausnahmefällen ‚Abstraktionen', ‚Eisen-Betonstimmungen' und ‚von der Qual durchschütterte' Arbeiten finden, ‚Allerneuestes', ‚Sensationelles' dagegen hoffentlich durch Abwesenheit glänzen. Wir sind zufrieden, bescheiden uns damit, wenn unsere Werke erfreuen, zumal ‚der Endzweck der Künste Vergnügen ist', in welcher Anschauung uns ein gewisser Lessing unterstützt."[401] Auch in den eigenen Reihen tauchten schließlich „immer wieder verheißungsvolle Talente auf", deren Wert aber „vielleicht gerade in der Anspruchslosigkeit ihres Auftretens liegt, die umso liebenswürdiger erscheint, je freier sie sich von allen ‚Ismen' halten".

Wer sich in dieser künstlerisch so experimentierfreudigen Zeit kurz nach dem Ersten Weltkrieg derart vehement gegen aktuelle Strömungen wandte, mußte riskieren, einen Sturm der Entrüstung im Lager der Freunde der Moderne heraufzubeschwören. Während Christof Spengemann im ZWEEMANN die OFFENHERZIGKEITEN als „Aufschrei des Schwächlings" und „Manifestation des Unvermögens"[402] zugleich bezeichnete, polemisierte Paul Erich Küppers im HOHEN UFER gegen die ‚Kunstgenossen',[403] jene „Akrobaten", „leichtgeschürzten Seiltänzer", „Taschenspieler und Clowns, die für leichte Unterhaltung sorgen".[404] Zynisch beteuerte Küppers, wie tröstlich es doch sei, „daß es ‚Künstler' gibt, an denen die Zeit spurlos vorübergleitet ... Sie sprechen es aus, das Wort, das uns heute wie ein ungeheurer Anachronismus im Ohre klingt, sie schämen sich nicht zu sagen, daß der Endzweck der Künste Vergnügen sei".[405] Wie Heinrich Tramm zu den in den OFFENHERZIGKEITEN bezogenen Positionen stand, bleibt unklar. Wie schon anläßlich der Publikation der Schrift DIE BILDENDE KUNST IM NEUEN HANNOVER, so blieb der ehemalige Stadtdirektor auch jetzt stumm. Vielleicht war ihm der Anlaß zu nichtig, um sich zu Wort zu melden. Vielleicht aber auch hatte sein Entschluß, nicht zu reagieren, einen ähnlichen Grund wie seine Zurückhaltung in dem anderen großen Bereich städtischer Kunstpolitik, der Theaterpolitik. Selbst anläßlich massiver Proteste gegen moderne Stücke äußerte er sich weder zustimmend noch ablehnend. Tramms Kunstpolitik war hier wie dort weder offensichtlich noch unmittelbar, dafür aber umso nachhaltiger und effektiver. Im städtischen Theaterwesen wurden mit Erich Rosendahl und Karl Brandes-Hardegsen zwei der schärfsten und einflußreichsten Gegner zeitgenössischer Strömungen von der Stadt teilweise jahrzehntelang finanziell unterstützt. Im Bereich der bildenden Kunst gehörte der Autor der OFFENHERZIGKEITEN zu jenen drei Künstlern, die in den Genuß des städtischen Ehrensolds kamen, einer der höchsten Auszeichnungen, welche die Stadt für verdiente Maler und Schriftsteller zu vergeben hatte.[406]

Der Autor der OFFENHERZIGKEITEN. *Rudolf Hermanns, Ehrensoldempfänger und ‚Liebling der Zuschauer'*

Wenngleich in der Schrift nicht namentlich erwähnt, sickerte in Hannover kurz nach dem Erscheinen durch, daß ihr Autor mit dem Maler Rudolf Hermanns ein seit Jahrzehnten bekannter und in weiten Kreisen auch durchaus angesehener Künstler war.[407] Durch seine verwandtschaftlichen Beziehungen hatte Hermanns' Name zusätzliches Gewicht: Der Großvater war Direktor des Deutschen Theaters,[408] der Schwiegersohn Franz Rolan-Bubenzer Begründer der Schauburg in der Hildesheimer Straße und überdies eine schillernde Persönlichkeit in der hiesigen Kunst- und Kulturszene.[409] Hermanns, 1860 in Celle geborener Sohn einer Schauspielerin und eines Vaters, der sowohl als Bildhauer als auch als Musiker und Mime tätig war,[410] ergriff ebenfalls zunächst den Beruf des Schauspielers und hatte bis zu seinem 28. Lebensjahr in Celle, Hannover und Berlin verschiedene Engagements gehabt. Im Haus des Bleistiftherstellers Faber inspiriert von exakten Naturskizzen, beschloß er um 1890, selbst Zeichner zu werden.[411] Der Versuch, mit seiner Familie in München eine Existenz als Maler zu gründen, schlug fehl. Hermanns kehrte nach Celle zurück und intensivierte seine autodidaktischen Studien, die ihn bald zu großer Virtuosität in Bleistiftskizzen und Landschaftsstudien in Öl führten. Wenn er in den folgenden Jahren nicht durch Aufträge der Firma Faber[412] und seinen Kontakt zu zwei Gönnern an Celle gebunden war,[413] unternahm er Studienreisen nach Italien, Griechenland, 1892 gar in den Orient[414] und immer wieder nach Paris. Vor allem Paris verdankte er nach eigener Aussage „die tiefsten Anregungen für meine Entwicklung".[415]

1898 übersiedelte der Maler, inzwischen zum Witwer geworden, mit seinen zwei Kindern nach Hannover. Im Jahr darauf begründete er eine Mal- und Zeichenschule.[416] Die hier gelehrte Methode, allein die „Natur als Lehrmeisterin"[417] gelten zu lassen, hatte mit Hermanns' Entscheidung zu tun, künstlerisch „nicht rechts und links" zu achten und „unbekümmert um die Anschauungen des Tages" zu gestalten, wie man die Natur sehe, „ohne jede Mätzchen",[418] und brachte der Schule wie ihrem Leiter offenbar schnell Erfolg. Hatten bereits 1898/99 Ausstellungen seiner Werke in Düsseldorf, Köln und Berlin stattgefunden,[419] so sorgte kurze Zeit später eine energisch vorgetragene Fürsprache von Hermann Löns im HANNOVERSCHEN ANZEIGER für verstärktes Augenmerk auf den Künstler. Löns beschrieb Hermanns, der seit seiner zweiten Eheschließung zunehmend Sujets aus der Lebenswelt der Familie seiner Frau, der Lüneburger Heide, wählte, als „Führer …, der uns der Heimat Herrlichkeit erschließt mit Künstleraugen und Künstlerhand".[420] Der Journalist und Schriftsteller fügte hinzu, wer sich von Hermanns' Werken „einen ganzen Haufen Staffage, anheimelnde Süße des Ausdrucks oder geschwollene Pose oder dergleichen Großvaterliebhabereien" erwarte, der werde „höchst unbefriedigt bleiben von diesen strengen Studien, entnommen einer strengen Natur. Denn dort, wo Hermanns uns führt …, dort gibt es nichts Süßes und Pathetisches, und nur wenigen Augen erschließt die Heide dort ihre strenge, schlichte, herbe Schönheit".[421]

Rudolf Hermanns, Foto. Um 1918

Hermanns' Bekanntheitgrad nahm in diesen Jahren vor und während des Ersten Weltkrieges ständig zu. Seit der Jahrhundertwende bereits war er auf den Ausstellungen des hannoverschen Kunstvereins vertreten, wo sich seine Arbeiten zumeist außerordentlich schnell verkauften.[422] 1905 erwarb das Provinzial-Museum eine seiner größeren Arbeiten, dann die Stadt eine Sammlung von Zeichnungen und Aquarellen für das Vaterländische und das Kestner-Museum.[423] Sechs Jahre später als Künstlerischer Beirat und Bühnenbildner des Königlichen Theaters an seine einstige Wirkungsstätte zurückgekehrt,[424] entwickelte sich Hermanns zu einem der meistbeschäftigten Künstler der Stadt. Sein Name fand in der 1913 erschienenen Festschrift der Stadt zur Einweihung des Neuen Rathauses Erwähnung,[425] sein Entwurf eines Monumentalbildes der Lüneburger Heide wurde mit dem ersten Platz prämiert und für den Sitzungssaal des neuen Provinzialständehauses am Schiffgraben ausgeführt.[426] Für WESTERMANNS MONATSHEFTE, die er wie die LEIPZIGER ILLUSTRIERTE regelmäßig mit Zeichnungen belieferte,[427] verfaßte Rudolf Hermanns 1918 im Anhang zu einem längeren Beitrag über sein Leben und Werk eine autobiographische Skizze.

Die Skizze gab erstmals ausführlich Auskunft über die Entwicklung eines Künstlers, der bei allem äußeren Erfolg bislang die Öffentlichkeit gemieden hatte. Darüber hinaus spiegelte sie auch die Kunstanschauungen des knapp Sechzigjährigen, dessen ausschließliches künstlerisches Interesse jetzt wie bereits zu Beginn seiner Laufbahn die naturgetreue Wiedergabe des Gesehenen war. In der durch keine Zweifel getrübten Gewißheit der Richtigkeit seines Schaffens schrieb er hier 1918, als gänzlich andere Formen künstlerischen Schaffens schon seit Jahrzehnten die Kunstwelt Deutschlands erschütterten: „Zwanzig Jahre habe ich hier still dahingelebt, ohne mich je um Kunstrichtungen, Tagesströmungen und Kunstsnobismus viel zu kümmern. Niemals habe ich auch nur das geringste Interesse für Sezessionismus, Impressionismus, Expressionismus sowie alle anderen ‚Ismen' gehabt. Alle jene augenblicklich geltenden Kunstrezepte und Schlagwörter waren und sind mir leerer Schall: allen hochtrabenden Programmworten bin ich stets aus dem Wege gegangen, scheinen sie mir doch nur Eselsbrücken zur Bequemlichkeit und zum Faulenzen. Wie viele hochbegabte junge Maler habe ich kennengelernt, die, nachdem sie irgendeine der großen Kunststätten Deutschlands aufgesucht hatten, sich sofort einer Gruppe oder einem Grüppchen anschlossen, um dabei dann möglichst schnell das zu verlieren, was ureigen an ihnen war!"[428] Herrsche nicht, so gab Hermanns zu bedenken, derzeit „ein förmliches Wettlaufen unter der jüngeren Malergeneration, möglichst bald, statt Selbständigkeit und Eigenart zu wahren, ein Zögling der Zeit und der augenblicklich herrschenden Richtung zu werden?"[429] Warum überhaupt spiele „das Wort ‚modern' in der deutschen Kunst eine so ungeheure Rolle?!" Könne „Kunst nicht in der allerältesten wie allerneuesten Form vorhanden sein, ist diese Form, diese Gewandung, beim wirklichen Kunstwerk nicht vollkommen gleichgültig?"[430] Hermanns setzte seine Lebensskizze mit der Bemerkung fort, in anderen „Kunst- und Kulturländern" lege man „nicht im entferntesten solchen Wert auf den Begriff ‚modern' wie bei uns. Daher wohl auch im Gegensatz zum Aus-

Moorlandschaft,
Gemälde von Rudolf Hermanns.
Um 1911

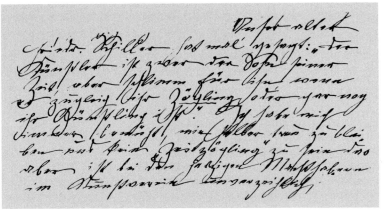

Auszug aus einem Schreiben von Rudolf Hermanns an Oberbürgermeister Arthur Menge. 1. April 1932. „Unser alter Friedr. Schiller hat mal gesagt: ‚Der Künstler ist zwar der Sohn seiner Zeit, aber schlimm für ihn, wenn er Zögling oder gar noch ihr Günstling ist.' Ich habe mich immer bemüht, mir selber treu zu bleiben und kein ‚Zeitzögling' zu sein, das aber ist bei den jetzigen Machthabern im Kunstverein unverzeihlich..."

lande der bei uns herrschende gänzliche Mangel an Beharrungsvermögen in der Wertschätzung unserer Künstler. Hochgefeierte Namen, deren Bilder vielleicht zwanzig bis fünfundzwanzig Jahre zurückliegen, werden von der künstlerischen Jugend mit einer Gleichgültigkeit, Respektlosigkeit, ja Verachtung behandelt, die in jedem anderen kunstliebenden Lande der Welt einfach unmöglich und unbekannt ist."[431]

Ein Teil seiner Entrüstung über jene Jugend, die das Werk der Alten nicht mehr zu schätzen wisse, mag bei Hermanns, dem älteren und bis zu diesem Zeitpunkt auch gefeierten Maler, die Vorahnung des eigenen Sturzes in die Bedeutungslosigkeit verursacht haben, der in der Tat, wie es zunächst schien, nicht ausbleiben sollte. Als Verfasser der OFFENHERZIGKEITEN, welche die in der Autobiographie 1918 vorgestellten Gedanken aufnahmen und polemisch überspitzten, in das Zentrum des Interesses einer größer werdenden Zahl von Andersdenkenden gerückt, galt Hermanns mit seinem trotzig und herausfordernd formulierten Versprechen, sich niemals von den ‚Ismen' beeinflussen zu lassen, als typischer Vertreter jenes Klüngels von ewiggestrigen Künstlern, die das solide Handwerk über alles stellten und in dieser neuen Zeit nichts mehr zu sagen haben sollten. Christof Spengemann charakterisierte Hermanns mit drei dürren Worten: „Landschaftler, belanglos, Marktwert."[432] Sein Biograph Dieter-Jürgen Leister urteilte über die weitere Laufbahn des Künstlers: „Großen Aufträgen folgten die sonst selbstverständlichen Ehrungen nicht mehr, nachher nur Inflationspreise, darunter gelegentlich das Trinkgeld der Schieber."[433]

Doch so trübe, wie es diese Schilderung zu vermitteln sucht, waren die Zeiten für Rudolf Hermanns auch in der Weimarer Republik keineswegs. Leister selbst sprach von Ausstellungen im Kunstverein, anläßlich derer bereits nach kürzester Zeit alle Arbeiten des Künstlers verkauft worden waren.[434] Rezensionen aus der Zeit stützen den Eindruck einer in weiten Teilen der hannoverschen Kunstöffentlichkeit ungebrochen wohlwollenden Aufnahme seiner Werke. Die HANNOVERSCHE WOCHE etwa, offizielles Organ des Verkehrsvereins Hannover und mithin auch Sprachrohr der Stadtverwaltung, urteilte im Oktober 1927, da die Aufgabe der Kunst sein solle, „den technischen Menschen von heute noch ein wenig aufzuhalten auf seinen Wegen und Abwegen ins Seelenlose",[435] sei nicht etwa jene „merkwürdige Unkunst" der Abstrakten, sondern eher ein Werk von Rudolf Hermanns auch für die eigenen vier Wände anzukaufen, und die Tatsache, daß dieser „schlicht archaisierend"[436] male, könne nur zu seinem Vorteil gereichen. Im Jahr darauf berichtete die NIEDERDEUTSCHE ZEITUNG über die Herbstausstellung des Kunstvereins, Hermanns erweise sich hier einmal mehr als „Liebling der Zuschauer".[437] Und als gut drei Jahre später die Jubiläumsausstellung zum hundertjährigen Bestehen des Kunstvereins ihre Pforten öffnete, war wiederum Rudolf Hermanns einer jener Künstler, deren Arbeiten in dieser Retrospektive hannoverscher Kunst der letzten 150 Jahre vertreten waren.[438]

Zu diesem Zeitpunkt, 1932, kaufte die Stadt Hannover die Bilder Rudolf Hermanns' nach wie vor in größerer Zahl an.[439] Die Erwerbung von Arbeiten, jeweils zu vergleichsweise hohen Preisen, wurde begleitet von einer großzügigen städtischen Unterstützungsaktion zugunsten des zunehmend kränklicher werdenden Künstlers,[440] anläßlich dessen siebzigsten Geburtstages im April 1930 die bürgerliche Tagespresse sein Lebenswerk würdigte. Die NIEDERDEUTSCHE ZEITUNG schrieb beispielsweise, er sei „noch ein Vertreter jener Kunstgattung, die in der Besonnung der Natur ihren schönsten Ausdruck gefunden hat".[441] Wenn auch „die Kunstrichtung der neueren Zeit" mit diesem „veredelten Realismus" nichts mehr zu tun haben wolle, so sei Hermanns zugute zu halten, daß das „Geschrei der Kunststilisten neuerer Zeit"[442] von ihm stets abgeprallt sei. Eine Woche nach dem Erscheinen des Artikels verband die Stadtverwaltung den Ankauf einer Heidelandschaft mit der Bewilligung von insgesamt 1.600 M als Geburtstagsgabe „in Anerkennung Ihres jahrzehntelangen erfolgreichen Schaffens als Künstler in unserer Stadt".[443] Das Glückwunschschreiben schloß mit dem Wunsch, „daß es Ihnen vergönnt sei, noch viele Jahre Ihren Beruf auszuüben".[444] Hermanns geriet auch in den folgenden Jahren wiederholt in den Genuß finanzieller Unterstützung durch die Stadt. Kurz nach der Eröffnungsfeier der Jubiläumsausstellung des Kunstvereins, Anfang April 1932, bedankte er sich für die Wertschätzung seiner Arbeiten bei Oberbürgermeister Menge in einem Schreiben, das deutlich machte, wie unverrückbar er auf den einmal formulierten Positionen beharrte. Hier hieß es: „Ich habe mich immer bemüht, mir selber treu zu bleiben und kein ‚Zeitzögling' zu sein, das aber ist bei den jetzigen Machthabern im Kunstverein unverzeihlich, denn ‚zeitgemäß' muß der Künstler schaffen, so wurde ich belehrt, leider aber bin ich unbelehrbar. Also, hochverehrter Herr Oberbürgermeister, nochmals allen Dank in der Hoffnung, in meinen Bestrebungen von Ihnen verstanden zu sein."[445]

Zweierlei ist neben dem stolzen Beharren des alten Malers an diesem Schreiben bemerkenswert. Zum einen hielt Hermanns 1932 offenbar sogar die „Machthaber" im hannoverschen Kunstverein mittlerweile für zu modern. Sein Vorwurf steht damit in groteskem Kontrast zu der von Christof Spengemann fast zeitgleich im VOLKSWILLEN publizierten Glosse, die dem gleichen Kunstverein eine fast unerträglich provinzielle Altbackenheit und Traditionsliebäugelei vorwarf.[446] Fast hat es den Anschein, als fürchte Hermanns, dieser exponierte Vertreter der lange Zeit alleinbestimmenden Kunstanschauung in Hannover, überall Verrat und geißele Veränderungen dort am stärksten, wo er seit Jahrzehnten sichere Verbündete wußte, – eben im Kunstverein. Zum zweiten lassen sowohl der Anlaß selbst, die Danksagung für finanzielle Unterstützung, als auch eine gewisse Vertraulichkeit, die aus Hermanns' Schreiben sprach, vermuten, daß er nicht etwa davon ausging, mit Arthur Menge einen Mann anzusprechen, dessen künstlerische Anschauungen seinen eigenen grundlegend widersprachen. Die weiterhin großzügige finanzielle Unterstützung für den alten Maler zu einer Zeit, als auch schwerere körperliche Gebrechen anderer verdienter Künstler eine zuweilen sehr hartleibige Stadtverwaltung keinesfalls umgehend zu Hilfeleistungen veranlaßten, redete hier eine deutliche Sprache. Zwischen 1932 und seinem Tod im Juli 1935 erhielt Rudolf Hermanns nahezu regelmäßig alle Vierteljahre Geldbeträge zwischen 150 und 250 RM aus dem Fonds der Ehrengabe, hinzu kam eine Reihe weiterer Ankäufe seiner Arbeiten, welche dann vornehmlich als „Wandschmuck für Diensträume"[447] dienten. Zu diesem Zeitpunkt betrug – zum Vergleich – das durchschnittliche Monatseinkommen eines Facharbeiters rund 160 RM, einem Empfänger von Arbeitslosenunterstützung standen teilweise unter 50 RM monatlich zur Verfügung. Fraglich ist überdies, ob Hermanns der Hilfe in diesem Umfang überhaupt bedurfte, denn er erfreute sich seit dem Herbst 1933 der besonderen Fürsorge des Reichskartells der bildenden Künste. Das Reichskartell, die Nachfolgeorganisation des Reichswirtschaftsverbands bildender Künstler,[448] hatte gemeinsam mit Hermanns' einflußreichem Schwiegersohn Franz Rolan im September 1933 ein Unterstützungsgesuch formuliert, in dem Hermanns, dem „Senior der hannoverschen Kunstmaler",[449] für die Kunst Niedersachsens eine überaus große Bedeutung zuerkannt wurde.

Weiter hieß es in diesem Rundschreiben, in Hermanns' vehementer Verweigerung jeder neuen Strömung sei einer der Gründe dafür zu sehen, daß sich sein Leben in der Nachkriegszeit nicht so günstig gestaltet habe, wie sein künstlerisches Können und seine Persönlichkeit es verdient hätten: „Jeder weiß, mit welcher Rücksichtslosigkeit die Novemberlinge der ‚modernen Malerei' die Vertreter gesunder deutscher Kunstauffassung verdrängt haben."[450] Es werde, so das Unterstützungsgesuch weiter, „ewig ein Makel in der Kunstgeschichte des vergangenen, liberalistisch-materialistischen Jahrhunderts bleiben, daß fast alle großen Künstler dieser Zeit im größten Elend gestorben sind".[451] Auf daß sich dieses Schicksal nicht auch im Fall Rudolf Hermanns' wiederhole, setzten sich neben nationalsozialistischen Kunstpolitikern und einflußreichen Künstlerkollegen aus Stadt und Provinz nun, im Herbst 1933, mit Karl Hermann Jacob-Friesen, dem Ersten Direktor des Provinzial-Museums, Alexander Dorner, dem Leiter der dortigen Kunstabteilung, sowie Carl Küthmann und Wilhelm Peßler, den Direktoren der beiden städtischen Museen, also vier der bedeutendsten Kunstexperten der Stadt für eine verstärkte Förderung von Rudolf Hermanns ein. Dessen traditionsbewußtes, rein gegenständliches Lebenswerk erfuhr mithin kurz vor seinem Tod und in einer Zeit des Widerstreits der künstlerischen Strömungen eine bemerkenswerte Ehrung.[452]

Die Pflege heimischer Kunst in der Stadt in der ‚Ära Tramm'

Die außerordentliche Wertschätzung der Stadt für die von Hermanns zeitlebens gepflegte künstlerische Darstellung seiner niedersächsischen Heimat ist ebensowenig überraschend wie die enge Verbindung dieses Künstlers mit den hiesigen ‚Kunstgenossen'. Seitdem sich zu Beginn des Jahrhunderts abgezeichnet hatte, daß ein neues Kunstprogramm Bewegung in die allgemein stagnierende Kunstszene bringen werde, begann die hiesige ADKG mit der Konzeption der Herbstausstellung des Kunstvereins konsequent und energisch auf sich aufmerksam zu machen, um einer Bevorzugung der Maler der großen Kunstzentren des Reiches – zunächst Münchens, dann Berlins – zuvorzukommen. Für die „materielle und moralische Unterstützung"[453] bedankten sich die ‚Kunstgenossen' im November 1907 mit der Bemerkung, sie begrüßten außerordentlich, „daß in der städtischen Kunstpflege augenscheinlich damit begonnen wurde, unsere Museen durch ein bewußtes Sammeln von Werken der Heimatkunst zu bereichern, um so mählich ein lückenloses Bild von der Entwicklung heimischer Kunst bieten zu können". Was könne schließlich als „kulturelles Ziel" der Stadt auch näher liegen, „als in unseren stadthannoverschen Museen hannoversche Kunst zu bieten".[454] Wann immer sich in den folgenden Jahren abzuzeichnen schien, daß der Leibl-Kreis oder die Kunst Liebermanns und Corinths, Slevogts und Paula Modersohn-Beckers Übergewicht über die regionalen und lokalen Maler und Bildhauer bekam, trat die hiesige Künstlerschaft warnend auf den Plan. Man möge doch im eigenen Interesse weiter „die Augen offen halten",[455] so schrieb der Rezensent der Zeitschrift ALTSACHSENLAND, eines Blattes zur Pflege der Heimatkunde und des Heimatschutzes für den Heimatbund Niedersachsen, im April 1913 in Anspielung auf Heinrich Tramms Vorliebe für den „von auswärts stammenden" Maler Karl Hagemeister, „ob es nicht auch in Hannover solche Hagemeisters gibt, deren Bilder, wenn sie nicht rechtzeitig erworben werden, man später für sehr viel mehr Geld von auswärtigen Kunsthändlern zurückholen muß".[456]

Daß die Stadtverwaltung und an ihrer Spitze Heinrich Tramm diese im übrigen recht eigennützig intendierten Warnungen wohl zur Kenntnis nahmen, sich letztlich aber dadurch keinesfalls in ihren Entscheidungen leiten ließen, wundert angesichts der Struktur der städtischen Ankaufspolitik jener Jahre wenig.[457] Anläßlich der Ausgestaltung des Neuen Rathauses wurden, wiederum vor allem aus München, mit Ludwig Vierthaler, Julius Dietz und Fritz Erler auswärtige Kräfte herangezogen,[458] die das künstlerische Leben der Stadt für die nächsten Jahrzehnte bis in die Weimarer Republik entscheidend prägten,[459] die heimische Kunst aber auf der anderen Seite ins Hintertreffen geraten ließen. Mit Richard Schlösser wurde nur einem einzigen hannoverschen Künstler die Ehre zuteil, das Neue Rathaus seiner Heimatstadt mitzugestalten, und dieser wurde nur mit kleineren, weniger bedeutenden Aufgaben betraut. Heinrich Tramm war als oberster Wahrer der Interessen städtischer Kunstpolitik wohl ein Freund der Künstler. Er hielt jedoch bei aller Freude an der Diskussion und am privaten Umgang mit ihnen stets die erforderliche Distanz, um nicht in Vergessenheit geraten zu lassen, daß er der Auftraggeber und Finanzier, der Künstler oder der Kunstexperte hingegen Ausführender und in gewissem Sinne ein von ihm und der Stadtverwaltung Abhängiger war. Neben vielen anderen blieb auch Friedrich Kaulbach, ehemaliger Hofmaler des Königs Georg V.,[460] Mitglied der Preußischen Akademie der Künste, vielfach ausgezeichneter Modekünstler seiner Zeit, Angehöriger des Lehrkörpers der Technischen Hochschule Hannover[461] und mithin eine Kapazität im hannoverschen Kunstleben, von Tramms selbstherrlichem Auftreten nicht verschont. Im Juni 1901 schrieb der knapp Achtzigjährige an Carl Schuchhardt, den Leiter des Kestner-Museums: „Soeben komme ich von einer stürmischen Sitzung beim Stadtdirektor ... Ich bebe noch an allen Gliedern, so grob bin ich alter Mann ... von diesem gewalttätigen Menschen behandelt worden."[462]

Städtische Kunstpolitik, der Verein für die öffentliche Kunstsammlung und der Kunstgewerbeverein

Kaulbach beklagte sich jedoch nicht nur über die persönlich erfahrene Herabsetzung. Als Vertreter des Vereins für die öffentliche Kunstsammlung protestierte er Schuchhardt gegenüber gegen Tramms Angewohnheit, einzelne Stücke aus den Beständen des privaten Vereins als städtisches Eigentum zu deklarieren.[463] Der Verein für die öffentliche Kunstsammlung war 1848, nachdem Überlegungen zur Begründung eines ersten öffentlichen Museums in der Stadt schon seit Jahren gereift waren,[464] auf Initiative von einflußreichen Bürgern der Stadt wie Hermann Kestner und dem Malers Carl Oesterley entstanden.[465] Die Bemühungen des aus seiner Mitte gebildeten COMITÉES ZUR ERRICHTUNG EINES ACTIEN-VEREINS BEHUFS GRÜNDUNG EINES MUSEUMS FÜR KUNST UND WISSENSCHAFT ALLHIER[466] führten zum Bau jenes Museums in der Sophienstraße, das, im Februar 1856 eingeweiht, dem Verein für die öffentliche Kunstsammlung wie einer Reihe anderer Verbände und Gruppierungen, darunter auch dem Kunstverein und dem Künstlerverein, fortan als Vereins- und Ausstellungsort diente. Nachdem die Provinz nach dem Zusammenbruch des Königreichs Hannover 1869 das Museum für Kunst und Wissenschaft übernommen hatte,[467] konnten die Exponate des Vereins für die öffentliche Kunstsammlung, erworben aus den privaten Mitteln des wohlhabenden Stadtbürgertums, dort verbleiben, ohne in den Besitz der Provinz überzugehen. Hinsichtlich des Charakters der Sammlung urteilte Hans-Werner Grohn 1982, „daß die Ankäufe in der Regel einen eher konservativen Geschmack widerspiegeln und deutlich eine gewisse Fixierung auf lokale Künstlergrößen der Zeit erkennen lassen. Mit anderen Worten, die Strömungen der Avantgarde, ja, selbst der gemäßigten modernen Richtung fehlen ebenso wie etwa die Namen der großen Meister des französischen Impressionismus, die andernorts Sammler mit wachem Sinn für das Kommende damals für billiges Geld schon erworben haben."[468]

1902, als der Neubau des Provinzial-Museums in der Nachbarschaft des entstehenden Neuen Rathauses eingeweiht wurde,[469] zog auch die Sammlung des Vereins für die öffentliche Kunstsammlung dorthin um. Es mag eine gewisse aus dieser Umzugssituation anfangs des Jahrhunderts entstandene Unordnung in den Sammlungsbeständen des Vereins gewesen sein, die Heinrich Tramm veranlaßte, das eine oder andere Stück unversehens der städtischen Sammlung einzuverleiben. Die Tatsache, daß der zwar nicht im juristischen Sinne, aber doch faktisch von Tramm geleitete Kunstverein von Beginn an in regem Kontakt mit dem Verein für die öffentliche Kunstsammlung gestanden hatte und es auch immer wieder zu recht unkonventionellen Tauschaktionen von Werken bildender Kunst gekommen war,[470] mag diesen Übergriffsversuch zumindest begünstigt haben.

Dieses die Grenzen von städtischem und privatem Besitz recht geringschätzig und absichtlich verwischende Verhalten ist ebenso typisch für Heinrich Tramms Umgang mit jenen hannoverschen Vereinen und Gruppierungen, welche sich der Kunst und Kultur widmeten, wie sein zehn Jahre später, 1912, geschickt inszenierter Versuch, die Städtischen Kollegien zu einer außerordentlichen Erhöhung des Kunstfonds zu bewegen. Tramm informierte hier in einer von ihm eigens zu diesem Anlaß einberufenen geheimen Sitzung über eine sich scheinbar anbahnende bedeutungsschwere Veränderung in der hannoverschen Kunstszene: „Es biete sich vielleicht ... in naher Zeit die Situation, die Bilder des Vereins für die öffentliche Kunstsammlung mit den städtischen Bildern zu vereinen, und zwar dadurch, wie er es vertraulich aussprechen wolle, daß der Verein sein Verhältnis zur Provinz aufgebe."[471] Sollte dies eintreffen, müsse die Stadt vorbereitet sein, „einige wirklich hervorragende Werke ... anzukaufen",[472] und dies geschehe am besten, indem man zu diesem Zwecke umgehend eine Summe von 200.000 M zur Verfügung stelle. Nichts drang in den folgenden Wochen an die Öffentlichkeit, was Tramms Aussage hätte bestätigen und damit auch den Eindruck hätte verwischen können, der Stadtdirektor habe die angebliche Veränderung in der Struktur des Vereins für die öffentliche Kunstsammlung zu einem anderen Zweck zum Thema jener vertraulichen Sitzung gemacht als jenem, von den Städtischen Kollegien schnelle Entscheidungen einzufordern, die auf offiziellem Weg lange Diskussionen und Rechtfertigungen erforderlich gemacht hätten.[473]

Der Verein für die öffentliche Kunstsammlung wie der Kunstgewerbeverein, der Kunstverein wie der Künstlerverein, allesamt private Institutionen, dienten Heinrich Tramm der Verwirklichung seiner kunstpolitischen Pläne.[474] Das Verhalten gegenüber den Vereinen zeigt Ähnlichkeit mit der zu gleicher Zeit betriebenen Praxis, die Stiftungssummen privater Mäzene so zu nutzen, daß die Grenzen zwischem Privatem und Öffentlichem verschwammen.

Die Stadt und der Kunstgewerbeverein

Wie sehr die Stadtverwaltung dabei finanzielle Engpässe der Vereine für sich auszunutzen verstand, wird am Beispiel des Kunstgewerbevereins deutlich. 1885 aus dem ein halbes Jahrhundert zuvor gegründeten Gewerbeverein Hannover hervorgegangen,[475] verfolgte der Kunstgewerbeverein unter der gemeinsamen Leitung solch angesehener Persönlichkeiten, wie es der Bauunternehmer und Kommunalpolitiker Senator Ferdinand Wallbrecht, der Kunstmaler Edmund Koken und die Architekten Conrad Wilhelm Hase und Albrecht Haupt waren, den Zweck, „eine öffentliche Sammlung kunstgewerblicher Alterthümer ... (Kunstgewerbe-Museum) in der Stadt Hannover zu gründen und zu unterhalten, diese im Interesse der Hebung des hannoverschen Kunstgewerbes nutzbar zu machen sowie überhaupt das Kunsthandwerk in Stadt und Provinz Hannover und deren nächster Umgebung thunlichst zu fördern".[476] Schon bald entwickelte der Kunstgewerbeverein den Plan, das Leibnizhaus, das Wahrzeichen hannoverscher Baukunst in der Schmiedestraße, zum Kunstgewerbemuseum auszubauen. Die Stadtverwaltung, die eine Lösung bevorzugte, bei welcher die Sammlungsbestände des privaten Kunstgewerbevereins mit jenen des städtischen Kestner-Museums vereint wurden, konnte dem zunächst wenig entgegensetzen.[477] Sie reagierte indes rasch, als der Verein zu Beginn der neunziger Jahre in finanzielle Bedrängnis geriet.

Fast anderthalbjährige Verhandlungen mündeten am 1. April 1895 in die Ratifizierung eines Vertrages, welcher als wichtigste Punkte einerseits die Übernahme der Sammlungen des Kunstgewerbevereins durch die Stadt bei deren unveränderter Ausstellung im Leibnizhaus und andererseits die Entsendung von Vertretern in das jeweilig andere Verwaltungsgremium vorsah.[478] Verlierer war trotz dieser oberflächlich auf Ausgleich und Hilfestellung abzielenden Festlegungen der Kunstgewerbeverein. Während seinen Vertretern im städtischen Gremium, der Museums-Kommission, nur ein eingeschränktes Stimmrecht für Angelegenheiten, die direkt das Leibnizhaus betrafen, zustand, traten mit Heinrich Tramm und Carl Schuchhardt zwei einflußreiche städtische Kulturpolitiker in den Vorstand des Kunstgewerbevereins ein, von denen letzterer zudem im Laufe der Zeit immer energischer von seinem Recht Gebrauch machte, die Verwaltung des Leibnizhauses mitzubestimmen.[479] Dieses[480] entwickelte sich auch aufgrund ungeklärter Besitzverhältnisse in den Jahren bis zum Ende des Ersten Weltkrieges und nach dem Abschluß eines neuerlichen Vertrages, der der Kommune gegen Zahlung einer Abstandssumme von 75.000 M ab September 1921 die freie Verfügung über die Sammlungen des Kunstgewerbevereins zusicherte,[481] mehr und mehr zum „Schmerzenskind der Stadt".[482] Das Leibnizhaus verursachte hohe Verwaltungskosten[483] und hatte durchschnittlich zwei Besucher täglich,[484] – die sich zuvor im gut fünfhundert Meter entfernten Kestner-Museum anzumelden hatten.[485]

Albrecht Haupt, Foto. Um 1915

Albrecht Haupt, der als Architekt die Renovierung des Hauses in der Schmiedestraße Anfang der neunziger Jahre geleitet hatte und lange Zeit dem Vorstand des Kunstgewerbevereins angehörte,[486] hat die Gefahr eines mit dem Vertrag von 1895 auf Jahrzehnte unabänderlichen Eingreifens der Stadt in die Belange des Vereins bereits früh erkannt. Heinrich Tramms gelassenes Abwarten jeder neuerlichen finanziellen Notsituation, die dem Verein weitere Zugeständnisse abverlangte, kommentierte er noch im März 1918 mit der bitteren Bemerkung, der Magistrat warte augenscheinlich auf die „bedingungslose Kapitulation"[487] des Vereins. Haupt wußte besser noch als fast jeder andere in der hannoverschen Kunstszene Eingeweihte, wovon er sprach. Der zu diesem Zeitpunkt, 1918, gut sechzigjährige gebürtige Hesse, der 1878 mit seiner Anstellung im Atelier des Erbauers der Synagoge in der Bergstraße, Edwin Oppler, in Hannover ansässig geworden war, zählte seit Jahrzehnten zu den angesehensten Persönlichkeiten der offiziellen hannoverschen Kunstszene.[488] Er, der einst an der hiesigen Technischen Hochschule bei Conrad Wilhelm Hase Architektur und Kunstgeschichte studiert hatte, war Begründer und lange Zeit Erster Vorsitzender der Hannoverschen Architekten-Gilde, aus der sich der Bund Deutscher Architekten entwickelte.[489] Ab 1879 Privatdozent für deutsche Renaissance, wurde Haupt fünfzehn Jahre später zum Professor, wiederum gut zehn Jahre darauf zum Baurat und dann zum Geheimen Baurat ernannt, bevor er 1920 mit knapp siebzig Lebensjahren zum ordentlichen Honorarprofessor an die Technische Hochschule berufen wurde. Haupt schuf eine stattliche Privatsammlung mit den Schwerpunkten Porzellan, Textilien, Bodenfunde sowie Gemälde und Graphik,[490] und er war Angehöriger und Vorstandsmitglied vieler Kulturvereine der Stadt.[491] Er war neben der zeitlebens ausgeübten Tätigkeit als Architekt und Kunsthistoriker[492] Vorsitzender des Vereins für die öffentliche Kunstsammlung in der Nachfolge Friedrich Kaulbachs und Mitbegründer des Kunstgewerbevereins, der sich nun, 1918, gegen Heinrich Tramms Maßregelungsversuche zur Wehr setzte. Haupt gehörte dem Vorstand der Leibniz-Akademie an, die sich Fragen der Erwachsenenbildung widmete und der er sich in Vorträgen über seine Spezialgebiete der spanischen und portugiesischen Kunst zur Verfügung stellte,[493] und war gelegentlicher Mitarbeiter im Feuilleton verschiedener hannoverscher Tageszeitungen.[494]

Der Kunstfreund Haupt versuchte sich auch als akademischer Maler und Zeichner, was in seinem großen Freundeskreis offenbar durchweg wohlwollend aufgenommen wurde.[495] Kurt Schwitters jedoch, vom Kollegen nach seinem Urteil befragt, veranlaßten Haupts Arbeiten zu der peinlich lapidaren Bemerkung, nach der das Malen ja bekanntlich „weit verbreitet"[496] sei. Schwitters war es auch, der sich an den Kunsthistoriker rückblickend leicht despektierlich als „Kunsthaupt"[497] erinnerte und damit ebenso knapp wie letztlich zutreffend die Position Albrecht Haupts in der hannoverschen Öffentlichkeit erhellte. Seines Rats und

Leibnizhaus. Schmiedestraße 10, Foto. Um 1920

seiner profunden Kenntnisse bediente sich auch die Stadtverwaltung gern, wenn es sich um den Ankauf bedeutender Exponate für das Kestner-Museum oder um Gemäldeerwerbungen handelte.[498] 1928 nannte die Schrift FÜHRER DURCH DAS STÄDTISCHE OPERNHAUS HANNOVER den mittlerweile Sechsundsiebzigjährigen, der zehn Jahre zuvor bereits zur Restauration des Rambergschen Bühnenvorhangs hinzugezogen worden war,[499] als Sachverständigen für die Innenausstattung des ehemaligen Hoftheaters.[500]

Städtische Kunstpolitik und der Künstlerverein

Lange Zeit saß Haupt als Vertreter des Kunstgewerbevereins in der Museums-Kommission Seite an Seite mit dem Stadtdirektor.[501] Albrecht Haupt wie Heinrich Tramm müssen sich während des ersten Drittels dieses Jahrhunderts schon allein deshalb häufig begegnet sein, weil beide exponierte Mitglieder des hannoverschen Künstlervereins waren. Der Vater des Stadtdirektors, Hofbaumeister Heinrich Christian Tramm, hatte zu den Gründungsmitgliedern dieser ältesten und renommiertesten städtischen Vereinigung von Künstlern und Kunstfreunden gehört.[502] Heinrich Tramm selbst war 1884, zu Beginn seiner steilen Laufbahn, eingetreten.[503] Albrecht Haupt, der ihm seit 1878 angehörte, wurde 1905 Vorsitzender des Künstlervereins und behielt dieses Amt ein Vierteljahrhundert, bis zum Jahr 1930, inne, als gesundheitliche Gründe ihn zwangen, zugunsten eines Jüngeren, des Gymnasialdirektors Rudolf Graefenhain, zurückzutreten.[504] Graefenhain, selbst u.a. als Leiter der Theaterbesucherorganisation des Bühnenvolksbundes ebenso vielseitig wie sein Vorgänger mit der Kunst- und Kulturszene seiner Heimatstadt verbunden, hatte anläßlich geselliger Treffen im Künstlerverein mehrfach Haupts Sinn für Vaterlandsliebe und Heimatverbundenheit betont. Als dieser, der zu seinem siebzigsten Geburtstag mit der Ehrenmitgliedschaft ausgezeichnet und aus Anlaß des fünfundsiebzigsten in einem großen Festakt gewürdigt worden war,[505] im Oktober 1931 starb, betonte Graefenhain in seiner Trauerrede vor allem Haupts „echtes Deutschtum" und dessen „hohen germanischen Geist".[506]

Diese Attribute waren für die Persönlichkeit Albrecht Haupts so prägend wie für jenen Verein, dem er fast fünfundzwanzig Jahre vorstand.[507] Kein eindeutig nationalistisch-chauvinistisches Denken läßt sich aus dieser Haltung ablesen, wohl aber eine Tendenz zur selbstbewußten Abgrenzung gegenüber anderen Nationen und ein stolz vorgetragenes Bewußtsein für die eigenen Werte. Der Künstlerverein, 1842 von einem Personenkreis gegründet, der eine ähnliche personelle Zusammensetzung aufwies wie der ein Jahrzehnt zuvor entstandene Kunstverein, unterschied sich von diesem doch deutlich in seinen Aufnahmemodalitäten. Nicht jedermann konnte hier Mitglied werden, sondern man mußte offiziell zum Beitritt geladen werden.[508] War es um die Jahrhundertwende etwa für die jüdische Einwohnerschaft Hannovers noch unmöglich, dem Verein beizutreten,[509] so lockerten sich die Restriktionen offenbar in den nächsten Jahrzehnten.[510] Frauen war die Mitgliedschaft jedoch auch noch am Ende der Weimarer Republik nicht gestattet. Zwar wurden die Ehefrauen der Mitglieder herzlich aufgefordert, diese anläßlich von Veranstaltungen wie Ausstellungen und Bällen zu begleiten.[511] Im Grunde jedoch hatte sich nicht viel geändert seit dem Jahr 1900, als der Künstlerverein in einer jener so beliebten szenischen Darbietungen im Rahmen seiner großen Feier zur Jahrhundertwende Merkur im Gespräch mit Jupiter folgende Worte in den Mund legte: „Herr, im Hannoverschen Künstlerverein/ Nach Tages Arbeit und Sorgen und Lasten/ Pflegen sie gemächlich zu rasten/ Sitzen gesellig bei Bier oder Wein/ Und große Dinge da oft schon gerieten/ Nur die Gattinnen sind nicht immer zufrieden."[512] Noch im Oktober 1932 scheint man Frauen in den Veranstaltungen des Künstlervereins eher als optische Zierde denn als Partnerinnen im Austausch über künstlerische Fragen verstanden zu haben. Der Anlaß war das neunzigjährige Bestehen, das der Künstlerverein in einem Festakt feierte. Er wurde mit einer Rede Rudolf Graefenhains eröffnet, die von Anwesenden als „Hymnus auf die Kunst im allgemeinen und die Künstler im besonderen"[513] beschrieben wurde, und beschlossen von fröhlichem Beisammensein, das die Vorstandsmitglieder an einem Tisch vereinigt sah, „ein jeder zu seiner Rechten eine Künstlerin aus unserem Theater".[514]

Beide Elemente, einerseits die Pflege der Künste und der ästhetische Genuß an ihnen und andererseits die gesellige Note, prägten den Künstlerverein seit seiner Gründung im Oktober 1842. Wie der Kunstverein entstanden in einer Phase des weitgehenden Ausschlusses des Bürgers aus dem politischen Leben,[515] war der Künstlerverein nach eigener Aussage Ausdruck des Versuches, „aus der entsetzlichen Nüchternheit der damaligen Periode herauszukommen".[516] Auch hier begann das städtische Bürgertum, ermutigt durch die Monarchie, die Förderung der Künste zu seiner Aufgabe zu machen.[517] Es war Ausdruck erfolgreich unter Beweis gestellten Bürgerstolzes, daß nur wenige Jahre später der Ruf nach einer öffentlichen Kunstsammlung laut wurde,[518] eine Weiterführung des Gedankens von der Versammlung privater Kunstfreunde zur festen Stätte kollektiven Kunstgenusses, der 1848 aus Kreisen der Mitglieder des Künstlervereins zur Konstituierung des Vereins für die öffentliche Kunstsammlung führte.[519] Sechs Jahre zuvor, 1842, hatten 67 angesehene Bürger der Stadt – 43 Künstler und 24 Kunstfreunde[520] – den Künstlerverein als „Naturnotwendigkeit, nicht (als) das Ergebnis einer Laune oder eines zufälligen Gedankens"[521] gegründet. Sie waren erfüllt von der Idee, einen Verein zu schaffen, „in dem sämtliche Künstler und Kunstfreunde zu Feier, gegenseiti-

Auszug aus dem Festprogramm zum 75jährigen Bestehen des Künstlervereins, 1917

ger Anregung und Förderung zusammenkamen".⁵²² Das Produkt dieser Idee war eine Vereinigung, die sich, so Claus Harms, die „Förderung der Kunst und der Künstler und die Pflege edler Geselligkeit und Freundschaft"⁵²³ zur Aufgabe machte. Anfänglich hatte der neue Verein die Konstituierung eines Vorstands mit dem Argument abgelehnt, man sei sich so einig in seinen Zielen, daß man keiner Leitung bedürfe.⁵²⁴ Er ließ in seinen Räumlichkeiten erst in der Calenberger Straße, dann ab 1855 im Künstlerhaus in der Sophienstraße ⁵²⁵ zunächst keine Festlichkeiten zu; ferner wurden keine Zeitungen und Zeitschriften nichtkünstlerischen Inhalts ausgelegt, und auch die Konversation seiner Mitglieder durfte das Feld der Künste nicht verlassen.⁵²⁶ Nur fünf Jahre konnte diese puristische Form der Vereinstätigkeit erfolgreich gepflegt werden, dann wurden die ersten Änderungen vorgenommen.⁵²⁷ Als schließlich 1880 ein eigener Weinkeller eingerichtet wurde,⁵²⁸ sah sich die Vereinsspitze genötigt zu betonen, „daß unsere Mitglieder dem Beispiele der Alten folgen, nicht nur am Spieltische, im Lesezimmer und in den Annehmlichkeiten des Kunstlebens ihre Befriedigung finden, sondern sich immer bewußt bleiben, daß die Förderung der Künste auf allen ihren Gebieten und die Pflege einer edlen Geselligkeit der vornehmste Zweck bleiben wird und bleiben muß!"⁵²⁹

Signet der Zeitschrift des Hannoverschen Künstlervereins. 18. Oktober 1930

Daß der Künstlerverein gelegentlich manches Gerücht über eine besonders lebendig verlaufende Festivität streute, ist wohl eher im Zusammenhang mit einem gewissen Hang zur übertreibenden Koketterie zu sehen als mit einer konkreten Gefährdung, allzu sehr ins Nur-Gesellige abzugleiten. Zwar rügte Jupiter in dem Zwiegespräch mit Merkur anläßlich der Feier zur Jahrhundertwende die in fröhlicher Runde vereinten Mitglieder: „Den Menschen, die im Schweiß ihres Angesichts ringen/ Erlösen sollt ihr und Tröstung bringen/ Doch statt zu erheben, zu bekehren/ Versackt ihr, scheint es, selbst in irdischem Begehren."⁵³⁰ Tatsächlich jedoch hatte der hannoversche Künstlerverein zu gleicher Zeit bereits längst seinen Weg als Pfleger „edler Geselligkeit und Freundschaft" jenseits von reinem Amüsement gefunden. Mehr noch, der Verein definierte gerade das Fest als konstitutives Element des kulturellen Lebens und als erhebenden Augenblick, von dessen glänzender Erinnerung noch längere Zeit zu zehren sei. Zur Funktion des Festes hieß es: „Das Zusammenwirken vieler künstlerischer Kräfte mit der großen Menge froh begeisterter Festteilnehmer stellt die innige Verbindung zwischen Künstlern und Publikum her, welche notwendig ist, wenn die Kunst lebensfähig blühen und Gemeingut aller Gebildeten werden soll. Der Künstlerverein verfolgt daher nur richtige Bahnen, wenn er sich zum Vermittler dieses Strebens macht … Die festlichen Stunden sind schnell verflogen, es bleiben aber Erinnerungen, die fürs Leben fortklingen, nie erlöschen und die Seele froh erschwingen lassen, wenn die herrlich erschauten Bilder in Gedanken wieder aufleben."⁵³¹

Wochen-, ja oft monatelang arbeiteten seine Mitglieder emsig an den Vorbereitungen für einen einzigen Abend.⁵³² Die Feste, die zu Weihnachten, Ostern oder auch in der Karnevalszeit organisiert wurden oder unter einem bestimmten Motto standen, wie etwa MASKENFEST oder BAUERNHOCHZEIT, erforderten einen enormen Planungsaufwand. Die Musiker in den Reihen des Vereins komponierten Festmusiken, die Architekten konstruierten Bühnendekorationen und Ehrenpforten, die Schriftsteller, Dichter und Schauspieler probten Lobreden auf verdiente Mitglieder, szenische Darbietungen und Humoresken. Die Maler schließlich gestalteten die Festräume mit derartiger Freude am Detail, daß besonders sie nach erfolgreichem Verlauf der Festlichkeit regelmäßig mit Pokal und Lorbeerzweig, mit Plakette und Urkunde geehrt wurden.⁵³³ Doch nicht nur das Kostümfest mit über 600 Gästen, unter denen in den Jahren vor dem Ende der Monarchie das diplomatische und das Offizierskorps besonders stark vertreten waren,⁵³⁴ war bezeichnend für die Freunde des Künstlervereins am Glänzenden, Repräsentativen und Festlichen.

Man ehrte die Geburtstage Schillers, Goethes und Beethovens in feierlichen Banketts⁵³⁵ und erfreute sich der Anwesenheit und (Ehren)-Mitgliedschaft der Lebenden wie beispielsweise Richard Wagners (April 1875).⁵³⁶ Auch Ernst von Bandel, Erbauer des Hermannsdenkmals, das der Künstlerverein finanziell großzügig unterstützt hatte, war Mitglied. Die Einweihung des Denkmals im August 1875 gab der Verein seinen Mitgliedern denn auch entsprechend stolz bekannt.⁵³⁷ Man mietete Logen im Königlichen Hoftheater⁵³⁸ und veranstaltete in wöchentlichen Zusammenkünften in den Vereinsräumen in der Sophienstraße Vorträge und Gesprächsabende sowie Ausstellungen und Rezitationsabende.[539]

Letzteres ebenso wie die in den Jahresberichten des Künstlervereins zu finden Eigenart, Vereinsangehörige über andere renommierte Mitglieder Vorträge halten, Aufsätze schreiben und Porträtbüsten von ihnen schaffen zu lassen, ermöglicht den Rückschluß auf eine Atmosphäre aus sorgsam gewahrter Exklusivität einerseits und Zufriedenheit über das im Verein Geschaffene andererseits. Wer hier auf Vorschlag eines der Altvorderen erst einmal hineingelangt war, der blieb zumeist auch zeitlebens Mitglied. Vereinsangehörigkeiten von einem halben Jahrhundert, feierlich begangen mit einem dem Künstlerverein eigenen Gespür für jede sich bietende Gelegenheit zur geselligen Zusammenkunft, waren keine Seltenheit.[540] Im Künstlerverein blieb man unter sich. Im Königreich Hannover zählte der Monarch selbst zu den Gönnern,[541] und im Kaiserreich ehrte Wilhelm II. den Verein durch seinen Besuch. 1903, nachdem die Stadt der Provinz das Künstlerhaus abgekauft und dem Künstlerverein zusätzlichen Raum zur Verfügung gestellt hatte, inspizierte der Kaiser die neueingerichteten Vereinsräume.[542] In dieser Zeit waren bereits viele Mitglieder der guten hannoverschen Gesellschaft eingetreten, Kaufleute wie Rechtsanwälte, hohe Beamte wie eine stattliche Riege einflußreicher Kommunalpolitiker, Ärzte und Militärs, Bankiers, Professoren und, natürlich, Vertreter aller Sparten künstlerischen Schaffens.[543]

Die Tendenz zur geschlossenen Gesellschaft setzte sich in der Weimarer Republik fort. Nachdem mit dem Ende des Königreiches eine erste[544] und dem Deutsch-Französischen Krieg eine zweite Hürde genommen worden war,[545] nachdem der Verein von etwa 250 Mitgliedern zur Mitte des vergangenen Jahrhunderts[546] trotz „zunehmender Altersschwäche"[547] und einer „gewissen Lauheit"[548] im Vereinsleben auf rund 400 Angehörige um die Jahrhundertwende angewachsen war,[549] waren die Weichen für einen ständigen Zuwachs an Mitgliedern wie an Ansehen gestellt. Selbst der Erste Weltkrieg, wiewohl wegen des „Vernichtungswillen(s) unserer Feinde"[550] und seiner Auswirkungen auf „Frohsinn und Lust"[551] im Künstlerverein aufs tiefste bedauert, konnte wie die von vielen Angehörigen mit deutlichem Mißtrauen beobachtete Geburt der Weimarer Republik eine allgemeine Aufschwungtendenz nicht bremsen.[552] Im Vereinsjahr 1920/21 sah sich der Vorstand sogar genötigt, „um Einschränkung bei der Einführung zu bitten und den Mitgliedern ans Herz zu legen, bei der Auswahl einzuführender Bewerber gründlichst zu prüfen, ob dem Verein durch ihren Eintritt ein wirklicher Gewinn erwächst".[553]

Deutlich wird hier die Absicht, sich trotz des proklamierten Wunsches, die Kunst durch die enge Verbindung mit der „großen Menge" „lebensfähig"[554] zu halten, keinesfalls zum beliebigen Massenverein zu entwickeln. Schließlich hatte der Künstlerverein 1903 selbst das Kriterium der Selektion genannt: Die Pflege der Kunst als „Gemeingut aller Gebildeten"[555] solle im Mittelpunkt der Vereinspolitik stehen, und als gebildet galt, wer der Mitgliedschaft im Künstlerverein als würdig erkannt worden war. Dem widersprach die Gründung eines Vereins für die öffentliche Kunstsammlung keinesfalls, da hier wie dort an ein ähnliches Publikum gedacht war, nämlich an den wohlhabenden (Bildungs-)Bürger oder den angesehenen Künstler der Stadt. Hierin mag der Hauptgrund für die ungebrochene Attraktivität des Künstlervereins in den zwanziger Jahren gelegen haben.[556] Einiges spricht für die These, nach der der Künstlerverein seine Anziehungskraft aus seiner Rolle als elitäre Insel im Meer kulturell-künstlerischer Aktivitäten zog, welche nun – vor allem im Bereich der Massenfreizeitkultur – immer stärker für jedermann zugänglich waren. Vor allem die Feierlichkeiten wurden unverändert mit großem Aufwand inszeniert, sie ehrten vorwiegend Persönlichkeiten vergangener Zeiten in entsprechend nachgestelltem Ambiente, beschworen die Traditionen und erinnerten im ganzen oft eher an mittelalterliche Tafelrunden als an jene für die Avantgarde der zwanziger Jahre so charakteristischen Feste.

Aus den Jahresberichten und aus den ab November 1929 erscheinenden VEREINSNACHRICHTEN, die das Ziel verfolgten, „der geistigen Seite des Vereinslebens einen neuen *Antrieb* zu geben",[557] ist nur wenig an direktem Zeitbezug und Auseinandersetzung mit der Weimarer Republik abzulesen. Lediglich in wenigen Vorträgen über Verlauf und Ausgang des Ersten Weltkrieges[558] und durch eine Vereinsbibliothek, die sich bemühte, den verschiedenen politischen Richtungen gerecht zu werden, indem vom VORWÄRTS zum VÖLKISCHEN BEOBACHTER, vom SIMPLICISSIMUS zur Aufklärungsschrift über die Kriegsschuldlüge möglichst alles berücksichtigt wurde,[559] reagierte der Künstlerverein auf veränderte politische und gesellschaftliche Rahmenbedingungen. Im künstlerischen und kunstpolitischen Bereich pflegte er, der sich um die Jahrhundertwende noch gern als Hort der modernen Malerjugend der Zeit dargestellt hatte,[560] in den zwanziger Jahren die Tradition eines Kunstbegriffs, der das Erhebende, Schöne und Veredelnde der Kunst in den Vordergrund stellte. „Wohl dem, der seiner Väter gern gedenkt",[561] so zitierte die Vereinszeitschrift 1930 den von ihr verehrten Goethe. Den älteren Mitgliedern wurde wiederholt ans Herz gelegt, die Jüngeren „aus dem reichen Kranze ihrer Erinnerungen"[562] zu inspirieren, auf daß diese den rechten Kurs in der Kunst kennen- und schätzenlernten. Besonders Albrecht Haupt, der sich gelegentlich öffentlich gegen die impressionistische und expressionistische Kunst des Auslands aussprach,[563] die die deutsche Kunst verwirre und entwerte, prägte wie sein Nachfolger Rudolf Graefenhain das Bild einer Kunst, welche „die weite Welt da draußen"[564] vergessen ließ und von den Unwägbarkeiten des Alltags in „Stunden der Freude und des Frohsinns"[565] ablenkte. Wenig hatte sich an diesem Kunstbegriff seit der Jahrhundertwende geändert, als der Künstlerverein die stolzen Worte fand: „Uns ist die Kunst das Leben, ist das Licht, das uns erwärmt hat und uns aufgericht't. Uns ist sie unsers Daseins Lust und Wonne. Mit einem Wort: Die Kunst ist unsere Sonne!"[566]

Vor allem dem jungen Künstler Schutz und Unterstützung dort zu schaffen, wo staatliche und städtische Hilfen an ihre Grenzen stießen, war von Beginn an Ziel des hannoverschen Künstlervereins gewesen. Der Lukas-Fonds, benannt nach dem Schutzpatron des Vereins,[567] stand notleidenden Künstlern und ihren Familien zur Verfügung,[568] und auch sonst beteiligte sich der Verein über Jahrzehnte hinweg immer wieder an verschiedenen karitativen Aktionen.[569] Doch war die Förderung junger, noch unbekannter Talente im Kaiserreich und in der Weimarer Republik keinesfalls mit einem engagierten Eintreten des Künstlervereins für avantgardistische Kunst gleichzusetzen. Zugespitzt ließe sich vielmehr sagen, daß es dem Verein in der Mehrzahl der Fälle darum ging, aus dem Reservoir junger, akademisch gut geschulter Maler jene Kräfte zu rekrutieren, die er für geeignet hielt, die von ihm vertretene Linie einer ästhetisch ansprechenden, erfreulichen, an das Gespür für Erhabenes und Besonderes im Betrachter appellierenden Kunst fortzusetzen. Die Hürde der Aufnahmemodalitäten erlaubte es dem Künstlerverein, in den eigenen Reihen streng über die Wahrung von Tradition und Kontinuität zu wachen und somit zu gewährleisten, daß neue künstlerische Richtungen des 20. Jahrhunderts das auf Tradition und Einhaltung der gesellschaftlichen Normen bedachte Vereinsleben nur wenig beeinflußten.[570]

Die Praxis des Künstlervereins, sich dem Neuen eher zu verschließen als zu öffnen, ähnelt durchaus jener der hannoverschen ‚Kunstgenossen' zur gleichen Zeit. Das überrascht nicht. Hier wie dort waren schließlich Schlüsselpositionen im Verein von denselben Männern besetzt, Künstlern, die in vielen Fällen seit Jahrzehnten einträgliche und angesehene Ämter an der hiesigen Technischen Hochschule, an der Kunstgewerbeschule, im Kunstverein oder in anderen Gremien innehatten, die also in der Regel länger schon im öffentlichen Leben standen, vom Publikum ebenso angesehen wie von Kunstpolitikern in Stadt und Provinz.

Künstlerinnen und Künstler des offiziellen Kunstbetriebs und die Kunstankaufspolitik der Stadt in den zwanziger Jahren

Da war etwa der Maler Ernst Pasqual Jordan. Als er im September 1924 siebenundsechzigjährig starb, würdigte der HANNOVERSCHE KURIER ihn als „typischen Vertreter des monumentalen und dekorativen Stils in der Malerei", dem das „*Handwerkliche* seiner Kunst"[571] stets besonders wichtig gewesen sei. Das NIEDERSÄCHSISCHE HEIMATBLATT beispielsweise beklagte den Tod Jordans in einer Zeit, in der „gründliche handwerkliche Erfahrungen ... der jungen heutigen Maler-Generation vielfach gänzlich fremd"[572] seien. Ernst Pasqual Jordan, 1858 in Hannover geborener Nachfahre spanischer Ahnen, hatte nach der Ausbildung an der Kunstschule des hiesigen Gewerbevereins zunächst den Beruf des Dekorationsmalers, dann den des Theatermalers ergriffen.[573] In dieser Zeit entwickelte er eine deutliche Neigung zu sauber ausgeführten, groß-

Ernst Pasqual Jordan

formatigen und gefälligen Gemälden. Für das Mellini-Theater schuf er beispielsweise vor dem Ersten Weltkrieg ein 100 Quadratmeter großes Werbeplakat.[574] Jordan ließ sich zunächst an der Technischen Hochschule Hannover ausbilden, bevor er 1880 an das Kunstgewerbemuseum in Berlin wechselte. Nachdem er mehrere Jahre zu Studienzwecken in Paris und Rom verbracht hatte, ließ er sich mit knapp dreißig Jahren in seiner Heimatstadt nieder, gründete einen eigenen Hausstand und begann sofort, sich durch die Übernahme verschiedener Ämter in der Kunstszene der Stadt eine dauerhafte und angesehene Position zu schaffen.

Noch in seinem ersten Jahr hier wurde Jordan Mitglied sowohl der hannoverschen Ortsgruppe der Allgemeinen Deutschen Kunstgenossenschaft[575] als auch des Künstlervereins.[576] Besonders in letzterem kam ihm seine Ausbildung offenbar zugute; Jordan zählte schon bald zu jenen Künstlern, die sich in seinen Reihen in besonderem Maße um die aufwendige und dekorative Ausgestaltung von Festlichkeiten verdient machten.[577] Etwa ab Mitte der neunziger Jahre gehörte er zu den gesellschaftlich angesehenen Malern in Hannover.[578] Seit 1895 war der siebenunddreißigjährige Jordan Dozent für Zeichnen und Architekturmalerei an der Technischen Hochschule,[579] seit 1896 Mitglied des Kunstvereins. Ab 1897 schließlich und bis zu seinem Tod mehr als drei Jahrzehnte später hatte er die Leitung des Aktsaales der hannoverschen Kunstgewerbeschule am Neuen Weg inne, jener Stätte, an der er selbst seine künstlerische Karriere begonnen hatte.[580] 1899 wurde er zum Professor der Technischen Hochschule ernannt.

Zehn Jahre später, 1909, stießen anläßlich von Diskussionen über den weiteren Kurs des Kunstvereins Unmutsbekundungen seitens seiner progressiveren Mitglieder ins Leere und stärkten den Anhängern traditioneller Tendenzen den Rücken. Diese gescheiterte „Protestbewegung",[581] wie Christof Spengemann sie bezeichnete, trug Ernst Jordan das Amt des Konservators und damit einen Posten im Vorstand im Kunstverein ein, den er, wie alle Ämter, die er um die Jahrhundertwende erworben hatte, bis zu seinem plötzlichen Tod fünfzehn Jahre später innehatte.[582] Beide Positionen zusammen gaben Jordans Wort im Kunstverein ein überaus starkes Gewicht. Oft war er es, der neben Heinrich Tramm die Interessen des Vereins in der Öffentlichkeit vertrat. Hier erwies er sich als machtvoller Anwalt für die Belange des Vereins, der – etwa als es im August 1918 um eine Verlängerung des Mietvertrages für die Räume im Künstlerhaus ging – nötigenfalls auch der Stadtverwaltung bestimmt entgegentrat.[583]

Der für den Kunstverein günstige Ausgang dieser Verhandlungen war dabei nicht allein Jordans diplomatischem Geschick zu verdanken, sondern mehr noch der Tatsache, daß der Maler in jenen Jahren in gutem Kontakt mit Stadtdirektor Tramm stand.[584] Die Verbindung zwischen dem mächtigsten Mann der Stadtverwaltung und einem der einflußreichsten Funktionäre des Kunstvereins stieß dabei seit der Zeit, da Jordan sich als Vertreter der alten Garde erwiesen hatte, auf Kritik. Vor allem für Christof Spengemann stand schon um 1910 fest, daß jede fortschrittliche und der Moderne aufgeschlossene Bewegung im Kunstverein an Jordan, dem „Oberhaupt der Garde"[585] traditionsbewußter und konservativer Künstler im Kunstverein scheitern werde und deshalb versucht werden müsse, diesen „zu stürzen". Jordan, der „künstlerische Berater Heinrich Tramms",[586] wie Spengemann ihn offiziell nannte (in seinen privaten Aufzeichnungen bezeichnete er ihn schlicht als „Professor Schmacht"[587]), war für ihn nach eigener Aussage „der größte Schädling im Kunstleben der Stadt".[588] Als Vorsitzender des „Fossilien-Klubs"[589] – so Spengemann über den Kunstverein – habe Jordan „keine Ahnung davon, was lebendige Kunst ist".[590]

Ernst Pasqual Jordan, Foto. Um 1910

Besonders Jordans massives Vorgehen gegen die gerade erst gegründete Kestner-Gesellschaft reizte Spengemann zur Kritik. Immerhin hatte der Maler im Namen des Kunstvereins im Herbst 1916 bereits die zweite Ausstellung der Kestner-Gesellschaft mit dem scharfen Verweis kommentiert, diese verlege sich offenbar in höchst einseitiger Weise auf die Pflege moderner und modernster Kunst und grenze sich hochmütig gegen einen Kunstverein ab, der in ihren Augen längst seine Existenzberechtigung verloren habe.[591] Statt sich bequem jeder noch so unsinnigen neuen Mode anzupassen, müsse der Kunstverein jetzt also umso mehr darauf bedacht sein, in Abgrenzung zur Kestner-Gesellschaft nur das Gute in der neuen Kunst zu fördern. Den „Weg der Sensationen",[592] den die Kestner-Gesellschaft jeder konstanten und redlichen Auseinandersetzung mit Kunst vorziehe, könne man im Kunstverein „nicht gehen und müsse sich hüten, mit Sachen zu arbeiten, deren Wert noch nicht feststeht".[593] Jordans Äußerung war seinerzeit von der Kestner-Gesellschaft in der hannoverschen Presse umgehend als „offenbare Provokation"[594] zurechtgewiesen worden, und sie fand ihren Nachhall noch in der Schrift DIE BILDENDE KUNST IM NEUEN HANNOVER, in welcher Christof Spengemann sich ironisch über die Unlogik äußerte, die für ihn darin lag, öffentlich zu proklamieren, man habe stets das Neue gewollt, um im gleichen Atemzug zu betonen, der Wert dieses Neuen müsse sich erst bewährt haben, bevor man von Kunst sprechen könne.[595]

Dennoch blieb Ernst Pasqual Jordan bis zur Mitte der zwanziger Jahre eine der bedeutendsten Persönlichkeiten des hannoverschen Kunstlebens. Daß der Kunstverein sich erst nach seinem Tod auf Änderungen einließ, war kein Zufall. Jahrzehntelang hatte Jordan dazu beigetragen, daß der alte Kurs weitgehend unverändert weiterverfolgt wurde. Durch seine Lehrtätigkeit hatte er großen Einfluß auf die nachfolgende Künstlergeneration der Stadt gewonnen.[596] Wichtiger noch als die Tätigkeit an der Technischen Hochschule war die Professur an der Kunstgewerbeschule, die während seiner über fünfundzwanzigjährigen Tätigkeit von so unterschiedlichen Künstlern wie Adolf Wissel, Carl Buchheister, Friedrich Vordemberge-Gildewart oder dem neusachlichen Malerkreis um Ernst Thoms, Grethe Jürgens und Erich Wegener besucht wurde. Lehrer wie Ernst Jordan haben dazu beigetragen, daß die Kunstgewerbeschule einen ambivalenten Ruf hatte, der zwischen Traditionswahrung einerseits und Aufbruchsbereitschaft andererseits lag. Welcher Part Jordan hier zukam, geht aus der Autobiographie Karl Jakob Hirschs hervor. Hirsch, der vor Ausbruch des Ersten Weltkrieges ein Studium an der Kunstgewerbeschule begonnen hatte, erinnerte sich rückblickend an seine überaus konventionelle Aufnahmeprüfung: „Da gab es noch einen biederen Mann, Professor Jordan, der konservative und langweilige Landschaftsbilder malte. Bei ihm mußte ich die Anfangsgründe der Malerei erlernen. Ich will es gestehen: Ich ging selten in die Kunstgewerbeschule."[597]

Oscar Wichtendahl

Wie Ernst Jordan über Jahrzehnte hinweg die Geschicke des Kunstvereins mitbestimmte, so setzte sich der Maler, Bildhauer und Architekt Oscar Wichtendahl im gleichen Zeitraum für die Belange des Künstlervereins ein. Wichtendahl war wie Jordan gebürtiger Hannoveraner. Angehöriger des Jahrganges 1861, also drei Jahre jünger als dieser, entstammte er einer Beamtenfamilie.[598] Er studierte Malerei und Architektur in München und Stuttgart. Es folgten ausgedehnte Reisen nach Italien, Frankreich und Nordafrika. Der Leiter des Kestner-Museums Carl Schuchhardt, der den Künstler während eines Besuches in Hannover kennenlernte, schilderte ihn als „sehr beweglich und amüsant, viel reisend und beobachtend".[599] 1910 befand Wichtendahl sich im Gefolge des Herzogs Johann Albrecht von Mecklenburg auf einer Reise an die Fürstenhöfe Ostasiens, ins damalige Siam, nach Java, Bali und dann in den Kaukasus. Die Begleitung des Herzogs, der zugleich Prinzregent von Braunschweig war, überraschte nicht.[600] Oscar Wichtendahl stand in enger Verbindung mit dem Haus Braunschweig-Lüneburg. Bei aller Reisefreude blieb er ein „meine Heimat liebender Hannoveraner",[601] wie er sich selbst bezeichnete; ein Mann, der allem Preußischen mit gewissem Argwohn begegnete und als „absoluter Anhänger des föderativen Systems" für die Stärkung der „kleinen Zentren"[602] des Reiches eintrat, weil er davon überzeugt war, daß sich hier am ehesten starke künstlerische Talente herausbildeten. Zwölf Jahre nach der Reise mit dem Herzog, im Jahr 1922, wurde Wichtendahl Konservator der Kunstsammlungen des Hauses Braunschweig-Lüneburg.[603] Eingeweihte urteilten anläßlich der Eröffnung von Oscar Wichtendahls Gedächtnisausstellung im ehemaligen Provinzial-Museum (seit 1930 Landesmuseum), welche ein Jahr nach seinem Tod von Alexander Dorner zusammengestellt wurde, Wichtendahls Bedeutung habe „weniger im Künstlerischen … als vielmehr im Sammelnden, Aufzeichnenden, Organisatorischen, Begleitenden"[604] gelegen, weshalb das Tätigkeitsfeld des Konservators seinen Fähigkeiten und Neigungen sehr gut entsprochen habe. Hier arbeitete er „mit unendlichem Fleiß und strenger Gewissenhaftigkeit, die auch das kleinste ernst nahm und das Überkommene treu bewahrt",[605] wie es in einem der Nachrufe in der hannoverschen Presse anerkennend hieß.

Oscar Wichtendahl hatte auch auf künstlerischem Gebiet und hier vornehmlich im Gestalterischen seine Erfolge. Er zeichnete unter anderem für das Innere der hannoverschen Neustädter St. Johanniskirche, der Markuskirche und der Aula der Tierärztlichen Hochschule verantwortlich.[606] Der „neubarocke Stil",[607] der ihm in diesem Bereich Erfolg brachte, stand ihm in seinen architektonischen Entwürfen indes offenbar

Oscar Wichtendahl, Foto. Um 1920

eher im Weg. Sein Entwurf für den Bau des Provinzial-Museums wurde mit dem Hinweis auf die „Unruhe seiner Fassade" und das „wirre System der Räume"[608] verworfen. Als Maler orientierte sich Wichtendahl stark am Gegebenen, Traditionellen und Konventionellen. Auffällig waren seine vielen Restaurations- und Rekonstruktionsarbeiten. Er, der selbst auch als Theater- und Dekorationsmaler arbeitete, hatte Anfang der zwanziger Jahre entscheidenden Anteil an der Wiederherstellung des Rambergschen Theatervorhangs im Opernhaus.[609] Diese Tätigkeit brachte ihn, offenbar nicht erstmals, in Kontakt mit Heinrich Tramm und der Stadtverwaltung. Eine Schrift aus dem Jahr 1928 nannte ihn neben Albrecht Haupt als Sachverständigen für die Städtischen Bühnen.[610]

Anläßlich der hundertsten Wiederkehr seines Geburtstages urteilte der Zeitgenosse Carl Buchheister im Oktober 1961, „während die künstlerischen Strömungen seiner Zeit sich über Kubismus, Futurismus und Expressionismus zum Abstrakten entwickelt hätten, sei Wichtendahl beharrlich seiner konservativen Richtung ... treu geblieben".[611] Mit der von ihm vertretenen künstlerischen Richtung, die am ehesten mit dem Begriff „klassisch-naturalistisch"[612] bezeichnet werden kann, gehörte er bis zu seinem Tod vielen renommierten hannoverschen Institutionen an. So war er Vorstandsmitglied des Kunstvereins,[613] Kustos des Welfenmuseums,[614] Erster, später Zweiter Vorsitzender der ADKG[615] und Konservator des Vereins für die öffentliche Kunstsammlung.[616] 1885 war Oscar Wichtendahl in den Künstlerverein eingetreten. Trotz seiner Auslandsaufenthalte und einer aufreibenden Berufstätigkeit blieb er ihm bis zu seinem Tod ein knappes halbes Jahrhundert später treu.[617] Ab dem Vereinsjahr 1892/93 zum Kunstrat des Vereins gewählt,[618] setzte er sich um die Jahrhundertwende vor allem für die Ausgestaltung der Vereinsräume im Künstlerhaus ein.[619] Noch im Vereinsjahr 1929/30 war der mittlerweile knapp Siebzigjährige Stellvertretender Vorsitzender des Künstlervereins, ein Posten, den er dann gut zwei Jahre darauf, im Dezember 1932 aus gesundheitlichen Gründen aufgab.[620] Vierzig Jahre lang hatte Wichtendahl als einer der Geschäftsführer den Kurs dieses einflußreichen exklusiven Künstlerzirkels maßgeblich mitbestimmt.

Wilhelm Kricheldorff Einfluß auf die offizielle städtische Kunstszene der zwanziger Jahre nahm auch der Maler Wilhelm Kricheldorff. Anders als Jordan und Wichtendahl war Kricheldorff dabei weder Angehöriger noch Vorstandsmitglied in einer der hannoverschen Kunstinstitutionen. Und doch war er in den zwanziger Jahren eine durchaus bekannte und in weiten Kreisen auch anerkannte Künstlerpersönlichkeit. Wilhelm Kricheldorff wurde 1865 als Sohn eines Dekorationsmalers in Celle geboren und ging nach dem Abitur wie seine zwei Brüder Carl und Hermann Gottlieb, die ebenfalls renommierte Maler wurden, beim Vater in die Lehre.[621] Danach besuchte er zunächst die hannoversche, später die Münchener Kunstgewerbeschule, um dann ab 1885 die Ausbildung an der Münchener Akademie der bildenden Künste fortzusetzen. Hier fand er Zugang zu dem Künstlerkreis um Franz von Lenbach. Dieser gestattete Kricheldorff, seine Werke zu kopieren. 1894 kehrte der junge Maler nach Celle zurück, um das Geschäft des Vaters zu übernehmen.

Neben der Arbeit als Malermeister spezialisierte sich Wilhelm Kricheldorff immer mehr auf die Porträtmalerei. Er wurde zum Maler „des hannoverschen Fürstenhauses, zusamt des Land- und Beamtenadels, der heimischen Dichter, der niedersächsischen Industrie- und Handelswelt",[622] porträtierte Hermann Löns,[623] Börries Freiherr von Münchhausen und den Herzog von Braunschweig-Lüneburg, der ihn dafür mit dem Ritterkreuz auszeichnete.[624] Kritiker sagten Kricheldorffs Bildnissen noch in den zwanziger Jahren ein außerordentlich naturalistisches und auch dekoratives Können nach, daneben aber auch ein „Suchen nach Seele" und „Ringen nach formvollendeter Charakteristik".[625] In ihren Augen stand er „über der Technik".[626] Er, der seit dem Abschluß seiner Studien für viele Beobachter der Maler des „gesunde(n) sprudelnde(n) Volkslebens"[627] war, wurde in den dreißiger Jahren im Auftrag regionaler Institutionen zum Porträtisten führender nationalsozialistischer Politiker.[628] Nach wie vor fanden seine betont altmeisterlich-gediegenen Arbeiten außerordentliches Gefallen. Seine Biographin Kathrin Panne urteilte: „Seine gesamte Schaffenszeit hindurch blieb Kricheldorff einer akademischen Malweise verhaftet, blieb er ein Maler ‚alten Stils', der hervorgegangen ist aus der Mal- und Zeichentradition des späten 19. Jahrhunderts ... Die künstlerisch-technischen Experimente, die Kricheldorffs Zeitgenossen beschäftigten und das kunstinteressierte Publikum in Atem hielten, lagen ihm fern."[629]

Seine Herkunft, sein bürgerlicher Lebenslauf und vor allem sein von künstlerischen Traditionen und handwerklicher Arbeit geprägter Kunstgeschmack ließen Wilhelm Kricheldorff alles Experimentelle in der eigenen Arbeit vermeiden. Gegen die Aufbruchstimmung in der Kunst des frühen 20. Jahrhunderts setzte er die Überzeugung vom „Künstler-Amt und -Gewerk",630 also vom soliden und erlernbaren Handwerk. Diese Auffassung machte ihn in Hannover zu einem vor allem in den Ausstellungen des Kunstvereins gern gesehenen Gast. Regelmäßig waren Wilhelm Kricheldorffs Werke bei den Herbstausstellungen anzutreffen, wo sie sowohl von Privatpersonen als auch von der Stadtverwaltung in großer Zahl angekauft wurden.631 Letztere nutzte sie überwiegend als Dekoration für Diensträume. Auch in der Jubiläumsausstellung des Kunstvereins waren Wilhelm und Hermann Gottlieb Kricheldorff im Frühjahr 1932 vertreten.632 Der HANNOVERSCHE ANZEIGER lobte die „phantastisch naturgetreu"633 gemalten Arbeiten des Brüderpaars und regte seine Leser an, sich selbst einen Eindruck von dieser Naturtreue zu machen. Der Kunstverein hatte vorgesorgt. Neben den Arbeiten der Kricheldorffs hing eine Lupe.634

Selbstbildnis Wilhelm Kricheldorff, Ölgemälde. 1935

Angesichts solch offen zutage tretender Detailverliebtheit hatte ein Kunstkritiker wie Christof Spengemann Mühe, Kricheldorffs Kunst überhaupt als solche wahrzunehmen. Für ihn waren diese Arbeiten symptomatisch für das Angebot im Kunstverein, das er im Sommer 1920 kurzerhand mit der Bemerkung abtat, es sei nichts anderes als „Anschauungsunterricht mit ästhetischer Sauce".635 Es sei mittlerweile zu einer der „brennendsten hannoverschen Tagesfragen" geworden, polemisierte Spengemann, darüber zu diskutieren, ob der „Ölporträtkunstmaler Kricheldorff aus Celle wirklich Kunst malt oder nicht".636 Er beschloß seine Glosse im ZWEEMANN mit der Bemerkung, über Maler wie Kricheldorff zu berichten, lohne sich allenfalls, „damit spätere Zeiten wissen, wie es in unseren Tagen aussah".637

Die Künstlerfamilie Koken

Eine Generation später als Wilhelm Kricheldorf hatte Friedrich Hans Koken, ein weiterer erfolgreicher hannoverscher Maler der zwanziger Jahre, die Münchener Akademie besucht.638 München war noch bis kurz nach der Jahrhundertwende, bevor es von Berlin in dieser Funktion abgelöst wurde, Magnet für die künstlerische Jugend im Reich. Auch diesen so bodenständigen Maler zog die Metropole an. Ahnherr der Malerfamilie Koken war Edmund (1814–1872), der Großvater von Friedrich Hans Koken. In Hannover geboren und knapp dreißig Jahre später nach dem Studium in München und Reisen durch Italien hierher zurückgekehrt, entwickelte Edmund Koken schon bald eine ausgesprochene Vorliebe für Landschaftsdarstellungen Mittel- und vor allem Norddeutschlands.639 Alexander Dorner urteilte über sein stark von der Romantik beeinflußtes Werk: „Seinen Ruhm verdankte er seinen großen Landschaften, die meist in bräunlichen Farben und düsterer Stimmung befangen sind".640 Edmund Koken zählte zu den Mitbegründern des hannoverschen Künstlervereins641 und war von 1851 bis 1858 einer seiner Geschäftsführer. Während dieser Zeit bereicherte er das Vereinsleben auch durch Theaterstücke und Singspiele, die mit großem Erfolg aufgeführt wurden.642

Die Freude an der im Künstlerverein gepflegten Geselligkeit teilte Edmund mit seinem Neffen Gustav Koken (1850–1920), der sich in besonderem Maße um die Gestaltung der Festlichkeiten des Vereins und darüber hinaus um die Belebung des Ausstellungswesens in Hannover, um die Neueinrichtung von Galerien und die Organisation des Kunstgewerbemuseums verdient machte.643 Schüler seines Onkels und seit dem Ende der Studienzeit 1878 in Hannover ansässig, schilderte Gustav Koken in zahlreichen Heide- und Waldbildern „die landschaftlichen Schönheiten (der) norddeutschen Heimat".644 Auch für den Sohn Paul (1853–1910) war Edmund Koken der erste Lehrer. Paul Koken setzte seine Studien wie sein Vater in München und Italien fort und war seit 1882 in Hannover als Maler überwiegend norddeutscher Landschaften tätig.645 Im gleichen Jahr bereits dem hannoverschen Künstlerverein beigetreten,646 folgte auch er der durch den Cousin und den Vater begründeten Tradition, indem er sich „als Schöpfer der Idee und als Dichter der Festspiele",647 dem Künstlerverein freudig zur Verfügung stellte, wie es in einer Schrift aus dem Jahr 1903 hieß.

Paul Koken wiederum war der Vater jenes Friedrich Hans Koken, der in den zwanziger Jahren in der hannoverschen Kunstszene als Initiator, Organisator und auch als Künstler eine große Rolle spielte. 1883 in Hannover geboren, trat dieser mit dreiundvierzig Jahren dem Künstlerverein bei.648 Auch für ihn fanden sich hier bald verantwortungsvolle Aufgaben. Ab November 1930 gehörte er dem Vorstand als künstlerischer Beirat an,[649] und von nun an berichtete das Vereinsblatt von mancher Festvorbereitung, zu welcher er sich „in uneigennütziger Weise zur Verfügung"[650] stellte. Seit Mitte der zwanziger Jahre gehörte Friedrich Hans Koken zudem dem Verwaltungsrat des Kunstvereins an. Er war Mitglied der ständigen Ausstellungsjury[651] und wurde zudem 1924 zum Schriftführer berufen.[652] Dieses Amt hatte er über das Jahr 1933 hinaus inne. Sein bekenntnishaft anmutender Geschäftsbericht vom Dezember dieses Jahres, in dem er beteuerte, daß alle deutschen Künstler sich „dankbar und bedingungslos ... hinter den Kanzler in der festen Zuversicht (stellten), daß für sie eine neue, aber auch verantwortungsvolle Zeit im neuen Deutschland beginne",[653] läßt den Eindruck entstehen, als sei in Friedrich Hans Koken ein der nationalsozialistischen Machtübernahme nicht unbedingt ablehnend gegenüberstehender Funktionär des hannoverschen Kunstvereins zu sehen. Allerdings fand er – eher aus politisch-weltanschaulichen als aus künstlerischen Gründen – langfristig nicht das Vertrauen der neuen Machthaber.[654]

In künstlerischer Hinsicht hatte sich Friedrich Hans Koken, ähnlich wie seine Frau, die Malerin Gertrud Koken-Stegen, seit längerem als Kritiker moderner Tendenzen erwiesen. Er rügte öffentlich die „schwierigen wirtschaftlichen Verhältnisse"[655] der zwanziger Jahre, welche das Kunstleben so überaus belasteten, und er beklagte, daß die gegenwärtige „materielle und oberflächliche Zeit"[656] dem ernsthaften bildenden Künstler die Arbeit fast unmöglich mache. Seine eigene Aufgabe als Maler sah Koken, der unter anderem

Heidelandschaft, Ölgemälde von Friedrich Hans Koken. 1942

auch Mitglied der hannoverschen ADKG war,[657] darin, die Tradition seiner Vorfahren fortzuführen und, wie im Januar 1932 in einer Werkschau DREI GENERATIONEN KOKEN im Künstlerverein, Kontinuitäten im künstlerischen Schaffen unter Beweis zu stellen.[658] Seine Werke, die regelmäßig und in größerer Zahl von der Museums-Kommission angekauft wurden,[659] trugen Titel wie HEIDESTIMMUNG, FRÜHLING IN DER HEIDE oder AM RANDE DES MOORS. Schon 1923 hatte der Rezensent der deutschnationalen NIEDERDEUTSCHEN ZEITUNG anläßlich der Herbstausstellung im Kunstverein in einem Artikel, der „wahre Kunst als Angelegenheit des Gemütes oder Herzens"[660] bezeichnete, gelobt, daß nach der Betrachtung der „problematischen Kunst" der Abstrakten, die vielfach nur „jeder Modetorheit willig und kritiklos" folgten und „ihre Kunstanschauungen in kurzen Zeitspannen wie einen Rock" wechselten, ein Bild Friedrich Hans Kokens „wie ein Trunk aus frischem Bergquell"[661] wirke. Seine Landschaften seien „auf der Grundlage starken zeichnerischen Könnens, kultivierten Farbensehens und tiefen Naturgefühls"[662] entstanden. „Sichere Zeichnung und poesievolle Behandlung der von warmem Lichte der Wintersonne überstrahlten Landschaft" erzeugten eine Stimmung, „die der empfängliche Beschauer gern auf sich einwirken läßt".[663]

Deutlicher noch als die NIEDERDEUTSCHE ZEITUNG und unter anderen ideologischen Vorzeichen würdigte im Frühsommer 1932 der Rezensent der nationalsozialistischen NIEDERSÄCHSISCHEN TAGESZEITUNG Friedrich Hans Kokens Versuch, künstlerische Traditionen zu wahren. Der Anlaß war die Jubiläumsausstellung des hannoverschen Kunstverein, und Autor jener Paul Paschen, der nur zwei Tage später einen Beitrag über die Otto Gleichmann-Ausstellung in der Kestner-Gesellschaft verfaßte, der jedes Maß journalistischer Redlichkeit sprengte. Die Arbeiten Friedrich Hans Kokens hingegen fanden Paschens volle Anerkennung. Dem Mitarbeiter der NIEDERSÄCHSISCHEN TAGESZEITUNG bot diese Kunst die Möglichkeit des befreiten Aufatmens inmitten einer Gegenwart des Sommers 1932, die ihm „verworren, kulturlos, rassisch-gefährdet" und „krankhaft-geltungsbedürftig"[664] erschien. Diese Zeit, die „marxistische Epoche", welche „Freiheit in Fessellosigkeit" suche, statt sich in „Zucht und Selbstbeschränkung" zu bescheiden, unterdrückte nach Paschen durch ihre Mechanismen von Macht und Konsum den „deutschen Menschen" und damit auch den deutschen Künstler, der einst ein Künstler des „guten Geschmacks"[665] gewesen sei. Gerade in dieser Phase der „Entartungen" sei eine Ausstellung wie jene im hannoverschen Künstlerverein besonders „herzerfrischend". Vor allem der Künstlerfamilie Koken galt dabei Paschens uneingeschränkte Sympathie, zeige ihre Kunst doch, „wie auch in unserer Zeit sich bodenständige Menschen die Treue gegen handwerkliches Können bewahren".[666] Paschens Artikel gipfelte in einer emphatischen Würdigung: „Eine ganze Familie durch drei Generationen, sich wandelnd in der Art zu sehen, die Konventionen überwindet, aber immer die gleiche Gewissenhaftigkeit in Zeichnung und Ausführung, das ist echtes Niedersachsentum. Der Name Koken steht leuchtend über dieser Ausstellung."[667]

Dieser Beitrag in der NIEDERSÄCHSISCHEN TAGESZEITUNG sprach jene Aspekte des Schaffens der Malerfamilie Koken an, die in der Zeit nach 1933 zu der großen Beliebtheit ihres jüngsten Mitglieds Friedrich Hans Koken beitrugen. In dem Buch HANNOVER PFLEGT DIE BILDENDE KUNST DER GEGENWART, das 1938 von der Landesleitung Hannover-Süd der Reichskammer der bildenden Künste veröffentlicht wurde, war Koken, der auch gegen Ende seines Lebens[668] unverändert jene stimmungsvollen Landschaftsbilder malte, an denen er seit dem Ende seines Studiums vier Jahrzehnte zuvor bereits arbeitete, mit zwei Bildern vertreten. Zu einem von ihnen, einer Heidelandschaft, hieß es, man sei dem Künstler dankbar, „daß er uns durch so ein Gemälde die Ruhe der Natur aus ihrer fernen Abgelegenheit bis in unsere täglichen Räume zu bringen vermag".[669] Gerade Friedrich Hans Koken liege diese „zugleich schauende und gestaltende Verbundenheit mit seiner Heimat als kostbare Tradition von Generationen im Blute". Er sei deshalb „im besonderen Maße dazu berufen..., uns immer wieder das Unendliche der Natur, mit dem ruhigen steten und ewigen Wechsel von Morgen und Abend in der großen Weite seiner offenen Landschaften nahezubringen".[670]

Die Kokens waren nicht die einzige erfolgreiche Künstlerfamilie im Hannover jener Zeit. Auch den Stratmanns, dem Brüderpaar Robert und Emil sowie Carola, der Ehefrau des letzeren, gelang es, in verschiedenen Institutionen und Gremien der Stadt Fuß zu fassen und während der zwanziger Jahre eine große Anzahl ihrer gefälligen nachimpressionistischen Arbeiten – vornehmlich Landschaften und Stilleben – zu ver-

Die Künstlerfamilie Stratmann

kaufen. Nur wenig Biographisches ist über die drei Maler bekannt. Robert war der ältere und bekanntere der Brüder.[671] 1877 in Hannover geboren, trat er wie sein Bruder Emil 1923 dem Künstlerverein bei.[672] Zu diesem Zeitpunkt, also mit sechsundvierzig Jahren, war er einer der erfolgreichsten Künstler der Stadt. Bereits 1913 hatte ihn Albert Brinckmann in der Festschrift zur Einweihung des Neuen Rathauses als einen der bekanntesten Landschaftsmaler der Zeit erwähnt,[673] und gut zwei Jahre später hatte der Kunstverein seinem Werk und dem Ernst Pasqual Jordans und Richard Schlössers eine Jahresgabe gewidmet.[674] Mit dem Kunstverein waren beide Stratmann- Brüder noch in den zwanziger Jahren eng verbunden. 1927 etwa waren beide Jurymitglieder anläßlich der Herbstausstellung der Allgemeinen Deutschen Kunstgenossenschaft,[675] zwei Jahre später gehörte Robert Stratmann, der seit 1914 in der Lüneburger Heide lebte,[676] sowohl zur Jury als auch zum Verwaltungsrat des Kunstvereins.[677] Nach 1933 gelang Robert Stratmann die Orientierung seines künstlerischen Schaffens an den Gesetzen des nationalsozialistischen Kunstbetriebes offenbar recht problemlos. Im April des Jahres setzte er sich, seit dem 1. August 1932 NSDAP-Mitglied,[678] als Vorsitzender des Nationalsozialistischen Künstlerbundes – der Sammelorganisation ‚gleichgeschalteter' lokaler Malervereinigungen – für die besondere Förderung der „heimatlich arbeitenden" hannoverschen Künstlerschaft durch die Stadt ein.[679] Noch 1977 gab ein Ausstellungsblatt der Stadt Munster in der Lüneburger Heide Stratmanns künstlerische Überzeugung folgendermaßen wieder: „Er war der Ansicht, daß ein Künstler Gottes schöne Welt ohne Verzerrungen, ohne Verdrehungen und Verwirrungen verkünden müsse. Und, so betonte er wiederholt, daß die hypermoderne Kunst, welche den geistigen Zerfall eines großen Teils der Gegenwart offenkundig werden lasse, ausgesprochen häßliche und abstoßende ‚Kunstgegenstände' bringe ..."[680] Der Maler habe stets betont, „daß man Schönheit bewußt wachsen lasse müsse und die Berührung mit allem Häßlichen vermeiden müsse, das bedeute auch, sich von allen krüppelhaften Verunstaltungen der marktschreierisch gepriesenen sogenannten ‚Kunst' zu distanzieren."[681] 1933 zählte Robert Stratmann, nunmehr Fachberater für bildende Künste des Gaus Südhannover-Braunschweig der NSDAP, zu den Unterzeichnern jenes Gesuches der Reichskammer für bildende Künste, welches Rudolf Hermanns unterstützte.[682] Nicht nur die bildende Kunst scheint für den Maler in diesen Jahren wichtig gewesen zu sein. Der Delegation, die im Frühjahr 1933 unter der Leitung des kruden Antisemiten Theodor Abbetmeyer Oberbürgermeister Arthur Menge zur Entlassung des jüdischen Schauspielleiters Georg Altmann zwang, gehörte auch er an.[683]

Für seinen Bruder Emil gestalteten sich die zweite Hälfte der zwanziger und die erste Hälfte der dreißiger Jahre offenbar ungleich schwieriger. Zwar erfreuten auch seine Werke sich zunächst noch des Ankaufs, doch genoß er nicht in gleichem Maße wie sein Bruder die Protektion durch führende Kulturpolitiker. Im März 1930 sah er sich veranlaßt, an den Oberpräsidenten der Provinz Hannover ein Schreiben zu richten und diesen zu bitten, doch in dieser wirtschaftlich schweren Zeit ein Gemälde, das eine Gebirgslandschaft darstellte, anzukaufen, „da Sie sich ja gerade für das Hochgebirge so sehr interessieren".[684] Da seine Frau Carola und er „bis jetzt noch nicht mit unseren Werken in der Regierung vertreten sind",[685] wie Stratmann formulierte, empfahl er sich dem Oberpräsidenten nachhaltig für eine finanzielle Förderung. Diese erfolgte freilich nicht. Emil Stratmanns Vorgehen ist dennoch symptomatisch für eine anpassungsbereite Grundhaltung dieses Malertrios gegenüber potentiellen Käufern. Zeitgenossen und deren Angehörige erinnern sich sowohl an Verkaufsveranstaltungen in der Wohnung der Stratmanns, die geschickt als Festlichkeiten kaschiert waren,[686] als auch an ein überaus sicheres Talent darin, dem Kunstgeschmack ihrer Kundschaft zu entsprechen.

Rezensenten der hannoverschen Tageszeitungen haben anläßlich der Ausstellungen im Kunstverein, an denen Robert, Emil und Carola Stratmann in den zwanziger Jahren regelmäßig teilnahmen, die Neigung des Trios zum Opportunismus schon früh erkannt. Johann Frerking beispielsweise kommentierte im Oktober 1934 das Festhalten der „ältere(n), im Impressionismus aufgewachsene(n) Generation"[687] mit der lakonischen Bemerkung: „Emil Stratmann zeigt nördliche Landschaften in Dur, Robert Stratmann nördliche in Moll."[688] Auch Victor Curt Habicht konstatierte bei aller „achtungseinflößenden" realistischen Kunst der Stratmanns die „Gefahr, in eine gewisse Manier zu verfallen".[689] Hellsichtigster Kritiker vor allem der

Kunst Robert Stratmanns war Kurt Voß vom HANNOVERSCHEN KURIER. Voß mißfiel Stratmanns „maßvoll verhaltenes Schaffen" ebenso wie sein „indifferentes Talent".690 Er bemängelte, daß der Maler „auf immer dieselben technischen Mittel" verfalle, und kritisierte eine große „Auswahl leicht ins Süßliche spielender, gefälliger Bilder".691

Gleichwohl war es keine grundsätzliche Kritik an der konventionellen Art des künstlerischen Schaffens der Familie Stratmann, was Kurt Voß Anstoß an manchen ihrer Werke nehmen ließ. Voß kritisierte Übertreibungen und allzu auffällige Anpassungen an den Tagesgeschmack vor allem deshalb, weil dies seiner Wesensart wie seiner Auffassung von Kunst nicht entsprach. Grundsätzlich hatte er dabei gegen die Berufung auf traditionelle Arbeitstechniken und konventionelle Sujets nichts einzuwenden. Deutlich wird dies beispielsweise in seiner Rezension zur Frühjahrsausstellung 1933, in der Kurt Voß schrieb: „Neben den Künstlern, die die Entwicklung vorwärtstragen, steht dann die stattliche Zahl derer, denen der künstlerische Vorwurf mehr technische als geistige Aufgaben stellt. Sie sind die Maler der geruhsamen Mitte, der sauberen malerischen Mittel, der achtbaren Kunstgesinnung."692 Es gelte mithin zu unterscheiden zwischen den „treibenden, umformenden künstlerischen Kräften" und der „Masse der beharrenden, die froh ihres künstlerischen Besitzes leben, ohne den Wunsch, ins Unbetretene vorzudringen".693 Zur Gruppe letzterer, die für Voß keineswegs die Gruppe der qualitativ minderwertigen Künstler war, gehörten die drei Stratmanns: „der immer etwas süßliche und weiche Robert Stratmann, Emil Stratmann, der immer freier und lockerer wird, und Carola, deren Blumenstilleben die volle Frische des Lebens haben".694 Die Arbeiten der Stratmanns trügen gemeinsam mit jenen anderer Künstler, unter denen sich im übrigen auch Wilhelm Kricheldorff „mit einem seiner frei ausgemalten Bildnisse" und Friedrich Hans Koken befänden, trotz ihres „Hang(s) zur Anpassung" doch „niedersächsische Züge, eine gewisse Herbheit und Zurückhaltung".695 Vergleiche man sie erst mit der „problematischen Kunst" abstrakt arbeitender Künstler, so fühle „der Beschauer sich hier in der vertrauten Nähe des eigenen Wesens".696

Robert Stratmann, Foto. Um 1930

Hier stimmte der Großteil seiner rezensierenden Kollegen mit Kurt Voß überein. Auch für sie zählte an der Kunst der drei Stratmanns vor allem deren Bekenntnis zum Konventionellen, Naturgetreuen und ästhetisch Schönen, und sie stellten den plakativen Appell an ‚Gemüt' und ‚Seele' weit über das, was sie als blutleere problematische Kunst der Avantgarde ablehnten. „Eine epische Sprache"697 rede Robert Stratmann, hieß es etwa in der HANNOVERSCHEN WOCHE im Oktober 1926. In seinem Werk verbänden sich „Lyrisch-Liedhaftes und innige Heimatliebe",698 urteilte die CELLESCHE ZEITUNG im April 1927, und die NIEDERDEUTSCHE ZEITUNG sah in ihm schon vier Jahre zuvor „einen unserer besten Heidemaler":699 „Im dauernden intimen Zusammensein hat ihm die Heide ihre stille Schönheit erschlossen, und der Künstler konnte daher, wohl vertraut mit den malerischen Ausdrucksmitteln unserer Zeit, in schlichter, alles leere technische Raffinement abweisender Art die heimliche Melodie der Heidelandschaft in seinen Bildern überzeugend festhalten. Die zarten Wirkungen des Lichtes und die durch sie bewirkten Auflockerungen der Umrisse sind in der weichen und tonigen Malerei Robert Stratmanns vorzüglich wiedergegeben."700

Ischi von König

Neben Carola Stratmann und der in München geborenen Porträt- und Landschaftsmalerin Linda Kögel701 war Ischi von König eine der wenigen Malerinnen der Stadt, deren Arbeiten regelmäßig angekauft wurden. Außer ihrer malerischen Begabung trug offenbar auch ihre Herkunft zu ihrem Ansehen bei. 1881 in Berlin als Tochter eines Generalmajors und Nichte des Berliner Malers Leo von König geboren, dessen künstlerisches Werk auch in Hannover einen guten Ruf hatte und der in manchen Ehrenpreisgerichten des Kunstvereins vertreten war,702 genoß Freiin Ischi von König zeitlebens das für Künstler und erst recht für Künstlerinnen jener Zeit seltene Privileg, in geordneten, ja gutsituierten Verhältnissen leben und arbeiten zu können. Viele Studienreisen nach Skandinavien, Frankreich, Italien und Spanien sowie eine zweimonatige Schiffsreise nach China und Ostasien Mitte der dreißiger Jahre verweisen auf ihre wirtschaftlich guten Verhältnisse.703

Leo von König war ihr einziger Lehrer. Sein Einfluß scheint derart prägend für ihr Werk gewesen zu sein, daß Beobachter eine frappierende „Wesensähnlichkeit"704 beider konstatierten und urteilten, die Nichte

Selbstporträt Ischi von König. Um 1930

führe fort, was der Onkel begonnen habe. Ihr Biograph Werner Schumann begründete die Vorliebe für eine unkomplizierte, farbenfrohe spätimpressionistische Bildsprache mit dem Hinweis auf die Behinderung der Künstlerin: Ischi von König wurde im Alter von sechs Jahren infolge einer Erkrankung taub. Nach Schumann „kam der Ausfall eines Organs ... den Augen zugute".[705] Er führte aus: „Niemand wird es wundern, daß die Impressionisten Ischi von König immer besonders nahestanden, der atmosphärische Zauber eines Renoir und vor allem die helle Welt van Goghs sie tiefer berührten als jeder Versuch, die Schranken des Konventionellen zu durchbrechen. Sie ist keine problematische, sondern eine Malerin aus Bedürfnis, aus sinnenhafter Lust am farbigen Widerschein ihrer Umwelt."[706] Auch andere Zeitgenossen haben die Orientierung der Künstlerin an den Werken der französischen Impressionisten klar erkannt, sie allerdings zuweilen auch, wie etwa der Rezensent der NIEDERDEUTSCHEN ZEITUNG, als bedauerlichen Beweis des Mangels an eigenen Ideen bezeichnet. „Verfügt der Künstler nicht über eine Handschrift? Hat solche Kunst überhaupt noch Persönlichkeitswerte?", ereiferte sich der Kritiker, um am Ende zu konstatieren, daß ihm „diese geistlose Nachahmung fremder Malweisen nicht imponiert".[707]

Andere Feuilletonisten schätzten gerade diesen Aspekt an der Arbeit Ischi von Königs und erkannten ihre künstlerische Leistung deshalb so bereitwillig an, weil sie ihnen Bekanntes und Bewährtes bot. Ihre Stärke sei, wie es in einer Rezension hieß, „nicht in überraschenden Wendungen und neuen Erscheinungen zu suchen ..., sondern im stillen Festhalten und Fortblühen".[708] Besonders die HANNOVERSCHE WOCHE lobte an Ischi von König, daß ihr „jeder Hang zur Pose fremd"[709] sei und daß sie „alles Konventionelle zugunsten des Charakteristischen verbann(e)".[710] Im Oktober 1925 hieß es, die Künstlerin müsse nur noch mehr zu sich selbst finden und „ihren wahren Weg"[711] erkennen, welcher der Weg der spätimpressionistischen Malerei sei. Sie arbeite derzeit nur noch nicht „sentimental" und „sinnenfroh" genug an ihren Porträts, Frauenakten und Stilleben, und sie müsse ihre „Angst ... vor Lieblichkeiten" und „eine gewisse Herbheit"[712] überwinden.

Ischi von König arbeitete gewissenhaft weiter an ihrem malerischen Lebenswerk, das, so Werner Schumann, „seine Maßstäbe allein im Ästhetischen erreichte".[713] Ihre Ölbilder und Aquarelle von „gesammelter Gestaltungskraft",[714] wie Kurt Voß sie beschrieb, wurden auch zu Beginn der dreißiger Jahre von der hannoverschen Stadtverwaltung noch häufig angekauft.[715] Erst nach der nationalsozialistischen Machtübernahme nahm ihre Popularität ab. Alexander Dorners flüchtige Notiz am Rande eines Schriftstückes, welches das Ergebnis der Ankaufsverhandlungen des Kunstvereins mit den lokalen Leitern der neuen kulturpolitischen Gremien nach der Herbstausstellung 1933 wiedergab, machte den Grund hierfür deutlich. Dorner markierte die Namen Friedrich Hans Kokens und Robert Stratmanns mit einem Haken, was einen bevorstehenden Ankauf bedeutete. Neben dem Namen Ischi von Königs notierte er ein „nicht" und den Zusatz „artistisch, reiner Impressionismus, als international abgelehnt".[716]

Richard Schlösser und die Kunstgewerbeschule

Ischi von Königs Ansehen erlitt nach der nationalsozialistischen Machtübernahme zumindest bei einigen Kulturpolitikern einen Popularitätsverlust. Dies gilt nicht für einen weiteren überwiegend impressionistisch arbeitenden Künstler, den Maler Richard Schlösser. Schlösser wurde 1879 in Hannover geboren.[717] Hier ging er zur Schule, besuchte die Abendkurse für Externe an der Kunstgewerbeschule, wo Ernst Pasqual Jordan und andere renommierte Maler der Zeit zu seinen Lehrern gehörten. Seine Arbeiten wurden dem Hofmaler Friedrich Kaulbach vorgelegt, der zu einem Studium der Malerei riet. 1899 ging Schlösser nach Dresden, um an der dortigen Akademie zu studieren. Nachdem er einen ersten Kunstpreis gewonnen hatte, zog es ihn für längere Zeit zum Studium nach Italien (1903), später nach Frankreich und Spanien (1904–1907). Mit siebenundzwanzig Jahren ließ er sich schließlich 1906 in seiner Heimatstadt nieder. Bereits wenige Wochen nach seiner Ankunft in der Stadt wurde er als Zeichenlehrer an die hiesige Kunstgewerbeschule berufen. Siebenundzwanzig Jahre lange, bis 1933, hatte er dieses Amt inne.[718]

Während dieser Zeit unterrichtete er nahezu die ganze Generation junger Künstlertalente, welche die hannoversche Kunstgewerbeschule als Zwischenstation ihrer Ausbildung gewählt hatten. Der altmeisterliche und betont unmodische Adolf Wissel, über den später geurteilt wurde, er arbeite „mit dem Pinsel wie mit dem Zeichenstift",[719] und der nach 1945 zu Unrecht, wie Ingeborg Bloth kürzlich herausgearbeitet hat,[720] gleichsam als „Farbphotograph der Hitlerzeit"[721] abgetan wurde, zählte ebenso zu seinen Schülern wie der junge Kurt Schwitters. Dieser bedankte sich in einem Brief vom Mai 1909 bei ihm für die Ausbildung und besonders für Schlössers Rat, bei dessen eigenem Lehrer in Dresden vorstellig zu werden.[722] Kurt Schwitters war zum Zeitpunkt seines Besuchs der Kunstgewerbeschule noch ein akademisch arbeitender junger Maler.[723] Schlösser unterrichtete ihn 1908/09 genau so, wie er etwa zehn Jahre später die Maler der Neuen Sachlichkeit Ernst Thoms, Erich Wegner, Gerta Overbeck und Grethe Jürgens oder auch Kurt Schwitters in die Kunst des Zeichnens einwies. Ihnen allen versuchte er den „Stempel einer ruhigen, auf der Tradition akademischen Könnens aufgebauten wohltemperierten Malerei"[724] aufzuprägen.

Mithin war Richard Schlösser ein deutlicher Vertreter der einen von zwei in der Kunstgewerbeschule nach dem Ersten Weltkrieg vorherrschenden Lehrergruppen. Er gehörte zu jenen, „die am Althergebrachten festhielten",[725] wie die Schülerin Gerta Overbeck kritisch kommentierte. Obgleich im künstlerischen Ausdruck letztlich keineswegs mit diesem übereinstimmend, hatte er mit seinem eigenen einstigen Lehrer Ernst Jordan wie mit einigen anderen, die zeitgleich mit ihm oder auch später noch an der Kunstgewerbeschule unterrichteten, gemein, daß sie die zuvor von ihren eigenen Lehrern empfangenen künstlerischen und vielfach auch kunstpolitischen Impulse recht ungefiltert und unbeeindruckt von den veränderten politisch-gesellschaftlichen Rahmenbedingungen an ihre Schüler weiterzugeben suchten. Zu dieser Gruppe zählten Maler wie Karl Pohle,[726] Karl Dröge[727] und auch der Bildhauer August Waterbeck.[728] Carl Buchheister, Mitglied der Künstlergruppe die abstrakten hannover, der vielleicht auch Schüler Schlössers und Jordans, in jedem Fall aber August Waterbecks war, benannte rückblickend das Trennende zwischen ihm und diesem Lehrer: „Waterbeck macht eben zu sehr in Naturalismus u. an den Tieren kennt er jeden Muskel, deshalb fehlt bei ihm der künstlerische Ausdruck an sich, man weiß nicht, warum er eine Plastik macht, nur um seine anatomischen Kenntnisse zu beweisen? Da fehlt dann der innere Sinn, die erfühlte Form, *das Abstrakte*, seine Plastiken werden dann große Nippfiguren ... Ein Bild oder eine Plastik muß zum Symbol des ganzen Naturgeschehens werden, der Sinn alles Lebendigen muß sich im Kunstwerk verkörpern, das Tief wird zum Menschen oder die Pflanze oder die Erde, die Steine, die Luft wächst hinein in das Werk! Aber ich z. B. muß doch das Anatomische auch bringen, aber es wird mir niemals Hauptzweck sein. Davor möge mich mein aufrichtiges, kritisches Künstlertum bewahren!!!"[729]

Die betont konventionelle und akademische Art künstlerischen Schaffens an der Kunstgewerbeschule, deren Lehrer Anfang der zwanziger Jahre den Maler Ernst Thoms, der die Unanfechtbarkeit der Traditionen widerborstig anzweifelte, fragten, ob er nicht malen könne oder es schlicht gar nicht wolle,[730] geriet nach dem Zusammenbruch der Monarchie erstmals in gravierende Legitimationsprobleme. Friedrich Vordemberge-Gildewart, Architekt und Bildhauer, studierte ab Ostern 1919 hier und erinnerte sich: „An der Kunstschule liefen ältere und moderne Auffassungen in allen Abteilungen nebeneinander."[731] Für ihn kamen seinerzeit „als wirkliche Figuren"[732] nur wenige Lehrer in Frage. Ernst Jordan und Richard Schlösser waren nicht unter ihnen. Wie Vordemberge-Gildewart wandten sich auch andere junge Künstler der Zeit von den Traditionalisten ab. Gerta Overbeck erinnerte sich an die neue, selbstbewußte Schülergeneration, der sie und ihre Freunde angehörten: „Die Kriegsjahre hatten die Entwicklung eines jeden unterbrochen. So kam es, daß sich viele ältere Schüler zusammenfanden, die hofften, nun endlich ihren Schaffensdrang verwirklichen zu können." [733]. Ehemalige Soldaten, junge arbeitslose Frauen, Maler, Graphiker, Bildhauer und Drucker, sie alle konnten mit dem unverändert akademischen Unterricht ihrer Malerprofessoren nicht mehr viel anfangen und strömten anderen zu, die inspirierender, aufnahmebereiter und risikofreudiger waren. Auch diese waren, wie Fritz Burger-Mühlfeld und Ludwig Vierthaler, bereits seit Jahren Lehrer an der Kunstgewerbeschule, aber sie ließen sich nun, gleichsam in einem Wirbel gegenseitiger Anregung und Befruchtung, mitreißen vom Schwung und von der Kreativität der Jüngeren. Mochten sie auch weiter als gesellschaftlich angesehene Professoren der Kunstgewerbeschule in gutem Kontakt mit den Kollegen der anderen Gruppe stehen, so waren sie doch zu wichtigen Wegbereitern der künstlerischen Moderne und zu Beratern der jüngeren Generation in Hannover geworden.

Hinzu kam eine spürbare Politisierung dieser Kreise. Sie nahm schließlich solche Formen an, daß sich im März 1922 mit Franz Stolberg ein exponiertes Mitglied der hannoverschen Bürgervereine, Angehöriger des Kunstgewerbevereins und Landtagsabgeordneter der Deutschen Volkspartei, auf einer Sitzung des Preußischen Landtags aufgefordert fühlte, für eine schärfere Kontrolle der hannoverschen Kunstgewerbeschule zu plädieren.[734] Grethe Jürgens erinnerte sich, die Schule sei als Hort „destruktive(r) Tendenzen"[735] beargwöhnt worden und habe schon allein deshalb, weil bekannte Sozialdemokraten wie der Sohn des Reichstagsabgeordneten August Brey dort Schüler waren, ein „problematisches Ansehen"[736] gehabt. Ihre Freundin Gerta Overbeck beschrieb die politisch wache Atmosphäre in einigen Klassen der Kunstgewerbeschule folgendermaßen: „In den Klassenräumen wurden politische Versammlungen von den linksradikalen Schülern einberufen. Dem Direktor wurde so sehr zugesetzt, daß er es vorzog, die Stellung aufzugeben."[737]

Ein von diesen Kreisen erzwungener Verzicht auf sein Amt kam für den Zeichenprofessor Richard Schlösser offenbar zu keiner Zeit in Frage. Zwar blieb auch er nicht unumstritten: Christof Spengemann beispielsweise, unwesentlich älter als Schlösser, in seiner Kunstauffassung aber dem Lager der Jungen zugehörig, hatte 1913 ein Schreiben an Ferdinand Hodler gerichtet. Er habe erfahren, schrieb er, daß der Schweizer Maler Schlösser einen „großen Künstler"[738] genannt habe. Weil er selbst von diesem „nicht so viel halte", wollte Spengemann wissen, ob der Ausspruch tatsächlich von Hodler selbst stamme. Bedeutungsvoll fügte er hinzu: „Wir haben hier stärkere Leute, die indessen im *offiziellen Hannover nicht* durchzudringen vermögen." [739] Weil er es für seine Pflicht halte, „für die Entwicklung unseres Kunstlebens einzutreten", wäre ihm die Antwort Hodlers „äußerst wertvoll".[740]

Obgleich diese ausblieb, gab Spengemann seine Kritik an Richard Schlösser nicht auf. Immer wieder kritisierte er in den zwanziger Jahren die Beharrlichkeit, mit der dieser an den einmal eingenommenen künstlerischen und kunstpolitischen Positionen festhielt. Als Schlösser dann im Oktober 1931 anläßlich der Herbstausstellung des Kunstvereins dem Oberpräsidenten der Provinz Hannover treuherzig die Funktion eines Knochenfragments auf einer MERZ-Collage des Freundes Kurt Schwitters erklärte, unkte er im HANNOVERSCHEN TAGEBLATT unter dem Pseudonym Tomas Immergrün: „Also ich stand da grade und liebäugelte mit dem Knochen, der über sich selbst herausgewachsen ist. Da sagte Herr Schlösser zu dem Herrn Oberpräsidenten: ‚Hier ist das nun alles umgekehrt. Hier ist die völlige Loslösung vom Gegenständlichen. Hier werden nicht mit Farben Gegenstände gegeben, sondern mit Gegenständen Farben.'"[741] Schlössers Ausführungen veranlaßten Spengemann zu der lakonischen Schlußfolgerung, an Schwitters' Werken sehe man wohl auch, „daß die Ausübung der abstrakten Malerei u.U. Knochen kostet".[742] Immerhin inspirierten ihn Schlössers angestrengte Deutungsversuche zu einem ironischen Seitenblick auf Künstler jener Kategorie, die Jahr für Jahr ausschließlich Dackel malten und darin längst zur Meisterschaft gelangt seien: „Man kann an dieser Dackelfolge die Lebenslinie ihres Erzeugers genau beobachten. Die Dackel werden immer vollkommener, abgeklärter und treuherziger, – gute Nacht, Marie. Ach, ich könnte stundenlang über derartige Begebenheiten berichten."[743]

Dieser Spott konnte dem Ruf Richard Schlössers in weiten Teilen der hannoverschen Kunstszene wenig beeinträchtigen. Wie sein Schüler Adolf Wissel, der ihm in jenen Jahren nach dem Ersten Weltkrieg künstlerisch und wohl auch ideologisch am nächsten stand,[744] suchte und fand er keinen Zugang zu den künstlerisch und politisch aktiven Gruppen und ihrem „Sturm und Drang".[745] Er, der in den Jahren vor und während des Weltkrieges Erster Vorsitzender der konservativen hiesigen Ortsgruppe der Allgemeinen Deutschen Kunstgenossenschaft gewesen war,[746] blieb demselben impressionistischen Duktus verhaftet, welcher schon im Kaiserreich Schlüssel seines Erfolges gewesen war.[747] Richard Schlösser war ein anerkannter Fachmann für ostasiatische Kunst und insbesondere für chinesische Münzen. In den dreißiger Jahren ordnete er diesen Bestand des Kestner-Museums neu,[748] zuvor bereits hatte er der Kestner-Gesellschaft bei entsprechenden Ausstellungen mit Exponaten aus seinem Besitz weitergeholfen.[749] Mit der Mehrzahl der hier gezeigten Arbeiten jedoch vermochte er, der – so der Rezensent der Zeitschrift ALTSACHSENLAND – „sich in das Wesen des niedersächsischen Volkes vertieft" habe und der in seinen Bildern „romantische Balladenstimmung"[750] heraufbeschwöre, wenig anzufangen.

Ein Betrachter dieser Werke bemerkte 1913, überall gehe Schlösser „dem Reichtum jeder farbigen Erscheinung bis in die zartesten Nuancen nach" und wahre „die Geschlossenheit der Wirkung durch das Zusammenklingen aller Töne zu einer symphonischen Einheit".[751] In der Aussage durchaus ähnlich, dazu aber in der Absicht verfaßt, seine Arbeiten gegenüber der avantgardistischen Malerei der zwanziger Jahre abzugrenzen, schrieb die NIEDERDEUTSCHE ZEITUNG gut zehn Jahre später, im Herbst 1924: „Zu den Malern, die durch schlichte und sachliche Behandlung den wundervollen Reichtum der Natur zu meistern suchen und die nicht in törichter Verkennung der Grenzen der Malerei und ihrer Darstellungsmöglichkeiten das Gebiet sinnverwirrender Experimente betreten, gehört seit langem Richard Schlösser."[752] Seine Arbeiten zeichneten sich vor allem „durch die zutage tretende liebevolle Versenkung in alle Einzelheiten" und die „geschmackvolle farbige Behandlung"[753] aus. Besonders in den Herbstausstellungen des Kunstvereins waren Schlössers Arbeiten regelmäßig und in großer Anzahl vertreten. Der Betrachter seiner Werke, so lautete ein typisches Urteil, empfinde hier „de(n) Pulsschlag einer empfindungstiefen, geistvollen Persönlichkeit von unerschöpflicher Fruchtbarkeit".[754] Richard Schlössers in den zwanziger Jahren nach wie vor gefestigte Position in der hannoverschen Kunstszene hat auch mit seiner ungebrochen starken Position im Kunstverein zu tun. Es ist bezeichnend, daß er, der seit längerem bereits vor allem in den Herbstausstellungen vertreten war, zu einem Zeitpunkt in dessen Verwaltungsrat gewählt wurde, als sich anderswo im hannoverschen Kunstleben eine Entwicklung fort von traditionellen Produktions- und Rezeptionsweisen in der Kunst vollzog: Seit 1918 war Richard Schlösser Verwaltungsrats- und zugleich ständiges Jurymitglied in den Frühjahrs- und Herbstausstellungen. Er blieb es die gesamten zwanziger Jahre hindurch.[755]

Die Anerkennung, die seine Arbeit von vielen Seiten erfuhr, brach im Nationalsozialismus nicht ab. Mochten manche Kritiker an seinem Schaffen auch eine „gewisse Neigung zur Manier"[756] kritisieren, so wurde sein Beharren auf einmal getroffenen künstlerischen Entscheidungen doch weithin als Zeichen von Charakterstärke ausgelegt. Das überrascht nicht. Wie sein Lehrer Ernst Jordan, wie Oscar Wichtendahl, Wilhelm Kricheldorff, Friedrich Hans Koken, wie die drei Stratmanns und Ischi von König war auch Richard Schlösser künstlerischer und kunstpolitischer Garant für den Kurs des Kunstvereins. Gemeinsam mit etwa einem Dutzend anderer Maler – unter ihnen Ernst Wilhelm Baule,[757] Friedrich Karl Lippert,[758] Wilhelm Horchler,[759] Horace Günther,[760] Heinrich Schrader,[761] Rudolf Hermanns und Georg Tronnier[762] – rettete diese Künstlergruppe einen Kurs vom Wilhelminismus in die zwanziger Jahre hinüber, welcher durch die beiden Pole Realismus einerseits und Impressionismus andererseits gekennzeichnet war, der seine Prägung im ersten Jahrzehnt dieses Jahrhunderts erfahren und seitdem keine wesentlichen Wandlungen vollzogen hatte. Während der zwanziger Jahre sorgten diese Künstler, in der hannoverschen Kunstöffentlichkeit durch ihre Tätigkeit in verschiedenen Vereinen und künstlerisch-kunstpolitischen Gremien nach wie vor fest verankert und einander in Bekanntschaft oder Freundschaft verbunden, für die Beibehaltung dieser konventionellen Richtung. Die im Künstlerverein gepflegte Geselligkeit tat ihr übriges, das Zusammengehörigkeitsgefühl zu stärken. Die Atmosphäre, die hier entstanden war, sorgte

Abstimmung im Kunstverein, Foto. Um 1925. V. l. n. r.: Richard Schlösser (Maler), Kurt Schwitters (Maler), Georg Fricke (Schatzmeister des Kunstvereins), Alexander Dorner (Leiter der Kunstabteilung des Provinzial-Museums), Friedrich Karl Lippert (Maler), Bernhard Dörries (Maler), Friedrich Hans Koken (Maler)

dafür, daß in den zwei großen Ausstellungen im Kunstverein im Frühjahr und im Herbst nach wie vor die Grenze häufig bei jenen Künstlern gezogen wurde, „die heute im vierten oder fünften Lebensjahrzehnt stehen",763 wie ein Kritiker im April 1927 anmerkte. Diese Künstler und (wenigen) Künstlerinnen waren die Maler „einfachster Gegenständlichkeit", Schöpfer von nicht nur „nach ihren Jahren, sondern auch ihrer Gesinnung nach ältere(n) Werke(n)".764

Gleichmaß oder Stagnation? Künstler des offiziellen Kunstbetriebs in der Kritik

Fast alle von ihnen waren Künstler aus der Region oder aus Hannover selbst. Sie beschäftigten sich – wenn auch nicht ausschließlich, so doch sehr häufig – mit der künstlerischen Darstellung der heimischen Landschaft und ihrer Menschen. Dies gilt trotz der Tatsache, daß viele in München studiert und längere Auslandsaufenthalte hinter sich hatten, bevor sie sich in ihrer Heimatstadt niederließen. Immer waren sie zurückgekehrt mit dem soliden Handwerkszeug redlicher Maler und dem Auftreten von Bonvivants, doch nicht festgelegt in ihrer Suche nach Sujets. Auffallend viele von ihnen hatten vor dem Studium bereits als Dekorations- und Theatermaler gearbeitet. Der Hang zum Dekorativen, ästhetisch Ansprechenden blieb für fast alle Maler dieses Kreises ebenso bezeichnend wie die Betonung der „gesellschaftlichen Note"765 ihrer Werke. Gerade letzteres, die Wertschätzung von „Geschmack" und „Sorgfalt",766 spielte für Heinrich Tramm, den Ersten Vorsitzenden des Kunstvereins, nach eigener Aussage eine große Rolle.

Der sorgsam gepflegte Traditionalismus dieser Gruppe brachte ihren Mitgliedern in Hannover viel Lob ein. Sie seien, wie es hieß, „von der Richtungen Gunst und Ungunst durch Persönlichkeit geschieden".767 Besonders in der unmittelbaren Nachkriegszeit, im allgemeinen Chaos und in großer politischer und wirtschaftlicher Unsicherheit, kam in vielen Rezensionen in der bürgerlichen hannoverschen Tagespresse die Erleichterung zum Ausdruck, daß hier nicht etwa wie so oft in der zeitgenössischen Kunst „widernatürlichen und verrenkten Gestalten" und „unglückselige(n) Bastarderscheinungen"768 gehuldigt und keine „Kunst von ‚weltumstürzender Bedeutung‘"769 gepflegt werde, sondern „deutsche Kunst"770, durch die „ein Zug gesunden, lebensbejahenden Empfindens"771 gehe. Deutlich klingt in diesen Rezensionen der gleiche aggressive Unwille dem Modernen gegenüber mit, der auch die Schrift OFFENHERZIGKEITEN GEGEN EXPRESSIONISMUS UND KRITIK IN HANNOVER prägt. Hier wie dort kam dem Kunstverein die Rolle des sicheren Horts bewährten künstlerischen Schaffens zu.

Die Schöpfer dieser Kunst beschrieb Voß anläßlich der Herbstausstellung des Jahres 1931 folgendermaßen: „Jenseits aller Ismen, unberührt von Sachlichkeit und Antisachlichkeit, erhält sich in Hannover ein stattlicher Stamm von Künstlern, die sich an eine gesunde Überlieferung anlehnen und ihr Talent vor den Dingen der Wirklichkeit ohne kunsttheoretische Umschaltung sich entfalten lassen. Sie halten sich bewußt von den Kunstkämpfen fern, sie machen keine Moden mit, ihr Schaffen hält sich auf steter Linie, und wenn wieder mal eine Richtung vorbei ist, stehen sie am Ende in ihrem sicher gehüteten Besitz. Von ihnen darf man nicht erwarten, daß sie jedes Jahr eine neue Kunstauffassung präsentieren. Ja, sie stecken so tief in ihrer Art, daß man auch ohne Katalog weiß, wessen Arbeiten in Reihen da an den Wänden hängen."772 Trotz der offenkundigen Sympathie für die grundsätzlich ‚gesunde Überlieferung‘, die dieser Kunst zugrunde liege, war Voß' Rezension doch von einer gerade für ihn, einen der unbestechlichsten, nachdenklichsten und auch selbstkritischsten Berichterstatter der Kunstszene seiner Zeit, charakteristischen Ambivalenz. Das Urteil eines leichten Wiedererkennens der Werke aufgrund der gefälligen Handschrift ihrer Schöpfer sprach die Problematik einer Stagnation im Kunstverein an, die Voß an anderer Stelle als „Stadium der Beruhigung"773 umschrieb, welche „nicht immer frei von Starrem"774 sei.

Diese Gefahr haben viele Zeitgenossen von Voß erkannt und benannt. Der HANNOVERSCHE ANZEIGER kommentierte im März 1928, man male offensichtlich nach wie vor „gediegene und verkäufliche ‚Wertware‘, Dinge, die sich jeder, wes Geistes Kind er auch sei, ohne Gefahr für die Ruhe seiner Seele und den guten Ruf seines Hauses in den Salon hängen kann".775 Der „geistige Gehalt der Kunst" habe bei dieser Entwicklung jedenfalls „nicht gewonnen".776 Und Johann Frerking urteilte im März 1929, es lasse sich nicht verhehlen, „daß die jetzige Ausstellung ein wenig reichlich besorgt erscheint, ... alle Störungen und Aufregungen zu ersparen, alles etwa Unbekömmliche fernzuhalten, so daß man beinahe neben dem Niveau nach unten eines nach oben zu spüren meint. Ob solche Einstellung auf die Dauer wirklich bekömmlich sein kann, muß nicht nur dahingestellt, sondern darf füglich bezweifelt werden."[777] Diese Stimmen muten fast gemäßigt an in Anbetracht einer Kritik, die, vorgetragen vornehmlich von der politischen Linken Hannovers, an Verunglimpfungen nicht sparte. Christof Spengemann behauptete im November 1918 in einem Schreiben an den Redakteur des VOLKSWILLENS, jeder „halbwegs ernst zu nehmende Maler" könne „bezeugen", daß selbst die „seichteste Operette noch mehr künstlerischen Schwung"[778] habe als die derzeitige Herbstausstellung. In der Redaktion der sozialdemokratischen Tageszeitung Hannovers bedurfte es solcher Kommentare allerdings nicht, formulierte man dort doch selbst regelmäßig harsche Kritik am Kunstverein und dessen Ausstellungspraxis. Besonders Karl Brinkmann (Brinko), Mitarbeiter des Vereinsblattes der sozialdemokratischen Theaterbesucher-Organisation, der Freien Volksbühne, und gleichzeitig Berichterstatter des VOLKSWILLENS, scheute in den zwanziger Jahren keine noch so drastische Formulierung, um die hier gesehene „konsolidierte Kunst anzugreifen, die nur deshalb in keine „Sackgassen"[779] gerate, weil sie ohnehin ausgetretene Pfade betrete. Im März 1931 schrieb Brinkmann, er könne nicht verstehen, warum „diese Maler und Zeichner kein Auge für ihre Zeit haben".[780] „Alles blüht und reift im schönsten Glanz der Sonnen weiter ... Der Horizont weitet sich nicht". Die „malerische Qualität" des hier Gesehenen sei zwar „hervorragend", aber „schließlich will ja nicht nur das Auge befriedigt sein, auch die Seele muß Erlebnisse haben".[781]

Gerade auswärtige Kunstzeitschriften und Zeitungen benannten in ihren Berichten über Hannover gern den Kunstverein stellvertretend für ihre Kritik an den hemmenden Kräften im städtischen Kunstleben. Die KÖLNISCHE ZEITUNG etwa urteilte, der hannoversche Kunstverein, „einst von einsichtigen Männern der Stadt gegründet",[782] sei leider im Laufe der Jahre „vollkommen greisenhaft geworden",[783] und das in Berlin erscheinende TAGEBUCH behauptete, in den Ausstellungen des Kunstvereins spiegelten sich das „Schicksal der deutschen Malerei" und der „der veraltete Geist der bürgerlichen Kunst schlechthin".[784] Die meisten der hier lange Zeit protegierten Künstler „pinseln heute verlegen ihre öden Stilleben oder Landschaften ... Ab und zu feiern sie dann bescheiden Auferstehung in den Veranstaltungen des Kunstvereins". Wenn diese sich auf den Ausstellungen jedoch mit der künstlerischen Entwicklung im Reich messen würden, folgte ihnen „die Agonie einer Existenz, die ihre Daseinsberechtigung verloren hat".[785]

Nicht nur für die Rezensenten aus anderen Städten Deutschlands, sondern auch für manche Beobachter am Ort des Geschehens war das Bild eines „vergreisten" Kunstvereins in den zwanziger Jahren immer gegenwärtig.[786] Kurt Schwitters etwa bewertete Hannover auch deshalb als eine so „merkwürdige Stadt",[787] weil hier künstlerisches Leben gänzlich neben einem „laut schnarchenden Kunstverein" stattfinde, der, altgedient und einst erfolgreich, „seinen Altersschlaf wohl auch verdient"[788] habe. In den Augen Hans Kaisers, der Mitarbeiter des HANNOVERSCHEN KURIERS und einer der Väter der Kestner-Gesellschaft war, hatte der Kunstverein zunächst lange Zeit „rettungslos an Alterserscheinungen"[789] gelitten, um sich schließlich der Kunst selbst zu entledigen und sich stattdessen unter dem Deckmantel der Kunstpflege allerlei Marotten zuzulegen. In der von ihm herausgegebenen Zeitschrift DAS HOHE UFER veröffentlichte Kaiser 1919 eine GRABREDE auf die Kunstvereine: „Die Kunstvereine und ihre Ausstellungen waren die Kinder, die sichtbaren Zeichen der Liebe des gebildeten Mittelstands zur Kunst. Am Anfang war die Ehe sehr glücklich. Man war stolz darauf, daß man sie, die man lange Zeit nur am Arm der großen Herren gesehen hatte, nun selbst durch den goldenen Ring der Vereinigung erobert hatte ... Mit den Jahren aber wurde aus dem Liebhaber ein philiströser Ehemann, der seine Lieblingsgerichte und ‚seine' heilige Ordnung wollte. Er wünschte, daß die Kunst sich mit der Dauer der Ehe zu einer braven Hausfrau entwickle, die das gefährliche Gebiet der Leidenschaft verläßt und vernünftig und verständig wird ... Ewig sich verändern, immer neue Seiten entdecken zu müssen, das paßte nicht zu dem fettgewordenen Hausherrn ... Man hatte ganz vergessen, daß die Kunst nicht in Fesseln oder Vorschriften leben kann; sie muß frei sein in ihrer Entwicklung oder sie ist nicht. So endete die Beziehung der Kunstvereine zur Kunst im allgemeinen vor zwanzig Jahren. Im größeren Deutschland sind diese Ausstellungen an Senilität gestorben oder vegetieren im Lehnstuhl hinterm Ofen. Nur in Hannover glaubt man noch an ein ausgestopftes Löwenfell ... Die Kunst ist anderswo. Gekauft wird nun am liebsten Vorimpressionistisches, dafür aber gleich reichlich für 100.000 Mark und mehr."[790]

Kaisers Bild der gescheiterten Ehe zwischen dem Kunstverein und der Kunst lag die Überzeugung zugrunde, daß „die Kunst nicht in Fesseln oder Vorschriften leben kann",[791] daß also bereits jede Form von Vereinsstruktur ihrem Freiheits- und Unabhängigkeitsdrang entgegenstehe und ihre Entfaltungsmöglichkeiten hemme. Diese Überzeugung hatte der Freund der Moderne Hans Kaiser interessanterweise mit dem Kulturkonservativen Kurt Voß gemein, der im HANNOVERSCHEN KURIER im März 1927 zu der generellen Funktion von Kunstvereinen und -institutionen Stellung nahm. Da Kunst immer eine Sache von Individuen sei, müsse jeder Kunstverein seine Aufgabe darauf beschränken, „ausschließlich dienend-vermittelnder Art" und keinesfalls „diktatorisch"[792] zu sein. Denn „überall wo der Kunstverein vereinsmeiert, eine Vereins- oder Richtungs-Exklusivität pflegt, eine alte oder neue, eine Kunst rechts oder links unterscheidet, nicht lediglich Diener oder Gefäß des gesamten künstlerischen Zeitwollens ist, verengert er seine Aktionsbasis und betreibt ‚Kunst-Politik', wie sie allenfalls einem auf wenige Gesinnungsfreunde sich berufenden Privatgalerie-Inhaber wohl anstehen mag".[793] Voß fuhr hellsichtig fort: „Wenn aber nun gar eine Seite der Kunst stiernackig verfochten wird, entgegen dem Geistesgesetz der immerwährenden Wandlung und Verwandlung, darf der Kunstverein sich nicht wundern, daß ihm die Freunde der Kunst abgehen."[794]

Acht Jahre nach Hans Kaisers GRABREDE auf den Kunstverein und noch dazu in einer bürgerlich-konservativen hannoverschen Tageszeitung und nicht etwa in einem Avantgardeblatt erschienen, korrespondierte Voß' Beitrag doch deutlich mit der im HOHEN UFER vertretenen These einer grundsätzlich schwierigen Beziehung zwischen Kunst und Kunstverein. Kurt Voß hatte 1927, anders als Kaiser 1919, die Möglichkeit, auf die vergangenen Jahre der Weimarer Republik zurückzublicken, in denen sich in Hannovers Kunstbetrieb, vornehmlich fernab des Offiziellen, so viel getan hatte wie nie zuvor. War er selbst auch keineswegs ein vorbehaltloser Freund dieser vielgesichtigen Entwicklung, so kritisierte er doch, durch eine allzu behäbige und vorsichtige Kunstpolitik habe sich der Kunstverein selbst eine „Kirchhofsruhe" beschert, die weder ihm noch dem Gegenstand seiner Bemühung, der Kunst, förderlich sein könne. Der Kunstverein wolle überdies nicht der Kunst generell, sondern allein „der ‚schönen Kunst', die ... zugleich die gute ist, dienen. Dieser Begriff des Schönen wird fast immer auf den Inhalt eines Kunstwerks, auf den ästhetisch und moralisch einwandfreien Gegenstand einer künstlerischen Arbeit bezogen."[795] Man wisse nun aber aus der Kunstgeschichte, wie „gefährlich und kunsthemmend" ein solches Beharren sei. Schließlich habe der „an falscher Bildung genährte Schönheitskult" besonders im 19. Jahrhundert doch offensichtlich „zu allerlei verhängnisvollen Götzenanbetungen"[796] geführt.

Der Beitrag von Kurt Voß zielte auf mehr ab als auf die Warnung vor einer rein künstlerischen Stagnation im hannoverschen Kunstverein. Dieser vegetierte schließlich nicht als personifizierter tyrannischer Spießbürger im Lehnstuhl vor sich hin, und er war auch keine abwegige Privatgalerie, sondern die machtvollste Komponente in der offiziellen hannoverschen Kunstszene, das Bindeglied zwischen vielen Künstlern einerseits und den ankaufenden Organen in Stadt und Provinz sowie dem privaten Markt andererseits. Deshalb riskierte eine einseitige Förderung der „schönen Kunst" hier stärker als anderswo, jede andere Strömung allmählich veröden zu lassen. In Anbetracht einer übergroßen Präsenz von Künstlern, die dem ‚Schönen' huldigten und die sich in den Reihen des Kunstvereins als Mitglieder und als Kunstfunktionäre fanden, entsteht ein Eindruck dessen, was städtische Kunstpolitik in den zwanziger Jahren vielfach bedeutete. Keiner dieser Künstler, ob Ernst Pasqual Jordan, Friedrich Hans Koken, die Stratmanns oder Richard Schlösser, hat schließlich in der Folge der Ereignisse des Herbstes 1918/19 seine Art zu arbeiten geändert. Keiner von ihnen hat sein Amt im Kunstverein verloren.

Wie sehr sich in seinem Verhältnis zur Stadt die Grenzen zwischen offizieller Kunstpolitik und einem informellen Beziehungsgeflecht, das weniger von formulierten Prämissen als von schwer wägbaren Sympathien und Antipathien geprägt war, verwischten und wie sehr etwas, was Richard Schlösser in seiner Funktion als Vorsitzender der hannoverschen ADKG einst als „stadtväterliches Medicäertum"[797] Heinrich Tramms bezeichnet hatte, nach wie vor eine Rolle spielte, macht das Verfahren der städtischen Ankaufspolitik deutlich: Die Künstler sandten ihre Werke ein. Die Jury traf eine erste Auswahl. Ihre Mitglieder gerieten mithin regelmäßig in die schwierige Lage, über eigene Werke und solche befreundeter Kollegen entscheiden zu müssen. Die zweite Hürde folgte: Der Kunstverein mit Heinrich Tramm als Erstem Vorsitzenden übersandte dem Magistrat eine Ausstellungsliste nebst Hinweisen auf besonders zu fördernde Künstler. Die Museums-Kommission oder einige ihrer Vertreter – unter denen sich in den zwanziger Jahren stets Heinrich Tramm befand – formulierten daraufhin Ankaufsvorschläge, denen in aller Regel nach kurzer Diskussion und allenfalls mit dem Hinweis, die „Katalogpreise in jedem Fall etwas zu drücken",[798] stattgegeben wurde.

Zwischen 13.000 und 25.000 M – und damit um ein Vielfaches mehr als für jede andere Einrichtung der Pflege bildender Kunst in Hannover – gab die Stadt in den zwanziger Jahren jährlich allein für Ankäufe auf den Frühjahrs- bzw. Herbstausstellungen des Kunstvereins aus.[799] Dazu kamen Erwerbungen zu besonderen Anlässen, beispielsweise den Geburtstagen der Künstler, als Ehrengaben für Festlichkeiten oder zur Ausschmückung bestimmter Diensträume. Außerdem geht aus den Haushaltsplänen der Stadt hervor, daß seit dem Jahr 1928/29 die Miete des Kunstvereins im Künstlerhaus, die fast 20.000 RM betrug, von der Stadt getragen wurde. Mit diesem Verfahren sicherte sich die Stadt die Loyalität des Kunstvereins; mit einer konstant gemäßigten und von vornherein verschiedene Kunstrichtungen ausschließenden Ausstellungspolitik sicherte sich der Kunstverein die Fürsorge der Stadt. Wie klar die Aufgaben verteilt waren, wie deutlich das Öffentliche, die städtische Kunstankaufspolitik, und das Private, die Geltendmachung persönlicher Beziehungen und vor allem die geschickte Nutzung der Doppelfunktion Heinrich Tramms, ineinandergriffen, wurde immer wieder deutlich.[800]

Gut zehn Jahre nach dem eigentlichen Ende der Ära Tramm, im März 1929, wurde die Feier zu Tramms bevorstehendem 75. Geburtstag vorbereitet. Der langjährige Schatzmeister des Kunstvereins Georg Fricke wandte sich gemeinsam mit Schriftführer Friedrich Hans Koken zu diesem Zweck an Oberbürgermeister Arthur Menge mit der Anfrage, ob der Magistrat „Herrn Stadtdirektor Tramm",[801] der „als begeisterter Kunstfreund sich besonders hohe Verdienste um die hannoversche Kunstpflege erworben" habe, nicht dadurch „ehren und unseres Erachtens auch eine ganz persönliche Freude bereiten" wolle, daß man einen mit jährlich 2.000 RM dotierten Tramm-Preis schaffe, der „seinen Namen mit seiner Sammelleidenschaft für alle Zeiten verknüpft".[802] Noch am gleichen Tag trug Menge diesen Vorschlag, der vor allem den vom Kunstverein ohnehin bereits unterstützten Künstlern zusätzliche Förderung verschafft hätte, in der Sitzung des Magistrats vor, wo er zunächst einmal auf weite Zustimmung stieß.[803] Seine Realisierung indes scheiterte an dem Veto des sozialdemokratischen Senators Georg Lindemann, der nüchtern darauf verwies, daß mit 2.000 RM ohnehin kein wirklich bedeutendes Kunstwerk angekauft werden könne, und stattdessen anregte, daraus besser einen Tramm-Fonds zu schaffen, welcher der zunehmenden Zahl notleidender hannoverscher Künstler zur Verfügung gestellt werden solle.[804]

Lindemann sprach damit jene jene große Gruppe von Künstlern an, deren Schaffen außerhalb des vom Kunstverein geförderten lag und die folglich lange Zeit nicht in den Genuß kamen, dieses wichtigste Forum der offiziellen hannoverschen Kunstszene zu nutzen.[805] Dabei war die Gefahr, sich vom mächtigen Kunstverein einschüchtern und von den altgedienten Malern an dessen Spitze zu einer anderen Form künstlerischen Schaffens bewegen zu lassen, in der jungen hannoverschen Künstlerschaft, so bei den Mitgliedern der Hannoverschen Sezession, bei den abstrakten hannover oder den Neuen Sachlichen, eher gering. Viele von ihnen reagierten ähnlich lakonisch wie der Eleve der Kunstgewerbeschule Hugo R. Bartels, der, nachdem der Kunstverein seine Arbeiten abgelehnt hatte, an den Freund Bernhard Brach-Zinek schrieb, er habe im Grunde auch gar nichts anderes erwartet, da die Jury dort ohnehin „aus Nichtskönnern"[806] bestehe. Andere waren offensiver. Ernst Thoms, der wohl bekannteste und auch erfolgreichste Maler der Gruppe der hannoverschen Neuen Sachlichkeit, wandte sich im Januar 1928 an Oberbürgermeister Arthur Menge mit dem Vorwurf, ein Werk seines „neuesten Schaffens"[807] sei vom Magistrat zweimal ohne Angabe von Gründen vom Ankauf ausgeschlossen worden. Thoms führte aus: „Die vielen Jahre, die ich in Hannover unter recht schweren Umständen meiner Kunst geopfert habe, werde ich nicht vergessen … Sehr bedauere ich es, daß durch die Art des Ankaufs durch die Stadt solchen Künstlern geholfen wird, die netten Wandschmuck bringen, aber selten zu den Pionieren des neuen und kulturell kämpfenden Deutschtums gehören."[808]

Die Reaktion ‚der anderen'. Die künstlerische Avantgarde und ihre Haltung zum offiziellen Kunstbetrieb

Selbstporträt Ernst Thoms, Ölgemälde. 1926

Gustav Schenk schließlich, auch er ein Mitglied des Freundeskreis um Brach-Zinek, sprach in der von ihm und Grethe Jürgens herausgegebenen Zeitschrift DER WACHSBOGEN zwar das Moment der finanziellen Unsicherheit für die jungen Künstler Hannovers an, fügte jedoch sofort hinzu, die Situation sei „selbstverständlich nicht mit dem Wort Armut beschrieben".[809] Wirtschaftliche Not werde schließlich begleitet von einer größeren, einer „innere(n) Not", welche „Kunst direkt angeht", weil sie die „Feindschaft und Taubheit" einer „gesellschaftlich orientierten, konventionellen Schicht von ‚Kunstfreunden'" anspreche, welche „die Werke der bildenden Kunst auf dem diplomatischen Wege abhandeln, in eine Richtung rangieren und der Öffentlichkeit darbieten".[810] Es war für Schenk „unerträglich", „die Ateliers voller Bilder zu sehen, die gut sind und nicht gezeigt werden", und „sich einer Jury zu unterwerfen, die nicht auf die Bilder sieht, sondern auf die Rangordnung einer beginnenden oder vollkommenen Prominenz".[811] Obwohl in kaum einer anderen deutschen Großstadt „in so wenigen Jahren so viel gute Arbeit" geleistet worden sei wie in Hannover, gehorche man besonders hier nach wie vor „dem Zwange einer gesellschaftlichen Konvention". Doch dies war für Gustav Schenk kein Anlaß zur Resignation. Im Gegenteil, er war sicher, daß auch „die stärkste Konvention auf die Dauer einen vereinigten starken Widerstand nicht erträgt, ohne nachzugeben".[812]

Das Hoffnungsvolle, Kämpferische und Trotzige in Schenks Artikel war symptomatisch für das ‚andere' Hannover, also für jene Gruppierungen von Künstlern und Kunstfreunden, die nicht dem Kreis jener Maler und Bildhauer angehörten, die auf traditionell-akademische Weise einträglich arbeiteten. Zugespitzt läßt sich sagen, daß sich jede deutliche Bewegung im hannoverschen Kunst- und Kulturleben in den zwanziger Jahren zunächst einmal fernab der offiziellen Szene anbahnte. In ihren Ursprüngen immer auch Reaktion auf den als unzulänglich wahrgenommenen Ist-Zustand, gewann jede dieser Entwicklungen – die Gründung der Kestner-Gesellschaft (1916) und der Galerie von Garvens (1920), die Konstitution der Hannoverschen Sezession (1917), der abstrakten hannover (1927) oder der Neuen Sachlichkeit (1920) – ihre Dynamik aus der Anti-Haltung, die zugleich immer auch die Haltung des Außenseiters und Provokateurs war. Obwohl reines Gedankenspiel, hat doch die These einigen Reiz, nach der eine konventionelle, die Moderne kühl abweisende, in ihren Strukturen fest gefügte offizielle Kunstszene jenen neuen Kräften erst die zum Zusammenschluß erforderliche Energie gegeben hat.

Diese Aussage sollte keineswegs als Versuch verstanden werden, die Bedeutung dieser Institutionen zu mindern. Vielmehr betont sie das Moment des Sich-Behaupten-Müssens in einer Umgebung, die oft bestenfalls Neugier, ansonsten aber Ablehnung oder gar Feindseligkeit zeigte. Zwar waren die Kestner-Gesellschaft und die Galerie von Garvens, die hannoverschen Sezessionisten und die abstrakten hannover (weniger die Neuen Sachlichen) in ihrem Schaffen keinesfalls auf Hannover fixiert; es zeigte sich im Gegenteil, daß viele von ihnen stärker als viele hiesige Künstler vor ihnen nach außen, zum Austausch mit anderen Kunstzentren des Reiches, vielfach auch mit Kollegen in anderen Ländern, strebten. Doch blieben sie allemal auf materielle, aber auch auf ideelle Förderung, Resonanz und, im Idealfall, auf positive künstlerisch-geistige Befruchtung in Hannover angewiesen, der Stadt, in der sie doch einen großen Teil ihrer Zeit verbrachten. Gerade das Werk von Kurt Schwitters, der als ihr heute

Auszug aus einem Schreiben von Ernst Thoms an Oberbürgermeister Arthur Menge, 12. Januar 1928

bekanntester Vertreter die – wenn auch ambivalente – Bindung an seine Heimatstadt bereitwillig eingestanden und die Impulse, die das Leben hier für seine Arbeit an MERZ-Collagen und für das gesamte literarische Werk gab, nicht geleugnet hat, ist ein eindrucksvoller Hinweis auf die starke Prägung durch die Stadt. Wenn auch ein gegenseitiges Geben und Nehmen häufig auf beiden Seiten durch Vorbehalte blok-

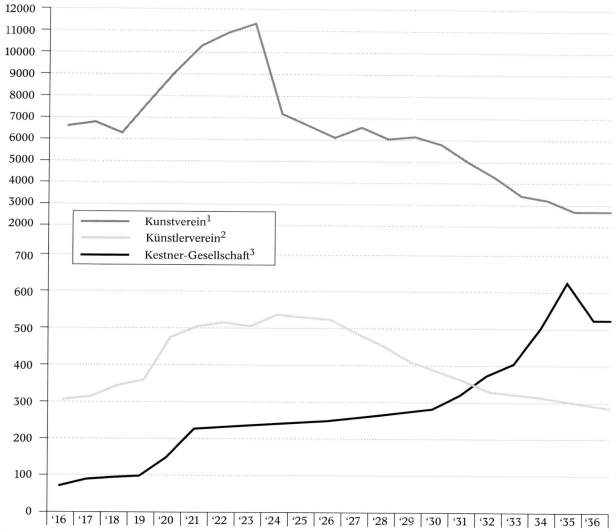

Mitgliederentwicklung im Kunstverein, im Künstlerverein und in der Kestner-Gesellschaft (1916–1936)

[1] Angaben zusammengetragen aus den Berichten über die Wirksamkeit und die Verwaltung des Kunstvereins Hannovere e.V. (Jahresberichte). Vgl. Lohr, Jakob; Bemerkungen zur Mitgliederbewegung im Kunstverein. Frerking, Johann; Geschichte des Kunstvereins, sowie aus verschiedenen Jahresberichten in Tageszeitungen etc. (vgl. auch NStAH Hann. 122a. 3413).
[2] Angaben zusammengetragen aus: Sievert, A. / Seefeld, A.v./Aengeneyndt, G.; Hannoverscher Künstlerverein. Hann. Künstlerverein e.V. (Hg.); Vereinsnachrichten 1930ff.
[3] Angaben zusammengetragen aus: Schmied, Wieland; Wegbereiter zur modernen Kunst, S. 237, sowie aus den entsprechenden Ausstellungskatalogen und Jahresberichten.

kiert wurde und eine positive Wechselbeziehung nur selten zustande kam, so blieben die neuen künstlerischen Kräfte doch in ihrem Schaffen immer von der hier empfangenen Summe an Stimmungen und Eindrücken geprägt.

So bleibt jede Sichtweise, die das Hannover der zwanziger Jahre als „Dorado progressiver künstlerischer Aktivitäten",[813] als „Metropole der künstlerischen Avantgarde"[814] oder „Strahlungszentrum der modernen Kunst"[815] versteht, eingeschränkt, weil sie die große offizielle Kunstszene entweder schlicht ausblendet oder aber ihre Rolle auf die einer ausschließlich ignorant abblockenden Gegenkraft reduziert, die den neuen, jungen Künstlern allenfalls zu Hohn und Spott Anlaß gab. Sicher waren die Fronten zwischen den Blöcken in künstlerischer und kunstpolitischer Hinsicht vielfach klar und scharf, doch hieß das keineswegs, daß sich einzelne Vertreter nicht da und dort, bewußt und unbewußt, auch von der anderen Seite beeinflussen ließen.

Die Vertreter und Freunde der Moderne machten einen Teil der gesamten hannoverschen Kunstszene aus, einen kleinen Teil, zu ihrer Zeit von der breiten kunstinteressierten Öffentlichkeit Hannovers allenfalls am Rande oder im Zusammenhang mit jenen Protestaktionen und Skandalen wahrgenommen, die die Aus-

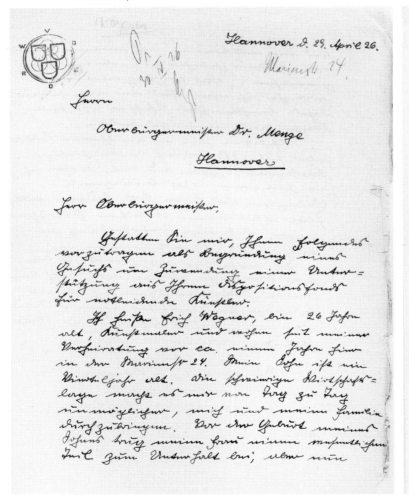

Gesuch Erich Wegners an Oberbürgermeister Arthur Menge um Ankauf seiner Arbeiten und finanzielle Unterstützung durch die Stadt. 29. April 1926

stellungen von Werken Kurt Schwitters' oder die Aufführungen zeitgenössischer, moderner Theaterstücke in den zwanziger Jahren häufig begleiteten.

Ähnlich sah es mit den Künstlergruppen aus, deren Angehörige zu ihrer Zeit in der breiten kunstinteressierten hannoverschen Öffentlichkeit vielfach Unbekannte waren. Sie blieben es umso eher, wenn sie im Hauptberuf oder auch nur gelegentlich einer nichtkünstlerischen Erwerbstätigkeit nachgingen, was ihnen noch dazu nach den künstlerischen Konventionen ihrer Zeit den Ruf dilettierender Sonntagsmaler eintrug.[816] Der Maler Erich Wegner etwa war ähnlich wie sein Freund Ernst Thoms durch die gesamten zwanziger Jahre auf Gelegenheitsjobs als Theatermaler oder Anstreicher angewiesen.[817] Auch er hätte es sich einfacher machen und von seiner künstlerischen Überzeugung abrücken können, nach der, wie er formulierte, Kunst, die „Sinn und Zweck haben und nicht eine ästhetische Angelegenheit weniger sein (wolle)", nie „die Verbindung mit dem Leben, mit ihrer Zeit"[818] verlieren dürfe. Wegner verließ seinen selbstbestimmten künstlerischen Weg auch dann nicht, als sich seine wirtschaftliche Situation weiter verschlechterte, nachdem er 1925 eine Familie gegründet hatte und damit verstärkt darauf angewiesen war, regelmäßig Geld zu verdienen..[819]

Landarbeiter, Ölgemälde von Erich Wegner. Um 1928

Am 29. April 1926 wandte er sich mit folgender Bitte um Ankauf seiner Arbeiten an die Stadtverwaltung: „Ich heiße Erich Wegner, bin 26 Jahre alt, Kunstmaler und wohne seit meiner Verheiratung vor ca. einem Jahre hier in der Marienstraße 24. Mein Sohn ist ein Vierteljahr alt. Die schwierige Wirtschaftslage macht es mir von Tag zu Tag unmöglicher, mich und meine Familie durchzubringen. Vor der Geburt meines Sohnes trug meine Frau einen wesentlichen Teil zum Unterhalt bei; aber nun sind wir vollkommen auf meinen Erwerb aus kleinen Gelegenheitsarbeiten angewiesen ... (A)n ein selbständiges künstlerisches Schaffen ist schon lange nicht mehr zu denken."[820] Wegners Schreiben wurde begleitet von einem Gutachten Fritz Burger-Mühlfelds, seines Lehrers an der Kunstgewerbeschule, der die künstlerischen Fähigkeiten des Malers unterstrich und betonte, er habe es besonders schwer, „da seine Arbeiten ernst und nicht der breiten Masse entgegenkommend sind".[821] Offenbar standen Wegners Arbeiten beim Ankaufsgremium der Stadt, der Museums-Kommission, nicht im besten Licht: Am 18. Mai erhielt der Maler folgende Antwort: „Die Kommission kann ... eine Unterstützung aus Qualitätsgründen nicht unbedingt empfehlen".[822] Man gehe nicht davon aus, „daß derselbe vermöge seines künstlerischen Könnens auf diesem Gebiete sich eine selbständige Existenz verschaffen kann." Das Schreiben schloß mit dem Hinweis, „es wäre wünschenswert, wenn sich der Antragsteller wieder wie früher einem handwerklichen Malerberuf zuwenden würde".[823]

Eva im Sonntagskleid, Ölgemälde von Ernst Thoms. 1923

Doch nicht nur gegenüber einer wenig einfühlsamen Stadtverwaltung hatten sich Erich Wegner und seine Freunde zu behaupten. Die Bemerkung der Malerin Gerta Overbeck, nach der sie und ihre Freunde „gar nicht ernstgenommen"[824] würden, sie „keiner kannte" und die progressiven Kunstfreunde der Stadt „lieber zu Schwitters und den anderen in der Kestner-Gesellschaft liefen", weil diese „moderner"[825] seien, macht deutlich, wie ambivalent die Situation auch bei diesen Künstlergruppierungen war. Es gab bei näherem Hinsehen nicht nur zwei große Lager in der hannoverschen Kunstszene, die Traditionalisten einerseits und die Avantgardisten andererseits. Gerade die letztgenannte Gruppe war bestimmt durch eine Mischung aus Spannung und Sympathie, aus Konkurrenz und Solidarität. Dies begründete sich durch unterschiedliche künstlerische Auffassungen, beruhte aber auch auf persönlichen Motiven und natürlich auch auf unterschiedlichen kunstpolitischen Dispositionen. So ist von einer vielgesichtigen, disparaten und widersprüchlichen Szene jenseits des durch den Kunstverein dominierten offiziellen Kunstbetriebes zu sprechen.[826]

Städtische Kunstpolitik und die Gründung der Kestner-Gesellschaft (1916)

Die Gründung der Kestner-Gesellschaft (1916). Protestbewegung oder Pendant zum Kunstverein?

Die erste Reaktion auf diesen offiziellen Kunstbetrieb war die Entstehung der Kestner-Gesellschaft. Kaum war sie gegründet, kam das Wort vom „Anti-Kunstverein",[827] von der Gegenbewegung und der Protestgründung auf;[828] – ein Urteil, das sich bis auf den heutigen Tag ähnlich hartnäckig gehalten hat wie das vom „vergreisten"[829] Kunstverein. Es überrascht wenig, daß dieser die neue Gesellschaft sofort als Provokation verstand. Nur wenige Wochen nach der Eröffnungsveranstaltung forderte ihr Erster Vorsitzender Heinrich Tramm, unterstützt von Ernst Pasqual Jordan und anderen Vorstandsmitgliedern, besonders die jüngeren Mitglieder der Kestner-Gesellschaft künftig „in ihren schriftlichen Elaboraten an die Kandare"[830] zu legen.[831] Als fünf Jahre später, im September 1921, seitens des Magistrats der Plan angeregt wurde, der Kunstverein möge doch seine Vereinsräumlichkeiten im Künstlerhaus mit der Kestner-Gesellschaft teilen und damit die Chance nutzen, stärker als bisher in Berührung mit der dort gepflegten Kunst zu kommen, signalisierte die Vorstandsspitze derart heftig, man sei „sehr dagegen",[832] daß die Überlegungen dazu abgebrochen wurden. Es sei – so hieß es im Protokoll der Magistratssitzung – unmöglich, „diese beiden Vereine in einem Hause zusammenzubringen, da die beiderseitigen Kunstrichtungen völlig voneinander verschieden seien".[833]

Als ein Gründungsmitglied gleich im Oktober 1916 mit der Bitte an die Kestner-Gesellschaft herantrat, eine Ausstellung mit Werken einer befreundeten Malerin zu veranstalten, bedauerte man, deren Werke paßten nicht hierher, und führte aus: „Wir wollen … jene Dinge bringen, die im Rahmen der Ausstellungen des hiesigen Kunstvereins überhaupt nicht oder ganz unzuverlässig gebracht werden. Wir wollen jene Dinge bringen, die sich über den landläufigen Kunstbetrieb herausheben und die Möglichkeit bieten, anregend und aufklärend zu wirken."[834] Man habe geahnt, „daß derartige Wünsche kommen und noch immer zahlreicher kommen werden, aber wenn die Kestner-Gesellschaft ein besonderes Gewicht behalten und nicht ein wesenloser Kunstverein werden soll, müssen wir unbeirrt nur das Beste zu bringen suchen."[835]

Bei allem Selbstbewußtsein, das aus diesem Schreiben sprach und das sich zu diesem Zeitpunkt erst auf eine einzige Ausstellung berufen konnte, und trotz der deutlichen Kritik an einem „wesenlosen Kunstverein" war die Kestner-Gesellschaft an einem Austausch mit der Stadtverwaltung durchaus interessiert. Das zeigte sich gleich zu Beginn. Nicht etwa einem expressionistischen Künstler galt ihre erste Ausstellung,[836] sondern Max Liebermann, dem alten Freund Heinrich Tramms und Repräsentanten einer gemäßigten, gesellschaftlich weithin anerkannten Art künstlerischen Schaffens. Im Katalog zur ersten Ausstellung hieß es, es sei Ziel der Kestner-Gesellschaft, „das Verständnis an Kunst zu vertiefen und das Interesse und die Freude an der Kunst zum Nutzen des einzelnen wie der Künstler selber zu beleben … Keine Sonderrichtung soll in unseren Räumen verfolgt werden, hoffen wir doch, Historisch-Gewordenes ebenso zu bringen wie Werke bekannter lebender Größen und in die Zukunft weisende Schöpfungen sich noch entwickelnder junger Kräfte".[837] Für die Zukunft sei geplant, „unbeengt und unbeeinflußt" von allen äußeren Faktoren das Werk jener Künstler zu würdigen, „denen nach unserer Auffassung individuelle Werte innewohnen". Dies sei nicht als „Abstempelung für Gut und Schlecht, für Wertvoll und Minderwertig" zu verstehen, sondern man wolle vielmehr „einen Gesichtswinkel bieten, aus dem heraus ein nachdenkliches Publikum, das Kunstwerke wirklich erfassen und genießen möchte, sich selber Klarheit verschaffen und ein Urteil bilden kann".[838]

Es scheint tatsächlich als „kluger diplomatischer Schachzug"[839] der gerade erst gegründeten Kestner-Gesellschaft zu werten zu sein, dem mächtigen Stadtdirektor zunächst die obligatorische „Referenz"[840] zu erweisen, um dann eine provozierendere Gangart einzulegen. Sowohl der von Paul Erich Küppers verfaßte Artikel ZUR GRÜNDUNG DER KESTNER-GESELLSCHAFT IN HANNOVER, der in der überregionalen Kunstzeitschrift DER CICERONE erschien,[841] als auch der in der hannoverschen Tagespresse veröffentlichte AUFRUF DER KESTNER-GESELLSCHAFT ZUM BEITRITT waren jedenfalls im gleichen gemäßigten Grundton gehalten wie das Vorwort zur Liebermann-Ausstellung. Im AUFRUF nahm die erst tags zuvor offiziell gegründete Kestner-Gesellschaft am 1. September 1916 Stellung zu den Gründen ihres Entstehens. Sie nannte den durch den Krieg verursachten „Stillstand"[842] der materiellen Förderung durch die Stadt und die sich für sie selbst daraus ergebende Pflicht, „den Boden zu bereiten für die so verschiedenen Aufgaben".[843] Auch durch die Namensgebung kündigte die Gesellschaft nicht etwa einen Bruch mit Bisherigem an: „Die neue Vereinigung trägt den Namen Kestner-Gesellschaft! Wir dürfen in Hannover mit dem Namen Kestner den Begriff wirklichen Kunstsinnes und gemeinnützige Opferwilligkeit verbinden: Die neue Vereinigung heißt deshalb so, weil sie damit an die darin enthaltene und bedeutsame Überlieferung anknüpfen und eine Pflegestätte des Kunstsinns und der gemeinsamen Tätigkeit sein will."[844]

Titelblatt des ersten Ausstellungskataloges der Kestner-Gesellschaft. 1916

Alles in allem zeichnete die gerade entstandene Kestner-Gesellschaft ein Bild ihrer Funktion und Aufgaben, das sie als ein Kunstinstitut auswies, welches sich in Absprache mit den bisherigen Gremien und Institutionen durchaus unter Wahrung bereits bestehender Strukturen vor allem jener Kunst widmen wollte, welche bisher noch nicht im wünschenswerten Maß gefördert worden war. Auch der Hinweis auf den Zeitpunkt ihrer Gründung im dritten Jahr des Weltkrieges ließ in der Lesart der Kestner-Gesellschaft eher auf ein Hilfsangebot für die Kunstpflege der kriegsbedingt in Finanznöte geratenen Stadtverwaltung schließen. Eine außerordentliche Bereitschaft zum Wagnis läßt sich aus dem Gründungsdatum jedenfalls nicht ablesen.[845] Robin Lenman schrieb, nach einer anfänglichen kriegsbedingten Paralysierung habe der deutsche Kunstmarkt um 1916 begonnen zu expandieren, „with a high turnover at auctions, art unions and the surviving salons".[846] Die Kestner-Gesellschaft als einer dieser Salons sah ihren eigenen Beitrag zu dieser allgemeinen Entwicklung offenbar zunächst darin, nicht etwa als Oppositionsunternehmen, sondern als zusätzlich entstandenes privates Angebot, gleichsam als Gegenstück zum Bisherigen, solche Veranstaltungen zu präsentieren, die die Stadt und der ihr verbundene Kunstverein derzeit nicht anbieten konnten.[847] Damit war zumindest anfänglich durchaus nicht zwangsläufig ein Disput mit den bestehenden Einrichtungen und Verhältnissen verbunden.[848] Daß die Gründung auch in weiten Teilen der hannoverschen Kunstöffentlichkeit zunächst nicht als Provokation gedeutet wurde, machte ein Artikel in der politisch wie kunstpolitisch konservativen Zeitschrift NIEDERSACHSEN deutlich. Autor des Rückblicks auf die ersten zwei Monate der Arbeit im neuen Kunstsalon war jener Hans Pfeiffer, der nur kurze Zeit später Christof Spengemann gegenüber in einem ausgedehnten Schriftwechsel seine zutiefst ablehnende Haltung zu jeder Form der Moderne im künstlerischen Schaffen offenbarte. Für die Gründung der Kestner-Gesellschaft jedoch fand Pfeiffer nur lobende Worte.[849] Abschließend wünschte er ihr sogar „ein ersprießliches Wirken zur Freude und zum Dank des hannoverschen Volkes und der deutschen Künstlerschaft".[850]

Was hier bereits kurz nach der Gründung der Gesellschaft und interessanterweise von der ansonsten häufig sehr scharf gegen die zeitgenössischen Kunstströmungen angehenden Zeitschrift NIEDERSACHSEN offenbar ohne jedes Mißtrauen angesprochen wurde, war der Gedanke von zwei unabhängigen Kunstvereinigungen in Hannover, dem Kunstverein einer-, der Kestner-Gesellschaft andererseits. Auch Karl Anlauf, der Redakteur des HANNOVERSCHEN KURIERS, sprach diesen Gedanken im Juli 1917 an, als er der Gesellschaft, die sich durch die Berichterstattung dieses Blattes vernachlässigt glaubte, gegenüber beteuerte: „Ich sähe ja auch gar nicht ein, inwiefern ich meinerseits einen Unterschied zwischen den hiesigen Kunstvereinen machen sollte".[851] Die Kestner-Gesellschaft dürfe versichert sein, daß man „Ihre Einsendungen vollständig unparteiisch behandel(e)".[852] Weite Teile der hannoverschen Tagespresse sahen dies in den zwanziger Jahren insofern ähnlich, als sie sich den Veranstaltungen in der Kestner-Gesellschaft nicht mit einem anderen Qualitätsmaßstab, wohl aber in einer anderen Herangehensweise näherten, welche stärker dem hier vertretenen Neuen Rechnung trug. Deutlich wird dies an einem Artikel von Kurt Voß vom Mai 1931, in dem es hieß, die Kestner-Gesellschaft habe „im künstlerischen Leben unserer Stadt eine andere Aufgabe als der Kunstverein. Nicht nur, daß dieser sich im wesentlichen an den sicheren Bestand unserer Kunst halten muß ..., er bietet auch die Hand zu den notwendigen weiten Umblicken im heutigen Kunstschaffen".[853] Die Kestner-Gesellschaft hingegen „gewinnt im Wagen": „Sie darf sich auch einmal an die Außenseite

Haus der Kestner-Gesellschaft in der Königstraße, Foto. Um 1920

begeben, nicht um uns Fragwürdiges aufzudrängen, sondern um uns vom noch umstrittenen Neuen der Entwicklung nicht auszuschließen."[854]

Doch das Bild von den zwei Kunstvereinigungen, die sich in ihrer Arbeit gegenseitig zu ergänzen suchten, war von Beginn an schief. Jedem, der in der Gründungsphase der Kestner-Gesellschaft im Sommer 1916 Einblick in die hannoversche Kunstszene hatte, mußte klar sein, daß die Institution, die in dieser Zeit mit diesem Programm und unter Beteiligung dieser Führungsriege entstanden war, über kurz oder lang mit den vorgegebenen Strukturen kollidieren mußte.

Zunächst jedoch geschah nichts dergleichen. Im Gegenteil: Tramm stellte der Kestner-Gesellschaft anläßlich der ersten Ausstellung ein Liebermann-Porträt aus seinem Privatbesitz zur Verfügung, und diese bedankte sich artig für das Werk, „das eine Zierde unserer Ausstellung war und allgemeine Bewunderung erregte".[855] Auch bei den nächsten Werkschauen, so im August 1917 bei der Paula Modersohn-Becker-Sonderausstellung,[856] zählte der Stadtdirektor zu den Leihgebern der Kestner-Gesellschaft.[857] Als Mitglied gehörte er ihr fast seit der ersten Stunde an.[858] Allerdings ist zu vermuten, daß er die Vereinszugehörigkeit wie auch die Leihtätigkeit eher seiner gesellschaftlichen Position und seinem Ruf als Freund der Künste als angemessen erachtete, als daß sie seinen Neigungen tatsächlich entsprachen. Ein Schreiben der Kestner-Gesellschaft vom September 1929, das an ihn als verständigen Förderer der Moderne appellierte, blieb trotz Nachfrage unbeantwortet. Die Kestner-Gesellschaft hatte den Magistrat um eine finanzielle Unterstützung für die Durchführung dringender baulicher Maßnahmen gebeten und folgendermaßen argumentiert: „Sie, sehr verehrter Herr Stadtdirektor, haben wohl als einziger vom Magistrat sämtliche Ausstellungen in den letzten Jahren gesehen und können deshalb am besten beurteilen, daß es für Hannovers Kunst- und Kulturleben einen großen Verlust bedeuten würde, wenn die Gesellschaft schließen oder ihr Ausstellungsprogramm beschränken müßte."[859]

Die Kestner-Gesellschaft, Anwältin der jungen Generation

Ausgerechnet den ehemaligen Stadtdirektor zum Gewährsmann der Kestner-Gesellschaft zu machen, die zu diesem Zeitpunkt schon fast fünfzehn Jahre in ständiger Antwort auf die von Tramm selbst geprägte offizielle Kunstszene die neuesten künstlerischen Strömungen der Zeit pflegte und förderte, mutet reichlich blauäugig an und ist wohl nur im Zusammenhang mit der zu diesem Zeitpunkt prekärer werdenden Finanzlage der Gesellschaft zu verstehen. Welche Veranlassung hätte Heinrich Tramm haben können, ihr durch die Bereitstellung von Mitteln unter die Arme zu greifen? Im Vorwort zur zweiten Ausstellung hatte die Kestner-Gesellschaft schließlich den Grundstein für jene Abrechnung mit seiner Kunstankaufspolitik gelegt, die immer wieder zum Ausgangspunkt neuer Verunglimpfungen geworden war und Tramms großangelegten Plänen und letztlich auch seiner Person Schaden zugefügt hatte.

Es hieß in diesem Vorwort: „Eine Stadt von der lebendigen Gegenwart und Bedeutung Hannovers kann sich nicht damit begnügen, nur die Beispiele klassisch gewordener Kunst, nur die unantastbaren Höhepunkte der großen Entwicklungslinie kennenzulernen. Will sie den Geist der Gegenwart begreifen und ein wahrhaft umfassendes Verstehen der Kunst gewinnen, so muß sie auch die Kunst der Jungen und Jüngsten, ihre Versuche und Wagnisse prüfen und kennenlernen."[860] Zu lange habe man hier die Augen vor diesem Neuen verschlossen und alles unwillig von sich gewiesen, „was die ausgetretene, bequeme Landstraße des Gewohnten und Überlieferten verließ". Alles sei an „der Elle des alten Kaulbach" gemessen worden, ansonsten habe man sich an den „sorgfältig ausgeführten idyllischen Bildern" erfreut, mit denen „eingesessene Künstler ein kongeniales Publikum versorgten". Die Kestner-Gesellschaft beschrieb die Atmosphäre, die eine derart aufeinander abgestimmte und eingespielte Kunstszene in Hannover geschaffen hatte, mit jenem Begriff der „behagliche(n) Mittelwärme",[861] welcher für länger als das nächste Jahrzehnt zur Erkennungsparole aller Gegner der Kunstpolitik Heinrich Tramms wurde.[862] Dieser stelle sich zwar gern als Anhänger der Werke Corinths, Slevogts, Liebermanns und Paula Modersohn-Beckers dar, so kommentierte die Kestner-Gesellschaft, er habe aber ebensowenig wie sonst irgend jemand im offiziellen Hannover den „hinreißenden Schwung impressionistischer Malerei"[863] verstanden. Die „Ekstasen der neuen Generation" schließlich seien „vollends"[864] unverstanden geblieben.

Diese Beschreibung der hannoverschen Kunstszene deckte sich durchaus mit der Wirklichkeit. Die Abschottung gegenüber vielem, was von außen kam, verbunden mit der Bevorzugung ortsansässiger Künstler, die Zurückweisung des Experiments zugunsten der Pflege einer behaglichen Selbstgenügsamkeit mußten bei jeder Bestandsaufnahme als die Pfeiler des hannoverschen Kunstlebens erkannt werden. Jeder, der auch nur an einen von ihnen Hand anlegte, drohte, das gesamte, seit Generationen gewachsene Kunstgefüge zum Einsturz zu bringen.

Ihre Gründung sei für den, „der die tieferen Strömungen des hannoverschen Kunstlebens in den letzten Jahren verfolgt hatte",[865] nicht unerwartet gewesen, behauptete die Kestner-Gesellschaft in einem ersten Rückblick 1918. Diese Aussage freilich galt nur für die wenigen Kritiker der Strukturen, für jene, die zu diesem Zeitpunkt „die starken Anregungen von außen"[866] tatsächlich vermißten, die „unter die Oberfläche der Dinge einzudringen" und sich von der gegenständlichen Kunst zu lösen trachteten und „aller Einseitigkeit aus dem Wege gehen wollten".[867] Für sie war die Gründung der Kestner-Gesellschaft im Sommer 1916 der ersehnte „Blitzstrahl in der Dunkelheit der nordwestdeutschen Ebene", wie ihn Hans Kaiser beschrieb,[868] und der erste Schritt auf dem Weg der „Erhebung Hannovers zur Kunststadt",[869] wie Christof Spengemann kommentierte. Der große Zuspruch, den die Kestner-Gesellschaft in den ersten Monaten nach ihrer Gründung erfuhr, machte deutlich, welche Bedeutung ihr, die laut Gründungsurkunde gerade 74 Mitglieder zählte,[870] zu dieser Zeit mitten im Krieg geschenkt wurde.

Vielen anderen indes kam ihre Entstehung so unerwartet wie unerwünscht. Bei ihnen mußten das Selbstbewußtsein und die Entschlossenheit, die schon aus dem Vorwort des Katalogs zur zweiten Ausstellung im November 1916 sprachen, Befremden hervorrufen, ja der hier vorgetragene Ton mag ihnen sogar Angst gemacht haben. Da hieß es: „Aber auch mit dem forschesten und einseitigsten Widerstand hält man die Zeit nicht auf. Geschrei ist nichts als eitel Wind, der keine geniale Tat erschüttern kann. Was einst als Wahnsinn oder Witz verschrieen, ist jetzt gefestigter Kulturbesitz, und die Revolutionäre von gestern sind die Klassiker von heute."[871] Das klang nun zwar am Ende durchaus versöhnlich, indem man den steten Fluß in der Kunst vom einst radikal Neuen zum allmählich Bekannten und Akzeptierten andeutete und beteuerte, Neues ebenso wie „Historisch-Gewordenes"[872] bringen zu wollen. Doch bei näherem Hinsehen mußte sich für jene, die die Überzeugung nicht teilten, daß die Kunst sich stets weiterentwickele, eine Mahnung ablesen lassen: Wer sich ausschloß und versuchte, „die Zeit aufzuhalten", den strafte die Kunst. Dieser Gedanke prägte sich im folgenden in vielen Publikationen der Kestner-Gesellschaft immer deutlicher heraus. Besonders als sich ein Ende des Krieges, jenes Zerstörers aller Kultur, abzeichnete und die Katalogvorworte der Kestner-Gesellschaft zunehmend emphatischer die Vision einer neuen, friedvollen und nationenübergreifenden Weltordnung heraufbeschworen, werteten ihre Autoren jene, die sich in diesem historischen Moment nicht der jungen Kunst zuwandten, als Verhinderer einer besseren Zukunft und damit als Opponenten.

Wie viele Künstler und Kulturschaffende der Zeit baute die Kestner-Gesellschaft nun, da die angeblich so verdienten Kräfte in Politik, Militär und Wirtschaft offenkundig versagt hatten und die innerliche Verwüstung in Deutschland nicht hatten verhindern können, auf die junge Generation als Verkünderin eines neuen und in jeder Hinsicht besseren Zeitalters. „Die Zeit war schuldig geworden",[873] schrieb Paul Erich Küppers im Vorwort des Katalogs zur Erich Heckel-Ausstellung im Januar 1919; man habe zu lange im materiellen Überfluß gelebt und die Idealisten zu lange verlacht. Man „haßte die Jugend, weil man lau geworden war". Nur die jungen Künstler „als die feinsten Seismographen der Zeit fühlten den Umschwung seit

Jahren voraus. In ihren Werken wetterleuchtete schon das Kommende, in ihrer Seele brannte die Sehnsucht nach Umkehr und Einkehr."[874] Allein die junge Kunst lasse „inmitten dieser Umwälzungen"[875] noch hoffen. Kunst als „die strahlendste Äußerung menschlichen Geistes"[876] sei ohnehin das einzige, was in dieser Zeit des Umbruchs und Chaos nicht betrüge: „Sie ist die Hoffnung, da das Alte fiel. Sie ist mit hingerissenem Herzen am Werk und verdient unsern Glauben."[877]

In dem mit ganzer Leidenschaft und dem typischen expressionistischen Pathos ersehnten Herannahen einer neuen Zeit steckte immer auch die Abrechnung mit dem Bisherigen, mit wirtschaftlichen, politischen und gesellschaftlichen Fehlentwicklungen der Vergangenheit, die das jüngst ertragene Leid der jungen Generation im Krieg doppelt sinnlos erscheinen ließen. Die Kestner-Gesellschaft stand seit ihrer Gründung auf der Seite der Jungen. Jugend und Kunst gaben ihr im November 1918, inmitten von „Rauch, Gewölk und Finsternis",[878] den Glauben an die die „Menschheit aufbauende, heilige, geistige Sendung",[879] und Jugend und Kunst waren für sie auch die Wegbereiter dieses Starken, Neuen.

Der ‚Verrat der Führungsriege'. Die Gründer der Kestner-Gesellschaft und ihre Haltung zum offiziellen Kunstbetrieb. Wilhelm von Debschitz und Albert Brinckmann

Die Abrechnung mit der Vergangenheit war zu groß angelegt, die Aufkündigung des Vertrauens in einst bewährte Strukturen zu massiv und die Hoffnung auf ein besseres Morgen für die ganze Menschheit zu tief, als daß in den Vorworten der Ausstellungskataloge die Beschränkung auf die hannoversche Situation sinnvoll erschien. Die Stadt war nur der engste Rahmen für die Beobachtung allgemeiner politischer Fehlentwicklungen und gesellschaftlicher Defizite. Lokale Besonderheiten anzuprangern oder gar Namen zu nennen, schien müßig und widersprach dem Blick auf das Gewaltige, Grenzen Überwindende und die Menschheit Verbindende. Und doch erkannten die hannoverschen Kunstpolitiker mit Heinrich Tramm an ihrer Spitze offenbar sehr genau die Kritik an den bisherigen kunstpolitischen Praktiken. Besonders Tramm mußte bereits in der Gründungsphase der Gesellschaft immer deutlicher zu der Überzeugung gelangen, es braue sich in seiner nächsten Umgebung eine Verschwörung zusammen, die nicht zuletzt auf die Beseitigung seines persönlichen Einflusses in der städtischen Kunstpolitik abzielte. Keiner der maßgeblich Verantwortlichen in der Gründungsmannschaft der Kestner-Gesellschaft war erst anläßlich ihrer Konstituierung nach Hannover gekommen.

Alle waren sie mit den kunstpolitischen Verhältnissen in Hannover bestens vertraut. Die Männer der ersten Stunde der Gesellschaft hatten zugleich Schlüsselpositionen in dieser städtischen Kunstpolitik inne. Daß sie sich nun kollektiv für eine Institution stark machten, die „unbeengt und unbeeinflußt"[880] ihren rein privaten Charakter betonte, war auch als deutliche Antwort auf jenes Umfeld zu verstehen, in dem jeder von ihnen seit längerem Erfahrungen gesammelt hatte. Ein Stab von Leitern jener städtischen Kunstinstitutionen – die bisherige Exekutive kunstpolitischer Entscheidungen Heinrich Tramms – machte sich gleichsam in einer Nische selbständig, die keine Einflußmöglichkeiten für die Stadt bot, und man begann, Kunst zu fördern, wie sie hier bislang weitgehend unbekannt war.

Zu diesem Stab gehörte als Mitbegründer und Mitglied des ersten Vorstands Wilhelm von Debschitz, der seit 1913 Leiter der städtischen Kunstgewerbeschule war. Mit seinem Einsatz für das Entstehen der Kestner-Gesellschaft machte Debschitz im Spätsommer 1916 zum ersten Mal seit seinem Amtsantritt eine an zeitgenössischer bildender Kunst interessierte Öffentlichkeit auf sich aufmerksam. Gut anderthalb Jahre später, im Frühjahr 1918, schrieb der Siebenundvierzigjährige unter dem Eindruck des Weltkrieges: „Not lehrt in sich schauen, lehrt das Gewissen erleben, zeigt der Generation ihr Gesicht, reißt die Larve herunter und schreit: ‚Du bist auf Deine eigene Kraft gestellt, nicht auf die Autorität vergangener Zeiten.'"[881] Ein halbes Jahr später, im November 1918, schloß sich Debschitz dem Revolutionären Kunstkommittee an, welches den Spielplan des ehemals Königlichen Theaters in der Georgstraße zu reformieren versuchte. Zu diesem Zeitpunkt war Debschitz, der seine Schüler in der Kunstgewerbeschule zur Herausbildung eigener künstlerischer und auch kunstpolitischer Positionen anhielt, häufiger Mitarbeiter der kurzlebigen sozialistischen Wochenschrift FREIES DEUTSCHLAND, wo er ebenso wie im HOHEN UFER emphatisch seiner Hoffnung auf die Geburt eines neuen friedfertigen und toleranten Zeitalters Ausdruck gab. Wenngleich gesundheitliche Gründe seine Tätigkeit in Diensten der Stadt Hannover im Jahr 1919 beendeten und wenn auch, anders als im Fall Brinckmann, nichts über ein Zerwürfnis zwischen dem Leiter der Kunstgewerbeschule und der Stadtverwaltung bekannt geworden ist, so ist doch anzunehmen, daß das vehemente Eintreten von Debschitz sowohl für die künstlerische Moderne als auch für – inhaltlich freilich diffus bleibende – gesellschaftlich-politische Veränderungen von seinem städtischen Arbeitgeber nicht gern gesehen wurde.

Bei Albert Brinckmann, einem zweiten ‚Vater' der Kestner-Gesellschaft, blieben die mit der Gründung verknüpften Hoffnungen ausschließlich auf die Verwirklichung künstlerischer Ziele beschränkt. Wegen der ständigen Maßregelungen, die Brinckmann seit dem Beginn seines Direktorats im Kestner-Museum im April 1912 als erniedrigend und ehrverletzend empfunden hatte, war es schon vor der Gründung der Kestner-Gesellschaft zu Auseinandersetzungen zwischen ihm und Heinrich Tramm gekommen. Anfänglich war Brinckmann, 1877 in Hamburg als Sohn des Leiters des dortigen Museums für Kunst und Gewerbe geboren,[882] für Tramm ein willkommener Partner, erhoffte er sich doch durch ihn gute Beziehungen zur Hamburger Museumsszene.[883] Zudem ließ die bisherige Laufbahn des Fünfunddreißigjährigen[884] nicht befürchten, daß Brinckmann sich in Hannover auf die Seite der künstlerischen Moderne schlagen würde. Seine letzte Dienstherrin, die Königlich-Württembergische Zentralstelle für Gewerbe und Handel, attestierte im März 1909, „obwohl den Äußerungen moderner ästhetischer Kultur nicht teilnahmslos gegenüber, hat Herr Dr. Brinckmann doch ... die ausgesprochene Vorliebe für die historisch gewordene Kunst und Kultur beibehalten".[885]

Erste größere Differenzen waren nicht in einer zu modernen Ankaufspolitik Brinckmanns begründet,[886] sondern in einer gewissen Dünkelhaftigkeit des Museumsleiters, der sich häufig gereizt über eine in seinen Augen zu geringe Bezahlung seiner Arbeit beklagte.[887] In der Weihnachtszeit 1917 tauchte dann erstmals ein Argument auf, das einen Rückschluß auf Brinckmanns Engagement für die Kestner-Gesellschaft zuließ. In einem geharnischten Antwortschreiben auf einen indignierten Brief, in dem Brinckmann sein „Scheindirektorat" im Kestner-Museum beklagt und „volle(.) Selbständigkeit"[888] für sein Amt gefordert hatte, formulierte Tramm voller Hohn: „Wenn Sie sich inzwischen gewandelt haben und mehr zu der modernsten Richtung neigen, so schließen wir uns diesem Kunstgeschmack nicht an."[889] Ein weiteres Mal wurden Brinckmanns Proteste vom Magistrat zurückgewiesen, der auf seine Bitte um Unterstützung ausgesprochen verständnislos reagierte.[890] Bis zum Ende der ‚Ära Tramm' waren Brinckmann in Anbetracht einer derart getreuen Hausmacht des Stadtdirektors die Hände gebunden. Er füllte somit die Doppelrolle mit einigem Erfolg aus, die ihn einerseits als Leiter des Kestner-Museums „in Gemeinschaft"[891] mit dem Stadtoberhaupt das Konzept einer Städtischen Galerie ausarbeiten und andererseits als einen der Verantwortlichen in der Kestner-Gesellschaft für die Ausprägung eines ganz anderen und zunehmend oppositionell angelegten Kunstbegriffs tätig sein ließ.[892]

Angesichts der Umwälzungen des Herbsts 1918 jedoch bemühte sich Albert Brinckmann um Änderungen. Sie betrafen in erster Linie den Ankaufsmodus und die Frage der Kompetenz der Museums-Kommission.[893] An den neuen sozialdemokratischen Oberbürgermeister Robert Leinert richtete er sofort nach dessen Amtsantritt in einer Reihe von Briefen die Bitte, „ihm als dem vor der gesamten Öffentlichkeit verantwortlichen Leiter der städtischen Sammlungen im weitesten Umfange die Entscheidung in allen die Vermehrungen der Sammlungen betreffenden Fragen zuzugestehen und ihm im Rahmen des jährlichen Ankaufsfonds im größeren Maße als bisher die Möglichkeit zu freiem Handel zu geben".[894] Befragt, warum er erst jetzt mit seinen Forderungen an die Öffentlichkeit trete, antwortete er im August 1919, er habe, ohne eingreifen zu können, Tramms oft dilettantische Kunstpolitik hinnehmen müssen.[895] Als Tramm von diesen Vorwürfen erfuhr, nahm er sie zum Anlaß, seinerseits in den städtischen Gremien rückblickend Brinckmanns Arbeit zu beurteilen. Dieser fühle sich jetzt wohl sicherer und hoffe, mit Unterstützung der Sozialdemokraten „moderne expressionistische Bilder"[896] ankaufen zu können. Gerade in letzter Zeit habe er ja bereits begonnen, sich von der Kestner-Gesellschaft auch in seiner Arbeit als Leiter des Kestner-Museums beeinflussen zu lassen. Brinckmann erwiderte daraufhin, „daß er der expressionistischen Kunst mit vollem Herzen gegenüberstehe, das habe für ihn aber nicht die Bedeutung, daß er lediglich die Werke dieser Richtung für die Galerie kaufen wolle".[897] Deutlich klang im folgenden ein Gedanke an, der auch für die Kest-

Albert Brinckmann, Ölgemälde (Künstler unbekannt). Um 1917

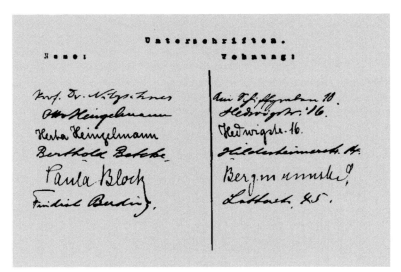

Auszug aus der Unterschriftenliste zugunsten Albert Brinckmanns. Dezember 1919

ner-Gesellschaft bestimmend war: „Er wolle sich überhaupt nicht auf eine Richtung festlegen, sondern sich immer bemühen, Kunstwerke zu kaufen."[898] Auf die höhnische Frage Heinrich Tramms, warum er denn nicht schon lange mit ähnlicher Konsequenz aufgetreten sei, erwiderte Brinckmann, er sei zwar „innerlich nicht einverstanden gewesen",[899] habe aber „in einer gewissen Resignation"[900] geschwiegen, weil er seinen Posten nicht habe riskieren wollen. Wo er mit Offenheit reagierte, konterte Tramm mit Überheblichkeit und Ironie. Im Dezember 1919 gestand er der Kestner-Gesellschaft zwar zu, „daß sie ... einzelne gute Veranstaltungen gemacht habe und auch ein sehr interessanter Faktor im städtischen Leben sei",[901] indes „in bestimmten Kreisen anders beurteilt werde",[902] als es ihre Anhänger Glauben machen wollten. Brinckmann selbst halte er „sonst für einen ganz gescheiten Menschen, er sei aber kein Meister des geschriebenen Wortes".[903]

Neben dem Verständnis für Albert Brinckmanns schwierigen kunstpolitischen Spagat zwischen Kestner-Museum und Kestner-Gesellschaft und der Würdigung seines Einsatzes für die moderne Kunst waren es vor allem diese böswilligen Verunglimpfungen Tramms, die viele hannoversche und auch auswärtige Beobachter für den drangsalierten Museumsleiter und gegen dessen Dienstherren einnahmen. Christof Spengemann etwa trat für ihn in DIE BILDENDE KUNST IM NEUEN HANNOVER[904] und im ZWEEMANN ein;[905] Hans Kaiser unterstützte ihn im HOHEN UFER.[906] Die VOSSISCHE ZEITUNG veröffentlichte einen Beitrag mit dem zweideutigen Titel DIE KUNST AN DER LEINE, in dem sie das Verdienst Brinckmanns für die „geistige Physiognomie Hannovers"[907] würdigte und neben die Betrachtung seines Wirkens am Kestner-Museum jene der Arbeit der Kestner-Gesellschaft stellte, „um die uns ganz Deutschland beneidet und deren Form neuerdings für mehrere andere Städte vorbildlich geworden ist".[908] Am Ende polemisierte der Autor gegen jene „andere(.) Persönlichkeit", „deren unverantwortlicher Einfluß schon seit langem jeden Versuch, die Entwicklung der Kunststadt Hannover in zeitgemäße Bahnen zu lenken, vereitelt hat".[909] Der Beitrag erschien zwar nicht in Hannover, doch sein Verfasser war ein Hannoveraner, der von „unserer Kestner-Gesellschaft"[910] schrieb und offensichtlich harsche Kritik an Heinrich Tramm übte.

Das wiederum forderte den Widerspruch anderer Kommentatoren heraus. Einer von ihnen würdigte in der DEUTSCHEN VOLKSZEITUNG die Leistungen des ehemaligen Stadtdirektors, der das hannoversche Kunstleben „im guten Sinne"[911] jahrzehntelang beeinflußt habe. Dies könne man von Brinckmann und der Kestner-Gesellschaft nicht behaupten: „Wir verkennen keinesfalls die Verdienste, die Albert Brinckmann sich um die Bereicherung des Kunstlebens unserer Stadt erworben hat. Es läßt sich jedoch andererseits auch nicht verkennen, daß die Beeinflussung Brinckmanns eine durchaus *einseitige* war, lediglich darauf gerichtet, der übermodernen Kunst Eingang in Hannover zu verschaffen."[912] Bei aller Hochachtung vor der Arbeit der Kestner-Gesellschaft und aller Sympathie für Brinckmanns Wirken, so der Beitrag in der DEUTSCHEN VOLKSZEITUNG abschließend, sei man froh, daß der Konflikt zwischen Museumsleiter und Stadtdirektor nun, 1920, mit dem Weggang Brinckmanns beendet werde. Schließlich sei man der Meinung, „daß Hannover *nicht* der geeignete Boden für die Experimente der Moderne ist."[913]

Paul Erich Küppers und die Kestner-Gesellschaft

Vom „steinigen Boden",[914] den Hannover der künstlerischen Avantgarde bot, sprach mit Paul Erich Küppers auch jener Mann, der weit mehr noch als Wilhelm von Debschitz und Albert Brinckmann für das Gedeihen der Kestner-Gesellschaft in den ersten Jahren ihrer Existenz verantwortlich war. Auch Küppers war zum Zeitpunkt der Gründung, erst siebenundzwanzigjährig, bereits gut mit den hannoverschen Verhältnissen vertraut. Nach der Kindheit in Essen als Sohn eines Bergwerksbesitzers und den Schuljahren am Reform-Internat in Haubinda hatte er ein Studium der Kunstgeschichte, Literatur, Musikwissenschaften und Geschichte an den Universitäten in München, Tübingen und Kiel absolviert, das er im Herbst 1913 mit einer Dissertation über ein Thema der Renaissance abschloß.[915] Zu dieser Zeit war der junge Paul Erich Küppers ein schwerkranker Mann. 1911 war er an Tuberkulose erkrankt.[916]

1913 zog die neunköpfige Familie nach dem Konkurs des elterlichen Betriebes nach Hannover.[917] Als im Jahr darauf der Erste Weltkrieg ausbrach, verpflichtete sich der junge Kunsthistoriker, sofort als kriegsuntauglich eingestuft, ein Jahr unentgeltlich als wissenschaftlicher Hilfsarbeiter am Kestner-Museum tätig zu sein. Im April 1915 teilte Albert Brinckmann mit, Küppers, der ihm „von befreundeten Kollegen bestens empfohlen"[918] worden sei, sei nunmehr als Volontär im Kestner-Museum beschäftigt. Vier weitere Jahre blieb Küppers Brinckmanns Assistent, doch wandte sich sein Interesse immer mehr solchen künstlerischen Gebieten zu, die hier nicht weiter gepflegt wurden, und so war das Schreiben vom Ende April 1919, in dem Brinckmann dem Magistrat mitteilte, sein Mitarbeiter habe mittlerweile den Dienst quittiert, „um sich gänzlich den Bestrebungen der hiesigen Kestner-Gesellschaft widmen zu können",[919] nur logische Konsequenz.

Seit seinen Anfängen am Kestner-Museum hatte Paul Erich Küppers, vornehmlich für den HANNOVERSCHEN KURIER, später auch für Kunstzeitschriften wie den CICERONE Georg Biermanns, Artikel über bestimmte Exponate oder auch über Ankäufe des Hauses verfaßt. Waren diese zunächst überwiegend beschreibender Art gewesen, so ließ sich schon bald ein stärker persönlich beteiligter Ton herauslesen. In einem Artikel vom Juni 1916 hieß es: „Männer, die uns einst in ihren Bann zwangen, haben die Macht über uns verloren. Das ist nun nicht so, als sei daran allein das Nachlassen ihrer Kraft schuld. Nein, sie sind die Alten geblieben, aber wir sind andere geworden. In uns, der jüngeren Generation, sind andere Ideen, andere Anschauungen, andere Wünsche lebendig als in ihnen."[920] Es wäre ungerecht, so Küppers in seinem Beitrag für den HANNOVERSCHEN KURIER weiter, die Alten dafür zu schelten, denn „sie haben ihre Stelle in der großen Entwicklung ausgefüllt". Daß die Zeit bei ihnen nicht stehen bleibe, sei jedoch selbstverständlich, auch sie schließlich müßten „der Jugend Platz machen, so wie einst die Alten vor ihnen haben weichen müssen".[921]

Die Beschwörung der Generationenfolge, des schnellen Wandels des einst revolutionär Neuen, das das widerstrebende Alte allmählich beiseite schiebe, hat große Ähnlichkeit mit den Vorworten der Kataloge der Kestner-Gesellschaft. Bis zu seinem plötzlichen Tod im Januar 1922, nach einer harmlos scheinenden Grippe, hieß der Verfasser fast aller Publikationen der Gesellschaft Paul Erich Küppers. Daß unmittelbar nach seinem Tod erwogen wurde, die Stelle des künstlerischen Leiters vorerst nicht mehr zu besetzen,[922] und auch daß die Katalogproduktion für die nächsten Jahre zum Stillstand kam,[923] hatte nicht nur damit zu tun, daß die Inflation eine kontinuierliche Arbeit mittlerweile außerordentlich erschwerte.[924]

Vielmehr war mit dem Tod von Paul Erich Küppers ein bedeutsamer Abschnitt der Geschichte der Kestner-Gesellschaft beendet.[925] Der Vorstand erkannte das schnell. In einem Nachruf vom 7. Januar 1922 trauerte er um diese „von reinem Idealismus erfüllte(.) Persönlichkeit",[926] die sich mutig und unbeirrt, dabei jedoch stets zur Auseinandersetzung bereit, für die künstlerischen Ziele der Gesellschaft eingesetzt habe.[927] Idealismus und Begeisterungsfähigkeit hob auch der Dichter Adolf von Hatzfeld in einem Nachruf auf den Freund hervor, in dem es hieß, Küppers sei der „ach so seltene Typ des Kunsthistorikers"[928] gewesen, „der durch sein tägliches Leben die Kunst in lebendiges Leben verwandelte, indem er diese moderne Kunst, die vielen abseits und verhöhnt an der Peripherie des Lebens stand, in dieses Leben hineinschob und sie zu einem seiner notwendigen Bestandteile machte".[929]

Sehr unterschiedliche Eigenschaften und Fähigkeiten hatten Paul Erich Küppers im Sommer 1916 die mit einem hohen Maß an Unabhängigkeit verbundene Position des künstlerischen Leiters eingetragen; die Krise, in die sein Tod die Kestner-Gesellschaft jetzt, im Winter 1922, stürzte, bewies, daß die Entscheidung für den jungen Kunsthistoriker ausgezeichnet gewesen war. Küppers war nicht ausübender Künstler,[930] aber er hatte schon vor seiner hannoverschen Zeit damit begonnen, privat moderne Kunst zu sammeln und „Schrittmacher der jungen Kunst"[931] zu sein. Gemeinsam mit seiner Frau Sophie, einer Enkelin des Gründers der Münchener FLIEGENDEN BLÄTTER, die gemeinsam mit ihm studiert hatte,[932] kaufte er bereits

Paul Erich Küppers, Foto. Um 1920

Werke von Nolde, Klee, Kirchner und Kandinsky, als das Paar noch in bescheidenen Verhältnissen lebte.[933] 1919 erlaubte eine größere Erbschaft nicht nur den Ankauf weiterer Werke, sondern auch, in der nun größeren Wohnung die Geselligkeit eines halb beruflichen, halb privaten Bekanntenkreises zu pflegen, der ständig an Mitgliedern zunahm.[934]

Sophie Küppers[935] erinnerte sich an die Zusammenkünfte im Hause Küppers, die oft durch Vorträge, Klavierkonzerte oder Dichterlesungen eingeleitet wurden und fließend übergingen in ausgelassene Runden voller Anspielungen und gutmütiger Frotzeleien: „Ein ständiges Kommen und Gehen der verschiedenen schöpferisch tätigen, ausgefallenen Leute war das Normale für unser Haus."[936] Der Kunsthistoriker Karl With, selbst einer der Vortragenden in der Kestner-Gesellschaft und Mitglied dieses Freundeskreises, urteilte rückblickend: „Die Zeit war darum so groß, weil es überall gärte. Wir wendeten uns weg von Raphael, Praxiteles und der Renaissance."[937] Als Withs Doktorvater an den geistigen Fähigkeiten seines Schülers zweifelte, weil dieser behauptet hatte, bei den aus Java und Bali mitgebrachten Exponaten handele es sich um Kunst, fand er in Küppers einen interessierten und verständnisvollen Freund und Förderer: „Ich suchte Küppers in seinem schönen Haus auf und fand ihn wunderbar echt. Großartig vital war sein Verständnis und sein Enthusiasmus für das Kunstgeschehen der Zeit. Welches Glück, daß die Woge der Zeit mich nach Hannover geschwemmt hat. Hier war dasselbe Suchen und Finden. Hier war stimulierendes Leben, nicht von außen angekurbelt, sondern von innen heraus."[938]

Diskussionsabende in der Küppersschen Wohnung und in der Kestner-Gesellschaft scheinen „nicht weniger stürmisch"[939] abgelaufen zu sein als in Berlin. Küppers war als Redner ebenso gewandt wie als Autor von Katalogtexten und Büchern und profitierte in beidem gleichermaßen von der Gabe, anderen Menschen das zugänglich zu machen und zu vermitteln, was ihn selbst begeisterte. Vielleicht auch, weil er als Kunstfreund zwischen seinem beruflichen und privaten Leben keine Grenzen zu ziehen vermochte, war seine Fähigkeit außerordentlich groß, jene zu motivieren, die bereit waren, an seiner Freude und Überzeugung teilzuhaben. Küppers war ein „begeisterter Interpret der neuen Kunst",[940] der sich mitteilen mußte und den auch krankheitsbedingte Abwesenheiten von Hannover nicht davon abhalten konnten, sich kämpferisch, kritisch und vor allem voll tiefer ehrlicher Begeisterung für die künstlerische Jugend einzusetzen, jene Menschen also, die vielfach etwa gleichaltrig mit ihm waren.[941]

„Dr. Junge",[942] wie Christof Spengemann den ersten künstlerischen Leiter der Kestner-Gesellschaft in den Studien für seinen nie erschienenen Roman DIE INSEL DER BIERSELIGEN fast liebevoll nannte, gelang dabei in den Eröffnungsreden seiner Ausstellungen wie in den Flugschriften und Katalogen die Zeichnung einer Jugend, die dem Bruch mit Bisherigem die organische Generationenfolge entgegenstellte. Küppers verstand unter Jugend „eine Gemeinschaft, geeinigt durch das große inbrünstige Ziel einer geistigen Kunst".[943] Kunst einerseits und Jugend andererseits waren für ihn die Garanten der Zukunft, die kraft des Idealismus, die sie in sich trügen, den Weg aus diesem „Sumpf von Schiebertum, Neid und Habgier"[944] des Jahres 1920 weisen könnten. Jungsein war ihm dabei immer „ein Glück",[945] aber „allein noch kein Verdienst".[946] Nur eine Jugend, die ihre Aufgabe darin erkenne, voranzuschreiten und ihre Führerrolle verantwortungsbewußt auszufüllen, entsprach seiner Vision. Diese Jugend verneine in ehrlicher Anerkennung der „Errungenschaften der Väter"[947] nicht deren Bedeutung und erkenne an, daß sie auf demselben Boden wachse, den „jene pflügten"; sie wolle „sich allerdings auf andere Art ausleben, will sich gemäß ihres anders gearteten Engagements entsprechend ihrem anders gerichteten Wollen entwickeln".[948] In diesem Wollen nun sei sich die Jugend einig; „vielgestaltig und mannigfaltig" hingegen seien „ihre Schöpfungen und die Wege, auf denen sie ihren Zielen zustrebt".[949]

Ähnlich wie zur gleichen Zeit Christof Spengemann ging es auch Paul Erich Küppers darum zu verdeutlichen, aus welchen Gründen er sich so vehement für die moderne zeitgenössische Kunst einsetzte. Er betonte die Bereitschaft der jungen Kräfte, das Erbe der Alten anzutreten, statt es zu verwerfen. Ebenso eindringlich versicherte er, nicht ausschließlich eine Richtung könne Spiegel der künstlerischen Moderne sein, sondern diese sei gerade durch die Konkurrenz unterschiedlicher und in sich widersprüchlicher, kontrastierender Ausdrucksformen bestimmt.

Mit beidem, der Negierung des Kunstrevolutionären im Programm der Kestner-Gesellschaft einerseits und der Erweiterung des herkömmlichen Kunstbegriffs andererseits, gab Küppers zu einem sehr frühen Zeitpunkt in der Geschichte der Gesellschaft deren konstitutive programmatische Motivation vor. Den „steinigen Boden Hannovers" gleichsam „mit frischem Geist (zu) durchtränken",[950] wie er es nannte, und zwar mit Neuem wie mit Altem, mit Bekanntem wie mit Unbekanntem, war er 1916, wie Michael Stoeber es beschrieb, als „Aufklärer im Dienste der Kunst"[951] angetreten. Als er sechs Jahre später starb,[952] war die Gesellschaft ein „für die moderne Bewegung tonangebendes Institut"[953] im Reich geworden. Er selbst galt weithin als ein künstlerischer Leiter, dessen „intelligente Fürsorge"[954] und „geschäftlich völlig uninteressiertes, daher nur nach lautersten künstlerischen Gesichtspunkten orientiertes Vorgehen" der Kestner-Gesellschaft zu „staunenswerten Ergebnissen"[955] verholfen habe. Drei Vorträge der Kestner-Gesellschaft hat Küppers in dieser Zeit selbst gehalten. Schon ihre Titel machen den weiten Bogen des Interesses dieses beweglichen Kunstenthusiasten deutlich: DER IMPRESSIONISMUS UND SEINE GEISTIGEN VORAUSSETZUNGEN (18. Oktober 1916), DIE NEUE KUNST UND IHRE GRUNDLAGEN (16. Dezember 1916) und DER KUBISMUS (19. März 1921). Letzterer stand im Zusammenhang mit seinem Buch über den Kubismus als künstlerisches Formproblem, das im Jahr zuvor erschienen war. Hier war Küppers leidenschaftlich für den Versuch des Kubismus eingetreten, das „Unendliche" und „Kosmische"[956] auszudrücken und zu spiegeln.

Daß sein Interesse am Kubismus zwar tiefempfunden und nachhaltig war, ihn aber nicht von der Auseinandersetzung mit anderen künstlerischen Äußerungen der Zeit abhielt, machte eine weitere Veröffentlichung aus dem Jahr 1920 deutlich: das Kestner-Buch. Das Kestner-Buch[957] war der für Hannover einmalige Versuch, mit einem Buch „Ausdruck einer Gesinnung" zu sein, welche ihre Ziele „jenseits von Zahl und Materie"[958] suchte. Es faßte überwiegend unveröffentlichte Lyrik und Epik zusammen, darunter Thomas Manns Beitrag SCHULKRANKHEIT, hinter dem sich der erste Teil der BEKENNTNISSE DES HOCHSTAPLERS FELIX KRULL verbarg,[959] sowie Arbeiten von Alfred Döblin, Paul Kornfeld, Walt Whitman, Else Lasker-Schüler, Theodor Däubler und Wilhelm Worringer.[960] Dazu kamen Holzschnitte von Lyonel Feininger, Erich Heckel, Ernst Barlach und Kurt Schwitters sowie Steinzeichnungen von Paul Klee, Otto Gleichmann und Max Burchartz.[961] Heute gilt das Kestner-Buch als „seltene, kostbare Inkunabel der modernen Kunst",[962] als aufwendig gestaltete Veröffentlichung, die Vertretern eines neuen künstlerischen Empfindens aus dem Bereich der Dichtung, der Kunstkritik und der bildenden Kunst ein Forum bot.

Bewußt nahm das Kestner-Buch – wie viele andere Publikationen im Hannover in jenen Jahren – keine politische Prosa auf. Es wandte sich ab „von den lärmenden Kämpfen der äußeren Zeit" und versuchte, „einen Einblick zu geben in die grenzenlose Entlegenheit, in der Dichter und Künstler unserer Tage in hingerissenem Streben die niederdrückende Last des Stoffes zu überwinden trachten".[963] Ähnlich wie Christof Spengemann erfüllt von dem durchaus auch religiös verstandenen und eruptiv vorgetragenen Pathos des Expressionismus, mißtraute Küppers dem „lärmenden Getümmel des Tages" und der „grellen, mißtönenden Vielstimmigkeit der Gegenwart".[964] Er stellte einer politischen Positionsbestimmung das zeitlose Ideal eines „von innigem Ernst und ehrlichem Wollen"[965] erfüllten Künstlers entgegen. Eine gewisse Müdigkeit, der Unwille, sich mit den Nichtigkeiten des Alltags zu beschäftigen, wo doch die Kunst Einblicke in ganz andere, neue Reiche bot, sprach aus dem Vorwort zum Kestner-Buch und anderen Veröffentlichungen von Küppers in dieser Zeit. Auch im HOHEN UFER formulierte er diese Verdrossenheit, die in die Hoffnung auf die Künstler überleitete, dem „schlecht regierten, ungeordneten Chaos da draußen den reinen, klaren Kristall ihres Kosmos gegenüber(zu)stellen".[966] In ihrem Denken, das nur wenig von der „bleichen, verwelkten" Wirklichkeit berührt werde, sei alles „geläutert, geschliffen, vereinfacht, ... durchglüht vom Geist und ins Absolute, ins Gefestigte und Dauernde gehoben".[967]

Letztlich vollzog Küppers, Poet und Ästhet, in der Anfangsphase der Weimarer Republik die Flucht in die hehre Welt der Kunst. Eine gewisse Scheu und wohl auch der Wunsch, sich als künstlerischer Leiter der

Todesanzeige Paul Erich Küppers im HANNOVERSCHEN ANZEIGER. 7. Januar 1922

Die Kestner-Gesellschaft und die Auseinandersetzung mit der Gegenwart

Kestner-Gesellschaft nicht in Diskussionen ziehen zu lassen, die außerhalb seiner Interessen lagen, ließen ihn zumindest öffentlich in keine inhaltliche Auseinandersetzung mit der Realität, dem Nachkriegselend, der Arbeitslosigkeit und dem Hunger, treten.

Welch gefährliches Terrain die Kestner-Gesellschaft betrat, wenn ihre Arbeit politische Fragestellungen berührte, machte ein Vorfall vom Herbst 1921 deutlich. Die Gesellschaft hatte am 18. Oktober für ein Klavierkonzert Walter Giesekings den Saal des Ratsgymnasiums angemietet. Weil Gieseking sich während der Proben von einem großen Eisernen Kreuz, angebracht zu Ehren der im Weltkrieg getöteten Schüler, „künstlerisch gestört"[968] fühlte, entschloß man sich, dieses mit einem Tuch zu verhüllen. Schon während des Konzerts regte sich unter den Zuhörern heftiger Unmut über dieses Vorgehen, das als Verunglimpfung nationaler Symbole gewertet wurde.[969] Zu konkreten Störungen kam es jedoch nicht. Der Vorsitzende einer Arbeitsgemeinschaft für nationale und kulturelle Fragen bedauerte in einem Schreiben wenige Tage später, „daß keiner der im Saale anwesenden Deutschen zur Selbsthilfe geschritten ist und das Tuch entfernt hat."[970] Wohl auch informiert durch den Direktor des Ratsgymnasiums, Rudolf Graefenhain,[971] schrieb die in Berlin erscheinende DEUTSCHE ZEITUNG einige Tage später, eingedenk des historischen Datums, von der „nationalen Schande am Tage der Schlacht bei Leipzig".[972] Die Kestner-Gesellschaft hatte weder dieses Datum bedacht noch mit dem Wirbel gerechnet, den die Verhüllung des Kreuzes nach sich ziehen würde. Anfänglich reagierte sie überrascht auf die Unmutsbekundungen. „Sie werden uns im Ernst nicht zumuten wollen, daß wir auf Ihren völlig indiskutablen Brief Ihnen eine Erklärung geben",[973] antwortete sie einem Kritiker auf dessen Bitte um Aufklärung. Der Magistrat wurde mit einem Schreiben auf den Vorfall aufmerksam gemacht, das keinen Zweifel daran ließ, daß die Kestner-Gesellschaft sich in der ganzen Angelegenheit vollkommen im Recht fühlte.[974] Allerdings teilte die Stadtverwaltung entgegen der Annahme der Gesellschaft mit, daß der Schulleiter um die Zustimmung zu der Verhüllung des Kreuzes hätte gebeten werden müssen, daß man dort die Kritik an dem Vorgehen verstehen könne und daß man sich selbst nun überlege, der Kestner-Gesellschaft nicht mehr ohne feste vorherige Absprache städtische Räumlichkeiten zu vermieten.[975] Erst allmählich wurde die Kestner-Gesellschaft nun verbindlicher im Ton. Am Ende beteuerte sie in einem Schreiben an die DEUTSCHE VOLKSZEITUNG kleinlaut, „daß dem Künstler sowohl wie der Kestner-Gesellschaft jegliche politische Motive durchaus fern gelegen haben. Gieseking hat während des Krieges dem Vaterland als Soldat gedient, und von den fünf zum Vorstand der Kestner-Gesellschaft gehörenden Herren haben drei das Eiserne Kreuz erworben."[976]

Ankündigung des Kestner-Buches im HOHEN UFER. 1919

Vielleicht waren es Vorgänge wie dieser vom Herbst 1921, die die Leiter der Kestner-Gesellschaft in politischen Fragen fortan strikte Abstinenz bewahren ließen. Hanns Krenz, ansonsten verbindlich und kooperativ, beantwortete eine Anfrage der Internationalen Arbeiterhilfe, die einen Kabarettabend der sowjetischen Blauen Blusen organisierte, im September 1927 auch auf Nachfrage nicht.[977] Alexander Dorner hatte bereits gut drei Jahre zuvor, im Mai 1924, das Angebot eines Referenten, einen Vortrag über politische Kultur zu halten, abgelehnt, „da Ihre Themata nicht in den Rahmen der Kestner-Gesellschaft passen".[978] Dorner war es auch, der dafür sorgte, daß im November 1931 ein bereits angekündigter Vortrag über VERERBUNG, RASSE UND GESELLSCHAFT kurzfristig abgesagt wurde.[979] Christof Spengemann ärgerte sich im Dezember 1930 über Justus Biers Versuch, eine Stellungnahme der Kestner-Gesellschaft zum Beitritt zur KAMPFSTELLE GEGEN ZENSUR UND KULTURREAKTION hinauszuzögern, mit den Worten, „für die Vereinigungen der bürgerlichen Intellektuellen ist es immer noch Prestige-Frage, ‚rechts-unpolitisch' zu sein".[980]

Einen Monat zuvor, im November 1930, hatte Bier in einem Schreiben an den hannoverschen Architekten Karl Siebrecht zwar keine rechte, wohl aber eine dezidiert unpolitische Haltung der Kestner-Gesellschaft unter Beweis gestellt. Siebrecht hatte – offenbar auf den Vortrag SCHICKSAL UND ZUKUNFT UNSERER STÄDTE[981] hin und im Zusammenhang einer in Architektenkreisen schwelenden Diskussion über das Neue Bauen[982] – dem Leiter der Kestner-Gesellschaft vorgeworfen, er propagiere „sozialistisches Wohnen".[983] Sein Protest forderte insofern eine Reaktion der Kestner-Gesellschaft heraus, als der renommierte Architekt seinen Austritt aus der Gesellschaft mit der Bemerkung ankündigte, er habe „nicht die Absicht, diese langsame Vergiftung und Abwürgung freien Schaffens durch meinen Beitrag zu fördern".[984] Justus Bier war in seinem Antwortschreiben darum bemüht, Siebrechts Vorwürfe zu entkräften: „Was aber die am Schluß Ihres Briefes gemachte Unterstellung angeht, daß wir als Kestner-Gesellschaft politische Propaganda trieben, (so) fehlt uns hierfür jedes Verständnis".[985] „Glauben Sie ernstlich", fragte Bier, „daß Vorstand und Beirat der Kestner-Gesellschaft ... sich dazu bereiterklären würden, und glauben Sie ernstlich, daß wir, soweit wir Kunstfachleute sind, nicht wüßten und innerlich davon überzeugt wären, daß die Vermischung mit der Politik der Tod allen künstlerischen Schaffens ist?"[986]

Käte Steinitz urteilte rückblickend, die Kestner-Gesellschaft sei „keine radikale kunstrevolutionäre Gesellschaft wie etwa DER STURM in Berlin"[987] gewesen. „Ihr Ziel war nicht nur der Vormarsch der Avantgarde. Sie hat mit dem Neuen, das sie vertrat, niemals die Traditionen aufgegeben."[988] Es war Paul Erich Küppers, der – als erster in der Reihe der künstlerischen Leiter der Gesellschaft – den weiteren Kurs der Gesellschaft bestimmte. Er formulierte, daß zum einen „die Revolutionäre von gestern ... die Klassiker von heute"[989] seien und es zum anderen darum gehen müsse, allmählich „von den Gesicherten zu den Problematischen",[990] „vom Klassischgewordenen zum Zukunftsfrohen"[991] überzugehen. Im Vorwort des Kestner-Buches nahm er diese Gedanken wieder auf. Dieses Buch habe nicht den Ehrgeiz, „all die Namen in sich zu vereinen, die heute im Geschrei des Marktes laut werden".[992] Man möge sich also nicht wundern, solche Werke zu finden, „die längst anerkannt sind und neben den Jüngsten ein wenig unzeitgemäß erscheinen könnten". Nicht „vermeintliche Modernität, nicht die barocke Geste einer neuen Rhetorik macht ein Werk groß, sondern der Mensch, der in der Stille heiliger Selbstbesinnung nur unter dem Zwange innerer Ergriffenheit seine Arbeit absichtslos aus dem geheimen Boden der Seele ins Licht reifen läßt."[993]

Jeder Leiter hat in der Nachfolge von Paul Erich Küppers bei aller individuell unterschiedlichen Ausprägung seiner Leitung die Devise einer bewußten Abwendung von reinen Moden und einer freien und unkonventionellen Auswahl aus der Kunst aller Zeiten und Völker beachtet. So wie Küppers' Protest gegen Tramm in politischer Hinsicht nicht revolutionär motiviert war, sondern das „behagliche Mittelmaß" als Ursache einer Stagnation benannte, weil dieses das Prinzip der Generationenfolge mißachtete, betrieben auch seine Nachfolger zumindest öffentlich keinerlei kunstpolitische und politische Polemik gegen die Stadtverwaltung oder andere Vereine und Gruppierungen.

Öffnungen. Die Kestner-Gesellschaft und die Kunstszene im Reich und im Ausland

Während der ersten zwei Jahrzehnte ihrer Existenz war die Kestner-Gesellschaft deutlich um Kontaktaufnahme und Kontaktpflege mit den Vertretern der Moderne bemüht. Neben Kontakten mit den führenden Kunsthändlern im Reich wie Flechtheim, Cassirer und Nierendorf unterhielt sie gute Beziehungen zu den Verlagen Piper, Rowohlt sowie Klinkhardt & Biermann. Sie korrespondierte mit Kunstvereinen und Künstlerorganisationen in allen Zentren des Landes, mit Institutionen wie den großen Museen des In- und Auslandes, dem Deutschen Werkbund oder dem Bauhaus in Weimar und – nach dessen erzwungenem Umzug – in Dessau.[994] Mehr als jede andere Institution, die sich bisher in Hannover der Kunst und Kultur gewidmet hatte, streckte die Kestner-Gesellschaft ihre Fühler ins europäische Ausland und nach Übersee aus. Sie hatte nicht die Auflage einer besonderen Berücksichtigung regionaler Kunst zu erfüllen, welche für andere Kunstinstitutionen Hannovers gelten mochte, allen voran für den Kunstverein. Ohne jede Rücksichtnahme, die außerhalb ihrer eigenen Interessen und ihrer künstlerischen Maßstäbe gelegen hätte, wählte sie als Rahmen ihrer Aktivitäten nicht Hannover und auch nicht Deutschland allein. Mit dem Metropolitan Museum of Modern Art in New York[995] stand sie in ebenso gutem Kontakt wie mit Galerien, privaten Händlern, Sammlern und Museen in England, Frankreich und Belgien.[996] Einmal wurde der belgische, ein anderes Mal der italienische Botschafter in Deutschland um die Übernahme des Protektorats einer Ausstellung gebeten,[997] was der Veranstaltung jeweils den Reiz des Erlesenen gab und zudem die Berichterstatter in der hannoverschen Presse durchweg milder zu stimmen pflegte.

Doch nicht nur in den internationalen Zentren der künstlerischen Moderne suchte und fand die Kestner-Gesellschaft ihre Verbündeten, auch mit den Kunstsalons in benachbarten Städten hielt sie guten Kontakt. Da war jene Vereinigung in Hildesheim, die von dem Mediziner Otto Beyse geleitet wurde. Beyse war der Schwiegersohn des Herausgebers des graphischen Werks Emil Noldes. Zu den Partnern der Kestner-Gesellschaft zählte auch die Braunschweiger Gesellschaft der Freunde junger Kunst, die von dem Industriellen Otto Ralfs im Frühjahr 1924 gegründet wurde.[998] Otto Ralfs und seine Frau Käte holten Feininger, Kandinsky, Klee und Jawlensky nach Braunschweig und veranstalteten Ausstellungen ihrer Werke.[999] Kurt Schwitters trug hier die ANNA BLUME vor,[1000] Gret Palucca, die zu einer guten Freundin im Hause Ralfs wurde, tanzte,[1001] und Reichskunstwart Edwin Redslob sprach über Fragen der Kunstpflege.[1002] Die Kontakte, die die Braunschweiger Gesellschaft knüpfte, waren auch für die Kestner-Gesellschaft wichtig. Immer wieder sprach sie sich mit der Gesellschaft der Freunde junger Kunst in den zwanziger Jahren über Ausstellungen ab und empfing im Gegenzug deren Gäste für einen Abend bei sich in Hannover. Das Verhältnis blieb trotz gelegentlicher Eifersüchteleien und anderer Mißhelligkeiten[1003] so gut, daß die Behauptung nicht übertrieben scheint, daß der Kurs der beiden Gesellschaften bis zu einem gewissen Grad von der jeweils anderen – in ihren Stärken wie ihren Schwächen – mitbestimmt wurde.[1004]

Von Otto Ralfs, der in Braunschweig sehr gute Erfahrungen in der Zusammenarbeit mit dem dortigen Lessing-Bund gemacht hatte,[1005] mag für die Kestner-Gesellschaft die Anregung gekommen sein, sich um gute Kontakte zu möglichst vielen hannoverschen Institutionen zu bemühen, welche sich mit künstlerisch-kulturellen Fragen beschäftigen.[1006] Es gelang ihr, die hannoversche Gedok, die hiesige Ortsgruppe der Gemeinschaft Deutscher und Österreichischer Künstlerinnen und Kunstfreundinnen, die sich drei Jahre zuvor formiert hatte,[1007] zur Zusammenarbeit zu bewegen[1008] und gute Beziehungen zu verschiedenen Gremien der Erwachsenenbildung zu knüpfen. Die Kestner-Gesellschaft tauschte sich sowohl mit der hiesigen Volkshochschule als auch mit der Leibniz-Akademie aus, die, ursprünglich von Stadtverwaltung sowie Industrie- und Handelskammer zu gleichen Teilen getragen, ab April 1921 mit der Volkstümlichen Volkshochschule kooperierte und nun auch stärker „dem in Hannover in weiten Teilen bestehenden Bedürfnis nach allgemeinwissenschaftlichen Veranstaltungen"[1009] gerecht wurde. Im gleichen Monat trat die Leibniz-Akademie mit der Kestner-Gesellschaft und der Galerie von Garvens in eine Arbeitsgruppe ein, was dem Zweck dienen sollte, „die künstlerischen Veranstaltungen aller drei Institutionen zu besprechen, um damit einer Zersplitterung auf diesem Gebiete vorzubeugen".[1010]

Kestner-Gesellschaft und Galerie von Garvens Herbert von Garvens, Sohn eines vom Kaiser geadelten hannoverschen Industriellen und Erbe des väterlichen Unternehmens,[1011] hatte sich früh der ungeliebten Aufgabe der Betriebsführung entzogen und auf ausgedehnten Reisen nach Ostasien und in die Südsee bereits um 1910 mit dem Aufbau einer erlesenen Kunstsammlung begonnen.[1012] 1913 verfaßte er die erste deutschsprachige Monographie über den belgischen Maler James Ensor.[1013] Zu dieser Zeit kaufte er Werke von Oskar Kokoschka und Paula Modersohn-Becker an, von Künstlern also, die im offiziellen Kunstbetrieb des ausgehenden Kaiserreiches in Hannover noch weitgehend unbekannt waren.[1014]

Im Spätsommer 1916 zählte Herbert von Garvens zu den Begründern der Kestner-Gesellschaft.[1015] Bis zum Jahr 1921, also bereits nachdem er seine eigene Galerie eröffnet hatte, blieb er Vorstandsmitglied.[1016] Zehn Jahre später, im Dezember 1931 und kurz vor seiner Übersiedelung auf die dänische Insel Bornholm,[1017] erklärte er seinen Austritt.[1018] Fünfzehn Jahre lang hatte sich der reiche Kunstfreund für die Interessen der Kestner-Gellschaft eingesetzt. Er bereicherte ihre Ausstellungen durch großzügige Leihgaben[1019] und kam ihr bei Verkaufsgeschäften häufig mehr entgegen als es seinem ohnehin wenig entwickelten Geschäftssinn gut tat. Nachdem der russische Konstruktivist El Lissitzky von der Kestner-Gesellschaft den Auftrag erhalten erhalten hatte, die Kestner-Mappe PROUN zu gestalten,[1020] bot Herbert von Garvens dem Künstler in seiner großen Villa in der Jägerstraße eine Unterkunft an.[1021] Umgekehrt profitierte auch Garvens von Beginn an von der freundschaftlichen Beziehung zur Kestner-Gesellschaft. Als er im Frühsommer 1920 nach gut zweijähriger Kriegsgefangenschaft in Südfrankreich in seine Heimatstadt zurückkehrte,[1022] hatte die Gesellschaft hier bereits wertvolle Vorarbeit für die Gründung seines Salons geleistet. Er fand ein interessiertes Publikum und einen aufgeschlossenen Zirkel Kunstbegeisterter vor.

Garvens trat sofort in einen fruchtbaren Diskussionsprozeß mit dem Vorstand und erwog zunächst sogar eine Fusion mit der Gesellschaft.[1023] Ihre Mitglieder waren die ersten, denen er seine Sammlung zeigte.[1024]

Gemeinsam mit vielen von ihnen entstand das Konzept der Galerie von Garvens. Bezeichnenderweise wies das Vorwort zur ersten Ausstellung eine große programmatische Ähnlichkeit mit Publikationen der Kestner-Gesellschaft aus der gleichen Zeit auf. Nicht „irgend eine Richtung"[1025] wolle der neue Kunstsalon, der im repräsentativen Flügel der elterlichen Villa eingerichtet worden war, fördern, „sondern Kunst überhaupt, Kunst aller Zeiten und Völker". Es gelte, „wahrhaftigem Kunstschaffen im Gegensatz zur Mode und zum Geschmack des Publikums die Wege (zu) ebnen".[1026] Paul Erich Küppers würdigte dies kurz darauf mit den Worten, Herbert von Garvens habe als Sammler „das Gebot der Zeit"[1027] verstanden: „Bei aller leidenschaftlichen Liebe zu den ... Werken der Gegenwart hat er sich das Gefühl für die Schönheiten der voraufgegangenen Epochen bewahrt. Bei aller innigen Anteilnahme an den Werken der Jüngsten besitzt er die Erkenntnis von der geistesgeschichtlichen Notwendigkeit der Vergangenheit."[1028]

Herbert von Garvens-Garvensburg, Foto. Um 1930

Mehr jedoch als von dem Gedanken der Generationenfolge, der – wie erwähnt – auch der Kestner-Gesellschaft wichtig war, blieb die Ausstellungspraxis der Galerie von Garvens im folgenden von dem exquisiten Kunstgeschmack des Herbert von Garvens bestimmt. Der soignierte Ästhet, der Freude daran fand, die Präsentationen und Zusammenkünfte in seinem Hause zu erlesenen Hochgenüssen der Sinne werden zu lassen,[1029] stilisierte die Intimität seines Salons zu einem – wie Katrin Vester es nannte – Refugium für „Genießer mit außerordentlichen Ansprüchen".[1030] In seiner Suche nach ausgefallenen Exponaten und mit seiner Förderung unbekannter Künstler war der „elitäre Aristokrat"[1031] Herbert von Garvens Überraschendem und auch Abwegigem gegenüber aufgeschlossener als die Kestner-Gesellschaft.[1032] Garvens stellte Kunst von Geisteskranken aus, wenig später stilvolle Chrysanthemen-Arrangements sowie Werke von Alfred Kubin, Willi Baumeister, George Grosz und Walter Dexel.[1033] Sein besonderes Augenmerk galt den hannoverschen Künstlern Kurt Schwitters[1034] und Otto Gleichmann und dem Holzbildhauer Wilhelm Groß,[1035] einem Alkoholiker und künstlerischen Autodidakten, der seinen Alpträumen in Holzschnitten Ausdruck verlieh.

Wenn die Ausstellung russischer Kunst, eine aufwendige und intelligente Inszenierung aus Lesung und Präsentation von Ikonen und Hausaltären in Kontrast zu Sowjetplakaten,[1036] in Berlin zu sehen gewesen wäre, so Georg Biermann im Frühjahr 1921 im CICERONE, so wäre sie bald „das Tagesgespräch der Reichshauptstadt" gewesen.[1037] In Hannover indes rege sich nichts, der Salon bleibe wenigen Kunstfreunden vorbehalten. Andere auswärtige Kritiker teilten Biermanns Urteil über die hohe Qualität der hier gezeigten Ausstellung.[1038] Wie er kritisierten auch sie das Verhalten des breiten bürgerlichen hannoverschen Kunstpublikums, das die Galerie überwiegend ignorierte. Tatsächlich jedoch war der „Phlegmatismus"[1039] des Publikums Resultat der Ausstellungspraxis des Herbert von Garvens, der großen Wert auf Exklusivität in einem erlesenen Ambiente legte.[1040] Auch weil seine Ausstellungen ausschließlich nach seinen eigenen Wünschen konzipiert waren, scheiterte die Galerie von Garvens nach nur drei Jahren.[1041]

Die Schließung im Spätherbst 1923 – inmitten der Inflationswirren – blieb am Ort des Geschehens ohne große Resonanz. Vereinzelt bedauerten Rezensenten in der hannoverschen Tagespresse – im ganzen eher halbherzig – das Scheitern der Galerie, ohne auf die Gründe hierfür genauer einzugehen.[1042] Es findet sich auch kein Hinweis darauf, daß die hannoversche Stadtverwaltung bei der sich anschließenden Suche Herbert von Garvens' nach einem neuen Aufbewahrungsort und Ausstellungsraum für seine Bilder in Erscheinung getreten wäre.[1043] Der Galerist stand monatelang in Verhandlungen mit dem Wallraf-Richartz-Museum und der Stadtverwaltung Köln unter der Leitung von Oberbürgermeister Konrad Adenauer, die dann jedoch im Juli 1924 für Garvens erfolglos verliefen.[1044] Während dieser Zeit, in der Garvens sich durchaus offen für Diskussionen über den Verbleib seiner Bilder zeigte und in der zudem in Hannover eine Versteigerung von „entbehrliche(n) Kunstgegenstände(n)"[1045] aus seinem Besitz stattfand, ist von der hannoverschen Stadtverwaltung kein einziges Stück angekauft worden.[1046] Auch die Kestner-Gesellschaft, in den vergangenen Jahren enge Verbündete der Galerie von Garvens, blieb stumm, als diese schloß. Das verwundert zumindest auf den ersten Blick insofern, als gerade im Moment des Scheiterns der Galerie vielen Kommentatoren die Ähnlichkeit beider Kunstsalons noch einmal deutlich wurde, die auch zuvor bereits in einem Atemzug genannt worden waren.[1047] Vor allem auswärtige Blätter konstatierten zu diesem Anlaß

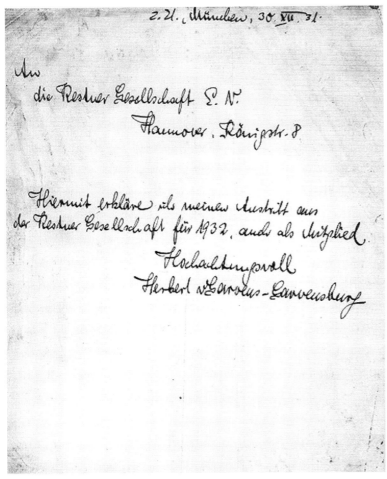

Austritt Herbert von Garvens-Garvensburgs aus der Kestner-Gesellschaft. 30. Dezember 1931

neben vielerlei Gemeinsamkeiten auch den wichtigsten Unterschied zwischen der Kestner-Gesellschaft und der Galerie von Garvens, welcher letztlich erklärt, warum die eine bereits nach drei Jahren ihre Pforten schloß und die andere, die ältere der beiden, weiterhin erfolgreich blieb. Der Kommentator der KÖLNISCHEN ZEITUNG sprach diesen Unterschied im Januar 1924 folgendermaßen an: „Da das Programm dieses Kunstsalons (der Galerie von Garvens, I.K.) noch etwas radikaler als das der Kestner-Gesellschaft war, verhielt sich das Publikum hier noch ablehnender ... So kam es, daß die Galerie von Garvens draußen im Reich bekannter war als in der eigenen Stadt. Es war unmöglich, bei dieser Gleichgültigkeit die Galerie weiterzuführen, und deshalb entschloß sich die Leitung kurzerhand, die Galerie zu schließen."[1048]

Der Kestner-Gesellschaft waren zum Zeitpunkt des Scheiterns der Galerie von Garvens die Möglichkeiten der Einflußnahme genommen. Mit dem Tod von Paul Erich Küppers knapp zwei Jahre zuvor war sie ihres eloquentesten und streitbarsten Kopfes beraubt worden. Zwar war nach einer kurzen Phase der Orientierungslosigkeit mit dem jungen Berliner Kunsthistoriker Eckart von Sydow ein durchsetzungsfähiger neuer künstlerischer Leiter gefunden worden,[1049] doch dessen kurze Tätigkeit als künstlerischer Leiter wurde von einer „kaum überwindlich scheinende(n) Flaute der Vereinskasse"[1050] begleitet. Sophie Küppers erinnerte sich an den Druck von „Einhundert-Milliarden-Noten" und konstatierte: „Spekulation und Schieberei wurden phantastisch."[1051] Die inflationsbedingte Krise, die im Frühjahr 1923 den Vorstand und Beirat der Kestner-Gesellschaft sogar deren Auflösung erwägen ließ,[1052] führte ein halbes Jahr später[1053] zum Ausscheiden Eckart von Sydows. Somit war die Kestner-Gesellschaft just zu jenem Zeitpunkt ohne künstlerische Leitung[1054] und finanziell geschwächt, als die Galerie von Garvens ihrer Unterstützung bedurft hätte. Hinzu kam, daß die Katalogproduktion der Kestner-Gesellschaft – wie erwähnt – nach Küppers' Tod eingestellt worden war und somit weit weniger Möglichkeiten als zuvor bestanden, auf diese Weise für oder gegen bestimmte künstlerisch-kulturelle Entwicklungen öffentlich Stellung zu beziehen.

Doch während Herbert von Garvens mit seinem Salon scheiterte und sich auf eine weitere ausgedehnte Reise begab,[1055] erholte sich die Kestner-Gesellschaft schnell von allen Schwächungen, übernahm es, die Geschäftspost des sich auf Reisen befindlichen Industriellen zu beantworten, sicherte sich dadurch manch weiteren guten Kunstankauf [1056] und behielt so ihre anerkannte Position in der hannoverschen Kunstszene während der zwanziger Jahre bei. Warum überstand der eine private Kunstsalon der Stadt die Krise nicht, warum ging der andere gestärkt aus ihr hervor? Eine Antwort ist in dem zu finden, was die KÖLNISCHE ZEITUNG als „radikales Programm"[1057] der Galerie von Garvens bezeichnete. Sie war nur einer Person verantwortlich, und diese war zugleich Begründer, Leiter und Stifter. Herbert von Garvens machte seinen oftmals ausgefallenen und unkonventionellen Kunstgeschmack zum Programm und stilisierte seinen Salon zu einem Ort ebenso bizarren wie elitären Kunstgenusses. Gerade die Intimität mag einen der Vorzüge seiner Galerie ausgemacht haben.[1058] Allerdings galt dies nur für wenige, die es gewohnt waren, sich in einem solchen Ambiente zu bewegen.

Auch die Kestner-Gesellschaft legte Wert auf eine elegant-gediegene Atmosphäre und gab vor allem den Ausstellungseröffnungen einen stilvollen Rahmen. Überdies machen sowohl viele der Schriftwechsel zwischen der Galerie von Garvens und der Kestner-Gesellschaft als auch die Ausstellungskataloge beider Salons deutlich, daß hier Absprachen bestanden haben, daß Künstler und Vortragende gleichsam ‚weitergereicht' wurden und somit jede der beiden in ihrem Programm von der jeweils anderen stärker geprägt wurde, als dies für den Kontakt zwischen der Kestner-Gesellschaft und der Braunschweiger Gesellschaft der Freunde junger Kunst von Otto Ralfs galt.[1059]

Vielfalt und Verantwortlichkeit. Die Leiter der Kestner-Gesellschaft. Eckart von Sydow, Hanns Krenz, Alexander Dorner und Justus Bier

Der entscheidende Unterschied zwischen der Galerie von Garvens und der Kestner-Gesellschaft scheint darin bestanden zu haben, daß bei letzterer stets mehrere Verantwortliche mit oft sehr unterschiedlichen Auffassungen den Kurs bestimmten. Ein kunstbegeisterter Vorstand stand in engem Austausch mit dem künstlerischen Leiter, der, wenn er auch in seinen Entscheidungen weitgehende Freiheiten hatte, seine Aufgabe doch immer auch darin sah, die Interessen gleichsam zu bündeln. Fünf künstlerische Leiter standen der Kestner-Gesellschaft in den zwei Jahrzehnten von der Gründung bis zur Schließung im Nationalsozialismus vor. Zwei von ihnen, Hanns Krenz und Alexander Dorner, teilten sich das Amt. Sie waren nicht als Anhänger bestimmter künstlerischer Richtungen ausgewählt worden, sondern als integre Persönlichkeiten, von denen man verlangte, daß sie sich souverän für das einsetzten, was sie selbst individuell für gute Kunst hielten. Ihre sehr unterschiedlichen Interessen haben der Kestner-Gesellschaft während dieser zwanzig Jahre zu überraschenden Ausflügen in bisher unbekanntes Kunstterrain und manchmal auch zu unterschiedlichen Herangehensweisen an vergleichbare Themen verholfen. Diese bewußte Pluralität von Deutungsansätzen von Kunst war vielleicht auch eine Antwort der Kestner-Gesellschaft auf den radikalen Individualismus der Galerie von Garvens. In jedem Fall war sie ein Schlüssel zum Erfolg der Gesellschaft.

Auch in dieser Hinsicht setzte Paul Erich Küppers in der ersten Phase der Kestner-Gesellschaft Zeichen. Mit seiner vielfältigen schriftstellerischen Tätigkeit, mit dem Kestner-Buch und vor allem mit der Kestner-Bühne, jenem Theaterexperiment in der Schauburg, das „Musteraufführungen der wichtigsten Werke der neuen dramatischen Literatur"[1060] zeigte, wie Johann Frerking im HOHEN UFER anerkennend urteilte, signalisierte Küppers schon früh die Bereitschaft der Kestner-Gesellschaft, sich anderen künstlerischen Äußerungen zu öffnen. Wie der Dramatiker Karl Alos Schenzinger erklärte Frerking als Ziele der Kestner-Bühne „die Lösung, Bildung und Vertiefung des Qualitätsgefühls in allen Schichten des Volkes durch erschöpfende Übermittlung der Werte in Dichtung und Darstellung".[1061] Die Kestner-Bühne setzte mit Stücken wie August Strindbergs SCHEITERHAUFEN und Frank Wedekinds TOD UND TEUFEL und mit Schauspielern wie Ernst Deutsch, Fritz Kortner und Alexander Moissi[1062] Akzente und konnte sich damit bei Kritikern wie Johann Frerking und Christof Spengemann einer überaus freundlichen Anteilnahme sicher sein.[1063] Wenn sie auch nach nur fünf Vorstellungen offenbar aufgrund chronischen Zuschauermangels scheiterte,[1064] so hatte sie doch eindrucksvoll den Versuch Paul Erich Küppers demonstriert, einem erweiterten Kunstbegriff Rechnung zu tragen, der nicht bei der Präsentation und der Rezeption bildender Kunst stehen blieb.[1065]

Hanns Krenz, Ölgemälde von Kurt Schwitters. Um 1926

Befreundet mit vielen sehr unterschiedlich arbeitenden Künstlern und Kunstfreunden, bemühte sich der erste Leiter der Kestner-Gesellschaft um Vielseitigkeit, sowohl als privater Sammler von Werken der Bauhaus-Künstler[1066] und expressionistischer Kunst als auch als Organisator von Veranstaltungen. Vorträge über DIE DEUTSCHE KUNST IM MITTELALTER, REMBRANDT, DAS SIEGEL DES NORDENS, FORMPROBLEME DER JAVANISCHEN KUNST, über Impressionismus, Expressionismus und Kubismus fanden während der Zeit seiner Geschäftsführung statt.[1067] Lesungen mit Franz Werfel, Else Lasker-Schüler, Theodor Däubler und Konzerte mit dem jungen Pianisten Walter Gieseking wurden veranstaltet.

Auch den zweiten Leiter Eckart von Sydow, der sein Amt am 1. April 1922 antrat,[1068] zeichnete die Bereitschaft zum künstlerischen Experiment aus.[1069] Kurz bevor der 37jährige von Sydow von Berlin nach Hannover kam, hatte er das Buch DIE DEUTSCHE EXPRESSIONISTISCHE KULTUR UND MALEREI veröffentlicht.[1070] Hier angekommen, setzte er sich für den von seinem Vorgänger geknüpften Kontakt zu dem russischen Konstruktivisten El Lissitzky ein, der, so Käte Steinitz, die „expressionistischen Ekstasen" wegblies und „durch Zirkel und Lineal"[1071] ersetzte. In die nur anderthalbjährige Tätigkeit Eckart von Sydows fiel die Veröffentlichung von insgesamt sechs Kestner-Mappen, von denen die heute bekanntesten jene von El Lissitzky und Laszlo Moholy-Nagy waren, die schnell den Ruhm der Kestner-Gesellschaft als Wegbereiterin des Konstruktivismus festigten.[1072] Dazu kamen, neben den von Küppers begonnenen, inhaltlich epochenübergreifenden kunsthistorischen Beiträgen, Klavierkonzerten und Lesungen, ein Vortrag El Lissitzkys über MODERNE KUNST IN RUSSLAND[1073] und die Vorbereitung eines weiteren über ABSTRAKTE KUNST von Wassily Kandinsky, der erst nach dem Weggang von Sydows stattfand.[1074] Daneben brachte der zweite Leiter der Kestner-Gesellschaft eine zu jener Zeit nicht minder beachtete Kestner-Mappe von Karl Schmidt-Rottluff heraus,[1075] und er hielt, selbst Fachmann für sogenannte Negerkunst und zugleich Völkerkundler,[1076] einen Vortrag über Expressionismus[1077] und einen weiteren über DIE BILDENDE KUNST DER NATURVÖLKER.[1078]

Auf Eckart von Sydow folgte Hanns Krenz. Anders als bei seinen Vorgängern und Nachfolgern fehlt sein Name in der Auflistung der Vortragenden in der Kestner-Gesellschaft. Eine weitere Besonderheit war, daß er sich nicht als künstlerischer Direktor, sondern als Geschäftsführer bezeichnete. Das hatte seinen Grund in der Tatsache, daß Krenz zwar über ein außerordentliches Gespür für die Präsentation von Kunst verfügte, jedoch nur wenig Sinn für Fragen der Organisation der Kestner-Gesellschaft entwickelte.[1079] Er war zudem der erste und einzige Nicht-Kunsthistoriker in der Führungsriege und hatte weder das Geschick noch das Interesse, bei Ausstellungseröffnungen und Vortragsveranstaltungen als Redner aufzutreten.[1080] Dennoch war die Entscheidung des Vorstands, die im Spätsommer 1924, nach einem Jahr der Vakanz nach Sydows Weggang, gefällt wurde, gut begründet. Krenz, sechsunddreißigjähriger Buchhändler aus Lübeck, hatte 1917 in der französischen Kriegsgefangenschaft Herbert von Garvens kennengelernt und mit ihm zusammen das künstlerisch-kulturelle Programm des Lagers gestaltet. Er war nach Kriegsende dem Freund nach Hannover gefolgt, um hier dessen Kunstsammlung zu katalogisieren und die Gründung der Galerie von Garvens vorzubereiten.[1081] Während dieser Zeit war er Garvens' ständiger Begleiter auf allen Reisen, die der Erweiterung dieser Sammlung dienten.

Als die Galerie von Garvens im Herbst 1923 schloß, hatte er sich, der anders als sein Gönner über keine finanziellen Rücklagen verfügte, bereits entschlossen, Hannover wieder zu verlassen.[1082] Da erreichte ihn die Anfrage der Kestner-Gesellschaft, den Posten des Geschäftsführers zu übernehmen, was nach Heinz Vahlbruch mit Krenz' Ausstellungsroutine begründet wurde: „Er hatte ja Kontakt mit allen Kunsthändlern und vor allem zu den Künstlern ... Er war ja mit Garvens zusammen immer auf Reisen und hat auch Künstler besucht."[1083] Zu diesen in den drei Jahren zuvor erworbenen Kenntnissen kam Krenz' Geschick für die Gestaltung eines den Ausstellungen angemessenen Ambientes. Käte Steinitz urteilte rückblickend, Krenz sei stets mehr Kunstenthusiast und Kunsterzieher als nüchterner Planer gewesen.[1084] Für sie war er „einer von den Zauberern, die alle Dinge in seiner Umgebung beleben konnten..., weil er sie liebte, und darum gab sich jeder Gegenstand, den er in Ausstellungen zeigte, Mühe, schön zu sein."[1085] Die wohl charakteristischste Ausstellung für den begeisterungsfähigen Praktiker[1086] war jene dreiteilige, die im Februar 1927 stattfand.[1087] Nicht nur, daß Krenz es nun, mehr als drei Jahre nach dem Scheitern der Galerie von Garvens, übernahm, im Auftrag des abwesenden Weltreisenden Teile der Sammlung zu versteigern, sondern er kombinierte diesen verspäteten Freundschaftsdienst mit einem ersten Versuch, sein Publikum mit solchen Kunstwerken zu konfrontieren, die in diesem Zeitalter der technischen Reproduzierbarkeit von ihren Duplikaten immer schwerer zu unterscheiden waren. Originale und Reproduktionen zu zeigen, wurde in den folgenden Jahren immer mehr zu einem der Ausstellungsschwerpunkte von Hanns Krenz, der ansonsten an die durch seine beiden Vorgänger begründete Tradition größtmöglicher Vielseitigkeit in der Präsentation anschloß.[1088] Im Sommer 1929 richtete er die viel beachtete Ausstellung ORIGINAL UND REPRODUKTION aus.[1089] Er ermöglichte den direkten Vergleich zwischen Vorlage und Kopie und ließ die Zuschauer Mappen öffnen, damit sie sich auf diese Weise selbst einen Eindruck verschaffen konnten. Selbst Kenner führte die Schau hinters Licht, und Krenz präsentierte zum Schluß nicht ohne Genugtuung als Gewinner der Fragebogenaktion, die die Ausstellung begleitet hatte, zwei Jugendliche, die zum ersten Mal zu Gast in der Kestner-Gesellschaft gewesen waren.[1090]

Neben der Versteigerung der Garvensschen Werke und der Präsentation von Originalen und Reproduktionen wies die Ausstellung vom Februar 1927 auch mit ihrem dritten Schwerpunkt auf ihren Macher Hanns Krenz zurück: Sie zeigte Bilder des Malers und Schriftstellers Joachim Ringelnatz, mit dem er eng befreundet war.[1091] Die Bekanntschaft mit dem eigenwilligen Künstler Ringelnatz, der zweimal in der Ära Krenz, im Januar 1927 und im Februar 1928,[1092] aus eigenen Werken vortrug und in seinen Erinnerungen überwiegend Gutes von der Kestner-Gesellschaft zu berichten wußte,[1093] steht für eine weitere wichtige Facette Krenzscher Arbeit. Mehr noch als seinem direkten Vorgänger Eckart von Sydow und vielleicht auch als Paul Erich Küppers war Hanns Krenz an der Förderung der Geselligkeit unter den Mitgliedern der Kestner-Gesellschaft gelegen. Wie Sydow und Küppers zählte er zu den Gästen im Salon Steinitz,[1094] dessen Gesellschaften oft den Auftakt zu langen Nächten in aufgeräumter Stimmung darstellten. Auch im Atelier des abstrakten Malers Friedrich Vordemberge-Gildewart traf man sich und diskutierte, feierte oder erfreute sich an vieldeutigen und übermütigen Frotzeleien über An- und Abwesende.[1095] Neben der Villa von Herbert von Garvens war Krenz' Privatwohnung in einem Gartenhaus in der Wolfstraße, das sogenannte Café Krenz, beliebter Austragungsort heftiger Debatten und Treffpunkt zu „feuchtfröhliche(n) Sitzungen".[1096] Der Zeitgenosse Heinz Vahlbruch erinnerte sich eines Kostümfestes bei Krenz zu Ehren von Joachim Ringelnatz,[1097] und Georg Grabenhorst, während der zwanziger Jahre zuweilen Teilnehmer der Geselligkeiten „bei Kestners",[1098] beschrieb die Atmosphäre, die Hanns Krenz anläßlich der Feiern hier wie in der Kestner-Gesellschaft zu schaffen pflegte, folgendermaßen: „Wenn es in Hannover hieß ‚bei Kestners', dann meinte man die Kestner-Gesellschaft in der Königstraße, deren Geschäfte anno 1925 Hanns Krenz führte ... Kaum mittelgroß, mit zielbewußt und ungeniert vorspringender Nase, zugreifend flinken schwarzen Augen und noch viel schwärzerem, dichtem, krausem Haar, sah er wie ein waschechter Neapolitaner aus. In vorgerückter Stunde sang er die GIOVINEZZA, das Lied der Faschisten, und der Goldzahn funkelte. Mussolini hätte seine Freude an ihm gehabt. Freilich nur von außen. In Hanns Krenz hausten andere anarchische, übermütig aufrührerische Geister. Er gehörte zur Partei Bürgerschreck. Er fordert heraus."[1099] Grabenhorst erinnerte sich weiter an die Wohnung von Krenz, die mit „monströse(n) Zeugen für die Kunst der Primitiven, aus afrikanischem Bereich und aus der Südsee" sowie „exotische(n) Schnitzwerken und sonstige(n) Kunstwerken, zum Teil eindeutig obszönen Genres",[1100] angefüllt gewesen sei.

Alexander Dorner, Foto. Um 1924

„Wie erwartet",[1101] habe er überwiegend reine Männergesellschaften in der Wohnung des Geschäftsführers angetroffen. Dies ist als Hinweis darauf zu werten, daß Krenz wie auch sein Gönner Herbert von Garvens homosexuell waren. Dessen Weggang aus Hannover wurde zur gleichen Zeit, als Grabenhorst Teilnehmer dieser Männerrunden bei Krenz war, beschleunigt von den infamen Behauptungen des Massenmörders Fritz Haarmann. Dieser gab anläßlich des Verhörs offenbar aus blanker Bösartigkeit zu Protokoll, er habe für die Wohlhabenden unter den hannoverschen Homosexuellen als Zubringer gearbeitet und in diesem Zusammenhang vierzig der jungen Männer im Auftrag von Herbert von Garvens getötet, um Mitwisser zum Schweigen zu bringen.[1102] Waren diese Behauptungen auch völlig aus der Luft gegriffene Hirngespinste des geltungssüchtigen Haarmann, so reichten sie doch offenbar aus, um Garvens mit der Mordserie in Verbindung zu bringen. Jedoch ist nichts bekannt darüber, daß Krenz, ein guter Freund von Herbert von Garvens, in diesem Zusammenhang ähnliche Anfeindungen über sich ergehen lassen mußte. Mehr noch: Der Vorstand der Kestner-Gesellschaft entschied sich für ihn in einer Zeit, in der in Hannover und andernorts jede schauerliche Neuigkeit im Haarmann-Prozeß mit einer Mischung aus Sensationsgier und Ekel begierig aufgenommen wurde und Gerüchte über vermeintliche Handlanger und Auftraggeber blühten.[1103] Insofern weist die Entscheidung für Krenz auch zurück auf einen besonnenen, von zweifelhaften Äußerlichkeiten unbeeinflußten und einzig an dem Grad der künstlerisch-organisatorischen Eignung interessierten Vorstand der Kestner-Gesellschaft.

Justus Bier, Foto. 1937

Als Hanns Krenz dann durch einen Nachfolger ersetzt wurde, der nun wieder Kunsthistoriker und künstlerischer Leiter in einer Person war, wurde sein Fortgang von vielen Seiten bedauert. Käte Steinitz schrieb, es sei „schmerzlich" gewesen, „Hanns Krenz als Ausstellungsleiter zu verlieren".[1104] Dieser habe die Stadt aber „als Freund"[1105] verlassen und sei auch während seiner späteren Tätigkeit als Kunsthändler gern wieder hierher gekommen. Das ist die offizielle Lesart seines Ausscheidens aus der Kestner-Gesellschaft, jene, der auch sein Nachfolger Justus Bier folgte, als er wenige Tage nach seinem Dienstantritt im März 1930 formulierte, die Kestner-Gesellschaft habe sich zu ihrem Wechsel nur deshalb entschlossen, weil sie wieder einen akademischen Leiter gesucht habe. Sie hätte Krenz gern weiterengagiert, aber „ihre finanzielle Lage ist nicht so, daß sie außerdem noch einen Geschäftsführenden Leiter … beschäftigen könnte".[1106] Die inoffizielle Version besagte dagegen, daß Krenz als Geschäftsführender Leiter in Konflikt mit jenem Vorstandsmitglied geraten war, das die Kestner-Gesellschaft ihm, dem Laien in geschäftlichen Angelegenheiten, von Beginn an zur Seite gestellt hatte.[1107] Wenngleich sich in der Korrespondenz der Kestner-Gesellschaft auch zwischen den Zeilen kein Hinweis auf ein Zerwürfnis zwischen Krenz und diesem findet, liegt schon angesichts der diffizilen Kompetenzverteilung die Vermutung nahe, daß die Zusammenarbeit nicht immer harmonisch verlaufen sein kann. Da der Krenz zur Seite gestellte Fachmann Alexander Dorner, der Leiter der Kunstabteilung des Provinzial-Museums, war, ist ohnehin von Differenzen zwischen beiden auszugehen. Dorner, der nach dem Weggang Eckart von Sydows im Sommer 1923 die Geschicke der Kestner-Gesellschaft bereits kommissarisch gelenkt[1108] und mit gerade dreißig Jahren als einer der jüngsten Museumsdirektoren[1109] Europas die Leitung der Gemäldegalerie des Provinzial-Museums übernommen hatte, war einer der einflußreichsten Männer in der hannoverschen Kunst- und Kulturszene.[1110] Er stand über Georg Biermann, für dessen CICERONE er häufig schrieb, mit Stadtdirektor Heinrich Tramm in Kontakt, gehörte der Jury des Kunstvereins an, war Mitglied vieler Künstlerorganisationen und -vereine der Stadt,[1111] Angehöriger der städtischen Museums-Kommission und hier häufig Widerpart Heinrich Tramms.[1112] Dorner unterhielt gute Kontakte zur Kunstszene in Hannover, im Reich und im Ausland und korrespondierte mit vielen Künstlern, darunter Emil Nolde, Paul Klee, Laszlo Moholy-Nagy, Kasimir Malewitsch, El Lissitzky und Max Beckmann.[1113] Von diesem vielseitigen und von Dorner mit viel Energie beständig erweiterten Netzwerk einer lebendigen und aufgeschlossenen Kunstszene konnte die Kestner-Gesellschaft ebenso profitieren wie von der fast sprichwörtlichen Geschäftstüchtigkeit, die Dorner zuweilen recht unbeeindruckt von den im Kunsthandel sonst üblichen Gepflogenheiten und vor allem von der Begleichung drängender Rechnungen Abstand nehmen ließ.[1114] Zudem fand die Gesellschaft besonders in der zweiten Hälfte der zwanziger Jahre in Alexander Dorner, der auch zu ihren Förderern zählte,[1115] insofern einen willigen Ankäufer vor allem von Werken lokaler Kunst, als er im Aufbau seiner Hannoverschen Galerie auf die Kooperation des Kunstvereins und auch der Kestner-Gesellschaft angewiesen war.[1116]

Doch Dorner war auf der anderen Seite auch eine energische und erfolgsverwöhnte Persönlichkeit, fünf Jahre jünger als Krenz und keineswegs bereit, sich in den Hintergrund drängen zu lassen. Käte Steinitz erinnerte sich, er sei ein „begabter, aber unberechenbarer Vorgesetzter"[1117] gewesen, ein vielschichtiger Charakter, stets bereit, sich für die Belange der Kestner-Gesellschaft einzusetzen,[1118] auf der anderen Seite aber auch darauf bestehend, daß sein Wort bei Disputen entscheidend war.[1119] Zumindest der organisatorisch-geschäftliche Bereich blieb seine Domäne, und Dorner legte auch Wert darauf, etwa vor Ausstellungseröffnungen die Endkontrolle selbst vorzunehmen. Jedoch waren seine Möglichkeiten der Einflußnahme aufgrund seiner großen beruflichen Anspannung in verschiedenen Gremien und im Museum begrenzt, und so scheint es im ganzen, als sei es Krenz doch zumeist gelungen, den Ausstellungen und Veranstaltungen, die er zwischen 1924 und 1930 organisierte, seinen eigenen Stempel aufzudrücken.[1120]

Das Bestreben, eine eigene Linie zu finden, war auch seinem Nachfolger eigen, dem einunddreißigjährigen Experten mittelalterlicher Kunst Justus Bier, der zuvor in Nürnberg als Volkshochschuldozent gearbeitet hatte.[1121] Bier stand zu diesem Zeitpunkt bereits knapp zehn Jahre in lockerem Kontakt mit der hannoverschen Kunstszene.[1122] Nachdem ihn der Vorstand der Kestner-Gesellschaft zum neuen künstlerischen Leiter gewählt hatte, zeigte sich Bier an einer Pflege der für die Kestner-Gesellschaft typischen Geselligkeit interessiert. Er blieb gern gesehener Gast im Salon Steinitz und zählte zum Freundeskreis um Friedrich Vordemberge-Gildewart.[1123] Sofort nach seinem Amtsantritt im Frühjahr 1930 war Bier an einer Intensivierung der Beziehungen der Kestner-Gesellschaft zu ungegenständlich arbeitenden Künstlern gelegen. Er reaktivierte die Katalogproduktion, die seit dem Tod von Paul Erich Küppers nahezu eingeschlafen war,[1124] und beauftragte Künstler wie Friedrich Vordemberge-Gildewart und Hans Nitzschke mit der Gestaltung der Publikationen der Kestner-Gesellschaft.[1125] Die neue Typographie und Fragen des Neuen Bauens sowie der Fotografie wurden durch seine energische Leitung zu Schwerpunkten der Ausstellungs- und Vortragstätigkeit der Kestner-Gesellschaft. Bier selbst hielt im Mai 1932 einen vieldiskutierten Vortrag über OTTO HAESLER UND DIE NEUE BAUKUNST, ein knappes halbes Jahr später sprach er über WEGE DER NEUEN MALEREI,[1126] dann über Georg Kolbe.[1127] Während seiner über sechsjährigen Tätigkeit präsentierte er Ausstellungen mit Werken so unterschiedlich arbeitender Künstler wie Max Beckmann, Naum Gabo, Heinrich Zille, Lyonel Feininger und Walter Gropius.[1128]

Nicht für die Kestner-Gesellschaft, sondern für das ehemalige Provinzial-Museum organisierte er in enger Zusammenarbeit mit Alexander Dorner eine große Ausstellung. Im Frühjahr 1931 eröffneten beide dort eine große Schau, die dem Schaffen des Holzbildhauers Tilman Riemenschneider gewidmet war und nicht nur in Hannover auf Zustimmung stieß.[1129] Justus Biers Riemenschneider-Vorträge und seine Führungen durch die Ausstellung[1130] fanden viel Resonanz und brachten auch der Kestner-Gesellschaft Besucher, die sonst selten oder gar nicht kamen. Unter seiner Leitung wuchs die Mitgliederzahl stark an. Hatte sie in den zwanziger Jahren deutlich unter 300 gelegen und bei seinem Dienstantritt (1930) 285 betragen, so zählte sie sechs Jahre später, zur Zeit seines erzwungenen Rücktritts, 520 Personen.[1131]

Bier sah in der unsicheren Zeit der Weltwirtschaftskrise seine Chance darin, konsequent das fortzusetzen, was vor ihm Küppers, Sydow, Krenz und Dorner gleichermaßen praktiziert hatten: ein abwechslungsreiches Angebot, das kaleidoskopartig aufgriff und sammelte, was sich in der bildenden Kunst, im Tanz, in der Architektur, der Fotografie und der Musik an Neuem tat. Das mochten Bibellesungen sein oder abstrakte Filme, Konzertabende alter Musik auf historischen Instrumenten und moderne Klavierkonzerte, Ausstellungen von Werken Barlachs und Man Rays, Lesungen mit Alfred Döblin und Anna Seghers.[1132] Immer blieb die Kestner-Gesellschaft in den ersten zwanzig Jahren ihrer Existenz in über 150 Ausstellungen und mehr als 200 Vorträgen, Lesungen und Konzerten[1133] jenem Prinzip treu, das ihr erster Leiter im Vorwort zum ersten Ausstellungskatalog mit den Worten beschrieben hatte, daß „keine Sonderrichtung"[1134] gepflegt werden und Neues hier ebenso seinen Platz finden solle wie „Historisch-Gewordenes".[1135]

Vielfalt oder Beliebigkeit? Kritiker der Kestner-Gesellschaft

Freilich fand die jederzeit freudig propagierte Vielseitigkeit nicht nur Freunde. Besonders in der zweiten Hälfte der zwanziger Jahre mehrten sich die Stimmen jener, für die die bunte Abfolge unterschiedlicher Ausstellungs- und Vortragsthemen nicht länger Ausdruck jugendlichen Mutes und unbefangener Experimentierfreude, sondern Zeichen schlichter Bequemlichkeit war, Schwerpunkte zu setzen. Besonders befremdlich war in ihren Augen, daß die Kestner-Gesellschaft vor allem während der Tätigkeit von Hanns Krenz, aber dann auch unter Justus Bier, ganz offensichtlich kein Problem darin sah, einen kunstgewerblichen Handel zu treiben.

In der Tat machte die Gesellschaft keinen Hehl aus ihrem Interesse an guten Verkäufen auch im kunstgewerblichen Bereich. Bier etwa würdigte gleich zu Beginn seiner Tätigkeit, „daß sich sein Vorgänger neben der vorbildlichen Organisation von Ausstellungen besonders durch die geschickte Art im Verkauf von Dingen der Kunst ausgezeichnet (habe)".[1136] In der Tat hatte Hanns Krenz einiges in Gang gesetzt, um die wirtschaftliche Seite der Kestner-Gesellschaft zu stärken. Zu dem Laden für Kunstgewerbe, den die Kestner-Gesellschaft fast von Beginn an beherbergte, gesellte sich der Handel mit Lübecker Marzipan, mit Bier- und Limonadengläsern, Serviettenringen, Lampenschirmen, Schuhspannern, Schleiflacktabletts[1137] und mit russischem Kunstgewerbe.[1138] Angesichts dieser Aktivitäten, in die sich der Vorstand der Kestner-Gesellschaft offenbar bereitwillig einspannen ließ, klagte Carl Nierendorf, Leiter der renommierten Düsseldorfer Galerie und bis zu diesem Zeitpunkt, im Sommer 1927, ein guter Geschäftspartner, er sei immer von einer „Gleichartigkeit unserer künstlerischen Bestrebungen"[1139] ausgegangen, „die eigentlich zu einer gewissen kameradschaftlichen Unterstützung führen mußten". In dieser Annahme fühle er sich angesichts der tat-

Liebespaar in der Kaschemme, Ölgemälde von Gerta Overbeck. 1922

sächlichen Entwicklung jedoch ebenso getäuscht wie in jener, „die Kestner-Gesellschaft würde sich ... etwas mehr solidarisch fühlen mit den Menschen, die für künstlerische Ziele noch kämpfen, als mit solchen, die den Kampf längst aufgegeben haben und in erster Linie Geschäftsleute sind".[1140]

Nierendorf war nicht der einzige, der der Kestner-Gesellschaft eine gewisse selbstzufriedene Behäbigkeit attestierte. Auch andere kritische Beobachter der hannoverschen Kunstszene mahnten an, hier entwickele sich immer deutlicher eine „Bohème" aus „Schaumschlägern und Kastraten".[1141] Schärfster Kritiker war Christof Spengemann, einst einer derjenigen, die der Gesellschaft durch ihr beherztes Eingreifen, vor allem in der Schrift DIE BILDENDE KUNST IM NEUEN HANNOVER, den Weg bereitet hatten. Im Herbst 1931 gab Spengemann sich in der Zeitschrift DER WACHSBOGEN ernüchtert. Er hatte auf eine bedingungslose und tatkräftige Unterstützung der modernen Kunst durch die Kestner-Gesellschaft gehofft und sah sich jetzt mit einem exklusiven Kunstsalon konfrontiert, der in die gleiche „behäbige Mittelwärme"[1142] versunken war, die zu beseitigen er einst gemeinsam mit ihr angetreten war. Die Kestner-Gesellschaft war für Spengemann nun, im Jahr der großen Riemenschneider-Ausstellung im Provinzial-Museum, zur „hannoverschen Riemenschneider-Innung"[1143] geworden, „eine(r) Sektion für ideelle Angelegenheiten, die unter bewährter Leitung den offiziösen Kunstbetrieb macht".[1144]

Spengemann führte aus: „Man begibt sich gemessenen Schrittes und, soweit es die konventionellen Anschauungen erlauben, in die Gebiete der Philosophie, Literatur und Kunst. Kühn dringt man bis an die Mündungen des Ästhetischen vor, lagert sich dort in gemeinsamer Erbauung, bis die bewährte Leitung zum Aufbruch in ein anderes ideelles Rittergut bläst. Es ist immer dieselbe Gemeinde, es ist immer dieselbe Leitung."[1145] Die Devise dieses Zirkels sei, sich „immer hübsch an der Peripherie" der Kunst entlang zu bewegen. Es sei erschreckend, daß „im Kreise der ganzen Innung, ihrer Protektoren und sonst interessierenden Instanzen" nicht eine einzige Stimme laut werde, die „mehr als ästhetisierende Betrachtung" und mehr als „idealistische Geschichtsvermittlung" verlange. Alles, was diese Art von Kunstbetrachtung zu bewegen vermöge, sei allenfalls „ein Plätschern an der Oberfläche". Hier sei man nicht mehr Mitglied, weil man sich von der Kunst packen lassen wolle, sondern um dabeizusein, um teilzunehmen an den zelebrierten „vornehme(n) Traditionen", „als hätte man Angst, beim Untertauchen eine Viertelstunde nicht gesehen zu werden".[1146] Spengemann schloß mit einer für den WACHSBOGEN typischen Wendung. Es zeuge nicht gerade von „wachem Geist, Temperament und Mut", schrieb er, „daß man sich nicht auch dem Gegenwärtigen, dem Jungen hingibt. Daß man es nicht stützt und fördert".[1147] Es sei ferner „lebensfern", die Kunst als „Lehnsessel für sentimentale Erbauungsstunden" zu betrachten, als „Zierat seines schönen Gemüts". Diese Zeit verlange, „daß man die Kunst in die zerquälte Gegenwart stellt, um zu neuen geistigen und realen Lebensformen zu gelangen".[1148]

Die Heftigkeit war auffällig, mit der Christof Spengemann hier mit der Kestner-Gesellschaft abrechnete und ihr all das zur Last legte, was sie in den Anfangszeiten beteuert hatte, nie werden zu wollen, nämlich ein

„wahlloser Kunstverein", selbstgefällig, träge und allzu gern bereit, im breiten Strom des offiziösen Kunstbetriebs mitzuschwimmen. Ein knappes Jahr zuvor war Spengemanns Versuch, der städtischen Kunstszene, die er als zunehmend steril, materialistisch und reaktionär empfand, durch die von ihm geleitete KAMPFSTELLE GEGEN ZENSUR UND KULTURREAKTION neues Leben zu geben, auch am mangelnden Engagement der Kestner-Gesellschaft gescheitert. Spengemann fühlte sich alleingelassen und erkannte in der bunten Vielfalt aus Kunst, Unterhaltung und Kommerz, die die Gesellschaft bot, längst nicht mehr den idealistischen Geist der einstigen Weggefährten. So ist es zu erklären, daß er mit den Herausgebern des WACHSBOGEN zusammenarbeitete. Sie waren diejenigen, die mit ihrer künstlerischen Arbeit ständig darauf aufmerksam machten, wie wenig golden die zwanziger Jahre waren.[1149] Wie Karl Jakob Hirsch urteilte, waren sie die Künstler, die sich für den „Marktwert"[1150] ihrer Arbeiten nicht interessierten und in Kauf nahmen, zu hungern und als naive Malanfänger abgetan zu werden. Gerta Overbeck, Mitglied des Freundeskreises um den Herausgeber des WACHSBOGEN Gustav Schenk, betonte rückblickend, „sehr bewußt"[1151] habe man sich in den zwanziger Jahren von der Lebensweise der sogenannten „bürgerlichen Gesellschaft" abgesetzt: „Wir wurden auf die Weise auch davor bewahrt, den Leuten zuliebe landläufige und gut verkäufliche Themen zu wählen und etwas nachzuahmen."[1152] Ihre Themen waren die Kleinbürger, die Ausgestoßenen und Deklassierten ihrer Zeit.[1153] Die Malerinnen und Maler der Neuen Sachlichkeit, die oft inmitten dieser unbürgerlichen, zuweilen halb anrüchigen Atmosphäre aus Prostitution, Kabarett, Kneipe und Hinterhof lebten,[1154] fühlten sich den ‚kleinen Leuten' zugehörig. Der überwiegende Teil von ihnen stammte dabei nicht selbst aus dem Proletariat; beispielsweise waren die beiden Frauen Gerta Overbeck und Grethe Jürgens Töchter aus gutbürgerlichem Hause.[1155] Andere wie Ernst Thoms kannten Not und Armut seit ihrer frühesten Kindheit, machten aus ihrer Herkunft nie einen Hehl[1156] und mußten sich später, weil ihre Arbeiten häufiger angekauft wurden als jene ihrer Kollegen, den Vorwurf der Korrumpierbarkeit gefallen lassen.[1157] Doch trotz der Unterschiede in der sozialen Herkunft fühlten sich alle der Schicht der Entrechteten und Benachteiligten zugehörig. Sie arbeiteten tagsüber als Bauarbeiter, Maler, Reklamezeichner und Bühnenarbeiter[1158] und malten nachts und an den Wochenenden in unbeheizten Ateliers, auf Dachböden und in notdürftig zu Wohnungen umfunktionierten Hundezwingern.[1159] Alle, also auch die beiden KPD-Mitglieder Erich Wegner[1160] und Gerta Overbeck,[1161] sahen sich in erster Linie als „vulgäre Maler"[1162] und hatten weder politisch noch künstlerisch den Ehrgeiz, Neuerer zu sein. Sie wollten vielmehr schlicht, nüchtern und verständlich auf die exklusiven und ästhetisierenden Tendenzen in der Kunst, auf Expressionismus, Dadaismus und Kubismus, reagieren. Besonders Grethe Jürgens verzichtete auf aggressive Sozialkritik.[1163] Sie wolle nicht an das Gewissen der Leute appellieren.[1164] Es ging ihr darum, nach den eskapistischen Ausflügen der Kunst zu den Tatsachen zurückzukehren, „unsere Umwelt, die Leute in den Kneipen, auf der Straße, vor dem Arbeitsamt, zu zeigen".[1165] Margarethe Jochimsen und Hildegard Reinhardt, die Grethe Jürgens und Gerta Overbeck 1982 im Bonner Kunstverein eine Ausstellung widmeten, beschrieben die Malerinnen und Maler der Neuen Sachlichkeit in Hannover und damit die Gruppe der WACHSBOGEN-Macher als „hellwache"[1166] Zeitzeugen, die die sozialen und politischen Ungerechtigkeiten der zwanziger Jahre bewußt am eigenen Leib erfahren hätten, deren gesellschaftliches Engagement stets spürbar gewesen sei, die sich dennoch nicht öffentlich zu grundsätzlicher Gesellschaftskritik, transportiert durch das Medium ihrer Kunst, aufgerufen gefühlt hätten. Ihr Anliegen sei es gewesen, mit ihrer unprätentiösen Kunst das Verständnis für jene Zeit zu finden, in der sie entstanden war. Es sei darum gegangen, Gespür und Bewußtsein für die Realität zu schaffen, „ohne Anklage zwar, ohne Mitleid, ohne Appell und Schuldzuweisung, aber auch nicht rein dokumentarisch, ‚neutral', aber auch nicht im Sinne von ‚unbeteiligt', sondern mit Wohlwollen, Sympathie und Verständnis für die kleinen Leute –, so, als wolle man eher beruhigend als resignierend zum Ausdruck bringen: Das ist das Leben: Euer Leben."[1167]

Es war für die Vertreter der hannoverschen Neuen Sachlichkeit nicht verwunderlich, daß die Kestner-Gesellschaft ihren Arbeiten „merkwürdig fremd und wenig freundlich gesonnen"[1168] begegnete. Zwar setzte sich die Kestner-Gesellschaft in ihren Vorträgen gelegentlich mit der Neuen Sachlichkeit auseinander.[1169] Doch die hannoverschen Vertreter dieser Richtung blieben, vielleicht gerade wegen ihrer betont rohen, nach bürgerlichem Maßstab ‚unkünstlerischen' Kunst, weitgehend unberücksichtigt. Es gab zwar die Werkschau von Werken Ernst Thoms' im Mai 1926, zu der der Maler allerdings erst von seinem Freund Hans Seutemann überredet werden mußte.[1170] Doch ansonsten zeigte die Kestner-Gesellschaft wenig Interesse an den hannoverschen Neuen Sachlichen. Ohnehin lebten diese als heterogene eigene Gruppe am Rande der hannoverschen Kunstszene, wenig beachtet von den Kritikern anläßlich der Ausstellungen im Kunstverein, die sie duldeten, doch keineswegs förderten. Für die WACHSBOGEN-Macher und damit für Christof Spengemann war das Treiben in der Kestner-Gesellschaft „lebensfern";[1171] dort flüchte man sich, so ihre Kritik, in blankes Ästhetentum und wolle mit der „zerquälten Gegenwart" und der Suche nach „neuen geistigen und realen Lebensformen"[1172] nichts zu tun haben.

Die Mäzene der Kestner-Gesellschaft

Ein elitärer Kunstsalon? Auch aus der Distanz von weit mehr als sechs Jahrzehnten nach Erscheinen der Spengemannschen Kritik an der Kestner-Gesellschaft ist unverkennbar, daß der Angriff auf die Abgeschlossenheit eines elitären Kunstzirkels nicht ganz an der Realität vorbeiging. Carl Haenlein, der seit 1976 die Geschicke der Kestner-Gesellschaft bestimmt, formulierte diesen Gedanken anläßlich der 75-Jahrfeier der Gesellschaft im November 1991 folgendermaßen: „Also, die Kestner-Gesellschaft in ihrer Frühzeit war ein Klub, ein Herren- und Damenklub, mehr ein Herrenklub. Da hat man über Kunst gesprochen, aber wie in jedem Klub gehörte es eben dazu, daß nur wenige diese ‚Geheimnisse' geteilt haben. Im Laufe der Zeit hat sich diese Kunst gewandelt, und damit natürlich auch die Leute, die sich damit beschäftigten. Der Raum, in dem heute über Kunst geredet wird, wo Kunst eingerichtet wird, ist selbstverständlich ein öffentlicher Raum. Und in dem Maße, in dem sich das herauskristallisiert hat, ist der Charakter des eng begrenzten, intimen Freundeskreises zurückgegangen. Das mag mancher beklagen, aber es gibt keine andere Möglichkeit: Kunst ist heute eine öffentliche Affäre."[1173]

Alle befragten Mitglieder der Kestner-Gesellschaft in den zwanziger Jahren und auch deren Angehörige betonten im Rückblick diesen „Charakter des eng begrenzten, intimen Freundeskreises". Mehr noch, ob Ilse Beindorff, Ilse Berg, Gunda-Anna Gleichmann-Kingeling, Georg Grabenhorst, Juliane Ische-Thoms, Käte Ralfs, Barbara Roselieb-Jahns, Klara Spengemann-Morf, Heinz Vahlbruch oder Klaus Wegner,[1174] sie alle bezeichneten die Tatsache, daß man sich ‚bei Kestners' gegenseitig kannte, als einen der Garanten für den Erfolg der Gesellschaft. Fast keiner von ihnen übte Kritik an jenem Passus der Satzung, der von Beginn an die Aufnahme neuer Mitglieder von der Berufung des Vorstandes abhängig machte, welcher wiederum erst auf Antrag zweier Angehöriger der Gesellschaft die Prüfung der Bewerbung vornahm und damit eine gründliche Kontrolle der Mitgliederstruktur der Kestner-Gesellschaft garantierte. Die Gesellschaft schuf damit eine Atmosphäre, die Helmut Kreuzer als „Halbbohème"[1175] bezeichnete. Künstler und Bürgerliche traten in sorgsam abgewogener Zusammenstellung in Kontakt miteinander, um zu diskutieren und zu feiern.

Als der sozialdemokratische VOLKSWILLE im Mai 1917 anregte, die Eintrittspreise der Kestner-Gesellschaft zu senken, weil die hannoversche Arbeiterschaft die Gesellschaft sonst nicht besuchen könne, teilte Paul Erich Küppers mit, dieses Argument vermöge er „im Hinblick darauf nicht ganz einzusehen, daß für recht fragwürdige Kunstgenüsse, wie sie z. B. das Kino bietet, unverantwortlich viel Geld ausgegeben wird".[1176] Ferner seien die Räume der Kestner-Gesellschaft „entsprechend dem Charakter eines Privathauses in ihren Abmessungen derart, daß sie niemals einen Massenbesuch ... aufnehmen könnten".[1177] Bereits kurz nach der Gründung hatte der Bankier Otto Rheinhold vorgeschlagen, die Vorträge der Kestner-Gesellschaft in die frühen Nachmittagsstunden zu verlegen, da dann andere gesellschaftliche Verpflichtungen nicht beeinträchtigt würden. Er sei sicher, „daß diejenigen Personen, welche Interesse an Vorträgen haben, sich auch für dieselben nachmittags frei machen können."[1178] Ein anderes Mitglied, Graf von Goertz, regte an – allerdings ohne dies zu begründen –, „daß die Kestner-Gesellschaft bezüglich ihrer Mitglieder einen numerus clausus einführen sollte und daß der Mitglieds-Beitrag wesentlich, auf etwa M 300, erhöht werden müßte".[1179] Diese Beispiele machen deutlich, daß das Interesse der Kestner-Gesellschaft immer auch darauf gerichtet war, den Charakter eines Kunstsalons zu wahren, der nicht für jedermann ohne weiteres zugänglich war. Heinz Vahlbruch erinnerte sich an die Räumlichkeiten in der Königstraße 8: „Der Besucher fand dort Stille, jene anregende Stimmung und das Entrücktsein vom Alltag, die das Betrachten von Bildwerken begünstigen."[1180]

Hätte dies grundsätzlich auch eine Schilderung von den Veranstaltungen im Kunstverein und auch im Künstlerverein sein können, so unterschied sich doch die Art von Geselligkeit, wie sie hier gepflegt wurde, deutlich von jener der Kestner-Gesellschaft. In der Gesellschaft war das hohe Maß an Privatheit ein entscheidender Faktor für das Gelingen der großen und kleinen Feiern. Diese fanden teilweise in den Räumlichkeiten der Kestner-Gesellschaft selbst statt. Im Fall des FESTS DER FARBE im Januar 1927 wurde aber auch das Varieté Tivoli angemietet.[1181] Die enge Verbindung der Führungsriege der Kestner-Gesellschaft und besonders des Ehepaars Steinitz mit den Künstlern der Stadt brachte die Mitarbeit an dem ZINNOBERFEST im Januar 1928 mit sich.[1182] Kleinere, intimere Feiern waren nicht weniger erfolgreich. Vielfach fanden sie in der Küppersschen Privatwohnung statt, wohin man sich nach erfolgreich verlaufenen Ausstellungseröffnungen oder Vorträgen begab, um zu feiern.[1183] Hierin unterschieden sich die Feste der Kestner-Gesellschaft deutlich von jenen im Künstlerverein, die, allesamt in den Vereinsräumlichkeiten veranstaltet, bei aller Fröhlichkeit, die sich entwickeln mochte, doch durch vergleichsweise recht altväterlich anmutende Regeln fixiert waren. Die Feste der Kestner-Gesellschaft, zumal jene, die sich spontan im privaten Rahmen entwickelten, waren demgegenüber unprätentiöser, übermütiger und im ganzen weit mehr von einer sinnenfrohen Lebendigkeit erfüllt. Käte Steinitz erinnerte sich: „Man sammelte sich vor Veranstaltungen und nach Veranstaltungen. Man ging in gehobener Stimmung zu Vorträgen und kehrte in gehobener Stimmung zurück."[1184]

Einblick in die Atmosphäre, die sich immer wieder entwickelte, wenn der enge Zirkel der Kestner-Gesellschaft zusammentraf, geben neben den Schilderungen aus dem ‚Café Krenz' die Gästebücher von Käte Steinitz und Friedrich Vordemberge-Gildewarts. Letzterer trat besonders in der Ära Bier in engen Kontakt mit der Gesellschaft. Seine Tagebücher, in denen u.a. Siegfried Giedeon,[1185] Joachim Ringelnatz,[1186] Yvonne Georgi,[1187] Gustav Friedrich Hartlaub[1188] und immer wieder Kurt Schwitters unterzeichneten, berichten von anregenden Abenden voll geistiger Auseinandersetzung, erotischer Anspielung, ironischer, kritischer und auch selbstkritischer Beurteilung künstlerischer Arbeit, voll mutwilligen Spotts und auch einer gewissen gelassenen Distanz gegenüber den Dingen des Alltags und der Politik. Nur selten fanden sich Bezüge zum Tagesgeschehen, Stellungnahmen etwa zur Notzeit in der Weltwirtschaftskrise oder auch Kritik an dem Aufkommen der Nationalsozialisten.[1189] Ansonsten standen über allen Eintragungen gewissermaßen als Motto Siegfried Giedeons Satz „Wollten wir nicht alle das Gleiche, wäre alles von vornherein Mist."[1190] sowie Kurt Schwitters' ironische Behauptung, nach der die „moderne Bohème" aus „Automobil, Bankkonto, Telefon, Grammophon und Gästebuch"[1191] bestehe, was durchaus auf eine gewisse Wertschätzung materieller Sicherheit schließen läßt.

Ausstellungszimmer und Leseraum der Kestner-Gesellschaft, Foto. Um 1920

Auch ein gewisser Dünkel, ein leicht selbstgefällig wirkender Ton, den man sich selbst als Angehöriger dieses exklusiven, aufgeschlossenen und toleranten Freundeskreises leistete, ist in manchen Eintragungen nicht zu verkennen. Die Einschätzung seiner selbst als Teil eines Zirkels von Eingeweihten, der die „Geheimsprache"[1192] beherrschte, wie Carl Haenlein es nannte, betonten auch die meisten der befragten Zeitgenossen. Allzu groß scheint die Bereitschaft gewesen zu sein, die eigene Lebenshaltung und die Begeisterung, die man selbst für die zeitgenössische Kunst entwickelt hatte, recht nonchalant zum Maß der Dinge zu machen und all jene unversehens und wenig reflektiert zu borniertem

Fest der Farbe. Artikel im HANNOVERSCHEN KURIER. 1927

Spießern zu erklären, die Zweifel und Bedenken anmeldeten. In modischer Kleinschreibung – der sich die Kestner-Gesellschaft freilich nie anschloß – gab der Vorsitzende der Hildesheimer Freunde zeitgenössischer Kunst, Otto Beyse, Hanns Krenz gegenüber im März 1928 seiner Hoffnung Ausdruck, daß die beiden Kunstvereine hier wie dort „sanft oder explosiv entschlummern mögen. vielleicht, daß dann ein neuer weg sich finden läßt. ausstellungen zu machen ist leider durch zahlreiche widerstände z.zt. auch nicht mehr möglich. kurz, es ist die herrschaft der reaktion. unterirdisch wühlt es sehr, kurz eine amüsante zeit ... und drei viertel der mitbürger kann man nicht erwürgen. wie schön wäre es, man könnte es."[1193]

Wie Beyse in seiner Bestandsaufnahme der Hildesheimer Kunstszene, so leistete sich auch die Kestner-Gesellschaft in Hannover ein außerordentlich großes Selbstbewußtsein. Wer sie fördere, so gab sie 1930 bekannt, verhelfe „damit Hannover zu bedeutenden kulturellen Veranstaltungen, zu lebendigen, aktuellen Ausstellungen und Vorträgen"[1194] Umgekehrt ging sie, die doch bemüht blieb, mit anderen Vereinigungen in Hannover zusammenzuarbeiten, die wie sie künstlerisch-kulturellen Zwecken dienten, dazu über, bewußt den Kontakt zu jenen abzubrechen, von denen sie sich keine Unterstützung erwartete. Im Februar 1928 beklagte sich Karl Anlauf, der Schriftleiter der NIEDERDEUTSCHEN ZEITUNG, darüber, daß die Kestner-Gesellschaft den Anzeigenteil seines Blattes ignoriere. Anlauf muß dabei um die Bedeutung der Gesellschaft gewußt haben, denn er, der keineswegs ein Freund zeitgenössischer Kunst war, bat diese tatsächlich darum, „von Ihrer Zurückhaltung abzugehen".[1195]

Daß die Kestner-Gesellschaft während der gesamten Dauer ihrer Existenz von der Gründung bis zur Mitte der dreißiger Jahre das größte Pfund, mit dem sie wuchern konnte, sehr wirkungsvoll einzusetzen wußte, geht aus dem Schreiben ihres Vorstandsmitglieds Alexander Dorner vom November 1929 hervor, mit dem ein Industrieunternehmen zur Beteiligung an einer Ausstellung über moderne Typenmöbel und Hausgeräte bewegt werden sollte. Hier hieß es: „Die Kestner-Gesellschaft ist diejenige kunstfördernde Vereinigung in Hannover, die sämtliche kulturell führenden Kreise umfaßt und deren Ausstellungen ... sehr stark besucht sind. Wir haben eine ganze Reihe Interessenten, u.a. ein Bankhaus, das sich neu einrichten will, und ich halte es durchaus für wahrscheinlich, daß Sie mit Verkäufen rechnen können. In jedem Fall ist das eine Gelegenheit zur Propagierung Ihrer Erzeugnisse, wie sie sich wirkungsvoller und formal besser gar nicht gedacht werden kann."[1196]

Die Mäzene der Kestner-Gesellschaft

Bereits anläßlich der Gründung im Herbst 1916 hatte die Kestner-Gesellschaft stolz proklamiert, „unbeengt und unbeeinflußt" ihre Ziele verfolgen und sich vor allen Dingen nicht etwa wie der Kunstverein von der städtischen Kunstpolitik abhängig machen zu wollen. Schon die Umstände ihrer Entstehung mußten Beobachtern deutlich machen, daß dieser neue Kunstsalon das denkbar günstigste Umfeld besaß, um dieses selbstbewußt vorgetragene Ziel zu verwirklichen. In den ersten Monaten, bis zum Ende des Jahres 1916, kamen über 60.000 M an Spenden für die Kestner-Gesellschaft auf deren Konto im Bankhaus Oppenheimer & Müller zusammen.[1197] Bankier Richard Oppenheimer selbst gehörte dem ersten Vorstand der Gesellschaft an,[1198] und weitere renommierte Namen wie jene des Fabrikanten Otto Edler, der Verleger Friedrich Jänecke und August Madsack sowie des Rechtsanwalts Siegfried Oppler,[1199] eines Sohnes des Architekten Edwin Oppler, waren im Verzeichnis der Beiratsmitglieder zu finden.[1200] Nicht anders sah es bei den Stiftern der ersten Stunde aus. Zu ihnen zählten neben den Fabrikanten Hermann Bahlsen, August Sprengel und Fritz Beindorff auch Konsul Friedrich Hohlt und Kommerzienrat Siegmund Seligmann.[1201] Gründungsmitglieder waren unter anderem Fabrikant Heinrich Wilhelm Appel, Sanitätsrat Catzenstein, Kommerzienrat Paul Klaproth und Justizrat Georg Lenzberg.[1202] Mithin waren viele Mitglieder der sogenannten guten Gesellschaft Hannovers gleich zu Beginn in der Kestner-Gesellschaft vertreten. Da außerordentlich viele Angehörige städtischer Behörden von der Kommunalverwaltung bis zum Sozial-, Schul- und Medizinalwesen der Kestner-Gesellschaft als Mitglieder beitraten, ist davon auszugehen, daß es auch zum Ton gehörte, Mitglied des neuen Kunstinstituts zu werden. Bereits zu Beginn in ansprechenden Räumlichkeiten in einer guten Gegend Hannovers untergebracht, genoß die Kestner-Gesellschaft schnell den Ruf eines exquisiten Kunstzirkels, dessen anregende Atmosphäre dem gesellschaftlichen Leben der Stadt eine neue Note gab. Wenn die Kestner-Gesellschaft in den folgenden Jahren auf vorsichtige Anmahnungen von Mitgliedsbeiträgen immer wieder Antwortschreiben erhielt, in denen mitgeteilt wurde, man sei bereits in so vielen Vereinen, daß man den Überblick verloren habe,[1203] so ist das als Hinweis darauf zu werten, daß die Mitgliedschaft in der Kestner-Gesellschaft für Angehörige der gutbürgerlichen, sich der Kunst gegenüber aufgeschlossen gebenden Gesellschaft Hannovers geradezu ein Muß war.

Auffällig ist zudem, daß ein großer Teil der Stifter und Förderer zur gleichen Zeit zu jenem Kreis von Mäzenen zählten, welche nun, im dritten Jahr des Weltkrieges, gleichzeitig Heinrich Tramms Kunstpolitik großzügig finanzierten. Nicht für alle, aber doch für einen Teil von ihnen gilt sicherlich, daß sie sich, obwohl grundsätzlich kunstinteressiert, nicht ausschließlich hier wie dort engagierten und daß das gesellschaftliche Prestige, das mit der Förderung von Kunst in diesen Jahren verbunden war, eine nicht zu unterschätzende Rolle spielte. So überraschen jene Schreiben an die Kestner-Gesellschaft wenig, mit denen einige Mitglieder noch nach Jahren der Vereinszugehörigkeit – und ohne sich zuvor jemals zu Wort gemeldet zu haben – ihren Austritt erklärten, „in der Hauptsache deshalb, weil ich Ihren künstlerischen Bestrebungen ablehnend gegenüberstehe",[1204] oder weil die hier präsentierte Kunst „Geschmacksverirrung"[1205] sei, wie es Kommerzienrat Josef Berliner nannte. Doch die Form des Mäzenatentums, das die Kestner-Gesellschaft prägte, war grundsätzlich eine ganz andere als jene im Bereich der städtischen Kunstpolitik, wo ein großer Teil der Geldspenden nicht an den Ankauf bestimmter Werke gebunden war, sondern Heinrich Tramm als der Spitze der Stadtverwaltung zur freien Verfügung gestellt wurde. Die Atmosphäre, die sie, die überwiegend Kunstlaien waren, gemeinsam mit den Leitern und dem Vorstand der Kestner-Gesellschaft schufen, läßt sich vielleicht mit jener vergleichen, die die ersten Mitglieder des hannoverschen Kunstvereins ein dreiviertel Jahrhundert zuvor verbreitet hatten. Hier wie dort ging es den Verantwortlichen darum, Anschluß an eine Entwicklung in der Kunst zu finden, die ihnen sonst fremd geblieben wäre. Die Korrespondenz vor allem der ersten Jahre enthält eine große Zahl von Schriftwechseln zwischen der Kestner-Gesellschaft und ihren Mäzenen. Auffällig ist, daß es vielfach die Gründungsmitglieder waren, die ihre Bedenken der zeitgenössischen Kunst gegenüber freimütig mitteilten. Mit Verständnis, aber auch im unerschütterlichen Glauben an die Richtigkeit und an die Bedeutung der Arbeit der Gesellschaft beantwortete Paul Erich Küppers die Schreiben beispielsweise von Kommerzienrat de Häen,[1206] Konsul Friedrich Hohlt,[1207] Direktor Edgar Seligmann,[1208] Senator Fritz Beindorff,[1209] Direktor Otto Edler[1210] und – immer wieder – von Unternehmer Heinz Appel[1211] an. An letzteren schrieb er: „(M)ögen Sie und viele Ihrer Freunde und Bekannten diese Dinge auch ablehnen, die Menschheit kommt nicht mehr darum herum, sich mit diesen, aus ehrlichster Überzeugung ihrer Schöpfer entstandenen modernen Bildern, Graphiken und Plastiken ebenso ehrlich zu beschäftigen. Wer hierbei ständig auf die Kunst vergangener Zeiten, deren Schönheits-

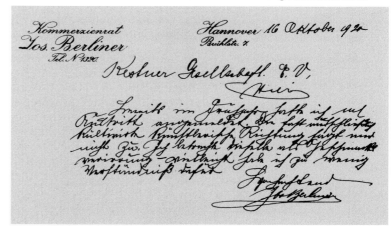

Erklärung Joseph Berliners zum Austritt aus der Kestner-Gesellschaft, 16. Oktober 1920.
„Bereits im Frühjahr hatte ich (meinen) Austritt angemeldet. Die fast ausschließlich kultivierte künstlerische Richtung sagt mir nicht zu. Ich betrachte dieselbe als Geschmacksverirrung – vielleicht habe ich zu wenig Verständnis dafür."

ideale uns von Kindheit an unmerklich wie jeder andere Bildungsstoff eingeimpft sind, als unumstößliches (sic!) Kanon hinschielt, wird allerdings sehr schwer zu einer reinen Freude an den modernen Schöpfungen durchdringen."[1212]

Käte Steinitz erinnerte sich, einflußreiche Hannoveraner hätten spontan das Geld zusammengebracht, um das Haus in der Königstraße 8 zu kaufen: „Man wollte sich nicht vorenthalten lassen, was außerhalb Hannovers in der Kunst geschah."[1213] Ihr Mann, Sanitätsrat Ernst Steinitz,[1214] im Ersten Weltkrieg zum Chefarzt der Lazarette am Döhrener Turm berufen, war einer der Vertreter der jungen, neuen Kräfte in der Kestner-Gesellschaft, die von außerhalb kamen und damit auch die Kunstszene anderer Städte gut genug kannten, um hier die Defizite aufzudecken. Sie trafen auf eingesessene Kunstfreunde, auf Sammler und Mäzene, unter ihnen überdurchschnittlich viele Juden,[1215] wie etwa auf den Sanitätsrat Leo Catzenstein, dessen Kunstsalon „ein Hafen für Künstler und Kunstsinnige"[1216] war. Catzenstein, 1863 in Hemmendorf geboren, war bald nach dem Studium in München nach Hannover zurückgekehrt, wo er seine Praxis in einer Arbeitergegend eröffnete und den Kampf gegen den Typhus, die häufigste Todesursache unter den Armen, aufnahm.[1217] Bereits lange vor der Gründung der Kestner-Gesellschaft hatte der „kleine Doktor", wie Catzenstein genannt wurde, begonnen, Kunst zu sammeln, und zwar überwiegend Miniaturen des 18. und 19. Jahrhunderts.[1218] Zu seinem Freundeskreis gehörten Kurt Schwitters und Henry van de Velde.[1219] Leo Catzenstein zählte zu den Gründungsmitgliedern der Kestner-Gesellschaft[1220] und war seit 1917 Angehöriger des Beirats.[1221] In seinem Kunstgeschmack wurde er bestärkt durch seine Kinder, den Sohn Franz, der Kunsthändler und Galeriebesitzer in München war und mit Alexander Dorner in guten Geschäftsbeziehungen stand,[1222] und seine Tochter Ellen, die eine anerkannte Bildhauerin war.[1223] Leo Catzenstein stand mit der Führungsriege und besonders mit dem künstlerischen Leiter der Kestner-Gesellschaft in engem Kontakt. Zudem überprüfte er gemeinsam mit Ernst Steinitz die Finanzen der Kestner-Gesellschaft.[1224] Daneben betreute er als Hausarzt viele Mitglieder der Gesellschaft und auch ihre Gäste[1225] und war nach dem Tod von Paul Erich Küppers für dessen Witwe ein wichtiger Beistand.[1226]

Als zudem der schwer lungenkranke El Lissitzky dringend einer Kur in der Schweiz bedurfte, war es neben Ernst Steinitz vor allem Catzenstein, der durch seine „aufrichtige Humanität"[1227] das Leben des Künstlers rettete, indem er seinen Einfluß geltend machte und selbst den erforderlichen Nachweis eines festen monatlichen Einkommens El Lissitzkys ausstellte.[1228]

Henning Rischbieter beschrieb die Atmosphäre der Gesellschaftsabende im Hause Catzenstein mit den Worten, „einige wenige großbürgerliche … Häuser öffneten sich dem Zeitgeist und ließen die Schwärme junger Leute ein, die redeten, redeten, redeten. Trunkenheit erzeugte schon das Gespräch miteinander, man brauchte kaum Alkoholika, wenn man sie auch nicht verschmähte."[1229] Anders als ihre Vorgänger, die „Gründerzeit fathers",[1230] wie Robin Lenman sie nannte, ging es diesen Persönlichkeiten – mit der Ausnahme von Käte Steinitz ausschließlich Männern – darum, aktiv am Kunstgeschehen teilzuhaben, statt mit der Stiftung von Geld vorwiegend den Aspekt des Gönnertums zu betonen.

Förderer und Funktionär. Fritz Beindorff und die Kestner-Gesellschaft

Dieses ‚aktive Mäzenatentum' charakterisierte vor allem Fritz Beindorff, den bedeutendsten Förderer der Kestner-Gesellschaft in den ersten zwanzig Jahren ihres Bestehens. Beindorff, der 1895, fünfunddreißigjährig, Alleininhaber der Pelikan-Werke geworden war,[1231] war wie alle Angehörigen seiner Familie Inhaber zahlreicher Ehrenämter. Es waren so viele, daß er einige ablehnen mußte.[1232] Fritz Beindorff war während seines langen Lebens u.a. Senator der Stadt,[1233] Kommerzienrat,[1234] Präsident der Industrie- und Handelskammer, Ehrenbürger der Technischen und der Tierärztlichen Hochschule, Aufsichtsratsmitglied der Deutschen Bank, Königlich-Rumänischer Generalkonsul für Hannover und Braunschweig und Ehrenbürger von Hannover.[1235] Seit Beginn seiner Tätigkeit als Leiter eines der größten und nach damaligen Maßstäben auch modernsten Industrieunternehmen[1236] galt Fritz Beindorffs besonderes Augenmerk der bildenden Kunst. Hier gelang ihm bereits vor dem Ersten Weltkrieg die Verknüpfung eines privaten Interesses mit dem geschäftlichen Moment. Zwei Preisausschreiben der Günther Wagner AG – eines 1911, das zweite zwei Jahre später, beide in ihren Jurys erstklassig besetzt durch Experten wie Max Liebermann und Hugo von Tschudi[1237] – förderten die Verwendung von Erzeugnissen aus dem eigenen Haus: Ausschließlich Werke, die mit ihnen angefertigt worden waren, wurden bewertet.[1238] Diese Prämisse in seiner Kunstförderung behielt das Haus Beindorff auch in den zwanziger Jahren bei. Inge Höher-Dörries, die Witwe des Malers Bernhard Dörries, erinnert sich daran, daß ihr Mann 1923 auf einem von den Pelikan-Werken in Auftrag gegebenen Werk sitzenblieb, weil er die Ölfarbe aus künstlerischen Erwägungen mit Feigenmilch versetzt hatte und das Bild für den Unternehmer damit uninteressant geworden war.[1239]

Fritz Beindorff sen., Foto. Um 1920

Mit der Ausrichtung der beiden Künstlerwettbewerbe schuf sich Beindorff ebenso wie durch den Ankauf ganzer Ausstellungen wie anläßlich der Adolf-Hoelzel-Schau in der Kestner-Gesellschaft 1918[1240] den Grundstock für seine eigene Kunstsammlung. Neben den alten Meistern wie Lucas Cranach d. Ä., Anthonis van Dyck, Frans Hals und Rembrandt[1241] waren es vor allem die Werke der deutschen Maler Emil Nolde, Erich Heckel, Franz Marc und Karl Schmidt-Rottluff, die er bereits vor der Gründung der Kestner-Gesellschaft erwarb.[1242] Daß er dann im Sommer 1916 zu den ersten Mitgliedern und zugleich zu den ersten Stiftern der neuen Kunstvereinigung gehörte, überrascht nicht. Beindorff und seine Frau waren zu diesem Zeitpunkt bereits seit längerem mit dem Ehepaar Brinckmann befreundet.[1243] Während der zwanziger und der ersten Hälfte der dreißiger Jahre war mindestens ein Mitglied der Familie entweder im Beirat oder sogar im Vorstand der Kestner-Gesellschaft vertreten.[1244] Der Schriftwechsel, den Fritz Beindorff und sein gleichnamiger Sohn während dieser Zeit mit der Leitung der Gesellschaft führten, macht dabei deutlich, wie ernst sie ihre Aufgabe nahmen.[1245]

Doch auch der heiteren und unterhaltsamen Seite des Angebots der Kestner-Gesellschaft widmeten sich Beindorff senior und seine Familie. Zeitgenossen wie Käte Ralfs, Käte Steinitz oder Heinz Vahlbruch erinnerten sich an Geselligkeiten im Hause Beindorff und an anregende Diskussionsabende. Daneben halfen die Beindorffs der Kestner-Gesellschaft in materieller Hinsicht durch umfangreiche Ankäufe anläßlich von Ausstellungen. Immer wieder finden sich in der Korrespondenz der Gesellschaft Auflistungen solcher Werke, die ihr künstlerischer Leiter im Auftrag von Mitgliedern der Familie erwerben sollte. Vor allem Fritz Beindorff junior[1246] und der Schwiegersohn des Firmenleiters, der Zahnarzt Hermann Bode, dessen Name in der zweiten Hälfte der zwanziger Jahre ebenfalls häufig im Beirat und im Vorstand der Kestner-Gesellschaft auftauchte,[1247] interessierten sich, hierin gefördert durch Justus Bier, für die konstruktivistische Kunst der Zeit. Beindorff jun. ließ sich beispielsweise sein Arbeitszimmer von dem hannoverschen Maler und Architekten Hans Nitzschke gestalten, einem Mitglied der Künstlergruppe die abstrakten hannover,[1248] dessen Bilder er auch sammelte.[1249] Wenn dies bei seinem Vater auch auf wenig Gegenliebe stieß,[1250] so versagte der Senator der Kestner-Gesellschaft doch auch im Alter nicht seine Hilfe.[1251] Umgekehrt versorgte die Gesellschaft ihn und seine Familie mit regelmäßigen Verkaufsangeboten.[1252]

Im Winter 1930/31, ein halbes Jahr, nachdem Fritz Beindorff Ehrenmitglied der Kestner-Gesellschaft geworden war, führte eine großzügige Stiftung der Pelikan-Werke Hannover zur Eröffnung eines ständigen MUSEUMS FÜR DAS VORBILDLICHE SERIENPRODUKT in den Räumlichkeiten der Kestner-Gesellschaft. Hier sollten besonders gelungene zeitgenössische Gebrauchsgegenstände präsentiert werden.[1253] Unter der gemeinsamen Schirmherrschaft der Stiftung und Justus Biers von der Kestner-Gesellschaft wurde eine Reihe von Veranstaltungen über Pioniere der neuen Architektur oder über aktuelle Strömungen der Produktgestaltung organisiert. Wie klar die Rollen zwischen beiden Parteien verteilt waren und welche Bedeutung die Kestner-Gesellschaft der finanziellen Förderung durch das Unternehmen beimaß, macht ein Schreiben Biers an Adolf Behne vom Dezember 1931 deutlich, in dem der Leiter der Gesellschaft darum bat, im Fall der Berichterstattung den Namen des Stifters nicht zu vergessen, und zwar „wegen des Öls, das die Maschine treibt".[1254]

Fritz Beindorff jun., Foto. Um 1920

Auch bei vielen anderen Anlässen waren es die finanziellen Zuwendungen der Familie Beindorff, die die „Maschine" der Kestner-Gesellschaft in Gang hielten. Mehr als einmal streckten der Senior, sein Sohn oder sein Schwiegersohn vor größeren Ausstellungen oder anläßlich materieller Engpässe Geldsummen vor,[1255] spendeten größere Beträge[1256] oder glichen wenig erfolgreich verlaufene Ausstellungen finanziell aus.[1257] Mit dieser sicher nicht immer vorbehaltlosen und auch nicht ganz uneigennützigen Unterstützung markierte die Unternehmerfamilie Beindorff den stärksten mäzenatischen Rückhalt für die Kestner-Gesellschaft in den zwanziger und frühen dreißiger Jahren.

Doch die Beindorffs und Bodes waren nicht die einzigen Förderer der Kestner-Gesellschaft. Wie sie standen Kaufleute und Bankiers, Mediziner und Fabrikanten, Architekten und Professoren, Buchhändler und Künstler mit Rat, Tat und – manchmal noch wichtiger – mit Geld zur Seite.[1258]

‚Metropole der Avantgarde'. Die Bedeutung der Kestner-Gesellschaft für den Ruf der ‚Kunststadt Hannover'

Auch die Kestner-Gesellschaft blieb während der zwanziger und frühen dreißiger Jahre nicht unberührt von materiellen Sorgen. Kaum war die Inflationszeit überwunden, in deren stürmischem Verlauf immerhin Diskussionen über die Chancen ihres Fortbestehens geführt worden waren,[1259] galt es weitere Krisen zu meistern. Im Oktober 1924 mußte eine bereits angekündigte Kandinsky-Ausstellung abgesagt werden,[1260] weil die Kestner-Gesellschaft das Honorar des Künstlers nicht zahlen konnte. Hanns Krenz drückte in einem Schreiben an Kandinsky sein Bedauern über den Verlauf der Verhandlungen aus und stellte für den Fall, daß der Künstler es sich anders überlegen sollte, „200 M Honorar und freie Wohnung bei einem unserer Mitglieder"[1261] in Aussicht. Daß die Gastfreundschaft in den Mäzenatenhaushalten zuweilen die Kargheit der Honorare der Kestner-Gesellschaft vergessen ließ, verdeutlichte Kandinskys Reaktion: Am 16. Dezember 1924, knapp zwei Monate nach der Absage, stand er ihr für einen Vortrag über ABSTRAKTE KUNST zur Verfügung.[1262]

Sein Verhalten war typisch für das vieler seiner Kollegen, die trotz der Tatsache, daß „allenfalls eine Reisenentschädigung"[1263] gezahlt werden konnte, kamen und in vielen Fällen auf das Honorar für ihren Vortrag verzichteten. Vielen von ihnen war es „eine Ehre, vor der altberühmten Kestner-Gesellschaft zu sprechen",[1264] wie es ein Interessent 1931 bezeichnete. Emil Nolde schrieb im Januar 1925, daß er normalerweise „an Ausstellungen allgemeiner Art nicht gern beteiligt sein"[1265] wolle. Wenn es indes Absicht der Kestner-Gesellschaft sei, „einige Aquarelle zur Hand zu haben, oder wenn Sie eine große Ausstellung wollen, so läßt sich dieses gewiß einrichten".[1266] Gustav Friedrich Hartlaub bot sich im April 1924 „der geschätzten Vortragsvereinigung"[1267] für eine Veranstaltung ihrer Wahl an. Der in Paris lebende Maler Max Beckmann bekundete im Mai 1930 seine Bereitschaft, in der Kestner-Gesellschaft eine Ausstellung seiner Werke zu organisieren, und fügte hinzu, „was persönlich in meinen Kräften steht, um die Ausstellung gut zu gestalten, soll gern geschehen".[1268] Und Hans Arp schließlich versuchte über den Zeitraum von 1930 bis 1932 immer wieder, hier seine Werke zu zeigen. Im November 1931 etwa schrieb er: „es freut mich sehr, daß sie großes interesse an meiner ausstellung haben. gern werde ich meine ausstellung zuerst bei ihnen zeigen."[1269]

Trotz der finanziellen Schwierigkeiten, die auch die Kestner-Gesellschaft in der Weimarer Republik zu überwinden hatte,[1270] und trotz eines zwischenzeitlichen Mitgliederschwunds, der aber in der Ära Bier auch durch eine große Werbekampagne wieder mehr als wettgemacht werden konnte,[1271] genoß sie bereits in den zwanziger Jahren den Ruf einer außerordentlich vielseitigen und aufgeschlossenen Kunstinstitution. Nicht nur in Kunstblättern wie dem in Berlin erscheinenden TAGEBUCH[1272] oder auch dem CICERONE[1273] wurde sehr wohlwollend über ihre Arbeit berichtet. Auch Artikel in auflagenstarken Blättern wie dem HAMBURGER TAGEBLATT,[1274] der KÖLNISCHEN ZEITUNG[1275] oder dem BERLINER TAGEBLATT[1276] beschäftigten sich mit der Kestner-Gesellschaft – in vielen Fällen intensiver, als sie über die Ausstellungen des hiesigen Kunstvereins berichteten, der doch über ein Vielfaches an Mitgliedern und auch an Exponaten verfügte. Gleiches gilt für ausländische Blätter und Ausstellungskataloge,[1277] unter denen sogar solche aus den Kunstzentren Paris, London und New York waren. Im Vorwort zum New Yorker Katalog zur International Exhibition of Modern Art, das von Katherine S. Dreier, einer guten Bekannten der Kestner-Gesellschaft und des Salons der Käte Steinitz,[1278] verfaßt worden war,[1279] hieß es: „Among the cities which stand out as causing surprise that it should be interested in Modern Art is Hanover. Anyone who knows Hanover and has known it for long receives a distinct curious reaction in contemplating that the soil from which Queen Victoria sprang is the same soil which has produced a ... Kestner-Gesellschaft."[1280]

Städtische Kunstpolitik und die Entwicklung der Kestner-Gesellschaft in der Weimarer Republik und im Nationalsozialismus

Gewahrte Unabhängigkeit

In der zweiten Hälfte der zwanziger Jahre scheint die hannoversche Stadtverwaltung zu einer neuen Politik gegenüber der Kestner-Gesellschaft gelangt zu sein. Publikationen, die in ihrem Auftrag herausgegeben wurden und oft von Freunden der Gesellschaft wie etwa Alexander Dorner verfaßt worden waren,[1281] stimmten zunehmend in das allgemeine Lob ein. Die Kontakte zwischen der Stadt und der privaten Kunstorganisation, die mehr als ein Jahrzehnt zuvor als Reaktion auf deren Kunstankaufspolitik gegründet worden war, intensivierten sich auch, weil Oberbürgermeister Arthur Menges sich nun stärker um einen Kontakt bemühte.[1282] Leihgaben wechselten vom Kestner-Museum in die Kestner-Gesellschaft oder von der Gesellschaft ins Museum,[1283] und zuweilen trat die Stadt als Käuferin anläßlich von Ausstellungen der Kestner-Gesellschaft auf.

Allerdings zeigte sich, daß es Alexander Dorner und Justus Bier in privaten Gesprächen zwar gelang, Arthur Menge von der Qualität der Arbeiten Lyonel Feiningers oder Ernst Barlachs zu überzeugen;[1284] dies hieß jedoch noch lange nicht, daß jedes Mitglied der Museums-Kommission bereit war, den Ankauf der in der Kestner-Gesellschaft gezeigten Kunst zu unterstützen. Fast verärgert reagierte die Kestner-Gesellschaft im November 1931 auf den Einwand des Oberbürgermeisters, er selbst würde die Barlach-Bronze DER GROSSE ENGELSKOPF gern im Besitz der Stadt sehen, müsse sich aber den Entscheidungen der Museums-Kommission beugen.[1285] Justus Bier kommentierte dies mit den Worten, die Kestner-Gesellschaft werde „auch weiterhin versuchen, wichtige und umfassende Ausstellungen zu veranstalten, die die hannoversche Öffentlichkeit mit allen wesentlichen Kräften unseres heutigen künstlerischen Lebens vertraut machen. Wir können dies aber nur erreichen, wenn wir auch von seiten der Stadt durch Ankauf unterstützt werden."[1286]

Auch im Frühjahr 1930 scheint sich Menge mit seinen Ankaufspräferenzen zu weit von dem Kurs der Museums-Kommission entfernt zu haben. Anläßlich der Ausstellung in der Kestner-Gesellschaft im April 1930[1287] hatte er sich dem konstruktivistischen Künstler Friedrich Vordemberge-Gildewart gegenüber bereits für die Erwerbung einer Komposition ausgesprochen. Im Juni 1930 unterbreitete er der Museums-Kommission den Vorschlag.[1288] Nachdem diese den Ankauf abgelehnt und zudem in ihren Sitzungsprotokollen der Name des Malers durchgängig in verschiedenen Variationen falsch geschrieben worden war, beklagte sich Vordemberge-Gildewart im Dezember 1931 bei Menge über die Kommission und bat zu erwägen, seine Arbeit dann eben aus einem anderen Fonds anzukaufen. Er hoffe auf Menges Unterstützung, habe er doch in der Unterredung mit dem Oberbürgermeister „mit Freude"[1289] feststellen können, „daß gerade dieses Bild viel Sympathie und Anerkennung gefunden hatte".[1290] Zudem hätten seine Bilder bei den großen Ausstellungen in Deutschland und im Ausland ihm die besten Kritiken eingebracht, weshalb die Stadt Hannover doch eigentlich größeres Interesse an ihnen zeigen müsse. Menge antwortete daraufhin umgehend, er bedaure die Absage der Museums-Kommission außerordentlich, ihm seien jedoch die Hände gebunden.[1291] Vier Monate später, im April 1932, verwies Vordemberge-Gildewart abermals auf seine großen nationalen und internationalen Erfolge.[1292] Nun brachte er neben dem mißglückten Verkauf anläßlich der Ausstellung in der Kestner-Gesellschaft seine Ausstellungsbeteiligung im Kunstverein ins Spiel. Vordemberge-Gildewart stellte in seinem Schreiben fest, daß die Mitglieder der Museums-Kommission ein ähnliches Verhalten zeigten wie jene des Kunstvereins. Mit Hinweis auf das Verfahren des Kunstvereins, einige der ausgestellten Werke selbst anzukaufen, um sie dann unter den Mitgliedern zu verlosen, schrieb er: „Wenn ich auch nachweislich mit meinen Arbeiten die künstlerisch besten Erfolge erreicht habe, so war es dem Kunstverein bisher nie möglich, eine Arbeit zur Verlosung zu erwerben, da sich nicht jedes Mitglied des Kunstvereins für meine Arbeiten begeistern läßt."[1293] Es sei jedoch „nun einmal das Schicksal einer jeden avant-garde in der Kunst, auf die Großzügigkeiten der öffentlichen Sammlungen angewiesen zu sein und nur von diesen zunächst verstanden zu werden".[1294] Bezeichnenderweise korrigierte Menge den Künstler in seinem Antwortschreiben nicht in dessen falscher Einschätzung, beim Kunstverein handele es sich um eine „öffentliche Sammlung". Er bedauerte lediglich, „daß ich im Augenblick keine Möglichkeit sehe, eins Ihrer Bilder zu kaufen, wenn die Museums-Kommission, die die Käufe in den Ausstellungen des Kunstvereins besorgt, sich für Sie nicht entscheidet".[1295] Die hiermit offen eingestandene Verbindung zwischen der Museums-Kommission als dem städtischen Kunstankaufsgremium und dem privaten Kunstverein lenkt den Blick zurück auf die Kestner-Gesellschaft, die die Ausstellung der Werke Vordemberge-Gildewarts schließlich erst möglich gemacht hatte.[1296]

Bei aller Experimentierfreude und mancher sehr spielerisch wirkenden Aktion blieb ihr vorrangiges Ziel, eine vom „obrigkeitlichen Einfluß"[1297] unabhängige Ausstellungsmöglichkeit zu schaffen und „im wesentlichen aus eigener Kraft zu bestehen".[1298] Hier irrte Christof Spengemann in seinem ansonsten hellsichtigen Artikel über DIE RIEMENSCHNEIDER-INNUNG: Die Kestner-Gesellschaft war nicht zu einem Teil der offiziellen, gelenkten städtischen Kunstszene geworden. Einerseits bildete ihr Bedürfnis nach eigenem Ausdruck und nach Verwirklichung der eigenen künstlerischen Absichten den ideellen Rahmen, andererseits schuf die treue Unterstützung der potentiellen Förderer in ihren Reihen die materielle Voraussetzung dafür, „unbeengt und unbeeinflußt" zu operieren, wie sie es gleich im ersten Ausstellungskatalog 1916 angekündigt hatte.

Das hieß nicht, daß die Kestner-Gesellschaft die Hilfestellung der Stadt ausschlug. Seit November 1927 entsprach die Stadt den Bitten der Kestner-Gesellschaft, sie zu fördern. Dies hatte sicher auch mit der von der Gesellschaft signalisierten Bereitschaft zu tun, zum „volksbildenden Institut"[1299] zu werden. Zunächst erhielt die Kestner-Gesellschaft jährlich 1.000 M, später bis zu 4.000 M von der Stadt.[1300] Die eine wie die andere Summe war weder für die Kestner-Gesellschaft ausreichend, um ihr aus finanziellen Engpässen zu helfen, noch machte sie für die Stadt eine erhebliche finanzielle Belastung aus. Andere Vergünstigungen wie die Befreiung von der Vergnügungssteuer anläßlich von Festlichkeiten in der angemieteten Stadthalle[1301] oder von Filmvorführungen[1302] sowie die Herabsetzung der Pacht für die Schauburg in der Hil-

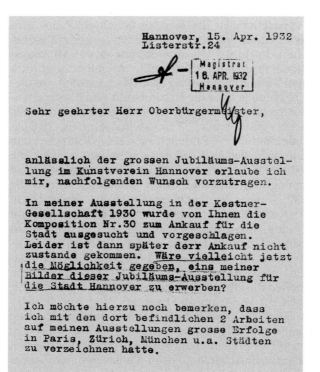

Gesuch Friedrich Vordemberge-Gildewarts an Oberbürgermeister Arthur Menge um Ankauf seiner Arbeiten durch die Stadt. 15. April 1932

desheimer Straße[1303] oder die Bereitstellung von Geldern für Instandsetzungsarbeiten[1304] halfen da schon mehr. Doch immer blieb diese Hilfestellung letztlich auf Kleinigkeiten beschränkt, die der Kestner-Gesellschaft eher den Eindruck vermitteln mochten, daß die Stadt sie nicht gänzlich vernachlässige, als daß die Unterstützung ihr das Gefühl gab, irgendeiner Form von Druck oder Einflußnahme ausgesetzt zu sein.

Wie gut die Kestner-Gesellschaft daran tat, sich auf ihre privaten Mäzene statt auf die Stadt zu verlassen, wurde bereits vor, besonders aber nach der nationalsozialistischen Machtübernahme deutlich.[1305] Aus zwei Gründen mußte die Weiterarbeit der Gesellschaft den neuen kulturpolitischen Verantwortlichen ein Dorn im Auge sein. Zum einen vermittelte das Programm in den ersten Wochen und Monaten nach dem 30. Januar 1933 nicht den Eindruck einer grundsätzlichen Kurskorrektur. Auf eine Ausstellung mit Werken Georg Kolbes folgten solche Franz Radziwills und Alfred Renger-Patzschs. 1934 zeigte die Kestner-Gesellschaft Paula Modersohn-Becker, 1935 August Macke und Erich Heckel, und noch 1936 setzte sie mit Präsentationen von Werken von Gerhard Marcks, Christian Rohlfs und Franz Marc ihr mutiges Eintreten für Künstler fort, die andernorts im nationalsozialistischen Deutschland als ‚entartet' galten.[1306] Außerdem war Justus Bier, der künstlerische Leiter der Gesellschaft, Jude, und der Anteil jüdischer Mitglieder in der Gesellschaft war – wie erwähnt – sehr hoch.[1307]

Im September 1933, anläßlich der Vorbereitung der Ausstellung ITALIENISCHE KUNST DER GEGENWART, bat die Kestner-Gesellschaft die Stadt wie gewohnt um finanzielle Unterstützung. Arthur Menge wandte sich daraufhin an Georg Wagener,[1308] den Wortführer des Bürgervorsteherkollegiums, der zugleich Mitglied des Kampfbunds für deutsche Kultur war, und bat ihn um Stellungnahme zur „Judenfrage"[1309] in der Kestner-Gesellschaft. Wagener empfahl, die Förderung mit der Begründung abzulehnen, daß einerseits das Ausstellungsthema selbst nicht förderungswürdig sei und zum anderen „die Verhältnisse bei dieser Gesellschaft nicht als im nationalsozialistischen Sinne geklärt bezeichnet werden können".[1310] Menge folgte diesem Vorschlag, wobei unklar bleibt, ob er diesen Schritt aus eigenen Stücken tat oder von der nationalsozialistischen Kulturpolitik bedrängt wurde.[1311]

Die Zahlung der Stadt fiel daraufhin einstweilen aus,[1312] und in der Kestner-Gesellschaft begannen Diskussionen über das weitere Vorgehen, die zwar nicht wegen der finanziellen Einbuße, wohl aber im Hinblick auf die Schwierigkeiten, die sich mit den Veränderungen der letzten Zeit ankündigten, kontrovers verliefen. Besonders das Verbleiben Justus Biers an der Spitze der Gesellschaft war Gegenstand heftiger Auseinandersetzung. Aus einem Dokument aus dem Jahr 1936 gehen die ambivalente Haltung in der Kestner-Gesellschaft und ein heute befremdlich wirkender Argumentationsansatz hervor. Hier hieß es: „In diesem Kunsthistoriker hatte die Kestner-Gesellschaft einen fähigen, klugen und bescheidenen Mitarbeiter. Was gegen ihn spricht, ist, daß er Nichtarier ist. Was trotzdem für ihn spricht, ist die Tatsache, daß er einer Familie entstammt, die seit etwa 300 Jahren in Deutschland ansässig ist, daß er sich nie für extrem moderne Kunst eingesetzt hat, sondern einer der bekanntesten Spezialisten auf dem Gebiet der mittelal-

Auszug aus dem Bericht über die Schwierigkeiten der Kestner-Gesellschaft im Jahre 1936 (Abschrift aus der Korrespondenz der Kestner-Gesellschaft)

```
A b s c h r i f t
=================

Anlage zum Schreiben
vom 23. 10. 1936


Bericht über die Schwierigkeiten der Kestner-Gesellschaft
                    im Jahre 1936.
----------------------------------------------------------

Die Kestner-Gesellschaft ist eine Gesellschaft von Kunst-
freunden, welche jetzt 20 Jahre besteht und in dieser Zeit
nicht nur in ganz Deutschland, sondern auch über die Grenzen
des Reiches hinaus als ausgesuchte Pflegestätte auf dem Ge-
biete der privaten Kunstausstellung bekannt geworden ist.

Seit dem 1. März 1930 war Herr Dr. Bier Geschäftsführer der
Kestner-Gesellschaft. In diesem Kunsthistoriker hatte die
Kestner-Gesellschaft eine fähigen, klugen und bescheidenen
Mitarbeiter. Was gegen ihn spricht, ist, daß er immer Nicht-
arier ist. Was trotzdem für ihn spricht, ist, daß er einer
Familie entstammt, die seit etwa 300 Jahren in Deutschland
ansässig ist, daß er sich nie für extrem moderne Kunst einge-
setzt hat, sondern einer der bekanntesten Spezialisten auf
dem Gebiete der mittelalterlichen Plastik - in Sonderheit
Tilmann Riemenschneider - ist. Ferner, daß er Frontkämpfer
ist und somit den Schutz genoß, welchen auch die nichtarischen
Beamten des Reiches bis zum Jahre 1936 besaßen.

Als das Reich seine Einstellung zur Frontkämpfer-Frage der
Nichtarier verschärfte, gab auch die Kestner-Gesellschaft
dem allgemeinen Druck nach und legte Herrn Dr. Bier, der in-
zwischen schon aus seiner Geschäftsführertätigkeit in die
eines rein wissenschaftlichen Mitarbeiters überführt war, nahe,
sein Verhältnis zur Kestner-Gesellschaft zu kündigen. Mit dem
Ende des Ausstellungsjahres 1935/36 endete die Tätigkeit von
Herrn Dr. Bier. Die Zusammenarbeit mit den Stellen der Reichskul-
turkammer war nicht immer ganz einfach (siehe beiliegende Korres-
pondenz).

Nachdem der Entschluß gefaßt war, sich von Herrn Dr. Bier
zu trennen, wurden Verhandlungen aufgenommen mit den verschie-
densten Kunsthistorikern, u.a. mit
        Herrn Professor Pauli, Hamburg
          "   Dr. Roff, Dortmund
          "   Dr. Hoeltje, Hannover
          "   Dr. Graefe, Berlin
          "   Dr. Heise, Berlin
          "   Dr. Abramowski, Breslau,
          "   Dr. Fischoeder, Peine.
```

terlichen Plastik ... ist. Ferner, daß er Frontkämpfer ist und somit den Schutz genoß, welchen auch die nichtarischen Beamten des Reiches bis zum Jahre 1936 besaßen."[1313]

Aus den Diskussionen um Justus Bier war schließlich im Jahr 1933 jene Gruppe als die stärkere hervorgegangen, die sich für einen Verbleib des künstlerischen Leiters einsetzte. Ihr gehörten Fritz Beindorff, Wilhelm Stichweh und Heinz Appel als drei der bedeutendsten Mäzene der Kestner-Gesellschaft an.[1314] Für die nächsten zweieinhalb Jahre, bis Mitte 1936, blieb Bier Leiter der Gesellschaft. Er hielt sich der Öffentlichkeit fern und ließ sich bei Ausstellungseröffnungen von Fritz Beindorff oder auch von Johann Frerking vertreten.[1315] Äußerlich versuchte sich die Kestner-Gesellschaft zunächst insofern unauffälliger zu verhalten, als ihre Ausstellungskataloge nun jene typographischen Experimente mieden, wie sie zuvor durch die Heranziehung solcher Künstler wie Friedrich Vordemberge-Gildewart, Kurt Schwitters und Hans Nitzschke gefördert worden waren.[1316] Schließlich gingen diese Kataloge sogar zur ‚deutschen' Frakturschrift über, die von kulturkonservativen Zeitschriften bereits in den zwanziger Jahren immer wieder als verbindliche Schrift für Druckerzeugnisse gefordert worden war.[1317]

Schreiben Fritz Beindorffs an den Präsidenten der Reichskammer der bildenden Künste. 12. August 1936 (Abschrift aus der Korrespondenz der Kestner-Gesellschaft)

Auch in anderer Hinsicht paßte sich die Kestner-Gesellschaft zumindest nach außen an die Veränderungen nach der nationalsozialistischen Machtübernahme an.[1318] Seit September 1933 hatte sie sich zusammen mit anderen Vereinen im Verbund des Kulturrings zum Anschluß an den Kampfbund für deutsche Kultur entschieden. Kurz nachdem Bier sich aus der Öffentlichkeit zurückgezogen hatte, trat der gesamte Vorstand der Kestner-Gesellschaft unter der Leitung Alexander Dorners zurück.[1319] Die jüdischen Beiratsmitglieder Catzenstein, Herzfeld und Steinitz legten ihre Ämter nieder.[1320] Die letzte Amtshandlung des alten Vorstands bestand darin, Fritz Beindorff trotz dessen anfänglicher Widerstände als „Vorsitzenden und Führer"[1321] der Kestner-Gesellschaft zu bestimmen. Beindorff wurde daraufhin „durch einstimmigen Beschluß der Versammlung ermächtigt, sich selbst seine Mitarbeiter im Vorstand zu wählen und die Verteilung der Vorstandsämter vorzunehmen".[1322] Der Unternehmer nutzte in der Folge die ihm mit der Wahrung des „Führerprinzips" zuwachsenden Kompetenzen im Sinne eines besonnenen und umsichtigen Taktierens, das durch die Umstände indes zusehends zu einer „riskanten Schaukelpolitik" wurde.[1323]

Zum einen bemühte er sich um eine Wiederaufnahme des Kontakts zur Stadtverwaltung. Er nahm in Kauf, jene obligatorische – und für die Kestner-Gesellschaft faktisch nicht zutreffende – Erklärung abzugeben, nach der sich „unter den Mitgliedern ihres Vorstands oder Beirats niemand befindet, der jüdischer Abstammung oder jüdisch versippt ist.[1324] Die Stadt zahlte daraufhin tatsächlich bis zum September 1936 wieder Unterstützungsgelder an die Gesellschaft. Doch konnte das Verbleiben Justus Biers nicht lange unentdeckt bleiben. Nachdem Beindorff auf Nachforschungen seitens der Gauleitung zunächst gar nicht reagiert hatte, wurde der Ton schärfer.[1325] Schließlich meldete der Vorsitzende wahrheitsgemäß, Bier werde weiter als Kustos beschäftigt.[1326] Nun legte Gaukulturwart Ludwig Zacharias der Stadt- und Provinzialverwaltung dringend nahe, die Unterstützung wieder einzustellen und den

Kontakt mit der Gesellschaft abzubrechen.¹³²⁷ Obwohl klar sein mußte, daß ein Festhalten an Bier die gespannte Situation weiter eskalieren ließe, war es nicht die Gesellschaft, die letztlich die Beurlaubung des künstlerischen Leiters durchsetzte. Bier entschied sich zum Weggang aus Hannover, als sich im Sommer 1936 abzeichnete, daß er sein Leben gefährdete, wenn er bliebe.¹³²⁸

Doch wie es zuvor für ihre Gegner längere Zeit gebraucht hatte, um die Weiterarbeit Justus Biers in der Kestner-Gesellschaft zu ermitteln, so dauerte es nun, bis sich seine Beurlaubung und sein Umzug nach Bayern in den entsprechenden Kreisen herumgesprochen hatten. Nachdem bereits mehrere Anfragen von lokalen nationalsozialistischen Gremien beantwortet worden waren, erreichte Fritz Beindorff im Juli 1936 ein Schreiben des Präsidenten der Reichskammer der bildenden Künste. Falls Bier nicht bis zum Ende des Monats „abberufen"¹³²⁹ werde, werde gegen die Kestner-Gesellschaft eine Ordnungsstrafe verhängt. Ansonsten, so hieß es weiter knapp, behalte man sich „weitere Maßnahmen"¹³³⁰ gegen die Gesellschaft vor. Statt wie bis zu Biers Ausscheiden ausweichend und mit ausgesuchter Höflichkeit das Informationsdefizit der Interessenten auszuräumen, reagierte Beindorff jetzt ausgerechnet dieser übergeordneten Stelle gegenüber fast unbeherrscht. Brüsk erklärte er, Bier sei schon lange nicht mehr im Amt, und die Geschäfte der Kestner-Gesellschaft ruhten derzeit ohnehin, so daß er keine weiteren Auskünfte geben könne. Dann hieß es: „Im übrigen mache ich Sie darauf aufmerksam, daß ich mich der Kestner-Gesellschaft nur aus Interesse an der privaten Kunstpflege und aus Interesse an der Kunst des Dritten Reiches widme und daß ich nicht gewillt bin, mich von Ihnen mit Ordnungsstrafen belegen zu lassen. Das Amt des Führers der Kestner-Gesellschaft stelle ich Ihnen jederzeit gern zur Verfügung, damit Sie es besetzen können mit jemandem, der sich solche Briefe von Ihnen schreiben lassen will, denen eine zweifellos falsche Orientierung durch Ihren Landesleiter zugrunde liegt."¹³³¹

Werbung im Ausstellungskatalog der Kestner-Gesellschaft zur Erich Heckel-Ausstellung. Herbst 1935

Es ist keine Antwort des Reichskammerpräsidenten bekannt, und so kann nur vermutet werden, daß dieses ebenso mutige wie selbstbewußte Schreiben das weitere Schicksal der Kestner-Gesellschaft entscheidend mitbestimmte. Am 8. Oktober 1936, anläßlich der von Beindorff ausgerichteten Eröffnung der Ausstellung PERSISCHE WANDMALEREIEN DES 17. JAHRHUNDERTS, betraten Angehörige der Gestapo den Saal in der Königstraße.¹³³² Beindorff verwies sie des Raumes mit der zynischen Bemerkung, es handele sich um eine geschlossene Gesellschaft.¹³³³

Wenngleich auf diese Bemerkung keine Rücksicht genommen, die Ausstellungseröffnung beendet und die Kestner-Gesellschaft im November 1936 geschlossen wurde,¹³³⁴ so verwies gerade dieser letzte Akt in der Vorkriegsgeschichte der Gesellschaft zurück auf das lange Zeit erfolgreiche Streben nach Unabhängigkeit. Nicht als achtungheischender Geldgeber, sondern als Kunstfreund unter seinesgleichen eingebunden in die Arbeit der Kestner-Gesellschaft, steht Fritz Beindorff stellvertretend für viele ihrer Förderer, die bei allem gelegentlichen Eigennutz dazu beitrugen, daß die Kestner-Gesellschaft jene Eigenschaften wie Flexibilität, Vielseitigkeit und Souveränität entwickelte, die letztlich für ihren Ruf vor und auch nach dem Zweiten Weltkrieg verantwortlich waren.

Die Hannoversche Sezession und ihre Haltung zur städtischen Kunstpolitik

Im Dezember 1916 wandten sich einige hannoversche Maler an den Vorstand der Kestner-Gesellschaft und baten um die Miete der Räume in der Königstraße für eine „scharf gesichtete Ausstellung von Werken Hannoverscher Künstler". Den Vorsitz der Ausstellungsjury sollte Paul Erich Küppers übernehmen, um eine „künstlerisch äußerst strenge und parteilose Auswahl" zu gewährleisten.¹³³⁵ Ein halbes Jahr später lud die Kestner-Gesellschaft alle in Hannover geborenen oder ansässigen Künstler zu einer Ausstellung ein, die Aufschluß über den Stand der Kunstproduktion in der Stadt geben sollte. Das Verfahren war dabei das gleiche, wie es der Kunstverein seit Jahrzehnten bereits anläßlich seiner Herbstausstellungen hannoverscher Kunst praktizierte. Wie dieser hatte auch die Kestner-Gesellschaft eine Jury zusammengestellt, die sich al-

Hilfestellung für neue Künstlergruppen. Die Kestner-Gesellschaft und die Hannoversche Sezession (1917)

Katalog zur ersten Ausstellung der Hannoverschen Sezession in der Kestner-Gesellschaft. Frühjahr 1918

Fritz Burger-Mühlfeld und Frau, Foto. Um 1923

lerdings, anders als dort,[1336] ausschließlich aus bildenden Künstlern zusammensetzte. Der gravierende Unterschied zwischen dieser Ausstellung und jenen im Kunstverein bestand in dem Auswahlprinzip. Die Jury des Sommers 1917 nämlich schied streng „alle akademischen Arbeiten"[1337] aus. Damit fanden dort, im Kunstverein, jene Bilder selten Aufnahme, die anders als akademisch gemalt worden waren, während hier, in der Kestner-Gesellschaft, umgekehrt die traditionalistisch arbeitenden Künstler wenig Chancen hatten.

Aus dieser Ausstellung hannoverscher Künstler in der Kestner-Gesellschaft ging wenige Wochen später, im Juni 1917, die Gründung der Hannoverschen Sezession hervor.[1338] In gewisser Weise war sie das künstlerische Pendant zur Kestner-Gesellschaft, die Antwort hannoverscher Maler auf die im Jahr zuvor formulierte Ankündigung, neue Kunstrichtungen zu fördern. Wie die Zusammensetzung der Kestner-Gesellschaft ließ auch jene der Ausstellungsjury der Sezessionisten darauf schließen, daß hier, mitten im Ersten Weltkrieg, Kräfte auf den Plan traten, deren Tun wohl überlegt war. Auch die Gründungsväter der Hannoverschen Sezession waren in der Mehrzahl angesehene Männer mit größtenteils gut dotierten Posten in der Kunstszene. Professor Fritz Burger-Mühlfeld etwa, 1872 in Augsburg geborener Maler, war seit 1909 Leiter der Graphikklasse der hiesigen Werkkunstschule, der späteren Kunstgewerbeschule, und mehrfach ausgezeichneter Künstler.[1339] Mit dem Bildhauer Professor Ludwig Vierthaler lehrte ein zweiter Mann aus Süddeutschland an der Werkkunstschule.[1340] Vierthaler war 1910 im im Zusammenhang mit der Ausgestaltung des Neuen Rathauses nach Hannover gekommen und wurde schon bald darauf zu einem sehr gefragten Künstler der Stadt. Gleichzeitig zählte er zu den ersten Mitgliedern der Kestner-Gesellschaft.[1341] Er war eng mit Paul Erich Küppers befreundet[1342] und beteiligte sich an vielen Festlichkeiten, die im Umfeld der Gesellschaft vor allem von Kurt Schwitters organisiert wurden. Ein weiteres Gründungsmitglied war Professor Georg Herting, gebürtiger Lindener, Professor an der Technischen Hochschule Braunschweig und in Hannover vor allem wegen seiner Arbeiten für das neue Verwaltungsgebäude der Firma Bahlsen an der Podbielskistraße bekannt.[1343]

Zu diesen anerkannten Künstlern kamen in der Jury der Hannoverschen Sezession andere wie etwa August Heitmüller, den Christof Spengemann als den „Revolutionär unter den hannoverschen Malern"[1344] bezeichnete und dessen vom Impressionismus beeinflußte Arbeiten in der Zeit vor und während des Ersten Weltkrieges in Hannover für Aufsehen gesorgt hatten. Ähnliches gilt für den Maler Wilhelm Plünnecke. Plünnecke, 1884 in Hannover geboren und nach dem Abitur in der Leipziger Akademie ausgebildet,[1345] entwickelte sich innerhalb der Gruppe der hannoverschen Künstler, die im Sommer 1917 in der Kestner-Gesellschaft ausstellten, schnell zu ihrem programmatischen Kopf. Das hatte insofern äußere Gründe, als er anders als viele seiner Kollegen aufgrund besonderer Fürsprache Albert Brinckmanns, des Leiters des Kestner-Museums und Mitbegründers der Kestner-Gesellschaft, zeitweilig vom Militärdienst befreit wurde, um die Ausstellungen vorzubereiten.[1346] Zum anderen hatte der zweiunddreißigjährige Künstler die Beschränkungen und Behinderungen der offiziellen hannoverschen Kunstszene bereits selbst erfahren.[1347] Plünnecke war eines von jenen Talenten, die nach dem Studium nach Hannover zurückkehrten und über die Christof Spengemann in DIE BILDENDE KUNST IM NEUEN HANNOVER schrieb, sie resignierten nicht länger und zollten auch nicht mehr „unter dem Drucke der materiellen Lebensnotwendigkeiten dem herrschenden Geiste"[1348] ihren Tribut. Der junge Maler erkannte vielmehr sehr schnell seine Aufgabe, für Bewegung in der als starr empfundenen Kunstszene der Stadt zu sorgen. Die Kestner-Gesellschaft würdigte seine Bemühungen und die der Hannoverschen Sezession nicht nur, sondern sie förderte sie nach Kräften. Sie bot den Künstlern überhaupt erst eine Ausstellungsmöglichkeit und stellte ihr ab 1921 sogar die unteren Räume des Hauses in der Königstraße „fortlaufend zu Sonderausstellungen ... zur Verfügung",[1349] um, wie es hieß, „die fortschrittliche hannoversche Künstlerschaft in ihrem Streben zu unterstützen".[1350] Die Kestner-Gesellschaft gab darüber hinaus die Kataloge der Künstlergruppe in ihrer eigenen Publikationsreihe heraus.[1351]

Die großzügige Unterstützung verwundert nicht, machte doch bereits das Vorwort zur ersten Ausstellung der Gruppe, verfaßt von Wilhelm Plünnecke, deutlich, wie groß die „ideelle Nachbarschaft"[1352] zwischen der Kestner-Gesellschaft und der Hannoverschen Sezession war. Hier hieß es: „Wir wollen in unserer Ausstellung zeigen, daß auch in Hannover eine neue Kunst wächst, daß auch in Hannover sich der erhabene und glühende Wille manifestiert, die Kunst eine Neuwerdung, eine Reinigung, eine – Befreiung erleben zu lassen, sie, die sich wieder auf sich selbst besinnt, aufzubauen aus der Enge und Gebundenheit als das steil leuchtende Ideal, das seinen Glanz ausstrahlt in unsere hingerissenen Herzen."[1353] Wie für die Kestner-Gesellschaft, so setzte auch für die Sezessionisten die Orientierung an diesem Kunstideal eine Abkehr von weiten Teilen der bisher in Hannover produzierten Kunst voraus. Anläßlich der ersten Ausstellung der Gruppe trennte Plünnecke im Frühjahr 1918 die Malerei der Hannoverschen Sezession denn auch stolz von jenem „Malergewerbe",[1354] „das sich heute Kunst nennt, und (von) dem unechten Expressionismus des Viertelgebildeten".[1355] Die neue Künstlergruppe lehnte „die mangelhafte Wiederholung der Natur"[1356] ebenso ab wie die „Tendenzkunst" und die „in Farbe gesetzte Schundliteratur".[1357] Aus dieser Oppositionshaltung „gegen den altmeisterlichen Atelierton und den zweiten Aufguß Worpsweder Heimatkunst" der offiziellen hannoverschen Kunstszene, wie Georg Grabenhorst sie rückblickend beschrieb,[1358] gewann die Hannoversche Sezession das Gefühl ihrer Zusammengehörigkeit und damit ihre eigentliche Stoßkraft.

Ludwig Vierthaler, Foto. Um 1915

Plünnecke schrieb im Katalogvorwort zu ihrer ersten Ausstellung, die Namensgebung Sezession verpflichte die ihr beigetretenen Künstler. Er vermied es jedoch mitzuteilen, welcher Art die Verpflichtung war. In der Tat ist jede programmatische Kursbeschreibung der Hannoverschen Sezession unmöglich.[1359] Mehr als zwei Jahrzehnte nach der Gründung der ersten Sezession im Deutschen Reich, konnte ihr Ziel nicht mehr heißen, dem Impressionismus zum Durchbruch zu verhelfen, der ohnedies auch in der ‚Ära Tramm' bis 1918 bereits seine – wenn auch selektive – Würdigung erfahren hatte. In Hannover wurde ‚Sezession' vielmehr als Sammelbegriff für ganz verschiedenartige und sich durchaus auch widersprechende künstlerische Äußerungen gewählt, deren einziger gemeinsamer Nenner nach Rudolf Lange das „Bekenntnis zur Moderne wie zur Qualität"[1360] und die Abkehr von bisherigen Strukturen war.

„(A)lles, was wir leisten, ist ernsthafte Anstrengung, wie sehr wir auch untereinander an Jahren und Zielen uns unterscheiden",[1361] hatte Wilhelm Plünnecke mit Blick auf die Vielfalt der unter dem Dach der Hannoverschen Sezession vereinigten künstlerischen Strömungen im März 1918 formuliert. Zwölf Jahre später, im April 1930, konstatierten die Sezessionisten nicht minder selbstbewußt anläßlich einer Ausstellung in der Kestner-Gesellschaft, ganz bewußt habe man nie eine „Sonderrichtung"[1362] verfolgt: „Nur eine gemeinsame Kunstrichtung verbindet die Mitglieder untereinander. Unterschiedlich ist wohl der Weg, doch nicht das Ziel. Die Vereinigung ... weist eine Vielseitigkeit auf, wie sie weit stärkere Verbände nicht besitzen. Wir sehen einen Vorteil in dieser Richtungslosigkeit, sind wir doch gerade dadurch jung und lebendig geblieben."[1363]

Viele Beobachter der hannoverschen Kunstszene sahen das Miteinander von Konstruktivisten wie Friedrich Vordemberge-Gildewart, neusachlichen Malern wie Ernst Thoms, vom Impressionismus beeinflußten Künstlern wie Hermann Scheuernstuhl, Spätexpressionisten wie Max Burchartz, Traditionalisten wie August Waterbeck und gänzlich jenseits gängiger Formkategorien arbeitenden Künstlern wie Kurt Schwitters unter dem Dach der Hannoverschen Sezession ähnlich positiv wie diese selbst.[1364] Der HANNOVERSCHE KURIER etwa urteilte im Mai 1930, die Hannoversche Sezession, „gebildet von 17 keineswegs gleichgestimmten Künstlern",[1365] zeichne sich gerade durch „das Fehlen einer eigentlichen Tradition und Schule" aus und bewahre damit „das künstlerische Leben unserer Stadt vor einer starken Vergruppung und Vercliquung. Heterogene Elemente berühren und befeuern sich, und so entsteht eine Atmosphäre ... weiter und fruchtbarer Spannung".[1366] Auch Karl Brinkmann (Brinko) begrüßte im VOLKSWILLEN die Vielfalt unterschiedlicher Richtungen. Im April 1930 formulierte er anläßlich der Werkschau in der Kestner-Gesellschaft, betrachte man die Werke der Sezessionisten, so meine man „das Geheimnis der Kunstwerdung entdeckt zu haben. Denn durch dieses Kollektiv ganz entgegengesetzter Richtungen blickt man in die Werkstatt des Künstlers, in die schöpferische Tiefe mit den tausendfältig verfaserten produktiven Kräften. Eine Sammlung von künstlerischen Energien und Zielen tut sich hier auf".[1367] Johann Frerking betonte das Moment der gegenseitigen Befruchtung der so unterschiedlich arbeitenden Künstler der Hannoverschen Se-

Holzschnitt von Wilhelm Plünnecke. Um 1919

zession. Wichtiger noch aber war für ihn das Moment des Verbindenden. 1926 begrüßte er in einem Katalog der Kestner-Gesellschaft die „Vereinigung von Einspännern",[1368] welche nun zum Wohle des gemeinsamen Zieles, der „Wahrung unbeirrbar ernsten Willens zur Kunst", zu einer „Gesamterscheinung" zusammengewachsen seien. Frerking behauptete, es sei „das erste Mal, daß man von einer hannoverschen Kunst sprechen kann, wobei nicht so sehr die Leistung des Einzelnen als vielmehr die Gesinnung der Gemeinschaft das Wesentliche der Erscheinung darstellt und bestimmt."[1369]

Andere Beobachter, nicht weniger gut als Johann Frerking in die hannoversche Kunstszene eingeweiht, hatten größere Schwierigkeiten zu benennen, worin denn die „Einheit in der Vielheit" und die „Gesinnung der Gemeinschaft" bestanden. Bereits wenige Jahre nach ihrer Gründung gab es viele Kritiker, die die Hannoversche Sezession als zu konturenlos empfanden, um ihrer selbst zuerkannten Rolle als Wegbereiterin zeitgenössischer Kunst wirksam gerecht zu werden. Sie warfen den hier vereinten Künstlern vor, sich nur deshalb der Sezession angeschlossen zu haben, weil sie sich von der Mitgliedschaft materiellen Nutzen erhofften. Es ist dabei auffallend, daß diese Kritik in der Mehrzahl von Freunden zeitgenössischer Kunst kam. Eher die Sorge vor unreflektierter Beliebigkeit in der Aufnahmepraxis als grundsätzliche Ablehnung der hier vertretenen künstlerischen Richtungen schien häufig Anlaß ihrer Kritik zu sein. Hans Kaiser, Mitbegründer der Kestner-Gesellschaft und Herausgeber des HOHEN UFERS, ärgerte sich beispielsweise bereits 1919 über eine unbedachte Überfrachtung der zweiten Ausstellung der Sezession und kommentierte lakonisch: „Die Leute machen alle Kunst. Aber nur wenige schaffen Kunstwerke."[1370]

Besonders ambivalent war die Haltung Christof Spengemanns zur Hannoverschen Sezession. In seiner Schrift DIE BILDENDE KUNST IM NEUEN HANNOVER und in vielen etwa zeitgleich erschienenen Rezensionen begrüßte Spengemann die Gründung der Gruppe „grundsätzlich" als „Naturnotwendigkeit",[1371] und er würdigte, „daß es bewährte Künstler waren, die sich hier zu zielbewußter Arbeit zusammentaten".[1372] Gerade die Tatsache, daß einige Sezessionsmitglieder zu den anerkannten Künstlern der Stadt und damit durchaus auch zu jenen zählten, die zuvor zur Kooperation mit der traditionellen städtischen Kunstpolitik bereit gewesen waren, machte die Sezession Spengemann jedoch offenbar verdächtig. Neben gelegentlicher Kritik über „einiges Unerquickliche"[1373] in ihren Ausstellungen, worunter er das willfährige Befolgen von Moden, das „Scheinenwollen" und die „Mache"[1374] faßte, war ihm das Engagement der Sezession für die zeitgenössische bildende Kunst nicht nuanciert genug. In DIE BILDENDE KUNST IM NEUEN HANNOVER, jenem ansonsten mit Schwung verfaßten Pamphlet, hieß es dazu vergleichsweise nüchtern: „Der Anfang mußte irgendwo gemacht werden. Die Sezession hat ihn gemacht. Deshalb muß man sie anerkennen, wenn sie auch zunächst für manche den jungen Geist noch nicht stark genug betonte."[1375]

Spengemanns von Vorbehalten geprägte Beurteilung der Hannoverschen Sezession aus dem Jahr 1919 trug nicht zuletzt einer Veränderung innerhalb dieser Künstlergruppe Rechnung. Ein Schriftwechsel vom Mai 1919 macht deutlich, daß Wilhelm Plünnecke, der junge und enthusiastische Verfasser der ersten Katalogvorworte, mittlerweile der Sezession und auch Hannover den Rücken gekehrt hatte und nach Berlin gezogen war, wo er bessere Bedingungen für seine künstlerische Arbeit vorfand.[1376] Mit ihm scheint auch ein Teil jener Aufbruchstimmung der Hannoverschen Sezession verschwunden zu sein, die noch im Jahr zuvor ekstatisch „Gesänge vom Dasein, Schmerz zerwühlter Nächte, Spuk vom Krieg, Hymne von der Sonne, Farbentanz und Gebet um Erlösung"[1377] angekündigt hatte. Gleichzeitig büßte die Sezession mit Plünnekkes Weggang offenbar auch den Anspruch ein, in dieser Übergangszeit zwischen Monarchie und Republik einen kunstpolitischen Beitrag zu leisten. In einem Schreiben an Spengemann formulierte der Maler mit der charakteristischen Emphase der Zeit: „Ich liebe alle *Menschlichkeit*, alle Güte, die sich in Worten, in Bildern, in Tönen ausdrücken. Ich bekenne (mich zum) Sozialismus der Gegenwart. Leben ist Leben, weil es Leben ist. Kunst ist Präzisierung innerlicher, seelischer Vorgänge. Ihre Ausdrucksformen (sind) für mich die gefühlsmäßig erlebten und erlittenen Formen der Außenwelt."[1378]

Derlei expressionistischer Gefühlsüberschwang geriet unter den meisten der zurückbleibenden Künstler der Hannoverschen Sezession schnell in Vergessenheit. In Christof Spengemanns Wertung ersetzten die

Nachfolger des jungen Malers Begeisterungsfähigkeit eilfertig durch eine elastische Orientierung an den Gegebenheiten des Kunstmarktes. In seinen privaten Aufzeichnungen erhielt die Hannoversche Sezession die wenig freundliche Bezeichnung „Ballon"[1379] – ein deutlicher Hinweis auf eine von ihm abgelehnte Vagheit und Trägheit, sich durch bewußte Abgrenzung von anderen Kunstrichtungen ein wirklich eigenes Gesicht zu geben. Für ihn nahm sich die Hannoversche Sezession allzu beliebig jedes Künstlers an, der sich ihr näherte. Mehr noch: Viele ihrer Angehörigen, so Spengemann weiter, führe die Mitgliedschaft bei den Sezessionisten nicht etwa zu einer fruchtbaren Auseinandersetzung mit anderen Strömungen in der zeitgenössischen Kunst, sondern eher dazu, sich aus dem bunten Kaleidoskop des Vorhandenen das zusammenzusuchen, was den Grad der Verkäuflichkeit ihrer Werke zu steigern vermochte.

Das war ein hartes Urteil, das indes nicht nur von Christof Spengemann gefällt wurde, wie aus einem Schreiben von Paul Erich Küppers an ihn vom Februar 1919 hervorgeht. Küppers, einer derjenigen, die an der Entstehung der Hannoverschen Sezession knapp zwei Jahre zuvor maßgeblich beteiligt waren, setzte sich in der Öffentlichkeit auch jetzt noch unverändert engagiert für sie ein. Seine Antwort auf ein Schreiben Spengemanns, in dem dieser sich offenbar über die Selbstgenügsamkeit einiger Sezessionisten beklagt hatte, vermittelte hingegen ein anderes Bild von den künstlerischen Leistungen der Gruppe. Er wisse, so Küppers, daß er bei August Heitmüller und anderen als einer verschrien sei, „der nicht genug für die hannoverschen Künstler getan hat".[1380] Küppers kommentierte: „(D)as ist richtig und falsch ... Ich möchte brennend gern für die Hannoveraner wirken, wenn die Leistungen danach sind. Natürlich sind die Mitglieder der Sezession die besten *hannoverschen* Künstler, aber das ist sehr relativ. Das heißt nichts. Ich wirke gern und leidenschaftlich für alle Künstler, die nach meinem Gefühl wesentlich sind in irgend einem Betracht, gleichgültig ob sie aus Hannover oder Berlin oder sonstwo herstammen."[1381] Er habe, so Küppers weiter, „auch in Hannover Ansätze gefunden, aber an starken künstlerischen Ausprägungen fehlt es".[1382] Vor allen Dingen werde er es nicht unterstützen, „wenn geborene ‚Malmeister' (?)[1383] in Kubismus oder Expressionismus ‚machen'. Das geht nicht. Wir dürfen auch nicht bei der Kritik ein Auge zudrücken, weil wir in Hannover sind ... Das ist ja das Schlimme, daß Hannover auch in der Kritik immer viel zu lau war".[1384] Abschließend hieß es: „Die Sezession muß weitherzig sein, aber nicht kritiklos, sie muß vor allen Dingen auch von außen Kritik vertragen können ... Wir haben ja schon über solche Dinge gesprochen und sind uns darin einig: Nicht ‚Heil hannoversche Kunst' heißt es, sondern ‚Heil Kunst'."[1385]

Mit dem Urteil, die Hannoversche Sezession müsse sich „weitherzig, aber nicht kritiklos" zeigen, wenn sie erfolgreich sein wolle, hat Paul Erich Küppers ebenso wie mit der Einschätzung, einige Künstler in den Reihen dieser Gruppe nähmen sich selbst zu ernst und forderten auch für Mittelmäßigkeiten volle Unterstützung, zu einem frühen Zeitpunkt bereits eine bemerkenswert scharfsichtige Analyse ihrer Schwächen formuliert. Wenn er sowohl persönlich als auch in seiner Eigenschaft als Leiter der Kestner-Gesellschaft dennoch an der Sezession festhielt, so im Bewußtsein, wenigstens die Ansätze einer Verbesserung der künstlerischen Gesamtsituation durch heimische Künstler zu fördern oder, wie Christof Spengemann es formulierte, den „kräftige(n) Triebe(n)",[1386] die „in die Morgenröte dieser werdenden Zeit (ragten)",[1387] gegenüber dem unübersehbaren Wildwuchs im hiesigen Kunstbetrieb vorzuziehen.

Das Bejahen von Experimenten war sicher auch verantwortlich dafür, daß die Kestner-Gesellschaft anläßlich der dritten Ausstellung der Hannoverschen Sezession im Haus in der Königstraße einen Künstler zu Wort kommen ließ, der bis zu diesem Zeitpunkt weder in dieser Künstlergruppe noch anderswo nachhaltig in Erscheinung getreten war. Auch Eingeweihte kannten von diesem jungen Maler nicht mehr als eine einzige Mappe mit Steinzeichnungen, MITTELALTER betitelt, die, im Paul Steegemann-Verlag erschienen, ganz im Zeichen des Expressionismus stand.[1388] Dieses Erstlingswerk war von den Freunden zeitgenössischer Kunst in Hannover außerordentlich positiv bewertet worden. Der ZWEEMANN etwa hatte gleich in seinem ersten Heft den Schöpfer der Zeichnungen als „eine(n) der Wenigen" gewürdigt, „denen die neue Form nicht nur ein Umhängsel und Maßstab vielseitigen Könnens ist".[1389] Und doch vollzog dieser Künstler, dem hier ein so selbstverständliches Arbeiten im Expressionismus attestiert wurde, nur wenige Wochen später

‚Nüchterne Altmeisterlichkeit, ruhige Delikatesse'.
Der eine Flügel der Hannoverschen Sezession.
Der Maler Bernhard Dörries

Blatt aus der MITTELALTER-Mappe von Bernhard Dörries, Steinzeichnung. 1919

mit seinem Vorwort zur dritten Ausstellung der Hannoverschen Sezession eine vollständige Abkehr von der in MITTELALTER vorgestellten künstlerischen Überzeugung.

Es war Bernhard Dörries,[1390] Sohn des Pastors der Kleefelder Petri-Gemeinde in Hannover. Der Vater, eine außerordentlich starke und zu seiner Zeit auch vielbeachtete Persönlichkeit im öffentlichen Leben der Stadt,[1391] verlangte von seinem 1898 geborenen Sohn eine solide Ausbildung und verwarf zunächst dessen Pläne, Maler oder Schriftsteller zu werden. Dörries entschloß sich nach dem Abitur 1916 zum Architekturstudium an der hannoverschen Technischen Hochschule. Stilleben und Porträtstudien aus dieser Zeit weisen darauf hin, daß er seinen eigentlichen Wunsch nach einem rein künstlerischen Beruf noch nicht aufgegeben hatte.[1392] Sein Biograph Rudolf Lange urteilte über diese Arbeiten, nichts habe in ihnen hingedeutet „auf eine tiefer dringende Auseinandersetzung mit der bewegten Kunstszene der Zeit, die sich im Werk zahlreicher ungefähr gleichaltriger Künstler hingegen deutlich spiegelt ... Sein innerer Kompaß wies von Anfang an in eine Richtung: Darstellung der Realität mit konventionellen Mitteln."[1393] Nur kurz darauf schien Dörries' „innerer Kompaß" indes aufgrund der äußeren Umstände vorübergehend außer Kraft gesetzt worden zu sein. Um die Jahreswende 1917/18 lernte er an der Technischen Hochschule den Kommilitonen Kurt Schwitters kennen und verbrachte fortan viel Zeit mit dem um ein Jahrzehnt Älteren, der sich selbst in dieser Zeit im entscheidenden Übergang vom konventionell arbeitenden Künstler zum MERZ-Maler befand und viel von seiner Unruhe und Experimentierfreude auf Dörries übertrug.[1394] Schwitters war es auch, der Dörries 1918 überredete, das Architekturstudium nach vier Semestern abzubrechen und sich fortan als Autodidakt weiterzubilden.[1395] Zu dieser Zeit bestand ein enger Kontakt zwischen den beiden Hannoveranern aus gutbürgerlichem Haus; sie arbeiteten gemeinsam und beeinflußten sich gegenseitig in ihrem Werk.[1396] Wie Schwitters auf Dörries' Exkurs in den Expressionismus reagierte, den er als unergiebige Zwischenphase in der Kunst ablehnte, ist unklar. Ohnehin war der Zenit der Freundschaft zwischen Kurt Schwitters und Bernhard Dörries überschritten. Die MITTELALTER-Mappe blieb überdies Dörries' „einzige(r) Ausflug in den Expressionismus und damit in die Moderne".[1397] Eine zweite Lithographienmappe zu Dostojewskis Roman IWAN KARAMASOFF, die bereits von Steegemann angekündigt worden war, erschien nicht, was nicht wie so oft am Verleger, sondern am Künstler lag, der rückblickend schrieb: „Die KARAMASOFF-Zeichnungen plante ich zwar, habe sie aber nicht mehr gemacht, da mein Künstler-Ideal plötzlich Holbein wurde und ich von nun an sehr genaue Porträts malte."[1398]

Bernhard Dörries, Foto. 1926

Inmitten des revolutionären Nachkriegschaos, in einem vielstimmigen und manchmal auch mißtönenden Kanon unterschiedlichster künstlerischer Strömungen, hatte Bernhard Dörries, zweiundzwanzigjährig, ernsthaft und verschlossen, korrekt und betont sachlich auftretender hannoverscher Pastorensohn, anläßlich einer Holbein-Ausstellung in Braunschweig 1920 seinen „inneren Kompaß" wiedergefunden.[1399] In einer aufwendigen und große Sorgfalt verlangenden Arbeitsweise des Lasierens auf Holz malte er fortan „altmeisterlich" wirkende Porträts, die viele Zeitgenossen an „niederländische Bildnistafeln der Frühzeit"[1400] erinnerten. Häufige Modelle waren und blieben auch später die Konfirmandinnen seines Vaters, sauber gescheitelte Mädchen mit offenen, klaren Gesichtszügen, die Dörries in einer Weise darzustellen wußte, daß sie ausgesprochen zeitlos wirkten.[1401] In einer Zeit, in der Diskussionen um das Frauenbild der zwanziger Jahre entflammten, in der etwa ein Maler wie Christian Schad seine mondänen Frauenporträts und die Künstlerin Jeanne Mammen ihren selbstbewußten neuen Frauentypus entwickelten, malte der in sich gekehrte, „spröde wirkende Norddeutsche"[1402] Mädchen und junge Frauen in einer sorgsam naturgetreuen Arbeitsweise mit einer Neigung zum Puritanismus.[1403] Zeichnungen fertigte er gern auf altem, stockfleckigem Papier an, was als weiterer Hinweis gewertet werden kann, den Kontext ihrer Entstehung undatierbar zu machen und seinen Arbeiten die Patina des Alten zu verleihen. Bereits jetzt, in den Jahren 1918/19, arbeitete Dörries auch an Stilleben, wobei sich seine Darstellung schon bald um ein eher eingeschränktes Ensemble an Dingen des täglichen Lebens wie Früchten, Gemüsen, Gläsern und vor allem um jenes Zwiebelmuster-Geschirr in der Umgebung einfachen rustikal-gründerzeitlichen Mobiliars drehte, das ihn bis zu seinem Lebensende 1978 immer wieder beschäftigte.[1404] Auch diese Arbeiten weisen sowohl in der Machart als auch im Sujet auf eine große Zeitentrücktheit hin, die wohl einen Rückschluß auf die Motivation des Künstlers, nicht aber auf das Umfeld ihrer Entstehung zuließ.

Trotz seiner unverwechselbaren Arbeitsweise suchte Bernhard Dörries den Kontakt zu anderen Künstlern in seiner Heimatstadt. Im März 1919 wurde er Mitglied der Hannoverschen Sezession.[1405] Diese mag in der Aufforderung an den jungen Maler, das Vorwort zu ihrer dritten Ausstellung zu verfassen, die Absicht geleitet haben, ganz unterschiedliche Stimmen in ihren Reihen zu Wort kommen zu lassen.[1406] Dörries schrieb im März 1920, im Altertum sei der einzelne noch „Glied in der Kette der Gesamtkultur"[1407] gewesen sei. Dann jedoch habe eine „Entfremdung" eingesetzt, an deren Ende nunmehr Impressionismus und Expressionismus das ganze Maß der „Vereinzelung des Menschen" und das „vollkommene Fehlen jeder überpersönlichen Gemeinschaft"[1408] zu verantworten hätten. Seine Kritik an der zeitgenössischen Kunst faßte Dörries in die Worte, diese sei „keine Form überströmenden Lebens, weil ihre Schöpfungen gefangen sind von dem phantastischen Reiz der toten Dinge und ihre Jugend allzuviel weiß und ihre Bilder doch nur Spiegelungen ihrer eigenen Seele und keine Erfüllung bedeuten".[1409] Diese Erfüllung konnte nach Dörries nur das Befolgen jener Tendenz bringen, „die die lange vernachlässigten Gesetze strenger Bildkomposition in Farbe und Linie betont und von einem Kunstwerk neben ursprünglichem Gehalt eine durchgearbeitete

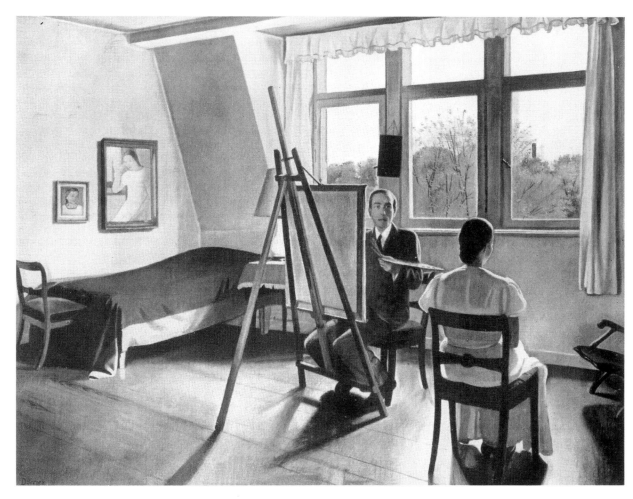

Selbstbildnis im Atelier, Ölgemälde von Bernhard Dörries. Um 1930

Mädchenkopf, Ölgemälde von Bernhard Dörries. 1920

Form verlangt. Eine Forderung, die, inmitten der Zeit der Willkür und allgemeinen Zerrüttung, zu strenger Selbstzucht ruft und uns in Opfer und Dienst das Glück verheißt, das uns die Freiheit nicht zu geben vermochte. Eine Forderung endlich, die die Überlieferung der Alten Meister wieder aufnimmt, an denen wir die besonnene Gestaltungskraft ebenso lieben wie ihre selbstvergessene Bereitschaft, deren verhaltene Glut, zwar niemals zu blendender Flamme aufschlagend, umso nachhaltiger wärmt."[1410]

Dieses Vorwort war, so Rudolf Lange, in mehrfacher Hinsicht ein „Selbstporträt"[1411] des Bernhard Dörries. Es ist in einem Stil verfaßt, der nicht auf einen zweiundzwanzigjährigen Anfänger in der Malkunst verweist, sondern der in Übereinstimmung mit der inhaltlichen Aussage zu einer Gesammeltheit und Bestimmtheit gelangt, die auf einen reiferen Künstler schließen läßt. Bei Dörries wurde die mangelnde Lebenserfahrung durch eine tiefe Bindung an die Traditionen jener gesellschaftlichen Schicht des gebildeten deutschen Bürgertums wettgemacht, dem er entstammte und das sein Werk stärker prägte als ausschließlich künstlerische Impulse es vermocht hätten.[1412] Wie Kurt Schwitters[1413] ging es auch Dörries um die Verarbeitung der auf ihn einstürzenden Eindrücke der unmittelbaren Nachkriegszeit. Der Ausflug in den Expressionismus war ein Versuch der Reaktion gewesen, den er sofort abbrach, als sich ihm dieser Weg als nicht gangbar erwies. Es war nicht etwa Ausdruck von Opportunismus wie bei vielen anderen Künstlern der Zeit, was ihn jetzt den Expressionismus als Verursacher der „Vereinzelung"[1414] des Menschen ablehnen ließ. Dörries' Antwort auf die künstlerischen Herausforderungen der Zeit war genau genommen eine Form des Rückzugs, der Rückbesinnung statt der Entwicklung eines offensiven Gegenentwurfs.[1415] Er reagierte mit einer Orientierung an die Gesetze der Alten Meister, die bis zu seinem Tod seine Lehrer blieben. Ein Kunststudium schien nicht nötig, er lernte alles, was zu seinem Malerdasein zählte, durch das Kopieren der Werke Hans Holbeins d. J., Piero della Francescas und Masaccios.[1416] Dörries' Arbeiten waren klar und logisch aufgebaut. Ursula Bode urteilte 1978: „Dörries' Malerei ist realistisch, sie bildet Wirklichkeit in aller Stille ab, sie strahlt Ordnung und Harmonie, zurückhaltende Noblesse und sachliche Distanz aus."[1417]

„Ordnung" und „Distanz", die Forderung nach „strenger Selbstzucht", „Opfer" und „Dienst": Dörries' Vokabular ermöglicht einen tiefen Blick in das künstlerische und durchaus auch kunstpolitisch zu verstehende Denken dieses Mannes, der die Berufung auf die Tradition als „Schutzwall gegen die Willkür und allgemeine Zerrüttung"[1418] nutzte, der die „blendende Flamme" scheute, weil sie das Gleichmaß seiner bürgerlichen Lebenswelt gefährdete, und der stattdessen die „verhaltene Glut" bevorzugte, die Ruhe, Stabilität und Harmonie, immer aber auch einen gewissen Hang zur Stagnation und Mittelmäßigkeit mit sich brachte.

Bernhard Dörries' Vorwort wirkte auf jene Kollegen als Provokation, die in dieser auch künstlerisch bewegten Zeit zu Beginn der zwanziger Jahre nicht bereit waren, derart abgeklärt wie er über den Zustand der deutschen Kunst zu räsonnieren. Bevor sie ihren Protest artikulieren konnten, war Christof Spengemann mit dem jungen Maler ins Gericht gegangen.[1419] Er stand zu dieser Zeit in engem Kontakt mit jenem Mitglied der Hannoverschen Sezession, das sich dann am schärfsten gegen das Vorwort aussprach. Es war der Maler Otto Gleichmann, der, zu dieser Zeit in Erfurt wohnhaft, Spengemann wenige Tage nach dem Erscheinen bereits nach Hannover meldete, er werde Dörries' Ausführungen nicht unkommentiert hinnehmen.[1420] Eine Woche später, am 21. Februar 1920, schrieb Gleichmann ein zweites Mal an Spengemann: „Das Sezessions-Katalog-Vorwort, das dermaßen gegen unsere künstlerische Überzeugung ist, hat uns nicht ruhen lassen und uns zu beiliegender Erklärung gezwungen. Unsere Kunstauffassung ... will und muß öffentlich gehört werden. Es geht nicht an ..., daß das Vorwort unwidersprochen bleibt."[1421] Dieser Meinung war auch Spengemann, und so veröffentlichte er in der April-Ausgabe des ZWEEMANN jene von Gleichmann beigefügte Erklärung, von der mithin nicht recht klar ist, ob es sich um eine gemeinsam formulierte Stellungnahme handelte oder ob Gleichmann sie allein verfaßte und später von den anderen unterzeichnen ließ. In jedem Fall setzten neben dem Ehepaar Otto Gleichmann und Lotte Gleichmann-Giese die Kollegen Max Burchartz, Otto Hohlt und Kurt Schwitters ihre Namen unter die Erklärung, in der es hieß: „Uns ist Kunst immer geformter Ausdruck *religiösen* Erlebens, und wir erkennen in den wertvollen Werken aller Zeiten ... den gleichen inneren Wesenskern in immer neuer Form."[1422] Weiter hieß es: „Wir lehnen es ab, irgendwelchem Schul- und Richtungswesen jene übermäßig große Bedeutung beizulegen, wie es heute häufig geschieht." Direkt an die Adresse von Bernhard Dörries zielte folgendes: „Ein bewußtes Zurückgreifen auf sogenannte Tradition widerspricht jedem schöpferischen Gestalten."[1423] Eine Kunstauffassung, die sich auf das Herkömmliche berufe, werde immer „nur an der äußerlichen Erscheinung haften (bleiben)".[1424]

Mit dem Vorwort von Bernhard Dörries und der Entgegnung des Künstlerkreises um Otto Gleichmann hätte sich die Hannoversche Sezession eigentlich in einer Krise befinden müssen. Doch nichts geschah. Vielmehr hatte sich die Hannoversche Sezession ein erstes Mal als Sammelbecken unterschiedlicher künstlerischer Äußerungen bewährt, in der Flügelkämpfe dadurch entschärft wurden, daß man sie schlicht geschehen ließ. Mit Bernhard Dörries und Otto Gleichmann trafen 1920 die wichtigsten Vertreter der zwei Flügel in der Sezession aufeinander, die Siegfried Neuenhausen 1962 folgendermaßen beschrieb: „Es gibt in der Sezession um 1920 einige Maler, die in ihrem Werk stärker von den aktuellen geistigen Strömungen der Zeit erfaßt werden, und einige, die die überkommenen malerischen Werte pflegen."[1425]

Weder der Inhalt der Antwort im Frühjahr 1920 noch die personelle Zusammensetzung der Gruppe der Protestierenden waren eine Überraschung. Kurt Schwitters beispielsweise hatte zu diesem Zeitpunkt seine geistige Unabhängigkeit und seine einzigartige Fähigkeit der Lösung von überkommenen Traditionen mehrfach unter Beweis gestellt. Auf ihn mußte die Forderung des ehemaligen Freundes Bernhard Dörries nach „strenger Selbstzucht" ebenso grotesk wirken wie auf den Maler und Bildhauer Otto Hohlt. Hohlt,[1426] Jahrgang 1889, in Hannover als Sohn des Konsuls Friedrich Hohlt[1427] aufgewachsen und in München ausgebildet, arbeitete in diesen Jahren nach dem Ersten Weltkrieg an expressionistischen Zeichnungen und Bildern, die in Veröffentlichungen des Paul Steegemann Verlages[1428] erschienen, und schuf betont erdhaft und plump wirkende Plastiken. Auch seine Arbeiten manifestierten die Abkehr von den Alten Meistern und nicht etwa ihr Wiederaufleben. Max Burchartz[1429] wiederum stand im Frühjahr 1920 in engem Kontakt mit Otto Gleichmann und zählte wohl schon deshalb zu den Unterzeichnern der Entgegnung. 1887 in Elberfeld geboren, war er während seines Kunststudiums an der

Erklärung der Hannoverschen Sezesssionisten Max Burchartz, Otto Gleichmann, Lotte Gleichmann-Giese, Otto Hohlt und Kurt Schwitters auf das Katalogvorwort von Bernhard Dörries, April 1920

ERKLÄRUNG

Das nicht mit unserem Einverständnis dem Katalog der Hannoverschen Sezession (1920) vorangestellte Vorwort gibt uns Anlaß zu folgender Erklärung:

Dem Worte und dem Sinne nach kommt in dem Vorwort eine Kunstauffassung zum Ausdruck, die sich mit der unserigen in keiner Weise deckt und gegen die wir als Mitglieder der Hannoverschen Sezession zu protestieren uns gezwungen fühlen.

Uns ist Kunst immer geformter Ausdruck religiösen Erlebens, und wir erkennen in den wertvollen Werken aller Zeiten, auch der unserigen, die immer ursprüngliche Schöpfungen einzelner Menschen waren und sind, den gleichen inneren Wesenskern in immer neuer Form.

Wir lehnen es ab, irgendwelchem Schul- und Richtungswesen jene übermäßig große Bedeutung beizulegen, wie es heute häufig geschieht.

Ein bewußtes Zurückgreifen auf sogenannte Tradition widerspricht jeglichem schöpferischen Gestalten. Wohl sehen wir im Laufe der Zeiten jeweils ein tiefes geistig Gemeinsames, das eine Reihe von Künstlern auch äußerlich sichtbar bindet. In diesem Sinne (nicht im Sinne einer „Richtung") fassen wir auch die Begriffe „Impressionismus" und „Expressionismus" auf. Daher bleibt uns nichts anderes übrig, als eine Kunstauffassung, die mit Worten wie „bewußte Freude an Versuch und Entdeckung", „allgemein verpflichtende Stilbildung", „intellektuelle Vereinzelung", „geschichtliche Institution" usw. arbeitet und nur an der äußerlichen Erscheinung haften bleibt, abzulehnen.

Max Burchartz.   Otto Gleichmann.   Lotte Gleichmann-Giese.
Otto Hohlt.   Kurt Schwitters.

Düsseldorfer Akademie mit Christof Spengemann und der hannoverschen Kunstszene bekannt geworden. 1918 kam er nach Hannover, wurde Gast und dann Mitglied der Kestner-Gesellschaft[1430] und fühlte sich stark zum Expressionismus und zur Kunst Otto Gleichmanns hingezogen, der seine Arbeiten förderte.[1431] Bereits 1919, im gleichen Jahr, als Dörries' Lithographienmappe MITTELALTER erschien, brachte Paul Steegemann Burchartz' Illustrationen zu Dostojewskis DIE DÄMONEN heraus, die Gleichmanns Einfluß deutlich erkennen ließen.[1432] Zwei Jahre später ging Burchartz nach Weimar, wo er in Kontakt mit Bauhaus-Künstlern kam und unter ihrem Einfluß zum abstrakt-konstruktivistischen Künstler und Typographen wurde.[1433] Trotz seiner künstlerischen Entwicklung vom Schöpfer expressionistischer „graphischer Exaltationen"[1434] zum Freund sachlich-konkreter Bauhaus-Kunst blieb Max Burchartz in engem Kontakt mit Hannover und besonders mit seinem einstigen künstlerischen Vorbild Otto Gleichmann.[1435]

‚Süchtige, heftige Expression'[1436]. Der andere Flügel der Hannoverschen Sezession. Der Maler Otto Gleichmann

Die große Wertschätzung für Gleichmanns Arbeiten lenkt den Blick auf diesen Mann, der neben Kurt Schwitters, freilich auf eine ganz andere Art, der wohl außergewöhnlichste Künstler der Hannoverschen Sezession, ja die „Zentralfigur"[1437] dieser Gruppe war. Otto Gleichmann wurde am 20. August 1887 in Mainz geboren.[1438] Nach häufigen Umzügen in der Kindheit und Jugend legte er 1906 die mittlere Reifeprüfung ab und begann nach anfänglichen Vorbehalten der Eltern ein Kunststudium an der Düsseldorfer Akademie, das er später in Breslau und Weimar fortsetzte. Im Unterricht Hans Poelzigs, des Architekten und Leiters der Breslauer Akademie, lernte Gleichmann kurz vor Ausbruch des Ersten Weltkrieges die um drei Jahre jüngere Malerin Charlotte (Lotte) Giese kennen.[1439] 1915 heirateten sie.[1440] Über seine Frau, die mit ihren Eltern nach der Eheschließung nach Hannover umzog,[1441] stellte sich der Kontakt zu dieser Stadt her, in der das Ehepaar Gleichmann seit 1919 lebte. Otto Gleichmann wurde 1915 zum Militärdienst eingezogen. Bis 1918 blieb er Soldat, zunächst in Rußland, später in Frankreich. Seine Stationierung an der Westfront wurde durch eine längere Lazarettzeit in Hannover unterbrochen.[1442] Während dieser Zeit entwickelte er eine intensive künstlerische Tätigkeit. Zwei Serien, DIE GEHÄNGTEN und CHIMÄREN, wurden 1916 fertiggestellt.[1443] Einige der Zeichnungen stellte Albert Brinckmann bereits im Mai 1917 im Kestner-Museum aus. Die Rezension des HANNOVERSCHEN ANZEIGERS zu dieser Ausstellung deutete dabei bereits das ganz Eigene der Gleichmannschen Arbeiten an. Hier hieß es, der Künstler versuche, den Problemen des Krieges „allgemeingültige Ausdrucksform zu geben".[1444] Allgemeingültigkeit setzt die Fähigkeit zur Abstraktion, zur Distanz voraus, und dies war bei einem sensiblen Künstler, der während des Kriegseinsatzes malte, nicht unbedingt zu erwarten. Doch anders als nur wenig später Otto Dix in seiner Bildmappe DER KRIEG ging es Otto Gleichmann nicht darum, Militarismus und Krieg anzuklagen, und es ging ihm auch weder um eine offene noch um eine verdeckte Sympathie mit dem Soldatenleben.[1445] Ohne Zynismus und ohne Menschenverachtung sah er rückblickend seine Zeit im Schützengraben als künstlerisch reich erfüllte Schaffensphase.[1446] Sie habe ihn „nur äußerlich behindert, innerlich aber aufgelockert und noch näher zu sich gebracht".[1447] Peter Winter urteilte 1978 über die Bedeutung von Gleichmanns Militärzeit: „Die Erlebnisse des Massenschlachtens schlagen sich auf seinen Leinwänden und graphischen Blättern nur indirekt nieder: In der zittrig-nervösen, aufgedröselten Kontur und in der morbiden, zersetzten Geäder der Zeichnungen ... haust der Geist der dauernden Existenzgefährdung."[1448]

In Winters Einschätzung steckt in zweierlei Hinsicht ein Schlüssel zum Verständnis von Otto Gleichmanns künstlerischer Arbeit. Sie benannte ebenso das Moment der Zeitentrücktheit, wie sie Gleichmanns Menschenbild ansprach. Das einzige, was sein Werk mit jenem von Bernhard Dörries verband, war, daß auch Gleichmann seinen ganz eigenen, sehr unabhängigen künstlerischen Ausdruck schon früh – und forciert durch die Ereignisse in den Kriegsjahren – gefunden hatte und ihn letztlich nicht mehr wesentlich veränderte. Oft erinnerte Freunde und Rezensenten seine künstlerische Laufbahn weniger an eine Entwicklung als an die „Entfaltung eines im Keim angelegten schöpferischen Vermögens".[1449] Käte Steinitz etwa schrieb: „Sein Name Gleichmann erscheint mir als ein Symbol. Er hatte seine Art früh gefunden, und wenn sich auch seine Technik verfeinerte und entwickelte, so war er immer und unverkennbar der Gleiche."[1450]

Otto Gleichmann, der, wie er es nannte, sein „Lebenswägelchen früh ... vom Zug der Zeit abgehängt"[1451] hatte, ging es nicht um eine Darstellung zeitgebundener, einmaliger Ereignisse, mochten sie auf sein eigenes

Leben wie das seiner Generation auch einen so gravierenden Einfluß gehabt haben wie der Weltkrieg. Seine künstlerische Arbeit stellte er ganz in den Dienst der religiös begründeten Weltanschauung von einer „kosmischen Ordnung".[1452] Ferdinand Stuttmann, ein guter Freund seit den ersten hannoverschen Jahren, schrieb, Gleichmann habe stets „das gleiche Leben, das in allen Wesen lebt",[1453] interessiert, und Rudolf Lange, ebenfalls ein Kenner des Gleichmannschen Werkes, vervollständigte den Einblick in das gedanklich tiefe und aus vielen abendländischen und fernöstlichen philosophischen und religiösen Quellen gespeiste Denken dieses Schöpfers „kosmischer Kunst",[1454] wie sie Theodor Däubler nannte. Lange urteilte: „Gleichmann malt das Zeitliche, eingebettet in das Ewige, er stellt dar, wie das Individuelle im ewigen Sein, aus dem es stammt und in das es nach einer kurz bemessenen Zeitspanne wieder zurückkehrt, geborgen ist. Das Sein ist göttlich, ohne Anfang und Ende, es ist das Ursein, das war, ist und immer sein wird. Die Geschöpfe jedoch, Menschen, Tiere und Pflanzen, vergehen. Was hier, in dieser Wirklichkeit wahrgenommen wird, sie mag sich noch so schön und verlockend präsentieren, ist nichtig. Die wahre Wirklichkeit trägt ein anderes Gesicht, das der Flüchtigkeit. Der Künstler erkennt es visionär und bannt es in immer neuen, erstaunlich vielen Variationen auf die Leinwand."[1455] Gleichmann entlarvte die Selbstgenügsamkeit und vermeintliche Ordnung einer Gesellschaft, indem er ihr die Vergänglichkeit ihrer Werte und die Vergänglichkeit ihrer selbst vor Augen führte.[1456] Viele seiner Bilder zeigten Geselligkeiten, Feste, Zirkusvorführungen, Anlässe des Frohsinns und der Ausgelassenheit gemeinhin, die bei Gleichmann jedoch seltsam oberflächlich erscheinen. Die Teilnehmer an diesen Festlichkeiten sind auf der Suche nach hohler Zerstreuung und doch lange schon dem „Geist der dauernden Existenzgefährdung"[1457] erlegen. Die Anwesenheit von vielen Menschen ließ wie die gehobene Stimmung, die solchen Geselligkeiten ansonsten anhaftet, der einzelnen Person auf Gleichmanns Bildern ihre Isolierung, ihr „Für-sich-allein-Sein"[1458] unbarmherzig erkennen.[1459] Auf diesen Gesellschaften hält niemand mit dem anderen Blickkontakt, selbst auf den Arbeiten, die Liebespaare zeigten,[1460] blicken die Personen aneinander vorbei, niemals fröhlich, immer ernst, gesammelt, alterslos, schemenhaft und im Bewußtsein ihrer Vergänglichkeit.[1461] Otto Gleichmann zeigte den Menschen als „Gefangene(n) seines Schicksals",[1462] eine leidende Kreatur, die orientierungslos zwischen Licht und Finsternis schwankt.[1463] Jede seiner Figuren war hineingestellt in eine bedrohliche, verfremdete und verfremdende Umgebung, in eine „fallsüchtig gewordene Welt",[1464] ausgeliefert den „rätselhaften Mächten, den lichten wie den dunklen",[1465] wie es Henri Nannen, ein weiterer Freund des Malers, bezeichnete.

Otto Gleichmann, Foto. Um 1932

Otto Gleichmann malte, ganz anders als Bernhard Dörries, kaum Porträts, und er arbeitete offenbar auch nie mit einem Modell.[1466] Ihn interessierte nicht der Mensch als Individuum,[1467] sondern die Gesamtheit der Menschen. An den Physiognomien seiner Gestalten ließ sich kein Wesenszug, keine augenblickliche Regung ablesen. Gut und Böse, Täter und Opfer waren alle gleich stilisiert, Gesichtszüge wurden auf das Notwendige reduziert.[1468] Eine morbide Aura des Verfalls haftete ihnen an, sie waren nach Peter Winter „versprengte, irritierte, übermüdete, geladene und ungeladene Gäste vom schwankenden Leichenzug des Lebens",[1469] am Leben hängend und doch voller Todessehnsucht. Mensch, Tier und Pflanze einte die Vergänglichkeit alles Organischen, weshalb Gleichmann ihnen eine eigentümliche Ähnlichkeit gab. Die Menschen hatten etwas Pflanzenhaftes, selbst in den Zeichnungen aus der Kriegszeit war ihr Tod eher ein organisches Verwelken als ein jähes, brutales Auslöschen.[1470] Tiere zeigten den gleichen rätselhaft abwesenden Ausdruck wie Menschen, jene schräggestellten Augen, die langgezogenen, hohlwangigen Gesichter, die großen Nüstern.[1471]

Lotte Gleichmann-Giese, Foto. Um 1918

Sie waren keine Fratzen, sondern Larven, keine Karikaturen, sondern Spiegelungen aus einer Welt des Verfalls.[1472] Es ging Otto Gleichmann zu keiner Zeit um eine Geißelung gesellschaftlicher Mißstände oder politischer Verhältnisse mit künstlerischen Mitteln.[1473] Sein künstlerisches Selbstverständnis resultierte aus eine „überzeitliche(n) Grundhaltung"[1474] ab, die gegen die soziale Anklage eine „anteilnehmende Psychologie",[1475] ein tiefes Mitleiden, setzte. Zwar zählten er wie auch seine Frau in den zwanziger Jahren zu den Wählern der SPD, aber, wie sich ihre Tochter erinnerte, eher aus einer Ablehnung jeder Form des politischen Extremismus sowie aus der nüchternen Erkenntnis heraus, daß es neben der SPD keine andere für sie akzeptable demokratische Partei gebe.[1476] Ansonsten habe der Künstler mit Politik nichts im Sinn gehabt: „Er wollte nichts davon hören, sich nicht hineinziehen lassen, (er) war froh, wenn er die Zeit zum Arbeiten hatte."[1477] Diese Zeit zum Arbeiten war ohnehin knapp bemessen. Als einziger Maler der Hannoverschen Sezession hatte sich Otto Gleichmann, nach dem Ende des Ersten Weltkrieges zu seiner Familie nach Hannover zurückgekehrt, dazu entschlossen, als Kunsterzieher zu arbeiten.[1478] 1920 trat er seine Stelle am hannoverschen Realgymnasium an.[1479] Er hatte sie bis in die vierziger Jahre inne, also noch zu einer Zeit, in der weite Teile der hannoverschen Öffentlichkeit in ihm einen ‚entarteteten' Künstler sahen und auch einige Schüler ihn ihre Ablehnung spüren ließen.[1480] Gleichmann ertrug die Verunglimpfung in seiner nächsten Umgebung[1481] und den wegen seiner Lehrtätigkeit notwendig gewordenen Eintritt in den Nationalsozialistischen Lehrerbund,[1482] wie er die offizielle Erteilung des Malverbots und die Ausstellung seiner Werke auf der Münchner Schau ‚Entartete Kunst' über sich ergehen ließ,[1483] um sich nur noch mehr in die eigene Welt zurückzuziehen[1484] und für sich weiterzuarbeiten, freilich ohne das Risiko einzugehen, seine nach 1933 entstandenen Werke zu datieren.[1485] Es war die feste Verankerung in die eigene Welt, die Familie und den Freundeskreis,[1486] die zum einen geprägt war von breitem Wissen und tiefer Religiosität, zum anderen erfüllt von dem Wissen um die Vergänglichkeit allen Seins, die Gleichmann bereits in den zwanziger, besonders aber in den dreißiger Jahren äußere Anfeindungen mit einem gewissen Gleichmut ertragen ließ.[1487] Kurt Schwitters urteilte nach 1945 dem Maler gegenüber, er habe gewußt, daß dieser seinen „Weg weiter gehen" würde: „Sie malen sich selbst."[1488] Gleichmann selbst hatte zuvor von einem „seltsame(n) Getriebensein" gesprochen und ergänzt: „Die Bilder male nicht ich, sondern es malt aus mir."[1489]

Strahlen - Stürzen. Ölgemälde von Otto Gleichmann. 1920

Unmittelbar nach dem Ende des Ersten Weltkrieges schien zunächst das Vokabular des Expressionismus eine Möglichkeit zur Artikulation zu bieten. Es entstanden wie in Ekstase gemalte Bilder,[1490] deren Darstellungen deformierter Menschen, Tiere und Pflanzen Sinnbilder einer aus den Fugen geratenen Welt waren. Bald griff sein Werk über den Expressionismus hinaus und beschäftigte sich nun auch mit der kubistischen Formensprache.[1491] Stärker als viele seiner Kollegen im Reich und auch in Hannover vermochte sich Otto Gleichmann aus den Begrenzungen der Richtungen zu lösen und zu einem künstlerischen Ausdruck zu gelangen, der seinem individuellen Weltbild entsprach.

In Anbetracht dieser großen inneren Freiheit hat erstmals der Freund Ferdinand Stuttmann das Wort vom Einzelgängertum Gleichmanns aufgebracht, das seitdem oft zitiert und häufig mißverstanden wurde.[1492] Es brachte den Künstler leicht in die Position eines menschenscheuen Eigenbrötlers, der, wie Käte Steinitz urteilte, „im Himmel und in der Hölle zuhaus"[1493] war und ähnlich entfremdet und allein lebte wie die Gestalten, die er darstellte. Tatsächlich war Gleichmann ein „Künstler der Stille",[1494] der nur in Einsamkeit arbeiten konnte.[1495] Gleichzeitig jedoch brauchte er den Austausch mit Künstlerkollegen, Geselligkeit und Freundschaft. Er war mit seiner Frau einer der häufigsten Gäste im Hause Steinitz.[1496] Otto und Lotte Gleichmann waren im Dezember 1923 Gäste anläßlich der ersten MERZ-Matinee von Kurt Schwitters im Tivoli.[1497] Der Schriftsteller Werner Schumann erinnerte sich an ihn als Mitglied des „munteren Spötterkreis(es) im Kröpcke"[1498] an der Seite von Schwitters, Paul Steegemann und Christof Spengemann. Gleichmann war wie seine Frau Mitglied der Kestner-Gesellschaft,[1499] ja, das Vertrauensverhältnis besonders zwischen dem Ehepaar Küppers und dem Künstlerpaar scheint so gut gewesen zu sein, daß dem Maler zu Beginn der zwanziger Jahre im Stallgebäude des Hauses in der Königstraße ein Atelier zur Verfügung gestellt wurde.[1500] Die offenkundige Wertschätzung der Gesellschaft für seine Kunst könnte ihren Grund auch darin gehabt haben, daß Gleichmann mehr als den meisten seiner Kollegen daran gelegen war, einen guten Kontakt zur zeitgenössischen hannoverschen Kunstszene zu pflegen. Er, der nach Norbert Nobis „mehr zufällig"[1501] hierher gelangt war, hatte schnell erkannt, daß Hannover ihm den idealen Wohnort bot, weil die Stadt neutral war, ihn weder negativ noch positiv beeinflußte und er hier nicht abgelenkt von gravierenden äußeren Einflüssen leben und arbeiten konnte.[1502] Das heißt freilich nicht, daß er die Beschaulichkeit und Überschaubarkeit, die er an Hannover so schätzte, nicht durch Geselligkeiten in seiner Wohnung in der Osterstraße[1503] auflockerte. Alle Zeitgenossen, die hier am „Montmartre von Hannover"[1504] zu Gast waren, wie der Dichter Theodor Däubler die Atelierwohnung im Dachgeschoß nannte, erinnerten sich belebender und auch turbulenter Abende in den für diese Anlässe viel zu engen Räumen.[1505] Ferdinand Stuttmann, selbst oft Gast im Hause Gleichmann, schrieb: „Hier traf man sich mehr oder weniger zwanglos oder wurde offiziell eingeladen, wenn prominente Gäste da waren, etwa Kandinsky, Hans Arp, Jawlensky."[1506] Andere erinnerten sich an Malewitsch, Otto Dix, Amédée Ozenfant, Paul Klee, Walter Dexel, Otto Ralfs oder Tristan Tzara und an den hannoverschen Freundeskreis um Schwitters, Käte Steinitz, August Heitmüller, Ernst Thoms, Alexander Dorner, Johann Frerking und später Friedrich Vordemberge-Gildewart.[1507] Die Diskussionen, Geselligkeiten, Feste oder Vortragsabende, die in Otto und Lotte Gleichmanns Wohnung stattfanden, bereicherten die künstlerische Szene der Stadt um eine wichtige Facette. Dem Hausherrn ermöglichten sie den Austausch mit den wichtigsten künstlerischen Strömungen im Reich und darüber hinaus in Europa; sie schufen die Grundlage für eine ausgedehnte Ausstellungstätigkeit in vielen Städten Deutschlands[1508] und bestätigten ihn durch Gespräche, die ihn auch zur Positionsbestimmung zwangen, letztlich in der Richtigkeit seines künstlerischen „Einzelgängertums".[1509] Die Unbestechlichkeit, mit der er seinen Weg verfolgte,[1510] hat viele seiner Zeitgenossen beeindruckt. Einer der ersten, die die Bedeutung Otto Gleichmanns nicht nur für die hannoversche Kunstszene, sondern auch für jene des Reiches erkannten, war der Dichter Theodor Däubler, ein „Geistes- und Seelenverwandte(r)".[1511] Däubler lernte Gleichmann 1917 anläßlich eines Vortrages in der Kestner-Gesellschaft kennen[1512] und war sofort so überzeugt von deren Qualität, daß er seine Arbeit bei großen Kunstzeitschriften wie dem CICERONE,[1513] dem KUNSTBLATT[1514] und dem FEUER,[1515] aber auch bei der hannoverschen Zeitschrift DAS HOHE UFER[1516] in den Dienst des Malers stellte. Wie Däubler erkannten auch andere Kunstfreunde in Deutschland wie Paul Bommersheim[1517] oder Paul Westheim in der Zeitschrift DIE SCHAFFENDEN[1518] den Versuch Otto Gleichmanns, den Betrachter mit seinen Arbeiten in ein „Drüber-hinaus"[1519] zu nehmen, ihm einen Blick in eine andere Welt tun zu lassen.

Auf dem Balkon der Wohnung von Ernst und Käte Steinitz in der Georgstraße 34. V. l. n. r. Ernst Schwitters, Käte Steinitz, Beate Steinitz, Lotti Maria Steinitz, Gunda-Anna Gleichmann. Um 1924

Die hannoversche Tagespresse tat sich in der Regel schwerer mit dem Werk Otto Gleichmanns. Seitdem der Maler zunächst im Mai 1917 mit der Ausstellung im Kestner-Museum und dann ein Vierteljahr später in der Kestner-Gesellschaft in Erscheinung getreten war, erwies sich ein großer Teil der hannoverschen Rezensenten als außerordentlich unsicher, wie dieses Werk zu bewerten war. Zwar gab es von Beginn an ebenso deutliche Befürworter,[1520] wie es starke Gegner gab, doch waren diese beiden Gruppen zunächst in der Minderzahl. Es überwogen die Kritiken, die sich mit vagen Halburteilen und Allgemeinplätzen aus der Affäre zu ziehen suchten und anläßlich einer Ausstellung ein gewisses Wohlwollen signalisierten, um bei der nächsten Gelegenheit hart gegen die Arbeiten Gleichmanns anzugehen. Ihre Zahl wurde im Laufe der zwanziger Jahre geringer. Stattdessen wurde die Kritik immer negativer und polemischer.

Paul Paschens Artikel über die Ausstellung Otto Gleichmanns in der Kestner-Gesellschaft, Niedersächsische Tageszeitung, 17. Juni 1932

Die Gewichtsverlagerung läßt sich an der Werkschau ablesen, die die Kestner-Gesellschaft dem Künstler im Frühsommer 1932 ausrichtete. Zu dem Zeitpunkt war die Praxis, die Arbeit der Sezessionsmitglieder in Einzelausstellungen zu würdigen, bereits mehr als zehn Jahre alt.[1521] Es überrascht, daß so lange mit der Gleichmann-Ausstellung gewartet worden war, weil der Maler zu dieser Zeit unbestritten als einer der wichtigsten Köpfe der Künstlergruppe galt. Vielleicht wollte die Gesellschaft abwarten, bis Gleichmann sich durch zahlreiche erfolgreiche Ausstellungen in anderen deutschen Städten einen Namen gemacht hatte. Sein Bekanntheitsgrad in deutschen Kunstkreisen wurde jedenfalls in der Begrüßungsansprache im Juni 1932 auffällig oft betont. Überhaupt machte diese Rede, die von dem Freund Ferdinand Stuttmann gehalten wurde, den Eindruck, als sei sie in erster Linie zu Zwecken der vorbeugenden Beschwichtigung möglicher Gegner verfaßt worden. Gleich zu Beginn hieß es beispielsweise: „Wenige nur sind es, die ihn restlos anerkennen, die meisten der an zeitgenössischer Kunst Interessierten verhalten sich ablehnend."[1522]

Fast alle in der Stadt erscheinenden Tageszeitungen brachten Berichte, was längst nicht für jede Ausstellung der Kestner-Gesellschaft galt. Überwiegend wohlwollend reagierte wie so oft zuvor der VOLKSWILLE. Redakteur Karl Brinkmann beschränkte sich auf eine Beschreibung des Gesehenen und urteilte am Schluß: „Schön ist diese Welt Gleichmanns nicht. Er malt nicht, um etwas zu malen, was die Natur viel schöner macht, er malt die Gegensätzlichkeit der Welt, und er zeichnet bewußt häßlich, um damit das wahre, nicht das oberflächliche Leben zu dokumentieren."[1523] Friedrich Rasche[1524] vom HANNOVERSCHEN ANZEIGER sprach in seiner Rezension den gleichen Gedanken an, gab ihm aber einen anderen Tenor: „Natürlich hat der Künstler das Recht, den Menschen zu demaskieren, die Wahrheit zu sagen, auch wenn sie nicht schön und trostreich ist. Aber wer von einem Leichnam sagt: ‚Siehe, das ist das Leben!', der sagt eine billige und nur eine halbe Wahrheit."[1525] Angesichts dieses Urteils wirkte Rasches Schlußsatz wie eine müde Formel: „Denn ob man protestiert oder zustimmt, nachhaltige Eindrücke empfängt man auf jeden Fall."[1526] Anders als Brinkmann und Rasche hielt sich Wilhelm Frerking vom HANNOVERSCHEN TAGEBLATT stärker bei der Frage des künstlerischen Werts der Gleichmannschen Arbeiten auf: „Ein Hauch von Verwesung geht von den Gestalten aus ... Über solchen Eindruck der Formen helfen alle Reize des zart und süß schwermütigen Kolorits nicht hinweg."[1527]

Diese Rezensenten betonten das Moment der Vergänglichkeit und Zeitentrücktheit, und sie berücksichtigten damit die Art, wie auch der Maler selbst seine Arbeiten stets verstanden wissen wollte. Eine zweite Gruppe von Kritikern deutete diese Kunst eben gerade deshalb als Zeitdokument. Kurt Voß etwa schrieb im HANNOVERSCHEN KURIER: „Unverkennbar bleibt auch hier der Zersetzungscharakter, der Auflösungswille eines Malers, der am Ende einer Kulturentwicklung von der Krankheit des Lebens kündet."[1528] Plakativer als Voß griff sein Kollege von der NIEDERDEUTSCHEN ZEITUNG das Stichwort von der Kulturkrise auf. Hier hieß es über die von Gleichmann vertretene „dekadente Richtung":[1529] „Wer freilich eine neue, deutsche, gesunde, naturverbundene, kraftvolle Kunst sucht, wird enttäuscht sein."[1530] Bei aller Kritik an einem Werk, das sich mit Tod und Vergehen beschäftige, statt durch die Darstellung des Positiven Lebensfreude und Heiterkeit zu schaffen, waren sich auch diese Vertreter der weltanschaulich-politisch unterschiedlichen Blätter der Stadt doch weitgehend einig in ihrer Anerkennung von Gleichmanns künstlerischen Qualitäten.

Der Mühe der Differenzierung unterzog sich ein weiterer Berichterstatter von der Gleichmann-Ausstellung im Juni 1932 nicht. Es war Paul Paschen, ein sechsundfünfzigjähriger ehemaliger Schauspieler, der seit 1924 in Hannover lebte und seit dem März 1930 ein unbezahltes Lektorat für Vortrags- und Sprechtechnik an der Technischen Hochschule innehatte.[1531] Die Personalakte des gebürtigen Kielers, der mehrere Bücher und Artikel über sein Lehrgebiet veröffentlicht hatte,[1532] ermöglicht den Einblick in eine reizbare und unberechenbare Persönlichkeit.[1533] Im Frühjahr 1932 erschien Paschens Name erstmals in der Liste der Mitarbeiter des Feuilletons der NIEDERSÄCHSISCHEN TAGESZEITUNG.[1534] Dem nationalsozialistischen Blatt wurde schon in dieser Zeit – und mit Recht – die Neigung zur diffamierenden und entstellenden Berichterstattung nachgesagt, doch Paul Paschens Artikeln zu verschiedenen Fragen der zeitgenössischen Kunst gelang es doch, die Leser diesbezüglich noch zu überraschen.[1535] Einen Beleg hierfür bot die Rezension der Gleichmann-Ausstellung in der Kestner-Gesellschaft, die am 17. Juni 1932 erschien.[1536] Sie führte dazu, daß Otto Gleichmann von nun an, ein gutes halbes Jahr vor der nationalsozialistischen Machtübernahme, seine Arbeiten nicht mehr datierte,[1537] sie war es, die ihm – so Peter Winter -das „Kainsmal des ‚entarteten' Künstlers"[1538] einbrannte.

Paul Paschen, Foto. Um 1930

Zunächst schrieb Paschen über Gleichmanns Arbeiten, die er als „sehr verschmierte und nicht gereinigte Paletten unhandlichen Formats"[1539] bezeichnete: „Unabwendbar erfüllt sich ein inneres Gesetz, jeder malt das Bild, das ihm der Spiegel zeigt, denn es ist unbewußt sein Idealbild. Und darum malen die armen kranken Menschen unserer Zeit alle Gebrechen, die unsere Kliniken beschäftigen ... Andere verraten ihre Rasse durch mongolische Backenknochen und Schlitzaugen, durch Negerhaar usw."[1540] Schuld an dieser Art von Kunst waren für Paschen „die Entartung und Verweichlichung unseres Volkes oder doch einer gewissen Schicht, die nachgerade alles Kranke, Schwache, Dekadente, Lebensuntaugliche für geistreich, interessant, für ‚modern' erklärt. In der Literatur, Musik, in der Malerei und Bildhauerei wird jede Verrücktheit, jede Verworrenheit, jede Schwächlichkeit mit Ehrfurcht begrüßt."[1541] Verantwortlich für diese Entwicklung in den Künsten seien jene, „die die Empfindungswelt unseres Volkes verwirren und untergraben, die es unsicher machen in seinem natürlichen, klaren, erdgebundenen Gefühl, die ihm die stolze Sicherheit seiner Rasse rauben möchten, weil sie selber rasselos sind, jenes entsetzliche Gemisch aus Semiten, Philistern, Hethitern, Ägyptern, Negern, Babyloniern, Persern, Mongolen und sämtlichen europäischen Völkern, das keine Heimat, keine Erdverbundenheit mehr besitzt, sie deshalb anderen Völkern neidet und zu rauben sucht. Unstet und überzeugungslos vergiftet es mit femininen Männern und maskulinen Frauen die Ideale der Völker."[1542]

Vielleicht war das Sammelsurium aus Gedankenfragmenten, das Paschen anläßlich der Gleichmann-Ausstellung 1932 zu Papier brachte, zu abwegig, als daß es auch nur den Ansatz für einen ernsthaften Kommentar bot. Jedenfalls ist von einer Reaktion auf diese Rezension in der hannoverschen Kunstöffentlichkeit nichts bekannt. Sie bleibt eine besonders schrille und mißtönende Facette im Umfeld der Auseinandersetzung mit dem Werk des Malers Otto Gleichmann, die allerdings nicht auf die journalistische Entgleisung eines Fanatikers reduziert werden sollte. Wenn man diesen Thesen die verbale Überzeichnungen und Verzerrungen entzieht, bleiben Forderungen etwa nach der Rückkehr zu traditionellen gesellschaftlichen (Geschlechter-)Hierarchien und, wichtiger noch, nach einer ‚gesunden', ‚rassebewußten', ‚heiter stimmenden' und ‚schönen', also ästhetisch ansprechenden Kunst, die auch gemäßige Kollegen Paul Paschens während der zwanziger Jahre in der Kunst Otto Gleichmanns immer wieder eingefordert haben.

Die beiden Flügel der Hannoverschen Sezession im Spiegel der Kritik

Die auch in Hannover in jener Zeit präsente Diskussion über die Bewertung der Moderne in der bildenden Kunst und in diesem Zusammenhang die Tendenz, einer solchen Richtung den Vorzug zu geben, die auf Traditionen und Konventionen aufbaute und Experimente verwarf, lenken den Blick vom Einzelfall der Kritik Paul Paschens an der Arbeit Otto Gleichmanns zurück auf die Grundproblematik in der Arbeit jener Künstlergruppe, der dieser angehörte. Siegfried Neuenhausen verdeutlichte an den beiden künstlerischen Polen Bernhard Dörries und Otto Gleichmann die Existenz von zwei Hauptgruppen innerhalb der Hannoverschen Sezession. Die eine, so Neuenhausen, habe den Versuch unternommen, aktuelle geistige Strömungen in ihrem künstlerischen Werk aufzunehem; die andere habe überwiegend traditionelle, akademische malerische Werte reproduziert[1543] Für Henning Rischbieter stellt sich die Hannoversche Sezession etwas anders dar. Er urteilt, daß die erstgenannte Gruppe von Beginn an einen schweren Stand gehabt habe, weil „die süchtige, heftige Expression nicht eigentlich hannoversche, niedersächsische Sache ist".[1544] Eher habe „nüchterne Altmeisterlichkeit, ruhige Delikatesse in der Sezession" dominiert.[1545]

Die These einer Verschiebung der Gewichte zwischen den beiden Einzelgruppen zugunsten der Vertreter einer gemäßigten, an künstlerischer Tradition orientierten Kunst läßt sich gut an den Rezensionen der Arbeiten Otto Gleichmanns und Bernhard Dörries' durch die hannoversche Tagespresse ablesen. Die unbestimmte Scheu, sich der Arbeiten Otto Gleichmanns anzunehmen, und das Zurückschrecken vor dem Ausdruck seiner bildgewordenen Alpdrücke wichen bei den gleichen Kommentatoren großer Bereitwilligkeit, Gutwilligkeit und Mitteilsamkeit, wenn es um die Werke von Bernhard Dörries ging. Möchte Gleichmann vorgeworfen werden, sein malerisches Dasein kreise um die Darstellung des stets gleichen Menschentypus und bediene sich eines eingeschränkten Formenkanons, so lautete das Urteil über Dörries' Mädchenbildnisse, Stilleben und Landschaftsstudien, die sich ebenfalls immer sehr ähnlich blieben sie zeichne eine „große Ausgeglichenheit"[1546] aus, und sie „atmeten eine beruhigte und beruhigende Kraft", die „man wohl als echt niedersächsisch ansprechen darf".[1547] Dörries' „höchstkultivierte"[1548] Arbeiten, seine „gewissenhaft beherrschte Kunst"[1549] verdienten viel Sympathie besonders in einer Zeit, die kurzlebigen Moden huldige: „Er ist aufrichtig und geht unbekümmert seines Wegs."[1550] Die HANNOVERSCHE WOCHE urteilte 1925 sogar: „Hier ist Reinheit einer Künstlerseele, Herbheit bisweilen, Jungfräulichkeit, bei alledem eine heimliche Anmut."[1551] Dieses durchweg positive Urteil über die Arbeiten von Bernhard Dörries wurde bezeichnenderweise auch vom sozialdemokratischen VOLKSWILLEN und ausgerechnet in einem Artikel geteilt, der ansonsten das mangelnde „Auge der Künstler für ihre Zeit"[1552] und das „Schwelgen in den alten malerischen Qualitäten"[1553] anderer hannoverscher Sezessionisten beklagte. Gelegentliche Einwürfe, in Dörries' Bildern zeige sich „ein gewisses Schematisieren",[1554] er blicke rückwärts, wie Ferdinand Stuttmann es formulierte,[1555] und lasse bei aller „technischen Reinheit"[1556] seiner Arbeit das Lebendige vermissen, änderten ebensowenig an dieser Grundeinstellung zur Kunst von Bernhard Dörries, wie es Urteile mißgestimmter Kollegen vermochten, die sich anläßlich von Ausstellungen und Ankäufen zurückgesetzt fühlten und behaupteten, daß Dörries' Werke auch „nicht würdiger"[1557] seien als die ihren.

Bernhard Dörries war einer jener hannoverschen Künstler, deren Werke vor allem in der zweiten Hälfte der zwanziger Jahre sowohl von privaten Käufern als auch vor allem von der hannoverschen Stadtverwaltung mit großer Bereitwilligkeit angekauft wurden.[1558] Daß erst etwa ab 1926 eine verstärkte Nachfrage nach seinen Arbeiten einsetzte, hatte mehrere Gründe. Zum einen hatte sich der Künstler bis zu diesem Zeitpunkt viel im Ausland aufgehalten. Eine längere Studienreise hatte ihn 1923 nach Italien geführt, wo er die Werke Piero della Francescas kopierte.[1559] 1925 wurde ihm auf Vorschlag Alexander Dorners, mit dem Dörries auch privat verkehrte,[1560] und dank der Fürsprache Max Liebermanns der Rom-Preis zuerkannt,[1561] der ihm eine intensive künstlerische Arbeit ermöglichte. 1926 war er nach Hannover zurückgekehrt, wo seine in den Jahren zuvor entstandenen Werke eine überaus gute Aufnahme fanden. Von diesem Jahr an und bis weit in die dreißiger Jahre verging keine Herbst- und kaum eine Frühjahrsausstellung im hannoverschen Kunstverein, ohne daß die Museums-Kommission mindestens eines seiner Ölgemälde ankaufte.[1562]

Bernhard Dörries war auf diese Ankäufe insofern angewiesen, als er während der zwanziger und frühen dreißiger Jahre seine Werke nicht außerhalb Hannovers ausstellte.[1563] Ganz anderes gilt für Otto Gleichmann, und zwar nicht nur, weil dieser materiell durch seine Arbeit als Kunsterzieher ausreichend abgesichert war. Gleichmann baute auf keinen ‚Heimvorteil‘, er nutzte vielmehr die in seinem weiten Freundeskreis geknüpften Kontakte zu Kunstzentren des Reiches und stellte in dem von Walter Dexel geleiteten Jenaer Kunstverein (1919, 1927/28), bei Otto Ralfs in Braunschweig (1924)[1564] und Carl Nierendorf in Berlin (1931) aus.[1565] Auch die Rezeption seiner Kunst auf internationaler Ebene scheute er nicht. Häufige Studienreisen ins europäische Ausland brachten den „Kosmopoliten"[1566] Otto Gleichmann in Kontakt mit neuen Künstlerkollegen und führten zu Ausstellungsbeteiligungen in der Schweiz, in Norwegen, Frankreich und Holland. Auf den Ausstellungen im hannoverschen Kunstverein waren Gleichmanns eher selten zu sehen, wie sich seine Tochter erinnert.[1567] Von Otto Gleichmann wurde in den zwanziger und frühen dreißiger Jahren von der hannoverschen Stadtverwaltung nur ein einziges Bild, das LIEBESPAAR, im April 1930 nachweisbar angekauft.[1568] Ein weiteres wurde von der Jury des Kunstvereins 1928 mit einem Preis ausgezeichnet.[1569]

In diesem unterschiedlichen Ankaufsverhalten der Stadt liegt ein weiterer Schlüssel für die Bewertung der Behauptung Henning Rischbieters, nach der in der Hannoverschen Sezession der „nüchterne(n) Altmeisterlichkeit"[1570] in der Hannoverschen Sezession gegenüber der „heftige(n) Expression"[1571] der Vorzug gegeben worden sei. Wenn das Werk Otto Gleichmanns auch die unmittelbare Beeinflussung durch andere derzeit diskutierte künstlerische Ausdrucksformen nicht unmittelbar erkennen ließ, so war er doch in hohem Maß auf den Austausch mit anderen künstlerischen Strömungen angewiesen. Also mußte die Grundlage für sein Schaffen die avantgardistische Kunstszene des Reiches sein, in der er auch weitaus erfolgreicher war als am Ort seines Schaffens. Er konnte und wollte sich nicht auf Hannover beschränken und legte aus diesem Grund keinen großen Wert darauf, von der hiesigen an Kunst interessierten Öffentlichkeit anerkannt zu.[1572] Sicher spielte auch eine große Rolle, daß weite Teile dieser kunstinteressierten Öffentlichkeit in Hannover seiner Arbeit ohnedies skeptisch und distanziert begegneten.

Anders war es im Fall Bernhard Dörries. Er trug den Maßstab seiner künstlerischen Arbeit, die „strenge Selbstzucht"[1573] und die „Gesetze strenger Bildkomposition"[1574] der Alten Meister in sich, und schuf aus seinem Inneren. Das tat auch Gleichmann, freilich waren Impulse von außen für diesen unverzichtbar. Dörries jedoch vermied einen intensiven Kontakt zur zeitgenössischen Kunstszene des Reiches, weil diese für ihn, wie er im Frühjahr 1920 formulierte, Ausdruck jener „Willkür und allgemeinen Zerrüttung"[1575] war, der er mit seiner betont konservativen Arbeit entgegenzuwirken suchte.[1576] Seine Heimatstadt blieb für ihn der geeignete Ort zur Präsentation seiner Kunst, die er zudem selbst auch als „typisch niedersächsisch"[1577] verstand.

Die Maler Bernhard Dörries und Richard Seiffert-Wattenberg und ihre Rolle im Kunstverein. Anzeichen einer ‚Selbstreformation'?

Es wundert wenig, daß Dörries, der konservativste Maler der Hannoverschen Sezession,[1578] bald in Kontakt mit dem Kunstverein kam, dem Hort traditionell-akademischer Malerei in der Stadt. Seit 1924 und dann das nächste halbe Jahrhundert, bis wenige Jahre vor seinem Tod, war er anläßlich von dessen Ausstellungen regelmäßig vertreten.[1579] Die Ausstellungsbeteiligung war die eine Seite der Zusammenarbeit zwischen Bernhard Dörries und der offiziellen hannoverschen Kunstszene, vertreten durch den Kunstverein. Zudem trat der Maler 1924 dem Verwaltungsrat als Jurymitglied bei. Ebenfalls bis in die siebziger Jahre gehörte er ihm ohne Unterbrechung an.[1580] Wie schnell er in diesem machtvollen Gremium, in dem etwa fünfzehn Funktionäre aus der Stadtverwaltung, der Wirtschaft sowie dem Bereich der Kunst und Wissenschaft vertreten waren, eine wichtige Position einnahm, macht die Aussage Georg Grabenhorsts deutlich, der (unzutreffenderweise) behauptete, Dörries habe bereits 1925 „den Vorsitz des Kunstvereins"[1581] übernommen. Auch die Interpretation, die der konservative Kulturpolitiker und Kunstfreund daraus ableitete, ist bemerkenswert. Er schrieb: „Die Revolution hat den Sieg errungen, und neue radikalere Gruppen stoßen nach."[1582]

Daß Grabenhorst in seiner Einschätzung im Zusammenhang mit der Malerpersönlichkeit Bernhard Dörries zu Urteilen wie „Revolution" und „radikal" gelangte, wirkt fast grotesk. Allerdings hatte er nicht allein Dörries im Auge, als er die Vorgänge im Kunstverein Mitte der zwanziger Jahre kommentierte. Dörries war nicht das einzige Mitglied der Hannoverschen Sezession, das 1924 Aufnahme in den Verwaltungsrat des Kunstvereins fand. Neben ihm saß fortan auch der Maler Richard Seiffert-Wattenberg als Jurymitglied, Konservator und Ausstellungsleiter im Verwaltungsrat. Beide ersetzten sie die Maler Otto Rauth und Ernst Pasqual Jordan, zwei Günstlinge Heinrich Tramms, die kurz zuvor verstorben waren.[1583] Richard Seiffert-Wattenberg war nicht nur ein Gründungsmitglied der sieben Jahre zuvor, im Spätsommer 1917, als Protestbewegung gegen die Ausstellungs- und Ankaufspraktiken des Kunstvereins gegründeten Künstlergruppe, sondern zugleich langjähriger Erster Vorsitzender der Hannoverschen Sezession.[1584] Daneben gehörte er zu den ersten Mitgliedern der Kestner-Gesellschaft.[1585] Mithin wäre denkbar, daß mit Seiffert-Wattenberg einer der wichtigsten Gegner der offiziellen Kunstszene Hannovers an eine der wichtigsten Positionen im Kunstverein gelangte.

Diese Annahme ist falsch. Der Maler Richard Seiffert-Wattenberg war genauso ungeeignet wie Bernhard Dörries, im Kunstverein eine „revolutionäre" oder „radikale" neue Linie zu etablieren. Johann Frerking hat Seiffert-Wattenberg rückblickend eine „elastische Zähigkeit"[1586] attestiert und zwei wesentliche Charaktereigenschaften des Künstlers angesprochen: die Anpassungsbereitschaft einerseits, und die Beharrlichkeit andererseits, einmal formulierte Ziele trotz ungünstiger äußerer Umstände zu verfolgen.

Seiffert-Wattenberg entwickelte durchaus ein gewisses Wohlwollen für alle Äußerungen der Moderne. Gleichzeitig war er aber auch Mitglied der Kunstausschüsse der Provinz Hannover und machte gemeinsam mit den konservativen Künstlern und Kunstpolitikern Rudolf Graefenhain, E. W. Baule oder Alois Vogedes auf solche Kunstwerke aufmerksam, die „eine Gefährdung der öffentlichen Ruhe, Sicherheit und Ordnung"[1587] mit sich zu bringen schienen. Der Erste Vorsitzende der Hannoverschen Sezession war einer jener „bewährte(n) Männer"[1588] in der hannoverschen Kunstszene, wie sie Christof Spengemann 1919 in seiner Schrift DIE BILDENDE KUNST IM NEUEN HANNOVER bezeichnete. 1874 in der Nähe von Braunschweig geboren, hatte Seiffert-Wattenberg nach dem Abitur ein Studium der Malerei in Hamburg begonnen und dann in München fortgesetzt.[1589] 1898 ging er nach Paris, wo er acht Jahre studierte und als freier Maler arbeitete. Hier erhielt der junge Künstler seine eigentliche Prägung. Die umstrittenen Arbeiten des französischen Impressionistenkreises um Claude Monet, Auguste Renoir und Edgar Degas bestimmten seine eigene Kunst, die sich kurz nach der Jahrhundertwende ausbildete und bis zu seinem Tod vier Jahrzehnte später, im August 1945, nicht mehr wesentlich änderte.[1590] Der Eindruck der Pariser Jahre verband sich später mit einer Neigung für das Kopieren der Alten Meister und mit einem Blick für niedersächsische Sujets zu einer unverwechselbaren Malkunst. Kurz vor seinem Tod äußerte Seiffert-Wattenberg 1944: „Von alten Meistern liebte und kopierte ich am meisten Rembrandt. Von den jüngeren waren mir Leibl, der frühe Trübner und später Manet und Cézanne Richtschnur und Schrittmacher."[1591] In dieser Auflistung fehlten Namen jener

Vertreter von Kunstrichtungen, die zeitlich auf den französischen und deutschen Impressionismus folgten. Das hatte nicht nur damit zu tun, daß der Künstler es vermied, nun Namen solcher Künstler zu nennen, die in dieser Zeit – übrigens neben vielen französischen Impressionisten – als ‚entartet' galten. Vielmehr hatte er sich auch in den Jahrzehnten zuvor bereits als „unbeirrbar Unzeitgemäße(r)" und „unmodische(r) Einzelgänger"[1592] erwiesen, der, wie sein Biograph Friedrich Rasche in den fünfziger Jahren schrieb, mit „erstaunlicher Beharrlichkeit ein sehr persönliches malerisches Ideal verfolgte".[1593] Nichts in Seiffert-Wattenbergs Bildern – häufig Stilleben, Landschaften, Akte und Frauen- oder Kinderporträts – war programmatisch oder demonstrativ fordernd zu verstehen,[1594] alle seine Werke spiegelten Heiterkeit und Gelassenheit.[1595] Ganz augenfällig war seine Kunst dem Wunsch verpflichtet, ästhetisch anzusprechen, geschmackvoll zu unterhalten und, vielleicht wichtiger noch, eine „heil(e) Welt inmitten unserer Heillosigkeit zu zeigen"[1596], wie Friedrich Rasche es benannte. Johann Frerking widmete dem Künstler zum 60. Geburtstag einen Artikel im HANNOVERSCHEN KURIER, den die mittlerweile ‚gleichgeschaltete' Kestner-Gesellschaft in den Katalog ihrer Seiffert-Wattenberg-Ausstellung im gleichen Jahr aufnahm. Hier hieß es, in den „lauten Ekstasen des Expressionismus"[1597] sei dieser Künstler „immer feiner und feiner, stiller und stiller" geworden. Seine Bilder seien gerade deshalb „so lieb und teuer", weil „Wissen und Können … in ihnen durch edle Zucht zur Ruhe und Schlichtheit geworden"[1598] seien und „die leise und feine Musik der Farbenklänge … nicht nur den Geschmack" befriedige, sondern vor allem „das sehnsüchtige Herz"[1599] erfreue.

Selbstbildnis
Richard Seiffert-Wattenbergs,
Ölgemälde. 1913

Mit diesem künstlerischen Programm, das in den Pariser Jahren entstanden war und zwischen Impressionismus und Heimatkunst angesiedelt blieb, war Richard Seiffert-Wattenberg bereits früh ein gerngesehener Gast in den Ausstellungen des Kunstvereins. 1906 war er aus Paris zurückgekehrt, zwei Jahre später beendete er sein Wanderleben, heiratete und ließ sich in Hannover als freischaffender Maler nieder.[1600] 1909 war der Fünfunddreißigjährige zum ersten Mal auf der Herbstausstellung im Kunstverein vertreten.[1601] Von nun an entwickelte er sich stetig zu einem der bewährtesten Künstler der Stadt. Schon 1913 nannte Albert Brinckmann seinen Namen in der Festschrift der Stadt zur Einweihung des Neuen Rathauses gemeinsam mit jenen Rudolf Hermanns', Ernst Jordans und Robert Stratmanns als Beleg für ein sich auf beachtlicher Höhe befindendes Kunstleben der Stadt Hannover.[1602] Sein Engagement für die Hannoversche Sezession drei Jahre darauf, die ihn sogleich zu ihrem Vorsitzenden wählte,[1603] erscheint fast als Bruch in der bisherigen künstlerischen Karriere. Nichts ist über Seiffert-Wattenbergs Motivation bekannt, sich hier für die Belange seiner zumeist jüngeren und weit weniger erfolgreichen Kollegen einzusetzen, deren Arbeiten auf seine eigene Kunst doch – wie erwähnt – keinen Einfluß hatten. Siegfried Neuenhausen begründete dessen Mitarbeit in der Gruppe der Hannoverschen Sezession mit dem Hinweis, eine „Anteilnahme an jeder wirklichen Bemühung"[1604] habe ihn „von vornherein zum Mittelpunkt der Sezession"[1605] gemacht. Diese Einschätzung trifft sich mit der vieler Zeitgenossen Seiffert-Wattenbergs, die beispielsweise formulierten, der Maler habe zwar „abseits von aller zeitgenössischen Problematik" gearbeitet, doch nicht „gegen sie gerichtet".[1606] Die grundsätzliche Bereitschaft, auch das Schaffen künstlerisch anders arbeitender Kollegen anzuerkennen, verband sich mit der Fähigkeit, auszugleichen und zu vermitteln,[1607] sowie mit ausgeprägten pädagogischen Neigungen.[1608] Seiffert-Wattenberg wurde zum „Berater einer ganzen Künstlergeneration".[1609] Zu seinen Schülern gehörten u.a. Kurt Sohns, Harm Lichte, Adolf Wissel und Carl Buchheister, von denen letzterer sich wohl am weitesten von den künstlerischen Zielen seines Beraters entfernte. Seiffert-Wattenberg warnte den sechzehn Jahre Jüngeren auch davor, abstrakt zu malen, – allerdings vergeblich. Seine Unterstützung versagte er dem Kollegen jedoch auch weiterhin nicht.[1610]

Mit dem Hinweis auf diese Persönlichkeitsstruktur Richard Seiffert-Wattenbergs könnte der im Jahr darauf, 1924, gemeinsam mit dem Freund Bernhard Dörries vollzogene Schritt erklärt werden, in den Vorstand des Kunstvereins einzuziehen. Dies war ganz sicher kein Versuch einer „Revolution", wie Georg Grabenhorst annahm. Vielmehr ging es den beiden Künstlern darum, eine breitere Basis für ihre Kunst und der ihrer Gleichgesinnten zu finden. Im Frühjahr 1930, als es gelungen war, in diesem Kunstverein eine Kollektivausstellung von sieben Mitgliedern der Hannoverschen Sezession mit dem programmatischen Motto VON PARIS BIS DESSAU zu veranstalten, blickte Seiffert-Wattenberg mit Stolz und Selbstzufriedenheit auf seine erfolgreiche Tätigkeit als Konservator und Ausstellungsleiter zurück, die zu bemerkenswerten Wandlungen geführt habe: „Vor zwei Jahrzehnten, als die Sezessionen in Blüte standen, galten die Kunstvereine als eine überholte, längst verstaubte Angelegenheit. Das hat sich gründlich geändert. Heute sind sie es allein, die sich den Luxus einer großen Ausstellung noch leisten können. Und wird eine Ausstellung mit so viel Umsicht organisiert, wie dies beim hannoverschen Kunstverein der Fall ist, so kann man es im Interesse der Kunst als ein Glück bezeichnen, daß solche Institute noch existieren."[1611]

Nach dieser Einschätzung war der Hannoverschen Sezession dreizehn Jahre nach ihrer Gründung eigentlich die Motivation zur Weiterexistenz entzogen. Ihre Opposition zum Kunstverein, der eigentliche Auslöser ihres Zusammenfindens und über die Jahre hinweg einziges identifikationsstiftendes Moment einer höchst heterogen zusammengesetzten Künstlergruppe, hatte der Bereitschaft ihrer Mitglieder Richard Seiffert-Wattenberg und Bernhard Dörries Platz gemacht, mit dem Kunstverein zusammenzuarbeiten. Der „Gegendruck"[1612] war gewichen, eigentlich hätte es zur Auflösung kommen müssen. Sie erfolgte nicht, was mehrere Gründe hat.

Mit Dörries und Seiffert-Wattenberg waren nicht nur die zwei bedeutendsten Vertreter des konservativen Flügels der Hannoverschen Sezession dem Kunstverein beigetreten. Vielmehr hatten beide auch sofort damit begonnen, die Fronten insofern aufzuweichen, als sie dort vielbeachtete Neuerungen durchsetzten. Keine „Revolution", wohl aber eine „Selbstreformation"[1613] schien sich ab 1924 anzubahnen. Schon im Lauf dieses Jahres wurde in der hannoverschen Tagespresse mehrfach die Einsicht des Kunstvereins gelobt,

Terrine und Äpfel, Ölgemälde Richard Seiffert-Wattenbergs. 1918

der erkannt habe, „daß man nicht hundert Jahre werden und immer beim alten ... bleiben kann, ohne damit seinen Bankerott zu erklären".[1614] Im Jahr darauf, 1925, richtete der Kunstverein zum ersten Mal eine juryfreie Ausstellung aus, was bedeutete, daß anläßlich der Herbstausstellung jeder ortsansässige oder mit Hannover in Kontakt stehende Maler eine Auswahl seiner Werke präsentieren durfte. Beschränkungen herrschten nur bezüglich der Anzahl der Bilder, sie betrafen weder Machart noch Sujet.[1615] Ein Großteil der Presse reagierte durchaus positiv auf diese Erweiterung der bisherigen Ausstellungspraktiken. Die HANNOVERSCHE WOCHE beispielsweise urteilte, man könne angesichts dieser Werkschau „fast zu einer Behauptung darüber verleitet werden, ob nicht am Ende überhaupt ein Ausgeschaltetsein einer Jury der Selbstkritik und dem Verantwortungsgefühl des Künstlers wesentlich förderlich ist. Schließlich liegt die Sache so: niemand hat Lust, sich zu blamieren, er möchte nur sein Bestes der Öffentlichkeit unterbreiten. Folglich dürfte der Künstler besonders sorgfältig unter seinen Arbeiten dann auswählen, wenn er weiß, daß über ihr Erscheinen in der Ausstellung ... er ganz allein zu entscheiden hat."[1616]

Auch im darauffolgenden Jahr 1926 wurde neben einer Reihe von neuen Sonderausstellungen eine juryfreie Werkschau präsentiert,[1617] die allgemeine Zustimmung fand und Kritiker nahezu aller hannoverschen Tageszeitungen voller Wohlwollen von dem „frische(n) Zugriff der verjüngte(n) Kunstvereins-Jury"[1618] sprechen ließ. Das Eintreten für die „talentvolle Jugend"[1619] fand im März 1926 weitere Förderung, als Alexander Dorners in den Verwaltungsrat des Kunstvereins gewählt wurde. Der VOLKSWILLE kommentierte: „Bravo! Dieser Mann, der mehr über den Dingen steht und ein weiteres, nicht von persönlichen Machenschaften gefärbtes Blickfeld hat, wird hoffentlich der gute Stern der Ausstellungskommission. Also Glückauf, Kunstverein!"[1620] Vieles deutete in diesen Jahren darauf hin, daß der Kunstverein durch das Engagement und die Begeisterungsfähigkeit der neuen Kräfte Alexander Dorner, Bernhard Dörries und Richard Seiffert-Wattenberg tatsächlich „in seinen Bahnen mitgerissen"[1621] wurde, wie es Emil Waldmann, Direktor der Bremer Kunsthalle, im April 1927 im HANNOVERSCHEN ANZEIGER beschrieb. Als im Dezember 1926 auf der Generalversammlung des Kunstvereins der Antrag der „Reaktion"[1622] – wie Johann Frerking sie rückblickend nannte – abgelehnt wurde, diese neuen Kräfte wieder aus dem Verwaltungsrat hinauszudrängen, begrüßte der HANNOVERSCHE KURIER die im Amt bestätigte Jury mit dem ironischen Hinweis, die alte Jury erscheine mittlerweile „nicht mehr ganz zeitgemäß".[1623]

Anders als in den zwei Jahren zuvor veranstaltete die Gruppe um Ausstellungsleiter Seiffert-Wattenberg nun nicht länger juryfreie Ausstellungen, sondern sie übertrug den einzelnen Künstlergruppierungen der Stadt die Aufgabe, die Arbeiten ihrer Mitglieder selbst zu sichten und an eine Kommission zu übergeben, die sie dann ohne Änderungen zusammenstellte.[1624] Diese Künstlergruppen waren die Vereinigung nordwestdeutscher Künstler, die Ortsgruppe der Allgemeinen Deutschen Kunstgenossenschaft, die Hannoversche Sezession, der Künstlerbund Hannoversche Bildhauer und erstmals die gerade erst gegründete Gruppe die abstrakten hannover.[1625] Auch diese Neuerung wurde von weiten Teilen der hannoverschen Tagespresse als „gutes Zeichen für die wiederkehrende Kunstgeltung Hannovers im Reich"[1626] verstanden, und es wurde gelobt, „daß auch die namhaftesten unter den jüngeren Künstlern hier wieder auszustellen sind".[1627] Verstärkt noch durch die rege Propagandaarbeit Alexander Dorners, der positive Urteile über seine Arbeit im Kunstverein zu Dossiers zusammenstellte und an Kollegen im ganzen Reich versandte,[1628] geriet der Verein in der zweiten Hälfte der zwanziger Jahre zunehmend in das Blickfeld einer kunstinteressierten deutschen Öffentlichkeit. Eine Reihe von Artikeln in Blättern, die in anderen Kunstzentren erschienen und von der „Verbesserung des Niveaus"[1629] und der „Belebung der Interessen"[1630] des hannoverschen Kunstlebens dank des Kunstvereins berichteten, waren die Folge. Neben dem umtriebigen, energischen und selbstbewußten Dorner, der ohnehin wenig Schwierigkeiten hatte, sich ins rechte Licht zu rücken, war es immer wieder der eher im Hintergrund bleibende Richard Seiffert-Wattenberg, dessen Anteil an dieser „Selbstreformation"[1631] des Kunstvereins hoch eingeschätzt wurde. Das HAMBURGER TAGEBLATT schrieb schon im April 1927, neben einem „kunstverständige(n) Verwaltungsrat"[1632] sei es vor allem „ein wagemutiger, organisatorisch trefflich befähigter Konservator, der Maler Seiffert-Wattenberg", der damit begonnen habe, den Kunstverein aus dem „Dornröschenschlaf"[1633] zu holen. Drei Jahre später urteilte Justus Bier, der kurz zuvor als neuer Leiter der Kestner-Gesellschaft nach Hannover gekommen war, Seiffert-Wattenberg habe es als „spiritus rector"[1634] verstanden, „ein wesentlich höheres Durchschnittsniveau als in früheren Jahren zu erreichen".[1635] Daß er als „tatkräftiger und griffsicherer Organisator vieler großer und kleiner Ausstellungen"[1636] die Werke seiner hannoverschen Kollegen zuweilen „mehr als bekömmlich"[1637] berücksichtigte, wurde ihm offenbar verziehen. Auch daß er besonders auf den Kunstausstellungen seine eigenen Arbeiten in unverhältnismäßig großer Zahl zu präsentieren pflegte,[1638] war kein nennenswerter Kritikpunkt.

Die hannoversche Tagespresse reagierte unverändert positiv auf seine „schön komponierte(n) Mädchenbilder", die „voller zarter und zärtlicher Farbstimmungen und doch so frei von jeglicher Sentimentalität"[1639] seien, und auf seine Landschaften von „malerischer Feinheit und Köstlichkeit".[1640] Gelegentliche Vorwürfe vor allem seitens des hannoverschen VOLKSWILLENS, Seiffert-Wattenberg fliehe vor der Realität in „schöne Welten",[1641] müsse deshalb eigentlich wie so viele seiner hannoverschen Kollegen in der Kritik stehen und werde „dennoch doppelt und dreifach mit tiefer Verbeugung begrüßt",[1642] blieben wirkungslos, weil der Maler gerade wegen seiner Darstellung des überzeitlich Schönen und Heiter-Angenehmen beliebt und gefragt war.[1643] Über das Bild STRASSE AN DER KÜSTE, das auf der Herbstausstellung 1927 gezeigt wurde, schrieb die HANNOVERSCHE WOCHE: „Man sieht nicht das Meer, aber man fühlt es. Recht herrlich."[1644] STRASSE AN DER KÜSTE war 1927 überhaupt erst das zweite Bild, das die hannoversche Stadtverwaltung von Seiffert-Wattenberg ankaufte.[1645] Deutlicher noch als bei Dörries, der erst zeitgleich mit seiner Tätigkeit im Verwaltungsrat des Kunstvereins begann, dort auszustellen, ist im Fall Seiffert-Wattenberg die Bedeutung seiner Position als Konservator für die Steigerung seines Marktwerts zu erkennen. Seit 1909 hatte er regelmäßig im Kunstverein ausgestellt, und erst jetzt, kurz nachdem er in den Verwaltungsrat gewählt worden war, begann die Museums-Kommission, seine Arbeiten zu erwerben.[1646] In der hannoverschen Künstlerschaft war der Zusammenhang zwischen dieser Ankaufspolitik und seiner Position im Kunstverein bekannt. Dies schadete seinem künstlerischen Ruf jedoch in keiner Hinsicht.

Ebensowenig wurden Seiffert-Wattenberg – anders als Bernhard Dörries – in den dreißiger Jahren oder dann nach dem Zweiten Weltkrieg von den Vertretern avantgardistischer Kunst Vorwürfe gemacht, weil er im ‚gleichgeschalteten' und – in der Terminologie der Zeit – „judenfreien"[1647] Kunstverein geblieben war.[1648] Der Kunstverein, der auch aufgrund der erfolgreichen Unterstützung Richard Seiffert-Wattenbergs um 1930 eine große Zahl jener Künstler ausstellte, die nur kurze Zeit später als ‚entartet' galten,[1649] mußte sich wegen seiner engen Verknüpfung mit der Stadtverwaltung deutlicher als andere Vereine und Gruppierungen anpassen, um nicht in Konflikt mit der neuen Kunstpolitik zu geraten. Anke Dietzer urteilt: „Daß eine Anpassung in diesem Verein relativ schnell erfolgte, ist naheliegend, denn die Vertreter seines Verwaltungsrats waren als Inhaber öffentlicher Positionen mit den politischen Veränderungen direkter konfrontiert, denen sie sich geschmeidig unterwarfen."[1650] Diese Aussage galt sicher für weite Teile des Verwaltungsrats des Kunstvereins. Seine Gremien wurden schnell mit Vertretern der Gauleitung, des Kampfbunds für deutsche Kultur und des Reichskartells besetzt.

Für Richard Seiffert-Wattenberg und auch für Bernhard Dörries gilt die These von der geschmeidigen Unterwerfung offenbar allenfalls bedingt. Zwar waren beide Künstler zum 1. Mai 1933 in die NSDAP eingetreten,[1651] was vor allem bei Dörries wohl auch als Ausdruck seiner anfänglichen Hoffnung zu werten ist, der Nationalsozialismus werde im Bereich von Kunst und Kultur jene „Willkür und allgemeine Zerrüttung",[1652] die er 1920 beklagt hatte, durch „Selbstzucht" überwinden. Doch der vordringliche Grund ihres Beitritts war, bei aller Blauäugigkeit, die diesem heute anhaften mag, durchaus taktischer Natur. Beide verstanden ihren Parteieintritt als Möglichkeit, einen weiteren Zugriff nationalsozialistischer Kunstpolitik auf den Kunstverein abzuwenden, also gewissermaßen als Opfer im Dienste des Vereins.[1653] Das nach außen demonstrierte Einverständnis mit den Zielen dieser nationalsozialistischen Kunstpolitik sollte die Grundlage für die eigentliche Arbeit im Kunstverein schaffen. Hier wurden nämlich nicht etwa vorrangig die neuen Künstler des Nationalsozialismus gezeigt. Vielmehr wurde versucht, „durch Ausstellungen und Jahresgaben zu Themen älterer europäischer Kunst nicht nur den Konflikten auszuweichen, sondern so auf die Fragwürdigkeiten der rassischen Gegenwartskunst wenigstens unmittelbar hinzuweisen",[1654] wie Stephan Lohr es bezeichnete. Dörries etwa stellte als Jahresgaben für den Kunstverein die Bildbände KLASSIZISMUS IN FRANKREICH (1939), POUSSIN UND CLAUDE LORRAIN (1941) und ZEICHNUNGEN DES 18. JAHRHUNDERTS (1942) zusammen, und Seiffert-Wattenberg arbeitete u.a. an DEUTSCHE MALER VON RUNGE BIS MENZEL, 1800–1850 (1933/34) und REMBRANDT HARMENSZ VAN RIJN (1935/36).[1655] Daß diese Tätigkeiten durchaus als Reaktion auf die nationalsozialistische Kunstproduktion verstanden wurden, machte ein Schreiben des Landesleiters der Reichskammer für bildende Kunst, Walter Schacht, an den hannoverschen Oberbürgermeister Ludwig Hoffmeister vom Mai 1943 deutlich, in dem eine Überprüfung der Jahresgaben angekündigt wurde, anläßlich derer herausgefunden werden solle, „ob (die) weltanschauliche Richtung wirklich den Forderungen der Zeit entspricht".[1656] Schon zuvor war die Praxis von Seiffert-Wattenberg und Dörries näher ins Auge gefaßt worden, die Jurys der Ausstellungen des Kunstvereins personell so zusammenzustellen, daß sie nach außen hin nicht weiter anfechtenswert erschienen, im Grunde aber nicht den Anforderungen nationalsozialistischer Kunstpolitik entsprachen. Hier hieß es, „(d)urch die Hinzunahme neuer Kräfte (erscheine) dem Nichteingeweihten die Jury neuartig und vielversprechend".[1657] Dem Eingeweihten hingegen beweise die Zusammenstellung, daß die Änderung nur „einer äußeren Form wegen" vorgenommen worden sei, „daß aber in der Tat die Kräfte der früheren Kunstvereinsrichtung ... bei weitem überwiegen, so daß es nicht wunder nimmt, daß auch diese Ausstellung eine eindeutige Linie nicht vorzuweisen hat".[1658]

Bereits acht Jahre zuvor, im August 1935, als nach der vollzogenen ‚Gleichschaltung' des Kunstvereins ein neuer Geschäftsführer gesucht wurde, war beim Oberpräsidium der Provinz Hannover ein Schreiben der

NS-Kulturgemeinde, Gaudienststelle Südhannover-Braunschweig, eingegangen. Hier hieß es, Seiffert-Wattenberg halte man „wegen seiner weltanschaulichen Linie für ungeeignet, den Kunstverein nach nationalsozialistischen Grundsätzen auszurichten", er sei „auch trotz etwa vorhandenem guten Willen zu sehr mit den Ausstellungen des Kunstvereins vor der Machtübernahme belastet".[1659] Bernhard Dörries, so weiter, dürfe die Geschäftsführung des Kunstvereins „auf keinen Fall übertragen werden, da er trotz der zweifellos sehr klaren und sauberen Linie in seinen eigenen Werken weltanschaulich noch weiter vom nationalsozialistischen Standpunkt abweicht als Herr Seiffert-Wattenberg".[1660] Wenn beide, Seiffert-Wattenberg wie Dörries, trotz dieser Einschätzung, die ungeachtet ihres Eintritts in die NSDAP bereits Mitte der dreißiger Jahre in den kunstpolitischen Gremien von Stadt und Provinz bekannt war, den Kurs des Kunstvereins auch für die nächsten fast acht Jahre mitbestimmten, so lag das nicht zuletzt an der Fürsprache Oberbürgermeister Arthur Menges. Dieser, der zugleich Vorsitzender des Kunstvereins war, hatte sich, nachdem ihm im Sommer 1935 Gerüchte zu Ohren gekommen waren, nach denen die lokalen Vertreter der Reichskammer mit Walter Schacht an ihrer Spitze versuchten, Seiffert-Wattenberg als Ausstellungsleiter abzulösen, sofort mit dem Oberpräsidenten und Stabschef Viktor Lutze, dem Ehrenvorsitzenden des Kunstvereins, in Verbindung gesetzt.[1661] Gemeinsam mit den Malern Seiffert-Wattenberg und Friedrich Hans Koken, dem Schatzmeister des Kunstvereins, der ebenfalls hart von den nationalsozialistischen Kunstpolitikern kritisiert wurde, wurde Menge zunächst bei Lutze vorstellig, um diesen auf „gewisse Schwierigkeiten im Kunstleben Hannovers"[1662] hinzuweisen. Später folgte ein Brief, in dem Menge auch den Versuch Schachts ansprach, die „Eignung Seiffert-Wattenbergs als Ausstellungsleiter"[1663] anzuzweifeln. Menge fuhr fort: „Ich möchte Sie nun bitten, sehr verehrter Herr Oberpräsident, bevor Sie etwas in dieser Angelegen-

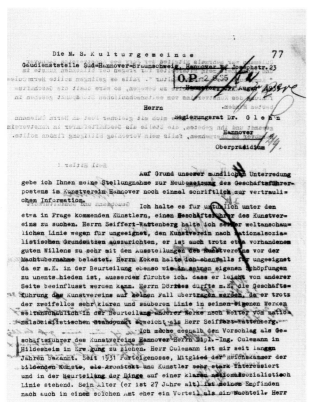
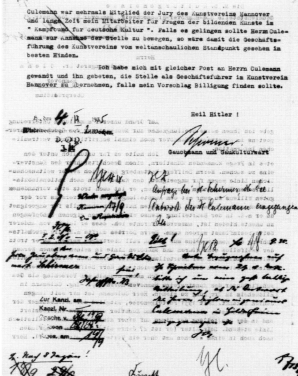

Schreiben der NS-Kulturgemeinde, Gaudienststelle Süd-Hannover-Braunschweig, an Regierungsrat Glehn. 9. August 1935

heit unternehmen, mir als Vorsitzendem des Kunstvereins Gelegenheit zur Stellungnahme zu geben und mir gegebenenfalls das Schreiben des Herrn Schacht zugänglich zu machen."[1664]

Wenngleich weitere Dokumente aus dem Umfeld dieser Affäre des Sommers 1935 fehlen, scheint es Menge mit seiner klar geäußerten Fürsprache und seinem offensiven Vorgehen gegen intrigante Vorstöße seitens bestimmter nationalsozialistischer Kulturpolitiker gelungen zu sein, die Entlassung von Seiffert-Wattenberg und Dörries aus dem Verwaltungsrat des Kunstvereins abzuwenden. Der Oberbürgermeister hat somit dazu beigetragen, daß dieser „sich nicht zu einem Hort nationalsozialistischer Unkultur umfunktionieren ließ",[1665] wie Stephan Lohr 1982 urteilte. Wenn beide Männer, der eine als Konservator und Ausstellungsleiter, der andere als Verwaltungsrats- und Jurymitglied, jahrelang und auch noch nach der Entlassung Arthur Menges 1936 weiterarbeiten konnten, so lag das ferner auch an dem geschickten Ausloten ihrer Möglichkeiten. Nicht der generelle Widerstand gegen die bestehende nationalsozialistische Kunstpolitik, wohl aber jene „elastische Zähigkeit",[1666] der stete Versuch, auf eine ganz bestimmte Weise auf die Veränderungen in der Kunstszene im Nationalsozialismus zu reagieren, nämlich mit der Betonung dessen, was man an selbst für die ‚richtige Kunst' hielt, prägte die Haltung von Richard Seiffert-Wattenberg und Bernhard Dörries in diesen Jahren. Carl Buchheister, der einstige Schüler Seiffert-Wattenbergs, hat das Verdienst, das dieser Haltung gebührte, schon sehr früh erkannt. Ein Jahr, bevor offenbar zum ersten Mal massiv Vorwürfe gegen die beiden Künstler laut wurden, im März 1934, schrieb er an einen Freund: „Seiffert sitzt fest im Sattel, das ist gut für Hannover."[1667]

Die abstrakten hannover und ihre Haltung zur städtischen Kunstpolitik

Die Künstlergruppe die abstrakten hannover und der offizielle Kunstbetrieb

In jedem Fall war Seiffert-Wattenbergs Einsatz im Kunstverein gut für Buchheister, der auf dieser Frühjahrsausstellung im zweiten Jahr der nationalsozialistischen Herrschaft mit drei ungegenständlichen Aquarellen vertreten war.[1668] Er war auch gut für die Künstlerorganisation, der Buchheister seit mittlerweile sieben Jahren angehörte und der er bis 1932 auch vorgestanden hatte: die abstrakten hannover, zu denen neben ihm Rudolf Jahns, Hans Nitzschke, Kurt Schwitters und Friedrich Vordemberge-Gildewart zählten.[1669] Daß diese Künstlergruppe sich im März 1927 im Hause des Sezessionisten Kurt Schwitters zusammengefunden hatte,[1670] hatte seinen Hauptgrund[1671] nach Aussage aller Mitglieder in der Tatsache, daß ihnen die veränderten Ausstellungsmodalitäten des Kunstvereins nun erstmals auch hier die Präsentation ihrer Werke möglich machten.[1672] Dietrich Helms bezeichnete die abstrakten hannover als „Selbsthilfeorganisation derjenigen hannoverschen Künstler, die in ihrer Arbeit aus dem begrenzten Rahmen, den die Kunstvermittlung und Kunstrezeption in Hannover bot, hinausgewachsen waren ... Die abstrakten hannover versuchten zu verhindern, daß sie in lokalen Ausstellungen (Kunstverein) als unverständlich verdrängt wurden, und bemühten sich, andernorts Ausstellungsmöglichkeiten aufzutun."[1673] Carl Buchheister schrieb 1961 rückblickend: „Einzeln waren wir damals vollkommen aufgeschmissen, daher der Zusammenschluß – wichtig für uns z. B. – wir setzten uns als die ‚abstrakten hannover', eine eigene Jury in den Ausstellungen des Kunstvereins Hannover, durch."[1674] Rudolf Jahns, der als einziges der festen Mitglieder der abstrakten hannover nicht hier, sondern in Holzminden wohnte[1675] und der mit einem Gesellschaftsabend dort den eigentlichen Anstoß zur Formierung der neuen Künstlergruppe gegeben hatte,[1676] berichtete: „Es wurde oft die Frage gestellt, was Schwitters, Vordemberge-Gildewart, Buchheister, Nitzschke und mich veranlaßt habe, die Gruppe der abstrakten hannover zu gründen. Nun, zunächst konnten wir uns gemeinsam besser durchsetzen, d. h. wir traten in auswärtigen Ausstellungen als Gruppe auf, veranstalteten eigene Ausstellungen und hatten eine eigene Jury für Ausstellungen innerhalb des Kunstvereins in Hannover."[1677]

Die Künstler bezeichneten sich als Ortsgruppe Hannover der Internationalen Vereinigung der Expressionisten, Kubisten und Futuristen.[1678] Der Dachverband, organisiert vom Berliner STURM Herwarth Waldens, war bereits 1919 gegründet worden.[1679] Die Hannoveraner fanden erst acht Jahre später und über die Zwischenstufe der konstruktivistischen Gruppe K der Maler, Architekten, Bildhauer und Typographen Friedrich Vordemberge-Gildewart und Hans Nitzschke zusammen,[1680] die durch die Kestner-Gesellschaft un-

Einladungskarte zur Gründungsversammlung der abstrakten hannover, von Kurt Schwitters an Rudolf Jahns nach Holzminden geschickt.
5. März 1927

terstützt worden war.[1681] Mit dem zeitlichen Verzug zwischen der Entstehung der Berliner und der hannoverschen Ortsgruppe war ein großer Teil der impulsiven und vehementen Aufbruchstimmung der ersten Jahre verschwunden.[1682] Die Ziele der abstrakten hannover konzentrierten sich auf die rein künstlerische Arbeit. Arta Jacoba Valstar urteilte über die Gruppe: „Es erscheint symptomatisch für die Struktur der Stadt, in der sie wirkten, daß sie ihre Radikalität auf die Fragen der Kunst konzentrierten, auf beißende Stellungnahmen zu Politik und Gesellschaft verzichteten ...[1683] (D)en bürgerlichen Spießer setzte man höchstens den indirekten Angriffen humorvoll verbrämter Grotesken und Kurzgeschichten von Kurt Schwitters aus."[1684] Zwar war der Niederländer César Doméla, ein Gastmitglied, der Sohn des Führers der niederländischen sozialistischen Bewegung.[1685] Forciert von Carl Buchheister, fanden ferner unter der Mitgliedern auch Diskussionen über einen stärkeren Einbezug der Arbeiterschaft statt.[1686] Doch blieb eine deutlich gesellschaftspolitische Standortbestimmung bei den abstrakten hannover aus.[1687]

Ohnehin fiel jede programmatische Festlegung schwer.[1688] Als die abstrakten hannover 1927 zusammenfanden, hatte jeder von ihnen seinen ganz eigenen künstlerischen Werdegang bereits hinter sich.[1689] Die Mitglieder vertraten durchaus voneinander abweichende Richtungen innerhalb der abstrakt-konstruktivistischen Richtung. Es wurde offenbar nie der Versuch unternommen, sich auf eine gemeinsame Linie einzuschwören.[1690] Die Gruppe blieb vielgesichtig und auch widersprüchlich und ließ zu jedem Zeitpunkt deutlich erkennen, daß man Wert darauf legte, als ein Zusammenschluß fünf sehr individueller und selbstbewußter Persönlichkeiten verstanden zu werden. Die Entscheidung, ungegenständlich zu arbeiten, war der kleinste gemeinsame Nenner,[1691] und auch der wurde vor allem von Rudolf Jahns und Carl Buchheister in den zwanziger Jahren nicht immer beibehalten.[1692] Jedes Mitglied der abstrakten hannover war bereits auf mehreren Einzelausstellungen in deutschen Kunstzentren vertreten gewesen, die Arbeiten Vordemberge-Gildewarts, Schwitters', Nitzschkes und Buchheisters waren zudem im Winter 1926 auf der von Katherine Sophie Dreier im Museum of Modern Art in New York zusammengestellten großen Werkschau ungegenständlicher Kunst ausgestellt worden.[1693] Die Mitarbeit im Dachverband der assoziierten Expressionisten, Kubisten und Futuristen brachte eine Einbindung in das immer engmaschiger werdende Netz internationaler Kontakte mit sich. Joachim Büchner urteilte 1987, die Gründung der abstrakten hannover habe weit über Hannover hinaus „Signalwirkung für die damalige internationale Avantgarde" gehabt, „der ein neues, bestimmendes Zentrum in Deutschland zuwuchs".[1694] Büchner schrieb, der Künstlerkreis um Kurt Schwitters habe sich zu einem Zeitpunkt zur „Speerspitze des Neuen"[1695] gemacht, als „die meisten abstrakt schaffenden Künstler Deutschland verließen, von Berlin nach Paris übersiedelten und auch das Bauhaus immer mehr gegen künstlerische Repressalien zu kämpfen hatte".[1696]

Diese Aussage läßt erneut nach dem eigentlichen Anlaß der Entstehung der abstrakten hannover fragen. Trotz ihrer regen Ausstellungstätigkeit in Deutschland wie im Ausland waren diese Maler auch und gerade in Hannover auf ideelle Unterstützung und materielle Förderung angewiesen. Nicht umsonst führte die Gruppe im Titel den Namen der Stadt, in der sie sich gegründet hatte. Rudolf Jahns gab in seiner Antwort auf die Frage nach dem Grund des Zusammenschlusses neben dem der taktisch klügeren gemeinsamen Beteiligung an auswärtigen Ausstellungen auch die Organisation eigener Veranstaltungen an, anknüpfend an die STURM-Abende Herwarth Waldens in Berlin. Auch in Hannover war Buchheister, Jahns, Nitzschke, Schwitters und Vordemberge-Gildewart daran gelegen, zumindest mit einem Teil der hannoverschen Öffentlichkeit in Kontakt zu kommen. Seit ihrer Gründung betrieben die abstrakten hannover eine intensive Mitglieder- und Fördererwerbung,[1697] die offenbar auch insofern erfolgreich war, als bereits im Juni 1927 fast dreißig fördernde Mitglieder gewonnen waren.[1698] Zu ihnen zählte ein großer Teil jener Ärzte, Rechtsanwälte, Industriellen, Architekten, Kaufleute und Kunsthistoriker, die sich zur gleichen Zeit auch in der Kestner-Gesellschaft oder in ähnlichen Institutionen in anderen Städten der Umgebung engagierten, darunter Hanns Krenz, Hermann Bode, Alexander Dorner, Ferdinand Stuttmann oder Otto Ralfs. Für ihre Freunde und Förderer boten die Mitglieder der abstrakten hannover in wechselnden Räumlichkeiten und gern auch in den Häusern ihrer Gönner eine Reihe „aktuelle(r) geistig fesselnde(r) Vorträge".[1699] Neben diesen, die gleichsam im privaten Rahmen und ohne die Distanz zwischen dem Redner und dem Publikum Einblick in die Arbeit der Künstler ermöglichten, gab es Veranstaltungen[1700] mit hannoverschen Kunsthistorikern wie Victor Curt Habicht, mit Herwarth Walden, Katherine Dreier oder dem Herausgeber der Zeitschrift BAUHAUS Ernst Kallai.[1701] Regelmäßig wurden Bilder der Künstler verlost. Daneben konnten neue Werke der abstrakten hannover angekauft werden. Beides, der Verkauf von Arbeiten wie der Ankauf von Losanteilen, sollte der Vereinskasse zugute kommen, beides reichte oft nicht einmal aus, um die Unkosten der Organisatoren zu decken.[1702] Doch 1930 schrieb der Leiter der Kestner-Gesellschaft Justus Bier, der ein privater Förderer der abstrakten hannover war,[1703] wie erfolgreich die abstrakten hannover in der Stadt seien, könne man „daraus ersehen, daß in die hannoverschen Privatsammlungen etwa 50 abstrakte Kunstwerke übergegangen sind".[1704]

Zur gleichen Zeit wurden zwei Mitglieder der abstrakten hannover – Friedrich Vordemberge-Gildewart und Hans Nitzschke[1705] – von der hannoverschen Stadtverwaltung aus dem Fonds für notleidende Künstler unterstützt. In Anbetracht steter finanzieller Probleme bei allen Künstlern dieser Gruppe mit Ausnahme von Rudolf Jahns, der in Holzminden eine Beamtenstelle innehatte, wurde die typographische Arbeit für die Mitglieder der abstrakten hannover immer wichtiger.[1706] Kurt Schwitters hatte schon im Januar 1926 an Théo van Doesburg geschrieben: „Man muß jetzt hart arbeiten in Deutschland. Ich versuche es mit Reklame."[1707] Selbst auf dem Höhepunkt seiner Arbeit als Werbefachmann, Ende der zwanziger Jahre, als Schwitters die Typographie der Drucksachen der hannoverschen Stadtverwaltung neu gestaltete,[1708] war er „auf jede Einnahme angewiesen und (konnte) sich nicht den Luxus eines sorgenfreien Daseins leisten".[1709] Auch Friedrich Vordemberge-Gildewart, der gemeinsam mit Hans Nitzschke für die graphische Gestaltung der Kataloge der Kestner-Gesellschaft verantwortlich war,[1710] sprach von „typografie" als „brötchenerwerb".[1711]

In Anbetracht ihrer konstant schlechten finanziellen Verhältnisse war es verständlich, daß für die Künstler der abstrakten hannover die Ausstellungen des Kunstvereins attraktiv wurden. Richtig genutzt, konnten diese sich schließlich generell als gute Erwerbsquellen erweisen. Alle Mitglieder der abstrakten hannover wußten natürlich um den zweifelhaften Ruf, den der Kunstverein bei vielen zeitgenössischen Künstlergruppierungen hatte. Vermutlich standen vor allem die Herbstausstellungen, die in erster Linie die Werke relativ unbekannter lokaler und regionaler Künstler zeigten, bei den Abstrakten in wenig günstigem Licht. Hinzu kam, daß der Kunstverein sich einzelnen Mitgliedern der Künstlergruppe gegenüber immer wieder als wenig gastfreundlich erwiesen hatte. Regelmäßig hatten besonders Kurt Schwitters und Carl Buchheister, die beiden am stärksten in die hannoversche Kunstszene eingebundenen Maler der abstrakten hannover, anläßlich der Ausstellungen im Kunstverein ihre Arbeiten eingeschickt, und ebenso regelmäßig hatte die Jury allenfalls die gegenständlichen Werke ausgesucht und den Rest umgehend zurückgesandt. In Carl Buchheisters umfänglicher Kritikensammlung finden sich neben den jeweiligen Ausstellungsrezensionen der Jahre 1923 bis 1925 die lakonischen Hinweise „5 Bilder eingereicht, 3 abgewiesen",[1712] „von 9 Bildern 1 angekauft"[1713] oder „6 Bilder eingesandt, 5 von Jury abgewiesen".[1714]

Die Einrichtung der juryfreien Ausstellungen 1925 und 1926[1715] schien erstmals eine Änderung für die fünf Maler zu bringen, die sich noch nicht zu den abstrakten hannover zusammengeschlossen hatten, aber bereits guten Kontakt untereinander pflegten. Ab Herbst 1927 schließlich bildeten die ein halbes Jahr zuvor gegründeten abstrakten hannover ihre eigene Jury und hatten somit im gleichen Maße wie etwa die hannoversche Ortsgruppe der Allgemeinen Deutschen Kunstgenossenschaft das Recht auf Ausstellung. Der Weg war frei, jenseits des engagierten und doch kleinen Förderkreises eine Öffentlichkeit zu erreichen, die bisher nur wenig mit ihrer Kunst vertraut war. Doch dieser Versuch war vom ersten Augenblick an zum Scheitern verurteilt. Dietrich Helms kommentierte, die Gruppe der abstrakten hannover „verschloß sich zwar ... gesellschaftlichen Zielen, versuchte aber über den einzelnen zu wirken, ihn mit Kunst und für Kunst zu bewegen. Sie erreichte eine Gemeinde, einen Kreis aktiv Aufnehmender, nicht ein breites Publikum. Sie trat bei allen Erfolgen am Ende vergeblich vor die Öffentlichkeit."[1716]

Anläßlich ihres ersten intensiven Kontakts mit der offiziellen Kunstszene Hannovers hatten die abstrakten hannover in kurzer Zeit mehrere unliebsame Entdeckungen zu machen. Es stellte sich vor allem sehr bald heraus, daß die Solidarität jener Künstlerorganisationen, die bereits länger mit den Gesetzmäßigkeiten dieser Kunstszene vertraut waren, nur so lange aufrecht erhalten wurde, wie ihre eigenen Interessen nicht beeinträchtigt wurden. Bereits anläßlich der Ausstellung zum zehnjährigen Jubiläum der Kestner-Gesellschaft, zu der im Herbst 1926 alle hannoverschen Künstler geladen worden waren, notierte Buchheister, der Leiter der Sektion abstrakter Kunst, aus der sich die späteren abstrakten hannover entwickelten, in seinem Kritikenbuch: „Jury Hannoversche Sezession war einseitig nur auf geschlossene Kompositionen eingestellt, daher mußte ich die Teilnahme an der Ausstellung ablehnen. Außerdem wurde für 5 abstrakte Maler ungenügend Raum bereitgestellt."[1717]

Die Raumfrage blieb auch in den Ausstellungen des Kunstvereins ein Problem. Regelmäßig anläßlich der Herbstausstellungen wurde eine Tendenz deutlich, die die NIEDERDEUTSCHE ZEITUNG im November 1928 im Anschluß an ihre eigentliche Rezension mit dem gehässigen Zusatz ansprach, „was dann anschließend

Auszug aus einem Schreiben von Rudolf Jahns an den Freund Walter Wilhelm. Ohne Datum (1923). „Der Anschluß an das Proletariat kann uns nicht helfen. - Würden wir uns ihm verbinden, so hätten wir es mitzuschleppen und es würde uns hinderlich sein. Das Proletariat ist zwar eben die einzige revolutionäre Schicht, hört es aber auf zu sein im Augenblick, da die Revolution gemacht ist. Das Proletariat macht nicht die Revolution, die wir wollen. Es macht seine Revolution mit seinen bestimmten Absichten, sie ist ein Ziel und damit ein Ende. Das können wir nicht gebrauchen. - Da wie hier sind Dummköpfe und Engtüme..."

von abstrakter Kunst gezeigt wird, beschert sich der Kunstverein durch sein gewähltes Ausstellungsprinzip der Gleichberechtigung aller hannoverschen Künstlerkorporationen".[1718] Die Werke der abstrakten hannover wurden gemäß diesem Ausstellungsprinzip wohl gezeigt, wenn auch zuweilen erst „durch energischen Druck auf die Hängekommission"[1719] in der von den Künstlern gewünschten Art, wie Carl Buchheister sich erinnerte. Doch pflegte diese Kommission die Werke der abstrakten hannover vorzugsweise in den ungünstigsten Räumen des Künstlerhauses in der Sophienstraße zu zeigen. Carl Buchheister war es auch, der in einem Schreiben an einen Freund den „kleine(n) abstrakte(n) Raum hinten"[1720] ansprach, der seinen Kollegen und ihm zur Verfügung gestellt worden sei. Für die berichterstattende Presse war dieser Raum häufig das „Anstandskabinett",[1721] mehr ein Aufbewahrungs-, denn ein Ausstellungsort für Werke, von denen viele Rezensenten offenbar nicht genau wußten, ob man sie tatsächlich in die eigentliche Kunstbetrachtung einbeziehen oder als wahlweise erheiternde oder provozierende Unterhaltung minderer Qualität erwähnen sollte. Kurt Voß mutmaßte im HANNOVERSCHEN KURIER: „Natürlich ist gerade der Ausschnitt aus diesem Zweig der neuen Kunst nur eine Art Anstandsverbeugung, da die Sachen wohl mehr vom Zufall hierher geführt wurden als von dem planvollen Willen, auch hier das Beste zu geben."[1722] Karl Anlauf, Schriftleiter der NIEDERDEUTSCHEN ZEITUNG, urteilte: „Die jüngsten der Jungen finden wir im letzten Kabinett, wo der Konstruktivismus, oder auf welches -us dieser Kulturbolschewismus endigt, sein Lager aufgeschlagen hat."[1723] Und in der HANNOVERSCHEN LANDESZEITUNG hieß es im Februar 1929, ebenfalls ohne daß die Künstlergruppe namentlich erwähnt wurde: „In den kleineren hinteren Sälen macht sich, wie üblich, die jüngere Schule ... breit, so daß derjenige, der hieran Gefallen findet, nicht leer ausgeht. Für uns ist dort weniger zu sehen."[1724]

Im Atelier von Friedrich Vordemberge-Gildewart, Foto. Um 1925. V. l. n. r.: Kurt Schwitters, Hans Nitzschke, Käte Steinitz, Nelly van Doesburg, Friedrich Vordemberge-Gildewart, Théo van Doesburg

War die Beurteilung der Werke der abstrakten hannover dagegen Gegenstand der eigentlichen Rezension, so überwogen neben vereinzelten sehr ernsthaften und um Verständnis bemühten Beiträgen (die fast ausschließlich im sozialdemokratischen VOLKSWILLEN zu finden waren).[1725] Vergleiche dieser Art von Kunst mit den Produktionen gegenständlich arbeitender Künstler. Diese Rezensionen folgten zumeist deutlich dem Urteilskanon, der sich an einer ästehtisch ‚schönen', ‚seelenvollen' und ‚erhebenden' Kunst orientierte. Die HANNOVERSCHE WOCHE schrieb im Oktober 1927, „daß alle Kunst einem Leben, das zur Technik gravitiert, feindlich gegenüberstehen soll. Die Aufgabe der Kunst (will man diese zur Leistung einer Aufgabe durchaus herabwürdigen – die eigentliche Kunst ist Kunst an sich, und wer im ‚Abbilden' der nicht abstrakten Malerei nur eben dieses Abbilden wahrnimmt, steht bereits schief zur Kunst) – die Aufgabe der Kunst sollte also sein, den technischen Menschen von heute noch ein wenig aufzuhalten von seinen Wegen und Abwegen ins Seelenlose. Die Kunst sollte ihn zumindest zum Aufatmen bringen."[1726] Die ‚Kunst' eines Carl Buchheister oder Kurt Schwitters jedoch, so der Beitrag weiter, grabe „sich selbst das Wasser ab. Wenn wir erst einem ‚Gemälde' Geschmack abgewinnen, das uns Gott sei Dank jetzt noch etwa als ein nüchterner Grundriß zu sein scheint, sind wir bei der Antikunst angelangt. Die Abstrakten sollten sich ‚Technicisten' nennen".[1727]

Urteile wie dieses wurden offenbar nicht unbedingt aus dem schlichten Wunsch nach bösartiger Verunglimpfung verfaßt. Vielmehr wurden hier doch mit einiger Besonnenheit und Überlegung ein Gedankengebäude entworfen, und es wurden Begründungen für die Argumentation entwickelt. Gerade deshalb machen solche

Rezensionen deutlich, wie wenig Erfolg dem Versuch der abstrakten hannover beschieden war, sich durch die Beteiligung an den Ausstellungen im Kunstverein einer breiteren Öffentlichkeit zu präsentieren, um Interesse an ihrer Kunst zu wecken und Vorurteile abzubauen. Die Kluft in den künstlerischen Überzeugungen und – damit verbunden – auch in der weltanschaulichen Betrachtung war zu tief, als daß sie durch den simplen Versuch, die abstrakten hannover in die Ausstellungen des Kunstvereins einzubeziehen, auch nur annähernd zu schließen gewesen wäre. Im Gegenteil hat offenbar gerade die Konfrontation der nicht gegenständlichen Kunst mit jener, die sowohl Besucher als auch Rezensenten von den Ausstellungen des Kunstvereins seit längerem gewohnt waren, besonders leidenschaftliche Reaktionen der Ablehnung provoziert.[1728] Daß von gegenseitiger Annäherung keine Rede sein konnte, machte auf seiten der abstrakten hannover die bittere Bemerkung von Rudolf Jahns deutlich, der Kunstverein habe ihnen zwar einen eigenen Raum eingerichtet, „von gerechter Behandlung jedoch (könne) keine Rede sein".[1729]

Die Ablehnung der anderen Seite – des Kunstvereins und der hannoverschen Stadtverwaltung – spiegelte sich in einem Schriftwechsel zwischen Carl Buchheister, dem Ersten Vorsitzenden der abstrakten hannover, und Heinrich Tramm, dem Ersten Vorsitzenden des Kunstvereins. Der Maler hatte den ehemaligen Stadtdirektor anläßlich der Herbstausstellung am 19. November 1928 an seine offenbar wiederholt geäußerte Bitte erinnert, bei Kunstankäufen seitens der Stadt auch abstrakte Bilder zu berücksichtigen. Buchheister argumentierte zum einen mit dem Hinweis, „daß die Abstrakten mit am schwersten zu ringen haben, um ihre Überzeugung durchzusetzen. In den Sälen, die mit gegenständlichen Bildern behängt sind, sieht man große Schilder: Bestes Bild der Ausstellung usw. verkauft, verkauft, verkauft usw. Nur bei den Abstrakten ist nichts zu sehen."[1730] Zum anderen versuchte Carl Buchheister Heinrich Tramm dadurch zur stärkeren Berücksichtigung seiner Arbeiten und jener seiner Freunde zu bewegen, daß er ihre Bedeutung für das hannoversche Kunstleben betonte: „Wenn von den Ausstellungen des Kunstvereins mit großer Achtung gesprochen wird, so ist doch diese Achtung mit auf das rührige In-Erscheinung-Treten der Abstrakten zurückzuführen." Er betonte, „daß Hannover als rührige Kunststadt durch die Ausstellungen der Abstrakten Hannovers in New York, Paris, Amsterdam usw. genannt wird". Aus diesem Grund „müßte doch nun mit aller Energie dafür gesorgt werden, daß gerade eine der rührigsten Künstlervereinigungen Hannovers gerecht behandelt wird. Man sollte doch wirklich den Versuch wagen, abstrakte Bilder zu verlosen, man könnte an Hand der Liste der gewinnenden Mitglieder des Kunstvereins eventuell Austäusche vornehmen, um Unzufriedenheit der Gewinner abstrakter Bilder auszugleichen." [1731]

Der letzte Satz zeigte, daß es Carl Buchheister sehr wohl bewußt war, welche Stimmung in weiten Teilen des Kunstvereins den abstrakten hannover gegenüber herrschte. Sein Hinweis auf den Ruf, den die abstrakt arbeitenden Künstler einem sich durch Ankauf und Förderung ihrer Arbeiten als tolerant erweisenden Kunstverein verschaffen könnte, blieb indes von Heinrich Tramm ebenso unberücksichtigt wie der schlitzohrige Umtauschvorschlag. Stattdessen antwortete der Kunstvereinsvorsitzende wenige Tage später ausge-

Verzeichnis der Mitglieder der abstrakten hannover. Sommer 1927

sprochen knapp und einzig den Punkt der Verlosung ansprechend: „Aus der Tatsache, daß aus der Kollektion der Abstrakten nicht ein einziges Bild einen Käufer gefunden hat, ist zu schließen, daß das Publikum doch sehr wenig Einstellung zu dieser Art Malerei hat."[1732] Dennoch habe er dem Verwaltungsrat Buchheisters Antrag vorgelegt, und dieser nun „war einstimmig der Überzeugung, daß bei Verlosung abstrakter Kunstwerke der Kunstverein Gefahr laufe, einen Teil seiner Mitglieder zu verlieren und daß man in einer so schwierigen wirtschaftlichen Lage, in der sich der Kunstverein zur Zeit befinde, derartige Experimente nicht unternehmen dürfe".[1733]

Das war und blieb die offizielle Linie sowohl des Kunstvereins als auch der Stadtverwaltung gegenüber Vertretern der Künstlergruppe der abstrakten hannover. Der Kunstverein stellte ihre Werke weiter aus, aber er unternahm keinen Versuch, den Malern etwa durch Vermittlung von Ankäufen oder auch nur durch die Möglichkeit einer Präsentation in besseren Räumen behilflich zu sein. Die Museums-Kommission als Organ städtischen Kunstankaufs beriet anläßlich der Ausstellungen im Kunstverein über die Erwerbung von Werken der abstrakten hannover.[1734] Wenn diese aus Mitteln der Stadt angekauft wurden, so nicht im Rahmen des üblichen Kunstankaufs, sondern vornehmlich aus einem Sonderfonds, um den Künstlern aus temporären finanziellen Notsituationen zu helfen oder um längere Phasen künstlerischen Mißerfolgs zu überbrücken. Wurden seitens der Museums-Kommission Werke von Kurt Schwitters oder Carl Buchheister angekauft, so handelte es sich ausnahmslos um gegenständliche Bilder.[1735] Die Bedingungen waren klar, und der Vorsitzende der Gruppe der abstrakten hannover, ansonsten stets zur Diskussion mit Kritikern seiner Kunst bereit, hat sich offenbar kein weiteres Mal mit Heinrich Tramm als dem in dieser Zeit mächtigsten Mann im Kunstverein und auch in der kommunalen Kunstpolitik in Verbindung gesetzt.

Gesuch Hans Nitzschkes an Oberbürgermeister Arthur Menge um Ankauf seiner Arbeiten und finanzielle Unterstützung durch die Stadt, 27. April 1926. "... Es ist mir sehr schwer möglich, meine künstlerischen Erzeugnisse abzusetzen, obgleich mein schwerkriegsbeschädigter Vater mir wiederholt Mittel zur Verfügung stellte, um Aufforderungen zu Ausstellungen in Berlin, Hannover, Harzburg u. Paris Folge leisten zu können. Überall werden die Arbeiten auf diesen Ausstellungen gut bewertet, aber nicht gekauft. Ich habe aber trotzdem versucht, ohne Hilfe meiner Eltern in meinem Atelier in der Königstr. 8 durch angestrengte Arbeit und durch die praktische Verwendung meiner Studien auf der Kunstgewerbeschule das Nichtverkaufen meiner rein künstlerischen Arbeiten... auszugleichen. Auch hierbei waren die allgemeinen Verhältnisse in letzter Zeit derart schwierig geworden, daß ich gesundheitlich Schaden genommen habe..."

Städtische Kunstpolitik und Kunstverein am Ende der Weimarer Republik

Tramms Antwort an Buchheister ist indes noch aus einem zweiten Grund aufschlußreich. Wenn es zutrifft, daß – wie der Vereinsvorsitzende behauptete – der Verwaltungsrat des Kunstvereins sich einstimmig dagegen aussprach, Werke der abstrakten hannover in den traditionellen Modus der Verlosung unter den Mitgliedern einzubeziehen, dann müssen folglich auch Bernhard Dörries und Richard Seiffert-Wattenberg sich dieser Entscheidung angeschlossen haben. Das könnte zum einen an der so oft bewiesenen „elastischen Zähigkeit"[1736] gelegen haben, die es in diesem Moment, ein Jahr nach der Einführung der neuen Bestimmungen bei der Organisation von Ausstellungen, taktisch klug erscheinen ließ, sich vorerst nicht weiter zu exponieren. Vielleicht hielten Dörries und Seiffert-Wattenberg mittlerweile aber auch ihre Aufgabe für erfüllt, indem sie den abstrakten hannover eine Gelegenheit zur Ausstellung im Kunstverein verschafft hatten. Oder war es für sie nunmehr nicht mehr für notwendig oder opportun, eine Kunst zu unterstützen, die nicht „den eigenen Interessen entsprach"?[1737]

Selbstbestätigung statt Selbstreformation

Im Juli 1931 richtete Richard Seiffert-Wattenberg, zu diesem Zeitpunkt seit sieben Jahren Konservator und Ausstellungsleiter des Kunstvereins und bis vor kurzem Leiter der Hannoverschen Sezession, ein Schreiben an „Stadtdirektor Tramm".[1738] Warum der Maler diesen Brief schrieb, läßt sich allenfalls zwischen den Zeilen lesen; Seiffert-Wattenbergs etwas selbstgefällig wirkender Hinweise auf die reichsweit erfahrenen Auszeichnungen, die „stets ohne mein Zutun erfolgten",[1739] weisen jedoch darauf hin, daß der Künstler um weitere Ankäufe der Stadt bat. Unumwunden gab er zu, in den letzten Jahren diesbezüglich schon „günstiger bedacht"[1740] worden zu sein als die anderen Kollegen, dafür nehme er aber auch, ohne sich selbst loben zu wollen, für sich in Anspruch, mindestens ebenso viel zu leisten und sich mit ganzer Kraft für den Kunstverein einzusetzen. Hierzu hieß es Tramm gegenüber: „Meine Tätigkeit im Kunstverein, die ja doch leider ehrenamtlich bleiben muß ..., nimmt mich weit mehr in Anspruch, als Sie vermuten ... Ich habe ... in den letzten fünf Jahren unsere Frühjahrsausstellung so aufgezogen, daß die führenden Kunstzeitschriften und grossen auswärtigen Tageszeitungen auf Hannover aufmerksam wurden, und habe damit dem Ansehen Hannovers als Kunststadt gedient. Daß ich nicht immer dem Geschmack des Publikums entsprechen konnte, liegt mehr an dem heutigen Kunstschaffen als an mir. Wenn es nach meinem Gewissen ginge, würde ich die Hälfte unserer Säle schließen und nur kleinere, aber nur streng gesiebte Ausstellungen bringen, mit einem Saal von älteren Meistern (Thoma, Leibl, Modersohn etc.) als Vergleichsmöglichkeit daneben. Leider nicht durchführbar, obwohl das Publikum und die Kunst dabei gewinnen würden."[1741]

Es ist möglich, daß der Inhalt des Schreibens von Richard Seiffert-Wattenberg auch mit besonderer Rücksicht auf den Adressaten verfaßt wurde. Die Erwähnung der Namen Hans Thomas, Wilhelm Leibls und Paula Modersohn-Beckers, die – wie erwähnt – drei von Heinrich Tramm außerordentlich geschätzte Künstler waren, läßt jedenfalls darauf schließen. Auf der anderen Seite könnte der siebenundfünfzigjährige Maler, der immer Impressionist geblieben war,[1742] in diesem Schreiben seine eigentliche Haltung zur zeitgenössischen Kunst dargelegt haben, die von weitaus mehr Vorbehalten und Animositäten geprägt war, als sein öffentliches Auftreten in den Jahren zuvor hatte vermuten lassen. Auf dem Hintergrund der hier offenkundig werdenden Beurteilung des Publikumsgeschmacks einerseits und der eigenen Position als Ausstellungsleiter andererseits, die ihn die Präsentation des „heutige(n) Kunstschaffen(s)" geradezu als Zwang und als Handeln gegen sein „Gewissen"[1743] darstellen ließ, könnte Richard Seiffert-Wattenbergs „elastische Zähigkeit" noch einen anderen Grund gehabt haben. Schon seit der Jahrhundertwende einer Malweise vertrauend, die Zeitgenossen verwundert „inmitten stürmisch bewegter Zeiten (als) etwas sehr Unzeitgemäßes, der Epoche und ihren Ansprüchen an den Künstler nicht nennenswert Verpflichtendes"[1744] bezeichneten, könnte Seiffert-Wattenberg den Schritt in die Hannoversche Sezession 1917 gar nicht als Akt der Rebellion gegen bestehende Strukturen im hannoverschen Kunstleben verstanden haben. Vielmehr könnte sich ihm dieser Schritt wie ein organisches Hineinwachsen in etwas Neues dargestellt haben, das ihn jedenfalls zu keiner künstlerischen Kurskorrektur zwang. Unter dem breiten Dach der Sezession hatten ohnehin allerlei unterschiedliche Richtungen Platz, und Seiffert-Wattenbergs Aufgabe als Erster Vorsitzender bestand weniger im Verfassen programmatischer Verlautbarungen als in überwiegend pragmatischen Organisationsarbeiten. Nicht umsonst verließ der junge Wilhelm Plünnecke, der die Position des Anführers einer Fraktion, die stärker künstlerischen und wohl auch gesellschaftspolitischen Fragen verpflichtet war, innegehabt hatte, bereits 1919 die Hannoversche Sezession. Durch den Beitritt von Bernhard Dörries war ein Gegenpol zu jenem Flügel der „süchtige(n), heftige(n) Expression"[1745] mit dessen Hauptvertretern Kurt Schwitters und Otto Gleichmann entstanden. Da Dörries „nüchterne Altmeisterlichkeit" und „ruhige Delikatesse"[1746] als Ziele künstlerischer Arbeit propagiert hatte, dürfte Seiffert-Wattenberg die Mitgliedschaft in der Hannoverschen Sezession keineswegs Gewissenskonflikte bereitet haben.

Ebensowenig bedeutete seine Arbeit im Kunstverein einen Bruch mit Bisherigem. Sowohl in künstlerischer als vielleicht auch in weltanschaulich-kunstpolitischer Ausrichtung hatte er sich von der Grundhaltung, die im Kunstverein gepflegt wurde, ohnehin nie weit entfernt. Diese Aussage gilt nicht nur für ihn, sondern auch für Bernhard Dörries, den zweiten Vertreter jenes konservativen Flügels. Keinem der beiden war es gelungen, hinsichtlich einer moderneren Linie stärker als zuvor Einfluß auf den Kunstverein zu nehmen. Insofern trifft eine Einschätzung wie die folgende nicht zu: „Nachdem die modernen Kunstrichtungen in den zwanziger Jahren allgemein Anerkennung gefunden hatten und auch Bestandteil des offiziellen Kunstlebens geworden waren, ebnete sich der Gegensatz – vor allem zum Kunstverein –, aus dem sich die Hannoversche Sezession entwickelt hatte, allmählich."[1747] Vielmehr spiegelten sich in der Hannoverschen Sezession von Beginn an die zwei Pole der offiziellen Kunstszene einerseits – der der traditionell ausgerichteten lokalen Kunst- und Künstlervereine und der hannoverschen Stadtverwaltung –, sowie der gleichsam privaten Szene andererseits, die von der Kestner-Gesellschaft, Galerie von Garvens und Künstlergruppe der abstrakten hannover gebildet wurden. Integrationspunkt der erstgenannten Szene war der Kunstverein, jenen der zweiten bot die Kestner-Gesellschaft.

Die Angehörigen der Gruppe um Seiffert-Wattenberg und Dörries fanden bereitwillige Aufnahme in der offiziellen Kunstszene. Ihre Aufgabe war es, den Kunstverein nach außen hin in Kontakt mit jenen künstlerischen Strömungen zu halten, die dort nicht gepflegt wurden. Dies sollte den Eindruck einer programmatischen Stagnation zerstreuen. Das Schicksal der Kunstvereine in anderen Städten, die teilweise tatsächlich sowohl in künstlerischer als auch in kunstpolitischer Hinsicht ‚im Lehnstuhl hinterm Ofen vegetierten', wie Hans Kaiser es beschrieben hatte,[1748] machte deutlich, daß Änderungen not taten. Angeregt von Kritikern wie Kurt Voß, die forderten, der Kunstverein dürfe nicht ‚vereinsmeiern' und ‚keine Seite der Kunst stiernackig verfechten',[1749] und forciert durch den Tod zweier wesentlicher Verfechter der bisherigen Linie, erfolgte durch die Mitarbeit von Bernhard Dörries und Richard Seiffert-Wattenberg im Jahr 1924 eine vornehmlich symbolisch zu verstehende Öffnung gegenüber neuen Kräften. Die Änderungen, die beide schon bald auf den Weg brachten, schienen selbst pessimistischen Beobachtern der offiziellen Kunstszene das Urteil von der „Selbstreformation"[1750] glaubhaft zu machen. Weil diese Änderungen auf der anderen Seite jedoch von zwei in ihrem künstlerischen Kurs berechenbaren und anerkannten Malern der Stadt vorangetrieben wurden, riefen sie bei den Vertretern einer streng akademisch-traditionellen Linie kein Mißtrauen bezüglich einer „Revolution"[1751] im Kunstverein hervor.

In diesem Spannungsfeld zwischen dem Anspruch auf Neuerung, der vornehmlich von außen an sie herangetragen wurde, und dem Gebot des Bewahrens, das aus den eigenen Reihen formuliert wurde, bewegte sich die Arbeit der beiden Sezessionisten im Kunstverein. Ihre Anwesenheit im Verwaltungsrat schien der deutliche Beweis für die grundsätzliche Bereitschaft des Kunstvereins zur Aufnahme ehedem in Unfrieden geschiedener oder bisher nicht berücksichtigter Künstler und damit zur Diskussion mit den Vertretern anderer als hier gepflegter Kunstrichtungen. Aus diesem Grund wurden Bernhard Dörries und Richard Seiffert-Wattenberg die Freiheiten gelassen, um das Ansehen des Kunstvereins, aber auch der ‚Kunststadt Hannover' generell zu heben. Dies ließ sich mit der vor allem bei Seiffert-Wattenberg vorhandenen Offenheit und Toleranz durchaus für beide Seiten nutzbringend verbinden. Letztlich vermochten diese personellen Änderungen an der grundsätzlichen und langfristigen Position des Kunstvereins im Kräftefeld städtischer

Kunstpolitik jedenfalls nur wenig zu ändern. Allenfalls lieferten sie das Material für eine größtenteils bürgerliche hannoversche Tagespresse, die die Botschaft von der lange geforderten und nie konsequent durchgesetzten Selbstreformation im Kunstverein nun nach außen trug. Diese Tagespresse wiederum forderte selbst eher selten tatsächliche Änderungen. Vielmehr beschied sie sich mit Änderungsansätzen, die im ganzen ausgesprochen dürftig blieben. Nicht umsonst beklagten viele unbestechliche Kritiker des hannoverschen Kunstbetriebs am Ende der Weimarer Republik ganz ähnliche Entwicklungsdefizite in der städtischen Kunstpolitik wie zu deren Beginn. Nicht umsonst hatte schließlich vor allem Christof Spengemanns Beitrag DIE STADT KAUFT KUNST. WORT UND WIRKLICHKEIT, erschienen als Kommentar zur Jubiläumsausstellung anläßlich des 100. Geburtstages des Vereins, so überaus große programmatische Ähnlichkeit mit der Schrift DIE BILDENDE KUNST IM NEUEN HANNOVER, die dreizehn Jahre zuvor erschienen war. Mithin wurde auch mit der Wahl von Bernhard Dörries und Richard Seiffert-Wattenberg der Avantgarde unverändert wenig Einfluß zugebilligt. Vielmehr hatte sich der Kunstverein zur rechten Zeit gleichsam selbst bestätigt und seine überaus bedeutsame Rolle im Gefüge der offiziellen Kunstszene erfolgreich unter Beweis gestellt.

Der Blick auf die Rolle der zwei Vertreter dieses einen Flügels der Hannoverschen Sezession ist abschließend noch aus einem weiteren Grund aufschlußreich für die Bewertung des städtischen Kunstbetriebs. Sie waren beide Künstler, deren Bedeutung zum einen niemals wesentlich über Hannover hinausreichte, die zum anderen offenbar aber auch durchaus bereitwillig ihren Aktionsradius auf diese Stadt beschränkten. Dörries mochte in Italien und Frankreich Eindrücke gesammelt haben, Seiffert-Wattenberg mochte Mitglied der Münchener und der Berliner Sezession sein; beide blieben letztlich sowohl in ihrem Selbstverständnis als auch in der Wahl ihrer Sujets vorwiegend auf die Region bezogene Künstler. Diese Disposition ließ sich gut in das System der offiziellen Kunstszene der Stadt einfügen, welche doch dazu neigte, sich äußeren Einflüssen gegenüber eher zu verschließen. Diese offizielle Kunstszene Hannovers war – vereinfacht zusammengefaßt – an wenig Austausch interessiert und schloß den Kontakt mit den Kunstzentren des Reichs und erst recht mit solchen Institutionen, denen nachgesagt wurde, daß sie die künstlerische Moderne förderten, eher mißtrauisch aus. Hier drängt sich das Bild des geschlossenen Organismus umso stärker auf, als eine deutliche Neigung zu beobachten ist, heimischen Nachwuchskräften, die geeignet schienen, der hier gepflegten Kunst die lokale Note des Niedersächsischen zu verleihen, gegenüber auswärtigen Künstlern den Vorzug zu geben. Der Wunsch nach Geschlossenheit und Übersichtlichkeit einerseits, die Wahrung von personell und künstlerisch begründeten Traditionen andererseits waren die Hauptkomponenten dieser offiziellen Kunstszene, die sich von der ‚Ära Tramm' ohne nennenswerte Veränderungen in die Weimarer Republik hinüberrettete und hier wie dort, weil ihre Strukturen auf den inneren Zusammenhalt, die Abgrenzung gegenüber äußeren Kräften angewiesen war, nach den gleichen zumeist ungeschriebenen Gesetzen des Ineinanders und Miteinanders von Formellem und Informellem, von Öffentlichem und Privatem, funktionierte.

In all diesem war die andere, in personeller wie in künstlerischer Hinsicht überaus heterogene Seite das Gegenstück. Die Angehörigen des zweiten Flügels der Hannoverschen Sezession, jene Maler um Otto Gleichmann, aber auch die sich um die Sezessionisten Kurt Schwitters und Friedrich Vordemberge-Gildewart versammelnden abstrakten hannover, orientierten sich in ihrem lokalen Bezugsfeld von Beginn an eher an die bereits skizzierte private Szene. Ihr Zusammenschluß entsprach dabei keiner Flucht in die nicht-offizielle Sphäre. Sie bildeten auch keineswegs einen Bund der Enttäuschten, die von der kommunalen Kunstpolitik nicht berücksichtigt wurden. Vielmehr waren die Künstler der privaten Szene zutiefst überzeugt von der Existenzberechtigung zeitgenössischer Kunst. Sie entwickelten Gegenentwürfe zum in der Stadt Vorgefundenen und forderten die Lösung lokaler Bindungen und die Öffnung gegenüber den Einflüssen der zeitgenössischen Kunst unterschiedlicher Richtungen.

Die offizielle Szene erhielt ihren Charakter durch die Abgrenzung gegenüber dem Äußeren. Die private Szene als in jeder Hinsicht offener Organismus war auf den Austausch mit anderen Kunstzentren, auf die Diskussion und die beständige Befruchtung durch neue Eindrücke angewiesen. Veränderung setzte sie gegen Beständigkeit, wovon besonders die facettenreiche Ausstellungs- und Vortragspraxis der Kestner-Gesellschaft ein eindrucksvolles Zeugnis ablegt; eine Praxis, welche auf Erweiterung bisheriger Rezeptionsweisen von Kunst abzielte und diese, wenn auch zumeist spielerisch, durchaus provozieren und in Frage stellen wollte.

Die starke Orientierung nach außen schloß bei den Angehörigen der privaten Szene eine Berücksichtigung der vor Ort geltenden Gesetzmäßigkeiten des offiziellen Kunstbetriebs keineswegs aus. Es ist im Gegenteil von einer gewissen Wechselwirkung auszugehen. Sicher war das Herangehen an die Vertreter des offiziellen Kunstbetriebs von Vorbehalten und Bedenken geprägt, zuweilen ganz sicher auch von der selbstbewußten Überzeugung, die wahren Künstler und Kunstfreunde ihrer Zeit zu sein und gleichsam als ‚weiße Raben' einer festgefügten Phalanx von altgedienten Funktionären und Malern gegenüberzustehen, die für sie eher tüchtige und brave Handwerker waren als Künstlerkollegen. Doch war im allgemeinen die Kontaktaufnahme von Mitgliedern der privaten Kunstszene mit dem offiziellen Kunstbetrieb von weit weniger Animositäten und Vorurteilen gekennzeichnet als im umgekehrten Fall, wo traditionelle und auch kulturkonservative Interpretationsansätze und Deutungsmuster einerseits und eine ausgeprägte Selbstzufriedenheit andererseits jede ernsthafte Auseinandersetzung mit der Arbeit der Vertreter der anderen Seite vielfach unmöglich machten.

1 Heinrich Tramm starb am 13. März 1932. Am 14. März wäre sein 78. Geburtstag gewesen.
2 Vgl. zur Jubiläumsausstellung allg.: Frerking, Johann; Geschichte des Kunstvereins, S. 39. Bericht über das 100. Vereinsjahr, in: Bericht über die Wirksamkeit und die Verwaltung des Kunstvereins Hannover e.V. vom 1. Oktober 1931 bis 30. September 1932, S. 3–8.Vgl. zur Berichterstattung darüber: Dr. Ra.; Jubiläums-Ausstellung des Hannoverschen Kunstvereins, Hann. Anzeiger, 23. Februar 1932. O.A.; Hochbetrieb in den Ateliers vor der Jubiläums-Ausstellung im Kunstverein, Hann. Kurier, 28. Februar 1932. O.A.; 100 Jahre Kunstverein, Hann. Anzeiger, Illustrierte Beilage, 28. Februar 1932. O.A.; Jubiläums-Ausstellung des Kunstvereins. 150 Jahre Hannoversche Kunst, Bildkurier, Beilage zum Hann. Kurier, 6. März 1932. Dorner, Alexander; 150 Jahre Hannoversche Kunst, Hann. Anzeiger, 6. März 1932. Voß, Kurt; 150 Jahre Hannoversche Kunst. Jubiläumsausstellung im Kunstverein, Hann. Kurier, 9. März 1932. Frerking, Johann; 150 Jahre hannoversche Kunst. Zur Jubiläums-Ausstellung im Kunstverein Hannover, Hann. Kurier, 6. März 1932. O.A.; 100 Jahre Kunst in Hannover. Eröffnung der Jubiläums-Ausstellung im Künstlerhause, Volkswille, 8. März 1932. O.A.; Die Jahrhundert-Ausstellung. Die 100. Ausstellung des Kunstvereins. 75 Jahre Allgemeine Deutsche Kunstgenossenschaft. 25 Jahre Vereinigung Nordwestdeutscher Künstler, in: Bürgerwacht, 15. März 1932.
3 Frerking, Johann; Geschichte des Kunstvereins, S. 39.
4 Dr. Ra.; Jubiläums-Ausstellung des Hannoverschen Kunstvereins, Hann. Anzeiger, 23. Februar 1932.
5 Ebda.
6 O.A.; Jubiläums-Ausstellung des Kunstvereins. 150 Jahre Hannoversche Kunst, Bildkurier, Beilage zum Hann. Kurier, 6. März 1932. Vgl. auch Voß, Kurt; 150 Jahre Hannoversche Kunst. Jubiläumsausstellung im Kunstverein, Hann. Kurier, 9. März 1932.
7 O.A.; Jubiläums-Ausstellung des Kunstvereins. 150 Jahre Hannoversche Kunst, Bildkurier, Beilage zum Hann. Kurier, 6. März 1932.
8 Ebda.
9 O.A.; Die Jahrhundert-Ausstellung. Die 100. Ausstellung des Kunstvereins. 75 Jahre Allgemeine Deutsche Kunstgenossenschaft. 25 Jahre Vereinigung Nordwestdeutscher Künstler, in: Bürgerwacht, 15. März 1932.
10 Ebda.
11 Ebda.
12 O.A.; 100 Jahre Kunst in Hannover. Eröffnung der Jubiläums-Ausstellung im Künstlerhaus, Volkswille, 8. März 1932.
13 O.A.; Eröffnung der Frühjahrsausstellung. Im Künstlerhaus, Volkswille, 27. Februar 1929.
14 Neue Arbeiterzeitung, Organ der Kommunistischen Partei Deutschlands. Sektion der Kommunistischen Internationale, Wirtschaftsgebiet Niedersachsen. Seit 1. Dezember 1926 unter diesem Titel, vorher als NIEDERSÄCHSISCHE ARBEITERZEITUNG erschienen. Vgl. Dietzler, Anke; Hannoversche Tageszeitungen, S. 26 f.
15 Marius; Herr Tramm feiert 75jährigen Geburtstag, Neue Arbeiterzeitung, 13. März 1929.
16 Spengemann, Christof; Wort und Wirklichkeit. Die Stadt kauft Kunst, Volkswille, 21. Januar 1932.
17 Ebda.
18 Ebda.
19 Tatsächlich hatte die Stadtverwaltung die Organisation der Jubiläumsausstellung des Kunstvereins mit 20.000 RM unterstützt (Protokoll der Magistratssitzung, 2. Februar 1932 (StAH HR 15, 456).
20 Spengemann, Christof; Wort und Wirklichkeit. Die Stadt kauft Kunst, Volkswille, 21. Januar 1932.
21 Ebda.
22 Offiziell war der Oberbürgermeister der Entscheidungsträger in allen Fragen der kommunalen Kunstpolitik. Tatsächlich übertrug Arthur Menge im Bereich der Pflege und des Ankaufs bildender Kunst einen großen Teil seiner Kompetenzen auf Heinrich Tramm. Erst nach Tramms Tod übernahm er das Amt des Kunstvereinsvorsitzenden, das er laut Satzung schon seit 1925 hätte innehaben müssen.
23 Ebda.
24 Spengemann, Christof; Bildende Kunst, S. 5.
25 Schmalenbach, Werner; Kurt Schwitters, S. 18.
26 Hollmann, Reimar; Selbst der Kaiser hatte seine Aktien in Hannovers Kunstverein. Jetzt feiert die Institution ihren Geburtstag, Neue Presse, 9. Juni 1982.
27 Zitiert nach: Dorner, Alexander; Hundert Jahre Kunst in Hannover, S. 26.
28 Vgl. dazu etwa Rischbieter, Henning; Hannover im Vormärz, S. 41. Dorner, Alexander; Hundert Jahre Kunst in Hannover, S. 19 ff.
29 Vgl. dazu etwa: Dorner, Alexander; Hundert Jahre Kunst in Hannover, S. 20.
30 Ebda., S. 29 f.
31 Frerking, Johann; Geschichte des Kunstvereins, S. 26. Stuttmann, Ferdinand; Kunstsammeln und Kunstsammlungen; S. 55 ff. Hausmann, Bernhard; Erinnerungen aus dem achtzigjährigen Leben, S. 109 f. Brosius, Dieter; Industriestadt, S. 303.
32 Stuttmann, Ferdinand; Kunstsammeln und Kunstsammlungen, S. 58. Koken, F. H.; Hundert Jahre Kunstverein Hannover, in: Bericht über die Wirksamkeit und die Verwaltung des Kunstvereins Hannover e.V., vom 1. Oktober 1931 bis 30. September 1932, S. 15.
33 Vgl. dazu Frerking, Johann; Geschichte des Kunstvereins, S. 25. Stuttmann, Ferdinand; Kunstsammeln und Kunstsammlungen, S. 58.
34 Vgl. zur Geschichte der Kunstvereine allg.: Grasskamp, Walter; Unbewältigte Moderne, S. 14 ff., S. 166, Anm. 1 (Literatur zu den einzelnen deutschen Kunstvereinen). Weber, Jürgen; Entmündigung der Künstler. Grasskamp, Walter; Einbürgerung der Kunst, S. 104–113. Lenman, Robin; Deutscher Kunstmarkt 1840–1923, S. 135–152. Vgl. zum hannoverschen Beispiel etwa: Frerking, Johann; Geschichte des Kunstvereins, S. 25. Alexander Dorner (Hundert Jahre Kunst in Hannover, S. 26) urteilte: „Man verlangte ein breites, vom gesamten Bürgertum getragenes Interesse für Kunst und Wissenschaft. Man verlangte mehr als einige wenige Maler, die die Aufträge einer dünnen, vornehmen Schicht ausführten, die zu 90% aus Porträtbestellungen bestanden. Man wünschte vielmehr eine freie Künstlerschaft, die nach dem vermeintlichen Vorbild antiker und mittelalterlicher Maler, Bildhauer und Architekten eine neue Blüte der Kunst heraufführen sollte." Koken, F. H.; Hundert Jahre Kunstverein Hannover, in: Bericht über die Wirksamkeit und die Verwaltung des Kunstvereins Hannover e.V., vom 1. Oktober 1931 bis 30. September 1932, S. 16–29.
35 Vgl. dazu etwa: Rischbieter, Henning; Hannover im Vormärz, S. 42. Dorner, Alexander; 100 Jahre Kunst in Hannover, S. 13.

36 Rischbieter, Henning; Hannover im Vormärz, S. 42. Vgl. Brosius, Dieter; Industriestadt, S. 236. Wiechert, Karl; Begrüßungsansprache zur Eröffnung der 118. Frühjahrsausstellung, in: Kunstverein Hannover; 125 Jahre Kunstverein Hannover, S. 5. Hausmann, Bernhard; Erinnerungen aus dem achtzigjährigen Leben, S. 10 ff.

37 Vgl. auch: Brosius, Dieter; Industriestadt, S. 297, 299, 303–307, 319, 323.

38 Stuttmann, Ferdinand; Kunstsammeln und Kunstsammlungen, S. 58.

39 So im Bericht des Arztes Hermann Klencke, zitiert nach: Rischbieter, Henning; Hannover im Vormärz, S. 44.

40 Versuche von offizieller Seite, etwa durch den Vertreter des Herrscherhauses, Adel und Bürgertum zusammenzuführen, hingegen scheiterten. Vgl. Rischbieter, Henning; Hannover im Vormärz, S. 41. Rischbieter berichtet davon, daß Adolf Friedrich Herzog von Cambridge zur gleichen Zeit wie Hausmann, jedoch anders als dieser erfolglos, versucht habe, für Adel und Bürgertum gemeinsame Bälle zu veranstalten.

41 Frerking, Johann; Geschichte des Kunstvereins, S. 25. Vgl. auch Rischbieter, Henning; Hannover im Vormärz, S. 41.

42 Rischbieter, Henning; Hannover im Vormärz, S. 42.

43 Dorner, Alexander; Hundert Jahre Kunst in Hannover, S. 31.

44 Nürnberg: 1817, Karlsruhe: 1818, Bremen: 1823, München: 1823, Berlin: 1825, Hamburg: 1826, Stuttgart: 1826, Dresden: 1828, Düsseldorf: 1828 (Frerking, Johann; Geschichte des Kunstvereins, S. 25. Dorner, Alexander, Hundert Jahre Kunst in Hannover, S. 12. Großmann, Joachim; Verloste Kunst, S. 353. Grasskamp, Walter; Unbewältigte Moderne, S. 8 ff, 160, Anm. 2, 166, Anm. 1. Grasskamp, Walter; Einbürgerung der Kunst, S. 104–113. Lenman, Robin; Deutscher Kunstmarkt 1840–1923, S. 135–152).

45 Zitiert nach: B., K.; Hannovers erste Kunstausstellung. Das große Ereignis, Hann. Allg. Zeitung, 24. März 1953.

46 Hausmann, Bernhard; Erinnerungen aus dem achtzigjährigen Leben, S. 137. Vgl. dazu auch: Wiechert, Karl; Begrüßungsansprache zur Eröffnung der 118. Frühjahrsausstellung, in: Kunstverein Hannover; 125 Jahre Kunstverein in Hannover, S. 4.

47 Paffenholz, Alfred; Mein Kunstverein, S. 23.

48 Ebda. Vgl. auch Grasskamp, Walter; Unbewältigte Moderne. Vgl. Blackbourn, David; Wie es eigentlich nicht gewesen, S. 95. Großmann, Joachim; Verloste Kunst.

49 Paffenholz, Alfred; Mein Kunstverein, S. 23.

50 Ebda., S. 24.

51 Großmann, Joachim; Verloste Kunst, S. 351.

52 Paffenholz, Alfred; Mein Kunstverein, S. 30. Vgl. dazu auch die (im ganzen überspitzte) Aussage Lothar Romains: „Aber so gradlinig, wakker und vor allen Dingen fortschrittlich waren die ehrenwerten Bürger nicht – jedenfalls überwiegend nicht. Meist war ihr Anliegen ... mehr ein bewahrendes, Vergangenheit rettendes ... Oder man erwarb sich durch Kooperation mit Fürstenhäusern bzw. von deren Gnaden abhängigen Akademien gesellschaftliche Reputation ... Fortschrittlich im heutigen Sinne, aufgeschlossen also für neue Denk- und Sehweisen, waren die Gründungsväter der Kunstvereine selten ... Die Kunstvereine haben sich lange Zeit als wahre Horte des Bewahrens erwiesen: demokratisch organisiert, aber ideologisch reaktionär." (Zitiert nach: Paffenholz, Alfred; Mein Kunstverein, S. 24).

53 Frerking, Johann; Geschichte des Kunstvereins, S. 26. Vgl. Faksimile der Vereinssatzung vom November 1832, abgedruckt in: Kunstverein Hannover; Bürger und Bilder, S. 21. Koken, F. H.; Hundert Jahre Kunstverein Hannover, in: Bericht über die Wirksamkeit und die Verwaltung des Kunstvereins Hannover e.V., vom 1. Oktober 1931 bis 30. September 1932, S. 17. Vgl. Hausmann, Bernhard; Erinnerungen aus dem achtzigjährigen Leben, S. 137.

54 Frerking, Johann; Geschichte des Kunstverein, S. 28. Dorner, Alexander; Hundert Jahre Kunst in Hannover, S. 22. Hausmann, Bernhard; Erinerungen aus dem achtzigjährigen Leben, S. 137. Rischbieter, Henning; Hannover im Vormärz, S. 42. Koken, F. H.; Hundert Jahre Kunstverein Hannover, in: Bericht über die Wirksamkeit und die Verwaltung des Kunstvereins Hannover e.V., vom 1. Oktober 1931 bis 30. September 1932, S. 17. Noch im Januar 1919 bestand der Kunstverein, vom Magistrat aufgrund von Terminüberschneidungen zu einer Verlegung der Ausstellungseröffnung gebeten, darauf, das traditionelle Datum beizubehalten (Schreiben des Kunstvereins an den Magistrat, 10. Januar 1919 (StAH HR X.C.6.2.3)). Koken, F. H.; Hundert Jahre Kunstverein Hannover, in: Bericht über die Wirksamkeit und die Verwaltung des Kunstvereins Hannover e.V., vom 1. Oktober 1931 bis 30. September 1932, S. 17 f.

55 Zitiert nach dem Faksimile der Vereinssatzung, in: Kunstverein Hannover; Bürger und Bilder, S. 16. Frerking, Johann; Geschichte des Kunstvereins, S. 26.

56 Zitiert nach dem Faksimile der Vereinssatzung, in: Kunstverein Hannover; Bürger und Bilder, S. 16.

57 Vgl. dazu etwa Großmann, Joachim; Verloste Kunst, S. 356.

58 Vgl. dazu Stula, Hans; Jahresgaben des Kunstvereins Hannover, S. 68. Großmann, Joachim; Verloste Kunst, S. 353. Walter Grasskamp schrieb über dieses für deutsche Kunstvereine typische Aktien- und Lossystem: „Die Anzahl der gekauften Aktien bestimmt die Chancen des jeweiligen Mitglieds, bei der Verlosung in den Besitz eines Ölgemäldes zu gelangen. In geradezu grotesker Deutlichkeit demonstriert diese organisierte Aneignung von Kunst, wie wenig das deutsche Bürgertum auf die ihm zugefallene kulturelle Verantwortung vorbereitet war. Seine Verlegenheit war jedoch nicht lähmend – ohne viel Federlesens eignete man sich im Kollektiv der Unbeholfenen die Institution Kunst eben *en gros* an und überließ die geschmacklich zu begründende Einzelentscheidung, die noch schwer fiel, dem Zufall der Tombola." (Grasskamp, Walter; Unbewältigte Moderne, S. 17).

59 Vgl. Frerking, Johann; Geschichte des Kunstvereins, S. 30. Vgl. auch Bungenstab, Karl-Ernst; Statt eines Vorworts, S. 1.

60 Hausmann, Bernhard; Erinnerungen aus dem achtzigjährigen Leben, S. 137.

61 Dorner, Alexander; Hundert Jahre Kunst in Hannover, S. 16.

62 Das jedenfalls war die Zahl der verkauften Kataloge (Dorner, Alexander; Hundert Jahre Kunst in Hannover, S. 16. Frerking, Johann; Geschichte des Kunstvereins, S. 28).

63 Bernhard Hausmann erinnerte sich, dieser Erfolg sei „wesentlich dem tätigen Schutze zuzuschreiben, welchen der Herzog und die Herzogin von Cambridge durch zahlreiche Ankäufe den Ausstellungen angedeihen ließen, sowie dem durch den Einfluß seiner schönen und talentvollen ältesten Tochter stets warm erhaltenen Interesse des Präsidenten des Vereins, Ministers von Schulte". (Hausmann, Bernhard; Erinnerungen aus dem achtzigjährigen Leben, S. 138. Vgl. Frerking, Johann; Geschichte des Kunstvereins, S. 29).

64 Hausmann, Bernhard; Erinnerungen aus dem achtzigjährigen Leben, S. 138.
65 Vgl. die entsprechenden Angaben in den jährlichen Berichten über die Wirksamkeit und die Verwaltung des Kunstvereins Hannover e.V.Vgl. Lohr, Jakob; Bemerkung zur Mitgliederbewegung im Kunstverein, S. 86. Dorner, Alexander; Hundert Jahre Kunst in Hannover, S. 17 f. Vgl. auch: Koken, F. H.; Hundert Jahre Kunstverein Hannover, in: Bericht über die Wirksamkeit und die Verwaltung des Kunstvereins Hannover e.V., vom 1. Oktober 1931 bis 30. September 1932, S. 23 f.
66 Frerking, Johann; Geschichte des Kunstvereins, S. 32. Dorner, Alexander; Hundert Jahre Kunst in Hannover, S. 16 f. Koken, F. H.; Hundert Jahre Kunstverein Hannover, in: Bericht über die Wirksamkeit und die Verwaltung des Kunstvereins Hannover e.V., vom 1. Oktober 1931 bis 30. September 1932, S. 22.
67 Bericht über die Wirksamkeit und die Verwaltung des Kunstvereins für Hannover, 1901/02, S. 3. Dorner, Alexander; Hundert Jahre Kunst in Hannover, S. 16 f. Frerking, Johann; Geschichte des Kunstvereins, S. 32. Koken, F. H.; Hundert Jahre Kunstverein Hannover, in: Bericht über die Wirksamkeit und die Verwaltung des Kunstvereins Hannover e.V., vom 1. Oktober 1931 bis 30. September 1932, S. 23.
68 Dorner, Alexander; Hundert Jahre Kunst in Hannover, S. 15 f. Wiechert, Karl; Begrüßungsansprache zur Eröffnung der 118. Frühjahrsausstellung, in: Kunstverein Hannover; 125 Jahre Kunstverein in Hannover, S. 4. Auch in den zwanziger und dreißiger Jahren des 20. Jahrhunderts war Kunstvereinsarbeit ausschließlich ehrenamtlich.
69 Dorner, Alexander; Hundert Jahre Kunst in Hannover, S. 16.
70 Ebda., S. 15.
71 Frerking, Johann; Geschichte des Kunstvereins, S. 32. Koken, F. H.; Hundert Jahre Kunstverein Hannover, in: Bericht über die Wirksamkeit und die Verwaltung des Kunstvereins Hannover e.V., vom 1. Oktober 1931 bis 30. September 1932, S. 22.
72 Dorner, Alexander; Hundert Jahre Kunst in Hannover, S. 32. In der Aussage abgeschwächter: Brosius, Dieter; Industriestadt, S. 327 ff.
73 Vgl. Brosius, Dieter; Industriestadt, S. 330. Dorner, Alexander; Hundert Jahre Kunst in Hannover, S. 33.
74 Vgl. in diesem Zusammenhang: Frerking, Johann; Geschichte des Kunstvereins, S. 32. Koken, F. H.; Hundert Jahre Kunstverein Hannover, in: Bericht über die Wirksamkeit und die Verwaltung des Kunstvereins Hannover e.V., vom 1. Oktober 1931 bis 30. September 1932, S. 23. Vgl. auch Lohr, Jakob; Bemerkung zur Mitgliederbewegung im Kunstverein, S. 86.
75 Lohr, Jakob; Bemerkung zur Mitgliederbewegung im Kunstverein, S. 86.
76 Ebda.
77 Zitiert nach: Frerking, Johann; Geschichte des Kunstvereins, S. 33.
78 Dorner, Alexander; Hundert Jahre Kunst in Hannover, S. 18. Vgl. Lohr, Jakob; Bemerkung zur Mitgliederbewegung im Kunstverein, S. 86 f.
79 Hobsbawm, Eric J.; Imperiales Zeitalter, S. 278 f.
80 Vgl. Brosius, Dieter; Industriestadt, S. 350. Nach Jakob Lohr (Bemerkung zur Mitgliederbewegung im Kunstverein, S. 87) kamen kurz nach der Jahrhundertwende 4.000 der Mitglieder aus der Stadt Hannover, was einen Anteil von 1,6 % ausmacht und um ein Vierfaches höher lag als heute.
81 Frerking, Johann; Geschichte des Kunstvereins, S. 34.

82 Brinckmann, (Albert); Bildende Kunst in Hannover, S. 197. Vgl. dazu auch den vom hannoverschen Kunstverein 1975 herausgegebenen Katalog VERSCHOLLENER RUHM. Helmut R. Leppien urteilte hier in seinem Beitrag DIE BILDER DER BÜRGER (S. 5), daß „außerordentlich konservativ" gesammelt worden sei: „Künstler, die im Kaiserreich zunehmende Anerkennung fanden, ja zu Ruhm aufstiegen, fanden hier offensichtlich keinen Anklang, etwa Böcklin, Feuerbach, Thoma, ganz zu schweigen von Malern wie Leibl, Schuch, Trübner, selbst den in Berlin so bestimmenden Menzel kaufte man in Hannover nicht."
83 Leppien, Helmut R.; Bilder der Bürger, S. 12.
84 Harald Seiler beschrieb diese Atmosphäre 1964 folgendermaßen: „Die damaligen Ausstellungen richteten sich grundsätzlich nach dem Geschmack jener Leute, die von der Kunst eine behagliche Zerstreuung erwarteten, eine freundliche Abwechslung, die ruhig auch etwas pikant gewürzt sein durfte. Das alles bleibt sehr weit entfernt von den geistigen Spannungen, wie sie doch allenthalben in der künstlerischen Luft lagen. Es ging nicht um Probleme der Kunst, es ging nicht darum, neue künstlerische Möglichkeiten zu ermitteln, neue Formen zu prägen, ein neues Sehen in sich auszubilden. Diese Fragen wurden damals weitab der großen Ausstellungen diskutiert." (Zitiert nach: Lohr, Jakob; Bemerkung zur Mitgliederbewegung im Kunstverein, S. 87). Vgl. auch Escher, Karl; Hinter dem Hoftheater, S. 26.
85 Vgl. dazu die Schilderung im KURIER IM BILD: o.A.; Aus dem hannoverschen Kunstleben. Herbstausstellung hannoverscher Künstler, Kurier im Bild, 30. November 1924: „Besucher gibt es in diesjähriger Herbstausstellung eigentlich nur sonntags. An den langen Wochenvormittagen hängen die vierhundert Bilder allein mit sich, und das brodelnde Wasser in den Heizungen hält Zwiesprache mit der Stille von Saal zu Saal ... Sonntags ist es anders." Vgl. allg. zu dieser Tendenz in deutschen Kunstvereinen: Edler, Doris; Vergessene Bilder, S. 41–50.
86 Lohr, Jakob; Bemerkung zur Mitgliederbewegung im Kunstverein, S. 88
87 Brodersen (d.i. Johann Frerking); Neuordnung im Provinzial-Museum. Die Gemälde neugehängt, Hann. Kurier, 15. November 1922. Auch im Kunstverein war man lange nicht von dem Prinzip abgegangen, das ein Beobachter der ersten Ausstellung 1833 mit den Worten beschrieben hatte, „die Gemälde (bedeckten) die Wände nahe vom Fußboden bis unter die Decke" (zitiert nach: Dorner, Alexander; Hundert Jahre Kunst in Hannover, S. 14). Johann Hermann Detmold, der als Zweiter Sekretär des Vereins die Verhältnisse bestens kannte, legte dem Ausstellungsbesucher in seiner satirischen Betrachtung ANLEITUNG ZUR KUNSTKENNERSCHAFT ODER KUNST, IN DREI STUNDEN EIN KENNER ZU WERDEN die Worte in den Mund: „Ja, das Bild da oben in der Ecke gefällt ihm wohl, aber das ist so hoch gehängt, das kann nichts Gutes sein. Ein anderes hängt darunter in gutem Lichte. Das Bild ist gewiß nicht schlecht." (Detmold, Johann Hermann; Die Kunst, in drei Stunden ein Kunstkenner zu werden, S. 37). Vgl. Grasskamp, Walter; Unbewältigte Moderne, S. 17 ff.
88 Frerking, Johann; Geschichte des Kunstvereins, S. 33. Exemplarisch dazu etwa: Dr. V.; Frühjahrsausstellung im Kunstverein, Hann. Kurier, 9. März 1928.
89 Lohr, Jakob; Bemerkung zur Mitgliederbewegung im Kunstverein, S. 87.
90 Dr. Ra.; Die Jubiläums-Ausstellung im Hann. Kunstverein, Hann. Anzeiger, 23. März 1932.

91 Dr. V.; Die Zweite ‚Juryfreie'. Herbstausstellung im Kunstverein, Hann. Kurier, 5. November 1926.
92 Dr. V.; Frühjahrsausstellung des Kunstvereins. Gang durch die Gemälde, Hann. Kurier, 6. März 1931.
93 Jahresbericht des Kunstvereins 1895, zitiert nach: Frerking, Johann; Geschichte des Kunstvereins, S. 33 f. Vgl. auch Koken, F. H.; Hundert Jahre Kunstverein Hannover, in: Bericht über die Wirksamkeit und die Verwaltung des Kunstvereins Hannover e.V., vom 1. Oktober 1931 bis 30. September 1932, S. 25.
94 Ganz ausgeschlossen werden kann dieses Motiv freilich nicht: 1900 hieß es im Bericht des Kunstvereins – aus heutiger Sicht sehr treuherzig: „Die Vorführung der zwei- und dreifachen Anzahl der Kunstwerke auf einmal muß ihre Anziehungskraft verstärken und wird sicherlich auch auf die Kunstlust des Publikums belebenden Einfluß ausüben." (Zitiert nach: Frerking, Johann; Geschichte des Kunstvereins, S. 34).
95 1895 wurde das erste Bild Max Liebermanns im Kunstverein ausgestellt (Frerking, Johann; Geschichte des Kunstvereins, S. 34).
96 Lohr, Jakob; Bemerkung zur Mitgliederbewegung im Kunstverein, S. 86.
97 Vgl. dazu den Nachruf des Vorstandes und Verwaltungsrates des Kunstvereins im VOLKSWILLEN, 14. März 1932. Spengemann, Christof; Mit Heinrich beginnend. Ein Hannoverbuch, unveröffentlichtes Typoskript, Hannover 1950 (SAH 2123b).
98 Vgl. allg. Frerking, Johann; Geschichte des Kunstvereins, S. 34. Lohr, Jakob; Bemerkung zur Mitgliederbewegung im Kunstverein, S. 86. Nach dem Bericht über das 100. Vereinsjahr war Tramm 1896 eingetreten. Dieses kann aber aufgrund entsprechender Korrespondenzen bereits aus der zweiten Hälfte der achtziger Jahre nicht zutreffen. Darüber hinaus ist dieser Bericht interessant, weil er den Einsatz Tramms für den hannoverschen Kunstverein eingehend würdigt (Bericht über das 100. Vereinsjahr, in: Bericht über die Wirksamkeit und die Verwaltung des Kunstvereins Hannover e.V. vom 1. Oktober 1931 bis 30. September 1932, S. 3–8).
99 Frerking, Johann; Geschichte des Kunstvereins, S. 34.
100 Ebda., S. 34.
101 Hausmann setzte sich u.a. für die Höhere Gewerbeschule und die Einführung der Eisenbahn ein. Er war Mitglied des Staatsrates und Präsident der Ständekammer.
102 Röhrbein, Waldemar R.; So wie es war, S. 25.
103 Vgl. dazu exemplarisch jene Artikel in der NEUEN ARBEITERZEITUNG, die kurz vor Tramms Tod erschienen: o.A.; Heinrich Tramm bekommt ein Denkmal, Neue Arbeiterzeitung, 5. Februar 1932. O.A.; Die wahre Fratze bürgerlicher Wohlanständigkeit, Neue Arbeiterzeitung, 11. Februar 1932, sowie o.A.; Stadtdirektor a.D. Heinrich Tramm gestorben, Neue Arbeiterzeitung, 15. März 1932.
104 Tramms ältester Sohn Heinrich jr. faßte dies in die Worte, sein Vater habe „Gegner, aber keine Feinde" gehabt (Heinrich Tramm. Ein Lebensbild, S. 133). Diese Formulierung ist beschönigend und verweist auf den Tenor des wenige Monate nach Tramms Tod erschienenen Gedächtnisbuches: Es ging um die ausschließlich positive Würdigung des Verstorbenen.
105 Eine Tramm-Biographie steht immer noch aus.
106 Zitiert nach: Heinrich Tramm. Ein Lebensbild, S. 16. Vgl. auch Steinweg, Wolfgang; Rathaus zu Hannover, S. 21.
107 Zitiert nach: Rosenthal, Erich: Warum Stadtdirektor Tramm aus dem Amte schied, Hann. Kurier, 27. Februar 1919.
108 Ebda.
109 Aus der Wiedergabe eines Schreibens Heinrich Tramms in der Rede Bürgermeister Dr. Webers in der Magistratssitzung vom 12. Dezember 1918 (StAH Personalakte Heinrich Tramm, P. 394).
110 Zitiert nach: o.A.; Beleidigungsklage Leinert-Tramm, Hann. Anzeiger, 22. September 1923.
111 Ebda.
112 Zur Person Katz vgl. Marioth, Roy; Provinzposse, S. 93 f. Vgl. auch Rischbieter, Henning; Hannoversches Lesebuch, Bd. 2, S. 247. Mlynek, Klaus; Hannover in der Weimarer Republik und unter dem Nationalsozialismus, S. 445 ff. Katz gehörte zu den Gästen anläßlich der ersten MERZ-Matinee im Dezember 1923 (S., K.; Hannovers erste MERZ-Matinee, in: Störtebeker, Nr. 1, 1924, S. 21).
113 Zitiert nach: o.A.; Beleidigungsklage Leinert-Tramm, Hann. Anzeiger, 22. September 1923.
114 Ebda.
115 Das Urteil folgte der Forderung von Iwan Katz: Tramm hatte 10 Mio M zu zahlen und mußte sich mit der Regelung einverstanden erklären, die vorsah, daß der Oberbürgermeister das Ergebnis des Prozesses je einmal in drei hannoverschen Tageszeitungen seiner Wahl veröffentliche (O.A.; Beleidigungsklage Leinert-Tramm, Hann. Anzeiger, 22. September 1923.
116 NIEDERDEUTSCHE ZEITUNG, HANNOVERSCHE VOLKSZEITUNG, HANNOVERSCHE LANDESZEITUNG, HANNOVERSCHER KURIER, HANNOVERSCHES TAGEBLATT, HANNOVERSCHER ANZEIGER.
117 Demmig bezeichnete in einer Rede vom Dezember 1924, die auf den Sturz Leinerts abzielte, das Verhalten Tramms, das zu jener Beleidigungsklage führte, als „Ausdruck ehrlicher Entrüstung". Er hoffte, Leinerts Mangel an „intensiver Wahrheitsliebe" werde ihm bald um sein Amt bringen (Demmig, E(mil); System Leinert, S. 31).
118 Vgl. dazu exemplarisch das Vorgehen der SPD im Zusammenhang mit dem Rücktritt Leinerts und mit der Wahl seines Nachfolgers Arthur Menge: o.A.; Zur Oberbürgermeisterwahl, Volkswille, 18. Februar 1925. O.A.; Heraus aus der Dunkelkammer, Volkswille, 26. Februar 1925. Schulze, Peter; Lesebuch hannoversche Sozialdemokratie, Abschn. 4.3. Daß die SPD sich in der Affäre um die Entlassung Leinerts von einer geschickten Taktik der Bürgerlichen hat täuschen lassen, macht ein nicht datiertes Schreiben ihrer Fraktion an den Magistrat deutlich, das offenbar im Zusammenhang mit den Querelen um die Wahl Arthur Menges zum Oberbürgermeister verfaßt worden war und in dem es hieß: „Die sozialdemokratische Fraktion hat sich unter Verzichtleistung der Aufstellung eines eigenen Kandidaten und unter Geltendmachung ihrer Ansprüche als stärkste Fraktion des Bürgervorsteherkollegiums ... an der Auswahl des Bewerbers um den Posten eines Oberbürgermeisters beteiligt. Die sozialdemokratische Fraktion hat sich dabei von dem Gedanken leiten lassen, daß an die Spitze der Stadtverwaltung ein tüchtiger Verwaltungsbeamter und Kommunalpolitiker berufen werden muß, der auf möglichst breiter Grundlage ... gewählt werden kann. Obwohl die Beratungen in der Geschäftsordnungskommission noch nicht abgeschlossen waren und ausdrücklich erklärt wurde, daß die stattgefundene Auslese nur eine vorläufige sein solle, wurde dann plötzlich von Vertretern der Rechten Herr Dr. Menge vorgeschlagen ... Dadurch wird ja auch in der Öffentlichkeit

der Eindruck hervorgerufen, als wenn die Ausschreibung nur eine Komödie gewesen ist und man von vornherein schon gewußt hat, welchen Kandidaten man in Vorschlag bringen wolle. Die sozialdemokratische Fraktion hat dazu zu erklären, daß sie unter keinen Umständen einem Kandidaten wie Dr. Menge ihre Stimme geben wird." (Schreiben der sozialdemokratischen Bürgervorsteherfraktion an den Magistrat, nicht datiert (NStAH Hann. 310.II, D.22/2)). Die Wahl Menges erfolgte erst nach dem zweiten Wahlgang, nachdem der preußische Innenminister Severing die Rechtsgültigkeit bestätigt hatte.

[119] O.A.; Der abgesägte Leinert, Nieders. Arbeiterzeitung, 31. Oktober 1924.

[120] Vgl. dazu: Dietzler, Anke; Hannoversche Tageszeitungen, S. 24 f. Vgl. exemplarisch: o.A.; Leinerts Pensionierung perfekt, Nieders. Arbeiterzeitung, 14. November 1924. O.A.; Das ist die Sozialdemokratie. Leinert bekommt seine Pension. Gesinnungslumpen. Schieber. Betrüger!, Nieders. Arbeiterzeitung, 16. November 1924. O.A.; Der dritte Götze Leinert, Nieders. Arbeiterzeitung, 21. November 1924.

[121] Vgl. dazu exemplarisch StAH Personalakte Menge, P 566. NStAH Hann. 310. D.22.2. Bei der Bewertung der Leistungen Menges spielte offenbar auch der Aspekt eine Rolle, den die Zeitschrift BÜRGERWACHT im Oktober 1929 mit den Worten beschrieb, dieser habe es in den vergangenen fünf Jahren insofern besonders schwer gehabt, als er „den Karren, den Oberbürgermeister Leinert in den Dreck bugsiert hatte", erst einmal wieder habe bergen müssen (o.A.; An die Bürgerschaft Hannovers, in: Bürgerwacht, 24. Oktober 1929).

[122] Heinrich Tramm stellte seinen Entlassungsantrag am 8. November 1918 und begründete ihn u.a. mit seiner Überzeugung, „daß sich gegen mich persönlich in einzelnen Kreisen der Bürgerschaft eine starke Abneigung gebildet hat" (Schreiben Tramms aus Berlin an den Magistrat, 8. November 1918 (StAH Personalakte Tramm, P 374), abgedruckt auch in: Rosenthal, Erich; Warum Stadtdirektor Tramm aus dem Amte schied, Hann. Kurier, 27. Februar 1919). Vgl. Mlynek, Klaus; Hannover in der Weimarer Republik und unter dem Nationalsozialismus, S. 568, Anm. 35. Tatsächlich war sechs Wochen zuvor ein Sprengstoffattentat auf den Stadtdirektor verübt worden (o.A.; Ein Attentatsversuch auf Stadtdirektor Tramm, Hann. Kurier, 20. September 1918. Mlynek, Klaus; Hannover in der Weimarer Republik und unter dem Nationalsozialismus, S. 398). Doch auch Tramms Abneigung, in irgendeiner Weise mit der revolutionären Bewegung in Kontakt gebracht zu werden, mag eine Rolle gespielt haben. Daß der letzte Grund bedeutsam war, machten entsprechende Kommentare der hannoverschen Sozialdemokraten deutlich (vgl. die Stellungnahme des VOLKSWILLENS, abgedruckt in: Anlauf, Karl; Revolution in Niedersachsen, S. 35. Sitzung der Städtischen Kollegien, 11. November 1918 (StAH Personalakte Tramm, P 374)). Andererseits verlas Oberbürgermeister Leinert bereits am 16. November 1918 ein Telegramm von „Stadtdirektor Tramm", wonach „derselbe sich erbietet, unter Anerkennung der veränderten Verhältnisse seine Dienste der Stadtverwaltung zur Verfügung zu stellen" (Protokoll der Sitzung des Magistrats, 16. November 1918 (StAH Personalakte Tramm, P 374)). Der Magistrat beschloß, auf das Angebot vorerst nicht einzugehen, und empfahl zudem am 12. Dezember 1918 dem Bürgervorsteherkollegium, dem Gesuch Tramms auf Pensionierung nicht zu entsprechen. Tramm blieb damit juristisch noch im Amt (Schreiben des Magistrats an das Bürgervorsteherkollegium, 12. Dezember 1918 (StAH Personalakte Tramm, P. 374)). Tramm selbst hatte nach Auskunft Erich Rosendahls auf die um die Jahreswende 1918/19 gestellte Frage, ob er mit seinem Pensionierungsantrag „dauernd der politischen Betätigung entsagt habe", geantwortet: „Ich glaube, nachdem ich 35 Jahre im öffentlichen Leben gestanden und während dieser ganzen Zeit in erster Linie meine ganze Kraft der Entwicklung und dem Aufschwunge meiner Vaterstadt gewidmet habe, doch ein gewisses Anrecht auf Ruhe zu haben, und kann nicht sagen, ob der Wunsch mich wieder beherrschen wird, in das politische Leben zurückzukehren." (Rosenthal, Erich; Warum Stadtdirektor Tramm aus dem Amte schied, Hann. Kurier, 27. Februar 1919).

[123] O.A.; Ausschußsitzung des Stadtverbandes, in: Bürgerwacht, 1. April 1932. Vgl. auch o.A.; Kommunalpolitische Umschau, in: Bürgerwacht, 1. April 1932.

[124] Ebda.

[125] „Dieser tätige Mensch der Bismarckzeit, dieser Lenker einer großen Stadt, dieser Herrenmensch und hohe Individualist, lebte und webte in der Geisteswelt Goethes, handelte aus ihr heraus im Sinne reiner Menschlichkeit und gab sich dadurch in einer Umwelt, die von vielen als hohe Repräsentation abgelehnt wird, eine geistige Haltung, die vor jedem Urteil der Geschichte bestehen wird." (Schnath, Georg; Heinrich Tramm und das Geistesleben, S. 76).

[126] Der Kampf um das Rathaus, hg. von der SPD in Hannover zu der BVK-Wahl 1929, Hannover o.J. (1929), zitiert nach: Mlynek, Klaus; Hannover in der Weimarer Republik und unter dem Nationalsozialismus, S. 432.

[127] Biermann, Georg; Bilder aus der Sammlung Tramm in Hannover, in: Der Cicerone, Jhg. 6, H. 8, April 1914, S. 279.

[128] Vgl. Mlynek, Klaus; Stadt, Stadtverwaltung und Kestner-Museum, S. 184.

[129] Ebda. Vgl. für die zwanziger Jahre: StAH Verschiedene Kommissionen, Bd. 21.

[130] Vgl. Mlynek, Klaus; Stadt, Stadtverwaltung und Kestner-Museum, S. 194.

[131] Schuchhardt, Carl; Aus Leben und Arbeit, S. 168 ff, 178, 268.

[132] Ebda., S. 268.

[133] Ebda. Schuchhardt berichtete, Tramm habe einen mit ihm befreundeten Kunsthändler – der vor der Protektion des Stadtdirektors sein Friseur gewesen sei – damit beauftragt, „restlos" anzukaufen. Er fuhr fort: „Wenn ich sie (Tramms Vorschläge, I.K.) fürs Museum ablehnte, mußte ich das eingehend begründen, und, wenn irgend eingängig, wurden sie dann ‚zur Ausstattung des künftigen neuen Rathauses' gekauft. Sachen, die mir zur Ergänzung der Kestner- oder Culemannschen Sammlung wertvoll waren …, brachte ich nur mit Mühe zum Ankauf. Das war kein erfreulicher Zustand." (Ebda.)

[134] Ebda., S. 270 f. Vgl. Mlynek, Klaus; Stadt, Stadtverwaltung und Kestner-Museum, S. 185. Zimmermann, Helmut; Kurzbiographien, S. 18 f.

[135] Schuchhardt, Carl; Aus Leben und Arbeit, S. 268.

[136] Ebda. Vgl. Mlynek, Klaus; Stadt, Stadtverwaltung und Kestner-Museum, S. 186. Reinbold, Michael; Wissenschaftliche Leitung, S. 38 f.

[137] Bis 1923 führte der Leiter des Kestner-Museums zugleich die Aufsicht über das Vaterländische Museum (Jürgens, Otto; Stadthannoversche Museen, S. 225f).Vgl. allg. Röhrbein, Waldemar R.; Historisches Museum. Mlynek, Klaus; Stadt, Stadtverwaltung und Kestner-Museum, S. 194.

138 Dienstanweisung für den Direktor des Kestner-Museums, 12. Juni 1915 (StAH HR X.C.0.8).
139 Brinckmann formulierte: „Die Tatsache des letztlich durch Sie erfolgten Kaufes eines Bildes von Friedrich August von Kaulbach nötigt mich, Ihnen, auch im Hinblick auf andere ohne mein Zutun im Laufe dieses Jahres getätigte große Bilderkäufe, ... auseinanderzusetzen, daß sich für mich unhaltbare Zustände herausgebildet haben. Ich weiß, hochverehrter Herr Stadtdirektor, daß es Ihnen völlig fern liegt, mich durch Ihre eigenhändigen Einkäufe der für die Stadt bestimmten Gemälde persönlich kränken oder schädigen zu wollen. Aber durch das häufige völlige Übergehen meiner Person ist meine Stellung den Kunsthändlern gegenüber ebenso sehr zu einem Scheindirektorat herabgesunken wie gegenüber meinen Kollegen und letzten Endes auch gegenüber unseren hochherzigen Stiftern ...Diese persönlichen Gründe, hochverehrter Herr Stadtdirektor, ... nötigen mich, gegen die innerhalb meines Ressorts bei der Abteilung der modernen Gemälde tatsächlich bestehende Beschränkung hierdurch Einspruch zu erheben." (Schreiben Albert Brinckmanns an Heinrich Tramm, 14. Dezember 1917 (StAH HR 19, 291)).
140 Tramm erwiderte, daß der Inhalt des Schreibens von Brinckmann „auf einer Verkennung Ihrer Stellung" beruhe. Weiter hieß es: „Nach demselben könnte es scheinen, als wenn Sie der allein Verfügungsberechtigte und der alleinige Einkäufer für die städtischen Sammlungen wären. Dies beruht auf einem Irrtum. Sie sind lediglich Dienstuntergebener des Magistrats und haben Ihr Amt in dem Rahmen zu führen und zu verwalten, wie dieses vom Magistrat bestimmt wird. Sie haben deswegen auch gar keine Gegenstände selbständig zu beschaffen, sondern die Kunstgegenstände für die Sammlungen werden von seiten eines gemischten Ausschusses, bestehend aus Bürgervorstehern und Magistratsmitgliedern, gekauft ... Für uns ist jedes gute Werk in unserem Sammlungsgebiete eine willkommene Bereicherung, und ein Museumsdirektor, welcher auf dem rein sachlichen Standpunkte steht und die Bereicherung der Sammlungen in den Museen für die Hauptsache hält, nicht aber seine eigene Person dabei in den Vordergrund stellen will, wie Sie das in Ihrem Schreiben ganz offen tun, sollte dankbar sein für jedes wertvolle Bild, welches der Sammlung zugeführt wird ... Oder glauben Sie etwa, daß der Magistrat es für besser halten würde, diese wertvollen Stiftungsbilder nicht zu besitzen, nur weil Sie nicht bei jeder Anschaffung vorher gefragt worden sind?" (Schreiben Heinrich Tramms an Albert Brinckmann, 22. Dezember 1917 (StAH HR 19, 291)).
141 Schreiben Heinrich Tramms an Albert Brinckmann, 22. Dezember 1927 (StAH HR 19, 291). Dieser Ausspruch hat große Ähnlichkeit mit einem Urteil Kaiser Wilhelms II. über die Kunstankaufspolitik für die Nationalgalerie. Der Kunsthistoriker Julius Meier-Graefe erinnerte sich, Wilhelm II. habe zu dem Leiter der Nationalgalerie Hugo von Tschudi 1908 gesagt: „Warten Sie, bis ein anderer Kaiser kommt, der weniger von Kunst versteht." (Zitiert nach: Schuster, Peter-Klaus; Hugo von Tschudi, S. 28). Vgl. auch Paret, Peter; Tschudi-Affäre, S. 396.
142 Schreiben Heinrich Tramms an Albert Brinckmann, 22. Dezember 1927 (StAH HR 19, 291).
143 Biermann, Georg; Galerie Tramm, Typoskript, 4. Dezember 1913 (NSA, nicht verzeichneter Nachlaß Christof Spengemann).
144 Zu Lebzeiten kursierten in Hannover offenbar Anekdoten, die Tramms Kunstbegeisterung manifestieren sollten. Georg Schnath (Heinrich Tramm und das Geistesleben, S. 75) teilte etwa mit, Tramm habe aus Wagners LOHENGRIN fehlerfrei zitieren können.
145 Schnath, Georg; Heinrich Tramm und das Geistesleben, S. 74.
146 Vgl. den nicht datierten Personalbogen in StAH Personalakte Tramm P 374. Ob Tramm indes jemals ernsthaft erwogen hat, selbst Künstler zu werden, wie im Gedächtnisbuch an mehreren Stellen behauptet wurde, bleibt ungeklärt.
147 Biermann, Georg, Galerie Tramm, Typoskript, 4. Dezember 1913 (NSA, nicht verzeichneter Nachlaß Christof Spengemann).
148 Leihvertrag betr. Überlassung von Gemälden zwischen der Witwe des Stadtdirektors a.D. Dr. Tramm, Frau Olga Tramm, und der Stadtgemeinde, 1. Entwurf, 13. Juni 1932. Ratifizierung am 7. September 1932 (StAH HR X.C.2.53). Nach Absprache mit Alexander Dorner, dem Leiter der Kunstabteilung des Provinzial-Museums, gelangte ein kleiner Teil der Sammlung in dieses Haus, anderes übernahmen Kestner- und Vaterländisches Museum, und ein weiterer Teil verblieb bei Olga Tramm und ihren zwei Söhnen Heinrich und Oscar. Nach dem Tod der Witwe teilten die Söhne den Rest der Sammlung untereinander auf (Schreiben Heinrich Tramms jr., Oberhausen, an den Magistrat, 1. Oktober 1936 (StAH HR X.C.2.53)).
149 Leihvertrag betr. Überlassung von Gemälden zwischen der Witwe des Stadtdirektors a.D. Dr. Tramm, Frau Olga Tramm, und der Stadtgemeinde, 1. Entwurf, 13. Juni 1932. Ratifizierung am 7. September 1932 (StAH HR X.C.2.53). Vgl. auch das Schreiben des Kestner-Museums an den Magistrat, 5. Dezember 1932 (StAH HR X.C.0.2), nach dem die Stadt einen Teil der Gemäldesammlung in einer Villa in der Hohenzollernstraße gelagert und mit 40.000 RM versichert hatte.
150 O.A.; Kommunalpolitische Umschau, in: Bürgerwacht, 1. April 1932.
151 Ebda.
152 Biermann, Georg; Bilder aus der Sammung Tramm in Hannover, in: Der Cicerone, Jhg. 6, H. 8, April 1914, S. 279.
153 Biermann, Georg; Galerie Tramm, Typoskript, 4. Dezember 1913 (NSA, nicht verzeichneter Nachlaß Christof Spengemann).
154 Das Typoskript trug den Zusatz: „Druck von J.C. König & Ebhardt, Hannover".
155 Biermann, Georg; Galerie Tramm, Typoskript, 4. Dezember 1913 (NSA, nicht verzeichneter Nachlaß Christof Spengemann).
156 Ebda.
157 Protokoll der gemeinsamen Sitzung von Finanz-Kommission und Museums-Kommission, 6. September 1918 (StAH Verschiedene Kommissionen, Bd. 21, auch in: StAH HR X.C.0.6).
158 Zur Künstlerfamilie Oppler vgl.: Zimmermann, Helmut; Der hannoverschen Porträts zweite Folge, S. 71 ff. Schälicke, Bernd; Ernst Oppler.
159 Schälicke, Bernd; Ernst Oppler.
160 Brinckmann, (Albert); Bildende Kunst in Hannover, S. 198.
161 Schreiben Ernst Opplers, Berlin, an Alexander Dorner, 9. März 1928 (Reg. LaMu Ordner II.2.2. Gemälde neuer Meister. 1) Ankäufe 1.10.1931–31.12.1932. 2) Verschiedenes 6.60.1916–1.1.1929). Dorner reagierte bereits am Tag darauf in Opplers Sinn: „Bei Ihrem nächsten Besuch werden Sie sich nicht beklagen können." (Schreiben Alexander Dorners an Ernst Oppler, 10. März 1929).
162 Schreiben Ernst Opplers, Berlin, an Alexander Dorner, 9. März 1928 (Reg. LaMu Ordner II.2.2. Gemälde neuer Meister. 1) Ankäufe 1.10.1931–31.12.1932. 2) Verschiedenes 6.60.1916–1.1.1929).

163 Oppler beschäftigte sich in seiner künstlerischen Arbeit in dieser Zeit vorzugsweise mit dem russischen Ballett zu Beginn des 20. Jahrhunderts. Vgl. Schälicke, Bernd; Ernst Oppler.

164 Apell-Kölmel, Doris; Stadthalle Hannover, S. 42.

165 Vgl. dazu das Schreiben des Ministeriums für Geistliche und Unterrichtsangelegenheiten an den Magistrat, 28. Juni 1910 (StAH HR 19, 125): „Denn in keiner Stadt liegen wohl die Verhältnisse auf dem Kunstgebiete so eigenartig wie hier, wo die Entwicklung eines reich aufblühenden Kunstlebens durch die politischen Angelegenheiten des Jahres 1866 stark beeinträchtigt und gehemmt worden ist ... Wenn es auch die Stadtverwaltung sich stets hat angelegen sein lassen, die Sammlungen und städtischen Museen nach Möglichkeiten zu vervollständigen, so ist doch ... gegenüber den früheren ... Aufwendungen kein solcher Fortschritt zu verzeichnen wie es zweifellos der Fall sein würde, wenn das alte Herrscherhaus ... hier verblieben wäre und seine Sammlungen weiter fortgesetzt hätte."

166 Vgl. dazu Küppers, Paul Erich; Gesellschaften und Vereine. Zur Gründung der Kestner-Gesellschaft in Hannover, in: Der Cicerone, Jhg. 8, H. 17/18, September 1916, S. 368. Leppien, Helmut R.; Bilder der Bürger, S. 5. Brosius, Dieter; Industriestadt, S. 390.

167 Vgl. Mlynek, Klaus; Hannover in der Weimarer Republik und unter dem Nationalsozialismus, S. 390. Stuttmann, Ferdinand; Kunstsammeln und Kunstsammlungen. Eine Geschichte des Mäzenatentums Hannovers im 20. Jahrhundert steht aus.

168 Exemplarisch dazu: Frerking, Johann; Zum Geleit, S. 12.

169 Lenman, Robin; Painters, Patronage and the Art Market, S. 133. Vgl. dazu auch: Röhrbein, Waldemar R.; Verwaltung und politische Willensbildung,, S. 58.

170 Kunstverein Hannover; Pelikan-Kunstsammlung, S. 12.

171 Servaes, Franz; Kunstzentren in Deutschland. Hannover, Braunschweig, Magdeburg, Vossische Zeitung, 25. Mai 1919.

172 Vgl. dazu exemplarisch: Leppien, Helmut R.; Bilder der Bürger, S. 5. Stuttmann, Ferdinand; Kunstsammeln und Kunstammlungen, S. 63: „Er (Tramm, I.K.) verstand es mit viel Geschick, unter den wohlhabenden Bürgern für den Gedanken einer modernen Galerie zu werben und sie zu bewegen, Gemälde für die neu entstehende Sammlung zu stiften." Apell-Kölmel, Doris; Stadthalle Hannover, S. 42.

173 Schreiben Heinrich Tramms an hundert finanzkräftige Bürger der Stadt, 27. Mai 1916 (StAH HR X.C.7.14).

174 Vgl. dazu das Schreiben der Eisenhandlung Schwemann & Stücke vom 8. August 1916: „In jetziger Zeit, wo so große wichtige Aufgaben an uns herantreten, bin ich leider nicht in der Lage, hierfür Geld auszugeben." Schreiben Direktor Gustav Gollbachs, 13. Juni 1916: „Antwortlich Ihrer werten Zeilen ... teile ich Ihnen höflichst mit, daß mich Ihr Vertrauen kolossal ehrt, aber leider überschätzen Sie meine pekuniären Verhältnisse. Ich habe aber trotzdem mit meinem kleinen Verdienst, mit meiner unendlichen Arbeit so viel Gutes getan ..., daß ich dem Vaterlande sicher mehr genützt habe als viele andere ...", Vgl. aber auch die Antwort der Fa. Keune & Flemming, 1. August 1916: „... und wenn ich Ihrer Anregung vom 27. Mai nicht nähergetreten bin, so ist das, wie ich offen bekennen will, darauf zurückzuführen, daß nach meiner Ansicht in heutiger Zeit an so vielen Stellen Not und Elend nach Linderung schreien, daß die Aufwendung größerer Beträge für die Ansammlung von Kunstwerken heute hinter dringendere Fragen zurücktreten muß." (Alle Schreiben befinden sich in StAH HR X.C.7.14).

175 Schreiben Heinrich Tramms, 29. Juni 1916 (StAH HR X.C.7.14).

176 Schreiben Fritz Ahrbergs an Heinrich Tramm, 24. Juli 1916 (StAH HR X.C.7.14).

177 Schreiben Angely Constantins an Heinrich Tramm, 29. Juli 1916 (StAH HR X.C.7.14).

178 Ebda.

179 Schreiben Ernst Noggeraths an Heinrich Tramm, 15. März 1918 (StAH HR X.C.7.14).

180 Vgl. etwa das Schreiben Heinrich Tramms an August Sprengel, 30. März 1915 (StAH HR X.C.7.14). Die Fa. Keune & Flemming erbat sich im Gegenzug einen Zentner Zucker für ihre Apfelplantage in Kirchrode.

181 Vgl. z. B. das Schreiben des Bürgervorstehers August Schrader an Tramm, 4. März 1927 (StAH HR X.C.7.14). Vgl. aber auch das Schreiben des Kommerzienrats Dr.-Ing. E.h. P. Klaproth, des Königlich-bulgarischen General-Konsuls, an Oberbürgermeister Menge vom 27. März 1929. Klaproth war von Carl Küthmann, dem damaligen Leiter des Kestner-Museums, versehentlich mit dem Titel eines Direktors und zusätzlich unglücklicherweise in falscher Schreibung seines Namens tituliert worden und reagierte verärgert: „Ew. Gestrengen! Es war mir ein ästhetischer Genuß, Dero Etatsrede zu lesen. Keinen ästhetischen Genuß bietet dagegen der beiliegende Zettel. Die Anrede als Direktor ist eine Geschmacklosigkeit an sich, und wenn man etwas geschenkt bekommt, so nimmt man das Adreßbuch zur Hand und sieht nach, wie sich der Schenker schreibt!" (StAH HR X.C.7.14).

182 Protokoll der Sitzung der Finanz-Kommission und der Museums-Kommission, 6. September 1919 (StAH Verschiedene Kommissionen, Bd. 21).

183 Ebda.

184 Haushaltsplan 1919/20 (StAH B 16757).

185 Protokoll der Sitzung der Finanz-Kommisson und der Museums-Kommission, 6. September 1919 (StAH, Verschiedene Kommissionen, Bd. 21). Bürgermeister Gustav Fink vermerkte am Rand eines Schreibens Albert Brinckmanns, welches an Tramms Verknüpfung privater Sammeltätigkeit mit den öffentlichen Prämissen des Kunstankaufs Kritik übte: „Diese Opferwilligkeit ist doch nur durch Herrn Stadtdirektor mit seiner Überredungskunst entwickelt." (Schreiben Albert Brinckmanns an den Magistrat, 14. Januar 1918 (StAH HR 19, 291)). Brinckmann selbst schilderte das Verfahren in diesem Brief an den Magistrat folgendermaßen: „Die Bezahlung dieser Käufe pflegte dann meistens auf Grund der bei der Stadtkasse eingezahlten Schenkungsgelder zumeist unter Benutzung der für das Museum ausgestellten Originalrechnung zu erfolgen. In den Fällen, wo kein Stifter gefunden wurde, sind vielfach die Mittel aus dem städtischen Kunstfonds aufgebracht worden, über den die Finanz-Kommission, meines Wissens ohne Zuziehung der Museums-Kommission, verfügungsberechtigt ist" (Schreiben Albert Brinckmanns an den Magistrat, 14. Januar 1918 (Akte wie oben)). Der Magistrat verbat sich in seiner Antwort derlei Unterstellungen. In einem Schreiben vom 22. Dezember 1917 betonte er, er fühle sich „dem Herrn Stadtdirektor zu wärmstem Dank verpflichtet für seine aufopfernde Werbetätigkeit". Man betrachte es als „ganz selbstverständlich", daß Tramm bezüglich der privaten Stiftungen, „da sie gar nicht mit seiner amtlichen Stellung (zusammenhängen), völlig freie Hand haben muß und daß es ganz in seinem Ermessen steht, ob und welche Ratgeber er

186 Protokoll der Sitzung der Finanz-Kommission und der Museums-Kommission, 6. September 1919 (StAH, Verschiedene Kommissionen, Bd. 21).
187 Tramms Vorgehen hat Ähnlichkeit mit dem des Leiters der Berliner Nationalgalerie Hugo von Tschudi. Vor allem moderne Werke kaufte Tschudi zu Beginn des Jahrhunderts überwiegend mit privaten Mitteln an. Damit schuf er sich einen Freiraum inmitten kaiserlicher Bevormundung (Vgl. dazu Schuster, Peter-Klaus; Hugo von Tschudi, S. 26. Hohenzollern, Johann Georg Prinz von; Hugo von Tschudi, S. 11. Lenman, Robin; Die Macht, die Kunst und das Geld, S. 78). Tramms Gründe, mit dem Geld privater Stifter Gemälde anzukaufen, waren demgegenüber ganz andere: Ihm ging es ausschließlich darum, solche Werke anzukaufen, die seinem Kunstgeschmack entsprachen. Die privaten Stiftungsgelder ermöglichten ihm in diesem Zusammenhang, sich von den Kompetenzen anderer kunstpolitischer Gremien unabhängig zu machen.
188 Heinrich Tramm, Protokoll der Sitzung der Finanz-Kommission und der Museums-Kommission, 6. September 1919 (StAH, Verschiedene Kommissionen, Bd. 21).
189 Senator Ludwig Otte von der Deutsch-Hannoverschen Partei etwa bat Tramm, „nicht in der von ihm angedeuteten Weise vorzugehen, da dann die Schenkgeber zweifellos erzürnt sein würden". Ottes darauffolgender Satz machte deutlich, wie geschickt Tramm seine bedeutsame Position in der hannoverschen Kunstpolitik der zwanziger Jahre bereits früh gesichert hatte. Otte gab zu bedenken: „Über Ankäufe sollten s.E. nicht lediglich die Künstler entscheiden, sondern dabei habe auch der Laie mitzuwirken, und deshalb dürfe die Kommission (Museums-Kommission, I.K.) nicht ausgeschaltet werden." (Protokoll der Sitzung der Finanz-Kommission und der Museums-Kommission, 6. September 1919 (StAH, Verschiedene Kommissionen, Bd. 21)).
190 Protokoll der Sitzung der Finanz-Kommission und der Museums-Kommission, 13. September 1919 (StAH, Verschiedene Kommissionen, Bd. 21).
191 Schreiben Eduard Schultes, Berlin, an Heinrich Tramm, 12. November 1918 (StAH HR X.C.2.14).
192 Schreiben Dr. Edlers von der Firma Edler & Krische an den Magistrat, 13. September 1919 (StAH HR 19, 291).
193 Schreiben Justizrat Meyers an Albert Brinckmann, 4. September 1919 (StAH HR 19, 291).
194 Auch in Anbetracht von Tramms Überzeugungskünsten war dies eine häufige Kombination.
195 Protokoll der Sitzung der Städtischen Kollegien, 1. April 1910 (StAH HR X.C.0.3).
196 Ebda.
197 Ebda.
198 Ebda.
199 Vgl. dazu: Salzmann, Siegfried; Gustav Pauli und das moderne Kunstmuseum, in: Junge, Henrike; Avantgarde und Publikum, S. 235–242.
200 Protokoll der Sitzung der Finanz-Kommission und der Museums-Kommission, 6. September 1919 (StAH, Verschiedene Kommissionen, Bd. 21). Ein gutes halbes Jahr zuvor, im Februar 1919, hatte Pauli in einem Schreiben an Christof Spengemann erklärt, wie gut ihm dessen Abrechnung mit Tramms Ankaufspolitik in der Schrift DIE BILDENDE KUNST IM NEUEN HANNOVER gefallen habe (Schreiben Gustav Paulis, Kunsthalle Hamburg, an Christof Spengemann, 5. Februar 1919 (SAH, unverzeichneter Nachlaß Christof Spengemanns)). Vgl. in diesem Zusammenhang auch das Urteil eines zweiten Sachverständigen, der von den städtischen Gremien auf die Anschuldigungen Brinckmanns hin um ein Gutachten gebeten worden war. Prof. Gronau-Cassel, der nach eigener Aussage „nicht mehr jung" war und „deshalb zur modernen Kunst ... kein Verhältnis" habe, empfahl zum einen die Ausscheidung einer Reihe von Gemälden und zum anderen die Abgrenzung der Sammlung zur expressionistischen Kunst. Im übrigen sei er „außerordentlich freudig überrascht über das, was hier geschaffen sei. Die Münchener Schule werde durch die Sammlung so gut repräsentiert, wie es kaum irgendwo (sonst) der Fall sei" (Protokoll der Sitzung der Finanz-Kommission und der Museums-Kommission, 13. September 1919 (StAH Verschiedene Kommissionen, Bd. 21)).
201 Protokoll der Sitzung der Finanz-Kommission und der Museums-Kommission, 6. September 1919 (StAH, Verschiedene Kommissionen, Bd. 21).
202 Seutemann; (Karl); Wirtschaftliches Leben, S. 150. Vgl. Röhrbein, Waldemar R.; Großstadt im Kaiserreich, S. 43. Urban, Andreas; Alltag einer Industriestadt, S. 67. Saldern, Adelheid von; Stadt und Moderne, S. 23–26. Über die Rolle Tramms als „Eingemeindungsgegner" in der facettenreichen Geschichte der Beziehungen zwischen den Städten Hannover und Linden vgl.: Buschmann, Walter; Linden, bes. S. 420 u. 517 ff.
203 Apell-Kölmel, Doris; Stadthalle Hannover, S. 44. Vgl. allg.: Steinweg, Wolfgang; Rathaus zu Hannover.
204 Steinweg, Wolfgang; Rathaus zu Hannover, S. 26 ff. u. 38 f. Vgl. auch die knappe Darstellung in: Röhrbein, Waldemar R.; Neues Rathaus in Hannover, S. 16–23.
205 Steinweg, Wolfgang; Rathaus zu Hannover, S. 53.
206 Ebda., S. 72 ff.
207 Apell-Kölmel, Doris; Stadthalle Hannover, S. 44. Steinweg, Wolfgang; Rathaus zu Hannover, S. 21.
208 Steinweg, Wolfgang; Rathaus zu Hannover, S. 91.
209 Max Liebermann selbst gab 1905 als Datum des ersten Kontakts an (Liebermann, Max; Erinnerungen an Heinrich Tramm, S. 79).
210 Liebermann schrieb 1932 über Tramm: „Überhaupt besaß er ... für die Naturschönheit tiefes Empfinden und hat sich für sie den gesunden, ureigenen Sinn nicht trüben lassen. In der Kunst, deren Verständnis er sich erobern mußte, nahm er dankbar jede Belehrung an, im Gegensatz zu vielen hohen Herren, die glauben, auf ihrem Irrtum bestehen zu müssen." (Liebermann, Max; Erinnerungen an Heinrich Tramm, S. 81).
211 Steinweg, Wolfgang; Rathaus zu Hannover, S. 91. Vgl. zu diesem Komplex auch: Kranz-Michaelis, Charlotte; Neues Rathaus in Hannover, S. 395–414.
212 Protokoll der Sitzung der Städtischen Kollegien, August 1909, zitiert nach: Steinweg, Wolfgang; Rathaus zu Hannover, S. 74.
213 Steinweg, Wolfgang; Rathaus zu Hannover, S. 77 f. Vgl. auch Catalogus Professorum 1831–1981, Bd. 2, S. 97.
214 Liebermann, Max; Erinnerungen an Heinrich Tramm, S. 81. Steinweg, Wolfgang; Rathaus zu Hannover, S. 91. Kranz-Michaelis, Charlotte; Neues Rathaus in Hannover, S. 221 ff. Hodlers Monumentalgemälde EINMÜTIGKEIT sorgte bei Kaiser Wilhelm II. anläßlich der Eröffnungsfeierlichkeiten des Neuen Rathauses im Juni 1913 für Mißstimmung und

rief offenbar auch in der hannoverschen Bevölkerung einiges Befremden hervor (vgl. allg. Steinweg, Wolfgang; Rathaus zu Hannover, S. 91. Kranz-Michaelis, Charlotte; Neues Rathaus in Hannover, S. 221 ff. Vgl. auch Röhrbein, Waldemar R.; Rathaus in Hannover, S. 13 f. Vgl. Brinckmann, (Albert); Bildende Kunst in Hannover, S. 200. Balint, Anna; Einmütigkeit, bes. S. 2 f. Gmehlin, Hans-Georg; Einmütigkeit).

[215] Sechs Jahre nach der ersten Begegnung, 1913, befanden sich fünf Gemälde Liebermanns in Heinrich Tramms Privatbesitz (vgl. die Auflistung in: Biermann, Georg; Galerie Tramm, nicht datiertes Typoskript (NSA, nicht verzeichnet).

[216] Vgl. dazu etwa: Mommsen, Wolfgang J.; Bürgerliche Kultur und künstlerische Avantgarde, S. 140 f. Schuster, Peter-Klaus; Hugo von Tschudi, S. 39. Schuster, Peter-Klaus; Verhängnis einer Kunststadt, S. 24 f. Die OFFENHERZIGKEITEN ÜBER KRITIK UND EXPRESSIONISMUS IN HANNOVER der hannoverschen ‚Kunstgenossen' wurden beschlossen von einem Zitat Max Liebermanns. Liebermann wurde hier wie auch schon zuvor in der hannoverschen Presse als strenger Richter über moderne Kunstströmungen dargestellt. Vgl. dazu den Artikel Liebermanns, abgedruckt in: Schmied, Wieland; Wegbereiter zur modernen Kunst, S. 229: „Wer aber uns glauben machen will, daß wir im Zeitalter der Zeppeline und Unterseeboote zur Hottentottenkunst zurückkehren müssen, der ist ein Narr oder ein Betrüger oder beides zusammen." Selbstsicherheit spricht aus dem Ausspruch Liebermanns, den die ‚Kunstgenossen' zitierten: „Aber nicht das laute Feldgeschrei entscheidet, sonst hätten die Expressionisten und Kubisten längst gewonnen, sondern wie im Krieg die stärksten Bataillone, so entscheiden in der Kunst einzig die stärksten Persönlichkeiten." (Kunstgenossenschaft Hannover; Offenherzigkeiten, S. 13). Im Juli 1929 urteilte der alte Maler im HANNOVERSCHEN KURIER, der Fluch der Gegenwartskunst sei „die Sucht nach dem Neuen und zugleich ein trauriges Testimonium paupertatis: der wahre Künstler strebt nach nichts anderem als: zu werden, der er ist" (Liebermann, Max; Zum 80. Geburtstag. Selbstbekenntnis, Hann. Kurier, 17. Juli 1929). Vgl. auch Schmalhausen, Bernd; „Ich bin doch nur ein Maler." Max und Martha Liebermann im Dritten Reich, Hildesheim, Zürich, New York 1994, bes. S. 12, 35 f. Eberle, Matthias; Max Liebermann zwischen Tradition und Opposition, in: Nationalgalerie Berlin. Staatliche Museen Preußischer Kulturbesitz (Hg.); Max Liebermann in seiner Zeit, Berlin 1989, S. 11–42.

[217] Beide hoben besonders hervor, daß das Bild „einen Achtzigjährigen darstellt und von der sicheren Hand eines Achtzigjährigen gemalt ist" (Schreiben Arthur Menges an Max Liebermann, 21. September 1927 (StAH HR X.C.7.5.III)).

[218] Zehn Jahre zuvor hatte Hindenburg auf ein ähnliches Ansinnen, ebenfalls auf Betreiben Tramms hin, noch mit Ablehnung reagiert. Er hatte begründet, daß er die impressionistische Malerei nicht verstehe (Liebermann, Max; Erinnerungen an Heinrich Tramm, S. 81). Jetzt, 1927, war die Einwilligung, Liebermann Porträt zu sitzen, nicht Ausdruck eines gewandelten Kunstverständnisses Hindenburgs. Er erklärte vielmehr, „daß er als Reichspräsident nicht mehr das Recht habe, dem Urteil der Sachverständigen sich zu widersetzen" (Ebda., S. 82).

[219] Schreiben Max Liebermanns an Arthur Menge, 4. Oktober 1927 (StAH HR X.C.7.5.III).

[220] Protokoll der Sitzung der Städtischen Kollegien, 1. April 1920 (StAH HR X.C.0.3).

[221] Vgl. dazu auch Stuttmann, Ferdinand; Kunstsammeln und Kunstsammlungen, S. 63.

[222] Aus der Rede anläßlich der Einweihung des Hannoverschen Künstlervereins im Künstlerhaus, Sophienstraße, 4. Januar 1903, in: Künstlerverein Hannover; Feierlichkeiten zur Einweihung, S. 26.

[223] Vgl. dazu etwa: Frerking, Johann; Geschichte des Kunstvereins, S. 36.

[224] Mlynek, Klaus; Stadt, Stadtverwaltung und Kestner-Museum, S. 190.

[225] Diese Ausstellung fand im Kestner-Museum statt. Vgl. dazu allg. StAH HR 19, 109 u. besonders das Vorwort von Albert Brinckmann in dem zu diesem Anlaß herausgegebenen Katalog.

[226] Zitiert nach: o.A.; Das Kunstprogramm der Stadt, Hann. Tageblatt, 12. Januar 1913.

[227] Gustav Pauli, Protokoll der Sitzung der Finanz-Kommission und der Museums-Kommission, 6. September 1919 (StAH, Verschiedene Kommissionen, Bd. 21). Alexander Dorner, dessen Kunstabteilung des Provinzial-Museums Ende der zwanziger Jahre Werke dieser Künstler angeboten wurden, reagierte mit der lakonischen Bemerkung, er habe kein Interesse; mit derlei „sind wir mehr als reichlich versehen" (Schreiben Alexander Dorners an Galerie Carl Nicolai, Berlin, 5. Dezember 1929 (Reg. LaMu Ordner II.2.2 Gemälde neuer Meister Ankäufe 1.1. – 31.12.1929)).

[228] In dem 1922 erschienenen Beitrag THEATER, MUSEEN UND MODERNE KULTURBESTREBUNGEN bezog Biermann Stellung zur Rolle Hannovers als Kunststadt (Biermann, Georg; Theater, Museen und moderne Kunstbestrebungen, in: Wolf, Paul; Deutschlands Städtebau. Hannover, S. 131–134).

[229] Vgl. exemplarisch das Schreiben Georg Biermanns an Alexander Dorner, 9. Juli 1927, in dem Biermann Dorner zum Kauf von Werken Hans Thomas bewegen wollte und dies mit Hinweis auf seine Unterstützung durch Tramm zu verstärken versuchte (Reg. LaMu Ordner II.2.2 Gemälde neuer Meister. Ankäufe 1.10.1926–31.12.1927).

[230] Dafür spricht auch die Tatsache, daß es Biermann war, der den fast achtzigjährigen Tramm am Ende der zwanziger Jahre auf das Werk Ernst Barlachs aufmerksam machte, das auf jenen nach Biermanns Erinnerung „wie eine Offenbarung" (Biermann, Georg; Heinrich Tramm als Sammler und Kunstfreund, S. 89) wirkte.

[231] Lebenslauf, Anlage zu Georg Biermanns Schreiben an Robert Leinert, 1. März 1920 (StAH HR X.C.10.4.1). Biermann, Margarete; Georg Biermann, in: In Memoriam Georg Biermann, S. 7 f. Dreßlers Kunsthandbuch, Bd. 3, 1930, S. 1157.

[232] Vgl. dazu allg. Paret; Peter; Tschudi-Affäre.

[233] Vgl. dazu allg. den Schriftwechsel in: DLA Marbach, A: Heymel. Gustav Pauli kritisierte in einem Schreiben an Georg Biermann vom 17. November 1908, dessen Äußerungen taugten „trefflich für eine Agitationsrede im Schoße der Allgemeinen Deutschen Kunstgenossenschaft, und man weiß, was man sich dabei zu denken hat".

[234] Vgl. Kunstgenossenschaft Hannover; Offenherzigkeiten, S. 9. Biermann, Georg; Heinrich Tramm als Sammler und Kunstfreund, S. 87. Biermann, Margarete; Georg Biermann, in: In Memoriam Georg Biermann, S. 7 f.

[235] Biermann, Georg; Heinrich Tramm als Sammler und Kunstfreund, S. 87. Wegen dieser Tätigkeit wurde Biermann nach Ausbruch des Ersten Weltkrieges zunächst nicht zum Militärdienst eingezogen (Schreiben Georg Biermanns an Anton Kippenberg, 28. September 1914 (DLA Marbach, A: Kippenberg)). In diesem Schreiben äußerte Bier-

mann sich hinsichtlich der Kriegsbegeisterung sehr skeptisch. Sie lasse „alle Unterschiede auch im geistigen Niveau verschwinden". Weiter hieß es: „Der Himmel behüte uns davor, daß wir in den nächsten Jahren nichts anderes als Kriegsliteratur vorgesetzt bekommen! Wir werden beide auf der Wacht sein müssen, um die Kultur vor den Auswüchsen der jetzt so billigen Begeisterung zu schützen. Das Große, was zur Zeit geleistet wird, muß fruchtbar werden, aber in einem anderen Sinne als es die Herren Müller und Schulze glauben." Dieser Brief ist besonders wegen Biermanns späterer Arbeit als Leiter der städtischen Kriegssammlung in Hannover interessant.

236 Heinrich Tramm in der Sitzung des Magistrats, 4. Dezember 1913, zitiert nach: Schubert, Dietrich; Hoetgers Waldersee-Denkmal, S. 236.

237 Über diese Anlage berichtete Paul Erich Küppers, Assistent am Kestner-Museum, im Juli 1915 in Biermanns CICERONE.

238 Biermann, Margarete; Georg Biermann, in: In Memoriam Georg Biermann, S. 11. Die Frau Georg Biermanns berichtete, Roselius habe Biermann, der wegen seiner Förderung ‚entarteter Kunst' angefeindet worden sei, während der dreißiger Jahre sehr geholfen.

239 Vester, Katrin; Herbert von Garvens-Garvensburg. Sammler und Galerist, S. 17. Biermann, Georg; Heinrich Tramm als Sammler und Kunstfreund, S. 87.

240 Biermann, Georg; Heinrich Tramm als Sammler und Kunstfreund, S. 87.

241 Ebda., S. 85 f.

242 Vgl. Schreiben Georg Biermanns an Hermann Bahlsen, 22. April 1919 (in: Saal; Walter Edmund Wolfgang; Bernhard Hoetger, S. 91). Auch bei dem Projekt Bahlsens, aus Anlaß des fünfzigjährigen Militärjubiläums Paul von Hindenburgs 1916 eine große „Ringstraße mit Ehrenrainen am südöstlichen Stadtrand Hannovers" ebenfalls von Bernhard Hoetger anlegen zu lassen, war Biermann die Rolle des Mittlers zugedacht worden. Das Projekt wurde nicht verwirklicht. Vgl. Saal, Walter Edmund Wolfgang; Bernhard Hoetger, S. 124 ff. Adams, Hubertus; Hindenburgring und Grabmal Hohmeyer, S. 60 f.

243 Schreiben Georg Biermanns an Christof Spengemann, 2. Mai 1922 (NSA).

244 1918 hatte Biermann das Angebot des Kölner Oberbürgermeisters Max Wallraf ausgeschlagen, die Generaldirektion der Kölner Museen zu übernehmen (Biermann, Margarete; Georg Biermann, in: In Memoriam Georg Biermann, S. 10. Schneider, Gerhard; Heeresgedenkstätte im Leineschloß, S. 156, Anm. 49).

245 Der Kontakt zur Kestner-Gesellschaft bestand seit September 1916 (Schreiben Biermanns an die Kestner-Gesellschaft, 29. September 1917 (NStAH Dep. 100 A. 1)).

246 Biermann, Margarete; Georg Biermann, in: In Memoriam Georg Biermann, S. 9. Lebenslauf in der Anlage des Schreibens Georg Biermanns an Robert Leinert, 1. März 1920 (StAH HR X.C.10.4.1).

247 „Die unter dem Vorsitz von Museumsdirektor Brinckmann begründete Kestner-Gesellschaft hat mit ihrer ersten Liebermann gewidmeten Ausstellung den Beweis ihrer Existenzberechtigung erbracht ... In diesem Sinne ist in Deutschland kaum jemals eine bessere Liebermann-Ausstellung zu sehen gewesen ... Zu solchen Gedanken regt die Betrachtung einer solch ausgezeichneten Ausstellung an, die doppelt anziehend wirkt, weil die Kestner-Gesellschaft auch äußerlich einen Rahmen von wohltuender Eleganz und Selbstverständlichkeit fand, der auch kommenden Veranstaltungen von vornherein einen bestimmten künstlerischen Eindruck sichert" (B(iermann), (Georg); Die Max-Liebermann-Ausstellung in Hannover, in: Der Cicerone, 8. Jhg., H. 21/22, November 1916, S. 441).

248 Vgl. dazu die Werbung des CICERONE in der hannoverschen Zeitschrift DAS HOHE UFER, 1. Jhg., 1919, Anhang. Hier hieß es auch: „Ohne einseitig zu sein, führt der CICERONE, unterstützt von den besten literarischen Köpfen der Zeit, in die vielseitige Erscheinungswelt der Kunst unserer Tage ein. Seine Urteile sind von hoher Warte aus geprägt. Als einzigstes (sic!) Kriterium gilt das der Qualität. Unabhängig von den Strömungen der Mode versucht er ein Programm zu realisieren, das die Wertung aller schöpferischen Kräfte dieser Zeit als einzige Grundlage erkennt und dessen Vielseitigkeit das gesamte Gebiet der bildenden Kunst, Architektur, Plastik, Malerei, Graphik und angewandten Kunst in sich einbezieht."

249 W-r; Der Cicerone, in: Der Zweemann, 1. Jhg., H. 1, November 1919, S. 23. Weiter hieß es hier: „Fast unglaublich ist bei einer aus bourgeoisem Milieu hervorgegangenen Zeitschrift die restlose Vorurteilslosigkeit und ungehemmte Konsequenz".

250 Nach einem Schreiben von Paul Erich Küppers an Paul Cassirer vom 1. November 1920 hatte Biermann am 29. Oktober 1920 den Vorsitz der Kestner-Gesellschaft übernommen (NStAH Dep. 11 A. 12). Die Wahl Biermanns in den Vorstand scheint auch erfolgt zu sein, um damit jenen zu begegnen, die der Kestner-Gesellschaft eine ‚zu moderne Richtung' vorwarfen. Biermann sprach dies selbst in einem Schreiben an Konsul Carl Solling an, der der Gesellschaft seine Mitgliedschaft hatte aufkündigen wollen und von ihm zum Bleiben überredet worden war: „Sollten Sie jemals Gründe persönlicher Art gehabt haben, die früher Ihren Austritt veranlaßten, so nehme ich an, daß Sie mir als Vorsitzendem der Kestner-Gesellschaft glauben, wenn ich Sie versichere, daß nach der neuen Entwicklung ... die früher einmal vorhandene Kontroverse nicht mehr denkbar ist." (Schreiben Georg Biermanns an Carl Solling, 7. Juli 1921 (NStAH Dep. 100 A. 15)).

251 Schmied, Wieland; Wegbereiter zur modernen Kunst, S. 256.

252 November 1920: Vortrag Prof. Dr. Georg Biermann über El Greco (Schmied, Wieland; Wegbereiter zur modernen Kunst, S. 272).

253 Biermann, Georg; Zum Geleit, in: Kestner-Gesellschaft e.V. (Hg.); 45. Ausstellung. Ostasiatische Kunst, 2. Oktober – 13. November 1921.

254 Schreiben der Kestner-Gesellschaft an Georg Biermann, 17. Mai 1920 (NStAH Dep. 100 A 11). Kestner-Gesellschaft e.V.; Rückblick, S. 23.

255 Küppers' Buch DER KUBISMUS ALS KÜNSTLERISCHES FORMPROBLEM UNSERER ZEIT hatte Biermann zwei Jahre zuvor in seinem Leipziger Verlag herausgegeben (Küppers, Paul Erich; Der Kubismus als künstlerisches Formproblem unserer Zeit, Leipzig 1920).

256 Küppers-Lissitzky; Sophie; Die ersten Jahre, S. 16.

257 Biermann, Georg; Nachruf auf P. E. Küppers, in: Der Cicerone, H. 1, 1922, abgedruckt in: Kestner-Gesellschaft e.V.; 48. Sonderausstellung. Meisterwerke deutscher Kunst aus hannoverschem Privatbesitz, 5. Februar – März 1922.

258 „Nur soviel sei allen gesagt, die mit einem billigen Witz diese Dinge in Bausch und Bogen abtun wollen und ANNA BLUME, das ungezählte Frauenzimmer, zum fröhlichen Unterhaltungsstoff dieser ach so dunklen Tage erküren; daß es auch in der Kunst immer wieder Dinge gibt, die jenseits jeder Alltagsmoral stehen, auf der ein braves Kunstphilistertum seine überlegene Weisheit gründet." (Biermann, Georg im CICERONE, zitiert nach: Der Marstall, H. 1/2, 1919, S. 13).

259 Schreiben von Kurt Schwitters an Walter Dexel, 9. Januar 1922, zitiert nach: Nündel, Ernst; Kurt Schwitters. Briefe, S. 57–62.
260 Ebda. Am 25. Januar 1922 bewarb Dexel sich. Zwei Tage später schrieb Biermann ihm: „Es ist allerdings richtig, daß uns gegenwärtig die Frage der Nachfolge des Herrn Dr. Küppers sehr eifrig beschäftigt, aber wie die Dinge liegen, glaube ich, Ihnen offen sagen zu sollen, daß wir wahrscheinlich eine geeignete Person hier in Hannover finden werden, die durch langjährige Erfahrungen mit besonders schwierigen örtlichen Verhältnissen vertraut ist und auch organisatorisch diejenigen Fähigkeiten besitzt, die die besondere Aufgabe der Kestner-Gesellschaft verlangt." (beide Schreiben in: NStAH Dep. 11 A. 18). Am 18. Februar 1922 schlug Kurt Schwitters in einem Schreiben an Biermann Walter Dexel erneut als Nachfolger von Paul Erich Küppers vor (SAH 315). Für das öffentliche Kunstleben, besonders für die Kestner-Gesellschaft, sei die Wahl eines geeigneten Leiters „von großer Wichtigkeit". Da Dexel „in sich die Eigenschaften eines Kunstgelehrten und ausübenden Künstlers" vereinige und Küppers selbst für den Fall seines Ausscheidens auf Dexel verwiesen habe, müsse eine einzuberufende Mitgliederversammlung sich für diesen entscheiden.
261 Vgl. dazu die Akte NStAH Dep. 100 A. 18.
262 Zum 1. April 1922 legte Biermann den Vorsitz der Kestner-Gesellschaft nieder und zog an den Tegernsee (Schreiben Georg Biermanns an Richard Oppenheimer, Kestner-Gesellschaft, 25. März 1922 (NStAH Dep. 100 A. 18)).
263 Schreiben Georg Biermanns an Christof Spengemann, 2. Mai 1922 (SAH, nicht verzeichneter Nachlaß Spengemanns).
264 Ebda.
265 1930 äußerte Biermann einem Berliner Kollegen gegenüber, da er „als ehemaliger Präsident der Kestner-Gesellschaft und langjähriger Freund des früheren Stadtdirektors auch heute noch gute Beziehungen zu den maßgebenden Stellen in Hannover besitze", möge man sich, wenn man hier etwas erreichen wolle, doch an ihn wenden (Schreiben Georg Biermanns an den Geheimen Regierungsrat Max Friedländer, 9. September 1930 (Reg. LaMu II.1.2. Kulturgeschichte 1) Gutachten über Bertram-Altar 2) Ankauf des Bertram-Altars 1.10.1930–31.12.1931)). Noch im Alter erinnerte sich Georg Biermann an seine Zeit in Hannover, als er „Präsident der Kestner-Gesellschaft war" und „einen Meister wie Gieseking entdeckte, der uns jeden Abend in der Kestner-Gesellschaft einen Abend moderner Musik gab" (Schreiben Georg Biermanns an Otto Gleichmann, 23. April 1948, Privatbesitz Gunda-Anna Gleichmann-Kingeling).
266 Vgl. das Schreiben Christof Spengemanns an Hermann Bahlsen, 19. Dezember 1916, mit der Bitte um die Mitarbeit Bahlsens und Biermanns bei Spengemanns Zeitschriftenprojekt NEUE KUNSTSCHAUUNG (NSA, nicht verzeichneter Nachlaß Christof Spengemanns).
267 Vgl. exemplarisch das Schreiben Walter Dexels an Christof Spengemann, 11. November 1921 (SAH, nicht verzeichneter Nachlaß Christof Spengemanns).
268 Schreiben Christof Spengemanns an den Verlag des VOLKSWILLENS, 18. Dezember 1918 (SAH, nicht verzeichneter Nachlaß Christof Spengemanns).
269 Zitiert nach: Kunstgenossenschaft Hannover; Offenherzigkeiten, S. 9. Auch die hannoversche Kunstgenossenschaft verstand diese Äußerungen Georg Biermanns offenbar lediglich als Lippenbekenntnisse. Sie wandte sich gegen die „Anmaßung", „welche aus jeder Zeile, jedem seiner Worte spricht", und gegen die blasierte „Überzeugung von dem hohen Wert seiner Phrasen", die „aufdringlich, platt und herausfordernd" wirkten (Ebda., S. 9).
270 Schreiben Georg Biermanns an Christof Spengemann, 3. Februar 1919 (SAH, nicht verzeichneter Nachlaß Spengemanns).
271 Schneider, Gerhard; Heeresgedenkstätte im Leineschloß, S. 156. Biermann, Margarete; Georg Biermann, in: In Memoriam Georg Biermann, S. 11. Dieser Auftrag mochte dabei nicht nur zeitlich in Zusammenhang mit Tramms politischer Radikalisierung stehen, die ihn als eines der Vorstandsmitglieder der extrem konservativen Vaterlandspartei mit einem emphatischen Appell gegen den Reichstag und für einen „starken Mann an der Spitze" an die hannoversche Öffentlichkeit treten ließ. Tramm schrieb hier mit Blick auf den vom Reichstag im Sommer 1917 diskutierten ehrenvollen Verständigungsfrieden ohne Annexionen: „Durch die unheilvolle Resolution vom Juli vorigen Jahres ist er (der Reichstag, I.K.) die Einigkeit des starken deutschen Siegeswillens gebrochen, Schwäche in der Nation verbreitet und eine ungeheure Stärkung der Machtgelüste unserer Feinde hervorgerufen. Wir wollen daher keine Ausdehnung seiner jetzigen Befugnisse. Nicht an parlamentarischen Männern fehlt es uns. Wir wollen nur eins in der inneren und äußeren Verwaltung, daß die Regierung demgegenüber einen machtvollen Führerwillen bekunde, daß sie ein starker Mann sei! Ein Mann! Ein Mann!" (Tramm, Heinrich; Zur inneren Lage, Hann. Kurier, 30. September 1918). Vgl. dazu auch Mlynek, Klaus; Hannover auf dem Weg ins Dritte Reich, S. 287.
272 Schneider, Gerhard; Heeresgedenkstätte im Leineschloß, S. 156.
273 Ebda.
274 Hektographiertes Blatt, nicht datiert (Nachschlagearchiv des Historischen Museums (Tasche VATERLÄNDISCHES MUSEUM. GESCHENKE)).
275 Schneider, Gerhard; Heeresgedenkstätte im Leineschloß, S. 156.
276 Hektographiertes Blatt, nicht datiert (Nachschlagearchiv des Historischen Museums (Tasche VATERLÄNDISCHES MUSEUM. GESCHENKE)).
277 Der Leiter der städtischen Kriegssammlung scheint zudem zuvor bereits in scharfen Konflikt mit Albert Brinckmann geraten zu sein, dem neben dem Kestner-Museum auch die Weltkriegssammlung des Vaterländischen Museums unterstand (vgl. dazu Brinckmann, Albert; Weltkriegssammlung, S. 406–411. O.A.; Das Kriegsmuseum für Hannover, Hann. Kurier, 30. August 1918). Die Ursache dieses Streites ist unbekannt. Interessant ist in diesem Zusammenhang ein Schreiben von Paul Erich Küppers an Wilhelm Hausenstein, München, vom 31. Januar 1920. Küppers sprach hier Gerüchte an, nach denen Biermann die Nachfolge Albert Brinckmanns am Kestner-Museum antreten werde (in: NStAH Dep. 100 A. 10). Albert Brinckmann brach seinen Kontakt zur Kestner-Gesellschaft ab, als er erfuhr, daß Georg Biermann in deren Vorstand gewählt worden war (Schreiben Albert Brinckmanns an die Kestner-Gesellschaft, 8. November 1920 (NStAH Dep. 100 A. 12)).
278 Biermann hatte sich zuvor schon zweimal, am 1. März 1920 und am 25. Februar 1921 um die Nachfolge Paul Gerhard von Puttkamers als Leiter des Städtischen Schauspiels beworben. In dem Schreiben vom 1. März 1920 argumentierte er, er habe „niemals die Fühlung mit dem Theater und allen das moderne Theater berührenden Fragen verloren. Gerade weil ich der Überzeugung bin, daß in der heutigen Zeit ein großer Theaterbetrieb nicht mehr allein durch seine künstlerischen Leistungen existieren kann, sondern daß die wirtschaftliche Seite vor al-

lem ausschlaggebend ist, darf ich auf meine praktischen Erfahrungen und organisatorischen Erfolge gegenüber großen und schwierigen Aufgaben ähnlicher Art verweisen." (StAH HR X.C.10.4.1).

279 Schreiben Kasimir Edschmids an Oberbürgermeister Robert Leinert, 11. Juli 1921, (StAH HR X.C.10.4.1).

280 Protokoll der Sitzung des Theater-Ausschusses, 13. April 1921 (StAH HR X.C.10.32). Auch andere Ausschußmitglieder sprachen sich auf dieser Sitzung für Biermann als „künstlerische Persönlichkeit mit außerordentlichen Fähigkeiten" aus, so Senator Wolf.

281 Protokoll der Sitzung des Theater-Ausschusses, 20. April 1921 (StAH HR X.C.10.32).

282 Ebda. In einer sechsseitigen Schrift ZUR THEATERFRAGE hatte Biermann bereits im März 1920 formuliert: „Ausgehend von dem einzigen Gesichtspunkt, daß das Theater Stätte der Bildung und der Erbauung der werktätigen Menschheit sein sollte, halte ich es für unbedingt notwendig, gerade im Schauspiel die sogenannte *Volksvorstellung* viel mehr zu pflegen als dies bisher der Fall war." (Anlage ZUR THEATERFRAGE, Bewerbungsschreiben Georg Biermanns an Robert Leinert, 1. März 1920 (StAH HR X.C.10.4.1)).

283 Protokoll der Sitzung des Theater-Ausschusses, 13. April 1921 (StAH HR X.C.10.32).

284 Biermann, Georg; Bilder aus der Sammlung Tramm in Hannover, in: Der Cicerone, Jhg. 6, H. 8, April 1914, S. 278.

285 Biermann, Georg; Die modernen Gemälde der Stadt Hannover. Zur Ausstellung im Vaterländischen Museum, Hann. Anzeiger, 4. August 1918. Diesen Wortlaut hatte auch eine Broschüre, die zeitgleich für die Besucher der Städtischen Galerie im Kestner-Museum ausgelegt und an Gäste der Stadt verteilt wurde (Broschüre in: StAH HR 19, 100).

286 Servaes, Franz; Kunstzentren in Deutschland. Hannover, Braunschweig, Magdeburg, Vossische Zeitung, 25. Mai 1919.

287 Ebda.

288 Schreiben Georg Biermanns, Dresden, an Alexander Dorner, 28. Februar 1928 (Reg. LaMu Ordner II.2.2 Gemälde neuer Meister, Ankäufe 1.10.1928 – 31.12.1928).

289 Biermann, Georg; Heinrich Tramm als Sammler und Kunstfreund, S. 87.

290 Ebda., S. 84.

291 Ebda.

292 „Das Ergebnis aber seiner Sammelarbeit für die Städtische Galerie war ein lebendiger hektischer Organismus, war die moderne Galerie der Stadt Hannover, deren Aufbau im letzten sein Werk gewesen ist. Entscheidend bleibt in diesem Zusammenhang immer die Tatsache, daß Tramm schon früh über die historischen Dinge heraus den Anschluß an die eigene Zeit gefunden hat." (Ebda., S. 84).

293 Neben Biermann äußerte sich beispielsweise auch Victor Curt Habicht sehr lobend über die städtische Kunstpolitik. Vgl. z. B. Habicht, V. C.; Neuerworbene Gemälde moderner Meister des Kestner-Museums in Hannover, in: Der Cicerone, V. Jhg., Juli 1913, S. 527–535. Habicht lobte hier die „planmäßige" und „großzügige Bildererwerbung" Heinrich Tramms. Vgl. auch H., V.C.; Kunst, Wissenschaft und Leben. Zur Sonderausstellung des Kestner-Museums, Hann. Anzeiger, 6. Juli 1913. Hier kritisierte Habicht zunächst Tendenzen des „Industrialismus und Materialismus" in der Kunst, um dann zu betonen: „Es kann deshalb nur rühmend hervorgehoben werden, wie wohltuend und einsichtsvoll Hannover hiervon eine Ausnahme macht und wie zielbewußt und opferwillig in vorbildlichem Wetteifer gerade hier der Magistrat und kunstbegeisterte zu großen Opfern bereite Privatleute Sorge tragen, daß die Stadt diese Sonderstellung einnimmt."

294 Heinrich Tramm verfaßte – nicht ohne Eigenlob – auch selbst Beiträge zur städtischen Kunstpolitik und veröffentlichte sie in den großen hannoverschen Tageszeitungen.

295 R., M. K.; Theater, Kunst und Wissenschaft. Kunstausstellung in Hannover. Frühjahrsausstellung des Kunstvereins im Künstlerhaus, 4. April 1927.

296 Ebda.

297 Ebda.

298 O.A.; Aus dem Kestner-Museum, Hann. Kurier, 7. August 1912. Vgl. dazu auch den Artikel HANNOVER ALS KUNSTSTADT (o.A.; Hannover als Kunststadt, Hann. Kurier, 14. Januar 1913): „Hannover ist in die Reihe der kunstpflegenden Städte getreten und beginnt in dieser Reihe mit weitausgreifenden Schritten nach vorwärts zu streben."

299 O.A.; Aus dem Kestner-Museum, Hann. Kurier, 7. August 1912.

300 O.A.; Ausstellung städtischer Gemälde, Hann. Anzeiger, 12. Januar 1913.

301 Ebda.

302 Brinckmann, (Albert); Bildende Kunst in Hannover, S. 199.

303 Küppers, Paul Erich; Gesellschaften und Vereine. Zur Gründung der Kestner-Gesellschaft in Hannover, in: Der Cicerone, 8. Jhg., H. 17/18, September 1916, S. 368.

304 Ebda.

305 Küppers, Paul Erich; Hannoverscher Kunstbrief, in: Kunstchronik und Kunstmarkt. Wochenschrift für Kenner und Sammler, 55. Jhg., N.F. XXXI, Nr. 24, 12. März 1920, S. 482.

306 Dorner, Alexander; Moderne Kunstpflege in Hannover, in: Festschrift zur Tagung des Deutschen Städtebundes, Hannover 1924, S. 26. Der Beitrag verfolgte das Ziel, „die Faktoren Revue passieren" zu lassen, die „in Hannover das Kunstleben bestimmen". In diesem Zusammenhang äußerte sich Dorner positiv über die „Städtische moderne Galerie, die der Tatkraft des Stadtdirektors Tramm ihr Entstehen verdankt". Zusammenfassend kam Dorner zu folgendem Ergebnis: „Krieg und wirtschaftliche Not haben also das Kunstleben in Hannover nicht erstickt, sondern gesteigert."

307 Dorner, Alexander; Moderne Kunstpflege in Hannover, in: Festschrift zur Tagung des Deutschen Städtebundes, Hannover 1924, S. 26.

308 Vgl. dazu: Cauman, Samuel; Das lebende museum, S. 50 ff. Flacke-Knoch, Monika; Museumskonzeptionen in der Weimarer Republik, S. 47 f.

309 Biermann, Georg; Heinrich Tramm als Sammler und Kunstfreund, S. 84.

310 Schmalenbach, Werner; Kurt Schwitters, S. 16.

311 Steinitz, Käte; Kestner-Gesellschaft, S. 28.

312 Protokoll der Sitzung der Finanz-Kommission und der Museums-Kommission, 6. September 1919 (StAH, Versch. Kommissionen, Bd. 21).

313 Protokoll der Sitzung der Finanz-Kommission und der Museums-Kommission, 13. September 1919 (StAH Versch. Kommissionen, Bd. 21).

314 Protokoll der Sitzung der Finanz-Kommission und der Museums-Kommission, 6. September 1919 (StAH Versch. Kommissionen, Bd. 21).

315 Ebda.
316 Protokoll der Sitzung der Museums-Kommission, 9. Februar 1929 (StAH Versch. Kommissionen, Bd. 21).
317 Vgl. allg. Röhrig, Herbert; Heinz Appel.
318 Schreiben Heinz Appels an die Kestner-Gesellschaft, 21. Dezember 1932 (NStAH Dep. 100.A.50).
319 B., K.; Städtische Kunstpflege, Hann. Abendpost, 11. Januar 1913.
320 Ebda.
321 Cyprian; Gemäldeausstellung in Hannover, Volkswille, 30. Januar 1913.
322 Spengemann, Christof; Vier Generationen. Leopold, Wilhelm, Christof, Walter. Die Historie der Familie Spengemann, Hannover 1936 (SAH 2120). Spengemann, Christof; Mit Heinrich beginnend. Ein Hannoverbuch, unveröffentlichtes Typoskript, Hannover 1950 (SAH 2123b).
323 Spengemann, Christof; Vier Generationen. Leopold, Wilhelm, Christof, Walter. Die Historie der Familie Spengemann, Hannover 1936 (SAH 2120).
324 Ebda.
325 Spengemann charakterisierte Tramm als „großartige, an Temperament, Energie und Gewandtheit überragende, faszinierende Persönlichkeit", dabei jedoch unzulänglich in der „Beurteilung künstlerischer Angelegenheiten" (Spengemann, Christof; Mit Heinrich beginnend. Ein Hannoverbuch, unveröffentlichtes Typoskript, Hannover 1950 (SAH 2123b).
326 Spengemann, Christof; Vier Generationen. Leopold, Wilhelm, Christof, Walter. Die Historie der Familie Spengemann, Hannover 1936 (SAH 2120). In dem Artikel WORT UND WIRKLICHKEIT. DIE STADT KAUFT KUNST sprach Spengemann 1932 von einer „Rebellion" im Kunstverein (Spengemann, Christof; Wort und Wirklichkeit. Die Stadt kauft Kunst, Volkswille, 21. Januar 1932.
327 Spengemann, Christof; Vier Generationen. Leopold, Wilhelm, Christof, Walter. Die Historie der Familie Spengemann, Hanover 1936 (SAH 2120).
328 Spengemann, Christof; Mit Heinrich beginnend. Ein Hannoverbuch, unveröffentlichtes Typoskript, Hannover 1950 (SAH 2123b). Im Nachlaß Spengemanns findet sich ein Typoskript aus dem Jahr 1950, das offenbar zur Veröffentlichung in der NORDDEUTSCHEN ZEITUNG vorgesehen war. Hier wurde der gleiche Sachverhalt geschildert.
329 Spengemann, Christof; Vorschläge zur Ausscheidung von Gemälden zwecks Neuordnung der Abteilung ‚Moderne Gemälde' im Kestner-Museum, Typoskript, datiert auf „Ende 1918" (SAH, nicht verzeichneter Nachlaß Christof Spengemanns). Vgl. auch Spengemann, Christof; Mit Heinrich beginnend. Ein Hannoverbuch, unveröffentlichtes Typoskript, Hannover 1950 (SAH 2123b).
330 Spengemann, Christof; Vorschläge zur Ausscheidung von Gemälden zwecks Neuordnung der Abteilung ‚Moderne Gemälde' im Kestner-Museum, Typoskript, datiert auf „Ende 1918" (SAH, nicht verzeichneter Nachlaß Christof Spengemanns).
331 Ebda.
332 Spengemann, Christof; Bildende Kunst, S. 11
333 Vielleicht war das auch der Grund dafür, daß die Schrift nicht in einem hannoverschen Verlag, also etwa beim ZWEEMANN selbst, sondern in Berlin im Verlag LICHT UND SCHATTEN erschien.
334 Spengemann, Christof; Bildende Kunst, S. 4.
335 Ebda., S. 5.
336 Ebda., S. 4.
337 Ebda.
338 Ebda.
339 Ebda. Spengemann, Christof; Vorschläge zur Ausscheidung von Gemälden zwecks Neuordnung der Abteilung ‚Moderne Gemälde' im Kestner-Museum, Typoskript, datiert auf „Ende 1918" (SAH, nicht verzeichneter Nachlaß Christof Spengemanns).
340 „Die Bedeutung des Vereins und seiner Ausstellungen ließ Konkurrenzunternehmungen künstlerisch unnötig und geschäftlich aussichtslos erscheinen. Mit diesem Gefühl der Unantastbarkeit glitt man dann, wohl ohne es selbst zu merken, in seichtere Bahnen. Das große Publikum merkte das gar nicht. Es war so selbstverständlich, den Kunstverein als die einzige, als unbedingt maßgebliche Instanz in Kunstdingen anzusehen, daß man seine Räume in gläubiger Ehrfurcht wie einen Dom betrat." (Ebda., S. 6).
341 Ebda., S. 8.
342 Ebda., S. 6.
343 Spengemann, Christof; Wort und Wirklichkeit. Die Stadt kauft Kunst, Volkswille, 21. Januar 1932.
344 Spengemann, Christof; Bildende Kunst, S. 13.
345 Ebda.
346 Ebda. S. 15.
347 Kunstgenossenschaft Hannover; Offenherzigkeiten, S. 7.
348 Ebda., S. 3.
349 Ebda., S. 4.
350 Ebda.
351 Ebda.
352 Ebda.
353 Ebda.
354 Ebda., S. 3.
355 Ebda. S. 11.
356 Ebda., S. 7.
357 Kunstgenossenschaft Hannover; Offenherzigkeiten, S. 4.
358 Ebda., S. 6.
359 Ebda.
360 Ebda., S. 7.
361 Ebda.
362 Ebda.
363 Vgl. Lenman, Robin; Painters, Patronage, and the Art Market, S. 121. Mommsen, Wolfgang J.; Stadt und Kultur, S. 71. Schrade, Hubert; Schicksal und Notwendigkeit, S. 126 ff. Feist, Peter H.; Publikum und Ausstellungen, S. 83. Deiters, Heinrich; Allgemeine Deutsche Kunstgenossenschaft, S. 4 f.
364 Deiters, Heinrich; Allgemeine Deutsche Kunstgenossenschaft, S. 11 und, besonders, S. 49.
365 Schrade, Hubert; Schicksal und Notwendigkeit, S. 127. 1911 bestanden 24 Ortsvereine mit fast 3.000 Mitgliedern (Schreiben des ADKG-Hauptausschusses an den Magistrat, 5. November 1911 (StAH HR 19, 98)).
366 Ebda.
367 Lenman, Robin; Painters, Patronage, and the Art Market in Germany, S. 122.
368 Ebda.

369 Voß, Kurt; 150 Jahre Kunst in Niedersachsen, in: Niedersachsen, 37. Jhg., 1932, S. 269 ff.

370 Die ADKG, Ortsgruppe Hannover, verstand sich offenbar trotz der Existenz des Künstlervereins als zeitlich erste Künstlerorganisation (Schreiben der ADKG an den Magistrat, 29. Oktober 1925 (StAH HR 19, 98)).

371 O.A.; Die Streitaxt der Künstler. Der Konflikt zwischen der Kunstgenossenschaft und der Stadtverwaltung, Zeitungartikel ohne Herkunftsangabe, (in: StAH HR 19, 98). Vgl. in diesem Zusammenhang auch das Schreiben der Ortsgruppe der ADKG, die in einem Brief vom 8. Februar 1904 an den Magistrat klagte, sie habe „mit Bedauern ... die Mitteilung gelesen, wie in der Satzung des BVK von autoritativer Seite darauf hingewiesen ist, infolge des diesjährigen Defizits den Künstlerfonds und den Beitrag für die Sammlungen des Kestner-Museums in Höhe von 35.000 M zu streichen. Die hannoversche Künstlerschaft glaubt, sich berechtigt gegen diesen Vorschlag, welcher Kunst und Kunstpflege, im Gegensatz zu anderen materiellen Leistungen, als einen entbehrlichen Luxus hinstellt, der in Tagen der Verlegenheit zuerst als entbehrlich fallen kann oder muß, im Interesse der Wahrung allgemeiner idealer Anschauungen ebenso protestieren zu müssen wie zum besten der Stadt Hannover selbst, der durch Taten, ja schon durch Worte dieser Art in ihrer Repräsentation nach außen schwerer Schaden erwachsen kann!" (Schreiben der ADKG, Lokalverein Hannover, an den Magistrat, 8. Februar 1904 (StAH HR 19, 290)).

372 Schreiben der Allgemeinen Deutschen Kunstgenossenschaft, Ortsgruppe Hannover, an den Magistrat, 31. Dezember 1894 mit der Bitte, einen ständigen Fonds von jährlich 25.000 M einzurichten (StAH HR 19, 291). O.A.; Der Kunstfonds und seine Erfolge, Hann. Tageblatt, 27. Februar 1896.

373 Schreiben der Allgemeinen Deutschen Kunstgenossenschaft, Ortsgruppe Hannover, 5. November 1911 (StAH HR 19, 98).

374 Frerking, Johann; Geschichte des Kunstvereins, S. 36. Lohr, Jakob; Bemerkungen zur Mitgliederbewegung im Kunstverein, S. 93.

375 „Der Ankauf erstreckt sich vorzugsweise auf Werke vaterländischer Künstler, d. h. solcher, welche entweder in dem Königreiche Hannover geboren sind oder in demselben ihren Wohnsitz haben." (Satzung abgedruckt in: NStAH Hann. 122a. 3413). Vgl. auch Kunstverein Hannover; Bürger & Bilder, S. 16.

376 Auf der ersten Ausstellung des Kunstvereins waren von insgesamt mehr als 200 beteiligten Künstlern nur 64 Hannoveraner (Frerking, Johann; Geschichte des Kunstvereins, S. 28).

377 Lohr, Jakob; Bemerkungen zur Mitgliederbewegung im Kunstverein, S. 93.

378 Dies war der künstlerischen Qualität jedoch nicht unbedingt zuträglich. Als man 1911 ein Mitglied der kaiserlichen Familie um die Übernahme des Protektorats für die Große Kunstausstellung der ADKG in Hannover bat, lautete die Antwort, die geplante Ausstellung sei „nicht bedeutend genug" (Schreiben des Königlichen Ministeriums der auswärtigen Angelegenheiten an den Oberpräsidenten der Provinz Hannover, 25. September 1911 (NStAH Dep. 122a. 3387)).

379 Frerking, Johann; Geschichte des Kunstvereins, S. 38.

380 „Die Kunstgenossenschaft, in mehr als einem Punkte mit dem Kunstverein verknüpft, ist in annäherndem Maße von seinem Verluste mitbetroffen. Was wird? Sie ist eine Vereinigung ausübender Künstler – und niemand kann über seine Kraft. Von der künftigen Tendenz des Kunstvereins wird es wohl abhängen, ob sie sich im Rahmen des ihr Möglichen arrangiert oder nicht." (Spengemann, Christof; Bildende Kunst, S. 13).

381 Kunstgenossenschaft Hannover; Offenherzigkeiten, S. 6.

382 Schreiben der Kunstgenossenschaft, Ortsgruppe Hannover, an die Stadtverwaltung, 5. November 1911 und 29. Oktober 1925 (StAH HR 19, 98).

383 Allgemeine Deutsche Kunstgenossenschaft, Ortsgruppe Hannover (Hg.); Katalog der Kunstschau Bad Pyrmont, 1925.

384 Ebda. Kurt Voß meinte noch 1932 offenbar das gleiche, als er hoffte, mit den ‚Kunstgenossen' bleibe „die Kraft einer festgefügten Kunstüberlieferung noch lange in Geltung" (Voß, Kurt; 150 Jahre Kunst in Niedersachsen, in: Niedersachsen, 37. Jhg., 1932, S. 469). Anläßlich der Eröffnungsrede der Großen Kunstausstellung der ADKG wurde 1911 eine Kunst propagiert, die „jenseits der Alltagssorgen" Genuß biete und die nationalen Wurzeln betone (nicht datierte Eröffnungsrede zur Großen Kunstausstellung der ADKG in Hannover 1911 (NStAH 122a 3387)).

385 Allgemeine Deutsche Kunstgenossenschaft, Ortsgruppe Hannover (Hg.); Katalog der Kunstschau Bad Pyrmont, 1925. Zweifel an dieser Aussage sind schon deshalb gerechtfertigt, weil Kurt Schwitters sich Anfang der zwanziger Jahre erinnerte, „1911 wurden meine Bilder zum ersten Mal von der Kunstgenossenschaft Hannover abgewiesen" (zitiert nach: Nebel, Otto; Kurt Schwitters. Sturm Bilderbücher IV, Berlin 1920, S. 1).

386 Kunstgenossenschaft Hannover; Offenherzigkeiten, S. 6.

387 Zitiert nach: Kunstgenossenschaft Hannover; Offenherzigkeiten, S. 10.

388 Ebda.

389 Ebda., S. 11.

390 Ebda., S. 6.

391 Ebda., S. 10.

392 Ebda.

393 Ebda., S. 11.

394 Ebda.

395 Ebda.

396 Ebda.

397 Ebda.

398 Ebda.

399 Ebda., S. 12.

400 Ebda., S. 11.

401 Ebda., S. 12.

402 Sp., C.; Kunstgenossen. Glosse, in: Der Zweemann, 1. Jhg., H. 1, November 1919, S. 16 f.

403 Die ‚Kunstgenossen' hatten sich in den OFFENHERZIGKEITEN kritisch über DAS HOHE UFER geäußert: „In Tagesartikeln, neubegründeten Zeitschriften, Broschüren werden bei uns der liebe Snob und wackere Bürgersmann nachdrücklich und unaufhörlich bearbeitet, um aus dem Schlamme veralteter, vermoderter Kunstanschauungen heraus- und herangezogen zu werden an das ‚hohe Ufer', allwo in reinerer, schlakkenloser Atmosphäre, geläutert und gesäubert vom Unflat der Vergangenheit, alle jene Seeligen wandern, über welche der heilige Geist in Gestalt des Expressionismus gekommen, wofern bei diesen Glücklichen nicht schon vorher, ob zu enger Fühlung mit der neuen Weisheit,

der letzte Rest von Gehirn zum Teufel gegangen." (Kunstgenossenschaft Hannover; Offenherzigkeiten, S. 5).

404 Küppers, Paul Erich; Christian Rohlfs, in: Das Hohe Ufer, 1. Jhg., H. 5, Mai 1919, S. 127 f.
405 Ebda.
406 Vgl. Rundfrage des Deutschen Städtetages an den Magistrat, 13. Juli 1932 (StAH HR XXX.222).
407 Riha, Karl; Nachwort. Im Geiste ANNA BLUMES. Zu Christof Spengemanns YPSILON-Roman, in: Spengemann, Christof; Ypsilon, S. 103. Hack, Angelica; Rudolf Hermanns. Dieter-Jürgen Leister erwähnte in seiner 1960 im Auftrag des Bomann-Museums, Celle, verfaßten biographischen Skizze die OFFENHERZIGKEITEN nicht (Leister, Dieter-Jürgen; Rudolf Hermanns).
408 Hack, Angelica; Rudolf Hermanns.
409 Daß er der Verfasser der OFFENHERZIGKEITEN war, hat Hermanns nicht bestätigt, er hatte es aber auch nicht dementiert. Allerdings verweisen sowohl der Stil der Schrift als auch die Erwähnung der drei Gewährsleute Lessing, Schiller und Liebermann in der Broschüre der ‚Kunstgenossen' wie in einer 1918 erschienenen biographischen Skizze über Hermanns (in: Goebel, Fritz, Rudolf Hermanns, in: Westermanns Monatshefte, Bd. 124, II, H. 743, 1918, S. 427f) auf Hermanns als Autor.
410 Leister, Dieter-Jürgen; Rudolf Hermanns. Thieme-Becker, Bd. 16, 1923, S. 505. Goebel, Fritz; Rudolf Hermanns; in: Westermanns Monatshefte, Bd. 124, II, H. 743, 1918, S. 417, 424 ff.
411 Rudolf Hermanns; in: Westermanns Monatshefte, Bd. 124, II, H. 743, 1918, S. 417 ff.
412 Hack, Angelica; Rudolf Hermanns.
413 Goebel, Fritz; Rudolf Hermanns; in: Westermanns Monatshefte, Bd. 124, II, H. 743, 1918, S. 424.
414 Hack, Angelica; Rudolf Hermanns. Leister, Dieter-Jürgen; Rudolf Hermanns.
415 So Hermanns in seiner Lebensskizze, in: Goebel, Fritz; Rudolf Hermanns; in: Westermanns Monatshefte, Bd. 124, II, H. 743, 1918, S. 427.
416 Hack, Angelica; Rudolf Hermanns.
417 In: Goebel, Fritz; Rudolf Hermanns; in: Westermanns Monatshefte, Bd. 124, II, H. 743, 1918, S. 427.
418 Ebda.
419 Ebda.
420 Löns, Hermann; (Zur Ausstellung in der Kunsthalle am Georgsplatz), Hann. Anzeiger, 8. November 1899, zitiert nach: Leister, Dieter-Jürgen; Rudolf Hermanns. Vgl. auch Hack, Angelica; Rudolf Hermanns.
421 Löns, Hermann; (Zur Ausstellung in der Kunsthalle am Georgsplatz), Hann. Anzeiger, 8. November 1899, zitiert nach: Leister, Dieter-Jürgen; Rudolf Hermanns.
422 Leister, Dieter-Jürgen; Rudolf Hermanns.
423 Goebel, Fritz; Rudolf Hermanns; in: Westermanns Monatshefte, Bd. 124, II, H. 743, 1918, S. 427.
424 Hack, Angelica; Rudolf Hermanns.
425 Brinckmann, (Albert); Bildende Kunst in Hannover, S. 197.
426 Goebel, Fritz; Rudolf Hermanns; in: Westermanns Monatshefte, Bd. 124, II, H. 743, 1918, S. 427. Hack, Angelica; Rudolf Hermanns.
427 Hack, Angelica; Rudolf Hermanns.
428 In: Goebel, Fritz; Rudolf Hermanns; in: Westermanns Monatshefte, Bd. 124, II, H. 743, 1918, S. 424 f.
429 Ebda.
430 Ebda.
431 Ebda., S. 425.
432 Spengemann, Christof; Vier Generationen. Leopold, Wilhelm, Christof, Walter. Die Historie der Familie Spengemann, Hannover 1936 (SAH 2120).
433 Leister, Dieter-Jürgen; Rudolf Hermanns.
434 Ebda.
435 Buonarotti, Cesare; Herbstausstellung Hannoverscher Künstler, in: Hann. Woche, 22. Oktober 1927.
436 Ebda.
437 Dr. Kn.; Herbstausstellung Hannoverscher Künstler, Niederdeutsche Zeitung, 25. November 1928.
438 O.A.; Die Jubiläums-Ausstellung des Hannoverschen Kunstvereins II., Hann. Anzeiger, 23. März 1932.
439 1925 erwarb der Magistrat ein Landschaftsgemälde von Hermanns für 800 M, das in ein Verwaltungsgebäude gehängt wurde (Schreiben des Magistrats an Rudolf Hermanns, 29. Mai 1925 (StAH HR X.C.7.5.III)). 1928 wurde erneut ein Bild angekauft (Protokoll der Sitzung der Museums-Kommission, 21. Dezember 1928 (gleiche Akte). Ein Jahr später kaufte die Stadt erneut ein Werk, und zwar für das Dienstzimmer eines leitenden Beamten (Protokoll der Sitzung der Städtischen Kollegien, 17. Januar 1929 (gleiche Akte)). 1930 gelangte eine weitere Ölstudie von Hermanns ins Amt für Leibesübungen (Schreiben Oberbürgermeister Menges an Hermanns, 8. September 1930 (gleiche Akte)).
440 Vgl. dazu das Schreiben von Rudolf Hermanns an Oberbürgermeister Menge, 16. April 1930. Hermanns bat hier um weitere Ankäufe seiner Werke, er wolle aber nicht „unverschämt oder anmaßend wirken" (StAH HR X.7.5.III).
441 O.A.; Kunstmaler Hermanns 70 Jahre, Niederdeutsche Zeitung, 16. April 1930.
442 Ebda.
443 Schreiben Oberbürgermeister Menges an Rudolf Hermanns, 25. April 1930 (StAH HR 19, Nr. 325).
444 Ebda.
445 Schreiben von Rudolf Hermanns an Oberbürgermeister Menge, 1. April 1932 (StAH HR 19, Nr. 325).
446 Spengemann, Christof; Wort und Wirklichkeit. Die Stadt kauft Kunst, Volkswille, 21. Januar 1932.
447 Vgl. die Schreiben Oberbürgermeister Menges an Rudolf Hermanns vom 4. Juni 1932, 31. Oktober 1932, 14. Februar 1933, 9. März 1933, 26. April 1933, 28. Juni 1933, 30. Oktober 1933, 12. April 1935 (StAH HR 19, Nr. 325).
448 Der Reichswirtschaftsverband war eine in vielen deutschen Städten bestehende Selbsthilfeorganisation von Künstlern (vgl. Als die SA in den Saal marschierte. Das Ende des Reichsverbandes bildender Künstler Deutschlands, Berlin 1983). In Hannover stand dem Verband bis 1925 der Maler Friedrich Karl Lippert vor, dann folgte Carl Buchheister. Besonders unter seiner Leitung entwickelte sich der hannoversche Reichswirtschaftsverband auch zu einer Institution, die der städtischen Kunstpolitik kritisch gegenüberstand (vgl. besonders den Bestand in: StAH HR 15, 792).
449 Unterstützungsgesuch des Reichskartells der bildenden Künste an die Stadt, 8. September 1933 (StAH HR XXX.238).
450 Ebda.

⁴⁵¹ Ebda.
⁴⁵² Nach Hermanns' Tod wurde seiner Familie der Ehrensold noch für einige Zeit weitergezahlt. (Schreiben des Oberpräsidenten der Provinz Hannover an den Oberbürgermeister, 22. Juli 1935 (StAH HR 19, Nr. 325)). Vgl. in diesem Zusammenhang auch den Nachruf auf Hermanns in der nationalsozialistischen NIEDERSÄCHSISCHEN TAGESZEITUNG. Der Verstorbene wurde mit den Worten gewürdigt, er sei „in seinem ganzen Leben und Wirken eine glückliche Mischung norddeutsch-gewissenhaften gründlichen Wesens mit rheinischem Temperament, Frohsinn und Freude an der schönen Form" gewesen (o.A.; Ein Freund der Landschaft. Rudolf Hermanns †, Nieders. Tageszeitung, 12. Juli 1935).
⁴⁵³ Schreiben Gustav Kokens als Vertreter der Kommission der Herbstausstellung Hannoverscher Künstler an den Magistrat, 26. November 1907 (StAH HR 19, 98).
⁴⁵⁴ Ebda.
⁴⁵⁵ Mülbe, Dr. v. d.; Richard Schlösser, in: Altsachsenland. Parteilose Zeitschrift zur Pflege der Heimatkunde und des Heimatschutzes für den Heimatbund Niedersachsen, 7. Jhg., April 1913, S. 5.
⁴⁵⁶ Ebda.
⁴⁵⁷ Als die hannoversche ADKG sich im November 1913 beklagte, daß die städtische Kunstpolitik sich nicht genug um die heimischen Künstler bemühe, legte Tramm kurzerhand empört das Protektorat für die Herbstausstellung der hannoverschen Künstler nieder (B., K.; Die Streitaxt der Künstler. Der Konflikt zwischen der Kunstgenossenschaft und der Stadtverwaltung Hannover, Hann. Abendpost, 30. September 1913). Vgl. auch Kaiser, Hans; Die Kunstgenossenschaft und die städtische Kunstpflege, Teil II, Hann. Kurier, 23. September 1913).
⁴⁵⁸ Vgl. Steinweg, Wolfgang; Rathaus zu Hannover, bes. S. 77.
⁴⁵⁹ Ebda.
⁴⁶⁰ Vgl. dazu Dorner, Alexander; 100 Jahre Kunst in Hannover, S. 33. Brosius, Dieter; Industriestadt, S. 330.
⁴⁶¹ Catalogus Professorum 1831–1981, Bd. 2, S. 138. Vgl. Brinckmann, (Albert); Bildende Kunst in Hannover, S. 198. Nach dem Zusammenbruch der Monarchie schwand das Interesse an dem 1822 im hessischen Arolsen geborenen und seit 1856 bis zu seinem Tod in Hannover lebenden Friedrich Kaulbach schnell. Schon 1916, anläßlich der zweiten Ausstellung der Kestner-Gesellschaft, hatte Paul Erich Küppers das Kunstpublikum Hannovers dazu aufgerufen, nicht alles „an der Elle des einst so beliebten Kaulbach zu messen" (Küppers, P. E.; Vorwort zur zweiten Sonderausstellung, in: Kestner-Gesellschaft e.V. (Hg.); 2. Ausstellung. Karl Caspar. Maria Caspar-Filser, 8. November – 10. Dezember 1918), und Gustav Pauli, Leiter der Hamburger Kunsthalle, kam drei Jahre darauf in seinem Gutachten zu den Kunstankäufen der Stadt Hannover zu dem Urteil, daß „die Anwesenheit der Bilder in der Sammlung ... nur dann erklärlich (sei), wenn man sich vergegenwärtige, daß Kaulbach aus Hannover stamme. Er (Pauli, I.K.) ... könne nicht ein einziges Bild vertreten". (Protokoll der Sitzung der Finanz-Kommission und der Museums-Kommission, 6. September 1919 (StAH Versch. Kommissionen, Bd. 21)). Die Tochter des Künstlers Isidore arbeitete für den HANNOVERSCHEN ANZEIGER in den zwanziger Jahren gelegentlich als Feuilletonistin. 1931 veröffentlichte sie eine Biographie ihres Vaters (Kaulbach, Isidore; Friedrich Kaulbach. Erinnerungen an mein Vaterhaus, Berlin 1931. Vgl. auch Rischbieter, Henning; Hannoversches Lesebuch, Bd. 2, S. 102 ff.). Isidore Kaulbach berief sich in den zwanziger Jahren der Stadtverwaltung gegenüber wiederholt auf ihre Herkunft als Tochter eines Hofmalers, welche das elterliche Wohnhaus am Waterlooplatz habe verlassen müssen, „weil die neue Regierung in Berlin das so will". Nachdem sie bereits seit Mitte der zwanziger Jahre mit jährlich 1.000 M durch die Stadt unterstützt worden war, und zwar „mit Rücksicht auf Ihren Vater ..., der viele Werke seiner Kunst dem Hannoverlande geschenkt hat", wurde der Betrag im Oktober 1927 auf ihren Wunsch hin erhöht (Schreiben Bürgermeister Finks an das Stenographische Amt, 23. Januar 1925. Schreiben Isidore Kaulbachs an die Stadtverwaltung, 11. Oktober 1927. Protokoll der Sitzung des Magistrats, 14. Oktober 1927 (StAH HR XXX.240)). Der daraufhin festgelegte Betrag von 2.500 M jährlich wurde ihr noch zu Beginn der dreißiger Jahre gewährt, auch auf ihre Begründung hin, wegen der Arbeit an der Biographie ihres Vaters die Tätigkeit als Redaktionshilfe beim HANNOVERSCHEN ANZEIGER aufgegeben zu haben (Schreiben Isidore Kaulbachs an den Magistrat, 1. März 1932 (gleiche Akte). Vgl. auch Meunier, Ernst; Aufstieg einer Zeitung, S. 127). 1935 stellte die Stadt die Zahlungen an Isidore Kaulbach ein (Schreiben des Magistrats an Isidore Kaulbach, 9. September 1935, gleiche Akte). Auch Friedrich Kaulbachs Sohn Siegmund wurde Ende der zwanziger Jahre von der Stadt Hannover finanziell unterstützt (Schreiben des Magistrats an Siegmund Kaulbach, 14. Dezember 1928 (gleiche Akte)).
⁴⁶² Schreiben Friedrich Kaulbachs an Museumsdirektor Carl Schuchhardt, 26. Juni 1901 (NStAH Hann. Des. 151.69).
⁴⁶³ Ebda.
⁴⁶⁴ Vgl. Leppien, Helmut R.; Bilder der Bürger, S. 8. Brosius, Dieter; Industriestadt, S. 330. Mlynek, Klaus; Vom Privaten zum Öffentlichen, S. 172.
⁴⁶⁵ Vgl. Sievert, A./Seefeld, A. v./Aengeneyndt, G.; Hannoverscher Künstlerverein, S. 16 ff. Leppien, Helmut R.; Bilder der Bürger, S. 7 f. Mlynek, Klaus; Vom Privaten zum Öffentlichen, S. 172. Brinckmann, (Albert); Bildende Kunst in Hannover, S. 194. Künstlerverein Hannover; Kunstförderung. Kunstsammlung. Künstlerverein Hannover; Feierlichkeiten zur Einweihung, S. 11.
⁴⁶⁶ Sievert, A./Seefeld, A. v./Aengeneyndt, G.; Hannoverscher Künstlerverein, S. 17. Mlynek, Klaus; Vom Privaten zum Öffentlichen, S. 172.
⁴⁶⁷ Klaus Mlynek gibt 1886 als Jahr der Übernahme des Museums in den Besitz der Provinz an (Mlynek, Klaus; Vom Privaten zum Öffentlichen, S. 177).
⁴⁶⁸ Grohn, Hans-Werner; Gemälde des Vereins für die Öffentliche Kunstsammlung, S. 16.
⁴⁶⁹ Vgl. Leppien, Helmut R.; Bilder der Bürger, S. 8 f. Mlynek, Klaus; Stadt, Stadtverwaltung und Kestner-Museum, S. 183.
⁴⁷⁰ Seit 1852 überwies der Kunstverein die Einkünfte eines seiner Ausstellungstage an den Verein für die öffentliche Kunstsammlung und verleibte sich dafür im Gegenzug ein Werk aus dessen Besitz ein (Leppien, Helmut R.; Bilder der Bürger, S. 8).
⁴⁷¹ Protokoll der vertraulichen Sitzung der Städtischen Kollegien, 8. Februar 1912 (StAH HR 15, 453). Vgl. auch Mlynek, Klaus; Vom Privaten zum Öffentlichen, S. 190.
⁴⁷² Protokoll der vertraulichen Sitzung der Städtischen Kollegien, 8. Februar 1912 (StAH HR 15, 453).
⁴⁷³ Klaus Mlynek urteilte: „Da die Akten zu diesem Vorgang sonst nichts weiter hergeben, ist es schwierig zu beurteilen, wie ernst es Tramm mit dem Gedanken einer Vereinigung der städtischen Gemäldegalerie mit

jener des Vereins für die öffentliche Kunstsammlung unter dem Dach des Kestner-Museums wirklich gewesen ist. Bei der dem Stadtdirektor nachgesagten Schlitzohrigkeit mag der Hinweis auf die Vereinssammlung auch der berühmte Wink mit dem Zaunpfahl gewesen sein, der den Städtischen Kollegien die Bewilligung der von Tramm für neue Bildankäufe geforderten Summe von 200.000 M erleichtern sollte." (Mlynek, Klaus; Stadt, Stadtverwaltung und Kestner-Museum, S. 190).

474 Vgl. hierzu exemplarisch für den Verein für die öffentliche Kunstsammlung: StAH HR 15, 453.

475 Vgl. etwa Jürgens, Otto; Entstehung der stadthannoverschen Museen, S. 231.

476 Statuten des Kunstgewerbevereins zu Hannover, 1886 (NStAH Hann. 122a. 3474).

477 Mlynek, Klaus; Stadt, Stadtverwaltung und Kestner-Museum, S. 191.

478 Vgl. zum Vertrag: StAH HR 19, 125, hier bes. das Schreiben des Kunstgewerbevereins an den Magistrat, 26. Februar 1895, sowie den Vertragstext selbst in seiner Fassung vom 1. April 1895.

479 Carl Schuchhardt schrieb in seinen Lebenserinnerungen (Schuchhardt, Carl; Aus Leben und Arbeit, S. 187, bes. auch S. 267): „Der Kunstgewerbeverein kam mit seinem Leibnizhause in finanzielle und Verwaltungsschwierigkeiten und bat den Magistrat um Hilfe ... Der Magistrat übernahm daher die Verwaltung und betraute mich mit ihrer Ausübung." Vgl. zu dem Sachverhalt auch Mlynek, Klaus; Stadt, Stadtverwaltung und Kestner-Museum, S. 192.

480 Das Leibnizhaus war damit in den engeren Zugriffs- und Machtbereich der Stadt übergegangen. Dennoch schrieben verschiedene Gremien der Stadtverwaltung unverdrossen weiter vom „Leipnizhaus" (vgl. dazu exemplarisch NStAH Hann. 122a. 3474).

481 Die Initiative zu dem Abschluß dieses Vertrages war dabei offenbar vom Kunstgewerbeverein ausgegangen. Wohl aufgrund unverändert bestehender Finanzschwierigkeiten war er mehrfach in den Jahren des Ersten Weltkrieges an den Magistrat mit dem Vorschlag der Zusammenführung seiner Sammlung mit jener des Kestner-Museums herangetreten (Vgl. StAH HR, 15, 455. Mlynek, Klaus; Stadt, Stadtverwaltung und Kestner-Museum, S. 193). Seit Juli 1920 beriet der Magistrat dann über konkrete Pläne, die sich nach kontroverser Diskussion Anfang 1921 verdichteten, als im Zuge der allgemeinen Neuordnung der Museumsbestände der Stadt auch dem Leibnizhaus verstärkte Aufmerksamkeit galt (vgl. dazu Schreiben des Regierungspräsidenten an den Magistrat, 7. April 1921 (StAH HR 19, 125)). Vorangegangen war diesem Schreiben ein Brief des zuständigen Ministers an den Oberpräsidenten, 29. März 1921 (NStAH Hann. 122a. 3474). Vgl. Protokolle der Sitzungen des Magistrats, 6. Juli 1920 u. 28. Januar 1921 (gleiche Akte)). Einem endgültigen Vertragsabschluß stellte sich lange Zeit die Provinzialregierung als Eigentümer des Leibnizhauses entgegen. In einem Schreiben des Regierungspräsidenten an den Oberpräsidenten, der zugleich Ehrenvorsitzender des Verwaltungsausschusses des Kunstgewerbevereins war, hieß es im Mai 1921, es sei „der größte Wert darauf zu legen ..., die idealen Güter des Volkes zu schonen und die uns überkommenen und mit peinlichster Sorgfalt wiederhergestellten Denkmäler zu erhalten". Weiter hieß es, es werde „schwerlich von der hannoverschen Bevölkerung verstanden werden und weit über die Grenzen Hannovers hinaus den größten Unwillen erregen, wenn das bekannte Leibnizhaus zu anderen Zwecken als zur Unterbringung von Kunstsammlungen benützt würde." (Schreiben des Regierungspräsidenten an den Oberpräsidenten, 27. Mai 1921 (NStAH Hann. 122a. 3474)). Wenige Wochen später, am 5. Juli 1921, äußerte sich der Minister für Wissenschaft, Kunst und Volksbildung dementsprechend (Schreiben des Ministers an den Magistrat, 5. Juli 1921 (gleiche Akte)). Trotzdem wurde der Vertrag über die Übernahme der Sammlungsbestände des Kunstgewerbevereins zwischen der Stadt und dem Verein unter der Voraussetzung der Zahlung von 75.000 M als Ablösesumme im September 1921 ratifiziert (o.A.; Das Kunstgewerbemuseum im Leibnizhause, Hann. Tageblatt, 2. September 1921). Die Frage eines Eigentümerwechsels blieb indes auch deshalb ungeklärt, weil der Kunstgewerbeverein wiederholt die Provinzialverwaltung gegen den Verkauf an die Stadt einzunehmen versuchte. Schon ein halbes Jahr nach Vertragsabschluß wandte sich der damalige Leiter des Kunstgewerbevereins, der Bildhauer und Maler Melchior von Hugo, an den Regierungspräsidenten mit der Bitte, dem Verein die bauliche Unterhaltung zu übertragen, weil er befürchtete, die Stadt werde ihrer Aufgabe „zum Besten dieses einzigartige(n) Kunstwerk(s)" nicht gerecht (Schreiben Melchior von Hugos an den Regierungspräsidenten, 21. März 1922 (NStAH Hann. 122a. 3474)). Der Regierungspräsident lehnte dieses Ansinnen mit dem Hinweis auf die Rechte ab, die die Stadt diesbezüglich habe. Ein knappes Jahr darauf, im Februar 1923, war es der Magistrat, an den von Hugo sich wandte, diesmal unterstützt von dem Mitglied des Preußischen Landtages und Malerobermeisters Franz Stolberg, der eng mit den einflußreichen hannoverschen Bürgervereinen zusammenarbeitete. Ihr Plan, das Leibnizhaus verstärkt zur Präsentation von Handwerkskultur zu nutzen und in diesem Zusammenhang als Dependance des Reichskunstwartes und der Reichsarbeitsgemeinschaft zur Förderung der Handwerkskultur einzurichten, wurde vom Magistrat mit Schreiben vom 17. September 1923 grundsätzlich begrüßt, unter Verweis auf die „jetzige schwere finanzielle Bedrängnis" der Stadt jedoch einstweilen verworfen (Schreiben Franz Stolbergs und Melchior von Hugos an den Magistrat, 6. Februar 1923. Antwort des Magistrats an Stolberg, 17. September 1923 (StAH HR 19, 126)).

482 Senator Engelke, Protokoll der Sitzung des Magistrats, 19. Februar 1925 (StAH HR X.C.b.3.II). Die Bedenken der Provinzialregierung, in einen Vertrag zwischen Kunstgewerbeverein und Stadtverwaltung einzuwilligen, wurden offenbar auch im Hinblick auf die von der Stadt geäußerte Absicht formuliert, im Leibnizhaus eine Gaststätte einzurichten. Im Juni 1921 hieß es in einem Schreiben des Magistrats an den Regierungspräsidenten, der derzeit „geringe Besuch" des Leibnizhauses dürfte „darauf zurückzuführen sein, daß das Museum allein zu klein ist, um als Anziehungspunkt zu wirken" (Schreiben des Magistrats an den Regierungspräsidenten, 19. Juni 1921 (StAH HR 19, 128)). Der sozialdemokratische Senator Georg Lindemann löste lange nach Leinerts Rücktritt, im Januar 1927, erneut eine Diskussion über eine Gaststätte im Leibnizhaus aus. Sie zog sich, teilweise mit großer Heftigkeit geführt, über die nächsten zwei Jahre hin (vgl. dazu StAH HR 19, 128). Einige Blätter würdigten den Versuch, dem Leibnizhaus mehr Geltung, der Altstadt einen „neuen gesellschaftlichen Mittelpunkt" und der Stadt schließlich eine zusätzliche Finanzquelle zu schaffen (Habicht, V.C.; Das Leibnizhaus. Was wird aus ihm?, Hann. Kurier, 20. November 1928. O.A.; Was wird aus dem Leibnizhause? Nach außen schön, im Inneren schlechtes Museum, Hann. Kurier, 28. Oktober 1928. Ein Altstädter Bürger; Was wird aus dem Leibnizhause, in: Bürgerwacht, 2.

November 1928. O.A.; Das Leibnizhaus, Hann. Bürgerzeitung, 15. November 1928. O.A.; Die Zukunft des Leibnizhauses, Hann. Landeszeitung, 13. Juli 1929). Andere Kommentatoren nahmen die Diskussion zum Anlaß einer sehr aggressiven kunstpolitischen Grundsatzdebatte. Der VOLKSWILLE etwa schrieb am 18. Juli 1929 in seinem Beitrag DAS LEIBNIZHAUS ALS KNEIPE. EIN ALKOHOLMUSEUM: „Es ist eigentümlich, daß man in Hannover dem Andenken eines großen Philosophen nicht besser zu dienen weiß als ausgerechnet durch diese Gründung ... Wir erlauben uns den Vorschlag, die Toiletten ins Dachgeschoß zu verlegen, damit die Gäste gezwungen sind, wenigstens dann und wann das Museum zu durcheilen ... Die säuberliche Trennung oben Geist ..., unten Weingeist schmeckt allzusehr nach Pharisäertum und faulem Kompromiß ... Mit Leibniz' Namen und Leibniz' Geist sollte man nicht so leichtsinnig umspringen." Interessanterweise argumentierte der konservative Heimatbund Niedersachsen ähnlich. Schulrat Peters, Vorstandsmitglied des Heimatbundes, teilte dem Magistrat im November 1928 mit, er sei „stark beunruhigt" über die Pläne, „weil dadurch entschieden eine Entweihung des dem Leben großer Männer wie Leibniz und Iffland gewidmeten Hauses eintreten würde" (Schreiben von Schulrat Peters, Heimatbund Niedersachsen, an den Magistrat, 2. November 1928 (StAH HR 19, 128). Vgl. zu Peters' Rolle in der hannoverschen Heimatbewegung wie in der Volksbildungsbewegung: Langewiesche, Dieter; Freizeit und ‚Massenbildung‘, S. 223 ff). Der Heimatbund ließ sich nach Verhandlungen mit Senator Karl Elkart von den Argumenten der Befürworter eines Restaurants im Leibnizhaus überzeugen, wenn nur die Sammlung selbst die „Hauptsache" bleibe (o.A.; Die Zukunft des Leibnizhauses, Hann. Landeszeitung, 13. Juli 1929). Mit Heinz Appel begann einer der Protagonisten des Heimatbundes in jener Zeit, sich konkret Gedanken zu machen über die Art der Umgestaltung und auch mit vielfältigen Vorschlägen aufzuwarten (Schreiben Heinz Appels an Senator Elkart, 16. Februar 1929 (StAH HR 19, 126)). Im Dezember 1929 schrieb Appel an Senator Elkart: „Ich bin der Ansicht ..., daß der Ausbau dieses Hauses auch unter einer Linksregierung durchzusetzen wäre. Auch eine solche muß einsehen, daß nicht nur Arbeiterwohnhäuser gebaut werden können." (Schreiben Heinz Appels an Karl Elkart, 11. Dezember 1929 (StAH HR 19, 126)). Andere Kritiker der Pläne, die seitens der Stadt Ende der zwanziger Jahre neben Senator Georg Lindemann nun offenbar auch Karl Elkart stark vorantrieb, waren weniger versöhnlich. Die BÜRGERZEITUNG etwa veröffentlichte im Juli 1929 folgenden Reim: „Die Sucht nach Licht und offnen Läden/ die heute vollends obgesiegt/ hat unbedingt die größten Schäden/ den Bürgerhäusern zugefügt/ und was die Maurer nicht verdarben/ verdarb die neue Malerei/ Mit ihren grellen Modefarben/ der Stein selbst ist ihr vogelfrei .../ Klingt so voll Schmerz des Sängers Klage/ um das, was man ... Dir angetan/ dann ruft er in dem Drang der Tage/ die Heimattreuen auf den Plan/ Dann wirbt um Hilfe er im Streite/ der uns seit Tagen offenbar/ denn wieder droht von Menschenseite/ der alten Heimatkunst Gefahr." (o.A.; Die Hände weg vom Leibnizhaus. An die Stadt Hannover. Ein Gedicht, Bürgerzeitung, 1. August 1929). Wegen der anhaltend schlechten Finanzlage der Stadtverwaltung blieb der Plan, das Leibnizhaus durch ein Restaurant zu erweitern, unverwirklicht (Schreiben des Heimatbundes Niedersachsen an den Magistrat, 14. September 1930. Handschriftliche Notiz Elkarts mit Vermerk ‚Wiedervorlage am 2. Januar 1933' (StAH HR 19, 128)).

483 Im Vertrag wurden die Verwaltungskosten mit jährlich maximal 4.000 M angegeben (Mlynek, Klaus; Stadt, Stadtverwaltung und Kestner-Museum, S. 192).
484 Mitteilung vom Februar 1915 (StAH HR 19, 145).
485 Nicht exakt datierte Notiz aus dem Jahr 1923 (StAH HR 19, 146).
486 Schuchhardt, Carl; Aus Leben und Arbeit, S. 267.
487 Schreiben Albrecht Haupts an Heinrich Tramm, 13. März 1918 (StAH HR 19, 125). Vgl. zu den Kontroversen zwischen Stadtverwaltung und Kunstgewerbeverein auch: StAH HR X.C.2.13.3. Mlynek, Klaus; Stadt, Stadtverwaltung und Kestner-Museum, S. 191 ff.
488 Vgl. zur Biographie: Gehrig, Ulrich; 100 Jahre Kestner-Museum, S. 214. Sievert, A./Seefeld, A. v./Aengeneyndt, G.; Hannoverscher Künstlerverein, S. 133 f. Dorner, Alexander; Hundert Jahre Bauen in Hannover, S. 1. Stuttmann, Ferdinand; Kunstsammeln und Kunstsammlungen, S. 68. Catalogus Professorum 1831–1981, Bd. 2, S. 102.
489 Vgl. zur Person Haupts und insbesondere zu seinem Einsatz für das Kestner-Museum: StAH HR 19, 126.
490 Vgl. Stuttmann, Ferdinand; Kunstsammeln und Kunstsammlungen, S. 68.
491 Gerhard Schneider berichtet, daß Albrecht Haupt Mitarbeiter der Beratungsstelle für Kriegerehrungen gewesen sei, die 1917 eingerichtet worden war, „(u)m innerhalb der Provinz Hannover die Herstellung von würdigen Kriegergräbern und Kriegerdenkmälern zu gewährleisten" (zitiert nach: Schneider, Gerhard; „... nicht umsonst gefallen?', S. 142 u. 138).
492 Carl Schuchhardt erinnerte sich an ihn als „Restaurator und Ausstatter vieler Fürsten- und Adelsschlösser" (Schuchhardt, Carl; Aus Leben und Arbeit, S. 171).
493 Leibniz-Akademie e.V. (Hg.); Verzeichnis der Vorlesungen und Arbeitsgemeinschaften von Oktober bis Dezember 1921, Hannover 1921, S. 13.
494 Ebda., S. 3.
495 Vgl. dazu etwa Sievert, A./Seefeld, A. v./Aengeneyndt, G.; Hannoverscher Künstlerverein, S. 133 f.
496 Zitiert aus: Schreiben von Walter Dux an Christof Spengemann, 14. Februar 1929 (SAH 921).
497 Ebda.
498 Vgl. Gehrig, Ulrich; 100 Jahre Kestner-Museum, S. 214.
499 Führer durch das Städtische Opernhaus Hannover, S. 18.
500 Ebda.
501 Vgl. dazu exemplarisch die Auflistungen in: StAH HR X.C.2.15.
502 Sievert, A./Seefeld, A. v./Aengeneyndt, G.; Hannoverscher Künstlerverein, S. 163. Künstlerverein Hannover; Feierlichkeiten zur Einweihung, S. 10.
503 Sievert, A./Seefeld, A. v./Aengeneyndt, G.; Hannoverscher Künstlerverein, S. 163. Hann. Künstlerverein; Marschner, S. 18.
504 Hann. Künstlerverein; Marschner, S. 28.
505 Ebda., S. 28 f.
506 O.A.; Albrecht Haupt †, in: Hannoverscher Künstlerverein e.V.; Vereinsnachrichten, 4. Jhg., Nr. 2, 1. Dezember 1932 S. 1. Vgl. Gehrig, Ulrich; 100 Jahre Kestner-Museum, S. 214.
507 Georg Grabenhorst beurteilte im Gespräch am 22. September 1992 die eigentliche „kulturpolitische Bedeutung" des Künstlervereins als „eher gering", betonte jedoch den Aspekt der Geselligkeit und des angeregenden Austausches, der viel zum Zusammenhalt zwischen Künstlern

⁵⁰⁸ und Kunstfreunden beigetragen habe (Gesprächsprotokoll Georg Grabenhorst, 22. September 1992).
⁵⁰⁸ Vgl. dazu Valstar, Arta Jacoba Angela Nora; Die abstrakten hannover, S. 217.
⁵⁰⁹ „Der Künstlerverein umfaßte ein gut Teil der Oberschicht von Hannover. Manche nannten ihn ‚exklusiv', weil er keine Juden aufnahm." (Schuchhardt, Carl; Aus Leben und Arbeit, S. 170). Vgl. dazu auch Hann. Künstlerverein; Marschner, S. 17. Hier wird mitgeteilt, daß einzelne jüdische Künstler wie etwa Joseph Joachim im Verein durchaus willkommen gewesen seien.
⁵¹⁰ Vgl. dazu das Mitgliederverzeichnis (Stand 1928), in: Sievert, A./Seefeld, A. v./Aengeneyndt, G.; Hannoverscher Künstlerverein, S. 143–165.
⁵¹¹ Vgl. dazu exemplarisch: Gr., M.; Mitteilungen des Vorstands, in: Hann. Künstlerverein; Vereinsnachrichten, 3. Jhg., Nr. 2, 15. Januar 1932, S. 2.
⁵¹² Bürger, J.; ‚Jahrhundertwende', S. 5 f.
⁵¹³ Zitiert nach: Künstlerverein Hannover; Kunstförderung, Kunstsammlung.
⁵¹⁴ Ebda.
⁵¹⁵ Vgl. dazu: Hollmann, Reimar; Künstlerverein will Privatinitiative. Für neue Ziele ein neuer Name?, Neue Hann. Presse, 3./4. April 1976.
⁵¹⁶ Sievert, A./Seefeld, A. v./Aengeneyndt, G.; Hannoverscher Künstlerverein, S. 5.
⁵¹⁷ Dennoch erscheint Claus Harms' Urteil, das in der Schrift zum hundertfünfzigjährigen Bestehen des Künstlervereins (Künstlerverein Hannover; Kunstförderung, Kunstsammlung) veröffentlicht wurde, zu euphemistisch:: „Die Gründung des hannoverschen Künstlervereins fällt in jene ‚gute alte Zeit', da die Menschen noch echte Muße für sich und ihre Interessen, besonders aber für die ‚schönen Dinge' fanden und die Künstler noch im Mittelpunkt des gesellschaftlichen Lebens standen."
⁵¹⁸ Künstlerverein Hannover; Feierlichkeiten zur Einweihung, S. 11.
⁵¹⁹ Hierzu und zu den anderen Filiationen des Künstlervereins vgl. Sievert, A./Seefeld, A. v./Aengeneyndt, G.; Hannoverscher Künstlerverein, S. 7, 14, 20. Brosius, Dieter; Industriestadt, S. 330. Mlynek, Klaus; Vom Privaten zum Öffentlichen, S. 172.
⁵²⁰ Hollmann, Reimar; Künstlerverein will Privatinitiative. Für neue Ziele ein neuer Name?, Neue Hann. Presse, 3./4. April 1976. Künstlerverein Hannover; Feierlichkeiten zur Einweihung, S. 10. Hann. Künstlerverein; Marschner, S. 7
⁵²¹ Sievert, A./Seefeld, A. v./Aengeneyndt, G.; Hannoverscher Künstlerverein, S. 5.
⁵²² Ebda.
⁵²³ Harms, Claus; Kunst als geselliges Ereignis. Zum 125jährigen Bestehen des Künstlervereins, Hann. Allg. Zeitung, 18. Oktober 1967. Künstlerverein Hannover; Kunstförderung, Kunstsammlung. Künstlerverein Hannover; Feierlichkeiten zur Einweihung, S. 9.
⁵²⁴ Sievert, A./Seefeld, A. v./Aengeneyndt, G.; Hannoverscher Künstlerverein, S. 6.
⁵²⁵ Leppien, Helmut R.; Bilder der Bürger, S. 8 f. Hollmann, Reimar; Künstlerverein will Privatinitiative. Für neue Ziele ein neuer Name?, Neue Hann. Presse, 3./4. April 1976. Schultz, Arthur; Heimstätte der Kunst und Kultur. Das Künstlerhaus der Stadt Hannover, in: Kulturring, 31. Jhg., November 1956, Nr. 11, S. 1 f. Hann. Künstlerverein, Marschner, S. 8 ff.

⁵²⁶ Künstlerverein Hannover; Feierlichkeiten zur Einweihung, S. 10.
⁵²⁷ Dazu gehörten etwa die Einrichtung eines Billardzimmers und eines eigenen Damensaals (Sievert, A./Seefeld, A. v./Aengeneyndt, G.; Hannoverscher Künstlerverein, S. 15, 19).
⁵²⁸ Künstlerverein Hannover; Feierlichkeiten zur Einweihung, S. 19. Carl Schuchhardt erinnerte sich: „Der Künstlerverein hatte einen ‚Ökonomen' angestellt und hielt einen guten Weinkeller." (Schuchhardt, Carl; Aus Leben und Arbeit, S. 171).
⁵²⁹ Künstlerverein Hannover; Feierlichkeiten zur Einweihung, S. 19.
⁵³⁰ Bürger, J.; ‚Jahrhundertwende', S. 6.
⁵³¹ Künstlerverein Hannover; Feierlichkeiten zur Einweihung, S. 16. Vgl. Sievert, A./Seefeld, A. v./Aengeneyndt, G.; Hannoverscher Künstlerverein, S. 7.
⁵³² Vgl. dazu exemplarisch die Schilderung eines prunkvollen Karnevalsfestes im Vereinsjahr 1865/66, in: Sievert, A./Seefeld, A. v./Aengeneyndt, G.; Hannoverscher Künstlerverein, S. 40.
⁵³³ Vgl. exemplarisch Künstlerverein Hannover; Feierlichkeiten zur Einweihung, S. 32.
⁵³⁴ Vgl. exemplarisch: Sievert, A./Seefeld, A. v./Aengeneyndt, G.; Hannoverscher Künstlerverein, S. 26.
⁵³⁵ Künstlerverein Hannover; Feierlichkeiten zur Einweihung, S. 10. Künstlerverein Hannover; Kunstförderung. Kunstsammlung.
⁵³⁶ Künstlerverein Hannover; Feierlichkeiten zur Einweihung, S. 10.. Hann. Künstlerverein; Marschner, S. 17.
⁵³⁷ Sievert, A./Seefeld, A. v./Aengeneyndt, G.; Hannoverscher Künstlerverein, S. 52.
⁵³⁸ Ebda., S. 78.
⁵³⁹ Vgl. exemplarisch: Hannoverscher Künstlerverein e.V.; Vereinsnachrichten, 1. Jhg., Nr. 3, 1. Dezember 1930, S. 3 f. 3. Jhg., Nr. 1, 15. November 1931, S. 2 f., 3. Jhg., Nr. 2, 15. Januar 1932, S. 4 f.
⁵⁴⁰ Vgl. exemplarisch Sievert, A./Seefeld, A. v./Aengeneyndt, G.; Hannoverscher Künstlerverein, S. 127.
⁵⁴¹ Sievert, A./Seefeld, A. v./Aengeneyndt, G.; Hannoverscher Künstlerverein, S. 41. Künstlerverein Hannover; Kunstförderung. Kunstsammlung.
⁵⁴² Anläßlich der Feierlichkeiten gelangte im Januar 1903 zur Einweihung der neueingerichteten Festräume die KAISERHYMNE FÜR MÄNNERCHOR UND ORCHESTER zur Aufführung: „Heil dir, Kaiser, treuer Hüter, großen Erbes, höchster Güter/Heldensproß aus Heldenmark. Grimmer Feinde mächt'ger Wehrer/Hoher Friedenskünste Mehrer/Tatenfroh und jugendstark." (Künstlerverein Hannover; Feierlichkeiten zur Einweihung, S. 23).
⁵⁴³ Alphabetischer Auszug aus dem Verzeichnis sämtlicher Mitglieder in den Jahren 1842–1927 (in: Sievert, A./Seefeld, A. v./Aengeneyndt, G.; Hannoverscher Künstlerverein, S. 143–165): Appel (Fabrikbesitzer), Bahlsen, H. u.T. (Fabrikanten), Bandel, v. (Bildhauer), Basse, K. A. (Bankier), Baule (Maler und Architekt), Beindorff, F. (Senator, Fabrikant), Berend (Königlicher Schauspieler), Bock von Wülfingen (Major a.D.), Bode, H. Dr. med. (Zahnarzt), Bötticher (Hofopernsänger), Brinckmann, Dr. phil (Direktor des Kestner-Museums), Buchheister (Kunstmaler), Bülow, v. (Hof-Kapellmeister), Burger-Mühlfeld, Prof. (Maler), Cohen, A. (Bankier), Craney (Tonkünstler), Debo, L. (Baurat), Devrient, K. (Hofschauspieler), Dorner, A. (Museumsleiter), Edler, F. (Kaufmann), Eilers, Louis (Fabrikant), Elkart, K. (Stadtbaurat), Fink, G. (Senator), Franzius (Professor), Frerking, W. (Rektor),

Gaede, M. (Regisseur), Graefenhain, R. (Oberstudiendirektor), Grunwald, W. (Intendant), Gundelach (Bildhauer), Halmhuber, G. (Geh. Regierungsrat), Hantelmann (Architekt), Hase, C. W. (Geh. Regierungsrat), Hausmann, B. (Fabrikant), Hermanns, R. (Maler), Hugo, M. v. (Maler, Bildhauer), Jänecke, W. Dr. (Fabrikant), Joachim, J. (Hofmusiker), Jochem, F.W. (Professor), Jordan, E. (Maler), Kaulbach, F. (Hofmaler), Kestner, H. (Legationsrat), Koken, F. H. (Maler), Koken, G. (Maler), Koken, P. (Maler), Körting, L. (Gasdirektor), Löns, H. (Redakteur), Mithoff, H. (Ober-Baurat), Münchhausen, v. (Baron), Plinke, H. (Maler), Poten, G. (Sanitätsrat), Roenneke, Rolf (Regisseur), Schmorl, O. (Buchhändler), Schuch, C. (Maler), Schuchhardt, C. (Direktor des Kestner-Museums), Schulze, Th. (Buchhändler), Sprengel, A. (Fabrikant), Stratmann, R. (Maler), Stratmann, E. (Maler), Tewes, F. (Archäologe), Tramm, C. H. (Hofbaumeister), Tramm, H. (Stadtdirektor), Tronnier, G. (Maler), Wagner, G. (Fabrikant), Werner, Th. W. (Privatdozent), Wichtendahl, O. (Maler).

544 „Daß diese plötzliche Umgestaltung aller Verhältnisse auch auf die Kunst, die Künstler und somit auf den Künstlerverein von schwerwiegendem Einfluß sein mußte, ist selbstverständlich." (Sievert, A./Seefeld, A. v./Aengeneyndt, G.; Hannoverscher Künstlerverein, S. 41).

545 „Daß in der Kriegszeit alle Kräfte in den Dienst des Vaterlands gestellt waren, und außer durch patriotische Lieder die Kunst sich wenig äußern konnte, ist selbstverständlich." (Ebda., S. 46).

546 Künstlerverein Hannover; Feierlichkeiten zur Einweihung, S. 13.

547 Sievert, A./Seefeld, A. v./Aengeneyndt, G.; Hannoverscher Künstlerverein, S. 42.

548 Ebda., S. 65.

549 Ebda., S. 72.

550 Ebda., S. 110. Aus den Jahresberichten: 1914/15: „Im Sommer brach dann durch die Entfesselung des Weltkrieges das ungeheure Schicksal über unser Vaterland herein, das alle Kulturwerke in ihren Grundfesten erschütterte und auf unseren Kreis von Anbeginn an tiefe Schatten warf. Alle vereinigten sich in dem heißen Wunsche, die Vorsehung möge unser Vaterland durch die drohenden Gefahren gnädig hindurchführen und ihm bald einen ehrenvollen Frieden bescheren." (Ebda., S. 108). 1916/17: „Alle Hoffnungen und heißen Wünsche auf Frieden sind auch in diesem Jahre unerfüllt geblieben, die Kriegsfurie tobt in stets zunehmender Stärke weiter … Alle Heldentaten unserer tapferen Brüder zu Lande, zu Wasser und in der Luft vermögen den Vernichtungswillen unserer Feinde nicht zu brechen." (Ebda., S. 110).

551 Sievert, A./Seefeld, A. v./Aengeneyndt, G.; Hannoverscher Künstlerverein, S. 110.

552 1917/18: „Die Hoffnung, es möchten dem Deutschen Vaterlande Sieg über die Feinde und ein ehrenvoller Friede beschert sein, ist zunichte geworden. Der Ausgang des Krieges fiel trotz aller Heldentaten unserer Armee zu unseren Ungunsten aus, die Bedingungen, unter welchen unser in politischen Wirren zusammengebrochenes Vaterland den Frieden annehmen mußte, sind unsäglich hart. Wir gehen furchtbar schweren Zeiten entgegen." (Ebda., S. 111) 1918/19: „Mit dem Beginn des Vereinsjahres ist zwar das Ende des furchtbaren, die Welt vernichtenden Krieges eingetreten, noch nicht aber ein die Völker versöhnender Frieden, es sind aber auch die Stürme der politischen Revolution über unser darniederliegendes Vaterland hinweggebraust, es bis ins Tiefste erschütternd." (Ebda., S. 114).

553 Sievert, A./Seefeld, A. v./Aengeneyndt, G.; Hannoverscher Künstlerverein, S. 119.

554 Künstlerverein Hannover; Feierlichkeiten zur Einweihung, S. 16.

555 Ebda. Sievert, A./Seefeld, A. v./Aengeneyndt, G.; Hannoverscher Künstlerverein, S. 6.

556 Diese Aussage gilt trotz gelegentlicher Klagen der Vereinsspitze über eine „wachsende Teilnahmslosigkeit der Mitglieder an künstlerischen und wissenschaftlichen Veranstaltungen" (Sievert, A./Seefeld, A. v./Aengeneyndt, G.; Hannoverscher Künstlerverein, S. 120).

557 Schulz, Dr.; Unsere Vereinsnachrichten, in: Hann. Künstlerverein e.V.; Vereinsnachrichten, 1. Jhg., Nr. 2, 18. Oktober 1930, S. 1.

558 Vgl. exemplarisch Sch., Dr.; Rundschau, Großer Vortragsabend des HKV, in: Hann. Künstlerverein e.V.; Vereinsnachrichten, 2. Jhg., Nr. 1, 1. Dezember 1931, S. 1 f.

559 Härtel, (?); Zum Zeitschriftenwesen des HKV, in: Hann. Künstlerverein e.V.; Vereinsnachrichten, 2. Jhg., Nr. 1, 1. Dezember 1931, S. 4 f.

560 Im szenischen Spiel zur Einweihung der neuen Räumlichkeiten 1903 fragte der ehrwürdige Geist des Künstlerhauses den Genius des Künstlervereins: „Du bist der Geist der neuen Zeit, die alles besser kann und alles besser weiß! Was wollt Ihr denn, Ihr sogenannt Modernen? Ihr könnt ja alles, ohn' es erst zu lernen. Ihr wollt die Natur so malen, wie sie ist, doch mit Verlaub, Ihr malt meistens Mist. Was grün, das malt Ihr blau und umgekehrt, und Eure Formen sind schon gar nichts wert." Genius: „Geh' Du den alten Weg, laß' uns den unseren geh'n" Nachdem der Genius seine Position einer erhebenden, schönen Kunst deutlich gemacht hat, heißt es weiter: Geist: „Wenn so die Jugend noch das Alter ehrt, so ist sie auch des Alters Liebe wert." (Künstlerverein Hannover; Feierlichkeiten zur Einweihung, S. 37 f.).

561 Gr.; Bericht über das Vereinsjahr 1928/29, in: Hann. Künstlerverein e.V.; Vereinsnachrichten, 1. Jhg., Nr. 1, 10. Januar 1930, S. 5.

562 Schulz, Dr.; Rundschau. Die Veranstaltungen der letzten Wintermonate, in: Hann. Künstlerverein e.V.; Vereinsnachrichten, 1. Jhg., Nr. 2, 18. Oktober 1930, S. 2 f.

563 Vgl. dazu etwa: Schmied, Wieland; Wegbereiter zur modernen Kunst, S. 226. Schmied berichtet hier von einer Rede Albrecht Haupts aus Anlaß einer Ausstellung zugunsten der Freiwilligen Kriegshilfe am 9. Oktober 1916. Der Kunsthistoriker sprach sich hier für eine Stärkung deutscher Kunst und für eine Zurückdrängung der ausländischen impressionistischen und expressionistischen Kunst aus.

564 Spektator; Der erste Gesellschaftsabend, in: Hann. Künstlerverein e.V.; Vereinsnachrichten, 1. Jhg., 1. November 1929, S. 3.

565 Ebda.

566 Künstlerverein Hannover; Feierlichkeiten zur Einweihung, S. 38.

567 Der Künstlerverein war am Namenstag des Heiligen Lukas gegründet worden.

568 Künstlerverein Hannover; Feierlichkeiten zur Einweihung, S. 13.

569 Ebda., S. 14.

570 Allerdings waren auch die Angehörigen der abstrakten hannover Carl Buchheister und Hans Nitzschke Mitglieder im Künstlerverein.

571 O.A.; Der Kunstmaler Ernst Jordan, Hann. Kurier, 10. September 1924

572 Baule, E. W.; Ernst Jordan, Nieders. Heimatblatt, Jhg. 1924, S. 47.

573 Vgl. zur Biographie des Künstlers: Baule, E. W.; Ernst Jordan, Nieders. Heimatblatt, Jhg. 1924, S. 47 f. Vgl. o.A.; Professor Ernst Jordan †, Hann. Landeszeitung, 11. September 1924. Lehnhoff-Werner, Anita; Von Künstlern und Käuzen (5). Mal- und Badereise ans ‚Meer'. Hann.

573 Erinnerungen aus der Zeit nach dem Ersten Weltkrieg, Hann. Allg. Zeitung, 21. Februar 1973. Schreiner, Ludwig/Timm, Regine; Niedersächsische Landesgalerie, S. 21. O.A.; Der Kunstmaler Ernst Jordan, Hann. Kurier, 10. September 1924. Catalogus Professorum 1831–1981, Bd. 2, S. 130. Hannoverscher Künstlerverein/Historisches Museum; Hannover im Bild, S. 22 u. Nachträge.

574 O.A.; Professor Ernst Jordan †, Hann. Landeszeitung, 11. September 1924.

575 Baule, E. W.; Ernst Jordan, Nieders. Heimatblatt, Jhg. 1924, S. 47.

576 Sievert, A./Seefeld, A. v./Aengeneyndt, G.; Hannoverscher Künstlerverein, S. 152. Es ist unklar, auf wessen Vorschlag Jordan Mitglied des Künstlervereins wurde.

577 Vgl. dazu exemplarisch: Künstlerverein Hannover; Feierlichkeiten zur Einweihung, S. 17.

578 Brinckmann, (Albert); Bildende Kunst in Hannover, S. 198. Hannoverscher Künstlerverein/Historisches Museum; Hannover im Bild, S. 22.

579 Catalogus Professorum 1831–1981, Bd. 2, S. 130.

580 Ebda. Hannoverscher Künstlerverein/Historisches Museum; Hannover im Bild, S. 22.

581 Spengemann, Christof; Bildende Kunst, S. 7.

582 Vgl. Frerking, Johann; Geschichte des Kunstvereins, S. 36. Dorner, Alexander; 100 Jahre Kunst in Hannover, S. 18.

583 Vgl. dazu das Schreiben Jordans als Vertreter des Kunstvereins an Heinrich Tramm, 27. August 1918 (StAH HR X.C.6.2.3). Vgl. auch Jordans Protest vom Februar 1920 gegen den Plan des Magistrats, die Altbekleidungsstelle in die vom Kunstverein angemieteten Räume zu verlegen (Notiz des Magistrats, 2. Februar 1920 (StAH HR X.C.6.2.3)).

584 Vgl. dazu Tramm, Heinrich; Mein Vater in seiner Familie und mit seinen Freunden, in: Heinrich Tramm. Ein Lebensbild, S. 135: „Infolge der starken Interessen meines Vaters für bildende Kunst und Literatur … waren die Geselligkeiten vielfach belebt durch die Anwesenheit befreundeter Künstler." Allerdings befanden sich keine Arbeiten Ernst Jordans in der privaten Galerie Tramm.

585 „Im Kunstverein blieb es beim alten. Die Garde starb weder, noch ergab sie sich. Ihr Oberhaupt, Professsor Jordan, stand gefestigter als je vorher. Die Bewegung scheiterte an dem festen Gefüge, das den Kunstverein mit der Stadt verband." (Spengemann, Christof; Bildende Kunst, S. 7).

586 Spengemann, Christof; Kunstdiktator Heinrich Tramm, Typoskript für die NORDDEUTSCHE ZEITUNG (SAH, nicht verzeichneter NL Spengemanns).

587 Spengemann, Christof; Vier Generationen. Leopold, Wilhelm, Christof, Walter. Die Historie der Familie Spengemann, Hannover 1936 (SAH 2120).

588 Spengemann, Christof; Kunstdiktator Heinrich Tramm, Typoskript für die NORDDEUTSCHE ZEITUNG (SAH, nicht verzeichneter NL Spengemanns).

589 Spengemann, Christof; Vier Generationen. Leopold, Wilhelm, Christof, Walter. Die Historie der Familie Spengemann, Hannover 1936 (SAH 2120).

590 Spengemann, Christof; Kunstdiktator Heinrich Tramm, Typoskript für die NORDDEUTSCHE ZEITUNG (SAH, nicht verzeichneter NL Spengemanns).

591 Vgl. Schmied, Wieland; Wegbereiter zur modernen Kunst, S. 227. Vgl. auch Spengemann, Christof; Bildende Kunst, S. 9.

592 Zitiert nach: Spengemann, Christof; Bildende Kunst, S. 9.

593 Ebda.

594 Zitiert nach: Schmied, Wieland; Wegbereiter zur modernen Kunst, S. 227.

595 Spengemann, Christof; Bildende Kunst, S. 9. Allerdings äußerte Jordan auf der Jahreshauptversammlung des Kunstvereins im Dezember 1920, es dürften aber Kunstwerke, „deren Urheber nicht mehr lebten, nicht denen der lebenden und noch kämpfenden Künstler vorgezogen werden. Der lebende Künstler sei zuerst zu pflegen." (O.A.; Eine Gefahr für die Kunst?, Hann. Anzeiger, 14. Dezember 1920).

596 Hannoverscher Künstlerverein/Historisches Museum; Hannover im Bild, S. 22. Vgl. auch Lehnhoff-Werner, Anita;Von Künstlern und Käuzen (5). Mal- und Badereise ans ‚Meer'. Hannoversche Erinnerungen aus der Zeit nach dem Ersten Weltkrieg, Hann. Allg. Zeitung, 21. Februar 1973.

597 Hirsch, Karl Jakob; Quintessenz, S. 57.

598 Vgl. zur Biographie des Künstlers: o.A.; Oskar Wichtendahl †. Der bekannte Kunstmaler starb am 5. April in Hannover, Hann. Kurier, 9. April 1933. Dr. Wrsch.; Oskar Wichtendahl. Eine Gedächtnisausstellung im Landesmuseum, Hann. Kurier, 13. November 1934. cf.; Gedenken an Oskar Wichtendahl. Feierstunde und Ausstellung zu seinem 100. Geburtstag, Hann. Presse, 20. Oktober 1961. O.A.; Ehrung des Kunstmalers Oskar Wichtendahl, Hann. Anzeiger, 11. April 1933. Dresslers Kunsthandbuch, Bd. 2, 1930. Künstlerverein Hannover; Kunstförderung. Kunstsammlung.

599 Schuchhardt, Carl; Aus Leben und Arbeit, S. 275.

600 Br., K. H.; Gedächtnisausstellung Oskar Wichtendahl im Landesmuseum, Hann. Anzeiger, 15. November 1934.

601 Kunstmaler Professor Wichtendahl. Hannover; (Erklärung), Hann. Landeszeitung, 16. Juli 1922.

602 O.A.; Kunstmaler Professor Wichtendahl. Hannover, Hann. Landeszeitung, 16. Juli 1922.

603 B.; Eröffnung der Wichtendahl-Ausstellung, Nieders. Tageszeitung, 21. November 1934. Dr. Wrsch.; Oskar Wichtendahl. Eine Gedächtnisausstellung im Landesmuseum, Hann. Kurier, 13. November 1934. Künstlerverein Hannover; Kunstförderung. Kunstsammlung. Als er elf Jahre später, im April 1933, starb, ließ Herzog Ernst August als Zeichen seiner Anerkennung einen Kranz in den welfischen Farben an seinem Grab niederlegen (o.A.; Ehrung des Kunstmalers Oskar Wichtendahl, Hann. Anzeiger, 11. April 1933).

604 Vgl. Br., K. H. ; Gedächtnisausstellung Oskar Wichtendahl im Landesmuseum, Hann. Anzeiger, 15. November 1934.

605 B.; Eröffnung der Wichtendahl-Ausstellung, Nieders. Tageszeitung, 21. November 1934.

606 Ebda. Dr. Wrsch.; Oskar Wichtendahl. Eine Gedächtnisausstellung im Landesmuseum, Hann. Kurier, 13. November 1934.

607 Dr. Wrsch.; Oskar Wichtendahl. Eine Gedächtnisausstellung im Landesmuseum, Hann. Kurier, 13. November 1934.

608 Ebda. In einem weiteren Artikel hieß es, alles sei geschaffen „in einem allegorischen, historisierenden Stil, der teils aus dem Vorhandenen kommt, teils aber auch aus dem Rokoko und dem Klassizismus genommen wird." (Br., K. H.; Gedächtnisausstellung Oskar Wichtendahl im Landesmuseum, Hann. Anzeiger, 15. November 1934.

609 O.A.; Oskar Wichtendahl †. Der bekannte Künstler starb am 5. April in Hannover, Hann. Kurier, 9. April 1933.

610 Führer durch das Städtische Opernhaus Hannover, S. 18.
611 Zitiert nach: cf.; Gedenken an Oskar Wichtendahl. Feierstunde und Ausstellung zu seinem 100. Geburtstag, Hann. Presse, 20. Oktober 1961.
612 Ebda.
613 Dr. Wrsch.; Oskar Wichtendahl. Eine Gedächtnisausstellung im Landesmuseum, Hann. Kurier, 13. November 1934.
614 Br., K. H.; Gedächtnisausstellung Oskar Wichtendahl im Landesmuseum, Hann. Anzeiger, 15. November 1934.
615 Vgl. dazu StAH HR 19, 98.
616 Ebda. B.; Eröffnung der Wichtendahl-Ausstellung, Nieders. Tageszeitung, 21. November 1934.
617 Sievert, A./Seefeld, A. v./Aengeneyndt, G.; Hannoverscher Künstlerverein, S. 184.
618 Ebda., S. 75.
619 Vgl. exemplarisch Künstlerverein Hannover; Feierlichkeiten zur Einweihung, S. 17, 19, 32.
620 O.A.; Mitteilungen des Vorstands. Bericht über die Generalversammlung, in: Hann. Künstlerverein e.V. (Hg.); Vereinsnachrichten, 4. Jhg., Nr. 2, 1. Dezember 1932, S. 3.
621 Vgl. zur Biographie des Künstlers: Panne, Kathrin; Wilhelm Kricheldorff, S. 152 ff. Weltzien, Otto; Ein niedersächsischer Bildnismaler, Hann. Landeszeitung, 2. September 1923. F., H.; Aus Niedersachsen. Wilhelm Kricheldorff. Ein niedersächsischer Bildnismaler, Hann. Kurier, 7. November 1935. Carl-Mardorf, Wilhelm; Die Celler Schützenkönigsgalerie, Hann. Kurier, 28. Juni 1931. Hannoverscher Künstlerverein/Historisches Museum; Hannover im Bild, S. 60. Leister, Dieter-Jürgen; Drei Malerbrüder Kricheldorff. Katalog zur Ausstellung im Bomann-Museum Celle, Celle 1949.
622 Weltzien, Otto; Ein niedersächsischer Bildnismaler, Hann. Landeszeitung, 2. September 1923.
623 Vgl. Hannoverscher Künstlerverein/Historisches Museum; Hannover im Bild, S. 60.
624 F., H.; Aus Niedersachsen. Wilhelm Kricheldorff. Ein niedersächsischer Bildnismaler, Hann. Kurier, 7. November 1935.
625 Weiter hieß es in dieser Rezension: „Seine künstlerische Aufgabe wurde ... der Mensch, den er aus seiner Umwelt zu verstehen sucht. Doch diese Beziehung zur Umwelt ist nie dekorative Folie, sondern sie dient zur Steigerung des geistigen Gehalts." (F., H.; Aus Niedersachsen. Wilhelm Kricheldorff. Ein niedersächsischer Bildnismaler, Hann. Kurier, 7. November 1935). „Wilhelm Kricheldorff ist ein Eigener. Nicht im Sinne haltloser Phantasterei, nicht erstickend in unselbständiger Enge ... Mit Vollendung steht er über der Technik. Aufrichtig wie er selbst sind seine Gemälde. Mit seltener Psychologie bringt er die Seele seiner Menschen vor, um ihnen Ausdruck zu verleihen." (Carl-Mardorf, Wilhelm; Die Celler Schützenkönigsgalerie, Hann. Kurier, 28. Juni 1931).
626 F., H.; Aus Niedersachsen. Wilhelm Kricheldorff. Ein niedersächsischer Bildnismaler, Hann. Kurier, 7. November 1935.
627 Ebda.
628 Ebda.
629 Panne, Kathrin; Wilhelm Kricheldorff, S. 152.
630 Weltzien, Otto; Ein niedersächsischer Bildnismaler, Hann. Landeszeitung, 2. September 1923.
631 In der Sitzung der Museums-Kommission vom 28. April 1927 wurde auf Anregung eines Mitglieds der Kommission eine Studie aus der laufenden Frühjahrsausstellung herbeigeschafft. Die Kommission beschloß daraufhin „den Ankauf derselben aus den Mitteln des Kunstfonds dem Magistrat vorzuschlagen, und zwar für das Vaterländische Museum, weil dieses Bauernbild sowohl als künstlerische Leistung Kricheldorffs wie als Typus eines niedersächsischen Heidjers für unser Heimatmuseum von größtem Werte ist." (Sitzung der Museums-Kommission, 28. April 1927 (StAH Verschiedene Kommissionen, Bd. 21)).
632 Carl-Mardorf, Wilhelm; Die Celler Schützenkönigsgalerie, Hann. Kurier, 28. Juni 1931.
633 O.A.; Die Jubiläums-Ausstellung des Hannoverschen Kunstvereins, Hann. Anzeiger, 23. März 1932.
634 Ebda.
635 Spengemann, Christof; Glossen, in: Der Zweemann, H. 7, Juni-August 1920, S. 44.
636 Ebda., S. 43 f.
637 Ebda.
638 Schreiner, Ludwig/Timm, Regine; Niedersächsische Landesgalerie, S. 196.
639 Vgl. Boetticher, Friedrich von; Malerwerke des 19. Jahrhunderts, Bd. 1, S. 727. Brinckmann, (Albert); Bildende Kunst in Hannover, S. 191. Allgemeines Künstlerlexikon, Bd. 2, 1. Hälfte, Frankfurt 1896, S. 375. Zim.; Maler seiner Heimatlandschaft. Edmund Koken wurde vor 90 Jahren auf dem Engesohder Friedhof begraben, Hann. Allg. Zeitung, 7. November 1962. Dorner, Alexander; Hundert Jahre Kunst in Hannover, S. 131 f. Goebel, Fritz; Edmund Koken. 1814 – 4. Juni – 1914, in: Niedersachsen, Jhg. 18, 1914, S. 411. Hann. Künstlerverein; Marschner, S. 17.
640 Dorner, Alexander; Hundert Jahre Kunst in Hannover, S. 131 f.
641 Sievert, A./Seefeld, A. von/Aengeneyndt, G.; Hannoverscher Künstlerverein, S. 154. Künstlerverein Hannover; Feierlichkeiten zur Einweihung, S. 10.
642 Sievert, A./Seefeld A. von/Aengeneyndt, G.; Hannoverscher Künstlerverein, S. 22-28.
643 Thieme-Becker. Künstlerlexikon, Bd. XXI, 1927, S. 214.
644 Ebda. Vgl. Boetticher, Friedrich von; Malerwerke des 19. Jahrhunderts, Bd. 1, S. 728. Brinckmann, (Albert); Bildende Kunst in Hannover, S. 195. Gustav Koken war der Vater der Künstlerin Änne Koken-Neuendorff, die 1885 in Hannover geboren wurde. Änne Koken entwarf u.a. Verpackungsmaterial und Drucksachen für die Fa. Bahlsen (vgl. etwa: Kunstverein Hannover; Zwanziger Jahre, S. 14). Als sie im April 1919 nach der Geburt ihres ersten Kindes vierunddreißigjährig an Lungenentzündung starb, widmeten ihr vor allem die hannoverschen Tageszeitungen und auch Christof Spengemann in der Zeitschrift NIEDERSACHSEN ehrende Nachrufe (vgl. Spengemann, Christof; Änne Koken †, in: Niedersachsen, Jhg. 22, 1918/19, S. 234. O.A.; Lose Blätter. Änne Koken, Hann. Kurier, 23. April 1919. Vgl. Thieme-Becker. Künstlerlexikon, Bd. 21, 1927, S. 213. Schroeder, Hiltrud Sophie & Co, S. 242).
645 Allgemeines Künstlerlexikon, Bd. 2,, 1. Hälfte, Frankfurt/M. 1896, S. 375. Boetticher, Friedrich von; Malerwerke des 19. Jahrhunderts, S. 728. Schreiner, Ludwig/Timm, Regine; Niedersächsische Landesgalerie, S. 302. Brinckmann, (Albert); Bildende Kunst in Hannover, S. 195.

646 Sievert, A./Seefeld, A.v./Aengeneyndt, G.; Hannoverscher Künstlerverein, S. 154.

647 Künstlerverein Hannover; Feierlichkeiten zur Einweihung, S. 17.

648 Sievert, A./Seefeld, A.v./Aengeneyndt, G.; Hannoverscher Künstlerverein, S. 154.

649 O.A.; Hauptversammlung, in: Hann. Künstlerverein e.V. (Hg.); Vereinsnachrichten, 1. Jhg., Nr. 1, 10. Januar 1930, S. 3.

650 Vgl. exemplarisch Schü.; Rundschau. Unser Fastelabend am 17. Februar, in: Hann. Künstlerverein e.V. (Hg.); Vereinsnachrichten, 2. Jhg., Nr. 2, 1. April 1931, S. 1.

651 Kunstverein Hannover; Zwanziger Jahre, S. 44.

652 Frerking, Johann; Geschichte des Kunstvereins, S. 37.

653 O.A.; Kunstverein. Geschäftsbericht, Hann. Landeszeitung, 12. Dezember 1933, zitiert nach: Dietzler, Anke; ‚Gleichschaltung', S. 49. Vgl. auch den Artikel vom 13. Dezember 1933 im HANNOVERSCHEN ANZEIGER über die Generalversammlung des Kunstvereins (zitiert nach: ebda., S. 49). Hier hieß es: „Für den Kunstverein sei es nach der nationalen Erhebung selbstverständlich gewesen, daß er sofort mit den maßgeblichen Kreisen der NSDAP in Verbindung getreten sei und von sich aus je einen Vertreter der Gauleitung, des Magistrats, des Kampfbunds für Deutsche Kultur und des Reichskartells für bildende Künste zur Jury der jetzigen Herbstausstellung herangezogen habe."

654 In einem Schreiben der NS-Kulturgemeinde, Gaudienststelle Süd-Hannover-Braunschweig, an das Oberpräsidium hieß es am 9. August 1935 (NStAH Hann. 122a 3386), Koken halte man „ebenso für ungeeignet, da er ... in der Beurteilung ebenso wie in seinen eigenen Schöpfungen zu unentschieden ist, außerdem fürchte ich, daß er leicht von der anderen Seite beeinflußt werden kann."

655 Zitiert nach: O.A.; Kunstverein Hannover. Generalversammlung im Künstlerhause, Hann. Kurier, 13. Dezember 1926.

656 Koken, F. H.; Weihnachtsausstellung, in: Hann. Künstlerverein e.V. (Hg.); Vereinsnachrichten, 1. Jhg., Nr. 3, 1. Dezember 1930, S. 3.

657 Dresslers Kunsthandbuch, 2. Bd., 1930.

658 O.A.; Nächste Veranstaltung, in: Hann. Künstlerverein e.V. (Hg.); Vereinsnachrichten, 3. Jhg., Nr. 2, 15. Januar 1932, S. 2.

659 Vgl. die Protokolle der Sitzungen der Museums-Kommission vom 29. Juni 1926, 22. November 1927, 20. November 1928, 14. November 1929, 20. November 1930, 27. März 1931, 14. November 1931 u. 15. April 1932 (StAH Verschiedene Kommissionen, Bd. 21).

660 G., C.; Herbstausstellung hann. Künstler II, Niederdeutsche Zeitung, Herbst 1924, zitiert nach: Rump, Gerhard Charles; Carl Buchheister, S. 209 ff.

661 Ebda.

662 Ebda.

663 Ebda. Johann Frerking sprach im Oktober 1934 von Kokens „ruhigem und redlichem Bemühen, die Erscheinungen der Natur zu einem Ganzen zu runden" (F., J.; Herbstausstellung im Kunstverein. Erster Rundgang. Die hannoversche Situation, Hann. Kurier, 31. Oktober 1934). Vgl. auch Lohr, Stephan; Notizen zu den Jahren 1933–1945, S. 113. Bereits im November 1926 hatte Kurt Voß Friedrich Hans Koken als „Malertalent aus niedersächsischem Blut" gewürdigt, dessen „heimische Landschaften bewußt unter einem norddeutschen Himmel stehen" (Dr. V.; Die Zweite ‚Juryfreie' Herbstausstellung im Kunstverein, Hann. Kurier, 5. November 1926).

664 Paschen, Paul; Große Jubiläumsausstellung des Kunstvereins, Nieders. Tageszeitung, 14. Juni 1932.

665 Ebda.

666 Ebda.

667 Ebda.

668 Friedrich Hans Koken starb 1946 dreiundsechzigjährig in Hildesheim (Schreiner, Ludwig/Timm, Regine; Niedersächsische Landesgalerie, S. 196).

669 Hannover pflegt die bildende Kunst der Gegenwart, S. 30. Vgl. auch S. 22.

670 Ebda.

671 Dresslers Kunstlexikon, Bd. 2, 1930. Vgl. Hannoverscher Künstlerverein/Historisches Museum; Hannover im Bild, S. 22, 61. Robert Stratmann zum Gedächtnis. Ausstellungsblatt der Stadt Munster, Munster 1977 (Historisches Museum, Tasche ROBERT STRATMANN).

672 Sievert, A./Seefeld, A.v./Aengeneyndt, G.; Hannoverscher Künstlerverein, S. 162.

673 Brinckmann, (Albert); Bildende Kunst in Hannover, S. 197.

674 Hannoverscher Künstlerverein/Historisches Museum; Hannover im Bild, S. 22. Vgl. auch Eggers, Heike; Jahresgaben, S. 83.

675 Kunstverein Hannover e.V. (Hg.); Ausstellungskatalog Herbstausstellung hannoverscher Künstler, 9. Oktober bis 4. Dezember 1927, Hannover 1927.

676 Robert Stratmann zum Gedächtnis. Ausstellungsblatt der Stadt Munster, Munster 1977 (Historisches Museum, Tasche ROBERT STRATMANN).

677 Vgl. exemplarisch: Kunstverein Hannover e.V. (Hg.); Ausstellungskatalog 97. Große Kunstausstellung, 24. Februar bis 14. April 1929, Hannover 1929.

678 Mitgliedskarte Robert Stratmann, nicht datiert (BDC).

679 Schreiben Robert Stratmanns, des Ersten Vorsitzenden des Nationalsozialistischen Künstlerbundes, an Oberbürgermeister Arthur Menge, 12. April 1933 (StAH HR 19, 293).

680 Robert Stratmann zum Gedächtnis. Ausstellungsblatt der Stadt Munster, Munster 1977 (Historisches Museum, Tasche ROBERT STRATMANN).

681 Ebda.

682 Schreiben der Reichskammer für bildende Künste, Gau Niedersachsen, an Oberbürgermeister Arthur Menge, 8. September 1933 (StAH HR 19, 238).

683 Weber, Brigitta; ‚Theater des deutschen Volkes', S. 26.

684 Schreiben Emil Stratmanns an den Oberpräsidenten der Provinz Hannover, 31. März 1930 (NStAH Hann. 122a.3391).

685 Ebda.

686 Gesprächsprotokoll Juliane Ische-Thoms, 18. Oktober 1992.

687 F., J.; Herbstausstellung im Kunstverein. Erster Rundgang. Die hannoversche Situation, Hann. Kurier, 31. Oktober 1934.

688 Ebda.

689 Habicht, (V. C.); Herbstausstellung hannoverscher Künstler im Kunstverein, Nieders. Tageszeitung, 9. Oktober 1933.

690 V.; Herbstausstellung im Kunstverein, Teil II., Hann. Kurier, 17. November 1928.

691 Dr. V.; Herbstausstellung im Kunstverein. Der Zweite Rundgang, Hann. Kurier, Herbst 1931 (Das genaue Erscheinungsdatum des Artikels ist unbekannt; er befindet sich in der Slg. Scheuernstuhl).

692 Dr. V.; Frühjahrsausstellung im Kunstverein. Im Künstlerhaus an der Sophienstraße II., Hann. Kurier, 21. März 1933. Vgl. auch den dritten Teil der Rezension, der am 6. April 1933 im HANNOVERSCHEN KURIER erschien.

693 Dr. V.; Frühjahrsausstellung im Kunstverein. Im Künstlerhaus an der Sophienstraße II., Hann. Kurier, 21. März 1933.

694 Ebda.

695 Ebda.

696 Ebda.

697 Sp.; Zweite Juryfreie Kunstausstellung im Künstlerhause, in: Die Hann. Woche, 30. Oktober 1926.

698 H., W.; Frühjahrsausstellung 1927, Cellesche Zeitung, 7. April 1927.

699 G., H.; Herbstausstellung hannoverscher Künstler II, Niederdeutsche Zeitung, Herbst 1924, zitiert nach: Rump, Gerhard Charles; Carl Buchheister, S. 210.

700 Ebda.

701 Vgl. zur Biographie Linda Kögels: Bruckmanns Lexikon der bildenden Künste der Münchener Kunst, Bd. 2, S. 363 f. Nach Dresslers Kunstlexikon, Bd. 2, 1922, war Linda Kögel bereits Mitte der zwanziger Jahre, als die Kestner-Gesellschaft ihr eine Ausstellungsbeteiligung ermöglichte, in Hannover wohnhaft. Vgl. StAH HR 19, Nr. 337. Vgl. in diesem Zusammenhang auch das Schreiben von Regierungsvizepräsident v. Harnack an Alexander Dorner v. 21. Juli 1926, das das Ergebnis der Unterredung mit der um Unterstützung bittenden Künstlerin wiedergab. Harnack schrieb hier, daß Linda Kögel „ihre Ziele ein wenig zu hoch gesteckt hatte" und jetzt in Anbetracht ihrer schweren wirtschaftlichen Lage „mit der bescheidensten Förderung zufrieden sein" werde (Schreiben des Regierungsvizepräsidenten v. Harnack an Alexander Dorner, 21. Juli 1926 (Reg. LaMu Akte II.2.2. Gemälde neuer Meister 1) Ankäufe 1.10.1931–31.12.1932 2) Verschiedenes 1.60.1916–1.1.1929)).

702 Vgl. Schreiner, Ludwig/Timm, Regine; Niedersächsische Landesgalerie, S. 193. Frerking, Johann; Geschichte des Kunstvereins, S. 38.

703 Schroeder, Hiltrud; Sophie & Co., S. 242. Schumann, Werner; Ischi von König, S. 4.

704 Schumann, Werner; Ischi von König, S. 4.

705 Ebda., S. 3.

706 Ebda.

707 G., H.; Herbstausstellung hannoverscher Künstler II., Niederdeutsche Zeitung, Herbst 1924, zitiert nach: Rump, Gerhard Charles; Carl Buchheister, S. 211.

708 F., J.; Herbstausstellung im Kunstverein. Erster Rundgang. Die hannoversche Situation, Hann. Kurier, 31. Oktober 1934. Juliane Ische-Thoms, die Tochter des Malers Ernst Thoms, erinnerte sich im Gespräch, Ischi sei mit ihrem „hübschen Wandschmuck" sehr erfolgreich gewesen (Gesprächsprotokoll Juliane Ische-Thoms, 18. Oktober 1992). Auch nach Heinz Vahlbruch hatte sie „immer große Aufträge". „Die malte in einer so gefälligen spätimpressionistischen Manier und hatte sich auf Porträts spezialisiert" (Gesprächsprotokoll Heinz Vahlbruch, 29. Juli 1992).

709 G., Mathilde; Die Jubiläumsausstellung in der Kestner-Gesellschaft, in: Die Hannoversche Woche, 10. Oktober 1926.

710 S.; Deutsche Graphik- und Aquarell-Ausstellung im Künstlerhause, in: Die Hannoversche Woche, 12. Juni 1926.

711 Spangenberg, Rudolf; Die Herbstausstellung hannoverscher Künstler im Künstlerhause, in: Die Hannoversche Woche, 31. Oktober 1925.

712 Ebda.

713 Schumann, Werner; Ischi von König, S. 3 u. 5.

714 Voß, Dr. Kurt; Die Künstlerbund-Ausstellung. Frühjahrsausstellung des Hannoverschen Kunstvereins, Hann. Kurier, 24. März 1928.

715 Auch zählten Ischi von Königs Arbeiten nicht zu jenen, die 1937 in der Abteilung für Kunst des ehemaligen Provinzial-Museums als ‚entartet' beschlagnahmt wurden (Kunstverein Hannover; Liste der konfiszierten Werke). Vgl. auch Roh, Franz; ‚Entartete' Kunst, S. 193–200.

716 Notiz Alexander Dorners, nicht genau datiert, anläßlich der Herbstausstellung 1933 (Reg. LaMu Akte II.2.2.a. 1) Museums-Kommission 2) Galerie Hannoverscher Künstler 1933 ff.). Allerdings ist einer Mitteilung des HANNOVERSCHEN TAGEBLATTES vom 4. Dezember 1934 zu entnehmen, daß das Reichsministerium für Volksaufklärung und Propaganda aus der Schau JUNGE NIEDERSÄCHSISCHE KUNST in der Bremer Böttcherstraße eine Arbeit Ischi von Königs ankaufte (Reg. LaMu Akte II.2.2.a. 1) Museums-Kommission 2) Galerie Hannoverscher Künstler 1933 ff.).

717 Vgl. zur Biographie des Künstlers: Dresslers Künstlerlexikon, Bd. 2, 1930. Trost, Klara; Richard Schlösser. Aus dem Schaffen des hannoverschen Malers (Quelle unbekannt, in: Tasche RICHARD SCHLÖSSER, Nachschlagearchiv HiMu). Nündel, Ernst; Kurt Schwitters. Briefe, S. 304. Mülbe, Dr., v.d.; Richard Schlösser, in: Altsachsenland. Parteilose Zeitschrift zur Pflege der Heimatkunde und des Heimatschutzes für den Heimatbund Niedersachsen, 7. Jhg., April 1913, S. 1.

718 Hannoverscher Künstlerverein/Historisches Museum; Hannover im Bild, S. 22.

719 Historisches Museum am Hohen Ufer; Adolf Wissel, S. 5.

720 Bloth, Ingeborg; Adolf Wissel.

721 Die Formulierung stammt von Bernhard Meyers. Meyers wirft einem Flügel der Neuen Sachlichkeit der zwanziger Jahre vor, eine „Farbphotographie der Hitlerzeit" geschaffen zu haben (Meyers, Bernhard; Malerei des Expressionismus. Eine Generation im Aufbruch, Köln 1957, S. 280).

722 Schreiben von Kurt Schwitters an Richard Schlösser, 2. Mai 1909, zitiert nach: Nündel, Ernst; Kurt Schwitters. Briefe, S. 19. Später erinnerte sich Schwitters seiner Studienzeit an der hannoverschen Kunstgewerbeschule und in Dresden indes ironisch distanzierter. In einem Typoskript vom 7. Juni 1920, betitelt mit DATEN AUS MEINEM LEBEN, hieß es: „Dann hatte ich die Absicht, Physik zu studieren, weil ich dazu noch weniger Begabung hatte als zur Malerei." Er habe dann aber doch ein Studium der Malerei begonnen, und zwar an der Kunstgewerbeschule, „wodurch diese später einmal berühmt wird und eine Tafel erhält: ‚Hier ruhte usw.' " (Schwitters, Kurt; Daten aus meinem Leben, 7. Juni 1920 (SAH 44)).

723 Vgl. etwa Schmalenbach, Werner; Kurt Schwitters, S. 30 f.

724 Kn., Dr.; Herbstausstellung Hannoverscher Künstler, Niederdeutsche Zeitung, 25. November 1928.

725 Overbeck, Gerta; Es liegt in der Luft, S. 89.

726 Vgl. StAH Lehrerpersonalakte P. 74. O.A.; Eine ganze Palette auf dem Kittel, Neue Presse, 15./16. Dezember 1973. M., P.; Zahnweh gegen Ölgemälde verrechnet. Ein Gespräch mit Karl Pohle, Hann. Rundschau, 24. Januar 1958. O.A.; Karl Pohle †, Hann. Presse, 14. Oktober 1969.

726 O.A.; Karl Pohle wird 60 Jahre alt, Hann. Allg. Zeitung, 30. November 1965.

727 Vgl. Galerie Zibelius (Hg.); Ausstellungsblatt Karl Dröge, Hannover 1984.

728 Vgl. z. B. StAH Lehrerpersonalakte P. 133.

729 Schreiben Carl Buchheisters an seine Frau Elisabeth, 28. Januar 1941, zitiert nach: Rump, Gerhard Charles; Carl Buchheister, S. 153.

730 Gadesmann, Heinrich-Detlev; Ernst Thoms, S. 11.

731 Helms, Dietrich; Vordemberge-Gildewart. Schriften und Vorträge, S. 25. Vgl. auch Helms, Dietrich; Friedrich Vordemberge-Gildewart, S. 10.

732 Helms, Dietrich; Vordemberge-Gildewart. Schriften und Vorträge, S. 25. „Wirkliche Figuren" waren für Vordemberge-Gildewart nur Wilhelm von Debschitz und Ludwig Vierthaler.

733 Overbeck, Gerta; Es liegt in der Luft, S. 89.

734 Abgeordneter Franz Stolberg (DVP), 117. Sitzung des Preußischen Landtags, 16. März 1922, Sp. 8367 f.

735 Zitiert nach: Seiler, Harald; Grethe Jürgens, S. 5 f.

736 Ebda.

737 Overbeck, Gerta; Es liegt in der Luft, S. 89. Wilhelm von Debschitz, Mitbegründer der Kestner-Gesellschaft und besonders in der unmittelbaren Nachkriegszeit erklärter Freund der künstlerischen Moderne, wurde im März 1922 durch Friedrich Wilhelm Jochem (StAH Lehrerpersonalakten P 409) ersetzt, der von der Pforzheimer Kunstgewerbeschule kam. In Hannover übernahm Jochem bald den Vorsitz im Kunstgewerbeverein, er trat dem Künstlerverein bei und war auch in anderen Einrichtungen des hannoverschen Kunstlebens aktiv. Jochem gehörte zu den fördernden Mitgliedern der hannoverschen Künstlergruppe die abstrakten hannover (Galerie bargera; die abstrakten hannover). Unter der Leitung Friedrich Wilhelm Jochems entwickelte sich die Kunstgewerbeschule in Hannover in den zwanziger Jahren zu einer weithin anerkannten Pflegestätte der Künste und des Handwerks (vgl. exemplarisch: Dierking, Maria; Eindrücke aus der Handwerker- und Kunstgewerbeschule zu Hannover, in: Kulturring, 5. Jhg., Nr. 8, August 1928. F.; Die Kunstgewerbeschule Hannover, Kurier im Bild, 4. Mai 1930. Pessler, Wilhelm; Die Kunstgewerbeschule in Hannover und ihre Bedeutung für Kunst und Handwerk, Niederdeutsche Welt, Monatsschrift für Volkstum und Heimatpflege, Bremen 1930, S. 11 ff. O.A.; Aufgaben und Ziele der Kunstgewerbeschule, Hann. Anzeiger, 11. August 1928. O.A.; Die Kunstgewerbeschule Hannover, Wiener Fremdenblatt, Nr. 80, 5. April 1930).

738 Schreiben Christof Spengemanns an Ferdinand Hodler, 21. April 1913 (SAH, nicht verzeichneter Nachlaß Spengemanns).

739 Ebda.

740 Ebda.

741 Immergrün, Tomas; Ein Ketzer geht durchs Wunderland. Herbstausstellung des Kunstvereins, Hann. Tageblatt, 18. Oktober 1931.

742 Ebda.

743 Ebda.

744 Vgl. etwa: Bloth, Ingeborg; Adolf Wissel, S. 32.

745 Lehnhoff-Werner, Anita; Jünger der Kunst in ‚Sturm und Drang'. 1920: Aufruhr in der Kunstgewerbeschule am Neuen Weg, Hann. Allg. Zeitung, 1 August 1962.

746 Vgl. Schreiben Richard Schlössers als Erster Vorsitzender der hannoverschen Ortsgruppe der ADKG an Stadtdirektor Heinrich Tramm, 24. Juli 1913 (StAH HR 19, 98).

747 Hannoverscher Künstlerverein/Historisches Museum; Hannover im Bild, S. 22. Mülbe, Dr. v. d.; Richard Schlösser, in: Altsachsenland. Parteilose Zeitschrift zur Pflege der Heimatkunde und des Heimatschutzes für den Heimatbund Niedersachsen, 7. Jhg., April 1913, S. 35.

748 Vgl. dazu StAH HR X.C.2.15. Berger, Frank; Sammlung der Münzen, Medaillen und Gemmen, S. 103.

749 Kestner-Gesellschaft e.V. (Hg.); Katalog zur 45. Ausstellung. Ostasiatische Kunst, 2. Oktober – 13. November 1921.

750 Mülbe, Dr. v. d.; Richard Schlösser, in: Altsachsenland. Parteilose Zeitschrift zur Pflege der Heimatkunde und des Heimatschutzes für den Heimatbund Niedersachsen, 7. Jhg., April 1913, S. 5.

751 Ebda., S. 7.

752 G., H.; Herbstausstellung hannoverscher Künstler II, Niederdeutsche Zeitung, Herbst 1924, zitiert nach: Rump, Gerhard Charles; Carl Buchheister, S. 209.

753 Ebda.

754 Aus einer Rezension vom 9. Oktober 1919 aus der hannoverschen Tagespresse, zitiert nach: Kunstverein Hannover; Zwanziger Jahre, S. 16.

755 Thieme-Becker. Künstlerlexikon, Bd. 30, 1936, S. 115. Dresslers Künstlerlexikon, Bd. 3, 1922, S. 882.

756 Habicht, (V. C.); Herbstausstellung hannoverscher Künstler im Kunstverein, Nieders. Tageszeitung, 19. Oktober 1933. Die Journalistin Klara Trost urteilte 1935, es sei kein Wunder, daß die „verwirrte Zeit" der Vergangenheit Kritik an Schlössers Schaffen geübt habe. Wie hätte auch ein Bild, welches das „beglückende Gesicht einer gesundempfindenden Mutter und das vertrauensselige Köpfchen eines gesunden ... Kindes vereint, die Nachbarschaft zu so mancher disharmonischen, häufig sogar krankhaft quadratischen oder wasserköpfig zugeschnittener Menschendarstellung ... vertragen?" (Trost, Klara, nicht datierter Aufsatz (Tasche RICHARD SCHLÖSSER, HiMu)). Vgl. auch: Lohr, Stephan; Notizen zu den Jahren 1933–1945, S. 111.

757 O.A.; Emil Werner Baule zum 100. Geburtstag, Hann. Presse, 27. April 1970. W., P.; Wegbereiter der modernen Gebrauchsgraphik. Zum 100. Geburtstag E.W. Baules am 26. April, Hann. Allg. Zeitung, 24. April 1970.

758 Anlauf, Karl; F.K. Lippert, der Jäger und Maler, in: Niedersachsen, 24. Jhg., 1918/19, S. 21 f. Vgl. StAH HR 19, 341.

759 Müller-Rehfeld, Dr.; Der Maler Wilhelm Horchler, in: Niedersachsen, 40. Jhg., 1935, S. 136 f. Nell, Hedwig; Ein Maler baut sich sein Behelfsheim. Besuch bei Wilhelm Horchler. Ungebrochener Arbeitswille des Künstlers, Hann. Kurier, 8. August 1944.

760 Schreiben Ferdinand Stuttmanns an Georg Grabenhorst, 24. April 1938 (Reg. LaMu II.2.2.a. Korrespondenz ab 1.1.1933): Günthers „Malweise ist ein tüchtiger, gemäßigter Impressionismus und seine bevorzugten Themen sind die niedersächsische Landschaft, die er vor allem im Sommer und zur Erntezeit darzustellen liebt."

761 Die Lebensdaten sind mir nicht bekannt. Vgl. das Schreiben Schraders an den Magistrat, 9. November 1930, bezüglich des Ankaufs auf Herbstausstellungen (StAH HR X.C.7.5.3).

762 Vgl. Tasche GEORG TRONNIER im Nachschlagearchiv des HiMu. Vgl. Harms, Claus; Ein Stück Alt-Hannover, Hann. Allg. Zeitung, 22. Dezember 1958. K.; Ein geschätzter Porträtist. Georg Tronnier 85 Jahre,

762 Hann. Allg. Zeitung, 21. Dezember 1959. Va.; Georg Tronnier †, Hann. Presse, 5. Mai 1962. Harms, Claus; Ein althannoversches Künstleroriginal, Hann. Allg. Zeitung, 2. Dezember 1973. Vgl. Schreiben Tronniers an die Stadtverwaltung, 1. Juni 1927 (StAH HR X.C.7.5.3), 29. Mai 1931, 23. Juni 1931, 2. Juli 1931, 16. Juli 1931 (StAH HR X.C.7.5.4), 23. August 1933 (StAH HR X.C.7.5.4). Paul Erich Küppers äußerte im November 1917 in einem Schreiben an Georg Biermann, Tronnier sei „von Haus sehr begabt, doch mit der Zeit in seinem Porträtfache ein Routinier geworden, den die Eselsbrücke der Fotografie in mancher Hinsicht geschädigt hat" (Schreiben von Paul Erich Küppers an Georg Biermann, 7. November 1917 (NStAH Dep. 100 A. 4)).

763 R., M. K.; Theater, Kunst und Wissenschaft. Kunstausstellung in Hannover. Frühjahrsausstellung des Kunstvereins im Künstlerhaus, Hamburger Tageblatt, 4. April 1927. Diese lasse die „junge Generation unberücksichtigt" (Ebda.).

764 Voß, Dr. Kurt; Herbstausstellung im Kunstverein. Das Lebensrecht der bildenden Künste, Hann. Kurier, 13. Oktober 1931.

765 O.A.; Hannoversche Kunstausstellung eröffnet. Sie dauert bis zum 17. April, Hann. Anzeiger, 24. Februar 1929.

766 Ebda.

767 Strodthoff, Dr. Emil; Pinsel und Palette in Hannover. Georg Tronnier, 12. Juli 1932 (Der Name der Zeitung, in der dieser Artikel erschien, ist mir nicht bekannt, der Ausschnitt befindet sich in der Slg. Scheuernstuhl).

768 Rezension vom 7. April 1918, zitiert nach: Schmied, Wieland; Wegbereiter zur modernen Kunst, S. 229.

769 Rezension vom 27. November 1917, zitiert nach: Ebda., S. 229.

770 Rezension vom 3. März 1918, zitiert nach: Ebda., S. 229.

771 Ebda. Vgl. in diesem Zusammenhang auch die Rezension von Willy Pastor vom 15. Oktober 1918 (zitiert nach: Ebda., S. 230): „Vom Farbentönen der Jüngsten, ihrer schattenlosen Papageienbuntheit, ist in diesen Räumen verhältnismäßig wenig zu spüren."

772 Dr. V.; Herbstausstellung im Kunstverein. Der zweite Rundgang, Hann. Kurier, Herbst 1931 (das genaue Erscheinungsdatum ist mir nicht bekannt, der Artikel befindet sich in der Slg. Scheuernstuhl).

773 Voß, Dr. K.; Eine Ausstellung hannoverscher Künstler, Kölnische Zeitung, 19. Oktober 1928.

774 Ebda.

775 Peterich, Eckhart; Ausstellung des Deutschen Künstlerbundes im Kunstverein, Hann. Anzeiger, 31. März 1928. Vgl. auch Brinkmann, Karl; Zur Herbstausstellung hannoverscher Künstler, Freie Volksbühne, 9. Jhg., Nr. 4, 1930.

776 Peterich, Eckhart; Ausstellung des Deutschen Künstlerbundes im Kunstverein, Hann. Anzeiger, 31. März 1928.

777 Frerking, Johann; Große Kunstausstellung. Im Künstlerhaus, Hann. Kurier, 29. März 1929.

778 Schreiben Christof Spengemanns an Redakteur Albert Meyer, 1. November 1918 (SAH, unverzeichneter NL Spengemanns). Offenbar hat der VOLKSWILLE, der sich 1918 gegenüber Christof Spengemann noch als strikter Gegner zeitgenössischer Kunst gezeigt hatte, im weiteren Verlauf der Weimarer Republik eine Kursänderung vorgenommen und sich den Ausstellungen der Kestner-Gesellschaft grundsätzlich mit mehr Wohlwollen und jenen des Kunstvereins mit mehr Kritik gewidmet.

779 Brinko; 99. Große Kunstausstellung. Gemälde und Aquarelle, Volkswille, 13. März 1931.

780 Ebda.

781 Ebda.

782 Wedekind, Fritz; Das Kunstleben der Stadt Hannover, Kölnische Zeitung, 18. Januar 1928.

783 Ebda.

784 Goldschmidt, Werner; Kunststadt Hannover, Das Tagebuch, 6. Juni 1931.

785 Ebda.

786 Dieses Bild vom Kunstverein in den zwanziger Jahren hat sich bis heute vielfach gehalten. Nach wie vor wird aus Christof Spengemanns Schrift DIE BILDENDE KUNST IM NEUEN HANNOVER zitiert oder an Käte Steinitz erinnert, die es als symptomatisch bezeichnete, daß das Portal des Künstlerhauses von zwei steinernen Löwen bewacht wurde, welche „die neue Zeit mit grimmem Blick" abwehrten (Steinitz, Käte; Kestner-Gesellschaft, S. 29). Das Motiv der beiden mißgelaunten Löwen stammte aus dem Kabarettabend der Gedok KABARETT UND SO vom Februar 1930, und hier aus dem Lied DIE RATHAUSLÖWEN. Käte Steinitz war seinerzeit an diesem Kabarett maßgeblich beteiligt (die rathauslöwen, in: Typoskript des Kabarettabends der Gedok KABARETT UND SO, Februar 1930 (Gedok-Archiv Hannover, Aktenordner 1929–1944)). Im Katalog DIE ZWANZIGER JAHRE IN HANNOVER, der 1962 vom hannoverschen Kunstverein herausgegeben wurde, hieß es, zu Beginn der zwanziger Jahre seien sich alle künstlerisch fortschrittlichen, vorwärtsdrängenden Kräfte der Stadt einig „in der Ablehnung der übergroßen Ausstellungen" gewesen, die, veranstaltet „mit allzu vielen mittelmäßigen Bildern", immer dieselben Themen „in gewohnter Weise behandeln und die stilistisch von nüchternem Naturalismus bis zum müden Impressionismus reichen". „Die Jahresausstellungen des Kunstvereins ... sind brav und langweilig, stark auf Verkauf zugeschnitten und üben keine Anziehungskraft auf diejenigen aus, die die Erschütterungen der Zeit spüren" (Kunstverein Hannover; Zwanziger Jahre, S. 40. Vgl. auch Schmalenbach, Werner; Kurt Schwitters, S. 11 f u. 17. Möller, Magdalena M.; Zur Ausstellung, S. 10).

787 Schwitters, Kurt; Hannover ist eine merkwürdige Stadt, S. 134.

788 Ebda.

789 Kaiser, Hans; Gemeinschaft, in: Das Hohe Ufer, 1. Jhg., H. 1, Januar 1919, S. 19 f.

790 Kaiser, Hans; Der Kunstverein. Eine Grabrede, in: Das Hohe Ufer, 1. Jhg, H. 4, April 1919, S. 97 ff.

791 Ebda.

792 Voß, Dr.; Frühjahrsausstellung im Kunstverein. Im Künstlerhause an der Sophienstraße I, Hann. Kurier, 4. März 1927.

793 Ebda.

794 Ebda.

795 Ebda.

796 Ebda. Voß schrieb mit Blick auf die Entwicklung in den deutschen Kunstvereinen: „Der Eroberung der Natur durch den Impressionismus waren die Kunstvereine schließlich noch zugänglich, weil hier im allgemeinen zwar eine Umgestaltung des Auges, aber nicht des Geistes nötig war. Man sah doch schließlich noch, was ein Misthaufen und was ein Blumenbeet war. Dem Einbruch der Ausdruckskunst haben sie sich gemeinhin verschlossen, verschließen sie sich an manchen Orten heute noch, weil dem Verein eine innere Ruhe, oft genug eine Kirchhofsruhe, zu lieb ist."

797 Schreiben des hannoverschen Vorsitzenden der Allgemeinen Deutschen Kunstgenossenschaft Richard Schlösser an Stadtdirektor Heinrich Tramm, 24. Juli 1913 (StAH HR 19, Nr. 98).
798 So exemplarisch im Protokoll der Museums-Kommission v. 15. November 1928 (StAH HR X.C.7.5.3).
799 Zusammenstellung aus den entsprechenden Protokollen der Sitzungen der Museums-Kommission 1919–1933 (StAH Verschiedene Kommissionen, Bd. 21).
800 Damit hatte sich im Bewußtsein und in der Selbstdefinition dieser Führungsgruppe im Grunde nur wenig seit dem Jahr 1916 geändert, als der Wortführer der Bürgervorsteher Wegner in seiner Rede zum fünfundzwanzigjährigen Amtsjubiläum Tramms die Kunstszene seiner Heimatstadt eifrig mit den Worten beschrieben hatte: „Nicht zu Unrecht erzählt man draußen, wie behaglich sich's in Hannover leben läßt, wo die Künste blühen ... Und wo finden wohl in Hannover Architekten und Bildhauer, Maler und Musiker, einen begeisterteren und gütigeren Förderer als bei Ihnen, Herr Stadtdirektor?" (Wegner; Rede zum 25jährigen Amtsjubiläum Heinrich Tramms, Hann. Anzeiger, 17. November 1916).
801 Schreiben des Kunstvereins, Georg Fricke und Friedrich Hans Koken, an Oberbürgermeister Arthur Menge, 8. März 1929 (StAH Personalakte Heinrich Tramm (P 394)).
802 Ebda.
803 Vgl. dazu auch: o.A.; Lokales. Stadtdirektor Tramm 75 Jahre, in: Freie Meinung, 16. März 1929.
804 Protokoll der Sitzung der Museums-Kommission, 8. März 1929 (StAH HR 19, 293.).
805 Der VOLKSWILLE machte häufig in den zwanziger Jahren auf diese Maler und Bildhauer aufmerksam. Im März 1924 etwa hieß es, wenn die Jury des Kunstvereins „etwas strenger vorgegangen wäre" und nicht so sehr auf „Bekanntschaft, Sippe und Familie" Rücksicht genommen hätte, dann wären auch diese bisher Vernachlässigten endlich in den Genuß einer städtischen Förderung gekommen. So aber seien nur „eine neue Walze ... mit einer neuen Melodie" eingesetzt und ansonsten die „alten Walzen" wieder benutzt worden „mit jenen süßen Mordaffären des Pinsels und der Palette. Zuerst kommt man auf einen Berg, und dann rutscht man runter, immer tiefer, in Samtkissen mit Tulpen und Narzissen." (Brinko; 92. Große Kunstausstellung, Volkswille, 7. März 1924).
806 Schreiben Hugo R. Bartels an Bernhard Brach-Zinek, 21. November 1928 (NL BZ, Akte I Hann. Maler, Bildhauer, Graphiker der zwanziger Jahre, Teil 1).
807 Schreiben von Ernst Thoms an Oberbürgermeister Arthur Menge, 12. Januar 1928 (StAH HR 15, 792). Thoms befand sich zu dieser Zeit trotz seiner gelegentlichen Verkäufe seitens der hannoverschen Stadtverwaltung und privater Käufer offenbar in großer finanzieller Bedrängnis (Gadesmann, Heinrich-Detlev; Heinrich Tramm, S. 5. Grabenhorst, Georg; Ernst Thoms, S. 11 ff). Im Herbst/Winter 1927 machten Carl Buchheister als Erster Vorsitzender und Karl-Heinz Radler als 1. Schriftführer des Reichwirtschaftsverbandes bildender Künstler in einem Rundschreiben auf die Notlage vieler hannoverscher Künstler aufmerksam (Rundschreiben des RWVBK, 18. Dezember 1927 (StAH HR 19, Nr. 294)). Ohne Namen zu nennen, wurden in diesem Schreiben, das fast unverändert am 20. Dezember 1927 in der NIEDERDEUTSCHEN ZEITUNG abgedruckt wurde, die Lebensbedingungen auch einiger Malerinnen und Maler der hannoverschen Neuen Sachlichkeit geschildert. Mit großer Wahrscheinlichkeit wurden auch Ernst Thoms' Arbeitsbedingungen dargestellt, und zwar folgendermaßen: „Fall 1: Ein hoffnungsvoller, fleißiger, 30 Jahre alter Maler wohnt in der Altstadtgegend Hannovers. Er bewohnt ein Zimmer etwa 110 Quadratmeter groß, mit den denkbar ungünstigsten Tageslichtverhältnissen. Ein enger Treppenaufgang führt zu der Dachwohnung, elektrisches Licht und Gas sind nicht vorhanden." Buchheister und Radler verbanden mit diesem Rundschreiben die Absicht, die Stadt zum Bau von billigen Atelierwohnungen zu bewegen. Genaue Angaben über Größe der geplanten Wohnungen und Ateliers lagen dem Schreiben ebenso bei wie Listen, die Namen und Lebensverhältnisse der Künstlerinnen und Künstler benannten. Es ist zu klären, inwieweit diese Anfrage im Zusammenhang mit der Anlage der Liststadt durch Adolf Falke steht, die 1930 erfolgte. Hier erstellte die Stadt tatsächlich Atelierwohnungen, in der dann u.a. Grethe Jürgens und Fritz Busack wohnten, Vertreter der Neuen Sachlichkeit Hannovers also. Über Ernst Thoms' Lebensverhältnisse heißt es in dem Schreiben vom Dr. Franck-Greiz an den Schriftsteller Victor Curt Habicht vom 25. November 1933: „Herr Thoms hat mir diesesmal aus freien Stücken erklärt, daß seine Wohnverhältnisse schon für diesen Winter unhaltbar seien und er deshalb zumindest eine Notlösung dahin anstrebt, daß er noch einen besonderen Wohnraum in gesunder, geschützter Lage mietet ... Der unregelmäßige Geldeingang bzw. Geldbesitz ist für Herrn Thoms wohl das Entscheidende dafür, daß er es nicht wagt, eine andere Wohnung auf die Gefahr hin zu mieten, bei Fälligkeit am Monatsschluß einmal nicht im Besitz der erforderlichen Mittel zu sein." Franck-Greiz betonte Habicht gegenüber am Ende seines Schreibens: „Herr Thoms legt offenbar Gewicht darauf, daß er keine Subvention der Stadt durch Überlassung eines Ateliers erhält, um Freizügigkeit und Unabhängigkeit zu bewahren." (Schreiben von Dr. Franck-Greiz an Dr. Victor Curt Habicht, 25. November 1933 (StAH HR 19, 386).
808 Ebda.
809 Pahl, Georg (Gustav Schenk); Die Situation der jungen Maler, in: Der Wachsbogen, 2. H., 2. Novembernummer 1931, S. 4.
810 Ebda.
811 Ebda.
812 Ebda.
813 Krüger, Werner; Dada-Revon bei Kate T. Steinitz, in: galerie gmurzynska; Gästebuch von Kate T. Steinitz.
814 Sprengel Museum Hannover; abstrakt – konkret.
815 Kunstverein Hannover; Carl Buchheister. Lange, Rudolf; Carl Buchheister, S. 10.
816 Vgl. dazu etwa Reinhardt, Hildegard; Grethe Jürgens und Gerta Overbeck, S. 11. Reinhardt, Georg; Zwischen Atelier und Straße, S. 35. Vgl. auch Gadesmann, Heinrich-Detlev; Ernst Thoms, S. 14. Mlynek, Klaus; Hannover in der Weimarer Republik und unter dem Nationalsozialismus, S. 467. Zerull, Ludwig; Hannoversche Maler der Neuen Sachlichkeit, S. 7 f. Leppien, Helmut; Neue Sachlichkeit, S. 5 f. Kunstverein Hannover; Zwanziger Jahre, S. 222.
817 A. F. Teschemacher schrieb, der Lehrer Wegners, Fritz Burger-Mühlfeld, habe diesem eine Arbeit als Bühnenmaler beim Deutschen Theater und in der Schauburg verschafft (Teschemacher, A.F.; Ernst Wegner, S. 10). In den entsprechenden Akten des städtischen Theater-Aus-

schusses, der ab 1923 über die Belange der Schauburg entschied, findet sich allerdings kein entsprechender Hinweis.

818 So Erich Wegner in: Neue Wege der Malerei junger hannoverscher Künstler, Hann. Anzeiger. Illustrierte Zeitung, Wochenbeilage des HANNOVERSCHEN ANZEIGERS, 27. Januar 1929.

819 Ebda. Vgl. auch Ausstellungsblatt Erich Wegner, Galerie Kühl, 1982.

820 Schreiben Erich Wegners an die Stadtverwaltung, 29. April 1926 (StAH HR 19, 353). Bernhard Brach-Zinek erinnerte sich, „daß er mit Frau und Säugling in einem kleinen Zimmerchen in der Marienstraße wohnte" (Blatt ERICH WEGNER, nicht datiert, NL BZ Akte I. Hannoversche Maler, Bildhauer, Graphiker der zwanziger Jahre, Teil I.) Auch Klaus Wegner, Sohn von Erich und Katharina (Käte) Wegner, erinnerte sich im Gespräch an Erzählungen seines Vaters, in denen dieser ein bescheidenes Leben in diesen Jahren zeichnete (Gesprächsprotokoll Erich Wegner, 23. November 1992).

821 Schreiben Fritz Burger-Mühlfelds, 29. April 1926 (StAH HR 19, 353).

822 Schreiben der Stadtverwaltung an Erich Wegner, 18. Mai 1926 (StAH HR 19, 353).

823 Ebda.

824 Zitiert nach: Reinhardt, Georg; Zwischen Atelier und Straße, S. 9.

825 Ebda.

826 Die sich hieraus ergebenden Spannungsfelder zwischen den einzelnen Gruppierungen deutlicher herauszustellen, war ursprünglich Absicht dieses Kapitels. Da sich viele der Diskussionen jedoch jenseits der eigentlichen städtischen Kunstpolitik bewegten und auch nicht in direktem Zusammenhang mit der städtischen Ankaufspolitik stehen, wurde aus Gründen der Übersichtlichkeit auf genauere Ausführungen verzichtet.

827 Schmied, Wieland; Wegbereiter zur modernen Kunst, S. 227. Zerull, Ludwig; 1916, S. 94 ff.

828 Vgl. zu den zeitgenössischen Stellungnahmen exemplarisch: Wedekind, Fritz; Das Kunstleben der Stadt Hannover, Kölnische Rundschau, 18. Januar 1924.

829 Vgl. Schmied, Wieland; Wegbereiter zur modernen Kunst, S. 227. Röhrbein, Waldemar R.; So wie es war, S. 92. Zerull, Ludwig; 1916, S. 95. Lohr, Jakob; Bemerkungen zur Mitgliederbewegung im Kunstverein, S. 88. Schmalenbach, Werner; Kurt Schwitters, S. 20. Stoeber, Michael; Paul Erich Küppers, S. 207.

830 Zitiert nach: Zerull, Ludwig; 1916, S. 97. Vgl. auch Schumann, Werner; Burger-Mühlfeld, S. 28. Schmied, Wieland; Wegbereiter zur modernen Kunst, S. 227.

831 Am 23. November 1916 veröffentlichte der HANNOVERSCHE KURIER eine kurze Gegenerklärung, in der die Kestner-Gesellschaft gegen die Angriffe des Kunstvereins protestierte. Am 24. November 1916 schrieb Paul Erich Küppers an Rittmeister Eugen Passmann, ein Gründungsmitglied der Gesellschaft, man müsse sich gegen die Angriffe zur Wehr setzen. Er fügte hinzu: „Wir haben unserer Antwort einen möglichst ruhigen Ton gegeben, da wir ja wirklich keine Lust haben, eine große Polemik heraufzubeschwören, sondern durch Taten in Hannover zu handeln und eine Besserung in den Kunstverhältnissen herbeiführen wollen ... Im übrigen soll die ganze Angelegenheit für uns nur dazu dienen, unsere Kräfte noch mehr als bisher anzustrengen, damit wir wirklich das Kunstleben der Stadt fördern." (Schreiben von Paul Erich Küppers an Rittmeister Eugen Passmann, 24. November 1916 (NStAH Dep. 11 A. 1)).

832 Auszug aus dem Protokoll der Magistratssitzung vom 30. September 1921 (StAH HR X.C.6.2.3).

833 Ebda.

834 Schreiben der Kestner-Gesellschaft an Rittmeister Eugen Passmann, 23. Oktober 1916 (NStAH Dep. 100 A. 1). Eugen Passmann war zugleich einer der Stifter der Gründungs-Kestner-Gesellschaft (Schmied, Wieland; Wegbereiter zur modernen Kunst, S. 234).

835 Ebda. Im März 1921 lehnte die Kestner-Gesellschaft das Angebot eines Malers, bei ihr auszustellen, mit der Begründung ab, Arbeiten von ihm befänden sich bereits im Kunstverein: „Aus diesem Grunde möchten wir vorläufig von einer Kollektivausstellung Ihrer Bilder absehen, da wir uns in unseren Tendenzen grundsätzlich vom Kunstverein unterscheiden und daher alles vermeiden möchten, was als eine Anregung des Kunstvereins aufgefaßt werden könnte." (Schreiben der Kestner-Gesellschaft an den Kunstmaler Franz Reinhardt, München, 9. März 1921 (NStAH Dep. 11 A. 14)).

836 Kestner-Gesellschaft e.V. (Hg.); 1. Ausstellung. Max Liebermann, 1. Oktober – 1. November 1916.

837 Ebda.

838 Ebda.

839 Stoeber, Michael; Paul Erich Küppers, S. 209.

840 Ebda.

841 Küppers, Paul Erich; Gesellschaften und Vereine. Zur Gründung der Kestner-Gesellschaft in Hannover, in: Der Cicerone, 8. Jhg., H. 17/18, September 1916, S. 368.

842 Aufruf der Kestner-Gesellschaft zum Beitritt, zitiert nach: Schmied, Wieland; Wegbereiter zur modernen Kunst, S. 226.

843 Ebda. Im Oktober 1917 schrieb Paul Erich Küppers an Herwarth Walden, „daß wir neben den Impressionisten vorläufig die relativ reaktionären neuen Künstler brachten, hat guten Grund, denn es erscheint uns wesentlich, den Hannoveranern erst ein Fundament zu schaffen, von dem aus sie dann auch die Errungenschaften eines Chagall oder Kandinsky genießen können." (Schreiben der Kestner-Gesellschaft an Herwarth Walden, 13. Oktober 1917 (NStAH Dep. 100 A. 4)). Walden erklärte sich mit dieser Vorgehensweise nicht einverstanden: „Jede erste Ausstellung ist ein Lachkabinett. Indessen sind auch für Hannover viele Jahre vergangen ..." (Schreiben Herwarth Waldens an die Kestner-Gesellschaft, 19. Oktober 1917 (gleiche Akte)).

844 Ebda.

845 Vgl. dazu aber: Schmalenbach, Werner; Kurt Schwitters, S. 13. Zerull, Ludwig; 1916, S. 95. Zerull sprach davon, daß es ein „eigentlich unvorstellbarer Zeitpunkt" für eine solche Gründung gewesen sei. Vgl. auch Küppers-Lissitzky, Sophie; Die ersten Jahre, S. 11.

846 Lenman, Robin; Painters, Patronage, and the Art Market in Germany, S. 135. Vgl. auch Lenman, Robin; Die Kunst, die Macht und das Geld, S. 46 f.

847 In einem Schreiben der Kestner-Gesellschaft an Heinz Appel hieß es im Oktober 1917, „daß in der jetzigen Kriegszeit gerade die älteren und daher auf dem Kunstmarkt besonders teuer bezahlten Bilder schwerer zu erhalten sind als Kollektionen lebender, junger Maler." (Schreiben der Kestner-Gesellschaft an Heinz Appel, 27. Oktober 1917 (NStAH Dep. 100 A. 4)).

848 Vgl. dazu den Beitrag von Paul Erich Küppers im CICERONE (Gesellschaften und Vereine. Zur Gründung der Kestner-Gesellschaft in Hannover, in: Der Cicerone, 8. Jhg., H. 17/18, September 1916, S. 367): „Die

öffentlichen Sammlungen, denen meist ein fest umrissenes Programm zu Grunde liegt, können jeweils nur einen verhältnismäßig kleinen Ausschnitt aus der Entwicklung der Kunst vor Augen führen. Sie können auch nur solche Werke sammeln, die ihren inneren Wert und ihre ewige Bedeutung bereits erwiesen haben und unberührt von den Auseinandersetzungen des Tages als feste Marksteine der Entwicklung angesehen werden können. Eine Stadt von der lebendigen Gegenwart Hannovers kann sich allein mit dem Genusse dieses sicheren und reifen Kunst- und Kulturbesitzes nicht begnügen. Sie hat ein Recht darauf, neben den Höhepunkten auch die Kämpfe und Sehnsüchte der modernen Kunstbewegung kennen zu lernen. Hier sollen die Sonderausstellungen der Kestner-Gesellschaft einsetzen ... So wird sie die Werke der modernen Künstler bringen, die heute schon zu den Klassikern der Kunst gerechnet werden, aber sie wird auch an den Dingen nicht vorübergehen, an die sich in anderen Städten leidenschaftliche Kontroversen knüpfen und die man in Hannover kaum dem Namen nach kannte ... Von aller Einseitigkeit wird sie sich freizuhalten versuchen, sie wird keine bestimmte Richtung propagieren und weder konservativ noch revolutionär sich gebärden: nur eines wird für sie maßgebend sein: die künstlerische Qualität und die Ehrlichkeit des Strebens." Im Rechenschaftsbericht der Kestner-Gesellschaft nach dem ersten Vereinsjahr hieß es: „Eine großzügige und mutig geleitete Kunsthandlung, die die heranreifenden Talente hätte vorführen oder auf Evolution innerhalb der großen Kunstentwicklung hätte hinweisen können, hat es in Hannover nie gegeben ... Es fehlten also in Hannover so ziemlich alle Voraussetzungen, um in weiteren Kreisen eine wahrhaft tätige Anteilnahme an künstlerischen Dingen zu erwecken. Von diesem Gesichtspunkt betrachtet, war die Gründung der Kestner-Gesellschaft eine Tat, die aus den bestehenden geistigen Zuständen mit zwingender Notwendigkeit über kurz oder lang erfolgen mußte." (Küppers, Paul Erich; Rechenschaftsbericht für das Erste Vereinsjahr der Kestner-Gesellschaft, in: Kestner-Gesellschaft e.V. (Hg.); 10. Ausstellung. Paula Modersohn, 2. September – 4. Oktober 1917).

849 Sie sei eine „Notwendigkeit" gewesen, kommentierte er, schließlich trete sie an, jene „Lücke" im hannoverschen Kunstbetrieb zu schließen, die auch der kunstwillige Magistrat notwendigerweise habe lassen müssen, weil Raum-, Zeit- und Geldmangel es ihm nicht erlaubten, sich intensiver mit Fragen der Kunstpflege zu beschäftigen. (Pfeiffer, Hans; Kestner-Gesellschaft e.V., in: Niedersachsen, Nr. 24, 15. Dezember 1916, S. 405). Am 2. Februar 1917 bedankte sich die Kestner-Gesellschaft für diese Rezension (NStAH Dep. 100 A. 2).

850 Ebda.

851 Schreiben des HANNOVERSCHEN KURIERS, Abteilung Stadt/Sport/Vermischtes, Karl Anlauf, an die Kestner-Gesellschaft, 7. Juli 1917 (NStAH Dep. 100 A. 3).

852 Ebda.

853 Dr. V.; Zur Sezessionsausstellung, Hann. Kurier, 23. Mai 1931. Vgl. auch o.A.; Zur Secessionsausstellung, Hann. Kurier, 15. Mai 1930.

854 Ebda.

855 Schreiben Albert Brinckmanns, Kestner-Gesellschaft, an Heinrich Tramm (NStAH Dep. 100 A. 1). Vgl. auch die Schreiben der Kestner-Gesellschaft v. 18. April 1917, 1. Mai 1917 (NStAH Dep. 100 A. 4), 19. Juni 1920 (NStAH Dep. 100 A. 11), 28. November 1920 (NStAH Dep. 100 A. 12), 2. Dezember 1921 (NStAH Dep. 100 A. 17). Im November 1920 kaufte er zwei Werke bei der Kestner-Gesellschaft an (Schreiben der Kestner-Gesellschaft an Heinrich Tramm, 28. November 1929 (NStAH Dep. 100 A. 12)).

856 Schreiben der Kestner-Gesellschaft an Heinrich Tramm, 30. August 1917 (NStAH Dep. 100 A. 4).

857 Zerull, Ludwig; 1916, S. 96. Vgl. auch Kestner-Gesellschaft e.V. (Hg.); 28. Ausstellung. James Ensor und Künstler des Café du Dome, Oktober – 12. November 1919, Verzeichnis der Stifter. Vgl. auch den Schriftwechsel zwischen der Kestner-Gesellschaft und der Witwe Tramms vom 19. September 1934 (StAH HR X.C.2.26).

858 Vgl. dazu etwa Kestner-Gesellschaft e.V. (Hg.); Rückblick auf die Jahre 1916/21. Programm für das Vereinsjahr 1921/22, Hannover 1921, S. 29. Schreiben der Kestner-Gesellschaft an Heinrich Tramm, 26. Januar 1927 (StAH Dep. 100.A.32).

859 Schreiben der Kestner-Gesellschaft an Heinrich Tramm, 25. September 1929 (NStAH Dep. 100.A.38).

860 Küppers, P. E.; Vorwort zur zweiten Sonderausstellung, in: Kestner-Gesellschaft e.V. (Hg.); 2. Ausstellung. Karl Caspar. Maria Caspar-Filser, 8. November – 10. Dezember 1918. Vgl. auch Mlynek, Klaus; Hannover in der Weimarer Republik und unter dem Nationalsozialismus, S. 461. Schmied, Wieland; Wegbereiter zur modernen Kunst, S. 238. Schmalenbach, Werner; Kurt Schwitters, S. 18. Spengemann, Christof; Bildende Kunst, S. 9.

861 Küppers, P. E.; Vorwort zur zweiten Sonderausstellung, in: Kestner-Gesellschaft e.V. (Hg.); 2. Ausstellung. Karl Caspar. Maria Caspar-Filser, 8. November – 10. Dezember 1918.

862 Vgl. etwa: Spengemann, Christof; Bildende Kunst, S. 9.

863 Küppers, P.E.; Vorwort zur zweiten Sonderausstellung, in: Kestner-Gesellschaft e.V. (Hg.); 2. Ausstellung. Karl Caspar. Maria Caspar-Filser, 8. November – 10. Dezember 1918.

864 Ebda.

865 Küppers, P. E. (Hg.); Die Kestner-Gesellschaft e.V. Mitteilungen über Wege und Ziele, Hannover 1918, S. 3.

866 Kestner-Gesellschaft; Flugschriften.

867 Ebda.

868 Kaiser, Hans; Gemeinschaft, in: Das Hohe Ufer, 1. Jhg., H. 1, Januar 1919, S. 19.

869 Spengemann, Christof; Mit Heinrich beginnend. Ein Hannoverbuch, unveröffentlichtes Manuskript, Hannover 1950 (SAH 2123b).

870 Küppers, P. E.(Hg.); Die Kestner-Gesellschaft e.V.; Mitteilungen überr Wege und Ziele, Hannover 1918, S. 3.

871 Küppers, P. E.; Vorwort zur zweiten Sonderausstellung, in: Kestner-Gesellschaft e.V. (Hg.); 2. Ausstellung. Karl Caspar. Maria Caspar-Filser, 8. November – 10. Dezember 1918.

872 Kestner-Gesellschaft e.V. (Hg.); 1. Ausstellung. Max Liebermann, 1. Oktober – 1. November 1916.

873 Küppers, P. E.; Vorwort, in: Kestner-Gesellschaft e.V. (Hg.); 22. Ausstellung. Erich Heckel, 15. Januar – 25. Februar 1919.

874 Ebda.

875 Küppers, P. E.; Vorwort, in: Kestner-Gesellschaft e.V. (Hg.); 21. Ausstellung. Junge Berliner Kunst, 8. Dezember 1918 – 12. Januar 1919. „Sollen nur die Fertigen, die Ausgereiften und Vollendeten reden dürfen, während die Jungen im Feuer ihrer Künstlerschaft verbrennen, weil sie es nicht hinausflammen dürfen in die Welt? Auch der junge Künstler, der noch versucht und probt, hat das Recht zur Rede. Er

braucht es." (Küppers, Paul Erich; Vorwort, in: Kestner-Gesellschaft e. V. (Hg.); 17. Ausstellung. Franz Heckendorf, 15. Mai – 16. Juni 1918).

876 Küppers, P. E.; Vorwort, in: Kestner-Gesellschaft e.V. (Hg.); 21. Ausstellung. Junge Berliner Kunst, 8. Dezember 1918 – 12. Januar 1919.

877 Küppers, P. E.; Vorwort, in: Kestner-Gesellschaft e.V. (Hg.); 22. Ausstellung. Erich Heckel, 15. Januar – 25. Februar 1919.

878 Ebda.

879 Ebda. „Wer nicht ängstlich vor den sich regenden Kräften die Augen verschließt, wer die Zeichen der Zeit zu deuten weiß, der fühlt in wachsender Erkenntnis, daß sich das Weltgefühl wandelt, daß neue Mächte mit vulkanischer Gewalt ans Licht begehren. Sollen kommende Geschlechter sagen, unsere Herzen seien zu schwach gewesen für die große Zeit, die … starke und begeisterungsfähige Seelen erheischt? Vom Ewiggestrigen nicht, nicht vom Vergangenen kommt das Heil. Aus uns selbst, aus der Gegenwart, muß Fortschritt und Vollendung geboren werden. Das Lebendige und Gegenwärtige ist das Schlachtfeld des menschlichen Geistes." (Küppers, (P. E.); Vorwort, in: Kestner-Gesellschaft e.V. (Hg.); 13. Ausstellung. Emil Nolde, 6. Januar – 6. Februar 1918).

880 Kestner-Gesellschaft e.V. (Hg.); 1. Ausstellung. Max Liebermann, 1. Oktober – 1. November 1916.

881 Debschitz, Wilhelm von; Vom alten zum neuen Geist. Zur Eröffnung der Ausstellung für Handtextil-Arbeiten in der Kestner-Gesellschaft, in: Kestner-Gesellschaft e.V. (Hg.); 15. Ausstellung. Handtextilarbeiten, 17. März – 7. April 1918.

882 Zimmermann, Helmut; Kurzbiographien, S. 213. Vgl. den nicht datierten Personalbogen Albert Brinckmanns (Personalakte Albert Brinckmann (StAH P 452)).

883 Dies war auch der Tenor des Empfehlungsschreibens für Brinckmann, das sein Vorgänger Wilhelm Behncke an Tramm richtete (Schreiben Wilhelm Behnckes an Heinrich Tramm, 11. März 1912 (Personalakte Albert Brinckmann (StAH P 452)). Vgl. dazu das Glückwunschtelegramm Justus Brinckmanns zum fünfundzwanzigjährigen Jubiläum des Kestner-Museums an Heinrich Tramm vom 10. November 1914 sowie Tramms Antwortschreiben darauf vom 16. November 1914: „Wir freuen uns, daß es gelungen ist, dem Museum besonders in den letzten Jahren, wo es unter der Leitung Ihres Herrn Sohnes stand, einen Namen in der Kunstwelt zu verschaffen." (StAH HR X.C.2.15).

884 Brinckmann hatte 1907 über ein Thema aus der Frührenaissance promoviert. Vgl. den nicht datierten Personalbogen Albert Brinckmanns (Personalakte Albert Brinckmann (StAH P 452)).

885 Aus dem Zeugnis der Königlich Württembergischen Zentralstelle für Gewerbe und Handel, 11. April 1909 (Personalakte Albert Brinckmann (StAH P 452)).

886 Vgl. dazu etwa die relativ seltenen Dienstreiseanträge in seiner Personalakte (Personalakte Albert Brinckmann (StAH P452)).

887 Vgl. etwa die Anfrage Albert Brinckmanns vom 22. März 1913 an andere Museumsleiter im Reich bezüglich ihrer Einkünfte (Personalakte Albert Brinckmann (StAH P 452)). Ein unangenehmer Beiklang wurde vom Direktor dann, nach 1918, selbst in die Diskussion um sein Verbleiben am Kestner-Museum gebracht. Zeitgleich mit seiner Kritik an Heinrich Tramms Ankaufspolitik begann Brinckmann mit Gehaltsverhandlungen. Im August 1919 schrieb er, der nach dem Tod des Vaters im Februar 1915 eine große Erbschaft angetreten hatte, an den Magistrat, da weder er noch seine Frau über Vermögen verfügten, „ist es mir bei der herrschenden Teuerung trotz der laufenden Zulagen ganz unmöglich, ohne in Schulden zu geraten, meine bisherige standesgemäße Lebenshaltung fortzuführen". Weiter sei zu bedenken, „daß ein Museumsleiter nur dann seine Stellung zum Wohle des ihm unterstellten Institutes richtig auszufüllen vermag, wenn er in den Kreisen der Gesellschaft die nötige Fühlung besitzt und auch in der Lage ist, die ihm zukommende gesellschaftliche Position nach außen hin durchzuführen." (Schreiben Albert Brinckmanns an den Magistrat, 22. August 1919 (Personalakte StAH P 452)). Der Magistrat ging auf seine Forderung ein und bewilligte eine Zulage von monatlich M 2.000 zusätzlich zu den M 8.500, die Brinckmann ohnehin bereits verdiente (Protokoll der Sitzung des Magistrats, 9. Dezember 1919 (Ebda)). Als Heinrich Tramm indes in der Sitzung am 8. Dezember 1919 behauptete, Brinckmanns Tätigkeit im Museum selbst sei „keine so anstrengende" (Protokoll der Gemeinschaftlichen Sitzung von Museums-Kommission und Finanz-Kommission, 8. Dezember 1919 (Ebda.)), entschied sich der Museumsleiter dafür, den Posten mit der Begründung aufzugeben, „er finde nicht genügend Unterstützung gegen ein Hereinreden in seinen Amtsbereich". Auch eine Unterschriftenaktion gegen seinen Weggang konnte Albert Brinckmann nicht umstimmen. Hier hieß es, „die Wirrnisse des Krieges" hätten „Dinge gezeigt, die das Denken wahrhafter, aufrichtiger Menschen in Angst und Sorge setzten" und die Kunst, „die uns über Alltagsmühen erhebt und freut, (sei) schwer bedroht" (Unterschriftenaktion, 17. Januar 1920 (Personalakte Albert Brinckmann (StAH P 452)). Brinckmanns Entschluß, Hannover zu verlassen, wurde allgemein sehr bedauert und die Unnachgiebigkeit der Stadtverwaltung kritisiert. In Leipzig erschienene WERKSTATT DER KUNST bemängelte, daß Brinckmanns Gehalt nur um M 1.000 höher gewesen sei als jenes des Oberaufsehers am Kestner-Museum (o.A.; Zur Gehaltsfrage unserer Museumsleiter, Die Werkstatt der Kunst, Leipzig, 2. Februar 1920). Die in diesem Artikel gemachten Angaben entsprachen keineswegs den Tatsachen. Die Besoldungsnachweisung für das entsprechende Haushaltsjahr 1919/20 nennen vielmehr folgende Zahlen: Brinckmann: M 8.500, Küthmann, Wiss. Assistent: M 3.400, Oberaufseher: M 3.000. (StAH B 16758). Küthmann hatte im vorhergehenden Jahr gar nichts verdient, weil Brinckmann ihn unter diesen Konditionen vom Militärdienst befreit hatte (Protokoll der Sitzung der Museums-Kommission, 25. Januar 1919 (StAH Versch. Kommissionen, Bd. 21)). Nach seinem Ausscheiden verließ Brinckmann Hannover und ging als Kunsthändler nach Berlin. Hier verstarb er siebenundvierzigjährig bereits am 2. Februar 1924 (Schreiben des Bruders Wolfgang Brinckmann an den Magistrat, 10. November 1926 (Ebda.). O.A.; Dr. Albert Brinckmann gestorben, Hann. Kurier, 14. Februar 1924). Seine Frau, Anna Brinckmann, übernahm von Sophie Küppers-Lissitzky den Laden für Kunstgewerbe in der Kestner-Gesellschaft (Schreiben der Kestner-Gesellschaft an Anna Brinckmann, 9. März 1928 (NStAH Dep. 100.A.34). Schreiben der Kestner-Gesellschaft an Hans Clasen, Kassel, 15. September 1928 (NStAH Dep. 100.A.37)). Anna Brinckmann ersuchte trotz der ausgesprochenen Scheidung, der sie selbst jedoch nie zugestimmt hatte, um Witwengeld und argumentierte folgendermaßen: Der Schritt, den Dienst am Kestner-Museum zu quittieren, sei ihr bereits „völlig unverständlich" gewesen. Weiter hieß es: „Später kam bei meinem Mann eine Geisteskrankheit zum offenen Ausbruch, an der er … in der Irrenanstalt verstorben ist. Diese Krankheit erklärte nachträglich seine unsinnigen

Entschlüsse vom Januar 1920, die durch krankhafte Übersteigerung zustande kamen und nicht mehr als freie Willenshandlungen angesehen werden können." (Schreiben Anna Brinckmanns an Arthur Menge, 14. August 1935 (Personalakte Albert Brinckmann (StAH P 452)). Anna Brinckmann wurde während dreißiger Jahre von der Stadtverwaltung und vom Regierungspräsidenten der Provinz Hannover unterstützt, wohl auch wegen ihrer guten Bekanntschaft zur Familie Fritz Beindorff (Schreiben Fritz Beindorffs an Arthur Menge, 23. August 1935, Ebda.). Der Industrielle hatte mit Alexander Dorner, Wilhelm Peßler und Ernst Steinitz die Unterschriftenaktion gegen den Weggang Brinckmanns aus Hannover initiiert.

[888] Schreiben Albert Brinckmanns an Heinrich Tramm, 14. Dezember 1917 (StAH HR 19, 291).

[889] Schreiben Heinrich Tramms an Albert Brinckmann, 21. Dezember 1917 (StAH HR 19, 291).

[890] „Sie verkennen in dem Schreiben vollständig Ihre Stellung wie die ganze Sachlage. Was Ihre Stellung anbelangt, so stehen Sie unter dem Magistrat als Ihrer vorgesetzten Behörde." (Schreiben des Magistrats an Albert Brinckmann, 21. Dezember 1917 (StAH HR 19, 291)).

[891] Vgl. dazu den Text einer von der Stadt herausgegebenen Broschüre DIE MODERNEN GEMÄLDE AUS DEM BESITZ DER STADT. EIN FÜHRER FÜR DIE BESUCHER DER AUSSTELLUNG von 1918 (StAH HR 19, 100). Vgl. auch den Artikel im HANNOVERSCHEN KURIER vom 22. Juni 1916, also aus der Gründungsphase der Kestner-Gesellschaft, der den „rührigen Direktor unseres Kestner-Museums" lobte und ihm die wichtigste Rolle bei der Schaffung der Städtischen Galerie zuerkannte (o.A.; Stadt-Kurier. Hannovers neue Gemälde, Hann. Kurier, 22. Juni 1916).

[892] Auch als sich im September 1918 im Zuge einer allgemein zunehmenden Kritik an der städtischen Kunstpolitik eine Reihe bisher wenig berücksichtigter Maler öffentlich zu Wort meldeten und Änderungen forderten, stellte sich Brinckmann noch ganz auf die Seite Tramms. An Senator Bauer schrieb er von einer Dienstreise nach Moskau: „Sehr interessiert hat mich der Protest der hannoverschen Künstler gegen die städtische Kunstpflege ... Ich schreibe über diese Dinge auch sofort ein paar Worte an Herrn Stadtdirektor und empfehle, die nächsten Jahre von den hannoverschen Malern *keine* Bilder auf den Herbst- und Frühjahrsausstellungen anzukaufen. Dann erst werden sie einsehen, daß die Stadt viel (ja zuviel) für die Künstler in der Stadt getan hat." (Schreiben Albert Brinckmanns an Senator Bauer, 16. September 1918 (Personalakte Albert Brinckmann (StAH P 452)). Christiane Klössel urteilte in diesem Zusammenhang, Brinckmann habe „im Fahrwasser städtischer Kunstpolitik geschwommen" (Klössel, Christiane; Zweemann, S. 115). Wenngleich dieses Urteil wohl überspitzt, im Kern aber nicht unzutreffend ist, gilt doch, daß Brinckmann wo immer möglich versuchte, auch im Kestner-Museum Ausstellungen noch unbekannter Künstler zu veranstalten. In diesem Zusammenhang ist auch die Otto Gleichmann-Ausstellung im Mai 1917 zu sehen. Auch Gleichmanns Tochter erinnerte sich im Gespräch daran, daß Brinckmann „für moderne Kunst sehr aufnahmebereit" gewesen sei und sich für Gleichmanns Arbeiten aus einem tiefen Verständnis bereitwillig eingesetzt, viele andere, besonders kriegsverherrlichende Werke aber abgelehnt habe (Gesprächsprotokoll Gunda-Anna Gleichmann-Kingeling, 8. November 1992). Vgl. Mlynek, Klaus; Stadt, Stadtverwaltung und Kestner-Museum, S. 187, 201.

[893] Protokoll der Sitzung der Museums-Kommission, 25. Januar 1919 (StAH HR X.C.19).

[894] Schreiben Albert Brinckmanns an Oberbürgermeister Robert Leinert, 12. Dezember 1918 (StAH HR X.C.0.6.I).

[895] Schreiben Albert Brinckmanns an Oberbürgermeister Robert Leinert, 16. August 1919 (StAH HR X.C.0.6.I). Weiter hieß es hier: „Guter Wille und größte Kunstbegeisterung läßt wohl eine private, aber nicht eine für die Allgemeinheit bestimmte Galerie schaffen. Reiche Erfahrung, systematisches Vorgehen bei Ankäufen, strengste Wahl und größtes Qualitätsgefühl gehören nun einmal dazu."

[896] Protokoll der Gemeinsamen Sitzung von Museums-Kommission und Finanz-Kommission, 16. September 1919 (StAH Verschiedene Kommissionen, Bd. 21).

[897] Ebda.

[898] Ebda.

[899] Ebda.

[900] Ebda.

[901] Protokoll der Gemeinsamen Sitzung von Museums-Kommission und Finanz-Kommission, 8. November 1919 (Personalakte Albert Brinckmann (StAH P. 452)).

[902] Ebda.

[903] Ebda.

[904] Spengemann, Christof; Bildende Kunst, S. 3.

[905] Sp., C.; Hannöversches, in: Der Zweemann, H. 8–10, Juni-August 1920, S. 45.

[906] Kaiser, Hans; Die Nachfolger des Herr Dr. Brinckmann, in: Das Hohe Ufer, 2. Jhg., H. 2, 1920, S. 25 ff.

[907] O.A.; Die Kunst an der Leine, Vossische Zeitung, 18. Januar 1920.

[908] Ebda.

[909] Ebda.

[910] Ebda.

[911] O.A.; Die Kunst an der Leine, Deutsche Volkszeitung, 21. Januar 1920.

[912] O.A.; Die Kunst an der Leine, Deutsche Volkszeitung, 21. Januar 1920.

[913] Ebda.

[914] Küppers, P. E.; Gesellschaften und Vereine. Zur Gründung der Kestner-Gesellschaft in Hannover, in: Der Cicerone, 8. Jhg., H. 17/18, September 1916, S. 368.

[915] Vgl. den nicht datierten Lebenslauf von Küppers, Anhang zum Schreiben Albert Brinckmanns an den Magistrat, 29. April 1915 (Personalakte Paul Erich Küppers (StAH P 54)). Zerull, Ludwig; 1916, S. 96. Küppers-Lissitzky, Sophie; Lebenslauf Paul Erich Küppers, in: Schmied, Wieland ; Wegbereiter zur modernen Kunst, S. 252.

[916] Vgl. dazu die ärztlichen Gutachten in der Personalakte (StAH P 54).

[917] Küppers-Lissitzky, Sophie; Lebenslauf Paul Erich Küppers, in: Schmied, Wieland; Wegbereiter zur modernen Kunst, S. 252.

[918] Schreiben Albert Brinckmanns an den Magistrat, 29. April 1915 (Personalakte Paul Erich Küppers (StAH P 54)).

[919] Schreiben Albert Brinckmanns an den Magistrat, 29. April 1919 (Personalakte Paul Erich Küppers (StAH P 54)).

[920] Küppers, Paul Erich; Von Münchner Ausstellungen, Hann. Kurier, 17. Juni 1916.

[921] Ebda.

[922] Schreiben Georg Biermanns an Alfred Kuhn, Berlin, 17. Januar 1922 (NStAH Dep. 100 A. 18). Vgl. zu der Verwirrung nach Brinkmanns Tod die gesamte Korrespondenz in dieser Akte.

923 Vgl. etwa: Helms, Dietrich; Kunst und Typographie, S. 11.
924 Wieland Schmied berichtete, im Frühjahr 1923 sei es sogar zu Diskussionen um eine Auflösung der Kestner-Gesellschaft gekommen, die schließlich nur durch ein Veto der Mitgliederversammlung verhindert worden sei (Schmied, Wieland; Die Kestner-Gesellschaft wird geschlossen, in: Ders.; Wegbereiter zur modernen Kunst, S. 56). Sophie Küppers-Lissitzky erinnerte sich: „Wir waren fieberhaft tätig. Denn die Mark verschlechterte sich von Tag zu Tag. Bis wir das Geld für Verkauftes ausgeben konnten, war es schon entwertet ... Unsere ansehnliche Erbschaft zerplatzte wie Seifenblasen. Mit den Wertpapieren konnte man den Ofen heizen. Nur die Bilder, die wir erstanden hatten, stellten bald einen realen Wert dar; sie stiegen im Kurs wie Aktien und halfen mir und meinen Kindern, die Krisis zu überstehen." (Küppers-Lissitzy, Sophie; Die ersten Jahre, S. 17).
925 Vgl. dazu auch: o.A.; Krautworsts Wandelgänge. Wechselvoll, Neue Hann. Presse, 20/21. August 1977.
926 Todesanzeige der Kestner-Gesellschaft für Paul Erich Küppers, Hann. Kurier, 7. Januar 1922.
927 Ebda.
928 Nachrufe auf Paul Erich Küppers, abgedruckt in: Kestner-Gesellschaft e.V. (Hg.); 48. Sonderausstellung. Meisterwerke deutscher Kunst aus hannoverschem Privatbesitz, 5. Februar – 1. März 1922.
929 Ebda.
930 Dies hätte ihn satzungsgemäß auch von der Leitung der Kestner-Gesellschaft ausgeschlossen (Satzung der Kestner-Gesellschaft, 23. November 1916. §9: „Künstlerischer Leiter. Der Vorstand ist berechtigt, für die Ausführung der Vereinsveranstaltungen einen künstlerischen Leiter zu bestellen. Der Künstlerische Leiter muß Mitglied des Vereins, darf aber nicht ausübender Künstler sein; er kann für seine Tätigkeit angemessen entschädigt werden." (zitiert nach: Schmied, Wieland ; Wegbereiter zur modernen Kunst, S. 231)).
931 Biermann, Georg; Neue Kunst aus hannoverschem Privatbesitz. Ausstellung in der Kestner-Gesellschaft, in: Der Cicerone, 12. Jhg., H. 2, Januar 1920, S. 83 f.
932 Küppers-Lissitzky, Sophie; Die ersten Jahre, S. 11. Steinitz, Käte; Kestner-Gesellschaft, S. 27. Sophie Küppers, 1891 geboren und somit zwei Jahre jünger als ihr Mann, erwog nach dessen Tod offenbar zunächst, die Kestner-Gesellschaft allein weiterzuführen, was jedoch vom Vorstand mit der Begründung, sie sei eine Frau, abgelehnt wurde (Küppers-Lissitzky, Sophie; Die ersten Jahre, S. 16. Vgl. auch das Schreiben Georg Biermanns an Sophie Küppers v. 27. Januar 1922 (NStAH Dep. 100 A. 18). Biermann äußerte hier Bedenken, die „Ihre Stellung als Hausfrau und Mutter betreffen", die eine Leitung der Kestner-Gesellschaft unmöglich mache.). Doch blieb die Kunsthistorikerin in engem Kontakt mit der Kestner-Gesellschaft. Zunächst wohnte sie mit ihren beiden Söhnen aus der Ehe mit Küppers in Räumen der Kestner-Gesellschaft, bis es zu Unstimmigkeiten kam (vgl. dazu die nicht genau datierten Informationen der Kestner-Gesellschaft vom November bzw. Dezember 1923 (NStAH Dep. 100.A.26)). Bis Ende 1923 leitete sie den Laden für Kunstgewerbe im Haus in der Königstraße, dann übergab sie das Geschäft an Anna Brinckmann (vgl. Gesprächsprotokoll Heinz Vahlbruch, 29. Juli 1992. Küppers-Lissitzky, Sophie; Die ersten Jahre, S. 16). Auch danach scheint sie sich vor allem mit dem Kunsthandel beschäftigt zu haben (vgl. Schreiben Sophie Küppers-Lissitzkys an Alexander Dorner, 6. Dezember 1923 (Reg. LaMu II.2.5. Handzeichnungen, Stiche, Kunstdrucke, Aquarelle pp., 17.100.1890–31.12.1929)). Sie verkaufte u.a. Werke von Mondrian, Nolde und Arp an Alexander Dorner vom Provinzial-Museum (Schreiben Alexander Dorners an Sophie Küppers-Lissitzky, 8. Januar 1925 (Reg. LaMu II.2.2 Gemälde neuer Meister. Ankäufe 1.10.1921–31.12.1925)) und bot der Kestner-Gesellschaft im Oktober sogar eine geschlossene Ausstellung zur Übernahme an (Schreiben Sophie Küppers-Lissitzkys an die Kestner-Gesellschaft, 5. Oktober 1930 (NStAH Dep. 100.A.41)). Auch nachdem sie begonnen hatte, viele Reisen gemeinsam mit El Lissitzky zu unternehmen, den sie dann in der zweiten Hälfte der zwanziger Jahre heiratete, stand sie mit der hannoverschen Kunstszene in gutem Kontakt (Steinitz, Käte; Kestner-Gesellschaft, S. 45. Schroeder, Hiltrud; Sophie und Co., S. 245). Käte Steinitz berichtete, Sophie Küppers-Lissitzky sei die Initiatorin für das Märchenbuch DER HAHNEPETER gewesen, das sie und Kurt Schwitters dann aus der Taufe hoben (Steinitz, Käte; Kurt Schwitters. Erinnerungen, S. 45 u. 55). Unternehmungslustig und risikobereit blieb Sophie Küppers-Lissitzky, nachdem sie mit El Lissitzky nach Rußland gegangen war. Zunächst von Moskau aus, wo 1930 auch ihr Sohn Jen geboren wurde (Schmied, Wieland; Wegbereiter zur modernen Kunst, S. 248. Schreiben Alexander Dorners an Sophie Küppers-Lissitzky, 27. Mai 1927 (Reg LaMu II.2.2. Gemälde neuer Meister. Ankäufe. 1.10.1926–31.12.1927)), später von der Krim (Schreiben Alexander Dorners an Sophie Küppers-Lissitzky, 8. Juli 1929 (Reg LaMu II.2.2 Gemälde neuer Meister. Ankäufe 1.1. – 31.12.1929)) und dann von Novosibirsk aus, wo das Paar seit Beginn der dreißiger Jahre überwiegend lebte, unterhielt sie einen regen Kunsthandel, u.a. auch mit Hannover. Dann war über ihr weiteres Schicksal längere Zeit wenig bekannt (Schmied, Wieland; Wegbereiter zur modernen Kunst, S. 256). 1967 veröffentlichte sie ihre Lissitzky-Biographie (Küppers-Lissitzky, Sophie; El Lissitzky. Maler, Architekt, Fotograf, Dresden 1967). Zehn Jahre darauf erschien das von ihr und dem gemeinsamen Sohn Jen verfaßte PROUN UND WOLKENBÜGEL. Im darauffolgenden Jahr 1978 starb Sophie Küppers-Lissitzky siebenundachtzigjährig. (vgl. allg. Sprengel Museum Hannover (Hg.); El Lissitzky, Hannover 1990).
933 Küppers-Lissitzky, Sophie; Die ersten Jahre, S. 11.
934 Ebda.
935 Sophie Küppers trug in dieser Zeit den eher scherzhaft als politisch gemeinten Titel „La mère des Bolcheviks" (Ebda., S. 16). Über eine politische Tätigkeit ist jedenfalls nichts bekannt. Vielleicht entwickelte sich der Titel wegen der vielen Künstler aus dem revolutionären Rußland, die Sophie Küppers-Lissitzky als Gastgeberin empfing. In einem Schreiben von P. E. Küppers an Max Burchartz v. 14. Dezember 1920 (NStAH Dep. 11 A. 13) hieß es: „Seit Ihr Bolschewisten fort seid, ist bei uns wieder Ruhe eingekehrt."
936 Ebda.
937 Zitiert nach: Steinitz, Käte; Kestner-Gesellschaft, S. 31.
938 Ebda.
939 Küppers-Lissitzky, Sophie; Die ersten Jahre, S. 11.
940 Ebda.
941 Die mit Paul Erich Küppers gleichaltrige Käte Steinitz, die das Ehepaar gleich in ihren ersten Tagen in dem als „trostlos" empfundenen Hannover kennenlernte (Steinitz, Käte; Kestner-Gesellschaft, S. 27) und ihre Freundlichkeit als „Farbfleck" in dieser Tristesse begrüßte, beschrieb den Freund rückblickend so: „Küppers besaß einen anstecken-

den Enthusiasmus für die neuen Bewegungen ... und für Leben und Kunst überhaupt" (Ebda., S. 28). „Küppers' Geist war aufgeschlossen für alle Ausdrucksformen der neuen Zeit, dazu kamen sein jugendlicher Enthusiasmus, sein rheinländisches Temperament und seine Begabung für eigenen Ausdruck in Wort und Schrift" (Ebda., S. 27). In der englischen Version ihres Buches über Kurt Schwitters (Steinitz, Käte; Kurt Schwitters. A Portrait from Life, S. 214) bezeichnete Käte Steinitz Küppers als „most capable and brilliant pioneer of modern movements in arts". Emil Nolde schrieb am 17. Januar 1922(NStAH Dep. 100 A. 18) an die Kestner-Gesellschaft: „Wir freuten uns immer, ihn bei uns zu sehen, und das Zusammenarbeiten mit ihm in den Ausstellungssachen war sehr angenehm." Und Alfred Flechtheim äußerte Georg Biermann gegenüber: „Nicht allein die Kestner-Gesellschaft, sondern wir alle verlieren mit ihm einen außerordentlichen Menschen." (Schreiben v. 13. Januar 1922 (gleiche Akte)).

942 Spengemann, Christof; Die Insel der Bierseligen, Entwürfe in: Spengemann, Christof; Vier Generationen. Leopold, Wilhelm, Christof, Walter. Die Historie der Familie Spengemann, Hannover 1936 (SAH 2120).
943 Küppers, Paul Erich; Vorwort, in: Kestner-Gesellschaft e.V. (Hg.); 18. Ausstellung. Ludwig Meidner. César Klein, 28. Juli – 27. August 1918.
944 Küppers, Paul Erich; Hannoverscher Kunstbrief, in: Kunstchronik und Kunstmarkt, Nr. 24, 1920, 12. März 1920, S. 483.
945 Küppers, Paul Erich; Vorwort, in: Kestner-Gesellschaft e.V. (Hg.); 18. Ausstellung. Ludwig Meidner. César Klein, 28. Juli – 27. August 1918.
946 Ebda.
947 Ebda.
948 Ebda.
949 Ebda.
950 Küppers, Paul Erich; Zur Gründung der Kestner-Gesellschaft in Hannover, in: Der Cicerone, 8. Jhg., H. 17/18, September 1916, S. 367.
951 Stoeber, Michael; Paul Erich Küppers, S. 211.
952 Während seiner Zeit als künstlerischer Leiter der Kestner-Gesellschaft organisierte Küppers 47 Ausstellungen und 41 Vorträge (Zusammenstellung aus: Schmied, Wieland; Wegbereiter zur modernen Kunst, S. 259ff u. 272ff).
953 Schmalenbach, Werner; Kurt Schwitters, S. 20.
954 Servaes, Franz; Kunstzentren in Deutschland. Hannover, Braunschweig, Magdeburg, Vossische Zeitung, 25. Mai 1919.
955 Ebda.
956 Steinitz, Käte; Kestner-Gesellschaft, S. 30.
957 Seine Veröffentlichung war im Vorfeld sowohl von der Gesellschaft selbst als auch im ZWEEMANN angekündigt worden.
958 Küppers, Paul Erich; Vorwort, in: Kestner-Gesellschaft e.V. (Hg.); Das Kestner-Buch, Hannover o.J. (1919) (SAH 91/4)
959 Kunstverein Hannover; Zwanziger Jahre, S. 37.
960 Vgl. hierzu die im Katalog des Kunstvereins Hannover (Zwanziger Jahre, S. 37ff) und bei Wieland Schmied (Wegbereiter zur modernen Kunst, S. 36) abgedruckten Schriftwechsel zwischen Küppers und Thomas Mann, Rainer Maria Rilke, Theodor Lessing, Theodor Däubler, Wilhelm Worringer, Ludwig Meidner, George Grosz und Paul Klee.
961 Das Kestner-Buch wurde im Verlag H. Böhme, Hannover publiziert. Gedruckt wurde es bei Edler & Krische. Die Normalausgabe kostete 30 M, die numerierte Sonderausgabe auf Bütten in 150 Exemplaren „100 bis 200" M, wie es in der Vorankündigung hieß (in: Der Zweemann, 1. Jhg., H. 1, November 1919, S. 24).
962 Steinitz, Käte; Kestner-Gesellschaft, S. 33.
963 So die Vorankündigung im ZWEEMANN, 1. Jhg., H. 1, November 1919, S. 24.
964 Küppers, Paul Erich; Vorwort, in: Kestner-Gesellschaft e.V. (Hg.); Das Kestner-Buch, Hannover o.J. (1919) (SAH 91/4).
965 Ebda.
966 Küppers, Paul Erich; Berliner Eindrücke, in: Das Hohe Ufer, 1. Jhg., H. 6, Juni 1919, S. 146f.
967 Ebda.
968 Schreiben der Kestner-Gesellschaft an Rudolf Graefenhain, Ratsgymnasium, 18. Oktober 1921. Schreiben Rudolf Graefenhains an die Kestner-Gesellschaft, 21. Oktober 1921 (NStAH Dep. 100 A. 17).
969 Ebda.
970 Schreiben des Leiters der Arbeitsgemeinschaft für nationale und kulturelle Fragen, Braunschweig, Dr. Mühlhausen, an die Kestner-Gesellschaft, 3. November 1921 (NStAH Dep. 100 A. 17).
971 Schreiben Rudolf Graefenhain, Ratsgymnasium, an die Kestner-Gesellschaft, 21. Oktober 1921 (NStAH Dep. 100 A. 17).
972 Zitiert nach: Schreiben der Kestner-Gesellschaft an die Redaktion der DEUTSCHEN ZEITUNG, Berlin, 4. November 1921 (NStAH Dep. 100 A. 17).
973 Schreiben der Kestner-Gesellschaft, Georg Biermann, an Prof. Upmeyer, 21. Oktober 1921 (NStAH Dep. 100 A. 17).
974 Schreiben der Kestner-Gesellschaft an den Magistrat, 21. Oktober 1921 (NStAH Dep. 100 A. 17).
975 Schreiben des Magistrats an die Kestner-Gesellschaft, 8. November 1921 (NStAH Dep. 100 A. 17).
976 Schreiben der Kestner-Gesellschaft an die Redaktion der Deutschen Zeitung, 4. November 1921 (NStAH Dep. 100 A. 17).
977 Schreiben des Verbands der Internationalen Arbeiterhilfe an die Kestner-Gesellschaft, 18. September 1927, 14. Oktober 1927, 3. November 1927 (NStAH Dep. 100.A.33).
978 Schreiben Alexander Dorners an Reichsgerichtsrat Dr. Baumgarten, Leipzig, 29. April 1924 (NStAH Dep. 100.A.26).
979 Vortrag Prof. Dr. Julius Schaxel VERERBUNG, RASSE UND GESELLSCHAFT, angekündigt für den 27. November 1931. Die offizielle Begründung lautete, der Vortrag könne „wegen plötzlicher und unvorhergesehener amtlicher Verhinderung" nicht stattfinden (so die entsprechende Mitteilung im HANNOVERSCHEN KURIER vom 26. November 1931 (NStAH Dep. 100.G.6)).
980 Schreiben Christof Spengemanns an Walther von Hollander, Stellv. Schriftleiter des PEN-Clubs, Sektion Deutschland, 24. Februar 1931 (SAH, NL Spengemann, nicht verzeichnet). Nichtsdestotrotz hoffte Spengemann weiter mit einer interessanten Begründung auf die Kestner-Gesellschaft: „Da diese Kreise aber materiell von der Reaktion unabhängig sind, besteht die Möglichkeit, sie durch ideellen Druck herüberzuziehen."
981 Vortrag Josef Gantner: Schicksal und Zukunft unserer Städte, 23. Oktober 1930.
982 John Elderfield bemerkte zum Umfeld des Vortrags Justus Biers über OTTO HAESLER UND DIE NEUE BAUKUNST in der Kestner-Gesellschaft (12. Mai 1932), der einen Höhepunkt dieser Diskussionen brachte: „Äußerlich blieb Hannover jedoch von der Moderne völlig unberührt. Wäh-

rend Otto Haeslers Siedlungen im nahe gelegenen Celle neue Maßstäbe setzten, blieb das Stadtbild von Hannover konservativ. Außerdem opponierte die hannoversche Architekturzeitschrift DEUTSCHE BAUHÜTTE bereits ab 1924 konsequent gegen alles Moderne und spielte bei der berüchtigten ‚Flachdach-Kontroverse', bei der versucht wurde, die neue Architektur sowohl aus baulichen wie aus rassischen Gründen zu diskriminieren, eine wichtige Rolle." (Elderfield, John; Kurt Schwitters, S. 437, Anm. 34). In Hannover stammten Franz Rolan, Georg Grabenhorst und Albrecht Haupt aus dem Umfeld der DEUTSCHEN BAUHÜTTE. Welch giftige Blüten die Diskussion über Biers Haesler-Vortrag in der hannoverschen Tagespresse treiben konnte, machte exemplarisch der Beitrag GEGEN ‚LINKSGERICHTETEN KOLLEKTIVISMUS' deutlich, der am 17. Mai 1932 in der NIEDERDEUTSCHEN ZEITUNG erschien und in dem es hieß: „Man hat das Gefühl, als wenn der Bewohner einer solchen Kabine auch in seinem Tun reglementiert werden soll ... Was ist es anderes als Kollektivismus, wenn man sich z. B. bei Haesler ein Einfamilienhaus Katalognr. 21 bestellt. Das wird einem fix und fertig hingestellt und daran kann man auch nicht eine einzige Fensterscheibe verändern. Da muß man alles mitnehmen, was so ein Haus mitliefert, da muß man alle orientalische Weisheit des flachen Daches genießen ..., und wenn man dann eine solche Moskauer Wohnkiste hier stehen hat, dann beschleicht einen die Sorge, bei welchem Platzregen unsere kostbare Einrichtung den Weg allen Irdischen geht." (o.A.; Gegen ‚linksgerichteten Kollektivismus', Niederdeutsche Zeitung, 17. Mai 1932). Vgl. auch H., H.; Orientalische Dachpleite, Nieders. Tageszeitung, 14. Juli 1931.

983 Schreiben Karl Siebrechts an Justus Bier, 27. Oktober 1930 (NStAH Dep. 100.A.43).

984 Ebda.

985 Schreiben Justus Biers an Karl Siebrecht, 6. November 1930 (NStAH Dep. 100.A.43).

986 Ebda. Am Schluß des Schreibens hieß es Siebrecht gegenüber, man verstehe nicht, „daß Sie, als einer der wenigen modernen Künstler in Hannover, auf diese Weise eine Gesellschaft angreifen, die ernstlich bemüht ist, nach bestem Wissen und Gewissen künstlerische Interessen zu vertreten, die letzten Endes auch die Ihren sind." Offenbar half die Beschwörung einer Solidarität unter den Vertretern der Moderne nicht nachhaltig: Im Juli 1932 berichtete die Sekretärin der Kestner-Gesellschaft Justus Bier nach Nürnberg von einigen „unangenehme(n) Austrittserklärungen", unter denen sich auch jene Siebrechts befand (Schreiben Cläre Kathmanns an Justus Bier, 28. Juli 1932 (NStAH Dep. 100.A.50)).

987 Steinitz, Käte; Kestner-Gesellschaft, S. 28. Vgl. Röhrbein, Waldemar R./Zankl, Franz Rudolf; Ära Tramm, S. 108.

988 Ebda.

989 Küppers, P. E.; Vorwort zur zweiten Sonderausstellung, in: Kestner-Gesellschaft e.V. (Hg.); 2. Ausstellung. Karl Caspar, Maria Caspar-Filser, 8. November – 10. Dezember 1918.

990 Küppers, Paul Erich; Gesellschaften und Vereine. Zur Gründung der Kestner-Gesellschaft in Hannover, in: Der Cicerone, 8. Jhg., H. 17/18, September 1916, S. 368f. Vgl. auch Küppers-Lissitzky, Sophie; Die ersten Jahre, S. 11 u. 20.

991 Küppers, Paul Erich; Gesellschaften und Vereine. Zur Gründung der Kestner-Gesellschaft in Hannover, in: Der Cicerone, 8. Jhg., H. 17/18, September 1916, S. 368f

992 Küppers, Paul Erich; Vorwort, in: Kestner-Gesellschaft e.V. (Hg.); Das Kestner-Buch, Hannover o.J. (1919) (SAH 91/4).

993 Ebda. Vgl. in diesem Zusammenhang auch das Motto des Kestner-Buches von Bettina von Arnim: „Du mußt ewig ein Kind sein und mußt mit großen Augen dem Schönen, dem Göttlichen ins Augenlid schauen. Du mußt nicht scheuen, trunken dahinzutaumeln, zwischen dem, was du ahnst, aber nicht begreifst."

994 Vgl. dazu etwa NStAH Dep. 100.

995 Nicht datiertes Schreiben (NStAH Dep. 100.A.50).

996 Vgl. dazu exemplarisch NStAH Dep. 100.A.36.

997 Vgl. exemplarisch NStAH Dep. 100.A.41.

998 Gesprächsprotokoll Käte Ralfs (8. September 1992). Vgl. Lufft, Peter; Gästebuch Otto Ralfs. Hesse, Anja; Gesellschaft der Freunde junger Kunst. Junge, Henrike, Otto Ralfs.

999 Lufft, Peter; Gästebuch Otto Ralfs. Später begründete Otto Ralfs in Braunschweig die Klee-Gesellschaft (Ebda., S. 47) sowie die Kandinsky- und die Feininger-Gesellschaft (Ebda., S. 48).

1000 Lufft, Peter; Gästebuch Otto Ralfs, S. 24.

1001 Gesprächsprotokoll Käte Ralfs (8. September 1992). Lufft, Peter, Gästebuch Otto Ralfs, S. 27–30, 40. Über Gret Palucca, die zu einer guten Bekannten des Ehepaars Ralfs wurde, stellte sich die Verbindung zu der bedeutenden Dresdener Mäzenatin und Sammlerin Ida Bienert, der Schwiegermutter der Palucca, her (Lufft, Peter; Gästebuch Otto Ralfs, S. 28. Zu Ida Bienert vgl. Junge, Henrike; Vom Neuen begeistert. Die Sammlerin Ida Bienert, in: Dies.; Avantgarde und Publikum, S. 29–37).

1002 Lufft, Peter, Gästebuch Otto Ralfs, S. 29.

1003 Vgl. dazu den Brief von Otto Ralfs an Dr. Bode, den Schwiegersohn Fritz Beindorffs vom August 1928. Hanns Krenz hatte offenbar kurz zuvor Ralfs heftig angegriffen, weil dieser angeblich Leihgaben der Kestner-Gesellschaft in seiner James Ensor-Ausstellung nicht ausreichend gesichert hatte. Ralfs schrieb verärgert, er bedaure es, daß „Herr Krenz soviel Einfluß in der Kestner-Gesellschaft hat, daß unsere guten Beziehungen dadurch gestört wurden. Wir bedauern, daß Herr Krenz in seinem letzten Schreiben sich in seinem Tone arg vergriffen hat und zum Ausdruck brachte, daß er persönlich uns seine Unterstützung und Hilfe für die Zukunft versagen würde. Wir können von hier aus nicht beurteilen, wie weit Herr Krenz zu einer solchen Äußerung berechtigt ist und wie weit er seine persönlichen Ansichten mit der der Kestner-Gesellschaft verquicken darf. Sollte Herr Krenz die Kestner-Gesellschaft sein und sollten seine Ausführungen bedeuten, daß wir in der Zukunft auf die Kestner-Gesellschaft nicht mehr zu rechnen haben, so würden wir dieses außerordentlich bedauern, würden jedoch unseren Weg auch allein zu gehen wissen. Wir haben in unserem Ausstellungsprogramm in den letzten Jahren gezeigt, daß wir Ausstellungen zu bringen in der Lage sind, die auch Hannover interessiert haben." (Schreiben von Otto Ralfs an Hermann Bode, 16. August 1928 (NStAH Dep. 100.A.36)). Bode stellte sich in seinem Antwortschreiben auf die Seite von Hanns Krenz und empfahl Ralfs, sich bei diesem zu entschuldigen (Schreiben Hermann Bodes an Otto Ralfs, 27. August 1928). Leider findet sich in den Akten kein Hinweis darauf, ob das Verhältnis zwischen der Kestner-Gesellschaft und der Braunschweiger Gesellschaft der Freunde junger Kunst durch diesen Zwischenfall getrübt wurde. Vgl. zum Verhältnis der beiden Institutionen nach 1945: Lufft, Peter; Gästebuch Otto Ralfs, S. 55.

[1004] Vgl. exemplarisch das Schreiben der Gesellschaft der Freunde junger Kunst an die Kestner-Gesellschaft, 14. Oktober 1930 (NStAH Dep. 100.A.34). Käte Ralfs antwortete auf die Frage, ob Künstler, die in der Braunschweiger Gesellschaft zu Vorträgen oder Ausstellungen geladen worden waren, auch nach Hannover weitervermittelt worden seien: „Ja natürlich. Wenn die ohnehin in der Gegend waren, sind die auch nach Hannover gekommen. Das war ein positiver Austausch." (Gesprächsprotokoll Käte Ralfs, 8. September 1992).

[1005] Junge, Henrike; Otto Ralfs, S. 245. Lufft, Peter; Gästebuch Otto Ralfs, S. 29.

[1006] Die Kestner-Gesellschaft war Mitglied im Kulturring, jenem konservativen Zusammenschluß von Kulturvereinigungen der Stadt (vgl. etwa: Dietzler, Anke; ‚Gleichschaltung', S. 45f.).

[1007] Zur hannoverschen Gedok ist ein Artikel der Autorin in Vorbereitung.

[1008] Schreiben Justus Biers an Else Froelich, die Erste Vorsitzende der Gedok, 31. Mai 1930: „Ich würde mich persönlich freuen, wenn eine ständige Zusammenarbeit zwischen beiden Vereinigungen zustande käme. Ich bitte Sie persönlich, uns bei der Mitgliederwerbung für die Kestner-Gesellschaft zu unterstützen, da als gesunde finanzielle Basis unserer Tätigkeit unbedingt erforderlich ist, daß wir einen größeren Kreis vollzahlender Mitglieder und Förderer erhalten." (NStAH Dep. 100.A.41)

[1009] Vorlesungsverzeichnis der Leibniz-Akademie, Sommertrimester 1925 (NStAH Hann. 122a.3389).

[1010] O.A.; Ausschuß für künstlerische Veranstaltungen in der Stadt Hannover, Hann. Kurier, 25. April 1921. Nach einem Schreiben der Leibniz-Akademie an die Kestner-Gesellschaft war die Initiative zu dieser Gründung von ihr ausgegangen (Schreiben der Leibniz-Akademie an die Kestner-Gesellschaft, 6. Juni 1921 (NStAH Dep. 100 A. 16). Außerdem einigten sich die Ausschußmitglieder auf besondere Preisermäßigungen für Angehörige der Partnerorganisationen (Schreiben der Leibniz-Akademie an die Freie Volkshochschule, 28. April 1921 (StAH 19, 269). Noch 1928 war die Leibniz-Akademie Partnerin der Kestner-Gesellschaft (Schreiben der Kestner-Gesellschaft an die Leibniz-Akademie, 23. Oktober 1928 (NStAH Dep.100.A.37)). Daneben unterhielt die Kestner-Gesellschaft gute Beziehungen zur sozialdemokratisch geprägten Freien Volksbühne, was ihrer Devise einer betont unpolitischen Linie nicht widersprechen mußte (vgl. den Schriftwechsel zwischen beiden Institutionen vom 29. Dezember 1932, 13. Dezember 1932, 25. November 1932, 14. Dezember 1931, 7. Dezember 1931, 9. November 1931, 3. November 1930, 18. September 1931, 29. Mai 1931, 1. April 1931, 2. März 1931 (NStAH Dep. 100.A.51)). Wie die Kestner-Gesellschaft mit der Freien Volksbühne Preisreduzierungen für ihre Mitglieder aushandelte, so trat der Kunstverein mit dem Bühnenvolksbund in Verhandlungen ein.

[1011] Küppers-Lissitzky, Sophie; Die ersten Jahre, S. 19. Vester, Katrin; Herbert von Garvens-Garvensburg. Sammler und Galerist, S. 4f. Schmalenbach, Werner; Kurt Schwitters, S. 17. Vester, Katrin; Herbert von Garvens-Garvensburg. Sammler, Galerist und Förderer, S. 93ff.

[1012] Vahlbruch, Heinz; Haus in der Königstraße, S. 54. Vester, Katrin; Herbert von Garvens-Garvensburg. Sammler und Galerist, S. 34. Schmalenbach, Werner; Kurt Schwitters, S. 17.

[1013] Garvens-Garvensburg, Herbert von; James Ensor. Maler, Radierer, Komponist. Ein Hinweis mit dem vollständigen Katalog seines radierten Werkes als Anschauung, Hannover 1913 (Verlag Ludwig Ey). Das Werk war versehen mit dem Hinweis: „A Monsieur James Ensor avec l'expression de mon devouement et de ma reconaissance." Vgl. Schmalenbach, Werner; Kurt Schwitters, S. 17. Vester, Katrin; Herbert von Garvens-Garvensburg. Sammler und Galerist, S. 8.

[1014] Kunstverein Hannover; Zwanziger Jahre, S. 62.

[1015] Steinitz, Käte; Kestner-Gesellschaft, S. 37. Vgl. Schmied, Wieland; Wegbereiter zur modernen Kunst, S. 234.

[1016] Protokoll der Mitglieder-Versammlung der Kestner-Gesellschaft, 29. Oktober 1920: Herbert von Garvens tritt aus dem Vorstand aus (NStAH Dep. 100 A. 12).

[1017] Vester, Katrin; Herbert von Garvens-Garvensburg. Sammler und Galerist, S. 72.

[1018] Schreiben von Herbert von Garvens an die Kestner-Gesellschaft, 30. Dezember 1931 (NStAH Dep. 100.A.49). Zwei Monate zuvor hatte Justus Bier an Fritz Gurlitt, Hamburg, ein vertrauliches Schreiben gerichtet, in dem er Zweifel äußerte, ob von Garvens überhaupt noch viele Bilder in seinem Besitz habe, „da er sehr viel in letzter Zeit veräußert haben soll" (NStAH Dep. 100.A.49).

[1019] Vgl. exemplarisch: Küppers, Paul Erich; Vorwort, in: Kestner-Gesellschaft e.V. (Hg.); James Ensor. Künstler des Café du Dome, Oktober – 19. November 1919.

[1020] Küppers-Lissitzky, Sophie; Die ersten Jahre, S. 19. Kunstverein Hannover; Zwanziger Jahre, S. 213.

[1021] Vahlbruch, Heinz; Haus in der Königstraße, S. 53. Freilich fühlte sich El Lissitzky in den weiträumigen und nach Sophie Küppers' Einschätzung auch recht „pompösen" Räumlichkeiten nicht recht wohl und übersiedelte, zusätzlich animiert durch die Stille, die ihn nach den häufigen Geselligkeiten im Hause Garvens dort erwartete, in die Atelierwohnung in der Kestner-Gesellschaft (Küppers-Lissitzky, Sophie; Die ersten Jahre, S. 19). Vgl. dazu das nicht datierte Schreiben der Kestner-Gesellschaft an El Lissitzky (NStAH Dep. 100.A.26): „Wir haben mit Vergnügen davon Kenntnis genommen, daß Sie der Kestner-Gesellschaft als Entschädigung für Ihr Zimmer eine Arbeit schenken wollen. Wir wären Ihnen sehr verbunden, wenn Sie uns diese Arbeit näher bezeichnen wollten."

[1022] Vester, Katrin; Herbert von Garvens-Garvensburg. Sammler und Galerist, S. 19f. Vgl. zu Garvens intensiver Auseinandersetzung mit künstlerisch-literarischen Fragestellungen auch: Krenz, Hanns (Red.); Die Sonnenuhr, Fort Barraux 1919 (SAH 2235).

[1023] Vahlbruch, Heinz; Biographie Hanns Krenz, in: Schmied, Wieland; Wegbereiter zur modernen Kunst, S. 253.

[1024] Vester, Katrin; Herbert von Garvens-Garvensburg. Sammler und Galerist, S. 22.

[1025] Galerie von Garvens; Zwei Jahre Galerie von Garvens, in: Galerie von Garvens; Gedenkalbum Galerie von Garvens (SAH 2236). Vgl. Galerie von Garvens (Hg.); Katalog zur 1. Ausstellung, Hannover 1920.

[1026] Galerie von Garvens; Zwei Jahre Galerie von Garvens, in: Galerie von Garvens; Gedenkalbum Galerie von Garvens (SAH 2236).

[1027] Küppers, Paul Erich; Die Bilder des Herbert von Garvens, zitiert nach: Schmied, Wieland; Wegbereiter zur modernen Kunst, S. 119.

[1028] Ebda.

[1029] Vester, Katrin; Herbert von Garvens-Garvensburg. Sammler und Galerist, S. 11, 33f. Steinitz, Käte; Kestner-Gesellschaft, S. 43.

[1030] Vester, Katrin; Herbert von Garvens-Garvensburg. Sammler und Galerist, S. 27.

1031 Ebda., S. 11.
1032 Ebda., S. 1.
1033 Ebda., S. 53–60.
1034 Ebda., S. 57 ff.
1035 Vgl. Galerie von Garvens (Hg.); 20. Ausstellung. Phantastisches Hannover. Otto Gleichmann, Kurt Schwitters, Wilhelm Groß, Hannover 1920. Vgl. Steinitz, Käte; Kestner-Gesellschaft, S. 44 f. Vgl. das Schreiben von Hanns Krenz an Prof. Dr. W. Denzel, 14. Oktober (NStAH Dep. 100.A.38): „W. Groß war Destillateur bis zu seinem 50. Jahre, kam dann in eine Anstalt und lebt seit fünfzehn Jahren in ganz ärmlichen Verhältnissen in der Altstadt Hannovers und schnitzt diese Bilder und Masken, die Visionen von Geistern sind, die er sich dadurch vom Leibe halten will." Regierungsvizepräsident von Harnack schrieb am 21. Juli 1926 an Alexander Dorner (Reg. LaMu II.2.2 Gemälde neuer Meister 1) Ankäufe 1.10.1931–31.12.1932 2) Verschiedenes 6.60.1916–1.1.1919): „Er ist ein siebzigjähriger ehemaliger Gastwirt mit einem gutgeschnittenen Kopf. Er haust in einem schmutzstarrenden Zimmer zwischen seinen abenteuerlichen Schnitzereien und Bildern. ‚Entdeckt' ist er übrigens schon und zwar von Prof. Burger(-Mühlfeld, I.K.) und Herrn von Garvens, den wahrscheinlich der sexualpathologische Einschlag der Sachen interessiert hat. Ich hätte Lust, mir einen der als Leuchter ausgebildeten Köpfe oder das Braune Relief mit den vier Rassetypen zu kaufen, will aber Ihre Meinung über die ganze Produktion abwarten." Vgl. auch Ringelnatz, Joachim; Nochmal Hannover, in: Ders.; Reisebriefe eines Artisten, Berlin 1928.
1036 Vester, Katrin; Herbert von Garvens-Garvensburg. Sammler und Galerist, S. 46.
1037 Biermann, Georg; Russische Kunst. 6. Ausstellung der Galerie von Garvens, in: Der Cicerone, 1921, S. S. 189 f.
1038 Vgl. exemplarisch: o.A.; (Galerie von Garvens), Magdeburgische Zeitung, 9. März 1921. Vgl. allg. Vester, Katrin; Herbert von Garvens-Garvensburg. Sammler und Galerist. Schmalenbach, Werner; Kurt Schwitters, S. 18.
1039 Habicht, V.C.; Kubin-Ausstellung, Hann. Kurier, 2. November 1921
1040 Vgl. auch Vester, Katrin; Herbert von Garvens-Garvensburg. Sammler und Galerist, S. 26.
1041 Ebda., S. 64 f.
1042 Vgl. etwa Buesche, Albert; Galerie von Garvens. Provinzial-Museum, Niederdeutsche Zeitung, 15. November 1923. Lediglich der VOLKSWILLE beklagte, dieses Scheitern zum Anlaß nehmend, das Schwinden des Idealismus und das Überhandnehmen des Materialismus, der für Kunst keinen Blick mehr habe. Auch er kritisierte rückblickend jedoch Herbert von Garvens' Hang zum Exklusiven als Zeichen einer falschen Entwicklung, die Arbeiter dieser Stätte der Kunst ferngehalten habe. Weiter hieß es: „Ab und zu mal einer von der jungen Generation, sonst aber nur die, bei denen die Kunst zum Leben, wie der Seidenpinscher und das Ballkleid, gehören ... Erst wenn wir einen werktätigen Sozialismus haben und das neue Geschlecht erzogen ist, dann habe ich die Hoffnung, daß auch dem Arbeitern doch noch mal die Freude an der Kunst anblüht. Aber wann? Wann? Kunst ist doch keine Angelegenheit jener, die Geld haben, ein Luxusbedürfnis, eine Magenfrage; sondern das, was man mit Liebe und Glücklichsein empfindet beim Bilderbetrachten." (Brinko; Kleines Feuilleton. Kunst-Rundschau. Ausstellung Galerie von Garvens, Volkswille, ohne konkretes Datum (in: Krenz, Hanns (Red.); Gedenkalbum der Galerie von Garvens, o.J. (SAH 2226)). Ansonsten sehr zurückhaltend in der Berichterstattung über das zeitgenössische Kunstgeschehen, äußerte sich auch die NIEDERSÄCHSISCHE ARBEITERZEITUNG im Juli 1923 zu der Ausstellung eines jungen Künstlers in der Galerie von Garvens, dem sie den Mut wünschte, „den Menschen zu befreien, der in dieser Gesellschaft verkümmert." Die NIEDERSÄCHSISCHE ARBEITERZEITUNG fuhr fort: „Möge er den Weg finden zu den Reihen der Kämpfer und uns helfen, aus der heutigen Gesellschaft das granitene Antlitz des künftigen Menschen herauszuschauen." (o.A.; Kunst in Hannover, Niedersächsische Arbeiterzeitung, 17. Juli 1923). Wenn die kommunistische NIEDERSÄCHSISCHE ARBEITERZEITUNG in der Ausstellung der Werke eines jungen malenden Revolutionärs Anlaß fand, einen solchen Beitrag zu verfassen, dann war dieses immer auch Hinweis auf den Kunstgeschmack des Herbert von Garvens. Im April 1922 stellte George Grosz in der Galerie von Garvens aus. Im Katalog dieser Ausstellung schrieb Grosz: „Der Mensch ist nicht gut, sondern ein Vieh. Die Menschen haben ein niederträchtiges System: es oben und unten ... In Südamerika heizt man Lokomotiven mit Korn, in Rußland sterben viele vor Hunger. Da wird von Kultur geredet und über Kunst debattiert – oder ist vielleicht der gedeckte Tisch, die schöne Limousine, die Bühne oder der bemalte Salon, die Bibliothek oder die Bildergalerie, die sich der reiche Schrauben-en-gros-Händler leistet, ist das vielleicht keine Kultur? Was hat das aber nun mit ‚Kunscht' zu tun? Eben das, daß viele Maler und Schriftsteller, mit einem Wort, fast alle sogenannten ‚Geistigen', diese Dinge immer noch dulden, ohne sich klar dagegen zu entscheiden. Hier, wo es gilt, auszumisten – heute, wo es gilt, gegen all diese schäbigen Eigenschaften, diese Kulturheuchelei und alle diese verfluchte Lieblosigkeit vorzugehen :" (Galerie von Garvens (Hg.); 15. Ausstellung. George Grosz, zitiert nach: Schneede, Uwe M.; Zwanziger Jahre, S. 61–64).
1043 Vgl., was die Provinzialverwaltung betrifft, das Schreiben Alexander Dorners an das Landesdirektorium, 16. Juni 1916 (NStAH Hann. 151, Nr. 73: „Dem Landesdirektorium erlaube ich mir zu berichten, daß Herr von Garvens-Garvensburg uns seine Gemälde von Köln hierher als Leihgabe übersandt hat. Da diese Übersendung nicht unter der Bedingung erfolgt ist, gewisse Bilder im Laufe eines Jahres zu erwerben, so ist das Museum in der Lage, aus Stiftungsmitteln ein oder das andere Bild nach Belieben anzukaufen. Seinerzeit wurde in einer auswärtigen Zeitschrift das Verschwinden der Sammlung Garvens übel vermerkt und, obgleich eine Schuld seinerzeit nicht vorlag, dieser der Vorwurf gemacht, daß die sich diese Sammlung habe entgehen lassen und das Kölner Museum die bekannte Sammlung als Leihgabe bekam. Auch das hannoversche kunstinteressierte Publikum empfand den Verlust der Galerie von Garvens schwer. Die Rückkehr der Galerie nach Hannover bedeutet also nicht nur für das Museum, sondern auch für Hannover überhaupt einen Gewinn." Vgl. dazu auch das Schreiben Alexander Dorners an Herbert von Garvens, 9. Mai 1925 (Reg. LaMu II.2.2 Gemälde neuer Meister. Ankäufe 1.1. – 31.12.1929).
1044 Vester, Katrin; Herbert von Garvens-Garvensburg. Sammler und Galerist, S. 67.
1045 Ebda., S. 65, S. 340.
1046 Von diesem Zaudern profitierte Alexander Dorner. Nach der Räumung der Depoträume des Wallraf-Richartz-Museums wurde ihm von Herbert von Garvens ein Großteil der Sammlung übergeben, was Dorner beim weiteren Ausbau der zeitgenössischen Sammlung des Provin-

1046 zial-Museums sehr förderlich war (Cauman, Samuel; Das lebende museum, S. 39 u. 56 ff). Vgl. Vester, Katrin; Herbert von Garvens-Garvensburg. Sammler und Galerist, S. 69. Vgl. dazu auch die Schreiben Alexander Dorners an Herbert von Garvens, 5. September 1929 und 9. September 1929, eine Bestätigung über den Ankauf von Werken Archipenkos, Chagalls, Légers, Lissitzkys, Picassos, Schlemmers und Severinis für zusammen M 1.200 (Reg. LaMu I.2.2 Gemälde neuer Meister. Ankäufe 1.1. – 31.12.1929).

1047 Vgl. etwa Wedekind, Fritz; Mai 1922, Hann. Zeitung (handschriftliche Eintragung Hanns Krenz (Red.); Gedenkalbum der Galerie von Garvens, o.J. (SAH 2226)).

1048 Wedekind, Fritz; Das Kunstleben der Stadt Hannover, Kölnische Zeitung, 18. Januar 1924. Weiter hieß es in diesem Beitrag: „Hannover hat so eine Kunststätte verloren, um die uns manche andere Stadt beneidet haben würde. Es wird immer so viel von Heimatkultur und bodenständigem Kunstschaffen geschrieben und noch mehr geredet, aber wenn es sich darum handelt, wirklich einmal eine Kunstanstalt, die etwas eigene Wege geht, zu unterstützen, versagen die maßgebenden Kreise. Das war in Hannover immer so, ob es anderswo besser ist?" (Wedekind, Fritz; Das Kunstleben der Stadt Hannover, Kölnische Zeitung, 18. Januar 1924). Vgl. auch Vester, Katrin; Herbert von Garvens-Garvensburg. Sammler und Galerist, S. 64.

1049 Vgl. zur Biographie Eckart v. Sydows: Schmied, Wieland; Wegbereiter zur modernen Kunst, S. 225. Steinitz, Käte; Kestner-Gesellschaft in den zwanziger Jahren, S. 45, 56.

1050 Schmied, Wieland; Wegbereiter zur modernen Kunst, S. 252.

1051 Küppers-Lissitzky, Sophie; Die ersten Jahre, S. 24.

1052 Nach Wieland Schmied (Wegbereiter zur modernen Kunst, S. 56) fand sich nur eine knappe Stimmenmehrheit gegen die Auflösung der Gesellschaft.

1053 Schmied, Wieland; Wegbereiter zur modernen Kunst, S. 56 und S. 252.

1054 Hanns Krenz begann seine Tätigkeit erst zum 1. September 1924.

1055 Vgl. Vester, Katrin; Herbert von Garvens-Garvensburg. Sammler und Galerist, S. 72.

1056 Vgl. nicht datierte Notiz der Kestner-Gesellschaft, abgezeichnet von Hanns Krenz, bezüglich der Bearbeitung der Geschäftspost Herbert von Garvens' (NStAH Dep. 100.A.33).

1057 Wedekind, Fritz; Das Kunstleben der Stadt Hannover, Kölnische Zeitung, 18. Januar 1924.

1058 Vgl. Dorner, Alexander; Zwei Jahre Galerie von Garvens, in: Die Kunstchronik, 1922, Nr. 7: „Nicht als Konkurrent, sondern als Kampfgenosse der Kestner-Gesellschaft hat sie vor dieser den Vorzug geschmackvollster Intimität, die auch Gegner der neuen Kunst zum Besuch der Ausstellung reizt."

1059 Vgl. exemplarisch das Schreiben von Herbert von Garvens an Justus Bier, 29. April 1930 (NStAH Dep. 100.A.42). Vgl. auch Vahlbruch, Heinz; Ein Kapitel hannoverscher Kunstgeschichte, Hann. Allg. Zeitung, 28. September 1956. Vgl. Gesprächsprotokoll Ilse Berg, 13. November 1992.

1060 Frerking, Johann; Theater-Winter, in: Das Hohe Ufer, 2. Jhg., H. 2, 1920, S. S. 21 f.

1061 So in: Spengemann, Christof; Das Theaterproblem, in: Der Zweemann, Jhg. 1, H. 3. Januar 1920, S. 16 f.

1062 Nach einer Auflistung der Kestner-Gesellschaft v. September 1929 fanden folgende Aufführungen der Kestner-Bühne statt: 9. Dezember 1919: Werfel – Besuch aus dem Elysium, Koffka – Kain (mit Ernst Deutsch und Fritz Kortner). 29. Januar 1920: Ibsen – Gespenster. 16. März 1920: Wedekind – Tod und Teufel (Gastspiel der Hamburger Kammerspiele). ? (Datum nicht genannt): Strindberg – Scheiterhaufen (mit Alexander Moissi). 27. April 1920: Crommelynck – Der Maskenschnitzer (Gastpiel des Leipziger Schauspielhauses) (Auflistungen in der Anlage des Schreibens der Kestner-Gesellschaft an den Magistrat, 24. September 1929 StAH HR 15, 459)).

1063 Ebda. Vgl. auch Frerking, Johann; Theater-Winter, in: Das Hohe Ufer, 2. Jhg., H. 2, 1920, S. 22.

1064 Klössel, Christiane; Zweemann, S. 131. Steinitz, Käte; Kestner-Gesellschaft, S. 32.

1065 Inwieweit die Junge Bühne in Braunschweig, die im September 1924 gegründet wurde, in der Kestner-Bühne ihr Vorbild sah, bleibt unklar (Lufft, Peter; Gästebuch Otto Ralfs, S. 22).

1066 Grohn, Christian; MERZ-Bau-Bauhaus, S. 35.

1067 Vgl. dazu die Auflistung der Veranstaltungen in: Schmied, Wieland; Wegbereiter zur modernen Kunst, S. 272 ff.

1068 Schreiben der Kestner-Gesellschaft an die Berliner Sezession, 16. März 1922 (NStAH Dep. 100 A. 18).

1069 Vgl. dazu den Lebenslauf in der Anlage an ein Schreiben v. Sydows an die Kestner-Gesellschaft, 15. Februar 1922 (NStAH Dep. 100 A. 18). Der Leiter des Leipziger Verlags E. A. Seemann, in dem v. Sydow zuvor gearbeitet hatte, urteilte folgendermaßen über ihn: „Zweifelsohne ist Herr v. Sydow ein Mann von großen Kenntnissen auf dem Gebiete der modernsten Kunst, die er mit Geschmack vorzubringen weiß; zweifelsohne beseelt ihn auch ein inneres Verhältnis zu diesen Schöpfungen; aber ebenso sicher fehlt ihm die höchst liebenswürdige, enthusiastische Art des Herrn Küppers." (Schreiben des Verlags E. A. Seemann, Leipzig, an die Kestner-Gesellschaft, 13. Februar 1922 (NStAH Dep. 100 A. 18)).

1070 Vgl. dazu etwa: Schmied, Wieland; Wegbereiter zur modernen Kunst, S. 252.

1071 Steinitz, Käte; Kestner-Gesellschaft, S. 45. Vgl. auch Küppers-Lissitzky, Sophie; Die ersten Jahre, S. 19.

1072 Kunstverein Hannover; Zwanziger Jahre, S. 211 ff. Schmied, Wieland; Wegbereiter zur modernen Kunst, S. 252. Vgl. allg. Sprengel Museum Hannover; Die abstrakten hannover. Kerber, Bernhard; Carl Buchheister, S. 13.

1073 Vortrag El Lissitzky: Moderne Kunst in Rußland, 16. Juni 1923 (Vgl. dazu Schmalenbach, Werner; Kurt Schwitters, S. 20).

1074 Vortrag Wassily Kandinsky: Abstrakte Kunst, 16. Dezember 1924.

1075 Schmied, Wieland; Wegbereiter zur modernen Kunst, S. 252.

1076 Nach seinem Weggang aus Hannover arbeitete von Sydow am Berliner Völkerkundemuseum (Schmied, Wieland; Wegbereiter zur modernen Kunst, S. 252). Mit Hannover blieb er in Verbindung, noch Ende der zwanziger Jahre rezensierte er Ausstellungen hannoverscher Künstler in Berlin für den HANNOVERSCHEN KURIER (vgl. z. B. Sydow, Eckart von; Hermann Scheuernstuhl bei Matthiesen in Berlin, Hann. Kurier, 25. Juni 1928).

1077 Vortrag Eckart von Sydow: Expressionismus als geschichtliche Bewegung, 12. Januar 1923.

1078 Vortrag Eckart von Sydow: Die bildende Kunst der Naturvölker, 8. November 1922.
1079 Steinitz, Käte; Kestner-Gesellschaft, S. 48. Heinz Vahlbruch erinnerte sich: „Er konnte ja auch noch nicht mal so richtig Führungen machen, war kein Kunsthistoriker, konnte zwar hervorragende Ausstellungen zusammentragen, aber so den Kontakt zu den Führenden, den hatte er nicht." (Gesprächsprotokoll Heinz Vahlbruch, 29. Juli 1992).
1080 Bei Vortragseröffnungen und Führungen ließ er sich von Johann Frerking oder auch von Alexander Dorner vertreten (Stoeber, Michael; Paul Erich Küppers, S. 212).
1081 Vahlbruch, Heinz; Biographie Hanns Krenz, in: Schmied, Wieland; Wegbereiter zur modernen Kunst, S. 253. Vester, Katrin; Herbert von Garvens-Garvensburg. Sammler und Galerist, S. 20. Steinitz, Käte; Kestner-Gesellschaft, S. 48. Vahlbruch, Heinz; Damals in der Kestner-Gesellschaft. Zum 70. Geburtstag von Hanns Krenz, Hann. Allg. Zeitung, 12. Juli 1958. Vahlbruch, Heinz; Ein Leben für die Kunst. Zum 100. Geburtstag von Hanns Krenz, Hann. Allg. Zeitung, 8. Juli 1988. Vgl. den nicht datierten Lebenslauf in der Personalakte Hanns Krenz (BDC).
1082 Gesprächsprotokoll Heinz Vahlbruch, 29. Juli 1992.
1083 Ebda.
1084 Käte Steinitz urteilte in ihrer englischsprachigen Biographie von Kurt Schwitters über Hanns Krenz: „Although trained as an antiquarian bookseller, he was more of an artlover and educator than a businessman." (Steinitz, Kate T.; Kurt Schwitters. A Portrait from Life, S. 213).
1085 Steinitz, Käte; Kestner-Gesellschaft, S. 48.
1086 Schmied, Wieland; Wegbereiter zur modernen Kunst, S. 7.
1087 Kestner-Gesellschaft e.V.; 84. Ausstellung. Versteigerung (aus der Sammlung von Garvens). Joachim Ringelnatz (Bilder). Albertina-Facisimile-Drucke (Alte Meister), Februar 1927.
1088 Vgl. dazu die Auflistung in: Schmied, Wieland; Wegbereiter zur modernen Kunst, S. 259 ff. Zu den Veranstaltungen vgl. ebda., S. 272 ff.
1089 Kestner-Gesellschaft e.V.; 99. Ausstellung. Original und Reproduktion, Mai-Juni 1929.
1090 Steinitz, Käte; Kestner-Gesellschaft, S. 48. Gesprächsprotokoll Heinz Vahlbruch, 29. Juli 1992.
1091 Vgl. etwa Pape, Walter; Joachim Ringelnatz, S. 258 u. 476. Vgl. Schreiben von Hanns Krenz an Gustav Engel, 2. März 1928 (NStAH Dep. 100.A.34).
1092 Vortrag Joachim Ringelnatz: Eigene Dichtungen, 27. Februar 1927, 31. Januar 1928.
1093 „Wenn nicht die Kestnerschen beherzt dazwischengegriffen, es stünde schlimm um Kunst und solchen Zauber." (Ringelnatz, Joachim; Nochmals Hannover, in: Ders.; Reisebriefe eines Artisten, Berlin 1928). Vgl. auch: Ringelnatz, Joachim; Der Brief aus Hannover, in: Simplicissimus, Nr. 48, 28. Februar 1927.
1094 Eintragungen: Paul Erich Küppers: 10. März 1921, 5. November 1921. Eckart von Sydow: 25. Mai 1922, 7. Dezember 1922. Hanns Krenz: 10. Januar 1921, 6. Dezember 1922, 19. Januar 1925 (Galerie gmurzynska; Gästebuch von Käte Steinitz).
1095 Gästebücher von Friedrich Vordemberge-Gildewart (StAH, Bestand Repro).
1096 Steinitz, Käte; Kestner-Gesellschaft, S. 31.
1097 Vahlbruch, Heinz; Haus in der Königstraße, S. 54.
1098 Grabenhorst, Georg; Wege und Umwege, S. 29 f.
1099 Grabenhorst, Georg; Wege und Umwege, S. 29 f, vgl. auch S. 91. Die GIOVINEZZA trug Hanns Krenz auch im Salon von Käte Steinitz vor (vgl. Eintragung vom 19. Januar 1925 (Galerie gmurzynska; Gästebuch von Käte Steinitz).
1100 Grabenhorst, Georg; Wege und Umwege, S. 29 f.
1101 Ebda.
1102 Hyan, Hans; Massenmörder Haarmann, S. 64. Theodor Lessing urteilte, Haarmann sei es gelungen, „einen der angesehensten Großindustriellen Hannovers, der für Kultur und Bildung der Stadt unendlich viel tat", von hier wegzukeln (Lessing, Theodor; Schlußwort über Haarmann und Grans. ‚Ein Justizmord ist begangen'. Ein dunkler Punkt, Prager Tagblatt, 21. Januar 1926, zitiert nach: Marwedel, Rainer; Theodor Lessing. Biographie, S. 227).
1103 Marwedel, Rainer; Theodor Lessing. Biographie, S. 223 ff. Karl Jakob Hirsch inspirierten die Gerüchte und Vermutungen um Haarmann zur Schilderung in seinem Roman KAISERWETTER, der wenige Jahre darauf (1931) erschien. Hier hieß es, im Zusammenhang mit dem Prozeß gegen den homosexuellen Mörder Max Büter habe man mit Erschrecken festgestellt, „welch hochgestellte Persönlichkeiten sich der Bekanntschaft des Max Büter rühmen konnten. Büter war in allen Kreisen, die sich für hübsche Jungens und nette Abende interessierten, wohlbeliebt, da gab es keine Standesunterschiede mehr. Der Mörder aber war nach seinen Geständnissen wie von einer Last befreit..., er war ein behäbiger, hämischer Bursche geworden, der immer sagte: ‚Die müssen alle was ... auf'n Dez bekommen." (Hirsch, Karl Jakob; Kaiserwetter (1976), S. 239).
1104 Steinitz, Käte; Kestner-Gesellschaft, S. 50.
1105 Ebda. Vahlbruch, Heinz; Biographie Hanns Krenz, in: Schmied, Wieland; Wegbereiter zur modernen Kunst, S. 253. Bevor Krenz Hannover verließ, arbeitete er gemeinsam mit dem hannoverschen Filmemacher Wilfried Basse, dem Sohn Wilhelm Basses, eines der wichtigsten Mäzene der Kestner-Gesellschaft, an dem Drehbuch für dessen Dokumentarfilm DEUTSCHLAND ZWISCHEN GESTERN UND HEUTE, den das Verlagshaus Madsack in Auftrag gegeben hatte. (vgl. Vahlbruch, Heinz; Biographie Hanns Krenz, in: Schmied, Wieland; Wegbereiter zur modernen Kunst, S. 253. Gesellschaft für Filmstudien; Lichtspielträume, S. 146. Johannsen, Frank; Bankierssohn aus Hannover machte Filmgeschichte. Eine Reise durch das Deutschland von 1932. Wiederentdeckung im Kommunalen Kino: Dokumentarfilmer Wilfried Basse, Hann. Allg. Zeitung, 24./25. Oktober 1981. MWR; Als hätte es kein Braun gegeben. Wilfried Basses Dokumentation DEUTSCHLAND ZWISCHEN GESTERN UND HEUTE, Hann. Allg. Zeitung, 17. Oktober 1984. Hollmann, Reimar; Deutschland vor 50 Jahren, Neue Presse, 10. September 1984. MWR; Braune Flecken ausgespart. Der Dokumentarfilmer Wilfried Basse, Hann. Allg. Zeitung, 10. September 1980. o.b.; Wilfried Basses hannoversches Auftragswerk. Ein Filmkünstler, der die Realität verdrängt, Neue Presse, 17. Oktober 1984. Zur zeitgenössischen Rezeption des Films vgl. etwa: o.A.; Deutschland zwischen gestern und heute. Ein Film von Wilfried Basse, Hann. Anzeiger. Illustrierte Zeitung, 18. Februar 1934). Keiner der Beiträge erwähnte den Namen Hanns Krenz. Zur Tätigkeit von Krenz als Kunsthändler in Berlin vgl. die Personalakte im BDC. Danach drohte ihm im März 1942 der Ausschluß aus der Reichskammer der bildenden Künste, weil er Postkarten von Käthe Kollwitz vertrieben hatte (Schreiben der Reichskammer an Hanns Krenz, Berlin, 2. März 1932).

Krenz konnte die Schließung seines Geschäfts abwenden. Im Frühjahr 1944 wurde er ausgebombt (Schreiben von Hanns Krenz an den Landesleiter der Reichskammer, 8. März 1944). Hanns Krenz starb 1969 in Berlin.

[1106] Schreiben Justus Biers an Otto Bartning, nicht datiert (NStAH Dep. 100.A.40). Ansonsten fand Bier für Krenz nur lobende Worte, was auch damit zusammenhängen mag, daß er mit diesem Schreiben beabsichtigte, dem Vorgänger in Berlin eine Tätigkeit zu verschaffen: „Ich glaube, daß er für Sie ein sehr wertvoller Mitarbeiter wäre, der natürlich in allen ausstellungstechnischen Fragen vorzüglich versiert ist und starke künstlerische Fähigkeiten mitbringt." Vgl. auch o.A.; Kestner-Gesellschaft, Niederdeutsche Zeitung, 12. Februar 1930.

[1107] Gesprächsprotokoll Heinz Vahlbruch, 29. Juli 1992.

[1108] Schreiben Eckart von Sydows an Chr. Crodel, Jena, 26. Juli 1923 (NStAH Dep. 100 A. 25). Hier teilte v. Sydow mit, Dorner habe „im wesentlichen die Leitung der Kestner-Gesellschaft inne".

[1109] Obwohl Alexander Dorner dem Ersten Direktor des Provinzial-Museums Karl Hermann Jacob-Friesen unterstand, führte er doch – wie seine Kollegen der anderen Abteilungen des Hauses – den Titel Museumsdirektor.

[1110] Eingangs bestand die Absicht, der Auseinandersetzung mit der Person Alexander Dorners, seiner Bedeutung für das hannoversche Kunstleben der zwanziger Jahre entsprechend (vor allem als Abteilungsleiter am Provinzial-Museum, als Erster Vorsitzender der Kestner-Gesellschaft und Jurymitglied des Kunstvereins) weit mehr Raum zu geben, als dies hier der Fall ist. Da Dorner indes von der städtischen Kunstpolitik nur mittelbar betroffen war, und zwar als Mitarbeiter und später als Leiter der Kunstabteilung des Provinzial-Museums, einer Einrichtung der Provinz Hannover, wurde in diesem Zusammenhang auf weitere Ausführungen verzichtet. Eine ausführlichere Auseinandersetzung mit Leben und Werk Alexander Dorners wäre umso wichtiger, als eine Vielzahl noch gänzlich oder teilweise unerschlossener Quellen auf eine systematische Auswertung warten. Hier ist zunächst zu denken an den Aktenbestand in der Registratur des hannoverschen Landesmuseums (vormals Provinzial-Museum), einem Haus, das seinen Namen nicht zuletzt Dorner verdankt, den der Begriff ‚Provinz' an ‚Provinzielles' denken ließ und der deshalb große Energien darein setzte, eine Umbenennung zu erreichen. Der Aktenbestand im Landesmuseum, ein Konvolut von etwa 30 Aktenordnern teilweise recht ungeordneten Inhalts, ermöglicht manch wertvollen Einblick in Dorners weitgefächerte und alle Bereiche der Kunstgeschichte mit gleichem Interesse berücksichtigenden Kunstankaufspolitik. Darüber hinaus finden sich hier interessante Hinweise auf die Person des in sich widersprüchlichen, ehrgeizigen, zuweilen gar rücksichtslosen Museumsleiters, der stets zielstrebig und engagiert seinen Weg verfolgte. In diesem Zusammenhang ist auch die Personalakte Alexander Dorners von Bedeutung (NStAH VVP 21, Nr 83), die den Prozeß der Wiedergutmachung des inzwischen in die USA ausgewanderten Kunsthistorikers dokumentiert, den Dorner 1956 gegen das Land Niedersachsen anstrengte. Diese Akte gibt zum einen Aufschluß über Dorners große Selbstgefälligkeit, die sich etwa in der Zusammenstellung der positivsten weltweit geäußerten Urteile über ihn und sein Werk zu Dossiers spiegelte. Dies war ein Verfahren, das Dorner auch in seiner hannoverschen Zeit oft und gern anwandte. Zum anderen beleuchtet die Wiedergutmachungsakte die Phase vor der Entlassung Dorners im Januar 1937, allerdings besonders aufgrund der heftigen Anfeindungen gegen seinen ehemaligen Vorgesetzten, den Ersten Direktor des Provinzial-Museums Karl Hermann Jacob-Friesen, in sehr subjektivem Licht. Gerade Dorners Rolle im Nationalsozialismus, seine zumindest sehr diskussionsbereite Haltung und seine offenkundige Anpassungsbereitschaft in Bereichen, die am Rande oder außerhalb seiner eigentlichen Interessen lagen, bedürfen einer genaueren Ausdeutung. Einen ersten Einblick bietet hier: Katenhusen, Ines; Zwischen Lob und Tadel. Ferner bietet der Dorner-Nachlaß (Sprengel Museum Hannover, Niedersächsisches Haupt- und Staatsarchiv, Houghton Library, Harvard University, Cambridge MA) wichtige Hinweise auf Dorners außerordentlich intensive Einbindung in das internationale Netzwerk, das von Künstlern, Museen und Galerien gebildet wurde. Besonders in jenem Teil, der im Sprengel Museum Hannover aufbewahrt wird, findet sich wertvolles, teilweise unveröffentlichtes Material zu dem gemeinsam mit El Lissitzky konstruierten Abstrakten Kabinett bzw. zu dem mit Laszlo Moholy-Nagy geplanten Raum der Gegenwart. Der Teil des Nachlaßkonvolutes, welcher sich im NStAH befindet, erlaubt in erster Linie Rückschlüsse auf Dorners kunsttheoretischen Ansatz.

[1111] Dorner war Mitglied der Kestner-Gesellschaft, des Kunstvereins und des Künstlervereins (Sievert, A./Seefeld A.v./Aengeneyndt, G.; Hannoverscher Künstlerverein, S. 146). Er zählte zum Freundeskreis von Herbert von Garvens und auch Otto Gleichmann. Zugleich gehörte er dem Freundeskreis der abstrakten hannover an.

[1112] In seinem Wiedergutmachungsantrag an das Land Niedersachsen schrieb Dorner: „Ich bin der erste Museumsdirektor gewesen, der die heute hochgewerteten und in ihren Preisen kaum mehr erschwinglichen Werke von Mondrian, Gabo, Malewitsch, Doesburg, Lissitzky gekauft oder geliehen oder dauernd ausgestellt hat. Dazu kam meine Arbeit in der Kestner-Gesellschaft in Hannover, wo ich seit 1924 bewußt die allermodernsten Künstler und Kunstbewegungen ausgestellt habe und später bis zu der Schließung der Kestner-Gesellschaft (1934) (sic!, I.K.) als deren jahrelanger Präsident (sic!, I.K.) diese Kunstpolitik weiter betrieben habe" (Dorner, Alexander; Wiedergutmachungsantrag an das Land Niedersachsen. Lebenslauf, 1956 (NStAH VVP 21. Nr. 83)).

[1113] Vgl. exemplarisch die Sitzung der Museums-Kommission vom 24. Juni 1930 (Reg. LaMu II.2.2 Gemälde neuer Meister 1925 -1932. 1) Reichsverband: 16.10.1928 – 10.4.1931 2) Galerie Hannoverscher Künstler: 26.50.1929 – 31.12.1932 3) Protokolle Museums-Kommission). Dorner schlug hier u.a. Werke von Lotte Gleichmann, Käte Steinitz, Ernst Ludwig Kirchner, Franz Marc, Emil Nolde und Erich Heckel zum Ankauf durch die Stadt vor. Im Protokoll hieß es: „Nach längerer Diskussion stimmt die Kommission auch diesen Erwerbungen einstimmig zu. Man kam dahin überein, daß für die Aufgabe des Museums, für den entwicklungsgeschichtlichen Zusammenhang wesentliche Kunstwerke zu zeigen, eine kleine Sammlung von Expressionisten angekauft werden soll, in der die wesentlichen Künstler mit einem oder zwei charakteristischen Bildern vertreten sind."

[1114] Vgl. exemplarisch das Schreiben des Künstlerehepaars Robert Michel und Ella Bergmann-Michel vom 20. März 1933 an Dorner (Reg. LaMu II.2.2.A Ankauf von Gemälden, 1.10.1933 – 31.12.1933). Dorner hatte offenbar seit längerem versucht, die Rücksendung von Werken der beiden Künstler hinauszuzögern und zudem die Verkaufspreise erheblich

347

zu drücken. Nun hieß es: „wir warten bis heute auf antwort resp. anzahlung. sagen sie nur ja nicht, der brief sei verloren! sie können mir das ruhig verübeln, aber, herr dorner, das geht nun doch zu weit, das mass ist voll ... also schicken sie bitte unsere bilder ... zurück und vergessen sie bitte ..., daß wir jemals etwas miteinander zu tun hatten." Briefe dieser Art, von Künstlern, aber auch von Museumsleitern oder Galeristen, finden sich vor allem in den Akten des Landesmuseums häufig.

1115 Vgl. dazu exemplarisch: Schreiben Justus Biers an Alexander Dorner, 28. Dezember 1930 (NStAH Dep. 100.A.41).

1116 Vgl. dazu exemplarisch Schreiben Alexander Dorners an das Landesdirektorium der Provinz Hannover, 22. November 1932 (Reg LaMu II.2.2 Gemälde neuer Meister 1) Ankäufe 1.10.1931–31.12.1932 2) Verschiedenes 6.60.1916–1.1.1929). Vgl. vor allem Reg LaMu II.2.2 Gemälde neuer Meister 1925–1932. 1) Reichsverband 16.10.1928–10.4.1931 2) Galerie Hannoverscher Künstler 26.50.1929–31.12.1932 3) Protokolle Museums-Kommission. II.2.2.a. 1) Museums-Kommission 2) Galerie Hann. Künstler 1933 ff.

1117 Steinitz, Käte; Kestner-Gesellschaft, S. 48.

1118 Alexander Dorner: Frühchristliche Mosaiken (16. März 1923). Barlach und die neue Romantik (5./20. November 1931), Die Romantik und wir. Eine Betrachtung zur modernen Malerei (8. Dezember 1932).

1119 Käte Steinitz berichtete, Dorner habe, wenn vor Ausstellungseröffnungen Künstler in Streit über die beste Hängemöglichkeit gerieten, sie „herauskomplimentiert", um selbst die Hängeordnung vorzunehmen: „Es gelang ihm meist so gut, daß am nächsten Tag alle Ausstellenden mit der Gruppierung zufrieden und überzeugt waren, jeder von ihnen habe die ‚günstigste Wand' erwischt." (Steinitz, Käte; Kestner-Gesellschaft, S. 34).

1120 Ebda., S. 48. Gesprächsprotokoll Heinz Vahlbruch, 29. Juli 1992. Gesprächsprotokoll Käte Ralfs, 8. September 1992.

1121 Schmied, Wieland; Wegbereiter zur modernen Kunst, S. 153. Kunstverein Hannover; Zwanziger Jahre, S. 23. O.A.; (Kestner-Gesellschaft), Hann. Tageblatt, 11. März 1930. O.A.; (Kestner-Gesellschaft), Hann. Anzeiger, 15. März 1930. Vgl. NStAH Dep. 100.G.5.

1122 Am 5. Mai 1921 hatte er sich als junger Student der Kunstgeschichte zum ersten Mal in Käte Steinitz' Gästebuch eingetragen (Galerie gmurzynska; Gästebuch von Käte Steinitz).

1123 Vgl. etwa die Eintragung vom 18. September 1932 (Gästebuch Friedrich Vordemberge-Gildewart (StAH, Bestand Repro)). Hier kommentierte er Otto Gleichmanns Sinnspruch „Der Starke ist am einsamsten allein" ironisch: „Was macht der Gleichmann (das) wieder fein."

1124 Schmied, Wieland; Kestner-Gesellschaft wird geschlossen, S. 56 f. Vgl. Valstar, Arta Jacoba Angela Nora; Die abstrakten hannover, S. 196.

1125 Schmied, Wieland; Kestner-Gesellschaft wird geschlossen, 56f. Vgl. Valstar, Arta Jacoba Angela Nora; Die abstrakten hannover, S. 215 ff. Stoeber, Michael; Paul Erich Küppers, S. 212 f. Schmied, Wieland; Wegbereiter zur modernen Kunst, S. 253.

1126 Vortrag Justus Bier: Wege der neuen Malerei. Ein Querschnitt durch die künstlerischen Richtungen seit dem Impressionismus, 3. November 1932.

1127 Vortrag Justus Bier: Georg Kolbe, 19. Januar 1933.

1128 Vgl. die entsprechenden Angaben in den Katalogen zur Kestner-Gesellschaft. Vgl. auch die Auflistung in: Schmied, Wieland; Wegbereiter zur modernen Kunst, S. 259 ff.

1129 Vgl. exemplarisch: Schriftwechsel W. Hügelsdorfers mit Justus Bier, Zürich, 26. März 1931, Schreiben Alexander Dorners an Hügelsdorfer, 13. April 1931 (Reg. LaMu II.2.2 Gemälde neuer Meister 1) Ankäufe 1.10.1931–31.12.1932 2) Verschiedenes 6.60.1916–1.1.1929).

1130 Führung im Rahmen der Aktivitäten der Kestner-Gesellschaft: 21. April 1931, Vortrag: 15. April 1931.

1131 Vgl. etwa Schmied, Wieland; Wegbereiter zur modernen Kunst, S. 237.

1132 Vgl. die entsprechenden Auflistungen in: Schmied, Wieland; Wegbereiter zur modernen Kunst, S. 259 ff. u. 272 ff.

1133 Ebda.

1134 Kestner-Gesellschaft e.V.; (Hg.) 1. Ausstellung. Max Liebermann, 1. Oktober – 1. November 1916.

1135 Ebda.

1136 Zitiert nach: Vahlbruch, Heinz; Haus in der Königstraße, S. 54.

1137 Vgl. allg. NStAH Dep. 100.A.38. Vgl. Schreiben an die Berliner Kunstgewerblerin Marta Göbel, 10. Dezember 1924 (NStAH Dep. 100.A.27). Fg., W.; Weihnachtsausstellung in der Kestner-Gesellschaft, Hann. Tageblatt 1923 (zitiert nach: Rump, Gerhard Charles; Carl Buchheister, S. 201).

1138 Schreiben der Kestner-Gesellschaft an Marta Göbel, Berlin, 10. Dezember 1924 (NStAH Dep. 100.A.27).

1139 Schreiben Carl Nierendorffs an die Kestner-Gesellschaft, nicht datiert (NStAH Dep. 100.A.33).

1140 Ebda.

1141 Schreiben Otto Homanns an Bernhard Brach-Zinek, 23. Februar 1931 (NL BZ Akte II. Schriftsteller, Dichter, Theaterleute etc. pp. der jungen zwanziger Jahre, Teil 1).

1142 Spengemann, Christof; Bildende Kunst, S. 21.

1143 Spengemann, Christof; Die hannoversche Riemenschneider-Innung, in: Der Wachsbogen, H.2, 2. Novembernummer, November 1931, S. 2 f.

1144 Ebda.

1145 Ebda.

1146 Ebda.

1147 Ebda.

1148 Ebda. Vgl. dazu auch: Immergrün, Tomas (d.i. Christof Spengemann); Ein Ketzer geht durchs Wunderland. Herbstausstellung des Kunstvereins, Hann. Tageblatt, 18. Oktober 1931.

1149 Ernst Thoms schrieb etwa von der „Schwere der goldenen zwanziger Jahre" (zitiert nach: Reinhardt, Hildegard; Grethe Jürgens und Gerta Overbeck, S. 35). Vgl. auch Grabenhorst, Georg; Ernst Thoms, S. 27 u. 30.

1150 Hirsch, Karl Jakob; Novembergedanken, in: Kunst der Zeit, 2. Jhg., Berlin 1928, S. 18, zitiert nach: Reinhardt, Hildegard; Grethe Jürgens und Gerta Overbeck, S. 8

1151 Overbeck, Gerta; Die Hannoversche Neue Sachlichkeit. Ein Rückblick, in: Reinhardt, Hildegard; Gerta Overbeck 1898–1977, S. 246.

1152 Ebda.

1153 Vgl. dazu Reinhardt, Hildegard; Grethe Jürgens und Gerta Overbeck, S. 10. Reinhardt, Georg; Zwischen Atelier und Straße, S. 40. Lange, Rudolf; Otto Gleichmann, S. 11. Mylord, Anita; Menschen auf den Hinterhöfen, S. 25 ff. Teschemacher, A.F.; Ernst Wegner, S. 26. Lange, Rudolf; Bernhard Dörries, S. 11. Seiler, Harald; Grethe Jürgens, S. 10. Bloth, Ingeborg; Adolf Wissel, S. 45. Stempel, Karin; Ernst Thoms, S. 20 f. Mlynek, Klaus; Hannover in der Weimarer Republik und unter dem Nationalsozialismus, S. 467. Zerull, Ludwig; Hannoversche Maler der Neuen Sachlichkeit, S. 5 ff. Schmalenbach, Werner; Kurt Schwitters, S. 26. Kunstverein Hannover; Zwanziger Jahre, S. 222 f.

1154 Vgl. bes. Reinhardt, Hildegard; Grethe Jürgens und Gerta Overbeck, S. 10. „In diesem unbürgerlichen, zuweilen schillernden, halbseidenen Ambiente waren sie künstlerisch beheimatet. Die Kleinbürger, Asozialen, Ausgestoßenen, Entrechteten, Deklassierten, mit denen die Zeitläufte ruppig umgingen, sind die Hauptakteure."

1155 Ebda., S. 29 f.

1156 Grabenhorst, Georg; Ernst Thoms, S. 16 f., 24, 28. Reinhardt, Hildegard; Grethe Jürgens und Gerta Overbeck, S. 25. Stempel, Karin, Ernst Thoms, S. 12 f. Gadesmann, Heinrich-Detlev; Ernst Thoms, S. 7 f., 11.

1157 Vgl. dazu exemplarisch das Schreiben Carl Buchheisters vom März 1934 an den Journalisten Helmuth Rinnebach, der Mitarbeiter im hannoverschen Auktionshaus Katzer war, das die abstrakten hannoverschen Maler förderte: „...in Hannover herrscht die Klicke Thoms, Tilly, Thiede." (zitiert nach: Rump, Gerhard Charles; Carl Buchheister, S. 41). Paul Tilly und Hans Thiede waren beliebte und von der Stadt häufig angekaufte Maler. Vgl. Rinnebach, Helmuth; Abstrakte Kunst in der STURM-Ausstellung. Zur Sonderausstellung des Hannoveraners Carl Buchheister in Berlin, Hann. Tageblatt, 2. Mai 1926. Rinnebach gelangte hier zu einer interessanten Gegenüberstellung neusachlicher und abstrakter Kunst.

1158 Vgl. exemplarisch: Overbeck, Gerta; Es liegt in der Luft, S. 89.

1159 Grethe Jürgens bewohnte in der hannoverschen Feldstraße einen zuvor als Hundezwinger genutzten Kellerraum (Reinhardt, Hildegard; Grethe Jürgens und Gerta Overbeck, S. 11).

1160 Teschemacher, A.F.; Erich Wegner, S. 26 ff., 30. Kunstverein Hannover; Neue Sachlichkeit, S. 5. Wegner schrieb über seine politische Haltung: „Natürlich waren die Zeitereignisse nicht ohne Einfluß, das atmete man ja mit der Luft ein, und man hätte nach rechts oder links tendieren können. Mich zog es gefühlsmäßig nach links, aber ein ausgesprochen politischer Mensch, ein Ideologe war ich nicht und bin ich auch nicht geworden ... Zur kommunistischen Partei kam ich später durch andere Freunde, aber wieder nicht durch ideologische Ausrichtung, sondern weil ich gefühlsmäßig dem nahestand und weil ich durch Zeichnungen und graphische Arbeiten für die Partei und deren Zeitung einen Teil meines Lebensunterhalts verdienen konnte ... Ich erinnere mich ..., wie mich eine Diskussion dieser Freunde vor einem meiner Bilder amüsierte, die sich darum drehte, ob die Autos, die ich darauf gemalt hatte, als Motiv noch zu vertreten wären. Für mich waren es Formen, die mir gut dahin paßten, für sie aber derzeit noch Klassensymbole." (Schreiben Erich Wegners an Georg Reinhardt, 2. Dezember 1975, zitiert nach Reinhardt, Georg; Zwischen Atelier und Straße, S. 40 f). Wegner faßte seine Haltung rückblickend in dem Satz zusammen: „Zum Theoretisieren hatte keiner viel Zeit, das Malen war wichtiger." Vgl. auch Teschemacher, A.F.; Erich Wegner, S. 30. Vgl. zu Wegners politischem Engagement auch die Karikaturen im NL BZ (Akte II. Hann. Maler, Bildhauer, Graphiker der zwanziger Jahre), etwa SIPO UND VERHANDLUNG. Die Zeichnungen erinnern an Arbeiten von George Grosz.

1161 Reinhardt, Hildegard; Grethe Jürgens und Gerta Overbeck, S. 11

1162 So Grethe Jürgens, zitiert nach: Reinhardt, Hildegard; Grethe Jürgens und Gerta Overbeck, S. 11.

1163 Reinhardt, Hildegard; Grethe Jürgens und Gerta Overbeck, S. 5. Seiler, Harald; Grethe Jürgens, S. 16. Müller-Piper, Renate; Grethe Jürgens 1899–1981, S. 192. Zerull, Ludwig; Hannoversche Maler der Neuen Sachlichkeit, S. 16.

1164 Mylord, Anita; Menschen auf den Hinterhöfen, S. 25.

1165 Zitiert nach: ebd., S. 25.

1166 Jochimsen, Margarethe; Verständnis für eine Zeit, S. 5.

1167 Ebda. Vgl. auch Michalski, Sergiusz; Neue Sachlichkeit, S. 135 ff.

1168 Reinhardt, Georg; Zwischen Atelier und Straße, S. 89.

1169 Vgl. exemplarisch etwa Vortrag Ferdinand Stuttmann: Realismus, Photographie, Surrealismus, 13. Dezember 1932.

1170 Gesprächsprotokoll Juliane Ische-Thoms, 18. Oktober 1992. Diese Ausstellung sollte sich dann auch als eigentlicher Startschuß seiner Karriere erweisen (vgl. Stempel, Karin; Ernst Thoms, S. 8. Grabenhorst, Georg; Ernst Thoms, S. 12. Reinhardt, Georg; Zwischen Atelier und Straße, S. 36. Gadesmann, Heinrich-Detlev; Ernst Thoms, S. 14 f). Die Ausstellung fand auf Initiative Alexander Dorners statt (Seutemann, Hans; Vorbemerkungen zur Bilderausstellung Ernst Thoms, in: Kunstverein Hannover; Neue Sachlichkeit, S. 109).

1171 Spengemann, Christof; Die hannoversche Riemenschneider-Innung, in: Der Wachsbogen, H. 2, 2. Novembernummer, November 1931, S. 2 f.

1172 Ebda.

1173 Zitiert nach: Aus der Vergangenheit den Weg in die Zukunft gebahnt. Der Direktor der Kestner-Gesellschaft, Carl Haenlein, im Gespräch mit Jochen Stöckmann, in: 75 Jahre Kestner-Gesellschaft, Verlagsbeilage der Hannoverschen Allgemeinen Zeitung und der Neuen Presse, 19. November 1991.

1174 Vgl. dazu das Verzeichnis der Gespräche mit Zeitgenossinnen und Zeitgenossen im Anhang dieser Arbeit.

1175 Kreuzer, Helmut; Bohème, S. 175 ff. Satzung der Kestner-Gesellschaft, §4: „Die Aufnahme in die Kestner-Gesellschaft erfolgt nur durch Berufung seitens des Vorstandes. Zwei Mitglieder können schriftlich beim Vorstande den Antrag auf Berufung stellen. Die Entscheidung liegt allein beim Vorstande." (zitiert nach: Schmied, Wieland; Wegbereiter zur modernen Kunst, S. 231).

1176 Schreiben der Kestner-Gesellschaft an die Redaktion des VOLKSWILLEN, 7. Mai 1917 (NStAH Dep. 100 A. 3).

1177 Ebda.

1178 Schreiben Otto Rheinholds an die Kestner-Gesellschaft, 13. Oktober 1916 (NStAH Dep. 100 A. 1).

1179 Schreiben des Grafen von Goertz an die Kestner-Gesellschaft, 31. Oktober 1921 (NStAH Dep. 100 A. 17).

1180 Vahlbruch, Heinz; Haus in der Königstraße, S. 53.

1181 Ebda., S. 55.

1182 Steinitz, Käte; Kurt Schwitters. Erinnerungen, S. 97 ff.

1183 Vgl. etwa Steinitz, Käte; Kestner-Gesellschaft, S. 32.

1184 Ebda., S. 31.

1185 Eintragung vom 10. Februar 1928 (Gästebücher Friedrich Vordemberge-Gildewarts (StAH, Bestand Repro)).

1186 Eintragung vom 28. Februar 1928 (Gästebücher Friedrich Vordemberge-Gildewarts (StAH, Bestand Repro)).

1187 Eintragung vom 6. Februar 1933 (Gästebücher Friedrich Vordemberge-Gildewarts (StAH, Bestand Repro)).

1188 Eintragung vom April 1927 (Gästebücher Friedrich Vordemberge-Gildewarts (StAH, Bestand Repro)).

1189 „Mit dem Patriotischen geht's wie mit dem Glauben; beides kann nicht kommandiert werden. Im Grunde sind wir alle Patrioten, nur die Nuancen sind verschieden." (Eintragung Erich Wurms, 9. November 1933 (Gästebücher Friedrich Vordemberge-Gildewarts (StAH, Bestand Repro)). „Selbst die ausdauerndste Kehle brüllt sich einmal heiser – so geschehen, werden wir uns in Deutschland bald einmal wiedersehen." (Eintragung Ernst Weinbergs, 30. April 1933 (Gästebücher Friedrich Vordemberge-Gildewarts (StAH, Bestand Repro)).

1190 Eintragung Siegfried Giedeons, 10. Februar 1928 (Gästebücher Friedrich Vordemberge-Gildewarts (StAH, Bestand Repro)).

1191 Eintragung von Kurt Schwitters, 5. Januar 1929 (Gästebücher Friedrich Vordemberge-Gildewarts (StAH, Bestand Repro)).

1192 Zitiert nach: Aus der Vergangenheit den Weg in die Zukunft gebahnt. Der Direktor der Kestner-Gesellschaft, Carl Haenlein, im Gespräch mit Jochen Stöckmann, in: 75 Jahre Kestner-Gesellschaft, Verlagsbeilage der Hannoverschen Allgemeinen Zeitung und der Neuen Presse, 19. November 1991.

1193 Schreiben Otto Beyses an Hanns Krenz, 27. März 1928 (NStAH De.100.A.35). Vgl. auch das Schreiben Beyses vom 2. November 1926 (NStAH Dep. 100.A.31).

1194 Beitrittserklärung 1930 (NStAH Dep. 100.G.6).

1195 Schreiben der Schriftleitung der NIEDERDEUTSCHEN ZEITUNG, Karl Anlauf, an die Kestner-Gesellschaft, 28. Februar 1928 (NStAH Dep. 100.A.34). Eine Antwort der Kestner-Gesellschaft auf dieses Schreiben ist nicht bekannt.

1196 Schreiben Alexander Dorners, Kestner-Gesellschaft, an Fa. Buderus GmbH, Hirzenhain-Oberhessen, 12. November 1929 (NStAH Dep. 100.A.38). Vgl. dazu auch das Schreiben der Kestner-Gesellschaft an den Verlag F. Bruckmann AG, 8. April 1930 (NStAH Dep. 100.A.40): „Wir machen Sie darauf aufmerksam, daß es sich bei dem sehr großen Mitgliederkreis der Kestner-Gesellschaft um sehr zahlungsfähiges Publikum handelt, (Sie) also damit rechnen (können), daß die Auslage in unserem Lesezimmer eine wesentliche Werbung für das Abonnement Ihrer Zeitschrift darstellt."

1197 Zerull, Ludwig; 1916, S. 96.

1198 Schmied, Wieland; Wegbereiter zur modernen Kunst, S. 235.

1199 Siegfried Oppler zählte zu den Unterzeichnern der Gründungsurkunde der Kestner-Gesellschaft (Schälicke, Bernd; Ernst Oppler).

1200 Einen Einblick in die Tätigkeit der Männer der ersten Stunde gibt die Akte NStAH Dep. 100 A. 1.

1201 Schmied, Wieland; Wegbereiter zur modernen Kunst, S. 235.

1202 Ebda., S. 234.

1203 Vgl. exemplarisch das Schreiben von E. Thieß an die Kestner-Gesellschaft, 24. Juni 1927 (NStAH Dep. 100.A.48).

1204 Schreiben Erich Weihtags an die Kestner-Gesellschaft, 12. Oktober 1930 (NStAH Dep. 100.A.43). Interessant ist in diesem Zusammenhang ein Blick auf die Persönlichkeit von Dr. med. G. Praetorius. Praetorius zählte 1916 zu den ersten 78 Mitgliedern der Kestner-Gesellschaft (Schmied, Wieland; Wegbereiter zur modernen Kunst, S. 234). Vier Jahre darauf, im Dezember 1920, machte er auf sich aufmerksam, als er im Zusammenhang mit dem ANNA-BLUME-Skandal seine Tätigkeit als Mediziner öffentlich ins Feld führte und bei Kurt Schwitters eine „(ziemlich fortgeschrittene) Dementia praecox" diagnostizierte. Praetorius' Leserbrief an Schwitters' Verleger Paul Steegemann schloß mit den Worten: „Hoffentlich wird der wackere Dichtersmann nicht so bald interniert, er scheint ja sonst ein harmloser Irrer zu sein." (pst.; Das enthüllte Geheimnis der Anna Blume, in: Der Marstall, H. 1/2, 1920, S. 11).

1205 Schreiben Josef Berliners an die Kestner-Gesellschaft, 16. Oktober 1920 (NStAH Dep. 100 A. 12). Hier hieß es: „Bereits im Frühjahr hatte ich (meinen) Austritt angemeldet. Die fast ausschließlich kultivierte künstlerische Richtung sagt mir nicht zu. Ich betrachte dieselbe als Geschmacksverirrung – vielleicht habe ich zu wenig Verständnis dafür."

1206 Schreiben Kommerzienrat de Häens an Albert Brinckmann, Kestner-Gesellschaft, 5. August 1918 (NStAH Dep. 100 A. 6).

1207 Schreiben Konsul Friedrich Hohlts an die Kestner-Gesellschaft, 3. August 1918 (NStAH Dep. 100 A. 6)

1208 Schreiben Direktor Edgar Seligmanns an die Kestner-Gesellschaft, 4. Dezember 1920 (NStAH Dep. 100 A. 13).

1209 Schreiben der Kestner-Gesellschaft an Senator Fritz Beindorff, 28. April 1921 (NStAH Dep. 100 A. 16).

1210 Schreiben Direktor Otto Edlers an die Kestner-Gesellschaft, 17. November 1921 (NStAH Dep. 100 A. 17).

1211 Schreiben Unternehmer Heinz Appels an die Kestner-Gesellschaft, 16. Oktober 1917, Antwort: 27. Oktober 1917 (NStAH Dep. 100 A. 4), 29. Oktober 1918, Antwort: 27. Oktober 1918 (NStAH Dep. 100 A. 5), 22. Februar 1918 (NStAH Dep. 100 A. 5), Schreiben der Kestner-Gesellschaft an Heinz Appel, 11. Februar 1919 (NStAH Dep. 100 A. 8).

1212 Schreiben von Paul Erich Küppers an Heinz Appel, 11. Februar 1919 (NStAH Dep. 100 A. 8).

1213 Steinitz, Käte; Kestner-Gesellschaft, S. 28.

1214 Ernst Steinitz, wie seine Frau gebürtiger Oberschlesier (1881), war Jude. Früh hatte sich der Sohn eines Kaufmanns und Stadtverordneten für den Beruf des Arztes entschieden. Nach dem Studium für kurze Zeit in Breslau, Dresden und Berlin tätig, war er hochdekorierter Weltkriegsteilnehmer. Seit dem 1. Januar 1919 hatte er sich als Facharzt für Nervenkrankheiten in Hannover niedergelassen. Er unterhielt in der Georgstraße seine Praxis (Personalbogen, nicht datiert, in Personalakte Ernst Steinitz (StAH P 1124)). Er behielt sie auch bei, als er im September 1922 am jüdischen Krankenhaus Siloah als leitender Arzt der Inneren Abteilung angestellt wurde (o.A.; Dr. Steinitz, Volkswille, 7. Dezember 1922. O.A.; Dr. Steinitz, Hann. Kurier, 8. Dezember 1922). In den zwanziger Jahren gehörte sein Haus zu den Treffpunkten der kunstinteressierten Öffentlichkeit der Stadt, wobei im ganzen eher seine Frau Käte die treibende Kraft war (Gesprächsprotokoll Ilse Berg, 13. November 1992). Im Zuge des Gesetzes zur Wiederherstellung des Berufsbeamtentums wurde Ernst Steinitz am 31. März 1933 beurlaubt. Es wurde ihm verboten, „während der Urlaubszeit das Krankenhaus Siloah ... zu betreten" (Schreiben des Magistrats an Ernst Steinitz, 31. März 1933, Personalakte (StAH P 1124)). Obwohl Steinitz sich gegen die Beurlaubung wehrte, der im Mai 1933 die Kündigung folgte, und vor allem seine Teilnahme am Ersten Weltkrieg betonte (Schreiben von Ernst Steinitz an den Magistrat, 2. Mai 1933) und obwohl mehrere Patienten sich schriftlich beim Magistrat für sein Verbleiben am Krankenhaus aussprachen (Schreiben F. Roebbelens an den Magistrat, 2. April 1933. Schreiben Marta Groterts, 22. Mai 1933), blieb Steinitz mit seinem Protest erfolglos (Notiz Senator Engelkes, 11. Mai 1933)). Nach Auskunft seiner Tochter Ilse wurde Ernst Steinitz nicht aus der Kassenärztlichen Vereinigung ausgeschlossen, weil er Jude war, sondern weil Mitglieder seiner Familie „Kulturbolschewismus übelster Art" betrieben, so das Reichsarbeitsministerium. Weiter hieß es in einem Schreiben vom 28. April 1934, die Familie Steinitz unternehme „Kampf und Hetze gegen alles, was weiten Kreisen Deutschlands verehrungswürdig, heilig und innerster Besitz ist." (Zitiert nach: Steinitz-Berg, Ilse; Schicksal der Familie Steinitz, S. 17). Käte Steinitz wurde am 6. März 1935 aus der Reichsschrifttumskammer ausgeschlossen (ebda., S. 15). Ein Jahr später, im März 1936, verließ Käte Steinitz mit ihren drei Töchtern Hannover. Ernst Steinitz war zuvor bereits über Holland und Israel in die USA ausgereist, wohin ihm seine Familie nun folgte. (ebda., S. 17).

1215 Werner Knopp berichtet, 80% der Berliner Förderer der Moderne im Kaiserreich seien Juden gewesen (Knopp, Werner; Kulturpolitik, Kunstförderung und Mäzenatentum, S. 32). Vgl. auch Pucks, Stefan; Von Manet zu Matisse, S. 389. Die hier formulierte Charakterisierung dieser Sammler und Mäzene trifft auch auf Hannover zu: „Der selbstbewußt-konträre Kunstgeschmack mit seiner modernen und weltoffenen Ausrichtung bestätigt die in letzter Zeit von Historikern wiederholt geäußerten Zweifel an der ‚Feudalisierungsthese'. Das sehr schnell sehr reich gewordene Großbürgertum wollte keine Anerkennung von der ‚monarchisch-bürokratisch-militärischen' (Jürgen Kocka) Oberschicht, sondern suchte sich seine Lebensführung eher von Konkurrenten aus derselben Klasse, dem Wirtschaftsbürgertum und dem nicht so gut verdienenden Bildungsbürgertum abzugrenzen … Für die zunehmend international agierenden Bankiers und Unternehmer mag es auch wichtig gewesen sein, von ihren ausländischen Kollegen nicht nur als Geschäftspartner, sondern ebenso als Kulturträger ernst genommen zu werden." Vgl. dazu allg. auch: Paret, Peter; Bemerkungen zu dem Thema: Jüdische Kunstsammler, Stifter und Kunsthändler, in: Mai, Ekkehard/Paret, Peter; Sammler, Stifter und Museen, S. 173–185.

1216 Vgl. Steinitz, Käte; Kestner-Gesellschaft. Vgl. auch die Aussage Rainer Marwedels, der das „offene Hans des Sanitätsrats Catzenstein" nannte, um zu verdeutlichen, „daß Hannover neben Berlin und München jetzt zu einer kulturellen Metropole wurde, in der Kunst und Leben zu Hause waren". (Marwedel, Rainer; Theodor Lessing. Biographie, S. 212).

1217 Krakauer, Thomas; Family Portrait: History and Genealogy of the Gottschalk, Molling and Benjamin Families from Hannover, Germany, Durham, N.C. 1995, S. 36 f. Diese Veröffentlichung ist im Privatdruck erschienen. Sie wurde mir freundlicherweise von Peter Schulze, Stadtarchiv Hannover, zur Verfügung gestellt.

1218 Stuttmann, Ferdinand; Kunstsammeln und Kunstsammlungen, S. 67.

1219 Westström, Hilde; Ellen Bernkopf-Catzenstein, S. 15.

1220 Schmied, Wieland; Wegbereiter zur modernen Kunst, S. 234.

1221 Der Beirat war eine aus den Reihen der Mitglieder gewählte Instanz, die vom Vorstand „vor wesentlichen Beschlüssen" zu Rate gezogen wurde (Satzung, §8, zitiert nach: Schmied, Wieland; Wegbereiter zur modernen Kunst, S. 234).

1222 Catzenstein war zunächst Mitarbeiter, später (1928) Inhaber der renommierten Galerie Matthiesen in München. Er unterzeichnete zunächst mit „Zatzenstein" und nahm dann (1932) den Namen Matthiesen an (Krakauer, Thomas; Family Portrait: History and Genealogy of the Gottschalk, Molling and Benjamin Families from Hannover, Germany, Durham, N.C. 1995, S. 36 f.). Nachdem Dorner ihn in mehreren Ankaufsangelegenheiten wiederholt mit der Bezahlung vertröstet hatte und jetzt um weiteren Aufschub bat, schrieb er am 16. Mai 1928 (Reg. LaMu II.2.2 Gemälde neuer Meister, Ankäufe 1.10.1928–31.12.1928): „Das ist aber auch das Äußerste, was mir möglich ist, und ich müßte Sie um umgehendste Mitteilung Ihrer Entschlüsse bitten, denn die Geldknappheit, über die Sie klagen, macht sich natürlich auch bei mir bemerkbar, und es gehört schon wirklich ein heroisches Stück hannoverschen Lokalpatriotismus dazu, den sehr ernsthaften Bestrebungen anderer Stellen in Köln, Wien usw…. nicht nachzugeben, bis die hannoversche Entscheidung gefallen ist."

1223 Westström, Hilde; Ellen Bernkopf-Catzenstein, S. 15.

1224 Nicht datierte Notiz diesbezüglich (NStAH Dep. 100.A.36).

1225 Gleiches galt nach Aussage seiner Tochter Ilse Berg für Ernst Steinitz (Gesprächsprotokoll Ilse Berg, 13. November 1992).

1226 Küppers-Lissitzky, Sophie; Die ersten Jahre, S. 16.

1227 Ebda., S. 26.

1228 Thomas Krakauer urteilte: „His patients, coming from all walks of life, loved him and, of course, when someone was suffering from financial hardship, he would change a penny." (Krakauer, Thomas; Family Portrait: History and Genealogy of the Gottschalk, Molling and Benjamin Families from Hannover, Germany, Durham, N.C. 1995, S. 36 f.).

1229 Rischbieter, Henning; Hannoversches Lesebuch, Bd. 2, S. 240. Anläßlich eines Gastspiels des Bochumer Schauspielensembles unter der Leitung Rudolf von Schulz-Dornburgs wurden die Schauspielerinnen und Schauspieler im November 1922 kurzerhand auf die Privathaushalte einiger Mäzene verteilt (Schreiben der Kestner-Gesellschaft an Rudolf von Schulz-Dornburg, 18. November 1922 (NStAH Dep. 100 A. 24)).

1230 Lenman, Robin; Painters, Patronage, and the Art Market in Germany, S. 133.

1231 Riedel, Ulrich; Fritz Beindorff, S. 4. Vgl. etwa auch: Kommerzienrat Fritz Beindorff, in: Pelikan-Blätter, September 1931, S. 1–5. Kommerzienrat Senator Dr.-Ing. E.h. Fritz Beindorff, in: Pelikan-Blätter, H. 21, 1935, S. 2–7. Vgl. auch H. 31 u. 33, 1938, der Pelikan-Blätter.

1232 Vgl. Schreiben Günther Beindorffs an die Kestner-Gesellschaft, 22. Dezember 1931 (NStAH Dep. 100.A.51). Beindorff begründete die Ablehnung der Wahl in den Beirat der Kestner-Gesellschaft hier mit dem Hinweis, er sei „schon mit einer so großen Zahl von Ehrenämtern belastet, daß ich weitere Verpflichtungen in dieser Hinsicht nicht mehr übernehmen kann."

1233 Fritz Beindorff war von 1907 bis 1919 unbesoldeter Senator (vgl. Protokoll der Sitzung des BVK, 29. August 1919. Schreiben des Magistrats an Fritz Beindorff, 31. Dezember 1919 (Personalakte Senator Fritz Beindorff (StAH P 306)).

1234 Schreiben des Regierungspräsidenten der Provinz Hannover an Heinrich Tramm, 7. Mai 1913 (Personalakte Senator Fritz Beindorff (StAH P 306)).

1235 Riedel, Ulrich; Fritz Beindorff, S. 7 f.

1236 Ebda., S. 6. Im Sommer 1912 wurde eine eigene Werkszeitung, der PELIKAN. NACHRICHTEN FÜR DIE BEAMTEN DER FA. GÜNTHER WAGNER, eingerichtet. Das Blatt informierte über wichtige Personalveränderungen in den einzelnen Werken im In- und Ausland, brachte kurze Erzählungen und übernahm – mittlerweile in DER KLEINE PELIKAN umbenannt – zwischen 1914 u. 1918 die Aufgabe, die Werksangehörigen, die an den verschiedenen Fronten kämpften, mit Nachrichten aus der

Heimat und die Daheimgebliebenen mit Informationen über die Soldaten zu versorgen. Besonders in diesen Jahren herrschte – typisch für eine Werkszeitung im Ersten Weltkrieg – ein patriotisch-kriegsbegeisterter Ton vor. Im April 1923 entschloß sich die Firmenleitung, die Hausmitteilungen für die Mitarbeiter im KLEINEN PELIKAN weiter zu veröffentlichen, daneben aber ein neues Blatt herauszugeben, das in erster Linie für die Händler und Geschäftsleute gedacht war und die Produktpalette der Fa. Günther Wagner vorstellen sollte. Ab Juni 1923 erschienen dann die PELIKAN-BLÄTTER. Unabhängig vom KLEINEN PELIKAN und den PELIKAN-BLÄTTERN erschien ab 1912 in loser FOLGE DER PELIKAN. MITTEILUNGEN DER PELIKAN-WERKE GÜNTHER WAGNER HANNOVER UND WIEN, in denen namhafte deutsche und ausländische Künstler und Kunsthistoriker – darunter Adolf Hoelzel, Wilhelm von Debschitz, Georg Friedrich Hartlaub, Adolf Behne und Alexander Dorner – veröffentlichten.

[1237] Thiem, Gunther; Pelikan-Kunstsammlung, S. 17. Frerking, Johann; Zum Geleit, S. 12.

[1238] Frerking, Johann; Zum Geleit, S. 12. Riedel, Ulrich; Fritz Beindorff, S. 7. Arta Valstar berichtete von einem Wettbewerb für Entwürfe von Klebstofftuben (Valstar, Arta Jacoba Angela Nora; Die abstrakten hannover, S. 212). Sophie Küppers-Lissitzky erinnerte sich, Beindorff habe dem schwer lungenkranken Lissitzky dadurch zu einem dauernden Aufenthalt in einem Schweizer Sanatorium verholfen, daß er an ihn Reklameaufträge mit einem festen monatlichen Einkommen vergab (Küppers-Lissitzky, Sophie; Die ersten Jahre, S. 26).

[1239] Gesprächsprotokoll Inge Höher-Dörries, 16. Januar 1993.

[1240] Kunstverein Hannover; Pelikan-Kunstsammlung, S. 121 ff. Riedel, Ulrich; Fritz Beindorff, S. 7. Frerking, Johann; Zum Geleit, S. 12.

[1241] Vgl. Frerking, Johann; Zum Geleit, S. 17 ff. Vgl. Kunstverein Hannover; Pelikan-Kunstsammlung, S. 21 ff. Vgl. auch Cauman, Samuel; Das lebende museum, S. 56.

[1242] Kunstverein Hannover; Pelikan-Kunstsammlung, S. 49 ff. Alexander Dorner urteilte 1930: „Daß eine Weltfirma, die Künstlerfarben herstellt, sich eine Galerie von Gemälden schafft, ist ein Gedanke, der klug im Sinne des Unternehmens, glücklich als Repräsentation und würdig eines großzügigen Mäzenatentums ist." (Dorner, Alexander; Ein Gang durch die Galerie, in: Der Pelikan. Mitteilungen der Pelikanwerke Günther Wagner Hannover u. Wien, Nr. 38, 1930, S. 3–8). Vgl. Schreiben Justus Biers an Fritz Beindorff bezüglich des Ankaufs von Werken von Marc, Chagall und Munch, 29. August 1930 (NStAH Dep. 100.A.41). Vgl. auch die nicht datierte Liste der von Beindorff gekauften Gemälde auf der Frühjahrsausstellung des Kunstvereins 1929 (StAH HR X.C.7.5.4).

[1243] Beindorff war einer der Initiatoren jener Unterschriftenaktion, die Brinckmann zum Verbleiben in Hannover bewegen sollte (Schreiben Fritz Beindorffs an Arthur Menge, 23. August 1935 (Personalakte Albert Brinckmann (StAH P 452)). Auch Arthur Menge und Fritz Beindorff waren miteinander befreundet (Schreiben Arthur Menges an Fritz Beindorff, 29. April 1935 (Personalakte Senator Fritz Beindorff (StAH P 306)). Menge wollte Beindorff zum 75. Geburtstag das Ehrenbürgerrecht verleihen, was aufgrund der „bekannten Differenz in der Ratsherrenfrage aber vorerst abgelehnt" worden war. Vier Jahre zuvor, 1931, war die bisherige Franz-Abt-Straße in Fritz-Beindorff-Allee umbenannt worden (Schreiben der Stadt an Fritz Beindorff, 11. September 1931 (Personalakte Senator Fritz Beindorff (StAH P 306)).

[1244] Vgl. dazu etwa: Schmied, Wieland; Wegbereiter zur modernen Kunst, S. 235 f.

[1245] Vgl. dazu exemplarisch den Einsatz Fritz Beindorffs jun.: 1923 trat dieser wegen Arbeitsüberlastung aus dem Vorstand aus, 1931 nahm er die erneute Wahl als Vorstandsmitglied an (Schmied, Wieland; Wegbereiter zur modernen Kunst, S. 235). Als er jedoch in den Beirat gewählt werden sollte, lehnte er dies Alexander Dorner gegenüber mit folgender Begründung ab: „Ich halte die Einrichtung des Beirats an sich überhaupt für verfehlt. Ist der Vorstand aktiv und hat den Wunsch, wirkliche Arbeit zu leisten, so kann der Beirat ihn höchstens an ersprießlicher Tätigkeit hindern. Ist der Vorstand inaktiv, so ist der Beirat lediglich dazu da, dem Vorstand die Verantwortung für sein Nicht-Handeln abzunehmen. Der gewählte Vorstand muß von dem Vertrauen der Gesellschaft getragen werden und sich für sein Handeln nur sich selbst und der Generalversammlung gegenüber verantwortlich fühlen." (Schreiben Fritz Beindorffs an Alexander Dorner, 15. September 1926 (NStAH Dep. 100.A.30)).

[1246] Fritz Beindorff jun. trat der Kestner-Gesellschaft am 1. November 1920 bei und wurde sofort in den Vorstand gewählt (Schreiben der Kestner-Gesellschaft an Fritz Beindorff jun., 4. November 1920 (NStAH Dep. 100 A. 12)).

[1247] Vgl. dazu etwa: Schmied, Wieland; Wegbereiter zur modernen Kunst, S. 235.

[1248] Valstar, Arta; Die abstrakten hannover. Abstraktion als Weltgestaltung, S. 38. Valstar, Arta Jacoba Angela Nora; Die abstrakten hannover, S. 51.

[1249] Valstar, Arta Jacoba Angela Nora; Die abstrakten hannover, S. 51, Anm. 8.

[1250] Ebda., S. 144.

[1251] Im Februar 1932 indes lehnte Fritz Beindorff der. Kauf kunstgewerblicher Gegenstände mit einer Begründung ab, die einen interessanten Einblick in seinen Kunstgeschmack gibt: „Aber in der Hauptsache muß ich Ihnen sagen, daß ich für diese Nippes keine Verwendung mehr habe und zwar in erster Linie durch die Entwicklung der modernen Kunstrichtung. Die strenge Sachlichkeit duldet ja das Herumstehen so vieler Sächelchen nicht mehr." (Schreiben Fritz Beindorffs an Justus Bier, 27. Februar 1932 (NStAH Dep. 100.A.50)).

[1252] Vgl. exemplarisch das Schreiben der Kestner-Gesellschaft an den Sohn Fritz Beindorffs sen., Günther Beindorff, 6. Oktober 1932 (NStAH Dep. 100.A.50): „Auch wird Slevogt im Himmel sich freuen, wenn er das Bild in so guten Händen sieht ... Sie tun so viel Gutes, daß Sie doch gewiß auch einmal ein solches Bild für sich erwerben können, das Ihnen auch Ihr ganzes Leben Freude und innere Anregung gibt. Außerdem tun Sie der Kestner-Gesellschaft einen großen Gefallen."

[1253] Günther-Wagner-Stiftung der Fa. Pelikan/Kestner-Gesellschaft e.V. (Hg.); Reine Form im Hausgerät, 8. Dezember 1930–9. Januar 1931. Bier, Justus; Broschüre des Museums für das künstlerische Serienprodukt, Hannover 1931. Vgl. Schmied, Wieland; Kestner-Gesellschaft wird geschlossen, S. 56.

[1254] Schreiben Justus Biers an Adolf Behne, 21. Dezember 1931 (NStAH Dep. 100.A.51).

[1255] Vgl. exemplarisch das Schreiben Alexander Dorners an Schatzrat Hartmann, Provinzialverwaltung Hannover, 25. September 1931 (NStAH Hann. Dep. 151.72).

[1256] Vgl. exemplarisch das Schreiben der Kestner-Gesellschaft an Fritz Beindorff, 21. Juni 1927 (NStAH Dep. 100.A.32). Schreiben der Kestner-Gesellschaft an Hermann Bode, 15. Mai 1928 (NStAH Dep. 100.A.35). Schreiben der Kestner-Gesellschaft an Fritz Beindorff und Hermann Bode, 16. September 1931 (NStAH Dep. 100.A.51).

[1257] Vgl. exemplarisch das Schreiben der Kestner-Gesellschaft an Hermann Bode, 15. Mai 1928 (NStAH Dep. 100.A.35). Gesprächsprotokoll Heinz Vahlbruch, 29. Juli 1992.

[1258] Vgl. exemplarisch das Schreiben der Kestner-Gesellschaft an Ludwig Ey, 17. April 1930 (NStAH Dep. 100.A.40).

[1259] Schmied, Wieland; Wegbereiter zur modernen Kunst, S. 56.

[1260] Eine erste Kandinsky-Ausstellung, die 56. Präsentation der Kestner-Gesellschaft, hatte im Februar/März 1923 stattgefunden.

[1261] Schreiben von Hanns Krenz an Wassily Kandinsky, 29. Oktober 1924 (NStAH Dep. 100.A.27).

[1262] Vortrag Wassily Kandinsky: Abstrakte Kunst, 16. Dezember 1924. Am 15. Dezember trug sich der Künstler in Otto Ralfs Braunschweiger Gästebuch ein (Lufft, Peter; Gästebuch Otto Ralfs, S. 95).

[1263] Schreiben der Kestner-Gesellschaft an Frau Busse-Wilson, 12. November 1926 (NStAH Dep. 100.A.29). Hier hieß es, man müsse ihren Vortrag leider absagen, „da wir in den letzten Jahren bei fast allen Veranstaltungen sehr schlecht abgeschlossen haben". Vgl. auch das Schreiben der Kestner-Gesellschaft an Curt Glaser, Berlin, der im Monat zuvor im Rahmen der Munch-Ausstellung (7. Oktober – 3. November 1930) einen Vortrag über diesen Künstler gehalten hatte und jetzt die Ausstellung DER TANZ plante (9. November 1929 (NStAH Dep. 100.A.38)): „Die Mittel der Kestner-Gesellschaft sind nur sehr beschränkt, und wir haben bei der Munch-Ausstellung ein derartiges Defizit, daß wir unmöglich für die TANZ-Ausstellung außer den Vortragskosten noch eine Leihgebühr bezahlen können. Wir werden unter diesen Umständen wohl leider auf die Ausstellung verzichten müssen." Nur gut einen Monat später, im Januar 1930, wurde die Ausstellung TANZ UND TANZKOSTÜM IM WANDEL DER ZEITEN eröffnet. Vgl. auch das Schreiben der Kestner-Gesellschaft an Karl With, 19. September 1929 (NStAH Dep. 100.A.38): „Sie wissen ja, viel bezahlen können wir nicht." Ein Vierteljahr später, im Februar 1930, folgte With dennoch der Einladung der Kestner-Gesellschaft und hielt einen Vortrag über Architekturprobleme der Gegenwart (12. Februar 1930). Vgl. das Schreiben an Museumsdirektor Dirksen, Wuppertal, 29. September 1931 (NStAH Dep. 100.A.51): „Die Finanzlage ist ja noch schlechter geworden, als sie im vergangenen Jahr war. Wir haben keinerlei Zuschußmittel für unsere Vortragsveranstaltungen zur Verfügung, so daß wir Vorträge nur gegen eine Reiseentschädigung von höchstens RM 100.- abhalten können." Einen Monat später, am 30. Oktober 1931, hielt Dirksen ungeachtet dieser Einschränkung in der Kestner-Gesellschaft seinen Vortrag über BLAKE UND RUNGE. ENGLISCHE UND DEUTSCHE ROMANTIK.

[1264] Schreiben Bernhard Diebolds an die Kestner-Gesellschaft, 21. Oktober 1931 (NStAH Dep. 100 A. 51).

[1265] Schreiben Emil Noldes an die Kestner-Gesellschaft, 10. Januar 1925 (NStAH Dep. 100.A.27). Vgl. zu Noldes Ausstellungen in der Kestner-Gesellschaft: Schmied, Wieland; Wegbereiter zur modernen Kunst, S. 259 ff.

[1266] Schreiben Emil Noldes an die Kestner-Gesellschaft, 10. Januar 1925 (NStAH Dep. 100.A.27).

[1267] Schreiben Gustav Friedrich Hartlaubs an die Kestner-Gesellschaft, 9. April 1924 (NStAH Dep. 100.A.27).

[1268] Schreiben Max Beckmanns an die Kestner-Gesellschaft, 5. Mai 1930 (NStAH Dep. 100.A.41). Vgl. zur Beckmann-Ausstellung in der Kestner-Gesellschaft: Schmied, Wieland; Wegbereiter zur modernen Kunst, S. 261.

[1269] Schreiben Hans Arps an die Kestner-Gesellschaft, 10. November 1931 (NStAH Dep. 100.A.50). Vgl. auch Schreiben Hans Arps an die Kestner-Gesellschaft, 26. April 1930 (NStAH Dep. 100.A.40) sowie das Schreiben Hans Arps an die Kestner-Gesellschaft, 12. März 1932 (NStAH Dep. 100. A. 50). Zu Ausstellungen Hans Arps in der Kestner-Gesellschaft vgl.: Schmied, Wieland; Wegbereiter zur modernen Kunst, S. 259 ff.

[1270] Vgl. dazu exemplarisch das Schreiben von Hanns Krenz an Peter Bach, Berlin, 17. April 1928 (NStAH Dep. 100.A.35): „Unsere diesjährigen Veranstaltungen schlossen fast alle mit einem Minus ab, so daß wir ziemlich die Lust an Veranstaltungen von Vortragsabenden verloren haben." Vgl. auch das Schreiben von Hanns Krenz an Bankier Wilhelm Basse, 28. Januar 1928 (NStAH Dep. 100.A.34) bezüglich des Vortrags Hans Prinzhorns PERSÖNLICHKEIT. ZUR KRISIS DER GEGENWART am 26. Januar 1928: „Unser Prinzhorn-Vortrag war leider finanziell ein Reinfall, ca M 100 minus. Der Vortrag war sonst sehr interessant. Nachher zog alles zu Schwitters, und es war wiedermal schrecklich."

[1271] Vgl. dazu exemplarisch auch das Schreiben der Kestner-Gesellschaft an den Königl. bulgarischen Generalkonsul Ludwig Roselius, Bremen, vom 25. Juni 1931 (NStAH Dep. 100.A.51): „Wir versuchen z.Zt., die finanzielle Lage der Kestner-Gesellschaft, die außerordentlich schwierig ist, dadurch zu verfestigen, daß wir einen Förderkreis bilden, dessen Mitglieder durch einen Beitrag von jährlich RM 50 unsere Bestrebungen unterstützen. Dürften wir, sehr verehrter Herr Roselius, auch Sie als Förderer unserer kulturellen Bestrebungen in Niedersachsen bitten, denen Sie ja sehr positiv gegenüberstehen, (uns) durch den Eintritt in unseren Förderkreis zu unterstützen? Wir würden uns über eine Zusage von Ihnen außerordentlich freuen, zumal Ihr Name ja eine außerordentliche Werbekraft für die Gewinnung weiterer Förderer besäße." Roselius lehnte wenige Tage darauf ab. Vgl. Schreiben der Kestner-Gesellschaft an Karl Elkart, 28. August 1921 (NStAH Dep. 100.A.51). Vgl. Schreiben der Kestner-Gesellschaft an Generaldirektor H. W. Appel, 1. Dezember 1930 (NStAH Dep. 100.A.43): „Wir legen den größten Wert darauf, daß in der Liste, die demnächst in Druck gehen soll, auch Ihr Name erscheint, da wir hierdurch hoffen, wieder andere neue Förderer unserer kulturellen Arbeit zu finden." Vgl. auch das Schreiben der Kestner-Gesellschaft an den französischen Botschafter, 25. September 1930 (NStAH Dep. 100.A.42): „Da es die Kestner-Gesellschaft als ihre Aufgabe betrachtet, durch Austausch kultureller Werte zum gegenseitigen Verständnis der Nationen beizutragen, bitten die Unterzeichneten Euer Exzellenz …, das Protektorat dieser Ausstellung zu übernehmen." Von besonderer Bedeutung ist in diesem Zusammenhang auch das Schreiben, das die Kestner-Gesellschaft am 26. November 1928 (NStAH Dep. 100.A.37) an den Industriellen Arbeitgeber-Verband in der Absicht richtete, von diesem finanzielle Förderung zu erhalten. Hier hieß es: „Die Kestner-Gesellschaft, die ursprünglich als Gesellschaft zur Förderung der modernen Kunst gegründet wurde und als solche nur den Interessen eines verhältnismäßig kleinen Kreises diente, hat sich im Laufe der Zeit immer mehr zu einem kulturfördernden Instrument herausgebildet, das der Allgemeinheit dient. Ihre Arbeit kommt den weitesten Kreisen unseres Bezirkes zu Gute ... Die Ausstellungen der Gesellschaft zeigen in gedrängter Zusammenfassung die Werke einzelner hervorragender Künstler wie auch in geschichtlicher Ordnung die Entwicklung einzelner Künstlergruppen. Die Bedeutung dieser Ausstellungen ist selbst in den großen Kunstzentren des Reiches gewürdigt, und manche Ausstellung ist in der Zusammenstellung der Kestner-Gesellschaft von anderen Städten des Reiches übernommen. Mit der Veränderung (der) Aufgaben der Kestner-Gesellschaft wachsen jedoch ihre Ausgaben, die von dem kleinen Kreis ihrer Mitglieder allein nicht mehr getragen werden (können) ... So werden die Aufgaben der Kestner-Gesellschaft von selbst mehr und mehr die eines volksbildenden Instituts." Die Gegenüberstellung dieser Selbsteinschätzung mit jenen Urteilen von Kritikern, die der Kestner-Gesellschaft eine gewisse Dünkelhaftigkeit vorwarfen, wirft ein interessantes Licht auf die zeitgenössische Diskussion über den Stellenwert und über die Funktionen dieses Kunstinstituts. Daß die Kestner-Gesellschaft ihr Schreiben jedenfalls nicht aus dem simplen Grund der Täuschung des Arbeitgeber-Verbands verfaßte, um in den Genuß finanzieller Unterstützung zu gelangen, machte eine fast zeitgleich, anläßlich der van Gogh-Ausstellung (3. Oktober – 11. November 1928), veröffentlichte Pressemitteilung deutlich, die ebenfalls von der Kestner-Gesellschaft als „volksbildende(m) Ausstellungsunternehmen" sprach: „Die Ausstellungen wurden ein wichtiges Anschauungsmaterial für den Kunstunterricht der Schulen und Volkshochschulen" (nicht datierte Pressemitteilung des Vorstands der Kestner-Gesellschaft (NStAH Dep. 100.A.37)). In der Tat bemühten sich alle Leiter der Kestner-Gesellschaft – besonders Paul Erich Küppers und Justus Bier – um einen guten Kontakt zur hannoverschen Volkshochschulbewegung (Schmied, Wieland; Wegbereiter zur modernen Kunst, S. 11).

1272 „Zur aktiven Seite (des hannoverschen Kunstlebens, I.K.) gehört ... die Kestner-Gesellschaft." (Goldschmidt, Werner; Kunststadt Hannover, Das Tagebuch, 6. Juni 1931). Vgl. auch Goldschmidt, Werner; Hannoversches Kunstleben, in: Die Weltkunst, Berlin, 24. Januar 1932.

1273 Für den CICERONE verfaßte häufig Ferdinand Stuttmann Rezensionen der Veranstaltungen der Kestner-Gesellschaft. Stuttmann, Mitarbeiter Alexander Dorners am Provinzial-Museum und Mitglied der Kestner-Gesellschaft, gelang es, diese Veranstaltungen nahezu ausnahmslos in einem sehr wohlwollenden Licht darzustellen (vgl. exemplarisch: Stuttmann, Ferdinand; Kestner-Gesellschaft Hannover, in: Der Cicerone, 20. Jhg., H. 2, Januar 1928, S. 77f).

1274 MKR; Theater, Kunst und Wissenschaft. Kunstausstellung in Hannover. Frühjahrsausstellung des Kunstvereins im Künstlerhause, Hamburger Tageblatt, 4. April 1927.

1275 Wedekind, Fritz; Das Kunstleben der Stadt Hannover, Kölnische Zeitung, 18. Januar 1924.

1276 O.A.; Kestner-Gesellschaft Hannover, Berliner Tageblatt, 9. Oktober 1926: „Wenn versichert wird, daß sie (die Kestner-Gesellschaft, I.K.) das kulturelle Leben Hannovers durch Sammlung und Vertiefung der besten geistigen Kräfte der Stadt wesentlich gefördert hat, daß sie sich auf ihrem oft steil empor führenden Weg jeder einseitigen Bindung fernhielt und auch in Zeiten schwerer wirtschaftlicher Not das Ideale ihres Wollens nicht leugnete, so ist die weit über die Grenzen Hannovers hinaus bekannt gewordene Kestner-Gesellschaft keineswegs in ein zu gutes Licht gerückt."

1277 Vgl. dazu die in stilistisch ungeschicktem Englisch angefertigte Selbstdarstellung der Kestner-Gesellschaft, nicht datiert, vermutlich 1936 (NStAH Dep. 100.A.51a). Hier heißt es: „The Kestner-Gesellschaft is a free society of collectors (Amateurs) of artificial works, paintings, sculptures and graphic. The Kestner-Gesellschaft has arranged yearly several exhibitions of work in order to give the public which has interest in art-production without having the time and the occasion to instruct themself in the stand and the progress of German building-art, in impressionable show of modern art ... By these means the Kestner-Gesellschaft got a great attraction for every field of modern art, enjoying a remarkable recognition in Germany."

1278 Eintragung in das Gästebuch: 26. April 1926 (Galerie gmurzynska; Gästebuch von Käte Steinitz).

1279 Auf der New Yorker Ausstellung wurden auch Werke von Hans Nitzschke, Kurt Schwitters, Carl Buchheister und Friedrich Vordemberge-Gildewart gezeigt (Valstar, Arta Jacoba Angela Nora; Die abstrakten hannover, S. 20).

1280 Zitiert nach: Valstar, Arta Jacoba Angela Nora; Die abstrakten hannover, S. 20 f.

1281 Dorner, Alexander; Hannoversche Kunstmuseen, S. 52. Vgl. auch o.A.; Hannoversche Revue, in: Die Hann. Woche, 6. Oktober 1928: „Für die Bereicherung des Kunstlebens der Stadt Hannover ist die emsige und planvolle Tätigkeit der Kestner-Gesellschaft von großer Bedeutung." Die HANNOVERSCHE WOCHE war das offizielle Organ des Verkehrsvereins Hannover.

1282 Arthur Menge trat der Kestner-Gesellschaft am 8. Oktober 1925 bei, ein halbes Jahr nachdem er zum Oberbürgermeister gewählt wurde (NStAH Dep. 100.A.29).

1283 Vgl. exemplarisch Schreiben der Kestner-Gesellschaft an das Kestner-Museum, 17. September 1929 (StAH HR X.C.2.26).

1284 Vgl. exemplarisch Schreiben der Galerie Thannhauser an Alexander Dorner (handschriftliche Notiz Justus Biers), 9. März 1933 (Reg LaMu II.2.2A. Ankauf von Gemälden 1.10.1933–31.12.1933)

1285 Menge fügte hinzu: „Den Bestrebungen der Kestner-Gesellschaft werde ich nach wie vor warmes Interesse entgegenbringen, doch kann ich nur im Rahmen des Möglichen helfen." (Schreiben Arthur Menges an Justus Bier, 1. Dezember 1931 (StAH HR X. C.7.5.4)).

1286 Schreiben Justus Biers an Arthur Menge, 27. November 1931 (StAH HR X.C.7.5.4).

1287 Kestner-Gesellschaft e.V. (Hg.); 105. Ausstellung. Hannoversche Sezession, April – Mai 1930.

1288 Schreiben Senator Löhdefinks an Senator Engelke, Juni 1930 (StAH HR X.C.7.5.3).

1289 Schreiben Friedrich Vordemberge-Gildewarts an Oberbürgermeister Arthur Menge, 11. Dezember 1931 (StAH HR 19, 393).

1290 Ebda.

1291 Schreiben Oberbürgermeister Arthur Menges an Friedrich Vordemberge-Gildewart, 15. Dezember 1931 (StAH HR 19, 393).

1292 Schreiben Friedrich Vordemberge-Gildewarts an Oberbürgermeister Arthur Menge, 15. April 1932 (StAH HR 19, 393).

1293 Ebda.

1294 Ebda.

1295 Schreiben Oberbürgermeister Arthur Menges an Friedrich Vordemberge-Gildewart, 20. April 1932 (StAH HR 19, 393). Im April 1934 kaufe die Stadt von Friedrich Vordemberge-Gildewart, der zwischenzeitlich auch aus dem Fonds für notleidende Künstler unterstützt worden war (Schreiben des Magistrats an Vordemberge-Gildewart, 13. September 1930 (RM 250), 2. Februar 1933 (RM 150)), zwei abstrakte Zeichnungen, die hier mit dem Vermerk des Magistrats „die eine eine männliche, die andere eine weibliche Figur darstellend" inventarisiert wurden (14. April 1934 (StAH HR 19, 393)).

1296 Käte Steinitz gelangte in der englischen Ausgabe ihrer Biographie über Kurt Schwitters zu folgender prägnanter Definition der Kestner-Gesellschaft: „An art society ... with the purpose of bringing mainly contemporary movements of world art to Hannover without restrictions and limitations from city and council authorities." (Steinitz, Kate T.; Kurt Schwitters. A Portrait from Life, S. 212).

1297 Röhrbein, Waldemar R./Auffarth, Sid/Masuch, Anna/Zankl, Franz-Rudolf; Hannover zwischen den Kriegen, S. 108.

1298 Schmied, Wieland; Wegbereiter zur modernen Kunst, S. 7.

1299 Vgl. Pressemitteilung des Vorstands der Kestner-Gesellschaft: „Die Ausstellungen (der Kestner-Gesellschaft, I.K.) wurden ein wichtiges Anschauungsmaterial für den Kunstunterricht der Schulen und Volkshochschulen. Daher fand die Kestner-Gesellschaft die Anerkennung der Stadt- und Provinzialbehörden, die ihr in dankenswerter Weise Mittel zur Weiterführung dieser Richtung zur Verfügung stellten." Alexander Dorner schrieb im Namen der Kestner-Gesellschaft am 23. November 1928 an den Magistrat: „Die Kestner-Gesellschaft kann aber den Aufgaben eines Volksbildungs-Instituts nur gerecht werden, wenn sie von der Öffentlichkeit weitgehends unterstützt wird" (StAH HR 15, 459). Im Oktober 1930 formulierte Dorner selbstbewußt: „Die Kestner-Gesellschaft erfüllt als Verein Aufgaben, wie sie sonst nur staatliche oder städtische Institutionen übernehmen ... Die Kestner-Gesellschaft leistet zu dem, was sie an kulturellen Veranstaltungen der hannoverschen Bevölkerung zugänglich macht, auch außerordentlich viel für auswärtige Propaganda." (Schreiben Alexander Dorners, Kestner-Gesellschaft, an den Magistrat, 16. Oktober 1930, gleiche Akte). Allerdings entsprach die Stadt mit Blick auf ihre „gespannte Finanzlage" nicht der in diesem Zusammenhang geäußerten Bitte, die Kestner-Gesellschaft mit 5.000 M jährlich zu unterstützen (Schreiben des Magistrats an die Kestner-Gesellschaft, 22. Oktober 1930 (StAH HR 15, 459)).

1300 Vgl. dazu allg. StAH HR 15, 459. Vgl. Stoeber, Michael; Paul Erich Küppers, S. 213. Vgl. das Schreiben des Magistrats an die Kestner-Gesellschaft, 30. April 1928 (NStAH Dep. 100.A.35). Dietzler, Anke; ‚Gleichschaltung', S. 45. Wieland Schmied berichtete, die Stadt habe die Kestner-Gesellschaft ab 1929 finanziell unterstützt (Schmied, Wieland; Kestner-Gesellschaft wird geschlossen, S. 59).

1301 Schreiben des Magistrats an die Kestner-Gesellschaft, 22. Oktober 1930 (NStAH Dep. 100.A.41).

1302 Schreiben des Magistrats an die Kestner-Gesellschaft, 28. Januar 1928 (NStAH Dep. 100.A.34).

1303 Schreiben Arthur Pfahls an die Kestner-Gesellschaft, 8. Oktober 1926 (NStAH Dep. 100.A.49).

1304 Protokoll der Sitzung der Gemeinschaftlichen Sitzung der Städtischen Kollegien, 28. Oktober 1929: Bewilligung von 3.000 M für Instandsetzungsarbeiten (StAH HR 15, 459).

1305 Zusammenfassend zum Schicksal der Kestner-Gesellschaft im Nationalsozialismus: Zorn, Gerda; Widerstand in Hannover, S. 97 f.

1306 Vgl. die Auflistung der Veranstaltungen der Kestner-Gesellschaft in: Schmied, Wieland; Wegbereiter zur modernen Kunst, S. 259 ff. Röhrbein, Waldemar; So wie es war, S. 92. Roh, Franz; ‚Entartete Kunst', S. 123–247. Vgl. auch Grimm, Dagmar/Guenther, Peter/Kort, Pamela; Künstlerbiographien.

1307 Vgl. dazu etwa: Dietzler, Anke; ‚Gleichschaltung', S. 46.

1308 Georg Wagener, geb. 1898 in Paris, Redakteur, ab März 1933 Mitglied des BVK und stellvertretender BVK-Wortführer (StAH, Karteikasten Magistrats- und BVK-Mitglieder).

1309 Schreiben Oberbürgermeister Arthur Menges an den Stellv. Wortführer Wagener, 11. September 11933 (StAH HR 15, 459).

1310 Schreiben Oberbürgermeister Arthur Menges an die Kestner-Gesellschaft, 20. September 1933 (StAH HR 15, 459). Vgl. auch Schreiben Georg Wageners an Arthur Menge, 15. September 1933 (StAH HR 15, 459).

1311 Schreiben Oberbürgermeister Arthur Menges an die Kestner-Gesellschaft, 20. September 1933 (StAH HR 15, 459).

1312 Vgl. auch: Dietzler, Anke; Gleichschaltung des kulturellen Lebens, S. 168.

1313 Bericht über die Schwierigkeiten der Kestner-Gesellschaft im Jahre 1936, Typoskript, nicht datiert, Anlaß des Schreibens und Adressat unbekannt (NStAH Dep. 100.A.51a.).

1314 Schmied, Wieland; Kestner-Gesellschaft wird geschlossen, S. 60.

1315 Ausstellungseröffnung Johann Frerking; Aus deutschen Minnesängern, 22. Februar 1934. Gedenkworte Friedrich Wasmann, 10. Mai 1935. Vgl. Stoeber, Michael; Paul Erich Küppers, S. 123. Schmied, Wieland; Kestner-Gesellschaft wird geschlossen, S. 60.

1316 Helms, Dietrich; Neue Typographie in Hannover, S. 75. Valstar, Arta Jacoba Angela Nora; Die abstrakten hannover, S. 227.

1317 Zugleich veröffentlichte die Kestner-Gesellschaft, neben Werbung für Bauhaus-Tapeten, 1935 folgende Anzeige des Verlagshauses Edler & Krische: „Die Ekaha-Sammelmappe für Familiengeschichte und Ahnenforschung MEINE VORFAHREN vereinigt übersichtlich alles, was für eine geordnete Zusammenstellung nötig ist: Ahnentafeln für den Ehemann und die Ehefrau, Blätter für Personalangaben der einzelnen Vorfahren, Hüllen zur Aufbewahrung der Urkunden." Werbung in: Kestner-Gesellschaft e.V. (Hg.); 145. Ausstellung, Erich Heckel, 3. Oktober – 6. November 1935. Dieser Katalog wurde erstmals in Fraktur gedruckt.

1318 Vgl. dazu exemplarisch die Nachricht in: Kulturring, Nr. 9, September 1933, S. 11.

1319 Protokoll der ordentl. Mitgliederversammlung der Kestner-Gesellschaft, 1. Februar 1934 (StAH HR 15, 459). Dorner trat daraufhin aus der Kestner-Gesellschaft aus; die Gründe hierfür bleiben unklar (Dietzler, Anke; ‚Gleichschaltung', S. 47 u. 95, Anm. 12).

1320 Protokoll der ordentl. Mitgliederversammlung der Kestner-Gesellschaft, 1. Februar 1934 (StAH HR 15, 459).

1321 Kestner-Gesellschaft e.V. (Hg.); Katalog zur 133./134. Ausstellung. Die deutschen Minnesänger in Bildern der Manessischen Handschrift, 1. Februar – 22. März 1934. Carl Grossberg, 15. Februar – 22. März 1934.

1322 Ebda.

1323 Schreiben der Kestner-Gesellschaft an die Vereinigung zur Pflege zeitgenössischer Kunst, 6. März 1934 (StAH HR 15, 459). Vgl. auch Stoeber, Michael; Paul Erich Küppers, S. 123.

1324 Schreiben der Kestner-Gesellschaft, 22. Februar 1934 (NStAH Dep. 100.A.51a). Anke Dietzler betonte die „lange Zwischenzeit" zwischen dem Magistratsbeschluß (15. August 1933), der allen Vereinen in der Stadt, gleich ob von der Stadt gefördert oder nicht, die Abgabe dieser Erklärung abverlangte, und der tatsächlichen Bestätigung der Kestner-Gesellschaft ein halbes Jahr später und wertete dies als „Art Schonung für die Kestner-Gesellschaft" (Dietzler, Anke; ‚Gleichschaltung', S. 95).

1325 Vgl. Schmied, Wieland; Kestner-Gesellschaft wird geschlossen, S. 60.

1326 Schreiben Fritz Beindorffs an die Gauleitung, 14. Juni 1935, in: Schmied, Wieland; Kestner-Gesellschaft wird geschlossen, S. 60.

1327 Schreiben von Ludwig Zacharias an den Oberpräsidenten der Provinz Hannover, 11. November 1935, in: Schmied, Wieland; Kestner-Gesellschaft wird geschlossen, S. 60.

1328 Bier erhielt sein Gehalt für ein weiteres Jahr und zog sich in ein bayerisches Dorf zurück. Im August 1937 wanderte er in die USA aus (Schmied, Wieland; Kestner-Gesellschaft wird geschlossen, S. 60 u. 254). Kurz vor seiner Abreise schrieb er an Beindorff: „Ich habe nur den einen Wunsch, daß die Ideen, für die Sie sich in den Jahren unserer Zusammenarbeit eingesetzt haben, doch eines Tages auch wieder allgemein für richtig erachtet werden. Ich denke an die Jahre, die ich mit Ihnen zusammenarbeiten konnte, als die beste Zeit in Hannover zurück, trotzdem die äußeren Umstände so wenig günstig waren." Bier schloß sein Schreiben vom 21. August 1937 mit der Ankündigung, „nächsten Sommer bin ich wieder hier" (Schreiben Justus Biers an Fritz Beindorff, 21. August 1937 (zitiert nach: Schmied, Wieland; Kestner-Gesellschaft wird geschlossen, S. 63)).

1329 Schreiben des Präsidenten der Reichskammer an die Kestner-Gesellschaft, 18. Juli 1936 (NStAH Dep. 100.A.51a).

1330 Ebda.

1331 Schreiben Fritz Beindorffs an den Präsidenten der Reichskammer, 12. August 1936 (NStAH Dep. 100.A.51a).

1332 Vgl. Schmied, Wieland; Kestner-Gesellschaft wird geschlossen, S. 62. Stoeber, Michael; Paul Erich Küppers, S. 213.

1333 Schmied, Wieland; Kestner-Gesellschaft wird geschlossen, S. 62.

1334 Bereits vor der Schließung der letzten, der 154. Ausstellung, am 8. September 1936, hatten sich Vorstand und Beirat auf eine neue Satzung geeinigt, die die Umwandlung der Kestner-Gesellschaft in einen Museumsverein vorsah und diesen damit dem Zuständigkeitsbereich der Reichskammer entzog. Trotz mehrerer Versuche, sie – zumeist aufgrund nichtiger Anlässe – aufzulösen, überstand die Kestner-Gesellschaft gleichsam im „schützende(n) Winterschlaf" (Steinitz, Käte; Kestner-Gesellschaft, S. 51) die Zeit bis zum Ende des Nationalsozialismus (Schmied, Wieland; Kestner-Gesellschaft wird geschlossen, S. 62. Stoeber, Michael; Paul Erich Küppers, S. 213. Dietzler, Anke; ‚Gleichschaltung', S. 48. Mlynek, Klaus; Hannover in der Weimarer Republik und unter dem Nationalsozialismus, S. 529).

1335 Schreiben Richard Seiffert-Wattenbergs an den Vorstand der Kestner-Gesellschaft, 19. Dezember 1916 (NStAH Dep. 100 A. 1). Bereits einen Tag später stimmte die Kestner-Gesellschaft den Plänen der Künstlergruppe zu.

1336 Vgl. dazu die Ausstellungskataloge des Kunstvereins, die für die zwanziger Jahre etwa Gustav Noske (Ehrenvorsitzender), Landeshauptmann von Campe (2. Vorsitzender), Direktor Leonhard Körting (3. Vorsitzender) und die Senatoren Wilhelm Weber und Christian Schrader nannten.

1337 Küppers, P. E.; Die Ausstellung Hannoverscher Künstler in der Kestner-Gesellschaft, in: Der Cicerone, 9. Jhg., H. 15/16, August 1917, S. 289 f.

1338 Vgl. dazu Schumann, Werner; Burger-Mühlfeld, S. 29. Lange, Rudolf; Bernhard Dörries, S. 10. Rasche, Friedrich; Richard Seiffert-Wattenberg, S. 17. Mlynek, Klaus; Hannover in der Weimarer Republik und unter dem Nationalsozialismus, S. 390. Schmalenbach, Werner; Kurt Schwitters, S. 25. Zankl, Franz Rudolf; Ära Tramm, S. 110.

1339 Schumann, Werner; Burger-Mühlfeld, S. 10 f., 28. Zerull, Ludwig; Hannoversche Maler der Neuen Sachlichkeit, S. 12 f. O.A.; Burger-Mühlfeld in seinem Atelier, Hann. Allg. Zeitung, 17. Mai 1969. Schumann, Werner; Souverän verwandelte Wirklichkeit. Burger-Mühlfeld in der Herbstausstellung des Kunstvereins, Hann. Allg. Zeitung, 12. September 1967. Bode, Ursula; Überraschungen aus einem Nachlaß. Gedenkausstellung Burger-Mühlfeld in der bbk-Galerie, Hann. Allg. Zeitung, 13. November 1972.

1340 Helms, Dietrich; Vordemberge-Gildewart, S. 10 f. Vordemberge-Gildewart, Friedrich; Fragment einer Autobiographie, in: Helms, Dietrich; Friedrich Vordemberge-Gildewart. Schriften und Vorträge, S. 25. Valstar-Verhoff, Arta; Architecture and Interiors, S. 44. Valstar, Arta Jacoba Angela Nora; Die abstrakten hannover, S. 67. Küppers-Lissitzky, Sophie; Die ersten Jahre, S. 16. Catalogus Professorum 1831–1981, Bd. 1, S. 308.

1341 Beitritt zum 26. Februar 1917 (NStAH Dep. 100 A. 2).

1342 Küppers-Lissitzky, Sophie; Die ersten Jahre, S. 16. Schmied, Wieland; Kestner-Gesellschaft wird geschlossen, S. 236.

1343 Vgl. etwa: Bie, Oskar; Moderner Fabrikbau, S. 15 f. Dresslers Kunsthandbuch, Bd. 2, 1930, S. 410. Seit Juli 1931 wurde Herting, der wegen einer Operation nicht mehr arbeiten konnte, von der Stadt Hannover finanziell unterstützt (StAH HR 19, 326).

1344 Spengemann, Christof; Vier Generationen. Leopold, Wilhelm, Christof, Walter. Die Historie der Familie Spengemann, Hannover 1936 (SAH 2120).

1345 Lebenslauf Wilhelm Plünneckes, Anhang an das Schreiben vom 10. Mai 1919 an Christof Spengemann (SAH, nicht verzeichneter Nachlaß Christof Spengemanns).

1346 Schreiben der Kestner-Gesellschaft an das I. Ersatz-Bataillon, Inf. Regiment 181, Chemnitz, 30. April 1917 (NStAH Dep. 100 A. 3), Antwort: 4. Mai 1917 (NStAH Dep. 100 A. 4). Mithin war es Albert Brinckmann gelungen, mit Paul Erich Küppers und Wilhelm Plünnecke die zu dieser Zeit wichtigsten Männer der Kestner-Gesellschaft vom Militärdienst zu befreien. Auch der Hausmeister der Kestner-Gesellschaft wurde auf Antrag von Paul Erich Küppers freigestellt (Schreiben der Kestner-Gesellschaft an den Einberufungs-Ausschuß I, 12, Juli 1917, Antwort: 19. Juli 1917 (NStAH Dep. 100 A. 4)).

1347 Vgl. das Schreiben Plünneckes an Christof Spengemann, 10. Mai 1919 (SAH, nicht verzeichneter Nachlaß Christof Spengemanns).

1348 Spengemann, Christof; Bildende Kunst, S. 14.

1349 Kestner-Gesellschaft e.V. (Hg.); Katalog zur 41. Ausstellung. Hannoversche Sezession, 4. Ausstellung, März/April 1921.

1350 Ebda.

1351 Vgl. dazu exemplarisch das Schreiben der Kestner-Gesellschaft an die Hannoversche Sezession, 23. März 1918 (NStAH Dep. 100 A. 5). Danach trug die Gesellschaft mehr als 50% der Kosten der gerade beendeten Ausstellung, darunter die gesamten Kosten der Katalogherstellung. Vgl. dazu: Schmalenbach, Werner; Kurt Schwitters, S. 25. Röhrbein, Waldemar R.; So wie es war, S. 92. Zerull, Ludwig; 1916, S. 98. Spengemann, Christof; Bildende Kunst; S. 10, 14 f.

1352 Schumann, Werner; Burger-Mühlfeld, S. 29.

1353 Plünnecke, Wilhelm; Vorwort, in: Kestner-Gesellschaft e.V. (Hg.); Katalog zur 7. Ausstellung. Hannoversche Künstler, 20. Mai – 15. Juni 1917. Vgl. dazu auch das in einem ähnlichen Stil verfaßte GEBET, das im Juli 1918 im HOHEN UFER erschien (Plünnecke, Wilhelm; Gebet, in: Das Hohe Ufer, 1. Jhg., H. 7, Juli 1918, S. 181).

1354 Das könnte als direkte Kritik an der hannoverschen Ortsgruppe der Allgemeinen Deutschen Kunstgenossenschaft zu verstehen sein, in deren Idealvorstellung die Malerei ein in zunftähnlichen Organisationen erlernbares Handwerk war.

1355 Plünnecke, Wilhelm; Vorwort, in: Kestner-Gesellschaft e.V. (Hg.); Katalog zur 14. Ausstellung. Hannoversche Sezession, 1. Ausstellung, 10. Februar -10. März 1918.

1356 Ebda.

1357 Ebda.

1358 Grabenhorst, Georg; Ernst Thoms, S. 11.

1359 Christof Spengemann urteilte: „Der Name ‚Sezession' bezeichnet hier keine bestimmte Richtung. Die Gründung war eine Abtrennung von dem, was Unerträglichkeiten schuf; war dessen selbstverständliche Folgeerscheinung." (Spengemann, Christof; Bildende Kunst, S. 14).

1360 Lange, Rudolf; Carl Buchheister, S. 11. Vgl. auch Seiler, Harald; Grethe Jürgens, S. 9. Müller-Piper, Renate; Grethe Jürgens, S. 195. Schmalenbach, Werner; Kurt Schwitters, S. 25. Nobis, Norbert; Otto Gleichmann und Hannover, S. 10. Paul Erich Küppers schrieb in seiner Rezension zur ersten Ausstellung der Hannoverschen Sezession in der Kestner-Gesellschaft: „So kam es ..., daß die fortschrittlichen Elemente der Hannoverschen Künstlerschaft sich gegenseitig fanden, um ihrem Wollen und Wirken durch Zusammenschluß mehr als bisher Beachtung zu erzwingen. Die Hannoversche Sezession wurde gegründet – reichlich spät in der Tat, aber doch noch früh genug, um mitzuhelfen, auch in Hannover dem neuen Geist die Tore zu öffnen." (Küppers, P.E.; Erste Ausstellung der Hannoverschen Sezession in der Kestner-Gesellschaft Hannover, in: Der Cicerone, 10. Jhg., H. 5/6, März 1918, S. 83f).

1361 Plünnecke, Wilhelm; Vorwort, in: Kestner-Gesellschaft e.V. (Hg.); Katalog zur 14. Ausstellung,. Hannoversche Sezession, 1. Ausstellung, 10. Februar – 10. März 1918.

1362 Kestner-Gesellschaft e.V. (Hg.); Ausstellungsblatt zur 105. Ausstellung. Hannoversche Sezession, April – Mai 1930.

1363 Ebda.

1364 Georg Grabenhorst schrieb rückblickend: „(D)er eine suchte seinen Weg als Realist, der andere als empfindsamer Kolorist, der dritte in einem spirituellen Neoimpressionismus, den vierten drängte eine sprudelnde Phantasie fort vom sinngebenden Gegenstand zum freien Spiel linearer und malerischer Elemente und der fünfte, zurückkehrend gewissermaßen zu den Müttern, forderte sich selbst wiederum die strenge, kühle Meisterschaft der Alten ab." (Grabenhorst, Georg; Ernst Thoms, S. 12).

1365 O.A.; Zur Sezessionsausstellung, Hann. Kurier, 15. Mai 1930.

1366 Ebda.

1367 Brinko; Hannoversche Sezession. Ausstellung in der Kestner-Gesellschaft, Volkswille, 24. April 1930.

1368 Frerking, Johann; Vorwort, in: Kestner-Gesellschaft e.V. (Hg.); Katalog zur 81. Ausstellung. Hannoversche Künstler, Oktober 1926.

1369 Ebda.

1370 Kaiser, Hans; Ausstellung der Sezession, in: Das Hohe Ufer, 1. Jhg., H. 3, März 1919, S. 82.

1371 Spengemann, Christof; Hannoversche Sezession, in: Der Cicerone, 9. Jhg., H. 5/6, März 1919.

1372 Spengemann, Christof; Bildende Kunst, S. 10.

1373 Spengemann, Christof; Hannoversche Sezession, in: Der Cicerone, 9. Jhg., H. 5/6, März 1919.

1374 Ebda.

1375 Spengemann, Christof; Bildende Kunst, S. 14.

1376 Schreiben Wilhelm Plünneckes an Christof Spengemann, 10. Mai 1919 (SAH, nicht verzeichneter Nachlaß Christof Spengemanns).

1377 Plünnecke, Wilhelm; Vorwort, in: Kestner-Gesellschaft e.V. (Hg.); Katalog zur 7. Ausstellung. Hannoversche Künstler, 20. Mai – 15. Juni 1917.

1378 Schreiben Wilhelm Plünneckes an Christof Spengemann, 10. Mai 1919 (SAH, nicht verzeichneter Nachlaß Christof Spengemanns). In DIE BILDENDE KUNST IM NEUEN HANNOVER (Bildende Kunst, S. 14) schrieb Spengemann: „Die in ihr (der Hannoverschen Sezession, I.K.) vereinigten Künstler erschienen der Stadt und weiten Kreisen des Publikums durch ihren Willen zur Freiheit wie durch ihr Schaffen als Revolutionäre. Wir wissen, daß sie es als Schaffende größtenteils nicht sind."

1379 Spengemann, Christof; Vier Generationen. Leopold, Wilhelm, Christof, Walter. Die Historie der Familie Spengemann, Hannover 1936 (SAH 2120).

1380 Schreiben Paul von Erich Küppers, Oberstdorf, an Christof Spengemann, 8. Februar 1919 (SAH 849). Das Schreiben Küppers' ist besonders wegen seiner Ausführungen über die künstlerischen Fähigkeiten von Kurt Schwitters interessant.

1381 Schreiben von Paul Erich Küppers, Oberstdorf, an Christof Spengemann, 8. Februar 1919 (SAH 849).

1382 Ebda.

1383 Im Manuskript nicht eindeutig als ‚Malmeister' identifizierbar.

1384 Schreiben Paul Erich Küppers', Oberstdorf, an Christof Spengemann, 8. Februar 1919 (SAH 849).

1385 Ebda.

1386 Spengemann, Christof; Hannoversche Sezession, in: Der Cicerone, 9. Jhg., H. 5/6, März 1919.

1387 Ebda.

1388 Dörries, Bernhard; Mittelalter, Acht Steinzeichnungen, Hannover 1919.

1389 W-ch; Bernhard Dörries. Mittelalter. Acht Steinzeichnungen, Verlag Paul Steegemann, in: Der Zweemann, 1. Jhg., H. 1, November 1919, S. 23.

1390 Vgl. zur Biographie von Bernhard Dörries: Kunstverein Hannover; Bernhard Dörries, S. 10f. Leppien, Helmut R.; Der erste und der zweite Teil, S. 13–41. Neubauer, Egon; Mit dem Auge denken, S. 44–51. Lange, Rudolf; Bernhard Dörries, S. 10. Kunstverein Hannover; Zwanziger Jahre, S. 46. Albrecht, Katharina; Berhard Dörries wird 60. Ein Leben im Dienst der Kunst, Hann. Allg. Zeitung, 24. Mai 1958. Lange, Rudolf; Die Poesie der unscheinbaren Dinge. Zum Tode von Bernhard Dörries. Der Kleefelder Pastorensohn blieb Hannover immer verbunden, Hann. Allg. Zeitung, 19. Juli 1978. Maaß, Walter; Zwischen Maske und Magie. Bernhard Dörries im Hannoverschen Kunstverein, Neue Hann. Presse, 24. Juni 1981. Sobe, Christa; Malerei als Abenteuer. Besuch bei Prof. Dörries, Hann. Allg. Zeitung, 5./6. August 1972. Winter, Josef (Peter); Bernhard Dörries in Hannover. Ei und Wasserglas als Nabel der bildnerischen Welt, Frankfurter Allg. Zeitung, 10. August 1981. Lange, Rudolf; Späte und überfällige Ehrung. Bernhard-Dörries-Ausstellung im Kunstverein, Hann. Allg. Zeitung, 26. Juli 1981.

[1391] Gesprächsprotokoll Helmut Dörries (4. Februar 1993). Auf die Person von Pastor Dörries, dem Vater des Malers, kann hier nicht weiter eingegangen werden. Hingewiesen sei allerdings auf die Tätigkeit des Geistlichen als Mitarbeiter der LEIBNIZ-FELDPOST der Fa. Bahlsen. Dörries verfaßte hier eine größere Anzahl außerordentlich kriegsbejahender Artikel. Vgl. auch Schneider, Gerhard; ‚Nicht umsonst gefallen?', S. 115.

[1392] Lange, Rudolf; Bernhard Dörries, S. 6.

[1393] Ebda.

[1394] Gesprächsprotokoll Helmut Dörries, 4. Februar 1993. Gesprächsprotokoll Inge Höher-Dörries, 16. Januar 1993. Lange, Rudolf; Bernhard Dörries, S. 8. Sobe, Christa; Malerei als Abenteuer. Besuch bei Prof. Dörries, Hann. Allg. Zeitung, 5./6. August 1972. Stempel, Karin; Ernst Thoms, S. 10.

[1395] Vgl. dazu Leppien, Helmut R.; Der erste und der zweite Teil, S. 10.

[1396] Vgl. dazu auch das Schreiben von Kurt Schwitters an Christof Spengemann, 12. Juni 1918, in: Nündel, Ernst; Kurt Schwitters. Briefe, S. 20.

[1397] Lange, Rudolf; Bernhard Dörries, S. 8.

[1398] Schreiben von Bernhard Dörries an Jochen Meyer, 29. Mai 1973, zitiert nach: Meyer, Jochen; Paul Steegemann Verlag (1994), S. 166.

[1399] Gesprächsprotokoll Inge Höher-Dörries, 16. Januar 1993.

[1400] Lange, Rudolf; Bernhard Dörries, S. 8. Vgl. auch Leppien, Helmut R.; Der erste und der zweite Teil, S. 13. Albrecht, Katharina; Bernhard Dörries wird 60. Ein Leben im Dienst der Kunst, Hann. Allg. Zeitung, 24. Mai 1958. Winter, Josef (Peter); Bernhard Dörries in Hannover. Ei und Wasserglas als Nabel der bildnerischen Welt, Frankfurter Allg. Zeitung, 10. August 1981.

[1401] Gesprächsprotokoll Helmut Dörries, 4. Februar 1993. Gesprächsprotokoll Inge Höher-Dörries, 16. Januar 1993.

[1402] Lange, Rudolf; Bernhard Dörries, S. 8. Käte Steinitz erinnerte sich an Dörries als „typische(n) Norddeutsche(n) ... mit seiner etwas krampfhaften Anstrengung, bei aller Modernität altmeisterlich zu sein" (Steinitz, Käte; Kestner-Gesellschaft, S. 30).

[1403] Leppien, Helmut R.; Der erste und der zweite Teil, S. 14. Helmut Leppien sprach in diesem Zusammenhang von der „gläserne(n) Starre" der Arbeiten Bernhard Dörries' (ebda.).

[1404] Vgl. dazu Neubauer, Egon; Mit dem Auge denken, S. 45 ff. Lange, Rudolf; Bernhard Dörries, S. 38. Stempel, Karin; Ernst Thoms, S. 19. Leppien, Helmut; Neue Sachlichkeit, S. 6. Albrecht, Katharina; Bernhard Dörries wird 60. Ein Leben im Dienst der Kunst, Hann. Allg. Zeitung, 24. Mai 1958. ub; Der Maler der Dinge. Heute wird Bernhard Dörries 80 Jahre alt, Hann. Allg. Zeitung, 26. Mai 1978. Lange, Rudolf; Die Poesie der unscheinbaren Dinge. Zum Tode von Bernhard Dörries. Der Kleefelder Pastorensohn blieb Hannover immer verbunden, Hann. Allg. Zeitung, 19. Juli 1978. Teschemacher, A.F.; Tradition und Technik. Nieders. Künstler der Gegenwart, Hann. Allg. Zeitung, 3. März 1983. Winter, Josef (Peter); Bernhard Dörries in Hannover. Ei und Wasserglas als Nabel der bildnerischen Welt, Frankfurter Allg. Zeitung, 10. August 1981. Lange, Rudolf; Viel gelernt und viel dazugelernt. Eine Ausstellung von Dörries-Schülern im Kunstverein, Hann. Allg. Zeitung, 21. August 1981.

[1405] Kunstverein Hannover; Bernhard Dörries, S. 10. Lange, Rudolf; Bernhard Dörries, S. 8. Vgl. Schreiben der Kestner-Gesellschaft an Bernhard Dörries, 2. Februar 1928 (NStAH Dep. 100.A.34). Schreiben der Kestner-Gesellschaft an Bernhard Dörries, 29. Oktober 1931 (NStAH Dep. 100.A.51).

[1406] Dies war etwas, was in dieser Zeit häufiger praktiziert wurde. Zeitgleich mit Dörries etwa wurde der Dramatiker Franz Dülberg gebeten, sein Urteil über die Ausstellung der Hannoverschen Sezession abzugeben (Dülberg, Franz; 3. Ausstellung der Sezession, in: Das Hohe Ufer, 2. Jhg., H. 3/4, 1920, S. 53). Dülberg kam dem offenbar gern nach, allerdings mischten sich recht kritische Töne in seine Rezension, was eine umgehende Zurechtweisung nach sich zog (Kaiser, Hans; Entgegnung auf Franz Dülbergs Kommentar, in: Das Hohe Ufer, 2. Jhg., 1920, H. 3/4, S. 58).

[1407] Dörries, Bernhard; Vorwort, in: Kestner-Gesellschaft e.V. (Hg.); Katalog zur 3. Ausstellung. Hannoversche Sezession, 8. Februar – 8. März 1920. Abgedruckt auch in: Kunstverein Hannover; Bernhard Dörries, S. 41–44. Kunstverein Hannover; Zwanziger Jahre, S. 43. Lange, Rudolf; Bernhard Dörries, S. 8 f. Stempel, Karin; Ernst Thoms, S. 10. Kunstverein Hannover; Neue Sachlichkeit, S. 47.

[1408] Dörries, Bernhard; Vorwort, in: Kestner-Gesellschaft e.V. (Hg.); Katalog zur 3. Ausstellung. Hannoversche Sezession, 8. Februar – 8. März 1920.

[1409] Ebda.

[1410] Ebda.

[1411] Lange, Rudolf; Bernhard Dörries, S. 9.

[1412] Helmut Leppien urteilte, wenn Erich Wegners Arbeiten aufgrund seiner gesellschaftlichen Herkunft proletarisch geprägt seien, so seien jene von Bernhard Dörries vom „gebildeten deutschen Bürgertum" charakterisiert (Leppien, Helmut R.; Der erste und der zweite Teil, S. 14). Vgl. Lange, Rudolf; Bernhard Dörries, S. 9.

[1413] Schwitters versagte dem Jüngeren nach Auskunft von Helmut Dörries seine Freundschaft bereits kurz nach der Veröffentlichung des Vorworts (Gesprächsprotokoll Helmut Dörries, 4. Februar 1993). Gesprächsprotokoll Inge Höher-Dörries, 16. Januar 1993. Sobe, Christa; Malerei als Abenteuer. Besuch bei Prof. Dörries, Hann. Allg. Zeitung, 5./6. August 1972. Lange, Rudolf; Bernhard Dörries, S. 8.

[1414] Maaß, Walter; Zwischen Maske und Magie. Bernhard Dörries im Hannoverschen Kunstverein, Neue Hann. Presse, 24. Juni 1981.

[1415] Ebda.

[1416] Gesprächsprotokoll Inge Höher-Dörries, 16. Januar 1993. Neubauer, Egon; Mit dem Auge denken, S. 44. Lange, Rudolf; Bernhard Dörries, S. 9 f. Albrecht, Katharina; Bernhard Dörries wird 60. Ein Leben im Dienst der Kunst, Hann. Allg. Zeitung, 24. Mai 1958. ub; Der Maler der

Dinge. Heute wird Bernhard Dörries 80 Jahre alt, Hann. Allg. Zeitung, 26. Mai 1978. Lange, Rudolf; Die Poesie der unscheinbaren Dinge. Zum Tode von Bernhard Dörries. Der Kleefelder Pastorensohn blieb Hannover immer verbunden, Hann. Allg. Zeitung, 19. Juli 1978. Dörries malte offenbar nie ohne Modell. Noch in den siebziger Jahren faßte er sein Befremden über jene Kunst, die er für zu stark gedanklich belastet hielt, in die Worte: „Ein großer Teil der jungen Leute, die sich heute Künstler nennen, sind keine Künstler, sondern Theoretiker-Soziologen oder so etwas Ähnliches." (Zitiert nach: Sobe, Christa; Malerei als Abenteuer. Besuch bei Prof. Dörries, Hann. Allg. Zeitung, 5./6. August 1972). Vgl. auch: Dörries, Bernhard; Meine Gegenstände, meine Bilder, S. 57–65.

[1417] ub; Der Maler der Dinge. Heute wird Bernhard Dörries 80 Jahre alt, Hann. Allg. Zeitung, 26. Mai 1978.

[1418] Lange, Rudolf; Bernhard Dörries, S. 9.

[1419] Nach der Veröffentlichung des Vorwortes für die dritte Ausstellung der Hannoverschen Sezession in der Kestner-Gesellschaft war es für Spengemann mit der Sympathie für Dörries vorbei, ja nun erschienen dem Kritiker die Bilder des Malers „im trüben Licht", und er zweifelte an dessen „vorwiegender Begabung für die Kunst" (Spengemann, Christof; 3. Ausstellung der Hannoverschen Sezession, in: Der Zweemann, 1. Jhg., H. 5, März 1920, S. 17f).

[1420] Schreiben Otto Gleichmanns an Christof Spengemann, 14. Februar 1920 (SAH 853).

[1421] Schreiben Otto Gleichmanns an Christof Spengemann, 21. Februar 1920 (SAH, nicht verzeichneter Nachlaß Christof Spengemanns).

[1422] Max Burchartz/Otto Gleichmann/Lotte Gleichmann-Giese/Oto Hohlt/Kurt Schwitters; Erklärung, in: Der Zweemann, 1. Jhg., H. 6, April 1920, S. 8.

[1423] Ebda.

[1424] Ebda.

[1425] Neuenhausen, Siegfried, in: Kunstverein Hannover; Zwanziger Jahre, S. 40.

[1426] Angaben zu Hohlts Biographie finden sich in: Kunstverein Hannover; Zwanziger Jahre, S. 46 u. 59. Sie widersprechen teilweise anderen Hinweisen, etwa in: S., G.E.; Er blieb mit Hannover verbunden. Zum Tode des Bildhauers Otto Hohlt, Hann. Rundschau, 15. Februar 1930. Vgl. auch: W., P.; Die Hannoversche Sezession, Berliner Börsenzeitung, 3. Juni 1960. Nach dem Ersten Weltkrieg heiratete Hohlt Mathilde Drechsler, Vorstandsmitglied in mehreren Frauenorganisationen der Stadt und Angehörige der Deutschen Volkspartei. 1923 zog das Paar nach Niederbayern. Hier wohnte Otto Hohlt bis zu seinem Tod im Februar 1960. Nach 1933 galten seine Werke als ‚entartet' (Kunstverein Hannover; Konfiszierte Werke). Lohr, Stephan; Notizen zu den Jahren 1933–1945, S. 110. Vgl. zu Mathilde Drechsler-Hohlt: Drechsler-Hohlt, Mathilde; Vom Wesen und ‚Beruf' der Frau, in: Gedok-Jahrbuch 2, Hannover 1929, S. 26ff. Vgl. Reagin, Nancy; Bürgerliche Frauenbewegung bis 1933, S. 141.

[1427] Schreiben der Kestner-Gesellschaft an den Konsul der Dominikanischen Republik Friedrich Hohlt, 13. Juli 1917 (NStAh Dep. 100 A. 3). Friedrich Hohlt war Gründungsmitglied der Kestner-Gesellschaft.

[1428] Otto Hohlt schuf Illustrationen zu: Carl Hauptmann; Der schwingende Felsen von Tandil. Legende, Hannover 1919 (Die Silbergäule, 23/24). Carl Hauptmann; Lesseps Legendarisches Porträt, Hannover 1919 (Die Silbergäule, 20). Als eigenständige Veröffentlichung erschien: Hohlt, Otto; Peer Gynt, Hannover o.J.

[1429] Vgl. zur Biographie von Max Burchartz: Steinitz, Kate T.; Kurt Schwitters. A Portrait from Life, S. 207. Kunstverein Hannover; Zwanziger Jahre, S. 46. O.A.; Max Burchartz, in: Das Hohe Ufer, 1. Jhg., H. 8, August 1919, S. 234f. Gesprächsprotokoll Gunda-Anna Gleichmann-Kingeling, 15. Oktober 1992, 8. November 1992, 14. Januar 1993, 19. Februar 1993.

[1430] Küppers-Lissitzky, Sophie; Die ersten Jahre, S. 18.

[1431] Schreiben von Max Burchartz an Otto Gleichmann, 6. Februar 1919: „Ich muß Ihnen sagen, daß mir Ihre Zeichnungen ganz großen Eindruck gemacht haben ... (N)icht ohne Beschämung zeige ich Ihnen meine Anfänge." Schreiben von Max Burchartz an Otto Gleichmann, 22. April 1919: „Ich hege die zuversichtliche Hoffnung, daß unsere Bekanntschaft nicht eine Episode werde, sondern zu einer Freundschaft sich ausbaue, daß wir uns alle gegenseitig noch etwas sein können." (Beide Briefe befinden sich im Besitz Gunda-Anna Gleichmann-Kingelings, Hannover).

[1432] Vgl. dazu die Rezension von Paul Bommersheim; Kunstbetrachtung. Kritik. Glossen. Hannöversches. Max Burchartz, in: Der Zweemann, 1. Jhg., H. 9. November 1920, S. 39.

[1433] Vgl. Schmalenbach, Werner; Kurt Schwitters, S. 24. Valstar, Arta Jacoba Angela Nora; Die abstrakten hannover, S. 182, 204. Kunstverein Hannover; Zwanziger Jahre, S. 46. Lottner, Perdita; Neue Typographie, S. 12. Vgl. allg. den Katalog Sprengel Museum Hannover; ‚Typographie kann unter Umständen Kunst sein'.

[1434] Küppers-Lissitzky, Sophie; Die ersten Jahre, S. 18.

[1435] Gesprächsprotokoll Gunda-Anna Gleichmann-Kingeling (8. November 1992).

[1436] Die Formulierung wurde anläßlich einer Gegenüberstellung der beiden Flügel der Hannoverschen Sezession gefunden (Siegfried Neuenhausen, in: Kunstverein Hannover; Zwanziger Jahre, S. 40). Adjektive wie „süchtig" und „heftig" mögen für die Kunst Burchartz' in jener Zeit zutreffen. Otto Gleichmanns Kunst zeichneten andere Wesensmerkmale aus. Dennoch soll hier aus Gründen der Gegenüberstellung dieser beiden Flügel mit diesen Begriffen gearbeitet werden.

[1437] Lufft, Peter; Gästebuch Otto Ralfs, S. 33. Käte Steinitz hielt den guten Bekannten Otto Gleichmann für „eine Hauptfigur der Hannoverschen Sezession und der hannoverschen Künstlerschaft überhaupt" (Steinitz, Käte; Kestner-Gesellschaft, S. 37).

[1438] Vgl. zur Biographie: Lange, Rudolf; Otto Gleichmann, Hannover 1963, S. 8, 31. Nobis, Norbert; Otto Gleichmann und Hannover, S. 10f. Kestner-Museum Hannover; Otto Gleichmann. Stuttmann, Ferdinand; Einführung, in: Kunstverein Hannover; Otto Gleichmann, S. 5–12. Frerking, Johann; Otto Gleichmann zum Siebzigsten, Hann. Allg. Zeitung. 20. August 1957. Wolfhagen, Ernst; Malerei zwischen den Welten. Das Werk Otto Gleichmanns. Ausstellung in Braunschweig, Hann. Allg. Zeitung, 26. August 1955. Lange, Rudolf; Geträumtes Leben ... gelebter Traum. Dem Maler Otto Gleichmann zum 70. Geburtstag, Hann. Allg. Zeitung, 16./17. August 1957. Barth, Siegfried; Stimmungen aufgespürt und zu Klängen gemischt. Otto Gleichmann: Ein Stück hannoverscher Kunstgeschichte, Neue Presse, 9. April 1987. Lettau, Annette; Jeder ist mit sich selbst allein. Otto Gleichmann im Sprengel Museum, Hann. Allg. Zeitung, 7. April 1987. Winter,

Peter; Ausstellung Otto Gleichmann. Die fahle Farbe der Todessehnsucht, Frankfurter Allg. Zeitung, 30. Dezember 1978.

1439 Zu Lotte Gleichmann vgl. Kunstverein Hannover; Zwanziger Jahre, S. 46. Lange, Rudolf; Die Dinge im Zusammenhang sehen. Zum 80. Geburtstag der Malerin Lotte Gleichmann-Giese, Hann. Allg. Zeitung, 20. März 1970. O.A.; Niedersächsische Künstler. Der Maler Otto Gleichmann. Ein Rundgang durch Ateliers und Werkstätten, Hann. Rundschau, 16. August 1954. Lange, Rudolf; Die zwanziger Jahre auf dem blauen Sofa. Lotte Gleichmann-Giese wird heute 85, Hann. Allg. Zeitung, 20. März 1975. Flor, Claude; Auch die Enkelin hütet Otto Gleichmanns Nachlaß, Neue Hann. Presse, 12. Oktober 1973. Schroeder, Hiltrud; Sophie & Co, S. 236.

1440 Lange, Rudolf; Die zwanziger Jahre auf dem blauen Sofa. Lotte Gleichmann-Giese wird heute 85, Hann. Allg. Zeitung, 20. März 1975. Gesprächsprotokoll Gunda-Anna Gleichmann-Kingeling, 8. November 1992.

1441 Ebda. Nobis, Norbert; Otto Gleichmann und Hannover, S. 10.

1442 Lange, Rudolf; Otto Gleichmann, S. 8. O.A.; Niedersächsische Künstler. Der Maler Otto Gleichmann. Ein Rundgang durch Ateliers und Werkstätten, Hann. Rundschau, 16. August 1954. Nobis, Norbert; Otto Gleichmann und Hannover, S. 10. Gesprächsprotokoll Gunda-Anna Gleichmann-Kingeling, 8. November 1992.

1443 Beide Mappen erschienen 1921 im Verlag Alfred Flechtheim in Düsseldorf. Flechtheim wollte Gleichmann schon 1914 eine Ausstellung ausrichten. Der Plan scheiterte jedoch, weil der Weltkrieg ausbrach (Lange, Rudolf; Otto Gleichmann, S. 8 u. 12. Lufft, Peter; Otto Gleichmann. Leben und Werk, o.S. Lange, Rudolf; Der Zeichner Otto Gleichmann, S. 27).

1444 O.A.; Das Kestner-Museum, Hann. Anzeiger, 13. Mai 1917. Pabst, Ingeborg; Themenwelt der Zeichnungen, S. 75. Lange, Rudolf; Der Zeichner Otto Gleichmann, S. 27.

1445 Ingeborg Pabst urteilte 1987: „Anders als manche seiner Zeitgenossen verzichtet Otto Gleichmann auf eine mit spitzer Feder vorgetragene Kritik an den politischen Zuständen dieser Zeit. Seine Bilder haben zwar das erfahrene Inferno zur Grundlage, doch sind sie nicht einfach ein naturalistisches Abbild der Realität, sondern gleichen mehr einer Quintessenz." (Pabst, Ingeborg; Themenwelt der Zeichnungen, S. 74, vgl. auch S. 87).

1446 Lange, Rudolf; Otto Gleichmann, S. 8.

1447 O.A.; Niedersächsische Künstler. Otto Gleichmann. Ein Rundgang durch Ateliers und Werkstätten, Hann. Rundschau, 16. August 1954.

1448 Winter, Peter; Otto Gleichmann in Hannover. Die fahle Farbe der Todessehnsucht, Frankfurter Allg. Zeitung, 30. Dezember 1978.

1449 Lange, Rudolf; Otto Gleichmann, S. 15. Vgl. auch Stuttmann, Ferdinand; Einführung, in: Kunstverein Hannover; Otto Gleichmann, S. 5 ff. O.A.; Niedersächsische Künstler. Der Maler Otto Gleichmann. Ein Rundgang durch Ateliers und Werkstätten, Hann. Rundschau, 16. August 1954. Lufft, Peter; Otto Gleichmann. Leben und Werk.

1450 Steinitz, Käte; Kestner-Gesellschaft, S. 37.

1451 Zitiert nach: Steinitz, Käte; Kestner-Gesellschaft, S. 39.

1452 Stuttmann, Ferdinand; Einführung, in: Kunstverein Hannover; Otto Gleichmann, S. 9 f. u. 12. Lange, Rudolf; Otto Gleichmann, S. 15 f.

1453 So Ferdinand Stuttmann in seiner Eröffnungsrede zur Otto Gleichmann-Ausstellung in der Kestner-Gesellschaft, 1. Juni 1932, Typoskript (NL Stuttmann, Mappe Vorträge).

1454 Zitiert nach: Stuttmann, Ferdinand; Einführung, in: Kunstverein Hannover; Otto Gleichmann, S. 12.

1455 Lange, Rudolf; Otto Gleichmann, S. 15. Vgl. Gesprächsprotokoll Gunda-Anna Gleichmann-Kingeling, 15. Oktober 1992.

1456 Vgl. Stuttmann, Ferdinand; Einführung, in: Kunstverein Hannover; Otto Gleichmann, S. 8 f. Büchner, Joachim; Zum Geleit, in: Sprengel Museum Hannover; Otto Gleichmann, S. 7 f. Joachim Büchner bezeichnete Gleichmann als „Maler und … Deuter einer Gesellschaft, für die sich die vermeintliche Gewißheit, Festigkeit, Sicherheit einer zurückliegenden Kunstepoche gegen jene schwebende Instabilität eingetauscht hatte, die der Künstler in den unbestimmten Bildräumen, den schemenhaften Gestalten, den Gespinsten der Zeichnung in vielerlei Brechung ausprägt." (Ebda., S. 8). 1978 hatte Büchner bereits geschrieben, kennzeichnend für Gleichmanns Arbeit sei „die schillernde Welt der Cafés, der Ball- und Spielsäle, des Theaters und des Varieté; also die Welt der Spieler und Schauspieler und all derer, die der handgreiflichen Wirklichkeit nicht vollends vertrauen, vielmehr eine Zwischenwelt suchen oder dort zu Hause sind" (zitiert nach: Sprengel Museum Hannover; Otto Gleichmann, S. 16).

1457 Winter, Peter; Otto Gleichmann in Hannover. Die fahle Farbe der Todessehnsucht, Frankfurter Allg. Zeitung, 30. Dezember 1978.

1458 Lettau, Annette; Jeder ist mit sich selbst allein. Otto Gleichmann im Sprengel Museum, Hann. Allg. Zeitung, 7. April 1987.

1459 Ferdinand Stuttmann formulierte in seiner Eröffnungsrede der Gleichmann-Ausstellung 1932 in der Kestner-Gesellschaft, der Mensch in Gleichmanns Kunst sei am hilflosesten in großer Gesellschaft. Johann Frerking (Otto Gleichmann zum Siebzigsten, Hann. Allg. Zeitung, 20. August 1957) urteilte, Gleichmann habe nach dem Krieg den „Kriegsspuk" gegen den „Gesellschaftsspuk der Festräume und Spieltische" eingetauscht.

1460 Annette Lettau bezeichnet das Verhältnis der Geschlechter zueinander als „gemeinsames kreatürliches Erschrecken und die gleichzeitige Abkehr voneinander. Kein Blick trifft den anderen, jeder ist allein mit sich, seiner Ratlosigkeit und Stummheit … Dem Entsetzen über die aus den Fugen geratene Welt steht da die Sehnsucht nach einer neuen kosmischen Einheit gegenüber." (Lettau, Annette; Jeder ist mit sich selbst allein. Otto Gleichmann im Sprengel Museum, Hann. Allg. Zeitung, 7. April 1987).

1461 Lange, Rudolf; Otto Gleichmann, S. 18. Pabst, Ingeborg; Themenwelt der Zeichnungen, S. 60. Eröffnungsrede Ferdinand Stuttmanns zur Otto Gleichmann-Ausstellung in der Kestner-Gesellschaft, 1. Juni 1932, Typoskript (NL Stuttmann, Mappe Vorträge).

1462 Nobis, Norbert; Otto Gleichmann und Hannover, S. 11.

1463 Stuttmann, Ferdinand; Einführung, in: Kunstverein Hannover; Otto Gleichmann, S. 6 u. 9.

1464 O.A.; Niedersächsische Künstler. Der Maler Otto Gleichmann. Ein Rundgang durch Ateliers und Werkstätten, Hann. Rundschau, 16. August 1954.

1465 Nannen, Henri; (Zu Otto Gleichmanns 60. Geburtstag), Zeitungsartikel, nicht datiert, 1947 (NL Stuttmann).

1466 „Er hat nie ein Modell benutzt, sondern immer, wie man so sagt, aus der Phantasie gestaltet. Das bedeutet aber nicht, daß er sich nicht von den Erscheinungen der Umwelt anregen ließe, im Gegenteil, er nimmt alles, was von außen an ihn herantritt, höchst intensiv und sensibel

[1467] Peter Lufft bezeichnete ihn 1955 als „große(n) Liebende(n)" (Lufft, Peter; Otto Gleichmann. Leben und Werk). Vgl. Nobis, Norbert; Otto Gleichmann und Hannover, S. 13.

[1468] Vgl. Nobis, Norbert; Otto Gleichmann und Hannover, S. 13.

[1469] Winter, Peter; Otto Gleichmann in Hannover. Die fahle Farbe der Todessehnsucht, Frankfurter Allg. Zeitung, 30. Dezember 1978.

[1470] Lange, Rudolf; Otto Gleichmann, S. 16.

[1471] Ebda. Vgl. auch Nobis, Norbert; Otto Gleichmann und Hannover, S. 13.

[1472] Pabst, Ingeborg; Themenwelt der Zeichnungen, S. 79. In einer französischen Kritik hieß es in den fünfziger Jahren: „Der Expressionismus der Gestalten würde die Karikatur streifen, wenn nicht Giftigkeit und Ironie völlig fehlen würden und stattdessen über dieser verurteilten Menschheit eine erhabene Heiterkeit schwebte, die Hoffnung in sich birgt." (O.A.; Französische Kritiker über Otto Gleichmann, Hann. Allg. Zeitung, 18. April 1952).

[1473] Pabst, Ingeborg; Themenwelt der Zeichnungen, S. 79. Gesprächsprotokoll Gunda-Anna Gleichmann-Kingeling, 15. Oktober 1992.

[1474] Lange, Rudolf; Otto Gleichmann, S. 24.

[1475] Barth, Siegfried; Stimmungen aufgespürt und zu Klängen gemischt. Otto Gleichmann: Ein Stück hannoverscher Kunstgeschichte, Neue Presse, 9. April 1957.

[1476] Gesprächsprotokoll Gunda-Anna Gleichmann-Kingeling, 15. Oktober 1992.

[1477] Ebda.

[1478] Lange, Rudolf; Otto Gleichmann, S. 31. Nobis, Norbert; Otto Gleichmann und Hannover, S. 10. Vgl. Schriftwechsel zwischen Otto Gleichmann und Christof Spengemann, 20. Mai 1919, Ende September 1919, 14. September 1919, 28. November 1919, 21. Februar 1920, 22. November 1920 (SAH, nicht verzeichneter Nachlaß Christof Spengemanns).

[1479] Käte Steinitz gab an, Gleichmann habe am „Georgs-Gymnasium" gearbeitet (Steinitz, Käte; Kestner-Gesellschaft, S. 37), Gunda-Anna Gleichmann-Kingeling erinnerte sich an das „Real-Gymnasium" (Gesprächsprotokoll, 8. November 1992). Es existiert keine Lehrerpersonalakte Gleichmanns im StAH.

[1480] Vgl. zu diesem Komplex: Kunstverein Hannover; Zwanziger Jahre, S. 205. Kunstverein Hannover; Konfiszierte Werke. Nobis, Beatrix; Verlust des Augenspiels, S. 98. Gesprächsprotokoll Gunda-Anna Gleichmann-Kingeling, 15. Oktober 1992, 8. November 1992, 14. Januar 1993. Gesprächsprotokoll Ilse Beindorff, 3. Dezember 1992. Gesprächsprotokoll Juliane Ische-Thoms, 18. Oktober 1992.

[1481] Gunda-Anna Gleichmann-Kingeling erinnerte sich beispielsweise an Drangsalierungen, als Gleichmann nicht wie seine Nachbarn die Hakenkreuzfahne aus dem Fenster hängte. Auch wegen seiner Arbeit sei er sowohl von einigen Kollegen als auch vor allem von seinen Schülern diffamiert worden. Er habe sich zurückgezogen, indem er etwa den Kontakt mit Kollegen vermieden und sich in der Öffentlichkeit bedeckt gehalten habe (Gesprächsprotokoll Gunda-Anna Gleichmann-Kingeling, 15. Oktober 1992, 8. November 1992).

[1482] Eintrittsdatum: 1. August 1933 (Mitgliedskarte Otto Gleichmann (Personalakte Otto Gleichmann (BDC)). Zum 1. April 1933 trat Otto Gleichmann in die NSDAP ein (Mitgliedskarte NSDAP, BDC). Auch dies wurde von ihm als Lehrer verlangt; ansonsten hätte er nicht im Schuldienst bleiben können.

[1483] Nobis, Beatrix; Verlust des Augenspiels, S. 97. 1937 war Gleichmann auf der Münchener Ausstellung ENTARTETE KUNST vertreten (Grimm, Dagmar/Guenther, Peter/Kort, Pamela; Künstlerbiographien, S. 242). Beatrix Nobis (Verlust des Augenspiels, S. 98) sprach von einer ausgestellten Lithographienfolge.

[1484] Beatrix Nobis urteilt am Beispiel des 1936 entstandenen Bildes DER GROSE RÄUBER, Gleichmann habe „hinter den verschlossenen Türen seines zurückgezogenen Lebens die Generalabrechnung mit dem Gegner" gewagt (Nobis, Beatrix; Verlust des Augenspiels, S. 98). Auch Rudolf Lange deutet dieses Bild als Anspielung auf den Nationalsozialismus, verweist jedoch darauf, daß es ebenso als „Urbild des Menschen, der raubt und mordet", verstanden werden könne (Lange, Rudolf; Otto Gleichmann, S. 26).

[1485] Gesprächsprotokoll Gunda-Anna Gleichmann-Kingeling, 15. Oktober 1992, 8. November 1992.

[1486] Vgl. allg. Lange, Rudolf; Otto Gleichmann. Flor, Claude; Auch die Enkelin hütet Otto Gleichmanns Nachlaß, Neue Hann. Presse, 12. Oktober 1973.

[1487] Im März 1946 bereits stellte Otto Gleichmann auf der Werkschau BEFREITE KUNST in Celle aus. In seinem Schreiben an Kurt Schwitters, Ambleside, vom 23. Juni 1946 berichtete er darüber (SAH 578). Kurt Schwitters antwortete daraufhin am 17. Juli 1946 (SAH 379): „Ganz besonders freut es mich, daß Sie weiter gearbeitet haben. Ich wußte, daß Sie Ihren Weg gehen würden. Sie sind einfach nicht fähig, anders zu malen. Sie malen sich selbst. Es muß schwer gewesen sein, so abgeschlossen leben zu müssen." Vgl. auch die Antwort Lotte Gleichmanns auf dieses Schreiben, 16. August 1946 (SAH 591). Vgl. auch das Schreiben von Walter Dux an Kurt Schwitters, 11. August 1947 (SAH 722), in dem jener mitteilte, daß Gleichmann „wieder auf" sei und sich im Nationalsozialismus „anständig gehalten" habe. Vgl. zur Nachkriegsarbeit Otto Gleichmanns allgemein: Lufft, Peter; Otto Gleichmann. Leben und Werk. Lange, Rudolf; Otto Gleichmann. Sprengel Museum Hannover; Otto Gleichmann.

[1488] Schreiben Kurt Schwitters' an Otto Gleichmann, 17. Juli 1946 (SAH 379).

[1489] Zitiert nach: Lange, Rudolf; Otto Gleichmann, S. 19. In seiner Rede zur Eröffnung der Otto Gleichmann-Ausstellung in der Kestner-Gesellschaft formulierte Ferdinand Stuttmann im Juni 1932: „Denn Gleichmanns Arbeiten entstehen … jenseits der Schwelle des Bewußten. Er geht an die Arbeit ohne ein Programm, ohne eine Absicht, ja ohne einen bestimmten formalen Willen. Alle diese Dinge können von ihm ja gar nicht gewollt werden, denn sie sind immanente Teile einer Persönlichkeit, die sich in der Malerei unter dem Zwange eines Naturgesetzes manifestiert. So wachsen seine Bilder auf wie eine Fata Morgana." (Ferdinand Stuttmann, Eröffnungsrede der Otto-Gleichmann-Ausstellung in der Kestner-Gesellschaft, 1. Juni 1932 (NL Stuttmann, Mappe Vorträge).

[1490] Vgl. etwa: Stuttmann, Ferdinand; Einführung, in: Kunstverein Hannover; Otto Gleichmann, S. 5. Nobis, Norbert; Otto Gleichmann und Hannover, S. 15. Stuttmann, Ferdinand; Eröffnungsrede der Otto-Gleichmann-Ausstellung in der Kestner-Gesellschaft, 1. Juni 1932 (NL Stuttmann, Mappe Vorträge). Lufft, Peter; Otto Gleichmann. Leben und Werk. Vgl. zu dem bekanntesten Werk dieser Periode, STRAHLEN – STÜRZEN: Nobis, Norbert; Otto Gleichmann und Hannover, S. 15.

1491 Sprengel Museum Hannover; Otto Gleichmann, S. 15. Stuttmann, Ferdinand; Einführung, in: Kunstverein Hannover; Otto Gleichmann, S. 6. Lange, Rudolf; Geträumtes Leben ... gelebter Traum. Dem Maler Otto Gleichmann zum 70. Geburtstag, Hann. Allg. Zeitung, 16./17. August 1957. Peter Lufft urteilte 1955, Gleichmann habe der „aktiven, aber kurzatmigen Stoßkraft des Expressionismus die ungleich länger währende Leideform entgegengestellt". Weiter hieß es: „Seine Kunst ist nicht Aktion, sie ist Passion – hingebende Leidenschaft, von einer Empfindung, die an ein farbenprächtiges Verwelken erinnert, voll künstlerischer und menschlicher Diskretion." (Lufft, Peter; Otto Gleichmann. Leben und Werk). Annette Lettau (Jeder ist mit sich selbst allein. Otto Gleichmann im Sprengel Museum Hannover, Hann. Allg. Zeitung, 7. April 1987) schrieb anläßlich der Gedächtnisausstellung im Sprengel Museum, Otto Gleichmann habe auf den Schock des Ersten Weltkriegs „mit Aus- und Aufbruchsversuchen" reagiert. Während indes die „Sozialutopien und revolutionären Parolen, das ‚O Mensch' – und ‚Brüder, seid umschlungen'-Pathos in Literatur und bildender Kunst innerhalb weniger Jahre zu Modeformeln expressionistischer Erregtheit verkümmerten – statt seelischer Erschütterung herrschte Exaltiertheit, statt innerer Erlebnisse äußere Gefühlsrhythmik –, behielt Gleichmann sein Weltbild unverändert bei. Kein gekünstelt plakativer Aufschrei, keine deklamatorische Geste."

1492 Lange, Rudolf; Otto Gleichmann, S. 5. Büchner, Joachim; Zum Geleit, in: Sprengel Museum Hannover; Otto Gleichmann, S. 7. Lettau, Annette; Jeder ist mit sich selbst allein. Otto Gleichmann im Sprengel Museum, Hann. Allg. Zeitung, 7. April 1987. Winter, Peter; Ausstellung Otto Gleichmann. Die fahle Farbe der Todessehnsucht, Frankfurter Allg. Zeitung, 30. Dezember 1978.

1493 Steinitz, Käte; Kestner-Gesellschaft, S. 39.

1494 Ceef; Stille geht durch den Raum. Zeichnungen von Otto Gleichmann, Hann. Rundschau, 13. Februar 1970.

1495 Gesprächsprotokoll Gunda-Anna Gleichmann-Kingeling, 8. November 1992. Flor, Claude; Auch die Enkelin hütet Otto Gleichmanns Nachlaß, Neue Hann. Presse, 12. Oktober 1973. Stuttmann, Ferdinand; Otto Gleichmann und sein Freundeskreis, S. 44.

1496 Eintragungen am: 10. Februar 1921, 10. März 1921, 13. April 1921, 24. Mai 1921, 5. Mai 1922, 19. September 1922, 6. Dezember 1922, 3. März 1923, 9. März 1923, 5. Mai 1923, 18. Oktober 1925, 19. Januar 1926, 17. März 1926, 12. November 1927 (Galerie gmurzynska; Gästebuch von Käte Steinitz). Gunda-Anna Gleichmann-Kingeling berichtete, das Malerehepaar Gleichmann sei so bekannt gewesen, daß beide bei den mit der Kestner-Gesellschaft befreundeten Ärzten kein Honorar zu bezahlen brauchten (Gesprächsprotokoll Gunda-Anna Gleichmann-Kingeling, 15. Oktober 1992).

1497 S., K.; Hannovers erste MERZ-Matinee, in: Störtebeker, Nr. 1, 1924, S. 21

1498 „In Hannover-Waldheim wohnte damals der ... aus Mainz stammende Maler Otto Gleichmann, der in der Jugend als einer der expressionistischen Formsprenger in die Kunstgeschichte eingegangen war ... Gleichmann, der visionäre Avantgardist von einst, gehörte mit Kurt Schwitters, Carl Buchheister, dem Bildhauer Otto Gothe und dem Bühnenbildner Ernst Schütte zu jenem (im Ersten Weltkrieg in Hannover entstandenen) Kreis expressionistischer Künstler, der den radikal Abstrakten vorausgegangen war. Aber er blieb nicht in der Periode der beklemmenden Ausbrüche, der flammenden Eruptionen stehen. Er arbeitete intensiver weiter und bildete die für ihn typischen Stilelemente meisterlich aus: die sensibel-verschwebenden Töne, die bleichen, leidenden Frauengesichter und die phantasiereiche Neigung zum Spukhaften – Elemente, die in seinem Atelier wie Strahlen auf den Besucher eindrangen." (Schumann, Werner; Damals in Hannover (1981), S. 128f).

1499 Kestner-Gesellschaft e.V.; Rückblick auf die Jahre 1916/1921. Programm für das Vereinsjahr 1921/1922, S. 26.

1500 Schreiben der Kestner-Gesellschaft an Otto Gleichmann, 12. Februar 1921 (NStAH Dep. 100 A. 14). Wolfhagen, Ernst; Erinnerung an Otto Gleichmann, in: Schmied, Wieland; Wegbereiter zur modernen Kunst, S. 249. Im April 1924 scheint Gleichmann dieses Atelier aufgegeben zu haben (Schreiben Otto Gleichmanns an die Kestner-Gesellschaft, 4. April 1924 (NStAH Dep. 100.A.26)).

1501 Nobis, Norbert; Otto Gleichmann und Hannover, S. 10.

1502 Gesprächsprotokoll Gunda-Anna Gleichmann-Kingeling, 8. November 1992. Vgl. Nobis, Norbert; Otto Gleichmann und Hannover, S. 10. Barth, Siegfried; Stimmungen aufgespürt und zu Klängen gemischt. Otto Gleichmann: Ein Stück hannoverscher Kunstgeschichte, Neue Presse, 9. April 1957. Ferdinand Stuttmann schrieb 1957 (Einführung, in: Kunstverein Hannover; Otto Gleichmann, S. 5): „Otto Gleichmann ist ein Einzelgänger. Diese Feststellung mag dem, der ihn nicht näher kennt, übertrieben erscheinen, denn er ist ihm vielleicht bei irgendeiner Gelegenheit als einem geselligen und mitteilsamen Menschen begegnet, von dem Heiterkeit und Lebensfreude ausgeht. Wer ihm näher gekommen ist, weiß, daß dem Bedürfnis nach Geselligkeit und Mitteilsamkeit das ebenso große nach Zurückgezogenheit und Schweigsamkeit gegenübersteht, ja daß der Wunsch, sich von seiner Umgebung zu distanzieren, der entscheidendere ist."

1503 Die Familie Gleichmann zog offenbar mehrfach um. Adressen waren in den zwanziger und dreißiger Jahren neben der Osterstraße die Freytagstraße, Brandestraße und die Geibelstraße.

1504 Wolfhagen, Ernst; Erinnerung an Otto Gleichmann, in: Schmied, Wieland; Wegbereiter zur modernen Kunst, S. 249. Stuttmann, Ferdinand; Otto Gleichmann und sein Freundeskreis, S. 44. Vgl. in diesem Zusammenhang die Erinnerungen der Tochter Lotte und Otto Gleichmanns: Gleichmann, Gunda-Anna; Erinnerungen an Theodor Däubler.

1505 Vgl. auch Lange, Rudolf; Otto Gleichmann, S. 12.

1506 Stuttmann, Ferdinand; Otto Gleichmann und sein Freundeskreis, S. 44.

1507 Wolfhagen, Ernst; Erinnerung an Otto Gleichmann, in: Schmied, Wieland; Wegbereiter zur modernen Kunst, S. 249. Lufft, Peter; Otto Gleichmann. Leben und Werk. Nobis, Norbert; Otto Gleichmann und Hannover, S. 10. Gleichmann war auch bei Vordemberge-Gildewart zu Gast. Für den 10. Dezember 1932 findet sich in dessen Gästebüchern (Gästebücher Friedrich Vordemberge-Gildewart (StAH, Bestand Repro) folgender Eintrag: „Der Starke ist am einsamsten allein."

1508 Rudolf Lange nannte in seiner Biographie bis 1933 Ausstellungen in Düsseldorf, Berlin, Köln, Hannover, Braunschweig, Bremen und Ankäufe und Ankäufe durch Museen in Erfurt, Hannover, Hamburg, Köln, Mannheim, Stuttgart, Wiesbaden, Jena, Bielefeld und Mönchengladbach (Lange, Rudolf; Otto Gleichmann, S. 12.

[1509] Lange, Rudolf; Otto Gleichmann, S. 21. Stuttmann, Ferdinand; Einführung, in: Kunstverein Hannover; Otto Gleichmann, S. 5. Lufft, Peter; Otto Gleichmann. Leben und Werk. Kunstverein Hannover; Zwanziger Jahre, S. 40. Wolfhagen, Ernst; Erinnerung an Otto Gleichmann, in: Schmied, Wieland; Wegbereiter zur modernen Kunst, S. 249. Lange, Rudolf; Der Zeichner Otto Gleichmann, S. 30.

[1510] In einer Umfrage zum Wert der Kunstkritik, die an bedeutende expressionistische Künstler versandt wurde und zu denen die Zeitschrift ARARAT 1921 also auch Gleichmann zählte, formulierte dieser: „In der Stunde des Schaffens, die einsamste, die ein Mensch erleben kann, fällt alles, aber auch alles, was von dieser Welt ist ..., ins Nichts zurück, und es erfolgt die Heimkehr in die Vollkommenheit ... Nur der, der über den Tag hinaus zu sehen vermag, der selbst das Zentrum in sich birgt, hat Berechtigung, über Kunst zu schreiben ... Was er sagt über Kunst, wird selbst wieder zu einem neu geschaffenen Werk. Alles Wesentliche stammt aus dem Urgrund und ist daher göttlich und von Dauer." (Glossen, Skizzen und Notizen zur neuen Kunst, in: Der Ararat, München, 1921, zitiert nach: Lange, Rudolf; Otto Gleichmann, S. 13). Winter, Peter; Otto Gleichmann in Hannover. Die fahle Farbe der Todessehnsucht, Frankfurter Allg. Zeitung, 30. Dezember 1978. Lange, Rudolf; Der Zeichner Otto Gleichmann, S. 35.

[1511] Lange, Rudolf; Otto Gleichmann, S. 9. Stuttmann, Ferdinand; Otto Gleichmann und sein Freundeskreis, S. 44. Wolfhagen, Ernst; Erinnerung an Otto Gleichmann, in: Schmied, Wieland; Wegbereiter zur modernen Kunst, S. 249. Lange, Rudolf; Otto Gleichmann, S. 8 f. Pabst, Ingeborg; Themenwelt der Zeichnungen, S. 75.

[1512] Wolfhagen, Ernst; Erinnerung an Otto Gleichmann, in: Schmied, Wieland; Wegbereiter zur modernen Kunst, S. 249.

[1513] Stuttmann, Ferdinand; Otto Gleichmann und sein Freundeskreis, S. 45.

[1514] Vgl. das Zitat aus dem KUNSTBLATT, das die Kestner-Gesellschaft ihrem Katalog zur Ausstellung Otto Gleichmanns 1932 voranstellte (Kestner-Gesellschaft e.V. (Hg.); Katalog zur 121. Ausstellung. Otto Gleichmann, 2. Juni – 26. Juni 1932): „Otto Gleichmann hat seine eigene Handschrift; in wolligen Schattenstrichen zeichnet er Bekenntnisse nieder. Sie entstammen einem ganz merkwürdigen Traumleben, seiner ungestalteten Welt, in der sich hier und da ein Fabeltier oder ein Pferd mit Menschenblick, eine Giraffe mit Frauenhals bereits als gestaltbar kundtun, und er, der Zeichner, läßt sie durch das Ereignis modernen Schauens unter uns kommen. Um einen herum. Spuk in den Alltag."

[1515] Vgl. das Zitat Theodor Däublers in dieser Zeitschrift in: Winter, Peter; Ausstellung Otto Gleichmann. Die fahle Farbe der Todessehnsucht, Frankfurter Allg. Zeitung, 30. Dezember 1978.

[1516] Däubler, Theodor; Über Otto Gleichmann, in: Das Hohe Ufer, 1. Jhg., H. 2, Februar 1919, S. 41–43.

[1517] Bommersheim, Paul; Der Maler Otto Gleichmann, in: Der Zweemann, 1. Jhg., H. 3, Januar 1920, S. 14 f.

[1518] In ihrem Katalog zur Otto Gleichmann-Ausstellung (Katalog zur 121. Ausstellung. Otto Gleichmann, 2. Juni – 26. Juni 1932) zitierte die Kestner-Gesellschaft auch aus einem Beitrag Paul Westheims in der Zeitschrift DIE SCHAFFENDEN von 1919: „Bei ihm wird Gespenstigkeit visionäres Erleben."

[1519] So Theodor Däubler in seinem Beitrag für die Zeitschrift DAS FEUER (zitiert nach: Winter, Peter; Ausstellung Otto Gleichmann. Die fahle Farbe der Todessehnsucht, Frankfurter Allg. Zeitung, 30. Dezember 1978).

[1520] Besonders anläßlich der Ausstellung PHANTASTISCHES HANNOVER in der Galerie von Garvens, die im Herbst Arbeiten von Gleichmann, Kurt Schwitters und Wilhelm Groß zeigte, äußerten sich viele Rezensenten positiv (vgl. Vester, Katrin; Herbert von Garvens-Garvensburg. Sammler und Galerist, S. 57f). Vgl. etwa: sil.; Kleines Feuilleton. Abseits der Heerstraße. Zur 19. Ausstellung der Galerie von Garvens, Volkswille, 4. November 1922. O.A.; Die Galerie von Garvens, Freie Meinung, 7. Oktober 1922. Thieß, Hans Arthur; Phantastisches Hannover, Hann. Anzeiger, 21. September 1922. Vgl. auch St.; Herbstausstellung hannoverscher Künstler III, Hann. Anzeiger, 11. November 1928.

[1521] 46. Ausstellung der Kestner-Gesellschaft: August Heitmüller, Leni Zimmermann-Heitmüller (27. Dezember 1921–31. Januar 1922). 49. Ausstellung: u.a. Seiffert-Wattenberg (März/April 1922). 55. Ausstellung: u.a. Max Burchartz (Januar/Februar 1923). 67. Ausstellung: u.a. Kurt Schwitters (Oktober 1924). 76. Ausstellung: u.a. Bernhard Dörries (10. Januar – 5. Februar 1926). 80. Ausstellung: u.a. Ernst Thoms (24. Mai – 13. Juni 1926).

[1522] Stuttmann, Ferdinand; Eröffnungsrede zur Otto-Gleichmann-Ausstellung in der Kestner-Gesellschaft, 1. Juni 1932 (NL Stuttmann, Mappe Vorträge).

[1523] Brinko; (Otto Gleichmann in der Kestner-Gesellschaft), Volkswille, 9. Juni 1932.

[1524] Vgl. zur Verbindung Friedrich Rasches zur Kestner-Gesellschaft: Schmied, Wieland; Wegbereiter zur modernen Kunst, S. 258.

[1525] Dr. Ra; Gleichmann-Ausstellung in der Kestner-Gesellschaft, Hann. Anzeiger, 7. Juni 1932.

[1526] Ebda.

[1527] Frerking, Wilhelm; (Ausstellung Otto Gleichmann in der Kestner-Gesellschaft), Hann. Tageblatt, 4. Juli 1932.

[1528] Dr. V; (Otto-Gleichmann-Ausstellung in der Kestner-Gesellschaft), Hann. Kurier, 10. Juli 1932.

[1529] O.A.; (Otto-Gleichmann-Ausstellung), Niederdeutsche Zeitung, 5. Juli 1932.

[1530] Ebda.

[1531] Lebenslauf Paul Paschens, 15. April 1929 (Personalakte Lektor, Hofschauspieler a.D. Paul Paschen NStAH Hann. 146A/Acc. 88/81, Nr. 152). Schreiben des Pr. Ministeriums an den Rektor der Technischen Hochschule, 24. März 1930 (gleiche Akte). Paschen war bereits unter dem Vorgänger Georg Altmanns am hannoverschen Deutschen Theater engagiert gewesen (Paschen, Paul; Damals in der Reuterstraße. Erinnerungen an das Deutsche Theater, Hann. Kurier, 31. Dezember 1933).

[1532] Paschen, Paul; Die Befreiung der menschlichen Stimme, Stuttgart, Leipzig 1930. Paschen, Paul; Stimme, Sprache und Rasse, in: Kulturring, Dezember 1933, S. 17 ff. Über eine Übernahme von Ämtern im nationalsozialistischen Kulturapparat ist nichts bekannt. Es existiert keine Personalakte im BDC. Zum 21. Juli 1945 wurde Paschen auf Anordnung der Militärregierung entlassen. Nach einem Schreiben des Rektors der Technischen Hochschule durfte er „unter keinen Umständen von der Technischen Hochschule, einer anderen Erziehungsbehörde oder einem anderen Erziehungsinstitut ohne ausdrückliche Genehmigung der Militärregierung angestellt werden" (Personalakte Lektor, Hofschauspieler a.D. Paul Paschen NStAH Hann. 146A/Acc.

[1532] 88/81, Nr. 152). Auch nach dem Zweiten Weltkrieg war Paschen weiter als Journalist und Schriftsteller tätig.

[1533] Während der ersten drei Jahre seiner Tätigkeit an der Technischen Hochschule war Paschen in drei Verfahren verwickelt, in denen er sich gegen den Vorwurf der Unterschlagung und des Betruges zur Wehr zu setzen hatte (Schriftwechsel zwischen dem Dekan der Fakultät für allg. Wissenschaften und einem Diplom-Ingenieur, 1931. Schreiben des Amtsgerichts Hannover an die Technische Hochschule, 19. Juli 1932. Schreiben Walter Walklings, Peine, an den Rektor der Technischen Hochschule, 8. Dezember 1933 (Personalakte Lektor, Hofschauspieler a.D. Paul Paschen NStAH Hann. 146A/Acc. 88/81, Nr. 152).

[1534] Nach der nationalsozialistischen Machtübernahme arbeitete Paschen auch beim HANNOVERSCHEN KURIER sowie beim KULTURRING.

[1535] Vgl. auch: Paschen, Paul; Malerei im Dritten Reich, Nieders. Tageszeitung, 22. Juli 1932.

[1536] Im Katalog zur Ausstellung VERBOTEN, VERFOLGT. KUNSTDIKTATUR IM DRITTEN REICH hieß es 1983, schon 1932 hätten Werke des „expressive(n) Otto Gleichmann" „Haßtiraden des völkischen Berichterstatters" ausgelöst (Sello, Katrin; ‚Entartete Kunst').

[1537] Gesprächsprotokoll Gunda-Anna Gleichmann-Kingeling, 8. November 1992.

[1538] Winter, Peter; Meister der Angst und dämonischen Verschattung. Otto Gleichmann im Sprengel Museum in Hannover, Frankfurter Allg. Zeitung, 14. August 1987.

[1539] Paschen, Paul; (Otto-Gleichmann-Ausstellung in der Kestner-Gesellschaft). Nieders. Tageszeitung, 17. Juni 1932.

[1540] Ebda.

[1541] Ebda.

[1542] Ebda.

[1543] Neuenhausen, Siegfried, in: Kunstverein Hannover; Zwanziger Jahre, S. 40.

[1544] Rischbieter, Henning, in: Kunstverein Hannover; Zwanziger Jahre, S. 9.

[1545] Ebda.

[1546] O.A.; Die Jubiläums-Ausstellung des Hannoverschen Kunstvereins II, Hann. Anzeiger, 23. März 1932.

[1547] Dr. V.; Die Frühjahrsausstellung. Im Hannoverschen Kunstverein, Hann. Kurier, 27. März 1934.

[1548] H.; Weihnachtsausstellung hannoverscher Künstler, Hann. Kurier, 21. Dezember 1927.

[1549] F., J.; Herbstausstellung im Kunstverein. Erster Rundgang, Hann. Kurier, 31. Oktober 1932.

[1550] Sch., Marianne; Die Herbstausstellung Hannoverscher Künstler, in: Die Hann. Woche, 20. Oktober 1928

[1551] Spangenberg, Rudolf; Die Herbstausstellung hannoverscher Künstler im Künstlerhause, in: Die Hann. Woche, 31. Oktober 1925.

[1552] Brinko; 99. Große Kunstausstellung. Gemälde und Aquarelle, Volkswille, 13. März 1931.

[1553] Ebda.

[1554] Voß, Kurt; Ausstellung im Kunstverein, Hann. Kurier, 25. Oktober 1928.

[1555] St.; Herbstausstellung Hann. Künstler II, Hann. Anzeiger, März 1926, zitiert nach: Rump, Gerhard Charles; Carl Buchheister, S. 206.

[1556] SA; Kunst und Wissenschaft. Die Weihnachtsausstellung der Kestner-Gesellschaft, Hann. Kurier, Dezember 1923, zitiert nach: Rump, Gerhard Charles; Carl Buchheister, S. 202.

[1557] Schreiben Professor Wilhelm Ottos an Alexander Dorner, 25. Oktober 1931 (Reg. LaMu II.2.2 Gemälde neuer Meister. 1925–1932 1) Reichsverband: 16.10.1928–10.4.1931 2) Galerie Hann. Künstler 26.50.1929–31.12.1932 3) Protokolle Museums-Kommission).

[1558] Gesprächsprotokoll Helmut Dörries, 4. Februar 1993.

[1559] Gesprächsprotokoll Inge Höher-Dörries, 16. Januar 1993. Lange, Rudolf; Bernhard Dörries, S. 9. Neubauer, Egon; Mit dem Auge denken, S. 45. Albrecht, Katharina; Bernhard Dörries wird 60. Ein Leben im Dienst der Kunst, Hann. Allg. Zeitung, 24. Mai 1958. Sobe, Christa; Malerei als Abenteuer. Besuch bei Prof. Dörries, Hann. Allg. Zeitung, 5./6. August 1972.

[1560] Gesprächsprotokoll Gritta Guski, 12. Juli 1992. Gesprächsprotokoll Helmut Dörries, 4. Februar 1993.

[1561] Sobe, Christa; Malerei als Abenteuer. Besuch bei Prof. Dörries, Hann. Allg. Zeitung, 5./6. August 1972. Lange, Rudolf; Bernhard Dörries, S. 9. Wegen Umbauarbeiten in der Villa Massimo verbrachte Dörries seinen Stipendienaufenthalt dann nicht in Italien, sondern in Paris und Südfrankreich (Neubauer, Egon; Mit dem Auge denken, S. 45. Gesprächsprotokoll Inge Höher-Dörries, 16. Januar 1993).

[1562] Vgl. exemplarisch die Protokolle der Sitzungen der Museums-Kommission vom 22. November 1927, 20. November 1928, 14. November 1929, 20. November 1930, 14. November 1931 (StAH Verschiedene Kommissionen, Nr. 21). Vgl. Schreiben des Kunstvereins an den Magistrats wegen eines Werks von Dörries', 9. April 1931 (StAH HR X.C.7.5.3). Protokolle der Sitzungen der Museums-Kommission, 1. Dezember 1932, 12. April 1933 (StAH HR X.C.7.5.4).

[1563] Vgl. Liste der Ausstellungen in: Lange, Rudolf; Bernhard Dörries, S. 59. Vgl. auch Kunstverein Hannover; Bernhard Dörries, S. 93.

[1564] Vgl. Lufft, Peter; Gästebuch Otto Ralfs, S. 28 f, 33.

[1565] Vgl. Sprengel Museum Hannover; Otto Gleichmann, S. 102 f. Lange, Rudolf; Otto Gleichmann, S. 31.

[1566] Nobis, Beatrix; Verlust des Augenspiels, S. 98.

[1567] Gesprächsprotokoll Gunda-Anna Gleichmann-Kingeling, 14. Januar 1993.

[1568] Protokoll der Sitzung der Museums-Kommission, 7. April 1930 (StAH HR X.C.7.2).

[1569] Frerking, Johann; Geschichte des Kunstvereins, S. 38. Interessanterweise wurde anläßlich der Herbstausstellung des Kunstvereins eines der heute bekanntesten Werke Otto Gleichmanns, DIE SEILTÄNZERIN, in einer Publikumsumfrage im November 1928 zum „besten Werk" gewählt (2. Platz Ernst Thoms: Bildnis meiner Mutter, 3. Platz August Heitmüller: Damenbildnis Frau Dr. B., 4. Platz Ernst Oppler: Marktplatz in Dieppe, 5. Platz Hermann Scheuernstuhl: Männlicher Torso, 6. Platz Kurt Hensel: Toskanische Bergstadt). Ausdrücklich war nicht nach dem „schönsten und angenehmsten Werk" gefragt worden: „Denn so wenig es ein allein seligmachendes Dogma in der Kunst gibt, so wichtig ist es, seine eigene Kunstanschauung an der Kunstschauung anderer immer wieder zu messen. In diesem Wechselspiel wird Kunstbetrachtung erst richtig lebendig, und die Frage, die der Kunstverein an das Publikum richtete, war keine Neugiersfrage, sondern eine Frage nach Lebendigem an Lebendige." (o.A.; Die besten Werke der Herbst-Ausstellung, Bild-Kurier, 4. November 1928. Vgl. auch o.A.; Publikumsabstimmung im Kunstverein. Das Ergebnis der Besucherumfrage, Hann. Kurier, 16. November 1928). Einen weiteren Preis, den Continentalpreis, erhielt Otto Gleichmann für die ZIRKUSREITERIN, ein Gemälde, das in den Besitz des ehemaligen Provinzial-Museums überging und hier in den dreißiger Jahren im Zusammenhang mit der Entfernung ‚entarteter' Kunst abgehängt und beschlagnahmt wurde. Seither ist dieses Bild verschollen (Gesprächsprotokoll Gunda-Anna Gleichmann-Kingeling, 15. Oktober 1992).

1570 Rischbieter, Henning, in: Kunstverein Hannover; Zwanziger Jahre, S. 9.
1571 Ebda.
1572 Norbert Nobis schrieb: „So kamen die Anregungen, die Otto Gleichmann erhielt, weniger durch die Menschen seiner städtischen Umgebung als vielmehr durch seine Familie, seine Freunde und seine Bekannten, die im Gespräch und in der Diskussion die geistige Auseinandersetzung bereicherten, die er für seine Kunst brauchte." (Nobis, Norbert, Otto Gleichmann und Hannover, S. 10).
1573 Dörries, Bernhard; Vorwort, in: Kestner-Gesellschaft e.V. (Hg.); Katalog zur 3. Ausstellung. Hannoversche Sezession, 8. Februar – 8. März 1920.
1574 Ebda.
1575 Ebda.
1576 Vgl. allg. Leppien, Helmut R.; Der erste und der zweite Teil, S. 9 f. u. 12 ff. Leppien, Helmut R.; Neue Sachlichkeit, S. 5 f. Peter Winter urteilte, Dörries habe in dem Vorwort von 1920 „die Tradition gegen die Moderne ausgespielt" (Winter, Josef (Peter); Bernhard Dörries in Hannover. Ei und Wasserglas als Nabel der bildnerischen Welt, Frankfurter Allg. Zeitung, 10. August 1981.
1577 Gesprächsprotokoll Helmut Dörries, 4. Februar 1993.
1578 Vgl. dazu Sello, Katrin; Vorwort, in: Kunstverein Hannover; Bernhard Dörries.
1579 Kunstverein Hannover; Bernhard Dörries, S. 93. O.A.; Ehrung für Professor Dörries. Mitgliederversammlung des Kunstvereins, Hann. Allg. Zeitung, 21. März 1974.
1580 Kunstverein Hannover; Bernhard Dörries, S. 10. Winter, Josef (Peter); Bernhard Dörries in Hannover. Ei und Wasserglas als Nabel der bildnerischen Welt, Frankfurter Allg. Zeitung, 10. August 1981. Frerking, Johann; Geschichte des Kunstvereins, S. 37. Lange, Rudolf; Bernhard Dörries, S. 10. Leppien, Helmut R.; Neue Sachlichkeit, S. 5.
1581 Grabenhorst, Georg; Ernst Thoms, S. 12.
1582 Ebda.
1583 Lange, Rudolf; Bernhard Dörries, S. 10. Küppers, P. E.; Erste Ausstellung der Hannoverschen Sezession in der Kestner-Gesellschaft Hannover, in: Der Cicerone, 10. Jhg., H. 5/6, März 1918, S. 83 f.
1584 Rasche, Friedrich; Richard Seiffert-Wattenberg, S. 16. Kunstverein Hannover; Bernhard Dörries, S. 10. Leppien, Helmut R.; Der erste und der zweite Teil, S. 17, Lange, Rudolf; Carl Buchheister, S. 10. Lange, Rudolf; Bernhard Dörries, S. 10. Kunstverein Hannover; Zwanziger Jahre, S. 12. O.A.; meeting. Info-Schrift der Stadthallenbetriebe, Dezember 1979. Hannoverscher Künstlerverein/Kunstverein Hannover; Hannover im Bild, S. 34. cf.; Aus Hannovers goldenen Jahren. Gedenken an Seiffert-Wattenberg, Hann. Rundschau, 22. Januar 1969. Flor, Claude; Künstler, die gestern jung waren. Seiffert-Wattenberg hat Moderne gefördert, Neue Hann. Presse, 5./6. Januar 1974. O.A.; Bilder aus Privatbesitz gesucht, Hann. Allg. Zeitung, 5. Januar 1978.

1585 Seiffert-Wattenberg war kein Gründungsmitglied der Kestner-Gesellschaft, wie häufig behauptet wird (Schmied, Wieland; Wegbereiter zur modernen Kunst, S. 235. Rasche, Friedrich; Richard Seiffert-Wattenberg, S. 17. O.A.; meeting. Info-Schrift der Stadthallenbetriebe, Dezember 1979. cf.; Aus Hannovers goldenen Jahren. Gedenken an Seiffert-Wattenberg, Hann. Rundschau, 22. Januar 1969). Er trat der Gesellschaft im Oktober 1917 bei (Schreiben der Kestner-Gesellschaft an Richard Seiffert-Wattenberg, 16. Oktober 1917 (NStAH Dep. 100 A. 4)). Vgl. auch das Schreiben der Kestner-Gesellschaft an Richard Seiffert-Wattenberg, 10. Oktober 1930 (NStAH Dep. 100 A. 43).
1586 Frerking, Johann; Geschichte des Kunstvereins, S. 40.
1587 Schreiben des Polizeipräsidenten der Provinz Hannover, von Beckerath, an die Generalstaatsanwaltschaft Celle, 24. Dezember 1924 (NStAH Hann. 173a, Acc. 111/79).
1588 Spengemann, Christof; Bildende Kunst, S. 10.
1589 Vgl. zur Biographie: Rasche, Friedrich; Richard Seiffert-Wattenberg, S. 16 ff. F., J.; Richard Seiffert-Wattenberg zum 60. Geburtstag, Hann. Kurier, 23. Januar 1934. Kestner-Gesellschaft e.V. (Hg.); Katalog zur 136. Ausstellung. Seiffert-Wattenberg. Champion, 25. Mai – 25. Juni 1934. Küppers, P. E.; Erste Ausstellung der Hannoverschen Sezession in der Kestner-Gesellschaft Hannover, in: Der Cicerone, 10. Jhg., H. 5/6, März 1918, S. 83. Hannoverscher Künstlerverein/Historisches Museum; Hannover im Bild, S. 34. Kunstverein Hannover; Zwanziger Jahre, S. 46. 1912 wurde Seiffert-Wattenberg von der Münchener Sezession zur Mitgliedschaft aufgefordert, später gehörte er auch der Berliner Sezession an.
1590 Rasche, Friedrich; Richard Seiffert-Wattenberg, S. 16, 20 u. 22. Flor, Claude; Künstler, die gestern jung waren. Seiffert-Wattenberg hat Moderne gefördert, Neue Hann. Presse, 5./6. Januar 1974. cf; Aus Hannovers goldenen Jahren. Gedenken an Seiffert-Wattenberg, Hann. Rundschau, 22. Januar 1969.
1591 Zitiert nach: Ausstellungsblatt Northeim, im Haus der Heimatkultur, Südhannover, Braunschweig 1944.
1592 Rasche, Friedrich; Richard Seiffert-Wattenberg, S. 18 u. 22.
1593 Ebda.
1594 Ebda., S. 17. Claude Flor (Künstler, die gestern jung waren. Seiffert-Wattenberg hat Moderne gefördert, Neue Hann. Presse, 5./6. Januar 1974) urteilte: „Seiffert-Wattenberg ... hat an seiner Linie festgehalten. Wechsel der Zeiten, große Katastrophen und Umwälzungen unseres Jahrhunderts, die Vielfalt moderner Richtungen oder gar modische Bocksprünge haben seine Malart oder Motivwahl nicht beeinflußt."
1595 Rasche, Friedrich; Richard Seiffert-Wattenberg, S. 22.
1596 Ebda., S. 24.
1597 F., J.; Richard Seiffert-Wattenberg zum 60. Geburtstag, Hann. Kurier, 23. Januar 1934. Kurt Fischer urteilte 1969; Seiffert-Wattenberg „hielt ... unbeirrbar von Zeitströmungen an seiner Eigenart fest. Sie heißt: Stille und Melancholie ... Seiffert-Wattenberg kennt keine harten Konturen." (Fischer, Kurt; Stille und Melancholie. Bilder von Seiffert-Wattenberg in der Galerie Kühl, Hann. Allg. Zeitung, 27. Januar 1969).
1598 F., J.; Richard Seiffert-Wattenberg zum 60. Geburtstag, Hann. Kurier, 23. Januar 1934.
1599 Ebda.
1600 Rasche, Friedrich; Seiffert-Wattenberg, S. 17. Hannoverscher Künstlerverein/Kunstverein Hannover; Hannover im Bild, S. 34. O.A.; In der Stadthalle soll ein neues Kröpcke-Bild hängen. Hannover besitzt meh-

rere Werke von Seiffert-Wattenberg, Hann. Allg. Zeitung, 29. Dezember 1977. Zu Beginn der dreißiger Jahre wurde der Maler Mitglied des hannoverschen Künstlervereins (Buchheister, Carl; Die 99. Große Kunstausstellung des Kunstvereins der Stadt Hannover, in: Hannoverscher Künstlerverein e.V. (Hg.); Vereinsnachrichten, 2. Jhg., Nr. 2, 1. April 1931, S. 3. Im Mitgliederverzeichnis des Künstlervereins (Sievert, A./Seefeld, A. v./Aengeneyndt, G.; Hannoverscher Künstlerverein) aus dem Jahr 1928 war Seiffert-Wattenberg noch nicht aufgeführt.

[1601] Rasche, Friedrich; Richard Seiffert-Wattenberg, S. 17.
[1602] Brinckmann, (Albert); Bildende Kunst in Hannover, S. 197.
[1603] Gesprächsprotokoll Helmut Dörries, 4. Februar 1992. Kunstverein Hannover; Zwanziger Jahre, S. 40.
[1604] Siegfried Neuenhausen, in: Kunstverein Hannover; Zwanziger Jahre, S. 40.
[1605] Ebda.
[1606] Rasche, Friedrich; Richard Seiffert-Wattenberg, S. 17.
[1607] Ebda., S. 16f.
[1608] Lange, Rudolf; Carl Buchheister, S. 10f. Stuttmann, Ferdinand; Kurt Sohns, S. 14. Kunstverein Hannover; Carl Buchheister, S. 4. Kerber, Bernhard; Carl Buchheister, S. 14. Historisches Museum am Hohen Ufer; Adolf Wissel, S. 10.
[1609] Frerking, Johann; Geschichte des Kunstvereins, S. 42.
[1610] Vgl. dazu Kunstverein Hannover; Carl Buchheister, S. 4. Kerber, Bernhard; Carl Buchheister, S. 14. Lange, Rudolf; Carl Buchheister, S. 10.
[1611] Seiffert-Wattenberg, (Richard); 98. Große Kunstausstellung in Hannover, in: Kunst und Künstler, H. 8, 1930.
[1612] Vgl. auch Kunstverein Hannover; Zwanziger Jahre, S. 41.
[1613] O. A.; Die Frühjahrs-Ausstellung. Erster Besuch, Hann. Kurier, 3. März 1924.
[1614] Ebda.
[1615] Vgl. Frerking, Johann; Geschichte des Kunstvereins, S. 37.
[1616] Spangenberg, Rudolf; Die Herbstausstellung hannoverscher Künstler im Künstlerhause, in: Die Woche, 31. Oktober 1925.
[1617] Frerking, Johann; Geschichte des Kunstvereins, S. 37.
[1618] Dr. V.; Sonderausstellung im Kunstverein. Skizzen, Studien, schwarz, weiß, Hann. Kurier, Juni 1925, zitiert nach: Rump, Gerhard Charles; Carl Buchheister, S. 219.
[1619] O.A.; Aus der Großen Frühjahrsausstellung des Kunstvereins Hannover e.V., Hann. Tageblatt, 3. März 1928.
[1620] Brinko; (Kunstverein), Volkswille (abgetippter Zeitungsausschnitt URTEILE ÜBER DIE NEUORDNUNG DES PROVINZIAL-MUSEUMS VOM JAHRE 1925 BIS ZUM JAHRE 1932 (Reg LaMu I.3.2a Museums-Reform. Umordnung der Sammlungen. Verkehr mit der Stadt 25.90.1925–31.12.1932). In der Begründung für seinen Wiedergutmachungsantrag an das Land Niedersachsen formulierte Alexander Dorner 1956: „Ich habe ... bewirkt, daß der hannoversche Kunstverein allen modernen Künstlern wie z. B. Schwitters, Vordemberge-Gildewart, Hans Nietze (sic!), Buchheister etc. seine Ausstellungen geöffnet hat und sie in seine Ausstellungskommission aufgenommen hat." (Dorner, Alexander; Angaben zu meinem Leben, in: Wiedergutmachungsantrag Alexander Dorners, Bericht in Wiedergutmachungssache Nr. IV.A. (2)5793/56 (NStAH VVP.21, Nr. 83)).
[1621] Waldmann, Emil; (Kunstverein), Hann. Anzeiger, 2. April 1927. Vgl. o.A.; Erste Deutsche Graphik- und Aquarellausstellung im Künstlerhause Hannover, Hann. Anzeiger, 13. Juni 1926.
[1622] Frerking, Johann; Geschichte des Kunstvereins, S. 37.
[1623] O.A.; Herbstausstellung Hann. Künstler, Kurier im Bild, 9. Oktober 1927.
[1624] Vgl. dazu etwa: Frerking, Johann; Geschichte des Kunstvereins, S. 37.
[1625] Ebda.
[1626] O.A.; Frühjahrsausstellung im Kunstverein, Kurier im Bild, 20. Februar 1927. Vgl. auch: o.A.; Herbstausstellung im Kunstverein, Hann. Kurier, 14. Oktober 1928: „So gibt diese Bilderschau einen Überblick über alle hier begangenen Richtungen der gegenwärtigen Malerei und Bildhauerei, die sehr viel Wertvolles und Fesselndes bringt."
[1627] O.A.; Frühjahrsausstellung im Kunstverein, Kurier im Bild, 20. Februar 1927.
[1628] Vgl. etwa: Dorner, Alexander; Die bildende Kunst in Hannover seit dem Kriege, Hann. Anzeiger, 25. November 1928: „Der Kunstverein ..., an sich schon einer der größten in Deutschland, hat seit einer ganzen Reihe von Jahren einen Aufschwung genommen, der seiner Größe würdig ist ... Auch die Herbstausstellungen hannoverscher Künstler gewinnen von Jahr zu Jahr an Niveau. Ja, die Großzügigkeit, mit der die Ausstellungen auf breiteste Basis gestellt sind, indem bis zu den Abstrakten alle Kunstrichtungen gezeigt werden, ist vorbildlich." Vgl. auch den Bericht über einen Vortrag Dorners in der Kestner-Gesellschaft, in dem er es als deren Verdienst bezeichnete, daß sich nun auch der Kunstverein der jungen Kunst annehme (a.; Die Ausstellung in der Kestner-Gesellschaft, Niederdeutsche Zeitung, 5. Oktober 1926). Berichterstatter war hier Karl Anlauf.
[1629] Vgl. exemplarisch: Scheffler, Karl; Das hannoversche Kunstleben, in: Kunst und Künstler, 24. Jhg., H. 11, 1927, S. 452f.
[1630] Ebda.
[1631] O.A.; Die Frühjahrs-Ausstellung. Erster Besuch, Hann. Kurier, 3. März 1924.
[1632] M.K.R.; Theater, Kunst und Wissenschaft. Kunstausstellung in Hannover. Frühjahrsausstellung des Kunstvereins im Künstlerhause, Hamburger Tageblatt, 4. April 1927.
[1633] Ebda.
[1634] Bier, Justus; Kunst in Hannover, Frankfurter Zeitung, 24. April 1930.
[1635] Ebda.
[1636] Frerking, Johann; Geschichte des Kunstvereins, S. 42.
[1637] Ebda.
[1638] M.K.R.; Theater, Kunst und Wissenschaft. Kunstausstellung in Hannover. Frühjahrsausstellung des Kunstvereins im Künstlerhause, Hamburger Tageblatt, 4. April 1927. Gesprächsprotokoll Helmut Dörries, 4. Februar 1992.
[1639] O.A.; Die Jubiläums-Ausstellung des Hannoverschen Kunstvereins II, Hann. Anzeiger, 23. März 1932.
[1640] Habicht, V.C.; Herbstausstellung hannoverscher Künstler II, Nieders. Tageszeitung, 26. Oktober 1934. Vgl. auch F., J.; Herbstausstellung im Kunstverein. Erster Rundgang. Die Hannoversche Situation, Hann. Kurier, 31. Oktober 1934. Voß, Kurt; Ausstellung im Kunstverein. Herbstausstellung hannoverscher Künstler, Hann. Kurier, 25. Oktober 1928.
[1641] Brinko; 99. Große Kunstausstellung. Gemälde und Aquarelle, Volkswille, 13. März 1931.
[1642] Ebda.
[1643] Christof Spengemann gab Seiffert-Wattenberg in seinen Notizen zu dem geplanten satirischen Roman DIE INSEL DER BIERSELIGEN den Decknamen „Maler Salbe", was offenbar auf dessen Werke verweisen

sollte, die den Betrachter beruhigen und erfreuen und nicht etwa erregen sollten (Spengemann, Christof; Vier Generationen. Leopold, Wilhelm, Christof, Walter. Die Historie der Familie Spengemann, Hannover 1936 (SAH 2120)).

[1644] Buonarotti, Cesare; Herbstausstellung hannoverscher Künstler, in: Die Hann. Woche, 22. Oktober 1927, S. 10.

[1645] Protokoll der Sitzung der Museums-Kommission, 22. November 1927.

[1646] Vgl. Protokolle der Sitzungen der Museums-Kommission: 28. April 1927, 22. November 1927, 15. November 1928, 20. November 1930, 16. November 1931, 12. April 1933 (StAH Versch. Kommissionen, Bd. 21. Vgl. auch StAH HR X.C.7.5.3. u. X.C.7.5.4). Vgl. auch das Verzeichnis der dem Provinzial-Museum übergebenen Gemälde, 6. September 1934 (StAH HR X.C.7.2.1). Wie sehr der Ankauf von Werken Seiffert-Wattenbergs Anfang der dreißiger Jahre zum festen Bestandteil städtischer Kunstpolitik geworden war, macht der Zusatz unter dem Protokoll der Museums-Kommission vom 15. April 1932 deutlich (StAH Verschiedene Kommissionen, Bd. 21). Hier hieß es, weil seine finanziellen Forderungen erneut zu hoch seien, werde „diesesmal" von Richard Seiffert-Wattenberg nichts angekauft.

[1647] Protokoll der Satzungsänderungen des Kunstvereins Hannover e.V., nicht datiert (1933) (StAH HR 15, 456).

[1648] Richard Seiffert-Wattenberg, dessen Werke wie jene von Bernhard Dörries weiterhin von der Stadt angekauft wurden, war 1935 Sieger im Wettbewerb HANNOVER IM BILD (Hannoverscher Künstlerverein/Historisches Museum; Hannover im Bild, S. 40). Zahlreiche weitere Preise folgten auch in den nächsten Jahren. Noch erfolgreicher war Bernhard Dörries. Schon im November 1933 wegen der „bejahenden Wirkung" seiner Arbeiten von der Reichskammer für bildende Künste ausgezeichnet (Schreiben der Reichskammer, Gau Niedersachsen, an den Oberpräsidenten der Provinz Hannover, 3. November 1933 (Reg LaMu II.2.2A. Ankauf von Gemälden, 1.10.1933–31.12.1933)), zählte Dörries bald zu den in der nationalsozialistischen Kunstszene anerkannten Künstlern. Ab 1937 und bis 1941 stellte er im Münchener Haus der Kunst aus (Leppien, Helmut R.; Der erste und der zweite Teil, S. 15. Neubauer, Egon; Mit dem Auge denken, S. 45. Bloth, Ingeborg; Adolf Wissel, S. 193. Gesprächsprotokoll Helmut Dörries, 4. Februar 1992). 1937 wurde sein FAMILIENBILDNIS offenbar dem Urteilskriterium gerecht, eine „künstlerisch vorbildliche Darstellung der erbgesunden, kinderreichen Familie" darzustellen. Vom Veranstalter, dem Amt Rosenberg, wurde es mit dem 3. Preis ausgezeichnet. (Bloth, Ingeborg; Adolf Wissel, S. 96). Nach der Wettbewerbsausschreibung gehörte Dörries zu diesem Zeitpunkt zu einem Kreis von Künstlern, „die nach ihren bisherigen Leistungen die Gewähr bieten, dieser Aufgabe gewachsen zu sein, die Anregung zu geben, Werke zu schaffen, die wieder als Sinnbilder der erbgesunden, kinderreichen Familie und der kinderfrohen deutschen Mutter gelten können" (zitiert nach: Bloth, Ingeborg; Adolf Wissel, S. 193. Vgl. auch: Hannover pflegt die bildende Kunst, S. 38: „Der deutschen Mutter und der deutschen Familie ist im Zuge der Gesundung des Volkslebens eine neue Beachtung und neue Ehre geworden … In schlichter Schönheit, leicht verklärt durch das innige Mutterglück, sitzt die Mutter mit ihren beiden Söhnen auf dem Balkon ihres Hauses.") 1938 nahm Bernhard Dörries in Berlin eine Professur in der Nachfolge Georg Schrimpfs an (Lange, Rudolf; Bernhard Dörries, S. 14. Neubauer, Egon; Mit dem Auge denken, S. 45. Gesprächsprotokoll Helmut Dörries, 4. Februar 1992). Nur sehr wenig änderte der Maler an den Sujets und der Arbeitsweise zu diesem Zeitpunkt (Leppien, Helmut R.; Neue Sachlichkeit, S. 4). Und doch paßten sich seine strengen Mädchen- und Familienbildnisse und seine Landschaftsarbeiten in die nationalsozialistische Kunstproduktion ein. Werner Maaß urteilt: „Wie aber ließe sich übersehen, daß die wissenschaftliche Wiederbelebung des Akademismus, gerade in der sachlichen Treue zum Detail, einer Stilisierung erliegen kann, die der propagierten Kunst des Faschismus eigen ist … Die Sachlichkeit endet im maskenhaften Bilderbuchtypus." (Maaß, Werner; Zwischen Maske und Magie. Bernhard Dörries im Hannoverschen Kunstverein, Neue Hann. Presse, 24. Juni 1981). Gerade weil Dörries seine Arbeitsweise nicht änderte, weil seinen Bildern nichts betont Nazistisches eigen zu sein schien, waren sie so offen für neue Deutungen (Leppien, Helmut R.; Der erste und der zweite Teil, S. 15). Das Urteil Umberto Ecos über Adolf Wissels Bild KALENBERGER BAUERNFAMILIE läßt sich auch auf die Kunst von Bernhard Dörries übertragen: „Die Herkunft ist evident, wir stehen vor den letzten Echos der Neuen Sachlichkeit. Nur daß in den Bildern jener avantgardistischen Strömung ursprünglich eine Bosheit steckte, eine Fähigkeit zur psychologischen Denunziation, die in diesen späten Nachfolgern völlig fehlt: die ‚hyperrealistischen' Figuren von Wissel kompromittieren sich nicht. Schwer zu sagen, ob sie nazistisch sind, und gewiß sind sie auch nicht heroisch. Aber sie sind sich ihrer Versteinerung auch nicht bewußt. Sie warten ab: zwar wissen sie, daß sie nicht ‚echt' sind, aber sie würden gern echt erscheinen; um keine Risiken einzugehen, machen sie keine zu großen Anstrengungen – wunderbare Parabel für das falsche Bewußtsein eines Künstlers, der zweifelnd malen konnte und nicht auf seinen Stil verzichten wollte, aber der dem Regime zu gefallen suchte." (Eco, Umberto; Die Realismus-Illusion, L'Espresso, 27. Oktober 1974 (zitiert nach: Bloth, Ingeborg; Adolf Wissel, S. 13)). Besonders Peter Winter und Beatrix Nobis haben in der jüngsten Vergangenheit nicht mit Kritik gespart und den Künstler als akribischen „Maler mit Ärmelschonern" und „akademischen Leisetreter" bezeichnet, der „seine Schäfchen ins Trockene" bringen wollte (Winter, Josef (Peter); Bernhard Dörries in Hannover. Ei und Wasserglas als Nabel der bildnerischen Welt, Frankfurter Allg. Zeitung, 10. August 1981), als „mittelständisch(.) und mittelmäßig(.) begabte(n) Emporkömmling …", dessen Ehrgeiz, „im Reigen der öffentlichen Belobigungen und Anerkennungen mitzumischen, ihn zum „linientreuen Hüter des NS-Kulturgutes" gemacht hätten (Nobis, Beatrix; Umwertungen, S. 104). Diese Vorwürfe sind im Kern nicht neu. Bereits 1950 hatte der Maler Carl Buchheister sich in einem Schreiben an den damaligen Oberstadtdirektor Karl Wiechert über den „Maler D." beklagt, der – „älteres Parteimitglied" und Inhaber einer „Nazi-Professur"- nach dem Zweiten Weltkrieg unverändert Einfluß im Kunstverein habe (Schreiben Carl Buchheisters an Oberstadtdirektor Karl Wiechert, 11. Mai 1950, zitiert nach: Rump, Gerhard Charles; Carl Buchheister, S. 78 ff., bes. S. 80). Für Richard Seiffert-Wattenberg galt die Verurteilung als ‚Nazi-Künstler' längst nicht in gleichem Maß, was wohl auch damit zusammenhängt, daß er längst jene Erfolge hatte wie Dörries. Bis zur Mitte der dreißiger Jahre etwa schwankten die Urteile zwischen der Anerkennung des ästhetischen Reizes seiner Arbeiten und der Kritik, er schaffe keine „deutschen" Arbeiten (Habicht, Prof. Dr.; Herbstausstellung hannoverscher Künstler im Kunstverein, Nieders. Tageszeitung, 19. Oktober 1933). Immer stärker galt er als „Französling", dessen elegante, impressionistisch geprägte Arbeiten den Vorstellungen heroischer Kunst keinesfalls entsprachen (Rasche, Friedrich; Richard Seiffert-Wattenberg, S. 18). Nachdem mehrere Werke von ihm anläßlich der Schau ENTARTETE KUNST beschlagnahmt, indes nicht dort ausgestellt worden waren (Kunstverein Hannover; Konfiszierte Werke), zog sich Seiffert-Wattenberg allmählich aus der Vereinsarbeit zurück. 1943 übersiedelte er nach Einbeck (Vgl. Rasche, Friedrich; Richard Seiffert-Wattenberg, S. 18). Auch im folgenden blieb das Urteil über seine Arbeiten uneinheitlich. 1938 wurde das Bild eines „blonden deutschen Kindes" von der Gauleitung der Reichskammer in einer Veröffentlichung gelobt (Hannover pflegt die bildende Kunst, S. 32). 1943 stellte er in Wien auf einer von Baldur von Schirach organisierten Werkschau nationalsozialistischer Kunst erfolgreich aus (Rasche, Friedrich; Richard Seiffert-Wattenberg, S. 18). Im gleichen Jahr wurden seine Bilder in einem Brief des lokalen Leiters der Reichskammer als „französisch beeinflußt" bezeichnet, als „Schweinereien" diffamiert, und es wurde gehässig gemutmaßt, Seiffert-Wattenberg stelle nur deshalb nicht im Haus der Deutschen Kunst aus, weil er wisse, daß seine Arbeiten „dort der Ablehnung anheim fallen" würden (Schreiben des Landesleiters der Reichskammer für bildende Künste, Walter Schacht, an Oberbürgermeister Ludwig Hoffmeister, 22. März 1943 (zitiert nach: Lohr, Stephan; Notizen aus den Jahren 1933–1945, S. 108)). Richard Seiffert-Wattenberg starb am 1. August 1945 in Einbeck.

[1649] Drei Tage vor der Eröffnung der Frühjahrsausstellung 1941 und nachdem die Präsentation – wie üblich – vom Stellvertretenden Landesleiter der Reichskulturkammer bereits abgenommen worden war, erklärte der Direktor der Reichskammer der bildenden Künste, Berlin, Walter Hoffmann, die „Ausstellung in der zusammengestellten Form" für „nicht tragbar" und verbot die Eröffnung (der Vorgang wird in einem Schreiben Oberbürgermeister Henricus Haltenhoffs an den Regierungspräsidenten der Provinz Hannover v. 5. Juni 1941 geschildert (StAH HR 15, 456)). Hoffmann verfügte die Entfernung von Bildern u.a. Otto Hohlts, Ischi von Königs, Richard Seiffert-Wattenbergs und Kurt Sohns' und beauftragte einen Sachverständigen damit, die weiteren Schritte des Kunstvereins zu überprüfen. Besonders Bernhard Dörries forderte diesen Sachverständigen im folgenden wiederholt auf, die Beanstandungen konkret zu begründen und mitzuteilen, inwiefern die Arbeiten der Kollegen den „maßgeblichen Richtlinien" nicht entsprächen. Offenbar war der Experte hierzu nicht in der Lage. Dörries bemühte sich daraufhin darum, durch die Zusammenstellung von positiven Gutachten über die betreffenden Künstler zu verdeutlichen, wie willkürlich das Verbot der Reichskammer sei. In einem Schreiben an Stadtkämmerer Wilhelm Weber v. 22. Mai 1941 schrieb er: „Es wird augenblicklich von der Kunstkammer ein Kampf gegen die sogenannte ‚entartete' Kunst geführt, und die Auslegung dieses Begriffs ist sehr dehnbar." (Schreiben von Bernhard Dörries an Wilhelm Weber, 22. Mai 1941 (StAH HR 15, 456)). Vgl. Lohr, Jakob; Bemerkungen zur Mitgliederbewegung im Kunstverein, S. 89.

[1650] Dietzler, Anke; ‚Gleichschaltung', S. 49. Vgl. auch Lohr, Stephan; Notizen aus den Jahren 1933–1945, S. 100. Mlynek, Klaus; Hannover in der Weimarer Republik und unter dem Nationalsozialismus, S. 529.

[1651] NSDAP-Mitgliedskarte Bernhard Dörries (BDC). Von Richard Seiffert-Wattenberg existiert keine Akte im BDC. Lange, Rudolf; Bernhard Dörries, S. 13, 45. Frerking, Johann; Geschichte des Kunstvereins, S. 40.

[1652] Dörries, Bernhard; Vorwort, in: Kestner-Gesellschaft e.V. (Hg.); Katalog zur 3. Ausstellung. Hannoversche Sezession, 8. Februar – 8. März 1920. Vgl. Lange, Rudolf; Bernhard Dörries, S. 13.

[1653] Lange, Rudolf; Bernhard Dörries, S. 13. Lohr, Stephan; Notizen aus den Jahren 1933–1945, S. 103.

[1654] Lohr, Stephan; Notizen aus den Jahren 1933–1945, S. 103. Vgl. auch Frerking, Johann; Geschichte des Kunstvereins, S. 40.

[1655] Vgl. die Auflistung in: Eggers, Heike; Jahresgaben, S. 84.

[1656] Schreiben des Landesleiters der Reichskammer für bildende Künste, Walter Schacht, an Oberbürgermeister Ludwig Hoffmeister, 24. Mai 1943 (zitiert nach: Lohr, Stephan; Notizen aus den Jahren 1933–1945, S. 103).

[1657] Schreiben des Landesleiters der Reichskammer für bildende Künste, Walter Schacht, an Oberbürgermeister Ludwig Hoffmeister, 22. März 1943 (zitiert nach: Lohr, Stephan; Notizen aus den Jahren 1933–1945, S. 108).

[1658] Ebda.

[1659] Schreiben der NS-Kulturgemeinde, Gaudienststelle Südhannover-Braunschweig, an den Oberpräsidenten der Provinz Hannover, 9. August 1935 (NStAH Hann. 122a. 3386).

[1660] Ebda.

[1661] Aus dem Schreiben Arthur Menges an Oberpräsident Stabschef Viktor Lutze, 21. August 1935, zu entnehmen (NStAH Hann. 122a. 3386).

[1662] Ebda.

[1663] Ebda.

[1664] Ebda.

[1665] Lohr, Stephan; Notizen aus den Jahren 1933–1945, S. 104.

[1666] Frerking, Johann; Geschichte des Kunstvereins, S. 40.

[1667] Schreiben Carl Buchheisters, Hildesheim, an Helmuth Rinnebach, 12. März 1934, zitiert nach: Rump, Gerhard Charles; Carl Buchheister, S. 41.

[1668] Ebda.

[1669] Der folgende Abschnitt über die Künstlergruppe die abstrakten hannover beschränkt sich auf die Angabe von im Zusammenhang mit der städtischen Kunstpolitik wichtigen Hinweisen. Grundsätzlich sei auf folgende Veröffentlichungen verwiesen: Bier, Justus; Abstrakte Kunst in Hannover, in: Museum der Gegenwart. Zeitschrift der deutschen Museen für neue Kunst, Berlin, Jhg. 1, 1930/31, S. 71–73. Galerie bargera; Die abstrakten hannover. Sprengel Museum Hannover; Die abstrakten hannover. Sprengel Museum Hannover; abstrakt. konkret. Valstar, Arta Jacoba Angela Nora; Die abstrakten hannover.

[1670] Kunstverein Hannover; Zwanziger Jahre, S. 45. Lange, Rudolf; Carl Buchheister, S. 11. Mlynek, Klaus; Hannover in der Weimarer Republik und unter dem Nationalsozialismus, S. 465. Büchner, Joachim; Zum Geleit, in: Sprengel Museum Hannover; Die abstrakten hannover, S. 7. Schmalenbach, Werner; Kurt Schwitters, S. 25. Schumann, Werner; Rudolf Jahns, S. 5.

[1671] Moeller, Magdalena M.; Zur Ausstellung, in: Sprengel Museum Hannover; Die abstrakten hannover, S. 10.

[1672] Büchner, Joachim; Zum Geleit, in: Sprengel Museum Hannover; Die abstrakten hannover, S. 7 f.

[1673] Helms, Dietrich; Carl Buchheister in Hannover, S. 12.

[1674] Schreiben Carl Buchheisters an René Wicher, 23. Januar 1962, zitiert nach: Rump, Gerhard Charles; Carl Buchheister, S. 70.

[1675] Schumann, Werner; Rudolf Jahns, S. 5 ff, 15, 17. Ronte, Dieter; Rudolf Jahns, S. 12 f. Landschaftsverband Westfalen-Lippe/Westfälisches Landesmuseum für Kunst und Kulturgeschichte Münster; Rudolf Jahns. Kunstverein Hannover; Zwanziger Jahre, S. 109.

[1676] Jahns, Rudolf; Von mir und meinen Bildern, S. 9. Schumann, Werner; Rudolf Jahns, S. 5.
[1677] Jahns, Rudolf; Von mir und meinen Bildern, S. 9. Kunstverein Hannover; Zwanziger Jahre, S. 45. Galerie bargera; Die abstrakten hannover. „Sie brauchten diese Gruppenbildung, um die Bedingungen ihrer Arbeit zu verbessern und sich eine Basis der Wirkung zu verschaffen. Sie wurden zusammengelenkt durch die Schwierigkeiten, die sich ihnen in der Öffentlichkeit, bei der Veröffentlichung ihrer Werke, in den Weg stellten" (Galerie bargera; Die abstrakten hannover). Arta Valstar schrieb in der Einleitung zu ihrer Dissertation (Die abstrakten hannover): „Von dem eigenständigen Zusammenschluß versprachen sie sich eine Reihe von Vorteilen, von praktischen Hilfen, um die Ablehnung gegenüber der abstrakten Kunst innerhalb und außerhalb Hannovers überwinden zu können. Die Beteiligten hatten sehr unterschiedliche künstlerische Entwicklungen hinter sich, vertraten die abweichendsten Richtungen innerhalb der abstrakten Bewegung. Von Beginn an unternahmen sie jedoch nicht den Versuch, dies zu ändern, sich etwa auf eine gemeinsame Linie einzuschwören. Sie fühlten sich verbunden durch das Ziel des endgültigen Durchbruchs der abstrakten Kunst, wollten beweisen, daß ihr Anspruch, gestalterisch in allen Bereichen künstlerischen Schaffens tätig zu werden, letztlich zu einer verbesserten menschlichen Umwelt führen würde."
[1678] Vgl. dazu Valstar, Arta Jacoba Angela Nora; Die abstrakten hannover, S. 14. Galerie bargera; Die abstrakten hannover.
[1679] Ebda. Mlynek, Klaus; Hannover in der Weimarer Republik und unter dem Nationalsozialismus, S. 465.
[1680] Helms, Dietrich; Vordemberge-Gildewart, S. 14. Helms, Dietrich; Friedrich Vordemberge-Gildewart. Schriften und Vorträge, S. 25. Valstar, Arta; Die abstrakten hannover. Chronologie, S. 16. Rotzler, Willy; Vordemberge-Gildewart, S. 8.
[1681] Helms, Dietrich; Vordemberge-Gildewart, S. 14. Valstar, Arta Jacoba Angela Nora; Die abstrakten hannover, S. 226. Valstar, Arta; Die abstrakten hannover. Chronologie, S. 16. Steinitz, Käte; Kestner-Gesellschaft, S. 46. Das Hausbuch der Königstraße 8 (StAH) weist nach, daß Hans Nitzschke und Friedrich Vordemberge-Gildewart in der Kestner-Gesellschaft gewohnt haben: Nitzschke vom 18. Oktober 1924 bis zum 11. Oktober 1926, Vordemberge-Gildewart vom 21. Oktober 1924 bis zum 15. Oktober 1930.
[1682] Valstar, Arta Jacoba Angela Nora; Die abstrakten hannover, S. 25. Valstar, Arta; Die abstrakten hannover. Abstraktion als Weltgestaltung, S. 29.
[1683] Valstar, Arta Jacoba Angela Nora; Die abstrakten hannover, S. 25.
[1684] Ebda., S. 218. Galerie bargera; Die abstrakten hannover.
[1685] Valstar, Arta Jacoba Angela Nora; Die abstrakten hannover, S. 25 u. 134. Lange, Rudolf; Carl Buchheister, S. 11. Mlynek, Klaus; Hannover in der Weimarer Republik und unter dem Nationalsozialismus, S. 465. Galerie bargera; Die abstrakten hannover. Valstar, Arta; Die abstrakten hannover. Abstraktion als Weltgestaltung, S. 29 u. 31.
[1686] Valstar, Arta Jacoba Angela Nora; Die abstrakten hannover, S. 219.
[1687] Ebda., S. 218 f. u. 280. Büchner, Joachim; Zum Geleit, in: Sprengel Museum Hannover; Die abstrakten hannover, S. 7. Valstar, Arta; Die abstrakten hannover. Abstraktion als Weltgestaltung, S. 31 u 29: „Überdies war man streng darauf bedacht, durch konsequente und qualitätsvolle Arbeit, durch den Beweis ihrer Fähigkeit zu fortschrittlicher Gestaltung auf nahezu allen Gebieten künstlerischen Schaffens zu überzeugen. Die durchaus vorhandene Radikalität wurde auf Fragen der Kunst konzentriert, auf beißende politische und gesellschaftliche kritische Stellungnahmen wurde verzichtet." Kunstverein Hannover; Zwanziger Jahre, S. 45. Galerie bargera; Die abstrakten hannover.
[1688] Im 18. Jhg. der Zeitschrift DER STURM veröffentlichten die abstrakten hannover mit Ausnahme César Domélas 1927/28 den Aufsatz FRONT GEGEN FRONTA. Vorangegangen war eine Veröffentlichung der Gruppe Fronta, in der es hieß, „wir lebten in einer Zeit der kulturellen Reaktion, nur durch die Beantwortung der Frage nach einer neuen Gesellschaft könnte die Kultur vorwärts kommen". Die abstrakten hannover nahmen nun folgendermaßen Stellung dazu: „Die Lebensberechtigung und das Ziel der Kunst ist Schaffung der neuen Menschen, die die neue Gesellschaft bilden werden. Dadurch hat die Kunst eine große Aufgabe, und künstlerische Betätigung sowie künstlerischer Genuß, die einem Triebe entsprechen, d. h. nicht angelernt oder anerzogen werden können, bedeuten eine neue Gesellschaft ... Wir stellen fest, daß allerdings eine Reaktion in der Kunst vorhanden ist. Diese Reaktion ist aber nur eine Kunsthändlerangelegenheit und keine ästhetische. Diese Reaktion hat nicht die Kraft, die Entwicklung der abstrakten Kunst irgendwie zu hemmen." (Die Abstrakten Hannover; Front gegen Fronta. Nachwort zum Vorwort der Fronta, in: Der Sturm, 18. Jhg., 1927/28, S. 64). Vgl. auch Rotzler, Willy; Friedrich Vordemberge-Gildewart, S. 10. Kerber, Bernhard; Carl Buchheister, S. 25. Rump, Gerhard Charles; Carl Buchheister, S. 21. Valstar, Arta Jacoba Angela Nora; Die abstrakten hannover, S. 25 u. 218. Galerie bargera; Die abstrakten hannover. Valstar, Arta; Die abstrakten hannover. Abstraktion als Weltgestaltung, S. 29.
[1689] Seiler, Harald; Grethe Jürgens, S. 9, Helms, Dietrich; Carl Buchheister in Hannover, S. 12. Moeller, Magdalena M.; Zur Ausstellung, in: Sprengel Museum Hannover; Die abstrakten hannover, S. 10. Galerie bargera; Die abstrakten hannover.
[1690] „Trotz aller gemeinsamen Aktivitäten blieb die Tatsache, daß jeder von uns seinen ganz eigenen künstlerischen Weg ging." (Jahns, Rudolf; Von mir und meinen Bildern, S. 9). „Die Jahre gemeinsamer Arbeit waren für die abstrakten hannover eine intensive Zeit – des Kampfes um Anerkennung einerseits, der fruchtbaren Auseinandersetzung andererseits. Sie profitierten voneinander, beeinflußten sich für ein Stück ihrer künstlerischen Entwicklung in Richtung auf einen ausgeprägt konstruktiven Grundzug in all ihren Arbeiten ... Trotz allem war es innerhalb der Gruppe jedem der Künstler möglich, Charakteristika und Weg seines Schaffens zu wahren. Zu keiner Zeit schwor man sich auf eine gemeinsame Gestaltungstheorie ein – die organisch-konstruktive Abstraktion war bei den abstrakten hannover ebenso möglich wie die konsequente Ungegenständlichkeit, die konkrete Form." (Valstar, Arta Jacoba Angela Nora; Die abstrakten hannover, S. 279f). Vgl. auch Galerie bargera; Die abstrakten hannover.
[1691] Vgl. Valstar, Arta Jacoba Angela Nora; Die abstrakten hannover, S. 36.
[1692] Moeller, Magdalena M.; Zur Ausstellung, in: Sprengel Museum Hannover; Die abstrakten hannover, S. 10. Landschaftsverband Westfalen-Lippe/Westfälisches Landesmuseum für Kunst und Kulturgeschichte Münster; Rudolf Jahns.
[1693] Vgl. dazu die Beiträge von Christian Grohn, Monika Flacke-Knoch, Arta Valstar, Magdalena M. Moeller und Dietrich Helms, die unter der Überschrift INTERNATIONALE AVANTGARDE im Katalog über die abstrakten hannover des Sprengel Museum Hannover erschienen. Lange, Rudolf; Carl Buchheister, S. 11 u. 14. Schumann, Werner; Rudolf Jahns,

S. 10. Valstar, Arta Jacoba Angela Nora; Die abstrakten hannover, S. 274. Kunstverein Hannover; Zwanziger Jahre, S. 131. Über Katherine S. Dreier vgl.: Rump, Gerhard Charles; Carl Buchheister, S. 96.

[1694] „Mit ihnen gewann die Stadt den – relativ späten – Anschluß an die leitenden Kunstströmungen der Zeit." (Büchner, Joachim; Zum Geleit, in: Sprengel Museum Hannover; Die abstrakten hannover, S. 7f).

[1695] Ebda., S. 7. Am 10. Mai 1929 schrieb Carl Buchheister an Ernst Kallai: „Hier in Hannover existiert seit Jahren die Vereinigung die abstrakten hannover. Wir sind hier ziemlich rührig, veranstalten Vorträge und Ausstellungen, haben fördernde Mitglieder gekapert usw... Hannover macht sich, wir bekommen viel internationalen Besuch, Hannover ist wohl eine Art Zentrum abstrakter Kunst." (zitiert nach: Rump, Gerhard Charles; Carl Buchheister, S. 88). In einem anderen Schreiben an Kallai hieß es am 27. September 1931: „Wir Abstrakten in Hannover haben uns ständig entwickelt, haben z. B. den Wasserkopp von Deutschland, Berlin, mit seinem abstrakten Kuddelmuddel weit hinter uns gelassen. Hannover ist Zentrum der abstr. Bewegung für die ganze Welt. Diese Tatsache wird sich in Zukunft immer mehr herausheben." (zitiert nach: Rump, Gerhard Charles; Carl Buchheister, S. 90).

[1696] Büchner, Joachim; Zum Geleit, in: Sprengel Museum Hannover; Die abstrakten hannover, S. 7. Moeller, Magdalena M.; Zur Ausstellung, in: Sprengel Museum Hannover; Die abstrakten hannover, S. 11. Valstar, Arta Jacoba Angela Nora; Die abstrakten hannover, Einführung. Elger, Dietmar; Kate Steinitz, S. 9. „Hannover besaß das Klima, in dem unkonventionelle Ideen ins Kraut schossen und Tore in das Morgen, das Kommende, allenthalben aufgestoßen wurden." (Schumann, Werner; Rudolf Jahns, S. 12). Dietrich Helms bezeichnete die Aktivitäten der abstrakten hannover als „verzweifelte Versuche, am Geist des heroischen Aufbruchs der Kunst festzuhalten, als die Lage bereits umzukippen begann." (Helms, Dietrich; Carl Buchheister in Hannover, S. 12).

[1697] Vgl. dazu Helms, Dietrich; Carl Buchheister in Hannover, S. 12. Valstar, Arta Jacoba Angela Nora; Die abstrakten hannover, S. 234. Galerie bargera; Die abstrakten hannover.

[1698] Bier, Justus; Abstrakte Kunst in Hannover, in: Museum der Gegenwart. Zeitschrift der deutschen Museen für neue Kunst, Berlin, Jhg. 1, 1930/31, S. 71 ff. Vgl. auch Moeller, Magdalena M.; Zur Ausstellung, in: Sprengel Museum Hannover; Die abstrakten hannover, S. 10. Büchner, Joachim; Zum Geleit, in: Sprengel Museum Hannover; Die abstrakten hannover, S. 7. Valstar, Arta Jacoba Angela Nora; Die abstrakten hannover, S. 146, 236. Jahns, Rudolf; Von mir und meinen Bildern, S. 9.

[1699] Bier, Justus; Abstrakte Kunst in Hannover, in: Museum der Gegenwart. Zeitschrift der deutschen Museen für neue Kunst, Berlin, Jhg. 1, 1930/31, S. 71 ff.

[1700] Dietrich Helms urteilte 1980, der Aufnahme abstrakter Kunst sei „in den gebildeten bürgerlichen Kreisen dadurch Vorschub verschafft (worden), daß im Förderkreis der abstrakten hannover Künstler und Kunstexperten Vorträge hielten." (Helms, Dietrich; Carl Buchheister in Hannover, S. 12).

[1701] Vgl. dazu die Auflistung und Beschreibung der Veranstaltungen in: Valstar, Arta Jacoba Angela Nora; Die abstrakten hannover, S. 237–252. Kunstverein Hannover; Zwanziger Jahre, S. 105.

[1702] Am 1. Juni 1927 schrieb Carl Buchheister an Rudolf Jahns: „Wir haben einen sehr schweren Kampf durchzuführen." Zwei Monate später hieß es: „Die kasse der abstrakten besteht nur aus minus." (Zitiert nach: Kunstverein Hannover; Zwanziger Jahre, S. 131). Vgl. Helms, Dietrich; Carl Buchheister in Hannover, S. 12.

[1703] Vgl. etwa Valstar, Arta Jacoba Angela Nora; Die abstrakten hannover, S. 225 ff.

[1704] Bier, Justus; Abstrakte Kunst in Hannover, in: Museum der Gegenwart. Zeitschrift der deutschen Museen für neue Kunst, Berlin, Jhg. 1, 1930/31, S. 71 ff.

[1705] Vgl. das Schreiben Hans Nitzschkes an Oberbürgermeister Menge, 27. April 1926 (StAH HR 19, 353): „Durch die allgemein schlechte Wirtschaftslage bin ich in letzter Zeit in eine große wirtschaftliche Notlage gekommen. Es ist mir sehr schwer, meine künstlerischen Erzeugnisse abzusetzen, obgleich mein schwer kriegsbeschädigter Vater mir wiederholt Mittel zur Verfügung stellte, um Aufforderungen zu Ausstellungen in Berlin, Hannover, Harzburg und Paris Folge leisten zu können. Überall werden die Arbeiten auf diesen Ausstellungen gut bewertet, aber nicht gekauft. Ich habe aber trotzdem versucht, ohne Hilfe meiner Eltern in meinem Atelier in der Königstraße 8 durch angestrengte Arbeit ... das Nichtverkaufen meiner rein künstlerischen Arbeiten ... auszugleichen. Auch hierbei waren die allgemeinen Verhältnisse in letzter Zeit derart schwierig geworden, daß ich gesundheitlichen Schaden genommen habe und daß ich längere Zeit die ärztliche Hilfe in Anspruch nehmen mußte ... Da es meinem Vater nicht mehr möglich ist, mich zu unterstützen, bin ich in einer großen Notlage und habe auch keine Aussicht auf Besserung. Ew. Hochwohlgeboren bitte ich darum, mich bei der Verteilung der ausgesetzten Summe zur Unterstützung der hiesigen notleidenden Künstler berücksichtigen zu wollen ... In Erkenntnis meiner schweren wirtschaftlichen Notlage und im Bewußtsein meiner künstlerischen Fähigkeiten gebe ich mich der Hoffnung hin, daß mein Gesuch um eine einmalige Beihilfe Berücksichtigung findet." Im Mai 1926 wurden dem 23jährigen Architekten seitens der Stadtsparkasse M 200 ausbezahlt (gleiche Akte). Zur Biographie Nitzschkes vgl. Geest, Jan van/Macel, Otokar; Hans Nitzschke. Dorner, Alexander; 100 Jahre Bauen in Hannover, S. 49. Rump, Gerhard Charles; Carl Buchheister, S. 143.

[1706] Valstar, Arta Jacoba Angela Nora; Die abstrakten hannover, S. 194 u. 268. Büchner, Joachim; Zum Geleit, in: Sprengel Museum Hannover; Die abstrakten hannover, S. 7. Helms, Dietrich; Neue Typographie, S. 65, 68.

[1707] Schreiben von Kurt Schwitters an Nelly und Théo van Doesburg, 21. Januar 1926, zitiert nach: Helms, Dietrich; Neue Typographie, S. 65.

[1708] Stadtbibliothek Hannover; Typograph Kurt Schwitters. Vgl. auch Heine, Werner; Kurzer Frühling der Moderne, S. 95 f.

[1709] Stadtbibliothek Hannover; Typograph Kurt Schwitters, S. 7.

[1710] Valstar, Arta Jacoba Angela Nora; Die abstrakten hannover, S. 215 ff. Stoeber, Michael; Paul Erich Küppers, S. 212 f. Schmied, Wieland; Wegbereiter zur modernen Kunst, S. 253.

[1711] Schreiben Friedrich Vordemberge-Gildewarts an Alfred Roth, 1. Oktober 1945, zitiert nach: Helms, Dietrich; Neue Typographie, S. 65.

[1712] Zitiert nach: Rump, Gerhard Charles; Carl Buchheister, S. 212.

[1713] Ebda., S. 219.

[1714] Ebda., S. 235.

[1715] Vgl. etwa Frerking, Johann; Geschichte des Kunstvereins, S. 37.

[1716] Dietrich Helms, in: Galerie bargera; Die abstrakten hannover.

[1717] Handschriftliche Notiz in Carl Buchheisters Kritikensammlung, zitiert nach: Rump, Gerhard Charles; Carl Buchheister, S. 236.

1718 Dr. Kn.; Herbstausstellung hannoverscher Künstler, Niederdeutsche Zeitung, 25. November 1928.
1719 Handschriftliche Notiz in Carl Buchheisters Kritikensammlung, zitiert nach: Rump, Gerhard Charles; Carl Buchheister, S. 240.
1720 Schreiben Carl Buchheisters an Helmuth Rinnebach, 12. März 1934, zitiert nach: Rump, Gerhard Charles; Carl Buchheister, S. 41.
1721 Dr. V.; Frühjahrsausstellung im Kunstverein. Im Künstlerhaus an der Sophienstraße, Hann. Kurier, 21. März 1933.
1722 Dr. Voß; 94. Große Frühjahrsausstellung im Kunstverein, Hann. Kurier, 16. März 1926.
1723 a.; Die Ausstellung der Kestner-Gesellschaft, Niederdeutsche Zeitung, 5. Oktober 1926.
1724 O.A.; Frühjahrsausstellung, Hann. Landeszeitung, 24. Februar 1929.
1725 „Es ist guter Brauch, in jedem Jahr zwei große Kunstausstellungen im Künstlerhaus zu veranstalten. Das ist besonders notwendig, weil die bildende Kunst noch immer weiter aus dem Bereich des Unmittelbaren und Wesentlichen zu rücken scheint. Die Ursache ist einfach, weil nämlich bei unaufhaltsamer Typisierung des Menschen und rasch wachsender Technik, die jeden menschlichen Vorgang in ihren mechanischen Ablauf zieht, der Weg von der Technik zur Kunst noch nicht offen ist. Da ist Kluft. Hier sind gewaltige Tatsachen technischer Wirklichkeit, jenseits liegen die idyllischen Gefilde individuellen Kunstschaffens, das fast schon Privatangelegenheit ist. So seltsam es klingen mag, die Abstrakten stehen dieser Kluft am nächsten. Sie sehen sie und wollen sie überwinden. Und alle ihre geometrischen Übungen, die man auch in dieser Ausstellung sieht und die man bis in die Unendlichkeit fortsetzen kann, besitzen zwar keinen Eigenwert und sind völlig anonym, sind aber Material, um diese Kluft aufzufüllen, damit einer einmal den Weg von der Technik zur Kunst finden kann. Das ist die Ortsbestimmung der Abstrakten." (O.A.; Eröffnung der Frühjahrsausstellung. Im Künstlerhaus, Volkswille, 27. Februar 1929). Vgl. auch: Brinko; 96. Große Frühjahrsausstellung, Volkswille, 7. März 1928. Vgl. Lange, Rudolf; Carl Buchheister, S. 5.
1726 Buonarotti, Cesare; Herbstausstellung Hannoverscher Künstler, in: Hann. Woche, 22. Oktober 1927, S. 11.
1727 Ebda.
1728 Vgl. dazu Lange, Rudolf; Carl Buchheister, S. 5.
1729 Zitiert nach: Schumann, Werner; Rudolf Jahns, S. 11.
1730 Schreiben Carl Buchheisters an Heinrich Tramm, 19. November 1928, zitiert nach: Rump, Gerhard Charles; Carl Buchheister, S. 74 f. Auch zitiert in: Valstar, Arta Jacoba Angela Nora; Die abstrakten hannover, S. 216.
1731 Schreiben Carl Buchheisters an Heinrich Tramm, 19. November 1928, zitiert nach: Rump, Gerhard Charles; Carl Buchheister, S. 74 f.
1732 Schreiben Heinrich Tramms an Carl Buchheister, 22. November 1928, zitiert nach: Rump, Gerhard Charles; Carl Buchheister, S. 75. Auch zitiert in: Valstar, Arta Jacoba Angela Nora; Die abstrakten hannover, S. 217.
1733 Schreiben Heinrich Tramms an Carl Buchheister, 22. November 1928, zitiert nach: Rump, Gerhard Charles; Carl Buchheister, S. 75.
1734 Vgl. StAH Verschiedene Kommissionen, Bd. 21. Im Protokoll der Museums-Kommission vom 17. Juni 1930 hieß es sogar explizit, alle auf der Ankaufsliste notierten Werke „mit Ausnahme der Komposition von Vordemberge-Gildewart" seien zu erwerben (Ebda.).
1735 Vgl. StAH Verschiedene Kommissionen, Bd. 21.
1736 Frerking, Johann; Geschichte des Kunstvereins, S. 40.
1737 Rasche, Friedrich; Richard Seiffert-Wattenberg, S. 17.
1738 Wie Buchheister verwendete also auch Seiffert-Wattenberg den zu diesem Zeitpunkt lange nicht mehr zutreffenden Titel Tramms.
1739 Schreiben Richard Seiffert-Wattenbergs an Heinrich Tramm, 3. Juli 1931 (StAH HR 19, 378). Der Maler befand sich nach eigener Aussage in einer schwierigen wirtschaftlichen Lage. Seiffert-Wattenberg wurde zeitweilig von der Stadt durch finanzielle Unterstützung aus dem Fonds für notleidende Künstler gefördert (gleiche Akte). Drei Jahre später, anläßlich Seiffert-Wattenbergs bevorstehenden 60. Geburtstages, richtete der Malerkollege Kurt Hensel ein Schreiben an Oberbürgermeister Arthur Menge, in dem er über den schlechten Gesundheitszustand des Malers und die prekäre wirtschaftliche Lage der Familie Seiffert-Wattenberg berichtete und hinzufügte: „Hannover dürfte stolz sein, eine solche Persönlichkeit zu haben, die obendrein in den letzten Jahren mehr als die Hälfte seiner Jahresarbeit dem Kunstverein und dem Ruf Hannovers als Kunststadt gewidmet hat. Durch seine Arbeit zählt Hannover wieder zu den Städten, die durch Ausstellungen in der Kunstwelt ernst genommen werden. Alles tat er wie ein Namenloser, hielt sich unauffällig im Hintergrund ... ein heimlicher Führer." (Schreiben Kurt Hensels an Oberbürgermeister Arthur Menge, 17. Januar 1934 (StAH HR 19, 378).
1740 Schreiben Richard Seiffert-Wattenbergs an Heinrich Tramm, 3. Juli 1931 (StAH HR 19, 378).
1741 Ebda.
1742 Rasche, Friedrich; Richard Seiffert-Wattenberg, S. 16.
1743 Schreiben von Richard Seiffert-Wattenberg an Heinrich Tramm, 3. Juli 1931 (StAH HR 19, 378).
1744 Rasche, Friedrich; Richard Seiffert-Wattenberg, S. 18.
1745 Rischbieter, Henning, in: Kunstverein Hannover; Zwanziger Jahre, S. 9.
1746 Ebda.
1747 Röhrbein, Waldemar R./Auffarth, Sid/Masuch, Anna/Zankl, Franz-Rudolf; Hannover zwischen den Kriegen, S. 110.
1748 Kaiser, Hans; Der Kunstverein. Eine Grabrede, in: Das Hohe Ufer, 1. Jhg., H. 4, April 1919, S. 97 ff. Vgl. Grasskamp, Walter; Unbewältigte Moderne, S. 21.
1749 Voß, Dr.; Frühjahrsausstellung im Kunstverein. Im Künstlerhause an der Sophienstraße I, Hann. Kurier, 4. März 1927.
1750 O.,A.; Die Frühjahrs-Ausstellung. Erster Besuch, Hann. Kurier, 3. März 1924.
1751 Grabenhorst, Georg; Ernst Thoms, S. 12.

„... Mit bürgerlichen Maßstäben ist seine unruhige und sprunghafte Entwicklung nicht zu messen ..."

Der Schriftsteller Gustav Schenk und die Zeitschrift DER WACHSBOGEN

Als Gustav Schenk im Juli 1937 seine Aufnahme in die Reichsschrifttumskammer beantragte,[1] berief er sich auf den Landesleiter ihrer regionalen Unterabteilung, den Schriftstellerkollegen Georg Grabenhorst, als jemanden, der erschöpfende Auskunft über ihn und seine Arbeit geben könne. Beide Künstler kannten sich zu diesem Zeitpunkt schon knapp zwanzig Jahre und waren durch ihre schriftstellerische Tätigkeit immer wieder in Kontakt miteinander gekommen. Grabenhorst hatte in seiner Eigenschaft als Kulturreferent der Provinz Hannover dem jüngeren Kollegen wiederholt mit kleineren finanziellen Zuwendungen unter die Arme gegriffen. Schenk nämlich befand sich nach Auskunft eines seiner Verleger „dauernd in wirtschaftlicher Not"[2] und war, „obgleich er das Zeug dazu hätte, nie ‚auf einen grünen Zweig'"[3] gekommen. Auch im Sommer 1938 befürwortete Grabenhorst dem Präsidenten der Reichsschrifttumskammer gegenüber Schenks Antrag auf Gewährung einer Beihilfe, und zwar folgendermaßen: „Gustav Schenk ist mir seit einer Reihe von Jahren bekannt, und zwar als ein ohne Zweifel sehr begabter und strebsamer Schriftsteller, der nicht nur über ein ungewöhnliches Maß von dichterischer Vorstellungs- und Gestaltungskraft verfügt, sondern der sich auch als Autodidakt beachtliche Kenntnisse in der Naturwissenschaft angeeignet hat."[4] Grabenhorst schloß sein Gutachten mit dem Hinweis, daß Schenks „unruhige und sprunghafte Entwicklung" mit „bürgerlichen Maßstäben" nicht zu messen sei.[5]

Biographisches

In seinen Lebenserinnerungen aus den siebziger Jahren klang Georg Grabenhorsts Urteil über den Kollegen weniger wohlwollend. Er habe von Schenk schon früh den Eindruck gewonnen, daß dieser „auf der Nachtseite der Erscheinungen, im Unheimlichen und Gefährlichen um literarischer Effekte willen operierte ... Ich bemerkte wohl die Begabung, traute ihr nur nicht recht ... Vermutlich aber war mein Urteil befangen. Wären seine Hemden und Hände sauberer gewesen, hätte ich ihm vielleicht mehr Gerechtigkeit widerfahren lassen."[6]

Gustav Schenk lebte in den zwanziger und dreißiger Jahren unter primitivsten hygienischen Verhältnissen in einer einräumigen „Wohnlaube"[7] im Engelbosteler Moor, gut zwanzig Kilometer von Hannover entfernt. Die Stadt besuchte er nur selten und wenn, dann zu Fuß.[8] Dennoch kannte ihn die literarische Szene hier gut. Wenn man auch seine Arbeit schätzen mochte, so ließen körperliche Ungepflegtheit und das „Geheimnis der Nächte in der Wildnis",[9] das ihn „umschauerte", im allgemeinen Abstand halten. Schenk war auch jetzt, Ende der dreißiger Jahre, trotz Aufforderung nicht in die NSDAP eingetreten[10] und sorgte in der Reichsschrifttumskammer für Ärger, weil er wiederholt seinen Mitgliedsausweis verlor.[11] Zudem rief sein – nach bürgerlichen Maßstäben – unmoralisches Privatleben selbst in seinem aufgeschlossenen und toleranten Freundeskreis ebenso Befremden hervor wie die Pose des „lyrischen Weltschmerzlers schweinischer Observanz",[12] wie es ein guter Bekannter formulierte.

Gustav Schenk, Foto. 1930

Jamben-Justav, so der „vertraut-liebevolle"[13] Name, unter dem Schenk in den literarischen Kreisen Hannovers bekannt war,[14] galt als beweglicher und anpassungsbereiter Künstler. Ende der zwanziger Jahre verfaßte er als Herausgeber der Zeitschrift DER WACHSBOGEN gesellschaftskritische Texte und tauchte gleichzeitig als aufdringlicher Prominentenfotograph[15] des HANNOVERSCHEN KURIERS und des HANNOVERSCHEN TAGEBLATTES zum Ortstermin auf. Zehn Jahre später bat er die Reichsschrifttumskammer, „mich durch das Propagandaministerium dem O.K.W. für eine Verwendung in einer Propagandakompagnie vorschlagen zu wollen".[16] Gleichzeitig berichtete er Grabenhorst gegenüber geheimnisvoll von seinen guten Kontakten zu

Berliner Ministerien, die schon seiner fehlenden NSDAP-Mitgliedschaft wegen kaum bestanden haben dürften.[17]

Im ganzen scheint Gustav Schenk dem Kulturreferenten suspekt gewesen zu sein. Schließlich hatte Grabenhorst eine schmerzliche, aber nach seinem Empfinden auch durchaus positiv wegweisende Prägung durch das „Generalerlebnis" des Soldatentums im Ersten Weltkrieg erfahren und mit der gegenwärtigen Tätigkeit in der Provinzialverwaltung den angestrebten Zustand der bürgerlichen Sicherheit und Ordnung erreicht. Dies waren Entwicklungen und Werte, die Schenk nicht interessierten, ja, die er für sein Leben ablehnte.

Gustav Schenk wurde am 28. September 1905 als Sohn eines ostpreußischen Schneidermeisters und dessen Frau in der hannoverschen Südstadt geboren.[18] 1919 verließ er die Volksschule. Bald entsann er sich „kaum noch einer einzigen regelrechten Schulstunde", wie er in seiner 1930 verfaßten autobiographischen Skizze ... GEBOREN 1905[19] schrieb. „Der Hunger macht rebellisch und unduldsam, die Lehrer, die noch im Lande sind, haben mit der provisorischen Schulleitung so viel zu tun, daß sie sich um uns nicht mehr kümmern können, und die Schulleitung selbst befaßt sich nicht mehr mit dem Unterricht, sondern nur noch mit dem Problem der Umgestaltung der Schulen in Lazarette. Man zieht um von Monat zu Monat in ein neues Haus und vergißt die Bücher, weil es interessanter ist, Schulbänke und Tafeln über die Straße zu tragen."[20] Dann war der Krieg zu Ende. Im November 1918 „krachen ... die ersten Schüsse einer viel zu kurzen Revolution. Man läuft auf die Straße wie zu einem Volksfest, wirft sich platt auf das Pflaster, wenn die Maschinengewehre durch die Straßenfluchten knattern ... Es dauert leider nur eine halbe Stunde, und am nächsten Morgen kleben schon wieder andere Plakate an den Litfaßsäulen, wichtige männliche ernsthafte Aufrufe, Klagen, Beschwerden, Proklamationen, die Deutschland und die ganze Welt retten wollen, eine Farce da und dort, bei der nur die Drucker verdienen."[21] Der Dreizehnjährige erkannte bald schon die Gefahren des „deutsche(n) Chaos der Nachkriegszeit"[22] als „Anfang einer Anarchie, die für viele unter uns nicht nur schädlich, sondern so gefährlich war, daß sie schon ein Jahrzehnt später vor dem Leben die Waffen strecken müssen",[23] wie er später urteilte.

Enttäuschung über diese Revolution hatte auch der um sechs Jahre ältere Georg Grabenhorst empfunden, als er nach Erlebnissen voller Bitterkeit, Gewalt, aber auch Auszeichnung und Ehre aus dem Krieg zurückgekehrt war. Grabenhorst sah das Nachkriegs-Hannover mit den Augen des Soldaten, der sein Leben für die Heimat aufs Spiel gesetzt hatte und der die dort verinnerlichten Werte nun hier durch Zivilisten in den Dreck getreten glaubte. Schenks Kritik zielte in eine andere Richtung. Grabenhorst war für ihn einer derjenigen, „denen wir um zehn Jahre in der Jugend voraus sind, und die es darauf anlegen, uns durch ihr Mitleid zu entwerten und herabzusetzen. Sie sind – unsere ‚älteren Brüder' – von der Front zurückgekommen, entweder stupide, verrückt oder gebrochen."[24] Seine Generation habe dagegen wenigstens noch Gelegenheit, die äußere Misere zu überwinden, „weil unsere Köpfe noch klar, unser Herz noch nicht lässig und ohne Erbitterung"[25] seien. Die Älteren aber siechten unter dem „Gift der Frontsoldaten" dahin, „armeenweise innerlich depraviert", „ohne sich zu wehren, daß sie Menschen töteten ohne Zorn".[26]

Auf Schenk und seine Kameraden machten die ehrfurchtsheischenden Gebärden der nur wenig älteren Kämpfer und ihre Überzeugung vom Kampf als Initiationsritus keinen Eindruck. Sie sahen die Soldaten, hörten ihre Berichte von der Notwendigkeit des Kampfes und fühlten Mitleid mit der inneren Leere und Unruhe dieser Menschen; aber sie empfanden auch Erleichterung, dieses Schicksal nicht teilen zu müssen. Sie wuchsen heran in Jahren, die von Not in oberflächliche Prosperität übergingen, und setzten Individualismus, Lebensmut und kritische Distanz gegen eine Zeit, „wo der leibliche Genuß die Herzen schlaff machte und die Seelen betäubte",[27] wie Schenk in einem autobiographischen Roman in den dreißiger Jahren formulierte. Auch er verließ die bisherige Bahn seines Lebens, was innere und äußere Gründe hatte. Nach Jahren des Herumstreunens ohne rechten Halt erahnte er die Ungerechtigkeiten und Fehlentwicklungen im Nachkriegsdeutschland mehr, als daß er sie erfaßte: „Ich sah meine Zeit und verurteilte sie ...

und lernte von der kalten Wüstenei dieser Städte, daß sie Kameradschaft nicht zuläßt, Liebe nicht festigt und die Seelen erfrieren macht."[28]

Schon kurze Zeit nach Kriegsende starb der Vater; die Schwester, Inbegriff des neuen, lebensfreudigen weiblichen Typus der heranbrechenden zwanziger Jahre, erschoß sich mit neunzehn gemeinsam mit ihrem Freund.[29] Halb brach Schenk die Lehre in einer hannoverschen Buchhandlung aus eigenen Stücken ab, weil er die Dumpfheit des Büroalltags nicht ertrug,[30] halb war er gezwungen, gemeinsam mit den beiden Brüdern den Haushalt zu führen und die Mutter zu unterstützen.[31] Erst wurde der Siebzehnjährige Packer in einer Spedition, dann Arbeiter bei der Conti, wo er in Zehn-Stunden-Schichten monatelang Gumminähte von Reifen abschliff, bis er entlassen wurde.[32] Mit einem Anfangslohn von 60 RM monatlich wurde er dann als Kellner angestellt, was er aufgab, als die Zechprellereien der wohlhabenden Gäste, für die er aufzukommen hatte, sein Einkommen überstiegen.[33] Nach kurzfristiger Arbeit als Hausdiener war er Vertreter für Büromaschinen, die er bei Wartungen absichtlich unbrauchbar zu machen hatte, damit sich die Firma über Wasser halten konnte.[34] Schließlich versuchte er sich selbständig zu machen, indem er der Bekleidungsfirma Hettlage die umgehende preiswerte Lieferung von 160.000 selbstgefertigten Lohntüten unter der Bedingung anbot, ihm die Rückseite der Tüten für Werbung seiner SCHENK-REICHSREKLAME, HANNOVER – BIELEFELD – KÖLN zu lassen.[35] Alle diese Tätigkeiten waren willkürlich gewählt, kurzfristig und Schenk nach kurzer Zeit verleidet.

Was blieb, war die Liebe zur Literatur. Schenk war häufiger Gast der hannoverschen Leihbibliotheken. Besonders Marx und Hegel fanden anfänglich sein Interesse, später kamen, auch persönlicher Kontakte wegen, Döblin und Theodor Lessing hinzu.[36] Mit siebzehn Jahren schrieb er seinen ersten, „noch sehr unsicheren Roman, aber meine natürliche Liebe zur sprachlichen Form brachte mich weiter ... Da ich später den schriftstellerischen Beruf nicht nur als Beruf, sondern als Berufung auffaßte, erlernte ich, um mir mit handwerklicher Arbeit mein Brot zu verdienen, die Fotographie."[37] Beides, die schriftstellerischen Versuche wie die Fotographie, waren ihm gleichermaßen willkommen, das Fernweh zu stillen, das ihn schon seit der Kindheit und Jugend begleitet hatte.[38] Während seiner verschiedenen Arbeiten in Hannover zog es ihn immer wieder auf die Landstraße, um, wie er es nannte, „das ganze bürgerliche und traditionelle Leben über Bord"[39] zu werfen. Schenk reiste mit Freunden wie dem neusachlichen Maler Hans Mertens,[40] meist aber allein, buchstäblich in alle Himmelrichtungen. Als Siebzehnjähriger erlebte er Abenteuer, Hunger und Schmutz in ganz Europa und Nordafrika, wurde als „Vagabund und Außenseiter"[41] bei illegalen Grenzüberschreitungen in Schweden festgenommen, entkam der österreichischen Polizei durch halsbrecherische Flucht, landete in Marseille im Armenhaus und kaufte in Timbuktu gefälschte Papiere. Er kehrte nach Hannover zurück, um zwei Jahre darauf, mit gerade zwanzig Jahren, im Auftrag des Ullstein-Verlages das Leben der Rif-Kabylen und eine Sahara-Durchquerung zu dokumentieren.[42] 1930 schließlich, nach vielen kleineren Reisen innerhalb Europas, brach er zu einer dritten großen Fahrt nach Jugoslawien und dem Balkan auf.[43]

Wieder wird er auch diesmal in der Gewißheit bestätigt heimgekehrt sein, daß seine Reisen nur Fluchten aus dem Hannover der zwanziger Jahre waren. Später erst hat er seine Überzeugung jener Jahre belächelt, daß „alle Sonnen jenseits der Meere goldener zu glänzen, die Meere selber ... tiefer", alle Länder, die er noch nicht kannte, „dunkler, gefahrvoller, verführerischer ... als die bekannten"[44] schienen. Einstweilen aber reiste er voller Unrast mit „phantastische(r) Leidenschaft und leidenschaftliche(r) Phantastie" suchend durch fremde Länder und genoß die Unmittelbarkeit elementarer Eindrücke in vermeintlicher Ungebundenheit, die er „in der kalten Wüstenei dieser Städte"[45] vermißte. Doch obschon immer wieder Jahre kamen, in denen seine Freunde „nur aus zweiter Hand"[46] von ihm hörten, kehrte er doch gern in den Freundeskreis nach Hannover zurück.

Anfang der dreißiger Jahre beschrieb ein Cyrill Utis, von dem zu vermuten ist, daß es sich um den unter vielen Pseudonymen schreibenden Schenk handelt, im WACHSBOGEN seine Generation mit den Worten: „Wir Skeptiker von 1932 sind nicht mehr so begeisterungsfähig, uns ist der Sinn für das Gefühlsleben unserer

Väter abhanden gekommen. Zwar haben auch wir noch Gefühle, aber wir gehen sparsam damit um und begnügen uns mit einer Geste, einem Wort, wo vor dreißig Jahren ein langer lyrischer Erguß zu stehen hatte. Das ist so in der Erotik, im Sozialen und in der Kunst. Die neue Generation verlangt Sparsamkeit in Gefühlsdingen, und wir wollen zu ihrer Ehre annehmen, daß das nichts mit Gefühlsarmut zu tun hat."[47] Erweitert man diese Charakterisierung durch Züge wie die Suche nach eigenem Ausdruck in der Persönlichkeit und in der Kunst und nach einem Individualismus, der die deutliche und kompromißlose Abgrenzung vom Bisherigen, von traditionellen Werten und Normen der Elterngeneration einschließt, so bezeichnet sie recht genau die Stimmung, in der sich der Freundeskreis, dem Gustav Schenk angehörte, befand und die er in seinen Schriften dieser Zeit ausdrückte. Stark war das Zusammengehörigkeitsgefühl der Gruppe, deren Angehörige derselben Generation angehörten, was offenbar entscheidend war, weil es ihnen die Legitimation gab, die Jugend ihrer Zeit zu repräsentieren. Mochten ihre Mitglieder auch unterschiedlicher gesellschaftlicher Herkunft sein, so schloß die Zugehörigkeit zu einer Altersklasse doch die Kluft, ebenso wie sie die Freunde einte in einer Überzeugung von den eigenen Möglichkeiten und der eigenen Stärke, die Erich Kästner im FABIAN nur wenig später den jungen Privatdozenten Labude mit den Worten charakterisieren ließ: „Ich sagte, diese neue Front, diese Querverbindung der Klassen, sei möglich, da die Jugend, wenigstens ihre Elite, den hemmungslosen Egoismus verabscheue ... Wenn es schon ohne Klassenherrschaft nicht abgehe, dann solle man sich für das Regime unserer Altersklasse entscheiden."[48]

Allerdings standen solche Überlegungen am Schluß einer gedanklichen Kette, die mit diesem gesellschaftspolitischen Impetus nicht von allen Angehörigen des Freundeskreises um Gustav Schenk mit Konsequenz zu Ende gedacht wurde. Dem 1976 an das hannoversche Historische Museum abgegebenen Nachlaß des Karikaturisten und Malers Bernhard Brach-Zinek, der, gebürtiger Gnesener, in den zwanziger Jahren als Schüler der hannoverschen Kunstgewerbeschule und später durch verschiedene Tätigkeiten mit der hiesigen Kunstszene seiner Generation verbunden war, ist ein Einblick in die Vielschichtigkeit der Künstlergruppe um Gustav Schenk zu verdanken.[49] Ihre Mitglieder verband danach kein Programm, sondern eine Grundstimmung, die aus ihrer Zugehörigkeit zur Altersgruppe derer gewachsen war, die zu Beginn der Weimarer Republik den Schritt vom Jugendlichen zum Erwachsenen taten. Schenk selbst war für den Freundeskreis deshalb so wichtig, weil er trotz häufiger Abwesenheit von Hannover immer wieder genügend Energie und Organisationstalent aufbrachte, für einen geistig-künstlerischen Austausch seiner Freunde untereinander zu sorgen.

DIE MITTERNACHTSBÜHNE *und* DER QUADER

Einladungskarte Gustav Schenks zum Vortragsabend der MITTERNACHTSBÜHNE. Dezember 1923

Vor dem Hintergrund der gerade überstandenen Inflation erspürte Gustav Schenk den Unternehmungsgeist vieler junger Kollegen und setzte sich 1923 achtzehnjährig über alle wirtschaftlichen Bedenken hinweg, um im obersten Stockwerk des Continentalgebäudes am Kröpcke die MITTERNACHTSBÜHNE als „Freistatt für junge Künstler"[50] zu begründen. Allwöchentlich sollten öffentliche und private Veranstaltungen „mit Werken moderner Kunst, die sonst kein Forum haben",[51] angeboten werden. Der Initiator Schenk erwies sich schon bald als eifrigster Interpret eigener wie fremder Werke. Das Programm vom 26. Dezember 1923, in angestrengter Handschrift von ihm geschrieben, schlecht reproduziert und zum Preis eines halben Pfennigs zu einer Zeit vertrieben, als in Hannover bereits die typographische Gestaltung eines Kurt Schwitters oder Friedrich Vordemberge-Gildewart reifte, nannte verhältnismäßig wenige Namen lebender Künstler, umfaßte jedoch neun längere Abschnitte mit Interpretationen von Gedichten, Aphorismen und Romanfragmenten.[52] Die MITTERNACHTSBÜHNE war als „Notgemeinschaft junger Kunst" gegründet worden. Sie wollte, unabhängig von „unerreichbaren Verlegern und Bühnen",[53] das fördern, was ihr gefiel und was sonst ungehört und ungesehen blieb. Damit brachte sie den „Todeskeim mit sich auf die Welt, finanziell und schließlich ideell",[54] und starb schnell. Ein Gutes immerhin hinterließ das Verlorene: „Annäherungen, Freundschaften – neue Gesichter, neue Gesichte, umfänglichere Gestalt."[55]

Einige der Freunde, die sich hier zusammengefunden hatten, so Brach-Zinek, Albert Baginsky, Hans Diedrichsen und auch Schenk selbst, fanden 1924/25 im QUADER zusammen, dem lockeren, sich betont unbürgerlich gebenden Diskussions- und Feierzirkel, dem auch der nur wenig ältere Georg Grabenhorst angehörte. Auch dem QUADER halfen die Konsolidierungsversuche seiner Mitglieder noch im April 1925, als

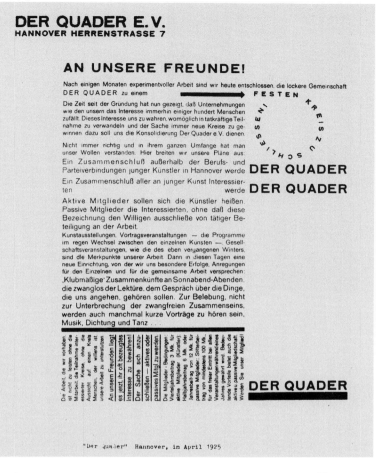

Plakat des QUADERS. April 1925

ebenso tapfer wie illusorisch weiter auf „das Interesse immerhin einiger hundert Menschen"[56] gehofft wurde, letztlich nichts. Das Fehlen eines festen künstlerischen Programms sorgte wie der Charakter der überwiegend geselligen Zwecken dienenden Zusammenkünfte trotz gelegentlicher Gastvorträge Herwarth Waldens und trotz der Ausstellungen von Werken Théo van Doesburgs für ein baldiges Ende.[57]

Schon ein knappes Jahr darauf wagte sich Schenk, noch unter der Adresse des QUADER, mit dem Verlag Gebrüder Schenk, offenbar also einem Familienunternehmen, an ein neues Projekt. Gemeinsam mit Brach-Zinek gab er 1926 DIE KRITIK. ZEITSCHRIFT FÜR DAS HANNOVERSCHE KUNSTLEBEN[58] heraus. Auf dem nun typographisch gestalteten Deckblatt der ersten Nummer heißt es nach Schenks hoffnungsfroher handschriftlicher Widmung „Das Genie dem Genie" auf Brach-Zineks Exemplar: „Dies ist das Blatt, das wagt, Kritik zu üben am Theater, Film, Buch, an der Musik und an der bildenden Kunst. Es setzt voraus, daß Kritik schöpferisch ist und glaubt die Ehrfurcht und den Mut zu besitzen, redlich und rücksichtslos über die Werte des Kunstlebens der Großstadt reden zu können."[59] Ob die Zeitschrift mit dem hohen Anspruch mehr als diese erste Ausgabe erlebt hat, ist unbekannt. In jedem Fall hatten Aufmachung wie Zielsetzung Ähnlichkeit mit dem WACHSBOGEN, den Schenk dann fünf Jahre darauf mit einem anderen Freundeskreis aus der Taufe hob. Er selbst trat nur kurz danach seine zweite längere Afrikareise an, und Brach-Zinek bemühte sich trotz gelegentlicher Ausstellungsmöglichkeiten in den Frühjahrs- und Herbstausstellungen des

Der Freundeskreis um Gustav Schenk

Bildnis Gerta Overbeck, Ölgemälde von Ernst Thoms. 1926. Gerta Overbeck war vom Mai 1937 bis zum März 1940 mit Gustav Schenk verheiratet.

hannoverschen Kunstvereins[60] im ganzen weiter vergeblich um künstlerische Anerkennung als Maler, Dramaturg und Journalist, bevor er 1928, zwei Jahre nach Schenks Anstellung dort, nach Berlin zum Ullstein-Verlag übersiedelte.[61]

1926 hatte Brach-Zinek in Hannover geheiratet, was ihm unter seinen Freunden überwiegend Spott eintrug.[62] Schenk, der sich auf das Experiment Ehe erst ein Jahrzehnt später und auch dann nur für wenige Jahre einließ,[63] höhnte aus Berlin: „Mit wem willst Du Dich denn eigentlich verheiraten? ... Setze Dich doch meinetwegen in die Nesseln mit Deinem idiotischen Komplex. Jawohl! Ich muß grob werden. Komisch. Ist das Standesamt denn etwas anderes als ein Polizeirevier? Daß Du solch eine Freude an gestempelten Papieren hast. Sieh Dich vor ... Bigamie kannst Du nicht betreiben. Schon daß Du gezwungen bist, nichts anderes zu betreiben, müßte Dich warnen ... Du Schafskopf, Du verdammter ... Du solltest lieber zeichnen als va banque zu spielen mit Mitteln, die weniger als geistreich sind."[64] Und der Maler Friedrich Karl Lippert bemerkte anläßlich der Geburt von Brach-Zineks Tochter drei Jahre darauf lakonisch, er staune nicht, „wenn man kein Geld hat, will man wenigstens Kinder haben".[65] Ansonsten begegnete man den Versuchen des jungen Künstlers, sich und seine Familie mit bürgerlicher Erwerbsarbeit über Wasser zu halten, mit blanker Ironie. Er solle aufpassen in der „Synagogenhochburg"[66] Berlin, so der Schriftsteller und Heilpraktiker Otto Homann mit ansonsten untypischem antisemitischem Einschlag, sonst laufe er Gefahr, „namenloses Geschöpf im Himmel derer von Ullstein" zu werden, „Pimpf ohne Rang".[67] Homann war ohnehin ein streitbarer Freund Brach-Zineks und Schenks, jemand, der die ganze offizielle hannoversche Kunstszene als „Bande" von „Schaumschlägern und Kastraten"[68] abtat. Auch in seiner Kritik an Selbstgefälligkeit und Dünkelhaftigkeit der hannoverschen künstlerischen Avantgarde um Kurt Schwitters und die abstrakten hannover einerseits und die Neuen Sachlichen andererseits stand Homann nicht allein. Seinem Freund Günther Cajetan Goercki beispielsweise mißfiel deren Habitus, den er als bürgerlich arriviert und snobistisch vom breiten Volk abgesetzt beschrieb. Angesichts der „augenblicklichen Verhältnisse", so schrieb der als Literat finanziell nur schlecht abgesicherte Chemikersohn Goercki an Brach-Zinek im September 1931, würde er „ganz gern mal für ein Jahr auf dem Lande wohnen".[69] „Konjunktur-Fritzen", wie ein anderer urteilte, die raffiniert mit ihrem Talent jonglierten und darin erfolgreich seien, weil die Stadt „schließlich ihre Großen haben"[70] will und zusätzlich sämtlichen Kunstorganisationen eine „Jury von Nichtskönnern"[71] vorstehe, waren auch anderen Freunden des Kreises ein Dorn im Auge.

Sicher steckte in aller Kritik auch ein gut Teil Neid über den vergleichsweise großen Erfolg der Kollegen, die es geschafft hatten und aus dem Schatten des Unbekanntseins herausgetreten waren. Die Ablehnung des Verhaltens dieser Avantgarde, das man als aufgesetzt und posenhaft erkannt zu haben meinte, verweist jedoch auf die Suche dieser Generation nach Klarheit und Ehrlichkeit im eigenen Ausdruck sowie auf die grundsätzliche Skepsis und Distanz im Umgang mit den Älteren, zu denen auch die Angehörigen der avantgardistischen Kunstszene Hannovers teilweise bereits gehörten. Diese jungen Künstler waren nicht Angehörige einer Avantgarde neben der Avantgarde, wohl aber einer Kunstszene, die ihre künstlerischen wie ihre gesellschaftspolitischen Ziele und Werte anders formulierte als jene und deren Mitglieder als typische Vertreter der jungen Generation der zwanziger Jahre nach neuen Ausdrucksmöglichkeiten jenseits einer als etabliert und erstarrt abgelehnten Kunstszene suchten. Alles gehe seinen alten Trott, klagte Otto Homann 1930, „man konsolidiert sich, man gleicht sich an und wird liberal-kapitalistisch gebildet. Thoms und Genossen sind Klassiker geworden, von den jungen Kräften hört und sieht man nix. Die lassen sich lieber von ihren Mädels aushalten und markieren Bohème. Schlecht könnte einem werden, wenn man solcher Gestalten ansichtig wird, die als vornehmstes Zeichen ihres Ranges nicht den Zuhälterbibbi, sondern die kurze englische Pfeife im Schnabel tragen."[72]

Allerdings hätte Homann auch in den Reihen des Schenk-Freundeskreises Anlaß zur Kritik am Dandytum finden können. Der Graphiker und Werbefachmann Heinz Wanders etwa, dessen Zeichnungen auch in Paul Steegemanns SILBERGÄULE-Reihe erschienen, gab sich gern als versnobter englischer Gentleman und Bohemien, wie denn überhaupt das betont unbürgerliche, scheinbar an keinen materiellen Werten haftende Auftreten der Boheme charakteristisch für den Freundeskreis um Gustav Schenk war.[73] Auch der hannoversche Schulleiterssohn Rudolf Weckwerth kultivierte den Typus des gelangweilten Dandys, der Zwang „scheußlich"[74] fand, „praktische Arbeit" nur tat, um, wie er es nannte, sein „Fleisch zu geißeln",[75] und ansonsten als erfolgloser Künstler den Vater „erst an die neuen Opfer, die er mir bringt",[76] gewöhnen müsse. Karl Jakob Hirsch, ein Zeitgenosse von Wanders und Weckwerth und wie diese gebürtiger Hannoveraner, hat in seinen Lebenserinnerungen die Problematik, die die Suche der künstlerischen Jugend ihrer gemeinsamen Zeit nach eigenem Standort und neuen Werten in sich barg, erst rückblickend klar erkannt. Das „unbürgerliche Leben der Künstler"[77] habe man gelebt, urteilte er. „(U)ns war das ‚Erschrecken der Bürger' wichtiger als alles andere. Es war nicht allein in Deutschland so, aber in diesem Lande, in dem die Individualität gefeiert wird wie nirgends sonst, war es selbstverständlich und folgerichtig für uns Junge, einen uns genehmen Weg zu gehen". Hirsch wunderte es im nachhinein geradezu, daß die Elterngeneration überhaupt noch Verständnis für die „künstlerischen Schnörkeleien unseres Lebens" aufgebracht und ihren Kindern nicht einfach als „mißratene(n) Bürgern und verkommene(n) Existenzen"[78] die weitere Unterstützung versagt habe. Schließlich hatten er und seine Freunde „zwar von dem Geld unserer Eltern ein recht unbürgerliches Dasein" geführt, „die Verbindung mit dem, was man ‚Familie' nennt", habe sich aber „auf das Allernotwendigste beschränkt".[79]

Auch das Verhalten einiger Mitglieder des Kreises um Gustav Schenk war gekennzeichnet von dieser Ambivalenz: Einerseits war da der Hohn, der daraus resultierte, daß man Verhaltensweisen der Eltern, die vornehmlich dem hannoverschen Bürgertum angehörten, als veraltet erkannt zu haben meinte. Andererseits bestand jedoch materielle Abhängigkeit von ihnen und noch dazu häufig eine eher geringe Neigung, einer geregelten Erwerbstätigkeit nachzugehen. Einer von den Freunden Schenks war Hugo R. Bartels, der sich zunächst als Dichter und Schriftsteller versuchte und dann beim hannoverschen Rundfunk als Redakteur tätig wurde.[80] Seine Briefe an Brach-Zinek aus der zweiten Hälfte der zwanziger Jahre ermöglichen einen Einblick in das Denken und Fühlen eines jungen Menschen jener Zeit. Bartels zeigte in ihnen nach außen Beherrschung und Abgeklärtheit, um sich insgeheim jedoch fast widerwillig Gefühle der Verbundenheit mit Traditionellem, ja fast eine Sehnsucht danach einzugestehen. Diese emotionale Verwirrung versuchte er sodann rational zu analysieren, was nicht gelang und ihn in einem unbefriedigenden Zustand des Zwiespalts und Zweifels an der eigenen Person wie an der Zeit allgemein zurückließ.

Gustav Schenk. Kaltnadelradierung von Bernhard Brach-Zinek. Um 1925

In einem Schreiben vom Februar 1927 zitierte Bartels zunächst voll Anerkennung Bertolt Brechts Zeitgedicht THE IRON MAN, das Technik und Sachlichkeit der modernen Zeit beschwor, um sich dann über den Erfolg seiner Versuche zu äußern, im eigenen Tun das Sentiment auszuschalten. „Verflucht! Sie sind zu wissend, Zinek. Sie haben genau den selben Knacks wie ich. Das ist es. Nicht glauben können, an nichts, nicht einmal an eine tatsächlich vorhandene Liebe. Egoist? Vielleicht ... Ich habe mich niemals als ‚Künstler' oder so etwas aufgespielt. Aber: glauben Sie mir; ich habe es auch nie auf die leichte Achsel genommen. Ich habe immerhin noch so etwas wie eine Ahnung von Phantastik allen Geschehens. Ist das Phantastik? (Man kann auch statt Phantastik: Gott oder Unendlichkeit oder Ewigkeit oder Schicksal oder Moira oder Fatum oder Kismet oder auch nur ... Mett sagen.) ... Es kommt nur darauf an, das bißchen Geist (zu pflegen), was uns noch von allen Naturwissenschaften, Religionen, Theaterspielen und Sportidiotien geblieben ist, damit es dem armen Geist in den Schaltzentralen des Gehirns nicht allzu dreckig gehe ... Passen Sie auf; ich will jetzt mal eine riesendösige Frage an Sie stellen: WAS SOLL ICH TUN? DASS ICH SELIG WERDE? Weißt Du's, erlauchter Meister? Du wirst vielleicht sagen: Erst mal unselig werden ... (n)un, das bin ich. Warten wir also auf die Verheißung Gottes. Sela. Amen. Halleluja."[81]

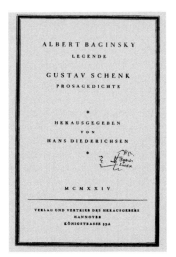

Titelblatt Albert Baginsky LEGENDE und Gustav Schenk PROSAGEDICHTE. 1924

Brach-Zinek scheint für Bartels ein verständnisvoller Leser der oft sprunghaften, widersprüchlichen und in ihrer Zwiespältigkeit auf Uneingeweihte manchmal abwegig und verworren wirkenden Briefe gewesen zu sein. Er schickte Proben seiner schriftstellerischen Arbeit, die derart sentimental waren, daß Brach-Zinek sie als primanerhafte Schwärmereien kritisierte. Bartels verwahrte sich in seiner Antwort entschieden dagegen, und seine Argumentation zeigte seine ganze Wankelmütigkeit und Unsicherheit. „Ich hasse das Sentimentale – und meine Novellen sollen es sein? Ich hasse die Heimatkunst und den Heimatdichter – Sie nennen mich einen solchen. Ich hasse das Studium – Sie schlagen es mir vor. Ich glaube nicht an das Seligwerden in der Heirat – Sie fordern es von mir. Was soll ich tun, daß ich selig werde? ... Hören Sie zu, lieber Zinek: Ich bin und werde nie von Eltern und alldem anderen Krimskrams bewundert, weil ich nicht mit ihnen verkehre in der Beziehung. Ich kann nie ein Heimatdichter und eine Lokalgröße werden, weil man meine Arbeit für Quatsch erklärt. Und wenn man mir einmal sagte: Das war aber einmal schön!, dann habe ich schleunigst das Schöne zum Packen fürs Verstauben gelegt ... Warum soll ich warten, bis ich 30 bin, d. h. tot bin? Ich habe nicht viel Lebenskraft zu vergeben. Ich muß mich eilen und blühen ... Ich blühe weiter ... Gänseblume, Kuhblume, was Sie wollen. Aber ich kann nicht aufhören. Sehen Sie, lieber Zinek, das ist es: Ich gehe und staune die Welt an und die Menschen und alles Geschöpf und – – Verzeihung! – – Gott. Vielleicht werde ich doch noch Theologe? Wenn nur Griechisch und Hebräisch und Latein nicht wäre ... Trotz allem! Es geht nun mal nicht anders, Sie müssen darum nicht böse sein und mich nicht verachten."[82]

Unsicherheit und Unzufriedenheit, Ablehnung von Gefühlsäußerung und gleichzeitig der Wunsch, sich mitzuteilen und auszusprechen, sind charakteristisch für viele der sehr offenen Schriftwechsel zwischen Bernhard Brach-Zinek und seinen Freunden. Da war der Legendendichter Albert Baginsky, Angehöriger des Jahrgangs 1901. Über „etliche Fakultäten etlicher Universitäten"[83] war er nach Hannover und hier in den QUADER und in die MITTERNACHTSBÜHNE Gustav Schenks gelangt, wo ihn Georg Grabenhorst als intellektuellen Stubenhocker und blassen Ästheten kennenlernte, der in der äußeren Erscheinung wie in seiner Arbeit die großen russischen Literaten der jüngsten Vergangenheit nachzuahmen suche. Brach-Zinek kannte Baginsky besser. Er beschrieb den wenig Älteren in seinen Erinnerungen als „Über-Strebsamen", der geäußert habe, sein Unglück sei, „daß ich zu wenig nichts tauge". Ein Freund kommentierte: „Man achte des Ernstes in diesem Scherz! Denn – in so gefaßter Kraft er auch immer seine Werke aus sich herausholt, – ist er daneben noch allzusehr ein Vielbewegter, Vielstrebender, Ideenvoller, Tätiger."[84]

Baginsky neigte zu Stimmungsschwankungen und Depressionen. Das verband ihn mit einem großen Teil seiner gleichaltrigen Freunde. Einer von ihnen war der Bildhauer Hans Diederichsen, jüngster Kriegsfreiwilliger beim Seebataillon in Flandern und damit einer der wenigen Teilnehmer des Ersten Weltkrieges im Freundeskreis.[85] Diederichsen arbeitete nach 1918 als Schriftsteller und Leiter eines kleinen Verlags in der Königstraße, der Werke seiner Freunde Gustav Schenk und Albert Baginsky herausbrachte. In seinem VERSUCH EINER EINFÜHRUNG zu einem Gemeinschaftsband beider Schriftsteller schrieb er 1924, Hannover stelle „in den Reihen derer, die in der Welt deutsche, moderne Kunst repräsentieren, ein verhältnismäßig geringes Kontingent."[86] Zwar werde „anerkannte, ‚im Rahmen der Konvenienz' duldsame Kunst" hier ebenso gepflegt wie anderswo, aber das Mittelmaß der Künstler und eine „minder empfänglich(e)", „konservativer(e)" hannoversche Öffentlichkeit hätten dazu geführt, daß „dieser immerhin nicht völlig reizlosen Stadt noch keine künstlerische Begabung entwachsen (sei), die das Auge einer Welt auf sich hätte richten können."[87] Jetzt aber gäben die „jungen, werdenden Begabungen" Baginsky und Schenk Anlaß zu optimistischen Prognosen. „Gestatten wir uns also nicht: Prophezeiungen – so doch Hinweis – hier, noch fern dem Markt, wächst etwas heran, das unsere Achtung und Pflege fordert; in Stille wächst es heran und gerade um dessentwillen groß; bestimmt, einmal emporzuwachsen und vieles zu überschatten."[88] Dem Urteilenden selbst, Hans Diederichsen, dem angehenden Bildhauer an der hannoverschen Kunstgewerbeschule unter Melchior von Hugo, galten ähnlich hoffnungsfrohe Aussichten.

Ein Jahr später, Ende 1925, ertränkte er sich in der Leine.[89] Die unglückliche Liebe zu einer hannoverschen Generaldirektorentochter, welcher der Umgang mit dem Künstler verboten worden war,[90] einerseits, immer wiederkehrende Zweifel an der Arbeit wie an der Lebensführung andererseits ließen Diederichsen noch vor seinem dreißigsten Lebensjahr einen Ausweg im Freitod suchen. Er war nicht der einzige, den der Freundeskreis um Bernhard Brach-Zinek und Gustav Schenk durch Selbstmord verlor. Anfang der dreißiger Jahre hatte er den Tod des „Jazzband-Captains von Hannover" Hans Dancker zu betrauern. Dancker hatte um 1923 „zum Entsetzen seiner gut betuchten Eltern" seine erste Jazz-Band ins Leben gerufen. Von da an fehlte er auf kaum einer Festlichkeit der hannoverschen Avantgarde, wo er als Bandleader und Schlagzeuger mit seiner Combo zum Tanz aufspielte.[91] Auch unter der Handvoll von Gästen anläßlich Kurt Schwitters' erster MERZ-Matinee befand sich Dancker.[92] Wenige Jahre später erschoß er erst seine Frau, dann sich selbst.[93] Wenn seine Freunde auch mutmaßten, Dancker sei mit den sich anbahnenden wirtschaftlichen, gesellschaftlichen und politischen Veränderungen am Ende der Weimarer Republik nicht mehr zurechtgekommen, blieben seine Beweggründe letzlich unklar. Hier fanden offenbar selbst die Vertrautheit, Offenheit und Freundschaft des Künstlerkreises ihr Ende.

Eintrag des „sog. ‚Jazzbandcaptains' von Hannover", Hans Dancker, in Friedrich Vordemberge-Gildewarts Gästebuch. 19. September 1925

Lebensüberdruß, Zweifel und Unsicherheit markierten jedoch nur ein Stimmungsextrem innerhalb der kleinen eingeschworenen Gemeinde. Übermut, Spottlust und ein frech bejahendes ‚Jetzt erst recht' waren mindestens ebenso verbreitet. Brach-Zineks Schriftwechsel und die Gästebücher des Zirkelmitgliedes und abstrakten Malers Friedrich Vordemberge-Gildewart,[94] die auf manch fröhlichen Gesellschaftsabend voll Lebens- und auch unprätentiöser Sinnenfreude schließen lassen, weisen jedenfalls deutlich auf dieses Moment hin. Der Österreicher Anton Gantner, kurzfristig auch Mitarbeiter der WELTBÜHNE, beschrieb die Stimmung noch in den siebziger Jahren stellvertretend für viele so: „Hannover bildet ... in meiner Biographie nicht nur eine überaus interessante, lebendige, aktive, weltoffene (weil Absprungbasis für Basis für uns alle) Übergangsstadt ..., sondern ich möchte offen sagen, eine Grundlage für alle meine späteren Arbeiten und Versuche, im deutschen Kulturbetrieb Fuß zu fassen. Gleichgültig, wie das Leben dann sonderbarst über den Zweiten Weltkrieg hinaus weiter spielte, die Jahre in Hannover möchte ich doch nicht einen Augenblick missen."[95]

Gustav Schenks Werke aus dieser Zeit teilen etwas mit vom Geist der Gruppe und darüber hinaus von der Generation jener Zeit generell. Schenk arbeitete zu dieser Zeit an einer Rimbaud-Biographie, und Brach-Zinek beschrieb den fast zwanghaften Schaffensprozeß des Freundes rückblickend: „Plötzlich strömt latente Kraft, bisher verborgen flutend, üppig, oberflüssig zusammen. Versuch und Buch wird herausgetrieben: Rimbaud/ ein Roman entsteht/ Ist da ..., ehe einer begreift, was begann und geschah. Hier wird über den längst Toten hinweg das ‚im Feuer stehende' Antlitz des europäischen Menschen unbewußt und glühend zu dem in aller Fülle berstenden Epos erhoben."[96] Nicht nur Arthur Rimbaud, dessen Leben ähnlich unstet war wie Schenks eigenes und dessen Lebensgefühl in seiner Abkehr von schaler Tradition und Hinwendung zum Neuen seinem ähnelte, sondern auch François Villon mit seiner frechen Vagantenlyrik inspirierte Schenk in dieser Zeit. Aber auch Bert Brecht, der nur wenige Jahre Ältere, befruchtete Schenks Arbeit mit eigenen Werken wie mit seinen Übertragungen der Verse Villons in den Bänkelgesang der zwanziger Jahre. Hans Georg Meyer beschrieb Schenks Arbeiten in jenen Jahren mit Begriffen wie „kreatürliche(m) Lebensgefühl", „radikale(r) Diesseitigkeit", dem „ganze(n) Kanon des Lebensgenusses", „vehemente(m) Aufbruch ins Leben" und „Vagabundentum".[97] All dies war nicht nur Schenks ganz eigene schriftstellerische Antwort auf die Zeit, in der er lebte, sondern er spiegelte in seinen Werken gleichsam seismographisch eine generelle Grundhaltung seiner Generation zu Fragen der individuellen Lebensführung.

DER WACHSBOGEN

Anfang der dreißiger Jahre, als die Auswirkungen des New Yorker Börsenkraches auch Hannovers Wirtschafts-, Politik- und Sozialgefüge unerbittlich schwächten, machte sich Gustav Schenk wieder einmal zum Sprachrohr für die Positionen seiner Freunde. Einige der Kameraden aus der MITTERNACHTSBÜHNE und dem QUADER wie Herbert Grünhagen[98] und anfänglich Hans Dancker unterstützten ihn in dem Projekt, das ihm wohl während der Weimarer Republik die meiste Beachtung der Öffentlichkeit eingebracht hat und heute „fast legendäre Züge"[99] trägt. Es war die Zeitschrift DER WACHSBOGEN. Ansonsten wurde sie vornehmlich von Angehörigen der Neuen Sachlichkeit Hannovers geprägt, die Schenk auch schon seit langem kannte. Mit dem jungen Maler Hans Mertens war er ein knappes Jahrzehnt zuvor schon auf Wander-

Titelblatt des WACHSBOGEN. 1932

schaft durch Europa gewesen, und Friedrich Busack kannte er durch seine Freundschaft zu Bernhard Brach-Zinek. Die Malerin Gerta Overbeck zählte seit Ende der zwanziger Jahre zu seinem engsten Freundeskreis, zehn Jahre später waren beide für kurze Zeit miteinander verheiratet.

Den intensivsten Kontakt aber pflegte er zu Grethe Jürgens, mit der er lange Zeit verlobt war und die ihm auch während seiner Reise- und Wanderjahre in ihrer Wohnung in der Podbielskistraße stets eine Unterkunft reservierte.[100] Grethe Jürgens' Freundschaft zu Gustav Schenk blieb lange über die nationalsozialistische Machtübernahme hinweg aufrecht. Sie illustrierte etliche seiner Veröffentlichungen.[101] Im Freundeskreis der Neuen Sachlichen war sie neben ihm am ehesten „der Sprache mächtig" [102] und bereit, Auskunft über ihre Arbeit als Malerin zu geben. Wie Schenk war sie überzeugt, es sei Zeit, „nicht nur die Künste der Literatur, Malerei, Musik und Architektur praktisch auszuüben, sondern sie auch in Zusammenhang miteinander zu bringen durch Artikel über die Themen, die uns beschäftigen und die unsere Situation betrafen".[103] Nach nächtelangen Diskussionen,[104] freilich ohne sich auf allzu Programmatisches einzulassen,[105] führten diese Überlegungen im Spätsommer 1931 zur Geburt des WACHSBOGEN. Man hatte, so Henning Rischbieter, „die Ärmlichkeit (des) Herstellungsverfahrens gleich zum Titel"[106] gemacht. Grethe Jürgens erinnerte sich später an die „bei Zickenrodt und Pollmar versetzte Schreibmaschine",[107] die je nach wirtschaftlicher Lage ins Pfandhaus gebracht oder ausgelöst und benutzt werden konnte. Alle Artikel wurden per Maschine auf Wachsbögen getippt, die dann mittels eines „durch irgendwelche günstigen Umstände" erworbenen Wachsbogenapparates eigenhändig reproduziert wurden. Das geschah in Grethe Jürgens' Atelier, das Redaktion und Druckerei zugleich war.[108] 100 bis 150, später etwa 200 Exemplare[109] wurden vervielfältigt, zusammengeheftet und mit dem Umschlag versehen, den Grethe Jürgens zuvor in Linoleum geschnitten und mit der Hand abgezogen hatte. Dann trugen Gerta Overbeck und Grethe Jürgens die Exemplare für hannoversche Abonnenten mit dem Fahrrad aus, um das Porto zu sparen.[110] Zunächst wurden für das Einzelheft, das nicht im freien Handel erhältlich war, 30 Pfg., später 50 Pfg. pro Doppelnummer verlangt, was im einen wie im anderen Fall unter den Selbstkosten lag.[111] Obgleich die Gruppe um den ersten Herausgeber des WACHSBOGEN, Gustav Schenk, stolz auf Kontakte im Ausland, nach Holland,[112] vielleicht auch nach Frankreich und Polen,[113] war, ließ sie keine Gelegenheit aus, in Hannover Mitglieder zu werben. Schon im ersten Heft hieß es: „Bitte bestellen Sie! Ihre Sympathie in allen Ehren, aber wir müßten vor lauter Sympathien das Erscheinen unserer Zeitschrift einstellen, wenn Sie sich nicht entschließen können, jede vierzehn Tage 30 Pfg. zu opfern. – Bestellen Sie, um Himmels willen, bestellen Sie!"[114] Offensichtlich trug die eindringliche Aufforderung zunächst Früchte. Im zweiten Heft jedenfalls dankte man für „zahlreiche Beweise der Anteilnahme"[115] und wünschte allen Abonnenten und Spendern „gute Gesundheit und baldige Vermehrung", um dann jedoch, wohl auch mit ironischem Seitenblick auf das drei Jahre zuvor eingeweihte ANZEIGER-Hochhaus, erneut zu bitten: „Ehe wir für unseren Verlag ein Hochhaus bauen lassen, ehe wir unsere Abonnentenlisten schließen lassen, damit nicht eine zu hohe Auflage uns erdrückt, bitten wir die Leser, sich auf die Anschriften ihrer Freunde zu besinnen."[116] Diese Abonnentenwerbung tat not – und war letztendlich doch erfolglos. Nach ingesamt nur zwölf Nummern, gebunden in acht Heften, gedruckt auf rund 150 Seiten, kam für den WACHSBOGEN im Juni 1932 das Aus[117] – ein Jahr, nachdem die Idee geboren worden war.

Gerade das WACHSBOGEN-Fest vom Januar 1932, geplant, um der Zeitschrift neue finanzielle Ressourcen zu verschaffen, war grotesk erfolglos verlaufen. „Die Kostüme müssen dem Ernst der Zeit entsprechen. Wer tanzt, lacht oder sich anderweitig vergnügt, wird erschossen."[118] Offenbar stimmte einige der trinkfreudigen Anwesenden das Motto des Abends aggressiv. Grethe Jürgens erinnerte sich: „Die Gäste verzehrten nicht viel und schlugen sich oft, die Scheibe in der Toilette wurde zerschlagen, eine kostümierte Dame holte der Krankenwagen ab. Einige Damen sollen nach damaliger Sitte sogar in den Hintern getreten sein. Das Fest ... wurde eine große Pleite."[119] Das Ende war besiegelt.[120] Gustav Schenk sorgte im letzten Heft für eine angemessene GRABREDE für die dahingegangene Zeitschrift, welche er mit dem halb wehmütigen, halb sicher auch ironisch gemeinten Spruch beschloß: „Du starbst zu jung, du starbst zu früh, wer dich gekannt, vergißt dich nie."[121] In dieser GRABREDE zog Schenk den Schlußstrich unter das Experiment

WACHSBOGEN: „Wir haben feststellen müssen, daß es in dieser Zeit nicht mehr möglich ist, auch unter schwersten persönlichen Opfern, Blätter herauszugeben, in denen es abgelehnt wurde, um des raschen Erfolges willen auf geistige aktuelle Sensationen einzugehen. Wichtiger war es uns immer gewesen, auf Fragen einzugehen, die die Jugend angingen und auf längere Zeit hinaus gültig waren, als daß wir uns in die Kämpfe drängten, die nur für den Tag Wert besaßen."[122]

Erst das Zusammenspiel verschiedener Faktoren war verantwortlich für das Scheitern des WACHSBOGEN. Er hatte sich in einer Zeit außerordentlicher politischer, gesellschaftlicher und besonders wirtschaftlicher Schwierigkeiten zu behaupten, in der ein Teil seiner Mitarbeiter, vor allem die Maler der Neuen Sachlichkeit, vielfach selbst zum großen Heer der nahezu 60.000 Arbeitslosen in Hannover gehörte und über keine Rücklagen verfügte, das Blatt zu stützen. Seine Macher hatten nicht ausreichend Zeit und Muße, sich für eine Zeitschrift, die noch dazu kaum Honorare zahlte, einzusetzen, weil sie sich schlicht ums Überleben sorgen mußten.[123] Die Notwendigkeit des Geldverdienens – sei es durch Intensivierung der künstlerischen Arbeit, sei es durch zwangsläufig angenommene Erwerbstätigkeit – führte sehr bald dazu, daß der WACHSBOGEN während seiner Existenz von einem nur kleinen Kreis von freien Mitarbeitern geprägt wurde. Sie zerbrachen sich die Köpfe über ständig neue Pseudonyme, „um nicht die Leser ständig mit demselben Namen zu belästigen".[124] Gustav Schenk, Herausgeber, Redakteur, Autor, Korrektor, Sekretär und ansonsten steter Antreiber der Gruppe, schrieb unter mindestens fünf verschiedenen Namen. Er prägte den WACHSBOGEN, was Wiederholungen mit sich brachte.

Bildnis Gustav Schenk, Ölgemälde von Grethe Jürgens. 1931

Schenks Führungsstil scheint dabei so autoritär und, wie Grethe Jürgens sich erinnerte, geradezu „diktatorisch"[125] gewesen zu sein, daß es ständig zu Streiterei und Mißstimmung in der Redaktion kam. Ab dem fünften Heft übernahm deshalb Grethe Jürgens die Herausgabe, Schenk blieb Hauptautor, Chefredakteur und somit weiter verantwortlich für das Gesicht des WACHSBOGENS.[126] Seine energische Einflußnahme bot nicht den einzigen Anlaß zu Diskussionen in der kleinen Gruppe der Macher. So wie sich die Vertreterinnen und Vertreter der Neuen Sachlichkeit in Hannover ohne Bekanntgabe eines verbindlichen Programms zu einem Künstlerkreis zusammengefunden hatten, den nichtsdestotrotz starkes Zusammengehörigkeitsgefühl und ein hohes Maß an Toleranz für die Arbeit des anderen auszeichnete, so blieb letztlich auch der WACHSBOGEN ohne festes Konzept.[127] Ein Forum für junge Malerei, Baukunst, Musik, Film, Literatur und allgemeine zeitgenössische Kulturfragen sollte er sein, ohne darin aber eine einheitliche Haltung zu vertreten. Harald Seiler stellte fest, die Zeitschrift habe „nicht eigentlich ein geistiges Profil" ausgezeichnet, man habe zu deutlich gespürt, daß sie von Künstlern gemacht wurde, die ihre Meinungen zur Diskussion stellen, „oft mit recht hochgegriffenen Forderungen und Behauptungen, vollends unpraktisch, aber immer von echter Leidenschaft für die Sache der Kunst besessen". Ein durch die Zugehörigkeit zur gleichen Generation geeinter, dabei durch unterschiedliche künstlerische und wohl auch kunstpolitische Positionen hingegen oft hoffnungslos zerstrittener Kreis von Künstlerinnen und Künstlern schuf sich in dieser „echte(n) Leidenschaft für die Sache der Kunst"[128] ein widersprüchliches, ironisches und polemisches Sprachrohr. Man formulierte hier auch seinen Kulturbegriff durchaus selbstbewußt als Alternative zu einer als erstarrt erlebten städtischen Kunstszene und wollte sich nicht selbstmitleidig in eine prekäre Phase künstlerischen Schaffens in Wirtschaftsnot und Arbeitslosigkeit ergeben, sondern sich trotzig und mutig im WACHSBOGEN einander mitteilen.

Gerade darin zeigte er deutliche Verwandtschaft zu seinen experimentellen Vorgängern, vor allem zur MITTERNACHTSBÜHNE und der Zeitschrift DIE KRITIK. Schon allein die Tatsache, daß der Vielschreiber Gustav Schenk manche WACHSBOGEN-Hefte fast im Alleingang verfaßte, vor allem aber die Diktion der gesamten Zeitschrift in ihrer Ruppigkeit, ihren selbstbewußten Forderungen, aber auch in ihrer Undeutlichkeit, verweisen auf Schenks geistige Vaterschaft. Bereits im ersten Heft diktierte er den Kurs des WACHSBOGEN: „Verehrte Herren, mit Sitz und Stimme im Rate unserer Stadt! ... Wir wollen uns nur äußern! Wir wollen nicht mit dem Wind diskutieren! Wir wollen uns nur mit leiser Stimme die Bemerkung gestatten, daß wir arbeiten, um gute Bilder zu malen, gute Häuser zu bauen, gute Bücher zu schreiben und gute Musik zu machen ... Gebt uns die Möglichkeiten, aus dem zehnseitigen Rundschreiben eine Tribüne zu machen."[129] Mit „leiser Stimme" um Anerkennung im konventionellen Kunstbetrieb seiner Zeit nachzusuchen, war hingegen nicht Schenks Sache. An anderer Stelle in diesem Beitrag wurde er deutlicher: „Wir könnten uns mit kleinen Scherzen angenehm machen, mit Verbindlichkeit Brücken schlagen, wir könnten uns mit einer weniger ernsthaften und feierlichen Haltung die Gunst interessanter und skeptischer Cliquen erwerben, aber wir Architekten, Maler, Musiker und Schriftsteller haben uns in den Kopf gesetzt, gleich mit der Tür in die liebenswerte, lokale Festung zu fallen. Wir ziehen es vor, lieber arrogant zu sein, als vor lauter Bescheidenheit hundertundeinen Tag den Mund zu halten. Hinter dem Journalismus dieser fliegenden, improvisierten Blätter steht eine Gruppe tätiger Menschen, die noch nicht so alt sind, daß sie dafür einstehen, immer und unter allen Umständen Bedachtsamkeit und Toleranz zu üben."[130]

Deutlich wird hier wiederum die Berufung auf die Zugehörigkeit zu einer jungen, frischen, fordernden und unvoreingenommenen Generation, deutlich wird auch Schenks eigener emphatischer Stil.[131] Seine Überzeugung von den großen Aufgaben des WACHSBOGEN blieb auch im folgenden unverändert. Da man die eigene Stimme für wichtig und notwendig hielt, verstärkte man die Suche nach Abonnenten außerhalb Hannovers mit dem Hinweis darauf, daß man den WACHSBOGEN „heute in Deutschland" für eine der Publikationen halte, „wo statt Verlegern, Verträgen, Klauseln, Bedenken und Vertröstungen nur eines streng gehandhabt wird: Eine Kritik, die Konzessionen ablehnt, und ein Wille, der immer und unter allen Umständen die Freiheit der Kunst und des Geistes verteidigt, ohne sich im Niveau beeinflussen zu lassen!"[132]

Der WACHSBOGEN war, verglichen mit den früheren, expressionistischen Zeitschriften Hannovers wie dem MARSTALL, dem ZWEEMANN oder auch mit dem STÖRTEBEKER, um ein höheres Maß an Überregionalität bemüht. Allerdings setzten sich einige Artikel auch mit den spezifischen Problemen der hannoverschen Kunst- und Kulturszene auseinander. Im zweiten Heft des WACHSBOGEN erschien DIE SITUATION DER JUNGEN MALER von Georg Pahl. Georg Pahl war eines der Pseudonyme Gustav Schenks. Dieser Beitrag richtete sich gegen Hannovers kunstpolitischen Kurs, und er spiegelte in seiner harschen Kritik an den etablierten Künstlern deutlich Schenks grundsätzlich wenig nuancierende Oppositionshaltung wie seine Konstruktion eines alternativen Kunstbegriffes. Eine „systematische Korruption"[133] der Kunst, so forderte er, gelte es in der Stadt „zu befehden", welche sich zeige in der „Feindschaft und Taubheit einer gesellschaftlich orientierten, konventionellen Schicht von ,Kunstfreunden', die die Werke der bildenden Kunst auf dem diplomatischen Wege abhandeln, in eine Richtung rangieren und der Öffentlichkeit darbieten". Er aber sei jung und noch nicht in seinen Gefühlen erstarrt, und deshalb müsse er seinen Zorn auch vehement zum Ausdruck bringen: „(E)s ist unerträglich, die Ateliers voller Bilder zu sehen, die gut sind und nicht gezeigt werden können, es ist unerträglich, sich einer Jury zu unterwerfen, die nicht auf die Bilder sieht, sondern auf die Rangordnung einer beginnenden oder vollkommenen Prominenz."[134]

Schenk bezog seine Fürsprache vor allem auf die Werke seiner Freunde Grethe Jürgens, Gerta Overbeck, Hans Mertens und Fritz Busack, also derjenigen der Neuen Sachlichen, die zum einen den WACHSBOGEN gemeinsam mit ihm schufen und die zum anderen innerhalb der Gruppe der von materiellen Reichtümern ohnehin nicht verwöhnten hannoverschen Künstler noch zu den am wenigsten Gefestigten zählten. Besonders zu dem verhältnismäßig erfolgreichen Ernst Thoms hatten Schenk wie mehrere seiner Freunde indes ein zwiespältiges Verhältnis, argwöhnten sie doch, Thoms versuche sich zu etablieren, habe damit in der konventionellen Kunstphalanx[135] auch Erfolg und entwickele sich innerlich von den hohen künstlerischen Ansprüchen seiner Freunde immer weiter fort. Wie Schenk kritisierte auch Grethe Jürgens im Januar 1931 in einem Brief an den WACHSBOGEN-Mitarbeiter Christof Spengemann die Zustände „im Kunstgetriebe von Schlicktown",[136] womit sie Hannover meinte. Die Kämpfe, die seitens der „Innungsmeister" des Kunstvereins und der Kestner-Gesellschaft gegen den WACHSBOGEN und seine Macher ausgefochten würden, widerten sie an, so betonte die einflußreichste Autorin des WACHSBOGEN. Nicht umsonst hatte sich die WACHSBOGEN-Gruppe um die Mitarbeit Christof Spengemanns bemüht, eines erfahrenen Journalisten, der anerkannt genug war, um für sie in den etablierten Kunstkreisen ‚auszuspionieren' und ihre Interessen zu Gehör zu bringen, andererseits aber auch so ungebunden und aufgeschlossen, um sich ihrer Kunstrichtung anzunehmen.[137]

Zentrales Thema war in Gustav Schenks Beiträgen jenes Motiv, das wohl alle Macher des WACHSBOGEN neben ihrer künstlerischen Arbeit am meisten beschäftigte, das der Armut. Für ihn hatte, wie er im Chaos der Weltwirtschaftskrise 1931 deutlich machte, „der reiche Mann ... kein Recht, das Fiasko eines wirtschaftlichen Systems zu begrüßen mit der Begründung, ... daß (sich) die Starken nun durchbeißen und die Schwachen vergehen. Die Kunst ist an fortdauernden Prüfsteinen und Scheidewassern nicht arm, der Künstler ist nie vom Leben verwöhnt worden, und auch ohne Zutun des reichen Mannes wird er seine Plagen schlucken müssen. In Herbergen, auf Postämtern und in Wartesälen dichten, in Spelunken, Ställen oder Bodenverschlägen malen oder musizieren."[138]

Gustav Schenk hatte die Armut des Künstlers selbst am eigenen Leibe zu deutlich erfahren, als daß er sich auf das Gerede um den armen Künstler einließ, der ebenso bedürfnislos wie pittoresk jenseits materieller Saturiertheit einzig seiner Kunst lebte. „Der Glanz, der der Armut innewohnen soll, ist verteufelt rauh und unansehnlich geworden",[139] faßte er nüchtern zusammen. Auch die Annahme vom freien Verfügungsrecht des Künstlers über seine Zeit und seine Tätigkeit entlarvte er als Illusion: „Er hatte nämlich die Freiheit, entweder zu verhungern oder die zermürbendste Arbeit zu leisten."[140] Dennoch war wahres Künstlertum in seinen Augen nicht denkbar ohne die Bereitschaft, sich auf wirtschaftliche Mangelsituation und gesellschaftliche Ablehnung einzulassen. Gustav Schenk ging von einer grundsätzlichen Unvereinbarkeit von Künstlertum einerseits und einer Existenz in der bürgerlichen Gesellschaft andererseits aus. Wahrhaft ehrliche zeitgenössische Kunst werde von einer „notwendig kunstfremde(n), ja kunstfeindliche(n) Haltung des Publikums"[141] immer abgelehnt.

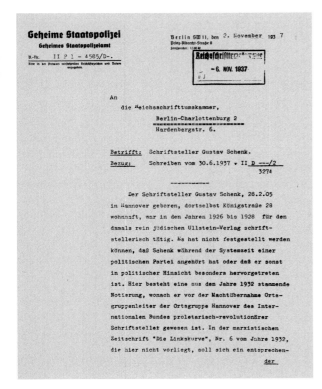
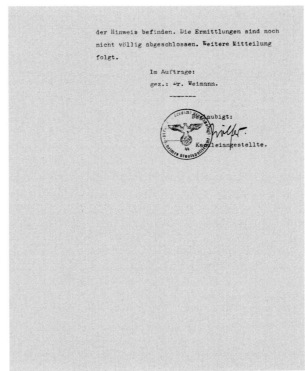

Schreiben der Gestapo Berlin an die Reichsschrifttumskammer Berlin. 2. November 1937

In einem programmatischen Artikel mit dem Titel BEKENNTNIS ZUR KRISE IN DER MODERNEN KUNST arbeitete ein Cyrill Utis – eines der vielen Pseudonyme Schenks – im Frühjahr 1932 das Begründungsgerüst für eine These heraus. Diese These ging – typisch für einen modernen Künstler des frühen 20. Jahrhunderts – davon aus, daß nicht nur gegenwärtig, sondern schon immer in der Geschichte der Kunst „überall da, wo wirklich Positives und Fruchtbares auf dem Gebiete künstlerischen Schaffens geleistet wird, sich als notwendige Begleiterscheinung auch die ‚Krise' einstellt, und man könnte sich zu einem Paradoxon verleitet fühlen: ‚Kunst ist Krise!'"[142] Dem Künstler wohne „etwas Prophetisches" inne, „das den Zeitgenossen weit vorauseilt und Möglichkeiten wittert oder gar schon sieht, wo für den Nichtkünstler nur ungangbare Wege sind." Die Vision des kommenden Möglichen lasse ihn künstlerisch „neue Lebensformen" schaffen, die „erst langsam ins Allgemeinbewußtsein übergehen". Sein Publikum werde das zu keiner Zeit verstehen können, da das Vorausgesehene „den allerinnersten Kern seines Wesens" ausmache, es fühle sich in seiner gegenwärtigen Existenz aufgescheucht, provoziert und strebe danach, „sich an die gute alte Zeit (zu) halten".[143]

Gegenwärtig suche die bildende Kunst, bedingt durch den Weltkrieg und die sich anschließenden Umwälzungen, nach ihrem „stenographische(n) Sigel" und dem „Symbol für das 20. Jahrhundert".[144] Ob dies ein gegenständliches oder abstraktes Symbol sein werde, mochte Utis nicht entscheiden. In jedem Falle könne der wahre Künstler auch in dieser Zeit nie auf Anerkennung und Toleranz seines Publikums hoffen: „Erst wenn die seelische Entwicklung des Publikums auf derselben Ebene angelangt ist, auf der die des Künstlers zur Zeit der Entstehung des Kunstwerkes war, wird dieses ‚verstanden' werden, d. h..., das Publikum kann im Grunde immer nur das anerkennen, was für den Künstler bereits überwunden ist."[145]

Diese Theorie erklärte im Umkehrschluß den zu seiner Zeit bereits erfolgreichen Künstler zum Menschen ohne Vision, und sie reduzierte sein Dasein auf das des Handwerkers und Schöpfers allenfalls ästhetisch schöner Dinge des täglichen Lebens. Umgekehrt teilte sie einer jungen aufstrebenden und durch keinen äußerlichen Mißerfolg in ihrem Selbstbewußtsein getrübten Generation deutlich die Rolle der wahren Avantgarde zu. Der Autor betonte zwar, mit dieser Rolle keine grundsätzliche qualitative Höherwertigkeit des Künstlertypus seiner Zeit verbinden zu wollen,[146] doch die Genugtuung, trotz aller äußeren Armut einer saturierten bürgerlichen Gesellschaft, die sich in Nichtigkeiten ergehe und dem Gestern huldige, im Denken und Fühlen wie im Handeln vorauszueilen, klingt doch zu deutlich mit, als daß Schenks Aussage als wertfrei hingenommen werden könnte.

Es ist erneut der Glaube an die Kraft einer sich von den Traditionen lösenden jungen Generation, die nicht nach der materiellen Abgesichertheit der Älteren strebte, weil sie sich zu durchaus Höherem befähigt fühlte, den Schenk in diesem Artikel aus dem Jahr 1932 zum Ausdruck brachte. Seine Opposition war Programm. Sie nährte sich einerseits aus dem Stolz, das Leben gut neben den bürgerlichen Werten und Normen, ja gar außerhalb von ihnen führen zu können, und andererseits aus der Überzeugung, die äußere Bedürfnislosigkeit bis auf weiteres gar als Zeichen der Auserwähltheit des Künstlers interpretieren zu können.[147] Es ist dabei bezeichnend, daß er in künstlerischer Hinsicht sehr wohl die Aufgaben seiner Generation benennen konnte, nicht aber in politischer. Der Maler etwa solle nie über das Wie und Warum seiner Werke reden, so forderte er wiederholt. Wann immer er das nämlich in der Vergangenheit getan habe, also „den Pinsel hinlegte und das Lied von den Richtungen, Auffassungen und Strömungen sang", habe er sich derart in Schwierigkeiten gebracht, „daß er nicht mehr malen konnte".[148] Ohnehin sei Kunst zeitlos. Sie gebe wieder, was sein werde, aber sie greife nicht ein und werte nicht. Gerade weil sie stets den Blick nach vorn richte, könne sie nie „Dienerin einer zeitbedingten Tendenz" sein. „Kunst hat im tiefsten Grunde keinen Zweck; ihrem eigentlichen Wesen nach hat sie weder die Absicht zu belehren noch zu erfreuen oder ähnliches. Sie ist weder Politik noch Religion, weder soziales Bekenntnis noch Künderin einer Weltanschauung. Wenn sie *außerdem* im Beschauer noch diese oder jene Komplexe berührt, so zeugt das lediglich von ihrem sittlichen Wert oder Unwert, aber in keinem Falle wird dadurch etwas über ihr eigentliches Wesen als Kunst ausgesagt."[149]

Es wäre interessant zu erfahren, wie diese Behauptung Gustav Schenks von Künstlerinnen und Künstlern wie Grethe Jürgens oder Erich Wegner kommentiert wurde. Leider bietet allein der Hinweis, daß es zwischen Schenk und seinen Kollegen beim WACHSBOGEN zu Meinungsverschiedenheiten kam, einen nur sehr dürftigen Aufschluß auf sein Verhältnis zu jenen hannoverschen Neuen Sachlichen, die sich nicht wie er aus der gesellschaftspolitischen Diskussion der Zeit heraushielten und gerade den WACHSBOGEN nutzten, um – wenn auch vorsichtig – Stellung zu beziehen. Schenk jedenfalls behielt seine Forderung bei, der Künstler solle „die Aufgabe, diesen Morast, in dem sein Schaffen erstickt, zu beseitigen, freundlicherweise denen überlassen, deren Aufgabe es (ist), den Staat zu ändern und zu überwachen".[150] Der Staat selbst aber, „der ja die Werke der Künstler erntet, verlange vom Künstler nicht, daß er ein vollkommener Staatsbürger sei; der Politiker, der Staatsformen ändert oder überwacht, tue es doch dafür, um dem Geist die Freiheit zu schaffen. Wenn er aber einen Lohn für seine Mühe fordert, dann verlange er vom Dichter nur gute Gedichte und von den Malern gute Bilder. Fordere er aber um Himmels willen nicht, daß die Künstler vorerst ihre Aufgaben vergessen sollen, um ihm zur Seite zu stehen. Er sagt ja immer, daß sie ungeschickt und wie die Kinder sind."[151]

Nur einmal wurde Schenk im WACHSBOGEN dem unpolitischen und Abstand haltenden Kurs untreu und rief die Künstler seiner Zeit auf, „Euch bewußt zu werden, daß Eure Worte in den Wind gesprochen sind, wenn Ihr Euch an das Wohlwollen und an das Gewissen derer wendet, die Euch bewußt oder unbewußt die Möglichkeit nehmen, das zu schaffen, was Euch am Herzen liegt, und daß Ihr, wenn Ihr schon diskutiert, auf der richtigen Ebene diskutiert; daß Ihr nicht klagt, sondern Auswege sucht."[152] Ein solcher Ausweg tat sich für ihn in der Forderung der „Neuordnung der jetzigen Gesellschaftsform" auf. Im folgenden dann malte er das Bild einer Zukunft, die, frei von jedem Streben nach Profit und jenseits allen Egoismus, sich an dem zu orientieren habe, was der Kommunismus derzeit in Rußland bereits zu leisten imstande sei. Wenn auch manches Unausgereifte und Fehlerhafte noch unter den Neuerungen kritisiert werden könne, so formulierte er doch: „Die Kämpfe für diese Zukunft werden nicht mehr auf der Ebene des legalisierten Betruges und der Geschäfte liegen, sondern auf einer geistigen Ebene. Und lieber dürften einem doch die Kämpfe, selbst die erbittersten, eines Trotzki und Stalin sein, die sich um die wichtigsten und geistigsten Probleme abspielen, als die eines Morgan oder Rockefeller, die sinnlos und ungeistig sind." [153]

Henning Rischbieter hat in diesem Zusammenhang von einem „ruppigen, fordernden, allerdings auch undeutlichen Tonfall"[154] Gustav Schenks beschrieben und den WACHSBOGEN literaturhistorisch „in jene literarische Wende um 1930" gehörig eingeordnet, „bei der man sich sowohl von Politik und Engagement als auch von komplizierten Stil- und Formfragen abwandte, den ‚Dingen' zu, dem einfachen elementaren Leben". Auch Schenks Liebäugeln mit dem Kommunismus oder vielmehr mit denjenigen seiner Komponenten, die ihm in seine Vision von einer besseren Zukunft in einer neuen Gesellschaftsform zu passen schienen, ist in diesem Zusammenhang zu sehen.

Oder war Schenks im allgemeinen eher kryptischer Stil in allen Artikeln politischen Inhalts nur Absicht, um über den WACHSBOGEN, gleichsam chiffriert, Kontakte zu gleichgesinnten kommunistischen Schriftstellern im Reich zu knüpfen? Nach der nationalsozialistischen Machtübernahme zu seinem Lebenslauf befragt, verschwieg er jedenfalls die Mitarbeit am WACHSBOGEN, und seine Schriftenverzeichnisse gaben ebenfalls keine Auskunft über diese Tätigkeit, die doch erst kurze Zeit zurücklag.[155] Ein Schreiben der Gestapo Berlin an die Reichsschrifttumskammer vom Oktober

Aus der Zeitschrift DIE LINKSKURVE. Februar 1932

BUND PROLETARISCH-REVOLUTIONÄRER SCHRIFTSTELLER DEUTSCHLANDS

Sekretariat: Berlin S 14, Alexandrinenstraße 62 (Ludwig Renn). Fernspr. F 7 (Jannowitz) 2873. Sprechstunden jeden Montag von 16 bis 19 Uhr. Postscheckkonto: Karl Paul Körner, Berlin, Nr. 50 359.

Braunschweig: Walter Grünhagen, Mandelnstraße 9 II
Bremen: P. Hans Woile, Bremen, Lutherstraße 118 II.
Breslau: Johann Aust, Reineltweg 26.
Dortmund: Emil Kostburg, Dortmund, Brückstr. 68 II.
Dresden: Richard Spengler, Dresden-A, Gerockstraße 7 bei Kani.
Duisburg: Heinz Bähr, Hamborn-Rhn., Overbruckstr. 73 I.
Düsseldorf: Alfred Fuhrmann, Erkretherstraße 184.
Erfurt: Herbert Barth, Postfach 133.
Essen (Ruhr): Artur Jopp, Witteringstraße 40.
Frankfurt a. M.: IFA.-Büro, Große Friedberger Straße 23.
Halle (Saale): Wolf Schütze, Rockendorfer Weg 45.
Hamburg: Erich Block, Fettstr. 1.
Hamborn: H. Marchwitza, Josefstraße 7a b. Schilling.
Hannover: Gustav Schenk, Podbielskistr. 116 V., Atelier Jürgens.
Hindenburg: Wilhelm Tkaczyk, Friedenstr. 20.
Krefeld: H. Brackelmanns, Nassauerring 14.
Leipzig: Wilh. Tucholke, Könneritzer Straße 38.
Oldenburg: Fanny Mütze-Specht, Katharinenstr. 1.
Stuttgart: Anni Geiger-Gog, Sonnesberg, Post Stuttgart-Degerloch.
Wiesbaden: Georg W. Manfred, Alwinenstraße 28.

*

1937 könnte eine Erklärung bieten. Es nannte unter Erwähnung des WACHSBOGEN Gustav Schenk, dessen Wohnsitz mit Podbielskistraße 116, also der Wohnung von Grethe Jürgens,[156] angegeben wurde, als Leiter der Ortsgruppe Hannover des Bundes proletarisch-revolutionärer Schriftsteller Deutschlands.[157] Dessen radikal kommunistisches Organ DIE LINKSKURVE wurde zur gleichen Zeit in Berlin von Männern wie Johannes R. Becher, Erich Weinert und Ludwig Renn herausgegeben.

Tatsächlich wurde Gustav Schenk zwischen Februar und Juni 1932 in der LINKSKURVE als hannoverscher Ansprechpartner des Bunds proletarisch-revolutionärer Schriftsteller Deutschlands genannt.[158] Dennoch bleibt unklar, welche Verbindung zur Berliner Zentrale der Zeitschrift bestanden und ob Gustav Schenk im WACHSEOGEN tatsächlich die Interessen des Bundes in Hannover vertreten wollte. Sein gesellschafts- und sein parteipolitischer Einsatz – allenfalls verschwommen und unentschlossen formuliert – reichten in jedem Fall an jenen der Berliner Kollegen bei weitem nicht heran.

1 Fragebogen für schriftstellerisch Tätige, Reichsschrifttumskammer, ausgefüllt in Hannover am 29. Juli 1937 (Personalakte Schenk BDC).
2 Schreiben des Carl Schünemann-Verlages, Bremen, an den Präsidenten der Reichsschrifttumskammer, 5. März 1938 (Personalakte Schenk, BDC). Im Sommer 1934 wandte sich Schenk offenbar zum ersten Mal an Oberbürgermeister Arthur Menge mit der Bitte um finanzielle Unterstützung. Trotz einiger literarischer Erfolge, so schrieb er, befinde er sich nach wie vor „in großem Elend". Er stellte „ein umfangreiches Volksbuch, das im Hannoverschen spielt", in Aussicht und fügte hinzu: *Jede* Unterstützung – wenn sie nur nicht das Beschämende des Wohlfahrtsamtes an sich hat, würde meine bittere Notlage aufhellen." (Schreiben Gustav Schenks an Oberbürgermeister Arthur Menge, 24. September 1934. StAH HR 19, Nr. 373). Schenk wurden zwei Tage darauf M 150.- zur Verfügung gestellt (Schreiben Arthur Menges an Gustav Schenk, 26. September 1934). Auch in den nächsten Jahren wurde er regelmäßig aus dem Fonds für einmalige Beihilfen unterstützt (vgl. StAH HR 19, Nr. 373).
3 Schreiben des Carl Schünemann-Verlages, Bremen, an den Präsidenten der Reichsschrifttumskammer, 5. März 1938 (Personalakte Schenk, BDC). Vom Schünemann-Verlag wurde bis zum Jahr 1933 die Zeitschrift NIEDERSACHSEN herausgegeben.
4 Schreiben des Landesleiters für Schrifttum, Georg Grabenhorst, an den Präsidenten der Reichsschrifttumskammer, 16. August 1938 (Personalakte Schenk BDC).
5 Ebda. Der Journalist und Schriftsteller Werner Schumann erinnerte sich folgendermaßen: „Für Schenk war (und blieb) das Leben ein reißender Strom, auf dem ungebunden und abenteuernd dahinzutreiben ihn reizte, ohne nach dem Meer zu fragen, in das jener einmündet." (Schumann, Werner; Damals in Hannover, S. 126).
6 Grabenhorst, Georg; Wege und Umwege, S. 28. Vgl. auch Gesprächsprotokoll Georg Grabenhorst, 22. September 1992.
7 Schreiben der Gestapo Berlin an die Reichsschrifttumskammer, 2. Dezember 1937 (Personalakte Schenk BDC).
8 Vgl. die Schilderung eines Verlegers Gustav Schenks, Heinz Sponholtz', aus dem Jahre 1934: Sponholtz, Heinz; Mit Vorschuß in die Moorhütte. Ein Besuch bei dem Schriftsteller Gustav Schenk, Hann. Allg. Zeitung, 12. Mai 1969. Meyer, Heinz; Schriftsteller voll Erkenntnisdurst. Gustav Schenk zum 60. Geburtstag am 28. September, Hann. Allg. Zeitung, 26. September 1965. Fischer, Kurt; Gustav Schenk 60 Jahre alt, Hann. Rundschau, 28. September 1965. Grabenhorst, Georg; Wege und Umwege, S. 28. Vgl. auch das Schreiben der Geheimen Staatspolizei Berlin an die Reichsschrifttumskammer Berlin, 2. Dezember 1937 (Personalakte Schenk BDC).
9 Grabenhorst, Georg; Wege und Umwege, S. 28. Grabenhorst beschrieb Schenk, der „sich schmalköpfig, immer ein wenig schmuddlig, wie ein Raubvogel stoßhaft in seinen Bewegungen, im Gefolge des großen Pan gefiel. Zu meiner Überraschung übte er anscheinend eine gewisse Anziehungskraft auf einige malende und sonst kunstanfällige Mädchen aus. Er schwitzte an den Händen und dunstete wie die Hunde vom Regen, von seiner feuchten Hütte im Moor. Ich mied nach Möglichkeit allzu große Nähe." Vgl. auch den Briefwechsel zwischen den Künstlerkollegen Bernhard Brach-Zinek und Otto Homann aus den späten zwanziger bzw. frühen dreißiger Jahren im Nachlaß Brach-Zineks (NL BZ Ordner II Schriftsteller, Dichter, Theaterleute etc. pp. der jungen zwanziger Jahre in Hannover, Teil I). Homann schrieb etwa am 18. Juni 1930 an Brach-Zinek: „Wenn Du willst, dann schreibe mir, ob er sauberer geworden ist und gepflegter, denn ich habe ihn als bleichgesichtig-ungewaschenen Knaben in meinem Gedächtnis."
10 Schreiben der Gestapo an die Reichsschrifttumskammer, 2. Dezember 1937, Schreiben der NSDAP, Gauleitung Südhannover-Braunschweig, an die Reichsschrifttumskammer, 16. Juli 1937 (Personalakte Schenk BDC).
11 Vgl. den Schriftwechsel diesbezüglich in der Personalakte Schenk des BDC.
12 Schreiben Otto Homanns an Bernhard Brach-Zinek, 18. Juni 1930 (NL BZ Ordner II Schriftsteller, Dichter, Theaterleute etc. pp. der jungen zwanziger Jahre in Hannover, Teil I). Vgl. auch Grabenhorst, Georg; Wege und Umwege, S. 28.
13 Vgl. das nicht datierte Blatt GUSTAV SCHENK aus dem Nachlaß Bernhard Brach-Zineks (NL BZ, Ordner IV Schriftsteller, Dichter, Theaterleute etc. pp. der jungen zwanziger Jahre in Hannover, Teil II).
14 Ebda. Gesprächsprotokoll Juliane Ische-Thoms, 19. Oktober 1992.
15 Schreiben Otto Homanns an Bernhard Brach-Zinek, 2. September 1929 und 18. Juni 1930 (NL BZ Ordner II Schriftsteller, Dichter, Theaterleute etc. pp. der jungen zwanziger Jahre in Hannover, Teil I).
16 Schreiben Gustav Schenks an die Reichsschrifttumskammer, 26. April 1940 (Personalakte Schenk BDC). Vgl. auch Schreiben der Reichsschrifttumskammer an das Reichsministerium für Volksaufklärung und Propaganda, 31. Mai 1940 und 13. Juli 1940. Vgl. auch die Absage an die Reichsschrifttumskammer seitens dieses Ministeriums vom 11. Juli 1940 (Personalakte Schenk BDC).
17 Gesprächsprotokoll Grabenhorst, 22. September 1992.
18 Vgl. zur Biographie Schenk, Gustav; … geboren 1905. Reisebericht einer Jugend, Hannover 1930 (unveröffentlichtes Typoskript, NL BZ), S. 20f.). Vgl. den von der Reichsschrifttumskammer am 2. August 1937 abgestempelten Lebenslauf (Personalakte Schenk BDC). Vgl. die beiden Blätter SCHENK im NL BZ, Ordner I (Hann. Maler, Bildhauer, Graphiker der zwanziger Jahre, Teil I), und NL BZ (Ordner IV Schriftsteller, Dichter, Theaterleute etc. pp. der jungen zwanziger Jahre in Hannover, Bd. 2). Meyer, Heinz; Schriftsteller voll Erkenntnisdurst. Gustav Schenk zum 60. Geburtstag am 28. September, Hann. Allg. Zeitung, 26. September 1965. Schenk, Gustav; Träume aus der Eilenriede kehrten in Nordafrika zurück, Hann. Allg. Zeitung, 24./25. Dezember 1966. Vgl. Niedersachsen literarisch, S. 104. Diederichsen, Hans; Versuch einer Einführung, in: Diederichsen, Hans; Albert Baginsky (Legende), Gustav Schenk (Prosagedichte), Hannover 1924, S. 3f.
19 Das Titelblatt gestaltete Siegfried von Debschitz, der Sohn des ehemaligen Leiters der Kunstgewerbeschule, Wilhelm von Debschitz.
20 Schenk, Gustav; … geboren 1905, S. 10.
21 Ebda., S. 17.
22 Schenk, Gustav; Straßen der Unrast, S. 7.
23 Schenk, Gustav; … geboren 1905, S. 10.
24 Schenk, Gustav; … geboren 1905, Vorwort.
25 Ebda.
26 Ebda.
27 Schenk, Gustav; Straßen der Unrast, S. 8.
28 Ebda., S. 9.
29 Schenk, Gustav; … geboren 1905, S. 20f.

30 Ebda., S. 23.
31 Vgl. nicht datierter, von der Reichsschrifttumskammer am 2. August 1937 abgestempelter Lebenslauf Gustav Schenks (Personalakte Schenk BDC).
32 Schenk, Gustav; … geboren 1905, S. 26 ff.
33 Ebda., S. 28 ff.
34 Ebda., S. 32.
35 Ebda., S. 33. Vgl. das Exemplar einer solchen Hettlage-Tüte in NL BZ (Ordner IV Schriftsteller, Dichter, Theaterleute etc. pp. der jungen zwanziger Jahre in Hannover, Teil II). Über den weiteren Verlauf dieser Erwerbstätigkeit des knapp Zwanzigjährigen ist nichts bekannt.
36 Meyer, Heinz; Schriftsteller voll Erkenntnisdurst. Gustav Schenk zum 60. Geburtstag am 28. September, Hann. Allg. Zeitung, 26. September 1965. Schenk, Gustav; Träume aus der Eilenriede kehrten in Nordafrika zurück, Hann. Allg. Zeitung, 24./25. Dezember 1966. Schumann, Werner; Damals in Hannover, S. 125.
37 Lebenslauf, von der Reichsschrifttumskammer am 2. August 1937 abgestempelt (Personalakte Schenk BDC). Hier konzentrierte er sich seines großen Interesses an naturwissenschaftlichen Themen wegen zunächst auf die Pflanzenfotografie. Schenk wurde dann vor allem seiner zahlreichen naturwissenschaftlichen Veröffentlichungen wegen bekannt, in denen er immer auch philosophische Überlegungen anstellte. Seine Ausführungen basierten vornehmlich aus eigenen Untersuchungen wie z. B. über die Bewegung in einem Wassertropfen oder über die Wirkung von Giften, die er im Selbstversuch erprobte (vgl. Meyer, Heinz; Schriftsteller voll Erkenntnisdurst. Gustav Schenk zum, 60. am 28. September, Hann. Allg. Zeitung, 26. September 1965). Schenks wohl bekanntestes Buch in dieser Zeit war DIE GRUNDLAGEN DES 21. JAHRHUNDERTS. ÜBER DIE ZUKUNFT DER TECHNISCHEN WELT. Es beleuchtete in einer Kombination aus „Sachbuch" und „Tagebuch" und gründend auf einer Berücksichtigung der griechischen Philosophie und Lehre der Naturwissenschaften die technologische Entwicklung und den Drang der Menschheit nach zunehmender Abstraktion. Gustav Schenk starb im Mai 1969 in seinem langjährigen Wohnort bei Baden-Baden.
38 Schenk, Gustav; Träume aus der Eilenriede kehrten in Nordafrika zurück, Hann. Allg. Zeitung, 24./25. Dezember 1966. Schenk, Gustav; … geboren 1905, S. 25 ff. Schenk, Gustav; Straßen der Unrast, Vorwort.
39 Schenk, Gustav; … geboren 1905, S. 35.
40 Ebda., S. 63 f.
41 Ebda., S. 103.
42 Blatt SCHENK, nicht datiert, in: NL BZ Ordner IV (Schriftsteller, Dichter, Theaterleute etc. pp. der jungen zwanziger Jahre in Hannover, Teil II). Vgl. dazu auch Lebenslauf, von der Reichsschrifttumskammer am 2. August 1973 abgestempelt (Personalakte Schenk BDC). Schenk, Gustav; … geboren 1905, S. 214 ff. Fischer, Kurt; Schriftsteller voll Erkenntnisdurst. Gustav Schenk zum 60. Geburtstag am 28. September, Hann. Allg. Zeitung, 26. September 1965. Schenk, Gustav; Träume aus der Eilenriede kehrten in Nordafrika zurück, Hann. Allg. Zeitung, 24./25. Dezember 1966.
43 Schenk, Gustav; … geboren 1905. In dem Exemplar des NL BZ findet sich ein handschriftlicher Hinweis Brach-Zineks auf diese Reise.
44 Schenk, Gustav; Straßen der Unrast, S. 7.
45 Ebda., S. 9.
46 Blatt SCHENK, nicht datiert, in: NL BZ Ordner IV (Schriftsteller, Dichter, Theaterleute etc. pp. der jungen zwanziger Jahre in Hannover, Teil II).
47 Utis, Cyrill; Bekenntnis zur Krise in der modernen Kunst, in: Der Wachsbogen, Nr. 9/10, 1932, S. 6.
48 Kästner, Erich; Fabian, S. 92. Vgl. allg. auch die Beiträge von Frank Trommler (Mission ohne Ziel), Hans Mommsen (Generationskonflikt und Jugendrevolte) und Jürgen Reulecke (Männerbund versus Familie), in: Koebner, Thomas/Janz, Rolf-Peter/Trommler, Frank; ‚Mit uns zieht die neue Zeit'.
49 Brach-Zinek wurde 1902 geboren. Vgl. die Biographie in NL BZ (Ordner I Hann. Maler, Bildhauer, Graphiker der zwanziger Jahre, Teil I). Vgl. auch das Typoskript DIVERTIMENTO AUF EINE FAMILIE, das sich im Nachlaß Brach-Zineks befindet (NL BZ Ordner IV (Schriftsteller, Dichter, Theaterleute etc. pp. der jungen zwanziger Jahre in Hannover, Teil II)). Lentz, Hanna; Neben dem Strom, in: Tip, 1/94, S. 82 ff.
50 Vgl. Fischer, Kurt; Schriftsteller voll Erkenntnisdurst. Gustav Schenk zum 60. Geburtstag am 28. September, Hann. Allg. Zeitung, 26. September 1965.
51 O.A., Mitternachtsbühne. Notgemeinschaft junger Kunst, Artikel, Herkunft unbekannt, in: Gedenkalbum der Galerie von Garvens (SAH 2226). Hier findet sich der Hinweis, daß die Galerie von Garvens Schenk mit Exponaten in dessen Bemühungen unterstützt habe, im Rahmen der MITTERNACHTSBÜHNE Ausstellungen zu organisieren.
52 Programm der MITTERNACHTSBÜHNE, 26. Dezember 1923 (NL BZ Ordner IV (Schriftsteller, Dichter, Theaterleute etc. pp. der jungen zwanziger Jahre in Hannover, Teil II)). Kunstverein Hannover; Zwanziger Jahre, S. 131. Fischer, Kurt (Gustav Schenk 60 Jahre alt, Hann. Rundschau, 28. September 1965) erinnert sich: „An den meisten Abenden bestritt sie (die Veranstaltungen, I.K.) Gustav Schenk selber mit seinen Werken, besonders pries er die vollendete Form des Sonetts und wollte uns angehende Literaten auf diese Form verpflichten". Vielleicht ist dieser Umstand für Schenks Spottnamen Jamben-Justav verantwortlich.
53 O.A.; Mitternachtsbühne. Notgemeinschaft junger Kunst, Artikel, Herkunft unbekannt, in: Gedenkalbum der Galerie von Garvens (SAH 2226).
54 Diederichsen, Hans; Versuch einer Einführung, in: Diederichsen, Hans; Albert Baginsky (Legende), Gustav Schenk (Prosagedichte), Hannover 1924, S. 3.
55 Ebda.
56 Vgl. Plakat DER QUADER e.V., Hannover, Herrenstr. 7 / II, von Brach-Zinek datiert auf April 1925 (NL BZ Ordner I (Hann. Maler, Bildhauer, Graphiker der zwanziger Jahre, Teil I)). Auch in: Kunstverein Hannover; Zwanziger Jahre, S. 131. Hier hieß es: „An unsre Freunde! Nach einigen Monaten experimentvoller Arbeit sind wir heute entschlossen, die lockere Gemeinschaft DER QUADER zu einem festen Kreis zu schließen … Ein Zusammenschluß aller an junger Kunst Interessierten werde DER QUADER … Kunstausstellungen, Vortragsveranstaltungen … Gesellschaftsveranstaltungen wie die des eben vergangenen Winters sind die Merkpunkte unserer Arbeit."
57 Kunstverein Hannover; Zwanziger Jahre, S. 104, 131. Arta Valstar berichtete von einer Ausstellung von Werken Théo van Doesburgs im März 1925 (Valstar, Arta; die abstrakten hannover. Chronologie, S. 16. Vgl. auch Helms, Dietrich; Vordemberge-Gildewart, S. 14). Vgl.

Helms, Dietrich; Kunst und Typographie, S. 15. Vgl. auch Vordemberge-Gildewart, Friedrich; Fragment einer Autobiographie, S. 26.

58 Vgl. Bescheinigung Schenks für Brach-Zinek, 1. Januar 1926, dessen Mitarbeit betreffend (NL BZ Ordner IV (Schriftsteller, Dichter, Theaterleute etc. pp. der jungen zwanziger Jahre in Hannover, Bd. II)).

59 Deckblatt der KRITIK. ZEITSCHRIFT FÜR DAS HANNOVERSCHE KUNSTLEBEN, H.1. 1. Jhg. 1926 (NL BZ (BZ Ordner IV (Schriftsteller, Dichter, Theaterleute etc. pp. der jungen zwanziger Jahre in Hannover, Bd. II)).

60 Ab Mitte der zwanziger Jahre, als die Juryfreien Ausstellungen im Kunstverein auch neuen Kräften Möglichkeit zur Selbstdarstellung gaben, war Bernhard Brach-Zinek hier mit Arbeiten vertreten. Ende der zwanziger Jahre war er beteiligt am Fest KÜNSTLER IN FRONT.

61 Biographie Brach-Zineks, nicht datiert (NL BZ Ordner I (Hann. Maler, Bildhauer, Graphiker der zwanziger Jahre, Teil I6)).

62 Während dieser Zeit wurde er von der Stadt Hannover als notleidender Künstler finanziell unterstützt (StAH HR 19, 303).

63 Schenk war vom 18. Mai 1937 bis zum 15. März 1940 mit der Malerin Gertrud (Gerta) Overbeck verheiratet (Schreiben Schenks an Reichsschrifttumskammer, 21. April 1940, Personalakte Schenk, BDC). Am 18. Januar 1937 wurde ihre Tochter Frauke geboren (vgl. Lebenslauf, nicht datiert, abgestempelt am 2. August 1937 (Personalakte Schenk BDC)).

64 Schreiben Schenks an Bernhard Brach-Zinek, 24. Juni 1926 (NL BZ Ordner IV (Schriftsteller, Dichter, Theaterleute etc. pp. der jungen zwanziger Jahre in Hannover, Bd. II)). Die Ablehnung der bürgerlichen Institution Ehe war auch unter den jungen hannoverschen Künstlern und Literaten der zwanziger Jahre weit verbreitet. Vicky Baum schrieb in ihrer Autobiographie, sie und Richard Lert hätten ursprünglich nicht heiraten wollen, und sie begründete dies mit den Worten: „Wir gehörten der Generation an, die wohl als erste dem Liebesbegriff mißtraute, der nach nahezu einem Jahrhundert seiner Herrschaft verblüht war. Bei uns war es nicht die alles andere ausschließende Leidenschaft, die durch Bücher und Theaterstücke geistert, sondern einfach ein Zusammengehörigkeitsgefühl, ein Teilen und Tauschen von Bereichen des Ichs. An Heiraten dachte keiner von uns." (Baum, Vicky; Es war alles ganz anders, S. 302). In dem bereits erwähnten Roman FABIAN ließ Erich Kästner seinen Titelhelden sagen: „Wer von den Leuten, die heute dreißig Jahre alt sind, kann heiraten? Der eine ist arbeitslos, der andere verliert morgen seine Stellung. Der dritte hat noch nie eine gehabt. Unser Staat ist darauf, daß Generationen nachwachsen, momentan nicht eingerichtet. Wem es dreckig geht, der bleibt am besten allein. Und wer trotzdem andere mit hineinzieht, der handelt mindestens fahrlässig." (Kästner, Erich; Fabian, S. 87).

65 Schreiben F.K. Lipperts an Brach-Zinek, 18. April 1929 (NL BZ Ordner I (Hann. Maler, Bildhauer, Graphiker der zwanziger Jahre, Teil I)). Vgl. auch die pikierte Stellungnahme des Freundes Rudolf Weckwerth, 21. Mai 1929 (NL BZ Ordner II (Hann. Maler, Bildhauer, Graphiker der zwanziger Jahre, Teil II)).

66 Schreiben Otto Homanns an Bernhard Brach-Zinek, 23. Februar 1933 (NL BZ Ordner III (Schriftsteller, Dichter, Theaterleute der jungen zwanziger Jahre in Hannover, Teil I)).

67 Schreiben Otto Homanns an Bernhard Brach-Zinek, 28. Mai 1932 (NL BZ Ordner III (Schriftsteller, Dichter, Theaterleute der jungen zwanziger Jahre in Hannover, Teil I)).

68 Schreiben Otto Homanns an Bernhard Brach-Zinek, 23. Februar 1933 (NL BZ Ordner III (Schriftsteller, Dichter, Theaterleute der jungen zwanziger Jahre in Hannover, Teil I)).

69 Schreiben Günther Goerckis an Brach-Zinek, 8. September 1931 (NL BZ Ordner III (Schriftsteller, Dichter, Theaterleute der jungen zwanziger Jahre in Hannover, Teil I)). Auch der neusachliche Maler Fritz Busack zog angesichts der hannoverschen Kunst- und Kulturszene jener Jahre das Leben auf dem Lande vor (Schreiben Busacks an Brach-Zinek, 21. November 1928 (NL BZ Ordner I (Hann. Maler, Bildhauer, Graphiker der zwanziger Jahre, Teil I)).

70 Nicht datierte Postkarte des Journalisten Herbert Wolf an Brach-Zinek (NL BZ Ordner IV Schriftsteller, Dichter, Theaterleute etc. pp. der jungen zwanziger Jahre in Hannover, Teil I)).

71 Schreiben Friedrich Busacks an Brach-Zinek, 21. November 1928 (NL BZ Ordner I (Hann. Maler, Bildhauer, Graphiker der zwanziger Jahre, Teil I)).

72 Schreiben Otto Homanns an Brach-Zinek, 18. Juni 1930 (NL BZ Ordner III (Schriftsteller, Dichter, Theaterleute etc. pp. der jungen zwanziger Jahre in Hannover, Teil I)).

73 Vgl. die Beschreibung Heinz Wanders' (NL BZ Ordner II (Hann. Maler, Bildhauer, Graphiker der zwanziger Jahre, Teil II)). Paul Steegemann warb für Wanders' Zeichnungen in der Veröffentlichung SPUK mit den Worten, sie seien „kongenial Meyrinkscher Novellen". (Mitteilungen für Bücherfreunde, in: Der Marstall, H. 1/2, 1919/1920, S. 57, vgl. Meyer, Jochen; Paul Steegemann Verlag (1994), S. 49). Wanders hatte etwa zeitgleich mit einigen der späteren Künstlerinnen und Künstler der Neuen Sachlichkeit anfangs der zwanziger Jahre die hannoversche Kunstgewerbeschule besucht. Vermutlich entstand über sie der Kontakt zu Gustav Schenk. Vgl. allg. zum Umfeld der Boheme: Kreuzer, Helmut; Boheme. Vgl. Mommsen, Hans; Auflösung des Bürgertums, bes. S. 291.

74 Schreiben Rudolf Weckwerths an Bernhard Brach-Zinek, 26. November 1928 (NL BZ Ordner II (Hannoversche Maler, Bildhauer, Graphiker der zwanziger Jahre, Teil II)).

75 Schreiben Rudolf Weckwerths an Bernhard Brach-Zinek, 21. Mai 1929 (NL BZ Ordner II (Hannoversche Maler, Bildhauer, Graphiker der zwanziger Jahre, Teil II)).

76 Schreiben Rudolf Weckwerths an Bernhard Brach-Zinek, 26. November 1928 (NL BZ Ordner II (Hannoversche Maler, Bildhauer, Graphiker der zwanziger Jahre, Teil II)).

77 Hirsch, Karl Jakob; Quintessenz meines Lebens, S. 68.

78 Ebda.

79 Ebda., S. 60.

80 In den zwanziger Jahren war Bartels Mitarbeiter des Hamburger Heinrich Bauer Verlags. Er arbeitete u.a. bei den Zeitschriften RUNDFUNK-KITSCH und DAS MIKROPHON. KRITISCHE BLÄTTER ZUR FUNK-KUNST UND FUNK-KULTUR. BEILAGE ZUR RUNDFUNK-KRITIK mit (NL BZ Ordner III (Schriftsteller, Dichter, Theaterleute etc. pp. der jungen zwanziger Jahre in Hannover, Teil I). Vgl. Hollmann, Reimar; Hannoversche Rundfunkgeschichte, S. 38 ff., 43, 46, 56. Hollmann sprach davon, daß Bartels „nach 1945 im Funkhaus erneut eine große Rolle" spielte (S. 39). Vgl. Werbke, Hans-Joachim; Entdeckung des Landes, S. 48. In einer NWDR-Sendung vom 25. März 1950 ließ Bartels seine Erinnerungen an die zwanziger Jahre Revue passieren, freilich ohne seine eigene Entwicklung in jener Zeit zu berühren (Bartels, Hugo R.;

81 Hannoversche Bohémiens, Anhang). Vgl. auch Schumann, Werner; Damals in Hannover, S. 126. Vgl. Bartels, Hugo R.; Das Café am Kröpcke, in: Merian-Heft Hannover, Hamburg 1963, S. 36 ff.
81 Schreiben Hugo R. Bartels' an Bernhard Brach-Zinek, 10. Februar 1927 (NL BZ Ordner III (Schriftsteller, Dichter, Theaterleute etc. pp. der jungen zwanziger Jahre in Hannover, Teil I).
82 Schreiben Hugo R. Bartels' an Bernhard Brach-Zinek, 7. Oktober 1926 (NL BZ Ordner III (Schriftsteller, Dichter, Theaterleute etc. pp. der jungen zwanziger Jahre in Hannover, Teil I)).
83 Diederichsen, Hans; Versuch einer Einführung, in: Diederichsen, Hans; Albert Baginsky (Legende), Gustav Schenk (Prosagedichte), S. 3.
84 Ebda., S. 4.
85 Nicht datiertes Blatt HANS DIEDERICHSEN (NL BZ Ordner I (Hannoversche Maler, Bildhauer, Graphiker der zwanziger Jahre, Teil I)).
86 Diederichsen, Hans; Versuch einer Einführung, in: Diederichsen, Hans; Albert Baginsky (Legende), Gustav Schenk (Prosagedichte), S. 1. Zu Baginskys weiterem Lebensweg vgl. das Schreiben des Schriftstellers an Familie Brach-Zinek aus München, 23. Oktober 1950 (NL BZ Ordner III (Schriftsteller, Dichter, Theaterleute etc. pp. der jungen zwanziger Jahre in Hannover, Teil I)).
87 Diederichsen, Hans; Versuch einer Einführung, in: Diederichsen, Hans; Albert Baginsky (Legende), Gustav Schenk (Prosagedichte), S. 1.
88 Ebda.
89 Nicht datiertes Blatt HANS DIEDERICHSEN (NL BZ Ordner I (Hannoversche Maler, Bildhauer, Graphiker der zwanziger Jahre, Teil I)). Grabenhorst, Georg; Wege und Umwege, S. 29.
90 Grabenhorst, Georg; Wege und Umwege, S. 28 f. Grabenhorst hatte Hans Diederichsen folgendermaßen in Erinnerung: „Er hatte etwas Strahlendes, Jünglinghaftes, das alle Herzen gewann, und doch glaubte ich manchmal, wenn er sich unbeobachtet fühlte, einen Zug von Schwermut, von Ratlosigkeit an ihm wahrzunehmen."
91 Nicht datiertes Blatt KARL VÖLLMER (NL BZ Ordner II (Hann. Maler, Bildhauer, Graphiker der zwanziger Jahre, Teil II)). Vgl. Gästebuch Friedrich Vordemberge-Gildewart, Eintragung v. 19. September 1925 (StAH, Bestand Repro). Vgl. zur Jazz-Szene in Hannover exemplarisch auch die dreizehnteilige Serie von Lothar Dieselhorst in der HANN. PRESSE, September 1977. Paysan, Marco; Zwischen Georgspalast und Roter Mühle, S. 25–59. Hans Dancker zählte zu den Gästen im Salon der Käte Steinitz (Eintragung am 8. Februar 1925) (galerie gmurzynska; Gästebuch von Käte Steinitz)).
92 S., K.; Hannovers erste MERZ-Matinee, in: Störtebeker, Nr. 1, 1924, S. 21 f.
93 Nicht datiertes Blatt KARL VÖLLMER (NL BZ Ordner II (Hann. Maler, Bildhauer, Graphiker der zwanziger Jahre, Teil II)).
94 Vgl. Gästebücher Friedrich Vordemberge-Gildewarts (StAH, Bestand Repro).
95 Schreiben Dr. Anton Gantners an Bernhard Brach-Zinek, 7. März 1975 (NL BZ Ordner III (Schriftsteller, Dichter, Theaterleute etc. pp. der jungen zwanziger Jahre in Hannover, Teil I)).
96 Nicht datiertes Blatt GUSTAV SCHENK (NL BZ Ordner I (Hann. Maler, Bildhauer, Graphiker der zwanziger Jahre, Teil I)).
97 Kunstverein Hannover; Zwanziger Jahre, S. 224.
98 Seiler, Harald; Grethe Jürgens, S. 8. Schumann, Werner; Damals in Hannover, S. 126. Grabenhorst, Georg; Wege und Umwege, S. 28.
99 Seiler, Harald; Grethe Jürgens, S. 8. Vgl. auch Schumann, Werner; Damals in Hannover, S. 125 f.
100 Gesprächsprotokoll Juliane Ische-Thoms, 18. Oktober 1992. Zu Grethe Jürgens' Verbindung mit Gustav Schenk vgl.: Seiler, Harald; Grethe Jürgens. Müller-Piper, Renate; Grethe Jürgens 1899–1981, bes. S. 193 ff. Reinhardt, Hildegard; Grethe Jürgens und Gerta Overbeck, bes. S. 15. Fischer, Kurt; Gustav Schenk 60 Jahre alt, Hann. Rundschau, 28. September 1965. Meyer, Heinz; Schriftsteller voll Erkenntnisdurst. Gustav Schenk zum 60. Geburtstag am 28. September, 26. September 1965.
101 Seiler, Harald; Grethe Jürgens. Kunstverein Hannover; Neue Sachlichkeit, S. 65. Reinhardt, Hildegard; Grethe Jürgens und Gerta Overbeck, S. 32, Anm. 18 u. 26.
102 Niedersächsische Sparkassenstiftung/Zerull, Ludwig; Hannoversche Maler der Neuen Sachlichkeit, S. 14.
103 Jürgens, Grethe; Geschichte des WACHSBOGENS, S. 21.
104 Ebda.
105 Gustav Schenk formulierte unter seinem Pseudonym Georg Pahl: „Was so sehr die Maler unseres Landstrichs von den anderen unterscheidet, ist das Fehlen des Programmatischen. Sie könnten sich um wirtschaftlicher und propagandistischer Vorteile willen eine Richtung ausdenken und große Worte vom Einfluß des sozialen Prozesses auf die Kunst konstruieren. Dann wären sie unter Dach und Fach und brächten niemand in Verlegenheit. Es würde ihnen auch noch zum Vorteil gereichen, daß ihre Arbeit falsch, aber dennoch verstanden würde. Es gibt außerdem noch die Schlagworte eines jungen Europäertums, dem sie sich anschließen könnten. Die jungen hannoverschen Maler lehnen das ab. Sie können sich nicht mit Schlagworten schmücken, die dem Sinn ihrer Arbeit widersprechen." (Pahl, Georg (d.i. Gustav Schenk); Der Weg der jungen hannoverschen Maler, in: Der Wachsbogen, 2. H., 2. Novembernummer 1931, S. 4).
106 Rischbieter, Henning; Hannoversches Lesebuch, Bd. 2, S. 274.
107 Jürgens, Grethe; Geschichte des WACHSBOGENS, S. 21.
108 Ebda. Kunstverein Hannover; Zwanziger Jahre, S. 222 f.
109 Seiler, Harald; Grethe Jürgens, S. 7. Kunstverein Hannover; Zwanziger Jahre, S. 224.
110 Jürgens, Grethe; Geschichte des WACHSBOGENS, S. 21. Kunstverein Hannover; Zwanziger Jahre, S. 224. Später verbesserte sich das Herstellungsverfahren vorübergehend. Die Gruppe erhielt Unterstützung vom Besitzer einer hannoverschen Buchdruckerei, der den Druck zweier Nummern mit festem Umschlag und Bildreproduktionen ermöglichte (Jürgens, Grethe; Geschichte des WACHSBOGENS, S. 21).
111 Seiler, Harald; Grethe Jürgens, S. 8. Jürgens, Grethe; Geschichte des WACHSBOGENS, S. 21. Kunstverein Hannover; Zwanziger Jahre, S. 224.
112 Jürgens, Grethe; Geschichte des WACHSBOGENS, S. 21.
113 Kunstverein Hannover; Zwanziger Jahre, S. 224.
114 Zitiert nach: Kunstverein Hannover; Zwanziger Jahre, S. 224.
115 Schriftleitung; Redaktionelles, in: Der Wachsbogen, 2. Heft, 2. Novembernummer 1931.
116 Ebda.
117 Seiler, Harald; Grethe Jürgens, S. 8. Kunstverein Hannover; Zwanziger Jahre, S. 222 f. Zur Legendenbildung um Schenks großangeleg

ten Roman Zug durch die Salzwüste, der nicht wegen des Endes des Wachsbogens abrupt endet, sondern bereits vorher abgeschlossen war, vgl. Jürgens, Grethe; Geschichte des Wachsbogens, S. 21 f. Kunstverein Hannover; Zwanziger Jahre, S. 222. Seiler, Harald; Grethe Jürgens, S. 8. Vgl. Reinhardt, Hildegard; Grethe Jürgens und Gerta Overbeck, S. 15 f. Vgl. auch die Vorrede der Schriftleitung zur Veröffentlichung des Romans im Wachsbogen: „Es ist ja unser Beruf, einmal die geistige Trägheit zu verscheuchen und dann auch die Trägheit des Fleisches. Wir glauben, mit dem Roman Zug durch die Salzwüste die Müdigkeit zu beheben, die sich in den Abendstunden, nach vollbrachtem Werk, bemerkbar macht." (Schriftleitung; Vorrede, in: Der Wachsbogen, 2. Heft, 2. Novembernummer 1931, S. 10).

[118] Zitiert nach: Kunstverein Hannover; Zwanziger Jahre, S. 224.
[119] Jürgens, Grethe; Geschichte des Wachsbogens, S. 21.
[120] Als Sondergabe für bereits bezahlte Hefte erhielten alle Abonnenten ein Sonderheft mit Gedichten Gustav Schenks (Seiler, Harald; Grethe Jürgens, S. 8. Jürgens, Grethe; Geschichte des Wachsbogens, S. 22).
[121] Jürgens, Grethe; Geschichte des Wachsbogens, S. 22.
[122] Zitiert nach: Jürgens, Grethe; Geschichte des Wachsbogens, S. 22. Vgl. Kunstverein Hannover; Zwanziger Jahre, S. 224.
[123] Vgl. dazu etwa Jürgens, Grethe; Geschichte des Wachsbogens, S. 21. Kunstverein Hannover; Zwanziger Jahre, S. 224.
[124] Kunstverein Hannover; Zwanziger Jahre, S. 224.
[125] Jürgens, Grethe; Geschichte des Wachsbogens, S. 21. Vgl. Seiler, Harald; Grethe Jürgens, S. 9.
[126] Vgl. Rischbieter, Henning; Hannoversches Lesebuch, Bd. 2, S. 275. Kunstverein Hannover; Zwanziger Jahre, S. 223. Jürgens, Grethe; Geschichte des Wachsbogens, S. 21. Seiler, Harald; Grethe Jürgens, S. 9. Reinhardt, Hildegard; Grethe Jürgens und Gerta Overbeck, S. 15 f.
[127] Kunstverein Hannover; Zwanziger Jahre, S. 222 ff. Röhrbein, Waldemar R.; So wie es war, S. 93. Seiler, Harald; Grethe Jürgens, S. 8 f. Rischbieter, Henning; Hannoversches Lesebuch, Bd. 2, S. 274 f.
[128] Seiler, Harald; Grethe Jürgens, S. 8 f. „Es ging also weniger darum, genau formulierte Ziele zu vertreten, als darum, der geistigen Leidenschaft der Jugend Ausdruck zu geben und auf allen Gebieten des geistigen Lebens die künstlerische Begeisterung und Unbefangenheit der Jugend gegen die geistige Sehweise der älteren Generation zu setzen, die in Gewohnheiten erstarrt war und nicht mehr den Funkenschlag verspürte zwischen Kunst, Natur und Mensch." (Heinz-Georg Meyer, in: Kunstverein Hannover; Zwanziger Jahre, S. 224).
[129] Zitiert nach: Rischbieter, Henning; Hannoversches Lesebuch, Bd. 2, S. 275. Vgl. auch Kunstverein Hannover; Zwanziger Jahre, S. 224.
[130] Zitiert nach: Rischbieter, Henning; Hannoversches Lesebuch, Bd. 2, S. 275.
[131] Dies brachte ihm offenbar selbst in den eigenen Reihen unter abgeklärteren Kollegen und Kolleginnen Kritik ein. Jedenfalls verteidigte Schenk sich gleich vorab vor denen, die seinen „Fanatismus des Arbeitenden als künstlich forcierte Begeisterung" auslegten (Ebda.).
[132] Schenk, Gustav; Redaktionelles, in: Der Wachsbogen, Nr. 4, 1931. Schenk war neben Grethe Jürgens derjenige, der am deutlichsten empfand, daß der Wachsbogen sich um ein Ensemble verschiedener künstlerischer Äußerungen, aber auch um allgemein interessierende gesellschaftspolitische Themen bemühen mußte, um Erfolg zu haben. Seine Begründung brachte er beispielsweise in der Vorbemerkung zur Doppelnummer 9/10 des Jahres 1932 zum Ausdruck: „In diesem Heft lassen wir unsere Mitarbeiter zu Wort kommen, die von verschiedenen politischen, weltanschaulichen Lagern über ihr Verhältnis zur Kunst sprechen. Es mag für unsere Leser vielleicht produktiv und anregend sein, solche entgegengesetzten Meinungen in einer Zeit zu hören, die so heftig von Gegensätzen und scharfen, unerbittlichen Kämpfen bewegt ist."
[133] Pahl, Gustav; Die Situation der jungen hannoverschen Maler, in: Der Wachsbogen, 2. Heft, 2. Novembernummer 1931.
[134] Ebda.
[135] Ebda.
[136] Schreiben Grethe Jürgens an Christof Spengemann, 9. Januar 1932 (NSA). Dieser Begriff bezieht sich auf eine bissige Satire Spengemanns auf die Kestner-Gesellschaft, die kurz zuvor im Wachsbogen erschienen war.
[137] Schreiben Grethe Jürgens an Christof Spengemann, 9. Januar 1932 (NSA). Nachdem ein Artikel von Schenk Spengemann derart abgestoßen hatte, daß er den Wachsbogen-Machern seine Mitarbeit aufkündigen wollte, gab Gustav Schenk sich große Mühe, den Älteren umzustimmen. Er wäre, so schrieb er, Spengemann „von ganzem Herzen dankbar, wenn Sie immer und in jedem Heft mitarbeiten würden … Aber ganz wie Sie wollen und was Ihnen am Herzen liegt. Nur eines möchte ich wünschen, nämlich, daß Sie bei uns bleiben". (Schreiben Gustav Schenks an Christof Spengemann, 6. Januar 1932 (SAH, NL Spengemann, nicht verzeichnet)). Der enge Kreis der Wachsbogen-Mitarbeiter suchte Verbündete, und einen derart profilierten Journalisten wie Christof Spengemann noch dazu aufgrund eines Mißverständnisses zu verlieren, war etwas, was man sich in Anbetracht der prekären Lage nicht leisten konnte.
[138] Schenk, Gustav; Der Leitartikel, in: Der Wachsbogen, 2. Heft, 2. Novembernummer 1931, S. 1 f.
[139] Ebda.
[140] Sk., P.; Kollektiver Egoismus!, in: Der Wachsbogen, Nr. 9/10, 1932, S. 7.
[141] Utis, Cyrill; Bekenntnis zur Krise in der modernen Kunst, in: Der Wachsbogen, Nr. 9/10, 1932, S. 2 f.
[142] Ebda.
[143] Ebda.
[144] Ebda., S. 6.
[145] Ebda., S. 3.
[146] Ebda., S. 4.
[147] Das gilt also, obwohl Schenk diesen Gedankengang nach außen hin durchaus ablehnte.
[148] Pahl, Georg; Malerei und Rede, Der Wachsbogen, H. 4, 1931.
[149] Utis, Cyrill; Bekenntnis zur Krise in der modernen Kunst, in: Der Wachsbogen, Nr. 9/10, 1932, S. 4.
[150] Sk., P.; Kollektiver Egoismus!, Der Wachsbogen, Nr. 9/10, 1932, S. 7.
[151] Schenk, Gustav; Leitartikel, in: Der Wachsbogen, H. 4, 1931.
[152] Sk., P.; Kollektiver Egoismus!, Der Wachsbogen, Nr. 9/10, 1932, S. 8.
[153] Ebda., S. 9.
[154] Rischbieter, Henning; Hannoversches Lesebuch, Bd. 2, S. 275. Kunstverein Hannover; Zwanziger Jahre, S. 224.
[155] Vgl. Schreiben Gustav Schenk an die Reichsschrifttumskammer, 1. Oktober 1937 (Personalakte Schenk BDC). Im Sommer und Herbst 1937 haben sich sowohl die NSDAP Gauleitung Südhannover-Braun-

schweig, die Reichsschrifttumskammer als auch die Gestapo Berlin mit Schenks politischer Vergangenheit beschäftigt. Nachdem im Juli 1937 die Gauleitung nach Berlin meldete, sie sei „nicht in der Lage, ein abschließendes Urteil über die politische Zuverlässigkeit abzugeben" (Schreiben der NSDAP Gauleitung an die Reichsschrifttumskammer, 16. Juli 1937), schaltete die Reichsschrifttumskammer offenbar die Gestapo ein, die zu einem ähnlichen Ergebnis kam: „Es hat nicht festgestellt werden können, daß Schenk während der Systemzeit einer politischen Partei angehört oder daß er sonst in politischer Hinsicht besonders hervorgetreten ist." (Schreiben der Gestapo Berlin an die Reichsschrifttumskammer, 2. November 1937 (Personalakte Schenk BDC)).

[156] Vgl. die Titelseiten des WACHSBOGEN, die jeweils als Vertriebsort diese Adresse angeben.

[157] Schreiben der Geheimen Staatspolizei an die Reichsschrifttumskammer, Berlin, 15. Oktober 1937 (Personalakte Schenk BDC). Vgl. zur LINKSKURVE: Kaes, Anton, Einleitung, S. XXXVIIf. Schlawe, Fritz; Literarische Zeitschriften, S. 89. Hier auch weiterführende Literatur.

[158] Vorher tauchte sein Name in der entsprechenden Adressenliste noch nicht auf, ab Juli 1932 wurde auf die Nennung von Ortsgruppenleitern ganz verzichtet (DIE LINKSKURVE. Organ des Bundes proletarischer Schriftsteller Deutschlands, hg. von Johannes R. Becher, Kurt Kläber, Hans Marchwitz, Erich Weinert u. Ludwig Trenn, H. 2–6, Februar – Juni 1932, jeweils letzte Seiten).

"... Seid doch nicht Bürger, wenn Ihr die Kunst wollt ..."

Der Werbegraphiker, Kunstkritiker und Schriftsteller Christof Spengemann

Bereits kurz nachdem Christof Spengemann seine Kritik an der Wilhelminischen Kunstszene der ‚Ära Tramm' in der Schrift DIE BILDENDE KUNST IM NEUEN HANNOVER veröffentlicht hatte, erhob sich Protest. Besonders die hannoversche Ortsgruppe der Allgemeinen Deutschen Kunstgenossenschaft war empört; jene Künstlerorganisation, die sich auch in den zwanziger Jahren noch an den Traditionen akademisch sauberen und naturgetreuen künstlerischen Schaffens ausrichtete. In ihrer Polemik OFFENHERZIGKEITEN ÜBER KRITIK UND EXPRESSIONISMUS in Hannover suchte sie Spengemann, jenen „nach seinem Gebaren feurige(n) Bahnbrecher für neueste und allerneueste Kunst, für Expressionismus und höchstwahrscheinlich alle anderen ‚Ismen'"[1] in der kunstinteressierten hannoverschen Öffentlichkeit" als Scharlatan und Dilettanten zu entlarven.[2] Gemeinsam mit den anderern „Herren Kunstrevolutionäre(n)" versuche er, so höhnten die ‚Kunstgenossen', ein „gesund empfindende(s)" Kunstpublikum durch „dilettantisches literarisches Geschwätz (zu) benebeln".[3]

Biographisches

Mit den OFFENHERZIGKEITEN und der Schrift DIE BILDENDE KUNST IM NEUEN HANNOVER prallten zwei Dokumente aufeinander, wie sie unterschiedlicher nicht sein konnten. Einerseits wurde seitens der ‚Kunstgenossen' die ästhetisch schöne, hehre, veredelnde und von den Realitäten ablenkende Kunst postuliert, die Traditionen wahrte und sich auf keine Auseinandersetzung mit einem veränderten politisch-gesellschaftlichen Umfeld einließ. Andererseits, in Spengemanns Schrift, galt Kunst nur dann als Kunst, wenn sie ihrem Betrachter den Rückschluß auf die Zeit ermöglichte, in der sie entstanden war. Andernfalls mußte sie sich sein böses Urteil gefallen lassen, nach dem ein Bild, das nach der Natur abgemalt war, sei „wie eine biedere Bürgerstochter: anständig aber langweilig".[4]

Unterschwellig stießen dabei auch kunstpolitisch unterschiedliche Positionen aufeinander. Die ‚Kunstgenossen' bezeichneten etwa den verhaßten Expressionismus als „Bolschewismus der Kunst"[5] und wiesen auf das republikanische Nachkriegschaos hin, dem es in ihren Augen mit Hilfe der Kunst zu entfliehen gelte. Ihr verächtlicher Seitenblick galt dem „revolutionäre(n) Maulheldentum" der modernen Künstler und deren Versuch der gesellschaftlichen „Demoralisation". Diesem Abgelehnten stand in der Schrift der Kunstgenossenschaft deutlich die Auffassung vom eigenen gesunden, klaren, traditionsverbundenen und durchaus auch nationalbewußten Schaffen gegenüber. Der Gegner Spengemann wurde dagegen in den OFFENHERZIGKEITEN als Barrikadenstürmer gezeichnet, der in seiner Schrift, wie es höhnisch hieß, den „Magistrat unserer guten Stadt – warum nicht gleich de(n) Arbeiter- und Soldatenrat – in unzweideutigen Worten" dazu aufwiegele, sein „durchaus rückständiges, so gar nicht revolutionäres Treiben" aufzugeben, „Schluß zu machen mit dem Alten und der von Talent strotzenden Jugend die Zügel in die Hand zu geben."[6] Es gibt keinen Zweifel, daß sich die Verfasser der beiden Schriften bereits seit längerem gut kannten.[7] Gerade deshalb gewinnt die Darstellung Christof Spengemanns als bedingungslosen Freundes der Moderne, wie sie die Kunstgenossenschaft in ihrem Pamphlet vornahm, Bedeutung.

Christof Spengemann auf einem Werbefoto der Firma Sichel. Um 1925

Christof Spengemann wurde am 13. April 1877 in Linden geboren. Seine Familie war seit zwei Generationen in Hannover ansässig.[8] Der Vater war gelernter Tischler und machte sich als Volksdichter und Rezitator des Plattdeutschen in Hannover und Linden einen Namen. Mit seiner Frau Marie, der Tochter eines Fabrikarbeiters aus Kolenfeld, hatte er zwei Kinder.[9] Das jüngere, der Sohn Christof, sollte nach dem Wunsch der Eltern Kaufmann werden. Mit vierzehn jedoch verließ Christof Spengemann das Gymnasium. Rückblickend erklärte er, „ich war ein Träumer", und fügte hinzu, er habe damals bereits erkannt, „daß ich auf dem Gebiete der Künste besser zu Hause war als auf dem der exakten Wissenschaften".[10] Von 1891 an absolvierte er nichtsdestotrotz eine Lehre in einem Manufakturladen. Es schlossen sich zwei Jahre Militärdienst an, über die der ansonsten so beredte Spengemann in seinen Tagebüchern nie ein Wort verlor. 1899 lernte der Zweiundzwanzigjährige die fünf Jahre jüngere Luise Gebhardt, die Schwester eines Buchhalterkollegen, kennen. Sie verlobten sich heimlich, konnten aber wegen der Minderjährigkeit der Braut erst vier Jahre darauf heiraten. Zu dieser Zeit begann Christof Spengemann mit seiner publizistischen Tätigkeit.[11]

Walter, Luise und Christof Spengemann während Christof Spengemanns Militärzeit bei den Goslarer Jägern, Foto. Um 1915

Ab 1908 schrieb er, der vermutlich zur gleichen Zeit bereits Mitglied der hiesigen SPD-Ortsgruppe war, für den hannoverschen VOLKSWILLEN.[12] Bereits seit 1907 arbeitete er für die von Clara Zetkin in Kassel herausgegebene Zeitschrift DIE GLEICHHEIT. ZEITSCHRIFT FÜR DIE INTERESSEN DER ARBEITERINNEN,[13] für die Münchener JUGEND, den SÜDDEUTSCHEN POSTILLON, den WAHREN JACOB und die LUSTIGEN BLÄTTER[14]. Er verfaßte kleine Polemiken, satirische Betrachtungen über Alltägliches, Ausstellungsrezensionen und, nachdem er durch den Leiter des Lindener Arbeiter-Gesangvereins dazu aufgefordert worden war, Konzertkritiken.[15] ‚Nebenbei' war Christof Spengemann im „Haupt- und Brotberuf"[16] zeitlebens außerhalb der Kunstkritik tätig. In diesen Jahren war er tagsüber Buchhalter und Kaufmann, um nach Feierabend und an den Wochenenden von einem Rezensionstermin zum nächsten zu hetzen. Über seinen Tagesablauf „während der Saison" schrieb er: „Sonnabendabend Konzert (Rezension), Sonntagvormittag Kunstausstellung (Kritik), Sonntagnachmittag Konzert, Sonntagabend Konzert. Das waren die regelmäßig wiederkehrenden Dinge. Vier Kritiken waren dann fällig, die in den nächsten Tagen gedruckt sein mußten. Das haben wir jahrelang so betrieben."[17]

„Wir" hieß in diesem Falle, daß Spengemann auf die Unterstützung seiner Frau angewiesen war. Luise Spengemann, mittlerweile Mutter des Sohnes Walter, besuchte in den ersten Jahren dieses Jahrhunderts die hannoversche Kunstgewerbeschule, um durch eine spätere Tätigkeit als Kunstgewerblerin[18] ihrem Mann ein Dasein als unabhängigem Journalisten und Maler zu ermöglichen. Diesem jedoch, der sich auch in jenen Jahren schon als Zeichner versuchte,[19] dürfte spätestens um 1920 vielleicht noch eine Laufbahn als Schriftsteller, nicht jedoch mehr als Maler vorgeschwebt haben. Herwarth Walden, Herausgeber der Zeitschrift DER STURM, äußerte zwar angesichts der Zeichnungen und Graphiken Spengemanns, dieser sei „unzweifelhaft sehr begabt".[20] Publiziert hat er sie hingegen nicht. Zeitzeugen erinnern sich an witzige und phantasievolle Collagen und Installationen alltäglicher Dinge in Phantasiegebilden mit geheimnisvollen Namen.[21] Ihr Schöpfer Christof Spengemann scheint sich jedoch schon früh klar darüber geworden zu sein, daß seine eigentlichen Fähigkeiten auf dem Gebiet der Kunstrezeption und nicht auf dem der Kunstproduktion lagen.[22]

Christof Spengemann und die Suche nach journalistischer Redlichkeit

Deshalb störte es ihn, daß für die Tätigkeit als Berichterstatter mehrerer Blätter und Zeitschriften zu wenig und für die Pflege von Hobbys kaum noch Zeit blieb. Immer wieder findet sich in seinen Aufzeichnungen aus jenen Jahren der Hinweis, daß sein Brotberuf ihn „quäle"[23] und daß er „unter ihm leide"[24]. In einer nicht datierten Passage seines Tagebuches schrieb Spengemann, seine Arbeit fülle ihn „natürlich nicht aus, das ist ja nicht das, was ich eigentlich will und muß. Ich kann wichtigere Dinge ... Aber man muß leben. Und die, welche man um sich versammelt hat, müssen es auch. So entstehen ganz konkrete Pflichten. Man entledigt sich ihrer nicht, indem man sie ignoriert – man erfüllt sie einfach."[25]

Es war jedoch noch mehr als das. Die materielle Sicherheit, die ihm und seiner Familie aus der eigentlichen Berufstätigkeit erwuchs, gab ihm die Freiheit, sich als Kunstkritiker öffentlich so zu äußern, wie er es für richtig hielt, ohne sich von finanziellen Zwängen dirigieren zu lassen. Daß ihm diese Sicherheit Selbstbewußtsein gab, geht aus einem Schreiben an den Maler August Heitmüller hervor, in dem Spengemann sich gegen den Vorwurf des Künstlers wehrte, daß er sich durch das Streben nach Materiellem zu sehr binde: „Bei Deinem letzten Besuche hattest Du die Freundlichkeit, mir zu erklären, ich könne bei meiner erwerblichen Tätigkeit doch keine künstlerischen Leistungen mehr hervorbringen. – Nun, ich denke über das Thema ‚Kunst als Erwerb' anders als Du." Er halte es für passender, „sich auf bürgerliche Weise seinen Unterhalt zu verdienen und sich damit zugleich den Luxus künstlerischer Freiheit zu ermöglichen, als seine Kunst in den Dienst kunstfremder Auftraggeber zu stellen."[26]

Spengemann störte hier offenbar die selbstherrliche Attitüde des Künstlers. Schließlich hatte gerade der Maler Heitmüller seinerseits schon seit Jahren viel an Auftragskunst besonders für die Stadtverwaltung und die hannoversche Industrie geschaffen. Spengemanns an Heitmüller gerichteter Vorwurf der mangelnden Ehrlichkeit und fehlenden Fähigkeit zur Selbstkritik war es denn auch, der Ende der zwanziger Jahre die jahrzehntelange Freundschaft zwischen beiden zerbrechen ließ. Begonnen hatte sie zwanzig Jahre zuvor, im Jahr 1908. Damals war August Heitmüller, 35 Jahre alt und damit vier Jahre älter als Christof Spengemann, noch nicht der „blutsmäßig gebundene" [27] niedersächsische Maler aus Bauerngeschlecht, den eine „heroische, männliche Darstellungsweise"[28] auszeichnete und der deshalb „in die Reihe der besten hannoverschen Künstler"[29] gehörte. Als solcher wurde Heitmüller nach der nationalsozialistischen Machtübernahme und vor allem nach seinem Tod 1935 in zahlreichen ehrenden Nachrufen bezeichnet.[30] 1908 hatte Heitmüller vielmehr einen durchaus eigenen künstlerischen Ausdruck entwickelt, der die hannoversche Kunstöffentlichkeit aufmerken ließ. Nach einer Anstreicherlehre und der Ausbildung in Franz von Stucks Münchener Meisterklasse um die Jahrhundertwende hatte ihm ein Gönner Studienreisen nach Frankreich, England, Spanien und in die Niederlande ermöglicht.[31] Heitmüller war bereichert nach Hannover zurückgekehrt und hatte dort vor allem mit einem Gemälde, jener „hart und nah gesehenen" BÄUERIN, „die gegen die impressionistische Lehrmeinung verstieß",[32] viel Aufsehen erregt.

Christof Spengemann urteilte rückblickend: „Heitmüller war der Revolutionär unter den hannoverschen Malern. Ein schwerkranker Mann damals schon ...,[33] aber von einer ungeheuren Vitalität. Impulsiv, ... immer bereit zu kämpfen. Malerisch stark begabt ... Er sagte immer die Wahrheit ... Van Gogh hatte ihn stark bewegt.... Und Hodler. Und Heitmüller kam nun mit einem für Hannover ganz neuen Malstil ... Die Kritik verriß ihn. Ich in meiner Unberührtheit kam ihm näher, und es stellte sich heraus, daß ich ihn als einziger in Hannover verstanden hatte ... Ich bin in der Presse ganz heftig für ihn eingetreten, solange ich von ihm überzeugt war."[34] Die Bekanntschaft und bald auch die Freundschaft mit Heitmüller brachte es für Spengemann mit sich, daß er „zum ersten Mal Einblick in Künstlerkreise, in den Atelier- und den übrigen Künstlerbetrieb"[35] erhielt.

Die hier geknüpften Kontakte und die allmählich wachsende Sicherheit als Kunstkritiker hatten Christof Spengemann schon vor dem Ausbruch des Ersten Weltkrieges derart gestärkt, daß er Stadtdirektor Heinrich Tramm, den „unumschränkten Herrscher des Kunstbetriebes in Hannover"[36] jener Jahre, angriff. „Daß Tramm nichts von Kunst verstand, wußte ich. Auch die anderen wußten es",[37] behauptete Spengemann später. Was lag näher, als einen der Protegés Tramms, noch dazu im sozialdemokratischen VOLKSWILLEN, öffentlich der Unfähigkeit zu beschuldigen? Das war jedoch ein gewagtes Spiel. Tramm galt nach Spengemanns eigener Aussage als rabiater „Sozialistenfresser".[38] Der Stadtdirektor reagierte prompt. Allerdings verhielt er sich ganz anders, als Spengemann erwartet hatte. „Er redete über meine Arbeit in den höchsten Tönen, und er redete so vernehmlich, daß es jeder hören mußte. Bis dahin war ich für die hannoverschen

Kunstbonzen ... quantité négligeable gewesen. Nun, nach Tramms Ansprache war ich plötzlich ein großer Mann ... (W)enn es von einem solch mächtigen Mann heißt, er lese jetzt nur noch die Kritiken von Spengemann, dann wird dieser Spengemann ohne weiteres zur 1a Großkanone befördert. Tramms Neigung zu mir wurde noch dadurch bestärkt, daß ich (außer Heitmüller) ungefähr der (e)inzige in Hannover war, der sich ihm nicht unterwarf ... Jedenfalls ist das erste Zusammentreffen mit Tramm ein Markstein auf meinem Wege gewesen."[39]

Das Einvernehmen zwischen Spengemann und Tramm war nur von kurzer Dauer. Der Journalist hatte keine Hemmungen, an der Kunstankaufspolitik des Stadtoberhauptes – teilweise auch unter dem Pseudonym Cyprian – weiterhin massiv Anstoß zu nehmen.[40] Zudem sparte Spengemann auch nicht mit Kritik an Tramms künstlerischen Schützlingen.[41] Das Ergebnis seiner Angriffe waren nicht etwa Kurskorrekturen in der kommunalen Kunstpolitik. Vielmehr sorgte Heinrich Tramm – wie Spengemann in seinen Memoiren berichtete – persönlich dafür, daß weder er noch ein anderer Mitarbeiter der Zeitung, für die er arbeitete, des VOLKSWILLENS, eine Einladungskarte für die Einweihung des Neuen Rathauses erhielten.[42]

Doch eilte Spengemann auf der anderen Seite sein Ruf, von Tramm einst gnädig gelobt worden zu sein, noch lange weiter voraus. Er notierte in seinem Tagebuch etwa, daß der Bildhauer August Waterbeck, mit dem ihn zu dieser Zeit ebenfalls eine gute Bekanntschaft verband, den Kontakt zu dem Keks-Fabrikanten Hermann Bahlsen herstellte. Bahlsen hatte sich offenbar schon lange für seine Arbeiten im VOLKSWILLEN interessiert und bot dem Kritiker nun, 1911, an, für sein Unternehmen als Werbezeichner und Texter zu arbeiten. Spengemann nahm den Auftrag an und schrieb in seinem Tagebuch: „Es war für mich ein großer Schritt vorwärts. Bahlsen ist außerordentlich großzügig, fördert meine eigene literarische Tätigkeit, soweit ihm das möglich ist. Sagt: ‚Wir nutzen uns gegenseitig: es ist gut für Sie, sagen zu können, daß Sie die Bahlsen-Reklame leiten; es ist gut für mich, wenn gesagt wird, der Reklamefachmann für den Leibniz-Keks ist Spengemann.'"[43] Bahlsen zeigte sich bald sehr zufrieden mit seinem neuen Mitarbeiter.[44] „Ich verfasse für den Leibniz-Keks ein Festspiel, komponiere einen Keks-Walzer (bekomme dafür von Bahlsen ein Klavier), lasse einen Film drehen usw."[45] Doch Hermann Bahlsen war in Spengemanns Erinnerung vor allem Geschäftsmann und duldete als solcher die phantasievollen Einfälle seines neuen Werbechefs nur, wenn sie in sein eigenes künstlerisches Konzept paßten, welchem Spengemann wiederum wenig begeistert begegnete.[46] Das und mehr noch der sich anbahnende Konflikt mit Bahlsens neuem künstlerischem Berater Bernhard Hoetger ließen ihn schon bald sein Dienstverhältnis mit dem Unternehmer lösen. Rückblickend schrieb der Werbechef wenig bedauernd: „Es ist gut, daß es eines Tages aus war, ich hätte mich vielleicht dabei verloren. Denn ich mußte natürlich, da ich sinnvoll für ihn zu arbeiten hatte, auf ihn eingehen ... Hoetger wollte mich (... in Bahlsens Auftrage) nach seiner Fasson modeln. Er biß auf Granit, ganz heftig, – ich verlor mich also doch nicht."[47]

Nach dem Ersten Weltkrieg, den Christof Spengemann als Soldat der Reserve des 10. hannoverschen Jägerbataillons in Goslar ohne für ihn weiter erwähnenswerte Zwischenfälle verbrachte,[48] sah er sich gezwungen, des Geldverdienens wegen seine Heimatstadt Hannover vorübergehend zu verlassen.[49] Er ging nach Düsseldorf, um dort als Werbeleiter einer Getreidekommissionsfirma ein Produkt zu propagieren, dessen Nutzen noch nicht einmal ihm selbst recht klar war.[50] Bereits nach einem halben Jahr wurde eine Zusammenarbeit für beide Seiten untragbar, und Spengemann kehrte zurück nach Hannover, um dort ab Mai 1921 als Werbeberater der Fa. Günther Wagner die künstlerische Leitung der Werbeabteilung der Pelikan-Werke zu übernehmen.[51] Auch hier hielt es ihn nicht lange. Er habe sich dort wie in einer Kaserne gefühlt, erinnerte sich Spengemann später. „Ich habe da unerquickliche zwei Jahre verlebt. Und ich bin stolz, daß ich mich (nach dem Ausspruch des alten Beindorff) da ‚nicht einfügen' konnte."[52] Episode blieb anschließend auch Spengemanns Direktorentätigkeit bei der Zentralwerk AG in Isernhagen, einem Inflationsunternehmen, das, wie er sich lakonisch erinnerte, „schon pleite war, als wir anfingen".[53] Bis 1925 arbeitete er hier, wobei er sich als Leiter des Unternehmens der Belegschaft gegenüber in einer Position sah, der er fürchtete, nicht gerecht zu werden: „Ich hatte ein geradezu idiotisches Verantwortungsgefühl. Es quälte mich schrecklich, und ich bekam einen gelinden Verfolgungswahn, obschon mich keine Schuld an der Sache traf, es ging einfach nicht."[54]

Spengemann hatte Glück im Unglück und wurde mitsamt dem Torso der Zentralwerk AG von der Kleisterfabrik Sichel in Hannover-Limmer übernommen.[55] Dessen Leiter, Walter Dux, war an der künstlerischen Moderne seiner Zeit ebenso stark interessiert wie sein neuer Mitarbeiter.[56] Das Verhältnis zwischen beiden entwickelte sich bald freundschaftlich.[57] Christof Spengemann profitierte in den kommenden Jahren und Jahrzehnten ebenso wie viele seiner Künstlerfreunde – allen voran Kurt Schwitters in der britischen Emigration – von der materiellen und ideellen Unterstützung des jüdischen Unternehmers Walter Dux.[58]

In den Sichel-Werken erhielt Spengemann „die angenehmste von allen (Aufgaben), die ich bisher hatte".[59] Er wurde auch hier wieder Werbeleiter des Unternehmens, obwohl er diesen Beruf nie erlernt hatte.[60] Über seine Tätigkeit schrieb er: „Ich sitze als Blümlein Rührmichnichtan, als des Hauses Sonnenschein, manchmal als das enfant terrible, hart und dennoch weich, an der Peripherie der Direktion und kann mich benehmen, wie ich will. Man weiß ja, daß Künstler schwer meschugge sind und vorsichtig behandelt werden müssen."[61] Erstmals hatte er den inneren Konflikt zwischen künstlerischer Produktion und reiner Erwerbstätigkeit für sich erfolgreich gelöst. Er gestand sich durchaus ein, „daß eine rein zweckgebundene künstlerische Tätigkeit meiner Auffassung vom Wesen der künstlerischen Produktion nicht entspricht".[62] Kunst sei grundsätzlich „keine Erwerbssache, man verschenkt sie, wie man sich selbst verschenkt".[63] Was er für seinen Arbeitgeber schaffe – Gebrauchsgraphik und Werbetexte – sei eindeutig „Zwecksache". Er hielt es indes für durchaus in Ordnung, sich damit zu beschäftigen. „Man darf das dann nur nicht auf den Kunstkomplex hinüberspielen wollen ... Ich fasse es so auf: ich mache Reklame und gestalte die Mittel als Künstler nach künstlerischen Eingebungen, soweit das möglich und zweckmäßig ist. Es ist nicht Kunst, es ist die abseits liegende Beschäftigung eines künstlerischen Menschen ... Und ich erkaufe mir damit die Möglichkeit und das Recht zu produzieren, wie ich will, was ich will, wann ich will. Mag sich darüber ärgern, wer will, – es ist mir völlig gleichgültig."[64]

Das Bemühen um Konsequenz und Wahrhaftigkeit war eine Eigenschaft Spengemanns, die er selbst aus dem persönlichen Wunsch ableitete, sich „nicht zu verlieren", wie es in seinem Tagebuch immer wieder hieß. Er wollte sich nicht vom Materiellen korrumpieren lassen. In und auch außerhalb der Stadt Hannover war man auf den wachen und unbestechlichen Beobachter der Kunstlandschaft aufmerksam geworden.[65] Spengemann hatte Einlaß in die hannoversche Kunst- und Kulturszene gefunden, die ihrerseits in seinem Urteil interessiert war. Dabei war sein Weg vom unbekannten Berichterstatter künstlerisch-kultureller Ereignisse zum anerkannten und geschätzten Kritiker nicht ohne Widerstände verlaufen.

Noch im letzten Jahr des Ersten Weltkrieges, im Februar 1918, ließ sich Christof Spengemanns Streben nach Wahrhaftigkeit und Konsequenz nicht mehr mit der Mitarbeit an einer Zeitschrift vereinbaren, deren Verständnis von bildender Kunst sich im großen und ganzen mit der naturgetreuen Darstellung von Menschen und Landschaften zumeist norddeutscher Prägung zufriedengab: der Zeitschrift NIEDERSACHSEN. Spengemann hatte in den Jahren zuvor sporadisch auch für dieses Blatt geschrieben, das offizielles Organ verschiedener regionaler und lokaler Heimatverbände und seit der Jahrhundertwende wichtigstes Blatt für Landvolk und Heimatbewegung in Niedersachsen war. Besprechungen von Ausstellungen der Kestner-Gesellschaft und des Kunstvereins fanden sich dort umgeben von Beiträgen, die deutsche Art und deutsche Sitte beschworen, von der Schönheit der niedersächsischen Scholle sprachen oder, wie im letzten Weltkriegsjahr, Feldmarschall von Hindenburg als Fels in drohender Brandung besangen, an dessen Granit „das neidische Meer für ewige Zeit zerschellen"[66] werde. Dem Sozialdemokraten Spengemann, dem alles Nationalistische zuwider war, gefiel der offen chauvinistische Grundton der Zeitschrift besonders in jenen letzten Kriegsmonaten nicht. Vielleicht als Reaktion auf dieses Unbehagen beschränkten sich seine Kunstrezensionen zunehmend auf eine unverfängliche Darstellung des Gesehenen. Dennoch bemühte sich Spengemann, was seine Kunstauffassung betraf, auch hier um Ehrlichkeit und Lauterkeit. In dem Beitrag BILDNISMINIATUREN, der Besprechung einer gleichnamigen Ausstellung der Kestner-Gesellschaft,[67] erkannte er durchaus den

Christof Spengemann und die Zeitschrift NIEDERSACHSEN

Titelblatt der Zeitschrift NIEDERSACHSEN. ILLUSTRIERTE HALBMONATSSCHRIFT FÜR GESCHICHTE UND FAMILIENGESCHICHTE, LANDES- UND VOLKKUNDE, HEIMATSCHUTZ, SPRACHE, KUNST UND LITERATUR NIEDERSACHSENS. 1918/19

dort deutlich werdenden „zarten Familiensinn" und die „große Liebe und Geduld"[68] der naturgetreuen Miniaturporträts vergangener Epochen an. Doch stellte er fest: „Der reine Kunstgedanke geriet hierbei ein wenig in die Brüche". Triebkraft der Arbeit sei nicht „künstlerische Notwendigkeit"[69] gewesen, sondern das Streben nach dem Dekorativen. Die ausgestellten Werke seien deshalb allenfalls nett und bewundernswert detailgetreu, sie gehörten jedoch nach seinem Verständnis keinesfalls zum Bereich der Kunst.

Zu diesem Zeitpunkt hatte Christof Spengemann in dem Typoskript NEUE KUNSTANSCHAUUNG, datiert auf den 18. Dezember 1916 und verfaßt in Goslar, für sich schon sehr genau festgestellt, daß die bisherige Art der Kunstrezension angesichts der sich verändernden politischen, sozialen und künstlerischen Umstände überholt sei. NEUE KUNSTANSCHAUUNG war der Projekttitel einer Zeitschrift, die – mitten im Ersten Weltkrieg – Spengemanns Kunstprogramm „in konsequenter Rücksichtslosigkeit gegen alles, was (diesem) fern- oder entgegensteht",[70] spiegeln sollte. Dieses Programm sei zu verstehen als „Stellungnahme zu aller neuen Kunst, die dem Weltgefühl unserer Zeit entspricht, und zwar zum Zwecke der Förderung dieser neuen Kunst und zur Erweckung des Verständnisses für diese Dinge, für die ‚Ekstasen der Jüngeren'".[71] Das moderne Kunstwerk solle als „Gefühlsäußerung" genommen werden; es sei „der künstlerische Niederschlag der Stellung des Künstlers zur Welt".[72] Obwohl sein Projekt einer Kunstzeitschrift sich erst etwa drei Jahre später mit dem ZWEEMANN realisierte, zeigt ein ebenfalls im Dezember 1916 an den ehemaligen Arbeitgeber Hermann Bahlsen abgesandtes Schreiben, in dem Spengemann den Unternehmer und dessen künstlerischen Berater Bernhard Hoetger um geeignete Beiträge für die erste Nummer bat, wie ernst es ihm mit seinem Anliegen war.[73]

In der Redaktion der Zeitschrift NIEDERSACHSEN stießen die Beiträge des freien Mitarbeiters Christof Spengemann auf zunehmendes Mißtrauen. Leider ist der sich daraufhin entwickelnde Schriftwechsel zwischen Christof Spengemann und dem Hauptschriftleiter des Blattes Hans Pfeiffer nur unvollständig erhalten. Doch auch die Fragmente geben einen interessanten Einblick in die Überzeugungen des Kritikers Spengemann vom Wesen und von den Aufgaben der Kunst. Im Februar 1918 antwortete Pfeiffer, der von 1901 bis 1930 als Nachfolger von Hermann Löns die Schriftleitung der Zeitschrift innehatte,[74] seinem Mitarbeiter auf einen Brief, in dem dieser zehn Jahre nach den ersten Angriffen auf den Freund Heitmüller dessen Arbeiten wiederum in Schutz genommen hatte. Pfeiffer schrieb hier: „‚Die Kunst hat ihre Gesetze', sagen Sie selbst. Und wozu sind Gesetze da? Um umgangen zu werden? Wie im Leben überhaupt! ... Heitmüller war für mich ein überragender Künstler bis zu seiner APFELERNTE und zu seiner DRESCH(?)[75]. Ich kann nicht anders, ich muß diese beiden Bilder ablehnen – wegen Gesetzesübertretung."[76] Auch Spengemanns Parteinahme für den Maler Otto Gleichmann stieß auf Pfeiffers Unverständnis: „Da gehen unsere Ansichten, Begriffe und Urteile auseinander", befand er. „Mag sein, daß ich Unrecht habe, aber *mein* Empfinden muß diese Art von Kunst *ablehnen*, wegen Verletzung der Gesetze ... Lieber Herr Spengemann! Wir sind lange zusammen einen Weg gegangen. Nun aber fangen Sie an ..., gefährliche Hochtouren zu machen. Ich bleibe auf meinen wunderschönen Wald- und Heidewegen."[77]

Wie in allen seinen Schriftwechseln, so antwortete Spengemann auch auf diese Kritik umgehend, sorgfältig und ausführlich. In seinem Brief an Pfeiffer vom 1. März 1918 offenbarte er in entwaffnender Ehrlichkeit sein Gedankengebäude zur Kunst und zu seiner eigenen Rolle als deren Vermittler. Als der Weltkrieg ausgebrochen sei, so Spengemann, „sprach man viel von einer Läuterung des deutschen Volkes, von einer Abkehr vom Äußerlichen und Rückkehr zum Geistigen und zur Religiosität. Tatsächlich hat unser Weltgefühl diese Richtung genommen. Die Kunst war schon vorher darauf gerichtet. Man verstand sie nicht, hielt sie für überspannt und erwartete vom Kriege, daß er die ‚neue Richtung' ‚hinwegfegen' würde. Er hat sie nicht hinweggefegt; sie hat sich vertieft ... Resultat: Sie wird immer noch falsch verstanden. Was Künstler wie Gleichmann und jetzt auch Heitmüller leitet, ist das Streben, sich vom Äußerlichen, vom Schein, vom Dekorativen, von allem fernzuhalten, was außerhalb der Kunst liegt. Dahin gehört die Zufälligkeit der Erscheinung. Sie bedeutet nichts mehr. Geltung hat nur noch, was im Wesen der Kunst begründet liegt: daß sie Gestaltung eigenster Vorstellungen des Künstlers ist. Nicht die Natur und die Kunst, der Künstler macht sie. Deshalb ist sein Wille maßgebend. Kunst muß sich nicht mit der Natur befassen, aber sie kann es; Beziehungen zur Natur dürfen nur sekundärer Art sein, – (wichtig) ist allein das Gefühl des Künstlers, sein Geist. Natürlich muß er Geist haben. Das bedeutet: philosophische Betrachtungsweise, religiöses Empfinden (im wahren Sinne); und damit verbunden Neigung zum Abstrakten, zum Mystischen, Übersinnlichen. Triebkraft ist nicht mehr der gegenständliche Natureindruck, sondern die Vision des Künstlers, seine Phantasie, seine geistige Ekstase."[78]

Das sei es, fuhr Spengemann fort, was er „das *Gesetz der Kunst* nenne, auf das man sich jetzt nach der Abkehr vom Materiellen wieder besinnt. Gegen dieses Gebot verstoßen weder Gleichmann noch Heitmüller ... Ich sehe darin nur Vorschriften (d. h. Vorschriften der Objekttreue), die die Menschen der Kunst unberechtigter Weise gemacht haben. Jeder hat sein eigenes Gesetz in sich, vor allem der Künstler; vor allem die Kunst. Man kann ihr nicht eine Richtung, eine Art der Äußerung vorschreiben wollen, die ihrem wirklichen Wesen nicht entspricht."[79] Über seine persönliche Entwicklung in der letzten Zeit schrieb er: „In diese Richtung ging es mit mir seit jeher; zuerst unbewußt. Jetzt bewußt ..., nachdem bei mir an die Stelle der schönen Illusion die noch schönere Erkenntnis getreten ist." Es tue ihm „persönlich unendlich leid", so Spengemann in seinem Schreiben an Pfeiffer weiter, daß „Sie nun nicht mehr mittun wollen", und das umso mehr, als „die heutige Kunst Mitstreiter braucht".[80] Eine letzte Hoffnung setzte er auf jene beigefügte Artikel, die dem Redakteur deutlich machen sollten, „daß ich zwischen echt und unecht in der neuen Kunst unterscheide, daß es also nicht Bequemlichkeiten, sondern ernsthafte Erwägungen sind, denen meine Auffassung entspricht."[81]

Spengemann betonte, er verstehe die Künstler vergangener Epochen durchaus noch, aber er „fühle nicht mehr mit ihnen. Ich fühle absolut mit den Heutigen. Deshalb kann ich mit Wärme nur noch für das Heutige eintreten. Das Gestrige kann ich nur noch schriftlich betrachten; verstandesmäßig. Meine Empfindungen sind da: Achtung, zugleich Anerkennung und relative Wertschätzung. Hingabe ist mir nur noch dem Neuen gegenüber möglich."[82] Er könne, so schloß Spengemann seinen Brief an Pfeiffer, nun nur noch hoffen, daß dieser verstehe, warum er „Hochtouren" machen müsse und nicht genügsam wie der Adressat „auf der Alm" bleiben könne. Vielleicht aber lasse sich auch der Redakteur der kulturkonservativen Zeitschrift NIEDERSACHSEN einmal von der „Größe der Zeit und (der) Wechselbeziehungen aller Zeiterscheinungen untereinander"[83] überzeugen. Eine Antwort des Hauptschriftleiters Hans Pfeiffer auf dieses Schreiben ist nicht überliefert.

Mit diesem leidenschaftlichen Bekenntnis zur Kunst seiner Zeit war für Christof Spengemann die Überzeugungsarbeit zu neuer Sicht und Interpretation von Kunst wohl in der Zeitschrift NIEDERSACHSEN, nicht aber generell beendet. War das halbe Jahr in Düsseldorf beruflich ein Mißerfolg gewesen, so hatte es ihn doch in Kontakt mit den dortigen künstlerischen Kräften gebracht, vor allem dem Maler Max Burchartz, einem gebürtigen Düsseldorfer, der Mitglied der Hannoverschen Sezession war. Spengemann schrieb sich in seinen Lebenserinnerungen MIT HEINRICH BEGINNEND: „Max Burchartz führte mich in den Düsseldorfer Kunstkreis ein. Er sagte: ,Nun dürfen Sie nicht erwarten, hier eine geistige Gemeinde zu finden, wie wir sie gegenwärtig in Hannover haben.'"[84] Eine ähnliche Reaktion begegnete Spengemann bei den Mitgliedern der Berliner November-Gruppe, die eine Wanderausstellung zusammengestellt hatten: „Der Vorschlag, mit Hannover zu beginnen, kam nicht zur Ausführung. Man traute sich nicht: die Anforderungen der hannoverschen Kritik waren zu hoch, als daß man dort gut hätte abschneiden können."[85]

Christof Spengemann und die städtische Kunstpolitik

Beide Aussagen sprechen für das gleiche Phänomen einer „aufbrechende(n) moderne(n) Kunstszene in Hannover",[86] die lebendiger und vielfältiger war als an vielen anderen Orten des Reiches. „Eine ganz bewegte, reiche Zeit. Kampf um den Expressionismus und gegen den Kunstklüngel, bürgerliche Anschauung und gegen die vertrottelte Kritik in Hannover",[87] notierte Spengemann in diesen Jahren in seinem Tagebuch. Hannover begann plötzlich eine Rolle im deutschen Kunstleben zu spielen, zur Kunststadt zu werden.[88] Der Stadt drohe sogar, wie Spengemann rückblickend und freilich mit ironischem Augenzwinkern schrieb, die „Erhebung zur Weltstadt".[89] Zu diesem Zeitpunkt sah es für ihn ganz so aus, als sollte sich die

Hoffnung erfüllen, daß die gegenwärtige politische Neuordnung der jungen Kunstbewegung die Möglichkeit eröffnen werde, „sich ungehindert auszuwirken" [90].

Allerdings war diese Entwicklung in Spengemanns Augen ausschließlich privater Initiative zu verdanken. Da war zum einen die 1916 gegründete Kestner-Gesellschaft, deren Programm, so Spengemann, jeden wahren Kunstfreund sogleich hätte aufatmen lassen müssen. „Hervorragende Dinge"[91] habe diese private Gesellschaft seither gezeigt, lobte er in seiner Schrift DIE BILDENDE KUNST IM NEUEN HANNOVER, die 1919 in einem Berliner Verlag erschien. Endlich sei man dem „Geist unserer Zeit", wie er sich in den Werken der jungen Künstler manifestiere, gerecht geworden. „Das ist eine Tat. Wir erkennen die Verdienste um das Kunstleben Hannovers."[92] „Kräftige Triebe in der Morgenröte dieser werdenden Zeit",[93] wie Spengemann fast zeitgleich in der Kunstzeitschrift DER CICERONE schrieb, seien auch die Maler der Hannoverschen Sezession. Es sei bezeichnend, daß diese Gruppe sich erst habe konstituieren können, nachdem die Kestner-Gesellschaft den von offiziellen Kunstinstitutionen abgewiesenen Künstlern eine ständige Ausstellungsmöglichkeit in ihren Räumen angeboten habe.[94] Auch diese Gründung einer lebendigen, vielgesichtigen und aufgeschlossenen Gruppierung zur Pflege der neuen Kunst sei eine „Naturnotwendigkeit"[95] gewesen. Immerhin habe Hannover seinerzeit die „peinlich große Menge von 150 Künstlern"[96] beherbergt, was eine Sichtung erforderlich gemacht habe.[97] Die besten unter ihnen seien nun in der Hannoverschen Sezession zusammengeschlossen; eine „Gemeinschaft derer, die sich ... absondern".[98]

Was sei den Sezessionisten angesichts der kruden Mißachtung durch die von Mittelmaß und Unverstand gezeichnete offizielle Kunstszene Hannovers auch anderes übrig geblieben als sich abzusondern, fragte Spengemann. Zuerst habe die Stadt von allen in der Kestner-Gesellschaft ausgestellten Werken „nicht ein Stück erworben".[99] Sie habe sich „Schätze entgehen lassen aus unsachlicher Abneigung".[100] Und jetzt habe sie die Gründung der Sezession als „respektlose Eigenmächtigkeit"[101] abgetan, ohne das Können ihrer Mitglieder auch nur zur Kenntnis zu nehmen. Städtische Kunstpolitik – so faßte Spengemann in seiner Schrift DIE BILDENDE KUNST IM NEUEN HANNOVER zusammen – habe bislang in erster Linie darin bestanden, sich aller Kunst, die nicht aus dem hannoverschen Kunstverein komme oder von ihm gebilligt werde, „kalt bis ans Herz"[102] zu erwehren. Die Stadtverwaltung und der Kunstverein seien seit Jahrzehnten eine für beide Seiten bequeme Verbindung eingegangen. Die wahre Kunst sei hierbei gänzlich auf der Strecke geblieben. Hauptverantwortlich für die Mißstände im offiziellen städtischen Kunstwesen war für Christof Spengemann jener Mann, den er schon seit Jahren im VOLKSWILLEN der verfehlten Ankaufspolitik beschuldigte: Heinrich Tramm. Spengemanns Urteil verschärfte sich jetzt angesichts der Annahme, daß die ‚Ära Tramm' mit dem Zusammenbruch der Wilhelminischen Ordnung beendet sei.

Aufgrund der egoistischen Selbstherrlichkeit eines vermessenen Kunstlaien und der Eigenschaft sämtlicher Kunstjurys der Stadt, in Anwesenheit Tramms „zusammenzuklappen wie die Taschenmesser", habe das hannoversche Kunstleben „immer da aufgehört, wo die Kunst anfängt".[103] Dabei seien großartige Möglichkeiten durchaus gegeben gewesen. Tramm habe potente Stifter mobilisiert, die bereit gewesen seien, viel Geld in das Projekt zu investieren, Hannover zur Kunststadt zu machen. Hätte er in diesem Moment die Zügel aus der Hand gelegt und dem Leiter des Kestner-Museums Albert Brinckmann die Verantwortung für die neue städtische Galerie übertragen, hätte etwas durchaus Gutes entstehen können. Zwar sei man „nur mit säuerlichem Lächeln bis höchstens zum Impressionismus"[104] gegangen, aber auch das war ein Kurs, dem Christof Spengemann „seiner Zeit durchaus zustimmen (konnte), denn richtig durchgeführt, hätte damit eine in Deutschland einzigartige Galerie entstehen können, zu der jeder Kunstfreund gewallfahrtet wäre".[105] Dieses Ergebnis sei jedoch in keiner Weise erreicht worden. Statt eines „geschlossenen Bildes"[106] offenbare sich der Eindruck „des hastigen Zusammenraffens".[107] Neben Lücken seien „übertriebene Anhäufungen" und „unsinnige Sonderdinge" entstanden, und überdies sei „viel unnützes Geld vergeudet"[108] worden.

Der gesamten Entwicklung hin zum Mittelmäßigen und willkürlich Zusammengekauften habe die lange Zeit bedeutenste private Kunstinstitution Hannovers – der einstmals durchaus mit Recht renommierte

Kunstverein – tatenlos zugesehen. Weil man ohne öffentliche oder private Konkurrenz geblieben sei, habe man hier ein verhängnisvolles „Gefühl der Unantastbarkeit"[109] entwickelt. Allmählich sei man „in seichtere Bahnen" geglitten, ohne von einem Publikum, das gewohnt gewesen sei, den Kunstverein „als unbedingt maßgebliche Instanz in Kunstdingen anzusehen",[110] in diesem Kurs korrigiert zu werden. An der Spitze des Kunstvereins aber habe in unglücklicher Verkettung der Umstände Heinrich Tramm gestanden. „Und da er die Stadt war, hielt die Stadt ihre schützende, fördernde, wohlwollende Hand über den Kunstverein. Sie hielt sie so bestimmt und willensstark über den Kunstverein, daß dessen Tätigkeit zwar unausgesprochenermaßen, aber dem Wesen nach ein Teil des offiziellen Kunstbetriebes war."[111]

Christof Spengemanns Forderung in Anbetracht dieser desolaten Situation städtischer Kunstpolitik konnte nach Tramms Weggang – den er als endgültig ansah – nur lauten: „Die Stadt sei Schirmherrin der Kunst. Sie gebe wie bisher die Mittel, die nötig sind."[112] Statt diese aber wiederum allzu vertrauensvoll dem Mann an der Spitze, dem neuen Oberbürgermeister Robert Leinert, anzuvertrauen, sei „ein städtisches Kunstamt zu schaffen, das alle Kunstangelegenheiten bearbeitet. Ihm müßte ein aufrechter Mann vorstehen, der durch die Tat bewiesen hat, daß er vollstes Verständnis für den Formwillen unserer Tage besitzt und rückhaltlos auf dem Boden der heutigen Kunstanschauung steht."[113] Ähnliches machte Spengemann für den Bereich der städtischen Museen geltend, allen voran des Kestner-Museums und der städtischen Kunstgewerbeschule. Sensibilisiert durch den Skandal um den Museumsleiter Brinckmann, zu dessen Unterstützung er zur gleichen Zeit mehrere Beiträge verfaßte,[114] forderte er verbriefte Rechte aller Kunstfachleute. „Die Stadt muß ... sagen: ich erkenne euch an, ich traue Euch. Rettet mir meine künstlerische Jugend. Rettet mir die Kunst!"[115]

Mit solchen Forderungen, die Struktur und Arbeitsweise der bisher angesehensten Kulturinstitute Hannovers kritisierten, machte Christof Spengemann sich in der offiziellen Kunstszene des Jahres 1919 viele Feinde. Seine Beteuerung, es gehe ihm keinesfalls darum, das Neue nur deshalb zu bejubeln, weil diesem der Reiz des Modernen anhafte, blieben vor allem bei denjenigen ungehört, die aus seiner Schrift eine Bedrohung ihrer eigenen Existenz ablasen. Ging Heinrich Tramm auch kommentarlos über die Kritik an seiner Person hinweg,[116] so regte sich beim Kunstverein und insbesondere bei der Kunstgenossenschaft der Unmut. Auf diesem Hintergrund sind die OFFENHERZIGKEITEN der hannoverschen ‚Kunstgenossen' zu verstehen.

Auf der anderen Seite konnte Spengemann sich der Rückendeckung derjenigen Kräfte sicher sein, die er in DIE BILDENDE KUNST IM NEUEN HANNOVER als Symbole der Kunst der neuen Zeit positiv gewürdigt hatte. Albert Brinckmann vom Kestner-Museum etwa stellte ihm weitere Details über die Anmaßungen Heinrich Tramms mit der Aufforderung zur Verfügung, jetzt „los(zu)schlagen, wo und wie Sie wollen und können".[117] Paul Erich Küppers, der Leiter der Kestner-Gesellschaft, schrieb aus Oberstdorf, wo er sich seiner angeschlagenen Gesundheit wegen vorübergehend aufhalten mußte, er könne es gar nicht mehr erwarten, nach Hannover zurückzukehren, wo Spengemanns Schrift der jungen Kunst so hilfreich den Boden bereitet habe. Er wünsche sich sehr, „daß sie die Beachtung findet, die sie verdient".[118] Ähnlich äußerte sich auch Georg Biermann, Verleger des CICERONE, der Tramm in den Jahren zuvor recht ambivalent gegenübergestanden hatte.[119] DIE BILDENDE KUNST IM NEUEN HANNOVER stieß aber auch über die Stadt hinaus auf Interesse.[120] Spengemann stand in Kontakt mit dem sozialdemokratischen Kunstkritiker Adolf Behne, der zur gleichen Zeit in Berlin den Arbeitsrat für Kunst mitbegründete.[121] Der Leiter der Hamburger Kunsthalle Gustav Pauli,[122] der nur wenige Monate später von der Stadtverwaltung um ein Urteil über die Trammsche Kunstankaufspolitik gebeten wurde, gratulierte zur zutreffenden Kritik. Aus Erfurt teilte der Maler Otto Gleichmann mit, sein Kollege Walter Dexel, der Begründer des Jenaer Kunstvereins, der wiederum in engem Kontakt mit der Kestner-Gesellschaft und Kurt Schwitters stand, wolle in Jenas Presse ausführlich über Spengemanns Schrift berichten.[123]

Eine weitere interessante Stellungnahme kam aus Düsseldorf, wohin Spengemann offenbar schon geraume Zeit, bevor es ihn beruflich dorthin zog, gute Kontakte unterhalten hatte. Hier äußerte Walter Cohen, Direktorial-Assistent an der Düsseldorfer Städtischen Kunsthalle, im November 1919 in einem Schreiben an Spengemann, im Rheinland herrsche derzeit ein ähnlich „verbitterter Kunstkrieg"[124] gegen verkrustete Strukturen städtischer Kunstpolitik wie in Hannover. Er fuhr fort: „Wie wichtig wäre es für Düsseldorf, wenn auch hier ein Schriftsteller in der Art des Herrn Spengemann aufträte und in klarer Form ... die Bilanz zöge".[125]

Christof Spengemann, angesehener Kunstkritiker verschiedener Blätter und gut bekannt mit vielen zeitgenössischen Künstlern in Hannover wie im Reich, hat in dieser Situation sehr deutlich seine Rolle als „Apologet der neuen Kunst"[126] gesehen und genutzt. Selbst nicht mehr zur Generation der Jungen, Vorwärtsstürmenden gehörend, machte er sich mit Umsicht und Wortgewandtheit doch zu ihrem Mentor. Gerade die Betonung des ganz persönlichen Wandlungsprozesses hin zum Anhänger des Modernen scheint ihm unter den Freunden der neuen Kunst den Ruf eines ehrlichen und unbestechlichen Kritiker eingebracht zu haben. An den Dichter Melchior Vischer schrieb er beispielsweise im Jahre 1920: „Man muß den jungen Geist in sich haben. Aber auch dann ist es noch schwer, sich ganz loszulösen, wenn man seine ersten tiefen künstlerischen Eindrücke in einer ganz anderen Zeit empfangen hat. Sie müssen wissen, daß ich bereits 43 Jahre alt bin ... Man hat da mit ungeheuren Vorurteilen (?)[127] zu kämpfen."[128]

Christof Spengemann und die Arbeit am ZWEEMANN. Der Kritiker und die Kritik

Als einziger der Verantwortlichen der Zeitschrift DER ZWEEMANN war Christof Spengemann überzeugter Hannoveraner. Den überwiegenden Teil ihrer Artikel über lokale Kunstereignisse verfaßte er selbst.[129] Mehr noch: In Anbetracht der Schärfe und Polemik, die Spengemanns Glossen, Tagesweisheiten, Ausstellungs- und Theaterrezensionen und andere Aufsätze, verglichen mit denen seiner Kollegen beim ZWEEMANN, auszeichneten, entsteht der Eindruck, dieses Blatt sei, wie Christiane Klössel schrieb, als „Individualzeitschrift, die als Sprachrohr einer bestimmten Person gegründet und unterhalten wurde",[130] konzipiert gewesen. Nicht nur, daß die jungen Künstler hier nun „einen Kreis gleichgestimmter Kollegen"[131] gefunden hatten, sondern auch Spengemann selbst zog großen Nutzen aus der neuen Zeitschrift, konnte er doch hier für die neue Kunst werben und zugleich den bremsenden und strikt ablehnenden Kräften wirksam Paroli bieten.

Auffällig ist vor allem die überaus wohlwollende Berichterstattung über Ausstellungen der Kestner-Gesellschaft. „Mit Recht", so Spengemann Anfang 1920, betone Paul Erich Küppers das große Verdienst der Gesellschaft um die Etablierung der neuen Kunst in Hannover. Bis zur Gründung der Kestner-Gesellschaft habe es schließlich „allzu trübe in Hannovers Kunstszene ausgesehen".[132] Erst sie habe Verständnis für die neue Kunst aufgebracht.[133] „Die Mehrzahl der hannoverschen Maler und Bildhauer" aber stehe „der Not gehorchend oder aus Neigung"[134] nach wie vor dieser wahren Kunst fern. Diese Künstler seien weiterhin im hannoverschen Kunstverein zu finden, dessen Gesamteindruck damit „trostlos"[135] bleibe. Wenig nur sei hier zu finden, was auch nur einen Funken Lebendigkeit erkennen lasse. Die meisten Künstler, die im Kunstverein ausstellten, bemühten sich um größtmögliche Naturtreue, was Spengemann zu der respektlosen Bemerkung veranlaßte, der hier gepflegte Kunstbegriff spiegele lediglich „allumfassenden Einheitsrummel": „Jäger, Abenteurer erleben vom Sofa aus. Der Wandervogel spart Stiefel. Üppige Stilleben für den Schlemmer, dem balzenden Jüngling ein fleischiges Mädchen. Kinder können erschreckt, belehrt und belustigt werden. Anschauungsunterricht mit ästhetischer Sauce. Und alles, meine Herrschaften, für eine Mark fuffzich!"[136] Spengemann stellte die Art von Kunst, wie sie in der Kestner-Gesellschaft gezeigt wurde, jener gegenüber, die der Kunstverein präsentierte. Das Ergebnis bewies für ihn, daß das Hauptmanko des Kunstvereins in der fehlenden Konsequenz lag. Aus Bequemlichkeit verharre man hier in einer lauwarm-langweiligen Dekorationskunst.

Christof Spengemann hatte ganz offensichtlich viel Freude daran, die geistige Behäbigkeit und Selbstgefälligkeit der Vertreter dieser Kunstrichtung mit seinem witzigen, kurzweiligen und gleichsam stilistisch elegante Haken schlagenden Ton ironisch anzuprangern. Manchmal jedoch, besonders dann, wenn es um seine bevorzugten Künstlerfreunde wie – vor allem – Kurt Schwitters ging, reagierte er mit einer Polemik, die in ihrem Eifer wie in ihrer Ironie Ziel und Maß zeitweise aus den Augen verlor und Gefahr lief, undifferenziert und widersprüchlich zu werden. Besonders deutlich wird das am Umgang mit seinen Kritikerkollegen. Kunstkritiker, vor allem wenn sie – anders als er selbst, der Autodidakt – ausgebildete Kunsthistoriker waren, blieben Christof Spengemann sein ganzes Leben lang suspekt. Dabei war es ihm egal, welche politische Richtung das jeweilige Blatt vertrat, für das sie schrieben. Jeder Kritiker „will belehren, erziehen und erheben", behauptete er. „Betritt er ein Parteiblatt, so sagt er den Lesern, was sie hören sollen. Ist es ein unparteiisches Organ, so sagt er, was sie hören wollen."[137] Ansonsten zeichne sich ein kunsthistorisch gebildeter Kritiker dadurch aus, daß er konsequent rückwärts blicke[138] und „als Exekutor einer ‚öffentlichen Meinung' und ‚gemütvolles Schöngeistlein' entweder gegen wahre Kunst oder um sie herum, niemals aber über sie schreibe".[139] Die Tagespresse „verarbeite"[140] Kunst, statt sie zu erfühlen. Einem Kollegen vom HANNOVERSCHEN KURIER, der sich ironisch über moderne Dichtung geäußert hatte, beschied er im Februar 1920: „Lieber KURIER! Um in die Kunst einzudringen, genügt es nicht, einen Anlauf zu nehmen. Man muß springen können."[141]

Vielfach machte Christof Spengemann sich gar nicht mehr die Mühe, die in seinen Augen rückschrittlichen Kollegen von der zeitgenössischen Kunst zu überzeugen. Ähnlich wie zur gleichen Zeit sein Kollege Johann Frerking im HOHEN UFER gefiel er sich im ZWEEMANN in sarkastischen Analysen von Rezensionen der Konkurrenz. Impulsiv und elegant sezierte er mit deutlicher Genugtuung in seinen Augen dümmlich Verlogenes und bieder Bewahrendes. Oft fand sich ein selbst schon mit Sprachwitz jonglierender Kritiker in Spengemanns Artikeln als Opfer seines eigenen Angriffes wieder.

Manchmal jedoch lief Spengemann Gefahr, in seiner bissigen Kritikerschelte allzu selbstgefällig zu werden. Genüßlich verlor er sich dann in privat gehörte Gerüchte, nannte Gewährsmänner, die allenfalls den Eingeweihten unter seinen Lesern bekannt gewesen sein dürften, und verfaßte so einen flugs über unzählige Namen und Begebenheiten räsonnierenden Beitrag, der ihm selbst offensichtlich große Freude bereitete, anderen hingegen durchaus den Eindruck einer überheblichen Kritikerpersönlichkeit vermitteln konnte. Väterlich mahnte er etwa einen Kollegen an, der die Sezessionisten scharf kritisiert hatte, er müsse einmal ernsthaft mit ihm reden. Er wolle ja gern berücksichtigen, daß dessen kunstkritischem Können und Wollen Schranken gesetzt seien. Es sei schließlich nicht jedem gegeben, das zu verstehen, was doch so einleuchtend sei. Möge dieser also verzerren und verreißen, wie und was er wolle, es interessiere ohnehin niemanden. Vielmehr entstehe bei der Lektüre seiner Arbeiten der Eindruck einer aus Hilflosigkeit und Unfähigkeit gleichermaßen entstandenen „Blindwütigkeit gegen eine Bewegung, die Ihnen verhaßt ist".[142] Einem anderen Rezensenten, dessen Art zu schreiben Spengemann „naiv" und „drollig" fand, attestierte er, der Wert von dessen Plaudereien liege darin, „daß keiner Ihrer Leser auf den Gedanken kommen wird, sich daraus über Kunst zu informieren". Im übrigen aber könne der Kollege beruhigt sein: „Gott lenkt, wenn der Mensch auch gar nicht denkt."[143] Andere Kritiker titulierte er als „kleine(n) Waldschrat",[144] „Kunstartikelfabrikant(en)",[145] oder – überdeutlich – als „Herr(n) Dr. prim.", als Doktor der Primitivät. Ein solcher „Dr. prim." war für etwa ein Bremer Kritiker namens Neurath, den Spengemann umgehend zum „Altrath" machte, weil dieser zeitgenössische Kunst kritisiert hatte. Spengemann mutmaßte daraufhin, Neuraths hinterer Kragenknopf drücke ihn wohl auf den Gehirnnerv und hindere ihn an der „vollen Ausnutzung der inneren Glühbirnen".[146]

Was Christof Spengemann bei Sprachwitz, Schlagfertigkeit und offenkundiger Freude an der sarkastischen Krittelei indes übersah, war, daß er sich damit im Grunde auf ein ähnliches Niveau der Kritik begab, wie er es seinen Opponenten ankreidete. Sie verurteilten jene Kunst, die in seinen Augen die wahre war, weil sie, wie er nicht müde wurde anzumahnen, nicht die Spur des Interesses hatten, sich mit dem auseinanderzusetzen, was neu und ungewohnt war. Er aber nannte sie tumbe und unverbesserliche Ewiggestrige und versäumte es, sie nach den Gründen für ihre Ablehnung zu befragen.

Besonders aggressiv und polemisch fielen seine Reaktionen aus, wenn die Kritiken sich gegen Kurt Schwitters wandten. „Weniger erklärend als emphatisch"[147] – so Henning Rischbieter –, immer aber voller Gewißheit um die Richtigkeit seines Tuns, sprang er dem Freund wiederholt zur Seite.[148] „So schont doch die

Christof Spengemann und Kurt Schwitters

Kunst. Lernt Eure Daten",[149] lautete etwa sein Ratschlag an diejenigen, die sich an tiefsinnigen Interpretationen des Schwitterschen Schaffens versuchten. Statt Werktitel des MERZ-Künstlers wie HIMMEL GRÜNT ROT verbissen auf gegenständliche Naturbetrachtungen hin zu „zerpflücken", möge man doch „lieber hübsch über alles Wissenswerte (nachdenken), was um die Kunst herum liegt".[150] Begreifen würden diese „überheblichen Bildungsphilister"[151] mit ihren beschränkten Möglichkeiten die bedeutendste Künstlerpersönlichkeit, die Hannover je gehabt habe, ohnehin nie.

So wie er gut zehn Jahre zuvor gemeint hatte, als einziger in Hannover August Heitmüllers Kunst verstanden zu haben, so galt seine besondere Aufmerksamkeit und Fürsprache nunmehr, zu Beginn der zwanziger Jahre, Kurt Schwitters. Der ZWEEMANN, dessen Gründung in Spengemanns Phase stärkster Unterstützung des erstmals in eine breite Öffentlichkeit tretenden MERZ-Künstlers fiel, bot ihm ein geeignetes Forum, um für Verständnis gegenüber dem Schwittersschen Werk zu werben.[152] Doch verteidigte der Kritiker hier nicht nur den Künstler, sondern er deutete dessen Werk und seinen Stellenwert in der Kunst der Zeit.[153] Zudem nutzte Schwitters selbst die Öffentlichkeit des ZWEEMANN, sich und seine Arbeit zu erklären und die Attacken seiner Kritiker abzuwehren. Er tat das in seinen TRAN-Artikeln mit nicht weniger sprachlicher Eleganz als Spengemann selbst. Neun Gedichte, fünf Glossen und einige grundlegende Kunstbeiträge etwa über den MERZ-Bau und die MERZ-Bühne ließen ihn zu einem der Hauptautoren und zugleich zum wohl vielseitigsten Mitarbeiter des ZWEEMANN werden.

Die Freundschaft zwischen Christof Spengemann und dem zehn Jahre jüngeren Kurt Schwitters hatte 1917 begonnen, als beide – Spengemann als Reservist bei den Goslarer Jägern und Schwitters auf der Schreibstube und später als Zeichner im Eisenwerk Wülfel – auf das Ende des Krieges warteten.[154] Sie hielt trotz vorübergehender Trübungen[155] ein Leben lang.[156] Spengemann stellte Schwitters nach Kriegsende seine weitreichenden Kontakte zur Verfügung und sorgte – etwa durch Briefe an Herwarth Walden – dafür, daß die Arbeiten des aufstrebenden Künstlers auch in der Presse der Hauptstadt Berlin zum Thema wurden.[157] Er verschaffte Schwitters Einlaß in Hannovers Kunstkreise, führte ihn in den Kröpcke-Zirkel ein und warb für den Besuch der MERZ-Abende des Freundes. Nach dem Ende des ZWEEMANN nutzte Spengemann weiterhin seine Kontakte zur bürgerlichen hannoverschen Tagespresse, um sich, freilich nun in gemäßigterer Form, für den Freund einzusetzen.[158] Schwitters wiederum bezog den einstigen Förderer alle Unternehmungen ein und besprach mit ihm seine künstlerischen Pläne.[159] Spengemann arbeitete beispielsweise an allen drei großen Schwitters-Festen der zwanziger Jahre mit, also dem ZINNOBER-FEST,[160] dem FEST DER TECHNIK und an KÜNSTLER IN FRONT (KIF), und übernahm mit der Arbeit an der grotesken DOPPELNIPPEL-MERZ-MITTERNACHTSPOSAUNE auch gemeinsam mit seinem Sohn Walter die Redaktion der Festschrift für das FEST DER TECHNIK.[161]

Ein skurriler Humor, der die Vorbereitung und die Durchführung dieser Feste begleitete, war beiden – Spengemann wie Schwitters – eigen. Zeitgenossen erinnern sich an lange Nachmittage, an denen sie zusammen „Kunst machten", wobei Schwitters den Freund im Malen wie im Dichten immer von der gegenständlichen weg- und zur dadaistisch montierten Arbeit hinzubewegen versuchte.[162] „Es ist etwas Gemeinsames bei uns",[163] urteilte Schwitters schlicht über die spielerische Form des gemeinsamen Produzierens und ernannte Spengemann zum Zeichen seiner Anerkennung „zum Ehrenmitgliede des Vereins zur Veredelung der Hunderacen, und zwar für ganz Deutschland, einschließlich der besetzten Gebiete, sowie der verbündeten Länder".[164] Der „beste Freund in Hannover",[165] wie Schwitters den Älteren noch nach 1945 in einem Brief an die Mutter in Hannover nannte, seinerseits tat weiterhin alles, um dem Künstler zunächst in Hannover und später während dessen Emigration das Schaffen zu erleichtern.[166]

„Inspirativer Auslöser" wie „anhaltend-kreatives Bindeglied"[167] ihrer Freundschaft blieb Kurt Schwitters' Kunstfigur ANNA BLUME. „Geliebter Bruder in Anna",[168] nannte Schwitters den Freund in einem der Briefe aus jener Zeit. ANNA BLUME erschien 1919 im risikofreudigen Paul Steegemann Verlag in der Reihe DIE SILBERGÄULE.[169] Christof Spengemann war als einer der ersten Zeitgenossen von der Bedeutung dieses Buches überzeugt. Bereits die erste Ausgabe der ANNA-BLUME-Dichtungen enthielt als Vorwort seine Vorrede DER KÜNSTLER, die er bereits vor Erscheinen der ANNA BLUME in Herwarth Waldens DER STURM als em-

Kurt Schwitters.
Foto auf einer Werbepostkarte
des Paul Steegemann Verlages.
Um 1920

phatisches Bekenntnis zur zeitgenössischen Kunst veröffentlicht hatte.[170] Anläßlich der zweiten Auflage des in der hannoverschen Kunst- und Kulturszene jener Jahre vieldiskutierten und auch geschmähten Buches bat Schwitters Spengemann 1920 um abermalige Parteinahme. Hier hieß es: „Geh hin in alle Welt und zeuge die Wahrheit, die einzige Wahrheit, die es gibt: die Wahrheit über Anna Blume."[171]

Einer solchen Aufforderung bedurfte Spengemann zu diesem Zeitpunkt nicht mehr. Seine Wahrheit über Anna Blume hatte er „aller Welt" oder vielmehr jenen zahlenmäßig eher wenigen, die das Buch interessierte, schon Anfang des Jahres 1920 verkündet, als er in dem weitgehend von ihm bestimmten ZWEEMANN-Verlag die erste selbständige Veröffentlichung über Kurt Schwitters herausgebracht hatte.[172] Sie trug den Titel DIE WAHRHEIT ÜBER ANNA BLUME.[173] Die schmale Schrift ist Ergebnis des engagierten Versuches, Schwitters' Werk zu deuten „und dem Verständnis der Zeit zugänglich zu machen".[174] In seinem Eifer, seiner Ungeordnetheit wie in seiner Widersprüchlichkeit spiegelte der schmale Band das Chaos jener Zeit. Scheinbar willkürlich und uneinheitlich wie in privaten Notizen legte Christof Spengemann hier über seine Überzeugungen zu KUNST, KÜNSTLER UND PUBLIKUM Rechenschaft ab.[175]

Titelblatt der Schrift
DIE WAHRHEIT ÜBER ANNA BLUME
von Christof Spengemann. 1920

Er machte sich gar nicht erst die Mühe, Objektivität und Distanz vorzutäuschen. In die Schrift sind Informationen eingegangen, die von Schwitters stammen müssen; sie spiegelt nach Karl Riha „zudem die Mißverständnisse und Aggressionen der zeitgenössischen Kunst und begegnet ihnen mit Mitteln, die ihrerseits in einem spezifischen Zeitkolorit gehalten sind".[176] Insofern offenbart DIE WAHRHEIT ÜBER ANNA BLUME ein großes Stück weit auch die Wahrheit über Christof Spengemann und dessen Denken in dieser Zeit.[177]

Kurt Schwitters war ihm sinnfälliges Beispiel eines vorbildlichen Künstlers dieser Tage. „Er malte das Bildnis seiner Zeit und wußte es nicht",[178] zitierte Spengemann seinen eigenen Ausspruch im Vorwort der ersten ANNA-BLUME-Ausgabe und fragte angesichts der Sinnlosigkeit, der Verwirrung und des Grotesken der Zeit: „Weshalb wundern wir uns? Tragen wir gegenwärtig nicht alle den Hut auf unsern Füßen und ‚wandern auf die Hände'?"[179] Könne denn überhaupt, so Spengemann weiter, nach dem Chaos eines menschenverachtenden Völkermordens das Leben in Kunst, Politik und Gesellschaft so weiterlaufen wie bisher? ANNA BLUME war für ihn in ihrer schillernden Vielschichtigkeit und vermeintlichen „Sinnlosigkeit" ein „Zeitdokument". Aber, wie er den Kritikern vorhielt, „Ihr versteht dieses Zeitdokument nicht".[180] Also verstünden sie weder ANNA BLUME noch die Zeit, in der sie lebten. Wieder nutzte Christof Spengemann seine Arbeit als Kunstkritiker, um dem überwiegenden Teil der Kollegenschaft Rückschrittlichkeit und Blindheit vorzuwerfen. KRITIK DER KUNST, KRITIK DER KRITIK, KRITIK DER ZEIT lautete der Untertitel seiner Schrift, und besonders die KRITIK AN DER KRITIK nahm in DIE WAHRHEIT ÜBER ANNA BLUME breiten Raum ein. Boshaft war sie „allen deutschen Kunstrichtern, die es nicht fassen können", gewidmet. „Hinz und Kunz"[181] trügen für ihre Opposition der Moderne gegenüber keine Schuld, wohl aber Kunstrichter, denen trotz ihrer Ausbildung das Verständnis für die Zeit und ihre Dokumente fehle. Statt sich jemals ernsthaft mit der künstlerischen Bedeutung von ANNA BLUME zu beschäftigen,[182] sprächen sie von „Anormalität", weil ihre bürgerliche Logik dem nicht mehr folgen könne, was Schwitters schaffe. Was aber sei überhaupt „normal" und was „anormal" in dieser Zeit? „Wäre es nicht möglich", so stellte Spengemann zur Diskussion, „den Typ Mensch, der das Schöpferische in sich trägt: den verrückten Künstler als das Normale anzusehen? Und den materiell geschäftigen, geistig trägen Bürger als eine unternormale Spezies?"[183]

Die lautesten Ankläger von ANNA BLUME – so betonte Spengemann – seien „heute noch jener Weltanschauung ergeben, die das Zerrüttende brachte. Sie alle sind schuldig an dem Wahnsinn dieser Zeit und können sich nicht rein waschen auf Kosten dieser unschuldigen ANNA BLUME."[184] Daß dieses harmlose und friedfertige Gedicht entstand, sei Notwendigkeit und „Verzweiflungsakt" zugleich gewesen. Mehr als jeder andere Mensch sei ein Künstler sensibel für die Zeit, in der er schaffe. Besonders ein Mann mit der Empfindungsfähigkeit von Kurt Schwitters habe die „Schwüle" der Nachkriegsatmosphäre gespürt und unter ihr gelitten. ANNA BLUME sei Ausdruck der Explosion, mit der er sich „in Zeiten der Hochspannung und Aufpeitschung, wie wir sie erlebten und noch erleben",[185] Luft verschaffen mußte. Seine Reaktion sei im Gegensatz zu der Empörung einer weiter feige „im Finstern tappenden"[186] Kunstkritik wahr und echt gewesen.[187] „Denken wir, daß dieser Künstler sein Zeiterleben in seiner Seele noch steigert. Daß er es umsetzt in Schwingungen gleichartiger Stimmung. Können da Wiegenlieder entstehen?"[188]

Die Antwort auf seine rhetorischen Frage blieb Christof Spengemann nicht schuldig. Nehme man sie als Zeitdokument, sei er überzeugt, daß „ANNA BLUME nach hundert Jahren eine ergreifendere Sprache reden (werde) als alle Geschichtsberichte es vermögen." Nach nur dreißig Jahren aber werde man „die heutige Kritik in ihrer Stellung gegen ANNA BLUME empfinden, wie wir die Zeiten der Hexenprozesse". Ihr Schöpfer breche ebenso wie alle anderen Künstler, welche als Dadaisten lebendige Kunst schüfen, auf, um der toten Kunst den Kampf anzusagen.[189] Gegen das „Allzufeierliche"[190] und verlogen Gestelzte in der alten Kunst setzten sie „tiefe innere Heiterkeit",[191] jugendliche Frische und Friedfertigkeit. ANNA BLUME war für Spengemann ein Wegweiser durch „Zerrissenheit und Zermürbtheit" zu „Sammlung und Genesung". Die „erdrückte Heiterkeit",[192] die aus jeder ihrer Zeilen leuchte, mache sie zum Symbol des kommenden Kunstbegriffes. Die Kunst „als tropfendes Kirchenlicht"[193], die bieder weiter bürgerlichen Rezeptionsnormen entspreche, gelte es zu vernichten und sich über „bürgerliche Bedenken"[194] hinwegzusetzen.

Die Hoffnung auf die junge Generation

Eine neue Generation, die im bildlichen und wörtlichen Sinn Kathedralen bauen könne, sei in diesen Zeugnissen dadaistischen Kunstwollens zu begrüßen. Sie habe die bigott-liebedienerische ‚Gläubigkeit' des Bürgertums abgestreift und sei zur Suche nach der wahren, unverfälschten Göttlichkeit aufgebrochen.[195] Jene Künstler der Zeit, die ähnlich wie Kurt Schwitters, der dichte und male, der über die MERZ-Bühne und den MERZ-Bau schreibe und die KATHEDRALE DES EROTISCHEN ELENDS schaffe, „freizügig in der Ausübung der Kunstarten"[196] seien, schienen Spengemann am ehesten geeignet, einen Ort der absoluten Heiterkeit und Menschlichkeit zu schaffen.[197] Für ihn waren jenseits der reinen Kunstbetrachtung die Unterschiede zwischen dieser Generation, die die Notwendigkeit des Aufbruchs spüre, und den Alten, die strikt bewahrten und fortsetzten, was schon vor der „Zeit des Wahnsinns" gegolten hatte, so groß, daß er von einer „Kluft in der Weltanschauung"[198] sprach. Seine eigene Position sah er dabei eindeutig im Lager der Jungen: „Wir kamen vom Ichprinzip zu dem der Gemeinsamkeit. Wir kamen vom partikularen Denken zum kosmischen Fühlen. Wir kamen von der Oberflächlichkeit zur Vertiefung. Vom Materiellen zum Geistigen. Den Hintergrund bildet das geistige Chaos. Da mag den Alten manches Junge verwegen gebärden und Jenen Entsetzen einflößen."[199]

Oft klagten Vertreter der alten Ordnung, die heutige Jugend kenne das Gefühl der Ehrfurcht vor dem Bestehenden mehr nicht mehr. Spengemann wußte es besser: „Es ist nicht wahr, daß sie keine Ehrfurcht hat. Sie hat Ehrfurcht vor dem All, weil sie es fühlt. Sie hat die wahre Religiosität, weil sie Gott fühlt. Ihr Sinn ist auf das All gerichtet. Die Jugend gehört dem Ganzen. Die Jugend gehört nicht mehr den Eltern ... Jeder ist dem Ganzen verpflichtet: Der Menschheit, der Welt und Gott. Wir erleben Weltenwende. Es kann keine größeren Gegensätze geben, als zwischen heutiger Jugend und heutigem Alter."[200]

Vor allem den jungen Künstlern sei der „Blick auf das Höchste" gewiß. Wahre zeitgenössische Künstler gäben ihrem Schaffen kein Ziel; ihre Werke hätten keine Titel, weil diese sich nicht kategorisieren ließen.[201] Sie arbeiteten nicht zweckbewußt, sondern weil diese arbeiten wollten, um weiter zum Ewigen, zum Geistigen zu streben. Der Ausdruck des Irdischen gelte ihnen nichts, weshalb ihnen dessen Abbildung im Kunstwerk uninteressant werde. „Gegenständliches Schaffen hat konkrete Möglichkeiten für Wertbemessungen des Werkes: Vergleich mit dem Objekt, Gesetze einer Ästhetik, zeitliche Dogmen. Da ist ein Ziel, – das ist Begrenztheit. Da ist die Gemeinschaft derer, die es erreicht haben – Kunstbourgeoisie."[202] Abstrakt arbeitende Künstler hingegen „haben kein Ziel". Möge ‚der Bürger' auch meinen, sie schüfen Wertloses, so könnten sie doch heiter gelassen in der Gewißheit arbeiten, daß sie Größeres als Lohn erwarte als die gegenständlich Schaffenden.[203] „Sie folgen ihrem Gesetz und schweben durchschüttert im Grenzlosen. Sie schauen das Höchste und finden die Worte nicht. So groß ist Gott! Rastlos müssen sie suchen nach Form ihres Fühlens würdig. Bisheriges reicht nicht aus. In allem die Erkenntnis: das Geistige ist in der Kunst das Primäre; Erlebnis steht über dem Ausdruck, Seele des Werkes über dem Sichtbaren."[204]

In ihrer Mehrdeutigkeit, ihrer Emotionalität und Widersprüchlichkeit stand Christof Spengemanns Schrift DIE WAHRHEIT ÜBER ANNA BLUME aus dem Jahr 1920 im Zusammenhang mit einer Reihe von Gedichten, Glossen und Rezensionen in der Zeitschrift DER ZWEEMANN,[205] aber auch mit Briefen aus der Zeit. Sie alle weisen auf Spengemanns Utopie einer „neuen Gesellschaft" in einer „neuen Zeit". Diese „neue Zeit" werde alles hinter sich lassen, was an konventioneller Überfrachtung und kulturellem Hochmut im letzten Jahrhundert von der bürgerlichen Gesellschaft angehäuft worden sei. Bescheidenheit setzte er in dieser Utopie gegen Bequemlichkeit, spirituelle Zufriedenheit gegen materielle Gier, Natürlichkeit gegen zivilisatorische Überreizung.

In NEGERKUNST, einer Rezension zur Ausstellung der Kestner-Gesellschaft im November 1920, schrieb er: „Über Negerhütten die Sonne. Über Palästen die Sonne. Gott ist beiden gleich nahe. ‚Primitiv' ist ein Urteil. Der Europäer weist verächtlich nach der Hütte. Er kennt nur noch Paläste und hat vergessen, daß das Unendliche über ihnen beiden ist. Der Wilde sieht die Sonne. Der Europäer hat vergessen, daß ‚primitiv sein' ein Wert sein kann. Nämlich: wenn es die Seele betrifft. Kinderseelen müssen erst gewaltsam verbildet werden, bis sie blind sind. Der Europäer des letzten Jahrhunderts war so zivilisiert, daß er aus seinen Kindern Miniaturausgaben Erwachsener machte ... Unsere Seelen hatten keine Beziehung. Sie waren weder in diesem Sinne knospig, primitiv, noch hatten sie sich auf dieser Basis entfaltet. Sie waren vermauert."[206]

Expressionistisches Pathos ließ ihn auf die Verwirklichung eines Zustandes allumfassender Menschheitsverbundenheit hoffen; auf eine Zukunft, in der Nationenhader und Parteienzwist keine Rolle mehr spielten. Vernunft und Geist, nüchterne Wissenschaftlichkeit und kaltes Kalkül hätten die Katastrophen der Vergangenheit zu verantworten, nun gelangten neue Werte wie Menschlichkeit, Gemeinschaft und Heiterkeit zu Gültigkeit, und das Gefühl beginne über den Verstand zu siegen.[207] Einzig die Künstler hätten schon früh vor den Folgen der übermäßigen Betonung der Vernunft gewarnt. Gegen die Lockungen des Materiellen gefeit, zum Geist und zum Menschheitsgedanken strebend[208] und in jener Zeit allein empfänglich für das Absolute, das „kosmische Pulsen",[209] seien sie die Künder des Kommenden. Der „Umschwung in der Kunstanschauung", der sich schon vor dem Weltkrieg angebahnt habe, sei „Auftakt des neuen Weltfühlens" gewesen. „Über den Nationen – abgekehrt allem Nationalistischen – schwebt die Kunst",[210] hieß es in Spengemanns Rezension einer Ausstellung in der Kestner-Gesellschaft. Vom „Weltfühlen", das sich im Kunstschaffen seiner Zeit ausdrücke, sprach er im ZWEEMANN. Dieses „Weltfühlen" sei „früher im Künstler als in den übrigen Menschen. Künstler fühlen voraus: Gottnähe. Begnadete, Propheten, Vermittler zwischen Gott und den Menschen. Das ist der göttliche Sinn der Kunst."[211] Schenke man also diesen Kündern einer besseren, friedvollen und heiteren Zukunft Gehör und lasse sich auf ihre Visionen ein, so erkenne man auch als Nichtkünstler die Möglichkeiten, die sie bringen könnten. Damit werde der Weg bereitet für eine Welt jenseits der Nationen, jenseits von Egoismus und Materialismus.[212]

Angesichts der Utopie einer in jeder Hinsicht besseren Welt lehnte er jede politische oder gar parteipolitische Stellungnahme des Künstlers zur Gegenwart strikt ab. Sein Gedankengebäude, das den Künstler als Bewahrer und Künder des absoluten und universalen Menschheitsgedankens deutete, mußte die Beschränkung auf partikulare Interessen einzelner Gruppen verbieten.[213] Auf der anderen Seite durfte nach Spengemanns Überzeugung ein Künstler, um Prophet des Kommenden zu sein, die Augen vor dem Hier und Jetzt nicht verschließen. Die Argumentation einer Zeitzeugenschaft des Kunstwerks, welche weit entfernt war vom politischen Zeitbezug, entwickelte er bezeichnenderweise am deutlichsten zu Beginn der dreißiger Jahre, als – wie er deutlich sah – der politische Kampf tobte zwischen „zwei(.) Weltanschauungen: Diktatur gegen Demokratie, Individualismus gegen den Menschheitsgedanken".[214] Seine Überlegungen über den SINN DER KUNST, die er auch unter diesem Titel veröffentlichte, wurden im WACHSBOGEN des neusachlichen Kreises um Gustav Schenk und Grethe Jürgens veröffentlicht. Mochte Spengemann sich hier für die Form der Demokratie als Wahrerin des Menschheitsgedankens aussprechen, so forderte SINN DER KUNST vom Künstler doch absolute parteipolitische Abstinenz. Gleichzeitig nahm der Artikel Bezug auf jenes Streben nach Konsequenz und Wahrhaftigkeit, das für seinen Autor zeit seines Lebens wesentliches Kriterium der Bewertung eigener wie fremder Arbeit war.

Irgendeinen Sinn müsse freikünstlerische Tätigkeit doch haben, konstatierte Spengemann in SINN DER KUNST, um sogleich zu erläutern: „Ich denke (immer noch!) den: daß ein von Schaffensdrang Besessener sich Luft macht. Nur dann ist dieses Treiben entschuldbar. Produktion aus Ehrgeiz, Gewohnheit, im lohnenden Auftrage, ist im Prinzip schon gelindes Schmarotzertum am Geist. Schließlich ist der Künstler doch kein Konfektionär."[215] Das „innere Gesetz der Kunst" sei einzige Richtschnur jedes wahren und ehrlichen Künstlers: „Hinter dem Werk steht der Mensch. Im Werk offenbart er sich. Es wird umso stärker sein, je stärker er selbst ist. Stark bedeutet hier: ursprünglich, lebendig, wahr." Stark aber sei ein Künstler nur, „wenn er zu der Zeit steht, in der er lebt. Nur dann kann er wahr sein in seinem Werk." Während nun aber ein Kunstwerk durchaus zeitlos sein könne, wenn es nur wahr sei, offenbare der Künstler, wenn er vorgebe, zeitlos zu sein, daß er sich in dieser Welt, in der er arbeite, nicht wohlfühle und daß er sie nicht verstehe. Nach diesem Eingeständnis der Ohnmacht und Hilflosigkeit aber solle ein solcher Künstler besser abtreten. „Wie anders", so Spengemann, könne dieser schließlich „die Beziehung zum Unendlichen haben als im Verbundensein mit dem gegenwärtigen Geschehen?"[216] Es sei also Aufgabe eines jeden wahren Kunstfreundes, jenen „Dämmerschoppen-Ästheten"[217] das Wort zu verbieten, für die Kunst einzig ein Mittel zur Erhebung aus einer ordinären und trüben Wirklichkeit sei.

Nur lasse man es sich, bat Spengemann sich aus, nicht einfallen, die Kunst mit der Gegenwart dergestalt zu vermengen, daß die Künstler als Sprecher verschiedener politischer Lager zur Lösung des aktuellen Kampfes zwischen Diktatur und Demokratie mißbraucht würden. Das verursache nur die „Einengung der Geister durch Rückfall in partikularistisch-individualistische Weltbildchen und die geistige Sterilisierung ganzer Menschheitskomplexe".[218] „Die Faschisten reklamieren den Futurismus als ihre Kunst; die Kommunisten machen es mit der abstrakten Kunst ebenso. Krampf! Sowohl die futuristische wie die abstrakte Anschauung kamen aus ganz anderen Tiefen. Trotzdem werden die Ergebnisse zweier übernationaler und überparteilicher Anschauungen zu einer Art Heimat- oder Vereinskunst verbogen und kurzerhand nationalisiert. – Der Künstler aber darf sich nicht trennen von jener Masse, die ihn trägt. Denn in ihrer Weltanschauung ist sie Trägerin des großen künstlerischen Welt- und Menschheitsgedankens. Nur so bleibt es wahr, nur so ist sein Werk echt."[219]

Geistige Wachheit und Bereitschaft zur Auseinandersetzung mit der Zeit hatte Christof Spengemann bereits knapp zehn Jahre vor der Veröffentlichung von SINN DER KUNST, im April 1923, gefordert, als er gemeinsam mit den Freunden Théo van Doesburg, Hans Arp, Tristan Tzara und Kurt Schwitters das MANIFEST PROLETKUNST verfaßte. Auch hier hatte er die Indienstnahme des Künstlers zu nicht-künstlerischen Zwecken – etwa zur parteipolitischen Beeinflussung des Publikums – strikt abgelehnt. Es hieß in dem MANIFEST: „Die Kunst, welche sich auf eine bestimmte Klasse von Menschen bezieht, gibt es nicht, und wenn sie bestehen würde, wäre sie für das Leben gar nicht wichtig ... Die Kunst ist frei in der Verwendung ihrer Mittel, aber gebunden an ihre eigenen Gesetze, und sobald das Werk Kunstwerk ist, ist es weit erhaben über die Klassenunterschiede von Proletariat und Bürgertum ... Die Kunst soll nur mit ihren eigenen Mitteln die schöpferischen Kräfte im Menschen wachrufen, ihr Ziel ist der reife Mensch, nicht der Proletarier oder Bürger. Nur kleine Talente können aus Mangel an Kultur ... in ihrer Beschränktheit so etwas wie proletarische Kunst (d. h. Politik im gemalten Zustande) machen. Der Künstler aber verzichtet auf das Spezialgebiet der sozialen Organisation."[220] Werner Schmalenbach wertet das MANIFEST PROLETKUNST wegen der Mitautorenschaft von Kurt Schwitters, vor allem aber aufgrund der Tatsache, daß die im März 1923 gemeinsam in Den Haag entstandene Verlautbarung erstmals in dessen MERZ-Heften abgedruckt wurde, als Beweis für Schwitters' bewußt unpolitische Haltung. Kunst habe für Schwitters „Erbauungs- und Erlösungscharakter" gehabt, „durchaus im Einklang mit den trivialen bürgerlichen Vorstellungen von der Kunst: sie soll den Menschen von den Lasten des Lebens befreien".[221]

Die KAMPFSTELLE GEGEN ZENSUR UND KULTURREAKTION

Christof Spengemann beschrieb Schwitters in DIE WAHRHEIT ÜBER ANNA BLUME ähnlich: „Ein verträumter Künstler, in seinem Schaffen fern jeder aktivistischen Tendenz, rein im Absoluten schwebend, – als Mensch unpolitisch wie ein Kind, harmlos, gütig, friedfertig, zieht seinen Weg."[222] Seine eigene Veranlassung indes, das MANIFEST PROLETKUNST mitzuunterzeichnen, hatte mit Friedfertigkeit und Harmlosigkeit wohl eher wenig zu tun. Gemeinsam mit Schwitters, dabei deutlich aktiver als dieser, gründete und leitete Spengemann Anfang der dreißiger Jahre die KAMPFSTELLE GEGEN ZENSUR UND KULTURREAKTION, die sich wie die Berliner Mutterorganisation – jedoch mit einiger zeitlicher Verzögerung – vornehmlich aus Protest gegen das Verbot der Verfilmung von IM WESTEN NICHTS NEUES konstituierte.[223] Über ihre Zielsetzung äußerte sich Christof Spengemann im Dezember 1930 in einem Schreiben an Justus Bier, den Leiter der Kestner-Gesellschaft. Spengemann forderte Bier hier eindringlich auf, gegen das Verbot des Filmes öffentlich anzugehen, denn ein solcher Eingriff in die Freiheit der Kunst zeige „mit erschreckender Deutlichkeit die Gefahr der fortschreitenden kulturellen Reaktion in Deutschland. Wir haben zwar gesetzlich keine Zensur, es mehren sich jedoch die Fälle einer indirekten Kunstzensur … (Wir) weisen besonders darauf hin, daß diese Terrorakte jede schöpferische Arbeit zu unterbinden drohen und die deutsche Kultur und die freie Kunstschöpfung aufs schärfste gefährden. Deshalb rufen wir alle Künstler, Kunstfreunde und frei denkenden Menschen auf, sich dem Kampfausschuß anzuschließen."[224] Bis zur offiziellen Gründung der KAMPFSTELLE im Januar 1931 folgten dem Aufruf ausschließlich solche Organisationen, die der Sozialdemokratie sowie der Freidenker-Bewegung nahestanden – also etwa die Freie Volksbühne, die Sozialistische Arbeiterjugend, die Internationale Frauenhilfe oder der hannoversche Volksbund für Geistesfreiheit.[225] Viele andere Vereine und Gruppierungen reagierten wie die Kestner-Gesellschaft hinhaltend oder auch gar nicht. Spengemann machte die „eigenartige kunstpolitische Lage Hannovers"[226] dafür veranwortlich und führte in einem Schreiben an den stellvertretenden Schriftführer der deutschen PEN-Clubsektion aus: „Die künstlerischen Verbände haben sich nicht beteiligt, weil die reaktionäre Stadtverwaltung ihnen die materielle Unterstützung entziehen würde. Für die Vereinigungen der bürgerlichen Intellektuellen ist es immer noch Prestige-Frage, ‚rechts-unpolitisch' zu sein. Da diese Kreise aber materiell von der Reaktion abhängig sind, besteht die Möglichkeit, sie durch ideellen Druck herüberzuziehen."[227] Um dieses zu erreichen, versuchte er, der ebenso wie Kurt Schwitters

Schreiben Christof Spengemanns als Vorsitzender der KAMPFSTELLE GEGEN ZENSUR UND KULTURREAKTION an den Theater-Ausschuß der Stadt Hannover. 22. März 1931. Handschriftlicher Kommentar von Bürgervorsteher Woldemar Liebernickel.

Mitglied des PEN-Clubs war, den Ruf dieser in bürgerlichen Kreisen renommierten Schriftstellerorganisation für die Sache der KAMPFSTELLE zu nutzen.[228] Gleichzeitig bat er den PEN-Club, seine prominenten Angehörigen, „etwa Thomas Mann, Heinrich Mann, Zuckmayer, - für unsere Sache zu gewinnen resp. sie soweit dafür zu interessieren, daß sie uns bei einer großangelegten Friedensaktion durch einen Vortrag unterstützen. Wir müssen in den Köpfen unserer ‚Bürger' erst einmal aufräumen."[229]

Offenbar hielt sich der PEN-Club auf diese Anfrage hin jedoch bedeckt, und Spengemann mußte sich in seinem Versuch, eine „Bresche ... in den Wust nationalistischer Tendenzen"[230] im hannoverschen Kunstleben zu schlagen, mit den lokalen Mitstreitern bescheiden. Seiner Bereitschaft, sich als „geistiger Vater und Vorsitzender"[231] den Aufgaben und Zielen der KAMPFSTELLE zu widmen, tat dies keinen Abbruch, doch blieb diese, nach wie vor durch überwiegend linksgerichtete Organisationen getragen, in den Augen bürgerlicher Kommunalpolitiker offenbar allenfalls eine Randerscheinung.

Im März 1931 wandte Spengemann sich an den hannoverschen Theater-Ausschuß, der unter der Leitung des Oberbürgermeisters und Theaterdezernenten Arthur Menge stand. Anlaß war eine Eintragung im Amtlichen Fernsprechbuch des Jahres 1931, die den Schauspieler der Städtischen Bühnen Hugo Rudolph auch jetzt noch, mehr als zwölf Jahre nach dem Zusammenbruch der Monarchie, als „Mitglied des ehemaligen Königlichen Theaters"[232] auswies. Spengemann sah in Rudolphs Verhalten „eine bewußt zum Ausdruck gebrachte Nichtachtung gegenüber der seit 1918 bestehenden politischen Konstellation" und also eine „Brüskierung der republikanischen Gesinnung".[233] Über die Kritik an Hugo Rudolphs vermeintlich antirepublikanischem Verhalten hinaus mutmaßte Spengemann gegenüber dem Theater-Ausschuß als höchster Instanz der städtischen Theaterpolitik der zwanziger Jahre in deutlich provokativer Absicht, daß den Schauspieler „nur ein gewisses Gefühl der Sicherheit verleiten konnte, seine ihm vorgesetzte Behörde, die ihm sein Gehalt zahlt, in dieser krassen Form öffentlich zu verleugnen".[234] Mehr noch: Wenn Rudolph sich derart selbstbewußt das Recht herausnehmen dürfe, seine Position so zu titulieren, sei dann nicht zu befürchten, „daß er gelegentlich entscheidenden Einfluß auf die Gestaltung des Spielplanes erhält", ja sogar „Hannover mit einer ehemals königlich preußischen Kunst überschüttet?"[235]

Angesichts dieser Gefahr, so Spengemann abschließend, müsse der Theater-Ausschuß handeln, schließlich sei „die eigentliche Ursache dieser taktischen Verirrung nicht bei ihm (Rudolph) selbst"[236] zu suchen. Zu einer Stellungnahme aufgefordert, erkannte der Adressat, der Theater-Ausschuß, dies auch durchaus an. Jedoch macht die handschriftliche Notiz einer seiner Mitglieder, des DNVP-Kommunalpolitikers Woldemar Liebernickel, am Rand von Spengemanns Schreiben deutlich, wie wenig Bedeutung man der KAMPFSTELLE allgemein und ihrem Leiter Christof Spengemann im besonderen einzuräumen bereit war. Liebernickel wunderte sich hier sarkastisch, „daß die Deutsche Republik darüber (über Rudolphs Eintragung im Fernsprechbuch, I.K.) noch nicht zusammengebrochen" sei und fügte hinzu: „Im Adreßbuch 1932 steht Rudolph wieder so staatsverbrecherisch bezeichnet".[237]

Christof Spengemann und die Sozialdemokratie

Die federführende Arbeit bei der KAMPFSTELLE GEGEN ZENSUR UND KULTURREAKTION ebenso wie der Beitrag SINN DER KUNST IM WACHSBOGEN, den er ein gutes Jahr darauf, 1932, verfaßte, lassen Christof Spengemann durchaus nicht als unpolitischen Menschen erscheinen. Wenn seine Argumentation Parteipolitik und künstlerische Arbeit als miteinander unvereinbar auswies, dann kann das seinen Grund jedenfalls nicht darin gehabt haben, daß er aus Bequemlichkeit oder auch Feigheit die Auseinandersetzung mit den tagespolitischen Gegebenheiten der zwanziger und dreißiger Jahre scheute. Vielmehr weisen Artikel und Glossen, mehr aber noch Briefe aus dieser Zeit, darauf hin, daß Spengemann, wiewohl stets an den politisch-gesellschaftlichen Veränderungen seiner Zeit interessiert, keine politische Partei der Weimarer Republik für in der Lage hielt, Besserung zu schaffen, geschweige denn auch nur annähernd auf einen Zustand hinzuarbeiten, der seiner Utopie des Menschheitsgedankens und Übernationalismus nahekam.

Das war nicht immer so gewesen. Schließlich war Christof Spengemann zu diesem Zeitpunkt seit mehr als zwei Jahrzehnten Sozialdemokrat. Vom Sozialismus und von der (Mehrheits)-Sozialdemokratie – zwischen denen er nicht unterschied – hatte er sich lange Zeit die Mithilfe bei der Verwirklichung seiner universalen Zukunftspläne erhofft. Im April 1920 bat ihn ein Vertreter der linken Berliner Novembergruppe um Auskunft. In seiner Gruppe kursiere das Gerücht, Spengemann lehne die Gruppe „in Bausch und Bogen"[238] ab und werde also auch seinen Freund Kurt Schwitters nicht dazu überreden, Bilder zu ihrer Ausstellung nach Berlin zu schicken. Der Briefschreiber gab sich „einigermaßen überrascht" über diese Einschätzung und fuhr fort: „Ich sollte doch meinen, daß es *ganz egal* ist, wo man seine Bilder ausstellt und daß es wichtiger ist, das *Volk* mit den Bildern bekannt zu machen als irgendwelche Snobs, Kenner, Liebhaber oder dergleichen. Diese Ausstellung ... ist aber *in erster Linie* für die breite Masse ... Dort ist tatsächlich eine *Verbindung* von Kunst und Volk ... Dabei könnten Sie uns helfen und müßten es meiner Meinung nach mit Freuden tun. Wir im großen und ganzen geistig Gleichgesinnten müssen zusammenstehen und uns gegenseitig helfen und stützen, wo wir können."[239]

Leider ist keine Antwort Christof Spengemanns auf dieses Schreiben erhalten. Wenn in der Berliner Linken jedoch gemutmaßt wurde, er sei ein „geistig Gleichgesinnte(r)", dann wird verständlicher, warum die konservative hannoversche Kunstgenossenschaft ihn als wilden Barrikadenstürmer mit der Macht von Arbeiter- und Soldatenräten im Rücken beschrieb.[240] Dabei hatte Spengemann zu dem Zeitpunkt, als die OFFENHERZIGKEITEN der Kunstgenossenschaft erschienen, im ZWEEMANN bereits deutlich gemacht, daß er sich vom Sozialismus – so wie er ihn von Anfang an selbst verstand – keine Hilfe zur Lösung der anstehenden künstlerischen, politischen und gesellschaftlichen Fragen mehr erhoffte. Durchaus programmatisch hatte er die erste Ausgabe der neuen Zeitschrift im November 1919 mit dem Gedicht OPFERT! eröffnet, in dem es in den ersten Zeilen mit Blick auf die veränderte Situation nach Kriegsende hieß:

„Ergriffene Herzen strömen Unendlichkeit.
Ihr Inhalt ist die Idee. Menschheit und Gott. Welt!
Nur wer sie fühlt, soll Gefolgschaft leisten.
Hat nicht immer Schmarotzertum am Geist das Leben gemordet?
Golgatha ist Episode geblieben. Liebe ein leeres Wort.
Sozialismus nun? Wieder ein Glaube. Wieder ein Leuchten.
Himmelsnah schon. – Sturz in die Tiefe.
Wieder nur Krämertum: Die Masse sorgt sich um ihren Bauch.
Nicht Menschheit – nur Menschlein. Mitläufer. Fremd der Idee.
Der Kitt – einige platte Interessen. Der Anstrich – Phrasen.
Schmarotzer am Geist!
Ein Riesenstrom schlickert geschäftig in das tote Meer der Bürgerlichkeit.
O du totestes aller Meere!"[241]

Enttäuschung spricht aus diesen Worten Christof Spengemanns. Auf die Verwirklichung des Menschheitsgedankens mit Hilfe des Sozialismus und der Sozialdemokratie hatte er gehofft, um jetzt mitansehen zu müssen, wie die Bewegung selbstgefällig in gemäßigt bürgerlich-konservatives Fahrwasser geriet. An die Stelle des nationenüberwindenden Wir-Gefühls sei in der deutschen Sozialdemokratie rücksichtsloser Egoismus getreten. Christof Spengemanns Resignation mag aus der wachen Beobachtung der sozialdemokratischen Politik in der jungen Weimarer Republik erwachsen sein. Eine nicht minder wichtige Rolle im Prozeß der Abwendung von der Partei, der er angehörte, haben jedoch sicher auch persönliche Erfahrungen gespielt, die er zur gleichen Zeit mit seinem Hauptarbeitgeber, dem hannoverschen VOLKSWILLEN, machte. In seinen Lebenserinnerungen beschrieb er diese Phase seiner Arbeit als Kunstkritiker lakonisch so: „1918, Herbst. Christof fliegt beim VOLKSWILLEN heraus, weil zu radikal in der Kunstauffassung."[242]

Unveröffentlichte Schriftwechsel zwischen Spengemann und der Redaktion des VOLKSWILLEN[243] und zwischen Spengemann und Paul Erich Küppers von der Kestner-Gesellschaft[244] ermöglichen einen Einblick in die Umstände dieser Entlassung. Seit Herbst 1916, mit der Gründung der Kestner-Gesellschaft,[245] hatte Christof Spengemann danach begonnen, seine Kritiken im VOLKSWILLEN stärker zeitgenössischen Entwicklungen in der bildenden Kunst zu widmen. Im Oktober des Jahres schrieb er an Küppers, die „hannoversche Arbeiterschaft ist – und zwar mit Berechtigung – sehr stolz darauf, daß sie sich möglichst auf gediegene Art unterhält und allen kulturellen Bestrebungen warmes Interesse entgegenbringt".[246] Er kenne keinen Arbeiter, der nichts mit dem Namen Max Liebermanns anzufangen wisse, wohingegen sein Major und Kommandant in Goslar, von Spengemann darauf angesprochen, diesen zum ersten Mal gehört habe.[247] Von Anfang an stieß das Bestreben, die Veranstaltungen der Kestner-Gesellschaft der Arbeiterschaft nahezubringen, auf die Kritik des VOLKSWILLE-Redakteurs Albert Meyer.[248] Einmal erschienen Meyer die Eintrittspreise der Kestner-Gesellschaft zu hoch, ein anderen Mal fühlte er sich zurückgesetzt, weil er seine Eintrittskarte zu spät vor der Ausstellungseröffnung erhalten hatte.[249] Am meisten jedoch störte es Meyer, daß sein Mitarbeiter Christof Spengemann seine Rezensententätigkeit zunehmend als politische Aufgabe verstand.

Wie Spengemann in einem Brief an Meyer im August 1918 ausführte, war er davon überzeugt, „daß gerade ein sozialistisches Blatt die jüngste Kunst vertreten mußte, denn sie ist desselben Geistes ... Das, was der VOLKSWILLE in Politik und Leben fordert ..., vertritt gleichfalls die heutige Malerei. In ihr ist nicht mehr die partikularistisch-bürgerliche Anschauung, sondern der große Menschheitsgedanke. Und das ist das Wesentliche."[250] Im gleichen Schreiben forderte Spengemann Meyer auf, das Feuilleton des VOLKSWILLEN neu zu gestalten: „Nach dem Kriege werden sich doch unendlich viele Menschen zur sozialistischen Weltanschauung bekennen. Man wird dann vielleicht den Begriff ‚Arbeiter' etwas erweitern müssen. Sollte es da nicht gut sein, wenn diese Leute auch eine Zeitung zur Verfügung hätten ...? Gerade in punkto Kunst hätte dann doch der VOLKSWILLE allen Grund, führend zu sein."[251]

Spengemanns Überzeugungen stießen beim VOLKSWILLEN offenbar von Beginn an auf taube Ohren. Redakteur Albert Meyer ging dazu über, ohne Absprache mit seinem Mitarbeiter dessen Rezensionen zu verändern – vor allem zu kürzen, mit seinem Kürzel abzuzeichnen und zu veröffentlichen, wogegen Spengemann Protest erhob.[252] In dem daraufhin entstehenden Streit schrieb Meyer schließlich im Oktober 1918, er könne mittlerweile mit seinem Namen „diese immerwährenden nach meiner Ansicht sowohl sachlich danebentreffenden als auch persönlich von einem unerträglichen Infallibilitätsgefühl durchströmten ex cathedra-Sätze nicht mehr decken."[253] Spengemann, der während der gesamten Auseinandersetzung um Sachlichkeit bemüht blieb, antwortete, er könne nicht anders schreiben, als er es gegenwärtig tue. Er arbeite nach wie vor gern für den VOLKSWILLEN und verspreche sich „in Anbetracht der neuen Verhältnisse besonders gute Erfolge davon".[254] Abschließend jedoch hieß es: „Aber ich kann nichts vertreten, was ich nicht empfinde."[255]

Von nun an, in den ersten Nachkriegswochen, wurde der Briefwechsel zwischen Mitarbeiter und Redakteur intensiver. Spengemann argumentierte, in anderen Beiträgen unterscheide der VOLKSWILLE doch auch sehr deutlich zwischen Kunst und Unkunst. Warum lehne er dann die Kunst der Kestner-Gesellschaft ab und begünstige die Ausstellungen des Kunstvereins, der doch „ganz unverhüllt die geschäftliche Seite über die künstlerische stellt".[256] Er gebe ja zu, daß die in der Kestner-Gesellschaft gezeigten Kunstwerke „teilweise meinetwegen nicht schön (seien) – aber sie sind nötig. Ohne die Umwälzungen kann es keine Neugeburt geben. Haben wir nicht in der Politik dieselben Erscheinungen?"[257] Er habe diese Entwicklungen sehr bewußt am eigenen Leibe erfahren, und deshalb verstehe er sie. „Daß ich in diesem Augenblick ausgerechnet bei Ihnen Schiffbruch erleiden soll, ist mir außerordentlich schmerzlich! Ich kann doch nicht mich zurückentwickeln."[258]

Spengemann scheint mit einem weiteren Schreiben an Meyer dann schließlich auch den Auslöser für seine Entlassung geliefert zu haben. Dieser Anlaß war eine überaus positive Rezension einer Ausstellung der Kestner-Gesellschaft im HANNOVERSCHEN ANZEIGER. Autor war Georg Biermann, ein guter Bekannter Spengemanns, der sich während der vorangegangenen ‚Ära Tramm' erfolgreich als Berater Tramms (und zugleich als einer seiner gemäßigten Kritiker) durch die Fronten städtischer Kunstpolitik laviert hatte. Darauf anspielend, schrieb Spengemann an die Redaktion des VOLKSWILLEN: „Es ist bezeichnend, daß Herr Biermann sich nunmehr mit seiner Ansicht herauswagt; ferner, daß der ANZEIGER, die neuen Verhältnisse berücksichtigend, den ... Standpunkt vertritt, welchen ich nun schon seit Jahren vertreten habe und nun nicht mehr vertreten soll. Mir steigt die Frage auf: will der VOLKSWILLE ausgerechnet in diesem Augenblick die Zügel aus der Hand geben, wo künstlerisch das eingetreten ist, was er politisch seit jeher erstrebt? Wollen wir zusehen, wie die bürgerliche Presse über uns hinwegschreitet und das ergreift, was eigentlich uns gehört?"[259]

Die Antwort des VOLKSWILLEN nahm in keiner Weise Bezug auf Spengemanns Einwände und Forderungen. Nur kurz darauf, noch im Dezember 1918, verabschiedete die Zeitung den langjährigen Mitarbeiter Spengemann mit folgender Begründung: „Es können ... fortan nicht mehr Ihre Arbeiten im VOLKSWILLEN zum Abdruck gelangen, teils aus dem Grunde, weil der redaktionell verfügbare Raum noch weiter eingeschränkt worden ist, teils weil diese Arbeiten für die Masse unserer Leserschaft nicht als förderlich erachtet werden können ... Wir müssen uns damit begnügen, in größter Kürze *redaktionell* von dem tatsächlichen Stattfinden und der besonderen Art der jeweiligen Ausstellung Notiz zu nehmen."[260] Christof Spengemann wertete diesen Entschluß des VOLKSWILLEN daraufhin als „Ausschaltung des einzig Künstlerischen, was in Hannover an bildender Kunst geboten wird".[261]

Doch noch gab Spengemann nicht auf, noch glaubte er nicht daran, daß die sozialdemokratische Tageszeitung tatsächlich auf seine Mitarbeit verzichten werde. In einem weiterem Schreiben bemühte er sich ausführlich, die Beweggründe seiner Kunstkritik darzulegen und seine Überzeugungen so nachvollziehbar wie möglich zu formulieren: „Wenn meine Beurteilung gewisser Komplexe künstlerischer Produktion sich im Laufe der Jahre gewandelt hat, so liegt das einmal an meiner Entwicklung. Man wäre doch ein toter Mensch, wenn man in zehn Jahren ernsthafter Betrachtung der Materie nicht zu neuen Erkenntnisse kommen würde. Zweitens liegt es daran, daß die allgemeine Kunstanschauung und die Äußerungen des Schaffens noch nie solche gewaltige Umwälzungen erfahren haben wie in der gegenwärtigen Zeit. Diese Umwälzungen sind im natürlichen Zusammenhang mit den übrigen Entwicklungen von Welt und Menschheit so folgerichtig und organisch, daß an ihrer Berechtigung gar kein Zweifel bestehen kann. Ich habe sie menschlich und künstlerisch miterlebt und in bezug auf meine eigene Produktion an mir selbst erfahren. Drittens ist zu beachten, daß früher der Kunstverein die einzige Institution war, die hier Ausstellungen veranstaltete. Da hatte Hannover ein bestimmtes Niveau, über das es nicht herauskam. Es war *sehr* niedrig. Um wenigstens etwas zu retten, war ich bemüht, die *relativ* guten Dinge zu veranschaulichen... Dann kam die Kestner-Gesellschaft und brachte wirkliche Kunst. Da *mußte* sich meine Taktik ändern. Ich mußte alles, was in Hannover gezeigt wurde, nicht mehr am Kunstvereins-Niveau, sondern an der *Kunst* messen ... Ich habe die Notwendigkeit dieser Änderung in jeder Kritik betont und dennoch stets versucht, dem auch nur relativ Guten gerecht zu werden ... Glauben Sie nicht, daß mein Gesichtskreis nicht über Hannover hinausgeht, und daß ich einseitig – etwa aus Sensationslust oder der Sucht, ‚modernen' Dingen nachzulaufen – für die neuen Kunstäußerungen eintrete. Mein heutiger Standpunkt ist das Resultat eines Gefühls für die Sache, eines jahrelangen ernsthaften Studiums und eines eifrigen Umschauhaltens überall da, wo die Kunst lebendig ist. Ich teile meinen Standpunkt mit allen, die heute in Deutschland in der Kunstanschauung maßgeblich sind. Und es ist keine Überhebung, wenn ich behaupte, daß dieser Standpunkt richtig ist ... Das heutige Schaffen entspricht dem Geiste der Zeit, der, bislang unterdrückt, nun sich Bahn gebrochen hat. In ihr ist der große Weltgedanke, und man nennt den Expressionismus die sozialistische Kunst."[262]

Obwohl Christof Spengemann am Ende dieses Schreibens erneut anbot, selbst unter dem Diktat kürzester Berichterstattung weiterhin für den VOLKSWILLEN zu arbeiten, blieb sein Schreiben unbeantwortet. Der Mitarbeiter Spengemann scheint sich zu diesem Zeitpunkt bereits so weit von den kunstpolitischen Auffassungen Albert Meyers und der übrigen Redaktion des VOLKSWILLEN entfernt zu haben, daß jede Stellungnahme von Meyers Seite unnötig geworden war. Mit der Ankündigung, die Berichterstattung auf das „tatsächlich Stattfindende" zu reduzieren, hatte der VOLKSWILLE eine in Spengemanns Augen unverständlich konservative kunstpolitische Haltung gezeigt.[263]

Tatsächlich unterschieden sich die Vorbehalte der sozialdemokratischen Zeitung gegen die Moderne nur wenig von jenen der traditionalistischen Zeitschrift NIEDERSACHSEN, von der Spengemann sich ein gutes halbes Jahr vor der Entlassung durch den VOLKSWILLEN resigniert getrennt hatte. Weit hatte sich die hannoversche Sozialdemokratie, vertreten durch ihre offizielle Parteizeitung, kunstpolitisch an einen Kurs angenähert, der dort, in der Zeitschrift NIEDERSACHSEN, als „Bleiben auf wunderschönen Wald- und Heidewegen" umschrieben worden war. Christof Spengemann muß sich durch diese konkrete Erfahrung in seinen großen Hoffnungen auf eine zukunftsbereitende Rolle des Sozialismus zwangsläufig empfindlich getäuscht gesehen haben.

An die Kestner-Gesellschaft schrieb er am 11. Dezember 1918: „Ich habe also mit meinem Eintreten für die wirkliche Kunst Schiffbruch erlitten, und mir bleibt nichts weiter übrigen, als dieses im allseitigen Interesse zu bedauern."[264]

Seine Enttäuschung fand ein Ventil, als er ein Jahr darauf, 1919, mit dem ZWEEMANN Gelegenheit bekommen hatte, seine Überzeugungen – zwar vor einem deutlich kleineren, aber kunstpolitisch offenbar sehr viel aufgeschlosseneren Publikum als im VOLKSWILLEN - öffentlich zu verbreiten. Spengemann ließ fortan keine Gelegenheit aus, deutlich zu machen, daß der VOLKSWILLE für ihn eine Zeitung war, die die Meinungsfreiheit ihrer Mitarbeiter beschränkte und auf deren Redakteursposten „schwache Köpfe" säßen, die auch „nur schwache Köpfe um sich haben mögen, um selbst stark zu erscheinen".[265] „Seitdem der VOLKSWILLE in der großen Novemberwäsche die Farbe verlor", spöttelte er, könne er wahrer Kunst wohl „nicht mehr folgen".[266] Der „Tiefstand der Kulturbetrachtung", der hier produziert werde, sei jedenfalls besonders bedauerlich bei „einer Presse, die helfen will, den Kulturstaat (zu) gründen und (zu) festigen".[267] Die bissige Häme, die persönliche Anfeindungen nicht scheute, fiel Spengemann wohl auch deswegen nicht schwer, weil Albert Meyer seinerseits vom VOLKSWILLEN aus gegen den ZWEEMANN polemisierte. Gereizt beschied ihm Spengemann im Januar 1920 knapp, es gehe dem sozialdemokratischen Kollegen im VOLKSWILLEN doch nur darum, seine persönlichen Präferenzen bezüglich bürgerlich dominierter Kunst durchzusetzen.[268]

Christof Spengemann löste alle Verbindungen zum VOLKSWILLEN, nicht aber zur Sozialdemokratie generell. Sowohl er als auch seine Frau blieben SPD-Mitglieder.[269] Spengemann unterstützte seine Frau in deren Arbeit für den Internationalen Frauenbund,[270] das FRAUENWOHL[271] und FRAUEN FÜR FRIEDEN UND FORTSCHRITT.[272] Auch der Sohn Walter trat mit 25 Jahren 1929 in die SPD ein.[273] Im Jahr darauf wurde er Führer der hannoverschen Sozialistischen Schülergemeinschaft und wieder ein Jahr darauf Leiter des Jung-

Schreiben Christof Spengemanns an Albert Brinckmann, den Leiter des Kestner-Museums und Mitbegründer der Kestner-Gesellschaft. 11. Dezember 1918

banner Hannover.[274] Krischan und Luise, wie die Spengemanns sich nicht nur von allen Freunden, sondern auch von ihrem einzigen Kind nennen ließen, achteten in der Erziehung auf die Verwirklichung des Prinzips größtmöglicher Selbständigkeit.[275] Christof Spengemann hatte sich in DIE WAHRHEIT ÜBER ANNA BLUME sehr klar über seine Vorstellungen von den Aufgaben der Elterngeneration gegenüber geäußert: „Die Autoritätsstellung der Eltern im alten Sinne ist verloren. Die Eltern müssen den Kindern selbstlose Freunde sein. Das heißt: ihr Fühlen verstehend sie stützen und lieben. Es heißt: jegliche Ambitionen ausschalten, das Ichprinzip ausschalten; – das Wirprinzip einschalten, das sich durch die Kinder in der Richtung auf das Allumfassende auswirkt. Es ist die einzige Möglichkeit, der Jugend nahezubleiben ... Wenn wir selbstlos sind, ernten wir unverhofften Dank, während andere lebende Mumien werden."[276]

Diesen allgemeinen Überlegungen wie so oft auch im eigenen privaten Bereich folgend, ließ er seinem Sohn große Freiheiten. Walter Spengemann begann nach dem Abitur an der Leibnizschule ab 1925 ein Studium der Geographie und Ethnologie in Göttingen und Hamburg.[277] Er wurde jedoch von seiner energischen Mutter, die den Sohn trotz aller gewünschten Selbständigkeit bei sich in Hannover haben wollte, zwei Jahre darauf zu den Eltern zurückgeholt. Hier arbeitete Walter zunächst als Volontär unter Karl Hermann Jacob-

Friesen am Provinzial-Museum, dann verließ er die Stadt erneut, um als Assistent am Essener Museum tätig zu sein.²⁷⁸ Ab 1929 schließlich war er wieder in Hannover als freier Mitarbeiter für den Lokal- und Unterhaltungsteil des VOLKSWILLEN tätig, jener Zeitung also, die seinem Vater zehn Jahre zuvor gekündigt hatte.²⁷⁹ Im Bereich seines Feuilletons wie jenes des HANNOVERSCHEN TAGEBLATTES machte sich der junge Walter Spengemann ähnlich wie sein Vater in dessen Anfangszeit rasch einen Namen als ironischer Kritiker des hannoverschen Kunstlebens, der die Vorbehalte der Gegner zeitgenössischer Kunst, aber auch das Fehlverhalten ihrer Befürworter offen beim Namen nannte.²⁸⁰ Auch als Mitarbeiter der Festschrift des FESTS DER TECHNIK²⁸¹ und als Mitglied des RINGS HANNOVERSCHER SCHRIFTSTELLER bemühte sich Walter Spengemann um die Formulierung und die Verwirklichung eines in seinen Augen ehrlichen und konsequenten Kunstbegriffes.²⁸² Walter Spengemann arbeitete auch als Berichterstatter über parteipolitische und gesellschaftspolitische Themen für den VOLKSWILLEN.²⁸³

Deshalb und auch wegen seiner Tätigkeiten als Leiter der Sozialistischen Schülergemeinschaft – später des Jungbanners²⁸⁴ – wurde Walter Spengemann unmittelbar nach der nationalsozialistischen Machtübernahme arbeitslos.²⁸⁵ Sein Antrag auf Aufnahme in den Reichsverband der deutschen Presse wurde abgelehnt.²⁸⁶ Schon zuvor hatte er sich an einer Flugblattaktion beteiligt, die den wahren Grund des Reichstagsbrandes bekanntmachen wollte.²⁸⁷ Jetzt schloß sich Walter Spengemann der Sozialistischen Front um den Pastorensohn Werner Blumenberg an.²⁸⁸ Hier organisierte er die Arbeit des Jungbanners und kümmerte sich um das Erscheinen der SOZIALISTISCHEN BLÄTTER. Ferner bemühte er sich um die Formierung des politischen Widerstands in den Sichel-Werken, wo sein Vater arbeitete. Christof Spengemann war also über die Tätigkeit seines Sohnes für die Sozialistische Front informiert. Er versorgte Walter auch mit Informationen über die Sichel-Werke.²⁸⁹ Bernd Rabe berichtet, Christof Spengemann habe für seinen Sohn Exemplare der SOZIALISTISCHEN BLÄTTER verteilt, Geld für die Sozialistische Front gesammelt und für Walter überdies einen Revolver am Arbeitsplatz versteckt.²⁹⁰ Walter Spengemann schied bereits drei Jahre später wieder aus der Sozialistischen Front aus, u.a. deswegen, weil ihm die Bewegung nicht entschlossen und radikal genug war und er sich wohl auch mit Blumenbergs Führungsposition nicht abfinden konnte.²⁹¹ Schon kurz darauf wurde er in der elterlichen Wohnung in der hannoverschen Gneisenaustraße gemeinsam mit seiner Mutter Luise von der Gestapo verhaftet.²⁹² Erst ein knappes Jahr darauf, im September 1937, verurteilte ihn der Volksgerichtshof als einen der „Rädelsführer"²⁹³ der Sozialistischen Front wegen „Vorbereitung zum Hochverrat" zu zehn Jahren Zuchthaus. Luise Spengemann, die von Beginn an in alle Tätigkeiten des Sohnes eingeweiht war, wurde aufgrund ihrer Beteiligung am Verteilen von Flugblättern eine zweijährige Zuchthausstrafe auferlegt.²⁹⁴

Walter Spengemann, Foto. Um 1955

Am 28. Oktober 1937 – nachdem er ein Jahr in Polizei- und Untersuchungshaft verbracht hatte – verurteilte das Oberlandesgericht Hamm Christof Spengemann zu drei Jahren Zuchthaus und drei Jahren Ehrverlust.²⁹⁵ Er war nicht zusammen mit Frau und Sohn verhaftet worden, sondern hatte noch einige Wochen allein in der Wohnung im Hindenburgviertel verbracht.²⁹⁶ Klara Spengemann-Morf, die erste Frau Walter Spengemanns, teilte mit, ihr Schwiegervater sei gemeinsam mit seiner jüdischen Sekretärin – einer Nichte des Sichel-Fabrikanten Walter Dux²⁹⁷ – verhaftet worden.²⁹⁸ Größeren Einfluß auf die Höhe des Strafmaßes als Christof Spengemanns politischer Einsatz im Widerstand gegen den Nationalsozialismus hatte offenbar die Tatsache, daß er im Besitz jenes nicht registrierten Revolvers für seinen Sohn war.²⁹⁹ Anläßlich der Gerichtsverhandlung, so sein Sohn später, verhielt er sich derart „töricht",³⁰⁰ daß alle Prozeßbeobachter sich fragten, ob Spengemann die Schwere des Vergehens, das man ihm zur Last legte, überhaupt bewußt war.

Ohnehin erklären Zeitgenossen übereinstimmend, sie seien überrascht gewesen, daß auch Christof Spengemann verhaftet wurde. Man habe wohl gewußt, daß er, der der SPD angehörte, „sozial eingestellt"³⁰¹ gewesen sei und daß er – seit Anfang der dreißiger Jahre Mitglied des PEN-Club³⁰² – sich nun nach 1933 geweigert habe, in die nationalsozialistische Union nationaler Schriftsteller einzutreten.³⁰³ Anders als sein Sohn war Christof Spengemann jedoch sowohl in die NS-Fachschaft deutscher Werbefachleute als auch in den Reichsverband Deutscher Schriftsteller aufgenommen worden.³⁰⁴ Walter und Luise seien, so Klara Spengemann-Morf, weitaus stärker politisch interessiert gewesen als Christof Spengemann. Sie hätten ihn durch ihre „politisierende Tätigkeit" durchaus beeinflußt, er aber habe sich allenfalls im privaten Kreis kritisch über den Nationalsozialismus geäußert und auch die Unterstützung seines Sohnes nicht als eigentlich politische Tat verstanden.[305]

Christof Spengemann und der Begriff von Bürgertum und Volk

Enttäuschung kennzeichnete nicht nur Spengemanns Haltung der Sozialdemokratie gegenüber, sondern auch seine Einschätzung des Kunstpublikums seiner Zeit. Wo er Begeisterungsfähigkeit und Toleranz erwartete, stieß er auf Ignoranz und Bequemlichkeit. Weite Teile des Publikums änderten auch unter den gewandelten politisch-gesellschaftlichen Umständen der jungen Weimarer Republik ihren künstlerischen Geschmack entweder gar nicht oder zumindest nicht so schnell, wie der für kulturelle Umwälzungen sensible Spengemann es erhofft hatte. Von den „Seelenstürmen der Zeit" erspürten sie, wie er resigniert beobachtete, allenfalls einen geringen Hauch. Vor allem jenen Teil des Bürgertums, das nach wie vor den größten Anteil dieses Kunstpublikums stellte, kritisierte er im ZWEEMANN und in der Korrespondenz dieser Zeit immer wieder. „Liebt doch die Kunst!", forderte er eindringlich, und: „Ihr müßt zur Kunst kommen, nicht sie zu euch. Seid doch nicht Bürger, wenn Ihr die Kunst wollt."[306] Jedoch fand sich im gleichen Text auch bereits Spengemanns resignierte Darstellung der Wirklichkeit: „Bürger sind Frühgreise. Steril schon im Anfang."[307] Materieller Wohlstand führe auch hier zu geistiger Bequemlichkeit, und die wiederum produziere inhaltslose und schnell sich verkrustende Konvention. „Da ist statt Würde das Scheinenwollen. Aus ihm die Angst um den Nimbus",[308] folgerte Spengemann und fügte gemäß seiner Forderung nach mehr entkrampfter Heiterkeit in der Kunst wie im Leben hinzu: „Warum soll ein Geheimer Rat nicht auf dem Drahtseil tanzen, wenn es ihm paßt?"[309] Bürgerliches Streben nach Saturiertheit und Tradition und künstlerisches Streben nach Innovation waren nach Spengemanns Überzeugung zwei miteinander unvereinbare Faktoren. ‚Bürger' wurde für ihn, der selbst doch einer war, in jener Zeit unmittelbar nach dem Ersten Weltkrieg mehr und mehr zum pejorativen Symbol für eine borniert in oberflächlichen und rein materiellen Surrogaten wirklichen Lebens verharrende Persönlichkeit.

Benutzte er den Begriff generell für jene große Zahl von „geistig unfruchtbaren" Ignoranten, so gewann sein Ton zusätzliche Schärfe und Polemik, wenn er über die Bürger Hannovers schrieb.[310] Deutlichstes Beispiel ist die Glosse HONOVER – O INSEL DER BIERSELIGEN!, in der Spengemann Kunst, Presse und Publikum seiner Heimatstadt kritisch durchleuchtete, aber auch sich und die Macher der Zeitschrift DER ZWEEMANN nicht schonte, die er als „Häuflein geisttrunkener Männer" und „Kulturrettungskolonne" bezeichnete, willig, „Geist unter das Bürgerpack"[311] zu bringen:

„Honover – O Insel der Bierseligen!
Kunst: Trödlerin aus der Ballhofstraße. Antiquarisch statt antik.
Presse: Brustton des überzeugten Asthmatikers: hier steh ich – - ! Abknickend in der Horizontale: blabla (nicht dada!) ... Der Bürger hat nichts gemerkt. Zufrieden, erbaut. Und liest und
liest.
Bildung macht frei. Kondensierte Familienatmosphäre.
Auf den Dächern gähnen die Kater -
Versteht sich demnach: Es muß etwas geschehen ...

Ein Häuflein geisttrunkener Männer. Wer hat sie je gesehen? Nein: Wer hat sie nicht gesehen?
Straßenauf: Achtung! Kulturrettungskolonne! Allgegenwärtig. Allumfassend.
Geist unter das Bürgerpack!
Nektar! Ambrosia!
O Buttermilch! ...

O Insel der Bierseligen!
Am hohen Ufer spielen die Kinder. Der Horizont ist zugebaut.
Seit 1914 ist vieles anders geworden. Nur das Geistige: status quo.
Kondensierte Familienatmosphäre -
Frida! Die Filzschuhe."[312]

Das Problem der „Kulturrettungskolonne" in Gestalt der ZWEEMANN-Macher[313] mit Christof Spengemann an ihrer Spitze war jedoch, daß sie die Kritisierten in aller Regel gar nicht erreichte. Die Glossen, Rezensionen und Polemiken Spengemanns und seiner Freunde erschienen in einer reinen Avantgardezeitschrift, die allenfalls eine Auflagenhöhe von wenigen tausend Exemplaren hatte. Sie wurde gelesen von Freunden, Bekannten und anderen im großen und ganzen Gleichgesinnten in der hannoverschen Kunst- und Kulturszene. Auch Spengemanns Schriften hatten keine große Auflage und erschienen in kleineren Verlagen, deren Arbeiten einem breiteren Publikum entweder nicht bekannt oder diesem aufgrund ihres experimentierfreudigen Charakters und ihrer geradezu aufreizend antibürgerlichen Haltung von vornherein suspekt waren.

Eine größere Öffentlichkeit war ihm seit dem Bruch mit dem VOLKSWILLEN nicht mehr beschieden, und als er seit Mitte der zwanziger Jahre unter dem Pseudonym Tomas Immergrün für das HANNOVERSCHE TAGEBLATT seine kunst- und gesellschaftspolitischen Glossen schrieb, war die kulturelle Aufbruchstimmung der ersten Nachkriegsjahre zum einen lange verflogen und das TAGEBLATT zum anderen nicht die Zeitung, die Spengemann eine Kritik am Bürgertum jenseits des gefällig und amüsant Polemisierenden zugestanden hätte. So also blieben ihm zumindest in den Jahren 1919/1920 allein der ZWEEMANN sowie die Arbeit an den Zeitschriften befreundeter Verleger der hannoverschen Szene.[314]

Zeichnete sich für Spengemann schon nach kurzer Zeit ab, daß das Bürgertum sich aufgrund seiner spezifischen Struktur nicht als Förderer der jungen Kunst gewinnen lasse, so hielt sich seine Hoffnung auf Unterstützung seitens einer „breiten Masse" oder „breite(r) Schichten der Bevölkerung"[315] länger. Sein Gedankengebäude, das auf der Utopie der Herausbildung einer gänzlich neuen, positiven Existenz der Menschheit durch die Kunst beruhte, mußte die Erhebung der Kunst zur Massenbewegung fordern. In SINN DER KUNST betonte er im WACHSBOGEN, daß Kunst sich nicht trennen dürfe „von jener Masse, die (sie) trägt. Denn in ihrer Weltanschauung ist sie Trägerin des großen künstlerischen Welt- und Menschheitsgedankens".[316]

Wie aus seinen Briefen an die Redaktion des VOLKSWILLEN hervorgeht, scheint Spengemann darunter das Kontingent der Arbeiter, des ‚einfachen Volkes', verstanden zu haben. Anders als ‚die Bürger' hielt er ‚die Arbeiter' dabei für ein einerseits unverbrauchtes und nicht durch (bürgerliche) Konventionen verbildetes Publikumspotential. Andererseits schien die Arbeiterschaft ihm formbar genug, um sie zu Verbündeten im Kampf für die Moderne zu machen. Aus seinen Briefen an den VOLKSWILLEN-Redakteur Albert Meyer geht deutlich hervor, daß Spengemann ‚das arbeitende Volk' als neue Kraft für die Unterstützung moderner Kunst zu gewinnen suchte. Auf Einwände Meyers, aus dem Leserkreis des sozialdemokratischen VOLKSWILLEN wie auch der kommunistischen NIEDERSÄCHSISCHEN ARBEITERZEITUNG werde Kritik an seiner Parteinahme etwa für die in der Kestner-Gesellschaft ausgestellte Kunst geübt, reagierte Spengemann mit der wegwerfenden Bemerkung, so etwas könne „sachlich doch nichts bedeuten. Es kann uns doch nicht darauf ankommen, einen Teil des Publikums in einem künstlerisch ungerechtfertigten Verlangen schlechtweg zu befriedigen".[317] Erneut aufgefordert, seine Berichterstattung wieder in „gemäßigtere Bahnen" zu lenken, wurde er im August 1918 deutlicher: „Man kann doch nicht Konzessionen machen, weil ein kleiner Teil der Leser nicht zu folgen vermag… Ich denke also an eine Hebung des Lesers. Wir wollen nicht mit ihm unten bleiben, – er soll mit uns hinauf. Wer Interesse für die Sache hat, wird folgen, wer es nicht hat, dem ist mit der größten Volkstümlichkeit nicht zu helfen. Ein Erklären und Beschreiben, wie man es bei naturalistischen und technischen Dingen tun kann, ist bei diesen neuen Sachen unmöglich. Es paßt nicht zu ihnen und würde auch nicht zu ihnen hinführen."[318]

Über seine eigene Aufgabe schrieb er im gleichen Brief an Meyer, daß die neue Kunst „eine eigene Form in der Kritik"[319] voraussetze. Wenn aber „das geschriebene und gesprochene Wort über neue Kunst im gleichen Geiste entsteht wie sie selbst, so leitet es das schon durch seine bloße Erscheinung zur Sache hin".[320] Diese Hoffnung war trügerisch. Christof Spengemann war zu sehr Anwalt der Moderne, als daß er die Einwände der breiten Masse gegen sie hätte verstehen können. Sein Mißverständnis rührte dabei nicht aus einer oberflächlichen Arroganz dem Kunstlaien gegenüber, wie sie bei anderen Angehörigen der hannoverschen Kunst- und Kulturszene nachzuweisen wäre. Er verstand sich, wie er in seinen Erinnerungen an die Zeit rückblickend schrieb, als „arbiter", was mit ‚Augenzeuge', besser aber wohl mit ‚Schiedsrichter' oder ‚Richter' zu übersetzen ist.[321] Er erkannte es als seine Aufgabe als Mitarbeiter des sozialdemokratischen VOLKSWILLEN, „der breiten Masse die junge Kunst näher zu bringen, oder besser gesagt: die breite Masse der jungen Kunst".[322]

Das setzte für ihn ein behutsames Vorgehen und eine allmähliche Heranführung an die zeitgenössische Kunst voraus. In seinen Aufsätzen machte Christof Spengemann stets deutlich, daß es ihm nicht darum ging, „das Junge zu bejubeln, weil es ‚modern' ist".[323] Entscheidend sei nicht das Kriterium des Alters eines wahren Kunstwerkes, sondern seine Qualität und die Ehrlichkeit seines Schöpfers.[324] Es habe starkes und schwaches Altes gegeben, wie es jetzt starkes und schwaches Junges gebe. Wann immer Spengemann deshalb befürchtete, daß die moderne Kunst sich um der Verfeinerung der Form willen etwa vom „Gemeinschaftsboden" und damit von der großen Idee ablöste, sparte er nicht mit Kritik. Anläßlich einer Ausstellung der abstrakten hannover warnte er 1928 davor, das Abstrakte schlechthin als „dernier cri" und „Nonplusultra der Äußerung"[325] zu verstehen. Produktion müsse „sichtbarer Niederschlag inneren Erlebens"[326] sein, sie müsse sich deshalb ständig wandeln und dürfe nicht an einem Punkt ihrer Entwicklung stehenbleiben. In einem Brief an Albert Meyer vom August 1918 schrieb Spengemann, er gebe zu, daß die neue Richtung vieles mit sich bringe, „was absonderlich anmutet. Aber es ist deshalb nicht schlecht. Wir waren gewöhnt, Bilder mit den Augen und dem Verstande zu genießen; es ist bei Bildern anscheinend das Nächstliegende. Aber es ist verkehrt – Kunst ist nicht Natur. Beide sind inkommensurabel ... Die Kunst steht in einer Periode des Übergangs, der Gärung, der Explosionen. Das muß Wirklichkeit zeitigen." Diese Arbeiten seien „teilweise meinetwegen nicht schön – aber sie sind nötig. Ohne diese Umwälzungen kann es keine Neugeburt geben."[327]

Als Privatmann konnte Christof Spengemann diese Gedanken wohl äußern. Da er es jedoch in dienstlicher Funktion dem Redakteur und Sozialdemokraten Albert Meyer gegenüber tat, wurde ihm die Veröffentlichung seiner Überzeugungen in jener Zeitung untersagt, die ihm Sprachrohr der neuen Bewegung werden sollte. Auch hier also war Christof Spengemann zur Vorstellung und Diskussion seiner Thesen auf das Medium von Zeitschrift und Verlag des ZWEEMANN angewiesen. Seine vehemente Parteinahme für Kurt Schwitters als den Künstler, den er am ehesten dafür geeignet hielt, mit seiner Arbeit die materielle Wirklichkeit überwinden zu helfen, verhallte hier nahezu von denen ungehört, für die sie vor allem gedacht war.

Schließlich erschienen diese leidenschaftlichen Bekenntnisse zur Kunst des Kurt Schwitters in Veröffentlichungen wie DIE WAHRHEIT ÜBER ANNA BLUME, die über 3.000 Exemplare,[328] oder im ZWEEMANN, der kaum über 5.000 Exemplare herauskam.[329] Der expressionistisch-pathetische Stil der Schrift DIE WAHRHEIT ÜBER ANNA BLUME war zudem nicht unbedingt geeignet, an der Kunst interessierte Laien, geschweige denn ‚die breite Masse' in verständlicher Weise über die Hintergründe Schwittersscher Arbeit zu informieren. Spengemanns mehrmals betonte Bereitschaft, trotz aller Kontroversen beim VOLKSWILLEN weiterzuarbeiten, läßt vermuten, daß er hier seine Chance sah, eine breite Öffentlichkeit zu erreichen und sie mit seiner Begeisterung für zeitgenössische Kunst zu inspirieren. Er war überzeugt davon, schulen und bilden zu müssen, aber er machte sich nur wenig Gedanken, ob diese Öffentlichkeit seine Argumente verstand oder überhaupt bereit war, ihm zuzuhören.

Seine Überlegungen in diesen Jahren von 1918 bis 1921 waren also weniger von der Dünkelhaftigkeit des Intellektuellen als von der Naivität des leidenschaftlichen Freund des Neuen geprägt, der das Publikum mit der eigenen Emphase anstecken wollte und dabei übersah, daß dieses andere Interessen hatte als er selbst. Er war blind für die tiefe Verunsicherung und das weitgehende Unverständnis, das aus den Reaktionen von Arbeitern und Sozialdemokraten auf die ANNA BLUME Kurt Schwitters', des Künstlers mit dem SPD-Parteibuch, sprach. Auch die Tatsache, daß anläßlich von MERZ-Ausstellungen Collagen zerstört wurden, machte Christof Spengemann deutlich, daß es notwendig sei, ‚das Volk' in der richtigen Sicht der wahren Kunst zu schulen. Daß die Arbeiten von Schwitters jedoch vielfach gar nicht als Kunst akzeptiert wurden, sondern als zweifelhafte und sinnlose Zeitvergeudung, erkannte er nicht. Ebensowenig machte er sich Gedanken darüber, daß bei vielen Kritikern zeitgenössischer Kunst nicht die geringste Bereitschaft bestand, sich von in ihren Augen besserwisserischen Kunstkritikern wie Spengemann belehren zu lassen.

In dem ZWEEMANN-Beitrag PUBLIKUS schrieb er mit Blick auf die Anfeindungen in der Öffentlichkeit anläßlich von Ausstellungen der MERZ-Kunst von Kurt Schwitters, es zeuge „weder von verständlicher Logik noch von Kultur, in bezug auf die jüngsten Erscheinungen von ‚Attentaten' zu sprechen und dann selbst

Kunstwerke zu schänden."³³⁰ Er fügte hinzu: „‚Die Kunst gehört dem Volke.' Es muß zu ihr hingeführt werden. In der Leitung scheint etwas faul zu sein."³³¹ Daß es ihm nicht gegeben war, „die Leitung" zu verbessern, lastete er dem VOLKSWILLEN lange Zeit noch an.³³²

Die Resignation, die er nach eigener Aussage nach dem Ausscheiden aus dem Mitarbeiterstab der sozialdemokratischen Zeitung DER VOLKSWILLE empfand, hat Christof Spengemann offenbar für sein restliches Leben geprägt. Zeitgenossen beschrieben ihn übereinstimmend als „schwermütigen Mann"³³³. Käte Steinitz erinnerte sich an das erste Zusammentreffen mit ihm in der Kestner-Gesellschaft und beschrieb ihn als „todtraurige(n) Pierrot".³³⁴ Ein „Einzelgänger" sei er gewesen, der „sich keiner Gruppe anschloß", dabei in seinen Widersprüchlichkeiten und Eigenarten ein sympathischer Zyniker.³³⁵

Vielleicht hätte gerade Käte Steinitz sich kritischer über Spengemann geäußert, hätte sie gewußt, daß dieser sie in einer Reihe von zu seinen Lebzeiten unveröffentlichten Manuskripten zum Vorbild der literarischen Figur einer geschäftig tuenden, sich künstlerisch gebenden und dabei reichlich dümmlich schnatternden Person machte. Eines dieser Projekte, der Roman DIE INSEL DER BIERSELIGEN, eine Karikatur auf die hannoversche Kunstszene der zwanziger Jahre, blieb unveröffentlicht. In Spengemanns Nachlaß finden sich Hinweise auf seinen Aufbau³³⁶ und vor allem eine Liste der realen Personen mit ihren Decknamen im Roman. Käte Steinitz wurde darin wenig schmeichelhaft als „Ruth Scharwenzel" bezeichnet. Weitere Persönlichkeiten des hannoverschen Kunstlebens: Heinrich Tramm – „Präsident Pott", Kurt Schwitters – „Maxmeier", Otto Gleichmann – „Nebenmann", Bernhard Dörries – „Rolf Hering", Carl Buchheister – „Waldemar Blau".³³⁷ Diese Decknamen lassen vermuten, daß eine Veröffentlichung der INSEL DER BIERSELIGEN in Hannovers Kunstszene für einige Aufregung gesorgt hätte.

Christof Spengemann, der sich selbst ausnahmsweise wenig selbstkritisch unter dem Namen des römischen Gottes Quirinus verewigen wollte, gab den Plan eines parodistischen Romans jedoch nicht auf. Sein Tagebuch vermerkt für den Februar 1924 den Abschluß der Arbeit am Manuskript zu YPSILON. EIN GROTESKER ROMAN.³³⁸ YPSILON lebt von keiner stringenten Handlung, sondern entwickelt sich aus sich selbst heraus, aus grotesken Sprachverwirrungen und -spielereien.³³⁹ Karl Riha bezeichnet ihn als „kunstreflexive(n), zeitkritische(n), teilweise satirische(n) Roman, aber nicht mit den Mitteln eines wie auch immer modifizierten Realismus-Naturalismus, sondern artistisch-artifiziell, form- und sprachspielerisch, ex-

Die Romanfragmente DIE INSEL DER BIERSELIGEN *und* YPSILON

Auszug aus dem Manuskript des Romans DIE INSEL DER BIERSELIGEN. Liste der ‚Decknamen' von Personen und Institutionen. Um 1924

pressionistisch-dadaistisch".[340] Für Riha ist YPSILON „ein großer Wurf aus dem Geiste des MERZ-Autors oder – richtiger gesagt – aus dem Geist jener engen Freundschaft zwischen Kurt Schwitters und Christof Spengemann im Namen ANNA BLUMES".[341] Neben allen überraschenden Wendungen und sprachlichen Spielereien finden sich auch hier offene und versteckte Hinweise auf die aktuelle Kunstdiskussion im allgemeinen und die hannoversche Szene im besonderen. Der Mann Ypsilon, vermeintlicher Retter der Gesellschaft in der Zeit der „großen Revolution von 1918"[342] und gleichzeitig deren größter Verlierer, ständig auf der grotesken Suche nach irgendetwas und irgendjemandem und Verfasser tiefsinnig-unsinniger Verse, hat mit Christof Spengemann nicht nur das Geburtsdatum,[343] sondern auch die Neigung zum Räsonnieren über Sinn und Zweck der Kunst gemein.[344] Ähnliches gilt für Fredharry Schnuller, den ebenso mondänen wie gefräßigen Kunsthistoriker und Literaten. Überzeugt davon, daß er der einzige sei, der wahre Dichtung schaffe, schwadroniert Schnuller in Spengemanns Roman über die Unsterblichkeit in der Kunst und entlarvt sich gerade darin als eitler „Möchtegern-Christus von Niedersachsen".[345]

Die literarische Figur Fredharry Schnullers hat den hannoverschen Kunsthistoriker, Kritiker und Schriftsteller Victor Curt Habicht zur Vorlage. Christof Spengemann kannte den Kollegen vor allem durch dessen Veröffentlichungen im ZWEEMANN-Verlag gut. Die gravitätisch-salbungsvolle Art Habichts hat ihn die gesamten zwanziger Jahre hindurch offenbar derart gestört, daß dieser als „V.C. Ehrenpreis", „Viktor Curt Schillerpreis" oder eben als „Fredharry Schnuller" in seinen satirischen Schriften über Hannovers Kunst- und Kulturszene immer wieder auftauchte und hier den Part des „rückwärts blickenden Kunsthistorikers" übernahm, der zwar die „Kunstgeschichte fließend von vorn und hinten"[346] aufsagen konnte, von Kunst selbst allerdings keine Ahnung hatte.

Spengemann konstruiert in YPSILON eine Liaison zwischen Schnuller und Gudrunkarolina Pülke. Die Pülke – ein zweiter Deckname für die gute Bekannte Käte Steinitz – führt einen ästhetischen Salon.[347] Sie ist „stellenweise schön" und „stellenweise sogar geistreich".[348] „An ihrer Haustür stand geschrieben, daß Bettlern und Hausierern der Zutritt verboten sei. Dennoch führte sie ein offenes Haus, sie hatte Nüancen (sic!). Ihr Salon war Sammelpunkt der künstlerischen Kreise. Sie trug eine tiefe Abscheu vor allem zur Schau, was an Bürgerlichkeit erinnerte."[349] Gudrunkarolina Pülke fördert Künstler wie Schnuller, der ihr daraufhin in schwülstigen Worten sein Werk widmet und ihren Großmut besingt. Sie wiederum blickt zu diesem delikaten Anlaß „lächelnd, wie eine halbwissende Jungfrau, vor sich nieder. Mit dem linken Fuß spielte sie geometrische Figuren auf den Teppich. Den rechten hielt sie in Bereitschaftsstellung, um sich im gegebenen Moment leidenschaftlich erheben zu können."[350] Ansonsten zeichnet sich ihr Salon durch ausgezeichnete Leberwurstbrote sowie durch die Liebenswürdigkeit der Gastgeberin aus, den jeweils renommiertesten Gast der Runde dadurch zu adeln, daß sie sich ihm auf den Schoß setzt.[351] Angesichts des ausgeprägten Günstlings- und Klüngelwesens im Hause Pülke ist es dem Autor von YPSILON „fast überflüssig zu betonen, daß Ypsilon es ablehnte, den Salon der Gudrunkarolina zu betreten. Er leugnete ihren Geist, lächelte über ihre Leberwurst und haßte die Frau wegen des infamen Schildes an der Tür."[352]

Mit der Zeichnung der Figuren des Fredharry Schnuller und der Gudrunkarolina Pülke wie mit der einer Reihe weiterer Nebenfiguren[353] hat Christof Spengemann sich in seinem Roman YPSILON eine trotz aller grotesken Verzerrungen deutlich und ironisch mit einem ihm verlogen und dünkelhaft erscheinenden Teil der hannoverschen avantgardistischen Kunstszene auseinandergesetzt. YPSILON hielt der Zeit den Spiegel vor.[354] Gemessen an den Plänen des großangelegten Romans DIE INSEL DER BIERSELIGEN konzentrierte sich Spengemanns Kritik hier nur auf einige ihm besonders signifikant erscheinende Gestalten der Szene. Von einem Kritiker wie Christof Spengemann wäre eine weitergehende Analyse ihrer Schwächen und Fehler eigentlich zu erwarten gewesen.

Resignation eines Gescheiterten Zu Beginn der dreißiger Jahre reagierte Spengemann zunehmend mißtrauisch auf jede Form von Kunstförderung. „Wenn eine Stadt sich zu einem Kunstzentrum entwickelt, dann gehört auch eine Bohème mit dazu. Daran ist nichts zu rütteln – es kommt unvermeidbar, ganz von selbst",[355] kommentierte er ironisch. Es verbitterte ihn, daß sich nicht nur in bezug auf den Kunstverein und die von ihm unterstützten Künstler ein Jahrzehnt nach seiner heftigen Kritik in DIE BILDENDE KUNST IM NEUEN HANNOVER nach seiner Überzeugung sehr wenig an den Strukturen geändert hatte. Ein verfilztes Geflecht von Kunst, Kitsch und Kommerz erfreue sich in weiterhin großer Beliebtheit.[356] Auch in der modernen Kunst, die er zuvor als ehrlich und wahr genug beschrieben hatte, den Weg in eine bessere Zukunft zu weisen, habe sich innerhalb dieses Jahrzehnts wenig Positives getan. Immer mehr Künstler gefielen sich nun in sinnlosen formalen Experimenten und riskierten durch die Reduzierung auf einen nur ihnen zugänglichen Symbolismus bereitwillig, als Scharlatane der Kunst verschrien zu werden.

Spengemann kritisierte gegen Ende der zwanziger Jahre jedoch nicht nur die Künstler, die seinen hohen Ansprüchen nicht länger genügten. Auch die Institutionen, denen er bislang stets eine große Bedeutung in der Pflege der Moderne zuerkannt hatte, beschuldigte er nun der zunehmenden Bequemlichkeit, Feigheit und des Selbstbetrugs. Sie hätten es aufgegeben, immer wieder aufs neue zu wagen, starke junge Künstler auch unter Hinnahme damit verbundener finanzieller Einbußen zu fördern.

Mangelnden Idealismus und behäbigen Materialismus mahnte er Ende der zwanziger Jahre besonders bei der Kestner-Gesellschaft an. Christof Spengemann war selbst nie Mitglied der Gesellschaft, aber er hatte sich ihr in seinen Rezensionen für den ZWEEMANN als Sprachrohr zur Verfügung gestellt und in einer ihrer wichtigsten programmatischen Schriften seine Überlegungen zur STELLUNG ZUR KUNST.[357] publiziert. Nun jedoch, Anfang der dreißiger Jahre, sah er sich in seiner Hoffnung auf die wegbereitende Kraft der Kestner-Gesellschaft getäuscht. In DIE HANNOVERSCHE RIEMENSCHNEIDER-INNUNG, entstanden in Anlehnung an eine von Justus Bier, dem Leiter der Kestner-Gesellschaft, seinerzeit ausgerichtete Werkschau des mittelalterlichen Holzbildhauers, beschrieb er die Gesellschaft im Novemberheft des WACHSBOGEN 1931 als ohne jede Bereitschaft zur geistig-künstlerischen Auseinandersetzung arbeitendes Kunstinsitut. Für ihn unterschied sie sich jetzt, im fünfzehnten Jahr ihrer Existenz, nicht mehr wesentlich vom Kunstverein. Wie der Kunstverein sei auch die Kestner-Gesellschaft „eine Sektion für ideelle Angelegenheiten" der bürgerlichen Gesellschaft Hannovers geworden, „die unter bewährter Leitung den offiziösen Kunstbetrieb macht".[358] „Man begrüßt sich gemessenen Schrittes und taucht, soweit es die konventionellen Anschauungen erlauben, in die Gebiete der Philosophie, Literatur und Kunst. Kühn dringt man bis an die Mündungen des Ästhetischen vor, lagert sich dort in gemeinsamer Erbauung, bis die bewährte Leitung zum Aufbruch in ein anderes ideelles Rittergut bläst. Es ist immer dieselbe Gemeinde, es ist immer dieselbe Leitung. Hin und wieder kommt ein neuer Fremdling hinzu und trägt den neuen alten Geist unter die Bürger."

„Immer hübsch an der Peripherie entlang" und ja nicht zu weit in das Wesen wahrer Kunst hineingewagt, so laute mittlerweile offenbar das Motto der Kestner-Gesellschaft. Es sei erschreckend, „daß im Kreise der ganzen Innung (und) ihrer Protektoren ... nicht eine Stimme laut wurde, die mehr als ästhetisierende Betrachtung, mehr als ‚idealistische' Geschichtsvermittlung verlangte."[359] Für den Leiter wie die Mitglieder sei die Arbeit in der Kestner-Gesellschaft „immer nur ein Plätschern an der Oberfläche, als hätte man Angst, beim Untertauchen eine Viertelstunde nicht gesehen zu werden. Es ist so ledern, daß man es nicht ertragen kann." Statt sich wie einst dem Gegenwärtigen, Jungen hinzugeben, kultiviere man auch hier mittlerweile reine bürgerliche Anschauung. Kunst sei „Lehnsessel für sentimentale Erbauungsstunden" oder „Zierat eines schönen Gemüts" geworden. Diese Zeit verlange aber doch vielmehr, „daß man die Kunst in die zerquälte Gegenwart stellt, um zu neuen geistigen und realen Lebensformen zu gelangen"[360] Dazu aber sei die Kestner-Gesellschaft derzeit bei weitem nicht in der Lage.[361]

Christof Spengemanns Resignation muß angesichts der Entwicklung der Kunst, der Kunstkritik, des Kunstpublikums und der allgemeinen Zeitumstände groß gewesen sein. Der Einzelgänger, der Wahrhaftigkeit, Integrität und Unbestechlichkeit gefordert hatte, hatte zu wenig erreicht. Von dieser Enttäuschung der frühen dreißiger Jahre erholte er sich bis zu seinem Lebensende zwei Jahrzehnte später nicht mehr.

1   Kunstgenossenschaft Hannover; Offenherzigkeiten, S. 7.
2   Christof Spengemanns Antwort auf die „alberne Gegenschrift belangloser Autoren", wie er die Schrift der ‚Kunstgenossen' in seinen privaten Aufzeichnungen benannte, ließ nicht lange auf sich warten (Spengemann, Christof; Vier Generationen. Leopold, Wilhelm, Christof, Walter. Die Historie der Familie Spengemann, Hannover 1936 (SAH 2120)). Er veröffentlichte die Glosse KUNSTGENOSSEN bereits in der ersten Nummer der Zeitschrift DER ZWEEMANN. Hier hieß es, die Offenherzigkeiten seien „Aufschrei des Schwächlings" und zugleich „Manifestation des Unbehagens" (Spengemann, Christof; Kunstgenossen. Glosse, in: Der Zweemann, 1. Jhg., H. 1, November 1919, S. 16f).
3   Kunstgenossenschaft Hannover; Offenherzigkeiten, S. 10 f.
4   Spengemann, Christof; Memoiren eines zu früh Geborenen, 24. Juli 1920–1. April 1922 (SAH 2116).
5   Kunstgenossenschaft Hannover; Offenherzigkeiten, S. 1.
6   Ebda., S. 7.
7   Spengemann sprach dies an, als er in der Glosse KUNSTGENOSSEN (Spengemann, Christof; Kunstgenossen. Glosse, in: Der Zweemann, 1. Jhg., H. 1, November 1919, Hannover, S. 16) formulierte: „Sehr von oben: ‚ein Herr Spengemann'. – Ausgerechnet Sie, meine Herren von der Genossenschaft? Wir kennen uns doch!"
8   Der Vater Wilhelm war mit einundzwanzig Jahren in die Dienste der Mechanischen Weberei Linden getreten, wo er viereinhalb Jahrzehnte bis kurz vor seinem Tod 1918 arbeitete. Er wurde mit seiner Reimsammlung, vor allem aber mit den 1905 erschienenen HANNOVERSCHEN JUGENDERINNERUNGEN IN PLATT- UND HOCHDEUTSCH, Episoden aus dem Leben der ‚kleinen Leute' um die Jahrhundertwende, zur Lokalgröße (Zimmermann, Helmut; Biographische Skizze).
9   Die Tochter Therese arbeitete als Magistratsassistentin (Zimmermann, Helmut; Biographische Skizze, Anhang). Vgl. auch Spengemann, Christof; Vier Generationen. Leopold, Wilhelm, Christof, Walter. Die Historie der Familie Spengemann, Hannover 1936, o.S. (SAH 2120). Wilhelm Spengemann veröffentlichte Gedichte in verschiedenen Zeitungen, im HANNOVERSCHEN ANZEIGER und HANNOVERSCHEN TAGEBLATT. Redakteur beim HANNOVERSCHEN ANZEIGER war er jedoch offenbar nicht (so in: Brosius, Dieter; Industriestadt, S. 331).
10 Spengemann, Christof; Vier Generationen. Leopold, Wilhelm, Christof, Walter. Die Historie der Familie Spengemann, Hannover 1936 (SAH 2120), o.S. Zur Biographie Christof Spengemanns vgl. auch Raabe, Paul; Autoren und Bücher, S. 444. Mlynek, Klaus; Hannover in der Weimarer Republik und unter dem Nationalsozialismus, S. 467. Erlhoff, Michael; Christoph Spengemann, S. 165–171. Dresslers Kunsthandbuch, Bd. 3, 1930, S. 1295.
11 Spengemann, Christof; Vier Generationen. Leopold, Wilhelm, Christof, Walter. Die Historie der Familie Spengemann, Hannover 1936 (SAH 2120), o.S.
12 In seinem Nachlaß findet sich ein Brief des VOLKSWILLEN-Redakteurs Rischbieter vom 3. März 1908, der Spengemann auf Empfehlung des Sozialdemokraten August Lohrberg „zur Besprechung der Kunstausstellung" aufforderte (Schreiben Rischbieters an Christof Spengemann, 3. März 1908 (SAH NL Spengemann, nicht verzeichnet)). Christiane Klössel gibt ebenfalls 1908 als Beginn der Tätigkeit Spengemanns für den VOLKSWILLEN an (Klössel, Christiane; Zweemann, S. 118). Leider enthält das SPD-Mitgliederverzeichnis des Stadtarchivs Hannover keine Mitgliedskarte Christof Spengemanns, und er selbst gibt keinen Hinweis auf das Datum seines Eintritts in die SPD. Vgl. auch die Personalakte Christof Spengemanns im BDC, die ihn, leider ebenfalls ohne das Datum des Eintritts zu nennen, als SPD-Mitglied führt. In seinen MEMOIREN EINES ZU FRÜH GEBORENEN (Spengemann, Christof; Memoiren eines zu früh Geborenen, 24. Juli 1920–1. April 1922 (SAH 2116)) gab Spengemann 1906 als Beginn seiner Mitarbeit beim VOLKSWILLEN an.
13 Schreiben Clara Zetkins an Christof Spengemann, 28. Mai 1907 (SAH, NL Spengemann, nicht verzeichnet). Clara Zetkin sprach Spengemann hier mit „werter Genosse" an.
14 Riha, Karl; Nachwort in: Spengemann, Christof; Ypsilon, S. 100. Schreiben der JUGEND, 31. März 1909 (SAH, NL Spengemann, nicht verzeichnet).
15 Spengemann, Christof; Vier Generationen. Leopold, Wilhelm, Christof, Walter. Die Historie der Familie Spengemann, Hannover 1936 (SAH 2120), o.S.
16 Ebda.
17 Ebda.
18 In Spengemanns Memoiren (Spengemann, Christof; Vier Generationen. Leopold, Wilhelm, Christof, Walter. Die Historie der Familie Spengemann, Hannover 1936 (SAH 2120), o.S.) findet sich für 1921 der Eintrag: „Luise beginnt zu malen." Für 1926 steht zu lesen: „Luise beginnt zu modellieren." Nach Auskunft ihrer Schwiegertochter Klara Spengemann-Morf und ihrer Nichte Anni Gebhardt hat Luise Spengemann in diesen Jahren erheblich zum Lebensunterhalt der Familie beigetragen. Beide schildern sie als „hochgeistige Frau" und begabte Künstlerin, der u.a. Ernst Steinitz Modell saß. Ähnlich wie Käte Steinitz, zu der sie ein nicht ganz ungetrübtes Verhältnis hatte, gab sich Luise Spengemann offenbar gern als Gesellschaftsdame, die in ihrem Salon Empfänge für Künstler und Intellektuelle gab. Christof Spengemann habe diese Empfänge mit ironischer Distanz beobachtet, schildern beide Verwandten. Käte Steinitz und Luise Spengemann neideten sich nach Auskunft dieser Zeitgenossinnen gegenseitig ihr gutes Verhältnis zu Kurt Schwitters (Gesprächsprotokoll Klara Spengemann-Morf, Anni Gebhardt, 15. September 1992). Luise Spengemann trug sich, anders als ihr Mann und ihr Sohn, in den zwanziger Jahren nur einmal in Käte Steinitz' Gästebuch ein, obwohl beide Familien über die gemeinsame Bezugsperson Schwitters doch häufiger Kontakt miteinander gehabt haben dürften. Am 6. Januar 1929 schrieb sie in das Gästebuch: „Zum ersten Mal – Luise Spengemann. Nicht zum ersten Male: Böckchen Spengemann. Krischan Spengemann." (galerie gmurzynska; Gästebuch von Käte Steinitz). Vgl. auch Steinitz, Käte; Kurt Schwitters. Erinnerungen, S. 141. Vgl. auch das Schreiben von Kurt Schwitters an Christof Spengemann vom 27. November 1920, nach dem Luise Spengemann RM 60 für eigene künstlerische Arbeiten verdiente (zitiert nach: Nündel, Ernst; Kurt Schwitters. Briefe, S. 38).
19 Vgl. das Schreiben Walter Dexels an Christof Spengemann vom 13. Mai 1918 bezüglich einer Ausstellung, bei deren Planung Spengemann mitgewirkt und die er offenbar auch durch eigene Werke bereichert hatte (SAH, NL Spengemann, nicht verzeichnet).
20 Vgl. Schreiben Herwarth Waldens vom 19. August 1918, mit dem dieser Spengemann zur Zusendung weiterer Arbeiten aufforderte, um sie gegebenenfalls im STURM zu veröffentlichen (NSA). Nachdem Spenge-

mann der Bitte nachgekommen war, erhielt er am 5. September 1918 Waldens Antwort: „Ich habe Ihre neue Sendung mit großem Interesse angesehen. Ich glaube wieder, daß Sie in absehbarer Zeit in engere Beziehung zu uns kommen werden. Einige Zeichnungen sind künstlerisch einwandfrei." (Schreiben Herwarth Waldens an Christof Spengemann, 5. September 1918 (NSA)). Dennoch ist es offenbar nie zu einer intensiveren Zusammenarbeit zwischen Walden und Spengemann gekommen. Vgl. Klössel, Christiane; Zweemann, S. 119.

21 Anni Gebhardt antwortete im Gespräch (Gesprächsprotokoll Klara Spengemann-Morf, Anni Gebhardt, 15. September 1992) auf die Frage, ob Spengemann selbst künstlerisch tätig gewesen sei: „Ja, sicher. Was er gern machte und worin Schwitters ihn auch sehr unterstützte und angeheizt hat, war, er nahm einfach ein Stück Holz und machte etwas daraus, was schon ‚drin' war." Anni Gebhardt erinnerte sich in diesem Gespräch auch an ein „furchtbar dramatisches" Gemälde aus dem Historismus, das sich im Besitz ihrer Familie, also der Eltern von Spengemanns Frau, befand: „Also, da war eine stürmische See und ein Schiff und ein König auf dem Throne, der (ihm) entsagen mußte. Und das war ihm (Spengemann) nun zu feierlich, da nahm er nun lauter Dinge …, in der stürmischen See, da ertranken dann einige Kinder, aber die hatten dann ein Eis in der Hand … Das war ihm einfach suspekt, das war ja nicht ehrlich. Und deshalb hat er das gemacht." Über ihre eigene Reaktion darüber sagte Anni Gebhardt: „Und zuerst, als ich das sah, dachte ich, die schönen Dinge, daß sie so verdorben wurden. Nachher hab' ich das dann verstanden." Christof Spengemanns erste Schwiegertochter Klara Spengemann-Morf erinnerte sich im gleichen Gespräch daran, daß Spengemann kurz nach Beginn seiner Freundschaft mit Kurt Schwitters den Emailleguß einer Teekanne entfernt und unter Angabe des Titels TORSO IN EMAILLE auf ein Brett geklebt habe. Im Juni 1923 berichtete Hannah Höch, daß sie in Berlin sechs Drahtpuppen aus der Produktion Spengemanns zu je Mk 1.200 verkauft habe (Schreiben Hannah Höchs an Christof Spengemann, 13. Juni 1923 (SAH NL Spengemann, nicht verzeichnet)). Inflationsbedingt dürften diese Einkünfte auf den Spengemannschen Finanzhaushalt jedoch wohl keinen erheblichen Einfluß gehabt haben.

22 Hierin zeigt sein Verhalten Ähnlichkeit mit dem des guten Bekannten Johann Frerking. Das Montieren von Collagen wie die Malerei blieben Spengemanns private Steckenpferde, über die er sich mit Künstlerfreunden wohl austauschte, das er aber nie mit beruflichem Ernst und Eifer betrieb. Auch Frerking hatte ursprünglich Künstler, und zwar Schriftsteller, werden wollen, dies später jedoch zugunsten der journalistischen Tätigkeit zurückgestellt.

23 Spengemann, Christof; Vier Generationen. Leopold, Wilhelm, Christof, Walter. Die Historie der Familie Spengemann, Hanover 1936 (SAH 2120), o.S.

24 Ebda. Vgl. auch Riha, Karl; Nachwort, in: Spengemann, Christof; Ypsilon; S. 100.

25 Spengemann, Christof; Vier Generationen. Leopold, Wilhelm, Christof, Walter. Die Historie der Familie Spengemann (SAH 2120), o.S. Drei Jahre zuvor, anläßlich Spengemanns Einstellung bei den Sichel-Werken, hatte Heitmüller noch mehr Verständnis für die Erwerbstätigkeit gezeigt. Er hatte gratuliert und hinzugefügt: „Warum sollst Du in dieser Abteilung nicht künstlerische Dinge zu lösen bekommen, natürlich erst dann, wenn diese Nur-Kaufleute eingesehen haben, daß sie nicht in die Ferne schweifen brauchen, da das Gute so nah liegt." (Schreiben August Heitmüllers an Christof Spengemann, o. Datierung (NSA)).

26 Schreiben Christof Spengemanns an August Heitmüller, 23. Dezember 1928 (SAH 867).

27 Alf.; August Heitmüller †. Ein niedersächsischer Künstler, Hann. Tageblatt, 3. Mai 1935. Vgl. auch o.A.; Zum Gedächtnis August Heitmüllers. Herbstausstellung 1935, Niedersächs. Tageszeitung, 3. November 1935. Kg.; F.; August Heitmüller. Sonderausstellung des Kunstvereins, Hann. Tageblatt, 20. Oktober 1933. Frerking, Johann; August Heitmüller †. Gestorben 5. Mai 1935, Hann. Kurier, 8. Mai 1935. O.A.; August Heitmüller †. Ein hannoverscher Maler, Hann. Tageblatt, 9. Mai 1935.

28 O.A.; Zum Gedächtnis August Heitmüllers. Herbstausstellung 1935, Niedersächs. Tageszeitung, 3. November 1935

29 Alf.; August Heitmüller †. Ein niedersächsischer Künstler, Hann. Tageblatt, 3. Mai 1935.

30 O.A.; Kunstmaler August Heitmüller 60 Jahre, Hann. Anzeiger, 16. Juni 1933. Nach der Personalakte im BDC ist Heitmüller bereits am 1. Dezember 1932 in die NSDAP eingetreten (Mitgliedskarte, nicht datiert). Nach einem Schreiben der NSDAP, Kreisleitung Hannover, Amt für Volkswohlfahrt an die Reichskammer, Spende KÜNSTLERDANK, 23. März 1944, war er bereits seit 1929 Parteigenosse der NSDAP (BDC).

31 Dieser Gönner war Rittmeister Konrad Wrede, Hannover, seinerzeit ein bedeutender Sammler von Werken Slevogts und Corinths (vgl. dazu den von Heitmüllers zweiter Frau Marion ausgefüllten Fragebogen betr. SPENDE KÜNSTLERDANK, 24. Januar 1944 (BDC, Personalakte August Heitmüller)).

32 O.A.; August Heitmüller †. Ein hannoverscher Maler, Hann. Tageblatt, 9. Mai 1935. Vgl. auch Frerking, Johann; August Heitmüller †. Gestorben 5. Mai 1935, Hann. Kurier, 8. Mai 1935.

33 Spengemann, Christof; Vier Generationen. Leopold, Wilhelm, Christof, Walter. Die Historie der Familie Spengemann (SAH 2120), o.S. Vgl. Kunstverein Hannover; Zwanziger Jahre, S. 46. Vgl. zur Krankheit Heitmüllers etwa die Personalakte Heitmüller im BDC. Vgl. auch das Schreiben des 1. Gauvorsitzenden des Reichsverbands der bildenden Künstler Deutschlands, F.K. Lippert, an den Magistrat, 18. Mai 1926 (StAH 19, 323). Schreiben der Kestner-Gesellschaft an Marion Heitmüller, 18. November 1930, wegen des schlechten Gesundheitszustandes ihres Mannes (NStAH Dep. 100 Nr. 42). Vgl. auch das Schreiben Alexander Dorners an Oberbürgermeister Menge bezüglich des 60. Geburtstags von August Heitmüller, 18. Mai 1933 (Registratur LaMu Ordner II. 2.2.a.1. Museums-Kommission, 2. Galerie hannoverscher Künstler 1933 ff).

34 Spengemann, Christof; Vier Generationen. Leopold, Wilhelm, Christof, Walter. Die Historie der Familie Spengemann (SAH 2120), o.S. Vgl. Schreiben August Heitmüllers an Christof Spengemann, 19. Dezember 1908 (NSA): „Durch die Redaktion des VOLKSWILLEN erfuhr ich kürzlich Ihre Adresse. Ich habe den lebhaften Wunsch, Sie kennenzulernen, denn noch nie, außer bei ein paar Kollegen, fanden meine Ideen ein solches Verständnis wie Sie es in Ihrer Ausstellungskritik klar legten. Erlauben Sie, daß ich Sie mal besuche."

35 Spengemann, Christof; Vier Generationen. Leopold, Wilhelm, Christof, Walter. Die Historie der Familie Spengemann, Hannover 1936 (SAH 2120), o.S.). Vgl. auch Spengemann, Christof; Mit Heinrich beginnend. Ein Hannoverbuch, Hannover 1950 (SAH 2123b). Mit dieser Aussage Spengemanns deckt sich die Schilderung von Käte Steinitz,

nach deren Erinnerung anläßlich der Besuche des Ehepaars Heitmüller stets auch Christof Spengemann zugegen war (Steinitz, Käte; Kestner-Gesellschaft, S. 27). Heitmüller avancierte nach dem Ersten Weltkrieg zu einem der einflußreichsten hannoverschen Künstler. Er, vordem ein entschiedener Gegner Trammscher Kunstpolitik, wurde zu einer der bestimmenden Persönlichkeiten in den Jurys des Kunstvereins (Leppien, Helmut R.; Neue Sachlichkeit, S. 6). Er war Mitglied der Jury und Vorstandsmitglied der Hannoverschen Sezession. Auch der Kestner-Gesellschaft gehörte er an (Verzeichnis der Stifter und Mitglieder der Kestner-Gesellschaft, in: Kestner-Gesellschaft; Rückblick auf die Jahre 1916/21. Programm für das Vereinsjahr 1921/22, S. 26). Vgl. auch Schreiben August Heitmüllers an die Kestner-Gesellschaft, 13. Februar 1928 (Überweisung des Mitgliedsbeitrags) (NStAH Dep. 100 Nr. 34)). Hier stand er besonders mit Hanns Krenz in freundschaftlichem Kontakt (vgl. etwa Schreiben August Heitmüllers an Hanns Krenz, 12. November 1926 (NStAH Dep. 100 Nr. 30)). Die Kestner-Gesellschaft widmete ihm zwei Ausstellungen, eine gemeinsam mit seiner damaligen Frau (46. Ausstellung, 27. November 1921–31. Januar 1922) und eine anläßlich seines 60. Geburtstages gemeinsam mit August Waterbeck (127. Ausstellung, 7. Mai 1933–11. Juni 1933). Ansonsten stand er durch die Ausstellungen der Hannoverschen Sezession in der Kestner-Gesellschaft mit dieser in gutem Kontakt (14. Ausstellung, 10. Februar – 10. März 1918. 23. Ausstellung, 9. März – 6. April 1919. 41. Ausstellung, März/April 1921). Die Arbeiten des Malers, der sich sehr früh vom Impressionismus wieder löste und diesen in seinen Zielen nun sogar ablehnte, erfreuten sich in der hannoverschen Tagespresse der zwanziger Jahre überwiegend positiver Kritiken. Manchmal hingegen mußten sie sich das offenbar negativ gemeinte Urteil „kühler Glätte und spitzpinseliger Raffinesse" gefallen lassen (o.A.; Die Jubiläums-Ausstellung des Hannoverschen Kunstvereins II, Hann. Anzeiger, 23. März 1932. Vgl. auch Schmied, Wieland; Wegbereiter der modernen Kunst, S. 227). August Heitmüller, ein von der Kunstankaufspolitik der Stadt sehr begünstigter Maler, schuf in diesen Jahren eine Reihe von Auftragsarbeiten, u.a. das BILDNIS DER FAMILIE GARVENS (Hannoverscher Künstlerverein/Historisches Museum; Hannover im Bild, S. 22). 1922 erteilte ihm das Provinzial-Museum den Auftrag, Kommerzienrat Beindorff zu porträtieren (Schreiben Wilhelm Behnckes, des Leiters der Kunstabteilung des Provinzial-Museums, an Kommerzienrat Fritz Beindorff, 16. Februar 1922 (Registratur LaMu Ordner II.2.2. Gemälde neuer Meister. Ankäufe vom 1. Januar 1921–31. Dezember 1925)). Hinzu kamen viele Arbeiten für hannoversche Privatleute. Auffällig in den Schriftwechseln ist die Angewohnheit Heitmüllers, seine Verkaufspreise außerordentlich hoch anzusetzen. Im Juni 1929 konnte erst der Hinweis Alexander Dorners, „der Preis von RM 1.500.- (sei) der höchste, den das Museum bis jetzt für das Gemälde eines Heitmüller bezahlt" habe, den Maler zum Verkauf bewegen (Schreiben Alexander Dorners an August Heitmüller, 4. Juni 1929 (Registratur LaMu Ordner II.2.2. Gemälde neuer Meister, 1925–1932. 1. Reichsverband bildender Künstler, 16. Januar 1928–10. April. 1931. 2) Galerie Hannoverscher Künstler, 26. Mai 1929–31. Dezember 1932. 3) Protokolle Museums-Kommission)). Heitmüller gehörte mit seiner ersten Frau Leni Zimmermann-Heitmüller, die ebenfalls Künstlerin war, zum Bekanntenkreis von Käte Steinitz (vgl. die Werbung für das Studienatelier für Malerei und Graphik August Heitmüller, Leni Zimmermann-Heitmüller, Hannover Königstraße (Im Winter) Bad Nenndorf (Im Sommer), in:

Kestner-Gesellschaft e.V. (Hg.); I. Ausstellung der Hann. Sezession. Gemälde, Graphik, Plastik, Hannover o.J. (10. Februar – 10. März 1918). Vgl. auch die Charakterisierung der Leni Zimmermann-Heitmüller als schwierige, kalte Person in: Spengemann, Christof ; Vier Generationen. Leopold, Wilhelm, Christof, Walter. Die Historie der Familie Spengemann, Hannover 1936 (SAH 2120), o.S. Die häufigen Eintragungen in dem Gästebuch der Steinitz lassen dabei auf eine gute Bekanntschaft mit der Familie Steinitz schließen (vgl. die Eintragungen vom 13. April 1921, 24. Mai 1921, 12. Mai 1922, 7. Dezember 1922, 17. Februar 1924, 24. März 1925, 17. März 1927 (galerie gmurzynska; Gästebuch von Käte Steinitz)). Offenbar besuchte man sich wechselseitig bei Familie Steinitz in Hannover oder bei Heitmüllers auf dem Lande, in Gümmer. Käte Steinitz beschrieb das Paar folgendermaßen: „Beide versuchten, ihre bodenständige Malerei mit einer Spur Paris zu würzen, obgleich gerade ihre norddeutsche Herbheit das beste an ihnen war." (Steinitz, Käte; Kestner-Gesellschaft, S. 27). 1928 war für August Heitmüller ein besonders erfolgreiches Jahr, schloß er doch seine Arbeit HANNOVERSCHE KÖPFE DER GEGENWART. EINE HANNOVERSCHE BIBLIOGRAPHIE ab, eine Veröffentlichung von sechzig Porträts bekannter Hannoveraner und Hannoveranerinnen aus Kunst, Wissenschaft und Politik (o.A.; Hannoversche Köpfe der Gegenwart. Eine hannoversche Bibliographie, Niederdeutsche Zeitung, 19. Dezember 1928). Sofort nach Veröffentlichung des Werkes kündigte Spengemann eine Klage gegen Heitmüller an, den er beschuldigte, Texte seines Sohnes Walter unter eigenem Namen erscheinen zu lassen. Spengemanns, so teilte er Heitmüller mit, seien „nicht Ackergäule für die Belange der Künstler" (Schreiben Christof Spengemanns an August Heitmüller, 23. Dezember 1928 (SAH 867)). Auch in seinen Erinnerungen beklagte er Heitmüllers „glatte Geschäftsmache (Spekulation auf Porträtaufträge), die wir nicht mitmachen konnten". Heitmüller sei „mit den Jahren zu bauernschlau, zu egoistisch und zu rücksichtslos" geworden (Spengemann, Christof; Vier Generationen. Leopold, Wilhelm, Christof, Walter. Die Historie der Familie Spengemann (SAH 2120), o.S.)). „Er war inwendig (im *Gehirn*) zu primitiv. Und zu unlogisch." (Ebda.) Spengemann bemängelte hier auch Heitmüllers Eigenschaft, sich geschickt an gängige künstlerische Richtungen anzupassen: „Er hatte bei aller Kraft zu wenig Eigenes, ließ sich durch jede neue Richtung umstimmen, auch wenn sie ihm gar nicht lag … Er war von Natur Impressionist. Trotzdem machte er den Expressionismus mit, so flach es ging, er empfand nicht so. Es wurde Krampf, und er konnte nicht weiter." (Ebda.) August Heitmüller hatte unter seinen Kollegen den bösen Beinamen Heutmüller, wohl um anzudeuten, daß er sich beliebig an alles Heutige, also an alle Moden, anschloß. Selbst die wohlmeinenden Nachrufe nach seinem Tod am 5. Mai 1935 verschwiegen seine künstlerische Anpassungsbereitschaft nicht. Im HANN. TAGEBLATT hieß es etwa: „Die jüngsten Epochen der Kunstgeschichte spiegeln sich in den Bildern wieder. Heitmüller stand niemals abseits der großen Strömungen der Zeit, mächtig fielen sie in ihn hinein und gaben seinen Werken das Gepräge." (Kg., F.; August Heitmüller †, Gestorben 5. Mai 1935, Hann. Kurier, 8. Mai 1935).

36 Spengemann, Christof; Vier Generationen. Leopold, Wilhelm, Christof, Walter. Die Historie der Familie Spengemann (SAH 2120), o.S.

37 Ebda.

38 Ebda.

39 Ebda. Immerhin wurden Spengemanns Rezensionen um 1911 bereits von einer kunstinteressierten Öffentlichkeit außerhalb Hannovers rezipiert. Der Maler Carl Vinnen etwa, der im gleichen Jahr die Schrift EIN PROTEST DEUTSCHER KÜNSTLER veröffentlichte, dankte im September 1911 aus Cuxhaven in einem Schreiben mit deutlich nationalistischen Untertönen für die Übersendung eines Artikels (Schreiben Carl Vinnens an Christof Spengemann, 20. September 1911 (SAH, nicht verzeichneter Nachlaß Christof Spengemanns)). Zum Umfeld von Vinnens Schrift: Herzogenrath, Wulf; ‚Schaukelpferd'. Sayk-zu Jeddeloh, Almuth; Carl Vinnen, Worpswede 1995, bes. S. 45 ff.

40 Vgl. exemplarisch zu Spengemanns Kritik an der von Tramm zusammengekauften Gemäldegalerie im Kestner-Museum: Cyprian; Gemäldeausstellung in Hannover, Volkswille, 30. Januar 1913. Wohlwollender als die Neue Rathaus beurteilte Spengemann (Cyprian) die neue Stadthalle (Cyprian; Ausstellung der Stadthallen-Entwürfe, Volkswille, 16. Juli 1910, 21. Juli 1910. Cyprian; Die Stadthalle als Kunstwerk, Volkswille, 16. Juni 1914). Einen Teil seiner Lebenserinnerungen unterzeichnete Christof Spengemann mit ‚Cyprian' (Spengemann, Christof; Cyprian, Bd. 2, Manuskript ICH LEBE WIEDER (1904–1921) (SAH 2115)). Gedichte in diesem Manuskript schrieb er ebenfalls teilweise unter dem Namen Cyprian. Hier hieß es etwa: „Mensch: Ich bin eine Flocke, die über den Erdball spielt. Eine Möwe, pfeilend durch glitzenden Raum, sturmzerwühlt, wogenverküßt. Ein taumelnder Falter bin ich, der Liebe trinkt. Bin wärmende feuernachtgrellende Brunst. Wutrasend, vernichtend. Mensch! Glück oder Tod durch dich. Gott – alles und nichts – getrieben – Geschöpf – eine Flocke, die über den Erdball spielt."

41 Vgl. dazu exemplarisch die Schreiben Christof Spengemanns an Ferdinand Hodler (21. April u. 9. Juli 1913 (SAH NL Spengemann, nicht datiert)).

42 Spengemann, Christof; Kunstdiktatur Heinrich Tramm, nicht datiertes Typoskript, im Schwitters Archiv Hannover nicht verzeichnet, liegt Spengemanns Memoirenbuch bei (Spengemann, Christof; Vier Generationen. Leopold, Wilhelm, Christof, Walter. Die Historie der Familie Spengemann (SAH 2120), o.S.)

43 Spengemann, Christof; Vier Generationen. Leopold, Wilhelm, Christof, Walter. Die Historie der Familie Spengemann (SAH 2120), o.S.

44 Spengemann scheint über seine berufliche Tätigkeit hinaus auch privat Kontakt zu Bahlsen gepflegt zu haben. Vgl. Brief Kurt Schwitters' an Christof Spengemann, 12. Juni 1918, in dem er Luise Spengemann um eine Führung in der Bahlsenschen Kunstsammlung bat (in: Nündel, Ernst; Kurt Schwitters. Briefe, S. 20). Sein Sohn Walter ging zudem mit den Kindern Bahlsens zur Schule und war eng befreundet mit ihnen (Gesprächsprotokoll Klara Spengemann-Morf, 27. August 1992). Von 1939 bis 1947 hatte Luise Spengemann gemeinsam mit Elisabeth Buchheister die Leitung der Bibliothek Bahlsens inne (Gesprächsprotokolle Klara Spengemann-Morf, Anni Gebhardt, 27. August 1992, 15. September 1992).

45 Spengemann, Christof; Vier Generationen. Leopold, Wilhelm, Christof, Walter. Die Historie der Familie Spengemann (SAH 2120), o.S.

46 In seinen Lebenserinnerungen faßte er Bahlsens Kunstgeschmack – durchaus verächtlich gemeint – in einen einzigen Begriff: Deutscher Werkbund. Spengemann, Christof; Vier Generationen. Leopold, Wilhelm, Christof, Walter. Die Historie der Familie Spengemann (SAH 2120), o.S. Vgl auch Joppien, Rüdiger; Hannoversche Keksfabrik Hermann Bahlsen.

47 Ebda. Allerdings kann diese selbstbewußte Äußerung nicht darüber hinweg täuschen, daß Spengemann in seiner Eigenschaft als Mitarbeiter der LEIBNIZ-FELDPOST durchaus nicht immer ausschließlich eigene Positionen beziehen konnte. Die LEIBNIZ-FELDPOST wurde im November 1914 eingerichtet, um die eingezogenen Werksangehörigen mit dem hannoverschen Arbeitgeber in Kontakt zu halten und die Liebesgaben des Werkes an die Front werbewirksam publik zu machen. Besonders in der ersten Kriegszeit herrschte ein patriotisch-nationalistischer Ton vor; Autoren wie Houston Stewart Chamberlain äußerten hier ihre Überzeugung von der glorreichen Zukunft Deutschlands nach dem Krieg (Chamberlain, Houston Stewart; Die Zuversicht, in: Leibniz-Feldpost, Nr. 13, 15. Juni 1915, S. 1–8). Daneben zählten Oskar Bie, Norbert Jacques, Wilhelm Michel und Julius Bab zu den Autoren der LEIBNIZ-FELDPOST. Obwohl Christof Spengemann in dieser Zeit seinen Militärdienst in Goslar ableistete, war er von Beginn an dabei. In den ersten zwei Jahren, etwa bis Mitte 1916, entsprechen seine Beiträge vollkommen dem allgemeinen Ton der LEIBNIZ-FELDPOST. Von den „Lügen der Kriegsgegner" war da die Rede, und von ihren schlechten Eigenschaften, die „dem deutschen Wesen fremd" seien (Spengemann, Christof; Verschiedenes, in: Leibniz-Feldpost, Dezember 1914, S. 3. Vgl. auch Spengemann, Christof; Das Verhalten der Gegner, in: Leibniz-Feldpost, Nr. 29, 15. Februar 1916, S. 4), und von dem „Stolz ..., ein Deutscher zu sein" (Spengemann, Christof; Verschiedenes. Vorträge, in: Leibniz-Feldpost, Nr. 33, 15. April 1916). Etwa ab Mitte 1916 änderten sich der Ton und auch der Inhalt der Spengemannschen Beiträge grundlegend. Von nun meldete er sich ausschließlich zu Wort, um den neuen Kunst zum Durchbruch zu verhelfen (erstmals in: Spengemann, Christof; Worpswede, in: Leibniz-Feldpost, Nr. 60, 1. November 1917). Weihnachten 1917 hieß es etwa: „Der neuen Kunst wirft man vor, daß sie unverständlich und darum keine echte Kunst sei. Die Theorie hat falsche Voraussetzungen. Es liegt nicht an der Kunst, sondern am Beschauer, wenn sie sich fernstehen ... Nicht mehr: die Kunst soll zum Beschauer kommen; – der Beschauer soll zur Kunst kommen! ... Möge er nicht sagen: die Sache ist unverständlich. Vielmehr soll er sagen: vielleicht ist sie nur *mir* unverständlich. Das ist der erste Schritt zur Erkenntnis." (Spengemann, Christof; Neue Kunst?, in: Leibniz-Feldpost, Nr. 62, Weihnachten 1917. Vgl. auch Spengemann, Christof; Das Kunstwerk, in: Leibniz-Feldpost, Nr. 66, 1. April 1918. Spengemann, Christof; Kunst und Kunstwerk, in: Leibniz-Feldpost, Nr. 70, 1. August 1918). Dieser Wandel hatte zum einen damit zu tun, daß die LEIBNIZ-FELDPOST sich generell stärker der Rezension zeitgenössischer Kunst zuwandte. Hans Kaiser, der kurze Zeit später Herausgeber des HOHEN UFERS wurde, berichtete beispielsweise von Ausstellungen der gerade erst gegründeten Kestner-Gesellschaft (Kaiser, Hans; Willy Jäkkel, in: Leibniz-Feldpost, Nr. 51, 1. Februar 1917), der Dichter Kasimir Edschmid und der Maler Adolf Hölzel nahmen Stellung zur Kunstproduktion ihrer Zeit. Zum anderen waren Christof Spengemanns Bekenntnisse zur jungen Kunst Resultat des in dieser Zeit immer deutlicher werdenden Wunsches, der modernen Kunst in Hannover zum Durchbruch zu verhelfen. Die Unterstützung einer nationenversöhnenden, versöhnlichen Kunst jenseits nationaler Grenzen machte es ihm bald unmöglich, weiter in den patriotisch-nationalistischen Grundton der LEIBNIZ-FELDPOST einzustimmen. Auch dies könnte zu Kontroversen mit der Redaktion der LEIBNIZ-FELDPOST und schließ-

48 lich zum Bruch mit dem Industriellen Hermann Bahlsen geführt haben. Trotzdem zahlte Bahlsen Spengemann während des gesamten Weltkrieges sein volles Gehalt „und verhielt sich darüber hinaus sehr fein und anständig", wie dieser ihm zugute hielt (Spengemann, Christof; Vier Generationen. Leopold, Wilhelm, Christof, Walter. Die Historie der Familie Spengemann (SAH 2120), o.S.)

48 Spengemann, Christof; Vier Generationen. Leopold, Wilhelm, Christof, Walter. Die Historie der Familie Spengemann (SAH 2120), o.S. Vgl. auch die Personalakte Christof Spengemann im BDC und hier besonders den Fragebogen des Reichsverbands deutscher Schriftsteller, 6. November 1934: Spengemann gab hier an, er sei beim „Jäg. Ers. Bt. 10" „Kriegsteilnehmer, aber kein Frontkämpfer" gewesen. In dieser Goslarer Zeit entstand Spengemanns bekanntestes Pseudonym Tomas Immergrün (TOI), das er ausschließlich in den späten zwanziger Jahren beim HANNOVERSCHEN TAGEBLATT verwandte. Am 1. September 1914 war er eingezogen worden, am 1. Juli 1915 konnten Luise und er sich eine Wohnung in der Goslarer Thomasstraße 4 nehmen. ‚Tomas' nannte er sich nach der Thomasstraße und ‚Immergrün', „weil das Kriegsende nicht abzusehen war und ich wohl in alle Ewigkeit den grünen Rock tragen mußte". (Spengemann, Christof; Vier Generationen. Leopold, Wilhelm, Christof, Walter. Die Historie der Familie Spengemann (SAH 2120), o.S.) In der Zeitschrift DIE PILLE des Verlegers Bernhard Gröttrup, von der allerdings keinerlei Verbindung zu Christof Spengemann bekannt ist, findet sich 1920 der Leserbrief eines ‚Bonifacius Immergrün'. Immergrün bescheinigte der PILLE hier kulturelle Bestrebungen, forderte sie auf, „das Bestreben zum Kampfe für das Geistige" in ihre Leser zu pflanzen und warnte abschließend davor, „politisch" zu werden. In Anbetracht dieser Aussage könnte Spengemann also durchaus Autor dieses Beitrages gewesen sein (Immergrün, Bonifacius; Zuschrift, in: Die Pille, 1. Jhg., H. 15, 9. Dezember 1920, S. 356f.). Als Tomas Immergrün erlangte Christof Spengemann weitaus größere Beachtung in der hannoverschen Öffentlichkeit als zuvor unter seinem Pseudonym Cyprian oder unter seinem eigentlichen Namen.

49 „Es war ein trauriger Auszug aus der Stadt, die ich liebe und die nun keinen Platz mehr für mich hat. Das klingt sentimental, aber es ging mir verdammt an die Nieren, zumal mir das Rheinland gar nicht liegt." (Spengemann, Christof; Vier Generationen. Leopold, Wilhelm, Christof, Walter. Die Historie der Familie Spengemann (SAH 2120), o.S.)

50 Spengemann, Christof; Vier Generationen. Leopold, Wilhelm, Christof, Walter. Die Historie der Familie Spengemann (SAH 2120), o.S. Vgl. Schreiben Walter Dexels an Christof Spengemann, 12. Juni 1920, und Schreiben Otto Gleichmanns an Spengemann, 22. November 1920 (NSA).

51 Spengemann war also nicht von 1912 bis 1914 bei Pelikan tätig, um so Künstlerfreunde mit Aufträgen der Fa. Beindorff zu versorgen (vgl. Schmalenbach, Werner; Kurt Schwitters, S. 56). Es ist auch nicht davon auszugehen, daß er später, in den zwanziger Jahren, seine Freunde Kurt Schwitters und El Lissitzky als Mitarbeiter an das Unternehmen vermitteln konnte, weil er aus der Fa. Günther Wagner nach eigener Schilderung nicht im Guten schied.

52 Spengemann, Christof; Vier Generationen. Leopold, Wilhelm, Christof, Walter. Die Historie der Familie Spengemann (SAH 2120), o.S.

53 Ebda. Vgl. auch Riha, Karl; Nachwort, in: Spengemann, Christof; Ypsilon, S. 103.

54 Spengemann, Christof; Vier Generationen. Leopold, Wilhelm, Christof, Walter. Die Historie der Familie Spengemann (SAH 2120), o.S.

55 O.A.; Kunst ist Schonkaffee, Hann. Allg. Zeitung, 6. Juli 1991. Vgl. Mlynek, Klaus; Hannover in der Weimarer Republik und unter dem Nationalsozialismus, S. 467. Kunstverein Hannover; Zwanziger Jahre, S. 88. Obenaus, Herbert; Liberales Milieu, S. 132. Vgl. auch den von Spengemann ausgefüllten Fragebogen des Reichsverbands deutscher Schriftsteller, 6. November 1934 (BDC Personalakte Christof Spengemann). Klössel, Christiane; Zweemann, S. 118. Riha, Karl; Vorwort, in: Spengemann, Christof; Ypsilon, S. 99. Vgl. auch Riha, Karl; Nachwort zum Reprint, in: Spengemann, Christof; Wahrheit über Anna Blume, S. 36. Vgl. auch Schmalenbach, Werner; Kurt Schwitters, S. 69. Vgl. Nündel, Ernst; Kurt Schwitters. Briefe, S. 60, 115, 117. Erlhoff, Michael; Christoph Spengemann, S. 166.

56 Vgl. Schreiben der Kestner-Gesellschaft an Walter Dux, 12. Oktober 1921: Dank für den Beitritt zur Kestner-Gesellschaft (NStAH Dep. 100 A. 16).

57 Gesprachsprotokoll Klara Spengemann-Morf, Anni Gebhardt, 15. September 1992.

58 Riha, Karl; Nachwort zum Reprint, in: Spengemann, Christof; Wahrheit über Anna Blume, S. 36. Erlhoff, Michael; Christoph Spengemann, S. 166. Spengemann, Christof; Vier Generationen. Leopold, Wilhelm, Christof, Walter. Die Historie der Familie Spengemann (SAH 2120), o.S. 1936 emigrierte Dux nach Richmond (Schöne, Manfred; 100 Jahre Sichel, S. 68f). Nach der Emigration gelang es seinem Unternehmen in Hannover offenbar, den von ihm begründeten loyalen Kurs demokratischen Kräften der Weimarer Republik gegenüber weitgehend zu halten. Nach seiner Entlassung aus dem Konzentrationslager Neuengamme fand Kurt Schumacher durch Vermittlung von Freunden Beschäftigung als Buchhalter bei der Firma Sichel in Hannover-Limmer (Schöne, Manfred; 100 Jahre Sichel, S. 68 f., Röhrbein, Waldemar R.; Hannover nach 1945, S. 659. Vgl. auch Grabe, Thomas/Hollmann, Reimar/Mlynek, Klaus; Wege aus dem Chaos, S. 61). Vgl. die knappe biographische Skizze über Walter Dux in: Erlhoff, Michael/Stadtmüller, Klaus (Hg.); Kurt-Schwitters-Almanach, 1989, S. 74. Vgl. zum Sichel-Unternehmen die Einzeldarstellungen der Wirtschaft in: Plath, Helmut/Mundhenke, Herbert/Brix, Ewald; Heimatchronik, S. 399 f. Döpper, Franz; Hannover und seine alten Firmen.

59 Spengemann, Christof; Vier Generationen. Leopold, Wilhelm, Christof, Walter. Die Historie der Familie Spengemann (SAH 2120), o.S.

60 „Dem Range nach gleicht meine Stellung etwa derjenigen eines Truppenarztes: Ich habe außerhalb meines Berufes etwas zu sagen, aber mir selbst hat keiner was zu sagen." (Spengemann, Christof; Vier Generationen. Leopold, Wilhelm, Christof, Walter. Die Historie der Familie Spengemann (SAH 2120), o.S.)

61 Spengemann, Christof; Vier Generationen. Leopold, Wilhelm, Christof, Walter. Die Historie der Familie Spengemann (SAH 2120), o.S.

62 Ebda.

63 Ebda.

64 Ebda. Karl Riha schreibt: „Sich im Brotberuf eine Existenzgrundlage zu schaffen, um so auch die kreativen Kräfte – als Ausdruck eines künstlerisch begabten Menschen – ausleben zu können, gewiß im Nebenbei, aber, vielleicht eben deshalb sogar freier, weil konzessionsloser gegenüber den Vorstellungen irgendwelcher Auftraggeber, blieb das Lebensproblem der folgenden Jahre..." (Riha, Karl; Nachwort, in:

Spengemann, Christof; Ypsilon, S. 104). In der ZINNOBER-Festschrift definierte der Gebrauchsgraphiker Christof Spengemann seinesgleichen selbst als „galante(n) Hausfreund der schöngeistigen Industrie." (Festschrift zum Zinnoberfest, Hannover 1928).

65 Hannovers Museumsleiter, etwa Albert Brinckmann, wandten sich an ihn, wenn sie eine angemessene Besprechung ihrer Kunstankäufe wünschten (Schreiben Albert Brinckmanns an Christof Spengemann, 16. Juli 1918 (Heft KESTNER-MUSEUM, (SAH, Nachlaß Christof Spengemann, nicht verzeichnet)). Der Prager Dichter Melchior Vischer schickte ihm ein Dramenmanuskript mit der Bitte um Beurteilung und fügte hinzu: „Sie – mit ein tapferer Kämpfer um die jüngste Kunst – werden ja das Neue sofort darin sehen." (Schreiben Melchior Vischers an Christof Spengemann, 5. Oktober 1920 (SAH 851)).
66 Lüdtke, Franz; Hindenburg. Zum Geburtstag am 2. Oktober, in: Niedersachsen, 24. Jhg., 1918/1919, S. 12.
67 Kestner-Gesellschaft (Hg.); 19. Ausstellung, 8. September – 13. Oktober 1918. Bildnisminiaturen aus niedersächsischem Privatbesitz.
68 Spengemann, Christof; Bildnisminiaturen, in: Niedersachsen, 24. Jhg., 1918/1919, S. 30 f. Vgl. auch Spengemanns Beitrag ÄNNE KOKEN †, in: Niedersachsen, 24. Jhg., 1918/1919, S. 234.
69 Ebda.
70 Spengemann, Christof; Neue Kunstanschauung, Typoskript, datiert 18. Dezember 1916, Hannover (SAH, NL Spengemann, nicht verzeichnet).
71 Ebda.
72 Ebda.
73 Ebda.
74 Steilen, Diedrich; Niedersächsischer Heimatbund, S. 95.
75 Im Manuskript Hans Pfeiffers nicht lesbar.
76 Schreiben der Schriftleitung der Zeitschrift NIEDERSACHSEN, Bremen, Hans Pfeiffer, an Christof Spengemann, 26. Februar 1918 (SAH, NL Spengemann, nicht verzeichnet).
77 Ebda.
78 Schreiben Christof Spengemanns an den Hauptschriftleiter der Zeitschrift NIEDERSACHSEN, 1. März 1918 (SAH, NL Spengemann, nicht verzeichnet).
79 Ebda.
80 Ebda.
81 Ebda.
82 Ebda.
83 Bis dahin bot Spengemann ihm weiterhin seine Mitarbeit an. Er könne ja über die Ausstellungen des hannoverschen Kunstvereins schreiben, so schlug er vor, dann komme er erst gar nicht in die Verlegenheit, sich über zeitgenössische Kunst zu äußern, da es derlei dort nicht zu sehen gebe (Schreiben Christof Spengemanns an den Hauptschriftleiter der Zeitschrift NIEDERSACHSEN, 1. März 1918 (SAH, NL Spengemann, nicht verzeichnet)).
84 Spengemann, Christof; Mit Heinrich beginnend. Ein Hannoverbuch, Hannover 1950 (SAH 2123b).
85 Ebda.
86 Riha, Karl; Vorwort, in: Spengemann, Christof; Ypsilon, S. 99.
87 Spengemann, Christof; Vier Generationen. Leopold, Wilhelm, Christof, Walter. Die Historie der Familie Spengemann (SAH 2120), o.S.
88 Spengemann, Christof; Mit Heinrich beginnend. Ein Hannoverbuch, Hannover 1950 (SAH 2123b).
89 Spengemann, Christof; Zinnover, in: Festschrift zum Zinnoberfest, Hannover 1928.
90 Spengemann, Christof; Bildende Kunst, S. 11.
91 Ebda., S. 13.
92 Ebda., S. 10.
93 Spengemann, Christof; Hannoversche Sezession, in: Der Cicerone, XI. Jhg., H. 5/6, März 1919.
94 Spengemann, Christof; Bildende Kunst, S. 10.
95 Ebda.
96 Ebda.
97 Ebda., S. 10 u. 14.
98 Ebda., S. 10.
99 Ebda., S. 10.
100 Ebda.
101 Ebda. Vgl. auch Spengemann, Christof; Erste Ausstellung der Hannoverschen Sezession, Manuskript, 1918 (SAH 2113).
102 Spengemann, Christof; Bildende Kunst, S. 10.
103 Spengemann, Christof; Mit Heinrich beginnend. Ein Hannoverbuch, Hannover 1950 (SAH 2123b).
104 Spengemann, Christof; Bildende Kunst, S. 5.
105 Spengemann, Christof; Vorschläge zur Ausscheidung von Gemälden zwecks Neuordnung der Abteilung MODERNE GEMÄLDE IM KESTNER-MUSEUM, Typoskript, August 1919 (SAH 2114).
106 Ebda.
107 Spengemann, Christof; Bildende Kunst, S. 4.
108 Ebda., S. 5.
109 Ebda., S. 6.
110 Ebda.
111 Ebda.
112 Ebda., S. 11.
113 Ebda.
114 Vgl. besonders Spengemann, Christof; Hannöversches, in: Der Zweemann, 1. Jhg., H. 9, November 1920, S. 45.
115 Spengemann, Christof; Bildende Kunst, S. 15. Auch die Vertreter des bisherigen institutionalisierten Klüngelwesens auf der Seite der Kunst sollten sich nach der Meinung Christof Spengemanns dem neuen Kurs anpassen. Gerade der hannoversche Kunstverein solle wirtschaftlich nun erst einmal auf eigenen Füßen stehen. Er könne und müsse neu aufbauen. „Unter seine Vergangenheit sei ein Strich gezogen. Frei von dem falschen, irreführenden, sich selbst schädigenden Nimbus hat er nun die Wahl: Kunsttempel oder Markthalle. Entscheidet er sich für das letztere, so geht er die städtische Kunstpflege nichts an. Sie muß die Kunst wollen. Sie halte die Hand über ihn, wenn er ernsthaft der Kunst dient." (Ebda., S. 13).
116 Jedenfalls findet sich in den ansonsten präzisen Angaben Christof Spengemanns in seinen veröffentlichten wie unveröffentlichten Manuskripten kein Hinweis auf eine Reaktion Tramms.
117 Schreiben Albert Brinckmanns an Christof Spengemann, 1. September 1919 (SAH, NL Spengemann, Heft KESTNER-MUSEUM, nicht verzeichnet).
118 Schreiben von Paul Erich Küppers an Christof Spengemann, 8. Februar 1919 (SAH 849).
119 Dies geht aus seinem Brief an Spengemann vom Februar 1919 auch hervor: „Überflüssig zu versichern, daß trotz gewisser Beziehungen persönlicher Art, die mich freundschaftlich mit dem früheren Oberhaupt dieser

Stadt verbinden, ich grundsätzlich Ihren Ausführungen doch beipflichte. Ich glaube, Ihre Schrift könnte ungeheuer nützlich wirken, wenn man sie an der maßgebenden Stelle zur Grundlage eines Kulturprogramms machte." (Schreiben Georg Biermanns an Christof Spengemann, 3. Februar 1919 (SAH, NL Spengemann, nicht verzeichnet)).

120 Klössel, Christiane; Zweemann, S. 134.
121 Schreiben Adolf Behnes an Christof Spengemann, 4. Januar 1920 (SAH 852). Vgl. auch Schreiben Adolf Behnes an Christof Spengemann, 1. Mai 1920 (SAH 857).
122 Vgl. zur Person Gustav Paulis: Salzmann, Siegfried; Gustav Pauli und das moderne Kunstmuseum, in: Junge, Henrike; Avantgarde und Publikum, S. 235–242.
123 Schreiben Otto Gleichmanns an Christof Spengemann, 14. Februar 1920 (SAH 853). Walter Dexel selbst urteilte nur wenige Wochen zuvor über Spengemanns fast zeitgleich erscheinende, in Stil wie in Inhalt sehr ähnliche Schrift KUNST, KÜNSTLER, PUBLIKUM, es sei „sehr erfreulich, daß sich Hannover so lebendig zeigt" (Schreiben Walter Dexels an Christof Spengemann, 15. Januar 1920 (NSA)). Vgl. in diesem Zusammenhang den Vertrag vom 1. November 1919 zwischen Spengemann und dem ZWEEMANN-Verlag, der diese Schrift herausbrachte (SAH 70 Kps 1). Der Maler Adolf Hoelzel äußerte sich ähnlich angetan von Spengemanns schriftstellerischer Arbeit. Im Februar 1919 schrieb er, er habe Spengemanns Schriften „mit begreiflichem und besonders regem und aufrichtigem Interesse gelesen". Hoelzel beschloß seinen Brief folgendermaßen: „Ich wünsche Ihnen den vollen Sieg, und mein Herz ist bei Ihnen und Ihrem Erfolg." (Schreiben Adolf Hoelzels an Christof Spengemann, 7. Februar 1919 (NSA)). Allerdings gab es durchaus auch Kritiker von Spengemanns Schriften. Der Bildhauer Otto Gothe, bis 1921 Mitglied der Hannoverschen Sezession, dem Spengemann ein Vorab-Exemplar seiner Schrift DIE BILDENDE KUNST IM NEUEN HANNOVER überreicht hatte, schrieb im Dezember 1919, er empfinde in nahezu allen angesprochenen Punkten „fast gegensätzlich". „Ihr Artikel klingt frisch – er ist wie ein mutig galoppierendes Roß – aber ich werde ein Gefühl dabei nicht los – nehmen Sie mir es bitte nicht übel. Es kommt mir vor, als habe man dem Roß Pfeffer unter den Schwanz gerieben. Meine Frau sagt, Ihre Sätze klingen wie eine Trompete – aufreizend – gellend – aber ich kann mir nicht helfen – mir sind Trompetenstöße manchmal fatal." (Schreiben Otto Gothes, unterschrieben mit Bartholomäus Gothe, an Christof Spengemann, 18. Dezember 1919 (NSA)).
124 Schreiben Walter Cohens an Christof Spengemann, 4. November 1919 (Heft WALTER COHEN AN CHRISTOF SPENGEMANN, Hannover 1919, SAH, NL Spengemann, unverzeichnet). Cohen war zugleich Schriftleiter der RHEINLANDE. DÜSSELDORFER MONATSSCHRIFT FÜR DEUTSCHE KULTUR UND DICHTUNG. Als solcher wiederholte er in einem Schreiben an Spengemann vom Dezember 1919 seine Anerkennung für dessen Arbeit. Seiner Zeitschrift, die der Kunst ihrer Zeit entschieden Bahn brechen wolle, fehle ein Mann wie Spengemann mit dessen Sprachwitz und Humor (Schreiben Walter Cohens an Christof Spengemann, 2. Dezember 1919 (Heft WALTER COHEN AN CHRISTOF SPENGEMANN, Hannover 1919, SAH, NL Spengemann, unverzeichnet)). Cohen und Spengemann könnten sich 1919 bereits anläßlich Spengemanns Berufstätigkeit in Düsseldorf kennengelernt haben. Bei der Zeitschrift RHEINLAND und auch bei dem in Mönchengladbach erscheinenden Blatt DAS NEUE RHEINLAND. HALBMONATSSCHRIFT FÜR POLITIK, KULTUR, KUNST UND DICHTUNG arbeitete Spengemann in diesem halben Jahr jedoch offenbar nicht mit (vgl. Raabe, Paul; Zeitschriften und Sammlungen, S. 113). Es muß betont werden, daß auch die Vertreter des ‚jungen Rheinlandes' seinerzeit großes Engagement entwickelten, die Moderne in die Region und besonders nach Düsseldorf zu bringen (vgl. Krempel, Ulrich; Junges Rheinland).
125 Schreiben Walter Cohens an Christof Spengemann, 4. November 1919 (Heft WALTER COHEN AN CHRISTOF SPENGEMANN, Hannover 1919, SAH, NL Spengemann, unverzeichnet).
126 Klössel, Christiane; Zweemann, S. 123. Vgl. auch Riha, Karl; Vorwort, in: Spengemann, Christof; Ypsilon, S. 99. Vgl. auch Riha, Karl; Vorwort zum Reprint, in: Spengemann, Christof; Wahrheit über Anna Blume, S. 36. Röhrbein, Waldemar R.; Hannover nach 1945, S. 539. Hier wird von Spengemann als „in Hannover sehr bekannte(m) Schriftsteller und Graphiker" gesprochen. Obenaus, Herbert; Liberales Klima, S. 32. Gesprächsprotokoll Klara Spengemann-Morf, 27. August 1992.
127 Im Original nicht lesbar.
128 Entwurf einer Antwort Christof Spengemanns auf der Rückseite eines Briefes Melchior Vischers an ihn, 13. Juli 1920 (SAH, NL Spengemann, nicht verzeichnet).
129 Vgl. Klössel, Christiane; Zweemann, S. 121.
130 Klössel, Christiane; Zweemann, S. 135.
131 Spengemann, Christof; Bildende Kunst, S. 14.
132 Spengemann, Christof; Ausstellungen: Kestner-Gesellschaft Hannover. Nachimpressionistische Kunst aus hannoverschem Privatbesitz, in: Der Zweemann, 1. Jhg., H. 4, Februar 1920, S. 15.
133 „Was Geschenke dieser Art betrifft, so waren wir in unserer Stadt ... arme Lumpenkinder ... Endlich fällt auch auf Hannover ein Sonnenstrahl." (Spengemann, Christof; Französische Malerei. 27. November der Kestner-Gesellschaft, in: Der Zweemann, 1. Jhg., H. 1, November 1919, S. 17). Vgl. auch Spengemann, Christof; Hannoversche Ausstellungen. Kestner-Gesellschaft, in: Der Zweemann, 1. Jhg., H. 2, Dezember 1919, S. 23. Vgl. auch Spengemanns Lob der Kestner-Bühne, in: Spengemann, Christof; Das Theaterproblem, in: Der Zweemann, 1. Jhg., 3. Heft, Januar 1920, S. 13. Auf der anderen Seite registrierte Spengemann jedoch auch sehr deutlich, wenn die Kestner-Gesellschaft mit ihrer Außenseiterrolle in der offiziellen hannoverschen Kunstszene kokettierte. In AUCH DU, BRUTUS griff er im ZWEEMANN im März 1920 Paul Erich Küppers ironisch an, der zuvor in den MÜNCHENER NEUESTEN NACHRICHTEN in seinem Beitrag HANNOVERSCHER KUNSTBRIEF Spengemanns Heimatstadt als besonders spießig bezeichnet hatte. Spengemann rügte daraufhin: „Mußte doch nicht sagen. Jede Stadt hat ihren Kunstverein. Und überall wackeln die Spießerköpfe, wenn sie Paul Klee sehen. Wieso ist es denn merkwürdig, daß man hier von ihm für 12.000 Mark Graphik kauft? Sind denn alle außer uns beiden Spießer? Woher sollte denn eine solch feine Ausstellung junger Kunst aus Privatbesitz kommen? Und zur Kestner-Bühne drängelte man sich doch auch nicht aus Skepsis. Lieber Paul Erich, sieh doch nicht überall Gespenster." (Spengemann, Christof; Auch Du, Brutus, in: Der Zweemann, H. 5, März 1920, S. 19). In einem Antwortbrief auf ein Schreiben Otto Gleichmanns vom 23. Februar 1920 hatte Spengemann diesen öffentlichen „Angriff gegen Küppers" angekündigt, der alles, „was mit Kestner heute ist, sehr von oben herab behandelt" (NSA).

134 Spengemann, Christof; Hannoversche Ausstellungen. Kestner-Gesellschaft, in: Der Zweemann, 1. Jhg., H. 2, Dezember 1919, S. 23.
135 Ebda.
136 Eine Mark und fünfzig war zu dieser Zeit der Eintrittspreis für Ausstellungen des Kunstvereins. Spengemann, Christof; Tagesweisheit VII, in: Der Zweemann, 1. Jhg., H. 9, November 1920, S. 44.
137 Spengemann, Christof; Memoiren eines zu früh Geborenen, 24. Juli 1920–1. April 1922 (SAH 2116).
138 Spengemann, Christof; Der Funke. Beträchtliches über Beachtliches in Leben und Kunst, Hannover 1922–1945, 1. Band (SAH 2121). Spengemann, Christof; Memoiren eines zu früh Geborenen, 24. Juli 1920–1. April 1922 (SAH 2116).
139 Spengemann, Christof; Glossen. Tagesweisheit I, in: Der Zweemann, 1. Jhg., H. 2, Dezember 1919, S. 16.
140 Ebda.
141 Spengemann, Christof; Glossen. Tagesweisheit IV, in: Der Zweemann, 1. Jhg., H. 4, Februar 1920, S. 13.
142 Spengemann, Christof; Tagesweisheit V, in: Der Zweemann, 1. Jhg., H. 5, März 1920, S. 19.
143 Ebda.
144 Spengemann, Christof; Tagesweisheit VI. Volkserzieher, in: Der Zweemann, 1. Jhg., H. 6, April 1920, S. 10.
145 Spengemann, Christof; Der Funke. Beträchtliches über Beachtliches in Leben und Kunst, Hannover 1922–1945, 1. Bd. (SAH 2121).
146 Spengemann, Christof; Tagesweisheit VI. Der primitive Doktor, in: Der Zweemann, 1. Jhg., H. 6, April 1920, S. 10.
147 Rischbieter, Henning; Hannoversches Lesebuch, Bd. 2, S. 243.
148 Nur die Freundschaft mit Kurt Schwitters läßt Christof Spengemann heute offenbar noch erwähnenswert erscheinen. Am 26. Juni 1991 etwa erschien in der HANNOVERSCHEN ALLGEMEINEN ZEITUNG ein Artikel mit dem Titel KUNST IST SCHONKAFFEE. Spengemanns Parteinahme für den Künstlerfreund wurde hier als geschickte „PR" eines Werbefachmanns für das Produkt Kurt Schwitters dargestellt. „Produktinformation und Produktmoral (habe er) zu einem sämigen Schaum" geschlagen. Das expressionistische Pathos Spengemanns in jener Zeit wertete der Autor als „tränenselig kalkulierte Duselei" (o.A.; Kunst ist Schonkaffee, Hann. Allg. Zeitung, 26. Juli 1991).
149 Spengemann, Christof; Wer hilft?, in: Der Zweemann, 1. Jhg., H. 2, Dezember 1919, S. 18. Spengemann achtete auch bei Schwitters' Befürwortern streng auf Konsequenz und Wahrhaftigkeit der Argumentation. Wer Schwitters unterstützte, nur weil er darin eine Mode sehen sah, wurde von ihm genauso kritisiert wie jemand, der beharrlich traditionelle Kunst unterstützte. Im April 1920 etwa reagierte er auf die selbstgefällige Prophezeiung des Bremer Kritikers Victor Klages, die „kompakte Majorität der Kretins"- ein Ausdruck von Ibsen – werde auch diesmal „dem Genie einen Felsblock über den Weg wälzen", sehr heftig. Er beschuldigte den Kritiker, „keine Ahnung zu haben" und unverfroren sein Fähnchen der Sympathie zu hissen, um eine flüchtige Bekanntschaft mit dem Vielgenannten zu strapazieren und im „Ton des geschwollenen Pennälers ... den Aufrechten zu machen". Der Mann habe „wohl nie ein künstlerisches Bedürfnis besessen", mutmaßte Spengemann. „Sonst hätte er Gelegenheit gehabt, es zu befriedigen und wäre dabei gewachsen." (Spengemann, Christof; Tagesweisheit VI, in: Der Zweemann, 1. Jhg., H. 6, April 1920, S. 10).
150 Spengemann, Christof; Wer hilft?, in: Der Zweemann, 1. Jhg., H. 2, Dezember 1919, S. 18.
151 Sp. C.; Merz. Die offizielle Kunst, in: Der Zweemann, 1. Jhg., H. 9, November 1920, S. 41. Im Januar 1920 griff Spengemann im ZWEEMANN gar Daniel Henry Kahnweiler massiv an, den Kunsthändler und Kritiker von Paul Westheims KUNSTBLATT (vgl. Schmalenbach, Werner; Kurt Schwitters, S. 43). „Der Bürger bekreuzigt sich vor dem Ungewohnten. Er kreuzigt den Sünder, der natürlich immer nur Sensationsjäger ist. Wird ein Zusammenhang mit früherem entdeckt, so soll der Delinquent geviertelt werden: seine Sache ist ja gar nicht neu. Weshalb, Herr Daniel Henry, steigen Sie in das Gewand des Bürgers, wenn Sie über Kunst schreiben? oder (vielleicht): weshalb legen Sie es nicht ab?" (Spengemann, Christof; Nichts Neues, in: Der Zweemann, 1. Jhg., H. 3, Januar 1920, S. 13).
152 Vgl. dazu etwa Klössel, Christiane; Zweemann, S. 130.
153 Vgl. etwa Spengemann, Christof; Wer hilft?, in: Der Zweemann, 1. Jhg., H. 2, Dezember 1919, S. 18. Spengemann, Christof; Nichts Neues, in: Der Zweemann, 1. Jhg., H. 3, Januar 1929, S. 13 f. Spengemann, Christof; Kostprobe aus: Die Wahrheit über Anna Blume, in: Der Zweemann, 1. Jhg., H. 5, März 1920, S. 13. S., C.; Publikus; in: Der Zweemann, 1. Jhg., H. 5, März 1920, S. 18. Spengemann, Christof; Tagesweisheit VI, in: Der Zweemann, 1. Jhg., H. 4, Februar 1920, S. 8. Spengemann, Christof; Merz. Die offizielle Kunst, in: Der Zweemann, 1. Jhg., H. 9, November 1919, S. 41. Spengemann, Christof; Tagesweisheit VII, in: Der Zweemann, 1. Jhg., H. 9, November 1920, S. 43.
154 Spengemann, Christof; Vier Generationen. Leopold, Wilhelm, Christof, Walter. Die Historie der Familie Spengemann, Hannover 1936 (SAH 2120), o.S. Karl Riha gibt im Nachwort zum Reprint von DIE WAHRHEIT ÜBER ANNA BLUME 1919 als Jahr des Beginns der Freundschaft an (Riha, Karl; Nachwort zum Reprint, in: Spengemann, Christof; Wahrheit über Anna Blume, S. 35). Im Nachwort zu Spengemanns Roman YPSILON nannte Riha 1917 (Riha, Karl; Nachwort, in: Spengemann, Christof, Ypsilon. S. 97). An den Dresdner Maler Winkler schrieb Schwitters schon am 29. September 1914: „Ich bin Landsturm ohne Waffe und muß wohl noch lange warten, bis ich eingestellt werde. Und dann werde ich wohl schreiben müssen und scheuern und Spucknäpfe reinigen." (SAH, nicht verzeichnet).
155 Kurt Schwitters schrieb im September 1919 an Christof Spengemann und dessen Frau Luise: „Ich werfe Euch vor, daß Ihr meine künstlerische Ehre gekränkt habt, indem Ihr Zweifel an meinem künstlerischen Gewissen hattet." (Schreiben von Kurt Schwitters an Christof Spengemann, 29. September 1922 (SAH 318)). Vgl. dazu die Antwort Spengemanns vom 30. September 1922 (SAH 400). Vgl. Erlhoff, Michael; Christoph Spengemann, S. 168.
156 Klössel, Christiane; Zweemann, S. 119. Nündel, Ernst; Kurt Schwitters, S. 39.
157 Riha, Karl; Nachwort zum Reprint, in: Spengemann, Christof; Wahrheit über Anna Blume, S. 37. Vgl. Schreiben von Kurt Schwitters an Christof Spengemann, 22. Juni 1918 (SAH 297).
158 Vgl. etwa Spengemann, Christof; Die Abstrakten, Hann. Tageblatt, 4. März 1928.
159 Vgl. das Schreiben von Kurt Schwitters an Christof Spengemann vom 12. Juni 1929 (SAH 339). Schwitters vermittelte Spengemann hier einen Vortrag bei der Berliner Typographischen Vereinigung. Schon kurz zuvor hatte Herwarth Walden, Herausgeber des STURM, über den Freund

Schwitters anfragen lassen, ob Spengemann nicht „als Dichter oder Schriftsteller der ‚Internationalen' beitreten" wolle (Schreiben von Kurt Schwitters an Christof Spengemann, 25. Juni 1919 (SAH 299)).

160 In der ZINNOBER-Festschrift war Spengemann für die Rubrik NEUE TERMINOLOGIE zuständig, in der er sich um Neu-Definitionen von Begriffen aus dem Kunstbereich bemühte: „Impressionismus – Die Mode des geistigen Mittelstandes". „Expressionismus – Die Revolution in Öl, verdämmernder Bürgerschreck; gefürchteter Bazillenträger während der seelischen Korruption der Massen". „Neue Sachlichkeit – Die Sehnsucht nach den Fleischtöpfen von Corinth". „Abstrakte Kunst – ergebnis einer besonders schwierigen anschauung; nur für fortgeschrittene. abstrakte bilder sind solche, die der mann auf den kopf oder auf die seite stellen kann, ohne daß die frau es merkt. sie wirken sowohl als hoch- wie als querformat und eignen sich vorzüglich für familien, die häufig umziehen". (Zinnober-Festschrift, Hannover 1928).

161 Vgl. Kunstverein Hannover; Zwanziger Jahre, S. 151. Spengemann, Christof; Mit Heinrich beginnend. Ein Hannoverbuch, Hannover 1950 (SAH 2123b). Spengemann, Christof; Doppelnippel, o.S. Schwitters und Spengemann verloren sich auch nach Schwitters' Emigration zunächst nach Norwegen und später nach England nicht aus den Augen. Es war Luise Spengemann, die Schwitters vom Tod seiner Frau Helma und später auch seiner Mutter in Hannover, wo die Spengemanns geblieben waren, benachrichtigte (Schreiben Luise Spengemanns an Kurt Schwitters, ca. 20. März 1946 (SAH 802)). Schreiben Luise Spengemanns an Kurt Schwitters, 23. Juni 1946 (SAH 810). Schreiben von Kurt Schwitters an Luise Spengemann, 13. Januar 1947 (SAH 831). Vgl. auch Schmalenbach, Werner; Kurt Schwitters, S. 69 ff. u. 176). Schwitters seinerseits berichtete ‚Krischan' und Luise von seinem Ergehen in der Emigration und besonders von seiner künstlerischen Arbeit an der MERZBARN in Ambleside, wo er seine letzten Lebensjahre verbrachte (vgl. dazu allg. den Schriftwechsel zwischen Kurt Schwitters (Ambleside) und Christof Spengemann (Hannover) aus den Jahren 1946 u. 1947 (SAH 800–846). Vgl. auch Gesprächsprotokoll Klara Spengemann-Morf, 27. August 1992).

162 Gesprächsprotokoll Klara Spengemann-Morf/Anni Gebhardt, 15. September 1992.

163 Zitiert nach Riha, Karl; Nachwort zum Reprint, in: Spengemann, Christof; Wahrheit über Anna Blume, S. 42.

164 Schreiben von Kurt Schwitters an Christof Spengemann, 27. Mai 1921 (SAH 312).

165 Zitiert nach Riha, Karl; Nachwort zum Reprint, in: Spengemann, Christof; Wahrheit über Anna Blume, S. 41. Vgl. auch Schreiben Hannah Höchs an Christof Spengemann, 17. Februar 1948: „Sie haben ihm immer *sehr* nah gestanden, wie er mir zu vielen Zeitpunkten gesagt hat." (SAH, NL Spengemann, nicht verzeichnet).

166 Spengemanns Nachruf auf Schwitters, der am 5. März 1948 in der HANNOVERSCHEN PRESSE erschien, spiegelte die lebenslange Freundschaft der beiden. Man habe gemeinsam eine „auch für die Kunst ... revolutionäre Zeit" mitgemacht. „Parole: Los vom Motiv! Los vom Gedanklichen, vom Gegenständlichen und auch vom überkommenen Material." Jeder Kunst-Interessierte der nunmehr vergangenen Epoche wisse, so der jetzt Anfang siebzig Jahre alte Spengemann weiter, „daß des Verstorbenen Ruhm sich damals über einen erklecklichen Teil des Erdballs erstreckte. Die heutige Jugend weiß es nicht. Sie weiß von jener Zeit überhaupt nichts Wesentliches. Man hat es ihr geflissentlich vorenthalten. Die schandbare Kulturpolitik der ‚Herren' von 1933 hat ein tiefes Loch in den Entwicklungsgang alles dessen geschlagen, was ihr nicht in den Kram paßte." (Spengemann, Christof; Kurt Schwitters tot, Typoskript für die Ausgabe der HANN. PRESSE, 5. März 1948 (SAH 2123)). Vgl. auch Spengemann, Christof; Mit Heinrich beginnend. Ein Hannoverbuch, Hannover 1950 (SAH 2123b). MIT HEINRICH BEGINNEND belegt, daß Spengemann auch über den Tod von Schwitters hinaus weiterhin um Verständnis für die Werke des Freundes warb: Dieses Buch solle „zwar kein Lehrbuch für Zurückgebliebene" werden. „Wir können aber – obwohl inzwischen 30 Jahre seit der Begründung der MERZ-Kunst vergangen sind und inzwischen viel darüber geschrieben wurde – doch vom heutigen Leser kein Total-Verständnis für die Kunstübung verlangen –, denn Gottes Mühlen mahlen langsam und trotzdem manchmal unvollkommen." (Spengemann, Christof; Mit Heinrich beginnend. Ein Hannoverbuch, Hannover 1950 (SAH 2123b)).

167 Riha, Karl; Nachwort, in: Spengemann, Christof; Ypsilon, S. 97. Riha, Karl; Nachwort zum Reprint, in: Spengemann, Christof; Wahrheit über Anna Blume, S. 35.

168 Riha, Karl; Nachwort zum Reprint, in: Spengemann, Christof; Wahrheit über Anna Blume, S. 35. In einem der letzten Briefe, die der schwerkranke Kurt Schwitters aus seinem englischen Exil an Spengemann nach Hannover sandte, wiederholte er das Gedicht AN ANNA BLUME in ‚definitiver Druckanordnung' und erinnerte Spengemann in einem humorvollen Zusatz an die gemeinsam verbrachten Jahre in Hannover (Riha, Karl; Nachwort, in: Spengemann, Christof; Ypsilon, S. 97. Riha, Karl; Nachwort zum Reprint, in: Spengemann, Christof; Wahrheit über Anna Blume, S. 36).

169 Im Jahr darauf stellte Steegemann das Gedicht auf spektakuläre Weise durch das Plakatieren an Häuserwänden Hannovers einer breiten und größtenteils außerordentlich ablehnenden Öffentlichkeit vor (vgl. etwa Schmalenbach, Werner; Kurt Schwitters, S. 41. Vahlbruch, Heinz; Das war Dada in Hannover. Vom Zürcher Kabarett Voltaire zu den Ufern der Leine, Hann. Allg. Zeitung, 12./13. März 1966. Vahlbruch gibt als Datum Juni 1920 an, abweichend von Schmalenbach, der den Herbst 1920 nannte).

170 Nündel, Ernst; Kurt Schwitters. Briefe, S. 39. Riha, Karl; Nachwort zum Reprint, in: Spengemann, Christof; Wahrheit über Anna Blume, S. 38. Schmalenbach, Werner; Kurt Schwitters, S. 42. Kunstverein Hannover; Zwanziger Jahre, S. 144. Meyer, Jochen; Paul Steegemann Verlag (1975), S. 95. Vgl. die Erlaubnis Herwarth Waldens an Spengemann, die Vorrede zu drucken (SAH, NL Spengemann, nicht verzeichnet).

171 Zitiert nach: Riha, Karl; Nachwort zum Reprint, in: Spengemann, Christof; Wahrheit über Anna Blume, S. 39.

172 Klössel, Christiane; Zweemann, S. 119. Nündel, Ernst; Kurt Schwitters, Briefe, S. 39.

173 In einem Schreiben vom 23. November 1919 bat Spengemann Schwitters um die Korrektur von DIE WAHRHEIT ÜBER ANNA BLUME (SAH 398).

174 Klössel, Christiane; Zweemann, S. 119.

175 So der Titel einer weiteren Veröffentlichung Spengemanns aus dem Jahr 1920, die ebenfalls im ZWEEMANN-Verlag erschien. Auszüge dieses Werkes veröffentlichte Spengemann in der Zeitschrift DER ZWEEMANN

(Spengemann, Christof; Neuer Morgen, in: Der Zweemann, 1. Jhg., H. 2, Dezember 1919, S. 3).
176 Riha, Karl; Nachwort zum Reprint, in: Spengemann, Christof; Wahrheit über Anna Blume, S. 43.
177 Das März-Heft 1920 des ZWEEMANN druckte eine KOSTPROBE (Spengemann, Christof; Kostprobe aus: Die Wahrheit über Anna Blume, in: Der Zweemann, 1. Jhg., H. 5, März 1920, S. 13). Die lithographierte Federzeichnung ANNA BLUME, DIE BERÜHMTE, die Schwitters in Orthographie und Grammatik absichtlich fehlerhaft „dich gewitmet" hatte, wurde schon im Dezemberheft des ZWEEMANN (S. 4) veröffentlicht (Schmalenbach, Werner; Kurt Schwitters, S. 90).
178 Spengemann, Christof; Wahrheit über Anna Blume, S. 16.
179 Ebda., S. 10. In der ANNA BLUME hatte Kurt Schwitters gedichtet: „Du trägst den Hut auf Deinen Füßen, Und wanderst auf die Hände, Auf den Händen wanderst du."
180 Spengemann, Christof; Wahrheit über Anna Blume, S. 5. Vgl. hierzu auch das Schreiben Melchior Vischers an Christof Spengemann, vermutlich vom Juli 1920. Vischer dankte hier für die Zusendung der WAHRHEIT ÜBER ANNA BLUME, mit der Spengemann „gewissen Leuten recht lustig die Wahrheit gesagt" habe: „Wie ich ... aus Ihrem Buch erfahre, meint Schwitters unter ANNA BLUME unsere ganze enthebelte Zeit – und darin muß ich ihm recht geben." (Schreiben Melchior Vischers an Christof Spengemann, nicht datiert, vermutlich Juli 1920 (SAH 858)).
181 Spengemann, Christof; Wahrheit über Anna Blume, S. 5.
182 Ebda., S. 18.
183 Ebda., S. 23.
184 Ebda., S. 24.
185 Ebda., S. 8 u. 24.
186 Ebda., S. 6 u. 11.
187 Ebda., S. 23.
188 Ebda., S. 24.
189 Ebda., S. 11.
190 Ebda., S. 25.
191 Ebda., S. 9, 10, 12, 17, 25.
192 Ebda., S. 26.
193 Ebda., S. 7.
194 Ebda., S. 6.
195 Ebda., S. 6.
196 Ebda., S. 14.
197 Vgl. dazu auch Spengemanns Beitrag MERZ. DIE OFFIZIELLE KUNST, in der er vom „Haus MERZ", als Ort der „absoluten Kunst" sprach (Spengemann, Christof; MERZ. Die offizielle Kunst, in: Der Zweemann, 1. Jhg., H. 9. November 1920, S. 40f). Häufig sprach er in dieser Zeit auch von einer „Kathedrale der Kunst". Vgl. zur Suche nach dem ‚Neuen Menschen' allgemein und besonders zu dem Gedanken der Kathedrale: Saldern, Adelheid von; ‚Nur ein Wetterleuchten', bes. S. 105.
198 Spengemann, Christof; Wahrheit über Anna Blume, S. 19.
199 Ebda.
200 Ebda., S. 20.
201 Ebda., S. 14 u. 15.
202 Ebda., S. 14.
203 Ebda., S. 18.
204 Ebda., S. 14. Vgl. auch Erlhoff, Michael; Christoph Spengemann, S. 168. Wie schon seine erste größere Schrift DIE BILDENDE KUNST IM NEUEN HANNOVER, so wurde auch Spengemanns DIE WAHRHEIT ÜBER ANNA BLUME weit über Hannover hinaus von der künstlerischen Avantgarde seiner Zeit überwiegend positiv zur Kenntnis genommen. Der Kunstkritiker Hermann Behne schrieb, es sei „eine Wonne, das Buch zu lesen. Messerscharf; mir war, als läse ich wieder die überlegene Hand Lessings". (Schreiben Hermann Behnes an Christof Spengemann, 2. Juni 1920 (NSA)). Auch Walter Dexel lobte: „Mir scheint, Sie haben da das ‚Problem Schwitters' vollkommen gelöst." (Schreiben Walter Dexels an Christof Spengemann, 6. August 1920 (NSA)).
205 1920 veröffentlichte Spengemann die schmale Schrift KUNST, KÜNSTLER UND PUBLIKUM. 5 KAPITEL ALS EINFÜHRUNG IN DIE HEUTIGE KUNST. Hier hieß es: „Kunst ist ewig, ist Gefühl. Das ist ihr Wesen." (Zitiert nach: Kunstverein Hannover; Zwanziger Jahre, S. 89).
206 Spengemann, Christof; Negerkunst. Zur Ausstellung in der Kestner-Gesellschaft, in: Der Zweemann, 2. Jhg., H. 9, Juli 1920, S. 41 f.
207 In NEUER MORGEN, einem Gedicht Spengemanns, das im ZWEEMANN-Dezemberheft des Jahres 1919 abgedruckt wurde, hieß es: „Wir fühlten nicht mehr, wir dachten. Im Eise grellen Verstandes erstarrte der Geist. Wissen ersetzte den Glauben. So schauten wir Gott nicht. Hatten nicht Ruhe, nicht Harmonie. Wußten viel. Wußten nichts, weil uns Letztes versagt bleibt. Wissen zerschellt am Unendlichen. Wir lebten der Zeit. Abseits baute Verstand eine Welt. Schuf greifbare Werte, die materiell genossen wurden. Schuf eine Ordnung: Besitz, Willkür, Gewalt. Wir unterwarfen uns ihr, weil wir geistlos und Fleisch ihres Fleisches waren. Sie führte zur Katastrophe. Wir alle tragen die Schuld." (Spengemann, Christof; Neuer Morgen, in: Der Zweemann, 1. Jhg., H. 2, Dezember 1919, S. 3).
208 Spengemann, Christof; Wahrheit über Anna Blume, S. 22.
209 Ebda. „Ihr Zentrum ist Gott." (Ebda.).
210 Spengemann, Christof; Französische Malerei. 27. Sonderausstellung der Kestner-Gesellschaft, in: Der Zweemann, 1. Jhg., H. 1. November 1919, S. 17: „Drüben und überall ergibt man sich Mozart und Beethoven; – wir breiten die Arme der großen Gefühlswelle von Courbet bis Picasso ... Sie geben den Pulsschlag des Unendlichen." In NEGERKUNST (Spengemann, Christof; Negerkunst. Zur Ausstellung in der Kestner-Gesellschaft, in: Der Zweemann, 2. Jhg., H. 9, Juli 1920, S. 42) hieß es: „Der Erleber und Gottgestalter fühlt Gott und kniet. Und es ist immer der gleiche Gott, in Berlin, Moskau, Paris und am Kongo. Es war immer der gleiche Gott: heute wie vor Jahrtausenden. So ist Kunst über Raum und Zeit hinweg immer nur Ausdruck des Einen: des Unfaßbaren, Unsagbaren, Übersinnlichen."
211 Spengemann, Christof; Neuer Morgen, in: Der Zweemann, 1. Jhg., H. 2, Dezember 1919, S. 3. Vgl. dazu auch Spengemann, Christof; Bildende Kunst, S. 6, 13, 16. Spengemann, Christof; Wahrheit über Anna Blume, S. 23. Vgl. dazu auch Spengemann, Christof; Die Kunst von heute, in: Der Zweemann, H. 8, Juni 1921, S. 28 f. Hier hieß es über den Künstler: „Tiefer Ernst erfüllt ihn. Nicht Willkür treibt ihn zu der Form, die Andersempfindenden fremd und absonderlich anmutet. Nicht Sucht nach billigen Sensationen treibt ihn. Ihn leitet nur die Erkenntnis der Kunst. Ihn leitet seine Religiosität. Ihn leitet seine Moral: wahr gegen sich selbst, gegen die Kunst, gegen Gott zu sein ... Er ist ein mit dem ewigen Gefühl, mit der Fähigkeit des Erlebnisses und der Erlebnisgestaltung ausgestatteter Mensch. So ist ihm die Gabe vergönnt, mit dem Gefühl allein die logische Linie zu geben. Sie läßt sich nur mit

212 Spengemann, Christof; Neuer Morgen, in: Der Zweemann, 1. Jhg., H. 2, Dezember 1919, S. 3.
213 „Die Kunst gehört der Menschheit. Darum ist nur das ein Kunstwerk, was Allgemeingültigkeit hat ... Arbeiten, die außerkünstlerischer Bedingtheit und damit künstlerischer Begrenztheit entsprechen, treffen nur persönliche kunstferne Vorstellungen und Empfindungen zufällig Gleichgesinnter ... Solche Arbeiten können nicht Allgemeingut, können nicht Kunstwerk sein. Denn in der Kunst ist nichts Partikulares. In ihr ist der kosmische und der Ewigkeitsgedanke. Das Kunstwerk ist Menschheitssache. Jene Dinge sind Privatangelegenheit." (Spengemann, Christof; Bildende Kunst, S. 7, vgl. auch S. 13).
214 Spengemann, Christof; Sinn der Kunst, in: Der Wachsbogen, Nr. 9/10, 1932, S. 10.
215 Ebda.
216 Ebda.
217 Ebda., S. 9 f. „Man sollte meinen, mit solch verlogenen Rezepten sei die Menschheit lange genug verarztet worden. Wir können es uns nicht mehr leisten, rezeptiv und wohlbehaglich zu schmatzen. Es gibt gegenwärtig wichtigere Dinge als schöngeistige Mastkuren und Schlummerrollen. Das Nachbeten ‚hehrer‘ Gedanken anderer hat es nicht vermocht, das Bürgertum – wie dessen heutiger nationalistischer Blutrausch und barbarischer Rassenwahn beweist – mit den ethischen und kulturellen Idealen seiner Geistesheroen innerlich verwachsen zu lassen."
218 Ebda.
219 Ebda., S. 10.
220 Théo van Doesburg/Kurt Schwitters/Hans Arp/Tristan Tzara/Christof Spengemann; Manifest Proletkunst, in: Merz 2, Nummer i, April 1923, S. 25. Vgl. auch Schmalenbach, Werner; Kurt Schwitters, S. 46, 104. Kunstverein Hannover; Zwanziger Jahre, S. 146. Riha, Karl; Nachwort zum Reprint, in: Spengemann, Christof; Wahrheit über Anna Blume, S. 40. Riha, Karl; Nachwort, in: Spengemann, Christof; Ypsilon, S. 97. Schneede, Uwe M.; Zwanziger Jahre, S. 70.
221 Schmalenbach, Werner; Kurt Schwitters, S. 146.
222 Spengemann, Christof; Wahrheit über Anna Blume, S. 16. In seiner Autobiographie MIT HEINRICH BEGINNEND erinnerte Spengemann sich 1950 daran, daß Kurt Schwitters in jener Zeit von der „Rechtspresse und von Studenten" immer „als merkwürdig links abgetan" worden sei (Spengemann, Christof; Mit Heinrich beginnend. Ein Hannoverbuch, Hannover 1950 (SAH 2123b)). Ernst Schwitters schreibt über seinen Vater: „Ja, mein Vater war bewußt unpolitisch, was aber nicht bedeutete, daß er nicht trotzdem eine politische Überzeugung hatte, die er aber unter keinen Umständen mit der Kunst verschmelzen wollte, wie da ja gerade aus MANIFEST PROLETKUNST hervorgeht. Seine innere politische Überzeugung war rein demokratisch, weder links noch rechts, und sie war sekundär." (Aus einem Schreiben von Ernst Schwitters an mich, 9. September 1992). Typisch für Schwitters ist sein Schreiben an den Künstlerfreund Robert Michel vom Dezember 1934, das mit „Keime verraten die Rasse" überschrieben ist und in dem Schwitters im folgenden Japaner, Arier, Saurier und Juden (sic!) anhand von Kartoffelkeimen ‚untersuchte'. Am Ende hieß es: „Sind Deine Keime in Ordnung? Denn auf die Keime kommt es an. Nur rein arische Keime geben eine gute Rasse. Sieh aber zu, daß Du kein Arier wirst." (Schreiben von Kurt Schwitters an Robert Michel, 2. Dezember 1934 (NL Robert Michel, Ella Bergmann-Michel A 28.01.1934.002)). Ein weiteres Schreiben an Michel und seine Frau hatte er zwei Monate zuvor provokativ mit einem Hakenkreuz und „MERZ" beschlossen. In diesem Schreiben hieß es in ebenfalls charakteristischer Verbindung von Ironie und tiefem Ernst: „Es gibt Zeiten, die bescheiden sind, und Zeiten, die sind noch bescheidener, da muß der Mensch sich eben bescheiden ... Meine Situation ist nun so, daß ich noch nach wie vor bei der Stadt die Drucksachen bearbeite, aber für (die) Industrie fast nichts mehr zu machen habe. Ich war oft und gern in Norwegen, da mir der gerade, rein arische Sinn dieses klugen Volkes und die Höhe des dortigen Gebirges so gut gefallen. Ich habe versucht, das Erlebnis ‚Norwegen' in die Worte zu rahmen: ‚Wie klein, wie klein sind Zwerge, auf einem hohen Berge!' ... Ich male viel Landschaft und daneben ... Porträts, um zu leben. ... Ich lebe im Abstrakten, aber ich habe nicht die Absicht zum Kompromiß. In mir leben zwei Maler, ein Naturalist und ein Abstrakter. Sagen wir mal, der erste heiße Kurt und der zweite Kürtchen. Dann pflegen meine Kollegen ihren Kurt und ihr Kürtchen in sich zu vereinen, und dann kommt ein Kürtchen hervor, das man so Expressionismus nennt. Ich aber liebe nicht den Expressionismus, in mir lebt Karl neben Kurt, wie in der Elektrizität, denn sonst gibt es Kurtsschluß. Da sich nun Karl und Kürtchen im Grunde nicht leiden können, so versucht jeder von ihnen, aus Gift und Galle so brav wie möglich zu erscheinen. Das soll heißen, daß Naturalismus und Abstraktion, wenn man sie nicht in sich vereinigt, einander steigern. Dazwischen lebe ich." (Schreiben von Kurt Schwitters an Robert Michel und Ella Bergmann-Michel, 2. Oktober 1934 (NL Robert Michel, Ella Bergmann-Michel A48.3.1934.002)).
223 Christiane Klössel erwähnt die KAMPFSTELLE (Klössel, Christiane; Zweemann, S. 119). Leider ist die Quellenangabe, die sie nennt, nicht konkret. Weder Ernst Nündel noch Werner Schmalenbach oder John Elderfield nennen die KAMPFSTELLE. Ob die Gründung der KAMPFSTELLE in Zusammenhang mit der Entstehung des KAMPFBUNDES GEGEN DEN FASCHISMUS (Herbst 1930) steht, bleibt unklar, ist jedoch aufgrund der politischen Einstellung Christof und – mehr noch – Walter Spengemanns nicht unwahrscheinlich. Zum KAMPFBUND vgl. Zorn, Gerda; Widerstand in Hannover, S. 50 ff. Vgl. auch Ziegan, Uta; ‚Die Kunst dem Volke', S. 84, 87. Zum Verbot des Films IM WESTEN NICHTS NEUES vgl.: Loiperdinger, Manfred; Filmzensur und Selbstkontrolle, S. 487 f. Vgl. bes. zum Umfeld: Petersen, Klaus; Literatur und Justiz, S. 125 ff. u. 172 f. Schrader, Bärbel; Fall Remarque, S. 149 ff..
224 Schreiben Christof Spengemanns an Justus Bier, Kestner-Gesellschaft, 18. Dezember 1930 (NStAH Dep. 100 A. 43). Die Aktivitäten der KAMPFSTELLE standen zu diesem Zeitpunkt auch in Zusammenhang mit dem von der hannoverschen Sektion des Reichswirtschaftsverbands bildender Künstler (RWVBK), der Wirtschaftsvereinigung Deutscher Architekten und dem RING HANNOVERSCHER SCHRIFTSTELLER organisierten Fest KÜNSTLER IN FRONT (KIF), das im Dezember 1930 im Capitol stattfand. In dessen Festschrift hatte Christof Spengemann als Verfasser „goldener Sonntagsworte" das KIF als „Auftakt für einen Zusammenschluß aller künstlerischen Vereinigungen Hannovers zu einem Block" bezeichnet und hinzugefügt, er hoffe, „daß dieser Block ein fester Block sein (werde), der dem Kunstleben Hannovers neues Blut und ein frisches Gesicht" gebe (Festschrift KÜNSTLER IN FRONT, in: Revue zu Dreien, abgedruckt in: Erlhoff, Michael (Hg.);

Kurt Schwitters-Almanach 1984, Anhang zu S. 158). In einer frühen Fassung der Erinnerungen Spengemanns, die er später unter dem Titel MIT HEINRICH BEGINNEND (SAH 2123b) zusammenfaßte, hieß es im Juli 1945 zum KIF-MIC-HAI (KÜNSTLER IN FRONT, MATINEE IM CAPITOL, HANNOVER, AN DER IHMEBRÜCKE): „Hauptträger des Vorhabens war der RING HANNOVERSCHER SCHRIFTSTELLER mit seinem Vorsitzenden Meier Zacharias (d.i. Christof Spengemann, I. K.). Vereinigungen der bildenden Künstler und Architekten waren ebenfalls beteiligt ... Das Programm hatte nichts Provozierendes, wenn man von den Rezitationen Schwitters' absieht ... Zu gleicher Zeit gründete Meier Zacharias aus politischen Gründen die KAMPFSTELLE GEGEN ZENSUR UND KULTUR-REAKTION. Prompt fiel die hannoversche Theater-Presse über ihn her und ließ kein gutes Haar an ihm ... Ein Teil der Studentenschaft ließ sich aufputschen, und es war zu erwarten, daß es Störungen im Großformat geben würde. Das wiederum veranlaßte die Leitung der Matinee, mittels einer erklecklichen Anzahl von Jungbannerleuten einen standfesten Saalschutz aufzustellen" (Immergrün, Tomas (d.i. Christof Spengemann); Manuskript LIEBE ZU EINER STADT, Juli 1945, Kapitel KIF-MIC-HAI (SAH, NL Spengemann, nicht verzeichnet)). Offenbar sollte anläßlich des KIF auch Kurt Schwitters' Stück DAS IRRENHAUS VON SONDERMANN zur Aufführung kommen. In diesem Stück geht es ebenfalls um die Planung eines Künstlerfestes namens KIF. Der dramatischen Figur Friedrich Gottrott, hinter der Henning Rischbieter den Verleger Bernhard Gröttrup, den Verleger der PILLE, vermutete, wird folgendes zum Fest erklärt: „Schwierige und ernste Dinge verbergen sich hinter diesem Wort ... Kultur ist ein bestehendes Gut, das nicht wachsen kann, sie kann nur abnehmen. Jede Veränderung ihres Zustandes schädigt sie, indem sie eine andere Kulturstufe schafft, eine tiefere. Wir Förderer der Kultur müssen uns hüten, daß wir plötzlich eines Tages überrannt werden. Es häufen sich die Ereignisse. In Berlin werden die guten, Kultur fördernden Stücke nicht besucht, das Publikum geht in den Schund. Unser Kulturverein muß auf der Hut sein, daß hier nicht auch der Schund siegt und das Gute verdrängt wird, weil die Zeit über die Kultur hinweggeht. Seien Sie wachsam, bilden Sie die Front der Kultur." (Schwitters, Kurt; Irrenhaus von Sondermann, S. 126).

225 Schumann, Werner; Um die Freiheit der Kunst, in: Freie Volksbühne, 9. Jhg., Nr. 6, 17. Januar 1931, S. 2 f. Ziegan, Uta; ‚Kunst dem Volke', S. 87.

226 Schreiben Christof Spengemanns an Walther von Hollander, Stellv. Schriftleiter des PEN-Clubs, Sektion Deutschland, 24. Februar 1931 (SAH, NL Spengemann, nicht verzeichnet).

227 Ebda.

228 Der Journalist und Schriftsteller Werner Schumann erinnerte sich, er, Schwitters, Spengemann und der Mediziner und bekannte Gegner des §218 Carl Credé 1931 hätten den RING HANNOVERSCHER SCHRIFTSTELLER gegründet, in dem später auch Walter Spengemann aktiv war (Schumann, Werner; Damals in Hannover, S. 127). Vgl. zum RING auch folgende Notiz hin im KULTURRING vom Dezember 1930 (o.A.; Ring hann. Schriftsteller, in: Kulturring, Dezember 1930, S. 225): „Mitglieder des PEN-Clubs, des Schutzverbands Deutscher Schriftsteller und anderer Verbände haben sich zur Bildung einer geistigen und wirtschaftlichen Front im RING HANNOVERSCHER SCHRIFTSTELLER vereinigt. Der Wortführer Hans Roessink, Hannover, Stephansplatz 3, erteilt Auskunft. Mitgliederversammlungen finden am dritten Mittwoch jeden Monats statt." Christof Spengemanns Versuch, im November 1932 den ZWEEMANN neu zu gründen, könnte im Zusammenhang mit der Tätigkeit des RINGS stehen.

229 Schreiben Christof Spengemanns an Walter von Hollander, Stellv. Schriftleiter des PEN-Clubs, Sektion Deutschland, 24. Februar 1931 (SAH, NL Spengemann, nicht verzeichnet).

230 Ebda.

231 Ebda.

232 Im Hannoverschen Adreßbuch war hinter Rudolphs Name der Zusatz „Städtische Bühnen" angegeben.

233 Schreiben der Kampfstelle gegen Zensur und Kulturreaktion, Christof Spengemann, an den Theater-Ausschuß der Stadt Hannover, 22. März 1931 (SAH, NL Spengemann, nicht verzeichnet).

234 Ebda.

235 Ebda.

236 Ebda.

237 Randnotiz Woldemar Liebernickels auf dem Schreiben Christof Spengemanns an den Theater-Ausschuß, 22. März 1931 (SAH, NL Spengemann, nicht verzeichnet).

238 Schreiben von Heinz Fuchs an Christof Spengemann, 22. April 1920 (SAH 855).

239 Ebda.

240 Auch Adolf Behne, mit Bruno Taut und Walter Gropius Begründer des Berliner Arbeitsrates für Kunst, der sich anders als Spengemann mit seiner Arbeit in diesen Jahren für eine radikale Verknüpfung von Kunst und Politik einsetzte, sah in dem hannoverschen Kritikerkollegen einen Gleichgesinnten. Am 26. April 1920 schrieb er an den „Kämpfer aus Hannover", er würde sich „sehr freuen, wenn Sie dem Arbeitskreis beitreten wollen. Ich finde immer wieder, daß wir GanzLinken zusammenstehen müssen, wir Utopisten und Jugend-Verderber." (Schreiben Adolf Behnes an Christof Spengemann, 26. April 1920 (SAH, NL Spengemann, nicht verzeichnet)). Vgl. zu Behne: Lindner, Bernd; ‚Auf diesem Wege'. Adolf Behne. Vermittler der Moderne, in: Junge, Henrike; Avantgarde und Publikum, S. 7–17.

241 Spengemann, Christof; Opfert!, in: Der Zweemann, 1. Jhg., H. 1, November 1919, S. 3 f.

242 Spengemann, Christof; Vier Generationen. Leopold, Wilhelm, Christof, Walter. Die Historie der Familie Spengemann, Hannover 1936 (SAH 2120), o.S.

243 Vgl. dazu das Vorwort von Marion Beaujean im Bestandsverzeichnis des Schwitters-Archivs Hannover, Hannover 1986.

244 In: NStAH Dep. 100, A. 1.

245 Schreiben von P. E. Küppers an Redakteur Rischbieter vom VOLKSWILLEN, 11. Oktober 1916 (NStAH Dep. 100 A. 1). Küppers bat Rischbieter hier, Spengemann mit der Berichterstattung über die Ausstellungen der Kestner-Gesellschaft zu beauftragen. So sollten Gewerkschaftsmitglieder ein Interesse an den Veranstaltungen der Kestner-Gesellschaft entwickeln.

246 Schreiben Christof Spengemanns an Paul Erich Küppers, Kestner-Gesellschaft, 10. Oktober 1916 (NStAH Dep. 100 A. 1).

247 Ebda.

248 Christof Spengemann schrieb über Meyer, dieser sei ein ehemaliger Pastor und „nehme sich selbst aufgrund seiner unmittelbaren Beziehungen zum Herrn der Heerscharen ungeheuer ernst" (Schreiben

248 Christof Spengemanns an Paul Erich Küppers, Kestner-Gesellschaft, 10. Oktober 1916 (NStAH Dep. 100 A. 1).
249 Exemplarisch: Schreiben Albert Meyers an Christof Spengemann, 28. November 1918 (NStAH Dep. 100 A. 1).
250 Schreiben Christof Spengemanns an Albert Meyer, 19. August 1918 (SAH, NL Spengemann, nicht verzeichnet).
251 Ebda.
252 Sein Vorgehen begründete Meyer mit dem Hinweis auf eine zunehmende Zahl von Stimmen aus dem Leserkreis, die sich darüber beklagten, daß Spengemann seine Kunstauffassung geändert habe und nunmehr „das Neue in der Kunst zu sehr stütze und das Frühere zu heftig angreife" (Schreiben Albert Meyers an Christof Spengemann, 15. Dezember 1918 (SAH, NL Spengemann, nicht verzeichnet)). Spengemann war auch von dem sozialdemokratischen Senator August Lohrberg auf Proteste der Leserschaft aufmerksam gemacht worden. Insofern ist davon auszugehen, daß ein Teil der Leserschaft des VOLKSWILLEN tatsächlich auf Spengemanns neue Rezensionen mit Unmut reagierte und nicht etwa Meyer dies nur behauptete, um seiner eigenen Ablehnung Gewicht zu verleihen.
253 Schreiben Albert Meyers an Christof Spengemann, 30. Oktober 1918 (SAH, NL Spengemann, nicht verzeichnet).
254 Schreiben Christof Spengemanns an den Verlag des VOLKSWILLEN, 15. Dezember 1918 (Mappe KUNSTVEREIN – KESTNER-GESELLSCHAFT, SAH, NL Spengemann, nicht verzeichnet).
255 Ebda.
256 Ebda.
257 Schreiben Christof Spengemanns an Albert Meyer, 19. August 1918 (SAH, NL Spengemann, nicht verzeichnet).
258 Ebda.
259 Schreiben Christof Spengemanns an den Verlag des VOLKSWILLEN, 18. Dezember 1918 (SAH, NL Spengemann, nicht verzeichnet).
260 Schreiben Albert Meyers an Christof Spengemann, 11. Dezember 1918 (zitiert in: Schreiben Christof Spengemanns an den Verlag des VOLKSWILLEN, 15. Dezember 1918 (SAH, NL Spengemann, nicht verzeichnet)). Es traf im übrigen keineswegs zu, daß der VOLKSWILLE sich im folgenden darauf beschränkte, lediglich knapp und ohne zu werten über die verschiedenen Kunstausstellungen in der Stadt berichtete.
261 Ebda.
262 Ebda.
263 Im übrigen war Spengemann nicht der einzige Kritiker des Redakteurs Albert Meyer. Albert Brinckmann, Vorstandsmitglied der Kestner-Gesellschaft, wandte sich am 12. Dezember 1918 an die Presse- und Nachrichtenabteilung des Arbeiter- und Soldatenrats der Stadt Hannover und führte aus: „Wieso es möglich ist, daß am VOLKSWILLEN ausgerechnet in diesen Tagen eine Reaktion einsetzt, entzieht sich meiner Kenntnis. Jedenfalls muß ich den Passus, daß die Kritiken des Herrn Spengemann ... für die Masse der Leserschaft des VOLKSWILLEN nicht als förderlich erachtet werden können, doch wohl so deuten, daß hiermit die von Herrn Spengemann stets so warm verteidigte und von der Kestner-Gesellschaft propagierte junge Kunst gemeint ist." Am Ende des Schreibens hieß es: „Welch rückständigen, kulturfeindlichen Standpunkt die Feuilleton-Redaktion des VOLKSWILLEN einnimmt, ist derselben – wie ich hoffen will – gar nicht klar." (Schreiben Albert Brinckmanns, Kestner-Gesellschaft, an die Presse- und Nachrichtenabteilung des Arbeiter- und Soldatenrates Hannover, 12. Dezember 1918 (NStAH Dep. 100, A. 8)). Eine Reaktion des Arbeiter- und Soldatenrates ist ebenso wenig bekannt wie eine Stellungnahme Albert Meyers vom VOLKSWILLEN.
264 Schreiben Christof Spengemanns an Albert Brinckmann, Kestner-Gesellschaft, 11. Dezember 1918 (NStAH Dep. 100 A. 8).
265 Spengemann, Christof; Tagesweisheit VII, in: Der Zweemann, 1. Jhg., H. 8, Juni-August 1920, S. 45.
266 Ebda.
267 Spengemann, Christof; Tagesweisheit VI. Volkserzieher, in: Der Zweemann, 1. Jhg., H. 6, April 1920, S. 10.
268 Spengemann, Christof; Glossen. Tagesweisheit III. Herr Meyer, in: Der Zweemann, 1. Jhg., H. 3, Januar 1920, S. 13.
269 Beide Eheleute Spengemann waren mittlerweile aus der Kirche ausgetreten (vgl. Fragebogen des Reichsverbands deutscher Schriftsteller, ausgefüllt von Christof Spengemann, 6. November 1934 (BDC, Personalakte Christof Spengemann)).
270 Obenaus, Herbert; Liberales Klima, S. 133.
271 Gesprächsprotokoll Klara Spengemann-Morf, 27. August 1992.
272 Gesprächsprotokoll Klara Spengemann-Morf/Anni Gebhardt, 15. September 1992.
273 E., H.; Wir trauern um Walter Spengemann, Hann. Presse, 25. März 1969. JoS; Walter Spengemann in England gestorben, Hann. Rundschau, 25. März 1969. Vgl. nicht datierte Biographie (Typoskript) Walter Spengemann im Historischen Museum, Tasche WALTER SPENGEMANN.
274 Vgl. nicht datierte Biographie (Typoskript) Walter Spengemann, Historisches Museum, Tasche WALTER SPENGEMANN. Röhrbein, Waldemar R.; Hannover nach 1945, S. 540. Historisches Museum; Widerstand im Abseits, S. 17.
275 Gesprächsprotokoll Klara Spengemann-Morf/Anni Gebhardt, 15. September 1992.
276 Spengemann, Christof; Wahrheit über Anna Blume, S. 21.
277 Vgl. nicht datierte Biographie (Typoskript) Walter Spengemann, Historisches Museum, Tasche WALTER SPENGEMANN. Obenaus, Herbert; Liberales Klima, S. 133. Gesprächsprotokoll Klara Spengemann-Morf, 27. August 1992.
278 Vgl. nicht datierte Biographie (Typoskript) Walter Spengemann, Historisches Museum, Tasche WALTER SPENGEMANN.
279 Ebda.
280 Vgl. etwa Sp., W.; Neue Kunst in Amerika, Hann. Tageblatt, 12. Mai 1929. Spengemann, Walter; Hannover. Ein Kunstmatch, 3. Beilage zum Hann. Tageblatt, Nr. 170, 77. Jhg. Dieser Artikel ist besonders wegen seiner unverhüllten und aggressiven Kritik an der Großstadtkunst Berlins mit ihren vermeintlich verkitschten und intellektualistischen Elementen interessant. Vgl. auch Sp., W.; Tagung der Volksbibliothekare, Volkswille, 15. Oktober 1929.
281 Spengemann, Walter; Ich schaue vom Mars auf die Erde, in: Spengemann, Christof; Doppelnippel, Festschrift zum Fest der Technik, Hannover o. J.
282 Schreiben Walter Spengemanns, Ring hann. Schriftsteller, 30. Januar 1931, an Direktor Pfahl, Städtische Bühnen (NStAH Hann. 310 II D 70/I).
283 Nach Herbert Obenaus sorgte dabei besonders Walter Spengemanns Rolle in einem Streitfall für eine gewisse Aufmerksamkeit. 1930 hatte die 16jährige Ilse Steinitz, Tochter von Käte und Ernst Steinitz und wie

Walter Spengemann Mitglied der Sozialistischen Schülergemeinschaft, sich kritisch über einen Liedtext anläßlich der Verfassungsfeiern im Städtischen Oberlyzeum in der Langensalzastraße geäußert, der u.a. die Zeile enthielt: „Die welsche Brut lacht unsrer Tränen, lechzt gleich Hyänen nach unsrem Blut." Sie informierte Walter, mit dem sie zu dieser Zeit in jedem Fall befreundet, vielleicht gar verlobt war (vgl. nicht datierte Biographie (Typoskript) Walter Spengemann, Historisches Museum, Tasche WALTER SPENGEMANN). Dieser nutzte seine Tätigkeit als freier Mitarbeiter beim VOLKSWILLEN zu einem flammenden Artikel über dieses Beispiel „politischer, militaristischer und sogar nationalsozialistischer ‚Verhetzung' der Schülerschaft". Der Fall wurde in den darauffolgenden Wochen sowohl von Gegnern als auch den Befürwortern des „Hyänenliedes" gewaltig aufgebauscht, und besonders die Familie Steinitz hatte unter Diffamierungen zu leiden. Für Walter Spengemann endete sein sicher auch übereifriges Eintreten für die von der Freundin vertretene Sache damit, daß er „von nun an im Hause Steinitz nicht mehr gern gesehen" war (Obenaus, Herbert; Liberales Klima, S. 134–140).

[284] Schmid, Hans-Dieter; Sozialdemokratischer Widerstand, S. 16. Vgl. Meldebogen vom 1. Juli 1932: „Herr Spengemann teilt mit: Gestern war eine Versammlung der SAJ in der Schule Krausenstraße. Nach Schluß der Veranstaltung begleitete uns die SA, angegriffen wurden wir nicht." (NStAH Hann. 310 I C 2).

[285] Vgl. nicht datierte Biographie (Typoskript) Walter Spengemann, Historisches Museum, Tasche WALTER SPENGEMANN.

[286] Ebda.

[287] Schmid, Hans-Dieter; Sozialdemokratischer Widerstand, S. 17.

[288] Vgl. nicht datierte Biographie (Typoskript) Walter Spengemann, Historisches Museum, Tasche WALTER SPENGEMANN. Schmid, Hans-Dieter, Sozialdemokratischer Widerstand, S. 17 f.

[289] Schmid, Hans-Dieter; Sozialdemokratischer Widerstand, S. 27.

[290] Rabe, Bernd; Sozialistische Front, S. 67. Ruth Schwake erwähnt die Tätigkeit Walter Spengemanns für die Sozialistische Front nicht, wohl aber den Verrat im August 1936 (Schwake, Ruth; Werner Blumenberg, S. 38).

[291] Schmid, Hans-Dieter; Sozialdemokratischer Widerstand, S. 32.

[292] Ebda., S. 34. Vgl. nicht datierte Biographie (Typoskript) Walter Spengemann, Historisches Museum, TASCHE WALTER SPENGEMANN. Gesprächsprotokoll Klara Spengemann-Morf, 27. August 1992. Rischbieter, Henning; Hannoversches Lesebuch, Bd. 2, S. 306.

[293] Vgl. nicht datierte Biographie (Typoskript) Walter Spengemann, Historisches Museum, Tasche WALTER SPENGEMANN. Rabe, Bernd; Sozialistische Front, S. 103. Schwake, Ruth; Werner Blumenberg, S. 38. E., H.; Wir trauern um Walter Spengemann, Hann. Presse, 25. März 1969. JoS; Walter Spengemann in England gestorben, Hann. Rundschau, 25. März 1969. Zorn, Gerda; Widerstand in Hannover, S. 124. Walter Spengemann verbüßte eine insgesamt neunjährige Haftstrafe im Zuchthaus Hameln (Gesprächsprotokoll Klara Spengemann-Morf, 27. August 1992. JoS; Walter Spengemann in England gestorben, Hann. Rundschau, 25. März 1969. E., H.; Wir trauern um Walter Spengemann, Hann. Presse, 25. März 1969), bis er im April 1945 von den Amerikanern befreit wurde. Auf der Suche nach politisch unbelasteten Journalisten erinnerten sich die Briten an den ehemaligen freien Mitarbeiters des VOLKSWILLEN. Schon im Juli 1945 wurde Spengemann Chefredakteur des NEUEN HANNOVERSCHEN KURIER, des Blattes der britischen Militärregierung. Im Juli des darauffolgenden Jahres brachte er mit den Lizenzträgern Egon Franke und Fritz Heine erstmals die HANNOVERSCHE PRESSE. DIE ZEITUNG ALLER SCHAFFENDEN heraus (Röhrbein, Waldemar R.; Hannover nach 1945, S. 648. Werbke, Hans-Joachim; Entdeckung des Landes, S. 45. Hollmann, Reimar; Hannoversche Rundfunkgeschichte, S. 48). Von 1946–1951 war Walter Spengemann zudem Lizenzträger und Chefredakteur der NORDDEUTSCHEN ZEITUNG (JoS; Walter Spengemann in England gestorben, Hann. Rundschau, 25. März 1969. E., H.; Wir trauern um Walter Spengemann, Hann. Presse, 25. März 1969). In den fünfziger Jahren versuchte er sich dann kurzfristig als Chefredakteur der hannoverschen Boulevardzeitung BLITZ (Ebda.). Walter Spengemann gehörte zudem zu den Nachkriegspionieren des hannoverschen Rundfunkwesens. Ab Mai 1947 übernahm er im ANZEIGER-Hochhaus in einem kleinen Büro die Leitung des Nebensenders Hanover des NWDR (Röhrbein, Waldemar R.; Hannover nach 1945, S. 648. Mlynek, Klaus/Röhrbein, Waldemar R.; Hannover Chronik, S. 214.) Im Herbst des Jahres wurde er zum Chef der Vertretung Niedersachsen des NWDR ernannt (Historisches Museum; Rundfunk in Hannover, S. 48. Röhrbein, Waldemar R.; Hannover nach 1945, S. 648. Werbke, Hans-Joachim; Entdeckung des Landes, S. 45. Schreiben Walter Spengemanns an den Präsidenten der Landesversicherungsanstalt, 23. August 1952 (SAH, NL Spengemann, nicht verzeichnet). 1949 stellte sich heraus, daß Walter Spengemann im Zuchthaus Hameln „unter dem unmenschlichen Druck, unter der ständigen Drohung, daß seine mitverhafteten Eltern mißhandelt würden, vollständig zusammengebrochen" war (Rabe, Bernd; Sozialistische Front, S. 103). Er hatte nicht nur seine eigene Mitarbeit für die Sozialistische Front zugegeben, sondern für die Gestapo einen längeren Bericht über die Widerstandsgruppe geschrieben, der detaillierte Informationen über ihren Aufbau enthielt. Auf der Basis dieses Berichts führte die Gestapo bis September 1937 – so Bernd Rabe – „etwa 300 Verhaftungen" durch (Rabe, Bernd; Sozialistische Front, S. 103. Schwake, Ruth; Werner Blumenberg, S. 38. Vgl. nicht datierte Biographie (Typoskript) Walter Spengemann, Historisches Museum, Tasche WALTER SPENGEMANN). Wenngleich viel Kritik an Spengemanns „Verrat" geübt wurde, hielt die SPD doch zu ihm (Gesprächsprotokoll Klara Spengemann-Morf, 27. August 1992). Vgl. nicht datierte Biographie (Typoskript) Walter Spengemann, Historisches Museum, TASCHE WALTER SPENGEMANN). Von 1956–1968 war Walter Spengemann Mitglied des hannoverschen Rates und zugleich Vorsitzender des Kulturausschusses (vgl. nicht datierte Biographie (Typoskript) Walter Spengemann, Historisches Museum, Tasche WALTER SPENGEMANN. JoS; Walter Spengemann in England gestorben, Hann. Rundschau, 25. März 1969. E. H.; Wir trauern um Walter Spengemann, Hann. Presse, 25. März 1969). Danach folgte er seiner zweiten Frau Olive, einer Engländerin, in deren Heimatland, wo er am 23. März 1969 verstarb (Gesprächsprotokoll Klara Spengemann-Morf, 27. August 1992).

[294] Gesprächsprotokoll Klara Spengemann-Morf, 27. August 1992.

[295] Schreiben an Christof Spengemann, 24. November 1937 (BDC, Personalakte Christof Spengemann). Riha, Karl; Nachwort zum Reprint, in: Spengemann, Christof; Wahrheit über Anna Blume, S. 41. Schmalenbach, Werner; Kurt Schwitters, S. 63. Nündel, Ernst; Kurt Schwitters, S. 102. Ein Aktenordner im Nachlaß Christof Spengemanns gibt Einblick in die Auswirkungen dieser Haftstrafe auf den über Fünfzigjährigen. Nach Kriegsende entwickelte sich für Christof Spengemann

und später für seinen Sohn Walter ein hartnäckiges und unwürdiges Ringen, um nach dem Gesetz über Gewährung von Sonderhilfe für Verfolgte der nationalsozialistischen Gewaltherrschaft Entschädigung zu erhalten und die karge Rente erhöhen zu lassen. Spengemann war nach Schilderungen seines Sohnes Walter nach 1945 ein gebrochener Mann, der zunächst eine Arbeitsstelle nach der anderen verlor, weil er aggressiv und anmaßend reagierte und sich im ganzen für jede Tätigkeit als unbrauchbar erwies. Schließlich wurde er, nachgewiesen durch ein ärztliches Attest, aufgrund eines „ungewöhnlich schnellen Organverfalls" „pflege- und wartungsbedürftig". Mit Mitte sechzig Jahren hatte Christof Spengemann das Gedächtnis verloren, verlief sich in der eigenen Wohnung, beteuerte Ärzten gegenüber jedoch, er fühle sich wohl und bedürfe keiner Hilfe. Die Versuche Walter Spengemanns, diesen vorzeitigen Alterungsprozeß auf die während der Haft erlittenen Schäden zurückzuführen, blieben ohne Erfolg. Christof Spengemann starb im Januar 1952 (SAH, NL Spengemann, nicht verzeichnet). Erlhoff, Michael; Christoph Spengemann, S. 169.

296 Gesprächsprotokoll Klara Spengemann-Morf/Anni Gebhardt, 15. September 1992.
297 Ebda.
298 Ebda.
299 Gesprächsprotokoll Klara Spengemann-Morf, 27. August 1992.
300 Schreiben Walter Spengemanns an den Kreis-Sonderhilfsausschuß, 5. Mai 1951 (SAH, NL Spengemann, nicht verzeichnet).
301 Ebda.
302 Schreiben des stellvertretenden Schriftführers des PEN-Clubs, Walther von Hollander, an Christof Spengemann, 18. Januar 1930 (SAH, NL Spengemann, nicht verzeichnet). Danach war Spengemann am 8. Januar 1930 in den PEN-Club gewählt worden. Dem Schreiben liegt ein nicht datierter Zeitungsausschnitt bei, der die Mitgliedschaft Kurt Schwitters im PEN-Club – des ersten Hannoveraners in diesem Club – meldet.
303 Spengemann, Christof; Vier Generationen. Leopold, Wilhelm, Christof, Walter. Die Historie der Familie Spengemann, Hannover 1936 (SAH 2120), o.S. Vgl. Schreiben Walter Spengemanns an den Kreis-Sonderhilfsausschuß, 5. März 1951 (SAH, NL Spengemann, nicht verzeichnet).
304 Schreiben der Reichskammer deutscher Schriftsteller an Christof Spengemann, 5. Dezember 1934, bezüglich der Aufnahme in die NS Fachschaft (BDC, Personalakte Christof Spengemann). Fragebogen zur Aufnahme in den Reichsverband deutscher Schriftsteller, 6. November 1934 (BDC, Personalakte Christof Spengemann). Spengemann erwähnte hier weder seine Arbeit für den VOLKSWILLEN noch für die Zeitschrift DER ZWEEMANN. Lediglich eine „gelegentliche" Mitarbeit an der Zeitschrift NIEDERSACHSEN, die zu diesem Zeitpunkt schon zwanzig Jahre zurücklag, gab er an. Die Verurteilung durch das Oberlandesgericht Hamm führte auch zum Ausschluß aus der Reichsschrifttumskammer, weil, wie es in einem Schreiben an Spengemann hieß, „Sie nicht geeignet sind, durch schriftstellerische Veröffentlichungen auf die geistige und kulturelle Entwicklung der Nation Einfluß zu nehmen. Durch vorstehenden Bescheid verlieren Sie das Recht zu jeder weiteren Berufsausübung innerhalb des Zuständigkeitsbereichs der Kammer. Im Übertretungsfalle müßten die Strafbestimmungen des Kulturkammergesetzes gegen Sie in Anwendung gebracht werden." (Schreiben der Reichsschrifttumskammer an Christof Spengemann, 24. November 1937 (BDC, Personalakte Christof Spengemann)).
305 Vgl. Obenaus, Herbert; Liberales Klima, S. 133. Gesprächsprotokoll Klara Spengemann-Morf, 27. August 1992. Gesprächsprotokoll Klara Spengemann-Morf/Anni Gebhardt, 15. September 1992. Klara Spengemann-Morf etwa erinnerte sich daran, Walter Spengemann, ihr späterer Ehemann, habe ihr gegenüber stets geäußert, nicht durch seinen, sondern durch ihren Vater, einen SPD-freundlichen Architekten zur Sozialdemokratie gebracht worden zu sein (Gesprächsprotokoll Klara Spengemann-Morf, 27. August 1992). Ernst Nündel schrieb dazu verkürzend, Luise und Christof Spengemann seien „exponierte(..) Sozialdemokraten" gewesen, die „von den Nazis ins Zuchthaus gebracht wurden" (Nündel, Ernst; Kurt Schwitters, S. 19). Vgl. auch Nündel, Ernst; Kurt Schwitters. Briefe, S. 304. Erlhoff, Michael; Christoph Spengemann, S. 166.
306 Spengemann, Christof; Opfert!, in: Der Zweemann, 1. Jhg., H. 1, November 1919, S. 82.
307 Ebda.
308 Ebda.
309 Ebda.
310 Vgl. Klössel, Christiane; Zweemann, S. 122.
311 Spengemann, Christof; Glossen. Honover, in: Der Zweemann, 1. Jhg., H. 1, November 1919, S. 16. Vgl. den aggressiv-ironischen Grundton Spengemanns etwa mit Johann Frerkings Glosse PHANTASTISCHES HANNOVER. Vgl. auch Spengemanns Einschätzung des bürgerlichen Kunstpublikums Hannovers in: Spengemann, Christof; Bildende Kunst, S. 6f: „Manche ahnen nichts vom Wesen der Dinge, für die sie Pathos, Eifer und Begeisterung aufbringen. Und vielen ist die Kunst ein Tanzlokal; oder die Wallfahrt zu ihr erscheint ihnen notwendig und lästig wie eine offizielle Visite."
312 Ebda.
313 Die KAMPFSTELLE GEGEN ZENSUR UND KULTURREAKTION war dann zehn Jahre darauf ein weiterer Versuch, eine solche „Kulturrettungskolonne" zu gründen.
314 Michael Erlhoff zitiert Spengemann, für den die Vertreter der Großbourgeoisie „kapitalistische Gänseriche" waren (Erlhoff, Michael; Versuch, Revon auf die Füße zu stellen, S. 1f).
315 Spengemann, Christof; Wahrheit über Anna Blume, S. 10. Vgl. Schreiben Christof Spengemanns an Albert Meyer, 19. August 1918 (SAH, NL Spengemann, nicht verzeichnet).
316 Spengemann, Christof; Sinn der Kunst, in: Der Wachsbogen, Nr. 9/10, 1932, S. 10.
317 Schreiben Christof Spengemanns an Verlag des VOLKSWILLEN, 15. Dezember 1918 (Mappe KUNSTVEREIN – KESTNER-GESELLSCHAFT, SAH, NL Spengemann, nicht verzeichnet).
318 Schreiben Christof Spengemanns an Albert Meyer, 19. August 1919 (SAH, nicht verzeichnet).
319 Ebda.
320 Ebda.
321 Spengemann, Christof; Mit Heinrich beginnend. Ein Hannoverbuch, Hannover 1950 (SAH 2123b).
322 Ebda.
323 Spengemann, Christof; Bildende Kunst, S. 12.
324 Ebda. Vgl. auch Schreiben Christof Spengemanns an die Schriftleitung der Zeitschrift NIEDERSACHSEN, Hans Pfeiffer, 1. März 1918 (SAH, NL

Spengemann, nicht verzeichnet). Schreiben Christof Spengemanns an den Verlag des VOLKSWILLEN, 15. Dezember 1918 (Mappe KUNSTVEREIN – KESTNER-GESELLSCHAFT, SAH, nicht verzeichnet).

325 Spengemann, Christof; Die Abstrakten, Hann. Tagesblatt, 4. März 1928.

326 Ebda.

327 Schreiben Christof Spengemanns an Albert Meyer, 19. August 1918 (SAH, NL Spengemann, nicht verzeichnet).

328 Vgl. Impressum von: Spengemann, Christof; Wahrheit über Anna Blume. Vgl. Raabe, Paul; Autoren und Bücher, S. 445.

329 Klössel, Christiane; Zweemann, S. 136. Zu den Auflagenhöhen weiterer Werke Spengemanns: Vorwort DER KÜNSTLER in Kurt Schwitters ANNA BLUME, Hannover 1919: 13.000 Exemplare. Spengemann, Christof; Kunst, Künstler, Publikum, Hannover 1919: 3.000 Exemplare. Spengemann, Christof; Die Wahrheit über Anna Blume. Kritik der Kunst. Kritik der Kritik. Kritik der Zeit, Hannover 1920: 3.000 Exemplare, möglicherweise bis zu 10 Auflagen.

330 Spengemann, Christof; Publikus, in: Der Zweemann, 1. Jhg., H. 5, März 1920, S. 18. Vgl. Klössel, Christiane; Zweemann, S. 131.

331 Spengemann, Christof; Publikus, in: Der Zweemann, 1. Jhg., H. 5, März 1920, S. 18.

332 Christof Spengemanns Name steht auf der anderen Seite auch in keinerlei Zusammenhang mit den verschiedenen Gremien hannoverscher Volksbildungsarbeit nach dem Ersten Weltkrieg.

333 Gesprächsprotokoll Klara Spengemann-Morf/Anni Gebhardt, 15. September 1992.

334 Steinitz, Käte; Kestner-Gesellschaft, S. 27.

335 Ebda.

336 Hiernach sollte der Roman „ein Bild der Kunstverhältnisse (an Hand des Beispiels Hannover) geben, wie sie vor dem Expressionismus, während dieser Etappe und nach ihr waren. (Er) soll zeigen, wie eine geistige Bewegung durch die ästhetisierende bürgerliche Kunstauffassung abgebrochen und unmöglich gemacht wurde." (Spengemann, Christof; Ypsilon. Grotesker Roman, Typoskript u. Manuskript, Hannover 1924 (SAH 2117). Vgl. auch Riha, Karl; Vorwort, in: Spengemann, Christof; Ypsilon, S. 102.

337 Spengemann, Christof; Vier Generationen. Leopold, Wilhelm, Christof, Walter. Die Historie der Familie Spengemann, Hannover 1936 (SAH 2120), o.S.

338 Ebda. Vgl. auch Riha, Karl; Vorwort, in: Spengemann, Christof; Ypsilon, S. 104.

339 Bereits in den REGIE-BEMERKUNGEN zu YPSILON hieß es: „Es wird vorausgesetzt, daß der gebildete Leser zugleich sprechen und zuhören kann. Gibt es doch viele Menschen, die am liebsten ihre eigenen Worte hören! Von diesen sprechen die meisten aber nicht ihre eigenen Worte." (Spengemann, Christof; Ypsilon. Grotesker Roman, Typoskript u. Manuskript, Hannover 1924 (SAH 2117), Regie-Bemerkungen).

340 Riha, Karl; Vorwort, in: Spengemann, Christof; Ypsilon, S. 105. Mit der „utoparodistischen Groteske" FINGERLING gelang Christof Spengemann drei Jahre darauf offenbar ein ähnlicher Wurf. Eine Freundin der Familie, die Bildhauerin Anni Höfken-Hempel, versuchte, das Manuskript Berliner Filmleuten, unter anderem auch Fritz Lang, vorzustellen. Trotz „Begeisterung allerseits" wurde das Manuskript jedoch nicht realisiert, da die Handlung offenbar so starke Sprünge aufweise, daß man den Stoff für nicht verfilmbar hielt. Auch das Verlagshaus Ullstein sagte nach anfänglich bekundetem Interesse im November 1928 ab (Schreiben Anni Höfken-Hempels an Christof Spengemann, 23. Dezember 1927, 6. Oktober 1928, 21. November 1928 (NSA)). Das ACHT-UHR-ABENDBLATT. NATIONALZEITUNG hatte schon knappe anderthalb Jahre zuvor von der Veröffentlichung des Manuskriptes Abstand genommen (Schreiben der Redaktion an Christof Spengemann, 21. Juni 1926 (SAH, NL Spengemann, nicht verzeichnet)). Im Dezember 1920 bedauerte auch DAS ANDERE DEUTSCHLAND. WOCHENSCHRIFT FÜR ENTSCHIEDENE REPUBLIKANISCHE POLITIK, Spengemann nicht helfen zu können: „Das Manuskript ist etwas für die WELTBÜHNE, für's TAGEBUCH, für den SIMPL. Außer einer großen Zahl von Schulmeistern haben wir in der Hauptsache Parteifunktionäre und ausgesprochene Proletarier als Leser. Für sie ist der Stil nichts, der sich über sich selber amüsiert und mit Gewagtheiten und Andeutungen ein geistvolles Spiel treibt." Ähnliche Argumente wie in der Stellungnahme des hannoverschen VOLKSWILLENS fast zehn Jahre zuvor wurden hier also geltend gemacht (Schreiben der Redaktion an Christof Spengemann, 22. Dezember 1920 (SAH NL Spengemann, nicht verzeichnet)).

341 Ebda. Ernst Nündel beklagte noch 1987, daß der „Science-fiction-Roman Y" nicht veröffentlicht worden sei (Nündel, Ernst; Kurt Schwitters, S. 39). 1991 wurde das Buch dann vom Postskriptum Verlag Hannover publiziert.

342 Spengemann, Christof; Ypsilon, S. 15 f. Vgl. zum Zeitbezug des Romans die Seiten 13, 15, 16, 23, 57, 63, 83, 86.

343 Ebda., S. 71.

344 Ypsilon wird von einem „Oberlandgerichtsrat" gefragt: „Hochverehrter Herr Ypsilon! Wir wissen wohl, in welchen Sphären Sie das Heil der Welt suchen. Auf Grund unserer inneren Einstellung, Paragraph 298, Absatz 2, glauben wir, einen gesetzlichen Anspruch auf die Frage zu haben: sehen Sie eine Möglichkeit, das deutsche Volk in Sachen der Mentalität, sowohl in bezug auf die künstlerische Produktion als auch auf die Aufnahme dieser Produktion, auf den rechten wohlgepflegten Weg des Guten zurückzuführen? Unter Ausschluß des Verdachtes der Böswilligkeit auf (s)eiten der schöpferischen Köpfe müssen wir doch offen heraus bekennen, daß es in der gegenwärtig beliebten Art unmöglich weitergehen kann … Wir kennen Sie nicht, hochverehrter Herr Ypsilon. Wir kommen, weil wir uns in unserer Not an jeden Strohhalm klammern. Und wir hoffen, einen solchen, oder noch besser: einen starken Balken … in Ihnen zu finden, (der) uns gegebenenfalls vor dem Versinken in den Fluten dieser ehrvergessenen Zeit schützen kann." Ypsilon antwortet auf dieses Ansinnen abschlägig. Gerade das stimmt den Oberlandgerichtsrat „frohgemut", und er ruft aus: „Sie (die Antwort Ypsilons, I. K.) zeigt uns, daß Sie der Mann sein könnten, der imstande ist, dem Volke seine Ideale wiederzugeben. Und dann würden wir Ihnen folgen. Was dem Volke fehlt, sind hohe Gedanken." (Spengemann, Christof; Ypsilon, S. 80 f. Vgl. zur Person Ypsilons die Seiten 50, 51, 54, 65 f, 71, 75 f, 85 ff).

345 Ebda., S. 51.

346 Spengemann, Christof; Memoiren eines zu früh Geborenen. 24. Juli 1920 – 1. April 1922 (SAH 2116). In diesem unveröffentlichten Manuskript findet sich auch Spengemanns Charakterisierung von „Viktor Curt Quadermichel". Vgl. ansonsten zur Person Fredharry Schnullers im Roman YPSILON die Seiten 48, 49 ff., 65, 84 f., 87, 88 ff.

[347] In der ZINNOBER-Festschrift definierte Spengemann einen ‚Ästhetischen Salon' wie folgt: „Artiges Gesellschaftsspiel mit Teestimmung; in manchen Gegenden ‚Schmücke dein Heim' genannt, oder: ‚Die Kunst als Lutschbonbon'." (in: Festschrift zum Zinnober-Fest, Hannover 1928).

[348] Spengemann, Christof; Ypsilon, S. 34.

[349] Ebda.

[350] Ebda., S. 48.

[351] Ebda., S. 84. Vgl. zur Person der Pülke im Roman die Seiten 34, 47 ff. Vgl. allg. auch Spengemann, Christof; Mit Heinrich beginnend. Ein Hannover-Buch, Hannover 1950 (SAH 2123b).

[352] Spengemann, Christof; Ypsilon, S. 35.

[353] Spengemann erwähnt hier etwa die Figuren der beiden Meyers, des Arbeits- und des Genußmeyers, die Schlüsse auf die Person Albert Meyers vom VOLKSWILLEN zulassen (Spengemann, Christof; Ypsilon, S. 19, 25 f, 28, 41).

[354] Spengemann schrieb in seinen REGIE-BEMERKUNGEN im Vorwort des Romans: „Ypsilon ist der um die Erkenntnis der Kunst ringende Mensch um 1918 ... Es ging ... um die Klarlegung des Begriffes ‚Kunst und Schaffen', um eine Anschauung, die außerhalb aller bürgerlichen Kunstvorstellungen – ja unter Zurückstellung alles künstlerisch Sekundären entstand. Der reine Kunstgedanke sollte eindeutig herausgestellt werden. Dieser Kampf tobte sich nicht nur in theoretischen Betrachtungen aus. Ich sehe auch in der damaligen Produktion eine Polemik über dieses Thema. Fast alles, was damals im Kreise der wirklich Lebendigen entstand, war eine Auseinandersetzung mit sich selbst über das Phänomen ‚Kunst' ... Ypsilon setzt sich solchermaßen mit sich selbst und den Dingen auseinander. Indem ich ihn hinstellte, setzte ich mich ebenfalls mit mir und den Dingen auseinander, – es war der Status von 1921." (Spengemann, Christof; Ypsilon. Grotesker Roman, Typoskript und Manuskript, Hannover 1924 (SAH 2117), o.S.). Vgl. auch Riha, Karl; Vorwort, in: Spengemann, Christof; Ypsilon, S. 105).

[355] Spengemann, Christof; Mit Heinrich beginnend. Ein Hannover-Buch, Hannover 1950 (SAH 2123b). Vgl. Erlhoff, Michael; Christoph Spengemann, S. 165. Vgl. dazu den Ausspruch von Schwitters: „Die moderne Bohème besteht aus Automobil, Bankkonto, Telefon, Grammophon und Gästebuch" (in: Gästebuch Friedrich Vordemberge-Gildewart, (StAH, Bestand Repro). Auch Spengemanns waren Mitglieder im Freundeskreis Vordemberge-Gildewart.

[356] Vgl. dazu den Artikel von Spengemann DIE STADT KAUFT KUNST, der am 21. Januar 1932 im VOLKSWILLEN erschien. Dies ist eine der wenigen Arbeiten, die Christof Spengemann nach seiner Entlassung aus der Redaktion des VOLKSWILLEN noch für diese Zeitung verfaßte.

[357] Spengemann, Christof; Stellung zur Kunst, in: Kestner-Gesellschaft (Hg.); Flugschriften der Kestner-Gesellschaft e.V. 1. Zur Kunst unserer Zeit. Gedanken anläßlich der Nolde-Ausstellung, Hannover 1918. Vgl. auch Kunstverein Hannover; Zwanziger Jahre, S. 37. Schmied, Wieland; Wegbereiter der modernen Kunst, S. 286.

[358] Spengemann, Christof; Die hannoversche Riemenschneider-Innung, in: Der Wachsbogen, H. 2, 2. Novembernummer 1931, S. 2 f.

[359] Ebda.

[360] Ebda.

[361] Aus einem Schreiben von Grethe Jürgens, die sich zu dieser Zeit in ihrer Heimatstadt Wilhelmshaven aufhielt, wird deutlich, wie hohe Wellen Spengemanns Beitrag über die RIEMENSCHNEIDER-INNUNG schlug. Grethe Jürgens berichtete, auch in Wilhelmshaven habe man „über Ihren Artikel im WACHSBOGEN sehr gelacht". Allerdings sei die Zustimmung zu dessen Inhalten nicht so weit gegangen, Justus Biers Vorschlag abzulehnen, auch in Wilhelmshaven einen Vortrag über die Kunst des Tilman Riemenschneider zu halten (Schreiben von Grethe Jürgens an Christof Spengemann, 9. Januar 1931 (NSA)).

„… Immer aber wisse der Kritiker, daß Erkenntnis allein unfruchtbar bleiben muß, wenn das tätige Leben nicht an sie anknüpfen und Gewinn aus ihr ziehen kann …"

Der Kritiker und Dramaturg Johann Frerking

„Kritik heißt: sachlich eine Sache packen und nicht persönlich seinen Stank beigeben",[1] zitierte Johann Frerking im Juni 1921 den Dichter Detlev von Liliencron. Damit sei „eigentlich alles"[2] gesagt, was jeder Kunstkritiker und damit auch er selbst zu berücksichtigen habe. Drei Jahre später warf er anläßlich eines hitzigen Artikels in Paul Steegemanns Zeitschrift STÖRTEBEKER alle Besonnenheit über Bord, um sich schließlich eine Anklage wegen Beleidigung mit anschließender Geldbuße und Vorstrafe einzuhandeln.[3] Wenn Frerking hier gegen seine Prinzipien verstieß, so kann das sowohl an seiner Person als auch an der seines Kontrahenten gelegen haben.

Kritiker gegen Theaterexperte. Der Streit zwischen Johann Frerking und Franz Rolan (1924)

Schließlich war mit Franz Rolan-Bubenzer ein Mann, der sich seit Jahrzehnten bereits nicht unumstritten in Hannovers Kunst- und Kulturleben bewegte, der Kläger in diesem Verfahren. Rolan, gebürtiger Hannoveraner und vordem Regisseur des Berliner Schillertheaters,[4] war 1910 in Hannover in Erscheinung getreten, als er die Schauburg an der Hildesheimer Straße als fünftes hannoversches Theater erbauen ließ. Nach längeren Querelen um die Erteilung der Konzession[5] wurde das damals wohl schönste und modernste Theater Hannovers im Mai 1911 eingeweiht.[6] Aufgeführt wurde der FAUST, und Rolan ließ es sich nicht nehmen, die Titelrolle selbst zu spielen. „Indiskutable schauspielerische Leistungen",[7] so ein Berliner Kritiker, und ein schlechtes Theatermanagement führten dazu, daß die Schaubühne nach gerade einem Jahr scheiterte.[8] Rolan, Jahrgang 1872, an der hannoverschen Technischen Hochschule von Conrad Wilhelm Hase, Hubert Stier und Karl Börgemann ausgebildeter Architekt und als Maler in München gefördert von Franz von Stuck, überstand alle peinlichen Anfeindungen im Anschluß an den Konkurs unbeschadet.[9] Den Ersten Weltkrieg beendete der Weitgereiste, der kurz vor der Jahrhundertwende im nördlichen Eismeer Vermessungsarbeiten durchgeführt hatte, hoch dekoriert.[10] Später scheint er sich vor allem als Porträtmaler und Zeichner betätigt zu haben.[11] Gelegentlich stellte er – Mitglied der Allgemeinen Deutschen Kunstgenossenschaft und des Reichswirtschaftsverbandes bildender Künstler[12] – im hannoverschen Kunstverein aus. Allerdings war sein Talent als Maler offenbar eher begrenzt. Kurt Voß vom HANNOVERSCHEN KURIER bescheinigte seinen Arbeiten 1925 „Ähnlichkeitsfanatismus", vermutete aber, daß Rolan „wohl auch gar nicht mehr"[13] wolle als zeigen, daß er immerhin die Technik des Malens beherrsche. Carl Buchheister befand Rolans Werke in einem Brief an seine Frau sieben Jahre später, 1932, gar als „fürchterlich geschmacklos",[14] leider ohne sein Urteil weiter zu begründen.

Zwei Selbstbildnisse Franz Rolans. Kohleskizzen. Um 1915

Franz Rolan wurde in den zwanziger Jahren von der Stadt Hannover finanziell unterstützt. Wie aus einer handschriftlichen Notiz des Wohlfahrtsamtes zu einem Unterstützungsgesuch Rolans zu entnehmen ist, verdankte er die Geldzuwendungen seiner verwandtschaftlichen Beziehung zu dem traditionalistisch arbeitenden Maler Rudolf Hermanns.[15] Dieser, Schwiegervater einer der Töchter Rolans, war der Verfasser jener berüchtigten Broschüre OFFENHERZIGKEITEN ÜBER KRITIK UND EXPRESSIONISMUS IN HANNOVER. EINE ABWEHR, die 1919 als wütende Hetzschrift gegen die moderne Kunst von der hannoverschen Ortsgruppe der ADKG herausgegeben wurde.

Vielleicht über seine Arbeit als Maler und Zeichner trat Rolan in Kontakt zu Kurt Schwitters, einem jener Künstler, den die OFFENHERZIGKEITEN heftig anfeindeten. Schwitters berichtete im Januar 1920, er habe gemeinsam mit Rolan „die Idee der MERZ-Bühne in bezug auf ihre praktischen Möglichkeiten gründlich durchgearbeitet"[16] und in dem Theatermann einen interessierten und verständigen Diskussionspartner für

Titelblatt der Schrift INTENDANT WILLY GRUNWALD. CHARAKTERSTUDIE von Franz Rolan. 1924

seine Überlegungen gefunden. In kollegialer Zusammenarbeit sei ein „umfangreiches Manuskript"[17] über die MERZ-Bühne entstanden, das dann im Frühjahr 1923 in Herwarth Waldens STURM veröffentlicht wurde.[18]

Über all seinen anderen Beschäftigungen hatte der umtriebige Franz Rolan sein Interesse am hannoverschen Theater nicht vergessen. Bereits 1918/19 bewarb er sich erstmals um die Stelle des Intendanten des Hoftheaters.[19] Gleichzeitig reichte er das Manuskript eines Theaterstücks ein, das seine Qualitäten als Dramatiker belegen sollte. Seine Bewerbung wie das Stück wurden von Fachkreisen zur Kenntnis genommen und „mit Kopfschütteln"[20] abgelehnt, wie Frerking nicht ganz ohne Häme zu berichten wußte. Immerhin erwog man, weil seine Bewerbung nicht erfolgreich gewesen war, Rolans Theatermanuskript zu berücksichtigen und den neuen Intendanten zu einer Inszenierung des Werkes zu bitten.[21] Die Bevorzugung des Mitbewerbers Willy Grunwald, der dann zum neuen Intendanten ernannt wurde, scheint Rolans Stolz empfindlich verletzt zu haben. Kurz darauf, Anfang der zwanziger Jahre, veröffentlichte er eine CHARAKTERSTUDIE ÜBER INTENDANT WILLY GRUNWALD, die nicht nur diesen, sondern ebenso den Schauspielregisseur Rolf Roenneke und auch Johann Frerking selbst tief beleidigte. „Noch nie", so letzterer in seiner mehrseitigen Replik auf die Veröffentlichung im STÖRTEBEKER, sei ihm „eine so plumpe, leichtfertige, durchsichtige, in Ursprung und Ziel gleich üble Niederschrift zu Händen gekommen wie diese".[22] Er selbst hätte sich „lieber den Schreibfinger abgebissen, als über irgendwen, und sei er mein ärgster Widersacher, dergleichen in Druck (zu) geben".[23] Nie bisher habe er „etwas mit so großem Widerwillen geschrieben"[24] wie seine Antwort auf Rolans Attacke, beteuerte er im STÖRTEBEKER. Allzu groß sei die Gefahr, sich selbst auf das Niveau des Kontrahenten herabzulassen und wie er „zu belfern und zu beißen". Wer sich wie Rolan jedoch nicht schäme, „Internstes und Privatestes, das um sein Ohr wehte, in willkürlicher Verdrehung in die Welt zu tratschen, darf sich nicht wundern noch beklagen, wenn man ihm – vorhält, was er selbst gesagt und getan hat".[25]

Sicher reagierte Frerking auch deshalb so heftig, weil er Rolan gegenüber selbst leutselig Unverfängliches über Grunwald und Roenneke ausgeplaudert hatte, das jener dann bösartig gegen diese verwandte. Beide waren, wie Frerking es beschrieb, seine „nächsten Nachbarn am Werk",[26] seine „Kameraden", und Rolan habe mithin „vor die Tür gespuckt, durch die ich gehe" und „den Strang angesäbelt, an dem ich mit anderen ziehe".[27] Das forderte Frerkings Entgegnung. Diese war gedacht, den „Störenfried unschädlich zu machen".[28] Der „Schwätzer", „Fälscher" und „Ehrabschneider"[29] Franz Rolan sollte nach seiner Zurechtweisung in Hannover keinerlei Gelegenheit mehr finden, seinen künstlerischen Dilettantismus zu praktizieren. Frerkings Spottlust kannte keine Grenzen. Dieser „Theaterdirektor im Ruhestande, Schauspieler, Porträtmaler, Schriftsteller und Charakterstudent"[30] verstehe sich wohl auch als Autor anspruchsvoller Dramen, stichelte er. Als solcher habe er schließlich dieses Stück verfaßt, das tatsächlich zur Aufführung gelangen sollte. Nun habe sich Rolan indes, so Frerking weiter genüßlich, während der Proben bereits außerordentlich unfähig angestellt. Das Ensemble der Städtischen Bühnen, das ohnehin schon mit der Bitte um Nachsicht auf die Mangelhaftigkeit der Rolanschen Arbeit aufmerksam gemacht worden sei, habe sich daraufhin für außerstande erklärt, die Aufführung vorzubereiten. „Es gab nur die eine Lösung: der Ehrengast wurde wieder ausgeladen, die Premiere bis auf weiteres verschoben."[31] Rolan habe nach außenhin auch Verständnis geheuchelt, insgeheim aber sein übles Pamphlet verfaßt. Eitel von seinen imaginären Freundschaften zu den Großen des Theaters seiner Zeit schwatzend „wie der greise Papagei meiner Tante, nur nicht ganz so scharmant" (sic!),[32] habe sich, so Frerking weiter, ein durchweg Mittelmäßiger, der von Theater keine Ahnung habe, weil er es nicht besuche, sondern nach eigener Aussage „nur noch ins Kino"[33] gehe, an die Demontage Willy Grunwalds gemacht.[34]

Als Autor der CHARAKTERSTUDIE hatte sich Rolan auf ein Niveau begeben, das eigentlich jenseits der Diskussionsbereitschaft Johann Frerkings lag.[35] Er hatte die Kardinalsfehler des Kritikers begangen, die dieser an anderer Stelle als Auseinandersetzung mit „personelle(n) Quisquilien", „Atelierklatsch", „Bierbankgeschwätz und Domestikenweisheit"[36] beschrieben hatte. Für die Heftigkeit und das Engagement indessen, mit der Frerking selbst reagiert hatte, mochte ein anderer seiner Leitsätze gelten, nach welchem alles Wissen und alle Bildung nichtig sei, „wenn der letzte, innere Antrieb nicht ausgeht vom unaufhaltsamen Drang des quellenden Herzbluts".³⁷

Zweierlei war Johann Frerking eigen: ein großes literatur- und kunstgeschichtliches Wissen und die Fähigkeit, sich immer wieder aufs neue erregen zu können, und sich nicht mit Mittelmäßigem zu bescheiden. Ein halbes Jahrhundert, von den zwanziger Jahren bis zu seinem Tod im Jahre 1971, hat Johann Frerking das kulturelle Leben seiner Heimatstadt Hannover auf vielfältige Weise kritisch mitgestaltet und begleitet. In jedem Lebensalter bewies er sich als „streitbarer Wortführer"³⁸ der künstlerischen Avantgarde der Zeit.

Biographisches

Johannes Frerking wurde am 19. August 1884 als ältestes Kind des hannoverschen Schulrektors und Feuilletonkritikers Wilhelm Frerking³⁹ in einem Hinterhaus in der Theaterstraße geboren. Er entschied sich früh gegen den vom Vater avisierten Beruf des Pädagogen und für den des Journalisten. Schon vor dem Abitur, das er 1902 am hiesigen Ratsgymnasium ablegte, schrieb er in Vertretung des Vaters Artikel für das HANNOVERSCHE TAGEBLATT.⁴⁰ Nach einem Studium der Germanistik, Geschichte und Kunstgeschichte in Göttingen arbeitete er von 1912 bis 1914 als Journalist an der RHEINISCH-WESTFÄLISCHEN ZEITUNG in Essen. Im August 1914 meldete er sich, mittlerweile dreißigjährig, freiwillig zum Ersten Weltkrieg nach Flandern. Vier Jahre später wurde er – zum Leutnant und schließlich zum Kompanieführer befördert – mit zerschossenem Gesicht in die Heimat entlassen. Seit Anfang der zwanziger Jahre und bis zu seinem Tod lebte er – lange Zeit gemeinsam mit der Schwester – in der Wohnung neben jener des Vaters in der Dachenhausenstraße. Dem weiblichen Geschlecht stand er zwar nicht ablehnend gegenüber,⁴¹ die Wahrung seiner ausgeprägten Eigenarten, die ihn nach eigenem Bekunden als „freundlich-gespäßigen Absonderling"⁴² auswiesen, war ihm jedoch so wichtig, daß die Gründung einer Familie für ihn nicht in Frage kam.

Johann Frerking, Foto. Nach 1945

Von seiner Wohnung aus, die allen Zeitgenossen als einzigartige „Bücherburg" mit weit über zehntausend Werken aus allen Epochen in Erinnerung geblieben ist, knüpfte er seine vielfältigen Kontakte zur hannoverschen Kunst- und Kulturszene der zwanziger Jahre. Hier widmete er sich einer seiner wesentlichen Aufgaben: Er entdeckte – zunächst in der Vereinigung DER MORGEN, später in anderen literarischen Vereinen und Gesellschaften – junge Talente und förderte sie vornehmlich in der Kunst der Kritik.⁴³ Georg Grabenhorst erinnerte sich seines Auftretens folgendermaßen: „Er war ein leidenschaftlicher Junggeselle. Er mußte seine Freiheit haben. Er hieß ‚der rote Johann'. So rot war der gar nicht, er war liberal, würde ich sagen, aber rot? Er war so ein bißchen freier in seinen Formen. Auch so, was den literarischen Umgang betrifft. Solche werden immer gleich für rot gehalten."⁴⁴ Über ein konkretes parteipolitisches Interesse Frerkings während der Weimarer Republik ist nichts bekannt.⁴⁵ Allerdings zählte er zu den ständigen Mitarbeitern des Mitteilungsblattes der Freien Volksbühne, jener der hiesigen Sozialdemokratie nahestehenden Theaterbesucher-Organisation, der er auch im Kulturbeirat zur Verfügung stand.⁴⁶ Regelmäßig erschienen hier in den zwanziger und frühen dreißiger Jahre seine Rezensionen.⁴⁷ Sein besonderes Augenmerk galt dabei dem Theater.

Johann Frerking und das Theater

In den unruhigen Novembertagen des Jahres 1918 gehörte Johann Frerking jenem Revolutionären Kunstkommittee an, das zwischenzeitlich die Leitung des ehemaligen Hoftheaters übernommen und mit der expressionistischen Inszenierung von Georg Kaisers DIE BÜRGER VON CALAIS seinen Einstand gegeben, bald jedoch seine Arbeit wieder eingestellt hatte.⁴⁸ Zu dem Zeitpunkt, als er seinen Artikel gegen den „Theaterfeind" Franz Rolan-Bubenzer im STÖRTEBEKER schrieb, war Johann Frerking bereits ein Jahr „beim Bau",⁴⁹ wie er es nannte. Im Frühjahr 1923 hatte er mit einer Monatsgage von zunächst 500 M als Dramaturg unter Rolf Roenneke begonnen.⁵⁰ Drei Stücke sollte er in der kommenden Saison zur Entlastung Roennekes inszenieren.⁵¹ Sein Vertrag wurde im Jahr darauf verlängert.⁵² Im Juni 1925 hingegen scheint es zu Unstimmigkeiten zwischen Frerking und dem Theater-Ausschuß der Stadtverwaltung Hannovers gekommen zu sein. Die Diskussion um sein Verbleiben am Theater wurde schließlich im Februar 1926 auf eine für dieses Kollegium charakteristische Weise beendet. Während einige Ausschußmitglieder eine feste Anstellung Frerkings anregten,⁵³ sprach sich vor allem Heinrich Tramm gegen den Dramaturgen aus. Frerking sei für eine ständige Verschlechterung des Spielplans des städtischen Schauspiels verantwortlich, gab Tramm zu bedenken, und er machte zugleich deutlich, daß nach seiner Überzeugung nur die Besinnung auf das klassische Repertoire des Schauspiels dazu angetan sei, diese Defizite wieder auszugleichen.[54] Roenneke selbst gab sich große Mühe, diesen Eindruck zu zerstreuen. In eine Ausschußsitzung zitiert, betonte er, der Dramaturg stehe im Fall einer Nichtverlängerung „vor dem Nichts".[55] Schon allein aus diesem Grund befürworte er das Verbleiben Frerkings „warm". Dieser sei „außerordentlich fleißig". Es ruhe auf ihm eine „ungeheure Arbeitslast". Über 300 Manuskripte habe er in jeder Saison zu lesen. Weiter hieß es: „Was die Regieführung Frerkings in einigen Stücken anlange, die von einigen Theater-Ausschußmitgliedern nicht gern gesehen sei, so habe er Frerking diese übertragen, um ihm beim Weiterkommen behilflich zu sein."[56] Roennekes Unterstützung scheint Frerking eher geschadet als genutzt zu haben. Im Sommer 1926, ein Jahr, bevor jener Hannover verließ, wurde Johann Frerking nach der letzten gemeinsamen Inszenierung mit Roenneke entlassen.[57]

Die Zusammenarbeit zwischen Rolf Roenneke und Johann Frerking scheint während der vorangegangenen drei Jahre von tiefem gegenseitigem Vertrauen geprägt gewesen zu sein. Frerking setzte dabei in die Person Roennekes große Hoffnungen. In einem Rückblick schrieb der ehemalige Dramaturg Ende der zwanziger Jahre über die Aufgaben eines Theaterleiters: „Das Erbe der Alten zu hüten, das Recht der Jungen zu achten, die einen zu bilden und die anderen zu unterhalten, die Kraft der Künstler, die Ruf und Gaben dem Theater anvertraut haben, sorglich zu hegen und zu fördern, dem Ganzen möglichst weithin Ansehen zu geben und zu erhalten und, auf daß dies alles immer möglich sei, auch des Geschäftes nicht zu vergessen – das sind nur einige der wichtigsten Forderungen."[58]

Nichts davon sah er zu dem Zeitpunkt verwirklicht, als er tatenhungrig aus dem Weltkrieg heimkehrte. Der Sohn eines engagierten Theaterkritikers der Stadt, seit früher Kindheit vertraut mit den Spielplänen der hannoverschen Bühnen, nahm sehr deutlich wahr, welche Komplikationen der Wechsel von der Aufsicht und Zensur des Kaiserreiches zur demokratischen Freiheit und Meinungsvielfalt mit sich brachte. „Plötzlich war erlaubt und dringend erwünscht, was bisher unerwünscht und sogar verboten war",[59] schrieb er. Welchen Gebrauch aber machten die Theater davon?

Besonders in den ersten Monaten der Weimarer Republik und inmitten der Unruhe, die nach dem Übergang von der Monarchie zur Demokratie auch in den hannoverschen Theater herrschte, bemühte sich der Chronist Johann Frerking festzuhalten, was sich in diesem Bereich abspielte, aber auch zu kritisieren und anzutreiben, wenn ihm eine Entwicklung zum Besseren nicht schnell genug vonstatten ging. Er war gefragter Gastautor vieler hannoverscher Organe, in denen „die Messer der Zeitsatire gewetzt wurden".[60] Den ZWEEMANN belieferte er ebenso wie Bernhard Gröttrups PILLE,[61] Paul Steegemanns MARSTALL oder den STÖRTEBEKER. Vor allem aber im HOHEN UFER veröffentlichte er Rezensionen. Die Theaterkritik dieser Zeitschrift lag dabei fast ausschließlich in seinen Händen.

In diesen Foren eines experimentierfreudigen und streitbaren Geistes berichtete Johann Frerking Anfang der zwanziger Jahre von jeder Regung im hannoverschen Theaterbetrieb. Seine Artikel zeichneten ein erschreckendes Bild vom Zustand des hannoverschen Theaters.[62] Entweder bereite man Aufführungen weiter als „biederes Beamtenwerk"[63] vor, oder man nutzte den Wegfall der Zensur, um sittlich Anstößiges zu präsentieren.[64] Beides sei auf die Dauer gleich langweilig und führe jeweils auf anderem Wege zu einem „stumpfen Hin und Her des hannoverschen Theaterbetriebes",[65] wo doch eigentlich die veränderten Verhältnisse die lang erwartete Blüte der hannoverschen Bühnen endlich möglich machen sollten.

Im HOHEN UFER berichtete er im März 1919 ironisch, im Residenztheater sei er wohl „in eine Extravorstellung für die Getreuen irgendeiner Hausfrauenzeitung geraten".[66] Frerking ersparte sich kurzerhand die ausführliche Rezension. „Es lohnt nicht, auf den gemütriefenden theatralischen Kuddelmudel näher einzugehen. Das Gran blaßblauer Blümeleinpoesie, das – vielleicht – echt darin ist, wiegt die Qual des Abends nicht auf, drei Stunden lang zuzuhören, wie äußerlich harmlose Leute sich beindicke Übelkeiten ins Gesicht schmusen und auf das Unkeuscheste in Keuschheit machten … Der Kritikus hob sich von dannen, und seine Seele schrie nach Ludwig Anzengruber und einem Doornkaat."[67] Ein anderes Mal – man spielte ein Stück von Friedrich Hebbel, einem von ihm besonders geschätzten Autor – konnte Frerking nicht umhin zu gestehen, es ihm sei „eine gewisse Genugtuung"[68] gewesen, im Verlaufe des Abends Zeuge zu werden, wie König Herodes die beiden Theaterdirektoren dem Henker übergab.

Viele der Kritiken Frerkings aus dieser Zeit prägte dieser Ton aus Spottlust, komischer Verzweiflung und Unglaube darüber, daß sich wirklich so viel in seinen Augen Schlechtes auf Hannovers Bühnen abspielen konnte. Vier Uraufführungen, so berichtete er im HOHEN UFER, habe er sich in der letzten Zeit angesehen, „vor der fünften hat mich die freundliche Grippe behütet". „Gibt es keine guten – ach Gott: guten – keine passablen, irgendwie betrachtenswerten Stücke mehr? Oder werden sie andernorts aus der Taufe gehoben? Haben gerade hier die Dramaturgen zwei linke Hände?"[69] Müsse man nicht geradezu überlegen, so beschloß er seinen Artikel, ein trotz allem immer noch williges Theaterpublikum vor der Gefährdung zu schützen, die von diesen Stücken ausgehe?

Frerking hatte in seinen Artikeln keinerlei Verständnis dafür, daß dieses Publikum oftmals gar nicht so unzufrieden mit dem war, was er selbst als platt, oberflächlich oder gefühlsselig ablehnte. Umgekehrt vermerkte er, daß Aufführungen wie etwa die der Kestner-Bühne, die er zu einem der „kostbarsten Besitztümer"[70] in Hannover zählte, meist den wenigen „wahre(n) Theaterfreunden",[71] wie er selbst einer war, vorbehalten blieben. „Falsche Theaterfreunde" aber besuchten das Theater vor allem aus gesellschaftlichen Gründen sowie, gerade anläßlich der großen Skandale Anfang der zwanziger Jahre, aus Sensationsgier. Mit deutlicher Ablehnung etwa berichtete er anläßlich der Aufführung der PFARRHAUSKOMÖDIE im Deutschen Theater im April 1921 über jene vielen Zuschauer, „die nicht gekommen waren, um eine Aufführung zu sehen und sich ein Urteil zu bilden, sondern um eine Aufführung zu verhindern und ein Vorurteil zu vollstrecken".[72] Diese Besucher, „von denen eine große Anzahl sich durch die ganze Art des Verhaltens von vornherein als völlig theaterfremd erwies", seien allein am Skandal interessiert gewesen und hätten diesen durch ihr Verhalten mitprovoziert, das vom Werfen von Stinkbomben über das Gebrüll vom „Schmutz gegen Schmutz" bis zu anderen Möglichkeiten geprägt gewesen sei, „Unbildung und Herdenhaftigkeit"[73] zu zeigen. Dem Kritiker Frerking war „nicht der Beifall der Menge, sondern die Ergriffenheit Einiger"[74] wichtig. Über die vielen anderen schrieb er anläßlich einer Rezension von Georg Kaisers GAS im Oktober 1919, sie seien nur gekommen, Roennekes Qualitäten anzuzweifeln. Dieses Publikum aber habe angesichts der brillianten Inszenierung „eine Niederlage" erlitten und „merkte es zum Schlusse sogar selbst".[75]

Sei ein solches Publikumsverhalten in einem Privattheater schon skandalös genug, so dürfe es dafür in einem städtischen wie dem Opern- und Schauspielhaus keine Entschuldigung geben. Gerade hier sei es jedoch schon seit längerem die Regel. Vor allem das Repertoire des Schauspiels gründe sich zum einen „auf ein ständig rotierendes Repetitorium der gängigsten Klassiker" und zum anderen auf „glattes und plattes Amüsier- und Sensationstheater". Zwei Hauptursachen machte er in dem Artikel VON DEN HANNOVERSCHEN THEATERN UND IHREM PUBLIKUM für diese Situation verantwortlich: „(E)inmal der nun ausgeschaltete Druck von oben, der ... nur den hohlen Tiraden der offiziellen Hof- und Nationaldichter oder törichtem Philisterspaß freundliche und eifrige Förderung zuteil werden ließ; und zum anderen die behagliche Bildungsspießerei der Masse des Abonnentenpublikums, die freilich durch keinen Faktor so gefördert und gestärkt worden ist wie eben durch den jahrzehntelang konsequent durchgehaltenen Stumpfsinn dieses Schauspielbetriebes."[76] Mit Engagement und Ironie schrieb Frerking von „Tantiemetigern", „Schwankschustern", „Kitschkrämern" und „Ersatztalenten", die einer indifferenten Zuhörerschaft „blöde Surrogate und abgestandene Sentimentalitäten"[77] präsentierten und hierfür auch noch Beifall erhielten.[78] Er habe nichts gegen einen guten Schwank oder eine gute Komödie, aber es sei „faule Phrase" zu behaupten, das Publikum brauche „in dieser schweren Zeit" süßen Kitsch und zweideutigen Ungeist. Es gehe auch nicht darum, „einer bestimmten Kunst-‚Richtung' einseitig zum Siege (zu) verhelfen".[79] Für Johann Frerking gab es keine Richtungen, sondern nur Kunst und Unkunst. Natürlich könne die Auswahl der Stücke nicht gleichgültig sein, aber ein neues Ensemble unter einem neuen Regisseur sei immer wichtiger als jede inhaltliche Schwerpunktsetzung, sei sie in der Vergangenheit oder in der Gegenwart angelegt. Frerking trat für eine Ablösung des verstaubten Hoftheaterstils ein, welche im rein Theatralischen blieb[80] und den Aspekt einer „Politisierung" der Bühne nicht berücksichtige: „Es kommt nicht darauf an, die Revolution auf die Bühne zu bringen, sondern darauf, diese Bühne zu revolutionieren",[81] formulierte er.

Er forderte die „Pensionierung oder Verabschiedung derjenigen künstlerischen Beamten oder Schauspieler, die nicht gewillt sind, sich dem Umschwung der Anschauungen anzupassen, oder dem Neuaufbau aktiv oder passiv Widerstand leisten".[82] An der Spitze der dann neu einzustellenden Kräfte habe ein „tüchtiger, mit durchgreifender Energie begabte(r) Regisseur"[83] zu stehen. „Wir suchen einen Mann",[84] schrieb er plakativ im Frühjahr 1919, einen, der ‚hexen könne und ruhig bleibe', der unter widrigen Umständen Großes leiste und dem das Theater sein Leben bedeute. Als dieser Mann, Rolf Roenneke, dann nur kurze Zeit darauf Oberregisseur der hannoverschen Städtischen Bühnen wurde, fand er in dem Kritiker und späteren Dramaturgen Johann Frerking seinen treuesten Anhänger. Roenneke wurde für Frerking zum „Maß aller Dinge".[85] „Ohne ein einziges Stück vom Erbe seines Vorgängers zu übernehmen, baut Dr. Roenneke auf neuem Grundriß auf", bemerkte er. „Und das eben noch Unglaubliche wird fröhliche Tatsache: es geht."[86] Der neue Regisseur habe in kürzester Zeit etwas geschaffen, „was an dieser Stelle seit Menschengedenken vermißt worden ist: er beherrscht sein Material und unterwirft es der Ordnung des zu gestaltenden Werkes. Und für dieses Werk hat er das innere Auge und das innere Ohr. Das Selbstverständliche ist endlich Ereignis geworden."[87]

Frerking war in seiner Begeisterungsfähigkeit allzu gern bereit, Roenneke vor allen Anfeindungen zu schützen. Er begrüßte „Energie, Mut und Entdeckerfreude", die endlich „lebendiges Theater" schüfen. Besonders würdigte er, daß Roenneke „trotz seiner Vorliebe für das Zeitgenössische" die Klassiker nicht vergessen habe; ja „er pflegte sie mit nicht weniger Liebe".[88] Äußerte er Kritik, galt diese nie dem Schauspielleiter, sondern etwa dem Personal, da „in diesem Bezirk die Widerstände gegen Erneuerung und Ausbau am schwierigsten zu überwinden sind".[89] Hatte er sich mit negativen Theaterkritiken zu Roennekes Inszenierungen auseinanderzusetzen, betonte er zu dessen Ehrenrettung, „daß man über einem Sumpf nicht ohne weiteres eine Kathedrale errichten kann". Statt für den Augenblick zuviel zu verlangen, freue man sich doch mit ihm, „daß Werkleute mit gutem Willen dabei sind, Fundamente zu legen".[90] Auch heftige Zuschauerreaktionen, wie sie die ‚Ära Roenneke' begleiteten, waren für Johann Frerking kein Anlaß, die Leistungen des neuen Mannes anzuzweifeln. Schon 1920 urteilte er über eine Inszenierung, die heftig angefeindet worden war, sie werde „leider meist vor dem falschen Publikum gespielt".[91] Roenneke habe hierin aber keinen Grund zu sehen, seinen Spielplan zu ändern. Vielmehr sei das Publikum zu veranlassen, endlich mehr Bereitschaft zum Verständnis für seine Arbeit aufzubringen.

Anfang der zwanziger Jahre mußten alle hannoverschen Avantgardezeitschriften ihr Erscheinen einstellen. Dem Kritiker und Dramaturgen Johann Frerking, der mittlerweile die Möglichkeit hatte, gleichsam von innen die Überzeugungsarbeit für den Schauspielleiter weiter auszubauen, waren damit wesentliche Möglichkeiten publizistischer Tätigkeit entzogen.[92] Zwar rezensierte Frerking weiter für den HANNOVERSCHEN KURIER, aber hier hatte er bei weitem nicht die gleichen Freiheiten, mit Spottlust und Wortgewalt Partei für einen Theatermann zu ergreifen, dessen Stellung in Hannover zur gleichen Zeit bereits begann, brüchig zu werden. Wie groß zudem der Unterschied zwischen seiner Freude an frischer, eigenwilliger und kontroverser Theaterarbeit und den Überzeugungen manches Kollegen des HANNOVERSCHEN KURIERS war, macht die Diskussion um Freilichttheater-Aufführungen deutlich, die im Sommer 1920 durch die hannoversche Presse ging.

Kritiker gegen Kritiker. Der Streit zwischen Johann Frerking und Martin Frehsee (1920)

1920 erklärte Johann Frerking im HOHEN UFER „das Freilichttheater als Illusionsbühne" zum „Unding".[93] Heroische Geste werde hier „bestenfalls zum fröhlichen Indianerspiel", weil das dichte Nebeneinander von Schauplätzen die Gutwilligkeit des Publikums überfordere. Allenfalls „Mysterien- und Fastnachtsspiele und ein paar Rokokogruppen" seien denkbar, sicher aber nicht heroische Massenspiele wie ein gerade im Garten des Bella Vista gezeigtes, das in seinem „finsterprächtigen Mythos der Ahnen die Torheit der Freilichtbühnenidee ... in ihrer ganzen Blöße"[94] enthüllt habe. Ganz anders sah das jener Kollege beim HANNOVERSCHEN KURIER, der zur gleichen Zeit unter dem Kürzel M. F. von einer „Offenbarung" schrieb, die eine Aufführung „unter freiem Himmel in wirklich schöner Umgebung uns schenkt".[95] Von solchen Vorstellungen werde Anreiz ausgehen, „zu suchen nach verborgenen Schätzen, die gerade in einer Freilichtbühne wieder zu neuer und helleuchtender Geltung kommen können." Es waren diese Aufführungen, die nach M. F. dazu aufforderten, „festzuhalten an dem, was wir besitzen und es uns nicht verekeln lassen durch die, die gar zu gern dem alten, großen, mächtigen Deutschland ein neues schwaches, kränkliches Deutschland entgegenstellen möchten".[96] M. F. wünschte sich zum Abschluß des Artikels, daß eine zu errichtende Freilichtbühne in Hannover, die „ja beste und edelste Kunst bringen will, ... Kunst für das ganze Volk, ... freundliche Aufnahmewilligkeit und ermutigendes Vertrauen finden"[97] möge. Diese Wertschätzung für heroisches, volksverbindendes und nationalbetontes Theater, die einiges von der Terminologie der Diskussion um das Thing-Spiel der dreißiger Jahre vorwegnahm,[98] mußte Johann Frerking unverständlich bleiben. Ein Jahr nach der Freilichttheater-Debatte, im Juni 1921, forderte er vom Kritiker, er müsse „in seinem Tage"[99] stehen: „Das Wissen um die Vergangenheit, die Erfahrungen von gestern und vorgestern sind sein Rüstzeug, sein Ziel aber ist das Morgen, ist die Zukunft".[100] Rückwärtsgewandtheit im Politischen interessierte ihn wenig. Wenn die Erinnerung an deutsche Größe, verbunden mit dem wehleidigen Blick auf dessen derzeitige Schwäche, jedoch Stoff für dramatische Umsetzungen wurde, mußte sich sein Widerstand regen. Das galt umso mehr, als ihm die Beschäftigung mit Politik auf dem Theater gleich welchen Inhalts, weil sie für ihn zumeist mit schriftstellerisch-dramatischer Unfähigkeit einherging, ohnehin verdächtig war.

Wie groß die Unterschiede in der Interpretation von Kunst der beiden Mitarbeiter des HANNOVERSCHEN KURIERS Johann Frerking und M. F. waren, zeigte sich nicht nur am Beispiel der Diskussion über die hannoverschen Freilichtbühnen. M. F. nämlich war Martin Frehsee, seit dem Ausbruch des Ersten Weltkrieges Feuilletonschriftleiter des KURIERS und zugleich Verfasser oder Mitverfasser von eher leichtgewichtigen Theaterstücken mit Titeln wie TRUTZIG UND TREU, TANTE TÜSCHEN, FRAU FROHNATUR und ALS ICH NOCH IM FLÜGELKLEIDE.[101] Frehsee, nach Aussage Frerkings „schon ein älterer Herr",[102] hatte sich früh als nationalbewußter Feuilletonist erwiesen. Mit Ausbruch des Ersten Weltkrieges habe er sich 1914 auch zugleich ein Ende alles „Deutschfeindliche(n) und Deutschfremde(n)"[103] erhofft. Nach Kriegsende blieb Frehsee weiterhin Feuilletonschriftleiter. Wiederholt nutzte er den KURIER Anfang der zwanziger Jahre, um sein völliges Unverständnis gegenüber einer Art von Kunst zum Ausdruck zu bringen, welche er in der zeitgenössischen Malerei, Literatur und im Theaterbetrieb der Stadt wahrnahm. Seine Artikel waren scharf und hohntriefend. Kurt Schwitters reagierte auf eine Attacke gegen seine Arbeit im Dezember 1919 mit einem OFFENEN BRIEF AN HERRN MARTIN FREHSEE im ZWEEMANN. Das Gedicht AN ANNA BLUME ins Spiel bringend, wünschte er Frehsee ein „paar mehr Sinne",[104] unter anderem auch endlich einen für Kunst. Dann würde dieser „vielleicht auch nicht immer auf jede nicht sehr intelligente Art von ‚Kritiken' hereinfallen". Obwohl Frehsees dramatische Werke in seinen Augen keinen Anlaß für die Annahme boten, daß sich dieser Sinn für Kunst demnächst einstellen werde, schloß Schwitters seinen Brief doch mit der Aufforderung, ANNA BLUME zu lesen und sich so am Guten zu orientieren. Noch sei es „zur Umkehr nicht zu spät".[105] In der gleichen ZWEEMANN-Ausgabe hatte dessen Mitherausgeber Christof Spengemann Frehsee, den er für „deutsch bis ins Mark" hielt, als Autor „lose(r) Blätter" in „losem Zusammenhang mit der Kunst"[106] kritisiert und dessen Kunstauffassung in dem Ausspruch zusammengefaßt: „Der Heimatkitsch wird in den Himmel gehoben, denn das Kosmische ist Bolschewismus. Zillertal, du bist mai Fraid!"[107]

Auch in den folgenden Monaten setzte der Hauptkritiker des ZWEEMANN Spengemann dem Hauptkritiker des HANNOVERSCHEN KURIERS Frehsee hart zu.[108] Im April 1920 etwa hatte Frehsee sich anläßlich eines Vortrages Rolf Roennekes, der sich am Rande mit Fragen von Kunst und Politik beschäftigt hatte, eine sorgfältigere Trennung zwischen beidem ausgebeten. Natürlich, so hatte sich Frehsee ereifert, habe „der Künstler ein Recht, zu allen großen Fragen des Lebens, auch zu den politischen, Stellung zu nehmen".[109] Es müsse sich jedoch wirklich um „Fragen des Lebens" handeln, und der Künstler „muß in ehrlichem Kampfe um ihre Lösung ringen". Parteipolitisches Engagement sei nicht gestattet, und „vor allem muß, was er gibt, Kunst, reinste edelste Kunst sein, durch die von vornherein der Stoff, den er sich wählte, geadelt wird ... Er darf nicht die künstlerische Form erniedrigen zu durchsichtiger Verhüllung unkünstlerischer Absichten ... Herrin muß die Kunst sein, nicht Dienerin."[110] Spengemann fragte sich in seiner Entgegnung daraufhin im ZWEEMANN polemisch, ob Frehsee etwa gedenke, selbst darüber zu entscheiden, was zu „den großen Fragen des Lebens" gehöre und was nicht. Die Klärung über Kunst und Unkunst hingegen werde ihm wohl leichtfallen, denn da für ihn künstlerisch und politisch „rechts" zu sein „eine Frage des Lebens" und „links" „eine Frage der Zerstörung" sei und jeder Künstler ja in seinem Werk „schaffen und nicht zerstören" wolle, sei für alles, was von „links" komme, keine Kunst und somit nicht beachtenswert. Beispiele dafür, wie wahre Kunst und ihr Verhältnis zur Politik auszusehen hätten, erteilten hingegen nach Spengemanns spöttischer Überzeugung gern „Frehsees Werke und die Lebensfragenlyrik des HANNOVERSCHEN KURIER".[111]

Schon im Monat darauf, im Mai 1920, eskalierte die Kritikerschelte um Martin Frehsee. Dieses Mal entbrannte der Streit zwischen ihm und seinem Kollegen Johann Frerking. Auslöser der Auseinandersetzung war Klabunds Stück NACHTWANDLER. Frerking hatte die Uraufführung im hannoverschen Opern- und Schauspielhaus im HOHEN UFER ausführlich besprochen und besonders Rolf Roenneke einmal mehr „außerordentliche, kaum geahnte Fähigkeiten"[112] bescheinigt. Das Stück aus der Feder des dreißigjährigen Expressionisten Klabund, das sich um die Probleme des Erwachsenwerdens drehte und Kitsch mit Kunst jugendlich unbefangen vermengte, habe, wie er formulierte, sicher noch viel mehr „krause Schnörkel als klare Kurve".[113] Frerking befand jedoch, daß diese Schnörkel „recht amüsant" seien, „viel amüsanter als das meiste, was heute als neue Dramatik zu Markte getragen wird, und es ist kein Grund, darob zu murren."[114]

„Gemurrt" wurde jedoch ausführlich. Frerking schrieb, die „zu Ehren des Stückes veranstaltete General-Mobilmachung" übertreibe „des Spiels Bedeutung um ein Beträchtliches".[115] An die Spitze der Entrüsteten setzte sich ein in seinen Augen „peripherer Kritikenschreiber" – eben jener Martin Frehsee.[116] „Wir haben in Hannover in der zu Ende gehenden Spielzeit manches erlebt",[117] polemisierte dieser in seiner Rezension der NACHTWANDLER im HANNOVERSCHEN KURIER. Viele Stücke „haben uns zu traurigen Zeugen gemacht von einem Zerfall des Geschmacks und der Gesittung, wie ihn nur Zeiten des tiefsten moralischen Niederganges mit sich bringen". Dieses Drama jedoch habe den Zuschauer „in die dunkelsten Abgründe der Roheit, der Sinnlosigkeit und der Albernheit gerissen."[118] Das „Hannoversche Hoftheater"[119] sollte sich, so Frehsee, für derlei Experimente zu gut sein. „Solche Versuche sind nur entschuldbar durch den allzu lange anhaltenden Schwächezustand, durch den alle Beteiligten in nunmehr fast anderthalb Jahren wohl übernervös geworden sind; aber es ist zu hoffen, daß mit dem Aufhören dieses Zustandes auch ein Aufhören solcher Versuche kommen wird."[120] Dem „Neuen und Suchenden", sofern es sich um „wahrhaft(e) Kunst" handele, dürfe sich das „Hoftheater" nicht verschließen, wohl aber „der unkünstlerischen Mätzchenmacherei eines übereilten Klüngels".[121]

Das war nicht das Ende des Protestes um die NACHTWANDLER. Das Stück wurde weiter aufgeführt, und „ein großer Teil des Abonnentenpublikums", so Frerking, bewies weiter „durch entschlossene Indolenz, daß man vorläufig noch nicht gesonnen sei, sich überschätzen zu lassen. Es muß aber weiter überschätzt werden."[122] Fingierte Hustenanfälle und lautstarke Unterhaltungen über den Sinn des Stückes während der Aufführung führten bei einer Schauspielerin auf offener Bühne zum Weinkrampf. Dieser veranlaßte ihren Kollegen in der Empörung des Augenblicks „zu einer kurzen, aber deutlichen Festrede an die johlende Arbeitsgemeinschaft".[123] Jetzt trat wiederum Martin Frehsee auf den Plan. „Der junge Herr ist wohl noch nicht lange in Hannover und nicht vertraut mit den Überlieferungen der Stätte, an der zu wirken ihm vergönnt ist", höhnte er. „Er weiß daher wohl nicht, daß das Hoftheater ein Stammpublikum hat, das trotz mancher Elemente, die sich inzwischen hinein'geschoben'" haben, der Belehrungen über Anstand nicht bedürfe. Seine Zeitung jedenfalls, die „sich in der Weltanschauung, in der sie wurzelt, einig weiß mit dem anständigen Teil des Publikums", werde „nach wie vor unbeirrt und offen den Kampf führen gegen all das Volksfremde und Volksfeindliche, Volksschädliche und Volksschändliche auf der Bühne, in den Büchern und an den Wänden der Ausstellungssäle".[124] Vielleicht werde gemeinsam mit den Zuschauern „diesen törichten

Moden" ein Ende bereitet, und das „Hoftheater" könne seine Pforten wieder „wahrer Kunst" widmen und müsse nicht länger „den Helden eines jämmerlichen Machwerks Landesverrat predigen lassen".¹²⁵

Frehsees Auffassung von der Rolle der Kunst allgemein und jener in den Städtischen Bühnen präsentierten im besonderen erregte Frerkings tiefes Mißfallen. Binnen kürzester Zeit verfaßte er für den Paul Steegemann Verlag¹²⁶ SILBERGÄULE die Polemik MARTIN OHNE FLÜGELKLEID. KLABUND-SKANDAL. DIE ERLEDIGUNG DES KRITIKERS MARTIN FREHSEE, die sofort als „Kampfschrift" gedeutet wurde und um die „sich schon bald Legenden legten".¹²⁷ Frerking schrieb auf den ersten Seiten über ihr Ziel: „Die Absicht ist, das Wesen dieser Figur, die im Kunstleben nicht nur der Stadt Hannover schon so lange eine verhängnisvolle Position hält, in möglichst breiter Öffentlichkeit festzustellen, zu zeigen, wer der ist, dem die Leser der für die bürgerliche Geistigkeit weithin maßgebenden Zeitung, ohne viel lauten Widerspruch, seit sechs Jahren zuhören... Die unfrohe Arbeit ist geleistet nicht etwa, um einem an sich unbeträchtlichen einzelnen Kunstrichter unbequem zu werden, sondern in der Hoffnung, es möchte gelingen..., einen vielerorts noch immer allzuüblichen, nicht ungefährlichen Typus festzunageln."¹²⁸ Auf 47 Seiten ließ er sich im folgenden über die Unzulänglichkeiten des Kritikers, Schriftstellers und Menschen Martin Frehsee aus. Die Schrift schloß mit dem Aufruf an den Kollegen, sich einmal wirklich mit dem auseinanderzusetzen, was dieser seit Jahren schon ablehnte: „Jede Kunst, die den einzig gültigen Beglaubigungsstempel der inneren Notwendigkeit trägt, ist auch und muß sein das sublimierte, aus dem Bedingten ins Unbedingte erhöhte Abbild ihrer Zeit. Und in den Spiegel zu spucken, weil einem die Fratze nicht paßt, ist lächerlich."¹²⁹

Karikatur des Kritikers Martin Frehsee in der Schrift MARTIN OHNE FLÜGELKLEID. 1919/1920

Wie üblich machte Paul Steegemann für MARTIN OHNE FLÜGELKLEID viel Werbung. Heft 1/2 seines MARSTALL enthielt mehrere Ankündigungen und Auszüge sowie Frerkings Spottgedicht auf ‚Bruder Martinus':

„... Kam bescheiden als Provinz-Redakter,
Wand sich her und schlängelte sich hin,
Aber herrisch nach dem Szepter packt er,
Als die anderen zu Felde ziehn...
Nimm's als Omen, Tüschen – hast genügsam
Dich gespreizt im Bühnenrampenlicht.
Altes Dörrgemüse wird geruchsam,
Und nach Wiesenblumen riecht es nicht.
Warst doch spaßig – hab den Rat zum Lohne:
Nimm den Abtritt! Noch ist's Zeit, mein Prinz,
Keine Träne! Still! Es geht auch ohne!
Werde wieder, was Du bist: ‚Provinz'!"¹³⁰

Trotz der offensichtlichen Freude, dem Feuilletonisten schriftstellerische und menschliche Schwächen und einen Hang zur Spießbürgerlichkeit nachzuweisen, war es nicht Frerkings Ziel, Frehsee zu „zerstören".¹³¹ Nicht zufällig erschien die Groteske zu einer Zeit, als er sich intensiv mit den Aufgaben des Kritikers auseinandersetzte. Er habe so hart reagieren müssen, verteidigte er sich vor möglichen Gegnern, weil es nicht angehen dürfe, daß man „mißliebige, unbequeme oder unbegriffene Kunst dadurch zu diskreditieren (sucht), daß man ihre Urheber und Fürsprecher als moralisch angeknackst oder geistig beschädigt hinstellt".¹³² In DER KRITIKER vom Januar 1924 fand sich dieser Gedanke ausgereift. Kritik war danach „nicht Inhaltsangabe, nicht Bericht über Art, Haltung und Meinung des etwaigen Publikums, nicht Verteilung von Zensuren, auch nicht eitler Schwertertanz vor dem Altar des liebend vergötzten Ichs, sondern etwas ganz anderes, immer wieder Neues: ein Sichhingeben und Sichbereichertzurückgeben diesmal, ein Sichbehaupten und mit aller Kraft Durchsetzen ein andermal, und das dritte Mal helles Gelächter und höhnischer Peitschenknall".¹³³

Johann Frerking beherrschte alle drei Varianten. Sein Stil war unverwechselbar. Er war ebenso geprägt durch sein Wissen wie durch seinen Sinn für die richtige Satzmelodie.¹³⁴ Endlose Perioden, die sich „wie Äste eines Baumes"¹³⁵ zu ständig neuen Gedankenschwüngen entwickelten, wie Gerd Schulte formulierte, bemühten sich immer wieder um einen abwägenden, gelassenen und ironischen Grundton. Freilich machten dem Journalisten freudige oder zornige Erregung oft einen Strich durch die Rechnung. Lebendigkeit erhielten alle Rezensionen Frerkings sowohl durch unerwartete anschauliche Redewendungen,[136] wie durch Wortspielereien.[137]

Der Hauptgrund für die Frische und Lebendigkeit seiner Arbeiten findet sich jedoch jenseits stilistischen Könnens. 1921, mit Mitte Dreißig, forderte Frerking, der Kritiker sei „selber jung, sei er auch noch so alt".[138] Drei Jahre später griff er in seinem wichtigsten Aufsatz über den Beruf des Kritikers den Gedanken auf und schrieb: „Immer aber wisse der Kritiker, daß Erkenntnis allein ... unfruchtbar bleiben muß, wenn das tätige Leben nicht an sie anknüpfen und Gewinn aus ihr ziehen kann. Auch er steht verantwortlich schaffend im lebendigen Ring derer, die aus der Gegenwart die Zukunft bereiten. Oder er steht abseits und mag sehen, wo er bleibt."[139]

Die Verantwortung eines Kritikers ernst zu nehmen, bedeutete für Frerking offenbar auch, sich für möglichst viele Bereiche der Kunst zu interessieren. Er verfolgte während seiner langen Jahre als Beobachter und Vermittler der hannoverschen Kunst- und Kulturszene Entwicklungen auf allen Gebieten und versuchte, sie wenn möglich auch mitzugestalten. Das Theater blieb seine eigentliche Domäne, aber das Interesse etwa an der Kestner-Gesellschaft ging über die Berichterstattung über die Kestner-Bühne hinaus.

Johann Frerking und die bildende Kunst

Frerking, der zeitgenössische Malerei auch privat sammelte,[140] berichtete für den HANNOVERSCHEN KURIER von nahezu allen großen Veranstaltungen der Kestner-Gesellschaft. Häufig schrieb er hier unter dem Pseudonym Jan Brodersen[141], wohl auch, um die allzu enge Verbindung zwischen dem privaten Freund der Kestner-Gesellschaft und dem offiziellen Kritiker zu verbergen. Seit 1922 war Johann Frerking Mitglied des Beirats der Kestner-Gesellschaft.[142] Wenn ihm dieses Amt auch im November 1924 vorübergehend entzogen wurde, weil er – vermutlich aus Zeitmangel – zu selten an ihren Veranstaltungen teilgenommen hatte,[143] so stand er ihr doch als Autor zahlreicher Artikel über ihre Geschichte und ihr Programm stets zur Verfügung.[144] Gleichzeitig stellte er hier sein Rednertalent unter Beweis. Im Januar 1924 etwa sprach er über Balzac, drei Jahre später anläßlich einer Gedächtnisfeier über Rainer Maria Rilke.[145] Gerade die schwierige Aufgabe, in einer öffentlichen Lesung die Gestalt und Geltung des verstorbenen Rilke zu würdigen, meisterte Johann Frerking offenbar mit Bravour.[146] 1930 schließlich ergriff er in der Eröffnung einer Ausstellung der Kestner-Gesellschaft[147] zu Ehren Christian Rohlfs derart emphatisch Partei für den Maler, der im Alter erst zum ungegenständlichen Arbeiten gefunden hatte, daß ein Kollege der NIEDERDEUTSCHEN ZEITUNG höhnte: „Gestatten Sie, hochgeschätzte Herren der künstlerisch wohltemperierten Meinung, daß wir etwas anders temperiert sind. Gewissermaßen weniger angeheizt vom Feuer der jugendlichen Begeisterung für das durchaus Neue. Nur so können wir Ihnen nicht ganz folgen, Herr Kollege Frerking, wenn Sie in Ihrer stilisierten Festansprache zur Eröffnung der Christian-Rohlfs-Ausstellung[148] von dem zweiten Frühling des nun 80jährigen Malerprofessors sprechen ... Deshalb wollten wir unsere abgestellte Temperatur ... an dieser Stelle ... voll Wärme für die echte Kunst in einigen Anmerkungen zur Geltung bringen."[149]

Mitteilung in einem Ausstellungskatalog der Kestner-Gesellschaft. Februar/März 1934

NEUWAHL VON VORSTAND UND BEIRAT

Die ordentliche Mitgliederversammlung der Kestner-Gesellschaft, die am 1. Februar 1934 stattfand, wählte anstelle des in seiner Gesamtheit zurückgetretenen Vorstandes, bestehend aus den Herren Prof. Dr. Alexander Dorner (Vorsitzenden), Dr. Hermann Bode und Fritz Beindorff, zum **Vorsitzenden und Führer** der Gesellschaft das bisherige Vorstandsmitglied Herrn **Fritz Beindorff**. Aus dem von der Mitgliederversammlung gleichfalls einstimmig gewählten **Beirat**, bestehend aus den Herren Generaldirektor kgl. Belg. Konsul **Heinz Appel**, Dr. **Günther Beindorff**, **Erwin Breimer jr.**, Oberregierungsrat a. D. Dr. **Max Burchard**, Generaldirektor Schatzrat a. D. Dr. **Drechsler**, **Johann Frerking**, Dr. **Franz Grimm**, Erster Schatzrat Dr. **Hartmann**, Prof. **Paul Kanold**, Senator Dr. **Klapproth von Halle**, Dr. **Wilhelm Stichweh**, Kustos Dr. **Stuftmann**, Dr. **Gerd Wolff**, wurde der Führer durch einstimmigen Beschluß der Versammlung ermächtigt, sich selbst seine Mitarbeiter im Vorstand zu wählen und die Verteilung der Vorstandsämter vorzunehmen.

Bezeichnend ist Frerkings Engagement für die Kestner-Gesellschaft in den dreißiger Jahren. Als es für deren künstlerischen Leiter Justus Bier gefährlich wurde, Ausstellungen zu eröffnen sowie Führungen und Vorträge durchzuführen, war es immer öfter Frerking, der für ihn einsprang.[150] Nicht mit gleicher Intensität, aber doch mit Interesse verfolgte er die Entwicklung der Galerie des Sammlers Herbert von Garvens, den er nicht nur rückblickend als „feinfühligen Freund und Mäzen der jungen Maler und Dichter" würdigte.[151] Auch die Arbeit des hannoverschen Kunstvereins fand in seinen Rezensionen für den HANNOVERSCHEN KURIER Anerkennung. Besonders die Werke der dort und in der Kestner-Gesellschaft vertretenen hannoverschen Sezessionisten Bernhard Dörries, August Heitmüller, Richard Seiffert-Wattenberg und Otto Gleichmann[152] berücksichtigte er unter dem Gesichtspunkt, daß hier „zum erstenmal ... von einer hannoverschen Kunst gesprochen"¹⁵³ werden könne. Anders sah es mit seinem Verständnis für die abstrakten hannover aus. Mochte er auch im Dezember 1927 an den Vorbereitungen zu dem Zinnoberfest von Kurt Schwitters und Käte Steinitz mitwirken,¹⁵⁴ so stand er – hierin seinem Vater ähnlich – der Kunst des MERZ-Künstlers und seiner Freunde doch nicht vorbehaltlos gegenüber. Dada sei „die Pleite der Kunst",¹⁵⁵ schrieb er 1920. Er erkenne „die ‚innere Notwendigkeit abstrakten Geschehens' ohne Weiteres (an), als Reaktion nach dem großen Kladderadatsch, als neuen Anfang, als Flucht zu den Elementen der reinen Form und Farbe, zur Sicherheit des Alphabets und des Zirkelkastens, als Sehnsucht auch nach neuem Bunde und neuer kosmischer Kristallisation". Aber, so fragte sich Frerking in dem gleichen Artikel, „ist's wirklich nur mit der ‚Aufteilung' einer Fläche getan", wie es Maler wie Friedrich Vordemberge-Gildewart und Hans Nitzschke Glauben machen wollten? Müsse nicht der Kunstschöpfer „über das Handwerk, über die ‚Aufteilung' hinausgelangen zu einem Höheren, das Spiel und Werk, Geist und Gnade in einem ist?"¹⁵⁶ Und sei nicht jeder, dem das nicht gelinge, eher Handwerker und nicht Künstler?

Plakat der literarischen Vereinigung DER MORGEN. Februar 1918

Interessanterweise übte Frerking Kritik an den ungegenständlich arbeitenden Künstlern Hannovers, nicht aber an der abstrakten Kunst an sich. Das wird deutlich etwa in seinen Rezensionen zum Abstrakten Kabinett im Provinzial-Museum. Frerking hatte in den Jahren zuvor schon die Bemühungen Alexander Dorners positiv gewürdigt, die Kunstabteilung von dem Charakter „eines überfüllten Briefmarkenalbums"¹⁵⁷ zu befreien und die Kunstwerke in einer chronologischen Ordnung „lebendiger Wirkung" zuzuführen.¹⁵⁸ Im Februar 1928 nannte er das Abstrakte Kabinett den Ausdruck „letzte(r) Wendung des künstlerischen Schaffens" auf diesem Weg. Die Idee des „Gesamtkunstwerks",¹⁵⁹ die der ungegenständlichen Kunst zugrunde liege, werde hier so sinnfällig, daß das Kabinett der Abstrakten „als eine bis auf weiteres vorbildliche Lösung" betrachtet werden¹⁶⁰ könne.

Für zeitgenössische bildende Kunst setzte sich Johann Frerking also als überwiegend wohlwollender und verständnisvoller Beobachter im HANNOVERSCHEN KURIER ein. Dem Literaturbetrieb der Stadt aber widmete er sich als aktiver Gestalter. Seine Kritikertätigkeit in gewissem Sinne auch als Ersatz für eine schriftstellerische Laufbahn verstehend, die ihm verwehrt geblieben war,¹⁶¹ konzentrierte er sich auf die Vermittlung und Pflege der Art von Dichtung, die ihm am Herzen lag. Schon seit 1911 leitete er eine von dem Buchhändler Ludwig Ey begründete, kurzlebige literarische Dienstags-Gesellschaft,¹⁶² der auch Herbert von Garvens und der Dichter Albrecht Schaeffer angehörten.¹⁶³ Nach dem Ersten Weltkrieg stellte er sein Talent als Vortragender wie als Schriftsteller dann der Vereinigung DER MORGEN¹⁶⁴ und dem ZWEEMANN zur Verfügung.¹⁶⁵ Er arbeitete – wie erwähnt – für fast alle hannoverschen Avantgardezeitschriften der frühen zwanziger Jahre, vor allem als Theaterkritiker, aber auch als vielseitig interessierter Beobachter der übrigen Kunst- und Kulturszene. Für den Steegemann Verlag übersetzte er u.a. Flauberts DER BÜCHERNARR und Voltaires CANDIDE¹⁶⁶ aus dem Französischen,¹⁶⁷ Stevensons KLUB DER SELBSTMÖRDER und DR. JEKYLL UND MR. HYDE sowie den Roman DER PRIESTER UND DER MESSNERKNABE, der Oscar Wilde zugeschrieben wurde, aus dem Englischen.¹⁶⁸ Nach Einschätzung Jochen Meyers, des Biographen Steegemanns, war Frerking zudem „literarischer Berater"¹⁶⁹ des Verlegers, der diesen auf junge Talente aufmerksam machte. Zur gleichen Zeit wie Rolf Roenneke bot er in der hannoverschen Leibniz-Akademie Besprechungen von ausgewählten dramatischen Werken und von Aufführungen der hannoverschen Theater an.¹⁷⁰ Seit Mitte der zwanziger Jahre saß er als Vertreter des Ausschusses für Schrifttum gemeinsam mit seinem Vater, Alexander Dorner und Fritz Burger-Mühlfeld in den Kunstgremien der Provinz Hannover, die den Literaturbetrieb nicht von zeitgenössischen Werken generell freihalten sollten, wohl aber von dem, was als Schmutz und Schund galt.¹⁷¹

Auch durch seine Arbeit in der Goethe-Gesellschaft¹⁷² und später in der Literarischen Gemeinde, die Frerking gemeinsam mit den Kollegen vom HANNOVERSCHEN KURIER Kurt Voß und Georg Grabenhorst begründete,¹⁷³ entdeckte und förderte er eine Reihe literarischer Talente. Seine Position als „Nestor der hannoverschen literarischen Welt"¹⁷⁴ und „ruhende(r) Pol in dem kleinen begrenzten hannoverschen Literaturbetrieb"¹⁷⁵ ließ ihn zu einer der einflußreichsten Persönlichkeiten der Kunst- und Kulturszene dieser Stadt werden.

1 Frerking, Johann; Vom Kritiker, 30. Juli 1921, in: Frerking, Johann; Augenblicke, S. 123.
2 Ebda.
3 Hollmann, Reimar; Der Mentor, der seine geistigen Waffen an Generationen weitergab. Johann Frerking: Dickschädel und Feingeist aus Hannover, Neue Presse, 18. August 1984; Rasche, Friedrich; Johann Frerking in Hannover. Versuch eines Porträts zum 75. Geburtstag, Hannoversche Presse, 15./16. August 1959. Beide Autoren nennen nicht den Titel des Artikels im STÖRTEBEKER, der zur Anklage Frerkings geführt hat. Da dieser aber wenig für die Zeitschrift und ansonsten eher deskriptive Beiträge geschrieben hat, ist zu vermuten, daß es sich um den Beitrag DER FALL SAM FOX. AUCH EINE CHARAKTERSTUDIE handelt. Diese Annahme wird gestützt durch die Aussage in der Sitzung des Theater-Ausschusses vom 10. Januar 1925. Hier erinnerte man sich im Zusammenhang mit dem Skandal um Richard Lert an den „Prozeß Rolan – Frerking" (Protokoll der Sitzung des Theater-Ausschusses, 10. Januar 1925 (StAH HR X.C.10.32)). Der Artikel ist von Henning Rischbieter nicht in die Auswahl für den Sammelband von Frerkings Arbeiten (Frerking, Johann; Augenblicke) aufgenommen worden.
4 Röhrbein, Waldemar R./Zankl, Franz Rudolf; Ära Tramm, S. 59. Johann Frerking sprach in einem Rückblick in den fünfziger Jahren von einem „verheißungsvollen Anfang" der Arbeit Rolans und erwiderte die Auseinandersetzung mit dem Theatermann drei Jahrzehnte zuvor mit keinem Wort: Frerking, Johann; Theater in Hannover, S. 55. Vgl. Pfahl, (Arthur); Theater und Musik, S. 213.
5 Vgl. dazu die Akte StAH HR 19, 35.
6 Vgl. Kunstverein Hannover; Zwanziger Jahre, S. 154.
7 Baader, Fritz Ph.; Hannovers Schauburg, in: Die Schaubühne, Berlin, 8. Juni 1911.
8 Die nächsten Jahre brachten Streitereien um die Zahlung säumiger Gagen an die arbeitslos gewordenen Schauspielerinnen und Schauspieler der Schauburg, vor allem infolge undurchsichtiger Finanzierungspraktiken von Rolan und seinem Schwager, der in den Akten gleichzeitig als Regisseur und Inhaber der Konzessionsurkunde auftauchte (StAH HR 19, 35, Beiakten 1 u. 2). Vgl. allg. Greffrath, Bettina; Kleine und große Aufbrüche, S. 91. O.A.; 25 Jahre Schauspielhaus Hannover, Hann. Anzeiger, 9. April 1936. Schwarze, Henry; Am 15. Mai: 25 Jahre Schauspielhaus Hannover. Ein Rückblick auf wechselvolles Kunstschaffen. Die Bau- und wirtschaftliche Geschichte des Schauspielhauses, in: Bürgerwacht, 1. Mai 1936. Fischer, Kurt; Schauburg mit Balkons zum Luftschnappen. Nach 13 Monaten Pleitegeier, Hann. Rundschau, 21. Januar 1963. F.; Als Hannover noch die Schauburg hatte, Hann. Allg. Zeitung 16. Mai 1961. Die leerstehende Schauburg wurde danach u.a. von Ensemblemitgliedern des zerstörten Theater des Westens wie Käthe Dorsch, Lucy Höflich und Albert Bassermann bespielt.
9 Zur Biographie vgl. allg.: Bauer, Carl; Franz Bubenzer, o.S. Bauer ist der Schwiegersohn Franz Rolans. Entsprechend wohlwollend fiel sein Urteil über den vielseitigen hannoverschen Künstler aus. Vgl. auch Dresslers Kunsthandbuch, Bd. 3, 1922, S. 831. Hier wurde Rolan als bildender Künstler vorgestellt. Vgl. den Lebenslauf, den Rolan im März 1933 seiner Bewerbung um ein Amt im Theaterbereich bei der Reichskulturkammer beilegte. Dieser Lebenslauf ermöglicht einen Einblick in das Denken Rolans, in die Selbstgefälligkeit, mit der er seine bisherigen Leistungen als Theatermann, Maler und Zeichner als vorbildlich darzustellen wußte, wie in die Vorgehensweise, nun, nach der nationalsozialistischen Machtübernahme, für alle persönlichen Rückschläge in seinem Leben ‚die Juden' verantwortlich zu machen (Lebenslauf Franz Rolan, 2. März 1933 (BDC Personalakte RKK Franz Rolan)).
10 Vgl. den Lebenslauf Rolans in seinem Bewerbungsschreiben an den Magistrat vom 22. März 1933 (StAH HR X C.10.4.6). Vgl. o.A.; Direktor Franz Rolan †, Nieders. Tageszeitung, 4. August 1934. O.A.; Direktor Franz Rolan †, Hann. Kurier, 3. August 1934. Pfahl, (Arthur); Theater und Musik, S. 213. Vgl. auch Bauer, Carl; Franz Bubenzer, o.S.
11 Vgl. etwa Dr. V.; Die zweite ‚Juryfreie'. Herbstausstellung im Kunstverein, Hann. Kurier, 5. November 1926.
12 Vgl. die beiden Todesanzeigen Rolans: o.A.; Direktor Franz Rolan †, Nieders. Tageszeitung, 4. August 1934. O.A.; Direktor Franz Rolan †, Hann. Kurier, 3. August 1934.
13 Dr. V.; Sonderausstellung im Kunstverein, Hann. Kurier, Juni 1925, zitiert nach: Rump, Charles Gerhard; Carl Buchheister, S. 129. Anders äußerte sich über Rolans künstlerische Qualitäten: Strodthoff, Emil; Schauspieler, Maler, Architekt. Der Erbauer des Schauspielhauses: Franz Rolan, Hann. Tageblatt, 31. Juli 1932. Franz Rolan arbeitete häufig als Porträtzeichner für das Mitteilungsblatt der Freien Volksbühne, besonders in deren ersten Jahren 1922 und 1923 (vgl. etwa Freie Volksbühne, 1. Jhg., 1922/23, H. 2, S. 2). Vgl. Spangenberg, Rudolf; Die Herbstausstellung hann. Künstler im Künstlerhause, in: Die Hann. Woche, 31. Oktober 1925. Dr. V.; Die zweite ‚Juryfreie' Herbstausstellung im Kunstverein, Hann. Kurier, 5. November 1926.
14 Carl Buchheister an Elisabeth Buchheister, 13. Oktober 1932, in: Rump, Gerhard Charles; Carl Buchheister, S. 146. Johann Frerking äußerte sich über Rolans künstlerische Qualitäten offenbar nicht.
15 Vgl. die nicht genau datierte Notiz aus dem Jahr 1926, die Unterstützung des Musikschriftstellers Franz Rolan betreffend (StAH HR 19, 362).
16 Schwitters, Kurt; Merz, in: Ararat, Januar 1920, S. 9. Vgl. Rischbieter, Henning/Zerull, Ludwig; Der theatralische Schwitters, S. 268ff. Elderfield, John, Kurt Schwitters, S. 153.
17 Schwitters, Kurt; Merz, in: Ararat, Januar 1920, S. 9.
18 Schwitters, Kurt/Rolan, Franz; Über die MERZ-Bühne, in: Der Sturm 14/4, 14/4, 14/6, 1923. Vgl. Schmalenbach, Werner; Kurt Schwitters, S. 201, 370.
19 Frerking, Johann; Der Fall Sam Fox. Auch eine Charakterstudie, in: Störtebeker, Nr. 1, 1924, S. 2–10, hier S. 3. Vgl. auch Rischbieter, Henning/Zerull, Ludwig (Der theatralische Schwitters, S. 268), die diesen Streit ansprechen.
20 Frerking, Johann; Der Fall Sam Fox. Auch eine Charakterstudie, in: Störtebeker, Nr. 1, 1924, S. 2–10, hier S. 3. Tatsächlich teilte Senator Fink in der entsprechenden Sitzung des Theater-Ausschusses, nachdem sich wochenlang bereits Bewerber vorgestellt hatten, recht lapidar mit, es liege „auch von Rolan noch eine Bewerbung vor. Rolan komme wohl nicht für den Intendantenposten ... in Frage." Die Bewerbung Rolans wurde demnach zur Kenntnis genommen, jedoch nicht einmal diskutiert (Auszug aus dem Protokoll des Theater-Ausschusses, 13. April 1921 (StAH HR X C.10.32)).
21 Diese Angaben beruhen ausschließlich auf Frerkings Informationen. In den Protokollen der Sitzungen des Theater-Ausschusses findet sich kein Hinweis darauf.
22 Frerking, Johann; Der Fall Sam Fox. Auch eine Charakterstudie, in: Störtebeker, Nr. 1, 1924, S. 6.

23 Ebda., S. 10.
24 Ebda.
25 Ebda., S. 3.
26 Ebda., S. 6.
27 Ebda., S. 2.
28 Ebda., S. 3.
29 Ebda., S. 10.
30 Ebda., S. 2.
31 Ebda., S. 5.
32 Ebda., S. 7. Rolan hatte sich in der Schrift mehrfach recht selbstgefällig mit seiner anscheinend guten Bekanntschaft mit Enrico Caruso gebrüstet (vgl. dazu auch Strodthoff, Emil; Schauspieler, Maler, Architekt. Der Erbauer des Schauspielhauses: Franz Rolan, Hann. Tageblatt, 31. Juli 1932).
33 Frerking, Johann; Der Fall Sam Fox. Auch eine Charakterstudie, in: Störtebeker, Nr. 1, 1924, S. 8.
34 Das Protokoll der Gerichtsverhandlung, die Rolan Frerkings wegen anstrengte, ist offenbar verschollen. Der Ruf des Begründers der Schauburg scheint ebenso wie sein Selbstbewußtsein unter der öffentlichen Rüge des Kritikers nicht nachhaltig gelitten zu haben. Franz Rolan arbeitete in den zwanziger und dreißiger Jahren weiter als Maler und Zeichner. Am 1. Februar 1932 trat er in die NSDAP ein (vgl. Mitgliedskarte Franz Rolan, nicht datiert (BDC, Personalakte)) und schrieb später, er wäre gern schon früher Mitglied geworden, sei jedoch zunächst davon überzeugt gewesen, „daß die Partei zunächst nur die politische Machtstellung anstrebe" und ihm „für künstlerische Bestrebungen keinen Raum bot". Nachdem nun auf kulturellem Gebiet der „notwendige Umschwung" eingetreten sei, halte er es für seine Pflicht, „mit meiner Bewerbung hervorzutreten" (Schreiben Franz Rolans an Oberpräsident Viktor Lutze, 19. April 1933 (StAH HR X.C.10.4.6)). Bereits sechs Wochen zuvor, Anfang März 1933, hatte sich Franz Rolan an das Pr. Kultusministerium in Berlin mit der Bitte gewandt, „meine Fähigkeiten auf dem Gebiet der Bühnenkunst in den Dienst Ihrer neuen Aufbauarbeit stellen zu dürfen" (Schreiben Franz Rolans an das Pr. Kultusministerium, Berlin, 2. März 1933 (Personalakte Franz Rolan, BDC)). In dem beigefügten Lebenslauf formulierte Rolan: „Es ist nicht damit getan, daß anstelle der bisherigen jüdisch-kommunistischen Werke wieder deutsche Autoren und deutsche Klassiker gespielt werden. Das Wesentliche ist, daß diese Werke so dargestellt werden, daß nicht mehr gähnende Leere in den Theatern herrscht, wenn ein Klassiker gespielt wird ... Die Frage Kino oder Theater, das Wort Theaterkrise hätte niemals auftauchen können, wenn Herz, gesunder Sinn und starkes Können anstelle künstlerischer Instinktlosigkeit und technischer Stümperhaftigkeit (eine Rolle) gespielt hätten. Die Verschleuderung von Steuermillionen zur Aufrechterhaltung einer innerlich morschen Institution kann jederzeit auf Vorkriegsmaß zurückgeführt werden, sobald wieder lebendiger Geist einzieht auf den deutschen Bühnen." (Lebenslauf, Franz Rolan, 2. März 1933 (BDC, Personalakte RKK Franz Rolan)). Der Minister bat daraufhin den Generalintendanten des Pr. Staatstheaters um Auskunft (8. März 1933 (Ebda.)), der am 13. Juli 1933 mit dem Hinweis reagierte, der Antragsteller sei nicht bekannt. Weiter hieß es, es bestehe im übrigen keine Möglichkeit, „ihn bei den Staatstheatern zu verwenden" (Schreiben des Generalintendanten an das Pr. Ministerium, 13. Juli 1933 (Ebda)). Ab 1933 versuchte Franz Rolan sich an Hitler-Porträts, die er gewinnbringend an die Stadt zu verkaufen wußte (Schreiben einer Frau Schaft an den Magistrat, 12. Juni 1933. StAH HR X C.7.5.IV)). Rolan mag auch insofern eine Protektion der Gauleitung genossen haben, als sein Sohn Karl seit März 1936 Leiter der nationalsozialistischen Reichsmusikerschaft, Ortsgruppe Hannover, war. Auch er wurde von der Stadt Hannover finanziell gefördert (vgl. StAH HR 19, 64, und StAH HR 19, 71). Vgl. auch Fischer, Axel; Wach auf, du deutsches Land!, S. 133. Im Zweiten Weltkrieg erhielt Eva Rolan, Schwiegertochter Franz Rolans und Tochter Rudolf Hermanns', für ihren Mann Karl, der in Nordwestfrankreich und Belgien Heeresdienst leistete (Schreiben Eva Rolans an die SPENDE KÜNSTLERDANK, 7. November 1940 (Personalakte Karl Rolan-Bubenzer (BDC)), Gelder aus dem Topf des KÜNSTLERDANKS. Im April 1941 bat sie um mehr Unterstützung und begründete dies mit dem Hinweis, daß sie als Ehefrau, Tochter und Schwiegertochter bekannter Künstler wohl Anrecht auf großzügigere Zuweisung erheben könne (Eva Rolan an den KÜNSTLERDANK, 29. April 1943 (Ebda.)). Franz Rolans Bemühungen, Beschäftigung beim hiesigen Städtischen Theater zu finden, hatten durch Frerkings Zurechtweisung keinen Abbruch gefunden. Nach der Entlassung von Schauspieldirektor Georg Altmann bewarb er sich um dessen Nachfolge. In seinem Schreiben an die Stadtverwaltung vom März 1933 stellte er sich zunächst selbstbewußt als „Schöpfer des künstlerischen Ruhms des Städtischen Schauspielhauses" vor, was er ebenso spitzfindig wie unlogisch mit der Tatsache zu begründen versuchte, daß die Städtischen Bühnen zehn Jahre zuvor, ‚seine' Schauburg in ihre Regie übernommen hatten. Seine NSDAP-Mitgliedschaft ins Feld führend, stellte er für den Fall seiner Annahme – die freilich nicht erfolgte – eine stärkere Berücksichtigung der Nationalsozialistischen Bühne in Aussicht (Bewerbungsschreiben Franz Rolans vom 22. März 1933 (StAH HR X C.10.4.6)). Vgl. dazu Rischbieter, Henning/Zerull, Ludwig; Der theatralische Schwitters, S. 268. Dem Einwand, er sei mit 61 Jahren zu alt für dieses Amt, begegnete Franz Rolan in einem Brief vom April 1933, der ein bezeichnendes Licht auf seine Person wie auf seine Einstellung zur Theaterarbeit wirft: „Es ist selbstverständlich, daß ich nicht als Bewerber für einen Posten auftreten würde, wenn ich mich nicht in jeder Hinsicht körperlich und geistig gewachsen fühlen würde. Da es sich nicht darum handelt, einen jugendlichen Darsteller zu finden, sondern eine geeignete Persönlichkeit für die Reorganisation der Bühne im Sinne nationaler Tradition, so kann m. E. nur jemand in Frage kommen, der diese Tradition noch in sich trägt aus der Zeit, bevor der Verfall der letzten zwanzig Jahre einsetzte, und der mit vollem Bewußtsein die Theaterbestrebungen der Nachkriegszeit abgelehnt hat." (StAH HR X C.10.4.6). Franz Rolan starb ein gutes Jahr später, im August 1934.
35 Doch nicht nur Johann Frerking war empört über Franz Rolans Hetzschrift. Mit seiner Veröffentlichung, die genährt war aus Ärger, Neid und der verletzten Eitelkeit, nicht selbst Intendant geworden zu sein, zog Rolan sich auch die Kritik der Theaterbesucher-Organisation der Freien Volksbühne zu. Seine kläglichen Versuche, knapp zehn Jahre zuvor die Schauburg trotz indiskutabler Leistungen sowohl seines Ensembles wie seiner selbst zu halten, wiesen ihn, so das Mitteilungsblatt der Freien Volksbühne, als „am allerunberufensten" zu Äußerungen gegen Grunwald aus. Nur weil ein minderwertiges Stück aus seiner Feder von Grunwald mit Recht zurückgewiesen worden sei, so der Zweite Vorsitzende der Volksbühne, A. Lipschitz, räche sich Rolan

nun auf die unflätigste Weise und zeige damit das wahre, unerfreuliche Gesicht eines „von krankhaftem Ehrgeiz besessene(n) Nörglers, den man beileibe nicht ernst nehmen kann" (o.A.; Ein Pamphlet, in: Freie Volksbühne, 2. Jhg., H. 4, Februar 1924, S. 5). Nach dieser harschen Kritik arbeitete Rolan seltener als freier Mitarbeiter des Mitteilungsblattes der Freien Volksbühne.

36 Frerking, Johann; Vom Kritiker, 30. Juni 1921, in: Frerking, Johann; Augenblicke, S. 124.

37 Frerking, Johann; Der Kritiker, 20. Januar 1924, in: Frerking, Johann; Augenblicke, S. 133.

38 Vgl. l., r.; Der große Leser aus Hannover. Zum 100. Geburtstag von Johann Frerking, Hann. Allg. Zeitung, 18. August 1984. Vgl. auch Hollmann, Reimar; Der Mentor, der seine geistigen Waffen an Generationen weitergab. Johann Frerking: Dickschädel und Feingeist aus Hannover, Neue Presse, 18. August 1984. Lange, Rudolf; Für das Theater, die Bücher, die Kunst gelebt. Nachruf auf Johann Frerking, Hann. Allg. Zeitung, 14. Juli 1971. Schulte, Gerd; Gruß an Johann Frerking, Hann. Allg. Zeitung, 18. August 1954. O.A.; Johann Frerking. Vorbild als Kritiker und Stilist, Hann. Rundschau, 19. August 1964. Vahlbruch, Heinz; Johann Frerking 75 Jahre, Hann. Allg. Zeitung, 19. August 1959. Schulte, Gerd; Meister der Kritik. Johann Frerking wird morgen 80, Hann. Allg. Zeitung, 18. August 1964. Rasche, Friedrich; Johann Frerking in Hannover. Versuch eines Porträts zum 75. Geburtstag, Hann. Presse, 15./16. August 1959. Rasche, Friedrich u.a.; Huldigung für Johann Frerking, Hann. Presse, 20. August 1964. Tschechne, Wolfgang; Der Kritiker steht im eigenen Dienst. Gesammelt und gebunden: Johann Frerkings Lebenswerk, Hann. Rundschau, 14./15. Dezember 1963. Lange, Rudolf; Hieronymus im Büchergehäus. Johann Frerking 85 Jahre, Hann. Allg. Zeitung, 19. August 1969. Ra.; Johann Frerkings zwanziger Jahre, Hann. Presse, 14. September 1962. Rasche, Friedrich; Ein Stück des geistigen Hannovers. Johann Frerking wird heute 70 Jahre alt, Hann. Presse, 19. August 1954. Schlüter, Wolfgang; Ein letztes Wort an Johann Frerking, Hann. Allg. Zeitung, 14. Juli 1971. Frerking, Johann; Wie wir einst so munter waren. Zur Ausstellung DIE ZWANZIGER JAHRE IN HANNOVER, Hann. Presse, 28. August 1962. Kunstverein Hannover; Zwanziger Jahre, S. 84 f, 93 ff. Rischbieter, Henning; Hannoversches Lesebuch, Bd. 2, S. 239, 246, 267. Vgl. grundsätzlich auch Frerking, Johann; Augenblicke. Vgl. außerdem zur Biographie Johann Frerkings NStAH Hann 146A/ Acc. 4/85 Nr. 167. (Personalakte Technische Hochschule Hannover, Lehrbeauftragter Johann Frerking). Vgl. auch Hann. Künstlerverein (Hg.); Kunstförderung. Kunstsammlung. 125 Jahre Hann. Künstlerverein, Hannover 1968, o.S.

39 Wilhelm Frerking, aus einem calenbergischen Bauerngeschlecht stammend, wurde 1917 als verdienter Pädagoge in den Ruhestand versetzt (vgl. StAH Lehrerpersonalakte Wilhelm Frerking P 18). Vgl. Rasche, Friedrich; Johann Frerking in Hannover. Versuch eines Porträts zum 75. Geburtstag, Hann. Presse, 15./16. August 1959). Seine jahrzehntelange Mitarbeit beim HANNOVERSCHEN TAGEBLATT hatte ihn, der als hannoversches Original galt, unter anderem in Kontakt mit Stadtdirektor Heinrich Tramm und dem Politiker Carl Peters gebracht (vgl. Rischbieter, Henning; Hannoversches Lesebuch, Bd. 2, S. 122.) Wilhelm Frerking prägte auch im Ruhestand das Gesicht des TAGEBLATT-Feuilletons entscheidend mit. Er berichtete regelmäßig aus den hannoverschen Museen und den Theatern, wobei die Geschichte der Familie Kestner häufig Gegenstand seiner Artikel war. Daneben bemühte er sich auch im hohen Alter um ein ebenso sachliches wie tolerantes Urteil zur zeitgenössischen bildenden Kunst. Wilhelm Frerking maß gerade der Arbeit der Kestner-Gesellschaft so große Bedeutung bei, daß er bereit war, sich öffentlich mit ihren Kritikern auseinanderzusetzen. Anläßlich seines 80. Geburtstages bedankte sich Justus Bier, Leiter der Kestner-Gesellschaft, im September 1932 bei dem Jubilar dafür, „daß Sie uns stets so freundlich geholfen haben, Interesse für unsere Veranstaltungen zu wecken" (Schreiben der Kestner-Gesellschaft an Wilhelm Frerking, 7. September 1932 (NStAH Dep. 100 Nr. 51, Bd. 1)). Die Arbeit der neusachlichen Maler um Ernst Thoms und Erich Wegner fand ebenso Wilhelm Frerkings Interesse wie jene der hannoverschen Sezessionisten. Die Kunst der abstrakten hannover hingegen befand sich offenbar jenseits seines Verständnisses. Er vermutete, daß „man sich dabei wohl etwas gedacht" habe (Frerking, Wilhelm; Herbstausstellung Kunstverein, Hann. Tageblatt, 16. November 1928), und erkannte auch an, daß Kurt Schwitters durchaus „malen könne" (Frerking, Wilhelm; Hannoversche Juryfreie Ausstellung, Hann. Tageblatt, Herbst 1925, in: Rump, Gerhard Charles; Carl Buchheister, S. 224), wenn dessen „merkwürdiges" Zusammengeschraube von Gerümpel, „das sich ... anzusammeln pflegt" (Frerking, Wilhelm; Frühjahrsausstellung im Kunstverein, Hann. Tageblatt, April 1931, in: Rump, Gerhard Charles; Carl Buchheister, S. 311), dies auch nicht vermuten lasse. Ansonsten aber war das, was der Kritiker Wilhelm Frerking auf den Ausstellungen des Kunstvereins von den abstrakten hannover sah, in seinen Augen „eine seltsame Entartung, die auf jeden Preis und auf falschem Wege nach Besonderem, Niedagewesenem strebt" (Frerking, Wilhelm; Herbstausstellung Kunstverein, Hann. Tageblatt, 16. November 1928).

40 Vgl. die Beiträge von Rasche, Friedrich (Johann Frerking in Hannover. Versuch eines Porträts zum 75. Geburtstag, Hann. Presse, 15./16. August 1959) und Hollmann, Reimar (Der Mentor, der seine geistigen Waffen an Generationen weitergab. Johann Frerking: Dickschädel und Feingeist aus Hannover, Neue Presse, 18. August 1984).

41 Vgl. hierzu etwa die Schilderung seines Kollegen Georg Grabenhorst in: Grabenhorst, Georg; Wege und Umwege, S. 124.

42 So die Einschätzung Wilhelm Buschs, die Johann Frerking auch für sich selbst gelten ließ (Frerking, Johann; Wilhelm Busch, in: Niedersachsen, 37. Jhg., 1932, S. 156).

43 Vgl. vor allem Rasche, Friedrich; Johann Frerking in Hannover. Versuch eines Porträts zum 75. Geburtstag, Hann. Presse, 15./16. August 1959; und Vahlbruch, Heinz; Johann Frerking 75 Jahre, Hann. Allg. Zeitung, 19. August 1959. Schumann, Werner; Damals in Hannover, S. 171. Schmied, Wieland; Wegbereiter zur modernen Kunst, S. 229.

44 Gesprächsprotokoll Georg Grabenhorst, 22. September 1992. Ähnlich äußerten sich im Gespräch auch Heinz Vahlbruch (20. August 1992) und Juliane Ische-Thoms (18. Oktober 1992).

45 Nach der nationalsozialistischen Machtübernahme ließ er sich in seinen Arbeiten für den HANNOVERSCHEN KURIER und auch für die Zeitschrift NIEDERSACHSEN längst nicht im gleichen Maße wie etwa die Kollegen Kurt Voß und Victor Curt Habicht auf eine Auseinandersetzung mit den kulturpolitischen Zielen des Nationalsozialismus ein. Ganz hat er sich dabei jedoch aus den veränderten Konstellationen, die eine neue Form der Berichterstattung erforderten, offenbar nicht heraushalten könnnen. So fällt in einem Artikel über den neusachlichen

Maler Ernst Thoms in der Zeitschrift NIEDERSACHSEN aus dem Jahr 1933 ein für Frerking ungewöhnliches Vokabular auf. Jenseits des „ganzen Ismen-Breis" der zwanziger Jahre mit dessen „verkrampfte(r) Polemik", „monotone(r) Brutalität" und „sinnlose(r) Abstraktion" habe sich Thoms „auf seine eigene redlich dickköpfige Art" einen Zugang zu wahrer Kunst geschaffen. Ehrliches handwerkliches Können und die Hinwendung zur Gestaltung eines schlichten Menschentypus voller „Einfachheit", „Gemeinschaftsverbundenheit" und „Herz" garantierten ihm heute den Platz in der Kunst der Zeit (Frerking, Johann; Der Maler Ernst Thoms, in: Niedersachsen, 38. Jhg., 1933, S. 226–231). Interessant ist, wie Frerking dann nach 1945 über Thoms urteilte (vgl. hier Frerking, Johann; Ernst Thoms zum 60. Geburtstagsgrüße für den niedersächsischen Maler, Hann. Presse, 13. November 1956. Frerking, Johann; Niedersächsische Sachlichkeit. Das Werk des Malers Ernst Thoms, Frankfurter Allg. Zeitung, 13. Februar 1957). Wie die Aufsätze aus den dreißiger Jahren beschwor dieser Beitrag die „Wurzeln der Kunst in der deutschen Heimat" und das „ruhige und redliche Bemühen" vieler Künstler der Zeit, „die Erscheinungen der Natur schlicht in einem Ganzen zu runden" (vgl. auch Frerking, Johann; August Heitmüller †, Hann. Kurier, 8. Mai 1936. Frerking, Johann; Richard Seiffert-Wattenberg zum 60. Geburtstag am 23. Januar 1934, Hann. Kurier, 22. Januar 1934). Reimar Hollmann berichtete, die dreißiger Jahre ansprechend, von einer Frerkingschen Rezension des JUD SÜSS-Films, die „von unverhohlenem Antisemitismus" geprägt gewesen sei (Hollmann, Reimar; Der Mentor, der seine geistigen Waffen an Generationen weitergab. Johann Frerking: Dickschädel und Feingeist aus Hannover, Neue Presse, 18. August 1984), und Rebecca Grotjahn mahnte an, Frerking habe in den sechziger Jahren verharmlosend geschildert, „wie man mit ein bißchen Diplomatie und Geschick mitten im Dritten Reich, ja mitten im zweiten Weltkrieg noch in Freiheit und Fröhlichkeit gutes Theater machen konnte, daß einem das Herz im Leibe lache" (Grotjahn, Rebecca; Städtisches Orchester, S. 150). Jedoch scheint es sich bei einem Großteil dieser Dokumente aus dem Nationalsozialismus eher um Lippenbekenntnisse des Zeitgenossen Frerking als um den Ausdruck kulturpolitischer Überzeugungen gehandelt zu haben. Anders als die guten Bekannten Kurt Voß und Georg Grabenhorst hat Frerking im Nationalsozialismus keine kulturpolitischen Ämter übernommen. Eine Antragstellung auf Aufnahme in die NSDAP ist nicht bekannt, wohl aber die Aussage des Freundes Friedrich Rasche, Frerking habe spätestens seit Beginn des Krieges auf das Ende des „nazistische(n) Teufelsspukes" gehofft (Rasche, Friedrich; Johann Frerking in Hannover. Versuch eines Porträts zum 75. Geburtstag, Hann. Presse. 15./16. August 1959). Auf Bitten der Vorgesetzten beim HANNOVERSCHEN KURIER und später beim KURIER-TAGEBLATTE, die auf seine Mitarbeit angewiesen waren, blieb dem Feuilletonredakteur Johann Frerking der Wehrdienst im Zweiten Weltkrieg erspart (vgl. NStAH Hann. 146A/Acc. 4/85, Nr. 167). Am 8. Oktober 1943 wurde er in seiner Wohnung in der Dachenhausenstraße ausgebombt. Weite Teile seiner Bibliothek wurden zerstört. Schon kurz nach Kriegsende gestattete ihm die britische Besatzungsmacht die Arbeit im Feuilleton der HANNOVERSCHEN NEUESTEN NACHRICHTEN. Es sprachen „keine Gründe gegen seine aktive Betätigung im Kulturleben Deutschlands"; Frerking wurde als „politisch nicht belastet" (Ebda.) eingestuft. In der Untersuchung Burkhard Ernsts findet sich kein Hinweis auf eine Tätigkeit Frerkings an den hannoverschen Bühnen nach 1945, weder als Dramatiker noch als Kritiker (Ernst, Burkhard; Hannoversche Schauspielchronik). Vgl. auch Frerkings Theaterkritiken während des Krieges und seine Einschätzung der Lage nach 1945 in: Rischbieter, Henning; Historische Brüche, S. 17, 21 und 27. 1949 wurde Frerking ein Lehrauftrag für das Fachgebiet Literatur an der Technischen Hochschule Hannover erteilt (NStAH Hann. 146A/Acc. 4/85, Nr. 167). Nach seinem Tod im Juli 1971 wurde seine über 14.000 Bücher umfassende Bibliothek der Stadtbibliothek Hannover übereignet.

46 Vgl. o.A.; Ergebnisse der Mitgliederversammlung, in: Freie Volksbühne, 7. Jhg., Nr. 2, 20. September 1930, S. 11. O.A.; Geschäftliche Mitteilungen. Die Ergebnisse der letzten Mitgliederversammlung, in: Freie Volksbühne, 10. Jhg., Nr. 2, 19. September 1931, S. 7.

47 Vgl. z. B. 3. Jhg., Nr. 5, Dezember 1924, S. 1ff. 3. Jhg., Nr. 6, Januar 1925, S. 3f. 3. Jhg., Nr. 7, Januar 1925, S. 1ff, 4. Jhg., Nr. 2, 12. September 1925, S. 3ff. 4. Jhg., Nr. 4, 10. Oktober 1925, S. 4f. 4. Jhg., Nr. 6, 9. Januar 1926, S. 5f. 5. Jhg., Nr. 1, 14. August 1926, S. 5ff. 7. Jhg., Nr. 2, 22. September 1928, S. 3f. 7. Jhg., Nr. 9, 25. Mai 1929, S. 5f. 11. Jhg., Nr. 3, 22. Oktober 1932, S. 1f. 11. Jhg., Nr. 9, 13. Mai 1933, S. 6. Der letztgenannte Beitrag ist überschrieben mit jenem Titel, den Johann Frerking 1963 als Überschrift seiner Lebenserinnerungen wählte: AUGENBLICKE DES THEATERS.

48 Vgl. die in deutlich verunglimpfender Absicht geschriebene Darstellung der Arbeit des Revolutionären Kunstkommittees in: Rosendahl, Erich; Geschichte der Hoftheater, S. 184–188.

49 Frerking, Johann; Der Fall Sam Fox. Auch eine Charakterstudie, in: Störtebeker, Nr. 1, 1924, S. 9.

50 „Nach Vertrag des Intendanten Grunwald war der Theater-Ausschuß damit einverstanden, daß der Kritiker Frerking vom 1. August d. J. an auf ein Jahr vertragsmäßig als Dramaturg verpflichtet und bis dahin schon jetzt provisorisch beschäftigt wird." (Protokoll der Sitzung des Theater-Ausschusses, 16. April 1923 (StAH HR X.C.10.32). Kunstverein Hannover; Zwanziger Jahre, S. 155. Hollmann, Reimar; Der Mentor, der seine geistigen Waffen an Generationen weitergab. Johann Frerking: Dickschädel und Feingeist aus Hannover, Neue Presse, 18. August 1984. Lange, Rudolf; Für das Theater, die Bücher, die Kunst gelebt. Nachruf auf Johann Frerking, Hann. Allg. Zeitung, 14. Juli 1971. Harms, Claus; Einst ein Avantgardist. Zum Tode Dr. Rolf Roennekes, Hann. Allg. Zeitung, 4. Februar 1964. Schulte, Gerd; Gruß an Johann Frerking, Hann. Allg. Zeitung, 18. August 1954. Frerking, Johann; Augenblicke, S. 7 ff. Rischbieter, Henning; Nachwort des Herausgebers, in: Frerking, Johann; Augenblicke. Franz Rolan hatte Frerkings Arbeit in seiner CHARAKTERSTUDIE über Willy Grunwald durchaus zu würdigen gewußt und Frerkings „Gewandtheit", „Temperament" und journalistisches Geschick betont (Rolan, Franz; Charakterstudie, S. 26f, 35f), welche nach seiner Überzeugung immerhin wohltuend gegen Grunwalds allumfassende Unfähigkeit abstachen. „Ein solcher Mann, der bei der künstlerischen Jugend Hannovers zahlreiche Anhänger hat", könne einiges bewegen, und so sei es nur zu begrüßen, wenn Frerking größte Freiheit bei der Auswahl neuer Stücke gelassen werde (Ebda., S. 26).

51 Vgl. Auszug der Niederschrift über die Sitzung des Theater-Ausschusses, 13. Juni 1925 (NStAH Hann. 310 III D. 70/I). Daneben hielt Frerking insbesondere bei Neuinszenierungen auch Einführungsvorträge (vgl. o.A.; Bühnenschau, in: Die Hann. Woche, 26. September 1925).

52 Ab Februar 1925 bemühte sich Rolf Roenneke intensiv und erfolglos um eine weitere Vertragsverlängerung (vgl. Protokoll der Sitzung des Theater-Ausschusses v. 28. Februar 1925 (StAH HR X.C.10.32)).

53 Vgl. etwa Protokoll der Sitzung des Theater-Ausschusses, 13. Juni 1925 (StAH HR.X.C.10.32).

54 Heinrich Tramm, Protokoll der Sitzung des Theater-Ausschusses, 16. Februar 1926 (StAH HR X.C.10.32).

55 Auszug aus der Niederschrift über die Sitzung des Theater-Ausschusses, 13. Juni 1925 (NStAH Hann. 310 III D70 / I).

56 Ebda.

57 Vgl. etwa Röhrbein, Waldemar R.; So wie es war, S. 95. Schulte, Gerd; Gruß an Johann Frerking, Hann. Allg. Zeitung, 18. August 1954.

58 Frerking, Johann; Erstes Jahrdritt der Städtischen Schauspiele. Rückblick und Ausblick, in: Festschrift zur Tagung des Deutschen Städtetages in Hannover, Berlin-Friedenau 924, S. 28.

59 Frerking, Johann; Wie wir einst so munter waren. Zur Ausstellung DIE ZWANZIGER JAHRE IN HANNOVER, Hann. Presse, 28. August 1962.

60 Ra.; Johann Frerkings Zwanziger Jahre, Hann. Presse, 14. September 1962.

61 Der einmaligen Mitarbeit Frerkings im zweiten Jahrgangsband der PILLE waren mehrere erfolglose Werbeversuche Bernhard Gröttrups, des Herausgebers dieser Zeitschrift, vorausgegangen. Bereits im ersten Heft seines Blattes hatte sich dieser auf die Suche nach dem „befähigten Theaterkritiker" begeben (G., B.; Theaterkritik, in: Die Pille, 1. Jhg., H. 1, 1. September 1920, S. 12). Auf Frerking wurde Gröttrup vor allem durch dessen Schrift MARTIN OHNE FLÜGELKLEID aufmerksam, die er grundsätzlich für zu „zahm" und „höflich" befand. Er selbst hatte den hier geschoreten Martin Frehsee weniger rücksichtsvoll als Angehörigen jener „üblen Art von Leuten" bezeichnet, „die nichts zu sagen wissen und durch nichtssagende geistreichelnde Wortgeranke auch die gebüldetesten Leser bluffen" (Gröttrup, Bernhard; Martin ohne Flügelkleid, in: Die Pille, 1. Jhg., H. 3, 15. September 1920, S. 56f. Vgl. auch Ws.; Kunstschacher!, in: Die Pille, 1. Jhg., H. 3, 15. September 1920, S. 69. G., B.; Aufruf, in: Die Pille, 1. Jhg., H. 14, 2. Dezember 1920, S. 315: „Bildung ist, wenn Frerking Frehsee moralisch totschlägt und den Hieb mit ‚Sehr geehrter Herr' einleitet." Vgl. auch Seltenfröhlich, Amandus; St. Martinus und die grünen Jungen, in: Die Pille, 1. Jhg., H. 16, 16. Dezember 1920, S. 368f). Gleichwohl gefiel Gröttrup Frerkings „Musterbeispiel, wie ein Kritiker zu töten sei" (Kalenter, Ossip; Die Silbergäule, in: Die Pille, 1. Jhg., H. 16, 16. Dezember 1920, S. 379), und er verteidigte ihn in der Folge in seiner Zeitschrift vor Angriffen (G., B.; Das hannoversche Königreich, in: Die Pille, 1. Jhg., H. 5, 29. September 1920, S. 106. Gröttrup, Bernhard; Martin ohne Flügelkleid (s.o.): „Nach Frerkings Arbeit wird der KURIER ihm (Frehsee, I.K.) wohl über kurz oder lang den Gnadentritt geben.") Kurze Zeit darauf veröffentlichte der Verleger in seiner Zeitschrift jedoch folgende gespielt entrüstete Mitteilung: „Der hervorragendste hannoversche Theaterkritiker Johann Frerking, den ich kniefällig um Mitarbeit an der PILLE gebeten habe, ist leider aus mehreren Gründen, von denen der wichtigste Zeitmangel heißt, nicht in der Lage, meinem Wunsche nachzukommen. Nieder mit Johann Frerking!" (G., B.; Mitteilung, in: Die Pille, 1. Jhg., H. 3, 15. September 1920, S. 71).

62 Frerking fand für seine Entrüstung über „diese(n) ärmsten und mißvergnüglichsten von allen erinnerlichen Theaterwintern" (Frerking, Johann, Hannoverscher Schauspielkalender, in: Das Hohe Ufer, 1. Jhg., H. 6, Juni 1919, S. 158) im Jahr 1918/1919 das zusammenfassende Urteil von einer „himmelanschreienden Verzweiflung" (Frerking, Johann; Von den hannoverschen Theatern und ihrem Publikum, in: Das Hohe Ufer, 1. Jhg., H. 1, Januar 1919, S. 20).

63 Frerking, Johann; Hannoverscher Schauspielkalender: Die Jüdin von Toledo, in: Das Hohe Ufer, 1. Jhg., H. 2, Februar 1919, S. 47.

64 „‚Das soll ja so frei sein; da müssen wir doch mal hin', sagt die Frau Amtsrichter zur Frau Hoflieferantin, um sich nachher pflichtgemäß zu entrüsten." (Frerking, Johann; Von den hannoverschen Theatern und ihrem Publikum, in: Das Hohe Ufer, 1. Jhg., H. 1, Januar 1919, S. 20). Vgl. auch Frerking, Johann; Theater-Winter. Die Anderen, in: Das Hohe Ufer, 2. Jhg., H. 2, 1920, S. 23.

65 Frerking, Johann; Theater-Winter: Kestner-Bühne, in: Das Hohe Ufer, 2. Jhg., H. 2, 1920, S. 21.

66 Frerking, Johann; Hannoverscher Schauspielkalender: Die Judasglocke, in: Das Hohe Ufer, 1. Jhg., H. 3, März 1919, S. 83.

67 Ebda.

68 Frerking, Johann; Hannoverscher Schauspielkalender: Herodes und Mariamne, in: Das Hohe Ufer, 1. Jhg., H. 6, Juni 1919, S. 158f.

69 Frerking, Johann; Auf Umwegen, in: Das Hohe Ufer, 2. Jhg., H. 3, 1920, S. 59.

70 Frerking, Johann; Theater-Frühling. Oasen, in: Das Hohe Ufer, 2. Jhg., H. 5/6, 1920, S. 93.

71 Ebda.

72 Frerking, Johann; Theaterterror oder Gefühlsjustiz, in: Die Pille, 2. Jhg., H. 16, 21. April 1921.

73 Ebda.

74 Frerking, Johann; Die Bürger von Calais, in: Das Hohe Ufer, 1. Jhg., H. 7, Juli 1919, S. 186.

75 Frerking, Johann; Der Dramatiker Georg Kaiser, in: Das Hohe Ufer, 1. Jhg., H. 10, Oktober 1919, S. 261.

76 Frerking, Johann; Von den hannoverschen Theatern und ihrem Publikum, in: Das Hohe Ufer, 1. Jhg., H. 1, Januar 1919, S. 23.

77 Ebda.

78 Ebda., S. 22.

79 Ebda.

80 Vgl. Kunstverein Hannover; Zwanziger Jahre, S. 154.

81 Frerking, Johann; Theater-Winter: Schauspielhaus, in: Das Hohe Ufer, 2. Jhg., H. 2, 1920, S. 23. Vgl. auch Kunstverein Hannover; Zwanziger Jahre, S. 154. Lange, Rudolf; Für das Theater, die Bücher, die Kunst gelebt. Nachruf auf Johann Frerking, Hann. Allg. Zeitung, 14. Juli 1971. O.A.; Krautworsts Wandelgänge. Roenneke, Neue Hann. Presse, 30./31. Juli 1977. l., r.; Der große Leser aus Hannover. Zum 100. Geburtstag von Johann Frerking, Hann. Allg. Zeitung, 18. August 1984. Schlüter, Wolfgang; Ein letztes Gruß an Johann Frerking, Hann. Allg. Zeitung, 14. Juli 1971.

82 Frerking, Johann; Von den hannoverschen Theatern und ihrem Publikum, in: Das Hohe Ufer, 1. Jhg., H. 1, Januar 1919, S. 24. „Wer nicht mehr biegsam ist, muß brechen, und wer nur eins versteht, darf nur in diesem einen wirken." (Frerking, Johann; Was soll aus dem Hoftheater werden?, in: Das Hohe Ufer, 1. Jhg., H. 6, Juni 1919, S. 154).

83 Frerking, Johann; Von den hannoverschen Theatern und ihrem Publikum, in: Das Hohe Ufer, 1. Jhg., H. 1, Januar 1919, S. 20.

84 Frerking, Johann; Was soll aus dem Hoftheater werden?, in: Das Hohe Ufer, 1. Jhg., H. 6, Juni 1919, S. 153.

85 O.A.; Krautworts Wandelgänge. Roenneke, Neue Hann. Presse,

86 Frerking, Johann; Theater-Winter. Schauspielhaus, in: Das Hohe Ufer, 2. Jhg., H. 2, 1920, S. 23.
87 Frerking, Johann; Der Dramatiker Georg Kaiser, in: Das Hohe Ufer, 1. Jhg., H. 10, Oktober 1919, S. 261.
88 Frerking, Johann; Rolf Roenneke, in: Deutsche Volksbühne, Jhg. 15, 1963/64.
89 Frerking, Johann; Theater-Winter. Schauspielhaus, in: Das Hohe Ufer, 2. Jhg., H. 2, 1920, S. 23.
90 Frerking, Johann; Die Bürger von Calais, in: Das Hohe Ufer, 1. Jhg., H. 10, Oktober 1919, S. 186.
91 Frerking, Johann; Theater-Frühling. Kleine Sklavin, in: Das Hohe Ufer, 2. Jhg., H. 5/6, 1920, S. 95.
92 In VON DEN HANNOVERSCHEN THEATERN UND IHREM PUBLIKUM hatte Frerking auch die Anstellung eines „mit gründlicher Sachkenntnis gerüsteten, dem Geiste der Kunst freudig verpflichteten Dramaturgen, der auf die künftige Gestaltung des Spielplanes maßgebenden Einfluß auszuüben fähig und gewillt ist", gefordert (Frerking, Johann; Von den hannoverschen Theatern und ihrem Publikum, in: Das Hohe Ufer, 1. Jhg., H. 1, Januar 1919, S. 24).
93 Frerking, Johann; Theater-Sommer: Freilicht, in: Das Hohe Ufer, 2. Jhg., H. 7, 1920, S. 119.
94 Ebda.
95 F., M.; Freilicht-Theater, Hann. Kurier, 7. Juni 1920. Vgl. auch o.A.; Freilicht-Theater, Hann. Tageblatt, 21. Juni 1920.
96 Ebda.
97 Ebda.
98 Vgl. hierzu für Hannover: Klatt, Gunnar; Zwischen Kunst und Polit-Kitsch, S. 178 f.
99 Frerking, Johann; Augenblicke, S. 124.
100 Ebda. Frerking gab als Auslöser für seine Schrift MARTIN OHNE FLÜGELKLEID in einer für ihn sowohl in Länge als auch im Stil typischen Erklärung folgendes an: „Und zum anderen schreibe ich dies, weil ich an meinem Teil nicht dulden will, daß man die Kunst, die immerdar Herrin war, ist und sein wird, zur Sklavin zu erniedrigen versucht, die mit Zuckerbrot und Peitsche jedem wüsten und weichen Belieben untertänig zu machen ist. Gerade wenn die Kunstkritik des HANNOVERSCHEN KURIER, wie mir aus jüngeren Äußerungen hervorzugehen scheint, von einem politisch vorsichtig verschleierten, auch nicht gerade von starkem Selbstvertrauen zeugenden Grundsatz geleitet wird, der wahre Wert einer jeden Gegenwart sei erst aus dem Aspekt ihres in die Zukunft projizierten Gesamtbildes, aus ihrer Wirkung auf diese abzulesen, gerade dann wäre es selbstverständlich Pflicht und schlichteste Schuldigkeit, so säuberlich wie möglich mit der jungen Kunst unserer Tage zu verfahren, auch den Fall gesetzt, sie sei noch um ein Beträchtliches ungebärdiger als der Knabe Absalom." (Frerking, Johann; Martin ohne Flügelkleid, zitiert nach: Frerking, Johann; Augenblicke, S. 36).
101 Zur dramatischen Produktion Frehsees vgl. auch: Frehsee, Martin; O Tannebaum! Ein neues deutsches Märchen, Vilsen 1911. Frehsee, Martin; Blätter aus der Forsthauschronik des Heiligenberges. Ein Festspiel dem Verschönerungs-Verein Vilsen gewidmet, Hoya o.J. Dieses Stück beginnt mit dem Chor der Mönche anläßlich einer Klostergründung im Jahre 1310. Die Mönche singen (S. 3): „Wir wandern und wallen durchs blühende Land. Und danken dem Schöpfer mit Herz und mit Hand. Der Frühling hielt Einzug, welch Glück kommt dem gleich? Und Frühling will's werden im heiligen Reich! O mein Heimatland, o mein Heimatland, Du mein großes deutsches Vaterland." 1917 hatte auch Frehsee mit der dramatischen Dichtung WIELAND seinen Beitrag für die Freilichtbühne geleistet (Frehsee, Martin; Wieland. Dramatische Dichtung in vier Aufzügen, Hannover 1917).
102 Zitiert nach: Frerking, Johann; Augenblicke, S. 27.
103 Ebda.
104 AN ANNA BLUME beginnt mit den Versen: „O du, Geliebte meiner siebenundzwanzig Sinne, ich liebe dir."
105 Schwitters, Kurt; Du meiner, ich deiner, wir mir. Offener Brief an Herrn Martin Frehsee, in: Der Zweemann, 1. Jhg., H. 2, Dezember 1919, S. 20 f.
106 Spengemann, Christof; Glossen. Tagesweisheit IV, in: Der Zweemann, 1. Jhg., H. 2, Dezember 1919, S. 17.
107 Ebda.
108 Vgl. Spengemann, Christof; Glossen. Tagesweisheit IV: Hannoverscher Kurier, in: Der Zweemann, 1. Jhg., H. 4, Februar 1920, S. 13.
109 Spengemann, Christof; Tagesweisheit IV. Kunst und Politik, in: Der Zweemann, 1. Jhg. H. 6, April 1920, S. 11.
110 Ebda.
111 Ebda.
112 Frerking, Johann; Theater-Sommer. Klabund, in: Das Hohe Ufer, 2. Jhg., H. 7, 1920, S. 116 f. „In den bequemen Rahmen hat Klabund alles hineingepackt, was die Jugend heute auf dem Herzen zu haben pflegt an Gefühlen und Bekenntnissen, an Zorn und Spott und Begeisterung. Und da ist es ihm mehr um die Buntheit zu tun gewesen als um die Preislage. Er hält einfach Ausverkauf: zwischen grimmigen Zerrbildern leuchtet sanft zartestes und wehestes Menschenleid, witzige Epigramme wechseln mit leiser Lyrik, die im Verklingen schon vom Gelächter der Parodie übergällt wird." (S. 117).
113 Ebda.
114 Ebda.
115 Zitiert nach: Frerking, Johann; Augenblicke, S. 29.
116 In der PILLE hieß es rückblickend, „urplötzlich" sei „aus dem harmlos flüsternden Dichter der ‚Flügelbekleideten' und dem Freunde bürgerlicher Ordnung ein keifender Tyrtäos des Janhagels" geworden (Seltenfröhlich, Amandus; St. Martinus und die grünen Jungen, in: Die Pille, 1. Jhg., H. 16, 16. Dezember 1920, S. 368f).
117 Ebda.
118 Ebda., S. 30 f.
119 Frehsee verwendete wie viele Kritiker der hannoverschen Theaterpolitik in den zwanziger Jahren durchgehend die alte Bezeichnung Hoftheater (Städtische Bühnen, Städtisches Opern- und Schauspielhaus Hannover).
120 Zitiert nach: Frerking, Johann; Augenblicke, S. 32.
121 Ebda.
122 Frerking, Johann; Theater-Sommer, Der Kandidat, in: Das Hohe Ufer, 2. Jhg., H. 7, 1920, S. 118.
123 Frerking, Johann; Augenblicke, S. 32.
124 Zitiert nach: Frerking, Johann; Augenblicke, S. 33.
125 Ebda.
126 Paul Steegemann zitierte in ZWEI JAHRE VERLEGER den Freund Manfred Georg, der sich lobend über Frerkings Schrift gegen das „Gallebündel ‚mf'" ausgesprochen habe: „In fast philologischer Arbeit wird

an Hand einer durch fünf Jahre hindurch sorgfältig sezierten Schreibselei dargelegt, wie systematisch unter Brusttönen (sic!) das Publikum einer (immerhin) Großstadt von Meistern wie Hauptmann, Ibsen, Strindberg, Shaw, von zeitgenössisch Jungen ganz zu schweigen, unter perfidester Polemik abgedrängt und dem Niveau ‚Als ich noch im Flügelkleide' hinzugetrieben wird. Daß ‚mf' der Verfasser jener Albernheit ist, in der zwölf Damenhöschen und eine besoffene Kneiperei zwischen Studenten und Pensionsmädeln eine neckische Rolle spielen, erhöht nur die Beweiskraft für die Tatsache, daß er als einzige Dichter Wildenbruch, … Fulda undsoweiter kennt." (Manfred Georg, zitiert nach: Steegemann, Paul; Zwei Jahre Verleger, in: Stevenson, Robert Louis; Der Klub der Selbstmörder (Paul Steegemann Verlag), Hannover 1922, Anhang, S. 7).

[127] Kunstverein Hannover; Zwanziger Jahre, S. 92, 154 und 158. Schulte, Gerd; Gruß an Johann Frerking, Hann. Allg. Zeitung, 18. August 1954. Rasche, Friedrich; Johann Frerking in Hannover. Versuch eines Porträts zum 75. Geburtstag, Hann. Presse, 15./16. August 1959. Ra; Johann Frerkings Zwanziger Jahre, Hann. Presse, 14. September 1962. Schlüter, Wolfgang; Ein letztes Wort an Johann Frerking, Hann. Allg. Zeitung, 14. Juli 1971. Meyer, Jochen; Paul Steegemann Verlag (1975), S. 20.

[128] Zitiert nach: Frerking, Johann; Augenblicke, S. 27.

[129] Ebda., S. 36.

[130] Frerking, Johann; Bruder Martinus, in: Der Marstall, H. 1/2, 1919/1920, S. 9–10. Vgl. auch Frerking, Johann; Martin ohne Flügelkleid. Auch eine Groteske, in: Der Marstall, H. 1/2, 1919/1920, S. 6. Frerking, Johann; Das gesprengte Massengrab, in: Der Marstall, H. 1/2, 1919/1920, S. 7 f.

[131] So Friedrich Rasche; Johann Frerking in Hannover. Versuch eines Porträts zum 75. Geburtstag, Hann. Presse, 15./16. August 1959. Interessanterweise fand gerade seine scharfe Polemik gegen Frehsee auch die Zustimmung Franz Rolans, der in seiner CHARAKTERSTUDIE urteilte: „Außerdem hatte Frerking bei jedem Theaterfachmann, der Sinn für Kunst und Humor hat, einen Stein im Brett, weil er die LIEBE TANTE TÜSCHEN, den Kritiker und Dichter Martin Frehsee – vor dem Kriege mit einem Accent aigu begabt – umgebracht hatte in einer Groteske MARTIN OHNE FLÜGELKLEID." (Rolan, Franz; Charakterstudie, S. 27). Als die Aufregung um Frerkings Schrift sich allmählich wieder gelegt hatte, im Dezember 1920, zog Max-Marten Manfried in der PILLE folgendermaßen Bilanz: „Aber Martin Frehsee ist über eine Schrift Johann Frerkings des Unerschrockenen gestrauchelt, und es heißt, daß er sich nun ganz vom Rezensieren zurückziehen will, um hinfort nur noch hochsittsame und aller Literatur entkleidete Stücke zu schreiben, in denen Studenten des Nachts ihrer Angebeteten heimliche Besuche abstatten." (Manfried, Max-Marten; Hamburg und Hannover. Ein Theaterbrief, in: Die Pille, 1. Jhg., H. 14, 2. Dezember 1920, S. 323). Vgl. auch Manfried, Max-Marten; Drei Theaterpillen. Einzeln und mit Vorsicht zu genießen. II. Residenz-Theater, in: Die Pille, 1. Jhg., H. 5, 29. September 1920, S. 102.

[132] Zitiert nach: Frerking, Johann; Augenblicke, S. 36.

[133] Frerking, Johann; Augenblicke, S. 134. In der Zeitschrift NIEDERSACHSEN sprach er sich 1932 in einem Artikel über Wilhelm Busch gegen die „Bohrkäferarbeit der feierlichen Forscher" und die „Mückenseiherei, Eingeweidebefragung und Nabelbeschau" aus (Frerking, Johann; Wilhelm Busch, in: Niedersachsen, 37. Jhg., 1932, S. 156).

[134] Schulte, Gerd; Meister der Kritik. Johann Frerking wird morgen 80, Hann. Allg. Zeitung, 18. August 1964. O.A.; Johann Frerking. Vorbild als Kritiker und Stilist, Hann. Rundschau, 19. August 1964. Schmied, Wieland; Wegbereiter der modernen Kunst, S. 245. l., r.; Der große Leser aus Hannover. Zum 100. Geburtstag von Johann Frerking, Hann. Allg. Zeitung, 18. August 1984. Hollmann, Reimar; Der Mentor, der seine geistigen Waffen an Generationen weitergab. Johann Frerking: Dickschädel und Feingeist aus Hannover, Neue Presse, 18. August 1984. Lange, Rudolf; Für das Theater, die Bücher, die Kunst gelebt. Nachruf auf Johann Frerking, Hann. Allg. Zeitung, 14. Juli 1971.

[135] Schulte, Gerd; Gruß an Johann Frerking, Hann. Allg. Zeitung, 18. August 1954.

[136] „Das schlug mf den Boden aus. Er hub an zu schelten wie ein ganzes Rudel Rohrspatzen" (zitiert nach: Frerking, Johann; Augenblicke, S. 34). „Merkt's der Leser. Es schwimmen Felle weg, und der Lohgerber wird gnatzig." (Ebda. S. 35). Vgl. Hollmann, Reimar; Der Mentor, der seine geistigen Waffen an Generationen weitergab. Johann Frerking: Dickschädel und Feingeist aus Hannover, Neue Presse, 18. August 1984. Lange, Rudolf; Für das Theater, die Bücher, die Kunst gelebt. Nachruf auf Johann Frerking, Hann. Allg. Zeitung, 14. Juli 1971.

[137] So schrieb er über den von ihm bewunderten Alfred Kerr als Kritiker, der noch im (literarisch) „verbackensten Napfkuchen" schmecke, „ob vielleicht ein Stück Sukkade drangewandt sein mag". (Frerking, Johann; Der Kritiker Kerr, 25. September 1921, zitiert nach: Frerking, Johann; Augenblicke, S. 128). Der Schüler Wolfgang Drews erinnert sich an eine Kritik des WILHELM TELL. Frerking hatte den Geßler hier mit den Worten beschrieben: „Ein blutleerer Geschlechterspätling, der anderen die pralle Fülle neidet, ein Enterbter, der Macht erlangt hat über Erbgesessene, ein Anormaler, der die langweiligen Normalen zwiebelt." (Wolfgang Drews, in: Rasche, Friedrich; Huldigung für Johann Frerking. Zum 80. Geburtstag des Kritikers und Journalisten, Hann. Presse, 20. August 1964).

[138] Zitiert nach: Frerking, Johann; Augenblicke, S. 124.

[139] Zitiert nach: Ebda., S. 134.

[140] Heinz Vahlbruch teilte im Gespräch mit, Frerking habe von Hanns Krenz mehrere Aquarelle von Nolde gekauft (Gesprächsprotokoll Vahlbruch, 29. Juli 1992). Der Journalist war zudem Gast im Hause Steinitz. Vom 12. November 1927 existiert von ihm und „Frl. Frerking", vermutlich seiner Schwester, eine Eintragung im Gästebuch von Käte Steinitz (galerie gmurzynska; Gästebuch von Käte Steinitz).

[141] Vgl. Lebenslauf Frerkings, datiert auf den 26. Juli 1947 (NStAH Hann. 146A 4/85, Nr. 167).

[142] Schmied, Wieland; Wegbereiter zur modernen Kunst, S. 236.

[143] Schreiben von Hanns Krenz an Johann Frerking, 18. November 1924 (NStAH Dep. 100 A.27). Frerking wurde schon kurze Zeit darauf wieder in den Beirat gewählt (Schmied, Wieland; Wegbereiter zur modernen Kunst, S. 236).

[144] Anläßlich ihres zehnjährigen Bestehens, 1926, verfaßte Frerking einen Rück- und Ausblick im Jubiläumskatalog der Kestner-Gesellschaft (Schmied, Wieland; Wegbereiter zur modernen Kunst, S. 279).

[145] Kunstverein Hannover; Zwanziger Jahre, S. 27 f. Schmied, Wieland; Wegbereiter zur modernen Kunst, S. 273.

[146] Rasche, Friedrich; Gedächtnisfeier Rainer Maria Rilke, Hann. Anzeiger, 13. Januar 1927. Vgl. auch die Schilderung eines Vortrags Johann

147 CHRISTIAN ROHLFS, Vortrag, gehalten in der Kestner-Gesellschaft, 9. Februar 1930, Johann Frerking.

148 In der NIEDERDEUTSCHEN ZEITUNG wurde der Name des Künstlers permanent falsch geschrieben.

149 O.A.; Christian Rohlfs-Ausstellung in der Kestner-Gesellschaft, Niederdeutsche Zeitung, 12. Februar 1930. Weiter hieß es in der Rezension höhnisch: „Dieser Mai (1930, I.K.) sieht Prof. Christian Rohlfs ganz losgelöst von der Materie. Nur sein Griffel lallt noch ... Oder ist das alles nur ein Zeitgeschmack, dem sich ein großer Kritiker gebeugt hat?"

150 Der erste Vortrag Johann Frerkings im Nationalsozialismus beschäftigte sich 1934 mit dem Minnesang (Schmied, Wieland; Wegbereiter zur modernen Kunst, S. 275). Er begleitete eine Ausstellung der Manesseschen Handschrift in der Kestner-Gesellschaft, die nach außen hin schon nicht mehr von Justus Bier geleitet wurde. Immer häufiger ließ dieser sich von Frerking vertreten (Schmied, Wieland; Kestner-Gesellschaft wird geschlossen, S. 23. Kunstverein Hannover; Zwanziger Jahre, S. 23). Frerking wurde 1934 einstimmig in den neuen Beirat der Kestner-Gesellschaft gewählt (Kestner-Gesellschaft (Hg.); Katalog zur 133. und 134. Ausstellung, Hannover 1934). Über sein Eintreten für die Kestner-Gesellschaft während des Nationalsozialismus ist nur wenig bekannt. Nach dem Ende des Zweiten Weltkrieges gehörte Johann Frerking zu den Mitbegründern der neuen Kestner-Gesellschaft. Bis Mitte der sechziger Jahre – Frerking war zu diesem Zeitpunkt schon über 80 Jahre alt – stand er ihr als Schriftführer zur Verfügung (Hentzen, Alfred; Neuer Anfang, S. 67 ff. Vgl. auch Schmied, Wieland; Wegbereiter zur modernen Kunst, S. 236 u. 275).

151 Vgl. den nicht datierten und nicht betitelten Artikel Frerkings im Garvens-Gedenkalbum des Schwitters Archivs Hannover (SAH 2226). Vgl. Frerking, Johann; Wie wir einst so munter waren. Zur Ausstellung DIE ZWANZIGER JAHRE IN HANNOVER, Hann. Presse, 28. August 1962.

152 Wie Ferdinand Stuttmann berichtete, gehörte Frerking zum Freundeskreis des Malers Otto Gleichmann (in: Kunstverein Hannover; Zwanziger Jahre, S. 44).

153 Frerking, Johann; Die Hannoversche Sezession, in: Kestner-Gesellschaft (Hg.), Hann. Künstler. Anläßlich des Zehnjährigen Bestehens der Kestner-Gesellschaft, Hannover 1926.

154 Kunstverein Hannover; Zwanziger Jahre, S. 151. Vgl. zum Zinnoberfest: Erlhoff, Michael/Guckel, Sabine; Kurt Schwitters Almanach, Hannover 1984, S. 124–150. Interessanterweise berichtet Käte Steinitz in ihren Erinnerungen wohl detailliert vom ZINNOBERFEST; Frerkings Name wird allerdings nicht erwähnt, obwohl beide sich von den Gesellschaften in ihrem Salon her kannten (Steinitz, Käte; Kurt Schwitters. Erinnerungen, bes. S. 96 ff).

155 Frerking, Johann; Hasenclever JENSEITS, 24. Oktober 1920, zitiert nach: Frerking, Johann; Augenblicke, S. 39. Vgl. dazu auch die Kritik an Kurt Schwitters' ANNA BLUME in der Rede auf Frank Wedekind vom 14. Dezember 1920 (zitiert nach: Frerking, Johann; Augenblicke, S. 58).

156 F., J.; Herbstausstellung im Kunstverein. III. Die Abstrakten. Plastik, Hann. Kurier, 1. November 1927. Vgl. auch Frerking, Johann; Große Kunstausstellung. Im Künstlerhaus, Hann. Kurier, 29. März 1929: „... auch wird festgestellt, daß Kurt Schwitters und Carl Buchheister zäh und charaktervoll beim Fähnlein der Abstrakten aushalten, ohne daß ihre neueste Bemühung zu neuerlichen Anmerkungen Anlaß gäbe". Vgl. die ironische, streckenweise jedoch durchaus auch verständnisvolle Rezension Frerkings zum VORTRAGSABEND DER ABSTRAKTEN vom 13. Mai 1929 im HANNOVERSCHEN KURIER.

157 Brodersen (d.i. Johann Frerking); Neuordnung im Provinzial-Museum. Die Gemälde neugehängt, Hann. Kurier, 15. Januar 1922.

158 F., J.; 75 Jahre. Die Geschichte des Museums, Hann. Kurier, 9. Oktober 1927.

159 Frerking, Johann; Neues im Provinzial-Museum, Hann. Kurier, 9. Februar 1928.

160 Ebda.

161 Frerking beschrieb den Feuilletonisten in seinem Aufsatz VOM KRITIKER (zitiert nach: Frerking, Johann; Augenblicke, S. 124) als „im Empfinden besonnen herrschend, im Erfinden gehemmt". In DER KRITIKER (zitiert nach: Frerking, Johann; Augenblicke, S. 133) nannte er ihn einen „Stiefbruder des Dichters" und zitierte aus Jean Pauls VORSCHULE DER ÄSTHETIK: „Es gibt Menschen, welche – ausgestattet mit höherem Sinn als das kräftige Talent, aber mit schwächerer Kraft –, in eine heilige offene Seele den großen Weltgeist ... aufnehmen ... Sie verlieren sich in sich, und ihnen geht zum Bewegen ihrer Welt, bei allen Hebeln in den Händen, der Stand auf einer anderen ab. Sie geben leichter fremden Stoffen Form als eigenen, und sie bewegen sich freier in fremder Sphäre als in der eigenen."

162 Mülbe, Wolf-Heinrich von der; Lieber Herr Ey!, in: 50 Jahre Buchhandlung Ludwig Ey, Hannover o.J. (1928), S. 9 f. Vgl. auch den Beitrag von Johann Frerking (Gesicht einer Buchhandlung, S. 14 f.) in dieser Veröffentlichung.

163 Kunstverein Hannover; Zwanziger Jahre, S. 84.

164 Nach Hans-Joachim Bieber stand der MORGEN in Zusammenhang mit dem hannoverschen Rat geistiger Arbeiter. Die Mitglieder dieser literarischen Vereinigung hätten sich auf den „Boden des Volksstaats und der sozialen Republik" gestellt (Bieber, Hans-Joachim; Bürgertum in der Revolution, S. 131. Vgl. auch Kunstverein Hannover; Zwanziger Jahre, S. 84). Im Katalog zur Ausstellung DIE ZWANZIGER JAHRE IN HANNOVER (Kunstverein Hannover; Zwanziger Jahre, S. 14) heißt es: „30. Januar 1918: ‚Die gleiche Aufgabe, die sich die Kestner-Gesellschaft auf dem Gebiete der bildenden Kunst gestellt hat, stellt sich die neu gegründete Gesellschaft DER MORGEN auf dem Gebiete der dichtenden Kunst: Sie will das hannoversche Publikum mit den neuen und neuesten Erscheinungen bekannt machen.'"

165 Kunstverein Hannover; Zwanziger Jahre, S. 16 u. 87. Rischbieter, Henning; Hannoversches Lesebuch, Bd. 2, S. 239.

166 Steegemann bezeichnete den CANDIDE in ZWEI JAHRE VERLEGER (S. 32) als „wohl das *schönste* Buch meines Verlages". Vgl. auch Meyer, Jochen; Paul Steegemann Verlag (1975), S. 19, 29.

167 Vgl. die Werbung des Paul Steegemann Verlages für Flauberts BÜCHERNARR, in: Die Pille, 1. Jhg., H. 17, 23. Dezember 1920, S. 399. Alfred Kubin illustrierte sowohl den BÜCHERNARR als auch den CANDIDE.

168 Vertragsschreiben, von Johann Frerking am 11. Juli 1922 an Paul Steegemann gesandt. Für ein Honorar von 10.000 M verkaufte Frerking die Rechte für die Übersetzungen bzw. Umarbeitungen der genannten Werke (Deutsches Literaturarchiv, Handschriftenabteilung, A. Steegemann; Verschiedenes. Kasten 1: Korrespondenz).

169 Meyer, Jochen; Paul Steegemann Verlag (1975), S. 33 f.

170 Leibniz-Akademie e.V. (Hg.); Verzeichnis der Vorlesungen und Arbeitsgemeinschaften von Oktober bis Dezember 1921. Leider ist über den Besuch der Veranstaltungen nichts bekannt.

171 Schreiben des hannoverschen Polizeipräsidenten an das Ministerium für Wissenschaft, Kunst und Volksbildung, 24. Dezember 1924 (NStAH Hann. 173a, Acc. 111/79, Nr. 349).

172 Lange, Rudolf; Für das Theater, die Bücher, die Kunst gelebt. Nachruf auf Johann Frerking, Hann. Allg. Zeitung, 14. Juli 1971.

173 Grabenhorst, Georg; Wege und Umwege, S. 152. Nach der Rezension einer Veranstaltung der Literarischen Gemeinde – eines Zwiegesprächs zwischen Alfred Döblin und Paul Fechter – muß diese im Frühjahr 1932 gegründet worden sein (o.A.; Der Dichter und seine Zeit. Zweiter Abend der hannoverschen Literaturgemeinde. Zwiegespräch Döblin – Fechter, in: Kulturring, März 1932, S. 58). Im Monat darauf, im April 1933, veranstaltete mit Hans Friedrich Blunck ein völkisch-konservativer Dichter aus dem Bekanntenkreis von Georg Grabenhorst und Kurt Voß eine Lesung seiner Werke (o.A; Hann. Literaturgemeinde. Hans Friedrich Blunck aus seinen Werken, in: Kulturring, April 1933, S. 98).

174 Kunstverein Hannover; Zwanziger Jahre, S. 44.

175 Rischbieter, Henning; Hannoversches Lesebuch, Bd. 2, S. 240.

„... eine skeptische, allerdings letztlich nicht radikale Distanz ..."

Der Feuilletonleiter, Maler und Literat Paul Madsack

Biographisches

Ein knappes Vierteljahrhundert lang, vom Anfang der zwanziger Jahre bis zur Übernahme des HANNOVERSCHEN ANZEIGERS durch die nationalsozialistische NIEDERSÄCHSISCHE TAGESZEITUNG,[1] war Paul Madsack, jüngster Sohn des Zeitungsbegründers, Feuilletonchef dieser einflußreichen hannoverschen Tageszeitung.[2] Damit hatte er einen Posten inne, der ihn während dieser Jahrzehnte und besonders während der Weimarer Republik eigentlich ganz und gar hätte in Anspruch nehmen müssen. Schließlich lautete die Losung des HANNOVERSCHEN ANZEIGERS, ausgegeben vom Chefredakteur Erich Madsack, die kulturpolitischen Komponenten der Weimarer Republik zu betonen und eine Rückberufung zum Geistigen[3] zu initiieren. Angesichts der starken Zersplitterung der politischen Meinungen zogen es die Macher der Zeitung vor, im Feuilleton die Fundamente dieser Welt „gegen eine innere Zersetzung aufs schärfste zu verteidigen. Die Form ist ... immerhin nicht entscheidend, sondern der Geist allein ... *(d)em Geist als dem erkennbar obersten Ordner der Menschensachen (ist) unbedingte Treue zu halten*„.[4] Statt sich Tagesmoden anzuhängen oder schnellebige politische Meinungen zu kultivieren, setzte der ANZEIGER auf eine Feuilletonisierung des gesamten Zeitungsinhalts.[5]

Paul Madsack reagierte auf diese Aufwertung seiner Redaktion zuungunsten der Ressorts Politik und Wirtschaft mit der Heranziehung einer Reihe von namhaften Journalisten und Schriftstellern seiner Zeit.[6] Hannoversche Kräfte gehörten zu ihnen, aber auch Talente von außerhalb, unter ihnen der deutschbaltische Schriftsteller Frank Thieß,[7] der mit Anfang dreißig Jahren Mitarbeiter des ANZEIGER-Feuilletons wurde. Dieser hatte während der täglichen Arbeit am ANZEIGER engen Kontakt zu seinem Vorgesetzten, mit dem er sich anfangs auch recht gut verstand. Was Thieß auffiel, war, daß Madsack „der ganze Betrieb nicht zu behagen (schien)".[8] Offenbar, so mutmaßte der Schriftsteller, fühlte der Verlegerssohn „sich einer Umwelt ausgeliefert, die ganz anders war, als sie sich selber sah. Und weil der Künstler in ihm vergeblich um Ausdruck rang, vielleicht auch, weil sein quälendes Asthma ihn in eine Abwehrstellung gegenüber dem wohlmeinenden Verein der Mitmenschen versetzte, hatte sich seiner ein schleichendes Mißtrauen bemächtigt, das den Verkehr mit ihm auf Dauer erschwerte."[9] Thieß war überzeugt davon, daß sein Arbeitgeber selbst sich stets mehr als Künstler denn als Journalist oder gar Feuilletonchef sah und dem Brotberuf mit einiger Distanz und Skepsis gegenüberstand.[10]

Paul Madsack, Foto. 1928

Paul Madsacks Künstlerdasein konzentrierte sich zunächst auf die Malerei. Es ist dabei bezeichnend, daß der erste äußere Bruch im Leben des Sohnes aus wohlhabendem, künstlerisch interessiertem Elternhaus mit seiner Neigung zur Malerei zu tun hatte.[11] Am 21. August 1881 in Reval geboren, wo sein Vater August Madsack bereits eine erste deutschsprachige Zeitung etabliert hatte, bevor er mit seiner Familie nach Hannover zog,[12] hatte der Sohn nach einem Studium der Rechtswissenschaften in München, Bonn, Heidelberg und Göttingen Referendariat und Promotion beendet, um als Richter am Landgericht Hannover und gleichzeitig als Rechtsanwalt im väterlichen Betrieb tätig zu sein.[13] Die gutbürgerliche Laufbahn wurde schon zu dieser Zeit kontrastiert durch ein längeres Malstudium in Fischerhude und Worpswede.[14] Freundschaften zu Otto Modersohn, vielleicht auch schon zu Alfred Kubin, wurzelten in dieser Zeit.[15] Weitere Studienjahre des Malers Paul Madsack sollten sich ab 1913 in Paris anschließen. Dann begann der Erste Weltkrieg. Madsack wurde von Frankreich nach Spanien abgeschoben, wo er ein dreiviertel Jahr unbehelligt weitermalte. Dann versuchte er die Flucht zurück nach Deutschland, wurde aufgegriffen, geriet in französische Kriegsgefangenschaft und blieb in der Schweiz interniert. Auch während dieser Zeit malte und zeichnete Madsack, als wenn es keinen Weltkrieg und keine Kriegsgefangenschaft gäbe. Nebenbei schrieb er VAE VICTIS, den ebenso selbstironischen wie distanzierten Bericht über diese abenteuerlichen Jahre.[16]

Auszug aus einem handschriftlichen Lebenslauf Paul Madsacks. 23. September 1919

Nach Kriegsende kehrte er nach Hannover zurück, wurde Jurist und Feuilletonchef, Ehemann und Familienvater. Die unbürgerliche, künstlerische Seite seines Lebens als Maler und Schriftsteller behielt er bei. Ob er darin unterstützt wurde durch seinen Vater, bleibt unklar. Zumindest geduldet hat August Madsack die künstlerischen Ambitionen seines Sohnes. Der seiner republikkritischen Haltung wegen vielfach angefeindete Verleger[17] wurde für die expressionistisch-avantgardistischen Zeitschriften Hannovers, die ihn als Patriarchen über die drei bevormundeten Söhne Erich, Paul und Georg Madsack sahen,[18] zur Zielscheibe des Spotts. Der Angriff auf die Allmacht August Madsacks in seinem Familienleben mag auch im Zusammenhang mit dem Einfluß des Verlegers auf Hannovers Kunst- und Kulturleben der zwanziger Jahre gestanden haben. August Madsack gehörte von Anbeginn an sowohl zu den Stiftern anläßlich von Ausstellungen[19] wie zu den Beiratsmitgliedern der Kestner-Gesellschaft.[20] Dies hatte er mit einer Reihe anderer hannoverscher Persönlichkeiten des öffentlichen Lebens gemein. Der persönliche Besitz eines so einflußreichen Organs der Meinungsbildung, wie es die auflagenstärkste Tageszeitung der Stadt, der HANNOVERSCHE ANZEIGER, in den zwanziger Jahren besonders im Ressort Kunst und Kultur war,[21] verlieh der Verwirklichung seiner Intentionen jedoch außerordentlichen Nachdruck, was dem Sohn in dessen künstlerischen Ambitionen wiederum nur förderlich sein konnte.

Paul Madsack hatte bereits im Oktober 1926 anläßlich der Ausstellung zum zehnjährigen Jubiläum der Kestner-Gesellschaft hier zwei Gemälde ausgestellt.[22] Fünf Jahre darauf war er in der Ausstellung HANNOVERSCHE KÜNSTLER. MITGLIEDER DER HANNOVERSCHEN SEZESSION UND GELADENE GÄSTE als Maler, der seine „Mußestunden der Malerei" widme,[23] mit dreizehn Gemälden vertreten. Sie zeigten in manchmal ausgesprochen naiver, dann wieder deutlich an Alfred Kubin angelehnter Malweise Arbeiten, die aus Madsacks Zeit in Spanien und Frankreich stammten. Auswärtige wie hannoversche Zeitungen, wenn sie sich überhaupt mit seinen Werken beschäftigten, reagierten kurz und überwiegend unbestimmt-wohlwollend.[24] Der HANNOVERSCHE ANZEIGER hingegen widmete Ende Mai 1931 der Ausstellung einen längeren Artikel, welcher die Arbeiten des Verlegersohns durchweg positiv begutachtete. Eine „Überraschung" sei diese Ausstellung der Kestner-Gesellschaft, und „ganz besonders" gelte das für die Arbeiten Paul Madsacks, der „als Schriftsteller in weiten Kreisen einen Namen hat und dessen phantastische Romane viel Anerkennung gefunden haben. Ein stark metaphysischer Zug, der sich in seinen literarischen Werken ausdrückt, ist auch in seiner malerischen Kunst ganz unverkennbar. So haben einige der ausgestellten Bilder Paul Madsacks nicht allein eine außerordentlich interessante, sondern direkt grüblerische Note."[25]

Der VOLKSWILLE war in seiner Beurteilung der Qualität Madsackscher Arbeiten ganz anderer Meinung. Zwei Wochen nach der Schützenhilfe für den Künstler im ANZEIGER kritisierte Christof Spengemann in dem sozialdemokratischen Blatt die „große Konzessionsentscheidung" der Veranstalter, diese Werke auszustellen.[26] Im „Interesse Hannovers" bat er sich aus, „daß das Kunstniveau Hannovers nicht aus Konjunkturgründen einzelner weiter herabgedrückt wird." Seinen Kollegen vom Feuilleton schrieb er ironisch ins Stammbuch: „Versuchen Sie es mal mit etwas Rückgrat, meine Herren!" Spengemanns Tadel konnte dem Ruf des Malers Paul Madsack, in jedem Fall aber dem Einfluß, den dieser als Sohn des Unternehmensgründers hatte, offenbar wenig schaden. Alexander Dorner erbat sich etwa zur gleichen Zeit eines von dessen Werken als Leihgabe für die Galerie Hannoverscher Künstler des Provinzial-Museums,[27] und als der Maler ein knappes Jahr darauf energisch anmahnte, daß sein Bild sich nicht mehr in der Schausammlung befinde, beeilte sich Dorner, dem Abhilfe zu schaffen.[28] Ansonsten stand Paul Madsack Angriffen auf seine Person wie auf seine Fähigkeiten als Maler mit Gelassenheit und Distanz gegenüber.

Ähnlich hielt er es mit seiner journalistischen Arbeit im HANNOVERSCHEN ANZEIGER. Mit herablassender Nonchalance sann er anläßlich des STURM-Bilderbuches von Kurt Schwitters darüber nach, „wer dieses Buch wohl kaufen und auch lesen könnte, ohne dadurch enttäuscht zu sein."[29] Lässig warf er hin, „das meiste" am heutigen Expressionismus sei ihm unverständlich „oder wenigstens nur insoweit verständlich, als ich das Jaulen einer Katze, wenn man sie auf den Schwanz tritt, sehr wohl verstehe, ohne die Katze aber deswegen für eine poetisch angelegte Natur oder eine Expressionistin zu halten."[30] Wenn er sich positiv äußerte, dann über Kunst, die mit seinem eigenen Künstlerdasein unmittelbar zusammenhing. Hier legte er eine friedfertige Toleranz an den Tag, die seine ironischen Artikel besonders über den Expressionismus dieser Zeit ansonsten vermissen ließen. So schrieb er im März 1930 über die vieldiskutierte Kubin-Ausstellung der Kestner-Gesellschaft, deren einzigen beiden Verkäufe die Familie Madsack für sich verbuchte:[31] „Eine Kunst, die alle gleich verstehen, eine Kunst, die sofort die weitesten Volkskreise umspannt, ist meistens oberflächlich und konventionell, es ist eine alte Erfahrungstatsache, daß jede schöpferische Kraft zuerst nur wenigen aufgegangen ist und daß es Zeit und Pflege durch die wenigen Berufenen bedurfte, um auch größeren Kreisen die Augen zu öffnen."[32]

August Madsack mit seinen Söhnen Erich, Paul und Georg (v. links) und dem Sohn von Paul, Hans August, Foto. Um 1925

Die abweisende Haltung jener gegenüber, die sich in diesem Weimarer Jahrzehnt der Diskussion um Möglichkeiten und Aufgaben einer neuen Kunst für alle, um die Überwindung von Distanz zum ‚Volk' und um die Auflösung eines elitären Kultur- und Avantgardebegriffs Gedanken machten, ist ebenso symptomatisch für den Menschen und Künstler Paul Madsack, wie es seine Parteinahme für Kubin ist. Mit Kubin, der mit Hannover sowohl als Illustrator von Werken Flauberts und Voltaires in Paul Steegemanns SILBERGÄULEN[33] als auch durch seinen guten persönlichen Kontakt zu Herbert von Garvens in Beziehung stand,[34] verband Madsack eine Art geistiger Verwandtschaft. Wie Kubin, der „sehnsüchtige, schwerreiche Gestalter von Visionen",[35] war auch Madsack ein „Außenseiter" auf der Suche nach dem „Unergründlichen und Hintergründigen".[36] Während Kubins Medium in erster Linie das der Malerei und Zeichnung war,[37] wurde es für Madsack, neben seiner malerischen Neigung, immer mehr die Schriftstellerei. Angelehnt an literarische Vorbilder der Romantik wie E.T.A Hoffmann und Ludwig Tieck, beeinflußt auch von Edgar Allan Poe, schuf er eine Trias von Romanen, die von ähnlicher Freude am Außergewöhnlichen, Übersinnlichen und Skurrilen geprägt sind wie Kubins Werke. Dieser zeichnete denn auch für die graphische Gestaltung zweier[38] der Madsackschen Werke verantwortlich. Eines von ihnen trägt den Wahlspruch: „Das Unwirkliche existiert nicht, nirgends hört die Wirklichkeit auf."[39]

Mit einer außergewöhnlichen Mischung aus Leichtigkeit, Wissen und Hintergründigkeit übersprang Madsack alle Schranken des Jetzt und Hier, bediente sich der verschiedensten Ingredienzien aus Mystik, Magie und Metaphysik, aus Parapsychologie und Psychoanalye. Sein Sinn für alles Okkulte, Spiritistische und zuweilen auch Morbide ließ alles Nur-Sichtbare, Rationale verschwimmen.[40] Da bevölkern in seinen Romanen kleine materialisierte Kobolde eine Litfaßsäule, die sich unschwer als der beliebte Treffpunkt am

463

hannoverschen Café Kröpcke identifizieren läßt, und Gestalten aus der griechischen Mythologie treiben ihr Unwesen in Augustenburg, der „Hauptstadt der Heidschnucken", für die das zeitgenössische Hannover in jener Ruhe und Spießigkeit Pate gestanden hat, die ihr geistiger Vater hier erkannt zu haben meinte. Bei alldem ironisierte und phantasierte sich Madsack „mit der ernsthaften Miene des braven Biedermeiers, hinter der sich jedoch ein arg verschmitztes Augurenlächeln verbirgt",[41] durch ein schillerndes Gebilde aus Bildung und Halbbildung, Erzählkunst und recht platten Seitenhieben auf die Gesellschaft seiner Zeit.

Denn für die Gesetze, die in diesen Zeiten herrschten, hatte Paul Madsack nur Distanz, Ironie und Hohn übrig. Sein Mitarbeiter Frank Thieß erkannte die „schwierige Seelenlage"[42] seines Vorgesetzten in dessen Auseinandersetzung mit dem literarischen Expressionismus der Zeit deutlich: „Die spöttische Betrachtungsweise, mit der er sich von den hochaufschießenden Produktionen des Expressionismus distanzierte, gefiel mir, zumal er ihre literargeschichtliche Bedeutung nicht entwerten wollte. Da er die irrationale Komponente unseres Selbst in ihnen vergeblich suchte, sah er in den meisten Dichtungen Abfallprodukte einer literarischen Mode. Weniger seine kritische Anlage als sein Sinn für hintergründig Okkultes machte es ihm schwer, das sozial-ethische Bardentum der jungen Expressionisten ... ernst zu nehmen." Das ist zugleich das grundsätzliche Dilemma in den Arbeiten Paul Madsacks: Sein Interesse an den Kulturen aller Jahrhunderte und aller Regionen und seine Suche nach der Kehrseite alles Rationalen und Gegenwärtigen ließen ihn die Zeit, in der er lebte, als lächerliche Abfolge von Oberflächlichkeiten und Moden sehen. Die Kluft zu seiner Umwelt in politischer, vor allem aber in künstlerisch-kultureller Hinsicht war zu groß, als daß er sich jemals bemühte, sie recht zu verstehen. Menschenfeindlichkeit, Mißtrauen, Spottlust und kalte Distanz waren die Folge.

Es ist auch bezeichnend, wie dieser „Charakter, dessen Eigenschaften sich unmöglich auf einen Nenner bringen ließen",[43] sich in seinen drei Romanen,[44] besonders aber im ersten, DER SCHWARZE MAGIER, in der Gestalt des Malers Fiedler,[45] selbst skizzierte.[46]

DER SCHWARZE MAGIER. EIN ROMAN IN SCHWARZ UND WEISS (1924)[47]

Titelblatt des Romans DER SCHWARZE MAGIER. EIN ROMAN IN SCHWARZ UND WEIß. 1924

Der erfolglose und unbekannte Zauberer Kukuma, der später Avantino heißen wird, begegnet im Pariser Louvre einem Fremden, der ihm Ruhm und Ehre, Erfolg und die Gunst schöner Frauen prophezeit und ihm ein Buch mit unverständlichen, Avantino später aber entzifferbar werdenden Hieroglyphen überreicht. Einzige Auflage des Fremden ist, von nun an in allem das Gegenteil zu tun, was Kukuma gemeinhin tun würde. Avantino geht nach Cimbronien, Madsacks Pseudonym für Niedersachsen, und ist dort als Künstler tätig. Schon bald wird man auf ihn aufmerksam. Obwohl seine Werke unverständlich, fremd oder in höchstem Maß minderwertig sind, finden sie reißenden Absatz. Das liegt auch an der überaus dummen, geschwätzigen und gefallsüchtigen Kunstszene Cimbroniens und besonders seiner Künstlerkolonien Finsterbergen und Froschweiler. Avantino ist bald gefeierter Mittelpunkt dieser Szene, er predigt Revolution und Umkehr der Gesellschaft in ihr Gegenteil, wie ihm der Fremde im Louvre aufgetragen hat. Keiner will in ihm das Böse, Umstürzlerische sehen außer dem bedächtigen und schwermütigen Maler Fiedler, der seine Freundin Eva an Avantino und dessen Kreis von Schmeichlern und Anhängern verliert.

Fiedler nimmt den Kampf auf. Avantino erkennt die Gefahr, die von der Unbestechlichkeit, Ehrlichkeit und Ruhe des Malers ausgeht; Todfeindschaft ist die Folge. Mit Hilfe allerlei okkulter Praktiken versucht Avantino, sich Fiedlers zu entledigen, der seinerseits Unterstützung von einer lebensgroßen chinesischen Puppe erhält, die ihn in die ewigen Gesetze des Taoismus einweist und in die er sich schließlich selbst verwandelt. Fiedler versucht, Froschweiler, das sich Avantinos aufrührerischer Reden wegen in revolutionärer Hektik befindet, zu verlassen, wird jedoch gefangen genommen. Es kommt zum entscheidenden Duell beider Kontrahenten. Fiedler läßt sein gutes Inneres erkennen, Avantino kann dem nichts entgegensetzen; er ist zutiefst schlecht und verdorben. Fiedler siegt. Das noch gärende neue System von Chaos und Unordnung, das Avantinos Herrschaft des Umkehrs aller Werte über Finsterbergen gebracht hatte, bricht zusammen, Ruhe kehrt ein, die alten Werte haben neue Gültigkeit.

Avantino, der sein Ende nahen fühlt, versucht unter Zuhilfenahme von allerlei Riten aus der Schwarzen Magie, des Voodoo, der Psychoanalyse und des Okkultismus seine Reinkarnation, die ihm zunächst auch zu gelingen scheint. Am Ende jedoch erscheint der Fremde aus dem Louvre, offenbart sich als Satan und beendet Avantinos neues Leben mit dem Hinweis, dieser habe alles genossen, was er sich zu Beginn ihrer Bekanntschaft gewünscht habe und sei nun zum Sterben und zu einem Dasein in der Hölle verurteilt.

Auffällig ist in diesem Roman neben der sehr schematischen Verteilung der Rollen des Guten (Fiedler) und des Bösen (Avantino) die immer wieder offenbar werdende Abscheu vor dem Fremden, das Madsack, wie auch in anderen seiner Werke, in der Gestalt einer Farbigen als grundverdorben, triebhaft und verführerisch zugleich zeichnet.[48] Der Umsturz der gesellschaftlichen Ordnung scheint zudem nur etwas Oberflächliches, von der politischen Struktur her Austauschbares und Vergleichbares mit Vorherigem zu haben, wobei Forderungen nach Freiheit und Gleichheit als lächerliche Bestandteile dieser großen Maskerade – Revolution genannt – bloßgestellt sind. Demokratie wird ebenso wie Tyrannei auf die bloße und vergängliche Zeiterscheinung reduziert, helfen können beide Staatsformen niemandem. Genausowenig vermag die aktive Teilnahme an diesem politischen Narrenzirkus Änderungen zu bewirken, weshalb sie auch von keiner der Figuren versucht wird. Ohnehin läßt die Gesellschaft von Cimbronien, dieses lasterhafte und einfältige Volk, alles mit sich geschehen. Fiedler ist der einzige Agierende und zugleich die einzige positiv gezeichnete Person. Die anderen zieht jeder neue Gedanke an wie Motten das Licht; unbedacht und dumm wird jedem rattenfängerischen Verbrecher gefolgt. Bösartige Seitenhiebe auf eine Gesellschaft von hoffärtigen, dummen Claqueuren und Möchtegern-Künstlern in Froschweiler und Finsterbergen verweisen deutlich auf Madsacks Biographie, vor allem auf seine Studienzeit in Worpswede.[49] Auch die Schilderung mancher hannoverschen Lokalgröße läßt die Lektüre des SCHWARZEN MAGIERS trotz des Vokabulars, das Übersinnliches und Okkultes in recht verworrener Mischung bemühte, recht amüsant werden. Zu den Persiflagen gehört vor allem die des Bäckermeisters Krümelmann, eines ambitionierten Keks- und Kunstfreundes, der sich von Avantino seine aberwitzigen Träume einer ägyptischen Fabrikanlage, die MEM-Stadt, verwirklichen lassen will. Es war – für die Leserinnen und Leser zweifelsfrei erkennbar – der hannoversche Unternehmer und Mäzen Hermann Bahlsen, der Madsack in der Zeichnung dieser Figur Pate gestanden hat.[50]

DIE METAPHYSISCHE WACHSFIGUR ODER AUF GEISTERFANG MIT SIR ARTHUR CONAN DOYLE (1930)[51]

Augustenburg ist die Hauptstadt der cimbronensischen, also der niedersächsischen Tiefebene. Sie wird außer von den Augustenburgern noch von Heidschnucken bevölkert, was wegen gewisser Ähnlichkeiten schon zu mancherlei Verwechslung geführt hat. Es ist eine Großstadt wie jede andere mit „gut funktionierendem Organismus" und „einem wohlgeordneten System von Vorschriften und Verordnungen".[52] Der einzige Unterschied zu anderen Städten besteht darin, daß Augustenburg noch langweiliger und biederer ist als sie. Das ändert sich, als die schöne Tochter des amerikanischen Fleischmagnaten Smith von einem Geist anläßlich eines geheimnisvollen Treffens im Gasthaus ZUR GOLDENEN NACHTMÜTZE entmaterialisiert und entführt wird. Vater Smith, von New York in die Provinz geeilt, meint die Tochter in einer Wachsfigur in der Auslage eines Frisierladens in der Altstadt wiedererkannt zu haben. Man bedient sich der Hilfe des Meisterdetektivs Conan Doyle, der allerlei okkulten Firlefanz betreibt, gar die Geister von Sherlock Holmes und Watson beschwört, durch Spiegel und wieder zurück steigt, um den Entführer, einen Geist in Havelock und Zylinder, nach dem Verbleib der schönen Frau aus Übersee zu befragen.

Unterdessen werden in Augustenburg mehrere merkwürdige Begebenheiten wie irisierende Lichter und Geisterchen an markanten Punkten der Stadt wahrgenommen. So tanzen Kobolde am CAFE AUSBLICK und „in unmittelbarer Nähe einer Litfaßsäule, die sich schon seit alten Zeit einer besonderen Anziehungskraft erfreut".[53] Der mittlerweile in einem Einweckglas sichergestellte Entführer wird in einer okkulten Sitzung befragt und erklärt sich. Es ist Amor, er stammt vom Olymp und war einst verheiratet mit Psyche, die dann aber der Gesellschaft der Götter verwiesen und auf die Erde verbannt wurde, wo sie, unterstützt von ihrem treuen göttlichen Gatten, jahrhundertelang für immer neue und immer unsinnigere Moden in der Damenwelt sorgte. Das ging so lange gut, bis auch Psyches Schönheit langsam verblaßte; selbst Bubikopf und Ausdruckstanz helfen ihr jetzt über ihre schwindende Attraktivität nicht mehr hinweg. Ihre letzte Inkarnation nun ist die der Tochter des amerikanischen Unternehmers. Zwar in den Augen der Menschen schön, aber erdenschwer und starr in Moden gefangen, erkennt sie den treuen Gatten nicht mehr, der sie traurig auf der Erde zurücklassen muß und den erstaunten Irdischen sein schweres Los klagt, bevor er sich wieder auf der Weg zu den Göttern macht.

Zumindest in den avantgardistischen Zirkeln der Stadt war zu dem Zeitpunkt, zu dem Madsack DIE METAPHYSISCHE WACHSFIGUR schrieb, die Häme über Hannovers vermeintliche Spießigkeit keinesfalls mehr neu. Aber die Verbindung der realen Motivik des hannoverschen Stadtbildes mit dem wiederum verschwenderisch zum Einsatz gebrachten Instrumentarium aller Hexenküchen, Geisterbeschwörungszirkel und anderen Spiritistenclubs, verbrämt mit viel Pseudowissenschaftlichem zum Thema Parapsychologie und Psychoanalyse, verschafft dem Roman doch manchen Überraschungseffekt. Wegen der zynischen Kritik an gängigen Frauenmoden, die Madsack auf die rein äußerliche Erscheinung von Bubikopf und Ausdruckstanz reduzierte und von denen er mutmaßte, daß sie auf direktem Wege zur Prostitution hinführten, verweist der Roman DIE METAPHYSISCHE WACHSFIGUR auf Madsacks Hauptwerk TAMOTUA.[54] [55]

TAMOTUA. DIE STADT DER ZUKUNFT (1931)[55]

Der Erzähler hat von einem sagenumwobenen Ahnherrn ein altes Buch mit ihm zunächst unverständlichen Zeichen und Skizzen vererbt bekommen. Bei näherer Beschäftigung damit erscheint der Geist Zrvan Arkani, nimmt den Erzähler mit sich, und beide beginnen, unterstützt von allerlei magischem Zubehör aus Arkanis Geisterausstattung, eine phantastische Reise durch Jahrhunderte und Kulturen, durch Unwirkliches und Realscheinendes. Zunächst besuchen beide eine „kubistische oder futuristische Stadt", die so aussieht, „als wären die Gemälde gewisser Maler lebendig geworden".[56] Alles ist in dieser Stadt in Bewegung, das Obst an den Bäumen verwandelt sich sogleich zu Wein, Bonbons und Kuchen. Der Erzähler wird von einem Auto überfahren, ohne etwas zu empfinden, er tritt durch Wände in die Häuser ein und kann die Träume ihrer Bewohner sehen. Die Reichen sind zerstört von Raffgier und Leidenschaften, sie träumen von Geld, Ruhm, Stolz und Verführung. Nur die kleinen Leute haben angenehme Träume. Es folgt die Feststellung, daß auch der moderne Mensch mit sich wie mit seinen Mitmenschen die gleichen Kämpfe wie seine Vorfahren vor Jahrtausenden im Urwald auszufechten hat. Damals wie heute nehme sich der einzelne viel zu ernst, aus größerer Distanz sei er wenig mehr als eine bedeutungslose Ameise, genauso wie die Erde, betrachte man sie erst einmal aus dem Universum heraus, ein lächerlicher Ball sei.

Überfluß und Fortschritt seien ohnehin nur Truggebilde; alles, was die heutige Zeit ausmache, sei schon einmal dagewesen, nur in elementarerer, reinerer Form, denn heute bemühe man sich nurmehr um die Form und nicht um den Inhalt. Deshalb befinde sich diese Gesellschaft auch in großer Gefahr.[57]

Nach Betrachtungen dieser Art folgt der Abstieg hin zum Mittelpunkt der Welt [58]. Hier liegt Tamotua, „die gläserne Stadt der Zukunft".[59] Alles ist künstlich in dieser Stadt, und alles funktioniert perfekt auf Knopfdruck. Es ist das Land der Bedürfnislosigkeit. Niemand muß einen Wunsch äußern, das Ersehnte ist, nur weil man gerade daran gedacht hat, schon da. Speisen und Getränke rotieren greifbar für jedermann auf unsichtbaren Straßen durch die Stadt, Zeitungen und Bücher schreiben sich von selbst in Flammenschriften an den Himmel der gewaltigen Stadt.

Das Lesen, Rechnen und Schreiben allerdings beherrscht hier niemand mehr. Allen Bewohnern von Tamotua ist nämlich gleich, daß sie über keinerlei Individualität verfügen. Sie leben in der Masse, Privatheit kennen sie nicht. So wie ihre Arbeit aus dem ewig gleichen Handgriff besteht, den sie monoton verrichten – selbst zum Werkzeug, zur Maschine geworden –, so gestaltet sich ihr ganzes Leben. Alles Menschliche fehlt ihnen, das Humane hat in Tamotua längst seinen ewigen Schlaf angetreten. An seine Stelle sind Androiden und Figurinen getreten. Tamotua ist die Stadt der Automaten.[60] Dabei sind die Mechanismen der Bewohner höchst kompliziert und ausgereift. Der Kopf der Tamotuaner nämlich ist angefüllt von einer eindrucksvollen Walzenapparatur, wovon sich die beiden Fremden auch überzeugen können.[61]

Trotz aller Differenzierung der verschiedenen Walzenapparaturen wird jedoch bald deutlich: Jeder Tamotuaner und jede Tamotuanerin kann nur das von sich geben, was ihm oder ihr zuvor einprogrammiert wurde, und das ist bei den meisten wenig mehr als hohle Redensarten wie „Die Nützlichsten sind die, die am besten funktionieren" oder „Die klügsten Leute sind die, die am besten gekleidet sind".[62] Überhaupt spielt die soziale Hierarchie in der Gesellschaft der gläsernen Stadt eine große Rolle. Sie gründet ausschließlich auf Äußerlichkeit, auf Macht und vor allem auf Geld: Die Walze des Portiers eines Kaufhauses registriert nur den Umfang der gekauften Warenpakete; vor dem großen verbeugt er sich tiefer als vor dem kleinen. Doch führen sich auch alle Demonstrationen um „Gleichheit, Freiheit und Brüderlichkeit" hier selbst ad absurdum. „Automat ist Automat", heißt es kategorisch, wenn auch der eine die prunkvollere Wohnung oder die andere die schönere Kleidung besitzt.[63]

Illustration von Alfred Kubin zu Paul Madsacks Roman TAMOTUA. DIE STADT DER ZUKUNFT. 1931

Funktioniert etwas oder jemand nicht nach Plan in Tamotua, wird der entsprechende fehlerhafte Mechanismus, ob Walze oder Körperteil, ersetzt. Das kann man auch auf offener Straße erledigen, hier kennt man weder Schmerz noch Scham. Und so wie es kein Gefühl gibt in Tamotua, so gibt es keinen Willen. Man geht nicht, man bewegt sich auf Gleitbahnen zu vorgegebenen Zielen. Man handelt auch nicht, man wird behandelt. Das eigentliche Lebewesen ist Tamotua selbst, dieser gigantische, alles durchschauende und durchdringende Moloch. Wem diese Stadt, in der so vieles möglich ist, dabei noch nicht ausreicht, der kann sich sein ganz persönliches Abenteuer auch in die Wohnstube holen. Ob Robbenjagd oder Elefantenritt, Venedigreise oder Besuch im Türkischen Café, was man erleben möchte, steht umgehend zur Verfügung. Nur das wirkliche Leben wird nicht mehr kennengelernt.

Um sich aber ein Bild davon zu machen, wie dieses in Tamotua einmal ausgesehen hat, lange bevor die ersten primitiven Automaten es bevölkerten, gibt es das Museum der gläsernen Stadt. Hier finden der Erzähler und sein hilfreicher Geist etwa „(e)inige bedeutende Frauenrechtlerinnen, mit Gesichtern wie Enten, Puter oder Gänse".[64] Sie stehen „Arm in Arm mit berühmten Sittlichkeitsschnüfflern und Aufklärungsaposteln, die noch moralische Erbauungsschriften in den affenartigen Händen hielten und Gesichter hatten wie aus versteinerter saurer Milch". „(K)eifende Nachbarinnen" mit „erhobenen Kochlöffeln" [65] werden hier ebenso ausgestellt wie „sämtliche Doktorarten in einem Exemplar" in der „Halle der Holzköpfe" und Fürsten, Politiker und Militärs in der „Halle der Gipsköpfe", letztere erkennbar an „heldenhafter Pose oder martialischer Stellung, und wenn man an einer Kurbel drehte, so schlugen sie mit gußeiserner Faust in einem fort auf die Tischplatte".[66]

Illustration von Alfred Kubin zu Paul Madsacks Roman TAMOTUA. DIE STADT DER ZUKUNFT. 1931

Auch die Erinnerung an die schönen Künste wie jene an die Kulturen vergangener Epochen wird in diesem gespenstischen Museum wachgehalten.[67] Nur an „den alten Tugenden" haben die Tamotuaner offenbar kein Interesse mehr. [68] Untergebracht in einer Rumpelkammer, fristen „der Glaube und die Liebe, die Sehnsucht und die Hoffnung, die Güte und die Frömmigkeit, die Bescheidenheit und die Demut und wie sie sonst noch alle hießen", ihr kümmerliches Dasein – ausgerechnet zusammengesperrt mit den Todsünden, „wie sie in früheren Zeiten in der Vorstellung der Menschen Bedeutung gehabt haben."[69] Doch man ist einander ähnlich geworden, „wie alte pensionierte Leute sahen sie aus, die notdürftig von ihren Renten leben".[70]

Nun haben die beiden Besucher genug gesehen, man kehrt zurück in die Gegenwart. Eines aber haben der Erzähler und Zrvan Arkani gelernt: „Auch die Stadt Tamotua ist nichts anderes als die Entsprechung der Gegenwart in der Zukunft ... Und wenn ... die Tamotuaner nichts anderes als Automaten sind, so ist dafür in der Gegenwart eine reichlich genügende Entsprechung vorhanden, die nicht zum Geringsten auf dem Streben nach der absoluten Gleichheit beruht. Die Propheten der Gleichheit sind häufig ehrliche Idealisten, aber sie kennen nicht die Gesetze des Weltalls."[71]

Deutlicher ist die Distanz des Schriftstellers Paul Madsack zu der Gesellschaft, in der er lebte, kaum denkbar. Mit beißendem Spott und viel Bitterkeit hat er Bilanz gezogen und pauschal alles abgeurteilt, was er als Mode, Eitelkeit und Dummheit entlarvt zu haben meinte: Politik, Wirtschaft, Religion, Kunst, die Gefahren technischer Perfektion im mechanischen Massenstaat und immer wieder die ‚Masse Mensch', die in Madsacks Augen so beschaffen war, „daß eine Hammelherde ... wahrhaftig als ein Freiheits-Paradies erscheinen mußte".[72] Gefangen in der Uniformität und Anonymität einer Großstadt, die sie aus Bequemlichkeit gegen ihre Individualität und Meinungsfreiheit eingetauscht hatten, standen die Menschen in seiner Vorstellung blind vor den Gefahren dieser modernen Welt, die er vor allem in der Umkehr aller Werte[73] und dem Untergang des einzelnen in einer dumpfen, nuancenlosen Gemeinschaft willenloser Wesen kennzeichnete. Madsacks Gestalten in TAMOTUA haben wie Avantino im SCHWARZEN MAGIER ihre Seele dem Teufel verkauft, der ihnen Luxus, äußere Macht und Befriedigung ihrer Eitelkeiten versprach. Ihre Jagd nach neuen Moden war ihm, dem Zyniker und Außenseiter, lächerlich und fremd zugleich, sie reizte seine Spottlust und verbreiterte den Abstand zwischen ihm und der Wirklichkeit seiner Zeit.

Paul Madsack in seiner Zeit

Daß Madsack mit seinem Interesse an allem Okkulten und seiner Neigung, sich dem Geschehen seiner Zeit fernzuhalten, im Grunde selbst Opfer einer Mode war, ging ihm dabei nie auf. Er war der distanzierte, gleichgültige Intellektuelle, der lässig in seiner und für seine Kunst lebte und stolz auf seine Unzeitgemäßheit war. Dabei entsprach er bei aller gewollten Abgrenzung durchaus jenem Typus seiner Zeit, der als interessierter Beobachter des Untergangs der Titanic von der Bar aus bereit war, mit unterzugehen, wenn er sich nur nicht in diesen lächerlichen Strom der Lemminge einreihen, sich nicht gemein machen mußte. TAMOTUA enthielt gewisse Elemente aus Fritz Langs Monumentalfilm METROPOLIS, der vier Jahre zuvor in die deutschen Kinos gekommen war und den Paul Madsack gesehen haben muß. Doch waren es offenbar Äußerlichkeiten, die Madsack interessierten, Einzelheiten, die nötig waren, um das technische Szenario der Stadt der Zukunft literarisch zu gestalten.[74] Der Vorgang der Produktion des technischen Menschen Maria in METROPOLIS scheint ihn dabei weitaus mehr interessiert zu haben als der Grund für dessen Entstehung. Ging es den Regierenden im Film darum, die Arbeiter der Unterwelt durch den Roboter künstlich aufzuwiegeln, um sich so selbst die Möglichkeit des brutalen Zurückschlagens in die Hand zu spielen,[75] so gab es für Madsack in TAMOTUA weder Ober- noch Unterwelt, weder Regierende noch Regierte. Langs METROPO-

LIS operierte offensichtlich mit der ‚Masse Mensch' als Ornament,[76] und sein Pakt zwischen Kapital und Arbeiterschaft war derart verlogen, daß Männer wie Joseph Goebbels schon jetzt, Ende der zwanziger Jahre, dessen Brauchbarkeit für kunstpolitische Ziele des Nationalsozialismus sahen.[77] Paul Madsack jedoch erkannte die politische Botschaft des Films und damit die Möglichkeit ihrer Bestätigung oder Konterkarierung durch seinen Roman nicht oder wollte sie nicht erkennen. Er ließ sich allein vom ungeheuren technischen Aufwand von METROPOLIS inspirieren und ignorierte den gesellschaftspolitisch deutbaren Hintergrund des Filmes.[78] Keine zwei unterschiedlichen Schichten, sondern eine einzige künstliche Welt multiplizierter Roboter ließ die Frage sozialer Ungerechtigkeiten erst gar nicht aufkommen.

Nie benannte Paul Madsack die Ursachen des gesellschaftlichen Mißstandes, dessen Folgen er genüßlich bloßstellte. Es ist bezeichnend, daß er in TAMOTUA die Programmierten geißelte, die Antwort auf die Frage nach den Programmierern aber mit dem dürren Hinweis, sie seien die Gespenster „juristische(r) Personen"[79] und „Inhaber und Leiter der Betriebe und mechanischen Einrichtungen dieser Stadt"[80] der Stadt, welche einen Trust bildeten, letztlich schuldig blieb. Diese Taktik ist übertragbar: Keiner seiner drei Romane wurzelte in Kritik an bestehenden Herrschaftsverhältnissen, keiner forderte radikale Veränderung. Henning Rischbieter beschreibt Paul Madsacks schriftstellerische Grundhaltung denn auch als „skeptische, allerdings letztlich nicht radikale Distanz".[81]

Die Kritik in TAMOTUA, man hole sich per Knopfdruck seine Abenteuer ins Haus, ohne sich selbst der Unannehmlichkeit oder gar der Gefahr des Reisens auszusetzen, fiel letztlich auf den Kritiker zurück. Auch Paul Madsack begab sich auf unverbindliche Gedankenreise und ließ sich von dem philosophisch-esoterischen Gedankengut aller Jahrhunderte und Kulturen befruchten, um dann in eine ihm zwar fremde, aber doch letztlich nicht unbequeme Gegenwart zurückzukehren und sich zugleich, bestärkt im Wissen, daß alles nur Übergang und jede Mode vergänglich sei, in sich selbst und in die stolze Überzeugung vom eigenen Anderssein zurückzuziehen.

Denn, wie Madsack es selbst am Ende von TAMOTUA benannte: „Geist und Seele sind unsichtbar und göttlich und nicht so sehr in der sichtbaren, als in der unsichtbaren Welt zu Hause ... Die meisten Menschen führen in der unsichtbaren Welt nur ein dumpfes, unbewußtes Dasein. Sie wissen es nicht, daß eine Wechselbeziehung zwischen den Wesenheiten des Menschen in der sichtbaren und unsichtbaren Welt besteht, deren Harmonie am vollkommensten in dem Zustande der ausgeglichenen Waage besteht. Wenn das Schwergewicht sich zugunsten der unsichtbaren Welt allein verschiebt, so muß der sichtbare Mensch darunter leiden. Aber auch im Falle des Absterbens des physischen Körpers wird darum doch das unsterbliche Ich in den unsichtbaren Welten erhalten bleiben. Umgekehrt, wenn sich das Schwergewicht allein zugunsten des sichtbaren Menschen verschiebt, so wird von einer gewissen Stufe an der unsichtbare Mensch im Schwinden begriffen sein, und nur das Fleisch auf dem sichtbaren Plane zurückbleiben, das seinen eigenen Gesetzen folgt, eine Zeitlang noch aus dem Beharrungsvermögen der Materie heraus sich weiter regt und bewegt, sich auch in Generationen noch fortpflanzen kann, um aber schließlich, wenn es keinen Impuls von der anderen Seite erhält, endgültig zugrunde zu gehen, nachdem es zuletzt nichts anderes mehr als nur ein wandelnder Motor gewesen ist."[82]

Sowohl Paul Madsack als Privatmann und Literat als auch als Mitgestalter eines der wichtigsten Organe der Meinungsbildung in der Stadt scheint den Konflikt zwischen der unsichtbaren und der sichtbaren Welt für sich selbst zugunsten der ersteren entschieden zu haben. Madsack hat sein Feuilleton im HANNOVERSCHEN ANZEIGER niemals zum Zweck der Verkündung seiner Überzeugungen genutzt, wie er sie in seinen Romanen durchaus entwickelte. Vielmehr scheinen das Malen und das Schreiben gleichsam die Kür und die Arbeit in der Redaktion die Pflicht gewesen zu sein, der er in der Weimarer Republik wie dann auch im Nationalsozialismus gleichzeitig mit Distanz und einer gewissen Lässigkeit nachkam. Er verrichtete den Dienst in der Redaktion, ohne die Möglichkeiten zu sehen, die ihm die berufliche Position hätte geben können, wenn es ihm wirklich um das aktive Aufzeigen gesellschaftlicher Mißstände gegangen wäre; er kam der Pflicht nach mit müder Gleichgültigkeit und Spott gegenüber dem Hier und Jetzt.

1 Vgl. Tasch, Dieter; Zeuge einer stürmischen Zeit, S. 105 ff. Vgl. Mangelsen, Jochen, Hannoversche Allgemeine Zeitung, bes. S. 249 ff. u. 255 f. Dietzler, Anke; Hannoversche Tageszeitungen, S. 149.

2 O.A.; Dr. Paul Madsack †, Deutsche Volkszeitung, 17. Mai 1949. O.A.; In memoriam Paul Madsack. Eine Lesestunde in der Stadtbibliothek, Hann. Presse, 14. Oktober 1960. Wittko, Paul; Zum Gedächtnis Paul Madsacks. Der Dichter und Mensch, Hann. Allg. Zeitung, 21. August 1951. Postma, Heiko; Ein Forum für Literatur und Literaten. Das Haus Madsack läßt damals wie heute bekannte Dichter und Schreiber in Lyrik, Prosa und Romanen zu Wort kommen, Hann. Allg. Zeitung (Verlagsbeilage 1893–1993 Hann. Allg. Zeitung), 1. März 1993. Während Ernst Meunier den 1. Januar 1921 als Zeitpunkt der Leitung des Feuilletons durch Paul Madsack nannte (Meunier, Ernst; Aufstieg einer Zeitung, S. 127), datierte Anke Dietzler ihn auf 1926 (Dietzler, Anke; Hannoversche Tageszeitungen, S. 133).

3 Mangelsen, Jochen; Hannoversche Allgemeine Zeitung, S. 208 f. Vgl. zur Entwicklung in den zwanziger Jahren: Tasch, Dieter, Zeuge einer stürmischen Zeit, S. 61–97.

4 Madsack, Erich; Die Krise des Feuilletons (Vortragsmanuskript, um 1930), S. 1, zitiert nach: Mangelsen, Jochen; Hannoversche Allgemeine Zeitung, S. 209.

5 Ebda. und Meunier, Ernst; Aufstieg einer Zeitung, S. 128 ff.

6 Vgl. o.A.; Dr. Paul Madsack †, Deutsche Volkszeitung, 17. Mai 1949.

7 Über Thieß' Zeit in Hannover allgemein Postma, Heiko; Ein Forum für Literatur und Literaten. Das Haus Madsack läßt damals wie heute bekannte Dichter und Schreiber in Lyrik, Prosa und Romanen zu Wort kommen, Hann. Allg. Zeitung (Verlagsbeilage 1893–1993 Hann. Allg. Zeitung), 1. März 1993. Rischbieter, Henning; Hannoversches Lesebuch, Bd. 2, S. 248 ff. Vgl. Thieß, Frank; Freiheit bis Mitternacht, in bezug auf die Kontaktaufnahme mit Paul Madsack bes. S. 171 ff. Frank Thieß zählte während seiner Zeit in Hannover zum Bekanntenkreis Käte Steinitz', in deren Salon er in der ersten Hälfte des Jahres 1923 auch bisweilen verkehrte (Einträge am 3. März und am 3. Juni 1923 (galerie gmurzynska; Gästebuch von Käte Steinitz). Paul Madsack selbst gehörte offenbar nicht zum Bekanntenkreis Käte Steinitz'.

8 Thieß, Frank; Freiheit bis Mitternacht, S. 171.

9 Ebda., S. 171 f.

10 Ebda. Vgl. auch Rudolf Lange, der schreibt, Madsack habe „mit den Augen des Malers" geschrieben (Lange, Rudolf; Zeugnisse eines lebendigen Geistes. In memoriam Paul Madsack, Hann. Allg. Zeitung, 14. Oktober 1960).

11 Wittko, Paul; Zum Gedächtnis Paul Madsacks. Der Dichter und Mensch, Hann. Allg. Zeitung, 21. August 1951.

12 Tasch, Dieter; Zeuge einer stürmischen Zeit, S. 11 ff. Meunier, Ernst; Aufstieg einer Zeitung, S. 35 f. Mangelsen, Jochen; Hannoversche Allgemeine Zeitung, S. 43 f. u. zusammenfassend S. 78 f. Vgl. zur zeitgenössischen Berichterstattung über August Madsack auch exemplarisch o.A.; Verleger August Madsack 70 Jahre alt, Hann. Anzeiger, 12. Dezember 1926. Madsack, August; Wollen, Werden, Wirken. Erinnerungen und Gedanken eines Zeitungsverlegers, in: Festschrift des HANNOVERSCHEN ANZEIGERS in sein neues Hochhaus, Hannover 1928, S. 4 ff.

13 Vgl. Biographie ohne Herkunftsangabe, nicht datiert, Typoskript, in der Tasche AUGUST UND PAUL MADSACK des HAZ-Archivs, Hannover. Vgl. auch die biographischen Angaben in: Mangelsen, Jochen; Hannoversche Allgemeine Zeitung, S. 196. Vgl. Rosendahl, Erich; Niedersächsische Literaturgeschichte, S. 277 f.

14 Saal, Walter Edmund Wolfgang; Bernhard Hoetger, S. 38.

15 O.A.; In memoriam Paul Madsack. Eine Lesestunde in der Stadtbibliothek, Hann. Presse, 14. Oktober 1960. O.A.; Paul Madsack gestorben. Hann. Neueste Nachrichten, 17. Mai 1949. Heinz Vahlbruch erinnerte sich im Gespräch, Alfred Kubin sei ein entfernter Verwandter von Paul Madsacks Ehefrau gewesen (Gesprächsprotokoll Heinz Vahlbruch, 29. Juli 1992).

16 Madsack, Paul; Vae Victis. Meine Erlebnisse in Spanien und Frankreich während des Weltkrieges, Leipzig 1919.

17 1929 ließ er sich etwa am 18. Januar, dem Tag der Gründung des Kaiserreiches, zum Ehrendoktor der Universität Königsberg ernennen, was als offen reaktionäres und republikfeindliches Verhalten gewertet und besonders vom sozialdemokratischen VOLKSWILLEN scharf kritisiert wurde (o.A.; Wie man Dr. h.c. wird? Madsack, Hannovers neuester Ehrendoktor, Volkswille, 19. Januar 1929).

18 Vgl. dazu exemplarisch: o.A.; Jawohl Papa, in: Störtebeker, H. 5, 1924, S. 120.

19 Schmied, Wieland; Wegbereiter zur modernen Kunst, S. 234 f.

20 Kestner-Gesellschaft e.V.; 48. Sonderausstellung. Meisterwerke Deutscher Kunst aus Hannoverschem Privatbesitz, Hannover 1922, Impressum. Im November 1922 schied August Madsack aus dem Beirat der Kestner-Gesellschaft aus (Schreiben der Kestner-Gesellschaft an August Madsack, 29. November 1922 (NStAH Dep. 100 A.24)).

21 Vgl. dazu die Tabelle DIE TAGESZEITUNGEN IN DER STADT HANNOVER AM ENDE DER WEIMARER REPUBLIK, in: Dietzler, Anke; Ausschaltung, Gleichschaltung, Anpassung, S. 268. Hiernach hatte der HANNOVERSCHE ANZEIGER eine Auflage von 126.000 Exemplaren. Nächstgrößere Zeitung war das HANNOVERSCHE TAGEBLATT mit etwa 75.000, gefolgt vom HANNOVERSCHEN KURIER mit 50–60.000 Exemplaren.

22 G., Mathilde; Zur Jubiläums-Ausstellung in der Kestner-Gesellschaft, in: Die Hannoversche Woche, Nr. 21, 16. Oktober 1926. In einem vertraulichen Schreiben an Alfred Flechtheim hatte sich Paul Erich Küppers, der künstlerische Leiter der Kestner-Gesellschaft, schon im November 1919 über Madsacks Arbeiten folgendermaßen geäußert: „Seine Kunst hat aus dem Werke van Goghs entscheidende Anregungen gezogen, doch ist es immerhin eine sehr anständige Malerei, die auch der persönlichen Prägung nicht entbehrt." (Schreiben Paul Erich Küppers, Kestner-Gesellschaft, an Alfred Flechtheim, 20. November 1919 (NStAH Dep. 100 A. 9)).

23 Kestner-Gesellschaft e.V.; Hannoversche Künstler. Mitglieder der Hannoverschen Sezession und geladene Gäste, 114. Ausstellung, 21. Mai – 30. Juli 1931, Hannover 1931.

24 Die BERLINER BÖRSENZEITUNG etwa schrieb am 3. Juni 1931: „Paul Madsack, Schriftleiter des Feuilletons des HANNOVERSCHEN ANZEIGERS, bekannt als Verfasser einiger Romane, hat von seiner Studentenzeit an gemalt ... Er malt in lebhaft leuchtenden Tönen, die seinen neueren Bildern einen Zug ins Märchenhafte geben, mitunter auch eine Phantastik, die an Ensor erinnert" (W., P.; Ausstellung Hannoverscher Kunst in der Kestner-Gesellschaft, Berliner Börsenzeitung, 3. Juni 1931).

25 O.A.; Ausstellung Hannoverscher Künstler in der Kestner-Gesellschaft, Hann. Anzeiger, 31. Mai 1931.

26 Spengemann, Christof; Ausstellung Hannoverscher Künstler in der Kestner-Gesellschaft, Volkswille, 13. Juni 1931.
27 Schreiben Alexander Dorners an Paul Madsack, 5. Juni 1931 (Reg. LaMu Akte II.2.2. Gemälde neuer Meister 1) Ankäufe 1. Januar 1931–31. Dezember 1932. 2) Verschiedenes 6. Juni 1916–1. Januar 1929).
28 Schreiben Alexander Dorners an Paul Madsack, 2. März 1932 (Reg. LaMu Akte II.2.2. Gemälde neuer Meister 1925–1932 1) Reichsverband 16. Januar 1928–10. April 1931. 2) Galerie Hann. Künstler 26. Mai 1929–31. Dezember 1932. 3) Protokolle Museums-Kommission).
29 Paul Madsack, zitiert nach: Kurt Schwitters; Tran Nr. 17. Der gefesselte Paul Madsack, in: Die Pille, H. 17, 1. Jhg., 23. Dezember 1920, S. 400.
30 So zitiert von Christof Spengemann in: Tagesweisheit VII, in: Der Zweemann, 1. Jhg., 8. Heft, Juni-August 1920, S. 44.
31 Schreiben Justus Biers an Ludwig Ey, 17. April 1930 (NStAH Dep. 100, A.40).
32 M., P.; Kubin-Ausstellung in der Kestner-Gesellschaft, Hann. Anzeiger, 28. März 1930.
33 Kubin illustrierte im Paul Steegemann Verlag 1921 Gustave Flauberts DER BÜCHERNARR (Die Silbergäule 101–106, Neuauflage 1923) und ein Jahr darauf Voltaires CANDIDE.
34 Vgl. die Postkarte Kubins an Garvens vom 5. Oktober 1922, auf der Kubin sich der „zweite(n) interessante(n) Besprechung" mit Garvens erinnerte, die ihn „von Hannover immer günstiger" denken ließ (zitiert nach: Kunstverein Hannover; Zwanziger Jahre, S. 64).
35 Lyonel Feininger über Alfred Kubin, in: Raabe, Paul; Alfred Kubin und die Tradition, in: Lange, Rudolf; Vom Nützlichen durchs Wahre zum Schönen, S. 71. Interessant ist, daß dieser Artikel, wiewohl in einer Festschrift des ANZEIGER-Verlages erschienen, die Verbindung Kubins zu Madsack nur am Rande erwähnt (S. 82).
36 Ebda., S. 79. Schulte, Gerd; In memoriam Paul Madsack, Hann. Allg. Zeitung, 13. Mai 1950. Schulte spricht hier von Madsacks „skurrile(r) Welt zwischen Phantasie und Wirklichkeit", in der „einst E.T.A. Hoffmann, Stevenson, Poe und H.G. Wells die tiefere Geschicklichkeit allen Lebens zu deuten suchen". Vgl. Rosendahl, Erich; Niedersächsische Literaturgeschichte, S. 279.
37 Von Alfred Kubins 1909 erschienenem Roman DIE ANDERE SEITE scheinen allerdings keine nachhaltigen inhaltlichen Einflüsse auf Madsacks Werk ausgegangen zu sein. Madsacks Stadt Tamotua verbindet nichts mit dem Traumreich Perle, das Kubin seinen Lesern vorstellt. Allerdings geht es in beiden Romanen um die Fremdbestimmung der vorgestellten Personen. Anders als die Bewohnerinnen und Bewohner von Perle, die seltsam schemenhafte und dabei doch letztlich triebbestimmte Figuren bleiben, werden die Tamotuaner einzig von den Mechanismen, den Automaten in ihren Köpfen, geleitet.
38 Die von Paul Raabe zusammengestellte und im Auftrag des Kubin-Archivs herausgegebene Veröffentlichung ALFRED KUBIN. LEBEN, WERK, WIRKUNG (1957, S. 120) nennt Kubin auch als Illustrator des Romans DER SCHWARZE MAGIER. In diesem Werk selbst jedoch wird ein ‚Pinkepank' als Gestalter des Einbands angegeben.
39 Madsack, Paul; Tamotua, Vorrede. Vgl. Wittko, Paul; Zum Gedächtnis Paul Madsacks. Der Dichter und Mensch, Hann. Allg. Zeitung, 21. August 1951. O.A.; Paul Madsack gestorben, Hann. Neueste Nachrichten, 17. Mai 1949.
40 Wie aus einer Korrespondenz zwischen Paul Madsack und Gustav Meyrink, dem Schriftsteller des Phantastischen in jenen Jahren, hervorgeht, interessierte nicht nur er, sondern auch sein Bruder Erich sich für die Thematik. Meyrink lud Paul Madsack in seinem Brief vom 24. Oktober 1926 dazu ein, sich dem „Messias Krischnamurti" anzuschließen. „Wenn die Sache soweit ist, werde ich Sie beide natürlich sofort benachrichtigen. Natürlich handelt es sich um eine innere und nur zum wenigsten nach außen gerichtete Angelegenheit. Eine Schürung eines *geistigen* Brandes, auf okkulter Basis, die unter dem Schutze und dem Einfluß eines Meisters ... gelegt wird. Also endlich mal was Ächtes." (Schreiben Gustav Meyrinks an Paul Madsack, 24. Oktober 1926 (NSA)).
41 Wittko, Paul; Zum Gedächtnis Paul Madsacks. Der Dichter und Mensch, Hann. Allg. Zeitung, 21. August 1951.
42 Thieß, Frank; Freiheit bis Mitternacht, S. 171.
43 Ebda.
44 Madsacks SCHWARZER MAGIER erschien im Holzwarth-Verlag in Bad Rothenfelde, die zwei späteren Romane DIE METAPHYSISCHE WACHSFIGUR und TAMOTUA im Georg Müller Verlag, München.
45 Ob die Romanfigur Fiedler den realen Worpsweder „Heilmagnetisateur" Paul Fiedler zum Vorbild hatte, einen engen Bekannten Bernhard Hoetgers, der großen Einfluß auf den Künstler hatte, ist unbekannt (Saal, Walter Edmund Wolfgang; Bernhard Hoetger, S. 48f).
46 Vgl. zur imposanten äußeren Erscheinung Paul Madsacks: Thieß, Frank; Freiheit bis Mitternacht, S. 171, und Postma, Heiko; Ein Forum für Literatur und Literaten. Das Haus Madsack läßt damals wie heute bekannte Dichter und Schreiber in Lyrik, Prosa und Romanen zu Wort kommen, Hann. Allg. Zeitung (Verlagsbeilage 1893–1993 Hann. Allg. Zeitung), 1. März 1993. Vgl. besonders die Schilderung des Malers Fiedler in Madsack, Paul; Schwarzer Magier, S. 55 ff.
47 Vgl. etwa die Inhaltsangabe des Romans in: Rosendahl, Erich; Niedersächsische Literaturgeschichte, S. 278. Rosendahl wertete DER SCHWARZE MAGIER als „Versuch der Schilderung der Nachkriegs- und Inflationszeit".
48 Vgl. etwa Madsack, Paul; Schwarzer Magier, S. 95 f.
49 Saal sieht die Einwohner Worpswedes gut beobachtet und meint in der Gestalt des dämonischen Avantino gar deutlich Bernhard Hoetger zu erkennen (Saal, Walter Edmund Wolfgang; Bernhard Hoetger, S. 38f). Vgl. Rosendahl, Erich; Niedersächsische Literaturgeschichte, S. 278. Von der ägytischen Tänzerin Sent M' Ahesa, einer Persönlichkeit der frühen zwanziger Jahre, über die Gestalt des Chinesen, die mit Hoetgers Majoliken-Serie aus dem Jahre 1911 LICHT- UND SCHATTENSEITEN zusammenhängen könnte (Saal, Walter Edmund Wolfgang; Bernhard Hoetger, S. 36 u. 46), finden sich zahlreiche Hinweise auf die Gestalt Hoetgers. Auch die Deutung einzelner Mitglieder der Künstlergesellschaften in Hinblick auf die Worpsweder Künstlerkolonie der Vorkriegszeit könnte Aufschluß geben. Sie steht aus.
50 Madsack, Paul; Schwarzer Magier, S. 41 ff.
51 Vgl. die Inhaltsangabe in: Rosendahl, Erich; Niedersächsische Literaturgeschichte, S. 278 f.
52 Madsack, Paul; Schwarzer Magier, S. 8.
53 Ebda., S. 61.
54 Leider ist weder über die Auflagenhöhe noch über die Leserschaft und deren Kritik zu allen Romanen Paul Madsacks etwas in Erfahrung zu bringen. Im Anhang von Madsack, Paul; Tamotua, findet sich jedoch

der Abdruck von Kritiken zu den beiden vorangegangenen Werken: DER SCHWARZE MAGIER: KÖNIGSBERGER ALLGEMEINE ZEITUNG: „Die Welten des Magischen und Greifbaren entwickeln sich in diesem Buche auseinander, gehen ineinander, verschmelzen zu unlösbarer Einheit, das ist das Höchste, was von einem Roman, der auf der Grenze von Realismus und Phantastik tanzt, gesagt werden kann." DIE METAPHYSISCHE WACHSFIGUR: BERLINER BÖRSENZEITUNG: „Das Aktuelle steht bei Madsack neben dem Zeitlosen, die Satire des Tages neben der tieferen Bedeutung. Sein Werk, das auch den Freund stofflicher Sensationen befriedigen wird, ist ein literarischer Leckerbissen, der dem Kundigen, hinter die Dinge Schauenden, eine amüsante Stunde bereiten wird." HAMBURGER FREMDENBLATT: „Ganz unerwartete Perspektiven in der Märchen- und Sagenwelt tun sich da auf. Daneben benutzt Madsack äußerst geschickt moderne Requisiten: Okkultismus, Spiritismus, Ätherwellen usw., in jener feinen Balance zwischen Ernsthaftigkeit und Ironie, die nur wirklicher Überlegenheit glückt."

55 Vgl. allg. zum Roman o.A.; Paul Madsack gestorben, Hann. Neueste Nachrichten, 17. Mai 1949. Schulte, Gerd; In memoriam Paul Madsack, Hann. Allg. Zeitung, 13. Mai 1950. Lange, Rudolf; Zeugnisse eines lebendigen Geistes. In memoriam Paul Madsack, Hann. Allg. Zeitung, 14. Oktober 1960. Wittko, Paul; Zum Gedächtnis Paul Madsacks. Der Dichter und Mensch, Hann. Allg. Zeitung, 21. August 1951.Vgl. Rosendahl, Erich; Niedersächsische Literaturgeschichte, S. 279.

56 Madsack, Paul; Tamotua, S. 26.

57 „Wenn die geistigen Spannungskräfte der irdischen Bewohner nachlassen, wenn sie in Untätigkeit und Unwissenheit versinken, wenn sie sich dem Laster ergeben oder Verbrechen begehen, wird das Gleichgewicht jener geistigen Spannungskräfte gestört, und die Erde taumelt dann wie ein unsicher werdender Kreisel." (Ebda., S. 59).

58 Dies verweist auf Madsacks literarische Vorbilder: Die deutsche Romantik Ludwig Tiecks und – mehr noch – E.T.A. Hoffmanns mit ihrer Suche nach dem Sagenhaften, Wahren und Unverfälschten im Inneren der Welt gehörte ebenso hierzu wie die Werke Poes, Stephensons, aber auch Jules Vernes.

59 „Wohin wir auch sahen, nichts als Glaswände, hinter denen sich immer wieder neue Glaswände zeigten. Nirgends waren mehr Häuser oder Mauern zu entdecken, nirgends auch Schornsteine und Fabriken. Nirgends auch war Rauch zu bemerken oder waren Gerüche zu verspüren, die wahrscheinlich chemisch absorbiert wurden. Es war eine Art hautlose, gesichtslose und scheinbar auch geruchlose Idealstadt ... Der Vergleich mit einem gewaltigen Treibhause drängte sich ohne weiteres auf." (Madsack, Paul; Tamotua, S. 77).

60 Daraus erklärt sich dann auch der Titel des Romans: Tamotua ist die alphabetische Umkehrung, das Palindrom, von Automat.

61 „Aus der Verschiedenheit dieser Einsatzstücke und ihrer entsprechenden Zugehörigkeit zur Kugel war es möglich, auch die Berufsarten im einzelnen festzustellen. ‚Dieser Herr mit der weißen Weste und dem winzigen segmentartigen Ausschnitt in seinem Walzenapparate‘, so erklärte der alte Zrvan, ‚ist seiner Stellung nach ein prominenter Vertreter der Glasstadt. Es ist Se. Exzellenz, der Herr Minister für Volkswohlfahrt‘. Sein Schädel faßt einen verhältnismäßig nur kleinen Walzenapparat, der nur einige politische Schlagworte auszulösen vermag, dafür aber sowohl von vorn wie von hinten gedreht werden kann, wodurch sich jedesmal die Stellung der Worte ein wenig verschiebt. Im übrigen besitzt Se. Exzellenz noch eine recht kräftige Membrane in dem zelluloidnen Sprechapparat und eine dauerhafte Sitzfläche. Dieser Herr mit dem langweiligen Gesicht ist Jurist, wahrscheinlich Anwalt oder Richter. Er besitzt einen schon etwas komplizierteren Walzenapparat, in dem sich eine runde Scheibe befindet, auf der die einzelnen Paragraphen eingezeichnet sind, wodurch sich selbsttätig die Anwendung des Gesetzes auszulösen pflegt." (Madsack, Paul; Tamotua, S. 147f). „Da war z. B. ein berühmter Kunstmaler, dem der alte Zrvan gleichfalls mit seinem Regenschirme auf den Schädel tippte, mit dem überraschenden Resultate, daß sich in der geöffneten Klappe seines Schädels so ein ähnlicher Apparat wie der sogenannte Storchschnabel zeigte, mit dem man ja bekanntlich ein jegliches Ding der Außenwelt in jeder beliebigen Größe und jeder beliebigen Ausführlichkeit mit photographischer Treue nachzeichnen kann. In dem Schädel eines lyrischen Dichters entdeckten wir eine kleine drehbare Rolle mit Reimworten, die sich bei Umdrehungen der Rolle ganz von selbst zu Versen zusammensetzten." (Ebda., S. 150). „In äußerst dezenter und vorsichtiger Weise versuchten wir das Experiment auch bei einigen der anwesenden Damen und entdeckten dabei, daß sich unter der mit Locken geschmückten Decke des Schädels nur sehr wenige Federn und Spiralen befanden, während der übrige Schädelraum mit gänzlich unkomplizierten Dingen angefüllt war, wie etwa Zwirn oder Papierfetzen, teilweise aber auch nur mit Werg oder Stroh, wodurch die eingefallenen Stellen im Gesicht vermieden wurden und das Gesicht ein liebliches Aussehen bekam." (Ebda., S. 151).

62 Ebda., S. 103 u. 113.

63 Ebda., S. 153 ff.

64 Ebda., S. 161.

65 Ebda., S. 162.

66 Ebda., S. 175.

67 „Da standen sie alle, die großen Künstler der Vorglaszeit, die Dichter mit den verdrängten erotischen Komplexen, die Wunderkinder mit den Ödipuskomplexen, die Jazzbandkönige und die Erfinder des Bananen- und Oma-Liedes. Immer mehr noch, große Künstler: die Regisseure, die die Dichter ersetzt und unnötig gemacht hatten, die Trommler und Blechschmiede, die den Komponisten abgelöst, die Kulissenschieber und Photographen, die sich an die Stelle des Malers gestellt hatten, die Gymnastiker und Mensendieker, die Genies des Rhythmus und des abstrakten Ausdrucks gewesen waren, und nicht zuletzt auch alle diejenigen, die den Ruhm der Göttlichen, Einzigen und Unvergeßlichen verkündet und begründet hatten, in jener Zeit, als man diejenigen noch höher schätzte, die über die Kunst zu schreiben pflegten, als diejenigen, die sich der Kunst selbst verschrieben ... Natürlich waren auch massenhaft Filmdiven und Kinostars vertreten, an denen besonders deutlich der Übergang vom ursprünglichen zum mechanischen Menschen deutlich wurde." (Madsack, Paul; Tamotua, S. 165 ff). „Viele der Gespenster waren leicht zu entlarven, andere wieder bedeutend schwieriger. Da waren zum Beispiel einige Gesellen, die hatten teils abgehackte, teils viel zu langgezerrte Glieder ... Ebenso waren ihre Gesichter teils ganz zusammengedrückt, teils auseinandergezogen, wie Spiegelungen aus einem Vexierspiegel. Wohl jeder ... hätte vergeblich zu raten versucht, was es mit diesen Gespenstern auf sich hatte ... (Ich) wußte es ... jedoch sofort. Es waren die verschiedenen ‚Ismen‘, die man im Laufe der Zeit erfunden hatte, um das freie künstlerische

68 Ebda., S. 179.
69 Ebda.
70 Ebda., S. 179 f.
71 Ebda., S. 207.
72 Ebda., S. 104.
73 Hier findet sich also das gleiche Motiv, das auch schon den SCHWARZEN MAGIER Paul Madsacks gekennzeichnet hatte.
74 Kracauer, Siegfried; Caligari, S. 159.
75 Ebda., S. 179 ff. Kaes, Anton; Film in der Weimarer Republik, S. 64 f.
76 Kracauer, Siegfried; Caligari, S. 159. Kracauer schrieb in diesem Zusammenhang, METROPOLIS habe auf die Franzosen „wie eine Mischung aus Wagner und Krupp" gewirkt. Vgl. auch Kracauer, Siegfried; Ornament der Masse, S. 50–64.
77 Kracauer zitierte Lang, der sich erinnerte, daß Goebbels ihn nach der nationalsozialistischen Machtübernahme zu sich kommen ließ, um ihm zu sagen, „daß er und der Führer vor vielen Jahren meinen Film METROPOLIS in einer kleinen Stadt gesehen hätten und Hitler damals gesagt habe, daß ich (Lang) die Nazifilme machen sollte." (zitiert nach: Kracauer, Siegfried; Caligari, S. 173). Kaes, Anton; Film in der Weimarer Republik, S. 64.
78 Anton Kaes; Film in der Weimarer Republik, S. 64, berichtet von anderthalb Jahren Produktionszeit, 36.000 Statisten und „einem dreifach überzogenen Rekordbudget von 5,3 Mio RM". METROPOLIS sei damals der „teuerste(n) und größte(n) Film der Welt" gewesen. Vgl. auch Curt Riess; Das gab's nur einmal, Bd. 2, S. 49.
79 Madsack, Paul; Tamotua, S. 190.
80 Ebda.
81 Rischbieter, Henning; Hannoversches Lesebuch, Bd. 2, S. 251.
82 Madsack, Paul; Tamotua, S. 119 f. Interessant ist in diesem Zusammenhang, daß Madsack sich auch in diesem Romanwieder selbst zu skizzieren schien, und zwar in der Figur des weisen Geistes Zrvan Arkani (vgl. bes. Madsack, Paul; Tamotua, S. 233 f).

„... Das Maß der seelischen Erschütterung, das ein Mensch ertragen kann, ohne zu zerbrechen, war an uns erschöpft ..."

Der Kultur-Referent und Schriftsteller Georg Grabenhorst

Nach einer gemeinsam besuchten Veranstaltung der Künstlergruppe die abstrakten hannover trug sich Georg Grabenhorst 1927 in Käte Steinitz' Gästebuch ein.[1] Diese Zeit Ende der zwanziger Jahre war die hektischste im bisherigen Leben des knapp Dreißigjährigen. Grabenhorst urteilte rückblickend: „Aus einer inneren Unrast, einem nicht zu stillenden leidenschaftlichen Verlangen nach immer neuen Begegnungen, nach den Verwandlungen des Menschenbildnisses in der unerschöpflichen Fülle Erlebnis, ja, nach dem Erlebnis um seiner selbst Willen, stürzte ich mich in jenes gewiß nicht unbedenkliche Allüberall und Vielerlei."[2]

Biographisches

Er war Gast auf vielen Festen – jenen der Kunstgewerbeschule,[3] des Akademischen Architektenvereins[4] oder des QUADERS, eines Treffs sich unbürgerlich gebender avantgardistischer Schriftsteller und Maler „außerhalb der Berufs- und Parteiverbindungen junger Künstler in Hannover".[5] Literarische Talente wie der Legendendichter Albert Baginsky oder der Schriftsteller Gustav Schenk trafen sich dort mit bildenden Künstlern wie dem Bildhauer Hans Diederichsen[6] oder dem Maler Théo van Doesburg[7] in einem Logenhaus in der Herrenstraße 7 zu „klubmäßigen Zusammenkünften an Sonntag-Abenden, die zwanglos der Lektüre, dem Gespräch über die Dinge, die uns angehen, gehören sollen. Zur Belebung, nicht zur Unterbrechung zwangfreien Zusammenseins, werden auch manchmal kurze Vorträge zu hören sein".[8] Ansonsten feierte man Kostümfeste. Eines davon, das unter dem Motto DAS CHAOS stand, scheint gewissermaßen programmatisch für alle Abläufe solcher Veranstaltungen des QUADER gewesen zu sein.[9]

Durch seine Freundschaft mit der Sekretärin der Kestner-Gesellschaft, Lola Wedekind, war Grabenhorst häufiger Gast sowohl „bei Kestners" als auch in der Privatwohnung des Geschäftsführers Hanns Krenz.[10] Krenz' erlesener Kunstgeschmack und sein großes kunsthistorisches Wissen interessierten ihn dabei durchaus; das Sammeln von sogenannter Primitivenkunst indes, das Krenz ebenso wie sein Freund Herbert von Garvens betrieb, lehnte Grabenhorst als Ausdruck einer „gewisse(n) Überspannung, Überzüchtung, etwas wie Abendland-Müdigkeit" ab, die „Zuflucht im Kindzustand der Kunst, bei den Primitiven"[11] suche[12]. Statt sich in die Kunst fremder Kulturen und vergangener Epochen zu flüchten, war es in seinen Augen angebrachter, Kritik zu üben und sich den Mängeln der Gegenwart offensiv zu stellen.[13] Auch wenn Grabenhorst Veranstaltungen der Gruppe die abstrakten hannover besuchte, so konnte er innerlich doch nur „wenig damit anfangen".[14] Kurt Schwitters etwa, mit dem er häufig zusammenkam, war für ihn allenfalls „begabter Gebrauchsgraphiker, ein Mann mit Ideen, ein amüsanter Gesellschafter, unerschöpflich im Erfinden von netten, kleinen Sächelchen, Trall und Hohnepiepel", die „den Kreis seiner Freunde und Snobs beiderlei Geschlechts verblüfften und zu eifernden Lobpreisungen hinrissen".[15] Ausgestattet mit „dem schnellen Witz des Geschäftsreisenden"[16] habe Schwitters die Mode der Zeit rechtzeitig genutzt und sich, wie Grabenhorst rückblickend urteilte, mit der Produktion konstanten künstlerischen Mittelmaßes alsbald künstlerisch zur Ruhe gesetzt.

In den zwanziger Jahren äußerte sich Georg Grabenhorst selten öffentlich über die Arbeit jener bildenden Künstler, die er anläßlich seiner vielen Besuche ihrer Ausstellungen, Vorträge oder auch Feste kennenlernte. Erst in den dreißiger Jahren wurde er deutlicher und bezog klar Stellung, etwa für den Maler Ernst Thoms oder für den Bildhauer Hermann Scheuernstuhl, mit denen er privat befreundet war.[17] Kunstkritik im eigentlichen Sinne jedoch, so äußerte er Mitte der dreißiger Jahre, sei niemals seine Sache gewesen: „Sie war immer nur Notwehr, immer nur Empörung über einen Mißbrauch, eine Profanisierung und Verfäl-

Georg Grabenhorst, Foto. Um 1930

Kostümfest des Akademischen Architektenvereins A2V. Februar 1929.
2. v. l. Georg Grabenhorst, 2. v. r. Architekt Adolf Falke

schung der Kunst, die mir nicht eine Dekoration des Lebens, sondern ein ewig sich erneuerndes Sinnbild und Gleichnis, die mir nicht Schule, Programm und Wettbewerb, sondern eine seelische Haltung voll Inbrunst, Ehrlichkeit und Treue, also Glaube und Bekenntnis ist."[18] Ein wahrer Künstler habe aus „dem vollen Gefühl der Verantwortung und eines Auftrages, der nicht von dieser Welt ist",[19] zu arbeiten. Statt sich nun der „echten", „wahrhaftigen" und „lebendigen handwerklichen Gesinnung" der Kunst zu erinnern, seien in der Vergangenheit die Ausstellungen der Museen und Galerien viel zu sehr den „Flinken, Unverschämten und Tausendsassas",[20] die sich auf große Gesten und künstlerisches Blendwerk verstünden, vorbehalten gewesen.

Grabenhorst nannte nicht die Namen derer, die in seinen Augen plump und unkünstlerisch „mit ihrem Pfunde wuchern".[21] Aber er ergriff vor allem in den dreißiger Jahren deutlich Partei für jene Künstler der Gleichnisse, die, wie er rückblickend urteilte, „das Vergängliche deuten, Sinn-Bildner, die uns ans Herz greifen, die uns entzücken, weil wir spüren, hier spricht ein Mensch zu uns, ein Mit-uns-Leidender und -Liebender".[22] Das Motiv des „Menschlichen", der „Freundschaft", das auch ein Grundverständnis über gesellschaftliche und politische Grenzen hinweg umfaßte, war ebenso prägend für die Persönlichkeit Georg Grabenhorsts wie für seine Arbeit als Maler und Zeichner im Ersten Weltkrieg und später als Schriftsteller.[23] Immer wieder sprach es aus seinen Romanen und aus seinen autobiographischen Schriften. So hieß es in einem Aufsatz aus dem Jahr 1933: „Es gibt Leute, die sich selbst genug sind. Zu ihnen gehöre ich nicht. Ich brauche Menschen. Ich brauche Freunde. Ich brauche eine Heimat, Frau und Kinder, Wärme und Miteinandergutsein, Nachbarschaft, Amt und Pflichten."[24]

Georg Karl Hartwig Grabenhorst wurde am 21. Februar 1899 in Neustadt am Rübenberge geboren.[25] Oft hat er später über die Jahre seiner Jugend und vor allem über die beiden älteren Brüder[26] und die Eltern geschrieben. Der Vater, ein Schornsteinfegermeister, blieb in seinen Erinnerungen eine zentrale Figur.[27] Gemeinsam mit der häuslichen, liebevollen Mutter schuf dieser als gleichermaßen streng, gerecht und verständnisvoll beschriebene Vater seinen drei Söhnen eine außerordentliche familiäre Atmosphäre: „Es kann nicht Söhne geben, die ihren Eltern mehr zu danken haben als wir drei, und es kann nicht Söhne geben, denen ihr Vater in einem mächtigeren Sinne Zeit ihres Lebens Beispiel und Ansporn, ja Gewissen und Mahnung ist."[28]

1908 wurde der aufgeweckte Neunjährige nach Hannover zu Verwandten auf die Humboldtschule geschickt. Neben Wandervogel-, Zeichen-, Sportaktivitäten und neben dem Musizieren absolvierte er 1917 mühelos das Abitur.[29] Sofort danach meldete er sich kriegsfreiwillig. Im Juli 1918 erlebte der Neunzehnjährige an der Front in Flandern eine Minenexplosion. Langsam erst bemerkte er in den nächsten Wochen eine Schwächung der Sehkraft. Durch die Explosion war die Netzhaut auf beiden Augen in Mitleidenschaft gezogen worden. Grabenhorst drohte zu erblinden und verbrachte eine längere Zeit in Heilanstalten, wo er erstmals in Kontakt mit Vertretern der literarischen Szene jener Zeit wie Gerhart Hauptmann oder Hermann Hesse trat.

Eine Zeit fieberhafter Aktivität setzte ein: Er begann eine Landwirtschaftslehre auf einem Rittergut, er zeichnete und malte, ein Studium wurde geplant, alles, weil, wie Grabenhorst rückblickend urteilte, „es nicht schaden (kann), wenn man das Leben von vielen Seiten kennenlernt".³⁰ Das Studium der Germanistik, Geschichte, Kunstgeschichte und Philosophie garantierte dem ohnehin gesundheitlich Beeinträchtigten keinesfalls „den Berechtigungsschein für eine staatliche Anstellung"³¹, wie der Freund Waldemar Augustiny es nannte, sondern Grabenhorst studierte, weil es ihm Spaß machte. Vor allem aber experimentierte er in den verschiedensten Bereichen, um mit dem Kriegserleben fertigzuwerden. Nach dem Rigorosum im Juni 1922 begann er eine Banklehre in Hannover, die er zwei Jahre darauf aufgab, um Schriftsteller zu werden.³²

Schon als Schüler hatte Grabenhorst kleinere Erzählungen und biographische Skizzen verfaßt. „Das Generalerlebnis aber ... war der Krieg", schrieb er jetzt, „und erst als ich mich im Geiste wieder durch diese Trichterfelder durchgeschlagen hatte, ging mir so langsam auf, was es mit dem Schreiben überhaupt auf sich hat, eine wie ernste Sache das ist ... Wonach uns verlangt und was wir in unseren Büchern nach dem Maß unserer Kräfte versuchen und suchen, das ist: Das Unerschöpfliche in Bildern aufzuzeigen und durch allen Lärm des Alltags und alles Stimmengewirr hindurch auf die geheimen Stimmen in unserer Brust zu lauschen und die Melodie hörbar zu machen, die allein das Leben lebenswert macht und die, wie ich glaube, nicht nur von dieser Welt ist."³³ Grabenhorsts Erzählungen dieser Jahre sind leise, bedächtig und behutsam, auch wenn sie thematisch immer wieder um Krieg und Tod kreisen. Sie verleugnen nicht die Zeit, in der sie entstanden sind, doch sie fragen nicht nach äußeren Gegebenheiten, sondern nach dem Miteinander der Menschen, nach Schattierungen des Umgangs miteinander und des menschlichen Verständnisses, die nie voll ausgedeutet werden, sondern gleichsam zwischen den Zeilen schweben.³⁴ Der Krieg, weniger die physischen als die psychischen Wunden, die er allen Beteiligten geschlagen hatte, blieb das zentrale Thema der schriftstellerischen Arbeit Georg Grabenhorsts jener Jahre.³⁵

In der Augenklinik des Grafen Wilser in Bad Liebenstein, Foto. 1927.
Untere Reihe sitzend:
1. v. l. Georg Grabenhorst,
3. v. l. Herbert Eulenberg,
2. v. r. Gerhart Hauptmann

Ergänzt und gleichzeitig kontrastiert wurde sie durch Grabenhorsts journalistische Arbeit beim HANNOVERSCHEN TAGEBLATT und beim HANNOVERSCHEN KURIER, wo er seit Beginn der zwanziger Jahre gleichsam über alles schrieb, „was mir vor die Flinte kam".³⁶ Er erinnerte sich: „Mein Hauptauftraggeber war immer noch der HANNOVERSCHE KURIER, für den ich regelmäßig Vortrags- und Buchbesprechungen und alle möglichen Texte für seine Kupfertiefdruck-Beilagen BILD-KURIER und DIE FRAU schrieb. Die Herren nahmen hier auch meine Aufsätze und Feuilletons ab, sie druckten in ihrem Vertrauen alles, was ich brachte. Manchmal enthielt die Sonntags-Ausgabe drei oder vier Beiträge von mir, so daß ich mehrere Pseudonyme nebeneinander gebrauchen mußte: Gregor Gregorius, Gaston Fossé-Bosquet (eine naive Übersetzung meines Familiennamens) ... In der FRAU figurierte dann wohl auch der Geburtsname meiner Frau Elmerice von Staal. Im TAGEBLATT hatte Georg von Staal schon seitenlange Abhandlungen gehabt."³⁷ Daneben war Grabenhorst als Korrespondent für verschiedene auswärtige Blätter, u.a. auch für den BERLINER BÖRSENKURIER, tätig, für die er etwa die hannoverschen Theaterpremieren rezensierte, „und auch nur die, die es wert waren".³⁸

Gleichwohl ergab sich für ihn und seine bald vierköpfige Familie, die inzwischen nach Bad Eilsen übergesiedelt war, insgesamt eine wirtschaftliche Situation, die er in seinen Lebenserinnerungen selbst mit dem Hinweis auf „ein recht unsicheres Monatseinkommen"³⁹ eher euphemistisch beschrieb. Kuraufenthalte zur Linderung des Augenleidens muteten der Haushaltskasse weitere Belastungen zu. Bereits im Winter 1928/29 erhielt er vom Landesdirektorium der Provinz Hannover eine Beihilfe für eine Studien- oder Erholungsreise in Höhe von 200 RM.⁴⁰ Vorangegangen war eine Anfrage des Landesdirektoriums an den Leiter der Gemäldesammlung des Provinzial-Museums Alexander Dorner,⁴¹ der den Kandidaten als „tüchtige(n) Schriftsteller", der „kürzlich einen sehr guten Roman"⁴² geschrieben habe, für eine Förderung emp-

Schreiben des Leiters der Kunstabteilung des Provinzial-Museums Alexander Dorner an Landesrat Dr. Köpchen, 15. Februar 1930

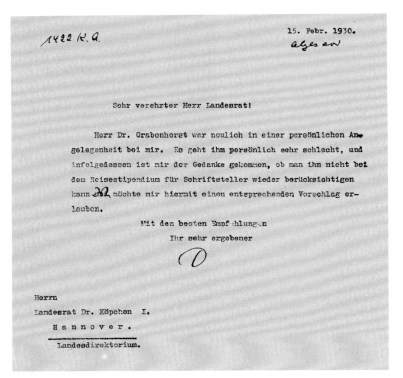

fohlen hatte. Bereits ein Jahr später, im Februar 1930, nahm Dorner seinerseits Kontakt mit dem Landesdirektorium auf: „Herr Dr. Grabenhorst war neulich in einer persönlichen Angelegenheit bei mir. Es geht ihm persönlich sehr schlecht, und infolgedessen ist mir der Gedanke gekommen, ob man ihn nicht bei dem Reisestipendium für Schriftsteller wieder berücksichtigen kann."[43] Dorner forderte Grabenhorst auf, einen entsprechenden Antrag zu stellen,[44] nahm mit dem Vorsitzenden des Reichswirtschaftsverbands bildender Künstler, Carl Buchheister, als dem zuständigen Ansprechpartner der Künstler in Unterstützungsangelegenheiten Kontakt auf und befürwortete die Beihilfe an Grabenhorst noch einmal „wärmstens".[45] Im April 1930, nur einen Monat darauf, erhielt dieser dann erneut eine Zuwendung von 200 RM.[46]

Der Kultur-Referent der Provinz Hannover

Anfang der dreißiger Jahre war man im Landesdirektorium auf den Verfasser kulturhistorischer und kunstkritischer Aufsätze aufmerksam geworden. Anläßlich der anstehenden Reichs- und Verwaltungsreform wurde ein besonderes Archiv für Landeskunde eingerichtet, dessen Leitung dem Privatdozenten für Geographie an der Technischen Hochschule Hannover, Kurt Brüning,[47] übertragen worden war. Ein weiterer Mitarbeiter sollte mit der Erstellung einer Denkschrift mit dem Titel NIEDERSACHSEN IM RAHMEN DER NEUGLIEDERUNG beauftragt werden. Es ging in Grabenhorsts Worten darum, „der Provinz Hannover und den von ihr eingeschlossenen Ländern bei der Reichsreform, in der Abgrenzung und im Aufbau der neuen Verwaltungsgebiete den Zusammenhang und die größere Einheit zuzuerkennen, die sie nach ihrer Geschichte, nach ihrem Volkstum, ihrer wirtschaftlichen Struktur und ihrem kulturellen Leben tatsächlich darstellen. Man weiß von Plänen, die dem entgegenstehen, und es gibt Nachbarn, die alte Bestandteile der Provinz und des ehemaligen Königreichs Hannover abtrennen und sich einverleiben möchten."[48]

Grabenhorst schien der geeignete Mann für dieses vielseitige Tätigkeitsfeld zu sein. Er sagte zu[49] und begründete diesen Schritt später so: „Die Literatur als Beruf war mir immer fragwürdig gewesen. Zum guten Gewissen des Mannes braucht's einen handfesten Beruf: kann's nicht Architekt, Ingenieur oder Arzt sein, dann ist mir auch der Kultur-Referent in der Provinzialverwaltung recht. Bis dahin gab es keinen, es lag also an mir, den neuen amtlichen Auftrag zu rechtfertigen."[50] Schon bald zeigte sich, daß sich seine Arbeit nicht in der Erstellung der Denkschrift erschöpfen würde. Grabenhorsts Nachforschungen ergaben Stoff für eine Reihe von territorial- und stadtgeschichtlichen Einzelaufsätzen in der Zeitschrift NIEDERSACHSEN. Hier setzte er sich im Zusammenhang mit einer Abhandlung über seinen „Nationalheiligen"[51] Justus Möser in OSNABRÜCK IM NIEDERSÄCHSISCHEN SCHRIFTTUM 1932 etwa mit der „rassemäßige(n) Einheit und Blutsverwandtschaft der Niedersachsen" auseinander und arbeitete „bestimmte Erscheinungsformen im Geistesleben der Völker" aus ihren „Stammeseigentümlichkeiten"[52] heraus. Daneben schrieb er im Rundfunkausschuß des Kulturrings mit Kurt Voß Hörspiele zu verschiedenen Themen der hannoverschen Lokal-

und Heimatgeschichte.⁵³ Überhaupt knüpfte er in diesen ersten Jahren nach seinem Amtsantritt enge Kontakte zur niedersächsischen Heimatschutz- und Heimatkunstbewegung. Er wurde im Frühjahr 1930 Geschäftsführendes Vorstandsmitglied und später Schriftführer des Niedersächsischen Ausschusses für Heimatschutz, dem organisatorischen Zusammenschluß aller Vereine und Verbände ganz Niedersachsens, die sich mit Fragen der Heimatpflege beschäftigten.⁵⁴

Bereits ein halbes Jahr nach der Berufung in sein neues Amt als Kultur-Referent wurde er im Herbst 1930 zudem mit der Planung und organisatorischen Durchführung des 22. Niedersachsentages in Osnabrück betraut.⁵⁵ Dies mag seinen Interessen auch deshalb besonders entgegengekommen sein, weil Grabenhorst, selbst Schriftsteller, zu diesem Anlaß mit Heimatautoren aus ganz Niedersachsen zusammentraf.⁵⁶ „Hier traf sich, was im literarischen Blätterwald Rang und Namen besaß und was sich anschickte, desgleichen zu erwerben",⁵⁷ urteilte er rückblickend. Grabenhorst machte in diesen Jahren die Bekanntschaft mit renommierten konservativen Heimatschriftstellern seiner Zeit wie Moritz Jahn, Alma Rogge, Friedrich Wilhelm Hymmen, Wilhelm Scharrelmann, Hans Grimm und Börries Freiherr von Münchhausen.⁵⁸ Sie wurden ihm nach eigener Aussage zum Maß des eigenen Schaffens.⁵⁹ Mittels intensiver Erkundungen der gesamten Provinz Hannover verschaffte er sich einen umfassenden Einblick in die gesamte Kunst- und Kulturszene Niedersachsens. Er besuchte die Ateliers der hannoverschen Maler der Neuen Sachlichkeit wie die der Worpsweder Künstler. Und um nun seinerseits finanzielle Unterstützung der Provinz an die richtige Adresse zu vermitteln, stand er in Kontakt mit Hilfsorganisationen wie dem Reichswirtschaftsverband bildender Künstler, aber auch mit Pastoren, Dorfschullehrern und anderen Heimatpflegern vor Ort. „Überall fand ich *Menschen*, Landsleute, mit denen umzugehen und zusammenzuarbeiten sich lohnte, gute Kameraden und Freunde, die nicht nur an sich selber dachten, die sich mitverantwortlich fühlten für das Ganze, um den Schutz und die Pflege der Landschaft, der alten Dorf- und Städtebilder, der prähistorischen Monumente wie der Bau- und Kunstdenkmäler ebenso lebhaft bemüht wie um das geistige Leben der Gegenwart, Kunst und Wissenschaft. Die stille Brüderschaft dieser Männer im Lande habe ich immer wieder als einen Besitz von unschätzbarem Wert empfunden, und daß auch meine Künstlerfreunde, Schriftsteller, Maler, Bildhauer, Architekten und Musiker, ihr zugehören, war es nicht zuletzt, was mir das Leben in der Heimat Niedersachsen als Gabe und Aufgabe so beglückend bis auf diesen Tag erfüllt."⁶⁰

Titelblatt der Schrift
NIEDERSACHSEN IM RAHMEN DER
NEUGLIEDERUNG DES REICHES, Band 2,
bearbeitet von Kurt Brüning. 1931

*Georg Grabenhorst
und der Nationalsozialismus*

Vor allem Grabenhorsts zu Beginn der dreißiger Jahre immer offenkundiger werdende Heimatverbundenheit – die Betonung der „Geographie des Herzens"⁶¹, wie er es nannte – ließ ihn zudem zum Ansprechpartner derjenigen Personen der Provinzialverwaltung und des Kunst- und Kulturlebens Hannovers werden, die „ein tieferes, fruchtbares Landschaftsbewußtsein, ein landsmännisches Zusammengehörigkeitsgefühl"⁶² miteinander verband. Die Gründung des Kulturbundes Niedersachsen 1932⁶³ und die Verlegung der Zeitschrift NIEDERSACHSEN von Bremen nach Hannover im März 1933⁶⁴ vor allem auf Initiative Kurt Voß', des Provinzial-Landeshauptmannes Eberhard Hagemann und eben Georg Grabenhorsts stehen in diesem Zusammenhang.⁶⁵

Es waren im Zusammenhang mit dieser Arbeit geknüpfte Kontakte, die Gewicht erhielten, als die traditionalistisch-nationalistischen Kräfte in der Heimatschutz- und Heimatkunstbewegung sich nach der nationalsozialistischen Machtübernahme an Grabenhorst erinnerten und ihn in kürzester Zeit noch im Jahre 1933 mit einer Fülle von neuen Aufgaben betrauten. Er wurde nun zum Ansprechpartner Alexander Dorners, der etwa im Oktober 1933 den HULDIGUNGSBRIEF FÜR HANNOVER anläßlich des Ersten Tages der deutschen Kunst in München in angemessenem nationalsozialistischen Ton zu verfassen hatte.⁶⁶ Die Gauleitung verstand seine Tätigkeit überdies als die eines Beraters für Dorner und später für dessen Nachfolger, Ferdinand Stuttmann, welcher den Museumsleitern Ankäufe von Werken bestimmter nationalsozialistischer Künstler anheimstellen sollte.⁶⁷ Sein Name erschien zudem in zweien der drei Sachverständigenausschüsse – dem für die Bühne und dem für das Künstlerische Schrifttum –, die das Polizeipräsidium in Hannover dem Generalstaatsanwalt in Celle im August 1933 vorschlug.⁶⁸ Die Mitglieder des zu bildenden Ausschusses sollten stärker und strenger als ihre Vorgänger in der Weimarer Zeit „die Interessen wirklicher Kunst"⁶⁹ wahren, indem sie jetzt als „staatliche Vertrauensleute" Verfahren „gegen Schriften, die die öffentliche Sicherheit gefährden",[70] einzuleiten hatten. Grabenhorst war zugleich Mitglied und Ansprechpartner im Kampfbund für deutsche Kultur,[71] was eine gute Zusammenarbeit mit dem Gaukulturwart und lokalen Leiter des Kampfbundes August Schirmer, einem knapp dreißigjährigen ehrgeizigen Diplom-Ingenieur, erforderte.[72]

Darüberhinaus war der erfolgreiche Schriftsteller Georg Grabenhorst für die Provinzialverwaltung die Kontaktperson zum literarischen Leben der Provinz Hannover. Seit dem Herbst 1933 hatte er die Leitung des Gaus Niedersachsen im Reichsverband deutscher Schriftsteller inne, zwei Jahre später wurde er ebenfalls ehrenamtlich Landesleiter der Reichsschrifttumskammer.[73] Im Jahr darauf, 1936, zusätzlich zum Kultur-Referenten der NS-Gemeinschaft Kraft durch Freude im Gau Südhannover-Braunschweig ernannt, verlängerte Grabenhorst seit 1938 mit der Mitgliedschaft des von der Reichsjugendführung gebildeten Arbeitskreises Junges Schaffen die Liste seiner vielfältigen Tätigkeiten.[74] Erfahrung, Wissen und Organisationstalent ließen ihn zudem zum gefragten Organisator von Literaturpreisverleihungen nationalsozialistischer Prägung werden.[75]

Wie er sich hier für die Betonung der „Fundamente von Blut und Boden" zum Besten „wirklicher Kunst"[76] einsetzte, so machte er sich in seiner Arbeit beim Niedersächsischen Ausschuß für Heimatschutz stark für eine „niederdeutsche Front von Flandern bis ins Baltikum".[77] Dieser Gedanke prägte auch die Niedersachsenwoche in Hannover im September 1933, die, wiederum von Grabenhorst organisiert, angelegt war als „einmütiges Bekenntnis zu Stammestum und Kultur der Niedersachsen".[78] Eine „stark ausgeprägte völkische Einheit der kulturellen Landsmannschaft"[79] Niedersachsens war auch wichtiges Anliegen Grabenhorsts in seiner Tätigkeit als ehrenamtlicher Landesleiter des Reichsverbandes Deutsche Bühne e.V. Schließlich würden, so argumentierte er, „die großen Aufgaben, die die nationale Revolution den deutschen Stämmen und Landschaften gestellt hat, ... wohl kaum irgendwo stärker empfunden als hier in Niedersachsen, das von jeher einen der hervorragendsten Stützpunkte der Bewegung dargestellt hat".[80]

Der Reichsverband Deutsche Bühne, Organ des Kampfbundes für deutsche Kultur, war das Produkt der Gleichschaltung der vier Theaterbesucher-Organisationen Bühnenvolksbund, Deutsche Bühne Hannover, Freie Volksbühne und Niedersächsische NS-Bühne [81]. Zu seinen Aufgaben zählten die Neubesetzung der Stelle des städtischen Schauspieldirektors nach Georg Altmanns Entlassung, die Gründung einer Jugendbühne und die einer Landesbühne als Wanderbühne „zur Bespielung der theaterlosen Städte in der Provinz".[82] Grabenhorst war von den Gründungsmitgliedern des Reichsverbands in Hannover, zu denen u.a. der ehemalige Leiter der Deutschen Bühne Wilhelm Katz, Theodor Abbetmeyer und Harry Moss gehörten,[83] sofort zur Mitarbeit aufgefordert worden. Offenbar hatte er großes Interesse, was auch mit seinem Wunsch zusammenhing, als Kultur-Referent die durch die Schließung des Deutschen Theaters nach dem wenig rühmlichen Direktorat von Harry Moss arbeitslos gewordenen Schauspielerinnen und Schauspieler weiter zu beschäftigen.[84] Im Juni 1933, einen Monat nach der Konstituierung, übernahm Grabenhorst den Posten des Landesleiters über die mittlerweile bereits 22.000 Mitglieder zählende Institution.[85] Schon Anfang Mai des gleichen Jahres, also wenige Tage nach der Gründung des Reichsverbands Deutsche Bühne e.V., Hannover, hatte er nach Berlin von Plänen seiner lokalen Leitung, ihn für eine Mitarbeit zu gewinnen, berichtet. Er würdigte hier die Vorarbeit der bisherigen Theaterbesucher-Organisation Deutsche Bühne, die „unter dem System der Novemberleute einen entschlossenen Kampf geführt und sich allen Widerständen zum Trotz auch mit ihrem arischen Paragraphen durchgesetzt"[86] habe. Anläßlich der Niedersachsen-Tagung des Kampfbundes für deutsche Kultur im September 1933 referierte Grabenhorst über die „Theatersünden der letzten dreißig Jahre" und gab „ein treffendes Bild der kulturellen Verwüstung, die sich in unserem Bühnenleben breitgemacht hat",[87] wieder, wie die Zeitschrift NIEDERSACHSEN berichtete. Auch hier habe die „Erweckung der Volksgemeinschaft" die Grundlagen für einen neuen Kulturaufbau gelegt. Aufgabe der Deutschen Bühne sei es nun, „das Volk wieder ins Theater hineinzubringen und so auch die materielle Grundlage für eine neue Bühnenkunst zu schaffen." [88]. Anders als die bisherigen vier Besucherorganisationen, die nunmehr in ihr aufgegangen seien, dürfe die Deutsche Bühne nicht zur „Versorgungsanstalt für billige Theaterkarten" verkommen, sondern sie müsse sich zum „Nationaltheater", also zum dramatischen „Generalkenner deutscher Wesensart und Sitte"[89] bekennen.

Die offensichtliche Wertschätzung nationalsozialistischer Ziele und Absichten, die aus vielen Urteilen und Dokumenten Georg Grabenhorsts spricht, war es, die ihn bereits zum Ende der Weimarer Republik dem Vorwurf der politischen Blindheit aussetzte. Im Juli 1932 zählte der sozialdemokratische VOLKSWILLE ihn zu jenen, die sich derzeit in der geistigen „Mauserung" befänden und sich „ans Hakenkreuz" hängten, „wenn auch vor wenigen Jahren (ihr) Herz beinahe demokratisch fühlte".[90] Die Kritik an seiner Mitläuferschaft und an einer ideologischen Nähe zum Nationalsozialismus tauchte nach dem Zweiten Weltkrieg massiv auf.[91]

Grabenhorst selbst hat in seinen autobiographischen Schriften und besonders in den in den siebziger Jahren erschienenen Büchern HALL UND WIDERHALL und WEGE UND UMWEGE seine Abwehrhaltung gegenüber den neuen Machthabern betont, an denen er mit dem Dünkel des Gebildeten bemängelte, daß „keine der neun Musen ... jemals auch nur einen von ihnen im Traum geküßt"[92] habe: „Ich hatte mein Handwerk gelernt, war vertraut mit Land und Leuten und dachte nicht daran, mir von Funktionären vom Schlage eines Zacharias[93] meine Ideen und Pläne im Bereich der landschaftlichen Kulturpflege huldvoll genehmigen oder gar politisch ausrichten und beschneiden zu lassen."[94] In die Partei sei er nur eingetreten, weil ihm seine Arbeit fortzuführen sonst unmöglich gewesen wäre. Er habe den Beitritt auch so lange wie möglich, bis zum 1. Mai 1933, dem Tag, an dem auch viele Kollegen aus unterschiedlichen Sparten von Kunst und Kultur die Aufnahme zur NSDAP beantragten, hinausgezögert.[95] Ansonsten sei er der „erhebliche(n) Veränderung" seiner Stellung in der Provinzialverwaltung mit Risikobereitschaft und der Freude am „Reiz dieser Kämpfe"[96] begegnet. Er habe dem Freimaurer Moritz Jahn, einem guten Schriftstellerfreund, die Treue gehalten, als dieser verleumdet worden sei.[97] Börries von Münchhausen, dem vorgeworfen worden sei, in einer Schrift „das Judentum verherrlicht"[98] zu haben, sei von ihm ebenso geschützt worden wie ein weiterer guter Bekannter, Hans Grimm, der sich 1936 anläßlich des KdF-Treffens in Goslar geweigert habe, mit Gauleiter Bernhard Rust an einem Tisch zu sitzen.[99] Er, Grabenhorst, selbst aber habe seine Arbeit so weiterführen können, wie er sie vor 1933 schon angelegt habe, er habe die gleichen Künstler weitergefördert und den Kontakt zu ihnen aufrechterhalten, selbst wenn ihre Arbeit den Leitsätzen nationalsozialistischer Kunstpolitik widersprach.[100] Im Gespräch zog der Kulturpolitiker über seine Arbeit in den Jahren zwischen 1933 und 1945 mit den Worten Bilanz: „Erstens habe ich nicht groß erzählt, was ich gemacht habe. Ich mußte vor meinem eigenen Gewissen bestehen ... Ich bin ja auch nicht in Maschinengewehrgarben gelaufen, ich hatte ja auch meine Westentaschenpolitik. Ich habe unter drei Gauleitungen gearbeitet ... Die wollten mich abschießen, ich stand ihnen im Wege. Ich muß sagen, das stimmte auch."[101] „Abzuschießen" versuchte man ihn, wiederum nach Grabenhorsts eigener Schilderung, mit der Drohung, ihn bei anhaltend „störrischer"[102] Haltung in ein Konzentrationslager zu überstellen. Anfang der vierziger Jahre sei er zudem vom Nachfolger Bernhard Rusts, Gauleiter Hartmann Lauterbacher, nicht mehr in den neuen Gaukulturrat berufen worden.[103] Bis dahin habe er sich trotz aller Opposition halten können. Er habe die entscheidenden Kulturpolitiker gut gekannt und sich nicht gescheut, nötigenfalls den einen gegen den anderen auszuspielen.

Ob Grabenhorsts Aussage, nationalsozialistischen Politikern wie Kulturvertretern in einer „herausfordernd verbindlich-unbefangenen Weise"[104] die Stirn geboten und seinen eigenen Kurs der Kunstförderung und Kontaktpflege weiterverfolgt zu haben, den Tatsachen entspricht, ist angesichts der Quellenlage schwer zu klären. Allerdings lassen Teile seines Schriftwechsels mit dem Preußischen Ministerium für Wissenschaft, Kunst und Volksbildung oder mit dem Reichsorganisationsleiter des Kampfbundes für deutsche Kultur eine Taktik erkennen, die der These einer gewissen Oppositionshaltung zur nationalsozialistischen Kulturpolitik nicht widerspricht. In einigen dieser Schreiben arbeitete Grabenhorst dabei seine Überzeugung von der Notwendigkeit der „Schaffung einer einheitlichen kulturellen Front für Niedersachsen"[105] deutlich heraus. Er skizzierte hier das, „um was es mir für meine Heimat Niedersachsen allein zu tun ist, nämlich darum, diese gewachsene Kulturlandschaft, die durch Jahrzehnte alte Organisationen wohl begründet ist, in ihrer Einsicht auch organisatorisch zu erhalten".[106] Sein Ziel, niedersächsische Interessen zu wahren, sah er dabei durch zwei Faktoren gefährdet. Zum einen versuchten nach seiner Meinung die Vertreter anderer landsmannschaftlicher Interessen, und hier besonders „großhamburgische Bestrebungen",[107] die aus der Tradition legitimierte Autonomie niedersächsischer Kunst und Kultur zu unterwandern. Zum anderen befürchtete er durch die ‚Gleichschaltung' traditioneller Kulturinstitute offenbar eine Gefährdung seiner Pläne eines einheitlichen niedersächsischen Kulturgebietes.

Mit der Begründung, daß, wie er im Mai 1933 formulierte, „die nationale Revolution des deutschen Geistes noch nicht zu Ende ist, sondern in dem Sinne weiter fortgeführt werden muß, daß die in den kulturellen Verbänden geleistete Arbeit hinsichtlich ihrer national-politischen Zuverlässigkeit und Sauberkeit zu überwachen ist",[108] sprach Grabenhorst sich für eine Kompetenzbeschränkung des Kampfbundes aus. Der Kampfbund solle nicht länger in die Tätigkeit bewährter traditioneller Kulturinstitutionen eingreifen. Schließlich hätten die Erfahrungen aus der Zeit der ‚Gleichschaltung' vielfach gezeigt, daß „sachlich nicht genügend qualifizierte Kräfte ... ans Steuer gekommen sind, die unter Umständen hinter den wirtschaftlichen Zielen die ideellen vergessen." Die neue, nationalsozialistische Kulturpolitik begünstige jene, die sich selbst bereicherten, statt dem Staat zu dienen. Es müsse „Sorge dafür getragen werden, daß die Gefahren der Korruption ... durch eine strenge Kontrolle von persönlich und wirtschaftlich uninteressierten Stellen beseitigt werden".[109]

Grabenhorsts Vorschlag lautete, die entscheidenden Positionen im Kampfbundes mit Sachverständigen zu besetzen, die nicht durch egoistische, wirtschaftliche Zwänge gebunden waren. Da das Kulturgebiet Niedersachsen „zu den ältesten deutschen Kulturgebieten überhaupt" gehöre und „seit Jahrzehnten in den einzelnen Fachgruppen und Verbänden so vielfältig aufgebaut und in der Spitze einheitlich zusammengeschlossen worden"[110] sei, müsse der Kampfbund sich zudem nicht um die Schaffung neuer Kulturorganisationen bemühen. Stattdessen solle er die bestehenden Vereine – insbesondere die vielen, in denen Grabenhorst ehrenamtlich tätig war und die sich bewährt hatten – fortbestehen lassen und sich aus deren inhaltlicher Arbeit heraushalten.

Wie die Vorschläge des Kultur-Referenten Grabenhorst in Berlin generell beurteilt wurden, ist unklar. Allerdings wurden ihm in seiner Arbeit offenbar ungewöhnliche Freiheiten gelassen, die er sich selbst auch zu bewahren wußte. Im Juli 1933 aufgefordert, enger mit dem Kampfbund zusammenzuarbeiten, hielt er weiter Distanz und betonte, „daß es mir selbstverständlich freisteht, diese Dinge in einer mir angemessen erscheinenden Form mit denjenigen Personen zu diskutieren, auf deren Meinung und Übereinstimmung ich Wert lege".[111] Zudem läßt sich beispielsweise am Fall des Reichsverbands Deutsche Bühne e.V. nachweisen, daß Grabenhorsts Eintreten für „Handlungsfreiheit", „bestimmte Aktionsradien und Spielgebiete"[112] gewissen Erfolg hatte. Alle vier ehemaligen Theaterbesucher-Organisationen behielten ihre eigene Kontoführung[113] und ihren jeweiligen Besucherstamm.[114] Ohne Zweifel lag die politische und weltanschauliche Ausrichtung ihrer Arbeit dabei im Fahrwasser der nationalsozialistischen Deutschen Bühne, aber Grabenhorst scheint ihnen doch ein gewisses Maß an Fortbestand eigener Arbeitsmöglichkeiten ermöglicht zu haben.

In Georg Grabenhorsts Augen waren seit der Gleichschaltung in wichtige Gremien des Kampfbundes Kräfte gelangt, deren fachliche Qualifikation zur Bewältigung anstehender Aufgaben bei weitem nicht ausreichte. Auch in anderen Bereichen der Kunstpolitik rügte er die augenblickliche Konjunktur künstlerischer und weltanschaulicher Gesinnungen. Hinsichtlich der bildenden Kunst etwa kritisierte er 1935, allerdings ohne Namen zu nennen, „die Schwärme der Erniedrigten und Beleidigten, die im letzten Jahr ein so gewaltiges Gesumm und Gebrumm anhuben über ihre jahrelang verkannte und unterdrückte Blut- und Boden-Kunst-Gesinnung" und endlich „vom Honigtopf der öffentlichen Aufträge abzuwehren"[115] seien. Die aufgesetzte Pose, gleich welcher Art, lehnte er ab. Verglichen auch mit manchem literarischen Werk seiner Gesinnungsgenossen und Freunde Börries von Münchhausen, Moritz Jahn, Wilhelm Scharrelmann und Hans Grimm änderte sich der Themenkanon des Schriftstellers Georg Grabenhorst in den dreißiger Jahren gegenüber dem früheren Werk eher wenig. Rassismus und Antisemitismus, Großstadtfurcht und Agrarromantik spielten keine wesentliche Rolle. Geblieben war hingegen die tiefe Überzeugung von der Heimatverbundenheit des einzelnen, die Grabenhorst schon in den späten zwanziger Jahren geprägt hatte. In seiner KURZE(N) WÜRDIGUNG DES DICHTERISCHEN WERKS DER PREISTRÄGER DES ERSTEN LITERATURPREISES DER PROVINZ HANNOVER unterschied er 1936 dabei deutlich zwischen dem „Volksechten" und dem „Volkstümlichen". Das „Volkstümliche" sah er im „sektiererischen Wohlwollen der sich Döntjes erzählenden Bürger, jener ahnungslosen Gestrigen, die den mächtigen Geisterruf des Blutes, der hier ertönt, entzückten Gemüts auf die Satzungen abstimmen und erniedrigen, die sich unter Anrufung der Götter, aber mit der Genügsamkeit derer gegeben haben, denen Ruhe die erste Bürgerpflicht ist. Mit diesen Braven, die sich so gern und gewiß auch mit ehrlichem Herzen zu Volkstum und Heimat bekennen, hat die wahrhaft revolutionäre, aufrüttelnde Kunst des Dichters nichts zu schaffen."[116] Das „Volksechte" wollte hingegen „nicht unterhalten und rühren, sondern anpacken und erschüttern, denn (es) kommt aus einem Bezirk, in dem es nicht mehr um die Erfüllung eines Gesetzes geht, das ein Dämon diktiert, der auf Gnade oder Ungnade von seinem Dichter Besitz ergriffen hat".[117]

In der Berufung auf den „tiefsten Quell unseres germanischen Volkstums", auf den „Geisterruf des Blutes" und schließlich auf die „wahrhaft revolutionierende ... Kunst des Dichters"[118] offenbarte sich Georg Grabenhorst als Vertreter eines Typus, den er selbst in WEGE UND UMWEGE skizzierte: Er war ein konservativer, traditions- und nationalbewußter Kriegsteilnehmer, der mehr durch Zufall als aus Planung zur nationalsozialistischen Bewegung stieß, sich hier zunächst durchaus mit manchen Zielen einverstanden erklären konnte, dafür mit einer Fülle von Ämtern betraut wurde, aufstieg, um dann, von vielem abgestoßen, zu beginnen, „die Auswüchse in der Partei, das Revoluzzertum, die Vergottung der Ideologie"[119] zu bekämpfen. Georg Grabenhorst, geprägt von der Überzeugung seines nationalkonservativ gesonnenen Vaters, hat diese Grundhaltung nie verborgen.[120] In den künstlerisch avantgardistischen Zirkeln der Stadt, in denen er verkehrte, wußte man in den zwanziger Jahren, wie wichtig ihm etwa Hindenburgs Reichspräsidentschaft als Garantie öffentlicher Sicherheit und Ordnung war.[121] Und auch Grabenhorsts konservative Grundhaltung in kunstpolitischen Fragen war offenbar bereits Mitte der zwanziger Jahre bekannt, in jedem Fall aber mit Beginn seiner Tätigkeit als Kultur-Referent, die ihn eng mit der Heimatkunstbewegung verband.

Wie groß die Gefahr der „vorschnellen Ineinssetzung der Bestrebungen der Heimatkünstler mit den kulturpolitischen Zielen der offiziellen Repräsentanten der deutschen Literatur nach 1933"[123] ist, zeigt das Beispiel von Grabenhorsts „auf der Welle der Weltkriegsliteratur der späten zwanziger Jahre"[124] erschienenem Roman FAHNENJUNKER VOLKENBORN. Viele Rezensionen laufen heute Gefahr, den Roman gleichsam rückwirkend allein aus Grabenhorsts äußerer Vita in den dreißiger und vierziger Jahren heraus zu werten, wobei Charakterisierungen wie „nationalbewußt und keineswegs pazifistisch"[125] noch vergleichsweise wohlwollend erscheinen. Urteile wie jenes vom „Mustersoldatentum", von „Kriegsromantik" und „Kameradschaft"[126] werden vielfach als entlarvende Hinweise auf opportunistisches Verhalten und ideologische Übereinstimmung mit dem Gedankengut des Nationalsozialismus gewertet. Grabenhorst selbst hat das späte Erscheinen seines Romans am Ende der Weimarer Republik – als weite Teile der Bevölkerung immer stärker ihrer Unzufriedenheit mit der Demokratie erklärten – damit begründet, daß er erst „seine Zeit brauchte", um das zu verstehen und zu verarbeiten, was dieser Krieg für sein Leben bedeutet hatte: „Entweder wir resignierten, wir verhüllten unser Haupt über der Unmöglichkeit des Ausdrucks – oder aber wir wagten es, uns mitten durch den Feuerriegel des Gelebten hindurchzuschlagen."[127] FAHNENJUNKER VOLKENBORN stelle „die erste Etappe eines solchen Durchbruchversuchs" dar. „Ich mußte ihn schreiben, das sah ich, als er geschrieben war. Ich habe darin gezeigt, wie das Erlebnis einen jungen Menschen zwischen die Zähne nimmt und wie dieser junge törichte Mensch, obgleich auf den Tod verwundet, bereit ist, sein Los als Opfer und Schicksal auf sich zu nehmen."[128]

FAHNENJUNKER VOLKENBORN (1928)[122]

Eine geistige Verwandtschaft etwa mit Ernst Jüngers IN STAHLGEWITTERN lehnte Georg Grabenhorst dabei ab: „Ich wußte nichts von Vorbildern und suchte sie nicht. Ich wollte keine Kriegsnovellen schreiben ... Mir ging es nicht um die Schilderung von Kampfhandlungen, um äußeres Geschehen. Ich wollte versuchen aufzuzeigen, wie ein soeben aus der Horazstunde entlassener Jüngling sich hält unter Männern in der harten Wirklichkeit des Krieges, wie es ihn prägt, schmerzhaft verwandelt ... Die Götter der literarischen Zeitgenossenschaft konnten den Weg nicht weisen ... Diesen Weg mußte man allein finden."[129] Der Titel des Romans stammte nicht aus seiner Feder, sondern er entsprach einem Vorschlag seines Verlegers. Grabenhorst wollte „nichts Militärisch-Historisch, im engeren Sinne Patriotisches"[130] schreiben, es ging ihm nicht darum, den Fahnenjunker als Typus, als „Vertreter eines bestimmten Soldaten-Standes etikettiert (zu) sehen".¹³¹ Offenbar ahnten die drei renommierten deutschen Verlage, denen der unbedarfte Grabenhorst sein Manuskript gleichzeitig schickte und die alle ihr Interesse an einer Veröffentlichung bekundeten,¹³² dennoch, wie sehr FAHNENJUNKER VOLKENBORN den Nerv seiner Leserschaft, der Soldatengeneration des Ersten Weltkrieges, treffen würde.¹³³

Hans Volkenborn ist 19 Jahre alt, als er sich freiwillig zum Krieg meldet. Das erste Mal von den Eltern, den zwei älteren Brüdern, die ebenfalls im Krieg kämpfen, und den Schulkameraden getrennt, erlebt er die Einsamkeit in der Fremde und das Grauen des Krieges besonders stark. Der Tod und die Zerstörung stehen im Zentrum seines Lebens an der Front. Volkenborn begegnet ihnen unzählige Male, unter seinen Kameraden wie unter den Feinden. Seine Reaktion ist immer die gleiche: Mitleiden mit den Opfern und ihren Angehörigen, gleich welcher Nationalität sie sind, Ekel und Angst vor dem Krieg. Die schlechte Behandlung russischer Kriegsgefangener zwingt ihn zur offenen Kritik. Auf der anderen Seite begegnet er der Neigung seiner Kameraden, sich „mit belgischen Mädchen abzugeben",¹³⁴ mit tiefer Abneigung. Hans Volkenborn ist einer, der früh erkennt, daß „Krieg eine Spekulation" sei, „eine Sache der Börse".¹³⁵ Es gibt am Ende für ihn „kein Feld der Ehre" mehr. Er weiß auch, daß die Männer, die er jetzt bereit ist zu töten, zu anderen Zeiten seine Freunde sein könnten. Und doch stellt Hans Volkenborn den Krieg an sich nie in Frage. Jenen, denen er seine Achtung zollen kann und die seinen Respekt verdienen, folgt er bedingungslos, ja er riskiert gern sein Leben, um sie zu retten. Anstand ist eines der Schlüsselworte seines Soldatentums. Volkenborn sucht und findet ihn ohne Blick auf soziale und gesellschaftliche Hierarchien; oft ist der Einfachste sein bester Kamerad, mit dem er das wenige, was er hat, gern teilt. Es ist kein Hurra-Patriotismus, der ihn zu einem der zuverlässigsten und freudigsten Soldaten seiner Truppe werden läßt, sondern vielmehr der Glaube an die Gemeinschaft und Verbundenheit aller Kämpfer. Vertrauen und die ständige Bewährung der durch den Zwang eines gewaltigen Krieges entstandenen Abhängigkeiten aller voneinander schweißt die Kameraden zusammen. Es ist ein gewiß nicht zufällig gewähltes religiöses Motiv, als nach einem erfolgreich abgewehrten Angriff alle aus der Gruppe nacheinander aus der Rumflasche trinken. „Dies ist wie ein Abendmahlstrunk, so bedeutsam und feierlich."¹³⁶

Das Gefühl der Totalität des Krieges, der Zusammengehörigkeit und des Füreinander-Daseins, das durch schwerste Bewährungen, wie sie jeder Kriegstag neu bringt, immer wieder gestärkt wird, ist für den jungen Volkenborn so außerordentlich, daß er alles außerhalb des Krieges Stehende mitleidig abtut und nicht mehr versteht. Den Pastor, der weit hinter der Front vom Krieg redet, verachtet er. Wer sonst auf Besuch ins Lager kommt, dem begegnet er mit dem gleichen Hohn: „Hielten diese Herren denn wirklich das Frontschwein für so abgestumpft, für so wahnsinnig dumm und borniert, daß man ihm zur Seelsorge nur ein paar abgestandene Phrasen aufzuwärmen brauchte? Daß man sich nicht genierte, sich nicht schämte, vor einer abgekämpften Truppe, die unendlich schwere Tage hinter sich hatte, schwerere vielleicht noch vor sich, da mit dem Auto vorzufahren, in glänzender Uniform, mit dem Eisernen Kreuz auf der Brust."¹³⁷

Volkenborns Verständnis für Pflicht und Anstand geht so weit, daß er, der nach einem Minenangriff beginnt, sein Augenmerk zu verlieren, sich selbst als Treuebrüchigen, als jemand, der die Freunde an der Front allein gelassen hat, bezeichnet. Erst im Lazarett und später unter die Zivilisten zurückgekehrt, beginnt er, Fragen nach dem Sinn des Krieges zu stellen. Die Kameraden sterben weiter an der Front, er hat nun Zeit nachzudenken, und er lebt vor allen Dingen wieder in einer Welt, die mit ihren Schwächen ungerührt weiterbesteht trotz des heldenhaften Kampfes der Soldaten an weit entfernten Orten. Sein aus dem Krieg heimgekehrter Freund Pietschmann, ein einfacher Mann aus dem Volke, gibt der Auffassung vieler in die Nachkriegs- und Revolutionswirren heimgekehrter Soldaten Ausdruck. Umgeben von herumhungernden „wüsten Kerlen" mit Maschinengewehren, „rohen Frauenzimmern" und Fahnen, die nicht mehr rot sind, weil sie vom Blut triefen, sondern weil eine abstrakte unbekannte politische Macht es so bestimmt hat, sagt er: „Mir würcht et in der Kehle, Volkenborn, ik könnte heulen, könnte ik. Davor? Davor haben wa uns die Knochen kaputt schießen lassen, davor, vor son Theater zum Schluß?! Vor son Höll und Schande?"¹³⁸

Es war keine vorbehaltlose militaristisch-patriotische Kriegsbegeisterung, die Georg Grabenhorst den FAHNENJUNKER VOLKENBORN schreiben ließ.¹³⁹ Hans Volkenborn ist weniger „aus dem Volke Geborener" im Sinne eines Prototyps nationalkonservativer männlicher Jugend als vielmehr ein junger Soldat, der den Krieg im Grunde ablehnt.¹⁴⁰ Da er aber nun einmal im Felde steht, stehen muß, wie er es selbst empfindet, versucht er wie alle anderen unter Wahrung seines hohen Ehrbegriffs zu überleben. Ebensowenig spricht eine generelle Ablehnung der neuen demokratischen Ordnung aus Grabenhorsts Arbeiten, weder hier noch anderswo. Er blieb in den zwanziger Jahren erfüllt von dem „Generalerlebnis Krieg",¹⁴¹ der ihm persönlich weit mehr als die schwere äußere Verletzung zugefügt hatte. Im Nachwort zum FAHNENJUNKER schrieb er 1928: „Ich glaube allerdings, daß wir Jungen, die wir durch das Erlebnis des Weltkrieges gingen, es schwerer hatten, zu einer Sinngebung des Lebens, zur Kunst und zur Dichtung zu gelangen, als irgend eine Generation vor uns. Das Maß der seelischen Erschütterung, das ein Mensch ertragen kann, ohne zu zerbrechen, war an uns erschöpft. Erkenntnisse, zu denen andere Zeitalter ein ganzes, volles Menschenleben brauchen, waren uns mit achtzehn Jahren aufgezwungen, und wir mußten sehen, wie wir damit fertig wurden. Haben andere ihre Jugend empfangen wie ein Geschenk und gekostet im Überschwang: wir haben sie uns erkämpfen müssen, wir haben jahrelang, unwiederbringlich kostbare Jahre hindurch, gerungen um unsere Jugend und waren oft nahe daran, in diesem verzweifelten Kampfe zu unterliegen."[142]

Was Grabenhorst an der Haltung der Gesellschaft der Weimarer Republik in den zwanziger Jahren kritisierte, arbeitete er in einem der aufschlußreichsten Aufsätze über sein politisches Weltbild, JUGEND UND AUTORITÄT, heraus. Er erschien in der Zeitschrift NIEDERSACHSEN im Mai 1933, zur Zeit größter politischer Aktivität des Kultur-Referenten. Grabenhorst betonte hier die Überzeugung, daß seiner Generation, der „Kriegsgeneration", wie jeder anderen vor ihr grundsätzlich Bereitschaft zur Anerkennung von Autoritäten eigen sei.[143] Die Totalität eines Weltkrieges, der erstmals in der Geschichte jeden einzelnen von ihnen in einen „ganz neuen Zustand von Ordnung"[144] eingespannt habe, habe jedoch einen Typus geschaffen, der nach dem erfahrenen festen System von Kameradschaft einerseits und Führerschaft andererseits nun, in Friedenszeiten, ohne Autorität nicht mehr habe weiterexistieren können. Die Überlebenden dieser Kriegsgeneration seien in eine Realität zurückgekehrt, in die „die steife und feste Mitte des bürgerlichen Lebens ... eingebrochen"[145] sei. Es sei weniger „das tägliche Brot der Kohlrübe" gewesen, das gemangelt habe, wie Grabenhorst formulierte, als „das tägliche Brot des männlichen Willens und der männlichen Führung".[146] „Eben jene Väter und Brüder, die dort in der feldgrauen Mauer im Westen Stein geworden waren, steinhart von ihrer Einsamkeit, ihrer Kameradschaft mit ihresgleichen – eben *diese* mit der verbissenen Kraft ihrer Seele fehlten, und was an Jugend unter den Augen der Mütter und der Greise aufwuchs, hörte von Männern endlich nur noch Taten wie Legenden. *Es zeigte sich, daß es keine Stellvertretung gab*, daß Heldensagen nur umso deutlicher die klaffenden Lücken des zersprengten bürgerlichen Lebens, der Familie, des Staates, der Kirche, jeglicher Obrigkeit und Bindung ins Bewußtsein schlugen."[147] Statt aber zu beginnen, dem Wunsch der Jungen nach neuer Autorität und Führerschaft Genüge zu tun, habe es zum Ausdruck der „zertrümmerten seelischen Ordnung" und „inneren Haltlosigkeit" der zwanziger Jahre gehört, daß die Elterngeneration im Gegenteil alles versuche, um sich der Jugend gleichzusetzen, und so verlerne, „mit Anstand älter und alt zu werden".[148] Damit jedoch hatte sie in Grabenhorsts Augen auch alle Würde verloren.[149]

Die Jugend also habe lange Zeit vergeblich nach Autorität gesucht, die sie ersehnte und derer sie bedürfe. Erst der junge Nationalsozialismus habe ihren „Ruf nach Führung" und den Wunsch erhört, „einem Führer zu folgen, große Bilder vor sich aufzustellen und zu ihrer Verwirklichung sich zu begeistern".[150] Dies sei auch der Sieg des Gefühls über die Sachlichkeit der zwanziger Jahre gewesen, die geglaubt habe, alles mit Logik und Vernunft lösen zu können und deshalb gescheitert sei. „Die Ohnmacht der Großen im Intellekt hat die junge Generation zu sehr am eigenen Leibe erfahren, als daß sie willens sein könnte, jemals wieder ihre Achtung vor der Führung mit der Vernunft allein zu begründen."[151]

Georg Grabenhorsts Ablehnung des Analytischen und Wissenschaftlichen war ebenso wie seine Überzeugung von der Notwendigkeit von Hierarchie und Autorität, welche die Demokratie gefährlich vernachlässigt habe, charakteristisch für die Haltung vieler konservativer Kritiker des gesellschaftlich-politischen Systems der zwanziger Jahre.[152] Er mag zu diesem Zeitpunkt noch eine Erfüllung seiner Vorstellungen vom Nationalsozialismus erhofft haben, zu dessen programmatischen Äußerungen er sicher eine gewisse ideologische Verwandtschaft verspürte. Allerdings zeigt gerade das Befremden über die sich schon jetzt abzeichnende nationalsozialistische Kunst- und Kulturpolitik, welcher er Borniertheit, Willkür und Inkompetenz vorwarf, daß Grabenhorst schnell Distanz entwickelte und auch Kritik äußerte. In JUNGE GENERATION UND AUTORITÄT sprach er Vorbehalte offen aus. In die Hoffnung, die „seelische Krise unserer Zeit" mit einem aktiven Bekenntnis zur neuen nationalsozialistischen Bewegung zu überwinden, mischte sich die gar nicht mehr ganz leise Warnung „vor allzu leichtfertigen Entscheidungen des Gefühls": „Gerade um ihrer Bereitschaft willen, Führung anzuerkennen, fordere ich diese Jugend auf, *sich nicht zu bescheiden*, sondern den ewigen Bildern treu und pflichtig (zu sein), die sie in sich trägt, *Ansprüche zu stellen* und gerade da Kritik zu üben, wo die Empfindung Gefahr läuft, die Vernunft zu überrennen. Für den blinden unversuchten Glauben taumelt der Weg sonst gar zu leicht hinüber aus der Führung in die Verführung."[153]

Es ist sein Verdienst, die Gefahr der Verführung so früh erkannt und auch öffenlich benannt zu haben. Doch war die Distanz, die der Erkenntnis folgte, zu unbestimmt, als daß von Georg Grabenhorst, einem Mann, der immerhin eine einflußreiche Position im nationalsozialistischen Kulturbetrieb innehatte und beibehielt, Impulse zu Kritik, Protest und Widerstand hätten ausgehen können. In der Weimarer Republik von Kulturkonservativen in sein Amt berufen, fiel ihm im Nationalsozialismus die Fortsetzung seiner Arbeit sicher weniger aus Gründen des Opportunismus und der Feigheit und auch nicht aus Gründen vollständiger ideologischer Übereinstimmung so leicht, sondern weil er der Utopie anhing, ungeachtet der politischen Vorzeichen ein unpolitischer Mensch bleiben zu können. Auf der Suche nach Kontakt und Freundschaft achtete er nicht auf oberflächliche politische Karrieren, sondern auf den Menschen dahinter. Seine Laufbahn in den Jahren 1931 bis 1945 ist reich an tiefen menschlichen Bindungen, auch an reich an ungenutzen Chancen, sich für jene einzusetzen, mit denen Georg Grabenhorst nicht in Kontakt kam, für die er aber hätte eintreten können und müssen.[154]

1 Eintragung am 12. November 1927 (galerie gmurzynka; Gästebuch von Käte Steinitz). Vgl. Obenaus, Herbert; Liberales Milieu, S. 131.
2 Grabenhorst, Georg; Wege und Umwege, S. 27.
3 Ebda., S. 33.
4 Ebda., S. 16 f, 27, 31, 142.
5 Vgl. ein Plakat des QUADERS, das von einem seiner Mitglieder, Bernhard Brach-Zinek, auf April 1925 datiert wurde: Programm. Vorstellung der Ziele und Absichten der Gruppe (NL BZ, (Ordner Hann. Maler, Bildhauer, Graphiker der zwanziger Jahre, Teil I)).
6 Grabenhorst, Georg; Wege und Umwege, S. 28 f.
7 Valstar, Arta; die abstrakten Hannover. Eine Chronologie, S. 16. Van Doesburg hatte 1925 eine Ausstellung in den Räumen des QUADERS. Vgl. Helms, Dietrich; Vordemberge-Gildewart, S. 14.
8 Plakat des QUADERS, das von einem ihrer Mitglieder, Bernhard Brach-Zinek, auf April 1925 datiert wurde: Programm. Vorstellung der Ziele und Absichten der Gruppe (NL BZ, (Ordner Hann. Maler, Bildhauer, Graphiker der zwanziger Jahre, Teil I)).
9 Vgl. die typographisch gestaltete Postkarte des QUADERS, 17. Februar 1925 (NL BZ (Ordner Hann. Maler, Bildhauer, Graphiker der zwanziger Jahre, Teil I)). Vgl. auch die Schilderung der Tanzabende im QUADER in: Grabenhorst, Georg; Wege und Umwege, S. 27 ff. Vgl. Gesprächsprotokoll Georg Grabenhorst, 22. September 1992.
10 Grabenhorst, Georg; Wege und Umwege, S. 29, 31 f, 35, 91, 149. Gesprächsprotokoll Georg Grabenhorst, 22. September 1992.
11 Grabenhorst, Georg; Wege und Umwege, S. 30.
12 Anläßlich der Betrachtung von Gemälden van Goghs äußerte Grabenhorst rückblickend, erst im Vergleich mit „dem Werk dieses uns so nahen großen, unselig großen und einsamen Meisters" habe man damals „so recht gefühlt, wie einfach es sich gewisse Nachfahren machen, wie billig sie nur so ‚tun als ob' und es sich im Grunde gar nichts kosten lassen! Und man möchte sie alle herholen in diese Sammlung, ehe sie anfangen, den ersten Pinselstrich anzusetzen, daß sie das sehen und in sich gehen und demütig und bescheiden werden und Ehrfurcht bekommen vor dem Ernst und der Größe ihrer künstlerischen Aufgabe." (Grabenhorst, Georg; Hall und Widerhall, S. 119).
13 „Abschütteln läßt sich die Geschichte für die Dauer nicht. Unsere Geschichte, das sind wir. Sie gehört zu uns wie unser Schatten. Wenn wir uns nicht, eigener Kraft bewußt, dankbar und frei zu ihr bekennen, dann müssen wir sie wenigstens tapfer ertragen." (Grabenhorst, Georg; Wege und Umwege, S. 30).
14 Grabenhorst, Georg; Wege und Umwege, S. 30.
15 Ebda., S. 30 f.
16 Ebda.
17 Mitte der sechziger Jahre verfaßte er über beide dann in der vom Niedersächsischen Kulturministerium herausgegebenen Reihe NIEDERSÄCHSISCHE KÜNSTLER DER GEGENWART auch Monographien: Grabenhorst, Georg; Ernst Thoms (Niedersächsische Künstler der Gegenwart), Göttingen 1965. Grabenhorst, Georg; Hermann Scheuernstuhl (Niedersächsische Künstler der Gegenwart), Göttingen 1965.
18 Grabenhorst, Georg; Der Bildhauer Hermann Scheuernstuhl, in: Westermanns Monatshefte, 1935, Bd. 158 I, H. 945, S. 253.
19 Ebda.
20 Ebda.
21 Ebda., S. 254.
22 Grabenhorst, Georg; Ernst Thoms. Zu seinem 65. Geburtstag, Hann. Allg. Zeitung, 13. November 1961. Vgl. auch Grabenhorst, Georg; Nur Stille, Natur und ein sinnvolles Leben. Hermann Scheuernstuhl zum 70. Geburtstag, Hann. Allg. Zeitung, 15. Dezember 1965. Grabenhorst, Georg; Der Bildhauer Hermann Scheuernstuhl, in: Westermanns Monatshefte, 1935, Bd. 158 I, H. 945, S. 256. Hier erklärte Grabenhorst das ihn Faszinierende an Scheuernstuhls Arbeit, die aufgehört habe, „nur ein gekonntes Gebilde zu sein, wo es, seiner rationalen Grenzen ledig, in das Irrationale einmündet, in jenes schlechthin Menschliche, das die Empfindungen der Einsamkeit und der Schwermut verschmilzt mit einem unbegreiflichen Glücksgefühl und wiederum die Freude und den Übermut besänftigt und tönt mit einer holden Wehmut stummer Melodie."
23 L., R.; Stunde der Freundschaft. Literarische Matinee mit Georg Grabenhorst, Hann. Allg. Zeitung, 3. Oktober 1979. Lange, Rudolf; Das Prinzip Freundschaft. Der Schriftsteller Georg Grabenhorst wird heute 80 Jahre alt, Hann. Allg. Zeitung, 21. Februar 1979. Vgl. besonders den Artikel des Freundes Waldemar Augustiny: Leben als Beispiel verstanden. Zum 70. Geburtstag Georg Grabenhorsts, Hann. Allg. Zeitung, 21. Februar 1969. Schumann, Werner; Damals in Hannover, S. 172.
24 Grabenhorst, Georg; Über mich selbst, in: Niedersachsen, 38. Jhg., 1933, S. 617 f. In seinen Lebenserinnerungen HALL UND WIDERHALL, S. 114, schrieb er 1974 über das, was über die Jahrzehnte hinweg und trotz allen äußerlichen Veränderungen immer wichtig geblieben sei: „Liebe und Freundschaft, die Heimat als ein innerer Besitz, den uns niemand nehmen kann."
25 Vgl. zur Biographie den nicht datierten NSDAP-Personalfragebogen aus den dreißiger Jahren und den RSK-Personal-Nachweis vom 14. März 1938 (BDC Personalakte Grabenhorst). Vgl. auch das Typoskript BIOGRAPHIE, datiert 8. Mai 1979 (HAZ-Archiv, Tasche Grabenhorst). Vgl. Grabenhorsts autobiographische Angaben, vor allem in: Grabenhorst, Georg; Wege und Umwege. Ders.; Abenteuer der Jugend. Vgl. Grabenhorst, Georg; Über mich selbst, in: Niedersachsen, 38. Jhg., 1933, S. 617 f. Lennartz, Franz; Deutsche Schriftsteller, Bd. 1, S. 586. Künstlerverein Hannover; Kunstförderung. Kunstsammlung, o.S. Augustiny, Waldemar, Zum 70. Geburtstag Georg Grabenhorsts. 21. Februar 1969, in: Heimatland, H. 2, 25. April 1969, S. 85–87. Vgl. auch das nicht datierte Typoskript GEORG GRABENHORST. VERSCHIEDENES. AUTOBIOGRAPHIE, LEBENSLAUF u.a. im Deutschen Literaturarchiv Marbach, Handschriftenabteilung, A: Müller-Kamp. Müller-Kamp, Erich. Manuskripte Dritter.
26 Einer seiner Brüder, Karl, 1896 geboren, war seit 1922 Architekt in Hannover. Hier zeichnete er u. a. für Neubauten der Tierärztlichen Hochschule verantwortlich, bevor er 1930 als Regierungsbaurat nach Erfurt ging (Dorner, Alexander; 100 Jahre Bauen in Hannover, S. 49). Durch ihn mag die gute Verbindung zum Akademischen Architektenverein entstanden sein.
27 „Es war – das sage ich in allem Ernst – das Bild des lieben Gottes, das durch seine Erscheinung, sein Tun und sein Dasein für mich hindurchstrahlte, solange ich ein Kind war, und das später, da ich ein Mann wurde und eigene Wege ging, in der Verwandlung zum getreuen Kameraden und Ekkehard diese ehrfürchtig-heilige Transparenz der frühen Knabengesichte niemals ganz verlor." (Grabenhorst, Georg; Über mich selbst, in: Niedersachsen, 38. Jhg., 1933, S. 618).

28 Ebda., S. 619. Grabenhorst, Georg; Wie es anfing, Hann. Zeitung, 12. Juni 1943. Grabenhorst, Georg; Wege und Umwege, S. 114.
29 Vgl. das Kapitel MEINE HANNOVERSCHEN PENATEN, in: Grabenhorst, Georg; Abenteuer der Jugend.
30 Gesprächsprotokoll Georg Grabenhorst, 22. September 1992.
31 Augustiny, Waldemar; Leben als Beispiel verstanden. Zum 70. Geburtstag Georg Grabenhorsts, Hann. Allg. Zeitung, 21. Februar 1969.
32 Gesprächsprotokoll Georg Grabenhorst, 22. September 1992. Grabenhorst, Georg; Über mich selbst, in: Niedersachsen, 28. Jhg., 1933, S. 619. Grabenhorst, Georg; Hall und Widerhall, S. 42.
33 Grabenhorst, Georg; Wie es anfing, Hann. Zeitung, 12. Juni 1943.
34 Über die Entstehung des Romans UNBEGREIFLICHES HERZ schrieb Georg Grabenhorst in den fünfziger Jahren: „*Eine* Erklärung dafür, nicht die letzte, erschöpfende, ist die, daß ich dem Erlebnis nachschrieb, immer, daß ich nicht einem Einfall, einer Idee, einer aus dem Hörensagen oder aus dem freien Spiel der Phantasie ‚erfundenen' Handlung folgte, daß die Stimmen und Gestalten des gelebten Leben in mir umgingen, daß da ein gewisser Akkord, ein Ton, eine helle und manchmal auch ein wenig traurige, zärtliche, schwermütige dunkle Melodie war, die mich nicht losließ, ehe ich sie nicht auf meine Weise in die Notenschrift gebannt." (Nicht datiertes Manuskript, kein Titel, zweites Blattes eines Briefes (?), von Georg Grabenhorst unterzeichnet, Deutsches Literaturarchiv Marbach. Handschriftenabteilung, A: Müller-Kamp, Müller-Kamp, Erich; Manuskripte Dritter).
35 Die wichtigsten Werke waren FAHNENJUNKER VOLKENBORN (1925/1926 geschrieben), DIE GESTIRNE WECHSELN (1928/1929), MERVE (1931/1932) und DER FERNE RUF (1933).
36 Gesprächsprotokoll Georg Grabenhorst, 22. September 1992.
37 Grabenhorst, Georg; Wege und Umwege, S. 145 f. Grabenhorst und die Österreicherin Elmerice Freiin von Staal hatten im Oktober 1926 geheiratet (Personalfragebogen Grabenhorst, BDC).
38 Gesprächsprotokoll Georg Grabenhorst, 22. September 1997.
39 Grabenhorst, Georg; Wege und Umwege, S. 146 ff. Es ist interessant, daß Grabenhorst von Erich Rosendahl in dessen umfänglicher NIEDERSÄCHSISCHER LITERATURGESCHICHTE nicht erwähnt wurde.
40 Grabenhorst, Georg; Wege und Umwege, S. 162.
41 Es ist interessant, daß Grabenhorst sich zwar im Gespräch recht deutlich an die Person Alexander Dorners erinnerte, mit dem er oft auf Sitzungen und anläßlich von Tagungen zusammengetroffen sein muß. Seine publizierten Lebenserinnerungen jedoch erwähnen Dorners Namen nicht.
42 Gemeint war offenbar der FAHNENJUNKER VOLKENBORN: Schreiben Alexander Dorners an das Landesdirektorium der Provinz Hannover, 13. Aqugust 1928 (Reg. LaMu II.2.2. Gemälde neuer Meister 1925–1932. 1) Reichsverband 16. Januar 1928–10. April 1931. 2) Galerie Hann. Künstler 26. Mai 1929–31. Dezember 1932. 3) Protokoll Museums-Kommission).
43 Schreiben Alexander Dorners an Landesrat Dr. Köpchen, 15. Februar 1930 (Reg. LaMu II.2.2. Gemälde neuer Meister. Ankäufe 1. Januar 1930–31. Dezember 1930).
44 Schreiben Alexander Dorners an Georg Grabenhorst, 19. Februar 1930 (Reg. LaMu II.2.2. Gemälde neuer Meister 1925–1932. 1) Reichsverband 16. Januar 1928–10. April 1931. 2) Galerie Hann. Künstler 26. Mai 1929–31. Dezember 1932. 3) Protokoll Museums-Kommission).
45 Schreiben Alexander Dorners an das Landesdirektorium, 26. März 1930 (Reg. LaMu II.2.2. Gemälde neuer Meister 1925–1932. 1) Reichsverband 16. Januar 1928–10. April 1931. 2) Galerie Hann. Künstler 26. Mai 1929–31. Dezember 1932. 3) Protokoll Museums-Kommission).
46 Ausgabe-Anweisung für die Provinzial-Hauptkasse, 17. April 1930 (Reg. LaMu II.2.2. Gemälde neuer Meister 1925–1932. 1) Reichsverband 16. Januar 1928–10. April 1931. 2) Galerie Hann. Künstler 26. Mai 1929–31. Dezember 1932. 3) Protokoll Museums-Kommission).
47 Vgl. zur Biographie Brünings: Catalogus Professorum 1831–1981, Bd. 2, S. 32. Vgl. zu Brünings Arbeit auch folgende Beiträge im KULTURRING, dem Mitteilungsblatt der Kulturvereine in Hannover: Brüning, K.; Niedersachsen. Land, Volk und Wirtschaft, in: Kulturring, April 1928, S. 1. Brüning, K.; Ausstellung. Land, Volk und Wirtschaft; in: Kulturring, Mai 1928, S. 10 f. Brüning, Karl; Kulturring, Sept. 1928, S. 6 f. Brüning, Dr., Paul Schultze-Naumburg, ein Pionier deutscher Kulturarbeit; in: Kulturring, Sept. 1929, S. 245 ff.
48 Grabenhorst, Georg; Wege und Umwege, S. 165. Augustiny, Waldemar, Zum 70. Geburtstag Georg Grabenhorsts, 21. Februar 1969, in: Heimatland, H. 2, 25. April 1969, S. 86. Werner Hartung urteilte, Brünings Argumentation habe „auf der Linie jener völkisch-konservativen Utopisten in der Heimatbewegung" gelegen, die 1918/19 ein neues Deutschland auf der Grundlage der Stammesgrenzen propagierten und einem ‚Freistaat Niedersachsen' das Wort redeten" (Hartung, Werner; ‚Das Vaterland als Hort von Heimat', S. 131).
49 Rückblickend erinnerte Grabenhorst sich: „In keinem Augenblick war mir der Dienst … eine Last oder eben nur ein Broterwerb. Er entsprach einer bis dahin verborgenen, nun mächtig aufbrechenden inneren Notwendigkeit, einem Bedürfnis, von mir selber loszukommen und, wie es der Vater mir vorgelebt, an meiner Stelle für das gemeine Wohl zu wirken. Der Kunst, der Literatur zumal, gehörte meine Liebe. Was ich da vielleicht beizutragen hatte, konnte ich auch am Feierabend und in den Ferien zustande bringen. Andere Leute hatten das vorgemacht. Nicht schreiben müssen: schreiben dürfen! Freibleiben inwendig!" (Grabenhorst, Georg; Wege und Umwege, S. 167).
50 Ebda., S. 168.
51 Gesprächsprotokoll Georg Grabenhorst, 22. September 1992. Grabenhorst, Georg; Wege und Umwege, S. 167.
52 Grabenhorst, Georg; Osnabrück im niedersächsischen Schrifttum, in: Niedersachsen, 35. Jhg., 1930, S. 506.
53 Grabenhorst, Georg; Wege und Umwege, S. 166.
54 Ebda., S. 166. Vgl. Schreiben Grabenhorsts an Staatskommissar Hans Hinkel, Berlin, 12. Mai 1933 und 29. Juni 1933 (BDC Personalakte Grabenhorst). Vgl. Schreiben des Niedersächs. Ausschusses für Heimatschutz an alle Mitglieder, 28. Juni 1933 (BDC Personalakte Grabenhorst). Im November 1933 ging der Ausschuß für Heimatschutz gemeinsam mit allen anderen Heimatvereinen im Land in Reichsbund für Volkstum und Heimat unter Leitung August Schirmers auf. Schirmer war der Vorsitzende des Kampfbundes für deutsche Kultur, Ortsgruppe Hannover (Dietzler, Anke; ‚Gleichschaltung', S. 39 f). Vgl. zur Geschichte des Niedersächsischen Heimatbundes: Grimpe, Wolfgang; Heimatbund Niedersachsen. Steilen, Dietrich; Niedersächsischer Heimatbund.
55 Grabenhorst, Georg; Wege und Umwege, S. 166.
56 Auch ein gewisser sprachlicher Purismus spielte in der Diskussion unter diesen Schriftstellern offenbar eine Rolle. Als Börries Freiherr von

Münchhausen seinen Roman MERVE lobte, Grabenhorsts häufigen Gebrauch von Fremdworten aber mahnend anmerkte, gab dieser ihm Recht: „Auch gewisse Fremdwörter behalten in unserer Sprache ihr gutes, durchaus eigenes Recht und bleiben unersetzbar. Was wir aber hinlänglich genau, nach seinem Sinngehalt erschöpfend, mit deutschen Wörtern sagen können, das sollen wir auch deutsch sagen, aus Achtung vor der Sprache als solcher, vor dem ehrwürdigen Geiseserbe, das in ihr lebt und webt, ein wenig auch aus Achtung vor uns selbst." (Grabenhorst, Georg; Hall und Widerhall, S. 89). Sprachlicher Purismus war im übrigen ein wichtiges Thema in vielen kulturkonservativen Veröffentlichungen der Zeit, so vor allem in der Zeitschrift KULTURRING.

57 Grabenhorst, Georg; Literatur und Publizistik als Elemente der Heimat und des Umweltschutzes, in: Niedersächs. Heimatbund (Hg.); Eine Heimat für unsere Zukunft, Hannover 1979, S. 58 f., zitiert nach: Schilling, Jörg; Moritz Jahn., S. 21.

58 Grabenhorst, Georg; Wege und Umwege, S. 173, 184, 216 ff., 284. Vgl. Klatt, Gunnar; Traum vom großen Reich, S. 172–176. Schilling, Jörg; Moritz Jahn, S. 17–33. Vgl. die Biographien der einzelnen Schriftsteller und Schriftstellerinnen in: Niedersachsen literarisch. Vgl. allg. Ketelsen, Uwe K.; Völkisch-nationale und nationalsozialistische Literatur. An die erste Begegnung mit Hans Grimm in dessen Klosterhaus zu Lippoldsberg an der Weser erinnerte sich Grabenhorst folgendermaßen: „Das Gespräch tut mir so richtig wohl ... Wir kommen aus verschiedenen Bereichen der Erfahrung. Die Erfahrungen selbst aber, so wenig sie sich vergleichen lassen, stimmen merkwürdig zusammen ... Der Hausherr aber lud mich ein, im Sommer an einer Zusammenkunft von Dichtern und Schriftstellern teilzunehmen, die er ‚ohne Programm' zu einer Woche der Gastfreundschaft zu sich ins Klosterhaus bitten werde. Er halte es für notwendig, daß sich Männer der Feder von einer gewissen, ‚den literarischen Anstand und die nationale Würde bewahrenden' gemeinsamen Grundhaltung abseits von jedem offiziellen ‚Betrieb' persönlich begegneten und sich im kameradschaftlichen und freundschaftlichen Gespräch ihrer literarischen und gesellschaftlichen Verantwortung versicherten." (Grabenhorst, Georg; Hall und Widerhall, S. 54). Die Freundschaft mit Hans Grimm war tief, und sie war dauerhaft. Im April 1931 sprachen beide gemeinsam im hannoverschen Künstlerverein, Grabenhorst über den FAHNENJUNKER VOLKENBORN, Grimm über VOLK OHNE RAUM (Schn.; Nächste Veranstaltungen, in: Hannoverscher Künstlerverein e. V. (Hg.); Vereinsnachrichten, 2. Jhg., Nr. 2, 1. April 1931, S. 5). Vgl. auch die Rezension der Veranstaltung in: o. A.; Rundschau, in: Hannoverscher Künstlerverein e. V. (Hg.); Vereinsnachrichten, 3. Jhg., Nr. 1, 15. November 1931). Hier wurde Grabenhorst als „bekannte(r) Kriegsliterat" vorgestellt.

59 „Es tat gut, sich an Männern wie diesen des Maßes zu versichern, das nicht nur im literarischen Bereich in Gefahr war." (Grabenhorst, Georg; Hall und Widerhall, S. 63). Über die Freundschaften, die ihm in dieser Zeit erwuchsen, schrieb er 1974, sie hätten „im zweiten und im dritten Reich gehalten" und würden wohl auch das vierte überdauern: „Wir gucken uns in die Augen und nicht in die Knopflöcher" (Ebda., S. 125).

60 Grabenhorst, Georg; Wege und Umwege, S. 169. Vgl. auch Augustiny, Waldemar; Zum 70. Geburtstag Georg Grabenhorsts. 21. Februar 1969, in: Heimatland, H. 2, 25. April 1969, S. 86.

61 Grabenhorst, Georg; Hall und Widerhall, S. 141.

62 Ebda., S. 174.

63 Vgl. dazu etwa o. A.; Kulturbund Niedersachsen, in: Niedersachsen, 38. Jhg., März 1933, S. 98.

64 Vgl. Steilen, Dietrich; Niedersächsischer Heimatbund, S. 19, 23, 95.

65 Steilen, Dietrich; Niedersächsischer Heimatbund, S. 95. Grabenhorst war von 1930–1955 Geschäftsführendes Vorstandsmitglied des Niedersächsischen Ausschusses für Heimatschutz, des späteren Niedersächsischen Heimatbundes. (Steilen, Dietrich; Niedersächsischer Heimatbund, S. 104). Von 1939–1955 hatte er gemeinsam mit der guten Bekannten Alma Rogge die Schriftleitung der Zeitschrift NIEDERSACHSEN inne (*Biographie*, nicht datiertes Typoskript, HAZ-Archiv, Tasche Grabenhorst)). Die Zeitschrift NIEDERSACHSEN war das Organ des Niedersächsischen Ausschusses für Heimatschutz. Vgl. zum Kulturbund auch die Personalakte Grabenhorst im BDC. Grabenhorst, Georg; Hall und Widerhall, S. 44.

66 Schreiben Alexander Dorners (vermutlich) an Georg Grabenhorst, 6. Oktober 1933 (NStAH Hann. 151, Nr. 65).

67 Vgl. etwa das Schreiben Georg Grabenhorsts an Alexander Dorner, 11. Oktober 1934 (Reg. LaMu II.2.3. Ankauf von Plastiken) bezügl. einer Hindenburg-Büste. Vgl. auch das Schreiben Grabenhorsts an Dorners Nachfolger Ferdinand Stuttmann, 31. Dezember 1938, bezüglich des Malers Frido Witte, auf den Gauleiter Telschow aufmerksam geworden war und dessen Werke Stuttmann deshalb jetzt ankaufen sollte (Reg. LaMu II.2.2.a. 1) Museums-Kommission. 2) Galerie Hann. Künstler nach 1933).

68 Schreiben des Polizeipräsidenten an den Generalstaatsanwalt, Celle, 30. August 1933 (NStAH Hann. 173a, Acc. 111/79, Nr. 349).

69 Aktenvorlage des Ministeriums für Wissenschaft, des Ministeriums des Inneren und des Justizministeriums, 26. März 1924, über die Bildung von Kunstausschüssen, in: Abschrift aus dem Justizministerialblatt, 6. Juni 1924, Nr. 23 (NStAH Hann. 173a, Acc. 111/79, Nr. 349).

70 Schreiben des Pr. Ministeriums für Wissenschaft, Kultur und Volksbildung an alle Oberpräsidenten, Regierungspräsidenten und Generalstaatsanwälte, 3. August 1933 (NStAH Hann. 173a, Acc 111/79, Nr. 349).

71 Schreiben Schatzrat Hartmanns an Alexander Dorner, 3. Juni 1933 (Reg. LaMu II.2.2.a. 1). Museums-Kommission. 2) Galerie Hann. Künstler nach 1933).

72 Vgl. Schreiben der NSDAP an August Schirmer, 19. Januar 1929 (NStAH Hann. 310.I. A 25). Schreiben der NSDAP-Kreisleitung Osterode an die Gauleitung, 18. Mai 1934 (NStAH Hann. 310.I, B 1/2).

73 Grabenhorst, Georg; Wege und Umwege. Klatt, Gunnar; Bauern und Soldaten, S. 183. Rischbieter, Henning; Hannoversches Lesebuch, Bd. 2, S. 293. Grabenhorst, Georg; Hall und Widerhall, S. 44 f, 50.

74 Vgl. dazu etwa Klatt, Gunnar; Bauern und Soldaten, S. 183.

75 Über die Löns-Preisverleihungen vgl. Klatt, Gunnar; Bauern und Soldaten, S. 182 ff. Über den Ehrentag niedersächsischer Dichtung 1935 vgl. Grabenhorst, Georg; Wege und Umwege, S. 177 f, Rischbieter, Henning; Hannoversches Lesebuch, Bd. 2, S. 294, und Steilen, Dietrich; Niedersächsischer Heimatbund, S. 19. Über den nur 1936 vergebenen Literaturpreis der Provinz Hannover vgl. Grabenhorst, Georg; Wege und Umwege, S. 181 ff. Rischbieter, Henning; Hannoversches Lesebuch, Bd. 2, S. 294. Steilen, Dietrich; Niedersächsischer Heimatbund, S. 20. Vgl. auch Grabenhorst, Georg; Drei niedersächsische

76 Dichter. Kurze Würdigung des dichterischen Werkes der Preisträger des 1. Literaturpreises, in: Niedersachsen, 41. Jhg., 1936, S. 42 f.
76 Zitiert nach: Rischbieter, Henning; Hannoversches Lesebuch, Bd. 2, S. 294.
77 Schreiben Georg Grabenhorsts an die Reichsleitung des KfdK, 29. Juni 1933. Vgl. dazu auch das Rundschreiben des Nieders. Ausschusses für Heimatschutz an alle Mitglieder vom 28. Juni 1933 mit gleicher Aufforderung (Personalakte Grabenhorst BDC).
78 „In der Bevölkerung Niedersachsens selbst muß das Gefühl ihrer kulturellen Bedeutung und Sendung wieder lebendig werden; und das übrige Deutschland muß erkennen, daß in der Nordwestecke des Reiches ein in seinem Volkstum fest verankerter und zur tätigen Mitwirkung beim völkischen Wiederaufbau Deutschlands bereiter Volksstamm ansässig ist." (Typoskript, nicht datiert, NIEDERSACHSENWOCHE IN HANNOVER (September 1933) (Personalakte Grabenhorst BDC)).
79 Vgl. Klatt, Gunnar; Bauern und Soldaten, S. 183. Rischbieter, Henning; Hannoversches Lesebuch, Bd. 2, S. 293. Vgl. Schreiben Grabenhorsts als Landesleiter an den Reichsverband Deutsche Bühne e.V., Reichsleitung Berlin, 26. Juni 1933 (Personalakte Grabenhorst BDC).
80 Schreiben Grabenhorsts an den Reichsverband Deutsche Bühne e.V., Reichsleitung Berlin, 26. Juni 1933 (Personalakte Grabenhorst BDC).
81 Vgl. Bode, Günther, Gustav Noske, S. 68 f. Dietzler, Anke; Gleichschaltung des kulturellen Lebens, S. 164 ff. Vgl. Schreiben Grabenhorsts als Landesleiter Niedersachsen der Deutschen Bühne an das Oberpräsidium, Staatsrat Lutze, wegen der Übernahme des Vorsitzes im Landeskuratorium Deutsche Bühne, 6. Oktober 1933 (NStAH Hann. 122a. 3394). Dieses Kuratorium sollte nach Grabenhorsts Worten gegründet werden, um „die kulturelle Aufbauarbeit, soweit sie das Theater betrifft, nach dem Willen des Führers zu überwachen und zu unterstützen". Zitiert nach: Dietzler, Anke; ‚Gleichschaltung', S. 8 f.
82 Schreiben Georg Grabenhorsts an Staatskommissar Hans Hinkel, Pr. Ministerium für Wissenschaft, Kultur und Volksbildung, 6. Mai 1933 (Personalakte Grabenhorst BDC). Vgl. auch Grabenhorst, Georg; Wege und Umwege, S. 175 und 187 ff. Gesprächsprotokoll Georg Grabenhorst, 22. September 1992.
83 O.A.; Theaterbesucher-Organisationen in Hannover zusammengefaßt, Nieders. Tageszeitung, 5. Mai 1933.
84 Grabenhorst, Georg; Wege und Umwege, S. 187. Vgl. zur Gründung einer Niedersächsischen Landesbühne allg.: Steilen, Dietrich; Niedersächsischer Heimatbund, S. 19, sowie NStAH Hann. 122a Nr. 3393. Vgl. besonders das Protokoll der Sitzung des Geschäftsführers des Landesbühnen-Ausschusses der Provinz Hannover, Glehn, mit dem Geschäftsführer der Deutschen Bühne, Katz, dem Intendanten der Städtischen Bühnen, Pape, und Grabenhorst als Landesleiter der Deutschen Bühne, 25. September 1933 (NStAH Hann. 122a Nr. 3374). Vgl. auch den Aktenvermerk Grabenhorsts diesbezüglich vom 29. September 1933 (NStAH Hann. 122a. Nr. 3374). Vgl. allg. auch die Akte StAH HR 15, 843.
85 Schreiben Georg Grabenhorsts als Landesleiter an den Reichsverband Deutsche Bühne, Reichsleitung Berlin, 26. Juni 1933 (Personalakte Grabenhorst BDC). Vgl. auch Zehn Jahre, S. 121.
86 Schreiben Grabenhorsts an Staatskommissar Hans Hinkel, Pr. Ministerium für Wissenschaft, Kunst und Volksbildung, 6. Mai 1933 (Personalakte Grabenhorst BDC). Dietzler, Anke; ‚Gleichschaltung', S. 11. In der Satzung der Reichsleitung des Vereins vom 15. September 1933, also zu der Zeit, als Grabenhorst bereits Landesleiter in Niedersachsen war, hieß es: „Zweck des Vereins ist die Schaffung einer Volksbewegung zur Erneuerung, Erhaltung und Bereicherung des deutschen Theaters und verwandter künstlerischer Darbietungen aus dem Geiste nationalsozialistischer Weltanschauung." (§3). „Die Aufnahme nichtarischer Mitglieder ist abzulehnen." (§5) (NStAH Hann. 122a. Nr. 3394).
87 O.A.; Niedersächsische Tagung des KfDK in Celle, in: Niedersachsen, 38. Jhg., 1933, S. 530.
88 O.A.; Niedersächsische Tagung des KfDK in Celle, in: Niedersachsen, 38. Jhg., 1933, S. 530. Das GÖTTINGER TAGEBLATT rezensierte die Gründung der Deutschen Bühne, die im Rahmen eines Festaktes und begleitet von der Aufführung des Stückes SCHLAGETER Hanns Johst, einem Bekannten Georg Grabenhorsts, erfolgte, folgendermaßen: „Die Deutsche Bühne ... hat sich das Ziel gesetzt, den deutschen Menschen wieder dem deutschen Theater zuzuführen. Sie soll das Fundament sein zum Wiederaufbau einer wahrhaft deutschen, volkstümlichen Theaterkultur, die in keinem Lande der Welt schöner und reicher blühte als in Deutschland, bis der Zersetzungsapparat der marxistisch-liberalistischen Epoche einsetzte, die aus einem Paradies eine Wüste machte." (o.A.; Festlicher Auftakt der Deutschen Bühne mit Johsts SCHLAGETER, Göttinger Tageblatt, 27. September 1933).
89 Grabenhorst, Georg; Von der Aufgabe der Deutschen Bühne e. V., in: Kulturring, Okt. 1933, S. 14. Vgl. auch o. A.; Kulturtagung in Celle. Größter Erfolg des Kampfbundes für deutsche Kultur, in: Kulturring, Okt. 1933, S. 17 ff.
90 O. A.; Wieder einer, Volkswille, 12. Juli 1932.
91 Vgl. hierzu vor allem Klatt, Gunnar; Bauern und Soldaten, S. 183 f. Rischbieter, Henning; Hannoversches Lesebuch, Bd. 2, S. 290 ff. Augustiny, Waldemar; Zum 70. Geburtstag Georg Grabenhorsts, 21. Februar 1969, in: Heimatland, H. 2, 25. April 1969, S. 86.
92 Grabenhorst, Georg; Wege und Umwege, S. 180.
93 Ludwig Zacharias, später Ludwig Freise, 2. Schatzrat der Provinz Hannover. Über ihn und über Landeshauptmann Ludwig Gessner vgl. Grabenhorst, Georg; Wege und Umwege, S. 180 f.
94 Grabenhorst, Georg; Wege und Umwege, S. 181.
95 Vgl. Obenaus, Herbert; Liberales Klima, S. 131. Rischbieter, Henning; Hannoversches Lesebuch, Bd. 2, S. 292 ff. Vgl. auch die nicht datierte NSDAP-Mitgliedskarte (Personalakte Grabenhorst BDC).
96 Grabenhorst, Georg; Wege und Umwege, S. 180.
97 Ebda., S. 184 f.
98 Grabenhorst, Georg; Wege und Umwege, S. 284.
99 Ebda., S. 219. Grabenhorst, Georg; Hall und Widerhall, S. 92.
100 Gesprächsprotokoll Georg Grabenhorst, 22. September 1992.
101 Ebda.
102 Grabenhorst, Georg; Wege und Umwege, S. 368.
103 Ebda., S. 269.
104 Grabenhorst, Georg; Wege und Umwege, S. 186. Vgl. dazu etwa Rudolf Lange (Das Prinzip Freundschaft. Der Schriftsteller Georg Grabenhorst wird heute 80 Jahre alt, Hann. Allg. Zeitung, 21. Februar 1979), der schreibt, daß Georg Grabenhorst NSDAP-Mitglied gewesen sei, und hinzufügt, das habe ihn aber nicht daran gehindert, „sich immer wieder mit borniertem Uniformträgern anzulegen und dem gesunden Menschenverstand zum Siege zu verhelfen". Ähnlich äußerte sich der Freund Waldemar Augustiny (Leben als Beispiel verstanden. Zum 70. Geburtstag Georg Grabenhorsts, Hann. Allg. Zeitung, 21. Februar

1969). Vgl. auch die Würdigung des Kultusministers Dr. Mühlenfeld anläßlich der Verleihung des Nieders. Verdienstordens für Grabenhorst im Jahr 1965: „Herr Dr. Grabenhorst habe sich als eine festgeprägte Persönlichkeit gezeigt, und er habe insbesondere auch in der Zeit der nationalsozialistischen Gewaltherrschaft bewiesen, daß er bereit war, für die von ihm vertretene Sache einzustehen und gleichgesinnten Freunden, die damals gefährdet waren, die Treue zu halten." (Der Nieders. Kultusminister, Pressereferat, Presseinformation Nr. 40/65, 16. März 1965 (HAZ-Archiv, Tasche Grabenhorst)).

[105] Schreiben Georg Grabenhorsts an Staatskommissar Hans Hinkel, Pr. Ministerium für Wissenschaft, Kultur und Volksbildung, Berlin, 4. Mai 1933 (Personalakte Grabenhorst BDC).

[106] Schreiben Georg Grabenhorsts an die Leitung des KfDK, Berlin, Herrn Pg. Kochanowsky, 19. Juni 1933 (Personalakte Grabenhorst BDC).

[107] Schreiben Georg Grabenhorsts, Nieders. Ausschuß für Heimatschutz, an Staatskommissar Hans Hinkel, Pr. Ministerium für Wissenschaft, Kultur und Volksbildung, 29. Juni 1933 (Personalakte Grabenhorst, BDC). Vgl. dazu auch das Schreiben Georg Grabenhorsts als Landesleiter Niedersachsen der Deutschen Bühne an den Reichsbund Volkstum und Heimat, Berlin, 1. November 1933 (NStAH Hann. 122a, Nr. 3394). Grabenhorst wehrte sich hier gegen den Versuch der Landschaftsführung Niedersachsen-Hamburg, ein Stader Theater unter ihre Aufsicht zu bringen, und betonte, es müsse ihn „außerordentlich befremden", daß diese Organisation sich das Adjektiv ‚niedersächsisch' zugelegt habe und in das „eigentliche Niedersachsen" übergreife. Er schloß seinen Brief mit den Worten: „Wir möchten Sie nicht darüber im Unklaren lassen, daß wir derartige Übergriffe mit allen uns zu Gebote stehenden Mitteln abweisen werden." Vgl. hierzu etwa auch die Bemühungen des Rundfunkausschusses des hannoverschen Kulturrings und besonders ihres Leiters, Kurt Voß, um mehr Autonomie Niedersachsens in Weimarer Zeit. Dies sind im übrigen also ähnliche Befürchtungen, wie sie die Provinzialverwaltung knapp drei Jahre zuvor, gegen Ende der Weimarer Republik, bewogen hatten, Grabenhorst mit der Erstellung der Denkschrift NIEDERSACHSEN IM RAHMEN DER NEUORDNUNG zu beauftragen.

[108] Schreiben Georg Grabenhorsts an Staatskommissar Hans Hinkel, Ministerium für Wissenschaft, Kultur und Volksbildung, 12. Mai 1933 (Personalakte Grabenhorst BDC).

[109] Ebda. Vgl. dazu auch Schreiben Georg Grabenhorsts, Kulturbund Niedersachsen, an Staatskommissar Hans Hinkel, Pr. Ministerium für Wissenschaft, Kultur und Volksbildung, 4. Mai 1933 (Personalakte Grabenhorst BDC).

[110] Schreiben Georg Grabenhorsts an Staatskommissar Hans Hinkel, Pr. Ministerium für Wissenschaft, Kultur und Volksbildung, 4. Mai 1933 und 12. Mai 1933 (Personalakte Grabenhorst BDC).

[111] Schreiben Georg Grabenhorsts an die Reichsleitung des KfDK e.V., Berlin, 1. Juli 1933 (Personalakte Grabenhorst BDC).

[112] Schreiben Georg Grabenhorsts an Staatskommissar Hans Hinkel, Pr. Ministerium für Wissenschaft, Kultur und Volksbildung, 8. Dezember 1933 (Personalakte Grabenhorst BDC).

[113] Gesprächsprotokoll Georg Grabenhorst, 22. September 1992.

[114] Dietzler, Anke; Zur Gleichschaltung des kulturellen Lebens, S. 166.

[115] Grabenhorst, Georg; Der Bildhauer Hermann Scheuernstuhl, in: Westermanns Monatshefte, 1935, Bd. 158 I, H. 945, S. 254.

[116] Grabenhorst, Georg; Drei niedersächsische Dichter. Kurze Würdigung des dichterischen Werkes der Preisträger des 1. Literaturpreises, in: Niedersachsen, 41. Jhg., 1936, S. 42.

[117] Ebda.

[118] Grabenhorst, Georg; Wege und Umwege, S. 360.

[119] Ebda.

[120] Gesprächsprotokoll Grabenhorst, 22. September 1992. Vgl. auch Grabenhorst, Georg; Wege und Umwege, S. 35.

[121] Vgl. Obenaus, Herbert; Liberales Klima, S. 131. Grabenhorst, Georg; Wege und Umwege, S. 36 u. 125 f.

[122] Vgl. damit die Inhaltsangabe Klatts. Klatt, Gunnar; Bauern und Soldaten, S. 183.

[123] Schilling, Jörg; Moritz Jahns, S. 26. Vgl. Ketelsen, Uwe K.; Völkisch nationale und nationalsozialistische Literatur, S. 79 ff.

[124] Rischbieter, Henning; Hannoversches Lesebuch, Bd. 2, S. 293.

[125] Ebda.

[126] Klatt, Gunnar; Bauern und Soldaten, S. 183. Vgl. auch Rischbieter, Henning; Hannoversches Lesebuch, Bd. 2, S. 293, der gerade jene Passage als „charakteristisch" zitiert, in der im Volkenborn sich abschätzig über die Revolutionswirren der Jahre 1918/1919 äußerte.

[127] Nachwort Grabenhorsts zur 4. Auflage, in: Grabenhorst, Georg; Fahnenjunker Volkenborn, S. 259. Die Rezension von Kurt Voß, dem Bekannten aus der Arbeit am HANNOVERSCHEN KURIER, macht die Wesensverwandtschaft beider konservativer Zeitgenossen deutlich. Voß, selbst Kriegsteilnehmer, würdigte zunächst die große Bedeutung des Krieges für das Lebensgefühl einer ganzen Generation, ohne jedoch das Vernichtende und Zerstörende zu verkennen. Im FAHNENJUNKER VOLKENBORN spiegele sich, so urteilte er, das „Schicksal der ganzen jungen Kriegsgeneration". „Seine Lösung ist die des jungen Menschen und heißt: Leben!" Auch Voß überhöhte den Krieg, er sprach von der „Metaphysik des Weltkrieges", der auch mit dem ‚Nie wieder Krieg' der „Weltverbesserer" nicht beizukommen sei. Statt „hirnliche Literaturschöpfung" leuchte im FAHNENJUNKER VOLKENBORN das Bekenntnis eines Soldaten auf, der „erlebt und nicht bloß geschrieben" habe. Nicht „der Krieg als solcher" sei dieser Generation „heilig", „sondern ihr Erleben im Kriege ist ihnen heilig, die Welle des Menschlichen und Übermenschlichen, die auch in ihm schlug, der Opferdienst ihres Leibes und Lebens, zu dem erst der Krieg sie befähigte" (Voß, Kurt; Volkenborn, Hann. Kurier, 30. September 1928.)

[128] Nachwort Grabenhorsts zur 4. Auflage, in: Grabenhorst, Georg; Fahnenjunker Volkenborn, S. 259.

[129] Grabenhorst, Georg; Wege und Umwege, S. 88. Vgl. jedoch zum grundsätzlichen Respekt, den Grabenhorst Jüngers Werken zollte: Grabenhorst, Georg; Wege und Umwege, S. 131.

[130] Ebda., S. 131.

[131] Ebda., S. 140.

[132] Dies waren die Verlage Koehler & Amelang, Georg Müller und Philipp Reclam (Grabenhorst, Georg; Wege und Umwege, S. 129). Wie später weitere Werke Grabenhorsts, erschien FAHNENJUNKER VOLKENBORN 1928 im Leipziger Verlag Koehler & Amelang.

[133] Grabenhorst, Georg; Wege und Umwege, S. 129 u. 141 ff. Hier hieß es (S. 141 f.): „Auch ich folgte dem töricht dunklen Drange, der junge Autoren heimzusuchen pflegt: ich legte das ... Opus meinen literarischen Gönnern zu Füßen ... Thomas Mann schrieb einen langen Brief, mit einer das Grundsätzliche aufspürenden, vorsichtig wertenden Ana-

lyse. Hermann Hesse, sparsam in der Mitteilung wie immer, nannte es einfach ein schönes, liebenswertes Buch, und damit war ich auch zufrieden. An Zustimmung auf der literarischen Rechten und von alten Offizieren fehlte es nicht ... Zu meiner Freude gab es aber auch auf der literarischen Linken unabhängige Geister, die sich nicht vom Titel und Verlagssignet bestimmen, sondern vom Menschlichen her unvoreingenommen beteiligen ließen ... Sehr warmherzig und kameradschaftlich nahm sich Stefan Zweig des Buches an." Bereits 1929 erschien die englische und amerikanische Ausgabe des FAHNENJUNKER VOLKENBORN unter dem Titel ZERO HOUR (vgl. das nicht datierte TYPOSKRIPT GEORG GRABENHORST. VERSCHIEDENES. AUTOBIOGRAPHIE, LEBENSLAUF, Deutsches Literaturarchiv Marbach. Handschriftenabteilung, A: Müller-Kamp, Müller-Kamp, Erich; Manuskripte Dritter).

134 Grabenhorst, Georg; Fahnenjunker Volkenborn, S. 55 f.
135 Ebda., S. 181.
136 Ebda., S. 200.
137 Ebda., S. 194.
138 Ebda., S. 253.
139 Vgl. dazu aber auch die sehr wohlwollenden Rezensionen, welche im nationalsozialistischen Ton nach 1933 zum FAHNENJUNKER VOLKENBORN in Hannover erschienen: Müller-Jena, Ernst; Georg Grabenhorst, Niedersächsische Tageszeitung, 14. Dezember 1933. Kr.; Georg Grabenhorst. Aus seinen Werken, Hann. Kurier, 15. Februar 1936. Das DEUTSCHE ADELSBLATT nannte schon im März 1929 Grabenhorsts FAHNENJUNKER VOLKENBORN als empfehlenswertes Kriegsbuch vor allem für die Jugend. Anders als IM WESTEN NICHTS NEUES, in dem Frontsoldaten beschrieben würden, „in deren Gedächtnis nur das Grausige und Schreckliche des Krieges" bestehe, beschwören Grabenhorsts Roman neben Jüngers IN STAHLGEWITTERN, Schauweckers SO WAR DER KRIEG oder WIR KÄMPFER IM WELTKRIEGE „Erinnerungen an Heldentaten und schönes Erleben" herauf (Graf von Schliefen; Im Westen nichts Neuen, in: Deutsches Adelsblatt, Nr. 12, 16. März 1929, zitiert nach: Schrader, Bärbel; Fall Remarque, S. 34f).
140 Über das Zustandekommen des Titels erinnerte sich Grabenhorst folgendermaßen: „Der Verlag wünschte aus seiner buchhändlerischen Erfahrung heraus und ... mit Rücksicht auf den Charakter des Buches die Erweiterung meines Arbeitstitels um die Bezeichnung ‚Fahnenjunker'. Ich wollte zunächst gar nicht. Mir hatte nichts ferner gelegen, als einen Fahnenjunker als Typus darstellen zu wollen. Ich wollte den Träger meines eigenen Erlebnisses nicht herausgehoben, rubriziert oder als Vertreter eines bestimmten Soldaten-Standes etikettiert sehen. Er war ein junger Mensch, ein Freiwilliger, im Grunde ein Träumer und Sinnierender, der das männliche Abenteuer sucht im Kampf fürs Vaterland und im grauenvollen Mahlwerk der Materialschlachten dann erbarmungslos nüchtern beim Wort genommen wird. Da ist nichts von Heroismus, nichts von ‚Junker' (wenn das je da war), nichts von flatternder Fahne mehr – schwer getroffen, ratlos steht da ein Mensch und versucht, sich zu besinnen, noch einmal anzufangen mit dem Leben, von Grund auf anders. Mir klang das ‚Fahnenjunker' im Titel zu anspruchsvoll, zu selbstbewußt ... Bruder Karl entwickelte nun aus dem neuen Titel in Goldschrift auf schwarzem Grund die ‚Fahne', und über dem wohlgelungenen Entwurf war dann die Diskussion beendet." (Grabenhorst, Georg; Wege und Umwege, S. 140f).
141 Grabenhorst, Georg; Fahnenjunker Volkenborn, S. 258.
142 Grabenhorst, Georg; Fahnenjunker Volkenborn, S. 258. Grabenhorsts nächstes Buch, DIE GESTIRNE WECHSELN, nahm diesen Gedanken wieder auf. Ein junger Kriegsteilnehmer, verstört durch die Erlebnisse von Sterben und Morden, geschehen im Zeichen des Mars, findet durch die Erfahrung von Nächstenliebe und Menschlichkeit im Zeichen der Venus wieder zu sich.
143 Diese Autoritäten seien durch höheres Alter, auch auch durch höheren Grad an Wissen über ideale sittliche und religiöse Werte gekennzeichnet (Grabenhorst, Georg; Junge Generation und Autorität, in: Niedersachsen, 38. Jhg., 1933, S. 218f).
144 Ebda., S. 222.
145 Ebda., S. 223.
146 Ebda., S. 223.
147 Ebda.
148 Ebda.
149 Ebda., S. 224.
150 Ebda.
151 Ebda., S. 225.
152 Sowohl eine Zusammenfassung seiner Haltung bis zum Ausbruch des Zweiten Weltkrieges als auch einen tiefen Einblick in sein – im ganzen unverändertes und durch den Nationalsozialismus wenig beeindrucktes – Denken nach 1945 gibt Grabenhorsts Rede VON DER INNEREN HEIMAT. ANMERKUNGEN ZUM GEIST UND ZUR KULTUR UNSERER ZEIT, die er 1956 mehrmals hielt und die wohl wegen ihres großen Erfolges dann auch vom Niedersächsischen Heimatbund als Broschüre veröffentlicht wurde. Grabenhorst betonte hier seine Überzeugung von „unserer Verantwortung vor Gott" (Grabenhorst, Georg; Von der inneren Heimat. Anmerkungen zum Geist und zur Kultur unserer Zeit. Eine Rede, Hannover 1956, S. 6) und gab seiner Befürchtung Ausdruck, daß seinen Zeitgenossen in der Wirtschaftswunderzeit materiellen Wohlstands und Technikgläubigkeit der Sinn für „Menschenwürde", „Anstand" und „Nächstenliebe" (Ebda., S. 7f) allmählich abhanden komme. Seinem Kulturbegriff, der „Eintracht zwischen Ding und Wesen, Frieden ..., geläuterten Geist, vergeistigte Materie" einschloß (Ebda., S. 8), blieb „ein so geist- und herzloses Machwerk" wie Hans-Werner Henzes Oper BOULEVARD SOLITUDE, wenn von den meisten Premierenbesuchern, wie er urteilte, blindlings bejubelt (Ebda., S. 9), ebenso fremd wie die „Idioten-Physiognomien" auf den Bildern jener Maler, die „ins Abnorme, Häßliche, ins Grobe und Gemeine" flüchteten, weil sie „vom großen Geheimnis der Schöpfung" nichts mehr wüßten (Ebda., S. 12). In dieser Zeit des Trubels und der übertriebenen Wertschätzung dessen, „was von weit her kommt" (Ebda., S. 14), könne Beruhigung und Gesundung nur jener finden, der sich besinne auf seine Heimat, die ihm „innerer Besitz" und Maß seines Denkens und Handelns sein solle (Ebda., S. 13). „Maß und Anstand", „Anmut und Würde" verleihe der Glaube an das Heimatliche und Landsmannschaftliche jedem, der in dieser schnellebigen Zeit bereit sei, innezuhalten und sich auf das zu verlassen, seit Generationen in ihm angelegt, sein eigentliches Wesen ausmache. „Zurückdrehen kann freilich niemand das Rad der Geschichte, *aber wenn es auf den Abgrund zurollt, soll man ihm in die Speichen fallen*. Keiner von uns könnte irgendeine Idylle wollen, verzückt den eigenen Kirchturm nur betrachten und der bösen Welt verachtungsvoll den Rücken kehren. Im Gegenteil. Heimat *und* Welt, so muß es heißen, das ist die gesunde schöpferische Spannung, die wir brauchen. Zwischen Fern-

verlangen und Heimatverlangen erfüllt sich unser Leben. Bereit sein immer neu zur Wanderschaft, bereit, das Fremde, Andere liebend zu umfangen, *aber wissen, wohin man gehört*, wo man zuhause ist! Das ist es! Diese *innere Heimat* helfen wiederzugewinnen, nicht für uns und für Europa, für die Menschheit – das ist die Aufgabe, die uns gestellt ist: den Politikern, den Technikern, den Gelehrten, den Künstlern, *jedem* von uns." (Ebda., S. 15). Im Nachruf auf den Schriftsteller August Hinrichs hieß es im gleichen Jahr zu dessen Werken: „Es gibt keine ... Schwüle, wie sie uns sonst heute in den Romanen und Theaterstücken und Filmen der skrupellosen und geschäftstüchtigen Zeitgenossen parfümgeschwängert entgegenweht ... In einer notvollen und dunklen Zeit hat er das Licht der Heimat wieder entzündet, daß es trostvoll in uns allen brennt! Er hat uns vorgelebt, daß es nicht verloren ist, solange wir den Mut nicht verlieren, den Glauben an das Gute und Saubere und Anständige im Menschen, die Freude an der schönen Herrgottswelt und den Dank an ihren und unseren Schöpfer." (Grabenhorst, Georg; Dank an August Hinrichs. Zum Tode des Dichters, Hann. Allg. Zeitung, 22. Juni 1956).

[153] Grabenhorst, Georg; Junge Generation und Autorität, in: Niedersachsen, 38. Jhg., 1933, S. 255.

[154] Schon bald nach dem Zusammenbruch der nationalsozialistischen Herrschaft war Georg Grabenhorst als Regierungsdirektor im Niedersächsischen Kultusministerium weiterhin im Bereich der Kulturpflege tätig. Er war Mitarbeiter der HANNOVERSCHEN ALLGEMEINEN ZEITUNG, gehörte zu den Herausgebern der Zeitschrift NIEDERSACHSEN und blieb einflußreiches Mitglied des Niedersächsischen Heimatbundes. Georg Grabenhorst starb am 9. Juni 1997.

*„... unklare wissenschaftliche Gesinnung
erzeugt unklare wissenschaftliche Ergebnisse ..."*

Der Kunsthistoriker, Kritiker und Schriftsteller Victor Curt Habicht

Mehrfach war Victor Curt Habicht zu Beginn der zwanziger Jahre Gast im Salon der Käte Steinitz. Die Eintragung in ihrem Gästebuch vom Mai 1927 samt Fotographie des Kunsthistorikers sehe „seltsam" aus, so Käte Steinitz später, Habichts Gesicht sei „mit wilden, zornigen Linien durchgestrichen".[1] – Ausdruck eines Zerwürfnisses aus zufälligen, rein persönlichen Gründen oder einer tieferen Auseinandersetzung zwischen der hannoverschen Anwältin der Avantgarde[2] und dem Besucher ihres Salons?[3]

Ein vielseitiger Freund der Avantgarde

Eintrag von Victor Curt Habicht in das Gästebuch der Käte Steinitz. 7./8. Mai 1927

Es gab in den zwanziger Jahren viele Kontakte zwischen beiden. Man verkehrte in den gleichen gesellschaftlichen Kreisen. Käte Steinitz wie Habicht arbeiteten als freie Mitarbeiter beim Feuilleton des HANNOVERSCHEN KURIERS und waren schon deshalb häufige Gäste bei Eröffnungen von Kunstausstellungen; Habicht war bei solchen Anlässen zudem oft Redner. Beiden war ein großes Interesse an der Kunst ihrer Zeit gemein, besonders an den hannoverschen, aber auch an den allgemeinen Entwicklungen der künstlerischen Avantgarde. Habicht nutzte, ähnlich wie das Ehepaar Steinitz,[4] seine vielfältigen Kontakte innerhalb der Kunst- und Kulturszene Hannovers, um notleidenden Künstlern wie etwa dem Maler Ernst Thoms materielle wie ideelle Förderung zu verschaffen.[5]

Wie Käte Steinitz war auch Habicht während der zwanziger Jahre interessierter Beobachter in Hannovers Salons, Galerien und Museen. Er war ständig unterwegs, das Neue kennenzulernen und ihm zum Durchbruch zu verhelfen. Aus diesem Grund war für ihn die Arbeit der jungen Galerie von Garvens von großer Bedeutung. Mehrfach rief er zu Beginn des Jahrzehnts im HANNOVERSCHEN KURIER seine Leserschaft zum Besuch der Galerie auf. „Aufzuweisen, daß diese Dinge zu uns gehören, daß sich unter ihnen leben läßt",[6] so beschrieb er dabei seine Aufgabe als Kunstkritiker. Die Bereitschaft des feinsinnigen Kunstliebhabers Herbert von Garvens, einer breiten Öffentlichkeit, die seine Ausstellungen leider allzuoft wie vor mit „mitleidigem Lächeln"[7] quittiere, seine kostbaren Kunstschätze in erlesenem Ambiente zu zeigen, würdigte Habicht als großes „Verdienst der auf dem steinigen Boden Hannovers mit gewohnter Hartnäckigkeit noch immer verkannten – und was schlimmer ist – kaum bekannten Galerie".[8]

Auch die Arbeit der Kestner-Gesellschaft fand Victor Curt Habichts Interesse.[9] Setzte er sich dabei auch im Feuilleton des HANNOVERSCHEN KURIERS eher selten mit ihren Veranstaltungen aus-

493

Käte Steinitz, Foto. Um 1950

einander, so fand sich sein Name doch bereits früh in den Mitgliederlisten der Kestner-Gesellschaft.[10] Daneben veranstaltete Habicht Lichtbildervorträge für die Kestner-Gesellschaft, etwa im Januar 1922 über EXPRESSIVE PLASTIK DES MITTELALTERS.[11] Und der private Kunstsammler Habicht, der in dieser Funktion etwa auch mit Alexander Dorner vom Provinzial-Museum in Verkaufsverhandlungen stand,[12] unterstützte 1920 mit leider nicht näher bezeichneten Leihgaben die Kestner-Gesellschaft in ihrer großen Ausstellung NACHIMPRESSIONISTISCHE KUNST AUS HANNOVERSCHEM PRIVATBESITZ auch auf diese Weise.[13]

In welch freundschaftlicher Weise der Kunsthistoriker sich dieser Institution und besonders ihrem ersten Leiter, Paul Erich Küppers, verbunden fühlte, spiegelt der Nachruf auf Küppers im HANNOVERSCHEN KURIER vom Januar 1922: „Wenn sich Hannover rühmen kann, ein Zentrum zu besitzen, von dem umschlingende Bande um alle jungen schöpferischen Kräfte Deutschlands gehen, wenn hier die seltene Möglichkeit geboten war, die ganze junge deutsche, ja auch die entscheidende europäische Kunst eingehend und gründlichst kennenzulernen..., so ist dies Verdienst der Kestner-Gesellschaft, aber Mitverdienst und ermöglicht und verwirklicht vor allem durch Küppers ... So verbunden Küppers' Name mit der Kestner-Gesellschaft bleiben muß und wird, so auch mit dem Kampf der jungen Kunst, ihrer schrittweisen Anerkennung und – was wichtiger ist – dem lebendigen Erfassen ihres letzten Sinns und Zieles."[14] Mit Aufgeschlossenheit und Interesse nahm sich Victor Curt Habicht auch solcher Erscheinungen in der Kunst- und Kulturszene Hannovers an, die die meisten seiner Kollegen beim HANNOVERSCHEN KURIER allenfalls mit mitleidigem Kopfschütteln und Ironie kommentierten. Hannovers erste MERZ-Matinee, veranstaltet von Kurt Schwitters und Raoul Hausmann, sah, neben wenig mehr als einer Handvoll weiterer Interessierter, auch ihn als Gast „in den Räumen des Etablissements Tivoli".[15]

Victor Curt Habicht, Ölgemälde von Kurt Schwitters (?). Um 1922

Die Verbindung zum Künstlerkreis um Kurt Schwitters blieb über diesen Anlaß hinweg aufrecht. Habicht nutzte immer wieder gern die Gelegenheit zum öffentlichen Hinweis, daß „das Groteske unserer Zeit, ziellos, steuerlos"[16] geradezu verpflichtet sei, das Bild der Kunst zu prägen. Gerade deshalb dürfe man es den jungen bildenden Künstlern der Zeit nicht verübeln, „daß ihre Arbeiten schillern, springen, ein bißchen dies, ein bißchen das aufnehmen. Was daraus wird, diese Frage zu beantworten, muß Sache des Künstlers, nicht des Betrachters sein".[17] Mit diesem Bekenntnis zur Freiheit im Schaffensprozeß des Künstlers wurde Habicht häufiger Gast auch anläßlich der Treffen der Künstlergruppe die abstrakten hannover in der zweiten Hälfte der zwanziger Jahre. Das Mitgliederverzeichnis aus dem Jahr der offiziellen Gründung der abstrakten hannover, 1927, nennt neben Persönlichkeiten der Kunst- und Kulturszene, die über Hannovers Grenzen hinaus bekannt waren und zu denen Alexander Dorner, Ferdinand Stuttmann und Otto Ralfs zählten, auch seinen Namen.[18] Eine Einladungskarte der Künstlergruppe um Kurt Schwitters, Carl Buchheister, César Doméla, Friedrich Vordemberge-Gildewart, Rudolf Jahns und Hans Nitzschke vom September des Jahres wies Victor Curt Habicht zudem als förderndes Mitglied der abstrakten hannover aus und kündigte einen Vortrag von ihm für die nächste Zukunft an.[19] Am 16. Januar 1928 löste Habicht dann die Zusage ein. In den hannoverschen kunst- und aktionssälen katzer, georgstraße 35, wie es in der Einladung in aktueller Kleinschreibung der abstrakten hannover hieß, sprach er, begleitet von einer Verlosung abstrakter Kunstwerke unter den Mitgliedern und zur Einstimmung in eine Ausstellung abstrakter Kunst, über „gute und schlechte abstraktion in der kunst".[20]

Der Vortrag wurde in der hannoverschen Tagespresse ausführlich besprochen.[21] Mochten manche Rezensenten mit der Rechtschreibung der Namen der ausstellenden Künstler auch Probleme haben,[22] so stießen doch Habichts Thesen, orientiert an den Überlegungen Wilhelm Worringers,[23] vielfach auf Zustimmung. Zeitungen jeglicher kunstpolitischer wie parteipolitischer Richtung erkannten dabei seine Behauptung als zutreffend an, „daß es zwei Verhaltensweisen in der Kunst gibt, die eine, die sich an das Wirkliche der realen Dinge, an das Organische, das Faßbare in Welt und Leben hält, und die andere, die das Geheimnis hinter den Dingen, Anorganisches, das Übernatürliche zu ergründen strebt".[24] Und man akzeptierte offenbar, daß die Entwicklung der Kunst sich zwischen den beiden Polen darstelle, die mit den

Begriffen ‚Gegenständlichkeit'-‚Abstraktion', ‚Diesseits'-‚Jenseits', ‚Physis'-‚Metaphysis', wie Habicht bedauerte, nur sehr notdürftig bezeichnet seien.[25]

Sein Versuch, das differenzierte theoretische Thema anschaulich und nachvollziehbar zu gestalten, wurde ebenfalls weithin honoriert. Über die Schlußfolgerung indes entspann sich innerhalb der Kunst- und Kulturszene Hannovers des Jahres 1928 eine längere Diskussion. Für Habicht nämlich war „die Abstraktion vom Organischen ... nicht etwas Verstandesmäßiges, sondern gerade der gestalterische Drang, hinter der Erscheinungsform eines Dinges sein Notwendiges, Gesetzmäßiges zu erfassen und das Geheimnisvoll-Seelische unmittelbar auf dem intuitiven Wege der Kunst darzustellen, eine Verständigung von Seele zu Seele herbeizuführen, die mit den Mitteln des Verstandes nicht möglich ist. Diese Verständigung zu ermöglichen, ist der Inbegriff der Kunst. Abstraktion hat also nur auf dem Boden transzendentaler Erlebnisse Berechtigung."[26]

Besonders der Hinweis, das Abstrakte wende sich nicht an den Verstand, sondern an die Seele, wurde in der Presse oftmals und besonders dort, wo man zeitgenössischer Kunst ohnehin mit Distanz gegenüberstand, wohl wegen der hier empfundenen Unvereinbarkeit der Begriffsinhalte mit mildem Spott und Ironie kritisiert. Widerspruch fanden Habichts Ausführungen vor allem bei Kurt Schwitters, Friedrich Vordemberge-Gildewart und auch bei Carl Buchheister, also jenen Mitgliedern der abstrakten hannover, denen Formulierungen wie „von Seele zu Seele", „intuitives Erfassen" und „transzendentales Erlebnis" viel zu weit von der von ihnen postulierten klaren und knappen Konstruktion entfernt lagen.[27]

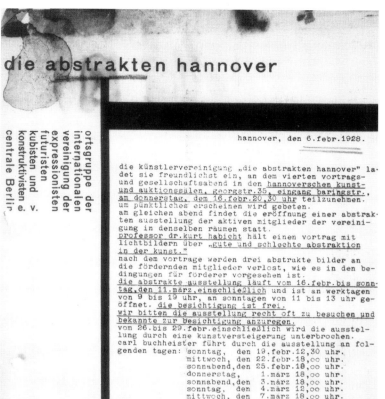

Einladung der abstrakten hannover zum Gesellschaftsabend und zum Vortrag Victor Curt Habichts am 6. Februar 1928

Diese Diskussion des Jahres 1928 ist mehr als bloße Episode in der Arbeit Victor Curt Habichts. Sie deutet vielmehr im Kern den Konflikt an, den der durch vielerlei Aktivitäten ausgewiesene Freund zeitgenössischer bildender Kunst in seiner Auseinandersetzung mit dieser Kunst immer wieder fast zwangsläufig heraufbeschwor. Die Wurzeln dieses Konflikts liegen dabei sowohl in der äußeren Biographie Habichts als auch in seiner Persönlichkeitsstruktur.

Biographisches   Victor Curt Habicht wurde am 16. Mai 1883 in Idar-Oberstein/Nahe geboren.[28] Nach bestandenem Abitur in Darmstadt begann der Apothekerssohn 1901/02 ein Studium an der Universität Kiel. Schon im Frühjahr 1902 trat er als Seekadett in die Kaiserliche Marine ein und ließ sich dann im Jahr darauf zu einem Infanterie-Regiment versetzen. Fünf Jahre später, im Herbst 1908, erbat er seinen Abschied vom Militär, um, wie er das Gesuch begründete, sich „den schon lange betriebenen kunsthistorischen Studien zu widmen".[29] Er ging an die Universität Heidelberg und studierte Kunst- und Literaturgeschichte, Philosophie, Archäologie, Ägyptologie und Geschichte, u.a. bei den Professoren Ranke und Cartellieri.

Am 1. Januar 1911 wurde er zum Assistenten am kunsthistorischen Institut der Universität Heidelberg ernannt, im Monat darauf legte er sein Doktorexamen mit der Dissertation DIE ULMER MÜNSTERPLASTIK AUS DER ZEIT VON 1371–1430 ab.[30] Nach jeweils kurzen Arbeitsaufträgen am Bremer Gewerbe-Museum und beim Deutschen Verein für Kunstwissenschaft in Stuttgart war er seit dem 1. Januar 1913 als Wissenschaftlicher Hilfsarbeiter des hannoverschen Kestner-Museums angestellt, beschäftigt in der Sammlung mittelalterlicher Kunst.[31]

Doch auch hier hielt es ihn nur kurz: Schon im Juni 1914 teilte Museumsleiter Albert Brinckmann dem Magistrat mit, Habicht habe seine Tätigkeit zum Ersten des Monats eingestellt, „um seine privaten Arbeiten über die Kunst Niedersachsens zu fördern".[32] Auslöser dieses Schrittes dürfte dabei nicht die Opposition zur Kunstpolitik des Stadtdirektors Heinrich Tramm gewesen sein, wenn Habicht dies auch 1920, zur Zeit schärfster Kritik an Tramm, behauptete.[33] Zu diesem Zeitpunkt noch, 1913/14, war Habicht voll des Lobes über Tramms „planmäßige(.) und großzügige(.) Bilderwerbung".[34]

Stattdessen scheint der Wunsch, sich bereits zwei Jahre nach der Promotion an der Technischen Hochschule Hannover zu habilitieren, der Grund für Habichts Verlassen des Kestner-Museums gewesen zu sein. Doch die Verwirklichung dieses Wunsches ließ noch bis zum Dezember 1918 auf sich warten. Bereits im März 1914 als „Privat-Dozent auf dem Gebiete der Kunstgeschichte"[35] zugelassen, kämpfte Habicht in den Jahren während des Ersten Weltkrieges, unterstützt von der Fakultät für Bauwesen der Technischen Hochschule, um seine Anerkennung als Professor. Die Rangerhöhung wurde ihm nach dem Ende des Ersten Weltkrieges zuteil; er wurde zum Außerordentlichen Professor ernannt.[36] Dies indes änderte weder etwas an seiner verhältnismäßig niedrigen Besoldung noch – was für Habicht schwerer zu wiegen schien – an seiner gesellschaftlichen Stellung. Im ganzen eher widerwillig erteilte Dozentenstipendien, von denen der Akademiker Habicht bis zu seinem Tode materiell abhängig blieb, boten den Ersatz für die stets aufs neue angestrebte Rangerhöhung.[37] Diese erfolgte zwar 1938 und auf Druck des Gauleiterstellvertreters Kurt Schmalz,[38] sie trug dem am Ende seiner wissenschaftlichen Laufbahn stehenden Habicht aber nicht mehr die ersehnte gesellschaftliche Position ein.

Victor Curt Habicht, Foto. Um 1930

Besonders während der Weimarer Republik regelmäßig gestellte Anträge der Fakultät für Bauwesen hoben Habichts „unbestreitbare(s) und von uns anerkannte(s) Verdienst" hervor, ein bislang „von der Wissenschaft stark vernachlässigtes, aber für die deutsche Kunstforschung sehr wichtiges Gebiet – die niedersächsische Kunst – erschlossen und durch unermüdliche Forschungsbeiträge erhellt zu haben".[39] Jedoch veranlaßte auch die Tatsache, daß Habicht durch die Inflation das elterliche Vermögen verloren hatte[40] und sich und seine Frau wie beispielsweise im Januar 1933, mit monatlich 280 RM über Wasser halten mußte,[41] wie er entrüstet wissen ließ, die Technische Hochschule nichts beim zuständigen Ministerium um einen festen Lehrauftrag für niedersächsische Kunst zu ersuchen. Weder dessen Bitten, der auf diesen „Mißstand" innerhalb der zuständigen Fakultät hinwies, als auch die seiner Frau, die an den Rektor der Technischen Hochschule angesichts der mangelhaften materiellen Ausstattung des Habichtschen Haushalts verzweifelte Hilfegesuche richtete,[42] scheinen bei der Entscheidungsfindung seitens des Berliner Ministeriums viel Gewicht gehabt zu haben.

Anläßlich der 100-Jahr-Feier der Technischen Hochschule Anfang der dreißiger Jahre forderte Habicht vergebens die Einrichtung einer Ordentlichen Professur für das von ihm vertretene Sachgebiet und beklagte, mit seiner gegenwärtigen Position als Außerordentlicher Professor für die Kunstgeschichte vor allem Niedersachsens in der ansonsten technisch ausgerichteten Fakultät für Bauwesen falsch untergebracht zu sein.

Seine Argumentation war geschickt, und sie erinnerte in ihrer Deutlichkeit an den wesentlichen Aspekt aus Habichts Rede vor den abstrakten hannover gut drei Jahre zuvor. Habicht nämlich postulierte hier als Ziel die „Pflege und Ausreifung des ganzen Menschen",[43] die in dieser rein materiell und „intellektualistisch" ausgerichteten Zeit aus den Augen verloren worden sei. Die Krise dieser Gesellschaft, so argumentierte er, sei „in allererster Linie eine geistige", die mit der Heranbildung von „tüchtigen Spezialisten" in den technischen Disziplinen nicht zu beheben sei. Zeichne sich der wahre Akademiker denn nicht durch den „weiteren Überblick durch seine Allgemeinbildung" aus und müsse da die Technische Hochschule nicht auch Interesse an der Schulung einer intellektuellen Elite „in philosophischer und ästhetischer Hinsicht" zeigen? Schließlich könne und dürfe „ein Leben ohne unstillbares Verlangen nach Schönheit, Wahrheit, letzten Erkenntnissen und hohem ethischen Ideal nicht gelebt werden". Gerade den jungen Menschen dränge es in dieser Zeit der allgemeinen Krise schließlich dazu, „an die *Quellen* geführt zu werden, um sich die Kräfte des Geistes und der Seele selbst zu erarbeiten".[44]

Ob die Leitung der Technischen Hochschule trotz dieser ehrgeizigen Absichten Habichts Anliegen eher sekundäre Bedeutung beimaß, bleibt unklar. Deutlich aber ist bereits für die vorangegangenen Jahrzehnte eine Unwilligkeit in der Bearbeitung seiner Anträge auf Ernennung zum Ordentlichen Professor und zur Erteilung eines festen Lehrauftrages aus dem Schriftwechsel zwischen Hochschulspitze und Ministerium zu entnehmen, welche nicht allein im Gegenstand, sondern auch in der Persönlichkeit des Antragstellers begründet war.

Habicht also sah sich früh veranlaßt, in anderen Institutionen tätig zu werden. Er bot in den zwanziger und dreißiger Jahren an der hiesigen Kunstgewerbeschule kunsthistorische Vortragsreihen zu unterschiedlichen Themen an.[45] Bereits im Ersten Weltkrieg hatte er begonnen, sich Fragen der hannoverschen Erwachsenenbildung zuzuwenden. Er war Geschäftsführer der Volkstümlichen Hochschule[46] und bemühte sich, neben dem Angebot kunsthistorischer Kurse, besonders um einen besseren Kontakt zwischen der Hochschule und der Volksbildungsbewegung. Nachdem die Volkstümliche Hochschule in die hannoversche Leibniz-Akademie übergegangen war,[47] wurde Habicht 1921 Vorstandsmitglied dieser bedeutsamen Institution der hannoverschen Erwachsenenbildung.[48] Auch der neugegründeten Volkshochschule blieb er als Mitglied des Arbeitsausschusses verbunden,[49] bis im Lauf der zwanziger Jahre mit Theodor Lessing ein Mann ganz anderer Prägung für eine Kontinuität des von Angehörigen der Technischen Hochschule gestalteten Kursprogrammes sorgte.[50]

‚Dem Volk' galt während der gesamten zwanziger Jahre auch Habichts Interesse in seiner Eigenschaft als freier Mitarbeiter des HANNOVERSCHEN KURIERS, der Kunstzeitschrift CICERONE und der Zeitschrift NIEDERSACHSEN. Dabei blieb die Begründung für seine Betonung der Rolle ‚des Volkes' für die Entwicklung der deutschen Kunst seit dem ausgehenden Mittelalter in der Aussage letztlich unscharf. Was sich aus Habichts Vorträgen und Artikeln, etwa über DAS WESEN DER DEUTSCHEN KUNST,[51] extrahieren läßt, ist die Überzeugung vom „Streben nach seelischer Vertiefung", „Innerlichkeit" und vom „Gemütvolle(n)"[52] als wesentlichem Charakteristikum deutscher Kunst. In reinster Ausprägung sei diese Kunst im Mittelalter zu finden gewesen, als das ‚Volk' noch in ständigem Kontakt mit dieser deutschen Kunst gestanden habe. Doch über „Renaissance-Gebildetenkunst", „Barock-Fürstenkunst" und „Rokoko-Schlemmerkunst"[53] habe der Verfall der deutschen Kunst – weg von dem Gemeinschaftsempfinden der Verinnerlichung und dem Gemütvollen hin zum Intellektualistischen, Logischen, Abgrenzbaren und Abgegrenzten – begonnen. Sich dieser Quellen wieder zu erinnern, lautete dementsprechend Habichts Forderung. Besonderes Augenmerk galt dem gebürtigen Pfälzer Habicht der Pflege des „Niedersachsentums", das sich, wie er 1922 schrieb, „in diesen Tagen ... stark auf seine Kräfte, Eigenart und Sendung besinnt".[54]

Diese Rückerinnerung an das Typische in der deutschen Kunst schloß für Habicht dabei die Abgrenzung gegenüber der Kunst anderer Kulturkreise durchaus ein. Ausstellungen von russischen Ikonen in der Galerie von Garvens fanden in Rezensionen im HANNOVERSCHEN KURIER sein Lob, zeigten sie doch vortrefflich die „Seele" des tiefreligiösen russischen Volkes.[55] Als aber die Arbeiten des nordafrikanischen Bildhauers Jussuf Abbo zur gleichen Zeit, zu Beginn der zwanziger Jahre, in den Ausstellungen der Hannoverschen Sezession präsentiert wurden, kritisierte Habicht bei allem Wohlwollen über der starken künstlerischen Begabung Abbos das „artfremde künstlerische Denken des Künstlers".[56]

Im Zeichen des Expressionismus. Der Schriftsteller Victor Curt Habicht

Die Anfangsjahre der Weimarer Republik waren für ihn Jahre fruchtbarer schriftstellerischer Arbeit.[57] Habicht war einer der fleißigsten Mitarbeiter der hannoverschen spätexpressionistischen Zeitschriften dieser Jahre.[58] Er veröffentlichte im Paul Steegemann Verlag, in dessen Reihe DIE SILBERGÄULE, und schrieb für den ZWEEMANN und für das HOHE UFER Essays, Theaterstücke und immer wieder Lyrik. Neben Einführungen in die Geheimnisse der niedersächsischen Seele,[59] Mysterienspielen[60] und Ausflügen in die Welt des alten Ägypten[61] – einem Thema, das den Freund allen Mystischen und Geheimnisvollen schon seit langem faszinierte – war es vor allem das Pathos des literarischen Expressionismus dieser Zeit, das Habicht immer wieder in seinen Bann zog:

> „PRO FRUSTRA
> Wir grüßen Euch: Menschen, wir grüßen Euch: Brüder,
> Wir weisen ein Ziel, das von Erbhaß erlöst.
> Die Erde ist neu! Paradiese erblühen,
> Und Höllen erhalten, und Grauen erlischt.
> Denn Erde ist schöner und jünger als je,
> Erde ist Mutter und wir ihre Kinder;
> Alle, wir alle, wir alle!
> Ein Wunder geschieht: das Menschsein erwacht –;
> Er ist, der Mensch, der *erlebt;*
> *Im Herzen von Gott, erfühlend den Gott,*
> *Erlöst von Vernunft, von Zittern und Furcht,*
> *Ganz Sein und Bewußtsein verbunden dem All!* ...
> *Doch Gott ist, Mensch in Gott und Liebetum!"*[62]

Brüderlichkeit, das überwältigende Gefühl der Freundschaft auch jenseits aller nationalen Grenzen[63] und, für Habicht immer als Folge daraus, die Suche nach dem Göttlichen[64] sprachen aus vielen Versen dieser Zeit.[65] Der Blick auf dieses Göttliche, Mystische, Ewiggültige ließ ihn den Bezug zu der politisch, wirtschaftlich und sozial brisanten Zeit, in der er seine Werke schrieb, unbedeutend und banal erscheinen. „Schauplatz: Die Erde, Zeit: Ewig. Alle Kostüme ... sind unbestimmt zu halten",[66] hieß es in der Regieanweisung zu einem Mysterienspiel des Jahres 1918/19, und in DIE SELIGE WELT – DER PSALM VOM MENSCHENSOHNE schrieb er im Jahr darauf gar in expressionistischer Realitätsverdrossenheit: „Parteien sind Götzen, Fetische der trüben Seelen, sind Fallen Antichristi, sind Konserven ... Wir aber brauchen Brot des Lebens. – Kein Banner löst, erlöst das Leben, kein Manifest von rechts und links, Erleben ist das Leben ... Erleben – das heißt du zu sein, deinen Grund erfühlen, heißt Gotteskindschaft, heißt in Gott so ruhen wie der Kinderschlaf im Arm der Mutter."[67] Mit der dezidierten politischen Stellungnahme des literarischen Expressionismus, wie sie andere Künstler seiner Zeit in Deutschland forderten, konnte Habicht sich nicht anfreunden.[68]

Das expressive Pathos dieser Verse und salbungsvoll-dunkle Vorworte[69] verleiten offenbar dazu, den Schriftsteller Victor Curt Habicht als Verfasser „ziemlich gräßliche(r) expressionistische(r) Texte"[70] darzustellen, wie etwa Michael Erlhoff es tat. Dies überrascht zunächst einmal nicht. Die literarische Gefühlswelt manches expressionistischen Schriftstellers wird heute, wo ein verändertes Lebensgefühl andere Formen der literarischen Gestaltung hervorbringt, oft als überzogen und verblasen-schwülstig abgetan. Vielleicht ist – abgesehen von dem Urteil über die literarische Qualität – dem Menschen Victor Curt Habicht näher zu kommen, wenn man nach der Reaktion zeitgenössischer Leser auf seine Werke fragt, die anfangs der zwanziger Jahre in nur geringer Auflage erschienen sind.[71]

Unterstützung erhielt er mehrfach von Hanns Martin Elster,[72] dem Schriftsteller und Kollegen beim HANNOVERSCHEN KURIER. Elster ließ besonders in seinen Theaterkritiken aus der Hauptstadt Berlin für den KURIER eine Art geistiger Verwandtschaft zu Habichts Suche nach neuer Innerlichkeit und Volksverbundenheit erkennen.⁷³ In einer umfangreichen Würdigung der Arbeiten Victor Curt Habichts vom März 1922 verteidigte Elster dessen Werke gegen die zuvor offenbar geäußerte Kritik, Dichtung im Rückenwind expressionistischer Moden zu verfassen. Habichts Suche nach den Menschheitsidealen von ‚Seele', ‚Geist', ‚Schönheit' und ‚Glück' seien „Entwicklungsziele", die über zeitgebundene literarische Erscheinungen hinaus für ihn als „Geist-Seele-Mensch" „unentwegt und immer bestehen bleiben und bleiben müssen".⁷⁴ Die Suche nach Gott erkläre sich wie die Verherrlichung des Ewigen und Mystischen aus Habichts „Seelenhingabe", die seine Werke mit vielen anderen in dieser Epoche der äußeren Not und Zerfahrenheit nach dem Weltkrieg verbänden. Anders als in vielen aus dem unmittelbaren Ausdruck geborenen Werken dieser expressionistischen Jahre aber sei Habichts „zu schönheitsverklärter Klarheit aufsteigende Lyrik … nicht etwa nur Ergebnis gefühlstrunkener Stunden, überquellender Stimmungen, sondern erhebe sich sofort zu letztmöglichen Gebilden der Ergebnisse von Gefühl, Erlebnis, Situation".⁷⁵ Habicht rechne „gleichsam mit seinem Empfinden schon im Erleben sofort und endgültig ab", weshalb selbst seine zarteste Lyrik dieser Jahre „schärfstem Erkenntnisvermögen verbunden"⁷⁶ sei.

Elsters Verteidigung der Werke Habichts und besonders seine Betonung der Reflexion in der Expression geben einen wichtigen Hinweis auf die schriftstellerische Arbeit, aber auch auf die Person Habichts selbst. Dieser war zur Zeit seiner umfangreichsten schriftstellerischen Produktion kein ganz junger, von dem gesellschaftlichen und politischen Chaos dieser Jahre mitgerissener literarischer Wirrkopf mehr. Er war Ende dreißig Jahre alt, materiell und gesellschaftlich nicht so etabliert, wie er es beanspruchte, aber kein durch Kriegserfahrung und Nachkriegselend Gebrandmarkter und Entwurzelter. Zwar schrieb er über Krieg und Tod, verfaßte aber, wie Elster anerkannte, „seine Kriegsabrechnung als Künstler von hohem Stilvermögen, ganz im Rahmen seiner idealistischen Weltanschauung, ohne ekle Anekdotenanspielungen".⁷⁷ So wie er jetzt, in wohlgesetzten Versen, den Krieg als Zerstörer aller hohen Werte geißelte, so hatte er ihn ein halbes Jahrzehnt zuvor, auf dem Siedepunkt nationalistischer Hetze, aus der sicheren Distanz des Nicht-Kriegsverwendungsfähigen⁷⁸ heraus glorifiziert.

Kein noch so weithergeholtes Vorurteil, keine noch so brachiale Verallgemeinerung hatte er in seiner Hetzschrift DEUTSCHLAND! VOLLEND' ES! gescheut, um das Dreigestirn Rußland, Frankreich und England ⁷⁹ zu verunglimpfen. Im Gefühl der Umzingelung von Dummheit (Rußland), Kulturlosigkeit (Frankreich) und Materialismus (England) scheinen Habicht Feinheiten in der Geschichtsschreibung minder wichtig gewesen zu sein, wenn nur der Kurs stets klar blieb, den er mit den Worten umschrieb: „Germanen haben im unbewußten Drange und getragen durch die Kraft ideeller Güter wie Treue, Vaterlandsliebe und Todesverachtung einst das römische Reich vernichtet."⁸⁰

Er hatte – heute recht diffus erscheinende – Vorstellungen, wie „Deutschtum" und „deutschem Geist" auch in dieser Stunde schwerster Bewährung geholfen werden könne. Sie umfaßten etwa die Forderungen, die Universitäten und Technischen Hochschulen für Ausländer zu sperren,⁸¹ die Geisteswissenschaften zu pflegen,⁸² die Liebe zum deutschen Kaiser zu stärken,⁸³ die „vermeintlichen Rechte"⁸⁴ der deutschen Frau zu beschränken und den Feminismus zu bekämpfen, deutsche Kunst und Religion zu pflegen,⁸⁵ den Alkoholismus zu bekämpfen⁸⁶ sowie eine Mauer „aus Stolz, Selbstverleugnung und unbeugsamem Willen"⁸⁷ zu errichten, die „uns in Zukunft vor einem so tückischen Überfall wie dem jetzigen schützen soll".⁸⁸ Solchermaßen gestärkt, so Habichts tiefste Überzeugung, werden diese „ehernen Tage"⁸⁹ die Bahn frei machen für „ein neues Geschlecht aus Deutschlands Söhnen", und zwar eines, „das auch durch die Erscheinung Bewunderung, zum mindesten Achtung heischt und das auch seines äußeren Wertes bewußt den Nachdruck und die Sorgfalt auf die Erscheinung legt, die es seiner Würde schuldig ist".⁹⁰

Die Hoffnung Habichts blieb dabei noch im chauvinistisch-plumpesten Stakkato der Hetze stets die gleiche: Erkenntnis der Laster der Vorkriegszeit („oberflächliche Genußsucht, Veräußerlichung des Lebens, sinnlose Gier nach nutzlosem Erwerb, Überspannung der Ansprüche, Einschätzung nach Geld und Rang, Mißbrauch der Macht des Kapitalismus und Verleugnung des Deutschtums"),⁹¹ Besinnung auf die Eigenschaften, „die eben nur die unseren sind und die uns keiner nachmachen kann: restlose Hingabe an eine

Die Hetzschrift DEUTSCHLAND! VOLLEND' ES! (1915)

Feldpostkarte aus dem Ersten Weltkrieg

heilige Sache, Selbstverleugnung, Brüderlichkeit, Schätzung nur nach dem Werte der Person, Pflichtbewußtsein und über allem: ein göttlicher Idealismus",[92] also: Läuterung des deutschen Volkes durch den „Blitzstrahl"[93] Krieg.

Victor Curt Habicht war natürlich nicht der einzige glühende Vaterlandsfanatiker jener Kriegsjahre, und auch das Anschlagen gemäßigterer, pazifistischer Töne gleich nach dem Kriegsende verband ihn mit vielen anderen Kollegen. Doch so nachhaltig wie er seine expressionistische Phase alsbald wieder verleugnete und den Expressionismus im ersten Moment, als das Fähnchen der Mode auf andere Ausdrucksformen wies, als „naturferne, krankhafte, vorübergehende Erscheinung", ja, als „Bolschewismus der Kunst"[94] brandmarkte, haben wenige Künstler dieser Zeit eigene Entwicklungslinien ungeschehen zu machen versucht. Habicht mag anfänglich durchaus begeistert vom Expressionismus gewesen sein; doch diente dieser ihm bald ausschließlich als Vehikel zur Verwirklichung seiner stets gleichen Ziele. Ob Expressionismus, Konstruktivismus oder Realismus, alle Ismen waren ihm austauschbare Begrifflichkeiten, deren mißverstandene Gesetzmäßigkeiten er nutzte, bis das Einschwenken auf einen neuen Kurs angeraten erschien. Im Kern blieb stets die Suche nach heute verschwommen anmutenden traditionellen Werten pseudo-mystischer und pseudo-religiöser Natur, verbrämt mit der Begeisterung für alles ‚Deutsche', ‚Völkische' und ‚Volkhafte'. Habicht kannte keinen Stil, sondern nur Stilmittel, deren beliebige Nutzung letztlich allein auf seine Persönlichkeit selbst zurücklenkten. Unzufrieden mit der Gegenwart und unfähig, sich mit ihr auseinanderzusetzen, träumte er stets den gleichen Traum einer Zukunft, die sich in jeder Hinsicht besser für ihn gestalten sollte.

Victor Curt Habicht und seine Kritiker

Ein Gutachten des renommierten Kunsthistorikers Wilhelm Pinder zeigt, daß dieser die widersprüchliche Persönlichkeit des hannoverschen Kollegen durchschaut hatte. Sein Urteil stammt aus dem Jahr 1937, die Aussage jedoch ist unabhängig vom Zeitpunkt gültig für die Person Habichts. Pinder schrieb: „Ich kenne die Art des Herrn Kollegen Habicht schon seit vielen Jahren und habe leider nie einen anderen Eindruck haben können als den, daß ein an sich durchaus nicht unbegabter Mensch durch den Mangel an echtem wissenschaftlichen Ethos um Möglichkeiten in sich selbst dauernd betrogen worden ist... Den Grund sehe ich ausschließlich in einem unablässigen Denken des Mannes an sich selbst statt an die Sache... Menschliche Schwächen dieser Art können überwunden werden, wenn eine Erziehung durch andere und vor allem durch sich selber mit Entschiedenheit einsetzt. Es ist merkwürdig, aber jedem mit wissenschaftlicher Arbeit Vertrauten einleuchtend, daß bei einer solchen falschen Grundhaltung selbst wirklich vorhandene Anlagen nicht zu freier Entfaltung kommen können. Das heißt: eine unklare wissenschaftliche Gesinnung erzeugt unklare wissenschaftliche Ergebnisse."[95]

Schwierigkeiten mit Habichts Eigenarten, allen voran dem Egoismus und der Überheblichkeit, hatten auch die hannoverschen Kollegen.[96] So beklagte sich Alexander Dorner bei dessen Vorgesetztem beim HANNOVERSCHEN KURIER, Kurt Voß, Habicht habe in der Angelegenheit des Bertram-Altar-Ankaufs in der Öffentlichkeit den Eindruck erweckt, „als wenn (er) der Anlaß gewesen wäre, daß der Altar zu uns gekommen ist, was in keiner Weise den Tatsachen entspricht".[97] Ein anderes Mal distanzierte sich der KURIER öffentlich von dem Inhalt einer Kritik Habichts zur Nolde-Ausstellung der Kestner-Gesellschaft vom Mai 1928.[98] Der schärfste Kritiker in Hannover aber war Christof Spengemann. Als Mitherausgeber der ZWEEMANN-Publikationen bot er Habicht zwar ein Forum für dessen expressionistische Gedichte, Essays und Mysterienspiele. Aus seinen unveröffentlichten Aufzeichnungen[99] geht jedoch hervor, daß er an dem volltönenden Pathos dieses Autors offensichtlich wenig Gefallen fand.[100] „Viktor Ehrenpreis" oder „Viktor Kurt Schillerpreis",[101] wie Spengemann den 1920 mit der Ehrengabe der Schiller-Stiftung[102] Ausgezeichneten spöttisch titulierte, war für ihn das Musterbeispiel eines Kunsthistorikers, der „ein Monokel trägt, durch das er rückwärts blickt".[103] Der Autor von „Problemchendichtung" über „die Lübe"[104] und ähnlich Ungewichtiges beherrsche, so Spengemann respektlos, immerhin „die Kunst, bei knurrendem Magen gottähnlich zu bleiben".[105] Gerade die Verknüpfung von Banalem mit dem Streben nach Unendlichkeit machte ihn in Spengemanns Augen überaus lächerlich.[106]

Christof Spengemanns Spott und Hohn[107] ergossen sich über Habichts Attitüden und Eitelkeiten vor allem Anfang der zwanziger Jahre, zu einem Zeitpunkt, als die weitere persönliche wie die künstlerische Entwicklung des Kunsthistorikers ebenso wie der Verlauf des politischen Systems, in dem beide lebten, noch ungewiß war. Der Versuch der gemeinsamen Bekannten Käte Steinitz, den Besuch Habichts in ihrem Salon durch Durchstreichen seines Namens im nachhinein ungeschehen zu machen, hingegen stammt aus Steinitz' amerikanischen Jahren nach dem Zweiten Weltkrieg und damit auch nach Habichts Tod.[108] Sie unternahm ihn, weil sie von Habichts führender Rolle im Kampfausschuß der deutschen Studentenschaft Hannover zur Bekämpfung von Schmutz und Schund und damit auch von seiner Rede anläßlich der Bücherverbrennung am 10. Mai 1933 wußte.[109] Hier hatte Habicht betont, kein Deutscher dürfe sich weiterhin „von weniger gebildeten Menschen anderer Nationen" in seinem „Deutschtum beschämen" lassen, und er hatte seine Rede „mit einem Sieg-Heil auf die deutsche Kunst, Kultur und Wissenschaft" beschlossen.[110] Hatte Käte Steinitz auch erfahren, was Habicht über die Arbeiten der Künstlergruppe die abstrakten hannover, für deren Anerkennung er sich zuvor persönlich eingesetzt hatte, nun zu sagen hatte? „Das Abnormitätenkabinett der Abstrakten ist verschwunden, und dem wird, außer den Abstrakten selbst, niemand nachtrauern."[111], hieß es da. Kannte sie Schriften Habichts aus den dreißiger Jahren, Artikel etwa in der Zeitschrift NIEDERSACHSEN, die von der Notwendigkeit sprachen, das lange vernachlässigte deutsche Kul-

Gutachten Wilhelm Pinders vom Kunstgeschichtlichen Institut der Friedrich-Wilhelms-Universität Berlin über Victor Curt Habicht. 28. Oktober 1937

turgut zu neuen Ehren zu bringen, und junge künstlerische Kräfte vorstellten, die „strenge, einfache, schlichte deutsche Arbeiten" schufen? Oder hatte sie Beiträge gelesen, die, nicht unwidersprochen, die große Ausstrahlung niedersächsischen Kunstschaffens in Skandinavien zum Thema hatten und langatmig über „Bildung und Handwerk"[112] referierten, um die alte Forderung nach engerer Verbindung zwischen Kunst und Volk wiederzubeleben?

Jetzt also waren es der Nationalsozialismus und dessen Kunstpolitik, von denen sich dieser „gescheite, aber nicht kluge, verhängnisvoll labile Mann"[113] die „wirklich dem Volke gehörende, von ihm getragene, neuen Geist der Großen Zeit entsprechende Kunst"[114] erhoffte. Das Vokabular änderte sich, Begrifflichkeiten wie „rassemäßig", „nordischer Typus" und Forderungen nach „deutscher Stärke"[115] tauchten in Habichts Rezensionen immer häufiger auf, der Feuilletonist wechselte bezeichnenderweise vom HANNOVERSCHEN KURIER zur nationalsozialistischen NIEDERSÄCHSISCHEN TAGESZEITUNG. Doch der Mensch Victor Curt Habicht hatte sich nicht geändert, wieder hatte er keine Skrupel, sich mit den Gegebenheiten zu arrangieren, auch wenn ihm dies den Bruch mit Bisherigem abverlangte. Dabei schien das neue Kunstdenken lange Zeit seinen irrationalen, mystisch-verworrenen Gedankengebilden weit entgegenzukommen. Geblieben war die Überzeugung, „daß der Mensch ein Inneres und ein Äußeres hat, und daß die deutsche Sehnsucht nach der Tiefenschau und künstlerischen Sichtbarmachung mindestens ebenbürtig neben der Verklärung und letztmöglichen Ausnutzung der anderen Seite steht".[116] Die deutsche Kunst wolle, so Habicht, „nicht so sehr auf die Sinne und den Verstand wirken, als vielmehr zum Herzen und zu der Seele sprechen"[117] Neu war weder das Reden von „Deutschlands wahrer Geistlichkeit" noch das von „Gemeinschaft der seelischen Haltung, Gleichheit des Erlebens und Gleichklang der künstlerischen Sprache". Habicht bemerkte offenbar zu keinem Zeitpunkt, daß die Forderung nach einem „herben, zuchtvollen, der Größe und Gefahr dieser Zeit vollentsprechenden Stil"[118] nur sehr wenig mit dem zu tun hatte, was er selbst in den vorangegangenen Jahrzehnten in literarischer Hinsicht geschaffen hatte.

Stattdessen wurde ihm jetzt, in seinem fünften Lebensjahrzehnt, langsam die Würdigung zuteil, die der Freund der großen Geste seit langem beanspruchte. „Wenn der Plan einer niedersächsischen Akademie einmal Wirklichkeit werden sollte, wird man dem Hannoverschen Gelehrten einen Ehrenplatz einzuräumen haben",[119] hatte etwa Waldemar Augustiny schon 1931 in der Zeitschrift NIEDERSACHSEN formuliert. Weder die kunstpolitischen und akademischen vorgesetzten Gremien in Berlin noch jene in Hannover schienen anderer Meinung zu sein. Zwar wisse man von Habichts früheren Arbeiten für den „damals dadaistisch-edelkommunistisch eingestellten Verlag Steegemann in Hannover", welche „durchgängig als kulturbolschewistisch"[120] zu bezeichnen seien, so der zuständige Ministerialrat des Reichs- und Preußischen Ministeriums für Wissenschaft, Erziehung und Volksbildung. Aber aus diesen „wilden Büchern"[121] sollten Ha-

Aufruf zur Bücherverbrennung, Flugblatt. Frühjahr 1933

Kampf der Deutschen Studentenschaft gegen Schmutz und Schund!

Wir wollen deutschen Geist von Deutschen für Deutsche!

Deshalb Kampf:
dem Einfluß des **Judentums** und dem Sichbreitmachen **jüdischen Geistes** in der deutschen Kultur;
Ausmerzung des das Deutschtum **herabsetzenden** oder das Deutschtum **schädigenden** Schrifttums,
des **marxistischen** Schrifttums,
des auf die **niedersten Instinkte** gerichteten Schrifttums,
des **flachen, ungeistigen** und in der Form mangelhaften Schrifttums (Schund).

Deshalb aber auch Förderung:
1. des **deutschen schöpferischen Denkens**,
2. des **deutschen geistigen** und künstlerischen Schaffens,
3. des die Größe und das Ansehen des Deutschtums fördernden Schrifttums.

Wir befürworten ein Gesetz, das
1. die Kritik deutscher künstlerischer, literarischer und wissenschaftlicher Werke durch Nichtarier innerhalb Deutschlands verbietet;
2. die Vernichtung zukünftig erscheinender, dem Deutschtum schädlicher oder das Deutschtum herabsetzender Schriften in voller Auflage verlangen kann.

Darum fordert **die Deutsche Studentenschaft Hannover** die gesamte Öffentlichkeit auf, sich an ihrem Kampfe aktiv zu beteiligen:
1. durch Abgabe der oben genannten Literatur,
2. durch Zustimmung zu den obigen Forderungen,
3. durch Teilnahme an der öffentlichen Verbrennung am 10. Mai an der Bismarcksäule.

Öffentliche Sammelstellen:
Technische Hochschule
Tierärztliche Hochschule
Goethe- und Realgymnasium
Leibnizschule, Humboldtschule
Staatlich-Städt. Handwerker- und Kunstgewerbeschule

Kampfausschuß
der Deutschen Studentenschaft Hannover zur Bekämpfung von Schund und Schmutz.
J. A. Hansen.

bicht nach Ansicht der hiesigen Gauleitung „keine Nachteile erwachsen, da infolge seines jetzigen Einsatzes gegen seine politische Zuverlässigkeit keine Bedenken bestehen".[122] Für die meisten anderen Mitarbeiter dieses umtriebigen und respektlosen Verlagsexperiments galten solcherlei wohlwollende Differenzierungen nicht.

Wann immer es in den Jahren bis zu Habichts Tod 1945 zu Problemen mit Kollegen und Behörden kam, so erklärten sich diese weniger aus partei- oder kunstpolitisch bedingten Meinungsverschiedenheiten als aus der Persönlichkeit Victor Curt Habichts. Wer Kritik an ihm übte wie etwa der Deutsche Verein für Kunstwissenschaft, in dessen Diensten Habicht ganz zu Beginn seiner Laufbahn gestanden hatte und dessen Vorstand ihm von da an aus ungeklärter Ursache kritisch gegenüberstand, riskierte, unversehens als „Juden-Verein"[123] beschimpft zu werden. Als Egoismus, Dünkelhaftigkeit und Überheblichkeit Habichts wissenschaftliche Arbeit in den dreißiger Jahren immer erheblicher beeinträchtigten und nachdem er anläßlich mehrerer Forschungsreisen nach Skandinavien die dortigen Kollegen mit seiner Behauptung, ihre heimische Kunst sei ausschließlich germanischen Ursprungs,[124] derart brüskiert hatte, daß sie beim zuständigen Ministerium offiziell Protest einlegten, erschien es dem zuständigen Minister „aus kulturpolitischen Gründen erforderlich, daß Professor Habicht seinen Verkehr mit den skandinavischen Ländern einschränkt. Es verbleibt bei meiner Entscheidung, nach der Professor Habicht einstweilen für Auslandsreisen meiner Genehmigung bedarf und seinen Schriftwechsel mit skandinavischen Gelehrten durch meine Hand zu leiten hat."[125] Die wissenschaftliche Karriere, die vermittels ideologisch-politischer Stromlinienförmigkeit zu gewisser Reputation gelangt war, litt auch in den Jahren des Nationalsozialismus unter den Unwägbarkeiten eines allzu egozentrischen Menschen.

1 Steinitz, Käte; Kurt Schwitters. Erinnerungen, S. 138. Vgl. auch die Biographie Habichts in der engl. Fassung: Steinitz, Kate T.; Kurt Schwitters. A Portrait from Life, S. 209f. Vgl. Obenaus, Herbert; Liberales Klima, S. 131. Vgl. die Eintragungen vom 13. Februar 1927, 7.-8. Mai 1927 u. 22. Juni 1927 in: galerie gmurzynska; Gästebuch von Käte Steinitz.

2 Zu Käte Steinitz vgl. Sprengel Museum Hannover; Kate Steinitz. Gukkel, Sabine; Feine alte Sache. Wilson Library; Kate Steinitz, S. 513–557. Vgl. zur Rolle einer Bohemienne: Kreuzer, Helmut; Boheme, bes. S. 188ff.

3 Käte Steinitz berichtete, der amerikanische Künstler Paul Rand habe das Foto nach Habichts Tod, in ihrer amerikanischen Zeit, derart bearbeitet und damit auf ihre Schilderung von Habichts Rolle im Nationalsozialismus reagiert (Steinitz, Käte; Erinnerungen, S. 139).

4 Nach Auskunft der Tochter Ilse Berg unterhielt das Ehepaar Steinitz Ende der zwanziger Jahre einen Freitisch für Notleidende, auch, aber nicht ausschließlich, für arme Künstler (Gesprächsprotokoll Ilse Berg, 13. November 1992).

5 Vgl. Schreiben Dr. Franck-Greiz' an Victor Curt Habicht, 25. November 1933, bezüglich der Unterstützung des Malers Ernst Thoms (StAH HR 19, 386). Vgl. auch das Schreiben Habichts an Obermedizinalrat Dr. Lombat, 25. März 1935, bezüglich des Malers Ernst Rüter (StAH HR 19, 366).

6 Habicht, V.C.; VII. Ausstellung der Galerie von Garvens, Hann. Kurier, 9. Mai 1921.

7 Habicht, V.C.; China-Porzellan und Chrysanthemum, Hann. Kurier, 16. November 1920. Vgl. auch Habicht, V.C.; Russische Kunst, Hann. Kurier, 17. März 1921.

8 Habicht, V.C.; Kubin-Ausstellung in der Galerie von Garvens, Hann. Kurier, 1921, in: Galerie von Garvens; Zwei Jahre Galerie von Garvens (SAH 2236).

9 Sicher ist Habichts Engagement für die Kestner-Gesellschaft auch durch die Tatsache begründet, daß mit Albert Brinckmann sein ehemaliger Vorgesetzter und mit Paul Erich Küppers sein Nachfolger am Kestner-Museum maßgeblich an deren Entstehung beteiligt waren.

10 Die Kestner-Gesellschaft überstellte Habicht im Januar 1921 eine Ehren-Mitgliedskarte und erhoffte sich im Gegenzug eine rege Rezensionstätigkeit des Kritikers für den HANNOVERSCHEN KURIER (Schreiben der Kestner-Gesellschaft an Victor Curt Habicht, 3. Januar 1921 (NStAH Dep. 100 A. 13). Vgl. Kestner-Gesellschaft e.V. (Hg.); Rückblick auf die Jahre 1916/1921. Programm für das Vereinsjahr 1921/1922, S. 26.

11 Ebda., S. 20. Dieser Vortrag ist aus ungeklärten Gründen nicht in die von Wieland Schmied zusammengestellte Auflistung der Veranstaltungen der Kestner-Gesellschaft aufgenommen worden (Schmied, Wieland; Wegbereiter zur modernen Kunst, S. 272ff).

12 Schreiben V. C. Habichts an Alexander Dorner, 28. Dezember 1925 (Reg. LaMu II.2.2. Gemälde neuer Meister. Ankäufe 1. Januar 1921–31. Dezember 1925).

13 Kestner-Gesellschaft e.V. (Hg.); Neue Kunst aus Hannoverschem Privatbesitz. Architekturen von E. Mendelsohn, XXX. Sonderausstellung, Hannover 1920.

14 Habicht, Victor Curt; Paul Küppers †, in: Kestner-Gesellschaft e.V. (Hg.); 48. Sonderausstellung. Meisterwerke deutscher Kunst aus hannoverschem Privatbesitz, Hannover 1922. Vgl. Schmied, Wieland; Wegbereiter zur modernen Kunst, S. 279. Zur gleichen Zeit war Habicht offenbar Mittelpunkt einer von dem Herausgeber der Kunstzeitschrift DER CICERONE und Erstem Vorsitzenden der Kestner-Gesellschaft, Georg Biermann, gesponnenen Intrige um die Nachfolge Küppers'. Kurt Schwitters jedenfalls forderte den befreundeten Braunschweiger Künstler Walter Dexel in dieser Zeit der Vakanz wiederholt auf, sich um den Posten als Leiter der Kestner-Gesellschaft zu bewerben. Biermann habe schon zu Küppers' Lebzeiten versucht, diesen „heraus(zu)ekeln, um die Stelle Habicht zu geben. Biermann und Habicht sind ja sehr intim." (Schreiben Kurt Schwitters' an Walter Dexel, 9. Januar 1922, in: Nündel, Ernst; Kurt Schwitters. Briefe, S. 62). In der Tat macht der entsprechende Schriftwechsel Biermanns (in: NStAH Dep. 100 A. 18) deutlich, daß dieser sich große Mühe gab, anderen Bewerbern den Posten als unattraktiv darzustellen, um ihn Habicht zu übertragen. Er holte in diesem Zusammenhang auch eine Reihe von Gutachten über Habicht ein. Eines davon kam von Reichskunstwart Erwin Redslob, der Habicht schon seit längerem kannte und für eine „für unmittelbar praktische Arbeit veranlagte Persönlichkeit" hielt, „die der Kestner-Gesellschaft von großem Nutzen sein könne (Schreiben Erwin Redlobs an Georg Biermann, Kestner-Gesellschaft, 16. Februar 1922 (NStAH Dep. 100 A. 18)). Biermann antwortete Redslob am 18. Februar 1922: „Seltsamerweise macht sich bei gewissen Leuten des Vorstandes und Beirates, die Prof. Habicht meist allerdings gar nicht oder nur sehr oberflächlich kennen, gegen ihn eine gewisse Stimmung geltend." (Schreiben Georg Biermanns, Kestner-Gesellschaft, an Erwin Redslob, 18. Februar 1922 (NStAH Dep. 100 A. 18)).

15 S., K.; Hannovers erste MERZ-Matinee, in: Störtebeker, Nr. 1, 1924, S. 21f.

16 Habicht, V. C.; Quader-Ausstellung. Brach-Zinek, Hann. Kurier, Januar 1925 (NL BZ, Ordner I: Hann. Maler, Schriftsteller, Graphiker der zwanziger Jahre, Teil I).

17 Ebda.

18 galerie bargera, die abstrakten hannover, o. S. Erlhoff, Michael; Abstraktion einer konkreten Stadt, S. 62. Valstar, Arta Jacoba Angela Nora; Die abstrakten hannover, S. 237. Auch die Tochter Rudolf Jahns, Barbara Roselieb-Jahns, erwähnte im Gespräch die Verbindung Habichts zu den abstrakten hannover (Gesprächsprotokoll Roselieb-Jahns, 16. Januar 1993).

19 Einladungskarte DIE ABSTRAKTEN HANNOVER. ORTSGRUPPE DER INTERNATIONALEN VEREINIGUNG DER EXPRESSIONISTEN, FUTURISTEN, CUBISTEN, KONSTRUKTIVISTEN E.V., unterschrieben von Carl Buchheister, gesandt an Hanns Krenz, 23. September 1927 (NStAH Dep. 100, A.33).

20 Einladungskarte zum Vortrag, unterschrieben von Carl Buchheister, gesandt an die Kestner-Gesellschaft, 6. Februar 1928 (NStAH Dep. 100, A.34).

21 Vgl. dazu Rump, Gerhard Charles; Carl Buchheister, S. 266f.

22 Selbst ein ansonsten so gut informierter Journalist wie Karl Brinkmann (Brinko), der für den VOLKSWILLEN und die Zeitschrift DIE FREIE VOLKSBÜHNE schrieb, berichtete von Schnitters und Lange-Gildewart statt von Kurt Schwitters und Friedrich Vordemberge-Gildewart (Brinkmann, Karl; Kleines Feuilleton. Ausstellung abstrakter Kunst, Volkswille, 15. März 1928).

23 Der Kunsthistoriker und Kunsttheoretiker Wilhelm Worringer hatte 1908 mit seiner Dissertation ABSTRAKTION UND EINFÜHLUNG für Aufsehen gesorgt. Hier etablierte er das gedankliche Konstrukt von zwei

"entgegengesetzten Lagern einer darstellenden und einer nicht-darstellenden Kunst". Während er die darstellende Kunst der mediterranen Welt „und ihrem ewigen Klassizismus" zuordnete, war für ihn die nicht-gegenständliche, abstrakte Kunst der nordischen Welt „und ihrem ewigen Romantizismus" zugehörig (Argan, Giulio Carlo; Kunst des 20. Jahrhunderts, S. 54 u. 149).

24 So Habichts Ausführungen, zitiert im Bericht von dessen Kollegen Kurt Voß: V; Gute und schlechte Abstraktion. Vortrag und Ausstellung bei den Abstrakten, Hann. Kurier, 21. Februar 1928.

25 Ebda.

26 Ebda. Vgl. auch C., G.; Die abstrakten hannover, Niederdeutsche Zeitung, 21. Februar 1928. C., G.; Die abstrakten hannover, Niederdeutsche Zeitung, 5. März 1928. Spengemann, Christof; Die Abstrakten, Hann. Tageblatt, 4. März 1928.

27 Vgl. Valstar, Arta Jacoba Angela Nora; Die abstrakten hannover, S. 239 f. C., G.; Die abstrakten hannover, Niederdeutsche Zeitung, 5. März 1928.

28 Vgl. zur Biographie Habichts die Personalakte Habicht im BDC. Personalakte und Lehrerpersonalakte Habicht (StAH, P 333 und P 92). Vgl. besonders NStAH Hann. 146A/Acc. 88/81, Nr. 152, und hier die zwei Lebensläufe Habichts, beide nicht exakt datiert, einer aus der Zeit um 1914, der andere aus der Zeit nach 1933 stammen. Vgl. hier auch den von Habicht ausgefüllten Personalbogen der Technischen Hochschule Hannover, ausgefüllt am 13. Mai 1914. Vgl. Elster, Hanns Martin; Dichter unserer Zeit. V.C. Habicht, Hann. Kurier, 12. März 1922. Raabe, Paul; Autoren und Bücher, S. 182 f. Dresslers Kunsthandbuch, Bd. 3, S. 1203. Klössel, Christiane, Zweemann, S. 124.

29 Nicht datierter Lebenslauf Victor Curt Habichts, verfaßt um 1914 (NStAH Hann. 146A/Acc. 88/81, Nr. 152).

30 Vgl. das Gutachten über die Dissertation in Abschrift, unterzeichnet von K. Mohrmann, nicht datiert (NStAH Hann. 146A/Acc. 88/81, Nr. 152).

31 Nicht datierter Lebenslauf Victor Curt Habichts, verfaßt um 1914 (NStAH Hann. 146A/Acc. 88/81, Nr. 152). Vgl. Zimmermann, Helmut; Kurzbiographien, S. 214. Vgl. auch: Catalogus Professorum 1831–1981, Bd. 2, S. 93.

32 Schreiben Albert Brinckmanns an den Magistrat, 2. Juni 1914 (Personalakte Habicht StAH, P 333). Vgl. zur Arbeit Habichts für das Kestner-Museum vor allem die beiden Zeitungsbeiträge: Habicht, V.C.; Neuerworbene Gemälde moderner Meister im Kestner-Museum in Hannover, in: Der Cicerone, V. Jhg., H. 14, Juli 1913, S. 527–535. H., V.C.; Kunst, Wissenschaft und Leben. Zur Sonderausstellung des Kestner-Museums, in: Hann. Anzeiger, 6. Juli 1913.

33 Prof. Dr. Habicht; Die verborgenen Kunstschätze Hannovers, Hann. Kurier, 19. November 1920.

34 H., V.C.; Kunst, Wissenschaft und Leben. Zur Sonderausstellung des Kestner-Museums, Hann. Anzeiger, 6. Juli 1913.

35 Schreiben V.C. Habichts an den Vorstand der 1. Abtlg. der Kgl. Technischen Hochschule vom 30. November 1913. Vgl. den Verpflichtungsschein zur Habilitation vom 16. März 1914. Vgl. Schreiben des Ministeriums für Geistl. und Unterrichtsangelegenheiten, Berlin, an V.C. Habicht, 19. November 1914. Vgl. Schreiben des Abtlgs.-Kollegiums der Technischen Hochschule Hannover, betr. Habilitation des PD Dr. phil. C.V. Habicht, 16. März 1914, an den Herrn Minister der Geistl. und Unterrichtsangelegenheiten. Alle Dokumente in: NStAH Hann. 146A/Acc. 88/81, Nr. 152.

36 Schreiben des Ministeriums für Geistliche und Unterrichtsangelegenheiten an den Rektor der Technischen Hochschule Hannover, 27. Dezember 1918 (NStAH Hann. 146A/Acc. 88/81, Nr. 152).

37 Vgl. allg. die Personalakten Habichts im BDC und NStAH Hann. 146A/Acc. 88/81, Nr. 152.

38 Schreiben des Gauleiterstellvertreters Kurt Schmalz an die Technische Hochschule, übermittelt durch den Dozentenbundführer Pg. Vierling, 16. März 1937 (NStAH Hann. 146A/Acc 88/81, Nr. 152). Hier hieß es: „Ich habe mich seit über einem Jahr dafür verwendet, daß der ... Professor Dr. C. V. (sic!) Habicht ... einen Lehrstuhl bekommt, und würde es sehr begrüßen, wenn Professor Habicht an der hiesigen Technischen Hochschule in ein festes Verhältnis gebracht werden könnte. Prof. Dr. Habicht ist mir bei vielen Gelegenheiten in kultureller Arbeit sehr förderlich. Gegen seine politische Zuverlässigkeit bestehen hier keine Bedenken." Obwohl sich die Studentenschaft der Technischen Hochschule zwischenzeitlich gegen eine Besetzung des Lehrstuhls für Kunstgeschichte mit Habicht ausgesprochen hatte (Schreiben der Studentenschaft der Technischen Hochschule an den Dekan für Fakultät für Bauwesen, 16. Dezember 1932 (NStAH Hann. 146A/Acc 88/81, Nr. 152)), wurde der Kunsthistoriker zum 1. Januar 1940 zum außerplanmäßigen Professor ernannt (Schreiben des Reichsministers für Wissenschaft, Kultur und Volksbildung, an den Rektor der Technischen Hochschule, 7. Dezember 1939 (NStAH Hann. 146A/Acc. 88/81, Nr. 152)).

39 Schreiben des Dekans der Fakultät für Bauwesen an der Technischen Hochschule Hannover an den Minister für Wissenschaft, Kultur und Volksbildung, 11. Januar 1933 (NStAH Hann. 146A/Acc. 88/81, Nr. 152).

40 Ebda.

41 Schreiben Habichts an den Dekan der Fakultät für Bauwesen der Technischen Hochschule, 7. Januar 1933 (NStAH Hann. 146A/Acc. 88/81, Nr. 152). Das durchschnittliche Monatseinkommen eines hannoverschen Facharbeiters in der Metallindustrie betrug zur gleichen Zeit etwa 180 RM (Mlynek, Klaus; Hannover in der Weimarer Republik und unter dem Nationalsozialismus, S. 451).

42 „Sie als Rector sind doch der Einzige, der etwas tun kann. So lange man gut angezogen ist und gepflegt aussieht, glaubt einem kein Mensch das Elend. Unsere Einnahmen schwankten diesen Sommer zwischen 3–500 M durchschnittlich im Monat, trotz intensivster geistiger und körperlicher Arbeit. Woher es kommen mag, daß man trotzdem ... anständig gekleidet (ist), ersparen Sie mir bitte zu erklären." (Schreiben der Amalie Habicht, Charlottenburg, an den Rektor der Technischen Hochschule Hannover, 26. Oktober 1921, NStAH Hann. 146A/Acc. 88/81, Nr. 152).

43 Prof. Dr. V.C. Habicht; Die Fakultät für allgemeine Wissenschaften, Hann. Tageblatt, 14. Juni 1931.

44 Ebda.

45 Schreiben Dr. Habichts an die Kunstgewerbeschule Hannovers, 4. November 1933 (StAH Lehrerpersonalakte Habicht, P 92). Vgl. auch die Ankündigung einer Kunstgeschichtlichen Vortragsreihe in der Kunstgewerbeschule, Niederdeutsche Zeitung, 3. November 1926.

46 Ziegler, Charlotte; Volkshochschule Hannover, S. 23. Seit 1915 war Habicht als Schriftführer, bald darauf als Geschäftsführer der Volkstümlichen Hochschule Hannover tätig (Ebda., S. 12).
47 Ebda., S. 23.
48 Leibniz-Programm e.V., Hannover; Verzeichnis der Vorlesungen und Arbeitsgemeinschaften von Oktober bis Dezember 1921, Hannover 1921, S. 3.
49 Ziegler, Charlotte; Volkshochschule Hannover, S. 23.
50 Ebda.
51 Titel einer Vortragsreihe im Rahmen des Programms der Volkstümlichen Hochschule, Januar 1919, in: Kunstverein Hannover; Zwanziger Jahre, S. 15.
52 Ebda.
53 Habicht, Victor Curt; Kupferstiche der galanten Zeit. Ausstellung im Kestner-Museum, Hann. Kurier, 24. Juli 1926.
54 Habicht, V.C.; Ausstellung nordwestdeutscher Künstler, Hann. Kurier, 24. September 1922. Vgl. dazu: Habicht, V. C.; Der hannoversche Anteil an der künstlerischen Kultur Niedersachsens, in: Wolf, Paul (Hg.); Deutschlands Städtebau. Hannover, S. 54–62.
55 Vgl. etwa Habicht, Victor Curt; Russische Kunst. Zur 6. Ausstellung der Galerie von Garvens. Hann. Kurier, 17. März 1921.
56 Zitiert nach: Vahlbruch, Heinz; Ein Bildhauer aus dem Beduinenzelt. Jussuf Abbo: Ein vergessenes Mitglied der Hannoverschen Sezession, Hann. Allg. Zeitung, 7. Januar 1988.
57 Habicht wies der Technischen Hochschule gegenüber wiederholt mit Nachdruck darauf hin, daß ihm „die literarische Tätigkeit ... durch die Kriegsereignisse so gut wie unmöglich gemacht (worden sei), jedenfalls kann sie mir nicht als Grundlage der Existenz dienen." (Gesuch Habichts um ein Dozentenstipendium für das Wintersemester 1914/15, nicht datiert. (NStAH Hann. 146A/Acc. 88/81, Nr. 152)).
58 Habicht veröffentlichte jedoch offenbar in keinem auswärtigen expressionistischen Blatt.
59 Habicht, Victor Curt; Niedersächsische Gotik, in: Das Hohe Ufer, 1. Jhg., H. 4, April 1919, S. 108.
60 Habicht, Victor C.; Der Triumph des Todes. Mysterienspiel in drei Aufzügen (Die Silbergäule 29/30), Hannover 1920. Der Paul Steegemann Verlag warb für den Roman DIE LETZTE LUST folgendermaßen: „Das heiße, zischende, gärende 14. Jahrhundert, ... schwarzer Tod, Judenbrände, Hexen, Orgien der Lust, spannt der Dicher in grandiose Visionen. Wie die ersten Kapitel brennen im Taumel, peitschen, reizen, packen und lindern die letzten des Romans, aus denen ein Friede atmet, der das Leben versöhnt. Das Band des Eros umschlingt das Buch mit einer Kraft, Tiefe und Entschlossenheit, die es seither nicht gab." (Werbeblatt des Paul Steegemann Verlags, in: Die Pille, 1. Jhg., H. 17, 23. Dezember 1920, S. 399).
61 Habicht, Victor Curt; Echnaton. Auf der Rückseite des Titelblattes findet sich Habichts Einleitung: „1911 traf mich zum ersten Mal der liebezündende Zauber Echnatons. Die Gestalt rang in mir zum Leben, das zu spenden Pflicht gebot, Schmerz und Himmel wurde ... Die ewigen Strahlen des Gotthirnes und Glutherzens Echnaton brennen heute wie einst. Sie allein haben meine demütige Liebe." (Zitiert nach: Kunstverein Hannover; Zwanziger Jahre, S. 90). Vgl. auch Raabe, Paul; Autoren und Bücher, S. 183.
62 Habicht, V.C.; Pro Frustra, in: Der Zweemann, H. 8–10, 1. Jhg., Juni-August 1920, S. 32.
63 „Nationen schwinden/Scheidewände sinken: Reicht Euch die Hände." (Habicht, V.C.; Die Erlöser I (1919), in: Habicht, V.C.; Funke Gott, S. 26 ff.).
64 Ein Interesse an religiösen Themen in der Kunst hielt über Habichts expressionistische Phase Anfang der zwanziger Jahre hindurch an. 1926 erschien in Oldenburg sein Buch MARIA, eine Darstellung des Marienkults in der bildenden Kunst der vergangenen Jahrhunderte.
65 Habicht, V.C.; Funke Gott: „In Dich/In Dich, in Dich immer tiefer tauche meine Seele". Habicht, V.C.; Er, in: Habicht, V.C.; Drei Gedichte, in: Der Zweemann, H. 1, 1. Jhg., November 1919, S. 5.: „Die Flöten singen/Brunnen rauschen/Verzückung glüht in Demut um. Die Hände ringen/Herzen lauschen/Ewig verschlossen bleibt ER stumm." Habicht, V.C.; Selige Welt: „Herr Gott, Posaunen schmettern Donner Deiner Größe."
66 Habicht, V.C.; Der Triumph des Todes.
67 Habicht, V.C.; Selige Welt.
68 Habicht, V.C.; Politische Kunst (in: Der Zweemann, H.1, 1. Jhg. 1919, S. 18 f.): „Ich weiß, die Besten fehlen nicht im Rufe nach politischer Kunst; ich weiß, ein Toller will mit einem dramatischen Manifest in der WANDLUNG das menschlich Nächste, Gute, sehr beschwert und Reinheit voll. Und doch: ‚Nein!' ... Auch Geist hat Paradiese, schwellender als Fleisch, süßer als Wohllaut der Form, begnadeter als Schmelz der Farbe, entzauberner als Rhythmus ... Nicht Wandlung schreibe, geißle, dämme, stoße Hirne ein vom Martergang und gieße Eis auf eiskalte Gluten, Schönheit, Güte, Liebe, daß stark die Starken, heller im Fanal – und heiß die Kalten überwältigt von der Liebe!"
69 Habicht, V.C.; Odysseus und die Sirenen. Ein Gespräch (Der Zweemann Verlag), Hannover 1920 (im Ausschnitt auch abgedruckt in: Der Zweemann H. 8–10,1. Jhg., Juni-August 1920, S. 33): „Die Sirenenlieder dieser Dichtung sind mit mir geboren. Das Ganze niederschrieb ich in dem mich überschüttenden Frühjahr 1918 zu Miltenberg a.M. im Riesen." In einem zweiten Vorspruch zu ODYSSEUS UND DIE SIRENEN widmete Habicht sein Werk „dem Dichter des Maropampa" Hans Schiebelhuth, dem Mitherausgeber des ZWEEMANN, für den er arbeitete (Raabe, Paul; Autoren und Bücher, S. 183). Habicht, V.C.; Letzte Lust, Rückseite des Titelblatts: „Dies ist die einzigste (sic!) Frucht der schweren, süßen Monate August 1919 – Februar 1920." (zitiert nach: Kunstverein Hannover; Zwanziger Jahre, S. 92). Vgl. die für das expressionistische Verkündigungsdrama so typischen Odysseus-Thematik: Lämmert, Eberhard; Expressionistisches Verkündigungsdrama, S. 138–156. Raabe, Paul, Autoren und Bücher, S. 182 f. In den Vorbemerkungen zu seinen wissenschaftlichen Aufsätzen war Habicht oft nicht weniger umständlich und prätentiös. Hier hieß es im November 1921 etwa in einer Bildbeschreibung: „Das Bild, das ich mit den folgenden Zeilen in die Literatur einführen will, bekannt zu machen, zur Diskussion zu stellen, ist der Hauptzweck dieser Arbeit. Die eigne Meinung ... vorzutragen, ist selbstverständliche Pflicht. Mich eines Besseren belehren zu lassen, bin ich – wie stets – gern bereit ... Ich habe nichts vor, als der Wahrheit und unserer schönen Wissenschaft zu dienen, wenn ich meine Ansicht Berufeneren unterbreite. Und mehr soll nicht geschehen." (Habicht, V.C.; Miszellen zur deutschen Malerei um 1500, in: Monatshefte für Kunstwissenschaft, XV. Jhg., November 1921/22, S. 262 ff).
70 Erlhoff, Michael; Abstraktion einer konkreten Stadt, S. 62.

71 Jochen Meyer (Paul Steegemann Verlag (1975), S. 24) gibt für DER FUNKE GOTT mit 500 Exemplaren die niedrigste Auflage bei Steegemann-Publikationen an. Vgl. Kunstverein Hannover; Zwanziger Jahre, S. 90 f.
72 Elster, am 11. Juni 1888 in Köln geboren, war Anfang der zwanziger Jahre Herausgeber der Leipziger expressionistischen Zeitschrift DIE FLÖTE, der DRAMATURGISCHEN BLÄTTER DES HERZOGLICH SÄCHSISCHEN HOFTHEATERS COBURG-GOTHA. MONATSSCHRIFT DER GESELLSCHAFT FÜR LITERATUR UND MUSIK IN COBURG, ZEITSCHRIFT DES KÜNSTLERDANKS (Raabe, Paul; Zeitschriften und Sammlungen, S. 78 f., vgl. dazu: Der Zweemann, H. 7, Mai 1920, S. 4, H. 8, Juni/August 1920, S. 50). Elster begründete Mitte der zwanziger Jahre die Zeitschrift DIE HOREN neu (Ries, Matthias; Die Horen, in: Heimatland, 1973, S. 8). Vgl. auch Elsters Artikel über Paul Steegemanns SILBERGÄULE, der im August 1920 in der FLÖTE und im MARSTALL abgedruckt wurde (in: Der Marstall, H. 1/2, 1920, S. 53 ff). Am 23. April 1933 wurde Elster, der zuvor bereits Schatzmeister dieser Institution gewesen war, gemeinsam mit Hanns Johst in den neuen Vorstand des mittlerweile gleichgeschalteten PEN-Clubs berufen (Overesch, Manfred; Drittes Reich, S. 4). Christof Spengemann, selbst Mitglied des PEN-Clubs, mag sich des Rufes wegen, der Elster aus diesem Amt erwuchs, erinnert haben, als er diesen im November 1934 in seiner Aufnahmeerklärung für den Reichsverband Deutscher Schriftsteller e.V. als Bürgen nannte (Aufnahmeerklärung Christof Spengemanns für den Reichsverband Deutscher Schriftsteller, 6. November 1934, Personalakte Christof Spengemann BDC). Mitte der zwanziger Jahre war ein Vortrag Elsters in der Kestner-Gesellschaft geplant. Er mußte jedoch „aus pekuniären Gründen" aus dem Programm genommen werden (Schreiben der Kestner-Gesellschaft an Dr. Hanns Martin Elster, 15. Januar 1924 (NStAH Dep. 100, A.26)).
73 Vgl. exemplarisch Elster, Hanns Martin; Berliner Theaterbrief: Grabbes Napoleon, in: Hann. Kurier, 10. Mai 1931: „Merkst du, deutsches Volk, einmal wieder, was allein Hilfe in aller Not ist? Allein die Kräfte, die aus dem Innern und den Leibern von Männern quellen... Denn die lebendigen Kräfte der Volksseele sind von jeher ein Brunnen der Erneuerung aller Kunst, aller schöpferischen Arbeit gewesen. Nach diesem Grabbe-Abend wachsen wieder Hoffnungen, daß das deutsche Theater sich doch noch einmal aus seinem Verfall wieder emporrecke."
74 Elster, Hanns Martin; Dichter unserer Zeit: Victor Curt Habicht, in: Hann. Kurier, 12. März 1922.
75 Ebda.
76 Ebda.
77 Ebda.
78 Habicht wurde wegen eines Herzleidens als nicht kriegsverwendungsfähig eingestuft (nicht datierter Lebenslauf Victor Curt Habicht, nach 1933 (NStAH Hann. 146A/Acc. 88/81, Nr. 152)).
79 Habicht, Victor Curt; Deutschland, S. 9 ff: Rußland: „Bildungsfeindlichkeit, Unkultur, Korruption, Bestechlichkeit", Frankreich: „Entwicklung des Geistes *und* der Seele feindlichen Strömungen", England: „Scheinheiligkeit ohne Gefühl und Glauben, unsinnige Gier nach Geld, Rastlosigkeit im Erwerb bis zur Ertötung aller ideellen Funktionen, kurz ein krasser Materialismus".
80 Habicht, Victor Curt; Deutschland, S. 10.
81 Ebda., S. 15 ff.
82 Ebda., S. 23 ff. Hier dürften wohl auch persönliche Gründe Habichts eine Rolle gespielt haben. Er erhoffte sich eine Aufwertung seiner eigenen gesellschaftlichen Position.
83 Ebda., S. 18 ff.
84 Ebda., S. 29 ff. Habichts Argumentation blieb in diesem Punkt besonders unklar und verworren.
85 Ebda., S. 35 ff. u. 39 ff.
86 Ebda., S. 32 ff.
87 Ebda., S. 46 ff.
88 Ebda.
89 Ebda., S. 5.
90 Ebda., S. 33.
91 Ebda., S. 7.
92 Ebda.
93 Ebda.
94 Habicht, V.C.; China-Porzellan und Chrysanthemum, Hann. Kurier, 16. November 1920. Habicht, Victor Curt; Der niedersächsische Kunstkreis, Hannover 1930, S. 327: „Die nachfolgende Bewegung des Expressionismus hat in ihrer Gesamthaltung der Paula Modersohn fraglos viel zu verdanken. Niedersachsen hat außer der Gestalt *Noldes*... keinen entscheidenden Anteil mehr genommen. Die einst – kurz vor und nach dem Kriege – vielfach bewunderten Bilder Noldes halten nur noch zum kleineren Teile einer Beurteilung stand. Das Gewaltsame und Gekrampfte in Thema, Aufbau und den Farbwerten erscheint nicht mehr als Stärke, sondern als ebenso flache Stilisierung wie manches im Jugendstil etwa... Die hohe Absicht dieser ganzen Bewegung, mehr als Natur, d. h. nur Sichtbares zu geben, erweist sich in vielem als leere Zertrümmerung mühsam errungener Malkultur." Vgl. zur Rezension dieses Werkes: o.A.; V.C. Habicht; Der niedersächs. Kunstkreis, in: Kulturring, Februar 1931, S. 48.
95 Schreiben des Geheimrats Dr. Wilhelm Pinder, Kunstgeschichtliches Institut der Friedrich-Wilhelms-Universität, Berlin, an den Dekan der Fakultät für Bauwesen und Rektor der Technischen Hochschule, Prof. Dr. Simons, 28. Oktober 1937 (NStAH Hann. 146A Acc. 88/81, Nr. 152).
96 Der Rektor der Technischen Hochschule schrieb im Oktober 1937 an Ministerialrat Frey nach Berlin, er werde angesichts der sehr unterschiedlichen Beurteilungen der Leistungen Habichts durch dessen Kollegen „den Eindruck nicht los", daß diese „vielleicht durchaus unbewußt durch gewisse Antipathien gegen ihn oder seine Arbeitsrichtung sehr beinflußt werden" (Schreiben des Rektors der Technischen Hochschule an Ministerialrat Frey, 8. Oktober 1937 (NStAH Hann. 146A Acc. 88/81, Nr. 152).
97 Schreiben Alexander Dorners an Dr. Kurt Voß, 8. September 1930 (Reg. LaMu II.1.2. Kulturgeschichte 1) Gutachten über Bertram-Altar. 2) Ankauf des Bertram-Altares 1. Januar 1930–31. Dezember 1931). Vgl. dazu o.A.; V.C. Habicht. Der niedersächsische Kunstkreis, in: Kulturring, Februar 1931, S. 48: „Auch der kürzlich vom Provinzial-Museum erworbene wundervolle Altar Meister Bertrams ist von Habicht entdeckt... worden."
98 Der Artikel ist nicht genau datierbar. Er findet sich in: NStAH Dep. 100 G.3.
99 Es bleibt unbekannt, warum Spengemann seine Kritik an Person und Werk Victor Curt Habichts in jener Zeit nicht publik machte.

100 Vgl. etwa die beiden Artikel Habicht, V.C.; Gedächtnisfeier für Irmgard Halmhuber, Hann. Kurier, 7. Mai 1921, und Habicht, V.C.; O diese jungen Toten!, in: Galerie von Garvens (Hg.); Irmgard Halmhuber-Gedächtnis-Ausstellung, 5. Mai – 15. Juni 1921, im typisch schwelgerischen Ton jener Jahre. Vgl. Spengemanns respektlose Persiflage darauf in dem unveröffentlichten Typoskript MEMOIREN EINES ZU FRÜH GEBORENEN (SAH 2116).

101 Spengemann, Christof; Ypsilon, S. 41. Vgl. die Werbung des Paul Steegemann Verlages in der Zeitschrift DIE PILLE, 1. Jhg., H. 17, 23. Dezember 1920, S. 399.

102 Zur Preisverleihung vgl. o.A.; Mitteilungen für Bücherfreunde, in: Der Marstall, H. 1/2, 1919, S. 57. Neue Bücher. Weihnachten 1920, in: Die Pille, 1. Jhg., H. 17, 23. Dezember 1920, S. 399.

103 Spengemann, Christof; Der Funke. Beträchtliches über Beachtliches in Leben und Kunst, unveröff. Typoskript (SAH 2121). Vgl. auch Spengemann, Christof (MEMOIREN EINES ZU FRÜH GEBORENEN (SAH 2116)): „Journalisten tragen die Brille des geistigen Arbeiters! ... Manche von ihnen haben eine schalldämpfende historische Unterlage. Sie haben sozusagen vorn die Brille und hinten das Einglas." Vgl. auch die Schilderung des Zeitgenossen Habichts durch Georg Grabenhorst, der von einer Karikatur im Akademischen Verein a²V erzählt: „Da sah man nur diese schräge Schmachtlocke und ein stark gefälteltes Taschentuch und ein Monokel. Weiter nichts. Aber das war V. C. Habicht ... Er hatte 'was Ägyptisches. Er war immer gut angezogen und hatte immer ein gutes Rasierwasser." (Gesprächsprotokoll Georg Grabenhorst, 22. September 1992).

104 Spengemann, Christof; Ypsilon, S. 41.

105 Spengemann, Christof; Der Funke. Christof Spengemann verballhornte den gefühlstrunkenen Duktus der Habichtschen Vorsprüche in seinem Roman YPSILON, der 1924 entstand. Der Dichter und Literaturhistoriker Fredharry Schnuller verkörpert hier den Typus Habicht. Die Romanfigur Schnuller wurde von Spengemann als vage nach Höherem Strebender und doch ganz im Materiellen verhafteter, bei philosophischen Betrachtungen genüßlich Leberwurstbrote verzehrender ‚Möchtegern-Messias' gezeichnet (Spengemann, Christof; Ypsilon, S. 51). „Der Christus von Niedersachsen" (Ebda.), der „die Kunstgeschichte fließend von vorn und hinten aufsagen kann" (Ebda., S. 85), erkennt in einem Gespräch mit dem Titelhelden Ypsilon die Beschränktheit seiner Existenz und die vergebliche Suche nach dem Unendlichen und sucht ihr pathetisch durch Selbstmord ein Ende zu setzen, was mißlingt und „Schnullern" als kläglich lächerlichen Tropf dastehen läßt. Ypsilon urteilt am Schluß über Schnullers Ausruf, nach dem dieser jetzt zum „abstrakten Menschen" geworden sei: „Ist das ein abstrakter Mensch, der so platt reagiert, daß er eine rein geistige Theorie verwirklichen will? Ach, was sind Sie doch für eine gegenständliche Kreatur! Was sind Sie doch für eine kompakte Fleischmasse!" (Ebda., S. 90).

106 Über Habichts Buch über den ägyptischen Pharao Echnaton urteilte Spengemann, der den Jüngeren auch aus dem Künstlerzirkel DER QUADER her kannte, ironisch: „Heil Dir, Viktor Curt Quadermichel, der du durch die hohle Gasse zu uns kamst ... Er hat nun auch ein Buch über die Ägypter geschrieben. Wer möchte ihm zürnen? 500 Seiten Quellengemurmel und zum Schluß doch ein eigener Gedanke ... Herr Quadermichel glaubt zu wissen, daß die Dauerleichen der Könige inzwischen stark nach Tran schmecken dürften ... Das ist vormals noch nie ausgesprochen worden ... Wie kann Herr Quadermichel wissen? Hat er 1) je an einer Mumie gefressen? Es ist verboten. 2) Hat er hinreichende Vergleichsmöglichkeiten? Es scheint, er hat ... 2b) sein eigenes Buch nicht gelesen? ... Glaube mir, bestenfalls hat der Kunsthistoriker eine pittoreske Nase. Und es ist nicht einzusehen, wie sich von dieser Nase innige Fäden zur Kunst entwickeln sollten. Weiß er, daß der Himmel da beginnt, wo alle Bäume aufhören? Nein! Nein! Nein!" (Spengemann, Christof; Memoiren, SAH 2116).

107 Interessant ist in diesem Zusammenhang auch die Aussage des Steegemann-Vertrauten und Journalisten Manfred Georg, der in seinem Beitrag GEGEN DEN EHERING im STÖRTEBEKER die Kokotte dem potentiellen Ehebrecher die Worte sagen ließ: „Die edlen unter ihnen, die nicht umsonst W. (sic!) C. Habicht gelesen haben, sagen in solchen Augenblick: ‚Pfui, geh' zu deiner Frau.'" (Georg, Manfred; Gegen den Ehering, in: Störtebeker, Nr. 2, 1924, S. 44).

108 Habicht starb nicht irgendwann und irgendwo an einer Front des Zweiten Weltkrieges, wie Käte Steinitz vermutete, sondern am 10. Juli 1945 an Krebs in Hannover (Steinitz, Käte; Erinnerungen, S. 138. Steinitz, Kate T.; Kurt Schwitters. A Portrait from Life, S. 209). Nachweis zur Anweisung der Versorgungsbezüge, 14. August 1945 (NStAH Hann. 146A Acc. 88/81, Nr. 152). Raabe, Paul; Autoren und Bücher, S. 182.

109 Obenaus, Herbert; Liberales Klima, S. 131. Dietzler, Anke; Bücherverbrennung, S. 108 u. 118 f. Dietzler, Anke; Gleichschaltung des kulturellen Lebens, S. 177. Mlynek, Klaus; Mlynek in der Weimarer Republik und unter dem Nationalsozialismus, S. 524. Vgl. Erlhoff, Michael; Christoph (sic!) Spengemann, S. 169. Erlhoff, Michael; Abstraktion einer konkreten Stadt, S. 62. Vgl. allg. und ohne daß der Name Habichts genannt wird: Nobis, Beatrix; Autodafé. Habicht führte, so die NIEDERSÄCHSISCHE TAGESZEITUNG in ihrer Berichterstattung zwei Tage später, in seiner Rede aus, „daß es nicht nur notwendig sei, den Schmutz zu beseitigen und seine Wiederkehr zu verhüten. Es sei auch nötig, daß der Deutsche die Werke annimmt, die Denker und Dichter ihm aus ihren göttlichen Gaben schenkten. Trotz aller Arbeitslast sei immer auch einmal Zeit, ein Gedicht von *Hölderlin* zu lesen und auch nach dem *Meister Ekkehard* zu greifen". Seine Rede klang aus „in dem Gelöbnis, in Deutschland wird wieder deutsche Kunst, deutscher Geist, deutsches Leben und Heldentum leben" (o.A.; Hannovers Studenten verbrennen Schmutz und Schund. Gewaltige Kundgebung der Deutschen Studentenschaft an der Bismarcksäule, Nieders. Tageszeitung, 12. Mai 1933. Vgl. auch o.A.; Kommilitonen! Deutsche Volksgenossen! Nationalsozialisten!, Nieders. Tageszeitung, 10. Mai 1933. Vgl. auch o.A.; Bücher auf den Scheiterhaufen. Verbrennung am 10. Mai 1933 an der Bismarcksäule, Hann. Kurier, 9. Mai 1933).

110 Aus Habichts Rede zitiert nach: o.A.; Flammenzeichen an der Bismarcksäule, Hann. Kurier, 11. Mai 1933.

111 Zitiert nach: Historisches Museum am Hohen Ufer; Adolf Wissel, S. 12.

112 Vgl. exemplarisch Habicht, V.C.; Niedersächsische Kunst im Auslande, in: Niedersachsen, 39. Jhg., 1934, S. 67 f. Habicht, V.C.; Skandinavien und Niedersachsen. Ergebnisse einer Forschungsreise, in: Niedersachsen, 39. Jhg., 1934, S. 515 f. Habicht, V.C.; Riemenschneider-Nachfolger in Skandinavien. Niedersächsische Skulpturen in schwedischen Kirchen, in: Niedersachsen, 41. Jhg., 1936, S. 338 f. Ha-

113 bicht, V.C.; Bildung und Handwerk, NSBZ, 28. Oktober 1934. Vgl. auch Augustiny, Waldemar; Einheit und Bedeutung des niedersächsischen Kulturkreises. Zu den Arbeiten V.C. Habichts, in: Niedersachsen, 36. Jhg., 1931, S. 272 ff
113 Historisches Museum am Hohen Ufer; Adolf Wissel, S. 14.
114 Habicht, V.C.; Herbstausstellung hann. Künstler, Nieders. Tageszeitung, 23. Oktober 1934.
115 Vgl. Habicht, V.C.; Herbstausstellung hannoverscher Künstler im Kunstverein, Nieders. Tageszeitung, 26. Oktober 1934. Prof. Dr. Habicht; Herbstausstellung hann. Künstler im Kunstverein, Nieders. Tageszeitung, 19. Oktober 1933. Die Autoren des Adolf Wissel-Kataloges (Historisches Museum am Hohen Ufer; Adolf Wissel, S. 12) machen die Veränderung in der Beurteilung am Beispiel der von Habicht rezensierten Arbeiten Adolf Wissels deutlich. Was vor 1933 gelobt wurde, war jetzt Ausdruck mangelnder Größe und fehlenden Sinnes für den Heroismus der Zeit.
116 Ebda.
117 Ebda.
118 Habicht, V.C.; Herbstausstellung hann. Künstler im Künstlerverein, Nieders. Tageszeitung, 18. Oktober 1933.
119 Augustiny, Waldemar; Einheit und Bedeutung des niedersächs. Kulturkreises. Zu den Arbeiten Prof. V.C. Habichts, in: Niedersachsen, 36. Jhg., 1931, S. 275.
120 Schreiben des Ministerialrats Frey vom Reichs- und Pr. Ministerium für Wissenschaft, Erziehung und Volksbildung, an den Dekan der Fakultät für Bauwesen der Technischen Hochschule Hannover, Prof. Dr. Simons, 13. September 1937 (NStAH Hann. 146A Acc. 88/81, Nr. 152).
121 Dozentenbundführer Prof. Dr.-Ing. Vierling fernmündlich an die Gauleitung, 25. September 1937, in: Schreiben des Rektors der Technischen Hochschule, Prof. Dr. Simons, an Ministerialrat Frey, 8. Oktober 1937 (NStAH Hann. 146A Acc. 88/81).
122 Nationalsozialistischer Dozentenbund der Technischen Hochschule Hannover, Dozentenbundführer Prof. Dr.-Ing. Vierling: Stellungnahme des örtlichen Dozentenbundführers zum Antrag des Dozenten a.o. Professor Dr. Habicht vom 15. Februar 1938 auf Gewährung einer Beihilfe aus den Mitteln der Nachwuchsförderung gemäß Ministerialerlaß vom 28. Januar 1939 (Personalakte Habicht BDC). Habicht war am 1. Mai 1933, also eine gute Woche vor seiner Rede an der Bismarcksäule anläßlich der Bücherverbrennung, in die NSDAP eingetreten (Parteizugehörigkeitskarte in: Personalakte Habicht BDC).
123 Schreiben Habichts an den Minister für Wissenschaft, Kultur und Volksbildung, 28. Oktober 1933 (NStAH Hann. 146A, Acc. 88/81, Nr. 152). Vgl. auch das Schreiben Habichts an den Rektor der Technischen Hochschule, Prof. Dr. Simons, vom 2. Oktober 1937 bezüglich einer anonymen Kritik an Habichts als „unwissenschaftlich" bezeichneter Arbeitsweise, auf die dieser mit der Aufforderung reagierte, ihm Namen zu nennen, damit er sich an die zuständigen Ministerien wegen der Ahndung dieser Machenschaften gegen seine Person richten könne (NStAH Hann. 146A Acc. 88/81, Nr. 152).
124 Auch für Italien (Verona) und Rußland (Nowgorod) versuchte Habicht den deutschen Ursprung dortiger Kunstschätze nachzuweisen (Habicht, V.C.; Die frühmittelalterlichen Bronzetüren, Hann. Kurier, 10. Mai 1933).
125 Schreiben des Reichsministeriums für Wissenschaft, Erziehung und Volksbildung an den Rektor der Technischen Hochschule, Prof. Dr. Simons, 28. Oktober 1939 (NStAH Hann. 146A Acc. 88/81, Nr. 152).

*„... Wenn uns – das große Unglück unserer Zeit –
eine einheitliche Weltschau versagt ist,
wie können wir sie von der Kunst verlangen? ..."*

Der Feuilletonschriftleiter und Kulturpolitiker Kurt Voß

In der Weihnachtszeit des Jahres 1931 entwickelte sich zwischen dem Leiter der Kestner-Gesellschaft Justus Bier und dem Feuilletonchef des HANNOVERSCHEN KURIERS Kurt Voß ein längerer Schriftwechsel. Aus einer kleineren Meinungsverschiedenheit entstand bald ein Disput über den grundsätzlichen Kurs der Kestner-Gesellschaft, den Voß schließlich mit der Rechtfertigung beendete, seine vorangegangenen Ausführungen hätten „weder künstlerfeindlich noch kritikerfreundlich sein ..., sondern in der Feststellung gipfeln (sollen), daß der Kritiker unmöglich dafür haftbar gemacht werden kann, wenn die heutige Kunst nicht mehr gemeinschaftsverbunden ist".[1] Voß fügte hinzu: „Vielmehr hat nach meiner Ansicht sich die Kunst selbst durch Verabsolutierung der technischen Mittel von dem Gemeinschaftsboden entfernt und in eine künstlerische Isolation begeben, die in so kritischen Zeiten wie den jetzigen ... die schlimmen Folgen zeitigt, die wir alle bedauern."[2]

Der Kritiker und die hannoversche Kunstszene

Leider ist der Schriftwechsel nur bruchstückhaft erhalten. Letztlich bleiben damit die Begründung für Biers Entgegnung so unklar wie jene für Voß' Rechtfertigung. Die Ursache der Auseinandersetzung scheint jedoch in einer grundsätzlich unterschiedlichen Interpretation von Kunst, ihrer Funktion und ihren Möglichkeiten gelegen zu haben. Auffällig ist, daß Voß gerade in den Monaten zuvor der Kestner-Gesellschaft und ihrer Arbeit in seinen Artikeln für den HANNOVERSCHEN KURIER mehrmals deutlich seine Anerkennung ausgesprochen hatte. Im Mai 1931 etwa hatte er mit Blick auf junge, experimentielle Kunst, wie sie hier gefördert wurde, formuliert, die Kestner-Gesellschaft gewinne „gerade im Wagen. Sie darf sich auch einmal an die Außenseite begeben, nicht um uns Fragwürdiges aufzudrängen, sondern um uns vom noch umstrittenen Neuen der Entwicklung nicht auszuschließen."[3]

Kurt Voß mit seinem Sohn, Foto. Um 1932

Nicht immer in den Jahren zuvor jedoch hatte sich Kurt Voß dem Neuen gegenüber so aufgeschlossen geäußert. Fünf Jahre zuvor etwa hatte er über den Vortrag des Bauhaus-Künstlers Laszlo Moholy-Nagy ISMUS ODER KUNST in der Kestner-Gesellschaft, der sich mit abstrakter Malerei und deren Verbindung mit den derzeit aktuellen Medien beschäftigt hatte, lapidar befunden, dieser Beitrag sei nicht mehr gewesen als „gutgemeintes Repetitorium".[4] Was an neuen ‚Erkenntnissen' dazu gekommen sei, so Voß weiter, „offenbare wiederum die innere Ziellosigkeit der Gruppe und die Gefahr, in Experimenten und Spielereien das Beste, das Wesentliche, das in jedem neuen Wollen ist, zu verlieren".[5]

Dies war die gleiche Einschätzung, die Voß, der für den überwiegenden Teil der Feuilletonkritiken des HANNOVERSCHEN KURIERS zu verschiedenen Aspekten bildender Kunst verantwortlich zeichnete und damit die Kunstkritik des Blattes in den zwanziger Jahren ganz wesentlich formte, für unterschiedliche Richtungen der zeitgenössischen Malerei seiner Zeit fand. Besonders schweren Stand hatten dabei die abstrakten hannover, der Künstlerkreis um Kurt Schwitters und Carl Buchheister. Buchheister, der ohnehin stets dazu neigte, sich bei negativen Urteilen über seine Arbeiten mit seinen Kritikern in Verbindung zu setzen, um Mißverständnisse auszuräumen und die Ziele seiner Arbeit zu erläutern,[6] wandte sich aus diesem Grund 1929 auch an Voß. Er schrieb: „Wenn ich mein Kritikenbuch[7] durchsehe, so finde ich die ersten Kritiken von Ihnen im Jahre 1925, und seitdem sind meine Bilder als Resultate jahrelanger Arbeit und ernsthaften Strebens immer mit ein paar Worten abgeurteilt worden."[8] Er stehe nach wie vor auf dem Standpunkt, daß jeder Kritiker und somit auch Voß schreiben müsse, wie seine Überzeugung es ihm eingebe. Er sei „auch nicht böse"[9] auf Voß, wünsche sich indes, daß dieser verstehe, daß er, Buchheister, seine Arbeit ernst nehme, daß er sie liebe und nichts anderes wolle als malen, und zwar nicht, weil er besonders selbstgefällig oder ehrsüchtig sei, sondern weil es sich für ihn eben als die einzig richtige Art erwiesen habe, sich auszudrücken. Buchheisters Begründungen beeindruckten Voß offenbar wenig, und es scheint auch nicht zu der von dem Maler angebotenen Unterhaltung über Sinn und Ziel seiner Arbeit im Atelier gekommen zu sein. Carl Buchheister malte in Voß' Augen weiter „abstrakte Bildchen, deren Farbenreiz nicht sehr erheblich ist",[10] und blieb in seinen Arbeiten oberflächlich[11] und unfähig, „den gehirnlichen Ursprung seiner (Kompositionen) .... vergessen zu machen".[12] Statt sich einzugestehen, daß er sich künstlerisch auf dem falschen Weg befinde, habe er sich, so Voß, „dazu bestimmen lassen, am Ende der Sackgasse, in der er steht, noch eine kleine Nische auszuhauen".[13]

Buchheisters abstrakt malende Künstlerfreunde traf kein milderes Urteil. „Vorerst und wohl überhaupt" sei nicht davon auszugehen, daß sie „mehr zu geben vermögen als die ABC-Übungen der Malkunst".[14] Das „ernste Spiel mit Linien und Flächen" werfe durchaus manch schönen Farbklang ab, ansonsten sah Voß aber „immer nur den didaktischen, nicht den künstlerischen Wert" und war „gern rückständig".[15] Einzig Kurt Schwitters, der zum einen nach Voß' Meinung am ehesten „dem Ideal abstrakter Kunst"[16] nahekam, weil seiner Arbeit ein metaphysischer Zug eigen sei, den er zum anderen aber schlicht für „lustig und unterhaltsam"[17] befand, behandelte Voß in seinen Kritiken zuweilen mit größerem Wohlwollen. Schwitters war für ihn „ein durch Intellekt verhinderter Romantiker",[18] der erfolgreich war „vor allem in seinen kleinen Klebereien, die materiell gesehen so verrückt, aber als Farbenstimmungen von hohem Reiz"[19] seien. Sein außerordentlicher Sinn für Farbigkeit mache ihn gegenüber seinen müde mit Bekanntem arbeitenden Freunden der abstrakten hannover überlegen, und seine Klebebildchen seien überdies so hübsch und lustig, daß „sich aufzuregen auch der Rückwärtsler verlernt hat".[20]

Ansonsten hatte sich Schwitters in Voß' Augen jedoch ebenso wie die anderen „Extremisten" der abstrakten hannover „bis dahin (verrannt), wo es kein Weiterkommen mehr gibt".[21] Man verleugne Traditionen und schaffe „revolutionäre Stücke", um dann am Ende „trotz veränderter Grundeinstellungen zu den Dingen" dieselbe „bürgerliche Biederkeit" an den Tag zu legen wie die traditionell arbeitenden Künstlerkollegen.[22] Daß die abstrakten hannover Jahr für Jahr wieder an den Ausstellungen des Kunstvereins beteiligt würden, sei ohnehin nur als „eine Art Anstandsverbeugung" zu werten, da „die Sachen wohl mehr vom Zufalle hierher geführt wurden als von dem planvollen Willen, auch hier das Beste zu geben".[23] Voß jedenfalls konnte sich „von dem Wert und den Zukunftsaussichten dieser blutarmen Gedankenkunst, dieser Künstelei mit Zirkel und Zentimetermaß, ... nicht überzeugen".[24]

Ähnlich deutlich war zur gleichen Zeit, in der zweiten Hälfte der zwanziger Jahre, auch seine kritische Einstellung zu einer zweiten Kunstrichtung, die sich als Antwort auf die künstlerische Arbeit anderer Gruppierungen in Hannover und damit auch der abstrakten hannover verstand: die Neue Sachlichkeit. Für Voß wurde gerade zum Ende der Weimarer Republik „immer deutlicher, daß die eilfertig als Gesundungserscheinung plakatierte Sachlichkeit nur ein verkrampfter Rückschlag auf den Expressionismus war, dessen Wirkung in die Zukunft ungewiß ist".[25] Neue Sachlichkeit war für ihn nicht mehr als modisches Schlagwort für künstlerische „Dingversklavung" und „Überwirklichung der Wirklichkeit".[26] Mit Akribie würden da Einzelheiten zusammengemalt, was auf eine für Voß unverständliche „Freude am Kleinen"[27] schließen ließ und diese Kunst „überstarr", „unbelebt"[28] und „langweilig"[29] mache. Dennoch sei es richtig, auch den Neuen Sachlichen immer wieder die Möglichkeit zu geben, ihre Arbeiten auf den Frühjahrs- und den Herbstausstellungen des hannoverschen Kunstvereins zu zeigen. Hier gehe es schließlich darum, „in summa so etwas ... wie das künstlerische Gesicht unserer Stadt"[30] zu zeigen und darüber hinaus einen Blick auf „den Gesamtzustand der deutschen bildenden Kunst"[31] zu ermöglichen. Letztendlich versuche man mit Recht, der dahinter stehenden „Weltsicht" Ausdruck zu verleihen und dem „Puls der Zeit"[32] nachzuspüren. Da die gesamte deutsche bildende Kunst durch außerordentliche Vielseitigkeit gekennzeichnet sei, müsse eben auch in Hannover jede unterschiedliche Richtung gezeigt werden. „Die Entscheidung über ein Kunstwerk kann also nicht nach einem vagen Begriff der ‚Schönheit' erfolgen, sondern nur nach dem Grad, in dem es versucht, Weltschau zu geben mit den spezifischen Mitteln der jeweiligen Kunstgattung."[33]

Sehr viel besser als einem Museum in städtischer Hand, das sich stärker an historisch und kunstpolitisch begründete Richtlinien zu halten habe, sei es einem umsichtigen privaten Kunstverein möglich, den neuen Kunstrichtungen im Rahmen von regelmäßigen Werkschauen zur Anerkennung in der Öffentlichkeit zu verhelfen. Kurt Voß maß wohl auch aus diesem Grund dem hannoverschen Kunstverein eine überaus große Bedeutung zu. Mehrfach mahnte er ihn in den zwanziger Jahren zur gewissenhaften Wahrnehmung der ihm erwachsenden neuen Aufgaben und Möglichkeiten.[34] Er erkannte, daß „überall, wo der Kunstverein vereinsmeiert, eine Vereins- oder Richtungs-Exklusivität pflegt, eine alte oder neue, eine Kunst rechts und links unterscheidet, nicht lediglich Diener und Gefäß des gesamten künstlerischen Zeitwollens ist",[35] die Gefahr bestehe, daß der Verein wieder in alte Fehler zurückfalle. Schließlich habe man hier eine Zeitlang den „Anschluß an die lebendige Fortentwicklung der bildenden Kunst in Deutschland"[36] verloren. In einer „Friedhofsruhe" habe man sich noch vor wenigen Jahrzehnten der zeitgenössischen Ausdrucksformen und damit den „wesenhaften, wenn auch unbequemen Zeugnisse(n) des deutschen Kunstwillens"[37] verschlossen. „Familienkunst", gefälliges Verharren in den Traditionen der alten Meister und Werke, die sich dem Impressionismus als äußerster zeitlicher kunsthistorischer Grenze verpflichtet fühlten, hätten dem Ruf des hannoverschen Kunstvereins in Voß' Augen lange Zeit geschadet. Mittlerweile jedoch habe dieser aus den Fehlern der „flauen Jahre" gelernt und das „tiefe Tal"[38] überwunden. Unter einem neuen, verjüngten Vorstand habe er Hannover nunmehr das „Ansehen einer Kunststadt zu geben vermocht",[39] indem er sich darauf besonnen habe, „die Kunst nicht mehr nach Richtungs-, sondern nach Qualitätsgesichtspunkten zu fördern".[40] Seitdem habe jede Ausstellung endlich wieder „ihr eigenes Gesicht, und das Niveau hebt sich ständig",[41] wie Voß voll Anerkennung auch in seiner Funktion als Korrespondent verschiedener auswärtiger Zeitungen hervorhob.

Die These von der jahrzehntelangen Starre und der Intoleranz des Kunstvereins war nicht neu. Voß vertrat sie gemeinsam mit einer großen Anzahl anderer hannoverscher Kunstkenner. Nicht jeder dieser Kritiker jedoch teilte sein Verständnis für die Zurückhaltung und das Beharrungsstreben des Kunstvereins gegenüber der Moderne. In einem umfangreichen Artikel zum hundertjährigen Jubiläum des Kunstvereins Hannover schrieb er im März 1932: „Wir wollen ihm (dem Kunstverein, I. K.) heute keinen Tadel machen aus dem Stillstand, in den er eine Weile geraten war; die Kunst benahm sich damals gar zu ungebärdig, und ein *guter* Wein hat sich aus der Gärung auch heute noch nicht klären lassen".[42] Im diesem Zusammenhang steht auch die Tatsache, daß Voß sich oft sehr wohlwollend über solche Künstler äußerte, die sich – wie er formulierte – „jenseits aller Ismen, unberührt von Sachlichkeit und Antisachlichkeit" an „eine gesunde Überlieferung anlehnen und (die) ihr Talent vor den Dingen der Wirklichkeit ohne kunsttheoretische Umschaltung sich entfalten lassen."[43] Seine Sympathie für diese Kunst begründete er folgendermaßen: „Sie halten sich bewußt von den Kunstkämpfen fern, sie machen keine Moden mit, ihr Schaffen hält sich auf steter Linie, und wenn wieder einmal eine Richtung vorbei ist, stehen sie am Ende in ihrem sicher gehüteten Besitz."[44]

Es war kein Widerspruch, wenn Voß einerseits dem Kunstverein die Entdeckung der künstlerischen Moderne in seinen Ausstellungen hoch anrechnete, weil so der „Puls der Zeit" und die „Weltschau" der zwanziger Jahre erahnbar seien, und wenn er andererseits seine Wertschätzung für „Kunst jenseits aller Ismen" zum Ausdruck brachte. Hinter seiner Argumentation stand hier wie dort die Überzeugung von einer tiefen Krise der Kultur, ja der Gesellschaft. Voß war von der Notwendigkeit einer Kulturwende überzeugt. Im März 1931 schrieb er: „Wenn uns – das große Unglück unserer Zeit – eine einheitliche Weltschau versagt ist, wie können wir sie von der Kunst verlangen? Die seelische Zerrissenheit der Gegenwart spricht sich in dem Nebeneinander der verschiedenartigsten Versuche aus, mit dem Weltstoff fertig zu werden, mit dem Kunterbunt der ‚Richtungen'."[45] In einem weiteren Artikel, der in der Zeitschrift NIEDERSACHSEN erschien, griff Voß ein Jahr darauf und aus Anlaß des Jubiläums des Kunstvereins diesen Gedanken auf, als er über künstlerische Strömungen in Hannover wie die abstrakten hannover und die Sezessionisten urteilte: „Die vermehrte Aktivität der so zusammengefaßten künstlerischen Kräfte täuscht aber nicht über die Tatsache hinweg, daß der Strom der Kunst in Hannover wie anderen Orts sich nicht so sehr vertieft als verbreitet hat. Es fehlt unserer Kunst wie den Menschen von heute die Kraft echter Gemeinschaft, wie sie noch bis dicht an unsere Gegenwart heran wirksam war."[46]

Biographisches Wenig ist bekannt über den Autor dieser Artikel, der doch einer der einflußreichsten Feuilletonjournalisten der zwanziger Jahre in Hannover war. Kurt Voß wurde am 15. September 1896 als Sohn eines Verwaltungsdirektors und dessen Ehefrau in Hattingen a.d. Ruhr geboren.[47] Im August 1914 erhielt er das Reifezeugnis. Sofort darauf meldete er sich als Freiwilliger zum Ersten Weltkrieg. Schon im Jahr darauf, mit neunzehn Jahren, wurde er zum Leutnant befördert. Er zeichnete sich offenbar durch Einsatzbereitschaft und Mut aus und kehrte als Kompanieführer aus dem Krieg zurück. 1919 begann er ein Studium der Literaturgeschichte, Kunstgeschichte und Philosophie, das er bereits nach zwei Jahren mit dem Doktorexamen abschloß. Unmittelbar im Anschluß daran, im September 1921, zog Voß nach Hannover, um als Feuilletonschriftleiter des HANNOVERSCHEN KURIERS zu arbeiten, eine Tätigkeit, die er die nächsten achtzehn Jahre bis zu seinem Tod beibehielt, erweitert durch die Leitung des Gesamtfeuilletons (1931) und schließlich durch die Hauptschriftleitung des KURIERS (1933).

Freunde und Kollegen schilderten ihn in Nachrufen – den wenigen veröffentlichten Darstellungen über seine Person – als „ruhigen und gemessenen Mann", den eine „grundfeste, unkomplizierte, immer auf das Wesentliche bedachte Denkweise"[48] ausgezeichnet habe. Ähnlich erlebte ihn auch der Schriftsteller Georg Grabenhorst, der erstmals Mitte der zwanziger Jahre als Mitarbeiter des HANNOVERSCHEN KURIERS mit Voß zusammenkam.[49] Grabenhorst beschrieb den Vorgesetzten als „bewährte(n) Infanterie-Offizier aus dem Weltkriege, ernst und gemessen in seinem Auftreten, für den Fremden kühl manchmal und verschlossen wirkend".[50] Das Soldatische ist auch anderen Zeitgenossen in Erinnerung geblieben. „Im letzten Grunde seines Herzens" sei er Soldat geblieben, „wo immer er stand",[51] hieß es. Die Prägung durch die Erfahrungen im Ersten Weltkrieg hatte er mit dem nur wenig jüngeren Georg Grabenhorst gemein, der sich ihm denn auch als Mitarbeiter wie als Freund verbunden fühlte und der dem Vorgesetzten „manche Anregung und Förderung"[52] verdankte.

Voß sah seine Aufgabe nicht allein darin, mit außergewöhnlich vielseitigem Wissen unzählige Artikel zu kulturell-künstlerischen Ereignissen seiner Zeit zu verfassen. Die Arbeit am HANNOVERSCHEN KURIER „immer als Ganzes" verstehend, bezog er Stellung zu fast allen anstehenden Problemen seiner Zeit. Im Dezember 1926 kommentierte er beispielsweise das Schmutz- und Schundgesetz.[53] Anders als in vielen Berichten über die Verhandlungen im Reichstag, die auch in hannoverschen Tageszeitungen den biologistischen Kanon von einer „ungesunden" und „kranken" Entwicklung in der zeitgenössischen Literatur anstimmten,[54] kritisierte Voß im HANNOVERSCHEN KURIER, daß die Diskussion um das Gesetz zur Bewahrung der Jugend vor Schund- und Schmutzschriften „in den Mittelpunkt eines Kampfes der Meinungen und Parteien gerückt" sei, der „einer größeren Sache"[55] wert gewesen wäre. Statt sich lautstark und aufgeregt über den Sinn des Gesetzesvorlage auszulassen, sei es wirksamer, Personen zu finden, die das Gesetz sodann mit solchem Leben erfüllten, daß „die Befürchtungen, die gegen (es) lautgeworden sind, durch praktische Arbeit ... entkräftet" werden könnten. Voß führte aus: „Mit dem schon genug diskreditierten staatsanwaltschaftlichen Begriff des ‚normalen Empfindens' wird man hier nicht arbeiten können, arbeiten müssen aber mit jugendpsychologischem Feinsinn. Am besten wäre es, wenn diese Arbeit es vermöchte, das umlärmte Gesetz dem Blicke der Öffentlichkeit möglichst zu entziehen, und wenn die positive Erziehung der Jugend zum guten Schrifttum es ehestens überflüssig macht."[56]

Kurt Voß war trotz seines Aufrufes zur Mäßigung und Ausgewogenheit in der Berichterstattung alles andere als ein emotionsloser Beobachter. Besonders wenn er in seinem lokalen Umfeld Mißstände bemerkte, scheute er keine Stellungnahme. Im Oktober 1927 wurde er gar vor den städtischen Theater-Ausschuß zitiert, weil er Theaterleiter Georg Altmann unter der Hand dazu bringen wollte, den städtischen Kommissionen „eins auszuwischen". Voß habe, so berichtete Altmann, gemeinsam mit Kollegen des KURIERS auf einer Veranstaltung derart „verächtliche Bemerkungen über Dr. Tramm",[57] der dem Ausschuß angehörte, gemacht, daß man sich jetzt darüber beriet, der Zeitung die Freikarten des Theaters zu entziehen; sie werde „dann schon zu Kreuze kriechen".[58] Zwei Jahre später, im November 1929, als eine Diskussion über Paul Steegemanns Verlagserzeugnisse im allgemeinen und die Satire auf Erich Maria Remarques Antikriegsroman IM WESTEN NICHTS NEUES im besonderen die hannoversche Kunstöffentlichkeit bewegte, machte Voß sich zum Anwalt des Schriftstellers. Zu dessen Reklameversen für die Contiwerke, so schrieb er, könne man ebenso wie zu den gewollt snobistischen Beiträgen über das Mixen von Cocktails[59] und den Leitfaden der Décadence[60] für Steegemanns STÖRTEBEKER grundsätzlich kritisch Position beziehen. Wenn man das aber derart unglücklich unternehme wie jener Salomo Friedländer, der unter dem Pseudonym Mynona kurz zuvor seine Satire HAT ERICH MARIA REMARQUE WIRKLICH GELEBT?, bei Steegemann veröffentlicht hatte, dann habe man dem Objekt seiner Kritik einen gar zu schlechten Dienst erwiesen.[61] Voß teilte die Befürchtungen Kurt Tucholskys und anderer Linker der Weimarer Republik, die das Pamphlet als eine willkommene Unterstützung nationalistischer und nationalsozialistischer Hetze gegen Remarques IM WESTEN NICHTS NEUES werteten, was Mynona ganz sicher nicht beabsichtigt hatte. Der Kritiker rügte dennoch scharf, daß ihm in Mynonas Polemik nicht etwa Satire erkennbar sei, sondern vielmehr „der verbissene Groll gegen eine bestimmte Ecke unserer Literatur".[62]

Kurt Voß, Foto. Um 1938

Der Kulturpolitiker im Dienst der Heimatbewegung

Kurt Voß sah sich selbst immer auch als Kulturpolitiker. Seine „kämpferische Natur, die keine Kompromisse kannte, sondern unbeirrt ein Ziel verfolgte",[63] ließ ihn bereits früh Partei für solche Schriftsteller ergreifen, die dann in den dreißiger Jahren anerkannt waren. Auf der einen Seite schützte er Remarque vor nationalistischer Hetze, auf der anderen Seite verbanden ihn mit den völkisch-konservativen Schriftstellern Erwin Guido Kolbenheyer und Hans Friedrich Blunck persönliche Freundschaften.[64] Den jungen Kollegen Grabenhorst machte er auf Moritz Jahn aufmerksam,[65] und er nahm ihn auch zu seinen Besuchen bei Hans Grimm mit, dem Freund und Autor des Romans VOLK OHNE RAUM.[66] Wie Grabenhorst setzte sich auch Kurt Voß für den Heimatschutz ein. Gemeinsam mit Männern wie Heinz Appel, Wilhelm Peßler, dem Leiter des Vaterländischen Museums, und anderen Verantwortlichen des hannoverschen Kulturrings gründete er 1931 den Rundfunkausschuß für den lokalen Nebensender der Norag (Nordische Rundfunk AG, Hamburg).[67] Er war überzeugt von den Möglichkeiten der „Großmacht Rundfunk", die „durch den Äther in vielleicht noch stärkerem Maße das Ohr der Menge als die Presse"[68] erreichte. Die Arbeit des bisherigen Norag-Nebensenders in Hannover verfolgte in seinen Augen die eigenen Interessen nicht nachdrücklich genug. Niedersachsens eigenständige gewachsene Kultur war ihm zu wichtig, um durch Hamburger Bestrebungen, die ihm gefährlich „gleichmacherisch" erschienen, ins zweite Glied gestellt zu werden. „Kampf um den hannoverschen Sender"[69] lautete seine Parole.[70] So saß Kurt Voß also gemeinsam mit dem neuen Kulturreferenten der Provinz Hannover Georg Grabenhorst im Rundfunkausschuß und zerbrach sich den Kopf über Hörspiele niedersächsischer Prägung, um der Konkurrenz die Notwendigkeit hiesiger Kulturpflege durch einen gestärkten Nebensender Hannover vor Augen zu führen.[71]

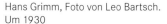
Hans Grimm, Foto von Leo Bartsch. Um 1930

Die Rundfunkarbeit war neben der gemeinsamen Tätigkeit beim HANNOVERSCHEN KURIER nicht der einzige Berührungspunkt von Voß und Grabenhorst. Wie der Schriftsteller und Kulturreferent war auch er für den Heimatbund Niedersachsen eine richtungsweisende Persönlichkeit. Vertraut mit seiner Geschichte, verfaßte er die Festschrift anläßlich der 30-Jahr-Feier und stand ihm trotz begrenzter Zeit in Vorträgen und Ansprachungen zur Verfügung. Zudem gehörte er zu den Gründungsmitgliedern des Kulturbunds Niedersachsen, der unter der Leitung von Georg Grabenhorst und dessen Vorgesetztem aus der Provinzialregierung „ein tieferes, fruchtbares Landschaftsbewußtsein" und ein „landsmannschaftliches Zusammengehörigkeitsgefühl"[72] schaffen sollte. Daneben war Kurt Voß Schriftleiter des Kulturrings,[73] des Organs verschiedener Kulturvereine in Hannover.

Besonders der Fortbestand der Zeitschrift NIEDERSACHSEN[74] war für Kurt Voß von Interesse. Sie konnte er am ehesten zum Ort des Austausches über seine kulturpolitischen Überlegungen und Überzeugungen nutzen. 1928 arbeitete er diese in dem Beitrag JUGEND UND HEIMATBEWEGUNG, erschienen in der Reihe GEGENWARTSFRAGEN DER HEIMATBEWEGUNG, heraus. Er würdigte hier die Ziele der gegenwärtigen Heimatbewegung, „die der wachsenden Industrialisierung unseres Daseins, den angleichenden Mächten des immer weltbürgerlicher werdenden Lebens mit dem Ruf neuer Fundamentierung aus dem natürlichen Boden der Heimat"[75] entgegentrete. Der „Weckruf zur Heimat" sei ihr gemein mit der Jugendbewegung. Voß verstand darunter „längst nicht alles, was etwa zwischen 5 und 18 Jahren herumkreucht", sondern jene jungen Menschen, die „fast mit der Abgeschlossenheit eines Standes den Adel jugendlichen Wesens zu verwirklichen"[76] suchten. Sie waren in seinen Augen jene, die „den Menschen wieder zu einem Fundament hinführen" wollten. Die Jugendbewegung wolle schließlich „dem Menschen, den der moderne Lebensbetrieb zu atomisieren droht, den Einklang mit dem Herztakt der Natur zurückerretten … Sie will ihn aus der Verkrüppelung der Zivilisation wieder in den eingeborenen Adel seines Wesens führen."[77] Erreichen wolle die Jugendbewegung diese hohen Ziele durch die Rückbesinnung auf die Natur, besonders durch das Wandern als „Kraftquelle", um „in dem großstädtischen Taumel Stand zu halten". Sie pflege den Gesang, so forderte Voß, aber nicht im „Gassenhauer", sondern, von der Gitarre begleitet, im „deutsche(n) Volkslied".[78] Das Laienspiel als Heranführung an die Schönheit deutscher Kultur sei für die Jugend, die „noch nicht intellektuell verbildet" sei, ebenso zu empfehlen wie diejenigen Volkstänze, „wie sie artstolze Stämme in verlorenen Heimatwinkeln, den breiten Massen noch unbekannt, bis in unsere Tage noch pflegten".[79]

So deutlich wie in JUGEND UND HEIMATBEWEGUNG hat Kurt Voß sich während der gesamten zwanziger Jahre in seiner eigentlichen Domäne, dem Feuilleton des HANNOVERSCHEN KURIERS, nie über Zusammenhänge von Großstadtablehnung und Heimatverbundenheit, Kulturkrise und deutschem Kulturgut geäußert. Im KURIER behielt er einen ruhigen und gemäßigten Grundton bei. Dieser entsprach zum einen sicher seiner Persönlichkeit, er hing zum anderen vielleicht aber auch damit zusammen, daß der Kritiker Voß nur unwesentlich älter war als die Künstler, deren Arbeiten er besprach. Möglicherweise konnte er ihren Überschwang und ihre Experimentierfreude nachempfinden, auch wenn sie seiner eigenen Wesensart so gar nicht entsprachen. Voß sah seine Aufgabe als Kritiker eher in der Darstellung, die Raum für eigene Wertungen ließ, als in der eingleisigen Meinungsbildung. Wütende Verrisse wie von manchem Kollegen auch beim HANNOVERSCHEN KURIER waren von ihm nicht zu erwarten, sondern allenfalls feinsinnige und leise, nichtsdestoweniger aber ironische journalistische Nadelstiche. Georg Grabenhorst erinnerte sich an den früheren Vorgesetzten im Gespräch als einen Kritiker „mit Vorbehalten gegenüber dem Neuen, aber doch immer seiner Verantwortung bewußt. Du sprichst nicht nur für dich, sondern für die Leserschaft, (war sein Motto). Du sollst aus deinem Herzen keine Mördergrube machen, aber du sollst dich auch bemühen, objektiv zu sein."[80]

Berichterstattung von der Kulturkrise der zwanziger Jahre

Auffällig sind während der ganzen zwanziger Jahre immer wiederkehrende Aufrufe von Voß zum „vorbehaltlosen Hineinsehen",[81] gerade anläßlich von Rezensionen zeitgenössischer Kunst. Mochte er sich auch selbst, wie er betonte, zwischen „Zustimmung und Skepsis"[82] bewegen, so riet er seiner Leserschaft doch zur Bereitschaft, sich wenigstens ernsthaft mit dieser Kunst auseinanderzusetzen, bevor sie ein Urteil fälle.[83] „Keinem Menschen wird einfallen, seine Unkenntnis z. B. der verschiedenen Reis- und Kaffeesorten schamvoll zu verbergen; vor einem Kunstwerk traut sich aber fast jeder ein eigenes Urteil zu",[84] kritisierte er. Im November 1924 schrieb er gar ironisch: „Vor Bildern macht man seinem vollaufenden Herzen in Worten Luft, von dem immer wieder ausgerufenen ‚entzückend' der alten Dame vor Landschaft und Blumen bis zum ärgerlichen Schimpfen vor den Bildern aus nichts denn Rechteck und Kreisen."[85]

Bei mangelnder „Augengewöhnung"[86] weiter Teile des Publikums gelte es, „erzieherisch einzugreifen, durch siebenmal gesiebte Ausstellungen, durch Vorträge und Führungen das Trugbild begrifflich zu fassen, lediglich auf Inhalte, auf schöne Objekte zu beziehende Kunst aus den Köpfen zu treiben und der Erkenntnis Bahn zu brechen, daß es nur *eine* Beziehung des Kunstwerkes gibt, auf den Künstler und sein Wollen".[87]

Voß schätzte eine Kunst, die „jenseits aller Ismen" in „gesunder Überlieferung" geschaffen wurde. Doch war er doch nicht so töricht, in das simple Lied einzustimmen, nach dem die Kunst vergangener Epochen grundsätzlich qualitativ höher einzustufen sei als die jeweils zeitgenössische. Wer über die Kunst des 19. Jahrhunderts urteile, dürfe nicht nur an die großen Meister dieser Zeit denken, sondern müsse auch die „geschmacklichen Verwahrlosungen" vom „Aschenbecher mit Bismarckrelief" zu den „Gardinen mit der Geschichte des Trompeters von Säckingen"[88] in Rechnung ziehen. Zur zeitgenössischen Kunst möge man stehen, wie man wolle; immerhin aber habe sie einen begrüßenswerten „Wandel der Gesinnung" mit sich gebracht, „und das erste Gebot dieser Gesinnung heißt Ehrlichkeit".[89] Wenn Kunst also „Weltschau"[90] sei und den „Puls der Zeit" spiegele, dann sei es falsch, wenn Künstler jahrzehntelang so arbeiteten, „daß man auch ohne Katalog weiß, wessen Arbeiten da in Reihen an den Wänden hängen".[91] Voß unterschied hier sehr fein. Künstler wie etwa der Bildhauer Hermann Scheuernstuhl, der erklärte, sich in keinem festen Stil wiedererkennen zu können, ja, der die Bindung an Stilgrundsätze als Beeinträchtigung seines Schaffens ablehnte, fanden sein Wohlwollen, vor allem „in einer Zeit, in der viele Künstler hinter den Richtungen her sind, in der sie versuchen, um nicht veraltet zu erscheinen, die Schlagworte des Tages für ihr Schaffen auszumünzen".[92] Anders sah es aus, wenn der Künstler „seit Jahr und Tag" Werke schuf, „die jeweils nur einen anderen Rahmen haben und einen anderen Namen tragen",[93] ansonsten aber zur stets gleichen „Auswahl leicht ins Süßliche spielender, gefälliger Bilder"[94] gehörten. Solche Künstler trugen nach der Meinung von Kurt Voß dazu bei, daß weite Teile der hannoverschen Kunst vor allem gegen Ende der zwanziger Jahre in ein „Stadium der Beruhigung" getreten seien, das „nicht immer fern von Starrem"[95] sei.

Um dem entgegenzuwirken, begrüßte er es, wenn sich in diesem Zustand der Stagnation einerseits und des Mit- und Gegeneinanders von Ismen und Richtungen andererseits Künstler aufmachten, ihre „Weltschau" und ihren ganz subjektiven Eindruck vom Zustand der Kunst und der Gesellschaft mitzuteilen. Der hannoversche Sezessionist Otto Gleichmann war für Voß ein solcher Maler. Anläßlich der Gleichmann-Ausstellung in der Kestner-Gesellschaft im Juli 1932 schrieb er, man könne wohl „vor seinen Visionen innerlich stumm bleibe(n)" und auch „seine Auffassung vom Dasein ablehnen".[96] Anerkennen aber müsse man den Symbolgehalt von „Zersetzungscharakter" und „Auflösungswille(n) eines Malers, der am Ende einer Kulturentwicklung von der Krankheit des Lebens kündet".[97] Deutlich wird hier Voß' Überzeugung von der Krise der Kunst und der Gesellschaft. Daß diese Krise Ende der zwanziger, Anfang der dreißiger Jahre wirtschaftliche Ursachen hatte, war ihm dabei klar. Er setzte sich im HANNOVERSCHEN KURIER wiederholt für die Unterstützung jener Künstler ein, die „so ganz an die Peripherie unseres Interessenkreises gerückt sind".[98]

Die große Not der Zeit, die alle Unternehmungen zu ersticken drohte, deren wirtschaftlicher Ertrag nicht unmittelbar auf der Hand lag, war nach Voß' Meinung jedoch nur *ein* Grund für die Abseitshaltung der Kunst. In einem Bericht über die Herbstausstellung im Kunstverein Hannover vom Oktober 1931, der den Titel DAS LEBENSRECHT DER BILDENDEN KUNST trug, sprach er sich zunächst gegen „das ewige Krisengestammel"[99] aus, um dann umso bestimmter eine Zukunft zu beschwören, in der die Kunst „wieder einen Platz hat in der Mitte unseres Daseins". Damit, so fügte er hinzu, wäre dann die „Frage nach dem Lebensrecht von Kunst ... auch und gerade in unserer Zeit bündig beantwortet".[100]

Schon zwei Jahre später, bereits nach der nationalsozialistischen Machtübernahme, sah Voß die Zeit herangebrochen, in der eine „neue Verbindung von Kunst und Volk" die „Gesundung der Kunst"[101] schaffe und den Weg aus der Krise weise. Das Ende einer isolierten Kunst, die sich „von dem Gemeinschaftsboden" entfernt habe, sei nahe. An den Fehlern der Vergangenheit seien weniger die Künstler selbst schuldig als die Zeit, in der sie lebten. Es sei dies eine Zeit gewesen, so Voß im März 1933, „die der Atomisierung des Weltganzen, der Zerklüftung unseres Weltbildes ... nicht nur nicht entgegengewirkt, sondern noch gefördert hat. Der Kampf der Kunstrichtungen, in dem sich diese Zerklüftung am sinnfälligsten ausspricht und der eine Sache der ... Cliquen geworden ist, hat die Kunst aus dem Gesichtskreis des Volkes entrückt".[102] Er selbst wisse auch nicht, wie das Kunstwerk der Zukunft aussehen werde. Wichtig aber sei, daß der Künstler „erst wieder ins Volk hineintauche, Volk ... erlebe, fähig werde, eine neue Ehrfurcht und Einfachheit (zu) gewinnen".[103] Nach „Kampf und Krampf" müsse endlich wieder „fester Boden"[104] gefunden werden.

Kurt Voß und der Nationalsozialismus

Als Kurt Voß diese Artikel schrieb, war er Ende Dreißig und seit einem Jahr Hauptschriftleiter des HANNOVERSCHEN KURIERS. In der heutigen Sicht überwiegt die Vermutung, der bisherige Chefredakteur Walther Jänecke – der gleichzeitige Verleger des Blattes – habe resigniert und Voß „Platz machen müssen".[105] Jänecke habe vorwiegend aus wirtschaftlichen Gründen gemeinsam mit Leitern anderer hannoverscher Industriebetriebe – darunter Günther Beindorff, Geschäftsführer der Pelikan-Werke – Reichspräsident Hindenburg gegenüber die Ernennung Hitlers und nicht Schleichers zum Reichskanzler befürwortet.[106] Zwischen Gustav Jänecke, dem ehemaligen Vertrauten Gustav Stresemanns,[107] und der neuen Regierung sei jedoch bald ein Konflikt ausgebrochen. Der „einsetzende Kampf der Nationalsozialisten gegen ihn und seine Zeitung" habe – so die heutige Wertung auf der Grundlage der Angaben Jäneckes – „neben den Folgen der allgemeinen Wirtschaftskrise"[108] dazu geführt, daß der HANNOVERSCHE KURIER noch 1933 Konkurs anmelden mußte.[109] Nachdem Jänecke hier alle Ämter aufgegeben habe,[110] sei der Verlag „von seiner Frau und einigen Kollegen" weitergeführt worden. Der einflußreichste von diesen sei Kurt Voß gewesen, der dann auch in den folgenden Jahren „die ideologische Ausrichtung der Zeitung gewährleistet"[111] habe. Kurt Voß war Mitglied der NSDAP und Fachgruppenleiter im nationalsozialistischen Kampfbund für deutsche Kultur.[112] Er hatte am 1. Mai 1933 und damit am gleichen Tag wie Walther Jänecke die Aufnahme in die NSDAP beantragt. Er wurde aufgenommen, Jänecke hingegen abgelehnt.[113] Im August 1933 wurde Kurt Voß von Polizeipräsident Johann Habben, Nachfolger des SA-Chefs und damaligen Oberpräsidenten der Provinz Hannover, Viktor Lutze, zum Leiter des Ressorts Künstlerisches Schrifttum der nationalsozialistischen Kultur-Überwachungsausschüsse der Provinz Hannover ernannt. Hier saß der Hauptschriftleiter Voß Seite an Seite mit dem Gaukulturwart und Leiter des Kampfbundes August Schirmer und dem Kulturreferenten der Provinz Hannover Georg Grabenhorst.[114] Der Kontakt zwischen Voß und Grabenhorst scheint sich in diesen Jahren intensiviert zu haben. Gemeinsam mit dem Generalmusikdirektor Rudolf Krasselt und leitenden Beamten der politischen Gremien auf Provinzialebene wie Ludwig Gessner und Ludwig Zacharias gründeten sie die Niedersächsische Landesbühne.[115] Bereits ein halbes Jahr zuvor war Voß maßgeblich an der ‚Gleichschaltung' der hannoverschen Theaterbesucher-Organisationen zur hannoverschen Ortsgruppe des NS-Reichsverbands Deutsche Bühne beteiligt gewesen.[116]

Nach Grabenhorsts Schilderung war die Stellung von Kurt Voß in der nationalsozialistischen Kulturpolitik zu diesem Zeitpunkt bereits gefährdet. „Den neuen Machthabern konnte der Protestant, der sein Glaubensbekenntnis ernst nahm und zur Bekennenden Kirche hielt, nicht gefallen."[117] Voß habe zudem „nie ein Blatt vor den Mund genommen" und sei „unerschrocken" und „mutig" gewesen, „wo immer es darauf ankam". Deshalb hätten nationalsozialistische Kulturpolitiker „ihn schlecht behandelt",[118] wo sie konnten, allerdings ohne seine Position als Chefredakteur des HANNOVERSCHEN KURIERS letztlich gefährden zu können. Schließlich habe Voß in Oberst Erwin Rommel, seinem einstigen Kommandeur, einen mächtigen Fürsprecher besessen.[119] Einiges an der Schilderung Grabenhorsts ist mangels biographischer Dokumente letztlich nicht zu überprüfen. Anderes entspricht nicht den Tatsachen. Rommel wurde erst Voß' Kommandeur, nachdem dieser ihm im August 1939 als Reserveoffizier und Kompanieführer unterstellt wurde. In den gut fünf Jahren zuvor kann Rommel ihm also schwerlich Rückendeckung gegeben haben.[120] Schon knapp zwei Wochen später, fünf Tage nach Kriegsausbruch, aber fiel Kurt Voß an der Spitze seiner Kompanie bei einem Angriff in Polen.[121]

Henning Rischbieter vertritt eine andere Position als der Zeitgenosse Grabenhorst und charakterisiert Voß anhand von dessen eigenen Aussagen zu verschiedenen kulturellen Ereignissen in und unmittelbar vor der nationalsozialistischen Zeit. Die „Säuberung" der Preußischen Dichterakademie im Februar 1933 etwa habe er mit den Worten kommentiert: „Wer dem eigenen Volk gegenüber nur in der Rolle des Verneiners und Zersetzers auftritt, darf sich nicht wundern, wenn das gesundende Volk sich gegen ihn empört."[122] Der Schritt, den jüdischen Kulturphilosophen Theodor Lessing im Zusammenhang mit dem Hindenburg-Skandal zur Umwandlung seines Lehrauftrages in einem Forschungsauftrag zu zwingen, habe überdies ebenso Voß' Zustimmung gefunden[123] wie die Pflege und Förderung jener Dichter und Schriftsteller, die den „Frühling deutscher Kultur"[124] ermöglichten. Die Zitate weisen auf einen Autor, der sich in dieser verkürzten Form der Wiedergabe seiner Auffassungen zumindest in der Terminologie als dem damals gängigen nationalsozialistischen Sprachgebrauch folgend zeigte. Doch Kurt Voß war nicht über Nacht vom skeptischen und doch besonnenen Berichterstatter der hannoverschen Kunst- und Kulturszene zum fanatischen Anwalt kulturpolitischer Ziele des Nationalsozialismus geworden. Die Wurzeln der Überzeugungen, die er so recht erst jetzt zum Ausdruck brachte, reichten bis weit in die zwanziger Jahre hinein. Insofern erhalten alle Hinweise auf sein Gedankengebäude erst im Rückblick aus den dreißiger Jahren Zusammenhang und Bedeutung.

Titel der Zeitschrift NIEDERSACHSEN. MONATSSCHRIFT FÜR KULTUR- UND HEIMATPFLEGE IN NIEDERSACHSEN. Herausgegeben vom Kulturbund Niedersachsen, Schriftleiter Kurt Voß. April 1933

Einblick in dieses Denken geben vor allem Artikel in der Zeitschrift NIEDERSACHSEN, die mittlerweile als offizielles Organ des Kampfbundes für deutsche Kultur, der Landesstelle Niedersachsen des Reichsministeriums für Volksaufklärung und Propaganda sowie des Volksbundes für das Deutschtum im Auslande herausgegeben wurde.[125] Die Zeitschrift war im Frühjahr 1933 vom Kampfbund übernommen worden, der auf vielfältige Weise mit der Heimatschutzarbeit der dreißiger Jahre verbunden war.[126] Seit dieser Zeit war Kurt Voß ihr Schriftleiter.[127] Gleich im ersten Heft nach seiner Amtsübernahme verdeutlichte er seine Überzeugungen von Möglichkeiten und Aufgaben der Zeitschrift in dem programmatischen Aufsatz KULTUR IM UMBRUCH DER ZEIT. Voß ging hier erneut von der These einer alle Lebensbereiche umfassenden „Kulturkrise" und „Kulturwende"[128] aus. Der Ursprung dieser Krise sei „die große Summe unserer Zeit", die Mechanisierung. Entwickelt und immer weiter spezialisiert, um „den Fortschritt der Menschheit zu verbürgen", zeige die Maschine erst jetzt ihr Janusgesicht. Sie isoliere den Menschen, statt ihn zu entlasten, verlange und erhalte Gewalt über ihn und greife zerstörend in seine Lebensordnung ein. In dem modern gepriesenen Leben sei dem einzelnen „jeder Sinn für das Ganze wie für den sinnvollen Zusammenhang seines Daseins verloren gegangen".[129] Man spreche „von der Arbeitsteilung als einem großen Fortschritt unserer Zeit. Unser *gesamtes* Leben ist in Funktionen aufgeteilt, die dem Einzelnen nur bestimmte Handgriffe zuweisen." „Herrschaft des Apparates"[130] und Dasein des einzelnen als „ersetzbare(m) Funktionsteilchen"[131] führten nach Voß' Überzeugung zu einer „Preisgabe der großen Bindungen" des Menschen. Familie, Religion und Heimat seien durch „eigene, vernunftgeborene Ordnungen" ersetzt worden, an die Stelle von „organischem Wachstum" sei „anonyme, kalte Organisation"[132] getreten. Der „Zusammenbruch aller Werte"[133] – Resultat aus der Verabsolutierung von Vernunft, Technik und Intellekt – habe mit der „Atomisierung des Weltganzen auch die Einzelseele in die Vereinsamung hinausgestoßen und aus ihren Bindungen und Ordnungen gelöst".[134]

Das gelte besonders für den Menschen der Großstadt. Großstadt war für Voß Symbol eines von den Bindungen an Heimat und Natur entrückten „künstlichen Lebensgefüges". Der Rhythmus des Lebens werde hier nicht mehr von der Natur, von Tages- und Jahreszeiten, bestimmt, sondern vom Takt der Maschinen regiert.[135] Städtische Architektur schaffe überdies „Abstraktionen des Wohngedankens, gleichförmige Wohnmaschinen, bestimmt nicht für einen persönlichkeitsbewußten, sondern für einen typenhaften Menschen".[136] Ähnlich sehe es in kultureller Hinsicht aus. Hier verwies Voß immer wieder auf Berlin mit seinem „hochgeistige(n)", aber doch „international verwaschene(n) Gesicht".[137] Berlin habe sich in der Vergangenheit angemaßt, nicht nur „Umschlagstelle", sondern auch „Quellpunkt"[138] deutscher Kultur zu sein. Wesentliches Ziel der „kulturellen Umwälzung, die wir erlebten", urteilte Voß 1934 mit Blick auf das Kulturzentrum Paris für Frankreich, „war dies, einen solchen vermeintlichen Mittelpunkt, Berlin mit seinem Großstadt-Intellektualismus, seiner Stellung als Kulturdiktator zu entheben und den *draußen* Schaffenden, dem Volk … eine wahre deutsche Kultur"[139] zu bieten.

Die Kluft zwischen „Volk" und „Bildungsschicht", zwischen „Herzschlag" und „Intellekt" war für ihn der eigentliche Grund für die Krise der Kultur.[140] Sie zu schließen, müsse Aufgabe einer kommenden deutschen Kultur sein, die – wie im übrigen auch das Blut des deutschen Volkes – von „eindrängenden geistigen fremden ... Einflüsse(n)"[141] rein zu halten sei. Zwar sei die gesamte deutsche geistige Entwicklung seit Karl dem Großen durch „Aufpfropfung"[142] fremden Kulturgutes gekennzeichnet. Doch erst die letzten Jahrzehnte hätten wahre „Kulturzersetzung" gebracht. „Zersetzung" verstand Voß in einem Artikel von 1933 dabei „im allerweitesten Sinne als Zerstörung jedes Wertmaßstabes für die Erscheinungen der Kultur. Wir haben die Freiheit des Denkens bis zur Selbstauflösung getrieben, das Denken gegen uns selbst und unseren eigensten Wertbesitz gekehrt. Dichtung, Kunst, Theater sollten ein Ding an sich sein. Sie hatten keinen anderen Dienst mehr als den, ganz in sich zu ruhen, abgelöst von jeder Lebensbeziehung frei für sich zu bestehen. Denken wurde Zerdenken, aus einem gestalterischen Vorgang wurde ein zerklüftendes Spiel. Kein Ding war so einfach, daß es sich nicht hätte problematisieren, vom Lebensboden, vom Gemeinschaftsgrund abspalten lassen."[143]

Artfremder Intellekt,[144] kruder Individualismus[145] und vor allem eine stets die Form und nicht den Gehalt eines Kunstwerkes strapazierende blutarme Ästhetisierung,[146] hätten zu einer „ästhetischen Verinselung"[147] der Kunst geführt. Weit weg von jenen, die Kunst doch notwendig brauchten, dem ‚Volk', habe man sich in ewig neuen Moden, Ismen und Richtungen versucht und doch nur „ästhetenhafte Mittelware"[148] geschaffen. Dazu zählte für Voß der Expressionismus als „hemmungslose Ich-Bespiegelung",[149] der ohne jede formale Bindung bald dem Dilettantismus Tür und Tor geöffnet habe. Als noch schädlicher für das „Volksganze" aber habe sich „die neue Hinwendung zur Wirklichkeit" erwiesen. „Der neugeschärfte Blick für die Lebenstatsachen vergrub sich inmitten einer entarteten Zeit in die Winkelgänge der Psychologie und Psychoanalyse. Er machte sich zum Dolmetsch von Parteiforderungen. Ich meine die Bewegung des Zeitstückes und Zeitbuches, die sich mit Vorliebe des Untermenschentums annahmen."[150] Werke dieser „literatenhaft aufgeputzten Scheinwirklichkeit" bedienten sich „plattester Wirklichkeit" mit einem Hang zum „Entarteten" und „Verderbten", wenn sie nicht, sofern sie zur Gattung des Kriegsromans jener Jahre gehörten, häufig einen „weinerlichen Pazifismus"[151] spiegelten.

Diese Scheinkunst gelte es nun in einem „revolutionären Akt" zu vernichten, die „Giftquellen" seien zu „verstopfen".[152] Ein „evolutionärer Akt" bestehe sodann in der „Schaffung eines neuen eigenen Typus".[153] „Neubesinnung auf den Menschen und seine Lebenswirklichkeit",[154] die jedoch nicht länger psychologisierend zu sein habe, sondern der Seele und der „sittliche(n) Natur eines bewußt deutschen Menschen"[155] Rechnung tragen müsse, waren häufige Forderungen von Kurt Voß in dieser Zeit. Andere waren die nach „volkhafte(r) Verwurzelung",[156] nach „Rückkehr zum Lebensgrund", „Streben zur Ganzheit"[157] und zum Ideal der „Gemeinschaft des Volkes"[158]. In seinen Beiträgen für die Zeitschrift NIEDERSACHSEN erhob er sie immer wieder. Für die Dichtung, deren Pflege er sich auch wegen seiner Freundschaft zu Grimm, Kolbenheyer und anderen Dichtern ‚des Volkes' weiter mit großem Interesse widmete,[159] formulierte er in KULTUR IM UMBRUCH DER ZEIT als Ziel: „Wenn nun das Volk die letzte Stätte solchen überindividuellen Zusammenhangs ist, so leuchtet ein, daß Lebenswert und Lebenswirkung nur eine Dichtung haben kann, die aus den geistigen Quellen schöpft, aus denen das Volk lebt. Die Dichtung wird damit ... zu einem organischen Bestandteil des Volkswesens und Volkslebens. Diese biologische Fragestellung stellt damit einen Ansatzpunkt unserer Umbesinnung dar."[160] Über die Konsequenzen dieser „biologische(n) Fragestellung" hat Kurt Voß sich weder in der Zeitschrift NIEDERSACHSEN noch im HANNOVERSCHEN KURIER geäußert. Auch über seine Vorstellungen zur Durchsetzung des geforderten „Verstopfens der Giftquellen zersetzenden Kulturschaffens" schrieb er nicht.

Daß Theodor Lessing und Georg Altmann Juden waren, schien ihm – anders als vielen anderen Beobachtern in beiden Diffamierungskampagnen – eher sekundär zu sein, ja er scheute sich nicht, öffentlich gegen den fanatischen Antisemiten Theodor Abbetmeyer zu polemisieren,[161] der besonders massiv gegen Altmann vorgegangen war. Wichtig waren ihm die kulturellen Leistungen der beiden. Sie erkannte er nicht an. Dabei blieb bei aller Kritik sein Stil auch hier vergleichsweise gemessen und sachlich. Der Ort, um sein Gesamtkonzept einer Volkskultur der Zukunft einer Öffentlichkeit vorzustellen, war nach wie vor die Zeitschrift NIEDERSACHSEN. Hier war Kurt Voß weiterhin der vielseits interessierte und gebildete Beobachter, der sich durch die Mitarbeit in verschiedenen auch parteipolitisch ausgerichteten Kulturgremien Einblick verschaffte in die kulturpolitischen Absichten eines neuen Staates, die seinen eigenen in vielem nicht grundsätzlich widersprachen. Ihm, der in den zwanziger Jahren auch Justus Bier gegenüber „künstlerische Isolation", „Extremismus" und „ästhetenhafte Modezirkelei" beklagt hatte, erschienen die Reden von Joseph Goebbels wie ein „erfrischender Wind", der „den Wolkenhimmel über der Landschaft der deutschen Kultur schnell reinigt".[162]

Schon in den zwanziger Jahren hatte Kurt Voß' journalistisches Interesse dort seine Grenzen gefunden, wo er – Hauptschriftleiter einer der einflußreichsten hannoverschen Tageszeitungen und in vielerlei Hinsicht ein hellsichtiger Zeitgenosse – hätte sensibler und kritischer auf Nationalisierung und Radikalisierung in der kulturpolitischen Diskussion reagieren müssen. Bis zu seinem Tod in den ersten Tagen des Zweiten Weltkrieges trübte jedoch nichts Kurt Voß' Vision einer neuen, deutschen, nationalsozialistischen Kultur. Überzeugt von der Notwendigkeit einer Erziehung des Künstlers zu deutscher Kunst „aus Blut- und Volksverbundenheit",[163] die diesen sodann befähigen sollte, aus seinem inneren Wesen heraus das Wahre, Gute zu erkennen, war der Kritiker und Kulturpolitiker aus heutiger Sicht bis zu seinem Lebensende befremdlich unempfänglich für die Gefahren des Staates, der diese Erziehung leisten sollte.

1 Schreiben der Feuilletonschriftleitung des HANNOVERSCHEN KURIERS, Kurt Voß, an Justus Bier, Kestner-Gesellschaft, 23. Dezember 1931 (NStAH Dep. 100 A. 49).
2 Ebda.
3 Dr. V.; Zur Sezessionsausstellung, Hann. Kurier, 23. Mai 1931. Dr. V.; Zur Sezessionsausstellung, Hann. Kurier, 15. Mai 1931.
4 Dr. V.; Moholy-Nagy. Ismus oder Kunst, Hann. Kunst, 3. März 1928.
5 Ebda.
6 Vgl. dazu Rump, Gerhard Charles; Carl Buchheister, S. 13 f., 32.
7 Diese Kritikensammlung ist abgedruckt in: Rump, Gerhard Charles; Carl Buchheister.
8 Schreiben Carl Buchheisters an Herrn Dr. Voß, Hann. Kurier, Feuilleton, 8. November 1929, zitiert nach: Rump, Gerhard Charles; Carl Buchheister, S. 39. Buchheister schrieb weiter: „Man malt heute nicht mehr abstrakt aus sensationellen Gründen, das Abstrakte als Sensation existiert nicht mehr, sondern nur noch im Sinne ernster Arbeit ist heute die Schaffung abstrakter Werke möglich, und die wenigen, die die Kraft hatten, durchzuhalten trotz aller Opposition, haben noch immer den Sieg durch Ausdauer und abseits von pompöser Anerkennung liegende aufrichtige Schaffensfreude für ihre Überzeugung errungen." (Ebda., S. 40).
9 Ebda.
10 Dr. V.; Die zweite Juryfreie. Herbstausstellung im Kunstverein, Hann. Kurier, 5. November 1926.
11 Dr. V.; Hann. Juryfreie Ausstellung, Hann. Kurier, Oktober/November 1925, zitiert nach: Rump, Gerhard Charles; Carl Buchheister, S. 240: „Carl Buchheisters Kompositionen und Variationen verraten ihr gedrechseltes Geheimnis bald."
12 Dr. V.; 94. Große Kunstausstellung. Frühjahrsausstellung im Kunstverein Hannover, Hann. Kurier, 16. März 1926.
13 Voß, Kurt; Herbstausstellung im Kunstverein. Das Lebensrecht der bildenden Kunst, Hann. Kurier, 13. Oktober 1931.
14 Voß, K.; Eine Ausstellung hannoverscher Künstler, Kölnische Zeitung, 19. Oktober 1928.
15 Voß, Kurt; Ausstellung im Kunstverein, Hann. Kurier, 17. November 1928. Vgl. Dr. V.; Gute und schlechte Abstraktion. Vortrag und Ausstellung bei den Abstrakten, Hann. Kurier, 21. Februar 1928.
16 Dr. V.; Gute und schlechte Abstraktion in der Kunst. Vortrag und Ausstellung bei den Abstrakten, Hann. Kurier, 21. Februar 1928.
17 Ebda.
18 Voß, Kurt; Herbstausstellung im Kunstverein. Das Lebensrecht der bildenden Kunst, Hann. Kurier, 13. Oktober 1931.
19 Voß, Kurt; Ausstellung im Kunstverein, Hann. Kurier, 17. Oktober 1928.
20 Dr. V.; Hann. Juryfreie Ausstellung, Hann. Kurier, Oktober/November 1925, zitiert nach: Rump, Gerhard Charles; Carl Buchheister, S. 240.
21 Dr. V.; Herbstausstellung im Kunstverein. Der zweite Rundgang, Hann. Kurier, Herbst 1931 (Das Artikelfragment ist nicht exakt datiert. Es befindet sich in der Slg. Scheuernstuhl).
22 Dr. V.; Die zweite Juryfreie. Herbstausstellung im Kunstverein, Hann. Kurier, 5. November 1926.
23 Dr. V.; 94. Große Kunstausstellung. Frühjahrsausstellung im Kunstverein Hannover, Hann. Kurier, 16. März 1926.
24 Dr. V.; Frühjahrs-Ausstellung im Kunstverein. Im Künstlerhause an der Sophienstraße, Hann. Kurier, 21. März 1933.
25 Dr. V.; Frühjahrsausstellung des Kunstverein im Künstlerhaus an der Sophienstraße, Hann. Kurier, 4. März 1931.
26 Dr. Kurt Voß; Herbstausstellung im Kunstverein. Das Lebensrecht der bildenden Kunst, Hann. Kurier, 13. Oktober 1931.
27 Ebda.
28 Dr. V.; Frühjahrsausstellung des Kunstverein. Gang durch die Gemälde, Hann. Kurier, 6. März 1931.
29 Dr. V.; Die zweite Juryfreie. Herbstausstellung im Kunstverein, Hann. Kurier, 5. November 1926.
30 Dr. Kurt Voß; Herbstausstellung im Kunstverein. Das Lebensrecht der bildenden Kunst, Hann. Kurier, 13. Oktober 1931.
31 Voß, Kurt; Ausstellung im Kunstverein. Herbstausstellung hann. Künstler, Hann. Kurier, 25. Oktober 1928.
32 Dr. V.; Frühjahrsausstellung im Kunstverein. Die Münchener, die Hannoveraner und die Plastik, Hann. Kurier, 5. April 1927.
33 Dr. V.; Frühjahrsausstellung des Kunstverein im Künstlerhaus an der Sophienstraße, Hann. Kurier, 4. März 1931.
34 Vor allem die Tatsache, daß die Besucher der Herbst- und Frühjahrsausstellung des Kunstvereins teilweise von einer Flut von rund 500 Werken überrollt wurden, fand seine Mißbilligung. Sicher sei diese Breite verständlich, wolle man doch möglichst vielen Künstlern die Chance geben, auszustellen. Doch dürfe man auf der anderen Seite auch nicht riskieren, daß „die meisten Besucher, die nicht Vetter und Base unter den Ausstellern und somit ein festes Ziel haben, ... uferlos im Strom einer unausschöpflichen Bildermasse (schwimmen)". (Dr. V.; Die zweite Juryfreie. Herbstausstellung im Kunstverein, Hann. Kurier, 5. November 1926. Dr. V.; Frühjahrsausstellung des Kunstverein im Künstlerhaus an der Sophienstraße, Hann. Kurier, 4. März 1931. Vgl. Dr. V.; Frühjahrsausstellung des Kunstverein. Gang durch die Gemälde, Hann. Kurier, 6. März 1931).
35 Dr. V.; Frühjahrsausstellung des Kunstvereins. Im Künstlerhause in der Sophienstraße, Hann. Kurier, 4. März 1927.
36 Dr. Kurt Voß; 150 Jahre hannoversche Kunst. Jubiläumsausstellung im Kunstverein Hannover, Hann. Kurier, 9. März 1932.
37 Dr. V.; Frühjahrsausstellung des Kunstvereins. Im Künstlerhause in der Sophienstraße, Hann. Kurier, 4. März 1927.
38 Dr. K.V.; Große Kunstausstellung in Hannover, Weser-Zeitung, 17. März 1930.
39 Ebda.
40 Dr. V.; Frühjahrsausstellung des Kunstvereins. Im Künstlerhause in der Sophienstraße, Hann. Kurier, 4. März 1927. Vgl. Dr. K.V.; Kunst in Hannover, Hamburger Nachrichten, 21. Oktober 1928.
41 Dr. K. V.; Große Kunstausstellung in Hannover, Weser-Zeitung, 17. März 1930.
42 Dr. Kurt Voß; 150 Jahre hannoversche Kunst. Jubiläumsausstellung im Kunstverein, Hann. Kurier, 9. März 1932.
43 Dr. V.; Herbstausstellung im Kunstverein. Der zweite Rundgang, Hann. Kurier, Herbst 1931 (der Artikelausschnitt ist nicht exakt datierbar; er findet sich in der Slg. Scheuernstuhl).
44 Dr. V.; Herbstausstellung im Kunstverein. Der zweite Rundgang, Hann. Kurier, Herbst 1931 (das Artikelfragment ist nicht exakt datiert; es befindet sich in der Slg. Scheuernstuhl).
45 Dr. V.; Frühjahrsausstellung des Kunstvereins an der Sophienstraße, Hann. Kurier, 4. März 1931.

⁴⁶ Voß, Kurt; Hannoversche Kunst seit 150 Jahren, in: Niedersachsen, 37. Jhg., 1932, S. 269.

⁴⁷ Vgl. zur Biographie das nicht datierte Typoskript Dr. Kurt Voss (Nachschlagearchiv Historisches Museum, Tasche Kurt Voss). Vgl. auch Personalakte Kurt Voß (BDC). O.A.; Dr. Kurt Voß †, Hann. Kurier, 14. September 1939.

⁴⁸ O.A.; Dr. Kurt Voß †, Hann. Kurier, 14. September 1939. Vgl. auch o.A.; Borowa-Berg südwestlich Petrikau in Polen, Hann. Kurier, 21. Oktober 1939.

⁴⁹ Grabenhorst, Georg; Wege und Umwege, S. 130.

⁵⁰ Ebda., S. 173. Vgl. auch S. 291 ff.

⁵¹ Vgl. nicht datiertes Typoskript Dr. Kurt Voss (Nachschlagarchiv Historisches Museum, Tasche Kurt Voß).

⁵² Grabenhorst, Georg; Wege und Umwege, S. 173.

⁵³ Dr. V.; Nach dem Schmutz- und Schundgesetz. Das Schulgesetz in neuer Fassung, Hann. Kurier, 5. Dezember 1926.

⁵⁴ Für die Reaktionen in Hannover vgl. etwa Hemberger, A.; Schund und Schmutz. Das Schulgesetz in neuer Fassung, Hann. Anzeiger, 5. Dezember 1926. Köhne, Fritz; Das Gesetz über den Schutz der Jugend von Schund- und Schmutzschriften, Hann. Tageblatt, 8. Dezember 1926. Bartels, Beate; Gegen Schund und Schmutz, Niederdeutsche Zeitung, Beilage Die deutsche Frau, 5. November 1926. Besonders interessant ist der Artikel Karl Brunners, der schon 1922 im Skandal um Arthur Schnitzlers Theaterstück Reigen als Kritiker solcher Interessen aufgetreten war, die er selbst als sittlich und moralisch anfechtbar hielt (Brunner, Karl; Was ist ‚Schundliteratur'? Ein Begriff, der noch geklärt werden muß, Niederdeutsche Zeitung, 9. Dezember 1926). Brunner war staatlicher Gutachter in Zensurfragen und Regierungsrat im Wohlfahrtsministerium, der Zentralstelle für die Prüfung ‚unzüchtiger' Schriften (vgl. etwa Schütz, Hans J.; Verbotene Bücher, S. 159). Vgl. zu den Reaktionen auf das Schmutz- und Schutzgesetz allg. Petersen, Klaus; Literatur und Justiz, S. 77–108. Schütz, Hans J.; Verbotene Bücher, S. 156–169.

⁵⁵ Dr. V.; Nach dem Schmutz- und Schundgesetz. Das Schulgesetz in neuer Fassung, Hann. Kurier, 5. Dezember 1926.

⁵⁶ Ebda.

⁵⁷ Arthur Pfahl, Protokoll der Sitzung des Theater-Ausschusses, 26. Oktober 1927 (NStAH Hann. 310 III D 70 / I). Auf der anderen Seite hatte Voß ein gutes halbes Jahrzehnt später offenbar keine Bedenken, Georg Altmanns Entlassung aus städtischen Diensten sowohl im Hannoverschen Kurier wie in der Zeitschrift Niedersachsen nicht nur zu begrüßen, sondern, seinen Einfluß als bekannter Publizist nutzend, auch stark zu forcieren.

⁵⁸ Arthur Pfahl, Protokoll der Sitzung des Theater-Ausschusses, 26. Oktober 1927 (NStAH Hann. 310 III D 70 / I).

⁵⁹ Remarque, Erich Maria; Über das Mixen kostbarer Schnäpse, in: Störtebeker, Nr. 2, 1924, S. 39.

⁶⁰ Remarque, Erich Maria; Leitfaden der Décadence, in: Störtebeker, Nr. 5, 1924, S. 110–116.

⁶¹ „Mynonas Satire irrlichtert im Kreise ..., er hat in sein Buch so viele Anzapfungen und Anspielungen hineingebracht, er gefällt sich in einer so schwierigen Wortequilibristik, daß man schon nach wenigen Seiten ermüdet zurücksinkt. Er treibt uns mit seinen Geistreicheleien den Geist aus ... Ich habe nicht ein einziges Mal lachen können." (V.; Gelächter um Remarque, Hann. Kurier, 3. Januar 1929). Vgl. Krautworsts Wandelgänge; Remarque in Hannover, 8./9. Juli 1978.

⁶² V.; Gelächter um Remarque, Hann. Kurier, 3. Januar 1929.

⁶³ Nicht datiertes Typoskript Dr. Kurt Voss (Nachschlagearchiv Historisches Museum, Tasche Kurt Voß).

⁶⁴ Ebda.

⁶⁵ Grabenhorst, Georg; Wege und Umwege, S. 173.

⁶⁶ Ebda., S. 198.

⁶⁷ Schreiben Kurt Voß' an Oberbürgermeister Menge, 15. Oktober 1931 (StAH 19, 96). Vgl. zur Norag und zum Nebensender Hannover allg. NStAH Hann. 122a, Nr. 3374, und hier besonders das Schreiben des Oberpräsidenten der Provinz Hannover vom 16. September 1926. Im Katalog des Historisches Museums zur Rundfunkgeschichte Hannovers (Röhrbein, Waldemar R.; „... gegen die Hamburger Gleichgültigkeit ...", S. 80) wird 1932 als Entstehungsjahr des Rundfunkausschusses angegeben

⁶⁸ Voß, Kurt; Niedersachsen und der Rundfunk, in: Niedersachsen, 36. Jhg., 1931, S. 529. Vgl. auch Voß, Kurt; Hannover und der Rundfunk, in: Kulturring, Mai 1931, S. 99 f.

⁶⁹ Schreiben von Kurt Voß an Oberbürgermeister Menge, 15. Oktober 1931 (StAH 19, 96). Vgl. zum Einsatz Voß' für eine Stärkung des Nebensenders Hannover der Norag: Hollmann, Reimar; Hannoversche Rundfunkgeschichte, S. 40 f. Röhrbein, Waldemar R.; , ... gegen die Hamburger Gleichgültigkeit ...', S. 72 ff., 80 (bes. Anm. 4 und 5). Vgl. allg. auch: Hartung, Werner; ‚Das Vaterland als Hort von Heimat', S. 131.

⁷⁰ Im Oktober 1931 begründete er diese Parole Oberbürgermeister Menge gegenüber so: „Eine stärkere Berücksichtigung unseres Senders erscheint uns deswegen dringend geboten, weil einmal bei der weiteren Entwicklung der Großsenderfrage die Gefahr besteht, daß Hannover auf die Dauer seinen eigenen Sender nicht behält, und weil zum anderen der Besitz eines Senders für ein Kulturzentrum wie Hannover ein wichtiges Kulturmittel bedeutet." (Schreiben von Kurt Voß an Oberbürgermeister Menge, 15. Oktober 1931 (StAH 19, 96)).

⁷¹ Grabenhorst, Georg; Wege und Umwege, S. 166.

⁷² Grabenhorst, Georg; Wege und Umwege, S. 174.

⁷³ Vgl. etwa Ar.; Jahresversammlung des Kulturrings, in: Kulturring, März 1932, S. 57 f.

⁷⁴ Vgl. Steilen, Diedrich; Niedersächsischer Heimatbund, S. 95. Zum Charakter der Zeitschrift Niedersachsen vgl. Schilling, Jörg; Moritz Jahn, S. 21. Manns, Haide; NS-Frauenschaft. Vgl. Hartung, Werner; ‚Das Vaterland als Hort von Heimat', S. 131 f. Vgl. auch Hartung, Werner; Konservative Zivilisationskritik, S. 83–90.

⁷⁵ Voß, Kurt; Jugend und Heimatbewegung, in: Niedersachsen, 33. Jhg., 1928, S. 309.

⁷⁶ Ebda.

⁷⁷ Ebda., S. 310.

⁷⁸ Ebda.

⁷⁹ Ebda., S. 311.

⁸⁰ Gesprächsprotokoll Georg Grabenhorst, 22. September 1992.

⁸¹ Vgl. z. B. Voß, Kurt; Feininger-Ausstellung, Hann. Kurier, 1. Februar 1932. Wie er als Kritiker selbst dabei seine Möglichkeiten und Aufgaben einschätzte, machte Kurt Voß 1927 in einem Beitrag für die von der Stadt herausgegebene Festschrift zum 75-jährigen Bestehen des Opernhauses an der Georgstraße deutlich. Hier hieß es: „Wie ein gan-

zes Geschlecht erst langsam für eine neue Kunst reif wird, so wird es auch der Kritiker mit ihr, nur daß er den Puls der Zeit empfindlicher spürt als andere. Gewiß, es ist das edelste Zeichen des Kritikers, wenn er nicht, was leicht und billig wäre, lediglich seiner Zeit und ihrem Geschmack sklavisch dient ... Modern und unmodern sind gar keine Erkennungszeichen wahrer Kunst, und so lächerlich uns das Bild des Kritikers scheint, der hilflos an seiner Zeit klebt, so lächerlich ist das hohe Fortschrittlertum, das den Neuen lediglich um der Neuheit willen an den Fersen hängt. Das stärkste Kriterium eines Kunstwerkes bekundet sich in der Tatsache, ob es das Herz entzündet oder kalt läßt, ob es den Menschen innerlich auflockert oder in seiner Starre gefangen hält." (Voß, Kurt; 75 Jahre, S. 49).

[82] Dr. Voß; Neues Bauen, Hann. Kurier, 12. Mai 1932.
[83] Dr. Kurt Voß; Herbstausstellung des Kunstverein. Das Lebensrecht der bildenden Kunst, Hann. Kurier, 13. Oktober 1931.
[84] Dr. V.; Frühjahrsausstellung des Kunstverein. Im Künstlerhaus an der Sophienstraße, Hann. Kurier, 4. März 1927.
[85] Dr. V.; Aus dem hannoverschen Kunstleben. Herbstausstellung hannoverscher Künstler, Kurier im Bild, 30. November 1924.
[86] Ebda.
[87] Dr. V.; Frühjahrsausstellung des Kunstverein. Im Künstlerhaus an der Sophienstraße, Hann. Kurier, 4. März 1927.
[88] Dr. V.; Arbeiten der Kunstgewerbeschule Hannover, Kurier im Bild, 18. März 1928.
[89] Ebda.
[90] Dr. V.; Herbstausstellung im Kunstverein. Der zweite Rundgang, Hann. Kurier, Herbst 1931 (der Artikel ist nicht exakt datierbar; er findet sich in der Slg. Scheuernstuhl).
[91] Ebda.
[92] Dr. V.; Hermann Scheuernstuhl. Ein hannoverscher Bildhauer, Hann. Kurier, 3. April 1927.
[93] Dr. V.; Frühjahrsausstellung im Kunstverein. Die Münchener, die Hannoveraner und die Plastik, Hann. Kurier, 5. April 1927.
[94] Dr. V.; Herbstausstellung im Kunstverein. Der zweite Rundgang, Hann. Kurier, Herbst 1931 (der Artikel ist nicht exakt datierbar; er findet sich der Slg. Scheuernstuhl). Der hannoversche Maler Robert Stratmann etwa gehörte in Voß' Augen zu der Gruppe dieser Künstler. Mit seinem „maßvoll verhaltene(n) Schaffen" verfalle er „auf immer dieselben technischen Mittel" und zeige im ganzen „indifferentes Temperament" (Voß, Kurt; Ausstellung im Kunstverein, Teil II, Hann. Kurier, 25. Oktober 1928, Hann. Kurier, 17. November 1928).
[95] Dr. K. V.; Eine Ausstellung hann. Künstler, Kölnische Zeitung 19. Oktober 1928. Vgl. auch Kurt Voß; Ausstellung im Kunstverein. Herbstausstellung hann. Künstler, Hann. Kurier, 25. Oktober 1928.
[96] Dr. V.; Gleichmann-Ausstellung in der Kestner-Gesellschaft, Hann. Kurier, 10. Juli 1932. Vgl. auch die Rezension der Werke Gleichmanns in: Dr. V.; Die Künstlerbund-Ausstellung des Hann. Kunstvereins, Hann. Kurier, 24. März 1928.
[97] Dr. V.; Gleichmann-Ausstellung in der Kestner-Gesellschaft, Hann. Kurier, 10. Juli 1932.
[98] V.; Hann. Künstler im Kunstverein, Hann. Kurier, 11. Oktober 1931.
[99] Dr. Kurt Voß: Herbstausstellung im Kunstverein. Das Lebensrecht der bildenden Kunst, Hann. Kurier, 13. Oktober 1931. Vgl. auch Dr. Kurt Voß? 150 Jahre hannoversche Kunst. Jubiläumsausstellung im Kunstverein Hannover, Hann. Kurier, 9. März 1932.
[100] Dr. Kurt Voß; Herbstausstellung im Kunstverein. Das Lebensrecht der bildenden Kunst, Hann. Kurier, 13. Oktober 1931.
[101] Dr. V.; Zum 101. Male Frühjahrs-Ausstellung. Im Kunstverein Hannover, Hann. Kurier, 7. März 1933.
[102] Ebda.
[103] Dr. V.; Die Frühjahrsausstellung. Im Künstlerhause an der Sophienstraße, Hann. Kurier, 13. März 1934. Vgl. Dr. V.; Plastik in der Frühjahrsausstellung. Im Künstlerhaus an der Sophienstraße, Hann. Kurier, 4. April 1933. Vgl. auch Dr. V.; Frühjahrsausstellung im Kunstverein. Im Künstlerhaus an der Sophienstraße, Hann. Kurier, 21. März 1933.
[104] V., K.; Bildende Kunst in Hannover, in: Niedersachsen, 38. Jhg., 1933, S. 204.
[105] Rischbieter, Henning; Hannoversches Lesebuch, Bd. 2, S. 291.
[106] Dietzler, Anke; Ausschaltung, Gleichschaltung, Anpassung, S. 237. Rohr, Alheidis von; Bürgerlich, national, welfisch, S. 146. Vgl. auch Ursachen und Folgen, Bd. 8, S. 688, Anm. 3. Dietzler, Anke; Hannoversche Tageszeitungen, S. 117 f.
[107] Dietzler, Anke; Hannoversche Tageszeitungen, S. 112.
[108] Zitiert nach: Dietzler, Anke; Ausschaltung, Gleichschaltung, Anpassung, S. 235.
[109] Ebda., S. 235. Dietzler, Anke? Hannoversche Tageszeitungen, S. 113 ff.
[110] In ihrer Dissertation (Dietzler, Anke; Hannoversche Tageszeitungen, S. 41) erwähnt Anke Dietzler allerdings, daß Jänecke im Juni 1933 das Amt des 1. Stellvertretenden Vorsitzenden des nationalsozialistischen Verlegervereins übernommen habe. Auf S. 116 heißt es dann, Jänecke habe alle Ämter im Verein Deutscher Zeitungsverleger niedergelegt und sei aus der Redaktion des HANNOVERSCHEN KURIERS ausgeschieden.
[111] Dietzler, Anke; Gleichschaltung des kulturellen Lebens, S. 161. Allerdings macht Anke Dietzler auch auf die Vagheit dieser Ausführungen aufmerksam (Dietzler, Anke; Ausschaltung, Gleichschaltung, Anpassung, S. 235 ff? Dies.; Hannoversche Tageszeitungen, S. 112). Diese beziehen sich vornehmlich auf Angaben aus einem Kreis von Informanten, die Jäneckes Sichtweise der Vorgänge wiedergaben. Kurt Voß wird in der Dissertation Anke Dietzlers nur in einer Fußnote erwähnt (Dietzler, Anke; Hannoversche Tageszeitungen, S. 310, Anm. 65). Hier finden sich auch biographische Angaben zu seiner Arbeit im Nationalsozialismus.
[112] Dietzler, Anke; Zur Gleichschaltung des kulturellen Lebens in Hannover, S. 177, Anm. 27. Leider gab Anke Dietzler nichts über die Herkunft dieser Information an. Sie schrieb auch in ihrer Dissertation (Hannoversche Tageszeitungen, S. 310, Anm. 65) nichts darüber, wiederholte den Sachverhalt jedoch. Als Fachgruppenleiter des Kampfbundes für deutsche Kultur sprach Voß im Oktober 1933 über VÖLKISCHES SCHRIFTTUM. Der KULTURRING berichtete folgendermaßen über seinen Vortrag auf einer Kulturtagung in Celle: „Er wies darauf hin, daß wir als Land der Mitte fremden Kultureinflüssen eher als andere Länder zugänglich seien. Unser Kampf werde um die Befreiung der Seele von fremden Bindungen geführt. Der Gegensatz zwischen deutschem Gefühl und lateinischer Form habe auch zu einer verhängnisvollen Bildungspalterei geführt. Heute sei der erste revolutionäre Abschnitt, die Bereinigung des Schrifttums vom jüdischen Intellekt, abgeschlossen... Für die deutsche volk- und bluthaft gewachsene Dich-

tung sei der Weg frei. Es gelte nur, sie in die richtige Pflege zu nehmen." (o.A.; Kulturtagung in Celle. Großer Erfolg des Kampfbundes für deutsche Kultur, in: Kulturring, Oktober 1933, S. 19). Dies ist einer der offenbar seltenen Hinweise auf einen antisemitischen Ton in den Äußerungen Kurt Voß'. Ob der Anlaß, eine wichtige propagandistische Tagung, oder die persönliche Überzeugung des Redners hierfür der Grund war, bleibt unklar.

[113] Vgl. die NSDAP-Mitgliedskarte (Personalakte Voß BDC). Vgl. Dietzler, Anke; Ausschaltung, Gleichschaltung, Anpassung, S. 239, Anm. 308.

[114] Schreiben des Polizeipräsidenten an den Generalstaatsanwalt in Celle, 30. August 1933 (NStAH Hann. 173a. Acc. 111/79, Nr. 349).

[115] Grabenhorst, Georg; Wege und Umwege, S. 189. Dietzler, Anke; ‚Gleichschaltung', S. 9 f.

[116] Dietzler, Anke; ‚Gleichschaltung', S. 10. Fast zum gleichen Zeitpunkt, Anfang November 1933, wurde Voß zum Geschäftsführenden Mitglied der Ortsgruppe Hannover der Deutschen Philosophischen Gesellschaft ernannt. Die Gesellschaft habe sich formiert „aus dem bewußten Willen zur Abwehr der auflösenden und zersetzenden Strömungen der Spätkriegszeit" und sei „in der Nachkriegszeit bei der planmäßigen Unterdrückung eines bewußten Nationalgeistes schwer bedroht" worden (Kulturring, Nr. 11, November 1933, S. 2, zitiert nach: Dietzler, Anke; ‚Gleichschaltung', S. 39).

[117] Grabenhorst, Georg; Wege und Umwege, S. 292. Gesprächsprotokoll Georg Grabenhorst, 22. September 1992. Auch Anke Dietzler schrieb, Voß sei Mitglied der Bekennenden Kirche gewesen (Dietzler, Anke; Hannoversche Tageszeitungen, S. 310, Anm. 65). Dies bestätigte Voß' Tochter, Frau Hildegard Meyer/Celle, in einem Telefonat mit mir (21. Dezember 1996).

[118] Grabenhorst, Georg; Wege und Umwege, S. 292.

[119] Ebda.

[120] Erwin Rommel, bis zur Beförderung zum Oberstleutnant 1935 im Range eines Majors, war vom 1. Oktober 1933 bis zum 14. Januar 1935 Kommandeur des III. Bataillons des Infanterieregiments Nr. 17 in Goslar (Reuth, Ralf Georg; Erwin Rommel, S. 142). Von Voß hingegen ist bekannt, daß er erst nach der Einführung der Allgemeinen Wehrpflicht am 16. März 1935 zu den Goslarer Jägern stieß, zu einem Zeitpunkt also, als Rommel schon an der Infanterieschule Potsdam lehrte. Es ist nicht ausgeschlossen, daß beide sich bei anderer Gelegenheit oder vielleicht auch während des Ersten Weltkrieges, in dem beide, der Württemberger Rommel und der Westfale Voß, in süddeutschen Regimentern dienten, kennengelernt haben. In jedem Fall begann der eigentliche Aufstieg Rommels erst mit Beginn des Zweiten Weltkrieges. Zuvor hätte auch ein Protegé von ihm vor nationalsozialistischen Übergriffen nicht sicher sein können. Voß jedoch fiel wenige Tage nach Kriegsausbruch.

[121] Vgl. Grabenhorst, Georg; Wege und Umwege, S. 289 ff. O.A.; Dr. Kurt Voß †, Hann. Kurier, 14. September 1939. O.A.; Borowa-Berg südwestlich Petrikau in Polen, Hann. Kurier, 21. Oktober 1939. Nicht datiertes Typoskript KURT VOSS (Nachschlagarchiv Historisches Museum, Tasche Kurt Voss).

[122] Zitiert nach: Rischbieter, Henning; Hannoversches Lesebuch, Bd. 2, S. 291.

[123] Ebda. Vgl. dazu allg. Marwedel, Rainer; Theodor Lessing. Biographie, S. 253–308; über die Reaktionen des HANNOVERSCHEN KURIERS – ohne jedoch den Namen Kurt Voß zu erwähnen – bes. S. 306 f.

[124] Zitiert nach: Rischbieter; Hannoversches Lesebuch, Bd. 2, S. 291.

[125] Vgl. etwa Steilen, Diedrich; Niedersächsischer Heimatbund, S. 95. Vgl. o.A.; o.O. (Über die Zeitschrift NIEDERSACHSEN, in: Niedersachsen, 38. Jhg., 1933, S. 97).

[126] Dietzler, Anke; ‚Gleichschaltung', S. 39 ff. Die Redaktion der Zeitschrift NIEDERSACHSEN übersiedelte im März 1933 von Bremen nach Hannover. Der neue Herausgeber, der Kampfbund für deutsche Kultur, versuchte nach eigener Aussage, in „einer Zeit schwerster wirtschaftlicher und politischer Erschütterungen" eine „Einheitsfront aller derer zu schaffen, die sich über die nackten Notwendigkeiten des Lebens hinaus jenem Höheren verpflichtet fühlen, der deutschen Kultur" (o.A.; Die Zeitschrift NIEDERSACHSEN, in: Kulturring, März 1933, S. 56). Vor allem waren führende Persönlichkeiten in der Heimatbewegung wie Heinz Appel, Kurt Brüning, Georg Grabenhorst, Hans Grimm, Börries Freiherr von Münchhausen, Alma Rogge, Wilhelm Scharrelmann und eben auch Kurt Voß für den Umzug eingetreten (Ebda).

[127] Grabenhorst, Georg; Wege und Umwege, S. 174. Steilen, Diedrich; Niedersächsischer Heimatbund, S. 95.

[128] Voß, Kurt; Kultur im Umbruch der Zeit, in: Niedersachsen, 38. Jhg., 1933, S. S. 99. Vgl. auch Voß, Kurt; Das Theater im neuen Staat, in: Freie Volksbühne, 11. Jhg., Nr. 10, Juni 1933, S. 1–3.

[129] Voß, Kurt; Kultur im Umbruch der Zeit, in: Niedersachsen, 38. Jhg., 1933, S. 100.

[130] Ebda., S. 99.

[131] Ebda., S. 100.

[132] Ebda., S. 99.

[133] Ebda., S. 101.

[134] Ebda., S. 101.

[135] Ebda., S. 100.

[136] Ebda.

[137] Ebda., S. 102. Voß neigte jedoch nicht zu den nivellierenden Urteilen seiner Zeit, die etwa das Großstadtleben grundsätzlich ebenso harsch ablehnten wie jene ‚Asphaltkultur', die gegen ihr eigenes vermeintlich gesundes kulturelles Empfinden stand. In einem Beitrag aus dem Jahr 1927 über BERLINER EINDRÜCKE urteilte er im HANNOVERSCHEN KURIER: „Eine Woche Berlin kommt einem prickelnden Erfrischungsbad gleich; man muß nur einmal mitwollen und nicht sich schleifen lassen. Der Zeit auf den Buckel geklettert, das ist immer noch besser, als sich vor ihr auf die Schienen zu legen. Ich finde – Ketzer – das Berlin von heute ganz in der Ordnung. Jedes Auto tutet, jeder Schritt klingt: Hoppla, wir leben." (Voß, Kurt; Berliner Eindrücke, Hann. Kurier, 26. Oktober 1927). Fand die politische Revue von Ernst Toller auch nicht sein Gefallen, so begrüßte Voß doch etwa Ernst Kreneks Jazz-Oper JOHNNY SPIELT AUF, ein Werk immerhin, das von vielen seiner bürgerlichen Kritikerkollegen entschieden abgelehnt wurde. Ihnen hielt er entgegen: „Das Theater sei tot, sagen zwar die Dunkelmänner des Untergangs-Ressentiments – die Heilsapostel des Trübsinns; aber wo soviel geniehafte Regisseure und Schauspieler wirken, kann doch nicht alles morbid sein. Und wird das Antlitz der Zeit besser, wenn man ihr immer wieder dreinschlägt?" So typisch, wie diese betont unvoreingenommene Haltung zur Moderne für den Journalisten Kurt Voß war, so

charakteristisch war es auch, daß er darauf Betrachtungen über den Berliner Reichstag folgen ließ, die dem gängigen Bild von der „Schwatzbude" und dem politischen „Vielköchebrei", der nie ein „schmackhaftes Gericht" schaffen könne, nur allzu sehr folgten. Abschließend fand er anläßlich eines Besuches in Sanssouci zu dem Urteil, es wäre gut, wenn Friedrich II. „uns noch einmal über einem hellen Tag unserer Geschichte leuchtete" (Ebda.).

138 Voß, Kurt; Kultur im Umbruch der Zeit, in: Niedersachsen, 38. Jhg., 1933, S. 102.
139 Voß, Kurt; Deutsche Dichtung in Niedersachsen, in: Niedersachsen, 39. Jhg., 1934, S. 97.
140 Vgl. dazu auch Voß' Rede anläßlich der Niedersachsen-Tagung des Kampfbundes für Deutsche Kultur in Celle, in: Niedersachsen, 38. Jhg., 1933, S. 530.
141 Voß, Kurt; Völkisches Schrifttum, in: Niedersachsen, 38. Jhg., 1933, S. 537.
142 Ebda., S. 538. Vgl. auch Voß, Kurt; Die Stunde der deutschen Dichtung, in: Niedersachsen, 38. Jhg., 1933, S. 332.
143 Voß, Kurt; Die Stunde der deutschen Dichtung, in: Niedersachsen, 38. Jhg., 1933, S. 329.
144 Voß, Kurt; Völkisches Schrifttum, in: Niedersachsen, 38. Jhg., 1933, S. 538.
145 Voß, Kurt; Kultur im Umbruch der Zeit, in: Niedersachsen, 38. Jhg., 1933, S. 102.
146 Ebda., S. 101.
147 Voß, Kurt; Die Stunde der deutschen Dichtung, in: Niedersachsen, 38. Jhg., 1933, S. 329.
148 Ebda., S. 332.
149 Ebda., S. 330.
150 Ebda.
151 Ebda. Vgl. auch Voß, Kurt; Völkisches Schrifttum, in: Niedersachsen, 38. Jhg., 1933, S. 538.
152 Voß, Kurt; Völkisches Schrifttum, in: Niedersachsen, 38. Jhg., 1933, S. 538.
153 Ebda.
154 Voß, Kurt; Kultur im Umbruch der Zeit, in: Niedersachsen, 38. Jhg., 1933, S. 102.
155 Voß, Kurt; Die Stunde der deutschen Dichtung, in: Niedersachsen, 38. Jhg., 1933, S. 331.
156 Ebda., S. 329.
157 Voß, Kurt; Kultur im Umbruch der Zeit, in: Niedersachsen, 38. Jhg., 1933, S. 102.
158 Ebda. Der Osnabrücker Maler Franz Heckter etwa, dessen Arbeiten Voß 1933 ausführlich vorstellte, war für ihn ein Künstler, der „in seiner Heimat einen festen Grund gefunden" hatte und dem „Landschaft" und „Volkstum" als „Kraftquelle seines Schaffens" galten. „Während draußen um ihn herum das Tasten nach dem Neuen einsetzte, während sich draußen die künstlerischen Kräfte in Krampf und Kampf zerrieben, blieb er dem Boden nahe, dem er entsprossen ist, ging er unbeirrbar dem Gesetz seiner Eigenart nach." (Voß, Kurt; Franz Heckter. Ein Osnabrücker Maler, in: Niedersachsen, 38. Jhg., 1933, S. 308f).
159 Vgl. dazu Voß, Kurt; Die Stunde der deutschen Dichtung, in: Niedersachsen, 38. Jhg., 1933, S. 331 f. Voß, Kurt; Völkisches Schrifttum, in: Niedersachsen, 38. Jhg., 1933, S. 539 f.
160 Voß, Kurt; Kultur im Umbruch der Zeit, in: Niedersachsen, 38. Jhg., 1933, S. 99 f.
161 h.; Steuerzahler und Schauspielhaus, in: Die Freie Meinung, 31. März/1. April 1933. Hier hieß es im Zusammenhang mit der Entlassung Altmanns seien sich Voß und Abbetmeyer „in die Haare" geraten.
162 Voß, Kurt; Die Stunde der deutschen Dichtung, in: Niedersachsen, 38. Jhg., 1933, S. 329.
163 Ebda., S. 332.

„... Heute geht es um Sein oder Nichtsein der nordisch-germanischen Gesinnungskultur, um Überwindung teuflischer Finsternis durch das Licht nordischen Ariertums ..."

Der Journalist und Schriftsteller Theodor Abbetmeyer

Im April 1933 übersandte die Propaganda- und Pressestelle der NSDAP-Gauleitung Südhannover-Braunschweig allen Ortsgruppen des Gaus eine Broschüre mit dem Titel ÜBER MODERNE THEATER-UNKULTUR. ZUR ENTEIGNUNG DES DEUTSCHEN THEATERS DURCH MARXISMUS UND BOLSCHEWISMUS. Durch ein beiliegendes Schreiben wurden die lokalen Behörden darüber unterrichtet, daß das Heft „sehr interessante Ausführungen, im wesentlichen die Stellungnahme der NSDAP zum bisherigen Theaterwesen" enthalte, „im Augenblick der Säuberung der deutschen Kulturinstitute von Internationalismus und Judaismus besonders aktuell"[1] sei und also weite Berücksichtigung finden müsse.

Einer Reihe von Adressaten dürfte der Inhalt der Broschüre, die von der Ortsgruppe der hannoverschen NSDAP gedruckt und vertrieben wurde, zu diesem Zeitpunkt nicht mehr unbekannt gewesen sein. Der Herausgabe des Hefts war vom 9. bis zum 14. März 1933 die Veröffentlichung einiger Abschnitte in der NIEDERSÄCHSISCHEN TAGESZEITUNG vorangegangen.[2] Dieses Blatt war seit seiner Gründung am 1. Februar 1931 durch den ehemaligen hannoverschen Studienrat, Bürgervorsteher des antisemitischen Völkisch-Sozialen Blocks und jetzigen NSDAP-Gauleiter für Norddeutschland Bernhard Rust[3] offizielles Parteiorgan der Nationalsozialisten.[4] Als solches hatte es seit Beginn seiner Existenz nicht davor zurückgeschreckt, „in teilweise primitiver Sprache Propaganda, Angriffe und Verleumdungen mit Nachrichtenvermittlung"[5] zu vermischen. Polemik und Mutmaßung, Verunglimpfung der politischen Gegner und Lob der nationalsozialistischen Bewegung verbanden sich schon früh zu der Tendenz, den Wahrheitsgehalt der Aussage zugunsten seiner politischen Schlagkraft ins Hintertreffen geraten zu lassen.[6]

Am 12. April 1933, gut zwei Jahre nach der Gründung und einen Tag nach der Übersendung jener Broschüre, die sich der „modernen Theater-Unkultur" und der „Enteignung des deutschen Theaters durch Marxismus und Bolschewismus" widmete, hatte das hannoversche Bürgervorsteherkollegium beschlossen, die NIEDERSÄCHSISCHE TAGESZEITUNG zum einzigen offiziellen Publikationsorgan der Stadtverwaltung zu machen.[7] Schon zuvor durch wiederholte Aufforderungen angehalten, das Blatt in den einzelnen Regionen des Gaus zu propagieren, und damit gezwungen, in ständigem Kontakt mit der Schriftleitung zu bleiben, waren sämtliche Kreisleiter, Ortsgruppenleiter und ihre Pressewarte nun erst recht auf jene Informationen angewiesen, die das Blatt exklusiv über die Region brachte.

Neben der damit enorm gewachsenen Bedeutung der NIEDERSÄCHSISCHEN TAGESZEITUNG stieß die Fortsetzungsreihe ÜBER MODERNE THEATER-UNKULTUR weit über den Erscheinungsort Hannover hinaus auf Resonanz. Das war nicht selbstverständlich, war ihre Entstehung doch vornehmlich von einem lokalen Thema ausgelöst worden. Im Zentrum stand die Auseinandersetzung mit dem Städtischen Schauspielhauses Hannovers unter seinem Leiter Georg Altmann. Der Tonfall der einzelnen Abschnitte indes, ihre Aggressivität wie ihre Entschlossenheit, in den hiesigen Städtischen Bühnen exemplarisch für ganz Deutschland „sämtliche Augiasställe voll mephistophelischer Unkultur-Bakterien und alles zerfressender, ‚abbauender', aushöhlender semitischer Aussatz- und Peststoffe"[8] gründlichst säubern zu helfen, trug offenbar zu ihrer beträchtlichen Wirkung bei. Daß die Fortsetzungsreihe über ihre verbale Drastik hinaus faktisch Einfluß auf die städtische Theaterpolitik nahm, die sich in diesen ersten Wochen nach der Machtübernahme ohnehin in einer ungefestigten und zunehmend von nationalsozialistischer Politik gemaßregelten Position befand, wurde nur zehn Tage nach dem Erscheinen des letzten Teilbeitrages in der NIEDERSÄCHSISCHEN TAGESZEITUNG deutlich. Der städtische Theater-Ausschuß mit Oberbürgermeister Arthur Menge an seiner Spitze be-

Zum Umfeld der Schrift ÜBER MODERNE THEATER-UNKULTUR *(1933)*

Titelblatt der Schrift ÜBER MODERNE THEATER-UNKULTUR. ZUR ENTEIGNUNG DES DEUTSCHEN THEATERS DURCH MARXISMUS UND BOLSCHEWISMUS von Theodor Abbetmeyer. 1933

Einleitung zur Schrift ÜBER MODERNE THEATER-UNKULTUR. ZUR ENTEIGNUNG DES DEUTSCHEN THEATERS DURCH MARXISMUS UND BOLSCHEWISMUS von Theodor Abbetmeyer. 1933

urlaubte den jüdischen Regisseur Georg Altmann, das Objekt der antisemitischen Hetze. Kein Sitzungsprotokoll des Ausschusses ermöglicht Einblick in die Begründung dieses Schrittes. Doch rühmte sich der Verfasser der MODERNEN THEATER-UNKULTUR zu gleicher Zeit nicht zu Unrecht, das Verdienst, den „judenblütigen Schädling Dr. Altmann" in einem „verstärkten Endangriff" „erlegt" zu haben, komme „einzig und allein den fortgesetzten unentwegten Bemühungen der NIEDERSÄCHSISCHEN TAGESZEITUNG in Verbindung mit der Gauleitung der NSDAP zu".[9]

Der perfide Stolz auf das Erreichte und die an Bösartigkeit schwer zu steigernde Wortwahl lassen das schmale Bändchen ÜBER MODERNE THEATER-UNKULTUR. ZUR ENTEIGNUNG DES DEUTSCHEN THEATERS DURCH MARXISMUS UND BOLSCHEWISMUS heute als monströses Hetzwerk eines fanatischen Nationalsozialisten und zugleich als verbalen Ausfall verwirrten Sektierertums erscheinen.[10] Es fällt schwer, in der Schrift in Anbetracht ihres infamen Geflechts von Häme und Haß und eines unablässigen Wortschwalls von Hohn, Verunglimpfung und Verzerrung mehr zu sehen als das Denken eines durch den Nationalsozialismus verblendeten Fanatikers. Im Dickicht der Beleidigung und böswilligen Mutmaßung und angesichts der sprachlichen Verirrungen auch nur den Ansatz einer Argumentation zu finden, die über die wohlfeile Reproduktion gängiger Vorurteile von Judenhaß und Deutschenwahn hinausgegangen wäre, bereitet Schwierigkeiten. Allzu grob und holzschnittartig war die Vereinfachung, die im Jüdischen alles Schlechte und Teuflische und im „Nordisch-Germanischen" alles Gute und Heilbringende sah. Juden waren für diesen Autor in seinem Schwarz-Weiß-Weltbild „geistige Nagetiere"[11] und „Tiere, welche Kunst ausscheiden".[12] Bar jeglichen ethischen Empfindens und Verständnisses für „germanische" Werte, unterwühlten sie nach seiner Überzeugung mit ihren künstlerischen „Ausschleimungen"[13] alles Hehre, Stolze und Wahre, das doch erst den Kern deutscher Kultur ausmache. Maßlose, „untertierische Geschlechtlichkeit",[14] „schmutzigste Brunst-Artisterei",[15] die unbedingte Bereitschaft zur Zersetzung aller bisherigen Ordnung und der Wunsch des „Parasiten", das „Wirtsvolk"[16] zu unterjochen und selbst zum Herrn zu werden, verbinde alle Glieder des Judentums weltweit ebenso wie deren Unfähigkeit zum wahren, tiefen, metaphysischen Empfinden. Gefühl werde durch gierigsten Materialismus und gefühllose Verstandesherrschaft ersetzt: „Der Jude besitzt im allgemeinen nur einseitig geschärften Intellekt. Die edleren Gefühls- und Willensantriebe sind bei ihm völlig ausgeschaltet, infolge des vorherrschend kaltrechnenden Verstandes gänzlich verkümmert, wie denn überhaupt auch die schöpferischen Urkräfte dabei abgestorben sind. Einseitige Intellektausbildung führt aber auch zum Skeptizismus, zu Verneinung überhaupt, zum völligen Nihilismus."[17]

Gefühlskälte in allen schöpferischen Dingen einerseits, welche eine gleichsam ‚maschinengenormte', kalte und zynische Kultur produziere, und gemeinste, „orientalisch-semitische, niedrigste Sinnlichkeit"[18] andererseits hätten den „jüdischen Ungeist" vor allem in Deutschland seine zersetzende und „entartete" Wühlarbeit ungehemmt leisten lassen. Der Deutsche, der mehr als der Angehörige jedes anderen Volkes „die Fahne des allen feindlichen Gewalten … Trotz bietenden Idealismus"[19] hochhalte, der metaphysisch und gefühlbetont genug veranlagt sei, sich der gegenwärtigen Entwicklung entgegenzustellen,[20] figuriere gerade aufgrund dieser dem Juden so fremden Eigenschaften als der „Bestgehaßte"[21] unter allen Feinden. Zudem habe, so die Argumentation von den drohenden „jüdische(n) Weltherrschaftsgelüste(n)"[22] weiter, der dem Juden angeborene „niedertrachtende Herrschsuchts- und Mammonsgeist" nur deshalb gerade auch „bei uns so obenauf gelangen (können), weil wir ach! so vertrauensseligen, arglosen deutschen Michel diesen deutschen Geist in seiner teuflischen Eigenart und Mentalität gar nicht erkannten, gar nicht glauben konnten, daß eine ganze Rasse solch diabolischen Geist vertreten konnte".[23] Gerade wegen der im deutschen Volk im Übermaß vorhandenen guten Eigenschaften, wegen der Gegensätzlichkeit seiner Wesensart zu jener des Judentums, sei hier das auserkorene Volk gefunden, sich dem Bösen entgegenzustellen und dem verderblichen Wirken ein nötigenfalls auch gewaltsames Ende zu bereiten.

ÜBER MODERNE THEATER-UNKULTUR verstand sich in diesem Zusammenhang als Leitfaden auf dem Weg hin zu einer „Ausschaltung"[24] des jüdischen Elements aus der deutschen Kultur. In der Einleitung hieß es, die Schrift sei entstanden aus „heiligem Eifer um die deutsch-völkischen Kultur- und Theaterbelange, aus dem brennendsten Bestreben, etwas mitzuhelfen an der Aussäuberung unserer Theater-Zustände, mitzuarbeiten an der Aufklärung des Volkes über die drohenden ungeheuerlichen Gefahren auf seelisch-geistigem Gebiete, mitzuschaffen an der Wiederaufrichtung der deutschen Ideale, an der Wiedergewinnung germanisch-arischer Seelenhaftigkeit und dem Wiederaufbau der deutschen Volkhaftigkeit".[25] Den beobachteten augenblicklichen Tiefstand besonders im Theaterbereich, jene „Talmi-Artisterei, die nichts mit deutscher Seele, germanischem Geist zu tun hat, die vielmehr alles Deutsche begeiferte und in den Gossendreck zog",[26] dort beseitigen zu helfen, wo der Autor ihn selbst täglich bemerke, nämlich in der lokalen Theaterszene und vor allem dort, wo derzeit noch jüdische Leiter beschäftigt seien, benannte die Schrift als ihr eigentliches Ziel.

Eine Spielplanuntersuchung des städtischen Schauspiels unter der Leitung Georg Altmanns auch den größten Raum der Broschüre ein. Ihr Ergebnis stand vor der Abfassung bereits fest, und so überdeckte die Hetze jeden Ansatz einer Analyse. In einer Mischung aus hohntriefender Polemik, die selbst die platteste Phrase nicht scheute, und beckmesserischer Pseudoanalyse wurde Altmann in dieser sogenannten „General-Abrechnung"[27] eine derartige Bevorzugung seiner „Mitstreiter in Jahwe"[28] im Spielplan vorgeworfen, daß die These jüdischen Vormachtsstrebens im Kulturbereich eilfertig belegt schien. Der angeblich verwerfliche Charakter jüdischen Schaffens wurde an willkürlich gewählten und aus dem Zusammenhang gerissenen Zitaten aus Werken von Alfred Polgar, Arthur Schnitzler, George Bernard Shaw und Carl Sternheim ‚bewiesen'. Hinzu kam die konsequente Verballhornung des Jiddischen. Kurzerhand bezog die Schrift zudem wahllos nicht-jüdische, in ihren Augen aber mit dem vermeintlichen Makel des Philosemitismus behaftete Autoren in ihre Pauschal-Aburteilung sämtlicher Feinde mit ein, die sie unter dem infam witzelnden Sammelbegriff „Cohnsorten"[29] faßte.

Unterstützung in seiner Gedankenführung erhoffte sich der Autor durch das Zitat renommierter nichtjüdischer Gewährsleute. „Unser Goethe"[30] wurde ebenso bemüht wie Beethoven, der „Künder höherer Sphären"[31] und Schiller, der als Vorbild „geistiger Reinigung, Läuterung und moralischer Veredelung"[32] bezeichnet wurde. Die Aufgabe dieser „Künstler der deutschen Klassik", welche gleichzeitig Repräsentanten vergangener und doch nach tiefer Überzeugung des Verfassers noch wacher deutscher Geistesgröße waren, war dabei eine ähnliche wie jene der „Juden und judengenössischen Skribifaxe",[33] die in der Schrift den Gegenpart des Bösen und Diabolischen verkörperten: Sie waren einzig Stichwortgeber, deren Aussagen vom Autor der Broschüre beliebig zur Festigung seiner Thesen eingesetzt und ausgelegt wurden.

Gleich zu Beginn der Schrift bildeten Martin Luther und Johann Wolfgang von Goethe gemeinsam mit den Antisemiten Paul de Lagarde und Houston Stewart Chamberlain eine Phalanx von „Leitwortgebern", welche die Legitimation für die dann folgende umfassende „General-Abrechnung" mit dem Judentum zu liefern suchte. Auch im folgenden wurde das Zitat traditioneller Autoritäten aus der deutschen Dichtung, aber auch aus der Philosophie und der Bibel immer dann gebraucht, wenn dem Autor selbst bei aller eifernden Eloquenz die rechten Ideen zu fehlen schienen. Daß der jeweils gewählte Auszug bisweilen nur wenig mit dem zuvor Behaupteten zu tun hatte,[34] ja diesem sogar widersprechen mochte, nahm er dabei offenbar billigend in Kauf. Die beflissene Unterstützung anerkannter Größen aus Kultur, Philosophie und Religion, die sich der Verfasser von ÜBER MODERNE THEATER-UNKULTUR aus dieser Vorgehensweise für seine Schrift erhoffte, gab dem Zitierten eine Funktion, die über jene eines überstrapazierten Stilmittels hinausgeht. Wie die Drastik der Wortwahl, die Häme über das Jiddische und das Einbeziehen des fiktiven Zuhörers, welches sich in unzähligen Einlassungen, Satzfragmenten und einer im ganzen überaus großzügigen Interpunktion niederschlug, verweist das Zitat als Absicherungsmittel letztlich auf ein geringes Selbstbewußtsein, ja auf die Ohnmacht eines Verfassers, der seine eigenen Aussagen trotz äußerlicher Wortgewalt für nicht kraftvoll genug hielt und der die Unterstützung durch andere suchte.

Jenseits aller zur Schau gestellten großspurigen Überzeugung vom Primat der eigenen „germanischen Rasse" über das „jüdische Niederrassentum" und trotz präziser Vorschläge „für den Aufbau wahrer deutscher Theater-Kultur" klingt allenthalben die Unsicherheit eines Suchenden durch. Gefangen in dem „katastrophalen Fiasko"[35] eines „jüdisch verseuchten" Kulturbetriebes, verbittert, enttäuscht, mit dem Bisherigen unzufrieden, hoffte dieser Autor nun, Anfang 1933, auf einen Ausweg. Es ist dabei bezeichnend, daß er niemals einen Versuch unternahm, eine Begründung für seine starre Aufteilung in Gut und Böse, in ‚deutsch' und ‚jüdisch', zu entwickeln. So wie für ihn die Zugehörigkeit zum Judentum in diesem Weltbild geistige und moralische Entartung und eine materialistisch und sinnenbetonte Geisteshaltung bedeutete, so war ‚der Germane' unweigerlich gut und seine augenblickliche Notsituation nur aufgrund seiner Gutgläubigkeit und einer vorübergehenden Schwächung seiner Entscheidungsmöglichkeiten durch den schlechten Einfluß des Widersachers entstanden.

„Es genügt nicht, daß man immer nur von Rasse, Blut, Ariertum, Volksgemeinschaft spricht und mit diesen Begriffen schlagwortmäßig gegen den Judäo-Marxismus eifert und wettert",[36] beklagte die Schrift eine Tendenz, der sie jedoch selbst nur allzu oft unterlag. Stattdessen seien „diese Begriffe zu hohen Bildungsimpulsen" zu machen und „germanische(r) Edelwille(.) immer wieder in die Tat (umzusetzen)".[37] Der ‚Germanen' solle wieder „persönlich in Gesinnung, Willen und Tat, hinaufheben sich und andere, immer weitere Volksgenossen mitheben, fördern, bessern: darauf kommt es an".[38] Das müsse, so die Folgerung, „unsere heiligste Aufgabe auch im Kampf gegen Kulturbolschewismus und Theater-Unkultur, gegen die Enteignung des Theaters unseres Deutschtums sein".[39] In dieser Zeit des politisch-gesellschaftlichen Umbruchs des Jahres 1933, welcher Abkehr von einer dunklen Vergangenheit und Zuwendung zu einer strahlenden Zukunft bringe, bedürfe es, so folgerte der Verfasser, der starken, selbstbewußten Führung weniger. Diese Führerschaft legitimierte sich durch die Fähigkeit dieser wenigen, der germanischen Rasse zur Rückbesinnung auf ihre Ideale und damit zur gerechtfertigten Überzeugung von der eigenen rassischen Überlegenheit zu verhelfen. Die neue Elite müsse durch das deutsche Volk akzeptiert und getragen, nicht aber im demokratisch falschverstandenen Sinne durch simple politische Stimmabgabe gewählt werden. „Unsere herrliche Deutsche Freiheitsbewegung der NSDAP"[40] sei ebenso wie „ihr große(r) Führer Adolf Hitler" „gottgesandt"[41] und somit einzig durch ihre religiöse Auserwähltheit und ihre Bestimmung durch die „heilig-ernste Vorsehung"[42] legitimiert.

In der Schrift ÜBER MODERNE THEATER-UNKULTUR verbanden sich vielfältige Anti-Haltungen in einem Bekenntnis zum Nationalsozialismus und zu dessen Führer Adolf Hitler. Dieses Bekenntnis war von religiöser wie pseudoreligiöser, von deutlich machtpolitischer wie von diffus sektiererischer Motivation geprägt. Die Ursache des Rationalismus, Materialismus und Kommunismus, der Sozialdemokratie, der Demokratie generell, der Moderne mit ihrer vermeintlichen Gefühlskälte und ihrem Hang zum Nihilismus wurde immer wieder genannt: es war das ‚Judentum'. Erst der militante Antisemitismus dieser Schrift schuf die Klammer, den Brennpunkt und für ihren Autor zugleich die logische Begründung für seine Auflistung aller Fehlentwicklungen seit „unserem Zusammenbruch 1918".[43] Dieser Zusammenbruch, verursacht und verstärkt durch das „internationale Judentum in Wirtschaft, Kultur und Politik", habe aus einer überschaubaren, „gesunden" Entwicklung ein großes Chaos bereitet. Im demokratischen System habe sich dem bislang niemand entgegengestellt, um den „Erreger" jener schleichenden Krankheit, welche das deutsche Volk zunehmend schwäche, ‚zur Strecke zu bringen'.

Es ist dieses manche Deutung zulassende Gemisch von rationalen Argumenten und politischer Stellungnahme mit irrationalem und quasi-religiösem Gedankengut, welches trotz aller schwer erträglichen aggressiven und abwegigen Verbaldrastik der Schrift den Blick auf ihren Verfasser und seine Motivation lenkt, MODERNE THEATER-UNKULTUR zu schreiben.

Autor der im Gau Südhannover-Braunschweig in kultur- und in theaterpolitischer Hinsicht für die NSDAP richtungsweisenden Schrift war Theodor Abbetmeyer, ein vierundsechzigjähriger pensionierter Studienrat.[44] Dieser, ein Gastwirtssohn, am 21. September 1869 im Wendland geboren, mußte mit 14 Jahren das Realgymnasium verlassen, weil die Eltern einen weiteren Schulbesuch nicht finanzieren konnten. Man nutzte daraufhin die in einer solchen Situation verbleibende Möglichkeit, den Jungen zum Lehrer ausbilden zu lassen, und ließ ihn die Präparandenanstalt in Wunstorf besuchen. Im November 1889 trat der Zwanzigjährige seine erste Stelle als Lehrer am Kloster Loccum an. Vier Jahre später wechselte er als Seminar-Hilfslehrer nach Hannover-Linden, wo er 1895 nach mehreren erfolgreich abgelegten Lehrerexamina die Rektoratsprüfung bestand. Im Jahr darauf wechselte er an die Mittel- und Stadttöchterschule in Hannover-Linden, um 1911 dann zum Rektor einer Bürgerschule in Linden befördert zu werden. Gut zehn Jahre später, im Sommer 1924, mit fünfundfünfzig Jahren, zog Abbetmeyer sich aus dem Schuldienst zurück. Er leide, so begründete er seinen Antrag auf Beurlaubung zu dieser Zeit, an „tiefen nervösen Erschöpfungszuständen und ihren Begleiterscheinungen". Als „besonders hinderlich" empfand er die „Herabsetzung meiner Denk- und meiner Gedächtnistätigkeit".[45] Zum 1. April 1925 wurde Theodor Abbetmeyer schließlich in den Ruhestand versetzt.[46]

Er nutzte die sich nun ergebende Zeit, das in die Tat umzusetzen, was ungünstige äußere Umstände ihm bisher verwehrt hatten: das Universitätsstudium. Abbetmeyer hatte Ergänzungs-Reifeprüfungen in verschiedenen Fächern abzulegen, bevor er von 1928 bis zum Herbst 1930 in Göttingen Geschichte und Theorie der Musik, Philosophie, alte Sprachen und Kunstgeschichte studieren konnte.[47] Im Mai 1931 schloß er seine Studien mit einer Dissertation ZUR GESCHICHTE DER MUSIK AM HOFE IN HANNOVER VOR AGOSTINO STEFFANI 1636–1689 ab.[48] Ein knappes Jahr später, im April 1932, trat Theodor Abbetmeyer der NSDAP bei.[49] Im Jahr darauf von seiner Partei zum Gaufachberater für Tonkunst und Theater ernannt,[50] arbeitete er seit dieser Zeit als hauptamtlicher Schriftleiter für das Ressort Kulturpolitik in der Redaktion der NIEDERSÄCHSISCHEN TAGESZEITUNG, jenem Blatt, das nur kurz darauf auch seine Ausführungen ÜBER MODERNE THEATER-UNKULTUR veröffentlichte.[51]

Abbetmeyer war zum Zeitpunkt dieser Schrift weder in der hannoverschen Zeitungslandschaft noch in der hiesigen kunstinteressierten Öffentlichkeit ein Unbekannter. Von 1904 bis 1915 war er beim HANNOVERSCHEN ANZEIGER als freier Mitarbeiter tätig gewesen.[52] Gut vier Jahre später hatte er für die bürgerlich-konservative DEUTSCHE VOLKSZEITUNG geschrieben. In diesem Blatt rezensierte er 1919 auch Kurt Schwitters' ANNA BLUME,[53] die kurz zuvor im Paul Steegemann Verlag erschienen war. Diese wie andere Rezensionen aus der Zeit spiegelten eine tiefe Abneigung gegen die zeitgenössische Kunst der frühen zwanziger Jahre.

Biographisches

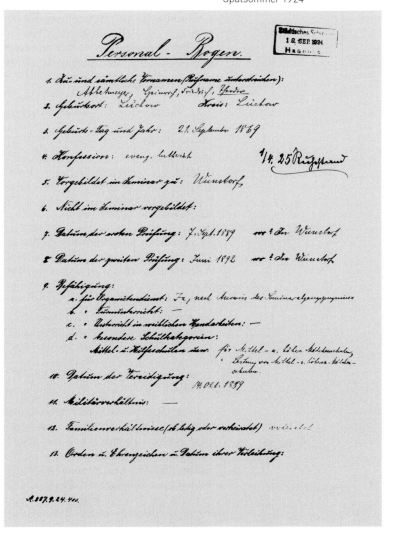

Personalbogen des Schulrektors Theodor Abbetmeyer. Spätsommer 1924

Theodor Abbetmeyers Mitarbeit bei der Avantgarde-Zeitschrift DIE PILLE *(1920/21)*

Nur kurz darauf, zu Beginn der zwanziger Jahre, äußerte Abbetmeyer sich erneut über die derzeit in vielerlei Hinsicht im Aufbruch begriffene Kunstszene Deutschlands. Er tat dies in einer Eigenschaft, die sehr verschieden von jener seiner bisherigen journalistischen Laufbahn war. Theodor Abbetmeyer war während der Jahre 1920/21 – wenn auch nur sporadisch – Mitarbeiter der PILLE, jener Zeitschrift, die sich witzig, frech und lebensfroh für eine Abkehr von bisherigen bürgerlichen kulturellen Normen und Werten aussprach. In seinem Beitrag EIN NEU SCHNEIDERLIED vom Januar 1921 entsprach er, mit gut fünfzig Jahren zu einer in der Mitarbeiterschaft der PILLE ansonsten kaum vertretenen Altergruppe gehörig, vordergründig durchaus ihrem jugendlich-aufbegehrenden, unprätentiösen und spottlustigen Ton. Seine moderne Umdichtung des alten Verses von einem dürren Schneider, der gern dicker werden wollte, umschrieb er im Untertitel als „Trostpille für über-gutestbeleibte Agrarier und andere peripheriebegabte, kriegsaufgeschwemmte Arier, schieberhafte Mitesser und schlampampene Weinpotentatoren".[54] Warum er zumindest verbal so hart gegen Agrarier, Arier und Schieber angehen wollte – was in dieser Zusammenstellung und zu diesem Zeitpunkt Anfang der zwanziger Jahre durchaus als Angriff auf Kriegsgewinnler und Demokratiefeinde zu verstehen gewesen wäre –, blieb im folgenden unklar. Das NEU SCHNEIDERLIED entpuppt sich vielmehr als langatmiges und angestrengt humoristisches Gedicht, angereichert mit Zitaten, die offensichtlich die Belesenheit des Autors belegen sollten. Allerdings ist eine Passage der Umdichtung des alten Liedes in eine moderne Version doch aufschlußreich. In der literarischen Vorlage stirbt der dünne Schneider trotz aller Versuche zuzunehmen, weil ihm ein „Schmarotzertier" im Leibe sitzt. Diese Passage vom „Schmarotzertier" kommentierte Abbetmeyer nun, 1921, mit „Siehe die *Deutsche Republik* von 1918–1920".[55]

Allerdings ist auch diese Gleichsetzung wie das übrige Gedicht[56] zu unbestimmt, um EIN NEU SCHNEIDERLIED als Angriff auf die Weimarer Demokratie zu werten, was der Untertitel des Beitrages ja auch im übrigen nicht vermuten ließ. Zu konkret politischen oder gar parteipolitischen Fragen hat Abbetmeyer überdies ansonsten in keinem weiteren Artikel für die PILLE eine Stellungnahme gewagt. Stattdessen verstand er sich als Beobachter der kulturellen und gesellschaftlichen Veränderungen in den frühen zwanziger Jahren, gebildet genug, um hinter all den bunten Schein und hohlen Glitter zu sehen, aber auch zu abgeklärt und gelassen, um dies als Anlaß zu larmoyanter Klage zu nehmen, nach der früher alles besser gewesen sei.

In DER EINSTEIN-KRACH witzelte er im November 1920 in Versform über die Auswirkungen der Relativitätstheorie, die jedes vermeintlich feste Wissen um physikalische, aber auch um weltanschauliche Gesetzmäßigkeiten außer Kraft gesetzt habe:

> „Es kommt auf die *Beziehung* an,
> ob ‚sie' ein Weib, ob ‚er' ein Mann,
> ob Ebert groß, ob Merges klein,
> ob Noske grob, ob Leinert fein.
> Auch Schiebertum und Kriegsgewinn
> hat dehnbar relativen Sinn.
> ‚s ist alles, alles relativ, höchst relativ im Leben.
> Nichts Sichres weiß man effektiv, sehr oft weiß man ‚daneben'." [57]

Hinter dem mutwilligen Spott über die Unsicherheit, in der sich Philosophie und Kultur durch Albert Einsteins ‚Umwertung' bisheriger Regeln und Normen befänden, schwang in diesem Artikel kopfschüttelndes Befremden über eine Zeit mit, welche durch den Verlust bisheriger Zuordnungs- und Wertungsmöglichkeiten für den einzelnen immer unberechenbarer und undurchschaubarer geworden war. Besonders stark empfand Abbetmeyer diesen Verlust offenbar auf dem Gebiet der Kunst, dem er sich zur gleichen Zeit neben seiner Tätigkeit als Schulleiter auf vielfältige Weise widmete.

In einer Reihe von Beiträgen für die PILLE bespöttelte er die vermeintlichen Errungenschaften zeitgenössischer Kunst und besonders jene der aufkommenden Massenkultur seiner Zeit, welche auf immer lächerlichere Weise, ausgerichtet auf oberflächliche Triebbefriedigung und angeboten vornehmlich aus Gründen profaner Geschäftemacherei, ein Publikum zu begeistern suche, das damit von der wirklichen Kunst vergangener Zeiten entfremdet werde. Einen Artikel, der sich der Pressemeldung annahm, nach der die großen Leinwandstars der Zeit mittels Glyzerintränen naturgetreu den Eindruck der Erschütterung erwecken konnten, überschrieb Abbetmeyer im Januar 1921 mit dem Titel Es IST ENDLICH ÜBER-ERREICHT [58]. Wenn für die „Kinogewaltigen" künstliche Tränen wichtiger als künstlerische Erwägungen seien, dann, so Abbetmeyer zusammenfassend sarkastisch, stehe die „moderne ‚Kultur'-Menschheit ... an der Pforte einer ganz neuen Ära der Entwicklung, einer Entwicklung, zu der ihr alle hohen Geister im Himmel und auf Erden von Herzen gratulieren werden".[59]

Einmal nur während seiner Zeit als Mitarbeiter der PILLE hat Theodor Abbetmeyer seine Haltung zu einer sich nach seiner Überzeugung fehlentwickelnden künstlerischen Moderne nicht hinter Ironie und Sarkasmus verborgen. Dieser Artikel, IN BETRACHTUNG DER ‚KUNST' DREIER KABARETT-TÄNZERINNEN IM WEINHAUS betitelt und im Oktober 1920 in der PILLE erschienen, beschäftigte sich mit dem Auftritt dreier Tänzerinnen in einer der vielen Unterhaltungsbars der Großstadt.[60] Abbetmeyers Abscheu vor der Darbietung, welche im übrigen Publikum offenbar großen Zuspruch fand, spiegelte sich deutlich in Sätzen wie diesen:

> „Noch nie erschien am Himmel des Balletts
> Ein Strom so trüben, infernalschen Lichts
> Und Irrwisch-Tücke lockt nie so zum Sumpf
> Wie hier, wo alle Sinne aufgepeitscht
> Und Schlemmer-Teufel Schar sucht rasche Beut'!
> So sah ich, Cancan-Tänzerinnen, Euch,
> Sah profaniert, entstellt die edle Kunst." [61]

Der brüske Kontrast der äußeren Form der Rezension in manieriert und arabeskenreich verschlungenen Versen einerseits mit dem Inhalt des Dargestellten andererseits, der „Entweihung" des einst göttlichen Tanzes durch drei Weiber, die, bald wie Insekten, bald schlangengleich „haschen ... nach niederster Begierden wilder Lust",[62] ermöglichte einen Blick in Abbetmeyers tiefe Abscheu vor dieser Art von Kunst und auch vor einem bestimmten Frauenbild seiner Zeit. „Verschlungen schier von der Materie" tanzten diese Frauen – Symbole der Weiblichkeit der ‚modernen' Zeit – vor Männern, die, ebenso derb und lüstern wie sie selbst, nichts von der „Seele Pracht" des Tanzes ahnten, sondern „zum Unterleibe ganz gezerrt, gesenkt, zu unterer Muskeln, tiefster Triebe Reich hinabgezogen"[63] seien. Statt dem Höheren zu dienen, worin eigentlich ihre Aufgabe bestehe, befriedigten die Frauen seiner Zeit allenfalls rücksichtslos ihre „niedersten" Triebe.

Eine derartige Verdammung aller als ‚niedrig' und ‚gemein' empfundenen Sinnlichkeit und Erotik in der Kunst hätte in einer Zeitschrift wie der PILLE, die auf die als spießbürgerlich und bigott verstandene Sinnesfeindlichkeit vieler Zeitgenossen mit Hohn und Spott reagierte, eigentlich auffallen müssen. Überdies entsprach auch Abbetmeyers Kritik an der leichtgewichtigen Unterhaltungskultur eigentlich nicht der von

---

Die Pille

In Betrachtung der „Kunst" dreier Kabarett-Tänzerinnen im Weinhaus.

Nachdruck verboten!

Martial: „vibrabunt sine fine prurientes lascivos docili Aremore lumbos".

Wärst Du es wirklich wohl, Terpsichore,
Lebend'ger Schönheit heil'ge Muse Du,
Die so sich zeigen, sich erniedern möcht'?
Dein sonst so göttergleiches Antlitz, o,
Wär' dies, um das gemeines Sinnen spielt?
In brünstig-schwülen Wirbeln so wie hier
Umtolltest Du der gier'gen Lüste Blick? —
Nein, Du bist's nicht, Du Sonnenkind der Freud';
Aus des Parnasses Höh'n, Apolls Gefolge
Stieg niemals noch so Tierisches herab. —
Was hier sich betätigt, ist nur ein Trugbild schlimm,
Der Erebus-Geister alten Dienerin,
Aus finsterer Dämonen Grund gesandt.
Der Körperglieder Wunderharmonie
Tönt schaurig hier in greller Dissonanz. —
Gedreiteilt spielt, insektenartig los',
Des Körpers Form in Kopf und Brust und Hüften,
Und nacheinander, einzeln haschen sie
Nach niederster Begierden wilder Lust.
Der Geist scheint ausgebrannt aus diesem Blick.
Wie einer liebetollen Kobra Kopf,
Vom Stab des Psyllen aufgestachelt, giert,
Am Schlangenhalse kreist, so sagt den Blick
Der Cancaneuse Sinnenglut die Runde.
Zum Unterleibe ganz gezerrt, gesenkt,
Zu unter Muskeln, tiefster Triebe Reich
Hinabgezogen ist der Seele Pracht,
Verschlungen schier von der Materie,
Die unterm Zwerchfell grob in Rhythmen, schwingt:
Des Fluches würd'ge Tochter Ahrimans.

Auszug aus einem Beitrag Theodor Abbetmeyers für die Zeitschrift Die Pille: IN BETRACHTUNG DER ‚KUNST' DREIER KABARETT-TÄNZERINNEN IM WEINHAUS. 27. Oktober 1920

der PILLE vertretenen Linie. Es bleibt unbekannt, auf welchem Wege der eigenbrödlerische Schulmeister überhaupt zur PILLE stieß. Unklar ist ferner, wie die Leser der PILLE und auch die anderen Mitarbeiter auf Abbetmeyers Beiträge reagierten. Denkbar wäre, daß Abbetmeyers Unbehagen an einer – in seinen Augen – zweifelhaften künstlerischen Produktion in der Redaktion der Zeitschrift ebenso Zustimmung gefunden hat wie seine vehemente Kritik an einer auf blanken Materialismus und Profitgier hin orientierten Kunst. Auch eine mögliche Kritik an der Weimarer Republik wie in EIN NEU SCHNEIDERLIED, welche noch dazu mißverständlich und vage blieb, muß in einer Zeitschrift wie der unpolitischen PILLE, die sich als Forum unterschiedlicher Richtungen verstand und demzufolge keinerlei Wertungen vornahm, nicht zwangsläufig negativ aufgefallen sein. Die Mitarbeit Theodor Abbetmeyers bei der Avantgardezeitschrift wurde also wohl nicht etwa deshalb beendet, weil dessen Beiträge beim Herausgeber Bernhard Gröttrup oder bei der Leserschaft auf Kritik gestoßen wären. Vielmehr konnte sich die PILLE im Konkurrenzkampf um die Gunst einer ohnehin begrenzten Leserschaft in der Inflationszeit nicht mehr halten und stellte ihr Erscheinen ein.

Von Theodor Abbetmeyer war in der hannoverschen Zeitschriften- und Zeitungslandschaft in den folgenden Jahren erst einmal wenig zu hören. Er gehörte offenbar keinem der Schriftsteller- und Journalistenzirkel der Stadt an, weder dem Kreis um Georg Grabenhorst noch jenem, in dem Victor Curt Habicht auftrat, dessen Veröffentlichungen Abbetmeyer durchaus kannte.[64] Das mochte seinen Grund in Abbetmeyers ausgeprägtem Hang zum Einzelgängertum haben. Allerdings bleibt auch unklar, ob er sich in dieser Zeit überhaupt ständig in Hannover aufhielt.[65] Erst Mitte der zwanziger Jahre tauchte er jedenfalls wieder auf als Mitarbeiter der NIEDERDEUTSCHEN ZEITUNG, dem der DNVP nahestehenden „nationalen Kampfblatt"[66] mit einer Auflage von seinerzeit knapp 16.000 Exemplaren,[67] das sich in erster Linie der Gegnerschaft gegen das parlamentarisch-demokratische System verschrieben hatte. Von einer primär politischen Stellungnahme war in den Beiträgen des mittlerweile pensionierten Lehrers Abbetmeyer indes nichts zu spüren. Entgegen seiner in der PILLE wenige Jahre zuvor noch vehement vertretenen Kritik an der seichten Unterhaltungsware arbeitete Abbetmeyer für die NIEDERDEUTSCHE ZEITUNG vor allem als wohlwollender Rezensent zumeist kurzlebiger Operetten und Revuen der zwanziger Jahre. „Glücklicherweise" enthalte DEIN SÜSSER MUND, eine Operette, „keinen Jazz und Shimmy", so urteilte er im Juli 1926, stattdessen sei sie von so viel „Liebesverwirrung", „Drolerie" und „naive(r) Lustigkeit" geprägt, daß man sie „geradezu gern haben"[68] müsse.

Dieser Widerspruch im journalistischen Schaffen Theodor Abbetmeyers ist nicht allein aus dessen persönlicher Lebensgeschichte in Verbindung mit seinen Rezensionen, Essays und Glossen für unterschiedliche Arbeitgeber zu erklären. Deutlicher als aus diesen kleineren Beiträgen zu vorgegebenen und auf ein bestimmtes Lesepublikum abgestimmten Themen ist aus Abbetmeyers größeren Buchveröffentlichungen ein Denkgerüst zu erkennen, das in gewisser Stringenz Ansätze hervorbrachte, die dann, letztlich legitimiert durch die veränderten kulturpolitischen Bedingungen im Nationalsozialismus, zu ihrer vollen Ausprägung erst in ÜBER MODERNE THEATER-UNKULTUR gelangten. Gleichsam Mosaiksteinchen für Mosaiksteinchen zusammenstellend, formte sich diese Hetzschrift aus gedanklichen Entwicklungen eines ambitionierten Beobachters des Zeitgeschehens im ersten Drittel dieses Jahrhunderts, um dann 1933 mit bisher unbekannter Aggression an die Öffentlichkeit zu treten. Wüste Polemik zu künstlerisch-kulturellen Themen seiner Zeit waren wie nationalistische Überspitzung und rassentheoretische Ausführung im Stile infamen ‚Deutschenwahns' von Theodor Abbetmeyer jedoch nicht erst 1933 zu hören.

Am Ende seines Weges, nach mehreren musikwissenschaftlichen und populärphilosophischen Veröffentlichungen, die durch stets die gleiche romantisch verklärte und dabei tief kulturpessimistische Suche nach dem Höheren, dem Göttlichen, dem eigentlichen Lebenssinn gekennzeichnet waren, schien Abbetmeyer nun, 1933, erstmals ganze Befriedigung in der Vision einer Wiedergeburt des deutschen Volkes durch den Nationalsozialismus gefunden zu haben. Daß Abbetmeyers Genugtuung über den „gottgesandten" Führer Adolf Hitler offenbar nur ebenso kurzfristig und flüchtig war wie seine anderen schwärmerischen Fluchten zu den vermeintlichen Rettern der Weltgeschichte, war im April 1933 noch nicht absehbar.

Theodor Abbetmeyer begann seine schriftstellerische Arbeit 1916 mit den knapp dreihundert Seiten umfassenden RICHARD-WAGNER-STUDIEN, die sich als NEUE UNTERSUCHUNGEN ÜBER DIE PERSÖNLICHKEIT UND DAS KULTURWERK DES BAYREUTHER MEISTERS bezeichneten und von der hannoverschen Hahnschen Buchhandlung verlegt wurden. Hinter der Auseinandersetzung mit der Biographie und dem Werk des Komponisten offenbarte sich ein Gedankengebäude, das Wagner als „Propheten des Deutschtums" gerade zu dieser Zeit – im dritten Jahr des Weltkrieges – eine wichtige Rolle im Aufstieg in die lichten Höhen einer besseren Welt zuerkannte. Gut dreißig Jahre nach dem Tod des Komponisten wollte sich der Biograph weder in das Heer der „eunuchenhaften" und „geistverstaubten"[69] Kritiker Wagners noch in jenes der „wonnewütigen Wotans-Wagnerianer"[70] einreihen. Den einen wie den anderen versagte er seine Unterstützung.

Die erste Veröffentlichung. Die RICHARD-WAGNER-STUDIEN *(1916)*

Abbetmeyers Weg zu Wagner lag jenseits von „Verdammung" einerseits und „Fetischdienst"[71] andererseits. Der Komponist war für ihn ein Mensch mit allen Schwächen und Stärken, ein Leidender, seelisch Zerrissener und nicht zuletzt tief Verzweifelter.[72] Wie in jedem anderen Genie habe sich auch in Wagner der Kampf zwischen „Göttlichkeit und Tiersein"[73] heftiger und unerbittlicher entfacht als bei den „gewöhnliche(n)"[74] Menschen. Und doch habe Wagner selbst nie seine Zugehörigkeit zum Volk, zu den weniger begabten, einfacheren Mitmenschen, verleugnet. Mehr noch sei das Volk für ihn eigentliche Triebfeder seines Schaffens gewesen. Gerade weil er „im Volkstum wurzelte",[75] sei es ihm, einem Künstler genialer Intuition und Erfassungskraft, möglich gewesen, die „geheimnisvollen Tiefen des Einzellebens" jedes „Volksgliedes"[76] zu erfühlen und ihnen in seinem Werk Ausdruck zu verleihen. Abbetmeyers Geniebegriff deutete den Künstler nicht als Eremiten, der, unabhängig von seiner Umgebung, in seiner eigengeschaffenen Welt lebte. Für das Zustandekommen genialer Leistungen sei „nicht das subjektive, persönliche, sondern das völkische, kollektive, generelle Moment"[77] verantwortlich. Doch so sehr ein Genie wie Richard Wagner sich dem Volk in jedem seiner Werke verpflichtet gefühlt habe, so wenig sei damit gedient, aus dem „Gesamt der Lebensbedingungen und der Umwelt"[78] in günstiger Konstellation konsequenterweise einen Genius zu erwarten. Trotz seiner Einbindung ins Volkhafte sei jedes Genie eine „unberechenbare Größe",[79] und nichts sei verwerflicher als jene „neumodische Lehre", nach der „nicht die Persönlichkeit, sondern die hinter ihr stehende Gesamtheit eines Volkes ... die Kunstwerke (hervorbringe)".[80]

Weil ein Genie wie Wagner trotz aller inneren Verbundenheit mit seinem Volk die Gegenwart überrage, sei es in gewisser Hinsicht „unzeitgemäß".[81] Anders als die „Dutzenddichter"[82] seiner Zeit ließen sich Genies nicht auf das enge Feld des Hier und Jetzt begrenzen. Auch Wagner habe sich nicht etwa aus rein politischen Motiven der Revolution von 1848 in Paris angeschlossen. Nicht die Lektüre der Schriften Bakunins oder jene des KOMMUNISTISCHEN MANIFESTS von Karl Marx und Friedrich Engels hätten ihn im Inneren berührt. Überhaupt sei der Kampf um politisch-gesellschaftliche Veränderung für Wagner trotz aller gegenteilig scheinenden Aussagen letztlich unbedeutend gewesen. Seine Zugehörigkeit zur „demokratisch-sozialistischen Linie der äußersten Linken"[83] sei auch nicht politisch, sondern rein künstlerisch motiviert gewesen. Die Revolution von 1848, so interpretierte Abbetmeyer Wagners Haltung, habe den Künstler deshalb nicht aktivieren können, weil sie wie jede Revolution zu jeder Zeit allenfalls den „Pöbel" auf den Plan rufe, also nicht das eigentliche Volk, sondern jene, die blindlings ihrem „Herdeninstinkt" folgten und sich dem erstbesten „Demagogen"[84] anschlössen. Die von dem Genie hingegen intendierte „allgemeine Menschheitsrevolution"[85] ziele nicht auf kleinliche Machtverschiebungen politischer und gesellschaftlicher Art ab, sondern auf eine tiefgreifende Verbesserung des Menschen. Das wahre Genie sei nicht Volksverführer, sondern Volksfreund, ein „höherer Mensch",[86] sterblich und doch durch feineres Empfinden ein „gesteigerte(r) Geist".[87]

Titelblatt der Schrift RICHARD-WAGNER-STUDIEN. NEUE UNTERSUCHUNGEN ÜBER DIE PERSÖNLICHKEIT UND DAS KULTURWERK DES BAYREUTHER MEISTERS von Theodor Abbetmeyer. 1916

Weil ein Mann wie Wagner auf die Entwicklung und den Zustand der deutschen Kultur sensibel reagiert habe, habe er sich zwangsläufig auf die Seite der Veränderung gestellt, habe er doch die große Gefahr „pathologische(r) Entartung und perverse(r) Unnatur"[88] in der Kunst seiner Zeit allzu klar gesehen: „Wagner begann die Gesellschaft und ihre Luxuskunst ... zu kritisieren. Diese Gesellschaft war kunstfeindlich in ihrer äußeren Kultur, ohne Zusammenhang mit den kräftigen Wurzeln des Volkes, von der Ausbeutung anderer zehrend, *materiell* von jener der gesunden Volksschichten, die zu Arbeitern werden, *geistig* von der

Ausbeutung der Gelehrten und der Wissenschaften. Alles zum Schutze ihres Besitzes aufsaugend: Religion, Wissenschaft, Heer. Ebenso die Künste an sich reißend, den heiligsten, fruchtbarsten Schatz der gesunden Kräfte ausnutzend als Schutz gegen – Langeweile".[89] Das beherzte Eintreten gegen Kulturverlogenheit und die l'art pour l'art-Attitüde weniger zuungunsten gesunder Volkskultur habe in Wagner die Vision einer freien „All-Einheit des Menschen-Geschlechts"[90] reifen lassen. Nicht die Revolution, sondern die organische Regeneration sei fortan sein Ziel gewesen. Nur die „Umkehr des Willens" und die „Wiedergeburt des ganzen entarteten Menschen von innen heraus" habe nach Wagners Überzeugung „die Erlösung, die Besserung auch der staatlichen und wirtschaftlichen Verhältnisse"[91] bringen können. Von nun an habe er sein Werk als Komponist wie als Dichter ganz in den Dienst des „kommenden Weltalters"[92] gestellt, dieses sei folglich mehr als das jedes anderen Künstlers vor und auch nach ihm durch ein „Hinübergreifen in eine andere, höhere, reinere Welt"[93] gekennzeichnet.

Wagners geniale „Kunstkraft"[94] vermöge, so Theodor Abbetmeyer 1916 in seinen RICHARD-WAGNER-STUDIEN, auch im Menschen späterer Generationen noch „die Sehnsucht nach Erlösung aus der unendlichen Zersplitterung – tausend Spezialfächer der Wissenschaft –, in welche die menschliche Gesellschaft zerfallen ist, zu befriedigen".[95] Sie könne, fiele sie in den fruchtbaren Boden eines gesunden Volkes, „aus den Gefahren dieser Zustände, nach welchen das Individuum einen immer kleineren Anteil an dem geistigen Besitzstande der Gesamtheit erhält, befreien. Harmonische Menschenbildung kann nur hierdurch wieder gewonnen werden".[96] Wagner habe mit seiner Kunst auf ein Volk zu wirken versucht, das bereits damals und stärker noch jetzt durch die zunehmende Atomisierung seiner Lebenswelt vor allem im wirtschaftlichen und gesellschaftlichen Bereich seit der Industrialisierung den Anschluß an das Ganze, Einigende seiner Kultur zu verlieren drohe.[97] Durch seine eigene Lebensführung habe er zudem dazu beigetragen, das Leben seiner Nachfolger bis in die jüngste Zeit hinein zu „entzünden in Liebe zu den höchsten Gütern der Menschheit".[98]

Da Abbetmeyer in dem Genie Richard Wagner den Propheten einer glücklicheren Zukunft sah, dessen Werk zu verstehen und zu lieben den ersten Schritt zu „wahrer Glückseligkeit"[99] ausmachte, bemühte er sich, das Musikwerk des Meisters als Spiegel vorbildlicher deutscher Kultur und deutschen Kunstschaffens darzustellen. Selbstbewußtsein und Stolz, wie sie sich als ‚typische deutsche Eigenschaften' in der NIBELUNGEN-Tetralogie allgemein, besonders aber in der Figur Siegfrieds verkörperten, verwiesen auf einen neuen idealen Menschentypus, der im christlichen Verständnis „edle Eigenschaften"[100] wie Treue, Nächstenliebe und Selbstzucht pflege und erstmals wieder den „heldischen Charakter des Christentums"[101] wachrufe. Sanftmütig zu sein und auch gegen gewaltsame Übergriffe sich nicht zu wehren, sei keine religiös begründete Tugend, sondern vielmehr Zeichen mangelnden Mutes. Das Evangelium dürfe nicht länger als „frohe Botschaft für Weichlinge, Schlafmützen und Betschwestern"[102] fehlgedeutet werden.

Die „Zersplitterung des Lebens in tausend Spezialfächer der Wissenschaft" hatte nach Abbetmeyer bereits zu Wagners Zeit der Kunst abverlangt, sich in ihre Bestandteile sezieren zu lassen. Statt der „ewigen Mächte des Gemüts und des edlen Willens" sei so der „kalte Verstand auf den Thron erhoben"[103] worden. Dabei sei es doch gerade für die Kunst „als Verkünderin göttlicher Geheimnisse, als Enthüllerin der ewigen Ideen" unwürdig, „äußeren Zwecken oder niederen Sinnenvergnügungen zu dienen".[104] Nicht aus Sensationsgier oder aus „Langeweile" einer „entarteten" Gesellschaftsschicht, die fernab des Volkes „Luxuskultur" konsumiere, sondern „nur aus edelster Begeisterung" werde „wahre Kunst"[105] geboren. Freilich sei nur wenigen Zeitgenossen wie ihm, Abbetmeyer, bewußt, welche Tragweite Wagners Warnungen auch ein knappes Menschenalter nach dessen Tod für die Kultur des deutschen Volkes noch hätten. Statt in dem Streben nach den „höchsten Gütern der Menschheit" und in der Nachahmung „edelsten Deutschtums"[106] immer wieder neu auf Wagners Hellsichtigkeit zu vertrauen, bescheide man sich heutzutage damit, in der Kunst allenfalls Ruhe und Entspannung oder aber Kitzel und Sensation zu suchen, wenn nicht gar rein materielle Gründe vor künstlerischen Fragestellungen den Vorzug hätten. „Unkünstlerische Operette", „Kaffeehaus-, Kinosaal- und Gartenlokalmusiken"[107] gaukelten Gemüt und Wärme vor, wo sich doch „zunehmende Herzlosigkeit"[108] schon lange breit gemacht habe.

Seit Wagners Tod sei die deutsche Musikgeschichte durch „zunehmende(.) Klugheitsschärfung", „Ver-Intellektualisierung" und „Gemütserkältung"[109] charakterisiert. Abbetmeyer nannte drei sehr unterschiedlich arbeitende Hauptvertreter der musikalischen Produktion seiner Zeit: Richard Strauss, Max Reger und Gustav Mahler. Bei jedem sah er deutliche Anzeichen einer „Vereisung ... des musikalischen Lebens durch die Vorherrschaft und Höherbildung des Intellekts".[110] Er vermißte in ihrem Werk „das Ethos, die erhebende, läuternde Kraft, die von Herzen kommt und zu Herzen geht".[111] An die Stelle dieses Ethos sei in der Musik seiner Zeit „das Pathos im engeren Sinne des modernen Seelenleidens"[112] getreten.

„Rein Verstandesmäßiges, äußerlich Anschauliches" sei in diesen „durchkomponierten" Arbeiten überwiegend, man male „alles Erdenkliche mit Musik", bedenke jedoch nicht, daß man damit „die Grenzen zwischen dem musikalisch Darstellbaren und dem Undarstellbaren verwischt".[113] Man schreite bis zur „Wiedergabe rein naturalistischer Geräusche" vor, „zersetzt alles im Klang, gliedert alles nach Farbe und äußerem Eindruck. Das farbige und malerische Nebeneinander will das organisch gewachsene Mit- und Nacheinander ersetzen. Ein stark dekorativer, improvisatorischer, skizzenhafter, aphoristischer Charakter der Reflektion kennzeichnet die meisten Werke der Musikmoderne. Sie sind vielfach nur zerflossener, äußerlicher Stimmungsbrei".[114] Von „blühender, aus dem Herzen aufgesproßter Technik und Melodik"[115] könne in dieser künstlich herbeigeführten, gleichsam unorganischen Entwicklung nicht die Rede sein. Vielmehr werde „die Aufhebung der Tonalität und die Emanzipation der Dissonanz zum Selbstzweck".[116]

Bequemlichkeit, Sinnenkitzel, der scheinbare Zwang, ‚zeitgemäß' zu sein und die von „Afterkünstlern"[117] formulierte Neigung, sich nach außen ohne Gefühlsregung und betont gelassen intellektuell zu geben, hatten nach Theodor Abbetmeyers Überzeugung im Deutschland des Jahres 1916 ein unerträgliches kulturelles Klima geschaffen, das dem Volk und seinen kulturellen Bedürfnissen kein Augenmerk mehr schenkte. Die Kultur sei seit Wagners Tod knapp vier Jahrzehnte zuvor „mehr denn je zuvor der Häufung materieller Güter und sinnlichen Lebensgenüssen zugewandt".[118] Sie sei ein „allgemeiner Tanz ums goldene Kalb" geworden, eine „unverschämte oder verschämte Überordnung der materiellen Interessen über die geistig-sittlichen Güter", und „mußte darum alle häßlichen Leidenschaften (insonderheit Habsucht und Herrschsucht) ... noch mehr entfesseln und zu Explosionen aufspeichern und zusammenballen".[119]

Diese Explosion, die Entladung allen Zorns über die Fehlentwicklungen der vergangenen Jahrzehnte, welche die deutsche Kultur endlich wieder zu reinigen vermochte, war für Abbetmeyer nunmehr, 1916, in seinen RICHARD-WAGNER-STUDIEN durch eindringliche Mahnungen eines höheren Geistes und Propheten allein nicht länger denkbar. Gegen eine derart ‚kranke' Gesellschaft helfe nur ein Mittel, das ihr schonungslos den Grad ihrer ‚Zersetzung' zeige. Für Abbetmeyer war dieses Mittel der Krieg. Im Weltkrieg sah er ein Werkzeug der Läuterung und ein „Sicherheitsventil" gegen die drohende „Vergletscherung des Gemütes und rücksichtsloseste Ausnutzung der Verstandeserrungenschaften zu egoistischen Zwecken".[120]

So wie „die Vorsehung den einzelnen Menschen einer Versuchung erliegen läßt", um ihn aus seiner „pharisäischen Zufälligkeit herauszureißen und ihm zu zeigen, wie wenig reif und fest er in der Wirklichkeit ist",[121] so werde nach Abbetmeyer „durch diesen Krieg der sogenannten ‚Kulturmenschheit' zu ihrer Beschämung gezeigt, wie groß noch der Zwiespalt zwischen echter Kunst und ihren wirklichen, augenblicklichen Zielsetzungen, Gesinnungen und Motiven ist".[122] Der Weltkrieg als unbestechlicher Richter, der hinter die Fassade von Egoismus und „Selbstkultus"[123] zu blicken verstehe, war nach Abbetmeyers Überzeugung zwar ein grausamer, gleichwohl jedoch ein notwendiger Faktor der Regeneration der Menschheit. „Der Krieg nimmt eine Scheidung der Geister vor ..., er bringt unzweifelhaft an den Tag, was unbrauchbar, Schund, Schein, Trug im Menschen ist, er läßt aber auch ein helles Licht auf alles fallen, was echt, stark, lebenskräftig und was ‚Charakter' ist ... Die weichlichen Genießer, die Charakterlosen, die Selbstsüchtlinge, die Feiglinge werden vielfach die Probe nicht bestehen, werden versagen und moralisch gerichtet sein."[124] Die „kraftvolleren Seelen" hingegen würden sich in diesem „heilsame(n) Ausscheidungsprozeß"[125] als Führer in die Zukunft erweisen.

Den Krieg als Feuerprobe für Selbstzucht und Disziplin zu bewerten, hatte sich für den Autor der RICHARD-WAGNER-STUDIEN nun, zwei Jahre nach seinem Beginn, als richtig erwiesen. Dumpfe und jeden Gemeinschaftsgeist „beschmutzende" Anhänglichkeit an das Leben sei „schrankenlose(m) Opfergeist, Treue, Nächstenliebe, Heldenstärke"[126] gewichen, und längst vergessen geglaubte sittliche Werte wie die „Liebe zur Natur", die „Innerlichkeit" und die „Mächte des Herzens und des Gemüts"[127] hätten manche „Heldengesinnung" erkennen lassen, hinter der kurz zuvor noch ein „verweichlichter Schwächling"[128] vermutet worden sei. So mancher habe sich auf die „allgemein menschlichen Kulturideale" zurückbesonnen und aus „hilfsbereite(m) Mitleid" und „tätiger Nächstenliebe"[129] die Gewißheit gezogen, „zu Höherem noch"[130] berufen zu sein. Wieder einmal also habe sich der grausame Richter Krieg nicht nur als „Erzieher der Menschheit", sondern als „ein Zuchtmeister auf Gott und Christentum im besonderen"[131] erwiesen. Allein die christliche Religion vermöge schließlich „die durch den Krieg entbundenen edlen Eigenschaften erst recht zu bewahren und zu entwickeln, die Seelen empfänglich und fähig zu machen für das noch Größere und bewußtere Heldentum Christi".[132] Abbetmeyer entwickelte die Vision eines wehrhaften und stolzen Christentums der „Heldenstärke",[133] welches sich „von den Schlachtfeldern ... erheben" und wohl Mitleid und „erhabene Selbstlosigkeit", nicht aber das „Schwache, Selbstische" und das „entnervende Genießertum"[134] dulden werde.

Der Krieg war nach Theodor Abbetmeyers Überzeugung keine Folge zwischenstaatlicher Aggressionen, und er war auch nicht Ergebnis machtpolitischen Kalküls, sondern er brach gleichsam als überzeitliches Strafgericht über die Völker herein. In Abbetmeyers Schrift von 1916, verfaßt im Jahr der Schlachten von Verdun und an der Somme, war der Krieg nicht aus imperialistischen Herrschaftsansprüchen jener Nation provoziert worden, der er selbst angehörte. Der Krieg zielte auch nicht auf die gewaltsame Vergrößerung des deutschen Machtbereiches in der Welt ab. Entkleidet seiner politisch-militärischen Determinanten und vor allem seiner Grundkomponente der brutalen physischen Bekämpfung und Vernichtung, diente der Krieg in Abbetmeyers Weltbild dieser Zeit einzig der Herausbildung eines übernationalen neuen, edlen Heldentums in christlich-religiösem Auftrag. Niemals schrieb er, der den Krieg aus eigener Erfahrung auch nicht kannte, über das Massensterben an der Front, über jene Formen sinnloser und roher Gewalt, die in vielen Schriften seiner Zeitgenossen, die am Weltkrieg teilgenommen hatten, breiten Raum einnahmen. Der Frontalltag mit seinen wenig heroischen Seiten wich einer selektiven Deutung des großen Ereignissen. Den einzelnen sollte er anhalten, wahre Menschlichkeit walten zu lassen, die Natur zu lieben und die „Mächte des Herzens und des Gemüts" sprechen zu lassen, um so die Fehlentwicklungen der jüngsten Vergangenheit zu sühnen. Wer diese Mißstände indes zu verantworten hatte, ob sie dem schlechten Einfluß Irdischer entstammten, die sich, vom Volk abgewandt, eine neue ungesunde „Genießerkultur" geschaffen hatten, oder ob es Angehörige der jenseitigen Welt waren, die die Menschen herausforderten, um deren moralische Integrität zu prüfen, blieb wie so vieles in Abbetmeyers Ausführungen undeutlich und der Interpretation seiner Leserschaft überlassen.

Für Abbetmeyer war es mit Blick auf die Jahre des Weltkriegs einleuchtend, daß gerade das deutsche Volk zur Läuterung und Sühne bereit sein müsse. Mehr als jedes andere am Weltkrieg beteiligte Land hätte Deutschland in den vorangegangenen Jahren der moralischen Fehlentwicklung „mit gutem Beispiel vorangehen"[135] und „mehr Vorbild, Halt und Seelsorge gegenüber der materiellen Entartung der Völker bieten müssen".[136] Die Deutschen seien grundsätzlich sensibler, ihr Bewußtsein für die Notwendigkeit idealer Kulturwerte sei stärker ausgeprägt, und doch hätten sie in dieser Stunde der Bewährung ihre „Schuldigkeit im Dienste des religiös-sittlichen Ideals nicht getan".[137] Lange Zeit wie die anderen Völker „in den materiellen Rausch verfallen", unempfänglich geworden für die strengen Weisungen des Christentums, sei „die deutsche Volksseele" erst jetzt wieder erwacht durch „das starke Gefühl, daß das deutsche Wesen der Welt noch Großes schuldig sei".[138] Dies „hehre Gefühl" habe sich in allen Deutschen jetzt im Krieg noch verstärkt, „je mehr die gegnerische Niedertracht sich enthüllte und den gegenwärtigen Zustand der *Kultur*menschheit beleuchtete, je mehr die Erkenntnis durchdrang, daß hier um die heiligsten Güter der Menschheit gekämpft"[139] wurde.

Wenn solche Passagen auch für das Gegenteil zu sprechen scheinen, sind es doch nicht aggressiver Nationalismus und hochfahrende Überzeugung von der Übermacht alles Deutschen, die Theodor Abbetmeyers Argumentation in den RICHARD-WAGNER-STUDIEN bestimmten. Entschieden grenzte er sich gegen jene Interpretation ab, die Richard Wagner eine prononciert nationalistische, ja chauvinistische Grundhaltung unterstellte.[140] Abbetmeyer berief sich demgegenüber auf die „anarchistische"[141] Phase des Komponisten in der Revolution von 1848 und stellte zur Diskussion, ob der in jenen Jahren in Wagners Werk zum Ausdruck kommende „Kosmopolitismus" und sein „Nationalismus" grundsätzlich „einander auszuschließende Gegensätze"[142] seien. Er, Abbetmeyer, jedenfalls sei der Auffassung, „wir alle müssen trotz oder gerade wegen der in dem jetzigen gewaltigen Weltkriege hervortretenden Nationalitätsgegensätze mit ihren furchtbaren Folgen an der Idee des ‚Europäers' festhalten. Bis aber internationale Verbrüderungsgedanken in fernster Zukunft verwirklicht werden können, müssen wir und die anderen europäischen Großmächte gerade das echt Nationale pflegen, einzig und allein zu dem Zwecke, um auf dieser Grundlage des Völkischen wirklich europäische Kulturvölker zu bilden. Diese erst werden für die Idee kosmopolitischer Verbindungen und Verbrüderungen unter der Oberhoheit des Christentums reif sein".[143]

In dem endlich verwirklichten Anspruch der christlichen Religion auf bewußte und freudige Befolgung ihrer moralisch-religiösen Vorgaben sah Abbetmeyer das eigentliche Ziel der Kulturarbeit im Krieg. Kunst war für ihn keine Angelegenheit nationalen Interesses, sondern Teil einer „göttlichen Ursubstanz"[144] und als solche hoch angesiedelte Stufe auf der Leiter zur „Gottheit", die über die Stationen „Natur", „Wissenschaft", „Philosophie", „Moral" und „Religion"[145] führte. Wenn Abbetmeyer seinen Landsleuten eher als den Angehörigen anderer Nationen die Rolle des „Vorbild(s), Halt(s) und (der) Seelsorge" zutraute, so tat er dies nicht etwa aus Überzeugung von der generellen kulturellen Minderwertigkeit der anderen. Ausdrücklich verwahrte er sich trotz aller Hochachtung für den Komponisten Wagner gegen eine unreflektierte Übernahme der Lehren des Rassentheoretikers Wagner. Dessen These von der „physischen Degeneration der Menschheit" durch die „Vermischung der indogermanischen Edelrasse mit anderen, zumal mit den Juden" und den „dadurch auch mit herbeigeführte(n) Verderb des Blutes"[146] entbehre jeder Grundlage und nähre sich aus persönlichen Animositäten, deren Hauptursache in Eifersüchteleien und Kompetenzgerangel in Komponistenkreisen zu finden sei.

Wohl sei, so Abbetmeyer weiter, von einer „Ungleichheit der menschlichen Rassen"[147] zu sprechen, bestünden doch „physische und geistige Unterschiede zwischen den verschiedenen Rassen und Nationen".[148] Im ganzen sei man aber „wissenschaftlich noch nicht so weit, diese Unterschiede zum Ausgangspunkte namentlich über Theorien geistiger Über- oder Unterlegenheit zu machen ... Wenn wir bei einzelnen Rassen mehr Genies und eine höhere ‚Kultur' als bei anderen finden, so ist das nur als Tatsache hinzunehmen, und zwar in einem sehr bedingten Sinne. Denn bei derartigen Zeugnissen, die man ganzen Völkern und Rassen auszustellen pflegt, hatte man nur eine begrenzte Zeit im Auge und eine willkürliche Annahme der geistigen Maßstäbe ... Man darf ein kriegerisches Volk und seine Leistungen nicht mit demselben Maße messen wie ein wohlhabendes handel- und gewerbetreibendes Volk, dem eine Entwicklung in Kunst und Wissenschaft leicht gemacht ist."[149] Die These Henri de Gobineaus, des Zeitgenossen Wagners, der die „allgemeine Entartung als das Kennzeichen der gegenwärtigen Kulturzustände" auf die Vermischung der „zivilisierten Völker" mit „fremden Stämmen" und auf den darauf folgenden Verlust ihrer „geistigen Überlegenheit"[150] zurückgeführt hatte, lehnte Abbetmeyer ebenso ab wie die rassentheoretischen Ausführungen Houston Stewart Chamberlains, des Schwiegersohns Richard Wagners.[151] Gobineaus wie Chamberlains Rassenhaß, so urteilte er, seien in das Reich der „wissenschaftlichen Phantasmagorien" zu verweisen, denen man entgegenhalten müsse, daß eine „Vermischung der Rassen ... unter Umständen sehr wohl zu einer Höherbildung der körperlichen und geistigen Errungenschaften führen (könne), während dagegen die ‚Inzucht' innerhalb der Rasse vielleicht zu einer Entartung ausschlägt".[152] Bevor jedenfalls nicht wenigstens die Begriffe „Vermischung" und „Inzucht" sorgfältig definiert seien – was beide, Gobineau wie Chamberlain stets vermieden hätten –, behielten Rassentheorien allgemein und die These vom Judentum als „plastische(m) Dämon des Verfalls des Menschentums"[153] im besonderen, ihren „windige(n) Charakter".[154]

Daß keine Rasse einer anderen grundsätzlich geistig über- oder unterlegen sei, gehe zuletzt aus der Tatsache hervor, daß das Volk, dem er, Abbetmeyer, selbst angehöre, wie alle anderen dem trügerischen Schein verderblicher künstlerischer und kultureller „Entartung" und „Unnatur" erlegen sei und seine hohen moralischen und kulturellen Ideale verraten habe. Die Bereitschaft allerdings, nach Jahren des Niedergangs nun das Wagnis der Läuterung hin zu „Selbstzucht" und „Disziplin" einzugehen, sei bei den Deutschen ausgeprägter als bei anderen Nationen, weil sie im Inneren um ihre besondere Empfänglichkeit für diese Ideale wüßten. Vielleicht, weil sich, konsequent weitergedacht, hieraus entgegen aller formulierten Kritik an Rassetheorien sehr wohl eine Überlegenheitsthese hätte ableiten lassen, blieb Abbetmeyer an diesem Punkt eines religiös-ethisch bedingten Sendungsbewußtseins der Deutschen unklar.

An sich war es nur folgerichtig, daß Theodor Abbetmeyer auf die von ihm in den RICHARD-WAGNER-STUDIEN so schmerzlich beklagte starke Orientierung vieler Zeitgenossen an den kalten Realitäten des Tages mit einer bewußten Verschleierung und der Einbettung realer Vorgänge in ein zeitloses Gedankengeflecht reagierte, das anderen Gesetzmäßigkeiten und Maßstäben unterworfen war. Nicht vergängliche politische oder militärische Erfolge und oberflächlicher materieller Gewinn galten ihm als anstrebenswerte Ziele menschlicher Bemühung, sondern die Suche nach dem Höheren, der Blick auf das jenseits dieser Nichtigkeiten Liegende, welches das Leben des Menschen nach ewigen Gesetzen bewerte und sein gesamtes Dasein bestimme. Lösungen der großen Probleme der Zeit vermochte nach dieser Schrift nicht der im Hier und Jetzt verhaftete Politiker anzubieten, sondern der reinkarnierte Mensch in Gestalt des Genies. Nur ihm sei das Denken und, mehr noch, das Empfinden auf höherer Ebene zuzutrauen, das die Menschheit erst über die aktuell anstehenden Probleme hinaus zum Heil führen könne.[155]

Die zweite Veröffentlichung.
DAS GRALSREICH ALS STREITER WIDER DEN UNTERGANG DES ABENDLANDES *(1926)*

Dieser Geniebegriff einerseits und die Zeichnung des durch den Krieg entstehenden neuen Heldentypus andererseits fanden sich in Abbetmeyers nächster größerer Veröffentlichung, dem Buch DAS GRALSREICH ALS STREITER WIDER DEN UNTERGANG DES ABENDLANDES. DER LOHENGRIN-MYTHOS IM ANSCHLUSS AN RICHARD WAGNERS ‚LOHENGRIN' NEU BELEUCHTET (1926), mit anderer Intention erneut miteinander vereint. Über die abermalige Auseinandersetzung mit dem Werk Richard Wagners hinaus war Abbetmeyer fasziniert von der Thematik des Gralsreiches und der Gemeinschaft idealen Rittertums, das durch seinen hohen Ehrenkodex wie durch die Beschützung des Grals, jenes Gefäßes, das das Blut Jesu bei der Kreuzigung aufgefangen hatte, auf den Fundamenten des christlichen Glaubens ruhte. In der Figur des Gralsritters Lohengrin, des Sohnes Parsifals, verknüpften sich für ihn religiöse Symbolik mit höchsten ethischen Idealen und einer stolzen Wehrfähigkeit.

Wie schon in den RICHARD-WAGNER-STUDIEN entwickelte er erneut die These von der gleichsam vorbestimmten Führerschaft weniger, die nicht äußerlichen, profan politischen Mechanismen ihre Position verdankten, sondern höheren, überirdischen Mächten entstammten oder zumindest in enger Verbindung mit diesen stünden.[156] Diese „Übermenschen" oder auch „Idealmenschen", die sterblich und doch zugleich Verbündete der „höchsten Wesen" und damit Mittler zwischen dem Hier und dem Dort seien, verwandten, so Abbetmeyers Überzeugung, „fast ihre ganze Zeit und Tatkraft dazu, spirituelle, hochseelische Kraft zum Wohle der Menschheit zu erzeugen und als ... Helfer der aufwärts strebenden Menschen zu dienen, also all denen zu helfen, die guten Willens sind und nach dem Edelmenschentum ringen".[157]

Nur gebe es, so bedauerte Abbetmeyer 1926, „in dieser heutigen Zeit" immer weniger Menschen, die sich diesem Kampf um das „Edelmenschentum" stellten und bereit seien, dafür auf die Annehmlichkeiten der Gegenwart – auf materielle Behaglichkeit und intellektuelle Saturiertheit – zu verzichten, um nach der Läuterung zu jener „Selbsterkenntnis" und „Selbstverleugnung"[158] zu gelangen, welche erforderlich sei, selbst „reines Gefäß für das Göttliche"[159] zu werden. In den RICHARD-WAGNER-STUDIEN meinte er weite Teile der Gesellschaft als genußsüchtige Egoisten entlarvt zu haben, welche sich von der reinen und gesunden Volkskultur entfernt hatten. Nunmehr, inmitten der politischen, gesellschaftlichen und wirtschaftlichen Unwägbarkeiten der Weimarer Republik, selbst gerade erst aufgrund körperlicher Gebrechlichkeit aus dem Schuldienst entlassen, hatte sich für den verbitterten Abbetmeyer gezeigt, daß der größte Teil der Menschheit aller versuchten Läuterung zum Trotz lebte. Sie seien „wie die Wilden, die nach gleißenden Glasperlen haschen und die kostbare, mattgraue, unscheinbare Perle der Göttlichkeit nicht achten",[160] „auf nichts weiteres erpicht …, als die größte Tenne und die straffste Börse zu haben, … dem Mammon … und dem Bacchus dienend".[161] Kaum einer erhebe sich noch aus der satten Selbstzufriedenheit und sei zur Reinkarnation bereit. Die Reinkarnation aber ermögliche dem, der sie wage, „den Kerker des Leibes (zu) sprengen", um dann – gleichsam entmaterialisiert – als „entfesselte(r) reine(r) Geist in die Hallen des Sonnenreiches, zum göttlichen Licht zurück(zu)kehren".[162] Um auf „die Geisteshöhen der Meister" zu gelangen, müsse der zur Läuterung bereite Mensch seine Seele unzähligen „Pilgerfahrten" aussetzen, die ihm die Entwicklung „vom unreifsten Lehrling zum erhabensten Meister"[163] ermöglichten. „Führer auf der langen, gefahrvollen Reise" könnten ihm „die Ideale, die Genien einer höheren Welt" sein, also jene „Übermenschen",[164] die als Gesandte des Göttlichen dem Menschen die Ahnung vom Unendlichen nahebrächten. Angesichts der kruden Diesseitigkeit der gegenwärtigen Politik und Gesellschaft aber blieben diese „Übermenschen" zumeist ungehört, ja kaum einer der modernen „Genußsüchtlinge" sei auch nur bereit, ihre Existenz anzuerkennen.

Es ist bezeichnend, daß für Abbetmeyer das begnadete Künstlergenie, das er zehn Jahre zuvor in der Gestalt Richard Wagners noch herausgestellt hatte, als Wegbereiter in diese höhere Welt nicht länger in Frage kam. Einen noch gewaltigeren, kampferprobteren und stolzeren „Übermenschen" erfordere nun der Augenblick. Niemand anders als der Gralsritter Lohengrin vermöge die Geschicke der Irdischen in seine Hände zu nehmen. Legitimiert durch die Gesetze einer christlichen Religion, die jede „charakterlose Versöhnlichkeit" der „Leidenschaft nach grausamem Strafgericht" und „Wiederherstellung der Ehrliebe"[165] vorziehe, stand der Recke Lohengrin in Abbetmeyers Gedankengebäude an einem entscheidenden Punkt der Menschheitsgeschichte – einer „Weltenwende"[166] – als leuchtendes Vorbild und Ideal für jeden da, der seine Sendung zu verstehen wisse.[167]

Es ist diese Überzeugung, an einem Scheideweg zu stehen, welche der Schrift DAS GRALSREICH ALS STREITER WIDER DEN UNTERGANG DES ABENDLANDES eine Militanz und Aggressivität verleiht, die den RICHARD-WAGNER-STUDIEN noch fremd war. Waren diese entstanden aus den im ganzen doch unzeitgemäßen Betrachtungen eines Kulturkritikers, der das reale Ereignis des Weltkrieges in sein romantisch-nebulöses Gedankengebäude des stets wiederkehrenden Wechselspiels zwischen Genie und Volk, zwischen dem Materiellen und dem Göttlichen einordnete, so entstand DAS GRALSREICH zu einem Zeitpunkt, als sein Autor den Untergang des Abendlandes deutlich vor sich sah. Weder hatte der Krieg jene Läuterung einer „entarteten" Gesellschaft gebracht, auf die Abbetmeyer 1916 gehofft und deren Anzeichen er damals bereits wahrzunehmen gemeint hatte, noch hatte die Entwicklung der letzten Jahre seinen hohen Erwartungen an eine bessere Zukunft auch nur annähernd entsprochen. Doch nicht nur diese Enttäuschung, sondern vor allem das Gefühl einer tiefen Bedrohung der Menschheit allgemein und des deutschen Volkes im besonderen durch fremde, außerirdische Mächte, die aber ihre Helfershelfer unter den realen politischen Kräften der Weimarer Demokratie und der ausländischen Nationen hatten, verliehen Abbetmeyers zweiter umfangreicher Veröffentlichung eine hektische, ja schrille Note.

Aus der Verbindung von polemischer Stellungnahme zu politischen und gesellschaftspolitischen Ereignissen seiner Zeit und einer aus heutiger Sicht seltsam verschlüsselt wirkenden Argumentation schuf Abbetmeyer das Bild eines aktuellen Zweikampfes zwischen dem Guten und dem Bösen, dem Himmel und der Hölle. Dieser Kampf werde über das Schicksal der Menschheit entscheiden. Immer aufs Neue sei in der Menschheitsgeschichte dieser Kampf schon ausgefochten worden, um das Gleichgewicht zwischen beiden Grunddeterminanten menschlichen Daseins auszutarieren.[168] Doch nie zuvor sei dem Bösen ein derartig machtvoller Zugriff auf die Menschen möglich gewesen wie in den Jahren seit dem Kriegsende, also den ersten Jahren der Weimarer Republik. Mit Hilfe „satanischer Ausdunstungen" und „dämonischer Wirkstoffe",[169] die die „neptunischen Strahlungen" und „feinste(n) kosmischen Strahlungen"[170] der höheren

Titelblatt der Schrift DAS GRALSREICH ALS STREITER WIDER DEN UNTERGANG DES ABENDLANDES. DER LOHENGRIN-MYTHOS IM ANSCHLUSS AN RICHARD WAGNERS ‚LOHENGRIN' NEU BELEUCHTET von Theodor Abbetmeyer. 1926

Welt wirkungslos werden ließen, beherrsche jenes Urschlechte, dem Abbetmeyer die Namen Luzifer, Mephisto oder, entsprechend der Gralsdichtung, Klingsor gab, die Sinne der Menschen. Der „Geist aus der Tiefe" narkotisiere „die seelisch-geistigen Sinne der Menschheit, zunächst und insonderheit ... der niederrassigen, minderwertigen, ganz im Materialismus und schlimmsten Sinnenkult verfangenen Menschheit und durch diese Minderwertigen die schon an und für sich durch die negativen Urstrahlen übel beeinflußte übrige Menschheit. Durch diese mephistophelischen, luziferischen Einwirkungen affiziert, tanzt die Menschheit den Kankan (sic!) einer Sinnenlust, rücksichtslosester teuflischster Ichsucht und Gottvergessenheit wie nie zuvor seit dem Untergang von Atlantis".[171]

Abbetmeyers Schilderung zeichnete ein erschreckendes Bild von der Gesellschaft der zwanziger Jahre. Plump und beschränkt nur an das glaubend, was er mit seinen „bornierten' 5 Sinnen und unvollkommenen Instrumenten"[172] des Meß- und Wägbaren wahrzunehmen imstande sei, erkläre der Mensch dieses Zeitalters in blasphemischer Übersteigerung der Wissenschaft Gott zum „gasförmigen Wirbeltier" und belächele religiöses Fühlen als „atavistische(n) Rückfall in die primitive Denkweise".[173] Er fühle sich erhaben und weise die helfende Hand jener „Übermenschen" zurück, die vor ihm das Reich des Höheren wie die Gefahr des Bösen schon erahnten. Damit verfange er sich umso mehr in die Fallstricke jener „heute alleinherrschenden internationalen mephistophelischen Mächte".[174] So taumele der moderne Mensch, äußerlich und materiell abgesichert, in seinem intellektualistischen Hochmut, die letzten Wunder der Welt enträtselt zu haben, einem Abgrund entgegen. Betäubt durch die Überzeugungskraft Mephistos, der sich die Maske des Menschenfreundes übergestreift habe, bereite hinter seinem Rücken schon ein „sozialistische(r) Zuchthausstaat" seine Herrschaft vor, „in welchem der Welt-Mammons-Imperialismus die Menschen nicht mehr mit Peitschen züchtigt wie heute in Sowjetrußland, sondern wo er sie dann mit Skorpionen bearbeitet und ein bisher unerhörtes Arbeitsjoch auf die Menge wuchten würde".[175] Bereits jetzt hätten Materialismus und „Niedersinnentum"[176] gemeinsam eine Atmosphäre geschaffen, welche den „Seelenatem" und „Herzens-Sauerstoff" vergifte, das „Unter-Menschliche(.), ja Unter-Tierische(.)"[177] hingegen begünstige und damit die Voraussetzungen für eine Welt ohne Gefühl und Wärme schaffe.

Die „systematisch zersetzende Beeinflussung durch die internationalen mephistophelischen, materialistisch-mammonistischen Kräfte" hätte dem einzelnen dabei gerade nun, im Jahr 1926, das „Grundgefühl" für „die Realität höherer Welten ausgetrieben",[178] als Zeit die Zeichen wieder günstiger ständen für einen Sieg des Guten. Astrologische Berechnungen hatten nach Abbetmeyers Überzeugung ergeben, daß im Jahre 1927, also im Jahr nach der Veröffentlichung von DAS GRALSREICH ALS STREITER WIDER DEN UNTERGANG DES ABENDLANDES, die Herrschaft des Bösen vorübergehend an Einfluß einbüßen werde.[179] Ein „guter Sonnengenius", der machtvoller zu werden beginne, könne dann jene „verwirrten Gemüter" der modernen Menschheit, welche zur Umkehr bereit seien, „zum Idealismus"[180] führen. Wer diesem astrologischen Retter treu bleibe und – wie die Gralsritter an der Tafelrunde des Königs Artus – den Weg der Läuterung beschreite, der den Verzicht auf materielle Annehmlichkeit und die Bereitschaft zum Vorgehen gegen den äußeren und den inneren Feind vorschreibe,[181] der entscheide sich in diesem Augenblick der „Weltenwende" für das Gute. Ihm werde das „Gralsreich" entgegenleuchten, jenes „Symbol alles Unsichtbaren, Höheren, Wahrhaft-Wirklichen, Göttlichen, aller Ewigkeits-Werte",[182] das allein dazu geeignet sei, sich dem Leichtfertigen, Skeptischen, Schwankenden, Nieder-Sinnlichen und Egoistischen des Bösen mit seinem „materialistischen Götzendienst" und seiner „Mammons-Dienerei"[183] entgegenzustellen. Wer an diesem Scheidepunkt nicht auf die engen Grenzen seines Verstandes vertraue, sondern den „erhebenden, befreienden Impulse(n) des Gralsreiches und seiner Künder" folge, strebe „den steilen Höhen der Gralsburgen zu":[184] „Nur Abwendung von teuflischer Gleisnerei und Bosheit, von den Truggeistern der Finsternis, von dem Fluchbezirk des Goldes und Hinwendung zum Lichte der unsichtbaren, göttlichen Welt kann uns retten ...[185] Nur wer seine Seele den beschwerlichen, aber in himmlische Höhen führenden, uralten Mysterienweg gehen läßt, wer durch Nacht zum Licht, durch Kampf zum Sieg aufschreiten möchte, nur den wird der Gral selber hin zu König Artus' fernem, burgenvollem Lichtlande, zu Montsalvat: in das Himmelreich geleiten."[186]

Abbetmeyers Lösungsvorschlag für einen Weg aus dem gegenwärtigen Dilemma war in DAS GRALSREICH ALS STREITER WIDER DEN UNTERGANG DES ABENDLANDES – dem Dualismus im Titel folgend – ein denkbar einfacher. Zwei Wahlmöglichkeiten boten sich dem modernen Zeitgenossen des Jahres 1926: Entweder er setze sein bisheriges Treiben in überheblicher Verkennung der gefährlichen Lage fort. Oder er höre endlich auf die „kosmischen Zeichen der Zeit"[187] und wende sich von seiner vom Bösen diktierten Lebensführung ab. „Hie Spiritualismus, Idealismus, Parsifal-Gottsuchertum, lichtes Lohengrinwesen! – Hie Materialismus, Niedersinnentum, Schwarzalben-Wesen, Teufels-Gelichter-Reich!"[188] lauteten diese zwei Wahlmöglichkeiten in Abbetmeyers Worten, und er wurde nicht müde, in dieser Situation den einzigen in seinen Augen richtigen Weg zum Heil der Menschheit zu weisen. Mit Beharrlichkeit und Eifer, verschiedene wissenschaftliche, pseudo-wissenschaftliche und vor allem sektiererisch-okkultistische Elemente ins Feld führend, breitete er seine Überzeugung vom Einfluß übersinnlicher, außerirdischer Mächte auf den Menschen aus.

Dieser Mensch, welcher derart als Spielball zwischen guten und bösen Mächten hin- und hergeworfen wird, deren innere Gesetzmäßigkeiten unabhängig von seinen Handlungsmöglichkeiten bestehen, hat seine unverwechselbare Individualität verloren. Eine „Weltenwende" würde in diesem deterministischen Gedankengebäude nicht durch das Wollen der Menschheit, sondern durch das Eingreifen übersinnlicher Mächte ermöglicht, dem sich zu widersetzen zwecklos wäre. Der Mensch wird denn auch nicht als handelndes Subjekt beschrieben, sondern er wird vielmehr gleichsam ‚gehandelt'. Außerhalb seines Einflußbereiches stehende Mächte überwachen sein Fortkommen und lassen sein Dasein nur in eng abgesteckten Bahnen verlaufen. Einzig kurzfristig wohlwollende astrologische Konstellationen vermögen Bewegung in dieses starre System zu bringen. Sie schaffen vorübergehende Möglichkeiten eigener Entscheidung und bieten damit den Ausblick auf ein freieres Dasein in höheren Welten und unter dem Schutz des Guten. Diese Zeichen „kosmischer Bewegung" zu mißachten, hieße die seltene Chance der eigenverantworteten Handlung zurückzuweisen.

Mit der Festlegung des Menschen auf vorgeprägte Rollen bedeutet die Staatsangehörigkeit jedes einzelnen zugleich seine Zuteilung zu den Lagern der zwei großen Widersacher, des Guten und des Bösen. Der Begriff der Staatsangehörigkeit indes, zehn Jahre zuvor mit Blick auf gängige Rassentheorien der Zeit noch betont, war in Abbetmeyers Denken mittlerweile mehr und mehr selbst dem Begriff der ‚Rasse' gewichen. Nicht die Nationalität an sich entscheide über den Ausgang dieser Selektion zwischen Gut und Böse, sondern das unterschiedliche Verständnis der ‚Rassen' für die Existenz jener rettenden, idealen höheren Welt. Während „niedere Rassen", „spirituell unreif", das „Physisch-Gewaltige, Grelle, Massige, Augenfällige" für das „Großartigste und Höchste" hielten, zeichne sich der „Mensch höherer Ordnung" durch das „Adelsabzeichen" seiner Ehrfurcht vor dem „Gedanklichen, Unsichtbaren, Ideellen, Reingeistigen"[189] aus.

Deutlich war Abbetmeyers Ablehnung aller Theorien von Minderwertigkeit bzw. Überlegenheit einzelner ‚Rassen', die er in den RICHARD-WAGNER-STUDIEN den Rasseforschern seiner Zeit noch recht unwirsch entgegengehalten hatte, mittlerweile einer vehement vorgetragenen Überzeugung von der Ungleichheit der ‚Rassen' gewichen. Nur „moralische Lauheit" und „falsch verstandene Humanität"[190] vermochten alle Angehörigen der verschiedenen ‚Rassen' als gleich wertvoll ansehen, behauptete er in DAS GRALSREICH. Es gebe ‚Rassen', die „von Natur aus" „moralisch und geistig" minderwertiger und solche, welche überlegener seien. Wer dennoch von Gleichwertigkeit spreche, beweise nur, daß das Böse ihn mit seinem „internationalen Irrglauben"[191] bereits vergiftet habe.

Der Weltkrieg war in diesem gedanklichen Konstrukt nicht länger ausschließlich das unirdische Strafgericht, das in festgelegten Abständen von höheren Mächten über die gesamte Menschheit ohne Ansehen der jeweilig teilnehmenden Nationen gesandt wurde. Nunmehr, in DAS GRALSREICH ALS STREITER WIDER DEN UNTERGANG DES ABENDLANDES, waren die teuflischen „internationalen Mächte"[192] oder auch „die internationalen Räuber"[193] Kriegsanstifter. Doch auch sie hätten weit weniger aus dem eigenen Antrieb der Feindschaft zu anderen gehandelt, sondern als Werkzeug überirdischer Mächte. Sie kämpften, gleichsam fremdbestimmt, als „Zuchtrute in der Hand Gottes",[194] nicht etwa als von Gott bevorzugte Nationen, sondern von diesem als Agenten der Sühne entsandt, um gegen die „Herzensträgheit", gegen „Materialismus" und „Mammonismus"[195] in der ganzen Welt anzugehen.

Die deutsche ‚Rasse' straften die Höheren in Abbetmeyers Überzeugung besonders stark. Das habe damit zu tun, daß diese ursprünglich dem Streben nach den Idealen einer kommenden besseren Welt – verglichen mit anderen – am nächsten gestanden hatte, nun jedoch, bedingt durch die hier besonders stark angreifenden Mächte des Bösen, sich weiter als andere ‚Rassen' vom Guten entfernt habe. Diesen gleichsam in die Tiefen der Unterwelt fallenden Vertrauten noch rechtzeitig auf den rechten Weg zurückzuführen, sei nunmehr, in den zwanziger Jahren, Absicht des Göttlichen. Abbetmeyer ging somit von einem starken Zugriff ‚Mephistos' auf den grundsätzlich dem Guten zugewandten Deutschen aus. Dem Deutschen sei schließlich trotz aller Beeinflussungsversuche noch „ein unversehrter irrationaler Bestandteil in seinem Weltbilde nicht nur keine Störung, sondern vielmehr eine Notwendigkeit und eine Bestätigung."[196] Der deutsche Irrationalismus, allem profanen Äußerlichen abgeneigt und zum Höheren hinstrebend, stehe damit im Gegensatz etwa zum „angelsächsischen und romanischen Denken", dem man zwar „achtungsgebietende Folgerichtigkeit" nicht absprechen könne, das aber „in seiner rein materialistischen, nüchternen Einstellung abstößt", weil es versuche, die „Natur ihres Schleiers (zu) berauben, ihr mit Hebeln und Schrauben ihre Verborgenheit ab(zu)zwingen", um diese sodann „egoistisch auszumünzen".[197] Im Denken des „Germanen" hingegen spiele der Aspekt der „Wägbarkeit des Unwägbaren" keine Rolle, er sei „idealistisch gesonnen" und suche im „Welt-Geheimnisvollen" das „Heilige, Erhabene, Göttliche".[198]

Weil die deutsche ‚Rasse' jenen Kräften, die in dieser Zeit der „Weltenwende" den Weg zum Heil wiesen, geistig und moralisch näher sei als alle anderen, sei sie diesen auch überlegen. Wer dies in Frage stelle, bewege sich und jene, die ihm Glauben schenkten, damit bereits ein weiteres Stück auf den Abgrund des Bösen zu: „Es ist der dem Demos vom mammonistischen Mephisto aufgeredete Irrwahn, daß alle Menschen gleich seien, daß das Ausnehmende, Überragende, Geniale, Göttliche nirgends zu finden sei. So schlägt man mit dem öden, gleichmacherischen Prinzip, mit der blinden, einförmig gemachten und einheitlich zusammengeballten Menge Heilande und wahre Herzöge unserer germanischen Völker tot und setzt die Teufel auf den Thron. Siehe den Notzüchtler Briand, den Suezkanal-Schwindler Poincaré, den alten ‚Tiger' Clemenceau, der da gesagt hat, es seien 20 Millionen Deutsche zu viel, und tuttiquanti Konsorten!"[199]

Die Hetze gegen jene drei französischen Ministerpräsidenten, die seit dem Ausbruch des Ersten Weltkrieges und bis auf den Tag der Abfassung dieser Schrift die politischen Geschicke Frankreichs, des alten ‚Erbfeindes' Deutschlands, bestimmt hatten, ist bezeichnend für das Gedankengebäude Theodor Abbetmeyers. Da war sowohl das Unbehagen über die ‚Gleichmacherei', welche den einzelnen in der Masse verschwinden lasse. Dies mochte damit zusammenhängen, daß Abbetmeyer sich mittlerweile über eine generelle Zuordnung der deutschen ‚Rasse' zum Höheren, Idealen und Spirituellen so sicher war, daß er meinte, die Deutschen befänden sich schon auf einer weiteren Stufe der Reinkarnationsfolge hin zu diesem Göttlichen. In jedem Fall ermöglichte ihm die These von der Prädestination der ‚Rassen', Feinde des Deutschen als Handlanger des Teufels, also einer überirdischen und damit auch übernationalen Macht zu geißeln, ohne sich mit deren eigentlicher Kritik inhaltlich auseinandersetzen zu müssen. Ihnen Glauben zu schenken, hieß ebenso schlicht, sich dem Untergang des Abendlandes anheimzugeben, wie mit dieser im Grunde raffiniert simplen Argumentation jeder Deutsche, welcher Zweifel an dem Sinn höherer Ideale zu äußern wagte oder welcher freundschaftliche Beziehungen zu Angehörigen ‚minderwertiger' Rassen unterhielt, als bereits ‚vom Bösen verseucht' diffamiert werden konnte. Mit dem Hinweis auf ein übergeordnetes System von Gut und Böse, das jeder ‚Rasse' ihre unabänderliche Rolle zugedacht hatte, mußte sich jede Diskussion über politische, gesellschaftliche, soziale oder kulturelle Veränderungen, die gewöhnliche Individuen initiierten, generell schon verbieten, in diesen Zeiten der Menschheitsentscheidung jedoch als lapidare Marginalie menschlichen Zwergendaseins restlos lächerlich machen.

Gerade weil der Begriff der „internationalen Mächte", an sich schon ungeklärt, rein polemisch intendiert und völlig undifferenziert mit jenem des „Mammonismus", des „Materialismus", „Rationalismus" und „Imperialismus" in Verbindung gebracht wurde, ließ sich das überirdische Duell zwischen Gut und Böse assoziativ auf die realen Verhältnisse der zwanziger Jahre übertragen. Deutschland, einzig legitimer Statthalter des Göttlichen auf Erden, habe sich gegen einen Kordon anrückender Feinde, die allesamt Repräsentanten der Unterwelt seien, zu behaupten. Die Mission der deutschen ‚Rasse' bestehe darin, der von ‚den anderen' angestrebten „Herrschaft des Stoffes" die „Herrschaft des Geistes"[200] entgegenzusetzen, wobei mit „Geist" nicht etwa Intellekt und Logos, sondern stets Gefühl und Intuition gemeint war.

Die Überlegenheit des Deutschen verlange es, daß dieser eine „rassische Vermischung" mit anderen ablehne. Den „Verkehr mit allen infernalischen Naturen ... im weitesten, umfassendsten Sinne zu meiden",[201] sollten die Deutschen sich gemäß ihrem „kosmischen Auftrag" zum „unverletzlichen, unbedingten Gebote"[202] machen. Sei Deutschland auch durch das Wirken des Bösen augenblicklich noch „entwaffnet, von waffenstarrenden Feinden rings umgeben"[203] und liege es aufgrund der als schamlos interpretierten Beschwichtigungspolitik von Verrätern aus den eigenen Kreisen „in internationalen Sklavenketten fast ohnmächtig am Boden",[204] so müsse es doch beginnen, seinerseits unerbittlich und unversöhnlich für seine Sache – die ja zugleich die Sache des Guten sei – zu streiten. In „unseren Feinden (sei) die Lust an der Vergeltung auszulöschen".[205] Schließlich sei es an der Zeit, so Abbetmeyer in jener biologistischen Rabulistik, welche in der zweiten Hälfte von DAS GRALSREICH ALS STREITER WIDER DEN UNTERGANG DES ABENDLANDES das nebulöse Bild von Mächten des Guten und Bösen, die sich mit allerlei Wirkstoffen und Strahlungen bekämpften, ablöste, den „Wucherparasit(en) auf dem Körper des deutschen Volkes"[206] zu vernichten.

Um das zu erreichen, müsse das deutsche Volk sich auf seine „sittlichen Grundlagen"[207] besinnen und den Weg der Läuterung beschreiten, den Abbetmeyer mit folgenden Worten beschrieb: „Gerade unserer Zeit, die rein alle seelisch-geistigen Werte durch Veräußerlichung profaniert, entstellt, entweiht, tut ja *Beseelung* der Kultur, tut *Verinnerlichung* gut, und dazu könnten vor allem Schweigen, Stille und Einsamkeit, Entgesellschaftung helfen, Einschränkung des hohlen Gesellschaftsverkehrs mit seinen meistens noch entsittlichenden Einflüssen und Beschränkung auf ein wahrhaftes Gemeinschaftsleben in der Keimzelle des Staats-Organismus: der Familie, der *Familie*, deren ethisch-religiöse Bedeutung von den zur Zeit dominierenden mephistophelischen, zersetzenden, internationalen Mächten von Mammons-Gnaden systematisch unterminiert wird."[208]

Mit beidem – einerseits mit der Eigenschaft, schweigen zu können, ja nicht einmal die eigene hohe Herkunft aus der Gemeinschaft der Gralsritter preiszugeben,[209] wie andererseits mit der Würdigung der Rolle der Familie – stelle Richard Wagner seinen LOHENGRIN als leuchtendes Vorbild auch im „rassischen Sinne" dar – was Abbetmeyer zehn Jahre zuvor in den RICHARD WAGNER-STUDIEN noch dementiert hatte. Das gesamte Werk sei meisterhaft und vorbildlich, rolle es doch „vor unseren Augen auch ein Bild altdeutschen Lebens, germanischer Sitte und Art auf, das malerisch echt und farbenprächtig ist." Weiter heißt es: „Der echt deutsche, alle fremd- und niederrrassigen Wesen abweisende Geist Wagners hat schon in den ersten LOHENGRIN-Szenen einen handgreiflichen Ausdruck gefunden: ein Zug warmer, tatbereiter Vaterlandsliebe, nationalen Sinns, starken Rassebewußtseins liegt hier in den szenischen Vorgängen".[210] Diese ersten Szenen, in denen König Heinrich im 10. Jahrhundert seine „Grafen, Edlen und Reisigen" zum Kampf gegen „Drangsal aus dem Osten"[211] um sich sammelt, finden ihre Erwiderung für Abbetmeyer in Lohengrins Prophezeiung am Ende von Wagners Oper, wo es im Libretto wörtlich hieß:

„Doch, großer König, laß mich dir weissagen:
dir Reinem ist ein großer Sieg verliehn!
Nach Deutschland sollen noch in fernsten Tagen
des Ostens Horden siegreich nimmer ziehn!"[212]

Abbetmeyer indes zitierte diese Passage nicht, sondern er formulierte den Sachverhalt in einer bezeichnenden Interpretation, nach der Lohengrins Weissagung nun folgendermaßen lautete: "In ein reines, ethischreligiös gereinigtes, seinen angestammten Idealen wieder treu gewordenes Deutschland werden des Ostens Horden und orientalisches Niederrassentum niemals auf die Dauer siegreich einziehen!"[213]

Einmal mehr benutzte er Richard Wagners Oper LOHENGRIN zur Festigung seiner These vom Endkampf zwischen Gut und Böse, zwischen Deutschland und jenen Mächten, die als Gesandte des Teufels den Untergang der Deutschen betrieben. Da ihm selbst in der realen Situation des Jahres 1926 die größte Gefahr aus dem verbrecherischen Kanon „internationalistischer, mammonistischer und materialistischer Kräfte" nicht allein vom „Osten" – also von jenem „sozialistischen Zuchthausstaat" Sowjetrußland, sondern auch von einem „orientalische(n) Niederrassentum" auszugehen schien, legte er Lohengrin, dem Helden aus dem frühen Mittelalter, der nun, ein knappes Jahrtausend später, zum Künder einer besseren Zukunft werden sollte, seine eigenen Befürchtungen in den Mund. An keiner Stelle in DAS GRALSREICH ALS STREITER WIDER DEN UNTERGANG DES ABENDLANDES erklärte Abbetmeyer, wer sich hinter dem „orientalische(n) Niederrassentum" verbarg. Da er durch das gesamte Buch jedoch ohnehin die Neigung hatte, scharfe Hiebe gegen Deutschlands Gegner auszuteilen, um sich rechtzeitig vor deren konkreter Benennung Zurückhaltung aufzuerlegen, verwundert die nebulöse Bezeichnung vom „orientalische(n) Niederrassentum" nicht. Nur wenige Jahre später wurde die Vokabel jedoch zu einem der am häufigsten verwendeten Schlagworte in Abbetmeyers Hetze gegen ‚das Judentum'. 1926 ließ er noch offen, welche Position er selbst in der Diskussion der Rolle des Judentums im Duell zwischen Gut und Böse bezog. Andererseits fand auch die Zurückweisung antisemitisch fundierter Rassentheorien, wie sie Abbetmeyer in den Wagner-Studien"RICHARD-WAGNER-STUDIEN 1916 betrieben hatte, im GRALSREICH keine Fortsetzung.[214] Fast scheint es also, als habe sich der Autor mit diesem Buch eine Art ideologischen Vakuums in bezug auf die Frage jüdischen Einflusses in der Lebenswelt geschaffen, um dann freilich wenige Jahre später umso wüster und polemischer gegen ein Judentum zu hetzen, das nach seiner Überzeugung nunmehr sämtliche negativen Eigenschaften auf sich vereinigte.

Auch in dieser Hinsicht markiert DAS GRALSREICH ALS STREITER WIDER DEN UNTERGANG DES ABENDLANDES mehr als eine zeitliche Zwischenstation zwischen den RICHARD-WAGNER-STUDIEN und der Broschüre ÜBER MODERNE THEATER-UNKULTUR. ZUR ENTEIGNUNG DES DEUTSCHEN THEATERS DURCH MARXISMUS UND BOLSCHEWISMUS. DAS GRALSREICH ALS STREITER WIDER DEN UNTERGANG DES ABENDLANDES war vielmehr das Bindeglied zwischen den beiden anderen größeren Veröffentlichungen des Journalisten, populärwissenschaftlichen Schriftstellers und Kulturpolitikers Theodor Abbetmeyer. Es nahm auf und verstärkte vieles, was in und seit den RICHARD-WAGNER-STUDIEN zur Überzeugung seines Autors geworden war, und es bereitete gleichzeitig gedanklich vor, was dann 1933 als Gewißheiten Abbetmeyers an die Öffentlichkeit drang. Das soll nicht heißen, daß Theodor Abbetmeyers ideologischer Weg 1916 bereits lückenlos vorgezeichnet war und daß seiner Wendung zum Nationalsozialismus, die zumindest offiziell mit dem Parteieintritt erst relativ spät, im April 1932, erfolgte, eine unbedingte Zwangsläufigkeit innegewohnt hätte. Doch seine Schrift ÜBER MODERNE THEATER-UNKULTUR ist sicher nicht entstanden, um die Gunst der Stunde nach dem nationalsozialistischen Machtantritts zu nutzen und einer thematisch wie verbal vorgeprägten Argumentation in der nationalsozialistischen Propaganda gegen vermeintliche ‚jüdische Unkultur' wohlfeil zu entsprechen.

Die dritte Veröffentlichung.
ÜBER MODERNE
THEATER-UNKULTUR *(1933)*

Vielmehr war die Schrift des 64jährigen Theodor Abbetmeyer – letzte Veröffentlichung in einer Reihe von bekenntnishafter Literatur zwischen musikwissenschaftlicher Betrachtung und kulturpessimistisch-nationalistischem Pasquill – Ausdruck der Genugtuung, nun endlich das Stück für Stück entstandene theoretische Gedankengebäude durch die reale politische Entwicklung im Frühjahr 1933 bestätigt zu sehen. Als er die „Wiederaufrichtung deutscher Ideale", die „Wiedergewinnung deutscher, germanisch-arischer Seelenhaftigkeit" und den „Wiederaufbau der deutschen Volkhaftigkeit" durch den „Übermenschen"[215] Adolf Hitler gewährleistet sah, löste sich gleichsam eine letzte Schranke verbal zurückhaltender Argumentation. Das irrationale Gefüge, gebildet aus der Polarität von Gut und Böse, das sich in den RICHARD-WAGNER-STUDIEN abgezeichnet und bis zu DAS GRALSREICH ALS STREITER WIDER DEN UNTERGANG DES ABENDLANDES so weit entwickelt hatte, daß es sich bereits auf die realen Konditionen des Zusammenlebens der Nationen oder ‚Rassen' übertragen ließ, war nun, 1933, ganz in die diesseitige Ebene verlagert. Das esoterisch-okkult nebulöse Vokabular, das bereits die Schilderung des kosmischen Duells zwischen Lohengrin und Mephisto geprägt hatte, gab Abbetmeyer dabei nicht auf. Vielmehr blieben in seiner von allen anderen ideologischen Gedankengängen befreiten und ganz auf den Zweikampf verkürzten Argumentation zwei irdische Widersacher übrig, die – Inkarnationen übersinnlicher Mächte – zu einem welthistorisch bedeutsamen Zeitpunkt in die Arena traten: „Heute geht es um Sein oder Nichtsein der nordisch-germanischen Gesinnungskultur, um Überwindung teuflischer Finsternis durch das Licht nordischen Ariertums."[216]

Die „teuflische Finsternis" drohte jenen, die ihr Leben weiterhin der „Unkultur" und dem „Bösen" weihten. Das personifizierte Böse war nach Abbetmeyers Überzeugung ‚der Jude', der „Mephisto der Weltgeschichte",[217] eine Inkarnation sämtlicher negativen Eigenschaften, deren Ambitionen gänzlich darauf gerichtet waren, die Menschheit in ständiger Unsicherheit zu belassen und „Spaltpilz" für Werte und Ideale zu sein. Abbetmeyers Begriff vom ‚typischen Juden' setzte sich jedem Nationalitätenbegriff entgegen, ‚die Juden' waren nach seiner Überzeugung eine gleichsam supranationale und auch seltsam inhumane Macht, ein nomadisierendes Kräftereservoir des Bösen ohne eigentliche innere Heimat und gerade deshalb so bösartig gegen jene gerichtet, wie die Deutschen ihr Vaterland liebten und ehrten. Als weltweit verstreute Multiplikatoren des Bösen waren sie überall einsetzbar, wo mittels initiierter „Zersetzung" und „Entartung" Verwirrung in harmonisches Miteinanderleben und bestehende „rassische Rangordnungen" gebracht werden sollte. Abbetmeyers Ansatz, bestehende gesellschaftlich-politische Verhältnisse in ein deterministisches System von Gut und Böse einzuordnen, ging weiter als bis zu dem Punkt, der ‚den Juden' die Schuld an gegenwärtigen Mißständen gab. Vielmehr waren diese selbst nun Ausgangspunkt und Auslöser jedweder Fehlentwicklung der Menschheitsgeschichte.

Die bis zum Beginn jüdischer „Zersetzungsarbeit" herrschende „organisch-christliche Heilsordnung", die darin bestanden habe, „das Ideal in göttlicher Höhe"[218] als oberstes Gebot anzuerkennen, sei durch „Alljuda", der keine Ideale kenne, kein Vaterland habe, keinen Gott wolle und also keine immaterielle und irrationale Grundlage seines Seins akzeptiere, in einer Abfolge großer Revolutionen zerstört worden. Die Revolution als politisches Mittel war für Abbetmeyer nicht mehr – wie noch ansatzweise in den RICHARD-WAGNER-STUDIEN – Reaktion einer kritischen Gesellschaftsschicht auf politisch-gesellschaftliche Fehlentwicklungen, sondern ausschließlich „Teufelswerk": „Da alle Völker zu allen Zeiten ohne Ausnahme die jüdische Bestie aus Notwehr an die Kette legen mußten, so glaubte der Jude beim Rufe ‚Revolution!', diese Ketten zerbrechen zu können. Beim Tohuwabohu einer Revolution läßt sich wunderbar im Trüben fischen."[219]

Besonders die Französische Revolution von 1789 habe dem „internationalen Judentum" die Möglichkeit gegeben, seine nihilistischen Grundsätze zu etablieren. Mit der Propagierung von Gleichheit, Freiheit und Brüderlichkeit habe „Alljuda" erstmals in der neueren Geschichte sein „Mephisto-Haupt" erhoben und statt schmeichlerischer Unterwürfigkeit den anderen ‚Rassen' sein wahres Gesicht gezeigt.[220] Die ‚Brüderlichkeit' der Juden meine „Verbrüderung aller Intriganten ... gegen alles Große, Wertvolle und Edle",[221] ihre ‚Freiheit' beabsichtige nicht gesunde „Selbstbeherrschung" zugunsten eines harmonischen Miteinanderlebens in einer Volksgemeinschaft, sondern „Mord, Brandschatzung, Anarchie",[222] also all das, was weiter Chaos und Verwirrung in die Ordnung ‚höherer Rassen' treibe. Wie der „Liberalismus", der „Sozialismus" und der „Bolschewismus" werde auch ‚Freiheit' als „Schlachtruf" jüdischen „Untermenschentums" einzig dazu propagiert, die „Atomisierung der Gesellschaft" voranzubringen, welche die „Zerschlagung des organischen Volksganzen durch Überspannung des Individualitätsprinzips, Befreiung des Minderrassigen und wachsende Emanzipation der Juden"[223] zur Folge habe. ‚Gleichheit' schließlich, dritte Komponente der Ideale der Französischen Revolution, sei eine perfide Forderung „minderrassiger Sklavenhirne", welche „Qualität und Leistung, alles Überragende aus innerster Niedertracht und Unvermögen hassen".[224] Wer ‚Gleichheit' fordere, unterstütze damit immer auch eine Tendenz, die „den Höheren erniedrigt", statt „den Niederen zu erheben".[225] Mit dieser Begründung meinte Abbetmeyer nun, 1933, jedes politische System, das auf demokratisch gewählter Grundlage basierte, als ineffizientes, ja gefährliches Hirngespinst geistig und moralisch zurecht Benachteiligter zu entlarven, sich in eine Führungs-

NSDAP-Mitgliedskarte Theodor Abbetmeyers. Eintrag der Aberkennung aller Ämter auf Lebenszeit. 10. Oktober 1935

rolle zu lavieren, die aufgrund der Gültigkeit höherer Ordnungen allein den „Übermenschen" vorbehalten sei.

Hinter der Überzeugung, daß ‚Gleichheit' in Wirklichkeit ‚Gleichmacherei' meine, stand deutlich Abbetmeyers sich in DAS GRALSREICH ALS STREITER WIDER DEN UNTERGANG DES ABENDLANDES bereits entwickelnde Theorie einer generellen Ungleichheit der ‚Rassen'. Diese Theorie war nicht zuletzt logische Konsequenz aus der Annahme eines Duells zwischen dem prädestiniert guten und dem zum Schlechten determinierten Menschen. Wie dieses Böse, das grundsätzlich materiell bestimmt und dem „Niedersinnlichen" hingegeben sei, sich ‚im Juden' verkörperte, so war ‚der Deutsche' Inkarnation des kommenden „Edelmenschentums".[226] Die Möglichkeit, gleichzeitig ‚deutsch' und ‚jüdisch' zu sein, schloß dieses Gedankenkonstrukt aus. Auch eine Vermischung zwischen Gut und Böse stand für Abbetmeyer außerhalb jeder Vorstellung. Im Gegenteil seien „alle Beziehungen" zu ‚den Juden' abzubrechen, sie seien aus den Bereichen, in welche Beredsamkeit, Verschlagenheit, Unterwürfigkeit und Geschäftstüchtigkeit sie glücklich gebracht hätten, „wegzufegen".[227] Umgekehrt seien jene, die „rassebedingtes" Anrecht auf eine Führerschaft hätten, nach Jahrhunderten der „fremdrassigen Entartung" und „Zersetzung" wieder in ihre angestammte Position einzusetzen.

Diese Führerschaft gründe sich nicht auf unzulängliche parteipolitische Determinanten, sondern auf einen zeitenüberdauernden moralischen Anspruch. Ein Führungsanspruch leitete sich nach Abbetmeyer aus grundsätzlich jeder Eigenschaft ‚des Deutschen' ab, vor allem aber aus der deutschen Kultur, welche, gänzlich entgegengesetzt zu jener ‚des Juden', ausgerichtet sei, jene höheren Werte und Ideale neu zu beleben, die dem Menschen aus seiner irdischen Gefangenschaft heraus den Blick in eine bessere Zukunft erlaubten. Jeder wahre deutsche Künstler „überwinde die Materie",[228] statt ihr – wie ‚der Jude' – zu dienen. Er „reinige" und „verkläre das Geschaute", gebe mit seiner Arbeit einen Blick auf das „Gute, Wahre, Schöne"[229] frei und nutze „Erhebung, Entwicklung, Idealisierung",[230] um im deutschen Menschen endlich die Sehnsucht nach Sublimierung zu wecken: „Je höher, größer und reiner die Idee eines Kunstwerkes ist, je klarer sie sich in der Form dieses Werkes ausprägt, um so höher, anhaltender und beglückender wird die *Erhebung* über die unvollkommene Wirklichkeit sein, um so kraftvoller werden die ideellen, höher führenden *Antriebe* sein, die ein solches Kunstprodukt zu geben vermag. *Jedes Ideal bedeutet keimendes Höhenleben.*"[231]

Die zeitlich letzte Blüte einer solchen erhebenden und verfeinernden Kultur habe Deutschland zur Zeit Goethes und Schillers, Mozarts und Beethovens erlebt, als noch nicht kalte Kulturpolitiker materialistische, vom Logos beherrschte Kunst förderten wie nach „unserm Zusammenbruch 1918", sondern als die „tatkräftige, verständnisvolle Beihilfe ... unser(es) Hochadels"[232] sich für wahre deutsche Kulturbelange eingesetzt habe. Jeder dieser vier „Geistesheroen" der deutschen Klassik habe es verstanden, „auf das Gemüt, die Seele des Volkes (zu wirken)", weil er sich solcher „Bildungsgüter" angenommen habe, „die aus den Tiefen des Seelentums unseres Volkes kommen und uns seelisch läutern und heben können".[233] Tiefer und feiner empfindend als das Volk, dem sie entstammten, habe sich ein jeder von ihnen auf den schweren Weg der „geistigen Reinigung, Läuterung und moralischen Veredelung"[234] begeben. Abbetmeyer verfuhr in der Zeichnung dieser Künstler exakt auf die gleiche Weise wie gut sechzehn Jahre zuvor in den RICHARD-WAGNER-STUDIEN. Schon damals hatte er den Genius als volksverbundenen Propheten höherer Welten verstanden, welcher durch sein Werk die Abkehr vom Materiellen und gleichzeitig das Streben zur Veredelung vorbereite. Dieser noch recht unbestimmte Geniebegriff hatte sich zehn Jahre später, in DAS GRALSREICH ALS STREITER WIDER DEN UNTERGANG DES ABENDLANDES, zu dem gleichsam aktualisierten Bild des stolzen Gralsritters Lohengrin verändert. Der „Übermensch" des Jahres 1933 trug in ÜBER MODERNE THEATER-UNKULTUR den Namen Adolf Hitler. Er war ein Genius, der weder aus dem Bereich der Künste kam noch sagenumwobene Heldenfigur des frühen Mittelalters war, sondern jener von Abbetmeyer sonst verabscheuten gegenwärtigen politisch-gesellschaftlichen Realität entstammte. Doch Hitler war für ihn primär längst nicht nur parteipolitischer Machtmensch. Schwerer wog die Überzeugung des Schriftstellers, Hitler sei ein „Gottgesandter" in der Nachfolge Richard Wagners und Lohengrins,[235] der als Vertreter des überirdisch Guten den Weg zum Höheren, nach „Montsalvat", weisen werde.[236]

Denn dieser Weg war für Abbetmeyer 1933, wie 1916 und 1926, nach wie vor von vielen höheren Mächten bewacht und umsorgt. Er blieb aber auch jetzt vor allem ein – freilich immer nach seinem eigenen Empfinden – religiös-christlich geprägter Weg. Adolf Hitler und der Nationalsozialismus markierten für ihn nicht den Endpunkt der Entwicklung der „arisch-germanischen Rasse" zu Gott, sondern Hitler war, als Stellvertreter des Göttlichen auf Erden, allenfalls Wegbegleiter. Die „herrliche Deutsche Freiheitsbewegung der NSDAP unter ihrem großen Führer Adolf Hitler" kämpfte nach Abbetmeyers Überzeugung nicht für irdische Ziele, sondern „mit heiligen Mitteln":[237]: „Sie erblickt in nichts anderem das Heil, die Errettung Deutschlands als in der Verwirklichung eben dieser uralt arischen ‚Christustendenz' bei jedem einzelnen sowie in der Familie, Sippe, Stamm und Volksgemeinschaft. In diesem heilig-ernsten Sinne wirkt sie für das Kommen des ‚Dritten Reiches'."[238] Nicht Hitler, sondern Christus stand bei Abbetmeyer am Ziel der Entwicklung der Deutschen zum Höheren. Hitler war Werkzeug, die „Christustendenz" zu verwirklichen, „gottgesandt" und doch irdisch und bei aller Gewißheit Abbetmeyers, in ihm endlich den Agenten des Guten auf Erden gefunden zu haben, nur Zwischenstation auf dem eigenen Weg, den er als Weg zu Gott verstanden wissen wollte.

Die Art, wie sich Theodor Abbetmeyer diesen Weg wählte, wie er seine persönlichen Motivationen allmählich in bestehende Mechanismen der eigenen Aufwertung und Ausgrenzung anderer einpaßte, wie er Machtdenken und Überlegenheitswahn ‚rassisch' determinierte und in ein nebulöses Gewand aus völkischer, sektiererischer, philosophischer und religiöser Betrachtung einkleidete und jede noch so weit hergeholte Quelle eilfertig für seine Argumentation benutzte, erzeugt heute Befremden, ja Abscheu. Es bleibt aber auch das tiefe Erschrecken über einen Mann, der jahrzehntelang als Journalist, Schriftsteller und nicht zuletzt als Schullehrer vielfältig auf sein Publikum wirkte und der seine weltanschaulich-kulturpolitischen Überlegungen nicht erst unter dem Eindruck der nationalsozialistischen Machtübernahme entwickelte, sondern in vielen Veröffentlichungen bereits lange vor der nationalsozialistischen Machtergreifung offenbar weitgehend unwidersprochen hatte kundtun können.

Theodor Abbetmeyer und die Realitäten im Nationalsozialismus

Am 10. Oktober 1935, zweieinhalb Jahre nach der Veröffentlichung von ÜBER MODERNE THEATER-UNKULTUR, wurden Theodor Abbetmeyer, dem Feuilletonleiter der nationalsozialistischen NIEDERSÄCHSISCHEN TAGESZEITUNG und Gaufachberater der NSDAP für Tonkunst und Theater, gemäß eines Urteils des Obersten Parteigerichts in Berlin sämtliche Parteiämter auf Lebenszeit aberkannt. Außer einem entsprechenden Stempel auf seiner Parteimitgliedskarte[239] findet sich kein Hinweis auf den Hintergrund des Verfahrens. Somit kann ein Zusammenhang mit Abbetmeyers nicht abgeschlossener, sondern vielmehr fortgesetzter Suche nach dem ‚Gralsreich', die ihn inzwischen von den ideologischen Zielsetzungen der NSDAP vielleicht wieder hatte abrücken lassen, nur vermutet werden. Die Vermutung wird allerdings gestärkt durch ein Manuskript in der Autographensammlung des Deutschen Literaturarchivs in Marbach. Abbetmeyer bot dem Geistlichen Karl Kohl im August 1939 – drei Wochen vor Ausbruch des Zweiten Weltkrieges – den Beitrag ÜBER DIE TECHNISIERUNG DER MODERNEN WELT zur Veröffentlichung an. Ungebrochen war Abbetmeyers fast kryptischer Stil; von den vermeintlich teuflischen Neuerungen der nun nationalsozialistischen

Manuskript Theodor Abbetmeyers ÜBER DIE TECHNISIERUNG DER MODERNEN WELT. Spätsommer 1939

Gegenwart, inmitten von Technisierung in allen Bereichen, wollte er nach wie vor nichts wissen: „Zu allen Zeiten haben die erleuchteten Geister vor einer Überschätzung der Dinge der äußeren Welt gewarnt und auf den Vorrang der geistigen, ideellen, nicht sinnfälligen Güter und der lichten, göttlichen Werte hingewiesen. Die Anbetung der Materie und ihrer heutigen Platzhalterin: der modernen Technik mit ihrer ständigen, atemberaubenden Steigerung der Motorisierung und ihrem Rekordwahn, dem Prestissimo-Tempo des Verkehrsbetriebs und der jede tiefe Besinnlichkeit ausschließenden, vielmehr betäubenden Geschäftigkeit und nervenzerrüttenden Lebenshaltung muß zur katastrophalen Entgöttlichung, Entseelung und Entsittlichung, zum Chaos grausiger Abgründe und ihrer Dämonen führen. Gebe Gott, daß der Menschheit noch rechtzeitig die inneren Augen geöffnet werden und sie sich zum Reiche des Lichts zurückwendet, ehe es zu spät ist und die Mächte der Finsternis und Zerstörung alles Guten, Wahren und Schönen die völlige Übergewalt bekommen!"[240]

1 Schreiben der NSDAP-Gauleitung Südhannover-Braunschweig, Propaganda- und Pressestelle, 11. April 1933 (NStAH Hann. 310I. D.10).
2 Vgl. auch Grotjahn, Rebecca; Städtisches Orchester, S. 137.
3 Vgl. Mlynek, Klaus/Röhrbein, Waldemar R.; Hannover Chronik, Hannover 1991, S. 162. Mlynek, Klaus/Röhrbein, Waldemar R.; Geschichte der Stadt Hannover, Bd. 2, S. 431.
4 Dietzler, Anke; Hannoversche Tageszeitungen, S. 151; über das Blatt allg. S. 150 ff.
5 Dietzler, Anke; Gleichschaltung des kulturellen Lebens, S. 162.
6 Dietzler, Anke; Hannoversche Tageszeitungen, S. 152. Schlechte Druckqualität, die Übernahme zahlreicher Artikel, die in mehreren anderen Publikationen fast zeitgleich veröffentlicht wurden und nicht zuletzt das häufige Erscheinungsverbot für eine oder gar mehrere Wochen taten ihr übriges, die NIEDERSÄCHSISCHE TAGESZEITUNG bis zur nationalsozialistischen Machtübernahme mit einer Auflage von etwa 10.000 Exemplaren neben den bürgerlichen Blättern wie dem HANNOVERSCHEN ANZEIGER (126.000), dem HANNOVERSCHEN TAGEBLATT (75.000) oder dem HANNOVERSCHEN KURIER (50.000) vergleichsweise einflußarm zu belassen (vgl. die Tabelle in Dietzler, Anke; Hannoversche Tageszeitungen, S. 20)). Das änderte sich nun, im Frühjahr 1933, schnell. Verbunden mit der Zerschlagung der sozialdemokratischen und kommunistischen Tagespresse (Dietzler, Anke; Gleichschaltung des kulturellen Lebens, S. 162), mit der Übernahme von Redakteuren anderer hannoverscher Tageszeitungen und vor allem aufgrund der geänderten politischen Rahmenbedingungen konnte die NIEDERSÄCHSISCHE TAGESZEITUNG innerhalb weniger Wochen einen außerordentlich großen Leserzuwachs verzeichnen. Die Auflage, alle Nebenausgaben eingeschlossen, stieg auf nahezu 100.000 Exemplare, wobei eine nicht unerhebliche Anzahl von Neuabonnenten im Vorfeld durch aggressive Hauswerbung in einen Vertrag manövriert worden waren, dem sie sich so leicht nicht wieder entziehen konnten (Dietzler, Anke; Hannoversche Tageszeitungen, S. 156 ff. Dietzler, Anke; Gleichschaltung des kulturellen Lebens, S. 162). Vgl. Mangelsen, Jochen; Hannoversche Allgemeine Zeitung, S. 184 f.
7 Dietzler, Anke; Gleichschaltung des kulturellen Lebens, S. 162.
8 Abbetmeyer, Theodor; Theater-Unkultur, S. 3.
9 Abbetmeyer, Theodor; Dr. George Altman zu Fall gebracht, Nieders. Tageszeitung, 25. März 1933. Vgl. auch Abbetmeyer, Theodor; Theater-Unkultur, S. 19. Schon mehrfach zuvor hatte Abbetmeyer als Ressortchef der NIEDERSÄCHSISCHEN TAGESZEITUNG auf eine „Verjudung" der hannoverschen Bühnen aufmerksam gemacht.
10 Brigitta Weber etwa sprach von einer „nahezu unglaubliche(n) Hetzpropaganda" gegen jedes jüdische Moment auf dem Theater (Weber, Brigitta; ‚Theater des deutschen Volkes', S. 26). Vgl. auch Weber, Brigitta; ‚Theater führt zu wahrer Volksgemeinschaft', S. 160. Klaus Mlynek urteilte, hier sei „auf die unflätigste Weise" die Arbeit jüdischer Autoren allgemein und Georg Altmanns im besonderen beleidigt worden (Mlynek, Klaus/Röhrbein, Waldemar R.; Geschichte der Stadt Hannover, Bd. 2, S. 526). Vgl. auch Dietzler, Anke; Gleichschaltung des kulturellen Lebens, S. 162.
11 Abbetmeyer, Theodor; Theater-Unkultur, S. 10.
12 Ebda., S. 11.
13 Ebda., S. 12.
14 Ebda.
15 Ebda., S. 14.
16 Ebda.
17 Ebda., S. 10.
18 Ebda., S. 12.
19 Ebda., S. 9.
20 Ebda., S. 8.
21 Ebda., S. 10.
22 Ebda., S. 9.
23 Ebda., S. 10 f.
24 Ebda., S. 3.
25 Ebda.
26 Ebda.
27 Ebda., S. 16.
28 Ebda., S. 13.
29 Ebda., S. 9. Der Begriff tauchte mit Regelmäßigkeit auf. Über den Dichter Herbert Eulenberg, der erst kurz zuvor gemeinsam mit Schauspieldirektor Georg Altmann die Feierlichkeiten anläßlich des Goethe-Jahrestages in Hannover vorbereitet hatte, hieß es: „Aber ist denn der deiutsche (sic!) Herbert Eulenberg ein Judenfreund? Nu, wie haißt! Gewiß, das hat er unzweideutig genug gesagt, er hat es uns schon 1920 schriftlich gegeben in DEUTSCHER GEIST UND JUDENHASS. Er sagt da: ‚Der Juden*haß* ist überall *häßlich* (faines Deiutsch!) und verwerflich. Besonders aber bei uns in Deutschland. *Wir Juden zum größten Dank verpflichtet. Ich persönlich* (!) *als Künstler muß bekennen, daß ich ohne die Juden in Deutschland längst verhungert wäre.*' (Nun, um den Herbert Eulenberg wäre's nicht schade gewesen.) Großartig, wie? Wir den Juden zum größten Dank verpflichtet! Wohl dafür, daß sie uns mit ihrer teuflischen Börsen- und Bankenmacht in das Chaos gestürzt haben? Aber was schert den Eulenberg das deiutsche Volk! *Er, der Eulenberg, sein liebes Ich* wäre ohne die Juden verhungert, und darauf kommt es natürlich einzig und allein bei einer Beurteilung des Verhältnisses zwischen Judentum und Deutschland an. Für den Juden Eulenberg selbstverständlich." (Abbetmeyer, Theodor; Theater-Unkultur, S. 15 f.).
30 Abbetmeyer, Theodor, Theater-Unkultur, S. 12.
31 Ebda., S. 20.
32 Ebda., S. 25.
33 Ebda., S. 11
34 Vgl. dazu etwa das durch Interpretation entstellte Hebbel-Zitat (Ebda., S. 13).
35 Ebda., S. 15.
36 Ebda., S. 26.
37 Ebda., S. 26.
38 Ebda.
39 Ebda.
40 Ebda., S. 25.
41 Ebda., S. 5.
42 Ebda., S. 26.
43 Ebda., S. 14 u. 16.
44 Zur Biographie Theodor Abbetmeyers vgl. die Lehrerpersonalakte in StAH, Lehrerpersonalakten, Paket 1, besonders hier den nicht datierten Lebenslauf. Vgl. den Lebenslauf, den Abbetmeyer im Anhang seiner Dissertation veröffentlichte: Abbetmeyer, Theodor; Geschichte der Musik, Anhang.
45 Krankmeldung Theodor Abbetmeyers, 7. Juli 1924 (StAH Lehrerpersonalakte Theodor Abbetmeyer, Paket 1). Das Gutachten von Stadtarzt Karl Dohrn bestätigten die Symptome und befürwortete eine Versetzung

45 ... Abbetmeyers in den Ruhestand (Gutachten vom 27. Januar 1925 (gleiche Akte)).
46 Nicht datierte Aktennotiz (StAH Lehrerpersonalakte Theodor Abbetmeyer, Paket 1). Vgl. auch Abbetmeyer, Theodor; Geschichte der Musik, Anhang.
47 Vgl. auch Abbetmeyer, Theodor; Geschichte der Musik, Anhang.
48 Abbetmeyer, Theodor; Geschichte der Musik. Diese Dissertation, in erster Linie der Musikgeschichte gewidmet, zeichnete das Bild einer hannoverschen Musikepoche nach dem Dreißigjährigen Krieg, in der allenthalben die „lächerliche Mode" der Nachahmung „fremdländischen, besonders welschen Wesens" geherrscht habe (Ebda., S. 5). Das „natürliche und heimatliche Empfinden und Bewußtsein" (S. 5), so Abbetmeyer, sei bei dieser „Übergewichtung der romanischen über die germanische Welt" (S. 4) geschwunden, die deutsche Sprache sei mit „ungermanischem Wortwesen" „verwildert" gewesen (S. 5), und kein Dichter habe mehr in seiner Muttersprache geschrieben.
49 NSDAP-Parteikarte (BDC, Personalakte Theodor Abbetmeyer).
50 Dietzler, Anke; ‚Gleichschaltung', S. 83, Anm. 10.
51 Weber, Brigitta; ‚Theater führt zu wahrer Volksgemeinschaft', S. 160. Vgl. auch Dietzler, Anke; Hannoversche Tageszeitungen, S. 325, Anm. 49. Vgl. A.; Th.; Vierter Kammermusikabend des Ladschek-Quartetts, Nieders. Tageszeitung, 7. April 1933. A., Th.; Tanzabend Yvonne Georgi. Neubesetzungen im Tanzensemble unseres Opernhauses, Nieders. Tageszeitung, 8. April 1933. O.A.; Kulturelles Leben in Hannover. Paula Buchner als Kundry, Nieders. Tageszeitung, 13. April 1933
52 Abbetmeyer, Theodor; Geschichte der Musik, Anhang.
53 Mit „pychopathischem Blödsinn" habe er es offenbar zu tun, urteilte Abbetmeyer in seinem Beitrag, „mit ganz fulminanten Überwertigkeiten in der Potenz zum Quadrat". Immerhin habe Schwitters' „verrückte(s) Gelalle" entgegen weitverbreiteter Meinung „Methode", wenn auch keine eigentlich künstlerische, sondern jene eines findigen Autors, der mit der Hilfe eines geschäftstüchtigen Verlegers „in einer Zeit drückendster Papiernot" aus einer allgemeinen Notsituation des deutschen Volkes, die so manchen „Irrsinn" ermögliche, versuche, Gewinn zu machen (Abbetmeyer, Theo; Literatur. Neue Bücher: Kurt Schwitters. Anna Blume. Dada-Dichtungen, Vlg. Paul Steegemann. Deutsche Volkszeitung, Datum unklar (SAH 56 Kps. 16)).
54 Abbetmeyer, Theo; Ein neu Schneiderlied, in: Die Pille, 2. Jhg., H. 4, 27. Januar 1921, S. 105 f.
55 Ebda., S. 106.
56 Im wesentlichen handelt es sich um ein Plädoyer für den dicken – weil angeblich gemütlichen und berechenbaren – Mann.
57 Abbetmeyer, Theo; Der Einstein-Krach, in: Die Pille, 1. Jhg., H. 10, 4. November 1920, S. 222 f. Wie fast alle seine Artikel in der PILLE, so versah Abbetmeyer auch den EINSTEIN-KRACH mit prätentiösen Zusatz „Nachdruck verboten", ein Vorgehen, das nicht nur für Beiträge in dieser Zeitschrift recht üblich war.
58 Abbetmeyer, Theo; Es ist endlich über-erreicht, in: Die Pille, 2. Jhg., H. 2, 13. Januar 1921, S. 56 ff.
59 Ebda., S. 58.
60 Nach der Schilderung der Bewegungen der drei könnte es sich dabei um eine Variante des ins Sinnlich-Erotische verlegten modernen Ausdruckstanzes gehandelt haben.
61 Abbetmeyer, Theo; In Betrachtung der ‚Kunst' dreier Kabarett-Tänzerinnen im Weinhaus, in: Die Pille, 1. Jhg., H. 9, 27. Oktober 1920, S. 206 ff.
62 Ebda., S. 206.
63 Ebda., S. 206. Doch nicht allein der Tanz seiner Zeit fand Abbetmeyers tiefe Ablehnung, er war ihm vielmehr gleich verwerflich wie jene „entartete", „schamlos frech(e) und frei(e)" dramatische Figur der Lulu in den Theaterstücken DER ERDGEIST und DIE BÜCHSE DER PANDORA von Frank Wedekind. Sie vertrat seiner Überzeugung nach als „Mangeuese d'hommes", als Männerfresserin, „ihr Ehr" und Glimpf ... in Schand und Schimpf" (Ebda., S. 207: „Ein Bild modernen Lebens steht da .../ Hier ist der Mensch nicht Kunststoff schön und rein/ Hier jauchzt sein wahres Leben nicht zum Licht/ In edler Lebensfreud' und wahrer Lust./ Hier ist kein schönes, freies Formenspiel/ Des echter Künstler Freude wecken könnt'/ Das alle Sinne hin zum Geiste führt .../ Hier trachtet umgekehrt der Geist nach unten." Bereits in den RICHARD-WAGNER-STUDIEN hatte Theodor Abbetmeyer 1916 einen sehr deutlichen Einblick in seine Vorstellungen vom Rollenbild der Frau seiner Zeit gegeben. Am Beispiel der Dramen Ibsens kritisierte er die „Modernen", die derzeit Gefallen darin fänden, „bis zu den furchtbarsten Abgründen hinab(zusteigen), die sich in der Frauenwelt auftun" (Abbetmeyer, Theodor; Richard-Wagner-Studien, S. 197). Statt weiter in der „Dirne" die „große dramatische Modesensation" zu sehen, sollte endlich die „einseitig sexuell pessimistische Richtung" verlassen werden. Vielmehr müsse „ein neuer Künder der Frau" sich aufmachen, „der ihr die verlorene Krone der Keuschheit wiedergeben und zugleich den Zauber seelischer Hoheit und Größe verleihen wird, wie er jene Frauen verklärt, die versöhnend über diese Erde wandeln und die Sehnsucht nach dem Ideal immer von neuem entzünden" (Ebda., S. 197f). Auch hier könne Richard Wagner wieder Vorbild sein, habe er in seinen Opern doch einen Frauentyp geschaffen, der „kraftvoll-handelnd und aktiver als der Mann" sei (Ebda., S. 90), aber nicht, um sich dem Manne „gleichzumachen", wie es die Frau „im englisch-amerikanischen Sinne" versuche, sondern angeknüpft an „das alte Germanentum", wo die Frau nicht in den Domänen des Mannes, namentlich der Wirtschaft und Politik, wohl aber in der ihren, dem „Leben und der Dichtung" (Ebda., S. 90), geherrscht habe. Während sich Abbetmeyer in DAS GRALSREICH ALS STREITER WIDER DEN UNTERGANG DES ABENDLANDES nicht weiter in die Kennzeichnung der Frau der zwanziger Jahre vertiefte, nahm er sich in ÜBER MODERNE THEATER-UNKULTUR der Thematik wieder an, als er, ganz ähnlich wie in IN BETRACHTUNG DER ‚KUNST' DREIER KABARETT-TÄNZERINNEN jene „liederlichen, sinnengierigen, mondänen Frauenzimmer(.)" angriff, die sich ‚dem Juden' an den Hals würfen und damit „ihre frauliche Würde und Ehre" aufgäben (Abbetmeyer, Theodor; Theater-Unkultur, S. 16)
64 Abbetmeyer nannte einige Werke Habichts im Anhang seiner Dissertation (Abbetmeyer, Theodor; Geschichte der Kunst, Anhang).
65 Zwei seiner Werke, der BEETHOVEN-HYMNUS (1917) und DAS GRALSREICH ALS STREITER WIDER DEN UNTERGANG DES ABENDLANDES (1926) erschienen nicht in Hannover, sondern in Heilbronn.
66 Dietzler, Anke; Hannoversche Tageszeitungen, S. 72.
67 Ebda., S. 20.
68 Abbetmeyer, Theodor; Operettenkritik DEIN SÜSSER MUND, Niederdeutsche Zeitung, 13. Juli 1926. Vgl. auch die Rezension der Kollo-Operette DIE TOLLE KOMTESS in der gleichen Ausgabe der Zeitung. Widersprach Abbetmeyer hier in auffälliger Weise seinen nur kurz zuvor engagiert vorgetragenen Vorstellungen über ‚echte' und ‚unechte' Kunst, so erscheinen die Mitte der zwanziger Jahre in der NIEDERDEUTSCHEN ZEITUNG veröffentlichten Operettenrezensionen wiederum in krassem Kon-

trast zu Abbetmeyers Aussage in ÜBER MODERNE THEATER-UNKULTUR des Jahres 1933. Nunmehr war für Abbetmeyer die Operette Symbol „judengemäßen" Kunstschaffens, das von den deutschen Bühnen zu verschwinden hatte. Sie sei vor allem wegen ihrer „Aufmachung" zum „Kassenzugstück" geworden, da „die Veräußerlichung, das die Augen Sättigende ... die Hauptursache in den modern-materialistischen Unkultur-Stücken" sei (Abbetmeyer, Theod; Theater-Unkultur, S. 20).

69 Abbetmeyer, Theodor; Richard-Wagner-Studien, S. 57.
70 Ebda., S. 259.
71 Ebda., S. 273.
72 Ebda., S. 55.
73 Ebda., S. 20.
74 Ebda., S. 12 u. 14.
75 Ebda., S. 7.
76 Ebda., S. 10.
77 Ebda., S. 7.
78 Ebda., S. 4.
79 Ebda., S. 3.
80 Ebda., S. 4. Diese „Milieutheorie" sei selbstbetrügerische Erklärung „aller Nichtkünstler" (Ebda., S. 5) für ihre eigene Mittelmäßigkeit und, mehr noch, für ihre unergiebige „Neurotiker-Theorie" (Ebda., S. 6): „Die großen Menschen sind notwendig, die Zeit, in der sie erscheinen, ist zufällig ... Zwischen einem Genie und seiner Zeit besteht ein Verhältnis wie zwischen stark und schwach, auch wie zwischen alt und jung: die Zeit ist relativ immer viel jünger, dünner, unmündiger, unsicherer, kindischer." (Ebda.).
81 Ebda., S. 5.
82 Ebda., S. 5.
83 Ebda., S. 85.
84 Ebda., S. 17 u. 56.
85 Ebda., S. 86.
86 Ebda., S. 9.
87 Ebda., S. 9 u. 70.
88 Ebda., S. 95.
89 Ebda., S. 82.
90 Ebda., S. 128.
91 Ebda., S. 86.
92 Ebda.
93 Ebda., S. 91.
94 Ebda., S. 6.
95 Ebda., S. 6.
96 Ebda.
97 Ebda., S. 93.
98 Ebda., S. 273.
99 Ebda., S. 125.
100 Ebda., S. 202.
101 Ebda.
102 Ebda.
103 Ebda., S. 93.
104 Ebda., S. 225.
105 Ebda.
106 Ebda., S. 258.
107 Ebda., S. 57 u. 265.
108 Ebda., S. 94.
109 Ebda., S. 93. „Wer Augen hatte zu sehen, vermochte wie aus so vielen anderen ‚Kultur'-Erscheinungen auch aus der Entwicklung unserer Musik nach Wagner zu erkennen, wohin es mit uns trieb. Auch unsere moderne Musik schien bis dato der Gefahr der Verödung in einseitiger Logistik und Verstandeskünstelei entgegenzutreiben und der Zeit zu kalten, versteinerten Männergesichtern, des Sinnengenusses und der Sensation reichlichen Tribut zu zahlen." (Ebda., S. 94).
110 Ebda., S. 94.
111 Ebda.
112 Ebda. Ähnlich kritisch äußerte Abbetmeyer sich 1916 auch zum Werk Gustav Mahlers, das er als Beweis dafür wertete, „daß das große Publikum sich noch immer durch gleißenden Formenkram und äußere Mittel blenden läßt". Mahlers Musik sei „hohl und unecht" (Abbetmeyer, Theodor; Richard-Wagner-Studien, S. 266). Gut sechzehn Jahre später, 1933, in ÜBER MODERNE THEATER-UNKULTUR, widmete sich Abbetmeyer Mahler erneut, und zwar im Zusammenhang einer infamen Herabwürdigung des musikalischen Werks Ernst Kreneks, des Schwiegersohns Gustav Mahlers. Hier hieß es, Mahler sei der Schöpfer von „Jericho-Posaunen-Symphonien" (Abbetmeyer, Theodor; Theater-Unkultur, S. 20).
113 Abbetmeyer, Theodor; Richard-Wagner-Studien, S. 94 f. Eine ganz ähnliche Formulierung wählte Abbetmeyer bereits in ÜBER MODERNE THEATER-UNKULTUR. Hier hieß es 1933 zur Rolle zeitgenössischer Musik: „*Echte* Musik ist vor allem Gefühlsausdruck, hat *Ethos*, hohe, ernste oder gesund-heitere Haltung, einen Gehalt, der im Reiche der Ideen und Ideale wurzelt" (Abbetmeyer, Theodor; Theater-Unkultur, S. 20).
114 Abbetmeyer, Theodor; Richard-Wagner-Studien, S. 95.
115 Ebda.
116 Ebda., S. 96.
117 Ebda., S. 88.
118 Ebda., S. 200.
119 Ebda.
120 Ebda., S. 93 f.
121 Ebda., S. 200.
122 Ebda.
123 Ebda., S. 202.
124 Ebda.
125 Ebda.
126 Ebda., S. 201.
127 Ebda., S. 96.
128 Ebda., S. 201.
129 Ebda., S. 93.
130 Ebda., S. 201.
131 Ebda., S. 202.
132 Ebda.
133 Ebda., S. 203.
134 Ebda., S. 201.
135 Ebda., S. 149.
136 Ebda.
137 Ebda., S. 201.
138 Ebda.
139 Ebda. Namentlich der Kriegsgegner England war für Abbetmeyer eine Nation von „Parasit(en) im Quadrat" und „moralin- und herzfreien, länder- und profitübergierigen Krämerseelenmenschen" (Ebda., S. 149 u. 258).
140 Ebda., S. 86.

141 Ebda., bes. S. 84–90.
142 Ebda., S. 86.
143 Ebda.
144 Ebda., S. 225.
145 Ebda.
146 Ebda., S. 208.
147 Ebda., S. 209.
148 Ebda., S. 210.
149 Ebda., S. 211.
150 Ebda.
151 Ebda., S. 214. In ÜBER MODERNE THEATER-UNKULTUR indes zählte Chamberlain zu Abbetmeyers Stichwortgebern.
152 Ebda., S. 212.
153 Zitiert nach: Abbetmeyer, Theodor; Richard-Wagner-Studien, S. 213. In ÜBER MODERNE THEATER-UNKULTUR zitierte Abbetmeyer diesen Ausspruch Wagners und nutzte ihn zur Untermauerung seiner antisemitischen Behauptungen; Theater-Unkultur, Vorrede.
154 Abbetmeyer, Theodor; Richard-Wagner-Studien., S. 212.
155 In dem 1917, ein Jahr nach den RICHARD-WAGNER-STUDIEN, erschienenen schwelgerischen Hymnus zum hundertsten Todestag Ludwig van Beethovens war Abbetmeyer der Genius des Komponisten „der Dolmetsch aller Sehnsuchtsruf' auch unserer Zeit": „In Harmonien hehr ertönt dem Himmelsschönheit Reichtum Dir/ und unter Dir sahst Du der Menschen Nichtigkeit/ Ihr erdgebund'nes, tier'sches Trieben untertänig Sinnenleben/ Da wußtest Du: der Seele Fesseln löset nur der Kampf …/ Zerbrechlich bunte, hohle Wahngebilde/ die von den Dutzendmenschen ‚Glück!' benannt …/ Das leere Glück der Vielzuvielen hast Du nie erstrebt/ Du suchtest Reinigung, Veredlung, geist'ge Klarheit/ Die Höherführung, Adelung des Innern ward Dir erste, höchste Lebenssorg …/ Mit Deiner Harfe Harmonien führst Du uns über Raum und Zeit/ In Gottes hehre Unermeßlichkeit." (Abbetmeyer, Theodor; Beethoven, S. 9f). Auch ein Künstler wie Beethoven habe sich wie Wagner seiner vorbestimmten Führerschaft nie entzogen, so große Entbehrungen dies ihm auch zugemutet habe. Wie jedes Genie habe Beethoven nicht den leichten Weg gewählt, sondern jenen des Kampfes gegen die eigene Bequemlichkeit und damit gegen jede Versuchung, die ihn der „Veredelung" und „Reinigung" entfremden könne. Seine Selbstzucht und Willensstärke hätten ihm – wie Wagner – einen „inneren Adel" verliehen und ihn zugleich jenem göttlichen „Weltengeist" nähergebracht, dem zu dienen die höchste Aufgabe wahrer Kunst sei.
156 Abbetmeyer sprach in diesem Zusammenhang von der „Großen Weißen Brüderschaft", einer Vereinigung ähnlich der Gralsritterschaft, mit der die „esoterisch-buddhistische Lehre und im Anschluß daran die Theosophie" die „reingeistige Gemeinschaft hochentwickelter Wesen …, wahre(r) Übermenschen" bezeichne, welche „zwischen unserer irdischen Welt und den göttlichen Sphären" schwebten (Abbetmeyer, Theodor; Gralsreich, S. 28).
157 Ebda., S. 28.
158 Ebda., S. 154.
159 Ebda., S. 55.
160 Ebda., S. 41.
161 Ebda., S. 11.
162 Ebda.
163 Ebda., S. 33.
164 Ebda., S. 33.
165 Ebda., S. 142.
166 Ebda., S. 5 u.45.
167 Ebda., S. 33.
168 Ebda., S. 11.
169 Ebda., S. 44.
170 Ebda., S. 48.
171 Ebda., S. 45.
172 Ebda., S. 14.
173 Ebda., S. 15.
174 Ebda., S. 13.
175 Ebda.
176 Ebda., S. 14.
177 Ebda., S. 15. Vorangetrieben hätten diese Entwicklungen in der Gegenwart besonders die „Mephisto-Naturen" Oswald Spengler und Theodor Lessing (Ebda., S. 24). Während letzterer sich mit seinem 1919 vor dem Hintergrund der deutschen Revolution veröffentlichten Buch GESCHICHTE ALS SINNGEBUNG DES SINNLOSEN, in dem behauptet werde, es gebe keinen Sinn in der Weltgeschichte, als Helfershelfer des Bösen entlarvt habe, diskreditierte Spengler sich in den Augen Theodor Abbetmeyers durch seine Begeisterung für den Rationalismus, Materialismus und „Imperialismus internationaler Prägung" (Ebda., S. 25). Kalt, eisern und „gefühlsvergletschert" – eine typische Vokabel Abbetmeyers nicht erst aus dieser Zeit – verhöhne Spengler, jener „falsche Prophet", „Anwalt materialistischer Weltanschauungszerrbilder"(Ebda., S. 17) und „plattester Stoff- und Außenwirklichkeitsanbeter" (Ebda., S. 22), in der Nachfolge Nietzsches alle Ideale und jede Gläubigkeit an das Göttliche (zu Abbetmeyers Sicht Nietzsches vgl. in den Richard-Wagner Studien S. 5, 12 u. 284 f und Gralsreich, S. 120 ff). Mehr noch, Spengler fördere als Zyniker und Nihilist gleichermaßen die Untätigkeit der ‚Masse Mensch', mache diese „widerstandsunfähig für weitere Vergewaltigung" und entziehe ihr damit in diesem Augenblick der Entscheidung die Möglichkeit der Abwendung vom Bösen und der Hinwendung zum Guten (Abbetmeyer, Theodor; Gralsreich, S. 26). Er negiere die Rettung durch das Gute, indem er „Gott und Menschheit sowie Menschenentwicklung aus der Geschichtskonstruktion vollkommen ausschaltet" (Ebda., S. 27). In ÜBER MODERNE THEATER-UNKULTUR zählte Spengler, anders als der Jude Theodor Lessing (Abbetmeyer, Theodor, Theater-Unkultur, S. 21), jedoch zu Abbetmeyers Kronzeugen in seinem Plädoyer für eine an Idealen und höheren Werten orientierte Kunst (Ebda., S. 6).
178 Abbetmeyer, Theodor; Gralsreich, S. 53.
179 Ebda., S. 45.
180 Ebda., S. 46.
181 Vgl. dazu etwa S. 152 f.
182 Ebda., S. 5.
183 Ebda.
184 Ebda., S. 149.
185 Ebda., S. 151.
186 Ebda., S. 159.
187 Ebda., S. 49.
188 Ebda., S. 149.
189 Ebda., S. 41 f.
190 Ebda., S. 144.
191 In den RICHARD-WAGNER-STUDIEN noch überzeugt von der grundsätzlichen Vereinbarkeit von „Kosmopolitismus" und „Nationalismus", be-

nutzte Abbetmeyer beide Begrifflichkeiten jetzt ausschließlich, um einen unüberbrückbaren Widerspruch zu kennzeichnen. „Kosmopolitismus" und „Internationalismus" waren ihm nunmehr pejorativ benutzte Schlagworte und zugleich Erkennungszeichen für die Zugriffsversuche des Bösen.

192 Ebda., S. 15.
193 Ebda., S. 145.
194 Ebda., S. 15.
195 Ebda., S. 145.
196 Ebda., S. 106.
197 Ebda.
198 Ebda.
199 Ebda., S. 118.
200 Ebda., S. 46.
201 Ebda., S. 149.
202 Ebda.
203 Ebda., S. 141 f.
204 Ebda.
205 Ebda., S. 145.
206 Ebda., S. 148.
207 Ebda., S. 145.
208 Ebda., S. 89.
209 Lohengrin: „Nie sollst Du mich befragen, noch Wissens Sorge tragen, woher ich kam der Fahrt, noch wie mein Nam' und Art." (Wagner, Richard; Lohengrin. Romantische Oper in drei Aufzügen, 1. Aufzug, 3. Auftritt).
210 Abbetmeyer, Theodor; Gralsreich, S. 141.
211 König Heinrich: „Nun ist es Zeit, des Reiches Ehr' zu wahren; ob Ost und West, das gelte allen gleich! Was deutsches Land heißt, stelle Kampfesscharen, dann schmäh wohl niemand mehr das Deutsche Reich." (Wagner, Richard; Lohengrin. Romantische Oper in drei Aufzügen, 1. Aufzug, 1. Auftritt).
212 Wagner, Richard; Lohengrin. Romantische Oper in drei Aufzügen, 3. Aufzug, 3. Auftritt).
213 Abbetmeyer, Theodor; Gralsreich, S. 147.
214 In ÜBER MODERNE THEATER-UNKULTUR zitierte Abbetmeyer Wagner schließlich als einen seiner Gewährsmänner für die These von der Rolle des Judentums als „plastischen Dämon(s) des Verfalls" (Abbetmeyer, Theodor, Theater-Unkultur, S. 10).
215 Abbetmeyer, Theodor; Theater-Unkultur, S. 3.
216 Ebda., S. 6. Ähnlich wie schon in DAS GRALSREICH ALS STREITER WIDER DEN UNTERGANG DES ABENDLANDES hieß es in ÜBER MODERNE THEATER-UNKULTUR über die besonderen Qualitäten des Deutschen: „Wir Germanen sind immer von dem Primat des Geistes und des Geistigen überzeugt gewesen, dem Erstgeburtsrecht und Vorrang des Gedanklichen und Ideellen ... vor dem Stofflichen. Wir glauben noch heute, daß erst die innere Wandlung des Menschen, seine Umbildung zu einer sittlich-religiösen Persönlichkeit vollzogen sein muß, ehe die wirtschaftlich-sozialen Verhältnisse sich bessern können." (Abbetmeyer, Theodor; Theater-Unkultur, S. 15).
217 Ebda., S. 22.
218 Ebda., S. 7.
219 Ebda., S. 5. Vgl. dazu auch Abbetmeyers Urteil über die Arbeiten George Bernard Shaws (Ebda., S. 14 f.).
220 Ebda., S. 5 f.
221 Ebda., S. 8.
222 Ebda., S. 7.
223 Ebda., S. 5.
224 Ebda., S. 8.
225 Ebda.
226 Angesichts der hier zutagetretenden tiefen Abneigung gegen alles Körperliche, Sexuelle könnte sich auch die angewiderte Schilderung der drei Tänzerinnen im Weinhaus aus dem Jahr 1920 erklären.
227 Ebda., S. 24.
228 Ebda., S. 6.
229 Ebda., S. 6.
230 Ebda., S. 7.
231 Ebda.
232 Ebda., S. 16.
233 Ebda., S. 23.
234 Ebda., S. 25
235 Ebda., S. 3.
236 Zu welcher Überhöhung der Person Adolf Hitlers Abbetmeyer in dieser Zeit neigte, machte auch sein Beitrag ADOLF HITLER UND DAS DEUTSCHE GEISTESLEBEN in der NIEDERSÄCHSISCHEN TAGESZEITUNG vom 20. April 1933 deutlich. Anläßlich Hitlers Geburtstags würdigte er den „geniale(n) Volkskanzler" als Inbegriff des idealistischen Deutschen, der „überspanntes Individualitätsstreben", das den „sittlichen und intellektuellen Kosmos" gefährde, ablehne und stattdessen das „Erstgeburtsrecht des Geistes, des Ideellen und Gedanklichen vor dem Stofflichen und Sinnfälligen" anerkenne. Anhand verschiedener Zitate aus MEIN KAMPF versuchte Abbetmeyer im folgenden zu belegen, wie Hitler seit Jahrzehnten in prophetischer Deutung zum „Todfeind des jüdisch-materialistischen Marxismus" geworden sei, „jener Weltanschauungs-Pest, die alles Geistige als Folgeerscheinung und Nur-Funktion der Materie angesehen wissen will."
237 Abbetmeyer, Theodor; Theater-Unkultur, S. 26.
238 Ebda. In GEISTIGKEIT, WISSEN UND SCHÖPFERISCHE ARBEIT, einem Aufsatz Abbetmeyers, der zum 1. Mai 1933 in der NIEDERSÄCHSISCHEN TAGESZEITUNG erschien (30. April/1. Mai 1933), bemühte er sich um die Beweisführung, daß Hitler aller dünkelhaften Besserwisserei der „Philister" zum Trotz, auch ohne eine umfassende Bildung in seiner Jugend genossen zu haben, in jedem Moment des Handelns den einzig rechten Weg gewählt habe. Die Fähigkeit hierzu, so Abbetmeyer, gebe ihm die Tatsache, „gottgesandt" zu sein. Damit sei „die Kenntnis der Welt ihm angeboren". Mehr noch: „Da die geniale Geistigkeit aus der Ideenwelt göttlicher Höhe gespeist wird, kommt zu ihrer Erkenntnis des Wahren noch *der Wille zum Guten* und *die Liebe zum Schönen*,". So sei der „Seher" Hitler zugleich auch „Edelmensch", so „*schafft Geist und Wille des obersten Führers unserer Bewegung durch leitende und vollstreckende Unterkräfte in einheitlicher, großartig organisierter Zusammenfassung am organischen Aufbau einer auf den heiligsten Fundamenten ruhenden Volksgemeinschaft.*"
239 Personalakte Theodor Abbetmeyer, BDC).
240 Manuskript Theodor Abbetmeyers ÜBER DIE TECHNISIERUNG DER MODERNEN WELT, liegt einem Schreiben Abbetmeyers an Karl Kohl v. 11. August 1939 bei (Deutsches Literaturarchiv, Handschriftensammlung, A: Autographensammlung Kohl). Theodor Abbetmeyer starb 75jährig am 5. Januar 1944 in Northeim (Personalkarte Theodor Abbetmeyer, StAH).

„... Wir pfeifen auf diese gute alte Zeit, wir Modernen, und uns gehört die Zukunft wie euch, ihr Alten, die Vergangenheit gehört hat! ..."

Eine Zeitschrift mit Aplomb.[1] DIE PILLE

Zur Entstehung der PILLE

Seit dem 1. September 1920 erschien in Hannover mit der PILLE eine Zeitschrift, die sich in ihrer ersten Ausgabe sogleich in schönster Bescheidenheit als „aktuelle, kritische, witzige, freche, unparteiische Wochenschrift" den Leserinnen und Lesern anbot, bereit, die Zeitschriftenlandschaft durch „ein vornehmes Blatt von Hannover"[2] zu bereichern.

Herausgegeben wurde sie von Bernhard Gröttrup, der sich in einer für ihn typischen Art im ersten Heft selbst vorstellte: „Ich, Bernhard Gröttrup, wurde am 27. August 1883 auf Waldseite in der Grafschaft Bentheim geboren. Dies der Verlauf seiner Jugend: er taugte nirgendwo ... Die erste Schaffenszeit des Biographierten galt den Ballsälen des Montmartre. Den größten Teil des Krieges verbrachte er in der angenehmsten Weise im Schützengraben. Nur das letzte Kriegsjahr war bitter. Laut A.O.K.-Befehl v. 4. August 1917 ... wurde der Landsturmmann Gröttrup als Redakteur zu einer Armeezeitung des Ostens befohlen. Es war eine Leidenszeit. Lassen wir das. Heil Euch, meine lieben Hannoveraner! Das Schicksal hat Euch einen lieben Sohn heimgeführt. Zeigt Euch seiner würdig und abonniert die PILLE."[3] Das ist auch fast schon alles, was über Gröttrup in Erfahrung zu bringen ist. Gemeinsam soll er mit Paul Steegemann, Johann Frerking, Kurt Schwitters und anderen zum Kröpcke-Zirkel, jenem Treff von Malern, Schriftstellern und Journalisten im Hinterzimmer des Cafés, gehört haben, was insofern wahrscheinlich ist, als alle drei in seiner PILLE selbst auch mitarbeiteten.[4] In keinem weiteren hannoverschen Künstlerzirkel der zwanziger Jahre tauchte der Name Gröttrups auf. Vielleicht hat der Herausgeber nach dem frühzeitigen Ende der PILLE bereits zwei Jahre nach ihrer ersten Ausgabe Hannover den Rücken gekehrt, enttäuscht von „seinen Hannoveranern",[5] die der Zeitschrift in Zeiten wild galoppierender Inflation die Treue versagten.

Titelblatt des ersten Heftes der PILLE. 1. September 1920

Doch nicht nur Gröttrup selbst blieb eine Randfigur in der hannoverschen Kunst- und Kulturszene, sondern auch ein Großteil seines Mitarbeiterstabes setzte sich aus Personen zusammen, die dieser Szene selbst nicht angehörten. Eine Reihe von Beiträgen kam von Autoren, die außer ihrer Mitarbeit an der hiesigen PILLE keine dauerhafte Verbindung zu Hannovers Kunst- und Kulturszene unterhielten. Zu ihnen gehörten etwa der Bremer Kritiker Victor Klages,[6] die Expressionisten Walter Hasenclever[7] und Albert Henschke, genannt Klabund,[8] der Dadaist und Schwitters-Freund Raoul Hausmann[9] sowie mit Salomo Friedländer (Mynona)[10] und Hans Reimann bewährte Autoren des Paul Steegemann Verlages. Von den Nicht-Hannoveranern war einzig Ossip Kalenter häufiger Gast in der literarischen Szene der Stadt. Johannes Burkhardt, wie der gerade zwanzigjährige gebürtige Dresdener Kalenter mit bürgerlichem Namen hieß, war ab dem zweiten Jahrgang Hauptmitarbeiter der PILLE.[11] Gröttrup mag ihn anläßlich dessen Übersetzungsarbeit von DER INTIME BALZAC für den Paul Steegemann Verlag kennengelernt haben.[12] Andere PILLE-Autoren wie Max-Marten Manfried oder Wilhelm Renner hingegen waren Unbekannte in der offiziellen Avantgarde und blieben es auch. Überdies ist zu bedauern, daß viele Phantasienamen die Suche nach den wahren Autoren erschweren.[13] So war es etwa in einem Heft

Werbedoppelseite der PILLE. 30. Dezember 1920

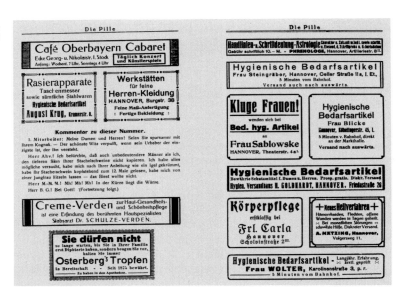

sämtlichen Verfassern eingefallen, sich imaginäre Grafentitel zuzulegen, angeblich, weil „einige Damen der Gesellschaft" gerügt hatten, „daß die PILLE ihren anfänglichen vornehmen Charakter ganz und gar verloren"[14] habe.

Allerdings hat die Schwierigkeit der Einordnung der PILLE-Autoren in Lager der hannoverschen Kunst- und Kulturszene keineswegs damit zu tun, daß die Zeitschrift häufig Verlags- und Druckort wechselte und daß neben hannoverschen auch immer Berliner und Hamburger Adressen genannt wurden.[15] Zentrum des Interesses blieb Hannover. Hier hatte Gröttrup in der Baumstraße 1b sein Büro,[16] hier inserierte die Mehrzahl der Handarbeitsläden, Heiratsinstitute, Hersteller von Hautcremes, Aphrodisiaka und Medikamenten gegen Diphterie und Frauenleiden, die in bunter Abfolge die PILLE als Werbefläche nutzten. Hier wurden auch regelmäßig hannoversche Restaurants mit dem kecken Spruch FRISCHE KÜNSTE, LECKRE SPEISEN, SCHÖNE FRAUEN, GUTE WEINE, WIRD EUCH DIESE FOLGE WEISEN: IN HANNOVER AN DER LEINE der Kundschaft vorgestellt.

Die PILLE und die hannoversche Kunst- und Kulturszene

Fast alle Mitarbeiter der PILLE, die über lokale Themen berichteten, müssen sich in Hannovers Kunst- und Kulturszene gut ausgekannt haben. Auffällig ist die gleichsam absichtlich unabsichtlich wirkende Kritik an den hiesigen expressionistischen Konkurrenzblättern der Zeit. Dem aufwendigeren HOHEN UFER wurde ein Mauerblümchendasein[17] attestiert und dem Verleger Paul Steegemann respektlos vorgeworfen, den „literarischen Geist der Steinzeit" zu konservieren.[18] In einem anderen Heft war der MARSTALL Steegemanns Gegenstand ironischer Betrachtung: „Dadaisten wollt ihr sein?",[19] höhnte man und fügte hinzu, man halte die MARSTALL-Mitarbeiter ihres verschrobenen Humors wegen eher „für verhunzte Mitarbeiter der FLIEGENDEN BLÄTTER". Weiter hieß es jedoch im gleichen Beitrag: „N.B. Wer über jüngste, radikale Kunst unterrichtet sein will, halte sich den MARSTALL. Wenn man etwas länger darin verweilt, entzündet sich doch hier und da der Gedanke: Tief unter allem Schmutz und Chaos ringt vielleicht eine Quelle neuen Kunstempfindens an die Oberfläche."[20] Die forsche Verunglimpfung, die umgehend wieder korrigiert wurde, scheint Taktik gewesen zu sein: Bei näherem Hinsehen nämlich offenbarte sich den PILLE-Machern an der Arbeit der Konkurrenzblätter des literarischen Expressionismus doch immer sehr viel Positives, das es wert war, gelobt und der Lektüre anheimgestellt zu werden. Die Rückendeckung fiel besonders demonstrativ anläßlich der Auseinandersetzung Paul Steegemanns mit den Zensoren aus, die dessen angeblich unsittlichen Verlagsprodukte beanstandeten und verboten. Gröttrup, den Sittlichkeitsausschüssen aufgrund seines eigenen Angebots selbst kein Unbekannter, nutzte seine PILLE für den Schulterschluß mit dem Kollegen.[21] Steegemann wurde nun als rühriger, gar als „liebenswürdigster Verleger Mitteleuropas" bezeichnet.[22] Überaus lobend fiel auch Kalenters Besprechung von Walter Serners Roman ZUM BLAUEN AFFEN aus, der kurz zuvor im Haus des „mit Recht geschätzte(n) Verleger(s) Paul Steegemann" erschienen war. „Mit einem Lächeln für die Schönheit unserer Zeit wird man historische Vergleiche ziehen, und in späten Tagen werden Literaturhistoriker neben dem Romantiker Novalis, welcher die bekannte blaue Blume erfand, den Romantiker Serner nennen, der den blauen Affen dichtete."[23] Mochte in der grotesken Gegenüberstellung von Novalis und dem harten, illusionslosen Zyniker Serner auch viel Ironie mitschwingen, so war das Verhältnis zwischen der PILLE und Steegemanns Publikationen, aber auch den anderen expressionistischen Zeitschriften Hannovers in jenen Jahren, nur sehr oberflächlich und gespielt gespannt.[24]

Ähnlich verhielt es sich mit der Haltung der PILLE Kurt Schwitters gegenüber. Schon im zweiten Heft des Jahres 1920 hatte man mit einer Parodie auf „Herrn Anna Blume", jenen Mann entlarven zu wollen, der „den Leuten da mit Bluff das Geld abknöpft".[25] Andererseits jedoch wurde Schwitters wie bisher, so auch in der folgenden Zeit in der PILLE die Möglichkeit gegeben, seinen „Bluff" in Gestalt der kurzweiligen TRAN-Artikel weiter wirkungsvoll unter die Leser zu bringen. Hier erklärte er etwa seine „Raddadistenmaschine",[26] die jeden Besucher seines Geldes und seines Verstandes beraube.[27] Schwitters fand in der PILLE auch Gelegenheit, sich eines seiner bevorzugten Themen anzunehmen, des Umganges mit seinen Kritikern, die er etwa bezichtigte, „mit Ausnahme einiger starker Persönlichkeiten, infolge MERZ-Biß tollwütig geworden"[28] zu sein. In seiner Kritikerschelte wiederum erhielt er Rückendeckung durch den Herausgeber Gröttrup selbst, der ihn als „einzige(n) Dadaist(en) Deutschlands mit Geist und Witz"[29] bezeichnete und sich anläßlich eines Vortrages des Dichters überrascht zeigte, „wieviel buntes, keckes, lustiges, höhnendes, lachendes Leben in der Tiefe der Schwitterschen Dichtungen verborgen ruht."[30] Gröttrup war offenbar gern bereit, Schwitters ein Forum zu schaffen, wenn dieser sich gegen Anfeindungen zur Wehr setzte.[31] Den OFFENEN BRIEF AN HERRN BRAUWEILER, mit dem Schwitters auf eine Kritik des Redakteurs Kurt Brauweiler reagierte[32] und den zu drucken sich der HANNOVERSCHE KURIER weigerte, gab der Künstler an die PILLE weiter, die ihn dann auch mit dem genüßlichen Zusatz Gröttrups veröffentlichte: „Lieber Schwitters! Dieweil ich Deine Antwort an den KURIER drucke, erübrigt sich meine Besprechung Deines Vortragsabends. Ich müßte sonst wiederholen, daß der Reporter ein Esel ist, und das wäre doch sehr langweilig."[33]

Dem Herausgeber dürfte dabei die Rüge des HANNOVERSCHEN KURIERS nicht schwergefallen sein, hatte er doch selbst mehrfach zuvor bereits die mangelnde Lauterkeit dieser hannoverschen Tageszeitung im Umgang mit anderen Blättern und einmal gar die Entlassung eines bewährten Mitarbeiters des KURIERS kritisiert, nur „weil der in einem Artikel gegen Leinert unglücklicherweise mal danebengeschwindelt"[34] hatte. Man müsse schließlich bedenken, so Gröttrup in der PILLE süffisant, „daß die armen Menschen, die das Blatt schreiben müssen, darauf angewiesen sind, die Dinge ... umzudeuten, das bedeutet, daß diesen armen Menschen auf die Dauer jedes Gefühl für Wahrheit verloren gehen muß, und fasse dann die bodenlose Rücksichtslosigkeit, wie hier mit einem alten, verdienten (im Sinne heutigen Preßtums!) Redakteur umgegangen wird".[35] Das Feuilleton des KURIERS, so hieß es an anderer Stelle, sei „Geruch des Myoms, das die Schädelrinde kloakenhafter Spießbürgerhirne langsam ausfrißt".[36] Doch nicht nur der HANNOVERSCHE KURIER, sondern die gesamte bürgerliche hannoversche Zeitungslandschaft stand im Kreuzfeuer der PILLE-Kritik. Der ANZEIGER etwa war nach ihrer Lesart „schuldbeladene(.), hinterlistige(.), unsaubere(.) Straßendirne" und „Strichgängerin aus dem furchtbaren Seuchenbordell Presse".[37] Das war schärfste Kritik an den renommiertesten und größten hannoverschen Tageszeitungen. Dabei blieb unklar, was diese vehemente Kritik jeweils provoziert hatte. Einen direkten Auslöser gab es offenbar nie, und tiefere Gründe nannte die PILLE nicht, wie auch seitens der angegriffenen Tageszeitungen keine Stellungnahme bekannt geworden ist.

Organ der jungen Generation

Allerdings wußte sie ihrerseits auf die Frage, wer in ihren Augen der beste Journalist sei, sehr wohl eine deutliche Antwort zu geben. Es war derjenige Kritiker, der „nicht auf Partei- oder Literaturprogramm, nicht auf Weltanschauung, Freunde und Feinde ... schwört, sondern der mit bestem Wissen und Gewissen Stück und Schauspieler nach den unmittelbaren Eindrücken bewertet ... Wenn es schon keine wahre Objektivität, sondern nur mehr oder minder große Subjektivität gibt, dann ist die Subjektivität des Empfindens immer noch die reinste."[38] Das Bekenntnis zur „Subjektivität des Empfindens", zur unverkrampften und ehrlichen Auskunft über das, was ein Bild, ein Theater- oder ein Musikstück in einem bewirkt hatte, war der PILLE gemein mit allen anderen hannoverschen Avantgardezeitschriften, die zur gleichen Zeit wie sie erschienen. Auch sie bekannte sich zu einem bedingungslosen Individualismus, und zwar sowohl allgemein in der Lebensführung jener, die sie als Medium vertrat, wie in deren Kunstauffassung im besonderen. Gefühlsduselei und Ausbreitung des Seelenlebens waren der PILLE dabei so fremd wie dem STÖRTEBEKER, dem

MARSTALL oder dem ZWEEMANN. Sie begegnete der Zeit, in der sie fest mit beiden Beinen stand, mit nüchterner, unprätentiöser und unpathetischer Haltung, ja oft gar mit betont frecher Rücksichtslosigkeit. Verglichen mit jenen anderen Blättern, war sie dabei noch ungebundener von Traditionen und Fragen des guten bürgerlichen Geschmacks. Sie war auch deshalb schon ironischer und zugleich fordernder, weil sie von ihrer Mitarbeiterstruktur her weit weniger in die hannoversche Kunst- und Kulturszene ihrer Zeit eingebunden war. Nicht umsonst schrieb Kurt Schwitters im Oktober 1920, also einen Monat nach dem ersten Erscheinen der Zeitschrift, an einen Freund, der für die PILLE arbeiten sollte, dieser brauche sich „keinen Zwang anzutun, die Zeitschrift will Radikales am liebsten etwas ironisch, damit sich der Leser amüsiert".[39]

Leider lassen sich nur wenig Aussagen über die Altersstruktur dieser Mitarbeiter machen. Doch viele Artikel sprechen für die Annahme, daß die PILLE sich als Organ jenes Teils der jungen Generation verstand, welcher mit den Traditionen der Älteren zu brechen versuchte. In WER SIND WIR?, einem Artikel aus dem zweiten Jahre ihres Bestehens, formulierte Wilhelm Renner, darin durchaus einem gängigen Topos der Zeit folgend: „Wir packen das Leben an und getrauen uns, es zu bezwingen und seinen Reichtum in uns zu bergen ... In dem starken, unbeirrbaren Gefühl der Gebundenheit an uns selbst, an unsere inwendigen Bedingungen empfinden wir uns als das Zentrum, das wir nicht verlassen dürfen, ohne die Kraftquelle zu verlieren ... Wir wollen nicht Wegweiser in die neue ‚Richtung' sein, aber wir wollen ein wenig den Weg bereiten für die, deren Wesen zu ihm hindrängt. Wir lehnen jede Verantwortung ab. Wir kennen keine Verantwortlichkeit außer der uns selbst gegenüber. Außerdem führt jeder ‚Weg' nur bis dahin, wo der Aufstieg, das Werden anfängt. Da mag jeder selbst zusehen, wie er weiterkommt. Fällt er, so fällt er hart. Auf molliges Zurücksinken in den Morast der Gesellschaft muß er verzichten."[40] Vehementes Bekenntnis der Zugehörigkeit zur jungen Generation war auch der Beitrag DEN ELTERN, ebenfalls von Wilhelm Renner,[41] sowie die Anklage eines Freiherrn von Hagedorn an die Generation der Älteren, die Jungen durch die Anstiftung des Krieges um „die Jugend betrogen zu haben".[42] „Aus einer freiheitshungrigen Jugend habt ihr ein Knechtsgeschlecht geschaffen ..., habt ihr die Seelen vergiftet, habt der Jugend klares Denken verfälscht, der Jugend Gewissen verwundet." Statt nun wenigstens ihre Schuld an dieser Entwicklung einzugestehen, klagten die Alten „die Verderbtheit eben dieser Jugend"[43] an, die sie doch selbst erst ihrer eigentlichen Möglichkeiten der freieren Lebensgestaltung beraubt hätten.

Die PILLE und die Zensur — Die PILLE gefiel sich in einer ausnehmend provokativen Haltung zu bürgerlichen Vorstellungen von Sittlichkeit und Moral. Auf der einen Seite beteuerte sie öffentlich, „deutlich, frech, vielleicht unanständig, aber niemals astlochlüstern"[44] sein zu wollen, um auf der anderen Seite – wie Kalenter Anfang 1921 – den KAMPF UM DEN GESCHLECHTSAPPARAT in „ergreifende(n) Bilder(n) aus dem finstern Mittelalter"[45] voll geschickt gespielter Prüderie und Spießbürgerlichkeit zu ironisieren. Gleich im ersten Heft hatte Bernhard Gröttrup bereits in einer Buchrezension programmatisch das literarische „Glaubensbekenntnis eines ehrlichen Menschen" gewürdigt, „dem das Hundeleben des Krieges eine Weltanschauung aufgedrängt" hatte, die ihn, „nach einer Absage an alte und neue Götter (Ich glaube nicht an den Gott der Kirchen, nicht an das Vaterland, nicht an den Sozialismus, nicht an die herrschende Klasse)", dahin geführt habe, daß er nur „die Lustgefühle der erotischen Liebe als Lebenstrieb anerkennt".[46] Prostitution, Homosexualität sowie die Vorzüge eines Sexuallebens, das sich durchaus auch außerhalb und neben ehelichen Beziehungen abspielen durfte, waren bevorzugte Themen der PILLE.

Weil sie sich betont unverkrampft mit diesen Themen beschäftigte, blieb ihr die Auseinandersetzung mit dem „hannoverschen Polizeizensor"[47] nicht erspart. Dieser sah Schmutz und Schund in den PILLE-Artikeln und zitierte den Verleger fortan „wöchentlich zweimal"[48] zu sich aufs Amt. Gröttrup, keineswegs eingeschüchtert von dieser Geste obrigkeitlicher Bevormundung, nutzte die PILLE, seinerseits dem Zensor eine Lektion zu erteilen. Er behauptete forsch, er arbeite im Grunde an ähnlichen Aufgaben wie die Zensur, und teilte dem Beamten selbstbewußt mit: „Ich versuche durch meine gelben Pillen die Kulturauswüchse unserer Zeit homöopatisch zu kurieren, versuche des Unheils Wurzel bloßzulegen, damit geheilt werde, bevor der Baum fällt – während Ihre Branche mehr für operative Gewalteingriffe ist, die zwar die

Sündenfrüchtchen der Gesellschaft abführen, aber selten heilen. Bei Gott, meine Methode ist die klügere ... Sie, hoher Zensor, leiden Krankheit an mehreren Begriffsverwirrungen. *Erste Lektion: Unsittlich* ist, wenn die bürgerliche Gesellschaft duldet, daß arme, junge Wesen durch Not und Elend auf die Straße getrieben werden. *Sittlich* ist, wenn eine kulturkritische Zeitschrift diese Gesellschaft auf diese Schande hinweist ... *Dritte Lektion: Unsittlich* ist, wenn in einer Bordellordnung bestimmt wird, daß eine arme Dirne wöchentlich 180 Besuche zu ertragen hat. *Sittlich* ist, eine solche Bordellordnung als warnendes Zeichen zu veröffentlichen. *Vierte Lektion: Unsittlich* ist, wenn arbeitslose Wichtigtuer die Gesellschaftsschande der öffentlichen Prostitution durch akademische Scherze zu bemänteln suchen. *Sittlich* ist, eine solche verlogene Macht der Lächerlichkeit preiszugeben. Du lieber Himmel! Was ist bei uns nicht alles unsittlich? Das einzig Sittliche ist die Unsittlichkeit – wie ich sie auffasse. Unsittlich, Herr Zensor, sind z. B. vor allen Dingen die Romane unserer Tageszeitungen, in denen zwar von der Liebe nur mit dem verlogensten Rosenmündchen geplaudert wird, in denen aber offene Strichpunkte den Leserinnen Bilder vorgaukeln, die der geilsten Phantasie reife Nahrung liefern."[49]

Mitteilung im Impressum der PILLE. 17. März 1921

Provokation, Ironie und Zynismus gehörten für die PILLE zum Handwerk. So mokierte sie sich regelmäßig über alle Leser, die sich in ihren Augen durch Ehebande der schönen Dinge des Lebens selbst beraubt hatten. Gleichzeitig bot sie sich als Trost dieser vermeintlich Benachteiligten an.[50] Pessimisten und Moralisten wollte sie Ratgeberin in allen Lebenslagen sein. Zu diesem Zeitpunkt, also nur wenige Monate nach ihrer Gründung, streute sie das Gerücht, 60.000 Exemplare der Zeitschrift kursierten unter den Hilfesuchenden.[51] Typisch für ihr journalistisches Selbstverständnis war dabei, daß ihre Mitarbeiter sich manchmal nur eher beiläufig um ihre eigentliche Informationspflicht zu kümmern schienen und die PILLE ansonsten sehr spielerisch als private Börse zum Meinungsaustausch untereinander bzw. zur Benachrichtigung über anstehende Feste und Feiern nutzten.[52] Dies mag Nichteingeweihte nach der Lektüre mitunter recht ratlos zurückgelassen haben. Was sich so abzeichnet, ist der Eindruck einer Redaktionsarbeit, die gleichsam mit leichter Hand und viel Freude an der Sache stattfand. Groteske Artikeltitel wie die von der MEDIZIN GERMANIA UND VATER RHEIN, von der METTWURST-PARTEI oder den UNSITTLICHEN DAMENHÖSCHEN[53] stützen diesen Eindruck.

Die Absicht war hier die gleiche wie die der Theaterkritik in der PILLE. Dem Blatt ging es darum, sich bewußt und deutlich von der Lebensweise der Älteren abzugrenzen, von deren gesellschaftlichen Normen, deren Behäbigkeit und Sentimentalität, von verlogener Sexualmoral und gravitätischer Bigotterie. Die Zeitschrift kultivierte im Gegenzug geradezu jenen Leichtsinn, ja jenen Unsinn, der in den Augen bürgerlicher Kritiker als Ausdruck kindischer Tollerei und Narretei gelten mochte.[54] Im Dezember 1920 forderte Gröttrup mit der typischen Unbefangenheit und Fröhlichkeit der Zeitschrift übermütig: „Potz tausend! Lustig wollen wir diese vermaledeite Welt machen. Diesen moralklapprigen Spießern wollen wir Mores lehren. Unser das neue, das echte, das lachende Leben! Wir wollen den heiteren, den ehrlichen, den wahren Geist wie Goldregen über unser Volk werfen. Die nackte Lust am Schönen, die Pillosophie des harmonischen Lachens soll diese alberne Welt umstürzen. Wir wollen eine neue Kultur des genießenden Lebens aufbauen. Wir wollen die Welt an der Nase nehmen und auf den Kopf stellen. Wir wollen aus Philistern Übermenschen machen. Sämtliche Oberlehrer Germaniens müssen Fox-Trott tanzen. Eberts Badehose soll Zwangsuniform für sämtliche Politiker werden ... Freunde! Ich bin ein Pionier des neuen Lebens. Vergebt, wenn ich über's Ziel schieße."[55]

Bernhard Gröttrups Artikel über die METTWURST-PARTEI in der PILLE. 6. Januar 1921

Dem Spießer als besonders widerwärtiger Abart bürgerlicher Lebensform, als „Sammel- und Gattungsname zugleich",[56] galt die scharfe Zurechtweisung der PILLE. Der Herausgeber, verantwortlich für den überwiegenden Teil der bekenntnishaften Artikel seiner Zeitschrift, benannte es in diesem Zusammenhang als trauriges Ergebnis des Weltkrieges, „daß sich eine protzige Eleganz, eine ekelhafte Großtuerei, die von Kunst und Kunstgenuß keine blasse Ahnung hat, in den Theatern auf den besten Plätzen herumflegelt, den seichtesten Operetten und den blödsinnigsten Schwänken zu hunderten von Aufführungen verhilft, zu Ibsens GESPENSTERN Tanzmusik verlangt und das gute wertvolle Stück alter und neuer Schule glatt an die Wand drückt".[57] Das Theaterpublikum hieß für die PILLE Anfang der zwanziger Jahre kollektiv „Piefke", es hatte „einen gestärkten Kragen, eine saubere Weste, den festen Glauben an eine sittliche Weltordnung und eine in bar bezahlte Eintrittskarte".[58] Dieses Publikum habe, so die PILLE weiter, zwar keinerlei Ahnung vom Theater und verstehe allenfalls, wenn hier etwas prall Lebendiges vonstatten gehe, da es jedoch ungünstiger Zeitumstände wegen das Kapital habe, bestimme es mithin auch über das Programm. Die sarkastische Kritik des Blattes galt den Parvenüs des Krieges und zugleich den Spießern, den Männern mit Geld von heute und „Anschauungen von gestern", wie Max-Marten Manfried sie beschrieb, „die mit bewunderungswürdiger Beharrlichkeit an Meinungen, Systemen und Dingen festhalten, die von der Zeit ereilt, zu Boden geworfen und aufs tote Geleise geschoben sind".[59]

Bürgerliche Intoleranz, Sturheit, Prüderie und die Unfähigkeit, sich jenseits aller gesellschaftlichen Zwänge eine wahrhaft eigene Meinung zu bilden, veranlaßten Manfried im gleichen Artikel zu der Behauptung: „Wir leiden an den alten Leuten, d. h. an solchen, die alt an Jahren und an Gesinnung sind ... Wir pfeifen auf diese gute alte Zeit, wir Modernen, und uns gehört die Zukunft wie euch, ihr Alten, die Vergangenheit gehört hat! Stört nicht unsere Freude durch euer Greinen und Wehklagen."[60] Die zunehmend deutlicher und rücksichtsloser werdende Ablehnung des Befangenen, Überholten und Alten korrespondierte mit dem Signum, das die PILLE sich im zweiten Jahr ihres Bestehens, nachdem sie sich vom vorherigen, der schlichten Silhouette Hannovers, getrennt hatte, vorübergehend zulegte: Eine überdimensionale runde Pille fährt in eine Gruppe von Zeitung lesenden, Alkohol konsumierenden, dickbäuchigen Spießern, die entsetzt durcheinanderwirbeln. Hatte man sich zuvor noch darauf beschränkt, sich von „hirnverkalkte(n) Subalternbeamte(n) und Pastorentöchter(n)"[61] abzugrenzen, so hieß es jetzt in einem programmatisch jeder PILLE-Ausgabe vorangesetzten Geleitwort: „Die PILLE ist kein Abführmittel für Pfarrhauskomödianten oder senile Tugendhelden. Überhaupt alle, die trotz der weitmaschigen Keuschheitsbinde mit der Erbsünde schwanger gehen, lesen vorteilhafter die Bilderbogen für ‚Idioten' oder ‚Junggesellen'. – Die PILLE ist bewußt leichtsinnig und persifliert mit Eifer jene braven Volksfreunde, die mit vollen Backen andern Leuten Entsagung predigen."[62]

Titelblatt der PILLE. 13. Januar 1929

Als ein solcher „braver Volksfreund" hatte sich für den hannoverschen Theaterkritiker Johann Frerking im Dezember 1920 der Politiker Dr. Rintelen erwiesen. Dessen Gebaren als Theaterbesucher regte Frerking offenbar derart auf, daß er sich hier mit einer geharnischten Kritik zu Wort meldete. Rintelen, Vorsitzender der hiesigen Zentrumspartei, hatte anläßlich der Aufführung der PFARRHAUSKOMÖDIE, eines modernen Stückes, das sich ironisch und wenig rücksichtsvoll mit dem Sexualleben zweier Geistlicher beschäftigte, „mit lauter Stimme und in überlegten Worten seiner Entrüstung Ausdruck"[63] verliehen. „Sich verbeugend und mit großer Geste winkend und dankend", habe er, so Frerking entrüstet, „die Ovation der Brüller, Rülpser, Huster und Stinkbombenwerfer"[64] entgegengenommen, um daraufhin vom Theaterdirektor des

Saales verwiesen und mit einer Klage auf Hausfriedensbruch belegt zu werden. Das Gericht indes erkannte in der darauffolgenden Verhandlung, „daß gegenüber Schund- und sittenlosen Stücken ein Recht des Publikums auf Selbsthilfe anzuerkennen sei"[65] und sprach Rintelen frei. Dies war für Frerking der Anlaß, sich scharf gegen „Theaterterror und Gefühlsjustiz" auszusprechen. Die Tatsache, daß Rintelen Politiker war und in dieser Funktion der Aufführung jenes Abends inmitten von Parteifreunden auch beigewohnt hatte, sein Protest mithin also durchaus Rückschlüsse auf seine politischen und kunstpolitischen Überzeugungen hätte zulassen können, interessierte Frerking dabei offenbar nur am Rande.

Die PILLE und die Politik

Die Tendenz, bei aller Kampfeslust bezüglich politischer Fragestellungen Zurückhaltung walten zu lassen, ist typisch für die Grundhaltung der PILLE. „Die PILLE ist vollkommen unpolitisch, also ein sehr anständiges Blatt",[66] warf sich Bernhard Gröttrup ironisch in die Brust. Wilhelm Renner vervollständigte im gleichen Sinne gelassen: „Mögen die anderen ihres Geistes Wanst geruhig auch fernerhin mit Parteiprogrammen füllen: – wer uns braucht, der kann uns auch vertragen. Und, wir wissen, es brauchen uns noch viele."[67] Über zeitpolitische Fragen dieser Republik setzte man sich in der PILLE gemeinhin mit besserwisserischer Nachlässigkeit hinweg. Der Vergleich zwischen Georges Danton, dem Protagonisten der Französischen Revolution, und dem vielgescholtenen sozialdemokratischen hannoverschen Oberbürgermeister Robert Leinert fiel im Winter 1921 deutlich zugunsten des ersteren aus: „Lohnt es sich, einen Spatz, der aus der Zeiten Wirrsal üppige Nahrung saugt, zu vergleichen dem Genie, das selbst noch auf dem Blutgerüst stolz und groß?"[68] „Weh mir, Politik!",[69] floh der Herausgeber höchstpersönlich vor tiefergehenden Stellungnahmen, und ein sich hinter dem an sich schon bezeichnenden Pseudonym ‚Anti' versteckender Mitarbeiter verabreichte in SCHLAFKRANKHEIT UND REDESEUCHE eine „hoffentlich heilsame Pille, unseren Herren Abgeordneten gedreht".[70] Angesichts steigender Diäten bei gleichbleibend gähnender Leere im Reichstag, Parteiphrasengeklüngel, das allein der Befriedigung der Eitelkeiten der Parlamentarier diente, sowie der Unmöglichkeit, jenseits von Parteienhader Beschlüsse zu fassen, dränge sich das Bild von der „Quasselbude" auf, das „der Berliner Witz"[71] für den Reichstag geschaffen habe. Daß der Vorwurf, die wirklich wichtigen politischen Entscheidungen fielen vielerorts, nur nicht im Reichstag selbst, ein vor allem von der politischen Rechten und von republikfeindlichen Kräften gefälltes Urteil war, um die Mangelhaftigkeit und Ineffizienz des demokratischen Systems zu belegen, nahm die PILLE in ihrem Versuch, sich leichthin und witzig über das Tagesgezänk der Volksvertreter hinwegzusetzen, nicht wahr.

Alle Macher der Zeitschrift waren sich offenbar einig in der Überzeugung, sich angesichts dieser enttäuschenden Republik, in der Unentwegte immer noch das Gerücht nährten, „daß am 9. November 1918 Revolution gewesen sei",[72] aus allen Diskussionen um die richtige politische Linie herauszuhalten. Diese Haltung wurde dabei in der PILLE so begründet: „Wenn je eine Zeit ihren Mitlebenden Recht und Veranlassung gegeben hat, auf Staat, Gemeinschaft und Gesellschaft zu pfeifen, so ist es die unsere",[73] behauptete Wilhelm Renner im März 1921. „Mit wahrhaft vorbildlicher Exaktheit haben sich sämtliche sozialen Bewegungen der europäischen Menschheit an ihrem Ziel vorbeibewegt und sind im Sumpf der Lüge und der Korruption gelandet, aus dem es für eine Idee keine Auferstehung mehr gibt."[74] Renners Schlußfolgerung lautete, sich konsequent aus der bürgerlichen Gesellschaft zurückzuziehen. Diese Schlußfolgerung war frei von Bitterkeit und Resignation. „Nicht aus Haß" sei eine andere Lebensweise jenseits bürgerlicher Saturiertheit anzustreben, „sondern um unsere Kraft fruchtbaren Zielen zuzuführen, nicht aus Verachtung, sondern weil wir erkannt haben, daß sich nicht lehren läßt, was kommen muß, nicht ohne Hoffnung, denn wir vertrauen auf uns selbst".[75]

Ähnlich wie Renner äußerte sich zwei Jahre nach der Geburt der Weimarer Republik, im November 1920, auch ein Leserbriefschreiber. Er formulierte: „Bei allem Unglück, das leider über uns Deutsche hereingebrochen ist, hatte man zu Beginn der Revolution doch auch ein Gefühl der Befreiung. Der Befreiung von Vorurteilen, Kastengeist und Cliquenwirtschaft. Eine reinere, gesündere Luft wehte und das Verhältnis vom Menschen zum Menschen schien auf richtige Auffassung und Weltanschauung eingestellt zu sein. Schien, sagte ich. In der Tat: es war nur Schein! Heute wissen wir es: Der Besen war nicht kräftig genug! Die ‚Gesellschaft' hat den alten Zopf nicht etwa abgeschnitten, sondern nur versteckt. Jetzt flechtet sie ihn um. Ja, sie hat ihn noch länger wachsen lassen, so lang, daß sie sich das Hinterteil damit kitzeln kann. Standesvorurteil, Dünkel, Parvenuenstolz und Überhebung, diese Stinkpflanzen früherer Epochen, verbreiten sich neuerdings mit einer Frechheit und Dreistigkeit, daß alles aufgeboten werden muß, diesem Übel mit allen Mitteln zu begegnen."[76]

Dieses jedoch zu leisten, sich selbst zur Anwältin einer auch nur halbwegs ernstzunehmenden Alternativlösung zur bürgerlichen Kultur und Gesellschaft zu machen, einen Weg aus der beklagten augenblicklichen politischen Misere zu weisen, versuchte die PILLE nie. Äußerte sie sich überhaupt über die Rolle, die sie sich selbst zuerkannte, so kokettierte sie mit stilisiertem Augenaufschlag, sie tauge „überhaupt nicht viel" und habe „kein Ohr für den Schlag der Stunde".[77] Nichts sei ihr heilig, „alles kommt kunterbunt in unsere Retorte".[78] Mit Naivität, Überschwang, Phantasie und treuherziger Jugendlichkeit präsentierte man im Februar 1921 das WAHLFLUGBLATT DER PILLOSOPHISCHEN PARTEI, die keine Partei sein, keinen irgendwie gearteteten Interessen dienen und letztendlich in gutgespielter Bescheidenheit nicht mehr als „das Wohlergehen des gesamten Volkes"[79] erreichen wolle. Die Pillosophische Partei, ein dadaistisches Gedankengespinst Gröttrups und seiner engsten Mitarbeiter, suchte ihr politisches Heil in der Symbiose aller Wahlversprechungen der letzten Jahre. Sie versprach, zugleich Partei des Proletariats, des Mittelstandes wie des Kapitals zu sein, propagierte Monarchie wie Demokratie und forderte „die völkerbefreiende pazifistische Internationale", um im gleichen Atemzug scheinbar grimmig entschlossen dazu aufzurufen, „unser Vaterland mit den Waffen in der Hand von den fremden Unterdrückern zu befreien".[80]

Mit Sprachwitz, Eleganz, Dreistheit, voll naiven Charmes und immer mit viel Selbstironie manövrierte sich die PILLE also durch gut zwei Jahrgangsbände mit insgesamt rund eintausend Druckseiten, ohne jemals dezidiert und ernsthaft eine Gegenposition zu den kritisierten politischen Zeitumständen zu beziehen. Das Aufkommen kahlgeschorener Hakenkreuzler, die wirre Rassenlehren verbreiteten, war ihr stets eher eine kurzweilige Pointe als eine kritische Studie wert.[81] „Kientopp"[82] solle seine Zeitung sein, bekannte Gröttrup denn auch in einem der programmatischen Artikel der PILLE. Ihr einziger Grundsatz sei „das nackte, wahre Leben", ihre einzige Tendenz „die frohe Bejahung eben dieses Lebens". Sonst zwänge sie sich „in keine Richtung, keinen Rahmen. Diese gelbe PILLE ist ein Universalmittel: gegen und für. Die PILLE kämpft gegen die Kulturauswüchse unserer Zeit – und ist selbst ein solches Kulturzeichen; sie kämpft gegen die sittliche Verkommenheit ... – und hat auf dem eigenen Papier Raum für eine freche Zote; sie kämpft gegen die Schmutzliteratur – und bringt (der Wahrheit zur Ehre!) selbst hin und wieder einen Fetzen unseres obszönen Lebens; sie kämpft gegen das Spießertum – und hat nicht den Mut, revolutionär zu sein; sie erklärt die Politik für geistloses Geschwätz kleiner Wichtigtuer – und kann sich selbst eben dieser Politik nicht ganz erwehren. Warum? Warum? Warum? Die PILLE ist und will sein: ein getreues Spiegelbild der Zeit. Einer Zeit, die, voll des besten Willens, nicht die Kraft findet, den geraden Weg des Heils zu gehen."[83]

Was heute streckenweise fast wie ein Ohnmachtsbekenntnis anmuten mag, war Bernhard Gröttrups Rezept für eine erfüllte Existenz. Der Herausgeber suchte für sich und sein Blatt eine Nische in dieser Gesellschaft, deren Gesetzmäßigkeiten er nicht akzeptierte und die ihn wiederum nicht verstand, und er fand sich in einer Staatsform ein, der er bereits jetzt, zu Beginn der zwanziger Jahre, das Recht aberkannt hatte, den Weg zu einer neuen, besseren Zukunft zu weisen, ohne seinerseits Alternativen vorzeigen zu wollen. Es war zugleich die Losung einer zahlenmäßig kleinen, aber überaus vitalen, kreativen und agilen Gruppe von Gleichgesinnten, denen die Notwendigkeit einer Abwendung von der bürgerlich-republikanischen Öffentlichkeit so einleuchtend war, daß es für sie keines deutlich formulierten und begründeten politischen Gegenentwurfes mehr bedurfte. Gemein war der PILLE und, wie die zahlreichen Leserbriefe zeigen, einem überwiegenden Teil ihrer Leserschaft die Erkenntnis, daß von dieser Weimarer Republik, die nach ihrer Überzeugung zu einer Staatsform bürgerlicher Saturiertheit und Bigotterie verkommen war, nicht länger Positives zu erwarten sei. Man bekämpfte sie nicht, aber man begegnete ihr mit herablassender Ironie und Provokation. Lebens- und Sinnenfreude, Ehrlichkeit, Toleranz und Humor, alles Werte, die man selbst hoch schätzte und im Umgang miteinander kultivierte, wurden in dieser Republik argwöhnisch beäugt und waren aufgrund bürgerlichen Mißtrauens gegen alles Freie und Offene verpönt. Also hatte die neue Staatsform in den Augen vieler PILLE-Autoren und besonders ihres Herausgebers keinesfalls ihre Unterstützung, vielfach aber schon ihre schlichte Beachtung und Anteilnahme nicht verdient.

Das blieb nicht bei allen ihren Lesern unwidersprochen. Einige rügten die halb treuherzig, halb oberflächlich postulierte bewußte apolitische Haltung und mahnten an, daß der Ansatz der PILLE, jeder ernsthaften Auseinandersetzung mit blauäugigen Verbesserungsvorschlägen wie Völkerverständigung, Reform des Wahlsystems und Nüchternheit, Treue und Ehrlichkeit zu entfliehen, nicht ohne Gefahr sei.[84] Es ist bezeichnend, daß die PILLE sich auf dem ihr nicht vertrauten und wohl auch nicht beliebten Gebiet der Politik in eine Sprache rettete, die der postulierten Abkehr von Gefühlsschwärmerei und Idealismus deutlich widersprach. In AUFRUF!, einem Beitrag des Herausgebers, hieß es 1921: „Nein, nicht von oben oder unten, auch nicht von rechts oder links winkt uns Heil, sondern von innen – aus dem Herzen unseres Volkes. Der Geist ist es, der die Form schafft. Das deutsche Volk ist das innerlich unfreieste der Welt. Innerliche Unfreiheit aber verkümmert reines Lebensglück. Erst der innerlich hochgestiegene, freigewordene Mensch entwickelt jene Herzensgüte, die zum Genuß äußerlicher Freiheit befähigt und berechtigt ... Innerlich frei sein heißt wahr sein."[85] Kurz danach bezog Paul Nikolaus[86] in der PILLE Gegenposition. Gröttrups sicher gutgemeinter, jedoch zu unkonturierter und auch zu schwärmerischer Aufruf zur Gründung einer „Gemeinschaft der Freien" spreche allgemein unzuverlässige Gruppierungen[87] an: „erstens eben Schulentlassene und junge (vom herzlichen Ton unserer Hochschulen bereits angeekelte) Studenten; zweitens sehr viele mißverstandene Haustöchter, sehr viele Zwangsjungfrauen und einige Damen der Aristokratie; drittens, was man nicht definieren kann: Neutra, Zwitter, vertriebene Oberschlesier und engagementlose Komödianten; viertens: einige syndikalistische Arbeiter".[88] Auch auf die Intellektuellen möge sich Gröttrup besser nicht verlassen, denn der Großteil dieses „Gezüchts" sei mit der deutschen Presse verbunden und gehöre somit zur Gruppe der notorischen Lügner. Fehlen würden Gröttrup nach Nikolaus' Einschätzung mithin „Leute mit Energie". Wolle dieser mit seiner Arbeit in der PILLE tatsächlich etwas bewirken, so beschreibe sein emotionaler AUFRUF zu „Freiheit" und „Lebensglück" den falschen Weg: „Freiheit erreicht man nicht neben dem Bourgeois, sondern über ihn hinweg. Lassen Sie ihn Presse, Gerichte und Pissoirs in Händen haben! Möge er selig werden damit, bis ... wir ihm den Boden ganz unter den Füßen weggezogen haben. Epatez le bourgeois ... Macht es, wie Ihr wollt, aber macht es."[89] Der so zum Handeln aufgerufene Verleger, der stets den Standpunkt vertrat, in seiner Zeitschrift auch jene Beiträge ungekürzt und unzensiert zu drucken, deren Position er selbst nicht teilte, reagierte auf Nikolaus' Beitrag in keiner Weise.

Immerhin entband die offen an den Tag gelegte Abstinenz die PILLE von der Pflicht, in politischer Hinsicht deutlich Stellung zu beziehen. Das war auch nicht ihre eigentliche Aufgabe als aktuelle, kritische, witzige, freche, unparteiische Wochenschrift. Daß sie für sich die politische Stellungnahme lediglich als Formel ablehnte, um mit ihrer generellen Oppositionshaltung gegenüber allem anderen, vermeintlich weniger Gelassen-Abgeklärten und weniger Toleranten zu kokettieren, beweisen heute allzu recht selbstgefällig wirkende Aussagen wie diejenige, nach der die PILLE sich selbst als „glühend freiheitsliebend" beschrieb, „obgleich jeder bessere Mensch heute reaktionär oder wenigstens antisemitisch ist".[90] Hier offenbarte sich die lässig über den Dingen stehende Zeitgenossenschaft als reine Pose, als Tarnung, hinter der letztlich immer auch Unsicherheit und Positionslosigkeit verborgen lagen.

Das Ende der PILLE

Bernhard Gröttrup und der PILLE hat auch der Versuch, der wirtschaftlichen Flaute in der Inflation durch die Dämpfung ihres ironisch-rücksichtslosen und experimentellen Grundtons und durch die stärkere Hinwendung zu eher literarischen, aber auch gesellschaftspolitischen Themen zu begegnen, nicht geholfen. Nach erfolglosen Aufrufen, das Heft, das immerhin 25 RM im Quartal kostete,[91] bevor die Preise ins Unermeßliche stiegen, im Abonnement zu kaufen und trotz des aufopfernden Einsatzes Gröttrups als „Herausgeber, Verleger, Jongleur und Botenjunge der PILLE"[92] in einer Person gab die Zeitschrift mit dem dritten und vierten Heft des dritten Jahrganges, in dem bereits Notgeldtauschanzeigen überwogen, auf.[93]

1. In Anlehnung an Henning Rischbieters Schilderung von Bernhard Gröttrups Auftritt ‚mit Aplomb' in der Kröpcke-Gesellschaft formuliert (Rischbieter, Henning; Hannoversches Lesebuch, Bd. 2, S. 246). Vgl. auch Kunstverein Hannover; Zwanziger Jahre, S. 95.
2. G., B.; Minuziöser Bericht über das Werden dieser Wochenschrift, in: Die Pille, 1. Jhg., H. 1, 1. September 1920, S. 1.
3. Gröttrup, Bernhard; Ich, in: Die Pille, 1. Jhg., H. 1, 1. September 1920, S. 2. Vgl. auch o.A.; Briefkasten. Nach Bentheim, in: Die Pille, 2. Jhg., H. 3, 20. Januar 1921, S. 93. Vgl. auch Rischbieter, Henning; Hannoversches Lesebuch, Bd. 2, S. 246.
4. Viele Artikel der PILLE handeln von Szenen in Cafés; eine wiederkehrende Rubrik ist mit CAFÉ GRÖSSENWAHN betitelt, wohinter sich offenbar weder das Berliner Café des Westens noch das Züricher Astoria, – die in den zwanziger Jahren diesen Titel hatten –, sondern das Café Kröpcke und die sich hier abspielenden Begebenheiten versteckten. Obwohl Gröttrup das abstritt, ist es doch insbesondere deshalb wahrscheinlich, weil der Verleger selbst im gleichen Atemzug über das Café Kröpcke und seine häufigen Besuche hier schrieb (G., B.; Briefkasten, in: Die Pille, 1. Jhg., H. 2, 8. September 1920, S. 45f).
5. Schon im vierten Heft, also nach drei Wochen Existenz, gab Gröttrup die Einschätzung eines Kenners der hannoverschen Kunstszene wieder: „Na, vorläufig wird sie (die PILLE, I.K.) ja noch gut verkauft. Ich denke aber, sie wird sich nicht halten können; dem Mann geht auf die Dauer der Stoff aus. Hannover ist zu ruhig für so was." (G., B.; Ein verheerendes Urteil über die PILLE, in: Die Pille, 1. Jhg., H. 4, 22. September 1920, S. 90).
6. Klages, Victor; Harfenspieler, in: Die Pille, 2. Jhg., H. 16, 21. April 1921, S. 48.
7. Hasenclever, Walter; Liebe PILLE, in: Die Pille, 2. Jhg., H. 27, 1921, S. 22.
8. Klabund; Berliner Lied, in: Die Pille, 2. Jhg., H. 22, S. 19f.
9. Hausmann, Raoul; Der Komet, in: Die Pille, 2. Jhg., H. 22, S. 9f. Hausmann, Raoul; Lob des Konventionellen, in: Die Pille, 3. Jhg., H. 1/2, S. 4ff.
10. Mynona; Der homosexuelle Bandwurm, in: Die Pille, 2. Jhg., H. 17, S. 28. April 1921, S. 53f (vgl. zu diesem Beitrag und in diesem Zusammenhang zur ambivalenten Haltung der Zeitschrift der Homosexualität gegenüber: Hoffschildt, Rainer; Olivia, S. 56f). Mynona; More Geometrico, in: Die Pille, 2. Jhg., Heft 22, S. 6ff. Mynona; Der todschicke Heiland, in: Die Pille, 2. Jhg., H. 25, S. 1–10.
11. Gleichzeitig schrieb Kalenter für die „ungemütliche Leipziger Wochenschrift" DER DRACHE, die Hans Reimann herausgab (vgl. Reimann, Hans; Blaues Wunder, S. 169). Vgl. zur Biographie Kalenters: Kalenter, Ossip; Brief an den Herausgeber, in: Die Pille, 2. Jhg., H. 28, S. 1f. Kalenter, der bereits ab 1924 als Journalist in Italien gelebt hatte, übersiedelte 1934 nach Prag, wo er Mitarbeiter des PRAGER TAGEBLATTES war. 1939, nach dem Einfall deutscher Truppen, floh er in die Schweiz. Lange Jahre Präsident des PEN-Zentrums deutschsprachiger Autoren im Ausland, starb Ossip Kalenter im Januar 1976 in Zürich (Raabe, Paul; Autoren und Bücher, S. 257). Vgl Kunstverein Hannover; Zwanziger Jahre, S. 96.
12. Der intime Balzac. Übertragen aus dem Französischen des Leon Gozlan von Ossip Kalenter mit einem Nachwort von Arthur Schuring, Hannover 1922. Kalenter war auch Autor zweier weiterer im Steegemann Verlag erschienener Bücher: DAS GOLDENE DRESDEN, Leipzig 1922, und DIE IDYLLEN UM SYLPHES, Hannover und Leipzig 1922.
13. So lauten Autorennamen etwa ANTI, Peter Natron, Sigrist, Arbiter oder Sonia vom Bokemahle.
14. G., B.; Mitteilung, in: Die Pille, 2. Jhg., H. 5, 3. Februar 1922, S. 151.
15. Die PILLE erschien zunächst im Verlag W. Diederichs & Co, Hannover, ab dem 10. Heft dann im Verlag Ernst Opitz, Hannover, Hamburg. Ab dem 8. Heft des 2. Jhg. war es der Gustav Flach-Verlag, Hannover, Berlin, Hamburg. Ab dem 24. Heft des 2. Jhg. zeichnete der Feinkost-Verlag verantwortlich, ab H. 25 der Isis-Verlag, ab H. 28 der Verlag DIE PILLE.
16. Diese Adresse wurde im Impressum der PILLE-Hefte regelmäßig angegeben. Vgl. Kunstverein Hannover; Zwanziger Jahre, S. 95f.
17. Ein alter Freund; Liebe HZ, in: Die Pille, H. 5, 2. Jhg., 1921, S. 152f.
18. G., B.; Der Bummel in der Georgstraße, in: Die Pille, 1. Jhg., H. 2, 8. September 1920, S. 27. Vgl. auch Pillendreher; Das Paradies in der Georgstraße, in: Die Pille, 1. Jhg., H. 3, 15. September 1920, S. 55. Hier hieß es, Steegemanns erotische Literatur sei bestenfalls „Knackmandeln für höhere Töchter".
19. Gröttrup, Bernhard; Haut die Dadaisten, in: Die Pille, 1. Jhg., H. 2, 8. September 1920, S. 44. Vgl. auch: Dein guter Marstall; Ein kompetentes Urteil; in: Die Pille, 1. Jhg., H. 3, 15. September 1920, S. 65. Steegemanns Antwort auf diese Kritik schloß in der Aufforderung an Gröttrup, sich doch zwecks weiterer Auseinandersetzung mit ihm in den nächsten Tagen in der Teediele, Packhofstraße, zu treffen (Meyer, Jochen; Paul Steegemann Verlag (1975), S. 35).
20. Gröttrup, Bernhard; Haut die Dadaisten, in: Die Pille, 1. Jhg., H. 2, 8. September 1920, S. 44.
21. Vgl. Gröttrup, Bernhard; Tagebuch eines Pillosophen, in: Die Pille, 2. Jhg., H. 26, S. 16, das Buch UNSITTLICHE LITERATUR UND DEUTSCHE REPUBLIK von Franz Blei, das 1921 im Paul Steegemann Verlag erschien, betreffend: „Dank der unsittlichen Würdelosigkeit der deutschen Republikaner erfrecht sich die Regierung der freiesten Republik der Welt noch immer, freier und mündiger Menschen Lektüre zu kontrollieren. Unfähig, niedrigste Ferkelei auch nur von klassischer Kunst zu unterscheiden, haust die Faust der Zensur und hemmt – ohne den wirklichen Schmutz zu treffen, der heimlich üppig gedeiht – den künstlerischen Elan der deutschen Verleger. Moralisch haltlose, degenerierte Subjekte leisten hierbei vormärzlicher Obrigkeitsanmaßung schmutzige Zuhälterdienste. Diesem Gesindel hält der Verfasser ein Privatissimum über Literatur und Sittlichkeit, das mich in seiner eleganten Form an die bekannten Perlen erinnert, die man nicht vor die Säue werfen soll." Vgl. auch G., B.; Schweinereien, in: Die Pille, 2. Jhg., H. 47/48, 15. Dezember 1921, S. 142–145, die Verurteilung Steegemanns zu RM 500 wegen der Veröffentlichung von Paul Verlaines HOMMES und FEMMES betreffend.
22. G., B.; AEIOU, in: Die Pille, H. 2, 2. Jhg., 1921, S. 59.
23. K., O.; Zum blauen Affen, in: Die Pille, H. 18, 2. Jhg., 1921, S. 77.
24. Da spulten ein ‚Er' und ein ‚Ich' in einem fingierten Dialog das gesamte Verlagsangebot des ZWEEMANN-Verlags ab, um sich am Ende lakonisch zu fragen: „Apropos: Bezahlt denn der ZWEEMANN-Verlag diese eingewickelte Annonce? Antwort: Nee." (G., B.; Ein Zweemännergespräch, in: Die Pille, H. 3, 2. Jhg., 20. Januar 1921, S. 88).
25. O.A.; An Herrn Anna Blume, in: Die Pille, 1. Jhg., H. 2, 8. September 1920, S. 28. Am 13. Oktober 1920 stattete „Herr Anna Blume" dem

Verleger dann seinen Besuch ab. Äußerlich ein „eckiger Bauernlümmel", fand Schwitters, „dieser simple, nüchterne, kulturlose, normale, vernünftige Mensch", Gröttrups größte Sympathie, weshalb er gern auf den Vorschlag eines Gegenbesuchs einging. Der sich anschließende Atelierbesuch im Hause Schwitters ließ den Verleger zu der Überzeugung gelangen, daß der Künstler ein ernsthaft ringender und damit unterstützenswerter Zeitgenosse sei. Wenn auch Helma Schwitters scherzhaft weiter vermutete, Gröttrup stehe „dem Ringen gefühllos gegenüber", so gestand dieser doch ein, daß dem Werk ihres Gatten große Aufmerksamkeit und Förderung gebühre (G., B.; Ein Besuch bei Anna Blume, in: Die Pille, 1. Jhg., H. 7, 13. Oktober 1920, S. 149–152). Nur drei Tage später, am 16. Oktober, regte Schwitters' Bekannter Roland Schacht ab, dieser möge sich überlegen, den Posten als „Berliner Mitarbeiter für Kunstbriefe und Kinowesen" zu übernehmen, der bei der PILLE derzeit vakant sei (Schreiben Roland Schachts an Kurt Schwitters, 16. Oktober 1920, zitiert nach: Nündel, Ernst, Kurt Schwitters. Briefe, S. 32).

26 Schwitters, Kurt; Die Raddadistenmaschine, in: Die Pille, H. 7, 2. Jhg., 17. Februar 1921, S. 189. Die PILLE entlieh diesen Beitrag von Schwitters aus dem ARARAT II, 1.

27 Hier hieß es: „Nachdem du dann hin und her geschleudert bist, liest man dir meine neuesten Gedichte vor, bis du ohnmächtig zusammenbrichst. Dann wirst du gewalkt und raddadiert, und plötzlich stehst du als neu frisierter Antispießer wieder draußen." (Schwitters, Kurt; Die Raddadistenmaschine, in: Die Pille, H. 7, 2. Jhg., 1921, S. 189).

28 Schwitters, Kurt; Sauberkeit. Für Leute, die es noch nicht wissen, in: Die Pille, H. 18, 2. Jhg., 1921, S. 77.

29 G., B.; Kurt Schwitters, in: Die Pille, H. 7, 2. Jhg., 17. Februar 1921, S. 193.

30 Ebda.

31 Vgl. etwa Schwitters, Kurt; Die Durchschnittserscheinung mit hellen Augen, in: Die Pille, H. 2, 2. Jhg., 1921, S. 54.

32 Vorangegangen war die Rezension Brauweilers (Beh.; Kurt Schwitters, Hann. Kurier, 8. Dezember 1921). Schwitters, Kurt; Offener Brief an Herrn Brauweiler, in: G., B.; Antworten, in: Die Pille, 2. Jhg., H. 49/50. Abgedruckt auch in: Erlhoff, Michael/Guckel, Sabine (Hg.); Kurt Schwitters-Almanach, Hannover 1984, S. 54. In einem Typoskript Schwitters', das sich im Gedenkalbum Herbert von Garvens' befindet (SAH 2226), heißt es: „Die Aufnahme meiner Entgegnung wird abgelehnt mit der Begründung, daß sie ‚unsachlich' sei. Das Publikum wird ein Urteil fällen." (auch in: G., B. Antworten, in: Die Pille, 2. Jhg., H. 49/50, 31. Dezember 1921, S. 171f).

33 G., B., Antworten, in: Die Pille, 2. Jhg., H. 49/50, 31. Dezember 1921, S. 172. Wie Schwitters seinerseits über Gröttrup dachte, ist unbekannt. Henning Rischbieter meinte, den Herausgeber in der Figur des Friedrich Gottrott in Schwitters' Stück DAS IRRENHAUS VON SONDERMANN wiedererkannt zu haben (Rischbieter, Henning; Hannoversches Lesebuch, Bd. 2, S. 271).

34 O.A.; Dank vom Hause Jänecke, in: Die Pille, 2. Jhg., H. 5, 3. Februar 1921, S. 147.

35 Ebda.

36 G., B.; Der KURIER am Pranger, in: Die Pille, 1. Jhg., H. 8, 20. Oktober 1920, S. 177.

37 Gröttrup, Bernhard; Tagebuch eines Pillosophen, in: Die Pille, 2. Jhg., H. 27, 1921, S. 32.

38 Manfried, Max-Marten; Kritiker, in: Die Pille, 2. Jhg., H. 6, 10. Februar 1921, S. 165.

39 Schreiben von Kurt Schwitters an Roland Schacht, 16. Oktober 1920, zitiert nach: Nündel, Ernst; Kurt Schwitters. Briefe, S. 32. Gröttrup gab gern zu, daß oft nachgeahmtes Vorbild seines Blattes Hans Reimanns Leipziger Wochenschrift DER DRACHE war (G., B.; Ein verheerendes Urteil über die PILLE, in: Die Pille, 1. Jhg., H. 4, 22. September 1922, S. 88–91).

40 Renner, Wilhelm; Wer sind wir?, in: Die Pille, 2. Jhg., H. 19, 12. Mai 1921, S. 84 f.

41 Renner, Wilhelm; Den Eltern, in: Die Pille, 2. Jhg., H. 3, 20. Januar 1921, S. 65 f.

42 Freiherr von Hagedorn; Ihr laßt die Jugend schuldig werden, in: Die Pille, 2. Jhg., H. 2, 13. Januar 1921, S. 33 f.

43 Ebda.

44 O.A.; Vor Gebrauch zu lesen, ab H. 44/45, 2. Jhg., jedem Heft vorgeschaltet, gleichsam in der Form eines Medikamentenbeipackzettels.

45 Kalenter, Ossip; Der Kampf um den Geschlechtsapparat, 2. Jhg., H. 1, 6. Januar 1921, S. 1 f. Vgl. auch das Gedicht FRAUEN in: Die Pille, 2. Jhg., H. 3, 20. Januar 1921, S. 91), das die PILLE aus dem MALIK-Verlag entliehen hatte.

46 G., B.; Das Recht auf Lust, in: Die Pille, 1. Jhg., H. 1, 1. September 1920, S. 4 f.

47 G., B.; Die unzüchtige PILLE, in: Die Pille, 1. Jhg., H. 17, 23. Dezember 1920, S. 387 ff.

48 Ebda.

49 Ebda.

50 Eigenwerbung der PILLE, in: Die Pille, 2. Jhg., H. 9, 3. März 1921, Impressum.

51 Vgl. die Mitteilung in 2. Jhg., H. 11, 17. März 1921, die von 60.000 Exemplaren sprach. Christiane Klössel berief sich auf ein Schreiben Kurt Schwitters' an Roland Schacht vom 16. Oktober 1920, das von einer Auflage von 5.000 Exemplaren ausging (Klössel, Christiane; Zweemann, S. 136. Vgl. Nündel, Ernst; Kurt Schwitters. Briefe, S. 32). Die Diskrepanz zwischen beiden Angaben könnte auch mit dem großsprecherischen Selbstbewußtsein der Zeitschrift zusammenhängen, deren dreiste Eigenwerbung nur noch vom Steegemann Verlag überboten wurde.

52 Vgl. dazu etwa den Nachruf auf den Mitarbeiter Amandus Seltenfröhlich (in: Die Pille, 2. Jhg., H. 5, 3. Februar 1921, S. 152) und Seltenfröhlichs Antwort darauf (in: Die Pille, 2. Jhg., H. 7, 17. Februar 1921, S. 200).

53 Allesamt in: Die Pille, 2. Jhg., H. 1, 6. Januar 1921.

54 Der hannoversche Theater-Ausschuß, Verwaltungsorgan der Städtischen Bühnen der Stadt, jedenfalls nahm Abstand von der wiederholt vorgetragenen Bitte der PILLE, ihrem Theaterkritiker Freikarten zu gewähren (Protokoll der Sitzung des Theater-Ausschusses, 2. März 1921 (StAH HR X.C.10.32)).

55 Gröttrup, Bernhard; Geliebte Pillenser, in: Die Pille, 1. Jhg., H. 15, 9. Dezember 1920, S. 338.

56 Cerberus; Der Spießbürger, in: Die Pille, 1. Jhg., H. 10, 4. November 1920, S. 226.

57 Manfried, Max-Marten; Das p.p. Theaterpublikum, in: Die Pille, 2. Jhg., H. 7, 17. Februar 1921, S. 189.

58 Manfried, Max-Marten; Drei Theaterpillen. Und nun das liebe Publikum, in: Die Pille, 1. Jhg., H. 5, 29. September 1920, S. 103. Vgl. dazu auch Anti; Schieberkunst; in: Die Pille, 2. Jhg., H. 6, 10. Februar 1921, S. 162: „So wie man bisher, der Größe seiner Bibliothek entsprechend, sich Literatur nach dem Metermaß bestellte, so geschieht es heute nach dem Inhalt der Schieberbrieftasche. Art und Ursprung des kostbaren Kunstwerks sind dabei ganz gleichgültig, das Wesentliche ist auch nicht etwa die Ausstattung, sondern lediglich der Preis."

59 Manfried, Max-Marten; Totentanz, in: Die Pille, 2. Jhg., H. 1, 6. Januar 1921, S. 23.

60 Ebda.

61 H. D., in: Dr. Auffenberg; Briefe zu einer ethischen Revolution, in: Die Pille, 1. Jhg., H. 2, 8. September 1920, S. 25.

62 O.A., Vor Gebrauch zu lesen, ab: Die Pille, 2. Jhg., H. 42/43, S. 92, regelmäßig in den folgenden Heften vorgeschaltet.

63 Frerking, Johann; Theaterterror und Gefühlsjustiz, in: Die Pille, 2. Jhg., H. 16, 21. April 1921, S. 35 ff. Die Aufführung der PFARRHAUSKÖMODIE von Georg Lautensack im Dezember 1920 im Deutschen Theater, einer „Trivialität von den beiden Pfarrern, die wechselweis' ihre Köchinnen schwängerten", scheint auch nach Max-Marten Manfried, dem zweiten PILLE-Mitarbeiter vor Ort, einer „Schlacht" gleichgekommen zu sein. Manfried berichtete von „Handgreiflichkeiten zwischen den Verfechtern freier Kunstausübung (einerlei ob Lautensack oder Kaiser oder Georg Brandes gespielt werden) und den auf Geheiß des um seine Allmacht bangenden Pfaffentums vom katholischen Studenten zum Radaumachen ins Theater beorderten Mitgliedern des katholischen Gesellenvereins. Aus Querschlägern fließt Blut, Krawatten fliegen umher, Anzüge werden zerrissen ... Man spielt bei hell erleuchtetem Zuschauerraum (ein Kuriosum!) und unter Assistenz der Sipo weiter." (Manfried, Max-Marten; Pfarrhauskomödie oder Die Schlacht im Deutschen Theater, in: Die Pille, 1. Jhg., H. 15, 9. Dezember 1920, S. 345 ff.).

64 Frerking, Johann; Theaterterror und Gefühlsjustiz, in: Die Pille, 2. Jhg., H. 16, 21. April 1921, S. 35 ff.

65 Zitiert nach: Frerking, Johann; Theaterterror und Gefühlsjustiz, in: Die Pille, 2. Jhg., H. 16, 21. April 1921, S. 35 ff.

66 G. B.; Die Mettwurst-Partei, in: Die Pille, 2. Jhg., H. 1, 6. Januar 1921, S. 21.

67 Renner, Wilhelm; Wer sind wir?, in: Die Pille, 2. Jhg., H. 19, 12. Mai 1921, S. 83. „Wir schauen vorwärts und entdecken beseligt mit unsern von Partei- und konfessionellen Brillen befreiten Augen Schönheit und Reichtum der Welt und des Lebens." (Ebda., S. 84).

68 Graf von der Vérité; Danton und Leinert, in: Die Pille, 2. Jhg., H. 5, 3. Februar 1921, S. 131 f.

69 G., B.; Weh' mir: Politik, in: Die Pille, 2. Jhg., H. 9, 3. März 1921, S. 225.

70 Anti; Schlafkrankheit und Redeseuche, in: Die Pille, 2. Jhg., H. 8, 24. Februar 1921, S. 212.

71 Ebda.

72 Arbiter; Dös nennt man a Kurasch'n, in: Die Pille, 2. Jhg., H. 9, 3. März 1921, S. 235.

73 Renner, Wilhelm; Wir und die Gesellschaft, in: Die Pille, 2. Jhg., H. 10, 10. März 1921, S. 249.

74 Ebda., S. 251.

75 Ebda.

76 Romeo; Zuschriften. Aus der ‚Gesellschaft', in: Die Pille, 1. Jhg., H. 15, 9. Dezember 1920, S. 350.

77 O.A.; Vor Gebrauch zu lesen, ab Heft 42/43, S. 92, des zweiten Jahrganges der PILLE in den folgenden Heften als Geleitwort vorgeschaltet.

78 Ebda.

79 Fürst Bernhard Gröttrup von Auffenberg, Graf Fritz von Bodenstein; Wahlflugblatt (1) der Pillosophischen Partei, in: Die Pille, 2. Jhg., H. 5, 3. Februar 1921, S. 138 f. Vgl. dazu auch den von Bernhard Gröttrup im November 1920 fingierten Antrag der PILLE an den Deutschen Reichstag. Die PILLE und die MERZ-Partei Deutschlands unter der Leitung Kurt Schwitters' forderten hier die Rückkehr des Kaisers (G., B.; Kleine Anfrage, in: Die Pille, 1. Jhg., H. 10, 4. November 1920, S. 235).

80 Ebda.

81 Vgl. etwa Arenhövel, Fritz; Rassenschande, in: Die Pille, 1. Jhg., H. 14, 2. Dezember 1920, S. 318.

82 G., B.; Kientopp der PILLE, in: Die Pille 2. Jhg., H. 2, 13. Januar 1921, S. 46.

83 Ebda.

84 Exemplarisch: G., B.; Weh' mir! Politik, 2. Jhg., 3. März 1921, S. 225. „Die sogenannte Parteidisziplin darf nicht wie bisher das persönliche Urteil eines Abgeordneten unterdrücken und ihn zum Sprechautomaten des geheiligten Parteiprogramms machen. Das lebendige Rechtsgefühl des Einzelmenschen hat gesundere Urteilskraft als der tote Buchstabe des Programmes." (Ebda., S. 226).

85 Gröttrup, Bernhard; Aufruf!, in: Die Pille, 2. Jhg., H. 19, 12. Mai 1921, S. 85.

86 Über Nikolaus' Person ist nichts weiter in Erfahrung zu bringen.

87 Nikolaus, Paul; Aufruf?, in: Die Pille, 2. Jhg., H. 21, 25. Mai 1921, S. 117 f.

88 Ebda.

89 Ebda.

90 O.A.; Vor Gebrauch zu lesen, ab dem 2. Jhg., H. 42/43, S. 92, der PILLE in den folgenden Ausgaben vorgeschaltet.

91 G., B.; „Was tat ich Dir?", in: Die Pille, 3. Jhg., H. 1–2, S. 1.

92 Gröttrup, Bernhard; An die Freunde der PILLE. Aufruf, datiert auf den 31. Dezember 1921, in: Die Pille, 2. Jhg., H. 49/50, 31. Dezember 1921, S. 156. In EINE GEMEINSCHAFT DER FREIEN hieß es unter gleichem Datum: „Jede Zeitschrift hat jetzt bei der andauernden Steigerung der Herstellungskosten hart zu kämpfen. Wenn die PILLE darum zeitweise – wie in den letzten Wochen – als Doppelnummer erscheint, so laßt Nachsicht walten! Der Herausgeber bringt größere Opfer als Ihr. Das könnt Ihr mir glauben. Ich baue auf Eure Treue." (Gröttrup, Bernhard; Eine Gemeinschaft der Freien, in: Die Pille, 2. Jhg., H. 49/50, 31. Dezember 1921, Impressum).

93 Vgl. zum Ende der PILLE Kunstverein Hannover; Zwanziger Jahre, S. 96. Vgl. die Werbung für Papiernotgeld und Porzellangeld in: Die Pille, 3. Jhg., H. 3/4. Vgl. die Notgeld-Börse in: Die Pille, 3. Jhg., H. 3/4, S. 32. Die letzten Sätze dieses Artikels, zugleich die letzten Sätze der PILLE überhaupt, sind typisch: „Hameln an der Weser erfreut sich mit einer neuen, sehr originellen Ausgabe. Als Motiv der Scheine dient ein großes, historisches Ereignis: Am 9. Januar 1600 wurden von der Ehefrau Hanna Römer 7 lebende Kinder geboren. (Vor Nachahmung wird gewarnt)!"

*"... Kunst aber kann nur überleben
in der Gemeinschaft der Überzeugten ..."*

Eine verhaltene Vertreterin der literarischen Avantgarde: Die Zeitschrift DAS HOHE UFER

Der Journalist Hans Kaiser und die Entstehung des HOHEN UFERS

Das Kunstblatt AGATHON, als Privatdruck des Heinrich Böhme Verlages in kleiner Auflage veröffentlicht, hatte sein Erscheinen gerade erst wieder eingestellt,[1] als im Januar 1919 eine neue Zeitschrift auf dem literarischen Markt erschien: DAS HOHE UFER.

Zehn Monate vor dem ZWEEMANN Christof Spengemanns und Friedrich Wilhelm Wagners ließ sich der Buchhändler Ludwig Ey – ein Freund der Literatur wie der bildenden Kunst[2] – auf das Wagnis ein, in der Geburtsstunde einer neuen politischen Ordnung und inmitten sozialer und wirtschaftlicher Unwägbarkeit eine Kunstzeitschrift für Hannover zu verlegen.[3]

Alleiniger Herausgeber[4] des HOHEN UFERS blieb während der zwei Jahre, in denen sich die Zeitschrift finanziell über Wasser halten konnte, Hans Kaiser.[5] Der 1883 in Konstanz geborene Pastorensohn hatte sich schon vor dem Ersten Weltkrieg als Mitarbeiter des Feuilletons des HANNOVERSCHEN KURIERS einen guten Einblick in die Gesetzmäßigkeiten städtischer Kunstpolitik unter Stadtdirektor Tramm verschafft. Kaiser war vor allem für die Berichterstattung aus dem Kestner-Museum und dem Kunstverein verantwortlich gewesen.[6] Um so erfreuter hatte er im KURIER die Gründung der Kestner-Gesellschaft bekanntgegeben. Sein Bericht vom 1. September 1916 läßt dabei vermuten, daß Kaiser sich nicht nur als Feuilletonist für eine Änderung der Mißstände interessierte, sondern selbst bei den Planungen eines privaten Kunstsalons beteiligt gewesen war,[7] bevor ihn der Militärdienst im Ersten Weltkrieg dieser Arbeit entzogen hatte. Kaiser hoffte hier auf eine „Förderung des Kunstlebens in Hannover, wie sie ähnlich vom Schreiber dieser Anzeige schon lange verfochten wird."[8] Er erwähne dies, so Kaiser weiter, „zum Belege, wie sehr die Gründung eines Kunstsalons von der Schriftleitung dieser Zeitung als Notwendigkeit empfunden worden ist, wie lebhaft sie am Gedeihen der Kestner-Gesellschaft beteiligt ist".[9] Seine Arbeit als Kunstkritiker des HANNOVERSCHEN KURIERS stellte Kaiser von Beginn an in deren Dienst. Ausstellungen der Kestner-Gesellschaft fanden auch in der Folge seine ungetrübte Zustimmung.[10]

Nach dem ersten halben Jahr des Bestehens der Kestner-Gesellschaft zog er Bilanz und würdigte den wichtigen Beitrag der Gesellschaft zur „Förderung des Kunstverständnisses" in Hannover. Trotz der anfänglichen Ablehnung vieler, die fürchteten, die Kestner-Gesellschaft werde Ausstellungen bringen, „die allen ernsten Anschauungen von hoher Kunst zuwiderliefe(n)",[11] habe sie Hannover zu einem Ruf als Kunststadt verholfen, der weithin anerkannt werde. Etwa von diesem Zeitpunkt, im Jahr 1917, an setzte sich Hans Kaiser nun auch als Mitglied der Kestner-Gesellschaft[12] und als ihr Mitarbeiter für die Interessen der künstlerischen Avantgarde in Hannover ein. 1918 etwa schrieb er in der Flugschrift der Kestner-Gesellschaft ZUR KUNST UNSERER ZEIT über den Maler Emil Nolde,[13] und im Jahr darauf trat er als Verfasser des Vorworts zum Katalog der Hannoverschen Sezession in Erscheinung. Nach der Heimkehr der Künstler aus dem Krieg habe sich – so lobte Kaiser – in Hannover aus der Keimzelle der zwei Jahre zuvor entstandenen Sezession „ein geistiger Mittelpunkt für die Künstler von Nordwestdeutschland entwickelt."[14] Ihn zu bewahren und auszubauen, sei „neben den Anstrengungen der Künstler Aufgabe der Hannoveraner, die Kunst lieben und fördern".[15] Die Hannoveraner zu fördern und zu bestärken, die bereit waren, sich für die in der Kestner-Gesellschaft gezeigte Kunst einzusetzen, zählte wiederum zu den Aufgaben der im gleichen Jahr, 1919, von Hans Kaiser und Ludwig Ey ins Leben gerufenen Zeitschrift DAS HOHE UFER.

Ein gutes Vierteljahr vor dem Erscheinen des ersten Hefts, im September 1918, wandte sich Ey, selbst Gründungsmitglied der Kestner-Gesellschaft,[16] an deren Vorstand. In Hannover fehle, so argumentierte er, ein

Titelblatt des ersten Jahrgangsbandes des HOHEN UFERS. 1919

Organ, das „weithinschallend" die Absichten der Kestner-Gesellschaft verbreite. Zwar habe sie sich außerhalb der Stadt bereits einen guten Namen gemacht, doch in Hannover selbst werde ihr Wert noch nicht ausreichend gewürdigt. Diesen „Notstand"[17] wolle seine neue Zeitschrift nun beheben, die „den geistigen Kräften ein Sprachrohr sein kann und gleichzeitig die hannoverschen Bestrebungen unterstützt durch die besten Autoren".[18] Ey beschloß sein Schreiben mit der Bitte, daß die Kestner-Gesellschaft ihn in seinen Bestrebungen nicht nur ideell, sondern auch finanziell unterstützen möge; er fügte jedoch hinzu: „Selbstverständlich kann durch eine solche materielle Zuwendung von Ihrer Seite die kritische Freiheit und Unabhängigkeit der Zeitschrift nicht berührt werden … Eine freie und selbständige Stellungnahme … ist auf jeden Fall wertvoller als eine gewissermaßen von Ihnen inspirierte." Paul Erich Küppers, der künstlerische Leiter der Kestner-Gesellschaft, erkannte in seinem Antwortschreiben wenige Wochen später den Wunsch Eys an, seine Zeitschrift unabhängig zu gestalten, überwies 2.000 M als Starthilfe und machte seinerseits ausdrücklich darauf aufmerksam, „daß dieser von uns gewährte Zuschuß nach außen hin in keiner Weise in die Erscheinung treten darf".[19] Eine direkte Abhängigkeit von den Zielen der Kestner-Gesellschaft ist im folgenden in der Tat am HOHEN UFER in der Tat nicht abzulesen, wohl aber ein grundsätzliches Wohlwollen für ihre Arbeit. Dies hat sicher auch damit zu tun, daß mit den beiden Machern Kaiser und Frerking, mit Ludwig Ey, Wilhelm von Debschitz, Paul Erich Küppers, Albert Brinckmann und schließlich Karl Aloys Schenzinger nahezu die gesamte damalige Führungsriege der Kestner-Gesellschaft Beiträge für die Zeitschrift verfaßte. Insofern war das HOHE UFER durchaus auch „Publikationsorgan"[20] der Kestner-Gesellschaft.

In GEMEINSCHAFT, einem Artikel aus dem Januarheft der neuen Zeitschrift, erinnerte sich Kaiser an die Gründung der Kestner-Gesellschaft. Sie sei ein Blitzstrahl in der „Dunkelheit der nordwestdeutschen Ebene"[21] gewesen. „Lebendigem Geiste freund, der Phrase, der Halbheit, dem Kompromisse feind", hätten sich bis dahin die Anhänger der Moderne in Norddeutschland verstreut ihrer Arbeit gewidmet. Kunst aber

Werbeblatt für das HOHE UFER. November 1918

könne „nur leben in der Gemeinschaft der Überzeugten". Mit „einem Heroismus ohnegleichen" seien die Förderer des Neuen ans Werk gegangen, sie hätten „ihre und ihrer Familien ganze Existenz" eingesetzt für die Kunst, „die ihr Gewissen ihnen zu schaffen gebot und mußten es sich gefallen lassen, daß diese unerhörten Opfer ... bespieen wurden, ja daß man ihnen selbst die Gelegenheit weigerte, ihre Werte zu zeigen".[22] Ihre wenigen Förderer indes, die nicht aus an herkömmlicher Kunst interessierten Kreisen des Bürgertums kämen, sondern begeisterte Laien seien, hätten nichts voneinander gewußt und also keinen Kontakt miteinander gepflegt. Diese „traurige und elende" Situation habe erst jetzt mit der Gründung der Kestner Gesellschaft ein Ende gefunden. „Der Bann der Einsamkeit war gebrochen und der Gemeinschaftssinn, man könnte jetzt post festum revolutionis sagen, der neue Sozialismus des Geistes griff auf andere Gebiete über." Das neue „geistige(.) Leben am hohen Ufer der Leine" sollte DAS HOHE UFER spiegeln, um „die bestehende geistige Gemeinschaft sichtbar zu machen und die getrennten Glieder zu verbinden durch eine hannoversche Zeitschrift".[23] Ein Glied dieser „geistigen Gemeinschaft" sollte – wie erwähnt – die Kestner-Gesellschaft sein, andere waren der Theater-Kultur-Verband[24], die literarische Vereinigung DER MORGEN sowie die ARBEITSGEMEINSCHAFT HANNOVER FÜR KUNST IN HANDWERK, HANDEL UND INDUSTRIE, ORGAN DES DEUTSCHEN WERKBUNDES, der Hans Kaiser vorstand.[25]

GEMEINSCHAFT gab in vielerlei Hinsicht den Kurs des HOHEN UFERS vor. Der Artikel mache deutlich, daß – wenn auch als Titel das urhannoversche Thema vom Hohen Ufer gewählt worden war[26] – die Zeitschrift nicht ausschließlich die hiesige städtische Kunst- und Kulturszene beleuchten wollte. DAS HOHE UFER sollte nach außen wirken und auch hier Ort des Austausches ganz unterschiedlich arbeitender Künstler sein. So weist die Zeitschrift beispielsweise mit mehreren Beiträgen von Walter Gropius,[27] Bruno Taut[28] und Hans Poelzig[29] einen thematischen Schwerpunkt in der Diskussion von zeitgenössischen Wohn- und Architekturfragen auf. In DER NEUE BAUGEDANKE gab Gropius im April 1919 seiner Hoffnung vom Gesamtkunstwerk Ausdruck und prognostizierte, daß „wieder alles *in einer Gestalt* sein wird, Architektur *und* Plastik *und* Malerei."[30] Gropius' Beiträge markierten nicht etwa eine thematische Festlegung. Zwei Monate später, im Juni 1919, schrieb Adolf Behne beispielsweise über HISTORISCHE, ÄSTHETISCHE UND KRITISCHE KUNSTBETRACHTUNG,[31] Theodor Lessing über EPIKUR UND BUDDHA[32], und Héloise von Beaulieu berichtete im Juli des Jahres über EIN BUCH VON GESTRIGER JUGEND.[33]

Dichtung und Kritik im HOHEN UFER *Die Rolle Johann Frerkings*

Ähnlich nuancenreich gestaltete sich die Literaturrubrik im HOHEN UFER. Franz Werfel war im Spätsommer 1919 mit drei kurzen Erzählungen vertreten[34], Kasimir Edschmid gleich im ersten Heft mit einer.[35] Klabund veröffentlichte im HOHEN UFER ebenso wie Georg Trakl oder Paul Kornfeld.[36] Aber auch Hanns Johst, der ein gutes Jahrzehnt später als Verfasser des SCHLAGETER-Dramas seine konservativ-nationalistische Grundhaltung unter Beweis stellte, gehörte zu den hier vorgestellten Schriftstellern.[37] Neben den Arbeiten dieser Dichter fanden sich Ausschnitte aus älteren Werken. Texte von Novalis standen hier beispielsweise neben solchen von Jean Paul[38] und Charles Baudelaire.[39]

Die auffällige Vielgesichtigkeit des Literaturteils der Zeitschrift ist sicher vor allem auf die Person des engsten Vertrauten Hans Kaisers, Johann Frerking, zurückzuführen. Frerking, der auch den größten Teil der Theaterrezensionen des HOHEN UFERS verfaßte, verfolgte hier sehr deutlich seine persönlichen literarischen Interessen. Er ließ unbekannte Nachwuchsdichter oder auch manchen in seinen Augen zu Unrecht vergessenen Schriftsteller der Vergangenheit zu Wort kommen. In seinen Besprechungen der Werke klingt dabei immer wieder die Sehnsucht nach einer Rückkehr zu den ewigen Werten der Menschlichkeit mit. Die Erlösung „aus der Sackgasse uralter Konventionen" sei „in Glauben und Liebe"[40] zu suchen, so forderte er im Januar 1919. Dementsprechend würdigte er jene, die in ihrem Werk „den Weg der Erhebung in neue, gläubige Menschlichkeit" wiesen, mit dem „Ehrentitel" des wahren Menschen.[41]

Mehr aber noch als der Literaturfreund Frerking war es der Kritiker Frerking, der die Zeitschrift DAS HOHE UFER prägte. Dieser fühlte sich augenscheinlich wohl in der Rolle des ironischen Polemikers, der mit Wortgewalt und Sprachwitz genüßlich allerlei traktierte, was ihm in seinem täglichen Schaffen literarisch unter die Augen kam. Seine Buchrezensionen waren unter Schriftstellern ähnlich gefürchtet wie seine Theaterkritiken in der hannoverschen Bühnenwelt. Hinter großen Posen kaschiertes Unvermögen und die Nutzung gängiger Moden zu literarischer Wellenreiterei entlarvte er mit spürbarer Freude. Schriftsteller, die – literarisch betrachtet – „das Nüssevergolden im allgemeinen für eine bessere Beschäftigung als das Nüsseknacken"[42] hielten, wie er es im Juli 1919 nannte, und die sich angesichts besonders hübsch glänzender Nüsse dann auch noch vor sich selbst verneigten, hatten keine Chance, bei Frerking auf Verständnis zu stoßen. Treffsicher suchte er sich die eitelsten und somit angreifbarsten unter den Kollegen heraus, um sich sodann über besonders signifikante Beweise ihrer Halbbildung herzumachen.[43] In RITTER GEGEN DEN GEIST etwa, einem Beitrag für das HOHE UFER im Februar 1919, den er unter seinem Pseudonym Sebastian veröffentlichte, schrieb er über zwei Literaturhistoriker, die er für ebenso mäßig begabt wie maßlos dünkelhaft hielt: „Sie ziehen zu Felde, und der Schreibtisch wird zur Walstatt. Sie pieken ihre Stahlfedern in den Feind und feuern mit Handbüchern und Leitfäden."[44] Beide Autoren hätten, so mutmaßte Frerking, „der minderwertigen Literaturgeschichten schon mehrere hinter sich", mit ihrer jeweils letzten literarischen Produktion dem Bisherigen jedoch einen trüben Höhepunkt zugefügt. „(K)ein Hauch eines Verständnisses für die geistigen Grundlagen, Bestrebungen und Probleme, die den heutigen Menschen bedingen und erregen", habe ihre Werke je durchweht, „(n)icht irgendein Maßstab oder Grundgefühl. Nur Schnack und Schablone und renitente Phrase. Und ein Stil, der einem Tertianer unweigerlich eine Fünf eintrüge."[45] Beflissen nehme man die vermeintlich ‚sittliche Unsauberkeit' oder auch die andere ‚Rasse' Berufener und Größerer im Geiste zum Vorwand, angeblich Bedenkliches zu geißeln, um umso penetranter auf eigene schriftstellerische Qualitäten zu verweisen. Frerking beschloß seine Kritik an solchen Zeitgenossen mit einer für ihn charakteristischen herablassenden Formel: „Soll man dem noch etwas hinzufügen? Es wäre schade."[46]

Seine vielseitige Mitarbeit, die von der Veröffentlichung eigener literarischer Arbeiten[47] über verschiedene Buchbesprechungen hin zu Theaterrezensionen reichte, verlieh der Zeitschrift DAS HOHE UFER unbestreitbar eine eigene Note. Frerking war überzeugter Hannoveraner. Wenn er auch deutlich wahrnahm, was sich an künstlerischen Zeitströmungen im Reich allgemein abspielte, so fiel sein Blick doch immer zurück auf sein Hannover, dessen Kunst- und Kulturszene er überdies selbst auf vielerlei Weise aktiv mitprägte. Dem Herausgeber und Freund Hans Kaiser wiederum scheint trotz der postulierten Überregionalität die Betonung hannoverscher Belange nicht unwillkommen gewesen zu sein. DAS HOHE UFER entwickelte sich so im Verlauf seines Bestehens zunächst immer mehr zu dem, was Kaiser in seinem Artikel GEMEINSCHAFT als hannoversche Zeitschrift mit überregionalem Anspruch umschrieben hatte. Für das Lokalkolorit sorgte eine Reihe von Persönlichkeiten der hiesigen Szene, mit denen der Herausgeber oder sein engster Mitarbeiter schon seit Jahren freundschaftlich verbunden waren. Herbert von Garvens etwa schrieb hier über den belgischen Maler James Ensor.[48] Victor Curt Habicht gab im Frühjahr 1919 einen Einblick in NIEDERSÄCHSISCHE GOTIK.[49] Paul Erich Küppers, Leiter der Kestner-Gesellschaft, kommentierte im HOHEN UFER Ausstellungen in seinem Haus.[50] Und Albert Brinckmann, Direktor des Kestner-Museums und langjähriger guter Bekannter Hans Kaisers, schrieb im Februar 1919 über die verschiedenen Ausprägungen des Kunstsammlertypus.[51] Umgekehrt zog Hans Kaiser im Jahr darauf, als der Konflikt zwischen Brinckmann und seinen Kritikern innerhalb der Stadtverwaltung eskalierte, im HOHEN UFER eine positive Bilanz der Tätigkeit des Museumsleiters und forderte dazu auf, sich – statt auf einer Einzelperson die Last versäumter Besserungsansätze abzuladen – doch endlich mit dem Gedanken einer allgemeinen strukturellen Reorganisation des städtischen Museumswesens anzufreunden.[52]

Reorganisation und Revision, Überdenken bisheriger Positionen und daraus folgende Bereitschaft, sich Neuem stärker zu öffnen – das war auch die Forderung einer Vielzahl von Kaisers Mitstreitern in der Zeitschrift DAS HOHE UFER. Theodor Däubler etwa widmete seinem Freund, dem hannoverschen Maler Otto Gleichmann, einen Beitrag. Er lud zum Verständnis für dessen Schaffen ein, das von „bürgerlicher Mittelmäßigkeit"[53] auf den ersten Blick hin wohl verspottet werde, bei vorbehaltloser Beschäftigung jedoch manch überraschenden Einblick in das Gesicht jener Zeit ermögliche, der es entspringe und die es spiegele. Die Forderung, bisherige Rezeptionsgewohnheiten zu überdenken und sich von der Last traditioneller Kunstbetrachtung frei zu machen für neue künstlerische Eindrücke, vertrat auch Christof Spengemann.

Zweimal, im Januar und im Juli 1919, meldete er sich in dieser Zeit neben seiner eigentlichen Arbeit beim ZWEEMANN auch im HOHEN UFER zu Wort;[54] nicht als Konkurrent um die Gunst des Publikums, sondern als Freund und Kollege in der hiesigen Kunst- und Kulturszene.

Es war Kaisers und Spengemanns gemeinsamer Freund Johann Frerking, der zur gleichen Zeit wie sie deutlicher jenes Miteinander und Ineinander von Neuem und Altem, Abweisendem und Aufgeschlossenem, Oberflächlichem und Hintersinnigem im Hannover der frühen zwanziger Jahre aufspürte, das er trotz aller Distanz und Ironie in PHANTASTISCHES HANNOVER im Sommer 1920 als liebenswerte Atmosphäre seiner Heimatstadt Hannover beschrieb. Ein behäbiges „Lat mek tofreden", so Frerking, spiegele die Grundhaltung der hiesigen Bevölkerung. Hannover biete normalerweise denn auch „kein Klima für Neuerer".[55] Realitätssinn und Abneigung gegenüber der großen Geste gäben allem, was sich jenseits des bloß Sichtbaren befinde, normalerweise wenig Chancen. Und doch zeige sich gerade jetzt nach dem Ende des Krieges unter der biederen Fassade der monotonen Großstadt an der Leine ihr zweites, geheimes Gesicht. Phantastisches und Geheimnisvolles breche sich allerorten Bahn, sei es in der architektonisch verwinkelten Altstadt, wo seltsame Gestalten dem Besucher einen Einblick in das Hintergründige, Abseitige und auch Zeitlose des doch so provinziell und nüchtern scheinenden Hannovers boten, sei es rund um St. Aegidien, wo Menschen wohnten, die Stoff für unzählige Romane voll von Doppelsinn, Phantastik und übersinnlicher Wendung bargen.[56]

PHANTASTISCHES HANNOVER war jener Beitrag Frerkings im HOHEN UFER, der am deutlichsten auf die Persönlichkeit seines Autors zurückwies. Angriffsfreudige Spottlust und gleichzeitige Gelassenheit waren ebenso charakteristisch für ihn wie eine spürbare Zuneigung zu den Hannoveranern mit all ihren Schwächen und Fehlern. Mit seiner Darstellung dieser widersprüchlichen und sich doch harmonisch fügenden Mischung von Traditionellem und Neuem in Hannover wies Frerking seinen Mitarbeitern beim HOHEN UFER den Weg. Sein gelassener, abwägender und, wie Henning Rischbieter es beschrieb, niedersächsisch gedämpfter[57] Grundton prägte die Zeitschrift von Beginn an.

Wie die anderen hannoverschen Blätter, die wenig später zu erscheinen begannen, hatte es sich auch DAS HOHE UFER zur Aufgabe gesetzt, den jungen literarischen Kräften der Zeit den Weg zu ebnen. Darin jedoch war das Blatt deutlich weniger radikal fordernd als etwa der ZWEEMANN, die kurze Zeit darauf erscheinenden Publikationen aus dem Paul Steegemann Verlag und – vor allem – die PILLE, die noch dazu eine respektlos-freche, grundsätzlich alles Bestehende erst einmal vorab in Frage stellende Haltung an den Tag legte. Das HOHE UFER wirkte demgegenüber seriöser, weniger emphatisch und auch weniger aggressiv. Interessanterweise wurde dies auch von den Zeitgenossen schon so gesehen. Paul Erich Küppers etwa äußerte im Januar 1920 in den MÜNCHENER NEUESTEN NACHRICHTEN die Hoffnung, das HOHE UFER werde auch endlich einmal ähnlich keck und herausfordernd wie der ZWEEMANN urteilen.[58]

Die Flucht ins Seelische. DAS HOHE UFER und die Auseinandersetzung mit der Gegenwart

Jenseits ihrer Arbeit für das HOHE UFER waren ihre Initiatoren dabei keinesfalls ruhige und sachliche Beobachter ihrer Zeit. Hans Kaiser etwa ging es gerade zu Beginn der Weimarer Republik nicht nur um die Förderung der Kunst, und es ging ihm auch nicht nur um die Kunst in Hannover. Im Februar 1919, also zeitgleich mit seinem Einsatz für das HOHE UFER, veröffentlichte er im ersten Heft der in Hannover erscheinenden SOZIALISTISCHEN WOCHENSCHRIFT FÜR POLITIK UND KULTUR, die den programmatischen Titel FREIES DEUTSCHLAND trug, den Beitrag PROPHETEN DER REVOLUTION. Kaiser stand hier noch ganz unter dem Eindruck des gerade beendeten Weltkrieges. Mit Empörung und Abscheu erinnerte er sich zurück an die Mechanismen des Krieges, die Kampfeslust und

Titelblatt der Zeitschrift FREIES DEUTSCHLAND. SOZIALISTISCHE WOCHENSCHRIFT FÜR POLITIK UND KULTUR. März 1919

dumpfe Begeisterung schürten und durch immer perfidere Machenschaften aufrecht erhielten, wo doch die Dichter längst schon erkannt hätten, daß „nur die Revolution die Not wenden konnte, daß sie notwendig war".[59] Walter Hasenclever, Franz Werfel, Albert Ehrenstein, Rudolf Leonhardt, Theodor Däubler, sie alle waren ihm „Propheten der Revolution", bedrängt von Wilhelminischer Zensur und doch stark in der Gewißheit, eine bessere Zukunft vorbereiten zu helfen. Sie waren, lange schon vor dem Ende des Völkermordens, Sprachrohr für „alle jene Menschen, die voll Haß auf den Krieg blickten und durch die Revolution Frieden machen wollten; alle jene Unterdrückten und Getretenen, alle jene Elenden, deren Los das Bürgertum nicht ändern konnte. Aus dem unendlichen Zug, aus dieser riesigen Demonstration der Dichter, die für die Liebe unter den Menschen, für Brüderlichkeit, für die Besserung der Welt zeugen, und darum für die Revolution, hallt ein einziger Schrei gegen die früheren Machthaber gegen die kalte Ungerechtigkeit einer beseitigten Epoche."[60] Diesen Schrei nicht ungehört verhallen zu lassen und den „Propheten der Revolution" Gelegenheit zum Austausch zu geben, war für Hans Kaiser ein wichtiges Anliegen in diesen ersten Monaten nach dem Ende des Krieges. Daß die Emphase für eine von den Künstlern initiierte Revolution, die Liebe und Verständnis unter den Menschen schaffen sollte, von politisch-gesellschaftlichem Interesse bald in eine künstlerisch-literarische expressionistische Realitätsentrücktheit wechselte, ist charakteristisch für die Haltung vieler Intellektueller in diesen Anfangsjahren der Weimarer Republik. Auch deshalb ist das HOHE UFER, jene Zeitschrift, die Hans Kaiser zeitgleich mit dem FREIEN DEUTSCHLAND durch seine Mitarbeit unterstützte, ein bedeutsames und aussagekräftiges Beispiel für das aufbrechende literarische Leben Hannovers nach dem Ersten Weltkrieg. In jedem Fall wiesen seine Beiträge für das HOHE UFER einen Grundton auf, der deutlich weniger von der gesellschaftlich-politischen Atmosphäre der Zeit geprägt war.

Im Märzheft 1919, fast zeitgleich mit einem würdigenden Vorwort im Katalog der Ausstellung der Hannoverschen Sezession, fiel Hans Kaisers Stellungnahme für die Künstlergruppe im HOHEN UFER weit weniger deutlich zugunsten der Moderne aus als im Katalog. In der Zeitschrift zielte er auf eine Betrachtung des Ausgestellten ab, die geradezu angestrengt alle Qualitätswertungen vermied und das Zeitlose in der Kunst betonte. Inhalt der Kunst sei „heute wie zu allen Zeiten" der gleiche: „die Seele des Menschen, der lebt und lebend sich nicht gleich bleibt. Was die Seele in den jeweiligen Zeitläufen erfüllt, macht der Künstler durch die Formen seines Wesens sichtbar."[61] Für die Form der künstlerischen Äußerung sei letztlich „Annäherung an die Natur oder Abstraktion" unwesentlich. „Naturalistische Malerei kann unbeseelt sein. Aber auch abstrakte Malerei ist noch kein Gegenbeweis von Kitsch. Nicht der Jargon macht den Dichter."[62] Ebenso wie der Besuch einer Ausstellung der holländischen Meister den Blick auf „die Seele" freigebe, sei es auch in der heutigen Zeit noch lohnenswert und zu empfehlen, etwa Theodor Storm oder Gottfried Keller zu lesen. Man dürfe dabei nur nicht die zeitgenössische Kunst vergessen, „die unser eigenes Leben gestaltet und ihm Sinn gibt".[63]

Hans Kaisers Betonung des Geistigen und des Seelischen, die in seinen Beiträgen immer spürbar blieb, ist charakteristisch für weite Teile der Kunstbetrachtung im HOHEN UFER. Der Journalist reagierte damit in einer typischen Weise auf die äußeren Umstände der Zeit, in der diese Beiträge entstanden. Aufbruchsstimmung mochten diese Artikel wohl spiegeln, diese wurde indes ausschließlich auf den Bereich der Kunst reduziert. Hierin ähnelte der Beitrag den PROPHETEN DER REVOLUTION. Allerdings hoffte Kaiser nunmehr nicht mehr auf konkret gesamtgesellschaftliche Änderungen, sondern seine Überlegungen berührten allein den Bereich des Künstlerisch-Kulturellen. In einem Artikel Hans Kaisers über die Heckel-Ausstellung in der Kestner-Gesellschaft hieß es im Februar 1919, zu einer Zeit politischer, sozialer und wirtschaftlicher Wirren, Maler wie Heckel hätten „eine gänzlich andere Kunstanschauung"[64] geschaffen: „Von der Wurzel aus anders. Radikal, entschieden, ohne Übergang. Keine Evolution der Malerei, eine Revolution. Nicht politisch, nicht materiell, sondern geistig, und darum viel tiefer und weitertragend."[65] In seiner Sezessions-Rezension stellte Kaiser fest: „Die Welt der Wirklichkeit löst sich, und unwirkliche Welt, das Land der Seele, tritt an ihre Stelle."[66] Aus der unruhigen Zeitströmung nach dem Zusammenbruch der Monarchie entstanden und in ihren Anfängen genährt durch die Opposition zu dem kaiserzeitlichen Kunstschaffen, vermied die Zeitschrift DAS HOHE UFER jede klare Auseinandersetzung mit ihrer Gegenwart. Ihr für den literarischen Expressionismus so charakteristischer Glaube an das Seelische und menschlich Verbrüdernde ließ sie die nüchterne Realität der ersten Nachkriegsjahre in ihren Artikeln vernachlässigen, mehr noch, ihre Autoren flüchteten zumeist sogar vor jeder Auseinandersetzung mit ihr. Kaiser gab diesem Gedanken im Februar 1919, zur gleichen Zeit, da PROPHETEN DER REVOLUTION im FREIEN DEUTSCHLAND erschien, im HOHEN UFER mit den Worten Ausdruck: „Die materialistische Welt ist geistig geworden, der materialistische Mensch ist verschwunden. Der beseelte Mensch ist wieder geboren. Seine Augen sind von andern Dingen groß und erfüllt, und auch die Erde hat sich durch den Geist, durch den Glauben des Menschen geändert. Ein großes Rätsel, blickt sie ihn an, sie umgibt ihn oft wie die Apokalypse, unheimlich und fremd, oft auch fabelhaft und voller Güte und Liebe."[67]

Hans Kaiser war nicht der einzige, der im HOHEN UFER das ‚Kosmische', ‚Menschliche' und ‚Religiöse' in der Kunst beschwor.[68] Auch Paul Erich Küppers trug diesem Gedanken in seinem Beitrag BERLINER EINDRÜCKE im Sommer 1919 Rechnung. Der Leiter der Kestner-Gesellschaft zeichnete hier ein düsteres Bild von der „verfaulten Realität" der Berliner Nachkriegszeit: „Berlin, ein Schiebersabbath! Ein Hexenkessel von Betrug und Genußsucht, Frechheit, Habgier, Verruchtheit und Leichtsinn. Auf den Straßen heften sich mit fabelhafter Unverschämtheit diese Hyänen an dich, die dir halbverwelkte, auf Draht gezogene Rosen, ausländische Zigaretten ohne Banderole, Schokolade, Seife, pikante ‚Künstlerkarten', Kragenknöpfe und tausend andere teure Dinge aufnötigen wollen. Tanz, Vergnügen, Hasardspiel und Schlemmerei, als sei ... die Revolution die Befreiung aller widerlichen Elemente, die Entfesselung und Aufpeitschung der gemeinsten und schlechtesten Triebe."[69] Einzig die Welt der Kunst halte sich von dieser „bleich(en), verwelkt(en), müd(en) und faulig(en)" Realität fern und verwirkliche den Traum von „Menschentum, Menschenwürde und Menschenfreiheit". Die Künstler Berlins suchten Zuflucht im „Land ihrer Seele". „Sie löschen wundertätig all diese menschliche Begrenztheit aus und stellen dem schlecht regierten, ungeordneten Chaos da draußen den reinen klaren Kristall ihres Kosmos gegenüber. Hier ist alles wohl geordnet, abgewogen, ausgewählt und an den richtigen Platz gestellt, hier ist alles geläutert, geschliffen, vereinfacht ... Noch ragt die Wirklichkeit in diese Sphäre hinein, aber sie ist von allen erdgebundenen Bedingtheiten erlöst, ist durchglüht vom Geist und ins Absolute, ins Gefestigte und Dauernde gehoben."[70]

Das Bekenntnis Paul Erich Küppers' zu einer Kunst, die die Funktion des Schutzes vor einer als unverständlich abgelehnten Realität übernahm, hat im HOHEN UFER keine Widerworte gefunden. Das wundert besonders angesichts der Tatsache, daß mit Christof Spengemann einer der unbestechlichsten Beobachter dieser Nachkriegsrealität beim HOHEN UFER mitarbeitete. Schließlich sparte Spengemann gewöhnlich nicht mit scharfer Kritik, wenn er bemerkte, daß die Kunst seiner Zeit sich in elitäre Randbereiche flüchtete. Im HOHEN UFER schrieb Spengemann über JUNGE KUNST: „Wir spiegeln die Zeit in unserem Schaffen. Wollt ihr den Künstler prügeln, weil sie das Chaos ist? Wir verstehen das Bedürfnis nach Ruhe, Erholung, Behaglichkeit. Der Tag zermürbt. Soll aber die Kunst der Lehnsessel sein? Kunst ist gesteigertes Leben. Verschärftes Spiegelbild. Chaotisches treibt Künstler zur Glut. Ekstatisches Erleben des Sturmes macht orkanisches Auswirken."[71] Das klang nun zunächst einmal nach einem durchaus anderen Ansatz als jenem von Küppers mit seiner Überzeugung von der Aufgabe der Kunst als Flucht aus einer bedrohlichen Gegenwart. Doch Spengemanns Emphase, welche künstlerische Arbeit als Spiegel dieser Gegenwart in ihrer Unordnung und Unzulänglichkeit forderte, scheint sich in der Zeitschrift DAS HOHE UFER bald erschöpft zu haben. In seinem zweiten Beitrag für das Blatt, dem Aufsatz DER MALER KURT SCHWITTERS (Juni 1919) schrieb er im typischen expressionistischen Stil der Zeit über „absolute Form. Abstraktion, reiner Kunstgedanke: Bild. Bild ist Kunstwerk. Bild kommt aus dem Erlebnis. Kunstschaffen ist Erlebnisgestaltung. Erlebnis ist Ausgang."[72] Die Verbindung zwischen Kunst und zeitlichem Umstand ihrer Entstehung nahm er hier nicht wieder auf. Stattdessen würdigte er nun „das Göttliche" in Schwitters' Künstlerseele: „Als das deutsche Volk noch in Blindheit lag, war im neuen Künstler längst das kosmische Fühlen, das Schauen, die Erkenntnis des Alls ... Sein Schaffen ist Ausdruck aus kosmischem Erleben."[73]

Der Mitarbeiter Wilhelm von Debschitz

Vom „Göttlichen" in der Kunst sprach auch Wilhelm von Debschitz in seinem Beitrag VOLKSKUNST vom August 1919. Debschitz, am 21. Februar 1871 in Görlitz geboren, war seit Juli 1914 Leiter der Städtischen Handwerker- und Kunstgewerbeschule am Neuen Weg. Er stand jetzt unmittelbar vor seiner vorzeitigen Pensionierung. Der engagierte Kunsthistoriker hatte sich in den vergangenen Jahren derart überarbeitet, daß der körperliche und geistige Zusammenbruch drohte.[74] Debschitz' große Arbeitsüberlastung rührte auch von seinem Engagement für die Kestner-Gesellschaft her. Gemeinsam mit Albert Brinckmann und Paul Erich Küppers hatte er sie 1916 mitbegründet.[75] Bis zum Oktober 1920, dem Zeitpunkt seines Rückzugs aus dem Berufsleben, blieb er als Vorstandsmitglied eine ihrer entscheidenden Persönlichkeiten.[76] 1918 hatte Wilhelm von Debschitz zu den Mitarbeitern der ersten Flugblätter der Kestner-Gesellschaft gehört. In EIN GESPRÄCH hatte er den typischen Vertreter des kulturbeflissenen bürgerlichen Mittelstandes im Kaiserreich ironisiert, der der neuen Kunstgesellschaft vorerst noch mit Mißtrauen gegenüberstehe: „Man hat's sich in der Schule sauer werden lassen –, und nun liest man die Zeitung oder ist in der Leihbibliothek abonniert ... Man besucht nach Bädeker die Museen, die auf der Strecke liegen, und ist beruhigt, das zu finden, was man erwartet hat: ... In Italien ist alles sehr italienisch, in Holland holländisch ... Man hat eine sehr geregelte Bildung, sie ist klar und vor allem ist sie abgeschlossen, man hat daher einen Standpunkt. Sie ist historisch geordnet und hört mindestens zwanzig bis dreißig Jahre vor der Wirklichkeit auf."[77]

In seinem Geleitwort zur Ausstellung von Handtextil-Arbeiten in der Kestner-Gesellschaft, das den Titel VOM ALTEN ZUM NEUEN GEIST trug, hatte Debschitz bereits im März 1918, also ein gutes halbes Jahr vor Kriegsende, mit der Kultur der Gründerzeit abgerechnet: „Deutschland kaufte sich für die Milliarden des Jahres 1871 die entstellende Larve. Oder war es ein Spiegelbild seines Gesichts? ... Wo das Material nicht log, log die protzige Form, die falsche Würde eines neugebackenen Reichtums, der billige, lokale oder nationale Ruhm einer Epigonenkunst ... Viel Geist ohne Materie, viel Materie ohne Geist."[78] Eine Wandlung hätten der Werkbund, der BLAUE REITER und die Expressionisten gebracht. Gerade in dieser Phase größter Not im Ersten Weltkrieg gelte es, sich dieser Ansätze zu erinnern und zum besten eines künftigen Deutschlands vom Alten endlich Abschied zu nehmen: „Not lehrt in sich schauen, lehrt das Gewissen erleben, zeigt der Generation ihr Gesicht, reißt die Larve herab und schreit: ‚Du bist auf Deine eigene Kraft gestellt, nicht auf die Autorität vergangener Zeiten!' Heilig sei das Antlitz der Väter, nicht ihre Larve, das Antlitz der Epigonen!"[79] Debschitz beschwor den Künstler, nun, da die Politik versagt und soviel Leid über die Nationen gebracht hatte, seiner Mission gerecht zu werden: „Heraus nun, Dichter und Künstler! Heute oder nie! Die Materie bricht, aber der Geist erobert die Welt ... Künstler, Dichter, Ihr seid nicht mehr Toren, Ihr seid Propheten! Der Bürger horcht, er drängt sich zu Eurem Werk."[80]

Der Pädagoge nahm seine Aufgabe sehr ernst, den „Geist der Zeit" seinen Schülern, der kommenden Künstlergeneration, zu vermitteln.[81] In DER NEUE GLAUBE hieß es im September 1918 im HOHEN UFER pathetisch: „Wie lehren wir Kunst? Wir lehren Kunst wie alle Stifter von Religionen, wie Christus und Buddha, wie bewährte Priester in ihren Tempeln ... Wir lehren in unserer Zeit durch die Kraft eines neuen Glaubens ... In den Schulen alle Lehre dargeboten als Stufe zum Erkennen der leiblichen Anwesenheit Gottes. Auf solche Weise kein Unterricht, der nicht Religionsunterricht ist."[82] Seine Schüler an der Kunstgewerbeschule spürten Debschitz' Vertrauen in die Künstler einer neuen Generation, die Frieden über Vergeltung und Menschlichkeit über Machtdemonstration setzte. Mochte auch sein quasireligiöse Ton nicht immer auf Zustimmung stoßen, so führten Debschitz' Überlegungen sie doch dazu, ihre Lehrer und das Lehrangebot an der Kunstgewerbeschule kritischer zu bewerten. Nach dem Ende des Weltkrieges spielten sich hier Szenen des Aufruhrs gegen veraltete Lehrmethoden und gegen das Kunstdiktat der alten Meister ab, die man als seelenlose Abbildung der Wirklichkeit ablehnte.[83] Der angehenden Kunsthandwerkerin Klara Spengemann-Morf, die in dieser Zeit die Kunstgewerbeschule besuchen wollte, wurde von ihrem mißtrauischen Vater das Verdikt von der „Gewerbeschule als Verderbeschule"[84] vorgehalten. Besonders für die Schüler des Malers Fritz Burger-Mühlfeld, die späteren neusachlichen Maler Erich Wegner, Gerta Overbeck, Hans Mertens und Grethe Jürgens, scheint – so Ingeborg Bloth – „eine politisch wache Atmosphäre bestimmend gewesen (zu sein), aus der heraus die Schüler an den Ereignissen und Problemen der jungen Republik Anteil nahmen und die grundlegend für die Realitätsorientierung ihres späteren Werkes gewesen sein mag".[85] Grethe Jürgens erinnerte sich später oft an das Gerücht, sie und ihre Freunde von der Kunstgewerbeschule „heckten politische Schandpläne aus".[86] Wenngleich Intensität wie auch Stoßrichtung politischen Engagements innerhalb des Freundeskreises zumindest umstritten war,[87] eilte den Kunstgewerbeschülern in jenen Jahren doch zumindest in künstlerischer Hinsicht der Ruf verdächtiger Modernität voraus. Im März 1922 war schließlich sogar der Preußische Landtag zu einer Auseinandersetzung mit dieser Problematik aufgefordert. Der hannoversche Vertreter der DVP, Franz Stolberg, plädierte hier für eine Kontrolle aller Kunstgewerbeschulen der Provinz durch das Handelsministerium. Schließlich beweise die Entwicklung an der Kunstgewerbeschule seiner Heimatstadt, „deren Unterricht vielleicht durch die nicht ganz glückliche Wahl eines Leiters zu stark in moderner Richtung beeinflußt worden ist",[88] wie dringend diese Einrichtungen einer ordnenden Aufsicht bedürften. Stolberg beeilte sich zu betonen, er wolle keinesfalls, „der modernen Richtung Abbruch (…) tun". Man dürfe aber auch nicht „dahin kommen, daß wir uns bei der allgemeinen Erziehung unserer Jugend … einseitig verhalten, daß wir sie nur darauf einstellen, zu sehen, was unsere augenblickliche Zeit mit sich bringt."[89] Es dürfe nicht – wie in Hannover – geschehen, „daß man sagt: man dürfe heute nur noch von unseren zeitgenössischen Kunstrichtungen ausgehen … Denn es liegt darin außerordentlich Wertvolles, wenn wir die jungen Schüler in zweckmäßiger Weise zum ehrfurchtsvollen Verständnis für das große Kunstschaffen unserer Vorfahren erziehen."[90] Stolbergs Kritik an einem zu stark an der Moderne orientierten Leiter der Kunstgewerbeschule konnte nur auf Debschitz abzielen. Dieser war zu jenem Zeitpunkt im Frühjahr 1922 zwar bereits seit einem knappen Jahr pensioniert;[91] sein Nachfolger Friedrich Wilhelm Jochem trat sein Amt jedoch erst ein gutes Vierteljahr später, im Juli 1922, an.[92]

Wilhelm von Debschitz' Bereitschaft, Vermittler und Förderer des Neuen zu sein, war in der Zeit nach dem Ersten Weltkrieg derart ausgeprägt, daß er sich neue Betätigungsfelder suchte, um das gerade erst Erfahrene und Gewonnene dort auf bisher unbekanntem Terrain weiterzuentwickeln. Neben seiner eigentlichen Tätigkeit als Kunstprofessor und seinem Engagement im Vorstand der Kestner-Gesellschaft stand Debschitz im Oktober 1919 als Mitglied des Revolutionären Kunstkommittees Hannovers dem Opern- und Schauspielhaus an der Georgstraße für die Konzeption des Bühnenbildes von Georg Kaisers BÜRGER VON CALAIS zur Verfügung.[93] Wenig zuvor, im Spätsommer 1919, veröffentlichte er im HOHEN UFER seine Überlegungen zur VOLKSKUNST.

„Größte Kunstwerke", so Debschitz in diesem Beitrag, seien „internationale Friedensmanifeste, Tempel der Menschheit, Wohnungen übermenschlichen, göttlichen Geistes".[94] Sie „in nationale oder gar provinziale Enge zu grenzen", sei ebenso unsinnig wie die Kultur einer ‚Rasse' „im großen Hause der Menschheit" ihrer spezifischen Eigenschaften wegen zu benachteiligen. Jenseits nationaler Grenzen liege „Weltgeist", und „nur Weltgeist hat die Kraft, Weltfriede zu schließen". Radikaler Pazifismus nach Jahren des Nationalismus

Graphikklasse
Fritz Burger-Mühlfelds in der Kunstgewerbeschule, Foto. 1920.
2. v. l. Fritz Burger-Mühlfeld, 3. v. l. Ernst Thoms, 4. v. r. Grethe Jürgens

und Chauvinismus spricht ebenso aus Debschitz' Worten wie die Überzeugung vom Kunstwerk als „göttliche(m) Wunder der Materialisation freien Geistes". Gerade deshalb sei die Kunst übernational, weil sie jenseits aller regionalen Ausprägungen einer übergeordneten Göttlichkeit diene.[95]

Wilhelm von Debschitz' emphatischer Tonfall voller Hoffnung auf die in Völkerfreundschaft einigende Kraft einer stets undeutlich bleibenden „Gottheit" und „Allseele" im „Kosmos" verweist zurück auf die Zeitschrift DAS HOHE UFER. Auch Debschitz, dieser engagierte Streiter für die jüngsten Erscheinungen in der zeitgenössischen Kunst, hat sich in der Zeitschrift DAS HOHE UFER also eine bei allem sprachlichen Pathos vergleichsweise gemäßigte und distanzierte Grundhaltung der Moderne gegenüber auferlegt.

Der Mitarbeiter Ernst Kantorowicz

Im Februarheft 1919 des HOHEN UFER veröffentlichte Ernst Kantorowicz mit BEMERKUNGEN ÜBER DAS ÖFFENTLICHE MUSIKLEBEN HANNOVERS seinen einzigen Beitrag für das Blatt. 1892 war er als Sohn des jüdischen Arztes Benno Kantorowicz in ein „völlig assimiliertes Milieu", das „Preußenviertel der Beamten und Offiziere in Hannover"[96] – also offenbar das gutbürgerliche Hindenburg-Viertel der Stadt – hineingeboren worden. Kantorowicz verbrachte nur die Jugendzeit in Hannover. Nach dem Rechtsstudium in Lausanne, Berlin und Heidelberg, das er 1917 mit der Promotion in Göttingen abschloß,[97] war er von 1920 bis 1930 Magistratsassessor in Kiel. Zugleich arbeitete er während dieser Zeit sowohl als Leiter des Kieler Jugendamtes als auch als Direktor der dortigen Volkshochschule.[98] Kantorowicz, „radikal Jugendbewegter"[99] und SPD-Mitglied, galt als ausgezeichneter Lehrer. Gustav Radbruch, Politiker und als Rechtsprofessor ein Kieler Kollege, würdigte ihn in einem Nachruf in den fünfziger Jahren überdies als „geborenen Ratgeber, einfühlend und klärend zugleich, ein gelassener Schlichter bei allen Mißverständnissen und Schwierigkeiten … Vernunft, Humanität und Gerechtigkeitssinn waren ihm lebendige und verpflichtende Werte, persönlichster Lebensinhalt".[100] In Jugendwohlfahrt, sozialer Fürsorge, Erwachsenenbildung in der Volkshochschule und akademischer Lehrtätigkeit[101] lagen die vier Hauptarbeitsgebiete Ernst Kantorowicz'.[102]

Das Interesse an der Erwachsenenbildung war es wohl, das ihn veranlaßte, sich im hannoverschen HOHEN UFER zu Wort zu melden. Hatte sich sein Lebensweg auch weit von Hannover fortentwickelt, so war Kantorowicz hier doch offenbar kein Unbekannter. 1919 scheint er für gewisse Zeit in seine Geburtsstadt zurückgekehrt zu sein. Für einen nicht ganz kurzen Aufenthalt jedenfalls spricht die Tatsache, daß Kantorowicz' Ausführungen in den BEMERKUNGEN ÜBER DAS ÖFFENTLICHE MUSIKLEBEN HANNOVERS auf gute Kenntnis der Verhältnisse im hiesigen Opernhaus, in den Konzertsälen und im Chorwesen schließen lassen. Im Professorenverzeichnis der Volkstümlichen Hochschule taucht Anfang der zwanziger Jahre zudem ein Dr. Kantorowicz auf, der vermutlich mit dem Fachmann für Fragen der Erwachsenenbildung Ernst Kantorowicz identisch ist.[103] Henning Rischbieter gab zudem an, Kantorowicz habe gemeinsam mit Paul Steegemann und dem Maler Otto Gothe zu den Unterzeichnern eines Aufrufes des hannoverschen Rates geistiger Arbeiter gehört, in dem man „entschlossen den Morgen einer neuen Zeit" begrüßt und sich „auf den Boden des Volksstaates und der Republik"[104] gestellt habe.

Ernst Kantorowicz, Foto. Um 1935

Auch in seinem Artikel für DAS HOHE UFER zählten im Frühjahr 1919 durchaus politisch zu verstehende Forderungen einer stärkeren Beteiligung der Öffentlichkeit am Kunstschaffen und an der Kunstpolitik der jungen Weimarer Republik zu Kantorowicz' Anliegen. Es sei nicht das hannoversche Musikwesen an sich, das Anlaß zur Besorgnis gebe. Dieses sei so gut oder so schlecht wie anderswo und überdies ebensowenig auf spezifisch städtische Belange zugeschnitten wie in jeder anderen Großstadt des Reiches. Eben das mache das hannoversche Musikleben jedoch auch angreifbar. Weder die Revolution noch die Überwindung der mit ihr verbundenen wirtschaftlichen Schwierigkeiten nämlich hatten nach Kantorowicz' Ansicht etwas an der Tatsache geändert, daß Musik zu allen öffentlichen Anlässen den wenigen vorbehalten bleibe, die sich zwar die teuersten Plätze leisten konnten, Konzerte jedoch oft nur besuchten, „weil es Sitte und guter Ton ist".[105] Er wolle keinesfalls der Zensur das Wort reden, aber es dürfe nicht angehen, daß weiterhin ein Kunstbetrieb geduldet werde, „an dem nur ein verhältnismäßig sehr kleiner Kreis teilnimmt … Wir fordern auch hier Taten. Wir fordern Musik für das ganze Volk."[106]

Verfolge man dieses Ziel mit ganzem Herzen, werde man feststellen, daß man „mit kleiner Besetzung herrliche Sachen aufführen" könne. „Musik nicht länger im Logenhaus", sondern für die „Säle der Arbeiterviertel", so lautete Kantorowicz' Losung, für deren Verwirklichung er sogleich eine Reihe von Veränderungen präsentierte. Er forderte „Volkskonzerte" und „Volkschöre",[107] ein öffentliches Musikprogramm in den Konzertsälen und Notenabteilungen in der Bibliotheken der Stadt.[108] Vor allem rief Kantorowicz alle Beteiligten zum schnellen Handeln auf. „Die Not dieser Zeit" duldete nach seiner Überzeugung keine großen Worte. Schließlich entließen die Geschäfte, Büros und Fabriken jeden Tag aufs neue riesige Menschenströme in eine kärgliche Freizeit, „die in Kinos und Konzertcafés ihre Zuflucht suchen. Seid ihr's zufrieden? Kann man den Menschen nichts Besseres bieten als das? – Mögen die Skeptiker recht behalten, mag es vielleicht tatsächlich nicht möglich sein, in den breiten Massen des Volkes tiefes Kunstverständnis zu wecken, wir wollen ja gar nicht schullehrerhaft ‚erziehen', aber wir wollen und müssen neben der unedlen Unterhaltung, die geboten wird, edle Unterhaltung anbieten und vertrauen auf den schließlichen Sieg des Geistes über alle Verbildung."[109] „Glaubt ihr nicht", so schloß Kantorowicz seinen eindringlichen Appell an die Verantwortlichen in Hannovers Musikleben, „daß von tausend Menschen wenigstens ein Einziger reicher wird und zur Kunst kommt? ‚Lohnt' es sich nicht um dieses einen Einzigen willen? Und schadet es etwa den vielen anderen?"[110]

Der Aufruf, der breiten Masse des Volkes Besseres zu bieten und Kino und Konzertcafé in diesem Zusammenhang als „unedle Unterhaltung" zu meiden, ist nicht in direkter gedanklicher Linie mit Kantorowicz' Einsatz im Rat geistiger Arbeiter zu verstehen. Das Moment der Demokratisierung stand dem Gedanken der ‚Veredelung' gegenüber.[111] Ernst Kantorowicz hat nur diesen einen Beitrag im HOHEN UFER veröffentlicht. Insofern bleibt unklar, ob er sich in seiner Aussage vielleicht ähnlich wie andere Kollegen zurücknahm, um einem hier geforderten Kurs zu entsprechen oder ob seine Aussagen im Rat geistiger Arbeiter und im HOHEN UFER zwei verschiedene, sich aber keineswegs widersprechende Konstituenten im Denken eines auch ansonsten in seiner Arbeit zwischen ‚Volksveredelung' durch Belehrung und ‚Volksbildung' aus Respekt vor dem Bildungshunger breiter Bevölkerungsschichten schwankenden Mannes waren.[112]

Der Mitarbeiter Karl Aloys Schenzinger

Während Kantorowicz sich im Februar 1919 im HOHEN UFER eingehend mit dem hannoverschen Musikwesen beschäftigte, schrieb Karl Aloys Schenzinger über ein Thema, das eigentlich in die Domäne Johann Frerkings gehörte. Im März 1919 erschien SCHAUSPIELEREI IN HANNOVER. Schenzinger,[113] gebürtiger Bayer, war zu diesem Zeitpunkt Mitte Dreißig und sorgte mit seiner unkonventionellen Lebensweise selbst in der aufgeschlossenen Avantgarde Hannovers für Aufsehen. Er war u.a. als Militärpsychiater im Ersten Weltkrieg und Mitarbeiter der Psychiatrischen Anstalten Ilten in der Nähe Hannovers tätig gewesen, bevor er sich für kurze Zeit in Hannover als Nervenarzt niederließ.[114] Nebenbei fand er offenbar schnell Einlaß in die avantgardistische Kunst- und Kulturszene seiner neuen Wahlheimat.[115] Ungetrübt blieb das Verhältnis zu ihr jedoch nicht. Etwa zur gleichen Zeit, als sein Beitrag im HOHEN UFER erschien, legte sich Schenzinger mit Kurt Schwitters an, der auf das Portrait des Arztes einen Bierfilz aufgeklebt und es als MERZBILD I A – DER IRRENARZT tituliert hatte. Schenzinger reagierte verärgert.[116] Im Jahr darauf wiederum bat Paul Steegemann den Verlegerkollegen Bernhard Gröttrup, in dessen PILLE öffentlich zu machen, daß „dieser Dramenfabrikant nicht bei mir ediert wird, dieweil er nach einem abgeschlagenen Pumpversuch über 3.000 Mk eine unangenehme Vitalität"[117] entwickele und er nichts mehr mit Schenzinger zu tun haben wolle. Der Hinweis des Verlegers, er habe Schenzinger ursprünglich als Verfasser eines Dramas vorgesehen, sowie das 1919 im Kestner-Buch veröffentlichte Stück DER BERGGANG[118] sind die einzigen Hinweise auf eine Tätigkeit Schenzingers für das Theater. Ansonsten arbeitete er in den zwanziger Jahren offenbar überwiegend an trivialen oder politischen Sensationsromanen.[119] Der Durchbruch als Schriftsteller gelang ihm erst in den frühen dreißiger Jahren mit der Veröffentlichung von HITLERJUNGE QUEX, dem „Bürgerkriegsroman",[120] der in wenig mehr als einem Jahr eine Auflage von mehr als 100.000 Exemplaren und die Verfilmung durch die Ufa erlebte.[121] Vor allem Joseph Goebbels wußte um den Wert der Erzählung von dem aufrechten Hitlerjungen Heini Völker – genannt Quex – dem die Freunde von der Hitlerjugend wichtiger waren als die Eltern, ein arbeitsloser unzufriedener Kommunist und eine verhärmte Mutter. Schenzinger, wiewohl selbst nie NSDAP-

Karl Aloys Schenzinger, Foto. Um 1935

MERZ-Bild 1A – Der Irrenarzt, Collage von Kurt Schwitters. 1919

Mitglied,[122] durfte fortan den Titel des „ersten nationalsozialistischen Dichters"[123] führen und wurde Ehrenmitglied der Hitler-Jugend.

Dem Roman HITLERJUNGE QUEX folgte in den dreißiger Jahren eine Reihe von Industrieromanen und „Chemiekrimis".[124] Hier wie dort ging es Schenzinger jenseits aller thematischen Unterschiede um eine politische Aussage, und zwar um die Kritik an einer saturierten und philiströsen Bourgeoisie. Marianne Weil urteilte in ihrer Biographie, Schenzinger sei ein grundsätzlich Oppositioneller gewesen. In allen seinen Büchern habe er „eine Atmosphäre des Aufstandes …, der Protestes"[125] verbreitet. „Die Helden Schenzingers zeichnen sich durch jugendliche Respektlosigkeit aus … Es kommt dazu, daß Schenzinger immer auf der richtigen Seite zu sein scheint. Seine flammendste Rede gilt den Unterdrückten – nicht den Schwachen natürlich – sondern den zu Unrecht klein und niedrig Gehaltenen."[126] Mehr als jede willkürliche hierarchische Gesellschaftsordnung galten ihm sogenannte deutsche Tugenden wie Mut, Einsatzbereitschaft, Ehrgefühl und „soldatische Verbissenheit",[127] mit denen er seine positiven Helden ausstattete.

Kritik an der Bourgeoisie und grundsätzliche Bereitschaft zur Opposition gegen herrschende Normen im künstlerisch-kulturellen Bereich prägen auch Schenzingers Beitrag über das hannoversche Theaterwesen für das HOHE UFER. Freiheit, das „knallrote(.) Banner über unserer Zeit",[128] hätte aus den Bühnen „Kanzeln der Poesie"[129] machen können. Stattdessen sei alles beim alten geblieben. „Kunden, Makler und Kommis hielten sich fest die Hände. Von der Zufriedenheit gepeitscht, krochen sie einen Reigen um das blecherne Kalb … Fesseln …? Änderung …? Fortschritt …?!! Herr!! Wir sind hier anständige Leute."[130] Alle hannoverschen Bühnen – so Schenzingers vernichtendes Gesamturteil – böten zur Zeit Indiskutables. Man gefalle sich in Albernheiten und in der Imitation jener Exaltiertheiten, die man dem expressionistischen Geist meinte schuldig zu sein. Als besonders problematisch bewertete Schenzinger dabei die Rolle der Akteure: „In unsern Schauspielern liegt zuviel Alltäglichkeit verknöchert – teilweise gesteigert bis zur Eitelkeit. Es fehlt die Labilität der Psyche. Trockener Lehm! Wenn modelliert werden soll, bröckelt er. Mit der Rolle wird nur das Kostüm gewechselt. Haß, Liebe, Staunen, Schreck, Zweifel, Verzweiflung, Erlösung – werden nach dem Lehrbuch vorgetragen. Mit den Armen gerudert, Stirnen gerunzelt, mehr oder weniger laut gesprochen, – Register der Gemütswellen – statt Kunst wird Absicht – Schema! Der Dichter wird gesteinigt, wenn er seine Menschen aneinander vorbeireden läßt! Das ist der Tod dramatischer Kunst. Jedes Wort – jede Geste: Theater! Warenhaus!"[131]

Ankündigung der Kestner-Bühne im HOHEN UFER. 1919

Johann Frerking, der Hausautor des HOHEN UFERS in allen Belangen des hannoverschen Theaters, schrieb hier zur gleichen Zeit ebenfalls ausführlich und kritisch über die Leistungen der Schauspielerschaft. Anders als Schenzinger aber beließ es Frerking dabei nicht. Seine Änderungsvorschläge und Forderungen sprachen ebenso die Ebene des wirtschaftlichen wie die des künstlerischen Theatermanagements an. In der Berufung von engagierten und fähigen Regisseuren und Intendanten, sah er den entscheidenden Schritt zur Verbesserung der Theaterqualität Hannovers gegeben. Das Ensemble war ihm formbares Material, dessen Einzelbestandteile gesichtet und wenn nötig durch neue ersetzt werden mußten.

Die Unterschiedlichkeit in der Betrachtungsweise Frerkings und Schenzingers ist auffällig. Dabei war Schenzinger ebensowenig wie Frerking ein Theater-Laie. Gemeinsam mit Paul Erich Küppers begründete er die Kestner-Bühne, die sich, allerdings nur vom Dezember 1919 bis zum April 1920, in fünf Vorstellungen[132] der

Pflege ansonsten selten berücksichtigter Bühnenwerke annahm. Sie bot in der Schauburg an der Hildesheimer Straße Aufführungen vor einem kleinen Kreis von Interessierten an, welche gerade vom HOHEN UFER zumeist von Johann Frerking erfreut als Bereicherung der hiesigen Theaterlandschaft begrüßt wurden.[133] Schenzingers Rezension im HOHEN UFERS jedoch reichte anders als die von Frerking über die bissige Bestandsaufnahme hannoverscher Schauspielkunst nicht hinaus, und überdies verschoß er sein journalistisches Pulver in nebensächlichen Gehässigkeiten.[134] Seine Opposition war grenzenlos, zumindest verbal. Sein Beitrag im HOHEN UFER liest sich wie eine Aneinanderreihung von Anmerkungen eines notorischen Besserwissers, der sich, überaus eitel, mehr über seine eigene Eloquenz Gedanken zu machen schien als darüber, die beschriebenen Mißstände beenden zu helfen. Was Schenzinger am Theater seiner Zeit kritisierte, nämlich die große und nichtsdestotrotz leere Geste, prägte zugleich seinen eigenen Beitrag. Seine Forderung reichte über die Anstellung besserer Schauspieler nicht hinaus. Eine Verbindung zwischen derzeitiger Situation und Rezeptionsverhalten des hannoverschen Theaterpublikums suchte er gar nicht erst. Im fiktiven Gespräch mit seinen Kritikern schrieb er: „Unterbrechen Sie mich nicht! Das Publikum will es nicht anders, – – wollen Sie sagen. Ich weiß. Und ich sage: Das Publikum ist passiv. Es kommt zu Ihnen, wie die Kinder zu Vater und Mutter – wie die Gemeinde zur Kirche. Man hat es mit Mittelmäßigkeit gemästet. Anstatt den niedrigen Instinkten entgegenzuwirken, kam man entgegen in Darstellung und Kritik."[135]

Auch Karl Aloys Schenzinger hat der Zeitschrift DAS HOHE UFER durch seine einmalige Mitarbeit somit keine außergewöhnlich radikale und aggressive fordernde Note verliehen. Wie im Beitrag Ernst Kantorowicz', so klang auch hier der ‚Veredelungsgedanke' an, der den ‚niederen Instinkten' eines offenbar als beliebig formbar eingeschätzten Publikums entgegenwirken sollte. Hier wie auch in anderen Beiträgen wurde das Kunst- und Kulturempfinden des Bürgertums ironisch kritisiert,[136] allerdings nicht mit ähnlicher Schärfe wie in den anderen, in der Regel später erscheinenden hannoverschen expressionistischen Zeitschriften.

Das Ende des HOHEN UFERS

Wohl forderte das HOHE UFER wie die anderen Blätter der Zeit den verstärkten Einsatz für die junge Kunst, doch wirkt dies, verglichen mit dem ungestümen Eifer anderer Avantgardezeitschriften aus gleicher oder etwas späterer Zeit, wie eine Pflichtübung zur Überprüfung des gängigen Vokabulars, aufgesetzt und ohne rechte Überzeugungskraft.

Den Charakter einer gewissen Gleichgültigkeit und einer verbalen wie inhaltlichen Mäßigung behielt DAS HOHE UFER bis zu seiner letzten Ausgabe im Winter 1920 bei. Im GESPRÄCH AM JAHRESENDE, das zugleich Abgesang auf die Zeitschrift überhaupt war und zwischen den beiden für die Zeitschrift wichtigsten Männern Hans Kaiser (Petrus) und Johann Frerking (Sebastian)[137] stattfand, zog Petrus Bilanz: „Not hat die Herausgabe dieser Zeitschrift verlangt. Not verlangt jetzt Schweigen. Die Dichtung, die Kunst finden keine Ohren mehr für ihre Darbietungen, ihre Gewalt verkörpert nicht mehr Symbol und Verklärung der Lebensform und des Geistes." Sebastian darauf: „Ich glaube, eines Tages werden die Alten die Neuesten sein."[138] Gelassenheit und Besonnenheit trotz aller Resignation kennzeichneten den Standpunkt der beiden Diskutierenden. „Weisheit letzter Schluß", so Henning Rischbieter, sei „ruhige Behutsamkeit" gewesen.[139] Am Ende lautete die Forderung schließlich in Anspielung auf Voltaires CANDIDE,[140] dem nach allen Abenteuern und Wirrnissen nur daran gelegen ist, „unseren Garten zu bebauen": „Bestelle dich selbst und pflege deinen Garten."[141]

Deutlich werden im GESPRÄCH AM JAHRESENDE die Gründe des Scheiterns der Zeitschrift angesprochen. Weder die Unterstützung der Kestner-Gesellschaft noch die großzügige Spende, die der Unternehmer Hermann Bahlsen aufgebracht haben soll, vermochte das finanzielle Defizit auf Dauer nicht auszugleichen.[142] Gleichzeitig verweist die Unterredung zwischen Kaiser und Frerking auf den grundsätzlichen Charakter des HOHEN UFERS. Vor allem Frerking gefiel sich als Berichterstatter, der – wenn er sich auch engagierte und Positionen bezog – so doch stets über den Dingen stand. Überlegen im Intellekt wie in der sprachlichen Gestaltung, schrieb er seine Gegner elegant in Grund und Boden, ohne sich dabei jemals ähnlich zu ereifern wie etwa Christof Spengemann es einige Monate später im ZWEEMANN tat. Vielleicht ist der gemäßigte und fast bedächtige Grundton des HOHEN UFERS auch als bewußte Reaktion auf den sich radikaler und angriffslustiger gebenden ZWEEMANN zu verstehen, der ein gutes dreiviertel Jahr später zu erscheinen begann.[143] In jedem Fall ist der Schlußsatz des GESPRÄCHS AM JAHRESENDE „Bestelle dich selbst und pflege deinen Garten" gewissermaßen auch als Motto des HOHEN UFERS zu sehen.

Christiane Klössel beschrieb zusammenfassend als vornehmliches Ziel des HOHEN UFERS, die in den erst kurz zuvor entstandenen künstlerisch-literarischen Vereinigungen „deutlich werdenden künstlerischen Kräfte zu sammeln und zu verstärken".[144] Die Fülle der unterschiedlichen Beiträge, die hier veröffentlicht wurden, spiegelte dabei die allgemeine Aufbruchstimmung in ihrer Suche nach neuen Ausdrucksformen. Allerdings erweckt sie auch den Eindruck einer gewissen Konzeptlosigkeit und des Wunsches, zunächst erst einmal zusammenzutragen, um dann später zur Selektion und inhaltlichen Schwerpunktsetzung zu gelangen. Fast scheint es, als habe das HOHE UFER seine Aufgabe darin gesehen, in Hannover erst den Boden zu bereiten, den die nachfolgenden spätexpressionistischen Blätter dann mit größerer Leichtigkeit und Experimentierfreude literarisch beackern konnten.

1 Vgl. Rischbieter, Henning; Hannoversches Lesebuch, Bd. 2, S. 239. Vgl. auch Kunstverein Hannover; Zwanziger Jahre, S. 87.
2 Ludwig Ey übernahm 1912 die durch seinen Vater 1878 in der Georgstraße begründete „Buch-, Kunst- und Landkartenhandlung nebst Antiquariat" und schloß dieser einen kleinen Verlag an (50 Jahre Buchhandlung Ludwig Ey, Hannover o.J. (1928), S. 2f (SAH 98/2)). Im Verlag Eys erschien 1913 Herbert von Garvens-Garvensburg Ensor-Biographie (Garvens-Garvensburg. Herbert; James Ensor. Maler, Radierer, Komponist, Hannover 1913). Bereits im Jahr zuvor hatte Ey die Dienstags-Gesellschaft ins Leben gerufen, die allerdings keinen dauerhaften Bestand hatte. Der Veranstaltung von Vorträgen mit Julius Bab, Albrecht Schaeffer, Herbert von Garvens-Garvensburg, Albert Brinckmann und Johann Frerking – dem Organisator –, lag ein Gedanke zugrunde, der dann sieben Jahre später bei der Konzeption des HOHEN UFERS wieder eine Rolle spielte: „Dahinter stand wohl auch ... die Hoffnung, daß dieser kleine Kreis sich nach und nach zu einem literarischen Zentrum der Stadt auswachsen würde. Viele literarisch Interessierte, die in Hannover ohne Verbindung miteinander waren und nach anregenden, fördernden Beziehungen suchten, freuten sich über den Sammelpunkt." (Mülbe, Wolf-Heinrich von der; Lieber Herr Ey!, in: 50 Jahre Buchhandlung Ludwig Ey, Hannover o.J. (1928), S. 9f).
3 Kunstverein Hannover; Zwanziger Jahre, S. 88. Hier wird das Geschäft Eys als „interessanteste Buchhandlung am Platze" bezeichnet. Vgl. dazu auch die Würdigung, die Julius Bab anläßlich des 50jährigen Bestehens der Buchhandlung formulierte (Bab, Julius; Lieber Herr Ey, in: 50 Jahre Buchhandlung Ludwig Ey, Hannover o.J. (1928), S. 13 ff. Vgl. auch Rischbieter, Henning; Hannoversches Lesebuch, Bd. 2, S. 241). Heinz Vahlbruch, der etwa zehn Jahre darauf, im April 1929, eine Lehre als Buchhändler bei Ludwig Ey begann, erinnerte sich seines Lehrherrn als eines „an moderner Kunst sehr interessiert(en)" Mannes (Gesprächsprotokoll Heinz Vahlbruch, 29. Juli 1992). Vgl. auch Vahlbruch, Heinz; Haus in der Königstraße, S. 54. Während der wirtschaftlich prekären Phase der Inflation soll Ey die Kestner-Gesellschaft durch die Herausgabe der Kestner-Mappen, aufwendiger limitierter Künstlermappen von El Lissitzky, Laszlo Moholy-Nagy und Karl Schmidt-Rottluff, unterstützt haben (Schmied, Wegbereiter; Wegbereiter zur modernen Kunst, S. 252, 287). In der entsprechenden Korrespondenz der Kestner-Gesellschaft (NStAH Hann. Dep. A. 23–25) findet sich allerdings kein Hinweis darauf.
4 In den Heften beider Jahrgangsbände wird allein Kaisers Name als der des Herausgebers angegeben und nicht etwa Johann Frerkings. Frerking bezeichnete sich selbst später als Mitherausgeber des HOHEN UFERS (Frerking, Johann; Wie wir einst so munter waren. Zur Ausstellung DIE ZWANZIGER JAHRE IN HANNOVER, Hann. Presse, 28. August 1962).
5 Frerking, Johann; Wie wir einst so munter waren. Zur Ausstellung DIE ZWANZIGER JAHRE IN HANNOVER, Hann. Presse, 28. August 1962. Laut Haus- und Adreßbüchern der Stadt Hannover (StAH) zog Kaiser am 6. April 1913 von Berlin nach Hannover. Am 15. Oktober 1928 verzog er wieder nach Berlin.
6 Vgl. dazu allgemein die Zeitungsartikelsammlung des Kestner-Museums (ZAS-Akte I und ZAS-Akte III). Auch während seiner Arbeit für das HOHE UFER wie später nach dessen Untergang blieb Hans Kaiser freier Mitarbeiter des KURIERS und als solcher ein Freund zeitgenössischer Kunst (vgl. etwa Kaiser, Hans; Kunst und Wissenschaft. Kunsthandwerk in der Galerie von Garvens, Hann. Kurier, 26. Februar 1921).
7 Paul Steegemann behauptete wenig später gar, „daß die formale Idee (der Kestner-Gesellschaft, I.K.) von Hans Kaiser 1913 stammt" (Steegemann, Paul; Herr Dr. Paul Erich Küppers, in: Der Marstall, H. 1/2, 1919/1920, S. 16). Interessant ist hieran vor allem, daß demnach offenbar schon 1913, also auch noch bevor Christof Spengemann seine Zeitschrift NEUE KUNSTANSCHAUUNG konzipierte, Überlegungen zur Gründung einer privaten Kunstgesellschaft existierten.
8 Kaiser, Hans; Kestner-Gesellschaft, Hann. Kurier, 1. September 1916.
9 Ebda.
10 Im Dezember 1916 urteilte er: „Es lebt eine große geistige Bewegung, ein neuer Idealismus unter uns, in der Kunst und in der Philosophie sehen wir schon die Gebilde ihres Niederschlags. Die Kestner-Gesellschaft hat mit der Caspar-Ausstellung ihre erste große Welle in die Öffentlichkeit Hannovers getragen." (Kaiser, Hans; Schlußwort zur Karl-Caspar-Ausstellung, Hann. Kurier, 9. Dezember 1916). Vgl. auch die Kritik zur ersten Ausstellung der Kestner-Gesellschaft: Kaiser, Hans; Ein Beitrag zur Max-Liebermann-Ausstellung in der Kestner-Gesellschaft, Hann. Kurier, 15. Oktober 1916. Kaiser schrieb hier: „Es ist charakteristisch für das Kunstleben der Stadt, daß erst die Kestner-Gesellschaft die erste Kollektiv-Ausstellung Liebermanns in Hannover zeigt."
11 Kaiser, Hans; Kestner-Gesellschaft, Hann. Kurier, 31. März 1917.
12 Vgl. dazu das Verzeichnis der Stifter und Mitglieder der Kestner-Gesellschaft, in: Kestner-Gesellschaft e.V.; Rückblick auf die Jahre 1916/21. Programm für das Vereinsjahr 1921/22, S. 27. Kaiser wurde hier als „Direktor Hans Kaiser" erwähnt. In der Tat leitete Hans Kaiser eine „Werbedienst GmbH", die sich, so das Adreßbuch der Stadt, wie seine Privatwohnung auch in der Podbielskistraße 250 befand. Im gleichen Haus war das hannoversche Büro des Deutschen Werkbunds untergebracht. Kaiser war, wie eine große Zahl von Schriftwechseln mit der Kestner-Gesellschaft in den Jahren 1918–1922 zeigt, auch Geschäftsführer dieser Institution.
13 Kestner-Gesellschaft; Flugschriften.
14 Kaiser, Hans; Vorwort zum Ausstellungskatalog der Kestner-Gesellschaft II. Ausstellung der Hann. Sezession. Gemälde. Graphik. Plastik, Hannover 1919.
15 Ebda.
16 Schmied, Wieland; Wegbereiter zur modernen Kunst, S. 234.
17 Schreiben Ludwig Eys an den Vorstand der Kestner-Gesellschaft, 10. September 1918 (NStAH Dep. 100 A. 7).
18 Ebda.
19 Schreiben Paul Erich Küppers, Kestner-Gesellschaft, an Ludwig Ey, 31. Oktober 1918 (NStAH Dep. 100 A. 7).
20 Klössel, Christiane; Zweemann, S. 136.
21 Kaiser, Hans; Gemeinschaft, in: Das Hohe Ufer, 1. Jhg., Januar 1919, S. 19. Diese Passage zitierte auch Paul Raabe in seiner kurzen Vorstellung des HOHEN UFERS (Raabe, Paul; Zeitschriften und Sammlungen, S. 88f).
22 Ebda.
23 Kaiser, Hans; Gemeinschaft, in: Das Hohe Ufer, 1. Jhg., Januar 1919, S. 20.
24 Über dieser Institution ist nichts in Erfahrung zu bringen.
25 Werbeblätter des HOHEN UFERS, November 1918 (NStAH Dep. 100 A. 8).

26 Der vergleichsweise bequemen Überquerbarkeit der Leine an der Stelle der heutigen Straße AM HOHEN UFER verdankt Hannover (hohen overen) seinen Namen.
27 Gropius, Walter; Der neue Baugedanke, in: Das Hohe Ufer, 1. Jhg., April 1919, S. 87 f. Gropius, Walter; ‚Sparsamer Haushalt' und falsche Dürftigkeit, in: Das Hohe Ufer, 1. Jhg., Juli 1919, S. 178 ff.
28 Taut, Bruno; Architektur, in: Das Hohe Ufer, 1. Jhg., Mai 1919, S. 125 f. Taut, Bruno; Bildschreine, in: Das Hohe Ufer, 1. Jhg., Dezember 1919, S. 305. Taut, Bruno; Ex oriente lux, in: Das Hohe Ufer, 1. Jhg., Januar 1919, S. 15–19. Taut, Bruno; Farbenwirkungen aus meiner Praxis, in: Das Hohe Ufer, 1. Jhg., November 1919, S. 263–266. Taut, Bruno; Zum neuen Theaterbau, in: Das Hohe Ufer, 1. Jhg., August 1919, S. 204–208. Taut, Bruno; Künstlerisches Filmprogramm, in: Das Hohe Ufer, 2. Jhg., H. 5/6, 1920, S. 86 ff. Taut, Bruno; Mein Weltbild, in: Das Hohe Ufer, 2. Jhg., H. 10/12, 1920, S. 152 f.
29 Poelzig, Hans; Staatliches Bauwesen, in: Das Hohe Ufer, 1. Jhg., Dezember 1919, S. 283 f. Vgl. zum Thema Architektur auch Wolf, Paul; Städtebau, in: Das Hohe Ufer, 1. Jhg., Dezember 1919, S. 310–314.
30 Gropius, Walter; Der neue Baugedanke, in: Das Hohe Ufer, 1. Jhg., April 1919, S. 87.
31 Behne, Adolf; Historische, ästhetische und kritische Kunstbetrachtung, in: Das Hohe Ufer, 1. Jhg., Juni 1919, S. 134 ff.
32 Lessing, Theodor; Epikur und Buddha, in: Das Hohe Ufer, 1. Jhg., Juni 1919, S. 141–146.
33 Beaulieu, Héloise von; Ein Buch von gestriger Jugend, in: Das Hohe Ufer, 1. Jhg., Juli 1919, S. 182–184.
34 Werfel, Franz; Das Gebet Mosis, in: Das Hohe Ufer, 1. Jhg., August 1919, S. 202. Werfel, Franz; Geburt, in: Das Hohe Ufer, 1. Jhg., September 1919, S. 209 f. Werfel, Franz; Was ein jeder sogleich nachsprechen soll, in: Das Hohe Ufer, 1. Jhg., August 1919, S. 201.
35 Edschmidt, Kasimir; Die Erkenntnis, in: Das Hohe Ufer, 1. Jhg., Januar 1919, S. 10–15.
36 Klabund; Die Begegnung, in: Das Hohe Ufer, 1. Jhg., Mai 1919, S. 118. Klabund; Ode, in: Das Hohe Ufer, 1. Jhg., Dezember 1919, S. 291. Klabund; Ode am Meer, in: Das Hohe Ufer, 1. Jhg., Februar 1919, S. 36. Trakl, Georg; Herbstseele, in: Das Hohe Ufer, 1. Jhg., September 1919, S. 225. Kornfeld, Paul; Gedichte in Prosa, in: Das Hohe Ufer, 1. Jhg., Februar 1919, S. 31–36.
37 Johst, Hanns; Hymne an alle, in: Das Hohe Ufer, 1. Jhg., April 1919, S. 89 ff.
38 Novalis; Monolog, in: Das Hohe Ufer, 2. Jhg., 1920, S. 97 f. Jean Paul; Eilf Zeit-Polymeter, in: Das Hohe Ufer, 2. Jhg., H. 7, 1920, S. 1–3. Jean Paul; Worte aus dem Jahre 1799, in: Das Hohe Ufer, 2. Jhg., H. 10/12, 1920, S. 145 f.
39 Baudelaire, Charles; Tagebuchblatt, in: Das Hohe Ufer, 2. Jhg., H. 8/9, 1920, S. 121–123.
40 f.; Bücher. Leopold von Wiese – Strindberg, in: Das Hohe Ufer, 1. Jhg., Januar 1919, S. 27.
41 f.; Bücher. Francis Jammes – Das Paradies, in: Das Hohe Ufer, 1. Jhg., Juli 1919, S. 186.
42 f.; Bücher. Herbert Eulenberg – Mein Leben für die Bühne, in: Das Hohe Ufer, 1. Jhg., Juli 1919, S. 187.
43 Vgl. etwa: Sebastian (d.i. Johann Frerking); Reinkarnation-Ukraine. Ein Stück aus dem Konversations-Lexikon, in: Das Hohe Ufer, 1. Jhg., Januar 1919, S. 26 f. Frerking machte sich hier über den hannoverschen Gelehrten „Dr. lit. h.c." Martin Olpe lustig, der anläßlich eines Vortrages das Wort Reinkarnation falsch ausgesprochen hatte.
44 Sebastian; Ritter gegen den Geist, in: Das Hohe Ufer, 1. Jhg., Februar 1919, S. 54 f.
45 Ebda.
46 Ebda.
47 Frerking, Johann; Die Versuchung des heiligen Johannes, in: Das Hohe Ufer, 1. Jhg., März 1919, S. 68–70.
48 Garvens-Garvensburg, Herbert von; James Ensor, in: Das Hohe Ufer, 2. Jhg., H. 1, 1920, S. 9 ff. DAS HOHE UFER druckte in diesem zweiten Jahrgangsband auch zwei Radierungen Ensors.
49 Habicht, Victor Curt; Niedersächsische Gotik, in: Das Hohe Ufer, 1. Jhg., April 1919, S. 104–108.
50 Küppers, Paul Erich; Christian Rohlfs, in: Das Hohe Ufer, 1. Jhg., Mai 1919, S. 127–129. Die Ausstellung fand vom 21. April bis zum 25. Mai 1919 in der Kestner-Gesellschaft statt.
51 Brinckmann, Albert; Der Kunstsammler, in: Das Hohe Ufer, 1. Jhg., Februar 1919, S. 43–45.
52 Kaiser, Hans; Die Nachfolger des Dr. Brinckmann, in: Das Hohe Ufer, 2. Jhg., H. 2, 1920, S. 25–27.
53 Däubler, Theodor; Über Otto Gleichmann, in: Das Hohe Ufer, 1. Jhg., Februar 1919, S. 42.
54 Spengemann, Christof; Junge Kunst, in: Das Hohe Ufer, 1. Jhg., Januar 1919, S. 25–26. Spengemann, Christof; Der Maler Kurt Schwitters, in: Das Hohe Ufer, 1. Jhg., Juni 1919, S. 157–158.
55 Frerking, Johann; Phantastisches Hannover, in: Das Hohe Ufer, 2. Jhg., H. 8/9, 1920, S. 143 f.
56 Ebda.
57 Rischbieter, Henning, Hannoversches Lesebuch, Bd. 2, S. 241. Kunstverein Hannover; Zwanziger Jahre, S. 87. Vgl. auch Klössel, Christiane; Zweemann, S. 135 f. Interessant ist in diesem Zusammenhang ein Vergleich von Frerkings PHANTASTISCHES HANNOVER mit der deutlich aggressiveren Glosse HONOVER. INSEL DER BIERSELIGEN Christof Spengemanns (Spengemann, Christof, Honover. Insel der Bierseligen. Glosse, in: Der Zweemann, 1. Jhg., H. 1, November 1919, S. 16 f). Bezeichnend ist darüber hinaus auch die Wahl der Illustrationen des HOHEN UFERS. Werke der Hannoverschen Sezessionisten Bernhard Dörries, Wilhelm Plünnecke, Otto Hohlt, Otto Gleichmann und Max Burchartz überwogen deutlich gegenüber vornehmlich ungegenständlichen von Kurt Schwitters oder auch Lyonel Feininger.
58 Küppers, P.E.; Kunstbrief aus Hannover, Münchener Neueste Nachrichten, 21. Januar 1920.
59 Kaiser, Hans; Propheten der Revolution, in: Freies Deutschland. Sozialistische Wochenschrift für Politik und Kultur, 1. Jhg., H. 1, 6. Februar 1919, Berlin, Hannover.
60 Ebda.
61 Kaiser, Hans; Ausstellung der Sezession, in: Das Hohe Ufer, 1. Jhg., März 1919, S. 80.
62 Ebda.
63 Ebda., S. 82. In dem Beitrag PROGRAMMATISCHE BRUCHSTÜCKE formulierte Kaiser im Juli 1919: „Wozu sind wir auf Erden? Um Gott zu dienen, ihn zu erkennen und zu lieben ... Geist ist Gott und nur unter diesem Himmel bestehen Werke, Handlungen und Worte." Ferner hieß es hier: „Unsere Politiker aber, zumal die Nationalisten, haben die Vorstellung, der Geist sei untertan, und sind sie doch nur Verwalter eines

Besitzes, mit dem sie ihr sekundäres Reich bauen. Sie treten aber mit dem Anpruch hervor, Kunst und Kultur sollten sich nach ihrer politischen Einsicht richten, wo sie doch nur Folgerungen aus jenen zu ziehen haben; Folgerungen auch aus dem Erlebnis der Zeit, daß nur geistige Werte die Kraft haben, dauernde Gemeinschaften zu bilden." (Kaiser, Hans; Programmatische Bruchstücke, in: Das Hohe Ufer, 1. Jhg., H. 7, Juli 1919, S. 161f).

64 Kaiser, Hans; Autonomie der Kunst, in: Das Hohe Ufer, 1. Jhg., Februar 1919, S. 45.
65 Ebda.
66 Kaiser, Hans; Ausstellung der Sezession, in: Das Hohe Ufer, 1. Jhg., März 1919, S. 82.
67 Kaiser, Hans; Autonomie der Kunst, in: Das Hohe Ufer, 1. Jhg., Februar 1919, S. 46.
68 Kaiser, Hans; Die Liebe zum Werk, in: Das Hohe Ufer, 2. Jhg., H. 5/6, 1920, S. 65.
69 Küppers, Paul Erich; Berliner Eindrücke, in: Das Hohe Ufer, 1. Jhg., Juni 1919, S. 146 f. Der Stil dieses Beitrages weist übrigens gewisse Ähnlichkeit mit jenem der Revolutionsschilderung des DNVP-Abgeordneten, Senators und Journalisten Karl Anlauf in der Schrift DIE REVOLUTION IN NIEDERSACHSEN (vgl. bes. S. 123 f.) auf.
70 Küppers, Paul Erich; Berliner Eindrücke, in: Das Hohe Ufer, 1. Jhg., Juni 1919, S. 146 f.
71 Spengemann, Christof; Junge Kunst, in: Das Hohe Ufer, 1. Jhg., Januar 1919, S. 25.
72 Spengemann, Christof; Der Maler Kurt Schwitters, in: Das Hohe Ufer, 1. Jhg., Juni 1919, S. 157 f.
73 Ebda.
74 Vgl. den nicht datierten Personalbogen Wilhelm von Debschitz' (StAH Lehrerpersonalakte Wilhelm von Debschitz, Direktor der Handwerker- und Kunstgewerbeschule, Paket 158) und bes. das Schreiben von Debschitz' an den Magistrat v. 18. Oktober 1919. Seit dem Januar 1920 wurde der mittlerweile für dienstuntauglich erklärte Schulleiter von der Stadt Hannover finanziell unterstützt (Protokoll der Sitzung der Finanzkommission, 16. Januar 1920 (gleiche Akte)).
75 Vgl. Küppers-Lissitzky, Sophie; Die ersten Jahre, S. 11. Steinitz, Käte; Kestner-Gesellschaft, S. 28 u. 43. Vgl. Schmied, Wieland; Wegbereiter der modernen Kunst, S. 226 f.
76 Paul Steegemann behauptete 1919/20 in seiner Zeitschrift DER MARSTALL sogar, verantwortlich für den „Horizont der Kestner-Gesellschaft" sei nicht etwa Paul Erich Küppers, sondern Wilhelm von Debschitz (Steegemann, Paul; Herr Dr. Paul Erich Küppers, in: Der Marstall, H. 1/2, 1919/1920, S. 16). Vgl. Schmied, Wieland; Wegbereiter zur modernen Kunst, S. 235. Im Januar 1917 stand Debschitz der Kestner-Gesellschaft mit dem Vortrag ZUR BEURTEILUNG VON KUNSTWERKEN DER GEGENWART zur Verfügung (Schmied, Wieland; Wegbereiter der modernen Kunst, S. 227, 272. Kunstverein Hannover; Zwanziger Jahre, S. 12).
77 Debschitz, Wilhelm von; Ein Gespräch, in: Kestner-Gesellschaft; Flugschriften, S. 15. Als er wenige Jahre zuvor, um 1911, in München eine Malschule betrieb, zählte Karl Jakob Hirsch zu seinen Schülern. Hirsch erinnerte sich an die frische, witzige Art Debschitz', seine Schüler davon abzuhalten, den damals sehr populären Malstil Ferdinand Hodlers zu kopieren: „Meine Herrn, Hodlern Sie nicht so viel." (Hirsch, Karl Jakob; Quintessenz, S. 70).

78 Debschitz, Wilhelm von; Vom alten zum neuen Geist. Zur Eröffnung der Ausstellung für Handtextil-Arbeiten in der Kestner-Gesellschaft (XV. Sonderausstellung, 17. März – 7. April 1918, Hannover 1918).
79 Ebda
80 Ebda.
81 Vgl. dazu auch: Debschitz, Wilhelm von; Die Kunst ist lehrbar!, in: Der Pelikan. Mitteilungen der Pelikan-Werke Günther Wagner, Hannover-Wien, Nr. 9, 1920, S. 5–8. Offenbar plante von Debschitz zu diesem Zeitpunkt auch, die Kunstgewerbeschule umzugestalten: Debschitz, Wilhelm von; Meisterlehrwerkstätten als neuer Typus der Kunstschulen, in: Der Pelikan. Mitteilungen der Pelikan-Werke Günther Wagner, Hannover-Wien, Nr. 9, 1920, S. 9–14. Einer seiner „Grundsätze" lautete (S. 9): „Die Ausbildung gibt dem Schüler so viel staatsbürgerliche und volkswirtschaftliche Kenntnisse mit, daß er seine Aufgaben innerhalb der Volkgemeinschaft erkennen kann, sie gibt dem Begabten das geistige Rüstzeug, vermöge dessen er machtlos jeder Propaganda künstlerischer Ideen hingegeben zu sein. Die Schule erzieht zur Gewissenhaftigkeit des Urteils und der Gesinnung."
82 Debschitz, Wilhelm von; Der neue Glaube, in: Das Hohe Ufer, 1. Jhg., H. 9, September 1919, S. 212 f.
83 Lehnhoff-Peters, Anita; Jünger der Kunst in ‚Sturm und Drang'. 1920 Aufruf in der Kunstgewerbeschule am Neuen Weg (Die goldenen zwanziger Jahre in Hannover, Folge 5), Hann. Allg. Zeitung, 1. August 1962).
84 Gesprächsprotokoll Klara Spengemann-Morf, 15. September 1992. Im Spottlied DIE RATHAUSLÖWEN des Gedok-Kabaretts KABARETT UND SO existierte im Februar 1930 noch das hier ironisch kolportierte Wort von der ‚Kunstverderbeschule' (Festschrift KABARETT UND SO, DIE RATHAUSLÖWEN (Gedok-Archiv, Akte 1929–1944)).
85 Bloth, Ingeborg; Adolf Wissel, S. 31.
86 Zerull, Ludwig; Bilder aus der Einsamkeit. Grethe Jürgens in Hannover, Hann. Allgemeine Zeitung, 23. Oktober 1987. Durchaus nicht unpolitisch, aber eher sein eigentliches Arbeitsgebiet, die Kunst, ansprechend, veröffentlichte Wilhelm von Debschitz im Februar 1919, in der jungen Zeitschrift FREIES DEUTSCHLAND. SOZIALISTISCHE WOCHENSCHRIFT FÜR POLITIK UND KULTUR des hannoverschen Bekannten Adolf Trumpff den Beitrag BROT UND GEIST. Er stellte sich in ihm rückhaltlos auf die Seite der Revolution, welche die „Unmöglichkeiten eines bestehenden Zustandes", „Starrheiten eines herrschenden Systems" und die „Unfähigkeit, den Wandlungen des Bedarfs zu folgen", vertrieben habe. Jetzt aber, in dieser einmaligen Stunde der Weichenstellung, müsse neben dem Ruf nach Brot auch jener, der geistige Nahrung fordere, gehört werden. Damit aus den „Revolutionären von gestern" nicht „Bürokraten von heute" werden, sei jene Kunst und Kultur, die seit der Industrialisierung und einhergehend mit „kapitalistische(r) Warenerzeugung" in die Wohnstuben des Volkes Einzug gehalten habe, zu überwinden durch eine erneute Orientierung an die gesunden künstlerischen Empfindungen, die gerade in dem besten Sinne unverbildeten Volk auf dem Lande, in der „Bauern- und Hirtenkunst", immer weitergelebt hätten. Durch eine „Sozialisierung des Geistes" und die Freiheit wahrer Kunst solle jene „Unkultur des Geschmacks", die länger als ein Jahrhundert geherrscht habe, durch eine gleichsam ‚urwüchsige' Kunst und Kultur ersetzt werden. Kunst- und kulturpolitische Betrachtung und bekenntnishafte Emphase für die Revolution und den neuen Staat verbanden sich in Debschitz' Beitrag für diese so-

585

zialistische Wochenschrift zu einer Gesamtaussage, die – wie auch sein Beitrag im HOHEN UFER – letztlich vage und unbestimmt blieb und die Aufregung um seine politische Haltung als Leiter der Kunstgewerbeschule vom heutigen Standpunkt aus vielleicht nicht leicht nachvollziehbar macht (Debschitz, Wilhelm von; Brot und Geist, in: Freies Deutschland. Sozialistische Wochenschrift für Politik und Kultur, 1. Jhg., H. 2, 20. Februar 1919, S. 22f).

[87] Vgl die GEGENDARSTELLUNG der Witwe des Bildhauers Hermann Scheuernstuhl, Marlise Scheuernstuhl, auf einen Artikel Ludwig Zerulls in der HANNOVERSCHEN ALLGEMEINEN ZEITUNG, Stadtteilzeitung Süd, 28. Juni 1984. Zerull hatte hier wie dann auch noch einmal in seinem Buch KUNST OHNE DACH. SKULPTUREN UND OBJEKTE IM STADTBILD HANNOVER (Hannover 1992) behauptet, Scheuernstuhls Figur habe die Hand zum Hitlergruß erhoben, und die Inschrift an der Skulptur spreche die „Sprache pseudoreligiöser Scheinheiligkeit" (S. 14). Zerull hatte mit Blick auf Scheuernstuhls Beliebtheit als Auftragskünstler für öffentliche Gremien vervollständigt: „Zweifellos zeigt die Biographie Scheuernstuhls ... etwas von der damals unreflektierten Kontinuität deutscher Geschichte und von der Arglosigkeit, mit der kommunale Kulturverwaltungen einst nach der sogenannten Stunde Null weiterhin öffentliche Aufträge vergaben" (Ebda., S. 15). Marlise Scheuernstuhl berief sich angesichts von Zerulls Vorwürfen, ihr Mann habe sich im Nationalsozialismus stark engagiert, auf ein Schreiben des Nationalsozialistischen Künstlerbundes an den Oberpräsidenten der Provinz Hannover, Viktor Lutze, vom 1. April 1933. Hier wurde behauptet, auch in der von Scheuernstuhl seit 1925 geleiteten Bildhauerabteilung der Kunstgewerbeschule herrsche „bolschewistischer Geist". Weiter sei „die sofortige Schließung der Schule und Wiederaufbau unter neuer Leitung und erneuertem Lehrkörper im Sinne unserer Bewegung" gefordert worden (Scheuernstuhl, Marlise; Gegendarstellung, Hann. Allg. Zeitung, Stadtteilzeitung Süd, 12. Juli 1984).

[88] Franz Stolberg (Hannover), Abgeordneter der DVP, Pr. Landtag, 117. Sitzung, 16. März 1922, Sp. 8368.

[89] Ebda.

[90] Ebda.

[91] Vgl. Lehrerpersonalakte Wilhelm von Debschitz, Direktor der Handwerker- und Kunstgewerbeschule (StAH, Lehrerpersonalakten, Paket 158). Datum der Pensionierung: 1. April 1921.

[92] Vgl. Lehrerpersonalakte Friedrich Wilhelm Jochem (StAH, Lehrerpersonalakten, Paket 409). Vgl. o.A.; Direktor Jochem, Hann. Tageblatt, 23. Juli 1922. O.A.; Der neue Direktor der Kunstgewerbeschule, 23. Juli 1922. Widersprüchlich hingegen ist die Aussage Gerta Overbecks, die sich an Debschitz' Tätigkeit als Leiter der Kunstgewerbeschule folgendermaßen erinnerte: „Als ich im Herbst 1919 mit meiner Ausbildung an der Kunstgewerbeschule in Hannover begann, gab es dort Unruhen. In den Klassenräumen wurden politische Versammlungen von den linksradikalen Schülern einberufen. Dem Direktor wurde so stark zugesetzt, daß er es vorzog, die Stellung aufzugeben." (Overbeck, Gerta; Es liegt in der Luft, S. 89). Ob Debschitz' Ausscheiden aus dem Amt etwas mit künstlerischen oder gar politischen Differenzen zwischen ihm und seinen Schülern zu tun hat, ist zweifelhaft. Außer Gerta Overbecks Aussage findet sich kein Hinweis darauf.

[93] Frerking, Johann; Georg Kaiser. Die Bürger von Calais, in: Das Hohe Ufer, 1. Jhg., Oktober 1919, S. 186. Mit dieser vom Expressionismus beeinflußten Arbeit zog Debschitz den Zorn des Theaterkritikers Erich Rosendahl auf sich. Zu Debschitz' Bühnenbild schrieb Erich Rosendahl: „Die Zuschauer konnten glauben, in der Rolle des Mannes sich zu befinden, der grad aus dem Wirtshaus kommt und rechter Hand, linker Hand alles vertauscht sieht. Die Halle und die gotischen Säulen und Bögen schienen ungeregelt durcheinander zu schwanken. Das nennt man ‚impressionistisch'." (Rosendahl, Erich; Geschichte der Hoftheater, S. 188). Hier lag eine aus Rosendahls Ignoranz geborene Verwechslung vor; der Kritiker meinte offensichtlich ‚expressionistisch' statt ‚impressionistisch'.

[94] Debschitz, Wilhelm von; Volkskunst, in: Das Hohe Ufer, 1. Jhg., August 1919, S. 189.

[95] Ebda.

[96] Simon, Ernst; Aufbau im Untergang, S. 43. Lowenthal, Ernst G.; Bewährung im Untergang, S. 43. Lowenthal, Ernst G.; Juden in Preußen, S. 113.

[97] Radbruch, Gustav; Ernst Kantorowicz, S. 76f.

[98] Radbruch, Gustav; Ernst Kantorowicz, S. 76. Lowenthal, Ernst G.; Bewährung im Untergang, S. 88.

[99] Lowenthal, Ernst G.; Bewährung im Untergang, S. 88. Radbruch, Gustav; Ernst Kantorowicz, S. 76.

[100] Radbruch, Gustav; Ernst Kantorowicz, S. 78.

[101] Ab 1930 war Kantorowics Professor für Staatsbürgerkunde und Sozialwissenschaften am Berufspädagogischen Institut in Frankfurt/M. (Simon, Ernst; Aufbau im Untergang, S. 42. Radbruch, Gustav; Ernst Kantorowicz, S. 76. Walk, Joseph; Kurzbiographien).

[102] Die nationalsozialistische Machtübernahme traf ihn, der trotz der Mitgliedschaft in der SPD politischer eher wenig interessiert war, unvorbereitet. Im April 1933 wurde er aufgrund des Gesetzes zur Wiederherstellung des deutschen Berufsbeamtentums seiner Ämter enthoben (Lowenthal, Ernst G.; Ernst Kantorowicz, S. 88). Für den assimilierten Juden Kantorowicz begann der Eintritt „in die ihm bis dahin fremde Welt des Judentums", die ihm nach Aussage eines Freundes „sehr schwer" fiel: „Es verband ihn nichts mit dem religiösen Bereich der jüdischen Orthodoxie, und er verstand nicht einmal hebräisch. Auch der Zionismus konnte ihm nichts bedeuten, selbst jetzt in der Verfolgung zog ihn kein Traum und keine Hoffnung nach Palästina" (aus dem Nachruf Erich Wenigers auf Ernst Kantorowicz in der Zeitschrift DIE SAMMLUNG, Göttingen 1947, S. 719–722, zitiert nach: Simon, Ernst; Aufbau im Untergang, S. 44). Dennoch setzte sich Kantorowicz in den folgenden Jahren mit ganzer Kraft für jüdische Kulturarbeit und jüdische Erwachsenenbildung ein (Simon, Ernst; Aufbau im Untergang, S. 43f. Radbruch, Gustav; Ernst Kantorowicz, S. 78). 1938 wurde er, mittlerweile enger Mitarbeiter Leo Baecks und Martin Bubers, Leiter der Mittelstelle für jüdische Erwachsenenbildung. Im November dieses Jahres wurde Kantorowicz zum ersten Mal verhaftet und nach Buchenwald verschleppt. Die Erlebnisse hier förderten seinen Zorn und seinen Wunsch nach Rache für die erfahrene Ungerechtigkeit (Radbruch, Gustav; Ernst Kantorowicz, S. 78. Lowenthal, Ernst G.; Bewährung im Untergang, S. 88f). Auf der anderen Seite scheint Kantorowicz indes auch hier nicht „seinen unerschütterlichen Glauben an das unzerstörbare Erbe des deutschen Geistes und an eine Umkehr der Deutschen" verloren zu haben (Erich Weniger, in: Simon, Ernst; Aufbau im Untergang, S. 44f). Nach der Entlassung aus Buchenwald erhielt er, verheiratet mit einer Holländerin, die Einwanderungserlaubnis für die Niederlande. 1940 jedoch wurde er mit seiner

Frau und den beiden Kindern in Amsterdam verhaftet und zunächst in das Lager Westerbork, dann kurzfristig nach Bergen-Belsen und schließlich nach Theresienstadt gebracht (Radbruch, Gustav; Ernst Kantorowicz, S. 79. Lowenthal, Ernst G.; Bewährung im Untergang). Im Herbst 1944 wurde Kantorowicz aufgefordert, an der Auswahl der für die Gaskammern bestimmten Juden teilzunehmen. Er lehnte ab und wurde daraufhin sofort nach Auschwitz gebracht, wo er kurze Zeit später qualvoll starb. Auch seine Frau und eines seiner Kinder wurden hier ermordet (Radbruch, Gustav; Ernst Kantorowicz, S. 79. Simon, Ernst; Aufbau im Untergang, S. 45. Walk, Joseph; Kurzbiographien). Johann Frerking erinnerte sich an Kantorowicz folgendermaßen: „Da war mein ernster Freund Ernst Kantorowicz, leise, klug und gütig, sie haben ihn, der nachher als Professor der Philosophie in Kiel und Frankfurt wirkt (hatte), zwanzig Jahre später in Auschwitz ermordet." (Frerking, Johann; Wie wir einst so munter waren. Zur Ausstellung DIE ZWANZIGER JAHRE IN HANNOVER, Hann. Presse, 28. August 1962)

103 Ziegler, Charlotte; Volkshochschule Hannover, S. 24.

104 Zitiert nach Rischbieter, Henning; Hannoversches Lesebuch, Bd. 2, S. 239. Vgl. auch Rischbieter, Henning, in: Kunstverein Hannover; Zwanziger Jahre, S. 84. Rischbieter urteilte über das Schicksal des Rates: „Die Verbindung von Geist und Politik ... bleibt schnell verblassende Utopie."

105 Kantorowicz, Ernst; Bemerkungen über das öffentliche Musikleben Hannovers, in: Das Hohe Ufer, 1. Jhg., Februar 1919, S. 50. Vgl. den Artikel des HANNOVERSCHEN KURIERS, abgedruckt in: Kunstverein Hannover; Zwanziger Jahre, S. 14. Vgl. Klössel, Christiane; Zweemann, S. 116.

106 Kantorowicz, Ernst; Bemerkungen über das öffentliche Musikleben Hannovers, in: Das Hohe Ufer, 1. Jhg., Februar 1919, S. 50.

107 Ebda., S. 53.

108 Ebda., S. 51.

109 Ebda., S. 52.

110 Ebda.

111 Auch im Bereich des Volkshochschulwesens nach dem Ersten Weltkrieg, in dem Kantorowicz ebenfalls tätig war, spielte das Moment der ‚Veredelung' eine große Rolle. Einen ähnlichen Eindruck vermittelt der Blick auf die Arbeit der sozialdemokratischen Theaterbesucher-Organisation der Freien Volksbühne. Vgl. allg. dazu auch: Reulecke, Jürgen; ‚Veredelung der Volkserholung'. Langewiesche, Dieter; Freizeit und ‚Massenbildung'.

112 Vgl. dazu auch Simon, Ernst; Aufbau im Untergang, S. 45.

113 Weil, Marianne; Anilin, S. 231. Zur Biographie und zu den Werken Schenzingers vgl. auch Lennartz, Franz; Deutsche Schriftsteller, Bd. 3, S. 1513. Der Dichter Karl Schenzinger wurde von Paul Raabe nicht in die grundlegende Veröffentlichung DIE AUTOREN UND BÜCHER DES LITERARISCHEN EXPRESSIONISMUS aufgenommen. O.A.; Krautworsts Wandelgänge. Wechselvoll, Neue Hann. Presse, 20/21. August 1977. Vgl. Hillesheim, Jürgen/Michael, Elisabeth; Lexikon nationalsozialistischer Dichter, S. 379. Nach den Adreß- und Hausstandsbüchern der Stadt Hannover (StAH) war Schenzinger am 25. November 1919 von Lüneburg nach Hannover gezogen. Bis zum 16. März 1919 wohnte er hier in der Karmarschstr., dann zog er in die Königstr. 6, also in die direkte Nachbarschaft der Kestner-Gesellschaft. Am 8. Oktober 1923 meldete er sich aus Hannover ab.

114 Weil, Marianne; Anilin, S. 228. Vgl. auch Rischbieter, Henning; Hannoversches Lesebuch, Bd. 2, S. 241. In der Erinnerung Hans Reimanns war Schenzinger in Hannover als Facharzt für Geschlechtskrankheiten tätig (Reimann, Hans; Blaues Wunder, S. 242).

115 Schenzinger war mehrfach Gast im Salon der Käte Steinitz. Diese erinnerte sich an ihn als einen Autor „sich aus vielen Gedankenstrichen und Ausrufezeichen" zusammensetzender Stücke (Steinitz, Käte; Kestner-Gesellschaft, S. 32). Anders als im Fall Habicht berichtete Käte Steinitz nichts über Schenzingers politische Entwicklung nach 1933.

116 1942 schrieb Schwitters rückblickend: „Der Ursprung von MERZ: Seit der Zeit waren wir nicht mehr Freunde, besonders als ich das Bild mit dem Bierfilz auf der Bild-Backe als Portrait Dr. Schenzinger ausstellte." (zitiert nach: Nündel, Ernst; Kurt Schwitters, S. 62). Rischbieter, Henning; Hannoversches Lesebuch, Bd. 2, S. 241.

117 Paul Steegemann, in: Die Pille, 2. Jhg., H. 7, 17. Februar 1921, S. 200. Vgl. auch Meyer, Jochen; Paul Steegemann Verlag (1975), S. 27. 1923 brach Schenzinger nach New York auf, wo er als Ambulanzarzt im Hafen arbeitete. Er gründete einen Einmann-Filmbetrieb, kehrte jedoch bald schon nach Berlin zurück (o.A.; Krautworsts Wandelgänge. Wechselvoll, Neue Hann. Presse, 20/21. August 1977). Hillesheim, Jürgen/Michael, Elisabeth; Lexikon nationalsozialistischer Dichter, S. 379

118 DER BERGGANG war zuvor von Paul Steegemann als Veröffentlichung seines Verlages angekündigt worden. Vermutlich nahm Steegemann von einem tatsächlichen Erscheinen wegen des Zerwürfnisses mit Schenzinger Abstand (Meyer, Jochen; Paul Steegemann Verlag (1975), S. 27). Nach der Neugründung seines Verlages nach dem Zweiten Weltkrieg kündigte Paul Steegemann, der Tradition der Parodien folgend, den Roman SCHENZINGER. SCHEIBENKLEISTER. ROMAN EINER INDUSTRIE von Mischa Mleinek an, das sich der Romane ANILIN und METALL ironisch annehmen sollte. Dieses Buch ist nicht erschienen (Ebda., S. 130).

119 Weil, Marianne; Anilin, S. 227.

120 Ketelsen, Uwe-K.; Völkisch-nationale und nationalsozialistische Literatur in Deutschland, S. 70.

121 Overesch, Manfred; Drittes Reich, S. 13, 59, 62, 78, 86, 105. Vgl. Rischbieter, Henning; Hannoversches Lesebuch, Bd. 2, S. 241. Vgl. auch Kracauer, Siegfried; Caligari, S. 276, 331, 394. Nach Michael Wortmann, dem Biographen Baldur von Schirachs, stammte die Idee des Drehbuchs zu HITLERJUNGE QUEX von Schirach. Die Lektüre eines Zeitungsartikels über den Mord eines nationalsozialistischen Jungen habe Hitlers Jugendführer inspiriert. Gemeinsam mit Schenzinger habe Schirach in seinem Privathaus die Endfassung des Buches ausgearbeitet (Wortmann, Michael; Baldur von Schirach, S. 93). Hillesheim, Jürgen/Michael, Elisabeth; Lexikon nationalsozialistischer Dichter, S. 379–384.

122 O.A.; Krautworsts Wandelgänge. Wechselvoll, Neue Hann. Presse, 20./21. August 1977

123 Overesch, Manfred; Drittes Reich, S. 13 u. 59. Vgl. Riess, Curt; Das gab's nur einmal, Bd. 2, München 1977, S. 228ff. Baldur von Schirach schrieb über HITLERJUNGE QUEX im VÖLKISCHEN BEOBACHTER: „Ein Kennwort möchte ich diesem Werk verleihen, das weniger ein Roman ist als ein heroischer Bericht, ein Kennwort, das die dichterische Wesensart von Autor und Werk umreißt: das Buch der Front!" (Zitiert

nach: Overesch, Manfred; Drittes Reich, S. 13). Hillesheim, Jürgen/Michael, Elisabeth; Lexikon nationalsozialistischer Dichter, S. 380–384.
124 Vgl. Weil, Marianne; Anilin, S. 231.
125 Ebda., S. 228 f.
126 Ebda.
127 Ebda., S. 234.
128 Schenzinger, Karl; Schauspielerei in Hannover, in: Das Hohe Ufer, 1. Jhg., März 1919, S. 77.
129 Ebda., S. 76.
130 Ebda., S. 77.
131 Ebda., S. 79.
132 Vgl. dazu allg. Kunstverein Hannover; Zwanziger Jahre, S. 154.
133 Vgl. exemplarisch: o.A.; Die Kestner-Bühne, in: Das Hohe Ufer, 1. Jhg., November 1919, S. 282. Hier hieß es ironisierend: „Eine Arroganz, vorbildliche Aufführungen durch auswärtige Kräfte! Die hannoverschen Aufführungen sind vorbildlich. Auf zur Verteidigung unseres letzten Bollwerkes! Darum sofort Schwierigkeiten bereiten! Daß ja kein Theaterdirektor den beiden verrückten Enthusiasten hilft! Verbot für alle hannoverschen Schauspieler, dabei mitzuwirken! Wir haben Schauspielkräfte genug zur Verhinderung der Schauspielkunst. Und dann ja nicht hingehen! Ja nicht hingehen! Gleich der erste Versuch muß scheitern! Man könnte sonst zu bedenklichen Vergleichen genötigt sein." Eine Auflistung der Abende der Kestner-Bühne befindet sich in StAH HR 15, 459.
134 „Im Schauspielhause karikiert Herr Teschendorf klassische Helden. Seine theatralische Geste mündet in einem Kniefall vor dem eigenen Genie. Berauscht von dem Parfüm seines eigenen Pathos wünscht sich diese Kraft statt eines gehobenen Vorhangs einen herabgelassenen Spiegel." (Schenzinger, Karl; Schauspielerei in Hannover, in: Das Hohe Ufer, 1. Jhg., März 1919, S. 78f). Hans Teschendorf gehörte zu den bekanntesten und beliebtesten Schauspielern der Städtischen Bühnen. Schenzinger mag ihn im Salon der Käte Steinitz persönlich kennengelernt haben, wo beide verkehrten.
135 Schenzinger, Karl; Schauspielerei in Hannover, in: Das Hohe Ufer, 1. Jhg., März 1919, S. 79 f.
136 Einer von diesen Aufsätzen waren Küppers' BERLINER EINDRÜCKE. Der Leiter der Kestner-Gesellschaft hatte festgestellt: „Die Zeit, wo der Reichtum Kultur bedeutete, geistige Werte schuf, wo er förderte, anregte, Neuem ans Licht half, *ohne dabei die Ehrfurcht vor dem Künstler, die innere Anteilnahme und Liebe zu verlieren*, scheint rettungslos vorüber. Geld ist nur noch der Freibrief für alle Unverschämtheit, Borniertheit und Trottelei. Man kann es den schöpferischen Menschen … nachempfinden, daß sie lieber die Massen der Arbeiter vor sich haben als diese aufgeblasene, selbstzufriedene, vom Profitgeist besessene Gesellschaft, die sich nicht entblödet, ihrer Verständnislosigkeit durch Lärmen und Toben Luft zu machen." (Küppers, Paul Erich; Berliner Eindrücke, in: Das Hohe Ufer, 1. Jhg., Juni 1919, S. 152). Küppers' Überzeugung von der höheren Akzeptanz einer Arbeiterschaft, die bisher aufgrund bürgerlicher Selbstzufriedenheit von allem Höheren ausgeschlossen war, ist überdies typisch für das HOHE UFER. Zur Kritik am Bürgertum vgl. auch Kaisers Aussage in GEMEINSCHAFT (Gemeinschaft, in: Das Hohe Ufer, 1. Jhg., Januar 1919, S. 19): „Die Halbgebildeten (am meisten verbreitet in ‚gebildeten' Kreisen des Bürgertums) stellen keine Anhänger (der Avantgarde, I.K.)." Schenzinger schrieb folgendermaßen über den Umbruch von der Monarchie zur Demokratie und dessen Auswirkungen auf die Kunst- und Kulturszene: „Hinter den Kulissen unserer Theater horchte man auf. Man fühlte einen zukkenden Schmerz in der hinteren Hosentasche. Doch nur für einen Augenblick – und man atmete wieder ruhig und tief. Da zerkrachen ein paar Schüsse über diesen Dächern. Lähmendes Entsetzen: Minen? Granaten? … strahlende Raketen: Protest! Die Geistigen! Die Westen hinter den grünen Tischen füllen sich langsam wieder zur Norm. Und der Kluge baut vor. Er biegt die feindliche Spitze um und klopft dem Gegner jovial auf die Schulter: Na was denn? Na also!" (Schenzinger, Karl; Schauspielerei in Hannover, in: Das Hohe Ufer, 1. Jhg., März 1919, S. 77).
137 Leider bleiben die Gründe der zwei für die Verwendung von Pseudonymen aus dem religiösen Bereich unklar.
138 Frerking, Johann; Gespräch am Jahresende, in: Das Hohe Ufer, 2. Jhg., H. 10/12, 1920, S. 166 f.
139 Rischbieter, Henning; Hannoversches Lesebuch, Bd. 2, S. 241. Vgl. auch Rischbieter, Henning, in: Kunstverein Hannover; Zwanziger Jahre, S. 87.
140 Etwa zur gleichen Zeit übersetzte Johann Frerking für den Paul Steegemann Verlag den CANDIDE Voltaires.
141 Frerking, Johann; Gespräch am Jahresende, in: Das Hohe Ufer, 2. Jhg., H. 10/12, 1920, S. 168.
142 Kunstverein Hannover; Zwanziger Jahre, S. 88. Rischbieter, Henning; Hannoversches Lesebuch, Bd. 2, S. 241.
143 Somit könnte die Tatsache, daß der zweite Jahrgangsband deutlich moderater im Ton war und überwiegend aus Beiträgen bestand, die in anderen Zeitschriften des Reichs bereits erschienen waren, zwei Gründe haben: einmal die sicher drückenden finanziellen Sorgen des Pionierblatts, zum zweiten die Abgrenzung gegenüber dem ZWEEMANN.
144 Ebda., S. 136.

"... Wir müssen uns von der wandelbaren Form einer Gegenwart lösen: ob sie Monarchie oder Volksherrschaft ist ..."

DER ZWEEMANN und DIE SILBERGÄULE: Symbole literarischer Betriebsamkeit in der Gegenüberstellung[1]

Zur Entstehung. DER ZWEEMANN und der Einfluß Paul Steegemanns

Im November 1919 zum ersten Mal erschienen[2] und ein knappes Dreivierteljahr später bereits wieder aus der literarischen Szene Hannovers verschwunden,[3] erwies sich DER ZWEEMANN als kurzlebigstes Zeitschriftenexperiment der spätexpressionistischen Phase.[4] Sieben Monatshefte und ein letztes Dreimonatsheft, das Drillingsheft, das die Sommermonate Juni bis August 1920 zusammenfaßte, erreichten ein Lesepublikum, von dem man nur vermuten kann, wie groß es war.[5] Dann gab der ZWEEMANN auf. Sein Ende scheint recht unvermittelt gekommen zu sein; das erste Heft nach den Sommerferien war bereits angekündigt.[6] Für manchen Eingeweihten indes mag der Untergang schon seit einiger Zeit in der Luft gelegen haben. Stärker noch als die PILLE und das HOHE UFER war der ZWEEMANN in seinen letzten Ausgaben inhaltlich zunehmend verflacht. Er hatte sich weitgehend darauf beschränkt, einen Querschnitt von Beiträgen anzubieten, die aus anderen Publikationen im Reich bereits bekannt waren.[7]

In der Schilderung Christof Spengemanns nimmt sich die Gründung des Blattes sehr spontan aus. Spengemann erinnerte sich, im November 1918 sei „ein junger Mann aus dem Rheinland"[8] in Hannover aufgetaucht. „Er hatte eine dicke Brieftasche voll Geld, mit dem er eine Zeitschrift finanzieren wollte. Auf diese Weise wollte er etwas für die zeitbedingte Kunst tun. Anders – sagte er selbst – konnte er es nicht. Er hatte nichts als den guten Willen und das Geld. Was ihm vorschwebte: ein Kultur-Dokument jener Zeit."[9] Dieser Mann aus dem Rheinland war Robert Goldschmidt. Zeitgenossen Spengemanns erinnerten sich an Goldschmidt als einen wohlhabenden Verleger, der seine Zeitschrift in erster Linie materiell unterstützte.[10] In einem jedoch korrigierten sie Spengemanns Erinnerung: Goldschmidt sei nicht erst im Herbst 1918 nach Hannover gekommen, sondern habe als Lehrling bereits seit einiger Zeit gemeinsam mit dem Buchhandelsgehilfen Paul Steegemann bei der Fa. Schmorl & von Seefeld gearbeitet.[11] Beide hätten schon im letzten Kriegsjahr ihre verlegerische Laufbahn vorbereitet, wobei Steegemann, der trotz seiner gerade fünfundzwanzig Lebensjahre bereits auf siebenjährige Berufserfahrungen im Buchhandel zurückblicken konnte, offenbar schneller als sein Kollege Einlaß in die hannoversche Literaturszene erhalten habe.

Titelblatt des ersten ZWEEMANN-Heftes mit dem Schriftzug Christof Spengemanns. November 1919

Dieser Vorsprung in der verlegerischen Erfahrung Paul Steegemanns, verbunden mit dessen ausgeprägter Neigung, möglichst großen Einfluß auf den Literaturbetrieb Hannovers zu nehmen, nährte schon unter den Zeitgenossen in den zwanziger Jahren das Gerücht, daß Steegemann bei der Verlagsgründung wie später bei der Gestaltung der Zeitschrift DER ZWEEMANN des Kollegen Goldschmidt ein gewichtiges Wort mitgeredet habe.[12] Eine enge Zusammenarbeit zwischen den Machern des ZWEEMANN und Paul Steegemann ist tatsächlich nicht von der Hand zu weisen. Steegemann wurde schneller über Hannovers Grenzen hinaus bekannt und war schon allein aufgrund der sich hieraus ergebenden Kontakte zur Avantgarde im Reich Anreger mancher Artikel dieser Zeitschrift. Auch stellte er dem ZWEEMANN Klischees zur Verfügung, die aus seinem Besitz stammten.[13] Seine Zeitschrift DER MARSTALL warb für den ZWEEMANN-Verlag,[14] und er inserierte umgekehrt im ZWEEMANN mehrfach in ganzseitigen Anzeigen für seine Bücherreihe DIE SILBERGÄULE.[15] Für eine der Buchpublikationen des ZWEEMANN-Verlages, die etwa ein halbes Jahr vor dem Entstehen der Zeitschrift erstmals auf den Markt kamen, zeichnete Steegemann insofern verantwortlich, als er das Buch, Edgar Allan Poes ROMANTISCHE LIEBESGESCHICHTEN, selbst ins Deutsche übersetzte.[16] Bereits die Veröffentlichung des Erstlings dieser am Ende fünfzehn Werke älterer wie neuer Literatur umfassenden Bücherreihe, DER PRIESTER

UND DER MESSNERKNABE, war mit der Person Paul Steegemanns verbunden. Der Roman war 1918 bereits im Heinrich Böhme Verlag, Hannover, erschienen.[17] Dieser Verlag brachte die Zeitschrift DER AGATHON heraus, auf deren Gestaltung Steegemann starken Einfluß ausübte.[18] Die Tatsache, daß DER PRIESTER UND DER MESSNERKNABE, ein „Klosterabenteuer"[19] aus der Homosexuellenwelt, auch von der ZWEEMANN-Redaktion kurzerhand Oscar Wilde zugeschrieben wurde, in Wirklichkeit jedoch Auftragsarbeit eines Steegemann-Mitarbeiters gewesen war,[20] weist darauf hin, daß die ZWEEMANN-Macher hinsichtlich Geschäftstüchtigkeit und Werbewirksamkeit schnell von Paul Steegemann lernten.[21]

Autoren des ZWEEMANNS und der SILBERGÄULE

Die Annahme, Steegemann habe den ZWEEMANN nicht nur freundschaftlich betreut, sondern sei vielmehr für dessen Gesamtinhalt verantwortlich gewesen, hielt sich umso hartnäckiger, je mehr Autoren der beiden Verlage im Laufe der Zeit hier wie dort, also bei Steegemann und beim ZWEEMANN, veröffentlichten. Zu ihnen gehörte der Mediziner, Philosoph und Schriftsteller Salomo Friedländer, der die gesamten zwanziger Jahre hindurch in Hannover wie später in Berlin zumeist unter dem Pseudonym Mynona [22] ein wichtiger Steegemann-Autor war.[23] Friedländer wurde 1871 in der Provinz Posen geboren und gehörte also in jenen Jahren nach dem Ersten Weltkrieg aufgrund seines Alters nicht mehr zu der Generation der jungen literarischen Barrikadenstürmer.[24] Gleichwohl ließ er sich von der neuen literarischen Strömung des Expressionismus begeistern und begründete u.a. DIE AKTION mit.[25] Seine Schriftstellerlaufbahn vollzog sich von Beginn an zweibahnig. Unter seinem bürgerlichen Namen verfaßte er, beginnend mit seiner Dissertation im Jahre 1902,[26] philosophische und psychologische Fachliteratur. Er schrieb u.a. eine Nietzsche-Biographie, gab Werke Schopenhauers heraus und war Autor mehrerer Bücher über Kant.[27]

Die wissenschaftliche Arbeit trennte er nicht[28] vom zweiten Hauptstrang seines Schaffens, dem rein literarischen Werk. Kontroversen, gar Skandale zu provozieren und ebenso eloquent wie bissig Gegner anzugreifen – und zwar ohne Rücksicht auf deren gesellschaftlichen Rang oder Bedeutung –, war dabei bezeichnend für die literarische Arbeit des Spötters Mynona, den Friedländer immer dann zum Zuge kommen ließ, wenn er nicht primär wissenschaftlich arbeitete. Zwei große Kontroversen neben mehreren kleineren provozierte diese Arbeit allein während der Weimarer Republik. Die eine focht Mynona mit Thomas Mann aus. Sie zog sich über Jahre hinweg und entzündete sich für ihn immer neu an Manns Stil, der ihm unerträglich salbungsvoll erschien.[29] Die andere Fehde konzentrierte sich auf den Anfang der dreißiger Jahre, als Mynona heftigen Anstoß an Erich Maria Remarques Kriegsroman IM WESTEN NICHTS NEUES nahm und den Autor u.a. der geschickten Ausnutzung gängiger Zeitströmungen zum Zwecke materieller Bereicherung und Pflege eigener Eitelkeiten bezichtigte. Die auf die Veröffentlichung IM WESTEN NICHTS NEUES ohne großen Zeitverzug antwortende Satire HAT ERICH MARIA REMARQUE WIRKLICH GELEBT? DER MANN. DAS WERK. DER GENIUS. 1000 WORTE REMARQUE erschien 1929 im Paul Steegemann Verlag und rief in Kreisen der künstlerischen Avantgarde des Reiches heftige Diskussionen hervor. Häufig wurde Mynona in dieser Zeit zurechtgewiesen, einmal wegen der stilistischen Unvollkommenheiten des Werkes, zum anderen aufgrund der politischen Gefahr, die viele Kritiker darin sahen, einer politischen Rechten, die den Remarqueschen Roman massiv ablehnte, unbeabsichtigt einen Trumpf in die Hand zu spielen [30]. Trotz aller Kritik gab Paul Steegemann, als die Entrüstung langsam abgeklungen war, Mynona 1931 in einer weiteren Veröffentlichung Gelegenheit, noch einmal ausgiebig gegen Remarque literarisch zu Felde zu ziehen.[31] Mynona blieb, wenn auch überwiegend als Autor weniger spektakulärer Satiren, Parodien und Grotesken, einer seiner bevorzugten Schriftsteller.

Salomo Friedländer (Mynona), Foto von Helmy Hurt. 1924

Mynonas respektlose Beiträge, in denen er vor allem die ihm verlogen erscheinende bürgerliche Moral und Religion seiner Zeit angriff, waren nicht nur Steegemann, sondern auch einer Reihe von anderen Kunstzeitschriften im Reich eine Veröffentlichung wert.[32] Auch die anderen hannoverschen Blätter dieser Zeit machten keine Ausnahme. Bernhard Gröttrup nahm in seiner PILLE regelmäßig Arbeiten Mynonas auf. Etwa zur gleichen Zeit wie er bemühten sich auch die ZWEEMANN-Herausgeber um die Mitarbeit des Schriftstellers. Mynona reagierte mit der Übersendung zweier Beiträge, DER EROTISCHE BLOCK – Vorabdruck aus einem wenig später erscheinendem Roman – und DAS ABWASCHBARE MUTTERMAL, die gleich in den ersten Heften des ZWEEMANN erschienen.[33] Mit diesen zwei Beiträgen erschöpfte sich die Mitarbeit des

Philosophen und Satirikers Salomo Friedländer am hannoverschen ZWEEMANN.[34] Allerdings blieb diese Mitarbeit insofern nicht folgenlos, als sie das Verhältnis der Zeitschriftredaktion zur Kestner-Gesellschaft trübte. Vor dem Erscheinen des ersten Heftes hatte der künstlerische Leiter der Gesellschaft, Paul Erich Küppers, den Herausgebern noch die grundsätzliche Unterstützung zugesagt und für die Zukunft – ähnlich wie beim HOHEN UFER – Beiträge von Mitgliedern der Kestner-Gesellschaft in Aussicht gestellt.[35] Dann erschien im ersten Heft DER EROTISCHE BLOCK, Mynonas Schilderung des Bordellbesuchs einiger Herren der guten Gesellschaft. Der Beitrag sorgte für viel Aufregung. Der Unternehmer Heinz Appel etwa entrüstete sich über die „bodenlose Gemeinheit" und „verkommene Phantasie"[36] des Autors. Weil er vermutete, der ZWEEMANN-Mitherausgeber Christof Spengemann stehe der Kestner-Gesellschaft nahe, ging Appel offenbar von deren Billigung aus und forderte die Gesellschaft auf, sich von dem Artikel zu distanzieren, da er vorhabe, „die Sache noch sonst an die große Glocke zu hängen".[37] Paul Erich Küppers bedauerte in seinem Antwortschreiben daraufhin den „Mißgriff" des ZWEEMANN und betonte, daß die Kestner-Gesellschaft „den Herren des Verlages, auch dem Herausgeber, in keiner Weise nahe (stehe)".[38] Seit der Affäre um den Beitrag Mynonas gleich im ersten Heft ist kein Schriftwechsel zwischen der Kestner-Gesellschaft und dem ZWEEMANN bekannt, und es hat auch kein Vorstandsmitglied der Gesellschaft bei dieser Zeitschrift mitgearbeitet.

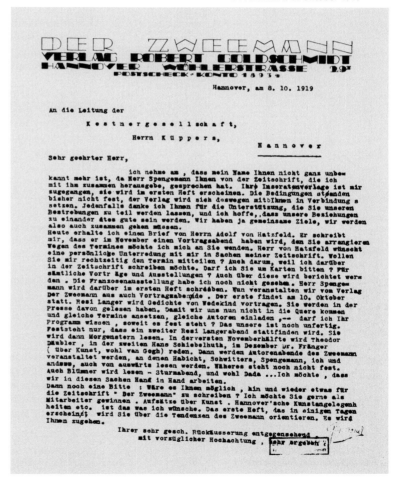

Schreiben Friedrich Wilhelm Wagners, ZWEEMANN-Verlag, an Paul Erich Küppers, Kestner-Gesellschaft. 8. Oktober 1919

Auch ein anderer gemeinsamer Autor der SILBERGÄULE und der Zeitschrift DER ZWEEMANN begann seine schriftstellerische Laufbahn als Philosoph. Hans Havemann, 1887 in Mecklenburg geboren, hatte 1911 ähnlich wie Friedländer über ein erkenntnistheoretisches Thema promoviert.[39] Wohl wegen seines bedächtigen Auftretens wurde er im hannoverschen Freundeskreis ironisch als „philosophisch durchtränkte(r) Poet und Oberlehrer"[40] beschrieben. Ob Havemann wirklich Pädagoge war, ist nicht in Erfahrung zu bringen. Hingegen gilt als gesichert, daß er sich während der ersten Hälfte der zwanziger Jahre vorwiegend in Hannover aufhielt.[41] Im Zusammenhang mit dem ZWEEMANN erschien Havemanns Name 1920, als er für diesen Verlag aus DIE BLUMEN DES BÖSEN von Charles Baudelaire Gedichte unter dem Titel DER VERWORFENE ins Deutsche übersetzte.[42] Wie üblich, koppelte auch in diesem Fall der Verlag die Buchpublikation mit der Auswahl einiger Gedichte Baudelaires in der Zeitschrift. Diese Gedichte erschienen im Dreimonatsheft Juni bis August 1920, also vermutlich etwa zeitgleich mit dem Baudelaire-Buch. Nur wenige Monate zuvor, im März 1920, war Havemann bereits ein erstes Mal, und zwar in einem ganz anderen Zusammenhang, ZWEEMANN-Autor gewesen, als er in der Zeitschrift einen Vortrag des Sozialisten und Expressionisten Kurt Hiller in Hannover rezensierte.[43] Zwei Monate später dann, im Mai 1920, hielt er sich in Den Haag auf und verfaßte hier unter dem Pseudonym Jan van Mehan das Drama WELTGERICHT, dem er den Untertitel TRAGÖDIE DER URLAUTE gab und das der findige Steegemann sogleich vollmundig als „Neue holländische Kunst" eines Jan van Mehan – ein leicht durchschaubares Pseudonym für Havemann – verkaufte.[44] Dem fünfaktigen Erstlingswerk[45] ging eine Vorrede des jungen Dramatikers voraus, in der es, auch mit Blick auf die gegenwärtige Zerrissenheit im Nachkriegsdeutschland des Jahres 1920, hieß: „Im Chaos der Völker, Sprachen, Zeiten suchten wir *den Menschen*, der über Zeiten,

Sprachen, Völker ist. Das große UR wieder zu gebären aus Schlamm, verfaulter Moral, zerrissenen Geweiden der Kulturen, Verhirnlichung ästhetischer Synthesen, ... Kunst der Vokale, die *neue Kunst*, die erste Kunst – – gelang noch nicht. Als Drama gebiert sich Ur-Kunst."[46] WELTGERICHT befand sich im literarischen Grenzbereich zwischen Expressionismus und Dadaismus. Auf der einen Seite war das Drama geprägt von einer expressionistischen Kultur- und Zivilisationskritik, welche Technikgläubigkeit und Intellektbetonung als Auslöser der Katastrophe von 1914 ablehnte und der Utopie einer friedvollen Menschheitsfamilie anhing. Ebenso deutlich wurde durch Havemanns Forderung nach Rückführung der Sprachen aller Nationen auf ihre Urlaute – die Vokale – andererseits der Dadaismus vertreten. Lautgedichte von Raoul Hausmann oder Hugo Ball waren als Ausdruck dadaistischer Sprachkreativität und vor dem Hintergrund einer tiefen Kritik an den gegenwärtigen gesellschaftlich-hierarchischen Strukturen, wie sie sich immer auch durch Sprache manifestieren, schon längere Zeit vor dem Erscheinen von Havemanns Drama verfaßt worden.[47] Hier hieß es dazu: „Am Anfang war das a, das e, das i, das o, das u. Wiedererblühe es in keuscher Anfänglichkeit orphischen Kultgesangs. Beladener mit Diesseits und Jenseits, Symbol und Aktivität als aller Völker Zungen in entarteter Vielfalt, verunreinigt von Zisch-, Würg- und Brummgeräuschen, trägt Urlaut Skala aller Erschütterungen, Quintessenz von Sein und Nichtsein."[48] Überzeugt davon, mit dieser Reduktion auf den Urlaut „die Erde noch einmal dem Anfang (zu) entroll(en)", bediente sich Havemanns Drama nonverbaler, dabei universal verständlicher und dabei doch restringierter Kommunikation. Im zweiten Akt, einer Gerichtsszene, sahen die ausführlichen Regieanweisungen beispielsweise die Vorführung einer Kindsmörderin vor: „Das junge Weib schreit und jammert in kurzen, quiekenden, offenen Lauten: ui – ue – ieu – ie – iö – io! Laute aus dem Publikum, kurz und unterdrückt: uu – ... ! au au – ... ! ei ei-!" Auf den Richterspruch in Form eines „drohende(n) grausige(n)" „u – !" hatte das Publikum mit einem ebensolchen, jedoch diesmal „tiefdumpfe(n), murmelnde(n)" „u –!" zu reagieren.[49]

Nicht nur in Hannover, wo das Drama WELTGERICHT einer Meldung der Zeitschrift DIE PILLE zufolge im Februar 1921 im Residenz-Theater aufgeführt werden sollte,[50] sondern auch in weiten Teilen der das Werk im Reich rezipierenden Öffentlichkeit begegnete seinem Autor beißender Hohn [51]. Verunglimpfungen wie die des „armen Narren" Havemann, der im tiefsten „Cretinismus"[52] sinnlos Laute aneinanderreihe, waren an der Tagesordnung. Die Hektik der Verrisse ließ Havemanns Argumentation in der Vorrede des Dramas gänzlich außer acht. Offensichtlich war er auf die Annahme seiner Kritiker, WELTGERICHT sei eine ernste Attacke auf die Gesellschaft seiner Zeit, nicht gefaßt. Ursprünglich geplant und von Paul Steegemann wohl auch in Auftrag gegeben als Parodie auf den sich expressionistisch-pathetisch gebenden STURM-Kreis um Herwarth Walden, war WELTGERICHT von Havemann als „Zeitangelegenheit"[53] gemeint. Tatsächlich hatte man sein Werk allerdings nicht als ironische Kritik an der derzeit diskutierten Urlaut-Theorie der Expressionisten verstanden, sondern gerade als deren Affirmation. Resigniert betrachtete Havemann im Frühjahr 1921 die allgemeine Verwirrung um sein Drama und schrieb in der FRANKFURTER ZEITUNG: „Aber das Drucken von ein paar Vokalen tut's freilich wohl nicht. Nicht um Urlaute zu verhöhnen, gab ich diesem Gaule[54] Urlaute, sondern daß ihm übel werde an sich selber. Aber man lacht nur über die eigene Grimasse ... Man wird lachen und toben und nicht wissen, warum."[55] Nicht nur die Öffentlichkeit konnte mit Havemanns Rechtfertigung seines Erstlingsdramas wenig anfangen. Auch die hannoversche Avantgarde vermutete hinter seinen Ausführungen verletzten Stolz wegen des Mißerfolgs von WELTGERICHT. Als „Herr Kurt Schwitters, Hannover-Waldhausen" und „Herr Raoul Hausmann, Berlin" im Dezember 1923 die erste MERZ-Matinee Hannovers „in den Räumen des Etablissements Tivoli" veranstalteten und Lautgedichte sowie „dramatische Szenen in der Art des jungen Holländers Jan van Mehan"[56] vortrugen, blieb Hans Havemann dem Ereignis fern. Süffisant fügte der Berichterstatter in Paul Steegemanns neuer Zeitschrift STÖRTEBEKER seinem Kommentar über die Veranstaltung die böse Vermutung hinzu, der Mitarbeiter Havemann liebe wohl nicht „die Weisen, die an sein bestes Werk erinnern".[57]

Titelblatt des Mysterienspiels DER TRIUMPH DES TODES von Victor Curt Habicht. 1919

Hans Havemann fehlte zwar in der „illüstren Gesellschaft"[58] der ersten MERZ-Matinee. Mit Victor Curt Habicht wohnte ihr aber ein weiterer Schriftsteller bei, der nur kurze Zeit zuvor noch im ZWEEMANN-Verlag und auch im Verlag Paul Steegemanns fleißiger Mitarbeiter gewesen war.[59] Habicht gehörte neben dem

ZWEEMANN-Herausgeber Christof Spengemann zu den beiden Autoren, die zwei Bücher für diesen Verlag verfaßten. 1919 erschien der Gedichtband DER FUNKE GOTT, im Jahr darauf die dramatische Szene ODYSSEUS UND DIE SIRENEN. Beide Veröffentlichungen im Rahmen der Bücherreihe des ZWEEMANN-Verlages wurden durch Auszüge in der gleichnamigen Zeitschrift begleitet, und zwar jeweils im letzten Dreimonatsheft Juni bis August 1920.[60] Nach dem Ende des ZWEEMANN-Verlages übernahm Paul Steegemann offenbar nach Absprache mit Verlegern und Herausgebern Teile von dessen Sortiment und legte in diesem Zusammenhang bereits ein gutes Jahr nach der Erstveröffentlichung auch beide Habicht-Bände im Rahmen der SILBERGÄULE-Reihe neu auf.[61] Daneben zeichnete der Schriftsteller noch für fünf weitere Publikationen des Paul Steegemann Verlages verantwortlich, die teilweise in der Reihe DIE SILBERGÄULE, teilweise auch als eigenständige Drucke des Hauses Steegemann allesamt in kleiner Auflage erschienen.[62]

Das enge Beziehungsgeflecht, das Victor Curt Habicht mit der hiesigen literarischen Szene verband, verdeutlicht, wie kurzsichtig es ist, aus der Tatsache, daß viele ZWEEMANN-Autoren zugleich mit Paul Steegemann in geschäftlichen Beziehungen standen, zu schließen, daß der SILBERGÄULE-Verleger zugleich Initiator des ZWEEMANN-Verlages war. Die Novelle ECHNATON beispielsweise ließ Habicht 1919 von Käthe Schmidt-Steegemann illustrieren, der ersten Frau Paul Steegemanns.[63] Das im Jahr darauf erschienene Gespräch ODYSSEUS UND DIE SIRENEN widmete er „in kameradschaftlicher Freundschaft"[64] Hans Schiebelhuth, einem der Herausgeber des ZWEEMANN. DIE LETZTE LUST, 1920 als SILBERGÄULE-Band bei Steegemann erschienen,[65] wiederum wurde von Viktor Joseph Kuron illustriert, der zur gleichen Zeit in der ZWEEMANN-Zeitschrift mit einem ganzseitigen Linoldruck vertreten war,[66] ansonsten aber auch für andere expressionistische Zeitschriften im Reich arbeitete.[67] Nicht nur ZWEEMANN-Verlag und Paul Steegemann Verlag hatten also eine große Anzahl der gleichen Schriftsteller, Dichter, Graphiker und Maler unter Vertrag, auch andere hannoversche Blätter und darüber hinaus expressionistische Zeitschriften in allen großen Städten des Reiches interessierten sich für deren Mitarbeit. Es ist mithin von dem Phänomen eines recht überschaubaren Zirkels von Künstlerpersönlichkeiten auszugehen, die für eine solche Mitarbeit in Hannover wie anderswo in Frage kamen. Die Vermutung liegt nahe, daß die Bekanntschaft dieser Künstler untereinander so gut war, daß man sich gegenseitig Aufträge vermittelte, ja daß die Berücksichtigung bestimmter Autoren und Zeichner die Veröffentlichung von Werken befreundeter Künstler fast selbstverständlich machte. Das Netz aus Bekanntschaften und Freundschaften, aber auch aus Animositäten und Abneigungen, das die spätexpressionistischen Künstler der Nachkriegszeit untereinander knüpften, war überaus engmaschig. So fanden sich die Namen der im ZWEEMANN publizierenden Autoren regelmäßig in jenen Zeitschriften wieder, für die das Blatt selbst Werbung veröffentlichte. Zu ihnen gehörte die in Hamburg erscheinende ROTE ERDE,[68] die von Kasimir Edschmid in Berlin herausgegebene TRIBÜNE DER KUNST UND ZEIT[69] und MENSCHEN. ZEITSCHRIFT FÜR JUNGE KUNST.[70] Außerdem warb DER ZWEEMANN für die in Regensburg erscheinende Zeitschrift DIE SICHEL,[71] deren Hefte man auch rezensierte, sowie für das Blatt DIE FLÖTE. MONATSSCHRIFT FÜR NEUE DICHTUNG,[72] das von Hanns Martin Elster herausgegeben wurde, einem guten Kenner der hannoverschen literarischen Szene.

So selbstlos, wie der ZWEEMANN sich, jenseits des Faktors materieller Konkurrenz, jenen Kunstzeitschriften des Reiches als Forum zur Verfügung stellte, mit welchen ihn eine Geistesverwandtschaft verband,[73] so schonungslos und unerbittlich reagierte er Minderwertigem gegenüber, das sich in den Augen seiner Autoren des Vokabulars des Expressionismus bediente.[74] Wie energisch er gegen solche Werke zweifelhafter literarischer Qualität anstritt, zeigte eine Buchrezension aus dem Februar 1920. Der Autor Curt Corrinth wurde hier barsch als „ein unter erotomanischen Zwangsvorstellungen ... derilierender (sic!) Kitscher"[75] entlarvt. So sehr „aus der Art geschlagen" das Werk jedoch auch sei, es könne immerhin als Beweis dafür genutzt werden, „daß es kein Kunststück ist, den widerlichsten Schund unter der Spitzmarke des Expressionismus auf den Markt zu schmuggeln, soweit man es zu einem gewissen Grad sprachlicher Verrücktheit gebracht hat. Und der brave, expressionistisch alarmierte Lesepöbel (Presse inbegriffen) nimmt die Fälschung als bare Münze hin."[76]

Gewissermaßen die literarische Spreu vom Weizen zu trennen, blieb wesentliches Anliegen des ZWEEMANN. Überzeugt von der eigenen Arbeit und der befreundeter Zeitschriften im Reich, verfolgte er die Absicht, die

DER ZWEEMANN
im Beziehungsgeflecht expressionistischer Zeitschriften in Hannover und im Reich

Theodor Däubler mit Gunda-Anna Gleichmann, der Tochter des Malerehepaars Otto Gleichmann und Lotte Gleichmann-Giese. Um 1926

expressionistische Bewegung generell und besonders das Zusammengehörigkeitsgefühl unter den Künstlern zu stärken. Es war eher diese Zielsetzung und weniger die Einflußnahme der Verlegerpersönlichkeit Paul Steegemann, die eine gewisse Austauschbarkeit der Beiträge vieler expressionistischer Zeitschriften des Reiches mit sich brachte. Diese Austauschbarkeit beschränkte sich in Hannover auch keinesfalls auf den ZWEEMANN, sondern galt grundsätzlich auch für DAS HOHE UFER und, in Abschwächung, für DIE PILLE. Wie stark das Bestreben war, sich gegenseitig wohl augenzwinkernd-großsprecherisch Konkurrenz zu machen, einander jedoch wo immer möglich zu helfen, machen die vielen gegenseitigen Hinweise der hannoverschen Zeitschriften deutlich. Man bedankte sich für die freundliche Genehmigung zur Veröffentlichung von Artikeln und Graphiken und warb gar offen wie DIE PILLE für den ZWEEMANN. Ansonsten spöttelte man freundschaftlich über die angeblich mangelhafte Qualität der anderen Blätter, um ihnen nur einige Passagen darauf unverhohlen seine Anerkennung auszusprechen oder, wie DER ZWEEMANN, regelmäßig kostenlos Verlagsankündigungen Paul Steegemanns aufzunehmen.[77] Insofern brachte die Mitarbeit der Künstler bei gleich mehreren hannoverschen Kunstzeitschriften der frühen zwanziger Jahre keine Konkurrenz mit sich.

Däubler etwa, der wegen seiner Bekanntschaften mit dem jungen Kunsthistoriker Ferdinand Stuttmann, dem Mitarbeiter Alexander Dorners am Provinzial-Museum, sowie dem Maler Otto Gleichmann und dessen Freundeskreis mit der hannoverschen Kunst- und Kulturszene eng verbunden war,[78] arbeitete für DAS HOHE UFER und den ZWEEMANN. Hier veröffentlichte er zwei Arbeiten, die von seinen italienischen Eindrücken geprägt waren.[79] Die erste von ihnen war ein Auszug aus CAN GRANDE DELLA SCALA. Ein anderer Teil aus diesem Werk erschien fast zeitgleich in dem von Paul Erich Küppers herausgegebenen Kestner-Buch.[80] Die Verbindung Däublers zum Kestner-Buch und damit zur Kestner-Gesellschaft kam nicht von ungefähr. Im Dezember 1917 bereits, also anderthalb Jahre nach deren Gründung und lange vor dem Entstehen des ZWEEMANNS, veranstaltete die Gesellschaft zum ersten Mal eine Lesung aus Däublers Werken.[81] Noch zweimal in den zwanziger Jahren wiederholten sich diese Veranstaltungen mit dem Dichter.[82] Daß der eine Teil des Däublerschen Dramas im ZWEEMANN und ein weiterer zeitgleich im Kestner-Buch veröffentlicht wurde, hat offenbar nicht zu Spannungen geführt: Beide Institutionen standen in freundschaftlichem Einvernehmen miteinander. DER ZWEEMANN bemühte sich sogar wiederholt um eine überaus positive Werbung für die Kestner-Gesellschaft.

Auch der Schriftsteller und Dramatiker Klabund, der mit bürgerlichem Namen Alfred Henschke hieß, war in Hannover kein Unbekannter. Knapp dreißigjährig veröffentlichte Klabund, der sein Pseudonym mit ‚Wandlung' übersetzte, in allen hannoverschen expressionistischen Blättern der Zeit. DIE PILLE Bernhard Gröttrups druckte das BERLINER LIED, eine Szene aus dem dortigen Prostituierten-Milieu. DAS HOHE UFER brachte mehrere weniger zeitbezogene Gedichte, und Paul Steegemann veröffentlichte als eigenen Band der SILBERGÄULE-Reihe 1920 den „Liebesroman aus Schwabing" MARIETTA, den Klabund selbst illustrierte.[83] Über die in seinem Roman dargestellten Figuren schrieb er, sie seien „lachend über das Leben und den Tod".[84] Ablehnung biederer bürgerlicher Ernsthaftigkeit und naive Experimentierfreude, nicht mit Leichtfertigkeit zu verwechseln, waren typisch für Klabunds Werk in jenen Jahren. Er verfaßte Bänkelgesänge und Chansons; zu seinen literarischen Vorbildern zählte er Heinrich Heine, Frank Wedekind und François Villon.[85] Gerade die Orientierung an letzterem, dem er 1919 unter dem Titel DER HIMMLISCHE VAGANT ein „lyrisches Porträt"[86] widmete, machte Klabund schon in den Jahren vor 1918 zum Verfasser vielbeachteter grotesk-provozierender Texte. Bereits 1913 wurde er zum ersten Mal wegen eines in den Augen seiner Kritiker unzüchtigen Gedichtes vor Gericht gestellt, zwölf Jahre später dann wegen einer Anklage auf Gotteslästerung erneut verurteilt.[87]

Alfred Henschke (Klabund), Foto. Um 1920

Auch Klabunds Debüt als Dramatiker war geprägt von dem Streben nach einer Lösung von den ethischen und religiösen Konventionen des Bürgertums. Das Bekenntnis zum Lebensgefühl der Jugend und unbekümmerte Ehrlichkeit prägten das Stück NACHTWANDLER, das im Mai 1920 vom neuen Leiter des Schauspielhauses Hannover, Rolf Roenneke, auf dieser Traditionsbühne uraufgeführt wurde.[88] Besonnene Kritiker wie etwa Johann Frerking im HOHEN UFER begegneten Klabunds Stück mit Wohlwollen und Anerkennung, sahen sie es doch als Spiegel dessen, „was Jugend heute auf dem Herzen zu haben pflegt an Gefühlen und Bekenntnissen, an Zorn und Begeisterung".[89] Ein großer Teil des hannoverschen Theaterpublikums jedoch verhielt sich den wenigen Aufführungen gegenüber weit weniger tolerant und sorgte durch überaus ablehnende, ja wütende Reaktionen für einen regelrechten Skandal.[90] Nun mischte sich auch der ZWEEMANN in seinem letzten, dem Sommerheft, in die Diskussion um die NACHTWANDLER ein. Natürlich, so kommentierte man hier spöttisch, beeilten sich die Bürger Hannovers, „wutschnaubend dieses Stück mit ihrem Unflat (zu) bewerfen".[91] Das Drama jedoch sei notwendig, und es im Opern- und Schauspielhaus aufzuführen, gar eine „schöpferische Tat". Es gehe hier um nichts weniger als „das Schicksal heutiger Jugend, mit ihrer elementaren Inbrunst, hilflos und verloren unter den Lächerlichkeiten bürgerlicher Existenz, bürgerlicher Forderungen".[92]

Alle fünf vorgestellten Schriftsteller und Dichter – Salomo Friedländer (Mynona), Hans Havemann, Victor Curt Habicht, Theodor Däubler und Alfred Henschke (Klabund) – waren auf vielfältige Weise mit der literarischen Szene des Expressionismus im Reich, in Hannover und in diesem Zusammenhang auch mit der Zeitschrift DER ZWEEMANN verbunden. Drei von ihnen, Friedländer, Däubler und Henschke, gehörten zu den bereits recht anerkannten Vertretern dieser literarischen Zeitströmung, die über weitreichende Kontakte zu gleichgesinnten Autoren im Reich – aber auch im Ausland – verfügten. Ihr gewichtiges Wort mag dem ZWEEMANN die Mitarbeit weniger bekannter, jüngerer Kollegen empfohlen haben. Denkbar wäre auch, daß die Herausgeber der Zeitschriften ihrerseits ihnen geeignet erscheinende Arbeiten untereinander austauschten oder daß sie deren Autoren an die freundschaftlich verbundene Konkurrenz weiterempfahlen.

Sofern diese Autoren wie etwa Victor Curt Habicht zu den Verfassern der ZWEEMANN-Bücher gehörten, stellte die Zeitschrift DER ZWEEMANN, hierin wiederum ganz ähnlich wie Steegemanns Zeitschrift DER MARSTALL, ihre Werke in Auszügen vor. Alle fünf zeitgenössischen Buchautoren in der ZWEEMANN-Reihe fanden sich derart in der Zeitschrift vertreten. Da war der Darmstädter Leonhard Schüler, zum Zeitpunkt der Veröffentlichung seiner Verse gerade zwanzig Jahre alt. Der Gedichtband SCHLAF UND NACHT war nicht das Erstlingswerk[93] von ‚Leonce', wie Schüler von Freunden nach der Titelfigur des Büchnerschen Dramas genannt wurde. Doch mit dieser Veröffentlichung erschöpfte sich bereits die literarische Produktion dieses Mannes, der später Feuilletonist und Gerichtsreporter in Darmstadt wurde und sich von der Literaturszene fernhielt.[94]

Die ZWEEMANN-Buchautoren

Eine kurze Schaffensphase war auch dem Autor eines weiteren ZWEEMANN-Buches beschieden. Walter Petry, 1898 in Magdeburg geboren und aufgewachsen, starb im Juli 1932 an den Folgen eines Unfalls.[95] Dreizehn Jahre zuvor, ebenfalls mit gerade zwanzig Jahren, hatte er 1919 seinen ersten Gedichtband veröffentlicht.[96] Im Jahr darauf folgte ANGST UND ERLÖSUNG. VERSE. Das Buch erschien als vierter Band der ZWEEMANN-BÜCHER NEUER DICHTUNG im Frühsommer 1920[97] und wurde im Mai-Heft der Zeitschrift durch vier ausgewählte Gedichte der Öffentlichkeit vorgestellt. Diese Verse zeigen Petry als feinsinnigen Dichter, der, noch von der späten Phase des Expressionismus berührt, Begegnungen und Beobachtungen niederschrieb. Melancholie, Wissen um die Vergänglichkeit alles Materiellen, Weltentrücktheit und Lebensüberdruß drückt SCHATTEN STIMMEN KREISEN aus:

> „… Lachen lacht nicht, aber Weinen weint.
> Durch die Welt von Lüge angehäuft,
> Durch die Glieder zu dem Haupt und Krone.
> Sankst du, sinke unter und sei froh!
> Schatten Spiel und Hände sanft Berühren.
> Stimmen, Kreisen, aber kein Gewicht,
> Kreisen über dich und ziehen an.
> Um ihr Singen wölbet sich die Bahn."[98]

Dies war nur die eine Seite der literarischen Arbeit dieses ZWEEMANN-Autors. Nur kurze Zeit nach dieser Veröffentlichung machte Walter Petry sich einen Namen als Herausgeber von erotischer Literatur.[99] Mit der Publikation der Erzählung DER PRIESTER UND DER MESSNERKNABE hatte man sich bereits 1919 auch beim ZWEEMANN offen für das gezeigt, was man selbst als erotisches Meisterwerk, die Gegnerschaft hinge-

595

gen als anstößigen Schund bezeichnete. Die Pflege und Förderung zeitgenössischer oder auch älterer erotischer Literatur wurde beim ZWEEMANN-Verlag jedoch vernachlässigt. Nur noch das HOHE UFER war in dieser Hinsicht zurückhaltender, wohingegen DIE PILLE mit ihrer offensiven Haltung dem Sexualleben gegenüber den prüden Bürger gern schockierte und der Paul Steegemann Verlag während der Dauer seiner hannoverschen Existenz gleich mehrere Sittlichkeitsprozesse zu überstehen hatte.

Ein weiterer Autor der zumeist nur wenige Seiten umfassenden ZWEEMANN-BÜCHER NEUER DICHTUNG war Hermann Schütte. Der 1893 bei Osnabrück geborene Kaufmann, der auch malte und zeichnete,[100] war der Autor des Gedichtbandes DIE ZEHN GEBOTE, seiner einzigen Buchveröffentlichung. Sie erschien im Sommer 1920, wiederum vorbereitet durch den Abdruck des Gedichts EWIGKEIT im letzten Heft des ZWEEMANNS.[101]

DER ZWEEMANN
und die bildende Kunst

Die Titelzeichnung zu Schüttes Gedichtband stammte von Heinrich Vogeler.[102] Vogeler, 1872 in Bremen geboren, befand sich Anfang der zwanziger Jahre in einer Umbruchsphase. Im Januar 1918 hatte der als Jugendstil-Künstler erfolgsverwöhnte ehemalige Freund der Worpsweder Künstler- und Lebensgemeinschaft, Mitte vierzig Jahre alt und nach anfänglicher Begeisterung abgestoßen vom Krieg, einen Brief an den Kaiser geschrieben. Vogeler, bis zu diesem Zeitpunkt in alles Ästhetische vernarrter Märchenprinz der Kunstszene,[103] wählte bezeichnenderweise die Form des Märchens, um Wilhelm II. aufzufordern, „Demut an Stelle der Siegereitelkeit" zu stellen und ein „Friedensfürst"[104] zu sein. Der Kaiser, so mahnte er, möge sich doch überlegen, „wie diese Welt aussehen würde, wenn Gott mit den zehn Geboten kommen würde".[105] Die Einweisung in eine psychiatrische Klinik war das Resultat seines OFFENEN BRIEFES ZUM FRIEDEN UNTER DEN MENSCHEN.[106] Vogeler schrieb in dieser Zeit: „Der Krieg hat aus mir einen Kommunisten gemacht. Es war für mich nach meinen Kriegserlebnissen nicht mehr tragbar, einer Klasse anzugehören, die Millionen in den Tod getrieben hat aus Gründen, die lediglich in der Profitsucht einzelner ihre Wurzeln haben."[107] Er suchte nun zunehmend den Kontakt zu kommunistischen Zirkeln in Bremen und wurde Mitglied des Arbeiter- und Soldatenrates. Nach dessen Zusammenbruch baute er gemeinsam mit Freunden den Barkenhoff bei Worpswede zur Kommune aus.[108] Über seine Erfahrungen mit dem Leben hier verfaßte er für Paul Steegemanns SILBERGÄULE vier schmale Bücher, die seinen Wandel vom feinsinnigen Jugendstilästheten zum Anhänger des Kommunismus spiegelten.[109] Von diesem nun erhoffte sich Vogeler den jedes weitere Völkermorden verhindernden Frieden. In dem ersten Buch EXPRESSIONISMUS DER LIEBE[110] hieß es in einer tagebuchartigen Eintragung, datiert auf den 6. November 1920, zwei Tage, bevor Vogeler sich im Arbeiter- und Soldatenrat zu engagieren begann, „(n)ur die sozialistische Volksrepublik und ihre internationale kommunistische Tendenz"[111] kämpfe für das große Ziel der Menschheit, in Liebe und Verständnis miteinander vereint zu sein. In Vogelers einziger Arbeit für den ZWEEMANN-Verlag indes, der Illustration von Hermann Schüttes Gedichtband, war von solchen Umbrüchen nichts zu spüren. Hier ging es im Gegenteil offenbar um den zeichnerischen Ausdruck der von großer Zeitlosigkeit und Weltentrücktheit getragenen Verse des Dichters.

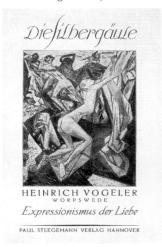

Titelblatt der Schrift
EXPRESSIONISMUS DER LIEBE von
Heinrich Vogeler-Worpswede. 1919

Diese Aussage trifft auf die Illustrationen der Zeitschrift DER ZWEEMANN generell zu. In keinem der acht Hefte wurde von den Mitarbeitern im Bereich der bildenden Kunst mit der Art ihres malerischen oder graphischen Schaffens eine wie auch immer angelegte politische Absicht verbunden. Auffällig ist die starke Präsenz der Künstler der Hannoverschen Sezession.[112] Nicht nur, daß ihre Arbeiten hier veröffentlicht und zudem von sämtlichen Mitarbeitern der Zeitschrift sehr wohlwollend rezensiert wurden, sondern der ZWEEMANN bot ihnen selbst auch die Gelegenheit, ihre Ziele zu formulieren und sich deutlich gegenüber anderen künstlerischen Positionen abzugrenzen. Der Sezessionist Otto Hohlt war mit einer und Max Burchartz mit zwei Lithographien vertreten. Über Burchartz veröffentlichte der STURM-Mitarbeiter, Theologe und Philosophieprofessor Paul Bommersheim im Juni-Heft der ZWEEMANN-Zeitschrift eine Würdigung.[113] Häufiger noch als diese beiden war der Sezessionist Otto Gleichmann im ZWEEMANN vertreten. Das dritte Heft vom Januar 1920 beispielsweise enthielt nur Illustrationen von ihm.[114] Am stärksten wurde in den ZWEEMANN-Heften jedoch Kurt Schwitters berücksichtigt. Er entwickelte sich mit seinen graphischen und kunstkritischen Arbeiten wie mit seinen Erzählungen, Rezensionen und Gedichten schnell zum wohl vielseitigsten unter den ZWEEMANN-Mitarbeitern.[115]

Mochte die Schwerpunktsetzung auf Arbeiten der Hannoverschen Sezessionisten auch auffällig sein, so unterschied sich DER ZWEEMANN im Bereich der bildenden Kunst generell nicht wesentlich von anderen expressionistischen Kunstzeitschriften und literarischen Reihen Hannovers in jenen Jahren.[116] Von den insgesamt vierzehn in den ZWEEMANN-Heften vorgestellten Künstlern waren sechs gleichzeitig als Illustratoren für Publikationen des Paul Steegemann Verlages[117] und ebenfalls sechs für DAS HOHE UFER tätig.[118] Der einzige bildende Künstler außer den vermutlich vorrangig ihrer lokalen Bedeutung wegen berücksichtigten Hannoverschen Sezessionisten, dessen Arbeiten in Publikationen aller drei hannoverschen Verlage vorgestellt wurden, war Ernst Moritz Engert.[119] Engert, 1892 in Japan geboren, war ein in expressionistischen Kreisen weithin anerkannter Künstler, dessen künstlerische Interessen weit über die eigene Scherenschnittarbeit hinausreichten. Zu seinem großen Bekanntenkreis zählten Kurt Hiller oder der Schwabinger Künstlerzirkel um Klabund und Leonhard Frank. Auch nach Hannover reichten Engerts Kontakte. Hans Schiebelhuth war ein guter Bekannter; über ihn mag sich die Verbindung hierher ergeben haben. 1921 veröffentlichte Engert bei Steegemann einen Band mit Porträts einiger seiner bekanntesten Künstlerfreunde.[120] Bereits zwei Jahre zuvor, im Sommer 1919, hatte DAS HOHE UFER einen Teil-Vorabdruck dieses Werkes gebracht,[121] und im Mai 1920 würdigte DER ZWEEMANN Engert gar mit einer Sondernummer, die zu weiten Teilen dessen Scherenschnittarbeiten sowie lobende Rezensionen über diese enthielt.[122] Umgekehrt stellte eines der wenigen Porträts, die neben Allegorien und mythologischen Szenen veröffentlicht wurden, eben jenen Hans Schiebelhuth dar, der 1919 bereits Arbeiten von Engert herausgegeben hatte[123] und auch für die Veröffentlichung im Steegemann Verlag zwei Jahre darauf die begleitenden Texte verfaßte. Engert und Schiebelhuth kannten sich vom Darmstädter Künstlerkreis um die dortigen Sezessionskünstler und die Zeitschriften DIE DACHSTUBE und DAS TRIBUNAL.[124]

Der Scherenschnittkünstler Ernst Moritz Engert war nicht der einzige, der den hannoverschen ZWEEMANN mit der Darmstädter Kunstszene verband.[125] Neben dem bereits erwähnten Leonhard Schüler zählte mit Carlo Mierendorff[126] der Herausgeber der HESSISCH RADIKALEN BLÄTTER, wie sich DAS TRIBUNAL im Untertitel nannte, zu den Mitarbeitern beim ZWEEMANN. Wenig älter als Mierendorff war der aus Friedberg stammende Romanist, Gymnasiallehrer und Schriftsteller Fritz Usinger, ein weiterer Autor des TRIBUNALS. Zur gleichen Zeit wie Mierendorff knüpfte Usinger seine Kontakte zu verschiedenen expressionistischen Zirkeln im Reich und in der Schweiz.[127] Im ZWEEMANN erschienen 1920 zwei seiner Gedichte.[128] Wohl auch wegen der engen Verbindung zwischen dem ZWEEMANN und der expressionistischen Kunstzeitschrift aus Darmstadt wurde DAS TRIBUNAL hier überaus positiv gewürdigt. Das Blatt sei „die wertvollste revolutionäre, ‚aktivistische' Revue",[129] und ihre bisherigen Themenschwerpunkte in den Sondernummern seien endlich „Taten", lobte Friedrich Wilhelm Wagner im ZWEEMANN.

Die Verbindung zwischen hessischen Künstlern und jenen Expressionisten, die den ZWEEMANN prägten, verwundert nicht. Beide Herausgeber, die während der knapp einjährigen Existenz der Zeitschrift jeweils für den literarischen Teil des hannoverschen Blattes verantwortlich waren – also Friedrich Wilhelm Wagner und Hans Schiebelhuth–, unterhielten guten Kontakt nach Hessen und besonders nach Darmstadt. Der eine der ‚Zweemänner', Wagner, war längere Zeit Mitarbeiter bei Mierendorffs DAS TRIBUNAL gewesen, bevor er nach Hannover übersiedelte.[130] Der andere, Schiebelhuth, stammte aus Darmstadt, erwarb in seiner Geburtsstadt die ersten literarischen Meriten und wußte auch während seiner hannoverschen Zeit noch einen großen Freundeskreis in Darmstadt hinter sich.[131]

Der Verlag der ‚zwee Männer'. Friedrich Wilhelm Wagner und Hans Schiebelhuth: Der Literaturteil

Von Beginn an bestimmten die Geschicke des ZWEEMANN-Verlages – und zwar die Buchproduktion wie die Zeitschrift – zwei Verantwortliche. Seine Namensgebung erscheint also durchaus programmatisch.[132] Neben dem einen Firmengründer und Verleger, dem wohlhabenden jungen Buchhandelslehrling Robert Goldschmidt, gab es einen ‚zweeten' Mann, Fritz Jacobsohn, über den nichts weiter in Erfahrung zu bringen ist.[133] Auch die Zeitschrift DER ZWEEMANN wurde von einem Duo herausgegeben. Jeder der beiden Herausgeber hatte dabei sein eigenes Ressort und abgesteckte Kompetenzen.

Für den Literaturteil des ZWEEMANN, dem von Beginn an schon wegen der Zielsetzung, dem literarischen Expressionismus im Reich ein neues Forum zu schaffen, große Bedeutung zukam und der gegen Ende gar

Friedrich Wilhelm Wagner, Foto. Um 1918

das Gesicht der Zeitschrift entscheidend prägte, war zunächst Friedrich Wilhelm Wagner verantwortlich. Wagner, 1892 in Hennweiler geboren, war wie Goldschmidt Rheinländer.[134] Er genoß bereits eine gewisse Bekanntheit unter den hannoverschen Freunden des Expressionismus, als er hier im Herbst 1919 seine neue Tätigkeit begann. Schon mit 19 Jahren hatte er 1911 seinen ersten Gedichtband veröffentlicht.[135] Im gleichen Jahr wurde er Mitarbeiter einer rasch zunehmenden Zahl von literarischen Zeitschriften im Reich.[136] 1913 hielt Wagner sich in Paris auf, kurz vor Kriegsausbruch war er in München, wo seine erste Gründung einer expressionistischen Zeitschrift mißlang. Dann lebte er vorübergehend in Zürich, wohl um sich einer Kriegsteilnahme zu entziehen. Hier, in der Atmosphäre des Café Voltaire und Café Astoria, knüpfte Wagner Kontakte zu den Dada-Künstlern Hugo Ball, Hans Arp und Richard Huelsenbeck.[137] Zunächst aus Neugier probierte er Morphium, schnell geriet er in Abhängigkeit. Ein Schriftstellerkollege erinnerte sich des Lyrikers in dessen Züricher Zeit als eines jungen Mannes, „der im Morphiumtaumel mit seiner unheimlich langen mageren Gestalt durch das Café schlotterte, täglich zwanzig bis dreißig kleine Gedichte schrieb, die er dutzendweise an alle möglichen Schmierblättchen verkaufte. Dabei war er sehr talentiert."[138] Schon bald verließ Wagner Zürich wieder. Bis zum Ende des Ersten Weltkrieges wurde er anstelle des Militärdienstes zum Verwaltungseinsatz in der Pfalz verpflichtet. Versuche während dieser Zeit, für seine Gedichte einen Verleger zu finden, schlugen fehl.[139] 1918 mußte er sein Buch UNTERGANG als Privatdruck veröffentlichen,[140] und auch der erneute Versuch, in München eine Zeitschrift zu gründen, endete erfolglos.[141] Wagner zog nach Frankfurt, wo das Zeitschriftkonzept ein drittes Mal scheiterte, weshalb er seine Mitarbeit an anderen Blättern, u.a. auch dem Darmstädter DAS TRIBUNAL, intensivierte.

Aus vielen seiner Arbeiten aus dieser Zeit sprechen Enttäuschung und Desillusionierung. Seine Welt kannte nichts Positives und Harmonisches mehr. Uta Brandes vergleicht die Arbeiten des Dichters mit denen des Karikaturisten George Grosz und kommt zu dem Urteil, daß „(a)ll die Unordnung, Anarchie, Geilheit und Gewalt, Dummheit und Betrug des real existierenden Kapitalismus" sich im Werk des einen wie des anderen gezeigt habe. Die anhaltende Erfolglosigkeit, als Dichter seine Verse in eigenständigen Werken veröffentlichen zu können, führte zur Verstärkung seiner Drogensucht. Wagners Schaffensphasen wurden in dieser Zeit bereits immer häufiger durch Aufenthalte in psychiatrischen Kliniken unterbrochen.[142]

Es war eine tragische Wendung, daß ihm gerade die hier in tiefster Verzweiflung entstandenen Verse wieder Gehör verschafften.[143] 1920 druckte der ZWEEMANN-Verlag in seiner Buchreihe die Arbeiten Wagners unter dem Titel IRRENHAUS. Ein Teil der zwanzig Gedichte war bereits in den ersten beiden Heften der Verlagszeitschrift veröffentlicht worden, also im November bzw. Dezember 1919. Im gleichen Zeitraum hatte Friedrich Wilhelm Wagner seine Arbeit als einer der Herausgeber dieser Zeitschrift begonnen. Er konzentrierte sich in seiner eigenen journalistischen Arbeit auf Rezensionen über expressionistische Zeitschriften und Buchveröffentlichungen.[144] Wagner gab zudem 1919 in der ZWEEMANN-Buchreihe älterer Literatur ein Werk von Jean Paul heraus.[145] Darüber hinaus war er verantwortlich für das gesamte literarische Gesicht der Zeitschrift. Eigene literarische Arbeiten außer den genannten veröffentlichte Wagner im ZWEEMANN nicht. Gleichwohl entstand in dieser Zeit eine Reihe von Grotesken, von Texten also, die vermeintlich Logisches radikal verfremdend auf den Kopf stellten und so aus der Sicht eines sich außerhalb der Konventionen Befindenden die Fragwürdigkeit des bürgerlichen Lebens spiegelten.[146] Eine Sammlung dieser Grotesken brachte 1920 der Paul Steegemann Verlag in seiner SILBERGÄULE-Reihe unter dem Titel JUNGFRAUN PLATZEN MÄNNERTOLL heraus.[147] Dort hieß es:

    „Der Ballon
    Ein Ballon bewegt sich leise.
    Menschenhälse strecken sich.
    Tramways stürzen aus dem Gleise.
    Droschkengäule töten sich.

    Auf den Dächern tanzen Greise.
    Jungfraun platzen männertoll.
    Ein Ballon bewegt sich leise
    Lächelnd und sehr würdevoll."

Als der schmale Band erschien, war Wagner bereits im Begriff, Hannover zu verlassen. Nur die ersten drei Hefte vom November 1919 bis einschließlich Januar 1920 hat er mitherausgegeben. Dann verließ er die Stadt. Ob letztendlich Unstimmigkeiten mit der Verlagsleitung oder mit dem ‚zweeten' Herausgeber Christof Spengemann zu Wagners Ausscheiden führten, ist unklar. Eine wesentliche Rolle dürfte jedoch seine zunehmende Morphiumabhängigkeit gespielt haben, die literarische und erst recht verläßliche journalistische Arbeit mittlerweile unmöglich gemacht hatte.[148]

Hans Schiebelhuth, Scherenschnitt von Ernst Moritz Engert. Erschienen im Mai-Heft 1920 des ZWEEMANNS.

Sein Nachfolger beim ZWEEMANN war ab dem Februar-Heft des Jahres 1920 der 1895 in Darmstadt geborene Hans Schiebelhuth. Nach dem Studium in München und ersten Erfolgen als junger expressionistischer Dichter meldete sich der knapp Zwanzigjährige bei Ausbruch des Ersten Weltkriegs als Kriegsfreiwilliger. Bis 1919 blieb Schiebelhuth Soldat, danach setzte er die Mitarbeit bei mehreren literarischen Zeitschriften im Reich fort und schloß sein Studium ab.[149] Schon im Jahr darauf verlegte er seinen Wohnort nach Hannover, um dort als Redakteur und Mitherausgeber die Literaturauswahl des ZWEEMANN zu gestalten. Schiebelhuth muß schon vorher Kontakt mit den bisherigen Machern des Blattes gehabt haben, waren doch in den ersten beiden Heften des ZWEEMANN bereits Gedichte von ihm erschienen.[150] Diese Arbeiten, die nur wenig mit dem expressionistischen Grundton der Zeitschrift gemein hatten, waren inhaltlich, selbst wenn sie von Tod, Verfall und Traurigkeit handelten, nicht von der Resignation und Verzweiflung gekennzeichnet, wie sie typisch für Wagners Werke waren. Das einzige Gedicht, das Schiebelhuth während seiner Tätigkeit als Herausgeber des ZWEEMANN in dieser Zeitschrift veröffentlichte und das den Titel BERÇEUSE – also Wiegenlied – trug, hatte deutlich zukunftsbejahenden Charakter und war von dem Glauben an eine ideale, harmonische Weltordnung erfüllt.[151] Der Dichter Hans Schiebelhuth war während seiner hannoverschen Zeit auch Mitarbeiter des Paul Steegemann Verlages.[152] Für Steegemann übersetzte er 1920 gemeinsam mit Curt Moreck Paul Verlaines Buch MÄNNER, dessen vermeintlich unsittlicher Inhalt nicht nur Dichtern wie Thomas Mann, sondern auch Verfechtern eines unerbittlichen Kurses gegen Schmutz und Schund eine Stellungnahme abverlangte.

Die Arbeit für den ZWEEMANN gestaltete sich für Hans Schiebelhuth demgegenüber weniger spektakulär. Neben den Gedichten, die er im ersten, zweiten und vierten Heft der Zeitschrift veröffentlichte, sowie der bereits erwähnten Würdigung des Künstlerfreundes Ernst Moritz Engert trat er hier anders als sein Vorgänger Wagner weder als Dichter noch als Literaturrezensent weiter in Erscheinung. Christiane Klössel zitiert aus einem Schreiben Schiebelhuths vom Mai 1920, in dem dieser einem Freund mitteilte, er werde „mit 15. Mai die Literatur auf(geben)" und lieber „Steineklopfen" als diese „Geisthurerei mit der Zeit"[153] fortführen. Eine offenkundige Unzufriedenheit mit der Tätigkeit für den ZWEEMANN mag also zum Ausscheiden aus der Redaktion beigetragen haben.

Danach hat Hans Schiebelhuth ebensowenig seine literarische Arbeit[154] wie die Kontakte nach Hannover abgebrochen. Ein knappes Jahr nach Beendigung seiner Herausgebertätigkeit, im Juli 1921, trug er, der mittlerweile wieder in Darmstadt als Theaterkritiker und Übersetzer arbeitete,[155] in der Galerie von Garvens aus seinen neuen Werken Lautgedichte vor. Die Lesung eines der ehemaligen Väter der Zeitschrift DER ZWEEMANN, die sich auch nach ihrem Ende in der avantgardistischen Kunstszene der Stadt noch eines guten Rufes erfreute, war gut besucht und wurde in der hannoverschen Presse ausführlich rezensiert.[156]

Der Übergang der Herausgebertätigkeit von Friedrich Wilhelm Wagner zu Hans Schiebelhuth brachte im Spätwinter 1919/1920 keinen wesentlichen Bruch in der literarischen Ausrichtung der Zeitschrift DER ZWEEMANN. Beiden Dichtern ging es darum, dem Spätexpressionismus in seinen verschiedenen Ausprägungen hier ein Forum zu bieten. Der literarische Teil bot in Wagners wie in Schiebelhuths Redaktion eine große Vielfalt. Ein überaus engmaschiges Beziehungsgeflecht innerhalb der Mitarbeiterschaft sorgte für ein literarisches Gepräge, das nur wenige eigene Akzente aufwies und eher von einer gewissen inhaltlichen wie personellen Gleichförmigkeit gekennzeichnet war. Der Einbezug nicht-zeitgenössischer Literatur – etwa von Voltaire, August Wilhelm Schlegel, Jean Paul und Charles Baudelaire – in den Buchveröffentlichungen des Verlages wie in dessen Zeitschrift bedeutete keinesfalls eine Ausnahme unter diesen Zeitschriften, sondern verstärkte im Gegenteil noch den Eindruck weitgehender Austauschbarkeit der Beiträge. Eine Eigenart der Gestaltung des literarischen Teils des ZWEEMANN mag allenfalls darin bestanden haben, besonders streng über die Qualität der vorgestellten expressionistischen Literatur zu wachen und in den Augen seiner Herausgeber Minderwertiges rücksichtslos und scharf zu verurteilen. Dieses Vorgehen dürfte mit der Überzeugung der Redaktion im Zusammenhang zu sehen sein, daß, wie es in einer Konzertrezension vom November 1919 hieß, jeder, der „in unserer lieben, netten Stadt" „den Geruch eines Expressionisten" habe, für die meisten ihrer Bewohner gleichbedeutend sei mit einem „Idioten".[157] Qualitätskontrollen sollten offenbar vermeiden, einer in der breiten Öffentlichkeit ohnehin umstrittenen Kunstauffassung durch den Einbezug künstlerisch zweifelhafter Werke zusätzliche Angriffsfläche zu schaffen.

Verhielt sich der Literaturteil des ZWEEMANN also seinen möglichen Kritikern gegenüber im ganzen eher defensiv, so schlug der Herausgeber der Sektion der Kunstkritik, welche den zweiten Schwerpunkt der Zeitschrift ausmachte, den entgegengesetzten Weg der Offensive ein. Daraus ergaben sich Spannungsmomente, die dem ZWEEMANN einen widersprüchlichen Charakter gaben. Dabei dürfte die Gegenläufigkeit beider inhaltlichen Bereiche ganz wesentlich auf die unterschiedlichen Persönlichkeiten der Herausgeber zurückzuführen sein. Seit langen Jahren erfahrener und angesehener Kunstkritiker verschiedener Zeitungen und Zeitschriften, nutzte Christof Spengemann, von Beginn an verantwortlich für den Bereich der Kunstkritik, seine Aufgabe, in diesem neuen Blatt offensiv auf die künstlerischen und kunstpolitischen Veränderungen einzugehen, die er in der jungen Weimarer Republik allgemein und in seiner Heimatstadt Hannover im besonderen wahrnahm.

Im ZWEEMANN sah er nun die Chance, sein ehrliches und tiefes Bekenntnis zur zeitgenössischen Kunst zu formulieren. Leidenschaftliche Parteinahme für diejenigen Künstler, deren Arbeit öffentlich zu loben ihm kurz zuvor von seinen Arbeitgebern noch untersagt worden war, sowie manch bissiger Seitenhieb auf die kunstpolitische Rückständigkeit des ehemaligen Arbeitgebers – des sozialdemokratischen VOLKSWILLENS –, kündeten deutlich von Spengemanns Freude an der Arbeit im ZWEEMANN in freierer, experimentierfreudigerer Atmosphäre. Dem Hannoveraner lag dabei besonders die Förderung hiesiger Künstler und Kunstinstitutionen am Herzen. So erschien beispielsweise kaum ein Heft des ZWEEMANN, in dem Spengemann die Kestner-Gesellschaft nicht ausführlich gewürdigt und ihre Aktivitäten, sei es als Forum für zeitgenössische bildende Kunst, für junge Musik oder durch das Theaterexperiment Kestner-Bühne für moderne Dramatik, vor ihren Kritikern nicht angriffslustig und provokativ in Schutz genommen hätte. Wie der ZWEEMANN für die anderen Zeitschriften der expressionistischen Mitstreiter in Hannover und auch im Reich nicht aus Gründen der materiellen Bereicherung, sondern aus Solidarität warb, so bot er auch der Kestner-Gesellschaft die Gelegenheit, sich und ihre mannigfaltigen Aktivitäten vorzustellen.[158] Der Raum, der ihr hierzu gelassen wurde, dürfte insgesamt größer gewesen sein als der eines anderen Werbenden im ZWEEMANN. Die Zeitschrift veranstaltete zudem im Januar und Februar 1920 eine ZWEEMANN-Ausstellung graphischer Arbeiten, die sich – neben anderem – auf die Präsentation von Werken der Hannoverschen Sezessionisten Max Burchartz, Fritz Burger-Mühlfeld, Otto Gleichmann und Kurt Schwitters konzentrierte.[159] Damit hatte sie eine ganz ähnliche

Die Kunstkritik im ZWEEMANN. Die Rolle Christof Spengemanns

Einladungskarte zur Graphischen Ausstellung des ZWEEMANN-Verlages. Januar 1920

Schwerpunktsetzung wie die zur gleichen Zeit stattfindende dritte Ausstellung der Hannoverschen Sezession in der Königstraße, was auf einen durchaus freundschaftlichen Austausch zwischen beiden Institutionen hinweist.[160]

Mehr noch als mit der Kestner-Gesellschaft verband Christof Spengemann mit Kurt Schwitters. Die Freundschaft zwischen beiden dauerte ein Leben lang, und sie wurzelte in der Endphase des Ersten Weltkrieges. Immer wieder ergriff der Herausgeber und Kritiker mit spürbarer Freude an der Auseinandersetzung jede sich bietende Gelegenheit, sich für den Künstler einzusetzen. Darüber hinaus war der ZWEEMANN mehr als jede andere hannoversche Zeitschrift jener Jahre bereit, Kurt Schwitters die öffentliche Reaktion auf Kritik an seiner Kunst zu ermöglichen. In seinen TRAN-Artikeln[161] über den Berliner Börsenkurier[162] (sic!) oder über „große Kritiker"[163] – oder vielmehr jene, die sich dafür hielten – zog Schwitters gegen die in seinen Augen intolerante und verknöcherte Kunstkritik zu Felde.[164] Daneben belieferte er die Zeitschrift seines Freundes Christof Spengemann mit Lithographien, Gedichten sowie Essays über die Grundlagen seiner Arbeit.[165]

Doch so vehement und deutlich seine Parteinahme für Schwitters auch immer war, so unklar blieb Spengemann in seiner Formulierung dessen, was er in Abgrenzung von einer als unzeitgemäß abgelehnten Kunstrichtung unter dem Begriff der jungen und modernen Kunst konkret verstand.[166] Mehr noch: Wortgewandt in der ironisch-süffisanten Kritikerschelte, wurden Spengemanns Aussagen widersprüchlich, wenn es um die Entwicklung eines positiven Gegenentwurfs zu den traditionellen Positionen ging. Auf zwei aufeinanderfolgenden Seiten des Februar-Heftes 1920 bekannte er sich zunächst zur impressionistischen und spätimpressionistischen Kunst eines Signac und Renoir,[167] um sodann Herwarth Walden zuzustimmen, der Kritik am Impressionismus übte. Nunmehr bezeichnete er den Expressionismus als eine „Offenbarung".[168] Diese ohnehin schon widersprüchlichen Stellungnahmen verwirrten sich weiter angesichts der Tatsache, daß Spengemann nur einen Monat zuvor das DADAISTISCHE MANIFEST im ZWEEMANN veröffentlicht hatte, das sich explizit „gegen die blutleere Abstraktion den Expressionismus" und die „weltverbessernden Theorien literarischer Hohlköpfe"[169] gewandt und in diesem Zusammenhang ausgeführt hatte: „Unter dem Vorwand der Verinnerlichung haben sich die Expressionisten in der Literatur und in der Malerei zu einer Generation zusammengeschlossen, die heute schon sehnsüchtig ihre literatur- und kunsthistorische Würdigung erwartet und für eine ehrenvolle Bürger-Anerkennung kandidiert."[170] Statt offensiv zu der Zeit Stellung zu beziehen, in der sie lebten, hätten die Expressionisten es vorgezogen, ihre „Seele zu propagieren" und „abstrakt-pathetische Gesten" zu entwickeln, ansonsten jedoch im heimischen Sessel furchtsam Schutz vor dem „Lärm der Straße"[171] zu suchen.

Wie um die Widersprüchlichkeit noch zu betonen, die darin lag, eine solche Schmähung expressionistischer Kunst in eine Zeitschrift aufzunehmen, deren literarischer Teil erklärtermaßen die Pflege und Förderung des Spätexpressionismus beabsichtigte, wurden auf der einen Seite des entsprechenden ZWEEMANN Heftes das DADAISTISCHE MANIFEST[172] (April 1918) veröffentlicht und auf der anderen ein Ölgemälde des Malers Otto Gleichmann reproduziert.[173] Die Reproduktion wurde begleitet von einem Essay, welcher Gleichmanns expressionistisch-geheimnisvolle Künstlerseele deutete. Autor dieses Beitrages war Paul Bommersheim, ein überzeugter Expressionist.[174]

Der starke Kontrast zwischen Expressionismus und Dadaismus, der sich durch diese Gegenüberstellung ergab, hätte dem Konzept einer Zeitschrift entsprechen können, die ihre Aufgabe darin verstand, unterschiedliche Positionen zu Wort kommen zu lassen und – ohne selbst Stellung zu beziehen – gleichsam Gefäß für die künstlerischen und kunstpolitischen Positionen ihrer Zeit zu sein. DER ZWEEMANN jedoch vertrat nicht nur in seinem Literaturteil eine deutliche eigene Meinung. Vor allem in dem Bereich der Kunstkritik bekannte er eher Farbe, als daß er sich auf die wertfreie Wiedergabe von verschiedenen Positionen beschränkte.

Widersprüchlichkeiten und Kontrastierungen lassen also weniger auf konzeptionell bedingte Spannungsmomente der Zeitschrift DER ZWEEMANN schließen. Sie verweisen vielmehr auf eine Unbedachtheit, Will-

DER ZWEEMANN *und die Politik*

kür und vielleicht auch Hilflosigkeit in der Auswahl geeigneter Beiträge. Das mutet in Anbetracht der redaktionellen Tätigkeit des erfahrenen Feuilletonisten Christof Spengemann überraschend an. Schließlich stammte das DADAISTISCHE MANIFEST aus dem Kreis der Berliner Dadaisten um den Begründer der dadaistischen Bewegung in Deutschland, Richard Huelsenbeck. Huelsenbeck hatte im Alter von wenig mehr als zwanzig Jahren seine literarische Laufbahn im Ersten Weltkrieg selbst noch als Expressionist begonnen, sich dann jedoch scharf gegen diese Bewegung gewandt.[175] Er tat dies vor allem deshalb weil ihm eine Reaktion auf die Erfahrungen des Krieges nurmehr mit den vehementen, provokativen und traditionsnegierenden Mitteln des Dadaismus möglich schien. Dabei verband er die maßgeblich von ihm geprägte Linie des deutschen Dadaismus mit der Formulierung politischer Botschaften. Unterstützt von Tristan Tzara, George Grosz, Hans Arp und Hugo Ball, die auch das DADAISTISCHE MANIFEST mitunterzeichneten, betrieb Huelsenbeck – zunächst von Zürich, in den zwanziger Jahren dann von Berlin aus – „politisch-revolutionäre Agitation",[176] die in ihrem Kern Dada als deutsche bolschewistische Angelegenheit[177] und Kampfmittel für den Bolschewismus[178] verstand.

Diese neue, aggressive, einen neuen Kunstbegriff mit politischen Zielsetzungen besetzende Botschaft gelangte mit zeitlicher Verzögerung nach Hannover und stieß in den hierfür offenen Kunstkreisen auf reges Interesse. Paul Steegemann veröffentlichte in der Reihe DIE SILBERGÄULE Huelsenbecks Geschichte des Dadaismus EN AVANT DADA, in der ein Dadaist als jemand charakterisiert wurde, der „instinktmäßig seinen Beruf darin sieht, den Deutschen ihre Kulturideologie zusammenzuschlagen".[179] Um die Ablehnung eines traditionellen, bürgerlich geprägten Kunstbegriffs ging es auch in dem Pamphlet des Dadaistischen revolutionären Zentralrates Berlin, das den programmatischen Titel WAS IST DER DADAISMUS UND WAS WILL ER IN DEUTSCHLAND? trug. Es stammte von Huelsenbeck und von den Mitstreitern Raoul Hausmann und Jefim Golyscheff.[180] Gemeinsam forderten sie im Namen Dadas „die internationale revolutionäre Vereinigung aller schöpferischen und geistigen Menschen der ganzen Welt auf dem Boden des radikalen Kommunismus".[181] Das Pamphlet war zu gleichen Teilen geprägt von rein allgemeinpolitischen, sozialpolitischen und dadaistisch-kunstpolitischen Aussagen. Es forderte die sofortige Sozialisierung aller Bauten, die „kommunistische Ernährung aller" sowie die „Errichtung der Allgemeinheit gehörender Licht- und Gartenstädte, die den Menschen zur Freiheit entwickeln", die „Freigabe der Kirchen zur Aufführung bruitistischer, simultanistischer und dadaistischer Gedichte" sowie „sofortige Regelung aller Sexualbeziehungen im international dadaistischen Sinne durch Errichtung einer dadaistischen Geschlechtszentrale".[182] Dem Expressionismus wurde „brutalste(r) Kampf"[183] angesagt.

Dieses Pamphlet, erstmals im Juni 1919 publiziert,[184] erschien ein halbes Jahr später in der spätexpressionistischen hannoverschen Zeitschrift DER ZWEEMANN, und wiederum zeichnete deren Mitherausgeber Christof Spengemann als Bearbeiter des Bereiches der Kunstkritik für seine Veröffentlichung verantwortlich. Dies warf mehr noch als die Publikation des DADAISTISCHEN MANIFESTS einen Monat später ein bezeichnendes Licht auf die weitgehende inhaltliche Konzeptionslosigkeit der Zeitschrift. Auf der einen Seite widmete DER ZWEEMANN seine Aufmerksamkeit dem Schaffen von Kurt Schwitters. Auf der anderen Seite bot man mit Veröffentlichungen der Berliner Dadaisten den zu dieser Zeit wohl stärksten künstlerischen Widersachern von Schwitters wiederholt ein zumindest in der avantgardistischen Kunstszene des Reiches nicht ganz unbedeutendes Forum.

Schwitters unterhielt zu einigen Anhängern der Berliner Dadabewegung wie Raoul Hausmann und Hannah Höch freundschaftliche Kontakte. Mit Richard Huelsenbeck, dem Kopf der Gruppe, verband ihn hingegen weder eine ähnliche Position zur dadaistischen Kunst noch zur Politik seiner Zeit.[185] Schwitters war in Huelsenbecks Augen allenfalls ein „hochbegabte(r) Kleinbürger",[186] also jemand, der zufrieden in seiner Provinzialität lebe und arbeite und hierin immerhin mitunter zu „genialen" künstlerischen Ergebnissen gelange, ohne jedoch die ungeheure politische Aufgabe der Zeit zu erkennen. Der solchermaßen als „abstrackter (sic!) Spitzweg" und „Kaspar (sic!) David Friedrich der dadaistischen Revolution"[187] gescholtene Schwitters reagierte seinerseits ablehnend auf Huelsenbecks Verknüpfung von Kunst und Politik. Kein Mensch könne „zween Herren"[188] dienen, formulierte er 1921, und wer es doch versuche wie Huelsenbeck, der bleibe in beidem, Kunst wie Politik, gleich unbefriedigend und lasse den reinen Dadaismus zum politischen „Huelsendadaismus" verkommen.[189] Er selbst hingegen, so Schwitters, sei tolerant, und „lasse jedem seine Weltanschauung".[190] Kurt Schwitters war kein unpolitischer Mensch, er war seit Juni 1932 SPD-Mitglied,[191] und seine Arbeiten enthalten viele verdeckte und auch offene Hinweise auf die politischen Umstände, unter denen sie entstanden. Jedoch lehnte er es ab, die Kunst zum Zweck der politischen Indoktrination zu benutzen.[192] Immer wieder in diesen Jahren und besonders in seiner eigenen Zeitschrift,[193] den MERZ-Heften, äußerte er seine Überzeugung von der Notwendigkeit einer zweckfreien Kunst. So betonte er im VEILCHEN-Heft, MERZ 21, im Jahr 1931, die Kunst sei ihm „viel zu wertvoll, um als Werkzeug mißbraucht zu werden".[194] Lieber stehe er „persönlich dem politischen Zeitgeschehen fern". Kunst sei „ein sonderbares Ding, sie braucht den Künstler ganz ... Kunst will nicht den Künstler beeinflussen und nicht wirken, sondern befreien vom Leben, von allen Dingen, die den Menschen belasten, wie nationale, politische oder wirtschaftliche Kämpfe. Kunst will den reinen Menschen, unbelastet von Staat, Partei und Nahrungssorgen."[195]

Nicht erst 1931, in der wirtschaftlich und politisch besonders unruhigen Endphase der Weimarer Republik, warnte Schwitters davor, die Kunst politischen Zielsetzungen unterzuordnen. Diese Haltung vertrat er schon gut zehn Jahre zuvor, weshalb seine Meinungsverschiedenheit mit Richard Huelsenbeck bereits in dieser Zeit Anfang der zwanziger Jahre wurzelte. Im gleichen Jahr, in dem Huelsenbeck im ZWEEMANN die Verbundenheit zwischen Dadaismus und Kommunismus betonte, wurde Kurt Schwitters durch den von jenem geleiteteten Berliner Kreis von der ERSTEN INTERNATIONALEN DADA-MESSE, dem wichtigsten Dada-Happening in Deutschland, ausgeschlossen.[196] Insofern war Christof Spengemanns Entscheidung, die wenn auch nicht explizit, so doch unterschwellig auch gegen Künstler wie Schwitters gerichtete Stellungnahme des Rivalen Richard Huelsenbeck zu veröffentlichen, im Grunde alles andere als ein Freundschaftsdienst.

Die Publikation des Beitrags des Dadaistischen revolutionären Zentralrates ist darüber hinaus umso überraschender, als Spengemann selbst Schwitters' Bekenntnis zur unpolitischen Kunst durchaus billigte, ja, mit ihm und anderen gemeinsam nur wenige Jahre später das MANIFEST PROLETKUNST verfaßte, das als direkte Antwort auf die Absichten der Berliner Dadaisten verstanden werden kann. MANIFEST PROLETKUNST, das ebenfalls in Schwitters' MERZ-Heften erschien, vertrat die Position einer Kunst, die „weder proletarisch noch bürgerlich" sein wolle, da sie Kräfte entwickeln könne, „die stark genug sind, die ganze Kultur zu beeinflussen, statt durch soziale Verhältnisse sich beeinflussen zu lassen".[197] Die Unterzeichner des Manifestes formulierten die These, es sei „im Grunde dasselbe", „ob jemand ein rotes Heer mit Trotzky (sic!) an der Spitze oder ein kaiserliches Heer mit Napoleon an der Spitze malt". Für den „Wert des Bildes als Kunstwerk" sei es allemal gleichgültig, „ob proletarische Instinkte oder patriotische Gefühle erweckt werden sollen. Das eine wie das andere ist, vom Standpunkte der Kunst aus betrachtet, Schwindel".[198]

In Anbetracht dieser eindeutigen Stellungnahme wirkt der Abdruck der Forderungen der Berliner Gruppe um Richard Huelsenbeck nicht so, als seien sie bewußt in diese Zeitschrift aufgenommen worden, um Gegensätze und Polaritäten aufzuzeigen. Vielmehr erwies sich DER ZWEEMANN, wann immer er sich mit politischen Positionen auseinandersetzte, bei aller stilistischen Wortgewandtheit ähnlich unstet, vage und widersprüchlich wie bei jeder Auskunft darüber, was er unter der ‚richtigen' zeitgenössischen Kunst verstand.

Deutlich wird das etwa in der Darstellung der Lebensläufe zweier Zeitgenossen, die beide auf ganz unterschiedliche Weise politisch und künstlerisch zugleich tätig waren: Ernst Toller und Kurt Hiller.[199] Anläßlich der Uraufführung von Ernst Tollers Revolutionsdrama DIE WANDLUNG in Berlin[200] erschien im November-Heft 1919 des ZWEEMANN eine dreiteilige Rezension dreier verschiedener Autoren. Alle bezogen Tollers Tätigkeit im Zentralrat der Arbeiter und Soldaten und die Verurteilung zu fünf Jahren Festungshaft wegen der Beteiligung an der Münchener Räterepublik im Sommer 1919 ein.[201] Friedrich Wilhelm Wagner konzentrierte sich in seiner Rezension vornehmlich auf die schauspielerische Leistung und die rein literarische Qualität des Dramas, forderte formelhaft und ohne Bezug „Épatez le bourgeois" und schloß mit der undeutlichen Wendung, daß jeder Reformator „ausgehend vom Gegebenen zugleich bejahen und verneinen"[202] müsse.

Deutlicher nahm der Rezensent Sch-e Bezug auf Tollers politische Tätigkeit. Sch-e würdigte, daß die Botschaft des Dichters ausdrücklich gegen Gewaltanwendung gerichtet und damit typisch für einen Mann sei, der „ohne Gut, aber voll Güte"[203] sei. Ähnlich emotional war die Schlußfolgerung des Rezensenten: „Seid gütig und liebet euch! Reich oder arm – Alle sind schwach und verirrt. Kommt auf den Weg des Leidens! Beugt euch! Wandelt euch! Liebt euch!" „Bewegt" habe er der Botschaft Tollers gelauscht, gestand Sch-e ein, viel „Herzblut (sei) geflossen". „Dann rief Jubel nach dem Dichter, der fern, gefangen von Barbaren, es nicht hören konnte."[204] Auch diese Rezension vermied es also, konkret auf den politischen Hintergrund von Tollers „Gefangenschaft unter den Barbaren" einzugehen. Sie beschränkte sich darauf, aus Anerkennung für eine unbestimmt-unpolitisch aufgefaßte Grundstimmung des Tollerschen Stückes eine gewisse Solidarität mit dem Dichter zu üben,[205] ohne sich indes auf dessen konkrete Forderungen einzulassen.

Wieder anders reagierte Victor Curt Habicht, einer der fleißigsten Autoren des ZWEEMANN. Mit dem für ihn typischen ausladenden Pathos erkannte Habicht wohl Tollers Versuch an, „mit einem dramatischen Manifest wie der WANDLUNG das menschlich Nächste, Gute sehr beschwert und Reinheit voll"[206] zu wollen. Doch Toller helfe niemandem mit seinem Stück, er provoziere vielmehr nur die „arme, tausendmal geschundene, mißbrauchte, millionenmal gekreuzigte arme, arme Menschheit", indem er unberechtigt deren Hoffnung auf Besserung aufrechterhalte. Die, welche Toller treffen wolle, die „Satten", erreiche sein Wort indes nicht: „Bedenkt das Wort vom Kamel und Nadelöhr. Es *ist* wahr! Es ist entsetzlich, unabänderlich und gewißlich wahr ... (e)s ist umsonst getan!"[207] Statt auf radikale politische Veränderung setzten Habicht wie auch Sch-e auf die expressionistische Utopie der Brüderlichkeit und Verbundenheit in Toleranz und Glück: „Nicht Wandlung schreibe, geißle, dämme, stoße Hirne ein vom Martergang und gieße Eis auf eiskalte Herzen – Verwandlung leuchte rein und groß und werfe Gluten, Schönheit, Güte, Liebe, daß stark die Starken, heller im Fanal – und heiß die Kalten überwältigt von der Liebe!"[208] Habicht würdigte grundsätzlich das Drama des politisch aktiven Künstlerkollegen seiner Zeit, der Verfolgung und Haft in Kauf genommen hatte, um die Ziele der „gewaltlose(n) Selbstbefreiung des Volkes" und „umfassenden Gesellschaftstransformation"[209] zu verwirklichen. Doch seine Rezension gipfelte in Forderungen, die die politische Realität des Jahres 1919 ausklammerten.

Diese betont unpolitische Haltung verteidigte DER ZWEEMANN auch in seinen nächsten Heften. Im März 1920 veröffentlichte er EINE BEMERKUNG von August Wilhelm Schlegel. In dem kurzen Beitrag wurde der politisch aktive Künstler ironisiert, dessen einziger Grund, künstlerisch zu arbeiten, der störrische Wille zur Opposition sei. Die Leistungen solcher Künstler erschöpften sich, so Schlegels Überzeugung, in der vergeblichen und in ihrer Gewolltheit fast peinlichen Kritik am ewig Unveränderlichen und an der Politik der Herrschenden. Der Dichter, „der sich zum Volkslehrer aufwirft", „opfert unvermeidlich seine Autorität als Künstler auf".[210]

Im gleichen März-Heft 1920 veröffentlichte der ZWEEMANN die Rezension eines Vortrags von Kurt Hiller. Hiller hatte diese Warnung in den Wind geschlagen und sich stets auch politisch geäußert. 1885 als Sohn eines jüdischen Fabrikanten in Berlin geboren, begann er seine literarische Laufbahn als expressionistischer Dichter.[211] Nach einem Studium der Rechtswissenschaften, das er 1908 auf Vermittlung Gustav Radbruchs mit einer Promotion über DAS RECHT ÜBER SICH SELBST abschloß,[212] gründete er zwei Jahre später den literarischen Club GNU in Berlin. Bereits jetzt verband er mit der rein künstlerischen Arbeit eine politische Zielsetzung, und zwar die Überwindung der – in seinen Augen – erstarrten Strukturen des Kaiserreichs.[213] 1920 wurde Hiller Vorsitzender des Rats geistiger Arbeiter.[213] Vor allem in dieser Funktion, ab 1920 auch als Mitglied der Deutschen Friedensgesellschaft, zu deren linkem Flügel er gehörte, setzte Hiller sich für die gesetzliche Billigung der Kriegsdienstverweigerung, die Abschaffung der Wehrpflicht und die Ächtung von Kriegen ein.[214] Da er im gegenwärtigen kapitalistischen System das Hauptübel gesellschaftlicher Fehlentwicklung sah, schloß er Forderungen nach tiefgreifenden politischen Veränderungen nicht aus, lehnte jedoch den Gedanken einer vom Volk ausgehenden revolutionären Gesellschaftstransformation ab. Sein Gegenentwurf wurzelte vielmehr in der Forderung nach Errichtung einer Logokratie, der Herrschaft des Geistes. Sicher auch abgeschreckt durch die konkreten Erfahrungen während der Revolutionszeit

1918/1919, fürchtete Hiller die „Tyrannei der ungeistigen Mehrheit"[215] und setzte ihr die Herrschaft der Elite entgegen, die nicht einmal alle Intellektuellen, sondern nur die besten Literaten der Zeit umfassen sollte.

Hillers „latent elitäre(r) Geist-Begriff", der nach Adelheid von Saldern „relativ losgelöst von gesellschaftlicher und politischer Zielsetzung"[216] war, blieb auch von denen nicht unwidersprochen, die zum Kreis dieser Elite gehörten.[217] Seine Theorien wurden auch in Hannover diskutiert. Hier war Kurt Hiller einer kleinen Öffentlichkeit bereits durch seine Buchveröffentlichung in Paul Steegemanns SILBERGÄULEN aus dem Jahr 1919 bekannt, in der er die Erziehungslehre Gustav Wynekens vorgestellt hatte, des Politikers und jugendbewegten Wegbereiters der Landschulbewegung.[218]

Kurt Hiller, Foto. Um 1937

Im März 1920 hielt Kurt Hiller auf Einladung der Freien Bildungsgemeinde Hannover[219] einen Vortrag über sein Konzept der Logokratie. Rezensent für den ZWEEMANN war Hans Havemann. Dieser machte aus seiner Zustimmung zu Hillers Thesen keinen Hehl und führte aus: „Blendende Dialektik Hillers durchgrellte Hoffnungslosigkeiten heutiger Welt, ironisierte trefflich den Intellektuellen, der liebedienernd zum hirnlosen Muskelmann, zum Pöbel, zu Piefke steigt. Resignation am Proletariat, an Demokratie mehr noch, sucht die neue Aristokratie. Demokratie ist Lüge, ist Quantität."[220] Qualität hingegen jenseits des „demokratische(n) Zufallsergebnis(ses) quantitativen Wahlrechts" erhoffte auch Havemann sich vom „Weltbund der führenden Geister". Doch zweifelte er, ob ein solcher Bund „über Literatencliquen, Eitelkeiten hinweg" jemals realisiert werden könne. Seine Forderung lautete deshalb, den „Titanen"[221] zu finden, der, Geistesmensch, Tatmensch und Demagoge zugleich, die Organisation des kommenden Staatssystems in seine starke Hand nehmen werde.

Der Beitrag Hans Havemanns macht ebenso wie die bereits erwähnte Rezension zu Ernst Tollers WANDLUNG deutlich, daß der ZWEEMANN sich zu tagespolitischen Fragestellungen der frühen zwanziger Jahre recht diffus äußerte. Hier war die Suche nach dem starken Mann, der Ordnung in die gesellschaftliche und politische Verwirrung bringen sollte,[222] dort drückte sich die Reduzierung auf das rein künstlerische expressionistisch-menschheitsverklärende Moment im Werk des Anarchisten und Kommunisten Ernst Tollers aus. Was beide Artikel verband, war die bei aller inhaltlichen Verschwommenheit doch deutliche Ablehnung jeder konkreten politischer Aussage.

In dieser vagen und widersprüchlichen Haltung folgte sie dem Vorbild Christof Spengemanns. Dieser, obwohl überzeugter Sozialdemokrat, hielt ähnlich wie sein Freund Kurt Schwitters das Terrain der Kunst für ungeeignet, parteipolitische Forderungen zu transportieren. Das, was er für wahre Kunst hielt, stand für ihn bei aller Notwendigkeit, sie im Kontext des sie bedingenden gesellschaftlich-politischen Umfeldes zu sehen, über jeder wie immer gefärbten politischen Botschaft. So erklärt sich auch, daß Spengemann vier umfangreiche Bücher über Sozialismus und Kommunismus in seiner Zeitschrift mit der lapidaren Formulierung zusammenfaßte, „zwischen hüben und drüben (schwanke) die Entscheidung, noch (pendele) die Waage".[223] Die Entscheidung über solche Fragen – das läßt diese Wertung vermuten – lag außerhalb seines Interesses als Kunstbeobachter. Im gleichen Heft und auf der gleichen Seite, auf der die Berliner Dadaisten um Huelsenbeck ihr DADAISTISCHES MANIFEST veröffentlichten, forderte Spengemann im Zusammenhang mit einem Berichts über die kurz zuvor gegründete Kestner-Bühne: „Wir müssen uns von der wandelbaren Form einer Gegenwart lösen: ob sie Monarchie oder Volksherrschaft ist ... Der soziale Wahn der Geistigen stößt diese in wesensfremde Gebiete. Praktische Fragen sind nur mit dem Intellekt zu klären. Und das Kunstschaffen ist Antipode des Zweckwollens ... Wir müssen uns immer nur in die Kunst vertiefen. Wir müssen uns hüten, sie durch Preisgabe an den Willen der Masse verflachen zu lassen."[224]

Die Aussage stellt den Schlüssel zum Verständnis vieler Stellungnahmen des ZWEEMANN zu politischen Fragestellungen dar. Sie erklärt den von den Zeitgenossen Habicht und Schwitters geforderten Ausschluß der Politik aus allen Angelegenheiten der Kunst, und sie macht auch verständlich, warum in der Zeitschrift, hierin ähnlich elitär wie Hillers Vorstellungen einer Logokratie, die Gemeinschaft der wenigen Geistigen gegenüber einer ‚ungeistigen Masse' gefordert wurde. Hintergrund und Ausgangspunkt der Spengemannschen Überlegungen war nicht die umfassende Gesellschaftstransformation als Ergebnis politischer Umwälzungen. Politische wie gesellschaftliche Konstrukte jeglicher Art waren in seinen Augen vergänglich. Die expressionistische Vision einer nationen- und sogar kulturenübergreifenden Menschheitsverbundenheit und einer zeitlosen Zufriedenheit mit dem Nächsten und mit Gott bestimmte Christof Spengemanns kunsttheoretisches Gerüst. Religion und Religiosität hatten nach seiner Überzeugung nichts mit dem Bild eines auch aus bürgerlich-strengen Moralvorstellungen von Gut und Böse entstandenen strafenden Vater-Gottes zu tun, sondern sie schufen in seiner Vorstellung eine heitere, lebensbejahende und versöhnende Atmosphäre im Nachkriegsdeutschland.

Dieser Gedanke kam am deutlichsten in Spengemanns Rezension von DIE STADTKRONE, dem vielbeachteten Buch des Architekten Bruno Taut, zum Ausdruck. Taut, Freund u.a. von Walter Gropius, Herwarth Walden und Max Beckmann und wie sie Mitbegründer der Berliner Novembergruppe,[225] war zum Zeitpunkt des Erscheinens von DIE STADTKRONE Wortführer der expressionistisch arbeitenden deutschen Architekten.[226] In seinem Werk forderte er, der Utopie einer Welt ohne Privateigentum und familiäre Bindungen folgend, die Errichtung von Gemeinschaftsbauten in den Zentren der neuen Städte, in denen Häuser aus Kristallglas stehen sollten.[227] Spengemann würdigte diese Ideen im ZWEEMANN als „Punkt, an welchem der in der neuen Stadt sich ausdrückende Lebens- und Formwille der heutigen Menschheit zu feierlichem Akkord zusammenfließen soll".[228] Vor allem Tauts Terminologie war es, die Spengemann überzeugte. Voller Zustimmung zitierte er eine Passage, in der der Architekt seine Vorstellung von Religiosität in die Worte faßte, sie sei „der Sozialismus im unpolitischen, überpolitischen Sinne, fern von jeder Herrschaftsform, als die einfache schlichte Beziehungsform der Menschen zueinander".[229] Als sich Christof Spengemann in den fünfziger Jahren an seine Arbeit als Herausgeber des ZWEEMANN zurückerinnerte, sprach er einen ähnlichen Gedanken aus, indem er behauptete, man habe damals „die äußerste Linke des ohnehin schon links stehenden *Geistes*"[230] vertreten.

DER ZWEEMANN *und das Bürgertum*

Nicht durch die Politik und schon gar nicht durch die Parteipolitik werde dieser Geist vertreten, sondern allein durch die Kunst. In einem Beitrag über den MERZ-Bau schrieb er im letzten ZWEEMANN-Heft im Sommer 1920 über die allmählich zunehmende Bereitschaft unter den Kunstfachleuten im Reich, Schwitters' Werke ernst zu nehmen, freilich auch mit ironischem Augenzwinkern: „Rückblickend bemerken wir das rasende Tempo, in welchem Deutschland seit der Revolution ... dem Geistigen zustrebt."[231] Für Spengemann war Kurt Schwitters der ideale Vertreter einer neuen Generation von Künstlern, die – jenseits allen materiellen Denkens – heiter, friedfertig und gütig eine Kunst schufen, welche die Menschheit näher an die Vision einer neuen, besseren Welt heranbrachte als es jede Parteipolitik vermöchte. Schwitters war für ihn ein Künstler, der jene beiden Eigenschaften im Übermaß besaß, die ihm selbst heilbringend schienen: Geist – im Sinne von Intuition, nicht verstanden als Verstand oder Intellekt – und Seele. Wer Schwitters' Kunst „mit den Sinnen und mit der Seele, ... nicht mit dem Verstande" erlebe,[232] werde sie verstehen.

Ähnlich wie Spengemann, der seine Argumentation vor allem am Beispiel der bildenden Kunst entwickelte, vertrat im ZWEEMANN auch Melchior Hala die These vom Künstler als Träger des Geistes und als Wegbereiter in eine bessere Zukunft.[233] Für Hala waren es die Werke Gustave Flauberts und vor allem Fjodor M. Dostojewskis, die diese Botschaft der Brüderlichkeit, Heiterkeit und materiellen Bedürfnislosigkeit verkündeten.[234] In seinen beiden umfangreichen Aufsätzen über die beiden Schriftsteller kritisierte Hala wiederholt eine „bürgerliche Ideologie",[235] die einen ursprünglich freien, aus dem rein Geistig-Göttlichen geborenen Kunstbegriff zum einfachen Gebrauchsgut erniedrigt habe. In DOSTOJEWSKI UND DIE NEUE WELT äußerte er im Februar 1920 die Überzeugung, daß die Industrialisierung und mit ihr die Entstehung des modernen Bürgertums für diese Reduktion der Kunst auf das profane Handwerk verantwortlich sei.[236]

Bei beiden, Spengemann wie Hala, stand also massive Kritik an der gesellschaftlichen Formation des Bürgertums und dessen in ihren Augen borniertem, verlogenem und vor allen Dingen stets an materiellen Gesichtspunkten der Nutzbarkeit orientiertem Kunstbegriff im Mittelpunkt. Ebenfalls im Februar 1920 behauptete Hala mit Blick auf Dostojewskis tiefe Religiosität: „Arrivieren will nur, der kein festes inneres

Sein kennt: besitzen, d. h. greifbar erkennen, muß nur, wer nicht mehr glaubt, d. h. einen inneren, unzerstörbaren Besitz hat."[237] Kritik an der „stumpfharte(n) Verständnislosigkeit unbewegte(r) Bürgerherzen", welche dem „wachsweichen Verständnis kindlicher Seele"[238] des wahren Künstlers und Menschen negativ gegenübergestellt wurde, äußerten im ZWEEMANN jedoch nicht nur Christof Spengemann und Melchior Hala. Auch aus anderen Beiträgen und Rezensionen sprach die „tiefe Sehnsucht nach dem, was war und sein wird",[239] was man durch die Überwindung bürgerlicher Übermacht im Kunstbereich zu erreichen hoffte.[240] Manchmal erschöpfte sich die Kritik am Bürgertum in der Wiederholung bekannter Formeln wie „Épatez le bourgeois"[241] oder man zitierte die Büchnersche Forderung „Friede den Hütten, Krieg den Palästen".[242] Immer blieb der ZWEEMANN im Bereich der vagen Anklage einer bürgerlichen Kunst, die allein „Flachgefühle"[243] zulasse.

So befand sich die Zeitschrift einer bürgerlichen Öffentlichkeit gegenüber sehr viel häufiger in der Rolle des Reagierenden. Wann immer sich diese bürgerliche Öffentlichkeit negativ über jene Kunst äußerte, die der ZWEEMANN förderte, sah das Blatt sich aufgefordert, bourgeoise Intoleranz und Diffamierung anzukreiden. Die verbale Schärfe dieser Antworten kann jedoch nicht darüber hinwegtäuschen, daß die generelle Kritik, welche die Zeitschrift DER ZWEEMANN an der Institution des Bürgertums haben mochte, sich erstaunlich selten offensiv und aus innerem Antrieb heraus äußerte.

Das gilt besonders für den Bereich der Theaterrezension, der breiten Raum einnahm und außerordentlich streng und kritisch angelegt war. Die Beurteilung der kulturellen Leistungen des Bürgertums ging hier so weit, daß man diesem jede Fähigkeit absprach, den neuen Geist, der sich auf den Bühnen des Reiches und auch in Hannover zeige, recht zu verstehen. Der Rezensent G-dt, der in den ersten Heften des ZWEEMANN überwiegend für die Berichterstattung aus den Theatern der Stadt verantwortlich war,[244] formulierte im Dezember 1919 im Zusammenhang einer Auseinandersetzung mit dem „elementaren-ur-triebhaften"[245] Wesen in Frank Wedekinds ERDGEIST: „Es gibt *geistige* Menschen. Die *können* auch Seele haben. Der *Erdgeist* fehlt ihnen aber meistens. Materiell-tierhafte Menschen gibt es zweierlei. Die einen verdecken ihr Wesen gewöhnlich unter dem Mantel eines gewissen ‚Intellekts'. Nur im Rausch (meistens des Alkohols) wird es offenbar. Das sind die *unbewußten* Erdgeister. Man nennt sie auch ‚Bürger'."[246] Dieses Bürgertum sei bestimmend im Bereich der Kunstrezeption, und sein mittelmäßiger, sich an oberflächlicher Komik und plattem Pathos orientierender Theatergeschmack habe in Hannover „jämmerlichste Provinzbühne"[247] geschaffen. Wann immer sich im ZWEEMANN Rezensenten mit der Aufführung als typisch bürgerlich klassifizierter alberner Komödien oder gefühlvoller Rührstücke beschäftigten, hieß ihr lapidares Urteil: „Die Schauspieler sagten wacker auf, und das Publikum schwamm in Rührung."[248] War wenigstens die schauspielerische Leistung ausreichend, beschränkte man sich neben längeren Ausführungen über die Qualität des Stückes auf das zweifelhafte Lob, man habe „eigentlich Schlimmeres erwartet".[249]

Besonders der Rezensent H-nn, der ab Februar 1920 G-dts Rolle als Haupt-Theaterkritiker des ZWEEMANN übernahm, reagierte derart scharf auf die eher traditionelle Programmgestaltung der meisten hannoverschen Bühnen, daß einige Theaterleiter sich massiv über seine Berichterstattung beschweren und die Schriftleitung des ZWEEMANN zur Mäßigung ihrer Rezensenten aufforderten. H-nn fragte daraufhin mit Blick auf den Wunsch des Leiters des Residenz-Theaters nach „rücksichtsvolle(n) Kritiken",[250] wem diese wohl nutzen sollten. Ihm jedenfalls sei allein die Kunst heilig und nicht die auf ihr persönliches Wohl bedachten hannoverschen Theaterleiter. H-nns Replik gipfelte in der Formulierung, „nur Kritik, die nicht fragt, wen es trifft, ist Kritik".[251]

So ablehnend H-nns Rezensionen einer nach wie vor durch die Präferenzen eines traditionell-bürgerlich geprägten Stils der Theaterlandschaft waren, ihr Duktus verschärfte sich noch merklich, als in seinen Augen tumb-intolerante Vertreter dieses Bürgertums es wagten, die vom ZWEEMANN geförderten Vertreter einer expressionistischen Theaterkultur zu diffamieren.[252] Als das Erstlingswerk des jungen Dramatikers Paul Kornfeld[253] DIE VERFÜHRUNG, die Geschichte eines Träumers, der außerhalb der Welt der anderen und von diesen abgelehnt lebt, in Hamburg uraufgeführt wurde, entzündete sich bürgerliche Kritik vornehmlich an der vermeintlichen Unlogik der Handlung, die Kornfeld doch gerade als bewußtes Stilmittel eingesetzt hatte. H-nn ging im ZWEEMANN nun gegen die „philiströse Bürgerbehäbigkeit" des Hamburger Publikums an und schloß sein Bekenntnis zu der Kunst dieses Dichters mit der leidenschaftlichen Wendung: „Und wenn ihr Parasiten der Kunst wider die *krasse* Handlung geifert ..., eine Seele, unsere Seele ringt um ihren Ausdruck, aus Verirrungen sehnend zu Gott. Nur das Gefühl wird brennen an der süßen Flamme dieser Jugend!"[254] Symbol der Auseinandersetzung zwischen den in unzeitgemäßer Haltung verharrenden Alten und einer hoffnungsfroh Neues wagenden Jugend war für H-nn auch die Uraufführung von Klabunds NACHTWANDLERN. Dieses Drama lege respektlos gerade jene „Lächerlichkeiten bürgerlicher Existenz" bloß, die einem Großteil des Publikums just dieses Theaters wichtig waren, weil sie seine kulturell-künstlerische Dominanz ausmachten. Unbestechlich und rücksichtslos sezierte H-nn literarisch die ob ihrer „Bloßstellung" „wutschnaubend(en)"[255] Bürger, denen Klabund den Spiegel vorgehalten hatte.

Gerade in den sprachlich schärfsten Wendungen H-nns drängt sich der Eindruck einer gewissen Formelhaftigkeit auf. Immer elegant formulierend, begab sich der Rezensent gern auf den Standpunkt des erhabenen, über bürgerliche Intoleranz und Provinzialität kopfschüttelnden Beobachters. Seine Rezensionen waren dabei jedoch zu geschliffen und glatt, um echte Empörung über die Publikationsreaktionen einerseits und wahre, tiefe Begeisterung für die neue Bühnenkunst andererseits auszudrücken. Sie bedienten sich allzu gern einer hohnlächelnden, arroganten Anti-Bürgerlichkeit, die bei aller Emphase oberflächlich und leer blieb.[256] Da dies typisch für den ZWEEMANN ist, sei im folgenden kurz etwas über den Autor mitgeteilt.

Hinter dem Kürzel H-nn verbarg sich der Theaterkritiker Hans Hauptmann, über dessen Lebensdaten nichts bekannt ist. Hauptmann kann jedoch Anfang der zwanziger Jahre, als seine Rezensionen im ZWEEMANN erschienen, kein ganz junger Kritiker mehr gewesen sein. Christof Spengemann berichtete rückblickend, neben dem Maler August Heitmüller habe ihn in seinen journalistischen wie in seinen künstlerischen Ambitionen um 1910 „Kritiker Hans Hauptmann"[257] sehr ermuntert. Hauptmann, der demnach in dieser Zeit einen gewissen Ruf als Journalist hatte, habe ihm auch dabei geholfen, einen Einstieg in die hannoversche Kunstszene zu finden. Gut zehn Jahre später erinnerte sich Christof Spengemann an den ehemaligen Mentor und bat Hauptmann um dessen Mitarbeit beim ZWEEMANN. Dieser schrieb Anfang der zwanziger Jahre für keine weitere hannoversche Kunstzeitschrift, und auch im Zusammenhang mit dem Feuilleton hiesiger Tageszeitungen tauchte sein Name nicht auf. Erst ein Jahrzehnt später trat Hauptmann wieder als Theaterrezensent an die Öffentlichkeit. Er, der sich vorher schon über die übertriebene Albernheit der ungezählten Farcen und Lustspiele auf Hannovers Bühnen beklagt hatte, ärgerte sich nun weiter über „das Schwelgen in Plattheiten",[258] das der überwiegende Teil des Publikums nach wie vor goutiere. 1931 arbeitete Hauptmann jedoch nicht länger für eine Kunstzeitschrift. Er gehörte stattdessen zum Gründungsstab der nationalsozialistischen NIEDERSÄCHSISCHEN TAGESZEITUNG,[259] für die er gemeinsam mit Theodor Abbetmeyer das Theaterfeuilleton gestaltete. In dieser Eigenschaft meldete er in seinen Rezensionen Beispiele des kulturellen Tiefstandes, der in seinen Augen das Theaterwesen im ganzen Reich prägte. Hatte er zehn Jahre zuvor jedoch die Verlogenheit eines ‚philiströs' jedes noch so billige Theateramusement suchenden bürgerlichen Publikums verantwortlich für die Flut an Zweitklassigem an den deutschen Bühnen gemacht, so hatte er nun einen anderen Grund für alle Fehlentwicklungen

Anfang der dreißiger Jahre ging Hauptmann von einer „Entsittlichung" und „moralischen Zersetzung"[260] des deutschen Theaterwesens aus. Seien die „Sensationsstückchen" zu Beginn des vorangegangenen Jahrzehnts zwar künstlerisch wertlos gewesen, so hätten sie doch eine sittliche Harmlosigkeit bewahrt und sich in bürgerlicher Prüderie allenfalls auf delikate Andeutungen beschränkt. Nun jedoch, so Hauptmann, sei die Situation eine andere. Er beklagte „die Behandlung des Ehebruchs als humoristischen Gesellschaftsspiels, die schamlose Zurschaustellung nackten Fleisches, die irrenhäuslerische Verballhornung der Klassiker, die verrückte Verhimmelung bühnentechnischen Ulkes auf Kosten des Dichterwortes, die unverhüllte Propaganda für Niggerpoetik und alle sonstigen Perversitäten ..., das Herabziehen all dessen, was der deutschen Seele ehrwürdig ist, das Schmackhaftmachen aller Arten von geistiger Verwirrung".[261] Die Ursache dieser „Afterkunst", von der eine „volksseuchenartige Gefahr" ausgehe, sah der einstige Freund der künstlerischen Avantgarde nun, 1931, nicht länger im Bürgertum generell, sondern vielmehr in einer „Überjudung" des deutschen Theaterwesens. In Zeiten einer übermächtigen Konkurrenz durch das Kino, so Hauptmanns Argumentation, hätten alle „idealistisch veranlagten Berufenen" – worunter er ausschließlich „arische" Theaterleiter verstand – ihre Posten verlassen. Rein materialistisch gesonnene Juden hätten sich sodann ihrer Positionen bemächtigt, um aus dem einstmals – nach Schiller – moralischen Theater eine „unmoralische Anstalt" zu machen. Für Hans Hauptmann, der zu Beginn der dreißiger Jahre von einer grundsätzlichen Minderwertigkeit, Moralosigkeit und Verworfenheit jüdischen Kulturschaffens überzeugt war, konnte eine „Gesundung" von „artfremder" Kunst nicht länger durch den wegweisenden Schwung experimentierender junger Dramatik erreicht werden. Er forderte stattdessen die Besinnung auf die „Urelemente des deutschen Wesens", wie sie allein der Nationalsozialismus ernsthaft anstrebe. Erst diese Besinnung werde dann „echte deutsche Wesenhaftigkeit in ihrer ursprünglichen Reinheit und Größe von neuem ... erwecken".[262]

Das Ende des ZWEEMANN

Es gibt verschiedene Begründungen für das rasche Scheitern der Zeitschrift nach nur neun Monaten. Christof Spengemann erinnerte sich rückblickend: „Nach Ablauf eines Jahres war das deponierte Geld alle. Neues war nicht hinzugekommen. Der ZWEEMANN hatte seine Mission erfüllt und war genötigt, seine Pforten zu schließen."[263] Sicher hat seine unsichere wirtschaftliche Lage letztlich das Ende der Zeitschrift beschleunigt. Sie war von Beginn an auf die Finanzkraft weniger Personen angewiesen und hatte, wie Christof Spengemann formulierte, „es nicht nötig, Inserate zu verkaufen".[264] Doch gab es weitere, mindestens ebenso gewichtige Faktoren. Christiane Klössel vermutete, daß die Möglichkeit der Identifikation mit den Inhalten und Zielsetzungen dieser Zeitschrift angesichts der Tatsache schwergefallen sei, daß „für Subskribenten Luxusausgaben angeboten werden oder in den Glossen die allgemeine Kunstanschauung kritisiert und demgegenüber die seelische Erfüllung der Menschen gepriesen wird, die sich beim Betrachten junger Kunst einstelle. Durch die Ausgrenzung des gesamten Spektrums der realen Lebensverhältnisse der potentiellen Leserschaft kam DER ZWEEMANN als Zeitschrift für nur wenige kunstinteressierte Abnehmer in Frage."[265] Als Blatt für eine Minderheit jedoch war der ZWEEMANN von Beginn an konzipiert. Spengemann sprach selbst von einem „kleinen aber erlesenen Leserkreis" und setzte halb ironisch, halb arrogant hinzu, „da die Bevölkerung eines Landes zu 99% aus Bürgern und Banausen bestehe",[266] müsse man sich eben mit nur wenigen Lesern abfinden. Zudem hätte man, wäre man stärker an den Lesebedürfnissen des breiten Publikums interessiert gewesen, diese nicht durch die betonte Anti-Bürgerlichkeit brüskieren dürfen. Die Bürgerschelte jedoch tauchte in den Artikeln des ZWEEMANN immer wieder auf.

Der Preis des ZWEEMANN lag mit 2.50 M pro knapp dreißigseitigem Heft, 14 M im Halbjahresabonnement und 26 M im Jahresabonnement vergleichsweise niedrig.[267] Jedes Heft enthielt mehrere originalgraphische Blätter, die als Sonderabzug auf Japanbütten, vom Künstler signiert und numeriert, vom Verlag zum Preis von 20 M an Abonnenten verkauft wurden.[268] Auch dieses Verfahren war üblich für die expressionistischen Literaturblätter der Jahre. Die ZWEEMANN-Bücher kosteten zwischen 3 M[269] und 125 M.[270] Vor allem die aufwendig gestalteten Veröffentlichungen von Werken Oscar Wildes, Edgar Allan Poes oder Voltaires erschienen in zwei Preisgruppen: einmal in der preiswerteren Ausführung und dann auf Bütten in Halbpergament. Im Fall des Privatdrucks von Crébillons DAS SOFA war die Auflage streng limitiert, und ein Exemplar kostete in der Luxusausgabe schon als Subskriptionsexemplar 125 M, wozu sogar noch ein Aufschlag von 50% nach dem Erscheinen kam.[271] Sicherlich ist es Hinweis auf die – so Christiane Klössel – „so elitäre wie realitätsfremde"[272] Einstellung einer Kunstzeitschrift, ein Buch von knapp 250 Seiten

Mitteilungen des Verlages, abgedruckt im ersten ZWEEMANN-Heft. November 1919

MITTEILUNGEN DES VERLAGES

DER ZWEEMANN erscheint monatlich einmal. Jedes Heft ist 24–28 Seiten stark und enthält mehrere originalgraphische Blätter. Von diesen werden je 30 Sonderabzüge auf Japanbütten hergestellt, vom Künstler signiert und numeriert und vom Verlage zum Preise von je 20 M. an Abonnenten abgegeben.

BEZUGSPREIS: Ein Heft kostet 2.50 M., ein Halbjahresabonnement, 14.– M., ein Jahresabonnement 26.– M. Man abonniert bei allen Buchhandlungen und beim Verlag.

DIE REDAKTION besorgt, verantwortlich für Herausgabe und gesamten Inhalt, Friedrich W. Wagner, Hannover, Georgstraße 20. Unverlangten Sendungen ist Rückporto beizufügen. Sprechstunden der Redaktion: täglich von 4–5 Uhr nachmittags.

Umfang zu einem Preis zu verkaufen, der hart an den Monatslohn eines Arbeiters oder eines ungelernten Handwerkers heranreichte. Nur war der überwiegende Teil der Bevölkerung vom ZWEEMANN von Beginn an auch gar nicht als Leseklientel vorgesehen. Insofern ist das Scheitern dieser Zeitschrift letztlich nicht oder zumindest nicht ausschließlich auf ihre mangelhafte Einstellung auf die Interessen jenes Lesepublikums zurückzuführen, für das sie gedacht war – die schmale Schicht der hannoverschen literarischen Avantgarde und ihrer Freunde.

Mehr als die in Kauf genommene Konkurrenzunfähigkeit zu Blättern, die sich preiswerter und aktueller dem Tagesgeschehen widmeten, dürfte dem ZWEEMANN geschadet haben, daß er sich von anderen expressionistischen Zeitschriften im Reich nicht deutlich genug unterschied. Besonders in der zweiten Hälfte seines Erscheinens griff er immer häufiger auf Beiträge zurück, die in ähnlicher oder gar gleicher Form bereits in jenen anderen expressionistischen Zeitschriften erschienen waren, deren Zahl jetzt, zu Beginn der zwanziger Jahre, im Reich fast unübersehbar war.[273] Statt mit einer eigenen, nuancierten Konzeption – etwa durch die stärkere Berücksichtigung regionaler Dichtung – dieser Zeitschriftenlandschaft eine neue Facette hinzuzufügen, beschränkte sich DER ZWEEMANN in seinem Literaturteil zunehmend darauf, einen „Querschnitt aus anderen Zeitschriften und Buchpublikationen"[274] zusammenzutragen.

Auch im Bereich der Kunstkritik gelang es dem ZWEEMANN nicht, eine überzeugende eigene Konzeption vorzustellen. Christof Spengemann beschrieb den ZWEEMANNS rückblickend als Zeitschrift, die „gänzlich unabhängig war und ohne Rücksicht auf die Geschmäcker (des) ... Publikums sagen konnte, wie die Dinge lagen: ohne Beschönigung, Verschleierung und dergleichen".[275] Diese Aussage läßt vermuten, daß im Bereich der Kunstkritik ein konsequenter Kurs verfolgt wurde. Tatsächlich jedoch herrschte über den Charakter der hier geförderten Kunst keine Klarheit. Auch gab DER ZWEEMANN nicht etwa generell Auskunft darüber, „wie die Dinge lagen", sondern eine Anzahl von Rezensenten divergierender, ja sich widersprechender Auffassungen nutzten ihn als Forum, um ihre jeweiligen Überzeugungen öffentlich zu machen. Dies verlieh dem ZWEEMANN einen sehr uneinheitlichen Charakter. Seine Lektüre mochte einerseits wohl überraschend und vielseitig sein, sie erweckte andererseits jedoch genau so sehr den Eindruck gewisser Konzeptionslosigkeit. Darüber hinaus gingen den Kunstkritikern im ZWEEMANN – Spengemann eingeschlossen – offenbar im Frühjahr 1920 ganz offensichtlich allmählich die Ideen aus, und sie ließen dem Literaturbereich immer größeren Raum.

Im Februar 1920 schrieb ein Bücherrezensent im ZWEEMANN über das „stets zur Unfruchtbarkeit verdammte Analysieren eines augenblicklichen Zustandes": „Es ist ein schwieriges Unterfangen, über das zu schreiben, was sich noch entwickeln will, und es verführt die meisten dazu, mehr ihre Gedanken zu solch einer Zeit zu analysieren, als die Gedanken der Zeit selbst aufzuspüren."[276] Jeder der beiden Prozesse sei schon für sich schwer durchführbar, „das Zusammenfassen aller Einzelerscheinungen zum Gesamtbilde"[277] jedoch schlicht unmöglich. Sowohl die Argumentation als auch die Schlußfolgerung gelten im gleichen Maße auch für die Zeitschrift DER ZWEEMANN. Weit davon entfernt, „Gesamtbild" der Zeit, der sie entstammte, sein zu wollen und zu können, spiegelte sie einen Teil der Standpunkte innerhalb der Diskussion über Kunst und Gesellschaft der frühen zwanziger Jahre. Als der Expressionismus sich dann überlebt hatte und zugunsten neuer literarischer und künstlerischer Ausdrucksformen aus dem Brennpunkt der Aufmerksamkeit einer kleinen interessierten Leserschaft verschwand, hatte auch DER ZWEEMANN „seine Mission erfüllt", wie Christof Spengemann es nannte.[278]

Gut zehn Jahre später, im November 1932, erbat sich Christof Spengemann vom Verleger Robert Goldschmidt die Erlaubnis, noch einmal eine Zeitschrift mit dem Titel DER ZWEEMANN ins Leben rufen zu dürfen.[279] Er hat den Plan einer Neugründung offenbar schnell wieder aufgegeben. Nachdem der literarische Expressionismus seinen Einfluß weitgehend verloren hatte, hätte der neue ZWEEMANN mit dem alten wenig mehr als den Namen gemein gehabt.

1 Da beide Publikationen selbst frei mit ihrem Titel umgingen, wird im folgenden, auch ohne den Artikel zu benutzen, vom ZWEEMANN und den SILBERGÄULEN gesprochen. Die Bezeichnung ZWEEMANN bezieht sich sowohl auf den Verlag selbst als auch auf seine Zeitschrift.

2 Das erste Heft des ZWEEMANN, deklariert als November-Heft, erschien am 4. Dezember 1919 (Kunstverein Hannover; Zwanziger Jahre, S. 16). Vgl. zur Zeitschrift allg. Klössel, Christiane; Zweemann. Schmalenbach, Werner; Kurt Schwitters, S. 22. Rischbieter, Henning; Hannoversches Lesebuch, Bd. 2, S. 242f. Kunstverein Hannover; Zwanziger Jahre, S. 88ff. Mlynek, Klaus; Hannover in der Weimarer Republik und unter dem Nationalsozialismus, S. 467. Kristl, Wilhelm Lukas; Der unberechenbare Steegemann, in: Börsenblatt des Deutschen Buchhandels, Frankfurter Ausgabe, Nr. 69, 29. August 1975. Schmitt, W. Christian; Mit Idealismus, aber meist ohne Geld. Hannovers Minizeitschriften gestern, heute, morgen, Hann. Allg. Zeitung, 11./12. August 1973. Raabe, Paul; Zeitschriften und Sammlungen, S. 112, und, was die Schriftenreihe betrifft, S. 192. Raabe hielt den ZWEEMANN für „eine für die letzte Phase des Expressionismus besonders aufschlußreiche, durch die Verbindung zu Kurt Schwitters und dem Dada auch hierfür wichtige Zeitschrift" (Ebda., S. 112).

3 In den Verzeichnissen des Deutschen Buchhandels hielt sich die Eintragung offenbar länger. Christiane Klössel gab für die Dauer des Verlages, nachvollziehbar anhand des Börsenblattes des deutschen Buchhandels bzw. des Deutschen Buchverzeichnisses, Bd. 16, Leipzig, folgende Daten an: Gründung: 19. April 1919, Auflösung: 1925 (Klössel, Christiane; Zweemann, S. 117). Vgl. auch Meyer, Jochen; Paul Steegemann Verlag (1975), S. 74, Anm. 14.

4 Ausgenommen sind das Kunstblatt AGATHON und Paul Steegemanns „Zeit- und Streitschrift" DER MARSTALL, die als Werbeblatt für Steegemann-Publikationen nicht zu den zeitgleich entstandenen vielgesichtigen Experimentalzeitschriften zu rechnen ist. Steegemanns STÖRTEBEKER-Hefte wiederum wurden 1924 publiziert und gehören schon allein deshalb nicht mehr zu den im Zeichen des deutschen literarischen Expressionismus erscheinenden Zeitschriften.

5 Kurt Schwitters nannte in einem Schreiben an den Bekannten Roland Schacht für die fast zeitgleich erscheinende Kunstzeitschrift PILLE eine Auflagenhöhe von 5.000 Exemplaren (Schreiben von Kurt Schwitters an Roland Schacht, 16. Oktober 1920, zitiert nach: Nündel, Ernst; Kurt Schwitters. Briefe, S. 32). Christiane Klössel versuchte eine vorsichtige Übertragung dieser Zahl auf die Auflagenhöhe des ZWEEMANN (Klössel, Christiane; Zweemann, S. 136). Da es sich bei der PILLE jedoch um ein Wochenblatt und beim ZWEEMANN um eine monatlich erscheinende Zeitschrift handelte, mehr aber noch weil beide Publikationen inhaltlich und wohl auch bezüglich ihres Lesepublikums voneinander verschieden waren, hat eine solche Übertragung wenig Aussagewert. Letztlich kann über die Auflagenhöhe keine Aussage getroffen werden.

6 Bemerkung der Redaktion, in: Der Zweemann, H. 8/9/10, Juni-August 1920, S. 48.

7 Klössel, Christiane; Zweemann, S. 136f.

8 Spengemann, Christof; Mit Heinrich beginnend. Ein Hannoverbuch (Typoskript und Manuskript, unveröffentlicht), Hannover 1950 (SAH 2123b). Vgl. auch Erlhoff, Michael; Christoph Spengemann, S. 167.

9 Spengemann, Christof; Mit Heinrich beginnend. Ein Hannoverbuch (Typoskript und Manuskript, unveröffentlicht), Hannover 1950 (SAH 2123b).

10 Vgl. auch Kunstverein Hannover; Zwanziger Jahre, S. 88, Rischbieter, Henning; Hannoversches Lesebuch, Bd. 2, S. 243, und Klössel, Christiane; Zweemann, S. 117. Meyer, Jochen; Paul Steegemann Verlag (1975), S. 74, Anm. 14.

11 Vgl. Meyer, Jochen; Paul Steegemann Verlag (1975), S. 12. Klössel, Christiane; Zweemann, S. 117.

12 Vgl. etwa Meyer, Jochen; Paul Steegemann Verlag (1975), 12f. Klössel, Christiane; Zweemann, S. 118. Erlhoff, Michael; Christoph Spengemann, S. 172. Noch ein gutes Jahr nach dem Ende des ZWEEMANN schrieb der Verleger Bernhard Gröttrup, der die Verlagsgeschichte seiner hannoverschen Konkurrenz eigentlich hätte genauer kennen müssen, über Steegemann und einen von dessen Hauptautoren. Er überschrieb seinen Artikel mit dem Titel ZWEEMÄNNER VOM AUFBAU (G., B.; Zweemänner vom Aufbau, in: Die Pille, 2. Jhg., H. 43/44, 7. November 1921, S. 115).

13 Bemerkung der Redaktion, in: Der Zweemann, 1. Jhg., H. 7, Mai 1920, S. 16.

14 Vgl. die Werbung für Werke des ZWEEMANN-Verlages, in: Der Marstall, H. 1/2, 1919/1920, Anhang.

15 Vgl. die Werbung in: Der Zweemann, 1. Jhg., H. 1, November 1919, S. 26, H. 3., Januar 1920, S. 20, H. 5, März 1920, S. 24, und H. 7, Mai 1920, S. 19.

16 Poe, Edgar Allan; Romantische Liebesgeschichten, Übersetzung von Paul Steegemann, mit Zeichnungen von Ernst Schütte, Zweemann-Verlag Hannover 1919. Der ZWEEMANN-Verlag machte in seiner Zeitschrift gleich im erstem Heft und auf der ersten Seite folgendermaßen Werbung: „Unter den vielen deutschen Poe-Ausgaben fehlte bisher eine solche der Liebesgeschichten, die entschieden den Höhepunkt des Schaffens des Dichters darstellen. Wir bringen sie in mustergültiger Übertragung und vornehmer Ausstattung. In diesen Novellen vom Eros entfaltet Poe die volle Kraft seines meisterlichen Stiles." (in: Der Zweemann, 1. Jhg., H. 1, November 1919, S. 1).

17 Klössel, Christiane; Zweemann, S. 117. Meyer, Jochen; Paul Steegemann Verlag (1975), S. 12.

18 Meyer, Jochen; Paul Steegemann Verlag (1975), S. 12. Erlhoff, Michael; Christoph Spengemann, S. 172. Vgl. zum AGATHON allg. auch etwa Kunstverein Hannover; Zwanziger Jahre, S. 84, 88. Daß auch der ZWEEMANN vom Untergang des AGATHON profitierte, geht aus dem Schreiben des Malers Wilhelm Plünnecke an Christof Spengemann vom 10. Mai 1919 hervor. Plünnecke, Gründungsmitglied der Hannoverschen Sezession, machte Spengemann hier darauf aufmerksam, daß sich im Besitz Heinrich Böhmes, des Herausgebers des AGATHON, noch eine Reihe von Klischees befänden, die der ZWEEMANN jetzt wohl übernehmen könne (Schreiben Wilhelm Plünneckes an Christof Spengemann, 10. Mai 1919 (NSA)).

19 Vgl. Weber, Hans von; Kleiner Wegweiser für Verleger-Embryos, in: Der Zwiebelfisch, 1. Jhg., 1920, H. 11, S. 4–7.

20 Der Autor Ernst Sander wurde sowohl in der AGATHON- wie in der ZWEEMANN-Ausgabe schlicht als Übersetzer genannt.

21 Der ZWEEMANN-Verlag selbst hatte für das Buch recht unbekümmert Werbung gemacht und aus einer Rezension zitiert: „Nur engherzige moralische Splitterrichter werden sich die schlichte Darstellung der Neigung zweier Menschen gleichen Geschlechts zu perversen Sexualorgien ergänzen." (in: Der Zweemann, 1. Jhg., H. 1, November 1919, S. 1).

22 Friedländer wählte das Pseudonym Mynona als Palindrom, in alphabetischer Umkehrung des Wortes ‚anonym'.
23 Für den Steegemann Verlag verfaßte Friedländer: Mynona; Unterm Leichentuch. Ein Nachtstück, Hannover 1920 (Die Silbergäule, Bd. 45/47). Mynona; Geheimnisse um Berlin. Ein Roman, Berlin/Leipzig 1931. Mynona; Anti-Freud. Heitere Geschichten, Berlin/Leipzig 1932. Mynona; Hat Erich Maria Remarque wirklich gelebt? Der Mann. Das Werk. Der Genius. 1000 Worte Remarque, Berlin 1929. Mynona; Der Holzweg zurück oder Knackes Umgang mit Flöhen, Berlin/Leipzig 1931. Unter seinem bürgerlichen Namen veröffentlichte Friedländer bei Steegemann: Friedländer, Salomo; Kant für Kinder. Fragelehrbuch zum sittlichen Unterricht, Hannover 1924. Ansonsten erschienen in hannoverschen Verlagen von Mynona: Mynona; Nur für Herrschaften. Un-Freud-ige Geschichten, Verlag Banas & Dette, Hannover 1920. Mynona; Tarzaniade, Hannover 1924. Erschienen ist dieses Buch interessanterweise im Verlag der Buchhandlung des HANNOVERSCHEN TAGEBLATTES. Die Einbandzeichnung der TARZANIADE stammte von Heiner Dikreiter, dem Hauptzeichner von Bernhard Gröttrups DIE PILLE. Auch das ist ein Hinweis auf die enge personelle Verknüpfung innerhalb der hannoverschen expressionistischen Zeitschriftenlandschaft jener Jahre.
24 Vgl. zur Biographie Friedländers: Raabe, Paul; Autoren und Bücher, S. 353–356. Klössel, Christiane; Zweemann, S. 127. Kuxdorf, Manfred; Salomo Friedländer/Mynona. Vgl. auch Steinitz, Kate T.; Kurt Schwitters. A Portrait from Life, S. 216. Lowenthal, Ernst G.; Juden in Preußen, S. 163 f.
25 Pfemfert, Alexandra; Die Gründung der AKTION, in: Raabe, Paul; Expressionismus, S. 43.
26 Friedländer, Salomo; Versuch einer Kritik der Stellung Schopenhauers zu den erkenntnistheoretischen Grundlagen der KRITIK DER REINEN VERNUNFT, Berlin 1902.
27 Vgl. zur Auflistung der Werke Friedländers: Raabe, Paul; Autoren und Bücher, S. 353–356. Vgl. auch Kuxdorf, Manfred; Salomo Friedländer/Mynona, 69–87.
28 Bemüht, nicht den Eindruck nüchterner, wissenschaftlicher Unnahbarkeit zu erwecken, stürzte er sich etwa 1931 voller Polemik und Ironie öffentlich auf Einsteins Relativitätstheorie. Die Einstein-Kontroverse wurde weniger von der Fachwelt als von einer Reihe interessierter Laien verfolgt. Vgl. Friedländer, Salomo; Hundert Autoren gegen Einstein, Leipzig 1931. Vgl. allg. auch Kuxdorf, Manfred; Salomo Friedländer/Mynona, S. 72 ff.
29 Tiefer jedoch saß Mynonas Ärger über Manns politische Haltung, die er für zu wankelmütig und unehrlich für dessen Position und Bedeutung hielt. Diese interessante Auseinandersetzung wird zusammenfassend geschildert in: Kuxdorf, Manfred; Salomo Friedländer/Mynona, S. 29–35. Das Zerwürfnis zwischen Mynona und Mann war so tief, daß dieser 1938, als Mynona nach Befürwortern für seine Einreise in die Vereinigten Staaten suchte, hart blieb und an René Schickele schrieb: „Mynona mag ich nicht und wünsche ihn nicht bei uns zu sehen." (zitiert nach: Mann, Erika; Thomas Mann, S. 109). Auch nachdem Mynona ihn geradezu unterwürfig um Unterstützung gebeten hatte, blieb Thomas Mann abweisend.
30 Vgl. die Zusammenfassung der Auseinandersetzung in: Kuxdorf, Manfred; Salomo Friedländer/Mynona, S. 35–42. Meyer, Jochen; Paul Steegemann Verlag (1975), S. 39.
31 Mynona; Der Holzweg zurück oder Knackes Umgang mit Flöhen, Berlin/Leipzig 1931. Auch hier kam hinter dem Literaten Mynona wieder der Philosph Friedländer zum Vorschein. Gewidmet war das im Steegemann Verlag, der mittlerweile nach Berlin umgezogen war, erschienene Buch „allen Kannitkantverstans", der Untertitel lautete: „Gegen Kurt Tucholsky". Tucholsky hatte Mynonas ‚Anti-Remarque'-Schrift in der WELTBÜHNE scharf angegriffen. Vgl. Kuxdorf, Manfred; Salomo Friedländer/Mynona, S. 36.
32 Seit 1910 schrieb Mynona für Herwarth Waldens STURM, zwischen 1915 und 1917 für die in Zürich erscheinenden WEISSEN BLÄTTER. 1919–1920 gab der Mitbegründer der AKTION die Zeitschrift DER EINZIGE mit heraus. Daneben arbeitete er bei mehreren anderen expressionistischen Zeitschriften der Jahre 1910 bis 1918 (vgl. Raabe, Paul; Zeitschriften und Sammlungen, Zusammenstellung).
33 Mynona; Der erotische Block, in: Der Zweemann, 1. Jhg., H. 1, November 1919, S. 10 f. Abdruck aus dem Weihnachten 1919 bei Kurt Wolff, Leipzig, erscheinenden Roman DIE BANK DER SPÖTTER. Mynona; Das abwaschbare Muttermal, in: Der Zweemann, 1. Jhg., H. 2, Dezember 1919, S. 12.
34 Neben seiner Mitarbeit an verschiedenen Kunstzeitschriften des Reiches bestritt Friedländer seinen Lebensunterhalt in den zwanziger Jahren vorwiegend durch Vorträge und Lesungen. Anscheinend brachten diese Tätigkeiten nicht genügend Geld ein, um ihn und seine Familie zu ernähren. Friedländer ging deshalb wohl dazu über, einen Teil seiner literarischen Werke nur kurze Zeit nach deren Erstveröffentlichung unter neuem Titel bei einem neuen Verlag zu publizieren, was auch einen Eindruck von der unüberschaubaren Verlagslandschaft jener Zeit vermittelt (vgl. Kuxdorf, Manfred; Salomo Friedländer/Mynona, S. 5 f). 1933 emigrierte er nach Paris. Vorangegangen waren, charakteristisch für Friedländer, zwei literarische Auseinandersetzungen. Zum einen war ein in Auftrag gegebenes Buch nach der Fertigstellung 1933 mit der Begründung abgelehnt worden, Friedländer habe eigenmächtig Passagen eingeflochten, die mit den Auftraggebern nicht abgesprochen gewesen seien. Sein Biograph Manfred Kuxdorf hingegen vertritt die Auffassung, daß wohl eher der Passus gegen Ende des Werkes zum Streit geführt habe. Danach seien schlechte Autoren derzeit, also Anfang der dreißiger Jahre, daran zu erkennen, „daß sie nur gebildeten Pöbel schaffen, z. B. Rassenethiker und dgl. allerdings recht opportunen schlimmen Blödsinn, lauter komplizierteste Gebildetheit mit sophistischer Verwirrung, ein übles Chaos." (zitiert nach: Kuxdorf, Manfred; Salomo Friedländer/Mynona, S. 7). Zum zweiten arbeitete Friedländer im Spätwinter 1933 an dem Manuskript HEULENDE WÖLFE. Es sollte im Mai 1934 veröffentlicht werden, wurde jedoch nicht vom Feuilleton, sondern von der Politikredaktion des BERLINER TAGEBLATTES wegen „aktueller Anzüglichkeit" abgelehnt (Kuxdorf, Manfred; Salomo Friedländer/Mynona, S. 8). In der Pariser Emigration erkrankte Friedländer, mittlerweile gut fünfzig Jahre alt, bald schwer. Mitte der dreißiger Jahre erschienen hier seine letzten Grotesken unter dem Titel DER LACHENDE HIOB. In Paris starb Salomo Friedländer im September 1946 (Kuxdorf, Manfred; Salomo Friedländer/Mynona, S. 8. Vgl. auch Raabe, Paul; Autoren und Bücher, S. 353).
35 Schreiben von Paul Erich Küppers, Kestner-Gesellschaft, an Friedrich Wilhelm Wagner, Verlag DER ZWEEMANN, 25. November 1919 (NStAH Dep. 100 A. 9).

36 Schreiben Heinz Appels an die Kestner-Gesellschaft, 9. Dezember 1919 (NStAH Dep. 100 A. 10).
37 Ebda.
38 Schreiben von Paul Erich Küppers, Kestner-Gesellschaft, an Heinz Appel, 10. Dezember 1919 (NStAH Dep. 100 A. 10).
39 Havemann, Hans; Der erkenntnistheoretische Standpunkt Condillacs, Jena 1912. Vgl. zur Biographie Havemanns: Raabe, Paul; Autoren und Bücher, S. 203.
40 S., K.; Hannovers erste MERZ-Matinee, in: Störtebeker, 1. Jhg., H. 1, 1924, S. 22.
41 Zwischen 1920 und 1925 wohnte er laut hannoverschem Adreßbuch am Stephansplatz 6.
42 Baudelaire, Charles; Der Verworfene. Nachdichtungen (aus den BLUMEN DES BÖSEN) von Hans Havemann mit sechs Urholzschnitten von Curt Störmer, Hannover 1920.
43 Havemann, Hans; Vortrag Kurt Hiller. Ein Weltbund des Geistes, gehalten für die Freie Bildungsgemeinde, in: Der Zweemann, 1. Jhg., H. 5, März 1920, S. 20.
44 Mehan, Jan van; Weltgericht. Die Tragödie der Urlaute. AEIOU, Hannover/Leipzig 1921 (Silbergäule, Bd. 83/84). Steegemann schrieb dazu in seinen MITTEILUNGEN FÜR BÜCHERFREUNDE im MARSTALL, das Drama sei „dichterisch gestaltete(r) Ausdruck der Einsteinschen Relativitätstheorie. Dieser mit nüchternem wissenschaftlichen Apparat belasteten Theorie gab Jan van Mehan den verständlichen Schlüssel." (Mitteilungen für Bücherfreunde, in: Der Marstall, H. 1/2, 1919/1920, S. 57). Den Angehörigen der hannoverschen Kunstszene war offenbar schon bald klar, daß sich hinter Jan van Mehan Hans Havemann verbarg (vgl. dazu den Beitrag von S., K.; Hannovers erste Merz-Matinee. in: Störtebeker, 1. Jhg., H. 1, 1924, S. 22). Auch in diesem Fall scheint es sich um eine Auftragsarbeit für den Paul Steegemann Verlag gehandelt zu haben (Meyer, Jochen; Paul Steegemann Verlag (1994), S. 32).
45 Die Akte waren betitelt mit DIE FEIER, DAS GERICHT, DAS FASS, DER REINFALL und DER BESEN.
46 Mehan, Jan van; Weltgericht. Die Tragödie der Urlaute. AEIOU, Hannover/Leipzig 1921, Vorrede.
47 Schon am 24. Juni 1916 notierte Hugo Ball in seinem Tagebuch über ein am Tag zuvor von ihm vorgetragenes Lautgedicht: „Man verzichte mit dieser Art Klanggedichte in Bausch und Bogen auf die durch den Journalismus verdorbene und unmöglich gewordene Sprache. Man ziehe sich in die innerste Alchimie des Wortes zurück, man gebe auch das Wort noch preis, und bewahre so der Dichtung ihren letzten, heiligsten Bezirk. Man verzichte darauf, aus zweiter Hand zu dichten: nämlich Worte zu übernehmen (von Sätzen ganz zu schweigen), die man nicht funkelnagelneu für den eigenen Gebrauch erfunden habe. Man wolle den phonetischen Effekt nicht länger durch Maßnahmen erzielen, die schließlich nichts weiter seien als reflektierte Eingebungen oder Arrangements verstohlen angeborner Geist-, nein Bildreichkeiten." (Ball, Hugo; Die Flucht aus der Zeit, München/Leipzig 1927, Tagebucheintragung vom 24. Juni 1916, zitiert nach: Schmalenbach, Werner; Kurt Schwitters, S. 220). Vgl. etwa auch das Schreiben Kurt Schwitters' an Hans Arp vom 4. Juni 1920, in dem er gegen Ende ganz im Stil der Lautgedichte der Zeit schrieb (Schreiben Kurt Schwitters an Hans Arp, 4. Juni 1920 (zitiert nach: Nündel, Ernst; Kurt Schwitters. Briefe, S. 32)). Vgl. auch: Brinkmann, Richard; ‚Abstrakte' Lyrik. Wiese, Stephan von; Sturm durch diese Welt, bes. S. 125ff.

48 Am Schluß dieser Vorrede hieß es: „Alle Erdgeborenen, ihr Holländer, Chinesen, Australneger, Berliner, Eskimos; ihr Heizer, Friseure, Milliardäre, Professoren, Kommis kniet in Anbetung vorm Laut, der die Erde noch einmal dem Anfang entrollt." (Mehan, Jan van; Weltgericht. Die Tragödie. AEIOU, Hannover/Leipzig 1921, Vorrede, S. 3). Vgl. auch die Ankündigung des Werkes in NEUE HOLLÄNDISCHE KUNST, in: Der Marstall, 1. Jhg., H. 1/2, 1920, S. 38. Vgl. auch AEIOU (Auszug aus dem Werk mit Genehmigung Paul Steegemanns), in: Die Pille, 2. Jhg., H. 4, 27. Januar 1921, S. 118f.
49 Zitiert nach: Die Pille, 2. Jhg., H. 4, 27. Januar 1921, S. 118.
50 Ebda.
51 Bernhard Gröttrup jedoch brachte in der PILLE eine ernsthafte und nachdenkliche Rezension. Dadaismus, so schrieb er in AEIOU im Januar 1921, als „blödsinnige(n) Nepp" abzutun, sei „widersinnig". Immerhin müsse, „(w)er den Dingen objektiv gegenüber steht", erkennen, „daß der Dadaismus als revolutionäre Kunstrichtung denselben Motiven entspricht und folgt wie etwa der Bolschewismus. In der Tat ist der vielgelästerte Dadaismus nichts weiter als die natürliche Reaktion gegen unsere überzivilisierte Zeit. Einer Talmikultur, die der Herzensbildung der Menschen weit vorauseilte und naturgemäß zur Lüge wurde. Und diese Lüge in Kunst und Literatur zu geißeln, ist eine lobenswerte Aufgabe des Dadaismus. Vielleicht müssen wir aus demselben Gesichtswinkel die neueste, sicherlich viel Staub aufwirbelnde Kunstrichtung betrachten, die auf dem Gebiete der Dichtung Schritte wagt ... Neu und doch so alt. Immer wieder sind uns Propheten erstanden, die uns in der Rückkehr zur primitivsten Kultur Glückseligkeit versprechen." Mit Blick auf Jan van Mehans Drama der Urlaute, das er selbst zunächst als „Blödsinn" habe abtun wollen, kam Gröttrup abschließend zu der Einschätzung, vielleicht habe er ja „als einer der ersten den Wehen einer neuen Kunst gelauscht". (B., G.; AEIOU, in: Die Pille, 2. Jhg., H. 2, 13. Januar 1921, S. 59).
52 So von Havemann selbst aus den Rezensionen seiner Kritiker, hier der FREIEN DEUTSCHEN BÜHNE, zitiert (in: Havemann, Hans, Richtigstellung, Frankfurter Zeitung, Abendausgabe, 14. Februar 1921). Vgl. auch Meyer, Jochen, Paul Steegemann Verlag (1975), S. 21, von dem dieser Hinweis stammt.
53 So von Havemann selbst aus den Rezensionen seiner Kritiker, hier der FREIEN DEUTSCHEN BÜHNE, zitiert (in: Havemann, Hans, Richtigstellung, Frankfurter Zeitung, Abendausgabe, 14. Februar 1921).
54 Havemanns WELTGERICHT erschien als Band 83/84 der SILBERGÄULE.
55 Havemann, Hans; Richtungstellung, Frankfurter Zeitung. Abendgabe, 14. Februar 1921.
56 S., K.; Hannovers erste Merz-Matinee, in: Störtebeker, 1. Jhg., H. 1, 1924, S. 22. Hans Havemann ist außer seiner Mitarbeit beim ZWEEMANN- und beim Paul Steegemann Verlag in der hannoverschen Kunst- und Kulturszene offenbar nicht weiter prägend in Erscheinung getreten. Paul Raabe (Zeitschriften und Sammlungen, S. 190), nennt mit dem Werk DAS GEGENSPIEL eine geplante weitere Arbeit für Steegemann, die jedoch nicht erschienen ist (geplante Nummern 78/78a der SILBERGÄULE). Wann Havemann Hannover verließ, um in Bielefeld als Feuilletonredakteur der WESTFÄLISCHEN NEUESTEN NACHRICHTEN zu arbeiten, ist nicht bekannt. 1943 jedenfalls wurde er Kulturschriftleiter in Berlin. Paul Steegemann scheint nach Erscheinen des Havemannschen Werkes schnell ein recht ambivalentes Verhältnis zu seinem Autor entwickelt zu haben, was indes auch damit zu tun haben konnte, daß er um

die Wirksamkeit von Negativkritik wußte. In seiner Zeitschrift DER MARSTALL berichtete er vom Ersten Dadaistischen Kongreß in Genf im Dezember 1919. Die hier Anwesenden Hans Arp, Walter Serner, Jewgeni Archipenko, Christian Schad und Igor Strawinsky hätten, so DER MARSTALL, hier beschlossen, die Sprache als solche zu verlieren, sich stattdessen, wie von Havemann gefordert, auf „Laute, die nur den unmittelbaren Gefühlsausdruck bilden", zu beschränken und also „à la Taubstumme" miteinander zu kommunizieren. Als begrüßenswerte Neuerung wurde in diesem Zusammenhang vereinbart, den Namen Jan van Mehans für alle Zeiten zu vergessen (Der DADA-Kongreß, in: Der Marstall, 1919/1920, H. 1, S. 21). Nichtsdestotrotz kündigte Steegemann die Publikation dreier weiterer Textbände von Havemann in seinem Verlag an, von denen am Ende keiner erschien: DAS GEGENSPIEL, KOSMOS, ERSTES BUCH. Vgl. in diesem Zusammenhang auch die Verarbeitung von AEIOU in Christof Spengemanns partiell offenbar zur gleichen Zeit entstehendem Roman YPSILON (Spengemann, Christof; Ypsilon, S. 85 ff).

57 S., K.; Hannovers erste MERZ-Matinee, in: Störtebeker, 1. Jhg., H. 1, 1924, S. 22.
58 Ebda.
59 Vgl. Kunstverein Hannover; Zwanziger Jahre, S. 89. Raabe, Paul; Expressionismus, S. 182.
60 Habicht, V. C.; Pro Frustra, in: Der Zweemann, 1. Jhg., H. 8, Juni-August 1920, S. 32, S. 32 f. Habicht, V. C.; Odysseus und die Sirenen, in: Der Zweemann, 1. Jhg., H. 8, Juni-August 1920, S. 33–37 f.
61 Band Nr. 111/112 bzw. 113/118 der SILBERGÄULE.
62 Habicht, Victor Curt; Symbol und Pflicht. Ein Hochzeitsgedichte-Kranz, Privatdruck des Dichters in 200 Exemplaren, Hannover 1919 (vom Paul Steegemann Verlag übernommen). Habicht, V.C.; Der Triumph des Todes. Ein Mysterienspiel in drei Aufzügen, Hannover 1919 (Silbergäule Bd. 29/30). Habicht, V.C.; Echnaton. Novelle, Hannover 1919 (Die Silbergäule Bd. 5/7). Habicht, Victor Curt; Die selige Welt. Der Psalm vom Menschensohne, Hannover 1920. Habicht, V. C.; Die letzte Lust. Ein Roman, Hannover 1920 (Die Silbergäule Bd. 69/75). Vgl. Raabe, Paul; Autoren und Bücher, S. 182.
63 Meyer, Jochen; Paul Steegemann Verlag (1975), S. 93. Nach Paul Raabe (Zeitschriften und Sammlungen, Register) hat Käthe Schmidt nur für die SILBERGÄULE gearbeitet.
64 Vgl. dazu Raabe, Paul; Autoren und Bücher, S. 183.
65 Band 69/75 der SILBERGÄULE.
66 Der Zweemann, 1. Jhg. H. 6, April 1920, S. 9.
67 Vgl. dazu Raabe, Paul; Zeitschriften und Sammlungen, Register.
68 Die ROTE ERDE wurde u.a. herausgegeben von der Hamburger Vermittlerin und Förderin des Expressionismus Rosa Schapire. Vgl. Bruhns, Maike; Rosa Schapire und der Frauenbund zur Förderung deutscher bildender Kunst, in: Junge, Henrike; Avantgarde und Publikum, S. 269–282. In der Verlagswerbung im ZWEEMANN hieß es: „Die ROTE ERDE pflegt jüngste expressionistische Kunst, um die Menschheits-Erde ringend. Sie vereinigt all die Künstler, die mit den letzten Fäden innerer Erleuchtung um den Menschen, um die Erde hinausgehen, die großen Wege lächelnder Glückseligkeit zu bereiten." (Der Zweemann, 1. Jhg. H. 2, Dezember 1919, S. 28. H. 3, Januar 1920, S. 30. H. 5, März 1920, S. 24. H. 6, April 1920, S. 20). „Die ROTE ERDE ist die einzige Zeitschrift der Welt, die sich die Aufgabe gestellt: Die Erde für die große kommende Menschlichkeit gründlich vorzubereiten. Alle Künstler unserer Zeit, die für das Menschheits-Erde-Werk von Bedeutung sind, arbeiten mit an der ROTEN ERDE." (H. 6, April 1920, S. 20). Vgl. auch Raabe, Paul; Zeitschriften und Sammlungen, S. 106 f.
69 Aus der Verlagswerbung im ZWEEMANN: „Künstler mit ihrer Konfession, Gelehrte, die Sachliches dichterisch zu sagen wissen, Essayisten, die nicht spielerisch ‚zerfasern', sondern produktiv im eigentlichen Sinn der Kritik aufbauen, schreiben hier an einer kleinen Geschichte unserer Kunst und unserer Zeit." (in: Der Zweemann, 1. Jhg. H. 8, Juni-August 1920, S. 49. H. 7, Mai 1920, S. 18). Bis zu diesem Zeitpunkt waren in der TRIBÜNE u.a. Arbeiten von Gottfried Benn, Theodor Däubler, Kasimir Edschmid, Iwan Goll, Kurt Hiller und René Schickele erschienen. Vgl. Raabe, Paul; Zeitschriften und Sammlungen, S. 185 f.
70 Weder Verlag noch Herausgeber der Zeitschrift MENSCHEN. ZEITSCHRIFT FÜR JUNGE KUNST präsentierten im ZWEEMANN ein Verlagsprogramm. Im 1. Jhg., H. 8, Juni-August 1920, S. 49, fanden sich lediglich Angaben über Preise, bisher erschienene Hefte und Bezugsmöglichkeiten. Vgl. Raabe, Paul; Zeitschriften und Sammlungen, S. 70 f.
71 In: Der Zweemann, 1. Jhg. H. 8, Juni-August 1920, S. 50. Raabe, Paul; Zeitschriften und Sammlungen, S. 108.
72 Ebda., vgl. auch H. 7, Mai 1920, S. 4. Raabe, Paul; Zeitschriften und Sammlungen, S. 78 f.
73 Vgl. dazu die Rezensionen der Zeitschriften DER CICERONE, DIE SICHEL, DER STROM (in: Der Zweemann, 1. Jhg. H. 1, November 1919, S. 23) sowie DER ANBRUCH, EVOE, DAS TRIBUNAL, DIE RETTUNG und DIE ROMANTIK (in: Der Zweemann, 1. Jhg. H. 3, Januar 1920, S. 18). Vgl. zu den jeweiligen Zeitschriften die entsprechenden Kapitel in: Raabe, Paul; Zeitschriften und Sammlungen.
74 Vgl. dazu z. B. die Kritik zur Zeitschrift DER STROM (DER ZWEEMANN, 1. JHG., H. 1, NOVEMBER 1919, S. 23), in der es mit Blick auf die unter dem Titel der Zeitschrift verwendeten Schlagworte „Ästhetentum, Nurliterarisches, Clique" hieß: „Derartige, längst nicht mehr eindeutige, leicht mißzuverstehende, bourgeoiserseits als Invektiven benutzte und dadurch anrüchig gewordene, allzu billige Termini wirken verstimmend." Und über DER ANBRUCH befand ZWEEMANN-Herausgeber Friedrich Wilhelm Wagner im Januar 1920, die hier propagierte Größe drohe, „Geste zu werden und die Geste steif". Vgl. auch die Kritik Melchior Halas zu Rudolf von Delius' Buch SCHÖPFERTUM (1. Jhg., H. 2, Dezember 1919, S. 23).
75 A-dt; Curt Corrinth; Potsdamer Platz. Ekstatische Visionen, in: Der Zweemann, 1. Jhg., H. 4, Februar 1920, S. 17. Ähnlich vernichtend war die Kritik A-dts zu einem weiteren Werk Corrinths: A-dt.; Kritik über Bücher. Curt Corrinth. Auferstehung, in: Der Zweemann, 1. Jhg., H. 1, November 1919, S. 20. Vgl. zu der schillernden Persönlichkeit Corrinths: Raabe, Paul; Autoren und Bücher, S. 97. Zu Corrinth als Dramatiker vgl. auch: Freie Volksbühne Hannover, 9. Jhg., Nr. 5, 20. Dezember 1920, S. 3 f und 9. Jhg., Nr. 9, 2. Mai 1931, S. 1 f. Der gebürtige Rheinländer Corrinth (Jahrgang 1884) ließ sich, insofern durchaus ähnlich wie in Hannover tätigen Schriftsteller Victor Curt Habicht, bereits früh auf die Ziele des Nationalsozialismus einschwören. 1939/40 als Dramaturg bei der UFA beschäftigt, siedelte Corrinth nach dem Zweiten Weltkrieg nach Ostberlin über, wo er im August 1960 starb (vgl. Raabe, Paul; Autoren und Bücher, S. 97).
76 A-dt; Curt Corrinth; Potsdamer Platz. Ekstatische Visionen, in: Der Zweemann, 1. Jhg., H. 4, Februar 1920, S. 17.

[77] Christof Spengemann erinnerte sich in seinen Memoiren, DER ZWEEMANN habe es „nicht nötig" gehabt, „Inserate zu verkaufen" (Spengemann, Christof; Mit Heinrich beginnend. Ein Hannoverbuch (Typoskript und Manuskript, unveröffentlicht) (SAH 2123b), o. S. Vgl auch Erlhoff, Michael; Christoph Spengemann, S. 165.

[78] Vgl. die Würdigung, die Ferdinand Stuttmann über Otto Gleichmann und seinen Freundeskreis verfaßte (Kunstverein Hannover, Zwanziger Jahre, S. 44). Gleichmann, Gunda-Anna; Erinnerungen an Theodor Däubler. Vgl. Gesprächsprotokoll Katharina Kulenkampff, 5. Januar 1993. Vgl. Gesprächsprotokoll Gunda-Anna Gleichmann-Kingeling, 15. Oktober 1992, 14. Januar 1993, 19. Februar 1993. Vgl. Schmied, Wieland; Wegbereiter zur modernen Kunst, S. 249.

[79] Däubler, Theodor; Can Grande della Scala, in: Der Zweemann, 1. Jhg., H. 1, November 1919, S. 14f. Däubler, Theodor; Pastorale, in: Der Zweemann, 1. Jhg., H. 2, Dezember 1919, S. 8f. Am 17. August 1876 in Triest geboren, verbrachte Theodor Däubler die ersten knapp vierzig Jahre seines Lebens vorwiegend im Süden Europas. 1914 übersiedelte er nach Dresden, dann nach Berlin. Bereits 1921 verließ Däubler Deutschland wieder und lebte vorübergehend in Griechenland. Mitte der zwanziger Jahre kehrte er, mittlerweile erkrankt, nach Deutschland zurück. Theodor Däubler, zwischenzeitlich auch Präsident des deutschen PEN-Clubs, starb am 13. Juni 1934 in St. Blasien (vgl. Raabe, Paul; Autoren und Bücher, S. 102).

[80] Vgl. Kunstverein Hannover; Zwanziger Hannover, S. 37. Schmied, Wieland; Wegbereiter zur modernen Kunst, S. 286. Das Drama CAN GRANDE DELLA SCALA wurde, weiterhin Fragment, erst 1932 publiziert. Beide Teile, sowohl der im ZWEEMANN als auch der im Kestner-Buch veröffentlichte, waren Erstabdrucke vom Fragment (Klössel, Christiane, Zweemann, S. 128).

[81] Schmied, Wieland; Wegbereiter der modernen Kunst, S. 229. Kunstverein Hannover; Zwanziger Jahre, S. 13.

[82] Am 18. Februar 1921 trug Däubler aus eigenen Werken vor. Am 23. März 1927 berichtete er von seiner Reise durch den Orient und Balkan (Schmied, Wieland; Wegbereiter zur modernen Kunst, S. 272f. Kunstverein Hannover; Zwanziger Jahre, S. 84).

[83] Klabund; Marietta. Liebesroman aus Schwabing, Hannover 1920 (Die Silbergäule Bd. 79).

[84] Ebda. Die handelnden Personen des Romans trugen deutlich Züge einzelner Mitglieder der Schwabinger Bohème. Vgl. Raabe, Paul; Autoren und Bücher, S. 271.

[85] Vgl. Raabe, Paul; Autoren und Bücher, S. 271. Reinhardt, Olaf; Klabund, in: Benz, Wolfgang/Graml, Hermann; Biographisches Lexikon zur Weimarer Republik, S. 184. Vgl. zur Biographie allg.: Kaulla, Guido von; Brennendes Herz Klabund. Legende und Wirklichkeit, Zürich 1971.

[86] Vgl. das Schriftenverzeichnis in: Raabe, Paul; Autoren und Bücher, S. 268-175.

[87] Vgl. Raabe, Paul; Autoren und Bücher, S. 268. Reinhardt, Olaf; Klabund, in: Benz, Wolfgang/Graml, Hermann; Biographisches Lexikon zur Weimarer Republik, S. 184.

[88] Klabund widmete die NACHTWANDLER einem weiteren Mitarbeiter des Paul Steegemann Verlages, dem Schriftsteller, Dramaturgen und Journalisten Melchior Vischer (1895-1975).

[89] Frerking, Johann; Theater-Sommer. Klabund, in: Das Hohe Ufer, 2. Jhg., H. 7, 1920, S. 117. Vgl. auch H-nn; Klabund. Nachtwandler. Uraufführung im Opern- und Schauspielhaus, in: Der Zweemann, 1. Jhg., H. 8-10, Juni-August 1920, S. 46.

[90] Frerking, Johann; Theater-Sommer. Klabund, in: Das Hohe Ufer, 2. Jhg., H. 7, 1920, S. 117.

[91] H-nn; Klabund. Nachtwandler. Uraufführung im Opern- und Schauspielhaus, in: Der Zweemann, 1. Jhg., H. 8, Juni-August 1920, S. 46. Übte der ZWEEMANN hier auch deutlich Solidarität mit Klabund, dem angegriffenen Mitglied der expressionistischen Gemeinde, so teilte die Zeitschrift an anderer Stelle die damals oft geäußerte Kritik, der noch junge Klabund, der in seinen ersten drei Lebensjahrzehnten bereits Autor von zwei Dutzend Büchern, Romanen, Gedichtbänden, Pamphleten, Balladen und Schwänken war, verausgabe sein unzweifelhaft großes Talent zu schnell, als daß er zu wahrer Reife gelangen könne. Bereits im Dezemberheft des ZWEEMANN hatte ein anonymer Mitarbeiter des Blattes über den „wahre(n) Tausendsassa" gespottet: „Feuerbeter und himmlischer Vagant, persischer Zeltmacher und Leierkastenmann, Eulenspiegel und Schmock, Patriot und Revolutionär – Hans Dampf in allen Gassen ... Er soll sogar Chinesisch können. Deutsch kann er leidlich." (Z.; Auch einer; in: Der Zweemann, 1. Jhg., H. 2, Dezember 1919, S. 21). Der Artikel verwies ironisierend auf mehrere Veröffentlichungen Klabunds. Auch der o.a. Artikel von H-nn war insofern auf dieses Urteil eingegangen, als es dort hieß: „Man nehme auch nicht die Geste dieses Dichters für die eines geschickten Literaten, der hier aus allerlei Raffinements die neue Verblüffung zusammengemischt hätte. Man spüre den herben Duft, die volksliederhafte Einfalt, den reinen lyrischen Quell, der dies hervorgeströmt. Erst der Krampf des Konflikts, in den sich diese Kindhaftigkeit hineingestoßen sieht, schuf die Geste."

[92] H-nn; Klabund. Nachtwandler. Uraufführung im Opern- und Schauspielhaus, in: Der Zweemann, 1. Jhg., H. 8, Juni-August 1920, S. 46.

[93] Das erste Buch trug folgenden Titel: Schüler, Leonhard; Das Band. Gedichte. Darmstadt (Die Dachstube) 1919. Schüler, Leonhard; Schlaf und Nacht. Verse. Hannover 1920. Vgl. Schüler, Leonhard; Zwei Gedichte (Ekstase, Nachtstück), in: Der Zweemann, 1. Jhg., H. 5, März 1920, S. 12. In EKSTASE etwa hieß es: „Aufquillt Musik. Musik! Wie unsere Atemstöße tönen! Musik! Musik! Akkorde uns versöhnen: Wir schweben über jedem Raum. Wer will mit uns in bläuliche Fernen streifen? O – über den Globus schweifen! Wer will sich ertränken mit uns im Schnee vom Kastanienbaum?"

[94] Raabe, Paul; Autoren und Bücher, S. 428. Schüler starb im November 1974 zurückgezogen und verarmt in Bad Nauheim.

[95] Vgl. zu den biographischen Daten: Raabe, Paul; Autoren und Bücher, S. 368. Petrys literarischer Nachlaß, der heute verschollen ist, wurde von dem Schwager Salomo Friedländers/Mynonas, Anselm Ruest, verwaltet. Auch dies ist ein Hinweis auf das enge Beziehungsgeflecht des expressionistischen Dichterzirkels.

[96] Petry, Walter; Der ewige Rausch, Berlin 1919.

[97] Petry, Walter; Angst und Erlösung. Endlichkeitsgesang/Schatten, Stimmen, Kreisen/Alles Schweigen ist der Wahrheit Mauer/Besinnung, in: Der Zweemann, 1. Jhg., H. 7, Mai 1920, S. 5-9.

[98] Ebda., S. 8.

[99] Eines der in seiner Reihe erschienenen Bücher war die Neuauflage eines Werkes von C.P.J. de Crébillon, der sechs Jahre zuvor als Autor der ZWEEMANN-Bücher älterer Dichtung entdeckt worden war. Vgl. ansonsten Petry, W. (Hg.); Altitalienische Liebesnovellen, Berlin 1926 (Klassiker der erotischen Literatur, Bd. 4). Petry, Walter (Hg.); Pietro Are-

tino. Italiänischer Hurenspiegel. Ferrante Pallavicino; Der geplünderte Postreuter, Berlin 1926 (Klassiker der erotischen Literatur, Band 3). Petry, Walter (Hg.); Crébillon der Jüngere, Claude Prosper Jolyot de: Tanzao und Neardarne oder: Der Schaumlöffel. Eine japanische Geschichte, Berlin 1926 (Klassiker der erotischen Literatur, Band 5). Walter Petry war außerdem Autor des Buches DIE DADAISTISCHE KORRUPTION. KLARSTELLUNG EINES ERLEDIGTEN PHILOSOPHIEVERSUCHES, das laut Klappentext herausgegeben wurde „im Auftrage der Liga zur Bekämpfung des Dadaismus". Das Buch erschien 1920 in Berlin.

100 Vgl. zur Biographie Schüttes: Raabe, Paul; Autoren und Bücher, S. 429.

101 „Ruhe. Breiten, uferlose Breiten. Tau geseilt. Die Breite. Zwischen Ewigkeit und Ewigkeit. Schwingt das Seil. Raunte von uferlosen Breiten. Raunte von Ewigkeit zu Ewigkeit." (Schütte, Hermann; Ewigkeit, in: Der Zweemann, 1. Jhg., H. 8, Juni-August 1920, S. 38). Schütte lebte zurückgezogen und starb im April 1974 in Altona.

102 Vgl. zur Person: Raabe, Paul; Autoren und Bücher, S. 498. Kleberger, Ilse; Der eine und der andere Traum. Körner, Irmela; Heinrich Vogeler. Petzet, Heinrich Wiegand; Von Worpswede nach Moskau. Heinrich Vogeler. Ein Künstler zwischen den Zeiten, Köln 1977. Vogeler, Heinrich; Erinnerungen, hg. von Erich Weinert, Berlin 1952.

103 Körner, Irmela; Heinrich Vogeler, S. 114 f. Kleberger, Ilse; Der eine und der andere Traum, S. 27 ff.

104 Zitiert nach: Weltge-Wortmann, Sigrid; Heinrich Vogeler, in: Dieselbe; Die ersten Maler in Worpswede, Bremen 1987, S. 118 ff. Kleberger, Ilse; Der eine und der andere Traum, S. 54.

105 Zitiert nach Körner, Irmela; Heinrich Vogeler, S. 116. Ein anderes Beispiel für ein – frühes – Beispiel literarisch-pazifistischen Engagements war Klabunds OFFENER BRIEF AN KAISER WILHELM II. in der NEUEN ZÜRCHER ZEITUNG vom 3. Juni 1917 (Kaulla, Guido von; Brennendes Herz Klabund. Legende und Wirklichkeit, Zürich 1971, S. 99f). Einen vom Ausgangspunkt her ganz ähnlichen Protest, der dann im weiteren Verlauf indes ganz andere Motivationen und Denkstrukturen deutlich machte, richtete der Dadaist Johannes Baader etwa zeitgleich an den jüngsten Sohn des Kaisers. Er schrieb ihm: „Mein lieber Jüngling. Ich, Baader, der Beherrscher des Weltalls, schätze deinen Vater gar nicht und fordere ihn auf, den Krieg sofort zu beenden." (zitiert nach: Szittya, Emil; Die Künstler in Zürich während des Krieges, in: Ders.; Das Kuriositätenkabinett, S. 280. Vgl. auch Raabe, Paul; Expressionismus, S. 168. Vgl. auch Nündel, Ernst; Kurt Schwitters. Briefe, S. 337). Wie Vogeler wurde auch Baader als Reaktion auf sein Schreiben in die Psychiatrie eingewiesen. Anders als der Maler versprach Baader sich jedoch von der neuen Demokratie ebensowenig wie von der Monarchie. Beide inspirierten Baader allenfalls zu dadaistischen Verhöhnungen der bürgerlichen Ordnung und Moral. Als die Nationalversammlung im Juni 1919 in Weimar tagte, hielt er von der Balustrade herab eine auf allgemeines Unverständnis stoßende dadaistische Rede, forderte die Übergabe der Regierungsgeschäfte an die Dadaisten und verteilte Flugblätter mit der Aufschrift „Das grüne Pferd".

106 Kleberger, Ilse; Der eine und der andere Traum, S. 55 f.

107 Zitiert nach: Körner, Irmela; Heinrich Vogeler, S. 16.

108 Kleberger, Ilse; Der eine und der andere Traum, S. 63 ff. Bald folgten erste Reisen in die Sowjetunion, die für Vogeler Symbol einer künftigen Welt wurde. Anfang 1931 siedelte er endgültig dorthin über. Nach vielerlei Enttäuschungen über die überall in der Sowjetunion vorgefundenen tatsächlichen Verhältnisse und einer Phase der für den Künstler Vogeler unbefriedigenden Arbeit starb er im Juni 1942 in Kasachstan. Vgl. auch Körner, Irmela; Heinrich Vogeler, S. 117. Weltge-Wortmann, Sigrid; Heinrich Vogeler, in: Dies.; Die ersten Maler in Worpswede, Bremen 1987, S. 121–131.

109 In einem Schreiben vom 6. Mai 1920 bat Vogeler Paul Steegemann, Rezensionsexemplare an den linksrepublikanischen Friedensbund der Kriegsteilnehmer zu schicken: „Setzt Ihr da ein mit der Verbreitung der Vogeler-SILBERGÄULE ..., so ist für Verbreitung der Basis geschaffen. Jetzt bringen wir dieselbe Bewegung in die Pazifisten." (Schreiben Heinrich Vogelers an Paul Steegemann, 6. Mai 1920, DLA Marbach, A: Steegemann, Verschiedenes)). Vgl. dazu das Schreiben Vogelers an den Friedensbund der Kriegsteilnehmer vom 8. April 1920. Vogeler forderte hier dazu auf, seine Bücher stärker zu verbreiten, nicht, weil er sich finanziell einen Vorteil davon erhoffe, sondern um „die gleichen Ziele wie die des Bundes" verfolgen zu können (Schreiben Heinrich Vogelers an den Friedensbund der Kriegsteilnehmer, 8. April 1920 (NSA)).

110 Vogeler-Worpswede, Heinrich; Über den Expressionismus der Liebe, Hannover 1919 (Die Silbergäule, Bd. 12).

111 Ebda., zitiert nach: Kunstverein Hannover; Zwanziger Jahre, 91. Das Bändchen war ein Jahr zuvor in leicht veränderter Form im Bremer Verlag Hauschild erschienen (Raabe, Paul; Autoren und Bücher, S. 498). Vogeler, Heinrich; Das Neue Leben. Ein kommunistisches Manifest, Hannover 1919 (Die Silbergäule, Bd. 19). Vogeler, Heinrich; Siedlungswesen und Arbeitsschule, Hannover 1919 (Die Silbergäule, Bd. 36). Vogeler, Heinrich; Proletkult. Kunst und Kultur in der kommunistischen Gesellschaft, Hannover 1920 (Die Silbergäule, Bd. 54). Es war bezeichnend für die geistige Unabhängigkeit Paul Steegemanns, daß er nicht scheute, im gleichen Jahr, in dem er Vogelers Arbeiten veröffentlichte, 1919, als Band 25/26 der SILBERGÄULE auch ein Werk des Rivalen des Künstlers, Ludwig Bäumers, und zwar über ein ganz ähnliches Thema erscheinen zu lassen (Bäumer, Ludwig; Worpswede. Das Wesen des Kommunismus, Hannover 1919 (Die Silbergäule, Bd. 25/26)). Bäumer, Neu-Worpsweder Revolutionär, war der Geliebte von Vogelers Frau Martha. Erst das Auseinanderbrechen der Ehe hatte Heinrich Vogeler seiner bisherigen erfolgreichen künstlerischen Laufbahn den Rücken kehren und ihn die Meldung zum Militär erwägen lassen.

112 Vgl. dazu etwa: Klössel, Christiane; Zweemann, S. 132.

113 Bommersheim, Paul; Kunstbetrachtung. Kritik/Glossen/Hannöversches: Max Burchartz. Die Dämonen, in: Der Zweemann, 1. Jhg., H. 8, Juni-August 1920, S. 39 f. Auch in Bommersheims Artikel fand sich die enge Verbindung zwischen dem ZWEEMANN- und dem Paul Steegemann Verlag wieder. Sein Autor rezensierte nämlich im ZWEEMANN jene Arbeiten von Burchartz, die dieser als Illustrationen von Dostojewskis Roman DIE DÄMONEN in der Reihe DIE SILBERGÄULE veröffentlicht hatte (Burchartz, Max; Die Dämonen, Hannover 1919 (Die Silbergäule Bd. 43/44)). Vgl. dazu auch das Schreiben Otto Gleichmanns an Christof Spengemann, 28. November 1919 (NSA).

114 Gleichmann, Otto; Gastmahl, in: Der Zweemann, 1. Jhg., H. 3, Januar 1920, S. 7. Die Hirtin, in: Der Zweemann, 1. Jhg., H. 3, Januar 1920, S. 14. Auch Heft 6 des ZWEEMANN brachte zwei Gleichmann-Arbeiten (Der Zweemann, 1. Jhg., H. 6, April 1920, S. 15, 22).

115 Schwitters, Kurt; Originallithographie, in: Der Zweemann, H. 1, November 1919, S. 11. Ders.; An Anna Blume, die Berühmte, in: Der

Zweemann, H. 2, Dezember 1919, S. 4. Ders.; (Modell), in: Der Zweemann, H. 8, Juni-August 1920, S. 39.

116 Die Zeitschrift DIE PILLE ist hier ausgenommen, da sie nur wenige Illustrationen veröffentlichte. Bildende Künstler wurden in der PILLE nicht explizit vorgestellt.

117 Max Burchartz, Ernst Moritz Engert, Otto Hohlt, Viktor Joseph Kuron, Ernst Schütte, Kurt Schwitters.

118 Max Burchartz, Ernst Moritz Engert, Otto Gleichmann, Otto Hohlt, Kurt Schwitters, Arnold Topp.

119 Klössel, Christiane; Zweemann, S. 133. Kunstverein Hannover; Zwanziger Jahre, S. 90, 92. Engert arbeitete in diesen Jahren u.a. für folgende Zeitschriften, Anthologien und Schriftenreihen: DIE AKTION, DIE NEUE KUNST, DAS HOHE UFER, DIE BÜCHERKISTE, DER ZWEEMANN, DER MARSTALL, MENSCHHEITSDÄMMERUNG und DIE KLEINE REPUBLIK (vgl. Raabe, Paul; Zeitschriften und Sammlungen, Register).

120 Engert, Ernst Moritz; Schwabinger Köpfe. Scherenschnitte mit einleitender Prosa von Hans Schiebelhuth, Hannover 1921 (DIE SILBERGÄULE Bd. 80/82).

121 Das Hohe Ufer, 1. Jhg., H. 7, Juli 1919, S. 162, 169, 179.

122 Hans Schiebelhuth charaktersisierte Engert als eine der „stärksten künstlerischen Persönlichkeiten der Zeit" und als einen Künstler, der in seinen Werken Tradition und Moderne vorbildlich miteinander zu verbinden wisse (Schiebelhuth, Hans; Engert, in: Der Zweemann, 1. Jhg., H. 7, Mai 1920, S. 16).

123 Schiebelhuth, Hans (Hg.); Ernst Moritz Engert. Silhouetten, Frankfurt/M. 1919.

124 Klössel, Christiane; Zweemann, S. 120, 133. Rischbieter, Henning; Hannoversches Lesebuch, Bd. 2, S. 243. Kunstverein Hannover; Zwanziger Jahre, S. 88. Einen Einblick in den Darmstädter Kreis ermöglicht Kasimir Edschmids Aufsatz IN MEMORIAM CARLO MIERENDORFF, der als Einleitung der LITERARISCHEN SCHRIFTEN Carlo Mierendorffs (Darmstadt 1947, S. V-XIII) erschienen ist.

125 Vgl. zur Verbindung der hannoverschen Literaturszene zur Darmstädter, hier am Beispiel des Paul Steegemann Verlages: Meyer, Jochen; Paul Steegemann Verlag (1994), S. 46. Vgl. auch Steegemann, Paul; Zwei Gedichte aus Darmstadt, in: Störtebeker, Nr. 2, 1924, S. 47 f.

126 Mierendorff, Carlo; Pioppis Sonntagnachmittag, in: Der Zweemann, 1. Jhg., H. 4, Februar 1920, S. 10-12. Carlo Mierendorff wurde am 24. März 1897 in Großenhain geboren. Von 1914 bis 1918 war er Kriegsteilnehmer. Danach nahm er in Frankfurt ein Studium auf, das er in Heidelberg, München und Freiburg fortsetzte und 1923 mit der Promotion über DIE WIRTSCHAFTSPOLITIK DER KOMMUNISTISCHEN PARTEI DEUTSCHLAND abschloß. Von 1919 bis 1921 war Mierendorff Herausgeber der expressionistischen Zeitschrift DAS TRIBUNAL. In dieser Zeit entstanden seine Freundschaften mit Kasimir Edschmid und Carl Zuckmayer. 1922 in die SPD eingetreten, war Mierendorff seit 1930 Reichstagsabgeordneter dieser Partei. Seiner politischen Tätigkeit wegen verbüßte er zwischen Juni 1933 und 1938 immer wieder Haftstrafen in mehreren Konzentrationslagern. Nach der Entlassung arbeitete er in Leipziger Industrieunternehmen. Unter dem Pseudonym Dr. Willmer gab er trotz Schreibverbotes weiter Anthologien deutscher Lyrik heraus. Am 4. Dezember 1943 wurde Carlo Mierendorff bei einem Luftangriff auf Leipzig getötet (Albrecht, Richard; Der militante Sozialdemokrat Carlo Mierendorff. 1897-1943. Eine Biografie, Berlin/Bonn 1987, bes. S. 34-67. Raabe, Paul; Autoren und Bücher, S. 337).

127 Geboren am 5. März 1895 in Darmstadt, studierte Usinger nach dem Abitur zwischen 1913 und 1920, immer wieder unterbrochen durch Fronteinsätze. 1921 promovierte er in Gießen über ein Thema aus dem Bereich der Romanistik. Seit 1922 im Hauptberuf Lehrer an verschiedenen süddeutschen Schulen, veröffentlichte er bis zu seinem Tod im Dezember 1982 eine große Anzahl von Gedichtbänden, Biographien, Essays und Aphorismensammlungen (Raabe, Paul; Autoren und Bücher, S. 489-194). Vgl. allg. zur Biographie: Hagen, Siegfried; Fritz Usinger. Endlichkeit und Unendlichkeit, Bonn 1993.

128 Usinger, Fritz; Sternengesang, in: Der Zweemann, 1. Jhg., H. 7, Mai 1920, S. 13 f. Usinger, Fritz; Succubus, in: Der Zweemann, 1. Jhg., H. 8, Juni-August 1920, S. 38.

129 W-r.; Das Tribunal, in: Der Zweemann, 1. Jhg., H. 3, Januar 1920, S. 18.

130 Raabe, Paul; Zeitschriften und Sammlungen, S. 92. Klössel, Christiane; Zweemann, S. 121.

131 Rischbieter, Henning; Hannoversches Lesebuch, Bd. 2, S. 243. Kunstverein Hannover; Zwanziger Jahre, S. 88. Klössel, Christiane; Zweemann, S. 120 f, 133. Zu Schiebelhuths frühen Arbeiten: Raabe, Paul; Autoren und Bücher, S. 414 ff.

132 Auch die Gestaltung des Verlagssignets verweist auf die Kooperation von zwei (bewaffneten?) Personen, die gemeinsam auf den Buchstaben DZV (**D**er **Z**weemann **V**erlag) stehen.

133 Klössel, Christiane; Zweemann, S. 117. Auf den Heften der Zeitschrift wird unter der Verlagsangabe von Beginn an nur Robert Goldschmidts Name mit dem Zusatz „& Co" genannt. Das BÖRSENBLATT DES DEUTSCHEN BUCHHANDELS nannte im April 1919 beide, Goldschmidt und Jacobsohn, als gemeinsame Inhaber und Verleger. Vgl. hierzu auch die sich widersprechenden Angaben von Christiane Klössel (Zweemann, S. 117) und Jochen Meyer (Paul Steegemann Verlag (1975), S. 74, Anm. 14).

134 Vgl. zur Biographie Wagners: Raabe, Paul; Autoren und Bücher, S. 500. Brandes, Uta; Friedrich Wilhelm Wagner. Klössel, Christiane; Zweemann, S. 119 ff.

135 Wagner, Friedrich Wilhelm; Aus der Enge, Groß Lichterfelde 1911.

136 Im Zeitraum von 1910 bis 1921 arbeitete Wagner bei folgenden Zeitschriften, Anthologien und Schriftenreihen mit: DIE AKTION, DAS NEUE PATHOS, NEUE JUGEND, PHOEBUS, DAS TRIBUNAL, DER SCHREY, DER ZWEEMANN, DAS AKTIONSBUCH, DIE SILBERGÄULE, DIE ZWEEMANNBÜCHER NEUER DICHTUNG (Raabe, Paul; Zeitschriften und Sammlungen, Register).

137 Brandes, Uta; Friedrich Wilhelm Wagner, S. 177.

138 Szittya, Emil; Die Künstler in Zürich während des Krieges, in: Raabe, Paul; Expressionismus, S. 165. Weiter hieß es übrigens, Wagner sei „Mitbegründer des Verlages von Steegemann gewesen".

139 Klössel, Christiane; Zweemann, S. 120.

140 Wagner, Friedrich Wilhelm; Untergang, Bad Kreuznach 1918. In seiner Eigenschaft als Herausgeber des ZWEEMANN, knapp zwei Jahre darauf, warb Wagner in der Zeitschrift für dieses Werk (Verlagswerbung, 1. Jhg., H. 4, Februar 1920, S. 2). Zu diesem Zeitpunkt erschien UNTERGANG bereits in der Reihe der ZWEEMANN-BÜCHER NEUER DICHTUNG. Jochen Meyer berichtet hingegen, auf dem Titelblatt einiger der im Privatdruck hergestellten Werken habe sich folgender handschriftlicher Vermerk befunden: „1919. Verlag Paul Steegemann. Hannover" Im Juli und August 1919 habe Steegemann das Buch in Annoncen der ersten

SILBERGÄULE mit angezeigt (Meyer, Jochen; Paul Steegemann Verlag (1994), S. 164).

141 Klössel, Christiane; Zweemann, S. 120. Raabe, Paul; Autoren und Bücher, S. 500.

142 Szittya, Emil; Die Künstler in Zürich während des Krieges, in: Raabe, Paul; Expressionismus, S. 164. Klössel, Christiane; Zweemann, S. 120f. Uta Brandes zitiert in ihrer biographischen Skizze ein Gedicht Wagners aus dieser Zeit: „Ich jagte an mir selbst umher, Zerbarst meine Wände, Die Flamme lohte, Ich setzte mich ans wilde Meer, Und lauschte nach dem Tode." (zitiert nach: Brandes, Uta; Friedrich Wilhelm Wagner, S. 178).

143 Da hieß es etwa: „Wir fahren in das Irrenhaus. Wir fahren aus der Welt hinaus." (Wagner, Friedrich Wilhelm; Irrenhaus, in: Der Zweemann, 1. Jhg., H. 2, Dezember 1919, S. 12). Im neunten Gedicht des Zyklus schrieb Wagner, desillusioniert von allen vermeintlichen höheren Werten: „Der Christus an der Wand ist gleich/ Einer Blume bleich/ Entblüht dem Kot./ Wir lallen lange Litaneien/ Doch jener hört kein Schreien/ Er ist tot." (Wagner, Friedrich Wilhelm; Irrenhaus, in: Der Zweemann, 1. Jhg., H. 1, November 1919, S. 13).

144 Vgl. die mit W-r gekennzeichneten Rezensionen in: Der Zweemann, 1. Jhg., H. 2, November 1919, S. 23. H. 3, Januar 1920, S. 18, H. 4, Februar 1920, S. 16.

145 Jean Paul; Polymeter, hg. von Friedrich Wilhelm Wagner, Hannover 1919.

146 Vgl. dazu Brandes, Uta; Friedrich Wilhelm Wagner, S. 178.

147 Wagner, Friedrich Wilhelm; Jungfrauen platzen männertoll, Hannover 1920 (Die Silbergäule Bd. 48/49). Die Umschlagzeichnung des knapp zwanzig Seiten umfassenden Bändchens stammte von Victor Joseph Kuron, dem Freund aus vergangenen Darmstädter Tagen. Steegemann warb für das Werk mit der großsprecherischen Behauptung, es handele sich um „Grotesken aus dem Weltanschauungsradius Christian Morgensterns" (Mitteilungen für Bücherfreunde, in: Der Marstall, H. 1, 1919/1920, S. 57). Vgl. auch Elster, Hanns Martin; Die Silbergäule, in: Der Marstall, H. 1, 1919/1920, S. 55.

148 Vgl. dazu Klössel, Christiane; Zweemann, S. 120. Nach 1920 hat Friedrich Wilhelm Wagner keine Gedichte mehr veröffentlicht. Er, der stets ein Gegner eines geregelten bürgerlichen Lebens gewesen war, arbeitete als Bankbeamter im Pfälzischen. Häufige Aufenthalte in psychiatrischen Heilanstalten machten diese Arbeit unmöglich. Im Juni 1931 starb Wagner mit noch nicht vierzig Jahren im Schwarzwald (Raabe, Paul; Autoren und Bücher, S. 500. Brandes, Uta; Friedrich Wilhelm Wagner, S. 181. Klössel, Christiane; Zweemann, S. 120).

149 Vgl. zur Biographie Schiebelhuths: Usinger, Fritz (Hg.); Verschollene und Vergessene. Hans Schiebelhuth, Wiesbaden 967, S. 5–28. Raabe, Paul; Autoren und Bücher, S. 413f. Klössel, Christiane; Zweemann, 120f. Schiebelhuth arbeitete nach Raabe in den Jahren von 1919 bis 1921 bei folgenden Zeitschriften, Anthologien und Schriftenreihen mit: DIE DACHSTUBE, MÜNCHNER BLÄTTER FÜR DICHTUNG UND GRAPHIK, DIE NEUE SCHAUBÜHNE, DAS TRIBUNAL, DER WEG, DER ZWEEMANN, DER NEUE FRAUENLOB, DIE KLEINE REPUBLIK und DIE SILBERGÄULE (Raabe, Paul; Zeitschriften und Sammlungen, Register).

150 Schiebelhuth, Hans; Dumpfes Lied. Notturne. Trostvogel, in: Der Zweemann, 1. Jhg., H. 1, November 1919, S. 12f. Schiebelhuth, Hans; Geistige Landschaft, Entzweiende Nacht. Eddischer Wanderer, in: Der Zweemann, 1. Jhg., H. 2, Dezember 1919.

151 Schiebelhuth, Hans; Berçeuse, in: Der Zweemann, 1. Jhg., H. 5, März 1920, S. 14.

152 Als eigenständige Veröffentlichung kündigte Paul Steegemann Hans Schiebelhuths SCHWABINGER SONETTE an. Dieses Buch, Band 76/77 der SILBERGÄULE, ist nie erschienen (Meyer, Jochen; Paul Steegemann Verlag (1994), S. 169).

153 Schiebelhuth, Hans; Prosa, Briefe, Theaterkritiken, Bd. 2 der Histor.-Kritischen Ausgabe, hg. von Manfred Schlösser, Darmstadt 1967, S. 172, zitiert nach: Klössel, Christiane; Zweemann, S. 121.

154 Vgl. Schiebelhuths umfangreiches Schriftenverzeichnis in: Raabe, Paul; Autoren und Bücher, S. 414ff.

155 Vgl. etwa: Klössel, Christiane; Zweemann, S. 121. Raabe, Paul; Autoren und Bücher, S. 413.

156 Auffällig sind die durchaus kontroversen Kritiken der berichtenden Tageszeitungen. R.t. würdigte im VOLKSWILLEN die „rhythmische und musikalische Macht- und Kraftfülle" und „Schönheit" des „außerordentlich starken lyrischen Talentes" Schiebelhuths und faßte zusammen, etwas derart Starkes habe man von „einem Dichter unserer Tage noch nicht erlebt" (r.t.; Schiebelhuth, Volkswille, 12. Juli 1921). Auch o.r. vermerkte im HANNOVERSCHEN ANZEIGER positiv, daß der Dichter trotz seines jugendlichen Alters „wohlwollend frei von bizarr-grotesker, gewollter und gesuchter Verzerrung" arbeite und sein Werk durch „Ebenmaß und Sinn", „Erlebtes und Erlittenes, nicht Konstruiertes" gekennzeichnet sei (o.r.; Vortragsabend Hans Schiebelhuth, Hann. Anzeiger, 13. Juli 1921). Anders urteilte Ernst Brauweiler vom HANNOVERSCHEN KURIER, der schrieb, die „eigentliche Form" des Schiebelhuthschen Temperaments sei „Litanei" und damit „jene gleichgewichtslose(.) Betrunkenheit, die das Spezifikum seiner dichterischen Zustände ist". „Sprache ohne die Direktion der Logik" sei „Kaleidoskop und Artikulation", wirke „nur duch den absoluten Gefühlswert der einzelnen Glieder der Wortreihen und den Urwert aller Worte, die Ausdrucksbedeutung der Laute selbst". Gegen die Benutzung dieser Ausdrucksmittel lasse „sich auch an sich nichts einwenden". Wogegen, so fragte Brauweiler abschließend mit deutlicher Unsicherheit über den Wegfall bisheriger Bewertungs- und Klassifikationsraster von Kunst, lasse sich überhaupt etwas einwenden: „Man müßte sich erst über den Zweck der Weltgeschichte unterhalten" (Beh.; Vorlesung Hans Schiebelhuth. Galerie von Garvens, Hann. Kurier, 9. Juli 1921). Kurze Zeit darauf nahm Hans Schiebelhuth in Berlin eine Tätigkeit beim Auswärtigen Amt an, die er gut zwei Jahre innehatte. Während dieser Zeit, besonders aber danach, kamen ihm seine ausgezeichneten Fremdsprachenkenntnisse zugute. In den kommenden Jahren intensivierte Schiebelhuth seine Übersetzertätigkeit aus dem Französischen, Englischen und Amerikanischen. Schiebelhuth übersetzte u.a. Diderot und Corneille. Nach Beendigung der Tätigkeit in Berlin ging er als Privatlehrer nach Florenz, später für zwei Jahre nach New York. Während dieser Zeit entstand eine Reihe weiterer Gedichtbände. Nach 1933 machte Schiebelhuth sich vor allem einen Namen als Übersetzer der Werke von Thomas Wolfe. Klaus Mann beispielsweise lobte die „bemerkenswert schöne(.) deutsche Nachdichtung" von LOOK HOMEWARD, ANGEL! (Mann, Klaus; Wendepunkt (1991), S. 355). 1937 übersiedelte Schiebelhuth nach New York, wo er im Januar 1944 auch starb (Raabe, Paul; Autoren und Bücher, S. 413. Klössel, Christiane; Zweemann, S. 121). Ein Teil seiner Werke wurde von dem langjährigen Darmstädter Freund Fritz Usinger, dem ehemaligen Mitarbeiter beim ZWEEMANN, herausgegeben (vgl. das

157 R-n; Über Musik. Konzert Paul Aron – Milly Stefan, in: Der Zweemann, 1. Jhg., H. 1, November 1919, S. 23.

158 Vgl. dazu die entsprechenden Werbeanzeigen der Kestner-Gesellschaft, jeweils auf den letzten Seiten jeder ZWEEMANN-Ausgabe.

159 Vgl. die undatierte Einladungskarte des Verlages Robert Goldschmidt & Co (SAH, NL Spengemann, nicht verzeichnet). Danach waren außerdem Werke von Hans Havemann, Carl Stoermer, Käte Steinitz und Karl Düvelmeier ausgestellt. Der Ausstellungsort befand sich in der hannoverschen Münzstraße.

160 Vgl. die Ankündigung der Graphischen Ausstellung, in: Mitteilungen des Verlages, in: Der Zweemann, 1. Jhg., H. 4, Februar 1920, S. 2.

161 Der Schwitters-Biograph Ernst Nündel führte zur Namensgebung dieser Artikel aus: „Texte, in denen Kritiker vorkommen, ihre tatsächlichen und ihre erwarteten Reaktionen, ihr Stil und ihre Namen, nannte Schwitters TRAN, vermutlich als Anspielung auf Lebertran, Tranlampe, Träne und ähnliche traurige Erinnerungen …" (Nündel, Ernst; Kurt Schwitters, S. 40). Für Hans Georg Kemper drückt TRAN darüber hinaus „unübersehbar aus, welche Vorstellung Schwitters mit der Kunstkritik verbindet und wie er seine unter diesem Begriff firmierenden *schmackhaften* Artikel verstanden wissen will: als *Lebertran* zur Heilung des *Dachschadens* der Kritiker" (Kemper, Hans-Georg; Die Logik der ‚harmlosen Irren'. AUGUSTE BOLTE und die Kunstkritik, in: Text + Kritik, Nr. 35/36, Oktober 1971, S. 56).

162 Schwitters, Kurt; Glossen. Tagesweisheit. Berliner Börsenkukukunst, in: Der Zweemann, 1. Jhg., H. 4, Februar 1920, S. 13 f. Vgl. dazu auch das Schreiben von Kurt Schwitters an Christof Spengemann vom 18. April 1920 bezüglich dieses Artikels (in: Nündel, Ernst; Kurt Schwitters. Briefe, S. 25 ff).

163 Schwitters, Kurt; Was Kunst ist. Eine Regel für große Kritiker, in: Der Zweemann, 1. Jhg., H. 6, April 1920, S. 11 f.

164 Vgl. etwa Schwitters, Kurt; Du meiner, ich deiner, wir mir, in: Der Zweemann, 1. Jhg., H. 2, Dezember 1919, S. 20.

165 Schwitters, Kurt, Originallithographie, in: Der Zweemann, 1. Jhg., H. 1, November 1919, S. 11. Vier Gedichte: H. 1, November 1919, S. 10. Die MERZ-Malerei: H. 1, November 1919, S. 18. An Anna Blume, die Berühmte: H. 2, Dezember 1919, S. 4. Gedichte: H. 2, Dezember 1919, S. 5 f. Die MERZ-Bühne: H. 2, Dezember 1919, S. 18. Der Buchhändler: H. 3, Januar 1920, S. 6. (Modell), in: H. 8, Juni-August 1920, S. 39.

166 Vgl. dazu auch Klössel, Christiane; Zweemann, S. 131.

167 Spengemann, Christof; Französische Malerei (XXVII. Sonderausstellung der Kestner-Gesellschaft), in: Der Zweemann, 1. Jhg, H. 1, November 1919, S. 17. Ders.; Kestner-Gesellschaft Hannover. Nachimpressionistische Kunst aus hannoverschem Privatbesitz, in: Der Zweemann, 1. Jhg., H. 4, Februar 1920, S. 15 f.

168 S., C.; H. Walden. Die neue Malerei, Verlag DER STURM, Berlin 1919, in: Der Zweemann, 1. Jhg., H. 4, Februar 1920, S. 16. Spengemann war mit Walden gut bekannt.

169 Tzara, Tristan/Jung, Franz/Grosz, George/Janco, Marcel/Huelsenbeck, Richard u.a.; Dadaistisches Manifest, in: Der Zweemann, 1. Jhg., H. 3, Januar 1920, S. 15 f. Das DADAISTISCHE MANIFEST forderte demgegenüber in allen angesprochenen Punkten eine konträre Position des zeitgenössischen Künstlers. Er solle das Chaos seiner Tage in seiner Arbeit nicht etwa aussparen, sondern es in allen seinen Schattierungen spiegeln. Die „höchste Kunst", so prophezeite das MANIFEST, werde diejenige sein, „die in ihren Bewußtseinsinhalten die tausendfachen Probleme der Zeit präsentierte, der man anmerkt, daß sie sich von den Explosionen der letzten Woche werfen ließ, die ihre Glieder immer wieder unter dem Stoß des letzten Tages zusammensucht". Für „die besten und unerhörtesten Künstler" hielt das DADAISTISCHE MANIFEST demzufolge die, „die stündlich die Fetzen ihres Leibes aus dem Wirrsal der Lebenskatarakte zusammenreißen, verbissen in den Intellekt der Zeit, blutend an Herz und Händen". Die Expressionisten hingegen, deren Ausdruck sich im Erfinden sentimentaler und manierierter Fluchten in „fette(.) Idylle(n)" erschöpfe, hätten mit solchem Streben nach „höchster Kunst" nichts zu tun (Ebda.).

170 Tzara, Tristan/Jung, Franz/Grosz, George/Janco, Marcel/Huelsenbeck, Richard u.a.; Dadaistisches Manifest, in: Der Zweemann, 1. Jhg., H. 3, Januar 1920, S. 15 f.

171 Ebda.

172 Das DADAISTISCHE MANIFEST wurde 1918 als Flugblatt in Berlin verteilt. Im DADA-ALMANACH von 1920 heißt es: „(E)rstes Dada-Manifest; verfaßt von Richard Huelsenbeck, vorgetragen auf der großen Berliner Dada-Soiree im April 1918 (Huelsenbeck, Richard (Hg.); Dada-Almanach, Berlin 1920, zitiert nach: Riha, Karl; Dada Berlin, S. 140). Vgl. auch die Rekonstruktion dieser „Dada-Soiree": Goergen, Jeanpaul; Urlaute dadaistischer Poesie. Der Berliner Dada-Abend am 12. April 1918, rekonstruiert von Jeanpaul Goergen, Hannover 1994, bes. S. 15 f.

173 Gleichmann, Otto; Die Hirtin, in: Der Zweemann, 1. Jhg., H. 3, Januar 1920, S. 14.

174 In dem Essay über Otto Gleichmann hieß es etwa: „Von allen Seiten strömt und quirlt Unendlichkeit. Da kann die Erdenform nicht bei sich selber bleiben. Da biegt sie Himmelskraft zu Überirdischkeit. Verzückung biegt Gesichter schief, und Augen müssen in jede Richtung schaun bei diesem Reichtum." (Bommersheim, Paul; Der Maler Otto Gleichmann, in: Der Zweemann, 1. Jhg., H. 3, Januar 1920, S. 14f) Vgl. zur Person Paul Bommersheims: Raabe, Paul; Autoren und Bücher, S. 72 f.

175 Vgl. Raabe, Paul; Autoren und Bücher, S. 229. Füllner, Karin; Richard Huelsenbeck, der Meister-Dada, in: Sheppard, Richard (Hg.); Richard Huelsenbeck, Hamburg 1987, S. 28–45.

176 Vgl. Schmalenbach, Werner; Kurt Schwitters, S. 46.

177 Huelsenbeck, Richard; En avant dada. Eine Geschichte des Dadaismus (Paul Steegemann Verlag, Die Silbergäule, Bd. 50/51), Hannover 1920, zitiert nach: Schmalenbach, Werner; Kurt Schwitters, S. 47.

178 Vgl. dazu Schwitters, Kurt; Dadaizm, in: Blok. Revue Internationale de l'Avantgarde (1924), zitiert nach: Schmalenbach, Werner; Kurt Schwitters, S. 47.

179 Huelsenbeck, Richard; En avant dada. Geschichte des Dadaismus, Hannover 1920 (Die Silbergäule, Bd. 50/51). Hier zitiert nach: Kunstverein Hannover; Zwanziger Jahre, S. 91. Vgl. Schmalenbach, Werner; Kurt Schwitters, S. 46, 103 f. Nach Werner Schmalenbach war es Paul Steegemann, der Huelsenbeck 1919 mit Kurt Schwitters bekannt machte (Schmalenbach, Werner; Kurt Schwitters, S. 362, Anm. 28). Vgl. auch den Ausschnitt aus diesem Werk in Steegemanns MARSTALL (Der Marstall, 1. Jhg., H. 11/2, 1919/20, S. 35f). Dieser Ausschnitt endete mit dem Satz: „Es hat in den letzten Jahrzehnten in Europa kein Wort, keinen Begriff, keine Philosophie, kein Schlagwort einer Partei oder einer Sekte gegeben, von dem man sagen könnte, daß sie mit so

179 katastrophaler Gewalt in das Vorstellungsvermögen einer zivilisierten Gesellschaft eingebrochen sind." (S. 37). Steegemann kündigte gleich im Anschluß an diesen Ausschnitt eine Entgegnung des „Ober-dada" auf Huelsenbecks Ausführungen an. Als „Ober-Dada" wurde eigentlich Johannes Baader bezeichnet. Es ist nicht klar, ob in diesem Fall Kurt Schwitters gemeint war. Ein drittes Heft der Zeitschrift DER MARSTALL ist nicht erschienen.

180 Jefim Golyscheff stellte gut ein Jahr darauf gemeinsam mit Chagall, Jawlensky, Kandinsky, Archipenko und anderen in Herbert von Garvens' Schau RUSSISCHE KUNST aus (Galerie von Garvens; 6. Ausstellung März/April 1921. Russische Kunst. Ikone, Volkskunst, Neue Gemälde, Hannover 1921).

181 Der dadaistische revolutionäre Zentralrat: Richard Huelsenbeck/Raoul Hausmann/Jefim Golyscheff; Was ist der Dadaismus und was will er in Deutschland?, in: Der Zweemann. 1. Jhg., H. 2, Dezember 1919, S. 18 f.

182 Ebda.

183 Ebda.

184 Das Manifest WAS IST DER DADAISMUS UND WAS WILL ER IN DEUTSCHLAND? erschien im Juni 1919 in der ersten Nummer der Berliner Zeitung DER DADA. Im Jahr darauf nahm Richard Huelsenbeck es in EN AVANT DADA. DIE GESCHICHTE DES DADAISMUS (Paul Steegemann Verlag Hannover) auf (Abdruck in: Riha, Karl; Dada Berlin, S. 61 f., Erläuterungen auf S. 150).

185 Vgl. zur Rivalität zwischen Schwitters und Huelsenbeck etwa Steinitz, Käte; Kurt Schwitters. Erinnerungen, S. 36 ff. Schmalenbach, Werner; Kurt Schwitters, S. 12 f, 46 f, 103 f. Nündel, Ernst; Kurt Schwitters, S. 20, 62.

186 Huelsenbeck, Richard; Mit Witz, Licht und Grütze, Berlin 1957, zitiert nach: Schmalenbach, Werner; Kurt Schwitters, S. 13. In den fünfziger Jahren schrieb Huelsenbeck, der 1936 in die USA emigriert war (Raabe, Paul; Autoren und Bücher, S. 229) und sich dort zum Gegner des Kommunismus entwickelt hatte (Schmalenbach, Werner; Kurt Schwitters, S. 104. Kleinschmidt, Hans J.; Charles M. Hulbeck, M.D. Psychiater in New York, in: Sheppard, Richard (Hg.); Richard Huelsenbeck, Hamburg 1987, S. 46–53), rückblickend über Schwitters: „Für Schwitters bedeutete Kunst so viel wie für den Förster der Wald. Die Umgestaltung des Lebens, die uns so durchaus wichtig war und die uns trieb, an politischen Bewegungen teilzunehmen, wollte Schwitters nur durch das künstlerische Symbol ausgedrückt sehen." (Huelsenbeck, Richard; Dada und Existenzialismus, in: Verkauf, Willy; Dada. Monographie einer Bewegung, Teufen 1957, zitiert nach: Schmalenbach, Werner; Kurt Schwitters, S. 104). Aufschlußreich ist auch ein Brief Huelsenbecks an Werner Schmalenbach vom 22. Mai 1961, in dem es hieß: „Schwitters und ich hatten im tiefsten verschiedene Auffassungen vom Sinn der Kultur, er spielte mit der Kultur und wollte sie dennoch nicht lassen; ich lehnte sie ab, weil ich dachte, daß in dieser besonderen Zeit neue Werte als Grundlage unserer ästhetischen und natürlichen ethischen Existenz geschaffen werden müßten." (zitiert nach: Schmalenbach, Werner; Kurt Schwitters, S. 366, Anm. 66).

187 Huelsenbeck, Richard; Dada und Existenzialismus, in: Verkauf, Willy; Dada. Monographie einer Bewegung, Teufen 1961, S. 59, zitiert nach Nündel, Ernst; Kurt Schwitters, S. 20. Nündel verweist auf das Wortspiel Huelsenbecks „abstrackt" – „vertrackt" sowie „Kaspar" wie „Kasper" und nicht wie „Caspar".

188 Schwitters, Kurt; Merz, in: Der Ararat, 2. Jhg., München 1921, zitiert nach: Schmalenbach, Werner; Kurt Schwitters, S. 47. Ob der Hinweis auf „zwee Herren" irgendetwas mit dem ZWEEMANN zu tun hat, ist unklar.

189 Ebda.

190 Ebda. Hannah Höch schrieb nach Schwitters' Tod an den gemeinsamen Freund Christof Spengemann, an Schwitters habe sie seine „weltweite Unabhängigkeit – bei allen bürgerlichen Grenzen" am meisten geschätzt (Schreiben Hannah Höchs an Christof Spengemann, 17. Februar 1948 (SAH 909)). An Werner Schmalenbach schrieb Hannah Höch zehn Jahre später: „Weltanschaulich oder zu künstlerischen Themen hat Kurt Schwitters wohl kaum in Briefen Stellung genommen. Er war vom schöpferischen Geist viel zu sehr besessen, um nicht lieber alles, was ihn bewegte, sofort in Arbeit umzusetzen. Die Zeit war ihm viel zu kostbar für ‚Geschwätz um Kunst'." (Schreiben Hannah Höchs an Werner Schmalenbach, 18. Dezember 1958 (SAH 922)).

191 SPD-Beitrittserklärung von Helma und Kurt Schwitters, 1. Juli 1932 (SAH 15/16).

192 Ein Schreiben der KPD Niedersachsen an Kurt Schwitters vom November 1924 blieb wohl aus diesen Gründen unbeantwortet. Die hannoversche Ortsgruppe war von der Zentrale der KPD, Abteilung Agitprop, mit folgendem Schreiben auf Schwitters aufmerksam gemacht worden: „Es ist der Wunsch laut geworden, eine Rundfrage bei ehrlichen, freiheitlich denkenden Vertretern der deutschen Geisteswelt zu veranstalten. Sie sollen dadurch in die Lage versetzt werden, ihre Stellungnahme in der gegenwärtigen Wahlsituation zu bekunden. Das politische Urteil gerade unserer hervorragenden Kulturträger erscheint in der heutigen Zeit umso beachtenswerter, als die Kultur selbst das offenbare Stiefkind in der Dawes-Kolonie Deutschland geworden ist. Wo bleiben dem heutigen Intellektuellen noch Hoffnungen im Rahmen der bürgerlich-kapitalistischen Gesellschaftsordnung? Wo kann bei ihnen noch Vertrauen erwachsen zu all den groß- und kleinbürgerlichen Parteien, die sich jetzt um die Ministerkrippen raufen? Haben diese Parteien nicht eine nach der anderen und in allen nur erdenklichen Koalitionskombinationen gezeigt, daß sie keinen Ausweg, kein wirkliches soziales und nationales Heilmittel kennen? Ist nicht die kommunistische Partei die einzige, die die Regierung eines Großstaats, Sowjet-Rußland, zukunftssicher übernommen hat und diesen Staat in der Innen- und Außenpolitik auch nach dem Eingeständnis ehrlicher Nichtkommunisten glänzend vorwärtsführt?!" (Schreiben der Zentrale der KPD, Abteilung Agitprop, Dr. Hermann Duncker, an KPD Niedersachsen, 31. Oktober 1924 (SAH 402)). Die KPD Niedersachsen hatte dieses sich sehr selbstbewußt gebende, im Ergebnis freilich erfolglose Schreiben an Schwitters mit der Bitte weitergereicht: „Da wir Sie in künstlerischen Dingen für maßgebend halten, bitten wir Sie um eine Äußerung darüber in der Presse, oder, sollte Ihnen dieses unmöglich sein, an uns." (Schreiben der KPD Niedersachsen an Kurt Schwitters, 8. November 1924 (SAH 401)).

193 Vgl. dazu allg. Lach, Friedhelm; Kurt Schwitters' Merzhefte.

194 Schwitters, Kurt; Ich und meine Ziele, in: VEILCHEN-Heft, MERZ 21, Hannover 1931, S. 116. Weiter hieß es: „Ihr aber, Ihr politischen Menschen von rechts und links, oder Ihr mittlere Sorte, oder aus welchem blutigen Heerlager des Geistes Ihr kommen mögt, wenn Ihr eines Tages mal die Politik recht satt habt oder Euch nur für einen Abend von Euren Strapazen ausruhen wollt, so kommt zur Kunst, zur reinen unpoli-

tischen Kunst, die ohne Tendenz ist, nicht sozial, nicht national, nicht zeitlich gebunden, nicht modisch. Sie kann Euch erquicken und sie wird es gerne tun." (Ebda.). Vgl. Steinitz, Käte; Kurt Schwitters. Erinnerungen, S. 36. Helms, Dietrich; Einleitung, in: galerie bargera; die abstrakten hannover, o.S. Schmalenbach, Werner; Kurt Schwitters, S. 104 f. Wie Schwitters seine eigene Rolle als Künstler sah, ging ebenfalls aus dem Beitrag im VEILCHEN-Heft hervor. Er stehe „als abstrakter Künstler zwar dem sozialen und politischen Zeitgeschehen fern", aber er stehe doch „in der Zeit, mehr als die Politiker, die im Jahrzehnt stehen". Weiter hieß es selbstbewußt: „Ich hoffe, die Zeit wird auch ohne mich politisch weiterbestehen können, wohingegen ich bestimmt weiß, daß die Kunst für ihre Entwicklung mich noch braucht." (Ebda.) Schon fünf Jahre zuvor, im Oktober 1926, hatte Schwitters in seinem Beitrag DER RHYTHMUS IM KUNSTWERK im HANNOVERSCHEN TAGEBLATT ähnliche Gedanken geäußert: „Ich bin der Ansicht, daß der Künstler seine Kunst gar nicht ernst genug nehmen kann und daß er sich beim Schaffen um nichts anderes kümmern darf, etwa um Politik, soziale, … kirchliche oder gar um nationale Dinge, denn darunter würde seine Kunst zuerst leiden, weil man nur ein Ding zur Zeit intensiv betreiben kann." (Schwitters, Kurt; Der Rhythmus im Kunstwerk, Hann. Tageblatt, 17. Oktober 1926).

[195] Schwitters, Kurt; VEILCHEN-Heft, MERZ 21, Hannover 1931.

[196] Steinitz, Käte; Kurt Schwitters. Erinnerungen, S. 36. Schmalenbach, Werner; Kurt Schwitters, S. 46.

[197] Doesburg, Théo van/Schwitters, Kurt/Arp, Hans/Tzara, Tristan/Spengemann, Christof; Manifest Proletkunst, in: MERZ 2, Nummer i, April 1923, S. 24 f.

[198] Ebda.

[199] Vgl. zur unterschiedlichen Haltung der bürgerlichen kritischen Avantgarde zu diesen beiden Künstlern etwa: Saldern, Adelheid von; ‚Nur ein Wetterleuchten', bes. S. 100 ff.

[200] Die Uraufführung fand am 30. Oktober 1919 im Berliner Theater DIE TRIBÜNE unter der Regie von Karl Heinz Martin u.a. mit Fritz Kortner statt. Vgl. zur Reaktion der Kritiker auf die Arbeit des Dramatikers Toller etwa: Laqueur, Walter; Weimar, S. 179 f.

[201] Vgl. Raabe, Paul; Autoren und Bücher, S. 468. Ketterle, Margrit; Ernst Toller, in: Benz, Wolfgang/Graml, Hermann; Biographisches Lexikon zur Weimarer Republik, S. 342. 1893 wurde Ernst Toller in der Provinz Posen geboren. 1914 war er als gerade Zwanzigjähriger freiwillig in den Ersten Weltkrieg gezogen. Zwei Jahre darauf kehrte er mit einer schweren Verwundung zurück. Ab 1918 beteiligte sich der Jurist und expressionistische Dichter an Streiks gegen die alte Obrigkeit. Nach dem Zusammenbruch der Münchener Räterepublik und nachdem Toller die Festungshaft verbüßt hatte, hielt er sich vorübergehend in Berlin, sonst viel im umliegenden Ausland, auf. 1927 eröffnete Erwin Piscator seine neue Berliner Bühne mit Tollers HOPPLA WIR LEBEN, der autobiographischen Skizze aus dem nachrevolutionären Deutschland. 1933, als seine Autobiographie EINE JUGEND IN DEUTSCHLAND erschien, emigrierte Ernst Toller über die Schweiz und Frankreich schließlich in die USA, wo er bald zu einem der engagiertesten antifaschistischen Emigranten aus Deutschland zählte. Im Mai 1939 nahm Ernst Toller sich aus Verzweiflung über sein politisches und persönliches Schicksal das Leben (vgl. Lamb, Stephen; Ernst Toller and the Weimar Republic. Bütow, Thomas; Konflikt zwischen Revolution und Pazifismus, S. 25. Vgl. zu Tollers schriftstellerischer wie politischer Arbeit: Lamb, Stephen; Ernst Toller. Vom Aktivismus zum humanistischen Materialismus, bes. S. 181 ff. ter Haar, Carel; Ernst Toller. Appell oder Resignation?, München 1982. Rothe, Wolfgang; Ernst Toller, Reinbek b. Hamburg 1983).

[202] W-r; Die Tribüne, Berlin. Toller. Die Wandlung I, in: Der Zweemann, 1. Jhg., H. 1, November 1919, S. 18.

[203] Diese Formulierung bezog sich vermutlich auf die Tatsache, daß Ernst Toller während der Münchener Räterepublik Widerstand gegen gewaltsame kommunistische Pläne geleistet hatte (Ketteler, Margrit; Ernst Toller, in: Benz, Wolfgang/Graml, Hermann; Biographisches Lexikon der Weimarer Republik, S. 342). Klaus Mann erinnerte sich an die Räterepublik der „Amateur-Jakobiner", deren Übergriffe auf Mitglieder der gutbürgerlichen Gesellschaft Münchens er miterlebt hatte, und an die Rolle Ernst Tollers dabei: „Ein Dichter und Enthusiast des Schönen wie Ernst Toller … hätte nicht zugelassen, daß man dem Autor der BUDDENBROOKS und des TOD IN VENEDIG zu nahe trat." (Mann, Klaus; Wendepunkt, S. 66). Mann beschrieb Toller als „eine Persönlichkeit von sehr rührenden und liebenswerten Eigenschaften: hilfsbereit und kameradschaftlich bei aller Ich-Erfülltheit, aufrichtig bei aller Neigung zum Rhetorischen, dankbaren Herzens und oft heiteren Sinnes bei übrigens gefährlich sensitiver psychischer Disposition und einer ominösen Neigung zum Manisch-Depressiven" (Ebda., S. 310).

[204] W-r; Die Tribüne, Berlin. Toller. Die Wandlung I, in: Der Zweemann, 1. Jhg., H. 1, November 1919, S. 18.

[205] Sch-e; Die Tribüne, Berlin: Toller. Die Wandlung II, in: Der Zweemann 1. Jhg., H. 1, November 1919, S. 18. Leider ist nicht in Erfahrung zu bringen, wer sich hinter dem Kürzel verbarg. Ähnlich wie er äußerte sich im gleichen Heft der Rezensent Cervus, dessen wirklicher Name ebenfalls unbekannt ist. Cervus leitete eine Toller-Biographie mit einem Zitat Alfred Kerrs zur Uraufführung von DIE WANDLUNG ein: „Es ist einer mehr unter uns, von dem man fühlt, daß er nicht nur ein glühendes Herz hat, sondern oftmals, daß er ein Dichter ist. Und über Flüsse, Wälder, Ebenen hin sendet man ihm einen Gruß … Das Urteil des Münchener Mummelgreises macht uns lächeln. Wir fürchten uns nicht mit den Hochverräter Ernst Toller." (Alfred Kerr, zitiert nach: Cervus; Stephan Grossmann. Der Hochverräter Ernst Toller, Berlin 1919, in: Der Zweemann, 1. Jhg., H. 1, November 1919, S. 22).

[206] Habicht, Victor Curt; Die Tribüne, Berlin. Toller. Die Wandlung. Politische Kunst , in: Der Zweemann, 1. Jhg., H. 1, November 1919, S. 18 f.

[207] Ebda.

[208] Ebda.

[209] Saldern, Adelheid von; ‚Nur ein Wetterleuchten', S. 102. Lamb, Stephen; Ernst Toller and Weimar Republic, S. 87. Bütow, Thomas; Konflikt zwischen Revolution und Pazifismus, S. 25.

[210] Schlegel, August Wilhelm; Eine Bemerkung, in: Der Zweemann, 1. Jhg., H. 5, März 1920, S. 13.

[211] Hiller, Kurt (Hg.); Der Kondor. Verse von Max Brod, Salomo Friedländer, Georg Heym, Kurt Hiller, Else Lasker-Schüler u.a., Heidelberg 1912. Vgl. Raabe, Paul; Autoren und Bücher, S. 220.

[212] Hiller setzte sich darin für „Aspekte einer wünschenswerten Strafrechtsreform" ein, die „Suizidversuch, Tötung auf Verlangen, Abtreibung und Homosexualität freisetzt von Strafverfolgung." Nach Corona Hepp beanspruchte Hiller für sich, „der erste in Deutschland gewesen zu sein, der für eine ersatzlose Streichung des Paragraphen 218 plädierte." (Hepp, Corona; Avantgarde, S. 140).

213 Der Rat geistiger Arbeit benannte sich später in Politischer Rat geistiger Arbeiter um (vgl. Saldern, Adelheid von; ‚Nur ein Wetterleuchten', S. 102). Vgl. allg. Bieber, Hans-Joachim; Bürgertum in der Revolution, S. 111 f., bes. 118 f; zum Beispiel Hannover S. 131.

214 Vgl. etwa Hiller, Kurt; Brauchen wir eine Reichswehr?, Berlin 1922. Seine Schrift IST GENF DER FRIEDE? REDE AUF DEM XII. DEUTSCHEN PAZIFISTENKONGRESS ZU HEIDELBERG AM 8. OKTOBER 1926, Berlin 1927, widmete Hiller Helene Stöcker, die die Deutsche Friedensgesellschaft mitbegründete.

215 Vgl. Wieland, Lothar; Kurt Hiller, in: Benz, Wolfgang/Graml, Hermann; Biographisches Lexikon der Weimarer Republik, S. 143 f. Laqueur, Walter; Weimar, S. 92 f. Habereder, Juliane; Kurt Hiller, S. 209 f. Wurgaft, Lewis D.; The Activists. Schubert; Kurt Hiller zwischen Pazifismus und Reaktion. Weltanschauliche Position und politische Rolle eines bürgerlichen Intellektuellen, in: Zeitschrift für Geschichtswissenschaft, Bd. 28/1980, S. 957 ff. Hepp, Corona; Avantgarde, S. 71 f, 139–143. Mayer, Dieter; Linksbürgerliches Denken, S. 121 f.

216 Saldern, Adelheid von; ‚Nur ein Wetterleuchten', S. 102.

217 Männer wie Toller, die offensiver als Hiller Stellung zur politischen und gesellschaftlichen Situation der Zeit bezogen, wandten ein, daß Intellektuelle nicht etwa grundsätzlich mit höherer Urteilskraft oder gar mit ausgeprägterer Gabe zum richtigen Handeln ausgestattet seien (Laqueur, Walter; Weimar, S. 92f). Und Richard Huelsenbeck sagte im Namen des Dadaistischen revolutionären Zentralrates, Berlin, Kurt Hiller als namentlich genanntem Repräsentanten „sogenannter geistiger Arbeiter" und deren „versteckte(r) Bürgerlichkeit ... und nachklassische(r) Bildung" im ZWEEMANN öffentlich „brutalsten Kampf" an (Huelsenbeck, Richard/Hausmann, Raoul/Golyscheff, Jefim; Was ist der Dadaismus und was will er in Deutschland?, in: Der Zweemann, 1. Jhg., H. 2, Dezember 1919, S. 19). Gleichwohl propagierte Hiller weiter sein Konzept einer geistigen Aristokratie.

218 Hiller, Kurt; Gustav Wynekens Erziehungslehre und der Aktivismus, Hannover 1919 (DIE SILBERGÄULE Bd. 4). Hier hieß es u.a. über Wynekens Versuche, das Schulwesen im Reich zu demokratisieren und zu säkularisieren: „Kameraden! ... Wo ... stände vielleicht Europa heute, wenn unsere Schulzeit keine ertötende Abrichtung zu Leerem gewesen wäre, sondern eine Zeit der Erfüllung mit Edelstem?" (Ebda., zitiert nach Kunstverein Hannover; Zwanziger Jahre, S. 90). Ein weiteres, vom Katalog des Kunstvereins Hannover (Zwanziger Jahre), S. 91, Hiller zugeschriebenes Buch aus der SILBERGÄULE-Reihe Paul Steegemanns, homoerotische Gedichte von Olaf, DER BEKRÄNZTE SILEN, wird von Jochen Meyer (Paul Steegemann Verlag (1975), Registerseiten) als Werk von Carl Maria Weber richtiggestellt. 1922 veröffentlichte Kurt Hiller ein zweites Buch im Paul Steegemann Verlag, PARAGRAPH 175. DIE SCHMACH DES JAHRHUNDERTS!, HANNOVER 1922. Dieses Buch war gänzlich anderen Inhalts als Hillers bisherige Veröffentlichungen. Es ging um die Billigung gleichgeschlechtlicher Liebe, für die Hiller vehement Partei ergriff, „nicht zu dem Zweck, den Bürger zu verblüffen, sondern allein, weil es sich ziemt und sittlich ist zu arbeiten für die Befreiung einer Menschheitsminorität, die schärfer und unter blöderen Vorwänden unterdrückt, verfolgt, gequält wird als irgend eine andere." (Hiller, Kurt, Paragraph 175. Die Schmach des Jahrhunderts!, Hannover 1922, S. 1). Neben dieser Veröffentlichung im Steegemann Verlag schrieb Hiller für die Zeitschrift STÖRTEBEKER. Im dritten Heft verfaßte er, selbst Jude, RÖNTGENBILD DES ANTISEMITISMUS, eine psychologisch-analytisch untermauerte Abrechnung mit dem Antisemitismus und Völkischen seiner Zeit. Hiller berief sich in seinen Ausführungen auf Magnus Hirschfeld, mit dem er gut bekannt war, und polemisierte: „Der völkische Diskussionsredner in Versammlungen, das Gegenüber mit völkischer Lektüre im Bahnabteil – sollte ich der einzige Zeitgenosse sein, der erfahren hat, wie selten diese Leute dem Baldurhochbild ihres germanischen Rassehelden ähneln, wie oft sie an mittelfette jüdische Agenten erinnern oder verzeichnete Kümmerwesen mongolischen oder negroiden Einschlags zu sein scheinen, blicklos, stirnlos, gar mit Pavianschädel, rassische Promenadenmischungen peinlichster Güte? ... Offenbar gibt es zwei einander ihrer psychlogischen Wurzel nach gegensätzliche Gattungen ‚Völkischer': Die Autoeroten und die Möchtegerne. Die ersten lieben den Typus, dem sie selbst gehören, die anderen hassen ihn ... sie sind Judenverfolger, weil sie – so paradox es klingt – im Juden, gerade im häßlichsten Juden, körpergestaltlich ihresgleichen sehen (und, auf anderer Ebene) im gemeinsten Juden seelengestaltlich ihresgleichen – zumindest negativ ihresgleichen, insofern der Abstand beider Typen vom germanischen Rasse-Ideal etwa gleich groß ist." (Hiller, Kurt; Röntgenbild des Antisemitismus, in: Störtebeker, 1. Jhg., H. 3, 1924, S. 55f).

219 Auch die Freie Bildungsgemeinde für Gewerbe, Allgemeinbildung, Kunst und Wissenschaft, Hannover, inserierte wie die Leibniz-Akademie im ZWEEMANN (vgl. Der Zweemann, 1. Jhg., H. 3, Januar 1920, S. 19, und H. 7, Mai 1920, S. 17).

220 Havemann, Hans; Vortrag Kurt Hiller. Ein Weltbund des Geistes, gehalten für die Freie Bildungsgemeinde, in: Der Zweemann, 1. Jhg., H. 5, März 1920, S. 20.

221 Ebda.

222 Kurt Hiller hatte offenbar wegen seiner Kompromißlosigkeit und Angriffslust gegenüber Andersdenkenden in der Deutschen Friedensgesellschaft mit viel Kritik an seiner Person zu rechnen (Wieland, Lothar; Kurt Hiller, in: Benz, Wolfgang/Graml, Hermann; Biographisches Lexikon der Weimarer Republik, S. 143). Ab 1926 versuchte er, sich mit der von ihm gegründeten Gruppe Revolutionärer Pazifisten, einer Aktionseinheit von Pazifisten, Sozialisten und Kommunisten, innerhalb der Deutschen Friedensgesellschaft „eine Lobby zu schaffen" (Wieland, Lothar; Kurt Hiller, in: Benz, Wolfgang/Graml, Hermann; Biographisches Lexikon der Weimarer Republik, S. 144). Mitglied dieser Gruppe war übrigens auch Ernst Toller (vgl. Lamb, Stephen; Ernst Toller. Vom Aktivismus zum humanistischen Materialismus, S. 165)). Bald nach dem Beginn der nationalsozialistischen Gewaltherrschaft wurde Hiller im Konzentrationslager Oranienburg inhaftiert. Nach der Entlassung gelang ihm im Herbst 1934 die Flucht nach Prag, von wo er 1938 nach London übersiedelte. Erst zehn Jahre nach Kriegsende kehrte Hiller nach Deutschland zurück. In Hamburg gründete er den Neusozialistischen Bund, ein Sammelbecken der Sozialisten. Im Oktober 1972 starb Kurt Hiller in Hamburg (Raabe, Paul; Autoren und Bücher, S. 220).

223 Sp., C.; Über Bücher: Ernst Bloch; Geist der Utopie/Fritz Gerlich; Der Kommunismus als Lehre vom tausendjährigen Reich/Karl Nötzel; Einführung in den Sozialismus ohne Dogma/Karl Nötzel; Das Verbrechen als soziale Erscheinung/Oswald Spengler; Preußentum und Sozialismus, in: Der Zweemann, 1. Jhg., H. 5, März 1920, S. 21.

224 Spengemann, Christof; Das Theaterproblem, in: Der Zweemann, 1. Jhg., H. 3, Januar 1920, S. 16 f.

[225] Vgl. dazu etwa Saldern, Adelheid von; ‚Nur ein Wetterleuchten', S. 102. Taut gestaltete den Umschlag des Manifestes des Berliner Arbeitsrats für Kunst (Willet, John; Weimarer Jahre, S. 24). Vgl. auch den ebenfalls bei John Willet (S. 27) abgebildeten Vorschlag für das vom Arbeitsrat herausgegebene Buch AUFLÖSUNG DER STÄDTE. Vgl. auch Laqueur, Walter; Weimar, S. 230. Kliemann, Helga; Novembergruppe, S. 43 f, 132.

[226] Stock, Wolfgang Jean; Bruno Taut, in: Benz, Wolfgang/Graml, Hermann; Biographisches Lexikon der Weimarer Republik, S. 336.

[227] Laqueur, Walter; Weimar, S. 230.

[228] Sp., C.; Bruno Taut. Die Stadtkrone, in: Der Zweemann, 1. Jhg., H. 6, April 1920, S. 15.

[229] Ebda.

[230] Spengemann, Christof; Mit Heinrich beginnend. Ein Hannoverbuch, Typoskript und Manuskript, Hannover 1950 (SAH 2123b).

[231] Sp., C.; Merz. Die offizielle Kunst, in: Der Zweemann, 1. Jhg., H. 8, Juli-August 1920, S. 41. Weiter hieß es hier: „Der Tag ist nicht fern, da MERZ die offizielle Kunst sein wird. An der Stelle Anton von Werners steht Kurt Schwitters aus Hannover. Ein geistiges Hannover im geistigen Deutschland!"

[232] S., C.; Herwarth Walden. Die neue Malerei, in: Der Zweemann, 1. Jhg., H. 4, Februar 1920, S. 16. Weiter hieß es: „Sofern er (der bisherige Gegner solcher Kunst, I.K.) ein Fünkchen Gefühl besitzt, muß er unter der Wucht zuckender Erhellungen, blitzender Logik begreifen, daß das Dilettantische nicht durch unzureichende technische Kenntnisse, sondern durch unzureichende geistige Kenntnisse entsteht."

[233] Über Melchior Hala finden sich außer dem Hinweis, daß er beim ZWEEMANN und bei der expressionistischen Zeitschrift DER SCHREY mitarbeitete (Raabe, Paul; Zeitschriften und Sammlungen, Register), keine biographischen Angaben.

[234] Hala, Melchior; Die Sendung Flauberts, in: Der Zweemann, 1. Jhg., H. 1, November 1919, S. 5 f. Hala, Melchior; Dostojewski und die neue Welt, in: Der Zweemann, 1. Jhg., H. 4, Februar 1920, S. 3 f,. u. H. 8, Juni-August 1920, S. 12 ff. Die Werke Dostojewskis wurden in der Kultur der Weimarer Republik auch in Hannover hoch geschätzt.

[235] Hala, Melchior; Die Sendung Flauberts, in: Der Zweemann, 1. Jhg., H. 1, November 1919, S. 5.

[236] Hala, Melchior; Dostojewski und die neue Welt, in: Der Zweemann, 1. Jhg., H. 4, Februar 1920, S. 8.

[237] Ebda.

[238] H-d., J.; Mechthild Lichnowsky. Der Kinderfreund, in: Der Zweemann, 1. Jhg., H. 4, Februar 1920, S. 16.

[239] Cervus; Kritik. Über Bücher. Richard Beer-Hoffmann. Jaakobs Traum, in: Der Zweemann, 1. Jhg., H. 1, November 1919, S. 19.

[240] Vgl. hierzu etwa eine Rezension von A-dt, die im November 1919 die Vehemenz der Aufbruchsituation aus jener Hoffnungslosigkeit und Gewalt spiegelte, in die der Erste Weltkrieg die Generation der jungen Soldaten gestürzt hatte. In der von ihm besprochenen Erzählung ging es um eine Gruppe dieser Soldaten, die in einen Hinterhalt geraten war: „In langsam nur dämmernde Ahnung prallt brutal Gewißheit unvermeidlichen Todes. Stößt, wühlt aus auf Tiefen, wo erstarrt unter Disziplin, Subordination, Denkträgheit der Mensch verschüttet lag. Und es begibt sich, daß unter dem Ansturm hoffnungsloser Gewißheit die Schale zerbricht. Losgelöst von dem erstarrten Mechanismus des Heerkörpers, dem er bisher als kritik- und willenlos reagierender, gut funktionierender Teil sich eingeordnet hatte, am Rande vernichtender Katastrophe zu verhängnisvoller Selbständigkeit, grauenhaftem Verlassensein verurteilt, aus Betäubung dumpfer Subordination erwacht nunmehr der Mensch, nackt, schamlos, tollkühn und feige, schluchzend und schreiend, fiebernd in verzweifeltem, hoffnungslos ringendem Lebenswillen, Lebensdurst, ohnmächtigem Sichsträuben gegen die unerbittliche Sinnlosigkeit seines Schicksals. Was Disziplin, Unterordnung, Dienstverhältnis, Rang, Charge? Der Mensch ist aufgestanden." (A-dt; Andreas Latzko. Der letzte Mann, in: Der Zweemann, 1. Jhg., H. 1, November 1919, S. 19).

[241] W-r; Die Tribüne, Berlin. Toller. Die Wandlung I, in: Der Zweemann, 1. Jhg., H. 1, November 1919, S. 18

[242] H-a; Rudolf Leonhard. Kampf gegen die Waffe, in: Der Zweemann, 1. Jhg., H. 1, November 1919, S. 22.

[243] Bommersheim, Paul; Aus der VERKÜNDIGUNG. DAS UNENDLICHE IN DER KUNST, in: Der Zweemann, 1. Jhg., H. 6, April 1920, S. 5. Hier hieß es: „Viel starb den seichten Tod im Menschen, eh Kunst kommt. Flachgefühle schwanden auf in Dunst, Brunst brach matt in sich und kalt. Auge, das nach Anderm schielte, brach starr. Jähwunsch brannte sich selber aus. Langweil fiel tausend Klafter hinab."

[244] In Christof Spengemanns gebundenem Exemplar des ZWEEMANN, das sich im Schwitters Archiv Hannover befindet und in dem viele Autoren ihre Unterschrift unter die betreffenden Artikel gesetzt haben, steht neben diesem Beitrag der Schriftzug Robert Goldschmidts.

[245] Den anderen Typus vertraten nach G-dt die „bewußten" Erdgeister, die „ständig im Rausch, in der Ekstase" lebten. „Sie sind egoistisch-genießend, brutal-rücksichtslos." (G-dt; Hannoversche Theater. Wedekind; Erdgeist, in: Der Zweemann, 1. Jhg., H. 2, Dezember 1919, S. 21).

[246] Ebda.

[247] Sch.; Sternheim. Marquise von Arcis. Erstaufführung im Deutschen Theater, in: Der Zweemann, 1. Jhg., H. 2, Dezember 1919, S. 23.

[248] H-nn; ARMUT von Anton Wildgans, in: Der Zweemann, 1. Jhg., H. 5, März 1920, S. 20.

[249] G-dt; Frank Wedekind. Die Büchse der Pandora, Residenztheater, in: Der Zweemann, 1. Jhg., H. 2, Dezember 1919, S. 22.

[250] H-nn; Drei Abende. Kestner-Bühne, in: Der Zweemann, 1. Jhg., H. 8, Juni-August 1920, S. 46. H-nn fragte: „Herrn Schindlers Streben in Ehren, aber wer schreckt das Publikum von der neuesten Literatur ab? Vielleicht auch zuweilen Herrn Schindlers Theater?" Vgl. auch H-nn; Hannoversche Theater. Rolf Lauckner. Christa die Tante. Erst-Aufführung Deutsches Theater, in: Der Zweemann, 1. Jhg., H. 4, Februar 1920, S. 14 f.

[251] Ebda.

[252] Vielleicht übte H-nn gerade deshalb auch deutliche Kritik an Werken, die allein das Vokabular der neuen Zeit nutzten und ohne inneren Antrieb den literarischen Moden folgten. Vgl. dazu etwa H-nn; Deutsches Theater. Paul Duysen. Das Brausen des Blutes. H-nn; Deutsches Theater. Feind im Land (in: Der Zweemann, 1. Jhg., H. 6, April 1920, S. 13). Beide Stücke stammten von sehr jungen Autoren und waren Uraufführungen. In seiner dritten Besprechung einer Uraufführung in diesem Heft (Hans Pabst; Savonarola, Uraufführung im Hoftheater, S. 12) gab H-nn angesichts der hier gezeigten Darbietungen und besonders in Anbetracht einer in seinen Augen willkürlichen Stückeauswahl im ehemaligen Hoftheater, ähnlich wie es Johann Frerking zur gleichen Zeit in

DAS HOHE UFER tat, seiner Hoffnung auf den neuen Schauspielleiter Rolf Roenneke Ausdruck.

253 Vgl. zur Person: Raabe, Paul; Autoren und Bücher, S. 285.
254 H-nn; Paul Kornfeld. Die Verführung, in: Der Zweemann, 1. Jhg., H. 8, Juni-August 1920, S. 47.
255 H-nn; Klabund; Nachtwandler, in: Der Zweemann, 1. Jhg., H. 8, Juni-August 1920, S. 46f.
256 Insofern zeigt H-nns Rezensententätigkeit Ähnlichkeit mit jener des jungen Dramatikers Karl Aloys Schenzinger auf, der zur gleichen Zeit wie jener im HOHEN UFER vom hannoverschen Theaterleben berichtete. Beide Kritiker ähnelten sich darüber hinaus auch in ihrer politischen bzw. kunstpolitischen Entwicklung.
257 Spengemann, Christof; Vier Generationen. Leopold, Wilhelm, Christof, Walter. Die Historie der Familie Spengemann, Hannover 1926 (unveröffentlichtes Manuskript (SAH 2120)).
258 Hauptmann, Hans; Das Theater als unmoralische Anstalt, Nieders. Tageszeitung, 3. Februar 1931.
259 Zur Zeitung vgl. Dietzler, Anke; Gleichschaltung des kulturellen Lebens, S. 162. Vgl. auch Dietzler, Anke; Hannoversche Tageszeitungen, S. 150ff.
260 Hauptmann, Hans; Das Theater als unmoralische Anstalt, Nieders. Tageszeitung, 3. Februar 1931. Der Artikel erschien somit zwei Tage, nachdem die NIEDERSÄCHSISCHE TAGESZEITUNG überhaupt erst auf den Markt gekommen war. Knapp zwei Wochen später verband Hauptmann in der Rezension eines Theaterstückes von Edgar Wallace die Kritik an der Schamlosigkeit moderner Dramatik mit einer Abrechnung mit der „auf derselben Linie" liegenden „religionslose(n) Schule", der „Erziehung der Jugend zu angeblich freien Menschen", der „Entkleidungsmode", der „Propaganda für Nacktkultur" und der „Ehrlosigkeit, mit der vom deutschen Volk immer noch der Makel der Kriegsschuldlüge ertragen wird". Hauptmann schloß seinen Beitrag mit den Worten: „Welch ungeheure Aufräumungsarbeit ist hier zu leisten!" (Hauptmann, Hans; Auf dem Fleck. Edgar Wallace, Nieders. Tageszeitung, 15. Februar 1931). Hauptmann berichtete für die NIEDERSÄCHSISCHE TAGESZEITUNG auch über Fortsetzungsromane in Berliner Tageszeitungen, die bei ihm „körperlichen Ekel" hervorriefen und durch die er „die sehr vielen nichtjüdischen Menschen", die all dies „Schweinische" und „Gemeine" läsen, ernstlich gefährdet sah (Hauptmann, Hans; Achtung! Selbstschüsse, Nieders. Tageszeitung, 10. Juni 1931). Im Juli 1931 schrieb er in ORIENTALISCHE DACHPLEITE von den Ergebnissen neuer Architektur: „Das von verjüdelten Baukünstlern blödsinniger Weise in Deutschland eingeschmuggelte Flachdach wird uns die Gegend voraussichtlich nicht mehr lange verschandeln. Die Elemente haben mehr Geschmack als Architekten und Stadtverwaltungen; nachdem sie sich unlängst an dem palästinensischen Kaff in Berlin-Reinikkendorf energisch vergriffen haben, bringen sie jetzt dem Stadtbaurat Ernst May die Flötentöne bei, der die Goethestadt Frankfurt a.M. zu einer Domäne des Judendaches gemacht hat." (Hauptmann, Hans; Orientalische Dachpleite, Nieders. Tageszeitung, 14. Juli 1931). Häufig kommentierte Hauptmann auch gesellschaftliche Veränderungen, die er für sinnlos hielt und für die er die Weimarer Republik verantwortlich machte. In DIE MODERNE FRAU! DIE DEUTSCHE FRAU? etwa schrieb er: „Von allen umstürzlerischen Verwirrungen auf kulturellem und zivilisatorischem Gebiete, die als Folgeerscheinungen des Krieges und vor allem der Revolution auf uns hereingebrochen sind, hat keine tiefer und verheerender in unser Volksleben eingegriffen als die geistige und drastische Umstellung in der Wertung und Selbstbewertung des deutschen Mädchens und der deutschen Frau ... Man verfälschte den Begriff ‚Freiheit', der immer nur die freiwillige Einordnung in die Lebensrechte der Gemeinschaft bedeuten kann, in den Anspruch auf persönliche Zügellosigkeit." (Hauptmann, Hans; Die moderne Frau! Die deutsche Frau?, Nieders. Tageszeitung, 7. Juni 1931). In einem weiteren Artikel, der am gleichen Tag erschien, hieß es über die Nachteile von Kosmetika: „Dieser ungeheuerliche Import eines Artikels, der nur dem blödsinnigen Triebe gilt, die Bemalungsmode der Kannibalen nachzuäffen, ist ein Skandal und eine Schande! ...Wahrlich, wahrlich: Wenn Deutschland nicht sterben soll, brauchen wir Gretchen und Thusnelden, können uns aber keinen Tag länger den halbweltlichen Luxus unnachdenklicher Puppen leisten! Not- und Wolfszeit ist es ums Vaterlande. Das sei deine Gleichberechtigung, deutsches Mädchen, deutsche Frau, Schulter an Schulter mit dem Manne um die Wiederauferstehung deutscher Art und deutschen Wesens zu kämpfen und alles Artfremde unter die Füße zu treten!" (Hauptmann, Hans; In einem Jahr für 11 Mio Mark Lippenstifte!, Nieders. Tageszeitung, 7. Juni 1931).
261 Hauptmann, Hans; Das Theater als unmoralische Anstalt, Nieders. Tageszeitung, 3. Februar 1931.
262 Ebda.
263 Spengemann, Christof; Mit Heinrich beginnend. Ein Hannoverbuch (Typoskript und Manuskript), Hannover 1950 (SAH 2123b), o.S. Vgl. auch Erlhoff, Michael; Christoph Spengemann, S. 167.
264 Spengemann, Christof; Mit Heinrich beginnend. Ein Hannoverbuch (Typoskript und Manuskript), Hannover 1950 (SAH 2123b), o.S.
265 Klössel, Christiane; Zweemann, S. 136.
266 Spengemann, Christof; Mit Heinrich beginnend. Ein Hannoverbuch (Typoskript und Manuskript), Hannover 1950 (SAH 2123b), o.S. Vgl. auch Erlhoff, Michael; Christoph Spengemann, S. 167. Am 7. September 1920 schrieb Walter Dexel an Spengemann: „Das ist allerdings sehr bedauerlich, was Sie über den ZWEEMANN schreiben. Auf alle Fälle teilen Sie es mir doch bitte mit, wenn sich die Sache entschieden hat, damit ich Ihnen, falls der ZWEEMANN noch etwas weiter lebt, ... noch einige Photos nach neuesten Sachen ... schicken kann." (Schreiben Walter Dexels an Christof Spengemann, 7. September 1920, NSA).
267 Zu den Preisen derjenigen Zeitschriften, für die DER ZWEEMANN warb: DIE ROTE ERDE: Einzelheft 3 M, Jahresabonnement: 30 M. DIE TRIBÜNE DER ZEIT: Einzelband: 3 M. DIE SILBERGÄULE: Einzelband: 2 M, DIE SICHEL: Einzelheft: 3 M, Jahresabonnement: 30 M. Zum weiteren Vergleich: Die Ausstellungskataloge der Galerie von Garvens, die etwa zur gleichen Zeit erschienen, kosteten bei ähnlichem Umfang RM 50, die im Verlag der Galerie erscheinenden Publikationen zwischen RM 125 und RM 3.000 (Vester, Katrin; Herbert von Garvens-Garvensburg. Sammler und Galerist, S. 25ff.).
268 Mitteilungen des Verlages, in: Der Zweemann, 1. Jhg., H. 1, November 1919, S. 2. Hier findet sich auch der Hinweis auf die wöchentliche Sprechstunde des ZWEEMANN in der Georgstraße 20, einer der renommiertesten Gegenden der Stadt.
269 Spengemann, Christof; Die Wahrheit über Anna Blume, Hannover 1920.
270 de Crébillon; J.P.; Das Sofa, Hannover 1920.
271 Vgl. Der Zweemann, H. 7, Mai 1920, S. 3.
272 Klössel, Christiane; Zweemann, S. 136.

273 Paul Raabe erwähnt 180 verschiedene Veröffentlichungen, Zeitschriften, Jahrbücher, Anthologien, Sammelwerke, Schriftenreihen und Almanache, die in den Jahren zwischen 1910 und 1921 erschienen (Raabe, Paul; Zeitschriften und Sammlungen).
274 Klössel, Christiane; Zweemann, S. 136.
275 Spengemann, Christof; Mit Heinrich beginnend. Ein Hannoverbuch (Typoskript und Manuskript), Hannover 1950 (SAH 2123b), o.S. Erlhoff, Michael; Christoph Spengemann, S. 167.
276 R-n; Paul Becker; Neue Musik, in: Der Zweemann, 1. Jhg., H. 4, Februar 1920, S. 18.
277 Ebda.
278 An den Prager Dichter Melchior Vischer schrieb Spengemann bereits im Juli 1920, er danke für die Zusendung von Manuskripten, die jedoch keine Chance auf Veröffentlichung im ZWEEMANN mehr hätten, da dieser „der hohen Kosten wegen wahrscheinlich eingehen muß" (Entwurf eines Schreibens Christof Spengemanns an Melchior Vischer, 13. Juli 1920 (SAH 858) Rückseite des Briefes von Vischer an ihn). Noch am 29. Januar 1921 hoffte Oskar Fischer in einem Schreiben an Christof Spengemann, der ZWEEMANN möge doch wieder „auferstehen", tot sei er gewiß noch lange nicht (Schreiben Oskar Fischers an Christof Spengemann, 29. Januar 1921, SAH, NL Spengemann, nicht verzeichnet).
279 Vgl. Klössel, Christiane; Zweemann, S. 119. Schreiben Christof Spengemanns an Robert Goldschmidt, Verlagsbuchhändler, Berlin-Wilmersdorf, 8. November 1932. Antwort und Erlaubnis Goldschmidts, ebenfalls 8. November 1932. Hier hieß es: „Ich freue mich auch, daß in Hannover doch wieder neues Leben zu entstehen scheint, was ich, offen gesagt, nicht für möglich gehalten habe." Mit dem Versuch, den ZWEEMANN wieder aufleben zu lassen, könnte es folgende Bewandnis gehabt haben: Christof Spengemann hatte 1931 gemeinsam mit Werner Schumann und dem Celler Arzt Dr. Carl Credé den RING HANNOVERSCHER SCHRIFTSTELLER begründet, dem bald auch sein Sohn Walter angehörte (vgl. Schumann, Werner; Damals in Hannover, S. 127). Interessant ist die Mitarbeit Credés beim RING. Der Gynäkologe, Jahrgang 1878, war 1926 zu zwei Jahren Gefängnis wegen gewerbsmäßiger Abtreibung verurteilt worden (Petersen, Klaus; Literatur und Justiz, S. 144). In seinem Theaterstück JUSTIZKRISE verarbeitete er die während des Prozesses gemachten Erfahrungen zu einer Anklage an die Justiz seiner Zeit, aber auch zu einer Solidaritätserklärung mit dem Proletariat (Petersen, Klaus; Literatur und Justiz, S. 146ff). Als Vertreter einer „an ein linkspolitisches Programm gebundenen Literatur" (Ebda., S. 144) verfaßte Credé das Theaterstück §218. GEQUÄLTE MENSCHEN, das 1930 in einer Inszenierung von Erwin Piscator in Berlin uraufgeführt wurde (Ebda., S. 172. Hermand, Jost/Trommler, Frank; Kultur der Weimarer Republik, S. 251). Das Zeitstück gegen das Abtreibungsverbot fand viel Beachtung während seiner Tournee durch Deutschland. Aufführungen in Bayern und Thüringen wurden 1930 verboten (Petersen, Klaus; Literatur und Justiz, S. 83). Im Nachlaß Christof Spengemanns (SAH) befinden sich zwei Briefe Credés an Spengemann, die deutlich machen, daß beide gemeinsam mit Werner Schumann im September 1931 (Schreiben v. 21. u. 22. September 1931) eine Vortragsreise planten. Die Ziele des RINGS HANNOVERSCHER SCHRIFTSTELLER sind letztlich nicht bekannt, allerdings dürfte es sich um ein Organ mit deutlichen kunstpolitischen Absichten gehandelt haben. Am 15. November 1932 nämlich schrieb Spengemann an Robert Goldschmidt, er könne noch nicht sagen, wann mit der ersten Nummer des neuen Blattes zu rechnen sei. Spengemann begründete dies folgendermaßen: „Es ist ja in Hannover nicht leicht, was zu unternehmen, das wissen Sie ja. Die Widerstände von seiten der Kunst- und Literaturhistoriker sind ekelhafter als je." (Schreiben Christof Spengemanns an Robert Goldschmidt, 15. November 1932 (SAH, NL Spengemann, nicht verzeichnet)). Der RING HANNOVERSCHER SCHRIFTSTELLER stand in enger Verbindung mit der KAMPFSTELLE GEGEN ZENSUR UND KULTURREAKTION, die Spengemann auch mit Unterstützung von Kurt Schwitters 1930 ins Leben gerufen hatte.

„… Dem Deutschen fehlen die Nerven für einen nuancierten Individualismus …"

Der Verlag des Freibeuters.[1]
Paul Steegemann und die Literaturszene der zwanziger Jahre

1924, ein halbes Jahrzehnt nach der Gründung seines Verlages, blickte Paul Steegemann einigermaßen desillusioniert auf die ersten fünf Jahre seines Verlages zurück: „Nichts verübelt man einem Verleger in Deutschland so sehr als das Nichtvorhandensein einer Richtung, eines völkischen Willens, einer kulturellen Mission. Man verlangt, innerhalb der Herde, klare eindeutige Entscheidungen. Kampf fürs Volkstum. Und ähnlichen Quatsch."[2] Steegemann brachte die Ursache seiner Enttäuschung auf die Formel: „Dem Deutschen fehlen die Nerven für einen nuancierten Individualismus."[3]

Rückblick auf die ersten fünf Jahre (1924)

Fünf Jahre zuvor, im April 1919, war seine Verlagsgründung bedeutsamer Markstein in der künstlerischen Szenerie der Stadt gewesen. Auf dem Hintergrund des verlorenen Weltkrieges hatte sie frischen Wind in das hannoversche Kunstleben gebracht, „der das Oberste zuunterst kehrte und die brüchig gewordenen Stakentenzäune des Althergebrachten und Sterilgewordenen mit kühnem Elan niederriß",[4] wie einer der Freunde des Verlegers sich erinnerte. In das Vakuum einer desolaten traditionellen bürgerlichen Kunstszene stieß eine Vielzahl junger, experimenteller Gegenentwürfe, die sich gegenseitig befruchteten. Auch der junge Paul Steegemann Verlag profitierte vom Klima eines künstlerisch-kulturellen Aufbruchs zu neuen und manchmal zu Beginn noch gar nicht bekannten Zielen.[5] Wirtschaftliche Engpässe schon bei der Gründung hatte er wie die anderen jungen hannoverschen Verlage mit Eifer, Optimismus und Engagement weitgehend ausgeglichen und war so zu einem der „Brennpunkte dieses fast explosiv aufbrechenden Lebens"[6] im Hannover der Nachkriegszeit geworden. Der Paul Steegemann Verlag wird rückblickend von vielen als das „bedeutendste und aufsehenerregendste Verlagsunternehmen, das in Hannover existiert hat",[7] bezeichnet, und die SILBERGÄULE stehen für sie als „wichtigste deutsche Buchreihe zeitgenössischer Literatur"[8] jener Jahre in einer Linie neben dem JÜNGSTEN TAG Kurt Wolffs.

Auch dieser Verlag war von den Schwierigkeiten der Zeit nach dem Ersten Weltkrieg nicht verschont geblieben. Den Leser, der Steegemanns Verlagsbroschüren und Werbeheftchen oberflächlich zur Kenntnis nahm, mochte dabei die Konstanz von Produktion und Verkaufspreis selbst während der Inflationszeiten verwundern, die anderen Verlagsunternehmungen in Hannover ein frühes Ende bereitet hatten. Der Eingeweihte aber erkannte den für das Steegemannsche Geschäftsgebaren typischen Trick bald, der dies erst möglich gemacht hatte: Stiegen die Papier- und Produktionskosten ins Unermeßliche und wollte er den Preis pro Band und Nummer konstant halten, dann mußten die Bücher nach Steegemannscher Logik eben weniger Umfang haben. Flauberts Erzählung DER BÜCHERNARR in der Übersetzung von Johann Frerking umfaßte 34 Druckseiten. Steegemann reservierte für dieses Werk, das mehr Heftchen als Buch war, sechs Nummern seiner Verlagsreihe DIE SILBERGÄULE. Eine Einzelnummer kostete zwei Mark, DER BÜCHERNARR somit zwölf Mark, und der Börsenverein des

Paul Steegemann, Foto. Um 1920

627

Verlagssignet der SILBERGÄULE

Deutschen Buchhandels, der den verlegerischen Qualitäten Paul Steegemanns ohnehin skeptisch begegnete, sah sich zu der süffisanten Anfrage veranlaßt, welchen Sinn die Zählung einer Reihe in Nummern in Anbetracht dieser plumpen Täuschung wohl noch ergeben solle.[9]

Langfristig scheint sich diese Vorgehensweise, die sich am Rande der Geschäftspraktiken jedes seriösen Verlegers bewegte, auch auf das Kaufverhalten der Leser ausgewirkt zu haben. In jenem Jahr 1924 jedenfalls, in dem Steegemann Rechenschaft über die ersten fünf Jahre seines Verlages ablegte, waren von den 59 Werken, die sein Sortiment mittlerweile umfaßte, noch 52 sofort lieferbar und erst vier vergriffen.[10] Und das, obwohl ihre Auflage bei weitem nicht so hoch, war wie Steegemann behauptete. Jochen Meyer ermittelte für die knapp 60 in der Reihe DIE SILBERGÄULE erschienenen Werke eine im Vergleich zu ähnlichen Produktionen der Zeit durchschnittliche Gesamtauflage von etwa 260.000 Exemplaren. Steegemann selbst hatte in den Impressen seiner Bücher Angaben gemacht, die in der Summe mehr als das Doppelte ergaben.[11]

Sinkende Verkaufszahlen schwächten den Verlag zu jener Zeit, als er sich nach einer Reihe verlegerischer Mißerfolge gerade durch die Buchproduktion Rückhalt erhoffte. Gescheitert war gleich zu Beginn, 1920, das Projekt, der Buchreihe mit der Zeitschrift DER MARSTALL ein vielseitiges Instrument zur Seite zu stellen. Einmal wollte DER MARSTALL, der den Untertitel ZEIT- UND STREITSCHRIFT trug, den Kritikern des Verlags Paroli bieten. Er sammelte in Fällen besonders intensiver negativer Reaktionen auf Steegemannsche Veröffentlichungen die eingehenden Beschwerden, publizierte den beschwichtigenden, manchmal auch ironischen Kommentar des Verlegers oder des Künstlers selbst und ermöglichte so eine direkte Stellungnahme zu anfallender Kritik und gegebenenfalls deren interpretierende Korrektur im Sinne des Verlages. Nicht minder wichtig war eine zweite Aufgabe der Zeitschrift. Das Blatt verband Auszüge aus Veröffentlichungen des Steegemann Verlags mit Pressestimmen über diese und fügte erläuternde Kommentare des Verlegers sowie der Autoren selbst ein.[12] DER MARSTALL erhielt so den Charakter eines „Verlagsalmanaches",[13] der das Programm Paul Steegemanns geschickt begleitete und durch Leseproben, die gemäß verlegerischer Weisung möglichst spektakulär und reißerisch zu sein hatten, Anreiz zum Kauf der entsprechenden Publikation schuf.[14]

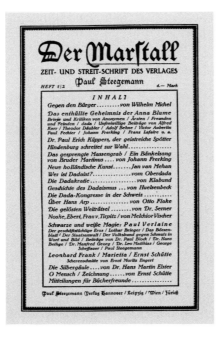

Titelblatt der Zeit- und Streitschrift DER MARSTALL. 1919/1920

DER MARSTALLS wurde nach nur einer einzigen Nummer wieder eingestellt. Kurze Zeit später folgte das Scheitern des Projektes, die von Kurt Schwitters, Raoul Hausmann und Hans Arp konzipierte Zeitschrift QNGE „zur kraftvollen Förderung elementarer Kunst",[15] wie sie in einem Brief von Schwitters an Arp beschrieben wurde, zu verlegen. Diese Zeitschrift, die nie, weder im Steegemann Verlag noch anderswo, erschien, war offenbar ähnlich wie DER MARSTALL als Streitorgan für die beteiligten Künstler geplant. Die Überlegung, sich mit Hilfe einer Verlagszeitschrift neben der Buchproduktion ein zweites Standbein zu schaffen, das anderen Gesetzmäßigkeiten folgte und das Steegemann ein neues, zeitorientiertes und auch politisch aktivierbares Betätigungsfeld eröffnet hätte, scheiterte ein drittes Mal im Jahr 1924, also kurz nach Paul Steegemanns Bericht über seine Erfahrungen während der fünfjährigen Verlegertätigkeit. Der Wochenschrift STÖRTEBEKER lag ein neues, für Steegemanns bisherige Arbeit nicht unbedingt typisches Konzept zugrunde, doch war ihr nach nur fünf Ausgaben ein ebenso ähnlich Ende beschieden wie dem MARSTALL.[16]

Zu den drei in kurzer Abfolge gescheiterten Zeitschriftenprojekten kam der fehlgeschlagene Versuch Paul Steegemanns, zunächst die Werke Carl Sternheims und dann die des expressionistischen

Dichters Walter Hasenclever in der Gesamtausgabe zu edieren. Steegemann hatte 1923 bzw. 1924 die Ausgabe der GESAMMELTEN WERKE der beiden Dichter bereits in Verlagsprospekten angekündigt, was sich als zu eilfertig erwies und dem Verleger Kritik einbrachte.[17] Damit zerschlug sich zugleich ein erster Versuch Steegemanns, seinem Verlag mit der Herausgabe der Werke eines zugkräftigen Autors die dringend notwendige Stabilität und gleichzeitig inhaltlich eine Schwerpunktsetzung zu schaffen. Trotz weiterer Versuche in den kommenden Jahren, das Gesamtwerk eines angesehenen zeitgenössischen Autors zu edieren, blieb der Paul Steegemann Verlag – ohne ausreichende finanzielle Basis – ein junges Unternehmen auf unsicherer Basis.[18]

Die Folgen der Rückschläge machten sich bald bemerkbar. 1923 war das erste Jahr mit rückläufiger Verlagsproduktion.[19] Der Rückgang der anfangs noch unerschöpflich anmutenden Publikationsflut der Jahre 1919–1920 war in den folgenden Jahren unaufhaltsam. Steegemann selbst gestand mit der ihm eigenen nachlässigen Offenheit in seinem Rechenschaftsbericht FÜNF JAHRE VERLEGER ein: „Und wie steht es mit den Finanzen? Finanzen sind keine da. Sondern? Sondern nur Schulden. Mal beim Drucker. Mal beim Papierfritzen. Mal beim Kommissionär. Jeden Mittag erhebt sich Steegemann vom seidenen Pfuhl und steht egal vor dem wirtschaftlichen Kosmos. Weshalb er auf diesem nicht ganz gewöhnlichen Weg nach einem ganz stillen Teilhaber sucht."[20] Obschon Steegemann bei einzelnen Veröffentlichungen der nächsten Jahre finanzielle Unterstützung von Gönnern erhielt,[21] hat sein Verlag bis zum Ende der ersten Phase des Bestehens, 1934, nur einen einzigen Verantwortlichen gehabt: ihn selbst.

Ein Meister der biographischen Anekdote

Da Steegemann nicht nur die literarische Seite seines Verlags prägte, sondern zumindest in der ersten Zeit auch die Verantwortung für die kaufmännisch-buchhalterische Seite trug, ist dessen Fortbestehen über alle wirtschaftlichen, politischen und sozialen Schwierigkeiten der Zeit hinweg erstaunlich. Schließlich waren in diesem Verlag im ersten Jahr seiner Existenz bereits fünfundzwanzig Titel von zwanzig zeitgenössischen Autoren zu betreuen.[22] Ein Verleger jedoch, der weniger an der Organisation seines Verlages nach Maßstäben der Überschaubarkeit, Strukturiertheit und Ordnung interessiert gewesen wäre und der „anarchischer"[23] gewirtschaftet hätte als Paul Steegemann, ist auch nach einem Seitenblick auf dessen Kollegen Bernhard Gröttrup und das ZWEEMANN-Gespann, die selbst keine Spezialisten auf diesem Gebiet waren, schwer vorstellbar.[24] Bezeichnend ist in diesem Zusammenhang die permanente Verdunkelung jeglicher wahrheitsgetreuer Angaben über Produktion und Verkauf seitens des Verlegers. Immer wieder wies das Impressum eines Steegemann-Buches zudem eine ganz andere Zählung auf als sein Einband, und das Erscheinen eines neuen SILBERGAULS mußte noch lange nicht heißen, daß dessen Zählung auch an die des vorhergehenden anschloß.[25]

Geschah das eine absichtlich und aus Werbegründen, d. h. um durch die bewußte Höhersetzung der Zahlen den Eindruck einer Verlags- und Sortimentsgröße zu erwecken, die man (noch) nicht hatte, so war das andere ein Ergebnis verlegerischen Unwissens und sicher auch Desinteresses an derlei organisatorischen Fragen. Wenn Steegemann in einem Verzeichnis anläßlich des zweijährigen Bestehens seines Verlages nach einer aufwendigen Präsentation der einzelnen Bücher mit der Bemerkung schloß, „die beigefügten Empfehlungen (seien) absolut, die Preise relativ",[26] so heißt das jedoch nicht, der Verleger habe sich für die Fragen des Geschäftlichen nicht interessiert. Kunst und Geschäftsgeist waren bei Steegemann untrennbar miteinander verbunden.[27] Das idealistisch verklärte Bild vom weltverneinenden Philantropen, den das Sammeln und Verlegen von Büchern das schnöde Dasein im Hier und Jetzt vergessen läßt, hat Steegemann am Beipiel der eigenen Person stets mit Ironie und Witz demontiert. Er war passiver Bücherfreund, mehr aber noch aktiver Büchermacher. Das bezog den Prozeß des Entdeckens von Autoren wie jenen der künstlerischen Gestaltung des Buches ein, schloß Fragen von dessen Finanzierung und Organisation jedoch aus.[28] Zeitgenossen erinnerten sich an eine Reihe von leeren Aktenordnern in seinem Büro in der Marienstraße, später in der Gretchenstraße und dann am Schiffgraben,[29] während die Geschäftspost samt Mahnungen und Schecks ohne jegliche Ordnung aus seinem Schreibtisch quoll.[30]

Eine Fülle von Legenden rankt sich um die Persönlichkeit Paul Steegemann. Ganz vorn in der Reihe derer, die sie nährten, stand der Verleger selbst. Schon die liebevolle Ausschmückung seines Lebenslaufes mit allerlei unterhaltsamen Halb- und Viertelwahrheiten schien ihm geeignet, seiner Person wie dem Verlag einen ganz bestimmten Charakter zu geben.

Paul Friedrich Johann Steegemann wurde am 3. Oktober 1894 in einem Wohnwagen auf dem Dorfplatz von Groß-Lafferde in der Nähe von Peine geboren.[31] Sein Vater war Schausteller, er betrieb eine Photographenbude, „in der Bilder gleich zum Mitnehmen auf Blech fabriziert wurden".[32] Da auch die Mutter Steegemanns aus dem Schaustellergewerbe stammte, bildete die Verwandtschaft auf Jahrmärkten „einen kleinen Konzern". „Dazu gehörte noch ein Pferdekarussel, ein Panorama, eine Schießbude, eine Luftschaukel, wovon speziell mein Vater Intendant war."[33] Die ersten sechs Jahre seines Lebens verlebte Paul Steegemann, umgeben von der Zirkus- und Vagabundenatmosphäre eines kleinstädtischen Wanderbetriebes, eine in seiner Erinnerung durchaus schöne Kindheit. Fehlende Geschwister wurden durch „Karusselbesitzer, Schwertschlucker und Athleten" ersetzt; die Tage des kleinen Steegemann waren abwechslungsreich: „Ich ritt auf Elefanten, zerrte junge Löwen am Strick, hopste mit den braunen Bären zierlich im Takt. Ich schlug, wenn Zigeuner, Matrosen, betrunkene Bauern nach unseren Frauen haschten, als Knirps wacker mit; holte Schnaps aus den Budiken, fischte mit Männern sachkundig an Flüssen und Seen."[34]

1901 jedoch, im Jahr, als Paul eingeschult wurde, gab die Familie das unstete Leben auf[35] und zog in die übel beleumundete hannoversche Kornstraße.[36] Der Schüler Steegemann, aufgewachsen in Freiheit und fern jeder Vorbereitung auf den „Komfort humanistischer Schulbildung", konnte „in den hölzernen Bänken der Volksschule nie heimisch werden".[37] Den Ausweg aus der täglichen „Schulfron" schuf ihm das Lesen, vor allem waren es Karl May-Romane, denen er sich als Kind intensiv widmete. Nach dem Schulabschluß 1909 fiel es ihm nicht schwer, als Berufswunsch den des Buchhändlers anzugeben. Am 2. April 1909 trat er seine Lehre an,[38] genau zwei Jahre später, mit siebzehn Jahren, begannen seine Wanderjahre, die gut sieben Jahre dauerten, in denen er als „Buchhandelsgehilfe in verschiedenen Städten Deutschlands"[39] arbeitete. „Mangelnde Sprachkenntnisse"[40] der gebildeten Kundschaft gegenüber, die ihm zunächst den Verkauf von Büchern erschwerten, machte Steegemann bald durch Selbstbewußtsein und Eloquenz wett. Weder jetzt noch später in seiner verlegerischen Laufbahn machte er einen Hehl aus seiner Herkunft, ja er betonte sogar – auch mit einem sicheren Gefühl für Koketterie – die Stationen seiner Vergangenheit, die ihn als „einfachen Jungen aus dem Volk" darstellten, der „mit Bizeps und Ganglien"[41] mehr zustandegebracht habe als manch Gleichaltriger mit behüteter bürgerlicher Kindheit. Vielleicht war auch dies ein Grund dafür, daß Steegemann, ansonsten durchaus gesellig, in den avantgardistischen Kunst- und Kulturzirkeln der Stadt selten anzutreffen war.[42] Zeitgenossen trafen ihn als „beinahe bäuerliche"[43] Erscheinung in gewohnter Mischung aus Hemdsärmeligkeit, Wendigkeit und aggressivem Witz auf verschiedenen Festlichkeiten an, doch in Käte Steinitz' Salon war Paul Steegemann nicht zu Gast. Auch war er, der in erster Ehe mit einer Künstlerin, der hannoverschen Malerin und Bildhauerin Käthe Schmidt verheiratet war[44] und sich privat auch mit Werken der befreundeten hannoverschen Sezessionisten Bernhard Dörries, Otto Gleichmann und Kurt Schwitters umgab,[45] zwar ein Mitglied der Kestner-Gesellschaft,[46] er setzte sich ansonsten aber nicht weiter für ihre Interessen ein.

Den letzten Abschnitt seiner Lehrzeit verbrachte Paul Steegemann in der hannoverschen Buchhandlung Schmorl & von Seefeld.[47] Hier nahm er Kontakt zu anderen jungen und wie er an zeitgenössischer Literatur Interessierten auf. Er war sowohl an der Gründung der kurzlebigen Zeitschrift AGATHON als auch an der des ZWEEMANN beteiligt. Wenn er, der ansonsten so auskunftsfreudig über seine Vergangenheit Rechenschaft ablegte, hierüber nichts berichtete, so tat er das vielleicht auch, um die Tätigkeit, die er daraufhin begann, gleichsam als Ereignis ohne Vorgeschichte und als spontane Umsetzung eines Geistesblitzes darzustellen, was wiederum seinen außerordentlichen Spürsinn beweisen sollte. Der Arbeit als Buchhandelsgehilfe überdrüssig und gern bereit, der „Fron", aufdringlichen Kunden schlechte Literatur verkaufen zu müssen, zu entfliehen, habe er sich plötzlich „eines milden Frühjahrsvormittags"[48] im Jahre 1919 zur Buchdruckerei Edler & Krische[49] begeben und dort verkündet, er sei Verleger und wünsche einen Kredit. Die Erfolgsgeschichte nach Steegemannscher Lesart berichtet weiter, daß dem „pfiffigen Jungverleger"[50] das Gewünschte sofort zugesagt wurde, „worauf er an seine Freunde schrieb, er sei der kommende Mann".[51]

Daß er zu diesem Zeitpunkt – neben Kontakten sowohl zur hannoverschen Verlagslandschaft wie zu jener des Reiches – bereits mit Intellektuellen wie Walter Hasenclever, Kurt Hiller und Gustav Landauer in Verbindung stand,[52] verschwieg Steegemann. Dem eigentlichen Akt der Verlagsgründung kommt in seiner Schilderung somit eher der Charakter eines aus einer Augenblickslaune heraus schnell vollzogenen Jungenstreiches zu. Das BÖRSENBLATT FÜR DEN DEUTSCHEN BUCHHANDEL vermerkte jedenfalls am 2. Mai 1919 den Paul Steegemann Verlag unter den in das Adreßbuch des Börsenvereins, der einflußreichsten Organisation der deutschen Buchhändler, neu aufgenommenen Firmen.[53]

Die Anfänge des Paul Steegemann Verlages (1919–1922)

Über die ersten Planungen des jungen Verlages berichtete Steegemann in der Rückschau ebenfalls mit mehr Freude an der Unterhaltung als mit Wahrheitsliebe. Assistiert wiederum von einem damaligen Freund, dem Schriftsteller und Kabarettisten Hans Reimann, erklärte er, er habe, versehen mit dem kleinen Kredit und seinen noch bescheideneren eigenen Rücklagen, nach möglichen Autoren Ausschau gehalten und ihnen versichert, „daß er Deutschlands größter Verleger sei und infolgedessen keine Honorare zahlen dürfe. Abgesehen davon, daß er keinen Hundertmarkschein besitze."[54] Gingen auf diese selbstbewußte Präsentation dann tatsächlich Antworten ein, meldete sich Steegemann, der „keimende Verleger",[55] am Telefon mit einem „Hier Verlag Steegemann Zentrale!", erkundigte sich, „was gewünscht werde, und verband entweder mit Lektorat oder mit einem der Direktoren oder mit der Herstellung. Er war alles in einer Person: Packer, Markthelfer, Direktor, Botenjunge, Autor."[56] Ein knappes Jahr darauf, als der Paul Steegemann Verlag, besonders nach dem großen Erfolg der ANNA BLUME-Veröffentlichung, in eine Phase allmählicher Konsolidierung eintrat, wurde Karl Schodder, der zu Steegemann über den Graphiker Heinz Wanders stieß, als Buchhalter, später auch als Lektor eingestellt.[57] Neben ihm, der im Lauf der Zeit Prokura erhielt, arbeiteten bald mindestens zwei weitere Personen im Vertrieb bzw. im Büro des Paul Steegemann Verlages.[58]

Blieb ihm selbst bei der Erledigung seiner aufreibenden Tätigkeiten noch Zeit, hielt sich Steegemann – auch hierin ein typisches Kind seiner Zeit – oft in den hannoverschen Cafés auf. In der Golgatha-Bar, in der Tee-Diele[59] und im „geistige(n) Umschlagplatz der Stadt in jener Zeit"[60] – dem Café Kröpcke – zog er, so Rainer Marwedel, das „ungesunde Leben aufgeräumter Stimmungen in verräucherten Räumen"[61] einem ruhigen Leben in den eigenen vier Wänden vor. Hier saß er gemeinsam mit dem Philosophen Theodor Lessing, dem Dramatiker und Nervenarzt Karl Aloys Schenzinger und dem Verleger Bernhard Gröttrup.[62] Im Kreis dieser „Mitverschworenen"[63] empfing Steegemann junge literarische Talente, denen er bei Nichtgefallen in der unverbindlichen Kaffeehaus-Atmosphäre recht unverblümt mitzuteilen pflegte, daß er sie für unbegabt hielt.[64] Sagten ihm ihre Werke jedoch zu und lud er sie ein, bei ihm zu publizieren, hatten sie sich an eine verlegerische Prämisse ihres neuen Arbeitgebers zu halten. Dieser beschrieb sie im Rückblick mit den Worten, zuerst habe er mit dem ihm zur Verfügung stehenden Etat Bücher von 16 Seiten gedruckt, aus deren Verkauf er jeweils die Seitenzahl der folgenden Veröffentlichungen verdoppelte.[65] Diese Vorgehensweise läßt auf einen Schritt für Schritt vorgehenden, vorsichtigen Verleger schließen und ist somit untypisch für Steegemann. Allerdings erhellt die Schilderung doch die Unsicherheit der allgemeinen Umstände dieser Verlagsgründung. Sicher hat Paul Steegemann von dem Vorhandensein einer anteilnehmenden Gruppe von Freunden zeitgenössischer Literatur profitiert. Nur standen diesem Personenkreis neben seinen Publikationen eben auch noch jene der anderen hannoverschen Verlage zur Auswahl, die ihr jeweiliges Programm mit oftmals ganz ähnlichen Schwerpunkten auf ihre Klientel zugeschnitten hatten und somit in gewisser Hinsicht durchaus Konkurrenten auf dem Markt waren. Der Blick über Hannovers Verlagslandschaft hinaus ins Reich ergab die stattliche Anzahl von fünfzig Zeitschriften, die allein in den Jahren von 1918 bis 1921, der ohnehin schon schwierigen Startphase des Paul Steegemann Verlages, erschienen.[66]

Karikatur CAFÉ GRÖSSENWAHN in der Zeitschrift DIE PILLE. 6. Januar 1921. Hannovers Café Größenwahn war in den zwanziger Jahren das Café Kröpcke.

Insofern verwundert es nicht, daß Steegemann, wenn in seinen Schilderungen einmal nicht der Wunsch überwog, ein Publikum kurzweilig mit der eigenen Biographie zu unterhalten, durchaus nachdenkliche Töne anschlug. In einem Brief an Hermann Hesse schrieb er im September 1920, kurz nachdem er auf der Leipziger Buchmesse bei der Vorstellung seines Verlages eine Pleite erlebt hatte,[67] er verstehe dessen Absage, für ihn zu schreiben, nicht: „Daß Sie nicht in meinen Verlag kommen wollen, tut mir bitter weh. Was hab' ich Ihnen getan! Ich hab' die Bücher meiner Bekannten und Freunde verlegt, die allerdings oft nicht älter als 20 sind. Aber ist das denn ein Verbrechen?"[68]

Das Verfahren, jungen, noch unbekannten Autoren auch aus Gründen der begrenzten finanziellen Mittel gegenüber den bereits erfolgreicheren teureren den Vorzug zu geben, ließ den Paul Steegemann Verlag nicht nur überleben, sondern verschaffte seinem Leiter letztlich den Ruf, vorausschauender, risikobereiter und innovativer zu planen als andere Verleger dieser Zeit. Der Wunsch, die Jungen zu Wort kommen zu lassen, ergänzte sich dabei mit der Auflage, den wirtschaftlichen Rahmen nicht zu sprengen. Zusätzlich ermöglichte Steegemann die Zusammenarbeit mit den jungen Talenten noch ein gewisses Mitspracherecht bei der Entstehung des Werkes. Dies scheint vor allem hinsichtlich der rigiden Seitenvorgabe des Verlages wichtig gewesen zu sein.[69] All diese Faktoren sprach er in einem Rückblick folgendermaßen an: „In welcher Situation befand sich der 1919 auftauchende Verlag gegenüber seinen ... Konkurrenten? In der Situation des Nachteils. Zu einem Verlag gehören Autoren. Die Berühmten sind ihren Verlegern durch Vertrag fest verpflichtet. Die Neuen unverkäuflich. Weshalb Paul Steegemann zunächst die Werke der neuen Autoren verlegte. Und damit sein Betriebskapital. Aber nicht lange. Bald keimte im Augapfel des Verlegers die Erkenntnis: wenn keine verkäuflichen Autoren vorhanden sind, soll man verkäufliche Bücher schaffen."[70]

Verkäufliche Bücher zu schaffen, hieß für Paul Steegemann, solche Werke in Auftrag zu geben, von denen er sich eine Nachfrage beim Publikum erhoffte. Da dies in Anbetracht der Bücherflut zu Beginn der zwanziger Jahre auch noch keine Erfolgsgarantie war, ging Steegemann bis an die Grenzen dessen, was ein Verleger selbst in dieser schwierigen Zeit seinen Autoren zumuten konnte. Einer der „unverkäuflichen Autoren", die auf Abruf „verkäufliche Bücher" verfaßten, berichtete 1922 in der WELTBÜHNE von diesen Praktiken: „Steegemann konzipiert den Text eines Inserats. Dies geschieht nachts halber vier. Dann sendet er den Text ans Börsenblatt. Dann erscheint das Inserat. Dann überlegt er, wer das zum angekündigten Werk gehörige Material liefern könne. Dann schickt er das aus dem Börsenblatt gerupfte Inserat einem Menschen, von dem er in den Fingerspitzen hat, daß betreffender Herr geeignet sei zur Anfertigung des Manuskriptes. Und dann pumpt er Geld für den Drucker. Und dann laufen die Bestellungen ein. Und aus der Höhe der eingelaufenen Bestellungen kalkuliert er, wie hoch die Auflage sein muß ... Mitte September bekam ich von ihm ein Inserat, worin er ein neues Buch von mir anzeige. Mich traf der kalte Schlag. Ich hatte keinen Schimmer von dem Buche. Vierzehn Tage später schrieb er mir, er habe gegen achthundert Bestellungen. Daraufhin schrieb ich das Buch. Vierzehn Tage später las ich die Korrektur. So macht's Steegemann."[71]

Es gab Autoren, die sich nicht davon beeindrucken ließen, daß ihr Name auf der Vorankündigung eines Buches stand, das sie gar nicht schreiben wollten. Ihre Absagen durchkreuzten Steegemanns Verlagsplanung. Knapp siebzig im Zeitraum zwischen 1919 und 1933 bereits öffentlich angekündigte Bücher sind nie bei Steegemann erschienen,[72] einige von ihnen sicher auch, weil Autor und Verleger sich bereits im Vorfeld über keinen Modus der Zusammenarbeit hatten einigen können. Auffällig ist, daß gerade in der Konstituierungsphase des Verlages, in den Jahren 1919 bis Anfang 1922, die Kooperation zwischen Steegemann und seinen Autoren, gemessen an der Zahl der geplanten, aber nicht zustandegekommenen Werke, außergewöhnlich gut gewesen sein muß: Nur sechs Schriften sind in diesen knapp drei Jahren nicht erschienen.[73] Umgekehrt befindet sich unter den Autoren jener etwa siebzig Bücher, die in diesem Zeitraum im Paul Steegemann Verlag erschienen, eine große Anzahl von Schriftstellern, die sich zum einen vom Status des „unverkäuflichen Autors" bereits entfernt hatten. Zu ihnen gehörten die Worpsweder Maler und Schriftsteller Heinrich Vogeler und Ludwig Bäumer, die expressionistischen Dichter und Schriftsteller Kasimir Edschmid, Carl Hauptmann, Rudolf Leonhard und Otto Flake, weiter Kurt Hiller, Heinrich Mann, Klabund (d.i. Alfred Henschke) sowie die Dadaisten Hans Arp und Richard Huelsenbeck. Auch die Auswahl der Literatur (teilweise erst jüngst) vergangener Epochen, die in diesen Jahren erschien, läßt nicht unbedingt auf einen außerordentlich beschränkten Etat des Paul Steegemann Verlages schließen. Publiziert wurden HANSWURSTS HOCHZEIT ODER DER LAUF DER WELT, ein „mikrokosmisches Drama" von Johann Wolfgang von Goethe in der Edition Wolfgang Stammlers, Flauberts BÜCHERNARR mit drei Lithographien von Alfred Kubin, DIE SPÄTEN HYMNEN Hölderlins, herausgegeben von Rudolf von Delius, Paul Verlaines drei Verssammlungen FRAUEN, MÄNNER und

FREUNDINNEN, übersetzt von Curt Moreck und Hans Schiebelhuth, VENUS UND THANNHÄUSER, eine romantische Novelle von Aubrey Beardsley, und schließlich DAS BUCH DER IRDISCHEN MÜHE UND DES HIMMLISCHEN LOHNES des chinesischen Dichters Wang Siang in der Übertragung von Klabund.

Eine derartige Fülle verkäuflicher Titel zu publizieren war Steegemann nur möglich durch die weitsichtige Überlegung, die Verlagsproduktion mit einer Buchreihe beginnen zu lassen. Die bunte Reihe der SILBERGÄULE entband den Verleger von der Aufgabe, das Gesamtauswerk eines Autors zu publizieren, was ein ungleich größeres unternehmerisches Risiko gewesen wäre.[74] Die Buchreihe hatte somit auch die Aufgabe, den jungen Verlag in wirtschaftlicher wie in literarisch-künstlerischer Hinsicht zu konsolidieren.[75]

Siebenundfünfzig SILBERGÄULE schickte Paul Steegemann während knapp dreißig Monaten ins Rennen, was die enorme verlegerische Leistung bedeutet, zweimal im Monat ein zuvor mit Gespür für rasch wechselnden Publikumsgeschmack und mit dem Wissen um die engen Grenzen wirtschaftlicher Spielräume ausgewähltes Werk zu edieren. Während dieser Zeit machten die SILBERGÄULE fast die gesamte Verlagsproduktion aus.[76] Erst dann, Anfang 1922, als sie dem Verlag tatsächlich wirtschaftlich über die Schwierigkeiten der ersten Jahre hinweggeholfen hatten, verlagerte Steegemann die Produktion auf einen anderen Typus von Werken, die nun auch einen immer größeren Umfang hatten. Für die SILBERGÄULE hingegen hatte die von Steegemann freimütig eingestandene Sukzession von 16 auf 32 zu 64 Seiten weiterhin Gültigkeit. Exemplare von zehn Seiten Umfang plus der bei Steegemann unvermeidlichen Verlagswerbung – die teilweise nicht viel weniger Platz beanspruchte – waren durchaus üblich. Nur zwei SILBERGÄULE bestanden aus mehr als 100, einer allein erreichte die Zahl von 200 Seiten.[77] Ein ‚durchschnittlicher' SILBERGAUL bestand durchschnittlich aus rund zweieinhalb Nummern, hatte einen Umfang von 36 Seiten und kostete Anfang 1920 fünf Mark.[78]

Der geringe Umfang war eine der wenigen Gemeinsamkeiten der Bücher dieser neuen Reihe, deren Titel bereits bei vielen Zeitgenossen Verwirrung hervorrief. Hanns Martin Elster, gut vertraut mit der hannoverschen literarischen Szene, veranlaßte die Namensgebung zu einer eingehenden Würdigung, die Steegemann offenbar so sehr zusagte, daß er sie in seiner Zeitschrift DER MARSTALL unkommentiert veröffentlichte. „Merkwürdiger Name für eine Buchreihe",[79] begann Elster. „DIE SILBERGÄULE! ‚Verstehe ich nicht', kopfschüttelt der Bürger. Und trifft damit sofort die ganze Falschheit seiner Einstellung. Schon hier, bei dem Namen der Buchreihe ist nichts zu verstehen, mit dem Verstande zu zergliedern, denkend, erkennend auseinanderzulegen. Schon hier ist nur zu fühlen. Fühlst du nichts, wenn du hörst SILBERGÄULE, erschaust du nichts, wenn du liest SILBERGÄULE? Ich fühle Heiterkeit, innere Freiheit, seelisches Gehobensein. Ich sehe helle, silberne Linden, im Rhythmus springend wie galoppierende Gäule. Das Wort SILBERGÄULE gibt meinem Innern eine Lebensstimmung, läßt mich erleben, daß ich da bin... Und so ist es auch gemeint, das Wort SILBERGÄULE."[80] Elster schloß seine Beschreibung der neuen Buchreihe mit einem vehementen Bekenntnis zu dem mit den SILBERGÄULEN vermittelten Lebensgefühl: „Alle(n) denen, die ahnungslos den Werken der Kunst in der heute von der Jugend erlebten Absolutheit der Offenbarung gegenüberstehen, sei nur gesagt, daß kein abschätziges Übelwollen die Kunst zu vernichten vermag, die gegenwärtig unter der Jugend der Welt immer stärker durchdringt. Das Wesentliche des Menschseins ist erlebt: Wer sich den Sinn dieses Satzes klarmacht, weiß, daß die Quellen der Kunst mehr unter dem Schutt und unter den Trümmern stoffgebundener Vergangenheit wieder entdeckt worden sind. SILBERGÄULEN gleich springt sie nun ins Leben; ihr junges Sprudeln schwillt zum Strom."[81]

Angesichts einer solchen Assoziationsvielfalt des Dichters Hanns Martin Elster hielt sich Paul Steegemann aus der Interpretation des Titels seiner neuen Buchreihe heraus. Es blieb den Zeitgenossen und bleibt den Spätergeborenen überlassen, sich an Deutungsansätzen zu versuchen. Einmal verwiesen sie auf Christian Morgensterns BUNDESLIEDER DER GALGENBRÜDER;[82] dann wieder äußerten sie die Vermutung, die SILBERGÄULE ständen im Zusammenhang mit dem Wappentier der Niedersachsen, dem Welfenroß, die Buchreihe solle gleichermaßen einen lokalen Bezug, welcher schließlich auch im Verlagsprogramm eine Rolle spielte, und ironische Distanz zur in Hannover vorgefundenen Provinzialität schaffen.[83] Offenbar war Steegemann selbst, wie schon bei der Gründung, so jetzt bei der Namensgebung seines wichtigsten Produktes, daran gelegen, die Illusion eines ohne konzeptionelle Absicherung, dafür aber mit Mut, Witz und Spontaneität entstandenen Verlages aufrechtzuerhalten.

Auch in der Gestaltung der SILBERGÄULE war Steegemann darauf bedacht, jene Langeweile zu vermeiden, die das Edieren einer Buchreihe durchaus hätte mit sich bringen können. Mit unterschiedlichen Formaten, Schriftgrößen und einer Einbandgestaltung experimentierend, die die Stilmerkmale sämtlicher derzeit existenter Kunstrichtungen bereitwillig adaptierte,[84] kam er wohl den bibliophilen Interessen seiner Leser, nicht aber Wünschen nach einer uniformen Steegemann-Sammlung im Bücherschrank entgegen.

Programmatisches I 1922 gab Paul Steegemann in seiner Verlagsbeilage ZWEI JAHRE VERLEGER Auskunft über seine Zielsetzungen. Hier hieß es: „DIE SILBERGÄULE. Das ist der (jetzt) populäre Name einer Bücherreihe, in der ... scheinbar wahllos Autoren publizieren, teils scherzhaften, teils seriösen Horizontes. Jedennoch: es wird hier unter Eid erklärt, daß diese Wahllosigkeit ein System birgt – das große Chaos unserer geistigen Struktur. Wir häuten uns täglich: von Laotse bis Dada. Und ein Trottel ist, wer das Chaos mit einem Misthaufen verwechselt!"[85] Sicherlich war die selbstbewußte Behauptung, die Zeit, in der sie entstünden, sei auch für die Vielgesichtigkeit und Ungeordnetheit der Reihe verantwortlich, immer auch bequeme Methode des Leugnens eigener Grenzen seitens eines jungen, aufwärtsstrebenden Verlegers, der sich um die Mitarbeit von Schriftstellern noch bemühen mußte und dessen Programm deshalb vage bleiben und kurzfristig Änderungen realisieren mußte.

Doch die Tatsache, daß bekannte Zeitschriften wie die WELTBÜHNE, DAS STACHELSCHWEIN und DER ZWIEBELFISCH schon bald regelmäßig über seinen Verlag berichteten, der immerhin rasch hundert vielbeachtete Titel im Sortiment führte,[86] läßt darauf schließen, daß das Fehlen eines Programmes hier zum Programm gemacht wurde, legitimiert durch einen in allen Bereichen des Lebens ausgebrochenen Zustand der Orientierungslosigkeit. Steegemann versuchte gar nicht erst, seine Publikationen Schwerpunkten zuzuordnen, die ihn aufgrund einer sich ständig in Bewegung befindlichen literarischen Szenerie bald eher in den Verdacht programmatischer Wankelmütigkeit hätten geraten lassen, als daß lobend von Zeitzeugenschaft gesprochen worden wäre. Vielmehr wählte er mit Gespür und Bedacht einen neutraleren, jedoch nicht weniger mutigen Weg. Daß dies lange Zeit nicht zu Wahllosigkeit oder gar Konturenlosigkeit führte, lag einzig an der Person Paul Steegemanns, der sich durch erste Erfolge nicht in den bequemen Sog der Förderung bekannterer Künstler ziehen ließ, sondern weiterhin einen Kurs steuerte, der für andere Aspekte als die seines eigenen literarischen Geschmacks sowie des Strebens, den Verlag finanziell über Wasser zu halten, unempfänglich blieb.

Wie Arne Drews und Matthias Wehrhahn urteilen, blieb er der „Dompteur des Chaos",[87] immer Geschäftsmann und gleichzeitig Gaukler, der Charme und Scharlatanerie gewieft miteinander austarierte. Noch im Dezember 1928, fast sieben Jahre, nachdem die Reihe DIE SILBERGÄULE ihr Ende gefunden hatte, schrieben die LEIPZIGER NEUESTEN NACHRICHTEN von Paul Steegemann als dem „weiland Stallmeister der Silbergäule", der „wieder in der verlegerischen Arena" tätig sei und „mächtig mit der langen Peitsche"[88] knalle. Fast ein Jahrzehnt zuvor hatte Steegemann selbst mit einer ganzseitigen Anzeige im MARSTALL folgendermaßen Werbung betrieben: „FAST EINE HALBE MILLION SILBERGÄULE TRABEN AUF DER ERDE HERUM. DER DIREKTOR PAUL STEEGEMANN HAT DAZU SOZUSAGEN ALS VORBEREITUNG DEN *MARSTALL* ERSCHEINEN LASSEN, DA WERDEN DIE SILBERGÄULE MIT ELAN UND POLEMIK VORGERITTEN FÜR ZWEI MARK DIE NUMMER."[89]

„Elan und Polemik" blieben auch im folgenden wesentliche Werbekomponenten. Nachdem Steegemann sich bei Berliner Verlegerkollegen – „natürlich gegen Vergütung"[90], wie er freimütig schrieb – eine geneigte Presse hatte sichern wollen und damit auf Befremden gestoßen war, stattete er im September 1920 der Redaktion der hannoverschen PILLE seine Antrittsvisite ab. Der Herausgeber Bernhard Gröttrup berichtete: „Vor mir liegt Heft 1/2 der Goldstute (DER MARSTALL, I.K.) ... Wenn DER MARSTALL in der PILLE besprochen werden will, hofft er – verrissen zu werden. Heißt mich (ich meine jetzt den personifizierten MARSTALL) Idiot, Geldschneider, Affenhirn, Räuber, Mörder oder Plünderer; dann blüht mein Weizen."[91] Die Werbung mit Negativkritiken an Werken aus seinem Sortiment oder an seiner Arbeit generell resultierte auch aus seiner freundschaftlichen Plänkelei in der PILLE-Redaktion und hatte ein gutes Jahr nach Gründung des Paul Steegemann Verlages und ein halbes nach der Entstehung der SILBERGÄULE über die Grenzen Hannovers hinaus als ein erster großer Paukenschlag auf die Arbeit des Verlegers aufmerksam gemacht.[92]

Der ANNA BLUME-Skandal (1919/1920)

In der Weihnachtszeit 1919 hatte Steegemann als Band 39/40 der SILBERGÄULE in einer Auflage von 5.000 Exemplaren den Gedichtband ANNA BLUME von Kurt Schwitters herausgegeben. Da sich das Werk, eines der 32-Seiten-Bücher, „im Handumdrehen"[93] verkaufte, wie Steegemann berichtete, folgte umgehend eine zweite, genauso hohe Auflage, die gleichfalls schnell vergriffen war.[94] Doch selbst dieser Erfolg, der Steegemann immerhin einen beachtlichen finanziellen Gewinn eingebracht haben dürfte, reichte ihm offenbar nicht aus. Ein halbes Jahr später entschloß er sich in Absprache mit Schwitters, der wie er stets bereit war, ungeniert und provokant die Werbetrommel zu rühren, zu einer Plakataktion, die ANNA BLUME zu einer „Skandalfigur erster Ordnung"[95] machte und gleichsam über Nacht „in aller Munde"[96] sein ließ. Ernst Nündel beurteilte die ANNA BLUME-Plakataktion so: „Dieser Gag des ebenso einfallsreichen wie für künstlerische und literarische Experimente engagierten Verlegers Paul Steegemann hatte beispiellose Folgen ... Etwas Vergleichbares kennt die neuere Literaturgeschichte nicht. Ein Gedicht wurde zum ‚Bestseller'. Zwar enthält der schmale Band außer dem Titelgedicht noch weitere Texte. Aber Aufruhr, wütende Angriffe wie überschwengliche Zustimmung, bewirkte vor allem dieses Gedicht."[97]

Zunächst verkündeten von „den meisten Anschlagsäulen der Stadt"[98] Plakate von etwa einem Quadratmeter Größe die Zehn Gebote mit der Mahnung: „Irret euch nicht, Gott läßt sich nicht spotten!"[99] Nach einer Woche wurden diese Plakate ersetzt durch solche mit dem Gedicht AN ANNA BLUME. Diesmal gab es keinen Kommentar. Die merkwürdige Absurdität der Verse, die viele Leser offenbar an Pornographie in Verbindung mit Irrsinn denken ließ, verschmolz mit der ehrfurchtgebietenden Botschaft der Zehn Gebote zu einer explosiven Mischung. Über die nächsten Wochen hinweg zog sich eine von tiefer Empörung gekennzeichnete Kampagne durch weite Teile der gesamten hannoverschen Tagespresse. Obgleich Schwitters als der Autor der zersetzenden „Mistpflanze"[100] ANNA BLUME – so der sozialdemokratische VOLKSWILLE – im Zentrum des Protestes stand, blieb auch sein Verleger Paul Steegemann von der Kritik nicht unbehelligt. Wie Schwitters wurde auch ihm angeraten, seinen „defekten Gehirnkasten"[101] im Sanatorium auszukurieren, und gedroht, ihm „die Hose stramm zu ziehen".[102] Auch Theodor Abbetmeyer, zu diesem Zeitpunkt noch Feuilleton-Redakteur bei der DEUTSCHEN VOLKSZEITUNG, nahm Anstoß an Steegemanns verlegerischer Arbeit und schloß seinen Artikel mit der Feststellung, es handele sich um „ein beschämendes Zeugnis von dem ungeheuren, spirituellen und moralischen Tiefstande unserer Zeit",[103] wenn derartigen Druckerzeugnissen überhaupt Papier zur Verfügung gestellt werde: „Man sollte diesen kaum noch ernstzunehmenden Dichterlingen, die den Pegasus vor den Wagen ihrer dadaistischen Narreteien zu spannen versuchen, nicht einen Bogen bewilligen."[104]

Titelblatt der Schrift ANNA BLUME. DICHTUNGEN von Kurt Schwitters. 1919

Argumentierte Abbetmeyer zumindest vordergründig mit wirtschaftlichen Gründen gegen ANNA BLUME und deren Verleger, so warf ein anonymer Postkartenschreiber aus Berlin Steegemann in Versen, die dem Reimschema des ANNA BLUME-Gedichts nachempfunden waren, krudeste materielle Motivation vor:

„... Geschmacksverderber, Geschmacksverwüster, Geldmacher! ...
Hallo, Dein Geschäft! Schäme Dir!
Du gehörst in die kalte Glut!
Dada Steegemann! Dada Geschäftsdadaist!
Was sagen die Leute?
Preisfrage
I. Steegemann ist ein Geschäftsmann.
II. Steegemann macht Dadaismus nur wegen das Geschäft, des Geschäfts, ins Geschäft.
III. Steegemann spekuliert auf den Blödsinn der Leute!
Auf Rindertalg spekulierender Geschmacksverderber,
Steegemann, Du smarter, tropfer, schäme Dir!"[105]

Steegemanns Reaktion auf diese Vorwürfe war lapidar, aber ordnungsgemäß: „Der Verleger schämt sich."[106]. Dies in seiner Ehrlichkeit recht zweifelhafte Eingeständnis eigener Schuld war nicht die einzige Reaktion Paul Steegemanns auf den Skandal um die ANNA BLUME-Veröffentlichung. Wie wenig ihn der Vorwurf der Geschäftemacherei traf, zeigte die Tatsache, daß er die eingehenden Kritiken und Proteste gemeinsam mit Schwitters sichtete, um sie sodann im MARSTALL zum Thema einer die ganze Ausgabe prägenden Glosse zu machen.[107] Genüßlich nahm er sich in einem fast zwanzigseitigen Beitrag der durch ANNA BLUME ins Kochen gebrachten „Seele der Intellektuellen" [108] an, die auf das „Produkt des ‚Geisteskranken'" Schwitters ihrerseits mit selbstverfaßten Versen „roh, heidnisch, schamlos"[109] reagiert hätten. Diese Verse gedenke er, so Steegemann, nun zu veröffentlichen. Schließlich sei „beinahe ein ... ganzer Wäschekorb voll Kritiken, Briefen, Karten u.s.w."[110] beim Verleger und beim Dichter eingetroffen. Deren Lektüre hatte beiden offenbar mehr Freude als Verdruß oder gar Reue verursacht, weshalb Steegemann nun „die witzigsten, boshaftesten, dümmsten und klügsten Dokumente"[111] im MARSTALL veröffentlichte.

Die folgende Auswahl freute sich dann mehr an den wütendsten Schmähungen aus der Öffentlichkeit als an den besonnenen Glückwünschen etwa von Adolf Behne,[112] Georg Biermann[113] oder Theodor Däubler.[114] Sicherlich spielte dabei eine Rolle, daß Steegemann um die Werbewirksamkeit von Negativkritik, wenn diese nur spektakulär genug war, wußte. Doch beide, er wie Schwitters, gönnten sich mit der Veröffentlichung von wüsten Angriffen, Beleidigungen und Bedrohungen auch die Genugtuung, die Kritiker der ‚lächerlichen' ANNA BLUME selbst lächerlich zu machen. Gerade die feindseligste Attacke, unbeherrscht und plump, wurde durch den Abdruck im MARSTALL gewissermaßen selbst zum „dadaistischen Scherz".[115] Sie prallte ab von der heiteren Gelassenheit eines Verlegers, der sich gelegentlich selbst in seine Auswahl ironisch kommentierend einschaltete und der auf den eifrigen Versuch, ANNA BLUME als Beweis für Kultur-Bolschewismus zu verhöhnen, diese Antwort fand: „Tja, alles, was dem Intellektuellen, dem Bürger, dem kriegslüsternen Christen unbequem ist, oder was zu kapieren ihm seine geistige Obdachlosigkeit nicht gestattet: wird als ‚Bolschewismus' gebrandmarkt ... Vive le Bolchevisme!"[116]

Mehr noch: Steegemann beschränkte sich in seiner Zitatsammlung nicht allein darauf, ANNA BLUME als Symbol der chaotischen Gegenwart zu rehabilitieren. Inmitten der Sammlung fand sich eine unkommentierte Pressenotiz aus dem HANNOVERSCHEN KURIER vom Juni 1920, nach der Paul von Hindenburg in Begleitung seiner Frau und seines Sohnes anläßlich der ersten Reichstagswahlen der Weimarer Republik in seinem Wahllokal erschienen sei und vor der Stimmabgabe gefragt habe, ob er sich besonders zu legitimieren habe. In dem ursprünglichen Zusammenhang des Artikels mag diese Frage keineswegs als grotesk oder lächerlich aufgefallen sein, doch hier, inmitten der aufgeregten Polemik um die ANNA BLUME, bekam sie einen anderen Stellenwert, und einem unvoreingenommenen Leser mag die Erkundigung eines der mächtigsten Männer im Staat nicht weniger naiv erschienen sein als das Liebesgedicht von Kurt Schwitters.[117]

Die Veröffentlichung von ANNA BLUME war wie die Werbeaktion aus verschiedenen Gründen programmatisch für die Arbeit Paul Steegemanns als Verleger. Kurt Schwitters war einer jener (noch) unverkäuflichen Autoren, dessen literarisches Debüt im Paul Steegemann durch eine prägnante Werbeaktion begleitet wurde. Er war einer aus dem Freundeskreis Steegemanns,[118] der mit dem Verleger in Fragen der Präsentation seines Werkes wie der Werbung für die ANNA BLUME weitgehend einig gewesen zu sein scheint.

Paul Steegemann interessierte auch weiterhin neben der literarischen Qualität seiner Publikationen stets ein weiteres Moment, das schließlich bestimmend für das Gesicht der Bücherreihe DIE SILBERGÄULE werden sollte und das er selbst mit dem Wunsch beschrieb, „das große Chaos unserer geistigen Struktur" zu spiegeln.

Programmatisches II   Autoren, deren Arbeiten das Merkmal der Zeitzeugenschaft in seinen Augen vermissen ließen, verlegte er zumeist nicht, Schriftsteller dagegen, welche nach seinen Kriterien dazugehörten, förderte er oft ohne zweiten Blick auf ihre Sujets und literarischen Schwerpunkte. So war das facettenreiche Steegemann-Verlagsprogramm keineswegs „eine Wildnis, die jeden wuchernden Strauch und Stengel aufnahm".[119] Vielmehr wurde sehr genau auf die Form geachtet. Nur erschöpfte sich dieser Formbegriff nicht in stilistischen

Oberflächlichkeiten, sondern er war geprägt durch eine ehrliche, konsequente und, wenn nötig, auch kompromißlose Zeitzeugenschaft der SILBERGÄULE und einem Hang zur unverkrampften Selbstdarstellung. Wie eine „galoppierende Zentaurenschar", so Richard Mattheus, brachen sie „in das Gestrüpp der Zeit ein, witzige, scharfe, polemische Köpfe, die angriffen und den Schock und Schrecken nicht fürchteten".[120] Paul Steegemann erschien es redlicher, weiter sein Ohr an den Puls der Zeit zu legen, als sich auf Publikationen einzulassen, die gelassener und mit größerer Distanz das augenblickliche Geschehen beobachteten.

Das, verbunden mit einem sicheren verlegerischen Gespür für allerlei gut verkäufliche Literatur, sei sie auch von ganz unterschiedlicher Provenienz, kennzeichnete Paul Steegemanns Verlagsprogramm in den Jahren bis 1933. Die stets durchgehaltene Dreiteilung seines Verlagsprogramms in die Rubriken Dichtung, Graphik und Essay ermöglichte ihm literarische und künstlerische Ausflüge, deren programmatische Bandbreite, verglichen etwa mit dem JÜNGSTEN TAG Kurt Wolffs, erstaunlich war.[121] Heinrich Vogelers und Ludwig Bäumers emotionelle Bekenntnisse zu einem idealen Kommunismus[122] gehörten ebenso dazu wie Kurt Hillers Beitrag über den Pädagogen Gustav Wyneken, welcher wiederum selbst mit der Herausgabe des TAO TE KING des Laotse vertreten war. Mit Victor Curt Habicht förderte Steegemann einen Dichter, der über ein gewisses Maß an regionaler Bedeutung nicht herausgekommen ist, und mit der Schrift MARTIN OHNE FLÜGELKLEID ermöglichte er dem Kritiker Johann Frerking, der ebenfalls zu seinem Bekanntenkreis zählte, eine seinerzeit schwelende literarisch-kunstpolitische Fehde publik zu machen. Daneben verlegte er mit Kasimir Edschmid, Otto Flake, Carl Hauptmann und Heinrich Mann Autoren, die in den literarisch interessierten Kreisen des Reiches keine Unbekannten waren.

Erfolglos verliefen indes die Vorgespräche zu einer Zusammenarbeit zwischen Steegemann und Klaus Mann. Verhandlungen, Manns ersten Novellenband VOR DEM LEBEN zu publizieren, führten zu keinem Ergebnis. Zunächst „fasziniert" durch dessen „aufschneiderisch wilde und imposant unkonventionelle Art",[123] ahnte der Achtzehnjährige doch bald die Komplikationen, die ihm, dem Neuling, begegnen würden, wenn er dem forschen Steegemann zu viele Freiheiten gäbe. Mann zog, sehr zum Ärger des Verlegers, die bereits gegebene Zusage zur Veröffentlichung zurück.

Klaus Manns Einschätzung Steegemanns als eines ebenso bemerkenswerten wie eigensinnigen Mannes wird durch zahlreiche Zeitgenossen bekräftigt, die als Verlagsschriftsteller diesen noch besser kannten. Einer von ihnen, Wilhelm Michel, Autor von drei im Paul Steegemann Verlag erschienenen und zwei weiteren bereits angekündigten Werken,[124] schrieb im Januar 1921 in der FRANKFURTER ZEITUNG über das knapp zweijährige Unternehmen und dessen Leiter: „Verleger sein heißt im guten Falle: seine Persönlichkeit anthologisch ausprägen. Ich bin der Meinung, daß dieser Fall hier vorliegt. Doch müssen in dieses Urteil einige Wenn und Aber geträufelt werden. Die gesinnungshafte Abgrenzung liegt vor allem nach der Seite der literarischen Qualität, weniger nach der Frage der Quantität. Der wesentliche Zug des Verlages ist eine grenzenlose Bereitschaft zu allem Neuen und Erregenden, zu den Wichtigkeiten des Jahrzehnts, des Tages, selbst der Minute. Ein kecker, unruhiger Geist, ein rasch zugreifender, etwas flatternder, vorfühlender Geschmack zeichnet sich ab, deutlich verliebt in alles, was irgendwie Grenzen überspringt, keineswegs ohne geistigen Ehrgeiz, doch auch gebannt in die Empfindung für das Marktgängige der gegenwärtigen und der kommenden Stunde."[125] Der Autor schloß mit der Feststellung: „Das Ganze ist sehr bunt, stellenweise grell und überschrien, doch auch aufgeräumt und vorkämpferisch; leicht und heiter; als ein Unternehmen zur Popularisierung kecker Literaturstimmungen nicht zu unterschätzen."[126] Offenbar hat sich Steegemann in beidem – in der Anerkennung für sein verlegerisches Gespür und seine Risikobereitschaft einerseits ebenso wie in der Kritik an der deutlichen Marktorientierung sowie in der Neigung zum Spektakulären andererseits – so sehr wiedergefunden, daß er den Artikel Michels im Anhang an sein Verlagsprogramm ZWEI JAHRE VERLEGER. VON LAOTSE BIS DADA kommentarlos druckte. Steegemann war beides: der manchmal bis an die Grenze verlegerischer Gewissenhaftigkeit gehende Hasardeur und auch der vorwärtsschauende Geschäftsführer, der mutig die Marktlücke nutzte, abseits des Sortiments der großen Verlage „für ganz Neues, Ungebärdiges, Unbekanntes" einzutreten. Sein Opportunismus wäre ohne seinen bedingungslosen Einsatz für die als richtig erkannte Linie ebenso wenig vorstellbar wie seine Dreistheit ohne seinen Witz.[127]

Parodistisches als ein Schwerpunkt der Verlagsproduktion. Die Zusammenarbeit mit Hans Reimann

In Anbetracht der grundsätzlich auf eine Mischung aus offensiver Polemik und gelassener Ironie angelegten Haltung des Verlegers seiner Umwelt gegenüber verwundert es nicht, daß bei aller konzeptionellen Vielschichtigkeit des Verlagsprogramms doch ein literarisches Genre immer wieder auftauchte: das der Parodie, die sich – je nach ihrem Autor und dessen Motivation – als bissige Satire oder auch als harmlose Schnurre präsentierte. Daß Paul Steegemann das parodistische Element seines Sortiments durchaus als thematischen Schwerpunkt verstand, geht aus der Tatsache hervor, daß die überwiegende Zahl der von ihm in Auftrag gegebenen Werke Parodien waren.

Wichtigster Hersteller dieser auf Bestellung oft in großer Eile hergestellten literarischen Ware war Hans Reimann. Steegemann hatte den um fünf Jahre jüngeren Leipziger Humoristen 1921 in dessen Geburtsstadt kennengelernt, als er selbst mit einigen Mühen seinen jungen Verlag auf der dortigen Buchmesse vorstellte.[128] Reimann, Jahrgang 1889, zählte nicht nur wegen der Zugehörigkeit zu jener Generation der Dreißigjährigen, die bei Steegemann 75% der Autorenschaft stellte,[129] bald zu dessen engsten Vertrauten. Vor seinem Zusammentreffen mit dem Verleger hatte er im Ersten Weltkrieg bereits seine ersten Grotesken veröffentlicht.[130] Reimann schrieb für die WEISSEN BLÄTTERN, das Darmstädter TRIBUNAL Carlo Mierendorffs und für Kurt Wolffs JÜNGSTEN TAG. Steegemann scheint eine gewisse Wahlverwandtschaft zu dem scharfsinnigen Optimisten gespürt zu haben; Reimann schrieb später in seinen Lebenserinnerungen, der Verleger habe ihn als „Bruder Lustig"[131] bezeichnet und sich sogleich mit ihm angefreundet. Zumindest in der ersten Zeit ihrer Zusammenarbeit scheint Reimann Steegemanns Sympathie erwidert zu haben. Schon ein gutes Jahr nach deren Beginn, 1922, erschien in der WELTBÜHNE ein Artikel über den Verleger anläßlich seines 28. Geburtstags, in dem Reimann sich selbst zu diesem Freund beglückwünschte, den er, wie er schrieb, „von hinten und von vorn"[132] kenne und in dem er dem „genialen Autodidakt(en)" und „Unkapitalist(en)"[133] Paul Steegemann ein bemerkenswertes Forum verschaffte.

In diesem Jahr 1922 war Hans Reimann bereits mit fünf Werken im Paul Steegemann Verlag vertreten. Auf vier von ihnen hatte Steegemann keinen Einfluß nehmen können; sie waren bereits zuvor in anderen Verlagen des Reiches erschienen und lediglich mit verändertem Layout und teilweise überarbeitetem Inhalt in sein Sortiment aufgenommen worden.[134] Das eine Buch jedoch, das Reimann eigens für den Steegemann Verlag verfaßte, eröffnete gleichzeitig einen Reigen von parodistischen Auftragsarbeiten. Bis Ende der zwanziger Jahre waren sechzehn solcher Titel erschienen. Für die Satire auf Hedwig Courths-Mahler SCHLICHTE GESCHICHTEN FÜRS TRAUTE HEIM[135] hatte Reimann, der in Leipzig Herausgeber der Zeitschrift DIE PILLE[136] und zugleich der UNGEMÜTLICHE(N) LEIPZIGER WOCHENSCHRIFT namens DER DRACHE[137] war und dort auch Kabarett in der RETORTE machte,[138] somit also über weitreichende Kontakte verfügte, den Zeichner George Grosz als Illustrator gewinnen können. Daß die Idee, ein Buch über die spießige Kitschwelt der Thüringerin Courths-Mahler zu schreiben, nicht von ihm, sondern von Paul Steegemann stammte, hat Reimann nie abgestritten.[139] Weil die Zusammenarbeit sich in Anbetracht des gut verkäuflichen Werkes bewährt hatte, wurde an dem Konzept nicht viel verändert. Steegemann ließ weiterhin „seine Nervenbündel an einer imaginären Antenne frei schweben"[140] und ersann neue verkäufliche Bücher von einem Autor, der immer nachgefragter wurde. Reimann wiederum war empfänglich für jede Anregung sowie bereit und in der Lage, in kürzester Zeit Satiren zu produzieren.

Hans Reimann, Foto. 1919

Das mochten am Ende auch weniger gelungene Bücher sein wie 1929 jene Parodie auf Edgar Wallace mit dem Titel MÄNNER, DIE IM KELLER HUSTEN. Angesichts der Kopfgeburt Steegemanns, der wohl in erster Linie den sicheren Gewinn sah, war Reimann von Beginn an offenbar nicht recht klar, was er überhaupt parodieren sollte, wie er schon im Vorwort des Buches entschuldigend zugab.[141] Andere Werke waren in engerer Absprache zwischen Autor und Verleger entstanden. Zu ihnen gehörten die beiden 1921 erschienenen Satiren auf Hanns Heinz Ewers und auf Artur Dinter. EWERS. EIN GARANTIERT VERWAHRLOSTER SCHUNDROMAN IN LUMPEN, FETZCHEN, MÄTZCHEN UND UNTERHOSEN VON HANNS HEINZ VAMPIR war ein ergötzlicher Seitenhieb auf den Erfolgsautor des phantastischen Romans ALRAUNE, der 1922 bereits eine Auflage von knapp 240.000 Exemplaren erreicht hatte.[142] Ob Steegemann Reimann auch beauftragte, Ewers' konservativ-völkische Geisteshaltung anzugreifen – zehn Jahre darauf, 1932, schrieb Ewers den „Bürgerkriegsroman"[143] HORST WESSEL –, kann nur vermutet werden.[144]

Anders lag der Fall bei Artur Dinter. Der Bühnenautor, der schon im Ersten Weltkrieg seine Aufmerksamkeit der Bekämpfung einer „Verjudung" des deutschen Theaters gewidmet hatte, wie er es nannte, veröffentlichte 1918 DIE SÜNDE WIDER DAS BLUT und setzte sich damit an die ideologische Spitze der deutschen Antisemiten.[145] Überwogen in diesem Buch noch rassistisch-völkische Elemente, so entwickelte sich Dinter alsbald stärker zum religiösen Eiferer, der zeitgleich etwa mit dem Ehepaar Ludendorff oder Jörg Lanz von Liebenfels das Ziel einer neugermanischen Religionsstiftung auf seine Fahnen schrieb. Ende der zwanziger Jahre war er Gründer der Deutschen Volkskirche und zugleich Herausgeber von deren Organ GEISTCHRISTENTUM, das Esoterik mit Religion und Rassenlehre mit Lebensreformvokabular zu verbinden suchte.[146] Für Hans Reimann und Paul Steegemann war beides, Dinters Antisemitismus wie sein aggressives Sektierertum, gleich unerträglich, ja für den Kabarettisten war Dinter mit seinen allzusehr an das Gefühl appellierenden Werken das männliche Gegenstück zu „Hedwig Kotz-Mühler" hinter der sich – unschwer zu erkennen – Hedwig Courths-Mahler verbarg, deren Romane für ihn der Inbegriff von Kleingeist, Dummheit und Intoleranz waren. 1921, drei Jahre nach DIE SÜNDE WIDER DAS BLUT[147] erschien DIE DINTE WIDER DAS BLUT. EIN ZEITROMAN VON ARTUR SÜNDER,[148] und zwar in gewohnt reißerischer Art mit irreführenden Angaben über die Auflagenhöhe: „39. wildgewordene und total vermasselte Auflage. 640.-683. Tausend".[149] Tatsächlich publizierte Steegemann beide Werke in der höchsten Auflage, die er seinem jungen Verlag jemals zumutete.[150] Der große Erfolg mag auch daran gelegen haben, daß Steegemann mit der Satire das politische Feld streifen konnte, ohne jedoch selbst Stellung beziehen zu müssen. Die PILLE,[151] die noch zuvor ein Buch Hans Reimanns ironisch rezensiert hatte,[152] lobte jetzt gleichermaßen ihn als „frech-fröhliche(n) Dichter"[153] wie Paul Steegemann als „liebenswürdigste(n) Verleger Mitteleuropas"[154] und berichtete, beide Männer hätten „einen Hansabund zur Verwertung mißliebiger Zeitgenossen gegründet … Wer dabei sein will, wenn ein Schelm zur Blutader gelassen wird, kaufe sich die köstlichen Bücher".[155]

Während weder von Ewers noch von Dinter Proteste gegen die gegen sie gerichteten Satiren bekannt sind, wehrte sich ein weiterer Zeitgenosse, der zur Zielscheibe Reimannschen Spottes wurde, umso mehr. 1923 erschien als Band drei der SÄCHSISCHEN MINIATUREN DR GEENIJ[156] mit der wiederum vollkommen aus der Luft gegriffenen Auflagenangabe von 50.000 Exemplaren. Die Nummern 1 bis 27, auf Bütten abgezogen, firmierten standesgemäß als „Fürstenausgabe", war es doch Friedrich August von Sachsen, der letzte Monarch in Reimanns Heimat, dem der schmale Band gewidmet wurde. Schon in den vorangegangenen zwei SÄCHSISCHEN MINIATUREN hatte Reimann allerhand Despektierliches über den sächsischen Menschenschlag geäußert. Die Tendenz verstärkte sich nun noch. Reimann, selbst Sachse, begann mit den Unschönheiten der sächsischen Mundart und ließ eine prägnante Charakteristik folgen: „Wir Sachsen sind neugierig, haben keinerlei Sinn für Distanz, profanieren das Erhabene, ziehen dem Pathos den Frack aus, sind scheißfreundlich, sind indiskret, können den Schnabel nicht halten und behaupten hinterdrein ganz arglos, es sei nicht ‚beese' gemeint gewesen."[157] „Inkarnation des Sachsentums"[158] sei der ehemalige König, und so entzündete Reimann dann auf fünfzig munteren Seiten ein Feuerwerk von Friedrich August-Anekdoten, die den Dargestellten in einem wenig vorteilhaften Licht, in einer Mischung aus plumper Bauernschläue und schlichter Kulturlosigkeit, zeigten.[159]

Steegemann sandte im März 1923 in gut gespielter Subordination einen Brief an Friedrich August. Darin stellte er ihm den „ganz geheime(n) Hofhistoriograph(en)"[160] Hans Reimann vor, dessen „fröhliches Büchlein" sich derzeit alle Mühe gebe, dem Fürsten zu Unsterblichkeit zu verhelfen. Am Ende bat der Verleger um die Signierung der „Fürstenausgabe".[161] Ferner erinnerte er sich an die Werbeaktion im Zusammenhang mit der ANNA BLUME. Er ließ im ganzen Reich drei Plakate anbringen, die den Umsatz der SÄCHSISCHEN MINIATUREN heben sollten. Ein Plakat mit dem Konterfei Friedrich Augusts und einem seiner vermeintlich oder tatsächlich getroffenen Aussprüche begleiteten DR GEENIJ. Die Reaktion des Landesfürsten konnte für Steegemann und Reimann nicht günstiger ausfallen. Statt Großmut zu zeigen und dem Verleger auf dessen Brief eine entsprechend ironische Antwort zukommen zu lassen, lief der ehemalige König „wie eine Marktfrau zu

Titelblatt des Romans ARTUR SÜNDER. DIE DINTE WIDER DAS BLUT von Hans Reimann. 1921

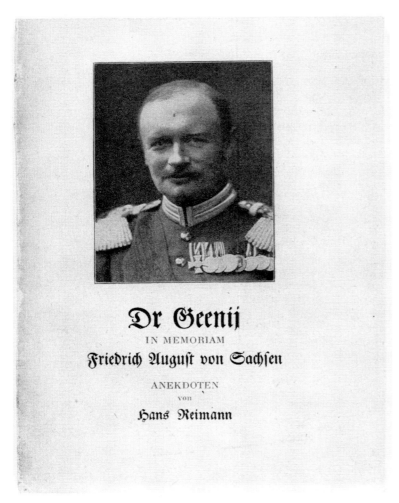

Titelblatt der Anekdotensammlung DR GEENIJ von Hans Reimann. 1923

Gericht",[162] wie Kurt Tucholsky befremdet urteilte. Tucholsky mokierte sich in der WELTBÜHNE, „wie klein ..., wie murksig" das Verhalten Friedrich Augusts sei, „wie wenig Humor darin (liege)".[163]

Der ehemalige Monarch erwirkte beim Landgericht Breslau eine Einstweilige Verfügung, mit der Reimann untersagt wurde, „den Herrn Antragsteller betreffende Anekdoten, sei es aus dem von ihm verfaßten Buch DR GEENIJ, seien es sonstige Anekdoten vorzutragen oder sonst irgendwie zu verbreiten".[164] Daß Reimann sich an das Urteil nicht hielt, sondern weiter in verschiedenen Städten unbehelligt Lesungen aus DR GEENIJ veranstaltete, bis er Ende 1924 in Breslau wegen Verunglimpfung eine einmonatige Zivilhaftstrafe zu verbüßen hatte, war Ehrensache und gehörte zur geschickten Inszenierung des Buches.[165] Ebenso unternahm Paul Steegemann einiges, um die Aufregung über die Reimann-Parodie nicht zu schnell abklingen zu lassen. Wie Tucholsky anerkennend mitteilte, schuf er um „das Ei" – das Buch DR GEENIJ – eine „Bemalung",[166] deren Reiz ersteres beinahe in den Schatten stellte. Wie vier Jahre zuvor im Fall von Schwitters' ANNA BLUME, so veröffentlichte er auch jetzt eine Auswahl aller eingehenden Kritiken auf die SÄCHSISCHEN MINIATUREN in einem vierzehnseitigen Anhang in Reimanns nächster Verlagsveröffentlichung, MEIN KABARETTBUCH. Hierin enthalten waren sowohl sein Brief an Friedrich August als auch dessen Einstweilige Verfügung gegen Reimann. Beide Dokumente wurden nur sparsam kommentiert. Eine höhnische Stellungnahme Steegemanns indes antwortete auf den langen, sorgfältig Licht und Schatten in der Persönlichkeit des ehemaligen Monarchen abwägenden Brief eines Meißener Literaturprofessors. Dieser hatte auf den latenten Antisemitismus in Deutschland zu Beginn der zwanziger Jahre verwiesen und behauptet, Männer wie Reimann, der offenbar in weiten Teilen der Öffentlichkeit als Jude galt, trügen mit solchen unüberlegten und polemischen Büchern dazu bei, den „Scheiterhaufen ..., auf dem die Antisemiten, Hakenkreuzler, Nationalsozialisten usw. das ganze Judentum verbrennen möchten",[167] zu errichten. Paul Steegemann reagierte daraufhin nicht etwa sachlich auf diesen immerhin beachtenswerten Anwurf.[168] Vielmehr gipfelte seine Entgegnung in oberflächlicher Polemik, er verunglimpfte den Professor und stellte ihn am Ende gar in die Nähe des nationalistisch eifernden hannoverschen Kritikers Martin Frehsee.

Auch angesichts anderer Kritik an Reimanns DR GEENIJ nahm Steegemann gern die Position des Beobachters von höherer Warte ein, der mit ironischem Kopfschütteln die kleinlichen Kritteleien aufgebrachter Spießer belächelte. So hatten wegen des Plakats Friedrich Augusts Betriebsrat sowie der „Arbeiter- und Angestelltenrat der Herrschaft des fürstlichen Anwesens Sibyllenort" in einem Schreiben, das angestrengt „Ehre und Ansehen unseres Brotherrn"[169] aufrechterhalten wollte und „voller Abscheu" die „schamlose Geschäftemacherei" des Paul Steegemann Verlages geißelte, ihrer Empörung Luft gemacht. Der Geschmähte nahm dies zum Anlaß, den Brief abzudrucken und sein gespieltes Mitgefühl mit folgenden Kommentaren auszudrücken: „Der Dolchstoß von der Plakatsäule", „Die hundsgemeine Plakatreklame" und „Männerstolz vor Königsthronen". Für welche Ansammlung sich feige an den Monarchen klammernder Zeitgenossen Steegemann das Autorenkollektiv wirklich hielt, machten zehn hier ebenfalls abgedruckten Karikaturen von George Grosz deutlich: Inkarnationen borniertem Spießertums, denen jeweils ein Name der Unterzeichneten zugeordnet war.[170] Die Pressemitteilung, nach der die bayerische Polizei zwei der drei Plakate, die die Veröffentlichung der SÄCHSISCHEN MINIATUREN begleiteten, entfernt habe, kommentierte Steegemann lakonisch mit dem Satz: „Die gute Republik Bayern".[171] Und als ein erzürnter Oberpostsekretär Anstoß nahm an einem dieser Plakate, das einen sich nach nächtlichem Kneipengang an einer Straßenlaterne hemmungslos übergebenden Berufsgenossen zeigte, und treuherzig mitteilte, seinesgleichen habe gar nicht das Geld, „sich solch kostspieligen Katzenjammer zu leisten", titelte der Verleger „Die VI. Gehaltsklasse klagt" und „Reimanns Kampf gegen den Alkohol".[172] Ähnlich wie schon in der ANNA BLUME-Anthologie zeigte er sich auch hier „ganz traurig" über die unglückseligen Folgen des bösen Buches.

Vor allem Steegemanns sich von jeder Form von Kritik gänzlich unbeeindruckt zeigende Dreistheit sorgte für manches „schwere Wortgefecht"[173] innerhalb des Dachverbandes der Verleger, des Börsenvereins für den Deutschen Buchhandel. Im August 1923 veröffentlichte dessen BÖRSENBLATT eine Erklärung des Vereins Dresdner Buchhändler gegen die „Verirrung und Geschmacklosigkeit des Verlegers Paul Steegemann in Hannover, der es mit dem jedem gebildeten Menschen innewohnenden Anstandsvermögen vereinbaren kann, die Reimannschen Elaborate ... seines Verlags an den Plakatsäulen unserer Stadt anzupreisen. Unsere Stellungnahme ... richtet sich gegen die undeutsche Art und die Geschäftsmacherei unter allen Umständen, die die Wehrlosigkeit der Mitmenschen ausbeutet."[174]

Doch Steegemanns verlegerische Unverfrorenheit beschränkte sich nicht auf Kritik und Konkurrenz, sondern machte auch vor seinen eigenen Autoren keinen Halt. Einmal vom Erfolg der SÄCHSISCHEN MINIATUREN verwöhnt, an dem er selbst durch seine ungewöhnlichen Werbepraktiken nicht unbedeutenden Anteil hatte, kam ihm die Idee, „den Vertreter eines jeden deutschen Volksstammes zu bitten, die dortorts herrschende ‚Mentalität' literarisch zu fixieren".[175] Steegemann war dabei ehrlich genug, öffentlich einzugestehen, daß er diese gegenwärtige literarische Mode bis zur Neige auskosten werde, wenn sie sich nur bezahlt mache. Die Ankündigung der RHEINISCHEN, JÜDISCHEN, SCHWÄBISCHEN, ÖSTERREICHISCHEN und HAMBURGER MINIATUREN, jeweils aus der Feder wenig bekannter landsmännischer Schriftsteller, folgte umgehend. Hans Reimann indes sah sich durch diese Flut in seinem Urheberrecht getroffen und kritisierte Steegemann scharf: „Abgesehen davon, daß der Titel ein mich nur in kläglichen Grenzen entzückendes Plagiat darstellt, bestehen die JÜDISCHEN MINIATUREN ... aus systemlos gesammelten Witzen, die den Namen MINIATUREN keineswegs verdienen ... Sie sind allenfalls Bagatellen, und zwar Bagatellen, die der Verleger riesendimensional aufgeplustert hat."[176] Ebenso ungerührt wie gönnerhaft teilte Steegemann dem Freund daraufhin mit: „Ach Hans, daß Du mir den ‚geschäftlichen' Vorwurf machst, das zerbricht mir den Bleistift ... (W)arum schimpfste? Laß mir doch die Boulette. Und den Ehrgeiz. Und das Finanzielle. Du bist mein Lieblingsautor. Du erledigst die schöpferische, ich die schröpferische Arbeit."[177] Mit dieser Antwort blieb das Verhältnis zwischen den einstigen Freunden Paul Steegemann und Hans Reimann für das nächste halbe Jahrzehnt, bis 1929, gestört.[178] Der plötzliche Ausfall seines derzeit erfolgreichsten Autors scheint den Verlag in eine kurze Phase der Verwirrung gestürzt

Karikatur aus Hans Reimanns Buch MEIN KABARETTBUCH. 1923

zu haben, war doch ein weiteres Buch, das Reimann verfassen sollte, bereits in seiner 20. Auflage angekündigt, obwohl noch keine einzige Zeile geschrieben worden war. Nachdem Reimann ausgefallen war, wurde als Autor für dieses Steegemann-Projekt zunächst der Satiriker Salomo Friedländer/Mynona vorgesehen. Schließlich erschien der Roman im Frühjahr 1924, und zwar unter dem Titel RAFFKE & CIE. DIE NEUE GESELLSCHAFT, und zwar aus der Feder des Steegemann-Freundes Artur Landsberger.[179]

Der Skandal um Mynonas Anti-Remarque-Schrift (1929

Die Presse reagierte auf Steegemanns Angewohnheit, erst nach abgeschlossener Werbeaktion den passenden Autor zum jeweiligen Buchtitel zu finden, mit kopfschüttelnder Ironie. Als das Ende Januar 1929 im Propyläen-Verlag bei Ullstein erschienene Buch IM WESTEN NICHTS NEUES von Erich Maria Remarque binnen weniger Monate für spürbare Wirbel in den literarischen Kreisen Deutschlands sorgte,[180] war es nicht nur für den Kritiker Robert Neumann eine Frage der Zeit, wann Steegemann versuchen werde, mit einer Remarque-Parodie auf diesen Erfolg aufzusatteln. Schließlich, so Neumann, versäume der Verleger auch sonst nicht, „an fremdem Feuer sich sein Hähnchen zu braten".[181] Da Hans Reimann zwar mittlerweile zum Verlag zurückgekehrt, hier jedoch gerade mit einer anderen Satire beschäftigt war, fiel Steegemanns Wahl auf den Philosophen und Schöpfer expressionistischer Grotesken und Satiren Salomo Friedländer/Mynona, die Remarque-Schrift zu verfassen,[182] für die er sogleich vollmundig als „Denkmalsenthüllung" warb.

Noch im Jahr 1929 erschien HAT ERICH MARIA REMARQUE WIRKLICH GELEBT? DER MANN. DAS WERK. DER GENIUS. 1000 WORTE REMARQUE. Mynona wollte den Schriftstellerkollegen Remarque dabei nur als Symptom verstanden wissen. Im Vorwort betonte er: „Ich will in das Wespennest der triumphierenden Mittelmäßigkeit stechen. Die an sich zufällige Person des Herrn Remarque dient mir nur deshalb zum Angriffspunkt, weil sich in ihr jener Triumph konzentriert … Meine Attacke gilt der gesamten zeitgenössischen Mittelmäßigkeit, den Epigonen der Antike, des Mittelalters, des Schopenhauer und des Nietzsche, der sogenannten ‚Moderne' gilt es … Sie zum Platzen zu bringen, auf die Gefahr, von den Granatsplittern ihrer Dummheit getroffen zu werden, amüsiert mich."[183] Was jedoch als ehrgeiziger Plan zur Entlarvung des „Allerweltsgeschmacks" formuliert war und als Kritik an dem Lesepublikum, das IM WESTEN NICHTS NEUES, diese „Synthese aus Krieg, Tod, Kommißbrot und Liebe",[184] begeistert zur Kenntnis nahm, entwickelte sich auf den folgenden zweihundertundfünfzig Seiten als ein mäßig witziges Konglomerat aus ungeschickter Sprachanalyse, schulmeisterlichem Wortgeklingel und oberflächlicher Witzelei um Remarques Biographie.[185] Angesichts des angestrengten Bemühens, unterhaltsam zu sein, geriet Mynonas eigentliche Kritik an dem Werk und am Ullstein-Verlag fast in Vergessenheit. Zwischen allzu gedrechselten Worthülsen tauchte nur verdeckt der Vorwurf auf, das „Konjunkturthema Krieg"[186] „romantisiert"[187] und „falsche Kriegsdarstellung"[188] betrieben zu haben. Unter Ausnutzung einer so leidvollen Angelegenheit wie des Krieges habe Remarque zudem, so kritisierte Mynona, „gewisse für den modernen Snobismus typische Charakteristika"[189] hinzugefügt.

Erich Maria Remarque. Bleistiftskizze von Rudolf Schlichter. Um 1930

Doch blieb der Protest des Pazifisten und Moralisten Mynona[190] gegen Ullsteins Geschäftemacherei und Remarques Dünkelhaftigkeit nicht nur wegen seiner eigenen stilistischen Ungeschicktheiten vage. Auch sein Verleger tat einiges, um den Eindruck einer fundierten und kritischen Auseinandersetzung mit dem Phänomen IM WESTEN NICHTS NEUES zu vermeiden. In einem mehrseitigen Prospekt kündigte der Paul Steegemann Verlag die Schrift HAT ERICH MARIA REMARQUE WIRKLICH GELEBT? in einer Art an, die allzu deutlich an die Herkunft des Verlegers aus dem Schausteller- und Zirkusgewerbe erinnerte. Wie aus dem „schlichten Osnabrücker Buchbinderssohn Paul Erich Remark der Berliner Baron Erich Maria Remarque"[191] wurde, der sich recht halbseiden mit den Früchten seines Erfolges zu schmücken pflege, interessierte offenbar auch Steegemann mehr als der Blick auf die Zeit, die dem Roman zu seiner erstaunlichen Wirkung verholfen hatte. Die Schlüssellochperspektive auf allzu Menschliches in der Person des Schriftstellers Remarque traf sich mit einer gewohnt großsprecherischen Werbung für Mynona, der einmal als „Chaplin der deutschen Philosophie"[192] und dann wieder als „schärfste(r) deutscher Satiriker" tituliert wurde, welcher „seine Feder mit dem Witz und der Gewandtheit eines Voltaire, Heine, Lichtenberg handhabt".[193]

Mynonas Kritiker waren von dessen Verwandtschaft mit diesen literarischen Größen offenbar wenig überzeugt. Kurt Tucholsky konstatierte im Frühjahr 1930 in der WELTBÜHNE, der Autor der Anti-Remarque-Schrift habe „eine Unanständigkeit"[194] begangen und führte aus: „Der entscheidende Einwand gegen das

Kriegsbuch Remarques dürfte der sein, daß sich Remarque in Wahrheit mit k schreibt und Remark heißt. Wenn das die Leser gewußt hätten, hätten sie das Buch nicht gekauft ... Ich kenne diese Geschichte nicht; ich weiß nicht, ob Remarque sich einen falschen Baronstitel zugelegt hat, die Uniform, die Orden ... Für den Wert seines Buches ist das etwa so gleichgültig, wie wenn erwiesen wäre, Remarque hätte einmal in einem Laden gestohlen ... Was weiß Mynona vom Krieg? ... Neid? ... So einfach ist das nicht, obgleich es ein bißchen seltsam anmutet, wie sich der Verleger Paul Steegemann hier an die Konjunktur anhängt." Denn „unanständiger" noch als Remarques „herzlich lederne(s)" Buch sei Steegemanns Verlagsprospekt: „Darin ist so ziemlich alles, was gut und teuer ist für Geld ... Aber es ist nichts damit: die kindischen Vorwürfe gegen Remarque werden aufgezählt, aber von der Not der Soldaten und vom Schmutz, vom Leid und vom Jammer, von Tod und von Verwundung, von Roheit und Brutalität kein Wort."[195]

Mehr noch als die Verärgerung über Mynonas fruchtloses Wortgeplänkel und Steegemanns Werbepraktiken brachte der WELTBÜHNEN-Artikel Tucholskys die Sorge zum Ausdruck, in Oberflächlichkeiten tändelnd dem ohnehin von der politischen Rechten angegriffenen Remarque weiter zu schaden und „der unsagbaren Dummheit der Rechtskreise"[196] so unbeabsichtigt einen Trumpf gegen Buch und Autor in die Hände zu spielen. Tucholskys Kollege Robert Neumann sprach diesen Gedanken deutlicher an, als er in DIE LITERATUR Mynonas Buch ablehnte, weil es „Wasser leitet auf die Mühlen von Leuten, auf deren Mühle Wasser zu leiten an sich schon ein Verstoß gegen die Solidarität aller guten Geister ist".[197] Wie schon beim Vorwurf, mit der Reimann-Satire auf Friedrich August von Sachsen die antisemitische Propaganda im Reich anzuheizen, reagierte Paul Steegemann auch auf diesen Einwand mit trotziger Ignoranz. Ohne sich öffentlich gegen den Anwurf verlegerischer Stimmungsmache für republikfeindliche Kräfte zu rechtfertigen, beauftragte er Mynona mit einer Schrift in dieser Angelegenheit[198] und versorgte ihn auch selbst mit Materialien.[199] Diese Gegenschrift erschien 1931, versehen mit einer Banderole, der die Losung GEGEN KURT TUCHOLSKY aufgedruckt war.[200] Sie blieb in erster Linie wiederum gegen Remarque gerichtet und hatte von der Tendenz nichts verloren, sich vornehmlich auf dessen nicht ganz widerspruchsfreien Lebenslauf zu konzentrieren.[201]

Was Paul Steegemann Mynona an Freiheit zur Rechtfertigung seiner Schriften einräumte, enthielt er

Letzte Folge der Fortsetzungsreihe
KAPITÄN PRIEMKES ABENTEUER
von Erich Maria Remarque.
Erschienen in der Zeitschrift
ECHO CONTINENTAL. Dezember 1924

gleichzeitig demjenigen vor, dem sein Angriff gegolten hatte: Erich Maria Remarque. Auch dieser war schließlich im Paul Steegemann Verlag kein Unbekannter. Fünf Jahre zuvor, 1924, hatte er, der sechsundzwanzigjährige ehemalige Volksschullehrer und jetzige Werberedakteur der hannoverschen Continentalwerke, in Steegemanns kurzlebiger Wochenschrift STÖRTEBEKER veröffentlicht.[202] Remarque war durch seine Arbeit als Herausgeber des ECHO CONTINENTAL und als Werbetexter bei den Continentalwerken verpflichtet, die im ganzen recht hölzern wirkenden Ergebnisse seiner schriftstellerisch-journalistischen Tätigkeit den Werbezwecken des Unternehmens zu unterstellen.[203] Bei Steegemann konnte er hingegen seiner Phantasie in dem STÖRTEBEKER-Artikel ÜBER DAS MIXEN KOSTBARER SCHNÄPSE freien Lauf lassen. 1924 war Remarques snobistisch anmutendes Raisonnement über die Vorzüge und Nachteile alkoholischer Getränke Paul Steegemann also durchaus eine Veröffentlichung wert gewesen.[204] Gleichwohl stimmte der Verleger jetzt, 1929, in die Friedländersche Beschreibung Remarques als eines „katholischen Hugenottenenkels, mondänen Kriegshelden, zerstörten Friedensenthusiasten, Pädagogen, Gummiagenten (und) Dichters"[205] ein und spöttelte in seinem Verlagsprospekt über den „elastischen Gummipropagandisten",[206] der sich so bewundernswert mit Schnaps auskenne. Daß der Alkoholika-Artikel fünf Jahre zuvor in seinem Verlag erschienen war, verheimlichte Steegemann.

Dadaistisches als zweiter Schwerpunkt der Verlagsproduktion. Die Zusammenarbeit mit Walter Serner

Ebensowenig ließ er die Leser seines werbewirksam präsentierten Prospekts wissen, daß Erich Maria Remarque 1924 noch einen zweiten Artikel im STÖRTEBEKER veröffentlicht hatte, welcher immerhin stellvertretend für ein Genre wurde, das neben der Parodie im Stile Reimanns oder Mynonas das Programm des Paul Steegemann Verlages entscheidend prägte: die Kritik am Traditionellen und am Bürgerlichen. Im fünften Heft des STÖRTEBEKER erschien Remarques LEITFADEN DER DÉCADENCE, ein Bekenntnis zum freien, sinnlichen und tabulosen Leben einer jungen Generation, die auf die Stumpfheit und Spießigkeit der Alten mit Spott blicke. Remarque rief hier zu einem von geltenden Normen und Werten befreiten Leben auf: „Wie ein Baum von Schlingpflanzen, so sind deine Triebe von Ethik, Ererbtem und Gewohntem überwuchert. Du mußt sie mit den Laugen der Ironie und des Zweifels ätzen, ehe sie wieder blank und rein sind ... Umgrenze deine Triebe mit einem Wall von Zynismus, damit nicht die Gärtner des Sanktionierten kommen und sie dir zu beschaulichen Bosketts verschneiden ... Lust sei dir Weltbeute. Trainiere deine Sinne, daß sie wie Saugnäpfe an den Erscheinungen des Daseins hängen und sie ausschöpfen."[207] Remarques Ablehnung bürgerlicher Liebes- und Sexualvorstellungen, die ihm viel zu langweilig und lau waren, um dem Empfindungsvermögen der Jungen zu entsprechen, war deutlich: „Liebe ist ein Handschuh, der nicht mehr paßt. Das Wort ist durch die Dichter ohnehin schon abgegriffen und indiskutabel ... Nur der *Kampf* der Geschlechter entfesselt die unterbewußten elementaren Strömungen, auf die es dir ankommt, nicht das Harfen kuhhafter Innigkeit auf den Psaltern der Zuneigung."[208]

Salomo Friedländer (Mynona). Bleistiftzeichnung von Ludwig Meidner. 1914

Eine solche Aussage mußte die volle Zustimmung Paul Steegemann finden, der das Bekenntnis zu einer radikalen und ehrlichen Diesseitigkeit nach Kräften unterstützte. In einer programmatischen Äußerung hielt der Verleger im gleichen Jahr seinen Kritikern entgegen: „Seien Sie mir nicht böse, meine Herren. Ich kann nicht anders. Für das Erlebnis heiteren, freien Geistes bin ich bereit, das Leben eines Truthahns zu opfern."[209] Seine Zeitschrift STÖRTEBEKER – deren Titelhelden er zudem in typischer Manier kurzerhand als leibhaftigen Blutsverwandten vorstellte – widmete er dem „frohe(n) Liebhaber des Lebens und seiner guten Gaben" und dem Feind alles „Krummen, Kleinen und Kaffrigen".[210] Als ein Kritiker seinem Verlag mangelnde sittliche Sauberkeit vorwarf, konterte er gelangweilt: „Wertvoller Herr ... Ich lege keinen Wert auf Ihren Puritanismus."[211] Falsch verstandene Sittlichkeit war für Paul Steegemann ebenso eine bürgerliche Einrichtung zur Verhinderung von Ehrlichkeit und Wahrheit wie Konservatismus für ihn gleichbedeutend mit Spießertum und Langeweile war. „Festhalten am Alten, Überzeugungstreue, wohlerworbene Rechte – dies alles bedeutet doch nur, daß man absolut nichts Neues hinzulernen will",[212] argumentierte er unter dem Pseudonym Gustav Bock als Autor im STÖRTEBEKER.[213]

Nichts Neues hinzulernen und den status quo bewahren zu wollen aber war für ihn, der selbst mit Mitte zwanzig Jahren das Wagnis der Verlagsgründung eingegangen war, unvorstellbar. Als Angehöriger der jungen Generation teilte er ihr unprätentiöses Lebensgefühl. Die Freude am Spott und an der ironischen Distanz wie die Ablehnung alles Gehemmten und durch überholte Werte unfrei Gewordenen ließen ihn schon früh den Kontakt zu einigen Vertretern des Dadaismus suchen. Kurz nach der Verlagsgründung hatte er gemeinsam mit Kurt Schwitters den vor der ANNA BLUME zurückschreckenden bürgerlichen Kritikern ihre intellektuelle Beschränktheit nachzuweisen versucht. Vermutlich hat der Erfolg der Gedichtsammlung von Kurt Schwitters seine Entscheidung beeinflußt, dem Dadaismus in seinem Sortiment einen besonderen Stellenwert zu geben. Tatsächlich standen bald standen Dada-Veröffentlichungen im Zentrum der SILBERGÄULE, und der Reihentitel erinnerte manchen Zeitgenossen – zusätzlich zu allen bisherigen regionalen und literaturhistorischen Bezügen – an das Dada-Schaukelpferdchen der Züricher Gründungsväter und -mütter der Bewegung.[214]

In der SILBERGÄULE-Reihe pflegte Steegemann Anfang der zwanziger Jahre seine „unverkäuflichen" jungen Autoren, die mit Witz, Polemik und Sinn für spektakuläre Provokation verkäufliche Bücher schufen. Er hielt es für seine verlegerische Aufgabe, ihnen „Hilfe und Plattform"[215] zu bieten. Freilich mag er geahnt haben, daß sein Engagement für die Arbeiten von Richard Huelsenbeck, Hans Arp, Kurt Schwitters, Walter Serner und Melchior Vischer seiner Schriftenreihe schon bald den Ruf eintrug, „wichtigste Dada-Publikation der Zeit"[216] zu werden. Umso nachdrücklicher wachte Paul Steegemann darüber, daß andere Verlage ihm seine Autoren nicht abwarben. Im MARSTALL betonte er: „Die Original-DADAisten geben das Copyright ihrer Werke dem Verleger Paul Steegemann in Hannover, der in Leipzig, Wien, Zürich Dadafilialen hat."[217] Wenig später, anläßlich der Werbeaktion für Hans Arps WOLKENPUMPE, wurde er deutlicher: „achtung achtung achtung sensation position hallucination qualitätsdada by steegemann hannover. ARP ARP ist einer der fünf großen dadaistischen päpste begründer des dadaismus originaldada ich steegemann habe das copyright für die wolkenpumpe."[218] Allen, die Arp und andere in seinem Verlag vertretene Künstler nachzuahmen suchten, drohte er: „ein fürchterliches menetekel zeppelin wird ihnen bereitet werden und die dadaistische hauskapelle wird ihnen was blasen man wird sie den silbergäulen zum fraß hinwerfen und ihnen bärte an falsche stellen pflanzen an sternenlassos werden sie baumeln."[219]

Jenseits allen verlegerischen Interesses an einem sich auch vom materiellen Standpunkt her bewährenden Sortiment zeigt Steegemanns eigenes Experimentieren mit Sprache, daß die Förderung des Dadaismus der frühen zwanziger Jahre auch auf einer inneren Verwandtschaft zwischen dem Verleger und seinen Autoren basierte. So spiegelte sich die Steegemannsche Lebensfreude und Risikobereitschaft in Richard Huelsenbecks Beschreibung des Dadaisten in GESCHICHTE DES DADAISMUS, einer Veröffentlichung in seinem Verlag: „Der Dadaist liebt das Leben, weil er es täglich wegwerfen kann, ihm ist der Tod eine dadaistische Angelegenheit. Der Dadaist sieht in den Tag mit dem Bewußtsein, daß ihm heute ein Blumentopf auf den Kopf fallen kann, er ist naiv, er liebt die Geräusche des Metropolitan ... Dadaist sollte der Mann sein, der ganz und gar begriffen hat, daß man Ideen nur haben, wenn man sie im Leben umsetzen kann – der durchaus aktive Typ, der nur durch die Tat lebt, weil sie seine Möglichkeit der Erkenntnis in sich schließt. Dadaist ist der Mann, der sich im Bristol-Hotel eine Etage mietet, ohne zu wissen, von welchem Geld er dem Zimmermädchen das Trinkgeld bezahlen soll ... Er kann seine Individualität loslassen wie ein Lasso, er urteilt von Fall zu Fall ..."[220] Daß Dada angetreten war, einer saturierten, langweiligen und prüden bürgerlichen Kultur den Gegenentwurf lebendigen, freien und fröhlichen Geistes vorzuleben, betonte Huelsenbecks in seinem abschließenden Satz. Keine andere Bewegung sei in den letzten Jahrzehnten mit so „katastrophaler Gewalt" wie Dada „in das Vorstellungsvermögen einer zivilisierten Gesellschaft eingebrochen".[221]

Die Notwendigkeit einer Auflockerung starrer kultureller Normen sah auch Klabund, der im MARSTALL den Artikel DIE DADAKRATIE. EINE REZENSION veröffentlichte. Ironisch kündigte er KATHEDRALE, Kurt Schwitters' zweite Dada-Veröffentlichung in seinem Verlag, als „Album mit Ansichten vom Niederwalddenkmal, Hindenburg ..., Courths Mahler und Henny Porten"[222] an, prägnanten Komponenten gutbürgerlicher Kultur also, und er fügte hinzu, „ein jeder guter deutscher Bürger" werde das Buch „gern im Salon auf der Plüschdecke aufliegen"[223] lassen. Für das Gefühl der Verwirrung und Bedrohung, mit dem „der gute deutsche Bürger" auf die Manifeste von Schwitters und den anderen Dadaisten reagierte, kannte Paul Steegemann nur Spott. Kritik an Dada reduzierte er auf die Feststellung, hier wehrten sich Kleingeister und

Spießer nach Kräften gegen die Zeichen der Zeit. DER MARSTALL wurde eröffnet mit dem programmatischen Artikel ÜBER METAPHYSIK DES BÜRGERS. Sein Autor Wilhelm Michel[224] verfaßte hier ein zynisches Plädoyer für den Erhalt des Bürgers: „Der Bürger ist unsere Vorbedingung. Er ernährt uns zwar nicht, aber er ermöglicht uns. Er ist unsere metaphysische Voraussetzung. Nicht etwa, daß er den Staat erhält (in dem wir bis jetzt immer Ausgestoßene waren) oder die Familie (in der wir als die verlorenen Söhne und Schwiegersöhne im zugigen Korridor stehen) oder die Industrie und den Handel (für die wir Ausbeutungsobjekte sind wie jeder rußgeschwärzte Proletarier) ... Es gibt eine gewisse Summe Feigheit und Dummheit in der Welt, die durchaus gefeigt und gedummt werden muß. Diese Arbeit nimmt uns der Kamerad Bürger fast vollständig ab. Er ist Knecht, damit wir frei sein können ... Damit wir fein und stark, geistig und bewegt sein können, trampelt er geschäftig durch die Welt und trompetet mit hochgerecktem Elefantenrüssel die Grobheit und die Ohnmacht, die Stofflichkeit und die Trägheit über den Erdkreis."[225]

Michel beendete seine Ausführungen über die Symbiose zwischen Bürgertum und Avantgarde mit dem Aufruf, zur Erhaltung des Bürgers „alles beizutragen, was in euren Kräften steht, indem ihr ihn durch Kunst zu wohltätigen Schlammsekretionen anregt und durch aufreizendes Anders-Sein seinen Kamm zum Schwellen und sein Bierherz zu nationalliberalen Evolutionen bringt. Ich reize euch auf zum geistigen Klassenkampf ... Rempelt ihn durch lyrische Gedichte an! Werft ihm mit Aphorismen die Fensterscheiben ein! Erpreßt ihm Interjektionen durch Novellen! Malt, daß sich seine Schleimhäute kräuseln! Das tut ihm gut ... Das braucht er. Dann bläht sich sein Gebäuche, sein Vorhemd bäumt sich, er sträubt seinen Schnauzbart gleich einem Stachelschweine, er rollt hörbar die Augäpfel. Er stampft die Fliesen seines Stammlokals und fletscht uns mit grimmgestrafften Backentaschen an – seht, *so* muß er sein, um seine gottgewollte Mission als metaphysischer Weltkuli zu erfüllen: den Geist zu ermöglichen durch seine eigene Unmöglichkeit, das Reine zu verwirklichen, indem er alle böse, feige, unreine Schwere opferwillig und staatserhaltend an sich zieht."[226]

Aus Michels Worten spricht die Überzeugung von der eigenen Überlegenheit und damit der ganze Hochmut einer jungen Generation, die sich überwiegend über die Abgrenzung zu dem definierte, was vor ihr war und was sie überwunden zu haben glaubte: hier das träge, feige, unfreie, etablierte Bürgertum, dort die bewegliche, lebendige, unabhängige Jugend, bereit zu jedem Risiko, bereit, ihre Freiheit allem Materiellen gegenüber unter Beweis zu stellen. Statt jedoch aus dem Wissen um die Zerrüttung dieser sinnlos gewordenen bürgerlichen Ordnung ebenso selbstbewußt den Aufbruch in eine neue, den hohen Ansprüchen der Jugend genügende Existenz zu fordern und sich in diesem Zusammenhang politisch zu äußern, verharrte diese junge Generation in elitärer, arroganter Opposition gegenüber den Trägern alter Macht.

Walter Serner. Lithographie von Christian Schad. 1921

Dies ist symptomatisch für das gesamte Verlagsprogramm Paul Steegemanns. Die Bereitschaft, junge Autoren zu fördern, die die derzeitigen kulturellen und kunstpolitischen Strukturen durch das Verlangen nach Provokation und Skandal in Frage stellten, resultierte im Paul Steegemann Verlag durchaus aus der Überzeugung, daß ihr Tun berechtigt sei. Doch beinhaltete die Propagierung der Dada-Forderung nach Umkehrung aller Werte, die durchaus politisch zu verstehen gewesen wäre, für ihn und sein Verlagsprogramm keinerlei über die Augenblickswirkung hinausgehende politische Aussage.

Das gilt besonders für Walter Serner, jenen Autor, der für die dadaistische Prägung des Verlags eine ähnlich wichtige Rolle spielte wie Hans Reimann für den humoristisch-parodistischen Schwerpunkt. Walter Serners Leben war gekennzeichnet durch die vehemente Ablehnung jeglicher bürgerlicher Norm. Am 15. Januar 1889 in Karlsbad als Sohn des jüdischen Herausgebers der dortigen Tageszeitung geboren, opponierte Walter Eduard Israel Seligmann, der sich schon kurz nach Beendigung der Schulzeit 1909 den Namen Serner zulegte, früh gegen den großbürgerlich-konservativen Vater.[227] Mit 22 Jahren organisierte er gegen dessen Willen eine Kokoschka-Ausstellung in Karlsbad, während des Jura-Studiums an den Universitäten Wien, Greifswald und Berlin verfaßte er Artikel über die Avantgardisten des späten Kaiserreichs.[228] Im Mai 1913 legte er nach mehreren erfolglosen Versuchen das Doktorexamen ab. Anderthalb Jahre später, im Dezember 1914, verzichtete er auf die gesicherte juristische Laufbahn, als er dem desertierten Dichter

Franz Jung ein Attest ausstellte, das diesem die Flucht ermöglichte [229]. Serner, nunmehr der Gefahr der Verhaftung ausgesetzt, reiste nach Zürich, auch, um sich selbst dem Kriegsdienst zu entziehen. Dorthin, in die anregende Atmosphäre von Pazifisten und Literaten, kehrte er in den nächsten Jahren nach oft wochenlangen Reisen immer wieder zurück. In Zürich lernte er im Sommer 1915 den Maler Christian Schad kennen, der in den zwanziger Jahren zu den führenden Vertretern der Neuen Sachlichkeit gehörte. Gemeinsam mit Schad, den wie ihn vor allem die Ablehnung des Völkermordens in die Schweiz geführt hatte, gab er ab Oktober 1915 SIRIUS, eine MONATSSCHRIFT FÜR LITERATUR UND KUNST heraus, die u.a. Arbeiten von Hans Arp, Pablo Picasso, Alfred Kubin, Peter Altenberg, Theodor Däubler und Else Lasker-Schüler veröffentlichte.[230] Ein halbes Jahr vor Erscheinen der ersten Dada-Publikation des Cabaret Voltaire trug SIRIUS typische Züge einer experimentellen, dadaistischen Zeitschrift. Christian Schad erinnerte sich, bestimmend sei bei beiden Herausgebern „die dynamische Aktion gegen die Langeweile des Wiederkäuens in Kunst und Literatur" und der „Verdruß an festgewachsener, senilgewordener Überlieferung"[231] gewesen. Aggressiver noch als er selbst habe Serner in seinen Beiträgen versucht, „die Wurzel der Flauheit"[232] auszureißen: „Griff er bis dahin still von der Seite her an, so nun frontal und radikal, um alles Sedative der Lebenslüge und alles Kommerzielle im Geistigen zu zersetzen."[233] Für einen Mann wie Serner, nach dessen Kernsatz „die letzte mögliche Enttäuschung sei, wenn die Illusion, illusionsfrei zu sein, sich als solche herausstelle",[234] war die Verlogenheit der bürgerlichen Gesellschaft unerträglich. SIRIUS sollte Wege aufzeigen, jenseits dieser Strukturen ein Dasein aufzubauen.[235] Empörte Züricher Bürger beschimpften Serner als „Umstürzer aller Ordnung"[236] und brachten ihn durch ihre Denunziationen in Kontakt mit der dortigen Polizei. Diese argwöhnte, ein Mann, der so viel Post aus dem Ausland empfange und zudem keiner bürgerlichen Erwerbstätigkeit nachgehe, könne nur ein bolschewistischer Agent sein. Nicht nur er wurde nun wochenlang observiert, sondern auch der Dadaist Tristan Tzara, der mittlerweile zu Serners Freundeskreis zählte und der wie er Freude daran fand, die Schweizer Polizei auf falsche Fährten zu locken.[237]

Gleichwohl zog Serner es vor, nach Genf zu übersiedeln, wiederum in die Nähe Christian Schads. Seine Kontakte zu den Schweizer wie den deutschen Dadaisten intensivierten sich jetzt noch. Serner liebte es, um sein Leben eine Aura des Mondänen, Geheimnisvollen zu legen.[238] Häufige Reisen, wechselnde Affären mit Frauen aus der sogenannten Halbwelt und die Angewohnheit, sich selbst als eleganten Freigeist zu beschreiben und seine eigenen Schilderungen dann unter dem Namen von Freunden – Schad oder Alfred Döblin – zu veröffentlichen, trugen ihm den Ruf einer „mysteriösen Figur mit großen Fähigkeiten"[239] ein, wie Hans Richter sich erinnerte. Sogar den geheimnisumwitterten Schriftsteller B. Traven wollte man zeitweise in ihm erkannt haben.[240] Richter schrieb weiter: „Er war der große Zyniker der Bewegung, der vollkommene Anarchist, ein Archimedes, der die Welt aus den Angeln hob und herausgehoben voll Verachtung hängen ließ."[241] Materielle Unabhängigkeit aufgrund stoischer Bedürfnislosigkeit und ein scharfer, unerbittlicher Geist ließen Serner in diesen Jahren nach dem Ersten Weltkrieg zu einem der brillantesten Köpfe der Dada-Bewegung werden, einem „literarischen enfant terrible und Bürgerschreck".[242] Hans Richter sah in ihm weit eher als in Hugo Ball oder dem Freund Tzara „die Verkörperung von Dada in seiner ... existentiellen Form".[243]

Serners erster eigener Beitrag für die Konstituierung einer Dada-Kultur war noch vor Ende des Ersten Weltkrieges abgeschlossen. LETZTE LOCKERUNG bestand aus knapp achtzig voneinander unabhängigen Kapiteln, in denen mit einer sprachlichen Rasanz zu den verschiedensten Themen Stellung genommen wurde. Angetreten, „die ewigen Welträtsel zu lösen" und damit das „Ende aller Philosophie"[244] einzuläuten, ließ Serner alle formalen und inhaltlichen Gesetzmäßigkeiten eines Romans außer acht. In persönliche und anekdotische Erinnerungen mengte sich Dadaistisches: LETZTE LOCKERUNG zeichnete mit lakonischen Worten das Szenario der sinnlos gewordenen Wirklichkeit in einer Welt, die als „Kotkugel" um einen Feuerball rast und auf der „Damenseidenstrümpfe verkauft und Gauguins geschätzt werden".[245] Vorwärts komme in dieser an sich selbst irre gewordenen Realität nur, wer illusionslos und gewieft genug sei, an nichts und niemanden zu glauben.[246] „Mithin gibt es schwerlich idiotischere Optimisten als Ri-Ra-Revolutionäre ... Golgatha war ein Kinderspiel, verglichen mit jener Pleite, welche da jüngst Mitteleuropa das

Antlitz deformierte ... Erfahrung? Die lange Nase, mit der man stets abzieht, so man nicht spontan darauf ausging, zum Vergnügen sich selber eine zu drehen."[247]

Serners Antwort auf alle Nebensächlichkeiten, zu denen für ihn Politik und Gesellschaft gehörten, berührte Elementares: „Lust ist alles."[248] Sinnlichkeit, Erotik, sexuelle Erfüllung waren für ihn das einzig Wahre, und er hatte keinerlei Hemmung zu verdeutlichen, welche Genüsse sie ihm zu bereiten vermochten.[249] Für eine Gesellschaft, die ihre Triebe und Instinkte im Korsett von Wohlanständigkeit und Ziemlichkeit erdrücke und sich stolz mit unsinnigen materiellen und geistigen Ersatzbefriedigungen betrüge, gab es für Serner nur eine Form richtiger Behandlung: „Dem Kosmos einen Tritt! Vive Dada!!!"[250] Es war diese rücksichtslose Konsequenz und innere Unabhängigkeit von den als falsch entlarvten bürgerlichen Verbindlichkeiten, die letztlich die Kraft von LETZTE LOCKERUNG ausmachten. Vielen Kollegen galt sie wie Hans Richter als „eigentlich das letzte Wort und die definitive Losung dessen, was Dada philosophisch meinte: Alles muß gelockert sein; keine Schraube mehr auf ihrem konventionellen Platz; aufgerissen die Löcher, in die sie einmal paßte; Schraube und Mensch auf dem Weg zu neuen Funktionen, die erst nach völliger Verneinung dessen, was war, erkannt werden können."[251]

Doch war es Walter Serner nicht beschieden, sich mit diesem programmatischen Roman – dem „Manifest von Morgen" und „Brevier für Weltmänner",[252] wie Ossip Kalenter in der PILLE lobte – an die Spitze der europäischen Dada-Bewegung zu setzen. Tristan Tzara, bis dahin neben Christian Schad einer seiner engsten Freunde, plagiierte LETZTE LOCKERUNG noch 1918 in seinem MANIFEST DADA derart erfolgreich, daß alsbald ihm die Rolle des Theoretikers der Bewegung zukam.[253] Es kam zum Bruch mit Tzara.[254] Gleichzeitig begann Serner, sich aus der Dada-Szene zurückzuziehen, die nach seiner Sicht mittlerweile in kleine Zirkel mit egoistischen Einzelinteressen zu zerfallen drohte.[255]

Zu diesem Zeitpunkt, Ende des Jahres 1920, schrieb Walter Serner bereits seit etwa einem dreiviertel Jahr für den Paul Steegemann Verlag. Dieser hatte gerade LETZTE LOCKERUNG veröffentlicht und schickte sich nun an, mit dem BLAUEN AFFEN ein zweites Serner-Buch zu publizieren.[256] Der Kontakt zwischen Serner und Steegemann mag durch die damalige engste Freundin des Schriftstellers zustandegekommen sein, jene Marie Kirndörfer, welcher Klabund im gleichen Jahr 1920 als Band 79 der SILBERGÄULE den LIEBESROMAN AUS SCHWABING MARIETTA widmete.[257] Marietta di Monaco war der Künstlername der Sekretärin Johannes R. Bechers, die gleichzeitig als Modell und Diseuse in Schwabinger Künstlerkneipen und Kabaretts arbeitete und schon vor dem Ersten Weltkrieg zu einer zentralen Figur der Münchner Moderne geworden war. Marietta, Jahrgang 1893, die auch selbst erfolgreich schriftstellerisch tätig war, war eine sehr eigenwillige und selbstbewußte Persönlichkeit, deren ungezählte Affären das Münchener Bürgertum schockierten.[258] Walter Serner hatte Marietta in Zürich kennengelernt, wo sie ab 1915 als Rezitatorin und Sängerin tätig war.[259] Während sie mit Klabund liiert blieb, begann sie mit Serner eine Affäre.[260] Auch dieser widmete ihr sein nächstes Buch ZUM BLAUEN AFFEN mit einem emphatischen „Marietta! Marietta!! Marietta!!!".

Unter dem Namen ZUM BLAUEN AFFEN existierten sowohl in Berlin eine Künstlerkneipe als auch in Leipzig ein berüchtigtes Bordell.[261] Beide Etablissements waren Serner nicht unbekannt. Doch nicht nur deshalb weigerte sich das konservative BÖRSENBLATT FÜR DEN DEUTSCHEN BUCHHANDEL, Steegemanns gewohnt reißerische Werbung für das Buch zu veröffentlichen.[262] Serner publizierte hier zum ersten Mal in einem literarischen Genre, das für die nächsten Jahre bestimmend für seine schriftstellerische Arbeit wurde. Es waren ebenso kurzweilig wie elegant geschriebene Kriminalgeschichten aus dem Halbwelt- und Dirnenmilieu, grell überzeichnet, locker und mit einem Ohr für den Jargon der Schieber und Schlemmer, Abenteurer und Hochstapler. Unseriös und amoralisch versuchten sie sich durch ihr Leben zu lavieren, das sie, wie ein Kritiker schrieb, nahmen, „wie es ihnen entgegenkommt, ohne ihm entgegenzugehen".[263] Keiner von ihnen hatte einen Beruf, den er oder sie nicht genausogut im Handumdrehen hätte aufgeben können, keiner hatte eine Familie, keiner hätte nicht schon am nächsten Tag in Lissabon, Prag, Stockholm, Berlin oder in einer anderen anonymen Großstadt leben können. Unsentimental, zynisch und mit unerschütterlicher Frechheit schilderte Serner in stilistischer Brillanz von ihren Gaunerstückchen, ihren mondän-lässigen Charaden und immer wieder von ihrem von keinerlei Konventionen gezügelten Liebesleben. Manfred Georg, ein guter Bekannter Paul Steegemanns,[264] fand das Wort von der „radikalen und klaren Erotik Serners, die ungehemmt aber organisch wie der Hunger aus seinen Männern und Frauen bricht".[265] Was jedoch von den einen erfreut als Literatur „ohne jeden Hauch von Moralpredigt und Sentimentalität"[266] begrüßt wurde, lehnten die anderen wie etwa die konservativ-nationalistische Zeitung GERMANIA als „Produkt kranker Hirne"[267] oder – wie der BÖRSENKURIER – als „unverblümt auf animalische Triebe"[268] zielendes Machwerk ab.

Sieben Bücher veröffentlichte Walter Serner in den Jahren zwischen 1920 und 1927 im Paul Steegemann Verlag, zwei weitere wurden 1921 und 1922 angekündigt, sind jedoch nie erschienen.[269] Unter ihnen war keine Publikation, seien es Kriminalgeschichten, der „absonderliche(.) Liebesroman" DIE TIGERIN oder das Theaterstück POSADA, die keinen Skandal nach sich gezogen hätte. Kaum ein anderer Autor des doch an Spektakulärem nicht armen Steegemann-Sortiments hat eine derartige Bandbreite an Reaktionen zwischen Zustimmung und Ablehnung vorzuweisen. Max Herrmann-Neiße,[270] ein guter persönlicher Freund Serners, etwa urteilte über die TIGERIN: „Gerade die harmlos radikale Behandlung der intimen Vorgänge hat etwas ungeheuer Überlegenes, im deutschen Schrifttum bisher kaum Gekanntes, Kampf mit der Feindlichkeit der Umwelt wird nicht umgangen, sondern geradezu aufgesucht, wider jeden Hauch von Idylle und Behäbigkeit rebelliert, dem Unvorhergesehenen, dem Abenteuer, ohne Vorbehalt, Ängstlichkeit, Vorsicht zugestürmt ... Und so schrieb Serner ... hier den bisher besten deutschen Anarchistenroman, der seine Revolte außerhalb jeder Partei, ohne jede Tendenzphrase, mit einer rücksichtslosen zynischen, nämlich von jeder Autorität oder Übereinkunft freien Energie macht."[271] Doch gerade das Lob dieser Presse, die spöttelte, vor Serners Büchern würden doch nur noch „alte Tanten" und „prüde Autoren"[272] in Ohnmacht fallen, sorgte andernorts für harsche Kritik.

Das mußte auch der hannoversche Philosoph Theodor Lessing erfahren, der im PRAGER TAGEBLATT im Mai 1925 – in einer Phase stärkster Anfeindung gegen ihn[273] – einen umfangreichen Artikel über Serners Romane veröffentlichte. Lessing berief sich auf eine Information über Serners, die er von Paul Steegemann erhalten hatte. Steegemann hatte hier stark übertrieben und Serner als kriminellen internationalen Hochstapler beschrieben, der „gegenwärtig den Orient als Besitzer großer, öffentlicher Häuser"[274] bereise. Lessing hätte wissen müssen, daß die Übertreibungen in Serners Lebenswandel der judenfeindlichen Rechtspresse Angriffsstoff bot. Und doch würdigte er Serner, den „Maupassant der Kriminalistik",[275] den er Schriftstellern wie Rilke, Brod und Kafka vorziehe und über den er schrieb, daß ihn „keines Rede ... so zum Mitschwingen bewegt (habe), wie die Gräßlichkeit des zweifelhaftesten unter allen tiefschürfenden Geistern Böhmens."[276]

Was darauf folgte, war eine Flut antisemitischer Hetzartikel in den ultrarechten und nationalsozialistischen Blättern des Reiches. Theodor Fritsch, Autor des HANDBUCHS DER JUDENFRAGE, eiferte im HAMMER, einer in Leipzig erscheinenden antisemitischen Zeitschrift, über „Schmutz und Schmach in jüdischen Kreisen" und deren „Freude am Schweinischen".[277] Zuvor hatte mit Alfred Rosenberg, dem späteren Leiter des Kampfbundes für deutsche Kultur, einer der wichtigsten Ideologen der NSDAP auf Lessings Serner-Artikel reagiert. Im VÖLKISCHEN BEOBACHTER, den er seit Februar 1923 herausgab, zeigte Rosenberg sich entsetzt über die „fühlbare Wollust"[278] des deutschen Hochschulprofessors und sah den neuerlichen Skandal um dessen sittenlose Ausführungen im Zusammenhang mit Lessings unlängst erschiener HINDENBURG-Veröffentlichung: „Denn unter ‚Leben' stellt sich der ‚Geist' des Professor Lessing – wie er selbst sagt – als Symbol die Würmertätigkeit in einem Moderberg vor. Er hat dies ‚Leben' Hindenburg gegenüber zu betätigen versucht und ... allzu offen ausgesprochen, was das Wesen des Juden an sich ausmacht ... Leben heißt für den Juden: Moder schaffen und als Wurm in ihm wirken."[279]

In Anbetracht solcher Hetztiraden gegen Äußerungen des Juden Lessing und damit indirekt auch gegen ihn war Serner durchaus bewußt, daß er Gefahr lief, von Kulturkonservativen oder politisch rechtsstehenden Parteien angefeindet zu werden. In einem Dokument aus dieser Zeit betonte er zunächst seinen Anspruch, im Grunde gar nicht Dichtung verfassen zu wollen, die er ohnehin für „höheren Schwindel" halte, sondern ein Zeitbild aus „Detailaufnahmen", „durch die ein aufrichtiger Zustand erhellt wurde".[280] Zwischen seinem Streben nach Ehrlichkeit und der Ablehnung seiner Werke sah er einen deutlichen Zusammenhang: „Was ich für mich beanspruche, ist: daß kein lebender deutscher Autor so aufrichtig ist wie ich. Deshalb bin ich doch auch so verhaßt. Niemand läßt sich gerne die Maske, die seine Eitelkeit ihm produziert, vom Gesicht reißen. Man behauptet dann, die Hand, die riß, sei schmutzig gewesen."[281]

Serners Auftritte entsprachen dem Typus, den zu verkörpern er sich früh entschieden hatte. Ein von ihm selbst in Umlauf gebrachter Lebenslauf verzichtete auf solch grelle Töne, wie sie Steegemann für ihn erfunden hatte, stützte jedoch die Bild des – so Hans Arp – „Abenteurer(s), Autor(s) von Detektivromanen, mondäne(n) Tänzer(s) … und Gentleman-Einbrecher(s) in einem".[282] Serner formulierte: „Als der Weltkrieg zu Ende war, stieg ich wieder in die Eisenbahn. Ich muß gestehen, daß es mich schon langweilt. Aber es ist doch von allem Angenehmen, woran der Globus nicht allzu reich ist, das am wenigsten ermüdende. Störend empfinde ich nur, daß man mir kontinuierlich die geschmacklosesten Motive unterstellt. Ich erkläre deshalb feierlich, …. daß ich den Umgang mit Menschen für ein Psycho-Dancing halte …, daß mir Politik zum Kotzen ist …, daß ich zartfühlend bin, faul, neugierig und roh, daß ich viele Französinnen für exquisite Geschöpfe halte, die meisten Russen aber für Hysteriker … und daß ich einen tschechoslowakischen Paß besitze und glücklicherweise eine harte Haut."[283]

Serner war zu diesem Zeitpunkt 36 Jahre alt. Schon in seinen frühen Dada-Zeiten hatte er sich an keinem Ort lange aufhalten können.[284] Auch jetzt war er, so ließ er über Christian Schad schon im August 1921 auch seine Leser in Hannover wissen, „konstant unterwegs".[285] Allerdings blieb Serner brieflich in engem Kontakt mit Schad. Ihm erlaubte Serner den Blick in eine Gefühlswelt, die nicht zu dem Bild zu zu passen scheint, das Serner gern von sich zeichnete. Im Februar 1922 beispielsweise schrieb er an Schad aus Dresden, und zwar in abstandhaltender Sie-Anrede: „Ich versichere Sie, ich hatte, seit ich München verlassen habe, *schwere* und *häufige* Selbstmordgedanken, aber lediglich auf Grund meiner *Gesamt-Katastrophe*. Mein Gott, was habe ich denn noch vor mir. *Absolut nichts*. Begreifen Sie jetzt meine Berliner Dummheiten endlich? Daß ein Mensch wie ich, fertig bis zum Nichts mit allem, Blödheiten letzten Grades macht, um sich auszuhalten? … Ich beneide Sie darum, daß Sie, obwohl Sie ja mein Denken haben, wenigstens die allgemeine Konstitution besitzen, sich mit einer Ehe, die natürlich *letzthin gewollt* und *gespielt* ist, ein fiktives Leben zu konstruieren. Anders geht es ja nicht. Aber tun Sie es! Es ist *doch* besser, konstant Betäubungsmaterial (dazu gehören auch: Ehezwist, Kindersorgen etc.) bei der Hand zu haben, als einsam in einer Café-Ecke zu hocken und an die Wand zu glotzen. *Ich* halte dieses leichter aus."[286]

In Anbetracht solcher Bekenntnisse erscheint es weniger überraschend, daß Hans Richter sich gerade an Serner als den Moralisten in den Reihen der Dadaisten erinnerte.[287] Aus manchen der seltenen Äußerungen Serners über sich selbst sprachen die Angst, hinter die Fassade des Verfassers eines „Dekamerone der untersten Schichten"[288] blicken zu lassen und, wie er es nannte, „der Horror davor, langweilig zu sein, belanglos".[289] Der Expressionist Kasimir Edschmid formulierte im Dezember 1921, das Problem von Dadaisten wie Walter Serner sei es, daß sie „keine Einstellung, keinen Weg zur Besserung, kein Ethos, nicht Liebe, nicht Haß"[290] hätten. „Fern von jeder Sentimentalität, voll krampfiger Angst, vielleicht doch noch in die Selbstschüsse und Fangteller bürgerlicher Gefühle zu kommen, bewegen sie sich in der Atmosphäre des Zeitabfalls. Sie haben jede Freiheit, da sie an nichts gebunden sind, aber das erzeugt natürlich Feigheit. Sie haben mehr Angst, unoriginell zu sein, als Mut zu hemmungsloser Kühnheit."[291] Über die Werke der Dadaisten schrieb Edschmid: „Da sie ohne ethische Hemmungen sind, kommen sie teils zu anarchistischen glatten Vernichtungen der Zeit und ihres Milieus, teils zu Kriminalgeschichten, da eben keine Kämpfe der Charaktere, sondern nur Schlachten der ‚Chuzpe' gefochten werden."[292]

Serners Werke fanden in Edschmids Augen, „handwerklich betrachtet", durchaus Anerkennung. Zwar sei Serners „Erotik hundekalt", aber die Schärfe, mit der er sein Milieu umreiße, bleibe „in ihrer Weise einzigartig": „Soviel Zynismus gab es noch nicht in einem Stall der Literatur. Serner liest sich gut, mit kalter Lust gemacht. Irgendwie ist die Kühle eine Maskierung: er ist ein Verächter. Mit metallischem Glanz fallen die

Sätze, mit Operationsmessern, exakt und präzis, schneidet er seine Welt zusammen. Seine Instrumente sind sauber, gebogen auch für den kompliziertesten Fall. Natürlich forciert er den Bürgerschreck. Auch seine Gebärde an der Grenze zivilen Lebens ist die des Mannes, der Schreckschüsse abfeuert, um sich Mut zu machen, und der am Ende anfängt zu meucheln, weil kein Mensch von ihm Notiz nimmt."[293]

Walter Serner hat derartige Deutungsversuche seiner Persönlichkeit ignoriert. Weder sein Stil noch die Sujets seiner literarischen Arbeit haben sich in den zwanziger Jahren geändert. Seine Bücher garantierten auch seinem neuen Verlag Erfolge, und Paul Steegemann mag Serners Weggang zur Berliner Konkurrenz schnell bereut haben. Im Mai 1927 jedenfalls gelang es ihm, Serner, dessen bisheriger Verlag[294] inzwischen Konkurs gemacht hatte, zur neuerlichen Unterzeichnung eines Vertrages zu bewegen.[295]

Umgehend plante Steegemann nun eine Serner-Gesamtausgabe. Noch im gleichen Jahr 1927 erschien die aufwendig gestaltete Walter Serner-Cassette, die die Neuedition aller sieben bisher erschienenen Werke des Schriftstellers enthielt und die der Presse und vielen Kollegen Serners in einer großen Werbeaktion übersandt wurde.[296] Endlich war Steegemann die Edition des Gesamtwerks eines zeitgenössischen Schriftstellers gelungen, die noch dazu von den meisten Rezensenten überaus positiv aufgenommen wurde.[297] Doch auch dieser Erfolg war Paul Steegemann wiederum nicht genug.

Schutzumschlag Christian Schads zu Walter Serners POSADA ODER DER GROSSE COUP IM HOTEL RITZ. 1927

Das Werk Serners, das zum Zeitpunkt der Herausgabe der Cassette bei weitem den größten Nachhall in der Öffentlichkeit hatte, war das Theaterstück POSADA ODER DER GROSSE COUP IM HOTEL RITZ. Das Gaunerstück in der Manier von Serners Kriminalgrotesken war im März 1927 in Berlin uraufgeführt worden und hatte sich hier als „überragender Mißerfolg"[298] erwiesen, wie der Serner-Biograph Thomas Milch schrieb. Mochte Christian Schad auch beteuern, POSADA sei „das spannendste und vielleicht beste Theaterstück, das ich je gelesen zu haben mich erinnere",[299] so blieb das turbulente Stück für die meisten seiner Kritiker doch „Spektakel, in dem Schamlosigkeit als dichterische Kühnheit – niedrigste Zote als sexueller Witz und plumpeste und obszönste Form des Ausdrucks als schöpferische Verwegenheit sich anpreist",[300] wie ein Berliner Rezensent schrieb. An den Wirbel, den POSADA selbst in der kulturell an einiges gewöhnten Hauptstadt verursacht hatte, erinnerte sich Steegemann ein gutes halbes Jahr später und fügte der Veröffentlichung des Werkes im Rahmen der Serner-Cassette den Hinweis hinzu, die zweite Aufführung des Stückes sei „gegen die Absicht der Direktion"[301] von der Berliner Polizeibehörde verboten worden. Da Steegemann neben Schad der einzige war, der die These eines Verbots von POSADA aufrechterhielt, liegt der Verdacht nahe, daß der Verleger einmal mehr einem ohnehin schon aufsehenerregenden Werk aus seiner Produktion durch diesen Reklametrick zusätzliches Augenmerk verschaffen wollte.[302]

Ganz aus der Luft gegriffen war Steegemanns Information, dieses Werk Serners sei polizeilich untersagt worden, jedoch nicht. Gut zwei Jahre zuvor, im Januar 1925, als Serner noch nicht wieder bei ihm veröffentlichte, war eines von dessen Büchern von der sächsischen Staatsanwaltschaft wegen „Gefährung der öffentlichen Sicherheit"[303] aus dortigen Bibliotheken und Buchhandlungen entfernt worden. Serners Verlag konnte sich damals durch juristische Winkelzüge aus der Affäre ziehen.[304] Serner selbst jedoch begann zu dieser Zeit, sich angesichts der Angriffe auf seine Person und seine Arbeit unsicherer zu fühlen.[305] Im Oktober 1927 schrieb er an Schad: „Ich werde so sehr gehaßt, man arbeitet so sehr gegen mich, daß ich anfange, die Sache ekelhaft zu finden. Und da ich nicht der Mann bin, den Kopf hängen zu lassen, werde ich mich eben bald abkehren."[306] In der Tat veröffentlichte Walter Serner in den Jahren ab 1926/1927 an neuen Werken nichts mehr.[307]

Gut vier Jahre darauf stellte das Landesjugendamt der Rheinprovinz vor dem Hintergrund sich verhärtender kulturpolitischer Fronten und einer wachsenden kulturkonservativen Stimmung den Antrag, das bereits zehn Jahre vorher fertiggestellte und 1925 erstmals veröffentlichte Buch DIE TIGERIN, das zudem beim Paul Steegemann Verlag bereits vergriffen war, in die Liste jener Schriften aufzunehmen, die nach dem Gesetz vom Dezember 1926 als Schund und Schmutz zu gelten hatten.[308]

Das Landesjugendamt begründete den Antrag folgendermaßen: „Diese Geschichte ist barer Unsinn. Sie stellt keinerlei Bereicherung unserer Literatur dar. Der Versuch des Verfassers, das Verbrechermilieu zu schildern, ist recht schlecht gelungen; daß er aber kein Wort der Ablehnung und des Abscheus für dieses Treiben findet, macht die Lektüre dieses Buches gefährlich für die Jugend. Schundig und für den, der die deutsche Sprache schätzt, geradezu peinlich ist der Jargon, in den der Verfasser jeden Augenblick fällt. Wir müssen eine solche Verballhornung der deutschen Sprache ablehnen. Schmutzig sind die vielen sexuellen Schilderungen ... Der Roman ist reinster Schund mit stark schmutzigem Einschlag."[309] Auffällig war die emotionale Diktion des Antrages. Das machte ihn angreifbar. Sofort nach Ankündigung des Verfahrens gegen Serner versandte Steegemann Anfang 1931 Briefe an renommierte Kritiker und Schriftsteller des Reiches wie Hermann Hesse, Heinrich Mann, Walter von Molo, Herbert Ihering, Alfred Kerr und Max Brod.[310] Obgleich seine Bitte um Unterstützung von diesen unbeantwortet blieb, ging eine Zahl anderer Gutachten ein, aus denen Steegemann Anregungen für seine Verteidigung vor der Prüfstelle für Schund- und Schmutzschriften bezog.

Kasimir Edschmid etwa bescheinigte ungeachtet seiner Bedenken Serner gegenüber DER TIGERIN „moralische Qualitäten",[311] und auch Manfred Georg[312] und Max Herrmann-Neiße[313] unterstützten als Steegemann-Freunde bzw. Serner-Kenner das Vorhaben des Verlegers. Die stärkste Rückendeckung aber erhielten Verleger und Schriftsteller durch Alfred Döblin.[314] In seinem Gutachten vom November 1931 stellte dieser fest, die Begründung des Antrages durch das Landesjugendamt sei „das Tollste und Herausforderndste ..., was wahrscheinlich auf diesem Gebiet zu leisten war". Döblin führte aus: „Daß das Landesjugendamt der Rheinprovinz Männer und Frauen verschiedener Konfession und aus verschiedenem Kulturkreis des deutschen Geisteslebens in sich faßt, kann ich verstehen. Und daß aus weltanschaulicher Abneigung etwa Serner abgelehnt wird, ist auch einzusehen. Daß aber ... diese Abneigung weltanschaulich-kulturell-politischer Art sich in dieser Weise vermummt, sich in solche anmaßende Form kleidet, das ist mir ... noch nicht vorgekommen. Die Begründung des Landesjugendamts der Rheinprovinz muß jedem ehrlich literarisch Interessierten das Blut vor Empörung ins Gesicht treiben."[315] Wortgewandt und polemisch ging Döblin im folgenden gegen jeden einzelnen Antragspunkt vor und kam zu folgendem Ergebnis: „Es sind die typischen Mittelstands- und Oberlehrerurteile, über alle Stilarten, die den ‚gebildetengepflegten' Schreibstil der Wohnstuben und Plüschmöbel verlassen ... (E)s gibt sehr viele, die lieber auf Plüschmöbeln sitzen und schlafen, als auf die Straße (zu) gehen und die Heftigkeit der nicht geruchlosen Luft (zu) ertragen. Aber das soll uns, die noch immer der Kunst dienen, nicht hindern, zu schreien, wie wir wollen und *wie wir* es für recht halten, gegen den Protest aus dem Speicher der Plüschmöbel und Vertikos."[316] Die Berliner Prüfstelle für Schund- und Schmutzschriften schloß sich am 24. November 1931 der Gesamtargumentation der Antragsgegner, so Thomas Milch, auf ganzer Linie und „mit einiger Entschiedenheit"[317] an und bediente sich in der Begründung sogar einiger aus den Gutachten stammender Wendungen.[318]

Als ein gutes Jahr später, im April 1933, die gleiche Prüfstelle ein weiteres Mal über das Schicksal von Walter Serners Werken zu entscheiden hatte,[319] berief sich Paul Steegemann auf dieses Urteil vom November 1931 und erklärte, die seinerzeit genannten Argumente hätten auch für die nun beanstandeten Bücher Gültigkeit. Doch obwohl mit dem Verleger Ernst Rowohlt ein besonnener Richter des ersten Prüfstellen-Urteils gegen Steegemann auch jetzt wieder in der Jury saß, wurde diesesmal keine Rücksicht auf Steegemanns Plädoyer genommen. Das Verfahren war im November 1932, also noch in den letzten Monaten der Weimarer Republik, angelaufen, aber Denunziation von buchhändlerischer, bürokratischer und akademischer Seite schlossen bereits eine sachliche Auseinandersetzung mit den Antragsinhalten aus. Seit dem Frühjahr 1933 galten Serners Werke als „schwere Gefahr für die Jugend".[320] Ihr Vertrieb war verboten.[321]

Walter Serner war ein typischer Vertreter jener Schriftstellergeneration, die das Sortiment des Paul Steegemann Verlags charakterisierte. Es war ein junger, unbekannter Autor, unbürgerlich, sich aufreizend rebellisch und amoralisch gebend. In seinen literarischen Arbeiten experimentierte er, seine Romane verhöhnten die Traditionen. Immer blieben Walter Serners Werke dabei jedoch bewußt snobistisch-unpolitisch. Auch das ist typisch für den Paul Steegemann Verlag.

Im September 1920 rezensierte DIE PILLE den im Paul Steegemann Verlag erschienenen Dada-Roman SEKUNDE DURCH HIRN des fünfundzwanzigjährigen Prager Journalisten und Schriftstellers Melchior Vischer.[322] Vischers Erstlingswerk war insofern „ein unheimlich schnell rotierender Roman", wie es sein Untertitel versprach, als er eine groteske Handlung um den Stukkateur Jörg entwickelte. Dieser Jörg tritt eine wüste Odyssee durch die Schlafzimmer verschiedener Damen aus unterschiedlichen Kontinenten und Epochen an, zwischendurch posieren die „Herrn Ebert und Noske in Badebüx", unbekannte Lords knabbern gelangweilt Abführpillen und Zeppeline werfen flüssige Bomben ab. Wie in einem rasanten Tagtraum dringen aktuelles Ereignis, historische Begebenheit und erotische Arabeske ineinander. Vischer war sich des Wertes seines „Blödsinns" bewußt, der „in fünfzig Jahren oder in fünfzig Minuten ... bestimmt apodiktische Weisheit"[323] werde, wie er optimistisch behauptete. Möglichen Kritikern hielt er entgegen: *„Lachen Sie nicht meine Herrschaften. Sie wissen nicht, ob Sie sich selbst belachen. Dann aber lache ich. Wer sagt Ihnen, daß ein Quadrat immer und überall ein Quadrat bleibt? ... Ich bin verrückt, meinen Sie? Meine Umwelt ist nur blödsinnig, zivilisiert, beschmiert, daher ich seltsam. Besonders seltsam pietätvollen, gesunden dicken Leuten und Turnlehrern. Wir wollen die Kultur zertrümmern, auch den bürgerlichen Wahnsinn, der oft so schön gefärbt und in Saffianleder gebunden, wir gehen bis zum äußersten Ende, dorthin, wo schon die große Freiheit grenzt*: Ursein ... Wir haben kein Erbarmen. Wir zeigen die Gescheitheit und prr (sic!) die Vernunft von ihrer Kehrseite. Wankt, wankt. An dem Sonnenmondtag, an dem die Kultur mit dem schamlosen Bastard Zivilisation zusammenkracht, da will ich dann hinknien auf Meer Ebene, Wüste, Hände in reine Weite strecken, rufen wild stark groß: WIR SIND WIEDER JUNG!"[324]

Titelblatt des Romans SEKUNDE DURCH HIRN von Melchior Vischer. 1920

Bernhard Gröttrup, der Herausgeber der PILLE, deutete diese Kampfansage an die bürgerliche Kultur, die sich inmitten „all (der) grotesken Frechheiten, (der) widerwärtigsten Gemeinheiten"[325] des Romans fand. Nach der Lektüre von Vischers Roman, so erklärte er, wisse er endlich, „was Dadaismus ist und kann".[326] Hinter seinem wirren „Dunkelstil" könne der Dadaist „manches verstecken, was in klarer Alltagssprache jeden anderen hinter die schwedischen Gardinen brächte: Melchior Vischer kann in dadaistischer Mondsprache vieles sagen, das jedem anderen den Kopf kosten würde".[327] Die Kritiken schienen diese Annahme zu bestätigen. Wenngleich über SEKUNDE DURCH HIRN gemutmaßt wurde, der Roman wolle „vielleicht etwas Ähnliches sein wie literarische Avantgarde des Kommunismus; man will das Publikum meschugge machen, um drübertrampeln zu können",[328] so überwog die Entrüstung über Szenen angeblicher sexueller Freizügigkeit und moralischer Verwerflichkeit. Auch der wenig später geäußerte Argwohn, ein unseßhafter und unkonventioneller Geist wie Walter Serner müsse geradezu zwangsläufig ein Bolschewist sein, nährte sich aus keiner konkreten politischen Aktivität, sondern aus bürgerlichen Vorurteilen. Mit der Ausnahme von Richard Huelsenbeck verbanden die fünf im Paul Steegemann Verlag vertretenen Dadaisten mit ihrer literarischen Arbeit keine dezidierten (kunst-)politischen Ansprüche, welche über die eher formelhafte aggressiv ausgedrückte Hoffnung auf eine neue Kunst und Kultur und auf Ablösung der bürgerlich geprägten Kultur durch den Dadaismus hinausging. Und auch von Huelsenbecks ansonsten radikal vorgetragenen politischen Forderungen war in dessen DADAISTISCHEM MANIFEST wenig zu spüren.

Die Wahrscheinlichkeit, hinter „schwedische Gardinen" zu kommen, wenn man sich der „Alltagssprache" bediente, bestand nicht im politischen, sondern im Bereich der vermeintlichen sittlichen Verfehlung. Nahezu alle im Paul Steegemann Verlag erschienenen dadaistischen Werke haben sich – mit unterschiedlicher Begründung – den Vorwurf gefallen lassen müssen, pornographisch, unanständig und unzüchtig zu sein. Obgleich die Proteste gegen sie massiv waren, ist nur gegen eines von ihnen – den erwähnten Roman DIE TIGERIN von Walter Serner – gerichtlich vorgegangen worden. Das scheint die These Gröttrups zu stärken, nach der Anzüglichkeiten und Beleidigungen nur dann nicht bestraft wurden, wenn sie gleichermaßen dadaistisch codifiziert waren und somit im Zweifelsfall von den Zensoren als ‚Unsinn' und ‚Irrsinn', jedoch nicht als pornographische Darstellung bewertet werden konnten. Schließlich zeigt ein Blick auf die

Skandale um die Veröffentlichung von erotischer Literatur im Paul Steegemann Verlag, mit welchen Argumenten die bürgerliche Gesellschaft aufwartete, wenn sie den Tatbestand des §184 StGB gegeben sah.

Der Verlag und die Zensur Von Beginn an galt der Pflege erotischer Literatur im Paul Steegemann Verlag besonderes Augenmerk. Es bedurfte dazu keiner willkürlichen programmatischen Zielsetzung. Für Paul Steegemann stand außer Frage, daß, wenn sein Verlag „das geistige Chaos unserer geistigen Struktur" spiegeln wolle, auch diese Facette schriftstellerischer Arbeit zu berücksichtigen sei.[329] Er betonte, „mit Pornographie, mit Schmutz in Wort und Bild"[330] nichts zu tun zu haben: „Mir geht es um die Kunst, um den Geist, um das menschliche Leben."[331]

Zeitschriften wie DER ZWIEBELFISCH nahmen dennoch schon bald an der in ihren Augen erotisch-pornographischen Ausrichtung des Verlagsprogrammes Anstoß. Von Beginn an reagierten sie besonders auf eine Akzentsetzung – die Edition homosexueller Literatur – mit Ablehnung. Paul Steegemann war verärgert. Für die nie erschienenen Nummern drei bis sechs des MARSTALLS kündigte er eine Rubrik ANTI-ZWIEBELFISCH mit dem Beitrag H. V. WEBER UND DIE ‚VERFLUCHTEN' HOMOSEXUELLEN an. Mit den Artikeln DIE LESBIERIN von Ossip Kalenter und GEBURT DER EROTIK von Hans Natonek[332] wollte er offenbar jenen Hans von Weber, den Herausgeber des ZWIEBELFISCH, provozieren, der gemutmaßt hatte, daß jemand, der sich derart für die Förderung homoerotischer Literatur einsetze, wohl selbst homosexuell sein müsse.[333] Höflich beschied Steegemann allen Spekulanten, er empfinde „das Fehlen homosexueller Literatur als eine Lücke in der Weltliteratur" und bemühe sich „eifrigst, durch Publikationen solcher Werke diese Lücke aufzufüllen".[334] Vielleicht auch weil Steegemann damit nicht konkret zum Vorwurf der eigenen Homosexualität Stellung genommen hat[335] und weil er 1920 zu den Unterzeichnern des Aufrufs des von Magnus Hirschfeld initiierten Wissenschaftlich-humanitären Komitees zur Abschaffung des §175 gehört hatte,[336] hat sich dieses Gerücht bis auf den heutigen Tag gehalten.[337]

Seine Klärung wäre erforderlich, wenn sie neuen Aufschluß auf Persönlichkeit und Verlagsprogramm Paul Steegemanns gäbe, wenn also Homosexualität – wie Rainer Hoffschildt es bezeichnete – tatsächlich ein „prägender Faktor seines verlegerischen Schaffens"[338] gewesen wäre. Steegemann hat eine Reihe homoerotischer bzw. lesbischer Literatur herausgegeben[339] und zudem Kurt Hillers programmatisches Buch §175. DIE SCHMACH DES JAHRHUNDERTS, das 1922 erschien. Wenngleich sein Programm damit zumindest in der hannoverschen Verlagslandschaft eine einmalige Note erhielt, so gibt Hillers Vorrede zu seinem Buch gleichzeitig den Schlüssel zu einer möglichen Motivation des Verlegers zur Förderung dieser Literatur. Hier hieß es, die Parteinahme „für Männer, die Menschen männlichen Geschlechts, und für Frauen, die weibliche Wesen seelisch-sinnlich lieben",[340] jene „Kategorie von Daseinsgenossen" also, „für die der Spießer, besonders der gebildete Spießer, Affekte wie Hohn, Verachtung, Mitleid und Entrüstung" übrig habe, geschehe „allein, weil es sich ziemt und sittlich ist zu arbeiten für die Befreiung einer Menschheitsminorität, die schärfer und unter blöderen Vorwänden unterdrückt, verfolgt, gequält wird als irgendeine andere".[341]

Werbung für Maximiliane Ackers Roman FREUNDINNEN. EIN ROMAN UNTER FRAUEN im BÖRSENBLATT FÜR DEN DEUTSCHEN BUCHHANDEL, 5. Juli 1928

Auch in Hillers Argumentation tauchte der Anspruch auf eine Spiegelung des „Chaos der geistigen Struktur unserer Tage" in möglichst allen Facetten auf. Als häufigem Besucher des Café Kröpcke und anderer hannoverscher Gaststätten und Kneipen kann Paul Steegemann die Homosexuellenszene der Stadt nicht verborgen geblieben sein.[342] Die Bekanntschaft mit Theodor Lessing, der als Berichterstatter des Haarmann-Prozesses einen tiefen Einblick in diese Szene gewonnen hatte, dürfte ein übriges dazu beigetragen haben, ihn für eine Problematik sensibel zu machen, die auch in Hannover in engem Zusammenhang mit den sozialen und gesellschaftlichen Rahmenbedingungen der Weimarer Republik stand.[343]

Von keinem der in Steegemanns Nische für homoerotische Literatur erschienenen Werke ist bekannt, daß seine Veröffentlichung von Lesern und Kritikern in den zwanziger und frühen dreißiger Jahren auf außerordentliche Ablehnung gestoßen wäre. Das mutet in Anbetracht des Skandals, den die Edition von lyrischen Werken des französischen Dichters Paul Verlaine heraufbeschwor, fast überraschend an.

Bereits der erste Versuch, Verlaines Gedichte aus dem Band FEMMES erstmals einem deutschen Publikum zugänglich zu machen, brachte 1919 Schwierigkeiten mit sich. Die Gedichte, übersetzt von Curt Moreck, wurden in einer bibliophil gestalteten Auflage von 600 Exemplaren als Privatdruck für Subskribenten veröffentlicht.[344] Sofort verweigerte das BÖRSENBLATT FÜR DEN DEUTSCHEN BUCHHANDEL jede Form der Vorankündigung und veröffentlichte stattdessen einen deutlich von Häme geprägten Angriff gegen Steegemann, hinter dem dieser offenbar nicht zu Unrecht persönliche Animositäten eines von ihm einst abgelehnten Schriftstellers vermutete.[345] Der Boykott des BÖRSENBLATTES und kurz darauf der Antrag, Steegemann aus dem Börsenverein auszuschließen,[346] wurden von der literarisch interessierten Öffentlichkeit aufmerksam verfolgt. Die vom Börsenverein für den Deutschen Buchhandel vertretene kunstpolitische Linie war dabei keinesfalls unumstritten.[347] DIE PILLE spöttelte vom „BÖRSENBLATT für den erotisch-konservativen Buchhandel",[348] und Kurt Tucholsky sprach nicht weniger ironisch vom „sittlichste(n) Blatt der deutschen Gegenwart".[349]

Dennoch wußten auch die Anhänger Steegemanns, wie mächtig das BÖRSENBLATT war. Seine Weigerung, über einen längeren Zeitraum hinweg Ankündigungen eines kleineren oder mittleren Verlages zu veröffentlichen, konnten dessen Ende besiegeln. Besonders Kurt Tucholsky kritisierte diese „eigenmächtige(.) Zensur größenwahnsinniger Buchhändler"[350] und formulierte: „Das BÖRSENBLATT ist kein reines Privatunternehmen mehr. Es ist ein offiziöses Monopolorgan: die Sortimenter und die Verleger, die im Börsenverein organisiert sind (und das sind so ziemlich alle maßgebenden), sind auf dieses Blatt angewiesen. Seine Hauszensur ist eine Unbotmäßigkeit, solange nicht der größte Teil von Verlegern und Sortimentern mit ihr einverstanden ist, und das will ich noch nicht glauben. Sie muß entfernt werden."[351]

Paul Steegemann plädierte ähnlich wie Tucholsky dafür, die Kompetenzen des Börsenvereins einzuschränken.[352] Einmal mehr zeigte sich nun, im Sommer 1920, die Nützlichkeit der Zeitschrift DER MARSTALL. Wiederum stellte Steegemann hier Materialien aus dem Umfeld dieser (bislang verhinderten) Veröffentlichung zusammen. Neben Pressestimmen aus der EUROPEAN PRESS, der VOSSISCHEN ZEITUNG und dem BERLINER TAGEBLATT, die von einer „musterhaften Verdeutschung"[353] dieser „unerhört hingerissenen Verse"[354] sprachen, glossierte Paul Steegemann hier die „Geistes-Haltung einiger Mitglieder des Börsenvereins der deutschen Buchhändler, die dem ‚Volksbunde gegen Schmutz in Wort und Bild' liiert sind. Diese Herren glaubten pornographischen Rauch zu riechen und begannen – ohne das Werk zu kennen – eine unerhörte Hetzarbeit gegen mich."[355] Trotz seiner Verärgerung dieser „Tugendbündler" mit ihrer „heiter-tragischen Verfolgung"[356] ließ Steegemann auch diesmal nicht die Gelegenheit aus, für die nächste MARSTALL-Ausgabe weitere „Dokumente pro und contra Paul Verlaine"[357] anzukündigen – die freilich nie erschien.

Ebensowenig wie er dieses Versprechen einlösen konnte, war dem Verleger ein gutes Jahr später, im November 1920, als sich eine zweite Welle der Empörung gegen Verlaines Gedichte aufbaute, die Möglichkeit gegeben, im MARSTALL ohne Verzug auf anfallende Kritik zu reagieren.[358] Allerdings bedeutete das Scheitern des MARSTALLS nicht, daß Steegemann sich nicht auf die Möglichkeit eines neuerlichen Protestes eingestellt hätte. Nachdem die erste Auflage von FEMMES auch infolge der werbewirksamen Diskussion in verschiedenen Medien schnell vergriffen war, hatte er eine zweite von achthundert Exemplaren, wiederum als Privatdruck für Subskribenten, in Auftrag gegeben. Gleichzeitig ließ er in Zürich[359] eine zweisprachige Ausgabe von Verlaines womöglich noch umstrittenerem Gedichtband HOMBRES drucken, der wiederum von Curt Moreck und Hans Schiebelhuth ins Deutsche übersetzt wurde. Versehen mit einem klugen Nachwort über die komplizierte Geschichte der Veröffentlichung dieser Verse,[360] vermied es diese Ausgabe, die

> Diese Ausgabe in Deutschland erscheinen zu lassen, wurde uns durch die dort herrschende Mentalität unmöglich gemacht. Wir geben sie deshalb in der Schweiz und anonym heraus.
> Wir haben es für überflüssig gehalten, den Gedichten ein unfruchtbares Kommentar mitzugeben.
> *Die Übersetzer.*

Nachwort zu Paul Verlaines Gedichtband HOMBRES (Auszug). 1920

Namen der Übersetzer und des Verlages zu nennen, was sie in die Gefahr strafrechtlicher Verfolgung gebracht hätte.

Offenbar wegen der Brisanz dieser Veröffentlichung hatte Paul Steegemann sich schon einige Zeit vorher mit der Bitte um Stellungnahme an Thomas Mann gewandt und ihm ein Exemplar von FEMMES und das Korrekturexemplar von MÄNNER übersandt. Mann antwortete am 18. August 1920, die „Unzucht der Gedichte"[361] in der „höchst repektablen" Übersetzung habe ihn „erschüttert", und er führte weiter aus: „Das Gebiet des Sittlichen ist weit, es umfaßt auch das des Unsittlichen. Große Moralisten, Menschen des weit gespannten Erlebnisses durchmessen es ganz ... Es wäre lächerlich, den unzüchtigen Gedanken der Blätter zu leugnen, lächerlich, als kunstliberaler Sachverständiger diesen Charakter durch die ‚anmutige Form' entschuldigen zu wollen. Ich bescheinige Ihnen unumwunden, daß die Gedichte erschütternd unzüchtig sind. Vielleicht ist es nicht dies, was Sie von mir hören wollten, aber ich sage es in einem Sinn, der Ihnen gegen diejenigen, die Sie dieser intimen Publikation wegen in Verruf bringen wollen, recht gibt."[362]

Doch auch Manns sorgsam abwägendes Gutachten konnte im November 1920 nicht die Beschlagnahme der zwei Verlaine-Titel sowie der Novelle VENUS UND THANNHÄUSER von Aubrey Beardsley aus Paul Steegemanns Verlagssortiment verhindern.[363] Verantwortlich für die Indizierung war der hannoversche Staatsanwalt Robert Wagenschieffer, den Theodor Lessing nur wenige Jahre später in seiner Funktion als Beobachter im Haarmann-Prozeß – dem Wagenschieffer als Zweiter Staatsanwalt beiwohnte – als „kulörbrüderliche(n), sympathische(n), ehrenfeste(n) Mann, der schlechtes Juristendeutsch spricht",[364] und Angehörigen eines „Provinzgerichts" ohne „hervorragende Strafrechtler, noch tiefblickende Seelenforscher, noch auch bedeutende Schriftsteller",[365] beschrieb. Steegemann urteilte über Wagenschieffer, der mittlerweile „ein guter Bekannter des Verlegers" geworden sei, er beschlagnahme „immer Bücher" und plädiere bei Gerichtsverhandlungen „auf (sozusagen) Todesstrafe".[366] Weder von Wagenschieffers Motivation noch von der Zusammensetzung möglicher Sachverständigenausschüsse ist etwas bekannt. Aus Berlin, wo beide Gedichtbände Verlaines ebenfalls konfisziert wurden, beklagte Kurt Tucholsky die wachsende Zensur der Staatsanwaltschaften und fügte hinzu, er selbst gedenke auch weiterhin, sich von keinem Staatsanwalt vorschreiben zu lassen, was er lesen dürfe und was nicht. Schließlich sei „das Vermögen, ein unsauberes Groschenheft und ein Kunstwerk auseinanderzuhalten, ... nicht jedem gegeben – aber dazu hat der liebe Gott die Sachverständigen erfunden, daß man sie benütze. Unsere Staatsanwälte tuns nicht. Ich habe selbst einmal als Sachverständiger einer Gerichtsverhandlung beigewohnt, wo der Vorsitzende erklärte, die Sachverständigen könnten ihm viel erzählen, er brauche sie gar nicht, sondern das Gericht werde sich über die Unzüchtigkeit der vorliegenden Mappe schon selbst einmal ein Urteil bilden. Es war auch danach."[367]

Juristische Willkür scheint auch im Jahr darauf wieder eine Rolle gespielt zu haben, als Paul Steegemann vom Landgericht Hannover „wegen Verbreitung unzüchtiger Schriften nach §184 unter Anklage gestellt und am 24. November des Jahres (1921, I.K.) ... zu 500 Mark Geldstrafe verurteilt"[368] wurde. Erneut waren es die zwei Bücher HOMBRES und FEMMES, die die Strafkammer beschäftigten.[369] Bernhard Gröttrup beschrieb die Verhandlung, die zwar unter Ausschluß der Öffentlichkeit lief, an der er selbst aber teilnehmen konnte, in der PILLE als Farce und kommentierte: „Gott, was soll man dazu sagen? Hierzulande ist nun einmal unzüchtig, was in das Reich des Klapperstorches gehört. ‚Normales Sittlichkeitsempfinden' kennt keine Wollust ... Saßen da also ein Dutzend Männer und vergeudeten ihre schönste Zeit damit, aus Verlaines Dichtungen die dicksten Rosinen zu klauben ... Und wenn die Herren im schwarzen Talar nicht ganz gewiegte Schauspieler sind, kann ich verraten, daß ihnen die Rosinen sehr gut mundeten. Hier und da huschte ein Lächeln über die Gerechtigkeiten, aber nirgends sah ich den Ausdruck sittlicher Entrüstung. Die blieb von amtswegen dem Staatsanwalt überlassen."[370] Dieser indes sprach von „unerhörten Schweinereien des ... Verfassers Paul Verlaine"[371] und forderte ein „äquales"[372] Strafmaß, das er auf RM 500 festsetzte, was zwar für den durchschnittlichen Zeitgenossen eine nicht unbedeutende Summe, jedoch wohl eher symbolisch gedacht war, kostete doch zur gleichen Zeit die normale Subskriptionsausgabe der inkriminierten Bücher RM 100 und die Ganzpergamentausgabe eines einzelnen Werkes gar RM 400.[373]

Wie Gröttrup in der PILLE würdigten andere Zeitschriften im Reich den „freudigen Wagemut" des Paul Steegemann Verlages, der „so manches Buch beschert (habe), das herauszubringen den alten Verlagsfirmen niemals eingefallen wäre".[374] Ebenso wie der PILLE-Herausgeber äußerten jedoch auch sie Besorgnis vor dem „wilden Konfiskationsgeist",[375] wie der Kleist-Experte und Steegemann-Bekannte Georg Minde-Pouet formulierte. Minde-Pouet schrieb im CICERONE: „Es verlautet, daß ein Gesetzentwurf zur Bekämpfung der Schund- und Schmutzliteratur vorbereitet wird. Schon stehen einem die Gefahren vor Augen, mit denen ein jedes solcher Gesetze die Freiheit des künstlerischen Schaffens bedroht."[376]

Paul Steegemann berief sich in seiner Verteidigungsrede auf die „kulturellen Aufgaben eines Verlegers",[377] die darin bestünden, die Literatur seiner Zeit zu schützen und zu fördern. Seine Argumente jedoch blieben vom Gericht unberücksichtigt.[378] Wohl auch deshalb forderte er eine Revision durch das Reichsgericht Berlin, welches am 19. Juni 1922 zu seinem Urteil kam. Auch diesesmal verteidigte Steegemann sich offenbar weitgehend selbst. Sein Hauptvorwurf gegen den Spruch des Landgerichtes war bereits gewesen, „daß die künstlerische Bedeutung der beschlagnahmten Schriften die Eigenschaft des ‚Unzüchtigen' ausschließe".[379] Das Berliner Gericht schloß sich dieser Auffassung nicht an, ja es unterstellte, daß Schriften dieser Art allein wegen des Unzüchtigen entstünden und nicht wegen des Wunsches, einen künstlerischen Beitrag zu leisten.[380] Deutlich widersprach das Gericht damit Steegemanns Überzeugung, keine Angelegenheit sexueller Art verdiene es, im geheimen genossen, öffentlich jedoch verrissen zu werden. Mit einem Seitenhieb auf das sich darin manifestierende sittliche Empfinden des Verlegers hieß es im Urteil weiter: „Eine krankhaft gesteigerte oder verbildete Geschlechtlichkeit, deren Empfindungen sich mit dem der weit überwiegenden Mehrheit der Volksgenossen in Widerspruch setzt, kann nicht beanspruchen, daß sich nach ihr die Auslegung des §184 wandle, mag auch manchem Künstlern, Schriftstellern, Verlegern, der Sinn für die Auffassung verloren gegangen sein, die zu einem gesetzlichen Schutze der Volksgenossen gegen die Verbreitung anstößiger Schriften oder bildlicher Darstellungen geführt hat, und mag sich (aus) ihren Kreisen neuerlich immer lauter der Anspruch vordrängen, daß sich die reinlich Empfindenden nach der kleinen Minderheit zu richten hätten."[381] Auch das Reichsgericht blieb bei dem Strafmaß von RM 500, nicht ohne „Ersatzfreiheitsstrafe"[382] anzudrohen, falls das Geld von dem Verleger nicht beigebracht werden könne.

Während von Paul Steegemann keine Stellungnahme zum Urteil des Reichsgerichts bekannt ist, protestierte Kurt Tucholsky umso schärfer gegen diese – wie er sie beschrieb – juristische „Ungehörigkeit".[383] Das Reichsgericht, so argumentierte er, sei nicht gefragt gewesen, „ob eine Minderheit ... unreinlich empfindet oder nicht". Sein Urteil sei deshalb „ein Fehlspruch" und „eine Dummheit". „Es ist nicht nur kulturell bekämpfenswert, sondern auch juristisch falsch, wenn dieser Senat ehemaliger Korpsstudenten die guten Sexualsitten für seine kleine Kaste beansprucht."[384] Tucholsky fuhr fort: „Wir halten das Reichsgericht mit seinen so vorgebildeten Richtern für keinesfalls kompetent, uns kulturelle Lehren zu erteilen. Ein Gericht, das in den großen politischen Strafprozessen Fehlschlag auf Fehlschlag tut, das in diesen Dingen wegen seiner politischen Haltung das Vertrauen des Volkes völlig verloren hat, ... Richter, die sich dauernd kastenmäßig abschließen und selbst bei ehrlichem Willen nicht mehr fähig sind, über die engen Grenzen ihres Standes hinauszublicken, Angehörige einer ökonomischen Schicht, die deren Gebräuche für die ewigen sittlichen Gebote halten – sie sind nicht die Lenker und Leiter des Volkes. Wir verbitten uns derartig provozierende Urteile."[385]

Kurt Tucholskys Kritik am Urteil des Reichsgerichts war also insofern durchaus politisch begründet, als er dem Gericht schlicht die Berechtigung absprach, Vertreter des Volkes zu sein. Auch Georg Minde-Pouet hatte mit Blick auf jene gesetzliche Festlegung, was Schund und Schmutz sei und was nicht, darauf verwiesen, „daß in Wahrheit das Volk selbst entscheidet, was es anerkennt und was es ablehnt und das Zensoramt allein auszuüben vermag".[386] Paul Steegemann jedoch ging in seiner Argumentation nicht wie diese vom

‚Souverän Volk' aus. Im ersten Verfahren gegen Verlaines Gedichtbände berief er sich im November 1921 vor dem Oberlandesgericht darauf, daß „bei einer Auflage von 1.000 Exemplaren, die zudem nur ausgewählten Subskribenten zugänglich (sei), von einer Verbreitung im Sinne der Gesetzgeber ... nicht die Rede sein könne".[387] Eine Gefährdung der ‚breiten Öffentlichkeit' durch die vermeintliche Unzüchtigkeit der veröffentlichten Werke habe also wegen der Begrenzung der Publikation auf einen kleinen Personenkreis zu keiner Zeit bestanden.

Fünf Monate zuvor, im Juni des Jahres, war als Nummer 135/136 der SILBERGÄULE die anonym erscheinende Polemik UNSITTLICHE LITERATUR UND DEUTSCHE REPUBLIK. §184 veröffentlicht worden, als deren Autor wohl Franz Blei zu gelten hat.[388] Ausdrücklich verfaßt „für den gebildeten und an seinem Bildungsgut interessierten Leser",[389] machte sich die kleine Schrift zum Anwalt einer Fülle von Publikationen, die aus sittlichen Gründen derzeit im Deutschen Reich angefeindet würden. Es gebe zur Zeit 500 laufende Verfahren gegen solche Werke der Kunst und Literatur, welche „zu den großen Erzeugnissen ihres Genius zu zählen keine andere Nation einen Augenblick zögert".[390]

Unter diesem Konfiszierten und unter Anklage Gestellten befinde sich, so Blei, nicht eine einzige pornographische Schrift.[391] Stattdessen kursierten auf den Straßen und in den Läden „ungefähr hundert als schweinisch zu bezeichnende, auf Löschpapier ordinär gedruckte Büchelin heimlich", aber doch für jeden erhältlich, der sie lesen wolle. Sie seien nach Maßstäben der Literatur einzig für das „stumpfe Geschlechtstier" hergestellter pornographischer Schund, ohne jede verständliche Handlung und bevölkert von „absurde(n) Konstruktionen mit einer an das Perpetuum erinnernden sexuellen Mechanik".[392] Von diesen Machwerken jedoch sei nicht ein einziges gegenwärtig Gegenstand von Gerichtsprozessen oder befinde sich auch nur in der Gefahr der Konfiszierung.[393] Sie verbreiteten sich ungehindert weiter, noch gefördert durch das Konsumverhalten der großen Mehrheit der Bevölkerung, die, statt sich die Zeit zu nehmen, wahre Literatur zu lesen, mit „Kunstsurrogaten"[394] vorlieb nähmen. Über diese vielen urteilte Blei: „Jeder lernt heute zwangsweise lesen und jeder liest heute die Zeitung. Man könnte sagen, um nichts anderes als die Zeitung zu lesen, lernt jeder lesen. Der Unterhaltungsroman ist erweiterte Form einer Skandalnachricht der Zeitung und wie sie geschrieben mit den Mindestansprüchen an die Aufnahmefähigkeit des Lesers, an dessen Intelligenz, Kenntnisse, Geschmack. Die Zeitung wie der Schundroman befriedigen ein gemeinsames Sensationsbedürfnis rein nervöser Art, wie es dem heutigen, großstädtisch ruinierten Menschen eigentümlich ist."[395] Dessen Leseverhalte – und mochte es sittlich noch so angreifbar sein – bleibe durch den Pornographie-Paragraphen §184 unbeeinträchtigt. Stattdessen richte dieser Paragraph „mehr Unheil und Verwirrung (an) als das dreckigste pornographische Machwerk",[396] weil er den „verschwindend kleinen Kreis heutiger Menschheit",[397] der wahre Literatur zu bewerten und zu schätzen wisse, schädige.

Der Grund für diese Fehlentwicklung sei die deutsche Republik, welcher „vorläufig noch die Republikaner fehlten"[398] und welche obsolete Machtstrukturen dulde, deren Repräsentanten – die „alte Beamtenschaft", die „im alten Reich mit dem Konfiszieren betraut war"[399] – weiter dort arbeiteten, wo sie schon zuvor gearbeitet hätten. Aus diesen Umständen ergab sich für Blei folgendes: „Denn die Lektüre seiner gebildeten Staatsangehörigen zu kontrollieren, weil auch einmal ein Ungebildeter seine schmutzige Nase in diese Lektüre stecken und sein Schamgefühl darunter leiden könne, dieses ist ein Sich-Aufspielen des Staates, das ebenso seiner Autorität in den ihm zugehörigen Dingen schadet wie der Würde eines Volkes, das solches ruhig hinnimmt und in ein Untertanenverhältnis versinkt, das nicht nur seine Steuergesetze, sondern auch die Formation seiner Geistigkeit von der Obrigkeit empfängt."[400]

Die These, die dem Buch UNSITTLICHE LITERATUR UND DEUTSCHE REPUBLIK. §184 zugrunde lag, war einfach und streng polarisiert: Hier stand die große Masse derer, die billige Sensationsromane zum Zwecke eines triebhaften Lustgewinns konsumierten, von guter Literatur aber keinerlei Wissen hätten.[401] Dort war der Zirkel der Eingeweihten, die den Eros in der Literatur wohl schätzten, diese aber nicht seinetwegen läsen und den Wert und Unwert der literarischen Leistung beurteilen könnten. Sie mit dem plumpen Fallbeil des

§184 zu treffen, nur weil nie ausgeschlossen werden könne, daß auch ein Unberufener sich einmal an gebildeter Literatur vergreife, sei Unsinn und Ungerechtigkeit zugleich.

Paul Steegemanns Argument, ein in kleiner Auflage für Subskribenten hergestellter Verlaine-Band könne unmöglich einer breiten Öffentlichkeit sittlichen Schaden zufügen, knüpfte nicht nur zeitlich, sondern auch inhaltlich an dieses letztlich elitäre Gedankengebäude an. ‚Das Volk', das nach der Ansicht Kurt Tucholskys und Georg Minde-Pouets anstelle der Justiz selbst die Entscheidung darüber fällen sollte, was unsittlich sei und was nicht, war nach der Überzeugung Paul Steegemanns dazu nicht fähig.

Selbstverständlich stimmte Paul Steegemann nicht mit jeder Aussage überein, die von Autoren in Büchern vertreten wurden, die in seinem Verlag erschienen. Es ist auch nichts darüber bekannt, ob er Franz Blei den Auftrag zu diesem Werk erteilt hat. Doch macht UNSITTLICHE LITERATUR UND DEUTSCHE REPUBLIK, das die Konfiszierung von Verlaine-Werken auch explizit nannte, den Eindruck einer für Steegemann geschriebenen programmatischen Verteidigungsschrift gegenüber dem Vorwurf, unzüchtige Literatur zu verlegen

Der Verlag und die Politik I (1919–1933)

Für den einflußreichsten gemeinsamen Gegner von Autor und Verleger, den konservativen Börsenverein für den Deutschen Buchhandel, der, so Kurt Tucholsky, die „Kriegsunschuldlüge" propagiere und „die Welschen und die Tschechen anflegelte",[402] waren Blei und Steegemann „unbequeme deutsche Oppositionelle",[403] und „Linksprofilierte".[404] Kurt Tucholsky sprach die politische Dimension des Vorgehens des Börsenvereins gegen Paul Steegemann schon anläßlich des Protests gegen Verlaines FEMMES 1920 an, als er in der WELTBÜHNE betonte, die wahre Antipathie des BÖRSENBLATTS richte sich „nicht gegen den toten Franzosen, sondern gegen den lebenden Deutschen".[405] Steegemann habe Werke von Kurt Hiller, Heinrich Mann und Heinrich Vogeler verlegt, von Schriftstellern also, die „nicht auf den deutschen Kriegerverein eingeschworen sind". Damit habe er sich als „linker Verleger" für „die Reaktionäre in Leipzig" erwiesen, welche „es mit der Angst vor dem Bolschewismus" bekommen hätten und nun, wo immer möglich, gegen ihn opponierten. Tucholsky betonte: „Das und nicht die Dirnenanbetung Verlaines ist der Kern."[406]

Eine politische Dimension hat auch Paul Steegemann selbst in der Affäre um die Konfiszierung der Werke Paul Verlaines erkannt. In FÜNF JAHRE VERLEGER behauptete er 1924 rückblickend: „Kriegen wir die Republik, die wir verdient haben – die Republik Hölderlins, Goethes, Heines –, dann werden auch diese Bände neu aufgelegt. Aber es hat, wie Ludendorff so kernig bemerkt, noch Zeit."[407] Deutlich spricht aus seinen Worten eine Unzufriedenheit mit den gegenwärtigen politischen Verhältnissen, die jener Aussage Franz Bleis in UNSITTLICHE LITERATUR UND DEUTSCHE REPUBLIK. § 184 ähnlich ist, nach der die Republik daran kranke, daß zu wenig Republikaner die politische Macht hätten und alte Strukturen sich so weiter unbehelligt aufrechterhalten ließen.

Ganz zu Beginn der Weimarer Demokratie hatte Paul Steegemann versucht, diese alte Ordnung zu zerstören und „auf dem Boden des Volksstaates und der sozialen Republik"[408] eine neue, „gerechte Ordnung"[409] herbeizuführen. Als Mitglied des hannoverschen Rats geistiger Arbeiter[410] kämpfte er „in den heiligen Nächten um den 9. November"[411] für den Sieg des Sozialismus, wie er sich später in der WELTBÜHNE erinnerte. Der „für die Novemberrevolution erglühte"[412] Vierundzwanzigjährige stand in Kontakt mit dem Anarchisten Gustav Landauer, der in München mit Ernst Toller die Räterepublik errichtet hatte und dem er schon 1920 mit Wilhelm Michels Essay ein ehrendes Denkmal schuf.[413] Wohl wegen seiner Bekanntschaft mit Kurt Schwitters und Raoul Hausmann veröffentlichte er 1921 das erste Heft der Berliner November-Gruppe, deren Angehörige sich als „Revolutionäre des Geistes"[414] bezeichneten. Dieses Heft enthielt u.a. Arbeiten von Hausmann, Hannah Höch, Wilhelm Morgner und Otto Dix und war erfüllt von begeisterter Zustimmung zu den Parolen der politisch-gesellschaftlichen Umwälzung. Aufgrund dieser und anderer Kontakte zu den führenden Köpfen der Revolution von 1918/1919 gehörte Steegemann schon früh zu den durch Bespitzelung und Denunziation gefährdeten Angehörigen der avantgardistischen Kunstszenerie Hannovers.

Noch in der letzten Phase des Weltkrieges wurde er ein erstes Mal verhaftet: „Das ging sehr fix. Das war sehr komisch. Meine Wohnung wurde durchsucht, meine Briefe beschlagnahmt, meine Bibliothek durcheinan-

Titelblatt des ersten STÖRTEBEKER-Heftes. 1924

dergeschmissen ... Dann wurde ich gefährlich gefesselt, durch die Straßen geschleift, stundenlang verhört, von Morgens bis Mitternachts[415] eingesperrt und schließlich fruchtlos entlassen. Daß ich kurze Zeit später eingezogen wurde und an die Front sollte, ist selbstverständlich. Ich war vier Monate Soldat. Und habe nie eine Uniform angehabt. Auch das ist selbstverständlich."[416] Für seine politischen Gegner, die Vertreter Wilhelminischer Ordnung, hatte Steegemann nur Spott übrig. Obrigkeitshörige Sadisten seien sie, die willkürlich und eigensüchtig Not über das Volk brächten. „Hier hat die blonde Bestie gehaust, gehurt und verhaftet",[417] urteilte er im Hinblick auf die Untersuchungspraktiken der staatstragenden Institutionen in den frühen zwanziger Jahren. „Kein Mensch war seines Lebens sicher, überall saßen Spione herum, die nach Spionen suchten."[418] Einer von ihnen war für Steegemann der Hauptmann Bernhard Jürgens, seit 1916 Chef der Abteilung Abwehr in Hannover und als solcher ein Mächtiger des alten Systems.[419] Nachdem Jürgens' Machenschaften nach Kriegsende aufgedeckt und er verhaftet worden war, kommentierte Steegemann den steilen Sturz des „Caesar a.D." so: „Das kommt davon, wenn man kein Republikaner ist."[420]

Sich selbst hingegen begriff Steegemann durchaus als Freund der Republik. 1924 beteuerte er in der Zeitschrift STÖRTEBEKER: „Natürlich bin ich Republikaner. Weil ich nicht Kaiser werden konnte. Heute kann jeder Mensch Minister werden. Und das ist gut so. Nun noch ein bißchen Psychologie in die Gehirne der Regierenden gehämmert, dann wird es schon gehen. Darf ich Vorschläge machen?"[421] Wie schon in FÜNF JAHRE VERLEGER aus dem gleichen Jahr klangen auch in diesem Bekenntnis zur Demokratie zugleich Zweifel und Skepsis hinsichtlich ihrer Realisierbarkeit mit. Seit den bewegten Tagen der Revolution, die noch die Utopie einer freien, gerechten und toleranten Zukunft genährt hatten, hatten sich offenbar auch im Bewußtsein Paul Steegemanns Entwicklungen vollzogen, die ihn den einmal vertretenen Idealen mit zunehmender Distanz und Illusionslosigkeit gegenübertreten ließ. Mit dem zeitlichen Abstand von diesen Idealen verfestigte sich bei Steegemann die Tendenz, von ‚Sozialismus' und ‚Bolschewismus' vornehmlich dann zu sprechen, wenn er sich gegenüber seinen Gegnern abgrenzen wollte. Das wird etwa deutlich, wenn er den in seinen Augen verschreckten Bürgern, die in ANNA BLUME die Vorbotin des Bolschewismus wähnten, provokant entgegenhielt: „Vive le Bolchevisme!" Die reale politische Entwicklung Deutschlands schien in seinen Augen nach der Novemberrevolution schon bald zu stagnieren. Stagnation aber sei der ärgste Feind künstlerisch-kultureller Arbeit. So setzte er sich im künstlerischen Bereich – dem einzigen, der ihn lebenslang wirklich interessierte – in einer spielerisch mit politischen Formeln experimentierenden Art für Wandel und Entwicklung ein.

‚Der Bürger' blieb Steegemann dabei letztlich ein Symbol für eine ihm selbst unverständliche Lebensform, die Werte wie Sicherheit und Tradition über den Reiz des Neuen und Unerforschten stellte. ‚Der Bürger' war für ihn der Oberforstrat, der obrigkeitshörig-verknöchert und ohne jedes Gespür für Steegemanns Witz die Parodie auf Friedrich August beanstandete. Aus der Abgrenzung zum Bürger, sicher auch zum Zweck der Provokation, wuchs Steegemanns verbale Unterstützung für ‚Sozialismus' und ‚Bolschewismus'. Parteipolitische Inhalte zu analysieren, scheint ihm dabei unbedeutend.

Das Ironisch-Anekdotische grundsätzlich jeder konsequenten Auseinandersetzung vorziehend, entwickelte Paul Steegemann seinen Standpunkt als Verleger in der Weimarer Republik aus Spott wie aus der Abgrenzung gegenüber Bisherigem. Den „Kampf fürs Volkstum" hielt er für „Quatsch", doch als er unter dem Pseudonym Gustav Bock im STÖRTEBEKER einmal nicht in jenem charakteristisch elegant-spöttelnden Ton Wirtschaftsglossen verfaßte, fiel die verbale Solidarität mit dem Volk reichlich hölzern aus („Wir kleinen Jobber").[422] Jeder Krieg sei sinnlos, hieß es ferner, weshalb man „die Führer der Pazifisten zu Generälen der kämpfenden Armee" machen solle, weil dann „jeder Krieg gewonnen"[423] sei. Nicht nur dieser Artikel, sondern die Zeitschrift STÖRTEBEKER an sich spiegelt das Dilemma eines Konzepts, das – nach einer Phase des experimentellen, ja fast spielerischen Umgangs mit politischen Inhalten – gleichsam erwachsen geworden war und sich nun in einer angestrengten Ernsthaftigkeit neben weiter locker und spaßig bleibenden Glossen und Rezensionen zu bewähren hatte. Das bisherige Erfolgsrezept, „das große Chaos unserer geistigen Struktur" auf sich einwirken zu lassen, war durch die selektive und kommentierende Berücksichtigung tages- und gesellschaftspolitischer Themen zerstört worden. Dies dürfte auch zum frühen Scheitern der Zeitschrift beigetragen haben.

1927 erfolgte der Umzug des Paul Steegemann Verlages nach Berlin. Mochte es in der ersten Hälfte der zwanziger Jahre noch einen gewissen Reiz gehabt haben, sich im Kreis gleichgesinnter Leser über die geistig-sittliche Unflexibilität des (hannoverschen) Spießbürgers lustig zu machen, so erkannte Steegemann angesichts der zunehmend aggressiver werdenden Reaktionen auf die moderne Kunst und Kultur, daß er in Hannover bald nicht mehr werde weiterarbeiten können. Vor allem das deutlich nationalistische und antisemitische Vorgehen gegenüber Theodor Lessing, den Bekannten und Mitarbeiter,[424] schienen eine „Verfinsterung des politischen Horizonts"[425] anzukündigen. Überraschende und provozierende Experimente, für die der Paul Steegemann Verlag acht Jahre lang in Hannover garantiert hatte, lagen zunehmend außerhalb jener literarischen Strömungen, welche für die zweite Hälfte der zwanziger Jahre bestimmend wurden.

Diese Tendenz war in Berlin nicht grundsätzlich anders. Nur versprach sich Paul Steegemann mit seinem schillernden, auf ein großstädtisches Publikum zugeschnittenen Sortiment von dem Umzug offenbar ausgedehntere Wirkungsmöglichkeiten als in dem kleineren Hannover. Daß er in Berlin bekannt und seine Arbeit dort geschätzt wurde, hatte ihm im Juli 1926 eine Postkarte Siegfried Jacobsohns bewiesen, mit der der Herausgeber der WELTBÜHNE den hannoverschen Verleger einlud, sowohl für seine Zeitschrift als auch für eine neu zu schaffende Monatsschrift als „Propagandachef großen Stils"[426] zu arbeiten. Zwar hatten sich mit dem plötzlichen Tod Jacobsohns im Dezember 1926 diese Pläne offenbar zerschlagen, doch blieb für Steegemann die Gewißheit, in Berlin auf ein interessierteres und aufgeschlosseneres Publikum zu stoßen als in Hannover.

Postkarte Siegfried Jacobsohns an Paul Steegemann. 12. Juli 1926

Schon unmittelbar nach dem Umzug begann er damit, „im Sog der Metropole das Geschäft und das Programm des Verlages neu zu beleben",[427] wie Henning Rischbieter es nannte. Die Rückkehr Walter Serners zum Verlag, eines Autors also, der mit seinen Kriminal- und Abenteuergeschichten im undurchsichtigen Großstadtdschungel diesem neuen Programm am deutlichsten seinen Stempel aufdrückte, erwies sich für Steegemann dabei als Glücksfall. Knapp zwei Drittel der bis zum Jahr 1933 in Berlin herausgegebenen fünfunddreißig Werke waren Kriminal-, Abenteuer-, Detektiv- und Spionageromane. Jedoch war bald innerhalb dieses Genres eine deutliche „Desorientierung"[428] des Verlages zu spüren. Von Serners reizvoll eleganten und – so Alfred Döblin – dekadenten „Bijous"[429] führte die Entwicklung zu den Florin-Büchern, einer 1932 ins Leben gerufenen neuen Buchreihe billiger und meist recht anspruchsloser Unterhaltungsromane.[430] Auch im Bereich der Parodie und Satire, der nach der Schlichtung des Zerwürfnisses zwischen Steegemann und Reimann wieder hauptsächlich von dem Freund aus alten Tagen vertreten wurde, wuchs die Tendenz, sich in mehr oder weniger simplen „Brotbüchern"[431] an bereits existierende Bucherfolge mit einer flugs verfaßten Parodie anzuhängen. Steegemanns „Freibeutermentalität"[432] in dieser verlegerischen Taktik war offenbar auch in Berlin bald bekannt.

Da er aufgriff, woran die literarische Öffentlichkeit der zwanziger Jahre interessiert war, blieb es nicht aus, daß die Arbeiten von Steegemanns Autoren gesellschaft- oder parteipolitische Strömungen spiegelten. Daß der Verleger jetzt – auf Kosten einmal mit Enthusiasmus vertretener politischer Überzeugungen – vornehmlich den materiellen Erfolg im Auge hatte, fiel besonders bei Mynonas Satire HAT ERICH MARIA REMARQUE WIRKLICH GELEBT? auf. Zu Beginn der zwanziger Jahre hatte er mit sehr ablehnend auf das völkisch-nationalistische Element im Denken der Republikgegner reagiert und noch 1924 im STÖRTEBEKER mit Kurt Hillers Aufsatz RÖNTGENBILD DES ANTISEMITISMUS seine Abscheu vor dem dumpfen Rassenhaß bekräftigt. Nun, 1929, veröffentlichte er Mynonas Angriff auf jenes Buch, das von der politischen Rechten strategisch im Kampf gegen die Weimarer Republik eingesetzt wurde.[433] Weder er noch Mynona bedienten sich dabei der Argumente der Rechten, doch war von vornherein abzusehen, wie schmal für Außenstehende der Grat zwischen der „malignen"[434] Verunglimpfung Mynonas einerseits und einer jener geschickter formulierten Glossen der Republikgegner andererseits sein würde.

Steegemann reagierte weder im Vorfeld auf dieses Moment, noch bemühte er sich nach der durch wütende Proteste begleiteten Publikation von Mynonas Schrift um eine Stellungnahme, welche die Abgrenzung zu Remarques politischen Gegnern hätte deutlich machen können. Wie schon in den Fällen zuvor, in denen die Steegemann-Autoren Hans Reimann, Theodor Lessing und Walter Serner von nationalistischer oder antisemitischer Seite angefeindet worden waren, blieb ihr Verleger auch jetzt gegen den Vorwurf stumm, der Hetze der Nationalsozialisten Auftrieb aus ungeahnter Ecke zu schaffen. Mehr noch: Zwei Jahre nach der Veröffentlichung von HAT ERICH MARIA REMARQUE WIRKLICH GELEBT? veröffentlichte Steegemann zwei Spionageromane einer Engländerin und erklärte dies mit dem Hinweis, mit diesen Beispielen englischer Propaganda gegen Deutschland die üblen Machenschaften der Feinde im Ersten Weltkrieg aufdecken zu wollen.[435]

Der Verlag und die Politik II (1933–1945)

Doch der Verleger war nicht innerhalb weniger Jahre vom aktiven Kämpfer für die neue, demokratische Ordnung in Frieden und Völkerfreundschaft zum nationalistischen Hetzer gegen ehemalige Kriegsgegner und gegen jenes politische System geworden, das sich nach dem Kriegsende in Deutschland entwickelt hatte. Auch signalisierten beide Extreme seiner politischen Ausrichtung als Verleger keinesfalls die Bereitschaft, sich willkürlich und beliebig Attitüden dieser oder jener politischen Gewichtung zuzulegen. Wenn er 1919/1920 Bäumler, Vogeler, Hiller und die November-Gruppe und gut zehn Jahre später Literatur zur ‚Kriegsschuldlüge' publizierte, dann – obwohl ihm diese Eigenschaft sicher nicht gänzlich fremd war – nicht nur aus Opportunismus, sondern auch, weil er überzeugt davon war, als Verleger Zeitzeuge sein zu müssen. Politische Sachverhalte jedoch interessierten ihn grundsätzlich nur insoweit, als sie seine literarisch-künstlerische Arbeit unmittelbar betrafen. Mit einer bemerkenswerten Mischung aus Leichtfertigkeit, Überheblichkeit und auch Skrupellosigkeit setzte sich Steegemann über alle politischen Tabus hinweg, wenn er sie für die Verwirklichung seiner Grundsätze verlegerischer Arbeit als hinderlich ansah. Daß er sich auch 1931 mit den zwei englischen Spionageromanen keinesfalls mit voller Überzeugung in das Fahrwasser völkisch-nationalistischer Gesinnung begeben hatte, sondern eher einem geänderten Publikumsgeschmack entgegenkam, sicher jedoch auch beabsichtigte, weiter dem „großen Chaos unserer geistigen Struktur" auf der Spur zu bleiben, machte jenes Konzept einer Satire deutlich, das typisch war für das Verlagsprogramm und für die politische Indifferenz, ja, Blindheit des Auftraggebers.

Im Sommer 1931 bat Steegemann Hans Reimann zum Gespräch. Der erinnerte sich: „Wir trafen uns bei Mampe am Kurfürstendamm. Ohne Umschweife rückte St. mit dem Propos heraus, ich müsse unbedingt eine Parodie auf Hitlers MEIN KAMPF schreiben. Ein Exemplar des Werkes und den Vertrag hatte er gleich mitgebracht. Ich überlegte keine Sekunde ... Bei der Nazibibel schieden Taktfragen und ästhetische Bedenken aus ... Ich unterschrieb den Vertrag, wir trennten uns, und St. schwang sich in eine Taxe. Er konnte es nicht erwarten, die Linkspresse mit Notizen zu versehen – des Inhalts, in seinem Verlag erscheine demnächst MEIN KRAMPF, eine von H. R. verfaßte Persiflage auf das Buch des Führers."[436] Wie sehr Steegemann selbst an MEIN KRAMPF interessiert war, bewiesen seine handschriftlichen Kommentare in den ersten beiden Kapiteln des Hitler-Buches, das er Reimann mitgab.[437] Wie dieser richtig vermutete, hatte der Verleger das Buch auch umgehend bereits in der deutschen Presse angekündigt. Die offenbar beträchtliche Zahl an Drohbriefen, die bei Reimann schon aufgrund der Ankündigung eingingen, bewogen den Schriftsteller jedoch ebenso wie auch die Warnungen seiner Freunde,[438] das Werk trotz des bereits unterschriebenen Vertrages nicht zu schreiben. Gegenüber dem Rechtsberater des Schutzverbandes deutscher Schriftsteller begründete er dies – wohl, weil er sich mit dieser Formulierung Unterstützung erhoffte – damit, daß er eher „öffentlich zum Nationalsozialismus übertreten" wolle, als daß er sich „an dem Werk des von mir bewunderten Mannes vergriffe".[439]

Paul Steegemann zog aus diesem Brief zwei Konsequenzen. Zum einen verklagte er Reimann wegen Vertragsbruches auf die Zahlung von 30.000 RM Schadensersatz.[440] Zum zweiten veröffentlichte er Reimanns zu diesem Zeitpunkt taktisch ungeschicktes (Lippen-)Bekenntnis zum Nationalsozialismus in der Absicht, den Autor zu verunglimpfen, sich selbst jedoch als Gegner des in MEIN KAMPF vertretenen Gedankenguts darzustellen. Besonders nach 1945 und als Antwort auf die durch den Nationalsozialismus erfahrenen Kränkungen und Schicksalsschläge intensivierte sich Steegemanns Behauptung, Reimann sei ein Nazi und er selbst ein Antifaschist. Reimann habe sich, so behauptete er jetzt, als Autor nationalsozialistischer Zeitschriften verdingt, ihn hingegen bei der Partei denunziert und schließlich auch dafür gesorgt, daß die Verlagsarbeit eingestellt und ihm selbst Arbeitsverbot erteilt worden sei.[441] Nun war Hans Reimann sicher kein im Nationalsozialismus verfemter Schriftsteller, er gehörte zu den Mitarbeitern der Zeitschriften DIE BRENNESSEL und DAS SCHWARZE KORPS[442] und verfaßte für sie vereinzelt Artikel im Einklang mit nationalsozialistischem und auch antisemitischem Gedankengut. Doch beschränkte sich seine Tätigkeit während dieser Jahre vornehmlich auf die Mitarbeit bei der Ausstattung von sich betont unpolitisch gebenden KdF-Veranstaltungen.[443] Daß Reimann mit diesen Arbeiten sehr wohl politisch – und zwar im Sinne von systemstabilisierend – gewirkt hat, ist unbestritten. Zu den kulturpolitischen Ideologen der Nationalsozialisten gehörte er dennoch nicht, und auch der Brief, in dem er seinen Abstand von dem Projekt MEIN KRAMPF bekundete, entstand offenbar mehr aus Opportunismus als aus ideologischer Überzeugung. Wenn Steegemann ihm die Kollaboration mit dem Nationalsozialismus nachdrücklich unterstellte, so im Zusammenhang mit „eine(r) Art Kompensationsmechanismus",[444] den Jochen Meyer so beschrieb: „Indem er die dunklen Punkte in der Vergangenheit Reimanns hervorhob ..., schuf er vor sich und anderen gewissermaßen einen Hauptschuldigen, den er auch für das eigene Versagen in den Jahren 1933 und 1934 und seine Folgen verantwortlich machen konnte."[445] Hans Reimann selbst wurde in seiner Autobiographie deutlicher: „Der Laden wurde ihm geschlossen, weil sich St., der als Filou und unsicherer Kantonist galt, allzu aufdringlich bei der NSDAP angebiedert hatte."[446]

In deutlichem Bruch zu seiner fast fünfzehnjährigen Verlagsproduktion hatte Paul Steegemann in diesen ersten beiden Jahren nach der nationalsozialistischen Machtübernahme eine neue Buchreihe unter dem Titel DIE ERHEBUNG. DOKUMENTE ZUR ZEITGESCHICHTE ins Leben gerufen. In sechzehn schwarz-weiß-rot eingebundenen Bänden veröffentlichte er Reden von Adolf Hitler, Hermann Göring, Walter Darré, Hjalmar Schacht, Albert Leo Schlageter und anderen. Dazu kamen nicht-zeitgenössische Schriften, u.a. Richard Wagners DIE RACHE DES JUDENTUMS und DAS JUDENTUM IN DER MUSIK sowie ein Zitatenband aus dem Werk Friedrich Nietzsches, der diesen als „Propheten des Dritten Reiches" ausweisen sollte.[447] Wenn Paul Steegemann auf die veränderten politischen Verhältnisse nicht wie viele seiner Kollegen mit der „Produktion harmloser, unpolitischer, halbwegs sich anpassender"[448] Literatur reagierte, sondern, so Jochen Meyer, sich mit der Edition „parteipolitischen Schrifttums, dessen Linientreue nun freilich nicht einmal vom Münchener Franz Eher Verlag übertroffen werden konnte",[449] in der deutschen Verlagslandschaft geradezu zu exponieren suchte, so hatte das mehrere Gründe.

Zum einen hatte sich sein Versuch, seinen Autor Hans Reimann aus Ärger über dessen Vertragsbruch als überzeugten Nationalsozialisten darzustellen, nach dem 30. Januar 1933 gegen ihn selbst gewandt. Nun galt Reimann als derjenige, der, ergriffen von der „Gewalt des Kampfbuches" in „einem ehrlichen und tapferen Schreiben",[450] seinem Verleger die Stirn geboten habe, dieser hingegen als unzuverlässiger Systemgegner. Im nachhinein erwies sich Steegemanns Vorgehen, den Autor in aller Öffentlichkeit zu beschuldigen, als großer Fehler, der ihn jetzt offenbar sogar in Lebensgefahr brachte.[451] Insofern muß das sich in der Reihe DIE ERHEBUNG manifestierende literarisch-politische Genre als Angebot des Einlenkens und als Beteuerung des Verlegers verstanden werden, nunmehr ohne Einschränkung die offizielle kunstpolitische Linie zu vertreten. Mehr noch: Mit DIE ERHEBUNG, die sich schon in ihrer uniformen äußeren Gestaltung deutlich von den bisherigen Verlagsprodukten unterschied, startete Paul Steegemann den verzweifelt notwendigen Versuch, sein bisheriges Verlagsprogramm aus den Jahren 1919 bis 1932 zu verheimlichen.

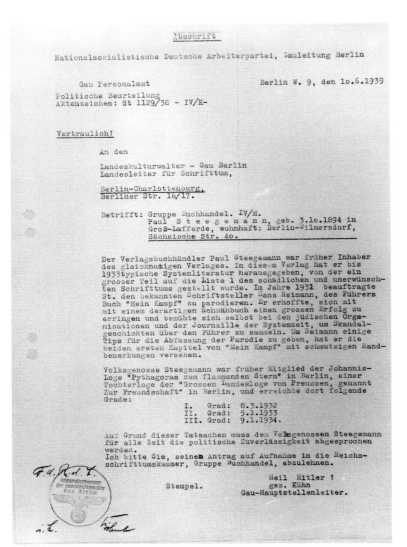

Schreiben der NSDAP, Gauleitung Berlin, an den Landesleiter für Schrifttum, Berlin. 10. Juni 1939 (Abschrift aus der Personalakte Paul Steegemann)

Steegemann hat nach 1945 selbst das Moment der drohenden Bestrafung für dieses Sortiment zur Rechtfertigung seines Handelns benutzt, als er über die drei Veröffentlichungen des Chefredakteurs der nationalsozialistischen Zeitschrift DER ANGRIFF, Willi Krause, schrieb, er habe sich mit ihnen, um sich „gegen das anziehende Gewitter zu schützen, ein paar Wochen schmücken (müssen)".[452] Die zumindest verbale Leichtfertigkeit, mit der Steegemann nach 1945 von den Erfahrungen in der nationalsozialistischen Diktatur berichtete, verweist jedoch noch auf einen anderen Grund, der dem Verleger das Einschwenken auf einen neuen Kurs erleichterte. Was ihm auch im Nationalsozialismus und über den Zweiten Weltkrieg hinaus stärker als die Bereitschaft zu vorbehaltloser Schilderung blieb, war das Bedürfnis, zu unterhalten und Unangenehmes in der eigenen Biographie elegant zu beschönigen. 1950 reduzierte er die zwölf Jahre nationalsozialistischer Schreckensherrschaft auf die Formel: „Was wir dann auf dieser schwankenden Erde erlebten, bar jedes metaphysischen Treppengeländers, war ja allerhand. Dagegen war Odysseus nur ein erlebnishungriger Stubenhocker."[453]

Mit ähnlicher Unbekümmertheit hatte er gut fünfzehn Jahre zuvor, 1933, auf die veränderten politischen Rahmenbedingungen reagiert. Daß er Hitler-Reden publizierte, die in schärfster Form gegen Verleger wie ihn selbst polemisierten, welche im neuen Staat als „Nichtskönner und Gaukler"[454] ihre Fahne wechselten und Literatur im Sinne des Nationalsozialismus publizierten, wird Paul Steegemann vermutlich eher wenig Skrupel verursacht haben. Opportunismus und eine Mißachtung der Macht politischer Systeme, die sicher auch auf mangelnder Bereitschaft beruhte, sich inhaltlich mit ihnen auseinanderzusetzen, ließen ihn für die Reihe DIE ERHEBUNG den Untertitel DOKUMENTE ZUR ZEITGESCHICHTE finden.

Doch der Versuch, sich damit aus der Gefahrenzone nationalsozialistischer Kontrolle zu bringen, scheiterte schon wenige Monate nach der nationalsozialistischen Machtübernahme. Steegemann wurde von seiner Vergangenheit als Herausgeber „bis 1933 typische(r) Systemliteratur" eingeholt, „von der ein großer Teil auf die Liste ... des schädlichen und unerwünschten Schrifttums gestellt wurde",[455] wie es in einem Schreiben der NSDAP-Gauleitung Berlin hieß. Schon unmittelbar nach den Bücherverbrennungen im Mai 1933 waren die Werke der Steegemann-Autoren Walter Serner, Kurt Hiller, Hans Reimann, Heinrich Mann und Kasimir Edschmid indiziert worden.[456]

Mit Empörung reagierte die Zeitschrift DIE NEUE LITERATUR 1934 auf die Wandlung des Verlages, der, wie sie schrieb, „noch vor einem Jahr übelstes Literatenzeug und schlimmste Bordellliteratur verlegte"[457] und jetzt mit „verdreckter Fahne"[458] auf neuen Gewässern zu segeln suche. Immer konzentrierten sich die Angriffe allein auf die verlegerische Arbeit Paul Steegemanns. Seine politische Betätigung zu Beginn der zwanziger Jahre blieb unerwähnt, und nur eine Mitgliedschaft in der Berliner Johannes-Loge PYTHAGORAS ZUM LEUCHTENDEN STERN Anfang der dreißiger Jahre wurde als Hinweis auf politische Unzuverlässigkeit[459] angegeben. Am 2. Oktober 1934 wurde Paul Steegemann auf Verordnung der Prüfungskommission zum Schutze des nationalsozialistischen Schrifttums, Berlin, die Berechtigung entzogen, nationalsozialistisches Schrifttum herauszugeben,[460] ein Vierteljahr später, zum 21. Januar 1935, wurde er als Mitglied der Gruppe Buchhandel aus der Reichsschrifttumskammer ausgeschlossen.[461] Obwohl er dies wiederholt beantragte, gelang ihm nicht die erneute Aufnahme in die Reichsschrifttumskammer. Die Liquidation seines Verlages zog sich noch ein knappes halbes Jahr hin. Während der nächsten Jahre bestritt er seinen Lebensunterhalt und den seiner Familie als freier Mitarbeiter bei mehreren Berliner Zeitungen und Zeitschriften.[462]

1943 verließ Paul Steegemann Berlin und zog in den böhmischen Kurort Rochlitz.[463] Dies hatte sicher nicht den Charakter einer Urlaubsreise, wie Hans Reimann in seinen Lebenserinnerungen unterstellte,[464] sondern entsprach eher einer Vorsichtsmaßnahme wegen der Bombenangriffe auf Berlin. Steegemann schrieb selbst darüber nach 1945 in gewohnter Lässigkeit: „Vierundzwanzig Jahre war ich ein (nicht immer) getreuer Untertan Wilhelms des Zwoten. Dann emigrierte er. Vierundzwanzig Jahre später emigrierte ich. Schicklgruber war auch nicht der Richtige."[465] An den Aufenthalt in Rochlitz schlossen sich für ihn und seine Frau unmittelbar nach Kriegsende fünfzehn Monate Internierung in einem tschechischen Lager an.[466]

Wie Paul Steegemann nach seiner anschließenden Rückkehr nach Deutschland die Theorie der Emigration aufrechterhielt, so sprach er von dem böhmischen Lager unzutreffend als „Konzentrationslager".[467] Dies, verbunden mit dem Vorwurf an den ehemaligen Freund Hans Reimann, sich in eine machtvolle Position innerhalb des nationalsozialistischen kulturpolitischen Gefüges gebracht und sodann ihn, Steegemann, denunziert zu haben, verband sich nach 1945 verkürzt zu der infamen These, Reimann habe Steegemann „auf die Schwarze Liste und ins KZ gebracht".[468] Steegemann, der ab Frühsommer 1949 unter amerikanischer Lizenz mit der Buchreihe DIE BANK DER SPÖTTER. SCHERZ, SATIRE UND TIEFERE BEDEUTUNG dort anzuknüpfen versuchte, wo er 1932 aufgehört hatte, hätte ausreichend Möglichkeit gehabt, dieses Gerücht öffentlich zu zerstreuen.[469] Stattdessen druckte er die Verleumdung Reimanns als Anhang unkommentiert in seinen Büchern.[470]

Dies erwies sich als letztes Kapitel in der langjährigen Arbeitsbeziehung zwischen Paul Steegemann und Hans Reimann. Der Verleger hatte die Konditionen der Zusammenarbeit von Beginn an mit dem forschen Hinweis vorgegeben, der Autor sei für den „schöpferischen", er hingegen für den „schröpferischen"[471] Part der Zusammenarbeit zuständig. Er hatte Reimann mit Bestellungen für Bücher konfrontiert, von denen dieser noch keine Ahnung hatte, die jedoch wenige Tage später in bereits Druck zu gehen hatten. Seine Be-

Verleger und Autor

Paul Steegemann.
Ölkreidezeichnung
von Ludwig Meidner. 1919

zahlung solcher Auftragsarbeiten erfolgte sporadisch und erst auf wiederholtes Drängen hin.[472] Der Hinweis, „daß er Deutschlands größter Verleger sei und infolgedessen keine Honorare zahlen dürfe",[473] war keinesfalls flapsige Großsprecherei und hatte nicht nur in den Anfangsjahren für den Paul Steegemann Verlag Bestand. Joachim Ringelnatz, der Paul Steegemann im Spätsommer 1921 einen Gedichtband zugesandt und lange Zeit nichts von ihm gehört hatte, mahnte mehrfach die Rücksendung oder die Zahlung eines Honorars an und nahm am Ende offenbar von einer Veröffentlichung mit der Bemerkung Abstand, er wisse nun, woran er sei.[474] Walter Serner erlebte sechs Jahre später ähnliches, als er – da die Serner-Werkausgabe dem Paul Steegemann Verlag einen nicht unbeträchtlichen finanziellen Erfolg beschert hatte – auf verlegerische Großzügigkeit hoffte. Mehrfach bat er Steegemann um eine Stellungnahme, um dann Christian Schad gegenüber festzustellen: „Normal korrespondieren, das gibt's bei ihm nicht."[475] Dennoch schrieb er im Mai 1928 erneut an Steegemann: „Ich habe seit Ihrem letzten Brief, der voll freundlicher Versprechungen war, nichts mehr von Ihnen gehört. Auch die drei Kassetten habe ich nicht erhalten. Daß Sie Gleiches nicht mit der Hälfte vergelten, ist in Ordnung. Aber nur ein Dreißigstel ist bitter."[476] Offenbar war die Antwort des Verlegers auch diesmal nicht zufriedenstellend, denn Serner beendete einen seiner nächsten Briefe an Paul Steegemann zwei Monate darauf mit den ironischen Worten: „Gehen meine Bücher? Antworten Sie ruhig! Auf Geld rechne ich schon lange nicht mehr!"[477]

Doch nicht nur Paul Steegemanns Säumigkeit in finanziellen Angelegenheiten hatte Walter Serner zu ertragen, sondern auch die Illoyalität, die darin bestanden hatte, daß Steegemann Theodor Lessing mit einer Fehlinformation versorgte, die so gravierend war, daß sie sowohl Serner als auch Lessing bedrohte. Gleichgültig, ob dies als ‚Bestrafung' Serners für dessen Vertragsunterzeichnung bei der Konkurrenz gedacht gewesen war oder ob Steegemanns Neigung zur Übertreibung damit zu tun hatte – der Verleger hätte um die Resonanz seiner Angaben wissen und den Autor zumindest rechtzeitig in Kenntnis setzen müssen. Bedenklich,[478] so Jochen Meyer, spielte der Verleger auch Ernst Sander mit, jenem Schriftsteller, der 1917 in seinem Auftrag die (fälschlicherweise) Oscar Wilde zugeschriebene Erzählung DER PRIESTER UND DER MESSNERKNABE übersetzte.[479] 1923 erschien eine Neuauflage des Werks Oscar Wildes, die, obwohl mit der Übersetzung Sanders nahezu identisch, nicht ihn, sondern einen ominösen Rainer Maria Schulze als Übersetzer und Herausgeber nannte. Sander fühlte sich betrogen und strengte einen Plagiatsprozeß vor dem Braunschweiger Schöffengericht an. Dort beharrte Steegemann auf der Version einer eigenständigen Übersetzung jenes Rainer Maria Schulze, was insofern grotesk war, als er selbst etwa zeitgleich unter diesem Pseudonym Übersetzungen aus dem Englischen in seinem Verlag herausgab. Im April 1923 wurde der Paul Steegemann Verlag wegen des „Plagiats gröbster Art"[480] zur Zahlung von 20.000 RM an Sander verurteilt.

Der rücksichtslose und von wenig Gefühl der Verantwortung oder der Loyalität beeinträchtigte Umgang des Verlegers mit solchen Schriftstellern, die ihm nicht in sein Konzept paßten oder die er aus anderen Gründen nicht berücksichtigen zu müssen meinte, hat zur Legendenbildung um seine Person erstaunlich wenig beigetragen. Dabei war gerade Paul Steegemann in seiner Vielschichtigkeit – im Zynismus wie in der Suche nach der Wahrheit, im Opportunismus wie in dem Drang nach Befreiung von den Fesseln der Traditionen, in der Willkür wie in der Unbekümmertheit – Vertreter der jungen Generation in der Weimarer Republik, wie er typischer als in der Gestalt des hannoverschen Verlegers wohl kaum zu finden war.

[1] Der Begriff des „Freibeutertums" wurde von Ulrich Krempel im Vorwort der Neuauflage der Arbeit von Jochen Meyer zum Paul Steegemann Verlag geprägt (Krempel, Ulrich; Vorwort, in: Meyer, Jochen; Paul Steegemann Verlag (1994), S. 7). Diese Neuauflage war nach den Worten Ulrich Krempels aus dem Wunsch entstanden, den Verleger, der „für die Geschichte der Moderne in dieser Stadt, in Deutschland und darüber hinaus für eine kurze Zeit der Avantgarde eine wichtige Rolle gespielt hat", „einmal wieder in das Licht der Öffentlichkeit zu rücken … und auch die Breite und Bedeutsamkeit der Wirkung einer solchen Person neu zu bedenken" (S. 7). Das vorliegende Kapitel verfolgt den gleichen Zweck und orientiert sich demzufolge auch weitgehend an Jochen Meyers Forschungsergebnissen, die nach wie vor maßgebend für jede Auseinandersetzung mit der Person und dem Verlag Paul Steegemanns sind. Dem Kapitel liegen jedoch andere Fragestellungen zugrunde, die zu abweichenden Gewichtungen und auch zu unterschiedlichen Bewertungen führen.

[2] Steegemann, Paul; Fünf Jahre Verleger, in: Das Stachelschwein, 1. Jhg., H. 6, 1924, S. 4. Wiederabgedruckt in: Imprimatur, N.F., Bd. 3, 1961/1962, S. 256 f. Im folgenden zitiert nach: Raabe, Paul; Expressionismus, S. 268.

[3] Ebda.

[4] Oschilewski, Walther G.; Abseits des Althergebrachten. Zum Tode Paul Steegemanns, Rhein-Neckar-Zeitung, 24. Januar 1956. Oschilewski war kulturpolitischer Leiter des TELEGRAF und Verlagsleiter des ARANI-Verlages. Nach dem Zweiten Weltkrieg wurde Steegemann sein Mitarbeiter (vgl. Meyer, Jochen; Paul Steegemann Verlag (1994), S. 101).

[5] Vgl. Meyer, Jochen; Paul Steegemann Verlag (1994), S. 11. Mlynek, Klaus; Hannover in der Weimarer Republik und unter dem Nationalsozialismus, S. 467. Kunstverein Hannover; Zwanziger Jahre, S. 90. Rischbieter, Henning ; Hannoversches Lesebuch, Bd. 2, S. 244. Klössel, Christiane; Zweemann, S. 116.

[6] Schmalenbach, Werner; Kurt Schwitters, S. 17.

[7] Rischbieter, Henning; Hannoversches Lesebuch, Bd. 2, S. 244. Mlynek, Klaus; Hannover in der Weimarer Republik, S. 467.

[8] Raabe, Paul; Zeitschriften und Sammlungen, S. 191. Vgl. auch Meyer, Jochen; Paul Steegemann Verlag, S. 7 u. 11.

[9] Kellen, Tony; in: Börsenblatt für den deutschen Buchhandel, Nr. 88, 1921, S. 144, zitiert nach: Meyer, Jochen, Paul Steegemann Verlag (1994), S. 42. Hier auch Näheres zur Preisentwicklung allgemein.

[10] Meyer, Jochen; Paul Steegemann Verlag (1994), S. 38. Diese Tendenz war keineswegs rückläufig. Wie Jochen Meyer herausarbeitete, waren 1928 noch 48 Titel erhältlich und allein 8 vergriffen. 1932 waren 13 Werke noch zu haben. Unter ihnen befanden sich Kurt Schwitters' Gedichtband ANNA BLUME sowie DIE KATHEDRALE, also die einzigen beiden Veröffentlichungen des Künstlers im Paul Steegemann Verlag (Schwitters, Kurt; Anna Blume. Dichtungen, Hannover 1919 (Bd. 39/40 der Silbergäule). Schwitters, Kurt; Die Kathedrale. Lithographien, Hannover o.J. (Bd. 41/42 der Silbergäule). Vgl. Meyer, Jochen; Paul Steegemann Verlag (1994), S. 38 u. 47. Nündel, Ernst; Kurt Schwitters. Briefe, S. 305 u. 307. Schmalenbach, Werner; Kurt Schwitters, S. 42. Drews, Arne/Wehrhahn, Matthias; Paul Steegemann, S. 174). Zur Publikation des Romans FRANZ MÜLLERS DRAHTFRÜHLING. DER LIEBESROMAN DER ANNA BLUME, den Paul Steegemann im einzigen Heft des MARSTALL vollmundig mit den Worten ankündigte, er erzähle „vom Wandel und Handel der Eingeborenen" jener „Siedlung, in der Herr Schwitters zu leben gezwungen ist", ist es in seinem Verlag nicht gekommen (Steegemann, Paul; Das enthüllte Geheimnis der Anna Blume, in: Der Marstall, H. 1/2, 1919/1920, S. 11. Vgl. Schmalenbach, Werner; Kurt Schwitters, S. 236, der angibt, Schwitters habe in Steegemanns Veröffentlichung selbst für den neuen Roman geworben). Vgl. auch Kunstverein Hannover; Zwanziger Jahre, S. 144.

[11] Vgl. dazu Meyer, Jochen; Paul Steegemann Verlag (1994), S. 38.

[12] Nebenbei warb DER MARSTALL für freundschaftlich verbundene Zeitschriften ähnlichen Charakters im Reich wie den ZWEEMANN und den ARARAT (vgl. dazu die Seiten 60 u. 61 in: Der Marstall, H. 1/2, 1919/1920). Anders als im ZWEEMANN war diese Werbung nicht kostenlos. Das Impressum des MARSTALL gibt für eine halbseitige Anzeige RM 200.- als Preis an, für eine ganzseitige RM 300.- und für die letzte Umschlagseite RM 500.- (in: Der Marstall, H. 1/2, 1919/1920, S. 2).

[13] Raabe, Paul; Zeitschriften und Sammlungen, S. 114. Schmalenbach, Werner; Kurt Schwitters, S. 24. Kunstverein Hannover; Zwanziger Jahre, S. 94. Henning Rischbieter urteilte hier, der MARSTALL sei „eigentlich nicht mehr als ein mit Auszügen, Leserbriefen und Pressestimmen garniertes Verlagsverzeichnis" gewesen.

[14] Leider fehlen, was für Veröffentlichungen des Paul Steegemann Verlages eher ungewöhnlich ist, Angaben über Auflagenhöhe und Verbreitung des MARSTALLS. Lediglich den Preis (RM 2.- für das einzelne Heft) gab das Impressum bekannt. Auch Jochen Meyer gab keine Auskunft zu dieser Frage, ebenso wie er die Gründe für das Scheitern der Zeitschrift im unklaren ließ (Meyer, Jochen; Paul Steegemann Verlag (1994), S. 46).

[15] Schwitters äußerte sich über ihre Konzeption folgendermaßen: „Die letzte Seite jeder Sondernummer dient für Kampf, etwa Antworten oder Alarm an die Kritik, die erste Seite dient zur Austauschreklame." (Schreiben von Kurt Schwitters an Hans Arp, von Ernst Nündel „vermutlich vor 1923" datiert, in: Nündel, Ernst; Kurt Schwitters. Briefe, S. 78).

[16] Vgl. dazu Kunstverein Hannover; Zwanziger Jahre, S. 90 u. 94. Mlynek, Klaus; Hannover in der Weimarer Republik und unter dem Nationalsozialismus, S. 467. Rischbieter, Henning; Hannoversches Lesebuch, Bd. 2, S. 245 f.

[17] Vgl. Meyer, Jochen; Paul Steegemann Verlag (1994), S. 76.

[18] Jochen Meyer urteilte über das Scheitern der beiden Gesamtausgaben: „Mit dem Mißlingen dieser Pläne stößt der Verlag an Grenzen, die er auch später niemals übersprungen hat." (Meyer, Jochen; Paul Steegemann Verlag (1994), S. 76. Vgl. auch Rischbieter, Henning; Hannoversches Lesebuch, Bd. 2, S. 246.

[19] Meyer, Jochen; Paul Steegemann Verlag (1994), S. 75.

[20] Steegemann, Paul; Fünf Jahre Verleger, zitiert nach: Raabe, Paul; Expressionismus, S. 269, S. 269. Auch in: Rischbieter, Henning; Hannoversches Lesebuch, Bd. 2, S. 246.

[21] Thomas Milch berichtete in seiner Walter Serner-Biographie davon, daß Serner und Steegemann anläßlich der Neuauflage von HANDBREVIER FÜR HOCHSTAPLER von einem namentlich nicht bekannten Braunschweiger Mäzen finanziell geholfen worden sei (Milch, Thomas; Walter Serner, S. 243).

[22] Vgl. Drews, Arne/Wehrhahn, Matthias; Paul Steegemann, S. 173. Vgl. Meyer, Jochen; Paul Steegemann Verlag (1994), S. 25. Vgl. Rischbieter, Henning; Hannoversches Lesebuch, Bd. 2, S. 246.

23 So Ulrich Krempel in seinem Vorwort zur Neuauflage von: Meyer, Jochen; Paul Steegemann Verlag (1994), S. 7.
24 Drews, Arne/Wehrhahn, Matthias; Paul Steegemann, S. 173, 175. Nündel, Ernst; Kurt Schwitters, S. 38. Meyer, Jochen; Paul Steegemann Verlag (1994), S. 49. Rischbieter, Henning; Hannoversches Lesebuch, Bd. 2, S. 244f. Marwedel, Rainer; Theodor Lessing. Biographie, S. 212. Werner Schumann, Zeitgenosse Steegemanns, schrieb im Rückblick: „Daß dieser geniale Kopf Namen wie Kasimir Edschmid, Carl Hauptmann, Otto Flake, Kurt Hiller, Heinrich Mann, Ossip Kalenter und Klabund an sein rasch improvisiertes Unternehmen zu fesseln vermochte und mit ihnen und noch vielen anderen kühn startete, wurde dazumal von allen mit dem Metier Vertrauten nicht ohne Bewunderung vermerkt. Niemand aber vermochte je zu begreifen, wie Paul Steegemann ... mit dem nicht ganz belanglosen kommerziellen Teil seiner Firma fertig wurde." (Schumann, Werner; Damals in Hannover, S. 124).
25 So hatte TRIUMPH DES TODES von Victor Curt Habicht (Hannover 1919) auf der Umschlagseite den Vermerk „Silbergäule 29/30". Im Impressum fand sich die Angabe „Silbergäule 19/21". DER BEKRÄNZTE SILEN von Olaf (d.i. Carl Maria Weber), Hannover 1919, war laut Einband „Silbergäule 34/35" und nach dem Impressum „Silbergäule 33/34".
26 Steegemann, Paul; Zwei Jahre Verleger.
27 Drews, Arne/Wehrhahn, Matthias; Paul Steegemann, S. 171. Rischbieter, Henning; Hannoversches Lesebuch, Bd. 2, S. 244. Gerade gegen Ende der zwanziger Jahre, als der Verlag, mittlerweile nach Berlin übergesiedelt, sich stärker der Präsentation von reißerischen Kriminalromanen und anderer „literarischer Dutzendware" zuwandte (Meyer, Jochen; Paul Steegemann Verlag (1994), S. 83), gab Steegemann die Priorität finanzieller Interessen vor Rücksichten auf die literarische Qualität unumwunden zu.
28 Schumann, Werner; Damals in Hannover, S. 126, Meyer, Jochen; Paul Steegemann Verlag (1994), S. 49f. O.A.; Paul Steegemann gestorben, Hann. Allg. Zeitung, 24. Januar 1956. Mattheus, Richard; Nachruf auf Paul Steegemann, Hann. Presse, 24. Januar 1956. Drews, Arne/Wehrhahn, Matthias; Paul Steegemann, S. 173: „Steegemann ist alles andere als ein Buchhalter. Wie viele Verleger hat er zunächst ästhetische Kategorien im Sinn, er denkt an das Machen der Bücher, nicht an ihre Verwaltung."
29 Meyer, Jochen; Paul Steegemann Verlag (1994), S. 49. Vgl. auch das Impressum des einzigen Hefts des MARSTALL (in: Der Marstall, Heft 1/2, 1919/1920, S. 2.
30 „In einem Kasten waren die Sortimenterkonten nach Ort und Alphabet abgestellt, und es kam heraus, daß die amerikanische Buchführung nicht über das erste Vierteljahr der Verlagsexistenz hinaus fortgeführt worden war." (Schodder, Karl; Memories, unveröffentlichtes Typoskript, Besitz Georg Schodder, Aachen, o.J. 1956ff, vgl. zum Kapitel STEEGEMANN bes. S. 38f). Oft kolportiert, nichtsdestoweniger aber wohl wahrscheinlich nicht zutreffend ist die Annahme, Steegemann habe die gesamte Geschäftspost seines Verlages stets in einem Pappkarton, der seinen Standort unter dem Bett des Verlegers gehabt habe, mit sich herumgetragen und bei Bedarf, etwa im Café Kröpcke, vor den Augen erstaunter literarischer Jungtalente, Kollegen und vor dem Freundeskreis ausgebreitet (vgl. Schumann, Werner; Damals in Hannover, S. 127. Bartels, Hugo R.; Hannovers Bohémiens , S. 49). Interessant ist dabei die Quelle der Annahme vom Verlag unterm Bett. Steegemann selbst hat dieses Gerücht gestreut, sicher, um dem in der Tat bereits erstaunlichen Aufstieg seines Verlages aus bescheidensten Anfängen zu einem der angesehensten Unternehmen seiner Art eine besonders spektakuläre Note zu verleihen. Über die ersten Wochen des Verlages gab er in FÜNF JAHRE VERLEGER – betont unpersönlich – folgendermaßen Auskunft: „Zunächst verzichtete er auf ein großes Büro. Er besaß ein einzelnes Zimmer, unter dem Bett den Verlag." (Steegemann, Paul; Fünf Jahre Verleger, zitiert nach: Raabe, Paul; Expressionismus, S. 268). Offenbar war diese Version der Verlagsgründung auch schnell an die Autoren des Paul Steegemann Verlages weitergegeben worden. Hans Reimann griff sie, liebevoll ausgeschmückt, in seinem Artikel STEEGEMANN auf, der 1922 in der WELTBÜHNE erschien: „... und der Verlag war unter seinem einschläfrigen Bett. In einer morschen Kiste." (Reimann, Hans; Steegemann, in: Weltbühne, 2. HJ, 1922, S. 456).
31 Vgl. zur Biographie: Steegemann, Paul; Kuriose Jugend, in: Weltbühne, 1. HJ, 1927, S. 1030f. Steegemann, Paul; Kurioser Lebensbeginn, in: Das Stachelschwein, H. 1, 1925, S. 13 (es handelt sich um die gekürzte Fassung des oben genannten WELTBÜHNEN- Beitrages in der Zeitschrift des damals noch befreundeten Hans Reimann). Kunstverein Hannover; Zwanziger Jahre, S. 90. Rischbieter, Henning; Hannoversches Lesebuch, Bd. 2, S. 245. Drews, Arne/Wehrhahn, Matthias; Paul Steegemann, S. 171. Nündel, Ernst; Kurt Schwitters. Briefe, S. 309. Raabe, Paul; Autoren und Bücher, S. 448. Mattheus, Richard; Nachruf auf Paul Steegemann, Hann. Presse, 24. Januar 1956.
32 Steegemann, Paul; Kuriose Jugend, in: Weltbühne, 1. HJ, 1927, S. 1030f.
33 Ebda.
34 Ebda.
35 Nach Steegemanns Auskunft arbeitete der Vater – vom vergleichsweise ungebundenen Schausteller- in den Proletarierstand gewechselt – fortan in einer Fabrik (Steegemann, Paul; Kuriose Jugend, in: Weltbühne, 1. HJ, 1927, S. 1031). Hans Reimann ergänzte, Steegemann senior sei Kontrolleur von Gasometern geworden (Reimann, Hans; Steegemann, in: Weltbühne, 2. HJ, 1922, S. 455).
36 In der Geburtsurkunde Steegemanns war als Wohnort der Familie die Wohnung am Klagesmarkt 28, unweit der Kornstraße, angegeben (Meyer, Jochen; Paul Steegemann Verlag (1994), S. 16).
37 Steegemann, Paul; Kuriose Jugend, in: Weltbühne, 1. HJ, 1927, S. 1031f.
38 Steegemann, Paul; Piston-Solo, S. 51.
39 Börsenblatt für den Deutschen Buchhandel, Frankfurter Ausgabe, 10, 1954, S. 575, zitiert nach: Meyer, Jochen; Paul Steegemann Verlag (1994), S. 18. Vgl. auch Rischbieter, Henning; Hannoversches Lesebuch, Bd. 2, S. 245. Drews, Arne/Wehrhahn, Matthias; Paul Steegemann, S. 171.
40 Steegemann, Paul; Kuriose Jugend, in: Weltbühne, 1. HJ, 1927, S. 1034.
41 Ebda., S. 1032.
42 Allerdings meldete die Zeitschrift DIE PILLE im Dezember 1920 Steegemanns Besuch im hannoverschen Deutschen Theater anläßlich der Aufführung der PFARRHAUSKOMÖDIE. Noch während der Veranstaltung, die von heftigen Protesten hauptsächlich des gutbürgerlichen Publikums turbulent begleitet wurde, beförderte Steegemann nach Auskunft der PILLE einen der Störenfriede kurzerhand an die Luft (Man-

fried, Max-Marten; Die Pfarrhauskomödie oder Die Schlacht im Deutschen Theater, in: Die Pille, 1. Jhg., H. 15, 9. Dezember 1920, S. 345).

43 Bartels, Hugo R.; Hannoversche Bohémiens, S. 49. Vgl. zur äußeren Erscheinung des Verlegers auch Schumann, Werner; Damals in Hannover, S. 126.

44 Käthe Steegemann-Schmidt durchlebte nach der Scheidung von Paul Steegemann offenbar eine Reihe von Schicksalsschlägen. Seit Ende der zwanziger Jahre zählte sie zu den Künstlerinnen und Künstlern der Stadt, die aufgrund ihrer schlechten wirtschaftlichen Lage vom Wohlfahrtsamt unterstützt wurden (Schreiben Käthe Steegemann-Schmidts an Oberbürgermeister Menge, 6. Dezember 1928 (StAH HR 19, Nr. 381)). In den dreißiger Jahren wandte sich die Mutter zweier Töchter in ihrer künstlerischen Arbeit zunehmend religiösen Motiven zu. Statt ihre angebotenen Werke anzukaufen, unterstützte das Wohlfahrtsamt sie weiterhin mit Geldzuwendungen aus den Mitteln für einmalige Beihilfen (Schreiben der Allgemeinen Verwaltung an Käthe Steegemann-Schmidt, 17. Mai 1935, 14. Juni 1936. Schreiben Käthe Steegemann-Schmidts an Oberbürgermeister Menge, 13. Juli 1937. Schreiben Oberbürgermeister Menges an Käthe Steegemann-Schmidt, 16. Juli 1937 (StAH HR 19, Nr. 381)).

45 Schodder, Karl; Memories, unveröffentl. Typoskript, Besitz Georg Schodder, Aachen, o.J., S. 39.

46 Paul Steegemanns Mitgliedskarte der Kestner-Gesellschaft, ausgestellt am 16. Oktober 1921 (NStAH Dep. 100 A. 17).

47 Vgl. hierzu die Satire in der PILLE im Oktober 1920: Seltenfröhlich, Amandus; Hannovera. Der Espritkonserven-Laden in der Bahnhofstraße, in: Die Pille, 1. Jhg., H. 9, 27. Oktober 1920, S. 208f. In der Buchhandlung Schmorl & von Seefeld, so der Autor, gehe es derart vornehm-durchgeistigt zu, daß man gar nicht zu kaufen wage. Immerhin jedoch befänden sich auch „zwei Männer und ein erfolgreicher Silbergäulezüchter" unter den blasierten Verkäufern. In einem Schreiben der Kestner-Gesellschaft vom Oktober 1918 wird die Firma Schmorl & von Seefeld als Kontaktadresse für die literarische Vereinigung DER MORGEN genannt (Schreiben der Kestner-Gesellschaft an Hans Hildebrandt, Stuttgart, 5. Oktober 1918 (NStAH Dep. 100 A. 7). Im Dezember 1919 berichtete der Verlag DER STURM, die Buchhandlung Schmorl & von Seefeld plane regelmäßige Ausstellungen moderner Kunst (Schreiben DER STURM, Rudolf Blümner, a die Kestner-Gesellschaft, 19. Dezember 1919 (NStAH Dep. 100 A. 10)). Die Buchhandlung stellte im März 1921 auch expressionistische Literatur in ihren Verkaufsräumen aus (Schreiben der Buchhandlung Schmorl & von Seefeld an die Kestner-Gesellschaft, 15. März 1921 (NStAH Dep. 11 A. 14)).

48 Steegemann, Paul; Fünf Jahre Verleger, zitiert nach: Rabe, Paul; Expressionismus, S. 267.

49 Nach Information Jochen Meyers war besonders Dr. Edler ein kunstinteressierter Förderer neuer Projekte (Meyer, Jochen; Paul Steegemann Verlag (1994), S. 39). Auch Dietrich Helms arbeitete heraus, daß sowohl Friedrich Vordemberge-Gildewart als auch Kurt Schwitters in Edler und seiner Firma gute Unterstützung fanden (Helms, Dietrich; Vordemberge-Gildewart. Typograph und Werbegestalter, S. 26 u. 28). Vgl. auch Valstar, Arta; die abstrakten hannover, S. 205. Fabrikant Otto Edler befand sich gleich nach der Gründung im Vereinsjahr 1916/1917 im Beirat der Kestner-Gesellschaft (Schmied, Wieland; Wegbereiter der modernen Kunst, S. 235).

50 Marwedel, Rainer; Theodor Lessing. Biographie, S. 212.

51 Steegemann, Paul; Fünf Jahre Verleger, zitiert nach: Raabe, Paul; Expressionismus, S. 267. Vgl. auch Meyer, Jochen; Paul Steegemann Verlag (1994), S. 18. Drews, Arne/Wehrhahn, Matthias; Paul Steegemann Verlag, S. 171. Hans Reimann schrieb sinngemäß das gleiche über den Schritt seines Arbeitgebers vom Buchverkäufer zum Verleger (Reimann, Hans; Steegemann, in: Weltbühne, 2. HJ, 1922, S. 455).

52 Steegemann, Paul; Jürgens, in: Weltbühne, 1. HJ. 1926, S. 566. Reimann, Hans; Steegemann, in: Weltbühne, 2. HJ, 1922, S. 455f.

53 Börsenblatt für den Deutschen Buchhandel, 86, 1919, S. 321, zitiert nach: Meyer, Jochen; Paul Steegemann Verlag (1994), S. 22.

54 Reimann, Hans; Steegemann, in: Weltbühne, 2. HJ, 1922, S. 456.

55 Ebda. Vgl. auch Steegemanns Schilderung selbst, die große Ähnlichkeit mit der Reimanns aufwies (Steegemann, Paul; Fünf Jahre Verleger, zitiert nach: Raabe, Paul; Expressionismus, S. 268f). Vgl. Drews, Arne/Wehrhahn, Matthias; Paul Steegemann, S. 171.

56 Reimann, Hans; Steegemann, in: Weltbühne, 2. HJ, 1922, S. 456.

57 Vgl. zur Person des Buchhalters Karl Schodder, der sich als Lehrling bei der Hackethal Draht- und Kabelwerke A.G. dem Generalstreik gegen den Kapp-Putsch anschloß und deshalb entlassen wurde, allg. die MEMORIES (Schodder, Karl; Memories, unveröffentliches Typoskript, Besitz Georg Schodder, Aachen, o.J.). Meyer, Jochen; Paul Steegemann Verlag (1994), S. 49. Vgl. auch Milch, Thomas; Walter Serner, S. 257.

58 Meyer, Jochen; Paul Steegemann Verlag (1994), S. 49f. Meyer gab auch an, Johann Frerking sei literarischer Berater Steegemanns gewesen.

59 Die Tee-Diele, die sich im November- und Dezember-Heft des ZWEEMANN werbend als „Treffpunkt der künstlerischen Kreise Hannovers" bezeichnete, wurde auch von Richard Huelsenbeck im MARSTALL erwähnt (Huelsenbeck, Richard; Aus der Geschichte des Dadaismus, in: Der Marstall, H. 1/2, 1919/1920, S. 35).

60 Marwedel, Rainer; Theodor Lessing. Biographie, S. 212. Vgl. auch Kunstverein Hannover; Zwanziger Jahre, S. 84. Rischbieter, Henning; Hannoversches Lesebuch, Bd. 2, S. 203, Drews, Arne/Wehrhahn, Matthias; Paul Steegemann, S. 172. Bartels, Hugo R.; Hannoversche Bohémiens, S. 49. Schumann, Werner; Damals in Hannover, S. 124. Mattheus, Richard; Nachruf auf Paul Steegemann, Hann. Presse, 24. Januar 1956, S. 124. Vgl. auch Jochen Meyer; Paul Steegemann Verlag (1994), S. 52, der berichtete, daß Steegemann auch später in seiner Berliner Zeit „Stammgast von Künstlerkneipen" gewesen sei.

61 Marwedel, Rainer; Theodor Lessing. Biographie, S. 212.

62 Im September 1920 schlug Steegemann Gröttrup vor, sich doch zwecks intellektuellen Kräftemessens in einem Café mit ihm zu treffen (Steegemann, Paul; Ein kompetentes Urteil, in: Die Pille, 1. Jhg., H. 3, 15. September 1920, S. 65. Vgl. Kunstverein Hannover; Zwanziger Jahre, S. 84). Vgl. auch die Erinnerungen Ernst Jüngers an diese Zeit um 1920 im Café Kröpcke: „An einem Tische saß der Verleger Steegemann mit Schenzinger ... und dem Maler Viertheler ... Dann kam der Kunsthändler Eggers, auch eines der hannoverschen Originale, mit Schlapphut und weißem Vollbart – achtzigjährig und noch immer grün. Sein großes Schaufenster war gegenüber, in bester Lage – Schwitters und andere hätten gern dort ausgestellt. Sie fanden aber keine Gnade vor seinen Augen: ‚Für Allotria ist bei mir kein Platz.' Der Alte gönnte Steegemann, der vor kurzem ANNA BLUME ediert hatte, keinen Blick, sondern setzte sich, um ein wenig auf ihn und seine Clique zu schimpfen, an meinen Tisch." (Jünger, Ernst, Annäherungen, S. 215f).

63 Marwedel, Rainer; Theodor Lessing. Biographie, S. 212.

64 Besonders in der Zeit nach dem Zweiten Weltkrieg legte sich um diese Phase hannoverscher Kunst- und Kulturgeschichte ein verklärender Abglanz einstiger Bedeutung des ‚Schwabing' Hannovers, wie das Café Kröpcke bezeichnet wurde. So berichtete Hugo R. Bartels, Zeitgenosse des Kröpcke-Zirkels, von Theodor Lessing als ihrem „geheimen Patron" (zitiert nach: Marwedel, Rainer; Theodor Lessing. Biographie. S. 212). Bartels weiter: „Als alle anderen mit der Bohème fertig waren, als Schwabing eine Art Museum war, durch das die Verkehrsomnibusse fuhren, um den staunenden Besuchern ... zu zeigen, wie die Bohèmekulisse wirklich aussieht, da lebte in Hannover die wirkliche Bohème auf." (Bartels, Hugo R.; Hannoversche Bohémiens, S. 49). Werner Schumann, der die Szenerie im Café Kröpcke ebenfalls noch aus der eigenen Erinnerung kannte, äußerte sich im Rückblick ähnlich: „Es war ein munterer Verein ohne Mitgliedsbuch und Satzungen. Ungestüme und Besonnene gehörten ihm an, und der Widerspruch zählte zu seinen Tugenden. Gelästert und gefrotzelt wurde hier, verdammt und gelobt. Man machte manchem Jungen Avancen und ritt zuweilen mehr oder weniger geistvolle Attacken gegen das unsterbliche Banausentum. In der Tat: auch das gesittete, als steif verschriene Hannover besaß sein (unsichtbares) Schwabing, seine Künstler- und Literatenclique, kurz: einen Kreis jener Vergnügen wie Mißvergnügen bereitenden Leute, die sich mit Vorliebe zwischen alle Stühle setzten. Sie gebrauchten ihre Schnäbel weniger zu wohlgefälligen Reden als zu boshaft-vergnüglichen Plänkeleien." (Schumann, Werner; Damals in Hannover, S. 124). Auch der zeitgenössische Journalismus hat die Rolle des Café Kröpcke als eines zentralen Ortes der hannoverschen Kunst- und Kulturszenerie wahrgenommen. Doch ging er dabei längst nicht immer so wohlwollend mit der Bewertung dieser Rolle um, vor allem dann, wenn kein Lokalpatriotismus den Blick auf die Realitäten verstellte. So schrieb der Berliner Journalist Werner Goldschmidt im Juni 1931 in DAS TAGEBUCH, das Café Kröpcke verkörpere das Moment der Traditionswahrung in der hannoverschen Kunstszene und den „Geist der bürgerlichen deutschen Kultur schlechthin". „Hier saß bis anno 1928 die hannoversche Künstlerjugend. Die Luft war geschwängert von schlechten Zigaretten und vom Geist des Verlegers Steegemann, und lauter kleine van Goghs entschieden hier Abend für Abend das Schicksal der deutschen Malerei. Inzwischen hat das Schicksal der deutschen Malerei über sie entschieden." (Goldschmidt, Werner; Kunststadt Hannover, in: Das Tagebuch, 6. Juni 1931). Ob der Unwille gegen die jungen hannoverschen Künstler und auch gegen Paul Steegemann auf grundsätzliche Meinungsverschiedenheiten in Fragen der Kunstbetrachtung oder auf persönliche Animositäten zurückzuführen ist, bleibt im Fall Goldschmidts unklar.

65 Steegemann, Paul; Fünf Jahre Verleger, zitiert nach: Raabe, Paul; Expressionismus, S. 267. Rischbieter, Henning; Hannoversches Lesebuch, Bd. 2, S. 244. Drews, Arne/Wehrhahn, Matthias; Paul Steegemann, S. 171.

66 Vgl. hierzu das Inhaltsverzeichnis in: Raabe, Paul; Zeitschriften und Sammlungen.

67 Steegemann, Paul; Fünf Jahre Verleger, zitiert nach: Raabe, Paul; Expressionismus, S. 268.

68 Schreiben Paul Steegemanns an Hermann Hesse, 13. September 1920 (DLA Marbach, A: Steegemann, Verschiedenes).

69 Vgl. Meyer, Jochen; Paul Steegemann Verlag (1994), S. 25.

70 Steegemann, Paul; Fünf Jahre Verleger, zitiert nach: Raabe, Paul; Expressionismus, S. 268.

71 Reimann, Hans; Steegemann, in: Weltbühne, 2. HJ, 1922, S. 456f. Im Buch Jochen Meyers (Paul Steegemann Verlag (1994), S. 53f) finden sich andere Beispiele für Steegemanns Tätigkeit als Anreger und Auftraggeber von Werken seines Verlagssortiments. Auch Hans Havemanns Drama WELTGERICHT scheint eine solche Auftragsarbeit gewesen zu sein (Meyer, Jochen; Paul Steegemann Verlag, S. 32).

72 Vgl. die entsprechende Auflistung in: Meyer, Jochen; Paul Steegemann Verlag, S. 169–175.

73 Ebda.

74 Meyer, Jochen; Paul Steegemann Verlag (1994), S. 25 f.

75 Ebda. Vgl. Mlynek, Klaus; Hannover in der Weimarer Republik und unter dem Nationalsozialismus, S. 467. Kunstverein Hannover; Zwanziger Jahre, S. 90. Rischbieter, Henning; Hannoversches Lesebuch, Bd. 2, S. 246. Schumann, Werner; Damals in Hannover, S. 126 f. Drews, Arne/Wehrhahn, Matthias; Paul Steegemann, S. 172. Nündel, Ernst; Kurt Schwitters. Briefe, S. 309. Schmalenbach, Werner; Kurt Schwitters, S. 22, 44. Marwedel, Rainer; Theodor Lessing. Biographie, S. 212. Klössel, Christiane; Zweemann, S. 116. Vgl. vor allem den Anhang in der Veröffentlichung von Escher, Karl; Hinter dem Hoftheater.

76 Vgl. Meyer, Jochen; Paul Steegemann Verlag (1994), S. 25 f.

77 Habicht, Victor Curt; Die letzte Lust, Hannover, Leipzig, Wien, Zürich 1920 (Die Silbergäule, Bd. 69–75), 129 Seiten. Serner, Walter; Zum blauen Affen. Dreiunddreißig Geschichten, Hannover, Leipzig, Wien, Zürich 1921 (Die Silbergäule, Bd. 91–98), 209 Seiten.

78 Die Zahlen ergeben sich durch eine Auswertung der Bibliographie im Anhang der Veröffentlichung Jochen Meyers (Paul Steegemann Verlag (1994)).

79 Elster, Hanns Martin; Die Silbergäule, in: Die Flöte, H. 3, 1920/1921, S. 116, wiederabgedruckt in: Der Marstall, H. 1/2, 1919/1920, S. 53 f. Vgl. auch die ironische Replik Ossip Kalenters zu Elsters gefühlsbetontem Assoziationsgefüge in: Kalenter, Ossip; Die Silbergäule. Ein Aufklärungsfilm, in: Die Pille, 1. Jhrg., H. 16, 16. Dezember 1920, S. 377 ff. Vgl. auch Hollmann, Reimar; Der Mann, der Anna Blume verlegte: Paul Steegemann. Glanz und Elend der Silbergäule, Neue Hann. Presse, 14./15. August 1976.

80 Elster, Hanns Martin; Die Silbergäule, in: Die Flöte, H. 3, 1920/1921, S. 116, wiederabgedruckt in: Der Marstall, H. 1/2, 1919/1920, S. 53 f.

81 Ebda.

82 Im BUNDESLIED DER GALGENBRÜDER von 1905 heißt es: „O greul, o greul, o ganz abscheul, hörst du den Ruf der Silbergäul?" 1908: „O Greule, Greule, wüste Greule, Hört ihr den Ruf der Silbergäule?"

83 Vgl. hierzu auch Johann Frerkings ironisch-bedächtige Skizze seiner Heimatstadt in PHANTASTISCHES HANNOVER, in der es hieß: „Aus der Raufe der Weißgeborenen fressen Silbergäule." (Frerking, Johann; Phantastisches Hannover, in: Das Hohe Ufer, 2. Jhg., H. 8/9, 1920, S. 144). Die „Weißgeborenen" waren die Pferde des früheren Königlichen Marstalls am Hohen Ufer (Rischbieter, Henning; Hannoversches Lesebuch, Bd. 2, S. 242).

84 Vgl. zur Präsentation der Reihe und zu deren künstlerischer Ausstattung: Meyer, Jochen; Paul Steegemann Verlag (1994), S. 39 u. 43 ff. Meyer erwähnte als Beispiel für das Experimentieren mit den Kunstrichtungen die Arbeiten des Architekten und Graphikers Ernst Schütte, der schon von den Zeitgenossen seiner „stilistische(n) Varia-

85 Steegemann, Paul; Zwei Jahre Verleger, S. 20. Vgl. auch Drews, Arne/ Wehrhahn, Matthias; Paul Steegemann, S. 173 f. Meyer, Jochen; Paul Steegemann Verlag (1994), S. 27. Nach Werner Schmalenbach veröffentlichte Paul Steegemann diese Stellungnahme bereits zwei Monate nach der Gründung der SILBERGÄULE-Reihe, also im Dezember 1919, und zwar in einer Anzeige für die ANNA BLUME-Veröffentlichung (Schmalenbach, Werner; Kurt Schwitters, S. 361, Anm. 26).

86 ZWEI JAHRE VERLEGER erschien als eigenständiges Verlagsverzeichnis und auch im Anhang zu dem Roman Robert Louis Stevensons DER MANN MIT DEN ZWEI GESICHTERN. DIE SELTSAME GESCHICHTE VON DR. JEKYLL UND HERRN HYDE. Dieses Buch erschien als 88. Publikation des Paul Steegemann Verlages.

87 Drews, Arne/Wehrhahn, Matthias; Paul Steegemann, S. 173.

88 Herrmann, Gustav; Die Kassette Walter Serner. Paul Steegemann Verlag, Berlin, Leipziger Neueste Nachrichten, Nr. 353, 18. Dezember 1928, zitiert nach: Milch, Thomas; Walter Serner, S. 162.

89 Der Marstall, H. 1/2, 1919/1920, S. 17. Bei den auch in dieser Verlagswerbung angegebenen „DADAFILIALEN LEIPZIG WIEN ZÜRICH", die in anderen Veröffentlichungen zuweilen erweitert wurden durch Paris oder Trippstrill, handelte es sich offenbar um „mehr oder minder fiktive(.)" Einrichtungen (Meyer, Jochen; Paul Steegemann Verlag (1994), S. 103).

90 Vgl. Weber, Hans von; o.T., in: Der Zwiebelfisch, H. 10, 1919, S. 118: „Hingegen erhielt ein bekannter Berliner Kritiker folgenden Brief des Verlegers Paul Steegemann in Hannover: ‚Meine ersten SILBERGÄULE (das sind offenbar Bücher) erscheinen in Bälde. Ich wünsche ausführliche Feuilletonbesprechungen in führenden Blättern. Können Sie das machen? Natürlich gegen Vergütung, über die ich Ihre Vorschläge erbitte.' Wenn Herr Steegemann so etwas ‚natürlich' findet, muß er – er ist ja kein Neuling im Buchhandel – doch recht interessante Erfahrungen gemacht haben."

91 Gröttrup, Bernhard; Haut die Dadaisten, in: Die Pille, 1. Jhg., H. 2, 8. September 1920, S. 44. Gröttrup, dessen Wochenschrift schon einige Seiten zuvor im gleichen Heft mit der Behauptung, der Paul Steegemann Verlag konserviere den „literarischen Geist der Steinzeit" (G., B.; Der Bummel in der Georgstraße, in: Die Pille, 1. Jhg., H. 2, 8. September 1920, S. 27), dem Wunsch des Kollegen nach Negativkritik entgegengekommen war, produzierte auch jetzt einen (vermeintlichen) Verriß des MARSTALL. Dessen Mitarbeiter bezeichnete er als „verhunzte Mitarbeiter der FLIEGENDEN BLÄTTER (Die haben wenigstens den Humor, sich einzubilden, sie wären lustig!)". Dementsprechend lautete auch sein Ratschlag: „Bleibt bei Eurem Leisten. Ist Euer Gehirnschmalz schon verblüfft? Ihr müßt die wildgewordenen Spießer von Euch abschütteln ... Schafft neue Sensation ... Ihr braucht Gehirnmassage. Ihr braucht Schnaps – viel Schnaps. Eure SILBERGÄULE müssen Kokain haben. Kurzum: Ihr seid mir zu nüchtern, zu erdgeboren, zu spießisch." Erst ganz am Ende des Artikels, in einer überraschenden Kehrtwende, machte Gröttrup, der offenbar mit Steegemann auch privat gut bekannt war, deutlich, daß er dessen Wunsch nach einem Verriß eher ungern gefolgt war: „NB. Wer über unsere jüngste Kunst unterrichtet sein will, halte sich den MARSTALL. Wenn man etwas länger darin verweilt, entzündet sich doch hier und da der Gedanke: Tief unter all diesem Schmutz und Chaos ringt vielleicht eine Quelle neuen Kulturempfindens an die Oberfläche." (G., B.; Haut die Dadaisten, in: Die Pille, 1. Jhg., H. 2, 8. September 1920, S. 44f). Wie freundschaftlich frotzelnd zu diesem Zeitpunkt der Kontakt zwischen Gröttrup und Steegemann schon gewesen sein muß, zeigte die Antwort des Verlegers der gescholtenen „Goldstute" in der nächsten Ausgabe der PILLE eine Woche darauf: „Liebe PILLE: Du bist im Irrtum! Der Pferdestall ist geistiger, witziger, hirnlicher als die – hoffentlich – kommenden 10 Jahrgänge Deines gedruckten Abführmittels (falls nicht meine geschätzte Feder sich entschließen würde, bei Dir zu dichten – und meine Freunde, zu malen) ... Heil und Sieg! Dein MARSTALL." (Ein kompetentes Urteil, in: Die Pille, 1. Jhg., H. 3, 15. September 1920, S. 65). Auch in der Folge und besonders, als Steegemann sich gegen den Vorwurf, Schmutz und Schund zu verlegen, zu verteidigen hatte, stand ihm die Zeitschrift DIE PILLE zur Seite. Auffällig ist die stets überaus positive Kritik des PILLE-Mitarbeiters Ossip Kalenter (d.i. Hanns Burckhardt), was eventuell damit zu begründen ist, daß sich Kalenter schon jetzt in Steegemanns Auswahl als SILBERGÄULE-Autor befunden haben könnte, der er 1922 dann auch wurde. Zum Weihnachtsfest 1920 jedenfalls legte Kalenter die SILBERGÄULE allen Leserinnen und Lesern der PILLE als „Kathedrale der Heiterkeit", „Narrenschriff des holden Traumdenkens" und „silbernen Trost" ans Herz: „Der Hirte der SILBERGÄULE, der Pferdejunge in Dada, ist Paul Steegemann (Direktor) in Hannover. Das ist eine feine Nummer! Er reitet Ihnen auch die SILBERGÄULE in seinem MARSTALL vor ... Zwar wirken sie etwas räumlich beengt, der Kenner aber bemerkt sofort die fabulösen Allüren dieser Tierchen. Ach überhaupt: DER MARSTALL ist der Trost aller deutschen Menschen!" (Kalenter, Ossip; Die Silbergäule. Ein Aufklärungsfilm, in: Die Pille, 1. Jhg., H. 16, 16. Dezember 1920, S. 377–380).

92 Pons, Julia; o.T., in: Escher, Karl; Hinter dem Hoftheater, S. 50. Mattheus, Richard; Nachruf auf Paul Steegemann, Hann. Presse, 24. Januar 1956.

93 Steegemann, Paul; Fünf Jahre Verleger, zitiert nach: Raabe, Paul; Expressionismus, S. 268.

94 Schon 1922 folgte eine weitere Auflage von 3.000 Exemplaren, die allerdings, wie Jochen Meyer herausfand, noch 1932 nicht restlos verkauft war (Paul Steegemann Verlag (1994), S. 38), vermutlich auch deshalb, weil sich zehn Jahre zuvor, 1922, die Aufregung um ANNA BLUME bereits wieder gelegt war.

95 Schmalenbach, Werner; Kurt Schwitters, S. 42.

96 Nündel, Ernst; Kurt Schwitters, S. 38. Vgl. Meyer, Jochen; Paul Steegemann Verlag (1994), S. 35 u. 58 f. Mattheus, Richard; Nachruf auf Paul Steegemann, Hann. Presse, 24. Januar 1956. Schumann, Werner; Damals in Hannover, S. 124. Geier, Manfred; Kurt Schwitters, S. 188.

97 Nündel, Ernst; Kurt Schwitters, S. 38.

98 So der NIEDERSÄCHSISCHE VOLKSBOTE, in: Der Marstall, H. 1/2, 1919/1920, S. 27.

99 Nündel, Ernst; Kurt Schwitters, S. 37.

100 Zitiert nach: Der Marstall, H. 1/2, 1919/1920, S. 30.

101 So im Text eines anonymen Schreibens vom 21. Juni 1920, in: Der Marstall, H. 1/2, 1919/1920, S. 13.

102 Ebda.

103 Abbetmeyer, Theodor; Literatur. Neue Bücher. Kurt Schwitters – Anna Blume. Dada-Dichtungen, Deutsche Volkszeitung, Datum unbekannt (SAH 56 Kps. 16).
104 Ebda.
105 Anonyme Postkarte aus Friedrichsthal/Berlin, 5. Januar 1920, in: Der Marstall, H. 1/2, 1919/1920, S. 24. Die Anfangszeilen von Anna Blume lauten so: „O du, Geliebte meiner siebenundzwanzig Sinne, ich liebe dir! – Du deiner dich dir, ich dir, du mir, – Wir? Das gehört (beiläufig) nicht hierher. Wer bist du, ungezähltes Frauenzimmer? Du bist – – bist Du? Die Leute sagen, du wärest, – laß sie sagen, sie wissen nicht, wie der Kirchturm steht. Du trägst den Hut auf deinen Füßen und wanderst auf Händen, auf den Händen wanderst du."
106 Der Marstall, H. 1/2, 1919/1920, S. 24. Ähnlich lakonisch antwortete er kurze Zeit darauf auf die im BÖRSENBLATT FÜR DEN DEUTSCHEN BUCHHANDEL veröffentlichte Kritik, die seinem Sortiment eine grundsätzliche Bereitschaft, „Gemeinheiten" zu publizieren, attestierte, was er mit den Worten „Quatsch! Steegemann. 22.XI.22", ebenfalls im BÖRSENBLATT, kommentierte (o.A.; Das schönste Weihnachtsgeschenk für Schüler, in: Börsenblatt für den Deutschen Buchhandel, 89, 1922, S. 1688).
107 Werner Schmalenbach schrieb, der MARSTALL sei ANNA BLUME „gewidmet" und lediglich von „weitere(n) dadaistische(n) Beiträge(n)" flankiert gewesen (Schmalenbach, Werner; Kurt Schwitters, S. 24). Vgl. auch Raabe, Paul; Zeitschriften und Sammlungen, S. 114.
108 Der Marstall, H. 1/2, 1919/1920, S. 27.
109 Ebda.
110 Steegemann, Paul; Das Geheimnis der Anna Blume, in: Der Marstall, H. 1/2, 1919/1920, S. 11.
111 Ebda.
112 In: Der Marstall, H. 1/2, 1919/1920, S. 13.
113 Ebda.
114 In: Der Marstall, H. 1/2, 1919/1920, S. 21. Rückendeckung erhielt Steegemann einmal mehr von Bernhard Gröttrups PILLE. Ossip Kalenter pries die ANNA BLUME des „genialen" Kurt Schwitters zum Weihnachtsfest 1920 mit den Worten an: „Spendet Rat in allen Liebeslagen! Ersetzt Liebesstammeln!" (Kalenter, Ossip; Die Silbergäule. Ein Aufklärungsfilm, in: Die Pille, 1. Jhg., H. 6, 16. Dezember 1920, S. 378).
115 Drews, Arne/Wehrhahn, Matthias; Paul Steegemann, S. 174.
116 Der Marstall, H. 1/2, 1919/1920, S. 28.
117 Hann. Kurier, 7. Juni 1920, zitiert nach: Der Marstall, H. 1/2, 1919/1920, S. 16.
118 Vgl. Schmalenbach, Werner; Kurt Schwitters, S. 13. Nündel, Ernst; Kurt Schwitters, S. 47. Einer Bekannten stellte Steegemann den Freund als „komplizierten Trottel" vor. Schwitters wiederum ‚vermerzte' den Namen seines Verlegers zu folgender Deutung seiner Dichtung: „Himmelswelten Eisenzelte, Bahnhof und Paul Steegemann. Aus diesem Grunde entschloß ich mich zur Herausgabe meiner Gedichte, amen." (Schwitters, Ernst; Anna Blume und ich. Die gesammelten Anna Blume-Texte, Zürich 1965, zitiert nach: Nündel, Ernst; Kurt Schwitters, S. 4). Geier, Manfred; Kurt Schwitters, S. 188.
119 Grapheus, o.T., Telegraf, 22. Januar 1950, zitiert nach: Escher, Karl; Hinter dem Hoftheater, S. 52.
120 Mattheus, Richard; Nachruf auf Paul Steegemann, Hann. Presse, 24. Januar 1956.
121 Vgl. dazu Meyer, Jochen; Paul Steegemann Verlag (1994), S. 28 ff.
122 Vgl. den Dank Vogelers an Paul Steegemann für die Unterstützung seiner Anschauungen im Schreiben vom 6. Mai 1920, in: Meyer, Jochen; Paul Steegemann Verlag (1994), S. 28.
123 Mann, Klaus; Kind dieser Zeit, S. 188. Diese Vorgespräche zogen sich offenbar etwa ein halbes Jahr hin. Am 24. Juni 1924 schrieb Mann an Pamela Wedekind aus Heidelberg, er werde in den nächsten Tagen nach Hannover reisen, „um dort mit Steegemann zusammen zu sein". Am 19. Dezember 1924 klagte er Ernst Bertram gegenüber: „Leider kann ich Ihnen nicht einmal als kleinsten und unwürdigsten Ersatz mein erstes Buch mitschicken, ein Novellenband VOR DEM LEBEN, der jetzt herauskommen sollte. Allerlei Ärgernis mit meinem Verleger Paul Steegemann hat das bis jetzt verzögert. Nun kommt es wohl im Vorfrühling." (Mann, Klaus; Briefe und Antworten, S. 18 f.). Allerdings erschien 1925 Klaus Manns Erstling nicht bei Steegemann, sondern in dem Hamburger Verlag Gebrüder Enoch. Im Umfeld Paul Steegemanns wurde der Vertragsbruch mit Ärger und Unwillen quittiert. Der Verleger selbst sah offenbar Thomas Mann selbst als Verantwortlichen und lancierte in verschiedenen deutschen Tageszeitungen HISTÖRCHEN VON THOMAS MANN, die, so Jochen Meyer, „weder besonders witzig oder geschmackvoll noch gut erfunden waren" (Meyer, Jochen; Paul Steegemann Verlag (1994), S. 71). Der Angegriffene reagierte darauf ungerührt: „Dieser Steegemann ... ist ein bankerotter Verleger in Hannover, der mir einer von früher sogar zu Dank verpflichtet ist ..., der dann aber einen Prozeß mit meinem Sohn hatte: Er hatte den unerfahrenen jungen Menschen einen Kontrakt unterschreiben lassen, der gegen alle guten geschäftlichen Sitten verstieß und auf Grund der Minderjährigkeit meines Sohnes vor Gericht für nichtig erklärt wurde. Steegemann verlor also den Prozeß, nicht ohne vorher allerlei Erpressungsversuche gemacht zu haben, und sucht sich nun an mir durch diesen stümperhaften Schmutz ... zu rächen." (Schreiben Thomas Manns vom 11. Mai 1926, in: Katalog der Fa. F. Dörling, Hamburg, zum 19. Dezember 1986, S. 366 f, zitiert nach: Meyer, Jochen; Paul Steegemann Verlag (1994), S. 71 f). Anders hatte Karl Schodder die Begebenheit in Erinnerung. Nach der Schilderung in seinen MEMORIES (unveröffentlichtes Typoskript, Besitz Georg Schodder, Aachen, S. 15) hatte Klaus Mann, angeregt vom Verlag S. Fischer, bei Steegemann vorgesprochen, den man dort für geeignet für die Veröffentlichung des Werkes gehalten hatte. Steegemann habe dieser Veröffentlichung auch zugestimmt, allerdings mehr wegen des guten Namen Manns als aufgrund der Qualität des Werkes. Einen vorbereiteten Vertrag „mit Optionsklausel, Vorschuß und allem Zubehör" habe ‚Klausmann' umgehend unterschrieben zurückgeschickt. Dann jedoch habe „Vater Thomas Mann ... seinem Sohn die Veröffentlichung untersagt, er würde dagegen einschreiten, sollte sie dennoch erfolgen." Mit einer halbherzigen Entschuldigung und dem Hinweis auf seine Unmündigkeit habe sich Klaus Mann daraufhin recht unfein aus der Affäre gezogen, um sogleich seinen Erstling acht Wochen später im Verlag Gebrüder Enoch erscheinen zu lassen. Paul Steegemann hat über diese Begebenheit aus der Mitte des zwanziger Jahre hinaus noch manche Gelegenheit genutzt, Angriffe gegen Thomas Mann zu führen, so etwa in den Schriften Salomo Friedländer/Mynonas.
124 Michel, Wilhelm; Essays über Gustav Landauer, Romain Rolland, Friedrich Hölderlin, Hannover/Leipzig/Wien/Zürich 1920 (Bd. 33/33a der Silbergäule). Michel, Wilhelm; Verrat am Deutschtum. Eine Streitschrift zur Judenfrage, Hannover/Leipzig 1922. Mi-

chel, Wilhelm; Der abendländische Zeus. Aufsätze über Rudolf Steiner, Oswald Spengler, Hölderlin u.a., Hannover/Leipzig 1923. Angekündigt, doch nicht erschienen: Michel, Wilhelm; Pan singt. Gedichte. Michel, Wilhelm; Rudolf Steiner, der Anthroposoph. Eine philosophische Hinrichtung.

125 Michel, Wilhelm; Die Silbergäule, Frankfurter Zeitung, 11. Januar 1921, auch abgedruckt in: Steegemann, Paul; Zwei Jahre Verleger, S. 1.

126 Ebda.

127 Gerade die Bereitschaft, sich jenseits eines traditionellen Verlagsprogrammes und dessen Gesetzmäßigkeiten einen eigenen Weg zu suchen, ist von vielen Kollegen, die in ähnlicher Situation zu arbeiten hatten, gewürdigt worden. In der Zeitschrift KORRESPONDENZ FÜR LITERATUR hieß es bereits 1920: „Auf der einen Seite finden wir die älteren, meist großen Verlagsfirmen, die sich gern in früher erworbenem Ruhme sonnen, die nicht allzu viel wagen wollen ... Auf der anderen Seite finden wir Verleger wie Paul Steegemann ... Man mag zu einigen dieser Bände und ihrer Verfasser noch so energisch ‚Nein' sagen ..., es bleibt dennoch mehr als ein beträchtliches Niveau, mehr als der Wille zum Neuen, zum Stärkeren, zum Ausdruck des Zeitgeistes: es bleibt die Tat, die mindestens der Anfang ist." (o.A., o.T., in: Korrespondenz für Literatur, o.D., zitiert nach: Steegemann, Paul ; Zwei Jahre Verleger, S. 2).

128 Steegemann, Paul; Fünf Jahre Verleger, zitiert nach: Raabe, Paul; Expressionismus, S. 268. Rischbieter, Henning; Hannoversches Lesebuch, Bd. 2, S. 245. Vgl. auch das nicht datierte Manuskript AUTOBIOGRAPHISCHES im DLA Marbach (A: Steegemann, Paul – Prosa), in dem der Verleger nach 1945 die Verlagsgründung und die erste Präsentation auf der Leipziger Buchmesse Revue passieren ließ.

129 Meyer, Jochen; Paul Steegemann Verlag (1994), S. 32 f. Meyer kommt bei dem Vergleich zwischen Steegemanns SILBERGÄULEN und Kurt Wolffs JÜNGSTEM TAG, was die Altersstruktur der jeweiligen Mitarbeiterschaft betrifft, zu einem ähnlichen Ergebnis.

130 Vgl. das Verzeichnis der Veröffentlichungen in: Raabe, Paul; Autoren und Bücher, S. 385.

131 Reimann, Hans; Blaues Wunder, S. 177.

132 Reimann, Hans; Steegemann, in: Weltbühne, 2. HJ, 1922, S. 457.

133 Ebda. Vgl. auch: Reimann, Hans; Paul Steegemann, in: Riha, Karl (Hg.); Hans Reimann. Dada im Leipziger DRACHEN, Siegen 1988, S. 14.

134 Reimann, Hans; Das verbotene Buch. Grotesken und Schnurren, Hannover/Leipzig 1922 (Erstausgabe 1917, Georg Müller Verlag, München). Reimann, Hans; Die Dame mit den schönen Beinen und andere Grotesken, Hannover/Leipzig 1922 (Erstausgabe 1917, Georg Müller Verlag, München). Reimann, Hans; Sächsische Miniaturen, Hannover/Leipzig 1922. Reimann, Hans; Das Paukerbuch. Skizzen vom Gymnasium, Hannover/Leipzig 1922.

135 Reimann, Hans; Hedwig Courths-Mahler. Schlichte Geschichten fürs traute Heim, Hannover/Leipzig/Zürich 1922.

136 Diese Zeitschrift scheint mit dem gleichnamigen hannoverschen Blatt nichts zu tun gehabt zu haben (vgl. Raabe, Paul; Autoren und Bücher, S. 389).

137 DER DRACHE machte auch Werbung in Steegemann-Veröffentlichungen, so etwa auf den Umschlagseiten der Werke Hans Reimanns. Vgl. dazu Riha, Karl (Hg.); Hans Reimann. Dada im Leipziger DRACHEN, Siegen 1988.

138 In Frankfurt edierte Reimann anschließend DAS STACHELSCHWEIN (vgl. Raabe, Paul; Autoren und Bücher, S. 389).

139 Steegemann, Paul; Fünf Jahre Verleger, zitiert nach: Raabe, Paul; Expressionismus, S. 268.

140 Ebda.

141 „Ich habe den großen Engländer weder aus Haß parodiert, noch aus Liebe. Sondern aus innerer Notwendigkeit. Weil mir mein Verleger geflüstert hat, daß eine Parodie auf Wallace, meiner geschätzten Feder entstammend, zweifellos ein Geschäft sein wird." (Reimann, Hans; Männer, die im Keller husten. Parodien auf Edgar Wallace, Berlin 1929, S. 157). Vgl. auch die entsprechende Passage in Reimanns Autobiographie: „Das Buch taugte nicht viel, konnte nicht viel taugen. Bei derlei Gelegenheitsprodukten geben stilistische Angewohnheiten und Eigenwilligkeiten des Parodierten den Ausschlag, also Äußerlichkeiten und nicht seine Mentalität ... Und weil ich keine Möglichkeit sah, das Formale zu karikieren, beschränkte ich mich wohl oder übel auf das Stoffliche und da hätte ich versierter sein müssen als der Engländer." (Reimann, Hans; Blaues Wunder, S. 264).

142 Vgl. Müller, Lothar; Alraune, S. 91–107.

143 Ketelsen, Uwe K.; Völkisch-nationale und nationalsozialistische Literatur, S. 70.

144 Vgl. zu diesem Aspekt der Arbeit von Ewers: Ketelsen, Uwe-K; Völkisch-nationale und nationalsozialistische Literatur, S. 70. Hermand, Jost/Trommler, Frank; Kultur der Weimarer Republik, S. 275. Overesch, Manfred; Drittes Reich, S. 44, 56, 59, 112, 125, 163 (zur Entwicklung der Auflagenhöhe). Vgl. zur Ablehnung Ewers' durch die nationalsozialistische Kulturpolitik: Vondung, Klaus; Literarischer Nationalsozialismus, S. 247. Ketelsen, Uwe-K.; Literatur und Drittes Reich, S. 72.

145 Merker, Reinhard; Bildende Künste im Nationalsozialismus, S. 318. Hillesheim, Jürgen/Michael, Elisabeth; Lexikon nationalsozialistischer Dichter, S. 102. Innerhalb von drei Jahren erreichte das Buch eine Auflage von 200.000 Exemplaren (ebda., S. 102).

146 Schon vor der nationalsozialistischen Machtübernahme jedoch wurde im Zusammenhang des Vorgehens gegen allzu krasse religiös-völkische Auswüchse auch gegen Artur Dinter opponiert. Ihm wurde verboten, weiterhin seine „heroische Heilandslehre" zu vertreten. Dinter, einer der ersten NSDAP-Landtagsabgeordneten und thüringischer Gauleiter, widersetzte sich dem Verbot und wurde bereits 1929 aus der NSDAP ausgeschlossen. Vgl. zur Person und Arbeit Artur Dinters: Merker, Reinhard; Bildende Künste im Nationalsozialismus, S. 21 f, 318, 340. Sontheimer, Kurt; Antidemokratisches Denken, S. 136. Mommsen, Hans; Verspielte Freiheit, S. 340. Mohler, Armin; Konservative Revolution, S. 82, 96, 171, 247. Vondung, Klaus; Literarischer Nationalsozialismus, S. 247, 255 f.

147 Zum Inhalt, wiedergegeben in der Drastik, derer sich Dinter bediente: Hermann Kämpfer ist Chemiker. Mangelnder Ehrgeiz und zurückhaltende, ehrenhafte Gesinnung haben ihn nicht den Ruf gebracht, den er aufgrund seiner großen Anlagen haben könnte. Als ein wissenschaftliches Experiment, das die Krönung seines Lebenswerks sein sollte, mißlingt, ist Kämpfer am Boden zerstört und zieht sich in die Einsamkeit der Berge zurück. Hier läßt er die Vergangenheit Revue passieren: die Kindheit als Sohn eines rechtschaffenen deutschen Bauernehepaares ebenso wie die jähe Zerstörung der intakten Familie durch das Auftreten des verschlagenen jüdischen Maklers, der den Vater zum Mörder,

die Mutter zur Selbstmörderin und den jungen Hermann zum Antisemiten werden ließ. Durch einen Skiunfall gerät Kämpfer in Kontakt mit einem jüdischen Kommerzienrat, dem Inbegriff des typischen Juden: rein-materialistisch, maßlos auf dem Gebiet des Geschlechtlichen, skrupellos, gefühllos und einzig darauf aus, arische Menschen generell und blonde arische Jungfrauen im besonderen mit Hilfe seiner unerschöpflichen finanziellen Mittel zu erniedrigen. Dieser Kommerzienrat nun hat eine der vielen blonden Jungfrauen, die er in seinem Leben vergewaltigte und schwängerte, zur Frau genommen. Sie, Elisabeth Wikking mit Namen, brachte eine Tochter zur Welt, wie sie Elisabeth geheißen. In sie verliebt Kämpfer sich umgehend. In Elisabeth, Tochter des unangenehmen Juden und der leuchtend vorbildhaften Arierin, widerstreiten das Gute und das Böse. Während der mütterliche Erbteil ihr Ehrfurcht vor dem Immateriellen, Geistigen, Idealistischen und Göttlichen mitgegeben hat, sorgt das väterliche Blut für Unrast, Sinnenlust, Vergnügungsfreude, Untreue und Gefühllosigkeit. Als Hermann Elisabeths Herz ebenso wie das ihrer Mutter mit einem vehementen Plädoyer für die Reinhaltung des arischen Blutes und die grundsätzliche Verworfenheit des Juden erobert, überwiegt der gute, arische Part in der jungen Elisabeth. Sie löst die Verlobung mit einem jüdischen Regierungsassessor, der – ebenfalls als typischer Jude dargestellt – keine Ehre und keinen Stolz besitzt und den an Elisabeth ohnehin nur äußere Werte interessieren. Hermann Kämpfer indes nutzt die letzten Tage seines Junggesellendaseins zu einer stürmischen Liaison mit Röschen Brunner, einem treuen arischen Mädchen, dessen Liebe er aber zurückweist, als Elisabeth ihm die ihre offenbart. Es folgt die Heirat. Doch die Freude an der gemeinsamen Lektüre der großen Philosophen und das Ergötzen an hehrer, schöner und erhebender Kunst können bei Elisabeth schon kurz nach der Eheschließung mit dem Reiz, den anständigen, stolzen und vor allen Dingen guten Hermann Kämpfer schamlos mit anderen, vornehmlich jüdischen, Männern zu betrügen, nicht mehr Schritt halten. Auch schenkt sie dem überzeugten Antisemiten, der meinte, das verwerfliche jüdische Erbe seiner Frau durch Erziehung zum Guten auszugleichen, einen Sohn, Heinrich geheißen, der nicht nur äußerlich den ‚typischen Juden' verkörpert. Kämpfer zieht sich daraufhin zunächst von Elisabeth zurück, erkennt dann jedoch, daß diese nicht aus freiem Willen zu Sinnenhaftigkeit, Gefühllosigkeit und materiellem Denken neigt, sondern weil „der Fluch der Sünde wider das Blut, der sie ihr Dasein verdankte", auf ihr lastet (Dinter, Artur; Die Sünde wider das Blut, Leipzig 1918, S. 182). Diese Einsicht verstärkt sein Denken, das in dem Juden das Zentrum jeder negativen Entwicklung seit der Tötung Jesu sieht. Gleichzeitig versöhnt er sich mit Elisabeth, sie wollen ein zweites Kind, hoffend, daß dieses Mal der positive Einfluß von Elisabeths blonder Mutter sich Geltung verschafft. Doch auch dieses Kind ist eindeutig semitisch. Elisabeth wie das Kind, der neuerliche Beweis des Fluches, den die Vergewaltigung ihrer Mutter für die Nachkommenschaft der Wickings mit sich brachte, sterben bei der Geburt. Kämpfer findet Trost in der Gründung einer Gesellschaft zur Reinhaltung der Rassen. Bald erfährt er, daß sein Verhältnis mit Röschen Brunner nicht ohne Folgen geblieben war. Hermann heißt sein zweiter Sohn, äußerlich wie vom Charakter her ein Abbild seines stolzen, arischen, idealistisch gesonnenen Vaters. Hermann kommt zum Vater, nachdem Röschen gestorben ist. Dieser zieht nun beide Söhne auf, wobei sein väterlicher Stolz ungleichgewichtig auf Hermann ruht, dem mutigen, kameradschaftlichen Jungen, schön an Gestalt wie im Wesen, während der unglückselige Heinrich sich zum stubenhockenden Streber entwickelt, der mit seinen Mitschülern zunächst Geschäfte treibt, sie dann bestiehlt und ihnen schließlich gegen Entgelt die Stiefel leckt. Mit zwölf Jahren muß Heinrich wegen eines ersten Sittlichkeitsverbrechens von der Schule genommen werden. Kurze Zeit später ertrinkt er bei einem Badeunfall. Den Halbbruder Hermann, der ihn heldenhaft retten wollte, zieht er mit sich in den Tod. Wieder steht Vater Kämpfer vor dem Nichts, wieder widmet er sich seiner antisemitischen Gesellschaft. Die geldgierige jüdische Verwandtschaft bringt ihn um das Erbe seiner Frau, er selbst erleidet einen Unfall, der sich aber insofern als schicksalshaft erweist, als er Kämpfer in Kontakt mit der blonden Krankenschwester Johanna bringt, die ihn pflegt und und in die er sich verliebt. Schwester Johanna erwidert seine Liebe, weist seinen Heiratsantrag jedoch zunächst zurück. Zögerlich geht sie auf sein Werben ein, wobei sich der Grund für ihre Abwehr ihm nach der Hochzeit entdeckt, als sie ihm einen Sohn mit „schwarzem Kraushaar, dunkler Haut und dunklen Augen" gebiert, „ein echtes Judenkind". Fünfzehn Jahre zuvor war sie von einem jüdischen Offizier vergewaltigt und geschwängert worden, und dieses Kind war nun – mit deutlichen zeitlichen Verzug – das Resultat dieser Schandtat. Hermann Kämpfer wird bald klar: „Es ist ein bedeutungsvolles und in der Tierzucht ganz bekanntes Rassegesetz, daß ein edelrassiges Weibchen zur edlen Nachzucht für immer untauglich wird, wenn es nur ein einziges Mal von einem Männchen minderwertiger Rasse befruchtet wird ... Nun ermesse man den Schaden, der jahraus jahrein der deutschen Rasse durch die Judenjünglinge zugefügt wird, die alljährlich *tausende* und *abertausende deutscher* Mädchen verführen." (ebda., S. 350) Kämpfer stellt den betreffenden Offizier zur Rede, dieser lacht ihm frech ins Gesicht und wird daraufhin von ihm erschossen. Unterdessen hat sich Schwester Johanna mitsamt ihrem jüdischen Sohn aus Scham das Leben genommen. In dem darauffolgenden Prozeß vor einem Schwurgericht, dessen Mitglieder sich – wie zunehmend weite Teile der Führungsschicht in Politik, Wirtschaft und Kultur – aus Juden zusammensetzen, hat Kämpfer, der Offiziersmörder, zunächst schweren Stand. Mit einer flammenden, nichtsdestotrotz in ihrer Aussage vage bleibenden Ansprache, in der er sein Tun als bewußtes und geplantes Fanal gegen die Geißelung der arischen Rasse durch die verwerflichen, moralisch minderwertigen und sittlich verkommenen Juden darstellt und Gesetze gegen die „rassische Verseuchung des deutschen Volkes durch jüdisches Blut" fordert, gelingt es ihm, das Publikum von seiner Mission zu überzeugen. Statt sein Leben zu lassen, avanciert Kämpfer zum Helden. Er erkennt seine „Vorsehung" als „Führer" an, „endlich den Kampf gegen diese Volksbetrüger und Volksvergifter aufzunehmen" (ebda., S. 368), und er erkennt den hehren Anspruch an, den diese Aufgabe an ihn stellt: „Dem Geiste den Sieg zu bringen über den Stoff und die ganze ringende Menschheit ihrer göttlichen Bestimmung entgegenzuführen, das war das Ziel, das Gott sich setzte, als er Germanen schuf" (ebda., S. 370). „Dazu beitragen, diese Erkenntnis in seinen deutschen Landsleuten zu wecken und sie anzufeuern zum Kampfe gegen jene Höllenmächte, das war die unzweideutige Aufgabe, die Gott ihm zugewiesen und deren bescheidenes Werkzeug er sein durfte" (Ebda.). Wenig später bricht der Erste Weltkrieg aus. Kämpfer meldet sich freiwillig, zeichnet sich bald aus und fällt am Weihnachtsabend für das Vaterland. Die „Sünde wider das Blut" ist gesühnt. DIE SÜNDE WIDER DAS BLUT, 1918 als Teilband der Tetralogie DIE SÜNDEN DER ZEIT erschienen, faßte eine ideologische

Strömung in sehr eingängigen, holzschnittartigen Bildern, Aussagen und Kommentaren zusammen, die auf dem Hintergrund des vorhergehenden Weltkrieges einer beobachteten Fehlentwicklung im deutschen Volk den Auslöser ‚das Judentum' zuordnete und die zunehmende „Entfremdung" einiger deutscher „Volksgruppen" voneinander durch den großen Einfluß des „internationalen Judentums" zu erklären suchte. Die Handlung des Romans ist geprägt von Schilderungen, welche in ihrer Gefühlsbetontheit und ihrem Hang zur nivellierenden ideologischen Verkürzung einem der weniger anspruchsvollen Kolportageromane der Zeit oder auch den Regieanweisungen eines jener gefühlsbetonten Stummfilme der Zeit hätten entstammen können. Dazu kommen langatmige Passagen, in denen Dinter Kämpfer seine aus vielerlei Quellen gespeiste Weltanschauung offenlegen ließ. In diesem Dualismus von äußerer Handlung und einfach gehaltener weltanschaulicher Betrachtung mag der Erfolg des Romans zu suchen sein. Eine genaue Analyse von Form und Inhalt würde einen interessanten Einblick in die Gesetzmäßigkeiten dieses ideologischen Gerüsts ermöglichen und damit den Blick auf gesellschaftliche Befindlichkeiten in dieser Zeit des Umbruchs nach dem Ersten Weltkrieg schärfen. Vgl. Hillesheim, Jürgen/Michael, Elisabeth; Lexikon nationalsozialistischer Dichter, S. 102 f. Es hätte auch Aufgabe des sonst oft so scharfsinnigen und sensiblen Schriftstellers Hans Reimann sein können, diese Gesetzmäßigkeiten und die Gefahr, die sich aus ihnen ableitete, mit dem Mittel satirischer Überzeichnung zu verdeutlichen. Dies jedoch geschah nicht.

[148] Zum Inhalt, wiedergegeben in der Drastik Reimanns: Der blonde, arische Forscher Hermann Stänker versucht durch chemische Versuche, „isrealitische Bakterien", sogenannte „Semitokokken", unterm Mikroskop sichtbar zu machen, um sie sodann durch „Teutonenblut" zu vernichten. Doch selbst die aus pulverisierten Büsten der Hohenzollern gewonnenen Substanzen helfen nicht; immer überwiegt der unglückselige semitische Einschlag: Ein Kaninchen, mit „Semitokokken" geimpft, bekommt auf der Stelle eine gebogene Nase, Wulstlippen und rechnet komplizierte Zinsrechungen. Stänker nun verliebt sich ausgerechnet in die schöne Tochter eines undurchsichtigen jüdischen Kommerzienrates. Bevor er sich mit ihr verlobt, die in der Philosophie ebenso bewandert ist wie in der Kunst, Männer zu verführen, hat er eine kurze Affäre mit einer blonden Arierin. Die Resulate beider Beziehungen kommen zeitgleich auf die Welt: Heinrich, der häßliche Sohn der Halbjüdin, der seinen Schulkameraden gegen Honorar die Schuhe lecken und mit zwölf Jahren sein erstes Sittlichkeitsverbrechen begehen wird, und Hermann, der stolze, wohltätige, gute Arier. Heinrichs Mutter, die sinnenfrohe Halbjüdin, die ihren Mann schamlos bei jeder Gelegenheit betrogen hat, stirbt aus Gram ob der Häßlichkeit ihres Sohnes, worauf Hermann Stänker senior eine weitere blonde Frau schwängert, die aufgrund der fünfzehn Jahre zurückliegenden Vergewaltigung durch einen Juden ein rattenähnlich verkommenes, im Fall jedoch eindeutig semitisches Kind zur Welt bringt. Stänker tötet das Kind, dessen Mutter sich umgehend aus Trauer an einem Hakenkreuz aufhängt. Der so gleichsam zum Doppelmörder Gewordene stellt sich der Polizei, wird jedoch wieder auf freien Fuß gesetzt und lebt mit der Kaninchenzucht bis an sein Ende in Reichtum: die tote blonde Deutsche war eine Milliardärstochter. Reimanns Satire auf Dinters rassistische Verblendung war ätzend. Doch stellt sich bei allem geschliffenen Wortwitz die Frage, ob hier nicht unter dem Deckmantel der Parodie bestehende Vorurteile gegen den ‚typischen Juden', der – resistent gegen jeden Versuch einer ‚Germanisierung' – sein trübes Dasein zwischen materiellem Wohlstand und entfesseltem Triebleben fristet, lediglich übertrieben, nicht aber als negativ dargestellt wurden. DIE DINTE WIDER DAS BLUT schwankt recht bedenklich zwischen der oberflächlichen und leichtfertigen Verurteilung antisemitisch-völkischen Gedankenguts einerseits und der Orientierung an einen Zeitgeist andererseits, der diese Auswüchse vorgeblich ablehnen mochte, die Tendenz im Grunde jedoch durchaus teilte. Eine deutliche und ernsthafte Stellungnahme, die etwa den Wahnwitz solch schlichter Kategorisierungen wie ‚semitisch' und ‚arisch' hätte deutlich machen können, findet sich nirgendwo. Stattdessen beteuerten Steegemann und Reimann im Vorwort: „Der Verfasser der Parodie und dessen Verleger sind nachweislich blond, blauäugig und unbeschnitten und in jeder Beziehung das Gegenteil von Juden." (Reimann, Hans; Die Dinte wider das Blut. Ein Zeitroman von Artur Sünde, Hannover 1923, Vorwort).

[149] Vgl. dazu auch: Weil, Marianne; Vorwort, in: Weil, Marianne; Werwolf und Biene Maja, S. 6.

[150] Jochen Meyer schrieb über EWERS, der Roman sei mit 10.000 Exemplaren gestartet, „denen schon im Jahr darauf das 11. bis 20. Tausend folgte. Die Parodie auf Artur Dinters SÜNDE WIDER DAS BLUT DIE DINTE WIDER DAS BLUT EIN ZEITROMAN VON ARTUR SÜNDE erscheint bereits 1923 im 31.-35. Tausend; mit einer Neuauflage im Jahre 1929 erreichte dieses Buch das 40. Tausend." (Meyer, Jochen; Paul Steegemann Verlag (1994), S. 35 ff.).

[151] Hans Reimann hatte kurz darauf erstmals für die PILLE geschrieben (Reimann, Hans; Das Leben ..., in: Die Pille, 2. Jhg., H. 32, S. 2 ff.).

[152] Cerberus; Herrn Hans Reimann, in: Die Pille, 1. Jhg., H. 16, 16. Dezember 1920, S. 381.

[153] G., B.; Zweemänner vom Aufbau, in: Die Pille, 2. Jhg., H. 43/44, 7. November 1921, S. 115.

[154] Ebda.

[155] Ebda. Ähnlich anerkennend äußerten sich viele andere Blätter. Der HAMBURGER CORRESPONDENT etwa schrieb über den Roman EWERS: „Den er treffen will, das ist der literarische Snob ..., der aufgeblasene Gernegroß, der Tausendsassa, der so gern den Teufelskerl spielen will, der mit allen Hunden gehetzt und mit allen Wassern gewaschen zu sein vorgibt und im Grunde ein kleiner, erfolghascherischer Philister bleibt." Über DIE DINTE WIDER DAS BLUT schrieb das BERLINER TAGEBLATT: „... ein glänzendes Pasquill gegen Artur Dinters SÜNDE WIDER DAS BLUT. Der Roman Dinters ist ein miserables und darum in gewissen Kreisen beliebtes Buch, sein Ungeist, seine falsche Kämpferpose und sein elendes Deutsch werden hier von ein paar Knallerbsen aus der Hand des sprühend witzigen Hans Reimann zur Strecke gebracht." Beide Rezensionen finden sich im Anhang zu Hans Reimanns Buch DR GEENIJ.

[156] Sächsisch für „Der König".

[157] Reimann, Hans; Dr Geenij, S. 13.

[158] Ebda., S. 16.

[159] Vgl. dazu auch den Auszug aus DR GEENIJ in: Die Weltbühne, 2. HJ., 1922, S. 393 ff.

[160] Abgedruckt in: Reimann, Hans; Kabarettbuch, Anhang.

[161] Ebda.

162 Panter, Peter (d. i. Kurt Tucholsky); König contra Reimann, in: Die Weltbühne, 20, 1924, S. 452–454. Hier zitiert nach Gerold-Tucholsky, Mary/Raddatz, Fritz J.; Kurt Tucholsky, Bd. 1, S. 1159.
163 Ebda.
164 Der Text der Einstweiligen Verfügung vom 19. Oktober 1923 ist abgedruckt in: Reimann, Hans; Kabarettbuch. Der Text findet sich auch in Reimanns Autobiographie (Reimann, Hans; Blaues Wunder, S. 304).
165 Reimann, Hans; Blaues Wunder, S. 306. Vgl. auch Joachim Ringelnatz' Schilderung der Verhaftung Reimanns in: Pape, Walter; Joachim Ringelnatz, S. 316.
166 Panter, Peter (d. i. Kurt Tucholsky); König contra Reimann, in: Die Weltbühne, 20, 1924, S. 452–454. Hier zitiert nach Gerold-Tucholsky, Mary/Raddatz, Fritz J.; Kurt Tucholsky, Bd. 1, S. 1150.
167 Schreiben des Prof. G. Winter, Meißen, abgedruckt in: Reimann, Hans; Kabarettbuch, Anhang.
168 Kurt Tucholsky nannte diesen Brief in der WELTBÜHNE einen „sehr freundlichen Verriß Reimanns durch einen ernsten deutschen Mann" (Panter, Peter (d. i. Kurt Tucholsky); König contra Reimann, in: Die Weltbühne, 20, 1924, S. 452–454. Hier zitiert nach Gerold-Tucholsky, Mary/Raddatz, Fritz J.; Kurt Tucholsky, Bd. 1, S. 1151).
169 Wiederum abgedruckt in: Reimann, Hans; Kabarettbuch, Anhang.
170 Ebda. Die Karikaturen waren nicht eigens zu diesem Zweck angefertigt worden, sondern stammten aus Hans Reimanns ANTI-COURTHS-MAHLER-Buch, Anhang.
171 Ebda.
172 Ebda. Schreiben des Oberpostsekretärs Finkbeiner, Stuttgart, 26. Juni 1923, an den Paul Steegemann Verlag, abgedruckt in: Reimann, Hans; Kabarettbuch, Anhang.
173 Vgl. Meyer, Jochen; Paul Steegemann Verlag (1994), S. 59.
174 Erklärung, in: Börsenblatt für den Deutschen Buchhandel, 90, 1923, S. 5862.
175 Steegemann, Paul; Seriöses Nachwort, in: Das Stachelschwein, 1. Jhg., 1924, H. 19, S. 16. Auch in: Kunstverein Hannover; Zwanziger Jahre, S. 90. Meyer, Jochen; Paul Steegemann Verlag (1994), S. 54.
176 Reimann, Hans; Kleiner Protest gegen ein Buch, in: Das Stachelschwein, 1. Jhg., 1924, H. 15, S. 15. Vgl. Meyer, Jochen; Paul Steegemann Verlag (1994), S. 54 u. 77.
177 Steegemann, Paul; Seriöses Nachwort, in: Das Stachelschwein, 1. Jhg., 1924, H. 19, S. 16.
178 Vgl. Meyer, Jochen; Paul Steegemann Verlag (1994), S. 77.
179 Vgl. Meyer, Jochen; Paul Steegemann Verlag (1994), S. 54. Vgl. auch Kuxdorf, Manfred; Salomo Friedländer/Mynona, S. 38 ff. Vgl. Mattheus, Richard; Nachruf auf Paul Steegemann, Hann. Presse, 24. Januar 1956. Anders: Marwedel, Rainer; Theodor Lessing. Biographie, S. 253 f. Artur Landsberger verfaßte für den Paul Steegemann Verlag: Raffke & Cie. Die neue Gesellschaft, Hannover 1924. Gott Satan oder Das Ende des Christentums, Hannover 1924. Berlin ohne Juden, Hannover 1925. Die Unterwelt von Berlin. Nach den Aufzeichnungen eines ehemaligen Zuchthäuslers, Berlin 1929. Im Herbst 1924 wurde von Steegemann bereits eine Fortsetzung des RAFFKE-Romans angekündigt (Raffke II. Der neue Mensch), die aber nicht erschien.
180 Vgl. Antkowiak, Alfred; Erich Maria Remarque. Leben und Werk, S. 18–50. Schrader, Bärbel; Fall Remarque, S. 18–103. Müller, Hans-Harald; Krieg und die Schriftsteller, S. 36–94, bes. S. 79 ff. Trommler, Frank; Verfall Weimars oder Verfall der Kultur, S. 43. Hermand, Jost/ Trommler, Frank; Kultur der Weimarer Republik, S. 167 u. 186. Laqueur, Walter; Weimar, S. 169, 196 u. 312.
181 Neumann, Robert; Die Meute hinter Remarque, in: Die Literatur, Bd. 32, 1929/1930, S. 199 f, zitiert nach: Meyer, Jochen; Paul Steegemann Verlag (1994), S. 55.
182 Vgl. Kuxdorf, Manfred; Salomo Friedländer/Mynona, S. 39. Meyer, Jochen; Paul Steegemann Verlag (1994), S. 54. Auch diese Satire also ging auf einen Auftrag Paul Steegemanns zurück. Friedländer erinnerte sich daran folgendermaßen: „Plötzlich pochte es an meine ... Tür ... und herein spazierte Paul Steegemann, um mir den Vorschlag zu machen, gegen den Ullsteinschen Remarquerummel etwas zu tun. A tempo ... lehnte ... ich ... ab. Paul Steegemann weinte heiße Tränen und bat mich, die Sache zu überschlafen." (Mynona; Der Holzweg zurück oder Knackes Umgang mit Flöhen, Berlin/Leipzig 1931, S. 28). Vgl. zum Verhältnis Mynonas zu Steegemann: Meyer, Jochen; ,Es reizt mich sehr, mit Ihnen daran zusammenzuarbeiten', Vgl. auch Meyer, Jochen; Erfolg ohne Tendenz. Tucholsky im Streit um Remarque, in: Ders./Bonitz, Antje; Entlaufene Bürger, S. 582–603.
183 Mynona; Hat Erich Maria Remarque wirklich gelebt?, S. 7 f.
184 Ebda., S. 215.
185 Auch Mynonas Biograph Manfred Kuxdorf stellte fest, „witzige Formulierungen und beißende Satire" hätten die „Ernsthaftigkeit seiner Argumente" überdeckt (Kuxdorf, Manfred; Salomo Friedländer/Mynona, S. 36).
186 Mynona; Der Holzweg zurück oder Knackes Umgang mit Flöhen, Berlin/Leipzig 1931, S. 20.
187 Ebda., S. 36.
188 Ebda.
189 Ebda., S. 25.
190 Vgl. dazu: Kuxdorf, Manfred; Salomo Friedländer/Mynona, S. 36.
191 Nicht datierter Prospekt des Paul Steegemann Verlages für HAT ERICH MARIA REMARQUE WIRKLICH GELEBT?, o.S. Vgl. auch die Materialiensammlung zur Person Remarques in: DLA Marbach, A: Steegemann, Materialien zu Erich Maria Remarque, Mappe 1 u. 2.
192 Aus der Ankündigung für den ANTI-FREUD-Roman in: Mynona; Hat Erich Maria Remarque wirklich gelebt?, Impressum.
193 Nicht datierter Prospekt des Paul Steegemann Verlages für HAT ERICH MARIA REMARQUE WIRKLICH GELEBT?, o.S. (DLA Marbach, A: Steegemann, Materialien zu Erich Maria Remarque, Mappe 1).
194 Wrobel, Ignaz (d.i. Kurt Tucholsky); Hat Mynona wirklich gelebt?, in: Die Weltbühne, 1. HJ. 1930, S. 15 f.
195 Ebda.
196 Ebda., S. 16. Vgl. zur Rezeption des Romans in der Öffentlichkeit vor allem: Gollbach, Michael; Die Wiederkehr des Weltkrieges in der Literatur. Zu den Frontromanen der späten zwanziger Jahre, Kronberg/Ts. 1978. Schrader, Bärbel; Fall Remarque.
197 Neumann, Robert; Die Meute hinter Remarque, in: Die Literatur, Bd. 32, 1929/1930, S. 200, Zitiert nach: Meyer, Jochen; Paul Steegemann Verlag (1994), S. 55 f.
198 Vgl. dazu Tucholsky, Kurt; Antworten, in: Die Weltbühne, Bd. 26, 1930, S. 373.
199 Schreiben Paul Steegemanns an Salomo Friedländer, 28. Januar 1930 (DLA Marbach, A: Steegemann, Kasten 1. Briefe an ihn von Salomo Friedländer).

[200] Mynona; Der Holzweg zurück oder Knackes Umgang mit Flöhen, Berlin/Leipzig 1931. In Vorbereitung dieses Buches erging am 21. November 1929 folgender Brief Mynonas an Steegemann: „Welche Bombe man an diese Panzerplattenstirnen werfen muß, ist nicht zu empfinden … diese Halunken *wollen* nicht sehen, daß ich gar nicht die Ehre, sondern das Genie des Remarque und seiner Ruhmeskonsorten attakkiere!!! … Zum Genie langt es nicht einmal bei den Gebrüdern Mann. *Das* wollte ich sagen, nicht aber nachweisen, daß Remarque eigentlich Remark heißt – ich benutze dies doch nur als ‚Symbol', als Zeichensprache … Dieses Antiremarquebuch ist in Wahrheit eine Dynamitbombe, und ich werde die Illusion nicht mehr los, daß nicht ich, sondern … die davon Betroffenen krepieren sollten … Sie sehen nicht, daß das Buch gar nicht direkt gegen Remarque, sondern gegen den Triumph der Mittelmäßigkeit, der heute zufällig Remarque heißt, geschrieben ist." (Schreiben Salomo Friedländers an Paul Steegemann, 21. November 1929 (DLA Marbach, A: Steegemann, Kasten 1, Briefe an ihn von Salomo Friedländer)).

[201] Mynona wurde in der WELTBÜHNE keine Chance einer Stellungnahme eingeräumt wurde. Deshalb war er, wie er seiner Schwester im Februar 1930 mitteilte, dankbar, daß Steegemann ihn vom „Maulkorb" befreie. Durch die Hilfe seines Verlegers könne er nun hier die Beweggründe seiner Satire verdeutlichen (Postkarte Salomo Friedländers an Anna Samuel, 4. Februar 1930, zitiert nach: Kuxdorf, Manfred; Salomo Friedländer/Mynona, S. 40).

[202] Vgl. zur Biographie Remarques: Ketterle, Margit; Erich Maria Remarque, in: Benz, Wolfgang/Graml, Hermann; Biographisches Lexikon zur Weimarer Republik, S. 268. Antkowiak, Alfred; Erich Maria Remarque. Leben und Werk, Berlin (DDR) 1977. Owen, C.R.; Erich Maria Remarque. A Critical Bio-Bibliography, Amsterdam 1984. Baumer, Franz E.; Erich Maria Remarque, Berlin 1984.

[203] Für das ECHO CONTINENTAL schuf er zwischen Juni 1923 und Dezember 924 u.a. die Fortsetzungsreihe KAPITÄN PRIEMKES ABENTEUER, in der die Kapitän durch verschiedene Abenteuer erst mit Walrössern, dann mit den „Menschenfressern aus Melanesien" geführt wird, um am Ende jeweils die Leistungsfähigkeit und Qualität der Produkte aus dem Hause Continental zu preisen. Interessant ist Remarques Artikel VOM STIL UNSERER ZEIT, ein Bekenntnis zur Schnellebigkeit der Zeit. Er erschien im September-/Oktoberheft 1923 des ECHO CONTINENTAL, S. 128 f. Vgl. Kerker, Armin; Zwischen Innerlichkeit und Nacktkultur. Der unbekannte Remarque, in: Die Horen, 19. Jhg., Ausg. 96, H. 3, Winter 1974, S. 14. Vgl. Rischbieter, Henning; Hannoversches Lesebuch, Bd. 2, S. 246.

[204] Remarque, Erich Maria; Über das Mixen kostbarer Schnäpse, in: Störtebeker, Nr. 2, 1924, S. 37–39. „Zum Mixen gehört Griff, um das schillernd Undeutbare zur Einheit zusammenzufassen. Der Schnaps ist vielfältig wie das Leben. Er ist ein Diamant, der in tausend Farben funkelt und aus dem Schliff vieler Facetten gleißt; aber er bleibt ein Diamant. Man sollte nicht mit weniger als dreißig verschiedenen Schnapseinheiten beginnen. Training ist erforderlich. Eine ungeschickte Handbewegung kann alles zerstören. Der Schnaps will behandelt werden. Dem Meister aber ordnet er sich willig unter, wenn er in spielerischer Balance aus gesetzmäßiger Gebundenheit heraus, jonglierend mit den Endergebnissen tändelt, in schöpferischer Grazie sich kosmoverschwistert." Im gleichen Jahr 1924 verfaßte Erich Maria Remarque ein emphatisches Vorwort für den Katalog der von Friedrich Vordemberge-Gildewart und Hans Nitzschke gegründeten Gruppe K (Helms, Dietrich; Vordemberge-Gildewart, S. 14).

[205] Mynona; Hat Erich Maria Remarque wirklich gelebt?, S. 16.

[206] Nicht datierter Prospekt des Paul Steegemann Verlages HAT ERICH MARIA REMARQUE WIRKLICH GELEBT?, o.S. (DLA Marbach, A: Steegemann, Materialien zu Erich Maria Remarque, Mappe 1).

[207] Remarque, Erich Maria; Leitfaden der Décadence, in: Störtebeker, Nr. 5, 1924, S. 110 f.

[208] Ebda., S. 111. Über die Überholtheit der bürgerlichen Institution Ehe hatte sich im STÖRTEBEKER zuvor auch schon Steegemanns Freund Manfred Georg mokiert. Seinen Beitrag GEGEN DEN EHERING, der das Tragen des Ringes als lächerlichen Besitzanspruch und Vorgaukelung eines Sicherheitsgefühls überängtigter Spießer charakterisierte, beschloß Georg mit der Schlußfolgerung: „Ergo: das Tragen von Eheringen ist auf Grund des Paragraphen über die Erregung öffentlichen Ärgernisses zu verbieten." (Georg, Manfred; Gegen den Ehering, in: Störtebeker, Nr. 2, 1924, S. 44).

[209] Steegemann, Paul; Der Ärztestreik, 2. Teil, in: Störtebeker, Nr. 2, 1924, S. 47.

[210] Steegemann, Paul; Die Zeitschrift STÖRTEBEKER, in: Störtebeker, Nr. 1, 1924, S. 24. Vgl. auch Mattheus, Richard; Nachruf auf Paul Steegemann, Hann. Presse, 24. Januar 1956. „Das größte Abenteuer schien ihm das Abenteuer des Geistes zu sein, eines frischen, fröhlichen und freien Geistes."

[211] Anzeigenteil des BÖRSENBLATTES, in: Börsenblatt für den Deutschen Buchhandel, 92, 1925, S. 370 f, zitiert nach: Meyer, Jochen; Paul Steegemann Verlag (1994), S. 66.

[212] Bock, Gustav; Von Bismarck zur Baisse-Mark. Börse und Wirtschaft, in: Störtebeker, Nr. 1, 1924, S. 17.

[213] In gewohnt ironischer Manier gab Steegemann über seine Motivation, auch als Autor in seiner neuen Zeitschrift zu erscheinen, Rechenschaft: „Der Verleger aber, dem ein irregeleiteter Dachziegel, ein platzender Conti-Cord, ein verführter Blitz oder die leuchtende Sternschnuppe sekündlich beweist, welch ein relatives Häuflein seine wertvollen Zeitgenießer und er selber sind, erlernte Schriftstellerei und schuf zu Spaß und Zeitvertreib Anfang 1924 den Autor Gustav Bock. Unter welchem preziösen Namen er in die Weltkultur eingehen will." (Steegemann, Paul; Fünf Jahre Verleger, zitiert nach: Raabe, Paul; Expressionismus, S. 245). Die Schriftstellerei hatte Steegemann jedoch nicht erst 1924 erlernt. Unter den Pseudonymen E.v.d.Z. und später Rainer Maria Schulze war in seinem Verlag seit Beginn der zwanziger Jahre bereits mehrfach als Übersetzer bzw. ‚Umdichter' verschiedener englisch- und italienischsprachiger Literatur in Erscheinung getreten: Pietro Aretino; Die sechzehn wollüstigen Sonette, Deutsche Umdichtung von E. v. d. Z., Hannover 1921. Edward Bulwer; Die Geisterseher. Eine okkulte Erzählung, Deutsche Übertragung von Rainer Maria Schulze, Hannover 1922. Edgar Allan Poe; Die Abenteuer des Detektivs Dupin, Übertragung von Rainer Maria Schulze, Hannover 1922. Der Klub der Selbstmörder von R.L. Stevenson, Übertragung von Rainer Maria Schulze, Hannover/Leipzig 1922. Der Priester und der Meßnerknabe, Eine Erzählung von Oscar Wilde, übertragen und mit einem Nachwort versehen von R.M. Schulze, Hannover 1922.

[214] Vgl. Meyer, Jochen; Paul Steegemann Verlag (1994), S. 26.

215 Steegemann, Paul; Dada auf den Weihnachtstisch!, in: Börsenblatt für den Deutschen Buchhandel, Bd. 87, 1920, S. 14504f, zitiert nach: Meyer, Jochen; Paul Steegemann Verlag (1994), S. 31.

216 Rischbieter, Henning; Hannoversches Lesebuch, Bd. 2, S. 246. Paul Raabe (Zeitschriften und Sammlungen, S. 191) schrieb über die SILBERGÄULE: „Neben dem JÜNGSTEN TAG die bekannteste und erfolgreichste Schriftenreihe des Expressionismus ... Berühmt vor allem wegen der dort veröffentlichten Dada-Texte." Vgl. Schmalenbach, Werner; Kurt Schwitters, S. 22. Nündel, Ernst; Kurt Schwitters. Briefe, S. 309. Wie geschickt Steegemann auch in dieser Hinsicht Geschäftliches mit der inhaltlichen Zielsetzung seines Verlagsprogramms zu verbinden wußte, ging 1920 etwa aus dem BÖRSENBLATT FÜR DEN DEUTSCHEN BUCHHANDEL hervor: „Dada – das ist die Konsequenz der Kunst aller Kunstrichtungen. Er greift weit hinaus über die Gestaltung von Idee und Erlebnis, wird so Lebenshaltung, Gesinnung, Philosophie. Der Künstler, der Dadaist, ist ein Mensch, der das Leben in allen seinen unübersehbaren Gestalten liebt ... Also beherrscht auch der Dadaist das ganze Register der menschlichen Lebensäußerungen, angefangen von der grotesken Selbstpersiflage bis zum heiligsten Wort des Gottesdienstes ... Die dadaistische Weltanschauung ist die *romantische* Ironie der *deutschen* Dichter Tieck, Schlegel, Novalis. – Der europäische Verleger erfüllt seine kulturelle Sendung nicht mit Geldverdienen: er ist eingesetzt, die geistigen Ströme durch seine Nervenbündel rauschen zu lassen, sie zu erkennen, zu leiten und den Schaffenden Hilfe und Plattform zu geben. Die von mir publizierten dadaistischen Werke geben den Querschnitt durch Zeit und Ewigkeit. Die geistige Stoßkraft ist so stark, daß heute *die ganze gebildete Welt* davon spricht, ohne zu wissen, was DADAISMUS überhaupt ist. Schaffen Sie Aufklärung! Verbreiten Sie die Bücher!" (Steegemann, Paul; Dada auf den Weihnachtstisch!, in: Börsenblatt für den Deutschen Buchhandel, Bd. 87, 1920, S. 14504f, zitiert nach: Meyer, Jochen; Paul Steegemann Verlag (1994), S. 31.

217 Der Marstall, H. 1/2, 1919/1920, S. 17.

218 Ebda., S. 20f.

219 Ebda.

220 Huelsenbeck, Richard; Aus der Geschichte des Dadaismus, in: Der Marstall, H. 1/2, 1919/1920, S. 35.

221 Ebda., S. 37.

222 Klabund; Die Dadakratie. Eine Rezension, Der Marstall, H. 1/2, 1919/1920, S. 32.

223 Ebda.

224 Vgl. zu Wihelm Michel: Kuxdorf, Manfred; Salomo Friedländer, S. 5. Meyer, Jochen; Paul Steegemann Verlag (1994), S. 21.

225 Michel, Wilhelm; Über Metaphysik des Bürgers, in: Ders.; Essays über Gustav Landauer. Romain Rolland. Friedrich Hölderlin. Die Metaphysik des Bürgers, Hannover/Leipzig/Wien/Zürich 1920 (Bd. 33–33a der Silbergäule), S. 19ff, abgedruckt auch in: Der Marstall, H. 1/2, 1919/1920, S. 3f.

226 Ebda.

227 Vgl. zur Biographie Serners die entsprechenden Passagen in der Veröffentlichung Thomas Milchs; Walter Serner. Vgl. Walter Serner-Lesebuch, S. 597. Raabe, Paul; Zeitschriften und Sammlungen, S. 33. Schodder, Karl; Memories, unveröffentlichtes Typoskript, Besitz Georg Schodder, Aachen, o.J., Kapitel WALTER SERNER, nicht paginiert. Milch, Thomas; Chronik zu Leben und Werk Walter Serners.

228 Milch, Thomas; Walter Serner, S. 6f.

229 Ebda., S. 7.

230 Ebda., S. 17. Christian Schad selbst berichtete von der Freundschaft zu Serner und dem gemeinsamen Zeitschriftenprojekt: Schad, Christian; Zürich/Genf: Dada, in: Imprimatur, N.F., Bd. 3, 1961/1962, S. 215–218, hier zitiert nach: Raabe, Paul; Expressionismus, S. 169ff. Vgl. Schlawe, Fritz; Literarische Zeitschriften, S. 9.

231 Schad, Christian; Zürich/Genf, zitiert nach: Raabe, Paul; Expressionismus, S. 171.

232 Ebda., S. 172.

233 Ebda.

234 Ebda., S. 173. Der Ausspruch, hier von Schad zitiert, stammte von Serner selbst: Serner, Walter; Letzte Lockerung, S. 19.

235 Doch obschon der wohlwollende Teil der Presse die „antijournalistische Tendenz" als „hervorstechendsten Grundzug der neuen Revue" und die „Ehrlichkeit bis in die letzte Zeile, Ehrlichkeit gegen andere, Ehrlichkeit gegen sich selbst" hervorhob, mußte die Zeitschrift nach nur einem guten halben Jahr infolge mangelnden Publikumsinteresses ihr Erscheinen einstellen (Fischer, Heinrich; Sirius, Karlsbader Zeitung, Nr. 48, 28. November 1915, zitiert nach: Milch, Thomas; Walter Serner, S. 23ff. Vgl. auch ebda., S. 18).

236 Milch, Thomas; Walter Serner, S. 18. Auf S. 27 dieser Veröffentlichung finden sich Auszüge aus der entsprechenden Ermittlungsakte der Schweizer Polizei.

237 Milch, Thomas; Walter Serner, S. 18.

238 Vgl. dazu seine Schilderung eines ‚Rasta' in LETZTE LOCKERUNG: „Einer endlich eisenbahnkutschiert über den Kontinent, ist je nach Bedarf Graf oder Einbrecher, Schieber oder Diplomat, Hazardeur oder Heiratsschwindler, Kuppler oder Regierungsrat, da allein diese vielseitige Tätigkeit sein ganz enormes Zerstreuungsbedürfnis befriedigt." (Serner, Werner; Letzte Lockerung, S. 12). „Der wilde Mann steigt nämlich vom Mißtrauen gegen sich selber zur konstanten Belauerung seiner Sätze auf und endlich gewahrt er, daß er sich zu allem entschließen kann. Und schon ist der Bursche dämonisch." (S. 25).

239 Richter, Hans; Dada-Profile, S. 103.

240 Schodder, Karl; Memories, unveröffentlichtes Typoskript, Besitz Georg Schodder, Aachen, o.J., Kapitel WALTER SERNER, nicht paginiert.

241 Richter, Hans; Dada-Profile, S. 103.

242 Walter-Serner-Lesebuch, S. 597. Vgl. Schodder, Karl; Memories, unveröffentlichtes Typoskript, Besitz Georg Schodder, Aachen, Kapitel WALTER SERNER, nicht paginiert.

243 Richter, Hans; Dada-Profile, S. 105. Vgl. auch Thomas Milch; Walter Serner, S. 18: „Serner avanciert rasch neben Tzara zum wichtigsten Theoretiker, Propagandisten und Organisatoren des Dadaisten." Auf dem Zweiten Dadaistischen Weltkongreß hielt er die Eröffnungsrede, in der er, wie die PILLE im Dezember 1920 in einem Rückblick berichtete, sagte, „daß Dada nach kaum zwei Jahren heftigen Kampfes Religion, Kunst und Wissenschaft unter seinen tellurischen Kräften verschüttet und neues Erdreich für die gedeihliche Pflanzung einer ideenfreien, triebstarken und aufrichtigen Kultur aufgeworfen habe. Der Kampf sei jedoch noch nicht beendet; es würden noch große Anstrengungen erforderlich sein, um jede neuerliche Erhebung des eitlen Gezüchts unmöglich zu machen, die die Erreichung dieses Zieles beschleunigen könnten." (G., B.; Zweiter Dadaistischer Weltkongreß, in: Die Pille, 1. Jhg., H. 14, 2. Dezember 1920, S. 332. Vgl. auch den Be-

243 ...richt vom Dadaistischen Weltkongreß im MARSTALL, H. 1/2, 1919/1920, S. 21).
244 So die Überschrift des Auszugs im MARSTALL: Serner; Die gelösten Welträtsel, in: Der Marstall, H. 1/2, 1919/1920, S. 39.
245 Serner, Walter; Letzte Lockerung, S. 3, Auszüge auch abgedruckt in: Der Marstall, H. 1/2, 1919/1920, S. 39.
246 „Der jeweils landläufige Etat der bewohnten Erdoberfläche ist deshalb lediglich das folgerichtige Resultat einer unerträglich gewordenen Langeweile." (Serner, Walter; Letzte Lockerung, S. 5). „Zwischen Zangen (Klatsch) Geburt und exitus hopst man mit dem, womit man hergedat wurde, teils keß, teils trüb auf und nieder; man hopst (ja, ja) – geistige Erziehung, sexuelle Aufklärung (wie wär's mit der der Erwachsenen etwa?) und ähnliche grandiose Albernheiten; und man hopst auch (huch nein!) – Freiheit, Willensfreiheit … Klammerfatzken!" (S. 10 f.) „Man muß weder Kant gelesen haben noch Nietzsche; es genügt, sich an einem Satz das Kotzen geholt zu haben." (S. 15) „Oberschenkel sind kapital. Kriege allerschwerste Durchfälle. Die Freiheit ist ein Lunapark. Der Friede *die* Katastrophe." (S. 16).
247 Serner, Walter; Letzte Lockerung, S. 11.
248 Ebda., S. 38. „Jedenfalls ist die Moral die unzweckmäßigste Einrichtung zur Beseitigung irgendwelchen Betriebs. Dadurch, daß man ein gutes Geschäft (Moral) gegen ein beiweitem besseres (ohne Moral) zu halten in der Lage ist (welch' holde Transparenz !), fällt es leicht, sich zuzugeben, daß man im Grunde gar keine Einstellung hat, sich ungefähr wie – losgelassen vorkommt und unnötigerweise mit einer hintersten Zurechtlegung sich herumgeschleppt hat … Die Beseitigung der Moral wäre deshalb vielleicht durch Einführung des Kettenhandels im Heiratsvermittlungsverkehr herbeizuführen. Oder durch Erschwerung des Kompottgenusses. Oder einfach durch Bäder." (Ebda., S. 35).
249 „O daß die alten Instinkte geblieben, die ihnen entsprechenden Vitalitäten jedoch abgegangen sind! Jene waren ehemals perpetuierlich beschäftigt; man hatte gar keine Zeit, sich zu langweilen (zu trompeten): man atmetete bis in die Lungenspitzen, koitierte, jagte, fraß, raufte, soff, koitierte, schwamm, grunzte, koitierte, schlief und der Tag war hold zu Ende. Nunmehr vazieren die Instinkte von den vierundzwanzig Stunden vierzehn, die dem (still!) – Berufsleben dienen oder der (ffft!) – Kontemplation, welche die sonnige Aufgabe hat, dem Herrn die Klugheit so fein auszureden, daß er sich in der Jugend vermag, er sei zwar ein toller Kerl, aber sso gescheit, sich zu unterlassen. Affen! Entartete Affen!! Miserable Affen!!!" (Ebda., S. 29)
250 Ebda., S. 45.
251 Richter, Hans; Dada. Profile, S. 105. Wiesner, Herbert; Anarchist, Stilist und Zyniker und verzweifelt, in: Ders.; dr. walter serner, S. 7–10.
252 So Ossip Kalenter in der PILLE: Kalenter, Ossip; Die Silbergäule. Ein Aufklärungsfilm, in: Die Pille, 1. Jhg., H. 16, 16. Dezember 1920, S. 380.
253 Walter-Serner-Lesebuch, S. 597. Milch, Thomas; Walter Serner, S. 19.
254 Milch, Thomas; Walter Serner, S. 19.
255 Walter-Serner-Lesebuch, S. 597. Milch, Thomas; Walter Serner, S. 19.
256 Serner, Walter; Zum blauen Affen. Dreiunddreißig hahnebüchene Geschichten, Hannover/Leipzig/Wien/Zürich 1921 (Bd. 91–98 der Silbergäule). Milch, Thomas; Walter Serner, S. 19.
257 Klabund; Marietta, Hannover/Leipzig/Wien/Zürich 1920 (Bd. 79 der Silbergäule).
258 Vgl. zur Person Mariettas etwa: Schmitz, Walter; Münchner Moderne, S. 621 ff., 695 f. Marietta di Monaco; Klabund, in: Dies.; Ich kam – ich geh, S. 80–88. Bachmair, Heinrich F. S.; Bericht eines Verlegers 1911–1914, in: Raabe, Paul; Expressionismus, S. 96–111. Milch, Thomas; Walter Serner; S. 226 u. 240. Klabund legte Marietta in seinem Roman die Worte in den Mund: „Ich habe kein Vaterland. Ich habe kein Mutterland. Jede fremde Sprache berührt mich heimatlich. Ich bin eine polnische Prinzessin: hübsch aber schlampig. Ich schiele. Das ist meine Weltanschauung. Eigentlich müßte ich ein Monokel tragen. Ich gewinne auf der Münchener Wohlfahrtslotterie eine kleine Kuhglocke. Ich binde sie mir um den Hals und lasse sie läuten. Jeder möchte mein Hirt sein. Ich bin Marietta." (Klabund; Marietta, Hannover/Leipzig/Wien/Zürich 1920 (Bd. 79 der SILBERGÄULE), zitiert nach: Raabe, Paul; Expressionismus, S. 322).
259 Schad, Christian; Zürich/Genf, zitiert nach: Raabe, Paul; Expressionismus, S. 171.
260 Marietta di Monaco; Dr. Zunder, in: Dies.; Ich kam – ich geh, S. 14–17.
261 Milch, Thomas; Walter Serner, S. 241. Vgl. dazu auch das Gedicht von Walter Mehring ZUM BLAUEN AFFEN (Souvenir de Leipzig), abgedruckt in: Riha, Karl (Hg.); Hans Reimann. Dada im Leipziger DRACHEN, Siegen 1988, S. 15.
262 Schreiben des Börsenvereins für den Deutschen Buchhandels zu Leipzig an Paul Steegemann, 13. September 1920 (DLA Marbach, A: Minde-Pouet). Steegemann kommentierte die Absage mit der achselzuckenden Bemerkung, sie beweise, „daß die Herren wirklich vom Blauen Affen gebissen sind" (Schreiben Paul Steegemanns an Georg Minde-Pouet, 18. September 1920, gleiche Akte). Meyer, Jochen; Paul Steegemann Verlag (1994), S. 60. Milch, Thomas; Walter Serner, S. 241. Vgl. dazu auch die Verlagswerbung in der PILLE: „Serner. Zum blauen Affen. 33 hahnebüchene Geschichten. Der Titel dieses ehrlichen, freien und befreienden Buches ist Schauplatz, Symbol und Ablauf bürgerlichen Lebens. Serner trägt weder Brille noch Monocel. Er sieht durch ein Prisma der heliogabalischen Lüste der Schieber, Kleinbürger, Literaten, Börsianer und Dirnen. Er umreißt und vernichtet diese Welt tragischer Lächerlichkeit mit einer Kunst, die ebenbürtig ist den besten Werken Heinrich Manns und Carl Sternheims – trotzdem verweigert das BÖRSENBLATT FÜR DEN DEUTSCHEN BUCHHANDEL jede Ankündigung dieses Buches." (Die Pille, 1. Jhg., H. 15, 9. Dezember 1920, S. 359).
263 O.A.; Walter Serner. Die Tigerin. Der Pfiff um die Ecke, Nürnberg-Fürther 8-Uhr-Abendblatt, Nr. 26, 31. Januar 1925, zitiert nach: Milch, Thomas; Walter Serner, S. 70 f.
264 Milch, Thomas; Walter Serner, S. 148, 160, 165, 176, 258. Die Freundschaft mit Paul Steegemann hielt über den Zweiten Weltkrieg hinweg (vgl. dazu die beiden in Jochen Meyers Buch (Paul Steegemann Verlag (1994), S. 186) angegebenen Aufsätze Manfred Georgs über Steegemann). Vgl. zur Person Georgs auch Reimann, Hans; Blaues Wunder, S. 468. Für 1932/33 war im Paul Steegemann Verlag der Roman EINE NACHT IN KATTOWITZ von Manfred Georg zur Veröffentlichung vorgesehen, was jedoch an der nationalsozialistischen Machtübernahme scheiterte (Meyer, Jochen; Paul Steegemann Verlag (1994), S. 83).
265 Georg, Manfred; Walter Serner. Gesammelte Werke. Paul Steegemann Verlag, Berlin, 8-Uhr Abendblatt der Nationalzeitung, Berlin, Nr. 58, 8. März 1928, auch in Karlsbader Zeitung, Nr. 62, 14. März 1928, zitiert nach: Milch, Thomas; Walter Serner, S. 149.

266 O.A.; Walter Serner, Passmo, Brünn, 1. Jhg., 9. Februar 19 (?) (1925), zitiert nach: Milch, Thomas; Walter Serner, S. 72. Schodder, Karl; Memories, unveröffentlichtes Typoskript, Besiz Georg Schodder, Aachen, o.J, Kapitel WALTER SERNER, nicht paginiert.

267 C., H.J.; Posada oder Der große Coup im Hotel Ritz, Germania, Nr. 111, 8. März 1927, zitiert nach: Milch, Thomas; Walter Serner, S. 130.

268 Schmidt, Erich K.; Serner ZUM BLAUEN AFFEN. Verlag Paul Steegemann, Berliner Börsen-Courier, Nr. 49, 30. Januar 1921, zitiert nach: Milch, Thomas; Walter Serner, S. 42.

269 Serner, Walter; Letzte Lockerung (erweiterte Neuauflage 1927 mit dem Untertitel EIN HANDBREVIER FÜR HOCHSTAPLER UND SOLCHE, DIE ES WERDEN WOLLEN). Zum blauen Affen. Dreiunddreißig hahnebüchene Geschichten, Hannover/Leipzig/Wien/Zürich 1921 (Neuauflagen 1923, 1927). Der elfte Finger. Fünfundzwanzig Kriminalgeschichten, Hannover 1923 (Neuauflage 1927). Der Pfiff um die Ecke. Zweiundzwanzig Kriminalgeschichten, Berlin 1927. Posada oder Der große Coup im Hotel Ritz. Ein Gauner-Stück in drei Akten, Berlin 1927. Die tückische Straße. Neunzehn Kriminalgeschichten, Berlin 1927. Die Tigerin. Eine absonderliche Liebesgeschichte, Berlin 1927. Nicht erschienen, aber angekündigt: Das fette Fluchen. Dada-Roman, 1921 annonciert, über die Gründe des Nichterscheinens vgl. Milch, Thomas; Walter Serner, S. 38). Der isabelle Hengst. 25 Kriminalgeschichten, 1922 annonciert. Alle Angaben nach: Meyer, Jochen; Paul Steegemann Verlag (1994), S. 173. Vgl. auch Milch, Thomas; Walter Serner, S. 241, Anm. 23.

270 Vgl. zur Person Max Herrmann-Neißes: Milch, Thomas; Walter Serner, S. 242.

271 Herrmann-Neiße, Max; Walter Serner. Die Tigerin. Elena Gottschalk Verlag Berlin, in: Der Drache, Leipzig, 6. Jhg., H. 25, 24. März 1925, S. 26, zitiert nach: Milch, Thomas; Walter Serner, S. 77 f. Vgl. in diesem Zusammenhang stellvertretend auch den Beitrag des Mitteldeutschen Rundfunks, Leipzig, 27. April 1931: „Seine Feder ist getaucht in ätzendes Gift, das er kalt lächelnd seinen Lesern entgegenspritzt. Aber er lügt nicht. Er sagt die Wahrheit, wenn auch eine bittere, eine auferregende Wahrheit. Wer nicht gewillt ist, das mondäne Leben auch von seiner krassesten Seite ... kennenzulernen, dem kann die Lektüre eines Sernerschen Werkes freilich nicht empfohlen werden. Wer aber den Mut hat, in den Pfuhl gärenden Drachengiftes zu schauen, sollte einmal zu einem seiner Bücher greifen." (Hartenstein, Horst; Kriminal-Romane, MDR, Leipzig, 27. April 1931, zitiert nach: Milch, Thomas; Walter Serner, S. 173f).

272 Herrmann-Neiße, Max; Walter Serner. Die Tigerin. Elena Gottschalk Verlag Berlin, in: Der Drache, Leipzig, 6. Jhg., H. 25, 24. März 1925, S. 26, zitiert nach: Milch, Thomas; Walter Serner, S. 77 f.

273 Rainer Marwedel betitelte den Abschnitt 1925–26 über jene Jahre des Skandals um die Berichterstattung im Haarmann-Prozeß einerseits und, sogleich danach, zur Reichspräsidentenwahl Hindenburgs mit ÖFFENTLICHE PATHOLOGIE (Marwedel, Rainer; Theodor Lessing. Biographie, S. 252–309). Theodor Lessing. Lessing, Theodor; Gerichtstag über mich selbst (1925). Messer, A.; Fall Messer. Vgl. allg. StAH HR 19 D.b.14.

274 Lessing, Theodor; Der Maupassant der Kriminalistik, Prager Tageblatt, Nr. 109, 10. Mai 1925, zitiert nach: Milch, Thomas; Walter Serner, S. 81 ff. Sicher waren Steegemanns Angaben auch Teil einer Art Racheaktion gegen Serner, der 1925 Hans Reimanns Rolle als publikumswirksamer Steegemann-Autor eingenommen hatte und dennoch, offenbar ohne Angabe von Gründen, plötzlich zu einem Berliner Verlag übergewechselt war (Vgl. zur ‚Rachetheorie' Milch, Thomas; Walter Serner, S. 244, und besonders Meyer, Jochen; Paul Steegemann Verlag (1994), S. 77f).

275 Lessing, Theodor; Der Maupassant der Kriminalistik, Prager Tageblatt, Nr. 109, 10. Mai 1925, zitiert nach: Milch, Thomas; Walter Serner, S. 81 ff. Vgl. auch Marwedel, Rainer; Theodor Lessing. Biographie, S. 280. Walter-Serner-Lesebuch, S. 597.

276 Lessing, Theodor; Der Maupassant der Kriminalistik, Prager Tageblatt, Nr. 109, 10. Mai 1925, zitiert nach: Milch, Thomas; Walter Serner, S. 81 ff. Serners Geschichten ermangele alles, „was zum Dichter macht". Doch seien sie „in ihrer unüberbietbaren kalten und klugen Frechheit so randvoll gefüllt von Zuständlichkeit und Leben, daß der Satan selber mit seinem kalten Feuer nicht besser schreiben könnte." (Ebda., S. 84)

277 Fritsch, Theodor; Eine Blüte aus Israel und die Freude am Schweinischen, in: Der Hammer/Leipzig, 25. Jhg., Nr. 575, Juni 1926, zitiert nach: Milch, Thomas; Walter Serner, S. 92. Vgl. auch Milch, Thomas; Walter Serner, S. 254 f.

278 Rosenberg, Alfred; Professor und Mädchenhändler. Professor Lessing als Bewunderer eines Bordellpoeten, Völkischer Beobachter, München, Nr. 84, 8. Juni 1925, auch in: Der Weltkampf, 2. Jhg., H. 12, Juli 1925, S. 536–538, zitiert nach: Milch, Thomas; Walter Serner, S. 91 ff. Rosenbergs Angriff auf Lessing forderte wiederum Walter Serners Entgegnung heraus, was insofern ungewöhnlich war, als dieser Kritik jeder Art ansonsten eher mit einem gelangweilten Achselzucken zu quittieren pflegte. Nun, im Juli 1926, schrieb er, wenn er sich jetzt entgegen seiner Gewohnheit zur Reaktion entschließe, so nicht etwa, um seine persönliche Ehre wiederherzustellen. Schließlich, so argumentierte er, besäßen „die bürgerlichen Ehrenrechte ... heute, sonderlich in den großen Staaten, Hunderte von Menschen, die in den Kerker gehören". Mit Blick auf die ihm zur Last gelegten moralischen Verfehlungen argumentierte Serner: „Es gibt Herren, die trotz solcher Irregularitäten heute Minister sind." Nicht um seinen Ruf zeigte sich Serner also besorgt, sondern um jenen Theodor Lessings, dieses „untadeligen Mannes", der seine Meinung sicher in einer unglücklichen Art, aber doch voll Aufrichtigkeit geäußert habe. Serner erkannte als Grund für die Attacke gegen Lessing ein anderes Moment, das mit Lessing Person als solcher nichts mehr zu tun habe: „Sie (die Kritiker, I.K.) mögen sich auf ihr unwesentliches (Argument, I.K.) beschränken und die schwarzweißrote Fahne bekennen: der Halbjude Theodor Lessing, der Gegner des Imperialismus ist, hat ihren Haß erregt, nichts anderes." (Serner, Walter; Theodor Lessing und der Mädchenhändler, Karlsbader Tageblatt, Nr. 149, 4. Juli 1926, zitiert nach: Milch, Thomas; Walter Serner, S. 95 f.).

279 Rosenberg, Alfred; Professor und Mädchenhändler. Professor Lessing als Bewunderer eines Bordellpoeten, Völkischer Beobachter, München, Nr. 84, 8. Juni 1925, zitiert nach: Milch, Thomas; Walter Serner, S. 91 ff.

280 Döblin, Alfred; Walter Serner über sein Leben und seine Bücher (DLA Marbach, A: Steegemann-Konvolute, Serner-Konvolut). Vgl. Milch, Thomas; Walter Serner, S. 144 u. 146. Der Beitrag stammt nicht wirklich von Döblin, sondern von Serner. Serner hat häufiger fiktive Inter-

281 Döblin, Alfred; Walter Serner über sein Leben und seine Bücher (DLA Marbach, A: Steegemann-Konvolute, Serner-Konvolut).

282 Arp, Hans; Dada-Land, in: Raabe, Paul; Expressionismus, S. 182.

283 Serner, Walter; Ich, in: Die Neue Bücherschau, 5. Jhg., 3. Folge, H. 4, Juni 1925, S. 23 ff. Vielleicht auch um seinen Fehler wieder gutzumachen, ließ Paul Steegemann eine fünfseitige Werbebeilage für das BÖRSENBLATT FÜR DEN DEUTSCHEN BUCHHANDEL drucken, die u.a. auch diese Erklärung Serners übernahm (vgl. Meyer, Jochen; Paul Steegemann Verlag, S. 61–65 u. 78). Eine der interessantesten Rezensionen dieser Veröffentlichung aus der Feder des Schriftstellers kam von Gerhart Pohl. Sein in der NEUEN BÜCHERSCHAU veröffentlichter Beitrag analysierte die Gründe für Serners apolitische Haltung folgendermaßen: „Es ist verständlich, daß heuchlerisches Bürgertum und entschiedene Revolutionäre ihn mit gleicher Schärfe ablehnen: Als ‚Anarchisten' die einen, die anderen als ‚Bourgeois'. Trotzdem scheint mir Serners Bedeutung unverkennbar. Der geradlinige, intelligente und sentimentlose Vollender einer hochstaplerischen Epoche. Was die Väter, noch ‚ehrbare Kaufleute', mit Pastor, Vaterland und – Seitensprung drapierten, ist hier des Stucks entkleidet und in eine amoralische Welt projiziert. Serner fühlt – unbewußt –, daß ein Exempel: Ehedrohne gleich Kokotte, wohlsituierter Ausbeuter gleich Zuhälter ohne Heimat, Recht und Besitz, restlos aufgeht. Selbst hemmungsloser Individualist, zersetzt er die Ideologie des gehemmten, des bürgerlichen Individualismus ... Seine große Fähigkeit, Situationen zu erfinden, die den Mechanismus heutiger Existenz bis in die verborgenste Klemm-Schraube belichten, verliert sich in spielerische Arabesken, die soziologische Zeitstruktur umspielend, statt sie festzunageln. Sein Schaffen ist ‚unbewußt': ohne Kenntnis der wahren Welt-Balance. Gelänge es Serner, aus der parfümierten Luft des Hotel-Europäers in die schweißige Arena produktiver Arbeit zu steigen, bald würde ihm Politik vielleicht noch ‚zum Kotzen', wohl aber zwingende Notwendigkeit sein. Daß er, die Situation richtig beurteilend, die Konsequenzen zöge, wäre dieser großen und mutigen Intelligenz Selbstverständlichkeit." (Pohl, Gerhart; o.T., in: Die Neue Bücherschau, 5. Jhg., 3. Folge, H. 4, Juni 1925, S. 25f).

284 Die Einwohner- und Meldekontrolle der Stadt Zürich hatte zwischen Anfang 1915 und Herbst 1919 mehr als zwanzig Wohnortveränderungen Serners registriert (Milch, Thomas; Walter Serner, S. 20).

285 Schad, Christian; Hahnebüchene Geschichten, Hann. Anzeiger, 23. August 1921.

286 Schreiben Walter Serners an Christian Schad, 18. Februar 1922, zitiert nach: Milch, Thomas; Walter Serner, S. 56.

287 Richter, Hans; Dada. Profile, S. 195. Vgl. zu einer gewissen Menschenscheu und Schüchternheit Serners den Brief an seinen Doktorvater Gustav Pescatore vom 16. März 1913. Serner war bei seiner Abfassung 24 Jahre alt (in: Milch, Thomas; Walter Serner, S. 12f). Auch die Ironie der Rezension Ossip Kalenters zu Serners ZUM BLAUEN AFFEN relativiert sich in diesem Licht. Über den Autor der sich in den „hahnebüchenen Geschichten" triebhaft und skrupellos durchs Leben bugsierenden zwielichtigen Gestalten schrieb Kalenter: „Serner, als Philosoph von atemberaubender Akrobatik des Geistes bekannt, ... erweist sich in diesem Buche als der Einzige in Deutschland, der die Romantik unserer ... traurigen Gegenwart in adäquater Prosa zu gestalten weiß ... Die blaue Blume blüht im Knopfloch des melancholischen Erpressers. Geschäft, Liebe, Sinn des Sinnlosen, Sensation sind die Themen dieser zum Heulen tiefsinnigen Grotesken. Mit einem Lächeln für die Schönheit unserer Zeit wird man historische Vergleiche ziehen, und in späteren Tagen werden Literarhistoriker neben dem Romantiker Novalis, welcher die bekannte blaue Blume erfand, den Romantiker Serner nennen, der den BLAUEN AFFEN dichtete." (Kalenter, Ossip; Zum blauen Affen, in: Die Pille, 2. Jhg., H. 18, neue Zählung, 5. Mai 1921, S. 77).

288 Weber, Hans von; Verlag Paul Steegemann, in: Der Zwiebelfisch, 13. Jhg., H. 4/6, März 1922, S. 54. Vgl. auch Meyer, Jochen; Paul Steegemann Verlag (1994), S. 59.

289 Döblin, Alfred; Walter Serner über sein Leben und seine Bücher (DLA Marbach, A: Steegemann-Konvolute, Serner-Konvolut).

290 Edschmid, Kasimir; Erzählungsliteratur, Frankfurter Zeitung, Nr. 908, 7. Dezember 1921.

291 Ebda.

292 Ebda.

293 Ebda.

294 Dies war der Berliner Elena Gottschalk Verlag.

295 Als ersten Schritt der wieder zustande gekommenen Kooperation korrigierte Steegemann sofort Serners Biographie, indem er sich nun ganz auf dessen Angaben beschränkte.

296 Milch, Thomas; Walter Serner, S. 103. Christian Schad gestaltete den Titel der Cassette (vgl. Meyer, Jochen; Paul Steegemann Verlag (1994), S. 68). Im NL Paul Steegemann des DLA Marbach befindet sich eine auf den 12. Februar 1928 datierte Liste mit 34 Namen von Verlagen und Einzelpersonen, denen Steegemann die Cassette mit der Bitte um Besprechung zusandte (DLA Marbach, A: Steegemann-Konvolute, Kasten 13, Mappe 1).

297 Vgl. dazu exemplarisch die Rezension Sch., B.; Walter Serner, in: Der Querschnitt, 8. Jhg., H. 4, April 1928, S. 270, zitiert nach: Milch, Thomas; Walter Serner, S. 149. Vgl. auch Schad, Christian; Zürich/Genf, zitiert nach: Raabe, Paul; Expressionismus, S. 172. Schad urteilte über die siebenbändige Serner-Ausgabe, sie sei „eine der Grundlagen der heutigen Moderne". Jochen Meyer urteilt 1994 (Paul Steegemann Verlag (1994), S. 68): „Dieses Unternehmen erscheint heute als eine seiner (Steegemanns, I.K.) bedeutendsten verlegerischen Leistungen, da verschiedene Neuausgaben die eigentümliche Qualität der Prosa Serners bestätigt haben."

298 Milch, Thomas; Walter Serner, S. 102.

299 Schad, Christian; Über Walter Serner, Karlsbader Tageblatt, Nr. 1, 1. Januar 1927, zitiert nach: Milch, Thomas; Walter Serner, S. 105. Thomas Milch vermerkt hinter dem Namen Schads ein Fragezeichen, um deutlich zu machen, daß auch hier Serner selbst der Autor gewesen sein könnte.

300 Hollaender, Felix; ‚Andacht zum Kreuze' und ein Gaunerstück, 8-Uhr-Abendblatt der National-Zeitung, Nr. 55, 7. März 1927, zitiert nach: Milch, Thomas; Walter Serner, S. 118. Vgl. zur ungewöhnlichen Schärfe der Kritiken die Sammlung in: Milch, Thomas; Walter Serner, S. 111–137.

301 Serner, Walter; Posada oder Der große Coup im Hotel Ritz. Ein Gauner-Stück in drei Akten, Berlin 1927. Vgl. auch Raabe, Paul; Autoren und Bücher, S. 433. Schodder, Karl; Memories, unveröffentlichtes Ty-

poskript, Besitz Georg Schodder, Aachen, o.J., Kapitel WALTER SERNER, nicht paginiert.

302 Milch, Thomas; Walter Serner, S. 243, Anm. 5. Vgl. aber auch Schad, Christian; Zürich/Genf, zitiert nach: Raabe, Paul; Expressionismus, S. 174.

303 Ebda. Milch, Thomas; Walter Serner, S. 66. O.A.; Konfisziert!, Neue Berliner Zeitung, Nr. 8, 10. Januar 1925, zitiert nach: Milch, Thomas; Walter Serner, S. 69.

304 Die sächsische Staatsanwaltschaft war nicht berechtigt, eine Beschlagnahmung von Büchern eines Berliner Verlages vorzunehmen.

305 Vgl. das Schreiben Serners an Christian Schad aus Genf, 2. Oktober 1927, in: Milch, Thomas; Walter Serner, S. 140.

306 Schreiben Serners an Christian Schad, Bern, 13. Oktober 1927, in: Milch, Thomas; Walter Serner, S. 141.

307 Ende der zwanziger Jahre zog sich Walter Serner aus der Öffentlichkeit zurück, was zunächst die Gerüchte nährte, er widme sich nun ausschließlich dem Mädchen- und Drogenhandel (vgl. aber auch Fischer, Heinrich; Die Identität des Walter Serner. Leserbrief in der Süddeutschen Zeitung, 1. April 1965, zitiert nach: Milch, Thomas; Walter Serner, S. 230 f. Schodder, Karl; Memories, unveröffentlichtes Typoskript, Besitz Georg Schodder, Aachen, o.J., Kapitel WALTER SERNER, nicht paginiert). Schon bald jedoch ebbte das Interesse an seiner Person ab, und seine Bücher verkauften sich immer schlechter. Serner zog sich in die Anonymität zurück und führte weiter ein unstetes Leben. Bis 1938 pendelte er ständig zwischen der Schweiz, Österreich, Italien, der Tschechoslowakei und Deutschland. Im Februar 1938 heiratete er Dorothea Herz, die er seit Mitte der zwanziger Jahre kannte und die ihn seitdem auch auf vielen seiner Reisen begleitet hatte (Milch, Thomas; Walter Serner, S. 66). Bereits im Jahr darauf – vor dem Hintergrund der Annektion Österreichs und wenige Tage nach dem Einmarsch deutscher Truppen in Prag – beantragte er selbst, später seine Frau, die Auswanderung nach Shanghai. Beide blieben jedoch in Prag, Walter Serner als Sprachenlehrer. Beide auch gehörten der Prager jüdischen Gemeinde an und lebten im Prager Ghetto. Im August 1942 wurden sie in das Konzentrationslager Theresienstadt verschleppt; noch im gleichen Monat wurden Walter und Dorothea Serner deportiert. Ihr weiteres Schicksal ist ungewiß (Milch, Thomas; Walter Serner, S. 167. Raabe, Paul; Autoren und Bücher, S. 433. Walter-Serner-Lesebuch, S. 598).

308 Der Roman spielt in der Halbweltatmosphäre Monte Carlos. Ein Hochstapler und eine Lebedame, Typ jener selbstbewußten, egoistischen und zugleich verführerischen Frau, wie sie in Serners Werken immer wieder auftaucht, kommen zusammen, ziehen sich ab und stoßen sich ab, „amoralische Naturwesen" (Alfred Döblin), die jenseits jeder bürgerlichen Moral stehen. Er kommt in den Wirren internationalen Verbrechertums um, sie lebt weiter.

309 Schreiben des Landesjugendamts der Rheinprovinz. Der Landeshauptmann, an die Prüfstelle für Schund- und Schmutzschriften, Berlin, Düsseldorf, 5. September 1931 (DLA Marbach, A: Steegemann-Konvolute, Akten zur Verhandlung der Indizierungsanträge 1931 u. 1933 gegen Schriften v. Walter Serner (Schriftwechsel Paul Steegemann)).

310 Vgl. DLA Marbach, A: Steegemann-Konvolute, Kasten 13, Mappe 1, Briefe von Paul Steegemann (betr. W. Serner).

311 Gutachten Kasimir Edschmids, 12. November 1931 (DLA Marbach, A: Steegemann-Konvolute, Kasten 13, Mappe 1, Briefe v. Paul Steegemann (betr. W. Serner)). Hier hieß es: „Sosehr der Verfasser bestrebt ist, unpathetisch zu sein, so erscheint die Grundtendenz des Buches in hohen Maß pathetisch. Der Verfasser zeigt, daß die beiden Hauptfiguren in einem moralisch minderwertigen Milieu, obwohl sie sich aus Trotz mit aller Kraft dagegen wehren, von einer tiefen und wahrhaft moralischen Liebe erfaßt worden sind. Gegen diese Grundtendenz des Buches, welches die edelsten Gefühle bejaht, verschwinden alle Kleinigkeiten, die dagegen angeführt werden, vollkommen, und diese Grundtendenz macht das zuerst kalt und zynisch wirkende Buch zu einem moralischen Werk."

312 Gutachten Manfred Georgs, 6. November 1931 (DLA Marbach, A: Steegemann-Konvolute, Kasten 13, Mappe 1, Briefe v. Paul Steegemann (betr. W. Serner)).

313 Gutachten Max Herrmann-Neißes, 7. November 1931 (DLA Marbach, A: Steegemann-Konvolute, Kasten 13, Mappe 1, Briefe v. Paul Steegemann (betr. W. Serner)).

314 Döblin hatte sich schon mehrmals zuvor positiv über die Werke Serners, mit dem er auch persönlich bekannt war, geäußert.

315 Gutachten Alfred Döblins, 23. November 1931 (DLA Marbach, A: Steegemann-Konvolute, Kasten 13, Mappe 1, Briefe v. Paul Steegemann (betr. W. Serner)). Wie Döblin, doch mit weniger Emphase, ging der Anwalt Steegemanns auf die Behauptungen der Antragsteller ein. Weder der Tatbestand einer Schund- noch der einer Schmutzschrift liege vor, der Autor habe den Ereignissen, die er „selbst erlebt hat oder die er sich in seiner unmittelbaren Nähe hat abspielen sehen", in einer adäquaten Sprache Ausdruck verliehen und damit einem bislang durch moralisch-sittliche Wertung verzerrt geschilderten Milieu ein „objektives Bild" verliehen. Die Häufigkeit „sexueller Schilderungen" begründete der Anwalt folgendermaßen: „Dies entspricht einer Zeitströmung, dem Interesse der meisten Leser an einer offenen Darlegung dieser Art der menschlichen Beziehungen. Fast jeder moderne Autor sucht auf irgendeine Weise diesem Wunsche des Lesepublikums entgegenzukommen." Da Serner jedoch pornographische Darstellungen meide und seine Werke keiner „unzüchtigen Absicht entspringen", habe er auch in dieser Hinsicht keinesfalls gegen gültige Rechtsgrundsätze verstoßen. (Schreiben des Dr. Philipp Möhring, Rechtsanwalt am Kammergericht, Berlin, 21. November 1931 (DLA Marbach, A: Steegemann-Konvolute, Kasten 13, Mappe 1, Briefe v. Paul Steegemann (betr. W. Serner)).

316 Gutachten Alfred Döblins, 23. November 1931 (DLA Marbach, A: Steegemann-Konvolute, Kasten 13, Mappe 1, Briefe v. Paul Steegemann (betr. W. Serner)).

317 Milch, Thomas; Walter Serner, S. 165.

318 Beschluß der Prüfstelle Berlin für Schund- und Schmutzschriften, 24. November (DLA Marbach, A: Steegemann-Konvolute, Kasten 13, Mappe 1, Briefe v. Paul Steegemann (betr. W. Serner)). Der Beschluß wurde also bereits einen Tag nach Eingang des Döblin-Gutachtens gefaßt. Paul Steegemann hat gerade dieser Stellungnahme den größten Anteil an dem für ihn positiven Ausgang des Verfahrens beigemessen. In einem Brief noch vom 24. November dankte er dem Schriftsteller, allerdings nicht ohne die für ihn typische höfliche Anfrage, ob Döblin nicht beabsichtige, sein Gutachten durch Veröffentlichung im TAGEBUCH einem größeren Personenkreis zugänglich zu machen (Schrei-

319 ben Paul Steegemanns an Alfred Döblin, 24. November 1931(DLA Marbach, A: Steegemann-Konvolute, Kasten 13, Mappe 1, Briefe v. Paul Steegemann (betr. W. Serner)).

319 Schreiben des Leiters der Prüfstelle Berlin für Schund- und Schmutzschriften an Paul Steegemann, 5. April 1933 (DLA Marbach, A: Steegemann-Konvolute, Kasten 13, Mappe 1, Briefe v. Paul Steegemann (betr. W. Serner). Indiziert waren DER ELFTE FINGER, ZUM BLAUEN AFFEN, DER PFIFF UM DIE ECKE, DIE TÜCKISCHE STRASSE und POSADA.

320 Schreiben des Landesjugendamts München an die Prüfstelle für Schund- und Schmutzschriften, 22. Januar 1933 (DLA Marbach, A: Steegemann-Konvolute, Kasten 13, Mappe 1, Briefe v. Paul Steegemann (betr. W. Serner)).

321 Schreiben der Prüfstelle Berlin für Schund- und Schmutzschriften, Beschluß vom 25. April 1933 (DLA Marbach, A: Steegemann-Konvolute, Kasten 13, Mappe 1, Briefe v. Paul Steegemann (betr. W. Serner)).

322 Melchior Vischer, Jahrgang 1895, war zum Zeitpunkt der Veröffentlichung dieses Romans nach einem Studium der Germanistik, Kunstgeschichte, Philosophie und Mathematik, Redakteur der PRAGER PRESSE. 1923 wurde er mit dem Kleist-Preis ausgezeichnet. Anschließend arbeitete er als Regisseur und Dramaturg an verschiedenen süddeutschen Theatern. Nebenbei war er auch in den dreißiger Jahren weiter Autor von Romanen, Erzählungen, Theaterstücken und Grotesken. Nach 1945 war er zunächst weiter in Westberlin tätig, zog dann jedoch nach Ostberlin, wo er Mitarbeiter des NEUEN DEUTSCHLAND wurde. Später kehrte er in den Westen zurück. 1975 starb er in Westberlin (Raabe, Paul; Autoren und Bücher, S. 497). Zu einer zweiten Veröffentlichung im Paul Steegemann Verlag kam es trotz der Zusendung des Manuskriptes eines weiteren dadaistischen Werkes, des BARBARISCHEN MANIFESTES, nicht (vgl. das Schreiben Melchior Vischers an Christof Spengemann, o. Datum (vermutlich Juli 1920) (SAH 858)). Vgl. zur Person Vischers wie zu dessen Zusammenarbeit mit Paul Steegemann auch: Stöckmann, Jochen; Aufstieg mit einem Abstieg. SEKUNDE DURCHS HIRN. Vor 100 Jahren wurde der Dada-Romancier Melchior Vischer geboren, Hann. Allg. Zeitung, 7. Januar 1995.

323 Vischer, Melchior; Sekunde durch Hirn. Ein unheimlich schnell rotierender Roman, Hannover/Leipzig/Wien/Zürich 1920 (Bd. 59–61 der Silbergäule), S. 3.

324 Ebda., S. 46. Die angeführte Passage ist auch im MARSTALL abgedruckt: Der Marstall, H. 1/2, 1919/1920, S. 45 f. In einem Schreiben an Christof Spengemann betonte Vischer diese Tendenz noch: „Nur wenn schon Dada keinen anderen Zweck hätte, dieser einzige, unserer jungen Kunst die letzten Steine aus dem Wege zu räumen, wäre schon heilig. Daher: gelobt sei dada!" (Schreiben Melchior Vischers an Christof Spengemann, o. Datum (vermutlich Juli 1920) (SAH 858)). In dem Entwurf seiner Antwort auf dieses Schreiben bezeichnete Spengemann Vischers Roman SEKUNDE DURCH HIRN als „überaus treffend" und „stark durchblutet" (Entwurf eines Antwortschreibens Spengemanns, Rückseite des o.a. Schreibens).

325 Bücherschau, in: Die Pille, 1. Jhg., H. 5, 29. September 1920, S. 119.

326 Ebda.

327 Ebda.

328 Klages, Victor; Ein Protest, in: Weser-Zeitung, Bremen, 27. Juni 1920, zitiert nach: Der Marstall, H. 1/2, 1919/1920, S. 23.

329 In diesem Zusammenhang stand auch die Verlagsankündigung 1922, die LEBENSERINNERUNGEN Magnus Hirschfelds zu veröffentlichen (Meyer, Jochen; Paul Steegemann Verlag (1994), S. 171).

330 Steegemann, Paul; Stellungnahme, in: Schwarze und weiße Magie, in: Der Marstall, H. 1/2, 1919/1920, S. 49.

331 Ebda.

332 Natonek war gelegentlicher Mitarbeiter der PILLE.

333 Vgl. die Ankündigung der nächsten MARSTALL-Ausgabe: Der Marstall, H. 1/2, 1919/1920, S. 2. Vgl. zum Vorwurf der Homosexualität: Meyer, Jochen; Paul Steegemann Verlag (1994), S. 22.

334 Steegemann, Paul; Zwei Jahre Verleger, S. 21.

335 Hiller, Kurt; §175. Die Schmach des Jahrhunderts, Hannover 1922, S. 129. Schon kurz darauf, im ersten Heft des MARSTALL, griff Steegemann jedoch die „homosexuelle Tradition" des Verlages Heinrich Böhme an. In diesem Verlag hatte er selbst zuvor das zweite Heft des AGATHON herausgegeben. (Steegemann, Paul; Herr Dr. Paul Erich Küppers, in: Der Marstall, H. 1/2, 1919/1920, S. 16).

336 Diese Petition, die erstmals 1877 und dann regelmäßig in den folgenden Jahren im Deutschen Reichstag eingereicht wurde, forderte dazu auf, den §175 des R-St.-GB „für unvereinbar mit der fortgeschrittenen wissenschaftlichen Erkenntnis" zu erklären und ihn demzufolge „möglichst bald dahin abzuändern, daß ... sexuelle Akte zwischen Personen desselben Geschlechts ebenso wie solche zwischen Personen verschiedenen Geschlechts ... nur dann zu bestrafen sind, wenn sie unter Anwendung von Gewalt, wenn sie an Personen unter 16 Jahren oder wenn sie in einer ‚öffentlichen Ärgernis erregenden Weise' ... vollzogen werden." (Hiller, Kurt; §175, S. 121f).Angehörige der hannoverschen Kunstszene, die unterzeichneten, waren Victor Curt Habicht, Paul Steegemann, Frank Thieß, Salomo Friedländer/Mynona und Hans Schiebelhuth (Ebda., S. 125–129).

337 Bisher letzter Akt im Verwirrspiel um die angebliche Homosexualität Steegemanns bot die im Oktober 1994 – anläßlich von Paul Steegemanns 100. Geburtstag – im Sprengel Museum Hannover eröffnete Ausstellung (eco; Steegemann-Ausstellung. Streit um ‚Outing' des Verlegers, Hann. Allg. Zeitung, 1. Oktober 1994). Ärger gab es um die Nichtberücksichtigung dieses Aspekts in der Ausstellung vor allem seitens Rainer Hoffschildts, der schon 1992 in seiner Arbeit OLIVIA. DIE BISHER GEHEIME GESCHICHTE DES TABUS HOMOSEXUALITÄT UND DIE VERFOLGUNG DER HOMOSEXUELLEN IN HANNOVER Steegemanns Homosexualität zu belegen suchte. Als Beweis berief er sich auf eine Tagebucheintragung Thomas Manns vom 17. Februar 1920. Nun stand Mann mit Steegemann in diesem Jahr 1920 wegen seiner Stellungnahme im Verlaine-Skandal tatsächlich in Kontakt, dennoch bleibt fraglich, ob in dieser Tagebuchnotiz mit der Erwähnung eines „Staegemann" tatsächlich Paul Steegemann gemeint war. Weder das beschriebene Umfeld noch die im ganzen noch eindeutige Schilderung lassen die Schlußfolgerung zu, Mann halte Paul Steegemann für homosexuell: „Zum Abendessen Walters (Bruno Walter, Dirigent und mit seiner Familie häufiger Gast im Hause Mann, I.K.) ... Bei Tisch erzählte er von einem homosexuellen Ball mit Knaben, auf den er in Taormina geraten. Kam darauf durch Staegemann, der ebenfalls. Auch Dr. Freytag (unbekannt, jedenfalls wohl nicht aus dem engsten Bekanntenkreis Steegemanns, I.K.)." (Mendelssohn, Peter de; Thomas Mann. Tagebücher 1918–1921, S. 380). Ebenso unzureichend belegt ist Hoffschildts Hinweis, Steegemanns Homosexualität sei anläßlich des

Verlaine-Skandals von der PILLE „sanft angedeutet" worden (Hoffschildt, Rainer; Olivia, S. 59). Der PILLE-Verleger Bernhard Grötttrup hatte im Dezember 1921 geschrieben: „Und wenn es wahr ist, daß die Bücher eines Verlages für den Charakter des Verlegers zeugen, so sind Verlaines HOMMES und FEMMES bei Steegemann gut zuhause." (G., B.; Schweinereien, in: Die Pille, 2. Jhg., Nr. 47/48, 15. Dezember 1921, S. 144). Wahrscheinlicher als die Reduzierung dieser Aussage auf den Fakt von Verlaines Homosexualität und dessen Übertragung auf Steegemann ist in Anbetracht der Nennung von FEMMES, dem intimen Bekenntnis zur heterogenen sexuellen Liebe, Grötttrups Hochachtung vor Steegemanns tolerantem verlegerischem Geist.

338 Hoffschildt, Rainer, zitiert nach: eco; Steegemann-Ausstellung. Streit um das ‚Outing' des Verlegers, Hann. Allg. Zeitung, 1. Oktober 1994.

339 Vgl. die Auflistung in: Hoffschildt, Rainer; Olivia, S. 57. 1923 veröffentlichte der Paul Steegemann Verlag den Roman FREUNDINNEN. EIN ROMAN UNTER FRAUEN, verfaßt von der Sängerin, Kabarettistin, Malerin und Kunstgewerblerin Maximiliane Ackers. ‚Die Ackers' war eine schwer in gängige Frauenrollen einzuordnende Künstlerin der Stadt. 1896 in Saarbrücken als Tochter eines Eisenbahnsekretärs geboren, hatte es Maxi Ackers nach „buntem Wanderleben" an Theatern in Deutschland und im Baltikum nach Hannover verschlagen (o.A.; Was ich werden wollte und was ich geworden bin. Hann. Künstlerinnen über ihren Lebensweg, III. Reihe, in: Die Frau von heute. Sonderblatt des Hann. Anzeigers für alle Frauen-Interessen, 1. Dezember 1932. Caemmerer, Christiane; Maximiliane Ackers. Hoffschild, Rainer; Olivia, S. 60. Ploetz, Kirsten; Anders als die Anderen?, S. 69 ff., bes. S. 74). Hier fand die Künstlerin ein neues Betätigungsfeld u.a. in der Gestaltung von Mosaikfenstern sowie in der Rolle als Conférenceuse der Gedok-Revuen, die von der hannoverschen Tagespresse zumeist sehr lobend zur Kenntnis genommen wurden (vgl. exemplarisch o.A.; Der Weiße Affe, Hann. Anzeiger, Februar 1929 (Gedok-Archiv, Aktenordner 1929–1944). O.A.; Kabarett und so. Künstlerfest der Gedok, Hann. Tageblatt, 16. Februar 1930). Ihr Roman FREUNDINNEN handelt von der Liebe zwischen der jungen Erika Felden und der Schauspielerin Ruth Wenk, die biographische Züge von Maximiliane Ackers trägt (Ackers, Maximiliane, Freundinnen, bes. S. 44 u. 49) Es war bei allem Pathos, das heute ungewohnt erscheint, für seine Zeit ein offenes, deutliches Buch. Bis 1928 erlebte FREUNDINNEN vier Auflagen. Am 17. Januar 1934 wurde es verboten. Ein Antrag auf Verbot des Buches war seitens des Landesjugendamtes der Rheinprovinz an die Prüfstelle für Schund- und Schmutzschriften bereits im Januar 1931 ergangen und dort am 24. Februar 1931 abgelehnt worden (DLA A: Steegemann, Material von, zu und über Maximiliane Ackers und ihren Roman FREUNDINNEN). Die Ablehnung bedeutete jedoch keine Zustimmung zu den Inhalten des Buches. In der Begründung hieß es: „Die Tatsache, daß Motive der lesbischen Liebe schriftstellerisch behandelt werden, ist an sich nicht schmutzig oder schundig ... In literarischer und geistiger Hinsicht ist sie (die Arbeit, I. K.) wertlos. Es fehlt ihr ... auch nicht an Situationen, die Widerwillen erregen und somit schmutzig wirken. Es ist sicher, daß heranwachsende Jugendliche durch solche Schriften gefährdet werden, und zwar durch die ansteckende Wirkung der perversen Liebesszenen und durch die Verächtlichmachung allen normalen Geschlechtslebens." Maximiliane Ackers wohnte bis 1931 in Hannover und zog dann mit ihrer Freundin, einer Malerin, nach Oberbayern. Nach Aufenthalten an verschiedenen anderen Orten Deutschlands verstarb sie im April 1982 in einem Alten- und Pflegeheim bei München.

340 Hiller, Kurt; § 175, S. 1. „Als eine ganz besonders korpulente Heuchelei erweist sich dann noch der Versuch des ‚Begründers', sich hinter der ‚gesunden Volksanschauung über das Strafwürdige auf diesem Gebiete' zu verschanzen ... Die Volksanschauung, die liebe Volksanschauung. Als ob die Herren Officiosi, Geheimen Räte und Würdenträger, wenn es sich um Zölle, um Steuern, um das Wahlrecht gehandelt hat und handelt, auf die ‚Volksanschauung' Rücksicht genommen hätten und nähmen! Hier aber, wo ein Vorurteil und Aberglaube des großen Haufens ihrer Gedankenträgheit und pharisäischen Asketik entgegenkommt, da nehmen sie sofort und mit Lust demokratische Gebärden an! Man mag zu dem Problem des Demokratismus stehen wie man will: eines wird man niemals bestreiten können: daß die Regierung die Pflicht hat, verkehrte Ansichten des Volkes nicht zu unterstützen, sondern sie umzumodeln." (Ebda., S. 17) ... Es entbehrt nicht des Humors, daß gerade Gegner der Demokratie es sind, die sich hier, wo es ihnen in ihren kulturreaktionären Kram paßt, vor dem ‚Empfinden des Volkes' platt auf den Bauch legen'. (Ebda., S. 115) ... Ein deutscher Kaiser, dem auch der Republikaner die Achtung nicht versagen wird, die ein freigesinnter und gütiger Mensch verdient, hat den *Antisemitismus* die Schmach seines Jahrhunderts genannt. Aber wann je sind in Deutschland Juden so verfolgt worden wie Homoerotiker? Weist das Strafrecht etwa eine Ausnahmebestimmung gegen jene *rassoide* Minderheit auf, wie es die berüchtigte Ausnahmebestimmung gegen diese *sexuelle* Minderheit kennt? Die Schmach des Jahrhunderts ist der *Antihomoerotismus*; die Schmach des Jahrhunderts ist der Paragraph hundertfünfundsiebzig."

341 Ebda.

342 Vgl. dazu Hoffschildt, Rainer; Olivia, S. 64–67: Spezielle Gaststätten für Homosexuelle in Hannover. Marwedel, Rainer; Theodor Lessing. Biographie, S. 218 ff.

343 Insofern ist es erstaunlich, daß weder Steegemann selbst noch ein Autor aus seinem Verlag sich zu dem Haarmann-Prozeß geäußert hat. Auch von einer Unterstützung Theodor Lessings durch den Verleger ist nichts bekannt.

344 Verlaine, Paul; Frauen, Deutsche Umdichtung des Buches FEMMES von Curt Moreck mit vier bisher unveröffentlichten Gedichten aus dem Manuskript, Hannover 1919. Wie das Impressum des Werkes mitteilte, handelte es sich um die erste deutsche Ausgabe, autorisiert durch den Insel-Verlag.

345 Vgl. die Materialien dazu, u.a. die Anfrage des Autors Lothar Brieger und seinen in der BERLINER ZEITUNG AM MITTAG am 29. Januar 1920 veröffentlichten Brief, der dann vom BÖRSENBLATT übernommen wurde (in: Der Marstall, H. 1/2, 1919/1920, S. 48 ff. Meyer, Jochen; Paul Steegemann Verlag (1994), S. 67).

346 Der Marstall, H. 1/2, 1919/1920, S. 49. Vgl. auch Wrobel, Ignaz (d. i. Kurt Tucholsky); Die Sittlichen, in: Weltbühne, 2. HJ, 1920, S. 189 ff.

347 Hans Reimann schrieb 1922 in der WELTBÜHNE: „Ich spreche wohl kein Geheimnis aus, wenn ich verrate, daß nirgendwo auf Gottes buntbewimmeltem Erdboden ärgere Reaktionäre sitzen als im Buchhandel." (Reimann, Hans; Steegemann, in: Weltbühne, 2. HJ, 1922, S. 456). Vgl. dazu auch Meyer, Jochen; Paul Steegemann Verlag (1994), S. 60 ff.

348 Cerberus; Herrn Hans Reimann, in: Die Pille, 1. Jhg., H. 16, 16. Dezember 1920, S. 381.

349 Wrobel, Ignaz (d.i. Kurt Tucholsky); Die Sittlichen, in: Weltbühne, 2. HJ, 1920, S. 189 f.

350 Ebda.

351 Ebda., S. 190. Tucholsky schrieb weiter: „Der Vorstand des Börsenvereins sollte bedenken, daß diese ungerechtfertigte Hauszensur seiner nicht würdig (ist), und daß seine Stellung nicht mehr so fest ist wie vor fünfzig Jahren. Die versetzte Wut verärgerter Spießer, die sich bei jeder Gelegenheit an der Republik, an den Revolutionären, am Radikalismus, an dem lieben Gott rächen wollen, wird den Lauf der Dinge auch nicht aufhalten. Es empfiehlt sich für einen, der auf einem dünnbeinigen Taburett sitzt, mitnichten, wilde Indianertänze aufzuführen. Sonst kippt das Tamburett um, der Tänzer sitzt auf der Kehrseite, und frei und ungehindert wächst um ihn herum die Literatur, die er nicht hat haben wollen, und die doch da ist, weil wir sie brauchen." (Ebda., S. 191). Vgl. auch Hepp, Michael; Kurt Tucholsky, S. 318.

352 Der Marstall, H. 1/2, 1919/1920, S. 51.

353 Block, Paul; Zank um Verlaine, Berliner Tageblatt, in: Der Marstall, H. 1/2, 1919/1920, S. 49. Hier hieß es weiter: „Ob aber nun der Staatsanwalt kommt oder nicht; ein für allemal muß gesagt sein, daß Verlaines grausames und verwildertes Altersbuch keineswegs als ein Kosthäppchen für Liebhaber erotischer Bücherfreuden zu betrachten ist. Es ist derb und zynisch, ein Dokument tiefer animalischer Erniedrigung, aber in ihm ist keine Spur von kitzelnder Lüsternheit, die sich in vielen anderen öffentlich feilgebotenen Werken findet – besonders in jenen verwerflichen Bilderblättchen, die heut in jedem Kiosk zur Schau liegen. Und es ist das Buch eines Dichters, dessen selbstzerfleischende Leidenschaft bei aller Hingerissenheit unsäglich traurig stimmt."

354 Georg, Manfred; o.T., Vossische Zeitung, in: Der Marstall, H. 1/2, 1919/1920, S. 51.

355 Der Marstall, H. 1/2, 1919/1920, S. 49.

356 Ebda., S. 52.

357 Ebda. Das bereits in der ersten Ausgabe veröffentlichte Inhaltsverzeichnis des nie erschienenen Fortsetzungsheftes des MARSTALL weist u.a. die Veröffentlichung von Kurt Tucholskys Aufsatz DIE SITTLICHEN aus, den dieser unter dem Pseudonym Ignaz Wrobel für die WELTBÜHNE verfaßt hatte (Die Sittlichen, in: Weltbühne, 2. HJ, 1920). In einem geschickten Brückenschlag erweiterte Steegemann die Werbung für sein Verlagsprogramm noch. Am Ende der zusammengestellten Urteile über Verlaines FEMMES findet sich der Satz: „Was wird erst werden, wenn *Serners* großes Prosabuch ZUM BLAUEN AFFEN im Herbst erscheint? Man soll das Werk in den Leipziger Buchhandlungen voraus bestellen!"

358 Seine Haltung gegenüber dem Börsenverein für den deutschen Buchhandel blieb unverändert kritisch. Im zweiten Heft des STÖRTEBEKER zitierte er in der Glosse EIN DEUTSCHER BUCHHÄNDLER WILL ICH SEIN das treuherzig-markige Bekenntnis eines Darmstädter Buchhändlers zu seinem Berufsstand, abgedruckt im BÖRSENBLATT, und er fragte ironisch an, „ob eine große Organisation wie der BÖRSENKURIER es sich leisten kann, solche Poeme offiziell zu edieren, die zum Quieken sind". (Steegemann, Paul; Zwei Gedichte aus Darmstadt. Ein deutscher Buchhändler will ich sein, in: Störtebeker, Nr. 2, 1924, S. 48).

359 Im Nachwort des Werkes hieß es dazu: „Diese Ausgabe in Deutschland erscheinen zu lassen, wurde uns durch die dort herrschende Mentalität unmöglich gemacht. Wir geben sie deshalb in der Schweiz und anonym heraus." (Verlaine, Paul; Männer. Deutsche und französische Ausgabe des Buches HOMBRES, o. O., o. J., S. 53). Paul Steegemann hat offenbar sogar versucht, mögliche Zensoren im MARSTALL auf eine falsche Fährte zu locken. In den MITTEILUNGEN FÜR BÜCHERFREUNDE schrieb er über Verlaines MÄNNER: „Leider muß ich von dieser Publikation absehen. Die Herausgeber wollen das Werk deutsch und französisch in Zürich oder Paris erscheinen lassen." (in: Der Marstall, H. 1/2, 1919/1920, S. 58). Vgl. Steegemann, Paul; Zwei Jahre Verleger, S. 22.

360 Hier hieß es auch: „Es liegt nicht in unserer Absicht, den eigenartigen Ruhm eines ungewöhnlichen Werkes durch diese Veröffentlichung auszunutzen, sondern eines der seltensten Dokumente einer Ausnahmeliteratur den Lesern zu bieten, die gewillt sind, auch die düsteren Seiten des Lebens zu durchforschen und die Abgründe der Seele zu erkennen." (Verlaine, Paul; Männer, S. 53).

361 Schreiben Thomas Manns an Paul Steegemann, Garmisch, 18. August 1920, in: Thomas Mann. Briefe 1889–1936, Frankfurt/M. 1961, S. 181 f. Vgl. auch Bürgin, Hans/Mayer, Hans-Otto; Briefe Thomas Manns, Bd. 1, S. 294.

362 Schreiben Thomas Manns an Paul Steegemann, Garmisch, 18. August 1920, in: Thomas Mann. Briefe 1889–1936, Frankfurt/M. 1961, S. 181 f.

363 Meyer, Jochen; Paul Steegemann Verlag (1994), S. 67. Vgl. Steegemann, Paul; Fünf Jahre Verleger, zitiert nach: Raabe, Paul; Expressionismus, S. 268. Steegemann, Paul; Zwei Jahre Verleger, S. 3.

364 Lessing, Theodor; Haarmann, S. 114 ff. Vgl. Werremeier, Friedhelm; Haarmann, S. 89, 95, 103, 126, 134, 141, 155. Vgl. o.A.; Lokales. Staatsanwaltschaftsrat Dr. Rudolf Wagenschieffer 50 Jahre alt, in: Die Freie Meinung, 14. Januar 1933. In einigen Dokumenten wird als Vorname Robert, in anderen Rudolf angegeben.

365 Lessing, Theodor; Haarmann, S. 114 ff.

366 Steegemann, Paul; Fünf Jahre Verleger, zitiert nach: Raabe, Paul; Expressionismus, S. 269. Drews, Arne/Wehrhahn, Matthias; Paul Steegemann, S. 171. Rischbieter, Henning; Hannoversches Lesebuch, Bd. 2, S. 245.

367 Tucholsky, Kurt; Der Zensor geht um, in: Gerold-Tucholsky, Mary/ Raddatz, Fritz J.; Kurt Tucholsky, Bd. 1, S. 765. In Hannover wie in vielen anderen Städten des Reiches sind offenbar erst mit der Allgemeinen Verordnung vom 26. März 1924 über die Bildung von Kunstausschüssen Gremien ins Leben gerufen worden, die unter Vorsitz der jeweiligen Polizeibehörden sowie der Staatsanwaltschaft „bei allen das Gebiet der Kunst berührenden Maßnahmen gehört werden, bei denen es zweifelhaft erscheint, ob eine Gefährdung der öffentlichen Ruhe, Sicherheit und Ordnung vorliegt. Dies gilt besonders in solchen Fällen, in denen namhafte Künstler, künstlerische oder Verlagsunternehmungen betroffen werden." (Aktenvermerk der Ministerien vom 26. März 1924 über die Bildung von Kunstausschüssen, in: Abschrift aus dem Justizministerialblatt vom 6. Juni 1924, Nr. 23 (NStAH Hann. 173a, Acc 111/79, Nr. 349)) Hannoversche Mitglieder des alsbald „zur Wahrung der Interessen wirklicher Kunst" zusammengerufenen einzelnen Sparten des Kunstausschusses waren u.a. Rolf Roenneke, Georg Grabenhorst, Rudolf Graefenhain, Wilhelm Frerking (Bühne), Johann Frerking, August Tönjes (Schrifttum), Melchior Hugo, Friedrich-Karl Lippert, Alexander Dorner, E.W. Baule, Richard Seiffert-Wattenberg,

Fritz Burger-Mühlfeld (Bildende Kunst) (Schreiben des Polizeipräsidenten der Provinz Hannover an das Ministerium für Wissenschaft, Kunst und Volksbildung, 24. Dezember 1924 (NStAH Hann. 173a. Acc 111/79, Nr. 349)). Die Arbeit des Ausschusses, der sich durch die Jahre in seiner personellen Zusammensetzung nur wenig änderte, scheint bis zu seiner Auflösung im Frühjahr 1933 recht erfolgreich gewesen zu sein. Vgl. Schreiben des Oberstaatsanwalts Hannovers an den Generalstaatsanwalt, 9. Februar 1928: „Mit den Kunstausschüssen sind gute Erfahrungen gemacht worden. Die Zusammenarbeit mit ihnen diente in jeder Beziehung den Interessen der Rechtspflege. In mehreren Sachen sind Gutachten der Kunstausschüsse eingefordert worden, die der Sachlage entsprachen und denen sich die Staatsanwaltschaft anschließen konnte." (Ebda.) Leider findet sich kein einziger der Fälle in den entsprechenden Akten dokumentiert.

368 Thieß, Frank; o.T., Hann. Anzeiger, 27. November 1921. Vgl. auch G., B.; Schweinereien, in: Die Pille, 2. Jhg., Nr. 47/48, 15. Dezember 1921, S. 142.

369 Wie der Verleger trotz der Indizierung vom Jahr zuvor beide Gedichtbände weiter verkaufen konnte, ist unklar.

370 G., B.; Schweinereien, in: Die Pille, 2. Jhg., Nr. 47/48, 15. Dezember 1921, S. 144. Vgl. auch Minde-Pouet, Georg; Der wilde Konfiskationsgeist, in: Der Cicerone, XIII, 1921, S. 94f: „Erotischer Inhalt allein gibt noch nicht das Recht, ein Buch als unzüchtig zu verurteilen. Aus erotischen Problemen haben unsere größten Geister größte Kunstschöpfungen geschaffen. Künstlerische Erotik und Pornographie, eine galante Szene und eine Schweinerei sind verschiedene Dinge, verschieden sind die sittlichen Anschauungen der Zeit."

371 Zitiert nach: G., B.; Schweinereien, in: Die Pille, 2. Jhg., Nr. 47/48, 15. Dezember 1921, S. 144.

372 Ebda.

373 Ebda. Vgl. Hoffschildt, Rainer; Olivia, S. 58.

374 G., B.; Schweinereien, in: Die Pille, 2. Jhg., Nr. 47/48, 15. Dezember 1921, S. 144. „Und als hervorstechendstes Merkmal des jungen Unternehmens finden wir in der Wahl der verlegten Werke das deutliche Bestreben, die deutsche Bucherzeugung von der Einseitigkeit behäbiger Tradition zu befreien." Vgl. auch Minde-Pouet, Georg; Der wilde Konfiskationsgeist, in: Der Cicerone, XIII, 1921, S. 94f: „Freilich, nicht jeder Verleger wird sich solche Bücher zu eigen machen, wohl aber ein Verleger von der Art Paul Steegemanns ..., der die verwegensten Literaturerzeugnisse populär machen wird, der keck gern das aufgreift, was über die Grenzen des Normalen hinausgeht. Das ist auch zu berücksichtigen, und an dem künstlerischen Ernst, mit dem er uns diese Bücher vorgelegt hat, zu zweifeln besteht kein Anlaß."

375 Vgl. dazu auch: Meyer, Jochen; Paul Steegemann Verlag (1994), S. 24.

376 Minde-Pouet, Paul; Der wilde Konfiskationsgeist, in: Der Cicerone, XIII, 1921, S. 94 f.

377 G., B.; Schweinereien, in: Die Pille, 2. Jhg., H. 47/48, 15. Dezember 1921, S. 145.

378 Am Rande der Verhandlung erging eine scharfe Verwarnung an die Adresse des Frank Thieß, der seit kurzem Mitarbeiter des HANNOVERSCHEN ANZEIGERS war. Thieß, wie Steegemann Unterzeichner der Petition zur Abschaffung des §175 und durchaus kein erbitterter Gegner homosexueller Literatur (vgl. Hoffschildt, Rainer; Olivia, S. 49), hatte als Prozeßbeobachter des ANZEIGERS wohl die Bezeichnung von Verlaines Werken als „Schweinereien" seitens des Staatsanwalts getadelt, er teilte jedoch die Auffassung, „daß Veröffentlichungen dieser höchsten Intimitäten keinen anderen als den betreffenden Menschen selbst, vielleicht noch der Wissenschaft, etwas angehen, und daß jeder Versuch, solcherlei Publikationen mit Kunst verquicken zu wollen, schroffste Ablehnung verdient." (Thieß, Frank; o.T., Hann. Anzeiger, 27. November 1921). Diese Stellungnahme legte Gröttrup als übelste Feigheit aus und attackierte Thieß als „rettungslos in dem furchtbaren Seuchenbordell Presse" verendenden Journalisten, der „seinen Reporterdienst zu Denunziationen mißbraucht, und – ein Judas unter den Jüngern freier Kunst! – sich gegen den üblichen Mietzins dazu hergibt, dem Muckergeist eines armseligen ANZEIGERS zu fröhnen." (G., B.; Schweinereien, in: Die Pille, 2. Jhg., H. 47/48, 15. Dezember 1921, S. 145). Eine Antwort von Thieß auf diesen Angriff ist nicht bekannt.

379 Urteil des Reichsgerichts Berlin gegen den Buchhändler Paul Steegemann, Hannover, 19. Juni 1922 (NStAH Hann. 173a. Acc 111/79, Nr. 288).

380 „Eine Zote ist nicht darum weniger eine Zote, weil ihr ein Dichter oder Künstler das gefällige Gewand seiner Kunst verleiht." (Ebda.)

381 Ebda. Vgl. auch Meyer, Jochen; Paul Steegemann Verlag (1994), S. 68. Hoffschildt, Rainer; Olivia, S. 59.

382 Urteil des Reichsgerichts Berlin gegen den Buchhändler Paul Steegemann, Hannover, 19. Juni 1922 (NStAH Hann. 173a. Acc 111/79, Nr. 288).

383 Tucholsky, Kurt; Die Unzüchtigen, in: Gerold-Tucholsky, Mary/Raddatz, Fritz J.; Kurt Tucholsky, Bd. 1, S. 1057–1059. Hier auch Abdruck eines Teils der Urteilsschrift.

384 Ebda.

385 Ebda.

386 Minde-Pouet, Georg; Der wilde Konfiskationsgeist, in: Der Cicerone, XIII, 1921, S. 94 f.

387 Zitiert nach: G., B.; Schweinereien, in: Die Pille, 2. Jhg., 1921, S. 145.

388 Vgl. zur Autorenfrage: Kunstverein Hannover; Zwanziger Jahre, S. 94. Raabe, Paul; Expressionismus, S. 191. Vgl. Meyer, Jochen; Paul Steegemann Verlag (1994), S. 28, Anm. 49. Franz Blei (vgl. Meyer, Jochen; Paul Steegemann Verlag (1994), S. 34) war auch Mitarbeiter des HOHEN UFER. Im ersten Jahrgang veröffentlichte er dort den Aufsatz WISSENSCHAFT (Hohes Ufer, 1. Jhg., 1919, S. 297 ff), im zweiten die Beiträge MARGINALIEN ZU BAUDELAIRE (Hohes Ufer, 2. Jhg., S. 121 ff) und STRINDBERG-SCHERING-PELADAN (Ebda., S. 62 ff).

389 Blei, Franz; Unsittliche Literatur und deutsche Republik, S. 20.

390 Ebda., S. 30.

391 Ebda., S. 18.

392 Ebda., S. 13.

393 Ebda., S. 18.

394 Ebda., S. 3 ff.

395 Ebda., S. 16.

396 Ebda., S. 22.

397 Ebda., S. 7.

398 Ebda., S. 24.

399 Ebda., S. 25.

400 Ebda., S. 26.

401 „Weder ein ‚führender' noch ein ‚geführter' Mann dieses Zeitalters, weder Ebert noch Heim (wohl Georg Heim (1865–1938), Mitbegründer der Bayerischen Volkspartei, I.K.), weder der brave sozialdemo-

kratische Genosse noch der demokratische Krämer" würden Namen großer Künstler kennen, „geschweige denn wofür sie stehen." (Ebda., S. 7).

402 Wrobel, Ignaz (d. i. Kurt Tucholsky); Die Sittlichen, in: Weltbühne, 2. HJ, 1920, S. 190. Vgl. auch Tucholsky, Kurt; Wo, in: Gerold-Tucholsky, Mary/Raddatz, Fritz J.; Kurt Tucholsky, Bd. 2, S. 153.
403 Hepp, Michael; Kurt Tucholsky, S. 318.
404 Vgl. dazu Meyer, Jochen; Paul Steegemann Verlag (1994), S. 85.
405 Wrobel, Ignaz (d. i. Kurt Tucholsky); Die Sittlichen, in: Weltbühne, 2. HJ, 1920, S. 190.
406 Ebda. Für Tucholsky war es offenbar schwer verständlich, daß Verleger wie Steegemann, Kurt Wolff, Ernst Rowohlt und Samuel Fischer – die alle Mitglieder des Börsenvereins waren – nicht gegen die hier vertretene nationale Hetze protestierten: „Es wird ja niemand von Paul Steegemann verlangen, daß er mit einer roten Fahne durch Leipzig zieht, noch auch soll Frau Malik auf dem Augustusplatz zur Ostermesse die Carmagnole tanzen -: aber immerhin haben doch auch diese Sitz und Stimme in den buchhändlerischen Organisationen. Rühren sie sich da gar nicht?" (Tucholsky, Kurt; Wo, in: Gerold-Tucholsky, Mary/Raddatz, Fritz J; Kurt Tucholsky, Bd. 2, S. 153). Vgl. auch Hollmann, Reimar; Der Mann, der Anna Blume verlegte: Paul Steegemann. Glanz und Elend der Silbergäule, Neue Hann. Presse, 14./15. August 1976: „Daß er mit den politisch-aktivistischen Tendenzen des Expressionismus sympathisierte, brachte die Reaktionäre des Börsenvereins des deutschen Buchhandels gegen ihn auf; indem sie mit der Angst vor dem Bolschewismus hausieren gingen, betrieben sie ... schon frühzeitig seinen Ausschluß."
407 Steegemann, Paul; Fünf Jahre Verleger, zitiert nach: Raabe, Paul; Expressionismus, S. 269.
408 Diesen Wortlaut zitierte auch Hans Joachim Bieber (Bürgertum in der Revolution, S. 131). Bieber bezieht sich auf einen Aufruf des Rats geistiger Arbeiter Hannover v. 16. November 1918 und beruf sich auf: Dietsch, Odile; La Révolution allemande de 1918 à Hannovre. Revolution 1918 in Hannover, Mémoire de Maitrise, Paris 1968/69, S. 67.
409 Kunstverein Hannover; Zwanziger Jahre, S. 84.
410 Vgl. Kliemann, Helga; Novembergruppe, S. 9. Bieber, Hans-Joachim; Bürgertum in der Revolution, S. 131. Karl Jakob Hirsch nannte in seinen Lebenserinnerungen HEIMKEHR ZU GOTT die „Abschaffung der Akademien, Sozialisierung sämtlicher Theater, Verstaatlichung sämtlicher freien Berufe, Abschaffung sämtlicher Titel und sofortige Einrichtung eines Weltparlaments" als Ziele des Berliner Rats geistiger Arbeiter, den er am 9. November 1918 mitbegründete. Hirsch fügte hinzu: „Über allem Gewalttätigen aber thronte das Wort ‚Menschheitsliebe'; die zu verwirklichen war unsere Aufgabe." (Hirsch, Karl Jakob; Heimkehr zu Gott, München 1946, S. 66.
411 Steegemann, Paul; Jürgens, in: Die Weltbühne, 1. HJ, 1926, S. 565.
412 Kristl, Wilhelm Lukas; Der unberechenbare Steegemann, Börsenblatt für den Deutschen Buchhandel, Frankfurter Ausgabe, Nr. 69, 29. August 1975.
413 Michel, Wilhelm; Über Metaphysik des Bürgers, in: Der Marstall, H. 1/2, 1919/1920, S. 3–7.
414 Heister, H.S./Hausmann, R. (Hg.); NG. Veröffentlichungen der November Gruppe, H. 1, Hannover 1921. Kunstverein Hannover; Zwanziger Jahre, S. 94. Weitere Hefte sind nicht erschienen (vgl. Meyer, Jochen; Paul Steegemann Verlag (1994), S. 119).
415 Die Formulierung spielte auf das Zeitstück des expressionistischen Dramatikers Georg Kaiser VON MORGENS BIS MITTERNACHT (1917) an.
416 Steegemann, Paul; Jürgens, in: Weltbühne, 1. HJ, 1926, S. 566. Jochen Meyer (Paul Steegemann Verlag (1994), S. 18), gibt eine Beinverletzung Steegemanns an, die verantwortlich dafür war, daß dieser nicht am Krieg teilnehmen mußte.
417 Steegemann, Paul; Jürgens, in: Weltbühne, 1 HJ., 1926, S. 566.
418 Ebda.
419 Ebda.
420 Ebda.
421 Bock, Gustav (d.i. Paul Steegemann); Wirtschaftsglossen, in: Störtebeker, Nr. 3, 1924, S. 71 f.
422 Bock, Gustav; Börse und Wirtschaft. Von Austern, Devisen und Henry Ford, in: Störtebeker, Nr. 4, 1924, S. 69.
423 Ebda.
424 Vgl. Lessing, Theodor; Tanzcapriccio. Mary Wigman gewidmet, in: Störtebeker, Nr. 1, 1924, S. 12–16.
425 Rischbieter, Henning; Hannoversches Lesebuch, Bd. 2, S. 247. Mlynek, Klaus; Hannover in der Weimarer Republik und unter dem Nationasozialismus, S. 468. Klaus Mlynek spricht von einer „schleichende(n) Verödung und Provinzialisierung des literarischen Betriebes" in Hannover, welche Steegemann zum Umzug nach Berlin bewogen habe. Vgl. Kunstverein Hannover; Zwanziger Jahre, S. 90.Vgl. auch Mlynek, Klaus/Röhrbein, Waldemar R.; Hannover-Chronik, S. 165. Meyer, Jochen; Paul Steegemann Verlag (1994), S. 78.
426 Postkarte Siegfried Jacobsohns an Paul Steegemann, Sils Maria, Oberengadin, 12. Juli 1926 (DLA Marbach A: Steegemann, Verschiedenes). Hier hieß es: „Lieber Herr Steegemann, haben Sie Dank für Ihren freundlichen Brief vom 8ten Juli. Ich gebe im Dezember zu Ergänzung der Wochenschrift eine Monatsschrift heraus u. halte für durchaus möglich daß ich für beide Blätter einen Propagandachef großen Stils brauche. Leider bin ich erst wieder am 30sten September zuhaus, und schriftliche Verhandlungen haben ja keinen Zweck. Wenn Sie aber so lang warten können, schlage ich vor, daß Sie in der ersten Oktoberwoche einmal nach Berlin kommen." Vgl. auch Kunstverein Hannover; Zwanziger Jahre, S. 95.
427 Rischbieter, Henning; Hannoversches Lesebuch, Bd. 2, S. 248. Selbstbewußt und großstädtisch warb er als Neuberliner schon 1927 für das Buch FREUNDINNEN von Maximiliane Ackers: „Dies erste Buch der Berliner Schauspielerin schildert das amüsante Leben des Kurfürstendamms mit großer Aufrichtigkeit. Es geht da ein bißchen bunt zu, gewiß. Aber Mord und Totschlag, eine Prise Kokain und das Verhältnis zu dreien, das sind doch heute alltägliche Dinge, bei uns in Berlin." (DLA Marbach A: Steegemann, Material von, zu und über Maximiliane Ankers und ihrem Roman FREUNDINNEN).
428 Meyer, Jochen; Paul Steegemann Verlag (1994), S. 83.
429 Linke Poot (d.i. Döblin, Alfred); Von einem Kaufmann und einem Yoghi, in: Die Neue Rundschau, 32. Jhg., H. 7, Juli 1921, S. 764 f, zitiert nach: Milch, Thomas; Walter Serner, S. 45.
430 Meyer, Jochen; Paul Steegemann Verlag (1994), S. 83.
431 So in: Krempel, Ulrich; Vorwort, in: Meyer, Jochen; Paul Steegemann Verlag (1994), S. 7.
432 Ebda.
433 Müller, Hans-Harald; Krieg und die Schriftsteller, S. 80. Müller belegte diese Aussage mit dem Zitat Joseph Goebbels, das noch aus der Zeit

vor dem Verbot des Films IM WESTEN NICHTS NEUES stammte: „Wir werden einst Deutschland ausräuchern, wie wir neulich das Kino ausgeräuchert haben. Dann werden wir ganz legal die Köpfe rollen lassen, die für die heutige Schande verantwortlich sind."

434 Ebda., S. 52.
435 Williams, Valentine; 5. Juli 1914, Berlin u. Leipzig 1931, S. 6 f. Williams, Valentine; Der Brief des Kaisers, Berlin u. Leipzig 1931. Meyer, Jochen; Paul Steegemann Verlag (1994), S. 82 u. 151.
436 Reimann, Hans; Blaues Wunder, S. 441. Vgl. zu diesem Abschnitt Meyer, Jochen; Paul Steegemann Verlag (1994), S. 88 ff.
437 Schreiben der NSDAP, Gauleitung, Berlin, Gau-Hauptstellenleiter Kühn, an den Landeskulturverwalter, Landesleiter für Schrifttum, 10. Juni 1939 (BDC Personalakte Steegemann). Hier findet sich auch die nach der nationalsozialistischen Machtübernahme offizielle Lesart des Kontraktes zwischen Steegemann und Reimann: „Im Jahre 1931 beauftragte Steegemann den bekannten Schriftsteller Hans Reimann, des Führers Buch MEIN KAMPF zu parodieren. Er erhoffte, sich mit einem derartigen Schmähbuch einen guten Erfolg zu erringen und bemühte sich selbst bei den jüdischen Organisationen und der Journaille der Systemzeit, um Skandalgeschichten über den Führer zu sammeln. Um Reimann einige Tips für die Abfassung der Parodie zu geben, hat er die beiden ersten Kapitel von MEIN KAMPF mit schmutzigen Randbemerkungen versehen."
438 Reimann, Hans; Blaues Wunder, S. 442.
439 Ebda., S. 443. Im nachhinein erklärte er diesen Brief folgendermaßen: „So glaubte ich zwei Fliegen mit einer einzigen Klappe zu schlagen: Ich befreite mich von dem Vertrag und brauchte vor den braunen Männern keine Angst zu haben, denn die Kunde von meinem Rückzug würde in Parteikreisen unbedingt durchsickern." (Ebda.).
440 Ebda., S. 443. Vgl. auch Meyer, Jochen; Paul Steegemann Verlag (1994), S. 88. Reimann legte Berufung ein. 1932 wurde er nach eigener Angabe zur Zahlung von RM 5.000 verurteilt (Reimann, Hans; Blaues Wunder, S. 444).
441 Steegemann, Paul; Gab es nicht schon eine Hitler-Parodie?, in: Neumann, Günter; Ich war Hitlers Schnurrbart, Berlin 1950, S. 21.
442 Meyer, Jochen; Paul Steegemann Verlag (1994), S. 89 f. Vgl. auch Reimann, Hans; Blaues Wunder, S. 491 ff. u. 502 ff.
443 Hans Reimann bereitete u.a. zum 1. Mai 1936 im Berliner Theater des Volkes die KdF-Festlichkeit FREUT EUCH DES LEBENS mit vor (Overesch, Manfred; Drittes Reich, S. 278. Vgl. auch Reimann, Hans; Blaues Wunder, S. 490).
444 Meyer, Jochen; Paul Steegemann Verlag (1994), S. 95.
445 Ebda.
446 Reimann, Hans; Blaues Wunder, S. 441. Die These von Steegemanns politischer Unbescholtenheit und von seiner Widerstandsarbeit im Nationalsozialismus hat sich noch lange nach dem Zweiten Weltkrieg gehalten (vgl. Schumann, Werner; Damals in Hannover, S. 172. Vgl. auch Oschilewski, Walter G.; Abseits des Althergebrachten. Zum Tode Paul Steegemanns, Rhein-Neckar-Zeitung, 24. Januar 1956).
447 Vgl. Meyer, Jochen; Paul Steegemann Verlag (1994), S. 85 f.
448 Ebda.
449 Ebda.
450 Vesper, Will; (Über Steegemanns Schriftenreihe DIE ERHEBUNG und über seinen Bruch mit Hans Reimann), in: Die Neue Literatur, Bd. 35, 1934, S. 244, zitiert nach: Meyer, Jochen; Paul Steegemann Verlag (1994), S. 89.
451 Ebda. Hans Reimann schrieb rückblickend: „Wahrlich, er hätte Grund gehabt, ... abzuwarten, wie der Hase läuft, und die Sache zu vertuschen. War ihm auch zuzutrauen, daß er mich als den Alleinschuldigen hinstellen würde, so übersah er doch die Konsequenzen, die sich für ihn als Verleger ergaben: er wäre so wenig am Leben geblieben wie ich, wenn ich die Parodie geschrieben hätte." (Reimann, Hans; Blaues Wunder, S. 444).
452 DER ANGRIFF war das Organ der Berliner Gauleitung der NSDAP. Krause verfaßte unter dem Pseudonym Peter Hagen die Werke SOLDAT DER REVOLUTION (Berlin 1933), WIR BAUEN EINE STRASSE (gemeinsam mit Hans Jürgen Nierentz, Berlin 1933) und LICHTNACHT DER WENDE (Berlin 1934) für den Paul Steegemann Verlag.
453 Steegemann, Paul; Piston-Solo, S. 51.
454 Hitler, Adolf; Führung und Gefolgschaft, Berlin 1934, S. 25 f., zitiert nach: Meyer, Jochen; Paul Steegemann Verlag (1994), S. 92.
455 Schreiben der NSDAP, Gau-Hauptstellenleiter Kühn, Berlin, an den Landeskulturverwalter, Gau Berlin, Landesleiter für Schrifttum, 10. Juni 1939 (BDC Personalakte Paul Steegemann).
456 Vgl. die Auflistung in Meyer, Jochen; Paul Steegemann Verlag (1994), S. 91 f.
457 Oven, Jörn; Die Erhebung. Dokumente zur Zeitgeschichte, in: Die Neue Literatur, Bd. 35, 1934, S. 40, zitiert nach: Meyer, Jochen; Paul Steegemann Verlag (1994), S. 92.
458 Ebda.
459 Schreiben der NSDAP, Gau-Hauptstellenleiter Kühn, Berlin, an den Landeskulturverwalter, Gau Berlin, Landesleiter für Schrifttum, 10. Juni 1939 (BDC Personalakte Paul Steegemann).
460 Bouhler, Philip; Gegen Überproduktion pseudonationalsozialistischer Schriften, in: Börsenblatt für den Deutschen Buchhandel, Bd. 101, 1934, S. 875, zitiert nach: Meyer, Jochen; Paul Steegemann Verlag (1994), S. 93.
461 Schreiben der Reichsschrifttumskammer, Abteilungsleiter III, Thulke, an Landesleitung Berlin der Reichsschrifttumskammer, 7. Juli 1938, 26. Juli 1938. Schreiben der Reichsschrifttumskammer, Abteilungsleiter III, Thulke, an den Stellvertretenden Leiter des Deutschen Buchhandels, Martin Wülfing, Leipzig, 26. Juli 1938. Schreiben der Reichsschrifttumskammer, Schrifttum, Gruppe Buchhandel, an NSDAP-Gauleitung, Berlin, Politische Beurteilung, 17. Juli 1938. Schreiben des Präsidenten der Reichsschrifttumskammer an Paul Steegemann, Berlin-Wilmersdorf, o.D. (eingeg. 11. Januar 1939). Schreiben der Reichsschrifttumskammer, Abteilung Buchhandel, an Landesleiter der Reichsschrifttumskammer beim Landeskulturverwalter, Gau Berlin, 10. Juli 1939 (alle Schreiben: BDC Personalakte Paul Steegemann). Alle angeführten Schreiben beschäftigen sich mit dem Versuch Paul Steegemanns, über die Ausstellung eines „politischen Unbedenklichkeitszeugnisses" in die Fachschaft der Angestellten der Reichsschrifttumskammer wieder aufgenommen zu werden, was mit Schreiben der Reichsschrifttumskammer, Abteilung III, Buchhandel, vom 10. Juni 1939 abschlägig beurteilt wurde. Eine „eingehende Stellungnahme zu der politischen und allgemein menschlichen Einstellung", die der Akte allerdings nicht beiliegt, hatte ergeben, daß „dem Volksgenossen Steegemann für alle Zeit die politische Zuverlässigkeit abgesprochen werden" müsse (Schreiben der NSDAP, Gau-Hauptstellenleiter Kühn, Gauleitung Berlin, an Landeskulturverwalter,

Gau Berlin, Landesleiter für Schrifttum, 10. Juni 1939, gleiche Akte). Interessant ist, daß die Initiative zu diesem Wiederaufnahmeverfahren nicht von Paul Steegemann selbst ausgegangen zu sein scheint. In einem Schreiben des Abteilungsleiters der Gruppe Buchhandel der Reichsschrifttumskammer, Thulke, vom 7. Juli 1938, an die Landesleitung Berlin der Reichsschrifttumskammer hieß es, „eine Persönlichkeit außerhalb der Reichsschrifttumskammer" sei „an die Kammer herangetreten, um eine außerordentlich positive Referenz für den Genannten abzugeben" Leider ermöglichen weder Schriftstücke der Personalakte Steegemanns im BDC noch andere Dokumente aus der Zeit Aufschluß darüber, wer diese Persönlichkeit gewesen sein könnte. Vgl. allg. Drews, Arne/Wehrhahn, Matthias; Paul Steegemann, S. 175.

462 Meyer, Jochen; Paul Steegemann Verlag (1994), S. 93.
463 Ebda., S. 94.
464 Reimann, Hans; Blaues Wunder, S. 508.
465 Steegemann, Paul; Piston-Solo, S. 51. Schicklgruber war der Nachname von Hitlers Großmutter.
466 Meyer, Jochen; Paul Steegemann Verlag (1994), S. 94. Vgl. auch Drews, Arne/Wehrhahn, Matthias; Paul Steegemann, S. 175.
467 Steegemann, Paul; Zwei, drei Worte zuvor, in: Schnitzler, Arthur; Der Reigen. Zehn Dialoge, Berlin 1951, S. 3, zitiert nach: Meyer, Jochen; Paul Steegemann Verlag (1994), S. 94. Vgl. auch Reimann, Hans; Blaues Wunder, S. 441.
468 Lederer, Moritz; Auferstandene Silbergäule, in: Neue literarische Welt, 3. Jhg., Nr. 7, 1952, S. 16, zitiert nach: Meyer, Jochen; Paul Steegemann Verlag (1994), S. 94.
469 Die Tatsache, daß Paul Steegemann in gewohnter Form seine Veröffentlichungen in dieser Reihe, zu denen Schnitzlers REIGEN, Karl Valentins DER KNABE KARL sowie die Parodien ORPHEUS IN DER UNTERWELT von Werner Finck und ICH WAR HITLERS SCHNURRBART von Günter Neumann gehörten, mit lobenden Rezensionen aus Tageszeitungen garnierte, konnte nicht darüber hinwegtäuschen, daß es ihm nicht gelang, an den durch Wagemut und Experimentierfreude geprägten Erfolg seines Verlages in den zwanziger Jahren anzuknüpfen (vgl. Steegemann, Paul; Piston-Solo, S. 51. Drews, Arne/Wehrhahn, Matthias; Paul Steegemann, S. 175. Rischbieter, Henning; Hannoversches Lesebuch, Bd. 2, S. 248). Vgl. zu den Rezensionen: Flemming, Hans; o.T., Der Abend Berlin, 8. Dezember 1949. Pons, Julia; o.T., Die Neue Zeitung, Berlin, 15. März 1950. Grapheus; o.T., Telegraf, Berlin, 22. Januar 1950. Süddeutscher Rundfunk (Sendung); o.T., 28. April 1950. Hier hieß es: „Man sollte DIE BANK DER SPÖTTER in den kahlgefegten ‚Siegesalleen' unserer behördlich geschützten Anlagen aufstellen." Alle genannten Texte sind abgedruckt in: Escher, Karl; Hinter dem Hoftheater, S. 50–52). Meyer, Jochen; Paul Steegemann Verlag (1994), S. 97.
470 Meyer, Jochen; Paul Steegemann Verlag (1994), S. 94. Hinzu kam, daß der junge Verlag nach dem Zweiten Weltkrieges noch weniger abgesichert war als nach dem Ersten. Paul Steegemann war gezwungen, einer hauptberuflichen Tätigkeit beim Berliner ARANI-Verlag nachzugehen. Im Zusammenhang dieser Arbeit rief er 1952 den AMSEL-Verlag ins Leben, als dessen Lektor und Leiter er reine Unterhaltungsromane – Kriminal- und Liebesromane zumeist – produzierte. Die sieben ersten deutschen Mickey Spillane-Titel im AMSEL-Verlag wurden bereits kurz nach Erscheinen verboten. Dies war auch im Nachkriegsdeutschland nicht die einzige Begegnung Paul Steegemanns mit der Staatsanwaltschaft. Richard Mattheus berichtete in seinem NACHRUF AUF PAUL STEEGEMANN von einer Begebenheit kurz vor dessen Tod am 21. Januar 1956: „Kurz vorher (vor seinem letzten Geburtstag, I.K.) erschien damals die Kriminalpolizei in seiner Wohnung, um auf Anstoß eines Göttinger Pfahlbürgers ein Exemplar des KIESEWETTER (Kraus, Wolfgang; Bonifacius Kiesewetter. Ein heroisches Leben, Berlin 1951, I.K.) wegen Gefährdung der Sittlichkeit einzuziehen. Das war wie in jungen Tagen und die schönste Geburtstagsgabe, die dem Jubilar zuteil werden konnte." (Mattheus, Richard; Nachruf auf Paul Steegemann, Hann. Presse, 24. Januar 1956). Vgl. zu diesem Teil der Biographie Paul Steegemanns: Meyer, Jochen; Paul Steegemann Verlag (1994), S. 101.
471 Steegemann, Paul; Seriöses Nachwort, in: Das Stachelschwein, 1. Jhg., 1924, H. 19, S. 16. Auch in: Kunstverein Hannover; Zwanziger Jahre, S. 90. Meyer, Jochen; Paul Steegemann Verlag (1994), S. 54.
472 „Splendid war er aber nur bei Vorschüssen. Die rückte er heraus, sooft er ein neues Opus brauchte. Auf diese Weise blieb ich jahrelang mit ihm im Konnex." (Reimann, Hans; Blaues Wunder, S. 177).
473 Steegemann, Paul; Fünf Jahre Verleger, zitiert nach: Raabe, Paul; Expressionismus, S. 267.
474 Schreiben von Joachim Ringelnatz an Muschelkalk Ringelnatz, 5. August 1921 (in: Pape, Walter; Joachim Ringelnatz, S. 207). Vgl. auch die Schreiben vom 4. August 1921 (Ebda., S. 205), 9. August 1921 (Ebda., S. 211) und 4. September 1921 (Ebda., S. 220f).
475 Schreiben Walter Serners an Christian Schad, 15. September 1927, zitiert nach: Milch, Thomas; Walter Serner, S. 139.
476 Schreiben Walter Serners an Paul Steegemann, 11. Mai 1928, zitiert nach: Milch, Thomas; Walter Serner, S. 150.
477 Schreiben Walter Serners an Paul Steegemann, 31. Juli 1928, zitiert nach: Milch, Thomas; Walter Serner, S. 157. Umgekehrt hatte Steegemann keine Hemmungen, auch persönlichen Freunden, die zu seinen Mitarbeitern zählten, zu drohen, wenn diese in seinen Augen vertragsbrüchig geworden waren. Als Johann Frerking im Mai 1948 mitteilte, er habe einen neuen Verleger für seine Übersetzung von Voltaires CANDIDE gefunden, erinnerte Steegemann ihn daran, daß dieser ihm im Juli 1922 die Rechte zu diesem Werk verkauft hatte, und fügte hinzu: „Selbst wenn Du prozentual am Ladenpreis beteiligt wärest, hättest Du mich fragen müssen ... Bitte sei so lieb und nenne mir Deinen neuen, leider so ganz gesetzunkundigen Verleger, damit ich auch ihn warnen kann. Denn meine Ersatz-Ansprüche würden ja ein sehr teurer Spaß werden." (Schreiben Paul Steegemanns an Johann Frerking, 24. Mai 1948 (DLA A: Steegemann; Verschiedenes, Kasten 1)).
478 Meyer, Jochen; Paul Steegemann Verlag (1994), S. 70.
479 Ebda., S. 19.
480 Vgl. die Zusammenfassung des Falls in: Meyer, Jochen; Paul Steegemann Verlag (1994), S. 70. Auch Sander verhielt sich dem ehemaligen Arbeitgeber gegenüber loyal. Er verzichtete darauf, das Urteil im BÖRSENBLATT publik zu machen – was Steegemanns Ausschluß zur Folge gehabt hätte –, und begründete dies folgendermaßen: „In Anbetracht der Tatsache, daß wir einmal befreundet gewesen waren und St. mir mancherlei Gefälligkeiten erwiesen hatte ..., nahm ich davon Abstand und ließ die Sache auf sich beruhen. Jene Entschädigung hat St. an mich gezahlt, aber mit unserer Verbindung war es natürlich aus." (Ebda., S. 71). Jochen Meyer beschrieb es als einen „Akt stillschweigender Korrektur" (S. 71), daß Paul Steegemann 1924 erneut DER PRIESTER UND DER MESSNERKNABE herausgab, diesmal in eigenständiger Übertragung von Sibylle und Franz Blei.

Schlußbetrachtung

Im November 1928 richtete der HANNOVERSCHE ANZEIGER, die auflagenstärkste bürgerliche Zeitung der Stadt, den Blick zurück auf die Entwicklung Hannovers in den vergangenen Jahren. Der Beitrag schloß mit der hoffnungsfrohen Wendung: „So geht Hannover seinen Weg zur Halbmillionenstadt unbeirrbar weiter, und es wird sich sicherlich zu einer Großstadt allerersten Ranges entwickeln, wenn es die alten, guten Bahnen, fernab jeder übertriebenen Moderne, jeder Modemacherei, weiter wandelt."[1] Die Verbindung von städtischem Wachstum, Prosperität und Ansehen einerseits mit einer Haltung andererseits, die sich von der „übertriebenen Moderne und Modemacherei" fernhalten solle, läßt nach jenen Kräften fragen, die im Bereich der Kommunalpolitik für den Kurs Hannovers in den zwanziger Jahren verantwortlich waren.

Städtische Kunstpolitik zwischen Gegnerschaft zur Moderne und moderater Annäherung

Hannovers Aufbruch in die künstlerisch-kulturelle Moderne war – wie der in jeder anderen Stadt auch – von Entwicklungsschüben und Brüchen, weniger von überraschenden Neuerungen und mehr von Phasen des Stillstands diktiert. Die Ursachen dafür sind einmal im Zusammenhang mit der auf die preußische Annexion des Königreichs im Jahr 1866 folgenden Zeit einer allenfalls beschränkten städtischen Einflußnahme auf die Theaterpolitik zu sehen. Von da an wurde der Kurs von Berlin vorgegeben, und dies führte – neben einer Abwerbung der jungen hannoverschen Talente – im wesentlichen zu einer starken Orientierung am Angebot in der Hauptstadt. Das Entstehen von privaten Bühnen, die eine Tendenz zur Stagnation im Bereich des offiziellen Theater- und Opernwesens zu eigenen Gunsten aufzufangen suchten, war eine Folge dieser Entwicklung. Offenbar wurde im Kaiserreich kein ernsthafter Versuch seitens der Stadt unternommen, dem Königlichen Hoftheater mit einer eigenen Bühne ein Gegengewicht zu schaffen, was angesichts des hohen Stellenwerts, den das Theater in der Stadt hatte, eigentlich verwundert. An der finanziellen Situation dürfte die Entstehung eines städtischen Theaters oder Opernhauses zu dieser Zeit nicht gescheitert sein, da überall viele neue, die Macht der Städte repräsentierende Bühnen im Reich entstanden. Schließlich bestand großes Interesse daran, den Eindruck zu stärken, daß Hannover eine Stadt sei, in der die Wertschätzung der Künste großes Gewicht genoß. Dies war schon allein deshalb nötig, weil so der Unterschied zu der benachbarten Arbeiterstadt Linden verdeutlicht werden konnte.

Das wurde auch im Bereich der bildenden Kunst deutlich. Mit der Übernahme zweier bedeutender privater Sammlungen im 19. Jahrhundert – der Kestnerschen und der Culemannschen – und der damit verbundenen Bereitstellung einer großen Geldsumme zum Bau des Kestner-Museums waren der Stadt die besten Voraussetzungen für die Gründung eines großen städtischen Museums in die Hand gegeben. Das Verhältnis zu den Vereinen, die im Laufe des 19. Jahrhunderts aus privater Initiative entstanden waren und sich den Künsten widmeten, gestaltete sich ungleich differenzierter. Hier wurden seit der zweiten Hälfte des 19. Jahrhunderts langfristig Verfahren der Kooperation gefunden, um diese Institute als wichtige Bestandteile städtischer Kunstpolitik zu nutzen, ohne ihnen ihren ursprünglichen, privaten Status letztlich zu nehmen. Offiziell sie also nie kunstpolitischen Zielsetzungen unterzuordnen, um sie gleichsam inoffiziell umso stärker für die Verfolgung dieser Ziele zu nutzen, war Resultat der Arbeit Heinrich Tramms. Aufgrund der starken Stellung, welche die Revidierte Städteordnung von 1858 ihm in Hannover ließ, ist ein Großteil der Entwicklungen in der städtischen Kunstpolitik bis zum November 1918 und vielfach noch darüber hinaus fast ausschließlich auf seine Person zurückzuführen.

Die aus heutiger Sicht außerordentlich starke Machtposition unterschied ihn nicht von vielen Kollegen in anderen deutschen Großstädten, deren Städteverfassungen dem Oberbürgermeister ähnlich große Befugnisse in den verschiedenen Bereichen der Kommunalpolitik in die Hand legten.[2] Auch anderswo zählte in Zeiten einer Entwicklung, welche die Städte als Zentren der Blüte von Kunst und Kultur und ihre Stadtväter als Wahrer eines erhöhten Repräsentationsbedürfnisses sah, die Pflege eines ausgedehnten künstlerischen Lebens in der Stadt und für die Bürger, die die Ausdehnung des kommunalen Machtbereiches auf diesen Sektor durchaus begrüßten, zu den Aufgaben eines Stadtoberhaupts. Doch anders als in den meisten anderen Städten stand die Fürsorge für Kunst und Kultur in Heinrich Tramms langer Amtszeit nicht etwa gemeinsam und gleichberechtigt mit anderen auf der kommunalpolitischen Tagesordnung, sondern sie nahm eine übergeordnete Position ein. Angesichts heutiger kulturpolitischer Entscheidungen im städtischen Bereich, die gewöhnlich eine Reihe von Gremien durchlaufen, kontrovers diskutiert werden und unter Maßgabe parteipolitisch und anderweitig motivierter Willensäußerungen bestimmte Modifikationen erfahren, ist ein Verfahren, das auf dem Urteil einer einzigen Person basiert, nur schwer vorstellbar. Und doch sind weite Teile der hannoverschen Kunstpolitik, allemal bis zur Geburt der Weimarer Republik, in vielen Einzelbereichen aber noch bis weit in die zwanziger Jahre hinein und bis zu seinem Tod im Jahr 1932, geprägt durch den persönlichen Kunstgeschmack Heinrich Tramms und seine Vorstellungen von einer stadtväterlich geordneten und überwachten Kunstpolitik.

Der persönliche Kunstgeschmack Tramms stand dabei nicht grundsätzlich in Gegnerschaft zur Moderne. Im Oktober 1891 in dieses Amt gewählt, hat der neue Stadtdirektor, mit 37 Jahren außerordentlich jung, 1908 den Grundstock für eine Städtische Galerie gelegt, die – neben regionalen Künstlern – Vertreter der von der breiten Kunstöffentlichkeit damals noch keineswegs anerkannten Kunstrichtungen berücksichtigte. Selbst begeisterter Kunstsammler, schuf er eine gern der Öffentlichkeit präsentierte private Galerie Tramm, die sich schließlich zu einem Siebtel aus Werken älterer Meister, dem Rest – immerhin 170 Werken – aus „Gemälden neuerer Meister"[3] zusammensetzte. 1907, knapp zehn Jahre nach der Gründung der Berliner Sezession, lernte Tramm Max Liebermann kennen und befreundete sich mit ihm. Der Stadtdirektor ließ sich bald in so starkem Maß von Liebermann auch in der Ausgestaltung des Neuen Rathauses beeinflussen, daß er personelle Änderungen anordnete, welche bewirkten, daß dessen – noch typisch kaiserzeitliches – Äußeres[4] durch die Gestaltung des Inneren im Jugendstil ergänzt wurde. Ausdrücklich erklärte er im August 1909, den bisherigen Verantwortlichen entlassen zu haben, weil dieser „nicht mit der Zeit fortgeschritten"[5] sei. Er übertrug an Ferdinand Hodler, einen seinerzeit als Vertreter der Moderne weithin angefeindeten Maler, den Auftrag, das Wandgemälde im Sitzungssaal zu entwerfen.[6] Auch das trug Heinrich Tramm den Ruf ein, in Hannover eine progressivere Kunstpolitik zu betreiben.

Doch mit der Wertschätzung für die Arbeiten von Max Liebermann und Paula Modersohn-Becker hatte Heinrich Tramms Förderung für die Moderne ihren zeitlichen Abschluß gefunden. Keine der Kunstrichtungen, die zeitlich auf den Impressionismus folgten, fand seine Zustimmung; im Gegenteil, er sprach ihnen ab, überhaupt Kunst sein zu wollen und argwöhnte allenthalben Provokation. Expressionismus und Dadaismus fanden in der ‚Ära Tramm' bis 1918 weder Aufnahme in die Städtische Galerie noch in andere Bereiche der städtischen Kunstpolitik.

Die von Heinrich Tramm bevorzugte Kunst einer so verstandenen Moderne – die Maler, deren Werke er privat kaufte und für deren Ankauf er sich in der städtischen Museums-Kommission einsetzte – bewegten sich insofern innerhalb der Normen des bürgerlichen Kulturbegriffs, als sie, wenn auch in einem erweiterten Sinne, Realität darzustellen beabsichtigten und an einer ästhetisch oder gar politisch motivierten Zerstörung der kulturellen und künstlerischen Gesetzmäßigkeiten seiner Zeit nicht interessiert waren.[7] Expressionisten die Aufnahme in die Städtische Galerie zu verwehren, war ihm ebenso persönliches Anliegen wie Richtschnur allgemeiner städtischer Kunstpolitik. Vor allem hannoversche Künstler hatten sich dieser Maßgabe anzupassen oder zu realisieren, daß sie mit ihren Werken einen anderen Absatzmarkt zu finden hatten, was ihnen in Hannover selbst schwerfiel, da Tramms Einfluß lange Zeit soweit ging, daß er die Finanzkraft vieler bedeutender Mäzene an den Ausbau seiner Städtischen Galerie zu binden verstand. Gerade der selbst für die nähere Umgebung Tramms schwer nachvollziehbare Umgang mit Spendengeldern der Mäzene läßt hierbei deutlich werden, daß er keinerlei Notwendigkeit sah, sein Urteil als privater Kunstfreund von jenem als Stadtoberhaupt trennen. Mit dieser Ankaufspolitik wurden Entwicklungen eingeleitet, die nach dem Ende der ‚Ära Tramm' nicht beliebig abgebrochen werden konnten, sondern die nachhaltig auch noch die Ankaufs- und Ausstellungspolitik in den zwanziger Jahren beeinflußten.

Die Tatsache, daß nach einem mit Tramms Amtsantritt eingeleiteten ersten Modernisierungsschub kein zweiter Schritt folgte – nämlich die Orientierung an den weiteren Entwicklungen in der Kunst –, führte dazu, daß in Hannover dem Kreis der privaten Kunstfreunde in der Stadt eine erhöhte Bedeutung zukam. Lange Zeit gebunden durch das gewissermaßen zum Ritual gewordene regelmäßige Spenden von Summen, die Tramm sodann eigenmächtig für weitere Kunstankäufe zu verwenden pflegte, konnte sich zunächst wenig Initiative in diesem Bereich ausbilden. Erst das Engagement einer Reihe privater Kunstfreunde mit Albert Brinckmann und Wilhelm von Debschitz an der Spitze führte 1916 zur Entstehung der Kestner-Gesellschaft, die sich bald anschickte, auch den jüngeren zeitgenössischen Künstlerinnen und Künstlern Einlaß und Unterstützung zu gewähren. Es war dabei bezeichnend, daß beide Persönlichkeiten aus dem Umfeld der städtischen Kunstpolitik stammten – der eine als Direktor des Kestner-Museums, der andere als Leiter der Kunstgewerbeschule – und mit dieser Gründung durchaus auch ein Zeichen setzen wollten gegen die bisherige, selektive und restriktive Förderpraxis. Tramm machte ferner besonders mit dem rigorosen Vorgehen gegen Brinckmann deutlich, daß er dessen Vorgehen nicht nur als unzulässige Kritik an seiner Kunstpolitik wertete, sondern, mehr noch, als persönlichen Angriff auf sich ahndete. Die Ursachen für die Entstehung der Kestner-Gesellschaft letztlich nicht anerkennend, sah er sich weiter als Freund und Förderer der eigentlichen Moderne, was er durch seine gute Bekanntschaft mit dem renommierten Kunsthistoriker und Herausgeber des CICERONE, Georg Biermann, zu bekräftigen suchte. Dieser – der die Rolle des ‚Alibis' für progressiven Kunstankauf offenbar nicht ungern spielte – fand außerordentlich lobende Worte zur Kunstpolitik Tramms und trug wiederum einiges zu dessen in weiten Kreisen nach wie vor gutem Ruf als Förderer einer im ganzen eben nicht „übertriebenen Moderne" bei.

Gerade aus der grundsätzlichen Überzeugung heraus, in der Kunstförderung auf der Höhe der Zeit zu stehen und sich nicht ab einem bestimmten Punkt der fortwährenden Entwicklung in der Kunst verweigert zu haben – wie es die Gegner ihm vorwarfen –, behielt Heinrich Tramm seine Ankaufs- und Sammelpräferenzen zeitlebens bei. Anders als während seiner ebenfalls langen Mitgliedschaft im hannoverschen Theater-Auschuß finden sich von ihm allerdings nur wenige konkrete Äußerungen bezüglich seines Kunstgeschmacks und seiner Überzeugungen von der Bedeutung und den Aufgaben bildender Kunst. Hier überwogen die nicht weiter begründeten Äußerungen über jene „übertriebene Moderne", etwa seine „Befürchtung"[8], daß der Sammlung „moderne expressionistische Gemälde angehängt werden sollen",[9] die er in der Museums-Kommission äußerte. In diesen wenigen Bemerkungen offenbarten sich Tramms tiefe Vorbehalte gegen eine Kunst, die er zu diesem Zeitpunkt, 1919, selbst als modern bezeichnete. Hiermit deutet sich an, daß Tramm nie eine Notwendigkeit gesehen zu haben scheint, sein hinter der rasanten Entwicklung in der Kunst zurückbleibendes Verständnis von Moderne, Modernem und Modernität im Laufe der Zeit zu aktualisieren. Anläßlich seiner Auftritte in der Öffentlichkeit fanden sich derartig auszudeutende Äußerungen seltener. Hier überwog die demonstrative und nicht weiter begründete Ablehnung der Moderne. Viele Reden anläßlich Ausstellungseröffnungen des Kunstvereins, dem Tramm im hohen Alter wie schon zu seinen Zeiten als Stadtdirektor als Erster Vorsitzender angehörte, machten deutlich, daß für ihn die wahre Kunst jene des 18., 19. und allenfalls frühen Zwanzigsten Jahrhunderts und das, was danach entstanden sei, vielfach „das Bizarre" und die „perverse Kunst" war.[10]

Der ehemalige Stadtdirektor stieg nur wenige Wochen nach seinem Rücktritt im November 1918 erneut in die Kommunalpolitik ein und hatte als Bürgervorsteher binnen kurzer Zeit erneut eine Anzahl wichtiger Posten in der Kommunalpolitik inne. Wenn auch dem Theater-Ausschuß wie auch der Museums-Kommission als zuständigen Gremien für die Theater- bzw. Ankaufspolitik nicht er, sondern erst der sozialdemokratische Oberbürgermeister Robert Leinert und dann dessen Nachfolger Arthur Menge vorsaß, war es letztlich Tramm, der den Kurs vorgab und der auch in Einzelentscheidungen seine Meinung durchzusetzen wußte. Die Bevormundung, die darin lag, daß er, der sich nach wie vor als Stadtdirektor anreden ließ, nach dem Zusammenbruch des alten Systems unverhohlen Anspruch darauf erhob, unverändert nach Belieben handeln zu können, sorgte vor allem in der Amtszeit Robert Leinerts für Differenzen.

Leinert scheint sich mit der Kunstankaufspolitik allerdings nicht so weit befaßt zu haben, daß seine Interessen auf diesem Gebiet mit jenen Heinrich Tramms kollidierten. Das unwürdige Vorgehen gegen den Museumsleiter Albert Brinckmann fand in dem demokratischen System ohne den Einspruch des neuen Oberbürgermeisters statt. Doch engagierte sich Leinert zur gleichen Zeit, 1919, außerordentlich für die Übernahme des Hoftheaters in städtischen Besitz. In den von ihm initiierten und geführten Verkaufsverhandlungen kristallisierten sich die Grundlinien späterer städtischer Theaterpolitik in den zwanziger Jahren heraus. Mit Tramm und allen anderen bürgerlichen Mitgliedern des Theater-Ausschusses und begleitet und unterstützt von einer bürgerlichen Tagespresse, die vor allem die Argumente des ehemaligen Stadtdirektors nahezu wörtlich als Ausdruck der eigenen Auffassungen darzustellen wußte, opponierte eine breite bürgerliche Front gegen den Ankauf des Hauses. Ihr vehementer Protest bezog sich vordergründig auf die enormen Kosten, zielte aber immer auch auf die deutliche Provokation des neuen sozialdemokratischen Oberbürgermeisters ab. Leinert geriet aufgrund der Tatsache unter Beschuß, daß sich in der Folge der Revolution mit seiner Wahl in dieses Amt nicht auch gleichzeitig die grundsätzlichen Strukturen in Magistrat und Bürgervorsteherkollegium geändert hatten und er somit als Sozialdemokrat in diesen Gremien und auch im Theater-Ausschuß auf verlorenem Posten stand. Gleichwohl wurde der Ankauf des Hoftheaters durchgesetzt, denn auch seinen Gegnern war im Grunde zum einen klar, daß die Stadt dadurch werde profitieren können, und zum anderen legten die desolaten finanziellen Verhältnisse des preußischen Staates, die unweigerlich zu einer Schließung des Hauses hätten führen müssen, ein schnelles Handeln nahe.

Wenn die versammelte bürgerliche Seite – angeführt von Heinrich Tramm und unterstützt von allen bürgerlichen Zeitungen – so lange gegen den Ankauf anging, dann einzig, um Robert Leinert und der Sozialdemokratie generell Unfähigkeit zu unterstellen. Die Bereitschaft zu ihrer Ausgrenzung aus dem auch in Hannover traditionell bürgerlich besetzten Bereich von Kunst und Kultur resultierte dabei nicht nur aus der Kritik an den Inhalten der Politik der neuen Entscheidungsträger, sondern auch aus der Überzeugung von einer grundsätzlichen Unerfahrenheit und, mehr noch, Unfähigkeit der SPD zum selbständigen politischen Handeln. Stellungnahmen von bürgerlicher Seite spiegelten in jenen Monaten der Diskussion um den Ankauf des ehemaligen Hoftheaters immer wieder eine deutliche Neigung zu Geringschätzung, Spott und besserwisserischer Belustigung, die der Sozialdemokratie vor allem auf dem Gebiet von Kunst und Kultur die Bedeutung einer ernstzunehmenden politischen Kraft absprach. Eine welfenfreundliche Haltung, die im Verlauf der Verhandlungen antipreußische Ressentiments schürte, verlor deshalb an Schlagkraft, weil der gemeinsame Gegner die Sozialdemokratie war und blieb.

Aus diesem Grund hatten auch die SPD-Vertreter im Theater-Auschuß von Beginn an einen schweren Stand. Wie gezeigt wurde, trafen in diesem wichtigsten Gremium städtischer Theaterpolitik parteipolitisch sehr unterschiedlich ausgerichtete Kommunalpolitiker aufeinander. Die bürgerlichen Abgeordneten des Theater-Ausschusses einte die Absicht, weder im Bereich der Oper noch – vor allem – in jenem des Sprechtheaters den Einfluß der sozialdemokratischen Fraktion anwachsen zu lassen. Daß ihre Vorgehensweise taktisch motiviert war, machte beispielsweise der Skandal um Kostümdirektor Ebert deutlich, in dessen Verlauf die sozialdemokratischen Ausschußmitglieder sich bemühten, publik zu machen, daß Vertreter verschiedener bürgerlicher Parteien in einer Vorgehensweise, die wohl in einem Obrigkeitsstaat, nicht aber in einer Demokratie an der Tagesordnung sein mochte, zu rein privaten Zwecken die Dienste von Ensemblemitgliedern in Anspruch genommen hatten. Obgleich es sich bei ihren Verlautbarungen nachweisbar nicht um Gerüchte handelte, verlief der Protest der sozialdemokratischen Fraktion – von der bürgerlichen Presse unbeachtet und auch vom VOLKSWILLEN nicht ernsthaft verfolgt – im Sande. Es folgte Heinrich Tramms Kommentar zur Kritik eines SPD-Mitglieds an seinen und Arthur Menges Versuchen, die Angelegenheit, in die beide verwickelt waren, herunterzuspielen, der SPD-Mann „passe im übrigen ... gar nicht in den Ausschuß".[11]

In inhaltlicher Hinsicht wich die SPD-Fraktion im Theater-Ausschuß dabei keineswegs wesentlich von jenem Kurs der Städtischen Bühnen ab, den die bürgerlichen Ausschußmitglieder verfolgten. Dieser Kurs läßt sich anhand einer Einstellungsvoraussetzung für den ersten Schauspielleiter in nachrevolutionärer

Zeit beschreiben. Dieser solle „zwar viel Verständnis für die moderne Richtung"[12] mitbringen, jedoch auch den „Geschmack des Publikums" nicht außer acht lassen und keine „allzu moderne Richtung",[13] sondern vielmehr eine „gediegene Mittellinie"[14] verfolgen. Auch hier zeigte sich wieder die Suche nach einer ‚gemäßigten' Theaterlinie „fernab jeder übertriebenen Moderne", welche wohl Stücke des Naturalismus aufnahm, ein Hauptaugenmerk indes nach wie vor auf die Pflege der Klassiker richtete. Die besondere Wertschätzung für die Werke der deutschen Klassik markierte dabei eine häufige Reaktion sowohl auf die künstlerische Avantgarde als auch, mehr noch, auf die moderne Massenkultur. Als „Folgeproblem jener Öffnung von Zugangschancen, die durch die technische Entwicklung der Reproduktionsmedien bewirkt worden ist",[15] war die Berufung auf die Klassiker im Sinne einer Berufung auf das „kulturelle Kapital" (Pierre Bourdieu) einerseits bildungsbürgerliches Mittel zur Wahrung der Distanz zum breiten Publikum.[16] Andererseits wurde die Pflege der deutschen Klassik wegen des negativen Eindrucks, den besonders die Massenkultur nach Auffassung vieler bürgerlicher kulturmoralistischer Kritiker auf eine formbare, für ‚schlechte Einflüsse' nur allzu empfängliche ‚Masse Mensch' auszuüben vermochte, aber auch als Mittel zur Erziehung hin zum ‚Schönen' und ‚Höheren' legitimiert. Während sich das Moment der Distanzierung etwa in den Versuchen ablesen läßt, den Einfluß der sozialdemokratischen Theaterbesucher-Organisation der Freien Volksbühne möglichst gering zu halten, wurde der Aspekt der ‚Veredelung' besonders deutlich an der Rede Arthur Menges zur 75-Jahrfeier des hannoverschen Opernhauses im September 1927. Der Oberbürgermeister ging hier von dem Gedanken aus, daß das Theater als „höchste(s) Gut bester und edelster Volksbildung"[17] gegen die „verflachenden" Tendenzen der Zeit anzugehen habe. Er beschwor die „glühende Vaterlandsliebe eines Kleists, eines Schillers" und forderte, den „göttliche(n) Keim, der in jedem Menschenherzen ruht", zu wecken und zu pflegen, damit „aus dem Arbeitsmenschen des Tages in festlicher Abendstimmung de(r) Kulturmensch"[18] werde. Bevorzugt wurden – diesem Gedanken Rechnung tragend – vor allem jene Stücke, die nach Überzeugung der Ausschußmitglieder dazu beitragen konnten, das Publikum zu einem nie weiter inhaltlich bestimmten ‚höheren Menschentum' zu führen. Welche Werke in erster Linie damit gemeint waren, geht aus der Spielplanstatistik hervor: Etwa 50% der Aufführungen betrafen nicht-zeitgenössische Werke. Daß dieser Kurs breite Unterstützung in der Öffentlichkeit fand, läßt sich aus zahlreichen Kommentaren der hannoverschen Tagespresse und anderen Quellen sowohl von bürgerlicher wie vielfach auch von sozialdemokratischer Seite ablesen. Hier hieß es etwa, da die Jugend naturgegeben den Wunsch nach Umstrukturierung und nach Revolution entwickele, sei es normal, daß im allgemeinen Überschwang der Wintermonate 1918/19 „die Grenzen der Kunst vielfach überschritten"[19] worden seien. Weiter kommentierte man: „In letzter Zeit sind wiederholt einseitige Regungen in der dramatischen Kunst laut geworden. Deswegen nun gleich das Theater für tot erklären zu wollen, geht nicht an ... Auch aus dieser Krise wird sich ein Ausweg finden, sobald Autoren, die *starke Persönlichkeiten* sind, sich unserer Kunstrevolutionäre revolutionär (= kritisierend) gegenüberstellen."[20] Die Theatermoderne wurde so gleichsam auf eine temporäre, allein aus der Augenblickslaune heraus entstandene Übertreibung und Exaltiertheit reduziert, auf künstlerische Ansätze, die, wie es hieß, „im Sturmlauf über das Ziel" hinausgeschossen oder eine „lokale Realität"[21] geblieben seien.

Das Programm, das diesen Auffassungen zugrunde lag, war nun ein solches, das sich von den im Theater-Ausschuß geäußerten sozialdemokratischen Vorstellungen offenbar nicht wesentlich unterschied. Hier wie dort betonte man die Notwendigkeit der guten Klassikeraufführung und bemühte sich, im Haus in der Georgstraße und später in der Schaubühne durch einen Spielplan Akzente zu setzen, der avantgardistische zeitgenössische Stücke weitgehend ausklammerte, die Dramatiker der Jahrhundertwende stärker berücksichtigte und ansonsten das Schwergewicht auf eine große Bandbreite von Werken der (deutschen) Klassik legte. So sollte dem Theater ein vornehmer Charakter verliehen werden. Auch in diesem Bereich wurden vor allem seitens der Sozialdemokratie also eher marginal Überlegungen zu „kompensatorischen Bildungsstrategien oder zur breitenwirksamen Agitation (angestellt), die an Konsumgewohnheiten der Massen angeknüpft hätten".[22] Wenn die sozialdemokratischen Mitglieder im Theater-Ausschuß gegen Beschlüsse der bürgerlichen Mehrheit anzugehen versuchten, dann betrafen diese im allgemeinen weniger Spielplaningelegenheiten. Vielmehr reagierten sie damit entweder auf Angriffe und Beleidigungen gegen sie oder sie wehrten sich auf diese Weise gegen das eigenmächtige Vorgehen Tramms.

Seitens der sozialdemokratischen Theaterbesucher-Organisation der Freien Volksbühne erhob man grundsätzlich Anspruch auf Berücksichtigung der eigenen Interessen durch den Theater-Ausschuß. Dabei scheinen sich auch in diesem Bereich die eigenen Vorstellungen von jenen des Ausschusses im ganzen nicht wesentlich unterschieden zu haben. Gegründet und geleitet von bürgerlichen Sozialreformerinnen und Sozialreformern, stand auch hier – in noch verstärktem Maße – die Absicht im Vordergrund, mittels eines entsprechenden Theaterangebots dem Publikum die Möglichkeit zur charakterlichen ‚Veredelung' und zur Erziehung zu jenem diffusen ‚höheren Menschentum' zu öffnen, das zur gleichen Zeit auch in den Diskussionen der bürgerlichen Fraktion des hannoverschen Theater-Ausschusses eine große Rolle spielte. Zusätzlich war es der Freien Volksbühne ein Anliegen, jenen Bevölkerungsschichten den Theater- und Opernbesuch zu ermöglichen, die bislang eher nicht in diesen Stätten der Kunst zu finden waren. Die ‚Verbürgerlichung' des Volksbühnenpublikums – das sich ohnehin zunehmend aus Angehörigen des aufstrebenden bürgerlichen Mittelstandes zusammesetzte – wurde ausdrücklich als das „kleinere Übel"[23] gesehen, verglichen mit dem „hoffnungslosen Eingesperrtsein der Massen in ein menschenunwürdiges Proletentum des geistigen Haushalts".[24]

Obwohl die Mitglieder der Freien Volksbühne sich Mühe gaben, Fragen der Parteipolitik aus ihrer Arbeit herauszuhalten und obwohl sie stattdessen ihre inhaltlichen Gemeinsamkeiten mit der städtischen Theaterpolitik herausstrichen, gelang es ihnen doch nicht, das Vertrauen des Theater-Ausschusses zu gewinnen. Hier sah man trotz der Stärke, die der Volksbühne aus der Präsenz ihrer Mitglieder erwuchs (Mitte der zwanziger Jahre immerhin 40.000 Personen), keinerlei Veranlassung, auf spezielle Interessen bezüglich der Spielplangestaltung einzugehen. Im Gegenteil wurden der erheblich mitgliederstärkeren Freien Volksbühne – verglichen mit den beiden anderen bürgerlichen Besucherorganisationen der Deutschen Bühne und dem Bühnenvolksbund – keinerlei Vorrechte eingeräumt. Vielmehr scheint es, als hätte der Theater-Ausschuß langfristig Wege gefunden, mit den beiden letzteren zu Kooperationen zuungusten der ersteren zu gelangen. Besonders der einflußreiche Bühnenvolksbund, reichsweit Bühnenorganisation der Zentrum-Wähler, in Hannover indes parteipolitisch schwer zuzuordnen, dabei ausgesprochen kulturkonservativ agierend und von vielen einflußreichen Persönlichkeiten des hannoverschen Kunst- und Kulturlebens unterstützt, genoß das Vertrauen des Theater-Ausschusses. Eine Reihe von Bühnenvolksbund-Mitgliedern war zugleich in diesem wichtigsten Gremium städtischer Theaterpolitik vertreten. Der Bühnenvolksbund kooperierte in theaterpolitischen Fragen eng mit den hannoverschen Bürgervereinen, die parteipolitisch am ehesten der DNVP zuzurechnende wohlhabende bürgerlichen Vereinigungen mit ausgesprochen kulturkonservativem, kulturnationalistischem und auch antisemitischem Gepräge waren. Grundsätzlich bereit, die städtische Theaterpolitik zu akzeptieren, verstand er sich Ende der zwanziger, Anfang der dreißiger Jahre zunehmend als mächtige kulturpolitische Kraft, die ihre kulturmoralisch begriffene Aufgabe darin sah, einer ‚Kunst des deutschen Geistes' wieder zu Ansehen zu verhelfen, die Stadt vor dem Übergriff von „Fäulnis und Zersetzung"[25] zu schützen und sie dazu zu bewegen, nötigenfalls Schritte zum Kampf „gegen alle kulturfeindlichen Mächte"[26] vorzubereiten.

Tatsächlich hat der Theater-Ausschuß auf seine Weise – durch den Versuch der Einflußnahme auf die Berichterstattung in den Tageszeitungen – offenbar grundsätzlich beabsichtigt, auch in den republikanischen zwanziger Jahren eine gewisse Form von ‚unterirdischer' Zensur durchzusetzen. Wohl auch weil diese Ansätze scheiterten, weil die sozialdemokratische Fraktion sich weigerte, den unter den bürgerlichen Ausschußmitgliedern abgesprochenen Kurs mitzutragen, verlagerte er seine Politik hin zu einer subtileren Form der finanziellen Unterstützung solcher Kräfte, die zu den Gegnern der Moderne in Hannover zählten. Sich in kunstpolitischen Kontroversen jeder direkten Stellungnahme zu enthalten und stattdessen die Opponenten zeitgenössischer künstlerischer Strömungen materiell wie immateriell zu unterstützen, ist eine allgemeine Tendenz in der städtischen Kunstpolitik. Die regelmäßigen Geldzahlungen an die Bühnenvolksbund-Mitglieder Erich Rosendahl und Karl Brandes-Hardegsen stehen ebenso für diese Politik wie die Unterstützung des Malers Rudolf Hermanns. Sowohl im Bereich der Theater- als auch in jenem der Ankaufspolitik bestanden Mechanismen der Einbeziehung derjenigen, die einem moderaten Kurs in der Kunstpolitik entsprachen. Ebenso gab es Mechanismen der Ausgrenzung jener, die zu einer als übertrieben verstandenen Moderne zählten. Die Arbeiten der Erstgenannten wurden für die städtische Kunstsammlung vornehmlich angekauft, sie waren die Träger wichtiger Funktionen in den mit der Stadt paktierenden Kunst- und Kulturvereinen, und sie konnten sich auch der finanziellen Hilfe durch die Stadt sicher sein. Allerdings war es nicht etwa so, daß die Stadtverwaltung die Vertreter der Moderne in Hannover – etwa die bedürftigen Mitglieder der Künstlergruppe die abstrakten hannover oder die Malerinnen und Maler der Neuen Sachlichkeit – generell von Geldzahlungen ausschloß. Nur handelte es sich hier im allgemeinen allenfalls um einmalig oder jedenfalls kurzfristig gezahlte Summen in Notsituationen, während erklärten Gegnern der Moderne häufig über einen längeren Zeitraum mit tendenziell auch höheren Geldsummen geholfen wurde, so daß im Vergleich weit eher von einer Förderung, einer Anerkennung für das geleistete Werk und einer Ermunterung, weiter fortzufahren, gesprochen werden kann.

Im Bereich der Theaterpolitik ist bezeichnend, daß gleich zu Beginn der zwanziger Jahre auf die Besetzung der Stelle des Intendanten mit einem verhältnismäßig unbekannten Mann Wert gelegt wurde, der, wie es hieß, „nicht mehr überschäumend und jugendlich"[27] sein sollte. Dies und die Preisgabe der Doppelstruktur der Verantwortlichkeit für Theater und Oper, die eine Reduktion der Kompetenzen des Intendanten bedeutete, machen deutlich, daß es dem Theater-Ausschuß darum ging, seinen Einfluß in diesem Bereich zu wahren, um den Opern- und, mehr noch, den Schauspielbetrieb stets zu wahren. War dies nicht gewährleistet, etwa im Fall Richard Lerts und deutlicher noch in jenem Rolf Roennekes, so wußte man sich der weiteren Zusammenarbeit durch Aufkündigung der Verträge zu entledigen. Vor allem Roenneke, dessen Spielpläne durch eine deutliche Abnahme der Klassikeraufführungen einerseits sowie durch aufsehenerregende Inszenierungen expressionistischer Dramen andererseits gekennzeichnet waren, zog sich mit seiner als Eigenmächtigkeit aufgefaßten Arbeitsweise das Mißtrauen des Theater-Ausschusses zu und mußte das Theater in dem Moment verlassen, als, zusätzlich zu seinem vielfach als ‚zu modern' kritisierten Bühnenangebot, ein sozialdemokratischer Einfluß auf seine Arbeit unterstellt wurde. Sein Nachfolger Georg Altmann entsprach mit seiner eher moderaten und zurückhaltenden Arbeitsweise und mit seinem strikten Verzicht auf eine politische Einflußnahme im Theaterbereich sehr viel stärker den Intentionen des Ausschusses. Nicht weil seine Arbeit vom Kurs der städtischen Theaterpolitik abwich, zog Altmann die Kritik auf sich, sondern weil es tiefgehende Vorbehalte und Vorurteile gegen einen Schauspielleiter gab, der eine Berliner Bühne erfolgreich geleitet hatte und Jude war. Es war der Einfluß der zunehmend massiv antisemitisch auftretenden Kritiker, der letztlich zur Entlassung Altmanns führte. Erstmals war der Theater-Ausschuß mit Arthur Menge an der Spitze durch eine von nationalsozialistischen Kulturpolitikern aufgestachelte Öffentlichkeit zum Handeln gezwungen.

Wie gezeigt wurde, bestand im Bereich der bildenden Kunst in den zwanziger Jahren seitens der Stadtverwaltung ein großes Interesse daran, an Entwicklungslinien anzuknüpfen, die während der ‚Ära Tramm' entstanden waren. Die konsequent durchgesetzte Politik der Besetzung wichtiger Posten mit Garanten dieser Traditionen sollte den Kurs einer moderaten Moderne in der Kunstpolitik der Stadt Hannover sichern. Anders als im Theaterbereich scheint es in der Museums-Kommission, der zeitweilig ebenfalls sozialdemokratische Kommunalpolitiker angehörten, nicht zu massiven kontroversen Diskussionen über diesen Kurs gekommen zu sein. Wohl auch aufgrund des ungebrochenen Einflusses Heinrich Tramms blieben Schlüsselpositionen in Vereinen und Kommissionen über die Veränderungen der Jahre 1918/19 hinaus von den gleichen Personen besetzt. Dies waren ausnahmslos Männer; Frauen haben in der städtischen Kunstpolitik im Theater-Ausschuß, in der Museums-Kommission und auch in den Kunst- und Kulturvereinen über die gesamten zwanziger Jahre hinweg keinen nennenswerten Einfluß ausgeübt. Als Stellvertreterinnen von Ausschußmitgliedern wie als Künstlerinnen spielten sie in der Kunst- und Kulturszene der Stadt eine untergeordnete Rolle. Diese Tatsache kann auch durch das Schaffen der beiden neusachlich arbeitenden Malerinnen Grethe Jürgens und Gerta Overbeck nicht verdeckt werden. Die einzige Frau, die die künstlerischen und kulturellen zwanziger Jahre in Hannover mitgeprägt hat, die Mäzenatin und Künstlerin Käte Steinitz, fand ihr Betätigungsfeld außerhalb der städtischen Kunstpolitik.

Diese strikte Trennung einer offiziellen städtischen Kunstpolitik von einer avantgardistischen, ausschließlich von privater Seite organisierten Kunstszene ist bezeichnend für Hannover. Zwischen der Kestner-Gesellschaft mit ihren mannigfaltigen Aktivitäten und der Stadtverwaltung, für die ihrerseits kunstpolitische Fragen durchaus von Interesse waren, gab es kaum Berührungspunkte. Die keineswegs finanziell motivierten Bemühungen der Kestner-Gesellschaft um einen intensiveren Kontakt mit den städtischen Gremien blieben zumeist unberücksichtigt. Vielmehr kommentierten bürgerliche Mitglieder der Museums-Kommission vor allem die ersten Veranstaltungen der Kestner-Gesellschaft in einer Weise, die deutlich machte, daß deren Aktivitäten ihnen ‚zu modern' und schlicht unverständlich waren. Wie am Beispiel der Hannoverschen Sezession gezeigt wurde, war der Künstlerschaft der Stadt dabei klar, welche Art künstlerischen Schaffens durch Ankäufe seitens der Museums-Kommission honoriert wurde und welche nicht. Ohnehin erst spät – 1916/17, also fast zwanzig Jahre nach den ersten Gründungen im Reich – entstanden, büßte die Hannoversche Sezession alsbald einen Teil ihrer anfänglichen Widerstandskraft gegen die städtische Kunstpolitik ein. Wie in anderen Städten des Reiches auch – nur entprechend später – vollzog sich in den zwanziger Jahren in Hannover gleichsam eine zweite Sezession, eine Aufteilung in zwei Gruppen. Die eine Fraktion bewahrte den Ursprungscharakter einer zwar nicht offen gegen die Kunstankaufspolitik vorgehenden, wohl aber bewußt, sicher und den Blick nach außen, auf Entwicklungen und Strömungen im Reich richtenden Künstlergruppe. Die andere signalisierte sowohl durch die künstlerische Arbeitsweise als auch durch die Bereitschaft zur Übernahme von kunstpolitischen Ämtern ihre Bereitschaft zur Kooperation mit der offiziellen Linie und zur Einpassung in gegebene Strukturen. Diese Mitglieder der Hannoverschen Sezession ließen sich offenbar ohne größere Widerstände in das vielschichtige städtische kunstpolitische Gebilde einbinden. Dies ließ sich seitens der Stadtverwaltung als symbolischer Akt der Toleranz und des Willens zur Selbstreformation darstellen und führte letztlich doch zu einer gewissen städtischen Selbstzufriedenheit, mit der Förderung einer moderaten Annäherung an die Moderne auf Dauer den rechten Weg beschritten zu haben.

Erfahrungshorizonte und Formen von Zeitverständnis

Der zweite Teil der vorliegenden Arbeit beschäftigte sich mit der Rolle der Feuilletonisten als Vermittlern im Dreieck zwischen Publikum, Kunstproduktion und Kunstpolitik in den der zwanziger Jahren. Wie diese Kritiker die politischen und kulturellen Realitäten wahrnahmen und deuteten, teilte sich dem Publikum über die Rezensionen mit. Andererseits vermochte ihre veröffentlichte Reaktion auf Vorgänge innerhalb des städtischen Kunstgeschehens – publiziert in einer auflagenstarken Zeitung – Einfluß auszuüben, Meinung zu bilden und Änderungen zu bewirken. Dieser „Multiplikationseffekt der Zeitungsnachricht"[28] konnte vor allem im Zusammenhang mit dem Ankauf des Hoftheaters gezeigt werden. Insofern kam den Feuilletonisten der zwanziger Jahre von zwei Seiten eine große Bedeutung zu: als bewertende und interpretierende Vermittler von Informationen aus dem Kunstgeschehen einerseits, als Befürworter oder Opponenten dieses Kunstgeschehens andererseits, jeweils im Sinne von „Wortführer(n) der sprachlosen Allgemeinheit".[29] Im einen Fall ist die Öffentlichkeit der Adressat, im anderen die Verantwortlichen des Kunstgeschehens. Aus dieser Konstellation erklärte sich die Notwendigkeit des Blickes auf die mit der journalistischen Arbeit vermittelten Wahrnehmungsmuster und Deutungszusammenhänge.[30]

Wenn sich auch von der Altersstruktur der untersuchten Gruppe ein differenziertes Bild ergibt (der älteste der Feuilletonisten wurde 1866 geboren, der jüngste 1905),[31] so eint sie doch die Tatsache, daß sie alle den Ersten Weltkrieg als Einschnitt in ihrem Lebensweg anerkannten. Während etwa Christof Spengemann, ansonsten auskunftsfreudig, über diesen Teil ihrer Biographie eher wortkarg hinwegging, setzten sich andere vor allem in ihrem schriftstellerischen Werk auf sehr unterschiedliche Art mit dem Krieg auseinander. Diese Beschäftigung mochte eher oberflächlich sein und sich überwiegend in der Aufzeichnung von Anekdoten erschöpfen, wie das bei Paul Madsack, der dem Jahrgang 1881 angehörte, der Fall war. Häufiger indes hinterließ der Krieg tiefere und nachhaltigere Eindrücke. Bei Kurt Voß etwa und Georg Grabenhorst, die mit 18 bzw. 15 Jahren bei Ausbruch des Krieges der jüngeren, verlorenen Generation, der ‚Jugend von

Langemarck',³² angehörten, fand während des Krieges, zu dem sie sich als Freiwillige meldeten, eine auch selbst deutlich erkannte Prägung statt. Vor allem Grabenhorst sprach von dem „Generalerlebnis Krieg",³³ das – auch bedingt durch die schwere Verwundung – sein gesamtes späteres Leben bestimmt habe. Sein schriftstellerisches Werk, in dem die physisch und psychisch schmerzhafte Auseinandersetzung mit dem Krieg eine zentrale Rolle spielt, schildert mit großer Deutlichkeit dessen negative Seiten, doch stellte Grabenhorst die Notwendigkeit dieses Krieges nie in Frage.³⁴ Vielmehr beschwor er in seinen Werken eine Kameradschaft, die nur im Krieg erfahrbar sei.³⁵ Seine Erzählungen und vor allem der Roman FAHNENJUNKER VOLKENBORN sind gekennzeichnet von dem Glauben an eine klassenübergreifende Volksgemeinschaft und an die Notwendigkeit von Führerschaft und Autorität.

Es waren eben diese Werte, die Gustav Schenk, der 1905 geboren wurde und die Kriegszeit in Hannover als Heranwachsender miterlebte, für sich und seine Generation ablehnte. Schenk setzte Individualismus, Lebensfreude und kritische Distanz jedweder Art von Bevormundung entgegen und beschwor den Freundeskreis als Bohème und Ersatz für den hierarchisch geordneten Familienverband und für eine Kameradschaft, die ihm von „zerbrochenen" ehemaligen Soldaten gebildet schien.

Wieder anders reagierten Victor Curt Habicht und Theodor Abbetmeyer. Sie nahmen selbst nicht am Weltkrieg teil und verklärten das Kriegserlebnis vielleicht auch deshalb in ihren Schriften, die zu jener oft beschriebenen „Sturm- und Springflut"³⁶ affirmativer Literatur der ersten Kriegsmonate zu zählen sind. Habicht kennzeichnete den Krieg als Blitzstrahl, der eine Phase des kulturellen Niedergangs beenden solle, die sowohl durch ‚ungesunden' und qualitativ minderwertigen ausländischen Einfluß als auch durch innere Entwicklungen, durch eine vermeintlich allzu materialistische Einstellung, durch Vernachlässigung der geistigen Werte, kulturelle Dekadenz und „Verleugnung des Deutschtums"³⁷ verursacht worden sei. In seiner Schrift überhöhte er den Weltkrieg zum grundsätzlichen Entscheidungskampf um Deutschlands geistige Zukunft, weshalb zu seinem diffusen Forderungskatalog für die Zukunft auch die Pflege der Geisteswissenschaften gehörte. Mit dieser Zielsetzung wie mit der Neigung, den Krieg seiner politisch-militärischen Dimension zu entkleiden, ist Habichts Schrift als charakteristische Äußerung eines bildungsbürgerlichen Intellektuellen und Literaten jener Weltkriegsjahre zu werten.³⁸ Verunsichert durch eine lange Phase des – so Theodor Fontane – „Aschenbrödeltums",³⁹ des Arbeitens im Schatten weitreichender Veränderungen auf den Gebieten der Technik, der Naturwissenschaften und der Wirtschaft, sahen viele Zeitgenossen wie Habicht im Krieg einen Anlaß zur Rückbesinnung auf geistige Werte und sich selbst in der Rolle der kommenden geistigen Führer der Nation.⁴⁰ Bezeichnenderweise hoffte Habicht beständig auf eine Statusaufwertung, und er erkannte nun in einem Krieg als geistig-ideellem Entscheidungskampf seine Chance, zu Anerkennung und Ansehen zu gelangen.

Theodor Abbetmeyers Deutung des Weltkrieges als eines Kampfes um geistige Werte und um die Verwirklichung einer deutschen kulturellen Vormachtstellung zeigte deutliche Gemeinsamkeiten mit dem Habichtschen Ansatz, vertreten in der Schrift DEUTSCHLAND! VOLLEND ES! Doch hatten seine Schriften allenfalls untergeordnet die Funktion zu erfüllen, ihm eine besseren gesellschaftliche Stellung zu schaffen. Vielmehr erfüllte der Krieg in Abbetmeyers ebenso erschreckendem wie verworrenem, sich aus vielerlei Quellen nährendem Gedankengebäude die Funktion eines grausamen ‚Zuchtmeisters',⁴¹ der das Schwache, Feige und Halbherzige im ‚deutschen Wesen' auszulöschen und ein neues, starkes, stolzes Christentum unter deutscher Führerschaft einzusetzen habe. Abbetmeyer ging wie Habicht von einer vorausgegangenen Zeit der kulturellen „Entartung" und „Zersetzung"⁴² in Deutschland aus, die sich in einer Verwissenschaftlichung, in der Zersplitterung des Lebens in unüberschaubare, verstandesbetonte Einzelbereiche und in ‚Gefühlsvergletscherung' und ‚Klugheitsschärfung' ausdrücke. In seinem von großem Kulturpessimismus geprägten Glauben an das Wirken übergeordneter Mächte und in Anlehnung an die Thesen und Lehren Houston Stewart Chamberlains, Richard Wagners, Julius Langbehns und Paul de Lagardes,⁴³ in seiner völkischen und zunehmend rassistischen Rabulistik und seiner heilsgeschichtlich interpretierten Hoffnung auf das Auftreten eines starken Führers war er wie in seiner Bewertung der Rolle des Krieges fordernder als Habicht. Abbetmeyer war ein typischer „entfremdeter Intellektuellen in der modernen Welt",⁴⁴ wie ihn Fritz Stern beschrieben hat. Auf ihn trifft das Urteil Sterns zu, nach dem „tausend Lehrer im republikanischen Deutschland, die in ihrer Jugend Lagarde und Langbehn gelesen und verehrt hatten, ... für den Sieg des Nationalsozialismus mindestens ebenso wichtig (waren) wie die Millionen von Mark, die Hitler von den deutschen Großindustriellen erhielt".[45]

Es überrascht, daß in Hannover weder dem Ende des Krieges noch der Novemberrevolution im Schaffen der Feuilletonisten und Schriftsteller eine ähnlich bedeutsame Bedeutung zukam wie dem Ersten Weltkrieg. Äußerten sich die Kritiker überhaupt zu diesen Entwicklungen, so ist zu fragen, wann sie dies taten – als unmittelbare Reaktion auf die Veränderungen oder mit größerem zeitlichen Abstand zu ihnen. Das direkte, ungefilterte Erlebnis des Endes der Wilhelminischen Ordnung stand vielfach im Zeichen einer „allgemeinen Sozialismus-Mode vom Herbst 1918";[46] viele Beobachter, vor allem ein Großteil der Künstlerschaft standen, wie Jost Hermand urteilt, „irgendwo ‚links' von der bürgerlichen Mitte".[47] Dies markierte nicht etwa einen konkreten parteipolitischen Standpunkt, sondern war eher Ausdruck einer unbestimmt-verschwommenen Haltung gegenüber der Vielzahl der Veränderungen nach einem mit solchem Leid und derartigen Verlusten beendeten Krieg.[48]

Der Fall Christof Spengemann zeigt geradezu beispielhaft, wie ehrlich empfundene Begeisterung und die Überzeugung, an einer Zeitenwende zu stehen und eine bessere Zukunft mitgestalten zu können, angesichts der „steckengebliebenen Revolution" und des ernüchternden Alltags in einer „grauen Republik"[49] (Kurt Tucholsky) großer Enttäuschung wichen, die zu einem Rückzug aus politischen Fragestellungen führte. Wie für viele andere deutsche bürgerliche Linksintellektuelle seiner Zeit[50] war auch für Spengemann – in diesem Denken geprägt durch seine Freundschaft zu Kurt Schwitters – der Künstler seiner Zeit der Prophet einer besseren Zukunft. Er hoffte, das bürgerliche Zeitalter, das er als Phase der Starre und Humorlosigkeit verstand, werde durch eine freudvolle, von Phantasie und Kreativität erfüllte Zukunft abgelöst. Im typischen Überschwang des „Novembergeistes"[51] sah er einen neuen Menschentypus sich entwickeln, der – heiter und gelassen, eines jeden Freund und Mitglied der großen Menschheitsfamilie – einer in jeder Hinsicht besseren Zukunft entgegengehe. Mit seiner Hoffnung auf den ‚neuen Menschen' in einer neuen Gesellschaft und seiner Darstellung des Künstlers als eines Revolutionärs des Geistes und Anführers eines ‚Volkes', das es ‚hinaufzuheben'[52] gelte, verfolgte Spengemann die charakteristischen Absichten vieler Künstler und Schriftsteller seiner Zeit. Der Vorwurf Dieter Mayers, „daß linksbürgerliches ... Denken einen hypostatierten ‚Geist'-Begriff und ein den aktuellen Verhältnissen unangemessenes, harmonisierendes Gesellschaftsmodell gepflegt hat",[53] hat auch ihm zu gelten. Und doch war es nicht so, daß Spengemann nicht um die Bedeutung konkreter parteipolitischer Arbeit gewußt hätte. Selbst seit langem SPD-Mitglied und um Redlichkeit und innere Freiheit bemühter Mitarbeiter des sozialdemokratischen VOLKSWILLEN, erkannte er über die Augenblicksemphase der Revolutionszeit hinaus deutlich seinen Auftrag, als Schriftsteller und Journalist einer allerdings nie als Klasse, sondern stets als ‚das Volk' gesehenen, scheinbar formbaren Arbeiterschaft[54] behutsam die neue Kunst und – für ihn untrennbar damit verbunden – die Vision einer ‚sozialistischen' Zukunft nahezubringen. Sowohl die offenbar durchweg negativen Reaktionen von Leserinnen und Lesern der kommunistischen und der sozialdemokratischen Presse auf seine Artikel als auch vor allem das Verhalten des VOLKSWILLEN-Feuilletonisten Albert Meyer, das sich als außerordentlich kulturkonservativ und innovationsfeindlich erwies, entmutigten einen Mann, der bezüglich seiner Gesellschaftsutopien sicher eine heute schwer nachvollziehbare Blauäugigkeit an den Tag gelegt hatte, der aber weit weniger elitär und überheblich eingestellt war als viele seiner linksbürgerlichen Schriftstellerkollegen im Reich. Spengemann war lange Zeit bemüht, seine Überzeugung zu verwirklichen, nach der „die Kunst dem Volke" gehöre.[55] Wenn er sich nach dem Weggang vom VOLKSWILLEN über politische Fragestellungen öffentlich nicht mehr äußerte, so spiegelt dies seine tiefe Enttäuschung über eine hannoversche Sozialdemokratie, die sich in seinen Augen als nicht auf ihre Führerrolle vorbereitet erwiesen hatte.[56] Diese Ernüchterung erhielt am Ende der zwanziger Jahre in Anbetracht der Erfahrungen, die die von ihm geleitetete KAMPFSTELLE GEGEN ZENSUR UND KULTURREAKTION mit einer hartleibigen und zu keiner Kooperation bereiten Stadtverwaltung machte, neue Nahrung.

Mit der Wertschätzung des Künstlers als Gestalters der neuen Gesellschaft stand der Journalist Christof Spengemann in der Revolutionszeit in Hannover nicht allein. Auch in den drei vorgestellten expressionistischen Zeitschriften (der PILLE, dem HOHEN UFER und dem ZWEEMANN) spielten – allerdings auf sehr unterschiedliche Weise – die Deutung der Gegenwart und die Hoffnung auf eine bessere Zukunft eine große Rolle. Hier läßt sich deutlich eine Entwicklung von der Haltung der unmittelbaren Anfangsphase hin zu einer eher rückblickenden Position erkennen, die etwa ab der zweiten Hälfte des Jahres 1920 einsetzte. Die erste Phase war dabei allgemein von überraschenden Mischungen und Brechungen gekennzeichnet. Begeisterte Unterstützung des ‚Novembergeistes' einerseits und tiefe Konfusion und Ambivalenz bezüglich der Realisierung konkreter gesellschaftspolitischer Forderungen andererseits standen unvermittelt nebeneinander. In diese Zeit fallen etwa Paul Steegemanns Einsatz für den hannoverschen Rat geistiger Arbeiter und für die Berliner November-Gruppe, Johann Frerkings kurze Tätigkeit im Revolutionären Kunstkommittee, Wilhelm von Debschitz' sogar den Preußischen Landtag bewegende Arbeit in der Kunstgewerbeschule sowie seine und Hans Kaisers Mitarbeit bei der Zeitschrift FREIES DEUTSCHLAND.[57] Diese Aktivitäten wurden begleitet von einer regen publizistischen Tätigkeit der vier Akteure in den hannoverschen Zeitschriften, dem HOHEN UFER und dem ZWEEMANN. Doch spiegelte sich hier vergleichsweise wenig von diesem revolutionären Geist. Im HOHEN UFER traten die Autoren – andernorts Verfasser leidenschaftlicher Bekenntnisse zur Revolutionszeit und zum Künstler als dem Propheten der Revolution überwiegend unbestimmt und abgeschwächt den Rückzug in eine höhere Welt des Geistigen an, eine Sphäre, die jeder Auseinandersetzung mit der Gegenwart abschwor und mitunter sogar in ihrem Bekenntnis zur künstlerischen Moderne ambivalent schien. Der ZWEEMANN, der erstmals ein dreiviertel Jahr später, im November 1919, erschien, gab sich ähnlich widersprüchlich. Seine Lektüre erweckt den Eindruck, als spiegelten sich im ZWEEMANN die Vielschichtigkeit und Widersprüchlichkeit seiner Zeit. Dauerhafte parteipolitische Stellungnahmen, welche über das Maß zuweilen recht bedenkenlos wiedergegebener gängiger Parolen der Zeit hinausgegangen wären, waren beiden Zeitschriften nicht zu entnehmen.

Das verband sie mit der PILLE, die im Herbst 1920 zum erstenmal erschien. Allerdings gab sie sich zunächst aggressiver: Zwei Jahre nach der Novemberrevolution sahen die PILLE-Macher nicht die geringste Veranlassung, dieser Demokratie ungebrochen zu herrschen schienen, zur Seite zu stehen. Die Republik war in den Augen der Mitarbeiter des Blattes nach einer vielversprechenden und dann letztlich enttäuschenden Revolution zu einer Staatsform bürgerlicher Bigotterie und Saturiertheit verkommen. Sie schien in sich viele Eigenschaften zu vereinen, denen die PILLE den Kampf angesagt hatte. Man bekämpfte die Demokratie nicht, doch weil diese Individualität in jenem Maß, welches die PILLE verlangte, nicht duldete, weil sie Lebens- und Sinnenfreude, Humor und Ehrlichkeit unterdrückte, begegnete man ihr mit herablassender Ironie und schuf einen ganz eigenen Stil beständiger anspielungsreicher Provokation, die – weil verschlüsselt – nur von ihren wenigen Anhängern zu verstehen war und die jeden, dem das auflagenschwache Blatt zufällig in die Hände fiel, ratlos zurücklassen mußte.

In ihrem Anspruch auf unbegrenzten Individualismus weist die Haltung der Autoren der PILLE große Ähnlichkeit mit jener Paul Steegemanns auf. Dieser hatte nach eigener Aussage „in den heiligen Nächten um den 9. November"[58] für den Sieg des Sozialismus gekämpft und sah jetzt, wie in dieser Staatsform nach seinem Verständnis immer weniger demokratisch-republikanisch gehandelt wurde. Vor allem die häufigen Konflikte mit der Staatsanwaltschaft, die vermeintlich unmoralische Publikationen aus seinem Verlags konfiszierte und indizierte, führten dazu, daß die Vertreter der Weimarer Republik Steegemann obrigkeitshörig-verknöchert und stumpf-verständnislos für seinen eigenen wendigen, heiteren Witz erschienen. Aus diesem Grund hielt er den verschreckten Bürgern, die seine Bücher als Vorboten des Bolschewismus brandmarkten, ein provokantes „Vive le Bolchevisme!"[59] entgegen. Weil der literarisch-künstlerische Bereich der einzige war, der ihn dauerhaft interessierte, reagierte er auf jeden politisch motivierten Versuch, seinen eigenen literarischen Geschmack einzuschränken, mit nicht immer ernst gemeinten, sehr auf die Situation zugeschnittenen politischen Charaden. Das trug ihm unter seinen Gegnern in der Weimarer Republik das Urteil ein, „linksprofiliert",[60] unter denen im Nationalsozialismus jenes, „dadaistisch-edelkommunistisch" und „kulturbolschewistisch"⁶¹ eingestellt gewesen zu sein. In der Rückschau scheinen seine vieldeutigen Witzeleien jedoch manchmal eher wie Feuerwerke, deren Schüsse durchaus gelegentlich auch nach hinten losgingen, in die Richtung derer, denen er die Entwicklung seines auf den Ausdruck eines hohen Maßes an Individualität ausgerichteten Verlagsprogrammes in einem kulturpolitisch demokratisch strukturierten Staat erst verdankte.⁶² Seine ironisch-abwartende Haltung hatte Ähnlichkeit mit der der PILLE oder auch mit jener der WELTBÜHNEN-Mitarbeiter Kurt Tucholsky und Carl von Ossietzky. Sie griffen die wenig attraktive, blasse Republik in glänzenden und hellsichtigen Artikeln an⁶³ und beobachteten dabei in „fast gleichmütige(r) Unberührtheit"⁶⁴ und „gepflegte(r) Republikmüdigkeit"⁶⁵ den Weg in die Krise des demokratischen Systems. Über ihre gleichsam politisch-unpolitische Haltung, die sie ihrem Ruf als geistreiche Provokateure schuldig zu sein meinten, urteilte Peter Gay, sie seien „hauptsächlich politische Menschen (gewesen), weil ihre Gegner sie Kulturbolschewisten nannten".⁶⁶ Das mag erst einmal übertrieben klingen und bestätigt sich doch immer dann, wenn Steegemann oder die PILLE-Autoren sich aufgefordert sahen, jenseits des Gelassen-Anekdotischen tatsächlich politisch Farbe zu bekennen und wenn sie sodann in wenig elegante und hilflose Allgemeinplätze verfielen. Helmut Kuhn sprach vom „Geist, der politisch sein wollte und doch das Politische verfehlte, der von der Republik in Freiheit gesetzt und geehrt wurde und ihr dann mit Verachtung oder linkischer oder unglaubhafter Huldigung zahlte, der in seinem Verhältnis zum Staat so an die Negation gewöhnt war, daß er beim Versuch zur Bejahung sich selbst verlor, der das Ja nur im Aufschrei äußern konnte ... und der sich die artikulierte Sprache für das Nein vorbehielt".⁶⁷ Diese Haltung habe das Schicksal der Weimarer Republik ebenso mitbestimmt wie die Zersetzungsarbeit der Rechten. Jede Polemik der PILLE oder Paul Steegemanns und seiner Autorenschar gegen die Kräfte, die die Demokratie stützten und bedingten, schwächte die Republik weiter und verstärkte – was wohl noch schwerer wiegt – den ohnedies vorhandenen „Grunddissens"⁶⁸ in der hannoverschen Bevölkerung der zwanziger Jahre noch. Auch eine ernsthafte Auseinandersetzung mit den Gegnern Weimars auf der Rechten blieb aus. Vielmehr beschränkten sich die PILLE und auch Paul Steegemann darauf, diese auf das Klischee der wilden Horde chauvinistischer, nationalistischer oder nationalsozialistischer, in jedem Fall aber geistig unterlegener Rabauken zu reduzieren.

Es ist in jedem Fall sicher, daß sowohl die Provokation, die von solchen Feuilletonisten und Schriftstellern betrieben wurde, die heute oft zu leichtfertig als ‚linksbürgerlich' bezeichnet werden, als auch die Weigerung, in der Demokratie Stellung zu beziehen, den Weg zu einer antidemokratischen Politik ebnete, welche schließlich auch diesen Vertretern wenig später die freie Entfaltung abschnitt.⁶⁹ Auch in Hannover haben viele Intellektuelle sich der öffentlichen Auseinandersetzung mit spezifisch politischen Zeitfragen aus unterschiedlichen Gründen verweigert. Zu ihnen zählt Kurt Schwitters mit seiner allerdings sehr differenzierten Auffassung über die unbedingt einzuhaltende Trennung von Kunst und Politik – was jedoch die bewußte Zeitzeugenschaft nicht ausschloß, ja sie sogar forderte. Alle Leiter der Kestner-Gesellschaft lehnten die „politische Propaganda"⁷⁰ mit dem Hinweis auf den mit ihr einhergehenden „Tod allen künstlerischen Schaffens"⁷¹ strikt ab, was von einem kritischen Zeitgenossen wie Christof Spengemann mit dem Hinweis kommentiert wurde, „für die Vereinigungen der bürgerlichen Intellektuellen (sei) es immer noch Prestige-Frage, ‚rechts-unpolitisch' zu sein".⁷² Gustav Schenks noch dazu offenbar nur kurzfristige Liebäugelei mit dem Kommunismus „eines Trotzki und Stalin"⁷³ hat im Grunde wenig Aussagewert und verweist allenfalls auf den von ihm wie von allen Angehörigen seines Freundeskreises tief empfundenen Generationenkonflikt.⁷⁴ Wie viele Zirkel, die sich etwa um Paul Steegemann und die Redaktionszirkel der Avantgardezeitschriften, oft in Cafés und Kneipen,⁷⁵ bildeten, war auch der Freundeskreis um Gustav Schenk dem Bohèmegedanken verpflichtet, der zwar grundsätzlich offen für jede politische Richtung war, aus einer Abneigung gegen Stabilität, Gesetzmäßigkeit und gegen die bürgerliche Lebensweise⁷⁶ heraus jedoch mit verbal radikalen politischen Äußerungen⁷⁷ sympathisierte – und provozierte. Schenks sprunghafte kunstpolitische und politische Überzeugungen sind wie die seiner Freunde in diesem Zusammenhang eines „programmatischen Individualismus"⁷⁸ zu sehen, der sich, wie Helmut Kreuzer urteilte, „mit dem Willen zur Abweichung als solcher, ohne Scheu vor provokatorischer Wirkung (oft mit Lust an ihr), von Konventionen der Lebensführung und des ästhetischen, moralischen oder politischen Urteilens emanzipiert".⁷⁹

Anders ist die betont gleichgültige Haltung Paul Madsacks zu deuten. Hauptberuflich Jurist und Feuilletonschriftleiter, war der Sohn eines der einflußreichsten Verleger der Stadt als einer der wenigen hannoverschen Literaten und Journalisten zu keiner Zeit in den zwanziger Jahren in jene „Not der geistigen Arbeiter"[80] geraten, die der Soziologe Alfred Weber auf dem Höhepunkt der Inflation beschrieb. Madsacks Rezensionen prägte wie seine Romane eine eigentümliche Distanz zur Gegenwart, ein gerade in Schilderungen des Alltäglichen offenbar werdender Blick für Übersinnliches, Mystisches und in andere Welten Weisendes. Daß diese anderen Welten keine besseren sein mußten, machte der Roman TAMOTUA deutlich, in dem sich Paul Madsack als letztlich indifferenter und keineswegs gesellschaftskritischer Zeitgenosse zu erkennen gab, der die als Mißstände erkannten Entwicklungen der Gegenwart wohl verschlüsselt benannte, jedoch weder Verantwortliche zur Rechenschaft zu ziehen trachtete noch Angebote zur Korrektur dieser doch so scharfsinnig beobachteten Fehlentwicklungen machte.

Auffällig ist, daß gerade jene Journalisten und Schriftsteller, die immer wieder das Erlebnis des Ersten Weltkrieges zum Inhalt ihrer Arbeit machten, selten Stellung zu aktuellen politischen Entwicklungen der zwanziger Jahre bezogen. Hier hat die Aussage Michael Winklers Gültigkeit, nach der vielen Zeitgenossen in den zwanziger Jahren „die Auseinandersetzung mit den unmittelbaren Konsequenzen der militärischen Niederlage im Krieg oft als dringlicher als die Sorge um den kaum noch für möglich oder längst nicht mehr für wünschenswert gehaltenen Fortbestand der Republik"[81] war. Von Victor Curt Habicht, Georg Grabenhorst, Kurt Voß und Theodor Abbetmeyer sind keine langfristig gültigen parteipolitisch motivierten Stellungnahmen bekannt. Während sich ersterer ohnehin opportunisch an jeweils aktuellen Strömungen orientierte, wandten sich Voß und Grabenhorst einer grundsätzlich kulturkonservativen, dabei jedoch parteipolitisch nach mehreren Seiten offenen Heimatbewegung zu. Die Formierung dieser Bewegung war die Reaktion auf eine Entwicklung im Bereich der zeitgenössischen Künste und der Kultur der zwanziger Jahre, die als elitäre, intellektualistische, vernunftbetonte und insgesamt ‚ungesunde' Abwendung vom ‚Volk' und von dessen kulturellem ‚Urgrund' gewertet wurde.[82] Theodor Abbetmeyers parteipolitische Position bleibt wie so vieles in der Argumentation dieses Fanatikers unklar, dessen weitumgreifendes Weltbild nicht bei den Nichtigkeiten des Hier und Jetzt stehenblieb. Mit der Akribie des Schulmeisters fügte Abbetmeyer selbst die unglaublichste und entlegenste rassistische und nationalistische Theorie in sein abstruses Gedankengebäude ein. Auch die Begeisterung für den „Übermenschen" und „Gottgesandten" Adolf Hitler war letztlich nicht Ausdruck einer nationalsozialistischen Gesinnung, sondern sie entsprang seiner Argumentation einer Entwicklung der deutschen ‚Rasse' hin zum Höheren, zum Göttlichen.

Weitaus pragmatischer, dabei im Kern nicht weniger undemokratisch, meldeten sich mit Erich Rosendahl und Karl Anlauf zwei Journalisten in der bürgerlichen hannoverschen Tagespresse zu Wort. Beide hatten der Weimarer Republik von Beginn an ihre Gegnerschaft angesagt hatten und sich im kulturpolitischen Bereich auf jeweils unterschiedliche Art zu überaus einflußreichen, auch von der Stadtverwaltung geförderten und unterstützten Kritikern entwickelt. Rosendahl nutzte seine Mitarbeit bei mehreren der auflagenstärksten hannoverschen Blätter und beklagte hier unmittelbar nach der Revolution den Untergang der Monarchie, wobei ein deutlich welfenfreundlicher Ton mitschwang. Bis zum Ende der Weimarer Republik setzte er – unterstützt von seinem Förderer und Freund Heinrich Tramm und unbeeindruckt von der Kritik der kurzlebigen Avantgardezeitschriften der Stadt – seine Angriffe auf die Republik fort. Diese habe, so seine Überzeugung, eine bereits mit dem Ende des Deutsch-Französischen Krieges 1871 begonnene Phase der politischen, kulturellen und gesellschaftlichen ‚Entartung' noch verstärkt. Nicht erst in den dreißiger Jahren betonte er neben seinem lebenslangen Kampf gegen Liberalismus und Sozialdemokratie auch die Gegnerschaft zum ‚Judentum'. Höhnische Attacken auf die hannoversche Sozialdemokratie wechselten sich in seinen Artikeln und in seinen Büchern mit einem vehementen Bekenntnis zur Kunst der deutschen Klassik ab, die er durch den unseligen Einfluß der Mehrheitssozialisten und der USPD, ihres „saubere(n) linke(n) Bruder(s)",[83] der „für geistige und künstlerische Arbeit nun einmal kein Verständnis"[84] habe, vernachlässigt sah. Der zweite Schwerpunkt seiner kulturpolitischen Arbeit lag in der Betonung einer Heimatkunst.

Eine ‚gesunde' regionale Kunst forderte auch Karl Anlauf, der als Senator der DNVP und als Feuilletonleiter der deutschnationalen NIEDERDEUTSCHEN ZEITUNG aus seinem tiefen Unbehagen an den politischen und an den künstlerisch-kulturellen Realitäten der zwanziger Jahre keinen Hehl machte. Wie Rosendahl meldete sich auch Anlauf bereits unmittelbar nach der Revolutionsphase mit Urteilen über deren vermeintlich verderblichen Charakter zu Wort. Noch unter dem Eindruck eines gewaltigen und die „Volksseele"[85] bewegenden Weltkrieges, fürchtete er um den Zusammenhalt des deutschen Volkes. Gleichmacherische „Spartakusgespenster"[86] einer ‚entsittlichenden' Revolution gefährdeten nach Anlaufs Überzeugung die bewährten Werte und Normen seiner bürgerlichen Zeitgenossen. Nur der gesellschaftliche Bodensatz profitiere von der Aufhebung der Klassengegensätze durch die Revolution und sorge für Entwicklungen in der Politik, in Kunst und Kultur, die jeder rechtschaffende Mensch ablehnen müsse. Wer Revolution wolle – so ließe sich Anlaufs Überzeugung auf eine Formel bringen –, der befürworte einerseits die Zersetzung zurecht bestehender gesellschaftlicher Hierarchien und andererseits das Eindringen von Schmutz und Schund in den Bereich der Künste.[87] Ende der zwanziger Jahre war der Journalist und Kommunalpolitiker zugleich Mitglied des städtischen Theater-Ausschusses und Interessenvertreter der hannoverschen Bürgervereine, die als Reaktion auf eine als zu liberal und modern empfundene städtische Theaterpolitik durch eine eigene Bühnenorganisation „aus dem jüdisch-marxistischen Theater eine *deutsche* Kultur- und Bildungsstätte"[88] machen wollten. In Fragen parteipolitischer Positionierung gab sich der Dachverband nach außen hin betont vage und war dabei in Fragen der politischen Kultur der Stadt doch ungemein aktiv und einflußreich. Mit Karl Anlauf, einem ihrer wichtigsten Funktionäre, an der Spitze ließen die hannoverschen Bürgervereine keinen Zweifel an ihrer Absicht, nationalbetontes, republikfeindliches Gedankengut zu verbreiten und die „rote"[89] Weimarer Republik zu diskreditieren.

Mit großer Aggressivität und Polemik wurde in den zwanziger Jahren von verschiedenen Seiten gegen ein in politischer Hinsicht zu demokratisches und in kultureller Hinsicht zu liberales, scheinbar ‚entartetes' und ‚ungesundes' System[90] vorgegangen. Karl Anlauf und Erich Rosendahl waren mit ihrer Kritik an der Weimarer Republik keine Einzelfälle. Im Gegenteil: Die große Zahl von Rezensionen und Leserbriefen in den bürgerlichen Tageszeitungen und Zeitschriften der Stadt läßt auf tiefgehende Vorbehalte, sogar auf eine allgemeine Republikverdrossenheit, ja, Republikfeindlichkeit in der städtischen bürgerlichen Öffentlichkeit schließen.

Wenn umgekehrt nach den Förderern der Weimarer Republik in Hannover gefragt wird, sieht die Antwort nicht weniger differenziert und ambivalent aus. Die Aktivposten der Demokratie in Kreisen der Avantgarde zu suchen, hieße dem Trugschluß aufzusitzen, den George Grosz und Wieland Herzfelde mit dem spöttischen Satz umschrieben, es sei ein Irrtum zu glauben, „wenn einer Kreise malt, Kuben oder tiefseelisches Verwirre – er sei dann revolutionär".[91] Auch in Hannover waren künstlerische Avantgarde und politische Aktivität oder Parteinahme zugunsten der Weimarer Republik keineswegs deckungsgleich.[92] Sicher war die grundsätzliche Bereitschaft der – bürgerlichen – Vertreter dieser Avantgarde, sich mit dem Neuen zumindest gedanklich auseinanderzusetzen und flexibler auf Veränderungen zu reagieren, größer als bei anderen gesellschaftlichen Gruppierungen. Andererseits verhinderten auch in Hannover nicht nur das große Maß an wirtschaftlicher Dauerbedrohung, sondern der damit verbundene Verlust an geistiger Unabhängigkeit und der daraus folgende schmerzhafte Autoritäts- und Machtverlust der Intellektuellen vielfach eine dauerhafte positive Identifikation mit dem Weimarer Staat.[93] In jedem Fall macht auch ein Blick auf das Verhältnis der hannoverschen Avantgarde zu den politischen Entwicklungen der zwanziger Jahre deutlich, daß – so Walter Laqueur plakativ – „nicht alle Intellektuellen links standen, sondern die meisten die Republik tatsächlich nicht liebten"[94]

Ralf Dahrendorf sprach davon, daß jeder kritische Intellektuelle am Rand seiner Gesellschaft stehe, aber doch letztlich in ihr bleibe. Nie werde er selbst zum unmittelbaren Akteur; seine Distanz reiche stattdessen „über die mit der Symbolwelt des Wortes gegebene hinaus zur absichtlichen Distanzierung zu den obwaltenden sozialen und politischen Bedingungen".[95] Hier ist die selbstgewählte Außenseiterposition des kritischen Intellektuellen in der ihn umgebenden Gesellschaft angesprochen, die schon Novalis mit dem Begriff des „Nicht-Standes"⁹⁶ des Literaten bezeichnete. In der vorliegenden Untersuchung wurde in unterschiedlichen Zusammenhängen immer wieder deutlich, daß der „Kategorientransfer"⁹⁷ des ‚Bürgerlichen' und der ‚Bürgerlichkeit' von der Sozial- in die Kunst- und Literaturgeschichte generell schwer fällt und es besonderer Sorgfalt bedarf, die Aktionsweisen der literarischen Intelligenz – aber auch des zeitgenössischen bildenden Künstlers – unter dem Gesichtspunkt politischer Positionierung und kritischer Zeitzeugenschaft zu bewerten.

Hinzu kommt, wie Ulrich Engelhardt herausarbeitete, daß sich gerade zu Beginn der zwanziger Jahre ein Umschlag in der Wertung der Begrifflichkeit des gebildeten Bürgertums vollzog. Der „Bildungsbürger" wurde zum „Bildungsphilister",⁹⁸ er geriet in einen „extremen Ideologieverdacht".⁹⁹ Der so verstandene Bildungsbürger schien eigene Positionen zuungunsten anderer gesellschaftlicher Kräfte sichern und dabei zugleich die Entwicklung autonomer, sich bildungsbürgerlichen Wertmustern widersetzender künstlerischer und kultureller Konzepte zu blockieren.

Auch in der avantgardistischen Kunstszene Hannovers in den zwanziger Jahren spielte die Auseinandersetzung mit ‚dem Bürger' eine große Rolle.¹⁰⁰ Hier wurde dieser überwiegend in seiner vermeintlichen oder tatsächlichen Ausprägung zum einen als ebenso borniert wie spießiger Zeitgenosse oder zum zweiten als vor allem aufgrund der Inflation zu ökonomischem Aufstieg gelangter Mensch – als ‚Piefke' – dargestellt, dessen geistige Qualitäten und dessen kulturelle Kompetenz nicht in gleichem Maße wie seine materiellen Ressourcen gewachsen waren. Zum dritten wurde der ‚Bürger' als konservativer Bildungsbürger gezeichnet, der strikt auf der Wahrung von künstlerischen und kulturellen Traditionen bestand und darin wiederum Ähnlichkeiten mit dem Spießbürger aufwies, weshalb er in der Zeichnung bisweilen mit diesem Typus verschmolz. Es verwundert nicht, daß die Auseinandersetzung mit dem ‚Bürger' in seinen verschiedenen Erscheinungsformen durch diesen Kreis von Kritikern vornehmlich in ihren Arbeitsbereich, in das Gebiet von Kunst und Kultur, verlagert wurde, dorthin, wo seine Einflußnahme sie in ihrem eigenen Schaffen berührte und wo sie sich selbst vielfach durch ihn in ihrem Drang nach Neuerungen beeinträchtigt fühlten.

In diesem Zusammenhang fällt zunächst einmal die Epochenschwelle zur Weimarer Republik ins Auge. Viele Künstler, die auf der Suche nach dem neuen Menschen in einer freien Gesellschaft waren, sahen im ‚Bürger' die Symbolfigur einer fast klaustrophobisch begrenzten, geistig unflexiblen und humorlosen alten Gesellschaftsform, in der trotz tiefgreifender äußerer Veränderungen großer Wert darauf gelegt werde, daß alles seinen gewohnten Gang weiter gehe. „Wäre es nicht möglich", so Christof Spengemann 1919 mit Blick darauf, daß der „Wahnsinn" der Nachkriegszeit erst durch den ‚Bürger' mit seinem Hang zu Materialismus und dessen kaltem Fortschrittsdenken ermöglicht worden sei, „den Typ Mensch, der das Schöpferische in sich trägt: den unproduktiven, verrückten Künstler, als das Normale anzusehen? Und den materiell geschäftigen, geistig trägen Bürger als eine unternormale, verkümmerte Spezies?"¹⁰¹ Hier stand der in Spengemanns Auffassung innerlich freie, neue Künstlertypus – ein „vom Schaffensdrang Besessener", „Geistiger", der anders als der herkömmliche „Künstlerkonfektionär"¹⁰² nicht aus persönlichem Ehrgeiz arbeitete – einem Bürgerbild gegenüber, das diesen als „geistig unfruchtbaren"¹⁰³ Ignoranten und einzig an Materiellem interessierten Zeitgenossen sah. Damit bahnte sich zumindest für Christof Spengemann eine Umkehrung der bisherigen sozialhierarchischen Wertigkeiten an: Wenn der ‚Bürger' nicht bereit war, sich den veränderten Gegebenheiten anzupassen, dann war es eben kein Wunder, daß er seine Zeit nicht mehr repräsentieren durfte. Während er als verknöcherter Traditionalist und ‚steriler Frühgreis'¹⁰⁴ auf die Rückkehr vergangener Zeiten hoffe, vollzog sich diese notwendige Wandlung ausschließlich durch den Künstler. Dieser, in Erscheinungsbild wie Wesensart das Gegenbild zum Bürger, strebe eine Reformierung der Gesellschaft an hin zum Gemeinsamen, Menschheitsverbindenden, über jedes Nationale Hinausgehenden. Nicht der exponierte einzelne Mensch, der Bürger, sondern die Gesamtheit ‚des Volkes', die Spengemann keinesfalls als ‚Bodensatz der Gesellschaft',¹⁰⁵ sondern vielmehr als die bisher gesellschaftlich Benachteiligten erkannte – die unverbildet und aufnahmebereit erscheinende Arbeiterschaft –, schien ihm geeignet, jene Ideen zu verbreiten, die der friedvolle, sensible und heitere Künstler entwickelt hatte. Wahre Künstler dürften sich nicht nach alten Gesetzmäßigkeiten richten, sondern müßten experimentieren und auf unkonventionelle Art nach neuen Lösungen für die künstlerischen Forderungen der Zeit suchen. Weil Spengemann vom sozialdemokratischen VOLKSWILLEN so tief enttäuscht worden war, sah er den Künstler als Bewahrer und Künder des absoluten und universalen Menschheitsgedankens und hielt keine der parteipolitischen Gruppierungen seiner Zeit für in der Lage, bei der Verwirklichung der großen sozialen Aufgaben der Zeit mitzuwirken. Ähnlich wie bei Kurt Schwitters stand nicht die aktiv wahrgenommene Zeitzeugenschaft im Zentrum seiner Kritik, wohl aber die Verwechslung der Aufgaben des Politikers mit den gänzlich anders gearteten des Künstlers.

Das verband Christof Spengemann mit Gustav Schenk. Auch dieser sah den Künstler außerhalb der bürgerlich besetzten Kategorie des Erfolgs, aber auch außerhalb des politischen Engagements. Ein Künstler, welcher in seiner Zeit von seinem Publikum bereits verstanden wurde, hatte nach Schenks Überzeugung seine Visionen verloren, er hatte zugunsten niederer egoistischer und materieller Absichten bei einer breiten, in ihrem künstlerischen Geschmack immer relativ rückschrittlichen Menge seine eigentlichen künstlerischen Ziele verraten und war damit letztlich selbst zum ‚Bürger' geworden. Ähnlich wie bei dem deutlich älteren Christof Spengemann, der sich bereits im Ersten Weltkrieg bedingungslos auf die Seite der Jungen gestellt hatte, war auch das Künstlerbild des Mittzwanzigers Gustav Schenks um 1930 von dem Glauben an die Kraft einer sich von den Traditionen lösenden jungen Generation getragen, die die materielle Abgesichertheit der Älteren nicht wollte, weil sie sich zu Höherem berufen fühlte. Auch die Mitarbeiter der Zeitschrift DER ZWEEMANN verdeutlichten, daß nur eine solche Kunst in dieser Zeit bestehen könne, die sich von dem bürgerlich verstandenen Begriff des Erfolgs gelöst hatte: „Arrivieren will nur, der kein festes inneres Sein kennt: besitzen, d. h. greifbar erkennen, muß nur, wer nicht mehr glaubt, d. h. einen inneren, unzerstörbaren Besitz hat."[106]

Christof Spengemanns Künstlerbild zeugt ferner wie jenes Gustav Schenks von der typischen Überzeugung der Bohème, nach der ein wahrer Künstler notwendigerweise arm sein müsse, weil jede Bindung an Materielles ihn seiner inneren Freiheit beraube.[107] Diese Argumentation ist häufig in der hannoverschen Avantgarde zu finden. Nach Herbert Kreuzer bedarf der Bohémien des ‚Bürgers' als „Komplementärphänomen",[108] als Negativfolie zur Herausbildung und Entfaltung seiner eigenen gänzlich konträren Eigenschaften. Auch viele der hannoverschen Avantgardisten benutzten den ‚Bürger' als zumeist nicht als konkret benannte und individuell ausgeprägte Person und zugleich als Sammelbegriff aller Eigenschaften, die man für sich selbst ablehnte. Deutlich wird das etwa bei Walter Serner, dessen gesamtes Auftreten, angefangen von der ostentativ nachlässigen Haltung Besitz und Erwerb gegenüber bei gleichzeitiger Neigung zu exzessiver Geldverschwendung,[109] dessen offene und geradezu genüßliche Provokation sämtlicher bürgerlicher Vorstellungen von Sittlichkeit und Moral und dessen schriftstellerische Arbeiten im Zeichen eines betont zynischen und unromantischen Dadaismus standen. Sie trugen ihm den Ruf eines Bürgerschrecks ein. Seine unbürgerliche Lebensweise schien ihm die einzig mögliche in dieser Zeit des allgemeinen Chaos und Zusammenbruchs bisheriger Wertigkeiten zu sein. In Paul Steegemann fand Serner einen kongenialen Verleger, der aus Werbegründen ebenso wie aus der blanken Freude an der Provokation des ‚Bürgers' manch eindeutig zweideutige Werke publizierte und durch die gelassene Überheblichkeit des Besserwissenden zu überraschen liebte.

In Steegemanns Verlag erschien auch Erich Maria Remarques Beitrag LEITFADEN DER DÉCADENCE, der für eine Lösung aus weithin geltenden Werten und Normen und in diesem Zusammenhang vor allem für die Ablösung bürgerlicher Moral- und Sexualvorstellungen stritt, die ihm viel zu lau erschienen, als daß sie dem Empfindungsvermögen jener Gruppe von jungen Menschen entsprachen, die Remarque mit seiner Schrift vertreten wollte. Im gleichen Zusammenhang steht auch Wilhelm Michels Plädoyer für die Erhaltung des ‚Bürgers', das unter dem Titel ÜBER METAPHYSIK DES BÜRGERS erschien, und zwar ebenfalls im Paul Steegemann Verlag. Hier wurde die Komplementärhaltung von ‚Bürger' und literarisch-künstlerischer Intelligenz betont. Polemisch hieß es, nachdem der ‚Bürger' ebenso treuherzig-unsensibel wie erfolgreich die Rolle des Negativen, des Feigen und Dummen übernommen habe, müsse alles getan werden, ihn stets aufs Neue in dieser Position zu bestärken. Abermals verkörperte der ‚Bürger' hier das rein Materielle und

Geistig-Träge, während der behende, flexible und freie Zeitgenosse ein Künstler war: „Damit wir fein und stark, geistig und bewegt sein können, trampelt er geschäftig durch die Welt und trompetet mit hochgerecktem Elefantenrüssel die Grobheit und die Ohnmacht, die Stofflichkeit und die Trägheit über den Erdkreis."[110] Diesen Zeitgenossen nun durch die Produktion avantgardistischer Kunst zu provozieren, durch „aufreizendes Anders-Sein"[111] seinen „Kamm zum Schwellen"[112] zu bringen, sei eigentliche Aufgabe des jungen Schriftstellers. Nur so könne der ‚Bürger' als „metaphysischer Weltkuli" die einzige positive Funktion erfüllen, zu der er fähig sei: „den Geist zu ermöglichen durch seine eigene Unmöglichkeit, das Reine zu verwirklichen, indem er alle böse, feige, unreine Schwere opferwillig und staatserhaltend an sich zieht."[113]

Allerdings fühlte sich der junge Künstler in seinem Dasein als Provokateur der breiten bürgerlichen Öffentlichkeit letztlich nicht so unwohl, als daß er eine Änderung der bestehenden sozialen und politischen Ordnung anstrebe. Weder die Gewichtsverlagerung im gegenwärtigen, durch die Behäbigkeit und den Hang zur Stagnation des ‚Bürgers' garantierten Staatsgefüge noch die eigene Lösung aus der Position zwar am Rande der bürgerlich geprägten Gesellschaft, aber doch eben innerhalb ihrer, waren im Interesse einer sehr ambivalent bürgerlich-unbürgerlichen Avantgarde, deren vorrangiges Interesse darin lag, den Fortgang der eigenen Arbeit zu garantieren, nicht aber politische Veränderungen realisieren zu helfen

Diese Aussage gilt in besonderem Maße für die Zeitschrift DIE PILLE, die zeitweise schon durch ihr Signet, eine große Pille, die in einen Haufen Zeitung lesender, Bier trinkender, dickbäuchiger ‚typischer Spießer' rollt, deutlich machte, welcher Gesellschaftsgruppe ihr ganz besonderes Interesse galt. Ob als ‚Piefke', einem grotesk überzeichneten Zwitterwesen aus Schieber, Schlemmer und Neureichem, als „moralklapprige(r) Spießer",[114] der das lautstark als unsittlich inkriminierte Theaterstück heimlich zu Hause nachlas, oder als Sammelbezeichnung für ein gar nicht mehr so ehrbares Bürgertum „mit Anschauungen von gestern"[115] – immer bereitete der PILLE die Abrechnung mit dem ‚Bürger' ihrer Zeit ganz offensichtlich große Freude. Jugendlicher Überschwang, die Überzeugung von den eigenen feuilletonistischen Fähigkeiten und der sichere Hintergrund einer Zeit, die Individualismus nicht nur zuließ, sondern geradezu förderte, ließen den Herausgeber und seine Mitarbeiter eine unbegrenzte Lebens- und Sinnenfreude, ja den blanken Leichtsinn zum eigentlichen Maßstab ihrer Arbeit machen: „Wir wollen eine neue Kultur des genießenden Lebens aufbauen. Wir wollen die Welt an der Nase nehmen und auf den Kopf stellen."[116]

Wie eine derart auf den Kopf gestellte Welt nun allerdings konkret auszusehen, nach welchen Gesetzmäßigkeiten sie zu funktionieren habe, verriet die PILLE nicht. Sie war die witzigste und originellste avantgardistische Zeitschrift Hannovers, die den regionalen Kontext ihrer Entstehung zugunsten des weiteren Blickes auf allgemeine Tendenzen am wenigsten erkennen ließ und auch am deutlichsten den so oft zitierten Zeitgeist jenes vielseitigen und höchst lebendigen literarischen Expressionismus der beginnenden zwanziger Jahre spiegelte. Doch blieb gerade sie darin letztlich auch am stärksten einer Entwicklung verpflichtet, die im ausgehenden 19. Jahrhundert eingesetzt, eine Pluralisierung kultureller Äußerungen und schließlich die Verbürgerlichung der Künste ermöglicht hatte.

Der Künstler hatte sich seit den letzten Jahrzehnten des vorigen Jahrhundertsd vom reinen Handwerk wegentwickelt.[117] Er war zu einem Artisten geworden, sein ‚Beruf' ließ sich nicht sich nicht länger erlernen. Seine Existenz hatte sich extrem individualisiert, er bezog Erkenntnisse aus Theorie und Philosophie in sein Werk ein und entfernte und entfremdete sich damit von seinem Publikum zunehmend. Thomas Nipperdey kennzeichnete diesen Vorgang mit den Worten: „Der neue emphatische Begriff der Kunst und die neue Rolle der Künstler: das führt zu der schroffen Entgegensetzung von Künstler und Bürger oder ... Philister. Der Künstler ist einsam in der sozialen Welt, er ist Außenseiter in einer prosaischen und bornierten Gesellschaft ... Daraus entstehen die großen Jahrhundertmythen: der Mythos vom verkannten und unverstandenen Künstler, der Mythos vom Heroen, der über Leid und Enttäuschung sich dennoch bewahrt und verwirklicht."[118]

Nun hütete sich die PILLE, die die große Geste und das schwergewichtige Wort ablehnte, davor, vom Künstler als Heroen zu sprechen, und ihr ausgesprochener Sinn für das Lockere, Leichtfertige hätte es ihr vermutlich schwer gemacht, von dessen Einsamkeit zu schreiben. Und doch lebte diese Avantgardezeitschrift letztlich davon, am Rande der Gesellschaft zu stehen, dem ‚Bürger' als beständiges Ärgernis zu dienen und von den meisten Zeitgenossen unverstanden zu bleiben. Nur hatte sie nach dem Ende des ‚bürgerlichen Zeitalters' und angesichts eines kunstpolitisch freieren Terrains der Weimarer Republik die Mittel in der Hand, sich von den einstigen Rahmenbedingungen bürgerlicher Dominanz großzügiger abzusetzen als andere Künstlergenerationen es vor ihr vermocht hatten. Geblieben war das Wissen um die Außenseiterposition am Rande des ‚Bürgerlichen', welche die PILLE stolz verteidigte, ja, welche eigentlich erst Grundlage ihrer Existenz wurde. Hier zeigte sich die lebensfrohe Seite des deutschen Expressionismus, nicht die düster-pessimistische, die einige seiner Dramen prägte; eine Seite, welche die Abwendung von den Älteren nicht als Entzug von Normalität und Harmonie hinnahm, sondern sie geradezu forderte, weil sie überzeugt war, daß deren Welt sich überlebt hatte.

Die Basis dieser Existenz – das kulturliberale Klima der Weimarer Demokratie – zu schützen, war dabei ebensowenig ihre Absicht wie die Suche nach anderen politisch-gesellschaftlichen Formationen, mit denen zusammen nach Alternativen des Daseins in und mit dem System hätte gesucht werden können.[119] Wie bei anderen Angehörigen der künstlerischen Avantgarde im Hannover der zwanziger Jahre forderte die Weimarer Republik, in der von Unentwegten immer noch das Gerücht verbreitet werde, „daß am 9. November Revolution gewesen ist",[120] allenfalls den Spott dieser Kritiker der PILLE heraus, wenn sie ihr nicht kurzerhand als zutiefst von bürgerlichen Werten und Normen durchsetzter Staatsform jedenfalls verbal schlicht ihre Unterstützung versagten. Und doch suchte sich die PILLE selbst in eben dieser Gesellschaft ihre Nische und erkannte damit ihr Außenseiterdasein ohne jeden für sie doch sonst so charakteristischen Widerspruch an. Sie kämpfte – so beschrieb sie sich selbst – „gegen das Spießertum – und hat nicht den Mut, revolutionär zu sein, erklärt die Politik für geistloses Geschwätz kleiner Wichtigtuer – und kann sich selbst dieser Politik nicht ganz erwehren."[121]

In diesem Zusammenhang ist auch die bewußte Distanzierung der PILLE von einem breiten Lesepublikum zu sehen. Alle hannoverschen Avantgardezeitschriften der zwanziger Jahre erreichten nur ein kleines Publikum von allenfalls wenigen tausend oder gar nur hundert Lesern. Das hatten sie gemein mit den meisten Produktionen aus dem Paul Steegemann Verlag und auch aus dem ZWEEMANN-Verlag. Verglichen mit den Auflagenzahlen für bürgerliche Blätter, die sich mit Fragen von Kunst und Kultur beschäftigten, also etwa der Zeitschrift NIEDERSACHSEN oder der HANNOVERSCHEN WOCHE, und in Anbetracht einer großen Zahl von Zeitschriften, Broschüren, Reden, Essays und anderen Druckerzeugnissen, die aufgrund der „Erfahrungsübersättigung"[122] deutscher Schriftsteller an der Schwelle zur Weimarer Republik auch Hannovers Markt bestimmten, liefen diese drei avantgardistischen Zeitschriften Gefahr, im großen Blätterwald unterzugehen. Aus diesem Grund erklärt sich vielleicht auch der enge Zusammenhalt der drei untereinander, eine Haltung, die weit weniger von Konkurrenz als vielmehr von verständnisvoller Unterstützung gekennzeichnet war. Doch bleibt festzuhalten, daß keines der drei Blätter Anstrengungen unternahm, nach einem größeren Absatzmarkt Ausschau zu halten. Die hannoverschen expressionistischen Zeitschriften wurden zu verhältnismäßig hohen Preisen verkauft und waren geprägt von den elitär-avantgardistischen expressionistischen Strömungen der Zeit. In allen Fällen handelte es um eine bewußte und absichtliche „Minderheitenpublizistik".[123] Diese Aussage gilt insbesondere für die PILLE, die einige ihrer Mitteilungen gleichsam chiffriert zu publizieren pflegte, so daß im Einzelfall nur eine Handvoll Leserinnen und Leser – nämlich jene, die mit den Zeitschriftenmachern befreundet waren – den Sachverhalt durchschauen konnten. Wesentlicher noch ist die Tatsache, daß eine derartig vehement und zugleich zumeist elegant betriebene und glänzend geschriebene Bürgerschelte, wie sie außer der PILLE nur noch der Paul Steegemann Verlag mit einigen seiner Verlagsprodukte betrieb, potentiellen bürgerlichen Rezipienten Verdruß bereitet haben dürfte, umso mehr wenn diese sich in einer der von der PILLE aufs Korn genommenen Kategorien des ‚Bürgers' selbst wiederfanden. Hier zielte die Provokation auf zwei miteinander verbundene Ziele ab: die Förderung des Zusammenhalts innerhalb der kleinen Gruppe der Leserschaft einerseits, die betonte Ab- und Ausgrenzung gegenüber der breiten bürgerlichen Öffentlichkeit andererseits. Diese Provokation geschah nicht, um die bestehende Beziehung zwischen ‚Bürger' und Avantgarde in Hinblick aufzulösen oder um gesellschaftlich-politische Strukturen zu ändern.

Die Tatsache, daß eine zahlenmäßig kleine Avantgarde ihre herausfordernd unverständliche Kunst gleichsam für sich selbst und unter Ausschluß der Mehrheit der an Kunst generell durchaus Interessierten produzierte, hat den Gegnern der Moderne immer wieder neue Nahrung für ihre Angriffe auf die zeitgenössische Kunst gegeben. Allenthalben führte das „Gefühl der herausfordernden Unabhängigkeit von allem Publikumsbeifall"[124] die Künste in außerordentliche Individualisierung und Autonomisierung. Künstler waren nicht länger verpflichtet, eine „von allgemein verbindlichen Wertidealen getragene bürgerliche Kultur"[125] in ihrem Werk zu reproduzieren. Schon Franz Marc sprach diesen Gedanken aus, als er feststellte, daß es seit Mitte des 19. Jahrhunderts keinen einheitlichen Kunststil mehr gebe und daß viele Werke seitdem „in gar keinem Zusammenhang mit dem Stil und Bedürfnis der Masse"[126] stünden und „eher ihrer Zeit zum Trotz entstanden"[127] seien. Diese Kunst war vor allem in den Augen manches bürgerlichen Kritikers nicht nur undeutbar, weil er die Interpretationscodes nicht annahm oder weil diese ihm schlicht vorenthalten wurden,[128] sondern sie stellte die bürgerlichen Kulturideale absichtlich in Frage. Berthold Hinz faßte diesen Zusammenhang in den Satz: „Die Massen, die die moderne Kunst nicht ‚verstehen', weil diese selber die Massen als ihre Adressaten ausschließt, müssen sich zu allem Überfluß noch den Vorwurf ihrer Dummheit gefallen lassen."[129]

All das waren Entwicklungen, die im Reich schon seit Jahrzehnten für Diskussionen gesorgt hatten und die von Anhängern der Moderne wie von deren Gegnern mit gleicher Vehemenz ausgetragen wurden. Das gilt für das Beispiel Hannover jedoch nur in eingeschränktem Maße, was in dem energischen Durchgreifen Heinrich Tramms in der städtischen Kunstpolitik, aber auch in weiten Teilen der privaten Kunstförderung begründet liegt. Umso mehr rückte die Auseinandersetzung mit der Moderne in Kunst und Kultur nach dem Ende der ‚Ära Tramm' in den Vordergrund. Hinzu kam, daß diese Moderne in den zwanziger Jahren mit den Aktivitäten der Kestner-Gesellschaft und jenen der Galerie von Garvens, mit Kurt Schwitters und den ABSTRAKTEN HANNOVER, mit vielfältigen Veränderungen im Theaterbereich, ganz zu schweigen von jenen in dem weiten Feld der Massenfreizeitkultur, eine außerordentliche Blütezeit erlebte. Diese Blüte entstand nicht aus einer gewandelten städtischen Kunstpolitik, sondern überwiegend aus privater Initiative, durch das Zusammenwirken unterschiedlichster künstlerischer Kräfte und finanziell potenter, begeisterungsfähiger Freunde und Förderer der Künste[130] und mußte geradezu zwangsläufig auf die überwiegende heit des bürgerlichen Publikums Hannovers überraschend, ja befremdlich und bedrohlich wirken. Die avantgardistischen Kunstzeitschriften konnten hier aufgrund ihres elitären, wenig auf Ausdeutung und Erklärung ausgerichteten Kurses, der vielmehr von einem bereits im Vorfeld vorausgesetzten Konsens zwischen Autor und Leserschaft bezüglich der zeitgenössischen Moderne ausging, nur in sehr eingeschränktem Maße jene Funktion des Vermittlers übernehmen, die etwa noch im Kaiserreich die unterschiedlichen Rundschauzeitschriften für die gebildeten Bürger der Nation wahrgenommen hatten.[131]

Wenn man den Bereich der hannoverschen Feuilletonisten und Schriftsteller in seiner Bandbreite zwischen der kulturpolitischen Linken und der kulturpolitischen Rechten abschließend betrachtet, stellt man fest, daß mit Christof Spengemann der einzige ohne jede Einschränkung erklärte Anhänger der Moderne aus dem Kreis der zehn Feuilletonisten und Schriftsteller[132] bereits ganz zu Beginn der Weimarer Republik durch den Bruch mit dem sozialdemokratischen VOLKSWILLEN die Basis für eine breitenwirksame Propagierung der avantgardistischen Kunst seiner Zeit verloren hatte. Während seine Rezensionen im ZWEEMANN von einer breiten Öffentlichkeit weitgehend unbeachtet blieben, arbeitete er für das HANNOVERSCHE TAGEBLATT zum einen als allenfalls moderater Beobachter der Kunstszene, zum anderen als Kommentator von allerhand alltäglichen Begebenheiten, welche jedenfalls den Bereich der künstlerischen Avantgarde weitgehend ausklammerten. Auch Gustav Schenk blieb die Mitarbeit bei einer der großen hannoverschen Tageszeitungen verwehrt; er war über die zwanziger Jahre hinweg wie Spengemann auf das Medium von wenn auch emphatisch für das Neue kämpfenden, so doch ausnehmend auflageschwachen und damit weithin unbekannten Kunstzeitschriften angewiesen. Paul Madsack, Sohn aus gleichzeitig bildungs- und wirtschaftsbürgerlichem Hause, verhielt sich der Moderne und vor allem dem literarischen Expressionismus gegenüber indifferent, was in Anbetracht seiner schriftstellerischen Neigungen fast überrascht, aber damit zu erklären ist, daß er hinter der Moderne das Oberflächliche, Modische meinte entlarvt zu haben. Johann Frerkings Haltung schließlich, und zwar jene, die er nicht im wesentlich stärker dem Neuen aufgeschlossenen HOHEN UFER, sondern im bürgerlichen HANNOVERSCHEN KURIER vertrat, ist am ehesten als die eines Kulturliberalen zu beschreiben.[133] Während seine Begeisterung für das junge zeitgenössische Theater eines Rolf Roenneke in Hannover sein persönliches Engagement herausforderte und er sich auch für die Arbeit der Kestner-Gesellschaft aktiv einsetzte, gestand er öffentlich freimütig seine Schwierigkeiten mit der Kunst der abstrakten hannover ein. Frerking begrüßte grundsätzlich die Moderne und die damit verbundene individuelle Freiheit des Künstlers und förderte auch den damit verbundenen Anspruch auf eine Demokratisierung der Künste. Mit ähnlicher Selbstverständlichkeit nahm er sich gleichwohl auch das Recht hinaus, einzelne Elemente der Moderne, die er für übertrieben hielt, abzulehnen.

Auf den ersten Blick – angesichts seines Engagement für die abstrakten hannover und seiner vielfältigen Hilfestellungen für die Kestner-Gesellschaft – scheint auch die Haltung Victor Curt Habichts von kulturliberalen Erwägungen geprägt gewesen zu sein. Doch Habichts Fürsprache für die Moderne war in sich höchst widersprüchlich, und bei jedem näheren Blick auf Biographie und Werk drängt sich der Eindruck auf, daß dieser Mann aus bildungsbürgerlichem Elternhaus, der durch die Inflation seiner materiellen Grundlagen beraubt worden war, viel Zeit seines Lebens damit verbracht hat, seine gesellschaftliche Position zu verbessern.[134] Habicht nimmt sich wie der Idealtyp des unmittelbar nach der Revolution von seiner geistigen Führerrolle im neuen Staat emphatisch überzeugten Intellektuellen aus, den der graue Alltag der Weimarer Republik mit der für ihn schmerzvollen wirtschaftlichen Deklassierung vollends enttäuschte, der dann sein Heil in allerlei Forschen nach dem „Innerlichen", „Gemütvollen", auch nach dem „Volkhaften" in diesen Zeiten des herrschenden „Intellektualistischen" suchte und der schließlich eilfertig vom Nationalsozialismus jene lang ersehnte Aufwertung seiner selbst erhoffte, um die es ihm auch in seiner wissenschaftlichen Arbeit letztlich immer gegangen war.[135]

Wie bei Habicht – wenngleich nicht aus opportunistischen Gründen – spielte in Georg Grabenhorsts Werdegang die Berücksichtigung des Volkhaften und Heimatlichen eine große Rolle. Nach den prägenden Erfahrungen im Weltkrieg in einen Strudel vielfacher Aktivitäten geraten, kam der gerade Zwanzigjährige auch in Kontakt mit der hannoverschen Avantgarde und erkannte hier schnell eine ihm ungesund erscheinende Entwicklung, eine „gewisse Überspannung, Überzüchtung, etwas wie Abendland-Müdigkeit".[136] Nach dieser Phase des Suchens arbeitete er, der im übrigen anders als viele seiner avantgardistischen Schriftstellerkollegen – indes hierin wiederum ähnlich wie Christof Spengemann – die festen Bindungen eines bürgerlichen Lebens zu schätzen wußte, für die hannoversche Provinzialverwaltung. Hier war er Bearbeiter einer Denkschrift, die, wie Werner Hartung herausarbeitete, eine ausgeprägt antipreußische Argumentation verfolgte, separatistische Züge trug und der kultur- und wertekonservativen niedersächsischen Heimatbewegung verpflichtet war.[137] Die Beschäftigung mit den niedersächsischen „Stammeseigentümlichkeiten",[138] wie er sie bezeichnete, wurden Grabenhorst für die zwanziger und auch für die dreißiger Jahre Zentrum seines privaten Interesses und seiner beruflichen Arbeit. Wie vielen Angehörigen der Heimatbewegung war auch ihm die niedersächsische Heimat gleichsam „Bollwerk im Strom der Zeit".[139] Der Glaube an die Werte dieser Heimat half ihm, der Entfremdung in einer industrialisierten, hochspezialisierten und zunehmend schnellebigeren Welt zu trotzen und schien eine „beruhigende und identitätsstiftende Statik inmitten der beängstigenden Grausamkeit des Wandels der Geschichte der Menschheit und der Natur"[140] zu garantieren. Diese Statik war für Georg Grabenhorst auch deshalb so bedeutsam, weil sie die eigene Positionierung innerhalb fester sozialer Hierarchien verbindlich garantierte, weil sie Leitbilder und Identifikationsraster anbot und durchaus auch die Orientierung an Führerpersönlichkeiten ermöglichte, welche der ehemalige Frontsoldat in der Gesellschaft der Weimarer Republik schmerzlich vermißte.

Auch Kurt Voß' Haltung zur Kunst und Kultur seiner Zeit und insbesondere zur regionalen Heimatbewegung, in der er auch durch seine Mitarbeit bei der Zeitschrift NIEDERSACHSEN stärker noch als Grabenhorst verwurzelt war, gibt Aufschluß auf ein in vielen Artikeln, Essays und Rezensionen unmißverständlich zum Ausdruck gebrachtes kulturkonservatives Denken. Voß' Positionen markieren zudem gerade deshalb so sinnfällig die grundlegenden Gegensätze zum Denken und Handeln der Freunde der Moderne, weil er sich – anders als Habicht oder besonders der in seinem fanatischen Haß und seiner rassistischen Verblendung maßlose Theodor Abbetmeyer – trotz der eindeutig kulturkonservativen Zielsetzung seiner Schriften betont sachlich, sorgsam abwägend und argumentativ begründend mit der Gegenwart auseinandersetzte. Diese Gegenwart befand sich nach der Überzeugung von Kurt Voß in einer grundlegenden Krise. Diese sei durch die „Atomisierung des Weltganzen"[141] und „Zerklüftung unseres Weltbildes"[142] im Gefolge der Industrialisierung entstanden, die durchaus anerkennenswerte technische Fortschritte mit sich gebracht, aber auch zu einer Entfremdung und Entwurzelung des Menschen aus seinem familiären, heimatlichen und nationalen ‚Urgrund' geführt habe. Der Großstadt mit ihrem „künstlichen Lebensgefüge",[143] der „Herrschaft des Apparates" und den modernen „Abstraktionen des Wohngedankens"[144] lastete er die Entwicklung des typenhaften, seiner Persönlichkeit beraubten Menschen an, den es nicht mehr in in die Natur und Heimat ziehe, sondern der nach schriller Sensation und oberflächlichem Nervenkitzel haste. Der Feuilletonchef des HANNOVERSCHEN KURIERS beklagte eine ungesunde ‚Ismenkunst', die „Intellektualisierung" der Kultur und die „Verinselung" der Künste. Kunst und Kultur, die „aus dem Gesichtskreis des Volkes entrückt"[145] seien, gelte es nun, wieder der „Mitte unseres Daseins" und der „Kraft echter Gemeinschaft"[146] zuzuführen. Das habe zum einen durch eine Förderung und Unterstützung der Jugendbewegung zu erfolgen, die den jungen Menschen „aus der Verkrüppelung der Zivilisation wieder in den eingeborenen Adel seines Wesens führen" solle.[147] Zum anderen solle die Heimatbewegung sich, etwa durch die Pflege des Volkstanzes und des Volksliedes, „der wachsenden Industrialisierung unseres Daseins, den angleichenden Mächten des immer weltbürgerlicher werdenden Lebens mit dem Ruf neuer Fundamentierung aus dem natürlichen Boden der Heimat"[148] entgegenstellen.

Mit seiner Kritik an einem elitären Ästhetizismus, an einer Kunst, die sich von den Grundfesten nationaler Kultur zugunsten einer reinen l'art pour l'art-Bewegung entfernt hatte, erwies sich Kurt Voß bereits früh als bürgerlicher Kritiker, der die Konstituenten der Avantgarde, die in der Verwirklichung eines grenzenlosen Individualismus und in der Aufhebung formaler wie inhaltlicher Grenzsetzungen bestanden, als ‚ungesunde' Entwicklung der Kunst verwarf. Wie vielen anderen Kulturkonservativen seiner Zeit ging es Voß darum, diese Entwicklung, die vier Jahrzehnte zuvor eingesetzt habe, zugunsten der Rückbesinnung auf eine ‚Kultur des Volkes' zum Stillstand zu bringen. Wie diese ‚Kultur des Volkes' auszusehen habe, blieb jedoch nicht nur in seinen Schriften seltsam undeutlich und vage.[149]

Insofern ließen sowohl Voß' Stellungnahmen als auch Georg Grabenhorsts oder Karl Anlaufs Versuche, mit Hilfe einer ‚Volkskultur' den von der Moderne abgestoßenen Zeitgenossen wieder an die wahre Kunst heranzuführen, letztlich unklar, ob tatsächlich traditionelle Elemente dieser Kultur allein, also etwa Volkslied oder Volkstanz, dies gewährleisten sollten. In manchen Beiträgen dieser Autoren scheint es so, als gehe es ihm auch um eine völkisch-nationalistische, kulturchauvinistische Kunst und Kultur, die sich einzelne Elemente aus der Moderne herausgriff und sich so gleichsam ‚teilmodernisierte'. In diesem Fall sollte die Betonung des vermeintlich unpolitischen Volkhaften darüber hinwegtäuschen, daß es sich tatsächlich um eine militante und aggressive Kritik an der Kunst und Kultur der Weimarer Republik handelte. Dieser Eindruck entsteht zumindest angesichts der regionalhistorischen Schriften Erich Rosendahls, die der Moderne pauschal eine „internationale und gar volksfeindliche Tendenz"[150] unterstellten. In Rosendahls Schriften (die von der Stadtverwaltung langfristig gefördert wurden) zeigte sich eine wesentliche Komponente kultur- und wertekonservativer Reaktion auf eine umfassende und tiefgreifende Moderne, deren Fortbestehen von dieser Seite ganz offensichtlich nicht gewünscht war. Erst auf den zweiten Blick offenbarten diese Schriften, daß hier nicht die ganze Moderne in allen ihren Erscheinungsformen verdammt wurde, sondern daß Rosendahl wie im übrigen auch Grabenhorst und Voß – etwa durch ihre Arbeit im regionalen Rundfunkausschuß, der eng mit dem Niedersächsischen Heimatbund zusammenarbeitete – sehr wohl einzelne Elemente der modernen Massenkultur zu nutzen wußte.

Was sich so mithin abzeichnet, sind Fragmentierungen in der Bewertung der Moderne, die gleichsam unterhalb der Ebene des Grobrasters einer Scheidung der Freunde der Avantgarde von ihren Gegnern fortbestanden. Diese Aussage soll nicht das engagierte Wirken von deutlichen Anhängern dieser Moderne in Frage stellen, deren engagiertester sicher Christof Spengemann war. Es geht auch nicht darum, in den Biographien Theodor Abbetmeyers, aber auch Karl Anlaufs und zahlreicher anderer erklärter Widersacher der Moderne Momente der Zustimmung zu zeitgenössischen Entwicklungen in Kunst und Kultur zu extrahieren, die tatsächlich zu keiner Zeit existierten. Es hat klare Freunde der Weimarer Kultur und es hat klare Gegner gegeben, und zwischen beiden Gruppen bestand eine tiefe Kluft und Feindschaft. Daneben aber gab es zahlreiche Mischformen, Kulturkonservative etwa, die einzelne Aspekte der Moderne und auch der modernen Massenfreizeitkultur durchaus anerkannten wie Georg Grabenhorst oder Kurt Voß, Kulturliberale, und zwar in der Bandbreite von Johann Frerking zu Paul Madsack, die bei grundsätzlicher Bereitschaft, die zeitgenössische Kunst und Kultur zu akzeptieren, sich doch öffentlich gegen bestimmte Erscheinungsformen aussprachen, Kultursozialisten und linksbürgerliche Intellektuelle wie den jungen Paul Steegemann, der in typisch kulturelitärer Haltung[151] den Druck pornographischer Werke in kleiner Auflage befürwortete, weil wohl die ungebildete breite Masse, nicht aber seinesgleichen durch derlei Bücher Schaden nehmen könne.

Es ist notwendig, Begrifflichkeiten wie ‚Kulturliberalismus', ‚Kultursozialismus', ‚Kulturmoralismus' und ‚Kulturkonservatismus' auf ihren Inhalt und ihre Verwendungsmöglichkeit zu untersuchen und sie schärfer voneinander abzugrenzen als dies bisher vielfach der Fall war. Gerade unter dem breiten Dach des Kulturkonservatismus fand und findet sich eine große Anzahl von Abtönungen, Vermengungen, ja, auch Widersprüchlichkeiten und Gegensätzen; Ausprägungen allesamt, die – gleichsam an ihren Rändern – weit in die kulturpolitische Linke wie die Rechte hineinreichten.

Wenn trotz der naturgemäß stärker ins Gewicht fallenden extremen Urteile über die Avantgarde in Kunst und Kultur in Hannover weniger von seiten der Linken, weit mehr von der Rechten – von der doch recht breiten Basis einer „moderaten Moderne" in Hannover ausgegangen werden kann, dann stellt sich die Frage, warum die Kontakte zwischen den Vertretern dieser Moderne einerseits, der Stadtverwaltung und dem Großteil der Bevölkerung andererseits so spärlich waren. Hier ist auf eine grundsätzliche Reserviertheit der breiten hannoverschen Öffentlichkeit zu verweisen, auf das Festhalten am Traditionellen wie etwa im Bereich städtischer Kunstankaufspolitik, auf Theaterrezensionen, die nicht den Hauch der Bereitschaft zur ernsthaften Auseinandersetzung zeigten, auf ebenso wütende wie durchaus borniert Publikumsreaktionen anläßlich von Kunstausstellungen und Theaterinszenierungen. Sich deutlich bietende Chancen wurden nicht genutzt, beherzter und unvoreingenommener auf die Vertreter der Moderne zuzugehen, die sich zumindest teilweise durchaus auskunftsbereit gaben. Nicht etwa prinzipielle Dummheit – wie so oft verkürzt behauptet wird – hat die vielfältigen Reaktionen der Ablehnung hervorgerufen. „Sorge, Angst und eine wachsende Ahnung des Untergangs"[152] angesichts der Unwägbarkeiten der Weimarer Demokratie einerseits waren hier ebenso verantwortlich wie ein gewisser prinzipieller „Antimodernismus aus Statusfurcht",[153] den die gesellschaftlichen Verschiebungen zu verantworten hatten. Auch das Gefühl der Dauerverunsicherung durch die zeitgenössische Kunst und Kultur, das Ralf Dahrendorf rückblickend vom „unmodernen Menschen in der modernen Welt"[154] sprechen ließ, spielte eine wichtige Rolle.

Bei aller Hochachtung für die ästhetischen Leistungen einer vielseitigen, innovativen und deshalb vom kunsthistorischen Standpunkt mit vollem Recht international anerkannten avantgardistischen Kunst- und Kulturszene ist festzustellen, daß manche um der reinen Provokation betriebene Pose des Bürgerschrecks seitens der Vertreterinnen und Vertreter der Moderne in Hannover zu einer Situation beigetragen hat, die Christof Spengemann mit der nur scheinbar lapidaren Bemerkung kommentierte: „‚Die Kunst gehört dem Volke'. Es muß zu ihr hingeleitet werden. In der Leitung scheint etwas faul zu sein."[155] Auch im Hinblick auf diese Grundkonstellation stellt sich die Frage, wie in den zwanziger Jahren, die durch eine Vielzahl von divergierenden Erfahrungshorizonten und Formen von Zeitverständnis geprägt waren, die Bereitschaft zum Konsens über eine Kunst hätte entstehen können, welche ihrerseits bereits seit mehr als einem Menschenalter nicht weniger uneinheitlich und in Richtungen zerspalten war.

1. Hannoverscher Anzeiger. Illustrierte Beilage, 25. November 1928, zitiert nach: Saldern, Adelheid von; Stadt und Moderne, S. 7 f.
2. Vgl. allg. dazu etwa: Hofmann, Wolfgang; Oberbürgermeister, bes. 35 ff.. Unruh, Georg Christoph; Städte im Kaiserreich. Reulecke, Jürgen; Bildungsbürgertum und Kommunalpolitik, bes. S. 140 f.
3. Biermann, Georg; Galerie Tramm, Typoskript, 4. Dezember 1913 (NSA, NL Christof Spengemann, nicht verzeichnet).
4. Vgl. allg. Nipperdey, Thomas; Wie das Bürgertum die Moderne fand, S. 17 f. Kranz-Michaelis, Charlotte; Rathäuser im deutschen Kaiserreich. Dies.; Neues Rathaus in Hannover. Steinweg, Wolfgang; Rathaus zu Hannover. Vgl. hier auch die Beiträge zu den Rathäusern in anderen deutschen Großstädten, die im Kaiserreich entstanden (Mai, Ekkehard/Paul, Jürgen/Waetzoldt, Stephan; Rathaus im Kaiserreich). Vgl. besonders: Paul, Jürgen; Neues Rathaus.
5. Protokoll der Sitzung der Städtischen Kollegien, August 1909, zitiert nach: Steinweg, Wolfgang; Neues Rathaus, S. 74.
6. Gmehlin, Hans-Georg; Einmütigkeit, S. 219 f. Balint, Anna; Einmütigkeit, bes. S. 2 f.
7. Vgl. allg. Mommsen, Wolfgang J.; Herausforderung der bürgerlichen Kultur, bes. S. 436 f.
8. Protokoll der Sitzung der Finanz-Kommission und der Museums-Kommission, 13. September 1919 (StAH Versch. Kommissionen, Bd. 21).
9. Ebda.
10. O.A.; Eröffnung der Frühjahrsausstellung. Im Künstlerhaus, Volkswille, 27. Februar 1929.
11. Protokoll der Sitzung des Theater-Ausschusses, 3. Mai 1928 (NStAH Hann. 310.III.D.70).
12. Protokoll der Sitzung des Theater-Ausschusses, 7. Mai 1921 (StAH HR X.C..10.32).
13. Ebda
14. Protokoll der Sitzung des Theater-Ausschusses, 13. April 1921 (StAH HR X.C.32).
15. Dubiel, Helmut; Kulturtheorie der Frankfurter Schule, S. 264. Umberto Eco urteilte, Massenkultur entstehe „in einer Gesellschaft, in der sämtliche Bürger mit gleichen Rechten am öffentlichen Leben, am Konsum, an der Kommunikation teilzunehmen in der Lage sind; sie entsteht unvermeidlich in Gesellschaften industriellen Typs. Wollen Herrschaftsgruppen, freie Verbände, politische oder wirtschaftliche Körperschaften sich der Gesamtheit der Bürger eines Landes mitteilen, müssen sie, unter Absehung von intellektuellen Differenzierungen, auf die Agenturen und Werkzeuge der Massenkommunikation zurückgreifen und unterliegen damit unvermeidlich den Regeln der ‚Anpassung an den Durchschnitt'." (Eco, Umberto; Apokalyptiker, S. 44f).
16. Vgl. dazu etwa Berking, Helmuth; Masse und Geist, Berlin 1984, bes. 177 f. Saldern, Adelheid von; ‚Kunst für's Volk', S. 51 f. Bollenbeck, Georg; Bildung und Kultur, S. 272 f.
17. Auszug aus dem Vorwort Arthur Menges zur Festschrift anläßlich der 75-Jahrfeier des hannoverschen Opernhauses, in: o.A.; Die Jubelfeier der Städtischen Bühnen. Vor 75 Jahren, Hann. Anzeiger, 2. September 1927.
18. Ebda.
19. Hakemeyer, Heinz; Das Königlich hannoversche Hoftheater 1852, 1. September, 1927. Vom Theater der Gegenwart, Hann. Landeszeitung, 31. August 1927.
20. Ebda.
21. Landesbühnen-Ausschuß; Theaternot, Theaterhilfe, S. 5.
22. Saldern, Adelheid von; Massenfreizeitkultur, S. 47. Nach Detlev J. K. Peukert hat sich die deutsche Sozialdemokratie damit von den Erfahrungswelten jener Bevölkerungsschicht fortentwickelt, die zu repräsentieren sie als ihre Aufgabe proklamierte: jener Welt der an- und ungelernten Arbeiter (Peukert, Detlev J. K.; Grenzen der Sozialdisziplinierung, S. 180 ff., bes. S. 187 ff.). Vgl. zum Zusammenhang zwischen Sozialdemokratie und dem Gedanken der Erhebung und Veredelung auch: Emig, Brigitte; Veredelung des Arbeiters, bes. 23 ff. Reulecke, Jürgen; ‚Veredelung der Volkserholung', bes. S. 147 f. u. 159. Vgl. allg. auch: Bausinger, Hermann; Bürgerlichkeit und Kultur, S. 133 f.
23. Aus einer Rede Hermann Eßweins, Freie Volksbühne München, welche von den Herausgebern des Mitteilungsblattes der Freien Volksbühne Hannover mit dem Hinweis gedruckt wurde, man halte Eßweins Ausführungen für „so beherzigenswert, daß wir sie unseren Lesern nicht vorenthalten wollen". (Eßwein, Hermann; Die Aufgaben der Volksbühne, in: Freie Volksbühne, 7. Jhg., Nr. 6, 9. Februar 1929, S. 8).
24. Ebda.
25. K., E.; Ein Theater-Abonnement beim Bühnenvolksbund ist der glühende Weihnachtswunsch vieler. Theatergemeinde Hannover, in: Volkstum und Bühne, 7. Jhg., H. 4, 4. Oktober 1931.
26. Graefenhain, Rudolf; Ein heller Fanfarenstoß. Theatergemeinde Hannover, in: Volkstum und Bühne, 8. Jhg., H. 1, 1. September 1932.
27. Protokoll der Sitzung des Theater-Ausschusses, 17. August 1921 (StAH HR X.C.10.32).
28. Bringmann, Michael; Kunstkritik, bes. S. 262.
29. Ebda., S. 263.
30. Vgl. zur Bedeutung des Feuilletonisten exemplarisch: Bringmann, Michael; Kunstkritik, bes. S. 267. Bruch, Rüdiger vom; Kunst- und Kulturkritik, bes. S. 315. Edler, Doris; Vergessene Bilder, S. 59 ff. Kulhoff, Birgit; Bürgerliche Selbstbehauptung im Spiegel der Kunst, bes. S. 55 f. Hansjürgen Koschwitz schrieb über die Aufgaben von Zeitschriftenforschung: „Auf diese Weise werden die Linien der geistigen, kulturellen und politischen Entwicklung nachgezeichnet. Durch das Studium der von der Geschichtswissenschaft häufig außer acht gelassenen Zeitdokumente gelingt es, zu überraschenden Ergebnissen über das Entstehen neuer Meinungen im Raum der politischen Öffentlichkeit vorzudringen." (Koschwitz, Hansjürgen; Zeitschriftenforschung, S. 71). Vgl. allg. Haacke, Wilmont; Zeitschriftenforschung.
31. Theodor Abbetmeyer (geb. 1869), Georg Grabenhorst (1899), Victor Curt Habicht (1883), Johann Frerking (1884), Paul Madsack (1881), Erich Rosendahl (1866), Gustav Schenk (1905), Christof Spengemann (1877), Kurt Voß (1896).
32. Vgl. dazu etwa: Ketelsen, Uwe-K.; ‚Jugend von Langemarck'.
33. Grabenhorst, Georg; Fahnenjunker Volkenborn, S. 258. Vgl. auch das Nachwort Grabenhorsts zu seinem Roman.
34. So fraglich es ist, FAHNENJUNKER VOLKENBORN in die durch Erich Maria Remarques IM WESTEN NICHTS NEUES begründete Reihe von Kriegsromanen aufzunehmen, so wenig überzeugend erscheint die Bezeichnung dieser Reihe mit dem Begriff des „demokratischen Kriegsromans" (vgl. Bornebusch, Herbert; Kriegsromane, S. 140).
35. Thomas Kühne schrieb hierzu in seinem Beitrag ‚„... AUS DIESEM KRIEG WERDEN NICHT NUR HARTE MÄNNER HEIMKEHREN'. KRIEGSKAMERAD-

SCHAFT UND MÄNNLICHKEIT IM 20. JAHRHUNDERT mit Blick auf die voraufgegangenen Tendenzen zu Rationalismus und übersteigertem Individualismus, auf die viele Jugendliche im Kaiserreich mit einer Sehnsucht nach neuen Bindungen reagiert hätten: „Die Schützengrabenkameradschaft des Ersten Weltkrieges wurde von vielen Männern als Erfüllung dieser Sehnsüchte erlebt und gedeutet. Die Welt der Schützengräben war eine Welt für sich. Gemeinsame Todesgefahr und gemeinsamer Überlebenswille ließen die sozialen und kulturellen Gegensätze, die das zivile Leben bestimmt hatten, oft bedeutungslos werden. Auch die Vereinzelung des zivilen Lebens schien manchmal sogar überwunden zu sein. Jedenfalls blieb eben dieses Erlebnis in der Erinnerung bestehen, während gegenläufige dem Vergessen und der Verdrängung anheimfielen. Nach 1918 wurde die Frontkameradschaft zur Leitidee eines antipluralistischen Gesellschaftsmodells und der geschlechterpolitischen Restauration ausgebildet. Dieses Modell richtete sich gegen den ‚Parteienhader', gegen die politisch-gesellschaftliche Zersplitterung des Kaiserreichs und der Weimarer Republik, mit zivilisationskritischem Impetus gegen die gesellschaftliche Anonymisierung sowie gegen die zunehmende Effeminierung des sozialen und politischen Lebens, für die das Frauenwahlrecht, der Eintritt der Frauen in männliche Berufsfelder und das Leitbild der ‚neuen Frau' nur die sichtbarsten Indikatoren zu sein schienen. Zielprojekt war die auf den Männerbund der soldatischen Kameraden aufruhende Volksgemeinschaft, wie sie der Nationalsozialismus dann einzulösen vorgab." (Kühne, Thomas; „... aus diesem Krieg werden nicht nur harte Männer zurückkehren', S. 177). Vgl. auch: Mosse, George; Gefallen für das Vaterland. Vgl. Reulecke, Jürgen; Männerbund versus Familie.

36 Carl Busse (1915), zitiert nach: Fries, Helmut; Deutsche Schriftsteller im Ersten Weltkrieg, S. 825. Vgl. auch: Rohkrämer, Thomas; August 1914, S. 760. Mommsen, Wolfgang J.; Bürgerliche Kultur und künstlerische Avantgarde, S. 128 ff.

37 Habicht, Victor Curt; Deutschland, S. 7.

38 Fries, Helmut; Deutsche Schriftsteller im Ersten Weltkrieg, S. 831 ff. Trommler, Frank; Verfall Weimars, S. 46 ff. Kaes, Anton; Einleitung.

39 Anonymus (d.i. Theodor Fontane); Die gesellschaftliche Stellung der Schriftsteller, in: Das Magazin für Litteratur, Bd. 60, 1891, Nr. 52, S. 818 f., zitiert nach: Ruprecht, Ernst/Bänsch, Dieter; Jahrhundertwende, S. 3.

40 Fries, Helmut; Deutsche Schriftsteller im Ersten Weltkrieg, bes. 831 f.

41 Mommsen, Wolfgang J.; Bürgerliche Kultur und künstlerische Avantgarde, S. 116 f., auch S. 134.

42 Vgl. zu diesem Komplex: Anz, Thomas; ‚Gesund' und ‚krank', bes. S. 241 f.

43 Auf den Komplex von Abbetmeyers weitverzweigten und tiefgehenden ideologischen Quellen konnte hier nicht eingegangen werden. Einen guten Einblick in die Bandbreite seines kulturpessimistischen Denkens bietet nach wie vor die Veröffentlichung Fritz Sterns; Kulturpessimismus. Als neurere Arbeit ist besonders hervorzuheben: Mendlewitsch, Doris; Volk und Heil. Die Autorin setzt sich in ihrer an der Universität Duisburg entstandenen Dissertation mit dem Gedankengut Houston Stewart Chamberlains (S. 18–50), Richard Wagners (S. 51–73), Julius Langbehns (S. 74–115), Paul Lagardes (S. 116–155) und Johann Gottlieb Fichtes (S. 156–224) auseinander. Vgl. allg. auch: Anz, Thomas; ‚Gesund' und ‚krank'.

44 Stern, Fritz; Kulturpessimismus, S. 318. Vgl. auch Merker, Reinhard; Bildende Künste im Nationalsozialismus, S. 11–26.

45 Stern, Fritz; Kulturpessimismus, S. 344. Vgl. auch Kaes, Anton; Ökonomische Dimension, S. 329.

46 Mayer, Dieter; Linksbürgerliches Denken, S. 130.

47 Hermand, Jost; Revolution und Restauration, S. 331. Vgl. dazu auch Sokel, Walter H.; Literarischer Expressionismus, S. 181 f.

48 Vgl. dazu etwa: Kaes, Anton; Einleitung. Gay, Peter; Hunger nach Ganzheit, S. 225.

49 Vgl. etwa Gay, Peter; Hunger nach Ganzheit, S. 228 ff. Christof Gradmann urteilt: „In Hinsicht seiner politischen und kulturellen Repräsentanten war der neue Staat ein eher alter, Charme und Appeal des Jugendlichen und Unverbrauchten gingen langfristig an das antirepublikanische Lager, besonders an die Nationalsozialisten." (Gradmann, Christof; Kunst und Kultur der Weimarer Republik, S. 57). Kaes, Anton; Einleitung, S. XXI.

50 Zur Begriffsdefinition vgl. Mayer, Dieter; Linksbürgerliches Denken, S. 20 ff.

51 Einen Überblick über den mit dem Begriff des „Novembergeistes" belegten „immanente(n) Bestandteil der Geschichte der ‚Jahrhundertwende', der ‚Entstehung der modernen deutschen Geschichte'" und „Knoten- und Kreuzungspunkt in der Geschichte des frühen 20." Jahrhunderts" (S. 108) bietet: Saldern, Adelheid von; ‚Nur ein Wetterleuchten'.

52 Schreiben Christof Spengemanns an Albert Meyer, 19. August 1919 (SAH, nicht verzeichneter Nachlaß Christof Spengemanns).

53 Mayer, Dieter; Linksbürgerliches Denken, S. 168. Mayer urteilte ferner in diesem Zusammenhang (S. 137f): „Obwohl sie (die Linksbürgerlichen, I.K.) die Notwendigkeit einer politischen und ökonomischen Demokratisierung aufgrund ihrer Erfahrungen im Kaiserreich nicht bestritten und sich in dieser Hinsicht vom Weimarer Staat Verbesserungen versprachen, bestimmte nach wie vor die idealistische Tradition ihr Denken insofern, als sie ‚Revolution' als einen geistigen und auf persönlicher Entscheidung beruhenden Akt ansahen und die primär ökonomisch orientierten Interessen der Arbeiter als Fehlverhalten falsch geleiteter Massen interpretierten ... Ihre Vorstellungen vom Ablauf geschichtlicher Prozesse erklärt ihr außerordentliches Interesse an der Erziehung der Unterprivilegierten durch die Intelligenz; dies schlug sich auch in ihrer Theorie zur Kunstproduktion und -rezeption durch die Massendemokratie nieder."

54 Vgl. zu dieser charakteristischen linksbürgerlichen Haltung: Mayer, Dieter; Linksbürgerliches Denken, S. 125 ff. Wolfgang J. Mommsen urteilt über die Tragweite dieses „Gesinnungssozialismus revolutionären Zuschnitts", der „vorwiegend emotionaler Art" gewesen sei: „Die künstlerische Avantgarde hatte vor dem Krieg die bürgerliche Welt vorwiegend aus gesinnungsethischen Gründen als materialistisch und kapitalistisch abgelehnt, ohne doch daraus Folgerungen zu ziehen; nunmehr verfestigte sich diese Einstellung zu einer politischen Option für die sozialistische Arbeiterbewegung, ohne jedoch deren Zielsetzungen im einzelnen zu kennen oder gar zu teilen." (Mommsen, Wolfgang J.; Bürgerliche Kultur und künstlerische Avantgarde, S. 170).

55 Spengemann, Christof; Publikus, in: Der Zweemann, 1. Jhg., H. 5, März 1920, S. 18.

56 Mayer, Dieter; Linksbürgerliches Denken, S. 100 f. Hermand, Jost, Revolution und Restauration, S. 332. Abosch, Heinz; Linke und das NS-

Phänomen, bes. S. 32 f. Kuhn, Heinz; Geistiges Gesicht, S. 216. Saldern, Adelheid von; Massenfreizeitkultur, S. 43. Bruce Murray urteilte am Beispiel der Filmproduktion der intellektuellen Linken: „Although leftist intellectuals and artists ... had promoted and experimented with such alternatives (grass-root alternatives) at various times throughout the period, they received little support and were often criticized by the political parties of the left. For the most part they developed and practiced their models of artistic production and reception independent of the SPD's and KPD's cultural programs." (Murray, Bruce; Film and the Weimar Republic, S. 237).

57 Bieber, Hans-Joachim; Bürgertum in der Revolution, S. 111–138, bes. 136 ff.

58 Steegemann, Paul; Jürgens, in: Die Weltbühne, 1. HJ., 1926, S. 565.

59 In: Der Marstall, H. 1/2, 1919/1920, S. 28.

60 Vgl. dazu: Meyer, Jochen, Paul Steegemann Verlag (1994), S. 85.

61 Schreiben des Ministerialrats Frey vom Reichs- und Pr. Ministerium für Wissenschaft, Erziehung und Volksbildung an den Dekan der Fakultät für Bauwesen der Technischen Hochschule Hannover, Prof. Dr. Simons, 13. September 1937 (NStAH Hann. 146A Acc. 88/81, Nr. 152).

62 Vgl. dazu etwa: Diwald, Hellmut; Literatur und Zeitgeist, S. 248. Kuhn, Helmut; Geistiges Gesicht, S. 219 f. Radkau, Joachim; WELTBÜHNE als falscher Prophet. Eberhard Kolb kam zu folgendem Urteil: „Die kulturelle Szene und das politische Leben in Weimar-Deutschland stehen in einem unvermittelten Verhältnis zueinander ... Daß die Rahmenbedingungen für eine freie Entfaltung der künstlerischen und geistigen Energien nicht zuletzt durch die spezifische Gestaltung des politischen Systems garantiert wurden, ist damals nicht ausreichend gewürdigt worden. Zahlreiche Exponenten der ‚Weimarer Kultur' übten zum Teil ätzende Kritik an der konkreten Erscheinungsform der republikanischen Staatsordnung und waren weit davon entfernt, sich mit der ‚Weimarer Republik' zu identifizieren. Insofern war die ‚Weimarer Kultur' nicht so sehr die Kultur *der* Republik, sondern deutsche Kultur *in der Zeit* der Weimarer Republik." (Kolb, Eberhard; Weimarer Republik, S. 92).

63 Vgl. dazu vor allem: Radkau, Joachim; WELTBÜHNE als falscher Prophet? Vgl. auch Thomas Koebners Einleitung zu dem von ihm herausgegebenen Werk (Weimars Ende), und hier bes. S. 11 f. Eine knappe Zusammenfassung bietet auch: Erdmann, Karl Dietrich; Die Weimarer Republik, S. 259.

64 Koebner, Thomas, Einleitung, in: Ders.; Weimars Ende, S. 12. Vgl. Diwald, Hellmut; Literatur und Zeitgeist, S. 248 f.

65 „Vor allem die Gebildeten konnten mit der uneingeschränkten Autonomie des öffentlichen Lebens, seiner kulturellen Freiheit, die buchstäblich keine Grenzen hatte, nichts anfangen. Sie bewiesen mit ihrer gepflegten Republikmüdigkeit, der Gemeinsamkeit ihrer Protesthaltung gegen den Liberalismus in der Weimarer Formel und den entsprechenden Institutionen ein wahrhaft ergreifendes Übermaß an politischer Unbildung. Ihre Leidenschaft kristallisierte sich immer nur um die jeweiligen Gegner, und sie waren in diesem Kampf aller gegen alle insgesamt unbewußte oder erklärte Feinde der Republik und hatten damit an der Zersetzung ebensoviel Anteil wie die politischen Abbruchparteien. Immerhin ist es beachtenswert, daß die klarsten Stimmen, daß die schärfste Sicht der Lage bei Schriftstellern vorhanden war und nicht bei den Männern des Metiers, den Politikern." (Diwald, Hellmut; Literatur und Zeitgeist, S. 248 f.)

66 Gay, Peter; Republik der Außenseiter, S. 144.

67 Kuhn, Helmut; Geistiges Gesicht, S. 216 f.

68 Eberhard Kolb kommt in diesem Zusammenhang zu folgendem Urteil: „Die großartige – und die Nachwelt mit Recht so stark beeindruckende – Entfaltung von Kunst und Kultur in der Weimarer Zeit hat daher der Republik in ihren aktuellen politischen und sozialen Nöten keine Entlastung gebracht oder ihr gar eine höhere ‚Legitimität' zuwachsen lassen, sondern im Gegenteil: Durch die Konfrontation im Kultursektor wurde der aus den scharfen Gegensätzen erwachsende Grunddissens unter den Deutschen der Weimarer Zeit noch verstärkt. Als herausragendes Charakteristikum der ‚goldenen zwanziger Jahre' erweist sich bei näherer Betrachtung daher die Gespaltenheit zwischen Wille zur Modernität und Angst vor der Modernität, zwischen Radikalismus und Resignation, zwischen Ausrichtung auf nüchtern-sachliche Rationalität und Hinwendung zu einem tiefen Irrationalismus mystisch-kontemplativer oder chiliastischer Färbung." (Kolb, Eberhard; Weimarer Republik, S. 106).

69 Trommler, Frank; Verfall Weimars, S. 52.

70 Schreiben Justus Biers an Karl Siebrecht, 6. November 1930 (NStAH Dep. 100 A.43).

71 Ebda.

72 Schreiben Christof Spengemanns an Walther v. Hollander, Stellv. Schriftleiter des PEN-Clubs, Sektion Deutschland, 24. Februar 1931 (SAH, NL Christof Spengemann, nicht verzeichnet).

73 Sk., P.; Kollektiver Egoismus!, in: Der Wachsbogen, Nr. 9/10, 1932.

74 Vgl. dazu: Mommsen, Hans; Generationskonflikt und Jugendrevolte, bes. S. 52, 54 u. 62. Nach wie vor von großer Bedeutung ist der Aufsatz Karl Mannheims DAS PROBLEM DER GENERATIONEN, in dessen zweitem Teil es heißt: „Generationszusammenhang ist entscheidend mehr als bloße Generationslagerung ... Man muß im selben historisch-sozialen Raume – in der selben historischen Lebensgemeinschaft – zur selben Zeit geboren sein, um ihr zurechenbar zu sein, um die Hemmungen und die Chancen jener Lagerung passiv ertragen, aber auch aktiv nützen zu können ... Diese Verbundesheit könnte man kurzweg als eine *Partizipation an den gemeinsamen Schicksalen* dieser historisch-sozialen Einheit bezeichnen ... Von einem *Generationszusammenhang* werden wir also nur reden, wenn reale soziale und geistige Gehalte gerade in jenem Gebiete des Aufgelockerten und werdenden Neuen eine reale Verbindung zwischen den in derselben Generationslagerung befindlichen Individuen stiften ... *Dieselbe Jugend, die an derselben historisch-aktuellen Problematik orientiert ist, lebt in einem ‚Generationszusammenhang'; diejenigen Gruppen, die innerhalb desselben Generationszusammenhanges in jeweils verschiedener Weise diese Erlebnisse verarbeiten, bilden jeweils verschiedene ‚Generationseinheiten'* im Rahmen desselben Generationszusammenhanges." (Mannheim, Karl; Problem der Generationen, S. 311 ff). Peter Gay urteilte zusammenfassend: „Entfremdete Söhne suchten nach anderen entfremdeten Söhnen und bildeten einen großen ‚Bund der Freundschaft'." (Gay, Peter; Hunger nach Ganzheit, S. 225).

75 Vgl. dazu etwa: Kreuzer, Helmut; Boheme, S. 51 ff.

76 Ebda., Vorwort u. S. 47.

77 Ebda., S. 284 ff. Weiter heißt es zusammenfassend: „Der politische Enthusiasmus für Proletariat bzw. Sozialismus war teilweise in nicht-politischen, avantgardistischen Motiven begründet. Die Kunst-,Revolutionen' der Moderne werden gleichgesetzt mit der politischen Revolu-

tion unterbürgerlicher Schichten ..., der Avantgardismus der Kubisten, Futuristen usw. mit dem der Leninisten ... Vom Selbstverständnis des Künstlers als des ‚genialen Menschen' war für viele nur ein Schritt zum politischen Macht- und Führungsanspruch der literarischen-künstlerischen Avantgarde ... Die Begeisterung für die Arbeiterschaft war wenigstens teilweise die Begeisterung selbsternannter Führer für die Masse, die man im Namen des Geistes und im Interesse des Geistigen zu führen gedachte." (Ebda., S. 289). „Wo die politische Boheme die Möglichkeit einer Wahl zwischen mehreren oppositionellen Bewegungen hatte, war der Eindruck der größeren Radikalität oft ausschlaggebend." (Kreuzer, Helmut; Boheme, S. 301).

78 Ebda., S. 48.
79 Ebda.
80 Vgl. zu dieser Schrift etwa: Kaes, Anton; Einleitung, S. XXIIIf. Trommler, Frank; Verfall Weimars, S. 37 ff. Ringer, Fritz K.; Gelehrte, S. 62 ff. u. 186 f. Kaes, Anton; Ökonomische Dimension der Literatur, S. 308 ff. Trommler, Frank; Inflation, Expressionismus und die Krise der literarischen Intelligenz, S. 293 ff.
81 Winkler, Michael; Paradigmen, S. 361.
82 Vgl. dazu: Anz, Thomas; ‚Gesund' und ‚krank', bes. S. 241 ff.
83 R., E.; Hoftheater. Rückblick und Ausblick, Deutsche Volkszeitung, 4. Juli 1920.
84 Ebda.
85 Anlauf, Karl; Revolution in Niedersachsen, S. 5.
86 Ebda., S. 123.
87 Vgl. zu dieser typischen Argumentation der Zeit: Saldern, Adelheid von; Massenfreizeitkultur, S. 27.
88 qn.; Dr. Menges Kritik an den Bürgervereinen, Bürgerwacht, 1. August 1931.
89 O.A.; Wahlvorschlag Kampffront Schwarz-Weiß-Rot, Bürgerwacht, 1. März 1933.
90 Thomas Anz schreibt über den Vorwurf der ‚Entartung' in der Diskussion: „In alten und neuen Kontroversen um jeweils zentrale Werte und Normen unserer Kultur sind die Begriffe ‚gesund' und ‚krank' ... von ähnlich herausragender Bedeutung wie ‚gut' und ‚böse', ‚wahr' und ‚falsch', ‚schön' und ‚häßlich'. Mit ihnen werden die Grenzen zwischen gesellschaftlich Zugelassenem und Normwidrigem gezogen ... Michel Foucault hat ... auf das Potential sozialer Macht und Kontrolle aufmerksam gemacht, das Verwendung der Begriffe psychischer Gesundheit und Krankheit eigen ist, und dabei vor allem auch auf ihre Funktion verwiesen, die Normen bürgerlich-zivilisierter Rationalität durch die soziale Ausgrenzung aller Formen sogenannter Unvernunft zu stabilisieren ... Die rhetorische Wirksamkeit des Attributs ‚krank' in normativen Diskursen basiert, wo es allein pejorativ gemeint ist, vor allem auf dem Angstpotential, das es zu mobilisieren vermag: Es droht mit sozialer Isolation und dem Stigma der Minderwertigkeit, und es warnt vor Verhaltensweisen oder Verhältnissen, die als pathogen gelten." (S. 241) „Seit der rapiden Modernisierung ... im letzten Drittel des 18. Jahrhunderts sind die Innovationsschübe von seiten der jeweils jüngsten Generation einem permanenten Pathologieverdacht ausgesetzt." (S. 241) Gefordert worden sei stattdessen „die kräftige, heitere, sittlich gefestigte, anpassungsfähige, tüchtige und erfolgreiche Persönlichkeit, der gesunde Bürger also, der sich nicht durch individualistische Exklusivität und Exzentrik separiert, der Gemeinschafts- statt Eigensinn zeigt, ‚gesunden Menschenverstand' vor hochgeschraubte Intellektualität stellt und sich nicht aus der gegebenen Wirklichkeit in irrationalistische Sehnsüchte flüchtet." (S. 245)
91 Grosz, George/Herzfelde, Wieland; Die Kunst ist in Gefahr, Berlin 1925, S. 41, zitiert nach: Hinz, Berthold; ‚Zweierlei Kunst in Deutschland', S. 265.
92 Vgl. dazu etwa: Radkau, Joachim; WELTBÜHNE als falscher Prophet, S. 57 ff. Diwald, Hellmut; Literatur und Zeitgeist, S. 240 ff. Trommler, Frank; Verfall Weimars, S. 43. Koebner, Thomas; Einleitung, in: Ders.; Weimars Ende, S. 15. Löhneysen, Wolfgang Freiherr von; Deutsche Kunst um 1920. Hans Egon Holthusen urteilte: „Die Überzeugung, daß künstlerischer Avantgardismus und soziale Revolution untrennbare Verbündete seien, ist doch als eine immer wieder aktualisierte Denkmöglichkeit bis tief ins 20. Jahrhundert hinein überliefert worden. In den avantgardistischen Bewegungen, die sich um das Jahr 1917, Lenins großes Jahr, gruppieren – Futurismus, Expressionismus, Dadaismus, Surrealismus – hat sie wieder viele leidenschaftliche Prediger gefunden." (Holthusen, Hans Egon; Kunst und Revolution, S. 7 ff.). Vgl. dazu: Hermand, Jost; Revolution und Restauration.
93 Vgl. etwa Kaes, Anton; Einleitung, bes. S. XXIIf.
94 Laqueur, Walter; Weimar, S. 8. Erich Steingräber schrieb von der „bis heute anzutreffende(n) Anmaßung", ein „Gleichheitszeichen zwischen ‚intellektuell' und ‚linksintellektuell'" zu setzen: „Es war ein undemokratischer Trugschluß zu meinen, die Intellektuellen müßten in der Politik die führende Rolle spielen." (Steingräber, Erich, Einleitung, in: Ders.; Deutsche Kunst der zwanziger und der dreißiger Jahre, S. 8f). Peter Gay faßte zusammen: „Die Republik wurde in der Niederlage geboren, lebte in Aufruhr und starb in der Katastrophe, und von Anfang an gab es viele, die ihrer Plackerei mit völliger Gleichgültigkeit oder mit jenem ruchlosen Entzücken am Leiden anderer zusahen, für das die Deutschen das vielsagende Wort Schadenfreude geprägt haben." (Gay, Peter; Republik der Außenseiter, S. 18). Vgl. auch: Preradovich, Nikolaus von; Bewußtsein der Zeitgenossen, S. 121 f.
95 Dahrendorf, Ralf; Gesellschaft und Demokratie, S. 295 u. 306.
96 Zitiert nach: Lützeler, Paul Michael, Kommentar, S. 221.
97 Ebda. Vgl. auch Lämmert, Eberhard; Bürgerlichkeit als literarhistorische Kategorie, S. 201: „Künstlerexistenzen sind zu allen Zeiten abhängig von einer tragenden Gesellschaftsschicht, gehören zugleich aber in aller Regel oder zumindest in mancher Hinsicht zu deren Außenseitern." „Nicht also als einen unter vielen Ständen und Berufen, sondern als einen berufsfreien Stand mit Stellvertreterfunktion für alle menschlichen Belange faßten die Schriftsteller alsbald ihre eigene gesellschaftliche Rolle auf. Der reale Preis, der dafür zu entrichten war, war die Herauslösung aus den zeitgenössischen sozialen Ordnungen und Sicherheiten." (S. 211) Lämmert spricht in diesem Zusammenhang von einer „unbürgerlichen Bürgerlichkeit" und erläutert dies wie folgt: „Die regelhaft unbürgerlichen Züge haben dabei ihre Wurzel jeweils in der Nötigung der freien Schriftsteller, sich in einer Zeit des akzelerierenden gesellschaftlichen Wandels und der zunehmenden Geldherrschaft als Individuum zu behaupten, das Ökonomie und Konventionen gleichermaßen verachtet, dafür aber in seiner schöpferischen Tätigkeit und seinem stellvertretenden Leiden repräsentativ für alle Menschen stehen und doch als einzelner verstanden werden möchte." (Ebda., S. 215). Vgl. auch Engelhardt, Ulrich; ‚Bildungsbürgertum', S. 28. Mayer, Dieter; Linksbürgerliches Denken, S. 32.
98 Engelhardt, Ulrich; ‚Bildungsbürgertum', S. 191 f.

⁹⁹ Ebda.
¹⁰⁰ Bezüglich des ‚Bürger'-Begriffs und seiner unterschiedlichen Deutungsansätze sei hier noch einmal auf die einflußreichen Bürgervereine Hannovers zurückverwiesen. Hier wurde der ‚Bürger' vom – durchaus negativ gesehenen – ‚bourgeois' (im Sinne von Emporkömmling) scharf abgegrenzt. Sich als wahrer Bürger zu erweisen, war erstrebenswertes Ziel., denn es beinhaltete, zum „stolze(n) Stand der Mitte" zu gehören, des „Vaterlandes Bürg" und „Rückgrat des Staates" zu sein (o.A.; Vor den Wahlen, Bürgerwacht, 3. Mai 1928. Vgl. auch o.A.; Gibt es noch den deutschen Bürger?, Bürgerwacht, 15. Oktober 1929. O.A.; Der deutsche Bürger (Gedicht), Bürgerwacht, 2. November 1929). Die Bürgervereine beeilten sich in der Regel herauszustellen, daß mit dem zu schützenden Staat keinesfalls die Demokratie der zwanziger Jahre gemeint war, in der ‚linke' und vermeintlich ‚undeutsche' Bestrebungen geduldet und gefördert würden. Ihr postuliertes Ziel bestand häufig in der (Wieder)-Herstellung eines starken, zentralistisch strukturierten Staates mit verhältnismäßig wenig Parteienbeteiligung, der die alten Rechte und Privilegien des Bürgertums restituierte.
¹⁰¹ Spengemann, Christof; Wahrheit über Anna Blume, S. 23.
¹⁰² Spengemann, Christof; Sinn der Kunst, in: Der Wachsbogen, Nr. 9/10, 1932, S. 19 f.
¹⁰³ Vgl. dazu exemplarisch: Spengemann, Christof; Opfert!, in: Der Zweemann, 1. Jhg., H. 1, November 1919, S. 3. Vgl. dazu auch: Klössel, Christiane, Zweemann, S. 122.
¹⁰⁴ Spengemann, Christof; Opfert!, in: Der Zweemann, 1. Jhg., H. 1, November 1919, S. 3.
¹⁰⁵ Vgl. dazu etwa: Mayer, Dieter; Linksbürgerliches Denken, S. 224 ff.
¹⁰⁶ Hala, Melchior; Dostojewski und die neue Welt, in: Der Zweemann, 1. Jhg., H. 4, Februar 1920, S. 8.
¹⁰⁷ Vgl. dazu Reichel, Peter; Schöner Schein, S. 53.
¹⁰⁸ Vgl. dazu Kreuzer, Helmut; Boheme, Vorwort, S. V, S. 47, 141 ff.
¹⁰⁹ Helmut Kreuzer schrieb hierzu: „Das Verhältnis zu Besitz und Erwerb steht im Zeichen von Verzicht und Verschwendung. Charakteristisch sind Leichtsinn, der sich der Sorge entschlägt, Fähigkeit zur Reduktion der Bedürfnisse, die Bedenkenlosigkeit einer parasitären Existenz." (Kreuzer, Helmut; Boheme, S. 49).
¹¹⁰ Michel, Wilhelm; Über Metaphysik des Bürgers, in: Der Marstall, H. 1/2, 1919/1920, S. 3 f.
¹¹¹ Ebda.
¹¹² Ebda.
¹¹³ Ebda.
¹¹⁴ Gröttrup, Bernhard; Geliebte Pillenser, in: Die Pille, 1. Jhg., H. 15, 9. Dezember 1920, S. 338.
¹¹⁵ Manfried, Max-Marten; Totentanz, in: Die Pille, 2. Jhg., H. 1, 6. Januar 1921, S. 23.
¹¹⁶ Gröttrup, Bernhard; Geliebte Pillenser, in: Die Pille, 1. Jhg., H. 15, 9. Dezember 1920, S. 338.
¹¹⁷ Vgl. allg. Nipperdey, Thomas; Wie das Bürgertum die Moderne fand, S. 33 ff. Lenman, Robin; Painters, Patronage and the Art Market in Germany. Mommsen, Wolfgang J.; Herausforderung der bürgerlichen Kultur, S. 439 ff. Lenman, Robin; Deutscher Kunstmarkt 1840–1923. Grasskamp, Walter; Einbürgerung der Kunst, bes. 107 ff. Lenman, Robin; Die Kunst, die Macht und das Geld, bes. S. 83 f. Mommsen, Wolfgang J.; Bürgerliche Kultur und künstlerische Avantgarde, S. 99 f., 105 ff. Vgl. Petersen, Jürgen H.; ‚Das Moderne' und ‚die Moderne', vor allem S. 139 u. 141. Vgl. auch Reichel, Peter; Schöner Schein, bes. S. 49.
¹¹⁸ Nipperdey, Thomas; Wie das Bürgertum die Moderne fand, S. 46 f. Hermann Bausinger urteilte zum grundsätzlichen Verhältnis zwischen Bürger und Künstler im bürgerlichen Zeitalter: „Was ‚bürgerlich' ist, wird vom munteren Völkchen der Künstler ironisiert und abgelehnt, die Bürger aber haben nur einen gebremsten Zugang zu diesen Seiten der Kunst. Sie setzen auch hier auf das Biedere, Tüchtige, und ebnen so der Literatur, der Musik, der Bildenden Kunst dem Weg auch zu nichtbürgerlichen Schichten: Verbürgerlichung ... die romantische Essenz der Kunst war für den Großteil des bürgerlichen Publikums nur in sehr verdünnter Form genießbar." (Bausinger, Hermann; Bürgerlichkeit und Kultur, S. 135). Vgl. auch Lämmert, Eberhard; Bürgerlichkeit als literaturhistorische Kategorie, S. 215. Anz, Thomas, ‚Gesund' und ‚krank', S. 242.
¹¹⁹ Vgl. Reichel, Peter; Schöner Schein, S. 56.
¹²⁰ Arbiter; Dös nennt man a Kurasch'n, in: Die Pille, 2. Jhg., H. 9, 3. März 1921, S. 235.
¹²¹ G., B.; Kientopp der PILLE, in: Die Pille, 2. Jhg., H. 2, 13. Januar 1921, S. 46
¹²² Kaes, Anton; Einleitung, S. V. Vgl. auch Mayer, Dieter; Linksbürgerliches Denken, S. 48 ff.
¹²³ Koszyk, Kurt; Deutsche Presse 1914–1945, S. 285.
¹²⁴ Nipperdey, Thomas; Wie das Bürgertum die Moderne fand, S. 45 f.
¹²⁵ Mommsen, Wolfgang J.; Herausforderung der bürgerlichen Kultur, S. 441.
¹²⁶ Kandinsky, Wassily/Marc, Franz; Der Blaue Reiter, zitiert nach: Mommsen, Wolfgang J.; Herausforderung der bürgerlichen Kultur, S. 441.
¹²⁷ Ebda.
¹²⁸ Doris Edler urteilt in diesem Zusammenhang: „Die Wendung der modernen Malerei vom Inhalt zur Form erschwerte einerseits dem ästhetisch nicht vorgebildeten Publikum den lebensweltlichen Zugang über die funktionalistische Rezeption der Bilder. Doch auch das gebildete Publikum sah sich plötzlich vor beträchtlichen Orientierungsschwierigkeiten. Geprägt durch klassisches Bildungswissen und die zählebige Tradition des klassizistischen Kunstideals erwiesen sich angesichts des modernen Stilpluralismus die alten inhaltsbezogenen Decodierungsschlüssel als unbrauchbar. Gewohnt, Bilder, die technische Perfektion der Abbildungen vorausgesetzt, nach Wert und geistigem Gehalt des in ihnen dargestellten Gegenstands zu beurteilen, lief es bei den modernen Bildern mit dieser Rezeptionsweise, die von der jeweiligen subjektiven Kunstauffassung und bestimmten künstlerischen Wollen der modernen Maler verfehlte, ins Leere. Folge dieser unangemessenen Rezeption war die Ablehnung und Ausgrenzung dieser Kunst, da ihre Anerkennung eine Infragestellung des eigenen Bildungsbestands bedeutet hätte." (Edler, Doris; Vergessene Bilder, S. 223).
¹²⁹ Hinz, Berthold; ‚Zweierlei Kunst', S. 264 f.
¹³⁰ Joachim Büchner faßte diese Entwicklung folgendermaßen zusammen: „Das eigenartige Phänomen des zeitgleichen Aufbrechens dieser vielfältig differenzierten Kunstszene ist dem glücklichen Zusammentreffen günstiger Voraussetzungen zu verdanken. Erst aus solchem Zusammenwirken wird die ... Situation verständlich: Es ist einerseits die Präsenz der unterschiedlichen künstlerischen Kräfte, die weder vor-

noch nachher existent waren. Andererseits sind es die begleitenden, vermittelnden Aktivitäten von Künstlern und Förderern der Künste. Beides zusammen vermag einer an sich künstlerisch traditionslosen Stadt plötzlich und für einige Dezennien das Flair eines Zentrums der Künste zu geben." (Büchner, Joachim; Geleitwort, in: Sprengel Museum Hannover; die abstrakten hannover, S. 7).

131 Vgl. dazu etwa: Syndram, Karl-Ulrich; Rundschau-Zeitschriften, bes. S. 356 u. 367. Bruch, Rüdiger von; Kunst- und Kulturkritik. Syndram, Karl-Ulrich; Kulturpublizistik und nationales Selbstverständnis, bes. S. 35–42 u. 152–156.

132 Es handelt sich in dieser Zusammenstellung sowohl um die acht im zweiten Abschnitt dieser Arbeit vorgestellten Personen als auch um die Journalisten und Feuilletonisten Erich Rosendahl und Karl Anlauf.

133 Vgl. zur Begriffsdefinition wie zur diffizilen Abgrenzung des Kulturliberalismus vom Kulturkonservatismus: Saldern, Adelheid von; Massenfreizeitkultur, S. 40 f.

134 Vgl. zu dieser Position: Kaes, Anton; Einleitung, S. XIXf.

135 Vgl. dazu etwa: Kaes, Anton; Einleitung, S. XIX-XXXIII. Kaes, Anton; Ökonomische Dimension der Literatur, S. 309. Jarausch, Konrad H.; Unfreie Professionen, bes. S. 135 ff. u. 140 f. Vgl. vor allem: Jarausch, Konrad H.; Krise des deutschen Bildungsbürgertums. Ringer, Fritz K.; Gelehrte, vor allem S. 62–87. Für diesen Zusammenhang ist der Ausspruch Robert Michels' aus dem Jahr 1934 bezeichnend, der rückblickend urteilte, das Mandarinentum sei nicht an eine Situation gewöhnt gewesen, in der „ein gelehrter Schriftsteller mit einer gedruckten Zeile nicht so viel verdient wie ein Straßenkehrer mit zwei Bewegungen seines Besens" (Michels, Robert; Umschichtungen in den herrschenden Klassen nach dem Kriege, Stuttgart 1934, S. 9 f., zitiert nach: Ringer, Fritz K.; Gelehrte, S. 224).

136 Grabenhorst, Georg; Wege und Umwege, S. 30.

137 Hartung, Werner; ‚Vaterland als Hort von Heimat', S. 131 f., vgl. auch S. 128.

138 Grabenhorst, Georg; Osnabrück im niedersächsischen Schrifttum, in: Niedersachsen, 35. Jhg., 1930, S. 506.

139 Hartung, Werner; ‚Vaterland als Hort von Heimat', S. 115.

140 Ebda.

141 Dr. V.; Zum 101. Male Frühjahrs-Ausstellung. Im Kunstverein Hannover, Hann. Kurier, 7. März 1933.

142 Ebda.

143 Voß, Kurt; Kultur im Umbruch der Zeit, in: Niedersachsen, 38. Jhg., 1933, S. 100.

144 Ebda.

145 Dr. V.; Zum 101. Male Frühjahrs-Ausstellung. Im Kunstverein Hannover, Hann. Kurier, 7. März 1933.

146 Voß, Kurt; Hannoversche Kunst seit 150 Jahren, in: Niedersachsen, 37. Jhg., 1932, S. 269.

147 Voß, Kurt; Jugend und Heimatbewegung, in: Niedersachsen, 33. Jhg., 1928, S. 310.

148 Ebda., S. 309.

149 Vgl. dazu Saldern, Adelheid von; Massenfreizeitkultur, S. 29. Saldern, Adelheid von; ‚Kunst für's Volk', S. 52 f. Hermann Bausinger kommt in seinem Beitrag BÜRGERLICHKEIT UND KULTUR, der sich u.a. auch mit dem „Komplementärverhältnis" (S. 136) von bürgerlicher Kultur und Volkskultur beschäftigte, zu folgendem Ergebnis: „Für die bürgerliche Kultur jedenfalls waren die unpräzisen, aber eben dadurch auch viel Identifikationsfläche bietenden Konstrukte Volk und Volkskultur hochfunktional. Bürgerliche Normen und Werte wurden dadurch nicht gefährdet – schon deshalb nicht, weil diese in das Konstrukt hineingetragen waren. Volkskultur funktionierte als Angebot an alle Schichten, einen wenn nicht bürgerlichen, so doch bürgerlich sanktionierten Modus von Kultur zu übernehmen. Gleichzeitig aber fungierte sie als eine Art Schutzschicht nach unten, als Abpolsterung von Bürgerlichkeit." (Bausinger, Hermann; Bürgerlichkeit und Kultur, S. 139, vgl. auch S. 135 ff.). Nach Bausinger mündete die Kritik an Mode, Luxus und Konsum häufig in ein konservatives Bildungskonzept, „das die unteren Schichten auf die traditionelle Volkskultur zurückverweist. Volksbildung heißt hier Stärkung und Erneuerung der alten Volkskultur, wobei geflissentlich übersehen wird, daß diese ganz überwiegend nur noch in ihren bürgerlichen Lebensformen zugänglich und erfahrbar ist ... (F)ür einen nicht kleinen und nicht untypischen Teil des Bildungsbürgertums sind ‚volkskundliche' Attitüden charakteristisch, konservative Zielsetzungen, die sich am Bild der kraftvollen Volksnatur und Volkskultur ... orientieren und gelegentlich berauschen." (Bausinger, Hermann; Volkskundliche Anmerkungen, S. 213).

150 Rosendahl, Erich; Geschichte Niedersachsens, S. 913 f.

151 Vgl. zum Begriff des Kulturelitarismus: Saldern, Adelheid von; Massenfreizeitkultur, S. 41.

152 Gay, Peter; Republik der Außenseiter, S. 14.

153 Gotthard Jasper schrieb in dem Zusammenhang eines verstärkten „Harmoniebedürfnis(ses) und überzogenen Harmonieanspruch(s) an den nationalen Konsens" vom „Antimodernismus aus Statusfurcht, weil der durch die Republik offenbar gewordene Prozeß der Modernisierung, Liberalisierung und Demokratisierung von Staat und Gesellschaft die überkommenen Privilegien bedrohte." (Jasper, Gotthard; Gescheiterte Zähmung, S. 224). Als andere Faktoren der „gescheiterten Zähmung" nannte Jasper u.a. einen „*eigentümlich gekränkte(n) Nationalismus*" (220f), ein „*eigenartig verkürzte(s) Politikverständnis*" (221f), „*undifferenzierte(n) Antimarxismus*" (222), „*haltlos differenzierende(n) Antisemitismus*" (222) sowie eine generelle und tiefgehende Ablehnung von Parteienstaat und Parlamentarismus (223). Vgl. Hentschel, Volker; Weimars letzte Monate, S. 104 f.

154 Ralf Dahrendorf, zitiert nach: Trommler, Frank; Verfall Weimars, S. 40. Vgl. Reichel, Peter; Schöner Schein, S. 23 f.

155 Spengemann, Christof; Publikus, in: Der Zweemann, 1. Jhg., H. 5, März 1920, S. 18.

Aktenverzeichnis (Archive und Nachlässe)

Bundesarchiv, Außenstelle Zehlendorf
früher: United States Embassy Office Berlin, Berlin Document Center (BDC), im laufenden Text unter BDC zitiert

Akten aus den Beständen RKK, RSK, PK sowie NSDAP-Mitgliedskarten zu folgenden Personen:

ABBETMEYER, Theo	MADSACK, Erich
ANLAUF, Karl	MADSACK, Paul
BUCHHEISTER, Carl	MENGE, Arthur
BURGER-MÜHLFELD, Fritz	PESSLER, Wilhelm
DÖRRIES, Bernhard	ROENNEKE, Rolf
DORNER, Alexander	ROLAN, Franz
FRERKING, Johann	ROSENDAHL, Erich
GLEICHMANN, Otto	SCHENK, Gustav
GRABENHORST, Georg	SCHEUERNSTUHL, Hermann
HABICHT, Victor Curt	SPENGEMANN, Christof
HEITMÜLLER, August	STEEGEMANN, Paul
JACOB-FRIESEN, Karl Hermann	VOGEDES, Alois
JAHNS, Rudolf	VORDEMBERGE-GILDEWART, Friedrich
KRASSELT, Rudolf	VOSS, Kurt
KRENZ, Hanns	WILLE, Arthur

Deutsches Literaturarchiv Marbach – Handschriftenabteilung (DLA Marbach)

Aktenbestanände aus folgenden Nachlässen/Nachlaßteilen:

Cotta Br.	Cotta, Nachl. Sud. IX. 68, Bl. 279
A: Ernst	A: George
A: George, Konvolut Kattowitz	D: Hesse-Archiv
A: Heymel	A: Kippenberg
A: Archiv Kippenberg, Konv. 60. Geburtstag	A: Kohl Abbetmeyer
A: Kreuder	A: Küpper
A: Langen-Müller	A: Miegel
A: Minde-Pouet	A: Müller-Kamp
A: Rehkopf	A: Scholz
A: Steegemann	A: Steegemann, Konvolute
A: Steegemann, Korrespondenzen	A: Steegemann, Verschiedenes
A: Vesper	A: Vesper, 50. Geburtstag
A. Vesper, Paul-Ernst-Gesellschaft	A: Viertel

Niedersächsisches Hauptstaatsarchiv Hannover (NStAH)

Hann. 122a Oberpräsident der Provinz Hannover

3371	Schutz der Rechte an literarischen Erzeugnissen und Werken der Kunst und Wissenschaft
3372	Bildung von Kunstausschüssen, Kunstpreise
3374	Kulturbeirat des Nordischen Rundfunks (NORAG)
3375	Reichskulturkammergesetz vom 22. September 1933
3376	Reichskulturkammergesetz von 1934
3381	Beförderung der monumentalen Malerei und Plastik
3387	Große Kunstausstellung der Allgemeinen Deutschen Kunstgenossenschaft in Hannover
3384	Unterstützung künstlerischer Bestrebungen
3389	Leibniz-Akademie, volkstümliche Hochschulkurse

3391	Ankauf lebender Künstler
3393	Gründung einer hannoverschen Provinzial-Landesbühne, Bd. I
3394	Gründung einer hannoverschen Provinzial-Landesbühne, Bd. II
3401	Provinzial-Museum für Kunst und Wissenschaft hierselbst
3413	Kunstverein für Hannover
3415	Verband zur Förderung deutscher Theaterkultur, auch Volksbühnenwesen, Bekämpfung wilder Theaterunternehmungen, Theaterwesen. Allgemeines
3417	Konzessionen für Schauspielunternehmungen
3421	Reichswirtschaftsverband bildender Künstler
3474	Leibniz-Haus zu Hannover sowie Unterbringung des Kunstgewerbevereins daselbst
3999	Verschiedene Vereine, Museen, Institutionen für Kunst und Wissenschaft sowie die Gewährung von Beihilfen an dieselben

Hann. 146A/Acc. 4/85 Personalakten Technische Hochschule Hannover

167	Lehrbeauftragter Johannes Frerking

Hann. 146A/Acc. 88/81 Personalakten Technische Hochschule Hannover

87	Privatdozent Dr. phil. Alexander Dorner
152	PD, apl. Prof. Dr. Victor Curt Habicht
286	Lektor, Hofschauspieler a.D. Paul Paschen

Hann. 151 Provinzialverwaltung, Abt. XIII: Kunst /Wissenschaft

65	Allgemeines über Pflege der Kunst und Wissenschaft
69	Vertrag mit dem Verein für die öffentliche Kunstsammlung
73	Die Anschaffung von Kunstwerken
103	Galerie hannoverscher Künstler im Provinzial-Museum

Hann. 152 Provinzial-Museum Acc. 55 /68

158	Haushaltspläne des Provinzial-Museums 1926–31
163	Neuordnung der Sammlung. Allgemeines a) Kunstsammlung

Hann. 155 Göttingen Nr. 864 a
Dokumente zum Haarmann-Prozeß

Hann. 172 Hann 26/59 Strafsachen Zivilprozesse, Amtsgericht Hannover

6	Strafprozeßakten gegen Ernst Kapito (Redakteur der Niedersächsischen Arbeiterzeitung)

Hann. 173a, Acc 111/79 Akten der Staatsanwaltschaft Hannover, Oberlandesgericht Celle (mit Vorbehörden)
B Generalakten preußischer Ordnung (bis 1936

288	Verschiedenes (Bl. 154 ff. Urteil gegen Paul Steegemann)
347	Überwachung der Presse
348	Überwachung der Presse, 1930 ff.
349	Generalakten betr. Bildungs- und Kunstausschüsse

Hann. 310/I NSDAP Gau Südhannover-Braunschweig und Gau Osthannover – Ihre Gliederungen und angeschlossenen Verbände (1919–1945)

A	Gauleitung
A 25	Hitler-Versammlung am 26. Januar 1929 in Hannover (2 Bände)
B	Propaganda
B 1	Lügenabwehr gegen Wühlmäuse und Reaktion 2. Mai – 10. Juni 1934
B 2	Schriftwechsel in einzelnen Fällen der Lügenabwehr
D	Presse
D 10	Schriftverkehr der Gaupropagandaleitung in Presseangelegenheiten der NSDAP, unterteilt in Versammlungskalender, Niedersächsischer Beobachter, Niedersächsische Tageszeitung, Braunschweiger Tageszeitung, Völkischer Beobachter, Brennessel, Eher Verlag, Niedersächsischer Pressedienst, verschiedene Druckereien und Verlage

Hann. 310/III SPD-Bezirk Hannover, 1919–1933

D	Sozialdemokratische Rathausfraktion Hannover
D 22/2	Besetzung der Oberbürgermeisterstelle in Hannover, Protest gegen die Wahl Dr. Menges
D 70/1	Theaterausschuß , Band I: 1921–1932
D 71/1	Theaterausschuß
D 71/2	Theaterausschuß

Findbuch VVP 21 Dorner-Nachlaß

7	Art-History at the Crossroads
7c	Moderne Kunst
7g	USA-Pragmatismus
8	Original-Reproduction, May 1929–30 etc.
25	Laszlo Moholy-Nagy
54	Korrespondenz mit verschiedenen Personen
55	Korrespondenz mit Walter Gropius
83	Wiedergutmachungsakte Alexander Dorner
108	Tagebücher und Terminkalender vor 1920

Dep. 100 Kestner-Gesellschaft

Nr. A Allgemeine Korrespondenz

1	Oktober – Dezember 1916	26	15. November 1923–15. Juni 1924
2	Januar – März 1917	27	16. Juni 1924–10. Februar 1925
3	März – Juli 1917	28	11. Februar 1926 – August 1925
4	Juni – Oktober 1917	29	August – Dezember 1925
5	Februar – April 1918	30	Juni – November 1926
6	April – August 1918	31	November 1926–20. Januar 1927
7	August – November 1918	32	April – Juni 1927
8	1. Mai – 14. November 1923	33	Juni – 1. November 1927
9	6. Februar – 30. April 1923	34	Januar – 15. März 1928
10	Dezember 1922 – April 1923	35	16. März – 15. Mai 1928
11	September – November 1922	36	16. Mai – 31. August 1928
12	1. August – 2. Oktober 1922	37	1. September – 30. November 1928
13	29. Mai – 31. Juli 1922	38	1. September – 31. Oktober 1929
14	21. März – 28. Mai 1922	39/I	1. November – 31. Dezember 1929
15	1. Januar – 20. März 11922	39/II	1. November – 31. Dezember 1929
16	21. Oktober – 31. Dezember 1921	40	1 . März – 30.April 1930
17	1. August – 20. Oktobr 1921	41/I	1. August – 31. Dezember 1930
18	März – Juli 1921	41/II	1. August – 31. Dezember 1930
19	1. Februar 1921–25. März 1921	42	1. August -31. Dezember 1930
20	1. Februar 1920–31. Januar 1921	43	1. August – 31. Dezember 1930
21	15. August – 30. November 1920	47/I	1. Januar – 31. Juli 1931
22	März – August 1920	48	1. August – 31. Dezember 1931
23	1. Februar 1919–10. Februar 1920	50	1. Januar 1931–1. Dezember 1932
24	1. Oktober – 30. November 1919	51a	Korrespondenz 1934–46, chronol. geordnet (vermutl. Handakte des Vorsitzenden Dr. Kanoldt)
25	September 1918 – April 1919	51/I	1. Januar – 31. Dezember 1932

Nr. G Berichte über die Tätigkeit der Kestner-Gesellschaft (Ausstellungen, Vorträge, Veranstaltungen)

1	Januar – Dezember 1926	7	November 1930 – Januar 1931
2	Dezember 1926 – April 1927	8	Dezember 1930 – Mai 1931
3	April – Juni 1928	9	Mai – Juni 1931
4	Januar – Februar 1930	10	November 1931 – Februar 1932
5	März – Mai 1930	11	Februar – Mai 1932
6	September – November 1930	12	Juni – Dezember 1932

Stadtarchiv Hannover (StAH)

Findbuch X, Abtl. C Städtische Anstalten für Kunst und Wissenschaft

0.2.	Versicherung städtischer Sammlungen und Museen. Allgemeines und Verschiedenes
0.3.	Städtische Sammlungen, Büchereien und Archive u.ä. Allgemeines und Verschiedenes
0.6.I.	Neuordnung bzw. Neugestaltung der Museen
0.8.	Personal der städtischen Sammlungen, Büchereien und des Archivs. Allgemeines und Verschiedenes
2.14.I.	Angebote und Ankäufe von Sammlungen und Gegenständen für das Kestner-Museum, Bd. 1: 1892–1932
2.15.	Angelegenheiten verschiedener Art des Kestner-Museums
2.19.	Protokolle über die Sitzungen des Ausschusses für die Verwaltung des Kestner-Museums, jetzt Museums-Kommission
2.53.	Leihvertrag (Überlassung von Gemälden) zwischen der Witwe des Stadtdirektors a.D. Dr. Tramm, Olga Tramm, und der Stadtgemeinde Hannover
2.55.	Unterbringung altorientalischer und griechischer Schriftdenkmäler der Fa. Günther Wagner im Kestner-Museum (1936–1938)
2.57.	Erwerb der Japansammlung des früheren Intendanten des Hoftheaters v. Puttkamer
5.6.	Mitteilungen von und an Behörden und Personen sowie Übersendung von Jahresberichten und ähnlichen Drucksachen von anderen Behörden usw. in Sachen der Volksbibliotheken und Lesehallen
6.2.3.	Verlängerung des Mietverhältnisses mit dem Kunstverein Hannover über Räume im Künstlerhaus
6.2.4.	Verlängerung des Mietverhältnisses mit dem Kunstverein Hannover über Räume im Künstlerhaus
7.5.III.	Ankäufe von Gemälden, Plastiken und sonstigen Kunstwerken, 3. Band
7.5.IV.	Ankäufe von Gemälden, Plastiken und sonstigen Kunstwerken, 4. Band
7.6.	Städtische Galerie. Beschlagnahmte Werke der ‚entarteten Kunst'
7.14.	Schenkungen und Stiftungen für die städtische Gemäldesammlung
10.1.I.	Das Königl. Hoftheater und dessen Übernahme als städtisches Opernhaus durch die Stadt 1892–1920
10.1.2.	Früheres Kgl. Theater, Verträge, Abschlüsse
10.1.II.	Übernahme des vorm. Kgl. Hoftheaters, jetzt: Städtisches Opernhaus (Theatervertrag und Nebenabmachungen), Bd. II.
10.2.1	Pachtung und Ankauf der Schauburg, insbesondere Reklamepacht
10.4.	Personal Städtische Bühnen. Allgemeines
10.4.1.	Bewerbungsgesuche. Intendant
10.4.2.	Intendanten Runge, Puttkamer, Krasselt, Sellner, Reiner Minten u.a.
10.4.3.	Orchesterleitung Krasselt
10.4.4.	Ausscheiden des Kapellmeisters Lert vom Städtischen Opern- und Schauspielhaus
10.4.5.	Bewerbungsgesuche. Opernregisseure bzw. Opern- und Schauspieldirektoren
10.4.6.	Bewerbungsgesuche. Opernregisseure bzw. Opern- und Schauspieldirektoren
10.4.10.	Verschiedene Bewerbungsgesuche
10.4.13.	Solo-, Chor-, Orchester- und Ballettpersonal
10.5.	Geschäftsführung. Städtische Bühnen
10.16.	Programme und sonstige Drucksachen, auch Inseratenwerbung
10.22.	Beschwerden, betr. Städtische Bühnen
10.24.I.	Verschiedenes, betr. Städtische Bühnen
10.32.	Niederschriften über die Sitzungen des Theater-Ausschusses

Findbuch XV, Abtl. G.b. Vereine und Verbände

72	Trauerfeierlichkeiten anläßlich der Beisetzung des ehem. Stadtdirektors Tramm
73	Trauerfeier Heinrich Tramm
453	Verein für die öffentliche Kunstsammlung zu Hannover
455	Kunst-Gewerbe-Verein
456	Hannoverscher Kunstverein
458	Hannoverscher Kunstverein. Beihilfe
459	Kestner-Gesellschaft
585	Verkehrsverein Hannover e.V., Bd. 1
586	Verkehrsverein Hannover e.V., Bd. 2

640	Hiesige Bürgervereine
792	Reichswirtschaftsverband bildender Künstler Deutschlands, Gau Hannover
817	Vereinigung stellenloser Bühnenkünstler
818	Gemeinschaft deutscher und österreichischer Künstlerinnen und Kunstfreundinnen (Gedok)
843	Niedersächsische Landesbühne

Findbuch XIX Kunst und Wissenschaft

1	Theater: Allgemeines und Verschiedenes: Die hiesigen Theaterverhältnisse sowie das Theaterwesen überhaupt
3	Bestimmungen über Konzessionierung der Schauspielunternehmer
14	Theaterdirektor George Altman
26	Harry Moss
51	Preußische Landesbühne GmbH und den Landesbühnen-Ausschuß für die Provinz Hannover
64	Musizieren von Militärkapellen, Polizeikapellen, SA-Kapellen an verschiedenen Stellen der Stadt, auch Promenadenkonzerte
71	Deutsche Hausmusik, Musizierabende
96	Rundfunksender Hannover
98	Allgemeine Deutsche Kunstgenossenschaft, deren Ortsverein Hannover sowie die von beiden veranstalteten Ausstellungen
100	Veranstaltung von Sonderausstellungen aus den Beständen städtischer Sammlungen
109	Sonderausstellung der im Jahre 1912 erworbenen Gemälde im Künstlerhause
125	Vertrag mit dem Kunstgewerbeverein wegen Übernahme der Sammlungen des Vereins in das Eigenthum der Stadt
126	Zahlung des städtischen Zuschusses zu den Verwaltungskosten des Kunstgewerbemuseums (Leibniz-Haus)
127	Bauliche Unterhaltung des Leibniz-Hauses
128	Einrichtung einer Gaststätte im Leibnizhause und Umbaupläne
146	Besuchsordnung für das Kunstgewerbe-Museum
149	Übernahme und Verwaltung des Leibniz-Hauses durch die Stadt Hannover
190	Hochschulkonflikte (Fall Prof. Lessing)
191	Zeitschriftenartikel zum Lessing-Skandal I
191	Zeitschriftenartikel zum Lessing-Skandal II
220	Band Hannover der von Prof. Biermann herausgegebenen Stätten der Kultur
223	Bewilligung eines Zuschüsses an den PD Dr. Habicht zu den Posten für die Herausgabe seiner Werke über die niedersächsische Malerei um 1400, niedersächsische Kunst in England, den niedersächsischen Kunstkreis usw., auch Ablehnungen
224	Professor Dr. Habicht. Mittelalterliche Plastik Hildesheim. Ablehnung
267	Einrichtung volkstümlicher Volkshochschulen
269	Freie Volkshochschule Hannover-Linden, spätere Volksbildungsstätte Hannover
287	Bewilligung von Beihilfen zur Förderung verschiedener Arbeiten auf dem Gebiete der Kunst und Wissenschaft
290	Bewilligung von Beihilfen zur Förderung verschiedener Arbeiten auf dem Gebiete der Kunst und Wissenschaft. Abgelehnte Anträge
291	Förderung und Pflege der bildenden Künste in Hannover. Allgemeines
292	Förderung und Pflege der bildenden Künste in Hannover, Zeitungsausschnitte
293	Unterstützung von Künstlern und Gelehrten. Allgemeines
294	Unterstützung von Künstlern und Gelehrten. Besonderes
300	E. W. Baule
303	Bernhard Brach-Zinek
304	Karl Brandes
306	Friedrich Busack
311	Marie Eichwede
325	Rudolf Hermanns
326	Prof. G. Herting
327	Theodor Hertz
331	Rudolf Huch
335	Siegfried Kaulbach

337	Linda Kögel
341	Friedrich Karl Lippert
344	Gustav Macke
347	Lucie Matthias-Tronnier
3353	Hans Nitzschke/Erich Wegner
362	Franz Rolan
363	Erich Rosendahl
366	Ernst Rüter
368	Emmy Sack
373	Gustav Schenk
374	Gustav Schefranek
377	Albert Schulze
378	Richard Seiffert-Wattenberg
381	Käthe Steegemann-Schmidt
382	Charlotte Stöckel-Krause
386	Ernst Thoms
388	Georg Tronnier
390	Hans Völker
393	Friedrich Vordemberge-Gildewart
398	Erna Waterbeck
413	Ausstellung von Kunstscheinen
414	Verschiedenes zu Kunst und Wissenschaft

Findbuch XXX Wohlfahrts- und Armenwesen

240	Unterstützung der unverehelichten Isidore Kaulbach, Tochter des verstorbenen Hofmalers Friedrich Kaulbach sowie dessen Sohn, des Kunstmalers Siegmund Kaulbach
222	Ehrensold für Künstler. Allgemeines
228	Bewilligung eines Ehrengeldes an den Schriftsteller Karl Brandes
238	Kunstmaler Rudolf Hermanns
257	Intarsienschneider Albert Schulze

Findbuch XXXI

85.	NS-Kulturgemeinde

Personalakten

P 399	ANLAUF, Karl
P 306	BEINDORFF, Fritz
P 452	BRINCKMANN, Albert
P 470	EBERT, Hermann
P 18	FRERKING, Wilhelm
P 333	HABICHT, Victor Curt
P 54	KÜPPERS, Paul
P 394	LEINERT, Robert
P 566	MENGE, Arthur
P 723	OTTE, Ludwig
P 1043	PESSLER, Wilhelm
P 1124	STEINITZ, Ernst
P 394	TRAMM, Heinrich
P 668	WEBER, Wilhelm

Lehrerpersonalakten

P 1	ABBETMEYER, Theodor
P 74	BACKHAUS, Heinrich
P 158	DEBSCHITZ, Wilhelm von
P 96	GRAEFENHAIN, Rudolf
P 92	HABICHT, Victor Curt

P 409	JOCHEM, Friedrich Wilhelm
P 74	KINDERMANN, Richard
P 74	MAACKE, Wilhelm
P 74	POHLE, Karl
P 74	SCHEUERNSTUHL, Hermann
P 133	WATERBECK, August
P 285	WILLE, Arthur

Verschiedene Kommissionen

21	Museums-Kommission
27	Theater-Kommission

Gästebücher Friedrich Vordemberge-Gildewarts

(Bestand Repro)

Städtische Kollegien (Magistrat und Bürgervorsteherkollegium)

Karteikasten

B 16756 – B 16767

Haushaltspläne und Besoldungsnachweisungen der Stadt Hannover (1916–1936)

vgl. Nachlaß Bernhard Brach-Zinek (NL BZ)

Landesmuseum Hannover (Registratur) (LaMu Reg)

I.2.	Kulturgeschichte, Sonderschriftwechsel über Ankäufe und Geschenke
I.2.	Kulturgeschichte, Verschiedenes 1. April 1913–29. Juli 1929
I.2.	Kulturgeschichtliche Ankäufe vom 1. April 1913–31. Dezember 1932
I.3.2.a.	Museumsreformpläne 1919–1932
I.3.2.1.	Museumsreform: Umordnung der Sammlungen, Verkehr mit der Stadt 25. September 1925–31. Dezember 1932
I.6.1.	Fidei-Komiß-Galerie 1893–1928
II.2.1.	Ankauf von Gemälden alter Meister
II.2.1.	Gemälde alter Meister, Verschiedenes 1873–1928
II.2.1.	Gemälde alter Meister 20. Juni 1911–31. Dezember 1927
II.2.1.	Gemälde alter Meister, Ankäufe 1. Januar 1928–31. Dezember 1932
II.2.1.a./	
II.2.2.a.	Ankauf neuer Meister 1933/1934
II.2.2.	Kulturgeschichtliche Ankäufe 24. Dezember 1876–28. Juli 1879, Sonderabteilung: 6. Dezember 1906–22. November 1910
II.2.2.	Gemälde neuer Meister, 1. Geschenke 1899–1928, 2. Sonderschriftwechsel über Ankäufe 1901–1930
II.2.2.	Gemälde neuer Meister, Ankäufe 1. Januar 1921–31. Dezember 1925
II.2.2.	Gemälde neuer Meister, Ankäufe 1. Januar 1928–31. Dezember 1928
II.2.2.	Gemälde neuer Meister, Ankäufe 1. Januar – 31. Dezember 1929
II.2.2.	Gemälde neuer Meister 1925–32, 1. Reichsverband: 16. Januar 1928–10. April 1931, 2. Galerie Hann. Künstler: 26. Mai 1929–31. Dezember 1932, 3. Protokolle der Museums-Kommission
II.2.2.	Gemälde neuer Meister, Ankäufe 1. Januar 1926–31. Dezember 1927
II.2.2.	Gemälde neuer Meister, Ankäufe 1. Januar 1930–31. Dezember 1930
II.2.2.	Gemälde neuer Meister, 1. Ankäufe 1. Januar 1931–31. Dezember 1932, 2. Verschiedenes 6. Juni 1916–1. Januar 1929
II.2.2.a.	Ankauf von Gemälden, 1. Januar 1933–31. Dezember 1933
II.2.2.a.	1. Museumskommission, 2. Galerie Hannoverscher Künstler 1933 ff.
II.2.3.	Ankauf von Plastiken
II.2.3.	Original-Skulpturen, Ankäufe und Sonderschriftwechsel 23. November 1892–31. Dezember 1932

II.2.4. Gipsabgüsse 1877–1932
II.2.5. Handzeichnungen, Stiche, Kunstdrucke, Aquarelle pp., 17. Oktober 1890–31. Dezember 1929

Urgeschichtliche Abteilung des Landesmuseums
Akte Museumsreform

Kestner-Museum, Hannover (Archiv) (ZAS-Akten)

ZAS-Akte 1   Zeitungsartikel über das Kestner-Museum 1851–1920
ZAS-Akte 2   Zeitungsartikel über das Kestner-Museum 1921–1949
ZAS-Akte 3   Zeitungsartikel über das Kestner-Museum 1919–1944
Ankaufsbuch für die zwanziger und dreißiger Jahre

Nachschlagearchiv des Historischen Museums am Hohen Ufer, Hannover (HiMu)

verschiedene, im Text ausgewiesene Taschen zu Institutionen und Personen

Gedok-Archiv, Hannover

Aktenordner GEDOK 1929–1944 (Veranstaltungsprogramme, Mitgliederliste, Feuilletonkritiken, Vereinskorrespondenz, Festschriften, Jahrbücher und allgemeine Mitteilungen)

Schwitters-Archiv Hannover, Stadtbibliothek Hannover (SAH)

15/16	SPD-Mitgliedskarten Kurt und Helma Schwitters', Eintrittsdaten: 1. Juli 1932
44	Kurt Schwitters; Daten aus meinem Leben, 7. Juni 1926
70	Christof Spengemann u. Robert Goldschmidt. Vertrag Spengemanns mit dem ZWEEMANN-Verlag, 1. November 1919
72/10	DER ZWEEMANN. Monatsblätter für Dichtung und Kunst, hg. v. Friedrich Wilhelm Wagner, Hans Schiebelhuth und Christof Spengemann
91/1	DIE PILLE. Eine aktuelle, kritische, witzige, freche, unparteiische Wochenschrift, hg. von Bernhard Gröttrup
94/1	Das Kestner-Buch, hg. v. Paul Erich Küppers
98/1	DAS HOHE UFER. Eine Zeitschrift. Hg. von Hans Kaiser
98/2	50 Jahre Buchhandlung Ey. Zum 18. September 1928
297	Kurt Schwitters, Hannover, an Christof Spengemann, Hannover, 12. Juni 1918
299	Kurt Schwitters, Hannover, an Christof Spengemann, Hannover, 25. Juni 1919
301	Kurt Schwitters, Hannover, an Herrn oder Frau Guttmann, Friedenau, 31. Dezember 1919
312	Kurt Schwitters, Hannover, an Christof Spengemann, Hannover, 27. Mai 1921
315	Kurt Schwitters, Hannover, an Professor Georg Biermann, Hannover, 18. Februar 1922
318	Kurt Schwitters, Hannover, an Christof und Luise Spengemann, Hannover, 27. September 1922
324	Kurt Schwitters, Hannover, an Dr. von Sydow, Hannover, 15. März 1923
339	Kutrt Schwitters, Hannover, an Christof Spengemann, Hannover, 12. Juni 1929
377	Kurt Schwitters, Ambleside, an K. H. Ehlmann, Wembley, 16. Juni 1946
379	Kurt Schwitters, Ambleside, an Otto und Lotte Gleichmann, Hannover, 17. Juli 1946
398	Christof Spengemann, Hannover, an Kurt Schwitters, Hannover, 23. November 1919
400	Christof Spengemann an Kurt Schwitters, 30. September 1922
401	KPD Niedersachsen (E. Waldt), Hannover, an Kurt Schwitters, Hannover, 8. November 1924
402	Zentrale der KPD Abtlg. Agitprop, Dr. Hermann Duncker, an KPD Niedersachsen, 31. Oktober 1924, KPD Hannover (E. Waldt), Hannover, an Kurt Schwitters, Ambleside, 8. November 1924
411	Alexander Dorner, o.O., an Kurt Schwitters, Molde, 28. Oktober 1937
429	Alexander Dorner, Rhode Island, an Kurt Schwitters, Hutchinson Internment Camp, Douglas, Isle of Man, 16. Januar 1941

451	Käte Steinitz, New York, an Kurt Schwitters, London, Februar 1942	
482	Kate Steinitz, Los Angeles, an Kurt Schwitters, London, 13. Januar 1943	
533	Friedrich und Ilse Vordemberge-Gildewart, Amsterdam, an Kurt Schwitters, Ambleside, 11. Dezember 1945	
543	Hermon Ould, London, an Kurt Schwitters, Ambleside, 15. Januar 1946	
553	Herbert von Garvens, Bornholm, an Kurt Schwitters, Ambleside, 14. Februar 1946	
578	Otto Gleichmann, Hannover, an Kurt Schwitters, Ambleside, 23. Juni 1946	
579	Alexander Dorner, Providence/USA, an Kurt Schwitters, Ambleside, 1. Juli 1946	
587	Carl Buchheister, Nürnberg, an Kurt Schwitters, Ambleside, 5. August 1946	
591	Lotte Gleichmann, Gut Steinkrug, an Kurt Schwitters, Ambleside, 16. August 1946	
642	Walter Gropius, Cambridge/USA, an Kurt Schwitters, Ambleside, 30. Dezember 1946	
672	Elisabeth Maack, Hannover, an Kurt Schwitters, Ambleside, 2. März 1947	
678	Kate T. Steinitz, Los Angeles/USA, an Kurt Schwitters, Ambleside, 21. März 1947	
722	Walter Dux, St. Margarets on Thames, an Kurt Schwitters, Ambleside, 11. August 1947	
800	Kurt Schwitters, Ambleside, am Christof, Luise und Walter Spengemann, Hannover, 26. Januar 1946	
801	Christof Spengemann, Hannover, an Kurt Schwitters, Ambleside, 1. April 1946	
802	Luise Spengemann an Kurt Schwitters, o.O. o.D. (ca. 20. März 1946)	
810	Luise Spengemann, Hannover, an Kurt Schwitters, Ambleside, 23. Juni 1946	
831	Kurt Schwitters, Ambleside, an Luise Spengemann, Hannover, 13. Januar 1947	
841	Kurt Schwitters, Ambleside, an Christof, Luise und Walter Spengemann, Hannover, 3. September 1947	
849	Paul Erich Küppers, Oberstdorf, an Christof Spengemann, Hannover, 8. Februar 1919	
851	Melchior Vischer, Prag, an Christof Spengemann, Hannover, ca. 1920	
852	Adolf Behne, o.O., an Christof Spengemann, Hannover, 4. Januar 1920	
853	Otto Gleichmann, Erfurt, an Christof Spengemann, Hannover, 14. Februar 1920	
855	Heinz Fuchs, Berlin, an Christof Spengemann, Hannover, 22. April 1920	
857	Adolf Behne, Berlin, an Christof Spengemann, Hannover, 1. Mai 1920	
858	Melchior Vischer, Prag, an Christof Spengemann, Hannover, ca. 13. Juli 1920	
855	Heinz Fuchs, Berlin, an Christof Spengemann, Hannover, 22. April 1920	
867	Christof Spengemann, Hannover, an August Heitmüller, Grümmer, 23. Dezember 1928	
891	Christof Spengemann, Hannover, an Walter Dux, St. Margarets on Thames, 25. Dezember 1945	
909	Hannah Höch, Berlin, an Christof Spengemann, Hannover, 17. Februar 1948	
919	Christof Spengemann, Hannover, an Walter Dux, St. Margarets on Thames, 14. Dezember 1948	
921	Walter Dux, St. Margarets on Thames, an Christof Spengemann, Hannover, 14. Februar 1949	
922	Höch, Hannah, Berlin, an Werner Schmalenbach, Hannover, 18. Dezember 1958	
968	Kurt Schwitters, Hannover, an Alexander Dorner, Hannover, 30. Mai 1923	
2113	Christof Spengemann. Erste Ausstellung der Hannoverschen Sezession, etwa 1918	
2114	Christof Spengemann. Vorschläge zur Ausscheidung von Gemälden zwecks Neuordnung der Abteilung MODERNE GALERIE IM KESTNER-MUSEUM, August 1919	
2115	Christof Spengemann. Cyprian. Bd. 2, Manuskript ICH LEBE WIEDER, 1904–1921	
2116	Christof Spengemann. Memoiren eines zu früh Geborenen, 24. Juli 1920–1. April 1922	
2117	Christof Spengemann. Ypsilon. Grotesker Roman, um 1923/24	
2120	Christof Spengemann. Vier Generationen. Leopold, Wilhelm, Christof, Walter. Die Historie der Familie Spengemann, 1936	
2121	Christof Spengemann. Der Funke. Betrachtliches über Beachtliches in Leben und Kunst, zwei Teile, 1922–1945	
2123	Christof Spengemann. Kurt Schwitters ist tot!, 1948	
2123b	Christof Spengemann. Mit Heinrich beginnend. Ein Hannoverbuch, 1950	
2226	Hanns Krenz (Hg.); Gedenkalbum der Galerie von Garvens, Hannover o.J.	
2235	Hanns Krenz (Red.). Die Sonnenuhr, Fort Barraux 1919	
2236	Zwei Jahre Galerie von Garvens, Hannover 1922, in: Galerie von Garvens. Gedenkalbum	
2237	Herbert von Garvens, Hannover, an Hanns Krenz, o.O., 30. März 1920	
2238	Herbert von Garvens, Bornholm, an Hanns Krenz, o.O., 10. Juli 1947	
2239	Herbert von Garvens, Bornholm, an Hanns Krenz, o.O., 26. Februar 1953	
2240	Herbert von Garvens. Gedicht WENN ICH IN WARMEN ZEITEN, 24. Dezember 1913	

Schwitters Archiv Hannover in der Stadtbibliothek Hannover.
Nicht verzeichneter Nachlaß Christof Spengemann
verschiedene im Text ausgewiesene Schriftwechsel, Manuskripte und Typoskripte

Niedersächsisches Handschriftenarchiv (NSA) im Stadtarchiv Hannover

Behne, Hermann, an Spengemann, Christof	2. Juni 1920
Dexel, Walter, an Spengemann, Christof	8. August 1920, 7. September 1920, 12. Juni 1921, 11. November 1921, 15. Januar 1920
Fischer, Oskar, an Spengemann, Christof	24. April 1920, 29. Januar 1921, 19. Februar 1920
Gleichmann, Otto, an Spengemann, Christof	28. November 1919, 19. Dezember 1918, 20. Mai 1919, September 1919, 14. September 1919, 21. Februar 1920, 22. November 1920
Gothe, Otto, an Spengemann, Christof	18. Dezember 1917
Grimm, Hans	Brief (Adressat unbekannt), November 1924
Heitmüller, August, an Spengemann, Christof	o. Datum, 19. Dezember 1908, 7. Januar 1909, Dezember 1909
Höfken-Hempel, Anni, an Spengemann, Christof	6. Oktober 1928, 21. November 1928
Hölzel, Adolf, an Spengemann, Christof	7. Februar 1919, 14. Januar 1920
Hötger, Bernhard, an Spengemann, Christof	10. März 1919
Isenstein, Hildegard, an C. u. L. Spengemann	23. Mai 1929
Isenstein, Kurt Harald, an C. u. L. Spengemann	1. März 1929, 5. Juni 1929, 10. November 1929, 18. Dezember 1929
Jürgens, Grethe, an Spengemann, Christof	9. Januar 1932
Jürgens, Grethe	Aufzeichnungen für OHNE ANFANG UND OHNE ENDE, Notiz- und Skizzenheftchen, nicht datiert
Meyrink, Gustav, an Madsack, Paul	24. Oktober 1926
Moholy-Nagy, Laszlo, an Spengemann, Christof	14. Januar 1923, 12. Juli 1921, 3. o. 9. Februar 1923
Münchhausen, Börries Freiherr von, an Ey, Adolf	29. September 1903
Münchhausen, Börries Freiherr von, an Schriftleitung des UHU	31. Mai 1929
Plünnecke, Wilhelm, an Spengemann, Christof	10. Mai 1919
Reinecke-Altenau, Karl, an Familie Ey	20. September 1934
Schenk, Gustav, an Spengemann, Christof	6. Januar 1932, 17. November 1932
Schiebelhuth, Hans, an Spengemann, Christof	20. April 1920
Schumann, Werner, an Stadtbibliothek Hannover	30. August 1943, 13. Oktober 1948
Söhnlein, Kurt	Eine Biographie, Hannover 1983 LEBENSARBEIT KURT SÖHNLEIN
Sohnrey, Heinrich, an Rosendahl, Erich	6. Februar 1941, 28. April 1943, 15. Dezember 1943, 28. Oktober 1944, 9. Juli 1946, 11. Dezember 1946, 1. März 1945
Sohnrey, Heinrich, an Herrn Conrad	26. Juni 1934
Spengemann, Christof, an Höch, Hannah	6. Februar 1948
Vogeler, Heinrich, an Friedensbund der Kriegsteilnehmer	13. Dezember 1913, 8. April 1920
Vogeler, Heinrich, an Herbert von Garvens	30. Dezember 1913
Wagner, Siegfried, an Söhnlein, Kurt	1927, 3. Februar 1928, 6. Februar 1928, 15. Dezember 1927
Walden, Herwarth, an Spengemann, Christof	5. September 1918, 24. November 1919, 19. August 1920
Werner, Theodor Wilhelm	verschiedene Manuskripte

Nachlaß Bernhard Brach-Zinek (Stadtarchiv Hannover) (NL BZ)

Akte I	Hannoversche Maler, Bildhauer, Graphiker der Zwanziger Jahre, Teil I
Akte II	Hannoversche Maler, Bildhauer, Graphiker der Zwanziger Jahre, Teil II
Akte III	Schriftsteller, Dichter, Theaterleute etc. pp. der jungen Zwanziger Jahre in Hannover, Teil I
Akte IV	Schriftsteller, Dichter, Theaterleute etc. pp. der jungen Zwanziger Jahre in Hannover, Teil II

sowie ungeordnete Manuskripte, Zeitschriften (von Brach-Zinek, Gustav Schenk und anderen)

Nachlaß Robert Michel – Ella Bergmann-Michel im Sprengel Museum Hannover

A: Primärliteratur
A 28/01	Briefe an Robert Michel
A 28/03	Briefe an beide

Nachlaß Alexander Dorner im Sprengel Museum Hannover

Akte I	Ohne Bezeichnung. Schriftwechsel zwanziger bis vierziger Jahre allg.
Akte II	Bezeichnung DORNER-ARCHIV, FOTOMATERIAL ZUM ABSTRAKTEN KABINETT
Akte III	Bezeichnung DORNER, REKONSTRUKTION DES KABINETTS
Akte IV	Ohne Bezeichnung. Handschriftliche Eintragung des Sprengel Museums auf der ersten Seite: ABSTRAKTES KABINETT II
Akten V	Bezeichnung DORNER, MOHOLY-NAGY, BRIEFWECHSEL ZUM KABINETT, FOTOS: MOHOLY-NAGY-GEDÄCHTNISAUSSTELLUNG
Hängeordner	BESCHRIFTUNG DES ABSTRAKTEN RAUMES 1933
Hängeordner	PROVINZIAL-MUSEUM
Hängeordner	STIFTUNGSKONTO – RECHNUNGEN VOM 1. APRIL 1925 – FEBRUAR 1928. EINGÄNGE UND AUSGÄNGE
Hängeordner	GERMAN CORRESPONDENCE
Hängeordner	STIFTUNGSKONTO DER KUNSTABTEILUNG FEBRUAR 1923 – 31. MÄRZ 1925

Sammlung Scheuernstuhl (Privatbesitz Frau Marlise Scheuernstuhl, Hannover)

Ordner, nicht betitelt

Enthält Zeitungsartikel und Ausstellungsblätter (oft auch unvollständig) über die Person und die Arbeit Hermann Scheuernstuhls, Briefe an den Künstler sowie von ihm.

Nachlaß Stuttmann (Privatbesitz Frau Katharina Kulenkampff, Hanover)

Etwa fünfzehn Mappen, die veröffentlichte und unveröffentlichte Manuskripte Ferdinand Stuttmanns (Promotionsverfahren, Zeitschriftenbeiträge, Buchveröffentlichungen, Reden) enthalten. Zudem befinden sich im Besitz der Tochter Stuttmanns, Frau Katharina Kulenkampff, mehrere handschriftliche Tagebücher Stuttmanns sowie Entnazifizierungsunterlagen.

Nachlaß Karl Schodder (Privatbesitz Dr. Georg Schodder, Aachen)

Fotokopiertes Typoskript (Auszüge) MEMORIES

Literaturverzeichnis

Das nachfolgende Verzeichnis der gedruckten Quellen enthält die Angaben zu Buchpublikationen, aus denen in der vorangegangenen Untersuchung mehrfach zitiert wurde. Bei einmaliger Nennung im Text erscheint die komplette bibliograpische Angabe in der entsprechenden Endnote und taucht hier nicht erneut auf. Außerdem sind in das nachfolgende Literaturverzeichnis in Jahrbüchern veröffentlichte Artikel aufgenommen worden. Beiträge, die in Zeitschriften, Zeitungen oder kleineren zeitgenössischen Ausstellungskatalogen erschienen sind, wurden in der Regel nicht berücksichtigt. Angaben über sie sind den Endnoten der entsprechenden Kapitel zu entnehmen.

Aus folgenden Zeitschriften und Zeitungen wurde häufig zitiert (Angaben über selten verwendete Publikationen sind ebenfalls den Endnoten zu entnehmen):

Zeitschriften

Der Ararat, Der Cicerone, Börsenblatt für den deutschen Buchhandel, Bürgerwacht, Freie Volksbühne, Freies Deutschland, Hannoverland, Die Hannoversche Woche, Das Hohe Ufer, Kulturring, Der Marstall, Merz-Hefte, Niedersachsen, Die Pille, Das Stachelschwein, Störtebeker, Der Sturm, Volkstum und Bühne, Der Wachsbogen, Die Weltbühne, Westermanns Monatshefte

Zeitungen

Deutsche Volkszeitung, Die Freie Meinung, Hannoversche Allgemeine Zeitung, Hannoverscher Anzeiger, Hannoverscher Kurier, Hannoversche Landeszeitung, Hannoversche Neue Presse, Hannoversche Presse, Hannoversche Rundschau, Hannoversches Tageblatt, Hannoversche Volkszeitung, Neue Arbeiterzeitung, Niederdeutsche Zeitung, Niedersächsische Arbeiterzeitung, Niedersächsische Tageszeitung, Volkswille

Lexika/Nachschlagewerke/Anthologien etc.

Adreßbücher der Stadt Hannover 1918 ff.
Allgemeine Deutsche Biographie, verschiedene Bände
Argan, Giulio Carlo (Hg.); Propyläen Kunstgeschichte. Die Kunst des Zwanzigsten Jahrhunderts 1880–1940, Berlin 1990
Benz, Wolfgang/Graml, Hermann (Hg.); Biographisches Lexikon zur Weimarer Republik, München 1988
Boetticher, Friedrich von; Malerwerke des 19. Jahrhunderts, Beitrag zur Kunstgeschichte, Leipzig 1891–1901
Bruckmanns Lexikon der Münchner Kunst. Münchner Maler im 19. Jahrhundert, München 1982
Catalogus Professorum. 1831–1981. Festschrift zum 150jährigen Bestehen der Universität Hannover, Band 2, Hannover 1981
Dresslers Kunsthandbuch. Das Buch der lebenden deutschen Künstler, Altertumsforscher, Kunstgelehrten und Kunstschriftsteller, Berlin 1921 u. 1930
Fenske, Hans/Mertens, Dieter/Reinhard, Wolfgang/Rosen, Klaus; Geschichte der politischen Ideen. Von Homer bis zur Gegenwart, Frankfurt/M. 1991
Fricke, Dieter (Hg.); Lexikon zur Parteiengeschichte. Die bürgerlichen und kleinbürgerlichen Parteien und Verbände in Deutschland (1789–1945), Bd. 2, Köln 1984
Gärtner, Hildegard (Hg.); Schriftsteller Lexikon, Leipzig 1990
Hagelweide, Gert; Deutsche Zeitungsbestände in Bibliotheken und Archiven. Hg. v. d. Kommission für Geschichte des Parlamentarismus und der politischen Parteien und des Vereins Deutscher Bibliothekare e.V., Düsseldorf 1974
Hübner, Siegfried/Oberschelp, Reinhard (Hg.); Niedersächsische Bibliographie 1973–1980, Hildesheim 1986
Hillesheim, Jürgen/Michael, Elisabeth; Lexikon nationalsozialistischer Dichter. Biographien, Analysen, Bibliographien, Würzburg 1993
Knocke, Helmut/Thielen, Hugo (Hg.); Hannover Kunst- und Kultur-Lexikon. Handbuch und Stadtführer, Hannover 1994
Koszyk, Kurt/Pruys, Karl Hugo (Hg.); Handbuch der Massenkommunikation, München/New York/London/Paris 1982
Krichbaum, Jörg/Zondergeld, Rein A.; Künstlerinnen von der Antike bis zur Gegenwart, Köln 1979
Kürschners Deutscher Literatur-Kalender auf das Jahr 1932, hg. von Gerhard Lüdtke, Berlin 1932
Landesmuseum Hannover (Hg.); Verzeichnis der Kunstwerke nach 1800, Hannover 1950
Langewiesche, Dieter/Tenorth, Dieter (Hg.); Handbuch der deutschen Bildungsgeschichte, Bd. 5: 1918–1945. Die Weimarer Republik und die nationalsozialistische Diktatur, München 1989
Lennartz, Franz (Hg.); Deutsche Schriftsteller des 20. Jahrhunderts im Spiegel der Kritik, Stuttgart 1984
Lowenthal, Ernst G.; Juden in Preußen. Biographisches Verzeichnis, Berlin 1982
Mlynek, Klaus/Röhrbein, Waldemar R. (Hg.) Hannover Chronik. Von den Anfängen bis zur Gegenwart. Zahlen, Daten, Fakten, Hannover 1991
Neue Deutsche Biographie, hg. von der Historischen Kommission bei der Bayerischen Akademie der Wissenschaften, München 1981 ff
Olbrich, Harald (Hg.); Geschichte der Deutschen Kunst. 1890–1918, Leipzig 1988
Olbrich, Harald (Hg.); Geschichte der Deutschen Kunst. 1918–1945, Leipzig 1990
Overesch, Manfred (Hg.); Das III. Reich 1933–1939. Eine Tageschronik der Politik, Wirtschaft, Kultur, Augsburg 1991
Raabe, Paul (Hg.); Die Autoren und Bücher des literarischen Expressionismus. Ein bibliographisches Handbuch in Zusammenarbeit mit Ingrid Hannich-Bode, Stuttgart 1985
Raabe, Paul (Hg.); Die Zeitschriften und Sammlungen des literarischen Expressionismus. Repertorium der Zeitschriften, Jahrbücher, Anthologien, Sammelwerke, Schriftenreihen und Almanache 1910–1921, Stuttgart 1964
Reclam Opernführer, Stuttgart 1986
Reclam Schauspielführer, Stuttgart 1990
Reinhardt, Stefan (Hg.); Lesebuch Weimarer Republik. Deutsche Schriftsteller und ihr Staat von 1918 bis 1933, Berlin 1982
Riha, Karl (Hg.); Dada Berlin. Texte, Manifeste, Aktionen, Stuttgart 1985

Rischbieter, Henning; Hannoversches Lesebuch oder: Was in Hannover und über Hannover geschrieben, gedruckt und gelesen wurde, Bd. 2: 1850–1950, Velber b. Hannover 1978 (Neuauflage: Hannover 1990)

Ruprecht, Ernst/Bänsch, Dieter (Hg.); Jahrhundertwende. Manifeste und Dokumente zur deutschen Literatur 1890–1910, Stuttgart 1981

Saur. Allgemeines Deutschen Künstlerlexikon der bildenden Künstler aller Zeiten und Völker, München/Leipzig 1992 ff.

Schmitz, Walter (Hg.); Die Münchner Moderne. Die literarische Szene in der ‚Kunststadt' um die Jahrhundertwende, Stuttgart 1990

Schneede, Uwe M. (Hg.); Die zwanziger Jahre. Manifeste und Dokumente deutscher Künstler, Köln 1979

Schreiner, Ludwig (Hg.); Die Gemälde des 19. u. 20. Jahrhunderts in der Niedersächsischen Landesgalerie Hannover. Textband, neu bearbeitet und ergänzt von Regine Thimm, Hannover 1990

Silbergleit, Heinrich; Preußens Städte. Denkschrift zum 100jährigen Jubiläum der Städteordnung vom 19. November 1808, Berlin 1908

Stadtbibliothek Hannover (Hg.); Schwitters-Archiv der Stadtbibliothek Hannover. Bestandsverzeichnis, Hannover 1986 (Nachtrag 1987)

Statistisches Jahrbuch der deutschen Städte, Bd. XXI (1916, Breslau) u. XXII (1927, Leipzig)

Thieme, Ulrich/Becker, Felix (Hg.); Allgemeines Lexikon der bildenden Künstler, verschiedene Jahrgänge

Vollmer, Hans (Hg.); Allgemeines Lexikon der bildenden Künstler des 20. Jahrhunderts, Leipzig 1928 ff.

Walk, Joseph; Kurzbiographien zur Geschichte der Juden 1918–1945, hg. vom Leo Baeck Institute Jerusalem, Jerusalem 1988

Zentner, Christian/Bedürftig, Friedemann (Hg.); Das große Lexikon des 3. Reiches, München 1985

Publikationen aus dem Untersuchungszeitraum

Abbetmeyer, Theo; Beethoven. Ein Hymnus zum 100. Todestage des Meisters, Heilbronn 1927

Abbetmeyer, Theo; Über moderne Theater-Unkultur. Zur Enteignung des deutschen Theaters durch Marxismus und Bolschewismus. Mit besonderer Berücksichtigung der stadthannoverschen Verhältnisse und mit Richtlinien für den Aufbau wahrer deutscher Theaterkultur, Hannover 1933

Abbetmeyer, Theodor; Das Gralsreich als Streiter wider den Untergang des Abendlandes. Der Lohengrin-Mythos im Anschluß an Richard Wagners Lohengrin neu beleuchtet von Theodor Abbetmeyer, Heilbronn 1926

Abbetmeyer, Theodor; Richard-Wagner-Studien. Neue Untersuchungen über die Persönlichkeit und das Kulturwerk des Bayreuther Meisters, Hannover und Leipzig 1916

Abbetmeyer, Theodor; Zur Geschichte der Musik am Hofe in Hannover vor Agostino Steffani 1636–1689. Ein Bild künstlerischer Kultur im 17. Jahrhundert (Inaugural-Dissertation, Georg-August-Universität Göttingen), Göttingen 1931

Ackers, Maximiliane; Freundinnen. Ein Roman unter Frauen, Hannover 1924

Adams, Margarethe; Ausnutzung der Freizeit des Arbeiters, Inaugural-Dissertation zur Erlangung der Doktorwürde der Wirtschafts- und Sozialwissenschaftlichen Fakultät der Universität Köln, Köln 1929

Altman, G(eorg); Goethe auf der Bühne der Hauptstadt Niedersachsens, in: Goethe und Niedersachsen, Sonderheft der HANNOVERSCHEN WOCHE, März 1932

Altman, Georg; Die Regie des Schauspiels (Schauspielregie als Beruf), in: 75 Jahre hannoversches Opernhaus 1852–1927, Hannover 1927, S. 68–71

Altman, Georg; Heinrich Laubes Prinzip der Theaterleitung. Ein Beitrag zur Ästhetik der dramatischen Kunst im 19. Jahrhundert. Dortmund 1908 (Nachdruck 1978)

Altman, Georg; Spielplan-Maximen, in: Städtische Bühnen Hannover, Almanach, Hannover 1929

Altman, George (Hg.); Städtische Bühnen und Schauspielhaus, Hannover 1927/1928

Anlauf, Karl; Der Philosoph von Wiedensahl. Der völkische Seher Wilhelm Busch, Berlin 1939

Anlauf, Karl; Die Revolution in Niedersachsen. Geschichtliche Darstellungen und Erlebnisse, Hannover 1919

Arends, Theodor; Verfassung und Verwaltung der Stadt in neuerer Zeit, in: Verkehrsverein Hannover e.V. (Hg.); Hannover. Die Großstadt im Grünen, Hannover 1927, S. 43–49

Bekker, Paul; Das Theater und sein Publikum, in: Städtische Bühnen Hannover (Hg.); Blätter des Opernhauses, Schriftleitung Bruno von Niessen, Hannover o.J.

Bie, Oskar; Ein moderner Fabrikbau, in: Bahlsen KG (Hg.); 100 Jahre Hermann Bahlsen, Hannover o.J., S. 12–16

Biermann, Georg; Heinrich Tramm als Sammler und Kunstfreund, in: Heinrich Tramm. Ein Lebensbild, Hannover 1932, S. 83–91

Biermann, Georg; Jaeckels Monumentalgemälde für die TET-Fabrik in Hannover, in: Bahlsen KG (Hg.); 100 Jahre Hermann Bahlsen, Hannover o.J., S. 18–22

Biermann, Georg; Theater, Museen und moderne Kulturbestrebungen, in: Wolff, Paul (Hg.); Deutschlands Städtebau. Hannover. Herausgegeben im Einvernehmen mit dem Magistrat der Stadt Hannover, bearbeitet von Paul Wolff, Berlin 1922, S. 131–133

Blei, Franz; Das Kuriositäten-Kabinett der Literatur, Hannover 1924

Blei, Franz; Unsittliche Literatur und Deutsche Republik. §184, Hannover 1921 (Die Silbergäule 135/136)

Brandes-Hardegsen, Karl; Friedensbotschaft. Schauspiel in drei Aufzügen, Hannover 1916

Brinckmann, (Albert); Die bildende Kunst in Hannover, in: Die Königliche Haupt- und Provinzstadt Hannover. Festschrift zur Einweihung des Rathauses im Jahre 1913, Hannover 1913, S. 181–201

Brinckmann, Albert; Die Weltkriegssammlung des Vaterländischen Museums der Stadt Hannover, in: Hannoversche Geschichtsblätter, A.F. 19, 1916, 406–411

Bürger, J.; ‚Jahrhundertwende'. Karnevalsfest des hannoverschen Künstler-Vereins am 17. März 1900, Hannover 1900

Deiters, Heinrich; Geschichte der Allgemeinen Deutschen Kunstgenossenschaft von ihrer Entstehung im Jahre 1856 bis auf die Gegenwart, Düsseldorf o.J. (1904)

Demmig, E(mil); Das System Leinert. Sechs Jahre sozialistische Herrschaft im Rathause Hannovers. Vortrag des Architekten und Bürgervorstehers E. Demmig, gehalten am 29. Dezember 1924 im Konzerthaus zu Hannover (hg. vom Verband der Bürgervereine der Stadt Hannover), Hannover 1924

Detmold, Johann Hermann; Die Kunst, in drei Stunden ein Kunstkenner zu werden, in: Kunstverein Hannover (Hg.); Bürger und Bilder, Hannover 1982, S. 36–38

Diederichsen, Hans (Hg.); Albert Baginsky (Legende), Gustav Schenk (Prosagedichte) (Selbstverlag Hans Diederichsen), Hannover 1924

Dingeldey, Eduard; Heinrich Tramm und der Gedanke des nationalen Bürgertums, in: Heinrich Tramm. Ein Lebensbild, Hannover 1932, S. 40–55

Dorner, Alexander (Hg.); Meisterwerke aus dem Provinzial-Museum in Hannover, im Auftrage des Kunstvereins hg. von Alexander Dorner, Hannover 1927

Dorner, Alexander; Hundert Jahre Bauen in Hannover. Zur Jahrhundertfeier der Technischen Hochschule, Hannover 1931

Dorner, Alexander; Hundert Jahre Kunst in Hannover. 1750–1850, Hannover 1932

Dorner, Alexander; Hundert Jahre Kunstverein Hannover, in: Dorner, Alexander; Hundert Jahre Kunst in Hannover, Hannover 1932

Dorner, Alexander; Amtlicher Führer durch die Kunstsammlung des Provinzial-Museums (versch. Bände), Berlin 1927

Dorner, Alexander; Der Ankauf des Meister Bertram-Altars für Hannover, Hannover 1931

Dorner, Alexander; Die Geschichte der im Provinzial-Museum untergebrachten Kunstsammlungen, in: Provinzial-Museum Hannover (Hg.); Katalog der Kunstsammlungen im Provinzial-Museum, Bd. 1, Berlin 1930, S. I–XIII

Dorner, Alexander; Die hannoverschen Kunstmuseen, in: Fremdenverkehrs- und Ausstellungsamt Hannover (Hg.); Hannover zu allen Jahreszeiten, Hannover 1931, S. 38–55

Dorner, Alexander; 100 Jahre Kunstverein, in: Kunstverein Hannover (Hg.); Bürger und Bilder, Hannover 1982, S. 62–68

Dorner, Alexander; Kunsthistorischer Rückblick auf die Entwicklung Hannovers, in: Verkehrsverein Hannover e.V. (Hg.); Hannover. Die Großstadt im Grünen, Hannover 1927, S. 17–30

Dorner, Alexander; Moderne Kunstpflege in Hannover, in: Festschrift Hannover. Tagung des Deutschen Städtebundes, Hannover 1924

Dresdner, Albert; Die Entstehung der Kunstkritik im Zusammenhang der Geschichte des europäischen Kunstlebens, München 1968 (Nachdruck der Erstauflage von 1915)

Elkart, Karl; Das Neue Bauen in Hannover, in: Fremdenverkehrs- und Ausstellungsamt Hannover (Hg.); Hannover zu allen Jahreszeiten, Hannover 1931, S. 24–38

Elkart, Karl; Die bauliche Entwicklung Hannovers, in: Verkehrsverein Hannover (Hg.); Hannover. Die Großstadt im Grünen. Hannover 1927, S. 49–46

Elkart, Karl; Neues Bauen in Hannover, Hannover 1929

50 Jahre Buchhandlung Ludwig Ey. Zum 18. September 1928, Hannover 1928

Festschrift zum Fest der Technik, in: Erlhoff, Michael/Guckel, Sabine (Hg.); Kurt-Schwitters-Almanach, Hannover 1984, S. 153–163

Festschrift für das Fest der Technik, 8. Dezember 1928, des Verbandes technisch-wissenschaftlicher Vereine zu Hannover, Hannover 1928

Festschrift zum Einzuge des HANNOVERSCHEN ANZEIGERS in sein neues Hochhaus, Hannover 1928

Frehsee, Martin; Blätter aus der Chronik des Heiligenberges. Ein Festspiel dem Verschönerungs-Verein Vilsen gewidmet, Hoya o.J.

Frehsee, Martin; Gebrüder Jänecke. Druck- und Verlagshaus Hannover. Rückblick und Entwicklung. Festschrift zur 100-Jahrfeier des Hauses Gebr. Jänecke, Hannover 1927

Frehsee, Martin; O Tannebaum. Ein neues deutsches Weihnachtsmärchen, Vilsen 1911

Frehsee, Martin; Tante Tüs'chen. Ein kleines Spiel aus großer Zeit in drei Aufzügen, Berlin 1915

Frehsee, Martin; Trutzig und treu! Ein vaterländisches Schauspiel, Hannover o.J.

Frehsee, Martin; Wieland. Dramatische Dichtung in vier Aufzügen, Hannover 1917

Fremdenverkehrs- und Ausstellungsamt der Stadt Hannover/Verkehrsamt Hannover (Hg.); Hannover zu allen Jahreszeiten, Hannover 1931

Frerking, Johann; 75 Jahre Opernhaus, in: 75 Jahre hannoversches Opernhaus. 1852–1927, Hannover 1927, S. 1–28

Frerking, Johann; Das erste Jahrdritt der Städtischen Schauspiele. Rückblick und Ausblick, in: Festschrift Hannover. Tagung des Deutschen Städtebundes, Hannover 1924, S. 28 f.

Frerking, Johann; Martin ohne Flügelkleid, Hannover 1920

Froelich, Else; Jahresbericht 1928/29, in: Gedok-Jahrbuch 1, Hannover 1929, S. 1f

Galerie von Garvens (Hg.); Gesammelte Ausstellungskataloge, in: Vester, Katrin; Herbert von Garvens-Garvensburg. Sammler und Galerist im Hannover der frühen 20er Jahre (Magisterarbeit Universität Hamburg), Hamburg 1989, S. 66–98

Galerie von Garvens (Hg.); Programm: Ausstellungen und Veranstaltungen, in: Vester, Katrin; Herbert von Garvens-Garvensburg. Sammler und Galerist im Hannover der frühen 20er Jahre (Magisterarbeit Universität Hamburg), Hamburg 1989, S. 98–101

Galerie von Garvens (Hg.); Zwei Jahre Galerie von Garvens, Hannover 1922 (s. Schwitters Archiv Hannover, Nr. 2226)

Garvens, Herbert von; James Ensor. Maler, Radierer, Komponist, Hannover 1913, in: Vester, Katrin; Herbert von Garvens-Garvensburg. Sammler und Galerist im Hannover der frühen 20er Jahre, Magisterarbeit Universität Hamburg, Hamburg 1989, S. 39–66

Gedok Hannover (Hg.); Gedok-Jahrbuch. 1. Jahrbuch des ersten Gemeinschaftsjahrs (1928/1929), Hannover 1929

Gedok Hannover (Hg.); Gedok-Jahrbuch. 2. Jahrbuch des zweiten Gemeinschaftsjahres (1929), Hannover 1929

Georgi, Yvonne; Tanzregie, in: 75 Jahre hannoversches Opernhaus. 1852–1927, Hannover 1927, S. 66 ff.

Georgi, Yvonne; Theatertanz, in: Städtische Bühnen, Almanach, Hannover 1929

Grabenhorst, Georg; Fahnenjunker Volkenborn, Leipzig 1928

Grabenhorst, Georg; Peter in Flandern, in: Hahn-Butry, Jürgen (Hg.); Die Mannschaft. Frontsoldaten erzählen vom Front-Alltag, Band IV und V (Ausgabe der Nationalsozialistischen Kriegsopferversorgung), Berlin 1938

Graefenhain, Rudolf; Das Erziehungs- und Bildungswesen unter Stadtdirektor Heinrich Tramm, in: Heinrich Tramm. Ein Lebensbild, Hannover 1932, S. 96 ff.

Grimm, Hans; Volk ohne Raum, München 1978

Habicht, V. C.; Deutschland! Vollend' es! Ein Zukunftsbrevier, Hannover 1915

Habicht, Victor C.; Odysseus und die Sirenen. Ein Gespräch (erschienen im Zweemann-Verlag Hannover u. auch im Paul Steegemann Verlag Hannover, Die Silbergäule 111/112), Hannover 1920/1921

Habicht, Victor Curt; Echnaton. Novelle (erschienen im Paul Steegemann Verlag Hannover, Die Silbergäule 5/7), Hannover 1919

Habicht, Victor C.; Der Triumph des Todes. Mysterienspiel in drei Aufzügen (erschienen im Paul Steegemann Verlag Hannover, Die Silbergäule 29/30), Hannover 1919

Habicht, Victor Curt; Die letzte Lust. Ein Roman (erschienen im Paul Steegemann Verlag, Die Silbergäule 69/75), Hannover, Leipzig, Wien u. Zürich 1920

Habicht, Victor C.; Die selige Welt. Der Psalm vom Menschensohne (erschienen im Paul Steegemann Verlag Hannover), Hannover 1920

Habicht, Victor Curt; Der Funke Gott. Gedichte, Auswahl aus lyrischen Fassungen der Jahre 1909–1919 (erschienen im Zweemann-Verlag Hannover u. auch im Paul Steegemann Verlag Hannover, Die Silbergäule 113/118), Hannover 1919/1921

Habicht, Victor Curt; Maria, Oldenburg 1926

Habicht, V. C.; Der niedersächische Kunstkreis, Hannover 1930

Hannover 1913. Ein statistischer Rückblick aus Anlaß des 75jährigen Geburtstages des Neuen Rathauses, hg. vom Oberstadtdirektor, Statistisches Amt, Hannover 1988

Hannover pflegt die bildende Kunst der Gegenwart, Hannover 1928

Hannoverscher Künstler-Verein (Hg.); Die Feierlichkeiten zur Einweihung der neueingerichteten Vereinsräume im Künstlerhause der Stadt Hannover und die Besichtigung der Vereinsräume durch Se. Majestät Kaiser Wilhelm II. am 9. Januar 1903, Hannover 1903

Hannoverscher Kurier (Hg.); 75 Jahre Hannoverscher Kurier. Festschrift den Inserenten, Lesern und Fremden unseres Blattes, gewidmet vom Verlage, Hannover 1924

Hannoverscher Kurier (Hg.); Hannoverscher Kurier. Seine Geschichte und seine Zeit, Hannover 1923

Hanns Heinz Vampir (d.i. Hans Reimann); Ewers. Ein garantiert verwahrloster Schundroman in Lumpen, Hannover, Paris 1921

Hasenclever, Marita; Städtische Bühnen Hannover. Das Schauspiel unter der Direktion von Dr. George Altman 1927–1933, Berlin 1933

Hiller, Kurt; §175. Die Schmach des Jahrhunderts, Hannover 1922

Huelsenbeck, Richard; En avant Dada. Eine Geschichte des Dadaismus, Hannover, Leipzig, Wien, Zürich 1920

Hyan, Hans; Massenmörder Haarmann. Eine kriminalistische Studie, Berlin 1924

Jacob-Friesen, Karl Hermann; Denkschrift über den Plan einer Neugestaltung in den hannoverschen Museen, Hannover 1919

Jacob-Friesen, Karl Hermann; Einführung in Niedersachsens Urgeschichte, Hildesheim/Leipzig o.J.

Jarres, Karl; Tramm als Parlamentarier, in: Heinrich Tramm. Ein Lebensbild, Hannover 1932, S. 31 f

Jochem, (Friedrich Wilhelm); Das Kunstgewerbe in Hannover, in: Verkehrsverein Hannover e.V. (Hg.); Hannover. Die Großstadt im Grünen, Hannover 1927, S. 232–236

Jünger, Ernst; Annäherungen, Stuttgart 1961

Jürgens, Grethe; Geschichte des WACHSBOGENS, in: Kunstverein Hannover (Hg.); Neue Sachlichkeit in Hannover, Hannover 1974, S. 21 f.

Jürgens, Grethe; Das Atelier, Berlin 1943

Jürgens, Otto; Die Entstehung der stadthannoverschen Museen, in: Hannoversche Geschichtsblätter, A.F. 13, 1910, S. 211–240

Kestner-Gesellschaft (Hg.); 50 Jahre Kestner-Gesellschaft. Jubiläumsheft, Hannover 1966

Kestner-Gesellschaft e.V. (Hg.); Rückblick auf die Jahre 1916–1921. Programm für das Vereinsjahr 1921/1922, Hannover 1921

Kestner-Gesellschaft Hannover e.V. (Hg.); Flugschriften der Kestner-Gesellschaft e.V. I. Zur Kunst unserer Zeit. Gedanken anläßlich der Nolde-Ausstellung, Hannover 1918

Kestner-Gesellschaft (Hg.); Das Kestner-Buch, Hannover 1919

Knibbe, Heinrich; Die Großsiedlung Hannover. Die wirtschaftliche Verflechtung der politischen Stadt mit dem Vorraum, Hannover 1934

Königliche Haupt- und Provinzstadt Hannover. Festschrift zur Einweihung des Rathauses im Jahre 1913, Hannover 1913

Koken, Friedrich Hans; Hundert Jahre Kunstverein Hannover, in: Bericht über die Wirksamkeit und die Verwaltung des Kunstvereins Hannover e.V. v. 1. Oktober – 30. September 1932 nebst kurzem Überblick über die ersten 100 Jahre seines Bestehens, Hannover 1932, S. 15–29

Kunstgenossenschaft Hannover (Hg.); Offenherzigkeiten über Kritik und Expressionismus in Hannover. Eine Abwehr, Hannover 1919

Kunstverein Hannover (Hg.); Die modernen Gemälde aus dem Besitz der Stadt Hannover. Ein Führer für die Besucher der Ausstellung, Hannover 1918

Küppers, Paul Erich; Der Kubismus. Ein künstlerisches Formproblem unserer Zeit, Leipzig 1920

Küppers, Paul Erich (Hg.); Die Kestner-Gesellschaft e.V. Mitteilungen über Wege und Ziele der Kestner-Gesellschaft, Hannover 1917

Küppers, Paul Erich; Die Bilder des Herrn von Garvens, in: Schmied, Wieland (Hg.); Wegbereiter zur modernen Kunst. 50 Jahre Kestner-Gesellschaft, Hannover 1966, S. 119 ff.

Küthmann, Carl; Hannovers Museen und Kunstausstellungen, in: Verkehrsverein Hannover e.V. (Hg.); Die Großstadt im Grünen, Hannover 1927, S. 168–173

Landesbühnen-Ausschuß der Provinz Hannover; Theaternot, Theaterhilfe. Im Auftrage des Landesbühnen-Ausschusses der Provinz Hannover verfaßt von W. Schumann, Hannover o.J. (1930)

Leibniz-Akademie Hannover (Hg.); Wesen und Aufbau der Leibniz-Akademie, Hannover 1929

Leibniz-Akademie Hannover e.V. (Hg.); Verzeichnis der Vorlesungen und Arbeitsgemeinschaften von Oktober bis Dezember 1921, Hannover 1921

Lerche, Otto/Jacob, Karl Hermann; Die wissenschaftlichen Anstalten Hannovers und die Volksbildungspflege. Vier Aufsätze über Grundfragen, Einrichtung und Arbeitsmöglichkeiten des Wissens und des außerschulgemäßen Bildungswesens in Hannover, Hannover 1920

Lessing, Theodor; Einmal und nie wieder, Gütersloh 1969

Lessing, Theodor; Haarmann. Geschichte eines Werwolfs, München 1925

Lessing, Theodor; Hindenburg, Berlin 1925

Liebermann, Max; Meine Erinnerungen an Heinrich Tramm, in: Heinrich Tramm. Ein Lebensbild, Hannover 1932, S. 79–83

Liebernickel, Waldemar; Tramm und die hannoversche Wirtschaft, in: Heinrich Tramm. Ein Lebensbild, Hannover 1932, S. 66–73

Madsack, August; Wollen, Werden, Wirken. Erinnerungen und Gedanken eines Zeitungsverlegers, in: Festschrift des HANNOVERSCHEN ANZEIGERS zum Einzug in sein neues Hochhaus, Hannover 1928, S. 4 ff.

Madsack, Erich; Vom Werden, Leben und Beruf der Zeitung, in: Festschrift DES HANNOVERSCHEN ANZEIGERS zum Einzug in sein neues Hochhaus, Hannover 1928

Madsack, Paul; Der schwarze Magier. Ein Roman in schwarz und weiß, Bad Rothenfelde 1924

Madsack, Paul; Hinter den Kulissen der Redaktion, in: Festschrift des HANNOVERSCHEN ANZEIGERS zum Einzuge in sein neues Hochhaus, Hannover 1928, S. 13 ff

Madsack, Paul; Die metaphysische Wachsfigur oder Auf Geisterfang mit Sir Arthur Conan Doyle. Eine magische Groteske, München 1930

Madsack, Paul; Tamotua. Die Stadt der Zukunft, München 1931

Madsack, Paul; Vae Victis. Meine Erlebnisse in Spanien und Frankreich während des Weltkrieges, Leipzig 1918

Mannheim, Karl; Das Problem der Generationen, in: Kölner Vierteljahreshefte für Soziologie, 1. H, 1928, S. 157–185 (1. Teil) und S. 309–330 (2. Teil)

Menge, Arthur; Dreißig Jahre Stadtentwicklung, in: Festschrift zum Einzuge DES HANNOVERSCHEN ANZEIGERS in sein neues Hochhaus, Hannover 1928, S. 9

Messer, A.; Der Fall Lessing. Eine objektive Darstellung und kritische Würdigung, Bielefeld 1926

Michel, Wilhelm; Essays über Gustav Landauer, Romain Rolland, Friedrich Hölderlin, Die Metaphysik des Bürgers, Hannover/Leipzig/Wien/Zürich 1920

Mynona (d. i. Friedländer, Salomo); Hat Erich Maria Remarque wirklich gelebt? Der Mann. Das Werk. Der Genius. 1000 Worte Remarque, Berlin 1929

Neu-Hannover. Festschrift des HANNOVERSCHEN COURIERS zur Rathaus-Weihe 1913, Hannover 1913

Niedecken-Gebhardt, Hanns; Die Oper, in: 75 Jahre HANNOVERSCHER KURIER, Festschrift, Hannover 1924

Noske, Gustav; Stadt und Presse, in: Festschrift zum Einzuge des HANNOVERSCHEN ANZEIGERS in sein neues Hochhaus, Hannover 1928, S. 9f

Führer durch das Städtische Opernhaus Hannover, o.O. (Hannover) 1928

75 Jahre Opernhaus Hannover. 1852–1927, Hannover 1927

Paschen, Paul; Die Befreiung der menschlichen Stimme, Stuttgart/Leipzig 1930

Peßler, Wilhelm; Niedersächsische Kultur. Land und Leute in Niedersachsen, in: Verkehrsverein Hannover e.V. (Hg.); Hannover. Die Großstadt im Grünen, Hannover 1927, S. 30–43

Pfahl, (Arthur); Theater und Musik, in: Die Königliche Haupt- und Provinzstadt Hannover. Festschrift zur Einweihung des Rathauses im Jahre 1913, Hannover 1913, S. 201–224

Pfahl, Arthur; Vom Hoftheater zu den Städtischen Bühnen, in: 75 Jahre hannoversches Opernhaus. 1852–1927, Hannover 1927, S. 28–31

Pfahl; A(rthur); Die Städtischen Bühnen, in: Verkehrsverein Hannover e.V. (Hg.); Hannover. Die Großstadt im Grünen, Hannover 1927, S. 162–166

Provinzial-Museum (Hg.); Jahrbuch des Provinzial-Museums zu Hannover, Hannover 1930

Provinzial-Museum Hannover (Hg.); Katalog der Kunstsammlungen im Provinzial-Museum zu Hannover, hg. von der Direktion der Kunstsammlungen, Band I: Gemälde, Handzeichnungen und Aquarelle, Berlin 1930

Rahlfs, Heinz; Die Städtischen Bühnen zu Hannover und ihre Vorläufer in wirtschaftlicher und sozialer Hinsicht, Hannover 1928

Reimann, Hans; Das Paukerbuch. Skizzen vom Gymnasium, Hannover/Leipzig 1922

Reimann, Hans; Das verbotene Buch. Grotesken und Schnurren, Hannover/Leipzig 1922

Reimann, Hans; Die Dame mit den schönen Beinen, Hannover/Leipzig 1922

Reimann, Hans; Die Dinte wider das Blut. Ein Zeitroman von Artur Sünde, Hannover 1922

Reimann, Hans; Dr. Geenij. In memoriam August von Sachsen, Hannover/Leipzig 1923

Reimann, Hans; Hedwig Courths-Mahler. Schlichte Geschichten fürs traute Heim, erzählt von Hans Reimann, geschmückt mit Bildern von George Grosz, Hannover/Leipzig 1922

Reimann, Hans; Mein Kabarettbuch, Hannover/Leipzig 1923

Riemasch, Otto Lothar; Dichter und Zeitung, in: Festschrift zum Einzuge des HANNOVERSCHEN ANZEIGERS in sein neues Hochhaus, Hannover 1928, S. 12 ff.

Rolan, Franz; Intendant Willy Grunwald. Charakterstudie, Hannover 1924

Rosendahl, Erich; Geschichte der Hoftheater in Hannover und Braunschweig, Hannover 1927

Rosendahl, Erich; Geschichte Niedersachsens im Spiegel der Reichsgeschichte, Hannover 1927

Rosendahl, Erich; Heinrich Tramm und das Theater, in: Heinrich Tramm. Ein Lebensbild, Hannover 1932, S. 91 ff.

Rosendahl, Erich; König Georg V. von Hannover. Mit einem Abriß der Geschichte des Hannoverlandes, Hannover 1928

Rosendahl, Erich; Niedersachsens Frauen, Hannover 1929

Rosendahl, Erich; Niedersächsische Literaturgeschichte, Hildesheim/Leipzig 1932

Schnath, Georg; Heinrich Tramm und das Geistesleben, in: Heinrich Tramm. Ein Lebensbild, Hannover 1932, S. 73f

Schwitters, Kurt; An alle Bühnen der Welt, in: Text + Kritik, H. 35/36, Kurt Schwitters, 1972, S. 24f

Schwitters, Kurt; Das Irrenhaus von Sondermann, in: Schwitters, Kurt. Das literarische Werk, Bd. 4, Köln 1977, S. 121–130

Schwitters, Kurt; Das literarische Werk, Band 5: Manifeste und kritische Prosa, Köln 1981

Schwitters, Kurt; Der Doppelnippel, in: Der Doppelnippel. Festschrift zum Fest der Technik, Hannover 1928

Schwitters, Kurt; Der Rhythmus im Kunstwerk; in: Erlhoff, Michael/Gukkel, Sabine (Hg.); Kurt-Schwitters-Almanach, Hannover 1984, S. 92f

Schwitters, Kurt; Drei unveröffentlichte Texte, in: Erlhoff, Michael (Hg.); Kurt Schwitters Almanach 1982, S. 149–152

Schwitters, Kurt; Gegendarstellung, in: Erlhoff, Michael/Guckel, Sabine (Hg.); Kurt Schwitters Almanach 1984, S. 54–57

Schwitters, Kurt; Typographische Arbeiten für Hannover, in: Erlhoff, Michael/Guckel, Sabine (Hg.); Kurt-Schwitters-Almanach, Hannover 1984, S. 117–123

Serner, Walter; Letzte Lockerung. manifest dada, Hannover 1920

Seutemann, (Karl); Das wirtschaftliche Leben, in: Die königliche Haupt- und Residenzstadt Hannover. Festschrift zur Einweihung des Neuen Rathauses im Jahre 1913, Hannover 1913, S. 98–131

Sievert, A./Seefeld, A.v./Aengeneyndt, G.; Geschichte des hannoverschen Künstlervereins 1842–1927, Hannover 1928

Spengemann, Christof (Red.); Der Doppelnippel. Festschrift zum Fest der Technik, Hannover 1928

Spengemann, Christof; Beseelte Chemie, in: Der Doppelnippel. Festschrift zum Fest der Technik, Hannover 1928

Spengemann, Christof; Die bildende Kunst im Neuen Hannover, Berlin 1919

Spengemann, Christof; Die Wahrheit über Anna Blume. Kritik der Kunst, Kritik der Kritik, Kritik der Zeit, Zweemann Verlag, Hannover 1920 (Reprint 1985)

Spengemann, Christof; In letzter Minute. Des OB 20/76 letzte Fahrt, in: Spengemann, Christof (Red.); Der Doppelnippel. Festschrift zum Fest der Technik, Hannover 1928

Spengemann, Christof; Kunst, Künstler und Publikum. Fünf Kapitel als Einführung in die heutige Kunst, Hannover 1919

Spengemann, Christof; Ypsilon. Ein grotesker Roman, Hannover 1991

Steegemann, Paul (Hg.); Das enthüllte Geheimnis der Anna Blume. Rezensionssammlung, in: Erlhoff, Michael (Hg.); Kurt-Schwitters-Almanach, 1982, S. 83–122

Steegemann, Paul; Piston Solo eines Verlegers, in: Escher, Karl; Hinter dem Hoftheater gleich links um die Ecke, Berlin 1950, S. 51f

Steegemann, Paul; Zeitgenössische Rezensionen zu Arbeiten von Kurt Schwitters. Eine Sammlung, in: Erlhoff, Michael (Hg.); Kurt-Schwitters-Almanach, Hannover 1982, S. 132–146

Steegemann, Paul; Zwei Jahre Verleger. Von Laotse bis Dada, in: Stevenson, Robert Louis; Der Klub der Selbstmörder (Paul Steegemann Verlag), Hannover/Leipzig 1922 (Anhang)

Steegemann, Paul; Fünf Jahre Verleger in Hannover, in: Raabe, Paul (Hg.); Expressionismus. Aufzeichnungen und Erinnerungen der Zeitgenossen, Olten u. Freiburg/Brsg. 1965, S. 267 ff.

Steinitz, Käte; Vom Zeichnen, in: Gedok-Jahrbuch 1, Hannover 1929, S. 20f

Thieme, ? (Bibliothekar); Bildung und Wissenschaft. Allgemeiner Überblick, in: Die Königliche Haupt- und Provinzstadt Hannover. Festschrift zur Einweihung des Rathauses im Jahre 1913, Hannover 1913, S. 152–163

Heinrich Tramm. Stadtdirektor von Hannover 1854–1932. Ein Lebensbild, Hannover 1932

Tramm-Polnar, Olga; Erinnerungen, in: Festschrift zum 75-jährigen Bestehen des Hannoverschen Opernhauses, Hannover 1. September 1927

Verkehrsverein Hannover e.V. (Hg.); Hannover. Die Großstadt im Grünen, Hannover 1927

Verlaine, Paul; Frauen, Hannover 1919

Verlaine, Paul; Männer, Hannover 1920

Verwaltungsakademie Hannover (Hg.); Vorlesungsverzeichnisse 1933 ff.

Vischer, Henning; Sekunde durch Hirn. Ein unheimlich schnell rotierender Roman, Hannover/Leipzig/Wien/Zürich 1920

Volkshochschule Hannover (Hg.); 10 Jahre Volkshochschule Hannover, Hannover 1929

Voß, Kurt; 75 Jahre im Spiegel der öffentlichen Meinung, in: 75 Jahre hannoversches Opernhaus. 1852–1927, Hannover 1927, S. 48–62

Werner, Th. W.; Hannovers Musikleben, in: Verkehrsverein Hannover e.V. (Hg.); Hannover. Die Großstadt im Grünen, Hannover 1927, S. 166–168

Werner, Theodor W.; 300 Jahre. Von der Hofkapelle zum Opernhausorchester, Hannover 1927

Wespy, (Leon); Bildung und Wissenschaft. Gegenwart, in: Die Königliche Haupt- und Provinzstadt Hannover. Festschrift zur Einweihung des Rathauses im Jahre 1913, Hannover 1913, S. 163–181

Wigman, Mary; Unser Tanz, in: 75 Jahre Hannoverscher Kurier, Festschrift, Hannover 1924

Winckelmann, Hans; Die Oper und ihr ‚Regisseur', in: 75 Jahre hannoversches Opernhaus. 1852–1927, Hannover 1927, S. 62–66

Wolf, Paul (Hg.); Deutschlands Städtebau. Hannover. Herausgegeben im Einvernehmen mit dem Magistrat der Stadt Hannover, Berlin 1922

Wolff, Arthur von; Heinrich Tramm, der Bürger, in: Heinrich Tramm. Ein Lebensbild, Hannover 1932, S. 18 ff.

Zehn Jahre Aufbau. Die Hauptstadt Hannover von 1925 bis 1935, im Auftrag der Stadtverwaltung bearb. von Theodor Arends u.a., Hannover 1935

Festschrift des Zinnoberfests, in: Erlhoff, Michael/Guckel, Sabine (Hg.), Kurt-Schwitters-Almanach, Hannover 1984, S. 124–150

Erinnerungen von Zeitgenossinnen und Zeitgenossen/Werkausgaben

Altman, George; Vor fremden und eigenen Kulissen. Geschautes und Erlebtes, Emsdetten 1964

Bartels, Hugo R.; Hannoversche Bohémiens. Sendung des NWDR, 25. März 1950, in: Escher, Karl; Hinter dem Hoftheater gleich links um die Ecke, Berlin 1950, Anhang

Bartels; Hugo R.; Das Café am Kröpcke, in: Merian-Heft Hannover, Hamburg 1963, S. 36 ff.

Baule, E. W.; Die bildende Kunst in Hannover. Festschrift des HANN. COURIERS zur Rathaus-Weihe, 1913, S. 59

Baum, Vicky; Es war alles ganz anders. Erinnerungen, Köln 1987

Bürgin, Hans/Mayer, Hans-Otto (Hg.); Die Briefe Thomas Manns. Regesten und Register, Bd. I. 1889–1933, Frankfurt/M. 1976

Buesche, Albert; Vor 50 Jahren. Eine Erinnerung, in: Kunstverein Hannover (Hg.); Neue Sachlichkeit in Hannover, Hannover 1974, S. 111

Escher, Karl; Hinter dem Hoftheater gleich links um die Ecke. Jugenderinnerungen. Die Bank der Spötter, Berlin 1950

Feldmann, Friedrich; Geschichte des Ortsvereins Hannover der SPD 1864–1933, Hannover 1952

Frerking, Johann; Augenblicke des Theaters. Aus vier Jahrzehnten hannoverscher Bühnengeschichte, Velber b. Hannover 1963

Galerie bargera (Hg.), die abstrakten hannover. Ortsgruppe der internationalen vereinigung der expressionisten, futuristen, cubisten und konstruktivisten e.v., centrale berlin, Köln o.J.

Galerie gmurzynska (Hg.); Das Gästebuch von Käte T. Steinitz, Köln 1978

Gerold-Tucholsky, Mary/Raddatz, Fritz J. (Hg.); Kurt Tucholsky. Gesammelte Werke, Reinbek b. Hamburg 1960

Gleichmann, Gunda-Anna; Erinnerungen an Theodor Däubler, in: Werner, Dieter (Hg.); Theodor Däubler. Biographie und Werk. Die Vorträge des Dresdener Däubler-Symposiums 1992, Mainz 1996, S. 167–175

Grabenhorst, Georg; Der ferne Ruf. Erzählungen, Oldenburg 1933

Grabenhorst, Georg; Abenteuer der Jugend. Erzählungen, Hildesheim 1969

Grabenhorst, Georg; Hall und Widerhall. Begegnungen und Freundschaften. Hildesheim 1974

Grabenhorst, Georg; Wege und Umwege, Hildesheim 1979

Gregor-Dellin, Martin (Hg.); Klaus Mann. Briefe und Antworten 1922–1949, München 1987

Grosz, George; Ein kleines Ja und ein großes Nein, Hamburg 1955

Hausmann, Bernhard; Erinnerungen aus dem achtzigjährigen Leben eines Hannoverschen Bürgers, Hannover, Leipzig 1904

Helms, Dietrich; Friedrich Vordemberge-Gildewart. Schriften und Vorträge, St. Gallen 1976

Hentzen, Alfred; Neuer Anfang in der Warmbüchenstraße, in: Schmied, Wieland (Hg.); Wegbereiter zur modernen Kunst. 50 Jahre Kestner-Gesellschaft, Hannover 1966, S. 67–94

Hirsch, Karl Jakob; Kaiserwetter, Frankfurt 1971

Hirsch, Karl Jakob; Heimkehr zu Gott, München 1946

Hirsch, Karl Jakob; Quintessenz meines Lebens, Mainz 1990

Höch, Hannah; Eine der Reisen mit Kurt Schwitters, in: Huelsenbeck, Richard (Hg.); Dada. Eine literarische Dokumentation, Hamburg 1964, S. 255–257

Huelsenbeck, Richard (Hg); Dada. Eine literarische Dokumentation, Hamburg 1964

Ihering, Herbert; Klabunds KREIDEKREIS in Hannover, in: Ihering, Herbert; Von Reinhardt bis Brecht, Bd. 2, Berlin 1961, S. 80f

Kästner, Erich; Fabian. Die Geschichte eines Moralisten, Frankfurt/M. 1989

Kohlrausch, R(obert); Vor und hinter den Kulissen. Theatererinnerungen eines alten Kritikers, Hannover o.J.

Küppers-Lissitzky, Sophie; Die ersten Jahre, in: Schmied, Wieland (Hg.); Wegbereiter zur modernen Kunst. 50 Jahre Kestner-Gesellschaft Hannover 1966, S. 11–27

Lach, Friedhelm (Hg.); Kurt Schwitters MERZ-Hefte. Als Faksimile-Nachdruck, Bern/Frankfurt 1975

Lauenroth, Heinz (Hg.); Hannover. Porträt einer Stadt, Hannover 1980

Lessing, Theodor; Gerichtstag über mich selbst (1925), in: Lessing, Theodor; Einmal und nie wieder, Gütersloh 1969, S. 392–411

Lodemann, Hermann; Im Dienste der Stadt Linden. 1898–1920, Berlin 1939

Mann, Erika (Hg.); Thomas Mann. Briefe 1937–1947, Frankfurt/M. 1963

Mann, Klaus; Briefe und Antworten 1922–1949, München 1987

Mann, Klaus; Der Wendepunkt. Bericht eines Lebens, Reinbek 1991

Mann, Klaus; Kind dieser Zeit, Reinbek 1987

Mann, Thomas; Briefe 1889–1936, Frankfurt 1961

Mendelssohn, Pieter de (Hg.); Thomas Mann. Tagebücher 1918–1921, Frankfurt 1979

Milch, Thomas (Hg.); Walter Serner. Der Abreiser. Materialien zu Leben und Werk (Walter Serner. Das Gesamte Werk, Bd. 8), München 1984

Monaco, Marietta; Ich kam – ich geh. Reisebilder, Erinnerungen, Porträts. Mit Silhouetten von Ernst Moritz Engert, München 1962

Noske, Gustav; Erlebtes aus Aufstieg und Niedergang einer Demokratie, Offenbach/Main 1947

Noske, Gustav; Von Kiel bis Kapp. Zur Geschichte der deutschen Revolution, Berlin 1920

Nündel, Ernst (Hg.); Kurt Schwitters. Wir spielen, bis uns der Tod abholt. Briefe aus fünf Jahrzehnten, Frankfurt 1986

Overbeck, Gerta; Die hannoversche Neue Sachlichkeit. Ein Rückblick, in: Reinhardt, Hildegard; Gerta Overbeck 1898–1977. Eine westfälische Malerin der Neuen Sachlichkeit in Hannover, in: Niederdeutsche Beiträge für Kunstgeschichte, München/Berlin 1979, Bd. 18, S. 225–248

Overbeck, Gerta; Es liegt in der Luft mit der Sachlichkeit, in: Kunstverein Hannover (Hg.); Neue Sachlichkeit, Hannover 1974, S. 89f

Pape, Walter (Hg.); Joachim Ringelnatz. Briefe, Berlin 1988

Raabe, Paul (Hg.); Expressionismus. Aufzeichnungen und Erinnerungen der Zeitgenossen, Olten und Freiburg 1965

Reimann, Hans; Mein blaues Wunder. Lebensmosaik eines Humoristen, München 1959

Richter, Hans; Dada. Kunst und Antikunst. Der Beitrag zur Kunst des 20. Jahrhunderts, Köln 1964

Richter, Hans; Dada-Profile, Zürich 1961

Riha, Karl (Hg.); Dada Berlin. Texte, Manifeste, Aktionen, Stuttgart 1985

Ringelnatz, Joachim; Mein Leben bis zum Kriege, Berlin 1951

Ringelnatz, Joachim; Reisebriefe eines Artisten, Berlin 1928

Rump, Gerhard Charles (Hg.); Carl Buchheister (1890–1964). Ausgewählte Schriften und Briefe, Hildesheim 1980

Schenk, Gustav; Straßen der Unrast, Hannover 1939

Schenk, Gustav; Traum und Tat. Aufzeichnungen aus zwei Jahrzehnten, Hannover 1943

Schuchhardt, Carl; Aus Leben und Arbeit, Berlin/New York 1944

Schumann, Werner; Damals in Hannover. Erinnerungen und Begegnungen, in: Lauenroth, Heinz (Hg.); Hannover. Porträt einer Stadt, Hannover 1980, S. 124–173

Schwitters, Kurt; Hannover ist eine merkwürdige Stadt, in: Seide, Adam; Hannover ist eine merkwürdige Stadt, in: Kunstverein Hannover (Hg.); Bürger & Bilder. Kunstverein Hannover 1832–1982, Hannover 1982, S. 134

Spengemann, Wilhelm; Hannoversche Jugenderinnerungen in Platt- und Hochdeutsch, Hannover 1983

Steinitz, Kate Trauman; Kurt Schwitters. A Portrait from Life, Berkeley 1968

Steinitz, Käte; Kurt Schwitters. Erinnerungen aus den Jahren 1918–1930, Zürich 1963

Steinitz, Käte; Die Kestner-Gesellschaft in den zwanziger Jahren, in: Schmied, Wieland (Hg.); Wegbereiter zur modernen Kunst, Hannover 1966, S. 27–53

Szyttya, Emil; Die Künstler in Zürich während des Krieges, zitiert nach: Raabe, Paul (Hg.); Expressionismus. Aufzeichnungen und Erinnerungen der Zeitgenossen, Olten und Freiburg 1965, S. 163–168

Thieß, Frank; Das Reich der Dämonen. Der Roman eines Jahrhunderts, Hamburg 1946
Thieß, Frank; Freiheit bis Mitternacht, Wien/Hamburg 1965
Vordemberge-Gildewart, Friedrich; Kurt Schwitters, in: Helms, Dietrich (Hg.); Friedrich Vordemberge-Gildewart, Schriften und Vorträge, St. Gallen 1976, S. 43–45
Walter Serner-Lesebuch. Alle 99 Kriminalgeschichten in einem Band, München 1992
Weiß, Christina/Riha, Karl (Hg.); Kurt Schwitters. Eile ist des Witzes Weile. Eine Auswahl aus den Texten, Stuttgart 1987
Zweig, Stefan; Hannover. Stadt der Mitte, in: Fremdenverkehrs- und Ausstellungsamt Hannover (Hg.); Hannover zu allen Jahreszeiten, Hannover 1931, S. 2–4

Sekundärliteratur

Adam, Hubertus; Hindenburgring und Grabmal Hohmeyer. Zwei Projekte Bernhard Hoetgers für Hannover aus den Jahren des Ersten Weltkriegs, in: Hann. Geschichtsblätter, N.F. 43, 1989, 57–84
Alexander Dorner Kreis Hannover e.V./Sprengel Museum Hannover (Hg.); überwindung der ‚kunst‘. Zum 100. Geburtstag des Kunsthistorikers Alexander Dorner, Hannover 1993
Alheit, Peter (Hg.); Biographische Konstruktionen. Beiträge zur Biographieforschung, Bremen 1992
Alheit, Peter/Fischer-Rosenthal, Wolfram/Hoerning, Erika (Hg.); Biographieforschung. Eine Zwischenbilanz in der deutschen Soziologie, Bremen 1990
Alter, Peter (Hg.); Im Banne der Metropolen. Berlin und London in den zwanziger Jahren, Göttingen 1993
Anz, Thomas; ‚Gesund‘ und ‚krank‘. Kriterien der Kritik im Kampf um die literarische Moderne um 1900, in: Haug, Walter/Barner, Wilfried (Hg.); Ethische contra ästhetische Legitimation von Literatur. Traditionalismus und Modernismus. Kontroversen um den Avantgardismus, Tübingen 1986, S. 240–250
Apell-Kölmel, Doris; Die Stadthalle Hannover. Ein Bau von Paul Bonatz und Friedrich Eugen Scholer, Hannover 1989
Arnold, Armin; Kurt Schwitters' Gedicht: An Anna Blume. Sinn oder Unsinn?, in: Text + Kritik, H. 35/36: Kurt Schwitters, 1972, S. 13–24
Aschoff, Hans-Günther; Welfische Bewegung und politischer Katholizismus 1866–1918. Die Deutsch-Hannoversche Partei und das Zentrum in der Provinz Hannover während des Kaiserreiches, Düsseldorf 1987
Auffarth, Sid/Masuch, Anna; Hannover zwischen den Kriegen, in: Historisches Museum am Hohen Ufer (Hg.); Hannover im Zwanzigsten Jahrhundert, Hannover 1978, S. 85–108
Auffarth, Sid/Saldern, Adelheid von (Hg.); Linden und Hannover im frühen zwanzigsten Jahrhundert, Seelze-Velber 1992
Aurich, Rolf/Fuhrmann, Susanne/Müller, Pamela (Hg.); Lichtspielträume. Kino in Hannover 1896–1991, hg. von der Gesellschaft für Filmstudien, Hannover 1991
Backhauß, Thomas/Fesche, Klaus; Eisen, Dampf und Samt. Aber: Arbeit war nicht alles. Ideen und Material zu einer Spielreportage, Hannover 1989

Badischer Kunstverein, (Hg.); Widerstand statt Anpassung. Deutsche Kunst im Widerstand gegen den Faschismus 1933–1945, Berlin 1980
Bahlsen Keksfabrik (Hg.); 1889–1964. 75 Jahre Bahlsen Keksfabrik, Hannover 1964
Bahlsen KG (Hg.); 100 Jahre Hermann Bahlsen, Hannover o.J.
Balint, Anna; Die Entstehung der Historiengemälde EINMÜTIGKEIT (I) und EINMÜTIGKEIT (II) im Spiegel der Korrespondenz zwischen dem Maler Ferdinand Hodler und der hannoverschen Stadtverwaltung von 1911 bis 1913, in: Hann. Geschichtsblätter, N.F. 47, 1993, S. 1–56
Barron, Stephanie (Hg.); ‚Entartete Kunst‘. Das Schicksal der Avantgarde im Nazi-Deutschland, München 1992
Barron, Stephanie; 1937. Moderne Kunst und Politik im Vorkriegsdeutschland, in: Barron, Stephanie (Hg.); Entartete Kunst, München 1992, S. 9–25
Barron, Stephanie (Hg.); Expressionismus. Die zweite Generation 1915–1925, München 1989
Bartmann, Dominik; Anton von Werner. Zur Kunst und Kunstpolitik im Deutschen Kaiserreich, Berlin 1985
Bauer, Carl; Franz Bubenzer, genannt Rolan, Hannover o.J.
Bauman, Zygmunt; Moderne und Ambivalenz. Das Ende der Eindeutigkeit, Hamburg 1992
Bausinger, Hermann; Bürgerlichkeit und Kultur, in: Kocka, Jürgen (Hg.); Bürger und Bürgerlichkeit im 19. Jahrhundert, Göttingen 1987, S. 121–143
Bausinger, Hermann; Volkskultur und Sozialgeschichte, in: Schieder, Wolfgang/Sellin, Volker (Hg.); Sozialgeschichte in Deutschland III, Göttingen 1987, S. 32–50
Bausinger, Hermann; Volkskundliche Anmerkungen zum Thema ‚Bildungsbürger‘, in: Kocka, Jürgen (Hg.); Bildungsbürgertum im 19. Jahrhundert, Bd. 4, Stuttgart 1989, S. 206–214
Bergmeier, Hinrich/Katzenberger, Günter (Hg.), Kulturaustreibung. Die Einflußnahme des Nationalsozialismus auf Kunst und Kultur in Niedersachsen, Hannover 1993
Berking, Helmuth; Masse und Geist. Studien zur Soziologie in der Weimarer Republik, Berlin 1984
Berman, Russell A.; Literarische Öffentlichkeit, in: Bormann, Alexander von/Glaser, Horst Albert (Hg.); Deutsche Literatur. Eine Sozialgeschichte, Bd. 9, Reinbek b. Hamburg 1983, S. 51–60
Beste, Axel; Erich Rosendahl. 1866–1952 (Selbstverlag), Stolzenau 1974
Bieber, Hans-Joachim; Bürgertum in der Revolution. Bürgerräte und Bürgerstreiks in Deutschland 11918–1920, Hamburg 1992
In Memoriam Professor Dr. Georg Biermann. 07. Juli 1880–3. April 1949, o.O. o.J. (1960?)
Blackbourn, David/Eley, Geoff (Hg.); Mythen deutscher Geschichtsschreibung. Die gescheiterte bürgerliche Revolution von 1848, Frankfurt/M. 1980
Blackbourn, David; Refeudalisierung des Bürgertums oder Verbürgerlichung des Adels?, in: Blackbourn, David/Eley, Geoff (Hg.); Mythen deutscher Geschichtsschreibung. Die gescheiterte bürgerliche Revolution von 1848, Frankfurt/M. 1980, S. 71–139
Bloth, Ingeborg; Adolf Wissel. Malerei und Kunstpolitik im Nationalsozialismus, Berlin 1994
Bode, Günther; Gustav Noske als Oberpräsident der Provinz Hannover 1920–1933, Karlsruhe 1982

Boetticher, Manfred von; Leben und Wirken des Senators Friedrich Culemann. ‚Sammelleidenschaft' im Hannover des 19. Jahrhunderts, in: Gehrig, Ulrich (Hg.); 100 Jahre Kestner-Museum, Hannover 1989, S. 19–54

Bohnen, Klaus; Nationalsozialismus und Literatur. Eine Vorbemerkung, in: Text & Kontext 8.2, Themaheft Nationalsozialismus und Literatur, München/Kopenhagen 1980, S. 211–217

Bohrmann, Hans/Schneider, Peter; Zeitschriftenforschung. Ein wissenschaftsgeschichtlicher Versuch, Berlin 1975

Bonner Kunstverein (Hg.); Grethe Jürgens. Gerta Overbeck. Bilder der zwanziger Jahre, Bonn 1982

Bollenbeck, Georg; Bildung und Kultur. Glanz und Elend eines deutschen Deutungsmusters, Frankfurt/ M. Leipzig 1994

Bormann, Alexander von/Glaser, Horst Albert (Hg.); Deutsche Literatur. Eine Sozialgeschichte, Bd. 9, Reinbek b. Hamburg 1983

Bornebusch, Herbert; Kriegsromane, in: Bormann, Alexander von/Glaser, Horst Albert (Hg.); Deutsche Literatur. Eine Sozialgeschichte, Bd. 9, Reinbek b. Hamburgt 1983, S. 138–143

Bourdieu, Pierre; Die feinen Unterschiede. Kritik der gesellschaftlichen Urteilskraft, Frankfurt/M. 1984

Bourdieu, Pierre; Zur Soziologie der symbolischen Formen, Frankfurt/M. 1974

Bracher, Karl Dietrich; Demokratie und Machtergreifung. Der Weg zum 30. Januar 1933, in: Bracher, Karl-Dietrich/Funke, Manfred/Jacobsen, Hans-Adolf (Hg.); Nationalsozialistische Diktatur 1933–1945. Eine Bilanz, Bonn 1983, S. 17–36

Bracher, Karl-Dietrich/Funke, Manfred/Jacobsen, Hans-Adolf (Hg.), Deutschland 1933–1945. Neue Studien zur nationalsozialistischen Herrschaft, Düsseldorf 1992

Bracher, Karl-Dietrich; Zeit der Ideologien. Eine Geschichte des politischen Denkens im 20. Jahrhundert, Stuttgart 1982

Brackert, Helmut/Wefelmayer, Fritz (Hg.); Kultur. Bestimmungen im 20. Jahrhundert, Frankfurt/M. 1990

Brandes, Uta/Erlhoff, Michael; Kurt Schwitters. Biographisch, in: Sprengel Museum Hannover (Hg.); Kurt Schwitters 1887–1947, Hannover 1987, S. 65–98

Brandes, Uta; Friedrich Wilhelm Wagner. ‚Umrahmt von Vogelschwärmen, rasend schnellen', in: Peters, Jürgen/Pott, Wilhelm Heinrich (Hg.); Von Dichterfürsten und anderen Poeten. Kleine niedersächsische Literaturgeschichte, Band 2, Hannover 1994, S. 177–183

Braulich, Heinrich; Die Volksbühne. Theater und Politik in der deutschen Volksbühnenbewegung, Ost-Berlin 1976.

Braun; Günter und Waldtraud (Hg.); Mäzenatentum in Berlin. Bürgersinn und Kulturelle Kompetenz unter sich verändernden Bedingungen, Berlin/New York 1993

Bremer, Irmgard; Zur Geschichte der Gedok. 1929. Ein Jahr von Bedeutung, in: 50 Jahre Gedok Hannover 1927–1977, Hannover 1977, 33

Brenner, Hildegard; Die Kunstpolitik des Nationalsozialismus, Hamburg 1963

Bringmann, Michael; Die Kunstkritik als Faktor der Ideen- und Geistesgeschichte. Ein Beitrag zum Thema ‚Kunst und Öffentlichkeit' im 19. Jahrhundert, in: Mai, Ekkehard/Waetzold, Stephan/Wolandt, Gerd (Hg.); Ideengeschichte und Kunstwissenschaft. Philosophie und bildende Kunst im Kaiserreich, Berlin 1983, S. 255–279

Brinkmann, Richard; ‚Abstrakte' Lyrik im Expressionismus und die Möglichkeit symbolischer Aussage, in: Steffen, Hans (Hg.); Der deutsche Expressionismus. Formen und Gestalten, Göttingen 1970, S. 88–115

Brix, Ewald; Vom Markt zur Metropole. Werden und Wandlung in sieben Jahrhunderten stadthannoverscher Wirtschaftsentwicklung, Hannover 1951

Brosius, Dieter; Die Industriestadt. Vom Beginn des 19. Jahrhunderts bis zum Ende des Ersten Weltkrieges, in: Mlynek, Klaus/Röhrbein, Waldemar R. (Hg.); Geschichte der Stadt Hannover, Bd. 2, Hannover 1994, S. 273–403

Brosius, Dieter; Ein neuer Zeitgeist. Hannover um 1852, in: Hammer, Sabine (Hg.); Oper in Hannover. 300 Jahre Wandel im Musiktheater einer Stadt, Hannover 1990, S. 45–48

Bruch, Rüdiger vom; ‚Der Zug der Millionen'. Massengesellschaft im Aufbruch, in: Nitschke, August/Ritter, Gerhard A./Peukert, Detlev J.K./Bruch, Rüdiger vom (Hg.); Jahrhundertwende. Der Aufbruch in die Moderne 1880–1930, Reinbek b. Hamburg 1990, S. 92–120

Bruch, Rüdiger vom; Gesellschaftliche Funktionen und politische Rollen des Bildungsbürgertums im Wilhelminischen Reich. Zum Wandel von Milieu und politischer Kultur, in: Kocka, Jürgen (Hg.); Bildungsbürgertum im 19. Jahrhundert, Teil IV, Stuttgart 1989, S. 146–180

Bruch, Rüdiger vom; Kunst- und Kulturkritik in führenden bildungsbürgerlichen Zeitschriften des Kaiserreiches, in: Mai, Ekkehard/Waetzold, Stephan/Wolandt, Gerd (Hg.); Ideengeschichte und Kunstwissenschaft. Philosophie und bildende Kunst im Kaiserreich, Berlin 1983, S. 313–349

Brügge, Otfried/Vallon, Joachim; Studenten und Politik am Beispiel der Technischen Hochschule Hannover, in: Saldern, Adelheid von (Hg.); Stadt und Moderne, Hamburg 1989, S. 189–253

Brüggemeier, Franz-Josef; Aneignung vergangener Wirklichkeit. Der Beitrag der Oral History, in: Voges, Wolfgang (Hg.); Methoden der Biographie- und Lebenslaufforschung, Opladen 1987, S. 145–169

Brühl, Georg; Kurt Schwitters. Herwarth Walden, in: Erlhoff, Michael (Hg.); Kurt Schwitters Almanach 7, 1988, S. 83–94

Brunn, Gerhard/Reulecke, Jürgen (Hg.); Metropolis Berlin. Berlin als deutsche Hauptstadt im Vergleich europäischer Hauptstädte 1871–1939, Bonn/Berlin 1992

Büchner, Joachim; Kurt Schwitters, Hannover 1987

Büchner, Joachim; Kurt Schwitters, in: Sprengel Museum Hannover (Hg.); Kurt Schwitters 1887–1948, Hannover 1987, S. 10–20

Bütow, Thomas; Der Konflikt zwischen Revolution und Pazifismus im Werk Ernst Tollers, Hamburg 1973

Bude, Heinz; Rekonstruktion von Lebenskonstruktionen. Eine Antwort auf die Frage, was die Biographieforschung bringt, in: Kohli, Martin/Robert, Gunther (Hg.); Biographie und soziale Wirklichkeit. Neue Beiträge und Forschungsperspektiven, Stuttgart 1984, S. 1–29

Bullivant, Keith; Das literarische Leben in der Weimarer Republik, Königstein/Ts. 1978

Bullivant, Keith (Hg.); Culture and Society in the Weimar Republic, Manchester 1977

Bungenstab, Karl Ernst; Statt eines Vorwortes. Versuch einer Ortsbestimmung, in: Kunstverein Hannover (Hg.) Bürger und Bilder, Hannover 1982, S. 12

Bürger, Peter; Theorie der Avantgarde, Frankfurt/M. 1974

Burns, Rob; Prefigurations of Nazi Culture in the Weimar Republic, in: Dobkowski, Michael N./Wallimann, Isidor (Hg.); Towards the Holocaust, Westport/London 1983, S. 295–315

Buschmann, Walter; Linden. Geschichte einer Industriestadt, Hildesheim 1981

Bussmann, Georg; Vom Kunstbegriff und den Kunstvermittlern oder von der Vermittlung der Vermittlung, in: Kunstverein Hannover (Hg.); Bürger und Bilder, Hannover 1982, S. 196–204

Caemmerer, Christiane u.a.; Maximiliane Ackers oder: In einer Nische der Massenuniversität, in: Juni. Magazin für Literatur und Politik, Nr. 21, Dezember 1994, S. 137–146

Cauman, Samuel; Das lebende museum. erfahrungen eines kunsthistorikers und museumsdirektors alexander dorner, Hannover 1960

Centre Pompidou (Hg); Paris, Berlin 1900–1933, München 1979

Conze, Werner; Das deutsche Kaiserreich 1871–1918. Wirtschaftlich-soziale Bedingungen, in: Mai, Ekkehard/Pohl, Hans/Waetzoldt, Stephan (Hg.); Kunstpolitik und Kunstförderung im Kaiserreich. Kunst im Wandel der Sozial- und Wirtschaftsgeschichte, Berlin 1982, S. 15–34

Croon, Helmut; Das Vordringen der politischen Parteien im Bereich der kommunalen Selbstverwaltung, in: Ders./Hofmann, Wolfgang/Unruh, Georg Christian von (Hg.); Kommunale Selbstverwaltung im Zeitalter der Industrialisierung (Schriftenreihe des Vereins für Kommunikationswissenschaften, Bd. 33), Stuttgart 1971

Dahrendorf, Ralf; Gesellschaft und Demokratie in Deutschland, München 1971

Daniel, Ute; ‚Kultur‘ und ‚Gesellschaft‘, in: Geschichte und Gesellschaft, 19. Jhg., 1993, H. 1: Sozialgeschichte der DDR, S. 69–99

Dempwolff, Uwe; Die Wirtschaft der Stadt Hannovers vom Ende der Inflation bis zum Ausklingen der Weltwirtschaftskrise (1923–33), Hannover 1970

Deutsche Bühne e.V. 1921/22–1971-72, o.O. o.J. (Hannover 1972).

Dietzler, Anke; ‚Gleichschaltung‘ des kulturellen Lebens in Hannover. Ein vielschichtiger Prozeß (unveröffentlichtes Typoskript), o.O. (Hannover) o.J. (StAH)

Dietzler, Anke; Ausschaltung, Gleichschaltung, Anpassung. Die hannoverschen Tageszeitungen nach der nationalsozialistischen Machtübernahme, in: Hann. Geschichtsblätter, N.F. 41, 1987, S. 195–271

Dietzler, Anke; Bücherverbrennung in Hannover am 10. Mai 1933, in: Hann. Geschichtsblätter, N.F. 37, 1983, S. 99–123

Dietzler, Anke; Die hannoverschen Tageszeitungen in den ersten Jahren der NS-Herrschaft, Hannover 1984

Dietzler, Anke; Zur Gleichschaltung des kulturellen Lebens in Hannover 1933, in: Historisches Museum am Hohen Ufer (Hg.); Hannover 1933. Eine Großstadt wird nationalsozialistisch, Hannover 1981, S. 157–179

Dilly, Heinrich; Deutsche Kunsthistoriker 1933–1945, München/Berlin 1988

Dinghaus, Angela/Guckel-Seitz, Sabine (Hg.); Die Dame am Steuer, in: Schroeder, Christiane/Sonneck, Monika (Hg.); Frauengeschichte in Hannover. Außer Haus, Hannover 1984, S. 117–125

Dinghaus; Angela (Hg.); Frauenwelten. Biographisch-historische Skizzen aus Niedersachsen, Hildesheim, Zürich, New York 1993

Dirks, Nicholas B./Eley, Geoff/Ortner, Sherry B. (Hg.); Culture, Power, History. A Reader in Contemporary Social Theory, Princetin 1994

Ditt, Karl; Konservative Kulturvorstellungen und Kulturpolitik vom Kaiserreich bis zum Dritten Reich, in: Neue politische Literatur, H. 2, 1996, S. 230–259

Diwald, Hellmut; Literatur und Zeitgeist in der Weimarer Republik, in: Schoeps, Hans-Jürgen (Hg.); Zeitgeist im Wandel, Stuttgart 1963, S. 203–261

Dobkowski, Michael/Wallimann, Isidor (Hg.); Towards the Holocaust. The Social and Economic Collapse of the Weimar Republic, Westport/London 1983

Döpper, Franz; Hannover und seine alten Firmen, Hamburg 1964

Dörries, Bernhard; Meine Gegenstände, meine Bilder, in: Kunstverein Hannover (Hg.); Bernhard Dörries. 1898–1978 Hannover 1981, S. 57–64

Drews, Arne/Wehrhahn, Matthias; Paul Steegemann. ‚Achtung, Achtung, Achtung. Position, Hallucination. Qualitätsdada‘, in: Peters, Jürgen/Pott, Wilhelm, Heinrich (Hg.); Von Dichterfürsten und anderen Poeten. Kleine nieders. Literaturgeschichte, Band 2, Hannover 1994, S. 171–177

Drolinveaux, Günther (Hg.); Kurt Ehrhardt. Schauspieler, Regisseur, Theaterleiter, Velber b. Hannover 1965 (Theater heute, Ed. 19)

Dube, Wolf-Dieter; Kunstpolitik, Sammler und Mäzene im 20. Jahrhundert. Mäzenatentum als Ziel der Kunstpolitik? Eine kritische Analyse, in: Braun, Günter und Waldtraud (Hg.); Mäzenatentum in Berlin, Berlin 1983, S. 127–1156

Dubiel, Helmut; Kulturtheorie der Frankfurter Schule, in: Brackert, Helmut/Wefelmayer, Fritz (Hg.); Kultur. Bestimmungen im 20. Jahrhundert, Frankfurt/M. 1990, S. 255–275

Dussel, Konrad; Der NS-Staat und die ‚deutsche Kunst‘, in: Bracher, Karl-Dietrich/Funke, Manfred/Jacobsen, Hans-Adolf (Hg.), Deutschland 1933–1945. Neue Studien zur nationalsozialistischen Herrschaft, Düsseldorf 1992, S. 256–272

Düwell, Kurt; Geistesleben und Kulturpolitik des Deutschen Kaiserreiches, in: Mai, Ekkehard/Waetzold, Stephan/Wolandt, Gerd (Hg.); Ideengeschichte und Kunstwissenschaft. Philosophie und bildende Kunst im Kaiserreich, Berlin 1983, S. 15–31

Eco; Umberto; Apokalyptiker und Integrierte. Zur kritischen Kritik der Massenkultur, Frankfurt/M. 1984

Edler, Doris; Vergessene Bilder. Die deutsche Genremalerei in den letzten Jahrzehnten des 19. Jahrhunderts und ihre Rezeption durch Kunstkritik und Publikum, Münster/Hamburg 1992.

Eggers, Heike; Die ersten Ausstellungen, in: Kunstverein Hannover (Hg.); Bürger und Bilder, Hannover 1982, S. 46–56

Eggers, Heike; Die Jahresgaben des Hannoverschen Kunstvereins, in: Kunstverein Hannover (Hg.); Bürger und Bilder, Hannover 1982, S. 76–86

Ehalt, Hubert Ch. (Hg.); Geschichte von unten. Fragestellungen, Methoden und Projekte einer Geschichte des Alltags, Wien/Köln/Graz 1984

Eksteins, Modris; Tanz über Gräben. Die Geburt der Moderne und der Erste Weltkrieg, Reinbek b. Hamburg 1990

Elderfield, John; Kurt Schwitters, Düsseldorf 1987

Elger, Dietmar; Der MERZ-Bau, in: Sprengel Museum Hannover (Hg.); Kurt Schwitters 1887–1948. Dem Erfinder von Merz zu Ehren und zur Erinnerung, Hannover 1987, S. 248–256

Elger, Dietmar; Ich bin ein Veilchen, das im verborgenen blüht. Zum Stand der Schwitters-Forschung, in: Sprengel Museum Hannover (Hg.); Kurt Schwitters 1887–1948, Hannover 1987, S. 50–60

Elger, Dietmar; Künstlerin, Photographin, Typographin, Journalistin. Kate Steinitz in Hannover, in: Sprengel Museum Hannover (Hg.); Kate Steinitz. Eine Dokumentation, Hannover 1989, S. 4–81

Emig, Brigitte; Die Veredelung des Arbeiters. Sozialdemokratie als Kulturbewegung, Frankfurt/M., New York 1980

Engelhardt, Ulrich; ‚Bildungsbürgertum‘. Begriffs- und Dogmengeschichte eines Etiketts, Stuttgart 1986

Erdmann, Karl Dietrich; Die Weimarer Republik, München 1985 (dtv-Taschenbuchausgabe)

Erlhoff, Michael (Hg.); Kurt Schwitters-Almanach, Hannover 1982

Erlhoff, Michael/Guckel, Sabine (Hg.); Kurt-Schwitters-Almanach, Hannover 1984

Erlhoff, Michael (Hg.); Kurt Schwitters Almanach 7, Hannover 1988

Erlhoff, Michael/Stadtmüller, Klaus (Hg.); Kurt Schwitters Almanach 8, 1989

Erlhoff, Michael; Christoph Spengemann. ‚Zwei Raketen: Dada und Merz‘, in: Peters, Jürgen/Pott, Wilhelm Heinrich (Hg.); Von Dichterfürsten und anderen Poeten. Kleine niedersächsische Literaturgeschichte, Band 2, Hannover 1994, S. 165–171

Erlhoff, Michael; Hannover. Die Abstraktion einer konkreten Stadt, in: Sprengel Museum Hannover (Hg.); Die abstrakten hannover 1927–1935, Hannover 1989, S. 59–65

Erlhoff, Michael; Revue zu dreien. Zinnoberfest, Fest der Technik, KIF, in: Erlhoff, Michael/Guckel, Sabine (Hg.); Kurt Schwitters Almanach 1984, S. 123–165

Erlhoff, Michael; Theodor Lessing. ‚Einmal und nie wieder‘, in: Peters, Jürgen/Pott, Wilhelm Heinrich (Hg.); Von Dichterfürsten und anderen Poeten. Kleine niedersächsische Literaturgeschichte, Band 2, Hannover 1994, S. 199–205

Erlhoff, Michael; Zeitgenössische Rezensionen zu Arbeiten von Kurt Schwitters, in: Erlhoff, Michael (Hg.); Kurt Schwitters Almanach 1982, S. 132–147

Ewert, Hinrich/Horstmann, Holger; Unruhige Tage in einer Provinzhauptstadt. Der März 1920 zwischen Königsworther Platz und Herrenhäuser Allee, in: Geschichtswerkstatt Hannover (Hg.); Alltag zwischen Hindenburg und Haarmann, Hamburg 1987, S. 83–89

Ewert, Hinrich; Der Putsch, der keiner war. Das Leineschloß. Eine ‚Welfenepisode‘, in: Geschichtswerkstatt Hannover (Hg.); Alltag zwischen Hindenburg und Haarmann, Hamburg 1987, S. 89–93

Ewert, Hinrich; Der Streik der Straßenbahner im Jahr 1920 in Hannover. Zur Situation der Beschäftigten im Verkehrsgewerbe am Anfang der Weimarer Republik (Magisterarbeit, Historisches Seminar der Universität Hannover), Hannover 1988

Fähnders, Walter; 700 Intellektuelle beten einen Öltank an. Literarische Tendenzen in der Weimarer Republik, in: Die Wilden Zwanziger. Weimar und die Welt, Hamburg 1986, S. 120–133

Falck-Ytter, Harald; Theodor Däubler. Leben und Werk, in: Werner, Dieter (Hg.); Thedor Däubler. Biographie und Werk. Die Vorträge des Dresdener Däubler-Symposiums 1992, Mainz 1996, S. 49–59

Fassmann, Kurt; Die Kunstkritik der Presse in der Antikritik bildender Künstler, München 1951

Feist, Peter H.; Publikum und Austellungen in Deutschland um die Mitte des 19. Jahrhunderts, in: Der Zugang zum Kunstwerk. Schatzkammer. Salon. Ausstellung. ‚Museum‘. Akten des XXV. Internationalen Kongresses für Kunstgeschichte, Sektion 4 (Wien 1983), Wien/Köln 1986, S. 79–86

Feldenkirchen, Wilfried; Staatliche Kunstfinanzierung im 19. Jahrhundert, in: Mai, Ekkehard/Pohl, Hans/Waetzoldt, Stephan (Hg.); Kunstpolitik und Kunstförderung im Kaiserreich. Kunst im Wandel der Sozial- und Wirtschaftsgeschichte, Berlin 1982, S. 35–54

Feldman, Gerald D./Holtfrerich, Carl-Ludwig/Ritter, Gerhard A./Witt, Peter-Christian (Hg.); Konsequenzen der Inflation. Consequences of Inflation, Berlin 1989

Feldman, Gerald D.; The Weimar Republic. A Problem of Modernization?, in: Archiv für Sozialgeschichte, Bd. 26, 1986, S. 1–27

Feldman, Gerald/Holtfrerich, Carl-Ludwig/Ritter, Gerhard A./Witt, Peter-Christian (Hg.); Die deutsche Inflation. Eine Zwischenbilanz, Berlin, New York 1982

Fischer, Axel; ‚Musik zwischen den Zeiten‘? Zur Reorganisation des Musiklebens in Hannover, in: Bergmeier, Hinrich/Katzenberger, Günter (Hg.), Kulturaustreibung. Die Einflußnahme des Nationalsozialismus auf Kunst und Kultur in Niedersachsen, Hannover 1993, S. 112–116

Fischer, Gero; Autobiographische Texte als historische Quelle, in: Ehalt, Hubert Ch. (Hg.); Geschichten von unten. Fragestellungen, Methoden und Projekte einer Geschichte des Alltags, Wien/Köln/Graz 1984, S. 81–95

Fischer-Rosenthal, Wolfram; Von der ‚biographischen Methode‘ zur Biographieforschung. Versuch einer Standortbestimmung, in: Alheit, Peter/Fischer-Rosenthal, Wolfram/Hoerning, Erika (Hg.); Biographieforschung. Eine Zwischenbilanz in der deutschen Soziologie, Bremen 1990, S. 11–32

Flacke, Monika; Alexander Dorner, in: Junge, Henrike (Hg.); Avantgarde und Publikum, Köln 1982, S. 51–59

Flacke, Monika; Die Neuordnung der deutschen Museen in der Weimarer Republik, in: Alexander Dorner Kreis/Sprengel Museum Hannover (Hg.); überwindung der ‚kunst‘. Zum 100. Geburtstag des Kunsthistorikers Alexander Dorner, Hannover 193, S. 47–55

Flacke-Knoch, Monika; El Lissitzky, Laszlo Moholy-Nagys und die abstrakten hannover, in: Sprengel Museum Hannover (Hg.); Die abstrakten hannover. Internationale Avantgarde 1927–1935, Hannover 1988, S. 99–115

Flacke-Knoch, Monika; Museumskonzeptionen in der Weimarer Republik. Die Tätigkeit Alexander Dorners im Provinzial-Museum Hannover, Marburg 1985

Frerking, Johann; Die Pelikan-Kunstsammlung, in: Schmied, Wieland (Hg.); Wegbereiter zur modernen Kunst, 50 Jahre Kestner-Gesellschaft, Hannover 1966, S. 122 ff.

Frerking, Johann; Zum Geleit, in: Kunstverein Hannover (Hg.); Die Pelikan-Kunstsammlung, Hannover 1963, S. 1963, S. 11–15

Frerking, Johann; Theater in Hannover, in: Städtisches Verkehrs- und Presseamt und Landestheater Hannover (Hg.); 100 Jahre Opernhaus 1852–1952, Hannover 1952, S. 35 ff.

Frerking, Johann; Wir Hannoveraner und unser Theater, in: o.A. (Hg.); Opernhaus Hannover, Hannover o.J., S. 37–41

Frerking, Johann; Zur Geschichte des Kunstvereins Hannover, in: Hann. Geschichtsblätter, N.F. 11, 1957, S. 163–184

Frerking, Johann; Zur Geschichte des Kunstvereins Hannover, in: Kunstverein Hannover (Hg.); 125 Jahre Kunstverein Hannover, Hannover o.J. (1957), S. 25–46

Fries, Helmut; Deutsche Schriftsteller im Ersten Weltkrieg, in: Michalka, Wolfgang (Hg.); Der Erste Weltkrieg. Wirkung, Wahrnehmung, Analyse, München 1994, S. 825–848

Gadesmann, Heinrich-Detlev; ‚Nur malen, malen und allein sein'. Ernst Thoms, Historische Schriftenreihe des Landkreises Nienburg/Weser, Sonderband 1991

Galerie Klaus von Francheville (Hg.); Gedächtnisausstellung zum 100. Geburtstag von Prof. Fritz Burger-Mühlfeld, Hannover 1982

Galerie Stolz (Hg.); Rudolf Jahns 1896–1983, Köln 1986

Galerie von Abercron; Erich Wegner 1899–1980. Gemälde, Aquarelle, Zeichnungen, München 1983

Gall, Lothar (Hg.); Stadt und Bürgertum im Übergang von der traditionalen zur modernen Gesellschaft, München 1993

Gall, Lothar (Hg.); Vom alten zum neuen Bürgertum. Die mitteleuropäische Stadt im Umbruch 1780–1820, München 1991

Gall, Lothar; Bürgertum in Deutschland, Berlin 1989

Gay, Peter; Die Republik der Außenseiter. Geist und Kultur in der Weimarer Zeit 1918–1933, Frankfurt 1968

Gay, Peter; Hunger nach Ganzheit, in: Stürmer, Michael (Hg.); Die Weimarer Republik. Belagerte Civitas, Königstein/Ts. 1990, S. 224–237

Gedok Hannover (Hg.); 60 Jahre Gedok Hannover 1927–1987, Hannover 1988

Gedok Hannover (Hg.); Fünfzig Jahre Gedok Hannover 1927–1977, Hannover 1977

Geest, Jan van/Marcel, Ottokar; Hans Nitzschke. Eine provisorische Rekonstruktion, in: Sprengel Museum Hannover (Hg.); Die abstrakten hannover. Internationale Avantgarde 1927–1935, Hannover 1988, S. 77–85

Gehrig, Ulrich (Hg.); 100 Jahre Kestner-Museum Hannover 1889–1989, Hannover 1989

Gehrig, Ulrich; August Kestner, in: Gehrig, Ulrich (Hg.); 100 Jahre Kestner-Museum, Hannover 1989, S. 11–19

Geier, Manfred; Kurt Schwitters. ‚Vorwärts nach weit', in: Peters, Jürgen/Pott, Wilhelm Heinrich (Hg.); Von Dichterfürsten und anderen Poeten. Kleine niedersächsische Literaturgeschichte, Band 2, Hannover 1994, S. 183–191

Geppert, Alexander C. T.; Forschungstechnik oder historische Wissenschaft? Methodische Probleme der Oral History, in: Geschichte in Wissenschaft und Unterricht, Jhg. 45, 1994, S. 303–323

Geschichtswerkstatt Hannover (Hg.); Alltag zwischen Hindenburg und Haarmann. Ein anderer Stadtführer durch das Hannover der zwanziger Jahre, Hamburg 1987

Gestrich, Andreas; Sozialhistorische Biographieforschung, in: Ders. (Hg.); Biographie. Sozialgeschichtlich, Göttingen 1988, S. 2–28

Glaser, Hermann; Bildungsbürgertum und Nationalismus. Politik und Kultur im Wilhelminischen Deutschland, München 1993

Glaser, Hermann; Die Kultur der Wilhelminischen Zeit. Topographie einer Epoche, Frankfurt/M. 1984

Gmehlin, Hans-Georg; Zur Entstehung von Ferdinand Hodlers Wandbild EINMÜTIGKEIT in Hannover, in: Niederdeutsche Beiträge zur Kunstgeschichte, Bd. VII, 1968, S. 219–246

Götz, Karl Otto; Über Buchheister, in: Städtische Kunstsammlungen Ludwigshafen (Hg.); Carl Buchheister, Ludwigshafen 1975, S. 39–44

Gollbach, Michael; Die Wiederkehr des Weltkrieges in der Literatur. Zu den Frontromanen der späten zwanziger Jahre, Kronberg/Ts. 1978

Grabe, Thomas/Hollmann, Reimar/Mlynek, Klaus/Radtke, Michael (Hg.); Unter der Wolke des Todes leben. Hannover im Zweiten Weltkrieg, Hannover 1983

Grabe, Thomas/Hollmann, Reimar/Mlynek, Klaus; Wege aus dem Chaos. Hannover 1945–1949, Hamburg 1985

Grabenhorst, Georg; Ernst Thoms, Göttingen 1965

Grabenhorst, Georg; Hermann Scheuernstuhl, Göttingen 1965

Grabenhorst, Georg; Von der inneren Heimat. Anmerkungen zum Geist und zur Kultur unserer Zeit. Eine Rede. Nieders. Heimatbund, Hannover 1956

Gradmann, Christof; Kunst und Kultur der Weimarer Republik zwischen Modernität und Tradition, in: Alexander Dorner Kreis/Sprengel Museum Hannover (Hg.); überwindung der ‚kunst'. Zum 100. Geburtstag des Kunsthistorikers Alexander Dorner, Hannover 1993, S. 55–63

Grasskamp, Walter; Die Einbürgerung der Kunst. Korporative Kunstförderung im 19. Jahrhundert, in: Mai, Ekkehard/Paret, Peter (Hg.); Sammler, Stifter und Museen. Kunstförderung in Deutschland im 19. und 20. Jahrhundert, Köln/Weimar/Wien 1993, S. 104–113

Grasskamp, Walter; Die unbewältigte Moderne. Kunst und Öffentlichkeit, München 1989

Grebing, Helga; Zur Geschichte der Arbeiterbewegung in Niedersachsen 1866–1914, in: Nieders. Jb. für Landesgeschichte, Bd. 53, 1981, S. 87–107

Greffrath, Bettina; Kleine und große Aufbrüche. Hannover vergnügt sich, in: Historisches Museum am Hohen Ufer (Hg.), Hannover 1913, Hannover 1988, S. 81–95

Grimm, Dagmar/Guenther, Peter/Kort, Pamela; Künstlerbiographien, in: Barron, Stephanie (Hg.); Entartete Kunst, München 1992, S. 193–356

Grimpe, Wolfgang; 1901–1981. 80 Jahre Heimatbund Niedersachsen. Nach alten Aufzeichnungen, Briefen und Urkunden kritisch betrachtet, in: Heimatland. Zeitschrift für Heimatkunde, Naturschutz, Kulturpflege, Jhg. 1981, H. 2, S. 33–39

Groh, Dieter; Der Umsturz von 1918 im Erlebnis der Zeitgenossen, in: Schoeps, Hans-Joachim (Hg.); Zeitgeist im Wandel, Stuttgart 1963, S. 7–33

Grohn, Christian; MERZ – Bauhaus: Begegnungen der abstrakten hannover mit dem Bauhaus, in: Sprengel Museum Hannover (Hg.); Die abstrakten hannover 1927–1935, Hannover 1988, S. 93–99

Grohn, Hans-Werner; Die Gemälde des Vereins für die öffentliche Kunstsammlung, in: Niedersächsisches Landesmuseum (Hg.); Europäische Landschaftsgraphik. Aus der Sammlung des Hannoverschen Künstlervereins im Niedersächsischen Landesmuseum, Hannover 1982, S. 11–17

Großmann, Joachim; Verloste Kunst. Deutsche Kunstvereine im 19. Jahrhundert, in: Archiv für Kulturgeschichte, Bd. 76, 1994, S. 351–365

Grotjahn, Rebecca; Das Städtische Orchester 1921–1956, in: o.A. (Hg.); Das Niedersächsische Staatsorchester Hannover, Hannover 1986, S. 129–159

Guckel, Sabine/Seitz, Volker; Vergnügliche Vaterlandspflicht. Hindenburgkult am Zoo, in: Geschichtswerkstatt Hannover (Hg.); Alltag zwischen Hindenburg und Haarmann, Hamburg 1987, S. 13–19

Guckel, Sabine; Feine alte Sache in neuer Aufmachung oder wie in den zwanziger Jahren die Künstlerin mit den Ambivalenzen der ‚Neuen Frau' umging. Käte Steinitz (1889–1975), in: Dinghaus, Angela (Hg.); Frauenwelten. Biogr.-hist. Skizzen aus Niedersachsen, Hannover 1993, S. 329–338

Guttsman, Wilhelm L.; Workers' Culture in West Germany. Between Tradition and Commitment, New York/Oxford/München 1990

Haacke, Wilmont; Die Zeitschrift. Schrift der Zeit, Essen 1961

Haacke, Wilmont; Zeitschriftenforschung als Aufgabe der Publizistikwissenschaft, in: Publizistik, Jhg. 1, 1956

Habereder, Juliane; Kurt Hiller und der literarische Aktivismus. Zur Geistesgeschichte des politischen Dichters im frühen Zwanzigsten Jahrhundert, Frankfurt/M. 1981

Habermas, Jürgen; Strukturwandel der Öffentlichkeit, Neuwied/Berlin 1976

Habermas, Jürgen; Strukturwandel der Öffentlichkeit. Untersuchungen zu einer Kategorie der bürgerlichen Gesellschaft, Frankfurt/M. 1990

Hachmeister, Göran/Kolbe, Werner; Notsituationen im Hochinflationsjahr 1923, in: Saldern, Adelheid (Hg.); Stadt und Moderne, Hamburg 1989, S. 31–55

Hack, Angelica; Rudolf Hermanns. Deister im Schnee. Informationsblatt Bomann-Museum Celle, Celle 1985

Hamann, Manfred; Politische Kräfte in der Provinz Hannover am Vorabend des Ersten Weltkrieges, in: Beitr. zur nieders. Landesgeschichte. Festschrift Hans Patze, Hildesheim 1984, S. 421–453

Hammer, Sabine (Hg.); Das Opernhaus in Hannover. Architektur und Theatergeschichte, Hannover 1986

Hammer, Sabine (Hg.); Oper in Hannover. 300 Jahre Wandel im Musiktheater einer Stadt, Hannover 1990

Hammer, Sabine; Yvonne Georgi. Eine choreographische Architektin, in: Hammer, Sabine (Hg.); Oper in Hannover, Hannover 1990, S. 171–175

Hannoverscher Künstlerverein/Historisches Museum am Hohen Ufer (Hg.); Hannover im Bild. Künstler des 20. Jahrhunderts sehen Hannover und Hannoveraner, Hannover 1985

Hannoverscher Künstlerverein (Hg.); 125 Jahre Kunstverein Hannover. Kunstförderung. Kunstsammlung, Hannover 1968

Hannoverscher Künstlerverein (Hg.); Es begann mit Marschner und Laves ... 150 Jahre Hannoverscher Künstlerverein, Hannover 1992

Hardtwig, Wolfgang; Vormärz. Der monarchische Staat und das Bürgertum, München 1985

Hardtwig, Wolfgang; Geschichtsinteresse, Geschichtsbilder und politische Symbole in der Reichsgründungsära und im Kaiserreich, in: Mai, Ekkehard/Waetzoldt, Stephan (Hg.); Kunstverwaltung, Bau- und Denkmal-Politik im Kaiserreich, Berlin 1981, S. 47–74

Harms, Claus; Georg Altman, in: Leben und Schicksal. Zur Einweihung der Synagoge in Hannover, Hannover 1963, S. 160–166

Hartung, Werner; ‚Das Vaterland als Hort von Heimat'. Grundmuster konservativer Identitätsstiftung und Kulturpolitik in Deutschland, in: Klueting, Edeltraut (Hg.); Antimodernismus und Reform. Zur Geschichte der deutschen Heimatbewegung, Darmstadt 1991, S. 112–157

Hartung, Werner; Der Niedersächsische Heimatbund e.V. Aufgaben, Ziele, Arbeitsweise, Hannover 1984

Hartung, Werner; Konservative Zivilisationskritik und regionale Identität am Beispiel der niedersächsischen Heimatbewegung, Diss. phil Hannover 1990

Haus der Heimatkultur/Kunstverein Hannover (Hg.); Richard Seiffert-Wattenberg. Aquarelle zu Ehren des 70jährigen, Hannover 1944

Heer, Hannes/Ulrich, Volker; Die ‚neue Geschichtsbewegung' in der Bundesrepublik. Antriebskräfte, Selbstverständnis, Perspektiven, in: Heer, Hannes/Ulrich, Volker (Hg.); Geschichte entdecken. Erfahrungen und Projekte der neuen Geschichtsbewegung, Reinbek b. Hamburg 1985, S. 9–37

Heimel, Barbara; Mittelschichten. Brutstätten des Faschismus? Zum Verhältnis von objektiver Lage und politischem Bewußtsein, in: Kühnl, Reinhard/Hardach, Gerhard (Hg.); Die Zerstörung der Weimarer Republik, Köln 1977, S. 181–214

Heine, Werner/Rogge, Friedrich/Schulze, Peter; Die Endphase der Weimarer Republik. Zu den ökonomischen und politischen Rahmenbedingungen, in: Historisches Museum am Hohen Ufer (Hg.); 1933. Eine Großstadt wird nationalsozialistisch, Hannover 1981, S. 11–32

Heine, Werner; Der kurze Frühling der Moderne, oder Futura ohne Zukunft. Kurt Schwitters' typographische Arbeiten für die Stadtverwaltung Hannover 1929–1934, in: Rattemeyer, Volker/Helms, Dietrich/Matschke, Konrad (Hg.); ‚Typographie kann unter Umständen Kunst sein'. Kurt Schwitters. Typographie und Werbegestaltung, Wiesbaden 1990, S. 92–97

Heine, Werner; Die Novemberrevolution 1918 in Hannover, in: Hann. Geschichtsblätter, N.F. 34, 1980, S. 61–98

Heißenbüttel, Helmut; AUGUSTE BOLTE und ANNA BLUME oder die Welt der Sprache, in: Sprengel Museum Hannover (Hg.); Kurt Schwitters 1887–1948, Hannover 1987, S. 42–46

Helms, Dietrich (Hg.); Vordemberge-Gildewart. The Complete Works, München 1990

Helms, Dietrich; Die abstrakten hannover in internationalen Publikationen, in: Sprengel Museum Hannover (Hg.); Die abstrakten hannover. Internationale Avantgarde 1927–1935, Hannover 1988, S. 141–148

Helms, Dietrich; Kunst und Typographie, in: Rattemeyer, Volker/Helms, Dietrich/Matschke, Konrad (Hg.); ‚Typographie kann unter Umständen Kunst sein.' Vordemberge-Gildewart, Typographie und Werbegestaltung, Wiesbaden 1990, S. 9–66

Helms, Dietrich; Vordemberge-Gildewart. Typograph und Webegestalter, in: Rattemeyer, Volker/Helms, Dietrich/Matschke, Konrad (Hg.); ‚Typographie kann unter Umständen Kunst sein.' Vordemberge-Gildewart, Typographie und Werbegestaltung, Wiesbaden 1990

Helms, Dietrich; Neue Typographie in Hannover, in: Sprengel Museum Hannover (Hg.); Die abstrakten hannover 1927–1935, Hannover 1988, S. 65–77

Helms, Dietrich; Vordemberge-Gildewart, Göttingen 1972

Helms, Dietrich; Carl Buchheister in Hannover, in: Kunstmuseum Hannover mit Sammlung Sprengel (Hg.); Carl Buchheister, Hannover 1980, S. 12 ff.

Hentschel, Volker; Weimars letzte Monate. Hitler und der Untergang der Republik, Düsseldorf 1978

Hepp, Corona; Avantgarde. Moderne Kunst, Kulturkritik und Reformbewegungen nach der Jahrhundertwende, München 1992

Hepp, Michael; Kurt Tucholsky. Biographische Annäherungen, Reinbek b. Hamburg 1993

Herding, Klaus; Rezension zu Peter Reichels DER SCHÖNE SCHEIN DES DRITTEN REICHES, in: kritische berichte 1991, H. 3, S. 80–86

Herf, Jeffrey; Reactionary modernism. Technology, Culture, and Politics in Weimar and the Third Reich, Cambridge, London 1986

Herf, Jeffrey; Reaktionäre Modernisten und Berlin. Die Ablehnung der kosmopolitischen Metropole, in: Alter, Peter (Hg.); Im Banne der Metropolen. Berlin und London in den zwanziger Jahren, Göttingen 1993, S. 237–259.

Hermand, Jost/Trommler, Frank; Die Kultur der Weimarer Republik, München 1978

Hermand, Jost; Revolution und Restauration. Thesen zur politischen und ästhetischen Funktion der Kunst-Ismen nach 1918 und nach 1945, in: Feldman, Gerald D. /Holtfrerich, Carl-Ludwig/Ritter, Gerhard A./Witt, Peter-Christian (Hg.); Konsequenzen der Inflation. Consequences of Inflation, Berlin 1989, S. 331–351

Herzogenrath, Wulf; Fakten zur Kunstszene der zwanziger Jahre, in: Centre Pompidou (Hg); Paris, Berlin 1900–1933, München 1979, S. 306–310

Herzogenrath, Wulf; ‚Ein Schaukelpferd von einem Berserker geritten'. Gustav Pauli, Carl Vinnen und der PROTEST DEUTSCHER KÜNSTLER, in: Hohenzollern, Johann Georg Prinz von/Schuster, Peter-Klaus (Hg.); Manet bis van Gogh. Hugo von Tschudi und der Kampf um die Moderne, München/New York 1996, S. 264–273

Hesse, Anja; Private Kunstförderung und öffentliche Ablehnung. Die Gesellschaft der Freunde junger Kunst, Braunschweig, in: Bergmeier, Hinrich/Katzenberger, Günter (Hg.), Kulturaustreibung. Die Einflußnahme des Nationalsozialismus auf Kunst und Kultur in Niedersachsen, Hannover 1993, S. 80–84

Heusinger, Joachim von Waldegg; Bildende Kunst und Plastik, in: Roters, Eberhard (Hg.); Berlin 1910–1933, Freiburg 1983, S. 147–181

Heusinger, Joachim von Waldegg; Plastik, in: Steingräber, Eberhard (Hg.); Deutsche Kunst der zwanziger und dreißiger Jahre, München 1979, S. 236–304

Hildebrandt, Hans; Die Glasgemälde Adolf Hoelzels, in: Bahlsen KG (Hg.); 100 Jahre Hermann Bahlsen, Hannover o.J., S. 23–26

Hillebrecht, Rudolf; H. Bahlsen und die Architektur, in: Kessler, Hansi (Hg.); Hermann Bahlsen, Hannover o.J., S. 3–19

Hinz, Berthold; ‚Zweierlei Kunst in Deutschland', in: Neue Gesellschaft für Bildende Kunst (Hg.); Wem gehört die Welt? Kunst und Gesellschaft in der Weimarer Republik, Berlin 1977, S. 264–267

Hinz, Berthold; 1933/45. Ein Kapitel kunsthistorischer Forschung seit 1945, in: kritische berichte 1986, H. 4, S. 318–333

Hippen, Reinhard; Kabarett zwischen den Kriegen. Die ‚goldenen zwanziger Jahre', in: Die wilden Zwanziger. Weimar und die Welt 1919–1933, Berlin 1986, S. 76–84

Historisches Museum am Hohen Ufer (Hg.); ‚Reichskristallnacht' in Hannover, Hannover 1978

Historisches Museum am Hohen Ufer (Hg.); 1933 und danach. Vorträge aus Anlaß der Sonderausstellung HANNOVER 1933. EINE GROSSTADT WIRD NATIONALSOZIALISTISCH, Hannover 1983

Historisches Museum am Hohen Ufer (Hg.); 60 Jahre Rundfunk in Hannover, Hannover 1984

Historisches Museum am Hohen Ufer (Hg.); Adolf Wissel. Gedächtnisausstellung, Hannover 1974

Historisches Museum am Hohen Ufer (Hg.); Hannover 1913. Ein Jahr im Leben einer Stadt, Hannover 1988

Historisches Museum am Hohen Ufer (Hg.); Hannover 1933. Eine Großstadt wird nationalsozialistisch, Hannover 1981

Historisches Museum am Hohen Ufer (Hg.); Hannover im 20. Jahrhundert. Aspekte der neueren Stadtgeschichte, Hannover 1978

Historisches Museum am Hohen Ufer (Hg.); Hannover wird nationalsozialistisch. Ein Quellenlesebuch zur Machtübernahme, Hannover 1981

Historisches Museum am Hohen Ufer (Hg.); Widerstand im Abseits. Hannover 1933–1945, Hannover 1992

Hobsbawm, Eric J.; Das Imperiale Zeitalter. 1875–1914, Frankfurt, New York 1989

Hochreiter, Walter; Vom Musentempel zum Lernort. Zur Sozialgeschichte deutscher Museen 1800–1914, Darmstadt 1994

Hoelscher, Eberhard; Hermann Bahlsen und die Werbe-Graphik, in: Kessler, Hansi (Hg.); Hermann Bahlsen, Hannover o.J., S. 117–133

Hofmann, Wolfgang; Oberbürgermeister als politische Elite im Wilhelminischen Kaiserreich und in der Weimarer Republik, in: Schwabe, Klaus (Hg.); Oberbürgermeister, Boppard 1981, S. 17–38

Hoffschildt, Rainer; Olivia. Die bisher geheime Geschichte des Tabus Homosexualität und die Verfolgung der Homosexuellen in Hannover, Hannover 1992

Hohendahl, Peter Uwe; Das Bild der bürgerlichen Welt im expressionistischen Drama, Heidelberg 1967

Hohenzollern, Johann Georg Prinz von/Schuster, Peter-Klaus (Hg.); Manet bis van Gogh. Hugo von Tschudi und der Kampf um die Moderne, München/New York 1996

Hohenzollern, Johann Georg Prinz von; Hugo von Tschudi als Persönlichkeit, in: Ders./Schuster, Peter-Klaus (Hg.); Manet bis van Gogh. Hugo von Tschudi und der Kampf um die Moderne, München/New York 1996, S. 9–21

Hollmann, Reimar; Aus der hannoverschen Rundfunkgeschichte, in: Historisches Museum am Hohen Ufer (Hg.); 60 Jahre Rundfunk in Hannover, Hannover 1984, S. 32–72

Holthusen, Hans Egon; Kunst und Revolution, in: Avantgarde. Geschichte und Krise einer Idee, in: Gestalt und Gedanke, Bd. 11, München 1966

Horne, Donald; The Public Culture. The Triumph of Industrialism, London 1986

Huck, Gerhard (Hg.); Sozialgeschichte der Freizeit. Untersuchungen zum Wandel der Alltagskultur in Deutschland, Wuppertal 1980

Jacob-Friesen, Karl Hermann (Hg.); 100 Jahre Nieders. Landesmuseum zu Hannover, Hannover 1952

Jacob-Friesen, Karl-Hermann; Wesen und Zielsetzung der Museen im Wandel der Zeiten, in: Jacob-Friesen, Karl Hermann (Hg.); 100 Jahre Nieders. Landesmuseum zu Hannover, Hannover 1952, S. 27–53

Jacobsen, Wolfgang/Kaes, Anton/Prinzler, Hans-Helmut (Hg.); Geschichte des deutschen Films, Stuttgart/Weimar 1993

Jaeger, Roland/Steckner, Cornelius; Kunststadt Hamburg 1919-1933, Hamburg 1983

Jahns, Rudolf; Von mir und meinen Bildern, in: Galerie Stolz (Hg.); Rudolf Jahns 1896-1983, Köln 1986, S. 8-12

Japp, Uwe; Kontroverse Daten der Modernität, in: Haug, Walter/Barner, Wilfried (Hg.); Ethische contra ästhetische Legitimation von Literatur. Traditionalismus und Modernismus. Kontroversen um den Avantgardismus, Tübingen 1986, S. 125-134

Jarausch, Konrad H.; Die Krise des deutschen Bildungsbürgertums im ersten Drittel des 20. Jahrhunderts, in: Kocka, Jürgen (Hg.); Bildungsbürgertum im 19. Jahrhundert, Teil IV, Stuttgart 1989, S. 180-206

Jarausch, Konrad H.; Die unfreien Professionen. Überlegungen zu den Wandlungsprozessen im deutschen Bildungsbürgertum 1900-1955, in: Kocka, Jürgen (Hg.); Bürgertum im 19. Jahrhundert. Deutschland im europäischen Vergleich, Bd. 2, München 1988, S. 124-149

Jasper, Gotthard; Die gescheiterte Zähmung. Wege zur Machtergreifung Hitlers 1930-1934, Frankfurt 1986

Jazz-Club Hannover (Hg.); Ein Club macht Jazz. 25 Jahre Jazz-Club, Hannover o.J.

Jochimsen, Margarethe; Das Verständnis für eine Zeit gewinnt man am besten aus ihrer Kunst, in: Bonner Kunstverein (Hg.); Grethe Jürgens. Gerta Oberbeck. Bilder der zwanziger Jahre, Bonn 1982, S. 5 ff

Joll, James; Die Großstadt. Symbol des Fortschritts oder der Dekadenz?, in: Alter, Peter (Hg.); Im Banne der Metropolen. Berlin und London in den zwanziger Jahren, Göttingen 1993, S. 23-43

Joppien, Rüdiger; Die Hannoversche Keksfabrik Hermann Bahlsen und die Werkbund-Ausstellung, in: Kölnischer Kunstverein (Hg.); Der westdeutsche Impuls 1900-1914. Kunst und Umweltgestaltung im Industriegebiet. Die Deutsche Werkbund-Ausstellung, Cöln 1914, Köln 1984, 216-226

Junge, Henrike (Hg.); Avantgarde und Publikum. Zur Rezeption avantgardistischer Kunst in Deutschland 1905-1933, Köln/Weimar/Wien 1992

Junge, Henrike; Otto Ralfs. Sammler, Mäzen und Wegbereiter der Avantgarde in der Provinz, in: Dies. (Hg.); Avantgarde und Publikum, Köln 1982, S. 243-253

Kaes, Anton; Die ökonomische Dimension der Literatur. Zum Strukturwandel der Institution Literatur in der Inflationszeit 1918-1923, in: Feldman, Gerald D./Holtfrerich, Carl-Ludwig/Ritter, Gerhard A./Witt, Peter-Christian (Hg.); Konsequenzen der Inflation. Consequences of Inflation, Berlin 1989, S. 307-331

Kaes, Anton; Einleitung, in: Ders. (Hg.); Weimarer Republik. Manifeste und Dokumente zur deutschen Literatur 1918-1933, Stuttgart 1983, S. XIX-LII

Kalthoff, Edgar (Hg.); Niedersächsische Lebensbilder, Hildesheim 1954

Kaschuba, Wolfgang; Deutsche Bürgerlichkeit nach 1800. Kultur als symbolische Praxis, in: Kocka, Jürgen (Hg.); Bürgertum im 19. Jahrhundert. Deutschland im europäischen Vergleich, Bd. 3, München 1988, S. 9-45

Katenhusen, Ines; ‚Die Kunst gehört dem Volke, es muß zu ihr hingeleitet werden. In der Leitung scheint etwas faul zu sein.' Hannover in den zwanziger Jahren: Reaktionen der hannoverschen Öffentlichkeit auf die Moderne in Kunst und Kultur, in: Bergmeier, Hinrich (Hg.); ‚Entartete Musik'. Eine kommentierte Rekonstruktion. Konzertheft zur Ausstellung ‚Kulturaustreibung. Die Einflußnahme des Nationalsozialismus auf Kunst und Kultur in Niedersachsen', Hannover 1993, S. 16-23

Katenhusen, Ines; Kunstblüte oder Kulturverfall? Facetten des Zeitgeistes der Weimarer Republik am Beispiel Hannovers, in: Bergmeier, Hinrich/Katzenberger, Günter (Hg.), Kulturaustreibung. Die Einflußnahme des Nationalsozialismus auf Kunst und Kultur in Niedersachsen, Hannover 1993, S. 18-30

Katenhusen, Ines; Zwischen Lob und Tadel. Zur Beurteilung der Arbeit Alexander Dorners in Hannover, in: Alexander Dorner Kreis/Sprengel Museum Hannover (Hg.); überwindung der ‚kunst'. Zum 100. Geburtstag des Kunsthistorikers Alexander Dorner, Hannover 1993, S. 71-79

Katzenberger, Günter; Zur Situation einer ‚unpolitischen Kunst'. Überblick über das Musikleben im Dritten Reich, in: Bergmeier, Hinrich/Katzenberger, Günter (Hg.), Kulturaustreibung. Die Einflußnahme des Nationalsozialismus auf Kunst und Kultur in Niedersachsen, Hannover 1993, S. 35-45

Kemper, Hans-Georg; Die Logik der ‚harmlosen Irren. ‚Auguste Bolte' und die Kunstkritik, in: Text + Kritik, H. 35/36, Kurt Schwitters, 1972, S. 52-67

Kerber, Bernhard; Anmerkungen zu Carl Buchheister, in: Städtische Kunstsammlungen Ludwigshafen (Hg.); Carl Buchheister, Ludwigshafen 1975, S. 13-31

Kessler, Hansi (Hg.); Hermann Bahlsen, Hannover o.J.

Kessler, Hansi; Hermann Bahlsen. Der Mäzen aus eigener Kraft, in: Bahlsen KG (Hg.); 100 Jahre Hermann Bahlsen, Hannover o.J., S. 32-35

Kessler, Hansi; Hermann Bahlsen. Mitgliedsnummer Eins, in: Schmied, Wieland (Hg.); Wegbereiter zur modernen Kunst. 50 Jahre Kestner-Gesellschaft, Hannover 1966, S. 117 ff.

50 Jahre Kestner-Gesellschaft. Feier am 26. November 1966 im Saal des Alten Rathauses Hannover, Hannover 1966

Kestner-Museum Hannover (Hg.); Otto Gleichmann. Handzeichnungen und frühe Aquarelle, Hannover 1970

Ketelsen, Uwe K.; Völkisch-nationale und nationalsozialistische Literatur in Deutschland 1890-1945, Tübingen 1976

Ketelsen, Uwe-K.; ‚Die Jugend von Langemarck'. Ein poetisch-politisches Motiv der Zwischenkriegszeit, in: Koebner, Thomas/Janz, Rolf-Peter/Trommler, Frank (Hg.); ‚Mit uns zieht die neue Zeit'. Der Mythos Jugend, Frankfurt/M. 1985, S. 68-97

Ketelsen, Uwe-K.; Literatur und Drittes Reich, Schernfeld 1993

Ketelsen; Uwe-K.; Kulturpolitik im 3. Reich und Ansätze zu ihrer Interpretation, in: Text & Kontext 8.2, Themaheft Nationalsozialismus und Literatur, München/Kopenhagen 1980, S. 217-243

Klatt, Gunnar; Bauern und Soldaten. Literaturpreise in Hannover, in: Bergmeier, Hinrich/Katzenberger, Günter (Hg.), Kulturaustreibung. Die Einflußnahme des Nationalsozialismus auf Kunst und Kultur in Niedersachsen, Hannover 1993, S. 182-186

Klatt, Gunnar; Der Traum vom großen Reich. Der Dichter Hans Grimm, in: Bergmeier, Hinrich/Katzenberger, Günter (Hg.), Kulturaustreibung. Die Einflußnahme des Nationalsozialismus auf Kunst und Kultur in Niedersachsen, Hannover 1993, S. 176-178

Klatt, Gunnar; Einverständnis oder Widerstand? Ernst Jüngers politische Wandlungen, in: Bergmeier, Hinrich/Katzenberger, Günter (Hg.), Kulturaustreibung. Die Einflußnahme des Nationalsozialismus auf Kunst und Kultur in Niedersachsen, Hannover 1993, S. 172-176

Klatt, Gunnar; Innere Emigration? Gottfried Benn in Hannover, in: Bergmeier, Hinrich/Katzenberger, Günter (Hg.), Kulturaustreibung. Die

Einflußnahme des Nationalsozialismus auf Kunst und Kultur in Niedersachsen, Hannover 1993, S. 170–172

Klemperer, Klemens von; Konservative Bewegungen zwischen Kaiserreich und Nationalsozialismus, München/Wien 1962

Klenke, Dietmar/Lilje, Peter/Walter, Franz (Hg.); Arbeitersänger und Volksbühnen in der Weimarer Republik, Bonn 1992

Kliemann, Helga; Die Novembergruppe, Berlin 1969

Klössel, Christiane; Der Zweemann. Eine hannoversche Zeitung des Spätexpressionismus, in: Hann. Geschichtsblätter, N.F. 41, 1987, S. 111–137

Klueting, Edeltraut (Hg.); Antimodernismus und Reform. Zur Geschichte der deutschen Heimatbewegung, Darmstadt 1991

Kniess, Friedrich W.; Kommunale Kunstpolitik in Deutschland. Darmstadt als Beispiel, Darmstadt 1983

Knopp, Werner; Kulturpolitik, Kunstförderung und Mäzenatentum im Kaiserreich. Im Spannungsfeld zwischen Staatskonservatismus und bürgerlicher Liberalität, in: Braun, Günter und Waldtraud (Hg.); Mäzenatentum in Berlin, Berlin 1983, S. 15–38

Koch, Christiane; Arme Zeiten. Heiße Stimmung, Alltag der zwanziger Jahre, in: Die wilden Zwanziger, Weimar und die Welt, Hamburg 1986, S. 33–63

Kocka, Jürgen (Hg.); Bildungsbürgertum im 19. Jahrhundert. Teil IV: Politischer Einfluß und gesellschaftliche Formation, Stuttgart 1989

Kocka, Jürgen (Hg.); Bürger und Bürgerlichkeit im 19. Jahrhundert, Göttingen 1987

Kocka, Jürgen (Hg.); Bürgertum im 19. Jahrhundert. Deutschland im europäischen Vergleich, München 1988

Kocka, Jürgen/Puhle, Hans Jürgen/Tenfelde, Klaus (Hg.); Von der Arbeiterbewegung zum modernen Sozialstaat, London/Paris 1994

Kocka, Jürgen; Bildungsbürgertum. Gesellschaftliche Formation oder Historikerkonstrukt? in: Kocka, Jürgen (Hg.); Bildungsbürgertum im 19. Jahrhundert, Teil IV, Stuttgart 1989, S. 4–21

Kocka, Jürgen; Bürgertum und bürgerliche Gesellschaft im 19. Jahrhundert. Europäische Entwicklungen und deutsche Eigenarten, in: Kocka, Jürgen (Hg.); Bürgertum im 19. Jahrhundert. Deutschland im europäischen Vergleich, Bd. 1, München 1988, S. 11–79

Kocka, Jürgen; Bürgertum und Bürgerlichkeit als Probleme der deutschen Geschichte vom späten 18. zum frühen 20. Jahrhundert, in: Kocka, Jürgen (Hg.); Bürger und Bürgerlichkeit im 19. Jahrhundert, Göttingen 1987, S. 7–21

Koebner, Thomas (Hg.); Weimars Ende. Prognosen und Diagnosen in der deutschen Literatur und die politische Publizistik 1930–1933, Frankfurt 1982

Koebner, Thomas; Die Erwartung der Katastrophe. Zur Geschichtsprophetie des ‚neuen Konservatismus' (Oswald Spengler, Ernst Jünger), in: Ders. (Hg.); Weimars Ende, Frankfurt 1982, S. 348–360

Koebner, Thomas/Janz, Rolf-Peter/Trommer, Frank (Hg.); ‚Mit uns zieht die neue Zeit'. Der Mythos Jugend, Frankfurt/M. 1985

Koegler, Horst (Hg.); Yvonne Georgi, in: Theater heute, Nr. 6, Velber 1963

Köhler, Wolfram (Hg.); Das Funkhaus Hannover. Beiträge zur Geschichte des Rundfunks in Niedersachsen, Hannover 1987

Köhler, Wolfram; Rundfunk in Niedersachsen. Vom Nebensender 1924 zum Landesprogramm 1987, in: Köhler, Wolfram (Hg.); Das Funkhaus Hannover, Hannover 1987, S. 9–27

Kölnischer Kunstverein (Hg.); Vom Dadamax zum Grüngürtel. Köln in den zwanziger Jahren, Köln 1975

Körner, Irmela; Heinrich Vogeler. ‚Ein nie gekannter menschlicher Zustand ist am Werden', in: Peters, Jürgen/Pott, Wilhelm Heinrich (Hg.); Von Dichterfürsten und anderen Poeten. Kleine niedersächsische Literaturgeschichte, Bd. 2, Hannover 1994, S. 113–118

Kohli, Martin; Erwartungen an eine Soziologie des Lebenslaufs, in: Ders. (Hg.); Soziologie des Lebenslaufs, Darmstadt 1978, S. 9–33

Kolb, Eberhard; Die Weimarer Republik, München/Wien 1984

Kolb, Eberhard/Roters, Eberhard/Schmied, Wieland (Hg.); Kritische Grafik in der Weimarer Republik, Stuttgart 1985

Koschwitz, Hansjürgen; Hat die Zeitschriftenforschung eine Zukunft?, in: Der Druckspiegel, Jhg. 26, 1971

Koshar, Rudy; Two ‚Nazism': The Social Context of Nazi Mobilization in Marburg and Tübingen, in: Social History, Bd. 7, 1982, S. 27–42

Koszyk, Kurt; Deutsche Presse 1914–1945 (Geschichte der deutschen Presse, Bd. 3), Berlin 1972

Koszyk, Kurt; Probleme einer Sozialgeschichte der öffentlichen Kommunikation, in: Blühen, Elger (Hg.); Presse und Geschichte. Beiträge zur historischen Kommunikationsforschung, München 1977

Kracauer, Siegfried; Von Caligari zu Hitler. Eine psychologische Studie des deutschen Films, Frankfurt/M. 1979

Kranz-Michaelis, Charlotte; Das Neue Rathaus in Hannover. Ein Zeugnis der ‚Ära Tramm', in: Mai, Ekkehard/Paul, Jürgen/Waetzoldt, Stephan (Hg.); Das Rathaus im Kaiserreich. Kunstpolitische Aspekte einer Bauaufgabe des 19. Jahrhunderts, Berlin 1982, S. 395–414

Kranz-Michaelis, Charlotte; Rathäuser im deutschen Kaiserreich 1871–1918, München 1976

Kranz-Michaelis, Charlotte; Zur deutschen Rathausarchitektur des Kaiserreichs. Das neue Rathaus von Hannover, Hannover 1974

Krempel, Ulrich (Hg.); Am Anfang: Das Junge Rheinland. Zur Kunst- und Zeitgeschichte einer Region 1918–1945, Düsseldorf 1985

Kreuzer, Helmut; Die Boheme. Analyse und Dokumentation der intellektuellen Subkultur vom 19. Jahrhundert bis zur Gegenwart, Stuttgart 1971

Kruedener, Jürgen Freiherr von; Die Entstehung des Inflationstraumas. Zur Sozialpsychologie der deutschen Hyperinflation 1922/23, in: Feldman, Gerald D./Holtfrerich, Carl-Ludwig/Ritter, Gerhard A./Witt, Peter-Christian (Hg.); Konsequenzen der Inflation. Consequences of Inflation, Berlin 1989, S. 213–287

Kuhn, Helmut; Das geistige Gesicht der Weimarer Republik, in: Stürmer, Michael (Hg.); Die Weimarer Republik. Belagerte Civitas, Königstein/Ts. 1990, S. 214–224

Kühne, Thomas; ‚... aus diesem Krieg werden nicht nur harte Männer zurückkehren.' Kriegskameradschaft und Männlichkeit im 20. Jahrhundert, in: Ders. (Hg.); Männergeschichte – Geschlechtergeschichte. Männlichkeit im Wandel der Moderne, Frankfurt/M./New York 1996

Kühnl, Reinhard/Hardach, Gerhard (Hg.); Die Zerstörung der Weimarer Republik, Köln 1977

Kühnl, Reinhard; Die Weimarer Republik. Errichtung, Machtstruktur und Zerstörung einer Demokratie, Hamburg 1985

Kühnl, Reinhard; Revolution in Deutschland, in: Die wilden Zwanziger. Weimar und die Welt, Berlin 1986, S. 9–18

Kulhoff, Birgit; Bürgerliche Selbstbehauptung im Spiegel der Kunst. Untersuchungen zur Kulturpublizistik der Rundschauzeitschriften im Kaiserreich (1871–1914), Bochum 1990

Kunstmuseum Hannover mit Sammlung Sprengel (Hg.); Carl Buchheister. Gemälde und Zeichnung. Verzeichnis der Bestände, Ausstellung zum 90. Geburtstag, 19. Oktober – 30. November 1980, Hannover 1980

Kunstverein Braunschweig (Hg.); Otto Gleichmann. Ölbilder, Aquarelle und Handzeichnungen, Braunschweig 1955

Kunstverein Hannover (Hg.); Bernhard Dörries 1898–1978, Hannover 1981

Kunstverein Hannover (Hg.); Bürger und Bilder. 150 Jahre Kunstverein Hannover. 1832–1982, Hannover 1982

Kunstverein Hannover (Hg.); Carl Buchheister, Hannover 1964

Kunstverein Hannover (Hg.); Die Pelikan-Kunstsammlung, Hannover 1963

Kunstverein Hannover (Hg.); Die zwanziger Jahre in Hannover. Bildende Kunst, Literatur, Theater, Tanz, Architektur 1916–1933, Hannover 1962

Kunstverein Hannover (Hg.); Erich Wegner, April 1970

Kunstverein Hannover (Hg.); Ernst Thoms. Ölbilder, Aquarelle, Zeichnungen im Kunstverein, Hannover 1957

Kunstverein Hannover (Hg.); Kurt Sohns, Hannover 1960

Kunstverein Hannover (Hg.); Liste der konfiszierten Werke und unveröffentlichen Dokumente; Dokumentation im Rahmen der Ausstellung ‚Verboten, verfolgt – Kunstdiktatur im 3. Reich', Hannover 1983

Kunstverein Hannover (Hg.); Neue Sachlichkeit in Hannover, Hannover 1974

Kunstverein Hannover (Hg.); Otto Gleichmann. Ölbilder, Aquarelle, Zeichnungen, Hannover 1957

Kunstverein Hannover (Hg.); Verschollener Ruhm. Bilder aus dem Depot der Landesgalerie Hannover zeigen den Kunstgeschmack des 19. Jahrhunderts, Hannover 1975

Kurucz, Jenö; Struktur und Funktion der Intelligenz während der Weimarer Republik, Köln 1967

Kurzhals, Frank G.; Die Entfernung der bildenden Kunst aus Hannover. Das Landesmuseum in Hannover, in: Bergmeier, Hinrich/Katzenberger, Günter (Hg.); Kulturaustreibung. Die Einflußnahme des Nationalsozialismus auf Kunst und Kultur in Niedersachsen, Hannover 1993, S. 84–88

Kuxdorf, Manfred; Der Schriftsteller Salomo Friedländer/Mynona. Kommentar einer Epoche, Frankfurt 1990

Lach, Friedhelm; Die MERZ-Bühne von Kurt Schwitters oder Kurt Schwitters als Dramatiker, in: Text + Kritik, H. 35/36, Kurt Schwitters, 1972, S. 69–73

Lämmert, Eberhard; Das expressionistische Verkündigungsdrama, in: Steffen, Hans (Hg.); Der deutsche Expressionismus. Formen und Gestalten, Göttingen 1970, S. 138–156

Lamb, Stephen; Ernst Toller and the Weimar Republic, in: Bullivant, Keith (Hg.), Culture and Society in the Weimar Republic, Manchester 1977

Lamb, Stepehn; Ernst Toller. Vom Aktivismus zum humanistischen Materialismus, in: Bullivant, Keith (Hg.); Das literarische Leben in der Weimarer Republik, Königstein/Ts. 1978, S. 164–118

Lampert, Heinz; Staatliche Sozialpolitik im Dritten Reich, in: Bracher, Karl Dietrich/Funke, Manfred/Jacobsen, Hans-Adolf (Hg.); Nationalsozialistische Diktatur 1933–1945. Eine Bilanz, Bonn 1983, S. 177–206

Landschaftsverband Westfalen-Lippe. Westfälisches Landesmuseum für Kunst und Kulturgeschichte Münster (Hg.); Rudolf Jahns 1919–1928. Gemälde und Zeichnungen, Münster 1976

Lange, Rudolf; Bernhard Dörries, Braunschweig 1982

Lange, Rudolf (Hg.); Vom Nützlichen durchs Wahre zum Schönen. Festschrift für Dr. Erich Madsack zum 75. Geburtstag am 25. September 1964, Hannover 1964 Hannover 1964

Lange, Rudolf; Der Zeichner Otto Gleichmann, in: Sprengel Museum Hannover (Hg.); Otto Gleichmann 1887–1963, Hannover 1987, S. 22–74

Lange, Rudolf; Otto Gleichmann, Hannover 1963

Lange, Rudolf; Kleiner Spaziergang durch Hannovers Theatergeschichte, Hannover 1994

Langewiesche, Dieter; Bildungsbürgertum und Liberalismus im 19. Jahrhundert, in: Kocka, Jürgen (Hg.); Bildungsbürgertum im 19. Jahrhundert, Teil IV, Stuttgart 1989, S. 95–122

Langewiesche, Dieter; Freizeit und ‚Massenbildung'. Zur Ideologie und Praxis der Volksbildung in der Weimarer Republik, in: Huck, Gerhard (Hg.); Sozialgeschichte der Freizeit, Wuppertal 1980, S. 223–249

Laqueur, Walter; Weimar. Die Kultur der Republik, Frankfurt/M. 1977

Leben und Schicksal. Zur Einweihung der Synagoge in Hannover, hg. von der Landeshauptstadt Hannover/Presseamt/Jüdische Gemeinde Hannover e.V., Hannover 1963

Leister, Dieter-Jürgen; Rudolf Hermanns. 1860–1935. Gemälde und Zeichnungen. Ausstellungskatalog Bomann-Museum, Celle 1960

Lenman, Robin; Der deutsche Kunstmarkt 1840–1923. Integration, Veränderung, Wachstum, in: Mai, Ekkehard/Paret, Peter (Hg.); Sammler, Stifter und Museen. Kunstförderung in Deutschland im 19. und 20. Jahrhundert, Köln/Weimar/Wien 1993, S. 135–152

Lenman, Robin; Painters, Patronage, and the Art Market in Germany 1950–1914, in: Past and Present, Nr. 123, 1989, S. 109–140

Lenman, Robin; Die Kunst, die Macht und das Geld. Zur Kulturgeschichte des kaiserlichen Deutschland 1871–1914, Frankfurt/New York 1994

Leppien, Helmut R.; Neue Sachlichkeit in Hannover. Versuch einer Skizze, in: Kunstverein Hannover (Hg.); Neue Sachlichkeit in Hannover, Hannover 1974, S. 56ff.

Leppien, Helmut R.; Die Bilder der Bürger, in: Kunstverein Hannover (Hg.); Verschollener Ruhm, Hannover 1975, S. 5–21

Leppien, Helmut R.; Der erste und der zweite Teil, in: Kunstverein Hannover (Hg.); Bernhard Dörries. 1898–1978, Hannover 1981, S. 13–40

Lepsius, M. Rainer; Zur Soziologie des Bürgertums und der Bürgerlichkeit, in: Kocka, Jürgen (Hg.); Bürger und Bürgerlichkeit im 19. Jahrhundert, Göttingen 1987, S. 79–101

Leypoldt, Winfried; Münchens Niedergang als Kunststadt. Kunsthistorische, kunstpolitische und kunstsoziologische Aspekte der Debatte um 1900, (Dissertation) München 1987

Lilje, Peter; Der Verband der deutschen Volksbühnenvereine, in: Klenke, Dietmar/Lilje, Peter/Walter, Franz (Hg.); Arbeitersänger und Volksbühnen in der Weimarer Republik, Bonn 1992, S. 249–335

Lohkamp, Brigitte; Malerei, in: Steingräber, Erich (Hg.); Deutsche Kunst der zwanziger und dreißiger Jahre, München 1979, S. 115–236

Löhneysen, Wolfgang Freiherr von; Zur deutschen Kunst um 1920, in: Schoeps, Hans-Joachim (Hg.); Zeitgeist im Wandel, Stuttgart 1968, S. 52–107

Lohr, Jakob; Bemerkung zur Mitgliederbewegung im Kunstverein Hannover, in: Kunstverein Hannover (Hg.); Bürger und Bilder, Hannover 1982, S. 86–94

Lohr, Stephan; Karl Jakob Hirsch. ‚Nie wieder konnte es Kriege geben, so sangen, malten und dichteten wir', in: Peters, Jürgen/Pott, Heinrich (Hg.); Von Dichterfürsten und anderen Poeten. Kleine niedersächsische Literaturgeschichte, Band 2, Hannover 1994, S. 229–235

Lohr, Stephan; Notizen zu den Jahren 1933–1945 im Kunstverein Hannover, in: Kunstverein Hannover (Hg.); Bürger und Bilder, Hannover 1982, S. 100–144

Loiperdinger, Manfred; Filmzensur und Selbstkontrolle, in: Jacobsen, Wolfgang/Kaes, Anton/Prinzler, Hans Helmut (Hg.); Geschichte des deutschen Films, Stuttgart, Weimar 1993

Lottner, Perdita; Neue Typographie. Ausstellung Berlin 1929. Förderung der elementaren Gestaltung, in: Sprengel Museum Hannover (Hg.); ‚Typographie kann unter Umständen Kunst sein'. Ring NEUE WERBEGESTALTER 1928–1933. Ein Überblick, Hannover 1991

Lowenthal, Ernst G.; Bewährung im Untergang. Ein Gedenkbuch, Stuttgart 1965

Lüddecke, Friedrich; Eine Stadt und eine Zeitung, in: Lange, Rudolf (Red.); Vom Nützlichen durchs Wahre zum Schönen, Hannover 1964, S. 23–41

Lüdtke, Alf; Rekonstruktion von Alltagswirklichkeit. Entpolitisierung von Sozialgeschichte, in: Bergdahl, Robert M. (Hg.); Klassen und Kultur, Frankfurt/M. 1982

Lufft, Peter (Hg.); Das Gästebuch Otto Ralfs, Braunschweig 1985

Lufft, Peter; Leben und Werk, in: Kunstverein Braunschweig (Hg.); Otto Gleichmann, Braunschweig 1955

Lüneburger Arbeitskreis Machtergreifung (Hg.); Heimat, Heide, Hakenkreuz. Lüneburgs Weg ins Dritte Reich, Hamburg 1984

Lüttichau, Mario-Andreas; ‚Deutsche Kunst' und ‚Entartete Kunst'. Die Münchner Ausstellung 1937, in: Schuster, Klaus-Peter (Hg.); Die ‚Kunststadt' München 1987, S. 83–118

Lüttichau, Mario-Andreas von; Die Ausstellung ‚Entartete Kunst', München 1937. Eine Rekonstruktion, in: Barron, Stephanie (Hg.); Entartete Kunst, München 1992, S. 45–83

Mai, Ekkehard/Paret, Peter (Hg.); Sammler, Stifter und Museen. Kunstförderung in Deutschland im 19. und 20. Jahrhundert, Köln/Weimar/Wien 1993

Mai, Ekkehard/Paul, Jürgen/Waetzoldt, Stephan (Hg.); Das Rathaus im Kaiserreich. Kunstpolitische Aspekte einer Bauaufgabe des 19. Jahrhunderts, Berlin 1982

Mai, Ekkehard/Waetzoldt, Stephan (Hg.); Kunstverwaltung, Bau- und Denkmal-Politik im Kaisrereich, Berlin 1981

Mai, Ekkehard/Pohl, Hans/Waetzoldt, Stephan (Hg.); Kunstpolitik und Kunstförderung im Kaiserreich. Kunst im Wandel der Sozial- und Wirtschaftsgeschichte, Berlin 1982

Mai, Ekkehard/Waetzold, Stephan/Wolandt, Gerd (Hg.); Ideengeschichte und Kunstwissenschaft. Philosophie und bildende Kunst im Kaiserreich, Berlin 1983

Mai, Ekkehard; Expositionen. Geschichte und Kritik des Ausstellungswesens, München/Berlin 1986

Mai, Ekkehard; Die Berliner Kunstakademie im 19. Jahrhundert. Kunstpolitik und Kunstpraxis, in: Mai, Ekkehard/Waetzoldt, Stephan (Hg.); Kunstverwaltung, Bau- und Denkmal-Politik im Kaiserreich, Berlin 1981, S. 431–480

Mai, Gunther; ‚Verteidigungskrieg' und ‚Volksgemeinschaft'. Staatliche Selbstbehauptung, nationale Solidarität und soziale Befreiung in Deutschland in der Zeit des Ersten Weltkriegs (1900–1925), in: Michalka, Wolfgang (Hg.); Der Erste Weltkrieg. Wirkung, Wahrnehmung, Analyse, München 1994, S. 583–602

Mangelsen, Jochen; Hannoversche Allgemeine Zeitung. Hannoverscher Anzeiger. Untersuchung zur Entwicklung eine Tageszeitung seit ihrer Gründung im Jahrem 1893. Ein Beitrag zur Zeitungsgeschichte der letzten 75 Jahre, Hannover 1968

Manns, Haide; Die NS-Frauenschaft in Niedersachsen am Beispiel der Zeitschrift NIEDERSACHSEN, in: Schroeder, Christiane/Sonneck, Monika (Hg.); Frauengeschichte in Hannover. Außer Haus, Hannover 1994, S. 167–187

Marioth, Roy; Wie aus einer Provinzposse einer nationales Trauerspiel wurde. Klagesmarkt Nr. 21. Das KPD-Parteihaus, in Geschichtswerkstatt Hannover (Hg.); Alltag zwischen Hindenburg und Haarmann, Hannover 1987, S. 93–96

Marquardt, Doris; Sozialpolitik und Sozialfürsorge der Stadt Hannover in der Weimarer Republik, Hannover 1994

Marwedel, Rainer (Hg.); Theodor Lessing. Haarmann. Die Geschichte eines Werwolfes und andere Gerichtsreportagen, Frankfurt/M. 1989

Marwedel, Rainer; Theodor Lessing 1872–1933. Eine Biographie, Darmstadt 1987

Mayer, Dieter; Linksbürgerliches Denken. Untersuchungen zur Kunsttheorie, Gesellschaftauffassung und Kulturpolitik in der Weimarer Republik (1919–1924), München 1981

Mendlewitsch, Doris; Volk und Heil. Vordenker des Nationalsozialismus im 19. Jahrhundert, Rheda-Wiedenbrück 1988

Merker, Reinhard; Die Bildenden Künste im Nationalsozialismus. Kulturideologie, Kulturpolitik, Kulturproduktion, Köln 1983

Meyer, Herbert; Das Nationaltheater Mannheim 1919–1979, Mannheim/Wien/Zuürich 1979

Meyer, Joachim/Bonitz, Antje (Hg.); ‚Entlaufene Bürger'. Kurt Tucholsky und die Seinen. Eine Ausstellung des Deutschen Literaturarchives Marbach a.N., Marbach 190

Meyer, Jochen (Hg.); Berlin. Provinz. Literarische Kontroversen um 1930, Marburg 1985

Meyer, Jochen; ‚Es reizt mich sehr, mit Ihnen zusammen daran zu arbeiten…' Der Verleger als Geburtshelfer seiner Autoren. Beispiele aus den Sammlungen des Deutschen Literaturarchives, in Buchhandelsgeschichte. Aufsätze, Rezensionen und Berichte zur Geschichte des Buchwesens. Hg. von der Historischen Kommission des Börsenvereins, 1995/3, Börsenblatt für den Deutschen Buchhandel, 26. September 1995

Meyer, Jochen; Paul Steegemann Verlag, Stuttgart 1975

Meyer, Jochen; Paul Steegemann Verlag. 1919–1935, 1949–1955. Sammlung Marzona, Hannover 1994

Michalka, Wolfgang (Hg.); Der Erste Weltkrieg. Wirkung, Wahrnehmung, Analyse, München 1994

Michalski, Sergiusz (Hg.); Neue Sachlichkeit. Malerei und Graphik und Photographie in Deutschland 1919–1933, Köln 1992

Mignat, Jochen; Arbeitslosigkeit in Hannover 1877–1989, in: Hann. Geschichtsblätter, N.F. 44, 1990, S. 79–132

Milch, Thomas (Hg.); Walter Serner. Der Abreiser. Materialien zu Leben und Werk (Walter Serner. Das Gesamte Werk, Bd. 8), München 1984

Miller, Susanne; Sozialdemokratische Oberbürgermeister in der Weimarer Republik, in: Schwabe, Klaus (Hg.); Oberbürgermeister, Boppard 1981, S. 109–125

Mittenzwei, Werner; Der Untergang einer Akademie oder Die Mentalität des ewigen Deutschen, Berlin/Weimar 1992

Mlynek, Klaus; 1933. Zum Beispiel Hannover, Hannover 1981

Mlynek, Klaus; Die Gleichschaltung der hannoverschen Bürgervereine in der NS-Zeit, in: Hann. Geschichtsblätter, N.F. 34, 1980, S. 183–209

Mlynek, Klaus; Hannover auf dem Weg ins Dritte Reich, in: Hann. Geschichtsblätter N.F. 49, 1995, S. 283–297

Mlynek, Klaus; Machtübernahme und Kommunalpolitik, in: Historisches Museum am Hohen Ufer (Hg.); Hannover 1933. Eine Großstadt wird nationalsozialistisch, Hannover 1981, S. 100–134

Mlynek, Klaus; Stadt, Stadtverwaltung und Kestner-Museum 1889–1945, in: Gehrig, Ulrich (Hg.); 100 Jahre Kestner-Museum, Hannover 1989, S. 183–213

Mlynek, Klaus; Vom Privaten zum Öffentlichen. Erste Museumsgründungen in der Residenzstadt Hannover, in: Gehrig, Ulrich (Hg.); 100 Jahre Kestner-Museum, Hannover 1989, S. 168–183

Moeller, Magdalena M.; Schwitters und die Geburt von MERZ, in: Sprengel Museum Hannover (Hg.); Kurt Schwitters 1887–1948. Dem Erfinder von MERZ zu Ehren und zur Erinnerung, Hannover 1987, S. 103–110

Moeller, Magdalena M.; Schwitters vor MERZ, in: Sprengel Museum Hannover (Hg.); Kurt Schwitters 1887–1948. Dem Erfinder von MERZ zu Ehren und zur Erinnerung, Hannover 1987, S. 98–102

Moeller, Magdalena M.; Zur Ausstellung, in: Sprengel Museum Hannover (Hg.); Die abstrakten hannover. Internationale Avantgarde 1927–1935, Hannover 1987, S. 10–15

Mohler, Armin; Die konservative Revolution in Deutschland, Stuttgart 1950

Mommsen, Hans; Die Auflösung des Bürgertums seit dem späten 19. Jahrhundert, in: Kocka, Jürgen (Hg.); Bürger und Bürgerlichkeit im 19. Jahrhundert, Göttingen 1987, S. 281–288

Mommsen, Hans; Die verspielte Freiheit. Der Untergang von Weimar in den Untergang 1918–1933, Frankfurt 1990

Mommsen, Hans; Generationskonflikt und Jugendrevolte in der Weimarer Republik, in: Koebner, Thomas/Janz, Rolf-Peter/Trommler, Frank (Hg.); ‚Mit uns zieht die neue Zeit'. Der Mythos Jugend, Frankfurt/M. 1985, S. 50–67

Mommsen, Wolfgang J. (Hg.); Kultur und Krieg. Die Rolle der Intellektuellen, Künstler und Schriftsteller im Ersten Weltkrieg, München 1996

Mommsen, Wolfgang J.; Einleitung: Die deutschen kulturellen Eliten im Ersten Weltkrieg, in: Ders. (Hg.); Kultur und Krieg. Die Rolle der Intellektuellen, Künstler und Schriftsteller im Ersten Weltkrieg, München 1996, S. 1–16

Mommsen, Wolfgang J.; Bürgerliche Kultur und künstlerische Avantgarde 1870–1918. Kultur und Politik im deutschen Kaiserreich, Frankfurt/M. 1994

Mommsen, Wolfgang J.; Die Herausforderung der bürgerlichen Kultur durch die künstlerische Avantgarde. Zum Verhältnis von Kultur und Politik im Wilhelminischen Deutschland, in: Puhle, Hans-Jürgen (Hg.); Geschichte und Gesellschaft, 20. Jhg., 1994, H. 3: Nationalismen und Regionalismen in Westeuropa, Göttingen 1994, S. 424–444

Mommsen, Wolfgang J.; Stadt und Kultur im Deutschen Kaiserreich, in: Schabert, Tilo (Hg.); Die Welt der Stadt, München 1991, S. 69–117

Mosse, George L.; Gefallen für das Vaterland. Nationales Heldentum und namenloses Sterben, Stuttgart 1993

Mosse, George L.; Ein Volk, ein Reich, ein Führer. Die völkischen Ursprünge des Nationalsozialismus, Königstein 1979

Müller, Andreas; Die groß-hannoversche Sozialdemokratie vom Vorabend des Ersten Weltkrieges bis zur Novemberrevolution, in: Hann. Geschichtsblätter, N.F. 33, 1979, S. 144–186

Müller, Hans-Harald; Der Krieg und die Schriftsteller. Der Kriegsroman der Weimarer Republik, Stuttgart 1986

Müller, Lothar; Alraune. Die Geschichte eines lebenden Wesens von Hanns Heinz Ewers, in: Weil, Marianne (Hg.); Werwolf und Biene Maja. Der deutsche Bücherschrank zwischen den Kriegen, Berlin 1986, S. 91–107

Müller-Piper, Renate; Grethe Jürgens (1899–1981). Unbeirrbare Künstlerin und eigenständige Frau, in: Schroeder, Hiltrud (Hg.); Sophie & Co. Bedeutende Frauen Hannovers, Hannover 1991, 187–201

Murray, Bruce; Film and the Weimar Left in the Weimar Republic. From Caligari to Kuhle Wampe, Austin 1990

Mussmann, Olaf (Hg.); Leben abseits der Front. Hannoverscher Alltag in kriegerischen Zeiten, Hannover 1992

Mylord, Anita; Die Malerin Grethe Jürgens, in: 60 Jahre Gedok Hannover 1927–1987, Hannover 1988, 13

Mylord, Anita; Menschen aus den Hinterhöfen des Lebens 1919–1933, in: Hannoverscher Künstlerverein/Historisches Museum am Hohen Ufer (Hg.); Hannover im Bild, Hannover 1985, S. 25ff.

Nerdinger, Wilfried; Die ‚Kunststadt München', in: Stölzl, Christoph (Hg.); Die zwanziger Jahre in München, München 1979, S. 95–121

Neubauer, Egon; Mit dem Auge denken, in: Kunstverein Hannover (Hg.); Bernhard Dörries. 1898–1978, Hannover 1981, S. 44–50

Neue Gesellschaft für Bildende Kunst (Hg.); Wem gehört die Welt? Kunst und Gesellschaft in der Weimarer Republik, Berlin 1977

Niedersachsen literarisch. 25 Jahre Verband deutscher Schriftsteller (VS). Geschichte und Perspektiven. Chronologie des VS und seiner Vorläuferverbände in Niedersachsen. Kleine Geschichte der Literatur in Niedersachsen, Bremerhaven 1983

Niedersächsische Sparkassenstiftung/Ludwig Zerull (Hg.); Hannoversche Maler der Neuen Sachlichkeit, Hannover 1991

Niemann, Hans-Werner; Die wirtschaftliche und soziale Entwicklung Niedersachsens während der Weimarer Republik, in: Niedersächsisches Jahrbuch für Landesgeschichte, Bd. 54, 1982, S. 45–65

Niethammer, Lutz (Hg.); Lebenserfahrung und kollektives Gedächtnis. Die Praxis der ‚Oral History', Frankfurt/M. 1980

Nipperdey, Thomas; Kommentar: ‚Bürgerlich' als Kultur, in: Kocka, Jürgen (Hg.); Bürger und Bürgerlichkeit im 19. Jahrhundert, Göttingen 1987, S. 143–149

Nipperdey, Thomas; Wie das Bürgertum die Moderne fand, Berlin 1988

Nitschke, August/Ritter, Gerhard A./Peukert, Detlev J.K./Bruch, Rüdiger vom (Hg.); Jahrhundertwende. Der Aufbruch in die Moderne 1880–1930, Reinbek b. Hamburg 1990

Nobis, Beatrix; Autodafé im Namen des Terrors. Die Bücherverbrennung in Hannover, in: Bergmeier, Hinrich/Katzenberger, Günter (Hg.), Kulturaustreibung. Die Einflußnahme des Nationalsozialismus auf Kunst und Kultur in Niedersachsen, Hannover 1993, S. 168–170

Nobis, Beatrix; Die Feinmechanik der Diktatur. Kunst und ‚innere Emigration.' Eine Begriffsbestimmung, in: Bergmeier, Hinrich/Katzenberger, Günter (Hg.), Kulturaustreibung. Die Einflußnahme des Nationalsozialismus auf Kunst und Kultur in Niedersachsen, Hannover 1993, S. 30–35

Nobis, Beatrix; Umwertungen. Bernhard Dörries und Carl Buchheister, in: Bergmeier, Hinrich/Katzenberger, Günter (Hg.); Kulturaustreibung. Die Einflußnahme des Nationalsozialismus auf Kunst und Kultur in Niedersachsen, Hannover 1993, S. 104–106

Nobis, Beatrix; Verlust des Augenspiels. Die Fesselung eines Kosmopoliten. Otto Gleichmann, in: Bergmeier, Hinrich/Katzenberger, Günter (Hg.); Kulturaustreibung. Die Einflußnahme des Nationalsozialismus auf Kunst und Kultur in Niedersachsen, Hannover 1993, S. 98–100

Nobis, Norbert; Otto Gleichmann und Hannover, in: Sprengel Museum Hannover (Hg.); Otto Gleichmann 1887–1963, Hannover 1987, S. 10–22

Nöllenheidt, Achim; Macht und Meinung. Zur Pressegeschichte der zwanziger Jahre, in: Die wilden Zwanziger – Weimar und die Welt, Hamburg 1986, S. 207–217

Nündel, Ernst; Kurt Schwitters, Reinbek 1987

Obenaus, Herbert; Das Ende der Weimarer Republik und die Ausgangslage für den Widerstand gegen den Nationalsozialismus, in: Historisches Museum am Hohen Ufer (Hg.); Widerstand im Abseits, Hannover 1992, S. 5–15

Obenaus, Herbert; Die Märzwahlen 1933 in Hannover. Terror und Gegenwehr, Jubel und Resignation, in: Historisches Museum am Hohen Ufer (Hg.); Hannover 1933. Eine Großstadt wird nationalsozialistisch, Hannover 1981, S. 11–32

Obenaus, Herbert; Liberales Milieu in der sozialen Isolierung. Der Steinitz-Kreis in Hannover während der letzten Jahre der Weimarer Republik, in: Schmid, Hans-Dieter (Hg.); Hannover. Am Rande der Stadt, Bielefeld 1992 (Hannoversche Schriften zur Regional- und Lokalgeschichte 5), S. 121–142

Oppens, Edith; Der Mandrill. Hamburgs zwanziger Jahre, Hamburg 1969

Pabst, Ingeborg; Die Themenwelt der Zeichnungen, in: Sprengel Museum Hannover (Hg.); Otto Gleichmann. 1887–1963, Hannover 1987, S. 74–101

Paffenholz, Alfred; Mein Kunstverein. Spielplatz und Tatort, in: Kunstverein Hannover (Hg.); Bürger und Bilder, Hannover 1982, S. 12 ff.

Paret, Peter; Die Berliner Secesion. Moderne Kunst und ihre Feinde im Kaiserlichen Deutschland, Berlin 1981

Paret, Peter; Die Tschudi-Affäre, in: Hohenzollern, Johann Georg Prinz von/Schuster, Peter-Klaus (Hg.); Manet bis van Gogh. Hugo von Tschudi und der Kampf um die Moderne, München/New York 1996, S. 396–401

Paschek, Carl; Zeitschriften und Verlage, in: Bormann, Alexander von/Glaser, Horst (Hg.); Deutsche Literatur. Eine Sozialgeschichte, Bd. 9, Reinbek b. Hamburg 1983, S. 61–79

Paul, Arno; Theater, in: Roters, Eberhard (Hg.); Berlin 1910–1933, Freiburg 1983, S. 219–262

Paul, Gerhard; Aufstand der Bilder. Die NS-Propaganda vor 1933, Bonn 1992

Paul, Jürgen; Das ‚Neue Rathaus'. Eine Bauaufgabe des 19. Jahrhunderts, in: Mai, Ekkehard/Paul, Jürgen/Waetzoldt, Stephan (Hg.); Das Rathaus im Kaiserreich. Kunstpolitische Aspekte einer Bauaufgabe des 19. Jahrhunderts, Berlin 1982, S. 29–90

Paysan, Marko; Zwischen Georgspalast und Roter Mühle. Chronik des Jazz und der jazzverwandten Musik in Hannover 1924–1945, in: Jazz-Club Hannover (Hg.); Ein Club macht Jazz. 25 Jahre Jazz-Club, Hannover o.J., S. 25–59

Petermann, Albert; Alexander Dorners ‚Konstruktive Kunstgeschichte' aus den USA, in: Alexander Dorner Kreis/Sprengel Museum Hannover (Hg.); überwindung der ‚kunst'. Zum 100. Geburtstag des Kunsthistorikers Alexander Dorner, Hannover 193, S. 85–91

Peters, Jürgen/Pott, Wilhelm (Hg.); Von Dichterfürsten und anderen Poeten. Kleine niedersächsische Literaturgeschichte, Band 2, Hannover 1994

Petersen, Jürgen H.; ‚Das Moderne' und ‚Die Moderne'. Zur Rettung einer literarästhetischen Kategorie, in: Haug, Walter/Barner, Wilfried (Hg.); Ethische contra ästhetische Legitimation von Literatur. Traditionalismus und Modernismus. Kontroversen um den Avantgardismus, Tübingen 1986, S. 135–142

Petersen, Klaus; Literatur und Justiz in der Weimarer Republik, Stuttgart 1988

Petzet, Detta; Theater in München 1918–1933, in: Stölzl, Christoph (Hg.); Die zwanziger Jahre in München, München 1979, S 74–93

Peukert, Detlev J. K.; Die Weimarer Republik. Krisenjahre der klassischen Moderne, Frankfurt 1992

Peukert, Detlev J.K.; Grenzen der Sozialdisziplinierung. Aufstieg und Krise der deutschen Jugendfürsorge, Köln 1987

Pirsich, Volker; Verlage, Pressen und Zeitschriften des Hamburger Expressionismus, Frankfurt/M. 1988

Plath, Helmut/Mundhenke, Herbert/Brix, Ewald; Heimatchronik der Hauptstadt Hannover, Köln 1956

Plath, Helmut; Elendswohnungen in der Altstadt um 1933, in: Zeitschrift für Volkskunde, Bd. 68/1972, S. 61–89

Ploetz, Kirsten; Anders als die Anderen? Lesbische Frauen in der Weimarer Republik, in: Schroeder, Christiane/Sonneck, Monika (Hg.); Frauengeschichte in Hannover. Außer Haus, Hannover 1994, S. 69–77

Preradovich, Nikolaus von; Zum Bewußtsein der Zeitgenossen 1924–1929, in: Schoeps, Hans-Joachim (Hg.); Zeitgeist im Wandel, Stuttgart 1928, S. 107–124

Presler, Gerd; Glanz und Elend der zwanziger Jahre Die Malerei der Neuen Sachlichkeit, Köln 1992

Prinz, Friedrich; Münchens geistiges Leben in den zwanziger Jahren, in: Stölzl, Christoph (Hg.); Die zwanziger Jahre in München, München 1979, S. 19–29

Pucks, Stefan; Von Manet zu Matisse. Die Sammler der französischen Moderne in Berlin um 1900, in: Hohenzollern, Johann Georg Prinz von/Schuster, Peter-Klaus (Hg.); Manet bis van Gogh. Hugo von Tschudi und der Kampf um die Moderne, München/New York 1996, S. 386–390

Raabe, Paul; Alfred Kubin und die Tradition, in: Lange, Rudolf (Red.); Vom Nützlichen durchs Wahre zum Schönen, Hannover 1964, S. 71–86

Radbruch, Gustav; Ernst Kantorowicz, in: Den Unvergessenen. Opfer des Wahns 1933–45, Heidelberg 1952, S. 76–80

Radkau, Joachim; Die Weltbühne als falscher Prophet? Prognostische Versuche gegenüber dem Nationalsozialismus, in: Koebner, Thomas (Hg.); Weimars Ende, Franfurt/M. 1982, S. 57–80

Rahlfs, Heinz; Richard Lert, in: Leben und Schicksal, Zur Einweihung der Synagoge in Hannover, Hannover 1963, S. 166–173

Rasche, Friedrich; Gedenkblatt für den Maler Richard Seiffert-Wattenberg, in: Kunstverein Hannover (Hg.); 125 Jahre Kunstverein Hannover, Hannover, o.J. (1957), S. 16–24 (auch in: Hann. Geschichtsblätter, N. F. 11, 1957, S. 154–162)

Rattemeyer, Volker/Helms, Dietrich/Matschke, Konrad (Hg.); ‚Typographie kann unter Umständen Kunst sein.' Vordemberge-Gildewart, Typographie und Werbegestaltung, Wiesbaden 1990

Rattemeyer, Volker/Helms, Dietrich/Matschke, Konrad (Hg.); ‚Typographie kann unter Umständen Kunst sein.' Kurt Schwitters. Typographie und Werbegestaltung, Wiesbaden 1990

Rave, Paul Ortwin; Kunstdiktatur im Dritten Reich, Berlin 1983

Reagin, Nancy; Die bürgerliche Frauenbewegung vor 1933, in: Schroeder, Christiane/Sonneck, Monika (Hg.); Frauengeschichte in Hannover. Außer Haus, Hannover 1994, S. 137–149

Reichel, Peter; Der schöne Schein des Dritten Reiches. Faszination und Gewalt des Faschismus, Stuttgart 1991

Reinbold, Michael; Die wissenschaftliche Leitung des Museums, in: Gehrig, Ulrich (Hg.); 100 Jahre Kestner-Museum, Hannover 1990, S. 34–67

Reinhardt, Hildegard; Grethe Jürgens und Gerta Overbeck. Arbeiten der 20er Jahre, in: Bonner Kunstverein (Hg.); Grethe Jürgens und Gerta Overbeck. Bilder der zwanziger Jahre, Bonn 1982, S. 7–33

Reinhardt, Hildegard; Gerta Overbeck 1898–1977. Eine westfälische Malerin der Neuen Sachlichkeit in Hannover, in: Niederdeutsche Beiträge für Kunstgeschichte, München/Berlin 1979, Bd. 18, S. 225–248

Reinhardt, Georg; Zwischen Atelier und Straße. Zur Geschichte der Malerei der Neuen Sachlichkeit in Hannover, in: Kunstverein Hannover (Hg.); Neue Sachlichkeit in Hannover, Hannover 1974, S. 8–17 (auch in: Bonner Kunstverein (Hg.); Grethe Jürgens und Gerta Overbeck. Bilder der zwanziger Jahre, Bonn 1982, S. 34–42

Reissert, Paul; Realisten in Hannover, in: Kunstverein Hannover (Hg.); Neue Sachlichkeit in Hannover, Hannover 1974, S. 7f

Reulecke, Jürgen; ‚Veredelung der Volkserholung' und ‚edle Gesinnung'. Sozialreformerische Bestrebungen zur Gestaltung der arbeitsfreien Zeit im Kaiserreich, in: Huck, Gerhard (Hg.); Sozialgeschichte der Freizeit, Wuppertal 1980, S. 141–161

Reulecke, Jürgens; Wo liegt Falado? Überlegungen zum Verhältnis von Jugendbewegung und Heimatbewegung vor dem Ersten Weltkrieg, in: Klueting, Edeltraud (Hg.); Antimodernismus und Reform. Zur Geschichte der deutschen Heimatbewegung, Darmstadt 1991, S. 1–131

Reulecke, Jürgen; Bildungsbürgertum und Kommunalpolitik im 19. Jahrhundert, in: Kocka, Jürgen (Hg.); Bildungsbürgertum im 19. Jahrhundert, Teil IV, Stuttgart 1989, S. 122–146

Reulecke, Jürgen; Geschichte der Urbanisierung in Deutschland, Frankfurt 1985

Reulecke, Jürgen; Männerbund versus Familie. Bürgerliche Jugendbewegung und Familie in Deutschland im ersten Drittel des 20. Jahrhunderts, in: Koebner, Thomas/Janz, Rolf-Peter/Trommler, Frank (Hg.); ‚Mit uns zieht die neue Zeit'. Der Mythos Jugend, Frankfurt/M. 1985, S. 199–223

Reuth, Ralf Georg; Erwin Rommel. Des Führers General, München 1987

Richter, Hans; Dada. Kunst und Antikunst. Der Beitrag zur Kunst des Zwanzigsten Jahrhunderts, Köln 1964

Riedel, Ulrich; Fritz Beindorff 1860–1944, in: Kalthoff, Edgar (Hg.); Niedersächsische Lebensbilder, Hildesheim 1954, S. 1–10

Riess, Curt; Das gab's nur einmal. Die große Zeit des deutschen Films (in drei Bänden), Frankfurt/M. 1985

Ringer, Fritz K.; Die Gelehrten. Der Niedergang der deutschen Mandarine 1890–1933, Stuttgart 1983

Rischbieter, Henning/Zerull, Ludwig; Der theatralische Schwitters, in: Sprengel Museum Hannover (Hg.); Kurt Schwitters 1887–1948, Hannover 1987, S. 264–272

Rischbieter, Henning; Hannover im Vormärz, in: Kunstverein Hannover (Hg.); Bürger und Bilder, Hannover 1982, S. 38–46

Rischbieter, Henning; Historische Brüche. Das hannoversche Theater als Ort der Erinnerung, Hannover 1993

Rogge, Friedrich Wilhelm; Antisemitismus 1918 bis 1945, in: Historisches Museum am Hohen Ufer (Hg.); ‚Reichskristallnacht' in Hannover, Hannover 1978, S. 26–56

Roh, Franz; ‚Entartete Kunst'. Kunstbarbarei im 3. Reich, Hannover 1962

Roh, Franz; Streit um die moderne Kunst. Auseinandersetzungen mit Gegnern der modernen Malerei, München 1962

Rohkrämer, Thomas; August 1914. Kriegsmentalität und ihre Voraussetzungen, in: Michalka, Wolfgang (Hg.); Der Erste Weltkrieg. Wirkung, Wahrnehmung, Analyse, München 1994, S. 759–778

Rohr, Alheidis von; Bürgerlich, national, welfisch. Zum politischen Verhalten einiger Gruppen in Hannover, in: Historisches Museum am Hohen Ufer (Hg.); Hannover 1933. Eine Großstadt wird nationalsozialistisch, Hannover 1981, S. 145–157

Rohr, Alheidis von; Hannover als Residenz und Hauptstadt in Preußen, in: Historisches Museum am Hohen Ufer (Hg.); Hannover im 20. Jahrhundert, Hannover 1978, S. 8–24

Röhrbein, Waldemar R./Auffarth, Sid/Masuch, Anna/Zankl, Franz Rudolf; Hannover zwischen den Kriegen, in: Historisches Museum am Hohen Ufer (Hg.); Hannover im Zwanzigsten Jahrhundert, S. 68–151

Röhrbein, Waldemar R./Zankl, Franz Rudolf; Die Ära Tramm, in: Historisches Museum am Hohen Ufer (Hg.); Hannover im zwanzigsten Jahrhunderts, Hannover 1978, S. 24–61

Röhrbein, Waldemar R.; „... damit in der Stadt Hannover endlich klare Verhältnisse geschaffen werden". Zum politischen Ende des Oberbürgermeisters Dr. Arthur Menge, in: Beiträge zur niedersächsischen Landesgeschichte. Festschrift Hans Patze, Hildesheim 1984, 500–523

Röhrbein, Waldemar R.; Emanzipation und Antisemitismus in Hannover zwischen 1842 und 1918, in: Historisches Museum am Hohen Ufer (Hg.); ‚Reichskristallnacht' in Hannover, Hannover 1978, S. 16–26

Röhrbein, Waldemar R.; Hannover. Eine Großstadt im Kaiserreich, in: Historisches Museum am Hohen Ufer (Hg.), Hannover 1913, Hannover 1988, S. 24–53

Röhrbein, Waldemar R.; Verwaltung und politische Willensbildung, in: Historisches Museum am Hohen Ufer (Hg.); Hannover 1913, Hannover 1988, S. 54–66

Röhrbein, Waldemar R.; Historisches Museum am Hohen Ufer, in: Hann. Geschichtsblätter, N.F. 32, 1978, S. 3–60

Röhrbein, Waldemar R.; Hannover. So wie es war, Düsseldorf 1990

Röhrbein, Waldemar R.; Ausgewählte Daten zur hannoverschen und niedersächsischen Geschichte sowie zur Entwicklung des Rundfunks zwischen 1924–1984, in: Historisches Museum am Hohen Ufer (Hg.); 60 Jahre Rundfunk in Hannover, Hannover 1984, S. 12–25

Röhrbein, Waldemar R.; ‚... gegen die Hamburger Gleichgültigkeit...' Zum Existenzkampf des Nebensenders Hannover in den dreißiger Jahren, in: Historisches Museum am Hohen Ufer (Hg.); 60 Jahre Rundfunk in Hannover. 1924–1984, S. 72–82

Röhrig, Herbert; Heinz Appel. Ein Lebensbild, Hildesheim 1964

Rohrssen, Theo; Berühmte Köpfe aus Hannover, Hannover o.J. (1991)

Ronte, Dieter; Rudolf Jahns, in: Galerie Stolz (Hg.); Rudolf Jahns 1896–1983, Köln 1986, S. 12–17

Roters, Eberhard (Hg.); Berlin 1910–1933. Die visuellen Künste, Freiburg 1983

Roters, Eberhard; Bildende Kunst. Malerei, in: Roters, Eberhard (Hg.); Berlin 1910–1933, Freiburg 1983, S. 61–147

Rotzler, Willy; Vordemberge-Gildewart, St. Gallen 1979

Rund, Jürgen; Alltag im Raum Hannover 1914–1923, in: Mußmann, Olaf (Hg.); Leben abseits der Front, Hannover 1992, S. 169–191

Rüschemeyer, Dietrich; Bourgeoisie, Staat und Bildungsbürgertum. Idealtypische Modelle für die vergleichende Erforschung von Bürgertum und Bürgerlichkeit, in: Kocka, Jürgen (Hg.); Bürger und Bürgerlichkeit im 19. Jahrhundert, Göttingen 1987, S. 101–121

Saal, Walter Edmund Wolfgang; Bernhard Hoetger. Ein Architekt des norddeutschen Expressionismus, Bonn 1989

Saldern, Adelheid von (Hg.); Stadt und Moderne. Hannover in der Weimarer Republik, Hamburg 1989

Saldern, Adelheid von/Auffarth, Sid (Hg.); Wochenend und schöner Schein. Freizeit und modernes Leben in den zwanziger Jahren, Berlin 1991

Saldern, Adelheid von; ‚Nur ein Wetterleuchten'. Zu den historischen Komponenten von 1918/1919, in: Kocka, Jürgen/Puhle, Hans Jürgen/Tenfelde, Klaus (Hg.); Von der Arbeiterbewegung zum modernen Sozialstaat, London, Paris 1994, S. 93–113

Saldern, Adelheid von; Arme und Obdachlose im Hannover der Weimarer Republik, in: Schmid, Hans-Dieter (Hg.); Hannover. Am Rande der Stadt, Bielefeld 1992, S. 221–255

Saldern, Adelheid von; Die Stadt in der Zeitgeschichte. Überlegungen zur neueren Lokalgeschichtsschreibung, in: Dies. (Hg.); Stadt und Moderne, Hamburg 1989, S. 307–331

Saldern, Adelheid von; Einleitung. Die Zeit fährt Auto, Zeit- und Raumveränderungen im Zeichen der Moderne, in: Saldern, Adelheid von/Auffarth (Hg.); Wochenend und schöner Schein, Berlin 1991, S. 7–15

Saldern, Adelheid von; Hannover zwischen Hindenburg und Haarmann, in: Geschichtswerkstatt Hannover (Hg.); Alltag zwischen Hindenburg und Haarmann, Hannover 1987, S. 5–13

Saldern, Adelheid von; Kulturelle Praxisformen im Dritten Reich. Die Geschichtswissenschaften vor neuen Aufgaben, in: Bergmeier, Hinrich/Katzenberger, Günter (Hg.), Kulturaustreibung. Die Einflußnahme des Nationalsozialismus auf Kunst und Kultur in Niedersachsen, Hannover 1993, S. 10–18

Saldern, Adelheid von; ‚Kunst für's Volk'. Wunschvorstellungen und Umsetzungsversuche der Kulturkonservativen und Nationalsozialisten, in: Welzer, Harald (Hg.); Das Gedächtnis der Bilder. Ästhetik und Nationalsozialismus, Tübingen 1995, S. 45–104

Saldern, Adelheid von; Massenkultur im Visier. Ein Beitrag zu den Deutungsversuchen während der Weimarer Republik, in: Archiv für Sozialgeschichte, Bd. 33, 1993, S. 21–58

Saldern, Adelheid von; Sport und Öffentlichkeit. Die Einweihungsfeier des hannoverschen Stadions im Jahre 1922, in: Schmid, Hans-Dieter (Hg.); Feste und Feiern in Hannover, Bielefeld 1995, S. 169–211

Saldern, Adelheid von; Stadt und Moderne. Hannover in der Weimarer Republik, in: Dies. (Hg.); Stadt und Moderne, Hamburg 1989, S. 7–31

Schabert, Tilo (Hg.); Die Welt der Stadt, München 1991

Schälicke, Bernd; Im Blickpunkt: Ernst Oppler, Hannover 1984

Scheuner, Ulrich; Die Kunst als Staatsaufgabe im 19. Jahrhundert, in: Mai, Ekkehard/Waetzoldt, Stephan (Hg.); Kunstverwaltung, Bau- und Denkmal-Politik im Kaiserreich, Berlin 1981, S. 13–45

Schieder, Wolfgang/Sellin, Volker (Hg.); Sozialgeschichte in Deutschland, Soziales Verhalten und soziale Aktionsformen in der Geschichte, Bd. 3, Göttingen 1987

Schilling, Jörg; Moritz Jahn und die Heimatkunstbewegung, in: Stellmacher, Dieter (Hg.); Studien zu Moritz Jahn, Rinteln o.J., S. 17–33

Schlawe, Fritz; Literarische Zeitschriften. 1910–1933, Stuttgart 1973

Schlichting, Hans Burkhard; Pioniere des Medialen. Zur Aktualität der dadaistischen Kultur-Attacke, in: Brackert, Helmut/Wefelmeyer, Fritz (Hg.); Kultur. Bestimmungen im 20. Jahrhundert, Frankfurt/M. 1990, S. 32–85

Schmalenbach, Werner; Kurt Schwitters, Köln 1967

Schmid, Hans-Dieter (Hg.); Feste und Feiern in Hannover, Bielefeld 1995

Schmid, Hans-Dieter (Hg.); Hannover. Am Rande der Stadt, Bielefeld 1992

Schmid, Hans-Dieter; Sozialdemokratischer Widerstand, in: Historisches Museum am Hohen Ufer (Hg.); Widerstand im Abseits. Hannover 1933–1945, Hannover 1992, S. 15–39

Schmidt, Dagmar Gerda; Ballett in Hannover, Diplomarbeit für Musik und Theater in Hannover, Hannover 1982

Schmidt, Dörte/Weber, Brigitta (Hg.); Keine Experimentierkunst. Musikleben an Städtischen Theatern in der Weimarer Republik, Stuttgart/Weimar 1995

Schmidt, H. Th.; Continental. Ein Jahrhundert Forschung und Leistung, Hannover 1971

Schmied, Wieland (Hg.); Wegbereiter zur modernen Kunst. 50 Jahre Kestner-Gesellschaft, Hannover 1966

Schmied, Wieland; Die Kestner-Gesellschaft wird geschlossen, in: Ders. (Hg.); Wegbereiter zur modernen Kunst. 50 Jahre Kestner-Gesellschaft, Hannover 1966, S. 56–67

Schmied, Wieland; Neue Sachlichkeit. Der deutsche Realismus der zwanziger Jahre, in: Kolb, Eberhard/Roters, Eberhard/Schmied, Wieland (Hg.); Kritische Grafik in der Weimarer Zeit, Stuttgart 1985

Schmitz, Walter (Hg.); Die Münchner Moderne. Die literarische Szene in der ‚Kunststadt' um die Jahrhundertwende, Stuttgart 1990

Schnädelbach, Herbert; Die Abkehr von der Geschichte. Stichworte zum ‚Zeitgeist' im Kaiserreich, in: Mai, Ekkehard/Waetzold, Stephan/Wolandt, Gerd (Hg.); Ideengeschichte und Kunstwissenschaft. Philosophie und bildende Kunst im Kaiserreich, Berlin 1983, S. 31–45

Schneider, Gerhard; „... nicht umsonst gefallen?' Kriegerdenkmäler und Kriegstotenkult in Hannover, in: Hann. Geschichtsblätter, Sonderband 1991

Schneider, Gerhard; Die Heeresgedenkstätte im Leineschloß zu Hannover. Zugleich ein Beitrag zu Militaria-Sammlungen in den Museen Hannovers, in: Hann. Geschichtsblätter, N.F. 41, 1987, S. 139–191

Schneider, Gerhard; Militarisierung des Bewußtseins und nationale Konsensstiftung. Kriegerdenkmäler in Hannover 1919–1933, in: Hann. Geschichtsblätter, N.F. 43, 1989, S. 85–118

Schneider, Thomas F.; Erich Maria Remarque. ,Ein militanter Pazifist', in: Peters, Jürgen./Pott, Wilhelm Heinrich (Hg.); Von Dichterfürsten und anderen Poeten. Kleine nieders. Literaturgeschichte, Bd. 2, Hannover 1994, S. 223–229

Schoene, Manfred; 100 Jahre Sichel, Düsseldorf 1989

Schoeps, Hans Joachim (Hg.); Zeitgeist der Weimarer Republik, Stuttgart 1968

Schrader, Bärbel (Hg.); Der Fall Remarque. Im Westen nichts Neues. Eine Dokumentation, Leipzig 1992

Schramm, Regine; Kommunale Gesundheitspolitik und Sozialhygiene im Hannover der zwanziger Jahre, in:

Schroeder, Christiane/Sonneck, Monika (Hg.); Außer Haus. Frauengeschichten in Hannover, Hannover 1994

Schroeder, Hiltrud; Sophie & Co. Berühmte Frauen Hannovers, Hannover 1991

Schroeder, Wilhelm Heinz (Hg.); Lebenslauf und Gesellschaft. Zum Einsatz von kollektiven Biographien in der historischen Sozialforschung, Stuttgart 1985

Schubert, Dietrich; Hoetgers Waldersee-Denkmal 1915 in Hannover, in: Wallraf-Richartz-Jahrbuch, Bd. 43, 1982, 231–246

Schubert, Rosemarie; Kurt Hiller zwischen Pazifismus und Reaktion. Weltanschauliche Position und politische Rolle eines bürgerlichen Intellektuellen, in: Zeitschrift für Geschichtswissenschaft, Bd. 28, 1980, S. 957 ff.

Schultz, Arthur; Heimstätte der Kunst und Kultur. Das Künstlerhaus der Stadt Hannover, in: Kulturring. Mitteilungen der Kulturvereine in Hannover, 31. Jhg., Nr. 11, November 1956, S. 1–7

Schulze, Peter (Hg.); Lesebuch zur Politik der hannoverschen Sozialdemokratie 1920–1933, Hannover 1978

Schulze, Peter; Das Jahr 1933 im Leben der hannoverschen Juden, in: Historisches Museum am Hohen Ufer (Hg.); Hannover 1933. Eine Großstadt wird nationalsozialistisch, Hannover 1981, S. 96–100

Schulze, Peter; Juden in Hannover. Dokumentation der Ausstellung in der Alten Predigthalle. Beiträge zur Geschichte und Kultur einer Minderheit, Hannover 1989

Schumann, Klaus; Kommunalpolitik in München zwischen 1918–1933, in: Stölzl, Christoph (Hg.); Die zwanziger Jahre in München, München 1979, S. 1–19

Schumann, Werner; Burger-Mühlfeld, Göttingen 1967

Schumann, Werner; Ischi von König, (Selbstverlag I. von König), Hannover 1968

Schumann, Werner; Rudolf Jahns; Göttingen 1966

Schuster, Peter-Klaus (Hg.); Die ,Kunststadt' München 1987

Schuster, Peter-Klaus; München. Das Verhängnis einer Kunststadt, in: Ders. (Hg.); Die ,Kunststadt' München 1937. Nationalsozialismus und ,Entartete Kunst', München 1987, S. 12–36

Schuster, Peter-Klaus; Hugo von Tschudi und der Kampf um die Moderne, in: Hohenzollern, Johann Georg Prinz von/Schuster, Peter-Klaus (Hg.); Manet bis van Gogh. Hugo von Tschudi und der Kampf um die Moderne, München/New York 1996, S. 21–40

Schütz, Erhard; Medien, in: Langewiesche, Dieter/Tenorth, Dieter (Hg.); Handbuch der deutschen Bildungsgeschichte, Bd. 5, München 1989

Schütz, Hans J.; Verbotene Bücher. Eine Geschichte der Zensur von Homer bis Henry Miller, München 1990

Schwabe, Klaus (Hg.); Oberbürgermeister (Büdinger Forschungen zur Sozialgeschichte, 1979), Boppard 1981

Schwake, Ruth; Werner Blumenberg. Sozialist, Antifaschist, Widerstandskämpfer, Emigrant. Eine biographische Dokumentation, Hannover o.J.

Schwerd, Almut; Zwischen Sozialdemokratie und Kommunismus. Zur Geschichte der Volksbühne 1918–1933, Wiesbaden 1975

Schwitters, Ernst; Kurt Schwitters. Vater von MERZ. Mein Vater, in: Sprengel Museum Hannover (Hg.), Kurt Schwitters 1887–1948, Hannover 1987, S. 24–27

Seide, Adam; Hannover ist eine merkwürdige Stadt, in: Kunstverein Hannover (Hg.); Bürger und Bilder, Hannover 1982, S. 134–144

Seiler, Harald; Grethe Jürgens, Göttingen 1976

Seitz, Volker; Notkriminalität im Hannover der Nachkriegs- und Inflationszeit, in: Saldern, Adelheid von (Hg.); Stadt und Moderne, Hamburg 1889, S. 55–91

Sello, Gottfried; Am Anfang war die Frühjahrsausstellung, in: Kunstverein Hannover (Hg.); Bürger und Bilder, Hannover 1982, S. 144–50

Sello, Katrin; ,Entartete Kunst'. Anmerkungen zu einem hannoverschen Aktenordner, in: Kunstverein Hannover (Hg.); Liste der konfiszierten Werke und unveröffentlichten Dokumente; Dokumentation im Rahmen der Ausstellung VERBOTEN, VERFOLGT. KUNSTDIKTATUR IM 3. REICH, Hannover 1983

Siedler, Wolf Jobst; Kommentar: Fürstenmaler und Malerfürsten, in: Kocka, Jürgen (Hg.); Bürger und Bürgerlichkeit im 19. Jahrhundert, Göttingen 1987, S. 239–242.

Sievers, Heinrich; 175 Jahre Hannoverscher Oratorienchor. Städtischer Chor, Hannover 1976

Sievers, Heinrich; Die Musik in Hannover, Hannover 1961

Sievers, Heinrich; Von der Hofoper zum Städtischen Opernhaus, in: Hammer, Sabine (Hg.); Das Opernhaus in Hannover. Architektur und Theatergeschichte, Hannover 1986, S. 31–63

Sievers, Heinrich; Von der Hofoper zum Städtischen Opernhaus. Die Ära Krassett 1924 bis 1943 in Bilddokumenten, in: Hammer, Sabine (Hg.); Oper in Hannover, Hannover 1990, S. 54–71

Simon, Ernst; Aufbau im Untergang. Jüdische Erwachsenenbildung im nationalsozialistischen Deutschland als geistiger Widerstand, Tübingen 1959

Sloterdijk, Peter; Kritik der zynischen Vernunft, Frankfurt/M. 1983

Söhnlein, Kurt/Hammer, Sabine; Die Ära Krassett; in: Hammer, Sabine (Hg.); Das Opernhaus in Hannover. Architektur und Theatergeschichte, Hannover 1986, S. 63–88

Sontheimer, Kurt; Antidemokratisches Denken in der Weimarer Republik. Die politischen Ideen des deutschen Nationalismus zwischen 1918 und 1933, München 1962

Sösemann, Bernd; Periode des Übergangs oder ‚Ende des Systems'? Liberale Publizistik im Weimar der Präsidialkabinette, in: Koebner, Thomas (Hg.); Weimars Ende. Prognosen und Diagnosen in der deutschen Literatur und die politische Publizistik 1930–1933, S. 143–181

Spencer, Herbert; Vordemberge-Gildewart, in: Rattemeyer, Volker/Helms, Dietrich/Matschke, Konrad (Hg.); Typographie kann unter Umständen Kunst sein. Vordemberge-Gildewart, Typographie und Werbegestaltung, Wiesbaden 1990, S. 8f

Sprengel Museum Hannover (Hg.); abstrakt – konkret, Besucherinformation, Hannover 1987

Sprengel Museum Hannover (Hg.); Carl Buchheister 17. Oktober 1890–4. Februar 1964. Matinee anläßlich seines 100. Geburtstages, Hannover 1991

Sprengel Museum Hannover (Hg.); Die abstrakten hannover. Internationale Avantgarde 1927–1935, Hannover 1988

Sprengel Museum Hannover (Hg.); El Lissitzky 1890–1941. Retrospektive, Hannover 1990

Sprengel Museum Hannover (Hg.); Kate Steinitz. Eine Dokumentation, Hannover 1989

Sprengel Museum Hannover (Hg.); Kurt Schwitters 1887–1948. Dem Erfinder von MERZ zu Ehren und zur Erinnerung zur Retrospektive 1986: Zum 100. Geburtstag 1987, Hannover/Frankfurt 1987

Sprengel Museum Hannover (Hg.); Otto Gleichmann 1887–1963. Zum 100. Geburtstag, Hannover 1987

Sprengel Museum Hannover (Hg.); ‚Typographie kann unter Umständen Kunst sein.' Ring neuer Werbegestalter 1928–1933. Ein Überblick, Wiesbaden 1990

Stadtbibliothek Hannover (Hg.); Der Typograph Kurt Schwitters, Begleitheft zur Ausstellung 8. Mai – 4. Juli 1987, Hannover 1987

Städtische Kunstsammlungen Ludwigshafen (Hg.); Carl Buchheister, Ludwigshafen 1975

Städtisches Verkehrs- und Presseamt und Landestheater Hannover (Hg.); 100 Jahre Opernhaus 1852–1952, Hannover 1952

Stadtmüller, Klaus; Dr. Dux, in: Erlhoff, Michael/Stadtmüller, Klaus (Hg.); Kurt Schwitters Almanach 8, 1989, S. 74–76

Stather, Martin; Die Kunstpolitik Wilhelms II, Konstanz 1994

Steffen, Hans (Hg.); Der deutsche Expressionismus. Formen und Gestalten, Göttingen 1970

Steilen, Diedrich; 50 Jahre Nieders. Heimatbund e.V. 1906–1956, Hannover 1956

Steingräber, Erich (Hg.); Deutsche Kunst der zwanziger und der dreißiger Jahre, München 1979

Steinitz, Käte; Meine Sammlung. Hannover in L.A. (1969), in: Sprengel Museum Hannover (Hg.); Kate Steinitz. Eine Dokumentation, Hannover 1989, S. 93–100

Steinitz-Berg, Ilse; Das Schicksal der Steinitz-Familie im Spiel der kulturellen und politischen Zeitgeschichte, in: Sprengel Museum Hannover (Hg.); Käte Steinitz. Eine Dokumentation, Hannover 1989, S. 14–18

Steinweg, Wolfgang, Das Rathaus zu Hannover. Von der Kaiserzeit bis in die Gegenwart, Hannover 1985

Steinweg, Wolfgang; 1939. Hannovers Weg in den Zweiten Weltkrieg, Hannover 1989

Stempel, Karin; Ernst Thoms. Ein Hannoverscher Maler der Neuen Sachlichkeit, Oldenburg 1982

Stern, Fritz; Kulturpessimismus als politische Gefahr. Eine Analyse nationaler Ideologie in Deutschland, München 1986

Stoeber, Michael; Paul Erich Küppers und seine Nachfolger. Die hannoversche Kestner-Gesellschaft in den Jahren 1916–1936, in: Junge, Henrike (Hg.); Avantgarde und Publikum, Köln 1992, 207–215

Stölzl, Christoph (Hg.); Die zwanziger Jahre in München, München 1979

Stula, Hans; Die Jahresgaben des Kunstvereins Hannover oder vom Glanz und Elend des bürgerlichen Wandbildes, in: Kunstverein Hannover (Hg.); Bürger und Bilder, Hannover 1982, S. 68–76

Stürmer, Michael (Hg.); Die Weimarer Republik. Belagerte Civitas, Königstein/Ts. 1990

Stuttmann, Ferdinand; Kunstsammeln und Kunstsammlungen in Hannover, in: Jacob-Friesen, Karl Hermann (Hg.); 100 Jahre Niedersächsisches Landesmuseum zu Hannover 1852–1952, Hannover 1952, S. 53–71

Stuttmann, Ferdinand; Einführende Worte zur 118. Frühjahrsausstellung des Kunstvereins, in: Kunstverein Hannover (Hg.); 125 Jahre Kunstverein, Hannover o.J., S. 8–16

Stuttmann, Ferdinand; Kurt Sohns, Göttingen 1965

Stuttmann, Ferdinand; Otto Gleichmann und sein Freundeskreis, in: Kunstverein Hannover (Hg.); Die zwanziger Jahre in Hannover, Hannover 1962, S. 44f

Syndram, Karl Ulrich; Kulturpublizistik und nationales Selbstverständnis. Untersuchungen zur Kunst und Kunstpolitik in den Rundschauzeitschriften des Deutschen Kaiserreiches 1871–1914, Berlin 1989

Syndram; Karl Ulrich; Rundschau-Zeitschriften. Anmerkungen zur ideengeschichtlichen Rolle eines Zeitschriftentypus, in: Mai, Ekkehard/Waetzold, Stephan/Wolandt, Gerd (Hg.); Ideengeschichte und Kunstwissenschaft. Philosophie und bildende Kunst im Kaiserreich, Berlin 1983, S. 349–371

Tasch, Dieter; Ein Jahrhundert hannoverscher Wirtschaft 1887–1987, Hannover 1987

Tasch, Dieter; Zeuge einer stürmischen Zeit. 100 Jahre Verlagsgesellschaft Madsack, Hannover 1993

Tenfelde, Klaus/Wehler, Hans-Ulrich (Hg.); Wege zur Geschichte des Bürgertums. Vierzehn Beiträge, Göttingen 1993

Tenfelde, Klaus; Die Entfaltung des Vereinswesens während der industriellen Revolution in Deutschland (1850–1873), in: Historische Zeitschrift, Beiheft 9: Vereinswesen und bürgerliche Gesellschaft in Deutschland, hg. von Otto Dann, München 1984

Tenfelde, Klaus; Stadt und Bürgertum im 20. Jahrhundert, in: Tenfelde, Klaus/Wehler, Hans-Ulrich (Hg.); Wege zur Geschichte des Bürgertums. Vierzehn Beiträge, Göttingen 1993, S. 317–353

Teschemacher, A. F.; Erich Wegner, Braunschweig 1983

Thiem, Günther; Zur Geschichte der Pelikan-Kunstsammlung, in: Kunstverein Hannover (Hg.); Die Pelikan-Kunstsammlung, Hannover 1963, S. 17–21

Trommler, Frank; Inflation, Expressionismus und die Kritik der literarischen Intelligenz, in: Feldman, Gerald D./Holtfrerich, Carl-Ludwig/

Ritter, Gerhard A./Witt, Peter-Christian (Hg.); Konsequenzen der Inflation. Consequences of Inflation, Berlin 1989, S. 287–307

Trommler, Frank; Verfall Weimars oder Verfall der Kultur? Zum Krisengefühl der Intelligenz um 1930, in: Koebner, Thomas (Hg.); Weimars Ende, Frankfurt 1982, S. 34–57

Trommler, Frank; Mission ohne Ziel. Über den Kult der Jugend im modernen Deutschland, in: Koebner, Thomas/Janz, Rolf-Peter/Trommler, Frank (Hg.); ‚Mit uns zieht die neue Zeit'. Der Mythos Jugend, Frankfurt/M. 1985, S. 14–49

Uecker, Matthias; Zwischen Industrieprovinz und Großstadthoffnung. Kulturpolitik im Ruhrgebiet der zwanziger Jahre, Wiesbaden 1994

Ullrich, Volker; Kriegsalltag. Zur inneren Revolutionierung der wilhelminischen Gesellschaft, in: Michalka, Wolfgang (Hg.); Der Erste Weltkrieg. Wirkung, Wahrnehmung, Analyse, München 1994, S. 603–621

Universität Hannover (Hg.); Universität Hannover 1831–1981. Festschrift zum 150jährigen Bestehen der Universität Hannover, Stuttgart/Berlin/Köln/Mainz 1981

Unruh, Georg Christoph von; Die Städte im Kaiserreich, in: Mai, Ekkehard/Paul, Jürgen/Waetzoldt, Stephan (Hg.); Das Rathaus im Kaiserreich. Kunstpolitische Aspekte einer Bauaufgabe des 19. Jahrhunderts, Berlin 1982, S. 11–28

Urban, Andreas; Aus dem Alltag einer Industriestadt, in: Historisches Museum am Hohen Ufer (Hg.); Hannover 1913, Hannover 1988, S. 67–81

Vahlbruch, Heinz; Das Haus in der Königstraße, in: Schmied, Wieland (Hg.); Wegbereiter zur Moderne. 50 Jahre Kestner-Gesellschaft Hannover 1966, S. 53–56

Valstar, Arta Jacoba Angela Nora; die abstrakten hannover, Bonn 1987

Valstar, Arta; Die abstrakten hannover und De Stijl, in: Sprengel Museum Hannover (Hg.), Die abstrakten hannover 1927–1935, Hannover 1988, S. 115–126

Valstar, Arta; Die abstrakten hannover. Abstraktion als Weltgestaltung, in: Sprengel Museum Hannover (Hg.); Die abstrakten hannover. Internationale Avantgarde 1927–1935, Hannover 1988, S. 28–59

Valstar, Arta; Die abstrakten hannover. Chronologie, in: Sprengel Museum Hannover (Hg.); Die abstrakten hannover. Internationale Avantgarde 1927–1935, Hannover 1988, S. 16–28

Valstar-Verhoff, Arta; Architecture and Interiors, in: Helms, Dietrich (Hg.); Vordemberge-Gildewart. The Complete Works, München 1990

Venzmer, Wolfgang; Hermann Bahlsen und die Kunst, in: Kessler, Hansi (Hg.); Hermann Bahlsen, Hannover o.J., S. 55–71

Vester, Katrin; Herbert von Garvens-Garvensburg. Sammler und Galerist im Hannover der frühen zwanziger Jahre, Magisterarbeit, Universität Hamburg, Hamburg 1989

Vester, Katrin; Herbert von Garvens-Garvensburg. Sammler, Galerist und Förderer der modernen Kunst in Hannover, in: Junge, Henrike (Hg.); Avantgarde und Publikum, Köln 1992, 93–103

Vierhaus, Rudolf; Der Aufstieg des Bürgertums vom späten 18. Jahrhundert bis 1848/49, in: Kocka, Jürgen (Hg.); Bürger und Bürgerlichkeit im 19. Jahrhundert, Göttingen 1987, S. 64–78

Voges, Wolfgang (Hg.); Methoden der Biographie- und Lebenslaufforschung, Opladen 1987

Vogt, Martin; ‚Illusion als Tugend und kühle Beurteilung als Laster'. Deutschlands ‚gute Gesellschaft' im Ersten Weltkrieg, in: Michalka, Wolfgang (Hg.); Der Erste Weltkrieg. Wirkung, Wahrnehmung, Analyse, München 1994, S. 622–648

Vondung, Klaus; Der literarische Nationalsozialismus. Ideologische, politische und sozialhistorische Wirkungszusammenhänge, in: Bracher, Karl-Dietrich/Funke, Manfred/Jacobsen, Hans-Adolf (Hg.); Nationalsozialistische Diktatur 1933–1945. Eine Bilanz, Bonn 1983, S. 245–269

Wabner, Rolf; Lernen aus verpaßten Chancen. Zur Geschichte der hannoverschen Arbeiterbewegung 1815–1933, Köln 1982

Wahl, Volker; Jena als Kunststadt. Begegnungen mit der modernen Kunst in der thüringischen Universitätsstadt zwischen 1900 und 1933, Leipzig 1988

Weber, Anne-Katrin; Die Geschichte des Verbandes der Künstlerinnen und Kunstfreundinnen e.V. (Gedok), Schriftliche Hausarbeit im Rahmen der staatlichen Prüfung für das Lehramt an Sonderschulen, Universität Oldenburg 1986 (unveröffentlichtes Typoskript, Bestand Gedok-Archiv Hannover)

Weber, Brigitta/Niemann, Carsten (Hg.); Kurt Söhnlein, Hannover 1994

Weber, Brigitta; ‚Das Theater des deutschen Volkes' – ein ‚unentbehrliches Erziehungsinstitut'. Die nationalsozialistische Einflußnahme auf das Bühnenwesen, insbesondere auf die Städtischen Bühnen, in: Bergmeier, Hinrich (Hg.); ‚Entartete Musik'. Eine kommentierte Rekonstruktion. Konzertheft zur Ausstellung Kulturaustreibung. Zur Einflußnahme des Nationalsozialismus auf Kunst und Kultur in Niedersachsen, Hannover 1993, S. 24–30

Weber, Brigitta; ‚Das Theater führt zu wahrer Volksgemeinschaft'. Die Städtischen Bühnen Hannovers. Schauspiel, in: Bergmeier, Hinrich/Katzenberger, Günter (Hg.); Kulturaustreibung. Die Einflußnahme des Nationalsozialismus auf Kunst und Kultur in Niedersachsen, Hannover 1993, S. 160–168

Weber, Brigitta; ‚Zum Vaterland, zum Heimatland, kehr' heim!'. Die Städtischen Bühnen Hannovers: Oper, in: Bergmeier, Hinrich/Katzenberger, Günter (Hg.); Kulturaustreibung. Die Einflußnahme des Nationalsozialismus auf Kunst und Kultur in Niedersachsen, Hannover 1993, S. 152–160

Wehler, Hans-Ulrich; Deutsches Bildungsbürgertum in vergleichender Perspektive. Elemente eines ‚Sonderwegs'? in: Kocka, Jürgen (Hg.); Bildungsbürgertum im 19. Jahrhundert, Teil IV, Stuttgart 1989, S. 215–237

Wehler, Hans-Ulrich; Wie bürgerlich war das Deutsche Kaiserreich?, in: Kocka, Jürgen (Hg.); Bürgertum und Bürgerlichkeit im 19. Jahrhundert, Göttingen 1987, S. 243–281

Weil, Marianne (Hg.); Wehrwolf und Biene Maja. Der deutsche Bücherschrank zwischen den Kriegen, Berlin 1986

Weil, Marianne; ANILIN von Karl Aloys Schenzinger, in: Weil, Marianne (Hg.); Werwolf und Biene Maja, Berlin 1986

Weltge-Wortmann, Sigrid; Heinrich Vogeler, in: Dies.; Die ersten Maler in Worpswede, Bremen 1987

Wem gehört die Welt? Kunst und Gesellschaft in der Weimarer Republik, Berlin 1977

Werbke, Hans-Joachim; Die Entdeckung des Landes. Literatur und Region begeistern die Nachkriegsgeneration, in: Köhler, Wolfram (Hg.); Das Funkhaus Hannover. Beiträge zur Geschichte des Rundfunks in Hannover, Hannover 1987, S. 43–50

Werner, Bruno E.; Die zwanziger Jahre. Von Morgen bis Mitternacht, München 1962

Werner, Dieter (Hg.); Theodor Däubler. Biographie und Werk. Die Vorträge des Dresdener Däubler-Symposiums 1992, Mainz 1996

Werremeier, Friedhelm; Haarmann. Nachruf auf einen Werwolf. Die Geschichte des Massenmörders Friedrich Haarmann, seiner Opfer und seiner Jäger, Köln 1992

Westfälisches Landesmuseum für Kunst und Kulturgeschichte Münster des Landschaftsverbandes Westfalen-Lippe (Hg.); Friedrich Vordemberge-Gildewart, Münster 1975

Weström, Hilde; Die Bildhauerin Ellen Bernkopf-Catzenstein, in: 60 Jahre Gedok Hannover 1927–1987, Hannover 1988, S. 15

Wiese, Stephan von; Sturm durch diese Welt. Die internationale Zielrichtung des Expressionismus, in: Barron, Stephanie (Hg.); Expressionismus. Die zweite Generation 1915–1925, München 1989, S. 121–127

Wiesner, Herbert (Hg.); dr. walter serner 1889–1942. Austellungsbuch Literaturhaus Berlin, Berlin 1989

Wightman Fox, Richard/Jackson Lears, T. J. (Hg.); The Power of Culture. Critical Essays in American History, Chicago. London 1993

Die Wilden Zwanziger. Weimar und die Welt 1919–1933, Hamburg 1988

Willet, John; Die Weimarer Jahre. Eine Kultur mit gewaltsamem Ende, Stuttgart 1984

Wilson Library, Los Angeles (Hg.); Kate Steinitz. Librarian, artist, scholar. Being a thirteen-part tribute to one whose verve has enlivened some eight decades on two continents, in: Wilson Library Bulletin, Januar 1970, S. 513–537

Winkler, Heinrich August; Der Schein der Normalität. Arbeiter und Arbeiterbewegung in der Weimarer Republik 1924–1930, Berlin/Bonn 1985

Winkler, Michael; Paradigmen der Epochendarstellung in den Zeitromanen der jüngsten Generation Weimars, in: Koebner, Thomas (Hg.); Weimars Ende, Frankfurt 1982, S. 360–376

Wittig, Friedrich; Verleger im Dritten Reich, in: Lange, Rudolf (Red.); Vom Nützlichen durchs Wahre zum Schönen, Hannover 1964, S. 41–52

Woldering, Irmgard; Kestner-Museum 1889–1964, Hannover 1964

Wulf, Josef; Die Bildenden Künste im Dritten Reich. Eine Dokumentation, Gütersloh 1963

Wulf, Joseph; Literatur und Dichtung im Dritten Reich. Eine Dokumentation, Frankfurt/M. 1989

Wurgaft, Lewis D.; The Activists. Kurt Hiller and the Politics of Action on the German Left 1914–1933, Philadelphia 1977

Zankl, Franz Rudolf; Hannover 1924, in: Historisches Museum am Hohen Ufer (Hg.); Sechzig Jahre Rundfunk in Hannover, Hannover 1984, S. 25–32

Zankl, Franz Rudolf (Hg.); Das frühe Pelikan-Plakat. 1898–1930. Ausstellung von Plakat-Entwürfen aus dem Archiv der Günther Wagner Pelikan Werke GmbH, Hannover, im Historischen Museum am Hohen Ufer, Hannover, Hannover 1975

Zentrum für Theaterforschung der Universität Hamburg (Hg.); Theaterstadt Hamburg. Schauspiel, Oper, Tanz. Geschichte und Gegenwart, Reinbek b. Hamburg 1989

Zerull, Ludwig; 1916. Die Kestner-Gesellschaft als Provokation für den Kunstverein. Einige Dokumente zu den zwanziger Jahren, in: Kunstverein Hannover (Hg.); Bürger und Bilder, Hannover 1982, S. 94–100

Zerull, Ludwig; Kunst ohne Dach. Skulpturen und Objekte im Stadtbild Hannovers, Hannover 1992

Ziegan, Uta; ‚Ich experimentiere gern'. Die Tänzerin, Choreographin und Pädagogin Yvonne Georgi (1903–1975), in: Dinghaus, Angela (Hg.); Frauenwelten. Biographisch-historische Skizzen aus Niedersachsen, Hildesheim, Zürich, New York 1993, S. 348–355

Ziegan, Uta; Die Kunst dem Volke. Die Freie Volksbühne Hannover in den zwanziger Jahren, in: Saldern, Adelheid von/Auffarth, Sid (Hg.); Wochenend und schöner Schein, Berlin 1991, S. 71–89

Ziegler, Charlotte; 1919–1969 Volkshochschule Hannover. Eine pädagogisch-historische Studie, Hannover 1970

Zimmermann, Helmut; Der hannöverschen Porträts zweite Folge, Hannover 1984

Zimmermann, Helmut; Biographische Skizze, in: Spengemann, Wilhelm; Hannoversche Jugend-Erinnerungen in Platt- und Hochdeutsch, Hannover 1983, Anhang

Zimmermann, Helmut; Hannoversche Porträts. Lebensbilder aus sieben Jahrhunderten, Hannover 1983

Zimmermann, Helmut; Johann Hermann Detmold; in: Leben und Schicksal. Zur Einweihung der Synagoge in Hannover, Hannover 1963, 64–70

Zimmermann, Helmut; Kurzbiographien, in: Gehrig, Ulrich (Hg.); 100 Jahre Kestner-Museum, Hannover 1990, S. 213–221

Zorn, Gerda; Widerstand in Hannover gegen Reaktion und Faschismus 1920–1946, Frankfurt 1977

Zukowsky, John (Hg.); Architektur in Deutschland 1919–1939. Die Vielfalt der Moderne, München/New York 1994

Verzeichnis der Gespräche mit Zeitgenossinnen und Zeitgenossen

Ilse BEINDORFF (3. Dezember 1992)

Ilse Beindorff, Hannover, ist die Witwe Klaus Beindorffs, eines Enkels des Senators Fritz Beindorff. Gemeinsam mit ihrem Mann, der 1961 verstarb, hat sie den Wiederaufbau der Kestner-Gesellschaft nach dem 2. Weltkrieg miterlebt. Von ihrem Mann und anderen Angehörigen der Familie Beindorff kennt sie Berichte über die Verhältnisse in der hannoverschen Kunstszene der zwanziger und dreißiger Jahre, so über die Sammeltätigkeit des Senators Fritz Beindorff und seines Schwiegersohns, des Zahnarztes Hermann Bode. Außerdem verbindet Frau Beindorff mit einigen Persönlichkeiten, die diese Jahre geprägt haben, eine gute Bekanntschaft oder gar Freundschaft – schon allein aufgrund ihrer eigenen Tätigkeit als Kunstsammlerin.

Ilse BERG (13. November 1992)

Ilse Berg, Los Angeles, ist die älteste der drei Töchter (Jahrgang 1914) des Ehepaars Ernst und Käte Steinitz. Obgleich ihre Erinnerungen an die zwanziger und dreißiger Jahre in vielem undeutlich sind und sie auch nur selten an den Gesellschaften ihrer Eltern teilnahm, zeichnete sie ein lebendiges Bild der Persönlichkeit ihrer Mutter und ihres Vaters und gab Auskunft über den Ablauf der Treffen im Hause Steinitz, über den Freundeskreis, dessen Charakter und vor allem dessen Haltung dem Zeitgeschehen der zwanziger und dreißiger Jahren gegenüber.

Helmut DOERRIES † (4. Februar 1993)

Helmut Dörries, Hannover, war ein jüngerer Bruder (Jahrgang 1904) des hannoverschen Malers Bernhard Dörries. Der Diplom-Landwirt schilderte in unserem Gespräch vor allem die Situation im Elternhaus, das durch die starke Persönlichkeit des Vaters, eines „modernen Theologen", geprägt war, der, so Helmut Dörries, besonders in dem Sohn Bernhard den „Fanatismus, das zu tun, was er tun wollte und tun mußte, ganz gleich, ob es ihm schadete oder nutzte", geweckt und gefördert habe. Dörries berichtete auch über die Bedingungen, unter denen sein Bruder arbeitete, über dessen Bedürfnislosigkeit und das Desinteresse allen Dingen gegenüber, die seine Arbeit nicht betrafen.

Anni GEBHARDT (15. September 1992)

Anni Gebhardt, Hannover, Jahrgang 1911, war als Gesprächspartnerin aus zweierlei Gründen interessant: Zum einen hat die Nichte Christof Spengemanns viele Erinnerungen an den hannoverschen Journalisten und Schriftsteller. Zum anderen war und ist die gebürtige Hamburgerin eine interessierte Beobachterin der städtischen Kunstszene, die über sich selbst schreibt: „Beruflich war ich nicht in das Geschehen vorwoben. Lediglich als Beobachterin nahm ich lebhaften Anteil. Die Volkshochschule, die Museen, die Kestner-Gesellschaft etc. gaben reiche Möglichkeiten, trotz knapper Kassen, sich mit dem Neuen auseinanderzusetzen. Das Abstrakte Kabinett, eine Barlach-Ausstellung, eine der Käthe Kollwitz, um nur einige Beispiele zu nennen, eröffneten eine neue Welt. Spannend im Wortsinn. Für mich war das Miterleben dieser Zeit und ihrer Atmosphäre wichtig für alles, was danach kam... Keine Zeit hat sich mir so tief eingeprägt wie die zwanziger Jahre in Hannover, deren Ende ja schon die kommende Katastrophe ahnen ließ. Man hoffte aber immer noch auf den Sieg der Vernunft."

Gunda-Anna GLEICHMANN-KINGELING
(15. Oktober 1992, 8. November 1992, 14. Januar 1993, 19. Februar 1993, 16. September 1996)

Gunda-Anna Gleichmann-Kingeling, Hannover, ist das einzige Kind des Malerehepaars Otto Gleichmann und Lotte Gleichmann-Giese. Wenngleich sie 1920 geboren wurde und also allenfalls schwache Erinnerungen an die Weimarer Republik in Hannover hat, kennt sie die Gesellschaften im Hause Gleichmann in der Osterstraße, anläßlich derer Persönlichkeiten wie Theodor Däubler und Wassil Kandinsky, aber auch lokale Künstler wie Ernst Thoms und Kurt Schwitters auf Besuch kamen, vor allem aus Schilderungen der Eltern.

Reg. Dir. a.D. Dr. Georg GRABENHORST † (22. September 1992)

Geboren am 21. Februar 1899 in Neustadt am Rübenberge, Studium der Geschichte, der Philosophie, der Kunst- und Literaturwissenschaft an den Universitäten Kiel und Marburg a.d. Lahn. Promotion in Kiel 1922. Mitarbeit am Hannoverschen Tageblatt ab 1920, am Hannoverschen Kurier ab 1922, an der Hannoverschen Allgemeinen Zeitung seit 1949. Referent für Kulturpflege in der hannoverschen Provinzialverwaltung ab 1931, später im Niedersächsischen Kultusministerium. Regierungsdirektor a.D. Gründung der Niedersächsischen Landesbühne und des Niedersächsischen Symphonie-Orchesters. Gründung der Schriftenreihe Niedersächsische Baupflege, Redaktion der Zeitschrift Niedersachsen zusammen mit Alma Rogge 1939–1955. Herausgabe des Niederdeutschen Almanachs mit Moritz Jahn (1937), Gründung des Literaturpreises der Provinz Hannover (1937). Schriftsteller und Autor mehrerer Gedichtbände.

Gritta GUSKI † (Gespräch Kai Krüger, Margot Geißelbrecht und Ines Katenhusen, 12. Juli 1992)

Gritta Guski, Jahrgang 1914, war die Stieftochter Alexander Dorners aus dessen zweiter, 1927 geschlossener Ehe. Wenngleich sie den Stiefvater nur an den Wochenenden und in den Ferien sah, als sie ihn und ihre Mutter in Hannover besuchte, hatte sie eine sehr lebhafte Erinnerung an ihn, den sie bewunderte und als eleganten, lebenslustigen, dabei überaus humanen und sozial denkenden Mann schilderte.

Claus HARMS † (15. Oktober 1992)

Claus Harms, Jahrgang 1908, war gebürtiger Hannoveraner. Aufgewachsen in einem Arzthaushalt und Schüler des Ratsgymnasiums, kam er früh in Kontakt zur hannoverschen Theaterszene. Nach dem Studium in Leipzig, Hamburg und Berlin kehrte er im Zweiten Weltkrieg nach Hannover zurück und arbeitete unter Intendant Alfons Pape als Dramaturg an den Städtischen Bühnen. Seit den späten vierziger Jahren war Harms als Theater- und Filmkritiker bei verschiedenen hannoverschen Zeitungen tätig. Hier nutzte er seine vielfältigen Kenntnisse und eigenen Erfahrungen in den folgenden Jahrzehnten zu einer großen Zahl von Beiträgen über die hannoversche Kunst- und Kulturszene allgemein und die Theaterszene im besonderen. Harms hatte auch Kontakt zu vielen Persönlichkeiten, die dieses Kunstleben in den zwanziger Jahren prägten. Seine Bedeutung als Chronist dieser Zeit wie der folgenden Jahrzehnte ist vergleichbar mit jener Rudolf Langes.

Inge HOEHER-DOERRIES (16. Januar 1993)

Inge Hoeher-Dörries, Bielefeld, Malerin und Schülerin von Bernhard Dörries an der Hochschule für Bildende Kunst, Berlin, Jahrgang 1941. 1973 heiratete sie den Lehrer, den sie, knapp zehn Jahre zuvor, mit einundzwanzig Jahren kennengelernt hatte. Die Informationen, die sie mir im Verlauf unseres Gespräches über die zwanziger und dreißiger Jahre und die hannoversche Kunst- und Kulturszene gab, stammen aus den Erzählungen ihres Mannes.

Hans-Jürgen IMIELA (29. Januar 1993)

Hans-Jürgen Imiela, Professor für Kunstgeschichte in Mainz, war nach 1945 Assistent Ferdinand Stuttmanns, des Mitarbeiters und späteren Nachfolgers Alexander Dorners am ehemaligen Provinzial- und heutigen Landesmuseum Hannover. Er war Schüler der Tellkampf-Schule und damit des Zeichenlehrers Otto Gleichmann. Imiela hatte einen guten Einblick in die Nachkriegskunst- und Kulturszene Hannovers wie in die Entnazifizierungsaktionen der einzelnen Museumsleiter des Landesmuseums und durch den engen Kontakt zu Stuttmann zudem in das Beziehungsgeflecht dieser Museumsleiter untereinander bzw. in die Schwierigkeiten im Umgang miteinander.

Barbara ROSELIEB-JAHNS/Carl-Heinz ROSELIEB † (16. Januar 1993)

Barbara Roselieb-Jahns, Detmold, ist die Tochter des Malers Rudolf Jahns. Gemeinsam mit ihrem mittlerweile verstorbenen Mann Carl-Heinz Roselieb verwaltet sie den künstlerischen Nachlaß ihres Vaters und hat sich mit der Veröffentlichung einer Biographie über Rudolf Jahns sowie verschiedenen Katalogbeiträgen um die Aufrechterhaltung der Erinnerung an ihren Vater, der sonst als Nicht-Hannoveraner in Werken über die abstrakten hannover auch seiner eher zurückhaltenden Art wegen bisweilen eher in den Hintergrund gedrängt wird, verdient gemacht.

Katharina KULENKAMPFF (5. Januar 1993)

Katharina Kulenkampff, gebürtige Hannoveranerin, ist die Tochter des Nachfolgers Alexander Dorners am Landesmuseum Hannover, Dr. Ferdinand Stuttmann. 1930 geboren, ist sie keine eigentliche Zeitgenossin, wohl aber bestätigten sich im Gespräch mit ihr einige der zwar häufig zu hörenden, nie aber deutlich schriftlich fixierten Erinnerungen an die Verhältnisse am Landesmuseum während Dorners Amtszeit.

Dr. Hans-Rudolf PESSLER und Frau (17. November 1992, 19. Januar 1993)

Dr. Hans-Rudolf Peßler, Hannover, ist das jüngste (Jahrgang 1924) von fünf Kindern des ehemaligen Leiters des Vaterländischen Museums, Dr. Wilhelm Peßler. Peßler und seiner Frau (Jahrgang 1930) verdanke ich nur manch interessanten Einblick in das Denken und die Persönlichkeit Wilhelm Peßlers. Beide Gesprächsteilnehmer zeichneten überdies ein Bild von Wilhelm Peßlers Überzeugung von der Stärke des Heimatgedankens und der Volksgemeinschaft, das die Handlungsweise des Museumsleiters plausibler machte und einen Einblick in den Kulturkonservatismus der Weimarer Republik bot.

Käte RALFS † (8. September 1992)

Käte Ralfs, Braunschweig, Jahrgang 1898, schrieb über ihren Bezug zur hannoverschen Kunst- und Kulturszene der zwanziger und dreißiger Jahre selbst folgendes: „Ich besuchte mit meinem Mann (Otto Ralfs, Braunschweiger Kaufmann, I.K.) im September 1923 die große Bauhaus-Ausstellung in Weimar, wir lernten dort alle Bauhaus-Meister kennen wie Klee, Kandinsky, Feininger, Schlemmer, Moholy. Mein Mann kaufte drei Klee-Aquarelle. Wir sahen jetzt die Welt mit anderen Augen an. Otto Ralfs gründete dann die Gesellschaft der Freunde junger Kunst. (Wir hatten) bis 1933 große Ausstellungen in Braunschweig, machten dann die 1. Klee-Gesellschaft und die Kandinsky-Gesellschaft. Wir besuchten nun auch die Veranstaltungen in Hannover und gehörten zum dortigen Kreis." Das Gespräch mit Käte Ralfs war nicht nur deshalb interessant, weil es die Widerstände deutlich machte, die der Gründerin in ihrer Werbeaktion neuer Mitglieder in der Braunschweiger gutbürgerlichen Gesellschaft begegneten, sondern auch, weil am Schicksal der Ralfschen Kunstsammlung im Nationalsozialismus und nach 1945 die Schwierigkeiten offenbar wurden, die vielen modernen Kunstsammlungen in dieser Zeit begegneten.

Marlise SCHEUERNSTUHL (23. September 1992, 14. Oktober 1992)

Marlise Scheuernstuhl, Hannover, Jahrgang 1925, ist die zweite Ehefrau des hannoverschen Bildhauers Hermann Scheuernstuhl. Ihre Schilderung der Persönlichkeit ihres Mannes zeichnet das Bild eines in sich ruhenden, unpolitischen, an allem Äußerlichen, Materiellen uninteressierten Künstlers, der einzig für seine Kunst lebte und den mit dem hannoverschen Industriellen Fritz Beindorff eine herzliche Freundschaft verband, die über das Mäzen-Künstler-Verhältnis weit hinausging.

Klara SPENGEMANN-MORF (27. August 1992, 15. September 1992)

Klara Spengemann-Morf, Hannover, Jahrgang 1900, ist die Schwiegertochter Christof Spengemanns und die erste Frau des Journalisten und Politikers Walter Spengemann. Mit zwanzig Jahren besuchte die Tochter eines wohlhabenden hannoverschen Architekten die hiesige Handwerker- und Kunstgewerbschule und war später eine der Begründerinnen der hannoverschen Gedok. Die Studentin der Fächer Textil und Mode stieß Mitte der zwanziger Jahre zum Freundeskreis um Kurt Schwitters und Christof Spergemann und befreundete sich mit Walter Spengemann. Nachdem Klara Spengemann-Morf 1926 die Prüfung an der hannoverschen Kunstgewerbeschule bestanden hatte, fand sie in Berlin eine Anstellung als Designerin, kehrte dann aber kurz vor Kriegsausbruch nach Hannover zurück und arbeitete während des Krieges als Technische Zeichnerin. Nach dem Kriege heiratete sie Walter Spengemann, der während des Nationalsozialismus wie auch mit seinen Eltern lange Jahre inhaftiert gewesen war. Nach der Scheidung von Walter Spengemann eröffnete Klara Spengemann-Morf ein Geschäft für Kunstgewerbeartikel. Sie war lange Jahre in der hannoverschen Gedok aktiv, u.a. als Schatzmeisterin.

Lucia STEIGERWALD † (24. Oktober 1992)

Lucia Steigerwald, hannoversche Malerin (Jahrgang 1912) und langjährige Leiterin der hiesigen Gedok, kam erst 1950 nach Hannover, kannte also die hannoversche Kunst- und Kulturzeit der Zwischenkriegszeit nur aus Schilderungen ihrer Künstlerkolleginnen und -kollegen. Weil sie jedoch viele der Persönlichkeiten, die auch in den Jahrzehnten zuvor in Hannover erfolgreich gelebt und gearbeitet hatten, gut kennenlernte und sie teilweise zu ihrem Freundes- und Bekanntenkreis zählte, gab das Gespräch mit Lucia Steigerwald aufschlußreichen Einblick in die Kunstszene, vor allem der hannoverschen Neuen Sachlichkeit.

Juliane THOMS (18. Oktober 1992)

Juliane Ische-Thoms, Jahrgang 1941 und wohnhaft in der Nähe von Nienburg, ist die einzige Tochter von Ernst Thoms, dem hannoverschen Maler der Neuen Sachlichkeit. Die Lehrerin hatte bis zu dessen Tod engen Kontakt zum Vater, der seine letzten Lebensjahre auch gemeinsam mit ihr verbrachte. Dadurch bedingt, kannte Juliane Thoms viele Kolleginnen und Kollegen von Ernst Thoms wie Grethe Jürgens und Erich Wegner gut und wußte also über die künstlerische und persönliche Entwicklung dieser Maler vor allem nach dem Zweiten Weltkrieg viel zu berichten.

Heinz VAHLBRUCH (29. Juli 1992, 20. August 1992)

Der gebürtige Göttinger (Jahrgang 1909), Journalist und Buchhändler, schrieb über seine Anteilnahme an dieser Zeit selbst folgendes: „Oktober 1927: Übersiedelung nach Hannover. Schüler der Unterprima des Goethe-Gymnasiums... 1928: In der Kestner-Gesellschaft Bekanntschaft mit ihrem damaligen Leiter Hanns Krenz... und Bekanntschaft mit dem Maler und Graphiker Friedrich Vordemberge-Gildewart... Suche das Provinzial-Museum auf, sehe zum ersten Mal das Abstrakte Kabinett. Gelegentlicher Besuch von Aufführungen im Opern- und Schauspielhaus. Sehe im Provinzial-Museum Teile der Sammlung des Hannoveraners Herbert von Garvens-Garvensburg, dem ich im Jahre darauf beggne. März 1928: Abitur. 1. April 1929: Beginn der Lehre in der Buchhandlung Ludwig Ey, Georgstraße. Die Stammkundschaft setzt sich aus anspruchsvollen Lesern des gehobenen Bürgertums zusammen, darunter viele jüdische Mitbürger. Andererseits suchten auch politisch linksstehende Käufer die Buchhandlung auf. Daher wurden die Bücher des Malik-Verlages und des Philosophen Nelson auf Lager gehalten. Die Kritiker am HANNOVERSCHEN ANZEIGER Johann Frerking, Georg Grabenhorst, Dr. Wolf kamen öfter herein. Lerne den Fotografen Heinrich (genannt Hein Gorny) den Maler und Architekten Hans Nitzschke und den Maler Ernst Thoms… kennen sowie Mitglieder des hannoverschen Opernhaus- und Ballettensembles. Sehe im früheren Damen-Zimmer des Café Kröpcke Alexander Dorner und Theodor Lessing sitzen."

Lieselotte VAHLBRUCH (29. Juli 1992, 20. August 1992)

Die gebürtige Altenburgerin (Jahrgang 1917), die schon bald nach Hannover kam, schrieb über ihre Erinnerungen an die kulturelle und künstlerische hannoversche Zwischenkriegszeit folgendes: „Da mein Vater während der zwanziger Jahre als Souffleur an den Städtischen Bühnen in Hannover engagiert war, kann ich mich an einige wichtige Stücke und ihre Darsteller erinnern, die Aufsehen erregten, z. B. PEER GYNT von Ibsen ca. 1926 und KREIDEKREIS von Klabund 1924… Unter Dr. Rolf Roenneke hatte das Schauspielhaus seine Glanzzeit."

Erika VOELKER (12. August 1992)

Erika Völker, Hannover, Jahrgang 1917, ist die Witwe eines hannoverschen Kunstsammlers und hat durch ihr Interesse an dieser Tätigkeit ihres Ehemannes viele Künstlerinnen und Künstler der zwanziger und dreißiger Jahre, darunter Ernst Thoms, Erich Wegner, Carl Buchheister und Grethe Jürgens, in der Zeit nach dem Zweiten Weltkrieg kennengelernt.

Prof. Dr. Klaus WEGNER (23. November 1992)

Klaus Wegner, Jahrgang 1926, ist der Sohn des hannoverschen Malers Erich Wegner. Er ist nach eigener Aussage „im Atelier aufgewachsen und habe meinen Vater bei der Arbeit erlebt. Zu einer intensiveren Beschäftigung mit den Bildern aus dieser Periode seines künstlerischen Werks und auch der seiner Kollegen (besonders Grethe Jürgens, Hans Mertens, Gerta Overbeck, Ernst Thoms) wurde ich nach dem Kriege und vor allem zu Beginn der sechziger Jahre anläßlich der Wiederentdeckung der Neuen Sachlichkeit. Meine Kontakte zu Kollegen meines Vaters blieben nicht nur auf Mitglieder dieser Gruppe beschränkt. Ich war bekannt mit Carl Buchheister und habe mit Friedel Vordemberge-Gildewart, lange nach seiner ‚hannoverschen Zeit', 1961/1962 zusammen an der ‚Hochschule für Gestaltung' in Ulm gearbeitet."

Abkürzungsverzeichnis

ADKG	Allgemeine Deutsche Kunstgenossenschaft
AV	Aktenvermerk
BDC	Berlin Document Center, jetzt: Bundesarchiv, Außenstelle Zehlendorf
betr.	betreffend
BV	Bürgervorsteher
BVK	Bürgervorsteherkollegium
DDP	Deutsche Demokratische Partei
DHP	Deutsch-Hannoversche Partei
DLA	Deutsches Literaturarchiv, Marbach (Handschriftenabteilung)
DVP	Deutsche Volkspartei
DNVP	Deutschnationale Volkspartei
Gedok	Gemeinschaft Deutscher und Österreichischer Künstlerinnenvereine aller Kunstgattungen
H.	Heft
HiMu	Historisches Museum am Hohen Ufer, Hannover
HR	Hauptregistratur
IHK	Industrie- und Handelskammer
I.K.	Ines Katenhusen
Jhg.	Jahrgang
Kap.	Kapitel
KdF	Kraft durch Freude
KfdK	Kampfbund für deutsche Kultur
KIF	Künstler in Front
M	Mark
Ms., ms.	maschinenschriftlich
MSPD	Mehrheitssozialdemokraten
nieders.	niedersächsisch
NL	Nachlaß
NL BZ	Nachlaß Brach-Zinek
Norag	Nordische Rundfunk AG
NSA	Niedersächsisches Handschriftenarchiv Hannover
NSDAP	Nationalsozialistische Deutsche Arbeiterpartei
NStAH	Niedersächsisches Haupt- und Staatsarchiv Hannover
o.A.	ohne Autorenangabe
O.K.W	Oberkommando der Wehrmacht
o.O.	ohne Ortsangabe
OPG	Oberstes Parteigericht
o.S.	ohne Seitenangabe
PK	Parteikanzlei
Pr., pr.	preußisch
RM	Reichsmark
Reg. LaMu	Registratur des Landesmuseums, Hannover
RK	Reichskanzlei
RKbK	Reichskulturkammer für bildende Künste
RKK	Reichskulturkammer
R-St.GB	Reichsgesetzbuch
RSK	Reichsschrifttumskammer
RWVBK	Reichswirtschaftsverband bildender Künstler
SPD	Sozialdemokratische Partei Deutschlands
SAH	Schwitters-Archiv Hannover
StAH	Stadtarchiv Hannover
USPD	Unabhängige Sozialdemokraten
Vlg.	Verlag
Versch., versch.	Verschiedenes, verschiedene
ZAS-Akte	Zeitungsartikelsammlung (Kestner-Museum)

Verzeichnis der Abbildungen

Die Ziffern beziehen sich auf folgende Seitenzahlen:

Archive, Museen, Bibliotheken, Stiftungen, Privatbesitz

Bundesarchiv, Außenstelle Zehlendorf
89, 385, 548, 664

Deutsches Literaturarchiv Marbach
280o., 515u., 550, 590, 592, 594, 596, 605, 627, 638, 639, 640, 641, 642, 644, 646, 651, 653, 654, 661, 666

Niedersächsisches Hauptstaatsarchiv Hannover
203, 256, 267, 273, 274, 297, 416, 462, 495, 501, 570, 591, 600

Stadtarchiv Hannover
69, 73, 114, 115, 117, 125, 127, 193, 195o., 212, 238u., 240, 248, 272, 304 (Montage), 376, 377, 379, 380, 381, 531

Schwitters Archiv Hannover
191, 252, 277 (erschienen im ersten Jahrgangsband des HOHEN UFERS), 283, 396, 411, 421, 449, 533, 557, 558, 561, 562o., 562u., 569, 580u., 589, 599, 609, 628u., 631, 656, 660

Archiv der Universität Hannover
216, 222, 259o., 277o., 289, 494u., 496

Landesmuseum Hannover (Registratur)
476

Historisches Museum Hannover
53, 58, 60, 74, 94, 109, 129, 182, 184, 187, 195u., 196, 197, 198, 217, 224, 229, 406, 461, 635

Sprengel Museum Hannover (Foto: Olaf M. Teßmer)
247

Theater-Museum Hannover
63o., 70, 71, 72, 79, 80, 82, 85, 87, 119, 121, 443

Bomann Museum, Celle
211, 225 (Leihgabe aus Familienbesitz), 226

Stadtbibliothek Hannover
90, 92, 99, 110, 188, 288, 527, 528, 535, 541

Niedersächsische Landesbibliothek, Hannover
66, 205, 206, 219, 243, 275, 276o., 387, 400, 407, 442, 450, 464, 477, 519, 573, 643

Niedersächsische Sparkassenstiftung
241o., 241u., 262, 378, 383

Privatbesitz Werner Heine, Hannover
502

Privatbesitz Inge Hoeher-Dörries, Bielefeld
280u., 281

Privatbesitz Gunda-Anna Gleichmann-Kingeling, Hannover
285o., 285u., 286, 287, 494o., 593

Privatbesitz Gerd Grabenhorst, Hannover
473, 474, 475

Privatbesitz Juliane Ische-Thoms, Langeln
276u.

Privatbesitz Fritz Lindau, Hannover
238o.

Privatbesitz Barbara Roselieb-Jahns, Detmold
299, 301, 303

Privatbesitz Frau Rosendahl, Hannover
63u., 113

Privatbesitz Klara Spengemann-Morf, Hannover
302, 395, 417

Privatbesitz Ingeborg Meyer-Voß, Celle
511, 515o.

Abbildungen aus Veröffentlichungen

75 Jahre Opernhaus Hannover. 1852–1927, Hannover 1927
77

Die Städtischen Bühnen in Hannover, Beilage in:
Das Theater. Illustrierte Halbmonatsschrift für Theater und Gesellschaft, 7. Jhg., H. 3, 1926
83

Deutsche Bühne e.V. 1921/22- 1971/72, Hannover 1972
104

Hannoverscher Anzeiger, 7. März 1932
179

Kunstverein Hannover (Hg.); Bürger und Bilder. 150 Jahre Kunstverein Hannover. 1832–1982, Hannover 1982
185

Westermanns Monatshefte, Bd. 124, II, H. 743, 1918
210

Hannoverscher Künstlerverein (Hg.); Es begann mit Marschner und Laves... 150 Jahre Hannoverscher Künstlerverein, Hannover 1992
218

Schumann, Werner; Ischi von König, Hannover 1968
230

Kunstverein Hannover (Hg.); Die zwanziger Jahre in Hannover, Hannover 1962
233, 255, 382, 451

Schmied, Wieland (Hg.); Wegbereiter zur modernen Kunst. 50 Jahre Kestner-Gesellschaft, Hannover 1966
244, 250, 251, 257, 259u., 265, 266, 269o., 269u.

Kunstverein Hannover (Hg.); Bernhard Dörries 1898–1978, Hannover 1981
282

Rasche, Friedrich; Gedenkblatt für den Maler Richard Seiffert-Wattenberg, in: Hann. Geschichtsblätter, N. F. 11, 1957
293

Katalog zur ersten Ausstellung der Hann. Sezession in der Kestner-Gesellschaft, 10. Februar–10. März 1918
294

Bonner Kunstverein (Hg.); Grethe Jürgens. Gerta Overbeck. Bilder der zwanziger Jahre, Bonn 1982
373

Bauer, Carl; Franz Bubenzer, genannt Rolan, Hannover o.J.
441

Tasch, Dieter; Zeuge einer stürmischen Zeit. 100 Jahre Verlagsgesellschaft Madsack, Hannhover 1993
463

Madsack, Paul; Tamotua. Die Stadt der Zukunft, München 1931
466, 467

Galerie gmurzynska (Hg.); Das Gästebuch von Käte T. Steinitz, Köln 1978
493

Kunstverein Hannover (Hg.); Neue Sachlichkeit in Hannover, Hannover 1974
577

Lowenthal, Ernst G.; Bewährung im Untergang. Ein Gedenkbuch, Stuttgart 1965
578

Neue Hannoversche Presse, 20./ 21. August 1977
579

Elderfield, John; Kurt Schwitters, Düsseldorf 1987
580o.

Brandes, Uta; Friedrich Wilhelm Wagner. ‚Umrahmt von Vogelschwärmen, rasend schnellen', in: Peters, Jürgen/Pott, Wilhelm Heinrich (Hg.); Von Dichterfürsten und anderen Poeten, Bd. 2, Hannover 1984
598

Meyer, Jochen; Paul Steegemann Verlag. 1919–1935, 1949–1955, Sammlung Marzona, Hannover 1994
628o.

Personenregister

A

Abbetmeyer, Theodor 87, 129, 174, 176, 228, 478, 520, 526, 527–556, 608, 635, 699, 703, 711, 712, 713, 714
Abbo, Jussuf 498
Ackers, Maximiliane 51, 684, 687
Adenauer, Konrad 255
Adolf Friedrich, Herzog von Cambridge 181, 182, 184, 310
Albrecht, C. (Geheimer Kanzlei-Sekretär) 182
Alten, K. von 168
Alten, Graf von (Legationsrat) 133
Altenberg, Peter 647
Altendorff, Curt 163
Altman, Georg (s. Altmann, Georg) 118
Altmann, Georg 35, 89, 118, 119, 120, 121, 122, 123, 124, 125, 126, 127, 128, 129, 130, 154, 155, 162, 171, 172, 173, 174, 175, 176, 177, 178, 228, 363, 453, 478, 515, 520, 523, 526, 527, 528, 529, 551, 697
Anlauf, Karl 58, 65, 66, 67, 69, 97, 110, 111, 127, 135, 140, 141, 167, 168, 188, 266, 302, 366, 585, 703, 704, 711, 712, 718
Anzengruber, Ludwig 444
Appel, Heinrich Wilhelm 267, 327
Appel, Heinz 34, 111, 198, 204, 274, 326, 336, 515, 525, 591
Archipenko, Alexander 345, 614, 620
Arnfeld, Julius 119
Arnim, Bettina von 342
Arp, Hans 270, 287, 340, 353, 410, 598, 602, 614, 628, 632, 645, 647, 650
Augustiny, Waldemar 475, 485, 488, 502

B

Baader, Johannes 616, 620
Bab, Julius 427, 583
Baeck, Leo 586
Baginsky, Albert 377, 380, 473
Bahlsen, Hans 140
Bahlsen, Hermann 34, 192, 198, 199, 267, 318, 319, 327, 398, 400, 427, 428, 465, 581
Bahlsen, Theodor 327
Bakunin, Michail 535
Ball, Hugo 592, 598, 602, 613, 647
Ballin, Albert 192
Ballmer, Albert 192
Balzac, Honoré de 450
Bandel, Ernst von 219, 327
Barlach, Ernst 251, 261, 271, 317
Barnowsky, Victor 120
Bartels, Hugo R. 237, 379, 380, 391, 670
Basse, K. A. (Bankier) 327
Basse, Wilfried 346
Basse, Wilhelm 346
Bassermann, Albert 120, 133, 452
Baudelaire, Charles 571, 591, 599, 686
Bauer, Carl 452
Baule, Ernst Wilhelm 233, 292, 327, 685
Baum, Vicki 57, 70, 124, 143, 144
Baumeister, Willi 255
Bäumer, Ludwig 616, 632, 637, 662
Beardsley, Aubrey 633, 656
Beaulieu, Héloise von 571
Becher, Johannes R. 388, 648
Becker (Bürgervorsteher) 168
Becker, Carl Heinrich 172
Beckerath, Rudolf von 120
Beckmann, Max 260, 261, 270, 606
Beethoven, Ludwig van 153, 219, 433, 529, 548, 552, 554
Behncke, Wilhelm 338
Behne, Adolf 269, 352, 403, 435, 571, 636
Behne, Hermann 433
Beindorff, Fritz senior 34, 168, 192, 267, 268, 269, 270, 274, 275, 327, 342, 339, 352, 356, 398, 426, 428, 757, 760
Beindorff, Fritz junior 198, 269, 270, 352
Beindorff, Günther 351, 352, 518
Beindorff, Ilse 264, 757
Beindorff, Klaus 757
Bekker, Paul 163
Benn, Gottfried 614
Berend, Julius 327
Berg, Ilse 264, 351, 504, 757
Berliner, Joseph 267
Bernhardt, Sarah 133
Bernkopf-Catzenstein, Ellen 268
Bertram, Ernst 672
Beyse, Otto 253, 266
Bie, Oskar 427
Bienert, Ida 342
Bier, Justus 252, 253, 257, 260, 261, 265, 269, 271, 273, 274, 275, 295, 300, 342, 343, 347, 354, 356, 411, 440, 423, 450, 454, 459, 511, 521
Biermann, Georg 197, 198, 199, 200, 201, 202, 249, 255, 260, 317, 318, 319, 320, 341, 403, 414, 504, 636, 693
Blank, C. (Landtagsmitglied) 168
Blei, Franz 566, 658, 659, 686, 689
Bloch, Ernst 42
Blumenberg, Werner 417
Blunck, Hans Friedrich 460, 515
Bock, Gustav (Pseudonym; s. Steegemann, Paul) 644, 660, 677
Bock von Wülfingen (Major) 327
Böcklin, Arnold 197, 311
Bode, Hermann 269, 300, 327, 342, 757
Böhme, Heinrich (s. Heinrich Böhme Verlag) 611
Bommersheim, Paul 287, 596, 601, 616
Börgemann, Karl 441
Bötticher (Hofopernsänger) 327

Brach-Zinek, Bernhard 237, 238, 336, 376, 377, 378, 379, 380, 381, 382, 389, 390, 391
Brandes-Hardegsen, Karl 115, 116, 117, 118, 126, 150, 170, 209, 696
Brandes, Georg 568
Bratke, Gustav 157
Brauweiler, Kurt 559, 567, 618
Brecht, Bertolt 83, 106, 111, 177, 379, 381
Brey, August 232
Briand, Aristide 544
Brieger, Lothar 684
Brinckmann, Albert 36, 185, 190, 194, 201, 205, 206, 228, 246, 247, 248, 249, 269, 276, 284, 293, 314, 315, 316, 318, 319, 327, 338, 339, 340, 352, 356, 402, 403, 429, 436, 496, 504, 570, 572, 576, 583, 693, 694
Brinckmann, Anna 338, 340
Brinckmann, Justus 338
Brinkmann, Karl (Brinko) 235, 277, 288, 289, 504
Brod, Max 649, 652
Brodersen, Jan (Pseudonym; s. Frerking, Johann) 450
Bruckner, Anton 153
Brümmer, Adalbert 145
Brüning, Kurt 476, 486, 525
Brunner, Karl 523
Buber, Martin 586
Bucerius (Bürgermeister) 142
Buchheister, Carl 153, 223, 224, 231, 293, 298, 299, 300, 301, 302, 303, 304, 305, 323, 327, 328, 335, 349, 354, 362, 366, 367, 370, 371, 421, 427, 441, 459, 476, 494, 495, 504, 511, 512, 522, 761
Büchner, Georg 123
Bülow, Hans von 327
Burchartz, Max 251, 277, 283, 284, 359, 401, 584, 596, 600, 616, 617

767

Burger-Mühlfeld, Fritz 231, 241, 276, 327, 335, 344, 451, 576, 600, 686
Burkhardt, Johannes (s. Kalenter, Ossip)
Busack, Fritz 335, 382, 384, 391
Busch, Wilhelm 454, 458
Bussche, Graf von dem (Theaterleiter) 132

C

Campe, von (Landeshauptmann) 356
Cartellieri, Hermann 496
Caruso, Enrico 453
Caspar, Karl 583
Cassirer, Paul 253, 318
Castell, Graf von (Rittmeister) 182
Catzenstein, Ellen (s. Bernkopf-Catzenstein, Ellen)
Catzenstein, Franz 268, 351
Catzenstein, Leo 192, 267, 268, 274, 351
Cézanne, Paul 292
Chagall, Marc 336, 345, 352, 620
Chamberlain, Houston Stewart 427, 529, 539, 554, 699, 714
Chaplin, Charles 642
Clemenceau, Georges 544
Cohen, A. (Bankier) 327
Cohen, Max 134
Cohen, Walter 403, 430
Colshorn (Frau Justizrat) 168
Constantin, Angely 193
Corinth, Lovis 197, 202, 203, 214, 245, 425, 432
Corneille, Pierre 618
Corrinth, Curt 593, 614
Courbet, Gustave 433
Courths-Mahler, Hedwig 638, 639, 645, 676
Cranach, Lucas d. Ä. 269
Craney (Tonkünstler) 327
Crébillon, J. P. de 609, 615
Credé, Carl 435, 625

Culemann, Friedrich (s. Culemannsche Sammlung)
Cyprian (Pseudonym; s. Spengemann, Christof) 398, 427, 428

D

Damhave (Altistin) 154
Dancker, Hans 381, 392
Dannenberg, Baron von (Landtagsmitglied) 168
Danton, Georges 563
Darré, Walter 664
Däubler, Theodor 251, 257, 285, 287, 341, 363, 572, 574, 594, 595, 614, 615, 636, 647, 758
Debo, Ludwig 327
Debschitz, Siegfried von 389
Debschitz, Wilhelm von 36, 58, 134, 206, 246, 247, 248, 333, 352, 389, 570, 576, 577, 576, 585, 586, 693, 701
Degas, Edgar 292
Dehmel, Richard 26
Delius, Rudolf von 632
Demmig, Emil 134, 137, 140, 162, 188, 312
Detmold, Johann Hermann 182, 311
Deutsch, Ernst 257, 345
Devrient, Karl August 327
Devrient, Ludwig 120
Dexel, Walter 199, 255, 287, 291, 319, 403, 424, 430, 433, 504, 624
Diderot, Denis 618
Diederichsen, Hans 377, 380, 392, 473
Dietz, Julius 214
Dikreiter, Heiner 612
Dinter, Artur 638, 639, 673, 674, 675
Dix, Otto 284, 287, 659
Döblin, Alfred 39, 251, 261, 375, 460, 647, 652, 662, 682
Doesburg, Théo van 300, 347, 377, 390, 410, 473, 485
Doméla, César 299, 369, 494

Dorner, Alexander 15, 34, 182, 183, 192, 197, 201, 202, 203, 213, 223, 225, 230, 252, 257, 260, 261, 266, 268, 271, 274, 287, 291, 294, 295, 300, 309, 314, 317, 320, 327, 332, 339, 340, 344, 345, 346, 347, 348, 349, 351, 352, 354, 355, 366, 425, 451, 463, 475, 476, 477, 486, 494, 500, 594, 685, 758, 759, 761
Dörries, Bernhard 269, 279, 280, 281, 282, 283, 284, 285, 290, 291, 292, 293, 294, 295, 296, 297, 298, 305, 306, 307, 358, 359, 364, 365, 367, 368, 421, 450, 584, 630, 757, 758
Dörries (Pastor) 280, 358
Dorsch, Käthe 452
Dostojewski, Fjodor M. 64, 280, 284, 606, 616, 623
Drechsler-Hohlt, Mathilde 359
Dreier, Katherine 270, 299, 300
Dröge, Karl 231
Dülberg, Franz 358
Dürer, Albrecht 106
Duse, Eleonora 133
Düvelmeier, Fritz 619
Dux, Walther (s. Sichel-Werke) 399, 417, 428
Dyck, Anthonis van 269

E

Ebert, Friedrich 105, 532, 561, 653, 686
Ebert, Hans 154, 148
Ebert, Hermann 79, 80, 81, 133, 148, 694
Edler, F. 327
Edler, Otto 168, 266, 267, 669
Edschmid, Kasimir 26, 200, 427, 571, 593, 614, 617, 632, 637, 650, 652, 665, 668
Effenberger (Branddirektor) 168
Eggers, Fritz (eigentl. Eggert) 669
Eggers, Wilhelm 148
Eggert, Hermann 196
Ehrenstein, Albert 57

Ehrhardt, Kurt 82, 86, 152
Eilers, Rita Sophie 51
Eilers, Louis 327
Einstein, Albert 532, 552, 612, 613
Eisner, Kurt 134
Elkart, Karl 80, 93, 326, 327
Elster, Hanns Martin 498, 499, 507, 593, 633, 670
Endlein, Hubert 153
Engels, Friedrich 535
Engert, Ernst Moritz 597, 599, 617
Ensor, James 254, 342, 343, 469, 572, 583, 584
Erler, Fritz 214
Ernst August, Herzog von Hannover 329
Ernst August, König von Hannover 54, 184
Ernst Ludwig, Großherzog von Hessen 197
Eßwein, Hermann 157
Eucken, Hermann 171
Eulenberg, Herbert 171, 551
Ewers, Hanns Heinz 638, 639, 673
Ey, Ludwig (s. Verlag Ludwig Ey) 343, 569, 570, 583, 760

F

Falckenberg, Otto 119
Falke, Adolf 41, 335, 474
Fechter, Paul 460
Feininger, Lyonel 251, 254, 261, 271, 342, 470, 584
Feldmann, Friedrich 61, 78, 145, 147, 148
Feuerbach, Anselm 311
Fichte, Johann Gottlieb 714
Finck, Werner 689
Fink, Gustav 144, 145, 147, 150, 151, 315, 327, 452
Finkenstein, Wilhelmine Gräfin 168
Fischer, Sanitätsrat 146
Fischer, Oskar 625
Flake, Otto 632, 637, 668

Flaubert, Gustave 451, 463, 470, 606, 627, 632
Flechtheim, Alfred 253, 341, 360, 469
Fontane, Theodor 699
Franck-Greiz, Dr. 335
Francesca, Piero della 282, 291
Frank, Leonhard 597
Franke, Egon 437
Franzius, Otto 327
Frehsee, Martin 82, 89, 116, 149, 446, 447, 448, 449, 456, 457, 458, 640
Freise, Ludwig (s. Zacharias, Ludwig) 488
Frerking, Johann 53, 54, 55, 58, 67, 73, 82, 83, 84, 85, 125, 133, 135, 145, 149, 157, 173, 185, 186, 228, 234, 257, 274, 277, 278, 287, 289, 292, 293, 295, 327, 331, 346, 360, 405, 425, 438, 441–461, 557, 562, 563, 570, 571, 572, 573, 580, 581, 583, 584, 587, 588, 594, 623, 627, 637, 669, 670, 685, 701, 710, 712, 713, 761
Frerking, Wilhelm 443, 454
Fricke, Georg 237
Friedländer, Salomo (s. Mynona) 515, 557, 590, 591, 595, 612, 615, 642, 644, 672, 676, 683
Friedrich August, König von Sachsen 639, 640, 643, 660
Friedrich II. (der Große) 526
Fritsch, Theodor 649
Fulda, Friedrich 458

G

Gabo, Naum 261, 347
Gaede, Max 128, 135, 153, 328
Gantner, Anton 381
Garvens-Garvensburg, Herbert von 254, 255, 256, 257, 258, 259, 343, 344, 345, 347, 426, 450, 451, 463, 470, 473, 493, 497, 567, 572, 583, 599, 620, 760
Gebhardt, Anni 757

Gebhardt, Luise (s. Spengemann, Luise)
Georg, Manfred 457, 462, 508, 649, 652, 677, 679
Georg V., König von Hannover 54, 184, 214
Georgi, Yvonne 71, 87, 153, 265
Gessner, Ludwig 488, 518
Giedeon, Siegfried 265
Giese, Charlotte (vgl. Gleichmann-Giese, Charlotte)
Gieseking, Walter 111, 160, 252, 257, 319
Glehn, Walter 488
Gleichmann, Otto 227, 251, 255, 282, 283, 284, 285, 286, 287, 288, 289, 290, 291, 306, 307, 339, 347, 348, 359, 360, 361, 362, 363, 364, 365, 400, 401, 403, 421, 430, 450, 459, 517, 524, 572, 584, 594, 596, 600, 601, 615, 616, 617, 619, 630, 758, 759
Gleichmann-Giese, Charlotte 283, 284, 286, 758
Gleichmann-Kingeling, Gunda-Anna 264, 361, 758
Gobineau, Henri Graf de 539
Goebbels, Joseph 177, 468, 472, 521, 579, 687
Goercki, Carl Cajetan 378
Goertz, Graf von 264
Goethe, Johann Wolfgang von 68, 106, 116, 124, 130, 200, 219, 221, 313, 529, 548, 551, 632, 659
Goetz, Curt 124
Gogh, Vincent van 230, 397, 485, 670
Gogol, Nikolai 124
Goldschmidt, Robert 589, 597, 598, 610, 617, 625
Goldschmidt, Werner 670
Goll, Iwan 614
Gollbach, Gustav 315
Golyscheff, Jefim 602, 620
Göring, Hermann 130, 664
Gorny, Hein 761
Gothe, Otto 362, 430, 578

Grabenhorst, Georg 106, 165, 170, 171, 259, 264, 277, 292, 293, 326, 342, 357, 373, 374, 377, 380, 389, 392, 443, 451, 455, 460, 473–492, 508, 514, 515, 516, 518, 525, 534, 685, 698, 699, 703, 710, 711, 712, 713, 761
Grabenhorst, Karl 342, 485
Graefenhain, Rudolf 87, 111, 112, 133, 167, 168, 169, 218, 221, 252, 292, 328, 685
Grau, Arno 146
Grillparzer, Franz 123
Grimm, Hans 477, 479, 480, 487, 515, 520, 525
Grimm (Pastor) 162
Groeden, Selma Gräfin von der 168
Gronau-Cassel, Professor 316
Gropius, Walter 261, 435, 571, 606
Groß, Wilhelm 255, 344, 363
Grosz, George 255, 341, 344, 598, 602, 638, 640, 704
Gröttrup, Bernhard 428, 435, 444, 456, 534, 557, 558, 559, 560, 561, 563, 564, 565, 566, 567, 568, 579, 590, 594, 611, 612, 613, 629, 631, 634, 653, 656, 657, 671, 672, 684, 686
Grünhagen, Herbert 381
Grunwald, Willy 35, 70, 71, 72, 73, 74, 75, 76, 78, 81, 82, 83, 84, 86, 88, 89, 142, 144, 145, 146, 151, 161, 172, 328, 442, 453, 455
Gundelach, Friedrich 328
Günther, Horace 233, 333
Gurlitt, Fritz 343
Guthmann, H. 41

H

Haarmann, Fritz 259, 346, 654, 656, 680, 684
Habben, Johannes 518

Habicht, Victor Curt 199, 228, 300, 320, 335, 422, 454, 493–510, 534, 572, 587, 592, 593, 595, 604, 605, 614, 637, 668, 683, 699, 703, 710, 711, 713
Häen, Wilhelm de 168, 267
Haesler, Otto 342
Hagemann, Eberhard 477
Hagemeister, Karl 197, 214
Hagen, Peter (Pseudonym; s. Kruse, Willi) 688
Hala, Melchior 606, 607, 623
Halmhuber, Gustav 196, 328
Hals, Frans 269
Haltenhoff, Henricus 138, 170
Händel, Georg Friedrich 71
Hantelmann, Karl 328
Harnack, von (Regierungsvizepräsident) 332, 344
Hartlaub, Friedrich 265, 270, 352
Hase, Conrad Wilhelm 183, 216, 328, 441
Hasenclever, Walter 138, 139, 557, 574, 629, 631
Hatzfeld, Adolf von 249
Haupt, Albrecht 168, 216, 217, 218, 221, 224, 326, 328, 342
Hauptmann, Carl 632, 637, 668
Hauptmann, Gerhart 56, 70, 119, 120, 123, 124, 126, 158, 171, 174, 458, 474
Hauptmann, Hans 608, 609, 624
Hausmann, Bernhard 35, 181, 182, 183, 184, 186, 187, 310, 312
Hausmann, Raoul 328, 494, 557, 592, 602, 628, 659
Havemann, Hans 591, 592, 595, 605, 613, 614, 619, 670
Hebbel, Friedrich 67, 123, 124, 445, 551
Heckel, Erich 245, 251, 269, 273, 347, 574
Heckter, Franz 526
Heim, Georg 686
Heine, Fritz 437
Heine, Heinrich 594, 642, 659
Heitmüller, August 276, 279, 287, 397, 398, 400, 401, 406, 425, 426, 450, 608

769

Henschke, Alfred (s. Klabund) 557, 594, 595, 632
Hensel, Kurt 371
Henze, Hans-Werner 490
Hermanns, Rudolf 14, 15, 210, 211, 212, 213, 214, 228, 233, 293, 323, 324, 328, 441, 453, 696
Herrmann-Neiße, Max 649, 652
Herting, Georg 276, 356
Herz, Dorothea 682
Herzfeld (Beiratsmitglied der Kestner-Gesellschaft) 274
Herzfelde, Wieland 704
Hesse, Hermann 26, 106, 474, 490, 631, 652
Hiller, Kurt 591, 597, 603, 604, 605, 614, 621, 622, 631, 632, 637, 654, 659, 662, 665, 668
Hindemith, Paul 87, 106
Hindenburg-Beneckendorff, Paul von 122, 149, 191, 196, 317, 318, 399, 481, 518, 519, 636, 645, 649, 680
Hinkel, Hans 154
Hinrichs, August 106, 491
Hirsch, Karl Jakob 29, 223, 263, 346, 379, 585, 687
Hirschfeld, Magnus 106, 622, 654, 683
Hitler, Adolf 161, 176, 177, 453, 518, 530, 534, 546, 549, 555, 663, 664, 688, 689, 700, 703
Höch, Hannah 425, 432, 602, 620, 659
Hodler, Ferdinand 196, 232, 316, 397, 585, 692
Höher-Dörries, Inge 269, 758
Hölzel, Adolf 269, 352, 427, 430
Hoetger, Bernhard 197, 198, 318, 398, 400, 470
Hoffmann, E. T. A., 463, 470, 471
Hoffmann, Walter 368
Hoffmeister, Ludwig 296, 368
Höfken-Hempel, Anni 439
Höflich, Lucie 120, 452
Hohlt, Friedrich 267
Hohlt, Otto 283, 359, 368, 584, 596, 617
Holbein, Hans d. J. 280, 282
Hölderlin, Friedrich 508, 659
Homann, Otto 378, 379, 389
Horchler, Wilhelm 233

Huch, Ricarda 139
Huelsenbeck, Friedrich 598, 602, 603, 619, 620, 622, 632, 645, 653, 669
Hugo, Melchior von 325, 328, 380, 685
Hymmen, Friedrich 477

I
Ibsen, Henrik 67, 119, 123, 145, 171, 431, 458, 552, 562
Iffland, August Wilhelm 326
Ihering, Herbert 83, 173, 652
Immergrün, Tomas (Pseudonym; s. Spengemann, Christof) 232, 419, 428
Ische-Thoms, Juliane 264, 760

J
Jacob-Friesen, Karl Hermann 213, 347, 416
Jacobsohn, Siegfried 119, 597, 617, 661
Jacques, Norbert 427
Jahn, Moritz 106, 477, 479, 480, 515, 758
Jahns, Rudolf 298, 299, 300, 303, 370, 494, 759
Jamben-Justav (s. Schenk, Gustav) 373, 390
Jänecke, Gustav 518
Jänecke, Friedrich 266
Jänecke, Walther 79, 328, 518, 524
Jannings, Emil 120, 172
Jawlensky, Alexej 254, 287, 620
Jean Paul 459, 571, 598, 599
Jessner, Leopold 150, 178
Joachim, Joseph 327, 328
Jochem, Friedrich Wilhelm 328, 333, 577
Johann Albrecht, Herzog von Mecklenburg 223
Johst, Hanns 488, 507, 571

Jordan, Ernst Pasqual 221, 222, 223, 224, 228, 230, 231, 233, 236, 242, 292, 293, 328, 329
Jung, Franz 647
Jünger, Ernst 481, 489, 669
Jürgens, Grethe 13, 14, 41, 223, 231, 232, 238, 263, 335, 349, 382, 383, 384, 387, 388, 393, 409, 440, 576, 577, 697, 761
Jürgens, Bernhard 660

K
Kafka, Franz 649
Kahnweiler, Daniel Henry 431
Kainz, Josef 133
Kaiser, Georg 58, 84, 123, 142, 148, 443, 445, 577, 584, 687
Kaiser, Hans 235, 236, 245, 248, 276, 427, 569, 570, 571, 572, 573, 574, 575, 577, 581, 583, 584, 588, 701
Kalenter, Ossip (Pseudonym; s. Burkhardt, Johannes) 557, 558, 560, 566, 648, 654, 668, 670, 671, 672, 681
Kallai, Ernst 300, 370
Kandinsky, Wassily 250, 254, 258, 270, 287, 336, 342, 353, 620, 758, 759
Kant, Immanuel 590, 679
Kantorowicz, Ernst 578, 579, 581, 586, 587
Karl I. (der Große) 520
Kästner, Erich 376
Katz, Iwan 188, 312
Katz, Wilhelm 104, 111, 165, 478, 488
Kaulbach, Friedrich 214, 217, 230, 244, 324, 328
Kaulbach, Friedrich August 314
Kaulbach, Isidore 324
Kaulbach, Siegmund 324
Keller, Gottfried 574
Kerr, Alfred 458, 621, 652
Kestner, August 181, 189, 195, 313
Kestner, Hermann 215, 328
Kielmannsegge, Graf von (Kammerjunker) 182

Kirchner, Ernst Ludwig 250, 347
Kirndörfer, Marie 648
Klabund (Pseudonym; s. Henschke, Alfred) 26, 82, 84, 125, 142, 149, 150, 448, 457, 557, 571, 594, 595, 597, 608, 615, 632, 633, 645, 648, 668, 679
Klages, Victor 431, 557
Klaproth, Paul von 267, 315
Klee, Paul 250, 251, 254, 260, 287, 341, 342, 430, 759
Kleist, Heinrich von 101, 116, 124, 657, 683, 695
Klencke, Hermann 310
Klopstock, Friedrich Gottlieb 106
Kögel, Linda 229, 332
Kohlrausch, Robert 132
Koken, Edmund 216, 225
Koken, Friedrich Hans 225, 226, 227, 297, 328, 331
Koken, Gustav 225, 328
Koken, Paul 225, 328
Koken-Neuendorff, Änne 330
Koken-Stegen, Gertrud 226
Kokoschka, Oskar 254, 646
Kolbe, Georg 261, 273
Kolbenheyer, Erwin Guido 515, 520
Kollo, Walter 552
Kollwitz, Käthe 15, 347, 757
König, Ischi von 229, 230, 233, 332, 368
König, Leo von 229, 332
Konrich, Georg Friedrich 167, 168
Kornfeld, Paul 251, 571, 607, 608
Korsch, Karl 134
Körting, Leonhard 328, 356
Kortner, Fritz 257, 345, 621
Kracauer, Siegfried 472
Kranich, Friedrich 133, 148, 151, 170
Krasselt, Rudolf 34, 85, 86, 87, 88, 104, 105, 146, 151, 152, 153, 154, 160, 172, 518
Krause, Willi 664, 688
Krenek, Ernst 88, 525, 553
Krenz, Hanns 252, 257, 258, 259, 260, 261, 265, 266, 270, 300, 342, 345, 346, 347, 426, 458, 473, 760
Kreutzberg, Harald 71, 87
Kricheldorff, Carl 224

Kricheldorff, Hermann Gottlieb 224, 225
Kricheldorff, Wilhelm 224, 225, 229, 233, 330
Krupp, Alfred 192
Kubin, Alfred 255, 459, 461, 462, 463, 469, 470, 632, 647
Kulenkampff, Katharina 759
Küntgen, Pauline 168
Küppers, Paul Erich 198, 199, 202, 209, 242, 245, 248, 249, 250, 251, 253, 255, 256, 257, 258, 259, 261, 265, 267, 268, 275, 276, 279, 286, 318, 319, 324, 336, 337, 340, 341, 343, 354, 356, 357, 403, 404, 413, 430, 435, 469, 494, 504, 570, 572, 573, 575, 576, 580, 585, 588, 591, 594
Küppers-Lissitzky, Sophie 338, 340, 352
Kuron, Viktor Joseph 593, 618
Küthmann, Carl 213, 315, 338

L

Lagarde, Paul de 529, 699, 700, 714
Landauer, Gustav 631, 659
Landsberger, Artur 642, 676
Lang, Fritz 439, 467, 472
Langbehn, Julius 699, 700, 714
Lange, Lutz 168
Lange, Rudolf 277, 280, 282, 285, 361, 363, 489
Lanz von Liebenfels, Jörg 639
Laotse 634, 637
Lask, Berta 134
Lasker-Schüler, Else 251, 257, 647
Lautensack, (Georg, Dramatiker) 568
Lauterbacher, Hartmann 479
Laves, Georg Friedrich 55
Léger, Fernand 345
Leibl, Wilhelm 197, 214, 292, 305, 311
Leibniz, Gottfroed Wilhelm 326

Leinert, Robert 31, 32, 33, 35, 57, 58, 59, 60, 61, 62, 65, 68, 69, 72, 73, 78, 98, 99, 134, 135, 136, 137, 138, 140, 143, 144, 162, 187, 188, 200, 247, 312, 313, 325, 403, 532, 559, 563, 693, 694
Lenbach, Franz von 197, 224
Lenz, Jakob Michael Reinhold 123
Lenzberg, Georg 72, 73, 144, 146, 267
Leonhard, Rudolf 134, 574, 632
Lepel-Gnitz, Bruno von 115, 116
Lert, Richard 57, 72, 73, 85, 86, 88, 143, 144, 146, 391, 452, 697
Lessing, Gotthold Ephraim 68, 123, 158, 323
Lessing, Theodor 31, 90, 341, 356, 375, 497, 519, 520, 554, 571, 631, 649, 654, 656, 661, 662, 666, 670, 680, 684, 761
Lewald, Dr. (Ministerialdirektor) 134
Lichte, Harm 293
Lichtenberg, Georg Christoph 642
Liebermann, Max 15, 196, 197, 202, 203, 214, 242, 244, 245, 268, 291, 312, 316, 317, 318, 323, 414, 583, 692
Liebernickel, Woldemar 80, 98, 140, 147, 148, 160, 172, 412
Liliencron, Detlev von 441
Lindemann, Georg 70, 135, 138, 237, 326
Lippert, Friedrich Karl 233, 323, 378, 425, 685
Lipschitz, Alfred 145, 158, 167, 168, 453
Lissitzky, El 254, 258, 260, 268, 340, 343, 345, 347, 352, 428, 583
Löhdefink, August 170
Lohrberg, August 76, 142, 424, 436
Löns, Hermann 210, 224, 328, 400, 487
Ludendorff, Erich 639, 659
Luther, Martin 106, 529
Lutze, Viktor 297, 488, 518, 586

M

M' Ahesa, Sent 470
Macke, August 273
Madsack, August 147, 266, 461, 462, 469
Madsack, Erich 53, 461, 462, 470
Madsack, Georg 462
Madsack, Paul 53, 170, 461–473, 698, 703, 709, 712, 713
Mahler, Gustav 85, 537, 553
Malewitsch, Kasimir 260, 287, 347
Malortie, Carl Ernst von 132
Mammen, Jeanne 280
Manet, Edouard 292
Manfried, Max-Marten 139, 170, 458, 557, 562, 568
Mann, Heinrich 412, 632, 637, 652, 659, 665, 668, 677, 679
Mann, Klaus 618, 621, 672
Mann, Thomas 25, 106, 251, 341, 412, 489, 590, 599, 612, 656, 672, 677, 683
Mannheim, Karl 715
Marc, Franz 269, 273, 347, 352, 709
Marcks, Gerhard 273
Marietta di Monaco (Pseudonym; s. Kirndörfer, Marie) 594, 648, 679
Marschner, Heinrich 85
Martin, Karl Heinz 621
Marx, Karl 375, 535
Masaccios 282
Mattheus, Richard 637, 689
Maupassant, Guy de 120, 649
May, Ernst 624
May, Karl 630
Mehan, Jan van (Pseudonym; s. Havemann, Hans) 591, 592, 613, 614
Mehl, Hermann (Mellini) 133
Meidner, Ludwig 341
Meier-Graefe, Julius 314

Menge, Arthur 32, 33, 78, 79, 80, 81, 85, 88, 95, 97, 98, 99, 101, 102, 113, 116, 118, 121, 122, 127, 128, 129, 130, 137, 140, 146, 147, 148, 154, 155, 160, 163, 164, 167, 170, 172, 177, 180, 188, 197, 203, 213, 228, 237, 271, 273, 297, 298, 309, 312, 313, 315, 352, 354, 371, 389, 412, 523, 527, 693, 694, 695, 697
Menzel, Adolph von 311
Mertens, Hans 375, 381, 384, 576, 761
Meunier, Ernst 469
Meuser (Landgerichtsrat) 168
Meyer (Justizrat) 194, 195, 197
Meyer, Albert 414, 415, 416, 419, 420, 435, 436, 440
Meyrink, Gustav 391, 470
Michel, Robert 434, 718
Michel, Wilhelm 427, 637, 646, 659, 706
Miegel, Agnes 139
Mierendorff, Carlo 597, 617, 638
Minde-Pouet, Georg 657, 659
Mithoff, Hector Wilhelm Heinrich 328
Mleinek, Mischa 587
Modersohn, Otto 461
Modersohn-Becker, Paula 197, 214, 244, 245, 254, 273, 305, 507, 692
Moholy-Nagy, Laszlo 258, 260, 347, 511, 583
Moissi, Alexander 257, 345
Molo, Walter von 652
Mondrian, Piet 340, 347
Monet, Claude 292
Moreck, Curt 599, 633, 655, 684
Morgan, John Pierpont 387
Morgenstern, Christian 618, 633
Morgner, Wilhelm 659
Möser, Justus 476
Moss, Harry 128, 171, 172, 175, 176, 478
Mozart, Wolfgang Amadeus 433, 548
Mraczek, Joseph Gustav 87, 152
Mueller-Otfried, Paula 166, 168
Mumme, Friedel 154
Munch, Edvard 352, 353
Münchhausen, Baron von 328

Münchhausen, Börries Freiherr von 224, 477, 479, 480, 487, 525
Mynona (Pseudonym; s. Friedländer, Salomo) 515, 523, 557, 590, 591, 595, 612, 615, 642, 643, 644, 662, 676, 677, 683

N

Nannen, Henri 285
Natonek, Hans 654, 683
Nestriepke, Siegfried 107, 108
Neumann, Günther 689
Neumann, Robert 642, 643
Niedecken-Gebhardt, Hanns 71, 143, 146
Nierendorf, Carl 253, 261, 262, 291
Nierentz, Hans Jürgen 688
Niessen, Bruno von 148, 150, 163, 171
Nietzsche, Friedrich 554, 590, 642, 679
Nitzschke, Hans 261, 269, 274, 298, 299, 300, 328, 354, 366, 370, 451, 494, 677, 761
Nolde, Emil 250, 253, 260, 269, 270, 340, 341, 347, 500, 507, 569
Noske, Gustav 100, 105, 133, 160, 356, 532, 653
Novalis 558, 571, 678, 681, 704

O

Oesterley, Carl 215
Ohlendorf, Heinz 105
Olpe, Martin 584
Oppenheimer, Richard 192, 266
Oppler, Edwin 192, 216, 267
Oppler, Ernst 192, 314
Oppler, Siegfried 266, 350
Oschilewski, Walther G. 667
Ossietzky, Carl von 702

Otte, Ludwig 97, 136, 148, 161, 316
Overbeck, Gerta 231, 232, 241, 263, 382, 384, 391, 576, 586, 697, 761
Ozenfant, Amedée 287

P

Pahl, Georg (Pseudonym; s. Schenk, Gustav) 384, 392
Palucca, Gret 254, 342
Paschen, Paul 227, 289, 290, 363, 364
Passmann, Eugen 336
Pastor, Willy 334
Pauli, Gustav 195, 197, 316, 317, 324, 403
Pescatore, Gustav 681
Peßler, Wilhelm 167, 213, 339, 515, 759
Peters, Hermann (Stadtschulrat) 326
Peters, Carl 454
Petry, Walter 595, 615, 616
Pfahl, Arthur 71, 78, 79, 94, 95, 98, 100, 101, 104, 133, 136, 142, 146, 160, 163, 164, 171, 172
Pfeiffer, Hans 243, 337, 400, 401, 429
Picasso, Pablo 345, 433, 647
Pinder, Wilhelm 15, 500
Pirandello, Luigi 84
Pirchan, Emil 150
Piscator, Erwin 69, 70, 102, 103, 111, 621, 625
Platen, Julius von 132
Plinke, Heinrich 328
Plünnecke, Wilhelm 276, 277, 278, 306, 356, 584, 611
Poe, Edgar Allan 463, 470, 471, 589, 609, 611
Poelzig, Hans 284, 571
Pohl, Gerhart 681
Pohle, Karl 231
Poincaré, Raymond 544
Polgar, Olga (s. Tramm, Olga)
Porep, Heinz 150, 151

Porger, Gustav 155
Porten, Henny 645
Poten, G. (Sanitätsrat) 328
Praetorius, G. 350
Prinzhorn, Hans 353
Puttkamer, Paul Gerhard von 62, 69, 70, 71, 72, 81, 120, 136, 137, 138, 142, 149, 319

R

Radbruch, Gustav 134, 578, 604
Radler, Karl-Heinz 335
Radziwill, Franz 273
Rahlfs, Heinz 72, 77, 96, 132, 150, 156, 160, 171
Ralfs, Käte 254, 264, 269, 759
Ralfs, Otto 254, 257, 287, 291, 300, 342, 343, 494, 759
Ramberg, Johann Heinrich 55, 217, 224
Rampelmann, Adolf 84, 150, 153
Rand, Paul 504
Ranke, Leopold von 496
Rasche, Friedrich 289, 293, 455
Rauth, Otto 204, 292
Ray, Man 261
Redslob, Edwin 254, 504
Reger, Max 537
Reimann, Hans 557, 566, 567, 587, 631, 638, 639, 640, 641, 642, 643, 644, 646, 662, 663, 664, 665, 668, 669, 673, 675, 676, 680, 684, 688
Reinhardt, Max 83, 119, 120, 175, 263
Remarque, Erich Maria 106, 515, 590, 642, 643, 644, 676, 677, 706, 713
Rembrandt Harmensz van Rijn 257, 269, 292
Renger-Patzsch, Alfred 273
Renn, Ludwig 388
Renner, Wilhelm 557, 560, 563
Renoir, Auguste 292, 601
Rheinhold, Otto 264
Richter, Ludwig 106
Richter, Hans 647, 648, 650

Riemenschneider, Tilman 261, 262, 272, 440
Rilke, Rainer Maria 341, 450, 649
Rimbaud, Jean Arthur 381
Ringelnatz, Joachim 259, 265, 666, 676
Rinnebach, Helmuth 349
Rintelen (Paulus?, Vorsitzender der Zentrumspartei Hannover) 562, 563
Roche (Vorsitzender des Akademikerbundes) 168
Rockefeller, John Davison 387
Roenneke, Rolf 35, 70, 71, 73, 81, 82, 83, 84, 85, 86, 88, 89, 90, 120, 121, 122, 123, 124, 125, 142, 146, 149, 150, 152, 153, 154, 155, 169, 172, 173, 328, 442, 443, 444, 446, 447, 448, 451, 455, 594, 624, 685, 697, 710, 761
Rogge, Alma 106, 477, 487, 525, 758
Rohde, Johannes 148
Rohlfs, Christian 273, 450
Rolan-Bubenzer, Franz 55, 62, 70, 71, 72, 77, 84, 98, 120, 142, 144, 146, 161, 210, 213, 342, 441, 442, 443, 452, 453, 454, 455, 458
Rolland, Romain 120
Rommel, Erwin 318, 525
Roselieb-Jahns, Barbara 264, 504, 759
Roselius, Ludwig 197, 318, 353
Rosenberg, Alfred 649, 680
Rosendahl, Erich 62, 63, 64, 65, 69, 82, 84, 87, 112, 113, 1114, 15, 116, 117, 118, 138, 139, 141, 142, 146, 150, 151, 169, 170, 172, 173, 188, 209, 313, 586, 696, 703, 704, 711, 713, 718
Rotter (Brüderpaar, Theaterleiter) 120, 127, 128, 154, 172, 175
Rowohlt, Ernst 253, 652, 687
Rudolph, Hugo 412, 435
Ruest, Anselm 615
Rust, Bernhard 479, 527
Rüter, Ernst 504
Rüter, Wilhelm 145

S

Saeltzer, Karl 168
Sander, Ernst 611, 666, 689
Sandrock, Adele 133
Sarter, Eberhard 143, 173
Schacht, Hjalmar 664
Schacht, Walter 296, 297, 298, 368
Schad, Christian 280, 614, 647, 648, 650, 651, 666, 678, 681
Schaeffer, Albrecht 451, 583
Schanwecker, Franz 490
Schapire, Rosa 614
Scharrelmann, Wilhelm 106, 107, 166, 477, 480, 525
Scheffler, Karl 15
Schefranek, Gustav 135
Schenk, Gustav 238, 263, 373–395, 409, 473, 699, 702, 706, 709, 713
Schenzinger, Karl Aloys 257, 570, 579, 580, 581, 587, 588, 624, 631, 669
Scheuernstuhl, Hermann 277, 473, 485, 517, 586, 760
Schickele, René 612, 614
Schiebelhuth, Hans 506, 593, 597, 599, 617, 618, 633, 655, 683
Schiller, Friedrich Wilhelm 68, 84, 90, 101, 123, 124, 200, 219, 323, 548, 609, 695
Schindler, Ewald 174, 175
Schirach, Baldur von 368, 587
Schirmer, August 478, 486, 518
Schlageter, Leo 664
Schlegel, August Wilhelm 599, 604, 678
Schleicher, Kurt von 518
Schlemmer, Oskar 345
Schlesinger, Paul 119
Schlösser, Richard 214, 228, 230, 231, 232, 233, 236, 333
Schmalz, Kurt 496
Schmidt-Steegemann, Käthe 593, 614, 630, 669
Schmidt-Rottluff, Karl 258, 269, 583
Schmorl, O. (Buchhändler) 328
Schnath, Georg 170, 314
Schnitker, Ernst 148
Schnitzler, Arthur 73, 119, 120, 123, 124, 171, 523, 529, 689

Schodder, Karl 631, 669, 672
Schopenhauer, Arthur 590, 642
Schrade, Hubert 207
Schrader, Christian 148, 356
Schrader (Hofkunsthändler) 182
Schrader, Heinrich 233
Schreker, Franz 87
Schrimpf, Georg 367
Schuch, Carl 197, 311, 328
Schuchhardt, Carl 190, 196, 214, 216, 223, 313, 325, 326, 327, 328
Schüler, Johannes 150
Schüler, Leonhard 595, 597, 615
Schulte, C. (Staats- und Kabinettsminister) 182, 310
Schulz-Dornburg, Rudolf von 351
Schulze, Theodor 328
Schulze, Rainer Maria (Pseudonym; s. Steegemann, Paul) 666, 677
Schumacher, Kurt 428
Schumann, Werner 100, 103, 156, 163, 164, 230, 286, 389, 435, 625, 668, 670
Schütte, Ernst 362, 670
Schütte, Gustav 165
Schütte, Hermann 596, 616
Schütze (Korvettenkapitän) 168
Schwitters, Kurt 64, 112, 122, 133, 140, 168, 198, 217, 231, 232, 235, 238, 241, 251, 254, 255, 265, 268, 274, 276, 277, 280, 282, 283, 284, 286, 287, 298, 299, 300, 301, 302, 304, 306, 307, 319, 322, 332, 340, 341, 346, 350, 353, 354, 355, 357, 358, 361, 362, 363, 366, 376, 378, 381, 399, 403, 404, 405, 406, 407, 408, 410, 411, 413, 420, 421, 422, 424, 425, 428, 431, 432, 433, 434, 435, 438, 440, 441, 447, 451, 454, 459, 463, 473, 494, 495, 504, 511, 512, 531, 552, 557, 559, 560, 567, 568, 575, 579, 584, 587, 592, 596, 600, 601, 602, 603, 605, 606, 611, 617, 619, 620, 621, 623, 625, 628, 630, 635, 636, 645, 659, 667, 669, 672, 700, 702, 706, 709, 758, 760
Sebastian (Pseudonym; s. Frerking, Johann) 572

Seghers, Anna 261
Seiffert-Wattenberg, Richard 292, 293, 294, 295, 296, 297, 298, 305, 306, 307, 365, 366, 367, 368, 371, 450, 685
Seligmann, Edgar 267
Seltenfröhlich, Amandus 567
Serner, Walter 558, 614, 644, 645, 646, 647, 648, 649, 650, 651, 652, 653, 662, 665, 666, 667, 678, 679, 680, 681, 682, 685, 706
Servaes, Franz 201
Seutemann, Hans 264
Shakespeare, William 124, 149, 150
Shaw, George Bernard 83, 119, 123, 458, 529, 555
Siebrecht, Karl 171, 252, 253, 342
Signac, Paul 601
Slevogt, Max 202, 203, 214, 352, 425
Söhnlein, Kurt 86, 87, 150, 151, 152
Sohns, Kurt 293, 368
Solling, Carl 318
Sorma, Irma 133
Spengemann, Christof 93, 163, 180, 181, 199, 200, 204, 205, 206, 207, 208, 209, 212, 213, 222, 223, 225, 232, 235, 243, 248, 250, 251, 252, 257, 262, 263, 264, 272, 276, 278, 279, 282, 283, 284, 286, 292, 307, 316, 319, 321, 330, 334, 341, 357, 359, 367, 384, 395–441, 447, 448, 462, 500, 501, 507, 508, 569, 572, 573, 575, 581, 583, 584, 589, 591, 593, 599, 600, 601, 602, 603, 605, 606, 607, 608, 609, 610, 611, 614, 615, 619, 620, 624, 625, 683, 698, 700, 701, 702, 705, 706, 709, 710, 712, 713, 757, 760
Spengemann, Luise 396, 398, 416, 417, 424, 427, 428, 431, 432
Spengemann, Marie 396
Spengemann, Therese 424
Spengemann, Walter 396, 406, 416, 417, 424, 426, 427, 435, 436, 437, 438, 625

Spengemann, Wilhelm 395, 396, 424
Spengemann-Morf, Klara 264, 417, 424, 425, 438, 576, 760
Spengler, Oswald 554
Spiegelberg, Georg 192
Spillane, Mickey 689
Sponholtz, Heinz 389
Sprengel, August 192, 267, 315, 328
Staal, Elmerice von 486
Stadelmann, Friedrich 150
Stalin, Josef 387, 702
Stammler, Wolfgang 632
Stapenhorst, Ulrich 177
Steegemann-Schmidt, Käthe (s. Schmidt-Steegemann, Käthe)
Steegemann, Paul (s. Paul Steegemann Verlag) 112, 279, 280, 284, 286, 350, 379, 391, 432, 441, 444, 449, 451, 457, 463, 502, 506, 507, 508, 515, 557, 558, 559, 566, 578, 579, 583, 585, 587, 589, 590, 591, 592, 593, 594, 596, 597, 599, 602, 605, 611, 612, 613, 614, 616, 617, 618, 619, 620, 622, 627, 691, 701, 702, 706, 712
Steglich, Rudolf 157
Steigerwald, Lucia 760
Steinitz, Ernst 268, 350, 504, 757
Steinitz, Käte 51, 93, 133, 158, 203, 253, 258, 259, 260, 265, 268, 269, 270, 274, 284, 286, 287, 334, 339, 340, 341, 346, 347, 348, 350, 351, 355, 358, 359, 361, 392, 421, 424, 425, 426, 436, 437, 451, 458, 459, 469, 473, 493, 501, 504, 508, 587, 588, 619, 698, 630, 757
Sternheim, Carl 82, 84, 123, 124, 125, 529, 679
Stevenson, Robert Louis 451, 470, 471, 671
Stichweh, Wilhelm 192, 198, 274
Stier, Hubert 441
Stöcker, Helene 622
Stoermer, Carl 619
Stolberg, Franz 232, 325, 577
Storm, Theodor 574
Stratmann, Carola 227, 228, 229

Stratmann, Emil 227, 228, 229, 328
Stratmann, Robert 129, 227, 228, 229, 230, 233, 236, 293, 328, 524
Strauss, Richard 537
Strauß-Torney, Lulu von 139
Strawinsky, Igor 87, 88, 614
Stresemann, Gustav 518
Strindberg, August 119, 120, 123, 257, 458, 686
Stuck, Franz von 397, 441
Stuttmann, Ferdinand 285, 286, 287, 288, 290, 300, 354, 360, 361, 362, 459, 477, 487, 494, 594, 615, 759
Sydow, Eckart von 199, 256, 257, 258, 259, 260, 261, 345

T

Taut, Bruno 435, 571, 606, 623
Telschow, Otto 487
Terpis, Max 71
Teschendorf, Hans 588
Tewes, Friedrich 328
Thieß, Frank 53, 54, 56, 57, 67, 82, 132, 143, 461, 464, 469, 683, 686
Thoma, Hans 106, 197, 305, 311, 317
Thoms, Ernst 204, 223, 231, 237, 241, 263, 264, 277, 287, 332, 335, 348, 349, 378, 384, 454, 455, 473, 493, 504, 758, 760, 761
Thyssen, Fritz 192
Tieck, Ludwig 463, 471, 678
Tilly, Paul 349
Toller, Ernst 83, 106, 111, 506, 525, 603, 604, 605, 621, 622, 659
Tolstoi, Leo 64
Tönjes, August 685
Topp, Arnold 617
Trakl, Georg 571
Tramm, Günther 113
Tramm, Heinrich (s. auch Galerie Tramm) 30, 31, 32, 33, 35, 57, 59, 60, 61, 63, 76, 78, 79, 80, 81, 96, 97, 111, 113, 121, 135, 136, 137, 139, 146, 148, 154, 160, 161, 172, 179, 180, 186, 187, 188, 189, 190, 191, 192, 193, 194, 195, 196, 197, 198, 199, 200, 201, 202, 203, 204, 205, 206, 207, 209, 214, 215, 216, 217, 218, 222, 224, 234, 236, 237, 242, 244, 245, 246, 247, 248, 253, 260, 267, 277, 292, 303, 304, 305, 307, 309, 312, 313, 314, 315, 316, 317, 319, 320, 321, 324, 325, 328, 329, 335, 371, 338, 395, 397, 398, 402, 403, 414, 421, 426, 429, 427, 443, 454, 496, 515, 569, 692, 691, 692, 693, 694, 696, 697, 703, 709
Tramm, Heinrich jr. 312, 314
Tramm, Heinrich Christian 31, 190, 328
Tramm, Olga 63, 139, 172, 190, 314, 529
Tramm, Oscar 314
Traven, B. 647
Tronnier, Georg 233, 328, 334
Trost, Klara 333
Trotzki, Leo 387, 603, 702
Trübner, Wilhelm 197, 292, 311
Trumpf, Adolf 58, 134, 135, 585
Tschudi, Hugo von 197, 269, 314, 316
Tucholsky, Kurt 515, 612, 640, 642, 643, 655, 656, 657, 659, 676, 685, 687, 700, 702
Türschmann, Klara 146
Tzara, Tristan 287, 410, 602, 647, 648, 678

U

Usinger, Fritz 597, 617, 618
Utis, Cyrill (Pseudonym; s. Schenk, Gustav) 375, 386

V

Vahlbruch, Heinz 173, 258, 259, 264, 265, 269, 332, 346, 432, 458, 469, 583, 761
Valentin, Karl 689
Veidt, Conrad 120
Velde, Henry van de 268
Verlaine, Paul 566, 599, 632, 655, 656, 658, 659, 683, 684, 685, 686
Vernes, Jules 471
Vierthaler, Ludwig 34, 214, 231, 276, 333, 669
Villon, François 381, 594
Vinnen, Carl 427
Vischer, Melchior 404, 429, 433, 615, 625, 645, 653, 683
Vogedes, Alois 112, 168, 169, 292
Vogeler, Heinrich 596, 616, 632, 637, 659, 662, 672
Völker, Hans 761
Voltaire 451, 463, 470, 581, 588, 599, 609, 642
Vordemberge-Gildewart, Friedrich 13, 14, 34, 223, 231, 259, 260, 261, 265, 271, 272, 274, 277, 287, 298, 299, 300, 307, 333, 354, 355, 362, 366, 371, 376, 381, 440, 451, 494, 495, 504, 669, 677, 760, 761
Voß, Kurt 126, 153, 165, 170, 173, 174, 185, 229, 230, 234, 236, 243, 289, 302, 306, 322, 331, 334, 441, 451, 454, 455, 460, 476, 477, 489, 500, 505, 511–526, 698, 703, 710, 711, 712, 713

W

Wachsmuth, Wolfgang 143
Wagener, Georg 273, 355
Wagenschieffer, Robert 656
Wagner, Friedrich Wilhelm 569, 597, 598, 599, 603, 614, 617, 618,
Wagner, Günther (s. Günther Wagner AG, Pelikan-Werke) 328, 398, 428
Wagner, Richard 219, 314, 535, 536, 537, 538, 539, 540, 541, 543, 545, 546, 549, 552, 553, 554, 555, 664, 699, 714
Wagner, Siegfried 87, 151,
Walden, Herwarth 13, 298, 300, 336, 377, 396, 406, 425, 431, 432, 442, 592, 601, 606, 612, 619
Waldersee, Alfred Graf von 197
Waldmann, Emil 295
Wallace, Edgar 624, 638, 673
Wallbrecht, Ferdinand 216
Wallmoden-Gimborn, Ludwig von 181
Wallraf, Max 318
Walter, Bruno 683
Walther von der Vogelweide 68
Wanders, Heinz 379, 391, 631
Wang Siang 633
Wassermann, Jakob 72
Waterbeck, August 231, 277, 398
Weber, Alfred 703
Weber, Carl Maria 622
Weber, Max 20, 25, 44, 46, 48
Weber, Wilhelm 61, 68, 79, 147, 148, 160, 161, 174, 312, 356, 368
Weckwerth, Rudolf 379
Wedekind, Frank 56, 63, 119, 120, 123, 139, 140, 171, 257, 459, 473, 552, 594, 607, 672
Wegner, Erich 223, 231, 241, 263, 264, 335, 336, 349, 358, 387, 454, 576, 761
Wegner, Klaus 761
Weill, Kurt 87, 88, 106, 151
Weinert, Erich 388
Wellesz, Egon 72, 88
Wells, Herbert George 470
Werfel, Franz 83, 148, 257, 571, 574
Werner, Anton von 15, 22, 41, 197
Werner, Theodor Wilhelm 87, 143, 146, 328, 329
Wespy, Leon 168
Westheim, Paul 287, 363, 431
Westphal (Bürgervorsteher) 125, 148
Whitman, Walt 251
Wichtendahl, Oscar 223, 224, 233, 328, 329
Wiechert, Karl 157, 367

Wiechert, Trude 157
Wigman, Mary 71
Wilde, Oscar 119, 451, 590, 609, 666
Wildenbruch, Ernst von 458
Wilhelm II. 15, 22, 28, 196, 220, 314, 316, 596
Wille, Arthur 129, 176
Winckelmann, Hans 86, 133
Wissel, Adolf 223, 230, 232, 293, 367

Wissiak, Willy 154
With, Karl 250, 353
Witte, Frido 487
Wolf (Senator) 320
Wolfe, Thomas 618
Wolff, Kurt 612, 627, 637, 638, 673, 687
Worringer, Wilhelm 251, 341, 494, 504
Wrede, Konrad 425

Wrobel, Ignaz (Pseudonym; s. Tucholsky, Kurt) 685
Wyneken, Gustav 622, 637

Z

Zacharias, Ludwig (s. Freise, Ludwig) 274, 479, 488, 518

Zatzenstein, Franz (s. Catzenstein, Franz)
Zetkin, Clara 396, 424
Ziegler, August 157, 169
Zille, Heinrich 261
Zimmermann-Heitmüller, Leni 426
Zuchhold, Carl 129, 176
Zuckmayer, Carl 124, 412, 617
Zweig, Arnold 124
Zweig, Stefan 490

Sachregister

A

Abstraktes Kabinett 451, 501, 757, 760
die abstrakten hannover 13, 231, 237, 238, 259, 269, 295, 298, 299, 300, 301, 302, 303, 304, 305, 306, 307, 328, 333, 347, 349, 368, 369, 370, 378, 420, 451, 454, 473, 494, 495, 497, 501, 511, 512, 514, 697, 709, 710, 759
Agathon 569, 590, 611, 630
Akademischer Architektenverein 473, 485
Die Aktion 38, 590, 612
Allgemeine Deutsche Kunstgenossenschaft (allg. u. Ortsgruppe Hannover) 206, 207, 208, 209, 214, 221, 222, 227, 228, 236, 232, 295, 301, 317, 319, 322, 323, 324, 357, 395, 403, 413, 441
Amsel-Verlag 689
Der Anbruch 614
Der Angriff 664
Anna Blume (Gedicht u. Veröffentlichung) 64, 140, 198, 254, 318, 350, 406, 407, 408, 409, 410, 422, 416, 420, 431, 432, 433, 447, 457, 459, 531, 559, 566, 631, 635, 636, 640, 641, 645, 660, 667, 669, 671, 672
Antisemitismus/antisemitisch 72, 73, 98, 99, 106, 113, 114, 116, 127, 128, 129, 130, 138, 139, 144, 172, 176, 218, 273, 274, 455, 480, 520, 527–556, 622, 639, 673, 674, 675
Appel (Unternehmen) 30
arani-Verlag 667, 689
Ararat 363, 567, 667
Arbeiter- und Soldatenrat 31, 57, 134, 136, 206, 436, 596, 603
Arbeitsrat für Kunst 435, 623
Archiv für Landeskunde 476
Ausschuß für Heimatschutz 486

B

Bahlsen (Unternehmen) 30, 276, 330, 427
Ballett allg. 71, 87, 143, 153, 466
Banas & Dette (Verlag) 612
Bauhaus 13, 103, 253, 257, 284, 300, 355, 511
Beratungsstelle für Kriegerehrungen 326
Berggarten 59
Berlin/ Großstadtdiskussion allg. 16, 40, 106, 107, 118, 125, 126, 127, 133, 173, 175, 370, 436, 516, 519, 525, 575, 661, 662, 687
Berliner Börsenkurier 83, 475, 601, 649, 685
Die bildende Kunst im Neuen Hannover (Schrift) 205, 206, 209, 223, 248, 262, 276, 278, 292, 307, 316, 334, 357, 395, 402, 403, 422, 430, 433
Bismarcksäule 509
Der Blaue Reiter 204, 576
Blitz (Zeitung) 437
Börsenblatt für den Deutschen Buchhandel 631, 641, 648, 655, 659, 672, 678, 679, 681, 684, 685, 689
Börsenverein für den Deutschen Buchhandel 627, 631, 641, 655, 659, 685, 687
Die Brücke 204
Bücherverbrennung 501, 509
Bühnenvolksbund (s. Theatergemeinde Hannover) 35, 105, 106, 107, 108, 110, 115, 126, 158, 164, 165, 166, 167, 168, 178, 218, 343, 478, 696
Bund Deutscher Architekten 216
Bund proletarisch-revolutionärer Schriftsteller Deutschlands 388
Bürgerrecht (s. a. Wahlrecht) 19
Bürgergewinngeld 29
Bürgerliche Mitte 32, 33, 137, 148
Bürgervereine 64, 65, 98, 99, 108, 110, 128, 136, 137, 141, 143, 147, 161, 162, 167, 173, 174, 179, 188, 232, 325, 696, 704
Bürgerwacht (Zeitschrift) 64, 98, 110, 136, 141, 143, 147, 161, 162, 165, 167, 173, 174, 179, 180, 181, 191, 313
Bürgerzeitung 326

C

Café Kröpcke (s. Kröpcke-Zirkel) 464, 465, 566, 631, 654, 668, 669, 670
Carl Schünemann Verlag 389
Der Cicerone 137, 198, 199, 200, 242, 249, 255, 260, 287, 318, 337, 354, 402, 403, 497, 657
Continental-Werke 165, 365, 375, 515, 644, 677
Culemannsche Sammlung 189, 195, 313

D

Dadaismus allg. 45, 602, 603, 613, 645, 647, 648, 650, 653, 678
Dadaistisches Manifest 601, 602, 605, 619, 653
Dadaistischer revolutionärer Zentralrat 602, 603, 622
Darmstadt 597, 617, 618
Deutsche Bauhütte (Zeitschrift) 342
Deutsche Bühne Hannover 35, 103, 104, 105, 108, 109, 110, 159, 165, 178, 478, 488, 696
Deutsche Demokratische Partei 144, 148
Deutsche Friedensgesellschaft 604, 622
Deutsche Grammophon-Gesellschaft 30
Deutsche Jugendbühne im Bühnenvolksbund Hannover 112, 167
Deutsche Philosophische Gesellschaft 525
Deutsche Rundschau 50
Deutscher Verein für Kunstwissenschaft 503
Deutsche Volkspartei 149, 161, 232, 359, 577
Deutsche Volkszeitung 61, 63, 64, 112, 116, 635
Deutsch-Evangelischer Frauenbund 166, 168
Deutscher Werkbund 253, 427, 571, 576, 583
Deutsches Theater 55, 73, 94, 95, 112, 119, 120, 125, 128, 133, 140, 145, 171, 172, 174, 175, 176, 210, 335, 363, 445, 478, 568, 668
Deutsch-Hannoversche Partei 33, 59, 63, 97, 136, 148, 161, 316
Deutschnationale Volkspartei 108, 140, 148, 149, 161, 188, 189, 534, 696, 704
Deutschnationaler Handlungsgehilfenverband 104, 108
Deutschsoziale Reformpartei 138
Deutsch-Soziale Partei 138
Deutschvölkische Partei 138
Dienstags-Gesellschaft 451, 583
Domäne Coldingen 60, 137
Der Drache 567
Dreiklassenwahlrecht 31, 49
Düsseldorf 398, 401, 403, 404, 430

E

E. A. Seemann Verlag 345
Echo Continental 644
Edler & Krische (Unternehmen; s. Edler, Otto) 194, 341, 355, 630, 669
Ehrengabe 117, 118, 170, 213
Ehrensold 170, 210
Ehrentag niedersächsischer Dichtung 487
Einmütigkeit (Gemälde) 316
Eisenwerk Wülfel 406
Enoch-Verlag 334
‚Entartete Kunst' (Ausstellung) 17, 286, 361, 368
Erster Weltkrieg (s. Weltkrieg)
Expressionismus allg. 23, 38, 45, 64, 143, 206, 208, 211, 224, 279, 280, 282, 284, 286, 293, 395, 401, 464, 489, 500, 507, 520, 595, 601, 602

F

Faber (Unternehmen) 210
Fachberater für bildende Künste 228
Fahnenjunker Volkenborn (Roman) 481, 482, 486, 487, 489, 490, 699, 713
Faust (Drama) 84, 125, 150, 173
Femmes (Gedichtband) 566, 655, 656, 659, 684, 685
Fest der Farbe 265
Fest der Technik 133, 406, 417
Fingerling (Romanentwurf) 439
Fischerhude 461
Die Fliegenden Blätter 558, 671
Die Flöte (Zeitschrift) 507, 593
Franz Eher Verlag 664
Die Frau (Zeitschrift) 475
Frauen für Frieden und Fortschritt 416
Frauenwohl 416
Freidenker-Bewegung 93, 411
Freie Bildungsgemeinde 605, 622
Die Freie Meinung 156, 161, 174, 177

Freie Volksbühne 35, 89, 90, 91, 92, 93, 94, 95, 96, 97, 98, 99, 100, 104, 105, 107, 108, 109, 110, 111, 118, 125, 126, 142, 145, 146, 150, 154, 155, 156, 157, 158, 159, 160, 161, 162, 163, 164, 166, 167, 168, 169, 174, 175, 178, 235, 343, 411, 443, 452, 453, 454, 478, 504, 587, 695, 696
Freie Volkshochschule 90, 91, 92, 156, 254, 355, 497, 587
Freies Deutschland (Zeitschrift) 134, 135, 246, 573, 574, 585
Freilichttheater 446, 447
Freistaat Niedersachsen 486
Freiwillige Kriegshilfe 328
Freunde zeitgenössischer Kunst (Hildesheim) 253, 266
Freundinnen. Ein Roman unter Frauen 633, 684, 687
Fuhrmann Henschel (Theaterstück) 126, 174

G

Galerie Hannoverscher Künstler 203, 260, 463
Galerie Matthiesen 351
Galerie Tramm (s. Tramm, Heinrich) 191, 329, 692
Galerie von Garvens (s. Garvens-Garvensburg, Herbert von) 137, 238, 254, 255, 256, 257, 258, 306, 344, 363, 390, 450, 493, 624, 709
Gaukulturrat 479
Gedok 34, 50, 51, 254, 343, 585, 684, 760
Generalmusikdirektor 85, 86, 151
Genossenschaft Deutscher Bühnenangehöriger 163, 175
Germania (Zeitschrift) 138, 649
Gesamtverband der Arbeitnehmer 80
Gesellschaft der Freunde junger Kunst Braunschweig 254, 257, 343, 559, 759
Gestapo 275, 387, 417, 437
Gewerbeverein 216, 221

Goethe-Gesellschaft 451
Golgatha-Bar 631
Goslarer Jäger 406, 525
Das Gralsreich als Streiter wider den Untergang des Abendlandes (Schrift) 540–546
Großer Garten 59
Großstadt (s. Berlin/ Großstadtdiskussion allg.)
Gruppe K 298, 677
Günther Wagner AG (s. Pelikan Werke) 268, 398, 428

H

Hackethal Draht- und Kabelwerke A.G. 669
Hahnsche Buchhandlung 535
Der Hammer (Zeitschrift) 649
Handwerker- und Kunstgewerbeschule (s. Kunstgewerbeschule) 576
Händel-Festspiele Göttingen 71
Hannoverlande (Zeitschrift) 167
Hannoversche Abendpost 204
Hannoversche Architekten-Gilde 216
Hannoversche Landeszeitung 33, 63, 102, 103, 112, 302, 169
Hannoversche Musikgemeinde 111
Hannoversche Neueste Nachrichten 455
Hannoversche Post 63, 138
Hannoversche Presse 437
Hannoversche Sezession 36, 237, 238, 275, 276, 277, 278, 279, 280, 281, 282, 283, 284, 286, 290, 291, 292, 293, 294, 295, 301, 305, 306, 307, 357, 358, 359, 402, 426, 430, 498, 569, 584, 597, 600, 611, 630, 698
Hannoversche Volkszeitung 63, 112, 168
Hannoversche Woche 89, 150, 165, 212, 229, 230, 290, 294, 295, 302, 354, 708

Hannoverscher Anzeiger 33, 53, 61, 62, 78, 113, 147, 179, 180, 199, 200, 201, 210, 225, 234, 284, 289, 295, 324, 331, 414, 424, 437, 461, 462, 463, 468, 469, 531, 551, 559, 636, 686
Hannoverscher Kurier 51, 59, 61, 63, 65, 78, 79, 82, 1112, 122, 126, 172, 173, 179, 180, 201, 221, 225, 229, 236, 243, 249, 277, 289, 293, 295, 302, 339, 346, 364, 405, 441, 446, 447, 448, 450, 451, 455, 457, 469, 475, 489, 493, 494, 497, 498, 511, 514, 516, 517, 518, 520, 524, 551, 559, 569, 710, 711
Hannoversches Tageblatt 59, 61, 232, 417, 419, 454, 475, 469, 551, 612
Hanomag (Unternehmen) 104
Hat Erich Maria Remarque wirklich gelebt? (Schrift) 515, 642, 662
Der Hauptmann von Köpenick 99
Die Heilige Johanna 83
Heimatbewegung allg. 22, 214, 227, 345, 399, 477, 486, 515, 516, 525, 703, 710, 711
Heimatbund Niedersachsen 64, 214, 326, 515
Heimatkunstbewegung 214, 477, 481, 703
Heinrich Böhme Verlag 341, 569, 590, 611
Hettlage (Bekleidungsfirma) 375, 390
Hoftheater allg. 35, 37, 38, 53, 54, 55, 56, 57, 58, 59, 62, 64, 65, 66, 68, 69, 70, 73, 82, 112, 115, 116, 118, 120, 132, 133, 134, 135, 136, 137, 144, 146, 164, 235, 246, 287, 318, 322, 442, 443, 448, 449, 691, 694, 698
Das Hohe Ufer 82, 84, 149, 209, 236, 246, 243, 251, 257, 278, 444, 445, 443, 498, 558, 569–588, 589, 594, 596, 597, 624, 686, 702, 710
Höhere Gewerbeschule (s. auch Technische Hochschule) 312

Hombres (Gedichtsammlung; s. Männer) 655, 656
Hommes (Gedichtsammlung; s. Männer) 566, 684
Homosexualität allg. 566, 621, 622, 654, 658, 659, 683, 684
Die Horen 507
Humboldtschule 474

I

Im Westen nichts Neues (Buch und Film) 93, 99, 106, 411, 515, 590, 642, 688
Impressionismus allg. 203, 205, 211, 228, 230, 233
Industrie- und Handelskammer 79, 147, 155, 168, 254, 268
Industrieller Arbeitgeber-Verband 354
Die Insel der Bierseligen (Romanentwurf) 250, 367, 421, 422
Insel-Verlag 684
International Exhibition of Modern Art, New York 270
Internationale Arbeiterhilfe 252
Internationaler Frauenbund 416
Internationale Frauenhilfe 411
Internationale Vereinigung der Expressionisten, Kubisten und Futuristen 298

J

Jugendbewegung allg. 22, 102, 103, 107, 135, 245, 246, 408, 416, 476, 483, 516, 560, 608, 646
Jungbanner Hannover 416, 417, 435
Junge Bühne Braunschweig 345
Der Jüngste Tag 627, 637, 638, 673, 678

K

Kampfausschuß der deutschen Studentenschaft Hannover 501
Kampfbund für deutsche Kultur 165, 178, 273, 274, 296, 331, 434, 478, 479, 480, 486, 518, 519, 524, 525, 526, 649
Kampfbund gegen den Faschismus 434
Kampffront Schwarz-Weiß-Rot 140, 147, 161
Kampfstelle gegen Zensur und Kultur-Reaktion 93, 252, 263, 410, 411, 412, 434, 435, 438, 625, 700
Der Kandidat (Theaterstück) 82, 149
Kapp-Putsch 136, 149
Katzer (Kunst- und Auktionshaus) 349, 494
Kestnersche Kunstsammlung 189, 195, 313
Kestner-Buch 251, 253, 257, 341, 342, 579, 594, 615
Kestner-Bühne 200, 257, 345, 430, 445, 450, 580, 600, 605
Kestner-Gesellschaft 36, 137, 195, 198, 199, 200, 202, 207, 222, 223, 227, 232, 235, 238, 239, 241, 242, 243, 244, 245, 246, 247, 248, 249, 250, 251, 252, 253, 254, 255, 256, 257, 258, 259, 260, 261, 262, 263, 264, 265, 266, 267, 268, 269, 270, 271, 272, 273, 274, 275, 276, 277, 278, 279, 284, 286, 287, 288, 289, 293, 295, 298, 300, 301, 306, 308, 318, 319, 324, 332, 333, 334, 336, 337, 338, 339, 340, 341, 342, 343, 345, 346, 347, 349, 350, 351, 352, 353, 354, 355, 356, 357, 359, 360, 361, 362, 363, 365, 393, 399, 402, 403, 404, 409, 411, 413, 414, 415, 416, 419, 423, 426, 427, 430, 435, 436, 450, 454, 458, 459, 462, 463, 473, 493, 494, 500, 504, 507, 511, 517, 569, 570, 571, 572, 574, 575, 576, 577, 583, 585, 588, 591, 594, 600, 601, 630, 693, 698, 702, 709, 710, 757
Kestner-Mappen 254, 258, 583
Kestner-Museum 34, 185, 189, 190, 191, 194, 195, 197, 201, 205, 206, 210, 214, 216, 217, 223, 232, 247, 248, 249, 271, 276, 284, 287, 313, 314, 318, 319, 320, 322, 325, 338, 339, 402, 403, 427, 496, 504, 505, 569, 572, 691, 693
Keune & Flemming (Unternehmen) 315
KIF MIC HAI (Künstler in Front, Morgenveranstaltung im Capitol-Hochhaus an der Ihmebrücke) 391, 406, 434, 435
Kino allg. 93, 100, 101, 135, 442
Der Kleine Pelikan (Zeitschrift; s. Pelikan) 351, 352
Klinkhardt & Biermann (Verlag) 198, 253
Koehler & Amelang 489
König & Ebhardt (Unternehmen) 314
Kommunismus, kommunistisch, Kommunistische Partei Deutschlands (s. Nieders. Arbeiterzeitung) 188, 263, 309, 344, 349, 387, 410, 596, 620, 637, 700
Königliches Theater (s. Hoftheater)
Konzertgarten Odeon 90
Kornackersche Zeitung 168
Kraft durch Freude (KdF) 478, 479, 663, 688
Krankenhaus Siloah 350
Die Kritik (Zeitschrift) 377, 383
Kröpcke-Zirkel (s. Café Kröpcke) 406, 557, 566
Kulturbund Niedersachsen 477, 515
Kulturring (Organisation und Zeitschrift) 165, 174, 177, 274, 343, 364, 476, 486, 487, 489, 515, 516, 524
Kultur-Überwachungsausschüsse 111, 169, 292, 451, 477, 518, 686, 685
Kunstgenossenschaft (s. Allgemeine Deutsche Kunstgenossenschaft)
Kunstgewerbemuseum (s. Leibnizhaus) 216, 225
Kunstgewerbeschule 36, 57, 186, 206, 221, 222, 223, 230, 231, 232, 237, 241, 246, 247, 276, 332, 333, 380, 389, 391, 403, 473, 497, 576, 577, 585, 586, 693, 701, 760
Kunstgewerbeverein 214, 215, 216, 217, 232, 325, 326, 333
Kunstgremien 451
Künstler in Front (s. KIF MIC HAI)
Künstlerbund Hannoversche Bildhauer 295
Künstlerhaus (s. Museum für Kunst und Wissenschaft) 179, 219, 220, 224, 237, 242, 302, 371
Künstlerverein 111, 215, 217, 218, 219, 220, 221, 223, 224, 225, 227, 228, 233, 239, 265, 322, 326, 327, 328, 329, 333, 347, 366, 487
Kunstverein Hannover 21, 35, 36, 179, 180, 181, 182, 183, 184, 185, 186, 189, 191, 199, 204, 205, 206, 207, 208, 212, 213, 215, 218, 221, 222, 223, 224, 225, 226, 227, 228, 229, 230, 232, 233, 234, 235, 236, 237, 239, 241, 242, 243, 253, 260, 264, 265, 266, 267, 270, 271, 272, 275, 276, 291, 292, 293, 294, 295, 296, 297, 298, 301, 302, 303, 304, 305, 306, 307, 310, 311, 312, 321, 322, 324, 329, 331, 334, 335, 336, 343, 347, 352, 356, 364, 366, 367, 371, 391, 399, 402, 403, 404, 414, 415, 422, 423, 426, 429, 431, 441, 450, 512, 513, 514, 517, 522, 569, 693
Kunstvereine allg. 27, 35, 182, 184, 207, 235, 236, 306, 310, 311, 334

L

Laden für Kunstgewerbe 261, 338, 340
Laienspiel allg. 516
Landesbühnen-Ausschuß der Provinz Hannover 100, 103, 156, 163, 164, 488
Landesdirektorium 475
Landeskuratorium Deutsche Bühne 488
Landesmuseum (s. Provinzial-Museum)
Landesstelle Niedersachsen des Reichsministeriums für Volksaufklärung und Propaganda 519
Lebensreformbewegung allg. 22
Leibniz-Akademie 89, 90, 155, 217, 254, 343, 451, 497, 622
Leibniz-Feldpost 358, 427
Leibnizhaus (s. Kunstgewerbemuseum) 216, 325, 326
Leineschloß 59
Lessing-Bund Braunschweig 254
Letzte Lockerung (Roman) 647, 648, 678, 679
Linden 30, 31, 32, 62, 90, 196, 316, 691
Linkskurve (Zeitschrift) 388, 394
Liste Niedersachsen 136
Liste Tramm 59
Liste Vereinigte Bürgerschaft 162
Liststadt 41, 335
Literarische Gemeinde 451, 460
Literaturpreis der Provinz Hannover 487, 758
Logokratie 604, 605
Ludwig Ey Verlag 343, 569, 570, 583, 760

M

Madsack (Verlag) 346
Malik-Verlag 567, 687
Männer (Gedichtsammlung; s. Hombres, Hommes) 599, 632, 656, 685
Manifest Dada 648
Manifest Proletkunst 410, 434, 603
Markuskirche 223
Der Marstall 38, 384, 444, 449, 507, 558, 585, 589, 611, 614, 628, 633, 634, 636, 645, 646, 654, 655, 667, 668, 669, 671, 672, 683, 685
Martin ohne Flügelkleid. Klabund-Skandal. Die Erledigung des Kritikers Martin Frehsee (Satire) 449, 456, 457, 458, 637
Massenfreizeitkultur allg. 26, 43, 709, 712, 713
Mäzenatentum allg. 192, 193, 194, 264, 266
Mehrheitssozialdemokraten (s. Sozialdemokratie, Sozialdemokratische Partei Deutschlands) 29, 59, 703
Meister Bertram Altar 500, 507
Die Meistersinger von Nürnberg 85, 151
Mellini-Theater 94, 133, 222
Menschen im Hotel (Theaterstück) 99, 214
Die metaphysische Wachsfigur (Roman) 465, 466
Merz-Kunst allg. (s. Schwitters, Kurt) 232, 239, 286, 406, 408, 432, 441, 442, 494, 592, 606
Merz-Bühne 408, 441, 442
Merz-Matinee 286, 312, 494, 592
Metropolis (Film) 467, 468, 472
Metropolitan Museum of Modern Art, New York 253, 299
Mitteldeutsche Bühne 107
Die Mitternachtsbühne 376, 377, 380, 381, 383, 390
Moderne Theater-Unkultur 528, 531
Der Morgen 443, 451, 459, 571, 699
MSPD (s. Mehrheitssozialdemokraten)
Museum für Kunst und Wissenschaft (s. Künstlerhaus) 183, 185, 215
Museum of Modern Art, New York 299
Museum für das vorbildliche Serienprodukt 269
Museums-Kommission 36, 189, 190, 191, 203, 216, 217, 227, 237, 241, 247, 260, 271, 272, 291, 296, 304, 330, 692, 693, 697, 698

N

Die Nachtwandler (Theaterstück) 82, 97, 116, 142, 448, 594, 595, 608, 615
Nationalsozialismus, nationalsozialistisch, NSDAP 16, 93, 128, 129, 130, 131, 175, 176, 177, 228, 289, 296, 297, 347, 363, 373, 374, 453, 455, 477, 479, 480, 488, 509, 518, 663, 664
Nationalsozialistischer Künstlerbund 228
Nationalsozialistischer Lehrerbund 286
Neue Arbeiterzeitung 51, 180, 309, 312
Neue Sachlichkeit allg. 13, 36, 231, 237, 238, 263, 264, 335, 367, 378, 381, 382, 383, 387, 391, 477, 512, 697
Neuer Hannoverscher Kurier 437
Neues Bauen allg. 261, 342, 435, 571, 606, 623, 624
Neues Rathaus 195, 196, 197, 201, 205, 210, 214, 215, 228, 276, 293, 316, 398, 427, 692
Neustädter St. Johanniskirche 223
Niederdeutsche Zeitung 33, 65, 78, 110, 140, 146, 212, 227, 229, 230, 233, 266, 289, 301, 302, 342, 450, 534, 552, 704
Niedersachsen (Zeitschrift) 106, 107, 126, 243, 330, 389, 399, 400, 401, 415, 438, 458, 476, 477, 483, 487, 491, 497, 501, 514, 516, 519, 520, 521, 523, 525, 708, 710, 758
Niedersachsentag 477
Niedersachsenwoche 478
Niedersächsische Arbeiterzeitung (s. Kommunismus, kommunistisch, Kommunistische Arbeiterpartei Deutschlands) 188, 309, 344, 419
Niedersächsische Landesbühne 488, 518, 758
Niedersächsische Tageszeitung 129, 162, 227, 289, 324, 461, 508, 527, 528, 531, 551, 608, 624
Niedersächsischer Ausschuß für Heimatschutz 478, 487, 488
Niedersächsischer Beobachter 172
Niedersächsischer Heimatbund 487, 490, 491, 711
Niedersächsisches Heimatblatt 221
Norag (Norddeutsche Rundfunk AG) 176, 515, 523
Norddeutsche Zeitung 437
Nordwestdeutscher Rundfunk (NWDR) 437
November-Gruppe 165, 401, 413, 606, 659, 701
Novemberrevolution allg. 31, 57, 61, 64, 65, 66, 70, 105, 111, 116, 134, 136, 143, 164, 208, 374, 442, 547, 563, 573, 574, 575, 585, 605, 647, 659, 660, 700, 703, 704
NS-Bühne 128, 175, 178, 453, 478
NS-Kulturgemeinde Hannover 165, 297
NS-Reichsverband Deutsche Bühne 518

O

Oberpräsident der Provinz Hannover 186, 296
Offenherzigkeiten über Kritik und Expressionismus in Hannover. Eine Abwehr (Schrift s. Allgemeine Deutsche Kunstgenossenschaft) 395, 413, 441

Oper allg. 34, 55, 71, 72, 73, 85, 86, 88, 122, 133, 134, 143, 144, 151, 152, 163
Oppenheimer & Müller (Bankhaus) 266
Ordnungsblock 32, 33, 140, 147, 148
Ortsverein Hannover-Linden zur Förderung deutscher Theaterkultur 90

P

Palais an der Leinstraße 59
Paul Steegemann Verlag (s. Steegemann, Paul) 34, 37, 38, 283, 406, 449, 470, 498, 531, 566, 573, 588, 590, 593, 596, 597, 598, 599, 612, 613, 615, 616, 617, 622, 627–690, 706, 708
Pelikan-Werke 30, 192, 268, 269, 352, 398
Pelikan (Zeitschrift; s. Der Kleine Pelikan) 352, 428
PEN-Club 163, 411, 412, 417, 435, 438, 507, 566
Petrouchka (Ballett) 87
Pfarrhauskomödie (Theaterstück) 97, 445, 562, 568, 668
Piefke (Figur) 66, 141, 562, 605
Die Pille 37, 38, 54, 66, 67, 68, 89, 90, 112, 116, 138, 141, 145, 147, 149, 155, 161, 428, 435, 444, 456, 458, 532, 533, 534, 557–568, 573, 579, 589, 590, 592, 594, 596, 611, 613, 617, 634, 635, 639, 648, 653, 655, 656, 657, 668, 669, 671, 672, 675, 678, 679, 684, 701, 702, 707, 708
Piper (Verlag) 253
Posada (Theaterstück) 649, 651
Postskriptum Verlag Hannover 439
Prager Tageblatt 566, 649
Preußische Akademie der Künste 519
Preußische Landesbühne 164

Prinzessin Girnara 72
Privatbühnen allg. 56, 68, 73, 83, 94, 119, 134
Der Protagonist (Oper) 87, 88
Provinzial-Museum 34, 183, 202, 210, 213, 215, 223, 224, 260, 261, 262, 314, 317, 345, 347, 354, 365, 367, 417, 426, 463, 507
Provinzialständehaus 210
Psychiatrische Anstalten Ilten 579

Q

qnge (Zeitschrift) 628
Der Quader 376, 377, 380, 381, 390, 473, 485, 508

R

Rat geistiger Arbeiter 459, 578, 579, 604, 622, 659, 687, 701
Ratsgymnasium 111, 443
Reclam-Verlag 120
Reichsarbeitsgemeinschaft zur Förderung der Handwerkskultur 325
Reichsbund für Volkstum und Heimat 486
Reichskammer der Bildenden Künste 227, 228, 275, 296, 297, 347, 367, 368
Reichskartell der bildenden Künste 213, 296, 331
Reichskulturkammer 452
Reichskunstwart 325
Reichsschrifttumskammer 169, 373, 387, 438, 478, 665
Reichstheaterkammer 130
Reichsverband Deutsche Bühne e. V. 165, 168, 178, 478, 480
Reichsverband deutscher Schriftsteller 478
Reichswirtschaftsverband bildender Künstler 213, 323, 335, 425, 434, 441, 476, 477
Der Reigen 73, 119, 523

Residenz-Theater 55, 73, 133, 444, 592, 607
Revidierte Städteordnung 29, 31, 76, 187, 691
Revolution (s. Novemberrevolution)
Revolutionäres Kunstkommittee 56, 57, 58, 62, 67, 82, 134, 135, 246, 443, 455, 577
Richard-Wagner-Studien 536, 537, 546, 547, 554
Ring hannoverscher Schriftsteller 163, 417, 434, 435, 625
Rotation (Theaterstück) 125, 126, 174
Die Rote Erde (Zeitschrift) 593, 614
Rote Mühle (Kabarett, Variété) 73
Rotter-Bühnen (s. Rotter, Brüderpaar, Theaterleiter) 120, 127, 128, 154, 172, 175
Rowohlt (Verlag) 253
Rundfunkwesen allg. 100, 111, 176, 379, 437
Rundfunkausschuß 476, 489, 515

S

S. Fischer Verlag 120, 672, 687
Saeltzer (Kaufhaus) 162, 168
Schauburg 55, 70, 73, 74, 75, 83, 133, 138, 142, 145, 151, 210, 272, 335, 336, 441, 452, 453, 581
Schieber 66, 568
Schillertheater Berlin 441
Schmorl & von Seefeld 589, 630, 669
Schmutz- und Schundgesetz 514, 651, 652, 684
Schutzverband Deutscher Schriftsteller 435
Der Schwarze Magier (Roman) 464, 467, 472
Schwemann & Stücke (Unternehmen) 315
Sechs Personen suchen einen Autor (Theaterstück) 84

Sekunde durch Hirn (Roman) 653, 683
Senatorenstreit 159
Sezessionen/ Sezessionismus 196, 207, 211, 238, 402, 405, 450, 454, 569, 574, 692
Sichel-Werke 399, 417, 428, 425
Silbergäule 38, 149, 406, 449, 463, 498, 507, 569, 591, 593, 593, 596, 598, 602, 605, 611, 616, 618, 622, 624, 627, 628, 629, 633, 634, 635, 636, 637, 645, 648, 658, 671, 673, 678
Sirius (Zeitschrift) 647
Sozialdemokratie allg. 29, 31, 32, 33, 60, 62, 64, 65, 68, 88, 90, 93, 95, 97, 98, 136, 137, 139, 145, 148, 164, 188, 189, 247, 411, 412, 413, 414, 415, 416, 694, 695, 696, 703, 713
Sozialdemokratische Deutsche Arbeiterpartei 60, 79, 81, 89, 95, 97, 125, 148, 156, 188, 285, 312, 396, 436, 437, 578, 617, 694, 697
Sozialismus allg. 134, 135, 278, 412, 413, 585, 605, 606, 659, 714
Sozialistische Arbeiterjugend 411, 437
Sozialistische Blätter 417
Sozialistische Front 417, 437
Sozialistische Schülergemeinschaft 416, 437
Sportbewegung 101, 111
Sprengel (Unternehmen; s. Sprengel, August) 30, 315
Das Stachelschwein (Zeitschrift) 634
Stadtbibliothek Hannover 455
Städteordnung (s. Revidierte Städteordnung)
Stadthalle 148, 272, 427
Städtische Galerie 194, 197, 200, 202, 203, 204, 205, 247, 320, 324, 339, 402, 692
Städtische Kriegssammlung 319
Städtisches Wohlfahrtsamt 113, 114, 117, 170, 389
Stahlhelm 140
Sternheim & Emmanuel 162

Störtebeker (Zeitschrift) 384, 441, 442, 443, 444, 452, 508, 515, 592, 611, 622, 628, 644, 660, 662, 677, 685
Der Streit um den Sergeanten Grischa (Theaterstück) 99, 124
Der Strom (Zeitschrift) 614
Der Sturm (Zeitschrift) 13, 38, 253, 298, 300, 369, 396, 406, 424, 431, 442, 463, 592, 596, 612
Die Sünde wider das Blut (Roman) 639, 674, 675

T

Tamotua. Die Stadt der Zukunft (Roman) 466, 467, 468, 471
Technische Hochschule 133, 186, 196, 214, 216, 221, 222, 223, 280, 289, 364, 441, 455, 476, 496, 497, 505, 506
Tee-Diele 566, 631, 669
TET-Stadt 198, 465
Thaliatheater 55
Theater des Westens 452
Theater im Zimmer 133
Theater-Ausschuß 35, 61, 65, 70, 72, 75, 76, 77, 78, 79, 80, 81, 84, 85, 86, 88, 89, 90, 94, 95, 96, 97, 98, 100, 104, 105, 108, 110, 111, 112, 118, 119, 120, 121, 122, 125, 126, 127, 128, 129, 130, 138, 142, 143, 144, 145, 146, 147, 148, 150, 151, 152, 154, 155, 159, 160, 161, 169, 172, 175, 200, 336, 412, 443, 444, 452, 455, 515, 527, 567, 693, 694, 695, 696, 697, 704
Theaterbesucher-Organisationen allg. 103, 104, 156, 167
Theaterdezernent 76, 78, 88, 118, 121, 127, 128, 129, 130, 146
Theatergemeinde Hannover (s. Bühnenvolksbund) 65, 105, 108, 109, 110, 111, 112, 114, 115, 116, 118, 159, 167, 168, 174

Theater-Kultur-Verband 571
Theaternot, Theaterhilfe (Schrift) 100, 103, 156, 166
Theatervertrag 56, 57, 60, 61, 62, 65, 68, 76, 136
Tierärztliche Hochschule 223, 268, 485
Die Tigerin (Roman) 649, 651, 653
Tivoli (Variété) 133, 265, 286, 494
Tramm-Fonds 237
Tran-Artikel 406, 559, 601, 619
Das Tribunal (Zeitschrift) 597, 598, 617, 638
Die Tribüne (Zeitschrift) 614

U

Über moderne Theater-Unkultur. Zur Enteignung des deutschen Theaters durch Marxismus und Bolschewismus (Hetzschrift) 87, 129, 176, 527, 528, 529, 530, 531, 534, 546, 549, 552, 553, 554, 555
Ulanenkaserne 59
Ullstein-Verlag 120, 375, 378, 439, 642, 676
Unabhängige Sozialdemokratische Partei Deutschlands (USPD) 29, 59, 64, 703
Unsittliche Literatur und deutsche Republik. § 184 (Schrift) 566, 658, 659

V

Vaterländisches Museum 34, 167, 190, 195, 199, 210, 313, 314, 319, 330, 515, 759
Vaterlandspartei 319
Verband niedersächsische Presse 169
Verein für die öffentliche Kunstsammlung 214, 215, 324
Vereinigung nordwestdeutscher Künstler 295

Verein für die öffentliche Kunstsammlung 214, 215, 217, 218, 220, 224, 325
Verein Niedersächsische Presse 79
Verkehrsverein Hannover 85, 212, 354
Völkischer Beobachter 649
Volksbund für Geistesfreiheit 411
Volksbund für das Deutschtum im Auslande 519
Volksgerichtshof 417
Volkshochschule (s. Freie Volkshochschule)
Volkstum und Bühne (Zeitschrift) 105, 106, 107, 109, 111, 112, 158, 166
Volkstümliche Volkshochschule 155, 254, 497, 506, 578
Volkswille 31, 33, 37, 60, 80, 92, 93, 130, 145, 148, 154, 161, 174, 175, 180, 181, 188, 204, 213, 235, 277, 288, 290, 294, 295, 302, 326, 334, 335, 344, 396, 397, 398, 402, 413, 414, 415, 416, 417, 419, 420, 421, 424, 425, 436, 437, 438, 440, 462, 469, 504, 600, 635, 694, 700, 706, 709

W

Der Wachsbogen 13, 236, 262, 263, 264, 373, 375, 377, 381, 382, 383, 384, 385, 387, 388, 393, 409, 412, 419, 423, 440
Wagner-Festspiele 133
Wahlrecht allg. 49, 155
Die Weißen Blätter 612
Welfen/welfische Bewegung allg. 59, 63, 139, 189
Welfenmuseum 224
'Welfenputsch' 59
Welfenzeitung 112
Die Weltbühne 148, 381, 632, 634, 638, 640, 642, 643, 659, 661, 668, 676, 677, 684, 685
Weltkrieg, Erster 25, 38, 47, 48, 374, 482, 483, 537, 538, 539, 541, 543, 576, 698, 699, 700, 704

Weltkriegssammlung des Vaterländischen Museums 199, 200, 319
Werkkunstschule (s. Kunstgewerbeschule)
Wilhelm Busch Museum 140
Wirtschaftsvereinigung Deutscher Architekten 434
Wohlfahrtsamt (s. Städtisches Wohlfahrtsamt)
Worpswede 462, 465, 470, 477

Y

Ypsilon. Ein grotesker Roman 421, 422, 439, 440, 508, 614

Z

Zensur allg. (s. Kultur-Überwachungsausschüsse) 78, 93, 111, 158, 558, 560, 561, 651, 654, 656, 657, 696
Zentrum (Partei) 164, 189, 562, 563
Zinnober-Fest 265, 406, 429, 432, 440, 451
Zum blauen Affen (Erzählungen) 648, 679, 681, 685
Zürich 598, 602, 647, 648, 655, 685
Der Zweemann 37, 38, 89, 149, 205, 209, 225, 248, 279, 283, 321, 341, 384, 400, 404, 405, 406, 407, 409, 413, 416, 418, 419, 420, 422, 423, 424, 430, 432, 435, 438, 444, 447, 448, 451, 498, 500, 506, 566, 566, 569, 573, 581, 582, 588, 600, 611, 611, 611, 611, 613, 614, 615, 616, 617, 618, 620, 622, 624, 625, 629, 630, 667, 701, 706, 708, 709
Der Zwiebelfisch (Zeitschrift) 634, 654